Dicionário
LAROUSSE
Inglês/Português • Português/Inglês
Essencial

Dicionário LAROUSSE

Inglês/Português • Português/Inglês

Essencial

LAROUSSE
Cultura para todos

Direção geral
Janice McNeillie

Gerente editorial
Soraia Luana Reis

Coordenação editorial
José A. Gálvez

Editora
Camila Werner

Redação
Laura Bocco, Elaine B. Freire Ushijima, Daniel Grassi

Revisão dos suplementos
Sônia M. Leite Pereira

Revisão tipográfica
Rosane Albert

Capa
Light Criação e Comunicação

Diagramação
David Reid, Clair Simpson
LCT Tecnologia (suplemento e páginas iniciais)

Produção Gráfica
Fernando Borsetti

Colaboradores da edição anterior
Coordenação: Luzia Araújo, Valerie Grundy
Redação: Alison Aiken, Bill Martin, Christine Robinson, Daniel Grassi, José A. Gálvez, Julia Rice, Karoll Ferreira, Laura Bocco, Luzia Araújo, Maria Inês Alves, Mike Harland, Salete Chechen, Sergio Tellaroli, Shirley Brotherton-Pinniger, Valerie Grundy, Viviane Possamai.

Dados Internacionais de Catalogação na Publicação (CIP)
(Câmara Brasileira do Livro, SP, Brasil)

Dicionário Larousse inglês-português,
português-inglês : essencial / [coordenação editorial José A. Gálvez]. -- 1. ed. --
São Paulo : Larousse do Brasil, 2005.

ISBN 85-7635-068-8

1. Inglês - Dicionários - Português
2. Português - Dicionários - Inglês I. Gálvez, José A.

CDD-423.69
05-4055 -469.32

Índices para catálogo sistemático:
1. Inglês : Dicionários : Português 423.69
2. Português : Dicionários : Inglês 469.32

1ª edição brasileira: 2005

Sumário

Apresentação

O *Dicionário Larousse Inglês-Português/Português-Inglês Essencial* é a obra de referência ideal para consulta. Ele atende tanto a estudantes da língua inglesa, seja em casa ou na escola, quanto às necessidades de um profissional em seu ambiente de trabalho ou em viagens ao exterior. Esta obra soluciona de forma prática as dúvidas com que nos defrontamos durante a leitura ou na hora de escrever um texto em inglês.

É uma obra completa e atualizada, com mais de 55 mil palavras e expressões e mais de 80 mil traduções. Ajuda o leitor a compreender vários tipos de textos, desde artigos de jornal até obras literárias. Esta obra abrange não só o inglês do Reino Unido, como o inglês americano e traz também termos atualizados, de áreas como a informática e a tecnologia da informação.

O suplemento gramatical complementa o dicionário de forma eficaz, apresentando as particularidades da língua inglesa e explicações claras e simples sobre diversos assuntos da gramática, bem como uma lista de termos geográficos muito útil para estudantes e profissionais.

O grande número de exemplos e a contextualização das palavras constantes no dicionário ajudam o leitor a encontrar a melhor tradução para cada contexto, permitindo-lhe expressar-se em inglês da maneira mais adequada a cada situação.

Além da qualidade de seu conteúdo, é um dicionário prático e fácil de ser consultado. Tudo isso faz do *Dicionário Larousse Inglês-Português/Português-Inglês Essencial* uma obra ideal para todos os estudantes da língua inglesa, dos níveis básicos até os intermediários, e uma ferramenta indispensável para o mercado de trabalho.

A EDITORA

Abreviaturas

abreviatura	*abrev/abbr*	abbreviation
adjetivo	*adj*	adjective
adjetivo feminino	*adj f*	feminine adjective
adjetivo masculino	*adj m*	masculine adjective
advérbio	*adv*	adverb
anatomia	*ANAT*	anatomy
automóvel	*AUT*	automobile, cars
auxiliar	*aux*	auxiliary
comércio	*COM(M)*	commerce, business
comparativo	*comp(ar)*	comparative
informática	*COMPUT*	computers
conjunção	*conj*	conjunction
contínuo	*cont*	continuous
culinária	*CULIN*	culinary, cooking
economia	*ECON*	economics
educação, escola	*EDUC*	school, education
esporte	*ESP*	sport
interjeição	*excl*	exclamation
substantivo feminino	*f*	feminine noun
familiar	*fam*	informal
figurado	*fig*	figurative
finanças	*FIN*	finance, financial
formal	*fml*	formal
inseparável	*fus*	inseparable
geralmente	*ger/gen*	generally
gramática	*GRAM(M)*	grammar
familiar	*inf*	informal
informática	*INFORM*	computers
interjeição	*interj*	exclamation
invariável	*inv*	invariable
jurídico	*JUR*	juridical, legal
substantivo masculino	*m*	masculine noun
matemática	*MAT(H)*	mathematics
medicina	*MED*	medicine
substantivo masculino e feminino	*mf*	masculine and feminine noun
substantivo masculino com desinência feminina	*m, f*	masculine noun with a feminine inflection
termos militares	*MIL*	military
música	*MÚS/MUS*	music

substantivo	*n*	noun
termos náuticos	*NÁUT/NAUT*	nautical, maritime
numeral	*num*	numeral
	o.s.	oneself
pejorativo	*pej*	pejorative
plural	*pl*	plural
política	*POL*	politics
particípio passado	*pp*	past participle
preposição	*prep*	preposition
pronome	*pron*	pronoun
passado	*pt*	past tense
marca registrada	®	registered trademark
religião	*RELIG*	religion
substantivo	*s*	noun
alguém	*sb*	somebody
educação, escola	*SCH*	school, education
separável	*sep*	separable
singular	*sg*	singular
algo	*sthg*	something
sujeito	*suj/subj*	subject
superlativo	*sup(erl)*	superlative
termos técnicos	*TEC(H)*	technology
inglês britânico	*UK*	British English
inglês americano	*US*	American English
televisão	*TV*	television
verbo	*v/vb*	verb
verbo instransitivo	*vi*	intransitive verb
verbo impessoal	*v impess/v impers*	impersonal verb
verbo pronominal	*vp*	pronominal verb
verbo transitivo	*vt*	transitive verb
vulgar	*vulg*	vulgar
equivalente cultural	≃	cultural equivalent

As palavras compostas em inglês

Em inglês, as palavras compostas são formadas por mais de uma palavra, mas contêm um único significado: **point of view**, **kiss of life** ou **virtual reality**, por exemplo. Uma das características deste dicionário é o fato de as palavras compostas terem uma entrada própria e seguirem rigorosamente a ordem alfabética. Assim, **blood poisoning** figura depois de **blood group**, que por sua vez sucede **blood**.

Transcrição fonética

Vogais portuguesas

[a] p**á**, am**a**r
[ɛ] s**é**, s**e**ta, **he**ra
[e] l**e**r, m**ê**s
[i] **i**r, s**i**no, nav**e**
[ɔ] n**o**ta, p**ó**
[o] c**o**rvo, av**ô**
[u] az**u**l, trib**o**

Ditongos portugueses

[aj] f**ai**xa, m**ai**s
[ej] l**ei**te, r**ei**
[ɛj] hot**éi**s, past**éi**s
[ɔj] her**ói**, b**ói**a
[oj] c**oi**sa, n**oi**te
[uj] az**ui**s, f**ui**
[aw] n**au**, j**au**la
[ɛw] c**éu**, v**éu**
[ew] d**eu**s, s**eu**
[iw] r**iu**, v**iu**

Vogais nasais

[ã] maç**ã**, s**an**to
[ẽ] l**en**çol, s**em**pre
[ĩ] f**im**, pat**im**
[õ] **on**de, c**om**, **hon**ra
[ũ] jej**um**, n**un**ca

Ditongos nasais

[ãj] c**ãi**bra, m**ãe**
[ãw] camar**ão**, c**ão**
[ẽj] b**em**, qu**em**
[õj] cord**õe**s, le**õe**s

Vogais inglesas

[ɪ] p**i**t, b**i**g, r**i**d
[e] p**e**t, t**e**nd
[æ] p**a**t, b**a**g, m**a**d
[ʌ] r**u**n, c**u**t
[ɒ] p**o**t, l**o**g
[ʊ] p**u**t, f**u**ll
[ə] moth**er**, s**u**ppose
[iː] b**ea**n, w**ee**d
[aː] b**ar**n, c**ar**
[ɔː] b**or**n, l**aw**n
[uː] l**oo**p, l**oo**se
[ɜː] b**ur**n, l**ear**n, b**ir**d

Ditongos ingleses

[eɪ] b**ay**, l**a**te, gr**ea**t
[aɪ] b**uy**, l**igh**t, **ais**le
[ɔɪ] b**oy**, f**oi**l
[əʊ] n**o**, r**oa**d, bl**ow**
[aʊ] n**ow**, sh**ou**t, t**ow**n
[ɪə] p**ee**r, f**ie**rce, id**ea**
[eə] p**ai**r, b**ea**r, sh**are**
[ʊə] s**ur**e, t**our**

Semivogais

el**ei**to, ma**i**o [j] **y**ou, **y**ellow
l**u**ar, q**u**adro, p**o**ema [w] **w**et, **wh**y, t**w**in

Consoantes

beijo, a**b**rir	[b]	**b**ottle, **b**i**b**
casa, di**qu**e	[k]	**c**ome, **k**itchen
dama, pren**d**a	[d]	**d**og, **d**i**d**
dia, bon**d**e	[dʒ]	**j**et, fri**dge**
faca, a**f**inal	[f]	**f**ib, **ph**ysical
grande, a**g**ora	[g]	**g**a**g**, **g**reat
gelo, ci**s**ne, an**j**o	[ʒ]	u**s**ual, mea**s**ure
	[h]	**h**ow, per**h**aps
lata, fe**l**iz, co**l**a	[l]	**l**itt**le**, he**l**p
fo**lh**a, i**lh**a	[ʎ]	
mel, a**m**igo	[m]	**m**etal, co**m**b
novo, mi**n**a	[n]	**n**ight, di**nn**er
li**nh**a, so**nh**o	[ɲ]	
a**n**ca, i**n**glês	[ŋ]	su**ng**, park**ing**
pão, gri**p**e	[p]	**p**o**p**, **p**eo**p**le
cu**r**a, e**r**a	[r]	**r**ight, ca**rr**y
rádio, te**rr**a	[x]	
cima, de**ss**e, ca**ç**a	[s]	**s**eal, pea**ce**
no**z**, bi**s**, cai**x**a, **ch**á	[ʃ]	**sh**eep, ma**ch**ine
tema, la**t**a, por**t**a	[t]	**t**rain, **t**ip
tio, infan**t**il	[tʃ]	**ch**ain, wre**tch**ed
	[θ]	**th**ink, fif**th**
	[ð]	**th**is, wi**th**
vela, a**v**e	[v]	**v**ine, lo**v**e
zelo, bri**s**a	[z]	**z**ip, hi**s**

[ʳ] só se pronuncia quando é seguido de uma palavra que começa por vogal.
O símbolo fonético [(x)] em português indica que o "r" no final da palavra é apenas levemente pronunciado, exceto quando seguido de palavra iniciada por vogal: nesse caso, pronuncia-se [r].
O símbolo ['] indica que a sílaba subseqüente é a tônica, sobre a qual recai o acento principal; [ˌ] indica que a sílaba subseqüente é a subtônica, sobre a qual recai o acento secundário.
As regras de pronúncia aplicadas ao português refletem a língua falada no Rio de Janeiro.

Marcas registradas

O símbolo ® indica que a palavra em questão é uma marca registrada. Este símbolo, ou sua eventual ausência, não afeta, no entanto, a situação legal da marca.

ENGLISH-PORTUGUESE

INGLÊS-PORTUGUÊS

a¹ (*pl* **as** *OR* **a's**), **A** (*pl* **As** *OR* **A's**) [eɪ] *n* [letter] a, A *m*; **to get from A to B** ir de um lugar para outro.
◆ **A** *n* **-1.** *MUS* [note] lá *m* **-2.** *SCH* [mark] A *m*.
a² [*stressed* eɪ, *unstressed* ə] (*before vowel or silent 'h'* **an**) [*stressed* æn, *unstressed* ən] *indef art* **-1.** [non-specific] um *m*, uma *f*; ~ **boy** um garoto; ~ **table** uma mesa; **an orange** uma laranja **-2.** [referring to occupation]: **she's ~ teacher/actress** ela é professora/atriz **-3.** [one] um, uma; ~ **hundred/thousand pounds** cem/mil libras **-4.** [to express prices, ratios etc.] por; **£10 ~ day/person** £10 por dia/pessoa; **twice ~ week/month** duas vezes por semana/mês; **50 km an hour** 50 km por hora **-5.** [to express prices, ratios etc.]: **20 cents ~ kilo** 20 centavos o quilo.
AA *n* **-1.** (*abbr of* **Automobile Association**) *associação britânica que presta serviço de emergência a seus filiados em situações de problemas e acidentes automobilísticos*, ≃ Touring *m* Club do Brasil **-2.** (*abbr of* **Alcoholics Anonymous**) AA *mpl*.
AAA *n* (*abbr of* **American Automobile Association**) *associação automobilística americana*.
AB *n* (*abbr of* **Bachelor of Arts**) (*titular de*) *graduação em ciências humanas nos Estados Unidos*.
aback [ə'bæk] *adv*: **to be taken ~ (by sthg)** ficar surpreso(sa) (com algo), ser surpreendido(da) (por algo).
abandon [ə'bændən] ◇ *vt* **-1.** [leave, desert] abandonar **-2.** [give up] desistir de. ◇ *n* (*U*): **with ~** sem inibição, desenfreado(da).
abashed [ə'bæʃt] *adj* envergonhado(da).
abate [ə'beɪt] *vi fml* [storm, noise, wind] abrandar; [pain, fear, anxiety] diminuir.
abattoir ['æbətwɑːʳ] *n* matadouro *m*.
abbey ['æbɪ] *n* abadia *f*.
abbot ['æbət] *n* abade *m*.
abbreviate [ə'briːvɪeɪt] *vt* abreviar.
abbreviation [əˌbriːvɪ'eɪʃn] *n* [short form] abreviatura *f*.
ABC *n* **-1.** [alphabet] abc *m* **-2.** *fig* [basics]: **the ~ of** o abc de.
abdicate ['æbdɪkeɪt] ◇ *vi* abdicar. ◇ *vt* [responsibility] abrir mão de.
abdomen ['æbdəmen] *n* abdome *m*.
abduct [əb'dʌkt] *vt* raptar.
aberration [ˌæbə'reɪʃn] *n* aberração *f*; **a mental ~** um desatino.
abet [ə'bet] (*pt* & *pp* **-ted**, *cont* **-ting**) *vt* ⊳ **aid**.
abeyance [ə'beɪəns] *n fml*: **in ~** em estado jacente.
abhor [əb'hɔːʳ] (*pt* & *pp* **-red**, *cont* **-ring**) *vt* abominar.
abide [ə'baɪd] *vt* suportar.
◆ **abide by** *vt fus* sujeitar-se a.
ability [ə'bɪlətɪ] (*pl* **-ies**) *n* **-1.** (*U*) [capacity, level of capability] capacidade *f* **-2.** [skill, talent] habilidade *f*.
abject ['æbdʒekt] *adj* **-1.** [miserable, depressing] abjeto(ta) **-2.** [humble] servil.
ablaze [ə'bleɪz] *adj* [on fire] em chamas.
able ['eɪbl] *adj* **-1.** [capable] capaz; **to be ~ to do sthg** ser capaz de fazer algo; [in a position to] poder fazer algo; [manage to] conseguir fazer algo **-2.** [accomplished, talented] competente.
ably ['eɪblɪ] *adv* competentemente, habilmente.
abnormal [æb'nɔːml] *adj* anormal.
aboard [ə'bɔːd] ◇ *adv* [on ship, plane] a bordo. ◇ *prep* [ship, plane] a bordo de; [bus, train] em.
abode [ə'bəʊd] *n fml*: **of no fixed ~** sem domicílio fixo.
abolish [ə'bɒlɪʃ] *vt* abolir.
abolition [ˌæbə'lɪʃn] *n* abolição *f*.
abominable [ə'bɒmɪnəbl] *adj* abominável.
aborigine [ˌæbə'rɪdʒənɪ] *n* aborígine *mf*.
abort [ə'bɔːt] *vt* & *vi* abortar.
abortion [ə'bɔːʃn] *n* [of pregnancy] aborto *m*; **to have an ~** abortar.
abortive [ə'bɔːtɪv] *adj* fracassado(da).
abound [ə'baʊnd] *vi* **-1.** [be plentiful] existir em abundância, abundar **-2.** [be full]: **to ~ with** *OR* **in sthg** ser rico(ca) em algo, ser cheio (cheia) de algo.
about [ə'baʊt] ◇ *adv* **-1.** [approximately] cerca de; ~ **fifty/a hundred/a thousand** quase *OR* cerca de cinqüenta/cem/mil; **to be just ~ ready** estar quase pronto(ta); **at ~ five o'clock**

por volta das cinco horas **-2.** [referring to place] por perto; **to walk ~** andar por perto; **to jump ~** saltitar **-3.** [on the point of]: **to be ~ to do sthg** estar prestes a fazer algo. <> *prep* **-1.** [relating to, concerning] sobre; **a film ~ Paris** um filme sobre Paris; **what is it ~?** de que se trata?; **to talk ~ sthg** falar sobre algo **-2.** [referring to place] por; **to wander ~ the streets** vagar pelas ruas.

> Utiliza-se ***be about to*** para expressar algo que vai acontecer num futuro imediato (***the train's about to leave*** o trem está para sair).

about-turn *esp UK*, **about-face** *esp US n* **-1.** MIL meia-volta *f* **-2.** *fig* [change of attitude] guinada *f* de 180 graus.

above [ə'bʌv] <> *adv* **-1.** [on top, higher up] de cima **-2.** [in text] acima; **the items mentioned ~** os itens acima mencionados **-3.** [more, over] acima de; **children aged five and ~** crianças de cinco anos ou mais. <> *prep* acima de.
◆ **above all** *adv* acima de tudo.

aboveboard [əˌbʌv'bɔ:d] *adj* **-1.** legítimo(ma) **-2.** limpo(pa).

abrasive [ə'breɪsɪv] *adj* **-1.** [cleaner, cloth] abrasivo(va) **-2.** *fig* [person, manner] mordaz.

abreast [ə'brest] *adv* lado a lado.
◆ **abreast of** *prep*: **to keep ~ of sthg** estar a par de algo.

abridged [ə'brɪdʒd] *adj* resumido(da), compacto(ta).

abroad [ə'brɔ:d] *adv* [overseas]: **to live ~** viver/ morar no exterior; **to go ~** ir para o exterior.

abrupt [ə'brʌpt] *adj* **-1.** [sudden] repentino(na) **-2.** [brusque, rude] brusco(ca).

abscess ['æbsɪs] *n* abscesso *m*.

abscond [əb'skɒnd] *vi* esconder-se.

abseil ['æbseɪl] *vi* praticar rappel.

absence ['æbsəns] *n* **-1.** [of person] ausência *f* **-2.** [lack] falta *f*.

absent ['æbsənt] *adj* [not present]: **~ (from)** ausente (de).

absentee [ˌæbsən'ti:] *n* ausente *mf*.

absent-minded [-'maɪndɪd] *adj* distraído(da).

absent-mindedness *n* distração *f*.

absolute ['æbsəlu:t] *adj* **-1.** [complete, utter] absoluto(ta) **-2.** [totalitarian] arbitrário(ria).

absolutely ['æbsəlu:tlɪ] <> *adv* [completely, utterly] absolutamente. <> *excl* [expressing agreement] sem dúvida.

absolve [əb'zɒlv] *vt* [free, clear]: **to ~ sb (of sthg)** absolver alguém (de algo).

absorb [əb'sɔ:b] *vt* **-1.** [soak up] absorver **-2.** *fig* [learn] assimilar **-3.** [interest] absorver; **to be ~ed in sthg** estar absorvido(da) em algo **-4.** [take over] incorporar.

absorbent [əb'sɔ:bənt] *adj* absorvente.

absorption [əb'sɔ:pʃn] *n* **-1.** [soaking up] absorção *f* **-2.** [interest] concentração *f* **-3.** [taking over] incorporação *f*.

abstain [əb'steɪn] *vi* **-1.** [refrain]: **to ~ from sthg** abster-se de algo **-2.** [in vote] abster-se.

abstemious [æb'sti:mjəs] *adj fml* abstêmio(mia).

abstention [əb'stenʃn] *n* [in vote] abstenção *f*.

abstract ['æbstrækt] <> *adj* abstrato(ta). <> *n* [summary] resumo *m*.

absurd [əb'sɜ:d] *adj* absurdo(da).

ABTA (*abbr of* **Association of British Travel Agents**) *n associação britânica de agentes de viagens*, ≃ ABAV *f*.

abundant [ə'bʌndənt] *adj* abundante.

abundantly [ə'bʌndəntlɪ] *adv* **-1.** [manifestly] suficientemente; **it is ~ clear that ...** está suficientemente claro que ...; **he made it ~ clear that ...** ele deixou mais do que claro que ... **-2.** [in large amounts] em abundância.

abuse [*n* ə'bju:s, *vb* ə'bju:z] <> *n* **-1.** [offensive remarks] insultos *mpl* **-2.** [maltreatment, misuse] abuso *m*. <> *vt* **-1.** [insult] insultar **-2.** [maltreat] maltratar **-3.** [misuse] abusar de.

abusive [ə'bju:sɪv] *adj* abusivo(va).

abysmal [ə'bɪzml] *adj* abismal.

abyss [ə'bɪs] *n* **-1.** abismo *m* **-2.** *fig* [gap] abismo *m*.

a/c (*abbr of* **account (current)**) c.c. *f*.

AC (*abbr of* **alternating current**) *n* CA *f*.

academic [ˌækə'demɪk] <> *adj* **-1.** [of college, university] acadêmico(ca) **-2.** [studious] intelectual **-3.** [hypothetical] conjetural. <> *n* [teacher, researcher] acadêmico *m*, -ca *f*.

academy [ə'kædəmɪ] (*pl* **-ies**) *n* **-1.** [school, college] academia *f*, escola *f* **-2.** [institution, society] academia *f*.

ACAS (*abbr of* **Advisory Conciliation and Arbitration Service**) *n organização britânica para conciliação entre sindicatos e empregadores*.

accede [æk'si:d] *vi* **-1.** *fml* [agree]: **to ~ to sthg** aceder a algo **-2.** [monarch]: **to ~ to the throne** subir ao trono.

accelerate [ək'seləreɪt] <> *vt* apressar. <> *vi* **-1.** [car, driver] acelerar **-2.** [inflation, growth] disparar.

acceleration [əkˌselə'reɪʃn] *n* **-1.** [of car] aceleração *f* **-2.** [of inflation, growth] disparada *f*.

accelerator [ək'seləreɪtə[r]] *n* acelerador *m*.

accent ['æksent] *n* **-1.** [when speaking] sotaque *m* **-2.** [in writing] acento *m*.

accept [ək'sept] *vt* **-1.** [agree to take, receive] aceitar **-2.** [agree to follow] assentir **-3.** [recognize as satisfactory] aprovar **-4.** [get used to] reconhecer **-5.** [admit, recognize as one's own] assumir **-6.** [person - as part of group] acolher; [- for job, as member of club] aceitar **-7.** [agree, believe]: **to ~ that** aceitar que **- 8.** [process] aceitar.

acceptable [ək'septəbl] *adj* **-1.** [permissible] aceitável **- 2.** [passable] admissível.

acceptance [ək'septəns] *n* **- 1.** [gen] aceitação *f* **- 2.** [recognizing as satisfactory] aprovação *f.*

access ['ækses] *n* **- 1.** [entry, way in] acesso *m* **- 2.** [opportunity to use, see]: **to have ~ to sthg** ter acesso a algo.

access provider *n* COMPUT provedor *m* de acesso.

accessible [ək'sesəbl] *adj* **- 1.** [reachable, understandable] acessível **- 2.** [available] disponível.

accessory [ək'sesərı] (*pl* **-ies**) *n* **- 1.** [extra part, device] acessório *m* **- 2.** JUR cúmplice *mf.*

accident ['æksıdənt] *n* **- 1.** acidente *m*; **to have an ~** sofrer um acidente **- 2.** *(U)* [chance]: **by ~** por acaso; **it was an ~** foi sem querer.

accidental [,æksı'dentl] *adj* acidental.

accidentally [,æksı'dentəlı] *adv* **- 1.** [drop, break] sem querer **- 2.** [meet, find, discover] acidentalmente.

accident-prone *adj* propenso(sa) a acidentes.

acclaim [ə'kleım] ◇ *n (U)* aclamação *f.* ◇ *vt* aclamar.

acclimatize, -ise [ə'klaımətaız], **acclimate** US ['æklımeıt] *vi*: **to ~ (to sthg)** aclimatar-se (a algo).

accommodate [ə'kɒmədeıt] *vt* **- 1.** [provide room for] acomodar **- 2.** [oblige] comprazer a.

accommodating [ə'kɒmədeıtıŋ] *adj* complacente.

accommodation UK [ə,kɒmə'deıʃn] *n*, **accommodations** US [ə,kɒmə'deıʃnz] *npl* [lodging] alojamento *m*, acomodação *f.*

accompany [ə'kʌmpənı] (*pt* & *pp* **-ied**) *vt* **- 1.** acompanhar **- 2.** MUS [with instrument]: **to ~ sb (on sthg)** acompanhar alguém (em algo).

accomplice [ə'kʌmplıs] *n* cúmplice *m.*

accomplish [ə'kʌmplıʃ] *vt* [achieve, manage] conseguir; [carry out, effect] realizar; [reach, attain] alcançar.

accomplishment [ə'kʌmplıʃmənt] *n* **- 1.** [achievement, finishing] realização *f*, conclusão *f* **- 2.** [feat, deed] feito *m.*

◆ **accomplishments** *npl* [skills] habilidades *fpl.*

accord [ə'kɔ:d] *n* **- 1.** [settlement] acordo *m* **- 2.** [agreement, harmony]: **to do sthg of one's own ~** fazer algo por iniciativa própria.

accordance [ə'kɔ:dəns] *n*: **in ~ with sthg** de acordo com algo.

according to *prep* **- 1.** [as stated or shown by] segundo; **to go ~ to plan** sair conforme o planejado **- 2.** [with regard to, depending on] conforme.

accordingly [ə'kɔ:dıŋlı] *adv* **- 1.** [appropriately] de modo apropriado **- 2.** [consequently] conseqüentemente.

accordion [ə'kɔ:djən] *n* acordeão *m*, sanfona *f.*

accost [ə'kɒst] *vt* abordar.

account [ə'kaʊnt] *n* **- 1.** [with bank, company] conta *f* **- 2.** [with shop]: **I have an ~ at the butcher's** tenho conta no açougue **- 3.** [report]: **to give an ~ of sthg** fazer um relato de algo **- 4.** *phr*: **to take ~ of sthg, to take sthg into ~** levar algo em consideração; **to be of no ~** não ter importância; **on no ~** de modo algum.

◆ **accounts** *npl* [of business] contabilidade *f.*

◆ **by all accounts** *adv* de acordo com a opinião geral.

◆ **on account of** *prep* devido a; **on my ~** por minha causa.

◆ **account for** *vt fus* **- 1.** [explain] justificar; **a theory that ~s for all the facts** uma teoria que justifique os fatos **- 2.** [represent] representar.

accountable [ə'kaʊntəbl] *adj* [responsible]: **to be held ~ for sthg** ser responsabilizado(da) por algo.

accountancy [ə'kaʊntənsı] *n* [profession, business] contabilidade *f.*

accountant [ə'kaʊntənt] *n* contador *m*, -ra *f.*

accounts department *n* setor *m* de contabilidade.

accrue [ə'kru:] *vt* & *vi* FIN render.

accumulate [ə'kju:mjʊleıt] ◇ *vt* acumular. ◇ *vi* acumular-se.

accuracy ['ækjʊrəsı] *n* **- 1.** [truth, correctness] exatidão *f* **- 2.** [precision - of weapon, marksman] precisão *f*; [- of typing, figures, estimate] exatidão *f.*

accurate ['ækjʊrət] *adj* **- 1.** [true, correct] exato(ta) **- 2.** [precise - shot, marksman] preciso(sa); [- typist, figures, estimate] exato(ta).

accurately ['ækjʊrətlı] *adv* **- 1.** [truthfully, correctly] com exatidão **- 2.** [precisely - aim] com precisão; [- type, estimate] com exatidão.

accusation [,ækju:'zeıʃn] *n* **- 1.** [charge, criticism] acusação *f* **- 2.** JUR [formal charge] incriminação *f.*

accuse [ə'kju:z] *vt* **- 1.** [charge, criticize]: **to ~ sb of sthg/of doing sthg** acusar alguém de algo/de fazer algo **- 2.** JUR **: to ~ sb of sthg/of doing sthg** incriminar alguém por algo/por fazer algo.

accused [ə'kju:zd] *n* JUR**: the ~** [defendant] o réu(a ré).

accustomed [ə'kʌstəmd] *adj*: **to be ~ to sthg/to doing sthg** estar acostumado(da) a algo/a fazer algo.

ace [eıs] *n* **- 1.** [playing card] ás *m* **- 2.** TENNIS ace *m.*

ache [eık] ◇ *n* [dull pain] dor *f.* ◇ *vi* **- 1.** [be painful] doer **- 2.** *fig* [want]: **to be aching for**

sthg/to do sthg estar morrendo de vontade de algo/de fazer algo.

achieve [ə'tʃi:v] *vt* [success] conseguir; [goal, ambition] realizar; [victory, fame] conquistar.

achievement [ə'tʃi:vmənt] *n* [feat, deed] conquista *f.*

Achilles' tendon *n* tendão *m* de Aquiles.

acid ['æsɪd] <> *adj* **-1.** ácido(da) **-2.** *fig* [remark, tone] áspero(ra). <> *n* **-1.** ácido *m* **-2.** *inf* [LSD] ácido *m.*

acid rain *n* chuva *f* ácida.

acknowledge [ək'nɒlɪdʒ] *vt* **-1.** [accept, recognize] reconhecer; **to ~ sb as sthg** reconhecer alguém como algo **-2.** [letter]: **to ~ (receipt of) sthg** acusar (o recebimento de) algo **-3.** [greet] cumprimentar.

acknowledg(e)ment [ək'nɒlɪdʒmənt] *n* **-1.** [acceptance, recognition] reconhecimento *m* **-2.** [of letter] aviso *m* de recebimento **-3.** [thanks, gratitude] retribuição *f.*

◆ **acknowledg(e)ments** *npl* [in book] agradecimentos *mpl.*

acne ['æknɪ] *n* acne *f.*

acorn ['eɪkɔ:n] *n* bolota *f*, glande *m.*

acoustic [ə'ku:stɪk] *adj* acústico(ca).

◆ **acoustics** *npl* [of room, auditorium] acústica *f.*

acquaint [ə'kweɪnt] *vt*: **to ~ sb with sthg** [information] informar alguém sobre algo; **to be ~ed with sthg** [method, technique] estar por dentro de algo; **to be ~ed with sb** *fml* conhecer alguém.

acquaintance [ə'kweɪntəns] *n* [personal associate] conhecido *m*, -da *f.*

acquire [ə'kwaɪəʳ] *vt* **-1.** [obtain] [property, company, object] adquirir **-2.** [information, document] obter **-3.** [skill, knowledge, habit] adquirir.

acquisitive [ə'kwɪzɪtɪv] *adj* ambicioso(sa), consumista.

acquit [ə'kwɪt] (*pt* & *pp* **-ted**, *cont* **-ting**) *vt* [conduct]: **to ~ o.s. well/badly** desempenhar-se bem/mal.

acquittal [ə'kwɪtl] *n* JUR absolvição *f.*

acre ['eɪkəʳ] *n* [unit of measurement] acre *m* *(4046,9 m^2).*

acrid ['ækrɪd] *adj* **-1.** [smoke, smell, taste] acre **-2.** *fig* [remark] mordaz.

acrimonious [,ækrɪ'məʊnjəs] *adj* acrimonioso(sa).

acrobat ['ækrəbæt] *n* [circus performer] acrobata *mf.*

across [ə'krɒs] <> *adv* **-1.** [from one side to the other]: **they came ~ in a small boat** eles atravessaram num barco pequeno **-2.** [in the direction of]: **she looked ~ at me** ela olhou em minha direção; **he went ~ to speak to her** ele foi em sua direção para lhe falar **-3.** [in measurements] de um lado a outro **-4.** [in crosswords] cruzado(da). <> *prep* **-1.** [from one side to the other] de um lado a outro; **he drew a line ~ the page** ele traçou uma linha de um lado a outro da página; **there is a bridge ~ the river** há uma ponte sobre o rio; **she walked/ran ~ the road** ela atravessou a estrada caminhando/correndo; **he looked ~ the street** ele olhou pela rua **-2.** [on the other side of] no outro lado de.

◆ **across from** *prep* na frente de.

> Além de 'através (de)' a preposição *across* pode ser traduzida pelos verbos 'atravessar' ou 'cruzar', quando associada a movimento (*I ran across the road* atravessei a rua; *he swam across the lake* ele atravessou o lago a nado).

acrylic [ə'krɪlɪk] <> *adj* [fibre, jumper, paint] acrílico(ca). <> *n (U)* [fibre] acrílico *m.*

act [ækt] <> *n* **-1.** [action, deed] ato *m* **-2.** JUR lei *f* **-3.** [of play, opera] ato *m*; [in cabaret etc.] número *m* **-4.** *fig* [pretence] fingimento *m*; **to put on an ~** agir com fingimento **-5.** *phr*: **to get one's ~ together** organizar-se. <> *vi* **-1.** [gen] agir; **to ~ as if/like** agir como se/como **-2.** [in play, film] representar, atuar **-3.** *fig* [pretend] fingir **-4.** [fulfil function]: **to ~ as sthg** atuar como algo. <> *vt* [role] desempenhar.

ACT (*abbr of* **American College Test**) *n exame realizado ao final do ensino médio em escolas norte-americanas.*

acting ['æktɪŋ] <> *adj* [interim] interino(na). <> *n (U)* [in play, film] atuação *f*; **to enjoy ~** gostar de atuar.

action ['ækʃn] *n* **-1.** *(U)* [fact of doing sthg] ação *f*; **to take ~** agir; **to put sthg into ~** pôr algo em ação; **in ~** [person, machine] em atividade; **out of ~** [person] fora de combate; [machine] desativado(da) **-2.** [deed] atividade *f* **-3.** *(U)* [in battle, war] ação *f* **-4.** JUR ação *f* judicial **-5.** [in play, book, film] história *f* **-6.** [effect] efeito *m.*

action replay *n* replay *m.*

activate ['æktɪveɪt] *vt* [set off] ativar.

active ['æktɪv] *adj* **-1.** [lively, energetic] ativo(va) **-2.** [involved, hardworking] dinâmico(ca) **-3.** [positive] incessante **-4.** [volcano] ativo(va).

actively ['æktɪvlɪ] *adv* **-1.** [promote] ativamente **-2.** [seek, encourage] incessantemente.

activity [æk'tɪvətɪ] (*pl* **-ies**) *n (U)* atividade *f.*

◆ **activities** *npl* [actions, doings] ações *fpl.*

actor ['æktəʳ] *n* ator *m.*

actress ['æktrɪs] *n* atriz *f.*

actual ['æktʃʊəl] *adj* real.

> Não confundir *actual (real, verdadeiro)* com o português *atual* que em inglês é *current*. (*The actual price is $10.00.* O preço *real* é $10,00.)

actually ['æktʃʊəlɪ] *adv* **-1.** [really, in truth] na verdade, realmente **-2.** [by the way] a propósito.

acumen ['ækjʊmen] *n (U)*: **business ~** tino para os negócios.

acupuncture ['ækjʊpʌŋktʃəʳ] *n (U)* acupuntura *f*.

acupuncturist ['ækjʊpʌŋktʃərɪst] *n* acupuntor *m*, -ra *f*.

acute [ə'kju:t] *adj* **-1.** [severe, extreme] agudo(da) **-2.** [perceptive, intelligent] engenhoso(sa) **-3.** [keen, sensitive] aguçado(da) **-4.** *LING*: **e ~** e agudo **-5.** *MATH* agudo(da).

ad (*abbr of* **advertisement**) *n fam* **-1.** [in newspaper] anúncio *m* **-2.** [on TV] propaganda *f*.

AD (*abbr of* **Anno Domini**) d.C.

adamant ['ædəmənt] *adj* [determined]: **to be ~ (about sthg/that)** estar inflexível (em relação a algo).

Adam's apple ['ædəmz-] *n* pomo-de-adão *m*.

adapt [ə'dæpt] ◇ *vt* adaptar. ◇ *vi*: **to ~ to sthg** adaptar-se a algo.

adaptable [ə'dæptəbl] *adj* [person] maleável.

adapter, adaptor [ə'dæptəʳ] *n ELEC* adaptador *m*.

ADAS (*abbr of* **Agricultural Development and Advisory Service**) *n organização britânica de pesquisa e consultoria para as indústrias do setor agrícola.*

add [æd] *vt* **-1.**: **to ~ sthg to sthg** adicionar algo a algo **-2.** [total] somar; **6 ~ 3 equals 9** *US* 6 mais 3 é igual a 9 **-3.** [say as an afterthought] acrescentar.

◆ **add on** *vt sep*: **to ~ sthg on (to sthg)** [to building] anexar algo (a algo); [to bill, total] incluir algo (em algo).

◆ **add to** *vt fus* [increase] aumentar.

◆ **add up** *vt sep* [total up] adicionar.

◆ **add up to** *vt fus* [represent] representar.

adder ['ædəʳ] *n* [snake] víbora *f*.

addict ['ædɪkt] *n* **-1.** [to drug, harmful substance] viciado *m*, -da *f*, dependente *mf* **-2.** [exercise, TV etc.] fanático *m*, -ca *f*.

addicted [ə'dɪktɪd] *adj* **-1.** [to drug, harmful substance]: **~ (to sthg)** viciado(da) (em algo), dependente de algo **-2.** *fig* [to exercise, TV] fanático(ca) (por algo).

addiction [ə'dɪkʃn] *n (U)* **-1.** [to drug, harmful substance] vício *m*, dependência *f*; **~ to sthg** vício em algo, dependência de algo **-2.** *fig* [to exercise, food, TV] fanatismo *m*; **~ to sthg** fanatismo por algo.

addictive [ə'dɪktɪv] *adj* **-1.** [drug, harmful substance] que vicia **-2.** *fig* [exercise, food, TV] que vicia.

addition [ə'dɪʃn] *n* **-1.** *(U) MATH* adição *f* **-2.** [extra thing] acréscimo *m* **-3.** *(U)* [act of adding] adicionamento *m*; **in ~** além disso; **in ~ to** além de.

additional [ə'dɪʃənl] *adj* [extra] adicional.

additive ['ædɪtɪv] *n* aditivo *m*.

address [ə'dres] ◇ *n* **-1.** [location] endereço *m* **-2.** [speech] discurso *m*. ◇ *vt* **-1.** [letter, parcel] endereçar **-2.** [give a speech to] discursar **-3.** [speak to, accost]: **to ~ sb as** dirigir-se a alguém como **-4.** [deal with] tratar.

address book *n* agenda *f* de endereços.

adenoids ['ædɪnɔɪdz] *npl* adenóides *fpl*.

adept ['ædept] *adj*: **to be ~ at sthg/at doing sthg** ser perito(ta) em algo/em fazer algo.

adequate ['ædɪkwət] *adj* **-1.** [sufficient] suficiente **-2.** [competent] adequado(da).

adhere [əd'hɪəʳ] *vi* **-1.** [to surface, principle]: **to ~ (to sthg)** aderir (a algo) **-2.** [to regulation, decision]: **to ~ to sthg** respeitar algo.

adhesive [əd'hi:sɪv] ◇ *adj* [sticky] adesivo(va). ◇ *n* [glue] cola *f*.

adhesive tape *n* fita *f* adesiva.

adjacent [ə'dʒeɪsənt] *adj* adjacente; **~ to sthg** adjacente a algo.

adjective ['ædʒɪktɪv] *n* adjetivo *m*.

adjoining [ə'dʒɔɪnɪŋ] ◇ *adj* [next-door] vizinho(nha). ◇ *prep* ao lado de.

adjourn [ə'dʒɜ:n] ◇ *vt* [postpone] adiar. ◇ *vi* [come to a temporary close] ser/estar suspenso(sa).

adjudicate [ə'dʒu:dɪkeɪt] *vi* [serve as judge, arbiter in contest] julgar; **to ~ on** *OR* **upon sthg** deliberar sobre algo.

adjust [ə'dʒʌst] ◇ *vt* [alter, correct] ajustar. ◇ *vi*: **to ~ (to sthg)** adaptar-se (a algo).

adjustable [ə'dʒʌstəbl] *adj* [machine, chair] regulável.

adjustment [ə'dʒʌstmənt] *n* **-1.** [to heat, speed, machine] ajuste *m* **-2.** *(U)* [change of attitude] mudança *f*; **~ to sthg** adaptação a algo.

ad lib [ˌæd'lɪb] (*pt* & *pp* **ad-libbed**, *cont* **ad-libbing**) ◇ *adj* [improvised] espontâneo(nea). ◇ *adv* [freely] de improviso. ◇ *n* [improvised joke, remark] improviso *m*.

◆ **ad-lib** *vi* [improvise] improvisar.

administer [əd'mɪnɪstəʳ] *vt* **-1.** [company, business] administrar **-2.** [justice, punishment] aplicar **-3.** [drug, medication] ministrar.

administration [ədˌmɪnɪ'streɪʃn] *n* **-1.** *(U)* [of company, business] administração *f* **-2.** *(U)* [of justice, punishment] aplicação *f*.

administrative [əd'mɪnɪstrətɪv] *adj* [job, work, staff] administrativo(va).

admirable ['ædmərəbl] *adj* admirável.

admiral ['ædmərəl] *n* almirante *mf*.

admiration [ˌædmə'reɪʃn] *n* admiração *f*.

admire [əd'maɪəʳ] *vt* **-1.** [respect, like] admirar; **to ~ sb for sthg** admirar alguém por algo **-2.** [look at with pleasure] apreciar.

admirer [əd'maɪərəʳ] *n* **-1.** [suitor] pretendente *mf* **-2.** [enthusiast, fan] fã *mf*.

admission [əd'mɪʃn] *n* **-1.** [permission to enter] admissão *f* **-2.** [cost of entrance] entrada *f* **-3.** [confession] confissão *f*.

admit [əd'mɪt] (*pt* & *pp* **-ted**, *cont* **-ting**) ◇ *vt* **-1.** [acknowledge, confess] confessar, admitir; **to ~ that** admitir que; **to ~ doing sthg** admitir/confessar ter feito algo; **to ~ defeat** *fig* dar-se por vencido(da) **-2.** [allow to enter] admitir; **to be admitted to hospital** *UK OR* **to the hospital** *US* dar entrada no hospital **-3.** [allow to join] admitir; **to ~ sb to sthg** admitir alguém em algo. ◇ *vi*: **to ~ to sthg/to doing sthg** admitir algo/fazer algo.

admittance [əd'mɪtəns] *n* [right to enter, entrance]: **'no ~'** 'entrada proibida'.

admittedly [əd'mɪtɪdlɪ] *adv* reconhecidamente.

admonish [əd'mɒnɪʃ] *vt fml* [tell off] repreender.

ad nauseam [ˌæd'nɔ:zɪæm] *adv* exaustivamente.

ado [ə'du:] *n*: **without further** *OR* **more ~** sem mais delongas *OR* preâmbulos.

adolescence [ˌædə'lesns] *n* adolescência *f*.

adolescent [ˌædə'lesnt] ◇ *adj* **-1.** [teenage] adolescente **-2.** *pej* [immature] imaturo(ra). ◇ *n* [teenager] adolescente *mf*.

adopt [ə'dɒpt] *vt* [recommendation, suggestion] aceitar.

adoption [ə'dɒpʃn] *n (U)* adoção *f*.

adore [ə'dɔ:ʳ] *vt* adorar.

adorn [ə'dɔ:n] *vt* [decorate] adornar.

adrenalin [ə'drenəlɪn] *n (U)* adrenalina *f*.

Adriatic [ˌeɪdrɪ'ætɪk] *n*: **the ~ (Sea)** o (Mar) Adriático.

adrift [ə'drɪft] ◇ *adj* [boat, ship] à deriva. ◇ *adv*: **to go ~** *fig* [go wrong] ir por água abaixo.

adult ['ædʌlt] ◇ *adj* **-1.** [mature, responsible] adulto(ta) **-2.** [for adults] para adultos, para maiores. ◇ *n* [person, animal] adulto *m*, -ta *f*.

adultery [ə'dʌltərɪ] *n (U)* adultério *m*.

advance [əd'vɑ:ns] ◇ *n* **-1.** [gen] avanço *m* **-2.** [money] adiantamento *m*. ◇ *comp* **-1.** [early] antecipado(da) **-2.** [prior]: **~ warning** aviso prévio. ◇ *vt* **-1.** [improve] progredir **-2.** [bring forward in time] adiantar **-3.** [money]: **to ~ sb sthg** adiantar algo a alguém. ◇ *vi* **-1.** [go forward] avançar **-2.** [improve] progredir.

◆ **advances** *npl*: **to make ~s to sb** [sexual] assediar alguém; [business] propor um bom negócio para alguém.

◆ **in advance** *adv* com antecedência; **to book in ~** reservar antecipadamente; **to know in ~** saber de antemão; **half an hour in ~** meia hora antes.

advanced [əd'vɑ:nst] *adj* avançado(da).

advantage [əd'vɑ:ntɪdʒ] *n* **-1.** vantagem *f*; **to be to one's ~** ser conveniente para alguém; **to have** *OR* **hold the ~ (over sb)** ter *OR* levar vantagem (sobre alguém) **-2.** *phr*: **to take ~ of sthg/sb** aproveitar-se de algo/alguém.

advent ['ædvənt] *n* [of invention, person, period] advento *m*.

◆ **Advent** *n RELIG* Advento *m*.

adventure [əd'ventʃəʳ] *n* aventura *f*; **to have no sense of ~** não ter espírito de aventura.

adventure playground *n área de lazer para crianças que oferece materiais diversos para montar e brincar.*

adventurous [əd'ventʃərəs] *adj* **-1.** [person] intrépido(da) **-2.** [life, project] aventureiro(ra) **-3.** [menu, programme etc.] atraente, interessante.

adverb ['ædvɜ:b] *n* advérbio *m*.

adverse ['ædvɜ:s] *adj* adverso(sa).

advert ['ædvɜ:t] *n UK* = **advertisement**.

advertise ['ædvətaɪz] ◇ *vt* [job, car, product] anunciar. ◇ *vi* [in newspaper, on TV, in shop window]: **they're advertising for sales representatives** estão anunciando vaga para representantes comerciais.

advertisement [əd'vɜ:tɪsmənt] *n* **-1.** [in newspaper, on TV, in shop window] anúncio *m* **-2.** *fig* [recommendation] propaganda *f*.

advertiser ['ædvətaɪzəʳ] *n* anunciante *mf*.

advertising ['ædvətaɪzɪŋ] *n (U)* **-1.** [advertisements] propaganda *f* **-2.** [industry] publicidade *f*.

advice [əd'vaɪs] *n (U)* conselho *m*; **to give sb ~** dar conselhos a alguém; **to take sb's ~** aceitar conselhos de alguém; **a piece of ~** um conselho.

advisable [əd'vaɪzəbl] *adj* aconselhável.

advise [əd'vaɪz] ◇ *vt* **-1.** [give advice to]: **to ~ sb to do sthg/not to do sthg** aconselhar alguém a fazer algo/a não fazer algo **-2.** [professionally]: **to ~ sb on sthg** assessorar alguém em algo **-3.** *fml* [inform] avisar; **to ~ sb of sthg** avisar alguém sobre algo. ◇ *vi* **-1.** [give advice]: **to ~ against sthg/against doing sthg** desaconselhar algo/a fazer algo **-2.** [act as adviser]: **to ~ on sthg** assessorar em algo.

advisedly [əd'vaɪzɪdlɪ] *adv* deliberadamente.

adviser *UK*, **advisor** *US* [əd'vaɪzəʳ] *n* assessor *m*, -ra *f*.

advisory [əd'vaɪzərɪ] *adj* [group, organization] de assessoria.

advocate [*n* 'ædvəkət, *vb* 'ædvəkeɪt] ◇ *n* **-1.** *Scot JUR* advogado *m*, -da *f* **-2.** [supporter] defensor *m*, -ra *f*. ◇ *vt fml* [recommend] defender.

Aegean [i:'dʒi:ən] *n*: **the ~ (Sea)** o (Mar) Egeu; **in the ~** no Egeu.

aerial ['eərɪəl] ◇ *adj* [of, from, in the air] aéreo(rea). ◇ *n UK* [antenna] antena *f*.

aerobics [eə'rəʊbɪks] *n (U)* aeróbica *f*, ginástica *f* aeróbica.

aerodynamic [ˌeərəʊdaɪ'næmɪk] *adj* aerodinâmico(ca).

◆ **aerodynamics** <> *n (U) SCIENCE* aerodinâmica *f.* <> *npl* [aerodynamic qualities] aerodinâmicas *f.*

aeroplane *UK* ['eərəpleɪn], **airplane** *US* ['eəɾpleɪn] *n* avião *m.*

aerosol ['eərəsɒl] *n* aerossol *m.*

aesthetic, esthetic *US* [iːs'θetɪk] *adj* estético(ca).

afar [ə'fɑːʳ] *adv*: **from ~** à distância.

affable ['æfəbl] *adj* [pleasant] afável.

affair [ə'feəʳ] *n* **-1.** [event] acontecimento *m* **-2.** [concern] assunto *m* **-3.** [extramarital relationship] caso *m.*

affect [ə'fekt] *vt* **-1.** [influence, act upon] afetar **-2.** [imitate, put on] imitar **-3.** [feign] fingir.

affection [ə'fekʃn] *n* afeição *f.*

affectionate [ə'fekʃnət] *adj* afetuoso(osa).

affirm [ə'fɜːm] *vt* afirmar.

affix [ə'fɪks] *vt* [stamp] afixar.

afflict [ə'flɪkt] *vt* afligir; **to be ~ed with sthg** sofrer de algo.

affluence ['æflʊəns] *n (U)* riqueza *f.*

affluent ['æflʊənt] *adj* rico(ca).

afford [ə'fɔːd] *vt* **-1.** [have enough money for]: **to be able to ~ sthg** poder pagar por algo **-2.** [time, energy]: **to be able to ~ the time (to do sthg)** ter tempo (para fazer algo) **-3.** [allow]: **we can't ~ to let this happen** não podemos nos dar ao luxo de deixar que isto aconteça **-4.** *fml* [provide, give] oferecer.

affront [ə'frʌnt] <> *n* afronta *f.* <> *vt* ofender.

Afghanistan [æf'gænɪstæn] *n* Afeganistão.

afield [ə'fɪəld] *adv*: **far ~** longe.

afloat [ə'fləʊt] *adj* **-1.** [above water] flutuante **-2.** *fig* [out of debt] em dia.

afoot [ə'fʊt] *adj* [present, happening] em ação.

afraid [ə'freɪd] *adj* **-1.** [frightened] assustado(da); **to be ~ (of sb/sthg)** ter medo (de alguém/algo); **to be ~ of doing** *OR* **to do sthg** ter medo de fazer algo **-2.** [reluctant, apprehensive] apreensivo(va); **to be ~ of sthg** ter medo de algo; **he was ~ of losing his job** tinha medo de perder seu emprego **-3.** [in apologies]: **to be ~ (that)** ter receio (que); **I'm ~ so/not** receio que sim/não.

afresh [ə'freʃ] *adv* novamente.

Africa ['æfrɪkə] *n* África.

African ['æfrɪkən] <> *adj* africano(na). <> *n* africano *m*, -na *f.*

aft [ɑːft] *adv* à popa *OR* ré.

after ['ɑːftəʳ] <> *prep* **-1.** [following - in time] após; [- in order] após; **~ you!** atrás de você! **-2.** [as a result of] depois **-3.** [in spite of] apesar de **-4.** *inf* [in search of, looking for] atrás de **-5.** [with the name of] em homenagem a **-6.** [directed at sb moving away] atrás de **-7.** *ART* à moda de **-8.** *US* [telling the time]: **it's twenty ~ three** são três e vinte. <> *adv* em seguida, depois. <> *conj* depois que/de; **~ she left university ...** depois que deixou/de deixar a universidade, ela ...

◆ **afters** *npl UK* sobremesa *f.*

◆ **after all** *adv* **-1.** [in spite of everything] apesar de tudo **-2.** [it should be remembered] afinal.

after-effects *npl* efeitos *mpl* secundários, conseqüências *fpl.*

afterlife ['ɑːftəlaɪf] (*pl* **-lives** [-laɪvz]) *n* vida *f* após a morte.

aftermath ['ɑːftəmæθ] *n* conseqüências *fpl.*

afternoon [ˌɑːftə'nuːn] *n* tarde *f*; **good ~** boa tarde.

◆ **afternoons** *adv esp US* à tarde.

after-sales service *n* serviço *m* pós-venda.

aftershave ['ɑːftəʃeɪv] *n* loção *f* após a barba.

aftersun (lotion) ['ɑːftəsʌn-] *n* creme *m* hidratante após o sol.

aftertaste ['ɑːftəteɪst] *n* [of food, drink] ressaibo *m*, mau sabor *m.*

afterthought ['ɑːftəθɔːt] *n* pensamento *m* a posteriori.

afterwards, afterward *US* ['ɑːftəwəd(z)] *adv* posteriormente, depois.

again [ə'gen] *adv* **-1.** [one more time] outra vez; **~ and ~** repetidas vezes; **all over ~** tudo de novo; **time and ~** mil vezes **-2.** [once more as before] de novo **-3.** [asking for information to be repeated]: **what was that ~?** o que foi mesmo que você disse? **-4.** *phr*: **half as much ~** cinqüenta por cento a mais; **(twice) as much ~** (duas) vezes mais; **come ~?** *inf* o quê?; **then** *OR* **there ~** por outro lado.

> Atenção para não confundir os advérbios *again* e *back*; o significado é semelhante, mas eles são utilizados de forma diferente. *Again* significa 'novamente' (*don't do it again or you'll be in trouble* não faça isso de novo ou vai se dar mal), enquanto *back* indica a volta a um lugar ou estado anteriores (*put it back in the closet* coloque isso de volta no armário). Associado a certos verbos, *back* também serve para expressar a idéia de 'devolução' (*give it back to me right now!* devolva isso para mim agora mesmo!).

against [ə'genst] <> *prep* **-1.** [gen] contra **-2.** [in contrast to]: **as ~** em comparação com, em vez de. <> *adv* contra.

age [eɪdʒ] (*cont* **ageing** *OR* **aging**) <> *n* **-1.** [of person, animal, thing] idade *f*; **what ~ are you?** quantos anos você tem?; **to come of ~** atingir a maioridade; **to be under ~** ser menor de idade **-2.** *(U)* [state or process of ageing - of person] idade *f*; [- of object, cheese, wine] tempo *m*; **wine improves with ~** o vinho melhora com o tempo **-3.** [stage - of person's life] idade *f*, hora *f*; [- of history] era *f.* <> *vt* envelhecer. <> *vi* envelhecer.

◆ **ages** *npl* [a long time]: **~s ago** séculos atrás; **for ~s** há séculos.

aged [eɪdʒd, *npl* 'eɪdʒɪdl] ◇ *adj* **-1.** [of the stated age] da idade de; **a person ~ 30** uma pessoa de 30 anos; **to be ~ 20** ter 20 anos (de idade) **-2.** [very old] envelhecido(da), antigo(ga). ◇ *npl*: **the ~** [the elderly] os idosos.

age group *n* grupo *m* etário.

agency ['eɪdʒənsɪ] (*pl* **-ies**) *n* **-1.** [gen] agência *f* **-2.** [government organization] órgão *m*.

agenda [ə'dʒendə] (*pl* **-s**) *n* ordem *f* do dia, expediente *m*.

Não confundir *agenda (ordem do dia, expediente)* com o português agenda que em inglês é *diary*. (*The first point on the agenda is...* O primeiro assunto da *ordem do dia* é...)

agent ['eɪdʒənt] *n* [person] agente *mf*.

aggravate ['ægrəveɪt] *vt* **-1.** [make worse] agravar **-2.** [annoy] irritar.

aggregate ['ægrɪgət] ◇ *adj* total. ◇ *n* [total] total *m*.

aggressive [ə'gresɪv] *adj* **-1.** [belligerent] agressivo(va) **-2.** [forceful - campaign] agressivo(va); [- person] audaz, empreendedor(ra).

aggrieved [ə'gri:vd] *adj* [upset, hurt] magoado(da).

aghast [ə'gɑ:st] *adj* [horrified] espantado(da); **~ at sthg** espantado(da) (com algo).

agile [*UK* 'ædʒaɪl, *US* 'ædʒəl] *adj* [body, person, mind] ágil.

agitate ['ædʒɪteɪt] ◇ *vt* **-1.** [disturb, worry] perturbar **-2.** [shake] agitar. ◇ *vi* [campaign actively]: **to ~ for/against sthg** fazer campanha pró/contra algo.

AGM (*abbr of* **annual general meeting**) *n UK* assembléia *f* geral anual *(de clube, empresa etc.)*.

agnostic [æg'nɒstɪk] ◇ *adj* agnóstico(ca). ◇ *n* agnóstico *m*, -ca *f*.

ago [ə'gəʊ] *adv* atrás; **three days ~** três dias atrás; **years/long ~** anos/tempos atrás.

Utiliza-se *ago* sempre no final de frases que indicam tempo (*half an hour ago* há meia hora). O verbo pode estar no passado simples (*the bus left 20 minutes ago* o ônibus saiu há 20 minutos) ou composto (*I was living abroad five years ago* cinco anos atrás, eu estava morando no exterior). *Ago* jamais pode ser usado com o *present perfect*.

Para perguntas, utiliza-se *how long ago* (*how long ago did you start English classes?* há quanto tempo você começou a ter aulas de inglês?).

agog [ə'gɒg] *adj* ansioso(osa), impaciente; **to be all ~ (with)** estar ansioso(sa) (com).

agonizing ['ægənaɪzɪŋ] *adj* **-1.** [decision, wait] angustiante **-2.** [pain] agonizante.

agony ['ægənɪ] (*pl* **-ies**) *n* **-1.** [physical pain] dores *fpl*, agonia *f*; **to be in ~** estar morrendo de dor **-2.** [mental pain] angústia *f*; **to be in ~** estar angustiado(da).

agony aunt *n UK inf* conselheira *f* sentimental.

agree [ə'gri:] ◇ *vi* **-1.** [concur] concordar; **to ~ with sb/sthg** concordar com alguém/algo; **to ~ on sthg** chegar a um acordo sobre algo; **to ~ about sthg** concordar sobre algo **-2.** [consent] concordar; **to ~ to sthg** concordar com algo **-3.** [statements] conferir **-4.** [food]: **to ~ with sb** combinar com alguém **-5.** *GRAMM*: **to ~ (with)** concordar (com). ◇ *vt* **-1.** [price, terms] concordar **-2.** [concur]: **to ~ that** concordar que **-3.** [arrange]: **to ~ to do sthg** combinar para fazer algo **-4.** [concede]: **to ~ (that)** concordar (que).

agreeable [ə'gri:əbl] *adj* **-1.** [weather, experience] agradável **-2.** [willing]: **to be ~ to sthg** ser favorável a algo.

agreed [ə'gri:d] *adj*: **to be ~ on sthg** estar de acordo sobre algo.

agreement [ə'gri:mənt] *n* **-1.** [accord] acordo *m*; **to be in ~ with sb/sthg** estar de acordo com alguém/algo **-2.** [settlement, contract] acordo *m* **-3.** [consent] aceitação *f* **-4.** *GRAMM* concordância *f*.

agricultural [,ægrɪ'kʌltʃərəl] *adj* agrícola.

agriculture ['ægrɪkʌltʃə[r]] *n* [farming] agricultura *f*.

aground [ə'graʊnd] *adv*: **to run ~** encalhar.

ahead [ə'hed] *adv* **-1.** [in front] à frente; **right** *OR* **straight ~** direto em frente **-2.** [forwards] em frente **-3.** [in competition, game] à frente **-4.** [indicating success]: **to get ~** ir adiante, prosperar **-5.** [in time] à frente.

◆ **ahead of** *prep* **-1.** [gen] à frente de **-2.** [in time] antes de; **~ of schedule** adiantado(da).

aid [eɪd] ◇ *n* **-1.** [help] socorro *m*, assistência *f*; **in ~ of sb/sthg** em benefício de alguém/algo; **with the ~ of sb/sthg** com a ajuda de alguém/algo **-2.** [device - for teaching, learning] ferramenta *f*; [- for walking, hearing etc.] aparelho *m*. ◇ *vt* **-1.** [help] socorrer **-2.** *JUR*: **to ~ and abet** ser cúmplice de.

AIDS, Aids (*abbr of* **acquired immune deficiency syndrome**) ◇ *n* AIDS *f*. ◇ *comp*: **~ patient** aidético *m*, -ca *f*.

aid worker *n* *pessoa que presta assistência em áreas atingidas por catástrofes ou guerras.*

ailing ['eɪlɪŋ] *adj* **-1.** [ill] doente **-2.** *fig* [economy] debilitado(da).

ailment ['eɪlmənt] *n* [illness] doença *f*.

aim [eɪm] ◇ *n* **-1.** [objective] objetivo *m* **-2.** [in firing gun, arrow] mira *f*; **to take ~ at sthg** apontar para algo. ◇ *vt* **-1.** [gun, camera]: **to ~ sthg at sb/sthg** mirar algo em alguém/algo **-2.** [plan, programme]: **to be ~ed at doing sthg** ser *OR* estar voltado(da) para algo **-3.** [remark, criticism]: **to be ~ed at sb** ser *OR* estar direcionado(da) para alguém. <> *vi* **-1.** [point weapon] mirar; **to ~ at sthg** mirar em algo **-2.** [intend]**: to ~ at** *OR* **for sthg** visar a algo; **to ~ to do sthg** pretender fazer algo.

aimless ['eɪmlɪs] *adj* [person, life, work] sem objetivo.

ain't [eɪnt] *inf* = **am not**, **are not**, **is not**, **have not**, **has not**.

air [eəʳ] <> *n* **-1.** [for breathing] ar *m* **-2.** [sky]**: to be seen from the ~** ser visto(ta) do alto *OR* de cima; **to throw sthg into the ~** mandar algo pelos ares; **by ~** [travel] de avião; **to be (up) in the ~** *fig* ser avoado(da) **-3.** [distinctive quality] ar *m* **-4.** *RADIO & TV* **: to be on the ~** estar no ar. <> *comp* aéreo(rea). <> *vt* **-1.** [washing, room, bed] arejar **-2.** [feelings, opinions] manifestar **-3.** [broadcast] anunciar. <> *vi* [washing] arejar.

airbag ['eəbæg] *n AUT* airbag *m*.

airbase ['eəbeɪs] *n* base *f* aérea.

airbed ['eəbed] *n UK* [inflatable mattress] colchão *m* inflável.

airborne ['eəbɔ:n] *adj* **-1.** [troops, regiment] transportado(da) por via aérea **-2.** [plane] em vôo.

air-conditioned [-kən'dɪʃnd] *adj* climatizado(da).

air-conditioning [-kən'dɪʃnɪŋ] *n* ar-condicionado *m*.

aircraft ['eəkrɑ:ft] (*pl inv*) *n* aeronave *f*, avião *m*.

aircraft carrier *n* porta-aviões *m inv*.

airfield ['eəfi:ld] *n* aeródromo *m*.

air force *n* força *f* aérea.

air freshener [-'freʃnəʳ] *n* purificador *m* de ar.

airgun ['eəgʌn] *n* pistola *f* de ar comprimido.

air hostess *n UK* aeromoça *f*.

airlift ['eəlɪft] <> *n* transporte *m* aéreo. <> *vt* transportar por via áerea.

airline ['eəlaɪn] *n* companhia *f* aérea.

airliner ['eəlaɪnəʳ] *n* avião *m* de passageiros.

airlock ['eəlɒk] *n* **-1.** [in tube, pipe] retentor *m* de ar **-2.** [airtight chamber] câmara *f* de compressão.

airmail ['eəmeɪl] *n* correio *m* aéreo; **by ~** por via aérea.

airplane ['eəpleɪn] *n US* = **aeroplane.**

airport ['eəpɔ:t] *n* aeroporto *m*.

airport tax *n* taxas *fpl* de embarque.

air raid *n* ataque *m* aéreo.

air rifle *n* espingarda *f* de ar comprimido.

airsick ['eəsɪk] *adj***: to be ~** estar enjoado(da).

airspace ['eəspeɪs] *n* espaço *m* aéreo.

air steward *n* comissário *m* de bordo.

airstrip ['eəstrɪp] *n* campo *m* de pouso.

air terminal *n* terminal *m* aéreo.

airtight ['eətaɪt] *adj* hermético(ca).

air-traffic controller *n* controlador *m* de tráfego aéreo.

airy ['eərɪ] (*compar* **-ier**, *superl* **-iest**) *adj* **-1.** [room] arejado(da) **-2.** [notions, promises] leviano(na) **-3.** [nonchalant] indiferente.

aisle [aɪl] *n* **-1.** [in church] nave *f* lateral **-2.** [in plane, theatre, shop] corredor *m*.

ajar [ə'dʒɑ:ʳ] *adj* [door] entreaberto(ta).

aka (*abbr of* **also known as**) também conhecido(da) como.

akin [ə'kɪn] *adj* semelhante.

alacrity [ə'lækrətɪ] *n fml* [eagerness] prontidão *f*.

alarm [ə'lɑ:m] <> *n* **-1.** [fear] susto *m* **-2.** [device] alarme *m*; **to raise** *OR* **sound the ~** dar *OR* soar o alarme. <> *vt* [scare] alarmar.

alarm clock *n* despertador *m*.

alarming [ə'lɑ:mɪŋ] *adj* alarmante.

alas [ə'læs] *excl literary* ai!

Albania [æl'beɪnjə] *n* Albânia.

Albanian [æl'beɪnjən] <> *adj* albanês(nesa). <> *n* **-1.** [person] albanês *m*, -sa *f* **-2.** [language] albanês *m*.

albeit [ɔ:l'bi:ɪt] *conj fml* embora.

alderman ['ɔ:ldəmən] (*pl* **-men** [-mən]) *n* vereador *m*.

ale [eɪl] *n* cerveja *f*.

alert [ə'lɜ:t] <> *adj* **-1.** [vigilant, aware] alerta; **to be ~ to sthg** estar alerta para algo **-2.** [perceptive] atento(ta). <> *n* [warning] alerta *f*; **on the ~** [watchful] em estado de alerta; **on ~** *MIL* em estado de alerta. <> *vt* **-1.** [warn] alertar, avisar **-2.** [make aware]**: to ~ sb to sthg** alertar alguém sobre algo.

A level (*abbr of* **Advanced level**) *n SCH exame feito ao final do ensino médio na Grã-Bretanha*

alfresco [æl'freskəʊ] *adj, adv* [meal, eat] ao ar livre.

algae ['ældʒi:] *npl* algas *fpl*.

algebra ['ældʒɪbrə] *n* álgebra *f*.

Algeria [æl'dʒɪərɪə] *n* Argélia; **in ~** na Argélia.

alias ['eɪlɪəs] (*pl* **-es**) <> *adv* vulgo. <> *n* nome *m* falso.

alibi ['ælɪbaɪ] *n* álibi *m*.

alien ['eɪljən] <> *adj* **-1.** [foreign] estrangeiro(ra) **-2.** [from outer space] alienígena **-3.** [unfamiliar] estranho(nha). <> *n* **-1.** [from outer space] alienígena *mf* **-2.** *JUR* [foreigner] estrangeiro *m*, -ra *f*.

alienate ['eɪljəneɪt] *vt* [estrange] alienar.

alight [ə'laɪt] (*pt* & *pp* **-ed** *OR* **alit**) <> *adj* [on fire] em chamas. <> *vi fml* **-1.** [land] pousar **-2.** [from train, bus] descer; **to ~ from sthg** descer de algo.

align [ə'laɪn] *vt* [line up] alinhar.

alike [ə'laɪk] <> *adj* [two people, things] semelhante, parecido(da). <> *adv* [in a similar way] de forma semelhante; **they look ~** eles são parecidos.

alimony [ˈælɪmənɪ] *n* pensão *f* (alimentícia).
alive [əˈlaɪv] *adj* [living] vivo(va); **to come ~** ganhar vida.
alkali [ˈælkəlaɪ] (*pl* **-s** *OR* **-es**) *n* álcali *m*.
all [ɔ:l] ◇ *adj* **-1.** [with singular noun] todo(da); **~ the money** o dinheiro todo; **~ the time** sempre; **we were out ~ day** estivemos fora o dia inteiro **-2.** [with plural noun] todos(das); **~ the houses** todas as casas; **~ trains stop at Trenton** todos os trens param em Trenton. ◇ *adv* **-1.** [completely] completamente; **~ alone** completamente só **-2.** [in scores]: **it's two ~** dois a dois *(empate)* **-3.** [in phrases]: **~ but empty** quase vazio(zia); **~ over** [finished] terminado(da). ◇ *pron* **-1.** [everything] tudo; [people, things] todos *mpl*, -das *fpl*; **is that ~?** [in store] mais alguma coisa?; **the best of ~** o melhor de todos **-2.** [everybody] todos, todo o mundo; **~ of us went** fomos todos **-3.** [in phrases]: **can I help you at ~** posso ajudar em alguma coisa?; **in ~** [in total] ao todo; **in ~ it was a great success** resumindo, foi um grande êxito.

> Atenção para não confundir ***all***, ***each*** e ***every***. ***All*** é o único desses adjetivos que pode acompanhar substantivos flexionados ou não (***all students***; ***all money***); pode também acompanhar substantivos no singular, quando expressam um período de tempo (***all day***). ***Each*** e ***every*** são utilizados somente com substantivos no singular (***each person; every town).***
>
> ***All*** e ***each*** são também pronomes (***I want all of it; we got one each***) e ambos podem acompanhar pronomes pessoais, como ***we***, ***you***, ***they*** etc. (***we all went swimming***; ***I gave them one each***).
>
> Ver também **cada** no lado Português-Inglês do dicionário.

Allah [ˈælə] *n* Alá *m*.
all-around *adj US* = **all-round**.
allay [əˈleɪ] *vt fml* **-1.** [calm] abrandar **-2.** [solve, settle] dirimir.
all clear *n* **-1.** [signal] *sinal de fim de estado de alerta* **-2.** *fig* [go-ahead] permissão *f* para prosseguir.
allegation [ˌælɪˈgeɪʃn] *n* alegação *f*.
allege [əˈledʒ] *vt* [claim] alegar; **to ~ that** alegar que.
allegedly [əˈledʒɪdlɪ] *adv* supostamente.
allergic [əˈlɜ:dʒɪk] *adj* alérgico(ca); **~ to sthg** *lit & fig* alérgico(ca) a algo.
allergy [ˈælədʒɪ] (*pl* **-ies**) *n* alergia *f*; **to have an ~ to sthg** ter alergia a algo.
alleviate [əˈli:vɪeɪt] *vt* [ease] aliviar.
alley(way) [ˈælɪ(weɪ)] *n* [narrow path] beco *m*.
alliance [əˈlaɪəns] *n* **-1.** [agreement] acordo *m* **-2.** [union] aliança *f*.
allied [ˈælaɪd] *adj* **-1.** [powers, troops] aliado(da) **-2.** [related] relacionado(da).
alligator [ˈælɪgeɪtəʳ] (*pl inv OR* **-s**) *n* aligátor *m*.
all-important *adj* [crucial] crucial.
all-in *adj UK* [price] tudo incluído.
◆ **all in** ◇ *adj inf* [tired] exausto(ta). ◇ *adv UK* [inclusive] com extras incluído.
all-night *adj* [party, vigil, session] que dura toda a noite; [chemist's, shop] 24 horas.
allocate [ˈæləkeɪt] *vt*: **to ~ sthg to sb/sthg** [money, resources, items] alocar algo para alguém/algo; [task] atribuir algo para alguém/algo.
allot [əˈlɒt] (*pt & pp* **-ted**, *cont* **-ting**) *vt* [allocate - task] distribuir; [- money, resources] repartir; [- time] dedicar.
allotment [əˈlɒtmənt] *n* **-1.** *UK* [garden] lote *m* **-2.** [sharing out - of tasks, resources] distribuição *f*; [- of money] partilha *f*; [- of time] dedicação *f* **-3.** [share - of money, resources] cota *f*; [- of time] alocação *f*.
all-out *adj* [effort] supremo(ma); [war] total; [attack] resoluto(ta).
allow [əˈlaʊ] *vt* **-1.** [permit] permitir; **to ~ sb to do sthg** permitir *OR* deixar alguém fazer algo **-2.** [allocate] destinar **-3.** [admit]: **to ~ (that)** admitir que.
◆ **allow for** *vt fus* levar em conta *OR* consideração.
allowance [əˈlaʊəns] *n* **-1.** [grant] subsídio *m*, auxílio *m* **-2.** *US* [pocket money] mesada *f* **-3.** [excuse]: **to make ~s for sb/sthg** fazer concessões para alguém *OR* algo.
alloy [ˈælɔɪ] *n* [metal] liga *f*.
all right ◇ *adv* **-1.** [gen] bem **-2.** [indicating agreement] sim, o.k. **-3.** [do you understand?]: **all right?** certo? **-4.** [now then] certo, o.k. ◇ *adj* **-1.** [healthy, unharmed]: **to be ~** estar bem **-2.** *inf* [acceptable, satisfactory]: **how was the film? ~, I suppose** como foi o filme? - legal, imagino; **sorry I'm late - that's ~** desculpe, estou atrasada - não tem importância **-3.** [permitted]: **is it ~ if ...?** tudo bem se ...?, posso ...?
all-round *UK*, **all-around** *US adj* [athlete, worker] versátil.
all-terrain vehicle *n* (veículo) *m* fora-de-estrada *m*.
all-time *adj* [record, best]: **it was an ~ record** foi um recorde insuperável; **one of the ~ greatest songs** uma das melhores canções de todos os tempos.
allude [əˈlu:d] *vi*: **to ~ to sthg** aludir a algo.
alluring [əˈljʊərɪŋ] *adj* [attractive] fascinante, encantador(ra).
allusion [əˈlu:ʒn] *n* [reference] alusão *f*.
ally [*n* ˈælaɪ, *vb* əˈlaɪ] (*pl* **-ies**, *pt & pp* **-ied**) ◇ *n* **-1.** *MIL & POL* aliado *m*, -da *f* **-2.** [associate, helper] associado *m*, -da *f*. ◇ *vt*: **to ~ o.s. with sb** aliar-se a alguém.

almighty [ɔ:l'maɪtɪ] *adj inf* [enormous] enorme.
almond ['ɑ:mənd] *n* [nut] amêndoa *f*.
almost ['ɔ:lməʊst] *adv* quase, praticamente.
alms [ɑ:mz] *npl dated* esmola *f*.
aloft [ə'lɒft] *adv* [in the air] no ar, nas alturas.
alone [ə'ləʊn] <> *adj* [without others] só, sozinho(nha). <> *adv* **-1.** [without others] só **-2.** [only] somente, só; **he ~ knows the answer** só *OR* somente ele sabe a resposta **-3.** [untouched, unchanged]: **to leave sthg ~** deixar algo em paz, parar de mexer em algo; **leave me ~!** deixe-me em paz!
◆ **let alone** *conj* sem falar em.
along [ə'lɒŋ] <> *adv*: **they went ~ to the demonstration** eles foram *OR* se dirigiram para a demonstração; **she insisted on coming ~** ela insistiu em vir junto *OR* também; **I took her ~ to the concert** levei-a comigo ao concerto. <> *prep* **-1.** [from one end to the other] ao longo de **-2.** [beside] ao lado de, junto de **-3.** [in] em.
◆ **all along** *adv* o tempo todo.
◆ **along with** *prep* junto com.
alongside [ə,lɒŋ'saɪd] <> *prep* [next to] junto a; [beside] ao lado de. <> *adv* lado a lado.
aloof [ə'lu:f] <> *adj* [reserved] reservado(da). <> *adv* [distant]: **to remain ~ (from sthg)** ficar indiferente (a algo).
aloud [ə'laʊd] *adv* alto, em voz alta.
alphabet ['ælfəbet] *n* alfabeto *m*.
alphabetical [,ælfə'betɪkl] *adj* alfabético(ca).
Alps [ælps] *npl*: **the ~** os Alpes.
already [ɔ:l'redɪ] *adv* já.
alright [,ɔ:l'raɪt] *adv & adj* = **all right**.
also ['ɔ:lsəʊ] *adv* [as well] também.
altar ['ɔ:ltə^r] *n* altar *m*.
alter ['ɔ:ltə^r] <> *vt* [change, modify] alterar. <> *vi* alterar-se.
alteration [,ɔ:ltə'reɪʃn] *n* **-1.** [act of changing] alteração *f*, modificação *f* **-2.** [change] alteração *f*, mudança *f*.
alternate [*adj UK* ɔ:l'tɜ:nət, *US* 'ɒ:ltərnət, *vb* 'ɔ:ltərneɪt] <> *adj* alternado(da). <> *vt* alternar. <> *vi*: **to ~ (with)** alternar (com); **to ~ between sthg and sthg** alternar entre uma coisa e outra.
alternately [ɔ:l'tɜ:nətlɪ] *adv* [by turns] alternadamente.
alternating current ['ɔ:ltəneɪtɪŋ-] *n ELEC* corrente *f* alternada.
alternative [ɔ:l'tɜ:nətɪv] <> *adj* alternativo(va). <> *n* alternativa *f*; **an ~ to sb/sthg** uma alternativa a alguém/algo; **to have no ~ (but to do sthg)** não ter alternativa (a não ser fazer algo).
alternatively [ɔ:l'tɜ:nətɪvlɪ] *adv* por outro lado, de outro modo.
alternative medicine *n* medicina *f* alternativa.
alternator ['ɔ:ltəneɪtə^r] *n ELEC* alternador *m*.
although [ɔ:l'ðəʊ] *conj* embora, apesar de.
altitude ['æltɪtju:d] *n* altitude *f*.
altogether [,ɔ:ltə'geðə^r] *adv* **-1.** [completely] completamente, totalmente **-2.** [in general] de modo geral, no geral **-3.** [in total] ao todo, no total.
aluminium *UK* [,æljʊ'mɪnɪəm], **aluminum** *US* [ə'lu:mɪnəm] <> *n* alumínio *m*. <> *comp* de alumínio.
alumnus [ə'lʌmnəs] (*pl* **-ni** [-naɪ]) *n* ex-aluno *m*, -na *f*.
always ['ɔ:lweɪz] *adv* sempre.
am [æm] *vb* ▷ **be**.
a.m. **(ante meridiem)**: **at three ~** às três da manhã.
AM (*abbr of* **amplitude modulation**) *n* **-1.** AM *f*. **-2.** (*abbr of* **Master of Arts**) *(titular de) diploma de mestre em ciências humanas nos Estados Unidos*.
amalgamate [ə'mælgəmeɪt] <> *vt* [unite] amalgamar, misturar. <> *vi* [unite] unir-se.
amass [ə'mæs] *vt* [fortune, power, information] acumular.
amateur ['æmətə^r] <> *adj* amador(ra). <> *n* amador *m*, -ra *f*.
amateurish [,æmə'tɜ:rɪʃ] *adj pej* [unprofessional] malfeito(ta), mal-acabado(da).
amaze [ə'meɪz] *vt* [astonish] surpreender, assombrar.
amazed [ə'meɪzd] *adj* surpreso(sa), assombrado(da).
amazement [ə'meɪzmənt] *n* surpresa *f*, assombro *m*.
amazing [ə'meɪzɪŋ] *adj* [incredible] incrível, surpreendente.
Amazon ['æməzn] *n* **-1.** [river]: **the ~** o Amazonas **-2.** [region]: **the ~ (Basin)** a bacia amazônica; **the ~ rainforest** a floresta amazônica **-3.** [woman] amazona *f*.
ambassador [æm'bæsədə^r] *n* embaixador *m*, -ra *f*.
amber ['æmbə^r] *n* **-1.** [substance] âmbar *m* **-2.** *UK* [colour of traffic light] amarelo *m*.
ambiguous [æm'bɪgjʊəs] *adj* ambíguo(gua).
ambition [æm'bɪʃn] *n* ambição *f*.
ambitious [æm'bɪʃəs] *adj* ambicioso(sa).
amble ['æmbl] *vi* [walk] passear.
ambulance ['æmbjʊləns] *n* ambulância *f*.
ambush ['æmbʊʃ] <> *n* emboscada *f*. <> *vt* [attack] emboscar.
amenable [ə'mi:nəbl] *adj*: **~ (to sthg)** receptivo(va) (a algo).
amend [ə'mend] *vt* [change] emendar, corrigir.
◆ **amends** *npl*: **to make ~s (for sthg)** compensar (por algo).
amendment [ə'mendmənt] *n* **-1.** [change] cor-

reção *f* **-2.** [act of changing] emenda *f*.

amenities [əˈmi:nətɪz] *npl* comodidades *fpl*, conforto *m*.

America [əˈmerɪkəl] *n* América, Estados Unidos (da América); **in ~** na América, nos Estados Unidos (da América).

American [əˈmerɪknl] ◇ *adj* americano(na), estadunidense. ◇ *n* americano *m*, -na *f*, estadunidense *mf*.

American football *n UK* futebol *m* americano.

American Indian *n* ameríndio *m*.

amiable [ˈeɪmjəbl] *adj* [pleasant, likable] amável.

amicable [ˈæmɪkəbl] *adj* [friendly] amigável.

amid(st) [əˈmɪd(st)] *prep fml* [among] entre, no meio de.

amiss [əˈmɪs] ◇ *adj* [wrong] errado(da). ◇ *adv* [wrongly]: **to take sthg ~** levar algo a mal.

ammonia [əˈməʊnjəl] *n* [liquid] amônia *f*; [gas] amoníaco *m*.

ammunition [ˌæmjʊˈnɪʃn] *n* **-1.** [bombs, bullets] munição *f* **-2.** *fig* [information, argument] argumento *m*.

amnesia [æmˈni:zjə] *n* amnésia *f*.

amnesty [ˈæmnəstɪ] (*pl* **-ies**) *n* anistia *f*.

amok [əˈmɒk] *adv*: **to run ~** *correr cega e furiosamente com o intuito de matar*.

among(st) [əˈmʌŋ(st)] *prep* **-1.** [surrounded by, in middle of] no meio de, entre **-2.** [within, between, included in] entre.

amoral [ˌeɪˈmɒrəl] *adj* [person, behaviour] amoral.

amorous [ˈæmərəs] *adj* amoroso(sa).

amount [əˈmaʊnt] *n* **-1.** [quantity] quantidade *f*, volume *m* **-2.** [sum of money] quantia *f*.

◆ **amount to** *vt fus* **-1.** [total] totalizar, atingir a quantia de **-2.** [be equivalent to] equivaler.

amp *n* (*abbr of* **ampere**) A.

ampere [ˈæmpeəʳ] *n* ampère *m*.

amphibious [æmˈfɪbɪəs] *adj* [animal, vehicle] anfíbio(bia).

ample [ˈæmpl] *adj* **-1.** [enough] suficiente **-2.** [large] amplo(pla).

amplifier [ˈæmplɪfaɪəʳ] *n* [for radio, stereo] amplificador *m*.

amputate [ˈæmpjʊteɪt] ◇ *vt* [limb] amputar. ◇ *vi* [perform amputation] amputar.

Amsterdam [ˌæmstəˈdæm] *n* Amsterdã; **in ~** em Amsterdã.

Amtrak [ˈæmtræk] *n empresa pública de trens mais importante dos Estados Unidos no transporte de passageiros*.

amuck [əˈmʌk] *adv* = **amok**.

amuse [əˈmju:z] *vt* **-1.** [cause to laugh, smile] divertir **-2.** [entertain] entreter; **to ~ o.s. (by doing sthg)** entreter-se (fazendo algo).

amused [əˈmju:zd] *adj* **-1.** [entertained, delighted] divertido(da), entretido(da); **to be ~ at** *or* **by sthg** estar entretido(da) com algo **-2.** [entertained]: **to keep o.s. ~** entreter-se.

amusement [əˈmju:zmənt] *n* **-1.** [enjoyment] divertimento *m* **-2.** [diversion, game] diversão *f*, entretenimento *m*.

amusement arcade *n* fliperama *m*.

amusement park *n* parque *m* de diversões.

amusing [əˈmju:zɪŋ] *adj* [funny] divertido(da).

an [*stressed* æn, *unstressed* ən] *indef art* ▷ a^2.

anabolic steroid [ˌænəˈbɒlɪk-] *n* esteróide *m* anabólico *or* anabolizante.

anaemic *UK*, **anemic** *US* [əˈni:mɪk] *adj* [suffering from anaemia] anêmico(ca).

anaesthetic *UK*, **anesthetic** *US* [ˌænɪsˈθetɪk] *n* anestésico *m*; **under ~** anestesiado(da).

analogue, analog *US* [ˈænəlɒg] *adj* [watch, clock] analógico(ca).

analogy [əˈnælədʒɪ] (*pl* **-ies**) *n* [similarity] analogia *f*; **by ~** por analogia.

analyse *UK*, **analyze** *US* [ˈænəlaɪz] *vt* [examine] analisar.

analysis [əˈnæləsɪs] (*pl* **analyses** [əˈnæləsi:z]) *n* análise *f*.

analyst [ˈænəlɪst] *n* **-1.** [political, computer, statistics] analista *mf* **-2.** [psychoanalyst] psicanalista *mf*.

analytic(al) [ˌænəˈlɪtɪk(l)] *adj* [person, study, approach] analítico(ca).

analyze *vt US* = **analyse**.

anarchist [ˈænəkɪst] *n POL* anarquista *mf*.

anarchy [ˈænəkɪ] *n* [lawlessness, disorder] anarquia *f*.

anathema [əˈnæθəmə] *n* [object of dislike, disapproval] anátema *m*.

anatomy [əˈnætəmɪ] (*pl* **-ies**) *n* anatomia *f*.

ANC (*abbr of* **African National Congress**) *n* Congresso *m* Nacional Africano.

ancestor [ˈænsestəʳ] *n* [person] ancestral *mf*, antepassado *m*, -da *f*.

anchor [ˈæŋkəʳ] ◇ *n* **-1.** *NAUT* âncora *f*; **to drop/weigh ~** lançar/içar âncora **-2.** *TV* [presenter] âncora *mf*. ◇ *vt* **-1.** [secure] assegurar **-2.** *TV* [present] apresentar. ◇ *vi NAUT* ancorar.

anchovy [ˈæntʃəvɪ] (*pl inv or* **-ies**) *n* anchova *f*.

ancient [ˈeɪnʃənt] *adj* **-1.** [dating from distant past] antigo(ga) **-2.** *hum* [very old] pré-histórico(ca).

ancillary [ænˈsɪlərɪ] *adj* [staff, workers, device] auxiliar.

and [*strong form* ænd, *weak form* ənd, ən] *conj* **-1.** [as well as, in addition to] e **-2.** [in numbers] e **-3.** *(with infinitive)* [in order to]: **come ~ see!** venha ver!; **try ~ come!** tente vir!; **to wait ~ see** esperar para ver.

◆ **and all that** *adv* e (todas) essas coisas.

◆ **and so on, and so forth** *adv* e assim por diante.

Andes ['ændi:z] *n*: **the ~** os Andes; **in ~** nos Andes.

Andorra [æn'dɔ:rə] *n* Andorra.

anecdote ['ænɪkdəʊt] *n* anedota *f*.

anemic *adj* **US = anaemic.**

anesthetic *etc. n* **US = anaesthetic etc.**

anew [ə'nju:] *adv* novamente.

angel ['eɪndʒəl] *n* **-1.** RELIG anjo *m* **-2.** *fig inf* [delightful person] anjo *m*.

anger ['æŋgə^r] ◇ *n* raiva *f*. ◇ *vt* irritar, zangar.

angina [æn'dʒaɪnə] *n* angina *f*.

angle ['æŋgl] *n* **-1.** MATH ângulo *m* **-2.** [corner] canto *m*, ângulo *m* **-3.** [point of view] ângulo *m* **-4.** [slope] ladeira *f*; **at an ~** [aslant] em ângulo.

Anglepoise (lamp)® ['æŋglpɔɪz-] *n* luminária *f* de mesa *(flexível)*.

angler ['æŋglə^r] *n* pescador *m*, -ra *f* (de linha e anzol).

Anglican ['æŋglɪkən] ◇ *adj* anglicano(na). ◇ *n* anglicano *m*, -na *f*.

angling ['æŋglɪŋ] *n* [fishing] pesca *f* (com linha e anzol).

angry ['æŋgrɪ] (*compar* **-ier**, *superl* **-iest**) *adj* zangado(da), furioso(sa); **to be ~ (with sb)** estar zangado(da) (com alguém); **to get ~ (with sb)** zangar-se (com alguém).

anguish ['æŋgwɪʃ] *n* angústia *f*.

angular ['æŋgjʊlə^r] *adj* [face, jaw, body] angular.

animal ['ænɪml] ◇ *adj* animal. ◇ *n* **-1.** [living creature] animal *m* **-2.** *inf pej* [brutal person] animal *m*.

animate ['ænɪmət] *adj* animado(da).

animated ['ænɪmeɪtɪd] *adj* animado(da).

aniseed ['ænɪsi:d] *n* semente *f* de anis.

ankle ['æŋkl] ◇ *n* tornozelo *m*. ◇ *comp*: **~ deep** até o tornozelo.

annex ['æneks] *vt* anexar.

annexe ['æneks] *n* [building] anexo *m*.

annihilate [ə'naɪəleɪt] *vt* [destroy] aniquilar.

anniversary [ˌænɪ'vɜ:sərɪ] (*pl* **-ies**) *n* aniversário *m (de casamento, de independência etc.)*.

announce [ə'naʊns] *vt* anunciar.

announcement [ə'naʊnsmənt] *n* [public statement] anúncio *m*.

announcer [ə'naʊnsə^r] *n*: **television/radio ~** locutor de televisão/rádio.

annoy [ə'nɔɪ] *vt* [irritate] irritar, amolar.

annoyance [ə'nɔɪəns] *n* irritação *f*, aborrecimento *m*.

annoyed [ə'nɔɪd] *adj* irritado(da); **to be ~ at sthg** estar irritado(da) com algo; **to be ~ with sb** estar irritado(da) com alguém; **to get ~** irritar-se.

annoying [ə'nɔɪɪŋ] *adj* irritante.

annual ['ænjʊəl] ◇ *adj* anual. ◇ *n* **-1.** [plant] planta *f* sazonal **-2.** [book] anuário *m*, publicação *f* anual.

annual general meeting *n* reunião *f* geral anual.

annul [ə'nʌl] (*pt* & *pp* **-led**, *cont* **-ling**) *vt* anular, invalidar.

annulment [ə'nʌlmənt] *n* anulação *f*.

annum ['ænəm] *n*: **per ~** por ano.

anomaly [ə'nɒməlɪ] (*pl* **-ies**) *n* [different thing, person] anomalia *f*.

anonymous [ə'nɒnɪməs] *adj* anônimo(ma).

anorak ['ænəræk] *n esp UK* anoraque *m*.

anorexia (nervosa) [ˌænə'reksɪə(nɜ:'vəʊsə)] *n* anorexia *f* nervosa.

anorexic [ˌænə'reksɪk] ◇ *adj* anoréxico(ca). ◇ *n* anoréxico *m*, -ca *f*.

another [ə'nʌðə^r] ◇ *adj* **-1.** [additional] outro(tra); **in ~ few minutes ...** dentro de alguns minutos ... **-2.** [different] outro(tra). ◇ *pron* **-1.** [an additional one] outro *m*, -tra *f*; **one after ~** um(a) depois do(da) outro(tra) **-2.** [a different one] outro *m*, -tra *f*; **to argue with one ~** discutir um com o outro/uma com a outra; **to love one ~** amar-se.

Ver **se** no lado Português-Inglês do dicionário.

answer ['ɑ:nsə^r] ◇ *n* [reply] resposta *f*; **in ~ to sthg** em resposta a algo. ◇ *vt* **-1.** responder **-2.** [respond to]: **to ~ the door/phone** atender a porta/o telefone. ◇ *vi* [reply] responder.

◆ **answer back** ◇ *vt sep* retrucar. ◇ *vi* retrucar.

◆ **answer for** *vt fus* responder por.

answerable ['ɑ:nsərəbl] *adj* [accountable] responsável; **~ to sb** adequado(da) a alguém; **~ for sthg** responsável por algo.

answering machine, answerphone ['ɑ:nsərɪŋ-] *n* secretária *f* eletrônica.

ant [ænt] *n* formiga *f*.

antagonism [æn'tægənɪzm] *n* antagonismo *m*.

antagonize, -ise [æn'tægənaɪz] *vt* hostilizar.

Antarctic [æn'tɑ:ktɪk] *n*: **the ~** o Antártico.

antelope ['æntɪləʊp] (*pl inv* OR **-s**) *n* antílope *m*.

antenatal [ˌæntɪ'neɪtl] *adj* pré-natal.

antenatal clinic *n* clínica *f* pré-natal.

antenna [æn'tenə] (*pl sense 1* **-nae** [-ni:], *pl sense 2* **-s**) *n* **-1.** [of insect, lobster] antena *f* **-2.** *US* [aerial] antena *f*.

anthem ['ænθəm] *n* [song, hymn] hino *m*.

anthology [æn'θɒlədʒɪ] (*pl* **-ies**) *n* antologia *f*.

antibiotic [ˌæntɪbaɪ'ɒtɪk] *n* [medicine] antibiótico *m*.

antibody ['æntɪˌbɒdɪ] (*pl* **-ies**) *n* BIOL anticorpo *m*.

anticipate [æn'tɪsɪpeɪt] *vt* **-1.** [expect, experience prematurely] prever **-2.** [preempt] antecipar-se a.

anticipation [æn,tɪsɪ'peɪʃn] *n* **-1.** [advance action] antecipação *f* **-2.** [expectation] expectativa *f*; **in ~ of** na expectativa de **-3.** [foresight] pressentimento *m*.

anticlimax [æntɪ'klaɪmæks] *n* [disappointment] anticlímax *m*.

anticlockwise *UK* [,æntɪ'klɒkwaɪz] ◇ *adj* [direction] em sentido anti-horário. ◇ *adv* em sentido anti-horário.

antics ['æntɪks] *npl* **-1.** [of children, animals] palhaçadas *fpl* **-2.** *pej* [of politician etc.] trapaças *fpl*.

anticyclone [,æntɪ'saɪkləʊn] *n* METEOR anticiclone *m*.

antidepressant [,æntɪdɪ'presnt] ◇ *adj* antidepressivo(va). ◇ *n* [drug] antidepressivo *m*.

antidote ['æntɪdəʊt] *n* **-1.** [drug, medicine] antídoto *m*; **~ to sthg** antídoto contra algo **-2.** *fig* [relief] antídoto.

antifreeze ['æntɪfri:z] *n* anticongelante *m*.

antihistamine [,æntɪ'hɪstəmɪn] ◇ *adj* anti-histamínico(ca). ◇ *n* anti-histamínico *m*.

antiperspirant [,æntɪ'pɜ:spərənt] *n* desodorante *m*.

antiquated ['æntɪkweɪtɪd] *adj* antiquado(da).

antique [æn'ti:k] ◇ *adj* [furniture, object] antigo(ga). ◇ *n* [piece of furniture, object] antiguidade *f*.

antique shop *n* loja *f* de antiguidades.

anti-Semitism [,æntɪ'semɪtɪzm] *n* anti-semitismo *m*.

antiseptic [,æntɪ'septɪk] ◇ *adj* anti-séptico(ca). ◇ *n* anti-séptico *m*.

antisocial [,æntɪ'səʊʃl] *adj* anti-social.

antivirus software [,æntɪ'vaɪrəs-] *n* COMPUT antivírus *m inv*.

antlers ['æntləz] *npl* cornos *mpl*.

anus ['eɪnəs] *n* ânus *m*.

anvil ['ænvɪl] *n* bigorna *f*.

anxiety [æŋ'zaɪətɪ] (*pl* **-ies**) *n* **-1.** [worry] ansiedade *f* **-2.** [cause of worry] angústia *f* **-3.** [keenness] anseio *m*.

anxious ['æŋkʃəs] *adj* **-1.** [worried] preocupado(da); **to be ~ about sb/sthg** estar preocupado(da) com alguém/algo **-2.** [keen]: **to be ~ to do sthg** estar ansioso(sa) por fazer algo; **to be ~ that** estar ansioso(sa) para que.

any ['enɪ] ◇ *adj* **-1.** *(with negative)* nenhum (ma); **I haven't got ~ money** não tenho dinheiro nenhum; **he never does ~ work** ele nunca faz trabalho algum **-2.** [some] *(with sg n)* algum(ma); *(with pl n)* alguns(mas); **can I be of ~ help?** posso ajudar (em algo)?; **have you got ~ money?** você tem algum dinheiro? **-3.** [no matter which] qualquer; **~ box will do** qualquer caixa serve. ◇ *pron* **-1.** *(with negative)* nenhum(ma); **I didn't buy ~ of them** não comprei nenhum deles **-2.** [some] algum(ma); **do you have ~?** você tem (algum)? **-3.** [no matter which one or ones] qualquer um (uma); **take ~ you like** pegue qualquer um que você queira. ◇ *adv* **-1.** *(with negative)*: **I don't want it ~ more** não quero mais isto; **I can't stand it ~ longer** não agüento mais isto **-2.** [some, a little] um pouco; **is that ~ better/different?** está um pouco melhor/diferente?

anybody ['enɪ,bɒdɪ] *pron* = **anyone**.

anyhow ['enɪhaʊ] *adv* **-1.** [in spite of that] assim mesmo **-2.** [carelessly] de qualquer jeito **-3.** [returning to topic in conversation] seja como for.

anyone ['enɪwʌn] *pron* **-1.** *(in negative statements)* ninguém **-2.** *(in questions)* alguém **-3.** [someone] alguém **-4.** [any person] qualquer pessoa.

anyplace *adv US* = **anywhere**.

anything ['enɪθɪŋ] *pron* **-1.** *(in negative statements)* nada **-2.** *(in questions)* algo **-3.** [something] algo, qualquer coisa **-4.** [any object, event] qualquer coisa.

anyway ['enɪweɪ] *adv* [in any case] de qualquer forma.

anywhere ['enɪweə^r], **anyplace** *US* ['enɪpleɪs] *adv* **-1.** *(in negative statements)* nenhum lugar **-2.** *(in questions)* em/a algum lugar **-3.** [any place] (em) qualquer lugar.

apart [ə'pɑ:t] *adv* **-1.** [separated in space] à parte, separadamente, distante; **we're living ~** estamos vivendo separados; **the houses were only a few yards ~ from each other** as casas ficavam a apenas algumas jardas de distância uma da outra; **I had to keep them ~** eu tinha que mantê-los à distância **-2.** [to pieces] em pedaços **-3.** [aside, excepted] à parte.

◆ **apart from** ◇ *prep* [except for] exceto, a não ser (por). ◇ *conj* [in addition to] além de.

apartheid [ə'pɑ:theɪt] *n* apartheid *m*.

apartment [ə'pɑ:tmənt] *n* apartamento *m*.

apartment building *n* prédio *m* de apartamentos.

apathy ['æpəθɪ] *n* apatia *f*.

ape [eɪp] ◇ *n* [animal] macaco *m*, -ca *f*. ◇ *vt* *pej* [imitate] imitar.

aperitif [əperə'ti:f] *n* aperitivo *m*.

aperture ['æpə,tjʊə^r] *n* abertura *f*.

apex ['eɪpeks] (*pl* **-es** OR **apices**) *n* [top] ápice *m*.

Apex (*abbr of* **advance purchase excursion**) *n* *UK passagem comprada com antecedência e que oferece descontos.*

apices ['eɪpɪsi:z] *pl* ▷ **apex**.

apiece [ə'pi:s] *adv* [each] cada.

apocalypse [ə'pɒkəlɪps] *n* apocalipse *m*.

apologetic [ə,pɒlə'dʒetɪk] *adj* arrependido(da); **to be ~ about sthg** estar arrependido(da) em relação a algo, desculpar-se por algo.

apologize, -ise [ə'pɒlədʒaɪz] *vi* [say sorry]: **to ~**

to sb for sthg pedir desculpas a alguém por algo.

apology [əˈpɒlədʒɪ] (*pl* **-ies**) *n* [spoken, written] desculpa *f*.

apostle [əˈpɒsl] *n RELIG* apóstolo *m*.

apostrophe [əˈpɒstrəfɪ] *n GRAMM* apóstrofe *f*.

appal (*UK pt* & *pp* **-led**, *cont* **-ling**), **appall** *US* [əˈpɔːl] *vt* [shock deeply] horrorizar.

appalling [əˈpɔːlɪŋ] *adj* **-1.** [shocking] espantoso(sa) **-2.** *inf* [very bad] terrível.

apparatus [ˌæpəˈreɪtəs] (*pl inv OR* **-es**) *n* **-1.** [equipment] aparelho *m* **-2.** [system, organization] organização *f*.

apparel [əˈpærəl] *n US* traje *m*.

apparent [əˈpærənt] *adj* aparente.

apparently [əˈpærəntlɪ] *adv* aparentemente.

appeal [əˈpiːl] <> *vi* **-1.** [request] apelar; **to ~ to sb for sthg** apelar a alguém por algo **-2.** [to sb's honour, common sense]: **to ~ to sthg** apelar para algo **-3.** [contest a decision or verdict] recorrer; **to ~ against sthg** recorrer contra algo **-4.** [attract, interest]: **to ~ (to sb)** agradar a alguém. <> *n* **-1.** [request] apelo *m* **-2.** [contesting a decision or verdict] apelação *m* **-3.** [charm, interest] encanto *m*.

appealing [əˈpiːlɪŋ] *adj* [attractive] encantador(ra).

appear [əˈpɪəʳ] <> *vi* **-1.** [gen] aparecer **-2.** [act] atuar **-3.** *JUR* comparecer. <> *vt* [seem]: **to ~ to be/do sthg** aparentar ser/fazer algo; **it would ~ that ...** pareceria que.

appearance [əˈpɪərəns] *n* **-1.** [arrival] chegada *f* **-2.** [becoming visible - of person] aparecimento *m*; [- of object] chegada *f*; [- of rash etc. on skin] surgimento *m*; **to make an ~** aparecer **-3.** [outward aspect] aparência *f* **-4.** [bodily features] aspecto *m* **-5.** [in play, film, on TV] participação *f*.

appease [əˈpiːz] *vt* **-1.** [placate] apaziguar **-2.** [satisfy] saciar.

append [əˈpend] *vt fml* [add]: **to ~ sthg (to sthg)** anexar algo a algo.

appendices [əˈpendɪsiːz] *pl* ▷ **appendix**.

appendicitis [əˌpendɪˈsaɪtɪs] *n* apendicite *f*.

appendix [əˈpendɪks] (*pl* **-dixes** *OR* **-dices**) *n* apêndice *m*; **to have one's ~ out** *OR* **removed** sofrer a remoção do apêndice.

appetite [ˈæpɪtaɪt] *n* **-1.** [for food] apetite *m*; **~ for sthg** desejo por algo **-2.** *fig* [enthusiasm]: **~ for sthg** gosto por algo.

appetizer, -iser [ˈæpɪtaɪzəʳ] *n* [food] entrada *f*; [drink] aperitivo *m*.

appetizing, -ising [ˈæpɪtaɪzɪŋ] *adj* [food] apetitoso(sa).

applaud [əˈplɔːd] <> *vt* **-1.** [clap for] aplaudir **-2.** *fig* [approve] aplaudir. <> *vi* [clap] aplaudir.

applause [əˈplɔːz] *n* aplauso *m*.

apple [ˈæpl] *n* maçã *f*.

apple tree *n* macieira *f*.

appliance [əˈplaɪəns] *n* [device] utensílio *m*.

applicable [əˈplɪkəbl] *adj* apropriado(da); **~ to sb/sthg** apropriado(da) a alguém/algo.

applicant [ˈæplɪkənt] *n* candidato *m*, -ta *f*; **~ for sthg** [job] candidato(ta) a algo; [state benefit] pretendente a algo *m*.

application [ˌæplɪˈkeɪʃn] *n* **-1.** [gen] aplicação *f* **-2.** [for job, college, club] inscrição *f*; **~ for sthg** inscrição para algo **-3.** *COMPUT* aplicativo *m*.

application form *n* ficha *f* de inscrição.

applied [əˈplaɪd] *adj* [science] aplicado(da).

apply [əˈplaɪ] (*pt* & *pp* **-ied**) <> *vt* **-1.** [rule, skill] aplicar **-2.** [paint, ointment] aplicar **-3.** [brakes] usar. <> *vi* **-1.** [for work, grant] candidatar-se; **to ~ for sthg** candidatar-se a algo; **to ~ to sb for sthg** recorrer a alguém para algo **-2.** [be relevant] aplicar-se; **to ~ to sb/sthg** aplicar-se a alguém/algo.

appoint [əˈpɔɪnt] *vt* **-1.** [to job, position] nomear; **to ~ sb to/as sthg** nomear alguém para/como algo **-2.** *fml* [time, place] marcar.

appointment [əˈpɔɪntmənt] *n* **-1.** *(U)* [to job, position] nomeação *f* **-2.** [job, position] posição *f* **-3.** [with doctor, hairdresser, in business] hora *f* marcada; **to have an ~** ter uma hora marcada; **to make an ~** marcar uma hora; **the doctor only sees patients by ~** o médico só atende (pacientes) com hora marcada.

apportion [əˈpɔːʃn] *vt* [money, blame] dividir.

appraisal [əˈpreɪzl] *n* [report, opinion] apreciação *f*.

appreciable [əˈpriːʃəbl] *adj* [noticeable] apreciável.

appreciate [əˈpriːʃɪeɪt] <> *vt* **-1.** [value] valorizar **-2.** [recognize, understand] reconhecer **-3.** [be grateful for] reconhecer. <> *vi FIN* [increase in value] valorizar.

appreciation [əˌpriːʃɪˈeɪʃn] *n* **-1.** *(U)* [liking] apreciação *m* **-2.** *(U)* [recognition, understanding] reconhecimento *f* **-3.** *(U)* [gratitude] gratidão *m*.

appreciative [əˈpriːʃjətɪv] *adj* apreciativo(va).

apprehensive [ˌæprɪˈhensɪv] *adj* [anxious]: **~ (about sthg)** apreensivo(va) com algo.

apprentice [əˈprentɪs] *n* [trainee] aprendiz *mf*, estagiário(ria).

apprenticeship [əˈprentɪʃɪp] *n* estágio *m*.

approach [əˈprəʊtʃ] <> *n* **-1.** [arrival] chegada *f* **-2.** [way in, access] acesso *m* **-3.** [method] abordagem *m* **-4.** [proposal]: **to make an ~ to sb** fazer uma proposta a alguém. <> *vt* **-1.** [come near to] aproximar-se de **-2.** [speak to]: **to ~ sb about sthg** abordar alguém sobre algo; *COMM* sondar alguém sobre algo **-3.** [deal with] abordar **-4.** [approximate, reach] alcançar. <> *vi* aproximar-se.

approachable [əˈprəʊtʃəbl] *adj* acessível.

appropriate [*adj* ə'prəuprɪət, *vb* ə'prəuprɪeɪt] <> *adj* [suitable] apropriado(da). <> *vt* **-1.** [steal] apropriar-se de **-2.** [allocate] destinar.

approval [ə'pru:vl] *n* **-1.** [liking, admiration] aprovação *f* **-2.** [official agreement] sanção *f* **-3.** COMM : **on ~** sob condição.

approve [ə'pru:v] <> *vi*: **to ~ (of sb/sthg)** ser a favor de alguém/algo. <> *vt* [ratify] aprovar.

approx. (*abbr of* **approximately**) aprox.

approximate [ə'prɒksɪmət] *adj* aproximado(da).

approximately [ə'prɒksɪmətlɪ] *adv* aproximadamente.

apricot ['eɪprɪkɒt] *n* [fruit] damasco *m*.

April ['eɪprəl] *n* abril *m*; *see also* **September**.

apron ['eɪprən] *n* [clothing] avental *m*.

apt [æpt] *adj* **-1.** [pertinent] adequado(da) **-2.** [likely]: **to be ~ to do sthg** costumar fazer algo.

aptitude ['æptɪtju:d] *n* [skill] aptidão *f*; **to have an ~ for sthg** ter aptidão para algo.

aptly ['æptlɪ] *adv* [suitably] apropriadamente.

aqualung ['ækwəlʌŋ] *n* aqualung *m*.

aquarium [ə'kweərɪəm] (*pl* **-riums** OR **-ria** [-rɪə]) *n* aquário *m*.

Aquarius [ə'kweərɪəs] *n* **-1.** [sign] Aquário *m* **-2.** [person] aquariano *m*, -na *f*.

aquatic [ə'kwætɪk] *adj* aquático(ca).

aqueduct ['ækwɪdʌkt] *n* aqueduto *m*.

Arab ['ærəb] <> *adj* árabe. <> *n* [person, horse] árabe *mf*.

Arabian [ə'reɪbjən] <> *adj* árabe. <> *n* [person] árabe *mf*.

Arabic ['ærəbɪk] <> *adj* arábico(ca). <> *n* [language] arábico *m*.

Arabic numeral *n* algarismo *m* arábico.

arable ['ærəbl] *adj* cultivável.

arbitrary ['ɑ:bɪtrərɪ] *adj* [random] arbitrário(ria).

arbitration [ˌɑ:bɪ'treɪʃn] *n* arbitragem *f*; **to go to ~** ir à arbitragem.

arcade [ɑ:'keɪd] *n* arcada *f*.

arch [ɑ:tʃ] <> *adj* [knowing] travesso(sa). <> *n* arco *m*. <> *vt* [back, eyebrow] arquear. <> *vi* arquear-se.

archaeologist [ˌɑ:kɪ'ɒlədʒɪst] *n* arqueólogo *m*, -ga *f*.

archaeology [ˌɑ:kɪ'ɒlədʒɪ] *n* arqueologia *f*.

archaic [ɑ:'keɪɪk] *adj* **-1.** [ancient] arcaico(ca) **-2.** [old-fashioned] antiquado(da).

archbishop [ˌɑ:tʃ'bɪʃəp] *n* arcebispo *m*.

archenemy [ˌɑ:tʃ'enɪmɪ] (*pl* **-ies**) *n* arquiinimigo *m*, -ga *f*.

archeology etc. [ˌɑ:kɪ'ɒlədʒɪ] *n* = **archaeology etc.**

archer ['ɑ:tʃə^r] *n* arqueiro *m*.

archery ['ɑ:tʃərɪ] *n* arco-e-flecha *m*.

archetypal [ˌɑ:kɪ'taɪpl] *adj* [typical] arquetípico(ca).

architect ['ɑ:kɪtekt] *n* **-1.** [of buildings] arquiteto *m*, -ta *f* **-2.** *fig* [of plan, event] idealizador *m*, -ra *f*.

architecture ['ɑ:kɪtektʃə^r] *n* arquitetura *f*.

archives ['ɑ:kaɪvz] *npl* [of documents] arquivo *m*.

archway ['ɑ:tʃweɪ] *n* passagem *f* em arco.

Arctic ['ɑ:ktɪk] <> *adj* **-1.** GEOGR ártico(ca) **-2.** *inf* [very cold] gélido(da). <> *n*: **the ~** o Ártico.

ardent ['ɑ:dənt] *adj* [passionate] ardente.

arduous ['ɑ:djʊəs] *adj* [difficult] árduo(a).

are [*stressed* ɑ:^r, *unstressed* ə^r] *vb* ▷ **be**.

area ['eərɪə] *n* **-1.** [gen] área *f* **-2.** *fig* [approximate size, number]: **in the ~ of** ao redor de.

area code *n* US código *m* de área.

arena [ə'ri:nə] *n* **-1.** SPORT estádio *m* **-2.** *fig* [area of activity] área *f*.

aren't [ɑ:nt] = **are not**.

Argentina [ˌɑ:dʒən'ti:nə] *n* Argentina.

Argentine ['ɑ:dʒəntaɪn], **Argentinian** [ˌɑ:dʒən'tɪnɪən] <> *adj* argentino(na). <> *n* [person] argentino *m*, -na *f*.

arguably ['ɑ:gjʊəblɪ] *adv* indubitavelmente.

argue ['ɑ:gju:] <> *vi* **-1.** [quarrel] discutir; **to ~ (with sb about sthg)** discutir (com alguém sobre algo) **-2.** [reason] argumentar; **to ~ for/against sthg** argumentar a favor/contra algo. <> *vt* [case, point] afirmar; **to ~ that** afirmar que.

argument ['ɑ:gjʊmənt] *n* **-1.** [quarrel] discussão *f*; **to have an ~ (with sb)** ter uma discussão (com alguém) **-2.** [reason] argumento *m* **-3.** [reasoning] argumentação *f*.

argumentative [ˌɑ:gjʊ'mentətɪv] *adj* questionador(ra).

arid ['ærɪd] *adj* **-1.** [land] árido(da) **-2.** *fig* [subject, writing] árido(da).

Aries ['eəri:z] *n* **-1.** [sign] Áries *f* **-2.** [person] ariano(na).

arise [ə'raɪz] (*pt* **arose**, *pp* **arisen** [ə'rɪzn]) *vi* [appear] surgir; **to ~ from sthg** surgir de algo; **if the need ~s** se houver necessidade.

aristocrat [UK 'ærɪstəkræt, US ə'rɪstəkræt] *n* aristocrata *mf*.

arithmetic [ə'rɪθmətɪk] <> *adj* aritmético(ca). <> *n* aritmética *f*.

ark [ɑ:k] *n* [ship] arca *f*.

arm [ɑ:m] <> *n* **-1.** [of person] braço *m*; **~ in ~** de braços dados; **to keep sb at ~'s length** *fig* manter alguém à distância; **to welcome sb/sthg with open ~s** *fig* receber alguém/algo de braços abertos; **to twist sb's ~** *fig* forçar alguém a fazer algo; **to cost an ~ and a leg** *fig* custar os olhos da cara **-2.** [of garment] manga *f* **-3.** [of chair] braço *m*. <> *vt* [with weapons] armar.

◆ **arms** *npl* [weapons] armas *fpl*; **to take up ~s** pegar em armas; **to be up in ~s (about sthg)** estar furioso(sa) em relação a algo.

armaments [ˈɑːməmənts] *npl* [weapons] armamento *m*.

armband [ˈɑːmbænd] *n* braçadeira *f*.

armchair [ˈɑːmtʃeəʳ] *n* poltrona *f*.

armed [ɑːmd] *adj* **-1.** [with weapon] armado(da) **-2.** *fig* [with information]: **~ with sthg** munido(da) de algo.

armed forces *npl* forças *fpl* armadas.

armhole [ˈɑːmhəʊl] *n* cava *f*.

armour *UK*, **armor** *US* [ˈɑːməʳ] *n* **-1.** [for person] armadura *f* **-2.** [for military vehicle] blindagem *f*.

armoured car [ɑːməd-] *n MIL* carro *m* blindado.

armoury *UK* (*pl* **-ies**), **armory** *US* (*pl* **-ies**) [ˈɑːmərɪ] *n* arsenal *m*.

armpit [ˈɑːmpɪt] *n* axila *f*.

armrest [ˈɑːmrest] *n* braço *m*.

arms control [ˈɑːmz-] *n* controle *m* armamentista.

army [ˈɑːmɪ] (*pl* **-ies**) *n* **-1.** *MIL* exército *m* **-2.** *fig* [large group] exército *m*.

A road *n UK* rodovia principal.

aroma [əˈrəʊmə] *n* [smell] aroma *m*.

arose [əˈrəʊz] *pt* ▷ **arise.**

around [əˈraʊnd] ◇ *adv* **-1.** [about, around] por aí **-2.** [on all sides] ao redor **-3.** [in circular movement] ao redor **-4.** *phr*: **to have been ~** *inf* ter experiência. ◇ *prep* **-1.** [encircling] ao redor de **-2.** [through, throughout] por todo(da) **-3.** [near] perto **-4.** [approximately] cerca de.

arouse [əˈraʊz] *vt* **-1.** [excite - feeling] provocar; [- person] estimular **-2.** [wake] despertar.

arrange [əˈreɪndʒ] *vt* **-1.** [flowers, books, furniture] arrumar **-2.** [event, meeting, party] organizar; **to ~ to do sthg** combinar para fazer algo **-3.** *MUS* fazer um arranjo.

arrangement [əˈreɪndʒmənt] *n* **-1.** [agreement] acordo *m*; **to come to an ~** chegar a um acordo **-2.** [of objects] arranjo *m* **-3.** *MUS* arranjo *m*.

◆ **arrangements** *npl* providências *fpl*.

array [əˈreɪ] ◇ *n* [of objects, people, ornaments] série *f*. ◇ *vt* [ornaments] enfeitar.

arrears [əˈrɪəz] *npl* [money owed] dívida *f*; **in ~** [retrospectively] retroativamente; [late] em atraso.

arrest [əˈrest] ◇ *n* [by police] prisão *f*; **under ~** preso(sa). ◇ *vt* **-1.** [subj: police] prender **-2.** *fml* [sb's attention] prender **-3.** *fml* [stop] deter.

arrival [əˈraɪvl] *n* [gen] chegada *f*; **late ~** [of train, bus, mail] chegada atrasada; **new ~** [person] recém-chegado(da); [baby] recém-nascido(da).

arrive [əˈraɪv] *vi* **-1.** [gen] chegar; **to ~ at a conclusion/decision** chegar a uma conclusão/decisão **-2.** [baby] nascer.

arrogant [ˈærəgənt] *adj* arrogante.

arrow [ˈærəʊ] *n* **-1.** [weapon] flecha *f* **-2.** [symbol] seta *f*.

arse *UK* [ɑːs], **ass** *US* [æs] *n vulg* [bottom] bunda *f*.

arsenic [ˈɑːsnɪk] *n* arsênico *m*.

arson [ˈɑːsn] *n* incêndio *m* premeditado.

art [ɑːt] *n (U)* arte *f*. ◇ *comp* de artes.

◆ **arts** *npl* **-1.** *SCH & UNIV* [humanities] artes *fpl* **-2.** [fine arts]: **the ~s** as belas-artes.

artefact [ˈɑːtɪfækt] *n* = **artifact.**

artery [ˈɑːtərɪ] (*pl* **-ies**) *n* artéria *f*.

art gallery *n* **-1.** [public] museu *m* de arte **-2.** [for selling paintings] galeria *f* de arte.

arthritis [ɑːˈθraɪtɪs] *n* artrite *f*.

artichoke [ˈɑːtɪtʃəʊk] *n* alcachofra *f*.

article [ˈɑːtɪkl] *n* artigo *m*.

articulate [*adj* ɑːˈtɪkjʊlət, *vb* ɑːˈtɪkjʊleɪt] ◇ *adj* [eloquent - person] articulado(da); [- speech] claro(ra). ◇ *vt* [give clear expression to] articular.

articulated lorry [ɑːˈtɪkjʊleɪtɪd-] *n UK* caminhão *m* articulado.

artifact [ˈɑːtɪfækt] *n* artefato *m*.

artificial [ˌɑːtɪˈfɪʃl] *adj* artificial.

artificial insemination [-ɪnˌsemɪˈneɪʃn] *n* inseminação *f* artificial.

artillery [ɑːˈtɪlərɪ] *n* [guns] artilharia *f*.

artist [ˈɑːtɪst] *n* artista *mf*.

artiste [ɑːˈtiːst] *n* artista *mf*.

artistic [ɑːˈtɪstɪk] *adj* artístico(ca).

artistry [ˈɑːtɪstrɪ] *n* [creative skill] talento *m* artístico.

artless [ˈɑːtlɪs] *adj* [naive, simple] ingênuo(nua), simples.

as [*stressed* æz, *unstressed* əz] ◇ *conj* **-1.** [referring to time] enquanto; **she rang (just) ~ I was leaving** ela ligou (bem) na hora em que eu estava saindo; **~ time goes by** com o passar do tempo **-2.** [referring to manner, way] como; **do ~ I say** faça como eu digo **-3.** [introducing a statement] como; **~ you know, ...** como você sabe **-4.** [because] como. ◇ *prep* **-1.** [referring to function, characteristic]: **he lived in Africa ~ a boy** ele viveu na África quando garoto; **she works ~ a nurse** ela trabalha como enfermeira **-2.** [referring to attitude, reaction] como. ◇ *adv (in comparisons)*: **~ ... ~** tão ... quanto; **~ red ~ a tomato** tão vermelho quanto um tomate; **he's ~ tall ~ I am** ele é tão alto quanto eu; **~ much/many ~** tanto ... quanto; **~ much wine/chocolate ~ you want** tanto vinho/chocolate quanto você queira.

◆ **as for, as to** *prep* quanto a.

◆ **as from, as of** *prep* a partir de.

◆ **as if, as though** *conj* como se.
◆ **as to** *prep* sobre.

Utiliza-se *as...as* em comparações de igualdade. Em linguagem coloquial, o segundo termo da igualdade pode ser um pronome oblíquo *me, him, her* etc. (*she's as tall as me*). Em linguagem formal, ao contrário, o pronome pessoal - *I, he, she* etc. - deve ser utilizado, podendo-se omitir o verbo (*she's not as tall as I* ou *as I am* ela não é tão alta quanto eu).

As if e *as though* têm o mesmo significado. Devem ser seguidos do subjuntivo *were* no lugar de *was* (*she went pale as if/though she were about to faint* ela ficou pálida como se fosse desmaiar).

asap (*abbr of* **as soon as possible**) o mais rápido possível.
asbestos [æs'bestəs] *n* asbesto *m*.
ascend [ə'send] ◇ *vt fml* [hill, staircase, ladder] subir. ◇ *vi* [climb] subir, elevar-se.
ascendant [ə'sendənt] *n*: **to be in the ~** [rising in power] estar em ascensão.
ascent [ə'sent] *n* **-1.** [climb] escalada *f* **-2.** [upward slope] subida *f* **-3.** *(U) fig* [progress] escalada *f*.
ascertain [ˌæsə'teɪn] *vt* averiguar.
ascribe [ə'skraɪb] *vt* [attribute]: **to ~ sthg to sthg/sb** atribuir algo a algo/alguém.
ash [æʃ] *n* **-1.** [from cigarette, fire] cinza *f* **-2.** [tree] freixo *m*.
ashamed [ə'ʃeɪmd] *adj* [embarrassed] envergonhado(da); **to be ~ of sb/sthg** estar envergonhado(da) por alguém/algo; **to be ~ to do sthg** estar com vergonha de fazer algo.
ashen-faced ['æʃnˌfeɪst] *adj* pálido(da).
ashore [ə'ʃɔːʳ] *adv* [go, swim] em direção à costa.
ashtray ['æʃtreɪ] *n* cinzeiro *m*.
Ash Wednesday *n* Quarta-feira *f* de Cinzas.
Asia ['eɪʒə] *n* Ásia.
Asian ['eɪʒn] ◇ *adj* asiático(ca). ◇ *n* [person] asiático *m*, -ca *f*.
aside [ə'saɪd] ◇ *adv* **-1.** [to one side] para o lado; **to take sb ~** chamar alguém à parte **-2.** [apart] à parte; **~ from** com exceção de. ◇ *n* **-1.** [in play] aparte *m* **-2.** [remark] observação *f*.
ask [ɑːsk] ◇ *vt* **-1.** [question] perguntar; **to ~ sb sthg** perguntar algo a alguém **-2.** [enquire] perguntar; **to ~ a question** fazer uma pergunta **-3.** [request] pedir; **to ~ sb for sthg** pedir algo a alguém; **to ~ sb to do sthg** pedir a alguém para fazer algo **-4.** [invite] convidar **-5.** [set a price of]: **how much are they asking?** quanto estão pedindo? ◇ *vi* **-1.** [enquire] perguntar **-2.** [request] pedir.
◆ **ask after** *vt fus*: **to ~ after sb** perguntar por alguém.
◆ **ask for** *vt fus* **-1.** [person] pedir por, chamar por **-2.** [thing] pedir por.
askance [ə'skæns] *adv* [disapprovingly]: **to look ~ at sb/sthg** olhar alguém/algo com desconfiança, olhar de soslaio para alguém/algo.
askew [ə'skjuː] *adj* [not straight] torto(ta).
asking price ['ɑːskɪŋ-] *n* [for house, car, item in sale] preço *m* estipulado.
asleep [ə'sliːp] *adj* [sleeping] adormecido(da); **to fall ~** pegar no sono.
asparagus [ə'spærəgəs] *n* aspargo *m*.
aspect ['æspekt] *n* **-1.** aspecto *m* **-2.** *ARCHIT* posição *f*.
aspersions [ə'spɜːʃnz] *npl* : **to cast ~ (on sb)** levantar calúnias (sobre alguém); **to cast ~ (on sthg)** levantar suspeitas (sobre algo).
asphalt ['æsfælt] *n* asfalto *m*.
asphyxiate [əs'fɪksɪeɪt] *vt* asfixiar.
aspiration [ˌæspə'reɪʃn] *n* aspiração *f*.
aspire [ə'spaɪəʳ] *vi*: **to ~ to sthg/to do sthg** aspirar algo/fazer algo.
aspirin ['æsprɪn] *n* aspirina *f*.
ass [æs] *n* **-1.** [donkey] jumento *m* **-2.** *UK inf* [idiot] burro *m*, -ra *f* **-3.** *US vulg* = **arse**.
assailant [ə'seɪlənt] *n* [attacker] agressor *m*, -ra *f*.
assassin [ə'sæsɪn] *n* assassino *m*, -na *f*.
assassinate [ə'sæsɪneɪt] *vt* assassinar; **to be ~ed** ser assassinado(da).
assassination [əˌsæsɪ'neɪʃn] *n* assassinato *m*.
assault [ə'sɔːlt] ◇ *n* **-1.** *MIL* ataque *m*; **~ on sthg** ataque a algo **-2.** [physical attack] agressão *f*; **~ on sb** agressão a alguém. ◇ *vt* [attack - physically] agredir; [- sexually] violentar, estuprar.
assemble [ə'sembl] ◇ *vt* **-1.** [gather] reunir **-2.** [fit together] montar. ◇ *vi* [gather] reunir.
assembly [ə'semblɪ] (*pl* **-ies**) *n* **-1.** [meeting] reunião *f* **-2.** [law-making body] assembléia *f*, parlamento *m* **-3.** *(U)* [gathering together] assembléia *f* **-4.** *(U)* [fitting together] montagem *f*.
assembly line *n* linha *f* de montagem.
assent [ə'sent] ◇ *n* [agreement] acordo *m*, aprovação *f*. ◇ *vi* concordar; **to ~ to sthg** aceitar algo.
assert [ə'sɜːt] *vt* **-1.** [fact, belief] afirmar **-2.** [authority] impor.
assertive [ə'sɜːtɪv] *adj* positivo(va).
assess [ə'ses] *vt* **-1.** [judge] avaliar **-2.** [estimate] estimar.
assessment [ə'sesmənt] *n* **-1.** [judgment] avaliação *f* **-2.** [estimate] estimativa *f*.
assessor [ə'sesəʳ] *n FIN* analista *mf*.
asset ['æset] *n* ativo *m*.
◆ **assets** *npl COMM* ativos *mpl*; **~s and liabilities** ativo *m* e passivo.
assign [ə'saɪn] *vt* **-1.** [allot, allocate]: **to ~ sthg (to sb/sthg)** designar algo (a alguém/algo) **-2.** [appoint]: **to ~ sb (to sthg/to do sthg)**

designar alguém (para algo/fazer algo).

assignment [ə'saınmənt] *n* **-1.** [task] tarefa *f* **-2.** *(U)* [act of appointing] designação *f* **-3.** [law] partilha *f*, transferência *f* de bens.

assimilate [ə'sımıleıt] *vt* **-1.** [ideas, facts] assimilar **-2.** [people]: **to ~ sb (into sthg)** absorver alguém (em algo) **-3.** [nutrients, food] absorver.

assist [ə'sıst] *vt* [help] auxiliar; **to ~ sb with sthg/in doing sthg** auxiliar alguém em algo/ a fazer algo.

assistance [ə'sıstəns] *n* [help] auxílio *m*, ajuda *f*; **to be of ~ (to sb)** ser de alguma ajuda (para alguém).

assistant [ə'sıstənt] ◇ *n* **-1.** [helper] assistente *mf* **-2.** [in shop] balconista *mf*, atendente *mf*. ◇ *comp* assistente *mf*; **~ manager** gerente adjunto.

assistant referee *n* árbitro *m* assistente, árbitra *f* assistente.

associate [*adj & n* ə'səʊʃıət, *vb* ə'səʊʃıeıt] ◇ *adj* [member] associado(da). ◇ *n* [business partner] sócio *m*, -cia *f*. ◇ *vt* [connect] associar-se; **to ~ o.s. with sb/sthg** associar-se a alguém/algo; **to ~ sthg with sb/sthg** associar algo a alguém/algo; **to be ~d with sb/sthg** ser associado a alguém/algo. ◇ *vi*: **to ~ with sb** relacionar-se com alguém.

association [ə,səʊsı'eıʃn] *n* **-1.** [organization] associação *f* **-2.** *(U)* [relationship, of ideas] associação *f*; **in ~ with sb/sthg** em associação com alguém/algo.

assorted [ə'sɔ:tıd] *adj* [of various types] sortido(da), variado(da).

assortment [ə'sɔ:tmənt] *n* [mixture] diversidade *f*.

assume [ə'sju:m] *vt* **-1.** [suppose] supor **-2.** [take on] assumir.

assumed name [ə'sju:md-] *n* nome *m* falso.

assuming [ə'sju:mıŋ] *conj*: **~ that** supondo que.

assumption [ə'sʌmpʃn] *n* [supposition] suposição *f*.

assurance [ə'ʃʊərəns] *n* **-1.** [promise] promessa *f* **-2.** *(U)* [confidence] segurança *f* **-3.** *(U)* FIN [insurance] seguro *m*.

assure [ə'ʃʊə^r] *vt* [reassure] assegurar; **to ~ sb of sthg** assegurar alguém de algo; **to be ~d of sthg** [be certain] estar seguro(ra de algo).

assured [ə'ʃʊəd] *adj* [confident] autoconfiante.

asterisk ['æstərısk] *n* asterisco *m*.

astern [ə'stɜ:n] *adv* NAUT à popa.

asthma ['æsmə] *n* asma *f*.

astonish [ə'stɒnıʃ] *vt* [amaze] surpreender.

astonishment [ə'stɒnıʃmənt] *n* espanto *m*, surpresa *f*.

astound [ə'staʊnd] *vt* [amaze] pasmar.

astray [ə'streı] *adv*: **to go ~** [become lost] extraviar-se; **to lead sb ~** *fig* [into bad ways] levar alguém para o mau caminho.

astride [ə'straıd] *prep*: **sitting ~ a horse** montado(da) em um cavalo; **sitting ~ a chair** sentado(da) numa cadeira com uma perna de cada lado.

astrology [ə'strɒlədʒı] *n* astrologia *f*.

astronaut ['æstrənɔ:t] *n* astronauta *mf*.

astronomical [,æstrə'nɒmıkl] *adj* **-1.** ASTRON astronômico(ca) **-2.** *inf fig* [very large] astronômico(ca).

astronomy [ə'strɒnəmı] *n* astronomia *f*.

astute [ə'stju:t] *adj* [shrewd] perspicaz.

asylum [ə'saıləm] *n* **-1.** *dated* [mental hospital] hospício *m* **-2.** *(U)* [protection] asilo *m*.

at [*stressed* æt, *unstressed* ət] *prep* **-1.** [indicating place, position] em; **~ work** no trabalho; **~ my father's** na casa do meu pai; **~ home** em casa; **~ the top of the house** em cima de casa; **~ the bottom of the hill** ao pé da colina **-2.** [indicating direction] para, em direção a; **to smile ~ sb** sorrir para alguém; **to stare ~ sb/sthg** olhar para alguém/algo; **to shoot ~ sb/sthg** atirar em (direção a) alguém/algo **-3.** [indicating a particular time] em; **~ midnight/noon** à meia-noite, ao meio-dia; **~ eleven o'clock** às onze horas; **~ Christmas** no Natal; **~ night** à noite **-4.** [indicating age, speed, rate] a, em; **~ your age** na sua idade; **~ high speed** em alta velocidade; **~ 52 (years of age)** aos 52 anos (de idade); **~ 100 mph** a 100 milhas por hora **-5.** [indicating price] a; **~ £50** a OR por 50 libras **-6.** [indicating particular state, condition] a, em; **~ liberty** em liberdade; **~ my invitation** a meu convite; **~ peace/war** em paz/guerra; **~ lunch/dinner** no almoço/jantar **-7.** *(after adjectives)* com; **amused/appalled/puzzled ~ sthg** entretido(da)/apavorado(da)/embaraçado(da) com algo; **to be bad/good ~ sthg** ser ruim/ bom (boa) em algo.

◆ **at all** *adv* **-1.** *(with negative)*: **not ~ all** [when thanked] não há de que; [when answering a question] de forma alguma; **she's not ~ all happy** ela não está nem um pouco feliz **-2.** [in the slightest]: **anything ~ all will do** qualquer coisa está bem; **do you know her ~ all?** você a conhece de algum lugar?

Atenção para não confundir *at*, *in* e *on*, embora as três preposições possam expressar tempo.

Utiliza-se ***at*** com tempos exatos (***at nine o'clock; at lunchtime***); com os nomes de algumas festividades (***at Christmas***; ***at New Year***; ***at Easter***); e com ***weekend*** e ***night*** (***what did you do at the weekend?*** o que você faz no final de semana?; ***I do my homework at night*** faço a lição de casa à noite).

Utiliza-se *in* com meses (***in September***), anos (***in 1966***), séculos (***in the 17th century***) e estações do ano (***in spring***). Além disso, *in* é geralmente usado com as palavras ***morning***, ***afternoon*** e ***evening*** (***in*** *the evening we like to go out* gostamos de sair à noite; *I'll call you in the afternoon* te ligo à tarde).

Utiliza-se *on* para datas ou dias específicos (*on March 8th, 2001; on Christmas Day*) e para os dias da semana (*on Monday I went swimming* na segunda-feira, fui nadar; *on Sundays I visit my grandparents* aos domingos, visito meus avós).

ate [*UK* et, *US* eɪt] *pt* ▷ **eat**.

atheist ['eɪθɪɪst] *n* ateu *m*, -téia *f*.

Athens ['æθɪnz] *n* Atenas; **in ~** em Atenas.

athlete ['æθli:t] *n* atleta *mf*.

athletic [æθ'letɪk] *adj* atlético(ca).

◆ **athletics** *npl* atletismo *m*.

Atlantic [ət'læntɪk] ◇ *adj* atlântico(ca). ◇ *n*: **the ~ (Ocean)** o (Oceano) Atlântico.

atlas ['ætləs] *n* atlas *m inv*.

atmosphere ['ætmə,sfɪə^{r}] *n* atmosfera *f*.

atmospheric [,ætməs'ferɪk] *adj* **-1.** [relating to the atmosphere] atmosférico(ca) **-2.** [attractive, mysterious] envolvente.

atom ['ætəm] *n* **-1.** TECH átomo *m* **-2.** *fig* [tiny amount] ponta *f* pingo *m*.

atom bomb *n* bomba *f* atômica.

atomic [ə'tɒmɪk] *adj* atômico(ca).

atomic bomb *n* = **atom bomb**.

atomizer, -iser ['ætəmaɪzə^{r}] *n* vaporizador *m*.

atone [ə'təʊn] *vi*: **to ~ for sthg** redimir-se por algo.

A to Z *n* A a Z *m*.

atrocious [ə'trəʊʃəs] *adj* **-1.** [cruel] desumano(na), atroz **-2.** [very bad] atroz.

atrocity [ə'trɒsətɪ] (*pl* **-ies**) *n* [terrible act] atrocidade *f*.

at (sign) *n* COMPUT arroba *f*.

attach [ə'tætʃ] *vt* **-1.** [fasten] prender; **to ~ sthg to sthg** prender algo em algo **-2.** [to document] anexar; **to ~ sthg to sthg** anexar algo a algo **-3.** [importance, blame] atribuir; **to ~ sthg to sthg** atribuir algo a algo **-4.** COMPUT atachar, anexar.

attaché case [ə'tæʃeɪ-] *n* pasta *f*.

attached [ə'tætʃt] *adj* [fond]: **~ to sb/sthg** apegado(da) a alguém/algo.

attachment [ə'tætʃmənt] *n* **-1.** [device] dispositivo *m* **-2.** [fondness]: **~ (to sb/sthg)** apego (a alguém/algo) **-3.** COMPUT anexo *m*.

attack [ə'tæk] ◇ *n* **-1.** [gen] ataque *f*; **~ on sb/sthg** ataque contra OR a alguém/algo **-2.** [physical, verbal] agressão *f*; **~ on sb** agressão a alguém ◇ *vt* **-1.** [gen] atacar **-2.** [physically, verbally] agredir. ◇ *vi* atacar.

attacker [ə'tækə^{r}] *n* **-1.** [assailant] agressor *m*, -ra *f* **-2.** SPORT atacante *mf*.

attain [ə'teɪn] *vt* [reach] atingir.

attainment [ə'teɪnmənt] *n* **-1.** *(U)* [act of achieving] conquista *f* **-2.** [skill] capacitação *f*, qualificação *f*.

attempt [ə'tempt] ◇ *n* [try] tentativa *m*; **~ at sthg** tentativa de fazer algo; **~ on sb's life** atentado contra a vida de alguém. ◇ *vt* [try] tentar; **to ~ to do sthg** tentar fazer algo.

attend [ə'tend] ◇ *vt* **-1.** [meeting, party] comparecer **-2.** [school, church] freqüentar. ◇ *vi* **-1.** [be present] comparecer **-2.** [pay attention]: **to ~ (to sthg)** prestar atenção (a algo).

◆ **attend to** *vt fus* **-1.** [deal with] cuidar de **-2.** [look after] atender a.

Não confundir *attend (assistir a, participar)* com o português *atender* que em inglês é *answer*. (*She attended the meeting.* Ela *participou* da reunião.)

attendance [ə'tendəns] *n* **-1.** [number of people present] audiência *f* **-2.** *(U)* [presence] presença *f*.

attendant [ə'tendənt] ◇ *adj* [accompanying] relacionado(da). ◇ *n* [at museum, petrol station] atendente *mf*.

attention [ə'tenʃn] ◇ *n* **-1.** [gen] atenção *f*; **to attract sb's ~** atrair a atenção de alguém; **to bring sthg to sb's ~, to draw sb's ~ to sthg** chamar a tenção de alguém para algo; **to pay ~ to sb/sthg** prestar atenção a alguém/algo **-2.** [care] atenção *f*, cuidados *mpl* **-3.** COMM: **for the ~ of** aos cuidados de. ◇ *excl* MIL sentido!

attentive [ə'tentɪv] *adj* **-1.** [paying attention] atento(ta) **-2.** [politely helpful] atencioso(sa).

attic ['ætɪk] *n* sótão *m*.

attitude ['ætɪtju:d] *n* **-1.** [way of thinking/acting] atitude *f*; **~ to(wards) sb/sthg** atitude frente a alguém/algo **-2.** [posture] postura *f*.

attn (*abbr of* **for the attention of**) a/c.

attorney [ə'tɜ:nɪ] *n* **US** [lawyer] advogado *m*, -da *f*.

attorney general (*pl* **attorneys general**) *n* procurador *m*, -ra *f* público, -ca *f*.

attract [ə'trækt] *vt* atrair.

attraction [ə'trækʃn] *n* **-1.** *(U)* [liking] atração *f*; **~ to sb** atração por alguém **-2.** *(U)* [appeal, charm] graça *f* **-3.** [attractive feature, event] atração *f*.

attractive [ə'træktɪv] *adj* atraente.

attribute [*vb* ə'trɪbju:t, *n* 'ætrɪbju:t] ◇ *vt*: **to ~ sthg to sb/sthg** atribuir algo a alguém/algo. ◇ *n* [quality] atributo *m*.

attrition [ə'trɪʃn] *n* desgaste *m*.

aubergine ['əʊbəʒi:n] *n* **UK** beringela *f*.

auburn ['ɔ:bən] *adj* [hair] castanho avermelhado(da).

auction ['ɔ:kʃn] ◇ *n* [sale] leilão *m*; **at** OR **by ~** em leilão; **to put sthg up for ~** pôr algo em leilão. ◇ *vt* leiloar.

◆ **auction off** *vt sep* leiloar.

auctioneer [,ɔ:kʃə'nɪə^{r}] *n* leiloeiro *m*, -ra *f*.

audacious [ɔ:'deɪʃəs] *adj* [daring, impudent] audacioso(sa).

audible [ˈɔːdəbl] *adj* audível.
audience [ˈɔːdjəns] *n* **-1.** [of play, film, TV programme] platéia *f* **-2.** [formal meeting] audiência *f*.
audio-visual [ˈɔːdɪəʊ-] *adj* audiovisual.
audit [ˈɔːdɪt] ◇ *n* [of accounts] auditoria *f*. ◇ *vt* [accounts] auditorar.
audition [ɔːˈdɪʃn] *n* audição *f*.
auditor [ˈɔːdɪtəʳ] *n* [of accounts] auditor *m*, -ra *f*.
auditorium [ˌɔːdɪˈtɔːrɪəm] (*pl* **-riums** OR **-ria** [-rɪə]) *n* auditório *m*.
augur [ˈɔːgəʳ] *vi*: **to ~ well/badly** ser um bom/mau sinal.
August [ˈɔːgəst] *n* agosto *m*; *see also* **September**.
Auld Lang Syne [ˌɔːldlæŋˈsaɪn] *n canção escocesa tradicionalmente cantada no ano-novo*.
aunt [ɑːnt] *n* tia *f*.
auntie, aunty [ˈɑːntɪ] (*pl* **-ies**) *n inf* titia *f*.
au pair [ˌəʊˈpeəʳ] *n* au pair *mf*.
aura [ˈɔːrə] *n* aura *f*.
aural [ˈɔːrəl] *adj* auditivo(va), auricular.
auspices [ˈɔːspɪsɪz] *npl*: **under the ~ of** sob o patrocínio de.
auspicious [ɔːˈspɪʃəs] *adj* [promising] promissor(ra).
Aussie [ˈɒzɪ] *inf* ◇ *adj* australiano(na). ◇ *n* australiano *m*, -na *f*.
austere [ɒˈstɪəʳ] *adj* **-1.** [person, life] duro(ra), austero(ra) **-2.** [room, building] austero(ra).
austerity [ɒˈsterətɪ] *n* austeridade *f*.
Australia [ɒˈstreɪljə] *n* Austrália.
Australian [ɒˈstreɪljən] ◇ *adj* australiano(na). ◇ *n* australiano *m*, -na *f*.
Austria [ˈɒstrɪə] *n* Áustria.
Austrian [ˈɒstrɪən] ◇ *adj* austríaco(ca). ◇ *n* austríaco *m*, -ca *f*.
authentic [ɔːˈθentɪk] *adj* **-1.** [genuine] autêntico(ca) **-2.** [accurate] fidedigno(na).
author [ˈɔːθəʳ] *n* autor *m*, -ra *f*.
authoritarian [ɔːˌθɒrɪˈteərɪən] *adj* autoritário(ria).
authoritative [ɔːˈθɒrɪtətɪv] *adj* **-1.** [person, voice] autoritário(ria) **-2.** [report] oficial.
authority [ɔːˈθɒrətɪ] (*pl* **-ies**) *n* **-1.** [gen] autoridade *f*; **~ on sthg** autoridade em algo **-2.** *(U)* [power] autoridade *f*; **in ~** com autoridade **-3.** *(U)* [permission] autorização *f*.
◆ **authorities** *npl* [people in power]: **the authorities** as autoridades.
authorize, -ise [ˈɔːθəraɪz] *vt* autorizar; **to ~ sb to do sthg** autorizar alguém a fazer algo.
autistic [ɔːˈtɪstɪk] *adj* autista.
auto [ˈɔːtəʊ] (*pl* **-s**) *n* **US** [car] auto *m*.
autobiography [ˌɔːtəbaɪˈɒgrəfɪ] (*pl* **-ies**) *n* autobiografia *f*.
autocratic [ˌɔːtəˈkrætɪk] *adj* autocrático(ca).
autograph [ˈɔːtəgrɑːf] ◇ *n* autógrafo *m*. ◇ *vt* autografar.
automate [ˈɔːtəmeɪt] *vt* automatizar.
automatic [ˌɔːtəˈmætɪk] ◇ *adj* **-1.** [gen] automático(ca) **-2.** [fine, right of appeal] imediato(ta). ◇ *n* **-1.** [car] carro *n* automático **-2.** [gun] pistola *f* automática **-3.** [washing machine] máquina *f* de lavar automática.
automatically [ˌɔːtəˈmætɪklɪ] *adv* automaticamente.
automation [ˌɔːtəˈmeɪʃn] *n* [of process] automação *f*, automatização *f*.
automobile [ˈɔːtəməbiːl] *n* **US** [car] automóvel *m*.
autonomy [ɔːˈtɒnəmɪ] *n* autonomia *f*.
autopsy [ˈɔːtɒpsɪ] (*pl* **-ies**) *n* autópsia *f*.
autumn [ˈɔːtəm] *n* outono *m*.
auxiliary [ɔːgˈzɪljərɪ] (*pl* **-ies**) ◇ *adj* auxiliar. ◇ *n* [person] auxiliar *mf*.
avail [əˈveɪl] ◇ *n*: **to no ~** em vão. ◇ *vt*: **to ~ o.s. of sthg** aproveitar-se de algo.
available [əˈveɪləbl] *adj* disponível.
avalanche [ˈævəlɑːnʃ] *n* avalanche *f*.
avarice [ˈævərɪs] *n* avareza *f*.
Ave. (*abbr of* **avenue**) Av.
avenge [əˈvendʒ] *vt* vingar.
avenue [ˈævənjuː] *n* [wide road] avenida *f*.
average [ˈævərɪdʒ] ◇ *adj* **-1.** [mean] média(dio) **-2.** [typical] comum **-3.** *pej* [mediocre] mediano(na). ◇ *n* [mean] média *f*; **on ~** em média. ◇ *vt* [speed, distance, quantity]: **they ~ 300 cars a day** eles atingem uma média de 300 carros por dia.
◆ **average out** *vi*: **to ~ out at** chegar à média de.
aversion [əˈvɜːʃn] *n* [dislike] aversão *f*; **~ to sthg** aversão a algo.
avert [əˈvɜːt] *vt* [avoid] evitar.
aviary [ˈeɪvjərɪ] (*pl* **-ies**) *n* aviário *m*.
avid [ˈævɪd] *adj* [keen] ávido(da); **~ for sthg** ávido(da) de/por algo.
avocado [ˌævəˈkɑːdəʊ] (*pl* **-s** OR **-es**) *n*: **~ (pear)** abacate *m*.
avoid [əˈvɔɪd] *vt* evitar; **to ~ doing sthg** evitar fazer algo.
await [əˈweɪt] *vt* **-1.** [wait for] esperar **-2.** [be ready for] estar pronto(ta) para.
awake [əˈweɪk] (*pt* **awoke** OR **awaked**, *pp* **awoken**) ◇ *adj* [not sleeping] acordado(da). ◇ *vt* **-1.** [wake up] acordar **-2.** *fig* [provoke] despertar. ◇ *vi* [wake up] acordar.
awakening [əˈweɪknɪŋ] *n* **-1.** [from sleep] despertar *m* **-2.** *fig* [of feeling] despertar *m*.
award [əˈwɔːd] ◇ *n* [prize] prêmio *m*. ◇ *vt* [give] premiar; **to ~ sb sthg, to ~ sthg to sb** conceder algo a alguém.
aware [əˈweəʳ] *adj* **-1.** [conscious]: **~ of sthg** consciente de algo; **~ that** ciente de que

-2. [informed, sensitive] consciente; ~ **of sthg** informado(da) sobre algo.
awareness [ə'weənɪs] *n* consciência *f.*
awash [ə'wɒʃ] *adj*: ~ **(with sthg)** cheio(a) (de algo).
away [ə'weɪ] <> *adv* **-1.** [indicating movement] embora; ~ **from** longe de; **to look/turn** ~ virar-se **-2.** [at a distance - in space]: **she lives 3 miles** ~ ela mora a três milhas daqui; **we live 4 miles** ~ **from the city centre** moramos a 4 milhas do centro da cidade; [- in time]: **the exams were only two days** ~ faltavam apenas dois dias para os exames **-3.** [separate from]: **to be kept** ~ **from sthg** ser mantido(da) afastado(da) de algo; **to give sthg** ~ dar algo; **to take sthg** ~ levar algo **-4.** [absent]: **to be** ~ estar fora **-5.** [in a safe place]: **to put sthg** ~ guardar algo **-6.** [indicating disappearance, cessation]: **the stain has faded** ~ a mancha desapareceu; **the wood had rotted** ~ a madeira tinha apodrecido **-7.** [continuously]: **to sing/ work** ~ cantar/trabalhar sem parar. <> *adj SPORT* : ~ **team** time *m* visitante; ~ **game** jogo fora de casa.
awe [ɔ:] *n* temor *m*; **to be in** ~ **of sb** estar intimidado(da) por alguém.
awesome ['ɔ:səm] *adj* [impressive] terrível.
awful ['ɔ:fʊl] *adj* **-1.** [terrible] horrível **-2.** *inf* [very great]: **to have an** ~ **lot of work to do** ter um bocado de coisas para fazer.
awfully ['ɔ:flɪ] *adv inf* [very] pra caramba; **to be** ~ **difficult** ser difícil pra caramba.
awhile [ə'waɪl] *adv literary* durante um tempo.
awkward ['ɔ:kwəd] *adj* **-1.** [clumsy] desajeitado(da) **-2.** [embarrassing] embaraçoso(sa) **-3.** [embarrassed]: **to feel** ~ sentir-se embaraçado(da) **-4.** [difficult to deal with] complicado(da) **-5.** [inconvenient] inadequado(da).
awning ['ɔ:nɪŋ] *n* **-1.** [of tent] cobertura *f* **-2.** [of shop] toldo *m*.
awoke [ə'wəʊk] *pt* ▷ **awake.**
awoken [ə'wəʊkn] *pp* ▷ **awake.**
awry [ə'raɪ] <> *adj* [twisted] desajeitado(da). <> *adv*: **to go** ~ [wrong] dar errado.
axe *UK*, **ax** *US* [æks] <> *n* machado *m*. <> *vt* [project, jobs] cortar.
axes ['æksi:z] *pl* ▷ **axis.**
axis ['æksɪs] (*pl* **axes**) *n* eixo *m*.
axle ['æksl] *n* [shaft] eixo *m*.
aye [aɪ] <> *adv* [yes] sim. <> *n* [affirmative vote] sim *m*.
azalea [ə'zeɪljə] *n* azaléia *f*.
Azores [ə'zɔ:z] *npl*: **the** ~ os Açores.

b (*pl* **b's** *OR* **bs**), **B** (*pl* **B's** *OR* **Bs**) [bi:] *n* [letter] b, B *m*.
◆ **B** *n* **-1.** *MUS* si *m* **-2.** *SCH* [mark] B *m*.
BA *n* (*abbr of* **Bachelor of Arts**) *titular de graduação em ciências humanas.*
babble ['bæbl] <> *n* [noise] balbucio *m*. <> *vi* [person] balbuciar.
baboon [bə'bu:n] *n* [animal] babuíno *m*.
baby ['beɪbɪ] (*pl* **-ies**) *n* **-1.** [child] bebê *mf*, nenê *mf* **-2.** *pej* [feeble person]: **don't be such a** ~**!** não seja tão criança! **-3.** *esp US inf* [term of affection] pequeno(na).
baby buggy *UK*, **baby carriage** *US* *n* [foldable pushchair] carrinho *m* de bebê
baby food *n* comida *f* de nenê.
baby-sit *vi* tomar conta de crianças, trabalhar como babá.
baby-sitter [-'sɪtə^r] *n* babá *f*, baby-sitter *f*.
bachelor ['bætʃələ^r] *n* [unmarried man] solteirão *m*; **confirmed** ~ solteirão convicto.
Bachelor of Arts *n bacharelado em Artes, Ciências Humanas ou Sociais.*
Bachelor of Science *n* [person] Bacharel *m* em Ciências; [degree] bacharelado *m* em ciências.
back [bæk] <> *adj* (*in compounds*) **-1.** [rear] traseiro(ra); ~ **legs** patas traseiras **-2.** [at the back] de trás, dos fundos; ~ **seat** assento de trás; ~ **garden** jardim dos fundos **-3.** [overdue] atrasado(da). <> *adv* **-1.** [backwards] para trás **-2.** [indicating return to former position or state] de volta; **is he** ~ **yet?** ele já está de volta?, ele já voltou?; **to go** ~ **to sleep** voltar a dormir; **to go** ~ **and forth** ficar indo e vindo **-3.** [earlier]: ~ **in January** em janeiro passado **-4.** [in reply, in return] de volta; **to phone** ~ ligar de volta; **to pay** ~ reembolsar; **to write** ~ responder **-5.** [in fashion again]: **to be** ~ **(in fashion)** estar de volta (à moda). <> *n* **-1.** [of person, animal] costas *fpl*; **to do sthg behind sb's** ~ fazer algo pelas costas de alguém **-2.** [reverse side - of page, envelope] verso *m*; [- of head] parte *f* de trás, parte *f* anterior **-3.** [furthest point away from front - of room] fundos *mpl*; [- of cupboard, fridge]: **in the** ~ **of the fridge** na parte de trás geladeira; [- of car] traseira *f*; [- of chair] encosto *m*; **at the** ~ **of**, **in the** ~ **of** *US*

atrás de **-4.** *SPORT* [player] zagueiro(ra). <> *vt* **-1.** [reverse] recuar **-2.** [support] apoiar **-3.** [bet on] apostar. <> *vi* [reverse] retornar; **to ~ into sthg** [walking] voltar-se para algo; [in vehicle] entrar de ré em algo.

◆ **back to back** *adv* [with backs touching]: **to stand ~ to ~** ficar costas com costas.

◆ **back to front** *adv* [the wrong way round] de trás para frente, ao contrário.

◆ **back down** *vi* voltar atrás.

◆ **back out** *vi* [of promise, arrangement] dar para trás.

◆ **back up** <> *vt sep* **-1.** [support] apoiar **-2.** [reverse] dar marcha à ré **-3.** *COMPUT* fazer cópia de segurança de. <> *vi* [reverse] dar marcha à ré.

Ver **again**.

backache ['bækeɪk] *n* dor *f* nas costas.

backbencher [,bæk'bentʃəʳ] *n UK POL membro do Parlamento Britânico, sem cargo oficial no governo ou na oposição.*

backbone ['bækbəʊn] *n* **-1.** [spine] coluna *f* vertebral **-2.** *(U) fig* [courage, force] tutano *m* **-3.** *fig* [main support]: **the ~ of** a espinha dorsal de.

backcloth ['bækklɒθ] *n UK* = **backdrop**.

backdate [,bæk'deɪt] *vt* antedatar.

back door *n* porta *f* dos fundos.

backdrop ['bækdrɒp] *n* **-1.** *THEATRE* pano *m* de fundo **-2.** *fig* [background] pano *m* de fundo.

backfire [,bæk'faɪəʳ] *vi* **-1.** [motor vehicle] engasgar **-2.** [go wrong] dar errado; **his plans ~d (on him)** seus planos não deram o resultado esperado.

backgammon ['bæk,gæmən] *n (U)* gamão *m*.

background ['bækgraʊnd] *n* **-1.** [in picture, view] fundo *m*; **in the ~** *lit* ao fundo; *fig* [unnoticeable] em segundo plano **-2.** [of event, situation] cenário *m* **-3.** [upbringing] background *m*.

backhand ['bækhænd] *n* backhand *m*.

backhanded ['bækhændɪd] *adj fig* [equivocal] falso(sa).

backhander ['bækhændəʳ] *n UK inf* [bribe] suborno *m*.

backing ['bækɪŋ] *n* **-1.** *(U)* [support] suporte *m* **-2.** [lining] forro *m*.

backing group *n MUS* grupo *m* de acompanhamento.

backlash ['bæklæʃ] *n* [adverse reaction] revolta *f*.

backlog ['bæklɒg] *n* acúmulo *m*.

back number *n* número *m* atrasado.

backpack ['bækpæk] *n* mochila *f*.

back pay *n (U)* salário *m* atrasado.

back seat *n* [in car] banco *m* de trás; **to take a ~** *fig* desempenhar um papel secundário.

backside [,bæk'saɪd] *n inf* traseiro *m*.

backstage [,bæk'steɪdʒ] *adv* nos bastidores.

back street *n UK* ruela *f*.

backstroke ['bækstrəʊk] *n* [in swimming] nado *m* (de) costas.

backup ['bækʌp] <> *adj* [reserve] de reserva. <> *n* **-1.** [support] suporte *m* **-2.** *COMPUT* backup *m*, cópia *f* de segurança.

backward ['bækwəd] <> *adj* **-1.** [directed towards the rear] para trás **-2.** *pej* [late in development - person] retardado(da); [- society, ideas] atrasado(da). <> *adv US* = **backwards**.

backwards ['bækwədz], **backward** *US* ['bækwəd] *adv* [towards the rear] de trás para a frente; **~ and forwards** de um lado para outro.

backwater ['bæk,wɔːtəʳ] *n fig & pej* [place behind the times] lugar *m* atrasado; **cultural ~** atraso *m* cultural.

backyard [,bæk'jɑːd] *n* **-1.** *UK* [yard] pátio *m*, quintal *m* **-2.** *US* [garden] jardim *m*.

bacon ['beɪkən] *n (U)* bacon *m*.

bacteria [bæk'tɪərɪə] *npl* bactérias *fpl*.

bad [bæd] (*compar* **worse**, *superl* **worst**) <> *adj* **-1.** [gen] ruim; **not ~** nada mal; **too ~** uma pena; **to be ~ at sthg** ser ruim em algo **-2.** [unfavourable] mau (má) **-3.** [severe] grave, severo(ra) **-4.** [inadequate] ruim **-5.** [guilty]: **to feel ~ about sthg** sentir-se mal por algum motivo **-6.** [food, milk, meat] mal; **to go ~** ir mal. <> *adv US* = **badly**.

badge [bædʒ] *n* **-1.** [metal, plastic] crachá *m* **-2.** [sewn on] distintivo *m* **-3.** [on car] selo *m*.

badger ['bædʒəʳ] <> *n* [animal] texugo *m*. <> *vt* [pester]: **to ~ sb (to do sthg)** convencer alguém (a fazer algo).

badly ['bædlɪ] (*compar* **worse**, *superl* **worst**) *adv* **-1.** [poorly] mal **-2.** [severely] gravemente **-3.** [improperly] indevidamente **-4.** [cruelly] mal **-5.** [very much]: **to be ~ in need of sthg** precisar muito de algo.

badly-off *adj* [poor] carente.

bad-mannered [-'mænəd] *adj* mal-educado(da).

badminton ['bædmɪntən] *n (U)* badminton *m*.

bad-tempered [-'tempəd] *adj* **-1.** [by nature] genioso(sa) **-2.** [in a bad mood] mal-humorado(da).

baffle ['bæfl] *vt* [puzzle] desnortear.

bag [bæg] (*pt* & *pp* **-ged**, *cont* **-ging**) <> *n* **-1.** [container] saco *m*; **to pack one's ~s** *fig* [leave] fazer as malas **-2.** [handbag] bolsa *f*; [when travelling] mala *f* **-3.** [bagful] sacola *f*. <> *vt* **-1.** *UK inf* [get] pegar **-2.** *UK inf* [reserve] marcar.

◆ **bags** *npl* **-1.** [under eyes] bolsas *fpl* **-2.** [lots]: **~s of sthg** *inf* um montão de algo.

bagel ['beɪgəl] *n* pão *m* enrolado.

baggage ['bægɪdʒ] *n (U)* bagagem *f*.

baggage reclaim *n* esteira *f* de bagagem.

baggy ['bægɪ] (*compar* **-ier**, *superl* **-iest**) *adj* largo(ga).
bagpipes ['bægpaɪps] *npl* gaita *f* de foles.
baguette [bə'get] *n* [loaf] baguete *f*.
Bahamas [bə'hɑ:məz] *npl*: **the** ~ as Bahamas.
bail [beɪl] *n (U) JUR* fiança *f*; **on** ~ sob fiança.
◆ **bail out** <> *vt sep* **-1.** *JUR* [pay bail for] afiançar **-2.** [rescue] resgatar **-3.** [boat] tirar água. <> *vi* [from plane] saltar de pára-quedas.
bailiff ['beɪlɪf] *n* **-1.** [in court] oficial *mf* de justiça **-2.** [in charge of repossession] administrador *m*, -ra *f* de propriedades.
bait [beɪt] <> *n (U)* [food] isca *f*. <> *vt* **-1.** [hook] pôr isca em **-2.** [mousetrap] armar **-3.** [tease, torment - person] atormentar; [- bear, badger] provocar.
bake [beɪk] <> *vt* **-1.** [cook] assar **-2.** [dry, harden] queimar. <> *vi* [food] assar.
baked beans [beɪkt-] *npl feijão cozido em molho de tomate.*
baked potato [beɪkt-] *n batata grande assada com casca e servida com recheio.*
baker ['beɪkə^r] *n* padeiro *m*; **~'s (shop)** padaria *f*.
bakery ['beɪkərɪ] (*pl* **-ies**) *n* padaria *f*.
baking ['beɪkɪŋ] *n* [process] cozimento *m*.
balaclava (helmet) [bælə'klɑ:və-] *n UK* balaclava *f*.
balance ['bæləns] <> *n* **-1.** [equilibrium] equilíbrio *m*; **to keep/lose one's** ~ manter/perder o equilíbrio; **off** ~ desequilibrado(da) **-2.** *fig* [counterweight] contrapeso *m* **-3.** *fig* [weight, force]: ~ **of evidence** peso *m* da evidência **-4.** [scales] balança *f* **-5.** [remainder] restante *m* **-6.** [of bank account] saldo *m*. <> *vt* **-1.** [keep in balance] balancear **-2.** [compare]: **to** ~ **sthg against sthg** contrabalançar algo em relação a algo **-3.** [in accounting]: **to** ~ **the books/a budget** fazer o balanço dos livros/do orçamento. <> *vi* **-1.** [maintain equilibrium] equilibrar-se **-2.** [in accounting] fechar, bater.
◆ **on balance** *adv* de um modo geral.
balanced diet ['bælənst-] *n* dieta *f* equilibrada.
balance of payments *n* balança *f* de pagamentos.
balance of trade *n* balança *f* comercial.
balance sheet *n* balancete *m*.
balcony ['bælkənɪ] (*pl* **-ies**) *n* **-1.** [on building] sacada *f*, varanda *f* **-2.** [in theatre] balcão *m*, galeria *f*.

> Não confundir *balcony (sacada, varanda)* com o português *balcão* que em inglês é *counter*. (*She was standing near the balcony.* Ela estava de pé perto da *varanda*.)

bald [bɔ:ld] *adj* **-1.** [head, man, tyre] careca **-2.** *fig* [unadorned] curto(ta) e grosso(sa).
bale [beɪl] *n* fardo *m*.
◆ **bale out** *UK vt sep* = **bail out**.
Balearic Islands [ˌbælɪ'ærɪk-], **Balearics** [ˌbælɪ'ærɪks] *npl*: **the** ~ as Ilhas Baleares.
baleful ['beɪlfʊl] *adj* fulminante.
balk [bɔ:k] *vi* [recoil]: **to** ~ **(at sthg)** [person] recusar-se (a fazer algo).
Balkans ['bɔ:lkənz], **Balkan States** *npl*: **the** ~ os Bálcãs.
ball [bɔ:l] *n* **-1.** [in game] bola *f*; **to be on the** ~ *fig* estar ligado(da) em tudo; **to play** ~ **with sb** *fig* colaborar (com alguém) **-2.** [sphere] novelo *m* **-3.** [of foot] sola *f* **-4.** [dance] baile *m*.
◆ **balls** *vulg* <> *n* [nonsense] merda *f*. <> *npl* [testicles] saco *m*; *fig* [courage]: **to have** ~ ter colhões. <> *excl* caralho!
ballad ['bæləd] *n* balada *f*.
ballast ['bæləst] *n (U)* lastro *m*.
ball bearing *n* rolamento *m*.
ball boy *n* gandula *m*.
ballerina [ˌbælə'ri:nə] *n* bailarina *f*.
ballet ['bæleɪ] *n (U)* balé *m*.
ballet dancer *n* bailarino(na).
ball game *n* **-1.** *US* [baseball match] jogo *m* de beisebol **-2.** *fig* [situation]: **it's a whole new** ~ *inf* é outra história.
balloon [bə'lu:n] *n* balão *m*.
ballot ['bælət] <> *n* **-1.** [voting paper] voto *m* **-2.** [voting process] votação *f*. <> *vt* [canvass] caçar votos.
ballot box *n* **-1.** [container] urna *f* **-2.** [voting process] urnas *fpl*.
ballot paper *n* cédula *f* de votação.
ball park *n US* estádio *m* de beisebal.
ballpoint (pen) ['bɔ:lpɔɪnt-] *n* caneta *f* esferográfica.
ballroom ['bɔ:lrʊm] *n* salão *m* de baile.
ballroom dancing *n (U)* dança *f* de salão.
balm [bɑ:m] *n* bálsamo *m*.
balmy ['bɑ:mɪ] (*compar* **-ier**, *superl* **-iest**) *adj* suave.
balsa ['bɒlsə] *n* = **balsawood**.
balsawood ['bɒlsəwʊd] *n* balsa *f*.
Baltic ['bɔ:ltɪk] <> *adj* [port, coast] báltico(ca). <> *n*: **the** ~ **(Sea)** o (mar) Báltico.
Baltic Republic *n*: **the** ~**s** as Repúblicas Bálticas.
Baltic State *n*: **the** ~**s** os Estados Bálticos.
bamboo [bæm'bu:] *n* bambu *m*.
bamboozle [bæm'bu:zl] *vt inf* lograr.
ban [bæn] (*pt* & *pp* **-ned**, *cont* **-ning**) <> *n* proibição *f*; ~ **on sthg** proibição de algo. <> *vt* banir; **to** ~ **sb from doing sthg** proibir alguém de fazer algo.
banal [bə'nɑ:l] *adj pej* banal.
banana [bə'nɑ:nə] *n* banana *f*.
band [bænd] *n* **-1.** [musical group] banda *f* **-2.**

[gang] bando *m* **-3.** [long strip] correia *f* **-4.** [broad stripe, range] faixa *f.*

◆ **band together** *vi* unir-se.

bandage ['bændɪdʒ] ◇ *n* faixa *f.* ◇ *vt* enfaixar.

Band-Aid® *n* band-aid® *m.*

b and b, B and B (*abbr of* **bed and breakfast**) *n tipo de acomodação típica da Grã-Bretanha em que residências privadas oferecem serviço de quarto e café-da-manhã.*

bandit ['bændɪt] *n* bandido *m.*

bandstand ['bændstænd] *n* palanque *m.*

bandwagon ['bændwægən] *n*: **to jump on the ~** pegar carona na idéia.

bandy ['bændɪ] (*compar* **-ier**, *superl* **-iest**, *pt* & *pp* **-ied**) *adj* [bandy-legged] cambaio(a).

◆ **bandy about, bandy around** *vt sep* ficar repetindo.

bandy-legged [-,legd] *adj* = **bandy**.

bang [bæŋ] ◇ *adv* [right]: **~ in the middle** bem no meio; **~ on** certeiro(ra). ◇ *n* **-1.** [blow] golpe *m* **-2.** [loud noise] estrondo *m.* ◇ *vt* **-1.** [hit] bater **-2.** [move noisily] bater. ◇ *vi* **-1.** [knock]: **to ~ on sthg** dar pancadas **-2.** [make a loud noise] bater **-3.** [crash]: **to ~ into sb/sthg** bater em alguém/algo. ◇ *excl* bum.

◆ **bangs** *npl US* franjas *fpl.*

banger ['bæŋəʳ] *n UK* **-1.** *inf* [sausage] salsicha *f* **-2.** *inf* [old car] carroça *f* **-3.** [firework] rojão *m.*

bangle ['bæŋgl] *n* pulseira *f.*

banish ['bænɪʃ] *vt* banir.

banister ['bænɪstəʳ] *n*, **banisters** ['bænɪstəz] *npl* corrimão *m.*

bank [bæŋk] ◇ *n* **-1.** [gen & FIN] banco *m*; **blood/data ~** banco *m* de sangue/dados **-2.** [alongside river, lake] margem *m* **-3.** [slope] monte *m* **-4.** [of clouds, fog] massa *f.* ◇ *vt* FIN depositar. ◇ *vi* **-1.** FIN: **to ~ with sb** ser correntista de **-2.** [plane] inclinar lateralmente.

◆ **bank on** *vt fus* contar com.

bank account *n* conta *f* corrente.

bank balance *n* saldo *m* bancário.

bank card *n* cartão *m* de garantia de cheque.

bank charges *npl* tarifas *fpl* bancárias.

bank draft *n* ordem *f* bancária.

banker ['bæŋkəʳ] *n* FIN banqueiro *m*, -ra *f.*

bank holiday *n UK* feriado *m* bancário.

banking ['bæŋkɪŋ] *n (U)* serviços *mpl* bancários.

bank manager *n* gerente *mf* de banco.

bank note *n* cédula *f.*

bank rate *n* taxa *f* referencial de juros.

bankrupt ['bæŋkrʌpt] *adj* [financially] falido(da); **to go ~** ir à falência; **to be morally ~** *fig* estar desmoralizado(da).

bankruptcy ['bæŋkrəptsɪ] (*pl* **-ies**) *n* falência *f*; **moral ~** *fig* desmoralização *f.*

bank statement *n* extrato *m* bancário.

banner ['bænəʳ] *n* [made of cloth] faixa *f.*

bannister ['bænɪstəʳ] *n*, **bannisters** ['bænɪstəz] *npl* = **banister**.

banquet ['bæŋkwɪt] *n* banquete *m.*

banter ['bæntəʳ] *n (U)* brincadeiras *fpl.*

bap [bæp] *n UK* bisnaguinha *f.*

baptism ['bæptɪzm] *n* batismo *m.*

Baptist ['bæptɪst] *n* batista *mf.*

baptize, -ise [*UK* bæp'taɪz, *US* 'bæptaɪz] *vt* batizar.

bar [bɑːʳ] (*pt* & *pp* **-red**, *cont* **-ring**) ◇ *n* **-1.** [of wood, metal, chocolate, soap etc.] barra *f*; **to be behind ~s** estar atrás das grades **-2.** *fig* [obstacle] barreira *f* **-3.** [drinking place] bar *m* **-4.** [counter] balcão *m* **-5.** MUS compasso *m.* ◇ *vt* **-1.** [bolt] trancar **-2.** [block off] bloquear; **to ~ sb's way** bloquear a passagem de alguém **-3.** [ban] barrar. ◇ *prep* [except] exceto; **~ none** sem exceção.

◆ **Bar** *n* **-1.** *UK*: **the Bar** [barristers] o Magistrado; [profession] a Magistratura **-2.** *US*: **the Bar** [lawyers] advogados(das); [profession] a Advocacia.

barbaric [bɑː'bærɪk] *adj pej* bárbaro(ra).

barbecue ['bɑːbɪkjuː] *n* **-1.** [grill] churrasqueira *f* **-2.** [party] churrasco *m.*

barbed wire [bɑːbd-] *n UK (U)* arame *m* farpado.

barber ['bɑːbəʳ] *n* barbeiro *m*; **~'s (shop)** barbearia *f.*

barbiturate [bɑː'bɪtjʊrət] *n* barbitúrico *m.*

bar code *n* código *m* de barras.

bare [beəʳ] ◇ *adj* **-1.** [without covering] descoberto(ta) **-2.** [basic] mínimo(ma) **-3.** [empty] vazio(a). ◇ *vt* [reveal - chest, limbs] exibir, mostrar; **to ~ one's teeth** mostrar os dentes; **to ~ one's head** tirar o chapéu.

bareback ['beəbæk] *adv* em pêlo.

barefaced ['beəfeɪst] *adj* deslavado(da).

barefoot(ed) [,beə'fʊt(ɪd)] ◇ *adj* descalço(ça). ◇ *adv* descalço.

barely ['beəlɪ] *adv* [scarcely] mal.

bargain ['bɑːgɪn] ◇ *n* **-1.** [agreement] barganha *f*; **into the ~** ainda por cima **-2.** [good buy] pechincha *f.* ◇ *vi* barganhar; **to ~ with sb for sthg** pechinchar com alguém por algo.

◆ **bargain for, bargain on** *vt fus* esperar.

barge [bɑːdʒ] ◇ *n* barca *f.* ◇ *vi inf* **to ~ into sb/sthg** esbarrar em alguém/algo; **to ~ past sb/sthg** passar empurrando alguém/algo.

◆ **barge in** *vi*: **to ~ in (on sb/sthg)** interromper (alguém/algo).

baritone ['bærɪtəʊn] *n* barítono *m.*

bark [bɑːk] ◇ *n* **-1.** [of dog] latido *m* **-2.** [on tree] casca *f.* ◇ *vi* [dog] latir; **to ~ at sb/sthg** xingar alguém/algo.

barley ['bɑ:lɪ] *n (U)* cevada *f.*
barley sugar *n UK bala feita com caramelo e cevada.*
barley water *n UK (U) bebida à base de cevada e suco de fruta.*
barmaid ['bɑ:meɪd] *n* garçonete *f.*
barman ['bɑ:mən] (*pl* **-men** [-mən]) *n* barman *m.*
barn [bɑ:n] *n* celeiro *m.*
barometer [bə'rɒmɪtə^r] *n* **-1.** [instrument] barômetro *m* **-2.** ***fig*** [way of measuring] ≃ termômetro *m.*
baron ['bærən] *n* barão *m*; **oil/press ~** ***fig*** magnata da imprensa/do petróleo.
baroness ['bærənɪs] *n* baronesa *f.*
barrack ['bærək] *vt* ***UK*** interromper com gritos.
◆ **barracks** *npl* quartel *m.*
barrage ['bærɑ:ʒ] *n* **-1.** [of firing] bombardeio *m* **-2.** [of questions] bombardeio *m* **-3.** ***UK*** [dam] barragem *f.*
barrel ['bærəl] *n* **-1.** [container] barril *m* **-2.** [of gun] cano *m.*
barren ['bærən] *adj* **-1.** [unable to have children] estéril **-2.** [unable to produce crops] improdutivo(va).
barricade [,bærɪ'keɪd] *n* barricada *f.*
barrier ['bærɪə^r] *n* **-1.** [fence, wall] barreira *f* **-2.** ***fig*** [obstacle] obstáculo *m.*
barring ['bɑ:rɪŋ] *prep*: **~ accidents** a menos que haja imprevistos; **~ further complications** se não houver complicações.
barrister ['bærɪstə^r] *n* ***UK*** advogado *m*, -da *f.*
barrow ['bærəʊ] *n* [market stall] carrinho *m* de frutas/verduras.
bartender ['bɑ:tendə^r] *n* ***US*** garçom *m*, -nete *f.*
barter ['bɑ:tə^r] ◇ *n* barganha *f*, troca *f.* ◇ *vt* trocar; **to ~ sthg for sthg** trocar algo por algo. ◇ *vi* barganhar.
base [beɪs] ◇ *n* base *f.* ◇ *vt* **-1.** [use as starting point]: **to ~ sthg (up)on sthg** basear algo em algo **-2.** [locate] estabelecer; **to be ~d in** viver/trabalhar em; **a New York-based company** uma empresa sediada em Nova York. ◇ *adj* ***pej*** [dishonourable] desprezível.
baseball ['beɪsbɔ:l] *n (U)* beisebol *m.*
baseball cap *n* boné *m* de beisebol.
basement ['beɪsmənt] *n* porão *m.*
base rate *n* taxa *f* de base.
bases ['beɪsi:z] *pl* ▷ **basis**.
bash [bæʃ] ***inf*** ◇ *n* **-1.** [painful blow] pancada *f* **-2.** [attempt]: **to have a ~ (at sthg)** tentar fazer (algo). ◇ *vt* [hit] bater.
bashful ['bæʃfʊl] *adj* tímido(da).
basic ['beɪsɪk] *adj* [fundamental] básico(ca).
◆ **basics** *npl* [rudiments] princípios *mpl* básicos.
BASIC (*abbr of* **Beginners' All-purpose Symbolic Instruction Code**) *n* BASIC *m.*
basically ['beɪsɪklɪ] *adv* [essentially] basicamente, no fundo.
basil ['bæzl] *n (U)* manjericão *m.*
basin ['beɪsn] *n* **-1.** ***UK*** [bowl, container] tigela *f*; [for washing] pia *f* **-2.** *GEOGR* bacia *f.*
basis ['beɪsɪs] (*pl* **-ses**) *n* **-1.** [gen] base *f*; **on the ~ that** com base no fato de que, considerando que **-2.** [arrangement]: **on a weekly/monthly ~** numa base semanal/mensal; **on the ~ of** com base em.
bask [bɑ:sk] *vi* [sunbathe]: **to ~ in the sun** tomar banho de sol.
basket ['bɑ:skɪt] *n* [container - for rubbish] cesto *m*; [- for shopping] cesta *f.*
basketball ['bɑ:skɪtbɔ:l] *n (U)* basquete *m.*
bass [beɪs] *adj* [part, singer] baixo(xa).
bass drum [beɪs-] *n MUS* tambor *m* baixo.
bass guitar [beɪs-] *n MUS* baixo *m.*
bassoon [bə'su:n] *n MUS* fagote *m.*
bastard ['bɑ:stəd] *n* **-1.** [illegitimate child] bastardo *m*, -da *f* **-2.** ***v inf pej*** [person] canalha *mf*, filho-da-mãe *m.*
bastion ['bæstɪən] *n* ***fig*** bastião *m.*
bat [bæt] (*pt* & *pp* **-ted**, *cont* **-ting**) *n* **-1.** [animal] morcego *m* **-2.** [*SPORT* - for cricket] pá *f*; [- for baseball] bastão *m*; [- for table tennis] raquete *f* **-3.** ***phr***: **to do sthg off one's own ~** fazer algo sem auxílio.
batch [bætʃ] *n* **-1.** [of papers, letters] pilha *f* **-2.** [of work] porção *f* **-3.** [of products] lote *m* **-4.** [of people] grupo *m* **-5.** [of bread, cakes etc.] fornada *f.*
bated ['beɪtɪd] *adj*: **with ~ breath** [expectantly] segurando a respiração.
bath [bɑ:θ] ◇ *n* **-1.** [bathtub] banheira *f* **-2.** [act of washing] banho *m*; **to have** *OR* **take a bath** tomar (um) banho. ◇ *vt* dar banho em.
◆ **baths** *npl* ***UK*** [public] banhos *mpl* públicos.
bathe [beɪð] ◇ *vt* **-1.** [wound] lavar **-2.** [in light, sweat] banhar; **to be ~d in sthg** estar coberto(ta) de algo. ◇ *vi* **-1.** [swim] nadar **-2.** ***US*** [take a bath] tomar (um) banho.
bathing ['beɪðɪŋ] *n (U)* banho *m*; **safe for ~** próprio(pria) para banho; **to go ~** dar um mergulho.
bathing cap *n* touca *f* de banho.
bathing costume, bathing suit *n* maiô *m.*
bathrobe ['bɑ:θrəʊb] *n* **-1.** [made of towelling] roupão *m* de banho **-2.** [dressing gown] ***US*** chambre *m.*
bathroom ['bɑ:θrʊm] *n* ***UK*** banheiro *m.*
bath towel *n* toalha *f* de banho.
bathtub ['bɑ:θtʌb] *n* banheira *f.*
baton ['bætən] *n* **-1.** [of conductor] batuta *f* **-2.** [in relay race] bastão *m* **-3.** ***UK*** [of policeman] cassetete *m.*

Não confundir *baton (cassetete)* com o português *batom* que em inglês é *lipstick*. (*A baton is part of the police uniform*. Um *cassetete* faz parte do uniforme do policial.)

batsman ['bætsmən] (*pl* **-men** [-mən]) *n CRICKET* batedor *m*.

battalion [bə'tæljən] *n* batalhão *m*.

batten ['bætn] *n* [piece of wood] tábua *f*.

batter ['bætəʳ] ◇ *n* **-1.** *CULIN* massa *f* (mole) **-2.** *SPORT* batedor *m*, -ra *f*. ◇ *vt* [child, woman] surrar. ◇ *vi* [beat] bater.

battered ['bætəd] *adj* **-1.** [child, woman] maltratado(da) **-2.** [old, worn-out - car] arruinado(da); [- hat] surrado(da) **-3.** *CULIN* misturado(da).

battery ['bætərɪ] (*pl* **-ies**) *n* **-1.** [gen] bateria *f* **-2.** [*ELEC*- of car] bateria *f*; [- of radio, torch etc.] pilha *f* **-3.** [group - of people] grupo *m*; [- of things] série *f*, conjunto *m*.

battle ['bætl] ◇ *n* batalha *f*; ~ **for/against/with sthg** batalha por/contra/com algo. ◇ *vi* [fight] lutar; **to** ~ **for/against/with sthg** lutar por/contra/com algo.

battlefield ['bætlfi:ld], **battleground** ['bætlgraʊnd] *n MIL & fig* campo *m* de batalha.

battlements ['bætlmənts] *npl* [of castle] ameias *fpl*.

battleship ['bætlʃɪp] *n* couraçado *m*.

bauble ['bɔ:bl] *n* bugiganga *f*.

baulk [bɔ:k] *vi* = **balk**.

bawdy ['bɔ:dɪ] (*compar* **-ier**, *superl* **-iest**) *adj* obsceno(na).

bawl [bɔ:l] ◇ *vt* [shout] gritar. ◇ *vi* **-1.** [shout] gritar **-2.** [weep] berrar.

bay [beɪ] *n* **-1.** *GEOGR* baía *f* **-2.** [for loading] zona *m* de carga e descarga **-3.** [for parking] vaga *f* **-4.** *phr*: **to keep sb/sthg at** ~ manter alguém/algo à distância.

bay leaf *n* folha *f* de louro.

Bay of Biscay *n*: **the** ~ o Golfo de Biscaia.

bay window *n* bay window *f*, janela *f* saliente.

bazaar [bə'zɑ:ʳ] *n* **-1.** [market] bazar *m* **-2.** *UK* [charity sale] bazar *m* beneficente.

B & B *n abbr of* **bed and breakfast**.

BBC (*abbr of* **British Broadcasting Corporation**) *n companhia estatal britânica de rádio e televisão*, BBC *f*.

BC (*abbr of* **before Christ**) a.C.

be [bi:] (*pt* **was** *OR* **were**, *pp* **been**) ◇ *aux vb* **-1.** *(in combination with ppr: to form cont tense)* estar; **what is he doing?** o que ele está fazendo?; **it's snowing** está nevando **-2.** *(in combination with pp: to form passive)* ser; **to** ~ **loved** ser amado(da) **-3.** *(in question tags)* ser, estar; **the meal was delicious, wasn't it?** a comida estava deliciosa, não estava? **-4.** *(followed by to + infin)* dever; **I'm to** ~ **promoted** devo ser promovido(da); **you're not to tell anyone** você não deve contar a ninguém. ◇ *copulative vb* **-1.** *(with adj, n)* ser, estar; **to** ~ **a doctor/lawyer/plumber** ser médico/advogado/bombeiro; **she's intelligent/attractive** ela é inteligente/atraente; ~ **quiet!** fique quieto!; **1 and 1 are 2** 1 e 1 são 2 **-2.** [referring to health] estar; **how are you?** como vai você? **-3.** [referring to age] ter; **how old are you?** quantos anos você tem? **-4.** [cost] custar; **how much was it?** quanto custou?; **that will** ~ **£10, please** são £10, por favor. ◇ *vi* **-1.** [exist] existir, haver, ser; ~ **that as it may** seja como for **-2.** [referring to place] estar; **Toulouse is in France** Toulouse fica na França; **he will** ~ **here tomorrow** ele estará aqui amanhã **-3.** [referring to movement] estar; **I've been to the cinema/to France/to the butcher's** fui ao cinema/para a França/ao açougue. ◇ *v impers* **-1.** [referring to time, dates] ser; **it's two o'clock** são duas horas **-2.** [referring to distance] ser; **it's 3 km to the next town** são 3 quilômetros até a próxima cidade **-3.** [referring to the weather] estar; **it's hot/cold/windy** está quente/frio/ventando **-4.** [for emphasis] ser; **it's me** sou eu; **it's the milkman** é o leiteiro.

Presente

I am	*we are*
You are	*you are*
He/she/it is	*they are*

Pretérito simples

I was	*we were*
You were	*you were*
He/she/it was	*they were*

Gerúndio

Being

Particípio

Been

Be tem seus próprios significados como verbo principal, mas funciona também como verbo auxiliar, sobretudo para formar os tempos contínuos (*why are you staring at me?* por que você está olhando para mim?) e a voz passiva (*my suit is being mended* meu terno está sendo consertado) de outros verbos.

Deve-se lembrar que *be* pode ser traduzido por 'ser' ou 'estar'.

Não se deve esquecer também que *be* pode ser traduzido por 'ter' ou 'fazer', como, por exemplo, em referência a atitudes (*she's right* ela tem razão), à idade (*he's sixteen* ele tem dezesseis anos) ou ao clima (*it's sunny* faz sol).

A forma *be to* é usada para dar a idéia de um plano ou tarefa a ser cumprida pelo sujeito da oração (*we're to meet at 10 o'clock* devemos nos encontrar às 10 horas). No passado, *was to/were to* podem expressar algo que estava destinado a acontecer (*he was to become president at the age of 39* ele se tornaria presidente aos 39 anos de idade).

Ver também **go**.

beach [biːtʃ] ◇ *n* praia *f.* ◇ *vt* [boat, whale] encalhar.
beacon [ˈbiːkən] *n* **-1.** [warning fire] fogaréu *m* **-2.** [lighthouse] farol *m* **-3.** [radio beacon] radiofarol *m.*
bead [biːd] *n* **-1.** [of wood, glass] conta *f* **-2.** [of sweat] gota *f.*
beagle [ˈbiːgl] *n* bigle *m.*
beak [biːk] *n* [of bird] bico *m.*
beaker [ˈbiːkə^r] *n* copo *m (de plástico).*
beam [biːm] ◇ *n* **-1.** [of wood, concrete] viga *f* **-2.** [of light] raio *m*, feixe *m* **-3.** *US AUT* **: high/low ~s** luz alta/baixa. ◇ *vt* [signal, news] transmitir. ◇ *vi* [smile] irradiar-se.
bean [biːn] *n CULIN* feijão *m*, grão *m*; **to be full of ~s** *inf* estar cheio (cheia) de vida; **to spill the ~s** *inf* dar com a língua nos dentes.
beanbag [ˈbiːnbæg] *n* [seat] *almofada grande e redonda, feita de flocos de espuma que se adapta ao corpo de quem senta.*
beanshoot [ˈbiːnʃuːt], **beansprout** [ˈbiːnspraʊt] *n* broto *m* de feijão.
bear [beə^r] (*pt* **bore**, *pp* **borne**) ◇ *n* [animal] urso *m*, -sa *f.* ◇ *vt* **-1.** [carry] carregar **-2.** [sustain] suportar **-3.** [accept] aceitar **-4.** [show] exibir **-5.** [tolerate] suportar **-6.** [feeling] guardar. ◇ *vi* **-1.** [turn] virar **-2.** [have effect]**: to bring pressure/influence to ~ on sb** exercer pressão/influência sobre alguém.
◆ **bear down** *vi*: **to ~ down on sb/sthg** abater-se sobre algo/alguém.
◆ **bear out** *vt sep* confirmar.
◆ **bear up** *vi* resistir.
◆ **bear with** *vt fus* tolerar.
beard [bɪəd] *n* [of man] barba *f.*
bearer [ˈbeərə^r] *n* **-1.** [of stretcher, coffin] carregador *m*, -ra *f* **-2.** [of news, document] portador *m*, -ra *f* **-3.** [of name, title] detentor *m*, -ra *f.*
bearing [ˈbeərɪŋ] *n* **-1.** [connection] relação *f*; **~ on sthg** relação com algo **-2.** [deportment] conduta *f* **-3.** *TECH* mancal *m* **-4.** [on compass] direção *f*; **to get/lose one's ~s** *fig* achar/perder o rumo.
beast [biːst] *n* **-1.** [animal] besta *m* **-2.** *inf pej* [person] besta *f.*
beastly [ˈbiːstlɪ] (*compar* **-ier**, *superl* **-iest**) *adj* ***dated*** abominável.
beat [biːt] (*pt* **beat**, *pp* **beaten**) ◇ *n* **-1.** [gen] batida *f* **-2.** [of heart, pulse] batimento *m* **-3.** *MUS* [rhythm] ritmo *m* **-4.** [of policeman] ronda *f.* ◇ *vt* **-1.** [hit] bater em **-2.** [defeat] derrotar; **it ~s me** ***inf*** isto acaba comigo **-3.** [be better than] superar **-4.** [eggs, wings] bater **-5.** *MUS* [time] marcar **-6.** ***phr*:** **~ it!** ***inf*** [go away] caia fora! ◇ *vi* **-1.** [rain] cair **-2.** [heart, pulse] bater.
◆ **beat off** *vt sep* [resist] repelir.
◆ **beat up** *vt sep inf* [person] espancar.
beating [ˈbiːtɪŋ] *n* [defeat, punishment] surra *f.*
beautiful [ˈbjuːtɪfʊl] *adj* **-1.** [gen] bonito(ta) **-2.** [well executed] belo(la).
beautifully [ˈbjuːtəflɪ] *adv* **-1.** [attractively] belamente **-2.** *inf* [very well] esplendidamente.
beauty [ˈbjuːtɪ] (*pl* **-ies**) *n* **-1.** *(U)* [attractiveness] beleza *f* **-2.** [beautiful woman] beldade *f.*
beauty parlour *n* salão *m* de beleza.
beauty salon *n* = **beauty parlour**.
beauty spot *n* **-1.** [place] recanto *m* **-2.** [on skin] sinal *m.*
beaver [ˈbiːvə^r] *n* castor *m.*
became [bɪˈkeɪm] *pt* ▷ **become**.
because [bɪˈkɒz] *conj* porque.
◆ **because of** *prep* por causa de.
beck [bek] *n*: **to be at sb's ~ and call** estar sempre à disposição de alguém.
beckon [ˈbekən] ◇ *vt* [make a signal to] acenar. ◇ *vi* [signal]: **to ~ to sb** acenar para alguém.
become [bɪˈkʌm] (*pt* **became**, *pp* **become**) *vt* **-1.** [grow] ficar. **-2.** [acquire post of] tornar-se **-3.** [suit, be appropriate to] combinar com, ficar bem em.
becoming [bɪˈkʌmɪŋ] *adj* **-1.** [attractive] elegante **-2.** [appropriate] adequado(da).
bed [bed] (*pt* & *pp* **-ded**, *cont* **-ding**) *n* **-1.** [to sleep on] cama *f*; **to go to ~** ir para a cama; **to go to ~ with sb** ***euphemism*** ir para a cama com alguém **-2.** [flowerbed] canteiro *m* **-3.** [bottom - of sea] fundo *m*; [- of river] leito *m.*
bed and breakfast *n* **-1.** [service] hospedagem *f* com café da manhã **-2.** [hotel] bed and breakfast *m*, *acomodação típica da Grã-Bretanha (geralmente em casa de família) acompanhada de café-da-manhã.*
bedclothes [ˈbedkləʊðz] *npl* roupa *f* de cama.
bedlam [ˈbedləm] *n* [chaos] tumulto *m.*
bed linen *n* roupa *f* de cama.
bedraggled [bɪˈdrægld] *adj* enlameado(da).
bedridden [ˈbedˌrɪdn] *adj* acamado(da).
bedroom [ˈbedrʊm] *n* quarto *m.*
bedside [ˈbedsaɪd] *n* beira *f* da cama.
bedside table *n* mesa-de-cabeceira *f*, criado-mudo *m.*
bed-sit(ter) *n UK* conjugado *m.*
bedsore [ˈbedsɔː^r] *n* assadura *f.*
bedspread [ˈbedspred] *n* colcha *f.*
bedtime [ˈbedtaɪm] *n* hora *f* de dormir.
bee [biː] *n* abelha *f.*
beech [biːtʃ] *n* faia *f.*
beef [biːf] ◇ *n (U)* [meat] carne *f* de vaca. ◇ *vi inf* [complain]: **to ~ about sthg** reclamar de algo.

> Não confundir ***beef (carne de vaca)*** com o português ***bife*** que em inglês é ***steak***. (***Do you prefer beef or chicken?*** Você prefere ***carne de vaca*** ou galinha?)

beefburger ['bi:f,bɜ:gəʳ] *n* hambúrguer *m* bovino.

Beefeater ['bi:f,i:təʳ] *n guarda da Torre de Londres.*

beefsteak ['bi:f,steɪk] *n* bife *m.*

beehive ['bi:haɪv] *n* [for bees] colméia *f.*

beeline ['bi:laɪn] *n*: **to make a ~ for sb/sthg** *inf* ir direto a alguém/algo.

been [bi:n] *pp* ▻ **be**.

beeper ['bi:pəʳ] *n* [device] bipe *m.*

beer [bɪəʳ] *n* cerveja *f.*

beer garden *n terraço de um bar em que geralmente se admite a presença de crianças.*

beer mat *n* bolacha *f.*

beet [bi:t] *n* **-1.** [sugar beet] acelga *f* **-2.** *US* [beetroot] beterraba *f.*

beetle ['bi:tl] *n* besouro *m.*

beetroot ['bi:tru:t] *n* beterraba *f.*

before [bɪ'fɔ:ʳ] ◇ *adv* [previously] antes. ◇ *prep* **-1.** [preceding in time] antes de **-2.** [in front of]: **the road stretched out ~ them** a estrada se abria diante *OR* à frente deles; **~ my very eyes** diante de meus próprios olhos; **standing ~ the door** parado(da) em frente à porta. ◇ *conj*: **~ leaving the country** antes de deixar o país; **~ he entered the house** antes de entrar na casa.

beforehand [bɪ'fɔ:hænd] *adv* [in advance] de antemão.

befriend [bɪ'frend] *vt* **-1.** [make friends with] fazer amizade com **-2.** [support] favorecer.

beg [beg] (*pt* & *pp* **-ged**, *cont* **-ging**) ◇ *vt* **-1.** [money, food] mendigar, pedir **-2.** [favour, forgiveness, mercy] pedir; **I ~ your pardon** desculpe-me; **to ~ sb for sthg** pedir algo a alguém; **to ~ sb to do sthg** pedir a alguém para fazer algo. ◇ *vi* **-1.** [for money, food] mendigar, pedir; **to ~ for sthg** mendigar *OR* pedir algo **-2.** [for favour, forgiveness, mercy] pedir; **to ~ for sthg** pedir algo.

began [bɪ'gæn] *pt* ▻ **begin**.

beggar ['begəʳ] *n* mendigo *m*, -ga *f.*

begin [bɪ'gɪn] (*pt* **began**, *pp* **begun**, *cont* **-ning**) ◇ *vt* **-1.** [start] começar; **to ~ doing** *OR* **to do sthg** começar a fazer algo **-2.** [initiate] começar. ◇ *vi* [start] começar; **to ~ with, ...** para começar, ...

beginner [bɪ'gɪnəʳ] *n* [learner] principiante *mf*, aprendiz *mf.*

beginning [bɪ'gɪnɪŋ] *n* **-1.** [start] começo *m* **-2.** [origin] início *m*, origem *f.*

begrudge [bɪ'grʌdʒ] *vt* **-1.** [envy]: **to ~ sb sthg** invejar algo de alguém **-2.** [give, do unwillingly]: **to ~ doing sthg** fazer algo de má vontade.

begun [bɪ'gʌn] *pp* ▻ **begin**.

behalf [bɪ'hɑ:f] *n*: **on ~ of sb** *UK*, **in ~ of sb** *US* em nome de alguém.

behave [bɪ'heɪv] ◇ *v refl*: **to ~ o.s.** comportar-se bem. ◇ *vi* **-1.** [in a particular way] comportar-se **-2.** [in an acceptable way] comportar-se bem.

behaviour *UK*, **behavior** *US* [bɪ'heɪvjəʳ] *n* comportamento *m.*

behead [bɪ'hed] *vt* degolar.

beheld [bɪ'held] *pt* & *pp* ▻ **behold**.

behind [bɪ'haɪnd] ◇ *prep* **-1.** [at the back of] atrás de **-2.** [causing, responsible for] por trás de **-3.** [supporting]: **to be ~ sb** apoiar alguém, estar com alguém **-4.** [indicating deficiency, delay] atrás de; **to run ~ schedule** estar atrasado(da). ◇ *adv* **-1.** [at, in the back] atrás **-2.** [late] para trás; **~ with sthg** com atraso em algo. ◇ *n inf* [buttocks] traseiro *m.*

behold [bɪ'həʊld] (*pt* & *pp* **beheld**) *vt literary* contemplar.

beige [beɪʒ] ◇ *adj* bege. ◇ *n* bege *m.*

being ['bi:ɪŋ] *n* **-1.** [creature] ser *m* **-2.** *(U)* [state of existing]: **in ~** em vigor; **to come into ~** nascer; **for the time ~** por enquanto.

Beirut [,beɪ'ru:t] *n* Beirute.

belated [bɪ'leɪtɪd] *adj* tardio(dia).

belch [beltʃ] ◇ *n* arroto *m.* ◇ *vt* [smoke, fire] expelir. ◇ *vi* [person] arrotar.

beleaguered [bɪ'li:gəd] *adj* **-1.** [*MIL* - city] sitiado(da); [- troops] cercado(da) **-2.** *fig* [harassed] assediado(da).

Belgian ['beldʒən] ◇ *adj* belga. ◇ *n* belga *mf.*

Belgium ['beldʒəm] *n* Bélgica; **in ~** na Bélgica.

Belgrade [,bel'greɪd] *n* Belgrado; **in ~** em Belgrado.

belie [bɪ'laɪ] (*cont* **belying**) *vt* **-1.** [disprove] desmentir **-2.** [give false idea of] esconder, disfarçar.

belief [bɪ'li:f] *n* **-1.** *(U)* crença *f*; **~ in sthg** crença em algo **-2.** [opinion] opinião *f.*

believe [bɪ'li:v] ◇ *vt* **-1.** [think] achar; **I ~ so** acho que sim **-2.** [person, statement] acreditar em; **~ it or not** acredite ou não. ◇ *vi* **-1.** [be religious] crer em **-2.** [know to exist]: **to ~ in sb/sthg** acreditar em alguém/algo.

believer [bɪ'li:vəʳ] *n* **-1.** *RELIG* crente *mf* **-2.** [supporter]: **~ in sthg** partidário(ria) de algo.

belittle [bɪ'lɪtl] *vt* [disparage] depreciar.

bell [bel] *n* **-1.** [of church] sino *m* **-2.** [on door, bicycle] campainha *f.*

belligerent [bɪ'lɪdʒərənt] *adj* **-1.** [at war] beligerante **-2.** [aggressive] agressivo(va).

bellow ['beləʊ] *vi* **-1.** [person] gritar **-2.** [bull] mugir.

bellows ['beləʊz] *npl* fole *m.*

belly ['belɪ] (*pl* **-ies**) *n* barriga *f.*

bellyache ['belɪeɪk] *n* [stomachache] dor *f* de estômago.

belly button *n inf* [navel] umbigo *m*.

belong [bɪˈlɒŋ] *vi* **-1.** [be property]: **to ~ to sb** pertencer a alguém **-2.** [be a member]: **to ~ to sthg** fazer parte *OR* ser membro de algo **-3.** [be situated in right place] encaixar-se.

belongings [bɪˈlɒŋɪŋz] *npl* pertences *mpl*.

beloved [bɪˈlʌvd] *adj* amado(da), querido(da).

below [bɪˈləʊ] ◇ *adv* **-1.** [in a lower position] de baixo **-2.** [in text or with numbers, quantities] abaixo **-3.** *NAUT*: **to go ~** descer. ◇ *prep* abaixo de.

belt [belt] ◇ *n* **-1.** [for clothing] cinto *m* **-2.** *TECH* correia *f*. ◇ *vt* **-1.** *inf* [hit with a belt] dar uma surra de cinto em **-2.** *inf* [punch, beat] meter o couro em.

beltway [ˈbeltˌweɪ] *n US* anel *m* viário, rodoanel *m*.

bemused [bɪˈmjuːzd] *adj* bestificado(da).

bench [bentʃ] *n* **-1.** [seat] banco *m* **-2.** [in laboratory, workshop] bancada *f* **-3.** *UK JUR* magistratura *f*.

benchmark [bentʃˈmɑːk] *n* **-1.** [standard] referência *f* **-2.** *COMPUT* padrão *m* de desempenho **-3.** *ECON* benchmark *m*, indicador *m*.

bend [bend] (*pt* & *pp* **bent**) ◇ *n* **-1.** curva *f* **-2.** *phr*: **round the ~** *inf* pirado(da), maluco(ca); **to drive sb round the ~** deixar alguém maluco(ca). ◇ *vt* dobrar. ◇ *vi* **-1.** [arm, leg] dobrar-se; [tree, person] inclinar-se **-2.** [river, road] fazer uma curva.

◆ **bend down** *vi* curvar-se.

◆ **bend over** *vi* inclinar-se; **to ~ over backwards for sb** *fig* fazer todo o possível por alguém.

beneath [bɪˈniːθ] ◇ *adv* [below] debaixo. ◇ *prep* **-1.** [under] debaixo de, sob **-2.** [unworthy of]: **he felt the job was ~ him** ele sentia que o emprego estava aquém dele; **to be ~ sthg** não ser digno(na) de algo.

benefactor [ˈbenɪfæktəʳ] *n* benfeitor *m*.

beneficial [ˌbenɪˈfɪʃl] *adj* benéfico(ca); **~ to sb/sthg** benéfico(ca) para alguém/algo.

beneficiary [ˌbenɪˈfɪʃərɪ] (*pl* **-ies**) *n JUR* beneficiário *m*, -ria *f*.

benefit [ˈbenɪfɪt] ◇ *n* **-1.** [advantage] benefício *m*; **to be to sb's ~, to be of ~ to sb** ser benéfico(ca) para alguém; **for the ~ of** em benefício *OR* prol de **-2.** [good point] vantagem *f* **-3.** *ADMIN* [allowance of money] auxílio *m*. ◇ *vt* beneficiar. ◇ *vi*: **to ~ from sthg** beneficiar-se de algo.

Benelux [ˈbenɪlʌks] *n* Benelux.

benevolent [bɪˈnevələnt] *adj* [kind, generous] benevolente.

benign [bɪˈnaɪn] *adj* **-1.** [gen] benévolo(la) **-2.** [influence, conditions] agradável, propício(cia) **-3.** *MED* benigno(na).

bent [bent] ◇ *pt* & *pp* ▷ **bend**. ◇ *adj* **-1.** [wire, bar] torto(ta) **-2.** [person, body] curvado(da) **-3.** *UK inf* [dishonest] corrupto(ta) **-4.** [determined]: **to be ~ on sthg/on doing sthg** ter inclinação para algo/fazer algo. ◇ *n* [natural aptitude] inclinação *f*; **to have a ~ for sthg** ter uma inclinação para algo.

bequeath [bɪˈkwiːð] *vt* **-1.** [money, property] deixar **-2.** *fig* [idea, system] passar.

bequest [bɪˈkwest] *n* [in will] herança *f*.

berate [bɪˈreɪt] *vt* [rebuke] repreender.

bereaved [bɪˈriːvd] (*pl inv*) ◇ *adj* enlutado(da). ◇ *npl*: **the ~** os enlutados.

beret [ˈbereɪ] *n* boina *f*.

berk [bɜːk] *n UK inf* palhaço *m*, -ça *f*.

Berlin [bɜːˈlɪn] *n* Berlim; **in ~** em Berlim.

berm [bɜːm] *n US* berma *f*.

Bermuda [bəˈmjuːdəl] *n* (Ilhas) Bermudas *fpl*.

Bern [bɜːn] *n* Berna; **in ~** em Berna.

berry [ˈberɪ] (*pl* **-ies**) *n* baga *f*.

berserk [bəˈzɜːk] *adj*: **to go ~** ficar furioso(sa).

berth [bɜːθ] ◇ *n* **-1.** [in harbour] ancoradouro *m* **-2.** [in ship, train] beliche *m*. ◇ *vi* [ship] ancorar, atracar.

beseech [bɪˈsiːtʃ] (*pt* & *pp* **besought** *OR* **beseeched**) *vt literary* [implore] suplicar; **to ~ sb to do sthg** suplicar a alguém para que faça algo.

beset [bɪˈset] (*pt* & *pp* **beset**, *cont* **-ting**) ◇ *adj*: **~ with** *OR* **by sthg** cercado(da) de algo. ◇ *vt* envolver.

beside [bɪˈsaɪd] *prep* **-1.** [next to] ao lado de **-2.** [compared with] comparado(da) com **-3.** *phr*: **to be ~ o.s. with sthg** estar louco(ca) de algo.

besides [bɪˈsaɪdz] ◇ *adv* além disso. ◇ *prep* [in addition to] além de.

besiege [bɪˈsiːdʒ] *vt* **-1.** [town, fortress] sitiar **-2.** *fig*: **to be ~d with calls/complaints** ser bombardeado(da) com ligações/reclamações.

besotted [bɪˈsɒtɪd] *adj*: **~ (with sb)** obcecado(da) (por alguém).

besought [bɪˈsɔːt] *pt* & *pp* ▷ **beseech**.

best [best] ◇ *adj* [in quality] melhor. ◇ *adv* **-1.** [better than all the others] melhor; **whoever does ~ in the exam** quem se sair melhor no exame **-2.** [more than all the others] mais; **which one did you like ~?** de qual deles você gostou mais? ◇ *n* **-1.** [highest standard possible] melhor *m*; **to do one's ~** fazer o melhor possível; **he is the ~ of friends** ele é o melhor amigo do mundo **-2.** [utmost] máximo *m*; **she tried her ~** ela fez o tudo o que podia **-3.** [most outstanding person, thing etc.] melhor *mf* **-4.** *phr*: **to make the ~ of sthg** tirar o máximo de proveito de algo; **to be for the ~** ser melhor; **all the ~!** um abraço!

◆ **at best** *adv* na melhor das hipóteses.

best man *n* padrinho *m* de casamento.

bestow [bɪ'stəʊ] *vt fml*: **to ~ sthg on sb** outorgar *OR* conceder algo a alguém.

best-seller *n* **-1.** [article sold] mais vendido *m*, -da *f* **-2.** [book] best-seller *m*.

bet [bet] (*pt* & *pp* **bet** *OR* **-ted**, *cont* **-ting**) ◇ *n* **-1.** [wager] aposta *f* **-2.** *fig* [prediction] aposta *f*; **it's a safe ~ that ...** é certo que ...; **your best ~ is to ...** o melhor a se fazer é ... ◇ *vt* apostar. ◇ *vi* apostar; **to ~ on sthg** apostar em algo; **you ~!** *inf* pode apostar!, com certeza!

betray [bɪ'treɪ] *vt* **-1.** [person, principles] trair **-2.** [secret, emotion] revelar.

betrayal [bɪ'treɪəl] *n* [of person, principles] traição *f*.

better ['betəʳ] ◇ *adj* melhor; **to get ~** melhorar; **to get ~ and ~** ficar cada vez melhor. ◇ *adv* **-1.** [gen] melhor **-2.** [when giving advice, stating intention]: **you'd ~ phone her** é melhor você ligar para ela; **I'd ~ go now** é melhor eu ir embora. ◇ *n* [best one] melhor *mf*; **to get the ~ of sb** apoderar-se *OR* tomar conta de alguém; **her emotions got the ~ of her** suas emoções tomaram conta dela. ◇ *vt* [improve] melhorar; **to ~ o.s.** melhorar de vida, aprimorar-se.

> A expressão ***had better*** pode aparecer na contração ***'-d better*** e serve para aconselhar alguém sobre algo (***you'd better leave soon*** é melhor você sair cedo), ameaçar ou avisar alguém (***you'd better not forget or she'll be angry*** é melhor você não se esquecer, ou ela ficará zangada).

better off *adj* **-1.** [financially] melhor de vida **-2.** [in a better situation] melhor; **you're ~ taking a taxi** será melhor você pegar um táxi.

betting ['betɪŋ] *n* **-1.** [bets] apostar *m* **-2.** [odds] chance *f*.

betting shop *n UK* casa *f* de apostas.

between [bɪ'twi:n] ◇ *prep* entre. ◇ *adv*: **(in) ~** entre.

beverage ['bevərɪdʒ] *n fml* [drink] bebida *f*.

beware [bɪ'weəʳ] *vi* tomar cuidado, ter cautela; **to ~ of sthg** tomar cuidado com algo.

bewildered [bɪ'wɪldəd] *adj* [confused] confuso(sa), desnorteado(da).

bewitching [bɪ'wɪtʃɪŋ] *adj* encantador(ra).

beyond [bɪ'jɒnd] ◇ *prep* **-1.** além de; **it is ~ my responsibility** vai além de minha responsabilidade **-2.** [outside the range of] fora de; **it is ~ my control** está fora de meu controle; **the town has changed ~ all recognition** a cidade ficou irreconhecível. ◇ *adv* **-1.** [in space] mais além, mais adiante **-2.** [in time] mais além, mais um pouco.

bias ['baɪəs] *n* **-1.** [prejudice] preconceito *m* **-2.** [tendency] propensão *f*, tendência *f*.

biased ['baɪəst] *adj* **-1.** [prejudiced] preconceituoso(sa); **to be ~ against sthg/sb** ser preconceituoso(sa) em relação a algo/alguém **-2.** [tendentious] tendencioso(sa); **to be ~ towards sthg** ser tendencioso(sa) em relação a algo; **to be ~ towards sb** pender para o lado de alguém.

bib [bɪb] *n* [for baby] babador *m*.

Bible ['baɪbl] *n*: **the ~** a Bíblia.

bicarbonate of soda [baɪ'kɑ:bənət-] *n* bicarbonato *m* de sódio.

biceps ['baɪseps] (*pl inv*) *n* bíceps *m*.

bicker ['bɪkəʳ] *vi* [quarrel] brigar.

bicycle ['baɪsɪkl] ◇ *n* bicicleta *f*. ◇ *vi* andar de bicicleta.

bicycle path *n* ciclovia *f*.

bicycle pump *n* bomba *f* de ar *(para bicicleta)*.

bid [bɪd] (*pt* & *pp* **bid**, *cont* **bidding**) ◇ *n* **-1.** [attempt] tentativa *f*, intento *m*; **a ~ for power** uma busca pelo poder **-2.** [at auction] licitação *f* **-3.** *COMM* proposta *f*. ◇ *vt* **-1.** [at auction] licitar. ◇ *vi* **-1.** [at auction]: **to ~ (for sthg)** abrir licitação (para algo) **-2.** [attempt]: **to ~ for sthg** tentar algo.

bidder ['bɪdəʳ] *n* [at auction] licitante *mf*.

bidding ['bɪdɪŋ] *n* [at auction] licitação *f*.

bide [baɪd] *vt* : **to ~ one's time** esperar a vez.

bifocals [,baɪ'fəʊklz] *npl* lentes *fpl* bifocais.

big [bɪg] (*compar* **-ger**, *superl* **-gest**) *adj* **-1.** [gen] grande **-2.** [older] mais velho(lha) **-3.** [successful] importante.

bigamy ['bɪgəmɪ] *n (U)* bigamia *f*.

big deal *inf* ◇ *n* grande coisa *f*; **it's no ~** não é nada de mais; **what's the ~?** e daí? ◇ *excl* grande coisa!

Big Dipper [-'dɪpəʳ] *n* **-1.** *UK* [rollercoaster] montanha-russa *f* **-2.** *US ASTRON*: **the ~** a Ursa Maior.

big-headed *adj inf* metido(da).

bigot ['bɪgət] *n* fanático *m*, -ca *f*.

bigoted ['bɪgətɪd] *adj* fanático(ca).

bigotry ['bɪgətrɪ] *n (U)* fanatismo *m*.

big time *n inf*: **the ~** o auge.

big toe *n* dedão *m* do pé.

big top *n* (lona do) circo *m*.

big wheel *n UK* [at fairground] roda-gigante *f*.

bike [baɪk] *n inf* **-1.** [cycle] bike *f*, bicicleta *f* **-2.** [motorcycle] moto *f*.

bikeway ['baɪkweɪ] *n US* ciclovia *f*.

bikini [bɪ'ki:nɪ] *n* biquíni *m*.

bile [baɪl] *n* **-1.** [fluid] bílis *f* **-2.** [anger] irritação *f*.

bilingual [baɪ'lɪŋgwəl] *adj* bilíngüe.

bill [bɪl] ◇ *n* **-1.** [statement of cost] conta *f*; **~ for sthg** conta de algo **-2.** [in parliament] projeto *m* de lei **-3.** [of show, concert] programa *m* **-4.** *US* [bank note] nota *f* **-5.** [poster]: **'post** *OR* **stick no ~s'** 'proibido colar cartazes' **-6.** [beak] bico *m*. ◇ *vt* [send a bill to]: **to ~ sb (for sthg)** cobrar (algo) de alguém.

billboard ['bɪlbɔ:d] *n* quadro *m* de anúncios.
billet ['bɪlɪt] *n* boleto *m*, alojamento *m*.
billfold ['bɪlfəʊld] *n* ***US*** carteira *f*.
billiards ['bɪljədz] *n (U)* bilhar *m*.
billion ['bɪljən] *num* **-1.** [thousand million] bilhão *m* **- 2.** ***UK dated*** [million million] trilhão *m*.
Bill of Rights *n*: **the ~** *as dez primeiras emendas da Constituição norte-americana*.
bimbo ['bɪmbəʊ] (*pl* **-s** *OR* **-es**) *n inf pej* ≃ burra *f* gostosa.
bin [bɪn] (*pt* & *pp* **-ned**, *cont* **-ning**) *n* **- 1.** ***UK*** [for rubbish] lixeira *f* **- 2.** [for storage] lata *f*.
bind [baɪnd] (*pt* & *pp* **bound**) *vt* **- 1.** [tie up] amarrar **- 2.** [unite] ligar **- 3.** [bandage] atar **- 4.** [book] encadernar **- 5.** [constrain] comprometer.
binder ['baɪndə^r] *n* [cover] encadernação *f*.
binding ['baɪndɪŋ] ◇ *adj* comprometedor(ra), obrigatório(ria). ◇ *n* [of book - process] encadernação *f*; [- cover] capa *f*.
binge [bɪndʒ] *inf* ◇ *n*: **to go on a ~** ir à farra. ◇ *vi*: **to ~ on sthg** empanturrar-se de algo.
bingo ['bɪŋgəʊ] *n* bingo *m*.
binoculars [bɪ'nɒkjʊləz] *npl* binóculo *m*.
biochemistry [ˌbaɪəʊ'kemɪstrɪ] *n (U)* bioquímica *f*.
biodegradable [ˌbaɪəʊdɪ'greɪdəbl] *adj* biodegradável.
biodiversity [ˌbaɪəʊdaɪ'vɜ:sətɪ] *n* biodiversidade *f*.
bioethics [ˌbaɪəʊ'eθɪks] *n (U)* bioética *f*.
biography [baɪ'ɒgrəfɪ] (*pl* **-ies**) *n* biografia *f*.
biofuel ['baɪəfjʊəl] *n* biocombustível *m*.
biological [ˌbaɪə'lɒdʒɪkl] *adj* biológico(ca); **~ washing powder** sabão em pó com enzimas.
biology [baɪ'ɒlədʒɪ] *n (U)* biologia *f*.
biomass [ˌbaɪəʊ'mæs] *n* biomassa *f*.
biosphere ['baɪəʊˌsfɪə^r] *n* biosfera *f*.
biotech company ['baɪəʊtek-] *n* empresa *f* de biotecnologia.
bioterrorism [ˌbaɪəʊ'terərɪzm] *n* bioterrorismo *m*.
birch [bɜ:tʃ] *n* [tree] bétula *f*.
bird [bɜ:d] *n* **- 1.** [creature] pássaro *m*, ave *f* **- 2.** *inf* [woman] perua *f*.
birdie ['bɜ:dɪ] *n* **- 1.** [bird] passarinho *m* **- 2.** [in golf] birdie *m*.
bird's-eye view *n* vista *f* panorâmica.
biro® ['baɪərəʊ] *n* caneta *f* esferográfica.
birth [bɜ:θ] *n* nascimento *m*; **to give ~ (to)** dar à luz (a); ***fig*** [of idea, system, country] dar origem(a).
birth certificate *n* certidão *f* de nascimento.
birth control *n (U)* controle *m* de natalidade.
birthday ['bɜ:θdeɪ] *n* aniversário *m*.
birthmark ['bɜ:θmɑ:k] *n* sinal *m* de nascença.
birthrate ['bɜ:θreɪt] *n* taxa *f* de natalidade.

Biscay ['bɪskɪ] *n*: **the Bay of ~** a Baía de Biscaia.
biscuit ['bɪskɪt] *n* **- 1.** ***UK*** [crisp] biscoito *m*, bolacha *f* **- 2.** ***US*** [bread-like cake] bolacha *f*.
bisect [baɪ'sekt] *vt* **- 1.** *GEOM* cortar ao meio **- 2.** [cut in two] dividir em duas partes.
bishop ['bɪʃəp] *n* bispo *m*.
bison ['baɪsn] (*pl inv OR* **-s**) *n* búfalo *f*.
bit [bɪt] ◇ *pt* ▷ **bite**. ◇ *n* **- 1.** [small piece] pedaço *m*; **~s and pieces *UK inf*** bugigangas; **to ~s** aos pedaços **- 2.** [unspecified amount]: **a ~ of** um pouco de; **quite a ~ of** um bocado de **- 3.** [short time]: **for a ~** por um instante/momento **- 4.** [of drill] broca *f* **- 5.** [of bridle] freio *m* **- 6.** *COMPUT* bit *m*.
◆ **a bit** *adv* um pouco.
◆ **bit by bit** *adv* pouco a pouco.

> ***A bit*** pode ser uma locução adverbial (***he's a bit shy*** ele é um pouco tímido) ou um pronome (***would you like some cake? - yes, just a bit*** você quer bolo? - sim, só um pedacinho). Quando usado antes de um substantivo, deve-se acrescentar ***of*** (***a bit of paper***).
>
> ***A bit*** e ***a bit of*** significam o mesmo que ***a little***, mas em linguagem menos formal.

bitch [bɪtʃ] *n* **- 1.** [female dog] cadela *f* **- 2.** ***v inf pej*** [unpleasant woman] vaca *f*.
bitchy ['bɪtʃɪ] (*compar* **-ier**, *superl* **-iest**) *adj inf* malicioso(sa).
bite [baɪt] (*pt* **bit**, *pp* **bitten**) ◇ *n* **- 1.** [act of biting] mordida *f*, dentada *f* **- 2.** *inf* [food]: **a ~ (to eat)** algo (para beliscar) **- 3.** [wound] picada *f*. ◇ *vt* **- 1.** [subj: person, animal] morder; **to ~ one's nails** roer as unhas **- 2.** [subj: insect, snake] picar. ◇ *vi* **- 1.** [animal, person] morder; **to ~ into sthg** morder algo; **to ~ off sthg** abocanhar algo **- 2.** [insect, snake] picar **- 3.** [tyres, clutch] furar **- 4.** ***fig*** [sanction, law] morder.
biting ['baɪtɪŋ] *adj* **- 1.** [very cold] cortante **- 2.** [caustic] mordaz.
bitten ['bɪtn] *pp* ▷ **bite**.
bitter ['bɪtə^r] ◇ *adj* **- 1.** [gen] amargo(ga) **- 2.** [acrimonious] pungente **- 3.** [resentful] amargurado(da) **- 4.** [icy] gelado(da). ◇ *n* ***UK*** [beer] cerveja *f* amarga.
bitter lemon *n* batida *f* de limão.
bitterness ['bɪtənɪs] *n (U)* **- 1.** [gen] amargor *m* **- 2.** [of wind, weather] rigor *m*.
bizarre [bɪ'zɑ:^r] *adj* bizarro(ra), estranho(nha).
blab [blæb] (*pt* & *pp* **-bed**, *cont* **-bing**) *vi inf* fazer fofoca.
black [blæk] ◇ *adj* **- 1.** [in colour] preto(ta) **- 2.** [person, skin] negro(gra) **- 3.** [without milk] puro(ra), preto(ta) **- 4.** [grim] sombrio(a); **~ humour** humor negro. ◇ *n* **- 1.** *(U)* [colour] preto *m*; **in ~ and white** [in writing] o preto no branco, por escrito; **in the ~** [solvent] sem

dívidas **-2.** [person] negro *m*, -gra *f*. <> *vt UK* [boycott] boicotar.

◆ **black out** *vi* [faint] desmaiar.

blackberry ['blækbərɪ] (*pl* **-ies**) *n* amora *f*.

blackbird ['blækbɜ:d] *n* melro *m*.

blackboard ['blækbɔ:d] *n* quadro-negro *m*, lousa *f*.

blackcurrant [ˌblæk'kʌrənt] *n* groselha-preta *f*.

blacken ['blækn] <> *vt* pretejar. <> *vi* [sky] escurecer.

black eye *n* olho *m* roxo.

Black Forest *n*: **the ~** a Floresta Negra.

blackhead ['blækhed] *n* cravo *m*.

black ice *n (U) camada fina e transparente de gelo sobre as ruas que dificulta a passagem de carros.*

blackleg ['blækleg] *n* ***pej*** fura-greve *mf*.

blacklist ['blæklɪst] <> *n* lista *f* negra. <> *vt* incluir na lista negra.

blackmail ['blækmeɪl] <> *n* ***lit*** & ***fig*** chantagem *f*. <> *vt* chantagear.

black market *n* mercado *m* negro.

blackout ['blækaʊt] *n* **-1.** [in wartime] blecaute *m* **-2.** [power cut] blecaute *m*, apagão *m* **-3.** [suppression of news] censura *f* **-4.** [fainting fit] desmaio *m*.

black pudding *n UK* morcela *f* preta.

Black Sea *n*: **the ~** o Mar Negro.

black sheep *n* ***fig*** ovelha *f* negra.

blacksmith ['blæksmɪθ] *n* ferreiro *m*.

bladder ['blædəʳ] *n* ANAT bexiga *f*.

blade [bleɪd] *n* **-1.** [of knife, saw] lâmina *f* **-2.** [of propeller] pá *f* **-3.** [of grass] folha *f*.

blame [bleɪm] <> *n (U)* [responsibility] culpa *f*; **to take the ~ for sthg** assumir a culpa por algo. <> *vt* culpar; **to ~ sthg on sb/sthg, to ~ sb/sthg for sthg** culpar alguém/algo de alguma coisa; **to be to ~ for sthg** ser culpado(da por algo).

bland [blænd] *adj* **-1.** [person] agradável, meigo(ga) **-2.** [food] insosso(sa) **-3.** [music, style] suave.

blank [blæŋk] <> *adj* **-1.** em branco **-2.** ***fig*** [look] vazio(a). <> *n* **-1.** [empty space] espaço *m* em branco **-2.** MIL [cartridge] cartucho *m*.

blank cheque *n* **-1.** cheque *m* em branco **-2.** ***fig*** [free hand] carta *f* branca.

blanket ['blæŋkɪt] *n* **-1.** [bed cover] cobertor *m*, colcha *f* **-2.** [layer] camada *f*.

blare [bleəʳ] *vi* soar.

blasphemy ['blæsfəmɪ] (*pl* **-ies**) *n* blasfêmia *f*.

blast [blɑ:st] <> *n* **-1.** [of bomb] explosão *f* **-2.** [of air] corrente *f* **-3.** ***US inf*** [celebration] farra *f*. <> *vt* [hole, tunnel] dinamitar. <> *excl* ***UK inf*** diabos!

◆ **(at) full blast** *adv* **-1.** [maximum volume] a todo volume **-2.** [maximum effort, speed] a todo vapor.

blasted ['blɑ:stɪd] *adj* ***inf*** [for emphasis] maldito(ta).

blast-off *n (U)* SPACE decolagem *f*.

blatant ['bleɪtənt] *adj* [shameless] descarado(da).

blaze [bleɪz] <> *n* **-1.** [fire] incêndio *m* **-2.** ***fig*** [of colour, light] explosão *f*. <> *vi* **-1.** [fire] arder **-2.** ***fig*** [with colour, emotion] resplandecer.

blazer ['bleɪzəʳ] *n* [jacket] blazer *m*.

bleach [bli:tʃ] <> *n* [chemical] alvejante *m*. <> *vt* **-1.** [hair] clarear **-2.** [clothes] alvejar. <> *vi* desbotar.

bleached [bli:tʃt] *adj* **-1.** [hair] descolorido(da), clareado(da) **-2.** [jeans] desbotado(da).

bleachers ['bli:tʃəz] *npl* ***US*** SPORT arquibancadas *fpl*.

bleak [bli:k] *adj* **-1.** [future] sombrio(a) **-2.** [place] escuro(ra) **-3.** [weather] gélido(da) **-4.** [face, person] triste.

bleary-eyed [ˌblɪərɪ'aɪd] *adj* com os olhos turvos.

bleat [bli:t] <> *n* [of sheep, goat] balido *m*. <> *vi* **-1.** [sheep, goat] balir **-2.** ***fig*** [person - speak] tagarelar; [- complain] balbuciar.

bleed [bli:d] (*pt* & *pp* **bled**) <> *vt* [drain] esvaziar. <> *vi* sangrar.

bleeper ['bli:pəʳ] *n* bipe *m*.

blemish ['blemɪʃ] *n* **-1.** [flaw] mancha *f* **-2.** [pimple, scar] cicatriz *f* **-3.** ***fig*** [on name, reputation] mancha *f*.

blend [blend] <> *n* mistura *f*. <> *vt* [mix] misturar; **to ~ sthg with sthg** misturar algo com algo. <> *vi* [colours, sounds] misturar-se; **to ~ with sthg** misturar com algo.

blender ['blendəʳ] *n* [food mixer] liquidificador *m*.

bless [bles] (*pt* & *pp* **-ed** OR **blest**) *vt* RELIG & ***fig*** abençoar; **to be ~ed with sthg** ser abençoado(da) com algo; **~ you!** [after sneezing] saúde!; [thank you] obrigado(da)!

blessing ['blesɪŋ] *n* benção *f*.

blest [blest] *pt* & *pp* ▻ **bless**.

blew [blu:] *pt* ▻ **blow**.

blight [blaɪt] *vt* arruinar.

blimey ['blaɪmɪ] *excl* ***UK inf*** minha nossa!, caramba!

blind [blaɪnd] <> *adj* **-1.** [gen] cego(ga) **-2.** ***fig*** [unaware]: **~ to sthg** cego(ga) para algo. <> *n* [for window] persiana *f*. <> *npl*: **the ~** os cegos. <> *vt* **-1.** cegar **-2.** ***fig*** [make unobservant] ofuscar; **to ~ sb to sthg** impedir alguém de ver algo.

blind alley *n* **-1.** [street] beco *m* **-2.** ***fig*** [dead end] beco *m* sem saída.

blind corner *n* curva *f* sem visibilidade.

blind date *n* encontro *m* às cegas.

blinders ['blaɪndəz] *npl* ***US*** antolhos *mpl*.

blindfold ['blaɪndfəʊld] <> *adv* de olhos

vendados. ◇ *n* venda *f.* ◇ *vt* vendar.

blindingly ['blaɪndɪŋlɪ] *adv* [clearly]: **~ obvious** totalmente óbvio(via).

blindly ['blaɪndlɪ] *adv* **-1.** [without seeing] às cegas **-2.** *fig* [without knowing] sem saber.

blindness ['blaɪndnɪs] *n (U)* cegueira *f*; **~ to sthg** falta *f* de visão para algo.

blind spot *n* [when driving] ponto *m* cego.

blink [blɪŋk] ◇ *n* *inf* [machine]: **on the ~** enguiçado(da). ◇ *vt* [eyes] piscar. ◇ *vi* **-1.** [person] piscar **-2.** [light] cintilar.

blinkered ['blɪŋkəd] *adj* *fig* [view, attitude] bitolado(da).

blinkers ['blɪŋkəz] *npl* *UK* [for horse] antolhos *mpl.*

bliss [blɪs] *n* êxtase *m*, bem-aventurança *f.*

blissful ['blɪsfʊl] *adj* abençoado(da); **~ ignorance** santa ignorância.

blister ['blɪstəʳ] ◇ *n* [on skin] bolha *f.* ◇ *vi* formar bolhas.

blithely ['blaɪðlɪ] *adv* **-1.** [without a care] despreocupadamente **-2.** [casually] tranqüilamente.

blitz [blɪts] *n* MIL bombardeio *m* aéreo.

blizzard ['blɪzəd] *n* nevasca *f.*

bloated ['bləʊtɪd] *adj* **-1.** [swollen] inchado(da) **-2.** [having eaten too much] empanturrado(da).

blob [blɒb] *n* **-1.** [drop] pingo *m* **-2.** [shapeless thing] borrão *m*, mancha *f.*

block [blɒk] ◇ *n* **-1.** [gen] bloco *m* **-2.** [of buildings] quadra *f*, quarteirão *m* **-3.** [obstruction] bloqueio *m.* ◇ *vt* **-1.** bloquear **-2.** [hinder] barrar.

blockade [blɒ'keɪd] ◇ *n* bloqueio *m.* ◇ *vt* bloquear.

blockage ['blɒkɪdʒ] *n* [obstruction] obstrução *f.*

blockbuster ['blɒkbʌstəʳ] *n* *inf* [book, film] estouro *m.*

block capitals *npl* maiúsculas *fpl.*

block letters *npl* maiúsculas *fpl.*

blog [blɒg] *n* COMPUT blog *m.*

bloke [bləʊk] *n* *UK inf* cara *m.*

blond [blɒnd] *adj* [hair, man] loiro(ra), claro(ra).

blonde [blɒnd] ◇ *adj* [hair, woman] loiro(ra), claro(ra). ◇ *n* [woman] loira *f.*

blood [blʌd] *n* sangue *m*; **in cold ~** a sangue frio.

bloodbath ['blʌdbɑ:θ] *n* banho *m* de sangue.

blood cell *n* glóbulo *m* sangüíneo.

blood donor *n* doador *m*, -ra *f* de sangue.

blood group *n* grupo *m* sangüíneo.

bloodhound ['blʌdhaʊnd] *n* cão *m* de Santo Humberto.

blood poisoning *n* septicemia *f.*

blood pressure *n* pressão *f* sangüínea OR arterial.

bloodshed ['blʌdʃed] *n* derramamento *m* de sangue.

bloodshot ['blʌdʃɒt] *adj* [eyes] injetado(da).

bloodstream ['blʌdstri:m] *n* corrente *f* sangüínea.

blood test *n* exame *m* de sangue.

bloodthirsty ['blʌd,θɜ:stɪ] *adj* sanguinário(ria).

blood transfusion *n* transfusão *f* de sangue.

bloody ['blʌdɪ] (*compar* **-ier**, *superl* **-iest**) ◇ *adj* **-1.** [war, conflict] sangrento(ta) **-2.** [face, hands] ensangüentado(da) **-3.** *UK v inf* [for emphasis]: **that ~ ...** essa droga de ...; **you ~ idiot!** seu imbecil! ◇ *adv UK v inf*: **~ good** bom pra caramba; **~ difficult** difícil para burro.

bloody-minded [-'maɪndɪd] *adj* *UK inf* do contra.

bloom [blu:m] ◇ *n* [flower] flor *f.* ◇ *vi* [plant, tree] florir.

blooming ['blu:mɪŋ] ◇ *adj UK inf* [for emphasis]: **~ heck!** esse inferno miserável! ◇ *adv UK inf* pra caramba.

blossom ['blɒsəm] ◇ *n* [of tree] flor *f*; **in ~** em flor. ◇ *vi* **-1.** [tree] florescer **-2.** *fig* [person] desabrochar.

blot [blɒt] (*pt* & *pp* **-ted**, *cont* **-ting**) ◇ *n* **-1.** [of ink etc.] borrão *m* **-2.** *fig* [- on character, reputation] mancha *f*; [- on landscape] estrago *m.* ◇ *vt* **-1.** [dry] secar **-2.** [stain with ink] borrar.

◆ **blot out** *vt sep* **-1.** [obscure] ocultar **-2.** [erase] apagar.

blotchy ['blɒtʃɪ] (*compar* **-ier**, *superl* **-iest**) *adj* manchado(da).

blotting paper ['blɒtɪŋ-] *n* papel *m* mata-borrão.

blouse [blaʊz] *n* blusa *f.*

blow [bləʊ] (*pt* **blew**, *pp* **blown**) ◇ *vi* **-1.** [wind] ventar **-2.** [through mouth] soprar **-3.** [fuse] estourar **-4.** [whistle] assoviar. ◇ *vt* **-1.** [subj: wind] soprar **-2.** [whistle, horn, trumpet] soar **-3.** [clear]: **to ~ one's nose** assoar o nariz. ◇ *n* **-1.** [hit] golpe *m* **-2.** [shock] choque *m.*

◆ **blow away** *vi* [in wind] voar longe, sair voando.

◆ **blow out** ◇ *vt sep* apagar. ◇ *vi* **-1.** [candle] apagar **-2.** [tyre] estourar.

◆ **blow over** *vi* **-1.** [storm] cessar **-2.** [argument] esquecer-se.

◆ **blow up** ◇ *vt sep* **-1.** [inflate] encher **-2.** [with bomb] explodir **-3.** [enlarge] ampliar. ◇ *vi* [explode] explodir.

blow-dry ◇ *n* secagem *f.* ◇ *vt* secar.

blowlamp *UK* ['bləʊlæmp], **blowtorch** ['bləʊtɔ:tʃ] *n* maçarico *m.*

blown [bləʊn] *pp* ▷ **blow**.

blowout ['bləʊaʊt] *n* [of tyre] furo *m.*

blowtorch *n* = **blowlamp**.

blubber ['blʌbəʳ] ◇ *n* [of whale] gordura *f.*

<> *vi pej* [weep] choramingar.

bludgeon ['blʌdʒən] *vt* espancar; **to ~ sb into doing sthg** *fig* ameaçar alguém para que faça algo.

blue [blu:] <> *adj* **-1.** [in colour] azul **-2.** *inf* [sad] triste **-3.** [pornographic - film, movie] pornográfico(ca); [- joke] obsceno(na). <> *n* azul *m*; **out of the ~** inesperadamente.

◆ **blues** *npl* **the ~s** *MUS* o blues; *inf* [sad feeling] a melancolia.

bluebell ['blu:bel] *n* campainha *f* (azul).

blueberry ['blu:bərɪ] (*pl* **-ies**) *n* mirtilo *m*.

bluebottle ['blu:ˌbɒtl] *n* mosca-varejeira *f*.

blue channel *n*: **the ~** *acesso direto utilizado pelos membros da Comunidade Européia ao passar pelo controle de passaportes*.

blue cheese *n* queijo *m* azul.

blue-collar *adj* operário(ria).

blue jeans *npl US* jeans *m*, calça *f* jeans.

blueprint ['blu:prɪnt] *n* **-1.** *CONSTR* planta *f* **-2.** *fig* [plan, programme] projeto *m*.

bluff [blʌf] <> *adj* [person, manner] expansivo(va). <> *n* **-1.** [deception] blefe *m*; **to call sb's ~** pagar para ver (o que alguém está ameaçando fazer) **-2.** [cliff] penhasco *m*. <> *vt*: **to ~ one's way into/out of sthg** *trapacear para entrar em/sair de algo*. <> *vi* blefar.

blunder ['blʌndəʳ] <> *n* gafe *f*. <> *vi* [make mistake] cometer um grande equívoco.

blunt [blʌnt] <> *adj* **-1.** [gen] obtuso(sa) **-2.** [pencil] sem ponta **-3.** [knife] cego(ga) **-4.** [forthright] direto(ta). <> *vt* **-1.** [knife] cegar **-2.** *fig* [enthusiam, interest etc.] murchar **-3.** [impact] amortecer.

blur [blɜ:ʳ] (*pt* & *pp* **-red**, *cont* **-ring**) <> *n* borrão *m*, névoa *f*. <> *vt* **-1.** [outline, photograph] desfocar **-2.** [distinction, memory, vision] embaçar **-3.** [confuse] obscurecer.

blurb [blɜ:b] *n inf* [on book] sinopse *f*.

blurt [blɜ:t] ◆ **blurt out** *vt sep* falar sem pensar.

blush [blʌʃ] <> *n* rubor *m*. <> *vi* corar.

blusher ['blʌʃəʳ] *n* ruge *m*.

blustery ['blʌstərɪ] *adj* ventoso(sa).

BNP (*abbr of* **British National Party**) *n partido britânico de extrema direita*.

BO (*abbr of* **body odour**) *n* cê-cê *m*.

boar [bɔ:ʳ] *n* **-1.** [male pig] barrão *m* **-2.** [wild pig] javali *m*.

board [bɔ:d] <> *n* **-1.** [plank] tábua *f* **-2.** [for notices] quadro *m* (de avisos) **-3.** [for games] tabuleiro *m* **-4.** [blackboard] quadro-negro *m* **-5.** *ADMIN* direção *f*; **~ of directors** conselho *m* de diretores; **examining ~** banca *f* examinadora; **~ of enquiry** comissão *f* de inquérito **-6.** *UK* [at hotel, guesthouse] pensão *f*; **~ and lodging** casa e comida; **full ~** pensão completa; **half ~** meia pensão **-7.** *phr*: **above ~** honesto(ta). <> *vt* [get onto] embarcar em.

◆ **across the board** <> *adj* generalizado(da). <> *adv* de forma generalizada.

◆ **on board** <> *adj* a bordo. <> *adv* a bordo; **to take sthg on ~** aceitar algo.

◆ **board up** *vt sep* fechar com tábuas.

boarder ['bɔ:dəʳ] *n* **-1.** [lodger] pensionista *mf* **-2.** [at school] interno *m*, -na *f*.

boarding card ['bɔ:dɪŋ-] *n* cartão *m* de embarque.

boarding house ['bɔ:dɪŋ-] *n* hospedaria *f*.

boarding school ['bɔ:dɪŋ-] *n* colégio *m* interno.

Board of Trade *n UK*: **the ~** ≃ Câmara *f* do Comércio, *na Inglaterra, comissão governamental responsável pela supervisão do comércio e pelo estímulo às exportações*.

boardroom ['bɔ:drʊm] *n* sala *f* da diretoria.

boast [bəʊst] <> *n* alarde *m*. <> *vi* [show off] vangloriar-se; **to ~ about sthg** gabar-se de algo.

boastful ['bəʊstfʊl] *adj* presunçoso(sa).

boat [bəʊt] *n* [ship] barco *m*; [for rowing] bote *m*; [for sailing] veleiro *m*; **by ~** de barco.

boater ['bəʊtəʳ] *n* [hat] chapéu *m* de palha.

boatswain ['bəʊsn] *n NAUT* contramestre *m*.

bob [bɒb] (*pt* & *pp* **-bed**, *cont* **-bing**) <> *n* **-1.** [hairstyle] corte *m* chanel **-2.** *UK inf dated* [shilling] xelim *m* **-3.** = **bobsleigh**. <> *vi* [boat, ship] balouçar-se.

bobbin ['bɒbɪn] *n* [spool] bobina *f*.

bobby ['bɒbɪ] (*pl* **-ies**) *n UK inf* [policeman] tira *m*.

bobsleigh ['bɒbsleɪ] *n* trenó *m* de esporte.

bode [bəʊd] *vi literary*: **to ~ ill/well (for sb/sthg)** ser de mau/bom agouro (para alguém/algo).

bodily ['bɒdɪlɪ] <> *adj* [needs] físico(ca). <> *adv* [carry, lift] em peso.

body ['bɒdɪ] (*pl* **-ies**) *n* **-1.** [gen] corpo *m* **-2.** [corpse] cadáver *m* **-3.** [organization] entidade *f* **-4.** [of car] carroceria *f* **-5.** [of plane] fuselagem *f* **-6.** *(U)* [of wine] corpo *m* **-7.** [garment] body *m*.

body building *n* fisiculturismo *m*.

bodyguard ['bɒdɪgɑ:d] *n* guarda-costas *mf inv*.

body odour *UK*, **body odor** *US* *n* odor *m* corporal.

body piercing [-'pɪəsɪŋ] *n* piercing *m*.

bodywork ['bɒdɪwɜ:k] *n* [of car] carroçeria *f*.

bog [bɒg] *n* **-1.** [marsh] lodaçal *m* **-2.** *UK v inf* [toilet] privada *f*.

bogged down [ˌbɒgd-] *adj* atolado(da).

boggle ['bɒgl] *vi*: **the mind ~s!** não dá para acreditar!

bog-standard *adj inf* comum.

bogus ['bəʊgəs] *adj* falso(sa).

boil [bɔɪl] ◇ *n* **-1.** *MED* [on skin] furúnculo *m* **-2.** [boiling point]: **to bring sthg to the ~** deixar algo ferver; **to come to the ~** começar a ferver. ◇ *vt* **-1.** [water, kettle] ferver **-2.** [food] cozinhar. ◇ *vi* [water, kettle] ferver.
◆ **boil down to** *vt fus fig* reduzir-se a.
◆ **boil over** *vi* **-1.** [liquid] derramar **-2.** *fig* [feelings] descontrolar-se.
boiled [bɔɪld] *adj* cozido(da); **~ sweet** *UK* caramelo *m*; **~ egg** ovo *m* cozido.
boiler [ˈbɔɪləʳ] *n* boiler *m*.
boiler suit *n UK* macacão *m*.
boiling [ˈbɔɪlɪŋ] *adj* **-1.** [liquid] fervente **-2.** *inf* [hot - person] morto(ta) de calor; [- weather] abrasador(ra).
boiling point *n* ponto *m* de ebulição.
boisterous [ˈbɔɪstərəs] *adj* [child, behaviour] irrequieto(ta).
bold [bəʊld] *adj* **-1.** [confident] audacioso(sa) **-2.** [brave] corajoso(sa) **-3.** *ART* [lines, design] arrojado(da) **-4.** [colour] nítido(da) **-5.** *TYPO* : **in ~ type** *OR* **print** em negrito.
bollard [ˈbɒlɑːd] *n* [on road] poste *m* de sinalização.
bollocks [ˈbɒləks] *UK vulg* ◇ *npl* saco *m*. ◇ *excl* saco!
bolster [ˈbəʊlstəʳ] ◇ *n* [pillow] travesseiro *m* longo. ◇ *vt* [encourage] alentar.
◆ **bolster up** *vt fus* [support] sustentar.
bolt [bəʊlt] ◇ *n* **-1.** [on door, window] ferrolho *m*, trinco *m* **-2.** [type of screw] parafuso *m*. ◇ *adv*: **to sit ~ upright** sentar direito. ◇ *vt* **-1.** [fasten together] aparafusar **-2.** [close] trancar **-3.** [food] devorar. ◇ *vi* [run] disparar.
bomb [bɒm] ◇ *n* [explosive device] bomba *f*. ◇ *vt* bombardear.
bombard [bɒmˈbɑːd] *vt MIL* & *fig* bombardear, **to ~ sb with sthg** bombardear alguém com algo.
bombastic [bɒmˈbæstɪk] *adj* bombástico(ca).
bomb disposal squad *n* esquadrão *m* antibombas.
bomber [ˈbɒməʳ] *n* **-1.** [plane] bombardeiro *m* **-2.** [person] *pessoa que pratica atentados a bomba*.
bombing [ˈbɒmɪŋ] *n* bombardeio *m*.
bombshell [ˈbɒmʃel] *n fig* [unpleasant surprise] bomba *f*; **to come as a ~** cair como uma bomba.
bona fide [ˈbəʊnəˈfaɪdɪ] *adj* [genuine] legítimo(ma).
bond [bɒnd] ◇ *n* **-1.** [emotional link] laço *m* **-2.** [binding promise] compromisso *m* **-3.** *FIN* título *m*. ◇ *vt* **-1.** [glue]: **to ~ sthg to sthg** colar algo a algo **-2.** *fig* [people] unir.
bondage [ˈbɒndɪdʒ] *n literary* [servitude] servidão *f*.
bone [bəʊn] ◇ *n* [of body, material] osso *m*. ◇ *vt* [fish, meat] desossar.
bone-dry *adj* completamente seco(ca).
bone-idle *adj inf* encostado(da).
bonfire [ˈbɒnˌfaɪəʳ] *n* fogueira *f* ao ar livre.
bonfire night *n UK noite de 5 de novembro, quando os ingleses lançam fogos de artifício e queimam a figura de Guy Fawkes numa fogueira ao ar livre.*
bonk [bɒŋk] *inf* ◇ *vt* [have sex with] transar com. ◇ *vi* [have sex] transar.
Bonn [bɒn] *n* Bonn; **in ~** em Bonn.
bonnet [ˈbɒnɪt] *n* **-1.** *UK* [of car] capô *m* **-2.** [hat] touca *f*.
bonus [ˈbəʊnəs] (*pl* **-es**) *n* **-1.** [extra money] bônus *m inv* **-2.** *fig* [added treat] vantagem *f* adicional.
bony [ˈbəʊnɪ] (*compar* **-ier**, *superl* **-iest**) *adj* **-1.** [person, hand, face] ossudo(da) **-2.** [meat] com osso; [fish] cheio (cheia) de espinhas.
boo [buː] (*pl* **-s**) ◇ *excl* bu! ◇ *n* vaia *f*. ◇ *vt & vi* vaiar.
boob [buːb] *n inf* [mistake] gafe *f*.
◆ **boobs** *npl UK inf* [breasts] tetas *fpl*.
booby trap [ˈbuːbɪ-] *n* **-1.** [bomb] bomba *f* camuflada **-2.** [prank] armadilha *f*.
book [bʊk] ◇ *n* **-1.** [for reading] livro *m* **-2.** [pack - of stamps] bloco *m*; [- of matches] caixa *f*; [- of cheques, tickets] talão *m*. ◇ *vt* **-1.** [reserve] reservar; **to be fully ~ed** estar totalmente cheio (cheia) *OR* esgotado(da) **-2.** *inf* [subj: police] autuar **-3.** *UK FTBL* dar cartão amarelo *OR* vermelho a. ◇ *vi* reservar, fazer uma reserva.
◆ **books** *npl COMM* registros *mpl*.
◆ **book up** *vt sep*: **to be ~ed up** [fully booked] estar completamente cheio (cheia); **the hotel is ~ed up** o hotel está lotado.
book bag *n US* = **booksack**.
bookcase [ˈbʊkkeɪs] *n* estante *f* (para livros).
bookie [ˈbʊkɪ] *n inf* bookmaker *m*.
booking [ˈbʊkɪŋ] *n* **-1.** *esp UK* [reservation] reserva *f* **-2.** *esp UK FTBL* cartão *m* amarelo *OR* vermelho.
booking office *n esp UK* bilheteria *f*.
bookkeeping [ˈbʊkˌkiːpɪŋ] *n COMM* contabilidade *f*.
booklet [ˈbʊklɪt] *n* [pamphlet] folheto *m*.
bookmaker [ˈbʊkˌmeɪkəʳ] *n* bookmaker *m*.
bookmark [ˈbʊkmɑːk] *n* marcador *m* de páginas.
bookseller [ˈbʊkˌseləʳ] *n* vendedor *m*, -ra *f* de livros.
bookshelf [ˈbʊkʃelf] (*pl* **-shelves** [-ʃelvz]) *n* prateleira *f OR* estante *f* (para livros).
bookshop *UK* [ˈbʊkʃɒp], **bookstore** *US* [ˈbʊkstɔːʳ] *n* livraria *f*.
book token *n esp UK* vale-livro *m*.
boom [buːm] ◇ *n* **-1.** [loud noise] estrondo *m* **-2.** [increase] boom *m*, crescimento *m* **-3.** *NAUT*

retranca *f* **- 4.** [for TV camera, microphone] bum *m.* <> *vi* **- 1.** [make noise] ribombar **- 2.** *ECON* [grow] crescer rapidamente.

boon [bu:n] *n* [help, advantage] ajuda *f.*

boost [bu:st] <> *n* **- 1.** [increase] incremento *m* **- 2.** [improvement] impulso *m.* <> *vt* **- 1.** [increase] incrementar **- 2.** [improve] levantar **- 3.** *US inf* [steal] afanar.

booster ['bu:stəʳ] *n MED* [vaccine] reforço *m.*

boot [bu:t] <> *n* **- 1.** [footwear] bota *f* **- 2.** *UK* [of car] porta-bagagem *m.* <> *vt* **- 1.** *inf* [kick] dar um pé na bunda de **- 2.** *COMPUT* inicializar, dar boot em.

◆ **to boot** *adv* também.

◆ **boot up** *vi COMPUT* inicializar, dar boot.

booth [bu:ð] *n* **- 1.** [at fair] barraca *f* **- 2.** [telephone booth] cabine *f* (telefônica) **- 3.** [voting booth] cabine *f* eleitoral.

booty ['bu:tɪ] *n literary* butim *m.*

booze [bu:z] *inf* <> *n* [alcohol] trago *m.* <> *vi* [drink alcohol] tomar umas e outras.

bop [bɒp] (*pt* & *pp* **-ped**, *cont* **-ping**) *inf* <> *n* [disco, dance] festa *f* dançante. <> *vi* [dance] dançar.

border ['bɔ:dəʳ] <> *n* **- 1.** [between countries] fronteira *f* **- 2.** [edge] borda *f* **- 3.** [hem] orla *f* **- 4.** [outer boundary] limite *m* **- 5.** [bank, shore] margem *f* **- 6.** [for flowers] bordadura *f.* <> *vt* **- 1.** [country] limitar-se com **- 2.** [surround] cercar.

◆ **border on** *vt fus* [verge on] beirar em.

borderline ['bɔ:dəlaɪn] <> *adj*: **~ case** caso-limite *m.* <> *n fig* [division] limite *m.*

bore [bɔ:ʳ] <> *pt* ▷ **bear.** <> *n* **- 1.** *pej* [tedious person] chato *m*, -ta *f*; [tedious situation, event] chatice *f* **- 2.** [of gun] calibre *m.* <> *vt* **- 1.** [not interest] entediar; **to ~ sb stiff** *OR* **to tears** *OR* **to death** *inf* matar alguém de tédio **- 2.** [drill] furar.

bored [bɔ:d] *adj* entediado(da); **to be ~ with sthg** estar entediado(da) com algo.

boredom ['bɔ:dəm] *n* tédio *m.*

boring ['bɔ:rɪŋ] *adj* chato(ta).

born [bɔ:n] *adj* **- 1.** [given life] nascido(da); **to be ~** nascer **- 2.** [for emphasis] nato(ta).

borne [bɔ:n] *pp* ▷ **bear.**

borough ['bʌrəl] *n* município *m*, distrito *m.*

borrow ['bɒrəʊ] *vt* [property, money] tomar emprestado(da); **to ~ sthg from sb** pegar algo emprestado de alguém.

Bosnia ['bɒznɪəl] *n* Bósnia.

Bosnia-Herzegovina [-ˌhɜ:tsəgə'vi:nəl] *n* Bósnia-Herzegovina.

Bosnian ['bɒznɪən] <> *adj* bósnio(nia). <> *n* bósnio *m*, -nia *f.*

bosom ['bʊzəm] *n* **- 1.** [of woman] peito *m* **- 2.** *fig* [centre] seio *m*; **~ friend** amigo *m*, -ga *f* do peito.

boss [bɒs] <> *n* **- 1.** [of company, department, organization] chefe *mf* **- 2.** *fig* [of gang] chefão *m*; **you're the ~!** você é quem manda! <> *vt pej* [give orders to] mandar.

◆ **boss about, boss around** *vt sep* mandar em.

bossy ['bɒsɪ] (*compar* **-ier**, *superl* **-iest**) *adj* mandão(ona).

bosun ['bəʊsn] *n* = **boatswain.**

botany ['bɒtənɪ] *n* botânica *f.*

botch [bɒtʃ] ◆ **botch up** *vt sep inf* fazer nas coxas.

both [bəʊθ] <> *adj* ambos(bas), os dois, as duas; **we ~ left** nós dois (duas) saímos, ambos saímos; **~ my brother and myself will be there** tanto meu irmão quanto eu estaremos lá, nós dois estaremos lá. <> *adv* não apenas ... como; **she is ~ witty and intelligent** ela não só é espirituosa, como também inteligente. <> *pron* ambos *mpl*, -bas *fpl*; **~ of us** nós dois (duas).

> *Both* é usado como adjetivo antes de um substantivo no plural (***both girls are clever*** ambas as garotas são inteligentes) ou de substantivos no singular (***both my brother and my sister are coming*** ambos, meu irmão e minha irmã, estão chegando). Em ambos os casos, o verbo é usado na forma plural.
>
> *Both* pode aparecer imediatamente antes do substantivo (***both cars need repairing*** ambos os carros precisam de conserto), do artigo *the* (***both the cars need repairing*** ambos os carros precisam de revisão), de possessivos como *my, your, his* etc. (***both my cars need repairing*** meus dois carros precisam de revisão) ou dos demonstrativos *this/these* ou *that/those* (***both these cars need repairing*** esses dois carros precisam de revisão).
>
> Como pronome, *both* pode aparecer sozinho (***I like them both*** gosto de ambos; ***both speak English*** ambos falam inglês) ou com *of* e um pronome como *us*, *you* ou *them* (***both of them speak English*** eles dois falam inglês).

bother ['bɒðəʳ] <> *vt* **- 1.** [worry] preocupar; **I can't be ~ed to do that** não me disponho a fazer isso **- 2.** [irritate, annoy] incomodar. <> *vi* [trouble o.s.] incomodar-se; **to ~ about sthg** incomodar-se com algo; **to ~ doing** *OR* **to do sthg** incomodar-se em fazer algo. <> *n* **- 1.** *(U)* [inconvenience] aborrecimento *m* **- 2.** [nuisance] incômodo *m* **- 3.** [difficulty] dificuldade *f* **- 4.** [obstacle] estorvo *m.* <> *excl* (que) droga!

bothered ['bɒðəd] *adj* **- 1.** [worried] preocupado(da) **- 2.** [annoyed] chateado(da).

bottle ['bɒtl] <> *n* **- 1.** [gen] garrafa *f* **- 2.** [of medicine] frasco *m* **- 3.** [of perfume] vidro *m* **- 4.** [for baby] mamadeira *f* **- 5.** *(U) UK inf* [courage]: **he didn't have the ~ to do it** ele não teve coragem de fazer isso. <> *vt* **- 1.** [wine] engarrafar **- 2.** [fruit] enfrascar.

◆ **bottle up** *vt sep* [feelings] reprimir.

bottle bank *n contêiner no qual se recolhem garrafas de vidro vazias para reciclagem.*

bottleneck ['bɒtlnek] *n* **-1.** [in traffic] engarrafamento *m* **-2.** [in production] gargalo *m*.

bottle-opener *n* abridor *m* (de garrafa).

bottom ['bɒtəm] ◇ *adj* **-1.** [lowest] de baixo **-2.** [least successful] último(ma). ◇ *n* **-1.** [lowest part - of glass, bag, lake] fundo *m*; [- of page] fim *m*, final *m*; [- of mountain, hill] sopé *m*; **at the ~** embaixo; **at the ~ of** no fundo de **-2.** [far end] fim *m*, final *m* **-3.** [least successful level] nível *m* mais baixo **-4.** [buttocks] traseiro *m* **-5.** *fig* [root, cause]: **to get to the ~ of sthg** ir até o fundo de algo.

◆ **bottom out** *vi* [prices, recession] estabilizar-se.

bottom line *n fig*: **the ~ is that ...** a questão toda é que ...

bough [baʊ] *n* [of tree] galho *m*.

bought [bɔːt] *pt & pp* ▷ **buy**.

boulder ['bəʊldəʳ] *n* pedregulho *m*.

bounce [baʊns] ◇ *vi* **-1.** [ball] quicar **-2.** [person - with energy, enthusiasm]: **she was bouncing with energy/enthusiasm** ela estava pulando de alegria/entusiasmo; **she bounced into the room, singing** ela entrou na sala radiante, cantando; [- jump up and down]: **to ~ on sthg** saltar sobre algo **-4.** *inf* [cheque] ser devolvido(da). ◇ *vt* [ball] bater. ◇ *n* [of ball] pulo *m*.

bouncer ['baʊnsəʳ] *n inf* [at club etc.] leão-de-chácara *m*.

bound [baʊnd] ◇ *pt & pp* ▷ **bind**. ◇ *adj* **-1.** [certain]: **to be ~ to do sthg** fazer algo na certa **-2.** [forced, morally obliged]: **~ by sthg/to do sthg** obrigado(da) por algo/fazer algo; **I'm ~ to say/admit** devo dizer/admitir **-3.** [en route]: **to be ~ for** estar a caminho de. ◇ *n* [leap] salto *m*.

◆ **bounds** *npl* [limits] limites *mpl*; **out of ~s** interditado(da).

boundary ['baʊndərɪ] (*pl* **-ies**) *n* **-1.** [of area of land] fronteira *f* **-2.** *fig* [of science, knowledge] fronteiras *fpl*.

bouquet garni ['buːkeɪgɑː'niː] *n* bouquet garni *m (ervas para tempero)*.

bourbon ['bɜːbən] *n* bourbon *m (uísque norte-americano)*.

bout [baʊt] *n* **-1.** [attack] ataque *m* **-2.** [session] período *m* **-3.** [boxing match] assalto *m*.

bow[1] [baʊ] ◇ *n* **-1.** [act of bowing] reverência *f* **-2.** [of ship] proa *f*. ◇ *vt* [lower] inclinar. ◇ *vi* **-1.** [make a bow] inclinar-se **-2.** [defer]: **to ~ to sthg** submeter-se a algo.

bow[2] [bəʊ] *n* **-1.** [gen & MUS] arco *m* **-2.** [knot] laço *m*.

bowels ['baʊəlz] *npl* **-1.** [intestines] intestinos *mpl* **-2.** *fig* [deepest part] entranhas *fpl*.

bowl [bəʊl] ◇ *n* **-1.** [container - gen] tigela *f*; [- for sugar] açucareiro *m*; [- for fruit] fruteira *f* **-2.** [bowl-shaped part - of toilet, sink] bacia *f*; [- of pipe] fornilho *m* **-3.** [bowlful] prato *m*. ◇ *vt & vi* [in cricket] atirar.

◆ **bowls** *n (U)* jogo *m* de bocha.

◆ **bowl over** *vt sep* **-1.** [knock over] derrubar **-2.** *fig* [surprise, impress] surpreender.

bow-legged [ˌbəʊ'legɪd] *adj* cambota.

bowler ['bəʊləʳ] *n* **-1.** [in cricket, bowls] lançador *m* **-2.** [headgear]: **~ (hat)** chapéu-coco *m*.

bowling ['bəʊlɪŋ] *n*: **(tenpin) ~** jogo *m* de boliche.

bowling alley *n* **-1.** [building] boliche *m* **-2.** [alley] pista *f* de boliche.

bowling green *n* cancha *m* de bocha.

bow tie [bəʊ-] *n* gravata-borboleta *f*.

box [bɒks] ◇ *n* **-1.** [gen] caixa *f* **-2.** [in theatre] camarote *m* **-3.** [in car races] box *m* **-4.** *UK inf* [television]: **the ~** a TV. ◇ *vi* [fight] lutar.

boxer ['bɒksəʳ] *n* **-1.** [fighter] boxeador *m*, -ra *f* **-2.** [dog] boxer *mf*.

boxer shorts *npl* cuecas *fpl* samba-canção.

boxing ['bɒksɪŋ] *n (U)* boxe *m*.

Boxing Day *n dia seguinte ao Natal em que é feriado nacional no Reino Unido. Tradicionalmente, era o dia em que os empregados recebiam os presentes dos patrões, geralmente uma caixinha em dinheiro.*

boxing glove *n* luva *f* de boxe.

box office *n* bilheteria *f*.

boxroom ['bɒksrʊm] *n UK* quarto *m* de despejo.

boy [bɔɪ] ◇ *n* **-1.** [young male] menino *m* **-2.** [adult male] rapaz *m* **-3.** [son] filho *m*. ◇ *excl*: **(oh) ~!** *inf* nossa!

boycott ['bɔɪkɒt] ◇ *n* boicote *m*. ◇ *vt* boicotar.

boyfriend ['bɔɪfrend] *n* namorado *m*.

boyish ['bɔɪɪʃ] *adj* juvenil.

bra [brɑː] *n* sutiã *f*.

brace [breɪs] ◇ *n* MED aparelho *m*. ◇ *vt lit & fig* **to ~ o.s. (for sthg)**: preparar-se (para algo).

◆ **braces** *npl UK* [for trousers] suspensórios *mpl*.

bracelet ['breɪslɪt] *n* bracelete *m*.

bracing ['breɪsɪŋ] *adj* revigorante.

bracken ['brækn] *n (U)* samambaia *f*.

bracket ['brækɪt] ◇ *n* **-1.** [support] suporte *m*, mão-francesa *f* **-2.** [parenthesis] parêntese *m*; **in ~s** entre parênteses **-3.** [group] faixa *f*. ◇ *vt* [enclose in brackets] colocar entre parênteses.

brag [bræg] (*pt & pp* **-ged**, *cont* **-ging**) *vi* [boast] gabar-se.

braid [breɪd] ◇ *n* **-1.** [on uniform] galão *m* **-2.**

US [hairstyle] trança *f.* <> *vt US* trançar.
brain [breɪn] *n* **-1.** [organ] cérebro *m* **-2.** [mind] cabeça *f* **-3.** *inf* [clever person] gênio *m.*
◆ **brains** *npl* [intelligence] sabedoria *f.*
brainchild ['breɪntʃaɪld] *n* invenção *f.*
brainwash ['breɪnwɒʃ] *vt* fazer lavagem cerebral em.
brainwave ['breɪnweɪv] *n* idéia *f* luminosa.
brainy ['breɪnɪ] (*compar* **-ier**, *superl* **-iest**) *adj inf* sabichão(chona).
brake [breɪk] <> *n* **-1.** [on vehicle] freio *m* **-2.** *fig* [restraint] freio *m.* <> *vi* frear.
brake light *n* luz *f* de freio.
bramble ['bræmbl] *n* [bush] amoreira *f* silvestre; [fruit] amora *f* silvestre.
bran [bræn] *n (U)* farelo *m.*
branch [brɑ:ntʃ] <> *n* **-1.** [of tree] galho *m* **-2.** [of river] braço *m* **-3.** [of railway] ramal *m* **-4.** [of company, bank, organization] sucursal *f* **-5.** [of subject] ramo *m.* <> *vi* [road] bifurcar-se.
◆ **branch out** *vi* [person, company] expandir-se em nova direção.
brand [brænd] <> *n* **-1.** COMM marca *f* **-2.** *fig* [type] tipo *m.* <> *vt* **-1.** [cattle] marcar com ferro em brasa **-2.** *fig* [classify]: **to ~ sb (as) sthg** rotular alguém de algo.
brandish ['brændɪʃ] *vt* brandir.
brand name *n* marca *f* registrada.
brand-new *adj* novo(va) em folha.
brandy ['brændɪ] (*pl* **-ies**) *n* conhaque *m.*
brash [bræʃ] *adj pej* atrevido(da).
brass [brɑ:s] *n* **-1.** *(U)* [type of metal] latão *m* **-2.** MUS: **the ~** os metais.
◆ **brasses** *npl* [ornaments] objetos *mpl* decorativos em latão.
brass band *n* fanfarra *f.*
brassiere [*UK* 'bræsɪə^r, *US* brə'zɪr] *n* sutiã *m.*
brat [bræt] *n inf pej* capeta *m.*
bravado [brə'vɑ:dəʊ] *n (U)* bravata *f.*
brave [breɪv] <> *adj* corajoso(sa). <> *n* [warrior] guerreiro *m* índio, bravo *m.* <> *vt* enfrentar.
bravery ['breɪvərɪ] *n (U)* bravura *f.*
brawl [brɔ:l] *n* briga *f.*
brawn [brɔ:n] *n (U)* [muscle] músculo *m*
bray [breɪ] *vi* [donkey] zurrar.
brazen ['breɪzn] *adj* descarado(da).
◆ **brazen out** *vt sep*: **to ~ it out** encarar.
brazier ['breɪzjə^r] *n* braseiro *m.*
Brazil [brə'zɪl] *n* Brasil.
Brazilian [brə'zɪljən] <> *adj* brasileiro(ra). <> *n* brasileiro *m*, -ra *f.*
brazil nut *n* castanha-do-pará *f.*
breach [bri:tʃ] <> *n* **-1.** [act of disobedience] quebra *f*; **a ~ of an agreement** o rompimento de um acordo; **a ~ of the law** uma transgressão da lei; **to be in ~ of sthg** estar transgredindo algo; **~ of contract** quebra de contrato **-2.** [opening, gap] brecha *f.* <> *vt* **-1.** [disobey] romper **-2.** [make hole in] abrir uma brecha em.
breach of the peace *n* atentado *m* à ordem pública.
bread [bred] *n* [food] pão *m*; **~ and butter** [food] pão com manteiga; *fig* [main income] sustento *m.*
bread bin *UK*, **bread box** *US n* caixa *f* para pão.
breadcrumbs ['bredkrʌmz] *npl* farinha *f* de rosca.
breadline ['bredlaɪn] *n*: **to be on the ~** estar no limite da pobreza.
breadth [bretθ] *n* **-1.** [in measurements] largura *f* **-2.** *fig* [scope] alcance.
breadwinner ['bred,wɪnə^r] *n* arrimo *m* (de família).
break [breɪk] (*pt* **broke**, *pp* **broken**) <> *n* **-1.** [interruption] interrupção *f*; **a ~ in transmission** uma queda na transmissão **-2.** [gap] brecha *f* **-3.** [fracture] fratura *f* **-4.** [pause] pausa *f*; **tea/coffee/lunch ~** pausa para o chá/café/almoço; [rest] descanso *m*; **a weekend ~** um feriado curto; **give me a ~!** me dá um tempo/uma trégua!; **to have a ~ from sthg** dar uma parada em algo; **without a ~** sem parar **-5.** SCOL recreio *m* **-6.** *inf* [luck, chance] chance *f*; **lucky ~** golpe de sorte. <> *vt* **-1.** [gen] quebrar **-2.** [fracture] fraturar **-3.** [cause to malfunction] danificar **-4.** [interrupt] interromper **-5.** [undermine, cause to fail] furar **-6.** [announce]: **to ~ the news (of sthg to sb)** dar a notícia (de algo a alguém). <> *vi* **-1.** [gen] quebrar **-2.** [split] partir-se **-3.** [burst through] romper **-4.** [pause] parar **-5.** [weather] mudar **-6.** [escape]: **to ~ loose** OR **free** escapar **-7.** [voice - with emotion] perturbar-se; [- at puberty] mudar **-8.** [become known] ser divulgado(da) **-9.** *phr*: **to ~ even** ficar em ponto de equilíbrio.
◆ **break away** *vi* [escape] escapar.
◆ **break down** <> *vt sep* **-1.** [destroy, demolish] derrubar **-2.** [analyse] analisar. <> *vi* **-1.** [stop working] estragar **-2.** [end unsuccessfully] concluir sem sucesso **-3.** [collapse, disintegrate] terminar **-4.** [MED: collapse] sofrer um colapso; **to ~ down in tears** romper em lágrimas.
◆ **break in** <> *vi* **-1.** [enter by force] arrombar **-2.** [interrupt] interromper; **to ~ in on sb/sthg** interromper alguém/algo. <> *vt sep* **-1.** [horse] domar **-2.** [person] acostumar.
◆ **break into** *vt fus* **-1.** [enter by force] arrombar **-2.** [begin suddenly] romper em.
◆ **break off** <> *vt sep* **-1.** [detach] quebrar **-2.** [put an end to] acabar. <> *vi* **-1.** [become detached] quebrar-se **-2.** [stop talking] deter-se.
◆ **break out** *vi* **-1.** [begin suddenly] rebentar **-2.** [escape]: **to ~ out (of)** fugir (de).

◆ **break up** ◇ *vt sep* **-1.** [separate into smaller pieces - ice] partir; [- soil] repartir; [- car] desmontar **-2.** [bring to an end] acabar. ◇ *vi* **-1.** [separate into smaller pieces] partir-se **-2.** [come to an end] acabar-se; **to ~ up with sb** acabar com alguém **-3.** [disperse] dispersar-se **-4.** [for school holiday] terminar.
breakage ['breɪkɪdʒ] *n* quebra *f*.
breakdown ['breɪkdaʊn] *n* **-1.** [failure, ending] quebra *f* **-2.** [analysis] detalhamento *m* **-3.** *MED* **nervous ~** colapso *m* nervoso.
breakfast ['brekfəst] *n* café-da-manhã *m*.
breakfast television *n UK* programa *m* de tv matutino.
break-in *n* arrombamento *m*.
breaking ['breɪkɪŋ] *n (U)*: **~ and entering** *JUR* invasão *m* de domicílio.
breakneck ['breɪknek] *adj*: **at ~ speed** em altíssima velocidade.
breakthrough ['breɪkθru:] *n* avanço *m*.
breakup ['breɪkʌp] *n* [of relationship] rompimento *m*.
breast [brest] *n* **-1.** [gen] peito *m* **-2.** [of woman] seio *m*.
breast-feed *vt & vi* amamentar.
breaststroke ['breststrəʊk] *n (U)* nado *m* de peito.
breath [breθ] *n* **-1.** *(U)* [air taken into lungs] respiração *f*; **out of ~** sem fôlego; **to get one's ~ back** retomar o fôlego **-2.** [air breathed out] hálito *m*; **bad ~** mau hálito.
breathalyse *UK*, **-yze** *US* ['breθəlaɪz] *vt* aplicar o teste do bafômetro em.
breathe [bri:ð] ◇ *vi* respirar. ◇ *vt* [inhale] inalar.
◆ **breathe in** ◇ *vi* [inhale] respirar. ◇ *vt sep* [inhale] inalar.
◆ **breathe out** *vi* [exhale] exalar.
breather ['bri:ðəʳ] *n inf* respirada *f*, descanso *m*.
breathing ['bri:ðɪŋ] *n (U)* respiração *f*.
breathless ['breθlɪs] *adj* **-1.** [physically] ofegante **-2.** [with excitement] radiante.
breathtaking ['breθˌteɪkɪŋ] *adj* **-1.** [beautiful] surpreendente **-2.** [extreme] incrível.
breed [bri:d] (*pt* & *pp* **bred** [bred]) ◇ *n* **-1.** [of animal] raça *f* **-2.** *fig* [sort, style] tipo *m*. ◇ *vt* **-1.** [cultivate] criar **-2.** *fig* [provoke] gerar. ◇ *vi* [produce young] procriar.
breeding ['bri:dɪŋ] *n (U)* **-1.** [raising animals, plants] criação *f* **-2.** [manners] boa educação *f*; **a person of good ~** uma pessoa de berço.
breeze [bri:z] *n* [light wind] brisa *f*.
breezy ['bri:zɪ] (*compar* **-ier**, *superl* **-iest**) *adj* **-1.** [windy] ventoso(sa) **-2.** [cheerful] alegre.
brevity ['brevɪtɪ] *n* **-1.** [shortness] brevidade *f* **-2.** [conciseness] concisão *f*.
brew [bru:] ◇ *vt* [beer] fermentar; [tea] preparar. ◇ *vi* **-1.** [infuse] preparar-se **-2.** *fig* [develop - crisis, trouble] armar-se; [- storm] formar-se.
brewer ['bru:əʳ] *n* fabricante *mf* de cerveja.
brewery ['brʊərɪ] (*pl* **-ies**) *n* cervejaria *f*.
bribe [braɪb] ◇ *n* suborno *m*. ◇ *vt* subornar; **to ~ sb to do sthg** subornar alguém para fazer algo.
bribery ['braɪbərɪ] *n (U)* suborno *m*.
brick [brɪk] *n* [for building] tijolo *m*.
bricklayer ['brɪkˌleɪəʳ] *n* pedreiro *m*.
bridal ['braɪdl] *adj* de noiva.
bride [braɪd] *n* noiva *f*.
bridegroom ['braɪdgrʊm] *n* noivo *m*.
bridesmaid ['braɪdzmeɪd] *n* dama *f* de honra.
bridge [brɪdʒ] ◇ *n* **-1.** [gen] ponte *f* **-2.** [on ship] ponte *f* de comando **-3.** [of nose] cavalete *m* **-4.** [card game] bridge *m* **-5.** [for teeth] ponte *f*. ◇ *vt* [gap] transpor.
bridle ['braɪdl] *n* [of horse] cabresto *m*.
bridle path *n* trilha *f*.
brief [bri:f] ◇ *adj* **-1.** [short, concise] breve; **in ~** em suma **-2.** [revealing, skimpy] reduzido(da). ◇ *n* **-1.** *JUR* [statement] declaração *f* **-2.** *UK* [instructions] instrução *f*. ◇ *vt* informar; **to ~ sb on sthg** [bring up to date] pôr alguém a par de algo; [instruct] treinar alguém sobre/em algo.
◆ **briefs** *npl* [underwear] cuecas *fpl*.
briefcase ['bri:fkeɪs] *n* pasta *f* executiva.
briefing ['bri:fɪŋ] *n* instruções *fpl*.
briefly ['bri:flɪ] *adv* **-1.** [for a short time] brevemente **-2.** [concisely] rapidamente.
brigade [brɪ'geɪd] *n* brigada *f*.
brigadier [ˌbrɪgə'dɪəʳ] *n* brigadeiro *m*.
bright [braɪt] *adj* **-1.** [full of light] claro(ra) **-2.** [colour] vivo(va) **-3.** [lively, cheerful] alegre **-4.** [intelligent] inteligente **-5.** [hopeful, promising] radioso(sa).
◆ **brights** *npl US inf AUT* luz *f* alta.
brighten ['braɪtn] *vi* **-1.** [become lighter] iluminar-se **-2.** [become more cheerful] alegrar-se.
◆ **brighten up** ◇ *vt sep* alegrar. ◇ *vi* **-1.** [become more cheerful] alegrar-se **-2.** [weather] melhorar.
brilliance ['brɪljəns] *n* **-1.** [cleverness] inteligência *f* **-2.** [of light, colour] brilho *m*.
brilliant ['brɪljənt] *adj* **-1.** [clever, successful] brilhante **-2.** [colour] vivo(va) **-3.** [light] brilhante **-4.** *inf* [wonderful, enjoyable] genial.
Brillo pad® ['brɪləʊ-] *n* esfregão *m (de aço com sabão)*.
brim [brɪm] (*pt* & *pp* **-med**, *cont* **-ming**) ◇ *n* **-1.** [edge] borda *f* **-2.** [of hat] aba *f*. ◇ *vi*: **to ~ with enthusiasm** transbordar de entusiasmo.
brine [braɪn] *n (U)* salmoura *f*.
bring [brɪŋ] (*pt* & *pp* **brought**) *vt* [gen] trazer; **to ~ sthg to an end** acabar com algo.

◆ **bring about** *vt sep* produzir.

◆ **bring around** *vt sep* [make conscious]: **to bring sb around** fazer alguém recuperar os sentidos.

◆ **bring back** *vt sep* **-1.** [hand over] devolver **-2.** [carry, transport] trazer de volta **-3.** [recall] relembrar **-4.** [reinstate] trazer de volta.

◆ **bring down** *vt sep* **-1.** [cause to fall] derrubar **-2.** [reduce] baixar.

◆ **bring forward** *vt sep* **-1.** [in time] adiantar **-2.** [in bookkeeping] transportar.

◆ **bring in** *vt sep* **-1.** [introduce] apresentar **-2.** [earn] render.

◆ **bring off** *vt sep* conseguir.

◆ **bring out** *vt sep* **-1.** [produce and sell] lançar **-2.** [reveal] ressaltar.

◆ **bring round, bring to** *vt sep* = **bring around**.

◆ **bring up** *vt sep* **-1.** [educate] educar **-2.** [mention] mencionar **-3.** [vomit] vomitar.

brink [brɪŋk] *n*: **on the ~ of** à beira de.

brisk [brɪsk] *adj* **-1.** [walk, swim] rápido(da) **-2.** [manner, tone] enérgico(ca).

bristle ['brɪsl] ◇ *n* **-1.** [hair] pêlo *m* **-2.** [on brush] cerda *f*. ◇ *vi* **-1.** [stand up] ficar em pé **-2.** [react angrily]: **to ~ (at sthg)** eriçar-se (diante de algo).

Britain ['brɪtn] *n* Grã-Bretanha; **in ~** na Grã-Bretanha.

British ['brɪtɪʃ] ◇ *adj* britânico(ca). ◇ *npl*: **the ~** os britânicos.

British Isles *npl*: **the ~** as Ilhas Britânicas.

British Telecom *n principal empresa britânica de telecomunicações.*

Briton ['brɪtn] *n* britânico *m*, -ca *f*.

Britpop ['brɪtpɒp] *n (U) tipo de música pop tocada por bandas britânicas, muito popular em meados dos anos 90.*

Brittany ['brɪtənɪ] *n* Bretanha.

brittle ['brɪtl] *adj* [easily broken] quebradiço(ça).

broach [brəʊtʃ] *vt* [subject] abordar.

broad [brɔ:d] ◇ *adj* **-1.** [physically wide] largo(ga) **-2.** [wide-ranging, extensive] amplo(pla) **-3.** [general, unspecific] geral **-4.** [hint] explícito(ta) **-5.** [accent] forte. ◇ *n US inf* [woman] sujeita *f*.

◆ **in broad daylight** *adv* em plena luz do dia.

B road *n UK* estrada *f* secundária.

broadband ['brɔ:dbænd] *n* COMPUT banda *f* larga.

broad bean *n* fava *f*.

broadcast ['brɔ:dkɑ:st] (*pt* & *pp* **broadcast**) ◇ *n* transmissão *f*. ◇ *vt* transmitir.

broaden ['brɔ:dn] ◇ *vt* **-1.** [make physically wider] alargar **-2.** [make more general, wide-ranging] ampliar. ◇ *vi* [become physically wider] alargar-se.

broadly ['brɔ:dlɪ] *adv* [generally] em geral.

broadminded [ˌbrɔ:d'maɪndɪd] *adj* tolerante.

broccoli ['brɒkəlɪ] *n* brócolis *mpl*.

brochure ['brəʊʃə^r] *n* folheto *m*.

broil [brɔɪl] *vt US* grelhar.

broke [brəʊk] ◇ *pt* ▷ **break**. ◇ *adj inf* [penniless] falido(da).

broken ['brəʊkn] ◇ *pp* ▷ **break**. ◇ *adj* **-1.** [damaged, in pieces] quebrado(da) **-2.** [fractured] fraturado(da) **-3.** [not working] estragado(da) **-4.** [interrupted] interrompido(da) **-5.** [marriage, home] desfeito(ta).

broker ['brəʊkə^r] *n* corretor *m*, -ra *f*.

brolly ['brɒlɪ] (*pl* **-ies**) *n UK inf* guarda-chuva *m*.

bronchitis [brɒŋ'kaɪtɪs] *n (U)* bronquite *f*.

bronze [brɒnz] ◇ *n (U)* [metal] bronze *m*. ◇ *adj* [bronze-coloured] bronzeado(da).

brooch [brəʊtʃ] *n* broche *m*.

brood [bru:d] *n* [of animals] ninhada *f*.

brook [brʊk] *n* riacho *m*.

broom [bru:m] *n* [brush] vassoura *f*.

broomstick ['bru:mstɪk] *n* cabo *m* de vassoura.

Bros, bros (*abbr of* **brothers**) irmãos.

broth [brɒθ] *n (U)* caldo *m*.

brothel ['brɒθl] *n* bordel *m*.

brother ['brʌðə^r] *n* **-1.** [gen & RELIG] irmão *m* **-2.** *fig* [associate, comrade] irmão *m*.

brother-in-law (*pl* **brothers-in-law**) *n* cunhado *m*.

brought [brɔ:t] *pt* & *pp* ▷ **bring**.

brow [braʊ] *n* **-1.** [forehead] testa *f* **-2.** [eyebrow] sobrancelha *f* **-3.** [of hill] topo *m*.

brown [braʊn] ◇ *adj* **-1.** [colour - hair, eyes] castanho(nha); [- object] marrom; **~ bread** pão *m* integral **-2.** [tanned] bronzeado(da). ◇ *n* [colour] marrom *m*. ◇ *vt* [food] tostar.

Brownie (Guide) *n escoteira júnior de sete a dez anos.*

brown paper *n (U)* papel *m* pardo.

brown rice *n (U)* arroz *m* integral.

brown sugar *n (U)* açúcar *m* mascavo.

browse [braʊz] ◇ *vt* COMPUT: **to ~ the Web** navegar na Web. ◇ *vi* **-1.** [in shop] dar uma olhada **-2.** [read]: **to ~ through sthg** dar uma olhada em algo **-3.** [graze] pastar.

browser ['braʊzə^r] *n* COMPUT navegador *m*.

bruise [bru:z] ◇ *n* equimose *f*. ◇ *vt* **-1.** [leave a bruise on] machucar **-2.** *fig* [hurt, offend] ferir.

brunch [brʌntʃ] *n* brunch *m*, *combinação de café-da-manhã e almoço servido ao meio-dia.*

brunette [bru:'net] *n* morena *f*.

brunt [brʌnt] *n*: **to bear** OR **take the ~ of sthg** suportar OR sofrer a força de algo.

brush [brʌʃ] ◇ *n* **-1.** [for hair] escova *f* **-2.** [of artist, for shaving, paint] pincel *m* **-3.** [encounter] atrito *m.* ◇ *vt* **-1.** [clean with brush] escovar **-2.** [touch lightly] roçar.

◆ **brush aside** *vt sep* desprezar.

◆ **brush off** *vt sep* [dismiss] desprezar.

◆ **brush up** ◇ *vt sep* [revise] recapitular. ◇ *vi*: **to ~ up on sthg** treinar OR praticar algo.

brush-off *n inf*: **to give sb the ~** dar um chega pra lá em alguém, botar alguém de escanteio.

brushwood ['brʌʃwʊd] *n (U)* graveto *m.*

brusque [bru:sk] *adj* brusco(ca).

Brussels ['brʌslz] *n* Bruxelas; **in ~** em Bruxelas.

brussels sprout *n* couve-de-bruxelas *f.*

brutal ['bru:tl] *adj* brutal.

brute [bru:t] ◇ *adj* bruto(ta). ◇ *n* **-1.** [large animal] besta *f* **-2.** [bully] animal *mf.*

BSc (*abbr of* **Bachelor of Science**) *n (titular de) graduação em ciências.*

BT (*abbr of* **British Telecom**) *n empresa de telefonia britânica.*

bubble ['bʌbl] ◇ *n* bolha *f.* ◇ *vi* borbulhar.

bubble bath *n* **-1.** [liquid] espuma *f* de banho **-2.** [bath] banho *m* de espuma.

bubble gum *n (U)* chiclete *m* de bola.

bubblejet printer ['bʌbldʒet-] *n* impressora *f* a jato de tinta.

Bucharest [ˌbu:kə'rest] *n* Bucareste; **in ~** em Bucareste.

buck [bʌk] (*pl sense 1 inv* OR **-s**) ◇ *n* **-1.** [male animal] macho *m* **-2.** *US inf* [dollar] dólar *mf* **-3.** *inf* [responsibility]: **to pass the ~** passar OR transferir a responsabilidade. ◇ *vi* [horse] corcovear.

◆ **buck up** *inf vi* **-1.** [hurry up] apressar-se **-2.** [cheer up, become more positive] animar-se.

bucket ['bʌkɪt] *n* **-1.** [container] balde *m* **-2.** [bucketful] balde *m.*

Buckingham Palace ['bʌkɪŋəm-] *n* Palácio *m* de Buckingham.

buckle ['bʌkl] ◇ *n* fivela *f.* ◇ *vt* **-1.** [fasten] afivelar **-2.** [bend] arquear. ◇ *vi* [bend] arquear-se, vergar-se.

bud [bʌd] (*pt* & *pp* **-ded**, *cont* **-ding**) ◇ *n* botão *m.* ◇ *vi* florescer.

Budapest [ˌbju:də'pest] *n* Budapeste; **in ~** em Budapeste.

Buddha ['bʊdəl] *n* Buda *m.*

Buddhism ['bʊdɪzml] *n (U)* budismo *m.*

budding ['bʌdɪŋ] *adj* [aspiring] principiante.

buddy ['bʌdɪ] (*pl* **-ies**) *n US inf* [friend] camarada *mf.*

budge [bʌdʒ] ◇ *vt* **-1.** [move] mexer **-2.** [change mind of] dissuadir. ◇ *vi* **-1.** [move - object] mover-se; [- person] mudar-se **-2.** [change mind] mudar de opinião.

budgerigar ['bʌdʒərɪgɑ:ʳ] *n* periquito *m* (australiano).

budget ['bʌdʒɪt] ◇ *adj* [cheap] econômico(ca). ◇ *n* orçamento *m.*

◆ **budget for** *vt fus* planejar os gastos com.

budgie ['bʌdʒɪ] *n inf* periquito *m* (australiano).

buff [bʌf] ◇ *adj* [brown] pardo(da). ◇ *n inf* [expert] expert *mf.*

buffalo ['bʌfələʊ] (*pl inv* OR **-es** OR **-s**) *n* búfalo *m.*

buffer ['bʌfəʳ] *n* **-1.** [for trains] pára-choque *m* **-2.** [protection] proteção *f* **-3.** COMPUT buffer *m.*

buffet[1] [*UK* 'bʊfeɪ, *US* bə'feɪ] *n* **-1.** [meal] bufê *m* **-2.** [cafeteria] cantina *f.*

buffet[2] ['bʌfɪt] *vt* [physically] bater.

buffet car ['bʊfeɪ-] *n* vagão-restaurante *m.*

bug [bʌg] (*pt* & *pp* **-ged**, *cont* **-ging**) ◇ *n* **-1.** *US* [small insect] inseto *m* **-2.** *inf* [germ] vírus *m* **-3.** *inf* [listening device] grampo *m* **-4.** COMPUT [fault in program] bug *m.* ◇ *vt inf* **-1.** [spy on] grampear **-2.** *US* [annoy] chatear.

bugger ['bʌgəʳ] *UK v inf* ◇ *n* **-1.** [unpleasant person, task] porre *mf* **-2.** [particular type of person] infeliz *mf.* ◇ *excl* merda!

◆ **bugger off** *vi*: **~ off!** vá à merda!

buggy ['bʌgɪ] (*pl* **-ies**) *n* [pushchair, stroller] carrinho *m* de bebê.

bugle ['bju:gl] *n* trombeta *f.*

build [bɪld] (*pt* & *pp* **built**) ◇ *vt* construir. ◇ *n* corpo *m*, constituição *f* física.

◆ **build on** ◇ *vt fus* [further] ampliar. ◇ *vt sep* [base on] alicerçar.

◆ **build up** ◇ *vt sep* [strengthen] fortalecer. ◇ *vi* [increase] intensificar.

◆ **build upon** *vt fus* & *vt sep* = **build on.**

builder ['bɪldəʳ] *n* construtor.

building ['bɪldɪŋ] *n* **-1.** [structure] edifício *m*, prédio *m* **-2.** *(U)* [profession] construção *f.*

building and loan association *n US* associação *f* de financiamento imobiliário, ≃ sistema *m* financeiro de habitação.

building site *n* canteiro *m* de obras.

building society *n UK* sociedade *f* de financiamento imobiliário.

build-up *n* [increase] intensificação *f.*

built [bɪlt] *pt* & *pp* ▷ **build.**

built-in *adj* **-1.** CONSTR embutido(da) **-2.** [inherent] embutido(da).

built-up *adj*: **~ area** área *f* urbanizada.

bulb [bʌlb] *n* **-1.** [for lamp] lâmpada *f* **-2.** [of plant] bulbo *m.*

Bulgaria [bʌl'geərɪə] *n* Bulgária.

Bulgarian [bʌl'geərɪən] ◇ *adj* búlgaro(ra). ◇ *n* **-1.** [person] búlgaro *m*, -ra *f* **-2.** [language] búlgaro *m.*

bulge [bʌldʒ] ◇ *n* [lump] protuberância *f.* ◇ *vi*: **to ~ (with sthg)** estar estourando(de algo).

bulk [bʌlk] ◇ *n* **-1.** [mass] volume *m* **-2.** [of

person] massa *f* **- 3.** COMM: **in ~** a granel **- 4.** [majority, most of]: **the ~ of** a maior parte de. <> *adj* a granel.

bulky ['bʌlkɪ] (*compar* **-ier**, *superl* **-iest**) *adj* volumoso(osa).

bull [bʊl] *n* **- 1.** [male cow] touro *m* **- 2.** [male animal] macho *m*.

bulldog ['bʊldɒg] *n* buldogue *m*.

bulldozer ['bʊldəʊzə^r] *n* escavadeira *f*.

bullet ['bʊlɪt] *n* [for gun] bala *f*.

bulletin ['bʊlətɪn] *n* **- 1.** [brief report] boletim *m* **- 2.** [regular publication] boletim *m*.

bullet-proof *adj* à prova de bala.

bullfight ['bʊlfaɪt] *n* tourada *f*.

bullfighter ['bʊl,faɪtə^r] *n* toureiro *m*.

bullfighting ['bʊl,faɪtɪŋ] *n* touradas *fpl*.

bullion ['bʊljən] *n (U)* barras *fpl* de ouro ou prata.

bullock ['bʊlək] *n* boi *m*.

bullring ['bʊlrɪŋ] *n* arena *f* de touros.

bull's-eye *n* **- 1.** [target] mosca *f* **- 2.** [shot] mosca *f*.

bully ['bʊlɪ] (*pl* **-ies**, *pt* & *pp* **-ied**) <> *n* brigão *m*, -gona *f*. <> *vt* amedontrar; **to ~ sb into doing sthg** amedrontar alguém para que faça algo.

bum [bʌm] (*pt* & *pp* **-med**, *cont* **-ming**) *n* **- 1.** *esp UK v inf* [bottom] traseiro *m* **- 2.** *US inf pej* [tramp] vagabundo *m*.

bum bag *n inf* pochete *f*.

bumblebee ['bʌmblbi:] *n* abelhão *m*.

bump [bʌmp] <> *n* **- 1.** [road] elevação *f* **- 2.** [head] galo *m* **- 3.** [leg] inchaço *m* **- 4.** [knock, blow] batida *f* **- 5.** [noise] pancada *f*. <> *vt* [knock, damage] bater.

◆ **bump into** *vt fus* [meet by chance]: **to ~ into sb** topar com alguém.

bumper ['bʌmpə^r] <> *adj* super-. <> *n* **- 1.** [on car] pára-choque *m* **- 2.** *US* RAIL pára-choque *m*.

bumptious ['bʌmpʃəs] *adj pej* presunçoso(sa).

bumpy ['bʌmpɪ] (*compar* **-ier**, *superl* **-iest**) *adj* **- 1.** [surface] esburacado(da) **- 2.** [ride, journey] turbulento(ta).

bun [bʌn] *n* **- 1.** [cake] bolo *m* doce (*pequeno e com passas*) **- 2.** [bread roll] pãozinho *m* **- 3.** [hairstyle] coque *m*.

bunch [bʌntʃ] <> *n* [group - of people] grupo *m*; [- of flowers] ramalhete *m*; [- of fruit] cacho *m*; [- of keys] molho *m*. <> *vi* unir.

◆ **bunches** *npl* [hairstyle] maria-chiquinha *f*.

bundle ['bʌndl] <> *n* **- 1.** [clothes] trouxa **- 2.** [paper] maço **- 3.** [wood] feixe. <> *vt* socar.

bung [bʌŋ] <> *n* tampo *m*. <> *vt UK inf* **- 1.** [give] passar **- 2.** [put] deixar **- 3.** [toss] jogar.

bungalow ['bʌŋgələʊ] *n* [single-storey house] casa *f* térrea.

bungee jump *n* bungee jump *m*.

bungle ['bʌŋgl] *vt* fracassar.

bunion ['bʌnjən] *n* joanete *m*.

bunk [bʌŋk] *n* **- 1.** [bed] beliche *m* **- 2.** = **bunk bed**.

bunk bed *n* beliche *m*.

bunker ['bʌŋkə^r] *n* **- 1.** MIL [shelter] abrigo *m* **- 2.** [for coal] carvoeira *f* **- 3.** [in golf] bunker *m*.

bunny ['bʌnɪ] (*pl* **-ies**) *n*: **~ (rabbit)** coelhinho *m*.

bunting ['bʌntɪŋ] *n* [flags] bandeirolas *fpl*.

buoy [*UK* bɔɪ, *US* 'bu:ɪ] *n* [float] bóia *f*.

◆ **buoy up** *vt sep* [encourage] animar.

buoyant ['bɔɪənt] *adj* **- 1.** [able to float] capaz de flutuar, flutuante **- 2.** [optimistic] otimista.

BUPA (*abbr of* **British United Provident Association**) *n plano de saúde privado existente na Grã-Bretanha*.

burden ['bɜ:dn] <> *n* **- 1.** [physical load] carga *f* **- 2.** *fig* [heavy responsibility] fardo *m*; **to be a ~ on sb** ser um peso para alguém; **to relieve the ~ on sb** aliviar a carga sobre alguém. <> *vt*: **to ~ sb with sthg** sobrecarregar alguém com algo.

bureau ['bjʊərəʊ] (*pl* **-x**) *n* **- 1.** [office, branch] agência *f*, escritório *m* **- 2.** *UK* [desk] escrivaninha *f* **- 3.** *US* [chest of drawers] cômoda *f*.

bureaucracy [bjʊə'rɒkrəsɪ] (*pl* **-ies**) *n* **- 1.** [system] burocracia *f* **- 2.** *(U) pej* [rules] burocracia *f*.

bureau de change [,bjʊərəʊdə'ʃɒndʒ] (*pl* **bureaux de change** [,bjʊərəʊdə'ʃɒndʒ]) *n* casa *f* de câmbio.

bureaux ['bjʊərəʊz] *pl* ▷ **bureau**.

burger ['bɜ:gə^r] *n* [hamburger] hambúrguer *m*.

burglar ['bɜ:glə^r] *n* ladrão *m*, -dra *f*.

burglar alarm *n* alarme *m* anti-roubo.

burglarize *vt US* = **burgle**.

burglary ['bɜ:glərɪ] (*pl* **-ies**) *n* **- 1.** [event] roubo *m (de casa)*, arrombamento *m (de casa)* **- 2.** [activity] roubo *m (de casa)*, arrombamento *m (de casa)*.

burgle ['bɜ:gl], **burglarize** ['bɜ:gləraɪz] *US vt* roubar *(casa)*, arrombar *(casa)*.

burial ['berɪəl] *n* enterro *m*.

burly ['bɜ:lɪ] (*compar* **-ier**, *superl* **-iest**) *adj* robusto(ta).

Burma ['bɜ:mə] *n* Birmânia.

burn [bɜ:n] (*pt* & *pp* **burnt** OR **-ed**) <> *vt* **- 1.** [gen] queimar; **to ~ o.s.** queimar-se **- 2.** [destroy by fire] incendiar. <> *vi* **- 1.** [gen] queimar **- 2.** [be on fire] incendiar-se **- 3.** *fig* [feel strong emotion]: **to ~ with sthg** arder de algo. <> *n* **- 1.** [wound, injury] queimadura *f* **- 2.** [mark] queimadura *f*.

◆ **burn down** <> *vt sep* [destroy by fire] incendiar. <> *vi* [be destroyed by fire] incendiar-se.

burner ['bɜ:nə^r] *n* [on cooker] queimador *m*.

Burns Night *n festa celebrada na Escócia em 25 de janeiro para comemorar o aniversário do poeta Robert Burns.*
burnt [bɜ:nt] *pt & pp* ▷ **burn**.
burp [bɜ:p] *inf* ◇ *n* arroto *m.* ◇ *vi* arrotar.
burrow ['bʌrəʊ] ◇ *n* toca *f.* ◇ *vi* **-1.** [dig] entocar-se **-2.** *fig* [in order to search] remexer.
bursar ['bɜ:səʳ] *n* tesoureiro *m*, -ra *f.*
bursary ['bɜ:sərɪ] (*pl* **-ies**) *n UK* [scholarship, grant] bolsa *f (de estudos).*
burst [bɜ:st] (*pt* & *pp* **burst**) ◇ *vi* **-1.** [break open] estourar **-2.** [explode] explodir **-3.** [go suddenly] irromper. ◇ *vt* [break open] estourar. ◇ *n* [bout] estouro *m.*
◆ **burst into** *vt fus* irromper em.
◆ **burst out** *vt fus* **-1.** [say suddenly] exclamar **-2.** [begin suddenly]: **to ~ out laughing/crying** começar a gargalhar/chorar.
bursting ['bɜ:stɪŋ] *adj* **-1.** [full] repleto(ta) **-2.** [with emotion]: **~ with sthg** repleto(ta) de algo **-3.** [eager]: **to be ~ to do sthg** estar morrendo de vontade de fazer algo.
bury ['berɪ] (*pt* & *pp* **-ied**) *vt* **-1.** [gen] enterrar **-2.** [hide - face, hands] esconder.
bus [bʌs] *n* ônibus *m*; **by ~** de ônibus.
bush [bʊʃ] *n* **-1.** [plant] arbusto *m* **-2.** [open country]: **the ~** a selva **-3.** *phr*: **to beat about the ~** fazer rodeios.
bushy ['bʊʃɪ] (*compar* **-ier**, *superl* **-iest**) *adj* espesso(sa).
business ['bɪznɪs] *n* **-1.** *(U)* [commerce] negócios *mpl*; **on ~** a negócios; **to mean ~** *inf* falar sério; **to go out of ~** ir a falência **-2.** [company] negócio *m* **-3.** *(U)* [concern, duty] assunto *m*; **mind your own ~!** *inf* meta-se com sua vida! **-4.** [affair, matter] negócio *m*, assunto *m.*
business class *n (U)* classe *f* executiva.
businesslike ['bɪznɪslaɪk] *adj* profissional.
businessman ['bɪznɪsmæn] (*pl* **-men** [-men]) *n* [occupation] empresário *m*, homem *m* de negócios.
business trip *n* viagem *f* de negócios.
businesswoman ['bɪznɪsˌwʊmən] (*pl* **-women** [-ˌwɪmɪn]) *n* [occupation] empresária *f*, mulher *f* de negócios.
busker ['bʌskəʳ] *n UK* artista *mf* de rua.
bus shelter *n* abrigo *m* de ônibus.
bus station *n* estação *f* rodoviária.
bus stop *n* parada *f* OR ponto *m* de ônibus.
bust [bʌst] (*pt* & *pp* **bust** OR **-ed**) ◇ *adj inf* **-1.** [broken] quebrado(da) **-2.** [bankrupt]: **to go ~** quebrar. ◇ *n* busto *m* ◇ *vt inf* [break] quebrar. ◇ *vi inf* quebrar.
bustle ['bʌsl] ◇ *n* [activity] movimento *m.* ◇ *vi* apressar-se.
busy ['bɪzɪ] (*compar* **-ier**, *superl* **-iest**) ◇ *adj* **-1.** [gen & TELEC] ocupado(da); **to be ~ doing sthg** estar ocupado(da) fazendo algo **-2.** [hectic - time] agitado(da); [- place] movimentado(da). ◇ *vt*: **to ~ o.s. (doing sthg)** ocupar-se fazendo algo.
busybody ['bɪzɪˌbɒdɪ] (*pl* **-ies**) *n pej* intrometido *m*, -da *f.*
busy signal *n US* TELEC sinal *m* de ocupado.
but [bʌt] ◇ *conj* mas. ◇ *prep* senão, a não ser; **you've been nothing ~ trouble** você só tem me dado trabalho; **the last ~ one** o penúltimo (a penúltima).
◆ **but for** *prep* se não fosse.
butcher ['bʊtʃəʳ] ◇ *n* **-1.** [shopkeeper] açougueiro *m*, -ra *f*; **~'s (shop)** açougue *m* **-2.** *fig* [indiscriminate killer] carniceiro *m*, -ra *f.* ◇ *vt* **-1.** [kill for meat] abater **-2.** *fig* [kill indiscriminately] exterminar, fazer uma carnificina com.
butler ['bʌtləʳ] *n* mordomo *m.*
butt [bʌt] ◇ *n* **-1.** [of cigarette, cigar] bagana *f* **-2.** [of rifle] coronha *f* **-3.** [for water] tina *m* **-4.** [target] alvo *m* **-5.** *esp US inf* [bottom] traseiro *m.* ◇ *vt* [hit with head] dar cabeçada em.
◆ **butt in** *vi* [interrupt] atrapalhar, interromper; **to ~ in on sb/sthg** atrapalhar OR interromper alguém/algo.
butter ['bʌtəʳ] ◇ *n (U)* manteiga *f.* ◇ *vt* passar manteiga em.
buttercup ['bʌtəkʌp] *n* botão-de-ouro *m.*
butter dish *n* manteigueira *f.*
butterfly ['bʌtəflaɪ] (*pl* **-ies**) *n* **-1.** [insect] borboleta *f* **-2.** *(U)* [swimming style] nado *m* borboleta.
buttocks ['bʌtəks] *npl* nádegas *fpl.*
button ['bʌtn] ◇ *n* **-1.** [on clothes] botão *m* **-2.** [on machine] botão *m* **-3.** *US* [badge] button *m.* ◇ *vt* = **button up**.
◆ **button up** *vt sep* [fasten] abotoar.
button-down *adj* abotoado(da).
button mushroom *n* cogumelo *m* de Paris.
buttress ['bʌtrɪs] *n* contraforte *m.*
buxom ['bʌksəm] *adj* de corpo e seios grandes.
buy [baɪ] (*pt* & *pp* **bought**) ◇ *vt lit & fig* comprar; **to ~ sthg from sb** comprar algo de alguém. ◇ *n* compra *f*, aquisição *f.*
◆ **buy out** *vt sep* **-1.** [in business] comprar a parte de **-2.** [from army] pagar para sair; **he bought himself out** ele comprou sua saída do exército.
◆ **buy up** *vt sep* comprar a totalidade de.
buyer ['baɪəʳ] *n* **-1.** [purchaser] comprador *m*, -ra *f* **-2.** [profession] gerente *mf* de compras.
buyout ['baɪaʊt] *n* compra *f* majoritária de ações.
buzz [bʌz] ◇ *n* [noise - of insect, machinery] zumbido *m*; [- of conversation] murmúrio *m*; **to give sb a ~** *inf* [on phone] dar uma ligada

para alguém. ◇ *vi* zunir; *lit* & *fig* **to ~ (with sthg)** zunir (de algo). ◇ *vt* [on intercom] ligar, chamar.

buzzer ['bʌzəʳ] *n* campainha *f*.

buzzword ['bʌzwɜ:d] *n inf* palavra *f* da moda.

by [baɪ] ◇ *prep* **-1.** [expressing cause, agent] por; **he's worried ~ her absence** está preocupado com a sua ausência; **he was hit ~ a car** ele foi atropelado por um carro; **a book ~ Stephen King** um livro de Stephen King; **funded ~ the government** financiado pelo governo. **-2.** [expressing method, means]: **~ car/bus/plane** de carro/ônibus/avião; **~ phone/mail** pelo telefone/correio; **to pay ~ credit card/cheque** pagar com cartão de crédito/cheque; **to win ~ cheating** ganhar trapaceando. **-3.** [near to, beside] junto a; **~ the sea** à beira-mar, junto ao mar. **-4.** [past] por; **a car went ~ the house** um carro passou pela casa. **-5.** [via] por; **exit ~ the door on the left** saia pela porta do lado esquerdo. **-6.** [with time]: **be there ~ nine** esteja lá às nove horas; **~ day** de dia; **it should be ready ~ now** já deve estar pronto. **-7.** [expressing quantity] a; **sold ~ the dozen** vende-se à dúzia; **prices fell ~ 20%** os preços baixaram 20%; **we charge ~ the hour** cobramos por hora. **-8.** [expressing meaning] com; **what do you mean ~ that?** que quer dizer com isso? **-9.** [in division, multiplication] por; **about six feet ~ fifteen** aproximadamente dois metros por cinco. **-10.** [according to] segundo; **~ law** segundo a lei; **it's fine ~ me** por mim tudo bem. **-11.** [expressing gradual process] a; **one ~ one** um a um; **day ~ day** dia a dia. **-12.** [in phrases]: **~ mistake** por engano; **~ oneself** sozinho; **~ profession** por profissão. ◇ *adv* [past]: **to go/drive ~** passar.

> Na voz passiva, a pessoa ou coisa que pratica a ação é introduzida por *by* (*the tickets were booked by my mother* as entradas foram compradas pela minha mãe; *I was hurt by what he said* fiquei magoada com o que ele disse). O instrumento empregado para praticar a ação vem precedido por *with* (*he was killed with a knife* ele foi morto a facadas).

bye (-bye) [baɪ(baɪ)] *excl inf* tchau!

bye-election *n* = **by-election**.

byelaw ['baɪlɔ:] *n* = **bylaw**.

by-election *n eleição suplementar realizada para substituir um político que renunciou ao cargo parlamentar ou morreu.*

bygone ['baɪgɒn] *adj* decorrido(da).

◆ **bygones** *npl*: **to let ~s be ~s** deixar o que passou para trás.

bylaw ['baɪlɔ:] *n* estatuto *m*.

bypass ['baɪpɑ:s] ◇ *n* **-1.** [road] rodoanel *m* **-2.** *MED*: **~ (operation)** (cirurgia de) ponte *f* de safena. ◇ *vt* **-1.** [place] passar ao redor de **-2.** [issue, person] passar por cima de.

by-product *n* **-1.** [product] subproduto *m* **-2.** *fig* [consequence] subproduto *m*.

bystander ['baɪˌstændəʳ] *n* espectador *m*, -ra *f*.

byte [baɪt] *n COMPUT* byte *m*.

byword ['baɪwɜ:d] *n* [symbol]: **to be a ~ for sthg** ser um exemplo de algo.

C

c (*pl* **c's** *OR* **cs**), **C** (*pl* **C's** *OR* **Cs**) [si:] *n* [letter] c, C *m*.

◆ **C** *n* **-1.** *MUS* dó *m* **-2.** *SCH* [mark] C *m*, regular *m* **-3.** (*abbr of* **celsius, centigrade**) C.

c., ca. (*abbr of* **circa**) c.

cab [kæb] *n* **-1.** [taxi] táxi *m* **-2.** [of lorry] cabine *f*.

cabaret ['kæbəreɪ] *n* cabaré *m*.

cabbage ['kæbɪdʒ] *n* [vegetable] repolho *m*.

cabin ['kæbɪn] *n* **-1.** [on ship] camarote *m* **-2.** [in aircraft] cabine *f* **-3.** [house] cabana *f*.

cabin class *n* classe *f* cabina.

cabin crew *n* tripulação *f*.

cabinet ['kæbɪnɪt] *n* **-1.** [cupboard] armário *m* **-2.** *POL* gabinete *m*.

cable ['keɪbl] ◇ *n* **-1.** [rope] cabo *m* **-2.** [telegram] telegrama *m* **-3.** *ELEC* cabo *m* **-4.** *TV* = **cable television**. ◇ *vt* [telegraph] telegrafar.

cable car *n* teleférico *m*.

cable television, cable TV *n (U)* televisão *f* a cabo.

cache [kæʃ] *n* **-1.** [store] esconderijo *m* **-2.** *COMPUT* cache *f*.

cackle ['kækl] *vi* **-1.** [hen] cacarejar **-2.** [person] gargalhar.

cactus ['kæktəs] (*pl* **-tuses** *OR* **-ti** [-taɪ]) *n* cacto *m*.

cadet [kə'det] *n* [in police] cadete *m*.

cadge [kædʒ] *UK inf* ◇ *vt*: **to ~ sthg (off** *OR* **from sb)** filar algo (de alguém). ◇ *vi*: **to ~ off** *OR* **from sb** pedir esmolas a *OR* para alguém.

caesarean (section) *UK*, **cesarean (section)** *US* [sɪ'zeərɪən-] *n* cesariana *f*; **she had a ~** ela fez uma cesariana.

cafe, café ['kæfeɪ] *n* café *m*.

cafeteria [ˌkæfɪ'tɪərɪə] *n* cantina *f*.

caffeine ['kæfi:n] *n (U)* cafeína *f*.

cage [keɪdʒ] *n* **-1.** [for animals] jaula *f* **-2.** [for birds] gaiola *f*.

cagey ['keɪdʒɪ] (*compar* **-ier**, *superl* **-iest**) *adj inf* cauteloso(sa), cuidadoso(sa).

cagoule [kə'gu:l] *n UK* capa *f* de chuva.

cajole [kə'dʒəʊl] *vt*: **to ~ sb into doing sthg** persuadir alguém a fazer algo.

cake [keɪk] *n* **-1.** [type of sweet food] bolo *m*; **a piece of ~** *inf* uma moleza *OR* barbada **-2.** [of fish, potato] bolinho *m (achatado)* **-3.** [of soap] sabonete *m*.

caked [keɪkt] *adj*: **~ with sthg** empastado(da) de algo, coberto(ta) de algo.

calcium ['kælsɪəm] *n (U)* cálcio *m*.

calculate ['kælkjʊleɪt] *vt* **-1.** [work out - figures, result etc.] calcular; [- consequences, risk etc.] medir **-2.** [plan, intend]: **to be ~d to do sthg** ter o intuito de fazer algo.

calculating ['kælkjʊleɪtɪŋ] *adj pej* calculista.

calculation [ˌkælkjʊ'leɪʃn] *n MATH* cálculo *m*.

calculator ['kælkjʊleɪtə^r] *n* calculadora *f*.

calendar ['kælɪndə^r] *n* calendário *m*.

calendar year *n* ano *m* civil.

calf [kɑːf] (*pl* **calves**) *n* **-1.** [young animal - cow] bezerro *m*, -ra *f*; [- elephant, whale] filhote *m* **-2.** [of leg] panturrilha *f*, barriga *f* da perna.

calibre, caliber *US* ['kælɪbə^r] *n* **-1.** [quality] nível *m* **-2.** [size] calibre *m*.

California [ˌkælɪ'fɔːnjə] *n* Califórnia.

calipers *npl US* = **callipers**.

call [kɔːl] ◇ *n* **-1.** [cry - of person] grito *m*; [- of animal, bird] canto *m* **-2.** [visit] visita *f*; **to pay a ~ on sb** fazer uma visita a alguém **-3.** [for flight] chamada *f*; **final ~** última chamada **-4.** [demand] pedido *m*; **~ for sthg** solicitação por algo; **there's no ~ for that** não há razão para isso **-5.** [summons] chamado *m* **-6.** [standby]: **on ~** de plantão **-7.** [telephone call] telefonema *m*, ligação *f*; **long-distance ~** chamada de longa distância. ◇ *vt* **-1.** [gen] chamar; **disgraceful, I'd ~ it!** uma vergonha, eu diria!; **would you ~ what he does art?** você chamaria o que ele faz de arte?; **he ~ed me a liar** ele me chamou de mentiroso; **let's ~ it £10** a gente faz por £10 **-2.** [telephone] ligar para. ◇ *vi* **-1.** [shout] chamar **-2.** [animal, bird] cantar **-3.** [by telephone] ligar **-4.** [visit] visitar.

◆ **call back** ◇ *vt sep* **-1.** [on telephone] ligar de volta **-2.** [ask to return] chamar de volta. ◇ *vi* **-1.** [on phone] ligar de volta **-2.** [visit again] voltar outra vez.

◆ **call for** *vt fus* **-1.** [collect] ir buscar **-2.** [demand] exigir.

◆ **call in** ◇ *vt sep* **-1.** [send for] chamar **-2.** *COMM* [goods] fazer um recall de; *FIN* [loan] resgatar. ◇ *vi*: **could you ~ in at the butcher's on your way home?** você pode passar no açougue ao voltar para casa?

◆ **call off** *vt sep* **-1.** [cancel] cancelar **-2.** [order not to attack] mandar voltar.

◆ **call on** *vt fus* **-1.** [visit] visitar **-2.** [ask]: **to ~ on sb to do sthg** convocar alguém para fazer algo.

◆ **call out** ◇ *vt sep* **-1.** [gen] convocar **-2.** [cry out] gritar. ◇ *vi* [cry out] gritar.

◆ **call round** *vi* dar uma passada.

◆ **call up** *vt sep* **-1.** *MIL* convocar **-2.** [on telephone] dar uma ligada **-3.** *COMPUT* chamar, buscar.

call box *n UK* cabine *f* telefônica, ≃ orelhão *m*.

caller ['kɔːlə^r] *n* **-1.** [visitor] visita *f* **-2.** [on telephone]: **I'm sorry ~, the number is engaged** sinto muito, senhor(ra), a linha está ocupada.

caller (ID) display *n* [on telephone] identificador *m* de chamadas.

call-in *n US RADIO & TV programa com participação por telefone de ouvintes ou telespectadores.*

calling ['kɔːlɪŋ] *n* **-1.** [profession, trade] profissão *f* **-2.** [vocation] vocação *f*.

calling card *n US* cartão *m* de visita.

callipers *UK*, **calipers** *US* ['kælɪpəz] *npl* **-1.** *MATH* compasso *m* de calibre **-2.** *MED* aparelho *m* ortopédico.

callous ['kæləs] *adj* insensível.

callus ['kæləs] (*pl* **-es**) *n* calo *m*.

calm [kɑːm] ◇ *adj* [person, voice, weather] calmo(ma), tranqüilo(la). ◇ *n (U)* [peaceful state] tranqüilidade *f*, calmaria *f*. ◇ *vt* acalmar, tranqüilizar.

◆ **calm down** ◇ *vt sep* acalmar, tranqüilizar. ◇ *vi* acalmar-se, tranqüilizar-se.

Calor gas® ['kælə^r-] *n UK (U)* ≃ butano *m*.

calorie ['kælərɪ] *n* [in food] caloria *f*.

calves [kɑːvz] *pl* ▷ **calf**.

camber ['kæmbə^r] *n* inclinação *f*.

Cambodia [kæm'bəʊdjə] *n* Camboja.

camcorder ['kæmˌkɔːdə^r] *n* filmadora *f*.

came [keɪm] *pt* ▷ **come**.

camel ['kæml] *n* [animal] camelo *m*.

cameo ['kæmɪəʊ] (*pl* **-s**) *n* **-1.** [piece of jewellery] camafeu *m* **-2.** [in writing] descrição *f* breve e inteligente **-3.** [in acting] ponta *f*.

camera ['kæmərə] *n* câmera *f*.

◆ **in camera** *adv fml* em câmara.

cameraman ['kæmərəmæn] (*pl* **-men** [-men]) *n* cameraman *m*, câmera *m*.

Cameroon [ˌkæmə'ruːn] *n* Camarões.

camouflage ['kæməflɑːʒ] ◇ *n* comuflagem *f* ◇ *vt* camuflar.

camp [kæmp] ◇ *n* **-1.** [gen] acampamento *m*; **holiday ~** acampamento de férias; **training ~** campo *m* de treinamento; **concentration/refugee ~** campo de concentração/refugiados **-2.** *fig* [faction] facção *f*. ◇ *vi* acampar.

◆ **camp out** *vi* acampar.

campaign [kæm'peɪn] ◇ *n* campanha *f*. ◇ *vi*: **to ~ (for/against sthg)** fazer campanha (a favor de/contra algo).

camp bed *n* cama *f* de armar.
camper ['kæmpəʳ] *n* **-1.** [person] campista *mf* **-2.** [vehicle]: **~ (van)** trailer *m*.
campground ['kæmpgraʊnd] *n* **US** camping *m*.
camping ['kæmpɪŋ] *n (U)* acampamento *m*; **to go ~** ir acampar.
camping site, campsite ['kæmpsaɪt] *n* camping *m*.
campus ['kæmpəs] (*pl* **-es**) *n* campus *m*.
can¹ [kæn] ◇ *n* [container] lata *f*. ◇ *vt* enlatar.
can² [*weak form* kən, *strong form* kæn] *pt & conditional* **could**) *aux vb* **-1.** [be able to] poder; **~ you help me?** pode me ajudar?; **I ~ see the mountains** posso ver as montanhas **-2.** [know how to] saber; **~ you drive?** você sabe dirigir?; **I ~ speak Portuguese** eu sei falar português **-3.** [be allowed to] poder; **you can't smoke here** você não pode fumar aqui **-4.** [in polite requests] poder; **~ you tell me the time?** pode me dizer as horas?; **~ I speak to the manager?** posso falar com o gerente? **-5.** [expressing occasional occurrence] poder; **it ~ get cold at night** às vezes a temperatura diminui bastante à noite **-6.** [expressing possibility] poder; **they could be lost** eles podem estar perdidos.

> Como verbo modal *can* é seguido de infinitivo sem *to* e não leva o auxiliar *do* em sentenças interrogativas e negativas (*can I play here?* posso tocar aqui?). Só pode ser usado no presente ou no pretérito (*I can speak English* posso falar inglês; *I couldn't find my key* não conseguia encontrar minha chave). Usa-se *to be able to* para formar outros tempos verbais (*will you be able to come to the party?* você vai poder vir à festa?; *he wasn't able to finish the job* ele não pôde terminar o trabalho).
>
> Ver também **poder** no lado Português-Inglês do dicionário.

Canada ['kænədə] *n* Canadá; **in ~** no Canadá.
Canadian [kə'neɪdjən] ◇ *adj* canadense. ◇ *n* canadense *mf*.
canal [kə'næl] *n* [waterway] canal *m*.
canary [kə'neərɪ] (*pl* **-ies**) *n* canário *m*.
cancel ['kænsl] (**UK** *pt* & *pp* **-led**, *cont* **-ling**, **US** *pt* & *pp* **-ed**, *cont* **-ing**) *vt* [call off, invalidate] cancelar.
◆ **cancel out** *vt sep* anular.
cancellation [,kænsə'leɪʃn] *n* cancelamento *m*.
cancer ['kænsəʳ] *n* [disease] câncer *m*.
◆ **Cancer** *n* [sign] Câncer *m*.
candelabra [,kændɪ'lɑ:brə] *n* candelabro *m*.
candid ['kændɪd] *adj* [frank] sincero(ra), franco(ca).
candidate ['kændɪdət] *n* **-1.** [for job]: **~ for sthg** candidato(ta) a algo **-2.** [taking exam] candidato *m*, -ta *f*.
candle ['kændl] *n* vela *f*.
candlelight ['kændllaɪt] *n (U)* luz *f* de vela.
candlelit ['kændllɪt] *adj* à luz de velas.
candlestick ['kændlstɪk] *n* castiçal *m*.
candour *UK*, **candor** *US* ['kændəʳ] *n (U)* sinceridade *f*, franqueza *f*.
candy ['kændɪ] (*pl* **-ies**) *n esp* **US** *(U)* [confectionery] doce *m*, guloseima *f*.
candy bar *n* **US** barra *f* de doce.
candy box *n* **US** caixa *f* de doces.
candyfloss *UK* ['kændɪflɒs], **cotton candy** *US* *n (U)* algodão-doce *m*.
candy store *n* **US** confeitaria *f*.
cane [keɪn] ◇ *n* **-1.** *(U)* [for making furniture] palhinha *f* **-2.** [walking stick] bengala *f* **-3.** [for punishment]: **the ~** ≃ a palmatória **-4.** [for supporting plant] vara *f*. ◇ *vt* bater com vara em.
canine ['keɪnaɪn] ◇ *adj* canino(na). ◇ *n*: **~ (tooth)** (dente *m*) canino *m*.
canister ['kænɪstəʳ] *n* lata *f* de metal; **a ~ of tear gas** uma bomba de gás lacrimogênio; **a smoke ~** uma bomba de fumaça.
cannabis ['kænəbɪs] *n (U)* maconha *f*.
canned [kænd] *adj* [tinned - food] enlatado(da); [- drink] em lata, de latinha.
cannibal ['kænɪbl] *n* canibal *mf*.
cannon ['kænən] (*pl inv* OR **-s**) *n* **-1.** [on ground] canhão *m* **-2.** [on aircraft] canhão *m*.
cannonball ['kænənbɔ:l] *n* bala *f* de canhão.
cannot ['kænɒt] *vb fml* ▷ **can²**.
canny ['kænɪ] (*compar* **-ier**, *superl* **-iest**) *adj* [shrewd] astuto(ta).
canoe [kə'nu:] *n* canoa *f*.
canoeing [kə'nu:ɪŋ] *n (U)*: **to go ~** praticar canoagem.
canon ['kænən] *n* **-1.** [clergyman] cônego *m* **-2.** [general principle] cânone *m*.
can opener *n* abridor *m* de lata.
canopy ['kænəpɪ] (*pl* **-ies**) *n* **-1.** [over bed, seat] dossel *m* **-2.** [of trees, branches] cobertura *f*.
can't [kɑ:nt] = **cannot**.
cantaloup *UK*, **cantaloupe** *US* ['kæntəlu:p] *n* cantalupo *m*.
cantankerous [kæn'tæŋkərəs] *adj* rabugento(ta).
canteen [kæn'ti:n] *n* **-1.** [restaurant] cantina *f* **-2.** [box of cutlery] faqueiro *m*.
canter ['kæntəʳ] ◇ *n* meio *m* galope. ◇ *vi* andar a meio galope.
cantilever ['kæntɪli:vəʳ] *n* viga *f* em balanço, cantiléver.
canvas ['kænvəs] *n* **-1.** *(U)* [cloth] lona *f* **-2.** ART tela *f*.
canvass ['kænvəs] *vt* **-1.** POL pedir **-2.** [investigate] sondar.
canyon ['kænjən] *n* desfiladeiro *m*.
cap [kæp] (*pt* & *pp* **-ped**, *cont* **-ping**) ◇ *n* **-1.**

[hat] boné *m* **- 2.** [swimming, shower] touca *f* **- 3.** [lid, top] tampa *f*. ◇ *vt* **- 1.** [cover top of] cobrir **- 2.** [improve on]: **to ~ it all** para arrematar.

capability [ˌkeɪpəˈbɪlətɪ] (*pl* **-ies**) *n* **- 1.** [ability] capacidade *f* **- 2.** *MIL* poderio *m*.

capable [ˈkeɪpəbl] *adj* **- 1.** [able, having capacity]: **to be ~ of sthg/of doing sthg** ser capaz de algo/de fazer algo **- 2.** [competent, skilful] competente, hábil.

capacity [kəˈpæsɪtɪ] (*pl* **-ies**) *n* **- 1.** *(U)* [limit, ability] capacidade *f*; **~ for sthg** capacidade para algo; **~ for doing** *OR* **to do sthg** capacidade para *OR* de fazer algo **- 2.** [position] qualidade *f*; **in a ... ~** na condição de ...

cape [keɪp] *n* **- 1.** *GEOGR* cabo *m* **- 2.** [cloak] capa *f*.

caper [ˈkeɪpə^r] *n* **- 1.** [for flavouring food] alcaparra *f* **- 2.** *inf* [escapade] mutreta *f*.

capital [ˈkæpɪtl] ◇ *adj* **- 1.** [letter] maiúsculo(la) **- 2.** [punishable by death] capital. ◇ *n* **- 1.** [of country]: **~ (city)** capital *f* **- 2.** *fig* [centre] capital *f* **- 3.** *TYPO*: **~ (letter)** (letra) maiúscula **- 4.** [money] capital *m*; **to make ~ (out) of sthg** *fig* aproveitar-se de algo.

capital expenditure *n (U)* dispêndio *m* com ativos fixos.

capital gains tax *n* imposto *m* sobre lucros de capital.

capital goods *npl* bens *mpl* de capital.

capitalism [ˈkæpɪtəlɪzm] *n (U)* capitalismo *m*.

capitalist [ˈkæpɪtəlɪst] ◇ *adj* capitalista. ◇ *n* capitalista *mf*.

capitalize, -ise [ˈkæpɪtəlaɪz] *vi*: **to ~ on sthg** [make most of] tirar proveito de algo, capitalizar algo.

capital punishment *n (U)* pena *f* de morte.

Capitol Hill [ˈkæpɪtl-] *n congresso norte-americano*.

capitulate [kəˈpɪtjʊleɪt] *vi*: **to ~ (to sthg)** render-se (a algo), ceder (frente a algo).

Capricorn [ˈkæprɪkɔːn] *n* [sign] Capricórnio *m*.

capsize [kæpˈsaɪz] ◇ *vt* emborcar. ◇ *vi* emborcar-se.

capsule [ˈkæpsjuːl] *n* cápsula *f*.

captain [ˈkæptɪn] *n* **- 1.** [gen] capitão *m* **- 2.** [of airliner] comandante *mf*.

caption [ˈkæpʃn] *n* legenda *f*.

captivate [ˈkæptɪveɪt] *vt* cativar.

captive [ˈkæptɪv] ◇ *adj* **- 1.** [imprisoned] de cativeiro **- 2.** *fig* [unable to leave] cativo(va); **~ audience** audiência cativa. ◇ *n* prisioneiro *m*, -ra *f*.

captor [ˈkæptə^r] *n* capturador *m*, -ra *f*.

capture [ˈkæptʃə^r] ◇ *vt* **- 1.** [gen] capturar **- 2.** [gain, take control of] conquistar. ◇ *n (U)* captura *f*.

car [kɑː^r] ◇ *n* **- 1.** [motor car] carro *m* **- 2.** [on train] vagão *m*. ◇ *comp* de automóvel.

carafe [kəˈræf] *n* garrafa *f* de mesa.

car alarm *n* alarme *m* de carro.

caramel [ˈkærəmel] *n* **- 1.** *(U)* [burnt sugar] caramelo *m* **- 2.** [sweet] caramelo *m*.

carat [ˈkærət] *n UK* quilate *m*.

caravan [ˈkærəvæn] *n* **- 1.** *UK* [vehicle - towed by car] trailer *m*; [- towed by horse] carruagem *m* **- 2.** [travelling group] caravana *f*.

caravan site *n UK* área *f* para trailers.

carbohydrate [ˌkɑːbəʊˈhaɪdreɪt] *n (U)* [chemical substance] carboidrato *m*.

◆ **carbohydrates** *npl* [food] carboidratos *mpl*.

carbon [ˈkɑːbən] *n (U)* [element] carbono *m*.

carbonated [ˈkɑːbəneɪtɪd] *adj* com gás.

carbon copy *n* **- 1.** [document] cópia *f* em papel carbono **- 2.** *fig* [exact copy] cópia *f* perfeita.

carbon dioxide [-daɪˈɒksaɪd] *n (U)* dióxido *m* de carbono.

carbon monoxide [-mɒˈnɒksaɪd] *n* monóxido *m* de carbono.

carbon paper *n* papel-carbono *m*.

car-boot sale *n UK feira em que objetos usados são vendidos no porta-malas de um carro.*

carburettor *UK*, **carburetor** *US* [ˌkɑːbəˈretə^r] *n* carburador *m*.

carcass [ˈkɑːkəs] *n* [of animal] carcaça *f*.

card [kɑːd] *n* **- 1.** [playing card] carta *f* **- 2.** [for information, greetings] cartão *m* **- 3.** [postcard] postal *m*, cartão-postal *m*. **- 4.** *(U)* [cardboard] papelão *m*.

◆ **cards** *npl* [game] cartas *fpl*.

◆ **on the cards** *UK*, **in the cards** *US adv inf*: **to be on the ~** estar na cara.

cardboard [ˈkɑːdbɔːd] ◇ *n (U)* papelão *m*. ◇ *comp* [made of cardboard] de papelão *m*.

cardboard box *n* caixa *f* de papelão.

cardiac [ˈkɑːdɪæk] *adj* cardíaco(ca), do coração.

cardigan [ˈkɑːdɪgən] *n* cardigã *m*.

cardinal [ˈkɑːdɪnl] ◇ *adj* primordial. ◇ *n RELIG* cardeal *m*.

card index *n UK* fichário *m*.

cardphone [ˈkɑːdfəʊn] *n* telefone *m* (público) de cartão.

card table *n* mesa *f* de jogo.

care [keə^r] ◇ *n* **- 1.** *(U)* [protection, looking after] cuidado *m*; **to take ~ of sb** [look after] cuidar de alguém; **to take ~ of sthg** [deal with] cuidar de algo; **take ~!** *inf* [when saying goodbye] cuide-se! **- 2.** *(U)* [caution, carefulness] cuidado *m*; **to take ~ to do sthg** ter o cuidado de fazer algo; **take ~!** [be careful] tenha cuidado! **- 3.** [cause of worry] preocupação *f*. ◇ *vi* **- 1.** [be concerned] preocupar-se; **to ~ about sb/sthg** preocupar-se com alguém/algo **- 2.** [mind] importar-se.

◆ **care of** *prep* aos cuidados de.

◆ **care for** *vt fus* [like] gostar de.
career [kə'rɪəʳ] <> *n* carreira *f.* <> *vi* desgovernar-se; **to ~ into sthg** ir desgovernado(da) em direção a algo.
careers adviser *n* orientador *m*, -ra *f* vocacional.
carefree ['keəfri:] *adj* despreocupado(da).
careful ['keəfʊl] *adj* **-1.** [cautious] cuidadoso(sa); **~ with sthg** cuidadoso(sa) com algo; **to be ~ to do sthg** ter o cuidado de fazer algo **-2.** [thorough] cuidadoso(sa).
carefully ['keəflɪ] *adv* **-1.** [cautiously] cuidadosamente, com cuidado **-2.** [thoroughly] cuidadosamente.
careless ['keəlɪs] *adj* **-1.** [inattentive] desatento(ta), descuidado(da) **-2.** [unconcerned] despreocupado(da).
caress [kə'res] <> *n* carícia *f.* <> *vt* acariciar.
caretaker ['keə,teɪkəʳ] *n UK* zelador *m*, -ra *f.*
car ferry *n* balsa *f.*
cargo ['kɑ:gəʊ] (*pl* **-es** *OR* **-s**) *n* carregamento *m.*
car hire *n UK (U)* aluguel *m* de carros.
Caribbean [*UK* kærɪ'bɪən, *US* kə'rɪbɪən] *n* **-1.** [sea]: **the ~ (Sea)** o (Mar do) Caribe **-2.** [region]: **the ~** o Caribe.
caring ['keərɪŋ] *adj* afetuoso(sa).
carnage ['kɑ:nɪdʒ] *n (U)* carnificina *f.*
carnal ['kɑ:nl] *adj literary* carnal.
carnation [kɑ:'neɪʃn] *n* craveiro *m.*
carnival ['kɑ:nɪvl] *n* **-1.** [festive occasion] carnaval *m* **-2.** [fair] parque *m* de diversões.
carnivorous [kɑ:'nɪvərəs] *adj* carnívoro(ra).
carol ['kærəl] *n*: **(Christmas) ~** cântico *m* de Natal.
carousel [,kærə'sel] *n* **-1.** *esp US* [at fair] carrossel *m* **-2.** [at airport] esteira *f.*
carp [kɑ:p] (*pl inv OR* **-s**) <> *n* carpa *f.* <> *vi* queixar-se; **to ~ about sthg** queixar-se de algo.
car park *n UK* estacionamento *m.*
carpenter ['kɑ:pəntəʳ] *n* carpinteiro *m*, -ra *f.*
carpentry ['kɑ:pəntrɪ] *n (U)* carpintaria *f.*
carpet ['kɑ:pɪt] <> *n* [floor covering] carpete *m.* <> *vt* [fit with floor covering] acarpetar.
carpet slipper *n* pantufas *fpl.*
carpet sweeper [-'swi:pəʳ] *n* limpador *m* de carpete, feiticeira *f.*
car phone *n* telefone *m* para automóvel.
car radio *n* rádio *m* de carro.
car rental *n Am* aluguel *m* de carro.
carriage ['kærɪdʒ] *n* **-1.** [horsedrawn vehicle] carruagem *f* **-2.** *UK* [railway coach] vagão **-3.** *(U)* [transport of goods] carregamento *m*; **~ paid** *OR* **free** *UK* frete pago.
carriageway ['kærɪdʒweɪ] *n UK* pista *f* simples.
carrier ['kærɪəʳ] *n* **-1.** *COMM* transportador *m*, -ra *f* **-2.** [of disease] portador *m*, -ra *f* **-3.** = **carrier bag**.
carrier bag *n* sacola *f.*
carrot ['kærət] *n* **-1.** [vegetable] cenoura *f* **-2.** *inf fig* [incentive] incentivo *m.*
carry ['kærɪ] (*pt* & *pp* **-ied**) <> *vt* **-1.** [transport - subj: person, animal] carregar; [- subj: water, wind, vehicle] levar **-2.** [be equipped with] dispor de; **all planes ~ lifejackets** todos os aviões dispõem de coletes salva-vidas **-3.** [weapon] portar **-4.** [disease] transmitir **-5.** [involve as a consequence] implicar; **the job carries considerable responsibility** o emprego implica em responsabilidades consideráveis **-6.** [motion, proposal] aprovar **-7.** [be pregnant with] carregar **-8.** *MATH* sobrar. <> *vi* [sound] projetar-se.
◆ **carry away** *vt sep*: **to get carried away** entrar no embalo.
◆ **carry forward** *vt sep* transportar.
◆ **carry off** *vt sep* **-1.** [make a success of] tornar um sucesso **-2.** [win] sair-se bem.
◆ **carry on** <> *vt fus* [continue] continuar; **to ~ on doing sthg** continuar a fazer algo. <> *vi* **-1.** [continue] continuar; **to ~ on with sthg** continuar algo **-2.** *inf* [make a fuss] criar caso.
◆ **carry out** *vt fus* **-1.** [task, plan, experiment] levar a cabo **-2.** [promise, order, threat] cumprir.
◆ **carry through** *vt sep* [accomplish] completar.
carryall ['kærɪɔ:l] *n US* bolsa *f* de viagem.
carrycot ['kærɪkɒt] *n esp UK* moisés *m inv.*
carsick ['kɑ:,sɪk] *adj* enjoado(da) *(em carro).*
cart [kɑ:t] <> *n* **-1.** [vehicle] carroça *f* **-2.** *US* [for shopping]: **(shopping** *OR* **grocery) ~** carrinho *m* (de compras). <> *vt inf* carregar.
carton ['kɑ:tn] *n* **-1.** [brick-shaped] caixa *f* **-2.** [plastic] frasco *m.*

> Não confundir *carton (pacote)* com o português *cartão* que em inglês é *card*. (*I need a carton of milk.* Eu preciso de um *pacote* de leite.)

cartoon [kɑ:'tu:n] *n* **-1.** [satirical drawing] cartum *m* **-2.** [comic strip] tira *f*, tirinha *f* **-3.** [film] desenho *m* animado.
cartridge ['kɑ:trɪdʒ] *n* **-1.** [for gun] cartucho *m* **-2.** [for pen] recarga *f* **-3.** [for camera] rolo *m* de filme.
cartwheel ['kɑ:twi:l] *n* [movement] pirueta *f.*
carve [kɑ:v] <> *vt* **-1.** [shape, sculpt] esculpir **-2.** [slice] fatiar **-3.** [cut into surface] gravar. <> *vi* [slice joint] fatiar a carne.
◆ **carve out** *vt sep* [create, obtain] criar.
◆ **carve up** *vt sep* [divide] dividir.
carving ['kɑ:vɪŋ] *n* [art, work, object] entalhe *m.*
carving knife *n* faca *f* de trinchar.
car wash *n* **-1.** [process] lavagem *f* de carro **-2.** [place] lava-rápido *m.*

case [keɪs] *n* **-1.** [gen] caso *m*; **to be the ~** ser o caso; **in that ~** nesse caso; **he may still come, in which ~ we can all leave together** pode ser que ele ainda venha, e neste caso todos podemos partir juntos; **as** *OR* **whatever the ~ may be** seja qual for o caso; **in ~ of** em caso de **-2.** [argument] razões *fpl*; **~ for/against sthg** razões a favor de/contra algo **-3.** *JUR* [trial, inquiry] causa *f* **-4.** [container, holder] estojo *m* **-5.** *UK* [suitcase] mala *f*.
◆ **in any case** *adv* seja como for.
◆ **in case** ◇ *conj* caso. ◇ *adv*: **(just) in ~** só por precaução.
cash [kæʃ] ◇ *n (U)* **-1.** [notes and coins] dinheiro *m*; **to pay (in) ~** pagar em dinheiro **-2.** *inf* [money] dinheiro *m* **-3.** [payment]: **~ in advance** pagamento *m* adiantado/antecipado; **~ on delivery** pagamento contra entrega. ◇ *vt* descontar.
cash and carry *n* sistema *f* pague e leve.
cashbook [ˈkæʃbʊk] *n* livro-caixa *m*.
cash box *n* cofre *m*.
cash card *n* cartão *m* de saque.
cash desk *n UK* caixa *m*.
cash dispenser [-dɪˈspensəʳ] *n* = **cashpoint**
cashew (nut) [ˈkæʃuː-] *n* castanha-de-caju *f*.
cashier [kæˈʃɪəʳ] *n* caixa *mf*.
cash machine *n* = **cashpoint**.
cashmere [kæʃˈmɪəʳ] *n (U)* caxemira *f*.
cashpoint [ˈkæʃpɔɪnt] *n* caixa *m* automático.
cash register *n* caixa *f* registradora.
casing [ˈkeɪsɪŋ] *n* [protective cover] invólucro *m*.
casino [kəˈsiːnəʊ] (*pl* **-s**) *n* cassino *m*.
cask [kɑːsk] *n* barril *m*.
casket [ˈkɑːskɪt] *n* **-1.** [for jewels] porta-jóias *m inv* **-2.** *US* [coffin] caixão *m*.
casserole [ˈkæsərəʊl] *n* **-1.** [stew] ensopado *m* (no forno) **-2.** [pot] prato *f* de ir ao forno.
cassette [kæˈset] *n* cassete *f*.
cassette player *n* toca-fitas *m inv*.
cassette recorder *n* gravador *m*.
cast [kɑːst] (*pt* & *pp* **cast**) ◇ *n* **-1.** [of play, film] elenco *m* **-2.** *MED* gesso *m*. ◇ *vt* **-1.** [turn, direct] dar uma espiada em; **to ~ doubt on sthg** pôr algo em dúvida **-2.** [light, shadow] lançar **-3.** [throw] arremessar **-4.** [choose for play, film] dar o papel a; **she ~ him in the role of Hamlet** ela deu-lhe o papel de Hamlet **-5.** *POL* **: to ~ one's vote** votar **-6.** [metal] moldar.
◆ **cast aside** *vt sep* rejeitar.
◆ **cast off** ◇ *vt* **-1.** *fml* [old practices, habits, burden] livrar-se de **-2.** [in knitting] arrematar. ◇ *vi* **-1.** *NAUT* soltar as amarras **-2.** [in knitting] arrematar os pontos.
◆ **cast on** ◇ *vt* [in knitting] montar. ◇ *vi* [in knitting] montar os pontos.
castaway [ˈkɑːstəweɪ] *n* náufrago *m*, -ga *f*.
caster [ˈkɑːstəʳ] *n* [wheel] rodízio *m*.
caster sugar *n (U) UK* açúcar *m* refinado.
casting vote [ˈkɑːstɪŋ-] *n* voto *m* de minerva.
cast iron *n (U)* ferro *m* fundido.
castle [ˈkɑːsl] *n* **-1.** [building] castelo *m* **-2.** [in chess] torre *f*.
castor [ˈkɑːstəʳ] *n* = **caster**.
castor oil *n (U)* óleo *m* de rícino.
castor sugar *n* = **caster sugar**.
castrate [kæˈstreɪt] *vt* castrar.
casual [ˈkæʒʊəl] *adj* **-1.** [relaxed, uninterested] despreocupado(da) **-2.** *pej* [offhand] deselegante, informal **-3.** [chance] ocasional **-4.** [clothes] informal **-5.** [irregular] temporário(ria).

> Não confundir *casual (despreocupado, informal)* com o português *casual* que em inglês é *chance*. (*He can only get casual work.* Ele só consegue trabalho *informal*.)

casually [ˈkæʒʊəlɪ] *adv* **-1.** [in a relaxed manner, without interest] casualmente **-2.** [dress] informalmente.
casualty [ˈkæʒjʊəltɪ] (*pl* **-ies**) *n* **-1.** [dead or injured person] vítima *mf*; *MIL* baixa *f* **-2.** *MED* = **casualty department**.
casualty department *n* pronto-socorro *m*.
cat [kæt] *n* **-1.** [domestic animal] gato *m*, -ta *f*; **there's no room to swing a ~** não há espaço nem para respirar; **to play ~ and mouse** brincar de gato e rato **-2.** [wild animal] felino *m*, -na *f*.
catalogue *UK*, **catolog** *US* [ˈkætəlɒg] ◇ *n* **-1.** [of items for sale] catálogo *m* **-2.** [in library, museum] catálogo *m*. ◇ *vt* catalogar.
catalyst [ˈkætəlɪst] *n* **-1.** *CHEM* catalisador *m* **-2.** *fig* [cause] motivo *m*.
catalytic converter *n* conversor *m* catalítico.
catapult *UK* [ˈkætəpʊlt] ◇ *n* **-1.** [hand-held] atiradeira *f*, estilingue *m* **-2.** *HIST* [machine] catapulta *f*. ◇ *vt* **-1.** [hurl] catapultar **-2.** *fig* [promote] projetar.
cataract [ˈkætərækt] *n* catarata *f*.
catarrh [kəˈtɑːʳ] *n (U)* catarro *m*.
catastrophe [kəˈtæstrəfɪ] *n* catástrofe *f*.
catch [kætʃ] (*pt* & *pp* **caught**) ◇ *vt* **-1.** [gen] pegar **-2.** [ball etc.] apanhar **-3.** [discover, surprise] flagrar; **to ~ sb doing sthg** flagrar alguém fazendo algo; **to ~ sb unawares** pegar alguém desprevenido(da) **-4.** [hear clearly] compreender **-5.** [interest, imagination, attention] despertar **-6.** [sight]: **to ~ sight of sb/sthg, to ~ a glimpse of sb/sthg** conseguir avistar alguém/algo **-7.** [on hook, in door, in trap] prender **-8.** [strike] atingir. ◇ *vi* **-1.** [become hooked, get stuck] ficar preso(sa) em **-2.** [start to burn] pegar. ◇ *n* **-1.** [of ball etc.] pegada *f* **-2.** [thing or amount caught] pesca *f* **-3.** [fastener]

trinco *m* - **4.** [snag] armadilha *f.*

◆ **catch on** *vi* - **1.** [become popular] pegar - **2.** *inf* [understand] entender; **to ~ on to sthg** dar-se conta de algo.

◆ **catch out** *vt sep* [trick] apanhar em erro.

◆ **catch up** <> *vt sep* - **1.** [come level with] alcançar - **2.** [involve]: **to get caught up in sthg** ser envolvido(da) em algo. <> *vi* alcançar; **to ~ up on sthg** por algo em dia.

◆ **catch up with** *vt fus* - **1.** [get to same point as] alcançar - **2.** [catch, find] pegar.

catching ['kætʃɪŋ] *adj* [infectious] contagioso(sa).

catchment area ['kætʃmənt-] *n região atendida por uma escola ou um hospital.*

catchphrase ['kætʃfreɪz] *n* [of entertainer] bordão *m.*

catchy ['kætʃɪ] (*compar* **-ier**, *superl* **-iest**) *adj* que pega com facilidade.

categorically [ˌkætɪ'gɒrɪklɪ] *adv* categoricamente.

category ['kætəgərɪ] (*pl* **-ies**) *n* categoria *f.*

cater ['keɪtə^r] *vi* [provide food] fornecer comida.

◆ **cater for** *vt fus UK* - **1.** [provide for] satisfazer; **the magazine ~s for independent working women** a revista se destina a mulheres autônomas - **2.** [anticipate] contar com.

◆ **cater to** *vt fus* servir de instrumento a.

caterer ['keɪtərə^r] *n* (serviço *m* de) bufê *m.*

catering ['keɪtərɪŋ] *n* bufê *m*; **a ~ college** uma escola de culinária.

caterpillar ['kætəpɪlə^r] *n* [insect] lagarta *f.*

cathedral [kə'θi:drəl] *n* catedral *f.*

Catholic ['kæθlɪk] <> *adj* católico(ca). <> *n* católico *m*, -ca *f.*

◆ **catholic** *adj* [broad] eclético(ca).

cat litter *n* granulado *m* higiênico (para gatos).

Catseyes® ['kætsaɪz] *npl UK* olhos-de-gato *mpl.*

cattle ['kætl] *npl* gado *m.*

catty ['kætɪ] (*compar* **-ier**, *superl* **-iest**) *adj inf pej* [spiteful] rancoroso(sa).

catwalk ['kætwɔ:k] *n* passarela *f.*

caucus ['kɔ:kəs] *n POL* - **1.** *US convenção ou reunião política.* - **2.** [interest group] ala *f.*

caught [kɔ:t] *pt & pp* ⊳ **catch.**

cauliflower ['kɒlɪˌflaʊə^r] *n* couve-flor *f.*

cause [kɔ:z] <> *n* - **1.** [gen] causa *f* - **2.** [grounds] razão *f*; **to have ~ for sthg** ter razão para algo; **to have ~ to do sthg** ter razão para fazer algo <> *vt* causar; **to ~ sb to do sthg** fazer com que alguém faça algo; **to ~ sthg to be done** fazer com que algo seja feito.

caustic ['kɔ:stɪk] *adj* - **1.** *CHEM* cáustico(ca) - **2.** *fig* [comment] mordaz.

caution ['kɔ:ʃn] <> *n* - **1.** *(U)* [care] cuidado *m*; **to do sthg with ~** fazer algo com cautela - **2.** [warning] aviso *m* - **3.** *UK JUR* injunção *f.* <> *vt* - **1.** [warn]: **to ~ sb against doing sthg** prevenir alguém para não fazer algo - **2.** *UK JUR* advertir; **to ~ sb for sthg** advertir alguém por algo.

cautious ['kɔ:ʃəs] *adj* cauteloso(sa).

cavalry ['kævlrɪ] *n (U)* - **1.** [on horseback] cavalaria *f* - **2.** [in armoured vehicles] cavalaria *f.*

cave [keɪv] *n* gruta *f*, caverna *f.*

◆ **cave in** *vi* [physically collapse] desabar.

caveman ['keɪvmæn] (*pl* **-men** [-men]) *n* troglodita *mf.*

cavernous ['kævənəs] *adj* imenso(sa).

caviar(e) ['kævɪɑ:^r] *n (U)* caviar *m.*

cavity ['kævətɪ] (*pl* **-ies**) *n* - **1.** [in object, structure, body] cavidade *f*; **buccal ~** cavidade bucal; **nasal ~** fossas *fpl* nasais - **2.** [in tooth] cárie *f.*

cavort [kə'vɔ:t] *vi* saracotear.

CB *n* (*abbr of* **Citizens' Band**) CB, faixa *f* do cidadão.

CBI (*abbr of* **Confederation of British Industry**) *n confederação britânica de empresários,* ≃ CNI *f.*

cc <> *n* (*abbr of* **cubic centimetre**) *cm.* <> (*abbr of* **carbon copy**) cópia *f* carbono.

CD *n* (*abbr of* **compact disc**) CD *m.*

CD player *n* tocador *m* de CD.

CD-R (*abbr of* **compact disc (rewritable)**) *n* CD-R *m.*

CD-R drive *n* unidade *f* de CD-R.

CD rewriter ['si:di:'ri:ˌraɪtə^r] = **CD-RW drive.**

CD-ROM (*abbr of* **compact disc read-only memory**) *n* CD-ROM *m.*

CD-RW (*abbr of* **compact disc rewritable**) *n* CD-RW *m.*

CD-RW drive *n* gravador *m* de CD.

CD tower *n* torre *f* para CDs.

cease [si:s] *fml* <> *vt* cessar; **to ~ doing** *OR* **to do sthg** parar de fazer algo; **~ fire!** cessar fogo! <> *vi* parar.

ceasefire ['si:sfaɪə^r] *n* cessar-fogo *m.*

ceaseless ['si:slɪs] *adj fml* incessante.

cedar ['si:də^r] *n* cedro *m.*

ceiling ['si:lɪŋ] *n* - **1.** [of room] teto *m* - **2.** *fig* [limit] teto *m* máximo.

celebrate ['selɪbreɪt] <> *vt* celebrar. <> *vi* comemorar.

celebrated ['selɪbreɪtɪd] *adj* célebre, famoso(sa).

celebration [ˌselɪ'breɪʃn] *n* - **1.** *(U)* [activity, feeling] celebração *f* - **2.** [event] comemoração *f.*

celebrity [sɪ'lebrətɪ] (*pl* **-ies**) *n* [star] celebridade *f.*

celery ['selərɪ] *n (U)* aipo *m.*

celibate ['selɪbət] *adj* celibatário(ria).

cell [sel] *n* - **1.** *BIOL & COMPUT* célula *f* - **2.** [small room] cela *f* - **3.** [secret group] unidade *f.*

cellar ['selə^r] *n* **-1.** [basement] porão *m* **-2.** [stock of wine] adega *f*.
cello ['tʃeləʊ] (*pl* **-s**) *n* [instrument] violoncelo *m*.
Cellophane® ['seləfeɪn] *n (U)* celofane® *m*.
Celsius ['selsɪəs] *adj* Célsius.
Celt [kelt] *n* celta *mf*.
Celtic ['keltɪk] <> *adj* celta. <> *n* [language] celta *m*.
cement [sɪ'ment] <> *n (U)* [for concrete] cimento *m*, argamassa *f*. <> *vt* **-1.** [cover with cement] cimentar **-2.** *fig* [reinforce] fortalecer.
cement mixer *n* betoneira *f*.
cemetery ['semɪtrɪ] (*pl* **-ies**) *n* cemitério *m*.
censor ['sensə^r] <> *n* [of films, books, letters] censor *m*, -ra *f*. <> *vt* [film, book, letter] censurar.
censorship ['sensəʃɪp] *n (U)* censura *f*.
censure ['senʃə^r] <> *n (U)* repreensão *f*. <> *vt* repreender.
census ['sensəs] (*pl* **censuses**) *n* [population survey] censo *m*.
cent [sent] *n* centavo *m*.
centenary *UK* [sen'ti:nərɪ] (*pl* **-ies**), **centennial** *US* [sen'tenjəl] *n* centenário *m*.
center *n, adj & vt US* = **centre**.
centigrade ['sentɪgreɪd] *adj* centígrado(da).
centilitre *UK*, **centiliter** *US* ['sentɪˌli:tə^r] *n* centilitro *m*.
centimetre *UK*, **centimeter** *US* ['sentɪˌmi:tə^r] *n* centímetro *m*.
centipede ['sentɪpi:d] *n* centopéia *f*.
central ['sentrəl] *adj* central.
Central America *n* América Central.
central heating *n (U)* aquecimento *m* central.
centralize, -ise ['sentrəlaɪz] *vt* centralizar.
central locking [-'lɒkɪŋ] *n* travamento *f* central (das portas).
central reservation *n UK* canteiro *m* central.
centre *UK*, **center** *US* ['sentə^r] <> *n* **-1.** [gen] centro *m*; **health/leisure ~** centro de saúde/ lazer; **~ of attention** centro das atenções; **~ of gravity** centro de gravidade; **the ~** *POL* o centro **-2.** *SPORT* [player] pivô. <> *adj* **-1.** [middle] central, do meio **-2.** *POL* de centro. <> *vt* [place centrally] centralizar.
centre back *n SPORT* centromédio *m*.
centre forward *n SPORT* centroavante *m*.
centre half *n* = **centre back**.
century ['sentʃʊrɪ] (*pl* **-ies**) *n* **-1.** [one hundred years] século *m* **-2.** *CRICKET*: **to score a ~** marcar cem pontos.
ceramic [sɪ'ræmɪk] *adj* de cerâmica, cerâmico(ca).
◆ **ceramics** *n* [craft, objects] cerâmica *f*.
cereal ['sɪərɪəl] *n* [crop, breakfast food] cereal *m*.
ceremonial [ˌserɪ'məʊnjəl] <> *adj* cerimonial, de cerimônia. <> *n* **-1.** [event] cerimônia *f OR m* **-2.** [pomp, formality] cerimonial *m*.
ceremony ['serɪmənɪ] (*pl* **-ies**) *n* **-1.** [event] cerimônia *f*; **degree ~** cerimônia *f* de colação de grau **-2.** *(U)* [pomp, formality] formalidade *f*; **to stand on ~** fazer cerimônia.
certain ['sɜ:tn] *adj* [gen] certo(ta); **she is ~ to be late** ela certamente vai se atrasar; **to be ~ of sthg/of doing sthg** ter a certeza de algo/fazer algo; **to make ~ of sthg/of doing sthg** assegurar-se de algo/fazer algo; **for ~** com certeza; **to a ~ extent** até certo ponto.
certainly ['sɜ:tnlɪ] *adv* com certeza; **I ~ do** com certeza (que sim); **~ not!** de modo algum.
certainty ['sɜ:tntɪ] (*pl* **-ies**) *n (U)* certeza *f*.
certificate [sə'tɪfɪkət] *n* **-1.** [gen] certificado *m* **-2.** [of birth, marriage] certidão *f*; **death ~** atestado *m* de óbito.
certified ['sɜ:tɪfaɪd] *adj* **-1.** [professional person] habilitado(da) **-2.** [document] autenticado(da).
certified mail *n US* postagem *f* registrada.
certified public accountant *n US* perito-contador *m*, -ra *f*.
certify ['sɜ:tɪfaɪ] (*pt & pp* **-ied**) *vt* **-1.** [declare true]: **to ~ that** certificar *OR* atestar que **-2.** [declare insane]: **to be certified** ser declarado(da) incapacitado(da).
cervical [sə'vaɪkl] *adj* cervical; **~ cancer** câncer *m* de colo de útero.
cervical smear *n* exame *f* de lâmina.
cervix ['sɜ:vɪks] (*pl* **-ices** [-ɪsi:z]) *n* colo *m* do útero.
cesarean (section) *n US* = **caesarean (section)**.
cesspit ['sespɪt], **cesspool** ['sespu:l] *n* fossa *f*.
cf. (*abbr of* **confer**) cf., cfr.
CFC (*abbr of* **chlorofluorocarbon**) *n* CFC *m*.
ch. (*abbr of* **chapter**) cap.
chafe [tʃeɪf] *vt* [rub] roçar.
chaffinch ['tʃæfɪntʃ] *n* tentilhão *m*.
chain [tʃeɪn] <> *n* **-1.** [metal] corrente *f* **-2.** [of islands] série *f*; **~ of events** rede *f* de acontecimentos **-3.** [of mountains] cadeia *f* **-4.** [of shops, hotels] cadeia *f*, rede *f*. <> *vt* **-1.** [prisoner, bicycle] acorrentar **-2.** [hands] algemar **-3.** [dog] amarrar.
chain reaction *n* reação *f* em cadeia.
chainsaw *n* serra *f* articulada.
chain-smoke *vi* fumar um cigarro atrás do outro.
chain-smoker *n* fumante *mf* inveterado, -da.
chain store *n* filial *f*.
chair [tʃeə^r] <> *n* **-1.** [for sitting in] cadeira *f* **-2.** [university post] cátedra *f* **-3.** [of meeting, organization - position] presidência *f*; [- person] presidente *mf*. <> *vt* [meeting, discussion] presidir.

chairlift *n* teleférico *m.*
chairman ['tʃeəmən] (*pl* **-men** [-mən]) *n* presidente *m.*
chairperson ['tʃeə,pɜ:sn] (*pl* **-s**) *n* presidente *mf.*
chalet ['ʃæleɪ] *n* chalé *f.*
chalk [tʃɔ:k] *n* **-1.** *(U)* [mineral] greda *f* **-2.** [for drawing] giz *m.*
chalkboard ['tʃɔ:kbɔ:d] *n UK* quadro-negro *m.*
challenge ['tʃælɪndʒ] ◇ *n* desafio *m.* ◇ *vt* **-1.** [to fight, competition]: **to ~ sb (to sthg)** desafiar alguém (para algo); **to ~ sb to do sthg** desafiar alguém a fazer algo **-2.** [question] questionar.
challenging ['tʃælɪndʒɪŋ] *adj* **-1.** [difficult] desafiador(ra) **-2.** [aggressive] provocador(ra).
chamber ['tʃeɪmbə^r] *n* **-1.** [room] gabinete *m;* **the council ~** o gabinete do conselho **-2.** [body] câmara *f* **-3.** [of gun] tambor *m.*
chambermaid ['tʃeɪmbəmeɪd] *n* camareira *f.*
chamber music *n (U)* música *f* de câmara.
chamber of commerce *n* câmara *f* de comércio.
chameleon [kə'mi:ljən] *n* [animal] camaleão *m,* -oa *f.*
champagne [,ʃæm'peɪn] *n (U)* champanha *m.*
champion ['tʃæmpjən] *n* **-1.** [of competition] campeão *f,* -ã **-2.** [of cause] defensor *m,* -ra *f.*
championship ['tʃæmpjənʃɪp] *n* campeonato *m.*
chance [tʃɑ:ns] ◇ *n* **-1.** *(U)* [luck] acaso *m,* sorte *f;* **by ~** por acaso; **by any ~** por acaso **-2.** [likelihood, opportunity] chance *f;* **not to stand a ~ (of doing sthg)** não ter a menor chance (de fazer algo); **on the off-~ (that)** na esperança de que **-3.** [risk] risco *m;* **to take a ~ (on sthg/on doing sthg)** arriscar-se (em algo/a fazer algo). ◇ *adj* acidental. ◇ *vt* [risk] arriscar.
chancellor ['tʃɑ:nsələ^r] *n* **-1.** [chief minister] chanceler *m* **-2.** UNIV reitor *m,* -ra *f.*
Chancellor of the Exchequer *n UK* ≃ Ministro *m,* -tra *f* da Fazenda.
chandelier [,ʃændə'lɪə^r] *n* lustre *m.*
change [tʃeɪndʒ] ◇ *n* **-1.** [alteration, difference] mudança *f,* alteração *f;* **~ in sb/sthg** mudança em alguém/algo **-2.** [contrast, for variety] diferença *f;* **Peter arriving on time? That makes a ~!** Peter chegando na hora? Que mudança!; **for a ~** para variar **-3.** [switch, replacement] mudança *f;* **~ of clothes** muda *f* de roupa **-4.** *(U)* [money returned after payment, smaller units of money] troco *m* **-5.** *(U)* [coins] trocado *m.* ◇ *vt* **-1.** [gen] mudar; **to ~ sthg into sthg** transformar algo em algo; **to ~ one's mind** mudar de idéia; **to get ~d** mudar de roupa **-2.** [replace, exchange] trocar. ◇ *vi* **-1.** [gen] mudar; **to ~ into sthg** transformar-se em algo **-2.** [put on different clothes] trocar-se **-3.** [move to different train, bus] fazer conexão.
◆ **change over** *vi* [convert] trocar para; **to ~ over to sthg** trocar para algo.
changeable ['tʃeɪndʒəbl] *adj* **-1.** [mood] inconstante **-2.** [weather] instável.
change machine *n* máquina *f* de troco.
changeover ['tʃeɪndʒ,əʊvə^r] *n*: **~ (to sthg)** mudança *f* (para algo).
changing ['tʃeɪndʒɪŋ] *adj* variável, instável.
changing room *n* vestiário *m.*
channel ['tʃænl] (*UK pt* & *pp* **-led**, *cont* **-ling**, *US pt* & *pp* **-ed**, *cont* **-ing**) ◇ *n* canal *m.* ◇ *vt* canalizar.
◆ **Channel** *n*: **the (English) Channel** o Canal da Mancha.
◆ **channels** *npl*: **to go through the proper ~s** seguir os trâmites legais.
Channel Islands *npl*: **the ~** as Ilhas Normandas.
Channel Tunnel *n*: **the ~** o Túnel do Canal da Mancha.
chant [tʃɑ:nt] *n* **-1.** RELIG [song] canto *m* **-2.** [repeated words] coro *m.*
chaos ['keɪɒs] *n* caos *m.*
chaotic [keɪ'ɒtɪk] *adj* caótico(ca).
chap [tʃæp] *n UK inf* [man] cara *m,* chapa *m.*
chapel ['tʃæpl] *n* capela *f.*
chaplain ['tʃæplɪn] *n* capelão *m.*
chapped [tʃæpt] *adj* rachado(da).
chapter ['tʃæptə^r] *n* **-1.** capítulo *m* **-2.** *phr*: **to give sb ~ and verse on sthg** falar tudo a alguém sobre algo.
char [tʃɑ:^r] (*pt* & *pp* **-red**, *cont* **-ring**) *vt* [burn] carbonizar, torrar.
character ['kærəktə^r] *n* **-1.** [nature - of place] jeito *m;* [- of person] caráter *m;* **in ~** típico **-2.** *(U)* [unusual quality, style] estilo *m* **-3.** [in film, book, play] personagem *mf* **-4.** *inf* [unusual person] tipo *m* **-5.** [letter, symbol] caractere *m.*
characteristic [,kærəktə'rɪstɪk] ◇ *adj* [typical] característico(ca). ◇ *n* [attribute] característica *f.*
characterize, -ise ['kærəktəraɪz] *vt* **-1.** [typify] caracterizar **-2.** [portray]: **to ~ sthg as** caracterizar algo como.
charade [ʃə'rɑ:d] *n* charada *f.*
◆ **charades** *n (U)* mímica *f.*
charcoal ['tʃɑ:kəʊl] *n* carvão *m (vegetal).*
charge [tʃɑ:dʒ] ◇ *n* **-1.** [cost] preço *m;* **admission ~** entrada *f;* **telephone ~s** tarifas *fpl* telefônicas; **delivery ~** taxa *f* de entrega; **free of ~** grátis **-2.** [command, control] responsabilidade *f;* **to have ~ of sthg** estar no comando de algo; **to take ~ (of sthg)** tomar conta (de algo); **in ~** encarregado(da); **in ~ of** no comando de **-3.** JUR acusação *f* **-4.** ELEC & MIL carga *f.* ◇ *vt* **-1.** [sum of money] cobrar; **to**

~ **sthg to sb/sthg** debitar algo de alguém/ algo **-2.** [suspect, criminal] acusar; **to ~ sb with sthg** acusar alguém de algo **-3.** [attack] investir contra **-4.** *ELEC* carregar. ◇ *vi* **-1.** [rush] correr **-2.** [attack] investir.
chargé d'affaires [ˌʃɑːzeɪdæˈfeə] (*pl* **chargés d'affaires** [ˌʃɑːzeɪdæˈfeə]) *n* encarregado *m*, -da *f* de negócios.
charger [ˈtʃɑːdʒəʳ] *n* [for batteries] carregador *m*.
chariot [ˈtʃærɪət] *n* biga *f*.
charisma [kəˈrɪzmə] *n* carisma *m*.
charity [ˈtʃærətɪ] (*pl* **-ies**) *n* **-1.** *(U)* [gifts, money] caridade *f* **-2.** [organization] instituição *f* de caridade **-3.** [kindness] simpatia *f*.
charm [tʃɑːm] ◇ *n* **-1.** *(U)* [appeal, attractiveness] charme *m*, encanto *m* **-2.** [spell] feitiço *m* **-3.** [on bracelet] amuleto *m*. ◇ *vt* encantar.
charming [ˈtʃɑːmɪŋ] *adj* encantador(ra).
chart [tʃɑːt] ◇ *n* **-1.** [diagram] gráfico *m* **-2.** [map] mapa *m*, carta *f*; **a star/sea ~** uma carta celeste/marítima. ◇ *vt* **-1.** [plot, map] cartografar **-2.** *fig* [record] registrar.
◆ **charts** *npl*: **the ~s** as paradas de sucesso.
charter [ˈtʃɑːtəʳ] ◇ *n* [document] carta *f*. ◇ *vt* [plane, boat] fretar.
chartered accountant [ˈtʃɑːtəd-] *n UK* contador *m* diplomado, contadora *f* diplomada.
charter flight *n* vôo *m* fretado.
charter plane *n* avião *m* fretado.
chase [tʃeɪs] ◇ *n* **-1.** [pursuit] perseguição *f* **-2.** [hunt] caça *f*. ◇ *vt* **-1.** [pursue] perseguir **-2.** [drive away] enxotar. ◇ *vi*: **to ~ after sb/sthg** correr atrás de alguém/algo.
chasm [ˈkæzm] *n* abismo *m*.
chassis [ˈʃæsɪ] (*pl inv*) *n* [of vehicle] chassi *m*.
chat [tʃæt] (*pt* & *pp* **-ted**, *cont* **-ting**) ◇ *n* bate-papo *m*, conversa *f*; **to have a ~** bater papo. ◇ *vi* bater papo, conversar.
◆ **chat up** *vt sep UK inf* bater papo.
chatiquette [ˈtʃætɪket] *n COMPUT* etiqueta *f* no bate-papo, chatiqueta *f*.
chat room *n COMPUT* sala *f* de bate-papo.
chat show *n UK* programa *m* de entrevistas.
chatter [ˈtʃætəʳ] ◇ *n* **-1.** [of person] tagarelice *f* **-2.** [of animal, bird] chilro *m*. ◇ *vi* **-1.** [person] tagarelar **-2.** [animal, bird] chilrar **-3.** [teeth] bater.
chatterbox [ˈtʃætəbɒks] *n inf* tagarela *mf*.
chattering classes *npl UK*: **the ~** os pseudoformadores de opinião.
chatty [ˈtʃætɪ] (*compar* **-ier**, *superl* **-iest**) *adj* **-1.** [person] tagarela **-2.** [letter] informal.
chauffeur [ˈʃəʊfəʳ] *n* chofer *m*.
chauvinist [ˈʃəʊvɪnɪst] *n* chauvinista *mf*.
cheap [tʃiːp] ◇ *adj* **-1.** [gen] barato(ta) **-2.** [despicable, vulgar] de mau gosto. ◇ *adv* barato.
cheapen [ˈtʃiːpn] *vt* [degrade] rebaixar; **to ~ o.s.** rebaixar-se.
cheaply [ˈtʃiːplɪ] *adv* [at a low price] barato.
cheat [tʃiːt] ◇ *n* trapaceiro *m*, -ra *f*. ◇ *vt* trapacear; **to ~ sb out of sthg** passar alguém para trás em algo. ◇ *vi* [be dishonest] trapacear.
◆ **cheat on** *vt fus inf* [be unfaithful to] trair.
check [tʃek] ◇ *n* **-1.** [gen]: **~ (on sthg)** checagem *f* (de algo) **-2.** [restraint]: **~ (on sthg)** controle *m* (sobre algo); **in ~** sob controle **-3.** *US* [bill] conta *f* **-4.** [pattern] xadrez *m* **-5.** [in chess] xeque *m*. ◇ *vt* **-1.** [test, verify] verificar, conferir **-2.** [restrain, stop] conter. ◇ *vi* verificar; **to ~ for sthg** verificar se há algo, procurar por algo; **to ~ on sthg** examinar algo.
◆ **check in** ◇ *vt sep* [luggage, coat] despachar. ◇ *vi* **-1.** [at hotel] registrar-se **-2.** [at airport] fazer check-in.
◆ **check out** ◇ *vt sep* **-1.** [luggage, coat] dar baixa em **-2.** [investigate] averiguar. ◇ *vi* [from hotel] fechar a conta e sair.
◆ **check up** *vi* informar-se; **to ~ up on sb/sthg** informar-se sobre alguém/algo.
checkbook *n US* = **chequebook**.
checked [tʃekt] *adj* [patterned] quadriculado(da).
checkered *adj US* = **chequered**.
checkers [ˈtʃekəz] *n US* (jogo *m* de) damas *fpl*.
check-in *n* check-in *m*.
checking account [ˈtʃekɪŋ-] *n US* conta *f* corrente.
checkmate [ˈtʃekmeɪt] *n* [in chess] xeque-mate *m*.
checkout [ˈtʃekaʊt] *n* [in supermarket] caixa *m*.
checkpoint [ˈtʃekpɔɪnt] *n* [place] posto *m* de controle.
check-up *n* check-up *m*.
Cheddar (cheese) [ˈtʃedəʳ-] *n* queijo *m* Cheddar.
cheek [tʃiːk] *n* **-1.** [of face] bochecha *f* **-2.** *inf* [impudence] audácia *f*.
cheekbone [ˈtʃiːkbəʊn] *n* osso *m* malar, maçã *f* do rosto.
cheeky [ˈtʃiːkɪ] (*compar* **-ier**, *superl* **-iest**) *adj* descarado(da).
cheer [tʃɪəʳ] ◇ *n* [shout] vivas *fpl*. ◇ *vt* **-1.** [shout approval, encouragement at] ovacionar **-2.** [gladden] animar. ◇ *vi* aclamar, aplaudir.
◆ **cheers** *excl* **-1.** [said before drinking] saúde! **-2.** *UK inf* [goodbye] tchau! **-3.** *UK inf* [thank you] valeu!
◆ **cheer up** ◇ *vt sep* animar. ◇ *vi* animar-se.
cheerful [ˈtʃɪəfʊl] *adj* alegre.
cheerio [ˌtʃɪərɪˈəʊ] *excl UK inf* tchau!
cheese [tʃiːz] *n* queijo *m*.

cheeseboard ['tʃi:zbɔ:d] *n* **-1.** [board] tábua *f* de queijos **-2.** [on menu] variedade *f* de queijos.
cheeseburger ['tʃi:z,bɜ:gəʳ] *n* xisburguer *m*.
cheesecake ['tʃi:zkeɪk] *n* CULIN torta *f* de queijo.
cheetah ['tʃi:tə] *n* guepardo *m*.
chef [ʃef] *n* cozinheiro *m*, -ra *f* -chefe.
chemical ['kemɪkl] <> *adj* químico(ca). <> *n* substância *f* química.
chemical weapon *n* arma *f* química.
chemist ['kemɪst] *n* **-1.** *UK* [pharmacist] farmacêutico *m*, -ca *f*; **~'s (shop)** farmácia *f* **-2.** [scientist] químico *m*, -ca *f*.
chemistry ['kemɪstrɪ] *n* química *f*.
cheque *UK*, **check** *US* [tʃek] *n* cheque *m*.
chequebook *UK*, **checkbook** *US* ['tʃekbʊk] *n* talão *m* de cheques.
cheque (guarantee) card *n UK* cartão *m* de garantia de cheque.
chequered *UK* ['tʃekəd], **checkered** *US* ['tʃekerd] *adj fig* [varied] cheio (cheia) de altos e baixos.
cherish ['tʃerɪʃ] *vt* [treasure - hope, memory] acalentar; [- privilege, right] apreciar; [- person, thing] acariciar.
cherry ['tʃerɪ] (*pl* **-ies**) *n* **-1.** [fruit] cereja *f* **-2.**: **~ (tree)** cerejeira *f*.
chess [tʃes] *n* xadrez *m*.
chessboard ['tʃesbɔ:d] *n* tabuleiro *m* de xadrez.
chessman ['tʃesmæn] (*pl* **-men** [-men]), **chess piece** *n* peça *f* do jogo de xadrez.
chest [tʃest] *n* **-1.** ANAT peito *m* **-2.** [box, trunk] caixa *f* **-3.** [coffer] baú *m*.
chestnut ['tʃesnʌt] <> *adj* [colour] castanho(nha). <> *n* **-1.** [nut] castanha *f* **-2.**: **~ (tree)** castanheiro *m*.
chest of drawers (*pl* **chests of drawers**) *n* [piece of furniture] cômoda *f*.
chew [tʃu:] <> *n* [biting] mastigação *f*. <> *vt* **-1.** [food] mastigar **-2.** [nails, carpet] roer.
◆ **chew up** *vt sep* [food, slippers] roer.
chewing gum ['tʃu:ɪŋ-] *n* chiclete *m*.
chic [ʃi:k] <> *adj* chique. <> *n* elegância *f*.
chick [tʃɪk] *n* **-1.** [baby bird] filhote *m* (*de pássaro*) **-2.** *inf* [woman] garota *f*.
chicken ['tʃɪkɪn] *n* **-1.** [bird] galinha *f* **-2.** *(U)* [food] frango *m* **-3.** *inf* [coward] galinha *m*.
◆ **chicken out** *vi inf*: **to ~ out (of sthg/of doing sthg)** acovardar-se (de algo/de fazer algo).
chickenpox ['tʃɪkɪnpɒks] *n* catapora *f*.
chickpea ['tʃɪkpi:] *n* grão-de-bico *m*.
chicory ['tʃɪkərɪ] *n* [vegetable] chicória *f*.
chief [tʃi:f] <> *adj* **-1.** [most important] principal **-2.** [head] chefe; **~ accountant** contador *m*, -ra *f* chefe. <> *n* **-1.** [of organization] chefe *mf* **-2.** [of tribe] chefe *m*, cacique *m*.
chief executive *n* [head of company] presidente *mf* executivo, -va.
chiefly ['tʃi:flɪ] *adv* [mainly] principalmente.
chiffon ['ʃɪfɒn] *n* chiffon *m*.
chilblain ['tʃɪlbleɪn] *n* frieira *f*.
child [tʃaɪld] (*pl* **children**) *n* **-1.** [boy, girl] criança *f* **-2.** [son, daughter] filho *m*, -lha *f*.
child benefit *n UK benefício pago pelo governo britânico a todas as famílias de acordo com o número de filhos*.
childbirth ['tʃaɪldbɜ:θ] *n (U)* parto *m*.
childhood ['tʃaɪldhʊd] *n* infância *f*.
childish ['tʃaɪldɪʃ] *adj pej* infantil.
childlike ['tʃaɪldlaɪk] *adj* ingênuo(nua).
childminder ['tʃaɪld,maɪndəʳ] *n UK* babá *mf*.
childproof ['tʃaɪldpru:f] *adj* seguro(ra) para crianças, à prova de crianças.
children ['tʃɪldrən] *pl* ▷ **child**.
Chile ['tʃɪlɪ] *n* Chile.
Chilean ['tʃɪlɪən] <> *adj* chileno(na). <> *n* chileno *m*, -na *f*.
chili ['tʃɪlɪ] *n* = **chilli**.
chill [tʃɪl] <> *adj* glacial. <> *n* **-1.** [illness] resfriado *m* **-2.** [in temperature]: **a ~ in the air** uma friagem **-3.** [feeling of fear] calafrio *m*. <> *vt* **-1.** [drink, food] gelar **-2.** [person] arrepiar-se de. <> *vi* [drink, food] esfriar.
chilli ['tʃɪlɪ] (*pl* **-ies**) *n* [vegetable] pimenta-malagueta *f*.
chilling ['tʃɪlɪŋ] *adj* **-1.** [very cold] gelado(da) **-2.** [frightening] arrepiante.
chilly ['tʃɪlɪ] (*compar* **-ier**, *superl* **-iest**) *adj* frio (fria).
chime [tʃaɪm] <> *n* [of bell, clock] batida *f*. <> *vt* [time] bater. <> *vi* [bell, clock] tocar.
◆ **chime in** *vi* concordar.
chimney ['tʃɪmnɪ] *n* chaminé *f*.
chimneypot ['tʃɪmnɪpɒt] *n* cano *m* de chaminé.
chimneysweep ['tʃɪmnɪswi:p] *n* limpador *m*, -ra *f* de chaminé.
chimp [tʃɪmp] *inf*, **chimpanzee** [,tʃɪmpən'zi:] *n* chimpanzé *mf*.
chin [tʃɪn] *n* queixo *m*.
china ['tʃaɪnə] *n (U)* **-1.** [substance] porcelana *f* **-2.** [crockery] louças *fpl* de porcelana.
China ['tʃaɪnə] *n* China.
Chinese [,tʃaɪ'ni:z] <> *adj* chinês(esa). <> *n* [language] chinês *m*. <> *npl*: **the ~** os chineses.
Chinese cabbage *n* repolho *m* chinês.
Chinese leaf *n UK* = **Chinese cabbage**.
chink [tʃɪŋk] *n* **-1.** [narrow opening] fresta *f* **-2.** [sound] tinido *m*.
chip [tʃɪp] (*pt* & *pp* **-ped**, *cont* **-ping**) <> *n* **-1.** *UK* [hot, fried potato strip] batata *f* frita em palito **-2.** *US* [snack] batata *f* frita de pacote **-3.** [fragment] lasca *f* **-4.** [flaw] defeito *m* **-5.** COMPUT

chip *m* **- 6.** [token] ficha *f.* <> *vt* [damage] lascar.

◆ **chip in** *vi inf* **- 1.** [contribute] fazer uma vaquinha **- 2.** [interrupt] interromper.

◆ **chip off** *vt sep* lascar.

chipboard ['tʃɪpbɔ:d] *n (U)* compensado *m.*

chip shop *n UK loja onde se compram peixe com batatas fritas.*

chiropodist [kɪ'rɒpədɪst] *n* quiropodista *mf.*

chirp [tʃɜ:p] *vi* chilrar, piar.

chirpy ['tʃɜ:pɪ] (*compar* **-ier**, *superl* **-iest**) *adj esp UK inf* [cheerful] animado(da).

chisel ['tʃɪzl] (*UK pt* & *pp* **-led**, *cont* **-ling**, *US pt* & *pp* **-ed**, *cont* **-ing**) <> *n* **- 1.** [for wood] formão *m* **- 2.** [for stone] cinzel *m.* <> *vt* **- 1.** [wood] esculpir com formão **- 2.** [stone] cinzelar.

chit [tʃɪt] *n* [note] vale *m.*

chit-chat *n (U) inf* bate-papo *m.*

chivalry ['ʃɪvlrɪ] *n* **- 1.** *literary* [of knights] cavalaria *f* **- 2.** [courtesy] cavalheirismo *m.*

chives [tʃaɪvz] *npl* cebolinha *f.*

chlorine ['klɔ:ri:n] *n (U)* cloro *m.*

choc-ice ['tʃɒkaɪs] *n UK bola de sorvete com cobertura de chocolate.*

chock [tʃɒk] *n* calço *m (para roda de veículo).*

chock-a-block, chock-full *adj inf*: ~ **(with)** [people] apinhado(da) (de); [things] entupido(da) (de).

chocolate ['tʃɒkələt] <> *n (U)* chocolate *m*; **plain/milk** ~ chocolate amargo/ao leite; **a box of** ~**s** uma caixa de bombons. <> *comp* [biscuit, cake, mousse] de chocolate.

choice [tʃɔɪs] <> *n* **- 1.** [gen] escolha *f*, opção *f*; **it was my first** ~ foi a minha primeira opção **- 2.** [variety, selection] variedade *f.* <> *adj* selecionado(da).

choir ['kwaɪə^r] *n* [singers] coro *m.*

choirboy ['kwaɪəbɔɪ] *n* menino *m* de coro.

choke [tʃəʊk] <> *n AUT* afogador *m.* <> *vt* **- 1.** [subj: person] estrangular **- 2.** [subj: smoke, fumes] asfixiar, sufocar **- 3.** [block] entupir, obstruir. <> *vi* [on food, water] engasgar.

cholera ['kɒlərə] *n (U)* cólera *f.*

choose [tʃu:z] (*pt* **chose**, *pp* **chosen**) <> *vt* **- 1.** [select] escolher **- 2.** [opt]: **to** ~ **to do sthg** optar por fazer algo. <> *vi* [select]: **to** ~ **(from sthg)** escolher (entre algo).

choos(e)y ['tʃu:zɪ] (*compar* **-ier**, *superl* **-iest**) *adj* exigente.

chop [tʃɒp] (*pt* & *pp* **-ped**, *cont* **-ping**) <> *n* [meat] costeleta *f.* <> *vt* **- 1.** [wood] retalhar **- 2.** [vegetables, apple] picar **- 3.** *inf* [funding, budget] cortar **- 4.** *phr*: **to** ~ **and change** ser inconstante.

◆ **chop down** *vt sep* derrubar.

◆ **chop up** *vt sep* **- 1.** [vegetables, fruit] picar **- 2.** [wood, meat] cortar.

chopper ['tʃɒpə^r] *n* **- 1.** [axe] machadinha *f* **- 2.** *inf* [helicopter] helicóptero *m.*

choppy ['tʃɒpɪ] (*compar* **-ier**, *superl* **-iest**) *adj* [sea] agitado(da).

chopsticks ['tʃɒpstɪks] *npl* hashi *mpl.*

chord [kɔ:d] *n MUS* acorde *m.*

chore [tʃɔ:^r] *n* afazeres *mpl*; **household** ~**s** afazeres domésticos.

chortle ['tʃɔ:tl] *vi* dar gargalhadas.

chorus ['kɔ:rəs] *n* **- 1.** [gen] coro *m* **- 2.** [part of song] refrão *m.*

chose [tʃəʊz] *pt* ⊳ **choose**.

chosen ['tʃəʊzn] *pp* ⊳ **choose**.

Christ [kraɪst] <> *n* Cristo *m.* <> *excl* Jesus Cristo!, Minha Nossa!

christen ['krɪsn] *vt* batizar.

christening ['krɪsnɪŋ] *n* batizado *m.*

Christian ['krɪstʃən] <> *adj* cristão(tã). <> *n* cristão *m*, -tã *f.*

Christianity [ˌkrɪstɪ'ænətɪ] *n (U)* cristianismo *m.*

Christian name *n* nome *m* de batismo.

Christmas ['krɪsməs] *n* Natal *m*; **Happy** *OR* **Merry** ~**!** Feliz Natal!

Christmas card *n* cartão *m* de Natal.

Christmas carol *n* cântico *m* de Natal.

Christmas Day *n* dia *m* de Natal.

Christmas Eve *n* noite *f* de Natal.

Christmas pudding *n UK pudim rico e escuro feito com frutas secas, condimentos e gordura animal, servido no Natal.*

Christmas tree *n* árvore *f* de Natal.

chrome [krəʊm], **chromium** ['krəʊmɪəm] <> *n (U)* cromo *m.* <> *comp* de cromo, cromado(da).

chronic ['krɒnɪk] *adj* **- 1.** [long-lasting] crônico(ca) **- 2.** [habitual] inveterado(da).

chronicle ['krɒnɪkl] *n* crônica *f.*

chronological [ˌkrɒnə'lɒdʒɪkl] *adj* cronológico(ca).

chrysanthemum [krɪ'sænθəməm] (*pl* **-s**) *n* crisântemo *m.*

chubby ['tʃʌbɪ] (*compar* **-ier**, *superl* **-iest**) *adj* rechonchudo(da).

chuck [tʃʌk] *vt inf* **- 1.** [throw] jogar, atirar **- 2.** *inf*: **to** ~ **sb** dar o fora em alguém; **to** ~ **sthg** largar algo.

◆ **chuck away, chuck out** *vt sep inf* jogar fora; **to** ~ **sthg out** botar algo fora; **to** ~ **sb out** botar alguém para fora.

chuckle ['tʃʌkl] *vi* rir discretamente.

chug [tʃʌg] (*pt* & *pp* **-ged**, *cont* **-ging**) *vi* ratear.

chum [tʃʌm] *n inf* camarada *mf*, companheiro *m*, -ra *f.*

chunk [tʃʌŋk] *n* **- 1.** [piece] pedaço *m* **- 2.** *inf* [large amount] grande parte *f.*

church [tʃɜ:tʃ] *n* **- 1.** [building] igreja *f*; **to go to**

~ freqüentar a igreja **-2.** [organization]: **the Church** a Igreja.
Church of England *n*: **the** ~ a Igreja Anglicana.
churchyard ['tʃɜ:tʃjɑ:d] *n cemitério ao redor de uma igreja.*
churlish ['tʃɜ:lɪʃ] *adj* indelicado(da).
churn [tʃɜ:n] ◇ *n* **-1.** [for making butter] batedeira *f* de manteiga **-2.** [for transporting milk] latão *m.* ◇ *vt* [stir up] agitar.
◆ **churn out** *vt sep inf* produzir em larga escala.
chute [ʃu:t] *n* **-1.** [waterfall] queda *f* d'água, cachoeira *f* **-2.** [for escape] rampa *f* **-3.** [for rubbish] calha *f* **-4.** [in a pool] tobogã *m.*
chutney ['tʃʌtnɪ] *n (U) molho feito à base de frutas, sementes picantes e açúcar que se come com carne ou queijo.*
CIA (*abbr of* **Central Intelligence Agency**) *n* CIA *f.*
CID (*abbr of* **Criminal Investigation Department**) *n departamento de investigação criminal da polícia britânica.*
cider ['saɪdə^r] *n* sidra *f.*
cigar [sɪ'gɑ:^r] *n* charuto *m.*

> Não confundir *cigar (charuto)* com o português *cigarro* que em inglês é *cigarette.* (*Cigar smoke irritates my eyes.* Fumaça de *charuto* irrita meus olhos.)

cigarette [,sɪgə'ret] *n* cigarro *m.*
cinder ['sɪndə^r] *n* cinza *f.*
Cinderella [,sɪndə'relə] *n* Cinderela *f* gata borralheira *f.*
cinema ['sɪnəmə] *n* [place, art] cinema *m.*
cinnamon ['sɪnəmən] *n (U)* canela *f.*
cipher ['saɪfə^r] *n* **-1.** [secret writing system] cifra *f* **-2.** *fig* [person] nulidade *f.*
circa ['sɜ:kə] *prep* cerca de, aproximadamente.
circle ['sɜ:kl] ◇ *n* **-1.** [gen] círculo *m*; **to go round in ~s** andar em círculos **-2.** [seats in theatre, cinema] galeria *f.* ◇ *vt* **-1.** [draw a circle round] marcar com círculo **-2.** [move round] circundar. ◇ *vi* mover-se em círculos.
circuit ['sɜ:kɪt] *n* **-1.** [gen] circuito *m* **-2.** [lap, movement round] volta *f.*
circuitous [sə'kju:ɪtəs] *adj* tortuoso(sa).
circular ['sɜ:kjʊlə^r] ◇ *adj* **-1.** [shape, object] redondo(da) **-2.** [argument] circular. ◇ *n* circular *f.*
circulate ['sɜ:kjʊleɪt] ◇ *vi* circular. ◇ *vt* circular.
circulation [,sɜ:kjʊ'leɪʃn] *n* circulação *f*; **in** ~ em circulação.
circumcision [,sɜ:kəm'sɪʒn] *n* circuncisão *f.*
circumference [sə'kʌmfərəns] *n* circunferência *f.*
circumflex ['sɜ:kəmfleks] *n*: ~ **(accent)** (acento) *m* circunflexo *m.*
circumspect ['sɜ:kəmspekt] *adj* circunspecto(ta).
circumstances ['sɜ:kəmstənsɪz] *npl* circunstâncias *fpl*; **under** *OR* **in no** ~ sob *OR* em nenhuma circunstância; **under** *OR* **in the** ~ nas *OR* nestas circunstâncias.
circumvent [,sɜ:kəm'vent] *vt fml* burlar.
circus ['sɜ:kəs] *n* **-1.** [for entertainment] circo *m* **-2.** [in place names] *no Reino Unido, praça circular à qual convergem várias ruas.*
CIS (*abbr of* **Commonwealth of Independent States**) *n* CEI *f.*
cistern ['sɪstən] *n* **-1.** *UK* [in roof] cisterna *f* **-2.** [on lavatory] caixa *f* de descarga.
cite [saɪt] *vt* citar.
citizen ['sɪtɪzn] *n* [of country, of town] cidadão *m*, -dã *f.*
Citizens' Advice Bureau *n* Centro *m* de Apoio ao Cidadão.
citizenship ['sɪtɪznʃɪp] *n (U)* cidadania *f.*
citrus fruit ['sɪtrəs-] *n* fruta *f* cítrica.
city ['sɪtɪ] (*pl* **-ies**) *n* cidade *f.*
◆ **City** *n UK*: **the City** *o bairro financeiro de Londres.*
city centre *n* centro *m* da cidade.
city hall *n US* prefeitura *f.*
city technology college *n UK centro de formação técnica profissional custeada por indústrias.*
civic ['sɪvɪk] *adj* cívico(ca).
civic centre *n UK* centro *m* cívico.
civil ['sɪvl] *adj* **-1.** [involving ordinary citizens] civil **-2.** [polite] educado(da).
civil engineering *n (U)* engenharia *f* civil.
civilian [sɪ'vɪljən] ◇ *n* civil *mf.* ◇ *comp* civil.
civilization [,sɪvɪlaɪ'zeɪʃn] *n (U)* civilização *f.*
civilized ['sɪvɪlaɪzd] *adj* civilizado(da).
civil law *n (U)* [relating to private case] direito *m* civil.
civil liberties *npl* liberdades *fpl* civis.
civil rights *npl* direitos *mpl* civis.
civil servant *n* funcionário *m* público, funcionária *f* pública.
civil service *n* serviço *m* público.
civil war *n* guerra *f* civil.
CJD (*abbr of* **Creutzfeldt-Jakob disease**) *n forma humana da doença da vaca louca*, doença *f* de Creutzfeldt-Jakob.
cl (*abbr of* **centilitre**) *n* cl.
clad [klæd] *adj literary* [dressed]: ~ **in sthg** vestido(da) de algo.
claim [kleɪm] ◇ *n* **-1.** [assertion] alegação *f* **-2.** [demand] reivindicação *f* **-3.** [rightful]: **to have a** ~ **on sb** ter direitos sobre alguém; **to have a** ~ **on sb's attention** reivindicar a atenção de alguém; **to lay** ~ **to sthg** reivindicar algo **-4.** [financial] reclamação *f.* ◇ *vt* **-1.** [assert, maintain] alegar; **to** ~ **(that)** alegar que

-2. [apply for, assert one's rights to] reivindicar **-3.** [take] levar. ◇ *vi*: **to ~ on one's insurance** acionar o seguro; **to ~ for sthg** reclamar algo.

claimant ['kleɪmənt] *n* **-1.** [to the throne] pretendente *mf* **-2.** [of benefit, in law case] requerente *mf*.

clairvoyant [kleə'vɔɪənt] *n* vidente *mf*.

clam [klæm] (*pt* & *pp* **-med**, *cont* **-ming**) *n* marisco *m*.

clamber ['klæmbəʳ] *vi* subir com dificuldade.

clammy ['klæmɪ] (*compar* **-ier**, *superl* **-iest**) *adj inf* melado(da).

clamour *UK*, **clamor** *US* ['klæməʳ] ◇ *n (U)* [noise] clamor *m*. ◇ *vi*: **to ~ for sthg** queixar-se por algo.

clamp [klæmp] ◇ *n* **-1.** [fastener] presilha *f*, braçadeira *f* **-2.** *MED & TECH* grampo *m*. ◇ *vt* **-1.** [with fastener] apertar **-2.** [parked car] pôr travas em.

◆ **clamp down** *vi*: **to ~ down (on sthg)** impor restrições (a algo).

clan [klæn] *n* clã *m*.

clandestine [klæn'destɪn] *adj* clandestino(na).

clang [klæŋ] *n* som *m* metálico, tinido *m*.

clap [klæp] (*pt* & *pp* **-ped**, *cont* **-ping**) ◇ *vt* **to ~ one's hands** bater palmas. ◇ *vi* aplaudir.

clapping ['klæpɪŋ] *n (U)* aplauso *m*.

claret ['klærət] *n* **-1.** [wine] clarete *m* **-2.** [colour] cor-de-vinho *f*.

clarify ['klærɪfaɪ] (*pt* & *pp* **-ied**) *vt* [explain, expand on] esclarecer.

clarinet [ˌklærə'net] *n* clarinete *m*.

clarity ['klærətɪ] *n (U)* clareza *f*.

clash [klæʃ] ◇ *n* **-1.** [of interests, personality] choque *m* **-2.** [disagreement] divergência *f* **-3.** [noise] estrépito *m*. ◇ *vi* **-1.** [be incompatible - ideas, beliefs] chocar-se; [- colours] destoar; **to ~ with sthg** destoar de algo **-2.** [fight] chocar-se **-3.** [disagree] divergir **-4.** [coincide] coincidir.

clasp [klɑːsp] ◇ *n* [fastener] fecho *m*. ◇ *vt* [hold tight] apertar.

class [klɑːs] ◇ *n* **-1.** [gen] classe *f* **-2.** [lesson] aula *f* **-3.** [category] espécie *f*. ◇ *vt* classificar; **to ~ sb as sthg** classificar alguém como algo.

classic ['klæsɪk] ◇ *adj* clássico(ca). ◇ *n* clássico *m*.

classical ['klæsɪkl] *adj* clássico(ca).

classified ['klæsɪfaɪd] *adj* [secret] confidencial.

classified ad *n* (anúncio *m*) classificado *m*.

classify ['klæsɪfaɪ] (*pt* & *pp* **-ied**) *vt* classificar.

classmate ['klɑːsmeɪt] *n* colega *mf* de classe.

classroom ['klɑːsrʊm] *n* sala *f* de aula.

classy ['klɑːsɪ] (*compar* **-ier**, *superl* **-iest**) *adj inf* bacana, chique.

clatter ['klætəʳ] *n* **-1.** [of pans, dishes] tinido *m* **-2.** [of hooves] repique *m*.

clause [klɔːz] *n* **-1.** [in legal document] cláusula *f* **-2.** *GRAMM* oração *f*.

claw [klɔː] ◇ *n* **-1.** [of wild animal, bird] garra *f* **-2.** [of cat, dog] unha *f* **-3.** [of sea creature] pinça *f* **-4.** [of insect] ferrão *f*. ◇ *vt* arranhar; **to ~ one's way to** galgar seu caminho para. ◇ *vi*: **to ~ at sthg** agarrar-se a algo.

clay [kleɪ] *n* argila *f*, barro *m*.

clean [kliːn] ◇ *adj* **-1.** [gen] limpo(pa) **-2.** [blank] em branco **-3.** [inoffensive] inofensivo(va) **-4.** [cut, break] preciso(sa). ◇ *vt* [make clean] limpar; **to ~ one's teeth** *UK* escovar os dentes. ◇ *vi* fazer faxina.

◆ **clean out** *vt sep* [clear out] fazer uma limpeza (em).

◆ **clean up** *vt sep* [clear up] arrumar.

cleaner ['kliːnəʳ] *n* **-1.** [person] faxineiro *m*, -ra *f* **-2.** [substance] produto *m* de limpeza.

cleaning ['kliːnɪŋ] *n (U)* limpeza *f*, faxina *f*.

cleanliness ['klenlɪnɪs] *n (U)* limpeza *f*, asseio *m*.

clean-living *adj* de vida limpa.

cleanse [klenz] *vt* **-1.** [make clean] limpar **-2.** [make pure] purificar.

cleanser ['klenzəʳ] *n* **-1.** [for skin] creme *m* de limpeza **-2.** [detergent] detergente *m*.

cleansing solution ['klenzɪŋ-] *n* [for contact lenses] solução *f* de limpeza.

clean-shaven [-'ʃeɪvn] *adj* de barba feita.

clear [klɪəʳ] ◇ *adj* **-1.** [gen] claro(ra); **to make sthg ~ (to sb)** tornar algo claro (para alguém); **to make it ~ that** deixar claro que; **to make o.s. ~** fazer-se entender; **to be ~ about sthg** [understand] entender algo com clareza; [explain clearly] fazer-se entender sobre algo; **~ head** mente *f* lúcida **-2.** [obvious, unmistakable] óbvio(via) **-3.** [transparent] transparente **-4.** [water] límpido(da) **-5.** [unobstructed, free] livre. ◇ *adv* [out of the way]: **to step ~** ficar fora do caminho; **stand ~!** afaste-se!; **to stay** *OR* **steer ~ of sb/sthg** afastar-se de alguém/algo. ◇ *vt* **-1.** [remove obstacles from - way, path] desimpedir; [- pipe] limpar; [- table] tirar **-2.** [take out of the way] retirar **-3.** [jump] transpor **-4.** [pay] saldar **-5.** [authorize] autorizar **-6.** [prove not guilty] livrar de culpa; **to be ~ed of sthg** ser declarado(da) inocente de algo **-7.** [customs] desembaraçar. ◇ *vi* **-1.** [disperse, diminish - fog, smoke] dissipar-se; [- headache] passar **-2.** [brighten up] clarear.

◆ **clear away** *vt sep* arrumar.

◆ **clear off** *vi UK inf* dar o fora.

◆ **clear out** ◇ *vt sep* [tidy up] arrumar. ◇ *vi inf* [leave] dar o fora.

◆ **clear up** ◇ *vt sep* **-1.** [tidy] arrumar **-2.** [solve, settle] resolver. ◇ *vi* **-1.** [weather] clarear **-2.** [tidy up] arrumar.

clearance ['klɪərəns] *n (U)* **-1.** [removal] retirada *f*; **the ~ of mines** a remoção de minas terrestres; **land ~** a limpeza da terra **-2.** [of contents of house] desocupação *f* **-3.** [permission] autorização *f*; **customs ~** desembaraço *m* alfandegário.

clear-cut *adj* bem definido(da).

clearing ['klɪərɪŋ] *n* [in forest] clareira *f*.

clearing bank *n UK* banco *m* compensador.

clearly ['klɪəlɪ] *adv* **-1.** [distinctly, lucidly] claramente **-2.** [obviously] evidentemente.

clearway ['klɪəweɪ] *n UK AUT* via *f* expressa.

cleavage ['kli:vɪdʒ] *n* [between breasts] decote *m*.

cleaver ['kli:vəʳ] *n* cutelo *m* de açougueiro.

clef [klef] *n* clave *f*.

cleft [kleft] *n* fenda *f*, rachadura *f*.

clench [klentʃ] *vt* cerrar; **to have sthg ~ed between one's teeth** ter algo preso entre os dentes.

clergy ['klɜ:dʒɪ] *npl*: **the ~** o clero.

clergyman ['klɜ:dʒɪmən] (*pl* **-men** [-mən]) *n* clérigo *m*.

clerical ['klerɪkl] *adj* **-1.** [in office] de escritório **-2.** [in church] clerical.

clerk [*UK* klɑ:k, *US* klɜ:rk] *n* **-1.** [in office] auxiliar *mf* de escritório **-2.** [in court] escriturário *m*, -ria *f*, escrevente *mf* **-3.** *US* [shop assistant] balconista *mf*.

clever ['klevəʳ] *adj* **-1.** [intelligent] inteligente **-2.** [ingenious] engenhoso(sa); **that's ~!** que engenhoso! **-3.** [skilful] hábil.

click [klɪk] ◇ *n* **-1.** [gen] clique *m* **-2.** [of tongue] estalo *m*. ◇ *vt* estalar. ◇ *vi* [gen] estalar; **the door ~ed shut** a porta se fechou com um clique.

client ['klaɪənt] *n* cliente *mf*.

cliff [klɪf] *n* penhasco *m*.

climate ['klaɪmɪt] *n* clima *m*.

climate change *n* mudança *f* climática.

climax ['klaɪmæks] *n* clímax *m*.

climb [klaɪm] ◇ *n* [ascent] escalada *f*. ◇ *vt* [go up - tree, ladder] subir em; [- hill, mountain] escalar; [- fence] transpor. ◇ *vi* **-1.** [person]: **to ~ up/down/over sthg** subir em/descer de/transpor algo; **to ~ into/out of sthg** subir em/descer de algo **-2.** [plant] trepar **-3.** [road, plane, prices] subir.

climb-down *n* retratação *f*.

climber ['klaɪməʳ] *n* [person] alpinista *mf*.

climbing ['klaɪmɪŋ] ◇ *adj* [plant] trepadeira. ◇ *n (U)* alpinismo *m*.

clinch [klɪntʃ] *vt* [settle] fechar.

cling [klɪŋ] (*pt* & *pp* **clung**) *vi* **-1.** [person]: **to ~ to sb/sthg** [physically] agarrar-se a alguém/algo; *fig* [emotionally: to person] apegar-se a alguém/algo; [to beliefs, ideas, principles] aferrar-se a alguém/algo **-2.** [clothes]: **to ~ (to sb)** ajustar-se bem (a alguém).

clingfilm ['klɪŋfɪlm] *n (U) UK* filme *m* de PVC transparente.

clinic ['klɪnɪk] *n* [building] clínica *f*.

clinical ['klɪnɪkl] *adj* **-1.** *MED* clínico(ca) **-2.** *pej* [coldly rational] analítico(ca) **-3.** [functional] impessoal.

clink [klɪŋk] *vi* tilintar.

clip [klɪp] (*pt* & *pp* **-ped**, *cont* **-ping**) ◇ *n* **-1.** [fastener - for paper] clipe *m*; [- for hair] grampo *m*; [- for earring] fecho *m* **-2.** *TV & CINEMA* videoclipe *m* **-3.** *inf* [smack]: **to give sb a ~ around the ear** dar um tapa na orelha de alguém. ◇ *vt* **-1.** [fasten] prender **-2.** [cut - lawn, hedge, nails] cortar; [- newspaper cutting] recortar.

clipboard ['klɪpbɔ:d] *n* prancheta *f* com prendedor.

clip-on *adj* de prender; **~ earrings** brincos *mpl* de pressão; **~ badge** button *m*; **~ bow tie** gravata-borboleta *f*.

clippers ['klɪpəz] *npl* **-1.** [for hair] máquina *f* de cortar cabelo **-2.** [for nails] cortador *m* de unhas **-3.** [for plants, hedges] tesoura *f* de podar.

clipping ['klɪpɪŋ] *n* [newspaper cutting] recorte *m*.

◆ **clippings** *npl* [small pieces] fragmentos *mpl*; **grass/nail ~s** restos *mpl* de grama/unha cortada.

cloak [kləʊk] *n* [garment] capa *f*.

cloakroom ['kləʊkrʊm] *n* **-1.** [for clothes] guarda-volumes *m inv* **-2.** *UK* [toilet - in public place] banheiro *m*; [- in house] lavabo *m*.

clock [klɒk] ◇ *n* **-1.** [timepiece] relógio *m*; **round the ~** dia e noite **-2.** [in vehicle - mileometer] hodômetro *m*; [- speedometer] velocímetro *m*. ◇ *vt* [reach time or speed] marcar.

◆ **clock in, clock on** *vi UK* [at work] bater o ponto *OR* cartão-de-ponto na entrada.

◆ **clock off, clock out** *vi UK* [at work] bater o ponto *OR* cartão-de-ponto na saída.

clockwise ['klɒkwaɪz] ◇ *adj* em sentido horário. ◇ *adv* em sentido horário.

clockwork ['klɒkwɜ:k] ◇ *n (U)*: **to go like ~** funcionar como um relógio. ◇ *comp* de corda.

clog [klɒg] (*pt* & *pp* **-ged**, *cont* **-ging**) *vt* entupir, bloquear.

◆ **clogs** *npl* tamancos *mpl*.

◆ **clog up** ◇ *vt sep* **-1.** [drains] entupir **-2.** [nose] congestionar. ◇ *vi* [drains] entupir; [roads] bloquear; [pores] fechar.

clone [kləʊn] *vt* clonar.

cloning ['kləʊnɪŋ] *n* clonagem.

close¹ [kləʊs] ◇ *adj* **-1.** [near] próximo(ma), perto; **~ to sb/sthg** perto de alguém/algo; **it was a ~ shave** foi por um fio *OR* triz; **~ up, ~ to** de perto; **~ by, ~ at hand** bem perto **-2.** [in relationship] íntimo(ma); ~ **to sb** apegado(da) a alguém **-3.** [in degree of connection - resemblance, family] próximo(ma); [- link, connection] estreito(ta) **-4.** [careful]: **a ~ watch** um olhar atento; **to pay ~ attention** prestar muita atenção; **~ questioning** uma pergunta detalhada; **a ~r look** um olhar mais de perto; **a ~r examination** um exame minucioso **-5.** [oppressive] carregado(da) **-6.** [almost equal] com uma pequena margem de diferença. ◇ *adv* perto.

◆ **close on, close to** *prep* [almost] cerca de.

close² [kləʊz] ◇ *vt* **-1.** [shut, shut down] fechar **-2.** [bring to an end] encerrar, concluir. ◇ *vi* **-1.** [shut] fechar **-2.** [end] terminar. ◇ *n* [end] fim *m*, final *m*.

◆ **close down** ◇ *vt sep* [shut] fechar. ◇ *vi* [shut down] fechar.

closed [kləʊzd] *adj* fechado(da).

close-knit [ˌkləʊs-] *adj* muito unido(da).

closely ['kləʊslɪ] *adv* **-1.** [in degree of connection] intimamente; **to resemble sb/sthg ~** parecer muito com alguém/algo **-2.** [carefully] atentamente.

closet ['klɒzɪt] ◇ *adj* ***inf*** inconfesso(sa). ◇ *n* **-1.** ***US*** closet *m*, armário *m* **-2.** ***fig***: **to come out of the ~** sair do armário.

close-up ['kləʊs-] *n* primeiro plano *m*.

closing time *n* horário *m* de fechamento.

closure ['kləʊʒəʳ] *n* **-1.** [of business, company] fechamento *m* **-2.** [of road, railway line: temporarily] interdição *f*.

clot [klɒt] (*pt* & *pp* **-ted**, *cont* **-ting**) ◇ *n* **-1.** [of blood] coágulo *m* **-2.** ***UK inf*** [fool] idiota *mf*. ◇ *vi* [blood] coagular.

cloth [klɒθ] *n* **-1.** *(U)* [fabric] tecido *m* **-2.** [for cleaning] pano *m* **-3.** [tablecloth] toalha *f*.

clothe [kləʊð] *vt* ***fml*** [dress] vestir.

clothes [kləʊðz] *npl* roupa *f*; **to put one's ~ on** vestir-se; **to take one's ~ off** tirar a roupa.

clothes brush *n* escova *f* de roupa.

clothesline ['kləʊðzlaɪn] *n* varal *m*.

clothes peg ***UK***, **clothespin** ***US*** ['kləʊðzpɪn] *n* prendedor *m* de roupa.

clothing ['kləʊðɪŋ] *n (U)* roupa *f*; **~ allowance** auxílio-vestuário *m*.

cloud [klaʊd] *n* [gen] nuvem *f*.

◆ **cloud over** *vi* [sky] encobrir-se.

cloudy ['klaʊdɪ] (*compar* **-ier**, *superl* **-iest**) *adj* **-1.** [sky] nublado(da) **-2.** [liquid] turvo(va).

clout [klaʊt] ***inf*** ◇ *n (U)* [influence] influência *f*. ◇ *vt* [hit] dar um bofetão em.

clove [kləʊv] *n*: **a ~ of garlic** um dente de alho.

◆ **cloves** *npl* [spice] cravo-da-índia *m*.

clover ['kləʊvəʳ] *n (U)* trevo *m*.

clown [klaʊn] ◇ *n* **-1.** [performer] palhaço *m* **-2.** [fool] palhaço *m*, -ça *f*. ◇ *vi* fazer palhaçadas.

cloying ['klɔɪɪŋ] *adj* enjoativo(va).

club [klʌb] (*pt* & *pp* **-bed**, *cont* **-bing**) ◇ *n* **-1.** [association] clube *m* **-2.** [nightclub] boate *f*, casa *f* noturna **-3.** [weapon] bastão *m* **-4.** *SPORT* [equipment]: **(golf) ~** taco *m* (de golfe). ◇ *vt* [hit] espancar.

◆ **clubs** *npl* [playing cards] paus *mpl*.

◆ **club together** *vi* ***UK*** fazer vaquinha.

club car *n* ***US*** *RAIL* vagão-restaurante *m*.

clubhouse ['klʌbhaʊs] *n* clube *m*.

cluck [klʌk] *vi* [hen, person] cacarejar.

clue [klu:] *n* **-1.** [in crime] pista *f*, vestígio *m*; **I haven't (got) a ~** não tenho (a menor) idéia **-2.** [hint] dica *f* **-3.** [in crossword] pista *f*.

clued-up [klu:d-] *adj* ***UK inf*** antenado(da).

clump [klʌmp] *n* [group - of trees] arvoredo *m*; [- of bushes] moita *m*; [- of flowers] ramalhete *m*.

clumsy ['klʌmzɪ] (*compar* **-ier**, *superl* **-iest**) *adj* [gen] desajeitado(da).

clung [klʌŋ] *pt* & *pp* ▷ **cling**.

cluster ['klʌstəʳ] ◇ *n* [group - of people, houses, trees] grupo *m*; [- of grapes] cacho *m*; [- of flowers] ramalhete *m*. ◇ *vi* **-1.** [people] agrupar-se, reunir-se **-2.** [things] amontoar-se.

clutch [klʌtʃ] ◇ *n AUT* embreagem *f*. ◇ *vt* [with hands - object] agarrar; [- part of body] apertar. ◇ *vi*: **to ~ at sb/sthg** agarrar-se a alguém/algo.

clutter ['klʌtəʳ] ◇ *n* bagunça *f*. ◇ *vt* bagunçar.

cm (*abbr of* **centimetre**) *n* cm.

CND (*abbr of* **Campaign for Nuclear Disarmament**) *n organização britânica que realiza campanhas contra o armamento nuclear.*

c/o (*abbr of* **care of**) a/c.

Co. -1. (*abbr of* **Company**) Cia. **-2.** (*abbr of* **County**) *área administrativa britânica, usada, em alguns casos, na representação de endereços.*

coach [kəʊtʃ] ◇ *n* **-1.** ***UK*** [bus] ônibus *m inv* **-2.** *RAIL* vagão *m* **-3.** [horsedrawn] carruagem *f* **-4.** *SPORT* treinador *m*, -ra *f* **-5.** [tutor] professor *m*, -ra *f* particular. ◇ *vt* **-1.** *SPORT* treinar **-2.** [tutor] preparar; **to ~ sb in sthg** preparar alguém em algo.

coach station *n* ***UK*** (estação *f*) rodoviária *f*.

coal [kəʊl] *n (U)* carvão *m*.

coalfield ['kəʊlfi:ld] *n* jazida *f* de carvão.

coalition [ˌkəʊə'lɪʃn] *n POL* coalizão *f*.

coal mine *n* mina *f* de carvão.

coarse [kɔ:s] *adj* **-1.** [rough] áspero(ra) **-2.** [vulgar] grosseiro(ra).

coast [kəʊst] ◇ *n* costa *f*. ◇ *vi* [car] ir em ponto morto.

coastal ['kəʊstl] *adj* costeiro(ra); **a ~ town** uma cidade litorânea.

coaster ['kəʊstəʳ] *n* **-1.** [small mat] descanso *m*

para copos **-2.** ***UK*** [ship] navio *m* costeiro.
coastguard ['kəʊstgɑ:d] *n* **-1.** [person] guarda *mf* costeiro, -ra **-2.** [organization]: **the ~** a guarda costeira.
coastline ['kəʊstlaɪn] *n* litoral *m*.
coat [kəʊt] <> *n* **-1.** [garment] casaco *m* **-2.** [of animal] pêlo *m* **-3.** [of paint, varnish] demão *f*. <> *vt*: **to ~ sthg (with sthg)** revestir algo (com algo).
coat hanger *n* cabide *m*.
coating ['kəʊtɪŋ] *n* [covering - of chocolate, icing] cobertura *f*; [- of dust] camada *f*.
coat of arms (*pl* **coats of arms**) *n* brasão *m*.
coax [kəʊks] *vt*: **to ~ sb (to do** *OR* **into doing sthg)** persuadir alguém (a fazer algo); **to ~ sthg out of sb** conseguir algo de alguém com jeitinho.
cobbled ['kɒbld] *adj* de pedras arredondadas.
cobbler ['kɒbləʳ] *n* sapateiro *m*, -ra *f*.
cobbles ['kɒblz], **cobblestones** ['kɒblstəʊnz] *npl pedras arredondadas (para pavimentação)*.
cobweb ['kɒbweb] *n* teia *f* de aranha.
Coca-Cola® [ˌkəʊkə'kəʊlə] *n* Coca-Cola® *f*.
cocaine [kəʊ'keɪn] *n (U)* cocaína *f*.
cock [kɒk] <> *n* **-1.** ***UK*** [male chicken] galo *m* **-2.** [male bird] pássaro *m* macho **-3.** ***vulg*** [penis] pinto *m*. <> *vt* **-1.** [gun] engatilhar **-2.** [head] virar.
◆ **cock up** *vt sep* ***UK vulg***: **the project was going fine, but they ~ed it up** o projeto estava indo bem, mas eles acabaram fodendo tudo.
cockerel ['kɒkrəl] *n* frango *m*.
cockeyed ['kɒkaɪd] *adj inf* **-1.** [not straight] torto(ta) **-2.** [unlikely to succeed] absurdo(da).
cockle ['kɒkl] *n* [shellfish] berbigão *m*.
Cockney ['kɒknɪ] (*pl* **Cockneys**) *n* **-1.** [person] *pessoa vinda da área leste de Londres, em geral da classe trabalhadora* **-2.** [accent] cockney *m*.
cockpit ['kɒkpɪt] *n* **-1.** [in plane] cabine *f* de comando **-2.** [in F1 car] cockpit *m*.
cockroach ['kɒkrəʊtʃ] *n* barata *f*.
cocksure [ˌkɒk'ʃʊəʳ] *adj* convencido(da).
cocktail ['kɒkteɪl] *n* [drink] coquetel *m*.
cocktail party *n* coquetel *m*.
cock-up *n vinf* cagada *f*.
cocky ['kɒkɪ] (*compar* **-ier**, *superl* **-iest**) *adj inf* petulante.
cocoa ['kəʊkəʊ] *n (U)* **-1.** [powder] cacau *m* **-2.** [drink] chocolate *m*.
coconut ['kəʊkənʌt] *n* coco *m*.
cod [kɒd] (*pl inv OR* **-s**) *n* bacalhau *m*.
COD -1. (*abbr of* **cash on delivery**) entrega contra pagamento. **-2.** (*abbr of* **collect on delivery**) entrega contra pagamento.
code [kəʊd] <> *n* código *m*. <> *vt* **-1.** [encode] codificar **-2.** [give identifier to] identificar como.
cod-liver oil *n (U)* óleo *m* de fígado de bacalhau.
coerce [kəʊ'ɜ:s] *vt*: **to ~ sb (into doing sthg)** coagir alguém(a fazer algo).
C. of E. (*abbr of* **Church of England**) *n* igreja anglicana.
coffee ['kɒfɪ] *n* [drink] café *m*.
coffee bar *n* ***UK*** lanchonete *f*.
coffee break *n* intervalo *m* para o café, coffee break *m*.
coffee morning *n* ***UK*** *evento social, realizado durante o café-da-manhã, cuja finalidade é arrecadar dinheiro para organizações beneficentes.*
coffee pot *n* bule *m* para café.
coffee shop *n* **-1.** ***UK*** [café] café *m* **-2.** ***US*** [restaurant] cafeteria *f* **-3.** [shop selling coffee] cafeteria *f*.
coffee table *n* mesinha *f* de centro.
coffin ['kɒfɪn] *n* caixão *m*.
cog [kɒg] *n* [tooth on wheel] dente *m* de engrenagem; [wheel] roda *f* dentada.
coherent [kəʊ'hɪərənt] *adj* coerente.
cohesive [kəʊ'hi:sɪv] *adj* [united] coeso(sa).
coil [kɔɪl] <> *n* **-1.** [of rope, wire] rolo *m* **-2.** [of smoke] espiral *f* **-3.** *ELEC* bobina *f* **-4.** ***UK*** [contraceptive device] DIU *m*. <> *vt* enrolar. <> *vi* enrolar-se, enroscar-se.
◆ **coil up** *vt sep* enrolar-se.
coin [kɔɪn] <> *n* moeda *f*. <> *vt* [invent] criar.
coinage ['kɔɪnɪdʒ] *n* **-1.** *(U)* [currency] moeda *f* **-2.** *(U)* [system] sistema *m* monetário.
coincide [ˌkəʊɪn'saɪd] *vi* **-1.** [occur simultaneously]: **to ~ (with sthg)** coincidir (com algo) **-2.** [be in agreement] coincidir.
coincidence [kəʊ'ɪnsɪdəns] *n* [chance event] coincidência *f*.
coincidental [kəʊˌɪnsɪ'dentl] *adj* coincidente.
coke [kəʊk] *n* **-1.** [fuel] coque *m* **-2.** *inf* [cocaine] coca *f*.
Coke® [kəʊk] *n* Coca® *f*.
cola ['kəʊlə] *n* refrigerante *m* de cola.
colander ['kʌləndəʳ] *n* coador *m*.
cold [kəʊld] <> *adj* frio (fria); **to feel ~** [person] sentir frio; **to be ~** [person] estar com frio; **it's ~ today** está frio hoje; **to get ~** [person] ficar com frio; [food] esfriar. <> *n* **-1.** [illness] resfriado *m*; **to catch (a) ~** pegar um resfriado **-2.** *(U)* [low temperature]: **the ~** o frio.
cold-blooded [-'blʌdɪd] *adj* **-1.** [unfeeling] frio (fria) **-2.** [ruthless - killer, murderer] de sangue frio; [- killing, murder] a sangue frio.
cold sore *n* herpes *m inv* bucal.
cold war *n*: **the ~** a guerra fria.
coleslaw ['kəʊlslɔ:] *n (U)* salada *f* de repolho.
colic ['kɒlɪk] *n (U)* cólica *f*.
collaborate [kə'læbəreɪt] *vi* **-1.** [work together]

colaborar; **to ~ with sb** colaborar com alguém **-2.** *pej* [with enemy] conspirar; **to ~ with sb** conspirar com alguém.

collapse [kə'læps] ◇ *n (U)* **-1.** [gen] colapso *m* **-2.** [of building, roof] desmoronamento *m.* ◇ *vi* **-1.** [gen] desmoronar **-2.** [fail] fracassar **-3.** [person] ter um colapso; **his lung ~d** o pulmão dele entrou em falência; **to ~ with a heart attack** ter um ataque do coração; **I ~d into bed** desfaleci na cama **-4.** [folding table, chair] desmontar-se.

collapsible [kə'læpsəbl] *adj* desmontável.

collar ['kɒlə^r] ◇ *n* **-1.** [on garment - shirt] colarinho *m*; [- dress, jacket] gola *f* **-2.** [for dog] coleira *f* **-3.** TECH anel *m.* ◇ *vt inf* [detain] segurar.

> Não confundir ***collar (colarinho)*** com o português ***colar*** que em inglês é ***necklace.*** (*Your shirt collar is dirty.* O colarinho da sua camisa está sujo.)

collarbone ['kɒləbəʊn] *n* clavícula *f.*

collate [kə'leɪt] *vt* **-1.** [compare] confrontar **-2.** [put in order] ordenar.

collateral [kɒ'lætərəl] *n (U)* garantia *f* de empréstimo, caução *f.*

colleague ['kɒli:g] *n* colega *mf.*

collect [kə'lekt] ◇ *vt* **-1.** [gather together - wood, bottles, belongings] juntar; [- material for book] colher, coletar: **to ~ o.s.** OR **one's thoughts** recompor-se **-2.** [as a hobby] colecionar **-3.** [fetch, pick up] buscar **-4.** [money, taxes] cobrar. ◇ *vi* **-1.** [crowd, people] reunir-se **-2.** [dust, dirt] juntar **-3.** [for charity, gift] arrecadar. ◇ *adv* **US** TELEC: **to call (sb) ~** ligar (para alguém) a cobrar.

collection [kə'lekʃn] *n* **-1.** [of objects] coleção *f* **-2.** [anthology] antologia *f* **-3.** *(U)* [act of collecting] coleta *f* **-4.** [of money] arrecadação *f*, vaquinha *f*; **they made a ~ to buy flowers for her** fizeram uma vaquinha para comprar flores para ela.

collective [kə'lektɪv] ◇ *adj* coletivo(va). ◇ *n* cooperativa *f.*

collector [kə'lektə^r] *n* **-1.** [as a hobby] colecionador *m*, -ra *f* **-2.** [of taxes] coletor *m*, -ra *f* **-3.** [of debts, rent] cobrador *m*, -ra *f.*

college ['kɒlɪdʒ] *n* **-1.** [for further education] escola *f*; **a ~ of technology** um instituto de tecnologia; **art ~** escola de artes; **community ~ US** escola politécnica **-2. UK** [of university] *instituição dentro de certas universidades britânicas que possui corpo docente, instalações e estudantes próprios* **-3.** [organized body] colégio *m*; **electoral ~** colégio eleitoral.

> Não confundir ***college (universidade)*** com o português ***colégio*** que em inglês é ***school.*** (*I hope to study Maths at the college next year.* Eu espero estudar matemática na ***universidade*** o ano que vem.)

college of education *n* faculdade *f* de educação.

collide [kə'laɪd] *vi*: **to ~ (with sb/sthg)** colidir (com alguém/algo).

collie ['kɒlɪ] *n* collie *m.*

colliery ['kɒljərɪ] *(pl* **-ies)** *n* **UK** mina *f* de carvão *(incluindo suas instalações).*

collision [kə'lɪʒn] *n* [crash]: **~ (with sb/sthg)** colisão *f* (com alguém/algo); **~ between** colisão de.

collision course *n*: **to be on a ~** estar em rota de colisão.

colloquial [kə'ləʊkwɪəl] *adj* coloquial.

colloquialism [ka'ləʊkwɪəlɪzm] *n* coloquialismo *m.*

collude [kə'lu:d] *vi*: **to ~ with sb** entrar em conluio com alguém.

Colombia [kə'lɒmbɪə] *n* Colômbia.

colon ['kəʊlən] *n* **-1.** ANAT cólon *m* **-2.** [punctuation mark] dois-pontos *mpl.*

colonel ['kɜ:nl] *n* coronel *m.*

colonial [kə'ləʊnjəl] *adj* [rule, power] colonial.

colonize, -ise ['kɒlənaɪz] *vt* colonizar.

colony ['kɒlənɪ] *(pl* **-ies)** *n* **-1.** [gen] colônia *f* **-2.** [of artists] retiro *m.*

color etc. **US** = **colour etc.**

colossal [kə'lɒsl] *adj* colossal.

colour UK, **color US** ['kʌlə^r] ◇ *n* cor *f*; **red/blue in ~** na cor vermelha/azul; **the photos are in ~** as fotos são coloridas. ◇ *adj* colorido(da); **~ television/diagram** televisão/diagrama em cores. ◇ *vt* **-1.** [food, liquid] tingir; [with pen, crayon] pintar, colorir **-2.** [dye] tingir **-3.** *fig* [affect] influenciar. ◇ *vi* [blush] corar.

colour bar *n* discriminação *f* racial.

colour blind *adj* **-1.** daltônico(ca) **-2.** *fig* [racially unprejudiced] que não faz discriminação racial.

coloured UK, **colored US** ['kʌləd] *adj* **-1.** [having colour] colorido(da) **-2.** [having stated colour]: **a cream-~ed jacket** uma jaqueta cor de creme; **a brightly ~ed shirt** uma camisa de cores vivas.

colourful UK, **colorful US** ['kʌləfʊl] *adj* **-1.** [brightly coloured] colorido(da) **-2.** [story] vivo(va) **-3.** [person] animado(da).

colouring UK, **coloring US** ['kʌlərɪŋ] *n* **-1.** [dye] corante *m* **-2.** *(U)* [complexion, hair] tonalidade *f* **-3.** [colours] cor *m.*

colour scheme *n* distribuição *f* de cores.

colt [kəʊlt] *n* [young horse] potro *m.*

column ['kɒləm] *n* **-1.** [gen] coluna *f* **-2.** [of people, vehicles] fila *f.*

columnist ['kɒləmnɪst] *n* colunista *mf.*

coma ['kəʊmə] *n* coma *m.*

comb [kəʊm] ◇ *n* [for hair] pente *m.* ◇ *vt* **-1.** [hair] pentear **-2.** *fig* [search] vasculhar.

combat ['kɒmbæt] ◇ *n* combate *m*. ◇ *vt* [fight] combater.

combination [ˌkɒmbɪ'neɪʃn] *n* combinação *f*.

combine [*vb* kəm'baɪn, *n* 'kɒmbaɪn] ◇ *vt* [join together] agrupar; **to ~ sthg with sthg** [two substances] combinar algo com algo; [two qualities] reunir; [two activities] conjugar. ◇ *vi* [businesses, political parties]: **to ~ (with sb/sthg)** aliar-se (a alguém/algo). ◇ *n* [group] associação *f*.

come [kʌm] (*pt* **came**, *pp* **come**) *vi* **-1.** [move] vir; [arrive] chegar; **the news came as a shock** a notícia foi um choque; **coming!** estou indo. **-2.** [reach]: **to ~ up/down to** chegar a **-3.** [happen] chegar a; **~ what may** haja o que houver **-4.** [become]: **to ~ true** tornar-se realidade; **to ~ undone/unstuck** se desfazer/soltar **-5.** [begin gradually]: **to ~ to do sthg** passar a fazer algo **-6.** [be placed in order] classificar-se; **P ~s before Q** o P vem antes do Q; **she came second in the exam** ela se classificou em segundo lugar no exame **-7.** *phr*: **~ to think of it** pensando bem.

◆ **to come** *adv* vindouro(ra); **in (the) days/years to ~** nos dias/anos vindouros.

◆ **come about** *vi* [happen] acontecer.

◆ **come across** *vt fus* [find] encontrar.

◆ **come along** *vi* **-1.** [arrive by chance] aparecer **-2.** [improve] desenvolver-se.

◆ **come apart** *vi* **-1.** [fall to pieces] desfazer-se **-2.** [come off] cair.

◆ **come at** *vt fus* [attack] avançar para.

◆ **come back** *vi* **-1.** [in talk, writing]: **to ~ back to sthg** voltar a algo **-2.** [memory]: **to ~ back (to sb)** lembrar(-se) de.

◆ **come by** *vt fus* [get, obtain] conseguir.

◆ **come down** *vi* **-1.** [unemployment, prices] baixar **-2.** [aeroplane, parachutist] descer **-3.** [rain] cair.

◆ **come down to** *vt fus* resumir-se a.

◆ **come down with** *vt fus* [cold, flu] apanhar.

◆ **come forward** *vi* [witnesses, volunteers] apresentar-se.

◆ **come from** *vt fus* vir de.

◆ **come in** *vi* [enter] entrar.

◆ **come in for** *vt fus* [criticism] receber.

◆ **come into** *vt fus* **-1.** [inherit] receber **-2.** [begin to be]: **to ~ into being** surgir.

◆ **come off** *vi* **-1.** [button, label, lid] abrir **-2.** [attempt, joke] dar certo **-3.** [stain] sair **-4.** *phr*: **~ off it!** *inf* deixa disso!

◆ **come on** *vi* **-1.** [start] começar **-2.** [light, heating] ligar-se **-3.** [progress, improve] ir; **how's the work coming on?** como está indo o trabalho? **-4.** *phr*: **~ on!** [expressing encouragement] vamos lá!; [hurry up] vamos; [expressing disbelief] que é isso.

◆ **come out** *vi* **-1.** [truth, fact] revelar-se **-2.** [product, book, film] ser lançado **-3.** [go on strike] entrar em greve **-4.** [declare publicly]: **to ~ out for/against sthg** manifestar-se a favor/contra algo **-5.** [sun, moon, stars] aparecer.

◆ **come out with** *vt fus* [remark] sair com.

◆ **come round** *vi* [regain consciousness] voltar a si.

◆ **come through** *vt fus* [survive] sobreviver a.

◆ **come to** ◇ *vt fus* **-1.** [reach]: **to ~ to an end** chegar ao fim; **to ~ to a decision** chegar a uma decisão **-2.** [amount to] chegar a. ◇ *vi* [regain consciousness] voltar a si.

◆ **come under** *vt fus* **-1.** [be governed by] ser de competência de **-2.** [suffer]: **to ~ under attack (from)** sofrer ataque (de).

◆ **come up** *vi* **-1.** [gen] surgir **-2.** [be imminent] estar próximo.

◆ **come up against** *vt fus* [opposition, difficulties] enfrentar.

◆ **come up to** *vt fus* [in space] chegar até.

◆ **come up with** *vt fus* [answer, idea, solution] aparecer com.

comeback ['kʌmbæk] *n* [return] reaparecimento *m*; **to make a ~** reaparecer.

comedian [kə'mi:djən] *n* [comic] comediante *m*.

comedown ['kʌmdaʊn] *n inf* [anticlimax] retrocesso *m*.

comedy ['kɒmədɪ] (*pl* **-ies**) *n* comédia *f*.

comet ['kɒmɪt] *n* cometa *m*.

come-uppance [ˌkʌm'ʌpəns] *n inf*: **to get one's ~** levar o troco.

comfort ['kʌmfət] ◇ *n* **-1.** *(U)* [ease] conforto *m* **-2.** [luxury] luxo *m* **-3.** [solace] consolo *m*. ◇ *vt* consolar.

comfortable ['kʌmftəbl] *adj* **-1.** [chair, room] confortável **-2.** [at ease] à vontade **-3.** [financially secure] bem de vida **-4.** [after operation, accident] bem **-5.** [ample] amplo(pla).

comfortably ['kʌmftəblɪ] *adv* **-1.** [sit, sleep] confortavelmente **-2.** [without financial difficulty] bem; **I can manage ~ on £50 a week** posso me virar bem com 50 libras por semana **-3.** [win] com facilidade.

comfort station *n US euph* banheiro *m* público.

comic ['kɒmɪk] ◇ *adj* [amusing] engraçado(da). ◇ *n* **-1.** [comedian] comediante *mf* **-2.** [magazine] história *f* em quadrinhos, gibi *m*.

comical ['kɒmɪkl] *adj* [amusing] engraçado(da).

comic strip *n* tira *f* em quadrinhos.

coming ['kʌmɪŋ] ◇ *adj* [future] próximo(ma). ◇ *n*: **~s and goings** idas *fpl* e vindas.

comma ['kɒmə] *n* vírgula *f*.

command [kə'mɑ:nd] ◇ *n* **-1.** [order] comando *m* **-2.** *(U)* [control] comando *m* **-3.** [mastery] domínio *m*; **at one's ~** à disposição; **she has**

four languages at her ~ ela domina quatro idiomas **-4.** *COMPUT* comando *m.* ◇ *vt* **-1.** [order] mandar; **to ~ sb to do sthg** mandar alguém fazer algo **-2.** *MIL* [control] comandar **-3.** [deserve] merecer.

commandeer [ˌkɒmən'dɪəʳ] *vt* confiscar.

commander [kə'mɑːndəʳ] *n* **-1.** [in army] comandante *mf* **-2.** [in navy] capitão *m*, -tã *f.*

commando [kə'mɑːndəʊ] (*pl* **-s** *OR* **-es**) *n* **-1.** [unit] unidade *f* de assalto **-2.** [soldier] soldado *m* da unidade de assalto.

commemorate [kə'meməreɪt] *vt* homenagear.

commemoration [kəˌmemə'reɪʃn] *n*: **in ~ of** em homenagem a.

commence [kə'mens] *fml* ◇ *vt* principiar; **to ~ doing sthg** principiar algo. ◇ *vi* principiar.

commend [kə'mend] *vt* **-1.** [praise]: **to ~ sb (on** *OR* **for sthg)** elogiar alguém (por algo) **-2.** [recommend]: **to ~ sthg (to sb)** recomendar algo (a alguém); **we ~ our souls to God** encomendamos nossas almas a Deus.

commensurate [kə'menʃərət] *adj fml*: **~ with sthg** proporcional a algo.

comment ['kɒment] ◇ *n* comentário *m*; **no ~** sem comentários. ◇ *vt*: **to ~ that** comentar que. ◇ *vi* comentar; **to ~ on sthg** comentar algo.

commentary ['kɒməntrɪ] (*pl* **-ies**) *n* **-1.** *RADIO & TV* comentário *m* **-2.** [written explanation, comment] crítica *f.*

commentator ['kɒmənteɪtəʳ] *n* **-1.** [*RADIO & TV* - making comments] comentarista *mf*; [- describing] narrador *m*, -ra *f* **-2.** [expert] analista *mf*; **political ~** analista político.

commerce ['kɒmɜːs] *n (U)* comércio *m.*

commercial [kə'mɜːʃl] ◇ *adj* comercial. ◇ *n* [advertisement] comercial *m.*

commercial break *n* (intervalo *m*) comercial *m.*

commiserate [kə'mɪzəreɪt] *vi*: **to ~ (with sb)** compadecer-se (de alguém).

commission [kə'mɪʃn] ◇ *n* **-1.** [gen] comissão *f* **-2.** [piece of work] encomenda *f.* ◇ *vt* [work] encomendar; **to ~ sb (to do sthg)** encarregar alguém (de fazer algo).

commissionaire [kəˌmɪʃə'neəʳ] *n UK* porteiro *m*, -ra *f.*

commissioner [kə'mɪʃnəʳ] *n* [high-ranking public official] comissário *m*, -ria *f.*

commit [kə'mɪt] (*pt & pp* **-ted**, *cont* **-ting**) *vt* **-1.** [carry out] cometer **-2.** [promise] comprometer; **to ~ o.s. (to sthg/to doing sthg)** comprometer-se (a algo/a fazer algo) **-3.** [person to institution] confinar **-4.**: **to ~ sthg to memory** confiar algo à memória.

commitment [kə'mɪtmənt] *n* **-1.** *(U)* [dedication] dedicação *f* **-2.** [responsibility] compromisso *m.*

committee [kə'mɪtɪ] *n* comitê *m.*

commodity [kə'mɒdətɪ] (*pl* **-ies**) *n* **-1.** [gen] mercadoria *f* **-2.** *ECON* commodity *f.*

common ['kɒmən] ◇ *adj* **-1.** [gen] comum; **~ to** comum a **-2.** *UK pej* [vulgar] vulgar. ◇ *n* [land] área *f* pública.

◆ **in common** *adv* em comum.

common law *n* direito *m* consuetudinário, lei *f* comum.

◆ **common-law** *adj* concubinário(ria).

commonly ['kɒmənlɪ] *adv* [generally] geralmente.

commonplace ['kɒmənpleɪs] ◇ *adj* [everyday] trivial. ◇ *n* [frequent phenomenon] lugar-comum *m.*

common room *n* [in school, college] sala *f* de recreação.

Commons ['kɒmənz] *npl UK*: **the ~** a Câmara dos Comuns.

common sense *n (U)* senso *m* comum.

Commonwealth ['kɒmənwelθ] *n* [former British colonies]: **the ~** a Comunidade Britânica.

Commonwealth of Independent States *n*: **the ~** a Comunidade dos Estados Independentes.

commotion [kə'məʊʃn] *n* comoção *f.*

communal ['kɒmjʊnl] *adj* comum.

commune [*n* 'kɒ'mjuːn, *vb* kə'mjuːn] ◇ *n* [group of people] comuna *f.* ◇ *vi*: **to ~ with** comungar com.

communicate [kə'mjuːnɪkeɪt] ◇ *vt* comunicar. ◇ *vi* comunicar-se, relacionar-se; **to ~ with** comunicar-se com.

communication [kəˌmjuːnɪ'keɪʃn] *n (U)* comunicação *f.*

communications technology *n* tecnologia *f* de comunicação.

communion [kə'mjuːnjən] *n (U)* [communication] comunhão *f.*

◆ **Communion** *n (U) RELIG* comunhão *f.*

communism ['kɒmjʊnɪzm] *n (U)* comunismo *m.*

communist ['kɒmjʊnɪst] ◇ *adj* comunista. ◇ *n* comunista *mf.*

community [kə'mjuːnətɪ] (*pl* **-ies**) *n* [group] comunidade *f*; **the ~** a comunidade.

community centre *n* centro *m* comunitário.

commutation ticket [ˌkɒmjuː'teɪʃn-] *n US* passagem *f* integrada.

commute [kə'mjuːt] ◇ *vt JUR* comutar. ◇ *vi* [to work] *viajar regularmente entre a casa e o trabalho, especialmente de trem.*

commuter [kə'mjuːtəʳ] *n pessoa que viaja regularmente entre a casa e o trabalho, especialmente de trem.*

compact [*adj* kəm'pækt, *n* 'kɒmpækt] ◇ *adj*

[small and neat] compacto(ta). <> *n* **-1.** [for face powder] estojo *m* **-2.** *US AUT* **:** ~ **(car)** carro *m* de médio porte.

compact disc *n* disco *m* compacto, CD *m.*

compact disc player *n* CD-player *m,* toca-CD *m.*

companion [kəm'pænjən] *n* **-1.** [gen] companheiro *m,* -ra *f* **-2.** [book] compêndio *m.*

companionship [kəm'pænjənʃɪp] *n (U)* camaradagem *f.*

company ['kʌmpənɪ] (*pl* **-ies**) *n* **-1.** [gen] companhia *f;* **to keep sb** ~ fazer companhia a alguém **-2.** [business] companhia *f,* empresa *f.*

company secretary *n* secretário *m,* -ria *f* geral da empresa *OR* companhia.

comparable ['kɒmprəbl] *adj* comparável; ~ **to** *OR* **with** comparável a *OR* com.

comparative [kəm'pærətɪv] *adj* **-1.** [relative] relativo(va) **-2.** [study, literature] comparado(da) **-3.** *GRAM* comparativo(va).

comparatively [kəm'pærətɪvlɪ] *adv* [relatively] relativamente.

compare [kəm'peə[r]] <> *vt* comparar; **to** ~ **sb/sthg with** *OR* **to** comparar alguém/algo com *OR* a; ~**d with** *OR* **to** comparado com *OR* a. <> *vi*: **to** ~ **(with sb/sthg)** comparar-se (com alguém/algo).

comparison [kəm'pærɪsn] *n* comparação *f;* **in** ~ **(with** *OR* **to)** em comparação (com *OR* a).

compartment [kəm'pɑ:tmənt] *n* compartimento *m.*

compass ['kʌmpəs] *n* [for finding direction] bússola *f.*

◆ **compasses** *npl* compasso *m;* **a pair of** ~**es** um compasso.

compassion [kəm'pæʃn] *n (U)* compaixão *f.*

compassionate [kəm'pæʃənət] *adj* compassível.

compassionate leave *n tempo que o empregador permite que o funcionário se ausente do trabalho por razões pessoais.*

compatible [kəm'pætəbl] *adj* ~ **(with)** compatível (com).

compel [kəm'pel] (*pt* & *pp* **-led**, *cont* **-ling**) *vt* [force] compelir; **to** ~ **sb to do sthg** compelir alguém a fazer algo.

compelling [kəm'pelɪŋ] *adj* **-1.** [argument, reason] convincente **-2.** [book, film, performance] envolvente.

compensate ['kɒmpenseɪt] <> *vt*: **to** ~ **sb for sthg** [financially] compensar alguém por algo. <> *vi*: **to** ~ **for sthg** compensar algo.

compensation [ˌkɒmpen'seɪʃn] *n*: ~ **(for sthg)** compensação *f* (por algo).

compete [kəm'pi:t] *vi* **-1.** [vie]: **to** ~ **(for sthg)** competir (por algo); **to** ~ **with** *OR* **against sb (for sthg)** competir com *OR* contra alguém (por algo) **-2.** *COMM*: **to** ~ **(with sb/sthg)** concorrer (com alguém/algo); **to** ~ **for sthg** disputar algo.

competence ['kɒmpɪtəns] *n (U)* [proficiency] competência *f.*

competent ['kɒmpɪtənt] *adj* competente.

competition [ˌkɒmpɪ'tɪʃn] *n* **-1.** [gen] competição *f* **-2.** *(U) COMM* concorrência *f.*

competitive [kəm'petətɪv] *adj* competitivo(va).

competitor [kəm'petɪtə[r]] *n* **-1.** [in business] concorrente *mf* **-2.** [in race, contest] competidor *m,* -ra *f.*

compile [kəm'paɪl] *vt* compilar.

complacency [kəm'pleɪsnsɪ] *n (U)* complacência *f.*

complain [kəm'pleɪn] *vi* [moan] queixar-se; **to** ~ **about sthg** queixar-se de algo.

complaint [kəm'pleɪnt] *n* queixa *f.*

complement [*n* 'kɒmplɪmənt, *vb* 'kɒmplɪˌment] <> *n* **-1.** [gen & *GRAM*] complemento *m* **-2.** [accompaniment] acompanhamento *m.* <> *vt* **-1.** [gen] complementar **-2.** [accompany] acompanhar.

complementary [ˌkɒmplɪ'mentərɪ] *adj* complementar.

complete [kəm'pli:t] <> *adj* **-1.** [total, thorough] completo(ta); ~ **with** completo(ta) com **-2.** [finished, ended] concluído(da). <> *vt* **-1.** [collection, set, form] completar **-2.** [work, painting, book] concluir.

completely [kəm'pli:tlɪ] *adv* [totally] completamente.

completion [kəm'pli:ʃn] *n (U)* [of work] conclusão *f.*

complex ['kɒmpleks] <> *adj* complexo(xa). <> *n* complexo *m.*

complexion [kəm'plekʃn] *n* **-1.** [of face] aparência *f* **-2.** [aspect] caráter *m.*

compliance [kəm'plaɪəns] *n (U)* [obedience] cumprimento *m;* ~ **with sthg** de acordo com algo.

complicate ['kɒmplɪkeɪt] *vt* complicar.

complicated ['kɒmplɪkeɪtɪd] *adj* complicado(da).

complication [ˌkɒmplɪ'keɪʃn] *n* complicação *f.*

compliment [*n* 'kɒmplɪmənt, *vb* 'kɒmplɪment] <> *n* cumprimento *m,* elogio *m.* <> *vt*: **to** ~ **sb (on sthg)** cumprimentar alguém (por algo).

◆ **compliments** *npl fml* cumprimentos *mpl.*

complimentary [ˌkɒmplɪ'mentərɪ] *adj* **-1.** [admiring] lisonjeiro(ra) **-2.** [free] gratuito(ta).

complimentary ticket *n* bilhete *m* gratuito.

comply [kəm'plaɪ] (*pt* & *pp* **-ied**) *vi*: **to** ~ **with sthg** cumprir algo.

component [kəm'pəʊnənt] *n* componente *m.*

compose [kəm'pəʊz] *vt* **-1.** [constitute] compor;

to be ~ d of sthg ser composto(ta) por algo - 2. [write, create] escrever - 3. [make calm]: to ~ o.s. recompor-se.

composed [kəm'pəʊzd] *adj* [calm] tranqüilo(la).

composer [kəm'pəʊzəʳ] *n* compositor *m*, -ra *f*.

composition [ˌkɒmpə'zɪʃn] *n* composição *f*.

compost [*UK* 'kɒmpɒst, *US* 'kɒmpəʊst] *n (U)* adubo *m*.

composure [kəm'pəʊʒəʳ] *n (U)* compostura *f*.

compound ['kɒmpaʊnd] *n* -1. [gen] composto *m* - 2. [enclosed area] complexo *m*.

compound fracture *n MED* fratura *f* exposta.

comprehend [ˌkɒmprɪ'hend] *vt* [understand] compreender.

comprehension [ˌkɒmprɪ'henʃn] *n* -1. *(U)* [understanding] compreensão *f* - 2. *SCH* [exercise] interpretação *f*.

comprehensive [ˌkɒmprɪ'hensɪv] <> *adj* -1. [wide-ranging] abrangente - 2. [insurance] total. <> *n UK* [school] = **comprehensive school**.

comprehensive school *n escola estadual de ensino médio que abrange todas as habilidades.*

compress [kəm'pres] <> *n MED* compressa *f*. <> *vt* -1. [squeeze, press] comprimir - 2. [condense] sintetizar.

comprise [kəm'praɪz] *vt* -1. [consist of]: **to be ~ d of** ser constituído(da) de - 2. [constitute] constituir.

compromise ['kɒmprəmaɪz] <> *n* [concession, agreement] meio-termo *m*. <> *vt* [undermine integrity of] comprometer. <> *vi* [make concessions] fazer concessões.

compulsion [kəm'pʌlʃn] *n* -1. [strong desire] compulsão *f* - 2. *(U)* [force] coação *f*.

compulsive [kəm'pʌlsɪv] *adj* -1. [behaviour, gambler, liar] compulsivo(va) - 2. [compelling] envolvente.

compulsory [kəm'pʌlsərɪ] *adj* compulsório(ria).

computer [kəm'pju:təʳ] <> *n* computador *m*. <> *comp* de computador.

computer game *n* jogo *m* de computador.

computer graphics *npl* infografia *f*.

computerized [kəm'pju:təraɪzd] *adj* informatizado(da).

computer science *n* ciência *f* da computação.

computing [kəm'pju:tɪŋ] *n (U)* computação *f*, informática *f*.

comrade ['kɒmreɪd] *n* companheiro *m*, -ra *f*.

concave [ˌkɒn'keɪv] *adj* côncavo(va).

conceal [kən'si:l] *vt* [hide - object, substance] esconder; [- information, feelings] ocultar; **to ~ sthg from sb** esconder algo de alguém.

concede [kən'si:d] <> *vt* [admit] conceder. <> *vi* aceitar.

conceit [kən'si:t] *n (U)* [arrogance] presunção *f*.

conceited [kən'si:tɪd] *adj* presunçoso(sa).

conceive [kən'si:v] <> *vt* conceber. <> *vi* -1. *MED* conceber - 2. [imagine]: **to ~ of sthg** conceber algo.

concentrate ['kɒnsəntreɪt] <> *vt* concentrar. <> *vi* concentrar-se; **to ~ on sthg** concentrar-se em algo.

concentration [ˌkɒnsən'treɪʃn] *n* concentração *f*.

concentration camp *n* campo *m* de concentração.

concept ['kɒnsept] *n* conceito *m*.

concern [kən'sɜ:n] <> *n* -1. [worry, anxiety] preocupação *f* - 2. *COMM* [company] negócio *m*. <> *vt* -1. [worry]: **to be ~ ed (about sb/sthg)** estar preocupado(da) (com alguém/algo) - 2. [involve] dizer respeito(a); **to be ~ ed with sthg** [subj: person] estar envolvido(da) com algo; **to ~ o.s. with sthg** preocupar-se com algo; **as far as ... is ~ ed** no que diz respeito a ... - 3. [subj: book, report, film] tratar de.

concerning [kən'sɜ:nɪŋ] *prep* acerca de, sobre.

concert ['kɒnsət] *n* concerto *m*.

concerted [kən'sɜ:tɪd] *adj* [effort] conjunto(ta).

concert hall *n* casa *f* de concertos.

concertina [ˌkɒnsə'ti:nə] *n* concertina *f*.

concerto [kən'tʃeətəʊ] (*pl* -s) *n* concerto *m*.

concession [kən'seʃn] *n* -1. [allowance, point won] concessão *f* - 2. *COMM* [franchise] franquia *f* - 3. [special price] desconto *m*.

conciliatory [kən'sɪlɪətrɪ] *adj* conciliatório(ria).

concise [kən'saɪs] *adj* conciso(sa).

conclude [kən'klu:d] <> *vt* -1. [bring to an end] concluir - 2. [deduce]: **to ~ (that)** concluir (que) - 3. [agree on] firmar. <> *vi* [finish] concluir.

conclusion [kən'klu:ʒn] *n* [ending, decision] conclusão *f*.

conclusive [kən'klu:sɪv] *adj* conclusivo(va).

concoct [kən'kɒkt] *vt* -1. [story, excuse, alibi] forjar - 2. [mixture, drink] preparar.

concoction [kən'kɒkʃn] *n* [mixture, drink] mistura *f*.

concourse ['kɒŋkɔ:s] *n* [hall] hall *m*.

concrete ['kɒŋkri:t] <> *adj* concreto(ta). <> *n (U)* [building material] concreto *m*. <> *comp* [made of concrete] de concreto.

concur [kən'kɜ:ʳ] (*pt* & *pp* -red, *cont* -ring) *vi* [agree]: **to ~ (with sthg)** concordar (com algo).

concurrently [kən'kʌrəntlɪ] *adv* simultaneamente, concomitantemente.

concussion [kən'kʌʃn] *n (U)* concussão *f*.

condemn [kən'dem] *vt* -1. condenar; **to ~ sb for sthg** condenar alguém por algo - 2. [force]:

to ~ sb to sthg/to do sthg condenar alguém a algo/a fazer algo **-3.** *JUR* [sentence]**: to ~ sb to sthg** condenar alguém a algo.
condensation [ˌkɒndenˈseɪʃn] *n (U)* condensação *f.*
condense [kənˈdens] ◇ *vt* condensar. ◇ *vi* [gas, liquid] condensar-se.
condensed milk [kənˈdenst-] *n (U)* leite *m* condensado.
condescending [ˌkɒndɪˈsendɪŋ] *adj* condescendente.
condition [kənˈdɪʃn] ◇ *n* **-1.** [of person] forma *f*; **out of ~** fora de forma **-2.** [of car] estado *m*; **in good/bad ~** em bom/mau estado **-3.** *MED* [disease, complaint] problema *m* **-4.** [provision] condição *f*; **on one ~** sob *OR* com uma condição; **on ~ that** desde que; **to agree to do sthg on one ~** concordar em fazer algo sob *OR* com uma condição. ◇ *vt* **-1.** condicionar **-2.** [hair] hidratar.
conditional [kənˈdɪʃənl] ◇ *adj* condicional. ◇ *n GRAM* condicional *m.*
conditioner [kənˈdɪʃnəʳ] *n* **-1.** [for hair] condicionador *m* **-2.** [for clothes] amaciante *m.*
condolences [kənˈdəʊlənsɪz] *npl* condolências *fpl*, pêsames *mpl.*
condom [ˈkɒndəm] *n* camisinha *f*, preservativo *m.*
condominium [ˌkɒndəˈmɪnɪəm] *n* **US** [apartment, building] condomínio *m.*
condone [kənˈdəʊn] *vt* tolerar.
conducive [kənˈdjuːsɪv] *adj*: **~ to sthg/to doing sthg** conducente a algo/a fazer algo.
conduct [*n* ˈkɒndʌkt, *vb* kənˈdʌkt] ◇ *n (U)* conduta *f.* ◇ *vt* **-1.** [research, survey & *PHYS*] conduzir **-2.** [behave]**: to ~ o.s. well/badly** comportar-se bem/mal **-3.** *MUS* reger.
conducted tour [kənˈdʌktɪd-] *n* excursão *f* guiada.
conductor [kənˈdʌktəʳ] *n* **-1.** [on bus] cobrador *m* **-2.** [on train] **US** condutor *m* **-3.** *PHYS* condutor *m* **-4.** *MUS* maestro *m*, -trina *f.*
conductress [kənˈdʌktrɪs] *n* [on bus] cobradora *f.*
cone [kəʊn] *n* **-1.** [gen] cone *m* **-2.** [for ice cream] casquinha *f* **-3.** [from tree] pinha *f.*
confectioner [kənˈfekʃnəʳ] *n* confeiteiro *m*, -ra *f*; **~'s (shop)** confeitaria *f.*
confectionery [kənˈfekʃnərɪ] *n (U)* confeito *m.*
confederation [kənˌfedəˈreɪʃn] *n* [group] confederação *f.*
Confederation of British Industry *n*: **the ~** a Confederação das Indústrias Britânicas.
confer [kənˈfɜːʳ] (*pt* & *pp* **-red**, *cont* **-ring**) ◇ *vt fml*: **to ~ sthg (on sb)** conferir algo (a alguém). ◇ *vi*: **to ~ (with sb on** *OR* **about sthg)** confabular (com alguém sobre *OR* a respeito de algo).
conference [ˈkɒnfərəns] *n* conferência *f.*
confess [kənˈfes] ◇ *vt* confessar; **to ~ (that)** confessar que. ◇ *vi* confessar; **to ~ to sthg** confessar *OR* admitir algo.
confession [kənˈfeʃn] *n* confissão *f.*
confetti [kənˈfetɪ] *n (U)* confete *m.*
confide [kənˈfaɪd] *vi*: **to ~ in sb** confiar em alguém.
confidence [ˈkɒnfɪdəns] *n* **-1.** *(U)* [assurance] autoconfiança *f* **-2.** *(U)* [trust] confiança *f*; **to have ~ in sb** ter confiança em alguém **-3.** [secrecy]**: in ~** em segredo **-4.** [secret] confidência *f.*
confidence trick *n* conto-do-vigário *m.*
confident [ˈkɒnfɪdənt] *adj* **-1.** [assured] autoconfiante **-2.** [sure] confiante; **~ of sthg** confiante em algo.
confidential [ˌkɒnfɪˈdenʃl] *adj* confidencial.
confine [kənˈfaɪn] *vt* confinar; **to be ~d to** estar confinado(da) a; **to ~ o.s. to sthg/to doing sthg** confinar-se a algo/a fazer algo.
◆ **confines** *npl* confins *mpl.*
confined [kənˈfaɪnd] *adj* [space, area] confinado(da).
confinement [kənˈfaɪnmənt] *n (U)* [imprisonment] confinamento *m.*
confirm [kənˈfɜːm] *vt* **-1.** [gen] confirmar **-2.** *RELIG* crismar.
confirmation [ˌkɒnfəˈmeɪʃn] *n* **-1.** [gen] confirmação *f* **-2.** *RELIG* crisma *f.*
confirmed [kənˈfɜːmd] *adj* [habitual] convicto(ta).
confiscate [ˈkɒnfɪskeɪt] *vt* confiscar.
conflict [*n* ˈkɒnflɪkt, *vb* kənˈflɪkt] ◇ *n* [fighting, clash] conflito *m.* ◇ *vi* [clash] entrar em conflito; **to ~ with sb/sthg** entrar em conflito com alguém/algo.
conflicting [kənˈflɪktɪŋ] *adj* [contradictory] conflitante.
conform [kənˈfɔːm] *vi* **-1.** [behave as expected] conformar-se **-2.** [be in accordance]**: to ~ (to** *OR* **with sthg)** conformar-se (com algo).
confound [kənˈfaʊnd] *vt* [confuse, defeat] confundir.
confront [kənˈfrʌnt] *vt* **-1.** [person] defrontar-se com **-2.** [task, problem] enfrentar **-3.** [present]**: to ~ sb (with sthg)** confrontar alguém (com algo).
confrontation [ˌkɒnfrʌnˈteɪʃn] *n* confrontação *f.*
confuse [kənˈfjuːz] *vt* **-1.** [bewilder] confundir **-2.** [mix up]**: to ~ sb/sthg (with)** confundir alguém/algo (com) **-3.** [complicate, make less clear] complicar.
confused [kənˈfjuːzd] *adj* confuso(sa).
confusing [kənˈfjuːzɪŋ] *adj* confuso(sa).
confusion [kənˈfjuːʒn] *n* confusão *f.*
congeal [kənˈdʒiːl] *vi* **-1.** [blood] coagular **-2.** [food] congelar.

congenial [kən'dʒi:njəl] *adj* agradável.
congested [kən'dʒestɪd] *adj* congestionado(da).
congestion [kən'dʒestʃn] *n (U)* **-1.** [overcrowding] congestionamento *m* **-2.** *MED* congestão *f.*
conglomerate [kən'glɒmərət] *n COMM* conglomerado *m.*
congratulate [kən'grætʃʊleɪt] *vt*: **to ~ sb (on)** felicitar alguém (por).
congratulations [kən,grætʃʊ'leɪʃənz] ◇ *npl* felicitações *fpl.* ◇ *excl* parabéns!
congregate ['kɒŋgrɪgeɪt] *vi* congregar-se.
congregation [,kɒŋgrɪ'geɪʃn] *n RELIG* congregação *f.*
congress ['kɒŋgres] *n* [meeting] congresso *m.*
◆ **Congress** *n US POL* Congresso *m.*
congressman ['kɒŋgresmən] (*pl* **-men** [-mən]) *n US POL* congressista *m.*
conifer ['kɒnɪfə^r] *n* conífera *f.*
conjugation [,kɒndʒʊ'geɪʃn] *n* conjugação *f.*
conjunction [kən'dʒʌŋkʃn] *n* **-1.** *GRAM* conjunção *f* **-2.** [combination] combinação *f*; **in ~ with** em conjunto com.
conjunctivitis [kən,dʒʌŋktɪ'vaɪtɪs] *n (U)* conjuntivite *f.*
conjure ['kʌndʒə^r] *vi* [by magic] fazer truques.
◆ **conjure up** *vt sep* [evoke] evocar.
conjurer ['kʌndʒərə^r] *n* [magician] mágico *m*, -ca *f.*
conjuror ['kʌndʒərə^r] *n* = **conjurer**.
conk [kɒŋk] *n inf* [nose] narigão *m.*
◆ **conk out** *vi inf* **-1.** [person] estar em frangalhos **-2.** [car, machine] escangalhar-se.
conker ['kɒŋkə^r] *n UK* castanha-da-índia *f.*
con man (*pl* **-men**) *n* vigarista *m.*
connect [kə'nekt] ◇ *vt* **-1.** [gen] ligar, conectar; **to ~ sthg (to sthg)** ligar algo (a algo); **I'm just ~ing you** [on telephone] estou completando sua ligação **-2.** [associate]: **to ~ sb/sthg to** *OR* **with** relacionar alguém/algo a *OR* com **-3.** *ELEC* [to power supply]: **to ~ sthg to** conectar algo a. ◇ *vi* [train, plane, bus]: **to ~ (with)** conectar com.
connected [kə'nektɪd] *adj* [related, associated] relacionado(da); **~ with** conectado(da) com.
connection [kə'nekʃn] *n* **-1.** [relationship] conexão *f*, relação *f*; **~ between/with sthg** relação entre/com algo; **in ~ with** em relação a **-2.** [plane, train, bus & *ELEC*] conexão *f* **-3.** [on telephone] ligação *f* **-4.** [influential contact] contato *m.*
connive [kə'naɪv] *vi* **-1.** [plot] conspirar **-2.** [allow to happen]: **to ~ at sthg** ser conivente em algo.
connoisseur [,kɒnə'sɜ:^r] *n* conhecedor *m*, -ra *f*, especialista *mf.*
conquer ['kɒŋkə^r] *vt* **-1.** [take by force] conquistar **-2.** *fig* [overcome] dominar.
conqueror ['kɒŋkərə^r] *n* conquistador *m*, -ra *f.*
conquest ['kɒŋkwest] *n* conquista *f.*
conscience ['kɒnʃəns] *n* consciência *f.*
conscientious [,kɒnʃɪ'enʃəs] *adj* consciencioso(sa).
conscious ['kɒnʃəs] *adj* consciente; **~ of sthg** consciente de algo; **fashion-~** conhecedor(ra) da moda.
consciousness ['kɒnʃəsnɪs] *n (U)* consciência *f*; **to lose/regain ~** perder/recobrar os sentidos.
conscript ['kɒnskrɪpt] *n MIL* recruta *mf.*
conscription [kən'skrɪpʃn] *n (U)* serviço *m* militar obrigatório.
consecutive [kən'sekjʊtɪv] *adj* consecutivo(va).
consent [kən'sent] ◇ *n (U)* consentimento *m.* ◇ *vi*: **to ~ (to sthg)** consentir (em algo).
consequence ['kɒnsɪkwəns] *n* **-1.** [result] conseqüência *f*; **to face the ~s** encarar as conseqüências; **in ~** em conseqüência **-2.** [importance] importância *f*; **to be of little ~** não ter importância.
consequently ['kɒnsɪkwəntlɪ] *adv* conseqüentemente.
conservation [,kɒnsə'veɪʃn] *n* conservação *f.*
conservative [kən'sɜ:vətɪv] ◇ *adj* **-1.** [traditional] conservador(ra) **-2.** [cautious] cauteloso(sa). ◇ *n* conservador *m*, -ra *f.*
◆ **Conservative** *POL UK* ◇ *adj* conservador(ra). ◇ *n* conservador *m*, -ra *f.*
Conservative Party *n UK*: **the ~** o Partido Conservador.
conservatory [kən'sɜ:vətrɪ] (*pl* **-ies**) *n* estufa *f.*
conserve [*n* 'kɒnsɜ:v, *vb* kən'sɜ:v] ◇ *n* conserva *f.* ◇ *vt* conservar.
consider [kən'sɪdə^r] *vt* **-1.** [gen] considerar; **all things ~ed** considerando tudo **-2.** [believe] achar.
considerable [kən'sɪdrəbl] *adj* considerável.
considerably [kən'sɪdrəblɪ] *adv* consideravelmente.
considerate [kən'sɪdərət] *adj* [thoughtful] atencioso(sa); **that's very ~ of you** é muita consideração de sua parte.
consideration [kən,sɪdə'reɪʃn] *n* **-1.** *(U)* [gen] consideração *f*; **to take sthg into ~** levar algo em consideração; **to show no ~ for others** não mostrar consideração pelos outros **-2.** [factor] fator *m* **-3.** [discussion]: **under ~** em consideração; **your proposal is under ~** sua proposta está sendo considerada.
considering [kən'sɪdərɪŋ] ◇ *prep* considerando, em vista de. ◇ *conj* considerando que. ◇ *adv* apesar de tudo, pensando bem.
consign [kən'saɪn] *vt* [relegate]: **to ~ sb/sthg to sthg** consignar alguém/algo a algo.

consignment [ˌkən'saɪnmənt] *n* [load] remessa *f*, despacho *m*.

consist [kən'sɪst] ◆ **consist in** *vt fus*: **to ~ in sthg/in doing sthg** consistir em algo/em fazer algo.
◆ **consist of** *vt fus* consistir em.

consistency [kən'sɪstənsɪ] (*pl* **-ies**) *n* **-1.** *(U)* [coherence] consistência *f*, coerência *f* **-2.** [texture] consistência *f*.

consistent [kən'sɪstənt] *adj* **-1.** [gen] constante **-2.** [growth, improvement] consistente **-3.** [argument, facts, position]: **~ (with)** coerente (com).

consolation [ˌkɒnsə'leɪʃn] *n* consolação *f*.

console [*n* 'kɒnsəʊl, *vt* kən'səʊl] <> *n* [control panel] console *m*. <> *vt* consolar.

consonant ['kɒnsənənt] *n* consoante *f*.

consortium [kən'sɔːtjəm] (*pl* **-tiums** *OR* **-tia** [-tjə]) *n* consórcio *m*.

conspicuous [kən'spɪkjʊəs] *adj* conspícuo(cua).

conspiracy [kən'spɪrəsɪ] (*pl* **-ies**) *n* conspiração *f*.

conspire [kən'spaɪə^r] *vt*: **to ~ to do sthg** conspirar para fazer algo.

constable ['kʌnstəbl] *n* *UK* [policeman] guarda *m*.

constabulary [kən'stæbjʊlərɪ] (*pl* **-ies**) *n* *UK* força *f* policial.

constant ['kɒnstənt] *adj* [gen] constante.

constantly ['kɒnstəntlɪ] *adv* constantemente.

consternation [ˌkɒnstə'neɪʃn] *n* *(U)* consternação *f*.

constipated ['kɒnstɪpeɪtɪd] *adj* constipado(da).

constipation [ˌkɒnstɪ'peɪʃn] *n* *(U)* constipação *f*, prisão *f* de ventre.

constituency [kən'stɪtjʊənsɪ] (*pl* **-ies**) *n* **-1.** [area] distrito *m* eleitoral **-2.** [group] eleitorado *m*.

constituent [kən'stɪtjʊənt] *n* **-1.** [voter] eleitor *m*, -ra *f* **-2.** [element] constituinte *m*.

constitute ['kɒnstɪtjuːt] *vt* constituir.

constitution [ˌkɒnstɪ'tjuːʃn] *n* **-1.** [health] constituição *f* (física) **-2.** [composition] constituição *f*.

constraint [kən'streɪnt] *n* **-1.** [restriction] restrição *f*; **~ on sthg** restrição a algo **-2.** *(U)* [control] força *f* **-3.** [coercion] coação *f*.

construct [kən'strʌkt] *vt* [edifice, object] construir.

construction [kən'strʌkʃn] <> *n* **-1.** [gen] construção *f* **-2.** *(U)* [building industry] construção *f* (civil).

constructive [kən'strʌktɪv] *adj* construtivo(va).

construe [kən'struː] *vt* *fml* [interpret]: **to ~ sthg as** interpretar algo como.

consul ['kɒnsəl] *n* [envoy] cônsul *m*, consulesa *f*.

consulate ['kɒnsjʊlət] *n* [building] consulado *m*.

consult [kən'sʌlt] <> *vt* consultar. <> *vi*: **to ~ with sb** consultar-se com alguém.

consultancy [kən'sʌltənsɪ] *n* empresa *f* de consultoria.

consultant [kən'sʌltənt] *n* **-1.** [expert] consultor *m*, -ra *f* **-2.** *UK* [medical specialist] especialista *mf*.

consultation [ˌkɒnsəl'teɪʃn] *n* consulta *f*.

consulting room [kən'sʌltɪŋ-] *n* consultório *m*.

consume [kən'sjuːm] *vt* consumir.

consumer [kən'sjuːmə^r] *n* consumidor *m*, -ra *f*.

consumer goods *npl* bens *mpl* de consumo.

consumer society *n* *(U)* sociedade *f* de consumo.

consummate ['kɒnsəmeɪt] *vt* consumar.

consumption [kən'sʌmpʃn] *n* *(U)* [use] consumo *m*.

cont. (*abbr of* **continued**): **~ on page 10** continua na página 10.

contact ['kɒntækt] <> *n* **-1.** *(U)* [physical, eye, communication] contato *m*; **to lose ~ with sb** perder contato com alguém; **to make ~ with sb** fazer contato com alguém; **in ~** em contato; **in ~ with sb** em contato com alguém **-2.** [person] contato *m*. <> *vt* contatar, entrar em contato com.

contact lens *n* lente *f* de contato.

contagious [kən'teɪdʒəs] *adj* **-1.** *MED* contagioso(sa) **-2.** *fig* [laughter, good humour] contagiante.

contain [kən'teɪn] *vt* conter.

container [kən'teɪnə^r] *n* **-1.** [box, bottle etc.] recipiente *m* **-2.** *COMM* [for transporting goods] contêiner *m*.

contaminate [kən'tæmɪneɪt] *vt* contaminar.

cont'd (*abbr of* **continued**) cont.

contemplate ['kɒntempleɪt] <> *vt* **-1.** [scheme, idea, proposal] considerar **-2.** *literary* [sunset, flower] contemplar. <> *vi* [meditate] contemplar.

contemporary [kən'tempərərɪ] (*pl* **-ies**) <> *adj* contemporâneo(nea). <> *n* contemporâneo *m*, -nea *f*.

contempt [kən'tempt] *n* *(U)* **-1.** [gen] desprezo *m*; **~ for sb/sthg** desprezo por alguém/algo **-2.** *JUR* : **~ (of court)** desacato *m* (à autoridade do tribunal).

contemptuous [kən'temptʃʊəs] *adj* desdenhoso(sa); **to be ~ of sthg** fazer pouco caso de algo.

contend [kən'tend] <> *vt* **-1.** [deal]: **to ~ with sthg** lidar com algo; **to have enough to ~ with** ter muitos problemas para resolver **-2.** [compete]: **to ~ for sthg** disputar algo; **to ~ against sb** disputar com alguém. <> *vt* *fml* [claim]: **to ~ that** sustentar que.

contender [kən'tendəʳ] *n* **-1.** [in fight, race] oponente *mf* **-2.** [for political office] candidato *m*, -ta *f*.

content [*n* 'kɒntent, *adj & vb* kən'tent] ◇ *adj* contente; ~ **with sthg** contente com algo; **to be ~ to do sthg** estar a fim de fazer algo. ◇ *n* **-1.** [amount contained] teor *m* **-2.** [subject matter] conteúdo *m*. ◇ *vt*: **to ~ o.s. with sthg/with doing sthg** contentar-se com algo/em fazer algo.

◆ **contents** *npl* **-1.** [of container, document] conteúdo *m* **-2.** [at front of book] sumário *m*.

contented [kən'tentɪd] *adj* satisfeito(ta).

contention [kən'tenʃn] *n* **-1.** [argument, assertion] argumentação *f* **-2.** *(U)* [disagreement] discussão *f*.

contest [*n* 'kɒntest, *vb* kən'test] ◇ *n* **-1.** [competition] concurso *m* **-2.** [for power, control] disputa *f*. ◇ *vt* **-1.** [compete for] concorrer **-2.** [dispute] questionar.

contestant [kən'testənt] *n* concorrente *mf*.

context ['kɒntekst] *n* contexto *m*.

continent ['kɒntɪnənt] *n* GEOGR continente *m*.

◆ **Continent** *n* **UK: the Continent** o *Continente Europeu (excluindo-se a Grã-Bretanha)*.

continental [ˌkɒntɪ'nentl] *adj* GEOGR continental.

continental breakfast *n* café-da-manhã *m* continental.

contingency [kən'tɪndʒənsɪ] (*pl* **-ies**) *n* contingência *f*.

contingency plan *n* plano *m* de contingência.

continual [kən'tɪnjʊəl] *adj* contínuo(nua).

continually [kən'tɪnjʊəlɪ] *adv* continuamente.

continuation [kənˌtɪnjʊ'eɪʃn] *n* **-1.** *(U)* [act of extending] prolongamento *m* **-2.** [sequel] continuação *f*.

continue [kən'tɪnju:] ◇ *vt* **-1.** [carry on] continuar, prosseguir; **to ~ doing** OR **to do sthg** continuar a fazer algo **-2.** [begin again] recomeçar **-3.** [resume speaking] prosseguir. ◇ *vi* **-1.** [carry on] continuar; **to ~ with sthg** continuar com algo **-2.** [begin again] recomeçar **-3.** [resume speaking, travelling] prosseguir.

continuous [kən'tɪnjʊəs] *adj* [uninterrupted] contínuo(nua).

continuously [kən'tɪnjʊəslɪ] *adv* [without interruption] continuamente.

contort [kən'tɔ:t] *vt* contorcer.

contortion [kən'tɔ:ʃn] *n* contorção *f*.

contour ['kɒnˌtʊəʳ] *n* **-1.** [outline] contorno *m* **-2.** [on map] relevo *m*.

contraband ['kɒntrəbænd] ◇ *adj* contrabandeado(da). ◇ *n (U)* contrabando *m*.

contraception [ˌkɒntrə'sepʃn] *n (U)* contracepção *f*.

contraceptive [ˌkɒntrə'septɪv] ◇ *adj* anticoncepcional. ◇ *n* anticoncepcional *m*.

contract [*n* 'kɒntrækt, *vb* kən'trækt] ◇ *n* contrato *m*. ◇ *vt* **-1.** [through legal agreement] contratar; **to ~ to do sthg** contratar para fazer algo **-2.** COMM: **to ~ sb (to do sthg)** contratar alguém (para fazer algo) **-3.** *fml* [illness, disease] contrair. ◇ *vi* [metal, plastic] contrair-se.

contraction [kən'trækʃn] *n* contração *f*.

contractor [kən'træktəʳ] *n* contratante *mf*.

contradict [ˌkɒntrə'dɪkt] *vt* **-1.** [challenge] contradizer **-2.** [conflict with]: **to ~ each other** contradizer-se.

contradiction [ˌkɒntrə'dɪkʃn] *n* contradição *f*.

contraflow ['kɒntrəfləʊ] *n* contrafluxo *m*.

contraption [kən'træpʃn] *n* geringonça *f*.

contrary ['kɒntrərɪ] ◇ *adj* [opposing] contrário(ria); **~ to sthg** contrário(ria) a algo. ◇ *n* contrário *m*; **on the ~** pelo contrário.

◆ **contrary to** *prep* contrário a.

contrast [*n* 'kɒntrɑ:st, *vb* kən'trɑ:st] ◇ *n* **-1.** [difference]: **~ (between/with)** contraste *m* (entre/com); **by** OR **in ~** em comparação, por outro lado; **in ~ with** OR **to sthg** em comparação com algo **-2.** [something different]: **~ (to sb/sthg)** oposto *m*, -ta *f* (a alguém/algo). ◇ *vt*: **to ~ sthg with sthg** contrastar algo com algo. ◇ *vi*: **to ~ (with sthg)** contrastar OR dar contraste (com algo).

contravene [ˌkɒntrə'vi:n] *vt* violar.

contribute [kən'trɪbju:t] ◇ *vt* **-1.** [give] contribuir com. ◇ *vi* **-1.** [give money]: **to ~ (to sthg)** contribuir (para algo) **-2.** [be part of cause]: **to ~ to sthg** contribuir para algo **-3.** [write material]: **to ~ to sthg** colaborar com algo.

contribution [ˌkɒntrɪ'bju:ʃn] *n* **-1.** [gen]: **~ (to sthg)** contribuição *f* (para algo) **-2.** [written article] colaboração *f*.

contributor [kən'trɪbjʊtəʳ] *n* **-1.** [of money] contribuinte *mf* **-2.** [to magazine, newspaper] colaborador *m*, -ra *f*.

contrive [kən'traɪv] *fml vt* **-1.** [manoeuvre to put in place] manipular **-2.** [manage]: **to ~ to do sthg** dar um jeito de fazer algo **-3.** [invent, construct] improvisar.

contrived [kən'traɪvd] *adj pej* arranjado(da).

control [kən'trəʊl] (*pt & pp* **-led**, *cont* **-ling**) ◇ *n* **-1.** [gen] controle *m*; **in ~ of** no controle de, no comando de; **under ~** sob controle; **to lose ~** [of emotions] perder o controle **-2.** COMPUT comando *m*. ◇ *vt* controlar.

◆ **controls** *npl* [of machine, vehicle] controles *mpl*.

controller [kən'trəʊləʳ] *n* [person responsible] controller *mf*, diretor *m*, -ra *f*; **financial ~** contador *m*, -ra *f*.

control panel *n* painel *m* de controle.

control tower *n* torre *f* de controle.

controversial [ˌkɒntrəˈvɜːʃl] *adj* controverso(sa), polêmico(ca).

controversy [ˈkɒntrəvɜːsɪ, *UK* kənˈtrɒvəsɪ] (*pl* -**ies**) *n* controvérsia *f*, polêmica *f*.

convalesce [ˌkɒnvəˈles] *vi* convalescer.

convene [kənˈviːn] ◇ *vt* [meeting, conference] convocar. ◇ *vi* [court, parliament] reunir-se.

convenience [kənˈviːnjəns] *n (U)* [gen] conveniência *f*; **at your earliest ~** assim que possível.

convenience store *n US* loja *f* de conveniências.

convenient [kənˈviːnjənt] *adj* **-1.** [suitable] conveniente **-2.** [handy] cômodo(da); **~ for sthg** conveniente para algo.

convent [ˈkɒnvənt] *n* [building] convento *m*.

convention [kənˈvenʃn] *n* convenção *f*.

conventional [kənˈvenʃənl] *adj* convencional; **~ person** *pej* pessoa *f* sem graça; **~ weapons** armas *fpl* não-nucleares.

converge [kənˈvɜːdʒ] *vi* convergir; **to ~ on sb/sthg** [to move towards] dirigir-se para alguém/algo.

convergence [kənˈvɜːdʒəns] *n* [in EU] convergência *f*; **~ criteria** critérios *mpl* de convergência.

conversant [kənˈvɜːsənt] *adj fml*: **~ with sthg** familiarizado(da) com algo.

conversation [ˌkɒnvəˈseɪʃn] *n* conversação *f*, conversa *f*.

converse [*n* ˈkɒnvɜːs, *vb* kənˈvɜːs] ◇ *n* [opposite]: **the ~** o inverso. ◇ *vi fml* [talk] conversar; **to ~ with sb** conversar com alguém.

conversely [kənˈvɜːslɪ] *adv fml* inversamente.

conversion [kənˈvɜːʃn] *n* **-1.** [gen] conversão *f* **-2.** [converted building, room] reforma *f*.

convert [*vb* kənˈvɜːt, *n* ˈkɒnvɜːt] ◇ *vt*: **to ~ sthg (in)to sthg** converter algo em algo; **to ~ sb (to sthg)** converter alguém (para algo); **I didn't like jazz much but she ~ed me to it** eu não gostava muito de jazz, mas ela me converteu. ◇ *vi* [change]: **she's ~ed to Catholicism** ela se converteu ao catolicismo; **the seating ~s to a double bed** o sofá se transforma numa cama de casal. ◇ *n* convertido *m*, -da *f*.

convertible [kənˈvɜːtəbl] ◇ *adj* [bed, sofa] dobrável. ◇ *n* [car] conversível *m*.

convex [kɒnˈveks] *adj* convexo(xa).

convey [kənˈveɪ] *vt* **-1.** *fml* [people, cargo] conduzir **-2.** [feelings, ideas, thoughts] expressar; **to ~ sthg to sb** transmitir algo a alguém.

conveyer belt [kənˈveɪəʳ-], **conveyor belt** *n* esteira *f* transportadora.

convict [*n* ˈkɒnvɪkt, *vb* kənˈvɪkt] ◇ *n* condenado *m*, -da *f*. ◇ *vt JUR* : **to ~ sb of sthg** condenar alguém por algo.

conviction [kənˈvɪkʃn] *n* **-1.** [gen] convicção *f* **-2.** *JUR* condenação *f*.

convince [kənˈvɪns] *vt* [persuade] convencer; **to ~ sb of sthg** convencer alguém de algo; **to ~ sb to do sthg** convencer alguém a fazer algo.

convincing [kənˈvɪnsɪŋ] *adj* convincente.

convoluted [ˈkɒnvəluːtɪd] *adj* [tortuous] enrolado(da).

convoy [ˈkɒnvɔɪ] *n* [group] comboio *m*.

convulse [kənˈvʌls] *vt* : **to be ~d with** [laughter, pain] dobrar-se de.

convulsion [kənˈvʌlʃn] *n MED* convulsão *f*.

coo [kuː] *vi* **-1.** [bird] arrulhar **-2.** [person] sussurrar.

cook [kʊk] ◇ *n* cozinheiro *m*, -ra *f*. ◇ *vt* **-1.** [food, meal] cozinhar; **I'll ~ dinner** vou preparar o jantar **-2.** *inf* [books, accounts] falsificar. ◇ *vi* cozinhar.

cookbook [ˈkʊkˌbʊk] *n* = **cookery book**.

cooker [ˈkʊkəʳ] *n esp UK* [stove] fogão *m*.

cookery [ˈkʊkərɪ] *n (U)* culinária *f*.

cookery book *n* livro *m* de receitas.

cookie [ˈkʊkɪ] *n* **-1.** *esp US* [biscuit] biscoito *m* **-2.** *COMPUT* cookie *m*.

cooking [ˈkʊkɪŋ] *n (U)* **-1.** [activity] culinária *f*; **do you like ~?** você gosta de cozinhar? **-2.** [food] cozinha *f*; **her ~ is awful!** ela cozinha mal pra caramba!

cool [kuːl] ◇ *adj* **-1.** [not warm] frio (fria) **-2.** [calm] tranqüilo(la) **-3.** [unfriendly] frio (fria) **-4.** *inf* [excellent] legal **-5.** *inf* [trendy] bacana. ◇ *vt* esfriar. ◇ *vi* [food, liquid, room] esfriar. ◇ *n inf* [calm]: **to keep/lose one's ~** manter/perder a calma.

◆ **cool down** *vi* [become less warm] esfriar.

cool bag *n* bolsa *f* térmica.

cool box *UK*, **cooler** *US* *n* caixa *f* de gelo.

coop [kuːp] *n* gaiola *f*; **chicken ~** galinheiro *m*.

◆ **coop up** *vt sep inf* trancafiar.

co-op (*abbr of* **cooperative**) *n fam* coop.

cooperate [kəʊˈɒpəreɪt] *vi* cooperar; **to ~ with sb/sthg** cooperar com alguém/algo.

cooperation [kəʊˌɒpəˈreɪʃn] *n (U)* cooperação *f*.

cooperative [kəʊˈɒpərətɪv] ◇ *adj* cooperativo(va). ◇ *n* [enterprise] cooperativa *f*.

coordinate [*n* kəʊˈɔːdɪnət, *vt* kəʊˈɔːdɪneɪt] ◇ *n* [on map, graph] coordenada *f*. ◇ *vt* coordenar.

◆ **coordinates** *npl* [clothes] conjuntos *mpl*.

coordination [kəʊˌɔːdɪˈneɪʃn] *n (U)* coordenação *f*.

cop [kɒp] (*pt* & *pp* **-ped**, *cont* **-ping**) *n inf* [policeman] tira *m*.

cope [kəʊp] *vi* suportar; **to ~ with sthg** lidar com algo.

Copenhagen [ˌkəʊpənˈheɪgən] *n* Copenhague.

copier [ˈkɒpɪəʳ] *n* [photocopier] copiadora *f*.

cop-out *n inf* desculpa *f* furada.
copper ['kɒpəʳ] *n* **-1.** *(U)* [metal] cobre *m* **-2.** *UK inf* [policeman] tira *m*.
coppice ['kɒpɪs], **copse** [kɒps] *n* capão *m*.
copy ['kɒpɪ] (*pt* & *pp* **-ied**) <> *n* cópia *f*. <> *vt* copiar.
copyright ['kɒpɪraɪt] *n (U)* direitos *mpl* autorais, copyright *m*.
coral ['kɒrəl] *n (U)* coral *m*.
cord [kɔ:d] *n* **-1.** [string] cordão *m* **-2.** [wire] fio *m* **-3.** [fabric] veludo *m* cotelê.
◆ **cords** *npl inf* calça *f* de veludo cotelê.
cordial ['kɔ:djəl] <> *adj* cordial. <> *n* cordial *m*.
cordon ['kɔ:dn] *n* [barrier] cordão *m* de isolamento.
◆ **cordon off** *vt sep* isolar *(com cordão)*.
corduroy ['kɔ:dərɔɪ] *n* veludo *m* cotelê.
core [kɔ:ʳ] <> *n* **-1.** [gen] centro *m* **-2.** [of apple, pear] caroço *m* **-3.** [of argument, policy] âmago *m* **-4.** *phr*: **to be English/royalist to the ~** ser inglês(esa)/monarquista até morrer; **to be shaken to the ~** ficar muito comovido(da). <> *vt* [fruit] descaroçar.
Corfu [kɔ:'fu:] *n* Corfu.
corgi ['kɔ:gɪ] (*pl* **-s**) *n pequeno cão do País de Gales de nariz alongado e pernas curtas*.
coriander [ˌkɒrɪ'ændəʳ] *n (U)* **-1.** [herb] coriandro *m* **-2.** [spice] coentro *m*.
cork [kɔ:k] *n* **-1.** *(U)* [material] cortiça *f* **-2.** [stopper] rolha *f*.
corkscrew ['kɔ:kskru:] *n* saca-rolhas *m*.
corn [kɔ:n] *n* **-1.** *(U) UK* [wheat, barley, oats] cereais *mpl* **-2.** *(U) esp Am* [maize] milho *m* **-3.** [callus] calo *m*.
cornea ['kɔ:nɪə] (*pl* **-s**) *n* córnea *f*.
corned beef [kɔ:nd-] *n (U)* carne *f* bovina enlatada.
corner ['kɔ:nəʳ] <> *n* **-1.** [gen] canto *m*; **to cut ~s** *fig* pular etapas **-2.** [in street, road] esquina *f* **-3.** *FTBL* escanteio *m*. <> *vt* **-1.** [trap] encurralar **-2.** [monopolize] monopolizar.
corner shop *n pequeno armazém de esquina que vende comida e artigos de limpeza*.
cornerstone ['kɔ:nəstəʊn] *n fig* [basis] fundamento *m*.
cornet ['kɔ:nɪt] *n* **-1.** [instrument] corneta *f* **-2.** *UK* [ice-cream cone] casquinha *f*.
cornflakes ['kɔ:nfleɪks] *npl* flocos *mpl* de cereais.
cornflour *UK* ['kɔ:nflaʊəʳ], **cornstarch** *US* ['kɔ:nstɑ:tʃ] *n (U)* amido *m* de milho.
corn oil *n* óleo *m* de milho.
corn on the cob *n* milho *m* cozido.
Cornwall ['kɔ:nwɔ:l] *n* Cornualha *f*; **in ~** na Cornualha.
corny ['kɔ:nɪ] (*compar* **-ier**, *superl* **-iest**) *adj inf* batido(da).
coronary ['kɒrənrɪ] (*pl* **-ies**), **coronary thrombosis** [-θrɒm'bəʊsɪs] (*pl* **coronary thromboses** [-θrɒm'bəʊsi:z]) *n* trombose *f* coronária.
coronation [ˌkɒrə'neɪʃn] *n* coroação *f*.
coroner ['kɒrənəʳ] *n oficial responsável por investigar as mortes das pessoas que morreram de forma violenta, brusca ou incomum*.
corporal ['kɔ:pərəl] *n* cabo *m*.
corporal punishment *n (U)* castigo *m* corporal.
corporate ['kɔ:pərət] *adj* **-1.** [business] corporativo(va) **-2.** [collective] coletivo(va).
corporation [ˌkɔ:pə'reɪʃn] *n* **-1.** [council] associação *f* **-2.** [large company] corporação *f*.
corps [kɔ:ʳ] (*pl inv*) *n* **-1.** *MIL* unidade *f* **-2.** [group] corpo *m*.
corpse [kɔ:ps] *n* cadáver *m*.
correct [kə'rekt] <> *adj* **-1.** [right, accurate] certo(ta) **-2.** [appropriate, suitable] adequado(da). <> *vt* corrigir.
correction [kə'rekʃn] *n* **-1.** *(U)* [act of correcting] correção *f* **-2.** [change] emenda *f*.
correlation [ˌkɒrə'leɪʃn] *n*: **~ (between)** correlação (entre).
correspond [ˌkɒrɪ'spɒnd] *vi* **-1.** [be equivalent]: **to ~ (with** *OR* **to sthg)** corresponder (com *OR* a algo) **-2.** [tally]: **to ~ (with** *OR* **to sthg)** ajustar-se (a algo) **-3.** [write letters]: **to ~ (with sb)** corresponder-se (com alguém).
correspondence [ˌkɒrɪ'spɒndəns] *n* **-1.** [letters] correspondência *f* **-2.** [letter-writing]: **~ with/between sb** correspondência com/entre alguém **-3.** [relationship, similarity]: **~ with sthg** relação com algo.
correspondence course *n* curso *m* por correspondência.
correspondent [ˌkɒrɪ'spɒndənt] *n* [reporter] correspondente *mf*.
corridor ['kɒrɪdɔ:ʳ] *n* [in building] corredor *m*.
corroborate [kə'rɒbəreɪt] *vt* corroborar.
corrode [kə'rəʊd] <> *vt* corroer. <> *vi* corroer-se.
corrosion [kə'rəʊʒn] *n (U)* [of metal] corrosão *f*.
corrugated ['kɒrəgeɪtɪd] *adj* ondulado(da).
corrugated iron *n (U)* ferro *m* corrugado.
corrupt [kə'rʌpt] <> *adj* **-1.** [dishonest] corrupto(ta) **-2.** [depraved] depravado(da) **-3.** *COMPUT* [damaged] corrompido(da). <> *vt* corromper.
corruption [kə'rʌpʃn] *n (U)* **-1.** [gen] corrupção *f* **-2.** [depravity] depravação *f*.
corset ['kɔ:sɪt] *n* [undergarment] espartilho *m*.
Corsica ['kɔ:sɪkə] *n* Córsega.
cosh [kɒʃ] <> *n* cacete *m*. <> *vt* dar cacetadas.
cosmetic [kɒz'metɪk] <> *adj fig* [superficial]

superficial. <> *n* cosmético *m*.
cosmopolitan [kɒzmə'pɒlɪtn] *adj* cosmopolita.
cosset ['kɒsɪt] *vt* acarinhar.
cost [kɒst] (*pt* & *pp* **cost**, *pt* & *pp sense 2* **-ed**) <> *n* custo *m*; **at all ~s** a qualquer custo. <> *vt* **-1.** [in financial transactions - sum of money] custar; [- person] custar a **-2.** *COMM* [estimate price of] orçar; **to ~ a product** orçar um produto; **the work was ~ed at £65** o trabalho foi orçado em £65.
◆ **costs** *npl JUR* custas *fpl*.
co-star ['kəʊ-] *n* coadjuvante *mf*.
Costa Rica [ˌkɒstə'ri:kə] *n* Costa Rica.
cost-effective *adj* rentável, lucrativo(va).
costing ['kɒstɪŋ] *n* estimativa *f* de custos.
costly ['kɒstlɪ] (*compar* **-ier**, *superl* **-iest**) *adj* **-1.** [expensive] oneroso(sa) **-2.** *fig* [involving loss, damage] dispendioso(sa).
cost of living *n*: **the ~** o custo de vida.
cost price *n* preço *m* de custo.
costume ['kɒstju:m] *n* **-1.** *THEATRE* roupa *f*; **lion ~** fantasia de leão; **in ~ and make-up** vestido(da) e maquiado(da) **-2.** *(U)* [dress] traje *m*; **swimming ~** maiô *m*.

> Não confundir *costume (roupa, traje, fantasia)* com o português costume que em inglês é *habit*. (*A costume party.* Uma festa à *fantasia*.)

costume jewellery *n (U)* bijuteria *f*.
cosy *UK*, **cozy** *US* ['kəʊzɪ] (*compar* **-ier**, *superl* **-iest**) *adj* [person] aconchegado(da); **to feel ~** sentir-se aconchegado(da).
cot [kɒt] *n* **-1.** *UK* [for child] berço *m* **-2.** *US* [folding bed] cama *f* de campanha.
cottage ['kɒtɪdʒ] *n* cabana *f*, chalé *m*; **a country ~** uma casa de campo.
cottage cheese *n (U)* requeijão *m*.
cottage pie *n UK bolo de carne picada coberto com purê de batata.*
cotton ['kɒtn] <> *n (U)* **-1.** [fabric, plants] algodão *m* **-2.** [thread] linha *f*. <> *comp* de algodão.
◆ **cotton on** *vi inf*: **to ~ on (to sthg)** sacar (algo).
cotton candy *n US* = **candyfloss**.
cotton wool *n (U)* chumaço *m* de algodão.
couch [kaʊtʃ] *n* **-1.** [gen] sofá *m* **-2.** [psychiatrist's] divã *m*.
cough [kɒf] <> *n* **-1.** [noise] tossida *f* **-2.** [illness] tosse *f*. <> *vi* tossir.
cough mixture *n UK* xarope *m* para a tosse.
cough sweet *n UK* pastilha *f* para tosse.
cough syrup *n* = **cough mixture**.
could [kʊd] *pt* ▷ **can**[2].
couldn't ['kʊdnt] = **could not**.
could've ['kʊdəv] = **could have**.
council ['kaʊnsl] *n* **-1.** [local authority] câmara *f* municipal **-2.** [group, organization] conselho *m* **-3.** [meeting] assembléia *f*.
council estate *n UK conjunto de casas de propriedade do município destinado à locação.*
council flat *n UK apartamento de propriedade do município para ser alugado a baixo custo.*
council house *n UK casa de propriedade do município para ser alugada a baixo custo.*
councillor ['kaʊnsələʳ] *n* vereador *m*, -ra *f*.
council tax *n UK* ≃ imposto *m* territorial urbano.
counsel ['kaʊnsəl] (*UK pt* & *pp* **-led**, *cont* **-ling**, *US pt* & *pp* **-ed**, *cont* **-ing**) *n* **-1.** *(U) fml* [advice] parecer *m* **-2.** [lawyer] conselheiro *m*, -ra *f*, advogado *m*, -da *f*.
counsellor *UK*, **counselor** *US* ['kaʊnsələʳ] *n* **-1.** [adviser, helper] conselheiro *m*, -ra *f*, orientador(ra) ra **-2.** *US* [lawyer] advogado *m*, -da *f*.
count [kaʊnt] <> *n* **-1.** [total] conta *f*; **to keep ~ of sthg** registrar algo; **to lose ~ of sthg** perder a conta de algo **-2.** [aristocrat] conde *m*. <> *vt* **-1.** [add up] contar **-2.** [consider, include]: **to ~ sb/sthg as sthg** considerar alguém/algo como algo. <> *vi* contar; **to ~ (up) to** contar até; **to ~ as sthg** contar como algo.
◆ **count against** *vt fus* pesar contra.
◆ **count on** *vt fus* [rely on, expect] contar com.
◆ **count up** *vt fus* contar.
◆ **count upon** *vt fus* = **count on**.
countdown ['kaʊntdaʊn] *n* contagem *f* regressiva.
counter ['kaʊntəʳ] <> *n* **-1.** [in shop, kitchen] balcão *m* **-2.** [in board game] ficha *f* **-3.** [in post office, bank] guichê *m*. <> *vt*: **to ~ sthg with sthg** [respond to] responder algo com algo. <> *vi*: **to ~ with sthg/by doing sthg** responder com/fazendo algo.
◆ **counter to** *adv* ao contrário de; **to run ~ to sthg** ir contra algo/ser contrário a algo.
counteract [ˌkaʊntə'rækt] *vt* neutralizar.
counter-attack *vt* & *vi* contra-atacar.
counterclockwise *US* [ˌkaʊntə'klɒkwaɪz] <> *adj* anti-horário(ria). <> *adv* em sentido anti-horário.
counterfeit ['kaʊntəfɪt] <> *adj* falsificado(da). <> *vt* falsificar.
counterfoil ['kaʊntəfɔɪl] *n* canhoto *m*.
countermand [ˌkaʊntə'mɑ:nd] *vt* revogar.
counterpart ['kaʊntəpɑ:t] *n* contraparte *f*.
counter-productive *adj* contraproducente.
countess ['kaʊntɪs] *n* condessa *f*.
countless ['kaʊntlɪs] *adj* inúmero(ra).
country ['kʌntrɪ] (*pl* **-ies**) *n* **-1.** [nation] país *m*; **to go to the ~** *UK POL* fazer uma eleição **-2.**

[countryside]: **the** ~ o campo **-3.** [area of land, region] região *f*.
country dancing *n (U)* dança *f* tradicional.
country house *n* casa *f* de campo.
countryman ['kʌntrɪmən] (*pl* **-men** [-mən]) *n* [from same country] compatriota *m*.
country park *n UK* parque *m* regional.
countryside ['kʌntrɪsaɪd] *n (U)* campo *m*.
county ['kaʊntɪ] (*pl* **-ies**) *n* condado *m*.
county council *n UK* conselho *m* regional.
coup [ku:] *n* **-1.** [rebellion]: ~ **(d'état)** golpe de estado **-2.** [masterstroke] golpe *m* de mestre.
couple ['kʌpl] <> *n* **-1.** [in relationship] casal *m* **-2.** [small number]: **a** ~ alguns, algumas; **a** ~ **of** dois, duas. <> *vt* [join]: **to** ~ **sthg (to sthg)** unir algo (a algo).
coupon ['ku:pɒn] *n* **-1.** [voucher] vale *m* **-2.** [form] cupom *m*.
courage ['kʌrɪdʒ] *n (U)* coragem *f*; **to take** ~ **(from sthg)** tirar coragem (de algo).
courgette [kɔ:'ʒet] *n UK* abobrinha *f*.
courier ['kʊrɪə^r] *n* **-1.** [on holiday tour] *representante de uma agência de viagens que cuida das pessoas que estão a passeio* **-2.** [delivering letters, packages] mensageiro *m*, -ra *f*, courier *m*.
course [kɔ:s] *n* **-1.** [gen] curso *m* **-2.** *MED* [of treatment] tratamento *m* **-3.** [path, route] rota *f*; **to be on** ~ **for** [ship, plane] estar rumando para; *fig* [on target] em curso; **off** ~ fora de curso **-4.** [plan]: ~ **(of action)** curso (de ação) **-5.** [of time]: **in due** ~ no tempo devido; **in the** ~ **of** no decorrer de **-6.** [in meal] prato *m* **-7.** *SPORT* campo *m*.
◆ **of course** *adv* **-1.** [inevitably, not surprisingly] evidentemente **-2.** [certainly] claro que sim; **of** ~ **you can!** claro que pode!; **'do you want the job?' - 'of** ~ **I do!'** 'você quer o trabalho?' - 'claro que quero!'; **of** ~ **not** claro que não.
coursebook ['kɔ:sbʊk] *n* livro *m* de curso.
coursework ['kɔ:swɜ:k] *n (U)* trabalho *m* de curso.
court [kɔ:t] <> *n* **-1.** *JUR* tribunal *m*; **the** ~ o tribunal **-2.** *SPORT* quadra *f* **-3.** [courtyard] pátio *m* **-4.** [of king, queen etc.] corte *f*. <> *vi **dated*** [go out together] cortejar.
courteous ['kɜ:tjəs] *adj* cortês.
courtesy ['kɜ:tɪsɪ] *n (U)* [polite behaviour] cortesia *f*.
◆ **(by) courtesy of** *prep* [thanks to] por cortesia de.
courthouse ['kɔ:thaʊs] *n **US*** palácio *m* da justiça.
courtier ['kɔ:tjə^r] *n* cortesão *m*.
court-martial (*pl* **court-martials** *OR* **courts-martial**) *n* corte *m* marcial.
courtroom ['kɔ:trʊm] *n* sala *f* de tribunal.
courtyard ['kɔ:tjɑ:d] *n* pátio *m*.
cousin ['kʌzn] *n* primo *m*, -ma *f*.
cove [kəʊv] *n* [bay] enseada *f*.
covenant ['kʌvənənt] *n* [promise of money] convênio *m*.
Covent Garden [ˌkɒvənt-] *n área comercial e artística coberta no centro de Londres, que também inclui o Royal Opera House*.
cover ['kʌvə^r] <> *n* **-1.** [covering] capa *f* **-2.** [lid] tampa *f* **-3.** [blanket] coberta *f* **-4.** [protection, shelter] abrigo *m*; **to take** ~ [from weather] abrigar-se; [from gunfire] proteger-se; **under** ~ [from weather] abrigado(da); **under** ~ **of darkness** sob o manto da escuridão **-5.** [disguise, front or insurance] cobertura *f*. <> *vt* cobrir; **to** ~ **sthg with sthg** cobrir algo com algo; **to** ~ **sb against sthg** [give insurance] cobrir alguém contra algo.
◆ **cover up** *vt sep fig* [story, scandal] encobrir.
coverage ['kʌvərɪdʒ] *n (U)* [of news] cobertura *f*.
cover charge *n* couvert *m*.
covering ['kʌvərɪŋ] *n* cobertura *f*.
covering letter *UK*, **cover letter** *US n carta ou nota contendo explicações ou informações adicionais que acompanha uma encomenda ou outra carta*.
cover note *n UK* nota *f* de cobertura.
covert ['kʌvət] *adj* secreto(ta), oculto(ta).
cover-up *n* encobrimento *m*.
covet ['kʌvɪt] *vt fml* ambicionar.
cow [kaʊ] <> *n* **-1.** [female type of cattle] vaca *f* **-2.** [female elephant, whale, seal] fêmea *f*. <> *vt* intimidar.
coward ['kaʊəd] *n* covarde *mf*.
cowardly ['kaʊədlɪ] *adj* covarde.
cowboy ['kaʊbɔɪ] *n* [cattlehand] vaqueiro.
cower ['kaʊə^r] *vi* encolher-se de medo.
cox [kɒks], **coxswain** ['kɒksən] *n* timoneiro *m*, -ra *f*.
coy [kɔɪ] *adj* recatado(da).
cozy *adj US* = **cosy**.
CPA (*abbr of* **certified public accountant**) *n contador público certificado nos Estados Unidos*.
crab [kræb] *n* **-1.** [sea creature] caranguejo *m* **-2.** [food] siri *m*.
crab apple *n* **-1.** [fruit] maçã *f* silvestre **-2.** [tree] macieira *f* silvestre.
crack [kræk] <> *n* **-1.** [fault - in cup, glass, mirror] trinca *f*; [- in wall, ceiling] rachadura *f*; [- in skin] arranhão *m* **-2.** [small opening, gap] fresta *f* **-3.** [sharp noise] estalo *m* **-4.** *inf* [attempt]: **to have a** ~ **at sthg** tentar (fazer) algo **-5.** [cocaine] crack *m*. <> *adj* de primeira. <> *vt* **-1.** [damage - gen] arranhar; [- cup, glass] trincar; [- wall, ceiling] rachar **-2.** [cause to make sharp noise] estalar **-3.** [bang, hit] bater **-4.** [solve - problem] resolver; [- code] decifrar **-5.** *inf* [make]: **to** ~

a joke soltar uma piada. <> *vi* **-1.** [split, be damaged - gen] arranhar; [- cup, glass] trincar; [- wall, ceiling] rachar **-2.** [give way, collapse] ruir.
◆ **crack down** *vi*: **to ~ down (on sb/sthg)** fazer linha dura (contra alguém/algo).
◆ **crack up** *vi* ter um colapso nervoso.

cracker ['krækə^r] *n* **-1.** [biscuit] biscoito *m* **-2.** *UK* [for Christmas] *tubo colorido que faz barulho ao abrir e contém um presente surpresa.*

crackers ['krækəz] *adj UK inf* [mad] doido(da).

crackle ['krækl] *vi* **-1.** [fire, cooking] crepitar **-2.** [phone, radio] estar com interferência.

cradle ['kreɪdl] <> *n* **-1.** [baby's bed, birthplace] berço *m* **-2.** [hoist] pedestal *m.* <> *vt* **-1.** [person] embalar **-2.** [object] segurar cuidadosamente.

craft [krɑ:ft] (*pl sense 2 inv*) *n* **-1.** [trade, skill] arte *f* **-2.** [boat] barco *m.*

craftsman ['krɑ:ftsmən] (*pl* **-men** [-mən]) *n* artesão *m.*

craftsmanship ['krɑ:ftsmənʃɪp] *n* destreza *f*, habilidade *f.*

craftsmen *pl* ▻ **craftsman.**

crafty ['krɑ:ftɪ] (*compar* **-ier**, *superl* **-iest**) *adj* astuto(ta).

crag [kræg] *n* penhasco *m.*

cram [kræm] (*pt* & *pp* **-med**, *cont* **-ming**) <> *vt* abarrotar; **to ~ sthg with sthg** abarrotar algo com algo; **to be crammed (with sthg)** estar abarrotado(da) (de algo). <> *vi* [study hard] rachar de estudar.

cramp [kræmp] <> *n* **-1.** [in leg, arm] cãibra *f* **-2.** [in stomach] cólica *f.* <> *vt* [restrict, hinder] limitar.

cranberry ['krænbərɪ] (*pl* **-ies**) *n* uva-do-monte *f.*

crane [kreɪn] *n* [machine] guindaste *m.*

crank [kræŋk] <> *n* **-1.** *TECH* manivela *f* **-2.** *inf* [eccentric] extravagante *mf.* <> *vt* [gen] dar manivela em.

crankshaft ['kræŋkʃɑ:ft] *n* virabrequim *m.*

crap [kræp] *n (U) vulg* **-1.** [excrement] bosta *f* **-2.** *fig* [rubbish] asneira *f.*

crash [kræʃ] <> *n* **-1.** [accident] acidente *m* **-2.** [loud noise] estrépito *m.* <> *vt* [cause to collide] bater com. <> *vi* **-1.** [collide] colidir; **to ~ into sthg** colidir em algo **-2.** *FIN* [collapse] entrar em colapso.

crash course *n* curso *m* intensivo.

crash helmet *n* elmo *m.*

crash-land *vi* aterrisar forçosamente.

crass [kræs] *adj* crasso(sa).

crate [kreɪt] *n* **-1.** [for carrying things] caixote *m* **-2.** [crateful] engradado *m.*

crater ['kreɪtə^r] *n* cratera *f.*

cravat [krə'væt] *n* cachecol *m.*

crave [kreɪv] <> *vt* ansiar. <> *vi*: **to ~ for sthg** ansiar por algo.

crawl [krɔ:l] <> *vi* **-1.** [on hands and knees] engatinhar **-2.** [move slowly - insect] rastejar; [- vehicle, traffic] arrastar-se **-3.** *inf*: **to be ~ing with sthg** estar infestado(da) de algo. <> *n (U)* [swimming stroke]: **the ~** o crawl.

crayfish ['kreɪfɪʃ] (*pl inv OR* **-es**) *n* **-1.** [fish] lagostim *m* **-2.** [food] camarão-d'água-doce *m.*

crayon ['kreɪɒn] *n* lápis *m* de cera.

craze [kreɪz] *n* [fashion] moda *f.*

crazy ['kreɪzɪ] (*compar* **-ier**, *superl* **-iest**) *adj inf* [mad, enthusiastic] louco(ca); **to be ~ about sthg/sb** ser/estar louco(ca) por algo/alguém.

creak [kri:k] *vi* ranger.

cream [kri:m] <> *adj* [in colour] creme. <> *n* creme *m.*

cream cake *n UK* bolo *m* de creme.

cream cheese *n (U)* queijo *m* cremoso.

cream cracker *n UK* bolacha *f* cream cracker.

cream tea *n UK chá acompanhado de bolinhos com presunto, geléia e creme, comum na Inglaterra.*

crease [kri:s] <> *n* [in fabric - deliberate] friso *m*; [- accidental] dobra *f.* <> *vt* [deliberately] amassar; [accidentally] amarrotar. <> *vi* [fabric] amassar.

create [kri:'eɪt] *vt* **-1.** [gen] criar **-2.** [noise, fuss, impression] causar.

creation [kri:'eɪʃn] *n* criação *f.*

creative [kri:'eɪtɪv] *adj* criativo(va); **~ writing** produção *f* literária.

creature ['kri:tʃə^r] *n* [animal] criatura *f.*

crèche [kreʃ] *n UK* creche *f.*

credence ['kri:dns] *n (U)* credibilidade *f*; **to give OR lend ~ to sthg** conferir credibilidade a algo.

credentials [krɪ'denʃlz] *npl* **-1.** [papers] credenciais *fpl* **-2.** *fig* [qualifications] credenciais *fpl* **-3.** [references] referências *fpl.*

credibility [ˌkredə'bɪlətɪ] *n (U)* credibilidade *f.*

credit ['kredɪt] <> *n* **-1.** *(U)* [financial aid] crédito *m*; **in ~** com saldo positivo; **on ~** a prazo **-2.** *(U)* [praise] honras *fpl*; **to give sb ~ for sthg** crer que alguém seja capaz de algo **-3.** *SCH & UNIV* crédito *m* **-4.** *FIN* [money credited] saldo *m* positivo. <> *vt* **-1.** *FIN* creditar **-2.** *inf* [believe] acreditar **-3.** [attribute]: **to ~ sb with sthg** atribuir a alguém o mérito por algo.
◆ **credits** *npl CINEMA* créditos *mpl.*

credit card *n* cartão *m* de crédito.

credit note *n* **-1.** *COMM* nota *f* promissória **-2.** *FIN* letra *f* de câmbio.

creditor ['kredɪtə^r] *n* credor *m*, -ra *f.*

creed [kri:d] *n* **-1.** [political] doutrina *f* **-2.** *RELIG* credo *m.*

creek [kri:k] *n* **-1.** [inlet] enseada *f* **-2.** *US* [stream] riacho *m.*

creep [kri:p] (*pt* & *pp* **crept**) ◇ *vi* **-1.** [move slowly] arrastar-se **-2.** [move stealthily] andar furtivamente. ◇ *n inf* [person] pegajoso *m*, -sa *f*.

◆ **creeps** *npl*: **to give sb the ~s** *inf* dar arrepios *mpl* em alguém.

creeper ['kri:pə^r] *n* [plant] trepadeira *f*.

creepy ['kri:pɪ] (*compar* **-ier**, *superl* **-iest**) *adj inf* horripilante.

creepy-crawly [-'krɔ:lɪ] (*pl* **creepy-crawlies**) *n inf* bicho *m* rastejante.

cremate [krɪ'meɪt] *vt* cremar.

cremation [krɪ'meɪʃn] *n (U)* cremação *f*.

crematorium *UK* [ˌkremə'tɔ:rɪəm] (*pl* **-riums** *OR* **-ria** [-rɪə]), **crematory** *US* ['kremətrɪ] (*pl* **-ies**) *n* crematório *m*.

crepe [kreɪp] *n* crepe *m*.

crepe bandage *n UK* atadura *f*.

crepe paper *n (U)* papel *m* crepom.

crept [krept] *pt* & *pp* ▷ **creep**.

crescent ['kresnt] *n* **-1.** [shape] crescente *mf* **-2.** [street] rua *f* em forma de arco.

cress [kres] *n (U)* agrião *m*.

crest [krest] *n* **-1.** [on bird's head, of wave] crista *f* **-2.** [of hill] cume *m* **-3.** [on coat of arms] brasão *m*.

crestfallen ['krestˌfɔ:ln] *adj* desanimado(da).

Crete [kri:t] *n* Creta.

cretin ['kretɪn] *n inf offensive* [idiot] cretino *m*, -na *f*.

crevice ['krevɪs] *n* fenda *f*, rachadura *f*.

crew [kru:] *n* **-1.** [of ship, plane, ambulance] tripulação *f* **-2.** *CINEMA* & *TV* equipe *f* **-3.** *inf* [gang] bando *m*.

crew cut *n* corte *m* de cabelo à escovinha.

crew neck *n* [on sweater] gola *f* redonda.

crew-neck(ed) [-nek(t)] *adj* de gola redonda.

crib [krɪb] (*pt* & *pp* **-bed**, *cont* **-bing**) ◇ *n* berço *m*. ◇ *vt inf* [copy]: **to ~ sthg off** *OR* **from sb** copiar algo de alguém.

crick [krɪk] *n* [in neck] torcicolo *m*.

cricket ['krɪkɪt] *n* **-1.** *(U)* [game] críquete *m* **-2.** [insect] grilo *m*.

crime [kraɪm] *n* crime *m*.

criminal ['krɪmɪnl] ◇ *adj* **-1.** [*JUR* - act] criminal; [- lawyer] criminalista; [offence] penal **-2.** *inf* [shameful] vergonhoso(sa). ◇ *n* criminoso *m*, -sa *f*.

crimson ['krɪmzn] ◇ *adj* **-1.** [in colour] carmesim **-2.** [with embarrassment] vermelho(lha). ◇ *n* carmesim *mf*.

cringe [krɪndʒ] *vi* **-1.** [out of fear] encolher-se **-2.** *inf* [with embarrassment]: **to ~ (at sthg)** encolher-se de vergonha (por algo).

crinkle ['krɪŋkl] *vt* enrugar.

cripple ['krɪpl] ◇ *n offensive* aleijado *m*, -da *f*. ◇ *vt* **-1.** *MED* [disable] aleijar **-2.** [put out of action] inutilizar **-3.** *fig* [bring to a halt] paralisar.

crisis ['kraɪsɪs] (*pl* **crises** ['kraɪsi:z]) *n* crise *f*.

crisp [krɪsp] *adj* **-1.** [pastry, bacon] crocante; [fruit, vegetables] fresco(ca); [banknote] liso(sa); [snow] quebradiço(ça) **-2.** [weather] revigorante **-3.** [manner, toner] seco(ca).

◆ **crisps** *npl UK* batatas *fpl* fritas *(em pacote)*.

criss-cross ◇ *adj* [pattern] xadrez. ◇ *vt* [subj: roads] entrecruzar.

criterion [kraɪ'tɪərɪən] (*pl* **-ria** [-rɪə], **-rions**) *n* critério *m*.

critic ['krɪtɪk] *n* crítico *m*, -ca *f*.

critical ['krɪtɪkl] *adj* **-1.** [serious] crítico(ca), grave **-2.** [crucial] fundamental **-3.** [analytical, disparaging] crítico(ca); **to be ~ of sb/sthg** criticar alguém/algo.

critically ['krɪtɪklɪ] *adv* **-1.** [seriously] criticamente, gravemente **-2.** [crucially] fundamentalmente **-3.** [analytically, disparagingly] criticamente.

criticism ['krɪtɪsɪzm] *n* crítica *f*.

criticize, -ise ['krɪtɪsaɪz] ◇ *vt* [judge unfavourably] criticar. ◇ *vi* [make unfavourable comments] criticar.

croak [krəʊk] ◇ *vt* grunhir. ◇ *vi* **-1.** [animal] coaxar **-2.** [bird] granir **-3.** [person] ter rouquidão.

Croat ['krəʊæt], **Croatian** [krəʊ'eɪʃn] ◇ *adj* croata. ◇ *n* **-1.** [person] croata *mf* **-2.** [language] croata *m*.

Croatia [krəʊ'eɪʃə] *n* Croácia.

crochet ['krəʊʃeɪ] *n (U)* crochê *m*.

crockery ['krɒkərɪ] *n (U)* louça *f (de barro)*.

crocodile ['krɒkədaɪl] (*pl inv OR* **-s**) *n* [animal] crocodilo *m*.

crocus ['krəʊkəs] (*pl* **-cuses**) *n* açafrão *m*.

croft [krɒft] *n UK* sítio *m*.

crony ['krəʊnɪ] (*pl* **-ies**) *n inf* [friend] camarada *mf*.

crook [krʊk] *n* **-1.** [criminal] vigarista *mf* **-2.** [angle] curvatura *f* **-3.** [shepherd's staff] cajado *m*.

crooked ['krʊkɪd] *adj* **-1.** [not straight - back] arqueado(da); [- teeth, smile] torto(ta); [- path] sinuoso(sa) **-2.** *inf* [dishonest] desonesto(ta).

crop [krɒp] (*pt* & *pp* **-ped**, *cont* **-ping**) *n* **-1.** [kind of plant] cultura *f* **-2.** [harvested produce] colheita *f* **-3.** [whip] chicote *m* **-4.** [of bird] papo *m* **-5.** [haircut] cabelo *m* curto.

◆ **crop up** *vi* surgir.

croquette [krɒ'ket] *n* croquete *m*.

cross [krɒs] ◇ *adj* zangado(da). ◇ *n* **-1.** [gen] cruz *f* **-2.** [mixture] cruzamento *m*; **a ~ between two things** uma mistura de duas coisas. ◇ *vt* **-1.** [gen] cruzar **-2.** [move across - street, room] atravessar; [- subj: expression] trespassar; **a look of distaste ~ed her face** um olhar de desagrado trespassou-lhe o rosto **-3.** *UK* [cheque] cruzar. ◇ *vi* [intersect] cruzar-se.

◆ **cross off, cross out** *vt sep* riscar.

crossbar ['krɒsbɑːʳ] *n* **-1.** [of goal] trave *f* **-2.** [of bicycle] barra *f* transversal.

cross-Channel *adj* [ferry, route] do Canal da Mancha; ~ **travel** viagem pelo Canal da Mancha.

cross-country ◇ *adj* & *adv* através do campo. ◇ *n* [race, running] *esporte praticado através dos campos.*

cross-examine *vt* **-1.** *JUR* interrogar *(para confirmar veracidade)* **-2.** *fig* [question closely] interrogar.

cross-eyed ['krɒsaɪd] *adj* vesgo(ga).

crossfire ['krɒs,faɪəʳ] *n (U)* fogo *m* cruzado.

crossing ['krɒsɪŋ] *n* **-1.** [place to cross] faixa *f* de segurança **-2.** [sea journey] travessia *f.*

cross-legged ['krɒslegd] *adv* de pernas cruzadas.

cross-purposes *npl* mal-entendido *m*; **to be at ~** não se entender.

cross-reference *n* referência *f* cruzada.

crossroads ['krɒsrəʊdz] *(pl inv) n* cruzamento *m*, encruzilhada *f.*

cross-section *n* **-1.** [drawing] corte *m* transversal **-2.** [of population] amostra *f* representativa.

crosswalk ['krɒswɔːk] *n US* faixa *f* de segurança.

crossways ['krɒsweɪz] *adv* = **crosswise**.

crosswind ['krɒswɪnd] *n* vento *m* contrário.

crosswise ['krɒswaɪz] *adv* em diagonal, transversalmente.

crossword (puzzle) ['krɒswɜːd-] *n* palavras *fpl* cruzadas.

crotch [krɒtʃ] *n* **-1.** [of person] entreperna *f* **-2.** [of garment] gancho *m.*

crotchety ['krɒtʃɪtɪ] *adj UK inf* rabugento(ta).

crouch [kraʊtʃ] *vi* **-1.** [person] agachar-se **-2.** [animal] armar o bote.

crow [krəʊ] ◇ *n* corvo *m*; **as the ~ flies** em linha reta. ◇ *vi* **-1.** [cock] cantar **-2.** *inf* [gloat] gabar-se.

crowbar ['krəʊbɑːʳ] *n* pé-de-cabra *m.*

crowd [kraʊd] ◇ *n* [mass of people] multidão *f.* ◇ *vi* aglomerar-se. ◇ *vt* **-1.** [fill] lotar **-2.** [force into small space] empurrar; **to ~ everyone in** colocar todo mundo para dentro.

crowded ['kraʊdɪd] *adj* cheio (cheia), lotado(da); ~ **with** cheio (cheia) de, repleto(ta) de.

crown [kraʊn] ◇ *n* **-1.** [gen] coroa *f* **-2.** [top - of hat] copa *f*; [- of head] topo *m*; [- of hill] cume *m.* ◇ *vt* **-1.** [monarch] coroar **-2.** [tooth] pôr uma coroa em **-3.** [cover top of] cobrir.

◆ **Crown** *n*: **the Crown** [monarchy] a Coroa.

Crown Jewels *npl*: **the ~** as jóias da Coroa.

crown prince *n* príncipe *m* herdeiro.

crow's feet *npl* pés-de-galinha *mpl.*

crucial ['kruːʃl] *adj* [vital] crucial.

crucifix ['kruːsɪfɪks] *n* crucifixo *m.*

Crucifixion [,kruːsɪ'fɪkʃn] *n*: **the ~** a Crucificação.

crude [kruːd] *adj* **-1.** [commodity] cru (crua) **-2.** [joke, person] grosseiro(ra) **-3.** [sketch] tosco(ca) **-4.** [method, shelter] primitivo(va).

crude oil *n (U)* petróleo *m* bruto.

cruel [krʊəl] *(compar* **-ler**, *superl* **-lest)** *adj* **-1.** [sadistic] cruel **-2.** [painful, harsh - disappointment] doloroso(sa); [- winter] rigoroso(sa).

cruelty ['krʊəltɪ] *n (U)* crueldade *f.*

cruet ['kruːɪt] *n* galheta *f.*

cruise [kruːz] ◇ *n* cruzeiro *m.* ◇ *vi* **-1.** [sail] fazer um cruzeiro **-2.** [drive] ir à velocidade de cruzeiro **-3.** [fly] voar.

cruiser ['kruːzəʳ] *n* **-1.** [warship] cruzador *m* **-2.** [cabin cruiser] iate *m.*

crumb [krʌm] *n* [of food] migalha *f.*

crumble ['krʌmbl] ◇ *n doce de frutas coberto com uma mistura de farinha, manteiga e açúcar e cozido no forno.* ◇ *vt* esmigalhar. ◇ *vi* **-1.** [disintegrate - bread, cheese] esmigalhar-se; [- building, cliff] desmoronar **-2.** *fig* [collapse] desmoronar.

crumbly ['krʌmblɪ] *(compar* **-ier**, *superl* **-iest)** *adj* farelento(ta).

crumpet ['krʌmpɪt] *n* [food] *fatias de bolo tostadas que se come com manteiga.*

crumple ['krʌmpl] *vt* amassar.

crunch [krʌntʃ] ◇ *n* [sound] mastigação *f* barulhenta; **if/when it comes to the ~** *inf* se/quando chegar a hora da verdade. ◇ *vt* **-1.** [with teeth] mastigar ruidosamente **-2.** [underfoot] esmagar com o pé ao caminhar.

crunchy ['krʌntʃɪ] *(compar* **-ier**, *superl* **-iest)** *adj* **-1.** [food] crocante **-2.** [snow, gravel] que estala.

crusade [kruː'seɪd] *n* **-1.** [war] cruzada *f* **-2.** *fig* [campaign] campanha *f.*

crush [krʌʃ] ◇ *n* **-1.** [crowd] aglomeração *f* **-2.** *inf* [infatuation]: **to have a ~ on sb** estar obcecado(da) por alguém. ◇ *vt* **-1.** [squash, press, smash] esmagar **-2.** *fig* [destroy] acabar com.

crust [krʌst] *n* **-1.** [on bread] casca *f* **-2.** [on pie] crosta *f* torrada **-3.** [hard covering] crosta *f.*

crutch [krʌtʃ] *n* **-1.** [stick] muleta *f* **-2.** *fig* [support] apoio *m.*

crux [krʌks] *n* ponto *m* crucial.

cry [kraɪ] *(pl* **cries**, *pt* & *pp* **cried)** ◇ *n* **-1.** [shout] grito *m*; **to be a far ~ from** não se parecer em nada com **-2.** [of bird] canto *m.* ◇ *vi* **-1.** [weep] chorar **-2.** [shout] gritar.

◆ **cry off** *vi* desistir de.

◆ **cry out** ◇ *vt* gritar. ◇ *vi* [call out] gritar.

cryptic ['krɪptɪk] *adj* [mysterious] enigmático(ca).
crystal ['krɪstl] *n* cristal *m*.
crystal clear *adj* [motive, meaning] claro(ra).
CSE (*abbr of* **Certificate of Secondary Education**) *n antigo certificado de conclusão de ensino médio na Grã-Bretanha.*
CTC (*abbr of* **city technology college**) *n escola de ensino médio que tem parceria com empresas e com o governo para ensino de tecnologia na Grã-Bretanha.*
cub [kʌb] *n* **-1.** [young animal] filhote *m* **-2.** [boy scout] lobinho *m*.
Cuba ['kju:bə] *n* Cuba.
Cuban ['kju:bən] <> *adj* cubano(na). <> *n* cubano *m*, -na *f*.
cubbyhole ['kʌbɪhəʊl] *n* cubículo *m*.
cube [kju:b] <> *n* cubo *m*. <> *vt MATH* elevar ao cubo.
cubic ['kju:bɪk] *adj* cúbico(ca).
cubicle ['kju:bɪkl] *n* **-1.** [shower] boxe *m* **-2.** [in shop] provador *m*.
Cub Scout *n* lobinho *m*.
cuckoo ['kʊku:] *n* cuco *m*.
cuckoo clock *n* (relógio *m* de) cuco *m*.
cucumber ['kju:kʌmbə^r] *n* pepino *m*.
cuddle ['kʌdl] <> *n* abraço *m*. <> *vt* abraçar. <> *vi* abraçar-se.
cuddly toy ['kʌdlɪ-] *n* bicho *m* de pelúcia.
cue [kju:] *n* **-1.** *RADIO*, *THEATRE* & *TV* deixa *f*; **on ~** no momento certo **-2.** [in snooker, pool] taco *m*.
cuff [kʌf] *n* **-1.** [of sleeve] punho *m* **-2.** *US* [of trouser] barra *f* **-3.** [blow] tapa *m*.
cufflink *n* abotoadura *f*.
cul-de-sac ['kʌldəsæk] *n* beco *m* sem saída.
cull [kʌl] <> *n* [kill] extermínio *m*. <> *vt* **-1.** [kill] exterminar **-2.** *fml* [gather] reunir.
culminate ['kʌlmɪneɪt] *vi*: **to ~ in sthg** culminar em algo.
culmination [,kʌlmɪ'neɪʃn] *n* culminação *f*.
culottes [kju:'lɒts] *npl* saia-calça *f*.
culpable ['kʌlpəbl] *adj fml* culpável; **~ homicide** homicídio *m* culposo.
culprit ['kʌlprɪt] *n* culpado *m*, -da *f*.
cult [kʌlt] <> *n* **-1.** *RELIG* culto *m* **-2.** [book, film] objeto *m* de culto. <> *comp* [book, film] de culto.
cultivate ['kʌltɪveɪt] *vt* **-1.** [gen] cultivar **-2.** [get to know] fazer amizade com.
cultivation [,kʌltɪ'veɪʃn] *n (U)* [farming] cultivo *m*.
cultural ['kʌltʃərəl] *adj* cultural.
culture ['kʌltʃə^r] *n* cultura *f*.
cultured ['kʌltʃəd] *adj* [educated] culto(ta).
cumbersome ['kʌmbəsəm] *adj* [object] de difícil manejo.
cunning ['kʌnɪŋ] <> *adj* **-1.** [person] astuto(ta) **-2.** [method, idea] engenhoso(sa). <> *n (U)* astúcia *f*.
cup [kʌp] *n* **-1.** [gen] xícara *f* **-2.** [as prize, of bra] taça *f* **-3.** [competition] copa *f*.
cupboard ['kʌbəd] *n* armário *m*.
cupcake ['kʌpkeɪk] *n* bolinho *m* coberto com glacê.
Cup Final *n*: **the ~** o jogo final da copa.
cup tie *n UK* jogo *m* eliminatório.
curate ['kjʊərət] <> *n RELIG* coadjutor *m*, -ra *f*. <> *vt* [exhibition] organizar.
curator [,kjʊə'reɪtə^r] *n* [of museum] curador *m*, -ra *f*.
curb [kɜ:b] <> *n* **-1.** [control]: **~ (on sthg)** controle *m* (sobre algo) **-2.** *US* [of road] meio-fio *m*. <> *vt* controlar.
curdle ['kɜ:dl] *vi* **-1.** [milk] coalhar **-2.** [blood] coagular.
cure [kjʊə^r] <> *n* **-1.** *MED* : **~ (for sthg)** cura *f* (de algo) **-2.** [solution]: **~ (for sthg)** solução *f* (para algo). <> *vt* **-1.** *MED* curar *f* **-2.** [solve] remediar **-3.** [rid]: **to ~ sb of sthg** *fig* livrar alguém de algo **-4.** [preserve] curtir.
cure-all *n* panacéia *f*.
curfew ['kɜ:fju:] *n* toque *m* de recolher.
curio ['kjʊərɪəʊ] (*pl* **-s**) *n* raridade *f*, curiosidade *f*.
curiosity [,kjʊərɪ'ɒsətɪ] *n* **-1.** *(U)* [inquisitiveness] curiosidade *f* **-2.** [rarity] raridade *f*.
curious ['kjʊərɪəs] *adj* curioso(sa); **~ about sb/sthg** curioso(sa) sobre alguém/algo.
curl [kɜ:l] <> *n* [of hair] cacho *m*. <> *vt* **-1.** [hair] encrespar, encaracolar **-2.** [tail, ribbon] enrolar. <> *vi* **-1.** [hair] encrespar, encaracolar **-2.** [paper, leaf, road, smoke, snake] enrolar.
◆ **curl up** *vi* [person, animal] enrolar-se.
curler ['kɜ:lə^r] *n* rolo *m*.
curling tongs *npl* ferros *mpl* de frisar.
curly ['kɜ:lɪ] (*compar* **-ier**, *superl* **-iest**) *adj* [hair] encaracolado(da).
currant ['kʌrənt] *n* [dried grape] uva *f* passa.
currency ['kʌrənsɪ] (*pl* **-ies**) *n* **-1.** [money] moeda *f* corrente; **foreign ~** moeda *f* estrangeira **-2.** *fml* [acceptability]: **to gain ~** ganhar aceitação.
current ['kʌrənt] <> *adj* atual; **in ~ use** de uso corrente. <> *n* corrente *f*.
current account *n UK* conta *f* corrente.
current affairs *npl* atualidades *fpl*.
currently ['kʌrəntlɪ] *adv* atualmente.
curriculum [kə'rɪkjələm] (*pl* **-lums** *OR* **-la** [-lə]) *n* [course of study] currículo *m*.
curriculum vitae [-'vi:taɪ] (*pl* **curricula vitae**) *n* currículo *m*, curriculum *m* (vitae).
curry ['kʌrɪ] (*pl* **-ies**) *n* caril *m*.
curse [kɜ:s] <> *n* **-1.** [evil charm]: **~ (on sb/sthg)** maldição *f OR* praga *f* (sobre alguém/algo) **-2.** [swearword] palavrão *m* **-3.** [source of problems] desgraça *f*. <> *vt* **-1.** [wish misfortune

on] maldizer **-2.** [complain about] xingar. <> *vi* [swear] praguejar.

cursor ['kɜ:səʳ] *n COMPUT* cursor *m.*

cursory ['kɜ:sərɪ] *adj* apressado(da); **a ~ glance** um olhada por cima.

curt [kɜ:t] *adj* brusco(ca).

curtail [kɜ:'teɪl] *vt* [cut short] encurtar.

curtain ['kɜ:tn] *n* cortina *f.*

curts(e)y ['kɜ:tsɪ] (*pt* & *pp* **curtsied**) <> *n* reverência *f (feita por mulher).* <> *vi* fazer reverência.

curve [kɜ:v] <> *n* curva *f.* <> *vi* fazer uma curva.

cushion ['kʊʃn] <> *n* [for sitting on] almofada *f.* <> *vt* amortecer.

cushy ['kʊʃɪ] (*compar* **-ier**, *superl* **-iest**) *adj inf* mole.

custard ['kʌstəd] *n* [sauce] creme *m (para doces).*

custodial *adj* [sentence] custódio(dia).

custodian [kʌ'stəʊdjən] *n* [of building, museum] guarda *m.*

custody ['kʌstədɪ] *n (U)* **-1.** [of child] custódia *f* **-2.** [of suspect]: **in ~** sob custódia.

custom ['kʌstəm] *n* **-1.** [tradition, habit] costume *m*, hábito *m* **-2.** *(U) COMM* [trade] preferência *f*; **thank you for your ~** agradecemos a preferência.

◆ **customs** *n (U)* [place, organization] alfândega *f*; **to go through ~** passar pela alfândega.

customary ['kʌstəmrɪ] *adj* costumeiro(ra), habitual.

customer ['kʌstəməʳ] *n* **-1.** [client] cliente *mf* **-2.** *inf* [person] tipo *m*; **an awkward ~** um tipo complicado.

customize, -ise ['kʌstəmaɪz] *vt* **-1.** [gen] personalizar **-2.** *COMPUT* customizar.

Customs and Excise *n (U) UK departamento do governo britânico responsável por coletar impostos sobre a compra e venda de bens e serviços ou sobre bens importados.*

customs duty *n (U)* imposto *m* alfandegário.

customs officer *n* fiscal *mf* de alfândega.

cut [kʌt] (*pt* & *pp* **cut**, *cont* **-ting**) <> *n* [gen] corte *m*; **~ (in sthg)** corte (em algo). <> *vt* **-1.** [gen] cortar **-2.** *inf* [miss] matar **-3.** *phr*: **to ~ sb dead** fazer que não se vê alguém; **~ and dried** definitivo(va). <> *vi* **-1.** cortar **-2.** *phr*: **to ~ both ways** ser uma faca de dois gumes.

◆ **cut back** <> *vt sep* **-1.** [tree, bush] podar **-2.** [expenditure, budget] reduzir, diminuir. <> *vi*: **to ~ back (on sthg)** reduzir (algo).

◆ **cut down** <> *vt sep* **-1.** [chop down] cortar, derrubar **-2.** [reduce] reduzir, diminuir. <> *vi*: **to ~ down on sthg** reduzir algo.

◆ **cut in** *vi* **-1.** [interrupt]: **to ~ in (on sb)** interromper (alguém) **-2.** [in car] cortar (a frente de), fechar.

◆ **cut off** *vt sep* **-1.** [sever] cortar fora **-2.** [sever supply of] cortar; **I got ~ off** [on telephone] cortaram meu telefone **-3.** [isolate]: **to be ~ off (from sb/sthg)** ficar isolado(da) (de alguém/algo).

◆ **cut out** *vt sep* [gen] cortar; **to ~ out the light** cortar a entrada de luz; **~ it out!** pare com isso!

◆ **cut up** *vt sep* [chop up] picar.

cutback ['kʌtbæk] *n*: **~ (in sthg)** corte *m* (em algo).

cute [kju:t] *adj esp US* [appealing] bonitinho(nha).

cuticle ['kju:tɪkl] *n* cutícula *f.*

cutlery ['kʌtlərɪ] *n (U)* talheres *mpl.*

cutlet ['kʌtlɪt] *n* costeleta *f.*

cut-out *n* **-1.** [on machine] disjuntor *m* **-2.** [shape] figura *f* para recortar.

cut-price, cut-rate *US adj* com desconto.

cut-throat *adj* [ruthless] acirrado(da).

cutting ['kʌtɪŋ] <> *adj* [sarcastic] mordaz. <> *n* **-1.** [of plant] chantão *m* **-2.** [from newspaper] recorte *m* **-3.** *UK* [for road, railway] corte *m.*

CV (*abbr of* **curriculum vitae**) *n UK* CV *m.*

cwt. *abbr of* **hundredweight**.

cyanide ['saɪənaɪd] *n (U)* cianeto *m*, cianureto *m.*

cybercafé *n COMPUT* cibercafé *m.*

cyberspace ['saɪbəspeɪs] *n COMPUT* ciberespaço *m.*

cycle ['saɪkl] <> *n* **-1.** [process] ciclo *m* **-2.** [bicycle] bicicleta *f.* <> *comp*: **~ path** ciclovia *f*; **~ track** pista *f* para ciclismo; **~ race** corrida *f* de bicicletas. <> *vi* andar de bicicleta.

cycling ['saɪklɪŋ] *n (U)* ciclismo *m*; **to go ~** andar de bicicleta.

cyclist ['saɪklɪst] *n* ciclista *mf.*

cygnet ['sɪgnɪt] *n* filhote *m* de cisne.

cylinder ['sɪlɪndəʳ] *n* **-1.** [gen] cilindro *m* **-2.** [container] tambor *m.*

cymbals ['sɪmblz] *npl* címbalos *mpl.*

cynic ['sɪnɪk] *n* cético *m*, -ca *f.*

cynical ['sɪnɪkl] *adj* cético(ca).

cynicism ['sɪnɪsɪzm] *n (U)* ceticismo *m.*

cypress ['saɪprəs] *n* cipreste *m.*

Cypriot ['sɪprɪət] <> *adj* cipriota. <> *n* cipriota *mf.*

Cyprus ['saɪprəs] *n* Chipre.

cyst [sɪst] *n* cisto *m.*

cystitis [sɪs'taɪtɪs] *n (U)* cistite *f.*

czar [zɑ:ʳ] *n* czar *m.*

Czech [tʃek] <> *adj* tcheco(ca). <> *n* **-1.** [person] tcheco *m*, -ca *f* **-2.** [language] tcheco *m.*

Czechoslovak *adj* & *n* = **Czechoslovakian**.

Czechoslovakia [ˌtʃekəslə'vækɪə] *n* Tchecoslováquia.

Czechoslovakian [ˌtʃekəslə'vækɪən] <> *adj* tchecoslovaco(ca). <> *n* tchecoslovaco *m*, -ca *f*.

Czech Republic *n*: **the ~** a República Tcheca.

D

d (*pl* **d's** *OR* **ds**), **D** (*pl* **D's** *OR* **Ds**) [di:] *n* [letter] d,D *m*.

◆ **D** *n* **-1.** *MUS* ré *m* **-2.** *SCH* [mark] D *m*.

DA (*abbr of* **district attorney**) *n promotor nos Estados Unidos.*

D/A (*abbr of* **digital to analogue**) *adj* D/A.

dab [dæb] (*pt* & *pp* **-bed**, *cont* **-bing**) <> *n* [small amount - of powder, ointment] pitada *f*; [- of paint] pincelada *f*. <> *vt* **-1.** [skin, wound] aplicar de leve **-2.** [eyes] tocar de leve **-3.** [cream, ointment]: **to ~ sthg on(to) sthg** aplicar algo em algo.

dabble ['dæbl] *vi*: **to ~ (in sthg)** atuar como amador (em algo).

dachshund ['dækshʊnd] *n* dachshund *m*.

dad [dæd] *n inf* pai *m*.

daddy ['dædɪ] (*pl* **-ies**) *n inf* papai *m*.

daddy longlegs [-'lɒŋlegz] (*pl inv*) *n* pernilongo *m*.

daffodil ['dæfədɪl] *n* narciso *m*.

daft [dɑ:ft] *adj UK inf* bobo(ba).

dagger ['dægəʳ] *n* adaga *f*.

daily ['deɪlɪ] (*pl* **-ies**) <> *adj* diário(ria). <> *adv* diariamente; **twice ~** duas vezes por dia. <> *n* [newspaper] diário *m*.

dainty ['deɪntɪ] (*compar* **-ier**, *superl* **-iest**) *adj* delicado(da).

dairy ['deərɪ] (*pl* **-ies**) *n* leiteria *f*.

dairy products *npl* lacticínios *mpl*.

dais ['deɪɪs] *n* estrado *m*.

daisy ['deɪzɪ] (*pl* **-ies**) *n* margarida *f*.

daisy-wheel printer *n* impressora *f* de margarida.

dale [deɪl] *n literary* vale *m*.

dam [dæm] (*pt* & *pp* **-med**, *cont* **-ming**) <> *n* [across river] represa *f*, barragem *f*. <> *vt* [river] represar.

damage ['dæmɪdʒ] <> *n*: **~ (to sthg)** [gen] dano *m* (a algo); [to health, skin] mal *m* (a algo). <> *vt* **-1.** [object] danificar **-2.** [person] machucar **-3.** *fig* [chances, reputation] prejudicar.

◆ **damages** *npl JUR* danos *mpl*.

damn [dæm] <> *adj inf* maldito(ta). <> *adv inf* muito. <> *n inf*: **not to give** *OR* **care a ~ (about sthg)** não estar nem aí (para algo). <> *vt RELIG* [condemn] condenar. <> *excl inf* droga!

damned [dæmd] *inf* <> *adj* maldito(ta); **well I'll be** *OR* **I'm ~!** ora veja só! <> *adv* muito.

damning ['dæmɪŋ] *adj* condenatório(ria), incriminatório(ria).

damp [dæmp] <> *adj* úmido(da). <> *n* *(U)* umidade *f*. <> *vt* [make wet] umedecer.

dampen ['dæmpən] *vt* **-1.** [make wet] umedecer **-2.** *fig* [emotion] esfriar.

damson ['dæmzn] *n* abrunheiro *m*.

dance [dɑ:ns] <> *n* **-1.** [gen] dança *f*; **shall we have a ~?** vamos dançar? **-2.** [social event] baile *m*. <> *vt* dançar. <> *vi* dançar.

dancer ['dɑ:nsəʳ] *n* dançarino *m*, -na *f*.

dancing ['dɑ:nsɪŋ] *n* *(U)* dança *f*; **to go ~** ir dançar.

dandelion ['dændɪlaɪən] *n* dente-de-leão *m*.

dandruff ['dændrʌf] *n* *(U)* caspa *f*.

Dane [deɪn] *n* dinamarquês *m*, -esa *f*.

danger ['deɪndʒəʳ] *n* perigo *m*; **in ~** em perigo; **out of ~** fora de perigo; **~ to sb/sthg** perigo para alguém/algo; **to be in ~ of doing sthg** perigar fazer algo.

dangerous ['deɪndʒərəs] *adj* perigoso(sa).

dangle ['dæŋgl] *vt*, *vi* balançar.

Danish ['deɪnɪʃ] <> *adj* dinamarquês(quesa). <> *n* **-1.** [language] dinamarquês *m* **-2.** *US* = **Danish pastry**. <> *npl*: **the ~** os dinamarqueses.

Danish pastry, Danish *US n torta recheada com maçãs, glacê e marzipã.*

dank [dæŋk] *adj* úmido e frio, úmida e fria.

Danube ['dænju:b] *n*: **the ~** o Danúbio.

dapper ['dæpəʳ] *adj* garboso(sa).

dappled ['dæpld] *adj* **-1.** [animal] pintado(da), malhado(da) **-2.** [shade] pintado(da).

dare [deəʳ] <> *vt* **-1.** [be brave enough]: **to ~ to do sthg** ousar fazer algo **-2.** [challenge]: **to ~ sb to do sthg** desafiar alguém a fazer algo **-3.** *phr*: **I ~ say** ouso dizer (que). <> *vi* atrever-se; **how ~ you!** como se atreve! <> *n* desafio *m*.

daredevil ['deəˌdevl] *n* intrépido *m*, -da *f*.

daring ['deərɪŋ] <> *adj* ousado(da). <> *n (U)* ousadia *f*.

dark [dɑ:k] <> *adj* [gen] escuro(ra). <> *n* **-1.** *(U)* [darkness]: **the ~** a escuridão, o escuro; **to be in the ~ about sthg** estar às escuras sobre algo **-2.** [night]: **before/after ~** antes/depois de escurecer.

darken ['dɑ:kn] <> *vt* escurecer. <> *vi* escurecer.

dark glasses *npl* óculos *m inv* escuros.

darkness ['dɑ:knɪs] *n (U)* escuridão *f*, trevas *fpl*.

darkroom ['dɑ:krʊm] *n* câmara *f* escura.

darling ['dɑ:lɪŋ] ◇ *adj* [dear] querido(da). ◇ *n* **-1.** [loved person] querido *m*, -da *f*; **she's a little ~** é uma graça de criança **-2.** [favourite] preferido *m*, -da *f*.

darn [dɑ:n] ◇ *adj inf* maldito(ta). ◇ *adv inf* pra caramba. ◇ *vt* [repair] remendar, cerzir.

dart [dɑ:t] ◇ *n* [arrow] dardo *m*. ◇ *vi* [move quickly] lançar-se.

◆ **darts** *n (U)* [game] dardos *mpl*.

dartboard ['dɑ:tbɔ:d] *n* alvo *m* para dardos.

dash [dæʃ] ◇ *n* **-1.** [of liquid] pingo *m* **-2.** [in punctuation] travessão *m* **-3.** [rush]: **to make a ~ for sthg** sair em disparada por algo. ◇ *vt* **-1.** ***literary*** [hurl] arremessar **-2.** [hopes] frustar. ◇ *vi* correr.

dashboard ['dæʃbɔ:d] *n* painel *m* de instrumentos.

dashing ['dæʃɪŋ] *adj* [handsome, energetic] atraente.

data ['deɪtə] *n* dados *mpl*, informações *fpl*.

Não confundir *data (dados, informações)* com o português *data* que em inglês é *date*. (*She inputs data at work.* Ela digita *informações* no trabalho.)

database ['deɪtəbeɪs] *n* base *f* de dados.

data management *n* COMPUT gerenciamento *m* de dados.

data processing *n (U)* processamento *m* de dados.

data protection *n* COMPUT proteção *f* de dados.

data recovery *n* COMPUT recuperação *f* de dados.

date [deɪt] ◇ *n* **-1.** [in time] data *f*; **what's today's ~?** que dia é hoje?; **at a later ~** um outro dia; **to bring sb/sthg up to ~** atualizar alguém/algo; **to keep sb/sthg up to ~** manter alguém/algo atualizado(da); **to be out of ~** [dictionary, database] estar desatualizado(da); [passport] estar vencido(da); **to ~** até agora **-2.** [appointment] encontro *m* **-3.** [person] par *m* **-4.** [fruit] tâmara *f*, datil *m*. ◇ *vt* **-1.** [put a date on] datar **-2.** [go out with] sair com. ◇ *vi* [go out of fashion] cair de moda.

datebook *n* US agenda *f*.

dated ['deɪtɪd] *adj* antiquado(da).

date of birth *n* data *f* de nascimento.

daub [dɔ:b] *vt*: **to ~ sthg with sthg** manchar algo.

daughter ['dɔ:tə^r] *n* filha *f*.

daughter-in-law (*pl* **daughters-in-law**) *n* nora *f*.

daunting ['dɔ:ntɪŋ] *adj* desalentador(ra).

dawdle ['dɔ:dl] *vi* fazer cera.

dawn [dɔ:n] ◇ *n* **-1.** [of day] amanhecer *m*, alvorada *f* **-2.** ***fig*** [of era, period] aurora *f*. ◇ *vi* **-1.** [day] amanhecer **-2.** ***fig*** [era, period] despertar.

◆ **dawn (up)on** *vt fus* dar-se conta de; **it finally ~ed on me that ...** finalmente me dei conta de que ...

day [deɪ] *n* **-1.** [gen] dia *m*; **the ~ before** a véspera; **the ~ after** o dia seguinte; **the ~ before Christmas** a véspera de Natal; **the ~ before yesterday** anteontem; **the ~ after tomorrow** depois de amanhã; **any ~ now** qualquer dia destes; **to make sb's ~** ganhar o dia, guardar algo para dias mais difíceis **-2.** [age, era] tempo *m*; **one ~**, **some ~**, **one of these ~s** um dia (desses).

◆ **days** *adv* [work] durante o dia.

daybreak ['deɪbreɪk] *n* romper *m* do dia; **at ~** ao romper do dia.

day care *n* *assistência diurna proporcionada a idosos e/ou portadores de deficiência.*

day centre *n* UK *centro assistencial que proporciona cuidados e recreação durante o dia a idosos e/ou portadores de deficiência.*

daydream ['deɪdri:m] *vi* devanear, sonhar acordado(da).

daylight ['deɪlaɪt] *n* **-1.** *(U)* [light] luz *f* do dia **-2.** [dawn] amanhecer *m*.

day off (*pl* **days off**) *n* dia *m* de folga.

day return *n* UK passagem *f* de ida e volta *(no mesmo dia)*.

daytime ['deɪtaɪm] ◇ *n* dia *m*; **in the ~** durante o dia. ◇ *comp* de dia; **~ flight** vôo *m* diurno.

day-to-day *adj* diário(ria).

daytrader ['deɪtreɪdə^r] *n* ST EX day-trader *mf*.

day trip *n* viagem *f* de um dia.

daze [deɪz] ◇ *n*: **in a ~** atordoado(da). ◇ *vt* atordoar.

dazzle ['dæzl] *vt* **-1.** [blind] ofuscar **-2.** [impress] deslumbrar.

DC *n* (*abbr of* **direct current**) CC *f*.

D-day ['di:deɪ] *n* dia *m* D.

DEA (*abbr of* **Drug Enforcement Administration**) *n* *departamento da polícia norte-americana encarregado do controle de questões relacionadas a drogas*, ≃ DENARC *m*.

deacon ['di:kn] *n* **-1.** [minister] diácono *m* **-2.** [lay assistant] acólito *m*.

deactivate [ˌdi:'æktɪveɪt] *vt* desativar.

dead [ded] ◇ *adj* **-1.** [not alive] morto(ta); **to shoot sb ~** matar alguém com um tiro **-2.** [numb] dormente, adormecido(da) **-3.** [ELEC - battery] descarregado(da); [- radio, TV] quebrado(da); [- telephone line] mudo(da) **-4.** [complete]: **~ silence** silêncio *m* mortal; **~ stop** parada *f* repentina **-5.** [not lively] morto(ta). ◇ *adv* **-1.** [directly, precisely] diretamente; **~ on time** bem na hora **-2.** ***inf*** [completely, very] totalmente; **to be ~ against sthg/doing sthg**

ser totalmente contra algo/fazer algo **-3.** [suddenly]: **to stop ~** parar repentinamente. ◇ *npl*: **the ~** os mortos.

deaden ['dedn] *vt* **-1.** [noise] amortecer **-2.** [feeling] abrandar.

dead end *n* **-1.** [street] rua *f* sem saída **-2.** *fig* [course of action] impasse *m*.

dead heat *n* empate *m*.

deadline ['dedlaɪn] *n* prazo *m* final.

deadlock ['dedlɒk] *n* impasse *m*.

dead loss *n inf* **-1.** [person] traste *m* **-2.** [thing] porcaria *f*.

deadly ['dedlɪ] (*compar* **-ier**, *superl* **-iest**) ◇ *adj* **-1.** [lethal] letal **-2.** [mortal] mortal **-3.** [fatally precise] fatal. ◇ *adv* [extremely] terrivelmente.

deadpan ['dedpæn] ◇ *adj* supostamente sério(ria). ◇ *adv* afetadamente sério(ria).

deaf [def] ◇ *adj* **-1.** [unable to hear] surdo(da) **-2.** *fig* [unwilling to hear]: **to be ~ to sthg** ser surdo(da) a algo. ◇ *npl*: **the ~** os surdos.

deaf-aid *n UK* aparelho *m* de surdez.

deafen ['defn] *vt* ensurdecer.

deaf mute ◇ *adj* surdo-mudo(da). ◇ *n* surdo-mudo *m*, -da *f*.

deafness ['defnɪs] *n (U)* surdez *f*.

deal [di:l] (*pt* & *pp* **dealt**) ◇ *n* **-1.** [business agreement] transação *f*, acordo *m*; **to do** OR **strike a ~ with sb** fazer um acordo com alguém **-2.** *inf* [treatment] tratamento *m* **-3.** [quantity]: **a good** OR **great ~** muito; **a good** OR **great ~ of work** muito trabalho. ◇ *vt* **-1.** [strike]: **to ~ sb/sthg a blow** dar um golpe em alguém/algo; **to ~ a blow to sthg** *fig* ser um golpe em/para algo **-2.** [cards] repartir. ◇ *vi* **-1.** [in cards] repartir **-2.** [trade] negociar.

◆ **deal in** *vt fus* COMM negociar.

◆ **deal out** *vt sep* repartir.

◆ **deal with** *vt fus* **-1.** [handle, cope with, be faced with] lidar com **-2.** [be concerned with] tratar de.

dealer ['di:lə^r] *n* **-1.** [trader] negociante *m* **-2.** [in cards] carteador *m*, -ra *f*.

dealings *npl* [relations]: **~s with sb** relações *mpl* com alguém.

dealt [delt] *pt* & *pp* ▷ **deal**.

dean [di:n] *n* **-1.** [of church, cathedral] deão *m* **-2.** [of university] decano *m*, -na *f*.

dear [dɪə^r] ◇ *adj* **-1.** [loved] querido(da); **to be ~ to sb** ser precioso(sa) para alguém **-2.** [in letter]: **Dear Sir/Madam** Prezado Senhor/Prezada Senhora **-3.** *esp UK* [expensive] caro(ra). ◇ *n*: **my ~** meu querido, minha querida. ◇ *excl*: **oh ~!** oh céus!

dearly ['dɪəlɪ] *adv* **-1.**: **to love sb ~** amar muito alguém **-2.** [very much] muito; **I would ~ love to know ...** eu adoraria saber ... **-3.** [pay, cost] caro.

death [deθ] *n* morte *f*; **to frighten/worry sb to ~** quase matar alguém de susto/preocupação; **to be sick to ~ of sthg/of doing sthg** *inf* estar de saco cheio de algo/de fazer algo.

death certificate *n* certidão *f* de óbito.

death duty *UK*, **death tax** *US* *n* imposto *m* de transmissão causa mortis.

deathly ['deθlɪ] (*compar* **-ier**, *superl* **-iest**) *adj* [silence, hush] mortal.

death penalty *n* pena *f* de morte.

death rate *n* taxa *f* de mortalidade.

death tax *n US* = **death duty**.

death trap *n inf*: **this car is a ~** este carro é um perigo.

debar [di:'bɑ:^r] (*pt* & *pp* **-red**, *cont* **-ring**) *vt*: **to ~ sb (from somewhere/from doing sthg)** privar alguém (do acesso a algum lugar/de fazer algo).

debase [dɪ'beɪs] *vt* [person, sport] degradar; **to ~ o.s.** degradar-se.

debate [dɪ'beɪt] ◇ *n (U)* debate *m*; **open to ~** aberto(ta) ao debate. ◇ *vt* [issue] debater; **to ~ whether to do sthg** discutir sobre o que fazer. ◇ *vi* debater.

debating society [dɪ'beɪtɪŋ-] *n* grupo *m* de discussão.

debauchery [dɪ'bɔ:tʃərɪ] *n (U)* depravação *f*.

debit ['debɪt] ◇ *n* débito *m*. ◇ *vt* [account, sum of money] debitar.

debit card *n* cartão *m* de débito.

debris ['deɪbri:] *n* **-1.** escombros *mpl* **-2.** GEOL fragmento *m* de rocha.

debt [det] *n* **-1.** dívida *f*; **to be in ~** estar endividado(da) **-2.** [feeling of gratitude] dívida *f*; **to be in sb's ~** estar em débito com alguém.

debt collector *n* cobrador *m*, -ra *f* de dívidas.

debtor ['detə^r] *n* devedor *m*, -ra *f*.

debug [ˌdi:'bʌg] (*pt* & *pp* **-ged**, *cont* **-ging**) *vt* COMPUT [program] depurar.

debunk [ˌdi:'bʌŋk] *vt* derrubar.

debut ['deɪbju:] *n* debute *m*.

dec. (*abbr of* **deceased**) m.

decade ['dekeɪd] *n* década *f*.

decadence ['dekədəns] *n* decadência *f*.

decadent ['dekədənt] *adj* decadente.

decaffeinated [dɪ'kæfɪneɪtɪd] *adj* descafeinado(da).

decanter [dɪ'kæntə^r] *n* [container] licoreira *f*.

decathlon [dɪ'kæθlɒn] *n* decatlo *m*.

decay [dɪ'keɪ] ◇ *n* **-1.** [of tooth] cárie *f* **-2.** [of body, plant] decomposição *f* **-3.** *fig* [of building, society]: **to fall into ~** [building] cair em ruínas; [system] entrar em decadência; [society] entrar em declínio; **urban ~** decadência *f* urbana. ◇ *vi* **-1.** [tooth] criar cáries **-2.** [body, plant] decompor-se **-3.** *fig* [building, society] entrar em declínio.

deceased [dɪ'si:st] (*pl inv*) ***fml*** ◇ *adj* falecido(da). ◇ *n*: **the ~** o falecido, a falecida. ◇ *npl*: **the ~** os mortos.

deceit [dɪ'si:t] *n* engano *m*.

deceitful [dɪ'si:tfʊl] *adj* enganoso(sa).

deceive [dɪ'si:v] *vt* enganar; **to ~ o.s.** enganar-se.

December [dɪ'sembəʳ] *n* dezembro; *see also* **September**.

decency ['di:snsɪ] *n* **-1.** [respectability] decência *f* **-2.** [consideration]: **to have the ~ to do sthg** ter a decência de fazer algo.

decent ['di:snt] *adj* decente.

deception [dɪ'sepʃn] *n* **-1.** [lie, pretence] engano *m*, trapaça *f* **-2.** [act of lying, pretending] embuste *m*.

> Não confundir ***deception (trapaça)*** com o português ***decepção*** que em inglês é ***disappointment***. (***It was a deception that hurt me.*** Foi uma ***trapaça*** que me magoou.)

deceptive [dɪ'septɪv] *adj* enganoso(sa).

decide [dɪ'saɪd] ◇ *vt* **-1.** [resolve, determine] decidir; **to ~ to do sthg** decidir fazer algo; **to ~ that** decidir que **-2.** [settle] decidir, resolver. ◇ *vi* [make up one's mind] decidir-se.

◆ **decide (up)on** *vt fus* decidir-se por.

decided [dɪ'saɪdɪd] *adj* **-1.** [distinct] evidente **-2.** [resolute] decidido(da).

decidedly [dɪ'saɪdɪdlɪ] *adv* decididamente.

deciduous [dɪ'sɪdjʊəs] *adj* decíduo(dua).

decimal ['desɪml] ◇ *adj* decimal. ◇ *n* (número *m*) decimal *m*.

decimal point *n* vírgula *f* decimal.

decimate ['desɪmeɪt] *vt* dizimar.

decipher [dɪ'saɪfəʳ] *vt* decifrar.

decision [dɪ'sɪʒn] *n* **-1.** [gen] decisão *f* **-2.** [decisiveness] determinação *f*.

decisive [dɪ'saɪsɪv] *adj* **-1.** [person] decidido(da) **-2.** [factor, event] decisivo(va).

deck [dek] *n* **-1.** [of ship] convés *m* **-2.** [of bus] piso *m* **-3.** [of cards] baralho *m* **-4.** ***US*** [of house] *área com piso e sem telhado junto a uma casa*.

deckchair ['dektʃeəʳ] *n* espreguiçadeira *f*.

declaration [,deklə'reɪʃn] *n* declaração *f*.

Declaration of Independence *n*: **the ~** *a declaração da independência norte-americana em 1776*.

declare [dɪ'kleəʳ] *vt* declarar.

decline [dɪ'klaɪn] ◇ *n* declínio *m*; **to be in ~** estar em declínio; **on the ~** em declínio. ◇ *vt* [refuse] recusar, declinar; **to ~ to do sthg** recusar-se a fazer algo. ◇ *vi* **-1.** [deteriorate] decair **-2.** [refuse] recusar-se.

decode [,di:'kəʊd] *vt* decodificar.

decompose [,di:kəm'pəʊz] *vi* [decay] decompor.

decongestant [,di:kən'dʒestənt] *n* descongestionante *m*.

decorate ['dekəreɪt] *vt* **-1.** [gen] decorar **-2.** [with medal] condecorar.

decoration [,dekə'reɪʃn] *n* **-1.** [ornament] enfeite *m* **-2.** [activity, appearance] decoração *f* **-3.** [medal] condecoração *f*.

decorator ['dekəreɪtəʳ] *n* decorador *m*, -ra *f*.

decoy [*n* 'di:kɔɪ, *vb* dɪ'kɔɪ] ◇ *n* chamariz *m*, isca *f*. ◇ *vt* atrair.

decrease [*n* 'di:kri:s, *vb* dɪ'kri:s] ◇ *n* diminuição *f*; **~ in sthg** diminuição de algo. ◇ *vt* diminuir. ◇ *vi* diminuir.

decree [dɪ'kri:] ◇ *n* **-1.** [order, decision] decreto *m* **-2.** ***US*** [judgment] sentença *f*. ◇ *vt* decretar; **to ~ that** decretar que.

decree nisi [-'naɪsaɪ] (*pl* **decrees nisi**) *n* ***UK JUR*** sentença *f* provisória de divórcio.

decrepit [dɪ'krepɪt] *adj* decrépito(ta).

dedicate ['dedɪkeɪt] *vt* **-1.** [book, song, poem]: **to ~ sthg to sb** dedicar algo a alguém **-2.** [life, career] dedicar.

dedication [,dedɪ'keɪʃn] *n* dedicação *f*.

deduce [dɪ'dju:s] *vt* deduzir; **to ~ sthg from sthg** deduzir algo de algo.

deduct [dɪ'dʌkt] *vt* deduzir; **to ~ sthg from sthg** descontar *OR* deduzir algo de algo.

deduction [dɪ'dʌkʃn] *n* **-1.** [conclusion] dedução *f* **-2.** [sum deducted] desconto *m*.

deed [di:d] *n* **-1.** [action] ação *f*, feito *m* **-2.** ***JUR*** escritura *f*.

deem [di:m] *vt* ***fml*** julgar; **the building was ~ed to be unsafe** o edifício foi considerado inseguro; **to ~ it wise to do sthg** julgar sensato fazer algo.

deep [di:p] ◇ *adj* **-1.** [gen] profundo(da) **-2.** [in measurements] de profundidade **-3.** [colour] intenso(sa) **-4.** [sound, voice] grave. ◇ *adv* fundo; **to go ~ into the forest** embrenhar-se floresta adentro; **to know ~ down** *fig* saber bem no fundo.

deepen ['di:pn] *vi* **-1.** [river, sea] aprofundar-se **-2.** [crisis, recession, feeling] agravar-se.

deep freeze *n* freezer *m*.

deep-fry *vt* fritar *(com muito óleo)*.

deeply ['di:plɪ] *adv* **-1.** [dig, sigh] fundo **-2.** [profoundly, sincerely] profundamente.

deep-sea *adj* submarino(na).

deer [dɪəʳ] (*pl inv*) *n* veado *m*, cervo *m*.

deface [dɪ'feɪs] *vt* danificar.

defamatory [dɪ'fæmətrɪ] *adj* ***fml*** difamatório(ria).

default [dɪ'fɔ:lt] *n* **-1.** ***JUR*** falta *f*; **to declare s.o. in ~** declarar alguém inadimplente; **by ~** à revelia **-2.** ***COMPUT*** default *m*, padrão *m*.

defeat [dɪ'fi:t] ◇ *n* [gen] derrota *f*; **to admit ~** admitir a derrota. ◇ *vt* **-1.** [team, opponent] derrotar **-2.** [motion, proposal] rechaçar.

defeatist [dɪ'fi:tɪst] <> *adj* derrotista. <> *n* derrotista *mf*.
defect [*n* 'di:fekt, *vb* dɪ'fekt] <> *n* [fault] defeito *m*. <> *vi POL*: **to ~ to the other side** ≃ passar para o outro lado, virar a casaca.
defective [dɪ'fektɪv] *adj* defeituoso(sa).
defence *UK*, **defense** *US* [dɪ'fens] *n* **-1.** [gen & *SPORT*] defesa *f*; **~ against sb/sthg** defesa contra alguém/algo **-2.** [protective device, system] proteção *f*; **~ against sb/sthg** proteção *f* contra alguém/algo **-3.** [*JUR* - lawyers]: **the ~** a defesa; [- denial of charge] defesa *f*.
defenceless *UK*, **defenseless** *US* [dɪ'fenslɪs] *adj* indefeso(sa).
defend [dɪ'fend] *vt* defender; **to ~ sb/sthg against sb/sthg** defender alguém/algo de alguém/algo.
defendant [dɪ'fendənt] *n* réu *m*, ré *f*.
defender [dɪ'fendə^r] *n* **-1.** [gen] defensor *m*, -ra *f* **-2.** [*SPORT* - player] zagueiro *m*, -ra *f*; [- of title] defensor *m*, -ra *f*.
defense *n US* = **defence**.
defenseless *adj US* = **defenceless**.
defensive [dɪ'fensɪv] <> *adj* **-1.** [weapons, tactics] defensivo(va) **-2.** [person] receoso(sa). <> *n*: **on the ~** na defensiva.
defer [dɪ'fɜ:^r] (*pt* & *pp* **-red**, *cont* **-ring**) <> *vt* adiar, protelar. <> *vi*: **to ~ to sb** deferir a alguém.
deferential [ˌdefə'renʃl] *adj* deferente.
defiance [dɪ'faɪəns] *n* desafio *m*; **in ~ of sb/sthg** a despeito de alguém/algo.
defiant [dɪ'faɪənt] *adj* desafiador(ra).
deficiency [dɪ'fɪʃnsɪ] (*pl* **-ies**) *n* **-1.** [lack] deficiência *f* **-2.** [inadequacy] deficiência *f*, imperfeição *f*.
deficient [dɪ'fɪʃnt] *adj* **-1.** [lacking]: **~ in sthg** deficiente em algo **-2.** [inadequate] deficiente.
deficit ['defɪsɪt] *n* déficit *m*.
defile [dɪ'faɪl] *vt* **-1.** [grave, church] profanar **-2.** [mind, purity] corromper.
define [dɪ'faɪn] *vt* definir.
definite ['defɪnɪt] *adj* **-1.** [date, plan] definido(da) **-2.** [improvement, difference] claro(ra) **-3.** [person] seguro(ra).
definitely ['defɪnɪtlɪ] *adv* sem dúvida.
definition [defɪ'nɪʃn] *n* **-1.** [of word, expression, concept] definição *f* **-2.** [of problem, function] explicação *f* **-3.** [clarity] nitidez *f*.
deflate [dɪ'fleɪt] <> *vt* [balloon, tyre] esvaziar. <> *vi* [balloon, tyre] esvaziarse.
deflation [dɪ'fleɪʃn] *n ECON* deflação *f*.
deflect [dɪ'flekt] *vt* desviar.
defogger [ˌdi:'fɒgə^r] *n US AUT* desembaçador *m*.
deformed [dɪ'fɔ:md] *adj* deformado(da).
DEFRA (*abbr of* **Department for the Environment, Food and Rural Affairs**) *n divisão do governo britânico que trata de questões agrárias e do meio ambiente*.
defraud [dɪ'frɔ:d] *vt* fraudar.
defrost [ˌdi:'frɒst] <> *vt* **-1.** [fridge] degelar **-2.** [frozen food] descongelar **-3.** *US* [*AUT* - de-ice] descongelar. <> *vi* **-1.** [fridge] degelar **-2.** [frozen food] descongelar.
deft [deft] *adj* **-1.** [movement, fingers] ágil **-2.** [handling of situation] hábil.
defunct [dɪ'fʌŋkt] *adj* extinto(ta).
defuse [ˌdi:'fju:z] *vt UK* **-1.** [bomb] desativar **-2.** *fig* [situation] acalmar.
defy [dɪ'faɪ] (*pt* & *pp* **-ied**) *vt* **-1.** [disobey] desafiar **-2.** [challenge]: **to ~ sb to do sthg** desafiar alguém a fazer algo **-3.** *fig* [elude - description] impossibilitar; [- efforts] tornar inútil.
degenerate [*adj* dɪ'dʒenərət, *vb* dɪ'dʒenəreɪt] <> *adj* degenerado(da). <> *vi* degenerar; **to ~ into** degenerar para.
degrading [dɪ'greɪdɪŋ] *adj* [debasing] degradante.
degree [dɪ'gri:] *n* **-1.** [unit of measurement, amount] grau *m*; **by ~s** gradualmente **-2.** [qualification] título *m* universitário; **to have/take a ~ (in sthg)** ter/obter graduação (em algo).
dehydrated [ˌdi:haɪ'dreɪtɪd] *adj* desidratado(da).
de-ice [di:'aɪs] *vt* descongelar.
deign [deɪn] *vi*: **to ~ to do sthg** dignar-se a fazer algo.
deity ['di:ɪtɪ] (*pl* **-ies**) *n* divindade *f*, deidade *f*.
dejected [dɪ'dʒektɪd] *adj* abatido(da), desanimado(da).
delay [dɪ'leɪ] <> *n* atraso *m*. <> *vt* **-1.** [cause to be late] atrasar **-2.** [postpone] adiar; **to ~ doing sthg** adiar (fazer) algo. <> *vi* demorar-se; **to ~ in doing sthg** demorar-se para fazer algo.
delayed [dɪ'leɪd] *adj* atrasado(da).
delectable [dɪ'lektəbl] *adj* **-1.** [food] delicioso(sa) **-2.** [person] fabuloso(sa).
delegate [*n* 'delɪgət, *vb* 'delɪgeɪt] <> *n* delegado *m*, -da *f*. <> *vt* **-1.** [appoint to do job] delegar; **to ~ sb to do sthg** delegar alguém para fazer algo **-2.** [hand over responsibility for] delegar; **to ~ sthg to sb** delegar algo a alguém.
delegation [ˌdelɪ'geɪʃn] *n* delegação *f*.
delete [dɪ'li:t] *vt* **-1.** [remove] apagar **-2.** *COMPUT* deletar.
deli ['delɪ] (*abbr of* **delicatessen**) *n fam loja onde se vendem bebidas, frios, conservas e pães*.
deliberate [*adj* dɪ'lɪbərət, *vb* dɪ'lɪbəreɪt] <> *adj* **-1.** [intentional] deliberado(da) **-2.** [slow] pausado(da). <> *vi fml* deliberar.
deliberately [dɪ'lɪbərətlɪ] *adv* [on purpose] deliberadamente.

delicacy [ˈdelɪkəsɪ] (*pl* **-ies**) *n* **-1.** *(U)* [gracefulness, tact] delicadeza *f* **-2.** [food] iguaria *f*.

delicate [ˈdelɪkət] *adj* **-1.** [gen] delicado(da) **-2.** [flavour, colour] suave **-3.** [instrument] delicado(da), sensível.

delicatessen [ˌdelɪkəˈtesn] *n* delicatessen *f*.

delicious [dɪˈlɪʃəs] *adj* [tasty] delicioso(sa).

delight [dɪˈlaɪt] ◇ *n* [great pleasure] prazer *m*, deleite *m*; **to take ~ in doing sthg** ter prazer em fazer algo. ◇ *vt* encantar. ◇ *vi*: **to ~ in sthg/in doing sthg** encantar-se em algo/em fazer algo.

delighted [dɪˈlaɪtɪd] *adj* muito contente; **~ by** OR **with sthg** encantado(da) com algo; **to be ~ to do sthg** estar muito feliz por fazer algo.

delightful [dɪˈlaɪtfʊl] *adj* encantador(ra).

delinquent [dɪˈlɪŋkwənt] ◇ *adj* delinqüente. ◇ *n* delinqüente *mf*.

delirious [dɪˈlɪrɪəs] *adj* delirante; **to be ~** estar delirando.

deliver [dɪˈlɪvə^r] *vt* **-1.** [distribute]: **to ~ sthg (to sb)** entregar algo (a alguém) **-2.** [give - speech, lecture] proferir; [- message] entregar; [- warning, ultimatum] dar **-3.** [blow] desferir **-4.** [baby] trazer ao mundo **-5.** *fml* [liberate]: **to ~ sb (from sthg)** libertar alguém (de algo) **-6.** *US POL* [votes] captar.

delivery [dɪˈlɪvərɪ] (*pl* **-ies**) *n* **-1.** [of goods, letters] entrega *f* **-2.** [goods delivered] remessa *f* **-3.** [way of speaking] elocução *f* **-4.** [birth] parto *m*.

delude [dɪˈluːd] *vt* enganar; **to ~ o.s.** enganar-se.

delusion [dɪˈluːʒn] *n* ilusão *f*.

delve [delv] *vi* **-1.** [into mystery] pesquisar; **to ~ into sthg** investigar algo **-2.** [in bag, cupboard] remexer; **to ~ into** OR **inside sthg** revolver dentro de algo.

demand [dɪˈmɑːnd] ◇ *n* **-1.** [gen] exigência *f*; **on ~** [gen] a pedido; *COMM* sob demanda **-2.** [need & *COMM*]: **~ for sthg** demanda *f* por algo; **in ~** solicitado(da). ◇ *vt* **-1.** [gen] exigir; **to ~ to do sthg** exigir fazer algo **-2.** [enquire forcefully] inquirir.

demanding [dɪˈmɑːndɪŋ] *adj* **-1.** [exhausting] que exige muito esforço **-2.** [not easily satisfied] exigente.

demean [dɪˈmiːn] *vt* rebaixar.

demeaning [dɪˈmiːnɪŋ] *adj* humilhante.

demeanour *UK*, **demeanor** *US* [dɪˈmiːnə^r] *n fml* comportamento *m*.

demented [dɪˈmentɪd] *adj* demente.

demise [dɪˈmaɪz] *n fml* **-1.** [death] falecimento *m* **-2.** *fig* [end] fim *m*.

demister [ˌdiːˈmɪstə^r] *n UK AUT* desembaçador *m*.

demo [ˈdeməʊ] (*pl* **-s**) (*abbr of* **demonstration**) *n* **-1.** *fam* [protest] manifestação *f*. **-2.** [tape, video] demo *f*.

democracy [dɪˈmɒkrəsɪ] (*pl* **-ies**) *n* democracia *f*.

democrat [ˈdeməkræt] *n* democrata *mf*.

◆ **Democrat** *n US* democrata *mf*.

democratic [deməˈkrætɪk] *adj* democrático(ca).

◆ **Democratic** *adj US* democrata.

Democratic Party *n US*: **the ~** o Partido Democrata *(dos Estados Unidos)*.

demolish [dɪˈmɒlɪʃ] *vt* **-1.** [knock down] demolir **-2.** [prove wrong] destruir, acabar com.

demonstrate [ˈdemənstreɪt] ◇ *vt* **-1.** [gen] demonstrar **-2.** [appliance, machine] mostrar o funcionamento de. ◇ *vi* manifestar-se; **to ~ for/against sthg** manifestar-se a favor de/contra algo.

demonstration [demənˈstreɪʃn] *n* [protest gathering, march] manifestação *f*.

demonstrator [ˈdemənstreɪtə^r] *n* **-1.** [of machine, product] demonstrador *m*, -ra *f* **-2.** [protester] manifestante *mf*.

demoralized [dɪˈmɒrəlaɪzd] *adj* desmoralizado(da).

demote [ˌdiːˈməʊt] *vt* rebaixar *(na carreira profissional)*.

demure [dɪˈmjʊə^r] *adj* recatado(da).

den [den] *n* [lair] toca *f*.

denial [dɪˈnaɪəl] *n* **-1.** [refutation] contestação *f* **-2.** *(U)* [refusal] negação *f*.

denier [ˈdenɪə^r] *n* [of stockings, tights] denier *m*, *medida da espessura do fio de náilon ou de seda usado na fabricação de roupas*.

denigrate [ˈdenɪgreɪt] *vt fml* difamar, denegrir.

denim [ˈdenɪm] *n* brim *m*.

◆ **denims** *npl* jeans *m inv*.

denim jacket *n* jaqueta *f* jeans.

Denmark [ˈdenmɑːk] *n* Dinamarca.

denomination [dɪˌnɒmɪˈneɪʃn] *n* **-1.** *RELIG* denominação *f*, seita *f* **-2.** *FIN* valor *m*.

denounce [dɪˈnaʊns] *vt* denunciar.

dense [dens] *adj* **-1.** [thick - trees, undergrowth] denso(sa); [- mist, fog] espesso(sa) **-2.** *inf* [stupid] estúpido(da).

dent [dent] ◇ *n* amassado *m*. ◇ *vt* [surface] amassar.

dental [ˈdentl] *adj* dentário(ria); **a ~ problem** um problema nos dentes.

dental floss *n (U)* fio *m* dental.

dental surgeon *n* cirurgião-dentista *m*, cirurgiã-dentista *f*.

dental surgery *n* cirurgia *f* dentária.

dentist [ˈdentɪst] *n* dentista *mf*; **to go to the ~'s** ir ao dentista.

dentures [ˈdentʃəz] *npl* dentadura *f*.

deny [dɪˈnaɪ] (*pt* & *pp* **-ied**) *vt* negar; **to ~ sb sthg** negar algo a alguém.

deodorant [diːˈəʊdərənt] *n* desodorante *m*.

depart [dɪ'pɑ:t] *vi fml* **-1.** [leave] partir; **to ~ from** partir de **-2.** [differ]: **to ~ from sthg** afastar-se de algo.
department [dɪ'pɑ:tmənt] *n* **-1.** [gen] departamento *m* **-2.** [of government] ministério *m*.
department store *n* loja *f* de departamentos.
departure [dɪ'pɑ:tʃə^r] *n* **-1.** [leaving] partida *f* **-2.** [variation]: **~ (from sthg)** abandono *m* (de algo) **-3.** [orientation] início *m*.
departure lounge *n* sala *f* de embarque.
depend [dɪ'pend] *vi* **-1.** [rely - financially]: **to ~ on sb/sthg** depender de alguém/algo; [- emotionally]: **to ~ on sb** confiar em alguém **-2.** [be determined]: **it ~s** depende; **it ~s on** depende de; **~ing on** dependendo de.
dependable [dɪ'pendəbl] *adj* confiável.
dependant [dɪ'pendənt] *n* dependente *mf*.
dependent [dɪ'pendənt] *adj* **-1.** [reliant]: **to be ~ (on sb/sthg)** ser dependente (de alguém/algo) **-2.** [addicted] dependente **-3.** [determined by]: **to be ~ on sb/sthg** depender de alguém/algo.
depict [dɪ'pɪkt] *vt* **-1.** [show in picture] retratar **-2.** [describe]: **to ~ sb/sthg as sthg** retratar alguém/algo como algo.
deplete [dɪ'pli:t] *vt* reduzir.
deplorable [dɪ'plɔ:rəbl] *adj* deplorável.
deplore [dɪ'plɔ:^r] *vt* deplorar.
deploy [dɪ'plɔɪ] *vt* dispor.
depopulation [di:ˌpɒpjʊ'leɪʃn] *n (U)* despovoamento *m*.
deport [dɪ'pɔ:t] *vt* deportar.
depose [dɪ'pəʊz] *vt* [king, ruler] depor.
deposit [dɪ'pɒzɪt] <> *n* **-1.** *GEOL* [of gold, oil] jazida *f* **-2.** [of sediment, silt] depósito *m* **-3.** [fin] depósito *m*; **to make a ~** fazer um depósito **-4.** [down payment - on house, car] entrada *f*; [- on hotel room] depósito *m* **-5.** [returnable payment - on hired goods] caução *f*; [- on bottle, container] depósito *m*. <> *vt* **-1.** [gen] depositar **-2.** [bag, case, shopping] colocar.
deposit account *n UK* conta *f* remunerada.
depot ['depəʊ] *n* **-1.** [storage facility - for goods] armazém *m*; [- for vehicles] garagem *f* **-2.** *US* [bus or train terminus] terminal *m*.
depreciate [dɪ'pri:ʃɪeɪt] *vi* depreciar.
depress [dɪ'pres] *vt* **-1.** [sadden, discourage] deprimir **-2.** *ECON* depreciar **-3.** [slow down, reduce] reduzir.
depressed [dɪ'prest] *adj* **-1.** [person] deprimido(da) **-2.** [area]: **~ point** ponto inferior.
depressing [dɪ'presɪŋ] *adj* deprimente.
depression [dɪ'preʃn] *n* depressão *f*.
deprivation [ˌdeprɪ'veɪʃn] *n* [privation] privação *f*.
deprive [dɪ'praɪv] *vt*: **to ~ sb of sthg** privar alguém de algo.
depth [depθ] *n* **-1.** profundidade *f*; **to be out of one's ~** [lit & fig] não dar pé para alguém; **in ~** em profundidade **-2.** [severity] gravidade *f*; **the ~ of sthg** a gravidade de algo.
◆ **depths** *npl*: **the ~s** [of sea, memory] as profundezas; [of winter] o auge; **to be in the ~s of despair** estar no auge do desespero.
deputation [ˌdepjʊ'teɪʃn] *n* delegação *f*.
deputize, -ise ['depjʊtaɪz] *vi*: **to ~ (for sb)** substituir oficialmente (alguém).
deputy ['depjʊtɪ] (*pl* **-ies**) <> *adj* adjunto(ta); **~ head** subdiretor *m*, -ra *f*; **~ chairman** vice-presidente *m*. <> *n* **-1.** [second-in-command] suplente *mf* **-2.** *US* [deputy sheriff] ajudante *mf* do delegado.
derail [dɪ'reɪl] *vt* [train] descarrilhar.
deranged [dɪ'reɪndʒd] *adj* perturbado(da), transtornado(da).
derby [*UK* 'dɑ:bɪ, *US* 'dɜ:bɪ] (*pl* **-ies**) *n* **-1.** [sports event] jogo *m* local **-2.** *US* [hat] chapéu-coco *m*.
derelict ['derəlɪkt] *adj* abandonado(da).
deride [dɪ'raɪd] *vt* escarnecer de, zombar de.
derisory [də'raɪzərɪ] *adj* **-1.** [ridiculous] irrisório(ria) **-2.** [scornful] zombeteiro(ra).
derivative [dɪ'rɪvətɪv] <> *adj pej* pouco original. <> *n* derivado *m*.
derive [dɪ'raɪv] <> *vt* **-1.** [pleasure]: **to ~ sthg from sthg** encontrar algo em algo **-2.** [word, expression]: **to be ~d from sthg** derivar de algo. <> *vi* [word, expression]: **to ~ from sthg** derivar-se de algo.
derogatory [dɪ'rɒgətrɪ] *adj* depreciativo(va).
derv [dɜ:v] *n UK* gasóleo *m*.
descend [dɪ'send] <> *vi* **-1.** *fml* [go down] descer **-2.** [fall]: **to ~ (on sb/sthg)** recair (sobre alguém/algo) **-3.** [stoop, lower o.s.]: **to ~ to sthg/to doing sthg** rebaixar-se a algo/a fazer algo. <> *vt fml* [go down] descer.
descendant [dɪ'sendənt] *n* [family member] descendente *mf*.
descended [dɪ'sendɪd] *adj*: **to be ~ from sb** ser descendente *OR* descender de alguém.
descent [dɪ'sent] *n* **-1.** [downwards movement] descida *f* **-2.** *(U)* [origin] ascendência *f*.
describe [dɪ'skraɪb] *vt* [recount] descrever.
description [dɪ'skrɪpʃn] *n* **-1.** [account] descrição *f* **-2.** [type] tipo *m*.
desecrate ['desɪkreɪt] *vt* profanar.
desert [*n* 'dezət, *vb & npl* dɪ'zɜ:t] <> *n GEOGR* deserto *m*. <> *vt* abandonar. <> *vi MIL* desertar.
◆ **deserts** *npl*: **to get one's just ~s** receber aquilo que se merece.
deserted [dɪ'zɜ:tɪd] *adj* [place] deserto(ta), abandonado(da).
deserter [dɪ'zɜ:tə^r] *n* desertor *m*, -ra *f*.
desert island ['dezət-] *n* ilha *f* deserta.
deserve [dɪ'zɜ:v] *vt* merecer; **to ~ sthg**

merecer algo; **we ~ to win** merecemos vencer.
deserving [dɪ'zɜ:vɪŋ] *adj* merecedor(ra).
design [dɪ'zaɪn] <> *n* **-1.** [plan, drawing] projeto *m* **-2.** *(U)* [art] design *m* **-3.** [pattern, motif] padrão *m* **-4.** [structure, shape] modelo *m* **-5.** *fml* [intention] intenção *f*; **by ~** por intenção; **to have ~s on sb/sthg** ter más intenções com relação a alguém/algo. <> *vt* **-1.** [building, car] projetar **-2.** [clothes, costumes] desenhar **-3.** [plan, system, test] projetar, criar; **to be ~ed for sthg/to do sthg** ser projetado(da) para algo/para fazer algo.
designate [*adj* 'dezɪgnət, *vb* 'dezɪgneɪt] <> *adj* designado(da). <> *vt* [appoint] designar.
designer [dɪ'zaɪnə[r]] <> *adj* [jeans, glasses, stubble] de marca. <> *n* **-1.** [of building, machine] projetista *mf* **-2.** [of theatre set] cenógrafo *m*, -fa *f* **-3.** [of clothes] estilista *mf*.
desirable [dɪ'zaɪərəbl] *adj* **-1.** *fml* [appropriate] apropriado(da) **-2.** [attractive] agradável **-3.** [sexually attractive] desejável.
desire [dɪ'zaɪə[r]] <> *n* **-1.** [wish] desejo *m*, vontade *f*; **~ for sthg/to do sthg** desejo por algo/de fazer algo, vontade de algo/de fazer algo **-2.** *(U)* [sexual longing] desejo *m*. <> *vt* desejar.
desist [dɪ'zɪst] *vi fml*: **to ~ (from doing sthg)** desistir (de fazer algo).
desk [desk] *n* **-1.** [piece of furniture - in office, study] escrivaninha *f*; [- in school] carteira *f* **-2.** [service point] balcão *m*.
desk diary *n* agenda *f (de mesa)*.
desktop publishing *n (U)* editoração *f* eletrônica.
desolate ['desələt] *adj* desolado(da).
despair [dɪ'speə[r]] <> *n (U)* desespero *m*. <> *vi* desesperar-se; **to ~ of sb/sthg** perder a esperança com alguém/algo; **to ~ of doing sthg** perder a esperança de fazer algo.
despairing [dɪ'speərɪŋ] *adj* desesperador(ra).
despatch [dɪ'spætʃ] *n & vt* = **dispatch**.
desperate ['desprət] *adj* **-1.** [gen] desesperado(da); **to feel ~** sentir-se desperado(da) **-2.** [situation, problem] desesperador(ra) **-3.** [criminal] implacável **-4.** [in great need]: **to be ~ for sthg** estar louco(ca) por algo.
desperately ['desprətlɪ] *adv* **-1.** [gen] desesperadamente **-2.** [busy, sorry, in love] muito.
desperation [,despə'reɪʃn] *n (U)* desespero *m*; **in ~** em desespero.
despicable [dɪ'spɪkəbl] *adj* desprezível.
despise [dɪ'spaɪz] *vt* desprezar.
despite [dɪ'spaɪt] *prep* apesar de.
despondent [dɪ'spɒndənt] *adj* desanimado(da).
dessert [dɪ'zɜ:t] *n* sobremesa *f*.
dessertspoon [dɪ'zɜ:tspu:n] *n* [spoon] colher *f* de sobremesa.
destination [,destɪ'neɪʃn] *n* destino *m*.
destined ['destɪnd] *adj* **-1.** [intended]: **~ for sthg/to do sthg** predestinado(da) a algo/a fazer algo **-2.** [bound]: **to be ~ for** estar indo para.
destiny ['destɪnɪ] (*pl* **-ies**) *n* destino *m*.
destitute ['destɪtju:t] *adj* [extremely poor] necessitado(da), miserável.
destroy [dɪ'strɔɪ] *vt* [gen] destruir.
destruction [dɪ'strʌkʃn] *n (U)* destruição *f*.
detach [dɪ'tætʃ] *vt* **-1.** [remove] tirar; **to ~ sthg from sthg** tirar algo de algo ; [tear off] destacar **-2.** [dissociate]: **to ~ o.s. from sthg** afastar-se de algo.
detached [dɪ'tætʃt] *adj* [unemotional] imparcial.
detached house *n* casa *f* separada.
detachment [dɪ'tætʃmənt] *n* **-1.** *(U)* [aloofness] desinteresse *m*, desapego *m* **-2.** MIL destacamento *m*.
detail ['di:teɪl] <> *n* **-1.** [small point] detalhe *m* **-2.** *(U)* [collection of facts, points] detalhe *m*, particularidade *f*; **to go into ~** entrar em detalhes; **in ~** detalhadamente **-3.** MIL destacamento *m*. <> *vt* [list] detalhar.
◆ **details** *npl* **-1.** [information] dados *mpl* **-2.** [personal information] dados *mpl* (pessoais).
detailed ['di:teɪld] *adj* detalhado(da).
detain [dɪ'teɪn] *vt* **-1.** [in hospital, police station] deter **-2.** [delay] retardar.
detect [dɪ'tekt] *vt* **-1.** [subj: person] perceber **-2.** [subj: device] detectar.
detection [dɪ'tekʃn] *n* **-1.** *(U)* [discovery] detecção *f* **-2.** [investigation] investigação *f*.
detective [dɪ'tektɪv] *n* detetive *mf*.
detective novel *n* romance *m* policial.
detention [dɪ'tenʃn] *n* **-1.** *(U)* [of suspect, criminal] detenção *f* **-2.** [at school] castigo *m (depois da aula)*.
deter [dɪ'tɜ:[r]] (*pt* & *pp* **-red**, *cont* **-ring**) *vt* dissuadir; **to ~ sb from doing sthg** dissuadir alguém de fazer algo.
detergent [dɪ'tɜ:dʒənt] *n* detergente *m*.
deteriorate [dɪ'tɪərɪəreɪt] *vi* piorar.
determination [dɪ,tɜ:mɪ'neɪʃn] *n* **-1.** *(U)* [resolve] determinação *f* **-2.** [establishing, fixing] definição *f*.
determine [dɪ'tɜ:mɪn] *vt* **-1.** [gen] determinar **-2.** *fml* [resolve]: **to ~ to do sthg** determinar-se a fazer algo **-3.** [fix, settle] definir.
determined [dɪ'tɜ:mɪnd] *adj* [person, effort] determinado(da); **~ to do sthg** determinado(da) a fazer algo.
deterrent [dɪ'terənt] *n* dissuasão *f*.
detest [dɪ'test] *vt* detestar.
detonate ['detəneɪt] <> *vt* detonar. <> *vi* detonar.
detour ['di:,tʊə[r]] *n* desvio *m*.

detract [dɪ'trækt] *vi*: **to ~ from** [quality, achievement] depreciar; [enjoyment] perturbar.
detriment ['detrɪmənt] *n*: **to the ~ of sb/sthg** em detrimento de alguém/algo.
detrimental [ˌdetrɪ'mentl] *adj* prejudicial.
deuce [dju:s] *n TENNIS* empate *m*.
devaluation [ˌdi:væljʊ'eɪʃn] *n FIN* desvalorização *f*.
devastated ['devəsteɪtɪd] *adj* **-1.** [place] devastado(da) **-2.** *fig* [person] arrasado(da).
devastating ['devəsteɪtɪŋ] *adj* **-1.** [disastrous] devastador(ra) **-2.** [very effective, attractive] avassalador(ra).
develop [dɪ'veləp] ◇ *vt* **-1.** [gen] desenvolver **-2.** [land, area, resources] explorar **-3.** [illness] contrair **-4.** *PHOT* revelar. ◇ *vi* **-1.** [gen] desenvolver **-2.** [problem, illness] aparecer.
developing country [dɪ'veləpɪŋ-] *n* país *m* em desenvolvimento.
development [dɪ'veləpmənt] *n* **-1.** *(U)* [expansion, growth, conception - gen] desenvolvimento *m*; [- of business, company] crescimento *m* **-2.** *(U)* [of land, area] exploração *f* **-3.** [developed land] loteamento *m* **-4.** [further incident] acontecimento *m* **-5.** *(U)* [of illness, fault, habit] desenvolvimento *m* **-6.** *PHOT* revelação *f*.
deviate ['di:vɪeɪt] *vi*: **to ~ (from sthg)** desviar-se (de algo).
device [dɪ'vaɪs] *n* **-1.** [apparatus] dispositivo *m*, aparelho *m* **-2.** [plan, method] artifício *m* **-3.** [bomb]: **(incendiary) ~** bomba *f* incendiária.
devil ['devl] *n* **-1.** [evil spirit] demônio *m* **-2.** *inf* [person] diabo *m*, -ba *f*; **poor ~!** pobre diabo! **-3.** [for emphasis]: **who/where/why the ~ ...?** que/onde/por que diabos ...?
◆ **Devil** *n* [Satan]: **the Devil** o Diabo.
devious ['di:vjəs] *adj* **-1.** [gen] desonesto(ta) **-2.** [route] sinuoso(sa).
devise [dɪ'vaɪz] *vt* conceber.
devoid [dɪ'vɔɪd] *adj fml*: **~ of sthg** desprovido(da) de algo.
devolution [ˌdi:və'lu:ʃn] *n (U) POL* descentralização *f*.
devote [dɪ'vəʊt] *vt*: **to ~ sthg to sthg** dedicar algo a algo.
devoted [dɪ'vəʊtɪd] *adj* [person] dedicado(da); **~ to sb/sthg** dedicado(da) a alguém/algo.
devotee [ˌdevə'ti:] *n* **-1.** [disciple] devoto *m*, -ta *f* **-2.** [fan] fã *mf* **-3.** [enthusiast] entusiasta *mf*.
devotion [dɪ'vəʊʃn] *n* **-1.** *(U)* [commitment]: **~ to sb/sthg** dedicação *f* a alguém/algo **-2.** *RELIG* devoção *f*.
devour [dɪ'vaʊə^r] *vt* **-1.** [eat, read avidly] devorar **-2.** *fig* [subj: fire] consumir.
devout [dɪ'vaʊt] *adj RELIG* devoto(ta).
dew [dju:] *n (U)* orvalho *m*.
diabetes [ˌdaɪə'bi:ti:z] *n (U)* diabete *f*.
diabetic [ˌdaɪə'betɪk] ◇ *adj* [person] diabético(ca). ◇ *n* diabético *m*, -ca *f*.
diabolic(al) [ˌdaɪə'bɒlɪk(l)] *adj* **-1.** [evil] diabólico(ca) **-2.** *inf* [very bad] horroroso(sa).
diagnose ['daɪəgnəʊz] *vt* diagnosticar.
diagnosis [ˌdaɪəg'nəʊsɪs] (*pl* **-oses** [-əʊsi:z]) *n* diagnóstico *m*.
diagonal [daɪ'ægənl] ◇ *adj* [line] diagonal. ◇ *n* diagonal *f*.
diagram ['daɪəgræm] *n* diagrama *m*.
dial ['daɪəl] (*UK pt* & *pp* **-led**, *cont* **-ling**, *US pt* & *pp* **-ed**, *cont* **-ing**) ◇ *n* **-1.** [of watch, clock, meter] mostrador *m* **-2.** [of radio] dial *m* **-3.** [of telephone] teclado *m*. ◇ *vt* [number] discar.
dialect ['daɪəlekt] *n* dialeto *m*.
dialling code *UK*, **dialing code** *US* ['daɪəlɪŋ-] *n* código *m* de discagem.
dialling tone *UK* ['daɪəlɪŋ-], **dial tone** *US* *n* linha *f (no telefone)*.
dialogue *UK*, **dialog** *US* ['daɪəlɒg] *n* diálogo *m*.
dial tone *n US* = **dialling tone**.
dialysis [daɪ'ælɪsɪs] *n (U)* diálise *f*.
diameter [daɪ'æmɪtə^r] *n* diâmetro *m*.
diamond ['daɪəmənd] *n* **-1.** [gem] diamante *m* **-2.** [shape] losango *m*.
◆ **diamonds** *npl* [cards] ouros *mpl*.
diaper ['daɪpə^r] *n US* fralda *f*.
diaphragm ['daɪəfræm] *n* diafragma *m*.
diarrh(o)ea [ˌdaɪə'rɪə] *n (U)* diarréia *f*.
diary ['daɪərɪ] (*pl* **-ies**) *n* **-1.** [appointment book] agenda *f* **-2.** [personal record] diário *m*.
dice [daɪs] (*pl inv*) ◇ *n* [for games] dado *m*. ◇ *vt* cortar em cubinhos.
dictate [*vb* dɪk'teɪt, *n* 'dɪkteɪt] ◇ *vt* **-1.** [letter] ditar **-2.** [conditions, terms] ditar, impor. ◇ *n* ditado *m*.
dictation [dɪk'teɪʃn] *n* ditado *m*.
dictator [dɪk'teɪtə^r] *n POL* ditador *m*, -ra *f*.
dictatorship [dɪk'teɪtəʃɪp] *n* ditadura *f*.
dictionary ['dɪkʃənrɪ] (*pl* **-ies**) *n* dicionário *m*.
did [dɪd] *pt* ▷ **do**.
diddle ['dɪdl] *vt UK inf* passar a perna em.
didn't ['dɪdnt] = **did not**.
die [daɪ] (*pt* & *pp* **died**, *cont* **dying**) ◇ *vi* **-1.** [person, animal, plant] morrer; **to be dying** estar morrendo; **to be dying for sthg/to do sthg** *inf* estar morrendo de vontade de algo/de fazer algo **-2.** *fig* [love, anger, memory] morrer. ◇ *n* [dice] dado *m*.
◆ **die away** *vi* [sound, wind] desvanecer-se.
◆ **die down** *vi* **-1.** [fire] arrefecer **-2.** [sound, wind] abrandar.
◆ **die out** *vi* **-1.** [family, custom] desaparecer **-2.** [species] ser extinto(ta).
diehard ['daɪhɑ:d] *n* teimoso(sa).
diesel ['di:zl] *n* **-1.** *(U)* [fuel, oil] diesel *m* **-2.** [vehicle] veículo *m* a diesel.
diesel engine *n* motor *m* a diesel.

diesel fuel, diesel oil *n* óleo *m* diesel.
diet ['daɪət] ◇ *n* **-1.** [gen] dieta *f* **- 2.** [in order to lose weight] dieta *f*, regime *m*; **to be/go on a ~** estar de/entrar em dieta. ◇ *comp* [low-calorie] de baixa caloria; **a ~ Coke®** uma Coca® light. ◇ *vi* [in order to lose weight] fazer regime.
differ ['dɪfəʳ] *vi* **-1.** [be different] diferir; **to ~ from sb/sthg** diferir/distinguir-se de alguém/ algo **- 2.** [disagree]: **to ~ with sb (about sthg)** discordar de alguém (sobre algo).
difference ['dɪfrəns] *n* diferença *f*; **it doesn't make any ~** não faz a menor diferença.
different ['dɪfrənt] *adj* diferente; **~ from** diferente de.
differentiate [ˌdɪfə'renʃɪeɪt] ◇ *vt*: **to ~ sthg from sthg** diferenciar algo de algo. ◇ *vi*: **to ~ (between)** diferenciar (entre).
difficult ['dɪfɪkəlt] *adj* difícil.
difficulty ['dɪfɪkəltɪ] (*pl* **-ies**) *n* dificuldade *f*; **to have ~ in doing sthg** ter dificuldade em fazer algo.
diffident ['dɪfɪdənt] *adj* acanhado(da).
diffuse [dɪ'fju:z] *vt* **-1.** [light] difundir **- 2.** [information] divulgar.
dig [dɪg] (*pt* & *pp* **dug**, *cont* **digging**) ◇ *n* **-1.** *fig* [unkind remark] zombaria *f* **- 2.** *ARCHAEOL* escavação *f*. ◇ *vt* [in ground] cavar. ◇ *vi* **-1.** [in ground] enterrar-se **- 2.** [press, jab]: **to ~ into sthg** cravar-se em algo; **my strap's ~ging into me** a alça do vestido está me apertando.
◆ **dig out** *vt sep inf* [letter, document] desencavar.
◆ **dig up** *vt sep* **-1.** [from ground] desenterrar **- 2.** *inf* [information] desencavar.
digest [*n* 'daɪdʒest, *vb* dɪ'dʒest] ◇ *n* [book] resenha *f*. ◇ *vt* [food, information] digerir.
digestion [dɪ'dʒestʃn] *n* digestão *f*.
digestive biscuit [dɪ'dʒestɪv-] *n UK biscoito liso levemente adocicado muito comum na Grã-Bretanha.*
digestive system *n* sistema *m* digestivo.
digger *n* [machine] escavadeira *f*.
digit ['dɪdʒɪt] *n* **-1.** [figure] dígito *m* **- 2.** [finger, toe] dedo *m*.
digital ['dɪdʒɪtl] *adj* [watch, readout] digital.
digital camera *n* câmera *f* digital.
digital television, digital TV *n* televisão *f* digital.
digital watch *n* relógio *m* digital.
dignified ['dɪgnɪfaɪd] *adj* digno(na).
dignity ['dɪgnətɪ] *n* dignidade *f*.
digress [daɪ'gres] *vi* fugir do assunto, divagar; **to ~ (from sthg)** desviar-se (de algo).
digs [dɪgz] *npl UK inf* quarto *m* alugado.
dike [daɪk] *n* **-1.** [wall, bank] dique *m* **- 2.** *inf pej* [lesbian] sapatão *m*.
dilapidated [dɪ'læpɪdeɪtɪd] *adj* em ruínas.
dilate [daɪ'leɪt] ◇ *vt* dilatar. ◇ *vi* dilatar-se.
dilemma [dɪ'lemə] *n* dilema *m*.
diligent ['dɪlɪdʒənt] *adj* diligente, aplicado(da).
dilute [daɪ'lu:t] ◇ *adj* diluído(da). ◇ *vt*: **to ~ sthg (with sthg)** diluir algo(com algo).
dim [dɪm] (*compar* **-mer**, *superl* **-mest**, *pt* & *pp* **-med**, *cont* **-ming**) ◇ *adj* **-1.** [dark] sombrio(bria) **- 2.** [indistinct - shape] indistinto(ta); [- sight, sound] fraco(ca); [- memory] vago(ga) **- 3.** [weak] fraco(ca) **- 4.** *inf* [stupid] idiota. ◇ *vt* [light] diminuir. ◇ *vi* [beauty, hope, memory] extinguir-se.
dime [daɪm] *n US moeda de 10 centavos de dólar.*
dimension [dɪ'menʃn] *n* dimensão *f*.
◆ **dimensions** *pl* [of room, object] dimensões *fpl*.
diminish [dɪ'mɪnɪʃ] ◇ *vt* [make less important] diminuir. ◇ *vi* diminuir.
diminutive [dɪ'mɪnjʊtɪv] ◇ *adj fml* [tiny] diminuto(ta). ◇ *n GRAMM* diminutivo *m*.
dimmer ['dɪməʳ] *n* [switch] dimmer *m*.
◆ **dimmers** *npl US* **-1.** [dipped headlights] faróis *mpl* baixos **- 2.** [parking lights] pisca-alerta *m*.
dimmer switch *n* = **dimmer**.
dimple ['dɪmpl] *n* covinha *f (no rosto)*.
din [dɪn] *n inf* zoeira *f*.
dine [daɪn] *vi fml* jantar.
◆ **dine out** *vi* jantar fora.
diner ['daɪnəʳ] *n* **-1.** [person] cliente *mf (de restaurante)* **- 2.** *US* [restaurant] lanchonete *f (em beira de estrada)*.
dinghy ['dɪŋgɪ] (*pl* **-ies**) *n* [for sailing] barco *m* a vela *(pequeno)*; [for rowing] bote *m* a remo.
dingy ['dɪndʒɪ] (*compar* **-ier**, *superl* **-iest**) *adj* [dirty, drab] sujo(ja).
dining car ['daɪnɪŋ-] *n* vagão-restaurante *m*.
dining room ['daɪnɪŋ-] *n* sala *f* de jantar.
dinner ['dɪnəʳ] *n* **-1.** [meal - in evening] jantar *m*; [- at midday] almoço *m* **- 2.** [formal event] jantar *m*.
dinner jacket *n UK* smoking *m*.
dinner party *n* jantar *m (para poucas pessoas)*.
dinnertime ['dɪnətaɪm] *n* hora *f* do jantar.
dinosaur ['daɪnəsɔ:ʳ] *n* [reptile] dinossauro *m*.
dint [dɪnt] *n fml*: **by ~ of** por meio de.
dip [dɪp] (*pt* & *pp* **-ped**, *cont* **-ping**) ◇ *n* **-1.** [in road, ground] depressão *f* **- 2.** [sauce] molho *m* cremoso **- 3.** [swim]: **to go for a ~** dar um mergulho. ◇ *vt* **-1.** [into liquid]: **to ~ sthg in (to) sthg** mergulhar algo em algo **- 2.** *UK* [headlights] baixar. ◇ *vi* **-1.** [sun, wing] baixar **- 2.** [road, ground] descer.
Dip. Ed. (*abbr of* **Diploma in Education**) *(titular de) diploma em educação na Grã-Bretanha.*

diploma [dɪ'pləʊmə] (*pl* -**s**) *n* diploma *m.*
diplomacy [dɪ'pləʊməsɪ] *n* diplomacia *f.*
diplomat ['dɪpləmæt] *n* diplomata *mf.*
diplomatic [ˌdɪplə'mætɪk] *adj* diplomático(ca).
dipstick ['dɪpstɪk] *n AUT* vareta *f* do nível do óleo.
dire ['daɪəʳ] *adj* [serious] terrível.
direct [dɪ'rekt] ◇ *adj* [gen] direto(ta). ◇ *vt* **-1.** [aim]: **to ~ sthg at sb** dirigir algo a alguém **-2.** [person to place] guiar **-3.** [group, project, film, play] dirigir **-4.** [order]: **to ~ sb to do sthg** mandar alguém fazer algo. ◇ *adv* direto.
direct current *n* corrente *f* contínua.
direct debit *n UK* débito *m* automático *(em conta corrente).*
direction [dɪ'rekʃn] *n* **-1.** [spatial] direção *f* **-2.** *fig* [orientation] rumo *m* **-3.** [of group, project, play, film] direção *f*; **under the ~ of** sob a direção de.
◆ **directions** *npl* **-1.** [instructions to place] indicações *fpl* **-2.** [instructions for use] instruções *fpl.*
directly [dɪ'rektlɪ] *adv* **-1.** [in straight line] diretamente, direto **-2.** [frankly, openly] diretamente **-3.** [exactly] logo, bem **-4.** [very soon] imediatamente.
director [dɪ'rektəʳ] *n* diretor *m*, -ra *f.*
directory [dɪ'rektərɪ] (*pl* -**ies**) *n* **-1.** [book, list] lista *f* **-2.** *COMPUT* diretório *m.*
directory enquiries *n UK* (serviço *m* de) auxílio *m* à lista.
dire straits *npl*: **in ~** em apuros.
dirt [dɜ:t] *n* **-1.** [mud, dust] sujeira *f* **-2.** [earth] terra *f.*
dirt cheap *inf* ◇ *adj* bem barato(ta). ◇ *adv* bem barato; **this was ~** isso foi uma ninharia.
dirty ['dɜ:tɪ] (*compar* -**ier**, *superl* -**iest**, *pt* & *pp* -**ied**) ◇ *adj* **-1.** [not clean] sujo(ja) **-2.** [unfair] baixo(xa) **-3.** [smutty] obsceno(na). ◇ *vt* sujar.
disability [ˌdɪsə'bɪlətɪ] (*pl* -**ies**) *n* deficiência *f.*
disabled [dɪs'eɪbld] ◇ *adj* [person] incapacitado(da). ◇ *npl*: **the ~** os deficientes.
disadvantage [ˌdɪsəd'vɑ:ntɪdʒ] *n* desvantagem *f*; **to be at a ~** estar em desvantagem.
disagree [ˌdɪsə'gri:] *vi* **-1.** [have different opinions] discordar, não estar de acordo; **to ~ with sb** discordar de alguém; **to ~ with sthg** discordar de algo **-2.** [differ] divergir **-3.** [subj: food, drink]: **to ~ with sb** fazer mal a alguém.
disagreeable [ˌdɪsə'gri:əbl] *adj* desagradável.
disagreement [ˌdɪsə'gri:mənt] *n* **-1.** [of opinions, records] divergência *f* **-2.** [argument] discussão *f.*
disallow [ˌdɪsə'laʊ] *vt* **-1.** *fml* [appeal, claim] rejeitar **-2.** [goal] anular.
disappear [ˌdɪsə'pɪəʳ] *vi* desaparecer.
disappearance [ˌdɪsə'pɪərəns] *n* **-1.** [of person, object] desaparecimento *m* **-2.** [of species, civilization] extinção *f.*
disappoint [ˌdɪsə'pɔɪnt] *vt* [fail to satisfy] desapontar, decepcionar.
disappointed [ˌdɪsə'pɔɪntɪd] *adj* desapontado(da), decepcionado(da); **~ in** *OR* **with sthg** decepcionado(da) com algo.
disappointing [ˌdɪsə'pɔɪntɪŋ] *adj* desapontador(ra), decepcionante.
disappointment [ˌdɪsə'pɔɪntmənt] *n* **-1.** *(U)* [feeling] desapontamento *m* **-2.** [letdown] decepção *f.*
disapproval [ˌdɪsə'pru:vl] *n (U)* desaprovação *f.*
disapprove [ˌdɪsə'pru:v] *vi*: **to ~ (of sb/sthg)** desaprovar (algo/alguém).
disarm [dɪs'ɑ:m] *vt* & *vi* desarmar.
disarmament [dɪs'ɑ:məmənt] *n (U)* desarmamento *m.*
disarray [ˌdɪsə'reɪ] *n (U)*: **in ~** *fml* [clothes, hair] em desalinho; [room] em desordem; *POL* em desacordo.
disaster [dɪ'zɑ:stəʳ] *n* **-1.** [gen] desastre *m*; **natural ~** desastre *m* natural **-2.** *(U)* [misfortune] azar *m.*
disastrous [dɪ'zɑ:strəs] *adj* [catastrophic] desastroso(sa).
disband [dɪs'bænd] ◇ *vt* dispersar. ◇ *vi* dispersar-se.
disbelief [ˌdɪsbɪ'li:f] *n (U)*: **in** *OR* **with ~** com descrença.
discard [dɪ'skɑ:d] *vt* desfazer-se de, pôr fora.
discern [dɪ'sɜ:n] *vt* **-1.** [see] discernir **-2.** [detect] perceber.
discerning [dɪ'sɜ:nɪŋ] *adj* perspicaz.
discharge [*n* 'dɪstʃɑ:dʒ, *vb* dɪs'tʃɑ:dʒ] ◇ *n* **-1.** [of patient] alta *f*; [of prisoner, defendant] libertação *f*; [from armed forces] dispensa *f* **-2.** [toxic emission] descarga *f* **-3.** *MED* [from nose, wound] secreção *f.* ◇ *vt* **-1.** [allow to leave - patient] dar alta para; [- prisoner, defendant] libertar; [- from armed forces] dispensar **-2.** *fml* [fulfil] cumprir **-3.** [emit] emitir.
disciple [dɪ'saɪpl] *n* **-1.** *RELIG* apóstolo *m* **-2.** *fig* [follower] discípulo *m*, -la *f.*
discipline ['dɪsɪplɪn] ◇ *n* disciplina *f.* ◇ *vt* **-1.** [train] disciplinar **-2.** [punish] punir.
disc jockey *n* disc-jóquei *mf.*
disclaim [dɪs'kleɪm] *vt fml* negar.
disclose [dɪs'kləʊz] *vt* divulgar.
disclosure [dɪs'kləʊʒəʳ] *n* **-1.** *(U)* [act of disclosing] divulgação *f* **-2.** [revealed fact] revelação *f.*
disco ['dɪskəʊ] (*pl* -**s**) (*abbr of* **discotheque**) *n* casa *f* noturna.
discomfort [dɪs'kʌmfət] *n* **-1.** [gen] desconforto *m* **-2.** *(U)* [physical pain] mal-estar *m.*
disconcert [ˌdɪskən'sɜ:t] *vt* desconcertar.

disconnect [ˌdɪskəˈnekt] *vt* **-1.** [detach] desconectar **-2.** [from gas, electricity - appliance] desconectar, desligar; [- house, building] cortar **-3.** [on phone] cortar.

disconsolate [dɪsˈkɒnsələt] *adj* inconsolável.

discontent [ˌdɪskənˈtent] *n (U)*: **~ (with sthg)** descontentamento *m* (com algo).

discontented [ˌdɪskənˈtentɪd] *adj*: **~ (with sthg)** descontente (com algo).

discontinue [ˌdɪskənˈtɪnjuː] *vt* suspender.

discord [ˈdɪskɔːd] *n* **-1.** *(U) fml* [conflict] discórdia *f* **-2.** *MUS* dissonância *f.*

discotheque [ˈdɪskəʊtek] *n* discoteca *f.*

discount [*n* ˈdɪskaʊnt, *vb UK* dɪsˈkaʊnt, *US* ˈdɪskaʊnt] ◇ *n* [price reduction] desconto *m.* ◇ *vt* **-1.** [disregard] desconsiderar **-2.** *COMM* [offer at lower price] dar desconto em; [price] abater.

discourage [dɪˈskʌrɪdʒ] *vt* **-1.** [dishearten] desencorajar **-2.** [dissuade] dissuadir; **to ~ sb from doing sthg** desestimular alguém de fazer algo.

discover [dɪˈskʌvəʳ] *vt* **-1.** [gen] descobrir **-2.** [realize] perceber, dar-se conta de.

discovery [dɪˈskʌvərɪ] (*pl* **-ies**) *n* **-1.** [gen] descoberta *f*; **the ~ of America** o descobrimento da América **-2.** [realization] compreensão *f.*

discredit [dɪsˈkredɪt] ◇ *n (U)* [shame] descrédito *m.* ◇ *vt* **-1.** [person] desonrar **-2.** [idea, belief, theory] desacreditar.

discreet [dɪˈskriːt] *adj* discreto(ta).

discrepancy [dɪˈskrepənsɪ] (*pl* **-ies**) *n*: **~ (in/between)** discrepância *f* (em/entre).

discretion [dɪˈskreʃn] *n* **-1.** [tact] discrição *f* **-2.** [judgment] ponderação *f*; **at the ~ of** a critério de.

discriminate [dɪˈskrɪmɪneɪt] *vi* **-1.** [distinguish] discriminar; **to ~ between** fazer distinção entre **-2.** [treat unfairly]: **to ~ against sb** discriminar alguém.

discriminating [dɪˈskrɪmɪneɪtɪŋ] *adj* [discerning] criterioso(sa).

discrimination [dɪˌskrɪmɪˈneɪʃn] *n (U)* **-1.** [prejudice] discriminação *f* **-2.** [good judgment] discernimento *m.*

discus [ˈdɪskəs] (*pl* **-es**) *n* [sport] disco *m.*

discuss [dɪˈskʌs] *vt* discutir; **to ~ sthg with sb** discutir algo com alguém.

discussion [dɪˈskʌʃn] *n* **-1.** *(U)* [act of discussing] discussão *f*; **under ~** em discussão **-2.** [talk] debate *f.*

disdain [dɪsˈdeɪn] *fml n (U)* desdém *m*; **~ for sb/sthg** desprezo *m* por alguém/algo.

disease [dɪˈziːz] *n* doença *f.*

disembark [ˌdɪsɪmˈbɑːk] *vi* desembarcar.

disenchanted [ˌdɪsɪnˈtʃɑːntɪd] *adj*: **~ (with sthg)** desencantado(da) (com algo).

disengage [ˌdɪsɪnˈgeɪdʒ] *vt* **-1.** [release]: **to ~ sthg (from sthg)** desprender algo (de algo) **-2.** *TECH* [gears, mechanism] desengatar.

disfavour *UK*, **disfavor** *US* [dɪsˈfeɪvəʳ] *n*: **to look on sthg with ~** olhar para algo com desaprovação; **to fall into ~ with sb** cair em desgraça com alguém.

disfigure [dɪsˈfɪgəʳ] *vt* desfigurar.

disgrace [dɪsˈgreɪs] ◇ *n* **-1.** *(U)* [shame] desgraça *f*; **in ~** com vergonha **-2.** [cause for shame - thing] desgraça *f*; [- person] vergonha *f.* ◇ *vt* envergonhar; **to ~ o.s.** envergonhar-se.

disgraceful [dɪsˈgreɪsfʊl] *adj* vergonhoso(sa).

disgruntled [dɪsˈgrʌntld] *adj* decepcionado(da).

disguise [dɪsˈgaɪz] ◇ *n* disfarce *m*; **in ~** disfarçado(da). ◇ *vt* disfarçar.

disgust [dɪsˈgʌst] ◇ *n* nojo *m*; **~ at sthg** nojo de algo.

disgusting [dɪsˈgʌstɪŋ] *adj* [very unpleasant] nojento(ta).

dish [dɪʃ] *n* [container, food] prato *m.*

◆ **dishes** *npl* louça *f*; **to do** *OR* **wash the ~es** lavar a louça.

◆ **dish out** *vt sep inf* distribuir.

◆ **dish up** *vt sep inf* pôr na mesa.

dish aerial *UK*, **dish antenna** *US n* antena *f* parabólica.

dishcloth [ˈdɪʃklɒθ] *n* pano *m* de prato.

disheartened [dɪsˈhɑːtnd] *adj* desanimado(da).

dishevelled *UK*, **disheveled** *US* [dɪˈʃevəld] *adj* desalinhado(da).

dishonest [dɪsˈɒnɪst] *adj* desonesto(ta).

dishonor *n & vt US* = **dishonour**.

dishonorable *adj US* = **dishonourable**.

dishonour *UK*, **dishonor** *US* [dɪsˈɒnəʳ] *fml* ◇ *n* desonra *f.* ◇ *vt* desonrar.

dishonourable *UK*, **dishonorable** *US* [dɪsˈɒnərəbl] *adj* desonroso(sa).

dish soap *n US* detergente *m (para lavar louça).*

dish towel *n US* pano *m* de prato.

dishwasher [ˈdɪʃˌwɒʃəʳ] *n* [machine] lava-louças *fpl inv.*

disillusioned [ˌdɪsɪˈluːʒnd] *adj* desiludido(da); **~ with sb/sthg** desiludido(da) com alguém/algo.

disincentive [ˌdɪsɪnˈsentɪv] *n* desestímulo *m.*

disinclined [ˌdɪsɪnˈklaɪnd] *adj*: **to be ~ to do sthg** estar pouco disposto(ta) a fazer algo.

disinfect [ˌdɪsɪnˈfekt] *vt* desinfetar.

disinfectant [ˌdɪsɪnˈfektənt] *n* desinfetante *m.*

disintegrate [dɪsˈɪntɪgreɪt] *vi* [object] desintegrar-se.

disinterested [ˌdɪsˈɪntrəstɪd] *adj* **-1.** [objective] neutro(tra) **-2.** [uninterested]: **~ (in sb/sthg)**

desinteressado(da) (em alguém/algo).

disjointed [dɪsˈdʒɔɪntɪd] *adj* desconjuntado(da).

disk [dɪsk] *n* COMPUT: **floppy ~** disquete *m*; **hard ~** disco *m* rígido.

disk drive *UK*, **diskette drive** *US n* COMPUT drive *m*, unidade *f* de disco.

diskette [dɪskˈet] *n* COMPUT disquete *m*.

diskette drive *n US* = **disk drive**.

dislike [dɪsˈlaɪk] <> *n* **-1.** *(U)* [feeling] aversão *f*; **~ of sb/sthg** aversão a alguém/algo; **to take a ~ to sb** não simpatizar com alguém; **to take a ~ to sthg** ter aversão a algo **-2.** [thing not liked] desgosto *m*. <> *vt* não gostar de.

dislocate [ˈdɪsləkeɪt] *vt* **-1.** MED deslocar **-2.** [disrupt] desorganizar.

dislodge [dɪsˈlɒdʒ] *vt* [remove - person]: **to ~ sb (from)** desalojar alguém (de); [- thing]: **to ~ sthg (from)** remover algo (de).

disloyal [ˌdɪsˈlɔɪəl] *adj*: **~ (to sb)** desleal (a alguém).

dismal [ˈdɪzml] *adj* **-1.** [gloomy, depressing] sombrio(bria), deprimente **-2.** [unsuccessful] frustrante.

dismantle [dɪsˈmæntl] *vt* [machine, structure] desmantelar.

dismay [dɪsˈmeɪ] <> *n (U)* consternação *f*. <> *vt* consternar.

dismiss [dɪsˈmɪs] *vt* **-1.** [from job]: **to ~ sb (from sthg)** despedir alguém (de algo) **-2.** [refuse to take seriously] descartar **-3.** [allow to leave] dispensar **-4.** [JUR - case] encerrar; [- jury] dispensar.

dismissal [dɪsˈmɪsl] *n* **-1.** [from job] demissão *f* **-2.** [refusal to take seriously] descartamento *m* **-3.** [JUR - of case] encerramento *m*; [- of jury] dispensa *f*.

dismount [ˌdɪsˈmaʊnt] *vi*: **to ~ (from sthg)** descer (de algo).

disobedience [ˌdɪsəˈbiːdjəns] *n* desobediência *f*.

disobedient [ˌdɪsəˈbiːdjənt] *adj* desobediente.

disobey [ˌdɪsəˈbeɪ] *vt* [person, rule] desobedecer a.

disorder [dɪsˈɔːdəʳ] *n* **-1.** [disarray]: **in ~** em desordem **-2.** [rioting] tumulto *m* **-3.** MED distúrbio *m*.

disorderly [dɪsˈɔːdəlɪ] *adj* **-1.** [untidy] desordenado(da) **-2.** [unruly] indisciplinado(da).

disorganized, -ised [dɪsˈɔːgənaɪzd] *adj* desorganizado(da).

disorientated *UK* [dɪsˈɔːrɪənteɪtɪd], **disoriented** *US* [dɪsˈɔːrɪəntɪd] *adj* desorientado(da).

disown [dɪsˈəʊn] *vt* renegar.

disparaging [dɪˈspærɪdʒɪŋ] *adj* depreciativo(va).

dispassionate [dɪˈspæʃnət] *adj* imparcial.

dispatch [dɪˈspætʃ] <> *n* [message] envio *m*. <> *vt* [send] enviar, despachar.

dispel [dɪˈspel] (*pt* & *pp* **-led**, *cont* **-ling**) *vt* [feeling] dissipar.

dispensary [dɪˈspensərɪ] (*pl* **-ies**) *n* dispensário *m*.

dispense [dɪˈspens] *vt* **-1.** [justice] administrar **-2.** [advice] oferecer **-3.** [drugs, medicine] preparar.

◆ **dispense with** *vt fus* dispensar.

dispensing chemist *UK*, **dispensing pharmacist** *US* [dɪˈspensɪŋ-] *n* farmacêutico *m*, -ca *f*.

disperse [dɪˈspɜːs] <> *vt* **-1.** [crowd] dispersar **-2.** [knowledge, news] disseminar **-3.** [substance, gas, oil slick] dispersar. <> *vi* [crowd] dispersar-se.

dispirited [dɪˈspɪrɪtɪd] *adj* desalentado(da).

displace [dɪsˈpleɪs] *vt* **-1.** [supplant] substituir **-2.** CHEM & PHYS deslocar.

display [dɪˈspleɪ] <> *n* **-1.** [of goods, merchandise, ornaments] exposição *f*; **window ~** vitrine *f* **-2.** [of feeling, courage, skill] demonstração *f* **-3.** [performance] exibição *f* **-4.** COMPUT exibição *f*. <> *vt* **-1.** [gen] expor **-2.** [feeling, courage, skill] demonstrar.

displease [dɪsˈpliːz] *vt* descontentar.

displeasure [dɪsˈpleʒəʳ] *n (U)* descontentamento *m*.

disposable [dɪˈspəʊzəbl] *adj* **-1.** [to be thrown away after use] descartável; **~ nappy** *UK*, **~ diaper** *US* fralda *f* descartável **-2.** [available] disponível.

disposal [dɪˈspəʊzl] *n (U)* **-1.** [getting rid] descarte *f* **-2.** [availability]: **at sb's ~** à disposição de alguém.

dispose ◆ **dispose of** *vt fus* [get rid of - rubbish, nuclear waste] descartar-se de; [- problem] livrar-se de.

disposed [dɪˈspəʊzd] *adj* **-1.** [willing]: **to be ~ to do sthg** estar disposto(ta) a fazer algo **-2.** [positive]: **to be well-~ to** OR **towards sb** estar bem-intencionado(da) com/em relação a alguém.

disposition [ˌdɪspəˈzɪʃn] *n* **-1.** [temperament] temperamento *m* **-2.** [willingness, tendency]: **~ to do sthg** disposição *f* para fazer algo.

disprove [ˌdɪsˈpruːv] *vt* [theory, idea]: **to ~ sthg** mostrar que algo está errado.

dispute [dɪˈspjuːt] <> *n* **-1.** [quarrel] disputa *f* **-2.** *(U)* [disagreement] discussão *f*. <> *vt* **-1.** [question, challenge] discutir **-2.** [fight for] disputar.

disqualify [ˌdɪsˈkwɒlɪfaɪ] (*pt* & *pp* **-ied**) *vt* **-1.** [subj: authority, illness, criminal record]: **to ~ sb (from doing sthg)** desqualificar alguém (para fazer algo) **-2.** SPORT desqualificar **-3.** *UK* [from driving] ser proibido de.

disquiet [dɪsˈkwaɪət] *n (U)* inquietação *f*.

disregard [ˌdɪsrɪˈgɑːd] <> *n*: **~ (for sthg)** desconsideração *f* OR indiferença *f* (por

algo). ◇ *vt* desconsiderar.
disrepair [ˌdɪsrɪˈpeəʳ] *n (U)* mau estado *m* de conservação; **to fall into ~** estar caindo aos pedaços.
disreputable [dɪsˈrepjʊtəbl] *adj* desacreditado(da).
disrepute [ˌdɪsrɪˈpjuːt] *n*: **to bring sthg into ~** desacreditar algo; **to fall into ~** cair em descrédito.
disrupt [dɪsˈrʌpt] *vt* transtornar.
dissatisfaction [ˈdɪsˌsætɪsˈfækʃn] *n (U)* insatisfação *f*.
dissatisfied [ˌdɪsˈsætɪsfaɪd] *adj* insatisfeito(ta); **~ with sthg** insatisfeito(ta) com algo.
dissect [dɪˈsekt] *vt* dissecar.
dissent [dɪˈsent] ◇ *n (U)* [disagreement] divergência *f*. ◇ *vi*: **to ~ (from sthg)** divergir (de algo).
dissertation [ˌdɪsəˈteɪʃn] *n* dissertação *f*.
disservice [ˌdɪsˈsɜːvɪs] *n*: **to do sb a ~** fazer um desserviço a alguém.
dissimilar [ˌdɪˈsɪmɪləʳ] *adj* diferente; **~ to** diferente de.
dissipate [ˈdɪsɪpeɪt] *vt* **-1.** [heat] dissipar **-2.** [efforts, money] dispersar.
dissociate [dɪˈsəʊʃɪeɪt] *vt* dissociar; **to ~ o.s. from sthg** dissociar-se de algo.
dissolute [ˈdɪsəluːt] *adj* dissoluto(ta).
dissolve [dɪˈzɒlv] ◇ *vt* dissolver. ◇ *vi* **-1.** [substance] dissolver-se **-2.** *fig* [disappear] desaparecer.
dissuade [dɪˈsweɪd] *vt*: **to ~ sb (from doing sthg)** dissuadir alguém (de fazer algo).
distance [ˈdɪstəns] *n* **-1.** [between two places] distância *f* **-2.** [distant point]: **at a ~** à distância; **from a ~** de longe; **in the ~** ao longe.
distant [ˈdɪstənt] *adj* distante; **~ from** distante de.
distaste [dɪsˈteɪst] *n (U)* repugnância *f*; **~ for sthg** repugnância a algo.
distasteful [dɪsˈteɪstfʊl] *adj* [unpleasant] desagradável, repugnante.
distended [dɪˈstendɪd] *adj* dilatado(da).
distil *UK* (*pt* & *pp* **-led**, *cont* **-ling**), **distill** *US* [dɪˈstɪl] *vt* destilar.
distillery [dɪˈstɪlərɪ] (*pl* **-ies**) *n* destilaria *f*.
distinct [dɪˈstɪŋkt] *adj* **-1.** [different] distinto(ta); **~ from** distinto(ta de); **as ~ from** em oposição a **-2.** [clear] nítido(da).
distinction [dɪˈstɪŋkʃn] *n* **-1.** [difference, excellence] distinção *f*; **to draw** *OR* **make a ~ between** fazer uma distinção entre **-2.** [in exam result] destaque *m*.
distinctive [dɪˈstɪŋktɪv] *adj* [flavour, voice] característico(ca).
distinguish [dɪˈstɪŋgwɪʃ] ◇ *vt* **-1.** [tell apart]: **to ~ sthg from sthg** distinguir algo de algo **-2.** [discern, perceive, make different] distinguir. ◇ *vi*: **to ~ between** distinguir-se entre.
distinguished [dɪˈstɪŋgwɪʃt] *adj* ilustre.
distinguishing [dɪˈstɪŋgwɪʃɪŋ] *adj* [feature, mark] peculiar.
distort [dɪˈstɔːt] *vt* distorcer.
distract [dɪˈstrækt] *vt* [person, attention]: **to ~ sb (from sthg)** distrair alguém(de algo).
distracted [dɪˈstræktɪd] *adj* [preoccupied] atordoado(da).
distraction [dɪˈstrækʃn] *n* [gen] distração *f*.
distraught [dɪˈstrɔːt] *adj* transtornado(da).
distress [dɪˈstres] ◇ *n* [suffering - mental] aflição *f*; [- physical] agonia *f*, dor *f*. ◇ *vt* [upset] afligir.
distressing [dɪˈstresɪŋ] *adj* [news, account, image] angustiante.
distribute [dɪˈstrɪbjuːt] *vt* distribuir.
distribution [ˌdɪstrɪˈbjuːʃn] *n* distribuição *f*.
distributor [dɪˈstrɪbjʊtəʳ] *n* **-1.** *COMM* distribuidor *m*, -ra *f* **-2.** *AUT* distribuidor *m*.
district [ˈdɪstrɪkt] *n* **-1.** [of country] distrito *m* **-2.** [of town] bairro *m*.
district attorney *n US JUR* promotor *m* público, promotora *f* pública.
district council *n UK ADMIN* conselho *m* de bairro.
district nurse *n UK enfermeira encarregada de atender a domicílio os pacientes de uma área.*
distrust [dɪsˈtrʌst] ◇ *n* desconfiança *f*. ◇ *vt* desconfiar.
disturb [dɪˈstɜːb] *vt* **-1.** [interrupt] incomodar **-2.** [upset, worry] preocupar **-3.** [cause to change] mexer em.
disturbance [dɪˈstɜːbəns] *n* **-1.** [fight] distúrbio *m* **-2.** [interruption, disruption]: **~ of the peace** *JUR* perturbação *f* da ordem **-3.** [distress, upset] perturbação *f*.
disturbed [dɪˈstɜːbd] *adj* perturbado(da).
disturbing [dɪˈstɜːbɪŋ] *adj* [news, image] perturbador(ra).
disuse [ˌdɪsˈjuːs] *n*: **to fall into ~** cair em desuso.
disused [ˌdɪsˈjuːzd] *adj* [factory, railway line] abandonado(da).
ditch [dɪtʃ] ◇ *n* fosso *m*. ◇ *vt inf* **-1.** [boyfriend, girlfriend] livrar-se de **-2.** [plan] descartar **-3.** [old car, clothes] desfazer-se de.
dither [ˈdɪðəʳ] *vi* [be indecisive] hesitar.
ditto [ˈdɪtəʊ] *adv* idem.
dive [daɪv] (*UK pt* & *pp* **-d**, *US pt* & *pp* **-d** *OR* **dove**) ◇ *vi* **-1.** [gen] mergulhar; **to ~ (into sthg)** mergulhar (em algo) **-2.** [as sport] mergulhar, saltar **-3.** [into pocket, bag]: **to ~ into sthg** enfiar a mão em algo. ◇ *n* **-1.** [gen] mergulho *m* **-2.** [sudden movement] movimento *m* brusco **-3.** *inf pej* [bar, restaurant] espelunca *f*.

diver ['daɪvəʳ] *n* mergulhador *m*, -ra *f*.
diverge [daɪ'vɜ:dʒ] *vi* **-1.** [opinions, interests] divergir; **to ~ from sthg** divergir de algo **-2.** [roads, paths] separar-se.
diversify [daɪ'vɜ:sɪfaɪ] (*pt* & *pp* **-ied**) <> *vt* [products] diversificar. <> *vi* [in industry] diversificar-se.
diversion [daɪ'vɜ:ʃn] *n* **-1.** *(U)* [gen] desvio *m* **-2.** [distraction] diversão *f*.
diversity [daɪ'vɜ:sətɪ] *n (U)* diversidade *f*.
divert [daɪ'vɜ:t] *vt* **-1.** [gen] desviar **-2.** [distract] distrair.
divide [dɪ'vaɪd] <> *vt* **-1.** dividir **-2.** [split up]: **to ~ sthg into** dividir algo em **-3.** *MATH*: **to ~ sthg by** dividir algo por. <> *vi* [split into two] dividir-se.
dividend ['dɪvɪdend] *n* [profit] dividendo *m*.
divine [dɪ'vaɪn] *adj* divino(na).
diving ['daɪvɪŋ] *n* [from board] salto *m (de trampolim)*; [underwater] mergulho *m*.
diving board *n* trampolim *m*.
divinity [dɪ'vɪnətɪ] (*pl* **-ies**) *n* **-1.** *(U)* [godliness] divindade *f* **-2.** *(U)* [study] teologia *f* **-3.** [god, goddess] deidade *f*.
division [dɪ'vɪʒn] *n* **-1.** [gen] divisão *f* **-2.** *(U)* [sharing out, distribution] repartição *f* **-3.** [disagreement] discórdia *f*.
divorce [dɪ'vɔ:s] <> *n JUR* divórcio *m*. <> *vt JUR* [husband, wife] divorciar-se de.
divorced [dɪ'vɔ:st] *adj* **-1.** *JUR* divorciado(da) **-2.** *fig* [separated]: **to be ~ from sthg** estar distante de algo.
divorcee [dɪvɔ:'si:] *n* divorciado *m*, -da *f*.
divulge [daɪ'vʌldʒ] *vt* [information, secret] divulgar.
DIY (*abbr of* **do-it-yourself**) *n UK conceito utilizado para atividades do tipo faça-você-mesmo, como montar objetos ou fazer reparos em casa.*
dizzy ['dɪzɪ] (*compar* **-ier**, *superl* **-iest**) *adj* [giddy] tonto(ta).
DJ *n* (*abbr of* **disc jockey**) DJ *mf*.
DNA (*abbr of* **deoxyribonucleic acid**) *n* DNA *m*.
DNS (*abbr of* **Domain Name System**) *n COMPUT* DNS *m*.
do [du:] (*pt* **did**, *pp* **done**) <> *aux vb* **-1.** [in negatives]: **don't ~ that!** não faça isso!; **she didn't see it** ela não o viu. **-2.** [in questions]: **~ you like it?** você gosta?; **how ~ you do it?** como é que se faz? **-3.** [referring to previous verb]: **~ you smoke? - yes, I ~/no, I don't** você fuma? sim/não; **I eat more than you ~** eu como mais do que você; **no, I didn't do it!** não fiz, não!; **so ~ I** eu também. **-4.** [in question tags]: **so, you like Scotland, ~ you?** então você gosta da Escócia, não gosta?; **the train leaves at five o'clock, doesn't it?** o trem sai às cinco, não é (verdade)? **-5.** [for emphasis]: **I ~ like this bedroom** eu realmente gosto deste quarto; **~ come in!** faça o favor de entrar! <> *vt* **-1.** [perform] fazer; **to ~ one's homework** fazer o dever de casa; **what is she doing?** o que ela está fazendo?; **what can I ~ for you?** em que posso ajudá-lo? **-2.** [clean, brush etc.]: **to ~ one's hair** pentear-se; **to ~ one's make-up** maquiar-se; **to ~ one's teeth** escovar os dentes. **-3.** [cause] fazer; **to ~ damage** fazer estragos; **to ~ sb good** fazer bem a alguém. **-4.** [have as job]: **what do you ~?** o que você faz? **-5.** [provide, offer] fazer; **we ~ pizzas for under $5** vendemos pizzas por menos de 5 dólares. **-6.** [subj: vehicle] ir a; **the car was ~ing 50mph** o carro ia a 80 km/h. **-7.** *inf* [visit] visitar; **we're doing Scotland next week** para a semana vamos visitar a Escócia. <> *vi* **-1.** [behave, act] fazer; **~ as I say** faça como eu lhe digo. **-2.** [progress]: **he did badly/well on his test** ele foi mal/bem no exame; **how did you ~?** como é que foi? **-3.** [be sufficient] chegar; **will $10 ~?** 10 dólares chega? **-4.** [in phrases]: **how ~ you ~?** [greeting] (muito) prazer (em conhecê-lo); **how are you ~ing?** como é que vão as coisas?; **what does that have to ~ with it?** o que é que isso tem a ver? <> *n* [party] festa *f*; **~s and don'ts** o que fazer e não fazer.
◆ **do up** *vt sep* [coat, shirt] abotoar; [shoes, laces] apertar, atar; [zip] fechar; [decorate] renovar.
◆ **do with** *vt fus* [need]: **I could ~ with a drink** eu bem que beberia alguma coisa.
◆ **do without** *vt fus* passar sem.

Presente

I do	*we do*
You do	*you do*
He/she/it does	*they do*

Pretérito simples

I did	*we did*
You did	*you did*
He/she/it did	*they did*

Gerúndio
Doing

Particípio
Done

Do tem seus próprios significados como verbo principal, mas é também utilizado como auxiliar, principalmente para formar orações interrogativas (*do you watch much television?* você assiste muita TV?) e negativas (*I didn't see him at school today* não o vi na escola hoje), quando o verbo principal estiver no presente ou no passado; para outros tempos verbais, utiliza-se *be* ou *have*.

Do também serve para dar ênfase à frase (*you're wrong - I do know her* você está enganado, eu a conheço, sim).

Ver também **fazer** no lado Português-Inglês do dicionário.

Doberman ['dəʊbəmən] (*pl* **-s**) *n*: ~ **(pinscher)** dobermann *m* pinscher.

docile [*UK* 'dəʊsaɪl, *US* 'dɒsəl] *adj* dócil.

dock [dɒk] ◇ *n* **-1.** [in harbour] doca *f* **-2.** [in court] banco *m* dos réus. ◇ *vi* **-1.** [ship] atracar **-2.** [passengers] chegar.

docker ['dɒkəʳ] *n* estivador *m*, -ra *f*.

docklands ['dɒkləndz] *npl* *UK* região *f* das docas.

dock worker *n* = **docker**.

dockyard ['dɒkjɑːd] *n* estaleiro *m*.

doctor ['dɒktəʳ] ◇ *n* **-1.** [of medicine] médico *m*, -ca *f*; **to go to the ~'s** ir ao médico **-2.** [holder of PhD] doutor *m*, -ra *f*. ◇ *vt* [change, tamper with] adulterar.

doctorate ['dɒktərət], **doctor's degree** *n* doutorado *m*.

Doctor of Medicine *n* doutor *m*, -ra *f* em medicina.

doctrine ['dɒktrɪn] *n* doutrina *f*.

document [*n* 'dɒkjʊmənt] *n* documento *m*.

documentary [ˌdɒkjʊ'mentərɪ] (*pl* **-ies**) ◇ *adj* [evidence] documental. ◇ *n* documentário *m*.

dodge [dɒdʒ] ◇ *n* *inf* mutreta *f*; **a tax ~** uma mutreta para não pagar impostos. ◇ *vt* [avoid] fugir de. ◇ *vi* esquivar-se.

dodgy ['dɒdʒɪ] *adj* *UK* *inf* **-1.** [dishonest] desonesto(ta) **-2.** [risky, unreliable] arriscado(da) **-3.** [weak, unhealthy] fraco(ca).

doe [dəʊ] *n* **-1.** [female deer] corça *f* **-2.** [female rabbit] coelha *f*.

does [*weak form* dəz, *strong form* dʌz] *vb* ▷ **do**.

doesn't ['dʌznt] = **does not**.

dog [dɒg] (*pt* & *pp* **-ged**, *cont* **-ging**) ◇ *n* [animal] cão *m*, cachorro *m*; **let sleeping ~s lie** não mexa em casa de marimbondo. ◇ *vt* **-1.** [follow closely] seguir **-2.** [subj: problems, bad luck] atormentar.

dog collar *n* **-1.** [of dog] coleira *f* de cachorro **-2.** [of clergyman] gola *f* de padre.

dog-eared [-ɪəd] *adj* [book, page] com orelhas.

dog food *n* ração *f* para cachorro.

dogged ['dɒgɪd] *adj* [resistance, perseverance] persistente.

dogsbody ['dɒgzˌbɒdɪ] (*pl* **-ies**) *n* *UK* *inf* faz-tudo *mf*, burro *m* de carga.

doing ['duːɪŋ] *n*: **is this your ~?** foi você que fez isso?

◆ **doings** *npl* [activities] atividades *fpl*.

do-it-yourself *n* *(U)* sistema *m* faça-você-mesmo.

doldrums ['dɒldrəmz] *npl*: **to be in the ~** *fig* estar estagnado(da).

dole [dəʊl] *n* *UK* [unemployment benefit] ≃ seguro-desemprego *m*; **to be on the ~** estar recebendo seguro-desemprego.

◆ **dole out** *vt sep* [food, money] repartir.

doleful ['dəʊlfʊl] *adj* lúgubre.

doll [dɒl] *n* [toy] boneca *f*.

dollar ['dɒləʳ] *n* dólar *m*.

dollop ['dɒləp] *n* *inf* monte *m*.

dolphin ['dɒlfɪn] *n* golfinho *m*.

domain [də'meɪn] *n* [sphere of interest, land] domínio *m*.

domain name *n* COMPUT nome *m* de domínio.

dome [dəʊm] *n* ARCHIT domo *m*.

domestic [də'mestɪk] ◇ *adj* **-1.** [gen - flight] doméstico(ca); [- production] nacional **-2.** [person] caseiro(ra). ◇ *n* doméstico *m*, -ca *f*.

domestic appliance *n* eletrodoméstico *m*.

dominant ['dɒmɪnənt] *adj* **-1.** [colour] predominante **-2.** [personality, group] influente.

dominate ['dɒmɪneɪt] *vt* dominar.

domineering [ˌdɒmɪ'nɪərɪŋ] *adj* [person, personality] dominador(ra).

dominion [də'mɪnjən] *n* **-1.** *(U)* [power] dominação *f* **-2.** [land] domínio *m*.

domino ['dɒmɪnəʊ] (*pl* **-es**) *n* peça *f* de dominó.

◆ **dominoes** *npl* [game] dominó *m*.

don [dɒn] (*pt* & *pp* **-ned**, *cont* **-ning**) *n* *UK* UNIV professor *m*, -ra *f* universitário, -ria *f*.

donate [də'neɪt] *vt* [give] doar.

done [dʌn] ◇ *pp* ▷ **do**. ◇ *adj* **-1.** [finished] pronto(ta) **-2.** [cooked] assado(da). ◇ *excl* [to conclude deal] combinado!

donkey ['dɒŋkɪ] (*pl* **donkeys**) *n* burro *m*, -ra *f*.

donor ['dəʊnəʳ] *n* doador *m*, -ra *f*.

donor card *n* carteira *f* de doador.

don't [dəʊnt] = **do not**.

doodle ['duːdl] ◇ *n* rabisco *m*. ◇ *vi* rabiscar.

doom [duːm] *n* destino *m*.

doomed [duːmd] *adj* [plan, mission] condenado(da); **to be ~ to sthg/to do sthg** estar destinado(da) a algo/a fazer algo; **to be ~ to failure** estar fadado(da) ao fracasso.

door [dɔːʳ] *n* porta *f*; **the next ~ neighbour** o vizinho do lado; **the house next ~** a casa ao lado; **she showed him the ~** ela pediu para que ele saísse; **out of ~s** ao ar livre; **it's three miles ~ to ~** são três milhas de um ponto a outro; **as one ~ closes another one opens** quando se fecha uma porta, se abre uma janela.

doorbell ['dɔːbel] *n* campainha *f*.

doorknob ['dɔːnɒb] *n* maçaneta *f*.

doorman ['dɔːmən] (*pl* **-men** [-mən]) *n* porteiro *m*.

doormat ['dɔːmæt] *n* **-1.** [mat] capacho *m* **-2.** *fig* [person] capacho *m*.

doorstep ['dɔːstep] *n* [step] degrau *m*; **there's a cinema right on the ~** há um cinema bem próximo de casa.

doorway [ˈdɔːweɪ] *n* vão *m* da porta.

dope [dəʊp] ◇ *n* **-1.** *drugs sl* [cannabis] maconha *f* **- 2.** [for athlete, horse] estimulante *m* **- 3.** *inf* [fool] babaca *mf.* ◇ *vt* [drug] dopar.

dopey [ˈdəʊpɪ] (*compar* **-ier**, *superl* **-iest**) *adj inf* **- 1.** [groggy] grogue **- 2.** [stupid] tonto(ta).

dormant [ˈdɔːmənt] *adj* inativo(va).

dormitory [ˈdɔːmətrɪ] (*pl* **-ies**) *n* **- 1.** [room] dormitório *m* **- 2.** *US* [in university] casa *f* de estudante.

Dormobile® [ˈdɔːməˌbiːl] *n* motocasa *f.*

DOS [dɒs] (*abbr of* **disk operating system**) *n* DOS *m.*

dose [dəʊs] *n* **- 1.** [of medicine, drug] dose *f* **- 2.** [of illness] ataque *f.*

dosser [ˈdɒsəʳ] *n UK inf* *pessoa que não tem onde morar e dorme na rua ou em pensões baratas.*

dosshouse [ˈdɒshaʊs, *pl* -haʊzɪz] *n UK inf* pensão *f* barata *(para os sem-teto).*

dot [dɒt] (*pt* & *pp* **-ted**, *cont* **-ting**) ◇ *n* **- 1.** [on material] mancha *f* **- 2.** [in punctuation] ponto *m*; **since the year ~** desde que o mundo é mundo. ◇ *vt* [scatter - over surface] salpicar; [- over town, area, country] espalhar.
◆ **on the dot** *adv* em ponto.

dotcom [ˈdɒtkɒm] *adj* ponto-com.

dote ◆ **dote on** *vt fus* adorar; **to ~ on sb/ sthg** babar por alguém/algo.

dot-matrix printer *n* impressora *f* matricial.

dotted line [ˈdɒtɪd-] *n* linha *f* pontilhada.

double [ˈdʌbl] ◇ *adj* duplo(pla). ◇ *adv* **- 1.** [twice] dobro **- 2.** [two of the same] em dobro **- 3.** [in two] em dois; **to bend ~** dobrar ao meio. ◇ *n* **- 1.** [twice the amount] dobro *m* **- 2.** [of alcohol] duplo *m*, -pla *f* **- 3.** [look-alike] cópia *f* **- 4.** CINEMA dublê *mf.* ◇ *vt* [increase twofold] dobrar. ◇ *vi* [increase twofold] duplicar.
◆ **doubles** *npl* TENNIS dupla *f.*

> Quando *double* for usado como substantivo, o artigo *the* não é necessário (*I only paid 10 dollars but he offered me double for it* paguei apenas 10 dólares, mas ele me ofereceu o dobro).
>
> Entretanto, quando *double* vier antes de substantivo, este deve ser precedido de *the*, *this/that* ou *what* (*I'd like double that amount* quero o dobro (disso)).

double-barrelled *UK*, **double-barreled** *US* [-ˈbærəld] *adj* **- 1.** [shotgun] de dois canos **- 2.** [plan, question] de duplo sentido **- 3.** [name]: **a ~ surname** um sobrenome composto.

double bass [-beɪs] *n* contrabaixo *m.*

double bed *n* cama *f* de casal.

double-breasted [-ˈbrestɪd] *adj* [jacket] trespassado(da).

double-check ◇ *vt* verificar duas vezes. ◇ *vi* verificar duas vezes.

double chin *n* papada *f.*

double-click COMPUT ◇ *n* duplo clique *m.* ◇ *vt* dar um duplo clique em. ◇ *vi* dar um duplo clique.

double cream *n UK* creme *m* muito espesso.

double-cross *vt* passar para trás.

double-decker [-ˈdekəʳ] *n* [bus] ônibus *m inv* de dois andares.

double-dutch *n UK hum*: **to talk ~** falar grego.

double fault *n* TENNIS falta *f* dupla.

double-glazing [-ˈgleɪzɪŋ] *n* vidros *mpl* duplos.

double-park *vi* AUT estacionar em fila dupla.

double room *n* quarto *m* de casal.

double vision *n* visão *f* dupla.

doubly [ˈdʌblɪ] *adv* duplamente.

doubt [daʊt] ◇ *n* dúvida *f*; **there is no ~ that** não há dúvida de que; **to cast ~ on sthg** lançar dúvida sobre algo; **no ~** sem dúvida; **without (a) ~** sem dúvida; **in ~** em dúvida. ◇ *vt* **- 1.** [distrust] desconfiar de **- 2.** [consider unlikely] duvidar; **to ~ whether** OR **if** duvidar se.

doubtful [ˈdaʊtfʊl] *adj* **- 1.** [unlikely] improvável **- 2.** [uncertain] incerto(ta) **- 3.** [dubious] duvidoso(sa).

doubtless [ˈdaʊtlɪs] *adv* sem dúvida.

dough [dəʊ] *n (U)* **- 1.** [for baking] massa *f* **- 2.** *inf* [money] grana *f.*

doughnut [ˈdəʊnʌt] *n* **- 1.** [without hole] sonho *m* **- 2.** [with hole] rosca *f.*

douse [daʊs] *vt* **- 1.** [put out] jogar água em **- 2.** [drench] encharcar.

dove¹ [dʌv] *n* [bird] pomba *f.*

dove² [dəʊv] *pt US* ⊳ **dive.**

dovetail [ˈdʌvteɪl] *vi* combinar.

dowdy [ˈdaʊdɪ] (*compar* **-ier**, *superl* **-iest**) *adj* deselegante.

down [daʊn] ◇ *adv* **- 1.** [downwards] para baixo; **to fall ~** cair **- 2.** [along]: **I'm going ~ to the shops** estou indo fazer compras; **we walked ~ to the park** fomos até o parque **- 3.** [southwards]: **we flew ~ from Recife to Rio** viajamos para o sul, do Recife até o Rio **- 4.** [reduced, lower] baixo; **prices are coming ~** os preços estão baixando; **~ to the last detail** até o último detalhe. ◇ *prep* **- 1.** [downwards] para baixo; **they ran ~ the hill** eles correram morro abaixo **- 2.** [along]: **we walked ~ the street** caminhamos pela rua. ◇ *adj* **- 1.** *inf* [depressed] desanimado(da) **- 2.** [not in operation] fora de operação. ◇ *n (U)* [feathers, hair] penugem *f.* ◇ *vt* **- 1.** [knock over] abater **- 2.** [swallow] engolir.
◆ **down with** *excl*: **~ with the king!** abaixo o rei!

down-and-out ◇ *adj* sem futuro. ◇ *n* mendigo *m*, -ga *f.*

down-at-heel *adj esp UK* desleixado(da).

downbeat ['daʊnbi:t] *adj inf* [gloomy] sombrio(bria).

downcast ['daʊnkɑ:st] *adj fml* [person] abatido(da).

downfall ['daʊnfɔ:l] *n* **-1.** *(U)* [ruin] queda *f* **-2.** [cause of ruin] ruína *f*.

downhearted [,daʊn'hɑ:tɪd] *adj* desacorçoado(da).

downhill [,daʊn'hɪl] ◇ *adj* [path] íngreme. ◇ *adv* **-1.** [downwards] para baixo **-2.** *fig* [from bad to worse] de mau a pior. ◇ *n* SKIING descida *f*.

Downing Street ['daʊnɪŋ-] *n rua no centro de Londres onde fica a residência oficial do primeiro-ministro inglês*, governo *m* britânico.

download [,daʊn'ləʊd] COMPUT ◇ *vt* baixar, fazer download de. ◇ *n* download *m*.

down payment *n* entrada *f*.

downpour ['daʊnpɔ:ʳ] *n* aguaceiro *m*.

downright ['daʊnraɪt] ◇ *adj* [lie, fool] inequívoco(ca). ◇ *adv* completamente.

downstairs [,daʊn'steəz] ◇ *adj* do andar de baixo. ◇ *adv*: **to come ~** vir para OR andar de baixo; **to go ~** ir para OR andar de baixo; **to live ~** morar no andar de baixo.

downstream [,daʊn'stri:m] *adv* a jusante, rio abaixo.

down-to-earth *adj* realista.

downtown [,daʊn'taʊn] *esp US* ◇ *adj* do centro; **~ New York** Nova York central. ◇ *adv*: **to go ~** ir ao centro; **to live ~** viver no centro.

downturn ['daʊntɜ:n] *n* decréscimo *m*; **~ in sthg** queda em algo.

down under *adv* na OR para Austrália/Nova Zelândia.

downward ['daʊnwəd] ◇ *adj* **-1.** [towards ground] para baixo **-2.** [decreasing] descendente. ◇ *adv US* = **downwards**.

downwards ['daʊnwədz] *adv* [look, move] para baixo; **the overall trend is ~** a tendência geral é de baixa.

dowry ['daʊərɪ] (*pl* **-ies**) *n* dote *m*.

doz. (*abbr of* **dozen**) dz.

doze [dəʊz] ◇ *n* soneca *f*; **to have a ~** tirar uma soneca. ◇ *vi* dormitar.

◆ **doze off** *vi* cochilar.

dozen ['dʌzn] ◇ *num adj* dúzia *f*. ◇ *n* [twelve] dúzia *f*; **50p a ~** 50p a dúzia.

◆ **dozens** *npl inf*: **~s of** um montão de.

dozy ['dəʊzɪ] (*compar* **-ier**, *superl* **-iest**) *adj* **-1.** [sleepy] sonolento(ta) **-2.** *UK inf* [stupid] retardado(da).

Dr (*abbr of* **Doctor**) Dr. (Dra.).

Dr. (*abbr of* **Drive**) *usado em nomes de rua na Grã-Bretanha.*

drab [dræb] (*compar* **-ber**, *superl* **-best**) *adj* **-1.** [buildings] sombrio(bria) **-2.** [colour, garment] apagado(da) **-3.** [life] monótono(na).

draft [drɑ:ft] ◇ *n* **-1.** [early version] rascunho *m* **-2.** [money order] ordem *f* de pagamento **-3.** *US* MIL: **the ~** o destacamento **-4.** *US* = **draught**. ◇ *vt* **-1.** [write] rascunhar, fazer um rascunho de **-2.** *US* MIL recrutar **-3.** [transfer] deslocar.

draftsman *n US* = **draughtsman**.

drafty *adj US* = **draughty**.

drag [dræg] (*pt* & *pp* **-ged**, *cont* **-ging**) ◇ *vt* **-1.** [gen] arrastar **-2.** [search] dragar. ◇ *vi* **-1.** [trail] arrastar **-2.** [pass slowly] arrastar-se. ◇ *n* **-1.** *inf* [bore] chatice *f*; **what a ~!** que pé no saco! **-2.** *inf* [on cigarette] tragada *f* **-3.** *(U)* [cross-dressing]: **in ~** vestido como mulher.

◆ **drag on** *vi* arrastar-se.

dragon ['drægən] *n* **-1.** [beast] dragão *m* **-2.** *inf* [woman] bruxa *f*.

dragonfly ['drægnflaɪ] (*pl* **-ies**) *n* libélula *f*.

drain [dreɪn] ◇ *n* **-1.** [pipe] cano *m* de esgoto; **to go down the ~** ir para o brejo; [grating in street] bueiro *m* **-2.** [depletion]: **~ on sthg** sorvedouro de algo; **it's a ~ on my energy** esgota todas as minhas forças. ◇ *vt* **-1.** [remove water from] drenar **-2.** [deplete] esgotar, exaurir **-3.** [drink, glass] beber até o fim. ◇ *vi* [dry] escoar.

drainage ['dreɪnɪdʒ] *n* **-1.** [pipes, ditches] esgoto *m* **-2.** [draining] drenagem *f*.

draining board *UK* ['dreɪnɪŋ-], **drainboard** *US* ['dreɪnbɔ:rd] *n* escorredor *m* de louça.

drainpipe ['dreɪnpaɪp] *n* cano *m* de esgoto.

dram [dræm] *n* [of whisky] trago *m*.

drama ['drɑ:mə] *n* **-1.** [play, excitement] drama *f* **-2.** *(U)* [art] teatro *m*.

dramatic [drə'mætɪk] *adj* **-1.** [concerned with theatre] teatral **-2.** [exciting] dramático(ca) **-3.** [sudden, noticeable] drástico(ca).

dramatist ['dræmətɪst] *n* dramaturgo *m*, -ga *f*.

dramatize, -ise ['dræmətaɪz] *vt* **-1.** [rewrite as play] dramatizar **-2.** *pej* [make exciting] tornar dramático(ca).

drank [dræŋk] *pt* ▷ **drink**.

drape [dreɪp] *vt* colocar suavemente; **to be ~d with** OR **in sthg** estar/ser coberto(ta) com algo.

◆ **drapes** *npl US* cortinas *fpl*.

drastic ['dræstɪk] *adj* drástico(ca).

draught *UK*, **draft** *US* [drɑ:ft] *n* **-1.** [air current] corrente *f* **-2.** [from barrel]: **on ~** [beer] de barril.

◆ **draughts** *n UK* damas *fpl*.

draught beer *n UK* chope *m*.

draughtboard ['drɑ:ftbɔ:d] *n UK* tabuleiro *m* de damas.

draughtsman *UK*, **draftsman** *US*

['drɑ:ftsmən] (*pl* **-men** [-mən]) *n* [of technical drawings] desenhista *m* industrial.
draughtswoman *UK*, **draftswoman** *US* (*pl* **-women** [-wɪmɪn]) *n* [of technical drawings] desenhista *f* industrial.
draughty *UK* (*compar* **-ier**, *superl* **-iest**), **drafty** *US* (*compar* **-ier**, *superl* **-iest**) ['drɑ:ftɪ] *adj* pouco protegido(da) do frio.
draw [drɔ:] (*pt* **drew**, *pp* **drawn**) ◇ *vt* **-1.** [sketch] desenhar **-2.** [pull] puxar **-3.** [breath] inalar **-4.** [pull out] sacar **-5.** [arrive at, form] chegar a **-6.** [formulate] estabelecer **-7.** [attract] atrair; **to ~ sb's attention to sthg** chamar a atenção de alguém para algo. ◇ *vi* **-1.** [sketch] esboçar **-2.** [move]: **to ~ near** aproximar-se; **to ~ away** afastar-se **-3.** *SPORT* empatar; **to ~ with sb** empatar com alguém. ◇ *n* **-1.** *SPORT* [result] empate *m* **-2.** [lottery] sorteio *m* **-3.** [attraction] atração *f*.
◆ **draw out** *vt sep* **-1.** [encourage] desinibir **-2.** [prolong] prolongar **-3.** [withdraw] sacar.
◆ **draw up** ◇ *vt sep* [draft] redigir, preparar. ◇ *vi* [stop] parar.
drawback ['drɔ:bæk] *n* inconveniente *m*.
drawbridge ['drɔ:brɪdʒ] *n* ponte *f* levadiça.
drawer [drɔ:ʳ] *n* [in desk, chest] gaveta *f*.
drawing ['drɔ:ɪŋ] *n* **-1.** [picture] desenho *m*, croqui *m* **-2.** *(U)* [skill, act] ato *m* de desenhar.
drawing board *n* prancheta *f* de desenho.
drawing pin *n UK* percevejo *m*.
drawing room *n* [living room] sala *f* de estar.
drawl [drɔ:l] ◇ *n* fala *f* arrastada. ◇ *vi* falar de forma arrastada.
drawn [drɔ:n] *pp* ▻ **draw**.
dread [dred] ◇ *n (U)* medo *m*, pavor *m*. ◇ *vt* temer; **to ~ doing sthg** ter medo de fazer algo.
dreadful ['dredfʊl] *adj* **-1.** [terrible] terrível **-2.** [unpleasant] desagradável **-3.** [ill] horrível **-4.** [embarrassed] envergonhado(da) **-5.** [poor] fraco(ca) **-6.** [for emphasis] horroroso(sa).
dreadfully ['dredfʊlɪ] *adv* **-1.** [badly] terrivelmente **-2.** [extremely] extremamente.
dream [dri:m] (*pt* & *pp* **-ed** *OR* **dreamt**) ◇ *n* **-1.** [during sleep] sonho *m*; **bad ~** pesadelo *m* **-2.** [aspiration] sonho *m*. ◇ *adj* almejado(da). ◇ *vt* [during sleep]: **to ~ (that)** sonhar que. ◇ *vi* **-1.** [during sleep] sonhar; **to ~ of** *OR* **about sthg** sonhar com algo; **I wouldn't ~ of it** *fig* nem pensar, de maneira nenhuma **-2.** [aspire]: **to ~ of sthg/of doing sthg** sonhar com algo/em fazer algo.
◆ **dream up** *vt sep* bolar.
dreamt [dremt] *pt* & *pp* ▻ **dream**.
dreamy ['dri:mɪ] (*compar* **-ier**, *superl* **-iest**) *adj* **-1.** [look, smile] distraído(da), sonhador(ra) **-2.** [music, feeling] sentimental.
dreary ['drɪərɪ] (*compar* **-ier**, *superl* **-iest**) *adj* **-1.** [gloomy, depressing] sombrio(a) **-2.** [dull, boring] chato(ta).
dredge [dredʒ] *vt* [lake, harbour, river] dragar.
◆ **dredge up** *vt sep* **-1.** [with dredger] dragar **-2.** *fig* [from past] trazer à tona.
dregs [dregz] *npl* **-1.** [of liquid] borra *f* **-2.** *fig* [of society] ralé *f*.
drench [drentʃ] *vt* encharcar; **to be ~ed in** *OR* **with sthg** estar encharcado(da) de algo.
dress [dres] ◇ *n* **-1.** [frock] vestido *m* **-2.** [type of clothing] roupa *f*. ◇ *vt* **-1.** [clothe] vestir; **to be ~ed** estar vestido(da); **to be ~ed in** estar vestido(da) de; **to get ~ed** vestir-se **-2.** [bandage] fazer curativo em **-3.** *CULIN* temperar. ◇ *vi* vestir-se.
◆ **dress up** *vi* **-1.** [in costume] fantasiar-se **-2.** [in best clothes] vestir-se elegantemente **-3.** [in formal clothes] vestir-se a rigor.
dress circle *n THEATRE* balcão *m* nobre.
dresser ['dresəʳ] *n* **-1.** [for dishes] aparador *m* **-2.** *US* [chest of drawers] cômoda *f* **-3.** *THEATRE* camareiro *m*, -ra *f*.
dressing ['dresɪŋ] *n* **-1.** [bandage] curativo *m* **-2.** [for salad] tempero *m*, molho *m* **-3.** *US* [for turkey etc.] molho *m*.
dressing gown *n* **-1.** [man's] roupão *m* **-2.** [woman's] robe *f*.
dressing room *n* **-1.** *SPORT* vestiário *m* **-2.** *THEATRE* camarim *m*.
dressing table *n* penteadeira *f*.
dressmaker ['dres,meɪkəʳ] *n* costureiro *m*, -ra *f*.
dressmaking ['dres,meɪkɪŋ] *n (U)* costura *f*.
dress rehearsal *n THEATRE* ensaio *m* geral.
dressy ['dresɪ] (*compar* **-ier**, *superl* **-iest**) *adj* [smart] chique.
drew [dru:] *pt* ▻ **draw**.
dribble ['drɪbl] ◇ *n* **-1.** *(U)* [of saliva] filete *m* **-2.** [of other liquid] gota *f*. ◇ *vt SPORT* [ball] driblar. ◇ *vi* **-1.** [drool] babar **-2.** [trickle] derramar.
dried [draɪd] ◇ *pt* & *pp* ▻ **dry**. ◇ *adj* **-1.** [powdered] em pó **-2.** [fruit, herbs, flowers] seco(ca).
drier ['draɪəʳ] *n* = **dryer**.
drift [drɪft] ◇ *n* **-1.** [movement, trend] tendência *f* **-2.** [of current] fluxo *m* **-3.** [geol] pressão *f* **-4.** [of people] curso *m* **-5.** [of snow, leaves, sand] monte *m* **-6.** [meaning] sentido *m*; **to get the general ~** pegar a idéia geral. ◇ *vi* **-1.** [boat] estar à deriva **-2.** [snow, sand, leaves] acumular-se.
driftwood ['drɪftwʊd] *n (U)* madeira *f* flutuante.
drill [drɪl] ◇ *n* **-1.** [tool] furadeira *f* **-2.** [industrial] perfuradora *f* **-3.** [dentist's] broca *f* **-4.** [exercise, training] treinamento *m*. ◇ *vt* **-1.** [metal, wood, hole] perfurar *f* **-2.** [instruct] instruir.

drink [drɪŋk] (*pt* **drank**, *pp* **drunk**) <> *n* **-1.** [non-alcoholic beverage] bebida *f* **-2.** [alcoholic beverage] bebida *f* alcoólica; **to have a ~** tomar um drinque **-3.** *(U)* [alcohol] bebida *f*. <> *vt* beber. <> *vi* beber.
drink-driving *UK*, **drunk-driving** *US n (U)* ato *m* de dirigir bêbado, -da *f*.
drinker ['drɪŋkə^r] *n* **-1.** [of alcohol] beberrão *m*, -rona *f* **-2.** [of tea, coffee]: **he's a great tea/coffee ~** ele gosta muito de tomar chá/café.
drinking companion *n* companheiro *m*, -ra *f* de bebida.
drinking water ['drɪŋkɪŋ-] *n (U)* água *f* potável.
drip [drɪp] (*pt* & *pp* **-ped**, *cont* **-ping**) <> *n* **-1.** [drop] gota *f* **-2.** *MED* aparelho *m* de soro. <> *vi* **-1.** [gen] pingar **-2.** [nose] escorrer.
drip-dry *adj* que não amarrota ao secar.
drive [draɪv] (*pt* **drove**, *pp* **driven**) <> *n* **-1.** [journey] passeio *m*, volta *f* de carro **-2.** [urge] ímpulso *m* **-3.** [campaign] campanha *f* **-4.** *(U)* [energy] ímpeto *m* **-5.** [road to house] caminho *m (de entrada)* **-6.** *SPORT* [stroke] tacada *f* **-7.** *US AUT* [in automatic car] transmissão *f* automática. <> *vt* **-1.** [vehicle] dirigir; [passenger] levar *(de carro)* **-2.** *TECH* [operate] operar **-3.** [chase] seguir **-4.** [motivate] motivar **-5.** [force]: **to ~ sb to sthg/to do sthg** levar alguém a algo/a fazer algo; **to ~ sb mad** *OR* **crazy** [make insane] deixar alguém louco(ca) *OR* maluco(ca); [irritate] deixar alguém furioso(sa) **-6.** [hammer] bater. <> *vi AUT* **-1.** [driver] dirigir **-2.** [travel by car] viajar.
drivel ['drɪvl] *n inf* bobagem *f*.
driven ['drɪvn] *pp* ▷ **drive**.
driver ['draɪvə^r] *n* [of vehicle] motorista *mf*.
driver's license *n US* = **driving licence**.
drive shaft *n* eixo *m* de transmissão.
driveway ['draɪvweɪ] *n* acesso *m*.
driving ['draɪvɪŋ] <> *adj* [rain, wind] forte; **~ rain** chuva *f* torrencial. <> *n (U)* direção *f*.
driving instructor *n* instrutor *m*, -ra *f* de direção.
driving lesson *n* aula *f* de direção.
driving licence *UK*, **driver's license** *US n* carteira *f* de motorista.
driving mirror *n* (espelho *m*) retrovisor *m*.
driving school *n* auto-escola *f*.
driving test *n* exame *m* de direção.
drizzle ['drɪzl] <> *n* garoa *f*, chuvisco *m*. <> *v impers* garoar, chuviscar.
droll [drəʊl] *adj* engraçado(da).
drone [drəʊn] *n* **-1.** [sound] zunido *m* **-2.** [bee] zangão *m*.
drool [dru:l] *vi* **-1.** [dribble] babar **-2.** *fig* [admire]: **to ~ over sb/sthg** babar por alguém/algo.
droop [dru:p] *vi* [hang down - shoulders] encurvar-se; [- head] inclinar-se; [- eyelids] fechar-se; [- flowers] murchar-se.
drop [drɒp] (*pt* & *pp* **-ped**, *cont* **-ping**) <> *n* **-1.** [of liquid - water, blood, rain] gota *f*; [- tea, coffee, milk] gole *m*; [- alcohol] dose *f* **-2.** [sweet] bala *f* **-3.** [decrease] queda *f*; **~ in sthg** queda de algo **-4.** [vertical distance] descida *f*. <> *vt* **-1.** [let fall - gen] deixar cair; [- bombs] lançar; [- stitch]: **she ~ped a stitch** escapou um ponto **-2.** [decrease, lower] reduzir **-3.** [voice] baixar **-4.** [leave, abandon] deixar **-5.** [leave out] excluir **-6.** [hint, remark] lançar **-7.** [write]: **to ~ sb a line** *OR* **note** escrever a alguém umas linhas *OR* um bilhete. <> *vi* **-1.** [fall] cair; **to ~ to one's knees** ajoelhar-se; **~ dead!** vai tomar banho! **-2.** [fall] baixar **-3.** [wind, attendance] diminuir.
◆ **drops** *npl MED* gotas *fpl*.
◆ **drop in** *vi inf* passar na casa de; **to ~ in on sb** passar na casa de alguém.
◆ **drop off** <> *vt sep* deixar. <> *vi* **-1.** [fall asleep] cair no sono **-2.** [grow less] diminuir.
◆ **drop out** *vi* [withdraw] retirar-se; **to ~ out of** *OR* **from sthg** desligar-se de algo.
dropout ['drɒpaʊt] *n* **-1.** [from society] marginalizado *m*, -da *f* **-2.** [from university] pessoa *f* que largou os estudos.
droppings ['drɒpɪŋz] *npl* excremento *m (de animais)*.
drought [draʊt] *n* seca *f*.
drove [drəʊv] *pt* ▷ **drive**.
drown [draʊn] <> *vt* [kill] afogar. <> *vi* afogar-se.
drowsy ['draʊzɪ] (*compar* **-ier**, *superl* **-iest**) *adj* [person] sonolento(ta).
drudgery ['drʌdʒərɪ] *n (U)* trabalho *m* pesado.
drug [drʌg] (*pt* & *pp* **-ged**, *cont* **-ging**) <> *n* **-1.** [medication] remédio *m* **-2.** [illegal substance] droga *f*. <> *vt* **-1.** [person, animal] drogar **-2.** [food, drink] adicionar droga a.
drug abuse *n (U)* abuso *m* de drogas.
drug addict *n* drogado *m*, -da *f*, viciado *m*, -da *f* em drogas.
druggist ['drʌgɪst] *n US* farmacêutico *m*, -ca *f*.
drugstore ['drʌgstɔ:^r] *n US* farmácia *f*, drogaria *f*.
drum [drʌm] (*pt* & *pp* **-med**, *cont* **-ming**) <> *n* **-1.** [instrument] tambor *m* **-2.** [container, cylinder] barril *m*. <> *vt* [fingers] tamborilar. <> *vi* **-1.** [on drums] tocar **-2.** [rain, fingers] tamborilar **-3.** [hooves] bater.
◆ **drums** *npl* [set of drums] bateria *f*.
◆ **drum up** *vt sep* angariar.
drummer ['drʌmə^r] *n* baterista *mf*.
drumstick ['drʌmstɪk] *n* **-1.** [for drum] baqueta *f* **-2.** [food] coxa *f*.
drunk [drʌŋk] <> *pp* ▷ **drink**. <> *adj* [on alcohol] bêbado(da); **to get ~** embebedar-se. <> *n* bêbado *m*, -da *f*.
drunkard ['drʌŋkəd] *n* beberrão *m*, -rona *f*.
drunk-driving *n US* = **drink-driving**.

drunken ['drʌŋkn] *adj* **-1.** [person] bêbado(da) **-2.** [state, event] = **de bêbado.**
drunken driving *n* = **drink-driving.**
dry [draɪ] (*compar* **-ier**, *superl* **-iest**, *pt* & *pp* **dried**) ◇ *adj* **-1.** [gen] seco(ca) **-2.** [climate] árido(da) **-3.** [sense of humour] sarcástico(ca) **-4.** [tedious] monótono(na). ◇ *vt* & *vi* secar.
◆ **dry up** ◇ *vt sep* [dishes] secar. ◇ *vi* **-1.** [gen] secar **-2.** [supplies, inspiration] esgotar-se **-3.** [actor, speaker] calar-se.
dry cleaner *n*: **~'s** tinturaria *f*.
dryer ['draɪəʳ] *n* [for clothes] secadora *f*.
dry land *n* terra *f* firme.
dry rot *n* *(U)* apodrecimento *m* da madeira *(de casa)*.
dry ski slope *n* rampa *f* de esqui artificial.
DTI (*abbr of* **Department of Trade and Industry**) *n ministério britânico da indústria e do comércio*, ≃ MDIC *m*.
DTP (*abbr of* **desktop publishing**) *n* DTP *f*.
dual ['dju:əl] *adj* duplo(pla).
dual carriageway *n UK* pista *f* dupla.
dubbed [dʌbd] *adj* **-1.** CINEMA dublado(da) **-2.** [nicknamed] apelidado(da).
dubious ['dju:bjəs] *adj* **-1.** [suspect, questionable] duvidoso(sa) **-2.** [uncertain, undecided]: **to be ~ about doing sthg** estar indeciso(sa) sobre fazer algo.
Dublin ['dʌblɪn] *n* Dublin; **in ~** em Dublin.
duchess ['dʌtʃɪs] *n* duquesa *f*.
duck [dʌk] ◇ *n* **-1.** [bird] pato *m*, -ta *f* **-2.** *(U)* [food] pato *m*. ◇ *vt* **-1.** [lower] curvar **-2.** [try to avoid] esquivar-se de; **to ~ the issue** evitar a questão. ◇ *vi* [lower head] curvar-se.
duckling ['dʌklɪŋ] *n* **-1.** [animal] patinho *m*, -nha *f* **-2.** [food] pato *m* novo.
duct [dʌkt] *n* **-1.** [pipe - heating] tubo *m*; [- water] canal *m* **-2.** ANAT ducto *m*.
dud [dʌd] *adj* **-1.** [banknote, coin, cheque] falso(sa) **-2.** [machine, idea] imprestável **-3.** [bomb, shell, bullet] que falhou.
dude [dju:d] *n US inf* [man] cara *m*.
due [dju:] *adj* **-1.** [expected] previsto(ta); **she's ~ back shortly** espera-se que ela volte logo; **when is the next train ~?** quando chega o próximo trem? **-2.** [proper] devido(da); **in ~ course** no tempo devido **-3.** [owed, owing]: **the rent is ~** o aluguel venceu; **she's ~ a pay rise** ela deve ganhar um aumento de salário; **how much are you ~?** quanto te devem? ◇ *n* [deserts] direito *m*. ◇ *adv* exatamente; **~ north** bem ao norte.
◆ **dues** *npl* direitos *mpl*.
◆ **due to** *prep* devido a.
duel ['dju:əl] *n* duelo *m*.
duet [dju:'et] *n* dueto *m*.
duffel bag ['dʌfl-] *n* mochila *f*.
duffel coat ['dʌfl-] *n* casaco *m* grosso *(com capuz)*.
duffle bag ['dʌfl-] *n* = **duffel bag.**
duffle coat ['dʌfl-] *n* = **duffel coat.**
dug [dʌg] *pt* & *pp* ▷ **dig.**
duke [dju:k] *n* duque *m*.
dull [dʌl] ◇ *adj* **-1.** [boring] entediante **-2.** [colour, light] opaco(ca) **-3.** [day, weather] nublado(da) **-4.** [thud, boom] surdo(da) **-5.** [ache, pain] incômodo(da). ◇ *vt* **-1.** [deaden - pain] aliviar; [- senses, memory] enfraquecer; [- pleasure] diminuir **-2.** [make less bright] embaciar.
duly ['dju:lɪ] *adv* **-1.** [properly] devidamente **-2.** [as expected] como era de se esperar.
dumb [dʌm] *adj* **-1.** [unable to speak] mudo(da) **-2.** *esp US inf* [stupid] estúpido(da).
dumbfound [dʌm'faʊnd] *vt* pasmar; **to be ~ed** ficar pasmado(da).
dummy ['dʌmɪ] (*pl* **-ies**) ◇ *adj* [fake] falso(sa). ◇ *n* **-1.** [model of human figure - tailor's] manequim *m*; [- ventriloquist's] boneco *m* **-2.** [copy, fake object] imitação *f* **-3.** *UK* [for baby] chupeta *f* **-4.** SPORT drible *m*.
dump [dʌmp] ◇ *n* **-1.** [for rubbish] lixeira *f* **-2.** [for ammunition] depósito *m*. ◇ *vt* **-1.** [put down] deixar cair **-2.** [dispose of] descarregar **-3.** *inf* [jilt] romper com.
dumper (truck) ['dʌmpəʳ-] *UK*, **dump truck** *US n* caminhão *m* basculante.
dumping ['dʌmpɪŋ] *n* *(U)* descarregamento *m*; **'no ~'** 'proibido jogar lixo'.
dumpling ['dʌmplɪŋ] *n* CULIN bolinho *m* de massa de pão.
dump truck *n US* = **dumper (truck).**
dumpy ['dʌmpɪ] (*compar* **-ier**, *superl* **-iest**) *adj inf* atarracado(da).
dunce [dʌns] *n* burro *m*, -ra *f*, ignorante *mf*.
dune [dju:n] *n* duna *f*.
dung [dʌŋ] *n* *(U)* esterco *m*.
dungarees [ˌdʌŋgə'ri:z] *npl UK* macacão *m*.
dungeon ['dʌndʒən] *n* masmorra *f*.
Dunkirk [dʌn'kɜ:k] *n* Dunquerque.
duo ['dju:əʊ] *n* **-1.** MUS dueto *m* **-2.** [couple] casal *m*.
duplex ['dju:pleks] *n US* dúplex *m inv*.
duplicate [*adj* & *n* 'dju:plɪkət, *vb* 'dju:plɪkeɪt] ◇ *adj* [document] duplicado(da); **~ key** cópia *f* de chave. ◇ *n* [of document] cópia *f*; **in ~** em duplicata. ◇ *vt* [document] copiar.
durable ['djʊərəbl] *adj* durável, duradouro(ra).
duration [djʊ'reɪʃn] *n* *(U)* duração *f*; **for the ~ of** durante.
duress [djʊ'res] *n* *(U)*: **under ~** sob coerção.
Durex® ['djʊəreks] *n* [condom] preservativo *m*, camisinha *f*.
during ['djʊərɪŋ] *prep* durante.

dusk [dʌsk] *n (U)* crepúsculo *m*, anoitecer *m*.
dust [dʌst] ◇ *n (U)* **-1.** [gen] pó *m*; *fig* [be ignored] ser privado(da); **to let the ~ settle** deixar a poeira baixar; **to have bitten the ~** ser derrubado(da) por terra **-2.** [earth, sand] poeira *f*, pó *m*. ◇ *vt* **-1.** [clean] tirar o pó de **-2.** [cover]: **to ~ sthg with sthg** polvilhar algo com algo.
dustbin ['dʌstbɪn] *n UK* lata *f* de lixo.
dustcart ['dʌstkɑ:t] *n UK* caminhão *m* de lixo.
dust cover *n* [for book] = **dust jacket**
duster ['dʌstəʳ] *n* [cloth] espanador *m* de pó.
dust jacket, dust cover *n* [on book] sobrecapa *f*.
dustman ['dʌstmən] (*pl* **-men** [-mən]) *n UK* lixeiro *m*.
dustpan ['dʌstpæn] *n* pá *f* de lixo.
dusty ['dʌstɪ] (*compar* **-ier**, *superl* **-iest**) *adj* [covered in dust] empoeirado(da).
Dutch [dʌtʃ] ◇ *adj* holandês(esa). ◇ *n* [language] holandês *m*. ◇ *npl*: **the ~** os holandeses. ◇ *adv*: **let's go ~** cada um paga a sua parte.
Dutch elm disease *n (U) doença f do olmo holandês*.
dutiful ['dju:tɪfʊl] *adj* zeloso(sa).
duty ['dju:tɪ] (*pl* **-ies**) *n* **-1.** *(U)* [moral, legal responsibility] dever *m*; **to do one's ~** cumprir com o dever **-2.** *(U)* [work] obrigação *f*; **to be on/off ~** estar de plantão/folga **-3.** [tax] imposto *m*.
◆ **duties** *npl* [tasks, part of job] funções *fpl*.
duty-free ◇ *n* **-1.** [goods] artigo *m* isento de impostos **-2.** [shop] loja *f* duty-free. ◇ *adj* [whisky, cigarettes] isento(ta) de impostos.
duvet ['du:veɪ] *n UK* edredom *m*, acolchoado *m*.
duvet cover *n UK* capa *f* do edredom.
DVD (*abbr of* **Digital Versatile Disk**) *n* DVD *m*.
DVD player *n* (reprodutor *m* de) DVD *m*.
DVD ROM (*abbr of* **Digital Versatile Disk read only memory**) *n* DVD-ROM *m*.
DVLA (*abbr of* **Driver and Vehicle Licensing Agency**) *n órgão britânico responsável pelo registro de automóveis e emissão de carteiras de motorista*, ≃ DENATRAN *m*.
dwarf [dwɔ:f] (*pl* **-s** *OR* **dwarves** [dwɔ:vz]) ◇ *n* anão *m*, anã *f*. ◇ *vt* [tower over] sobrepujar.
dwell [dwel] (*pt* & *pp* **dwelt** *OR* **-ed**) *vi literary* [live] morar.
◆ **dwell on** *vt fus* [past, problem] ficar dando voltas com.
dwelling ['dwelɪŋ] *n literary* morada *f*.
dwelt [dwelt] *pt & pp* ▷ **dwell**.
dwindle ['dwɪndl] *vi* [decrease, grow smaller] ir diminuindo.
dye [daɪ] ◇ *n* [colouring] tintura *f*. ◇ *vt* [change colour of] tingir.
dying ['daɪɪŋ] ◇ *cont* ▷ **die**. ◇ *adj* **-1.** [about to die - person] agonizante; [- species] em vias de extinção **-2.** *fig* [declining] que está desaparecendo.
dyke [daɪk] *n* = **dike**.
dynamic [daɪ'næmɪk] *adj* [energetic] dinâmico(ca).
dynamite ['daɪnəmaɪt] ◇ *n (U)* **-1.** [explosive] dinamite *f* **-2.** *inf fig* [person, story, news]: **to be ~** ser uma bomba **-3.** *inf fig* [excellent] excelente.
dynamo ['daɪnəməʊ] (*pl* **-s**) *n TECH* dínamo *m*.
dynasty [*UK* 'dɪnəstɪ, *US* 'daɪnəstɪ] (*pl* **-ies**) *n* [ruling family] dinastia *f*.
dyslexia [dɪs'leksɪə] *n (U)* dislexia *f*.
dyslexic [dɪs'leksɪk] *adj* disléxico(ca).

E

e (*pl* **e's** *OR* **es**), **E** (*pl* **E's** *OR* **Es**) [i:] *n* [letter] e, E *m*.
◆ **E** *n* **-1.** *MUS* mi *m* **-2.** (*abbr of* **east**) l **-3.** (*abbr of* **ecstasy**) ecstasy *m*.
each [i:tʃ] ◇ *adj* [every] cada. ◇ *pron* [every one] cada um (uma); **two of ~** dois de cada; **~ other** um ao outro; **we know ~ other** nós nos conhecemos.

Ver **all**.

eager ['i:gəʳ] *adj* [keen, enthusiastic] animado(da); **to be ~ for sthg/to do sthg** estar ansioso(sa) por algo/para fazer algo.
eagle ['i:gl] *n* [bird] águia *f*.
ear [ɪəʳ] *n* **-1.** [of person, animal] orelha *f*; **to play it by ~** *fig* nadar de acordo com a maré **-2.** [of corn] espiga *f*.
earache ['ɪəreɪk] *n* dor *f* de ouvido.
eardrum ['ɪədrʌm] *n* tímpano *m*.
earl [ɜ:l] *n* conde *m*.
earlier ['ɜ:lɪəʳ] ◇ *adj* **-1.** [previous] anterior **-2.** [according to clock]: **let's take the ~ train** vamos pegar o trem que tem antes. ◇ *adv* antes; **~ on** antes; **~ that day** mais cedo naquele dia; **they arrived ~ than expected** eles chegaram antes do esperado.
earliest ['ɜ:lɪəst] ◇ *adj* **-1.** [first] primeiro(ra); **at your ~ convenience** assim que puder **-2.** [according to clock] primeiro(ra). ◇ *adv*: **at the ~** no mínimo.
earlobe ['ɪələʊb] *n* lóbulo *m* da orelha.
early ['ɜ:lɪ] (*compar* **-ier**, *superl* **-iest**) ◇ *adj* **-1.** [gen] adiantado(da); **the ~ train** o primeiro trem; **to make an ~ start** começar na primeira

hora **-2.** [of the beginning of a period of time - old] antigo(ga); [- period]**: this chair is ~ Victorian** esta cadeira é do início da era Vitoriana; [- in career, life] os primeiros anos de; [- in time] no começo de; **~-morning** da madrugada; **the ~ chapters** os primeiros capítulos. ◇ *adv* **-1.** [before expected time] antes da hora **-2.** [in the morning, in a period of time] cedo; **to get up ~** madrugar; **as ~ as 1950** já em 1950; **~ on** cedo.

early closing *n* meio-feriado *m (para as lojas).*

early retirement *n* aposentadoria *f* antecipada.

earmark [ˈɪəmɑːk] *vt*: **to be ~ed for sthg** ser destinado(da) para algo.

earn [ɜːn] *vt* **-1.** [as salary] ganhar **-2.** COMM gerar **-3.** *fig* [respect, praise] merecer.

earnest [ˈɜːnɪst] *adj* [serious, sincere] sério(ria), sincero(ra).

◆ **in earnest** ◇ *adj* convicto(ta). ◇ *adv* para valer.

earnings [ˈɜːnɪŋz] *npl* [of person, business] rendimentos *mpl*.

earphones [ˈɪəfəʊnz] *npl* [headset] fones *mpl* de ouvido.

earpiece *n* audiofone *m*.

earplugs [ˈɪəplʌgz] *npl* protetores *mpl* de ouvido.

earring [ˈɪərɪŋ] *n* brinco *m*.

earshot [ˈɪəʃɒt] *n*: **within/out of ~** dentro/fora do alcance do ouvido.

earth [ɜːθ] ◇ *n* **-1.** [gen] terra *f*; **how/what on ~ ...?** como/o que é que ...?; **where/why on ~ ...?** onde/por que diabos ...?; **to cost the ~** *UK* custar uma fortuna **-2.** *(U)* [soil] solo *m* **-3.** *UK* [in electric plug, appliance] terra *m*. ◇ *vt UK*: **to be ~ed** estar aterrado(da).

earthenware [ˈɜːθnweəʳ] *n (U)* cerâmica *f*.

earthquake [ˈɜːθkweɪk] *n* terremoto *m*.

earthworm [ˈɜːθwɜːm] *n* minhoca *f*.

earthy [ˈɜːθɪ] (*compar* **-ier**, *superl* **-iest**) *adj* **-1.** [humour, person] direto(ta) **-2.** [taste, smell] de terra.

earwig [ˈɪəwɪg] *n* lacraia *f*.

ease [iːz] ◇ *n (U)* **-1.** [lack of difficulty] facilidade *f*; **to do sthg with ~** fazer algo com facilidade **-2.** [comfort] comodidade *f*; **at ~** à vontade; **ill at ~** pouco(ca) à vontade. ◇ *vt* **-1.** [make less severe - pain, restrictions] aliviar; [- problems] atenuar **-2.** [move carefully] ajeitar; **to ~ sthg open** abrir algo com cuidado. ◇ *vi* [become less severe] aliviar; **to show signs of easing** mostrar sinais de alívio.

◆ **ease off** *vi* diminuir.

◆ **ease up** *vi* **-1.** [rain] acalmar **-2.** [relax] relaxar.

easel [ˈiːzl] *n* cavalete *m*.

easily [ˈiːzɪlɪ] *adv* **-1.** [without difficulty] facilmente **-2.** [undoubtedly] sem sombra de dúvida **-3.** [in a relaxed manner] tranqüilamente.

east [iːst] ◇ *adj* **-1.** [in the east, facing the east] oriental **-2.** [from the east] leste. ◇ *adv* a leste; **~ of** ao leste de. ◇ *n* **-1.** [direction] leste *m* **-2.** [region]**: the ~** o leste.

◆ **East** *n*: **the East** [of country] o leste; [Asia, Eastern bloc] o Oriente.

East End *n*: **the ~** *o leste de Londres.*

Easter [ˈiːstəʳ] *n* Páscoa *f*.

Easter egg *n* ovo *m* de Páscoa.

easterly [ˈiːstəlɪ] *adj* **-1.** [towards the east, in the east] a leste **-2.** [from the east] do leste.

eastern [ˈiːstən] *adj* [part of country, continent] oriental, do leste.

◆ **Eastern** *adj* oriental.

East German ◇ *adj* da Alemanha Oriental. ◇ *n* [person] alemão *m*, -mã *f* oriental.

East Germany *n*: **(the former) ~** (a antiga) Alemanha Oriental.

eastward [ˈiːstwəd] ◇ *adj* ao leste. ◇ *adv* = **eastwards**.

eastwards [ˈiːstwədz] *adv* em direção ao leste.

easy [ˈiːzɪ] (*compar* **-ier**, *superl* **-iest**) ◇ *adj* **-1.** [not difficult] fácil **-2.** [comfortable] cômodo(da) **-3.** [relaxed] sossegado(da). ◇ *adv*: **to take it** OR **things ~** *inf* levar isso OR as coisas com calma.

easy chair *n* [armchair] poltrona *f*.

easygoing [ˌiːzɪˈgəʊɪŋ] *adj* [person, manner] descontraído(da).

eat [iːt] (*pt* **ate**, *pp* **eaten**) *vt* & *vi* comer.

◆ **eat away** *vt sep*, **eat into** *vt fus* **-1.** [corrode away] corroer **-2.** [deplete] destruir.

eaten [ˈiːtn] *pp* ▷ **eat**.

eaves [ˈiːvz] *npl* [of house] beirado *m*.

eavesdrop [ˈiːvzdrɒp] (*pt* & *pp* **-ped**, *cont* **-ping**) *vi* [listen, spy] bisbilhotar; **to ~ on sb** bisbilhotar alguém.

ebb [eb] ◇ *n (U)* [of tide, sea] vazante *f*. ◇ *vi* [tide, sea] baixar.

ebony [ˈebənɪ] ◇ *adj literary* [colour] da cor do ébano. ◇ *n (U)* [wood] ébano *m*.

e-business *n* **-1.** [company] empresa *f* de e-business **-2.** [electronic commerce] e-business *m*.

EC (*abbr of* **European Community**) *n* CE *f*.

e-cash *n* COMPUT dinheiro *m* eletrônico.

ECB (*abbr of* **European Central Bank**) *n* BCE *m*.

eccentric [ɪkˈsentrɪk] ◇ *adj* [odd] excêntrico(ca). ◇ *n* [person] excêntrico *m*, -ca *f*.

echo [ˈekəʊ] (*pl* **-es**, *pt* & *pp* **-ed**, *cont* **-ing**) ◇ *n* eco *m*. ◇ *vt* [repeat - words] repetir; [- opinion] repercutir. ◇ *vi* ecoar.

eclipse [ɪˈklɪps] ◇ *n* **-1.** [of sun, moon] eclipse *m* **-2.** *fig* [decline] declínio *m*. ◇ *vt fig* [overshadow] eclipsar.

eco-friendly ['i:kəʊ'frendlı] *adj* ecológico(ca).
ecological [ˌi:kə'lɒdʒıkl] *adj* ecológico(ca).
ecology [ı'kɒlədʒı] *n (U)* ecologia *f*.
e-commerce *n* comércio *m* eletrônico.
economic [ˌi:kə'nɒmık] *adj* econômico(ca).
economical [ˌi:kə'nɒmıkl] *adj* econômico(ca).
Economic and Monetary Union *n* União *f* Monetária e Econômica.
economics [ˌi:kə'nɒmıks] <> *n (U)* [study] economia *f*. <> *npl* [of plan, business, trade] aspectos *mpl* econômicos.
economy [ı'kɒnəmı] (*pl* **-ies**) *n* economia *f*; **economies of scale** economias de escala.
economy class *n* classe *f* econômica.
economy-size(d) *adj* [pack, jar] de tamanho econômico.
ecotax ['i:kəʊtæks] *n* ecotaxa *f*.
ecotourism [ˌi:kəʊ'tʊərızm] *n* ecoturismo *m*.
ecotourist [ˌi:kəʊ'tʊərıst] *n* ecotourista *mf*.
ecstasy ['ekstəsı] (*pl* **-ies**) *n* **-1.** *(U)* [great happiness] êxtase *m* **-2.** [drug] ecstasy *m*.
ecstatic [ek'stætık] *adj* extasiado(da).
ECU, Ecu ['ekju:] (*abbr of* **European Currency Unit**) *n* Unidade *f* Monetária Européia.
eczema ['eksımə] *n (U)* eczema *m*.
Eden ['i:dn] *n*: **(the Garden of)** ~ (o Jardim do) Éden.
edge [edʒ] <> *n* **-1.** [outer limit] borda *f*; **to be on the** ~ **of sthg** estar à beira de algo **-2.** [of blade] fio *m* **-3.** [advantage]: **to have an** ~ **over sb/sth, to have the** ~ **on sb/sthg** levar ligeira vantagem sobre alguém/algo. <> *vi* [move slowly] avançar lentamente.
◆ **on edge** *adj* **-1.** [person] nervoso(sa) **-2.** [nerves] à flor da pele.
edgeways ['edʒweız], **edgewise** ['edʒwaız] *adv* [sideways] de lado.
edgy ['edʒı] (*compar* **-ier**, *superl* **-iest**) *adj* impaciente.
edible ['edıbl] *adj* [safe to eat] comestível.
edict ['i:dıkt] *n* [decree] edital *m*.
Edinburgh ['edınbrə] *n* Edimburgo.
edit ['edıt] *vt* [correct] revisar; **to need** ~**ing** precisar de revisão.
edition [ı'dıʃn] *n* edição *f*.
editor ['edıtə[r]] *n* **-1.** [gen] editor *m*, -ra *f* **-2.** [copy editor] revisor *m*, -ra *f* **-3.** COMPUT editor *m* (de texto).
editorial [ˌedı'tɔ:rıəl] <> *adj* editorial. <> *n* editorial *m*.
educate ['edʒʊkeıt] *vt* **-1.** SCH & UNIV educar **-2.** [inform] informar.
education [ˌedʒʊ'keıʃn] *n (U)* **-1.** [activity, sector] educação *f*, ensino *m* **-2.** [process or result of teaching] educação *f*.
educational [ˌedʒʊ'keıʃənl] *adj* **-1.** [establishment, policy] educacional **-2.** [toy, experience] educativo(va).
EEC (*abbr of* **European Economic Community**) *n* CEE *f*.
eel [i:l] *n* enguia *f*.
eerie ['ıərı] *adj* lúgubre, sinistro(tra).
efface [ı'feıs] *vt* apagar.
effect [ı'fekt] <> *n* [gen] efeito *m*; **to have an** ~ **on sb/sthg** ter um efeito sobre alguém/algo; **to take** ~ [law, rule] entrar em vigor; [drug] fazer efeito; **to put sthg into** ~ pôr algo em prática; **for** ~ para impressionar. <> *vt* **-1.** [recovery, change] causar **-2.** [reconcilition, comeback, repairs] fazer.
◆ **effects** *npl* **-1.** : **(special)** ~**s** efeitos (especiais) **-2.** [property] bens *mpl*.
◆ **in effect** *adv* na prática; **the law is in** ~ a lei está em vigor.
effective [ı'fektıv] *adj* **-1.** [successful] eficaz **-2.** [actual, real] efetivo(va) **-3.** [in operation] em vigor.
effectively [ı'fektıvlı] *adv* **-1.** [well, successfully] eficazmente **-2.** [in fact] efetivamente.
effectiveness [ı'fektıvnıs] *n (U)* [success, efficiency] eficácia *f*.
effeminate [ı'femınət] *adj pej* efeminado(da).
effervescent [ˌefə'vesənt] *adj* [liquid] efervescente.
efficiency [ı'fıʃənsı] *n (U)* eficiência *f*.
efficient [ı'fıʃənt] *adj* eficiente.
effluent ['eflʊənt] *n* efluente *m*.
effort ['efət] *n* **-1.** *(U)* [physical or mental exertion] esforço *m*; **to be worth the** ~ valer o esforço; **to make the** ~ **to do sthg** esforçar-se para fazer algo; **with** ~ com esforço **-2.** [attempt] esforço *m*, tentativa *f*; **to make an/no** ~ **to do sthg** empenhar-se/não se empenhar em fazer algo.
effortless ['efətlıs] *adj* fácil, com desenvoltura.
effusive [ı'fju:sıv] *adj* efusivo(va).
e.g. (*abbr of* **exempli gratia**) *adv* e.g.
egg [eg] *n* **-1.** [gen] ovo *m* **-2.** [of woman] óvulo *m*.
◆ **egg on** *vt sep* instigar.
eggcup ['egkʌp] *n* oveiro *m*.
eggplant ['egplɑ:nt] *n US* berinjela *f*.
eggshell ['egʃel] *n* casca *f* de ovo.
egg white *n* clara *f* de ovo.
egg yolk [-jəʊk] *n* gema *f* de ovo.
ego ['i:gəʊ] (*pl* **-s**) *n* [opinion of self] ego *m*.
egoism ['i:gəʊızm] *n (U)* [self-interest] egoísmo *m*.
egoistic [ˌi:gəʊ'ıstık] *adj* [self-centred] egoísta.
egotistic(al) [ˌi:gə'tıstık(l)] *adj* egotista, egoísta.
Egypt ['i:dʒıpt] *n* Egito.
Egyptian [ı'dʒıpʃn] <> *adj* egípcio(cia). <> *n* [person] egípcio *m*, -cia *f*.
eiderdown ['aıdədaʊn] *n UK* [bed cover] edredom *m*.

eight [eɪt] *num* oito; *see also* **six**.
eighteen [ˌeɪ'ti:n] *num* dezoito; *see also* **six**.
eighth [eɪtθ] *num* oitavo(va); *see also* **sixth**.
eighty ['eɪtɪ] (*pl* **-ies**) *num* oitenta; *see also* **sixty**.
Eire ['eərə] *n* (República da) Irlanda.
either ['aɪðəʳ, 'i:ðəʳ] ◇ *adj* **-1.** [one or the other] qualquer; ~ **side could win** qualquer um dos lados poderia ganhar; **she couldn't find** ~ **jumper** ela não conseguiu achar nenhuma das blusas; ~ **way** de qualquer jeito; **I don't mind** ~ **way** por mim tanto faz **-2.** [each] cada; **on** ~ **side** de cada lado. ◇ *pron*: ~ **(of them) will do** qualquer um (deles) serve; **I don't like** ~ **(of them)** não gosto de nenhum (dos dois). ◇ *adv (after negative)* também não; **they don't smoke** ~ eles também não fumam. ◇ *conj*: ~ **... or ...** [in positive sentence] ou ...ou ...; [in negative sentence] nem ...nem ...; ~ **he leaves or I do** ou ele sai ou saio eu; **you are not being** ~ **clever or funny** você não está sendo nem inteligente nem engraçado.
eject [ɪ'dʒekt] *vt* **-1.** [object] ejetar **-2.** [person]: **to** ~ **sb (from)** expulsar alguém (de).
eke [i:k] ◆ **eke out** *vt sep* [save - money] esticar; [- food, supply] racionar.
elaborate [*adj* ɪ'læbrət, *vb* ɪ'læbəreɪt] ◇ *adj* [complicated, detailed] elaborado(da). ◇ *vi*: **to** ~ **(on sthg)** detalhar (algo).
elapse [ɪ'læps] *vi* [time] transcorrer.
elastic [ɪ'læstɪk] ◇ *adj* **-1.** [material, skin] elástico(ca) **-2.** *fig* [plan, timetable] elástico(ca). ◇ *n (U)* [material] elástico *m*.
elasticated [ɪ'læstɪkeɪtɪd] *adj* [waistband] elástico(ca).
elastic band *n UK* elástico *m*.
elated [ɪ'leɪtɪd] *adj* exultante.
elbow ['elbəʊ] *n* cotovelo *m*.
elder ['eldəʳ] ◇ *adj* [older] mais velho(lha), primogênito(ta). ◇ *n* **-1.** [older person] velho *m*, -lha *f* **-2.** [of tribe] ancião *m*, -ã *f* **-3.** [of church] presbítero *m* **-4.** *BOT*: ~ **(tree)** sabugueiro *m*.
elderly ['eldəlɪ] ◇ *adj* [old - person] idoso(sa); [- thing] velho(lha), antigo(ga). ◇ *npl*: **the** ~ os idosos.
eldest ['eldɪst] *adj* [oldest] mais velho(lha).
elect [ɪ'lekt] ◇ *adj* eleito(ta). ◇ *vt* **-1.** [by voting] eleger; **to** ~ **sb (as) sthg** eleger alguém (como) algo **-2.** *fml* [choose]: **to** ~ **to do sthg** escolher fazer algo.
election [ɪ'lekʃn] *n* eleição *f*; **to have** *OR* **hold an** ~ ter *OR* fazer uma eleição.
electioneering [ɪˌlekʃə'nɪərɪŋ] *n (U) pej* propaganda *f* eleitoral, eleitoralismo *m*.
elector [ɪ'lektəʳ] *n* [voter] eleitor *m*, -ra *f*.
electorate [ɪ'lektərət] *n*: **the** ~ o eleitorado.
electric [ɪ'lektrɪk] *adj* **-1.** [using or producing electricity] elétrico(ca) **-2.** *fig* [exciting] eletrizante.
◆ **electrics** *npl UK inf* [in car, machine] partes *fpl* elétricas.
electrical [ɪ'lektrɪkl] *adj* elétrico(ca).
electrical engineering *n (U)* engenharia *f* elétrica.
electrical shock *n US* = **electric shock**.
electric blanket *n* cobertor *m* elétrico.
electric cooker *n* fogão *m* elétrico.
electric drill *n* furadeira *f* elétrica.
electric fence *n* cerca *f* elétrica.
electric fire *n* estufa *f* elétrica.
electrician [ˌɪlek'trɪʃn] *n* eletricista *mf*.
electricity [ˌɪlek'trɪsətɪ] *n ELEC* eletricidade *f*.
electric shock *UK*, **electrical shock** *US n* choque *m* elétrico.
electrify [ɪ'lektrɪfaɪ] (*pt* & *pp* **-ied**) *vt* **-1.** [convert to electric power] eletrificar **-2.** *fig* [excite] deixar eletrizado(da).
electrocute [ɪ'lektrəkju:t] *vt* eletrocutar; **to** ~ **o.s** eletrocutar-se.
electrolysis [ˌɪlek'trɒləsɪs] *n (U)* eletrólise *f*.
electron [ɪ'lektrɒn] *n* elétron *m*.
electronic [ˌɪlek'trɒnɪk] *adj* eletrônico(ca).
◆ **electronics** ◇ *n (U)* [technology] eletrônica *f*. ◇ *npl* [equipment] componentes *mpl* eletrônicos.
electronic banking *n* serviço *m* bancário via internet.
electronic data processing *n (U)* processamento *m* eletrônico de dados.
electronic mail *n (U)* correio *m* eletrônico.
electronic organizer *n* agenda *f* eletrônica.
elegant ['elɪgənt] *adj* **-1.** [stylish, beautiful] elegante **-2.** [clever, neat] brilhante.
element ['elɪmənt] *n* **-1.** *SCIENCE* elemento *m* **-2.** [small amount, proportion] parcela *f* **-3.** [in heater, kettle] resistência *f* **-4.** *pej* [in society, group] elemento *m*.
◆ **elements** *npl* **-1.** [basics] conhecimentos *mpl* básicos **-2.** [weather]: **the** ~**s** os fenômenos atmosféricos.
elementary [ˌelɪ'mentərɪ] *adj* elementar.
elementary school *n US* escola *f* primária.
elephant ['elɪfənt] (*pl inv OR* **-s**) *n* elefante *m*.
elevate ['elɪveɪt] *vt* **-1.** [give importance to, promote]: **to** ~ **sb/sthg to sthg**, **to** ~ **sb/sthg into sthg** elevar alguém/algo a algo **-2.** [raise physically] levantar.
elevated railway *n* ferrovia *f* elevada.
elevator ['elɪveɪtəʳ] *n US* elevador *m*.
eleven [ɪ'levn] *num* onze; *see also* **six**.
elevenses [ɪ'levnzɪz] *n (U) UK* lanche *m* rápido *(às 11 da manhã)*.
eleventh [ɪ'levnθ] *num* décimo primeiro, décima primeira; *see also* **sixth**.
elicit [ɪ'lɪsɪt] *vt fml* **-1.** [response, reaction]: **to** ~ **sthg (from sb)** obter algo (de alguém) **-2.** [in-

formation]: **to ~ sthg (from sb)** extrair algo (de alguém).
eligible ['elɪdʒəbl] *adj* [suitable, qualified] elegível; **to be ~ for sthg/to do sthg** estar habilitado(da) a algo/a fazer algo.
eliminate [ɪ'lɪmɪneɪt] *vt* **-1.** [remove]: **to ~ sb/sthg (from)** eliminar alguém/algo (de) **-2.** [in sport, competition]: **to be ~d from sthg** ser eliminado(da) de algo.
elite [ɪ'li:t] ◇ *adj* de elite. ◇ *n* elite *f*.
elitist [ɪ'li:tɪst] *pej* ◇ *adj* elitista. ◇ *n* elitista *mf*.
elk [elk] (*pl inv* OR **-s**) *n* alce *m*.
elm [elm] *n*: **~ (tree)** olmo *m*.
elocution [ˌelə'kju:ʃn] *n (U)* elocução *f*.
elongated ['i:lɒŋgeɪtɪd] *adj* alongado(da).
elope [ɪ'ləʊp] *vi*: **to ~ (with sb)** fugir para casar (com alguém).
eloquent ['eləkwənt] *adj* eloqüente.
El Salvador [ˌel'sælvədɔ:ʳ] *n* El Salvador.
else [els] *adv*: **anything ~** mais alguma coisa; **he doesn't need anything ~** ele não precisa de nada mais; **everyone ~** todos os outros, todas as outras; **nothing ~** nada mais; **someone ~** alguma outra pessoa; **something ~** outra coisa; **somewhere ~** outro lugar; **who/what/where ~?** quem/que/onde mais?
◆ **or else** *conj* [or if not] ou então, senão.
elsewhere [els'weəʳ] *adv* em outro lugar.
elude [ɪ'lu:d] *vt* escapar de; **his name ~s me completely** o nome dele me escapa totalmente.
elusive [ɪ'lu:sɪv] *adj* esquivo(va), evasivo(va).
emaciated [ɪ'meɪʃɪeɪtɪd] *adj* emagrecido (da).
e-mail *n* e-mail *m*, correio *m* eletrônico.
e-mail address *n* endereço *m* (de correio) eletrônico, e-mail *m*.
emanate ['emәneɪt] *fml vi*: **to ~ from** emanar de.
emancipate [ɪ'mænsɪpeɪt] *vt*: **to ~ sb (from sthg)** emancipar alguém (de algo).
embankment [ɪm'bæŋkmənt] *n* **-1.** [along road, railway] barreira *f* **-2.** [along river] margem *f*.
embark [ɪm'bɑ:k] *vi* **-1.** [board ship]: **to ~ (on)** embarcar(em) **-2.** [start]: **to ~ (up)on sthg** dar início (a algo).
embarkation [ˌembɑ:'keɪʃn] *n* embarque *m*.
embarrass [ɪm'bærəs] *vt* [shame] envergonhar.
embarrassed [ɪm'bærəst] *adj* [self-conscious] envergonhado(da).
embarrassing [ɪm'bærəsɪŋ] *adj* [shameful] embaraçoso(sa).
embarrassment [ɪm'bærəsmənt] *n* vergonha *f*.
embassy ['embəsɪ] (*pl* **-ies**) *n* embaixada *f*.
embedded [ɪm'bedɪd] *adj* **-1.** [buried]: **~ in sthg** enterrado(da) em algo **-2.** COMPUT: **~ in sthg** embutido(da) em algo **-3.** *fig* [ingrained] enraizado(da).
embellish [ɪm'belɪʃ] *vt* **-1.** [room, garment]: **to ~ sthg with sthg** embelezar algo com algo **-2.** *fig* [story, account] enfeitar.
embers ['embəz] *npl* brasa *f*.
embezzle [ɪm'bezl] *vt* [money] desviar.
embittered [ɪm'bɪtəd] *adj* amargurado(da).
emblem ['embləm] *n* [symbolic design] emblema *m*.
embody [ɪm'bɒdɪ] (*pt* & *pp* **-ied**) *vt* **-1.** [epitomize] personificar **-2.** [include]: **to be embodied in sthg** estar incorporado(da) em algo.
embossed [ɪm'bɒst] *adj* **-1.** [material] em relevo **-2.** [design, lettering]: **~ (on sthg)** em relevo (sobre algo).
embrace [ɪm'breɪs] ◇ *n* abraço *m*. ◇ *vt* **-1.** [person] abraçar **-2.** *fml* [religion, way of life] converter-se a. ◇ *vi* abraçar-se.
embroider [ɪm'brɔɪdəʳ] ◇ *vt* **-1.** SEWING bordar **-2.** *pej* [embellish] enfeitar. ◇ *vi* SEWING bordar.
embroidery [ɪm'brɔɪdərɪ] *n (U)* bordado *m*.
embroil [ɪm'brɔɪl] *vt*: **to get/be ~ed (in sthg)** envolver-se/ser envolvido(da) (em algo).
embryo ['embrɪəʊ] (*pl* **-s**) *n* BIOL embrião *m*.
emerald ['emərəld] ◇ *adj* [colour] esmeralda. ◇ *n* [stone] esmeralda *f*.
emerge [ɪ'mɜ:dʒ] ◇ *vi* **-1.** [come out] aparecer; **to ~ from sthg** surgir de algo **-2.** [from experience, situation]: **to ~ from** surgir de **-3.** [become known - facts, truth] vir à tona; [- writer, movement] surgir. ◇ *vt*: **it ~s that** vem à tona que.
emergence [ɪ'mɜ:dʒəns] *n (U)* surgimento *m*, aparecimento *m*.
emergency [ɪ'mɜ:dʒənsɪ] (*pl* **-ies**) ◇ *adj* de emergência. ◇ *n* emergência *f*.
emergency brake *n* US [of car] freio *m* de mão.
emergency exit *n* saída *f* de emergência.
emergency landing *n* pouso *m* de emergência.
emergency number *n* número *m* de emergência.
emergency room *n* US [in hospital] sala *f* de emergência.
emergency services *npl* serviços *mpl* de emergência.
emery board ['emərɪ-] *n* lixa *f (de unhas)*.
emigrant ['emɪgrənt] *n* emigrante *mf*.
emigrate ['emɪgreɪt] *vi* emigrar; **to ~ to/from** emigrar para/de.
eminent ['emɪnənt] *adj* [distinguished] eminente.
emission [ɪ'mɪʃn] *n fml* emissão *f*.
emit [ɪ'mɪt] (*pt* & *pp* **-ted**, *cont* **-ting**) *vt fml* emitir.
emoticon [ɪ'məʊtɪkɒn] *n* COMPUT emoticon *m*.
emotion [ɪ'məʊʃn] *n* emoção *f*.

emotional [ɪ'məʊʃənl] *adj* **-1.** [easily moved] emotivo(va) **-2.** [charged with emotion] emocionado(da) **-3.** [appealing to the emotions] comovente.

emperor ['empərə^r] *n* imperador *m.*

emphasis ['emfəsɪs] (*pl* **-ases** [-əsi:z]) *n*: ~ **(on sthg)** ênfase *f* (em algo); **to lay** *OR* **place ~ on sthg** dar ênfase a algo.

emphasize, -ise ['emfəsaɪz] *vt* enfatizar.

emphatic [ɪm'fætɪk] *adj* [forceful] enfático(ca).

emphatically [ɪm'fætɪklɪ] *adv* **-1.** [with emphasis] enfaticamente **-2.** [definitely] terminantemente.

empire ['empaɪə^r] *n* império *m.*

employ [ɪm'plɔɪ] *vt* **-1.** [give work to] empregar; **to be ~ed as sthg** estar empregado(da) como algo **-2.** *fml* [use] empregar; **to ~ sthg as sthg/to do sthg** empregar algo como algo/para fazer algo.

employee [ɪm'plɔɪi:] *n* empregado *m*, -da *f.*

employer [ɪm'plɔɪə^r] *n* empregador *m*, -ra *f.*

employment [ɪm'plɔɪmənt] *n* **-1.** [being in work] emprego *m*; **to be in ~** estar empregado(da) **-2.** [work] trabalho *m.*

employment agency *n* agência *f* de empregos.

emporium [em'pɔ:rɪəm] *n* empório *m.*

empower [ɪm'paʊə^r] *vt fml*: **to be ~ed to do sthg** receber autoridade para fazer algo.

empress ['emprɪs] *n* imperatriz *f.*

empty ['emptɪ] (*compar* **-ier**, *superl* **-iest**, *pt* & *pp* **-ied**, *pl* **-ies**) ◇ *adj* vazio(zia). ◇ *vt* esvaziar; **to ~ sthg into/out of sthg** despejar algo em/de dentro de algo. ◇ *vi* [become empty] esvaziar. ◇ *n inf* casco *m.*

empty-handed [-'hændɪd] *adv* de mãos vazias.

EMS (*abbr of* **European Monetary System**) *n* SMT *m.*

EMU (*abbr of* **Economic and Monetary Union**) *n* UME *f.*

emulate ['emjʊleɪt] *vt* **-1.** [gen] imitar **-2.** *COMPUT* emular.

emulsion [ɪ'mʌlʃn] *n* ~ **(paint)** tinta *f* plástica.

enable [ɪ'neɪbl] *vt*: **to ~ sb to do sthg** permitir que alguém faça algo.

enact [ɪ'nækt] *vt* **-1.** *JUR* promulgar **-2.** [act] representar.

enamel [ɪ'næml] *n (U)* esmalte *m.*

encampment [ɪn'kæmpmənt] *n* [of soldiers, gipsies] acampamento *m.*

encapsulate [ɪn'kæpsjʊleɪt] *vt fig* [philosophy, idea]: **to ~ sthg (in)** resumir algo (em).

encase [ɪn'keɪs] *vt*: **~d in sthg** envolvido(da) em algo.

enchanted [ɪn'tʃɑ:ntɪd] *adj* **-1.** [delighted]: ~ **(by** *OR* **with sthg)** encantado(da) (por *OR* com algo) **-2.** [under a spell] encantado(da).

enchanting [ɪn'tʃɑ:ntɪŋ] *adj* encantador(ra).

encircle [ɪn'sɜ:kl] *vt* cercar.

enclose [ɪn'kləʊz] *vt* **-1.** [surround, contain] cercar; **~d by** *OR* **with sthg** cercado(da) por *OR* com algo **-2.** [put in envelope] anexar; **please find ~d ...** segue anexo(xa) ...

enclosure [ɪn'kləʊʒə^r] *n* **-1.** [place] cercado *m* **-2.** [in letter] anexo *m.*

encompass [ɪn'kʌmpəs] *vt fml* **-1.** [include] abranger **-2.** [surround] cercar.

encore ['ɒŋkɔ:^r] ◇ *n* [by singer, performer] bis *m.* ◇ *excl* bis!

encounter [ɪn'kaʊntə^r] ◇ *n* encontro *m.* ◇ *vt fml* **-1.** [person] encontrar, encontrar-se com **-2.** [problem, difficulty etc.] deparar-se com.

encourage [ɪn'kʌrɪdʒ] *vt* **-1.** [give confidence to]: **to ~ sb (to do sthg)** incentivar alguém (a fazer algo) **-2.** [foster] incentivar, estimular.

encouragement [ɪn'kʌrɪdʒmənt] *n (U)* incentivo *m*, estímulo *m.*

encroach [ɪn'krəʊtʃ] *vi*: **to ~ (up)on sthg** apossar-se de algo; [rights] abusar de algo; [privacy] invadir algo.

encrypt [ɪn'krɪpt] *vt COMPUT* criptografar.

encyclop(a)edic [ɪn,saɪkləʊ'pi:dɪk] *adj* enciclopédico(ca).

end [end] ◇ *n* **-1.** [last part, finish] fim *m*, final *m*; **to be at an ~** estar no fim; **to come to an ~** acabar, chegar ao fim; **to put an ~ to sthg** pôr fim a algo; **at the ~ of the day** *fig* no final das contas; **in the ~** [finally] finalmente **-2.** [tip, edge] extremidade *f* **-3.** [point, final section] ponta *f* **-4.** [side, one of two ends, of phone line] lado *m*; **which ~ does it open?** de que lado abre?; **to make ~s meet** conseguir que o dinheiro chegue **-5.** *fml* [purpose] fim *m*, objetivo *m* **-6.** *literary* [death] fim *m.* ◇ *vt* acabar, terminar; **to ~ sthg with** acabar *OR* terminar algo com. ◇ *vi* [finish] acabar, terminar; **to ~ in** acabar em; **to ~ with** acabar *OR* terminar com.

◆ **on end** *adv* **-1.** [upright] em pé **-2.** [continuously] a fio.

◆ **end up** *vi* acabar, terminar; **to ~ up doing sthg** acabar fazendo algo.

endanger [ɪn'deɪndʒə^r] *vt* pôr em perigo.

endearing [ɪn'dɪərɪŋ] *adj* simpático(ca).

endeavour *UK*, **endeavor** *US* [ɪn'devə^r] *fml* ◇ *n* tentativa *f*, esforço *m.* ◇ *vt*: **to ~ to do sthg** tentar fazer algo.

ending ['endɪŋ] *n* **-1.** [gen] final *m* **-2.** *GRAMM* terminação *f.*

endive ['endaɪv] *n* **-1.** [salad vegetable] endívia *f* **-2.** [chicory] chicória *f.*

endless ['endlɪs] *adj* **-1.** [unending] interminável **-2.** [inexhaustible] inesgotável **-3.** [vast] sem fim.

endorse [ɪn'dɔ:s] *vt* [approve] endossar.
endorsement [ɪn'dɔ:smənt] *n* **-1.** *(U)* [gen] endosso *m* **-2.** *UK* [on driving licence] pontos *mpl.*
endow [ɪn'daʊ] *vt* **-1.** [equip]: **to be ~ed with sthg** ser dotado(da) de algo **-2.** [donate money to] dotar.
endurance [ɪn'djʊərəns] *n (U)* resistência *f.*
endure [ɪn'djʊə^r] ◇ *vt* resistir, suportar. ◇ *vi fml* perdurar.
endways *UK* ['endweɪz], **endwise** *US* ['endwaɪz] *adv* **-1.** [lengthways] de frente **-2.** [end to end] ponta a ponta.
enemy ['enɪmɪ] (*pl* **-ies**) ◇ *n* **-1.** [person] inimigo *m*, -ga *f* **-2.** *MIL*: **the ~** o inimigo. ◇ *comp* inimigo(ga).
energetic [,enə'dʒetɪk] *adj* **-1.** [lively] ativo(va) **-2.** [physically taxing] vigoroso(sa) **-3.** [enthusiastic] ativo(va).
energy ['enədʒɪ] (*pl* **-ies**) *n (U)* energia *f.*
enforce [ɪn'fɔ:s] *vt* **-1.** [law] fazer cumprir, aplicar **-2.** [standards, discipline] impor.
enforced [ɪn'fɔ:st] *adj* **-1.** [obligatory] compulsório(ria) **-2.** [unavoidable] inevitável.
engage [ɪn'geɪdʒ] ◇ *vt* **-1.** [attract] atrair **-2.** *TECH* engrenar **-3.** *fml* [employ] contratar; **to be ~d in** *OR* **on sthg** dedicar-se a algo; [busy with] estar ocupado(da) em algo. ◇ *vi* [be involved]: **to ~ in** envolver-se em.
engaged [ɪn'geɪdʒd] *adj* **-1.** [couple] noivo(va); **~ to sb** noivo(va) de alguém; **to get ~** noivar **-2.** [busy, occupied] ocupado(da); **~ in sthg** envolvido(da) em algo **-3.** [phone, toilet] ocupado(da).
engaged tone *n UK* sinal *m* de ocupado.
engagement [ɪn'geɪdʒmənt] *n* **-1.** [of couple] noivado *m* **-2.** [appointment] compromisso *m.*
engagement ring *n* anel *m* de noivado.
engaging [ɪn'geɪdʒɪŋ] *adj* atraente.
engender [ɪn'dʒendə^r] *vt fml* gerar.
engine ['endʒɪn] *n* **-1.** [of car, plane, ship] motor *m* **-2.** *RAIL* locomotiva *f.*
engine driver *n UK* maquinista *mf.*
engineer [,endʒɪ'nɪə^r] *n* **-1.** [of roads, machines, bridges] engenheiro *m*, -ra *f* **-2.** [on ship] técnico *m*, -ca *f* **-3.** *US* [engine driver] maquinista *mf.*
engineering [,endʒɪ'nɪərɪŋ] *n* engenharia *f.*
England ['ɪŋglənd] *n* Inglaterra; **in ~** na Inglaterra.
English ['ɪŋglɪʃ] ◇ *adj* inglês(esa). ◇ *n* [language] inglês *m.* ◇ *npl*: **the ~** os ingleses.
English Channel *n*: **the ~** o Canal da Mancha.
Englishman ['ɪŋglɪʃmən] (*pl* **-men** [-mən]) *n* inglês *m.*
Englishwoman ['ɪŋglɪʃ,wʊmən] (*pl* **-women** [-,wɪmɪn]) *n* inglesa *f.*
engrave [ɪn'greɪv] *vt* **-1.** [metal, glass] gravar **-2.** [design]: **to ~ sthg (on sthg)** gravar algo (em algo) **-3.** *fig* [on memory] gravar.
engraving [ɪn'greɪvɪŋ] *n* **-1.** [design] gravura *f* **-2.** *(U)* [skill] gravação *f.*
engrossed [ɪn'grəʊst] *adj*: **to be ~ (in sthg)** estar absorto(ta) (em algo).
engulf [ɪn'gʌlf] *vt* **-1.** [cover, surround - subj: fire] devorar; [- subj: water] tragar **-2.** *fig* [overwhelm] tomar conta de.
enhance [ɪn'hɑ:ns] *vt* **-1.** [increase] aumentar **-2.** [improve] melhorar **-3.** [heighten: beauty, graphics] realçar.
enjoy [ɪn'dʒɔɪ] *vt* **-1.** [like] gostar de; **to ~ doing sthg** gostar de fazer algo; **to ~ o.s.** divertir-se **-2.** *fml* [possess] desfrutar de.
enjoyable [ɪn'dʒɔɪəbl] *adj* agradável.
enjoyment [ɪn'dʒɔɪmənt] *n (U)* prazer *m.*
enlarge [ɪn'lɑ:dʒ] *vt* ampliar.
◆ **enlarge (up)on** *vt fus* desenvolver.
enlargement [ɪn'lɑ:dʒmənt] *n* **-1.** *(U)* [gen] ampliação *f* **-2.** *MED* dilatação *f.*
enlighten [ɪn'laɪtn] *vt fml* esclarecer.
enlightened [ɪn'laɪtnd] *adj* esclarecido(da).
enlightenment [ɪn'laɪtnmənt] *n (U)* esclarecimento *m.*
◆ **Enlightenment** *n*: **the Enlightenment** o Iluminismo.
enlist [ɪn'lɪst] ◇ *vt* **-1.** *MIL* [recruit] recrutar **-2.** [support, help] angariar. ◇ *vi MIL*: **to ~ (in)** alistar-se(em).
enmity ['enmətɪ] (*pl* **-ies**) *n (U)* inimizade *f.*
enormity [ɪ'nɔ:mətɪ] *n (U)* enormidade *f.*
enormous [ɪ'nɔ:məs] *adj* enorme.
enough [ɪ'nʌf] ◇ *adj* suficiente. ◇ *pron* suficiente; **to have had ~ (of sthg)** [expressing annoyance] estar farto(ta) (de algo); **more than ~** mais que suficiente ◇ *adv* **-1.** [sufficiently] suficientemente, bastante; **to suffer ~** sofrer o bastante; **he hasn't tried hard ~** ele ainda não tentou o suficiente; **to be good ~ to do sthg** *fml* ter a bondade de fazer algo **-2.** [rather] bastante; **strangely ~** curiosamente.

> Sempre que acompanhar um adjetivo ou um advérbio, *enough* deve vir depois deles (*he's old enough to understand* ele é adulto o suficiente para entender; *strangely enough, she couldn't remember* por mais estranho que pareça, ela não conseguia se lembrar).

enquire [ɪn'kwaɪə^r] *vt & vi* = **inquire.**
enquiry [ɪn'kwaɪərɪ] (*pl* **-ies**) *n* = **inquiry**.
enraged [ɪn'reɪdʒd] *adj* enfurecido(da).
enrol *UK* (*pt & pp* **-led**, *cont* **-ling**), **enroll** *US* [ɪn'rəʊl] ◇ *vt* matricular. ◇ *vi*: **to ~ (on** *OR* **in sthg)** matricular-se (em algo).
ensign ['ensaɪn] *n* [flag] bandeira *f.*
ensue [ɪn'sju:] *vi fml* resultar.
ensure [ɪn'ʃʊə^r] *vt* assegurar; **to ~ (that)** assegurar que.
ENT (*abbr of* **ear, nose and throat**) *n* otorrino *mf.*

entail [ɪn'teɪl] *vt* [involve] implicar.

enter ['entəʳ] ◇ *vt* **-1.** [come or go into] entrar em **-2.** [join - competition, race, the church] entrar em; [- school, politics, parliament] ingressar em; [- armed forces] alistar-se em; [- university] matricular-se em **-3.** [register]: **to ~ sb/sthg for sthg** inscrever alguém/algo em algo **-4.** [write down] registrar **-5.** COMPUT inserir; **~ your name, please** insira seu nome. ◇ *vi* **-1.** [come or go in] entrar **-2.** [register]: **to ~ (for sthg)** inscrever-se (para algo).

◆ **enter into** *vt fus* **-1.** [begin] iniciar **-2.** [become involved in] comprometer-se em.

enter key *n* COMPUT tecla *f* enter.

enterprise ['entəpraɪz] *n* **-1.** [company, business] empresa *f* **-2.** [venture] aventura *f* **-3.** *(U)* [initiative] empreendimento *m*.

enterprise zone *n UK zona do Reino Unido na qual se fomenta a atividade cultural e empresarial.*

enterprising ['entəpraɪzɪŋ] *adj* empreendedor(ra).

entertain [ˌentə'teɪn] ◇ *vt* **-1.** [amuse] entreter **-2.** [have as guest] receber **-3.** *fml* [consider] considerar **-4.** *fml* [harbour] nutrir.

entertainer [ˌentə'teɪnəʳ] *n* animador *m*, -ra *f*.

entertaining [ˌentə'teɪnɪŋ] *adj* divertido(da).

entertainment [ˌentə'teɪnmənt] ◇ *n* **-1.** *(U)* [amusement] divertimento *m*, entretenimento *m* **-2.** [show] espetáculo *m*.

enthral (*pt* & *pp* **-led**, *cont* **-ling**), **enthrall** *US* [ɪn'θrɔ:l] *vt* fascinar.

enthrone [ɪn'θrəʊn] *vt fml* entronizar.

enthusiasm [ɪn'θju:zɪæzm] *n* **-1.** *(U)* [passion, eagerness] entusiasmo *m*; **~ for sthg** entusiasmo por algo **-2.** [interest, hobby] paixão *f*, interesse *m*.

enthusiast [ɪn'θju:zɪæst] *n* [fan] entusiasta *mf*.

enthusiastic [ɪnˌθju:zɪ'æstɪk] *adj* entusiástico(ca).

entice [ɪn'taɪs] *vt* atrair; **to ~ sb away from sthg** desviar alguém de algo; **to ~ sb into sthg** instigar alguém a algo.

entire [ɪn'taɪəʳ] *adj* inteiro(ra).

entirely [ɪn'taɪəlɪ] *adv* inteiramente; **that's ~ different** isso é completamente diferente.

entirety [ɪn'taɪrətɪ] *n (U) fml*: **in its ~** em sua totalidade.

entitle [ɪn'taɪtl] *vt* [allow]: **to ~ sb to sthg** dar a alguém o direito a algo; **to ~ sb to do sthg** autorizar alguém a fazer algo.

entitled [ɪn'taɪtld] *adj* **-1.** [having a right to]: **to be ~ to sthg/to do sthg** ter direito a algo/a fazer algo **-2.** [called] intitulado(da).

entitlement [ɪn'taɪtlmənt] *n* direito *m*.

entrance [*n* 'entrəns, *vb* ɪn'trɑ:ns] ◇ *n* **-1.** [arrival] entrada *f* **-2.** [way in]: **~ (to sthg)** entrada (para OR de algo) **-3.** *(U)* [entry]: **to gain ~ to sthg** *fml* [to building] obter acesso a algo; [to society, university] ingressar em algo. ◇ *vt* [delight] encantar.

entrance examination *n* [for school, profession] exame *m* de admissão ; [for university] ≃ vestibular *m*.

entrance fee *n* **-1.** [gen] (preço *m* do) ingresso *m* **-2.** [to club] taxa *f* de admissão.

entrant ['entrənt] *n* [gen] participante *mf*.

entreat [ɪn'tri:t] *vt*: **to ~ sb (to do sthg)** suplicar a alguém (para que faça algo).

entrenched *adj* [firm] arraigado(da).

entrepreneur [ˌɒntrəprə'nɜ:ʳ] *n* empresário *m*, -ria *f*.

entrust [ɪn'trʌst] *vt*: **to ~ sthg to sb**, **to ~ sb with sthg** confiar algo a alguém.

entry ['entrɪ] (*pl* **-ies**) *n* **-1.** [gen] entrada *f*; **~ (into)** entrada (em) **-2.** *(U)* [admission]: **~ (to)** acesso *m* (a); **to gain ~ to** conseguir acesso a; **'no ~'** [to room, building] 'proibida a entrada'; AUT 'não entre' **-3.** [in competition] inscrição *f* **-4.** [in diary] anotação *f* **-5.** [in ledger] lançamento *m* **-6.** *fig* [joining] ingresso *m*.

entry form *n* ficha *f* de inscrição.

entry phone *n* porteiro *m* eletrônico.

envelop [ɪn'veləp] *vt*: **to ~ sb/sthg in sthg** envolver alguém/algo em algo.

envelope ['envələʊp] *n* [for letter] envelope *m*.

envious ['envɪəs] *adj* invejoso(sa); **~ (of sb/sthg)** invejoso(sa) (de alguém/algo).

environment [ɪn'vaɪərənmənt] *n* **-1.** [gen] ambiente *m* **-2.** [natural world]: **the ~** o meio ambiente.

environmental [ɪnˌvaɪərən'mentl] *adj* ambiental.

environmentalist [ɪnˌvaɪərən'mentəlɪst] *n* ambientalista *mf*.

environmentally [ɪnˌvaɪərən'mentəlɪ] *adv* ecologicamente; **~ friendly** que não prejudica o meio ambiente, ecológico(ca).

envisage [ɪn'vɪzɪdʒ], **envision** *US* [ɪn'vɪʒn] *vt* prever.

envoy ['envɔɪ] *n* enviado *m*, -da *f*.

envy ['envɪ] (*pt* & *pp* **-ied**) ◇ *n (U)* inveja *f*. ◇ *vt* invejar; **to ~ sb sthg** invejar algo a alguém.

eon *n US* = **aeon**.

epic ['epɪk] ◇ *adj* épico(ca). ◇ *n* [book, film] épico *m*.

epidemic [ˌepɪ'demɪk] *n* [of disease] epidemia *f*.

epileptic [ˌepɪ'leptɪk] ◇ *adj* [fit, person] epilético(ca). ◇ *n* epilético *m*, -ca *f*.

episode ['epɪsəʊd] *n* episódio *m*.

epistle [ɪ'pɪsl] *n literary* [letter] epístola *f*.

epitaph ['epɪtɑ:f] *n* epitáfio *m*.

epitome [ɪ'pɪtəmɪ] *n*: **the ~ of sb/sthg** [person] o exemplo vivo de alguém/algo, a personificação de alguém/algo; **this hotel is the ~ of**

luxury este hotel é o número um em termos de luxo.

epitomize, -ise [ɪ'pɪtəmaɪz] *vt* personificar, representar o paradigma de.

epoch ['i:pɒk] *n* época *f*.

equable ['ekwəbl] *adj* [calm, reasonable] calmo(ma).

equal ['i:kwəl] (*UK pt* & *pp* **-led**, *cont* **-ling**, *US pt* & *pp* **-ed**, *cont* **-ing**) ◇ *adj* **-1.** igual; **~ to sthg** [sum] igual a algo; **on ~ terms** em igualdade de condições **-2.** [capable]: **to be ~ to sthg** estar à altura de algo. ◇ *n* [person] igual *mf*; **he's her ~ in everything** ele é igual a ela em tudo. ◇ *vt* **-1.** *MATH* ser igual a **-2.** [in standard] igualar-se a.

equality [i:'kwɒlətɪ] *n (U)* igualdade *f*.

equalize, -ise ['i:kwəlaɪz] ◇ *vt* igualar. ◇ *vi SPORT* empatar.

equalizer ['i:kwəlaɪzə^r] *n SPORT* gol *m* de empate.

equally ['i:kwəlɪ] *adv* **-1.** [to the same extent] igualmente **-2.** [in equal amounts] por igual **-3.** [by the same token] da mesma forma.

equal opportunities *npl* oportunidades *fpl* iguais.

equanimity [ˌekwə'nɪmətɪ] *n (U)* equanimidade *f*.

equate [ɪ'kweɪt] *vt*: **to ~ sthg with sthg** equiparar algo com algo.

equation [ɪ'kweɪʒn] *n MATH* equação *f*.

equator [ɪ'kweɪtə^r] *n*: **the ~** o equador.

equilibrium [ˌi:kwɪ'lɪbrɪəm] *n* equilíbrio *m*.

equip [ɪ'kwɪp] (*pt* & *pp* **-ped**, *cont* **-ping**) *vt* **-1.** [provide with equipment] equipar; **to ~ sb/sthg with sthg** equipar alguém/algo com algo **-2.** [prepare mentally]: **to ~ sb for sthg** preparar alguém psicologicamente para algo.

equipment [ɪ'kwɪpmənt] *n (U)* equipamento *m*.

equity ['ekwətɪ] *n FIN* [market value] patrimônio *m* líquido.

◆ **equities** *npl ST EX* ações *fpl* ordinárias.

equivalent [ɪ'kwɪvələnt] ◇ *adj* equivalente; **to be ~ to sthg** ser equivalente a algo. ◇ *n* equivalente *m*.

equivocal [ɪ'kwɪvəkl] *adj* **-1.** [statement, remark] ambíguo(gua) **-2.** [behaviour, event] duvidoso(sa).

er [ɜ:^r] *excl* **-1.** [in hesitation] ãhn! **-2.** [to attract attention] ei!

era ['ɪərə] (*pl* **-s**) *n* era *f*.

eradicate [ɪ'rædɪkeɪt] *vt* erradicar.

erase [ɪ'reɪz] *vt* **-1.** [rub out] apagar **-2.** *fig* [drive away, eliminate] eliminar, extinguir.

eraser [ɪ'reɪzə^r] *n US* borracha *f*.

erect [ɪ'rekt] ◇ *adj* ereto(ta). ◇ *vt* **-1.** [building, statue] erigir **-2.** [tent, roadblock] montar.

erection [ɪ'rekʃn] *n* **-1.** *(U)* [of building, statue] construção *f* **-2.** [erect penis] ereção *f*.

ergonomic [ˌɜ:gə'nɒmɪk] *adj* ergonômico(ca).

ERM (*abbr of* **Exchange Rate Mechanism**) *n* MTC *m*.

ermine ['ɜ:mɪn] *n (U)* [fur] arminho *m*.

erode [ɪ'rəʊd] ◇ *vt* **-1.** *GEOL* causar erosão em **-2.** *fig* [destroy] destruir. ◇ *vi* **-1.** *GEOL* sofrer erosão **-2.** *fig* [be destroyed] ser destruído(da).

erosion [ɪ'rəʊʒn] *n* **-1.** *GEOL* erosão *f* **-2.** *fig* [destruction] destruição *f*.

erotic [ɪ'rɒtɪk] *adj* erótico(ca).

err [ɜ:^r] *vi* errar.

errand ['erənd] *n* **-1.** [task] tarefa *f*; **to go on** *OR* **run an ~ (for sb)** encarregar-se de alguma tarefa (para alguém) **-2.** [message] recado *m*.

erratic [ɪ'rætɪk] *adj* irregular.

error ['erə^r] *n* **-1.** [mistake] erro *m*; **~ of judgment** erro de julgamento; **in ~** por engano **-2.** *FIN*: **~s and omissions excepted** salvo erro ou omissão.

erupt [ɪ'rʌpt] *vi* **-1.** [volcano] entrar em erupção **-2.** *fig* [violence, war] explodir.

eruption [ɪ'rʌpʃn] *n* **-1.** [of volcano] erupção *f* **-2.** [of violence, war] explosão *f*.

escalate ['eskəleɪt] *vi* **-1.** [conflict, violence] intensificar-se **-2.** [costs, prices] aumentar.

escalator ['eskəleɪtə^r] *n* escada *f* rolante.

escapade [ˌeskə'peɪd] *n* escapada *f*.

escape [ɪ'skeɪp] ◇ *n* **-1.** [gen] fuga *f*; **~ (from sb/sthg)** fuga (de alguém/algo); **to make an** *OR* **one's ~ (from)** fugir (de); **we had a narrow ~** escapamos por um triz **-2.** [leakage] escapamento *m* **-3.** *COMPUT* tecla *f* Esc. ◇ *vt* **-1.** [gen] fugir de **-2.** [death, injury] escapar a **-3.** [subj: fact, name] escapar. ◇ *vi* **-1.** [from person, place, situation]: **to ~ (from sb/sthg)** fugir (de alguém/algo) **-2.** [from danger] escapar **-3.** [leak] vazar.

escapism [ɪ'skeɪpɪzm] *n (U)* escapismo *m*.

escort [*n* 'eskɔ:t, *vb* ɪ'skɔ:t] ◇ *n* **-1.** [guard] escolta *f*; **under ~** sob escolta **-2.** [companion] acompanhante *mf*. ◇ *vt* [accompany] acompanhar.

Eskimo ['eskɪməʊ] (*pl* **-s**) *n* **-1.** [person] esquimó *mf*.

espadrille [ˌespə'drɪl] *n* alpargata *f*.

especially [ɪ'speʃəlɪ] *adv* **-1.** [in particular, specifically] especialmente **-2.** [more than usually] excepcionalmente.

espionage ['espɪəˌnɑ:ʒ] *n (U)* espionagem *f*.

esplanade [ˌesplə'neɪd] *n* esplanada *f*.

Esquire [ɪ'skwaɪə^r] *n*: **James Smith, ~** Sr. James Smith.

essay ['eseɪ] *n* **-1.** *SCH & UNIV* trabalho *m* **-2.** *LITERATURE* ensaio *m*.

essence ['esns] *n* essência *f*; **in ~** em essência.

essential [ɪ'senʃl] *adj* essencial; ~ **(to** *OR* **for sthg)** essencial (para algo).
◆ **essentials** *npl* **-1.** [basic commodities] o essencial **- 2.** [most important elements] fundamentos *mpl*, elementos *mpl* essenciais.
essentially [ɪ'senʃəlɪ] *adv* [basically] essencialmente, basicamente.
essential oil *n* óleo *m* essencial.
establish [ɪ'stæblɪʃ] *vt* **-1.** [create, found] criar, estabelecer **- 2.** [initiate]**: to ~ contact with sb** estabelecer contato com alguém **- 3.** [ascertain] provar **- 4.** [cause to be accepted] firmar.
establishment [ɪ'stæblɪʃmənt] *n* **-1.** *(U)* [creation, foundation] fundação *f*, criação *f* **- 2.** [shop, business] estabelecimento *m*.
◆ **Establishment** *n* [status quo]**: the Establishment** a classe governante.
estate [ɪ'steɪt] *n* **-1.** [land, property] propriedade *f* **- 2. : housing ~** loteamento *m* **- 3. : industrial ~** zona *f* industrial **- 4.** *JUR* [inheritance] herança *f*.
estate agency *n UK* agência *f* imobiliária.
estate agent *n UK* corretor *m*, -ra *f* de imóveis; **~'s** agência *f* imobiliária.
estate car *n UK* van *f*, perua *f*.
esteem [ɪ'sti:m] <> *n* estima *f*. <> *vt* [respect] estimar.
esthetic etc. *US* = **aesthetic etc.**
estimate [*n* 'estɪmət, *vb* 'estɪmeɪt] <> *n* **-1.** [calculation, reckoning] cálculo *m*, estimativa *f* **- 2.** *COMM* orçamento *m*. <> *vt* calcular, estimar.
estimation [,estɪ'meɪʃn] *n* **-1.** [opinion] opinião *f* **- 2.** [calculation] cálculo *m*, estimativa *f*.
Estonia [e'stəʊnɪə] *n* Estônia.
estranged [ɪ'streɪndʒd] *adj* separado(da); **his ~ son** o filho com o qual ele não fala.
estuary ['estjʊərɪ] (*pl* **-ies**) *n* estuário *m*.
e-tailer ['i:teɪlə^r] *n* varejista *mf* eletrônico(ca), e-tailer *mf*.
etc. (*abbr of* **et cetera**) etc.
etching ['etʃɪŋ] *n* gravura *f* de água-forte.
eternal [ɪ'tɜ:nl] *adj* **-1.** [gen] eterno(na) **- 2.** [truth, value] absoluto(ta).
eternity [ɪ'tɜ:nətɪ] *n (U)* eternidade *f*.
ethic ['eθɪk] *n* ética *f*.
◆ **ethics** <> *n (U)* [study] ética *f*. <> *npl* [morals] moral *f*.
ethical ['eθɪkl] *adj* [morally right] ético(ca).
Ethiopia [,i:θɪ'əʊpɪə] *n* Etiópia.
ethnic ['eθnɪk] *adj* **-1.** [traditions, groups, conflict] étnico(ca) **- 2.** [clothes, food] folclórico(ca).
ethnic cleansing [-'klensɪŋ] *n* limpeza *f* étnica.
ethos ['i:θɒs] *n* sistema *m* de valores.
etiquette ['etɪket] *n* etiqueta *f*.
ETV (*abbr of* **Educational Television**) *n rede norte-americana de televisão especializada em programas culturais e educacionais.*
EU (*abbr of* **European Union**) *n* UE *f*.
eulogy ['ju:lədʒɪ] (*pl* **-ies**) *n fml* elogio *m*.
euphemism ['ju:fəmɪzm] *n* eufemismo *m*.
euphoria [ju:'fɔ:rɪə] *n* euforia *f*.
euro ['jʊərəʊ] *n* euro *m*.
Eurocheque ['jʊərəʊ,tʃek] *n* eurocheque *m*.
Euro MP *n* membro *m* do Parlamento Europeu.
Europe ['jʊərəp] *n* Europa.
European [,jʊərə'pi:ən] <> *adj* europeu(péia). <> *n* europeu *m*, -péia *f*.
European Central Bank *n*: **the ~** o Banco Central Europeu.
European Community *n*: **the ~** a Comunidade Européia.
European Monetary System *n*: **the ~** o Sistema Monetário Europeu.
European Parliament *n*: **the ~** o Parlamento Europeu.
European Union *n*: **the ~** a União Européia.
Eurosceptic ['ʊrəʊ,skeptɪk] <> *adj* eurocético(ca). <> *n* eurocético *m*, -ca *f*.
Eurostar ['ʊrəʊstɑ:^r] *n* Eurostar *m*, *trem de alta velocidade que vai da Inglaterra à França passando sob o Canal da Mancha.*
euthanasia [,ju:θə'neɪzjə] *n* eutanásia *f*.
evacuate [ɪ'vækjʊeɪt] *vt* evacuar.
evade [ɪ'veɪd] *vt* **-1.** [pursuers, capture] fugir a **- 2.** [issue, question] fugir de **- 3.** [subj: love, success] escapar de.
evaluate [ɪ'væljʊeɪt] *vt* avaliar.
evaporate [ɪ'væpəreɪt] *vi* **-1.** [liquid] evaporar **- 2.** *fig* [feeling] evaporar-se, dissipar-se.
evaporated milk [ɪ'væpəreɪtɪd-] *n tipo de leite condensado por evaporação que não contém açúcar.*
evasion [ɪ'veɪʒn] *n* **-1.** *(U)* [of responsibility, payment etc.] evasão *f* **- 2.** [lie] evasiva *f*.
evasive [ɪ'veɪsɪv] *adj* **-1.** [to avoid question, subject] evasivo(va) **- 2.** [to avoid being hit]**: to take ~ action** tomar uma ação defensiva.
eve [i:v] *n* [day before] véspera *f*.
even ['i:vn] <> *adj* **-1.** [regular] regular **- 2.** [calm] equilibrado(da) **- 3.** [flat, level] plano(na) **- 4.** [equal] igual; **to get ~ with sb** ficar quite com alguém **- 5. : ~ number** número par. <> *adv* **-1.** [for emphasis] mesmo; **~ I** mesmo eu; **~ now** mesmo agora; **~ then** [at that time] mesmo então; [in spite of that] mesmo assim **- 2.** [in comparisons] ainda **- 3.** [indeed] até.
◆ **even if** *conj* mesmo se.
◆ **even so** *adv* [in spite of that] mesmo assim.
◆ **even though** *conj* ainda que.
◆ **even out** <> *vt sep* nivelar. <> *vi* nivelar-se.
evening ['i:vnɪŋ] *n* **-1.** [end of day - from 5 pm until 8pm] tardinha *f*; **good ~** boa tarde; **in the ~** à tarde; [- from 8 pm onwards] noite *f*; **good ~**

boa noite; **in the ~** à noite, ao anoitecer **-2.** [event, entertainment] noite *f.*

◆ **evenings** *adv US* à noite.

evening class *n* aula *f* noturna.

evening dress *n* **-1.** *(U)* [formal clothes] traje *m* a rigor **-2.** [woman's garment] vestido *m* de gala.

event [ɪ'vent] *n* **-1.** [happening] acontecimento *m*; **social ~** evento *m* social **-2.** *SPORT* evento *m* **-3.** [case] caso *m*; **in the ~ of** em caso de; **in the ~ that the train is cancelled** na eventualidade de o trem ser cancelado.

◆ **in any event** *adv* [all the same] em todo o caso.

◆ **in the event** *adv UK* na realidade.

eventful [ɪ'ventfʊl] *adj* movimentado(da), agitado(da).

eventual [ɪ'ventʃʊəl] *adj* final.

eventuality [ɪˌventʃʊ'ælətɪ] *(pl -ies)* *n* eventualidade *f.*

eventually [ɪ'ventʃʊəlɪ] *adv* finalmente, no fim.

> Não confundir *eventually (finalmente)* com o português *eventualmente* que em inglês é *sometimes*. (*I eventually arrived at the restaurant 30 minutes late. Finalmente* cheguei ao restaurante 30 minutos atrasado.)

ever ['evəʳ] *adv* **-1.** [already, at some time] já, alguma vez; **have you ~ been to Scotland?** você já/alguma vez foi para a Escócia?; **the worst film I've ~ seen** o pior filme que eu já vi **-2.** [with negative - gen] nunca; **no one ~ calls these days** ninguém nunca telefona por esses dias; **hardly ~** quase nunca; [- emphatic] jamais; **don't ~ speak to me like that!** jamais fale comigo desse jeito **-3.** [all the time] sempre; **as ~** como sempre; **for ~** para sempre **-4.** [for emphasis]: **why ~ did you do that?** por que cargas d'água você fez isso?; **how ~ did he get back?** como será que ele voltou?; **~ so kind** tão gentil; **~ such a mess** tamanha bagunça.

◆ **ever since** ◇ *adv* desde então. ◇ *conj* desde que. ◇ *prep* desde.

evergreen ['evəgriːn] ◇ *adj* sempre-verde. ◇ *n* sempre-verde *m.*

everlasting [ˌevə'lɑːstɪŋ] *adj* [lasting forever] eterno(na).

every ['evrɪ] *adj* **-1.** [each] cada **-2.** [to express frequency]: **~ three hours** a cada três horas; **~ day** cada dia.

◆ **every now and then, every so often** *adv* de vez em quando.

◆ **every other** *adj* [every alternate]: **~ other day** dia sim, dia não; **~ other week** cada duas semanas.

◆ **every which way** *adv US* para todos os lados.

> Ver **all**.

everybody ['evrɪˌbɒdɪ] *pron* = **everyone**.

everyday ['evrɪdeɪ] *adj* diário(ria).

everyone ['evrɪwʌn] *pron* todo mundo, todos *mpl* -das *fpl.*

everyplace *adv US* = **everywhere**.

everything ['evrɪθɪŋ] *pron* tudo.

everywhere ['evrɪweəʳ], **everyplace** *US* ['evrɪˌpleɪs] *adv* por todo o lado; [with verbs of motion] para todo o lado; **~ you go it's the same** onde quer que se vá é o mesmo.

evict [ɪ'vɪkt] *vt*: **to ~ sb (from)** despejar alguém (de).

evidence ['evɪdəns] *n* **-1.** [proof] evidência *f* **-2.** *JUR* prova *f*; **to give ~** prestar depoimento.

evident ['evɪdənt] *adj* evidente.

evidently ['evɪdəntlɪ] *adv* evidentemente.

evil ['iːvl] ◇ *adj* [morally bad] mau(má). ◇ *n* **-1.** *(U)* [wicked behaviour] maldade *f* **-2.** [wicked thing] mal *m.*

evoke [ɪ'vəʊk] *vt* **-1.** [call up, summon] chamar **-2.** [elicit, provoke] evocar.

evolution [ˌiːvə'luːʃn] *n* evolução *f.*

evolve [ɪ'vɒlv] ◇ *vt* [develop] desenvolver. ◇ *vi* **-1.** *BIOL*: **to ~ (into/from)** evoluir (para/de) **-2.** [develop] desenvolver-se.

ewe [juː] *n* ovelha *f.*

ex- [eks] *prefix* ex-.

exacerbate [ɪg'zæsəbeɪt] *vt* exacerbar.

exact [ɪg'zækt] ◇ *adj* [precise] exato(ta); **to be ~** para ser exato(ta). ◇ *vt*: **to ~ sthg (from sb)** exigir algo (de alguém).

exacting [ɪg'zæktɪŋ] *adj* [demanding, rigorous] exigente.

exactly [ɪg'zæktlɪ] ◇ *adv* [precisely] exatamente; **not ~** [not really] não exatamente. ◇ *excl* exatamente!

exaggerate [ɪg'zædʒəreɪt] ◇ *vt* exagerar. ◇ *vi* exagerar.

exaggeration [ɪgˌzædʒə'reɪʃn] *n* exagero *m.*

exalted [ɪg'zɔːltɪd] *adj* [important] sublime.

exam [ɪg'zæm] (*abbr of* **examination**) *n* **-1.** *SCH* prova *f*; **to take** *OR* **sit an ~** fazer uma prova. **-2.** *MED US* exame *m.*

examination [ɪgˌzæmɪ'neɪʃn] *n* **-1.** [gen] exame *m* **-2.** [inspection] investigação *f* **-3.** [consideration] análise *f* **-4.** *JUR* [of witness, suspect] interrogatório *m.*

examine [ɪg'zæmɪn] *vt* **-1.** [gen] examinar **-2.** [consider] estudar **-3.** *JUR* interrogar.

examiner [ɪg'zæmɪnəʳ] *n* examinador *m*, -ra *f.*

example [ɪg'zɑːmpl] *n* exemplo *m*; **for ~** por exemplo.

exasperate [ɪg'zæspəreɪt] *vt* exasperar.

exasperation [ɪgˌzæspə'reɪʃn] *n (U)* exasperação *f.*

excavate ['ekskəveɪt] *vt* escavar.

exceed [ɪk'si:d] *vt* **-1.** [be bigger than] exceder **-2.** [go beyond, go over - limit] ultrapassar; [- expectations] superar.
exceedingly [ɪk'si:dɪŋlɪ] *adv* extremamente.
excel [ɪk'sel] (*pt* & *pp* **-led**, *cont* **-ling**) ◇ *vi*: **to ~ (in** *OR* **at sthg)** sobressair-se (em algo). ◇ *vt*: **to ~ o.s.** *UK* superar-se.
excellence ['eksələns] *n (U)* excelência *f*.
excellent ['eksələnt] ◇ *adj* excelente. ◇ *excl* excelente!
except [ɪk'sept] ◇ *prep* exceto. ◇ *conj* exceto. ◇ *vt*: **to ~ sb (from sthg)** excluir alguém (de algo).
◆ **except for** ◇ *prep* com exceção de. ◇ *conj* exceto.
excepting [ɪk'septɪŋ] *prep* & *conj* = **except**.
exception [ɪk'sepʃn] *n* **-1.** [exclusion] exceção *f*; **~ to sthg** exceção a algo; **with the ~ of** com a exceção de **-2.** [offence]: **to take ~ to sthg** ofender-se com algo.
exceptional [ɪk'sepʃənl] *adj* [unusually clever, talented] excepcional.
excerpt ['eksɜ:pt] *n*: **~ (from sthg)** excerto *m* (de algo).
excess [ɪk'ses, *before nouns* 'ekses] ◇ *adj* excessivo(va). ◇ *n* excesso *m*.
excess baggage *n* excesso *m* de bagagem.
excess fare *n UK* sobretaxa *f*.
excessive [ɪk'sesɪv] *adj* excessivo(va).
exchange [ɪks'tʃeɪndʒ] ◇ *n* **-1.** *(U)* [act of swapping] troca *f*, intercâmbio *m*; **in ~** em troca; **in ~ for** em troca de **-2.** [swap] troca *f* **-3.** *FIN*: **stock ~** bolsa *f* (de valores) **-4.** *FIN*: **(foreign) ~** câmbio *m*, divisas *fpl* **-5.** *TELEC*: **(telephone) ~** central *f* telefônica **-6.** [educational visit] intercâmbio *m*. ◇ *vt* [swap] trocar; **to ~ sthg for sthg** trocar algo por algo; **to ~ sthg with sb** trocar algo com alguém.
exchange rate *n FIN* taxa *f* de câmbio.
Exchequer [ɪks'tʃekəʳ] *n UK*: **the ~** o Ministério da Fazenda britânico.
excise ['eksaɪz] *n (U)* imposto *m*; **Customs and Excise** ≃ a Receita Federal.
excite [ɪk'saɪt] *vt* **-1.** [person] entusiasmar **-2.** [nerves, heart] agitar **-3.** [interest, suspicion] despertar.
excited [ɪk'saɪtɪd] *adj* **-1.** [enthused] entusiasmado(da) **-2.** [agitated] agitado(da).
excitement [ɪk'saɪtmənt] *n (U)* [state - enthusiasm] entusiasmo *m*; [- agitation] agitação *f*.
exciting [ɪk'saɪtɪŋ] *adj* emocionante.
exclaim [ɪk'skleɪm] ◇ *vt* & *vi* exclamar.
exclamation [ˌekskləˈmeɪʃn] *n* exclamação *f*.
exclamation mark *UK*, **exclamation point** *US n* ponto *m* de exclamação.
exclude [ɪk'sklu:d] *vt* excluir; **to ~ sb/sthg (from sthg)** excluir alguém/algo (de algo).
excluding [ɪk'sklu:dɪŋ] *prep* excluindo.
exclusive [ɪk'sklu:sɪv] ◇ *adj* exclusivo(va). ◇ *n PRESS* artigo *m* exclusivo.
◆ **exclusive of** *prep*: **~ of sales tax** imposto sobre vendas não-incluído.
excrement ['ekskrɪmənt] *n fml* excremento *m*.
excruciating [ɪk'skru:ʃɪeɪtɪŋ] *adj* **-1.** [pain] insuportável **-2.** [emotion, performance] terrível.
excursion [ɪk'skɜ:ʃn] *n* [trip] excursão *f*.
excuse [*n* ɪk'skju:s, *vb* ɪk'skju:z] ◇ *n* **-1.** [reason, explanation] desculpa *f* **-2.** [justification]: **~ (for sthg)** desculpa (para algo). ◇ *vt* **-1.** desculpar; **to ~ sb for sthg/for doing sthg** desculpar alguém por algo/por fazer algo **-2.** [let off, free] dispensar; **to ~ sb from sthg** dispensar alguém de algo **-3.** [allow to leave] dar licença **-4.** *phr*: **~ me** [to attract attention] com licença; [forgive me] desculpe; *US* [sorry] perdão.
ex-directory *adj UK* que não consta na lista telefônica.
execute ['eksɪkju:t] *vt* executar.
execution [ˌeksɪ'kju:ʃn] *n* execução *f*.
executioner [ˌeksɪ'kju:ʃnəʳ] *n* carrasco *m*, -ca *f*.
executive [ɪg'zekjʊtɪv] ◇ *adj* executivo(va). ◇ *n* **-1.** *COMM* executivo *m*, -va *f* **-2.** [of government] executivo *m* **-3.** [of political party] executiva *f*.
executive director *n* diretor *m* executivo, diretora *f* executiva.
executor [ɪg'zekjʊtəʳ] *n* [of will] testamenteiro *m*, -ra *f*.
exemplify [ɪg'zemplɪfaɪ] (*pt* & *pp* **-ied**) *vt* **-1.** [typify] ilustrar **-2.** [give example of] exemplificar.
exempt [ɪg'zempt] ◇ *adj*: **to be ~ (from sthg)** [tax] estar isento(ta) (de algo); [duty, rules] estar livre (de algo); [military service] estar dispensado(da) (de algo). ◇ *vt*: **to ~ sb/sthg (from sthg)** [tax] isentar alguém/algo (de algo); [duty, rules, military service] dispensar alguém/algo (de algo).
exercise ['eksəsaɪz] ◇ *n* exercício *m*; **an ~ in sthg** um exercício de algo. ◇ *vt* **-1.** exercitar; **to ~ sb's mind** exercitar a mente de alguém **-2.** *fml* [use, practise] exercer. ◇ *vi* exercitar-se.
exercise book *n* **-1.** [for notes] caderno *m (de anotações)* **-2.** [published book] livro *m* de exercícios.
exert [ɪg'zɜ:t] *vt* exercer; **to ~ o.s.** esforçar-se.
exertion [ɪg'zɜ:ʃn] *n* **-1.** [physical effort] esforço *m* **-2.** *fig* [committed effort] empenho *m* **-3.** *(U)* [of power, influence] exercício *m*.
exhale [eks'heɪl] ◇ *vt* exalar. ◇ *vi* exalar.
exhaust [ɪg'zɔ:st] ◇ *n* **-1.** [fumes] descarga *f*, escapamento *m* **-2.** [tube]: **~ (pipe)** (cano *m* de) descarga *f*. ◇ *vt* **-1.** [person, patience, subject] esgotar **-2.** [supply, money] usar.

exhausted [ɪg'zɔ:stɪd] *adj* exausto(ta).
exhausting [ɪg'zɔ:stɪŋ] *adj* exaustivo(va).
exhaustion [ɪg'zɔ:stʃn] *n (U)* exaustão *f.*
exhaustive [ɪg'zɔ:stɪv] *adj* exaustivo(va).
exhibit [ɪg'zɪbɪt] ◇ *n* **-1.** ART objeto *m* exposto **-2.** JUR [piece of evidence] prova *f*, evidência *f.* ◇ *vt* **-1.** *fml* [demonstrate] demonstrar **-2.** ART expor.
exhibition [,eksɪ'bɪʃn] *n* **-1.** ART exposição *f* **-2.** [demonstration] demonstração *f* **-3.** *phr*: **to make an ~ of o.s.** *UK* fazer um escândalo.
exhilarating [ɪg'zɪləreɪtɪŋ] *adj* estimulante.
exile ['eksaɪl] ◇ *n* **-1.** [condition] exílio *m*; **in ~** no exílio **-2.** [person] exilado *m*, -da *f.* ◇ *vt*: **to ~ sb (from/to)** exilar alguém (de/para).
exist [ɪg'zɪst] *vi* existir.
existence [ɪg'zɪstəns] *n (U)* existência *f*; **to come into ~** entrar em vigor; **to be in ~** existir.
existing [ɪg'zɪstɪŋ] *adj* existente, atual.
exit ['eksɪt] ◇ *n* saída *f.* ◇ *vi* sair.

> Não confundir *exit (saída)* com o português *êxito* que em inglês é *success*. (*Where is the nearest exit?* Onde fica a *saída* mais próxima?)

exodus ['eksədəs] *n* êxodo *m.*
exonerate [ɪg'zɒnəreɪt] *vt*: **to ~ sb (from sthg)** exonerar alguém (de algo).
exorbitant [ɪg'zɔ:bɪtənt] *adj* exorbitante.
exotic [ɪg'zɒtɪk] *adj* exótico(ca).
expand [ɪk'spænd] ◇ *vt* **-1.** [gen] expandir **-2.** [department, area] ampliar **-3.** [influence] aumentar. ◇ *vi* **-1.** [gen] expandir-se **-2.** [influence] aumentar **-3.** PHYS dilatar.
◆ **expand (up)on** *vt fus* entrar em detalhes.
expanse [ɪk'spæns] *n* vastidão *f.*
expansion [ɪk'spænʃn] *n* **-1.** *(U)* [gen] expansão *f* **-2.** [of department, area] ampliação *f* **-3.** [of influence] aumento *m* **-4.** PHYS dilatação *f.*
expect [ɪk'spekt] ◇ *vt* **-1.** [gen] esperar; **to ~ to do sthg** esperar fazer algo; **to ~ sb to do sthg** esperar que alguém faça algo; **to ~ sthg from sb** esperar algo de alguém **-2.** [suppose]: **to ~ (that)** supor que; **I ~ so** suponho que sim; **what do you ~?** e o que você queria? ◇ *vi* [be pregnant]: **to be ~ing** estar esperando bebê.
expectancy *n* ▷ **life expectancy**.
expectant [ɪk'spektənt] *adj* [crowd, person] ansioso(sa).
expectant mother *n* gestante *f.*
expectation [,ekspek'teɪʃn] *n* **-1.** [hope] expectativa *f* **-2.** [belief] convicção *f*; **against** OR **contrary to all ~(s)** ao contrário de todas as expectativas.
expedient [ɪk'spi:djənt] *fml* ◇ *adj* pertinente, conveniente. ◇ *n* expediente *m.*
expedition [,ekspɪ'dɪʃn] *n* **-1.** [organized journey] expedição *f* **-2.** [short trip, outing] passeio *m.*
expel [ɪk'spel] (*pt* & *pp* **-led**, *cont* **-ling**) *vt* [from school, country]: **to ~ sb (from)** expulsar alguém (de).
expend [ɪk'spend] *vt*: **to ~ sthg (on sthg)** gastar algo (com/em algo).
expendable [ɪk'spendəbl] *adj* **-1.** [person] dispensável **-2.** [resources] consumível.
expenditure [ɪk'spendɪtʃə^r] *n* **-1.** [of money] gastos *mpl* **-2.** [of energy, resource] gasto *m.*
expense [ɪk'spens] *n* **-1.** [amount spent] despesa *f*, gasto *m* **-2.** *(U)* [cost] custo *m*; **at the ~ of** em detrimento de, à custa de; **at his/her own ~** [financial] do seu próprio bolso; **at sb's ~** *fig* [in order to mock] às custas de alguém.
◆ **expenses** *npl* COMM despesas *fpl.*
expense account *n* relatório *m* de despesas.
expensive [ɪk'spensɪv] *adj* [financially] caro(ra).
experience [ɪk'spɪərɪəns] ◇ *n* experiência *f.* ◇ *vt* experimentar.
experienced [ɪk'spɪərɪənst] *adj* [well-practised] experiente; **~ at** OR **in sthg** experiente em algo.
experiment [ɪk'sperɪmənt] ◇ *n* **-1.** SCIENCE experimento *m*; **to carry out an ~** conduzir um experimento **-2.** [exploratory attempt] tentativa *f.* ◇ *vi* SCIENCE fazer experiências; **to ~ with sthg** fazer experiências com algo.
expert ['ekspɜ:t] ◇ *adj* especializado(da), perito(ta). ◇ *n* especialista *mf*, perito *m*, -ta *f.*

> Não confundir *expert (especialista, perito)* com o português esperto que em inglês é *smart*. (*He is an expert in child psychology.* Ele é um *especialista* em psicologia infantil.)

expertise [,ekspɜ:'ti:z] *n (U)* excelência *f*, perícia *f.*
expire [ɪk'spaɪə^r] *vi* [run out] vencer.
expiry [ɪk'spaɪərɪ] *n (U)* vencimento *m.*
explain [ɪk'spleɪn] ◇ *vt* **-1.** [describe, clarify] explicar; **to ~ sthg to sb** explicar algo a alguém **-2.** [account for] justificar. ◇ *vi* explicar-se; **to ~ to sb (about sthg)** justificar-se (para alguém) sobre algo.
explanation [,eksplə'neɪʃn] *n* **-1.** *(U)* [act of explaining] explicação *f* **-2.** [account]: **~ (for sthg)** justificativa *f* (por algo) **-3.** [description, clarification] explanação *f.*
explicit [ɪk'splɪsɪt] *adj* [clearly expressed] explícito(ta).
explode [ɪk'spləʊd] ◇ *vt* [set off] explodir. ◇ *vi* **-1.** [blow up] explodir **-2.** *fig* [with feeling] explodir.
exploit [*n* 'eksplɔɪt, *vb* ɪk'splɔɪt] ◇ *n* façanha *f.* ◇ *vt* explorar.

exploitation [ˌeksplɔɪ'teɪʃn] *n (U)* [of workers, resources] exploração *f*.
exploration [ˌeksplə'reɪʃn] *n* [of space, countries] exploração *f*.
explore [ɪk'splɔːʳ] ◇ *vt* explorar. ◇ *vi* explorar.
explorer [ɪk'splɔːrəʳ] *n* explorador *m*, -ra *f*.
explosion [ɪk'spləʊʒn] *n* explosão *f*.
explosive [ɪk'spləʊsɪv] ◇ *adj* **-1.** [gen] explosivo(va) **-2.** [controversial] controverso(sa). ◇ *n* explosivo *m*.
exponent [ɪk'spəʊnənt] *n* [supporter] defensor *m*, -ra *f*.
export [*n* & *comp* 'ekspɔːt, *vb* ɪk'spɔːt] ◇ *n (U)* exportação *f*. ◇ *comp* de exportação. ◇ *vt* exportar.
exporter [ek'spɔːtəʳ] *n* exportador *m*, -ra *f*.
expose [ɪk'spəʊz] *vt* **-1.** [gen] expor; **to be ~d to sthg** estar exposto(ta) a algo **-2.** [unmask] desmascarar.
exposed [ɪk'spəʊzd] *adj* [unsheltered] desprotegido(da).
exposure [ɪk'spəʊʒəʳ] *n* **-1.** [gen] exposição *f* **-2.** *MED* [hypothermia]: **to die from ~** morrer de frio **-3.** [*PHOT* - time] exposição *f*; [- photograph] pose *f*.
exposure meter *n* fotômetro *m*.
expound [ɪk'spaʊnd] *fml* ◇ *vt* expor. ◇ *vi*: **to ~ on sthg** explanar sobre algo.
express [ɪk'spres] ◇ *adj* **-1.** *UK* [urgent letter, parcel] expresso(sa) **-2.** [transport] expresso(sa) **-3.** *fml* [specific] explícito(ta). ◇ *adv* por correio expresso. ◇ *n*: **~ (train)** (trem *m*) expresso *m*. ◇ *vt* [show, state] expressar, exprimir.
expression [ɪk'spreʃn] *n* expressão *f*.
expressive [ɪk'spresɪv] *adj* [full of feeling] expressivo(va).
expressly [ɪk'spreslɪ] *adv* [specifically] expressamente.
expressway [ɪk'spresweɪ] *n* via *f* expressa.
exquisite [ɪk'skwɪzɪt] *adj* **-1.** [beautiful] fino(na), requintado(da) **-2.** [very pleasing] delicado(da).

> Não confundir *exquisite (requintado)* com o português *esquisito* que em inglês é *strange*. (*An exquisite dinner.* Um jantar *requintado.*)

ext., extn. (*abbr of* **extension**) extens.
extend [ɪk'stend] ◇ *vt* **-1.** [make bigger] ampliar **-2.** [make longer - in space] estender; [- in time] prolongar **-3.** [postpone] prorrogar **-4.** [make more wide-ranging] estender **-5.** *fml* [stretch out] esticar **-6.** [offer - welcome, help] estender; [- credit] conceder. ◇ *vi* **-1.** [stretch, reach] estender-se **-2.** [rule, law]: **to ~ to sb/sthg** estender-se a alguém/algo.
extension [ɪk'stenʃn] *n* **-1.** [gen] aumento *m* **-2.** [longer time limit] prorrogação *f* **-3.** [development, growth] expansão *f* **-4.** *TELEC & ELEC* extensão *f*.
extension cable, extension lead *n ELEC* extensão *f*.
extensive [ɪk'stensɪv] *adj* **-1.** [in amount] amplo(pla) **-2.** [in area, range] extenso(sa).
extensively [ɪk'stensɪvlɪ] *adv* **-1.** [in amount] amplamente **-2.** [in range] extensivamente.
extent [ɪk'stent] *n* **-1.** [gen] extensão *f* **-2.** [degree]: **to what ~ ...?** até que ponto ...?; **to the ~ that** [in that, in so far as] na medida em que; [to the point where] até o ponto em que; **to a certain ~** até um certo ponto; **to a large** *OR* **great ~** em grande parte; **to some ~** até certo ponto.
extenuating circumstances [ɪk'stenjʊeɪtɪŋ-] *npl* circunstâncias *fpl* atenuantes.
exterior [ɪk'stɪərɪəʳ] ◇ *adj* externo(na). ◇ *n* exterior *m*.
exterminate [ɪk'stɜːmɪneɪt] *vt* exterminar.
external [ɪk'stɜːnl] *adj* **-1.** [outside] externo(na) **-2.** [foreign] exterior(ra).
extinct [ɪk'stɪŋkt] *adj* extinto(ta).
extinguish [ɪk'stɪŋgwɪʃ] *vt* *fml* [put out] apagar.
extinguisher [ɪk'stɪŋgwɪʃəʳ] *n*: **(fire) ~** extintor *m* (de incêndio).
extol (*pt* & *pp* **-led**, *cont* **-ling**), **extoll** *US* [ɪk'stəʊl] *vt* enaltecer.
extort [ɪk'stɔːt] *vt*: **to ~ sthg from sb** extorquir algo de alguém.
extortionate [ɪk'stɔːʃnət] *adj* extorsivo(va).
extra ['ekstrə] ◇ *adj* [additional] extra; **~ charge** sobrecarga *f*. ◇ *n* **-1.** [addition] acessório *m* **-2.** *CINEMA & THEATRE* extra *mf*. ◇ *adv* extra.
◆ **extras** *npl* [in price] extras *mpl*.
extra- ['ekstrə] *prefix* extra.
extract [*n* 'ekstrækt, *vb* ɪk'strækt] ◇ *n* **-1.** [excerpt] trecho *m* **-2.** *CHEM & CULIN* extrato *m*. ◇ *vt* **-1.** [take out]: **to ~ sthg (from sthg)** extrair algo (de algo) **-2.** [obtain, elicit]: **to ~ sthg (from sb)** arrancar algo (de alguém).
extradite ['ekstrədaɪt] *vt*: **to ~ sb (from/to)** extraditar alguém (de/para).
extramarital [ˌekstrə'mærɪtl] *adj* extraconjugal.
extramural [ˌekstrə'mjʊərəl] *adj UNIV* de extensão universitária.
extraordinary [ɪk'strɔːdnrɪ] *adj* **-1.** [special] extraordinário(ria) **-2.** [strange] esquisito(ta).
extraordinary general meeting *n* assembléia *f* geral extraordinária.
extravagance [ɪk'strævəgəns] *n* **-1.** [luxury] extravagância *f* **-2.** *(U)* [excessive spending] gasto *m* excessivo.

extravagant [ɪk'strævəgənt] *adj* **-1.** [excessive] extravagante **-2.** [elaborate] caprichado(da).
extreme [ɪk'stri:m] <> *adj* extremo(ma). <> *n* [furthest limit] extremo *m*.
extremely [ɪk'stri:mlɪ] *adv* [very] extremamente.
extreme sports *npl* esportes *mpl* radicais.
extremist [ɪk'stri:mɪst] <> *adj* extremista. <> *n* extremista *mf*.
extricate ['ekstrɪkeɪt] *vt*: **to ~ sthg (from)** soltar algo (de); **to ~ o.s. (from)** livrar-se (de).
extrovert ['ekstrəvɜ:t] <> *adj* extrovertido(da). <> *n* extrovertido *m*, -da *f*.
exuberance [ɪg'zju:bərəns] *n (U)* exuberância *f*.
exultant [ɪg'zʌltənt] *adj* exultante.
eye [aɪ] (*cont* **eyeing** *OR* **eying**) <> *n* **-1.** [gen & *ANAT*] olho *m*; **to cast** *OR* **run one's ~ over sthg** passar os olhos em algo; **to catch sb's ~** chamar a atenção de alguém; **to have one's ~ on sb/sthg** ter os olhos sobre alguém/algo; **to keep one's ~s open (for), to keep an ~ out (for)** ficar de olhos abertos (em); **to keep an ~ on sb/sthg** dar uma olhada em alguém/algo **-2.** [of needle] buraco *m*. <> *vt* olhar.
eyeball ['aɪbɔ:l] *n* globo *m* ocular.
eyebath ['aɪbɑ:θ] *n* copinho *m* para lavar os olhos.
eyebrow ['aɪbraʊ] *n* sobrancelha *f*.
eyebrow pencil *n* lápis *m inv* de sobrancelha.
eyedrops ['aɪdrɒps] *npl* colírio *m*.
eyeglasses ['aɪglasɪz] *npl US* óculos *m inv*.
eyelash ['aɪlæʃ] *n* cílio *m*.
eyelid ['aɪlɪd] *n* pálpebra *f*.
eyeliner ['aɪ,laɪnə[r]] *n* delineador *m (para os olhos)*.
eye-opener *n inf* revelação *f*.
eye shadow *n* sombra *f (para os olhos)*.
eyesight ['aɪsaɪt] *n* visão *f*.
eyesore ['aɪsɔ:[r]] *n* horror *m*, monstruosidade *f*.
eyestrain ['aɪstreɪn] *n* vista *f* cansada.
eyewitness [,aɪ'wɪtnɪs] *n* testemunha *mf* ocular.
e-zine ['i:zi:n] *n* revista *f* eletrônica.

f (*pl* **f's** *OR* **fs**), **F** (*pl* **F's** *OR* **Fs**) [ef] *n* [letter] f, F *m*.
◆ **F** *n* **-1.** *MUS* fá *m* **-2.** (*abbr of* **Fahrenheit**) F.
fable ['feɪbl] *n* [traditional story] fábula *f*.
fabric ['fæbrɪk] *n* **-1.** [cloth] tecido *m* **-2.** *fig* [of building, society] estrutura *f*.

> Não confundir *fabric (tecido)* com o português *fábrica* que em inglês é *factory*. (*I will need more fabric to make the dress.* Vou precisar de mais *tecido* para fazer o vestido.)

fabrication [,fæbrɪ'keɪʃn] *n* **-1.** [lie, lying] invenção *f* **-2.** *(U)* [manufacture] fabricação *f*.
fabulous ['fæbjʊləs] *adj* fabuloso(sa).
facade [fə'sɑ:d] *n* fachada *f*.
face [feɪs] <> *n* **-1.** [of person] rosto *m*, cara *f*; **~ to ~** cara a cara; **to say sthg to sb's ~** dizer algo na cara de alguém **-2.** [expression] expressão *f*; **to make** *OR* **pull a ~** fazer careta **-3.** [of building] fachada *f* **-4.** [of coin] lado *m* **-5.** [of clock, watch] mostrador *m* **-6.** [appearance, nature] cara *f* **-7.** [surface] face *f*; **on the ~ of it** à primeira vista **-8.** [respect]: **to lose ~** perder a reputação; **to save ~** livrar a cara. <> *vt* **-1.** [gen] encarar **-2.** [look on to, point towards] dar para **-3.** [confront] enfrentar.
◆ **face down** *adv* [person] de bruços; [object] para baixo.
◆ **face up** *adv* [person] de costas; [object] para cima.
◆ **in the face of** *prep* [confronted with] diante de.
◆ **face up to** *vt fus* enfrentar.
facecloth ['feɪsklɒθ] *n UK* toalhinha *f* de rosto.
face cream *n (U)* creme *m* para o rosto.
facelift *n* **-1.** [on face] lifting *m* **-2.** *fig*: **to give sthg a ~** dar uma cara nova para algo.
face powder *n (U)* pó-de-arroz *m*.
face-saving [-'seɪvɪŋ] *adj* para salvar as aparências.
facet ['fæsɪt] *n* faceta *f*.
facetious [fə'si:ʃəs] *adj* brincalhão(lhona).
face value *n* [of coin, stamp] valor *m* nominal; **to take sthg at ~** *fig* levar algo ao pé da letra.
facility [fə'sɪlətɪ] (*pl* **-ies**) *n* [feature] recurso *m*.
◆ **facilities** *npl* **-1.** [amenities] instalações *fpl* **-2.** [services] serviços *mpl*.
facing ['feɪsɪŋ] *adj* [opposite] oposto(ta).

facsimile [fæk'sɪmɪlɪ] *n* fac-símile *m*; **a ~ edition** uma edição fac-similar.
fact [fækt] *n* fato *m*; **to know sthg for a ~** ter certeza de algo.
◆ **in fact** ◇ *conj* na verdade. ◇ *adv* na verdade.
fact of life *n* fato *m* consumado.
◆ **facts of life** *npl euphemism*: **to tell sb (about) the ~s of life** contar a alguém como nascem as crianças.
factor ['fæktəʳ] *n* fator *m*.
factory ['fæktərɪ] (*pl* **-ies**) *n* fábrica *f*.
fact sheet *n UK* informativo *m*.
factual ['fæktʃʊəl] *adj* real, concreto(ta).
faculty ['fækltɪ] (*pl* **-ies**) *n* **-1.** [gen] faculdade *f* **-2.** *US* [in college]: **the ~** o corpo docente.
fad [fæd] *n* mania *f*, capricho *m*.
fade [feɪd] ◇ *vt* [remove colour] desbotar. ◇ *vi* **-1.** [colour] desbotar **-2.** [sound] diminuir **-3.** [hope, memory, feeling] esvaecer.
faeces *UK*, **feces** *US* ['fi:si:z] *npl* fezes *fpl*.
fag [fæg] *n* **-1.** *UK inf* [cigarette] cigarro *m* **-2.** *US inf pej* [homosexual] bicha *f*.
Fahrenheit ['færənhaɪt] *adj* Fahrenheit *inv*.
fail [feɪl] ◇ *vt* **-1.** [not succeed in]: **to ~ to do sthg** não conseguir fazer algo **-2.** [SCH & UNIV - exam, test] não passar em; [- candidate] rodar **-3.** [neglect]: **to ~ to do sthg** deixar de fazer algo. ◇ *vi* **-1.** [not succeed] não conseguir **-2.** SCH & UNIV rodar **-3.** [stop functioning] falhar **-4.** [weaken] enfraquecer.
failing ['feɪlɪŋ] ◇ *n* [weakness] fraqueza *f*. ◇ *prep* na falta de; **or, ~ that, ...** ou, caso contrário, ...
failure ['feɪljəʳ] *n* **-1.** fracasso *m* **-2.** [breakdown, malfunction] falha *f* **-3.** MED: **heart ~** falência *f* do coração.
faint [feɪnt] ◇ *adj* **-1.** [slight] vago(ga) **-2.** [half-hearted] desmaiado(da) **-3.** [dizzy] fraco(ca). ◇ *vi* desmaiar.
fair [feəʳ] ◇ *adj* **-1.** [just] justo(ta); **it's not ~!** não é justo! **-2.** [quite large] considerável **-3.** [quite good] bom (boa) **-4.** [hair, person] loiro(ra) **-5.** [skin, complexion] claro(ra) **-6.** [weather] claro(ra), bom (boa). ◇ *n* **-1.** *UK* [funfair] parque *m* de diversões **-2.** [trade fair] feira *f*. ◇ *adv* [fairly] limpo.
◆ **fair enough** *excl UK inf* tudo bem.
fair-haired [-'heəd] *adj* [person] loiro(ra).
fairly ['feəlɪ] *adv* **-1.** [rather] bastante **-2.** [justly] justamente.
fairness ['feənɪs] *n (U)* [justness] imparcialidade *f*, justiça *f*.
fairy ['feərɪ] (*pl* **-ies**) *n* [imaginary creature] fada *f*.
fairy tale *n* conto *m* de fadas.
faith [feɪθ] *n* **-1.** *(U)* [trust] fé *f* **-2.** [religion] crença *f*, fé *f*.
faithful ['feɪθfʊl] *adj* fiel.
faithfully ['feɪθfʊlɪ] *adv* [loyally] fielmente; **Yours ~** *UK* [in letter] atenciosamente, cordialmente.
fake [feɪk] ◇ *adj* falso(sa). ◇ *n* **-1.** [object, painting] falsificação *f* **-2.** [person] falsário *m*, -ria *f*. ◇ *vt* **-1.** [falsify] falsificar **-2.** [simulate] fingir. ◇ *vi* [pretend] fingir.
falcon ['fɔ:lkən] *n* falcão *m*.
Falkland Islands ['fɔ:klənd-], **Falklands** ['fɔ:kləndz] *npl*: **the ~** as (Ilhas) Malvinas.
fall [fɔ:l] (*pt* **fell**, *pp* **fallen**) ◇ *vi* **-1.** [gen] cair; **to ~ flat** [joke] não surtir efeito **-2.** [become] ficar; **to ~ in love** apaixonar-se **-3.** [occur]: **to ~ on** cair em. ◇ *n* **-1.** [accident] tombo *m*, caída *f* **-2.** [of snow] nevasca *f* **-3.** [from power] queda *f* **-4.** [decrease] queda *f*; **~ in sthg** queda de algo **-5.** *US* [autumn] outono *m*.
◆ **falls** *npl* [waterfall] cataratas *fpl*.
◆ **fall apart** *vi* **-1.** [book, chair] cair aos pedaços **-2.** *fig* [country, person] desmoronar.
◆ **fall back** *vi* **-1.** [retreat, recede] retroceder **-2.** [lag behind] recuar.
◆ **fall back on** *vt fus* [resort to] recorrer a.
◆ **fall behind** *vi* **-1.** [in race] ficar para trás **-2.** [with rent, with work] atrasar-se.
◆ **fall for** *vt fus* **-1.** *inf* [fall in love with] ficar caído(da) por **-2.** [be deceived by] deixar-se enganar por.
◆ **fall in** *vi* **-1.** [roof, ceiling] desabar **-2.** MIL entrar em forma.
◆ **fall off** *vi* **-1.** [drop off] desprender-se **-2.** [diminish] diminuir.
◆ **fall out** *vi* **-1.** [drop out] cair **-2.** [quarrel]: **to ~ out (with sb)** brigar (com alguém) **-3.** MIL sair de forma.
◆ **fall over** ◇ *vt fus* tropeçar em. ◇ *vi* [lose balance] cair.
◆ **fall through** *vi* [plan, deal] fracassar.
fallacy ['fæləsɪ] (*pl* **-ies**) *n* [misconception] falácia *f*.
fallen ['fɔ:ln] *pp* ▷ **fall**.
fallible ['fæləbl] *adj* falível.
fallout ['fɔ:laʊt] *n (U)* [radiation] chuva *f* radioativa.
fallout shelter *n* abrigo *m* antinuclear.
fallow ['fæləʊ] *adj* [land] alqueivado(da); **to lie ~** ficar sem cultivo.
false [fɔ:ls] *adj* **-1.** [gen] falso(sa) **-2.** [artificial] postiço(ça).
false alarm *n* alarme *m* falso.
falsely ['fɔ:lslɪ] *adv* **-1.** [wrongly] erroneamente **-2.** [insincerely] falsamente.
false teeth *npl* dentadura *f* postiça.
falsify ['fɔ:lsɪfaɪ] (*pt* & *pp* **-ied**) *vt* [facts, accounts] falsificar.
falter ['fɔ:ltəʳ] *vi* **-1.** [gen] vacilar **-2.** [hesitate, lose confidence] hesitar.
fame [feɪm] *n (U)* fama *f*.

familiar [fəˈmɪljəʳ] *adj* **-1.** [known] familiar **-2.** [conversant]: **~ with sthg** familiarizado(da) com algo **-3.** *pej* [overly informal - person] que se dá muitas liberdades; [- tone, manner] amigável em excesso.
familiarity [fəˌmɪlɪˈærətɪ] *n* [with book, rules, subject]: **~ with sthg** conhecimento *m* de algo.
familiarize, -ise [fəˈmɪljəraɪz] *vt*: **to ~ o.s. with sthg** familiarizar-se com algo; **to ~ sb with sthg** familiarizar alguém com algo.
family [ˈfæmlɪ] (*pl* **-ies**) *n* família *f.*
family credit *n (U) UK* auxílio-família *m.*
family doctor *n* médico *m*, -ca *f* de família.
family planning *n (U)* planejamento *m* familiar.
famine [ˈfæmɪn] *n* fome *f* extrema e coletiva.
famished [ˈfæmɪʃt] *adj inf* [very hungry] faminto(ta), morto(ta) de fome.
famous [ˈfeɪməs] *adj* famoso(sa); **~ for sthg** famoso(sa) por algo.
famously [ˈfeɪməslɪ] *adv dated*: **to get on** *OR* **along ~ with sb** ficar íntimo(ma) de alguém.
fan [fæn] (*pt* & *pp* **-ned**, *cont* **-ning**) <> *n* **-1.** [of paper, silk] leque *m* **-2.** [electric or mechanical] ventilador *m* **-3.** [enthusiast] fã *mf*, admirador *m*, -ra *f.* <> *vt* **-1.** [cool] abanar.
◆ **fan out** *vi* [army, search party] espalhar-se.
fanatic [fəˈnætɪk] *n* fanático *m*, -ca *f.*
fan belt *n* correia *f* do ventilador.
fanciful [ˈfænsɪfʊl] *adj* **-1.** [odd] estapafúrdio(dia) **-2.** [elaborate] extravagante.
fancy [ˈfænsɪ] (*compar* **-ier**, *superl* **-iest**, *pl* **-ies**, *pt* & *pp* **-ied**) <> *adj* **-1.** [elaborate] caprichado(da) **-2.** [expensive] extravagante. <> *n* **-1.** [liking] gosto *m*; **to take a ~ to sb/sthg** ter simpatia por alguém/algo; **to take sb's ~** cair nas graças de alguém **-2.** [whim] capricho *m.* <> *vt* **-1.** *inf* [want] querer; **I ~ going to the cinema** me agrada a idéia de ir ao cinema **-2.** [like] agradar-se de.
fancy dress *n (U)* fantasia *f.*
fancy-dress party *n* festa *f* à fantasia.
fanfare [ˈfænfeəʳ] *n MUS* fanfarra *f.*
fang [fæŋ] *n* **-1.** [of snake] presa *f* **-2.** [of carnivore] colmilho *m.*
fan heater *n* aquecedor *m* de ventoinha.
fanny [ˈfænɪ] *n US inf* [backside] bunda *f.*
fantasize, -ise [ˈfæntəsaɪz] *vi* fantasiar; **to ~ about sthg/about doing sthg** fantasiar sobre algo/sobre fazer algo.
fantastic [fænˈtæstɪk] *adj inf* [gen] fantástico(ca).
fantasy [ˈfæntəsɪ] (*pl* **-ies**) *n* fantasia *f.*
fao (*abbr of* **for the attention of**) a/c.
far [fɑːʳ] (*compar* **farther** *OR* **further**, *superl* **farthest** *OR* **furthest**) <> *adv* **-1.** [in distance] longe; **how ~ is it?** a que distância fica?; **how ~ have you come?** até onde você veio?; **is it ~?** é longe?; **~ away** *OR* **off** muito longe; **~ and wide** por todo o lugar; **as ~ as** até; **we walked as ~ as the river** caminhamos até o rio **-2.** [in time]: **~ away** *OR* **off** muito longe **-3.** [in degree or extent] muito; **how ~ have you got with your novel?** até onde você já foi no romance?; **as ~ as I know** até onde eu sei; **as ~ as I'm concerned** no que me diz respeito; **as ~ as possible** até onde é possível; **~ and away, by ~** de longe; **~ from it** pelo contrário. <> *adj* [distant, extreme] extremo(ma).
faraway [ˈfɑːrəweɪ] *adj* **-1.** [distant] distante **-2.** [dreamy] ausente.
farce [fɑːs] *n* farsa *f.*
farcical [ˈfɑːsɪkl] *adj* ridículo(la).
fare [feəʳ] *n* **-1.** [payment, rate] tarifa *f* **-2.** [price of ticket] preço *m* **-3.** [person] passageiro *m*, -ra *f* **-4.** *fml* [food] comida *f.*
Far East *n*: **the ~** o Extremo Oriente.
farewell [ˌfeəˈwel] <> *n* despedida *f*, adeus *m.* <> *excl literary* adeus!
farm [fɑːm] <> *n* fazenda *f.* <> *vt* cultivar.
farmer [ˈfɑːməʳ] *n* fazendeiro *m*, -ra *f.*
farmhand [ˈfɑːmhænd] *n* peão *m*, -oa *f.*
farmhouse [ˈfɑːmhaʊs, *pl* -haʊzɪz] *n* granja *f*, quinta *f.*
farming [ˈfɑːmɪŋ] *n (U)* **-1.** [activity] agricultura *f* **-2.** [of animals] criação *f* **-3.** [of crops] cultivo *m.*
farmland [ˈfɑːmlænd] *n (U)* terra *f* cultivada.
farmstead [ˈfɑːmsted] *n US* granja *f.*
farmyard [ˈfɑːmjɑːd] *n* terreiro *m (de fazenda).*
far-reaching [-ˈriːtʃɪŋ] *adj* **-1.** [implications] de longo alcance **-2.** [changes] abrangente.
far-sighted *adj* **-1.** [person] prudente; [plan] perspicaz **-2.** *US* [longsighted] hipermetrope.
fart [fɑːt] *vulg* <> *n* [wind] peido *m.* <> *vi* peidar.
farther [ˈfɑːðəʳ] *compar* ▻ **far.**
farthest [ˈfɑːðəst] *superl* ▻ **far.**
fascia [ˈfeɪʃə] *n* [of mobile phone] capa *f* frontal.
fascinate [ˈfæsɪneɪt] *vt* fascinar.
fascinating [ˈfæsɪneɪtɪŋ] *adj* fascinante.
fascination [ˌfæsɪˈneɪʃn] *n (U)* fascinação *f.*
fascism [ˈfæʃɪzm] *n (U)* fascismo *m.*
fashion [ˈfæʃn] <> *n* **-1.** [current style] moda *f*; **~ model** modelo *mf* (de passarela); **in/out of ~** [vogue] na/fora de moda **-2.** [manner] maneira *f*; **after a ~** até certo ponto. <> *vt fml* [shape] moldar.
fashionable [ˈfæʃnəbl] *adj* [in vogue] da moda.
fashion show *n* desfile *m* de modas.
fast [fɑːst] <> *adj* **-1.** [rapid] rápido(da) **-2.** [clock, watch] adiantado(da) **-3.** [dye] permanente. <> *adv* **-1.** [rapidly] depressa; **how ~ does this car go?** a que velocidade este carro chega?; **I need help ~** preciso de ajuda

rápido **-2.** [firmly] firmemente; **to hold ~ to sthg** [grip firmly] segurar firme algo; *fig* [stick to] manter-se firme em algo; **to be ~ asleep** dormir profundamente. ◇ *n* jejum *m*. ◇ *vi* jejuar.

fasten ['fɑ:sn] ◇ *vt* **-1.** [close - jacket, bag] fechar; [- seat belt] apertar **-2.** [attach]: **to ~ sthg to sthg** fixar algo em algo. ◇ *vi*: **to ~ on to sb/sthg** agarrar-se a alguém/algo.

fastener ['fɑ:snəʳ] *n* **-1.** [dress, bag] fecho *m* **-2.** [necklace] presilha *f* **-3.** [door] fechadura *f*.

fastening ['fɑ:snɪŋ] *n* **-1.** [gen] fechadura *f* **-2.** [on window] trinco *m*.

fast food *n (U)* fast-food *m*.

fastidious [fə'stɪdɪəs] *adj* [fussy] meticuloso(sa).

fat [fæt] (*compar* **-ter**, *superl* **-test**) ◇ *adj* **-1.** [person, animal, face, legs, meat] gordo(da); **to get ~** engordar **-2.** [volume, file, wallet] pesado(da) **-3.** [*FIN* - profit, fee] avultado(da); [- cheque, bank account] gordo(da). ◇ *n* **-1.** *(U)* *ANAT* gordura *f* **-2.** *(U)* [in food - raw] banha *f*; [- cooked] sebo *m*; [- in cooking, diet] gordura *f*.

fatal ['feɪtl] *adj* **-1.** [ruinous] fatal **-2.** [mortal] mortal.

fatality [fə'tælətɪ] (*pl* **-ies**) *n* [accident victim] fatalidade *f*; [fatalism] fatalismo *m*.

fate [feɪt] *n* **-1.** *(U)* [destiny] destino *m*; **to tempt ~** brincar com a sorte **-2.** [of person, thing] sina *f*.

fateful ['feɪtfʊl] *adj* [decisive] fatídico(ca).

father ['fɑ:ðəʳ] *n* ***lit, fig*** pai *m*.

Father Christmas *n* ***UK*** Papai *m* Noel.

father-in-law (*pl* **father-in-laws** *OR* **fathers-in-law**) *n* sogro *m*.

fatherly ['fɑ:ðəlɪ] *adj* paternal.

fathom ['fæðəm] ◇ *n* braça *f*. ◇ *vt*: **to ~ sthg (out)** desvendar algo; **to ~ sb (out)** compreender alguém.

fatigue [fə'ti:g] *n (U)* fadiga *f*.

fatten ['fætn] *vt* engordar.

fattening ['fætnɪŋ] *adj* que engorda; **to be very ~** engordar muito.

fatty ['fætɪ] (*compar* **-ier**, *superl* **-iest**, *pl* **-ies**) ◇ *adj* **-1.** [food] gorduroso(sa) **-2.** *BIOL* [tissue] adiposo(sa). ◇ *n* ***inf pej*** gorducho *m*, -cha *f*.

fatuous ['fætjʊəs] *adj* fátuo(tua).

fatwa ['fætwəl *n* mandado *m* religioso islâmico.

faucet ['fɔ:sɪt] *n* ***US*** torneira *f*.

fault [fɔ:lt] ◇ *n* **-1.** [responsibility] culpa *f* **-2.** [defect] defeito *m* **-3.** [mistake, imperfection] falha *f*; **to find ~ with sb/sthg** criticar algo/alguém; **to be at ~** equivocar-se **-4.** *GEOL* falha *f* **-5.** [in tennis] falta *f*. ◇ *vt*: **to ~ sb (on sthg)** criticar alguém (em algo).

faultless ['fɔ:ltlɪs] *adj* impecável.

faulty ['fɔ:ltɪ] (*compar* **-ier**, *superl* **-iest**) *adj* **-1.** [machine, system] defeituoso(sa) **-2.** [reasoning, logic] falho(lha).

fauna ['fɔ:nə] *n* fauna *f*.

favour ***UK***, **favor** ***US*** ['feɪvəʳ] ◇ *n* **-1.** *(U)* [approval] aprovação *f*; **in sb's ~** em favor de alguém; **to be in ~ (with sb)** contar com o apoio (de alguém); **to be out of ~ (with sb)** não contar com o apoio (de alguém); **to curry ~ with sb** puxar o saco de alguém **-2.** [kind act] favor *m*; **to do sb a ~** fazer um favor a alguém **-3.** *(U)* [favouritism] favoritismo *m*. ◇ *vt* [gen] favorecer.

◆ **in favour** *adv* [in agreement] a favor.

◆ **in favour of** *prep* **-1.** [in preference to] em favor de **-2.** [in agreement with]: **to be in ~ of sthg/of doing sthg** estar a favor de algo/de fazer algo.

favourable ***UK***, **favorable** ***US*** ['feɪvrəbl] *adj* favorável.

favourite ***UK***, **favorite** ***US*** ['feɪvrɪt] ◇ *adj* [preferred] favorito(ta). ◇ *n* favorito(ta).

favouritism ***UK***, **favoritism** ***US*** ['feɪvrɪtɪzm] *n (U)* favoritismo *m*.

fawn [fɔ:n] ◇ *adj* castanho(nha) claro(ra). ◇ *n* [animal] cervato *m*. ◇ *vi*: **to ~ on sb** bajular alguém.

fax [fæks] ◇ *n* fax *m*. ◇ *vt* **-1.** [send fax to] enviar um fax para **-2.** [send by fax] enviar por fax.

fax machine *n* (máquina *f* de) fax *m*.

FBI (*abbr of* **Federal Bureau of Investigation**) *n* FBI *m*.

FC (*abbr of* **Football Club**) *n* FC.

fear [fɪəʳ] ◇ *n* **-1.** [gen] medo *m* **-2.** [risk] risco *m*, perigo *m*; **for ~ of** por medo de. ◇ *vt* **-1.** [be afraid of] ter medo de, temer **-2.** [anticipate] temer, recear; **to ~ (that)** recear que.

fearful ['fɪəfʊl] *adj* **-1.** ***fml*** [frightened] temeroso(sa); **~ of sthg/of doing sthg** temeroso(sa) de algo/de fazer algo **-2.** [frightening] terrível, pavoroso(sa).

fearless ['fɪəlɪs] *adj* sem medo, destemido(da).

feasible ['fi:zəbl] *adj* [plan] viável.

feast [fi:st] ◇ *n* [meal] banquete *m*. ◇ *vi*: **to ~ on** *OR* **off sthg** banquetear-se com algo.

feat [fi:t] *n* façanha *f*.

feather ['feðəʳ] *n* pena *f*.

feature ['fi:tʃəʳ] ◇ *n* **-1.** [characteristic - of house] característica *f*; [- of machine] recurso *m*; [- of style, landscape] aspecto *m*; [- of face, personality] traço *m* **-2.** [article] reportagem *f* especial **-3.** *RADIO & TV* [programme] especial *m* **-4.** *CINEMA* longa-metragem *m*. ◇ *vt* [subj: film, exhibition] ter como atração principal; **a film featuring Juliette Binoche** um filme estrelando Juliette Binoche. ◇ *vi*: **to ~ (in sthg)** [appear, figure] figurar (em algo).

feature film *n* longa-metragem *m*.

February ['febrʊərɪ] *n* fevereiro *m*; *see also* **September**.

feces *npl US* = **faeces**.

fed [fed] *pt & pp* ▷ **feed**.

federal ['fedrəl] *adj* federal.

federation [,fedə'reɪʃn] *n* **-1.** [country] federação *f* **-2.** [association] liga *f*.

fed up *adj* farto(ta), cheio(a); **to be ~ with sb/sthg** estar cheio de alguém/algo.

fee [fi:] *n* [payment - school] (taxa *f* de) matrícula *f*; [- doctor] preço *m* da consulta; [- lawyer] honorários *mpl*; [- monthly membership] mensalidade *f*; [- annual membership] anuidade *f*; [- entrance] taxa *f* de admissão.

feeble ['fi:bəl] *adj* **-1.** [weak] fraco(ca) **-2.** [lacking conviction] débil.

feed [fi:d] (*pt & pp* **fed**) <> *vt* **-1.** [give food to] alimentar **-2.** [put, insert]: **to ~ sthg into sthg** inserir algo em algo. <> *vi* [take food] alimentar-se; **to ~ on** *OR* **off sthg** alimentar-se de algo. <> *n* **-1.** [meal] comida *f* **-2.** *(U)* [animal food] ração *f*.

feedback ['fi:dbæk] *n (U)* **-1.** [reaction] reação *f* **-2.** *ELEC* feedback *m*.

feeding bottle ['fi:dɪŋ-] *n UK* mamadeira *f*.

feel [fi:l] (*pt & pp* **felt**) <> *vt* **-1.** [touch] tocar **-2.** [believe, think] achar, acreditar; **to ~ (that)** achar que **-3.** [experience, be aware of] sentir; **to ~ o.s. doing sthg** sentir-se fazendo algo **-4.** *phr*: **I'm not ~ing myself today** não estou me sentindo bem hoje. <> *vi* **-1.** [have sensation, emotion] sentir-se; **to ~ like sthg/like doing sthg** [be in mood for] ter vontade de algo/de fazer algo **-2.** [seem] parecer **-3.** [by touch]: **to ~ for sthg** procurar algo com as mãos. <> *n* **-1.** [sensation, touch] sensação *f* **-2.** [atmosphere] clima *m*.

feeler ['fi:ləʳ] *n* [of insect, snail] antena *f*.

feeling ['fi:lɪŋ] *n* **-1.** [emotion] sensação *f* **-2.** [physical - of nausea, vertigo etc.] sensação *f*; [- sensation] sensibilidade *f* **-3.** [awareness, impression] impressão *f* **-4.** [understanding] disposição *f*.

◆ **feelings** *npl* sentimentos *mpl*; **to hurt sb's ~s** magoar alguém, magoar os sentimentos de alguém.

feet [fi:t] *pl* ▷ **foot**.

feign [feɪn] *vt fml* fingir.

fell [fel] <> *pt* ▷ **fall**. <> *vt* **-1.** [tree] cortar **-2.** [person] derrubar.

◆ **fells** *npl GEOGR* charneca *f*.

fellow ['feləʊ] <> *adj* companheiro *m*, -ra *f*. <> *n* **-1.** *dated* [man] cara *mf* **-2.** [comrade, peer] camarada *mf* **-3.** [of society or college] membro *m* honorário.

fellowship ['feləʊʃɪp] *n* **-1.** *(U)* [comradeship] companheirismo *m* **-2.** [organization] sociedade *f* **-3.** [in university - grant] bolsa *f* de pesquisa; [- post] pesquisador *m*, -ra *f*.

felony ['felənɪ] (*pl* **-ies**) *n JUR* delito *m* grave.

felt [felt] <> *pt & pp* ▷ **feel**. <> *n (U)* [textile] feltro *m*.

felt-tip pen *n* pincel *m* atômico.

female ['fi:meɪl] <> *adj* **-1.** [gen] feminino(na) **-2.** [plant] fêmeo(mea). <> *n* **-1.** [female animal] fêmea *f* **-2.** *inf pej* [woman] fêmea *f*.

feminine ['femɪnɪn] <> *adj* feminino(na). <> *n GRAMM* feminino *m*.

feminist ['femɪnɪst] *n* feminista.

fence [fens] <> *n* [barrier] cerca *f*; **to sit on the ~** *fig* ficar em cima do muro. <> *vt* cercar.

fencing ['fensɪŋ] *n (U)* **-1.** *SPORT* esgrima *f* **-2.** [fences] cerca *f* **-3.** [material] material *m* para fazer cerca.

fend [fend] *vi*: **to ~ for o.s.** saber se virar.

◆ **fend off** *vt sep* rechaçar.

fender ['fendəʳ] *n* **-1.** [round fireplace] guarda-fogo *m* **-2.** [on boat] proteção *f* **-3.** *US* [on car] pára-lama *f*.

ferment [*n* 'fɜ:ment, *vb* fə'ment] <> *n (U)* [unrest] grande agitação *f*, polvorosa *f*. <> *vi* [change chemically] fermentar.

fern [fɜ:n] *n* samambaia *f*.

ferocious [fə'rəʊʃəs] *adj* feroz.

ferret ['ferɪt] *n* [animal] furão *m*.

◆ **ferret about, ferret around** *vi inf* vasculhar.

ferris wheel ['ferɪs-] *n esp US* roda-gigante *f*.

ferry ['ferɪ] (*pl* **-ies**, *pt & pp* **-ied**) <> *n* balsa *f*. <> *vt* transportar.

ferryboat ['ferɪbəʊt] *n* = **ferry**.

fertile ['fɜ:taɪl] *adj* fértil.

fertilizer ['fɜ:tɪlaɪzəʳ] *n* fertilizante *m*.

fervent ['fɜ:vənt] *adj* **-1.** [admirer, believer] fervoroso(sa) **-2.** [belief, desire, hope] ardente.

fester ['festəʳ] *vi* [wound] inflamar, inflamar-se.

festival ['festəvl] *n* **-1.** [series of organized events] festival *m* **-2.** [holiday] feriado *m*, dia *m* festivo.

festive ['festɪv] *adj* festivo(va).

festive season *n*: **the ~** a época do Natal.

festivities [fes'tɪvətɪz] *npl* festividades *fpl*.

festoon [fe'stu:n] *vt* enfeitar; **to be ~ed with sthg** estar enfeitado(da) com algo.

fetch [fetʃ] *vt* **-1.** [go and get] ir buscar **-2.** [sell for] alcançar.

fetching ['fetʃɪŋ] *adj* atraente.

fete, fête [feɪt] <> *n* festa *f* beneficente. <> *vt* festejar (em honra de alguém).

fetid ['fetɪd] *adj* fétido(da).

fetish ['fetɪʃ] *n* **-1.** [sexual obsession] fetiche *m* **-2.** [mania] mania *f* **-3.** [object] amuleto *m*.

fetus ['fi:təs] *n* = **foetus**.

feud [fju:d] <> *n* contenda *f.* <> *vi* brigar.
feudal ['fju:dl] *adj* feudal.
fever ['fi:vəʳ] *n* **-1.** *MED* febre *f* **-2.** *fig* [frenzy] frenesi *m.*
feverish ['fi:vərɪʃ] *adj* **-1.** *MED* febril **-2.** [frenzied] frenético(ca).
few [fju:] <> *adj* [not many] pouco(ca); **a ~** alguns(mas); **a ~ more** mais alguns(mas); **quite a ~, a good ~** bastante; **~ and far between** pouquíssimos(mas). <> *pron* poucos *mpl*, -cas *fpl*; **a ~** poucos(cas); **quite a ~, a good ~** bastante.

Atenção para não confundir *few* ('poucos, poucas') e *a few* ('alguns, algumas').

Few pode vir antes de substantivos no plural (*few women*), mas utiliza-se *little* para substantivos incontáveis (*the reservoir has little water left*).

Atenção também para não confundir ***a few*** e ***a little***. *A little* acompanha substantivos incontáveis (*a little sugar*; *a little patience*), enquanto ***a few*** é usado com substantivos no plural (***a few good ideas*** algumas boas idéias). ***A little*** - mas não ***a few*** - é usado também como advérbio (*He cared little for her*).

Em orações negativas, geralmente utiliza-se *not many* em lugar de *few*, e *not much* em vez de *little* (*there weren't many women at the party*; *the reservoir doesn't have much water left*).

Ver também **little**.

fewer ['fju:əʳ] <> *adj* menos <> *pron* menos.
fewest ['fju:əst] *adj* o menos possível.
fiancé [fɪ'ɒnseɪ] *n* noivo *m.*
fiancée [fɪ'ɒnseɪ] *n* noiva *f.*
fiasco [fɪ'æskəʊ] (*UK pl* **-s**, *US pl* **-s** *OR* **-es**) *n* fiasco *m.*
fib [fɪb] (*pt* & *pp* **-bed**, *cont* **-bing**) *inf* <> *n* lorota *f.* <> *vi* contar lorotas.
fibre *UK*, **fiber** *US* ['faɪbəʳ] *n* **-1.** *(U)* [material, substance] fibra *f* **-2.** [thread] filamento *m* **-3.** *(U)* [strength] força *f.*
fibreglass *UK*, **fiberglass** *US* ['faɪbəglɑ:s] *n (U)* fibra *f* de vidro.
fibre optics *UK*, **fiber optics** *US* *n* fibra *f* óptica.
fickle ['fɪkl] *adj* inconstante, volúvel.
fiction ['fɪkʃn] *n* **-1.** *(U)* [literature] ficção *f* **-2.** [fabrication, lie] invenção *f.*
fictional ['fɪkʃənl] *adj* **-1.** [literary] ficcional **-2.** [invented] imaginário(ria).
fictitious [fɪk'tɪʃəs] *adj* [false] fictício(cia).
fiddle ['fɪdl] <> *n* **-1.** [violin] rabeca *f* **-2.** *UK inf* [fraud] embuste *m.* <> *vt UK inf* falsificar. <> *vi* **-1.** [fidget]: **to ~ (about** *OR* **around)** enrolar; **to ~ (about** *OR* **around) with sthg** mexer em algo **-2.** [waste time]: **to ~ about** *OR* **around** perder tempo.
fiddly ['fɪdlɪ] (*compar* **-ier**, *superl* **-iest**) *adj UK inf* trabalhoso(sa).
fidget ['fɪdʒɪt] *vi* estar irrequieto(ta), mover-se sem parar.
field [fi:ld] <> *n* **-1.** [gen] campo *m* **-2.** [of knowledge] área *f.* <> *vt* [avoid answering] responder.
field day *n* [for study, sport] dia *m* de atividades externas; **to have a ~** *fig* fazer a festa.
field glasses *npl* binóculos *mpl.*
field marshal *n* marechal-de-campo *m.*
field trip *n* viagem *f* de estudos.
fieldwork ['fi:ldwɜ:k] *n (U)* pesquisa *f* de campo.
fiend [fi:nd] *n* **-1.** [cruel person] demônio *m* **-2.** *inf* [fanatic] fanático *m*, -ca *f.*
fiendish ['fi:ndɪʃ] *adj* **-1.** [evil] diabólico(ca) **-2.** *inf* [very difficult] cabeludo(da).
fierce [fɪəs] *adj* **-1.** [aggressive, ferocious] feroz **-2.** [wild, uncontrolled] violento(ta) **-3.** [intense - competition, battle] árduo(a); [- heat] intenso(sa); [- criticism] ferrenho(nha).
fiery ['faɪərɪ] (*compar* **-ier**, *superl* **-iest**) *adj* **-1.** [burning] ardente **-2.** [volatile] explosivo(va).
fifteen [fɪf'ti:n] *num* quinze; *see also* **six**.
fifth [fɪfθ] *num* quinto, quinta; *see also* **sixth**.
Fifth Amendment *n*: **the ~** a Quinta Emenda, *emenda constitucional americana que estabelece direitos civis aos criminosos.*
fifty ['fɪftɪ] (*pl* **-ies**) *num* cinqüenta; *see also* **sixty**.
fifty-fifty <> *adj*: **to have a ~ chance** ter cinqüenta por cento de chance. <> *adv*: **to split sthg ~** dividir algo meio a meio.
fig [fɪg] *n* figo *m.*
fight [faɪt] (*pt* & *pp* **fought**) <> *n* **-1.** [physical] briga *f*, luta *f*; **to have a ~ (with sb)** ter uma briga (com alguém); **to put up a ~** desencadear uma luta **-2.** *fig* [battle, struggle] luta *f*, batalha *f* **-3.** [argument] discussão *f*; **to have a ~ (with sb)** ter uma discussão (com alguém). <> *vt* **-1.** [gen] lutar (com), combater; [physically] brigar com **-2.** [combat, struggle against] lutar contra. <> *vi* **-1.** [physically, in war] lutar **-2.** *fig* [battle, struggle]: **to ~ for/against sthg** lutar por/contra algo **-3.** [argue] discutir sobre; **to ~ about** *OR* **over sthg** discutir sobre algo.
◆ **fight back** <> *vt fus* segurar. <> *vi* revidar.
fighter ['faɪtəʳ] *n* **-1.** [plane] caça *m* **-2.** [soldier] guerreiro *m*, -ra *f* **-3.** [combative person] lutador *m*, -ra *f.*
fighting ['faɪtɪŋ] *n (U)* [in war, punch-up] luta *f.*
figment ['fɪgmənt] *n*: **a ~ of sb's imagination** um produto da imaginação de alguém.
figurative ['fɪgərətɪv] *adj* [language, art] figurado(da).
figure [*UK* 'fɪgəʳ, *US* 'fɪgjər] <> *n* **-1.** [statistic]

índice *m* **-2.** [symbol of number] número *m*; **in single/double ~s** em valores até dez/acima de dez **-3.** [human shape, outline] silhueta *f* **-4.** [diagram, representative personality] figura *f* **-5.** [famous person] personalidade *f* **-6.** [aesthetic shape of body] forma *f*. ◇ *vt esp US* [suppose] supor. ◇ *vi* [feature] figurar.

◆ **figure out** *vt sep* compreender.

figurehead ['fɪgəhed] *n* **-1.** [on ship] carranca *f* de proa **-2.** [leader without real power] testa-de-ferro *m*.

figure of speech *n* figura *f* de linguagem.

Fiji ['fi:dʒi:] *n* Fiji.

file [faɪl] ◇ *n* **-1.** [folder] pasta *f* **-2.** [report] relatório *m*; **on ~**, **on the ~s** em arquivo, arquivado(da) **-3.** *COMPUT* arquivo *m* **-4.** [tool] lixa *f* **-5.** [line]: **in single ~** em fila indiana. ◇ *vt* **-1.** [put in folder] pôr na pasta **-2.** *JUR* dar entrada em **-3.** [shape, smooth] lixar. ◇ *vi* **-1.** [walk in single file] andar em fila única **-2.** *JUR*: **to ~ for divorce** dar entrada no divórcio.

file clerk *n US* = **filing clerk**.

filet *n US* = **fillet**.

filing cabinet ['faɪlɪŋ-] *n* fichário *m*.

fill [fɪl] ◇ *vt* **-1.** [make full - container] encher; [- room, street] ocupar; **to ~ sthg (with sthg)** encher algo com algo **-2.** [fulfill] preencher **-3.** [tooth] obturar. ◇ *vi* encher-se.

◆ **fill in** ◇ *vt sep* **-1.** [form] preencher **-2.** [hole] tapar **-3.** [inform]: **to ~ sb in (on sthg)** informar alguém (sobre algo). ◇ *vi* [substitute]: **to ~ in (for sb)** substituir alguém.

◆ **fill out** ◇ *vt sep* [complete] completar. ◇ *vi* [get fatter] engordar.

◆ **fill up** ◇ *vt sep* encher. ◇ *vi* lotar.

fillet *UK*, **filet** *US* ['fɪlɪt] *n* **-1.** [piece of meat] filé *m* **-2.** *(U)* [type of meat] lombo *m*.

fillet steak *n* filé *m*.

filling ['fɪlɪŋ] ◇ *adj* [satisfying] que satisfaz. ◇ *n* **-1.** [in tooth] obturação *f* **-2.** [in cake, sandwich] recheio *m*.

filling station *n* posto *m* de gasolina.

film [fɪlm] ◇ *n* **-1.** [cinema, TV, photographic] filme *m* **-2.** *(U)* [footage] cobertura *f* **-3.** [layer] película *f*. ◇ *vt* filmar. ◇ *vi* filmar.

film star *n* astro *m* de cinema, estrela *f* de cinema.

Filofax® ['faɪləʊfæks] *n* agenda *f (de folhas descartáveis)*.

filter ['fɪltəʳ] ◇ *n* filtro *m*. ◇ *vt* **-1.** [water, petrol] filtrar **-2.** [coffee] coar.

filter coffee *n* café *m* coado.

filter lane *n UK* faixa *f* de conversão *(à direita ou esquerda)*.

filter-tipped [-'tɪpt] *adj* com filtro.

filth [fɪlθ] *n (U)* **-1.** [dirt] sujeira *f* **-2.** [obscenity] obscenidade *f*.

filthy ['fɪlθɪ] (*compar* **-ier**, *superl* **-iest**) *adj* **-1.** [very dirty] imundo(da) **-2.** [obscene] obsceno(na).

fin [fɪn] *n* **-1.** [on fish] barbatana *f* **-2.** *US* [for swimmer] nadadeira *f*.

final ['faɪnl] ◇ *adj* **-1.** [last in order] último(ma) **-2.** [at end, definitive] final. ◇ *n* final *f*.

◆ **finals** *npl UNIV* exames *mpl* finais; **to sit one's ~s** prestar os exames finais.

finale [fɪ'nɑ:lɪ] *n* final *m*.

finalize, -ise ['faɪnəlaɪz] *vt* finalizar.

finally ['faɪnəlɪ] *adv* **-1.** [at last] finalmente **-2.** [lastly] finalmente, por fim.

finance [*n* 'faɪnæns, *vb* faɪ'næns] ◇ *n (U)* **-1.** [money] financiamento *m* **-2.** [money management] finanças *fpl*. ◇ *vt* financiar.

◆ **finances** *npl* finanças *fpl*.

financial [fɪ'nænʃl] *adj* financeiro(ra).

find [faɪnd] (*pt* & *pp* **found**) ◇ *vt* **-1.** [gen] encontrar, achar **-2.** [realize, discover]: **to ~ (that)** descobrir que **-3.** *JUR*: **to be found guilty/not guilty of sthg** ser declarado(da) culpado(da)/inocente de algo. ◇ *n* descoberta *f*.

◆ **find out** ◇ *vi* descobrir. ◇ *vt fus* **-1.** [information] informar-se **-2.** [truth] desmascarar. ◇ *vt sep* [person] descobrir.

findings ['faɪndɪŋz] *npl* constatações *fpl*.

fine [faɪn] ◇ *adj* **-1.** [good, high-quality] excelente **-2.** [perfectly satisfactory] ótimo(ma) **-3.** [healthy] bem **-4.** [not rainy] bom(boa) **-5.** [thin, smooth] fino(na) **-6.** [minute, exact] sutil. ◇ *adv* [quite well] bem. ◇ *n* multa *f*. ◇ *vt* multar.

fine arts *npl* belas-artes *fpl*.

finery ['faɪnərɪ] *n (U)* refinamento *m*.

fine-tune ['faɪntju:n] *vt* ajustar.

finger ['fɪŋgəʳ] ◇ *n* dedo *m*; **to slip through one's ~s** escorrer pelos dedos. ◇ *vt* [feel] tocar com os dedos.

fingernail ['fɪŋgəneɪl] *n* unha *f (dos dedos da mão)*.

fingerprint ['fɪŋgəprɪnt] *n* impressão *f* digital.

fingertip ['fɪŋgətɪp] *n* ponta *f* do dedo; **at one's ~s** ao alcance da mão.

finicky ['fɪnɪkɪ] *adj pej* [- person] meticuloso(sa); [- task] minucioso(sa).

finish ['fɪnɪʃ] ◇ *n* **-1.** [end] final *m* **-2.** [texture] acabamento *m*. ◇ *vt* **-1.** [conclude, complete] terminar; **to ~ doing sthg** terminar de fazer algo **-2.** [consume] acabar **-3.** [leave] terminar, acabar. ◇ *vi* **-1.** [gen] terminar **-2.** [complete task] terminar, acabar.

◆ **finish off** *vt sep* [conclude, complete, consume] terminar.

◆ **finish up** *vi* acabar, terminar.

finishing line ['fɪnɪʃɪŋ-] *n* linha *f* de chegada.

finishing school ['fɪnɪʃɪŋ-] *n* ≃ *colégio privado no qual se preparam as alunas* *da alta classe para entrar na sociedade.*

finite ['faınaıt] *adj* **-1.** [limited] finito(ta) **-2.** GRAMM conjugado(da).

Finland ['fınlənd] *n* Finlândia.

Finn [fın] *n* [inhabitant of Finland] finlandês *m*, -esa *f*.

Finnish ['fınıʃ] <> *adj* [of or relating to Finland] finlandês(esa). <> *n* [language] finlandês *m*.

fir [fɜːʳ] *n* abeto *m*.

fire ['faıəʳ] <> *n* **-1.** *(U)* [flames, burning] fogo *m*; **on ~** em chamas; **to catch ~** pegar fogo; **to set ~ to sthg** pôr fogo em algo **-2.** [for warmth, cooking] fogueira *f* **-3.** [blaze, conflagration] incêndio *m* **-4.** *UK* [heater, apparatus] aquecedor *m*, estufa *f* **-5.** *(U)* [shooting] fogo *m*; **to open ~ (on sb)** abrir fogo (contra alguém). <> *vt* **-1.** [shoot] disparar **-2.** *esp US* [dismiss] demitir, despedir. <> *vi*: **to ~ (on** OR **at)** atirar em.

fire alarm *n* alarme *m* contra incêndio.

firearm ['faıərɑːm] *n* arma *f* de fogo.

firebomb ['faıəbɒm] <> *n* bomba *f* incendiária. <> *vt* lançar bombas incendiárias em.

fire brigade *UK*, **fire department** *US* *n* corpo *m* de bombeiros.

fire door *n* porta *f* corta-fogo.

fire engine *n* carro *m* de bombeiros.

fire escape *n* escada *f* de incêndio.

fire extinguisher *n* extintor *m* de incêndio.

fireguard ['faıəgɑːd] *n* guarda-fogo *m*.

firelighter ['faıəlaıtəʳ] *n* acendedor *m* de fogo.

fireman ['faıəmən] (*pl* **-men** [-mən]) *n* bombeiro *m*.

fireplace ['faıəpleıs] *n* lareira *f*.

fireproof ['faıəpruːf] *adj* à prova de fogo.

fireside ['faıəsaıd] *n*: **by the ~** ao calor da lareira.

fire station *n* posto *m* de bombeiros.

firewall ['faıəwɔːl] *n* COMPUT firewall *m*.

firewood ['faıəwʊd] *n (U)* lenha *f*.

firework ['faıəwɜːk] *n* fogo *m* de artifício.

◆ **fireworks** *npl fig* [outburst of anger] fogos *mpl* de artifício.

firing ['faıərıŋ] *n (U)* MIL tiroteio *m*.

firing squad *n* pelotão *m* de fuzilamento.

firm [fɜːm] <> *adj* **-1.** [gen] firme; **to stand ~** manter-se firme **-2.** [definite] claro(ra) **-3.** [investment, rate] estável. <> *n* empresa *f*.

first [fɜːst] <> *adj* primeiro(ra); **for the ~ time** pela primeira vez; **~ thing (in the morning)** à primeira hora (da manhã). <> *adv* **-1.** [before anyone, anything else] primeiro; **~ of all** antes de mais nada, em primeiro lugar **-2.** [for the first time] pela primeira vez **-3.** [firstly, in list of points] primeiramente. <> *n* **-1.** [person] primeiro *m*, -ra *f* **-2.** [unprecedented event] acontecimento *m* sem precedentes **-3.** *UK* UNIV diploma *m* universitário **-4.** AUT: **~ (gear)** primeira *f* (marcha).

◆ **at first** *adv* no princípio.

◆ **at first hand** *adv* em primeira mão.

first aid *n (U)* primeiros socorros *mpl*.

first-aid kit *n* kit *m* de primeiros socorros.

first-class *adj* **-1.** [excellent] de primeira **-2.** [letter, ticket] de primeira classe.

first course *n* entrada *f*.

first floor *n* **-1.** *UK* [above ground level] primeiro andar *m* **-2.** *US* [at ground level] andar *m* térreo.

firsthand [ˌfɜːst'hænd] <> *adj* de primeira mão. <> *adv* em primeira mão.

first lady *n* POL primeira-dama *f*.

firstly ['fɜːstlı] *adv* primeiramente.

first name *n* nome *m* de batismo, nome *m*..

first-rate *adj* de primeira.

firtree ['fɜːtriː] *n* = **fir**.

fish [fıʃ] (*pl inv*) <> *n* peixe *m*. <> *vt* pescar em. <> *vi* [try to catch fish] pescar; **to ~ for sthg** pescar algo.

fish and chips *npl UK* peixe *m* frito com batatas fritas.

fish and chip shop *n UK* barraca *f* de peixe frito com batatas fritas.

fishbowl ['fıʃbəʊl] *n* aquário *m*.

fishcake ['fıʃkeık] *n* bolinho *m* de peixe.

fisherman ['fıʃəmən] (*pl* **-men** [-mən]) *n* pescador *m*.

fish farm *n* viveiro *m* de peixes.

fish fingers *UK*, **fish sticks** *US* *npl* porções *fpl* de peixe empanado.

fishing ['fıʃıŋ] *n (U)* pesca *f*; **to go ~** ir pescar.

fishing boat *n* barco *m* de pesca.

fishing line *n* linha *f* de pesca.

fishing rod *n* vara *f* de pescar.

fishmonger ['fıʃˌmʌŋgəʳ] *n esp UK* peixeiro *m*; **~'s (shop)** peixaria *f*.

fish shop *n* peixaria *f*.

fish sticks *npl US* = **fish fingers**.

fish tank *n* aquário *m* *(usado como viveiro)*.

fishy ['fıʃı] (*compar* **-ier**, *superl* **-iest**) *adj* **-1.** [like fish] de peixe **-2.** *fig* [suspicious] duvidoso(sa).

fist [fıst] *n* punho *m*.

fit [fıt] (*pt* & *pp* **-ted**, *cont* **-ting**) <> *adj* **-1.** [suitable] adequado(da); **to be ~ for sthg** estar apto(ta) para algo; **to be ~ to do sthg** estar apto(ta) a fazer algo; **do as you think ~** faça como você achar melhor **-2.** [healthy] em forma; **to keep ~** manter-se em forma. <> *n* **-1.** [of clothes, shoes etc.] tamanho *m*; **it's a good ~** fica bem; **it's a tight ~** fica justo **-2.** [epileptic seizure] ataque *m*; **to have a ~** MED ter um ataque; *fig* [be angry] ter um ataque (de fúria) **-3.** [bout - of crying, depression] crise *f*; [- of rage, sneezing, giggles] acesso *m*; **in ~s and starts** aos trancos e barrancos. <> *vt* **-1.** [be correct size for] servir **- 2.** [place]: **to ~ sthg into sthg** encaixar algo em algo **- 3.** [provide]: **to ~ sthg with sthg** equipar algo com algo; **to have sthg ~ted** instalar algo **- 4.** [be suitable for] adequar-se. ◇ *vi* **- 1.** [be correct size] servir **- 2.** [go] encaixar **- 3.** [into container] caber.

◆ **fit in** ◇ *vt sep* [accommodate] arranjar tempo para. ◇ *vi* adaptar-se; **to ~ in with sb/sthg** adaptar-se com alguém/algo; **that ~s in with what she told me** isso vem ao encontro do que ela me contou.

fitful ['fɪtfʊl] *adj* intermitente.

fitment ['fɪtmənt] *n* móvel *m (da casa)*.

fitness ['fɪtnɪs] *n (U)* **- 1.** [health] bom estado *m* físico **- 2.** [suitability] aptidão *f*; **~ for sthg** aptidão para algo.

fitted carpet ['fɪtəd-] *n* carpete *m*.

fitted kitchen ['fɪtəd-] *n UK* cozinha *f* de módulos.

fitter ['fɪtə^r] *n* [mechanic] mecânico *m*, -ca *f*.

fitting ['fɪtɪŋ] ◇ *adj fml* apropriado(da). ◇ *n* **- 1.** [part] acessório *m* **- 2.** [for clothing] prova *f*.

◆ **fittings** *npl* acessórios *mpl*.

fitting room *n* provador *m*.

five [faɪv] *num* cinco; *see also* **six**.

fiver ['faɪvə^r] *n inf* **- 1.** *UK* [amount] *cinco libras*; [note] *cédula de cinco libras* **- 2.** *US* [amount] *cinco dólares*; [note] *cédula de cinco dólares*.

fix [fɪks] ◇ *vt* **- 1.** [attach, concentrate] fixar; **to ~ sthg to sthg** fixar algo em algo **- 2.** [set, arrange] arranjar **- 3.** [repair] consertar **- 4.** *inf* [rig] manipular **- 5.** *esp US* [food, drink] preparar. ◇ *n* **- 1.** *inf* [difficult situation]: **to be in a ~** estar em apuro **- 2.** *drugs sl* dose *f* de entorpecente.

◆ **fix up** *vt sep* **- 1.** [provide]: **to ~ sb up with sthg** arranjar algo para alguém **- 2.** [arrange] organizar, preparar.

fixation [fɪk'seɪʃn] *n* fixação *f*; **~ on** *OR* **about sb/sthg**, ~ fixação em *OR* por alguém/algo.

fixed [fɪkst] *adj* fixado(da).

fixture ['fɪkstʃə^r] *n* **- 1.** [in building] instalação *f* **- 2.** *fig* [permanent feature] figura *f* constante **- 3.** [sports event] encontro *m*.

fizz [fɪz] *vi* **- 1.** [drink] espumar **- 2.** [firework] crepitar.

fizzle ['fɪzl] ◆ **fizzle out** *vi* **- 1.** [firework] falhar **- 2.** *fig* [interest] sumir.

fizzy ['fɪzɪ] (*compar* **-ier**, *superl* **-iest**) *adj* gasoso(sa).

flabbergasted ['flæbəgɑːstɪd] *adj* estarrecido(da), pasmado(da).

flabby ['flæbɪ] (*compar* **-ier**, *superl* **-iest**) *adj* flácido(da), gordo(da).

flag [flæg] (*pt* & *pp* **-ged**, *cont* **-ging**) ◇ *n* [banner] bandeira *f*. ◇ *vi* **- 1.** [person] desanimar **- 2.** [spirts] decair **- 3.** [conversation] acabar.

◆ **flag down** *vt sep* fazer sinal para.

flagpole ['flægpəʊl] *n* mastro *m* de bandeira.

flagrant ['fleɪgrənt] *adj* flagrante.

flagstone ['flægstəʊn] *n* laje *f*.

flair [fleə^r] *n* **- 1.** [talent] dom *m* **- 2.** *(U)* [stylishness] habilidade *f*.

flak [flæk] *n (U)* **- 1.** [gunfire] fogo *m* antiaéreo **- 2.** *inf* [criticism] críticas *fpl*.

flake [fleɪk] ◇ *n* [small piece - of snow] floco *m*; [- of paint, plaster] lasca *f*; [- of skin] pedaço *m*. ◇ *vi* descascar.

flamboyant [flæm'bɔɪənt] *adj* **- 1.** [person, behaviour] extravagante **- 2.** [clothes, design] chamativo(va).

flame [fleɪm] *n* chama *f*; **in ~s** em chamas; **to burst into ~s** irromper em chamas.

flamingo [flə'mɪŋgəʊ] (*pl* **-s** *OR* **-es**) *n* flamingo *m*.

flammable ['flæməbl] *adj* inflamável.

flan [flæn] *n* torta *f*.

flank [flæŋk] ◇ *n* **- 1.** [of animal] lado *m* **- 2.** [of army] flanco *m*. ◇ *vt*: **to be ~ed by sb/sthg** ser ladeado(da) por alguém/algo.

flannel ['flænl] *n* **- 1.** *(U)* [fabric] flanela *f* **- 2.** *UK* [facecloth] luva *f* de banho.

flap [flæp] (*pt* & *pp* **-ped**, *cont* **-ping**) ◇ *n* **- 1.** [piece] dobra *f* **- 2.** *inf* [state of panic]: **to get in a ~** ficar histérico(ca). ◇ *vt* **- 1.** [wings] bater **- 2.** [arms] agitar, mexer. ◇ *vi* [wave - skirt, jacket] ondear, agitar-se; [- wings, bird] bater.

flapjack ['flæpdʒæk] *n* **- 1.** *UK* [biscuit] biscoito *m* de aveia **- 2.** *US* [pancake] panqueca *f*.

flare [fleə^r] ◇ *n* [distress signal] sinal *m* luminoso. ◇ *vi* **- 1.**: **to ~ (up)** [fire] chamejar; [person] enfurecer-se; [war, revolution, disease] deflagrar-se **- 2.** [trousers, skirt] alargar-se **- 3.** [nostrils] abrir-se.

◆ **flares** *npl UK* [trousers] calças *fpl* boca-de-sino.

flash [flæʃ] ◇ *n* **- 1.** [of light, colour] brilho *m* **- 2.** *PHOT* flash *m* **- 3.** [sudden moment] instante *m*; **in a ~** num instante. ◇ *vt* **- 1.** [light, torch] brilhar *(numa direção específica)* **- 2.** [look, smile]: **she flashed a smile at him** ela sorriu rapidamente para ele **- 3.** [show on screen] projetar **- 4.** [show briefly] mostrar rapidamente. ◇ *vi* **- 1.** [gen] reluzir **- 2.** [move fast] irromper; **it ~ed through his mind that ...** imediatamente lhe ocorreu que ...; **to ~ past** passar feito um raio.

flashback ['flæʃbæk] *n* flashback *m*.

flashbulb ['flæʃbʌlb] *n* (lâmpada *f* de) flash *m*.

flashgun ['flæʃgʌn] *n* disparador *m* de flash.

flashlight ['flæʃlaɪt] *n* [torch] lanterna *f* (elétrica).

flashy ['flæʃɪ] (*compar* **-ier**, *superl* **-iest**) *adj inf* ostentoso(sa).

flask [flɑ:sk] *n* **-1.** [to keep drinks hot] garrafa *f* térmica **-2.** [used in chemistry] frasco *m* **-3.** [hip flask] cantil *m*.

flat [flæt] (*compar* **-ter**, *superl* **-test**) ◇ *adj* **-1.** [level] plano(na); **~ feet** pés *mpl* chatos **-2.** [shoes] sem salto **-3.** [punctured] vazio(zia) **-4.** [categorical] categórico(ca) **-5.** [business, trade] estagnado(da) **-6.** [monotonous - voice] monótono(na); [- performance, writing] uniforme **-7.** [*MUS* - lower than correct note] abaixo do tom; [- lower than stated note] abemolado(da) **-8.** *COMM* [fare, fee] único(ca) **-9.** [no longer fizzy - beer] choco(ca); [- lemonade] que passou do ponto **-10.** [battery] descarregado(da). ◇ *adv* **-1.** [level] horizontalmente **-2.** [exactly] precisamente. ◇ *n* **-1.** *UK* [apartment] flat *m* **-2.** *MUS* bemol *m*.

◆ **flat out** *adv* a todo vapor.

flatly ['flætlɪ] *adv* **-1.** [absolutely] categoricamente **-2.** [dully] de forma monótona.

flatmate ['flætmeɪt] *n UK* colega *mf* que divide o apartamento com outro.

flat rate *n* preço *m* único.

flatscreen television, flatscreen TV ['flæt,ɗ skri:n] *n* tv *f* de tela plana.

flatten ['flætn] *vt* **-1.** [make flat - steel, bumps] aplanar; [- wrinkles] esticar; [- paper] alisar **-2.** [building] demolir.

◆ **flatten out** ◇ *vi* aplanar-se, nivelar-se. ◇ *vt sep* [wrinkles] esticar; [lumps, bumps] aplanar.

flatter ['flætəʳ] *vt* **-1.** [compliment] adular, bajular; **I'm ~ed** sinto-me lisonjeado(da) **-2.** [suit] cair bem.

flattering ['flætərɪŋ] *adj* [remark, offer] lisonjeiro(ra) ; [dress, colour, neckline] que cai bem.

flattery ['flætərɪ] *n (U)* bajulação *f*.

flaunt [flɔ:nt] *vt* ostentar.

flavour *UK*, **flavor** *US* ['fleɪvəʳ] ◇ *n* **-1.** [taste] sabor *m* **-2.** *fig* [atmosphere] ar *m*, toque *m*. ◇ *vt* [food, drink] condimentar.

flavouring *UK*, **flavoring** *US* ['fleɪvərɪŋ] *n (U)* condimento *m*.

flaw [flɔ:] *n* [fault] imperfeição *f*; **~ in sthg** imperfeição em algo.

flawless ['flɔ:lɪs] *adj* impecável.

flax [flæks] *n* linho *m*.

flea [fli:] *n* pulga *f*.

flea market *n* mercado *m* das pulgas.

fleck [flek] ◇ *n* mancha *f*. ◇ *vt*: **~ed with sthg** manchado(da) com algo.

fled [fled] *pt & pp* ⊳ **flee**.

flee [fli:] (*pt* & *pp* **fled**) ◇ *vt* [country, enemy] fugir de. ◇ *vi* fugir.

fleece [fli:s] ◇ *n* **-1.** [material, of sheep] velo *m* **-2.** [garment] sobretudo *m* de lã. ◇ *vt inf* [cheat] trapacear.

fleet [fli:t] *n* frota *f*.

fleeting ['fli:tɪŋ] *adj* fugaz.

Flemish ['flemɪʃ] ◇ *adj* flamengo(ga). ◇ *n* [language] flamengo *m*. ◇ *npl*: **the ~** os flamengos.

flesh [fleʃ] *n* **-1.** [of body] carne *f*; **to be only ~ and blood** ser de carne e osso; **to be sb's own ~ and blood** ser sangue do sangue de alguém **-2.** [of fruit, vegetable] polpa *f*.

flesh wound *n* ferimento *m* superficial.

flew [flu:] *pt* ⊳ **fly**.

flex [fleks] ◇ *n ELEC* fio *m*, cabo *m*. ◇ *vt* [bend] flexionar.

flexible ['fleksəbl] *adj* flexível.

flexitime ['fleksɪtaɪm] *n (U)* horário *m* flexível.

flick [flɪk] ◇ *n* **-1.** [of whip, towel] pancada leve **-2.** [with finger] peteleco *m*. ◇ *vt* [switch - turn on] ligar; [- turn off] desligar.

◆ **flick through** *vt fus* folhear.

flicker ['flɪkəʳ] *vi* **-1.** [candle, light] tremeluzir **-2.** [shadow, eyelids] tremer.

flick knife *n UK* canivete *f* de mola.

flight [flaɪt] *n* **-1.** [gen] vôo *m* **-2.** [of steps, stairs] lance *m* **-3.** [escape] fuga *f*.

flight attendant *n* comissário *m*, -ria *f* de bordo.

flight crew *n* tripulação *f* de vôo.

flight deck *n* **-1.** [of aircraft carrier] pista *f* de aterrissagem **-2.** [of aircraft] cabine *f* de comando.

flight recorder *n* caixa-preta *f*.

flimsy ['flɪmzɪ] (*compar* **-ier**, *superl* **-iest**) *adj* **-1.** [fabric, structure] frágil **-2.** [excuse, argument] furado(da).

flinch [flɪntʃ] *vi* encolher-se; **to ~ from sthg/from doing sthg** vacilar diante de algo/em fazer algo; **without ~ing** sem pestanejar.

fling [flɪŋ] (*pt* & *pp* **flung**) ◇ *n* [affair] caso *m*. ◇ *vt* [throw] atirar.

flint [flɪnt] *n* **-1.** *(U)* [rock] sílex *m* **-2.** [in lighter] pedra *f*.

flip [flɪp] (*pt* & *pp* **-ped**, *cont* **-ping**) ◇ *vt* **-1.** [move with a flick] mover rapidamente, sacudir; **to ~ a coin** tirar cara ou coroa; **to ~ sthg open** abrir algo de supetão; **to ~ sthg over** virar algo bruscamente; **to ~ through sthg** folhear algo **-2.** [switch]: **to ~ on** ligar; **to ~ off** desligar. ◇ *vi inf* [become angry] perder o controle. ◇ *n* **-1.** [of coin] arremesso *m* rápido **-2.** [somersault] piparote *m* **-3.** *phr*: **at the ~ of a switch** ao toque de um interruptor.

flip-flop *n UK* [shoe] sandália *f* de dedo.

flippant ['flɪpənt] *adj* leviano(na).

flipper ['flɪpəʳ] *n* **-1.** [of animal] barbatana *f* **-2.** [for swimmer, diver] pé-de-pato *m*.

flirt [flɜ:t] ◇ *n* [person] paquerador *m*, -ra *f*. ◇ *vi* [with person] flertar; **to ~ with sb** flertar com alguém.

flirtatious [flɜ:'teɪʃəs] *adj* galanteador(ra).

flit [flɪt] (*pt* & *pp* **-ted**, *cont* **-ting**) *vi* [move quickly - bird] esvoaçar.

float [fləʊt] <> *n* **-1.** [on fishing line, net] bóia *f* **-2.** [in procession] carro *m* alegórico **-3.** [money] caixa *m.* <> *vt* [on water] fazer boiar. <> *vi* **-1.** [on water] boiar **-2.** [through air] flutuar.

flock [flɒk] *n* **-1.** [of birds, people] bando *m* **-2.** [of sheep] rebanho *m.*

flog [flɒg] (*pt* & *pp* **-ged**, *cont* **-ging**) *vt* **-1.** [whip] chicotear **-2.** *UK inf* [sell] pôr no prego.

flood [flʌd] *n* **-1.** [of water] enchente *f* **-2.** *fig* [great amount] dilúvio *m.* <> *vt* **-1.** [with water] inundar **-2.** *fig* [overwhelm]: **to ~ sthg (with)** inundar algo (com) **-3.** [with light] encher **-4.** *AUT* [engine] afogar.

flooding ['flʌdɪŋ] *n (U)* [from river, rain] enchente *f*, inundação *f.*

floodlight ['flʌdlaɪt] *n* holofote *m.*

floor [flɔːʳ] <> *n* **-1.** [of room] piso *m*, chão *m* **-2.** [bottom] fundo *m* **-3.** [storey] andar *m*; **first** *US OR* **ground** *UK* **~** andar térreo **-4.** [at meeting, debate]: **from the ~** da platéia; **to have/give the ~** ter/dar a palavra **-5.** [for dancing] pista *f.* <> *vt* **-1.** [knock down] nocautear **-2.** [baffle] confundir.

floorboard ['flɔːbɔːd] *n* tábua *f* de assoalho.

floor show *n* espetáculo *m* noturno *(em bar, restaurante, cabaré).*

flop [flɒp] *inf n* [failure] fracasso *m.*

floppy ['flɒpɪ] (*compar* **-ier**, *superl* **-iest**) *adj* desengonçado(da).

floppy (disk) *n* disquete *m.*

flora ['flɔːrə] *n* flora *f.*

florid ['flɒrɪd] *adj* **-1.** [face, complexion] corado(da) **-2.** [style] florido(da).

florist ['flɒrɪst] *n* florista *mf*; **~'s (shop)** floricultura *f.*

flotsam ['flɒtsəm] *n (U)*: **~ and jetsam** [debris] entulho *m*; [people] gente *f* desocupada.

flounder ['flaʊndəʳ] (*pl inv OR* **-s**) *vi* **-1.** [in water, mud] debater-se **-2.** [in conversation, speech] atrapalhar-se.

flour ['flaʊəʳ] *n (U)* farinha *f.*

flourish ['flʌrɪʃ] <> *vi* **-1.** [grow healthily - plants, garden] florescer; [- child] crescer **-2.** [be successful] prosperar. <> *vt* movimentar. <> *n* **-1.** [movement]: **to do sthg with a ~** fazer algo de maneira a ser notado(da) **-2.** [of trumpets] fanfarra *f.*

flout [flaʊt] *vt* desrespeitar.

flow [fləʊ] <> *n* fluxo *m.* <> *vi* **-1.** [liquid, electricity, air] correr *f* **-2.** [traffic, words, ideas] fluir **-3.** [hair, dress] ondear.

flow chart, flow diagram *n* fluxograma *m.*

flower ['flaʊəʳ] <> *n BOT* flor *f*; **in ~** em flor. <> *vi* florescer.

flowerbed ['flaʊəbed] *n* canteiro *m* de flores.

flowerpot ['flaʊəpɒt] *n* vaso *m* de flores.

flowery ['flaʊərɪ] (*compar* **-ier**, *superl* **-iest**) *adj* **-1.** [patterned] florido(da) **-2.** *pej* [elaborate] floreado(da).

flown [fləʊn] *pp* ▷ **fly.**

flu [fluː] *n (U)* gripe *m.*

fluctuate ['flʌktʃʊeɪt] *vi* oscilar, flutuar.

fluency ['fluːənsɪ] *n (U)* [in a foreign language] fluência *f.*

fluent ['fluːənt] *adj* fluente; **he speaks ~ Spanish** ele fala espanhol fluentemente.

fluffy ['flʌfɪ] (*compar* **-ier**, *superl* **-iest**) *adj* [downy] macio(cia).

fluid ['fluːɪd] <> *n* fluido *m.* <> *adj* **-1.** [flowing] fluido(da) **-2.** [unfixed] mutável.

fluid ounce *n* onça *f* fluida *(0,028 litro).*

fluke [fluːk] *n inf* [chance] obra *f* do acaso.

flummox ['flʌməks] *vt esp UK inf* bestificar.

flung [flʌŋ] *pt* & *pp* ▷ **fling.**

flunk [flʌŋk] *esp US inf vt* [*SCH* & *UNIV* - exam, test] não passar em; [- student] reprovar.

fluorescent [flʊə'resnt] *adj* [colour] fluorescente.

fluoride ['flʊəraɪd] *n* fluoreto *m.*

flurry ['flʌrɪ] (*pl* **-ies**) *n* **-1.** [shower] lufada *f* **-2.** [sudden burst] erupção *f.*

flush [flʌʃ] <> *adj* [level]: **~ with sthg** nivelado(da) com. <> *n* **-1.** [in toilet] descarga *f* **-2.** [blush] rubor *m* **-3.** [sudden feeling] acesso *m.* <> *vt* [with water]: **to ~ the toilet** dar a descarga na privada. <> *vi* **-1.** [toilet] dar a descarga **-2.** [blush] ruborizar.

flushed [flʌʃt] *adj* **-1.** [red-faced] ruborizado(da) **-2.** [excited]: **~ with sthg** empolgado(da) com algo.

flustered ['flʌstəd] *adj* atrapalhado(da).

flute [fluːt] *n MUS* flauta *f.*

flutter ['flʌtəʳ] <> *n* **-1.** [of wings] bater *m* **-2.** [of eyelashes] pestanejo *m* **-3.** *inf* [sudden feeling] agito *m* **-4.** *inf* [bet] aposta *f.* <> *vi* **-1.** [bird, insect, wings] agitar **-2.** [flag] tremular **-3.** [dress] esvoaçar.

flux [flʌks] *n* **-1.** *(U)* [change] fluxo *m*; **to be in a state of ~** mudar continuamente **-2.** *TECH* fundente *m.*

fly [flaɪ] (*pl* **flies**, *pt* **flew**, *pp* **flown**) <> *n* **-1.** [insect] mosca *f* **-2.** [of trousers] braguilha *f.* <> *vt* **-1.** [cause to fly] fazer voar **-2.** [transport by air] transportar em avião **-3.** [flag] tremular. <> *vi* **-1.** [bird, insect, plane] voar **-2.** [pilot] pilotar **-3.** [travel by plane] ir de avião **-4.** [move fast] voar **-5.** [flag] tremular.

◆ **fly away** *vi* ir-se embora.

fly-fishing *n (U)* pesca *f* com iscas artificiais.

flying ['flaɪɪŋ] <> *adj* **-1.** [able to fly] voador(ra) **-2.** [running] veloz. <> *n* [in plane]: **I hate ~** odeio viajar de avião.

flying colours *npl*: **to pass (sthg) with ~** passar (em algo) com louvor.

flying saucer *n* disco *m* voador.

flying squad *n UK* radiopatrulha *f.*

flying start *n*: **to get off to a ~** começar muito bem.

flying visit *n* visita *f* rápida.

flyover ['flaɪ,əʊvə^r] *n UK* viaduto *m.*

flysheet ['flaɪʃi:t] *n* [on tent] teto *m* duplo.

fly spray *n* inseticida *f.*

FM (*abbr of* **frequency modulation**) FM *f.*

foal [fəʊl] *n* potro *m.*

foam [fəʊm] ◇ *n* **-1.** [bubbles] espuma *f* **-2.** [material]: **~ rubber** espuma de borracha. ◇ *vi* espumar.

fob [fɒb] (*pt* & *pp* **-bed**, *cont* **-bing**) ◆ **fob off** *vt sep*: **to ~ sthg off on sb** empurrar algo para alguém; **to ~ sb off with sthg** enrolar alguém com algo.

focal point ['fəʊkl-] *n* **-1.** [of view, room] ponto *m* central **-2.** *fig* [of report, study] foco *m.*

focus ['fəʊkəs] (*pl* **-cuses** OR **-ci** [-saɪ]) ◇ *n* [gen] foco *m*; **out of/in ~** fora de/em foco. ◇ *vt* **-1.** [lens, camera] focar **-2.** [mentally]: **to ~ one's attention on sb/sthg** concentrar a atenção em alguém/algo. ◇ *vi* **-1.** : **to ~ on sb/sthg** enfocar alguém/algo **-2.** [mentally]: **to ~ on sthg** concentrar-se em algo.

focussed *adj* [mentally] concentrado(da).

fodder ['fɒdə^r] *n* [feed] forragem *f.*

foe [fəʊ] *n literary* inimigo *m*, -ga *f*, antagonista *mf.*

foetus ['fi:təs] *n* feto *m.*

fog [fɒg] *n* [mist] nevoeiro *m*, neblina *f.*

foggy ['fɒgɪ] (*compar* **-ier**, *superl* **-iest**) *adj* [misty] nevoento(ta).

foghorn ['fɒghɔ:n] *n* buzina *f* de nevoeiro.

fog lamp *n* farol *m* de neblina.

foible ['fɔɪbl] *n* ponto *m* fraco.

foil [fɔɪl] ◇ *n (U)* [metal sheet] papel *m* alumínio. ◇ *vt* frustrar.

fold [fəʊld] ◇ *vt* **-1.** [gen] dobrar; **to ~ one's arms** cruzar os braços **-2.** [wrap] abraçar. ◇ *vi* **-1.** [bed, chair] dobrar **-2.** *inf* [newspaper, play] fracassar **-3.** *inf* [business] falir. ◇ *n* **-1.** [in material, paper] dobra *f* **-2.** [for animals] curral *m* **-3.** *fig* [group of people]: **the ~** o grupo.

◆ **fold up** ◇ *vt sep* dobrar. ◇ *vi* **-1.** dobrar **-2.** *inf* [newspaper, play] fracassar **-3.** *inf* [business] falir.

folder ['fəʊldə^r] *n* [gen & COMPUT] pasta *f.*

folding ['fəʊldɪŋ] *adj* [chair, table] dobrável.

foliage ['fəʊlɪɪdʒ] *n (U)* folhagem *f.*

folk [fəʊk] ◇ *adj* popular. ◇ *npl* [people] gente *f.*

◆ **folks** *npl inf* [relatives] parentes *mpl.*

folklore ['fəʊklɔ:^r] *n (U)* folclore *m.*

folk music *n (U)* música *m* folk.

folk song *n* canção *f* folk.

folksy ['fəʊksɪ] (*compar* **-ier**, *superl* **-iest**) *adj US inf* amigável.

follow ['fɒləʊ] ◇ *vt* **-1.** [gen] seguir; **~ that taxi!** siga aquele táxi! **-2.** [pursue] perseguir **-3.** [go along with, understand] acompanhar. ◇ *vi* **-1.** [come after] seguir-se **-2.** [happen as logical result] vir em seguida **-3.** [be logical] proceder; **it ~s that** isso quer dizer que **-4.** [understand] acompanhar.

◆ **follow up** *vt sep* **-1.** [pursue] acompanhar **-2.** [supplement]: **to ~ sthg up with** responder a algo com.

follower ['fɒləʊə^r] *n* [disciple, believer] seguidor *m*, -ra *f.*

following ['fɒləʊɪŋ] ◇ *adj* seguinte. ◇ *n* [group of supporters, fans] séquito *m.* ◇ *prep* [after] depois de.

folly ['fɒlɪ] *n (U)* [foolishness] loucura *f.*

fond [fɒnd] *adj* [affectionate] carinhoso(sa); **to be ~ of sb** gostar muito de alguém; **to be ~ of sthg/of doing sthg** gostar muito de algo/de fazer algo.

fondle ['fɒndl] *vt* acariciar.

font [fɒnt] *n* **-1.** [in church] pia *f* batismal **-2.** COMPUT & TYPO fonte *f.*

food [fu:d] *n* comida *f.*

food mixer *n* batedeira *f.*

food poisoning [-'pɔɪznɪŋ] *n (U)* intoxicação *f* alimentar.

food processor [-,prəʊsesə^r] *n* multiprocessador *m.*

foodstuffs ['fu:dstʌfs] *npl* gêneros *mpl* alimentícios.

fool [fu:l] ◇ *n* **-1.** [idiot] idiota *mf* **-2.** *UK* [dessert] musse *f.* ◇ *vt* enganar; **to ~ sb into doing sthg** enrolar alguém para que faça algo. ◇ *vi* brincar.

◆ **fool about, fool around** *vi* **-1.** [behave foolishly]: **to ~ about (with sthg)** fazer-se de bobo (em relação a algo) **-2.** [be unfaithful]: **to ~ about (with sb)** pular a cerca (com alguém) **-3.** *US* [tamper]: **to ~ around with sthg** brincar com algo.

foolhardy ['fu:l,hɑ:dɪ] *adj* temerário(ria).

foolish ['fu:lɪʃ] *adj* **-1.** [unwise, silly] bobo(ba), idiota **-2.** [laughable, undignified] tolo(la).

foolproof ['fu:lpru:f] *adj* infalível.

foot [fʊt] (*pl senses 1 and 2* **feet**, *pl sense 3 inv* OR **feet**) ◇ *n* **-1.** [of animal] pata *f* **-2.** [of person] pé *m*; **on ~** a pé; **to be on one's feet, to get to one's feet** ficar de pé; **to have/get cold feet** não ter coragem suficiente; **to put one's ~ in it** meter os pés pelas mãos; **to put one's feet up** descansar **-3.** [bottom] pé *m* **-4.** [of hill] sopé *m* **-5.** [unit of measurement] pé *m (30,48 cm).* ◇ *vt inf*: **to ~ the bill (for sthg)** pagar a conta (por algo).

footage ['fʊtɪdʒ] *n (U)* metragem *f.*

football ['fʊtbɔ:l] *n* **-1.** *UK* [game] futebol *m* **-2.** *US* [American football] futebol *m* americano **-3.** [ball] bola *f* de futebol.

footballer ['fʊtbɔ:ləʳ] *n UK* jogador *m*, -ra *f* de futebol, futebolista *mf*.

football ground *n UK* campo *m* de futebol.

football player *n* jogador *m*, -ra *f* de futebol.

footbrake ['fʊtbreɪk] *n* freio *m* de pé.

footbridge ['fʊtbrɪdʒ] *n* passarela *f*.

foothills ['fʊthɪlz] *npl* contraforte *m*.

foothold ['fʊthəʊld] *n* apoio *m* para os pés.

footing ['fʊtɪŋ] *n* **-1.** [foothold] lugar *m* onde pôr o pé; **to lose one's ~** escorregar, perder a base **-2.** [basis] base *f*.

footlights ['fʊtlaɪts] *npl* ribalta *f*.

footnote ['fʊtnəʊt] *n* nota *f* de rodapé.

footpath ['fʊtpɑ:θ, *pl* -pɑ:ðz] *n* trilha *f*.

footprint ['fʊtprɪnt] *n* pegada *f*.

footsie *n*: **to play ~** *tocar o pé de alguém com o próprio pé demonstrando interesse afetivo ou sexual*.

footstep ['fʊtstep] *n* **-1.** [sound] passo *m* **-2.** [footprint] pegada *f*.

footwear ['fʊtweəʳ] *n (U)* calçado *m*.

for [fɔ:r] *prep* **-1.** [expressing intention, purpose, reason] para; **this book is ~ you** este livro é para você; **what did you do that ~?** para que você fez isso?; **what's it ~?** para que é?; **to go ~ a walk** ir dar um passeio; **'~ sale'** 'vende-se'; **a town famous ~ its wine** uma cidade famosa pelo vinho; **~ this reason** por esta razão **-2.** [during] durante; **I'm going away ~ a while** vou estar fora durante OR por algum tempo; **I've lived here ~ ten years** vivo aqui há dez anos; **we talked ~ hours** falamos horas e horas **-3.** [by, before] para; **it'll be ready ~ tomorrow** estará pronto (para) amanhã; **be there ~ 8 p.m.** esteja lá antes das oito da noite **-4.** [on the occasion of] por; **I got socks ~ Christmas** ganhei meias de Natal; **~ the first time** pela primeira vez; **what's ~ dinner?** o que há para jantar?; **~ the moment** no momento **-5.** [on behalf of] por; **to do sthg ~ sb** fazer algo para alguém; **to work ~ sb** trabalhar para alguém **-6.** [with time and space] para; **there's no room ~ it** não há espaço para isso; **to have time ~ sthg** ter tempo para algo **-7.** [expressing distance]: **roadwork ~ 20 miles** obras na estrada ao longo de 32 quilômetros; **we drove ~ miles** dirigimos quilômetros e mais quilômetros **-8.** [expressing destination] para; **a ticket ~ Boston** um bilhete para Boston; **this train is ~ Newark only** este trem só vai até Newark **-9.** [expressing price] por; **I bought it ~ five dollars** comprei-o por cinco dólares **-10.** [expressing meaning]: **what's the Portuguese ~ boy?** como é que se diz boy em português? **-11.** [with regard to] para; **it's warm ~ November** para novembro está quente; **it's easy ~ you** para você é fácil; **respect ~ human rights** respeito pelos direitos humanos; **I feel sorry ~ them** sinto pena deles; **it's too far ~ us to walk** é longe demais para irmos a pé; **it's time ~ dinner** está na hora do jantar.

forage ['fɒrɪdʒ] *vi* [search] procurar; **to ~ for sthg** sair à procura de algo.

foray ['fɒreɪ] *n* **-1.** [raid] incursão *f* **-2.** *fig* [excursion] incursão *f*; **~ into sthg** incursão em algo.

forbad [fə'bæd], **forbade** [fə'beɪd] *pt* ▷ **forbid**.

forbid [fə'bɪd] (*pt* **-bade** OR **-bad**, *pp* **forbid** OR **-bidden**, *cont* **-bidding**) *vt* [not allow] proibir; **to ~ sb to do sthg** proibir alguém de fazer algo.

forbidden [fə'bɪdn] ◇ *pp* ▷ **forbid**. ◇ *adj* proibido(da).

forbidding [fə'bɪdɪŋ] *adj* **-1.** [severe] repulsivo(va) **-2.** [threatening] ameaçador(ra).

force [fɔ:s] ◇ *n* **-1.** [gen] força *f*; **by ~** à força **-2.** [power, influence] poder *m*; **a ~ to be reckoned with** um poder a ser reconhecido **-3.** [effect]: **to be in/come into ~** estar/entrar em vigor. ◇ *vt* **-1.** [compel] forçar; **to ~ sb to do sthg** obrigar alguém a fazer algo; **to ~ sthg on sb** impor algo a alguém **-2.** [break open] forçar **-3.** [push] empurrar; **to ~ sthg open** forçar algo.

◆ **forces** *npl*: **the ~s** as Forças Armadas; **to join ~s (with sb)** unir forças (com alguém).

force-feed *vt* alimentar à força.

forceful ['fɔ:sfʊl] *adj* **-1.** [strong, powerful] forte **-2.** [words, ideas] contundente **-3.** [support, recommendation] enérgico(ca).

forceps ['fɔ:seps] *npl* fórceps *m*.

forcibly ['fɔ:səblɪ] *adv* **-1.** [using physical force] à força **-2.** [powerfully] eficazmente **-3.** [eagerly] energicamente.

ford [fɔ:d] *n* vau *m*.

fore [fɔ:ʳ] ◇ *adj* NAUT dianteiro(ra). ◇ *n*: **to come to the ~** *fig* tornar-se influente.

forearm ['fɔ:rɑ:m] *n* antebraço *m*.

foreboding [fɔ:'bəʊdɪŋ] *n* mau pressentimento *m*.

forecast ['fɔ:kɑ:st] (*pt* & *pp* **forecast** OR **-ed**) ◇ *n* [prediction] previsão *f*. ◇ *vt* [predict] prever.

foreclose [fɔ:'kləʊz] ◇ *vt* executar. ◇ *vi*: **to ~ on sb** privar alguém do direito de resgatar uma hipoteca.

forecourt ['fɔ:kɔ:t] *n* área *f* para estacionamento.

forefront ['fɔ:frʌnt] *n*: **in** OR **at the ~ of sthg** em primeiro plano de algo.

forego [fɔ:'gəʊ] *vt* = **forgo**.

foregone conclusion ['fɔ:gɒn-] *n*: **it's a ~** é um resultado inevitável.

foreground ['fɔ:graʊnd] *n* primeiro plano *m*.

forehand ['fɔ:hænd] *n* [tennis stroke] golpe *m* com a frente da mão.
forehead ['fɔ:hed] *n* testa *f*.
foreign ['fɒrən] *adj* **-1.** [from abroad] estrangeiro(ra) **-2.** [external] exterior.
foreign affairs *npl* relações *fpl* exteriores.
foreign currency *n* moeda *m* estrangeira.
foreigner ['fɒrənəʳ] *n* [from abroad] estrangeiro *m*, -ra *f*.
Foreign Legion *n*: **the ~** a Legião Estrangeira.
foreign minister *n* ministro *m* de relações exteriores.
Foreign Office *n UK*: **the ~** ≃ o Ministério das Relações Exteriores.
Foreign Secretary *n UK* ≃ Ministro *m* das Relações Exteriores.
foreleg ['fɔ:leg] *n* perna *f* dianteira.
foreman ['fɔ:mən] (*pl* **-men** *n* **-1.** [of workers] capataz *m* **-2.** [of jury] primeiro jurado *m*.
foremost ['fɔ:məʊst] ◇ *adj* principal. ◇ *adv*: **first and ~** antes de mais nada.
forensic [fə'rensɪk] *adj* forense.
forensic medicine *n (U)* medicina *f* legal.
forensic science *n (U)* ciência *f* forense.
forerunner ['fɔ:ˌrʌnəʳ] *n* [precursor] precursor *m*, -ra *f*.
foresee [fɔ:'si:] (*pt* **-saw** [-'sɔ:], *pp* **-seen**) *vt* prever.
foreseeable [fɔ:'si:əbl] *adj* previsível; **for/in the ~ future** num futuro próximo.
foreseen [fɔ:'si:n] *pp* ▷ **foresee**.
foreshadow [fɔ:'ʃædəʊ] *vt* prenunciar.
foresight ['fɔ:saɪt] *n (U)* previdência *f*.
forest ['fɒrɪst] *n* floresta *f*.
forestall [fɔ:'stɔ:l] *vt* prevenir.
forestry ['fɒrɪstrɪ] *n (U)* silvicultura *f*.
foretaste ['fɔ:teɪst] *n* [sample] amostra *f*.
foretell [fɔ:'tel] (*pt* & *pp* **-told**) *vt* predizer, prenunciar.
foretold [fɔ:'təʊld] *pt* & *pp* ▷ **foretell**.
forever [fə'revəʳ] *adv* [eternally] para sempre.
forewarn [fɔ:'wɔ:n] *vt* prevenir.
foreword ['fɔ:wɜ:d] *n* apresentação *f*.
forfeit ['fɔ:fɪt] ◇ *n* **-1.** [penalty] prenda *f* **-2.** [fine] multa *f*. ◇ *vt* [lose] perder.
forgave [fə'geɪv] *pt* ▷ **forgive**.
forge [fɔ:dʒ] ◇ *n* [place] forja *f*. ◇ *vt* **-1.** [industry] forjar *f* **-2.** *fig* [create] forjar **-3.** [make illegal copy of] falsificar.
◆ **forge ahead** *vi* avançar continuamente.
forger ['fɔ:dʒəʳ] *n* falsificador *m*, -ra *f*.
forgery ['fɔ:dʒərɪ] (*pl* **-ies**) *n* falsificação *f*.
forget [fə'get] (*pt* **- got**, *pp* **-gotten**, *cont* **-getting**) ◇ *vt* **-1.** [gen] esquecer; **to ~ to do sthg** esquecer-se de fazer algo **-2.** [leave behind] esquecer-se de. ◇ *vi* esquecer-se; **to ~ about sthg** esquecer-se de algo.
forgetful [fə'getfʊl] *adj* esquecido(da).
forget-me-not *n* não-te-esqueças-de-mim *f*, miosótis *f*.
forgive [fə'gɪv] (*pt* **-gave**, *pp* **-given**) *vt* perdoar; **to ~ sb for sthg/for doing sthg** perdoar alguém por algo/por fazer algo.
forgiveness [fə'gɪvnɪs] *n (U)* perdão *m*.
forgo [fɔ:'gəʊ] (*pt* **-went**, *pp* **-gone** [-'gɒn]) *vt* renunciar a, abrir mão de.
forgot [fə'gɒt] *pt* ▷ **forget**.
forgotten [fə'gɒtn] *pp* ▷ **forget**.
fork [fɔ:k] ◇ *n* **-1.** [for food] garfo *m* **-2.** [for gardening] forquilha *f* **-3.** [in road, river] bifurcação *f*. ◇ *vi* bifurcar-se.
◆ **fork out** *inf* ◇ *vt fus* desembolsar. ◇ *vi*: **to ~ out (for sthg)** desembolsar uma grana (para algo).
forklift truck ['fɔ:klɪft-] *n* empilhadeira *f*.
forlorn [fə'lɔ:n] *adj* **-1.** [face, expression, cry] desesperado(da) **-2.** [desolate - person] desolado(da); [- place] abandonado(da) **-3.** [hope, attempt] desesperançado(da).
form [fɔ:m] ◇ *n* **-1.** [shape] forma *f*; **in the ~ of** na forma de **-2.** [type] tipo *m* **-3.** *(U)* [fitness] aparência *f*; **on ~** *UK*, **in ~** *US* em forma; **off ~** fora de forma **-4.** [questionnaire] formulário *m* **-5.** [figure] imagem *f* **-6.** *UK SCH* [class] série *f*. ◇ *vt* **-1.** [gen] formar **-2.** [constitute] constituir. ◇ *vi* formar-se.
formal ['fɔ:ml] *adj* **-1.** [gen] formal **-2.** [official] oficial.
formality [fɔ:'mælətɪ] (*pl* **-ies**) *n* formalidade *f*.
format ['fɔ:mæt] (*pt* & *pp* **-ted**, *cont* **-ting**) ◇ *n* **-1.** [of book, magazine] formato *m* **-2.** [of meeting] estilo *m* **-3.** *COMPUT* formato. ◇ *vt COMPUT* formatar.
formation [fɔ:'meɪʃn] *n* **-1.** [gen] formação *f* **-2.** *(U)* [establishment] estrutura *f*.
formative ['fɔ:mətɪv] *adj* formativo(va).
former ['fɔ:məʳ] ◇ *adj* **-1.** [earlier, previous] ex-; **~ husband** ex-marido *m* **-2.** [first] anterior. ◇ *n*: **the ~** o primeiro.
formerly ['fɔ:məlɪ] *adv* antigamente.
formidable ['fɔ:mɪdəbl] *adj* **-1.** [frightening] pavoroso(sa) **-2.** [impressive] impressionante.
formula ['fɔ:mjʊlə] (*pl* **-as** *OR* **-ae** [-i:]) *n* fórmula *f*.
formulate ['fɔ:mjʊleɪt] *vt* formular.
forsake [fə'seɪk] (*pt* **-sook**, *pp* **-saken**) *vt literary* abandonar.
forsaken [fə'seɪkn] *adj* abandonado(da).
forsook [fə'sʊk] *pt* ▷ **forsake**.
fort [fɔ:t] *n* forte *m*.
forte ['fɔ:tɪ] *n* forte *m*.
forth [fɔ:θ] *adv literary* [outwards, onwards] adiante.
forthcoming [fɔ:θ'kʌmɪŋ] *adj* **-1.** [imminent] próximo(ma) **-2.** [helpful] prestimoso(sa).

forthright ['fɔ:θraɪt] *adj* franco(ca).
forthwith [,fɔ:θ'wɪθ] *adv fml* incontinenti.
fortified wine ['fɔ:tɪfaɪd-] *n* vinho *m* licoroso.
fortify ['fɔ:tɪfaɪ] (*pt* & *pp* **-ied**) *vt* **-1.** [place] fortificar **-2.** *fig* [person, resolve] fortalecer.
fortnight ['fɔ:tnaɪt] *n* quinzena *f*.
fortnightly ['fɔ:t,naɪtlɪ] ◇ *adj* quinzenal. ◇ *adv* quinzenalmente.
fortress ['fɔ:trɪs] *n* fortaleza *f*.
fortunate ['fɔ:tʃnət] *adj* feliz; **it's ~ that ...** por sorte ...
fortunately ['fɔ:tʃnətlɪ] *adv* felizmente.
fortune ['fɔ:tʃu:n] *n* **-1.** [large amount of money] fortuna *f* **-2.** [luck] sorte *f* **-3.** [future]: **to tell sb's ~** ler a sorte de alguém.
fortune-teller [-,teləʳ] *n* **-1.** adivinho *m*, -nha *f* **-2.** [using cards] cartomante *mf*.
forty ['fɔ:tɪ] *num* quarenta; *see also* **sixty**.
forward ['fɔ:wəd] ◇ *adj* **-1.** [position] dianteiro(ra) **-2.** [movement] para frente **-3.** [advanced] avançado(da) **-4.** [impudent] impudente. ◇ *adv* **-1.** [in space] para a frente **-2.** [to earlier time]: **to bring sthg ~** trazer algo à baila. ◇ *n* SPORT atacante *mf*. ◇ *vt* [send on - letter] remeter; [- parcels, goods] expedir; [- information] enviar; **please ~** favor enviar para novo endereço.
forwarding address ['fɔ:wədɪŋ-] *n* endereço *m* para envio.
forwards ['fɔ:wədz] *adv* = **forward**.
forward slash *n* TYPO barra *f* inclinada *(para frente)*.
forwent [fɔ:'went] *pt* ▷ **forgo**.
fossil ['fɒsl] *n* GEOL fóssil *m*.
foster ['fɒstəʳ] ◇ *adj* de criação; **~ brother** irmão de criação. ◇ *vt* **-1.** [child] criar, cuidar de **-2.** [idea, hope] fomentar.
foster child *n* filho *m*, -lha *f* de criação.
foster parent *n* pais *mpl* de criação.
fought [fɔ:t] *pt & pp* ▷ **fight**.
foul [faʊl] ◇ *adj* **-1.** [dirty - linen] enlameado(da); [- water] imundo(da); [- air] poluído(da) **-2.** [food] estragado(da), podre; [taste] nojento(ta) ; [smell, breath] fétido(da) **-3.** [very unpleasant] péssimo(ma), horrível **-4.** [obscene] obsceno(na). ◇ *n* SPORT falta *f*. ◇ *vt* **-1.** [make dirty] sujar **-2.** SPORT cometer falta em.
found [faʊnd] ◇ *pt & pp* ▷ **find**. ◇ *vt* **-1.** [provide funds for] fundar **-2.** [start building] assentar os alicerces de **-3.** [base]: **to ~ sthg on** basear algo em.
foundation [faʊn'deɪʃn] *n* **-1.** *(U)* [gen] fundação *f* **-2.** [basis] base *f* **-3.** *(U)* [cosmetic]: **~ (cream)** base *f*.
◆ **foundations** *npl* CONSTR alicerces *mpl*.
founder ['faʊndəʳ] ◇ *n* [person] fundador *m*, -ra *f*. ◇ *vi* [sink] afundar.
foundry ['faʊndrɪ] (*pl* **-ies**) *n* fundição *f*.
fountain ['faʊntɪn] *n* [man-made] chafariz *m*.
fountain pen *n* caneta-tinteiro *f*.
four [fɔ:ʳ] *num* quatro; *see also* **six**; **on all ~s** de quatro.
four-letter word *n* palavrão *m*.
four-poster (bed) *n* cama *f* com dossel.
foursome ['fɔ:səm] *n* quarteto *m*.
fourteen [,fɔ:'ti:n] *num* quatorze; *see also* **six**.
fourth [fɔ:θ] *num* quarto(ta); *see also* **sixth**.
Fourth of July *n*: **the ~** o 4 de Julho *(dia da Independência norte-americana)*.
four-wheel drive *n* **-1.** [vehicle] veículo *m* com tração nas quatro rodas **-2.** [system] tração *f* nas quatro rodas.
fowl [faʊl] (*pl inv* OR **-s**) *n* **-1.** CULIN ave *f* **-2.** [bird] ave *f* (doméstica).
fox [fɒks] ◇ *n* [animal] raposa *f*. ◇ *vt* **-1.** [outwit] lograr **-2.** [baffle] deixar atordoado(da).
foxcub *n* filhote *m* de raposa.
foxglove ['fɒksglʌv] *n* dedaleira *f*.
foyer ['fɔɪeɪ] *n* **-1.** [of hotel, theatre] saguão *m* **-2.** *US* [of house] vestíbulo *m*.
fracas ['frækɑ:, *US* 'freɪkəs] (*UK pl inv*, *US pl* **fracases**) *n* rixa *f*.
fraction ['frækʃn] *n* **-1.** [gen] fração *f* **-2.** [a little bit]: **it's a ~ too big** é um pouquinho maior.
fractionally ['frækʃnəlɪ] *adv* levemente.
fracture ['fræktʃəʳ] MED ◇ *n* fratura *f*. ◇ *vt* fraturar.
fragile ['frædʒaɪl] *adj* frágil.
fragment [*n* 'frægmənt] *n* fragmento *m*.
fragrance ['freɪgrəns] *n* fragrância *f*.
fragrant ['freɪgrənt] *adj* perfumado(da).
frail [freɪl] *adj* frágil.
frame [freɪm] ◇ *n* **-1.** [of picture] moldura *f* **-2.** [of glasses] armação *f* **-3.** [structure - of door] marco *m*; [- of boat] estrutura *f*; [- of window, bicycle] quadro *m*; [- of bed, chair] armação *f* **-4.** [physique] constituição *f*. ◇ *vt* **-1.** [put in a frame] emoldurar **-2.** *fig* [surround] cercar **-3.** [formulate, express] expressar **-4.** *inf* [falsely incriminate] incriminar falsamente.
frame of mind *n* estado *m* de espírito.
framework ['freɪmwɜ:k] *n* **-1.** [physical structure] estrutura *f* **-2.** [basis] base *f*.
France [frɑ:ns] *n* França; **in ~** na França.
franchise ['fræntʃaɪz] *n* **-1.** POL [right to vote] direito *m* de voto **-2.** COMM [right to sell goods] franquia *f*.
frank [fræŋk] ◇ *adj* franco(ca). ◇ *vt* franquear.
frankly ['fræŋklɪ] *adv* francamente.
frantic ['fræntɪk] *adj* frenético(ca); **she was ~** ela estava fora de si.
fraternity [frə'tɜ:nətɪ] (*pl* **-ies**) *n* **-1.** [community] comunidade *f* **-2.** *US* [of students] fraternidade *f* **-3.** *(U)* [friendship] fraternidade *f*.

fraternize, -ise ['frætənaɪz] *vi* [be on friendly terms] confraternizar; **to ~ with sb** confraternizar-se com alguém.
fraud [frɔ:d] *n* **-1.** *(U)* [crime] fraude *f* **-2.** [deceitful act] trapaça *f* **-3.** *pej* [impostor] impostor *m*, -ra *f*.
fraught [frɔ:t] *adj* **-1.** [full]: **~ with sthg** repleto(ta) de algo **-2.** *UK* [frantic] preocupado(da); **a ~ weekend** um fim de semana enlouquecido.
fray [freɪ] <> *vi* **-1.** [clothing, fabric, rope] esfiapar-se **-2.** *fig* [nerves, temper] desgastar-se. <> *n literary* rixa *f*.
frayed [freɪd] *adj* **-1.** [clothing, fabric, rope] esfiapado(da) **-2.** *fig* [nerves, temper] desgastado(da).
freak [fri:k] <> *adj* imprevisto(ta). <> *n* **-1.** [strange creature - in appearance] aberração *f*; [- in behaviour] excêntrico *m*, -ca *f* **-2.** [unusual event] anomalia *f* **-3.** *inf* [fanatic] fanático *m*, -ca *f*.
◆ **freak out** *inf vi* **-1.** [get angry] baratinar-se **-2.** [panic] apavorar-se.
freckle ['frekl] *n* sarda *f*.
free [fri:] (*compar* **freer**, *superl* **freest**, *pt* & *pp* **freed**) <> *adj* **-1.** [gen] livre; **to be ~ to do sthg** ser livre para fazer algo; **feel ~!** sinta-se à vontade!; **to set sb/sthg ~** libertar alguém/algo; **to give sb a ~ hand** dar a alguém carta branca **-2.** [not paid for] grátis; **~ of charge** sem despesas. <> *adv* **-1.** [without payment] gratuitamente; **for ~** de graça **-2.** [without restraint] livremente. <> *vt* **-1.** [release] pôr em liberdade, libertar **-2.** [make available] liberar **-3.** [remove] livrar.
freedom ['fri:dəm] *n* liberdade *f*; **~ from sthg** ausência *f* de algo; **the right to ~ from hunger** o direito de não se passar fome.
Freefone® ['fri:fəun] *n UK (U)* discagem *f* gratuita.
free-for-all *n* **-1.** [brawl] tumulto *m* generalizado **-2.** [argument] discussão *f* generalizada.
free gift *n* oferta *f*.
freehand ['fri:hænd] <> *adj* à mão livre. <> *adv* à mão livre.
freehold ['fri:həʊld] *n* propriedade *f* alodial.
free house *n bar não-controlado por uma única cervejaria.*
free kick *n* tiro *m* livre; **to take a ~** bater OR cobrar um tiro livre.
freelance ['fri:lɑ:ns] <> *adj* frila, autônomo(ma). <> *n* frila *mf*, autônomo *m*, -ma *f*.
freely ['fri:lɪ] *adv* **-1.** [without constraint] livremente; **~ available** fácil de obter **-2.** [generously] generosamente.
Freemason ['fri:ˌmeɪsn] *n* maçom *m*.
freephone ['fri:fəʊn] *n* = **freefone**.
freepost *n (U)* porte *m* pago.
free-range *adj UK* caipira; **~ eggs** ovos caipira.
freestyle ['fri:staɪl] *n* [in swimming] estilo *m* livre.
free time *n* tempo *m* livre.
free trade *n (U)* livre comércio *m*.
freeway ['fri:weɪ] *n US* auto-estrada *f*.
freewheel [ˌfri:'wi:l] *vi* **-1.** [cyclist] andar sem pedalar **-2.** [motorist] ir em ponto morto.
free will *n (U)* vontade *f* própria; **to do sthg of one's own ~** fazer algo por vontade própria.
freeze [fri:z] (*pt* **froze**, *pp* **frozen**) <> *vt* **-1.** [gen] congelar **-2.** [engine, lock] emperrar **-3.** [pipes] entupir. <> *vi* **-1.** [turn to ice] congelar-se **-2.** METEOR esfriar muito **-3.** [stop moving] parar **-4.** *inf* [be cold] congelar. <> *n* **-1.** [cold weather] frio *m* intenso **-2.** [of wages, prices] congelamento *m*.
freeze-dried [-'draɪd] *adj* congelado(da) a vácuo.
freezer ['fri:zə^r] *n* **-1.** [machine] freezer *m*, frízer *m* **-2.** [part of fridge] congelador *m*.
freezing ['fri:zɪŋ] <> *adj* gelado(da); **it's ~ in here** está um gelo aqui; **I'm ~** estou congelando. <> *n* congelamento *m*; **5 degrees below ~** *inf* 5 graus abaixo de zero.
freezing point *n* ponto *m* de congelamento.
freight [freɪt] *n (U)* [goods] carga *f*.
freight train *n* trem *m* de carga.
French [frentʃ] <> *adj* francês(esa). <> *n* francês *m*, -esa *f*. <> *npl*: **the ~** os franceses.
French bean *n* vagem *f*.
French bread *n (U)* pão *m* francês, bisnaga *f*.
French Canadian <> *adj* franco-canadense. <> *n* [person] franco-canadense *mf*.
French doors *npl* = **French windows**.
French dressing *n* **-1.** [in UK] molho *m* vinagrete **-2.** [in US] molho *m* rosé.
French fries *npl esp US* batatas *fpl* fritas.
Frenchman ['frentʃmən] (*pl* **-men** [-mən]) *n* francês *m*.
French stick *n UK* baguete *f*.
French windows *npl* janela *f* de batente.
Frenchwoman ['frentʃˌwʊmən] (*pl* **-women** [ˌwɪmɪn]) *n* francesa *f*.
frenetic [frə'netɪk] *adj* frenético(ca).
frenzy ['frenzɪ] (*pl* **-ies**) *n* frenesi *m*.
frequency ['fri:kwənsɪ] (*pl* **-ies**) *n* frequência *f*.
frequent [*adj* 'fri:kwənt, *vb* frɪ'kwent] <> *adj* freqüente. <> *vt* freqüentar.
frequently ['fri:kwəntlɪ] *adv* freqüentemente.
fresh [freʃ] *adj* **-1.** [gen] fresco(ca) **-2.** [water] doce **-3.** [another] novo(va) **-4.** [refreshing] refrescante **-5.** [original] original **-6.** *inf dated* [cheeky] atrevido(da).
freshen ['freʃn] <> *vt* [refresh] renovar. <> *vi* [wind] tornar-se mais frio (fria).
◆ **freshen up** *vi* [person] refrescar-se *(com água)*.

fresher [ˈfreʃəʳ] *n UK inf* calouro *m*, -ra *f*.
freshly [ˈfreʃlɪ] *adv* [recently] recentemente, recém-.
freshman [ˈfreʃmən] (*pl* **-men** [-mən]) *n* calouro *m*.
freshness [ˈfreʃnɪs] *n* **-1.** [gen] frescor *m* **-2.** [originality] originalidade *f*.
freshwater [ˈfreʃˌwɔːtəʳ] *adj* de água doce.
fret [fret] (*pt* & *pp* **-ted**, *cont* **-ting**) *vi* [worry] preocupar-se.
friar [ˈfraɪəʳ] *n* frei *m*.
friction [ˈfrɪkʃn] *n (U)* **-1.** [rubbing] fricção *f* **-2.** [conflict] atrito *m*.
Friday [ˈfraɪdɪ] *n* sexta-feira *f*; *see also* **Saturday.**
fridge [frɪdʒ] *n esp UK* refrigerador *m*.
fridge-freezer *n UK* refrigerador *m* com freezer.
fried [fraɪd] ◇ *pt* & *pp* ▷ **fry**. ◇ *adj* frito(ta); ~ **egg** ovo frito.
friend [frend] *n* amigo *m*, -ga *f*; **to be ~s (with sb)** ser amigo(ga) (de alguém); **to make ~s (with sb)** fazer amizade (com alguém).
friendly [ˈfrendlɪ] (*compar* **-ier**, *superl* **-iest**, *pl* **-ies**) *adj* **-1.** [kind, pleasant] amável; **to be ~ with sb** ser amigável com alguém **-2.** [not enemy] amigo(ga) **-3.** [not serious] amistoso(sa).
friendship [ˈfrendʃɪp] *n* **-1.** [between people] amizade *f* **-2.** [between countries] boas relações *fpl*.
fries [fraɪz] *npl* = **French fries.**
frieze [friːz] *n* friso *m*.
fright [fraɪt] *n* **-1.** *(U)* [fear] medo *m*; **to take ~** ter medo **-2.** [shock] susto *m*; **to give sb a ~** dar um susto em alguém.
frighten [ˈfraɪtn] *vt* assustar; **to ~ sb into doing sthg** forçar alguém a fazer algo por medo.
frightened [ˈfraɪtnd] *adj* amedrontado(da); **to be ~ of sthg/of doing sthg** ter medo de algo/de fazer algo.
frightening [ˈfraɪtnɪŋ] *adj* assustador(ra).
frightful [ˈfraɪtfʊl] *adj dated* horrendo(da).
frigid [ˈfrɪdʒɪd] *adj* [sexually cold] frígido(da).
frill [frɪl] *n* **-1.** [decoration] babado *m* **-2.** *inf* [extra] frescura *f*.
fringe [frɪndʒ] *n* **-1.** [gen] franja *f* **-2.** *fig* [edge] orla *f*, margem *f* **-3.** *fig* [extreme] facção *f*.
fringe benefit *n* benefício *m* adicional.
frisk [frɪsk] *vt* [search] revistar.
frisky [ˈfrɪskɪ] (*compar* **-ier**, *superl* **-iest**) *adj inf* brincalhão(lhona).
fritter [ˈfrɪtəʳ] *n CULIN* bolinho *m* frito.
◆ **fritter away** *vt sep* desperdiçar.
frivolous [ˈfrɪvələs] *adj* frívolo(la).
frizzy [ˈfrɪzɪ] (*compar* **-ier**, *superl* **-iest**) *adj* crespo(pa).
fro [frəʊ] *adv* ▷ **to.**
frock [frɒk] *n dated* vestido *m*.
frog [frɒg] *n* [animal] rã *f*; **to have a ~ in one's throat** estar com a garganta irritada.
frogman [ˈfrɒgmən] (*pl* **-men** [-mən]) *n* homem-rã *m*.
frolic [ˈfrɒlɪk] (*pt* & *pp* **-ked**, *cont* **-king**) *vi* brincar.
from [frɒm] *prep* **-1.** [expressing origin, source] de; **I'm ~ California** sou da Califórnia; **the train ~ Chicago** o trem de Chicago; **I bought it ~ a supermarket** comprei-o num supermercado **-2.** [expressing removal, deduction] de; **away ~ home** longe de casa; **to take sthg (away) ~ sb** tirar algo de alguém; **10% will be deducted ~ the total** será deduzido 10% do total **-3.** [expressing distance] de; **five miles ~ here** a oito quilômetros daqui; **it's not far ~ here** não é longe daqui **-4.** [expressing position] de; **~ here you can see the valley** daqui se vê o vale **-5.** [expressing what sthg is made with] de; **it's made ~ stone** é feito de pedra **-6.** [expressing starting time] desde; **~ the moment you arrived** desde que chegou; **~ now on** de agora em diante; **~ next year** a partir do próximo ano; **open ~ nine to five** aberto das nove às cinco **-7.** [expressing change] de; **the price has gone up ~ $1 to $2** o preço subiu de um dólar para dois; **to translate ~ German into English** traduzir do alemão para o inglês **-8.** [expressing range] de; **it could take ~ two to six months** pode levar de dois a seis meses **-9.** [as a result of] de; **I'm tired ~ walking** estou cansado de andar **-10.** [expressing protection] de; **sheltered ~ the wind** protegido do vento **-11.** [in comparisons]: **different ~** diferente de.
front [frʌnt] ◇ *n* **-1.** [gen] frente *f*; **at the ~ of** à frente de **-2.** *MIL* front *m*, frente *f* **-3.** [promenade]: **(sea) ~** orla *f* marítima **-4.** [outward appearance] fachada *f* **-5.** [of book] capa *f*. ◇ *adj* [at front] da frente; **~ page** primeira página; **~ cover** capa.
◆ **in front** *adv* **-1.** [further forward] na frente **-2.** [winning]: **to be in ~** estar na frente.
◆ **in front of** *prep* **-1.** [close to front of] em frente de **-2.** [in the presence of] na frente de.
frontbench [ˈfrʌntˈbentʃ] *n cadeiras dianteiras no parlamento britânico nas quais se sentam os líderes do governo e da oposição.*
front door *n* porta *f* da frente.
frontier [ˈfrʌnˌtɪəʳ, *US* frʌnˈtɪər] *n* **-1.** [border] fronteira *f* **-2.** *fig* [furthest limit] fronteira *f*.
front man *n* **-1.** [of group] representante *mf* **-2.** [of programme] apresentador *m*, -ra *f*.
front room *n* sala *f* de estar.
front-runner *n* favorito *m*, -ta *f*.
front-wheel drive *n* **-1.** [vehicle] veículo *m*

com tração dianteira **-2.** [system] tração *f* dianteira.
frost [frɒst] *n* **-1.** *(U)* [layer of ice] geada *f* **-2.** [weather] frio *m* intenso.
frostbite ['frɒstbaɪt] *n (U)* enregelamento *m*.
frosted ['frɒstɪd] *adj* **-1.** [opaque] fosco(ca) **-2.** *US CULIN* coberto(ta) com glacê.
frosting ['frɒstɪŋ] *n (U) US CULIN* cobertura *f (de glacê)*.
frosty ['frɒstɪ] (*compar* **-ier**, *superl* **-iest**) *adj* **-1.** [very cold] gelado(da) **-2.** [covered with frost] coberto(ta) de geada **-3.** *fig* [unfriendly] glacial.
froth [frɒθ] *n (U)* espuma *f*.
frown [fraʊn] *vi* franzir as sobrancelhas.
◆ **frown (up)on** *vt fus* não ver com bons olhos.
froze [frəʊz] *pt* ▷ **freeze**.
frozen [frəʊzn] ◇ *pp* ▷ **freeze**. ◇ *adj* **-1.** [gen] congelado(da) **-2.** [feeling very cold] gelado(da) **-3.** [prices, salaries, assets] congelado(da).
frugal ['fru:gl] *adj* **-1.** [small] frugal **-2.** [careful] regrado(da).
fruit [fru:t] (*pl inv OR* **fruits**) *n* **-1.** [food] fruta *f* **-2.** *fig* [result] fruto *m*; **to bear ~** dar resultados.
fruitcake ['fru:tkeɪk] *n* **-1.** bolo *m* com passas **-2.** *inf* [mad person] maluco *m*, -ca *f*.
fruiterer ['fru:tərə[r]] *n UK* fruteiro *m*, -ra *f*; **~'s (shop)** fruteira *f*.
fruitful ['fru:tfʊl] *adj* [successful] produtivo(va), proveitoso(sa).
fruition [fru:'ɪʃn] *n (U)*: **to come to ~** realizar-se.
fruit juice *n* suco *m* de fruta.
fruitless ['fru:tlɪs] *adj* [wasted] infrutífero(ra), vão (vã).
fruit machine *n UK* caça-níqueis *m inv*.
fruit salad *n* salada *f* de frutas.
frumpy ['frʌmpɪ] (*compar* **-ier**, *superl* **-iest**) *adj inf* antiquado(da).
frustrate [frʌ'streɪt] *vt* frustrar.
frustrated [frʌ'streɪtɪd] *adj* frustrado(da).
frustration [frʌ'streɪʃn] *n* frustração *f*.
fry [fraɪ] (*pt* & *pp* **fried**) ◇ *vt* [food] fritar. ◇ *vi* [food] fritar.
frying pan ['fraɪɪŋ-] *n* frigideira *f*.
ft. *abbr of* **foot, feet**.
FTSE (*abbr of* **Financial Times Stock Exchange**) *n* FTSE *m*; **the ~ index** o índice FTSE; **the ~ 100** *as ações das 100 maiores empresas britânicas ponderadas com base em seu valor de mercado*.
fuck [fʌk] *vulg* ◇ *vt* [have sex with] trepar *OR* foder com. ◇ *vi* trepar, foder.
◆ **fuck off** *excl vulg* vá se foder!
fudge [fʌdʒ] *n (U)* [sweet] fondant *m*, *doce de açúcar, leite e manteiga*.
fuel [fjʊəl] (*UK pt* & *pp* **-led**, *cont* **-ling**, *US pt* & *pp* **-ed**, *cont* **-ing**) ◇ *n* combustível *m*. ◇ *vt* **-1.** [supply with fuel] abastecer **-2.** [increase] aumentar.
fuel pump *n* bomba *f* de combustível.
fuel tank *n* tanque *m* de combustível.
fugitive ['fju:dʒətɪv] *n* fugitivo *m*, -va *f*.
fulfil (*pt* & *pp* **-led**, *cont* **-ling**), **fulfill** *US* [fʊl'fɪl] *vt* **-1.** [carry out] cumprir; **to ~ one's role** desempenhar seu papel **-2.** [satisfy] satisfazer.
fulfilment, fulfillment *US* [fʊl'fɪlmənt] *n (U)* **-1.** [satisfaction] satisfação *f* **-2.** [carrying through - of ambition, dream] realização *f*; [- of role] desempenho *m*; [- of need, promise] cumprimento *m*.
full [fʊl] ◇ *adj* **-1.** [gen] cheio (cheia); **~ of** cheio (cheia) de **-2.** [with food] satisfeito(ta) **-3.** [complete - employment, use] integral; [- explanation, name, day, recovery] completo(ta), efetivo(va); [- member, professor] titular **-4.** [maximum] máximo(ma) **-5.** [sound] forte **-6.** [flavour] rico(ca) **-7.** [plump - mouth] cheio (cheia); [- figure] voluptuoso(sa) **-8.** [ample, wide] largo(ga). ◇ *adv* [very]: **to know ~ well that ...** saber muito bem que ... ◇ *n*: **in ~** [payment] na totalidade; [write] por extenso.
full-blown [-'bləʊn] *adj* bem-caracterizado(da); **a ~ disease** uma doença bem-desenvolvida.
full board *n (U)* diária *f* completa.
full-fledged *adj US* = **fully-fledged**.
full moon *n* lua *f* cheia.
full-scale *adj* **-1.** [model, drawing, copy] em tamanho natural **-2.** [inquiry] completo(ta) **-3.** [war] total **-4.** [attack] maciço(ça).
full stop *n* ponto *m* final.
full time *n UK SPORT* final *m* de jogo.
◆ **full-time** ◇ *adj* de tempo integral. ◇ *adv* em tempo integral.
full up *adj* **-1.** [after meal] cheio(cheia) **-2.** [bus, train] lotado(da).
fully ['fʊlɪ] *adv* **-1.** [completely] completamente, totalmente; **to be ~ booked** estar com as reservas esgotadas **-2.** [in detail] em detalhes.
fully-fledged *UK*, **full-fledged** *US* [-'fledʒd] *adj fig* [doctor, lawyer] experiente.
fulsome ['fʊlsəm] *adj* exagerado(da).
fumble ['fʌmbl] *vi* tatear; **to ~ for sthg** procurar desajeitadamente por algo; **he ~d in his pockets for his keys** ele vasculhou os bolsos desajeitadamente à procura das chaves.
fume [fju:m] *vi* [with anger] fumegar.
◆ **fumes** *npl* [gas - from car, fire] fumaça *f*; [- of paint] vapor *m*.
fumigate ['fju:mɪgeɪt] *vt* desinfetar.
fun [fʌn] *n (U)* **-1.** [pleasure, amusement] diversão

f; **we really had ~ at the party** nós realmente nos divertimos na festa; **what ~!** que divertido!; **for ~, for the ~ of it** por prazer, por brincadeira **-2.** [playfulness] alegria *f* **-3.** [ridicule]: **to make ~ of sb** caçoar de alguém; **to poke ~ at sb** zombar de alguém.

function ['fʌŋkʃn] ◇ *n* **-1.** [gen] função *f* **-2.** [formal social event] cerimônia *f.* ◇ *vi* funcionar; **to ~ as sthg** funcionar como algo.

functional ['fʌŋkʃnəl] *adj* **-1.** [furniture, design] funcional **-2.** [machine, system] operacional.

fund [fʌnd] ◇ *n* **-1.** [amount of money] fundo *m* **-2.** *fig* [reserve] reserva *f.* ◇ *vt* financiar.
◆ **funds** *npl* recursos *mpl.*

fundamental [,fʌndə'mentl] *adj* **-1.** [basic] básico(ca), fundamental **-2.** [vital] fundamental; **~ to sthg** fundamental para algo.

funding ['fʌndɪŋ] *n (U)* recursos *mpl.*

funeral ['fju:nərəl] *n* funeral *m.*

funeral parlour *n* casa *f* funerária.

funfair ['fʌnfeəʳ] *n* parque *m* de diversões.

fungus ['fʌŋgəs] (*pl* **-gi** [-gaɪ], **-es**) *n* BOT fungo *m.*

funnel ['fʌnl]*n* [tube] funil *m* **-2.** [on ship] chaminé *f.*

funny ['fʌnɪ] (*compar* **-ier**, *superl* **-iest**) *adj* **-1.** [amusing] engraçado(da) **-2.** [odd] esquisito(ta) **-3.** [ill]: **to feel ~** não se sentir bem.
◆ **funnies** *npl US* quadrinhos *mpl.*

fur [fɜ:ʳ] *n* **-1.** [on animal] pêlo *m* **-2.** [garment] pele *f.*

fur coat *n* casaco *m* de pele.

furious ['fjʊərɪəs] *adj* **-1.** [very angry] furioso(sa) **-2.** [violent] violento(ta).

furlong ['fɜ:lɒŋ] *n medida correspondente a um oitavo de milha.*

furnace ['fɜ:nɪs] *n* [fire] fornalha *f.*

furnish ['fɜ:nɪʃ] *vt* **-1.** [fit out] mobiliar **-2.** *fml* [provide] fornecer; **to ~ sb with sthg** fornecer algo a alguém.

furnished ['fɜ:nɪʃt] *adj* [fitted out] mobiliado(da).

furnishings ['fɜ:nɪʃɪŋz] *npl* mobiliário *m.*

furniture ['fɜ:nɪtʃəʳ] *n (U)* móvel *m.*

furrow ['fʌrəʊ] *n* **-1.** [in field] sulco *m* **-2.** [on forehead] ruga *f.*

furry ['fɜ:rɪ] (*compar* **-ier**, *superl* **-iest**) *adj* **-1.** [animal] peludo(da) **-2.** [material, toy] de pelúcia.

further ['fɜ:ðəʳ] ◇ *compar* ▷ **far**. ◇ *adv* **-1.** [gen] mais adiante; **how much ~ is it?** a que distância fica?; **~ on/back** mais adiante/atrás **-2.** [complicate, develop, enquire] mais; **to take sth ~** levar algo adiante; **to go ~** ir adiante **-3.** [in addition] além disso. ◇ *adj* adicional, novo(va); **until ~ notice** até novas ordens. ◇ *vt* [career, cause, aims] impulsionar.

further education *n UK educação para adultos após deixar a escola excluindo-se a universidade.*

furthermore [,fɜ:ðə'mɔ:ʳ] *adv* além do mais, além disso.

furthest ['fɜ:ðɪst] ◇ *superl* ▷ **far**. ◇ *adj* **-1.** [in distance] mais afastado(da) **-2.** [greatest] maior. ◇ *adv* **-1.** [in distance] mais longe **-2.** [to greatest degree, extent] maior.

furtive ['fɜ:tɪv] *adj* furtivo(va).

fury ['fjʊərɪ] *n* fúria *f.*

fuse *esp UK*, **fuze** *US* [fju:z] ◇ *n* **-1.** ELEC fusível *m* **-2.** [of bomb, firework] detonador *m.* ◇ *vt* **-1.** [gen] fundir **-2.** ELEC queimar. ◇ *vi* **-1.** [gen] fundir-se **-2.** ELEC queimar.

fusebox *n* caixa *f* de fusíveis.

fused [fju:zd] *adj* ELEC [fitted with a fuse] com fusível.

fuselage ['fju:zəlɑ:ʒ] *n* fuselagem *f.*

fuss [fʌs] ◇ *n* [bother, agitation] alvoroço *m*; **to make a ~** fazer um estardalhaço. ◇ *vi* [become agitated] alvoroçar-se.

fussy ['fʌsɪ] (*compar* **-ier**, *superl* **-iest**) *adj* **-1.** [fastidious] exigente **-2.** [over-ornate] exagerado(da).

futile ['fju:taɪl] *adj* fútil.

futon ['fu:tɒn] *n colchão japonês.*

future ['fju:tʃəʳ] ◇ *n* **-1.** [time ahead] futuro *m*; **in (the) ~** no futuro **-2.** GRAMM: **~ (tense)** futuro *m.* ◇ *adj* futuro(ra).

fuze *US* = **fuse**.

fuzzy ['fʌzɪ] (*compar* **-ier**, *superl* **-iest**) *adj* **-1.** [hair] encrespado(da) **-2.** [image, ideas] difuso(sa).

G

g¹ (*pl* **g's** OR **gs**), **G** (*pl* **G's** OR **Gs**) [dʒi:] *n* [letter] g, G *m.*
◆ **G** ◇ *n* MUS sol *m.* ◇ (*abbr of* **good**) B *m.*

g² (*abbr of* **gram**) g.

gab [gæb] *n* ▷ **gift.**

gabble ['gæbl] ◇ *vt* tagarelar. ◇ *vi* tagarelar. ◇ *n* tagarelice *f.*

gable ['geɪbl] *n* oitão *m.*

gadget ['gædʒɪt] *n* aparelho *m.*

Gaelic ['geɪlɪk] ◇ *adj* gaélico(ca). ◇ *n* gaélico *m*, -ca *f.*

gag [gæg] (*pt* & *pp* **-ged**, *cont* **-ging**) ◇ *n* **-1.** [for mouth] mordaça *f* **-2.** *inf* [joke] piada *f.* ◇ *vt* [put gag on] amordaçar.

gage *n & vt US* = **gauge**.
gaiety [ˈgeɪətɪ] *n (U)* alegria *f*.
gaily [ˈgeɪlɪ] *adv* **-1.** [cheerfully] alegremente **-2.** [without thinking] despreocupadamente.
gain [geɪn] ◇ *n* **-1.** [profit] ganho *m* **-2.** *(U)* [making a profit] lucro *m* **-3.** [increase] aumento *m*. ◇ *vt* [gen] ganhar. ◇ *vi* **-1.** [increase]: **to ~ in sthg** crescer em algo **-2.** [profit] lucrar; **to ~ from/by sthg** lucrar com algo **-3.** [watch, clock] adiantar-se.
◆ **gain on** *vt fus* aproximar-se de.
gait [geɪt] *n* maneira *f* de andar.
gal. *abbr of* **gallon**.
gala [ˈgɑːlə] *n* [celebration] festival *m*.
galaxy [ˈgæləksɪ] (*pl* **-ies**) *n* [group of planets and stars] galáxia *f*.
gale [geɪl] *n* [wind] ventania *f*.
gall [gɔːl] *n (U)* [nerve]: **to have the ~ to do sthg** ter a audácia de fazer algo.
gallant [*sense 1* ˈgælənt, *sense 2* gəˈlænt] *adj* **-1.** [courageous] valente **-2.** [polite to women] galante.
gall bladder *n* vesícula *f* biliar.
gallery [ˈgælərɪ] (*pl* **-ies**) *n* galeria *f*.
galley [ˈgælɪ] (*pl* **galleys**) *n* **-1.** [ship] galé *f* **-2.** [kitchen] cozinha *f (de navio ou avião)* **-3.** *TYPO*: **~ (proof)** prova *f* de granel.
Gallic [ˈgælɪk] *adj* gaulês(lesa).
galling [ˈgɔːlɪŋ] *adj* **-1.** [annoying] irritante **-2.** [humiliating] vergonhoso(sa).
gallivant [ˌgælɪˈvænt] *vi inf* perambular.
gallon [ˈgælən] *n* galão *m*.
gallop [ˈgæləp] ◇ *n* **-1.** [pace of horse] galope *m* **-2.** [horse ride] galopada *f*. ◇ *vi* galopar.
gallows [ˈgæləʊz] (*pl inv*) *n* forca *f*.
gallstone [ˈgɔːlstəʊn] *n* cálculo *m* biliar.
galore [gəˈlɔːʳ] *adv* em abundância.
galvanize, -ise [ˈgælvənaɪz] *vt* **-1.** *TECH* galvanizar **-2.** [impel]: **to ~ sb into action** estimular alguém a uma ação.
gambit [ˈgæmbɪt] *n* **-1.** [remark, ploy] lábia *f* **-2.** [in chess] tática *f*, estratégia *f*.
gamble [ˈgæmbl] ◇ *n* [calculated risk] aposta *f*. ◇ *vi* **-1.** [bet] apostar; **to ~ on sthg** apostar em algo **-2.** [take risk]: **to ~ on sthg** arriscar em algo.
gambler [ˈgæmbləʳ] *n* jogador *m*, -ra *f*.
gambling [ˈgæmblɪŋ] *n (U)* jogo *m (de azar)*.
game [geɪm] ◇ *n* **-1.** [sport, amusement] jogo *m*; **a children's ~** uma brincadeira de criança **-2.** [contest, match] jogo *m*, partida *f* **-3.** [division of match - in tennis] game *m* **-4.** [playing equipment] brinquedo *m* **-5.** *(U)* [hunted animals] caça *f* **-6.** *phr*: **the ~'s up** acabou a brincadeira; **to give the ~ away** entregar o jogo. ◇ *adj* **-1.** [brave] corajoso(sa) **-2.** [willing] disposto(ta); **~ for sthg/to do sthg** pronto(ta) para algo/para fazer algo.
◆ **games** ◇ *n SCH* [physical education] jogos *mpl*. ◇ *npl* [sporting contest] jogos *mpl*.
gamekeeper [ˈgeɪmˌkiːpəʳ] *n* guarda-caça *mf*.
game reserve *n* reserva *f* de caça.
gamma rays [ˈgæmə-] *npl* raios *mpl* gama.
gammon [ˈgæmən] *n (U)* presunto *m*.
gamut [ˈgæmət] *n* gama *f*.
gang [gæŋ] *n* **-1.** [of criminals] quadrilha *f*, gangue *f* **-2.** [of young people] turma *f*.
◆ **gang up** *vi inf* mancomunar-se; **to ~ up on sb** mancomunar-se contra alguém.
gangland [ˈgæŋlænd] *n (U)* submundo *m (do crime)*.
gangrene [ˈgæŋgriːn] *n (U)* gangrena *f*.
gangster [ˈgæŋstəʳ] *n* gângster *mf*.
gangway [ˈgæŋweɪ] *n* **-1.** *UK* [aisle] corredor *m* **-2.** [gangplank] passadiço *m*.
gantry [ˈgæntrɪ] (*pl* **-ies**) *n* [for crane] cavalete *m*.
gaol [dʒeɪl] *n & vt UK* = **jail**.
gap [gæp] *n* **-1.** [empty space] espaço *m*, brecha *f*; **her death left a ~ in our lives** sua morte deixou um vazio em nossas vidas; **fill in the ~s** preencher as lacunas **-2.** [in time] intervalo *m* **-3.** *fig* [in knowledge, report] falha *f* **-4.** *fig* [between theory and practice etc.] disparidade *f*.
gape [geɪp] *vi* **-1.** [person]: **to ~ (at sb/ sthg)** ficar boquiaberto(ta) (diante de alguém/algo) **-2.** [hole, shirt] abrir.
gaping [ˈgeɪpɪŋ] *adj* **-1.** [person] boquiaberto(ta) **-2.** [hole, shirt, wound] todo aberto, toda aberta.
garage [*UK* ˈgærɑːʒ, *US* gəˈrɑːʒ] *n* **-1.** [for keeping car] garagem *f* **-2.** *UK* [for fuel] posto *m* de gasolina **-3.** [for car repair] oficina *f (mecânica)* **-4.** [for selling cars] revendedora *f*.
garbage [ˈgɑːbɪdʒ] *n esp US (U)* **-1.** [refuse] lixo *m* **-2.** *inf* [nonsense] besteira *f*.
garbage can *n US* lata *f* de lixo.
garbage truck *n US* caminhão *m* de lixo.
garbled [ˈgɑːbld] *adj* [message, account] adulterado(da).
Garda (Síochána) *n Irish*: **the ~** *a polícia irlandesa*.
garden [ˈgɑːdn] ◇ *n* jardim *m*. ◇ *vi* jardinar.
garden centre *n* loja *f* de jardinagem.
gardener [ˈgɑːdnəʳ] *n* jardineiro *m*, -ra *f*.
gardening [ˈgɑːdnɪŋ] *n (U)* jardinagem *f*.
gargle [ˈgɑːgl] *vi* gargarejar.
gargoyle [ˈgɑːgɔɪl] *n* gárgula *f*.
garish [ˈgeərɪʃ] *adj* espalhafatoso(sa).
garland [ˈgɑːlənd] *n* guirlanda *f (de flores)*.
garlic [ˈgɑːlɪk] *n* alho *m*.
garlic bread *n* pão *m* de alho.
garment [ˈgɑːmənt] *n* peça *f* de roupa.
garnish [ˈgɑːnɪʃ] *CULIN* ◇ *n* decoração *f*. ◇ *vt* decorar.

garrison ['gærɪsn] *n* [soldiers] guarnição *f*.

garrulous ['gærələs] *adj* tagarela.

garter ['gɑ:tə^r] *n* **-1.** [band round leg] liga *f* **- 2.** *US* [suspender] suspensório *m*.

gas [gæs] (*pl* **gases** *OR* **gasses**, *pt* & *pp* **-sed**, *cont* **-sing**) ◇ *n* **-1.** *CHEM* gás *m* **- 2.** [domestic fuel] gás *m (de cozinha)* **- 3.** *US* [fuel for vehicle] gasolina *f*; **to step on the ~** *inf* pisar no acelerador. ◇ *vt* [poison] envenenar (com gás).

gas cooker *n UK* fogão *m* a gás.

gas cylinder *n* botijão *m* de gás.

gas fire *n UK* aquecedor *m* a gás.

gas gauge *n US* medidor *m* de gás.

gash [gæʃ] ◇ *n* corte *m (na pele)*, ferida *f*. ◇ *vt* cortar *(a pele)*, ferir.

gasket ['gæskɪt] *n* gaxeta *f*.

gasman ['gæsmæn] (*pl* **-men** [-men]) *n* vendedor *m*, -ra *f* de gás.

gas mask *n* máscara *f* antigás.

gasmen *pl* ▷ **gasman**.

gas meter *n* medidor *m* de gás.

gasoline ['gæsəli:n] *n US (U)* gasolina *f*.

gasp [gɑ:sp] ◇ *n* arfada *f*. ◇ *vi* ofegar.

gas pedal *n US* acelerador *m*.

gas station *n US* posto *m* de gasolina.

gas stove *n* = **gas cooker**.

gas tank *n US* tanque *m* de gasolina.

gas tap *n* torneira *f* de gás.

gastroenteritis ['gæstrəʊ,entə'raɪtɪs] *n (U)* gastroenterite *f*.

gastronomy [gæs'trɒnəmɪ] *n (U)* gastronomia *f*.

gasworks ['gæswɜ:ks] (*pl inv*) *n* fábrica *f* de gás.

gate [geɪt] *n* portão *m*.

gatecrash ['geɪtkræʃ] *inf* ◇ *vt* entrar como penetra em. ◇ *vi* entrar como penetra.

gateway ['geɪtweɪ] *n* **-1.** [entrance] portão *m* **- 2.** *fig* [means of access]: **~ to** entrada *f* para.

gather ['gæðə^r] ◇ *vt* **-1.** [collect - gen] colher; [- courage, strength] reunir: **to ~ together** reunir **- 2.** [speed, momentum] ganhar **- 3.** [understand]: **to ~ (that)** compreender que **- 4.** [into folds] franzir. ◇ *vi* [come together] reunir.

gathering ['gæðərɪŋ] *n* [meeting] assembléia *f*.

gaudy ['gɔ:dɪ] (*compar* **-ier**, *superl* **-iest**) *adj* chamativo(va).

gauge, gage *US* [geɪdʒ] ◇ *n* **-1.** [measuring instrument - for rain] pluviômetro *m*; [- for tyre pressure] calibrador *m*; [- for fuel] medidor *m* de combustível **- 2.** [calibre] calibre *m* **- 3.** [of rail] bitola *f*. ◇ *vt* **-1.** [estimate, measure] estimar, calcular **- 2.** [predict] prever.

Gaul [gɔ:l] *n* **-1.** [country] Gália **- 2.** [person] gaulês *m*, -lesa *f*.

gaunt [gɔ:nt] *adj* **-1.** [person, face] esquelético(ca) **- 2.** [landscape, building] desolado(da).

gauntlet ['gɔ:ntlɪt] *n* [medieval glove] manopla *f*; [for motorcyclist] luva *f (de material resistente e punho largo)*; **to run the ~ of sthg** expor-se a algo; **to throw down the ~ (to sb)** lançar um desafio (a alguém).

gauze [gɔ:z] *n (U)* [fabric] gaze *f*.

gave [geɪv] *pt* ▷ **give**.

gawky ['gɔ:kɪ] (*compar* **-ier**, *superl* **-iest**) *adj* desengonçado(da).

gawp [gɔ:p] *vi* embasbacar-se; **to ~ at sb/sthg** embasbacar-se diante de alguém/algo.

gay [geɪ] ◇ *adj* **-1.** [homosexual] gay **- 2.** [cheerful, brightly coloured] alegre. ◇ *n* [homosexual] gay *mf*.

gaze [geɪz] ◇ *n* olhar *m* fixo. ◇ *vi*: **to ~ (at sb/sthg)** olhar fixamente (para alguém/algo).

gazelle [gə'zel] (*pl inv OR* **-s**) *n* gazela *f*.

gazetteer [,gæzɪ'tɪə^r] *n* dicionário *m* geográfico.

gazump [gə'zʌmp] *vt UK inf concordar em vender uma casa a alguém e depois vendê-la a outro por um preço mais alto*; **to be ~ed** ser passado(da) pra trás na compra de um imóvel.

GB (*abbr of* **Great Britain**) *n* GB.

GCE (*abbr of* **General Certificate of Education**) *n antigo exame final do ensino médio na Grã-Bretanha.*

GCSE (*abbr of* **General Certificate of Secondary Education**) *n exame final do ensino médio na Grã-Bretanha, em substituição ao nível O do GCE.*

GDP (*abbr of* **gross domestic product**) *n* PIB *m*.

gear [gɪə^r] ◇ *n* **-1.** *TECH* [mechanism] engrenagem *f* **- 2.** [on car, bicycle] marcha *f*; **in ~** engatado(da), engrenado(da); **out of ~** desengatado(da), fora de funcionamento **- 3.** *(U)* [equipment, clothes] apetrechos *mpl*. ◇ *vt*: **to ~ sthg to sb/sthg** encaminhar algo a alguém/algo.

◆ **gear up** *vi*: **to ~ up for sthg/to do sthg** preparar-se para algo/para fazer algo.

gearbox ['gɪəbɒks] *n* caixa *f* de câmbio.

gear lever, gear stick *UK*, **gear shift** *US n* alavanca *f* de mudança.

gear wheel *n* roda *f* de engrenagem.

geese [gi:s] *pl* ▷ **goose**.

gel [dʒel] (*pt* & *pp* **-led**, *cont* **-ling**) ◇ *n* [for hair] gel *m*. ◇ *vi* **-1.** *fig* [idea, plan] tomar forma **- 2.** [liquid] engrossar.

gelatin ['dʒelətɪn], **gelatine** [,dʒelə'ti:n] *n* gelatina *f*.

gelignite ['dʒelɪgnaɪt] *n (U)* gelignite *f*.

gem [dʒem] *n* **-1.** [jewel] gema *f*, pedra *f* preciosa **- 2.** *fig* [person, thing] jóia *f*.

Gemini ['dʒemɪnaɪ] *n* **-1.** [sign] Gêmeos.

gender ['dʒendə^r] *n* **-1.** [sex] sexo *m* **- 2.** *GRAMM* gênero *m*.

gene [dʒi:n] *n* gene *m.*
general ['dʒenərəl] ◇ *adj* geral. ◇ *n* MIL general *mf.*
◆ **in general** *adv* **-1.** [as a whole] em geral **-2.** [usually] geralmente.
general anaesthetic *n* anestesia *f* geral.
general delivery *n (U)* **US** posta-restante *f.*
general election *n* eleições *fpl* gerais.
generalization [ˌdʒenərəlaɪ'zeɪʃn] *n* generalização *f.*
general knowledge *n (U)* cultura *m* geral.
generally ['dʒenərəlɪ] *adv* **-1.** [usually] geralmente **-2.** [by most people] comumente **-3.** [in a general way] em geral.
general practitioner *n* clínico *m*, -ca *f* geral.
general public *n*: **the** ~ o público em geral.
general strike *n* greve *f* geral.
generate ['dʒenəreɪt] *vt* **-1.** [energy, power, heat] gerar **-2.** [interest, excitement] provocar; [jobs, employment] gerar.
generation [ˌdʒenə'reɪʃn] *n* geração *f.*
generator ['dʒenəreɪtə^r] *n* gerador *m.*
generic [dʒɪ'nerɪk] *adj* genérico(ca).
generic drug *n* (medicamento *m*) genérico *m.*
generosity [ˌdʒenə'rɒsətɪ] *n (U)* generosidade *f.*
generous ['dʒenərəs] *adj* generoso(sa).
genetic [dʒɪ'netɪk] *adj* genético(ca).
◆ **genetics** *n (U)* genética *f.*
genetically modified [dʒɪ'netɪkəlɪ'mɒdɪfaɪd] *adj* geneticamente modificado(da).
Geneva [dʒɪ'ni:vəl] *n* Genebra; **in** ~ em Genebra.
genial ['dʒi:njəl] *adj* cordial, simpático(ca).
genitals ['dʒenɪtlz] *npl* genitais *mpl.*
genius ['dʒi:njəs] (*pl* **-es**) *n* **-1.** [person] gênio *m* **-2.** [special ability]: **a stroke of** ~ um golpe de mestre.
genome ['dʒi:nəʊm] *n* genoma *m.*
gent [dʒent] *n* **UK** *dated inf* cavalheiro *m.*
◆ **gents** *n* **UK** [toilets] banheiro *m* masculino.
genteel [dʒen'ti:l] *adj* **-1.** [refined] fino(na), refinado(da) **-2.** [affected] afetado(da).
gentle ['dʒentl] *adj* **-1.** [gen] suave **-2.** [kind] gentil **-3.** [discreet] leve.
gentleman ['dʒentlmən] (*pl* **-men** [-mən]) *n* **-1.** [well-bred man] cavalheiro *m*, gentleman *m* **-2.** [man] senhor *m.*
gently ['dʒentlɪ] *adv* **-1.** [gen] suavemente **-2.** [kindly] delicadamente, gentilmente **-3.** [slowly] lentamente.
gentry ['dʒentrɪ] *n* alta burguesia *f.*
genuine ['dʒenjʊɪn] *adj* **-1.** [antique, work of art] genuíno(na) **-2.** [person, feeling, mistake] autêntico(ca).
geography [dʒɪ'ɒgrəfɪ] *n* geografia *f.*
geology [dʒɪ'ɒlədʒɪ] *n* geologia *f.*
geometric(al) [ˌdʒɪə'metrɪk(l)] *adj* geométrico(ca).
geometry [dʒɪ'ɒmətrɪ] *n (U)* geometria *f.*
geranium [dʒɪ'reɪnjəm] (*pl* **-s**) *n* gerânio *m.*
gerbil ['dʒɜ:bɪl] *n* gerbo *m.*
geriatric [ˌdʒerɪ'ætrɪk] *adj* **-1.** [of old people] geriátrico(ca) **-2.** *pej* [very old, inefficient] ultrapassado(da).
germ [dʒɜ:m] *n* **-1.** BIO germe *m* **-2.** MED bactéria *f* **-3.** *fig* [of idea, plan] embrião *m.*
German ['dʒɜ:mən] ◇ *adj* alemão(mã). ◇ *n* **-1.** [person] alemão *m*, -mã *f* **-2.** [language] alemão *m.*
German measles *n (U)* rubéola *f.*
Germany ['dʒɜ:mənɪ] (*pl* **-ies**) *n* Alemanha.
germinate ['dʒɜ:mɪneɪt] *vi* germinar.
gerund ['dʒerənd] *n* GRAMM gerúndio *m.*
gesticulate [dʒes'tɪkjʊleɪt] *vi* gesticular.
gesture ['dʒestʃə^r] ◇ *n* gesto *m.* ◇ *vi*: **to** ~ **to** OR **towards sb** fazer gestos a alguém
get [get] (*pt* & *pp* **got**, **US** *pp* **gotten**) *vt* **-1.** [obtain] obter; [buy] comprar; **she got a job** ela arranjou emprego **-2.** [receive] receber; **I got a book for Christmas** ganhei um livro no Natal **-3.** [means of transportation] apanhar; **let's** ~ **a taxi** vamos apanhar um táxi **-4.** [find] ir buscar; **could you** ~ **me the manager?** [in store] podia chamar o gerente?; [on phone] pode me passar o gerente? **-5.** [illness] apanhar; **I got the flu over Christmas** peguei uma gripe no Natal **-6.** [cause to become]: **to** ~ **sthg done** mandar fazer algo; **to** ~ **sthg ready** preparar algo; **can I** ~ **my car repaired here?** posso mandar consertar o meu carro aqui? **-7.** [ask, tell]: **to** ~ **sb to do sthg** arranjar alguém para fazer algo **-8.** [move]: **to** ~ **sthg out of sthg** tirar algo de algo; **I can't** ~ **it through the door** não consigo passar com isso na porta **-9.** [understand] compreender; **to** ~ **a joke** contar uma piada **-10.** [time, chance] ter; **we didn't** ~ **the chance to see everything** não tivemos oportunidade de ver tudo **-11.** [idea, feeling] ter; **I** ~ **a lot of enjoyment from it** me divirto à beça com isso **-12.** [phone] atender **-13.** [in phrases]: **you** ~ **a lot of rain here in winter** chove muito aqui no inverno; ▷ **have.** ◇ *vi* **-1.** [become] ficar; **it's getting late** está ficando tarde; **to** ~ **ready** preparar-se; **to** ~ **lost** perder-se; ~ **lost!** não enche o saco!, desapareça! **-2.** [into particular state, position] meter-se; **how do you** ~ **to El Paso from here?** como se vai daqui para El Paso?; **to** ~ **into the car** entrar no carro **-3.** [arrive] chegar; **when does the train** ~ **here?** quando é que o trem chega aqui? **-4.** [in phrases]: **to** ~ **to do sthg** ter a oportunidade de fazer algo. ◇ *aux vb* ser; **to** ~ **delayed** atrasar-se; **to** ~ **killed** ser morto.

◆ **get along (with sb)** *vi* dar-se bem (com alguém).

◆ **get back** *vi* [return] voltar.

◆ **get in** *vi* [arrive] chegar; (enter) entrar.

◆ **get off** *vi* [leave] sair.

◆ **get on** *vi* [enter train, bus] entrar.

◆ **get out** *vi* [of car, bus, train] sair.

◆ **get through** *vi* [on phone] completar a ligação.

◆ **get up** *vi* levantar-se.

getaway [ˈgetəweɪ] *n* fuga *f*; **to make one's ~** escapar.

get-together *n* ***inf*** encontro *m* informal *(entre amigos)*.

geyser [ˈgiːzəʳ] *n* [hot spring] gêiser *m*.

Ghana [ˈgɑːnə] *n* Gana.

ghastly [ˈgɑːstlɪ] (*compar* **-ier**, *superl* **-iest**) *adj* **-1.** *inf* [very bad, unpleasant] horrível **-2.** [horrifying, macabre] macabro(bra), horroroso(sa).

gherkin [ˈgɜːkɪn] *n* pepino *m* em conserva.

ghetto [ˈgetəʊ] (*pl* **-s** *OR* **-es**) *n* gueto *m*.

ghetto blaster [-ˈblɑːstəʳ] *n* ***inf*** *minisystem portátil de grande potência*.

ghost [gəʊst] *n* [spirit] fantasma *m*.

giant [ˈdʒaɪənt] ◇ *adj* gigantesco(ca). ◇ *n* [gen] gigante *m*.

gibberish [ˈdʒɪbərɪʃ] *n (U)* asneira *f*.

gibe [dʒaɪb] *n* zombaria *f*.

Gibraltar [dʒɪˈbrɔːltəʳ] *n* Gibraltar.

giddy [ˈgɪdɪ] (*compar* **-ier**, *superl* **-iest**) *adj* [dizzy] tonto(ta).

gift [gɪft] *n* **-1.** [present] presente *m* **-2.** [talent] dom *m*; **to have a ~ for sthg/for doing sthg** ter o dom para algo/para fazer algo; **to have the ~ of the gab** ter o dom da fala; *pej* ter lábia.

gift certificate *n US* = **gift token**.

gifted [ˈgɪftɪd] *adj* **-1.** [gen] talentoso(sa), de talento **-2.** [child] superdotado(da).

gift token, gift voucher *UK*, **gift certificate** *US n* vale-presente *m*.

gift wrap *n* papel *m* de presente.

gig [gɪg] *n* ***inf*** [concert] show *m*.

gigabyte [ˈgaɪgəbaɪt] *n COMPUT* gigabyte *m*.

gigantic [dʒaɪˈgæntɪk] *adj* gigantesco(ca).

giggle [ˈgɪgl] ◇ *n* **-1.** [laugh] risadinha *f*, risada *f* **-2.** *UK inf* [fun] diversão *f*; **to do sthg for a ~** divertir-se fazendo algo tolo; **to have the ~s** ter um ataque de riso. ◇ *vi* [laugh] dar risadinhas bobas.

gilded [ˈgɪldɪd] *adj* = **gilt**.

gill [dʒɪl] *n* [unit of measurement] *0,142 litro*.

gills [gɪlz] *npl* [of fish] guelras *fpl*.

gilt [gɪlt] ◇ *adj* [covered in gold] dourado(da). ◇ *n (U)* [gold layer] dourado *m*.

gimmick [ˈgɪmɪk] *n* ***pej*** artimanha *f*.

gin [dʒɪn] *n* [drink] gim *m*; **~ and tonic** gim-tônica *m*.

ginger [ˈdʒɪndʒəʳ] ◇ *adj UK* [colour - of hair] ruivo(va); [- of cat] avermelhado(da). ◇ *n (U)* **-1.** [root] gengibre *m* **-2.** [powder] gengibre *m* em pó.

ginger ale *n* [mixer] jinjibirra *f*.

ginger beer *n* [slightly alcoholic] cerveja *f* de gengibre.

gingerbread [ˈdʒɪndʒəbred] *n (U)* **-1.** [cake] pão *m* de gengibre **-2.** [biscuit] biscoito *m* de gengibre.

ginger-haired [-ˈheəd] *adj* ruivo(va).

gingerly [ˈdʒɪndʒəlɪ] *adv* cuidadosamente.

gipsy [ˈdʒɪpsɪ] (*pl* **-ies**) ◇ *adj* cigano(na). ◇ *n* [nomad] cigano *m*, -na *f*.

giraffe [dʒɪˈrɑːf] (*pl inv OR* **-s**) *n* girafa *f*.

girder [ˈgɜːdəʳ] *n* viga *f*.

girdle [ˈgɜːdl] *n* [corset] espartilho *m*.

girl [gɜːl] *n* **-1.** [young female child] menina *f*, garota *f* **-2.** [young woman] moça *f* **-3.** [daughter] menina *f* **-4.** [female friend]: **the ~s** as amigas, as meninas.

girlfriend [ˈgɜːlfrend] *n* **-1.** [female lover] namorada *f* **-2.** [female friend] amiga *f*.

girl guide *UK*, **girl scout** *US n* [individual] escoteira *f*, bandeirante *f*.

giro [ˈdʒaɪrəʊ] (*pl* **-s**) *n UK* **-1.** *(U)* [system] transferência *f* de crédito **-2.**: *inf* **~ (cheque)** seguro-desemprego *m*.

girth [gɜːθ] *n* **-1.** [circumference] circunferência *f* **-2.** [of horse] cincha *f*.

gist [dʒɪst] *n* essência *f*; **to get the ~ (of sthg)** pegar a essência (de algo).

give [gɪv] (*pt* **gave**, *pp* **given**) ◇ *vt* **-1.** [gen] dar; **to ~ sb sthg** dar algo para *OR* a alguém **-2.** [hand over, pass] entregar; **to ~ sb sthg, to ~ sthg to sb** entregar algo para *OR* a alguém. ◇ *vi* [collapse, break] ceder. ◇ *n (U)* [elasticity] elasticidade *f*.

◆ **give or take** *prep* mais ou menos.

◆ **give away** *vt sep* **-1.** [get rid of] desfazer-se de **-2.** [reveal] revelar.

◆ **give back** *vt sep* [return] devolver.

◆ **give in** *vi* **-1.** [admit defeat] render-se, dar-se por vencido(da) **-2.** [agree unwillingly]: **to ~ in to sthg** ceder frente a algo.

◆ **give off** *vt fus* [produce] exalar.

◆ **give out** ◇ *vt sep* [distribute] distribuir. ◇ *vi* **-1.** [be exhausted] esgotar-se **-2.** [fail] falhar, não funcionar.

◆ **give up** ◇ *vt sep* **-1.** [stop, abandon] abandonar; **to ~ up smoking** parar de fumar; **to ~ up chocolate** deixar de comer chocolate **-2.** [surrender]: **to ~ o.s. up (to sb)** render-se (a alguém). ◇ *vi* [admit defeat] render-se.

given [ˈgɪvn] ◇ *adj* **-1.** [set, fixed] dado(da) **-2.** [prone]: **to be ~ to sthg/to doing sthg** ser dado(da) a algo/a fazer algo. ◇ *prep* [taking into account] dado(da); **~ the circumstances** dadas as circunstâncias; **~ that** dado que.

given name *n US* prenome *m*.
glacier [ˈglæsjəʳ] *n* geleira *f*.
glad [glæd] (*compar* **-der**, *superl* **-dest**) *adj* **-1.** [happy, pleased] feliz; **to be ~ about sthg** estar feliz por algo **-2.** [willing]: **to be ~ to do sthg** ter vontade de fazer algo, desejar fazer algo **-3.** [grateful]: **to be ~ of sthg** ficar agradecido(da) por algo.
gladly [ˈglædlɪ] *adv* **-1.** [happily, eagerly] com prazer, alegremente **-2.** [willingly] com satisfação.
glamor *n US* = **glamour**.
glamorous [ˈglæmərəs] *adj* [gen] glamouroso(sa); [job] atraente.
glamour *UK*, **glamor** *US* [ˈglæməʳ] *n (U)* [gen] glamour *m*; [of job] encanto *m*.
glance [glɑ:ns] ◇ *n* [quick look] olhadela *f*; **at a ~** de relance; **at first ~** à primeira vista. ◇ *vi* [look quickly]: **to ~ at sb/sthg** olhar alguém/algo de relance.
◆ **glance off** *vt fus* **-1.** [light] desviar **-2.** [ball] rebater **-3.** [bullet] ricochetear.
glancing [ˈglɑ:nsɪŋ] *adj* [oblique] oblíquo(qua).
gland [glænd] *n* glândula *f*.
glandular fever [ˈglændjʊləʳ-] *n (U)* mononucleose *f* infecciosa.
glare [gleəʳ] ◇ *n* **-1.** [scowl] olhar *m* penetrante, encarada *f* **-2.** *(U)* [blaze, dazzle] brilho *m* **-3.** [of publicity] foco *m*. ◇ *vi* **-1.** [scowl]: **to ~ at sb/sthg** fulminar alguém/algo com o olhar, lançar um olhar fulminante sobre alguém/algo **-2.** [blaze, dazzle] ofuscar.
glaring [ˈgleərɪŋ] *adj* **-1.** [very obvious] evidente **-2.** [blazing, dazzling] ofuscante.
glasnost [ˈglæznɒst] *n (U)* glasnost *f*.
glass [glɑ:s] ◇ *n* **-1.** *(U)* [material] vidro *m* **-2.** [for drinking] copo *m* **-3.** *(U)* [glassware] objetos *mpl* de cristal. ◇ *comp* de vidro.
◆ **glasses** *npl* [spectacles] óculos *m inv*; [binoculars] binóculos *mpl*.
glassware [ˈglɑ:sweəʳ] *n (U)* objetos *mpl* de cristal.
glassy [ˈglɑ:sɪ] (*compar* **-ier**, *superl* **-iest**) *adj* **-1.** [smooth, shiny] cristalino(na) **-2.** [blank, lifeless] vidrado(da).
glaze [gleɪz] ◇ *n* **-1.** [on pottery] verniz *m*, esmalte *m* **-2.** CULIN glacê *m*. ◇ *vt* **-1.** [pottery] envernizar **-2.** CULIN cristalizar.
glazier [ˈgleɪzjəʳ] *n* vidraceiro *m*, -ra *f*.
gleam [gli:m] ◇ *n* **-1.** [glow] lampejo *m* **-2.** [fleeting expression] olhar *m*. ◇ *vi* **-1.** [surface, object] reluzir **-2.** [light] brilhar **-3.** [face, eyes] olhar.
gleaming [ˈgli:mɪŋ] *adj* **-1.** [surface, object] reluzente **-2.** [light] brilhante **-3.** [face, eyes] reluzente.
glean [gli:n] *vt* [gather] coletar.
glee [gli:] *n (U)* [joy, delight] alegria *f*; [gloating] regozijo *m*.
glen [glen] *n Scot & Irish* vale *m*.
glib [glɪb] (*compar* **-ber**, *superl* **-best**) *adj pej* **-1.** [answer, excuse] de momento **-2.** [person] de muita lábia.
glide [glaɪd] *vi* **-1.** [move smoothly] deslizar **-2.** [fly] planar.
glider [ˈglaɪdəʳ] *n* [plane] planador *m*.
gliding [ˈglaɪdɪŋ] *n (U)* [sport] vôo *m* sem motor; **to go ~** voar de planador.
glimmer [ˈglɪməʳ] *n* **-1.** [faint light] luz *f* fraca **-2.** *fig* [trace, sign] sinal *m* mínimo.
glimpse [glɪmps] ◇ *n* **-1.** [sight, look] vislumbre *m* **-2.** [perception, idea, insight] noção *f*. ◇ *vt* **-1.** [catch sight of] ver de relance **-2.** [perceive] vislumbrar.
glint [glɪnt] ◇ *n* brilho *m*. ◇ *vi* **-1.** [metal, sunlight] brilhar **-2.** [eyes - greed, anger] faiscar; [- amusement] brilhar.
glisten [ˈglɪsn] *vi* brilhar.
glitter [ˈglɪtəʳ] ◇ *n* [gen] brilho *m*. ◇ *vi* **-1.** [object, light] brilhar **-2.** [eyes - with excitement] cintilar; [- with fury] faiscar.
gloat [gləʊt] *vi*: **to ~ (over sthg)** tripudiar (de algo).
global [ˈgləʊbl] *adj* [worldwide] mundial.
globalization [ˌgləʊbəlaɪˈzeɪʃn] *n* globalização *f*.
global warming [-ˈwɔ:mɪŋ] *n (U)* aquecimento *m* global.
globe [gləʊb] *n* **-1.** [Earth]: **the ~** o globo **-2.** [spherical shape] globo *m*.
gloom [glu:m] *n* **-1.** [darkness] escuro *m*, escuridão *f* **-2.** [unhappiness] desânimo *m*.
gloomy [ˈglu:mɪ] (*compar* **-ier**, *superl* **-iest**) *adj* **-1.** [place, landscape] sombrio(bria) **-2.** [weather] sombrio(bria), escuro(ra) **-3.** [atmosphere] deprimente; [mood] pessimista **-4.** [outlook, news] desanimador(ra).
glorious [ˈglɔ:rɪəs] *adj* **-1.** [illustrious] glorioso(sa) **-2.** [wonderful] magnífico(ca).
glory [ˈglɔ:rɪ] (*pl* **-ies**) *n* **-1.** [gen] glória *f* **-2.** *(U)* [splendour] esplendor *m*.
◆ **glory in** *vt fus* [relish] desfrutar de.
gloss [glɒs] *n* **-1.** *(U)* [shine - of wood, furniture] lustre *m*; [- of hair] brilho *m* **-2.**: **~ (paint)** esmalte *m*.
◆ **gloss over** *vt fus* falar por alto sobre.
glossary [ˈglɒsərɪ] (*pl* **-ies**) *n* glossário *m*.
glossy [ˈglɒsɪ] (*compar* **-ier**, *superl* **-iest**) *adj* lustroso(sa).
glove [glʌv] *n* luva *f*.
glove compartment *n* porta-luvas *m inv*.
glow [gləʊ] ◇ *n* [light] fulgor *m*, brilho *m*. ◇ *vi* **-1.** [fire] arder **-2.** [sky, light, brass] brilhar.
glower [ˈglaʊəʳ] *vi*: **to ~ (at sb/sthg)** olhar ameaçadoramente (para alguém/algo).
glucose [ˈglu:kəʊs] *n (U)* glicose *f*.
glue [glu:] (*cont* **glueing** OR **gluing**) ◇ *n (U)*

cola *f.* <> *vt* [stick with glue] colar; **to ~ sthg to sthg** colar algo em algo.

glum [glʌm] (*compar* **-mer**, *superl* **-mest**) *adj* [unhappy] melancólico(ca).

glut [glʌt] *n* excesso *m*.

glutton ['glʌtn] *n* [greedy person] glutão *m*, -tona *f*; **to be a ~ for punishment** gostar de sofrer.

GM foods *npl* alimentos *mpl* geneticamente modificados.

GMO (*abbr of* **genetically modified organism**) <> *adj* OGM. <> *n* OGM *m*.

gnarled [nɑ:ld] *adj* **-1.** [tree] nodoso(sa) **-2.** [hands] áspero(ra).

gnash [næʃ] *vt*: **to ~ one's teeth** ranger os dentes.

gnat [næt] *n* mosquito *m*.

gnaw [nɔ:] <> *vt* [chew] roer. <> *vi* [worry] atormentar-se; **to ~ (away) at sb** atormentar alguém.

gnome [nəʊm] *n* gnomo *m*.

GNP (*abbr of* **gross national product**) *n* PNB *m*.

GNVQ (*abbr of* **General National Vocational Qualification**) *n* EDUC *curso de formação profissional com duração de dois anos para maiores de 16 anos na Inglaterra e no País de Gales.*

go [gəʊ] (*pt* **went**, *pp* **gone**, *pl* **goes**) *vi* **-1.** [move, travel] ir; **to ~ home** ir para casa; **to ~ to Brazil** ir ao Brasil; **to ~ by bus** ir de ônibus; **to ~ for a walk** fazer um passeio; **to ~ and do sthg** ir fazer algo; **to ~ in** entrar; **to ~ out** sair **-2.** [leave] ir-se; **it's time for us to ~** é hora de irmos embora; **when does the bus ~?** quando é que ônibus sai?; **~ away!** vá embora! **-3.** [attend] ir; **to ~ to school** ir para a escola; **which school do you ~ to?** para que escola você vai? **-4.** [become] ficar; **she went pale** empalideceu; **the milk has gone sour** o leite azedou **-5.** [expressing future tense]: **to be going to do sthg** ir fazer algo **-6.** [function] funcionar; **the car won't ~** o carro não pega **-7.** [stop working] ir-se; **the fuse has gone** o fusível queimou **-8.** [time] passar **-9.** [progress] correr; **to ~ well** correr bem **-10.** [bell, alarm] tocar **-11.** [match] condizer; **to ~ with** condizer com; **red wine doesn't ~ with fish** vinho tinto não combina com peixe **-12.** [be sold] ser vendido; **'everything must ~'** 'liquidação total' **-13.** [fit] caber **-14.** [lead] ir; **where does this path ~?** aonde vai dar este caminho? **-15.** [belong] ir, ser **-16.** [in phrases]: **to let ~ of sthg** [drop] largar algo; **there are two days to ~** faltam dois dias; **to ~** *US* [to take away] para levar. <> *n* **-1.** [turn] vez *f*; **it's your ~** é a sua vez **-2.** [attempt] tentativa *f*; **to have a ~ at sthg** experimentar algo; **'50 cents a ~'** [for game] '50 centavos cada vez'.

◆ **go ahead** *vi* [take place] realizar-se; **~ ahead!** vá em frente!

◆ **go around** *vi* [revolve] rodar; **there isn't enough cake to ~ around** não tem bolo (suficiente) para todo mundo.

◆ **go back** *vi* voltar.

◆ **go down** *vi* [decrease] diminuir; [sun] pôr-se; [tire] esvaziar-se.

◆ **go in** *vi* entrar.

◆ **go off** *vi* [alarm, bell] tocar, soar; [go bad] azedar; [light, heating] apagar-se.

◆ **go on** *vi* [happen] passar-se; [light, heating] acender-se; **to ~ on doing sthg** continuar a fazer algo.

◆ **go out** *vi* [leave house] sair; [light, fire, cigarette] apagar-se; [have relationship]: **to ~ out with sb** sair com alguém; **to ~ out to eat** ir comer fora.

◆ **go over** *vt fus* [check] rever.

◆ **go through** *vt fus* [experience] passar por; [spend] gastar; [search] revistar.

◆ **go up** *vi* [increase] subir.

◆ **go without** *vt fus* passar sem.

> É muito freqüente o uso de *go* seguido de um verbo no gerúndio para descrever atividades físicas, de lazer ou esportivas (*to go dancing/birdwatching/running* ir dançar/observar os pássaros/correr). (*I like swimming = I like to be in the water* gosto de nadar) é diferente de (*I like going swimming = I like being at the swimming pool* gosto de ir nadar).
>
> No *present perfect*, o particípio *gone* pode ser substituído por *been*, mas com uma ligeira mudança de significado. Compare: (*the Fosters have gone to Bermuda for their vacation* = os Fosters foram passar férias nas Bermudas (mas ainda não voltaram)) com (*the Fosters have been to Bermuda for their vacation* = os Fosters estiveram nas Bermudas de férias).
>
> Quando *go* for seguido por um infinitivo, é comum em inglês coloquial substituir *to* pela conjunção *and* (*I'll go and see what's happening* em vez de *I'll go to see what's happening*).
>
> Ver também **ir** no lado Português-Inglês do dicionário.

goad [gəʊd] *vt* [provoke] provocar.

go-ahead <> *adj* [dynamic] dinâmico(ca), empreendedor(ra). <> *n* [permission] permissão *f*.

goal [gəʊl] *n* **-1.** SPORT gol *m* **-2.** [aim] meta *f*, objetivo *m*.

goalkeeper ['gəʊl,ki:pə^r] *n* goleiro *m*, -ra *f*.

goalmouth ['gəʊlmaʊθ, *pl* -maʊðz] *n* boca *f* do gol.

goalpost ['gəʊlpəʊst] *n* trave *f*.

goat [gəʊt] *n* [animal] cabra *f*, bode *m*; **to get (on) sb's ~** encher o saco de alguém.

goat's cheese *n* queijo *m* de cabra.

gob [gɒb] (*pt* & *pp* **-bed**, *cont* **-bing**) *v inf* <> *n* **-1.** *UK* [mouth] matraca *f*, bico *m* **-2.** *UK* [spit]

escarro *m.* <> *vi* [spit] escarrar.
gobble ['gɒbl] *vt* devorar.
◆ **gobble down, gobble up** *vt sep* engolir rapidamente.
go-between *n* intermediário *m,* -ria *f.*
gobsmacked ['gɒbsmækt] *adj UK v inf* embasbacado(da).
go-cart *n* = **go-kart**.
god [gɒd] *n* deus *m.*
◆ **God** <> *n* Deus *m*; **God knows** só Deus sabe; **for God's sake!** pelo amor de Deus!; **thank God** graças a Deus; **God willing** se Deus quiser. <> *excl*: **(my) God!** (meu) Deus!
◆ **gods** *npl UK inf*: **the ~s** THEATRE as galerias.
godchild ['gɒdtʃaɪld] (*pl* **-children** [-ˌtʃɪldrən]) *n* afilhado *m,* -da *f.*
goddaughter ['gɒdˌdɔ:təʳ] *n* afilhada *f.*
goddess ['gɒdɪs] *n* deusa *f.*
godfather ['gɒdˌfɑ:ðəʳ] *n* padrinho *m.*
godforsaken ['gɒdfəˌseɪkn] *adj* abandonado(da) por Deus, que Deus esqueceu.
godmother ['gɒdˌmʌðəʳ] *n* madrinha *f.*
godsend ['gɒdsend] *n* dádiva *f* de Deus.
godson ['gɒdsʌn] *n* afilhado *m.*
goes [gəʊz] *vb* ▷ **go**.
goggles ['gɒglz] *npl* óculos *m* de proteção.
going ['gəʊɪŋ] <> *adj* **-1.** [rate, salary] em vigor, atual **-2.** *UK* [available, in existence] disponível; **she's the biggest fool ~** ela é a maior trouxa do momento. <> *n* **-1.** [progress] avanço *m,* marcha *f*; **that's good ~** isso é que é andar rápido; **it was slow ~** estava indo devagar; **to be heavy ~** ser pesado(da); **to be easy ~** ser fácil (de lidar) **-2.** [in riding, horse-racing] condições *fpl* (do chão de corrida).
go-kart [-kɑ:t] *n UK* kart *m.*
gold [gəʊld] <> *adj* [gold-coloured] dourado(da). <> *n* **-1.** *(U)* [metal] ouro *m* **-2.** *(U)* [gold jewellery, ornaments, coins] riquezas *fpl.* <> *comp* [made of gold] de ouro.
golden ['gəʊldən] *adj* **-1.** [made of gold] de ouro **-2.** [gold-coloured] dourado(da).
goldfish ['gəʊldfɪʃ] (*pl inv*) *n* peixe-dourado *m.*
gold leaf *n (U)* ouro *m* em folha.
gold medal *n* medalha *f* de ouro.
goldmine ['gəʊldmaɪn] *n lit, fig* mina *f* de ouro.
gold-plated [-'pleɪtɪd] *adj* banhado(da) a ouro.
gold standard *adj* padrão-ouro *m.*
goldsmith ['gəʊldsmɪθ] *n* ourives *mf.*
golf [gɒlf] *n (U)* golfe *m.*
golf ball *n* **-1.** [for golf] bola *f* de golfe **-2.** [for typewriter] esfera *f.*
golf club *n* **-1.** [association, place] clube *m* de golfe **-2.** [stick] taco *m* de golfe.
golf course *n* campo *m* de golfe.
golfer ['gɒlfəʳ] *n* jogador *m,* -ra *f* de golfe.
gone [gɒn] <> *pp* ▷ **go**. <> *adj* [no longer here] que já se foi. <> *prep* [past]: **it's just ~ midday** já passa do meio-dia; **she's ~ fifty** ela já passou dos cinqüenta.
gong [gɒŋ] *n* gongo *f.*
good [gʊd] (*compar* **better**, *superl* **best**) <> *adj* **-1.** [gen] bom, boa; **it feels ~ to be in the fresh air** faz bem estar ao ar livre; **it's ~ that ...** é bom que ...; **to be ~ at sthg** ser bom em algo, ser boa em algo; **to be ~ with** [children, animals] ter jeito com; [one's hands] ter habilidade com **-2.** [kind] gentil; **to be ~ to sb** ser bom para alguém, ser boa para alguém; **to be ~ enough to do sthg** fazer o favor de fazer algo; **a ~ number of people** um bom número de pessoas **-3.** [morally correct] correto(ta) **-4.** [well-behaved] bem-comportado(da); **be ~!** comporte-se bem! **-5.** [beneficial]: **it's ~ for you** faz bem para você. <> *n* **-1.** *(U)* [benefit, welfare] bem *m*; **it will do him ~** fará bem a ele **-2.** [use]: **it's no ~** não adianta; **what's the ~ of ...?** qual é a vantagem de ...? **-3.** [morality, virtue] bem *m*; **to be up to no ~** estar com más intenções. <> *excl* que bom!
◆ **goods** *npl* [merchandise] mercadorias *fpl.*
◆ **as good as** *adv* quase; **it's as ~ as new** está praticamente novo.
◆ **for good** *adv* [forever] para sempre.
◆ **good afternoon** *excl* boa tarde!
◆ **good evening** *excl* boa noite!
◆ **good morning** *excl* bom dia!
◆ **good night** *excl* boa noite!
good behaviour *n* bom comportamento *m.*
goodbye [ˌgʊd'baɪ] <> *excl* até logo! <> *n* adeus *m.*
good deed *n* boa ação *f.*
good fortune *n* boa sorte *f.*
Good Friday *n* Sexta-Feira *f* Santa.
good-humoured [-'hju:məd] *adj* bem-humorado(da).
good-looking [-'lʊkɪŋ] *adj* [person] bonito(ta).
good-natured [-'neɪtʃəd] *adj* **-1.** [person] de bom coração **-2.** [rivalry, argument] amigável.
goodness ['gʊdnɪs] <> *n* **-1.** [kindness] bondade *f* **-2.** [nutritive quality] valor *m* nutritivo. <> *excl*: **(my) ~!** minha nossa!; **for ~ sake!** pelo amor de Deus!; **thank ~** graças a Deus!; **~ gracious!** Santo Deus!
goods train [gʊdz-] *n UK* trem *m* de carga.
goodwill [ˌgʊd'wɪl] *n* **-1.** [kind feelings] boa vontade *f* **-2.** COMM fundo *m* de comércio.
goody ['gʊdɪ] (*pl* **-ies**) <> *n inf* [good person] mocinho *m,* -nha *f.* <> *excl* que ótimo!
◆ **goodies** *npl inf* **-1.** [delicious food] guloseimas *fpl* **-2.** [desirable objects] coisas *fpl* atraentes.
goose [gu:s] (*pl* **geese** [gi:s]) *n* [bird] ganso *m,* -sa *f.*

gooseberry ['gʊzbərɪ] (*pl* **-ies**) *n* **-1.** [fruit] groselha *f* **-2.** *UK inf* [unwanted person]: **to play ~** segurar a vela.

gooseflesh ['gu:sfleʃ], **goose pimples** *UK n*, **goosebumps** *US* ['gu:sbʌmps] *npl* arrepio *m*.

gore [gɔ:ʳ] ◇ *n (U) literary* [blood] sangue *m (derramado)*. ◇ *vt* [subj: bull] ferir com os chifres.

gorge [gɔ:dʒ] ◇ *n* garganta *f*, desfiladeiro *m*. ◇ *vt*: **to ~ o.s. on** *OR* **with sthg** empanturrar-se com algo.

gorgeous ['gɔ:dʒəs] *adj* **-1.** [place, present, weather] magnífico(ca), maravilhoso(sa) **-2.** *inf* [person] deslumbrante.

gorilla [gə'rɪlə] *n* gorila *m*.

gormless ['gɔ:mlɪs] *adj UK inf* burro(ra).

gorse [gɔ:s] *n (U)* tojo *m*.

gory ['gɔ:rɪ] (*compar* **-ier**, *superl* **-iest**) *adj* sangrento(ta).

gosh [gɒʃ] *excl inf* por Deus!

go-slow *n UK* operação *f* tartaruga.

gospel ['gɒspl] *n* [doctrine] evangelho *m*.
◆ **Gospel** *n* [in Bible] Evangelho *m*.

gossip ['gɒsɪp] ◇ *n* **-1.** [conversation] conversa *f*, bate-papo *m*; **to have a ~** bater papo **-2.** [person] fofoca *f*. ◇ *vi* fofocar.

gossip column *n* coluna *f* social.

got [gɒt] *pt & pp* ▷ **get**.

gotten ['gɒtn] *pp US* ▷ **get**.

goulash ['gu:læʃ] *n (U)* gulash *m (prato típico húngaro)*.

gourmet ['gʊəmeɪ] ◇ *n* gourmet *m*. ◇ *comp* gastrônomo *m*, -ma *f*.

gout [gaʊt] *n (U)* gota *f*.

govern ['gʌvən] ◇ *vt* **-1.** *POL* governar **-2.** [determine] controlar. ◇ *vi POL* governar.

governess ['gʌvənɪs] *n* governanta *f*.

government ['gʌvnmənt] *n* **-1.** [group of people] governo *m* **-2.** *(U)* [process] governo *m*; **the art of ~** a arte de governar.

governor ['gʌvənəʳ] *n* **-1.** *POL* governador *m*, -ra *f* **-2.** [of school] diretor *m*, -ra *f* **-3.** [of prison] diretor *m*, -ra *f*.

gown [gaʊn] *n* **-1.** [dress] vestido *m* **-2.** *UNIV & JUR* beca *f* **-3.** *MED* avental *m*.

GP (*abbr of* **general practitioner**) *n* clínico *m* geral.

grab [græb] (*pt & pp* **-bed**, *cont* **-bing**) ◇ *vt* **-1.** [with hands - person, arm] agarrar; [- money] pegar **-2.** *fig* [opportunity, sandwich] pegar; **to ~ the chance to do sthg** aproveitar a oportunidade de fazer algo **-3.** *inf* [appeal to] arrebatar; **how does this ~ you?** o que você me diz disso? ◇ *vi*: **to ~ at sthg** [with hands] tentar agarrar.

grace [greɪs] ◇ *n* **-1.** *(U)* [elegance] graça *f*, elegância *f* **-2.** *(U)* [extra time] prazo *m* **-3.** [prayer] graças *fpl*. ◇ *vt* **-1.** *fml* [honour] agraciar **-2.** [adorn] enfeitar.

graceful ['greɪsfʊl] *adj* **-1.** [beautiful] elegante **-2.** [gracious] amável.

gracious ['greɪʃəs] ◇ *adj* [polite] afável. ◇ *excl*: **(good) ~!** Santo Deus!, Nossa (Senhora)!

grade [greɪd] ◇ *n* **-1.** [level] nível *m* **-2.** [quality] qualidade *f*; **high-~** de alta qualidade; **low-~** de baixa qualidade **-3.** *US* [in school] série *f* **-4.** [mark] classificação *f* **-5.** *US* [gradient] declive *m*. ◇ *vt* **-1.** [classify] classificar **-2.** [mark, assess] avaliar.

grade crossing *n US* passagem *f* de nível.

grade school *n US* escola *f* primária.

grade school teacher *n US* professor *m*, -ra *f* de nível primário.

gradient ['greɪdjənt] *n* **-1.** [of road] declive *m* **-2.** *MATH* gradiente *m*.

gradual ['grædʒʊəl] *adj* gradual.

gradually ['grædʒʊəlɪ] *adv* gradualmente.

graduate [*n* 'grædʒʊət, *vb* 'grædʒʊeɪt] ◇ *n* **-1.** [person with a degree] graduado *m*, -da *f*, licenciado *m*, -da *f* **-2.** *US*: **to be a high-school ~** ter completado o segundo grau. ◇ *vi* **-1.** [with a degree]: **to ~** graduar-se **-2.** *US* [from high school]: **to ~** formar-se.

graduation [,grædʒʊ'eɪʃn] *n* **-1.** [completion of course] formatura *f* **-2.** [ceremony - at university] colação *f* de grau; *US* [at high school] formatura *f*.

graffiti [grə'fi:tɪ] *n (U)* pichação *f*.

graft [grɑ:ft] ◇ *n* **-1.** [gen] enxerto *m* **-2.** *UK inf* [hard work] labuta *f* **-3.** *US inf* [corruption] suborno *m*. ◇ *vt* enxertar.

grain [greɪn] *n* **-1.** [of corn, rice, salt] grão *m* **-2.** *(U)* [crops] cereais *mpl* **-3.** *(U)* [of wood] veio *m*.

gram [græm] *n* grama *f*.

grammar ['græməʳ] *n* gramática *f*.

grammar school *n* **-1.** [in UK] ginásio *m* **-2.** [in US] escola *f* primária.

grammatical [grə'mætɪkl] *adj* gramatical.

gramme [græm] *n UK* = **gram**.

gramophone ['græməfəʊn] *dated n* gramofone *m*.

gran [græn] *n UK inf* vovó *f*.

granary bread *n* pão *m* de trigo.

grand [grænd] (*pl inv*) ◇ *adj* **-1.** [impressive, imposing] magnífico(ca) **-2.** [ambitious, large-scale] ambicioso(sa) **-3.** [socially important] ilustre **-4.** *inf dated* [excellent] excelente. ◇ *n inf* [thousand pounds] mil libras *fpl*; [thousand dollars] mil dólares *mpl*.

grandad *n inf* vovô *m*.

grandchild ['græntʃaɪld] (*pl* **-children** [-,tʃɪldrən]) *n* neto *m*, -ta *f*.

granddad ['grændæd] *n inf* = **grandad**.

granddaughter ['græn,dɔ:təʳ] *n* neta *f*.

grandeur ['grændʒəʳ] *n* grandeza *f*.

grandfather ['grænd,fɑ:ðəʳ] *n* avô *m*.

grandma ['grænmɑ:] *n inf* vovó *f*, vó *f*.
grandmother ['græn,mʌðəʳ] *n* avó *f*.
grandpa ['grænpɑ:] *n inf* vovô *m*, vô *m*.
grandparents ['græn,peərənts] *npl* avós *mpl*.
grand piano *n* piano *m* de cauda.
grand slam *n SPORT* grand slam *m*.
grandson ['grænsʌn] *n* neto *m*.
grandstand ['grændstænd] *n* tribuna *f* de honra.
grand total *n* total *m* geral.
granite ['grænɪt] *n (U)* granito *m*.
granny ['grænɪ] (*pl* **-ies**) *n inf* vovó *f*, vó *f*.
grant [grɑ:nt] <> *n* [money - for renovations] subsídio *m*; [- for study] bolsa *f*. <> *vt fml* **-1.** [agree to] conceder **-2.** [accept as true] admitir. **-3.** *phr*: **to take sb/sthg for ~ed** não dar o devido valor a alguém/algo.
granulated sugar ['grænjʊleɪtɪd-] *n (U)* açúcar-cristal *m*.
granule ['grænju:l] *n* grânulo *m*.
grape [greɪp] *n* uva *f*.
grapefruit ['greɪpfru:t] (*pl inv OR* **-s**) *n* pomelo *m*.
grapevine ['greɪpvaɪn] *n* **-1.** [plant] parreira *f* **-2.** *fig* [information channel]: **I heard on the ~ that ...** um passarinho me contou que ...
graph [grɑ:f] *n* gráfico *m*.
graphic ['græfɪk] *adj* **-1.** [vivid] vívido(da) **-2.** *ART* pitoresco(ca).
◆ **graphics** *npl* [pictures] artes *fpl* gráficas.
graphic artist *n* artista *mf* gráfico, -ca.
graphite ['græfaɪt] *n (U)* grafita *f*.
graph paper *n (U)* papel *m* quadriculado.
grapple ['græpl] ◆ **grapple with** *vt fus* **-1.** [physically] atracar-se com **-2.** *fig* [mentally] estar às voltas com.
grasp [grɑ:sp] <> *n* **-1.** [grip] agarramento *m* **-2.** [understanding] compreensão *f*; **to have a good ~ of sthg** ter um bom domínio de algo. <> *vt* **-1.** [with hands] segurar **-2.** [understand] compreender **-3.** *fig* [seize] agarrar.
grasping ['grɑ:spɪŋ] *adj pej* [greedy - person] ganancioso(sa); [- attitude] avaro(ra).
grass [grɑ:s] <> *n* **-1.** [common green plant] grama *f* **-2.** *(U) drugs sl* [marijuana] maconha *f*. <> *vi UK crime sl*: **to ~ (on sb)** dedurar alguém.
grasshopper ['grɑ:s,hɒpəʳ] *n* gafanhoto *m*.
grass roots <> *npl* [ordinary people] plebe *f*. <> *comp* popular.
grass snake *n* cobra *f* d'água.
grate [greɪt] <> *n* [fireplace] grade *f*. <> *vt CULIN* ralar. <> *vi* [irritate] irritar.
grateful ['greɪtfʊl] *adj* agradecido(da); **to be ~ to sb (for sthg)** ser grato(ta) a alguém (por algo).
grater ['greɪtəʳ] *n* ralador *m*.
gratify ['grætɪfaɪ] (*pt & pp* **-ied**) *vt* **-1.** [please]: **to be gratified** sentir-se gratificado(da) **-2.** [satisfy] satisfazer.
grating ['greɪtɪŋ] <> *adj* áspero(ra). <> *n* [grille] grade *f*.
gratitude ['grætɪtju:d] *n (U)* gratidão *f*; **~ to sb (for sthg)** gratidão por alguém (por algo).
gratuitous [grə'tju:ɪtəs] *adj fml* [unjustified] gratuito(ta).
grave [greɪv] <> *adj* grave. <> *n* túmulo *m*; **to dig one's own ~** cavar a própria sepultura.
gravel ['grævl] *n (U)* cascalho *m*.
gravestone ['greɪvstəʊn] *n* lápide *f*.
graveyard ['greɪvjɑ:d] *n* cemitério *m*.
gravity ['grævətɪ] *n* **-1.** [force] gravidade *f* **-2.** *fml* [seriousness, worrying nature] seriedade *f*, gravidade *f*.
gravy ['greɪvɪ] *n* [meat juice] molho *m* de carne; [sauce] caldo *m* de carne.
gray *adj & n US* = **grey**.
graze [greɪz] <> *n* [wound] machucado *m*, ferimento *m*. <> *vt* **-1.** [feed on] pastar **-2.** [cause to feed] pastorear **-3.** [break surface of] esfolar **-4.** [touch lightly] tocar de leve. <> *vi* [animals] pastar.
grease [gri:s] <> *n* **-1.** [animal fat] gordura *f* **-2.** [lubricant] graxa *f* **-3.** [dirt] sebo *m*. <> *vt* **-1.** [gen] engraxar **-2.** [baking tray] untar.
greaseproof paper [,gri:spru:f-] *n (U) UK* papel *m* parafinado.
greasy ['gri:zɪ] (*compar* **-ier**, *superl* **-iest**) *adj* **-1.** [food] gorduroso(sa); [tools] engordurado(da); [hair, hands, skin] seboso(sa) **-2.** [clothes] sujo(ja) **-3.** [road] escorregadio(dia).
great [greɪt] <> *adj* **-1.** [gen] grande **-2.** *inf* [really good, really nice] ótimo(ma). <> *excl* ótimo!
Great Britain *n* Grã-Bretanha.
greatcoat ['greɪtkəʊt] *n* sobretudo *m* pesado.
Great Dane *n* dogue *m* alemão.
great-grandchild *n* bisneto *m*, -ta *f*.
great-grandfather *n* bisavô *m*.
great-grandmother *n* bisavó *f*.
greatly ['greɪtlɪ] *adv* imensamente; **~ exaggerated** muito exagerado(da); **~ different** extremamente diferente.
greatness ['greɪtnɪs] *n* grandeza *f*.
Greece [gri:s] *n* Grécia.
greed [gri:d] *n* **-1.** [for food] gula *f* **-2.** *fig* [for money, power]: **~ (for sthg)** ganância (por algo).
greedy ['gri:dɪ] (*compar* **-ier**, *superl* **-iest**) *adj* **-1.** [for food] guloso(sa) **-2.** *fig* [for money, power]: **~ for sthg** ganancioso(sa) por algo.
Greek [gri:k] <> *adj* grego(ga). <> *n* **-1.** [person] grego *m*, -ga *f* **-2.** [language] grego *m*.
green [gri:n] <> *adj* **-1.** [gen] verde **-2.** *inf* [with nausea, fear] pálido(da) **-3.** *inf* [inexperienced] novato(ta). <> *n* **-1.** [colour] verde **-2.**

[in village] praça *f* **-3.** *GOLF* green *m*.

◆ **Green** *n POL* Verde; **the Greens** os Verdes.

◆ **greens** *npl* [vegetables] verduras *fpl*.

greenback ['gri:nbæk] *n US inf* [banknote] nota *f* de dólar.

green belt *n UK* área *f* verde.

green card *n* **-1.** *UK* [for insuring vehicle] *seguro que protege veículos e motoristas no exterior* **-2.** *US* [resident's permit] green card *m*, visto *m* permanente *(nos Estados Unidos)*.

greenery ['gri:nərɪ] *n (U)* folhagem *f*.

greenfly ['gri:nflaɪ] (*pl inv OR* **-ies**) *n* pulgão *m*.

greengage ['gri:ngeɪdʒ] *n* rainha-cláudia *f*.

greengrocer ['gri:n,grəʊsəʳ] *n* verdureiro(ra); **~'s (shop)** quitanda *f*.

greenhouse ['gri:nhaʊs, *pl* -haʊzɪz] *n* estufa *f*.

greenhouse effect *n*: **the ~** o efeito estufa.

greenhouse gas *n* gás *m* de efeito estufa.

Greenland ['gri:nlənd] *n* Groenlândia.

green salad *n* salada *f* verde.

greet [gri:t] *vt* **-1.** [say hello to] cumprimentar **-2.** [speech, announcement, remark] saudar.

greeting ['gri:tɪŋ] *n* [salutation] cumprimento *m*, saudação *f*.

◆ **greetings** *npl* [on card] votos *mpl*.

greetings card *UK* ['gri:tɪŋz-], **greeting card** *US n* cartão *m* de comemoração.

grenade [grə'neɪd] *n*: **(hand) ~** granada *f* (de mão).

grew [gru:] *pt* ▷ **grow**.

grey *UK*, **gray** *US* [greɪ] ◇ *adj* **-1.** [colour, weather] cinzento(ta) **-2.** [hair, beard] grisalho(lha); **to go ~** ficar grisalho(lha) **-3.** *fig* [life, situation] preto(ta). ◇ *n* cinza *m*.

grey-haired [-'heəd] *adj* grisalho(lha).

greyhound ['greɪhaʊnd] *n* galgo *m*.

grid [grɪd] *n* **-1.** [grating] gradeamento *m* **-2.** [system of squares] grade *f* **-3.** *ELEC* rede *f*.

griddle ['grɪdl] *n* chapa *f* de ferro *(para assar)*.

gridlock ['grɪdlɒk] *n* empasse *m*.

grief [gri:f] *n* **-1.** [sorrow] pesar *m*, tristeza *f* **-2.** *inf* [trouble] chateação *f* **-3.** *phr*: **to come to ~** fracassar; **good ~!** credo!

grievance ['gri:vns] *n* [complaint] queixa *m*, agravo *m*.

grieve [gri:v] *vi*: **to ~ (for sb/sthg)** estar de luto por alguém/algo.

grievous ['gri:vəs] *adj fml* [serious, harmful] doloroso(sa).

grievous bodily harm *n (U)* lesão *f* corporal.

grill [grɪl] ◇ *n* [for cooking] grelha *f*. ◇ *vt* **-1.** [cook on grill] grelhar **-2.** *inf* [interrogate] interrogar.

grille [grɪl] *n* grade *f*.

grim [grɪm] (*compar* **-mer**, *superl* **-mest**) *adj* **-1.** [stern] severo(ra), rígido(da) **-2.** [gloomy] deprimente.

grimace [grɪ'meɪs] ◇ *n* careta *f*. ◇ *vi* fazer caretas.

grime [graɪm] *n (U)* sujeira *f*.

grimy ['graɪmɪ] (*compar* **-ier**, *superl* **-iest**) *adj* imundo(da).

grin [grɪn] (*pt* & *pp* **-ned**, *cont* **-ning**) ◇ *n* sorriso *m* aberto. ◇ *vi*: **to ~ (at sb/sthg)** abrir um sorriso (para alguém/algo).

grind [graɪnd] (*pt* & *pp* **ground**) ◇ *vt* [coffee, pepper, grain] moer; **freshly ground coffee** café moído na hora. ◇ *vi* [scrape] arranhar. ◇ *n* [hard, boring work] rotina *f*.

◆ **grind down** *vt sep* [oppress] oprimir.

◆ **grind up** *vt sep* **-1.** [bottles] triturar **-2.** [knife] afiar **-3.** *US* [meat] picar **-4.** [gemstone] lapidar.

grinder ['graɪndəʳ] *n* [machine] moedor *m*.

grip [grɪp] (*pt* & *pp* **-ped**, *cont* **-ping**) ◇ *n* **-1.** [physical hold]: **to have a ~ on sb/sthg** ter o controle sobre alguém/algo; **to keep a ~ on the handrail** segurar-se no corrimão; **to get a good ~** dar um bom aperto; **to release one's ~ on sb/sthg** deixar de controlar alguém/algo **-2.** [control, domination] domínio *m*; **~ on sb/sthg** controle sobre alguém/algo; **to get to ~s with sthg** encarar algo; **to get a ~ on o.s.** controlar-se **-3.** *(U)* [adhesion] aderência *f* **-4.** [handle] punho *m* **-5.** *dated* [bag] valise *f*. ◇ *vt* **-1.** [grasp] agarrar **-2.** [subj: tyres] ter aderência a **-3.** [imagination, attention] controlar.

gripe [graɪp] *inf* ◇ *n* [complaint] queixa *f*; **the ~s** cólicas *fpl*. ◇ *vi*: **to ~ (about sthg)** resmungar (por causa de algo).

gripping ['grɪpɪŋ] *adj* [story, film] emocionante.

grisly ['grɪzlɪ] (*compar* **-ier**, *superl* **-iest**) *adj* [horrible, macabre] horrendo(da), medonho(nha).

gristle ['grɪsl] *n (U)* cartilagem *f*.

grit [grɪt] (*pt* & *pp* **-ted**, *cont* **-ting**) ◇ *n* **-1.** [stones] areia *f* **-2.** *inf* [courage] coragem *f*. ◇ *vt* [road, steps] pôr areia em.

gritty ['grɪtɪ] (*compar* **-ier**, *superl* **-iest**) *adj* **-1.** [stony] arenoso(sa) **-2.** *inf* [brave] corajoso(sa).

groan [grəʊn] ◇ *n* gemido *m*. ◇ *vi* **-1.** [moan] gemer **-2.** [creak] ranger **-3.** [complain] resmungar.

grocer ['grəʊsəʳ] *n* dono *m*, -na *f* de mercearia; **~'s (shop)** mercearia *f*.

groceries ['grəʊsərɪz] *npl* [foods] comestíveis *mpl*.

grocery ['grəʊsərɪ] (*pl* **-ies**) *n* [shop] mercearia *f*.

groggy ['grɒgɪ] (*compar* **-ier**, *superl* **-iest**) *adj* grogue.

groin [grɔɪn] *n ANAT* virilha *f*.

groom [gru:m] ◇ *n* **-1.** [of horses] cavalariço *m* **-2.** [bridegroom] noivo *m*. ◇ *vt* **-1.** [horse,

dog] tratar **-2.** [candidate]**: to ~ sb (for sthg)** preparar alguém (para algo).
groomed *adj*: **well/badly ~** bem/mal tratado(da).
groove [gru:v] *n* **-1.** [in metal, wood] entalhe *m* **-2.** [in record] ranhura *f*.
grope [grəʊp] *vi*: **to ~ (about) for sthg** [object] tatear por algo.
gross [grəʊs] (*pl inv* OR **-es**) <> *adj* **-1.** [total] bruto(ta) **-2.** *fml* [serious, inexcusable] grave **-3.** *inf* [coarse, vulgar] indecente **-4.** *inf* [obese] balofo(fa). <> *n* grosa *f*.
grossly ['grəʊslɪ] *adv* [for emphasis] extremamente.
grotesque [grəʊ'tesk] *adj* [strange, unnatural] grotesco(ca).
grotto ['grɒtəʊ] (*pl* **-es** OR **-s**) *n* gruta *f*.
grotty ['grɒtɪ] (*compar* **-ier**, *superl* **-iest**) *adj UK inf* asqueroso(sa).
ground [graʊnd] <> *pt & pp* ▷ **grind**. <> *n* **-1.** [surface of earth] terra *f*, chão *m*; **above/below ~** em cima/embaixo da terra; **on the ~** no chão **-2.** *(U)* [area of land] terreno *m* **-3.** [area used for a particular purpose] campo *m* **-4.** [subject area] área *f* **-5.** [advantage]: **to gain/lose ~** ganhar/perder terreno. <> *vt* **-1.** [base]: **to be ~ed on** OR **in sthg** ter algo como base; **to be well-~ed in sthg** estar bem baseado em algo **-2.** [aircraft, pilot] ficar retido(da) **-3.** *esp US inf* [child] ficar de castigo **-4.** *US* ELEC: **to be ~ed** ter um fio-terra.
◆ **grounds** *npl* **-1.** [reason] razão *f*, motivo *m*; **~s for sthg/for doing sthg** motivo para algo/para fazer algo **-2.** [land round building] jardins *mpl* **-3.** [of coffee] borra *f*.
ground crew *n* equipe *f* de terra.
ground floor *n* (andar *m*) térreo *m*.
grounding ['graʊndɪŋ] *n*: **~ (in sthg)** conhecimentos *mpl* básicos (sobre algo).
groundless ['graʊndlɪs] *adj* infundado(da).
groundsheet ['graʊndʃi:t] *n* lona *f*.
ground staff *n* **-1.** [at sports ground] equipe *f* de campo **-2.** *UK* [at airport] pessoal *m* de terra.
groundswell ['graʊndswel] *n* [of feeling] acirramento *m*.
groundwork ['graʊndwɜ:k] *n (U)* base *f*, fundamento *m*.
group [gru:p] <> *n* **-1.** [gen] grupo *m* **-2.** MUS banda *f*. <> *vt* agrupar; [classify] classificar. <> *vi*: **to ~ (together)** agrupar-se.
groupie ['gru:pɪ] *n inf* tiete *mf*.
grouse [graʊs] (*pl* **-s**) <> *n* [bird] galo-silvestre *m*. <> *vi inf* queixar-se.
grove [grəʊv] *n* **-1.** [of trees] arvoredo *m* **-2.** [of fruit trees] pomar *m*.
grovel ['grɒvl] (*UK pt & pp* **-led**, *cont* **-ling**, *US pt & pp* **-ed**, *cont* **-ing**) *vi pej* [humble o.s.] humilhar-se; **to ~ to sb** humilhar-se diante de alguém.
grow [grəʊ] (*pt* **grew**, *pp* **grown**) <> *vt* **-1.** [plants] cultivar **-2.** [hair, beard] deixar crescer. <> *vi* **-1.** [plant, hair, person] crescer; [company, city, economy, plan] desenvolver-se **-2.** [increase] aumentar **-3.** [become] tornar-se; **to ~ tired of sthg** cansar-se de algo.
◆ **grow on** *vt fus inf* [please more and more]: **this book is growing on me** gosto cada vez mais deste livro.
◆ **grow out of** *vt fus* **-1.** [clothes, shoes]: **he's grown out of all his clothes** as roupas dele ficaram pequenas **-2.** [habit] perder.
◆ **grow up** *vi* crescer.
grower ['grəʊə^r] *n* [person] produtor *m*, -ra *f*, agricultor *m*, -ra *f*.
growl [graʊl] *vi* **-1.** [dog] rosnar **-2.** [lion] rugir **-3.** [engine] ranger **-4.** [person] resmungar.
grown [grəʊn] <> *pp* ▷ **grow**. <> *adj* crescido(da).
grown-up <> *adj* **-1.** [fully grown, full-sized] crescido(da) **-2.** [mature, sensible] maduro(ra). <> *n* adulto *m*, -ta *f*.
growth [grəʊθ] *n* **-1.** *(U)* [development, increase] crescimento *m* **-2.** MED [lump] tumor *m*, abscesso *m*.
grub [grʌb] *n* **-1.** [insect] larva *f* **-2.** *(U) inf* [food] rango *m*.
grubby ['grʌbɪ] (*compar* **-ier**, *superl* **-iest**) *adj* encardido(da).
grudge [grʌdʒ] <> *n* ressentimento *m*; **to bear sb a ~, to bear a ~ against sb** guardar rancor contra alguém. <> *vt* ressentir, lamentar; **to ~ sb sthg** invejar alguém por algo.
gruelling *UK*, **grueling** *US* ['grʊəlɪŋ] *adj* árduo(dua).
gruesome ['gru:səm] *adj* horrível.
gruff [grʌf] *adj* **-1.** [hoarse] rouco(ca) **-2.** [rough, unfriendly] brusco(ca).
grumble ['grʌmbl] *vi* **-1.** [complain] resmungar; **to ~ about sthg** resmungar por algo **-2.** [rumble - thunder, stomach] roncar; [- train] reboar.
grumpy ['grʌmpɪ] (*compar* **-ier**, *superl* **-iest**) *adj* **-1.** *inf* [person] resmungão(ona) **-2.** *inf* [face] rabugento(ta).
grunt [grʌnt] <> *n* **-1.** [of pig] grunhido *m* **-2.** [of person] resmungo *m*. <> *vi* **-1.** [pig] grunhir **-2.** [person] resmungar.
G-string *n* **-1.** MUS corda *f* G **-2.** [clothing] tanga *f* tapa-sexo.
guarantee [,gærən'ti:] <> *n* garantia *f*. <> *vt* **-1.** COMM dar garantia para **-2.** [promise] garantir.
guard [gɑ:d] <> *n* **-1.** [person] guarda *mf* **-2.** [group of guards] guarda *f* **-3.** [supervision] proteção *f*; **to be on ~** estar em guarda; **to**

catch sb off ~ pegar alguém desprevenido(da) **- 4.** *UK RAIL* chefe *mf* de trem **- 5.** [protective device] dispositivo *m* de segurança **- 6.** [in boxing] proteção *f.* ◇ *vt* **- 1.** [protect] proteger **- 2.** [prevent from escaping] vigiar.

guard dog *n* cão *m* de guarda.

guarded [ˈgɑːdɪd] *adj* [careful] cauteloso(sa).

guardian [ˈgɑːdjən] *n* **- 1.** *JUR* [of child] guardião *m*, -diã *f* **- 2.** [protector] curador *m*, -ra *f*.

guard rail *n US* [on road] proteção *f* lateral.

guard's van *n UK* vagão *m* de freio.

guerilla [gəˈrɪlə] *n* = **guerrilla**.

Guernsey [ˈgɜːnzɪ] *n* [place] Guernsey.

guerrilla [gəˈrɪlə] *n* guerrilheiro *m*, -ra *f*; **urban ~** guerrilheiro urbano, guerrilheira urbana.

guerrilla warfare *n (U)* guerrilha *f*.

guess [ges] ◇ *n* **- 1.** [at facts, figures] suposição *f* **- 2.** [hypothesis] hipótese *f.* ◇ *vt* [assess correctly] adivinhar; **~ what!** adivinha! ◇ *vi* **- 1.** [attempt to answer] chutar; **to ~ at sthg** tentar adivinhar algo **- 2.** [think, suppose]: **I ~ (so)** eu acho (que sim).

guesswork [ˈgeswɜːk] *n (U)* adivinhação *f*.

guest [gest] *n* **- 1.** [visitor - at home] visita *mf*; [- at club, restaurant, concert] convidado *m*, -da *f* **- 2.** [at hotel] hóspede *mf*.

guesthouse [ˈgesthaʊs, *pl* -haʊzɪz] *n* pensão *f*.

guestroom [ˈgestrʊm] *n* quarto *m* de hóspedes.

guffaw [gʌˈfɔː] ◇ *n* gargalhada *f.* ◇ *vi* gargalhar, dar gargalhadas.

guidance [ˈgaɪdəns] *n* **- 1.** [help] orientação *f* **- 2.** [leadership] liderança *f*.

guide [gaɪd] ◇ *n* **- 1.** [person, book for tourist] guia *mf* **- 2.** [manual] manual *m* **- 3.** [indication] estimativa *f* (aproximada) **- 4.** = **girl guide**. ◇ *vt* **- 1.** [show by leading] guiar; **the waiter ~d them to a table** o garçom os conduziu até a mesa **- 2.** [plane, missile] orientar **- 3.** [influence]: **to be ~d by sb/sthg** ser orientado(da) por alguém/algo.

Guide Association *n*: **the ~** as Escoteiras.

guide book *n* guia *m*.

guide dog *n* cão-guia *m*.

guided tour *n* **- 1.** [of city] excursão *f* guiada **- 2.** [of cathedral, museum etc.] visita *f* guiada.

guidelines [ˈgaɪdlaɪnz] *npl* princípios *mpl*, diretrizes *fpl*.

guild [gɪld] *n* **- 1.** *HIST* guilda *f* **- 2.** [association] associação *f*.

guile [gaɪl] *n (U) literary* astúcia *f*.

guillotine [ˈgɪləˌtiːn] ◇ *n* guilhotina *f.* ◇ *vt* guilhotinar.

guilt [gɪlt] *n* culpa *f*.

guilty [ˈgɪltɪ] (*compar* **-ier**, *superl* **-iest**) *adj* **- 1.** [remorseful] culpado(da) **- 2.** [causing remorse] condenável, que causa remorso **- 3.** *JUR* culpado(da); **to be found ~ /not ~** ser declarado culpado(da)/inocente **- 4.** *fig* [culpable] culpável; **to be ~ of sthg** ser culpado(da) de algo.

guinea pig [ˈgɪnɪ-] *n* **- 1.** [animal] porquinho-da-Índia *m* **- 2.** [subject of experiment] cobaia *mf*.

guise [gaɪz] *n fml* aparência *f*, aspecto *m*.

guitar [gɪˈtɑːʳ] *n* violão *m*, guitarra *f*.

guitarist [gɪˈtɑːrɪst] *n* violonista *mf*, guitarrista *mf*.

gulf [gʌlf] *n* **- 1.** [sea] golfo *m* **- 2.** [deep hole]: **~ (between)** abismo (entre) **- 3.** *fig* [separation] abismo *m*.

◆ **Gulf** *n*: **the Gulf** o Golfo Pérsico.

gull [gʌl] *n* [bird] gaivota *f*.

gullet [ˈgʌlɪt] *n* esôfago *m*.

gullible [ˈgʌləbl] *adj* ingênuo(nua).

gully [ˈgʌlɪ] (*pl* **-ies**) *n* **- 1.** [valley] barranco *m* **- 2.** [ditch] vala *f*.

gulp [gʌlp] ◇ *n* gole *m.* ◇ *vt* engolir. ◇ *vi* engolir em seco.

◆ **gulp down** *vt sep* engolir.

gum [gʌm] (*pt* & *pp* **-med**, *cont* **-ming**) ◇ *n* **- 1.** *(U)* [chewing gum] chiclete *m* **- 2.** [adhesive] goma *f* **- 3.** *ANAT* gengiva *f.* ◇ *vt* **- 1.** [cover with adhesive] passar goma em **- 2.** [stick] colar.

gumboots [ˈgʌmbuːts] *npl UK* galocha *f*.

gummed *adj* adesivo(va).

gun [gʌn] (*pt* & *pp* **-ned**, *cont* **-ning**) *n* **- 1.** [gen] arma *f* **- 2.** [specific type - revolver] revólver *m*; [- pistol] pistola *f*; [- shotgun] espingarda *m*; [- rifle] rifle *m*; [- cannon] canhão *m* **- 3.** *SPORT* [starting pistol] revólver *m* **- 4.** [tool] pistola *f*.

◆ **gun down** *vt sep* balear.

gunboat [ˈgʌnbəʊt] *n* canhoeira *f*.

gunfire [ˈgʌnfaɪəʳ] *n (U)* tiroteio *m*.

gunman [ˈgʌnmən] (*pl* **-men** [-mən]) *n* pistoleiro *m*.

gunpoint [ˈgʌnpɔɪnt] *n*: **at ~** na mira.

gunpowder [ˈgʌnˌpaʊdəʳ] *n (U)* pólvora *f*.

gunshot [ˈgʌnʃɒt] *n* [firing of gun] tiro *m*.

gunsmith [ˈgʌnsmɪθ] *n* armeiro *m*, -ra *f*.

gurgle [ˈgɜːgl] *vi* **- 1.** [water] gorgolejar **- 2.** [baby] fazer gugu.

guru [ˈgʊruː] *n* [spiritual leader] guru *m*.

gush [gʌʃ] ◇ *n* jorro *m.* ◇ *vi* **- 1.** [flow out] verter **- 2.** *pej* [enthuse] entusiasmar-se.

gusset [ˈgʌsɪt] *n* **- 1.** *SEWING* nesga *f* **- 2.** [in tights] entreperna *m*.

gust [gʌst] *n* rajada *f*.

gusto [ˈgʌstəʊ] *n (U)*: **with ~** com garra.

gut [gʌt] (*pt* & *pp* **-ted**, *cont* **-ting**) ◇ *n* **- 1.** *MED* intestino *m* **- 2.** *inf* [stomach] bucho *m.* ◇ *vt* **- 1.** [remove organs from] destripar **- 2.** [destroy] destruir.

◆ **guts** *npl inf* **- 1.** [intestines] tripas *fpl*; **to hate sb's ~s** ter alguém atravessado(da) na garganta **- 2.** [courage] coragem *f*.

gutter ['gʌtəʳ] *n* **-1.** [ditch] sarjeta *f* **-2.** [on roof] calha *f*.
gutter press *n pej* imprensa-marrom *f*.
guy [gaɪ] *n* **-1.** *inf* [man] cara *mf* **-2.** *esp US* [person] galera *f inv* **-3.** *UK* [dummy] *boneco que se queima na Grã-Bretanha na Noite da Conspiração da Pólvora*.
Guy Fawkes Night *n* Noite *f* da Conspiração da Pólvora.
guy rope *n* amarra *f*.
guzzle ['gʌzl] <> *vt pej* - [food] devorar com gula;[- drink] beber com gula. <> *vi* engolir com gula.
gym [dʒɪm] *n inf* **-1.** [gymnasium - in school] ginásio *m*; [- in hotel, health club] sala *f* de ginástica **-2.** *(U)* [exercises] ginástica *f*, ginásio *m*.
gymnasium [dʒɪm'neɪzjəm] (*pl* **-siums** *OR* **-sia** [-zjəl) *n* ginásio *m*.
gymnast ['dʒɪmnæst] *n* ginasta *mf*.
gymnastics [dʒɪm'næstɪks] *n (U)* ginástica *f*.
gym shoes *npl* sapatilha *f* de ginástica.
gymslip ['dʒɪm,slɪp] *n UK* bata *f* escolar.
gynaecologist *UK*, **gynecologist** *US* [,gaɪnə'kɒlədʒɪst] *n* ginecologista *mf*.
gynaecology *UK*, **gynecology** *US* [,gaɪnə'kɒlədʒɪ] *n (U)* ginecologia *f*.
gypsy ['dʒɪpsɪ] (*pl* **-ies**) *adj* & *n* = **gipsy**.
gyrate [dʒaɪ'reɪt] *vi* girar.

h (*pl* **h's** *OR* **hs**), **H** (*pl* **H's** *OR* **Hs**) [eɪtʃ] *n* [letter] h, H *m*.
haberdashery ['hæbədæʃərɪ] (*pl* **-ies**) *n* **-1.** *(U)* [goods] materiais *mpl* de costura, artigos *mpl* de armarinho **-2.** [shop] armarinho *m*.
habit ['hæbɪt] *n* **-1.** [customary practice] hábito *m*, costume *m*; **to make a ~ of sthg** tornar algo um hábito; **to make a ~ of doing sthg** ter por hábito fazer algo **-2.** [drug addiction] vício *m* **-3.** [garment] hábito *m*.
habitat ['hæbɪtæt] *n* hábitat *m*.
habitual [hə'bɪtʃʊəl] *adj* **-1.** [customary] habitual, costumeiro(ra) **-2.** [offender, smoker, drinker] inveterado(da).
hack [hæk] <> *n pej* [writer] escritorzinho *m*, -razinha *f*. <> *vt* **-1.** [cut] cortar **-2.** *inf* [cope with] enfrentar.
◆ **hack into** *vt fus COMPUT* invadir ilegalmente.
hacker ['hækəʳ] *n COMPUT*: **(computer) ~** hacker *mf* (de computador).
hackneyed ['hæknɪd] *adj pej* batido(da), banal.
hacksaw ['hæksɔ:] *n* serra *f* para metais.
had [*weak form* həd, *strong form* hæd] *pt & pp* ▷ **have**.
haddock ['hædək] (*pl inv*) *n* hadoque *m*.
hadn't ['hædnt] = **had not**.
haemophiliac [,hi:mə'fɪlɪæk] *n* = **hemophiliac**.
haemorrhage ['hemərɪdʒ] *n* & *vi* = **hemorrhage**.
haemorrhoids ['hemərɔɪdz] *npl* = **hemorrhoids**.
haggard ['hægəd] *adj* abatido(da).
haggis ['hægɪs] *n lingüiça escocesa, normalmente com o formato de uma bola, feita de carne de carneiro picada e embutida na pele do estômago do carneiro*.
haggle ['hægl] *vi* pechinchar, regatear; **to ~ over** *OR* **about sthg** pechinchar acerca de algo.
Hague [heɪg] *n*: **The ~** Haia.
hail [heɪl] <> *n* **-1.** *(U)* [frozen rain] granizo *m* **-2.** *fig* [torrent - of bullets] rajada *f*; [- of criticism] chuva *f*; [- of abuse] onda *f*. <> *vt* **-1.** [call] chamar **-2.** [acclaim]: **to ~ sb/sthg as sthg** aclamar alguém/algo como algo. <> *v impers METEOR* chover granizo.
hailstone ['heɪlstəʊn] *n* granizo *m*.
hailstorm *n* chuva *f* de granizo.
hair [heəʳ] <> *n* **-1.** *(U)* [on human head] cabelo *m*; **to do one's ~** pentear-se **-2.** [on animal, insect, plant] pêlo *m* **-3.** [on human skin] pêlo *m*. <> *comp* **-1.** [oil, lotion] capilar **-2.** [conditioner] de cabelos.
hairbrush ['heəbrʌʃ] *n* escova *f* de cabelo.
haircut ['heəkʌt] *n* corte *m* de cabelo.
hairdo ['heədu:] (*pl* **-s**) *n inf* penteado *m*.
hairdresser ['heə,dresəʳ] *n* cabeleireiro *m*, -ra *f*; **~'s (salon)** (salão *m* de) cabeleireiro *m*.
hairdryer ['heə,draɪəʳ] *n* secador *m* de cabelos.
hair gel *n (U)* gel *m* fixador.
hairgrip ['heəgrɪp] *n UK* grampo *m* de cabelo.
hairpin ['heəpɪn] *n* grampo *m* de cabelo.
hairpin bend *n* curva *f* fechada.
hair-raising [-,reɪzɪŋ] *adj* assustador(ra); **a ~ story** uma história de deixar os cabelos em pé.
hair remover [-rɪ,mu:vəʳ] *n* (creme *m*) depilatório *m*.
hair slide *n UK* passador *m*, presilha *f*.
hairspray ['heəspreɪ] *n* laquê *m*.
hairstyle ['heəstaɪl] *n* penteado *m*.
hairy ['heərɪ] (*compar* **-ier**, *superl* **-iest**) *adj* **-1.** [covered in hair - person] cabeludo(da); [- animal, legs] peludo(da) **-2.** *inf* [dangerous] arriscado(da).
Haiti ['heɪtɪ] *n* Haiti.
hake [heɪk] (*pl inv OR* **-s**) *n* merluza *f*.
half [*UK* hɑ:f, *US* hæf] (*pl* **halves**) <> *adj* meio

(meia); ~ **my salary** metade *f* do meu salário. <> *adv* **-1.** [partly, almost] meio, quase; **I ~ expected him to say yes** eu meio que esperava que ele dissesse sim **-2.** [by half]: **to increase sthg by ~** acrescentar a metade ao valor de algo **-3.** [in equal measure] meio; **~-and-~** meio a meio **-4.** [in telling the time]: **~ past ten** *UK*, **~ after ten** *US* dez e meia; **it's ~ past ten/one** são dez e meia/é uma e meia. <> *n* **-1.** [one of two equal parts] metade *f*; **to go halves (with sb)** rachar as despesas (com alguém) **-2.** [fraction] meio *m* **-3.** *SPORT* [of sports match] tempo *m* **-4.** *SPORT* [halfback] meio-campo *mf* **-5.** [of beer] meia cerveja *f* **-6.** [child's ticket] meia entrada *f*. <> *pron* [one of two equal parts] metade de; **~ of** metade de.

Ao se empregar *half* como substantivo, não é necessário o artigo (*I can't eat all of that - just give me half* não posso comer tudo isso - dê-me só a metade).

Entretanto, se *half* acompanhar outro substantivo, este será precedido de *a*, *the* ou *this*/*that* (*half a kilo of rice* meio quilo de arroz; *I'd like half that amount* quero a metade disso).

halfback ['hɑ:fbæk] *n* meio-campo *mf*.
half board *n (U) UK* meia pensão *f*.
half-breed <> *adj* mestiço(ça). <> *n* mestiço *m*, -ça *f*.
half-caste [-kɑ:st] <> *adj* mestiço(ça). <> *n* mestiço *m*, -ça *f*.
half-fare *n* meia passagem *f*.
half-hearted [-'hɑ:tɪd] *adj* desanimado(da).
half hour *n* meia hora *f*.
half-mast *n UK*: **at ~** [flag] a meio pau.
half moon *n* meia-lua *f*.
half note *n US MUS* mínima *f*.
halfpenny ['heɪpnɪ] (*pl* **-pennies** *OR* **-pence**) *n* meio pêni *m*.
half-price *adj* a metade do preço.
half term *n UK* recesso *m* escolar.
half time *n (U)* meio-tempo *m*.
halfway [hɑ:f'weɪ] <> *adj* no meio do caminho. <> *adv* **-1.** [in space] a meio caminho **-2.** [in time] no meio.
halibut ['hælɪbət] (*pl inv OR* **-s**) *n* halibute *m*.
hall [hɔ:l] *n* **-1.** [in house] entrada *f*, hall *m* **-2.** [meeting room] salão *m* **-3.** [public building] sala *f*; **town ~** prédio *m* da prefeitura **-4.** *UK* [*UNIV* & hall of residence] alojamento *m*, casa *f* do estudante **-5.** [country house] mansão *m*.
hallmark ['hɔ:lmɑ:k] *n* **-1.** [typical feature] marca *f* distintiva **-2.** [on metal] selo *m* de autenticidade.
hallo [hə'ləʊ] *excl* = **hello**.
hall of residence (*pl* **halls of residence**) *n UK UNIV* casa *f* do estudante.
Hallowe'en, Halloween, [ˌhæləʊ'i:n] *n* Dia *m* das Bruxas.
hallucinate [hə'lu:sɪneɪt] *vi* alucinar.
hallway ['hɔ:lweɪ] *n* **-1.** [at entrance of house] saguão *m*, hall *m* **-2.** [corridor] corredor *m*.
halo ['heɪləʊ] (*pl* **-es** *OR* **-s**) *n* [of saint, angel] auréola *f*.
halt [hɔ:lt] <> *n* [stop]: **to come to a ~** [vehicle, horse] fazer uma parada; [development, activity] interromper-se; **to call a ~ to sthg** pôr fim a algo. <> *vt* [stop - person] deter; [- development, activity] interromper. <> *vi* [stop - person, train] parar; [- development, activity] interromper-se.
halterneck ['hɔ:ltənek] *adj*: **~ dress** vestido *m* de frente única.
halve [*UK* hɑ:v, *US* hæv] *vt* **-1.** [reduce by half] reduzir à metade **-2.** [divide] partir ao meio.
halves [*UK* hɑ:vz, *US* hævz] *pl* ⊳ **half**.
ham [hæm] (*pt* & *pp* **-med**, *cont* **-ming**) <> *n* [meat] presunto *m*. <> *comp* de presunto.
hamburger ['hæmbɜ:gəʳ] *n* **-1.** [burger] hambúrguer *m* **-2.** *US* [mince] carne *f* moída.
hamlet ['hæmlɪt] *n* aldeia *f*.
hammer ['hæməʳ] <> *n* [tool] martelo *m*. <> *vt* **-1.** [with tool] martelar **-2.** [with fist] bater em **-3.** *inf fig* [fact, order]: **to ~ sthg into sb** meter algo na cabeça de alguém **-4.** *inf fig* [defeat] dar uma surra em. <> *vi* [with fist]: **to ~ (on sthg)** bater com insistência (em algo).
◆ **hammer out** <> *vt fus* [draw up] alcançar com muito esforço. <> *vt sep* [with tool] malhar.
hammock ['hæmək] *n* rede *f* de dormir.
hamper ['hæmpəʳ] <> *n* **-1.** [for picnic] cesta *f* **-2.** *US* [for laundry] cesto *m* de roupa. <> *vt* [impede] dificultar.
hamster ['hæmstəʳ] *n* hamster *m*.
hamstring ['hæmstrɪŋ] *n ANAT* tendão *m* do jarrete.
hand [hænd] <> *n* **-1.** [part of body] mão *f*; **to hold ~s** dar as mãos; **by ~** à mão; **to get** *OR* **lay one's ~s on sb** colocar *OR* pôr as mãos em alguém **-2.** [help] mão *f*; **to give** *OR* **lend sb a ~ (with sthg)** dar uma mão para alguém (em algo) **-3.** [control, management] mão *f* **-4.** [worker - on farm] peão *m*, -ona *f*; [- on ship] tripulante *mf* **-5.** [of clock, watch] ponteiro *m* **-6.** [handwriting] caligrafia *f* **-7.** [of cards] mão *f*. <> *vt*: **to ~ sthg to sb**, **to ~ sb sthg** entregar algo a alguém.
◆ **(close) at hand** *adv* próximo.
◆ **in hand** *adv* **-1.** [time, money]: **to have sthg in ~** ter algo sobrando **-2.** [problem, situation]: **to have sb/sthg in ~** ter alguém/algo sob controle.
◆ **on hand** *adv* em prontidão.
◆ **on the one hand** *adv* por um lado.
◆ **on the other hand** *adv* por outro lado.
◆ **out of hand** <> *adj* [situation]: **to get out of**

~ sair de controle. <> *adv* [completely] completamente.

◆ **to hand** *adv* à mão.

◆ **hand down** *vt sep* [to next generation] legar.

◆ **hand in** *vt sep* entregar.

◆ **hand out** *vt sep* distribuir.

◆ **hand over** <> *vt sep* **-1.** [baton, money] entregar **-2.** [responsibility, power] transferir, ceder **-3.** *TELEC* passar a ligação. <> *vi* [government minister, chairman] transferir; **to ~ over to sb** transferir para alguém.

handbag ['hændbæg] *n* bolsa *f*.

handball ['hændbɔ:l] *n (U)* [game] handebol *m*.

handbook ['hændbʊk] *n* manual *m*.

handbrake ['hændbreɪk] *n* freio *m* de mão.

handcuffs ['hændkʌfs] *npl* algemas *fpl*.

handful ['hændfʊl] *n lit & fig* punhado *m*.

handgun ['hændgʌn] *n* arma *f* de mão.

handheld PC ['hændheld-] *n* computador *m* de bolso, handheld *m*.

handicap ['hændɪkæp] (*pt* & *pp* **-ped**, *cont* **-ping**) <> *n* **-1.** [physical or mental disability] deficiência *f* **-2.** *fig* [disadvantage] obstáculo *m* **-3.** *SPORT* handicap *m*. <> *vt* [hinder] estorvar, atrapalhar.

handicapped ['hændɪkæpt] <> *adj* [physically or mentally disabled] deficiente. <> *npl*: **the ~** os deficientes.

handicraft ['hændɪkrɑ:ft] *n* [skill] artesanato *m*.

handiwork ['hændɪwɜ:k] *n (U)* [work produced by o.s.] trabalho *m* manual.

handkerchief ['hæŋkətʃɪf] (*pl* **-chiefs** *OR* **-chieves** [-tʃi:vz]) *n* lenço *m*.

handle ['hændl] <> *n* **-1.** [for opening and closing - of window] trinco *m*; [- of door] maçaneta *f* **-2.** [for holding] cabo *m* **-3.** [for carrying] alça *f*. <> *vt* **-1.** [with hands] manusear **-2.** [control, operate - car] guiar; [- ship] comandar; [- gun] manejar; [- words] articular **-3.** [manage, process] manejar **-4.** [cope with] tratar de.

handlebars ['hændlbɑ:z] *npl* guidom *m*.

handler ['hændlə^r] *n* **-1.** [of animal] treinador *m*, -ra *f* **-2.** [of luggage]: **(baggage) ~** carregador *m*, -ra *f* (de bagagem) **-3.** [of stolen goods] receptador *m*, -ra *f*.

hand luggage *n UK* bagagem *f* de mão.

handmade [,hænd'meɪd] *adj* feito(ta) à mão.

handout ['hændaʊt] *n* **-1.** [gift] donativo *m* **-2.** [leaflet] folheto *m* informativo **-3.** [for lecture, discussion] polígrafo *m*.

handrail ['hændreɪl] *n* corrimão *m*.

handset ['hændset] *n TELEC* fone *m (do telefone)*.

handshake ['hændʃeɪk] *n* aperto *m* de mão.

handsome ['hænsəm] *adj* **-1.** [man] bonito(ta) **-2.** [reward, profit] considerável.

handstand ['hændstænd] *n*: **to do a ~** plantar bananeira.

hand towel *n* toalha *f* de mão.

handwriting ['hænd,raɪtɪŋ] *n* letra *f*, caligrafia *f*.

handy ['hændɪ] (*compar* **-ier**, *superl* **-iest**) *adj inf* **-1.** [useful] prático(ca); **to come in ~** vir a calhar **-2.** [skilful] hábil **-3.** [near] à mão.

handyman ['hændɪmæn] (*pl* **-men** [-men]) *n* faz-tudo *mf*.

hang [hæŋ] (*pt* & *pp sense 1* **hung**, *pt* & *pp sense 2* **hung** *OR* **hanged**) <> *vt* **-1.** [suspend] pendurar **-2.** [execute] enforcar. <> *vi* **-1.** [be suspended] estar suspenso(sa) **-2.** [be executed] ser enforcado(da). <> *n*: **to get the ~ of sthg** *inf* pegar o jeito de algo.

◆ **hang about, hang around** *vi* **-1.** [loiter] demorar-se **-2.** [wait] rondar.

◆ **hang down** *vi* pender.

◆ **hang on** *vi* **-1.** [keep hold]: **to ~ on (to sb/ sthg)** segurar-se (em alguém/algo) **-2.** *inf* [continue waiting] aguardar **-3.** [persevere] resistir, agüentar.

◆ **hang out** *vi inf* [spend time] passar um tempo, frequentar.

◆ **hang round** *vi* = **hang about**.

◆ **hang up** <> *vt sep* [suspend] pendurar. <> *vi* [on telephone] desligar.

◆ **hang up on** *vt fus TELEC* desligar; **he hung up on me** ele desligou o telefone na minha cara.

hangar ['hæŋə^r] *n* hangar *m*.

hanger ['hæŋə^r] *n* [coat hanger] cabide *m*.

hanger-on (*pl* **hangers-on**) *n* bajulador *m*, -ra *f*, aproveitador *m*, -ra *f*.

hang gliding *n (U)* vôo *m* livre *(com asa delta)*.

hangover ['hæŋ,əʊvə^r] *n* [from drinking] ressaca *f*; **to have a ~** estar de ressaca.

hang-up *n inf PSYCH* complexo *m*.

hanker ['hæŋkə^r] ◆ **hanker after, hanker for** *vt fus* ansiar por, desejar ardentemente.

hankie, hanky ['hæŋkɪ] (*pl* **-ies**) (*abbr of* **handkerchief**) *n inf* lencinho *m*.

hanky-panky *n inf* [sexual behaviour] semvergonhice *f*.

haphazard [,hæp'hæzəd] *adj* caótico(ca), desordenado(da).

hapless ['hæplɪs] *adj literary* desafortunado(da).

happen ['hæpən] *vi* **-1.** [occur] acontecer; **to ~ to sb** acontecer com alguém **-2.** [chance]: **I ~ed to see him yesterday** por acaso eu o vi ontem; **do you ~ to have a pen on you?** você não teria por acaso uma caneta?; **as it ~s** por acaso.

happening ['hæpənɪŋ] *n* [occurrence] acontecimento *m*.

happily ['hæpɪlɪ] *adv* **-1.** [contentedly]: **to be ~ doing sthg** fazer algo alegremente **-2.** [fortunately] felizmente **-3.** [willingly] com satisfação.

happiness ['hæpɪnɪs] *n (U)* felicidade *f*.

happy ['hæpɪ] (*compar* **-ier**, *superl* **-iest**) *adj* **-1.** [contented] feliz, contente **-2.** [causing contentment] feliz; **Happy Christmas/New Year/Birthday!** Feliz Natal/Ano Novo/Aniversário!; **to be ~ with** *OR* **about sthg** estar feliz com algo; **to be ~ to do sthg** estar muito disposto(ta) a fazer algo; **I'd be ~ to do it** eu faria isso com muito gosto.

happy-go-lucky *adj* despreocupado(da).

happy medium *n* meio-termo *m*.

harangue [hə'ræŋ] <> *n* arenga *f*, ladainha *f*. <> *vt* arengar.

harass ['hærəs] *vt* [pester - with questions, problems] atormentar; [- sexually] molestar.

harbour *UK*, **harbor** *US* ['hɑ:bə^r] <> *n* porto *m*. <> *vt* **-1.** [feeling] abrigar **-2.** [person] dar refúgio a.

hard [hɑ:d] <> *adj* **-1.** [very firm, not soft] duro(ra) **-2.** [difficult] difícil **-3.** [strenuous, stressful] duro(ra), pesado(da) **-4.** [forceful] forte **-5.** [harsh, unkind] ríspido(da); **to be ~ on sb/sthg** ser duro com alguém/algo **-6.** [winter, frost] rigoroso(sa) **-7.** [water] duro(ra) **-8.** [fact, news] concreto(ta) **-9.** *UK POL* [extreme]: **~ left/right** extrema esquerda/direita. <> *adv* **-1.** [strenuously] muito, duro **-2.** [forcefully] com força **-3.** [rain, snow] intensamente **-4.** *phr*: **to be ~ pushed** *OR* **put** *OR* **pressed to do sthg** ver-se em apuros para fazer algo; **to feel ~ done by** sentir-se injustiçado(da) por.

hardback ['hɑ:dbæk] <> *adj* de capa dura. <> *n* [book] edição *f* de capa dura.

hardboard ['hɑ:dbɔ:d] *n (U)* madeira *f* compensada.

hard-boiled *adj* [egg] cozido(da).

hard cash *n (U)* dinheiro *m* vivo.

hard copy *n COMPUT* cópia *f* impressa.

hard disk *n* disco *m* rígido.

harden ['hɑ:dn] <> *vt* **-1.** [steel, arteries] endurecer **-2.** *fig* [person] endurecer **-3.** [attitude, ideas, opinion] fortalecer. <> *vi* **-1.** [glue, concrete, arteries] endurecer, endurecer-se **-2.** [attitude, ideas, opinion] fortalecer-se.

hard-headed [-'hedɪd] *adj* realista.

hard-hearted [-'hɑ:tɪd] *adj* insensível; **a ~ person** uma pessoa sem coração.

hard labour *n (U)* trabalhos *mpl* forçados.

hard-liner *n* linha-dura *mf*.

hardly ['hɑ:dlɪ] *adv* **-1.** [scarcely, not really] dificilmente; **~ ever/anything** quase nunca/nada; **I can ~ move/wait** mal posso me mover/esperar **-2.** [only just] apenas.

> ***Hardly*** não tem relação com ***hard***, ainda que ambos sejam advérbios e que ***hardly*** pareça ser derivado do adjetivo ***hard***. ***Hardly*** quer dizer o mesmo que ***barely***, (='mal'). Compare: (***I hit him as hard as I could*** bati nele com toda a força que pude) com (***I hardly touched him*** eu mal o toquei).

hardness ['hɑ:dnɪs] *n* **-1.** [firmness, also of water] dureza *f* **-2.** [difficulty] dificuldade *f*.

hard return *n COMPUT* retorno *m* de hardware.

hardship ['hɑ:dʃɪp] *n* **-1.** *(U)* [difficult conditions] privações *fpl* **-2.** [difficult circumstance] dificuldade *f*.

hard shoulder *n UK AUT* acostamento *m*.

hard up *adj inf* desprovido(da); **~ for sthg** desprovido(da) de algo.

hardware ['hɑ:dweə^r] *n* **-1.** [tools, equipment] ferragens *fpl* **-2.** *COMPUT* hardware *m*.

hardware shop *n* ferragem *f*.

hardwearing [ˌhɑ:d'weərɪŋ] *adj UK* resistente.

hardworking [ˌhɑ:d'wɜ:kɪŋ] *adj* trabalhador(ra).

hardy ['hɑ:dɪ] (*compar* **-ier**, *superl* **-iest**) *adj* **-1.** [person, animal] forte, robusto(ta) **-2.** [plant] resistente.

hare [heə^r] *n* lebre *f*.

harebrained ['heəˌbreɪnd] *adj inf* tolo(la).

harelip [ˌheə'lɪp] *n* lábio *m* leporino.

haricot (bean) ['hærɪkəʊ-] *n* feijão *m*.

harm [hɑ:m] <> *n* [physical] mal *m*; [psychological] dano *m*; **to do ~ to sb/sthg, to do sb/sthg ~** fazer mal a alguém/algo; **to be out of ~'s way** estar a salvo. <> *vt* [physically] ferir; [psychologically] danificar, prejudicar.

harmful ['hɑ:mfʊl] *adj* [physically] nocivo(va); [psychologically] prejudicial.

harmless ['hɑ:mlɪs] *adj* inofensivo(va).

harmonica [hɑ:'mɒnɪkə] *n* gaita-de-boca *f*.

harmonize, -ise ['hɑ:mənaɪz] <> *vt* harmonizar. <> *vi* harmonizar; **to ~ with sthg** harmonizar-se com algo.

harmony ['hɑ:mənɪ] (*pl* **-ies**) *n* harmonia *f*.

harness ['hɑ:nɪs] <> *n* **-1.** [for horse] arreio *m* **-2.** [for person, child] andador *m*. <> *vt* **-1.** [horse] arrear, pôr arreios em **-2.** [energy, solar power] aproveitar.

harp [hɑ:p] *n MUS* harpa *f*.

◆ **harp on** *vi*: **to ~ on (about sthg)** bater sempre na mesma tecla (sobre algo).

harpoon [hɑ:'pu:n] <> *n* arpão *m*. <> *vt* arpoar.

harpsichord ['hɑ:psɪkɔ:d] *n* clavicórdio *m*.

harrowing ['hærəʊɪŋ] *adj* angustiante.

harsh [hɑ:ʃ] *adj* **-1.** [cruel, severe] severo(ra), duro(ra) **-2.** [conditions, weather] duro(ra) **-3.** [cry, voice] áspero(ra) **-4.** [colour, contrast, light] forte **-5.** [landscape] desolado(da) **-6.** [taste] azedo(da).

harvest ['hɑ:vɪst] <> *n* colheita *f*. <> *vt* [crops] colher.

has [*weak form* həz, *strong form* hæz] *vb* ▷ **have**.

has-been *n inf pej*: **that man is a ~** aquele homem já era.

hash [hæʃ] *n* **-1.** *(U)* [meat] picadinho *m* **-2.** *inf* [mess]: **to make a ~ of sthg** fazer uma confusão em algo.
hashish [ˈhæʃiːʃ] *n (U)* haxixe *m.*
hasn't [ˈhæznt] = **has not**.
hassle [ˈhæsl] *inf* ◇ *n* [annoyance] amolação *f.* ◇ *vt* amolar, aborrecer.
haste [heɪst] *n (U)* **-1.** [rush] pressa *f*; **to do sthg in ~** fazer algo às pressas **-2.** [speed] rapidez *f*; **to make ~** *dated* apressar-se.
hasten [ˈheɪsn] ◇ *vt* acelerar. ◇ *vi* apressar-se; **I ~ to add that ...** apresso-me a acrescentar que ...
hastily [ˈheɪstɪlɪ] *adv* **-1.** [rashly] apressadamente **-2.** [quickly] rapidamente, às pressas.
hasty [ˈheɪstɪ] (*compar* **-ier**, *superl* **-iest**) *adj* **-1.** [rash] precipitado(da) **-2.** [quick] breve.
hat [hæt] *n* chapéu *m.*
hatch [hætʃ] ◇ *vt* **-1.** [chick] incubar **-2.** [egg] chocar **-3.** *fig* [scheme, plot] conceber, idealizar. ◇ *vi* **-1.** [chick] sair do ovo **-2.** [egg] chocar. ◇ *n* [for serving food] portinhola *f*, janela *f* de comunicação.
hatchback [ˈhætʃˌbæk] *n* carro *m* com porta traseira.
hatchet [ˈhætʃɪt] *n* machadinha *f.*
hatchway [ˈhætʃˌweɪ] *n* escotilha *f.*
hate [heɪt] ◇ *n* **-1.** [emotion] ódio *m* **-2.** [person, thing hated] aversão *f.* ◇ *vt* [dislike] detestar, odiar; **to ~ doing sthg** odiar fazer algo.
hateful [ˈheɪtfʊl] *adj* detestável.
hatred [ˈheɪtrɪd] *n (U)* ódio *m.*
hat trick *n* SPORT *série de três pontos marcados pelo mesmo jogador na mesma partida.*
haughty [ˈhɔːtɪ] (*compar* **-ier**, *superl* **-iest**) *adj* arrogante.
haul [hɔːl] ◇ *n* **-1.** [of drugs, stolen goods] carregamento *m* **-2.** [distance]: **long ~** longo trajeto *m.* ◇ *vt* [pull] arrastar, puxar.
haulage [ˈhɔːlɪdʒ] *n* **-1.** [gen] transporte *m* **-2.** [cost] gasto *m* com transporte.
haulier *UK* [ˈhɔːlɪəʳ], **hauler** *US* [ˈhɔːlər] *n* **-1.** [business] transportadora *f* **-2.** [person] transportador *m*, -ra *f.*
haunch [hɔːntʃ] *n* **-1.** [of person] quadril *m* **-2.** [of animal] lombo *m.*
haunt [hɔːnt] ◇ *n* [place] lugar *m* preferido. ◇ *vt* **-1.** [subj: ghost] assombrar **-2.** [subj: memory, fear, problem] perseguir.
have [hæv] (*pt* & *pp* **had**) ◇ *aux vb* **-1.** [to form perfect tenses]: **I ~ finished** acabei; **~ you been there? - no, I ~n't** você já esteve lá? - não; **they hadn't seen it** não o tinham visto; **we had already left** nós já tínhamos saído **-2.** [must]: **to ~ (got) to do sthg** ter de fazer algo; **do you ~ to pay?** é preciso pagar? ◇ *vt* **-1.** [possess]: **to ~ (got)** ter; **do you ~** OR **~ you got a double room?** você tem um quarto de casal?; **she's got brown hair** ela tem o cabelo castanho **-2.** [experience] ter; **to ~ a cold** estar resfriado; **to ~ a great time** divertir-se a valer **-3.** [replacing other verbs] ter; **to ~ breakfast** tomar o café da manhã; **to ~ dinner** jantar; **to ~ lunch** almoçar; **to ~ a bath** tomar banho; **to ~ a drink** tomar qualquer coisa, tomar um drinque; **to ~ a shower** tomar um banho; **to ~ a swim** nadar **-4.** [feel] ter; **I ~ no doubt about it** não tenho dúvida alguma OR nenhuma sobre isso **-5.** [cause to be]: **to ~ sthg done** mandar fazer algo; **to ~ one's hair cut** cortar o cabelo **-6.** [be treated in a certain way]: **I've had my wallet stolen** roubaram a minha carteira.

Presente

I have	*we have*
You have	*you have*
He/she/it has	*they have*

Pretérito simples

I had	*we had*
You had	*you had*
He/she/it had	*they had*

Gerúndio
Having

Particípio
Had

Have tem seus próprios significados como verbo principal, mas funciona também como verbo auxiliar, principalmente para formar tempos compostos (***I have always liked you*** sempre gostei de você; ***I wish they had told me before*** gostaria que tivessem me dito antes).

Have aparece também em construções passivas (***he had his bike stolen the other day*** a bicicleta dele foi roubada outro dia). Às vezes, seu uso indica que o sujeito da oração atribui a outra pessoa a realização da ação (***she's having the house painted*** ela mandou pintar a casa; ***he had his hair cut*** ele foi cortar o cabelo).

Quando significa 'ter' ou 'possuir', ***have*** funciona como verbo principal; isto é, utiliza-se ***do*** para formar orações negativas ou interrogativas (***I don't have any money - do you have any money?*** eu não tenho nenhum dinheiro - você tem algum dinheiro?).

Ver também **must**, **need**.

haven [ˈheɪvn] *n* [refuge] abrigo *m.*
haven't [ˈhævnt] = **have not**.
haversack [ˈhævəsæk] *n* ***dated*** mochila *f.*
havoc [ˈhævək] *n (U)* destruição *f*, estragos *mpl*; **to play ~ with sthg** causar estragos em algo.
Hawaii [həˈwaiː] *n* Havaí; **in ~** no Havaí.
hawk [hɔːk] *n* [bird] falcão *m.*
hawker [ˈhɔːkəʳ] *n* **-1.** [street vendor] camelô *mf*

-2. [door-to-door] vendedor *m*, -ra *f* ambulante.

hay [heɪ] *n (U)* feno *m*.

hay fever *n (U)* febre *f* do feno.

haystack ['heɪˌstæk] *n* feixe *m* de feno.

haywire ['heɪˌwaɪəʳ] *adj inf*: **to go ~** ficar louco(ca).

hazard ['hæzəd] <> *n* [danger] perigo *m*. <> *vt* **-1.** [life, reputation] arriscar, pôr em perigo **-2.** [guess, suggestion] atrever-se a fazer.

hazardous ['hæzədəs] *adj* perigoso(sa), arriscado(da).

hazard warning lights *npl UK* pisca-alerta *m*.

haze [heɪz] *n* **-1.** [mist] neblina *f* **-2.** [state of confusion] confusão *f* mental.

hazel ['heɪzl] *adj* castanho-claro.

hazelnut ['heɪzlˌnʌt] *n* avelã *f*.

hazy ['heɪzɪ] (*compar* **-ier**, *superl* **-iest**) *adj* **-1.** [misty] nebuloso(sa) **-2.** [vague, confused - ideas, memory] vago(ga); [- person, facts] confuso(sa).

HCA (*abbr of* **health care assistant**) *n* auxiliar *mf* de enfermagem.

he [hiː] *pers pron* ele; **~'s tall** ele é alto.

> *He* é o pronome pessoal utilizado para se falar de pessoas e animais de estimação do sexo masculino (*there's my brother - he's a teacher* lá está meu irmão - ele é professor; *there's my cat - isn't he funny?* lá está meu gato - ele não é engraçado?); seu equivalente feminino é *she* (*there's my sister - she's a nurse* lá está minha irmã - ela é enfermeira). *It* é o pronome neutro, usado para coisas, idéias e animais em geral (*there's my car - it's a Ford* lá está meu carro - é um Ford; *look at that elephant - it's got huge ears* veja aquele elefante - ele tem orelhas enormes). Também se pode usar *it* quando o sexo não for conhecido, como no caso de *baby* (*listen to that baby - I wish it would be quiet!* ouça aquele bebê - gostaria que ficasse quietinho!).
>
> Antigamente, em linguagem formal, utilizava-se o pronome masculino caso não se soubesse o sexo da pessoa (*if a student is sick, he must have a note from his parents* se um estudante estiver doente, ele deve trazer um bilhete de seus pais). A língua formal moderna utiliza o masculino e o feminino juntos (*if a student is sick, he or she must have a note from his or her parents*). A linguagem coloquial prefere *they* (*if a student is sick, they must have a note from their parents*).

head [hed] <> *n* **-1.** [gen] cabeça *f*; **a** *OR* **per ~** por pessoa, por cabeça; **to laugh/sing/shout one's ~ off** rir/cantar/gritar a plenos pulmões; **to be off one's ~** *UK*, **to be out of one's ~** *US* estar fora de seu juízo; **to go to one's ~** subir à cabeça; **to keep one's ~** manter a cabeça no lugar; **to lose one's ~** perder a cabeça; **to be soft in the ~** ter o miolo mole **-2.** [of table, bed, river] cabeceira *f* **-3.** [of page] cabeçalho *m* **-4.** [of stairs] topo *m* **-5.** [of queue, procession] frente *f* **-6.** [of flower] corola *f* **-7.** [head teacher] diretor *m*, -ra *f* **-8.** *ELEC* cabeçote *m*. <> *vt* **-1.** [be at front of, top of] encabeçar **-2.** [be in charge of] comandar **-3.** *FTBL* cabecear. <> *vi* dirigir-se, ir; **we gave up and ~ed home** nós desistimos e fomos para casa; **the ship was ~ing due north** o navio rumava para o norte.

◆ **heads** *npl* [on coin] cara *f*; **~ s or tails?** cara ou coroa?

◆ **head for** *vt fus* **-1.** [place] dirigir-se para **-2.** *fig* [trouble, disaster] encaminhar-se para.

headache ['hedeɪk] *n* dor *f* de cabeça; **to have a ~** ter uma dor de cabeça.

headband ['hedbænd] *n* faixa *f* (*para a cabeça*).

head boy *n UK* [at school] representante *m* discente.

headdress ['hedˌdres] *n* touca *f*.

header ['hedəʳ] *n* **-1.** *FTBL* cabeçada *f* **-2.** [at top of page] cabeçalho *m*.

headfirst [ˌhed'fɜːst] *adv* de cabeça.

headgear ['hedˌgɪəʳ] *n* proteção *f* para a cabeça.

head girl *n UK* [in school] representante *f* discente.

heading ['hedɪŋ] *n* título *m*, cabeçalho *m*.

headlamp ['hedlæmp] *n UK* farol *m* (*de carro*).

headland ['hedlənd] *n* promontório *m*.

headlight ['hedlaɪt] *n* farol *m* (*de carro*).

headline ['hedlaɪn] *n* **-1.** [in newspaper] manchete *f* **-2.** [of news broadcast] notícia *f* principal.

headlong ['hedlɒŋ] <> *adv* **-1.** [at great speed] apressadamente **-2.** [impetuously] precipitadamente **-3.** [dive, fall] abruptamente.

headmaster [ˌhed'mɑːstəʳ] *n* diretor *m* (*de colégio*).

headmistress [ˌhed'mɪstrɪs] *n* diretora *f* (*de colégio*).

head office *n* sede *f*.

head-on <> *adj* frontal, de frente. <> *adv* de frente.

headphones ['hedfəʊnz] *npl* fones *mpl* de ouvido.

headquarters [ˌhed'kwɔːtəz] *npl* **-1.** *FIN* sede *f*, matriz *f* **-2.** *MIL* quartel-general *m*.

headrest ['hedrest] *n* apoio *m* para a cabeça.

headroom ['hedrʊm] *n (U)* **-1.** [in car] espaço *m* (*entre a cabeça e o teto*) **-2.** [below bridge] altura *f* livre.

headscarf ['hedskɑːf] (*pl* **-scarves** [-skɑːvz] *OR* **-scarfs**) *n* lenço *m* (*para a cabeça*).

headset ['hedset] *n* fones *mpl* de ouvido com microfone.

head start *n* vantagem *f* inicial; **~ on** *OR* **over sb** vantagem sobre alguém.

headstrong ['hedstrɒŋ] *adj* cabeça-dura, obstinado(da).

head waiter *n* maître *m*.

headway ['hedweɪ] *n*: **to make ~** fazer progressos.

headwind ['hedwɪnd] *n* vento *m* contrário.

headword *n* [in dictionary, reference book] entrada *f*, verbete *m*.

heady ['hedɪ] (*compar* **-ier**, *superl* **-iest**) *adj* **-1.** [exciting] emocionante **-2.** [causing giddiness] inebriante, estonteante.

heal [hi:l] <> *vt* **-1.** [mend, cure - person] curar; [- wound] cicatrizar **-2.** *fig* [breach, division] cicatrizar. <> *vi* [be mended, cured] cicatrizar.

healing ['hi:lɪŋ] <> *adj* curativo(va). <> *n (U)* cura *f*.

health [helθ] *n (U)* **-1.** [condition of body] saúde *f* **-2.** *fig* [of country, organization] bom estado *m*.

health centre *n* centro *m* de saúde.

health food *n* alimentos *mpl* naturais.

health food shop *n* loja *f* de alimentos naturais.

health service *n* serviço *m* de saúde.

healthy ['helθɪ] (*compar* **-ier**, *superl* **-iest**) *adj* **-1.** [gen] saudável **-2.** *fig* [thriving] saneado(da) **-3.** [substantial] substancial.

heap [hi:p] <> *n* monte *m*, pilha *f*. <> *vt* **-1.** [pile up] amontoar; **to ~ sthg on (to) sthg** amontoar algo sobre algo.

◆ **heaps** *npl inf*: **~s of** montes *OR* pilhas de.

hear [hɪəʳ] (*pt* & *pp* **heard** [hɜ:d]) <> *vt* **-1.** [perceive] ouvir **-2.** [learn of] escutar; **to ~ (that)** ouvir dizer que **-3.** *JUR* [listen to] ver. <> *vi* **-1.** [perceive sound] ouvir **-2.** [know]: **to ~ about sthg** ouvir falar sobre algo **-3.** [receive news] ter notícias de; **to ~ from sb** ter notícias de alguém **-4.** *phr*: **I've never heard of him/it!** nunca ouvi falar dele/disto!; **I won't ~ of it!** não quero saber nada sobre isto!

hearing ['hɪərɪŋ] *n* **-1.** [sense] audição *f*; **hard of ~** com problemas de audição **-2.** *JUR* [trial] audiência *f*, julgamento *m*.

hearing aid *n* aparelho *m* auditivo.

hearsay ['hɪəseɪ] *n (U)* rumor *m*, boato *m*.

hearse [hɜ:s] *n* carro *m* funerário.

heart [hɑ:t] *n* **-1.** [gen] coração *m*; **from the ~** de coração; **to break sb's ~** partir o coração de alguém **-2.** *(U)* [courage]: **to have the ~ to do sthg** ter coragem de fazer algo; **to lose ~** perder o ímpeto **-3.** [of problem] centro *m* **-4.** [of cabbage, celery, lettuce] miolo *m*.

◆ **hearts** *npl* [playing cards] copas *fpl*.

◆ **at heart** *adv* de coração.

◆ **by heart** *adv* de cor.

heartache ['hɑ:teɪk] *n* sofrimento *m*, angústia *f*.

heart attack *n* ataque *m* cardíaco.

heartbeat ['hɑ:tbi:t] *n* pulsação *f*.

heartbroken ['hɑ:tˌbrəʊkn] *adj* de coração partido.

heartburn ['hɑ:tbɜ:n] *n (U)* azia *f*.

heart failure *n (U)* parada *f* cardíaca.

heartfelt ['hɑ:tfelt] *adj* sincero(ra), de todo coração.

hearth [hɑ:θ] *n* **-1.** [of fireplace] base *f* **-2.** [fireplace] lareira *f*.

heartless ['hɑ:tlɪs] *adj* desumano(na); **~ person** pessoa sem coração.

heartwarming ['hɑ:tˌwɔ:mɪŋ] *adj* enternecedor(ra), gratificante.

hearty ['hɑ:tɪ] (*compar* **-ier**, *superl* **-iest**) *adj* **-1.** [loud, energetic] caloroso(sa) **-2.** [substantial - meal] farto(ta); [- appetite] bom (boa).

heat [hi:t] <> *n* **-1.** *(U)* [gen] calor *m* **-2.** *(U)* [specific temperature] temperatura *f* **-3.** *(U)* [fire, source of heat] fogo *m* **-4.** *(U) fig*: **in the ~ of the moment** no calor do momento **-5.** [eliminating round] rodada *f* **-6.** *ZOOL*: **on ~** *UK*, **in ~** no cio. <> *vt* esquentar.

◆ **heat up** <> *vt sep* [make warm] esquentar. <> *vi* [become warm] ficar quente, esquentar.

heated ['hi:tɪd] *adj* **-1.** [room, swimming pool] aquecido(da) **-2.** [argument, discussion, person] esquentado(da).

heater ['hi:təʳ] *n* aquecedor *m*.

heath [hi:θ] *n* [open place] charneca *f*.

heathen ['hi:ðn] <> *adj* pagão(gã). <> *n* pagão *m*, -gã *f*.

heather ['heðəʳ] *n (U)* urze *f*.

heating ['hi:tɪŋ] *n (U)* calefação *f*.

heatstroke ['hi:tstrəʊk] *n (U)* insolação *f*.

heat wave *n* onda *f* de calor.

heave [hi:v] <> *vt* **-1.** [pull] puxar, arrastar; [push] empurrar **-2.** *inf* [throw] atirar, arremessar **-3.** [give out]: **to ~ a sigh** dar um suspiro. <> *vi* **-1.** [pull] puxar **-2.** [rise and fall - boat, shoulders] sacudir-se; [- waves] ondular; [- chest] arfar **-3.** [retch] embrulhar.

heaven ['hevn] *n* [Paradise] paraíso *m*.

◆ **heavens** <> *npl*: **the ~s** *literary* os céus. <> *excl*: **(good) ~s!** céus!

heavenly ['hevnlɪ] *adj inf dated* [delightful] divino(na).

heavily ['hevɪlɪ] *adv* **-1.** [for emphasis - to rain, smoke, drink, tax] excessivamente; [- laden, booked, dependent] totalmente; [- in debt] seriamente; [- populated] densamente **-2.** [solidly] solidamente **-3.** [noisily, ponderously] pesadamente **-4.** [deeply] profundamente.

heavy ['hevɪ] (*compar* **-ier**, *superl* **-iest**) *adj* **-1.** [gen] pesado(da); **how ~ is it?** quanto pesa? **-2.** [intense, deep] intenso(sa); **to be a ~ sleeper** ter o sono muito profundo **-3.** [in quantity] em grande número **-4.** [person - fat] gordo(da); [- solidly built] sólido(da) **-5.** [ponderous - movement] brusco(ca); [- fall] feio (feia) **-6.** [oppressive] carregado(da) **-7.** [grave, serious] grande **-8.** [busy] cheio (cheia).

heavy cream *n US* nata *f* para enfeitar.

heavy goods vehicle *n UK* veículo *m* de carga pesada.

heavyweight ['hevɪweɪt] ◇ *adj SPORT* peso pesado. ◇ *n* peso *m* pesado.

Hebrew ['hi:bru:] ◇ *adj* hebraico(ca). ◇ *n* **-1.** [person] hebraico *m*, -ca *f* **-2.** [language] hebraico *m*.

Hebrides ['hebrɪdi:z] *npl*: **the ~** as Hébridas.

heck [hek] *excl*: **what/where/why the ~ ...?** o que/onde/por que diabos ...?; **a ~ of a lot of** uma montanha de; **a ~ of a nice guy** um cara e tanto.

heckle ['hekl] ◇ *vt* ficar interrompendo. ◇ *vi* ficar interrompendo.

hectic ['hektɪk] *adj* muito agitado(da).

he'd [hi:d] = **he had, he would**.

hedge [hedʒ] ◇ *n* [shrub] cerca *f* viva. ◇ *vi* [prevaricate] dar evasivas.

hedgehog ['hedʒhɒg] *n* porco-espinho *m*.

heed [hi:d] ◇ *n*: **to take ~ of sthg** levar algo em consideração. ◇ *vt fml* ter em conta.

heedless ['hi:dlɪs] *adj*: **to be ~ of sthg** não fazer caso de algo.

heel [hi:l] *n* **-1.** [of foot] calcanhar *m* **-2.** [of shoe] salto *m*.

hefty ['heftɪ] (*compar* **-ier**, *superl* **-iest**) *adj inf* **-1.** [person] robusto(ta) **-2.** [salary, fee, fine] vultoso(sa), alto(ta).

heifer ['hefəʳ] *n* vitela *f*, novilha *f*.

height [haɪt] *n* **-1.** [gen] altura *f*; **in ~** de altura; **what ~ is it/are you?** que altura tem isto/você tem? **-2.** [zenith] apogeu *m*; **the ~ of** [fight, fame, tourist season] o auge de; [stupidity, ignorance, bad manners] o cúmulo de.

heighten ['haɪtn] ◇ *vt* intensificar. ◇ *vi* intensificar-se.

heir [eəʳ] *n* herdeiro *m*.

heiress ['eərɪs] *n* herdeira *f*.

heirloom ['eəlu:m] *n* herança *f* de família.

heist [haɪst] *n inf* roubo *m*.

held [held] *pt & pp* ▷ **hold**.

helicopter ['helɪkɒptəʳ] *n* helicóptero *m*.

helium ['hi:lɪəm] *n (U)* hélio *m*.

hell [hel] ◇ *n* **-1.** inferno *m* **-2.** *inf* [for emphasis]: **what/where/why the ~ ...?** o que/onde/por que diabos ...?; **it was one ~ of a mess** estava uma bagunça total; **he's a ~ of a nice guy** ele é um cara simpático e tanto **-3.** *phr*: **to do sthg for the ~ of it** *inf* fazer algo por gosto; **to give sb ~** *inf* [verbally] fazer alguém passar poucas e boas; **go to ~! v inf** vá para o inferno! ◇ *excl inf* diabos!, droga!

he'll [hi:l = **he will**.

hellish ['helɪʃ] *adj inf* infernal.

hello [hə'ləʊ] *excl* [greeting] olá!, oi!; [answering telephone, attracting attention] alô!

helm [helm] *n* **-1.** [of ship] leme *m*, timão *m* **-2.** *fig* [of company, organization] direção *f*.

helmet ['helmɪt] *n* capacete *m*.

help [help] ◇ *n* **-1.** *(U)* [assistance] ajuda *f*; **to be of ~** ajudar; **with the ~ of sb/sthg** com a ajuda de alguém/algo **-2.** *(U)* [in an emergency] socorro *m* **-3.** [useful person or object]: **to be a ~** ser útil. ◇ *vt* **-1.** [gen] ajudar; **to ~ sb (to) do sthg** ajudar alguém a fazer algo; **to ~ sb with sthg** ajudar alguém em algo. **-2.** [avoid] evitar; **I can't ~ feeling sad** não posso evitar ficar triste; **I couldn't ~ laughing** eu não conseguia parar de rir **-3.** *phr*: **to ~ o.s. (to sthg)** servir-se (de algo). ◇ *vi* [gen] ajudar; **to ~ with sthg** ajudar em algo. ◇ *excl* socorro!

◆ **help out** ◇ *vt sep* dar uma mão para. ◇ *vi* dar uma mão.

helper ['helpəʳ] *n* ajudante *mf*.

helpful ['helpfʊl] *adj* **-1.** [willing to help] prestativo(va) **-2.** [useful] proveitoso(sa).

helping ['helpɪŋ] *n* porção *f (de comida)*; **would you like a second ~?** quer repetir?

helpless ['helplɪs] *adj* indefeso(sa).

helpline ['helplaɪn] *n* (linha *f* de) suporte *m*.

Helsinki ['helsɪŋkɪ] *n* Helsinque; **in ~** em Helsinque.

hem [hem] (*pt & pp* **-med**, *cont* **-ming**) ◇ *n* bainha *f*. ◇ *vt* abainhar, fazer a bainha de.

◆ **hem in** *vt sep* cercar.

hemisphere ['hemɪˌsfɪəʳ] *n* [of Earth] hemisfério *m*.

hemline ['hemlaɪn] *n* (altura *f* da) bainha *f*.

hemophiliac [ˌhi:mə'fɪlɪæk] *n* hemofílico *m*, -ca *f*.

hemorrhage ['hemərɪdʒ] *n* hemorragia *f*.

hemorrhoids ['hemərɔɪdz] *npl* hemorróidas *fpl*.

hen [hen] *n* **-1.** [female chicken] galinha *f* **-2.** [female bird] fêmea *f*.

hence [hens] *adv fml* **-1.** [therefore] por isso, assim **-2.** [from now]: **ten years ~** daqui a dez anos.

henceforth [ˌhens'fɔ:θ] *adv fml* doravante.

henchman ['hentʃmən] (*pl* **-men** [-mən]) *n pej* capanga *m*, jagunço *m*.

henna ['henə] ◇ *n (U)* hena *f*. ◇ *vt* passar OR aplicar hena em.

henpecked ['henpekt] *adj pej* submisso(sa), dominado(da).

her [hɜ:ʳ] ◇ *pers pron* **-1.** *(direct)* a; **I know ~** eu a conheço **-2.** *(indirect)* lhe; **send it to ~** mande isso para ela; **tell ~** diga-lhe **-3.** *(after prep)* ela; **Lucy brought it with ~** a Lucy trouxe-o consigo OR com ela. ◇ *poss adj* o seu (a sua), dela; **~ books** o livros dela, os seus livros.

herald ['herəld] ◇ *n* [messenger] mensageiro

m, -ra f. <> *vt fml* **-1.** [signify, usher in] anunciar **-2.** [proclaim] conclamar.

herb [*UK* hɜ:b, *US* ɜ:b] *n* erva *f*.

herd [hɜ:d] <> *n* **-1.** [gen] rebanho *m*; [of elephants] manada *f* **-2.** [of people] multidão *f*. <> *vt* **-1.** [drive] pastorear **-2.** *fig* [push] conduzir *(em grupo)*.

here [hɪəʳ] *adv* [in, at this place] aqui; ~ **he is/they are** aqui está ele/estão eles; ~ **it is** aqui está; ~ **you are!** toma!; **Christmas is nearly** ~ o Natal está próximo; ~ **and there** aqui e acolá.

hereabouts *UK* [ˈhɪərəˌbaʊts], **hereabout** *US* [ˌhɪərəˈbaʊt] *adv* por aqui.

hereafter [ˌhɪərˈɑ:ftəʳ] <> *adv fml* de agora em diante, a partir de agora. <> *n*: **the** ~ o além.

hereby [ˌhɪəˈbaɪ] *adv* **-1.** *fml* [in documents] por meio deste (desta) **-2.** *fml* [when speaking]: **I** ~ **declare this theatre open** neste momento, declaro este teatro aberto.

hereditary [hɪˈredɪtrɪ] *adj* hereditário(ria).

heresy [ˈherəsɪ] (*pl* **-ies**) *n* heresia *f*.

herewith [ˌhɪəˈwɪð] *adv fml* [with letter]: **please find** ~ ... segue anexo ...

heritage [ˈherɪtɪdʒ] *n (U)* herança *f*.

hermetically [hɜ:ˈmetɪklɪ] *adv*: ~ **sealed** hermeticamente fechado(da).

hermit [ˈhɜ:mɪt] *n* eremita *mf*.

hernia [ˈhɜ:njə] *n* hérnia *f*.

hero [ˈhɪərəʊ] (*pl* **-es**) *n* [gen] herói *m*.

heroic [hɪˈrəʊɪk] *adj* heróico(ca).

◆ **heroics** *npl pej* patetices *fpl*.

heroin [ˈherəʊɪn] *n* [drug] *(U)* heroína *f*.

heroine [ˈherəʊɪn] *n* heroína *f*.

heron [ˈherən] (*pl inv* OR **-s**) *n* garça-real *f*.

herring [ˈherɪŋ] (*pl inv* OR **-s**) *n* arenque *m*.

hers [hɜ:z] *poss pron* o seu (a sua), (o/a) dela; **a friend of** ~ um amigo dela OR seu; **those shoes are** ~ estes sapatos são dela OR seus; **these are mine - where are** ~**?** estes são os meus - onde estão os dela?

herself [hɜ:ˈself] *pron* **-1.** *(reflexive)* se; **she hurt** ~ ela se machucou **-2.** *(after prep)* si própria OR mesma; **she did it** ~ foi ela mesma que o fez.

he's [hi:z] = **he is**, **he has**.

hesitant [ˈhezɪtənt] *adj* hesitante.

hesitate [ˈhezɪteɪt] *vi* [pause] hesitar; **to** ~ **to do sthg** hesitar em fazer algo.

hesitation [ˌhezɪˈteɪʃn] *n* hesitação *f*.

heterogeneous [ˌhetərəˈdʒi:njəs] *adj fml* heterogêneo(nea).

heterosexual [ˌhetərəʊˈsekʃʊəl] <> *adj* heterossexual. <> *n* heterossexual *mf*.

het up [het-] *adj inf* nervoso(sa), como uma pilha de nervos.

hexagon [ˈheksəgən] *n* hexágono *m*.

hey [heɪ] *excl* ei!

heyday [ˈheɪdeɪ] *n* auge *m*, apogeu *m*.

HGV (*abbr of* **heavy goods vehicle**) *n veículos pesados, como ônibus e caminhão*; **an** ~ **licence** ≃ uma carteira categoria C.

hi [haɪ] *excl inf* [hello] oi!, olá!

hiatus [haɪˈeɪtəs] (*pl* **-es**) *n fml* [pause] pausa *f*.

hibernate [ˈhaɪbəneɪt] *vi* hibernar.

hiccough, hiccup [ˈhɪkʌp] (*pt* & *pp* **-ped**, *cont* **-ping**) <> *n* **-1.** [sound] soluço *m*; **to have** ~**s** estar com soluços **-2.** *fig* [difficulty] contratempo *m*. <> *vi* soluçar.

hid [hɪd] *pt* ▻ **hide**.

hidden [ˈhɪdn] <> *pp* ▻ **hide**. <> *adj* **-1.** [from view] escondido(da) **-2.** [not apparent - disadvantages, dangers] escondido(da); [- problems] não aparente; [- cost] embutido(do) **-3.** [deliberately concealed - weapons] secreto; [- feelings] oculto.

hide [haɪd] (*pt* **hid**, *pp* **hidden**) <> *n* **-1.** [animal skin] pele *f* **-2.** [for watching birds, animals] esconderijo *m*. <> *vt* **-1.** [conceal] esconder; **to** ~ **sthg (from sb)** esconder algo (de alguém) **-2.** [cover] cobrir. <> *vi* [conceal o.s.] esconder-se.

hide-and-seek *n (U)* esconde-esconde *m*; **to play** ~ brincar de esconde-esconde.

hideaway [ˈhaɪdəweɪ] *n inf* refúgio *m*.

hideous [ˈhɪdɪəs] *adj* horrível.

hiding [ˈhaɪdɪŋ] *n* **-1.** *(U)* [concealment]: **to be in** ~ estar escondido(da) **-2.** *inf* [beating]: **to give sb a (good)** ~ dar uma (boa) surra em alguém; **to get a (good)** ~ **from sb** levar uma (boa) surra de alguém.

hiding place *n* esconderijo *m*.

hierarchy [ˈhaɪərɑ:kɪ] (*pl* **-ies**) *n* hierarquia *f*.

hi-fi [ˈhaɪfaɪ] *n* sistema *m* hi-fi.

high [haɪ] <> *adj* **-1.** [gen] alto(ta); **how** ~ **is it?** qual é a altura? **-2.** [greater than normal - speed] alto(ta); [- wind] forte; [- prices, unemployment] elevado(da); **temperatures in the** ~ **twenties** temperaturas bem acima dos 20 graus **-3.** [important, influential] importante **-4.** [honourable] nobre **-5.** [high-pitched] agudo(da) **-6.** *drugs sl* [on drugs] baratinado(da) **-7.** *inf* [drunk] alto(ta). <> *adv* **-1.** [above ground level] a grande altura **-2.** [in degrees] em alto grau; **to search** ~ **and low** procurar em tudo quanto é lugar. <> *n* [highest point] pico *m*.

highbrow [ˈhaɪbraʊ] *adj* erudito(ta).

high chair *n* cadeira *f* de bebê.

high-class *adj* [superior - person] de alta classe; [- hotel, restaurant] de alta categoria; [- performance] de alto nível.

high commission *n* alta comissão *f*.

High Court *n UK* JUR Corte *f* Suprema.

higher [ˈhaɪəʳ] *adj* [exam, qualification] superior(ra).

◆ **Higher** *n*: **Higher (Grade)** SCH *na Escócia,*

exame realizado ao final da escola secundária.

higher education *n (U)* ensino *m* superior.

high-handed [-'hændɪd] *adj* despótico(ca).

high jump *n SPORT* salto *m* em altura.

Highland Games ['haɪlənd-] *npl* Jogos *mpl* das Terras Altas.

Highlands ['haɪləndz] *npl*: **the** ~ [of Scotland] as Terras Altas.

highlight ['haɪlaɪt] ◇ *n* [of event, occasion] ponto *m* alto, destaque *m.* ◇ *vt* **-1.** [with pen] realçar **-2.** [emphasize] enfatizar.
◆ **highlights** *npl* [in hair] realces *mpl.*

highlighter (pen) ['haɪlaɪtəʳ-] *n* caneta *f* marca-texto.

highly ['haɪlɪ] *adv* **-1.** [very, extremely] altamente **-2.** [very well, at high level] muito bem **-3.** [favourably] favoravelmente; **I ~ recommend it** realmente recomendo isso.

highly-strung *adj* irritadiço(ça).

Highness ['haɪnɪs] *n*: **His/Her/Your (Royal) ~** Sua Alteza (Real); **Their (Royal) ~es** Suas Altezas (Reais).

high-pitched [-'pɪtʃt] *adj* [shrill] agudo(da).

high point *n* [of occasion] ponto *m* alto.

high-powered [-'paʊəd] *adj* **-1.** [powerful] de alta potência **-2.** [dynamic] dinâmico(ca).

high-ranking [-'ræŋkɪŋ] *adj* de destaque.

high-rise *adj* de muitos andares; **a ~ building** um espigão.

high school *n* **-1.** *UK* [for 11- to 18-year-olds] ≃ escola *f* secundária **-2.** *US* [for 15- to 18-year-olds] ≃ segundo grau *m.*

high season *n (U)* alta estação *f.*

high spot *n* ponto *m* de relevo.

high street *n UK* avenida *f* principal.

high-tech *adj* [method, industry] de alta tecnologia.

high tide *n (U)* [of sea] maré *f* alta.

highway ['haɪweɪ] *n* **-1.** *US* [main road between cities] auto-estrada *f* **-2.** *UK* [any main road] rodovia *f.*

Highway Code *n UK*: **the ~** ≃ o Código Nacional de Trânsito.

hijack ['haɪdʒæk] ◇ *n* [of aircraft, car] seqüestro *m.* ◇ *vt* [aircraft, car] seqüestrar.

hijacker ['haɪdʒækəʳ] *n* seqüestrador *m*, -ra *f.*

hike [haɪk] ◇ *n* [long walk] caminhada *f.* ◇ *vi* [go for a long walk] caminhar.

hiker ['haɪkəʳ] *n* caminhante *mf*, andarilho *m.*

hiking ['haɪkɪŋ] *n (U)* excursões *fpl* a pé; **to go ~** fazer excursões.

hilarious [hɪ'leərɪəs] *adj* hilariante, engraçado(da).

hill [hɪl] *n* **-1.** [mound] colina *f* **-2.** [slope] ladeira *f.*

hillside ['hɪlsaɪd] *n* encosta *f.*

hilly ['hɪlɪ] (*compar* **-ier**, *superl* **-iest**) *adj* montanhoso(sa).

hilt [hɪlt] *n* punho *m*; **to the ~** ao extremo; **to support/defend sb to the ~** apoiar/defender alguém com unhas e dentes.

him [hɪm] *pers pron* **-1.** *(direct)* o; **I know ~** eu o conheço **-2.** *(indirect)* lhe; **tell ~** diga-lhe **-3.** *(after prep)* ele; **send it to ~** mande isso para ele; **Tony brought it with ~** Tony trouxe-o consigo *OR* com ele.

Himalayas [ˌhɪmə'leɪəz] *npl*: **the ~** as montanhas do Himalaia.

himself [hɪm'self] *pron* **-1.** *(reflexive)* se; **he hurt ~** machucou-se **-2.** *(after prep)* si próprio *OR* mesmo; **he did it ~** foi ele mesmo que o fez.

hind [haɪnd] (*pl inv OR* **-s**) ◇ *adj* traseiro(ra). ◇ *n* [deer] corça *f.*

hinder ['hɪndəʳ] *vt* retardar, atrapalhar.

Hindi ['hɪndɪ] *n (U)* [language] hindi *m.*

hindrance ['hɪndrəns] *n* **-1.** [obstacle] obstáculo *m* **-2.** *(U)* [delay] atrasos *mpl.*

hindsight ['haɪndsaɪt] *n (U)*: **with the benefit of ~** olhando em retrospecto.

Hindu ['hɪnduː] (*pl* **-s**) ◇ *adj* hindu. ◇ *n* hindu *m.*

hinge [hɪndʒ] (*cont* **hingeing**) *n* [on door, window, lid] dobradiça *f.*
◆ **hinge (up)on** *vt fus* [depend on] depender de.

hint [hɪnt] ◇ *n* **-1.** [indirect suggestion] alusão *f*; **to drop a ~** dar uma indireta **-2.** [useful suggestion, tip] dica *f* **-3.** [small amount, trace] sinal *m.* ◇ *vi*: **to ~ at sthg** fazer alusão a algo. ◇ *vt*: **to ~ that** insinuar que.

hip [hɪp] *n* [part of body] quadril *m.*

hippie ['hɪpɪ] *n* hippie *m.*

hippo ['hɪpəʊ] (*pl* **-s**) *n* hipopótamo *m.*

hippopotamus [ˌhɪpə'pɒtəməs] (*pl* **-muses** *OR* **-mi** [-maɪ]) *n* hipopótamo *m.*

hippy ['hɪpɪ] (*pl* **-ies**) *n* = **hippie**.

hire ['haɪəʳ] ◇ *n (U)* [of car, equipment] aluguel *m*; **for ~** aluga-se; **bicycles for ~** alugam-se bicicletas; **taxi for ~** táxi livre. ◇ *vt* **-1.** [rent] alugar **-2.** [employ] contratar.
◆ **hire out** *vt sep* alugar.

hire car *n UK*: **to have a ~** alugar um carro.

hire purchase *n (U) UK* compra *f* a prazo.

his [hɪz] ◇ *poss pron* o seu (a sua), (o/a) dele; **~ books** os livros dele, os seus livros ◇ *poss adj* o seu (a sua), dele; **a friend of ~** um amigo dele *OR* seu; **these shoes are ~** estes sapatos são dele *OR* seus; **these are mine - where are ~?** estes são os meus - onde estão os dele?

hiss [hɪs] ◇ *n* **-1.** [of animal, person] silvo *m* **-2.** [of audience] vaia *f* **-3.** [of steam, gas] assobio *m.* ◇ *vi* **-1.** [animal, person] silvar; **she ~ed angrily at him** ela o vaiou irritada **-2.** [steam, gas] assobiar.

historic [hɪ'stɒrɪk] *adj* [significant] histórico(ca).

historical [hɪ'stɒrɪkəl] *adj* histórico(ca).

history ['hɪstərɪ] (*pl* **-ies**) *n* **-1.** [gen] história *f*; **to go down in ~** entrar para a história **-2.** [past record] histórico *m*.

hit [hɪt] (*pt* & *pp* **hit**, *cont* **-ting**) ◇ *n* **-1.** [blow] golpe *m*, pancada *f* **-2.** [successful strike] tiro *m* certeiro **-3.** [success] sucesso *m* **-4.** COMPUT [of website] visita *f*. ◇ *comp* de sucesso. ◇ *vt* **-1.** [strike a blow at] bater em **-2.** [crash into] bater contra **-3.** [reach] alcançar; **the thought suddenly ~ me that ...** de repente me dei conta de que ... **-4.** [affect badly] atingir **-5.** *phr*: **to ~ it off (with sb)** dar-se bem (com alguém).

hit-and-miss *adj* = **hit-or-miss**.

hit-and-run ◇ *adj* **-1.** [driver] que não presta socorro **-2.** [accident] em que não se presta socorro. ◇ *n* [accident] acidente no qual não se presta socorro.

hitch [hɪtʃ] ◇ *n* [problem, snag] dificuldade *f*. ◇ *vt* **-1.** [solicit]: **to ~ a lift** pegar carona **-2.** [fasten]: **to ~ sthg on(to) sthg** amarrar algo em algo. ◇ *vi* [hitchhike] viajar de carona.

◆ **hitch up** *vt sep* [pull up] levantar.

hitchhike ['hɪtʃhaɪk] *vi* viajar de carona.

hitchhiker ['hɪtʃhaɪkə^r] *n* caroneiro *m*, -ra *f*.

hi-tech [ˌhaɪ'tek] *adj* = **high-tech**.

hitherto [ˌhɪðə'tu:] *adv fml* até agora.

hit-or-miss *adj* aleatório(ria).

HIV (*abbr of* **human immunodeficiency virus**) *n (U)* HIV *m*; **to be ~-positive** ser soropositivo(va).

hive [haɪv] *n* [for bees] colméia *f*; **a ~ of activity** *fig* um centro de atividades.

◆ **hive off** *vt sep* [separate] transferir.

HNC (*abbr of* **Higher National Certificate**) *n certificado de qualificação em disciplinas técnicas na Grã-Bretanha.*

HND (*abbr of* **Higher National Diploma**) *n diploma de qualificação em disciplinas técnicas na Grã-Bretanha.*

hoard [hɔ:d] ◇ *n* [store] provisão *f*. ◇ *vt* [collect, save] estocar.

hoarding ['hɔ:dɪŋ] *n* **UK** [for advertisements, posters] outdoor *m*.

hoarfrost ['hɔ:frɒst] *n (U)* geada *f*.

hoarse [hɔ:s] *adj* rouco(ca).

hoax [həʊks] *n* trote *m*.

hob [hɒb] *n* **UK** [on cooker] mesa *f*.

hobble ['hɒbl] *vi* [limp] coxear.

hobby ['hɒbɪ] (*pl* **-ies**) *n* [leisure activity] hobby *m*.

hobby horse *n* **-1.** [toy] cavalinho-de-pau *m* **-2.** [favourite topic] assunto *m* favorito.

hobo ['həʊbəʊ] (*pl* **-es** OR **-s**) *n* **US** [tramp] vagabundo *m*, -da *f*.

hockey ['hɒkɪ] *n* **-1.** [on grass] hóquei *m* **-2.** **US** [ice hockey] hóquei *m* no gelo.

hockey stick *n* bastão *m* de hóquei.

hoe [həʊ] ◇ *n* enxada *f*. ◇ *vt* capinar.

hog [hɒg] (*pt* & *pp* **-ged**, *cont* **-ging**) ◇ *n* **-1.** *US lit & fig* porco *m*, -ca *f* **-2.** *phr*: **to go the whole ~** ir até o fim. ◇ *vt inf* [monopolize] monopolizar.

Hogmanay ['hɒgməneɪ] *n denominação escocesa para a Noite de Ano Novo.*

hoist [hɔɪst] ◇ *n* guindaste *f*. ◇ *vt* **-1.** [load, person] levantar **-2.** [sail, flag] içar.

hold [həʊld] (*pt* & *pp* **held**) ◇ *n* **-1.** [grasp, grip]: **to have a firm ~ on sthg** segurar algo firme; **to keep ~ of sthg** segurar algo; **to take** OR **lay ~ of sthg** começar a ter efeito de algo; **to get ~ of sthg** [obtain] arranjar algo; **to get ~ of sb** [find] encontrar **-2.** [of ship, aircraft] porão *m* **-3.** [control, influence] influência *f*. ◇ *vt* **-1.** [in hand, arms] segurar **-2.** [maintain in position] manter; **to ~ sb prisoner** manter alguém como prisioneiro(ra); **to ~ sb hostage** tomar alguém como refém **-3.** [have, possess] ter, possuir **-4.** [conduct, stage] conduzir **-5.** *fml* [consider] julgar; **to ~ (that)** sustentar que; **to ~ sb responsible for sthg** responsabilizar alguém por algo **-6.** [on telephone]: **please ~ the line** aguarde na linha, por favor **-7.** [keep, sustain] manter **-8.** MIL ocupar **-9.** [support, have space for] suportar **-10.** [contain] guardar **-11.** *phr*: **~ it!**, **~ everything!** espera aí!; **to ~ one's own** virar-se. ◇ *vi* **-1.** [remain unchanged] manter-se; **to ~ still** OR **steady** segurar firme **-2.** [on phone] esperar.

◆ **hold back** *vt sep* [gen] reter.

◆ **hold down** *vt sep* [job] manter.

◆ **hold off** ◇ *vt sep* [fend off] manter à distância.

◆ **hold on** *vi* **-1.** [gen] esperar **-2.** [grip]: **to ~ on (to sthg)** segurar-se firme (em algo).

◆ **hold out** ◇ *vt sep* [hand, arms] estender. ◇ *vi* **-1.** [last] durar **-2.** [resist]: **to ~ out (against sb/sthg)** resistir (a alguém/algo).

◆ **hold up** *vt sep* **-1.** [raise] levantar **-2.** [delay] atrasar.

holdall ['həʊldɔ:l] *n* **UK** mochila *f*.

holder ['həʊldə^r] *n* **-1.** [gen] suporte *m*, recipiente *m*; **cigarette ~** boquilha *f*; **candle ~** castiçal *m* **-2.** [owner - gen] titular *mf*; [- of ticket] portador *m*, -ra *f*; [- position, title] detentor *m*, -ra *f*.

holding ['həʊldɪŋ] *n* **-1.** [investment] participação *f* acionária **-2.** [farm] propriedade *f*.

hold-up *n* **-1.** [robbery] assalto *m* à mão armada **-2.** [delay] empecilho *m*, atraso *m*.

hole [həʊl] *n* **-1.** [gen] buraco *m*; **~ in one** um buraco numa só tacada **-2.** *inf* [horrible place] buraco *m* **-3.** *inf* [predicament] apuro *m*.

holiday ['hɒlɪdeɪ] *n* **-1.** [vacation] férias *fpl*; **to**

be/go on ~ estar de/sair de férias **-2.** [public holiday] feriado *m*.
holiday camp *n UK* colônia *f* de férias.
holidaymaker [ˈhɒlɪdeɪˌmeɪkəʳ] *n UK* excursionista *mf*.
holiday pay *n UK* férias *fpl* remuneradas.
holiday resort *n UK* cidade *f* turística.
holistic [həʊˈlɪstɪk] *adj* holístico(ca).
Holland [ˈhɒlənd] *n* Holanda *f*.
holler [ˈhɒləʳ] *inf* <> *vt* gritar. <> *vi esp US* gritar.
hollow [ˈhɒləʊ] <> *adj* **-1.** [gen] oco (oca), vazio(zia) **-2.** [gaunt - eyes] fundo(da); [- cheeks] magro(gra) **-3.** [empty of meaning or value - laugh, optimism] falso(sa); [- promise, victory] vão (vã). <> *n* **-1.** [gen] buraco *m* **-2.** [in ground, pillow] buraco *m*, cavidade *f*.
◆ **hollow out** *vt sep* **-1.** [make hollow] tornar oco (oca) **-2.** [make by hollowing] escavar.
holly [ˈhɒlɪ] *n (U)* azevinho *m*.
holocaust [ˈhɒləkɔːst] *n* [destruction] holocausto *m*.
◆ **Holocaust** *n*: **the Holocaust** o Holocausto.
holster [ˈhəʊlstəʳ] *n* coldre *m*.
holy [ˈhəʊlɪ] *(compar* **-ier**, *superl* **-iest)** *adj* **-1.** [sacred] sagrado(da), santo(ta); ~ **water** água-benta *f* **-2.** [pure and good] puro(ra).
Holy Ghost *n*: **the** ~ o Espírito Santo.
Holy Land *n*: **the** ~ a Terra Santa.
Holy Spirit *n*: **the** ~ o Espírito Santo.
home [həʊm] <> *adj* **-1.** [not foreign] nacional **-2.** SPORT interno(na). <> *adv* **-1.** [to or at one's house] para casa **-2.** [from abroad] para casa (do exterior). <> *n* **-1.** [one's house, place of residence] casa *f*; **to make one's** ~ fazer a casa **-2.** [place of origin] terra *f* natal **-3.** [family unit, Institution] lar *m*; **to leave** ~ sair de casa.
◆ **at home** *adv* **-1.** [gen] em casa; **at** ~ **with sthg** à vontade com algo; **to make o.s. at** ~ sentir-se à vontade OR em casa **-2.** [in one's own country] no meu país.
home address *n* endereço *m* residencial.
home brew *n (U)* [beer] cerveja *f* caseira.
home computer *n* computador *m* pessoal.
home cooking *n* comida *f* caseira.
Home Counties *npl UK*: **the** ~ *os condados ao redor de Londres*.
home delivery *n* entrega *m* a domicílio.
home economics *n (U)* economia *f* doméstica.
home help *n UK empregada que auxilia pessoas idosas ou doentes*.
home improvements *npl* reformas *fpl* na casa.
homeland [ˈhəʊmlænd] *n* **-1.** [country of birth] terra *f* natal **-2.** [in South Africa] gueto *m*.
homeless [ˈhəʊmlɪs] <> *adj* sem-teto. <> *npl*: **the** ~ os sem-teto, os desabrigados.
homely [ˈhəʊmlɪ] *adj* **-1.** [simple, unpretentious] simples **-2.** [ugly] feio (feia).
home-made *adj* caseiro(ra); ~ **bread** pão *m* feito em casa.
Home Office *n UK*: **the** ~ ≃ o Ministério do Interior.
homeopathy [ˌhəʊmɪˈɒpəθɪ] *n (U)* homeopatia *f*.
home page *n* COMPUT homepage *f*, página *f* inicial.
Home Secretary *n UK* ≃ Ministro *m*, -tra *f* do Interior.
homesick [ˈhəʊmsɪk] *adj* com saudade de casa; **to feel** ~ estar com saudades de casa.
hometown [ˈhəʊmtaʊn] *n* cidade *f* natal.
homeward [ˈhəʊmwəd] *adj* de regresso. <> *adv* = **homewards**.
homewards [ˈhəʊmwədz] *adv* para casa.
homework [ˈhəʊmwɜːk] *n* **-1.** SCH dever *m* de casa, tema *m* **-2.** *inf fig* [preparation] dever *m* de casa.
homey, homy [ˈhəʊmɪ] *US adj US* familiar.
homicide [ˈhɒmɪsaɪd] *n fml (U)* homicídio *m*.
homoeopathy *etc. n* = **homeopathy** *etc.*
homogeneous [ˌhɒməˈdʒiːnjəs] *adj* homogêneo(nea).
homophobic [ˈhəʊməʊˈfəʊbɪk] *adj* homofóbico(ca).
homosexual [ˌhɒməˈsekʃʊəl] <> *adj* homossexual. <> *n* homossexual *mf*.
homy *adj US* = **homey**.
hone [həʊn] *vt* **-1.** [knife, sword] afiar **-2.** [intellect, wit] aprimorar.
honest [ˈɒnɪst] <> *adj* **-1.** [trustworthy] honesto(ta) **-2.** [frank, truthful] sincero(ra); **to be** ~**,...** para ser franco(ca), ... **-3.** [legal] legal. <> *adv* *inf*: **I didn't steal your pencil,** ~**!** eu não roubei o seu lápis, juro!
honestly [ˈɒnɪstlɪ] <> *adv* **-1.** [in a trustworthy manner] honestamente **-2.** [frankly, truthfully] sinceramente. <> *excl* [expressing impatience, disapproval] ora, francamente!
honesty [ˈɒnɪstɪ] *n* **-1.** *(U)* [trustworthiness] honestidade *f* **-2.** [frankness, truthfulness] sinceridade *f*.
honey [ˈhʌnɪ] *n* **-1.** *(U)* [food] mel *m* **-2.** *esp US* [dear] querido *m*, -da *f*.
honeycomb [ˈhʌnɪkəʊm] *n* **-1.** [in wax] favo *m (de mel)* **-2.**: ~ **pattern** formato *m* de favo de mel.
honeymoon [ˈhʌnɪmuːn] <> *n lit & fig* lua-de-mel *f*. <> *vi* sair em lua-de-mel.
honeysuckle [ˈhʌnɪˌsʌkl] *n* madressilva *f*.
Hong Kong [ˌhɒŋˈkɒŋ] *n* Hong Kong.
honk [hɒŋk] <> *vi* **-1.** [motorist] buzinar **-2.** [goose] grasnar. <> *vt*: **to** ~ **a horn** tocar a buzina.
honor *etc. n & vt US* = **honour** *etc.*

honorary [UK 'ɒnərərɪ, US ɒnə'reərɪ] *adj* honorário(ria).

honour *UK*, **honor** *US* ['ɒnəʳ] ◇ *n* honra *f*; **in ~ of sb/sthg** em honra de alguém/algo. ◇ *vt* honrar.

◆ **honours** *npl* **-1.** [gen] honras *fpl* **-2.** *UNIV* *tipo de grau universitário concedido por universidades britânicas.*

honourable *UK*, **honorable** *US* ['ɒnrəbl] *adj* honrado(da).

honours degree *n UK* [univ] = **honours 2.**

Hon. Sec. (*abbr of* **honorary secretary**) *n* secretário *m* honorário, secretária *f* honorária.

hood [hʊd] *n* **-1.** [on cloak, jacket] capuz *f* **-2.** *US* [of car] capota *f* **-3.** [of pram] toldo *m* **-4.** [of cooker] aba *f* **-5.** *US* [car bonnet] capô *m*.

hoodlum ['hu:dləm] *n* [youth] *US inf* arruaceiro *m*, -ra *f*; [gangster] gângster *mf*.

hoof [hu:f, hʊf] (*pl* **-s** *OR* **hooves**) *n* pata *f*, casco *m*.

hook [hʊk] ◇ *n* **-1.** [for coat, picture, curtain] gancho *m* **-2.** [for catching fish] anzol *m* **-3.** [fastener] fecho *m*. ◇ *vt* **-1.** [fasten with hook] enganchar **-2.** [fish] fisgar.

◆ **off the hook** *adv* **-1.** [phone] fora do gancho **-2.** [out of trouble] sem problemas.

◆ **hook up** *vt sep*: **to ~ sthg up to sthg** *COMPUT* & *TELEC* conectar algo em algo.

hooked [hʊkt] *adj* **-1.** [shaped like a hook] curvado(da) **-2.** *inf* [addicted]: **to be ~ (on sthg)** ser viciado(da) (em algo).

hook(e)y ['hʊkɪ] *n (U) US inf*: **to play ~** matar aula.

hooligan ['hu:lɪgən] *n* arruaceiro *m*, -ra *f*, hooligan *m*.

hoop [hu:p] *n* argola *f*.

hooray [hʊ'reɪ] *excl* = **hurray**.

hoot [hu:t] ◇ *n* **-1.** [of owl] pio *m* **-2.** [of horn] buzinada *f* **-3.** *UK inf* [amusing thing, person]: **she's a real ~** ela é o máximo. ◇ *vi* **-1.** [owl] piar **-2.** [horn] buzinar. ◇ *vt* [horn] buzinar.

hooter ['hu:təʳ] *n* [horn - of car] buzina *f*; [- of factory] sirene *f*.

Hoover® ['hu:vəʳ] *n UK* aspirador *m*.

◆ **hoover** *vt* passar o aspirador em.

hooves [hu:vz] *pl* ▷ **hoof**.

hop [hɒp] (*pt* & *pp* **-ped**, *cont* **-ping**) ◇ *n* **-1.** [of person] pulo *m* num pé só **-2.** [of small animal, bird] pulinho *m*. ◇ *vt inf phr*: **~ it!** dê o fora. ◇ *vi* **-1.** [jump on one leg] pular com um pé só **-2.** [small animal, bird] dar pulinhos **-3.** *inf* [move nimbly] pular; **she ~ped on a plane to New York** ela foi dar um pulo em Nova York.

◆ **hops** *npl* [for making beer] lúpulos *mpl*.

hope [həʊp] ◇ *n* esperança *f*; **in the ~ of** na esperança de. ◇ *vt*: **to ~ (that)** esperar que; **to ~ to do sthg** esperar fazer algo. ◇ *vi* esperar; **to ~ for sthg** esperar (por) algo; **I ~ so/not** espero que sim/não.

hopeful ['həʊpfʊl] ◇ *adj* **-1.** [full of hope] esperançoso(sa), otimista; **to be ~ of sthg/of doing sthg** ter esperanças de algo/de fazer algo **-2.** [encouraging] promissor(ra).

hopefully ['həʊpfəlɪ] *adv* **-1.** [in a hopeful way] esperançosamente **-2.** [with luck] com sorte.

hopeless ['həʊplɪs] *adj* **-1.** [despairing] desesperado(da) **-2.** [impossible] impossível **-3.** *inf* [useless] inútil.

hopelessly ['həʊplɪslɪ] *adv* **-1.** [despairingly] desesperançosamente **-2.** [completely] totalmente.

horizon [hə'raɪzn] *n* [of sky] horizonte *m*; **on the ~** no horizonte.

horizontal [ˌhɒrɪ'zɒntl] ◇ *adj* horizontal. ◇ *n*: **the ~** a horizontal.

hormone ['hɔ:məʊn] *n* hormônio *m*.

horn [hɔ:n] *n* **-1.** [of animal] chifre *m* **-2.** *MUS* [instrument] trompa *f* **-3.** [of car] buzina *f* **-4.** [of ship] apito *m*.

hornet ['hɔ:nɪt] *n* vespão *m*.

horny ['hɔ:nɪ] (*compar* **-ier**, *superl* **-iest**) *adj* **-1.** [scale, body, armour] feito(ta) de chifre **-2.** [hand] calejado(da) **-3.** *vinf* [sexually excited] com tesão.

horoscope ['hɒrəskəʊp] *n* horóscopo *m*.

horrendous [hɒ'rendəs] *adj* horrendo(da).

horrible ['hɒrəbl] *adj* horrível.

horrid ['hɒrɪd] *adj* **-1.** *esp UK* [person] antipático(ca) **-2.** [idea, place] horroroso(sa).

horrific [hɒ'rɪfɪk] *adj* horroroso(sa), horrível.

horrify ['hɒrɪfaɪ] (*pt* & *pp* **-ied**) *vt* horrorizar.

horror ['hɒrəʳ] *n* [gen] horror *m*.

horror film *n* filme *m* de terror.

horse [hɔ:s] *n* [animal] cavalo *m*.

horseback ['hɔ:sbæk] ◇ *adj*: **~ riding** *US* equitação *f*. ◇ *n*: **on ~** a cavalo.

horse chestnut *n* **-1.** [tree]: **~ (tree)** castanheiro-da-índia *m* **-2.** [nut] castanha-da-índia *f*.

horseman ['hɔ:smən] (*pl* **-men** [-mən]) *n* **-1.** [non-professional] cavaleiro *m* **-2.** [professional] ginete *m*.

horsepower ['hɔ:sˌpaʊəʳ] *n (U)* cavalo-vapor *m*.

horse racing *n (U)* corrida *f* de cavalos.

horseradish ['hɔ:sˌrædɪʃ] *n (U)* [plant] raiz-forte *f*.

horse riding *n (U)* equitação *f*; **to go ~** andar a cavalo, montar.

horseshoe ['hɔ:sʃu:] *n* ferradura *f*.

horsewoman ['hɔ:sˌwʊmən] (*pl* **-women** [-ˌwɪmɪn]) *n* amazona *f*.

horticulture ['hɔ:tɪkʌltʃəʳ] *n (U)* horticultura *f*.

hose [həʊz] ◇ *n* [hosepipe] mangueira *f*. ◇

vt regar com mangueira.

hosepipe ['həʊzpaɪp] *n* mangueira *f*.

hosiery ['həʊzɪərɪ] *n (U)* artigos *mpl* de malha, lingeries *fpl*.

hospitable [hɒ'spɪtəbl] *adj* hospitaleiro(ra).

hospital ['hɒspɪtl] *n* hospital *m*.

hospitality [ˌhɒspɪ'tælətɪ] *n (U)* hospitalidade *f*.

host [həʊst] <> *n* **-1.** [at private party] anfitrião *m*, -ã *f* **-2.** [place, organization] sede *f* **-3.** [compere] apresentador *m*, -ra *f* **-4.** *literary* [large number]: **a ~ of sthg** um monte de algo. <> *vt* apresentar.

hostage ['hɒstɪdʒ] *n* refém *mf*.

hostel ['hɒstl] *n* albergue *m*, alojamento *m*; **(youth) ~** albergue (da juventude).

hostess ['həʊstes] *n* [at party] anfitriã *f*.

hostile [*UK* 'hɒstaɪl, *US* 'hɒstl] *adj* **-1.** [gen] hostil; **~ to sb/sthg** hostil com alguém/algo **-2.** [unfavourable] adverso(sa), desfavorável.

hostility [hɒ'stɪlətɪ] *n (U)* [antagonism, unfriendliness] hostilidade *f*.

◆ **hostilities** *npl* hostilidades *fpl*.

hot [hɒt] (*compar* **-ter**, *superl* **-test**) *adj* **-1.** [gen] quente; **I'm ~** estou com calor **-2.** [spicy] picante **-3.** *inf* [expert] bom (boa); **to be ~ on** *OR* **at sthg** ser bom (boa) em algo **-4.** [recent] recente, quente **-5.** [temper] veemente.

hot-air balloon *n* balão *m* de ar quente.

hotbed ['hɒtbed] *n fig* [centre] foco *m*.

hot-cross bun *n pão doce feito com passas e enfeitado com uma cruz que se come na Semana Santa*.

hot dog *n* cachorro-quente *m*.

hotel [həʊ'tel] *n* hotel *m*.

hot flush *UK*, **hot flash** *US n* calorão *m (da menopausa)*.

hotfoot *adv literary* apressadamente.

hotheaded [ˌhɒt'hedɪd] *adj* temerário(ria).

hothouse ['hɒthaʊs, *pl* -haʊzɪz] *n* [greenhouse] estufa *f*.

hot line *n* **-1.** [between government heads] linha *f* direta **-2.** [24-hour phone line] linha *f* de emergência.

hotly ['hɒtlɪ] *adv* **-1.** [argue, debate] calorosamente **-2.** [deny] veementemente **-3.** [pursue]: **to be ~ pursued** ser seguido(da) de perto.

hotplate ['hɒtpleɪt] *n* chapa *f* elétrica.

hot-tempered *adj* esquentado(da).

hot-water bottle *n* bolsa *f* de água quente.

hound [haʊnd] <> *n* [dog] cão *m* de caça. <> *vt* **-1.** [persecute] perseguir **-2.** [drive out]: **to ~ sb out (of somewhere)** conseguir tirar alguém (de algum lugar).

hour ['aʊə^r] *n* **-1.** [gen] hora *f*; **half an ~** meia hora; **per** *OR* **an ~** por hora; **on the ~** nas horas cheias, nas horas fechadas.

◆ **hours** *npl* **-1.** [of business] expediente *m*; **bank ~** expediente bancário **-2.** [routine] horário *m*; **to work long ~** trabalhar por horas a fio.

hourly ['aʊəlɪ] <> *adj* **-1.** [happening every hour] de hora em hora, a cada hora **-2.** [per hour] por hora. <> *adv* **-1.** [every hour] a cada hora **-2.** [per hour] por hora.

house [*n & adj* haʊs, *pl* 'haʊzɪz, *vb* haʊz] <> *adj* **-1.** *COMM* caseiro(ra) **-2.** [wine] da casa. <> *n* **-1.** [gen] casa *f*; **it's on the ~** é oferta da casa; **to bring the ~ down** *inf* fazer a casa vir abaixo, ser muito aplaudido(da) **-2.** [people in house] família *f* **-3.** *POL* câmara *f* **-4.** [in debates]: **this ~ believes that ...** os participantes do debate acreditam que ... **-5.** [in school] dormitório *m*. <> *vt* [accommodate - people, family] alojar; [- department, library, office] abrigar.

house arrest *n (U)*: **under ~** sob prisão domiciliar.

houseboat ['haʊsbəʊt] *n* casa *f* flutuante.

housebreaking ['haʊsˌbreɪkɪŋ] *n (U)* arrombamento *m* da casa.

housecoat ['haʊskəʊt] *n* chambre *m*.

household ['haʊshəʊld] <> *adj* **-1.** [domestic] doméstico(ca) **-2.** [familiar] familiar. <> *n* família *f*, lar *m*.

housekeeper ['haʊsˌkiːpə^r] *n* governanta *f*.

housekeeping ['haʊsˌkiːpɪŋ] *n* **-1.** [work] tarefas *fpl* domésticas **-2.** [budget]: **~ (money)** dinheiro *m* para os gastos da casa.

house music *n* house music *f*.

House of Commons *n UK*: **the ~** a Câmara dos Comuns.

House of Lords *n UK*: **the ~** a Câmara dos Lordes.

House of Representatives *n US*: **the ~** a Câmara dos Representantes.

houseplant ['haʊsplɑːnt] *n* planta *f* de interior.

Houses of Parliament *npl UK*: **the ~** o Parlamento britânico.

housewarming (party) ['haʊsˌwɔːmɪŋ-] *n* festa *f* de inauguração de uma casa.

housewife ['haʊswaɪf] (*pl* **-wives** [-waɪvz]) *n* dona *f* de casa.

housework ['haʊswɜːk] *n (U)* afazeres *mpl* domésticos.

housing ['haʊzɪŋ] *n* **-1.** *(U)* [accommodation] alojamento *m* **-2.** *(U)* [topic, study] habitação *f*.

housing association *n UK organização que possui casas e ajuda seus membros a alugá-las ou comprá-las por um preço mais barato*.

housing benefit *n UK* auxílio-moradia *m*.

housing estate *UK*, **housing project** *US n* conjunto *m* habitacional.

hovel ['hɒvl] *n* [house] choupana *f*.

hover ['hɒvə^r] *vi* [fly] pairar, flutuar no ar.

hovercraft ['hɒvəkrɑ:ft] (*pl inv* OR **-s**) *n* aerodeslizador *m*.

how [haʊ] *adv* **-1.** [referring to way or manner] como; ~ **do you get there?** como se chega lá?; ~ **does it work?** como funciona?; **tell me** ~ **to do it** me diga como fazer isso. **-2.** [referring to health, quality] como; ~ **are you?** como vai?; ~ **are you doing?** como vai você?; ~ **are things?** como vão as coisas?; ~ **is your room?** como é o seu quarto? **-3.** [referring to degree, amount] quanto; ~ **far?** a que distância?; ~ **long?** quanto tempo?; ~ **many?** quantos?; ~ **much?** quanto?; ~ **much is it?** quanto custa?; ~ **old are you?** quantos anos você tem? **-4.** [in phrases]: ~ **about a drink?** que tal uma bebida?; ~ **lovely!** que lindo!

What about e *how about* são usados no inglês falado para sugerir ou propor algo. Podem ser seguidos de um substantivo (***what/how about a game of cards?*** que tal um jogo de cartas?), de um pronome (***what/how about this one?*** que tal este aqui?), ou de um verbo no gerúndio (***what/how about going to the movies?*** que tal irmos ao cinema?).

however [haʊ'evəʳ] <> *conj* [in whatever way] como quer que; ~ **you want** como quiser. <> *adv* **-1.** [nevertheless] contudo, no entanto **-2.** [no matter how]: ~ **difficult it is** por mais difícil que seja; ~ **many/much** não importa quantos/quanto **-3.** [how] de que modo, como.

howl [haʊl] <> *n* **-1.** [of pain, anger] grito *m* **-2.** [of laughter] gargalhada *f*. <> *vi* **-1.** [animal, wind] uivar **-2.** [person - in pain] gritar; [- with laughter] gargalhar.

hp (*abbr of* **horsepower**) *n* hp *m*.

HP *n* **-1.** *UK* (*abbr of* **hire purchase**) a prazo; **to buy sthg on** ~ comprar algo a prazo **-2.** = **hp**.

HQ (*abbr of* **headquarters**) *n* QG.

hr (*abbr of* **hour**) h.

hrs (*abbr of* **hours**) h.

hub [hʌb] *n* **-1.** [of wheel] cubo *m* **-2.** [of activity] centro *m*.

hubbub ['hʌbʌb] *n* algazarra *f*.

hubcap ['hʌbkæp] *n* calota *f*.

huddle ['hʌdl] <> *vi* **-1.** [crouch, curl up] amontoar-se **-2.** [crowd together] apertar-se uns contra os outros. <> *n* [of people] amontoado *m*.

hue [hju:] *n* [colour] matiz *f*.

huff [hʌf] *n*: **in a** ~ com raiva.

hug [hʌg] (*pt* & *pp* **-ged**, *cont* **-ging**) <> *n* abraço *m*; **to give sb a** ~ dar um abraço em alguém. <> *vt* **-1.** [embrace] abraçar **-2.** [stay close to] manter-se perto de.

huge [hju:dʒ] *adj* enorme.

hulk [hʌlk] *n* **-1.** [of ship] carcaça *f* **-2.** [person] brutamontes *mpl*.

hull [hʌl] *n* [of ship] casco *m*.

hullo [hə'ləʊ] *excl* = **hello**.

hum [hʌm] (*pt* & *pp* **-med**, *cont* **-ming**) *vi* **-1.** [buzz] zumbir **-2.** [sing] cantarolar **-3.** [be busy] estar em atividade. <> *vt* [tune] zunir.

human ['hju:mən] <> *adj* humano(na). <> *n*: ~ **(being)** (ser *m*) humano *m*.

humane [hju:'meɪn] *adj* [compassionate] humano(na), humanitário(ria).

humanitarian [hju:ˌmænɪ'teərɪən] *adj* humanitário(ria).

humanity [hju:'mænətɪ] *n* humanidade *f*.

◆ **humanities** *npl*: **the humanities** as humanidades.

human race *n*: **the** ~ a raça humana.

human resources *npl* recursos *mpl* humanos.

human rights *npl* direitos *mpl* humanos.

humble ['hʌmbl] <> *adj* humilde. <> *vt* humilhar.

humbug ['hʌmbʌg] *n* **-1.** *(U)* ***dated*** [hypocrisy] hipocrisia *f* **-2.** *UK* [sweet] caramelo *m* de menta.

humdrum ['hʌmdrʌm] *adj* monótono(na).

humid ['hju:mɪd] *adj* úmido(da).

humidity [hju:'mɪdətɪ] *n (U)* umidade *f*.

humiliate [hju:'mɪlɪeɪt] *vt* humilhar.

humiliation [hju:ˌmɪlɪ'eɪʃn] *n (U)* humilhação *f*.

humility [hju:'mɪlətɪ] *n (U)* humildade *f*.

humor *n* & *vt US* = **humour**.

humorous ['hju:mərəs] *adj* humorístico(ca).

humour *UK*, **humor** *US* ['hju:məʳ] <> *n (U)* [gen] humor *m*; **in bad/good** ~ ***dated*** de mau/bom humor. <> *vt* fazer a vontade de.

hump [hʌmp] *n* **-1.** [hill] elevação *f* **-2.** [on back of animal, person] corcova *f*.

humpbacked bridge ['hʌmpbækt-] *n* ponte *f* encurvada.

hunch [hʌntʃ] *n* ***inf*** pressentimento *m*.

hunchback ['hʌntʃbæk] *n* corcunda *mf*.

hunched [hʌntʃt] *adj* encurvado(da).

hundred ['hʌndrəd] *num* cem; **a** OR **one hundred** cem; *see also* **six**.

◆ **hundreds** *npl* centenas *fpl*.

hundredth ['hʌndrətθ] *num* centésimo(ma); *see also* **sixth**.

hundredweight ['hʌndrədweɪt] *n* **-1.** [in UK] quintal *m* métrico ***(50,8 kg)*** **-2.** [in US] quintal *m* métrico ***(45,3 kg)***.

hung [hʌŋ] *pt* & *pp* ▻ **hang**.

Hungarian [hʌŋ'geərɪən] <> *adj* húngaro(ra). <> *n* **-1.** [person] húngaro *m*, -ra *f* **-2.** [language] húngaro *m*.

Hungary ['hʌŋgərɪ] *n* Hungria.

hunger ['hʌŋgəʳ] *n* **-1.** [desire for food, starvation] fome *f* **-2.** ***literary*** [strong desire] sede *f*.

◆ **hunger after, hunger for** *vt fus* ***literary*** ter fome de.

hunger strike *n* greve *f* de fome.
hung over *adj inf*: **to be** ~ estar com ressaca.
hungry [ˈhʌŋgrɪ] (*compar* **-ier**, *superl* **-iest**) *adj* **-1.** [for food] faminto(ta) **-2.** *literary* [eager]: **to be** ~ **for sthg** ter sede de algo.
hung up *adj inf*: **to be** ~ **(on sb/sthg), to be** ~ **(about sb/sthg)** ficar complexado(da) (por causa de alguém/algo).
hunk [hʌŋk] *n* **-1.** [large piece] naco *m* **-2.** *inf* [attractive man] pedaço *m* de mau caminho.
hunt [hʌnt] <> *n* **-1.** [*SPORT* - activity] caça *f*; [- hunters] grupo *m* de caçadores **-2.** [search] busca *f*. <> *vi* **-1.** [for food, sport] caçar **-2.** [search]: **to** ~ **(for sthg)** procurar (algo). <> *vt* **-1.** [animals, birds] caçar **-2.** [person] procurar.
hunting [ˈhʌntɪŋ] *n* **-1.** *SPORT* caça *f* **-2.** *UK* [fox-hunting] caça *f* à raposa.
hurdle [ˈhɜːdl] <> *n* **-1.** [in race] barreira *f* **-2.** [obstacle] obstáculo *m*. <> *vt* [jump over] saltar.
◆ **hurdles** *npl SPORT* corrida *f* de obstáculos.
hurl [hɜːl] *vt* **-1.** [throw] arremessar **-2.** [shout] proferir.
hurray [hʊˈreɪ] *excl* viva!
hurricane [ˈhʌrɪkən] *n* furacão *m*.
hurried [ˈhʌrɪd] *adj* [hasty] apressado(da), precipitado(da).
hurriedly [ˈhʌrɪdlɪ] *adv* apressadamente, precipitadamente.
hurry [ˈhʌrɪ] (*pt* & *pp* **-ied**) <> *vt* apressar. <> *vi* apressar-se; **to** ~ **to do sthg** apressar-se para fazer algo. <> *n* [rush] pressa *f*; **to be in a** ~ estar com pressa; **to do sthg in a** ~ fazer algo com pressa.
◆ **hurry up** *vi* apressar-se; **hurry!** vamos de uma vez!
hurt [hɜːt] (*pt* & *pp* **hurt**) <> *vt* **-1.** [cause physical pain to] machucar **-2.** [injure] ferir **-3.** [upset] magoar **-4.** [be detrimental to] prejudicar. <> *vi* **-1.** [gen] doer; **my feet** ~ os meus pés doem; **ouch, you're** ~**ing!** ai, você está me machucando **-2.** [be detrimental] prejudicar. <> *adj* **-1.** [injured] machucado(da) **-2.** [upset] magoado(da).
hurtful [ˈhɜːtfʊl] *adj* ofensivo(va).
hurtle [ˈhɜːtl] *vi* precipitar-se; **to** ~ **over** precipitar-se por; **to** ~ **past** passar como um raio.
husband [ˈhʌzbənd] *n* marido *m*.
hush [hʌʃ] <> *n* [quietness] silêncio *m*. <> *excl* silêncio!
◆ **hush up** *vt sep* **-1.** [affair] silenciar a respeito de **-2.** [noisy person] ficar quieto(ta).
husk [hʌsk] *n* [of seed, grain] casca *f*.
husky [ˈhʌskɪ] (*compar* **-ier**, *superl* **-iest**) <> *adj* [hoarse] rouco(ca). <> *n* [dog] husky *m*.
hustle [ˈhʌsl] <> *vt* [hurry] empurrar. <> *n* *(U)* [business]: ~ **and bustle** grande atividade *f*.
hut [hʌt] *n* **-1.** [rough house] cabana *f* **-2.** [shed] barraca *f*.
hutch [hʌtʃ] *n* arapuca *f*.
hyacinth [ˈhaɪəsɪnθ] *n* jacinto *m*.
hydrant [ˈhaɪdrənt] *n* hidrante *m*.
hydraulic [haɪˈdrɔːlɪk] *adj* hidráulico(ca).
hydroelectric [ˌhaɪdrəʊɪˈlektrɪk] *adj* hidrelétrico(ca).
hydrofoil [ˈhaɪdrəfɔɪl] *n* embarcação *f* com hidrofólio.
hydrogen [ˈhaɪdrədʒən] *n (U)* hidrogênio *m*.
hyena [haɪˈiːnə] *n* hiena *f*.
hygiene [ˈhaɪdʒiːn] *n (U)* higiene *f*.
hygienic [haɪˈdʒiːnɪk] *adj* higiênico(ca).
hymn [hɪm] *n* hino *m*.
hype [haɪp] *inf* <> *n (U)* propaganda *f* exagerada. <> *vt* fazer propaganda exagerada de.
hyperactive [ˌhaɪpərˈæktɪv] *adj* hiperativo(va).
hyperlink [ˈhaɪpəˌlɪŋk] *n COMPUT* hyperlink *m*.
hypermarket [ˈhaɪpəˌmɑːkɪt] *n* hipermercado *m*.
hyphen [ˈhaɪfn] *n* hífen *m*.
hypnosis [hɪpˈnəʊsɪs] *n (U)* hipnose *f*.
hypnotic [hɪpˈnɒtɪk] *adj* hipnótico(ca).
hypnotize, -ise [ˈhɪpnətaɪz] *vt* hipnotizar.
hypocrisy [hɪˈpɒkrəsɪ] *n (U)* hipocrisia *f*.
hypocrite [ˈhɪpəkrɪt] *n* hipócrita *mf*.
hypocritical [ˌhɪpəˈkrɪtɪkl] *adj* hipócrita.
hypothesis [haɪˈpɒθɪsɪs] (*pl* **-theses** [-θɪsiːz]) *n* hipótese *f*.
hypothetical [ˌhaɪpəˈθetɪkl] *adj* hipotético(ca).
hysteria [hɪsˈtɪərɪə] *n* histeria *f*.
hysterical [hɪsˈterɪkl] *adj* **-1.** [gen] histérico(ca) **-2.** *inf* [very funny] hilariante.
hysterics [hɪsˈterɪks] *npl* **-1.** [panic, excitement] crise *f* histérica, histeria *f* **-2.** *inf* [fits of laughter] ataque *m* de riso; **to be in** ~ arrebentar-se de tanto rir.

I

i (*pl* **i's** *OR* **is**), **I**[1] (*pl* **I's** *OR* **Is**) [aɪ] *n* [letter] i, I *m*.
I[2] [aɪ] *pers pron* **-1.** *(unstressed)* [referring to o.s.] eu; **she and** ~ **were at college together** eu e ela fomos ao colégio juntos(tas); **it is** ~ *fml* sou eu **-2.** *(stressed)* [referring to o.s.] eu; ~ **can't do it** eu não posso fazer isso.
ice [aɪs] <> *n* **-1.** *(U)* [gen] gelo *m* **-2.** *UK* [ice

cream] sorvete *m.* <> *vt* *UK* [cover with icing] cobrir com glacê.

◆ **ice over, ice up** *vi* congelar.

iceberg ['aɪsbɜ:g] *n* iceberg *m.*

iceberg lettuce *n* alface *f* americana.

icebox ['aɪsbɒks] *n* **-1.** *UK* [in refrigerator] congelador *m* **-2.** *US* [refrigerator] geladeira *f*, refrigerador *m.*

ice cream *n* sorvete *m.*

ice cream bar *n* *US* picolé *m* com casquinha de chocolate.

ice cube *n* cubo *m* de gelo.

ice hockey *n (U)* hóquei *m* sobre o gelo.

Iceland ['aɪslənd] *n* Islândia.

Icelandic [aɪs'lændɪk] <> *adj* islandês(esa). <> *n* [language] islandês *m.*

ice lolly *n* *UK* picolé *m.*

ice pick *n* picador *m* de gelo.

ice rink *n* rinque *m* (de patinação).

ice skate *n* patim *m* para o gelo.

◆ **ice-skate** *vi* patinar sobre o gelo.

ice-skating *n (U)* patinação *f* sobre o gelo; **to go ~** praticar patinação.

icicle ['aɪsɪkl] *n* pingente *m* de gelo.

icing ['aɪsɪŋ] *n (U)* glacê *m.*

icing sugar *n* *UK* açúcar *m* de confeiteiro.

icon ['aɪkɒn] *n* ícone *m.*

icy ['aɪsɪ] (*compar* **-ier**, *superl* **-iest**) *adj* **-1.** [very cold] gelado(da) **-2.** [covered in ice] coberto(ta) de gelo **-3.** *fig* [unfriendly] frio (fria).

I'd [aɪd] = **I would, I had.**

ID *n* (*abbr of* **identification**) identificação *f*; **~ card** (carteira *f* de) *f* identidade, ≃ RG *m.*

idea [aɪ'dɪə] *n* **-1.** [gen] idéia *f*; **to get the ~** *inf* pegar a idéia; **to have an ~ that** ter a sensação de que; **to have no ~** não ter idéia **-2.** [suspicion] impressão *f.*

ideal [aɪ'dɪəl] <> *adj* [perfect] ideal; **to be ~ for sthg** ser ideal para algo. <> *n* [principle] ideal *m.*

ideally [aɪ'dɪəlɪ] *adv* **-1.** [perfectly] perfeitamente **-2.** [preferably] idealmente.

identical [aɪ'dentɪkl] *adj* idêntico(ca).

identification [aɪˌdentɪfɪ'keɪʃn] *n* identificação *f*; **~ with sb/sthg** identificação com alguém/algo.

identify [aɪ'dentɪfaɪ] (*pt* & *pp* **-ied**) <> *vt* **-1.** [gen] identificar **-2.** [connect]: **to ~ sb with sthg** relacionar alguém a algo. <> *vi* [empathize]: **to ~ with sb/sthg** identificar-se com alguém/algo.

Identikit picture® [aɪ'dentɪkɪt-] *n* retrato *m* falado.

identity [aɪ'dentətɪ] (*pl* **-ies**) *n* identidade *f.*

identity card *n* (carteira *f* de) identidade *f.*

identity parade *n* identificação *f (de um criminoso).*

ideology [ˌaɪdɪ'ɒlədʒɪ] (*pl* **-ies**) *n* ideologia *f.*

idiom ['ɪdɪəm] *n* **-1.** [phrase] expressão *f* idiomática **-2.** *fml* [style, language] linguagem *f.*

idiomatic [ˌɪdɪə'mætɪk] *adj* [natural-sounding] idiomático(ca).

idiosyncrasy [ˌɪdɪə'sɪŋkrəsɪ] (*pl* **-ies**) *n* idiossincrasia *f.*

idiot ['ɪdɪət] *n* [fool] idiota *mf.*

idiotic [ˌɪdɪ'ɒtɪk] *adj* idiota.

idle ['aɪdl] <> *adj* **-1.** [person - inactive] ocioso(sa); [- lazy] preguiçoso(sa) **-2.** [not in use] parado(da) **-3.** [empty] vão (vã) **-4.** [casual] casual **-5.** [futile] inútil. <> *vi* [engine] estar em ponto morto.

◆ **idle away** *vt sep* desperdiçar.

idol ['aɪdl] *n* ídolo *m.*

idolize, -ise ['aɪdəlaɪz] *vt* idolatrar.

idyllic [ɪ'dɪlɪk] *adj* idílico(ca).

i.e. (*abbr of* **id est**) i.e.

IEE (*abbr of* **Institution of Electrical Engineers**) *n instituto britânico de engenheiros eletricistas.*

if [ɪf] *conj* **-1.** [gen] se; **~ I were you** se eu fosse você **-2.** [though] ainda que; **a good, ~ rather expensive, restaurant** um bom restaurante, ainda que caro **-3.** [that] que.

◆ **if not** *conj* se não.

◆ **if only** <> *conj* **-1.** [providing a reason] ao menos, nem que seja; **let's stop at the next services, ~ to stretch our legs** vamos parar no próximo posto, ao menos *OR* nem que seja para esticar as pernas **-2.** [expressing regret] se ao menos. <> *excl* quem dera!

igloo ['ɪglu:] (*pl* **-s**) *n* iglu *m.*

ignite [ɪg'naɪt] <> *vt* acender. <> *vi* acender, acender-se.

ignition [ɪg'nɪʃn] *n* ignição *f.*

ignition key *n* chave *f* de ignição.

ignorance ['ɪgnərəns] *n (U)* ignorância *f.*

ignorant ['ɪgnərənt] *adj* **-1.** [uneducated] ignorante; [lacking information] desinformado(da) **-2.** *fml* [unaware]: **to be ~ of sthg** ignorar algo **-3.** *inf* [rude] ignorante.

ignore [ɪg'nɔ:ʳ] *vt* [take no notice of] ignorar.

ilk [ɪlk] *n* *fml*: **of that ~** [of that sort] do mesmo tipo.

ill [ɪl] <> *adj* **-1.** [sick, unwell] doente; **to feel ~** sentir-se doente; **to be taken ~, to fall ~** ficar doente **-2.** [bad, unfavourable] mau (má). <> *adv* mal; **to speak/think ~ of sb** falar/pensar mal de alguém; **we can ~ afford such luxuries** mal conseguimos pagar esses luxos.

I'll [aɪl] = **I will, I shall.**

ill at ease *adj*: **he always felt shy and ~ at parties** ele sempre se sentia intimidado e pouco à vontade nas festas.

illegal [ɪ'li:gl] *adj* ilegal.

illegible [ɪ'ledʒəbl] *adj* ilegível.

illegitimate [ˌɪlɪ'dʒɪtɪmət] *adj* ilegítimo(ma).
ill-equipped [-ɪ'kwɪpt] *adj* despreparado(da).
ill-fated [-'feɪtɪd] *adj* malfadado(da).
ill feeling *n (U)* ressentimento *f*, rancor *m*.
ill health *n (U)* má saúde *f*.
illicit [ɪ'lɪsɪt] *adj* ilícito(ta).
illiteracy [ɪ'lɪtərəsɪ] *n (U)* analfabetismo *m*.
illiterate [ɪ'lɪtərət] ◇ *adj* analfabeto(ta). ◇ *n* analfabeto *m*, -ta *f*.
illness ['ɪlnɪs] *n* doença *f*.
illogical [ɪ'lɒdʒɪkl] *adj* ilógico(ca).
ill-suited *adj* inadequado(da); **an ~ couple** um casal desajustado; **to be ~ to sthg** ser inadequado(da) para algo.
ill-timed [-'taɪmd] *adj* inoportuno(na).
ill-treat *vt* maltratar.
illuminate [ɪ'lu:mɪneɪt] *vt* **-1.** [light up] iluminar **-2.** [explain] ilustrar, esclarecer.
illumination [ɪˌlu:mɪ'neɪʃn] *n (U)* [lighting] iluminação *f*.
◆ **illuminations** *npl UK* luzes *fpl* decorativas.
illusion [ɪ'lu:ʒn] *n* [gen] ilusão *f*; **to have no ~s about sb/sthg** não ter ilusões com alguém/algo; **to be under the ~ that** estar com a ilusão de que.
illustrate ['ɪləstreɪt] *vt* ilustrar.
illustration [ˌɪlə'streɪʃn] *n* ilustração *f*.
illustrious [ɪ'lʌstrɪəs] *adj fml* ilustre.
ill will *n (U)* animosidade *f*.
I'm [aɪm] = **I am**.
image ['ɪmɪdʒ] *n* [gen] imagem *f*.
imagery ['ɪmɪdʒrɪ] *n* imagens *fpl*.
imaginary [ɪ'mædʒɪnrɪ] *adj* imaginário(ria).
imagination [ɪˌmædʒɪ'neɪʃn] *n* imaginação *f*.
imaginative [ɪ'mædʒɪnətɪv] *adj* imaginativo(va).
imagine [ɪ'mædʒɪn] *vt* imaginar; **to ~ doing sthg** imaginar fazer algo; **~ (that)!** imagine!
imbalance [ˌɪm'bæləns] *n* desequilíbrio *m*.
imbecile ['ɪmbɪsi:l] *n* imbecil *mf*.
IMF (*abbr of* **International Monetary Fund**) *n* FMI *m*.
imitate ['ɪmɪteɪt] *vt* imitar.
imitation [ˌɪmɪ'teɪʃn] ◇ *n* imitação *f*. ◇ *adj* de imitação.
immaculate [ɪ'mækjʊlət] *adj* **-1.** [clean and tidy] imaculado(da) **-2.** [impeccable] impecável.
immaterial [ˌɪmə'tɪərɪəl] *adj* [irrelevant, unimportant] irrelevante.
immature [ˌɪmə'tjʊəʳ] *adj* **-1.** [childish] imaturo(ra) **-2.** *BOT & ZOOL* jovem.
immediate [ɪ'mi:djət] *adj* **-1.** [gen] imediato(ta) **-2.** [closest in relationship] próximo(ma).
immediately [ɪ'mi:djətlɪ] ◇ *adv* **-1.** [gen] imediatamente **-2.** [directly, closely] diretamente. ◇ *conj* [as soon as] assim que.
immense [ɪ'mens] *adj* imenso(sa).
immerse [ɪ'mɜ:s] *vt* **-1.** [plunge into liquid]: **to ~ sthg in sthg** mergulhar algo em algo **-2.** *fig* [involve]: **to ~ o.s. in sthg** envolver-se em algo.
immersion heater [ɪ'mɜ:ʃn-] *n* ebulidor *m*.
immigrant ['ɪmɪgrənt] *n* imigrante *mf*.
immigration [ˌɪmɪ'greɪʃn] *n (U)* imigração *f*.
imminent ['ɪmɪnənt] *adj* iminente.
immobilize, -ise [ɪ'məʊbɪlaɪz] *vt* imobilizar.
immobilizer *n AUT* corta-corrente *m*.
immoral [ɪ'mɒrəl] *adj* imoral.
immortal [ɪ'mɔ:tl] ◇ *adj* imortal. ◇ *n* **-1.** [god] deus *m* **-2.** [hero] imortal *mf*.
immortalize, -ise [ɪ'mɔ:təlaɪz] *vt* imortalizar.
immovable [ɪ'mu:vəbl] *adj* **-1.** [fixed] fixo(xa) **-2.** [obstinate] inflexível.
immune [ɪ'mju:n] *adj* **-1.** *MED* imune; **to be ~ to sthg** ser imune a algo **-2.** *fig* [impervious]: **to be ~ to sthg** não ser suscetível a algo **-3.** [exempt] isento(ta), livre; **to be ~ from sthg** estar protegido(da) de algo.
immunity [ɪ'mju:nətɪ] *n* **-1.** *(U) MED*: **~ (to sthg)** imunidade *f* (a algo) **-2.** *(U) fig* [imperviousness]: **~ to sthg** falta *f* de suscetibilidade a algo **-3.** [exemption] isenção *f*; **~ from sthg** proteção *f* contra algo.
immunize, -ise ['ɪmju:naɪz] *vt*: **to ~ sb (against sthg)** *MED* imunizar alguém (contra algo).
imp [ɪmp] *n* **-1.** [creature] diabinho *m* **-2.** [naughty child] diabinho *m*, -nha *f*.
impact [*n* 'ɪmpækt, *vb* ɪm'pækt] ◇ *n* impacto *m*; **to make an ~ on sb/sthg** causar impacto em alguém/algo. ◇ *vt* **-1.** [collide with] colidir com **-2.** [influence] influenciar.
impair [ɪm'peəʳ] *vt* prejudicar, debilitar.
impart [ɪm'pɑ:t] *vt fml* **-1.** [information]: **to ~ sthg (to sb)** transmitir algo (a alguém) **-2.** [feeling, quality] conferir; **to ~ flavour to the dish** conferir sabor ao prato.
impartial [ɪm'pɑ:ʃl] *adj* imparcial.
impassable [ɪm'pɑ:səbl] *adj* intransitável.
impassioned [ɪm'pæʃnd] *adj* veemente.
impassive [ɪm'pæsɪv] *adj* impassível.
impatience [ɪm'peɪʃns] *n* impaciência *f*.
impatient [ɪm'peɪʃnt] *adj* impaciente; **to be ~ to do sthg** estar impaciente para fazer algo; **to be ~ for sthg** esperar algo com impaciência.
impeccable [ɪm'pekəbl] *adj* impecável.
impede [ɪm'pi:d] *vt* impedir.
impediment [ɪm'pedɪmənt] *n* impedimento *m*; **a speech ~** um defeito de fala.
impel [ɪm'pel] (*pt* & *pp* **-led**, *cont* **-ling**) *vt*: **to ~ sb to do sthg** impelir alguém a fazer algo.
impending [ɪm'pendɪŋ] *adj* iminente.
imperative [ɪm'perətɪv] ◇ *adj* [essential] indispensável. ◇ *n* imperativo *m*.

imperfect [ɪm'pɜ:fɪkt] ◇ *adj* [not perfect] imperfeito(ta). ◇ *n GRAMM*: ~ **(tense)** (pretérito *m*) imperfeito *m*.

imperial [ɪm'pɪərɪəl] *adj* **-1.** [of an empire or emperor] imperial **-2.** [system of measurement]: ~ **system** *sistema britânico de medidas.*

imperil [ɪm'perɪl] (*UK pt* & *pp* **-led**, *cont* **-ling**, *US pt* & *pp* **-ed**, *cont* **-ing**) *vt fml* pôr em perigo.

impersonal [ɪm'pɜ:snl] *adj* impessoal.

impersonate [ɪm'pɜ:səneɪt] *vt* **-1.** [mimic, imitate] imitar **-2.** [pretend to be] fazer-se passar por.

impersonation [ɪm,pɜ:sə'neɪʃn] *n* [by mimic] imitação *f*; **to do ~s (of sb)** fazer imitações (de alguém).

impertinent [ɪm'pɜ:tɪnənt] *adj* [rude] impertinente.

impervious [ɪm'pɜ:vjəs] *adj* [not influenced]: ~ **to sthg** imune a algo.

impetuous [ɪm'petʃʊəs] *adj* impetuoso(sa).

impetus ['ɪmpɪtəs] *n* **-1.** [momentum] ímpeto *m* **-2.** [stimulus] estímulo *m*.

impinge [ɪm'pɪndʒ] *vi*: **to ~ on sb/sthg** afetar alguém/algo.

implant [*n* 'ɪmplɑ:nt, *vb* ɪm'plɑ:nt] ◇ *n* implante *m*. ◇ *vt*: **to ~ sthg in(to) sb** implantar algo em alguém.

implausible [ɪm'plɔ:zəbl] *adj* implausível.

implement [*n* 'ɪmplɪmənt, *vt* 'ɪmplɪment] ◇ *n* [tool] ferramenta *f*. ◇ *vt* implementar.

implication [,ɪmplɪ'keɪʃn] *n* **-1.** *(U)* [involvement] implicação *f*, envolvimento *m* **-2.** [inference] implicação *f*; **by ~** por conseqüência.

implicit [ɪm'plɪsɪt] *adj* **-1.** [inferred] implícito(ta) **-2.** [complete] absoluto(ta).

implore [ɪm'plɔ:ʳ] *vt*: **to ~ sb (to do sthg)** implorar a alguém (para que faça algo).

imply [ɪm'plaɪ] (*pt* & *pp* **-ied**) *vt* **-1.** [suggest] pressupor **-2.** [involve] implicar.

impolite [,ɪmpə'laɪt] *adj* descortês, indelicado(da).

import [*n* 'ɪmpɔ:t, *vt* ɪm'pɔ:t] ◇ *n COMM* importação *f*. ◇ *vt* importar.

importance [ɪm'pɔ:tns] *n (U)* importância *f*.

important [ɪm'pɔ:tnt] *adj* importante; **to be ~ to sb** ser importante para alguém.

importer [ɪm'pɔ:təʳ] *n* importador *m*, -ra *f*.

impose [ɪm'pəʊz] ◇ *vt* [force]: **to ~ sthg (on sb/sthg)** impor algo (a alguém/algo). ◇ *vi* [cause trouble]: **to ~ (on sb)** causar problemas (para alguém).

imposing [ɪm'pəʊzɪŋ] *adj* imponente.

imposition [,ɪmpə'zɪʃn] *n* imposição *f*.

impossible [ɪm'pɒsəbl] *adj* impossível.

impostor, imposter *US* [ɪm'pɒstəʳ] *n* impostor *m*, -ra *f*.

impotent ['ɪmpətənt] *adj* impotente.

impound [ɪm'paʊnd] *vt JUR* apreender.

impoverished [ɪm'pɒvərɪʃt] *adj lit & fig* empobrecido(da).

impractical [ɪm'præktɪkl] *adj* pouco prático(ca).

impregnable [ɪm'pregnəbl] *adj* **-1.** [impenetrable] invulnerável **-2.** *fig* [in very strong position] imbatível.

impregnate ['ɪmpregneɪt] *vt* **-1.** [introduce substance into]: **to ~ sthg with sthg** impregnar algo de algo **-2.** *fml* [fertilize] fecundar.

impress [ɪm'pres] *vt* **-1.** [influence, affect] impressionar **-2.** [make clear]: **to ~ sthg on sb** convencer alguém da importância de algo.

impression [ɪm'preʃn] *n* **-1.** [gen] impressão *f*; **to make an ~** impressionar; **to be under the ~ (that)** ter a impressão de que **-2.** [impersonation] imitação *f*.

impressive [ɪm'presɪv] *adj* impressionante.

imprint ['ɪmprɪnt] ◇ *n* **-1.** [mark] marca *f*, impressão *f* **-2.** [publisher's name] ≃ selo *m* da editora. ◇ *vt* [mark] imprimir, marcar.

imprison [ɪm'prɪzn] *vt* [put in prison] aprisionar.

improbable [ɪm'prɒbəbl] *adj* [unlikely] improvável.

impromptu [ɪm'prɒmptju:] *adj* de improviso, improvisado(da).

improper [ɪm'prɒpəʳ] *adj* **-1.** [unsuitable] inadequado(da) **-2.** [dishonest] desonesto(ta) **-3.** [rude, shocking] impróprio(pria).

improve [ɪm'pru:v] ◇ *vi* [get better] melhorar; **to ~ (up)on sthg** melhorar algo. ◇ *vt* **-1.** [gen] melhorar **-2.** [cultivate] desenvolver.

improvement [ɪm'pru:vmənt] *n* melhoria *f*; **~ in/on sthg** melhoria em algo.

improvise ['ɪmprəvaɪz] *vt* & *vi* improvisar.

impudence *n* impudência *f*.

impudent ['ɪmpjʊdənt] *adj* impudente.

impulse ['ɪmpʌls] *n* impulso *m*; **on ~** sem pensar.

impulsive [ɪm'pʌlsɪv] *adj* impulsivo(va).

impunity [ɪm'pju:nətɪ] *n* impunidade *f*; **with ~** impunemente.

impurity [ɪm'pjʊərətɪ] (*pl* **-ies**) *n* impureza *f*.

in [ɪn] ◇ *prep* **-1.** [indicating place, position] em; **it comes ~ a box** vem numa caixa; **~ the hospital** no hospital; **~ Scotland** na Escócia; **~ Boston** em Boston; **~ the middle** no meio; **~ the sun/rain** no sol/na chuva; **~ here/there** aqui/ali (dentro); **~ front** à frente. **-2.** [appearing in] em; **who's ~ the play?** quem está na peça? **-3.** [indicating arrangement] em; **they come ~ packs of three** vêm em embalagens de três; **~ a row** em fila; **cut it ~ half** corte-o ao meio. **-4.** [during]: **~ April** em abril; **~ the afternoon** à *OR* de tarde; **~ the morning** de manhã; **ten o'clock ~ the morning** dez (horas) da manhã; ~ **1994** em 1994; ~ **summer/winter** no verão/inverno. **-5.** [within] em; [after] dentro de, daqui a; **it'll be ready ~ an hour** estará pronto daqui a *OR* dentro de uma hora; **she did everything ~ ten minutes** ela fez tudo em dez minutos; **they're arriving ~ two weeks** chegam dentro de *OR* daqui a duas semanas. **-6.** [indicating means]: ~ **writing** por escrito; **they were talking ~ English** estavam falando (em) inglês; **write ~ ink** escreva a tinta. **-7.** [wearing] de; **dressed ~ red** vestido de vermelho; **the man ~ the blue suit** o homem com o terno azul. **-8.** [indicating state] em; **to be ~ a hurry** estar com pressa; **to be ~ pain** ter dores; **to cry out ~ pain** gritar de dor *OR* com dores; ~ **ruins** em ruínas; ~ **good health** com boa saúde. **-9.** [with regard to] de; **a rise ~ prices** uma subida dos preços; **to be 50 metres ~ length** ter 50 metros de comprimento. **-10.** [with numbers]: **one ~ ten** um em cada dez. **-11.** [indicating age]: **she's ~ her twenties** ela está na casa dos vinte. **-12.** [with colours]: **it comes ~ green or blue** vem em verde ou azul. **-13.** [with superlatives] de; **the best ~ the world** o melhor do mundo. <> *adv* **-1.** [inside] dentro; **you can go ~ now** pode entrar agora. **-2.** [at home, work]: **she's not ~** (ela) não está; **to stay ~** ficar em casa. **-3.** [train, bus, plane]: **the train's not ~ yet** o trem ainda não chegou. **-4.** [tide]: **the tide is ~** a maré está cheia. <> *adj inf* [fashionable] na moda, in *(inv)*.

Ver **at**.

in. *abbr of* **inch**.

inability [ˌɪnəˈbɪlətɪ] *n* incapacidade *f*; ~ **to do sthg** incapacidade para fazer algo.

inaccessible [ˌɪnəkˈsesəbl] *adj* inacessível.

inaccurate [ɪnˈækjʊrət] *adj* impreciso(sa).

inadequate [ɪnˈædɪkwət] *adj* **-1.** [insufficient] insuficiente **-2.** [person] incapaz.

inadvertently [ˌɪnədˈvɜːtəntlɪ] *adv* acidentalmente.

inadvisable [ˌɪnədˈvaɪzəbl] *adj* desaconselhável.

inane [ɪˈneɪn] *adj* vazio(zia), fútil.

inanimate [ɪnˈænɪmət] *adj* inanimado(da).

inappropriate [ˌɪnəˈprəʊprɪət] *adj* inapropriado(da).

inarticulate [ˌɪnɑːˈtɪkjʊlət] *adj* **-1.** [person] incapaz de se expressar (bem) **-2.** [words, sounds] inarticulado(da).

inasmuch [ˌɪnəzˈmʌtʃ] ◆ **inasmuch as** *conj fml* [because] visto que; [to the extent that] na medida em que.

inaudible [ɪˈnɔːdɪbl] *adj* inaudível.

inaugural [ɪˈnɔːgjʊrəl] *adj* [opening] inaugural.

inauguration [ɪˌnɔːgjʊˈreɪʃn] *n* **-1.** [of leader, president] posse *f* **-2.** [of building, system] inauguração *f*.

in-between *adj* intermediário(ria).

inborn [ˌɪnˈbɔːn] *adj* inato(ta).

inbound [ˈɪnbaʊnd] *adj US*: **an ~ ship** um navio que se aproxima; **the ~ flight from Miami** o vôo que chega de Miami.

inbred [ˌɪnˈbred] *adj* **-1.** [family, group] endogâmico(ca), consangüíneo(nea) **-2.** [characteristic, quality] inato(ta).

inbuilt [ˌɪnˈbɪlt] *adj* [quality, defect] inerente.

inc. (*abbr of* **inclusive**) inclusive.

Inc. [ɪŋk] (*abbr of* **incorporated**) ≃ S.A.

incapable [ɪnˈkeɪpəbl] *adj* **-1.** [unable]: **to be ~ of sthg/of doing sthg** ser incapaz de algo/de fazer algo **-2.** [incompetent] incompetente.

incapacitated [ˌɪnkəˈpæsɪteɪtɪd] *adj* incapacitado(da).

incarcerate [ɪnˈkɑːsəreɪt] *vt fml* encarcerar.

incendiary device [ɪnˈsendjərɪ-] *n* artefato *m* incendiário.

incense [*n* ˈɪnsens, *vt* ɪnˈsens] <> *n (U)* [perfume] incenso *m*. <> *vt* [anger] enfurecer, enraivecer.

incentive [ɪnˈsentɪv] *n* incentivo *m*.

incentive scheme *n* plano *m* de incentivos.

inception [ɪnˈsepʃn] *n fml* começo *m*, origem *f*.

incessant [ɪnˈsesnt] *adj* incessante.

incessantly [ɪnˈsesntlɪ] *adv* incessantemente.

incest [ˈɪnsest] *n* incesto *m*.

inch [ɪntʃ] <> *n* polegada *f*. <> *vi* avançar gradualmente.

incidence [ˈɪnsɪdəns] *n* incidência *f*.

incident [ˈɪnsɪdənt] *n* [occurrence, event] incidente *m*.

incidental [ˌɪnsɪˈdentl] *adj* [minor] acessório(ria), secundário(ria).

incidentally [ˌɪnsɪˈdentəlɪ] *adv* **-1.** [by chance] por acaso **-2.** [by the way] a propósito.

incinerate [ɪnˈsɪnəreɪt] *vt* incinerar.

incipient [ɪnˈsɪpɪənt] *adj fml* incipiente.

incisive [ɪnˈsaɪsɪv] *adj* incisivo(va).

incite [ɪnˈsaɪt] *vt* incitar; **to ~ sb to do sthg** incitar alguém a fazer algo.

inclination [ˌɪnklɪˈneɪʃn] *n* **-1.** *(U)* [liking, preference] vontade *f* **-2.** [tendency]: ~ **to do sthg** tendência *f OR* inclinação *f* para fazer algo.

incline [*n* ˈɪnklaɪn, *vb* ɪnˈklaɪn] <> *n* [slope] ladeira *f*. <> *vt* [lean, bend] inclinar.

inclined [ɪnˈklaɪnd] *adj* **-1.** [tending] inclinado(da), propenso(sa); **to be ~ to sthg** estar propenso(sa) a algo; **to be ~ to do sthg** estar inclinado(da) a fazer algo **-2.** [wanting, willing]: **to be ~ to do sthg** estar disposto(ta) a fazer algo **-3.** [sloping] inclinado(da).

include [ɪnˈkluːd] *vt* **-1.** [contain] abranger **-2.** [add, count] incluir.

included [ɪn'klu:dɪd] *adj* incluído(da).
including [ɪn'klu:dɪŋ] *prep* inclusive; **six died, ~ a child** seis morreram, incluindo uma criança.
inclusive [ɪn'klu:sɪv] *adj* inclusive; **1 to 9, ~** de um a nove, inclusive; **£150 ~** £150, tudo incluído; **~ of** incluindo.
incoherent [ˌɪnkəʊ'hɪərənt] *adj* incoerente.
income ['ɪŋkʌm] *n* **-1.** [earnings] renda *f* **-2.** [profit] lucro *m*.
income support *n UK auxílio dado pelo governo a pessoas desempregadas ou de renda muito baixa.*
income tax *n* imposto *m* de renda.
incompatible [ˌɪnkəm'pætɪbl] *adj* incompatível; **~ with sb/sthg** incompatível com alguém/algo.
incompetent [ɪn'kɒmpɪtənt] *adj* incompetente.
incomplete [ˌɪnkəm'pli:t] *adj* incompleto(ta).
incomprehensible [ɪnˌkɒmprɪ'hensəbl] *adj* incompreensível.
inconceivable [ˌɪnkən'si:vəbl] *adj* inconcebível.
inconclusive [ˌɪnkən'klu:sɪv] *adj* **-1.** [meeting, outcome, debate] sem conclusões claras **-2.** [evidence, argument] pouco convincente.
incongruous [ɪn'kɒŋgrʊəs] *adj* incongruente.
inconsequential [ˌɪnkɒnsɪ'kwenʃl] *adj* [insignificant] insignificante.
inconsiderable [ˌɪnkən'sɪdərəbl] *adj*: **not ~** nada desprezível.
inconsiderate [ˌɪnkən'sɪdərət] *adj* **-1.** [attitude, treatment] impensado(da), irrefletido(da) **-2.** [person] sem consideração.
inconsistency [ˌɪnkən'sɪstənsɪ] (*pl* **-ies**) *n* **-1.** *(U)* [state of being inconsistent] inconsistência *f* **-2.** [contradictory point] contradição *f*.
inconsistent [ˌɪnkən'sɪstənt] *adj* **-1.** [not agreeing, contradictory] inconsistente; **~ with sthg** contraditório(ria) com algo **-2.** [erratic] irregular.
inconspicuous [ˌɪnkən'spɪkjʊəs] *adj* discreto(ta).
inconvenience [ˌɪnkən'vi:njəns] ◇ *n* **-1.** *(U)* [difficulty, discomfort] incômodo *m* **-2.** [inconvenient thing] inconveniência *f*. ◇ *vt* incomodar.
inconvenient [ˌɪnkən'vi:njənt] *adj* inconveniente.
incorporate [ɪn'kɔ:pəreɪt] *vt* **-1.** [include] incorporar; **to ~ sb/sthg in (to) sthg** incluir alguém/algo em algo **-2.** [blend] combinar.
incorporated company *n* COMM sociedade *f* anônima.
incorrect [ˌɪnkə'rekt] *adj* incorreto(ta).
incorrigible [ɪn'kɒrɪdʒəbl] *adj* incorrigível.
increase [*n* 'ɪnkri:s, *vb* ɪn'kri:s] ◇ *n*: **~ (in sthg)** aumento *m* (de algo); **to be on the ~** estar aumentando, estar em crescimento. ◇ *vt* & *vi* aumentar.
increasing [ɪn'kri:sɪŋ] *adj* crescente.
increasingly [ɪn'kri:sɪŋlɪ] *adv* cada vez mais.
incredible [ɪn'kredəbl] *adj inf* incrível.
incredulous [ɪn'kredjʊləs] *adj* incrédulo(la).
increment ['ɪnkrɪmənt] *n* incremento *m*.
incriminating [ɪn'krɪmɪneɪtɪŋ] *adj* incriminatório(ria).
incubator ['ɪnkjʊbeɪtə^r] *n* [for baby] incubadora *f*.
incumbent [ɪn'kʌmbənt] *fml* ◇ *adj*: **to be ~ (up)on sb to do sthg** incumbir alguém de fazer algo. ◇ *n* [postholder] titular *mf*.
incur [ɪn'kɜ:^r] (*pt* & *pp* **-red**, *cont* **-ring**) *vt* **-1.** [wrath, criticism] incorrer em **-2.** [expenses] contrair.
indebted [ɪn'detɪd] *adj* [grateful]: **to be ~ to sb** estar em dívida com alguém.
indecent [ɪn'di:snt] *adj* **-1.** [obscene] indecente **-2.** [unreasonable] inadequado(da).
indecent assault *n* atentado *m* contra o pudor.
indecent exposure *n (U)* ato *m* obsceno.
indecisive [ˌɪndɪ'saɪsɪv] *adj* indeciso(sa).
indeed [ɪn'di:d] *adv* **-1.** [certainly] realmente, certamente **-2.** [in fact] na verdade **-3.** [for emphasis] realmente; **very big ~** estupidamente grande; **very few ~** pouquíssimos(mas) **-4.** [to express surprise, disbelief] mesmo; **~?** é mesmo?
indefinite [ɪn'defɪnɪt] *adj* **-1.** [indeterminate] indefinido(da) **-2.** [imprecise] impreciso(sa).
indefinitely [ɪn'defɪnətlɪ] *adv* [for indeterminate period] indefinidamente.
indemnity [ɪn'demnətɪ] *n* **-1.** *(U)* [insurance] garantia *f* **-2.** [compensation] indenização *f*.
indent [ɪn'dent] *vt* **-1.** [text] recuar **-2.** [edge, surface] recortar.
independence [ˌɪndɪ'pendəns] *n* independência *f*.
Independence Day *n festa nos Estados Unidos em comemoração à sua independência, no dia 4 de julho em 1776.*
independent [ˌɪndɪ'pendənt] *adj* independente; **~ of sb/sthg** independente de alguém/algo.
independent school *n UK* escola *f* privada.
in-depth *adj* em profundidade, exaustivo(va).
indescribable [ˌɪndɪ'skraɪbəbl] *adj* indescritível.
indestructible [ˌɪndɪ'strʌktəbl] *adj* indestrutível.
index ['ɪndeks] (*pl senses 1 and 2* **-es**, *pl sense 3* **-es** OR **indices**) *n* **-1.** [of book] índice *m* remissivo **-2.** [in library] catálogo *m* **-3.** ECON [value system] índice *m*.

index card *n* ficha *f* de indexação.
index finger *n* (dedo *m*) indicador *m*.
index-linked [-lɪŋkt] *adj* indexado(da).
India ['ɪndjə] *n* Índia.
Indian ['ɪndjən] <> *adj* **-1.** [from India] indiano(na) **-2.** [from the Americas] índio(dia). <> *n* **-1.** [from India] indiano *m*, -na *f* **-2.** [from the Americas] índio *m*, -dia *f*.
Indian Ocean *n*: **the ~** o Oceano Índico.
indicate ['ɪndɪkeɪt] <> *vt* **-1.** [gen] indicar **-2.** [suggest] sugerir. <> *vi* [when driving]: **to ~ left/right** sinalizar à esquerda/direita.
indication [,ɪndɪ'keɪʃn] *n* **-1.** [suggestion] indicação *f* **-2.** [sign] indício *m*.
indicative [ɪn'dɪkətɪv] <> *adj*: **~ of sthg** indicativo(va) de algo. <> *n GRAMM* indicativo *m*.
indicator ['ɪndɪkeɪtə^r] *n* **-1.** [sign] indicador *m* **-2.** [on car] pisca-pisca *m*.
indices ['ɪndɪsi:z] *pl* ⊳ **index**.
indict [ɪn'daɪt] *vt* indiciar; **to ~ sb for sthg** indiciar alguém por algo.
indictment [ɪn'daɪtmənt] *n* **-1.** *JUR* indiciamento *m* **-2.** [criticism] crítica *f* dura.
indifference [ɪn'dɪfrəns] *n (U)* indiferença *f*.
indifferent [ɪn'dɪfrənt] *adj* **-1.** [uninterested] indiferente; **~ to sthg** indiferente a algo **-2.** [mediocre] medíocre.
indigenous [ɪn'dɪdʒɪnəs] *adj* nativo(va), indígena.
indigestion [,ɪndɪ'dʒestʃn] *n (U)* indigestão *f*.
indignant [ɪn'dɪgnənt] *adj* indignado(da); **to be ~ at sthg** estar indignado(da) com algo.
indignity [ɪn'dɪgnətɪ] (*pl* **-ies**) *n* **-1.** *(U)* [feeling of humiliation] afronta *f* **-2.** [humiliating situation] indignidade *f*.
indigo ['ɪndɪgəʊ] <> *adj* [in colour] da cor de anil. <> *n* [colour] anil *m*.
indirect [,ɪndɪ'rekt] *adj* indireto(ta).
indiscreet [,ɪndɪ'skri:t] *adj* indiscreto(ta); [tactless] indelicado(da).
indiscriminate [,ɪndɪ'skrɪmɪnət] *adj* indiscriminado(da).
indispensable [,ɪndɪ'spensəbl] *adj* indispensável.
indisputable [,ɪndɪ'spju:təbl] *adj* inquestionável.
indistinguishable [,ɪndɪ'stɪŋgwɪʃəbl] *adj* indistinguível; **~ from sb/sthg** indistinguível de alguém/algo.
individual [,ɪndɪ'vɪdʒʊəl] <> *adj* **-1.** [gen] individual **-2.** [private] particular **-3.** [distinctive] pessoal. <> *n* indivíduo *m*.
individually [,ɪndɪ'vɪdʒʊəlɪ] *adv* [separately] individualmente.
indoctrination [ɪn,dɒktrɪ'neɪʃn] *n (U)* doutrinação *f*.
Indonesia [,ɪndə'ni:zjə] *n* Indonésia.
indoor ['ɪndɔ:^r] *adj* **-1.** [plant] de interior **-2.** [shoes] para dentro de casa **-3.** [sports] em local coberto; **~ swimming pool** piscina *f* coberta.
indoors [,ɪn'dɔ:z] *adv* dentro de casa; **to go ~** entrar, ir para dentro.
induce [ɪn'dju:s] *vt*: **to ~ sb to do sthg** induzir alguém a fazer algo.
inducement [ɪn'dju:smənt] *n* [incentive] estímulo *m*, incentivo *m*.
induction [ɪn'dʌkʃn] *n* **-1.** [into official position]: **~ into sthg** posse *m* em algo **-2.** [introduction to job] apresentação *f*.
induction course *n* curso *m* de integração *OR* de iniciação.
indulge [ɪn'dʌldʒ] <> *vt* **-1.** [whim, passion] satisfazer **-2.** [child, person] fazer a vontade de. <> *vi*: **to ~ in sthg** permitir-se algo.
indulgence [ɪn'dʌldʒəns] *n* **-1.** *(U)* [tolerance, kindness] indulgência *f* **-2.** [special treat] vício *m*, prazer *m*.
indulgent [ɪn'dʌldʒənt] *adj* [liberal, kind] indulgente.
industrial [ɪn'dʌstrɪəl] *adj* **-1.** [of industry] industrial **-2.** [industrialized] industrializado(da).
industrial action *n*: **to take ~** declarar-se em greve.
industrial estate *UK*, **industrial park** *US n* parque *m* industrial.
industrialist [ɪn'dʌstrɪəlɪst] *n* industrialista *mf*.
industrial park *n US* = **industrial estate**.
industrial relations *npl* relações *fpl* de trabalho.
industrial revolution *n* revolução *f* industrial.
industrious [ɪn'dʌstrɪəs] *adj* trabalhador(ra), diligente.
industry ['ɪndəstrɪ] (*pl* **-ies**) *n* **-1.** [gen] indústria *f*; **the coal ~** o setor carvoeiro **-2.** *(U)* [hard work] laboriosidade *f*.
inebriated [ɪ'ni:brɪeɪtɪd] *adj fml* inebriado(da).
inedible [ɪn'edɪbl] *adj* **-1.** [unpleasant to eat] não-comestível **-2.** [poisonous] venenoso(sa).
ineffective [,ɪnɪ'fektɪv] *adj* ineficaz, inútil.
ineffectual [,ɪnɪ'fektʃʊəl] *adj* ineficaz, inútil.
inefficiency [,ɪnɪ'fɪʃnsɪ] *n (U)* ineficiência *f*.
inefficient [,ɪnɪ'fɪʃnt] *adj* ineficiente.
ineligible [ɪn'elɪdʒəbl] *adj* inelegível; **to be ~ for sthg** não estar qualificado(da) para algo.
inept [ɪ'nept] *adj* **-1.** [incompetent] inepto(ta); **~ at sthg** incapaz de algo **-2.** [clumsy] malfeito(ta).
inequality [,ɪnɪ'kwɒlətɪ] (*pl* **-ies**) *n* desigualdade *f*.
inert [ɪ'nɜ:t] *adj* inerte.
inertia [ɪ'nɜ:ʃə] *n* inércia *f*.

inescapable [ˌɪnɪ'skeɪpəbl] *adj* inevitável.
inevitable [ɪn'evɪtəbl] ◇ *adj* inevitável. ◇ *n*: **the ~** o inevitável.
inevitably [ɪn'evɪtəblɪ] *adv* inevitavelmente.
inexcusable [ˌɪnɪk'skju:zəbl] *adj* imperdoável.
inexhaustible [ˌɪnɪg'zɔ:stəbl] *adj* inesgotável.
inexpensive [ˌɪnɪk'spensɪv] *adj* barato(ta), econômico(ca).
inexperienced [ˌɪnɪk'spɪərɪənst] *adj* inexperiente.
inexplicable [ˌɪnɪk'splɪkəbl] *adj* inexplicável.
infallible [ɪn'fæləbl] *adj* infalível.
infamous ['ɪnfəməs] *adj* infame.
infancy ['ɪnfənsɪ] *n (U)* primeira infância *f*; **to be in its ~** *fig* estar engatinhando.
infant ['ɪnfənt] *n* **-1.** [baby] bebê *m* **-2.** [young child] criança *f* pequena.
infantry ['ɪnfəntrɪ] *n (U)* infantaria *f*.
infant school *n UK na Grã-Bretanha, escola para crianças entre 5 e 7 anos.*
infatuated [ɪn'fætjʊeɪtɪd] *adj*: **~ (with sb/sthg)** obcecado(da) (por alguém/algo).
infatuation [ɪnˌfætjʊ'eɪʃn] *n*: **~ (with sb/sthg)** obsessão *f* (por alguém/algo).
infect [ɪn'fekt] *vt* **-1.** *MED* infectar; **to become ~ed** [wound] infeccionar; **to ~ sb with sthg** infectar alguém com algo **-2.** *fig* [spread to] contagiar.
infection [ɪn'fekʃn] *n* **-1.** [disease] infecção *f* **-2.** *(U)* [spreading of germs] contágio *m*.
infectious [ɪn'fekʃəs] *adj* **-1.** [disease] infeccioso(sa) **-2.** *fig* [feeling, laugh] contagioso(sa).
infer [ɪn'fɜ:ʳ] (*pt* & *pp* **-red**, *cont* **-ring**) *vt* **-1.** [deduce]: **to ~ (that)** inferir que; **to ~ sthg (from sthg)** deduzir *OR* inferir algo (de algo) **-2.** *inf* [insinuate] insinuar.
inferior [ɪn'fɪərɪəʳ] ◇ *adj* [gen] inferior; **~ to sb/sthg** inferior a alguém/algo. ◇ *n* [in status] inferior *mf*.
inferiority [ɪnˌfɪərɪ'ɒrətɪ] *n (U)* inferioridade *f*.
inferiority complex *n* complexo *m* de inferioridade.
inferno [ɪn'fɜ:nəʊ] (*pl* **-s**) *n* inferno *m*, incêndio *m* incontrolável.
infertile [ɪn'fɜ:taɪl] *adj* **-1.** [woman, animal] estéril **-2.** [soil] infértil.
infested [ɪn'festɪd] *adj*: **~ with sthg** infestado(da) por algo.
infighting ['ɪnˌfaɪtɪŋ] *n (U)* disputa *f* interna.
infiltrate ['ɪnfɪltreɪt] *vt* infiltrar.
infinite ['ɪnfɪnət] *adj* infinito(ta).
infinitive [ɪn'fɪnɪtɪv] *n GRAMM* infinitivo *m*.
infinity [ɪn'fɪnətɪ] *n* **-1.** *(U)* [gen] infinito *m* **-2.** *MATH* [incalculable number] infinidade *f*.
infirm [ɪn'fɜ:m] ◇ *adj* [unhealthy] enfermo(ma). ◇ *npl*: **the ~** os enfermos.
infirmary [ɪn'fɜ:mərɪ] (*pl* **-ies**) *n* **-1.** [hospital] hospital *m* **-2.** [room] enfermaria *f*.
infirmity [ɪn'fɜ:mətɪ] (*pl* **-ies**) *n* enfermidade *f*.
inflamed [ɪn'fleɪmd] *adj MED* inflamado(da).
inflammable [ɪn'flæməbl] *adj* [burning easily] inflamável.
inflammation [ˌɪnflə'meɪʃn] *n MED* inflamação *f*.
inflatable [ɪn'fleɪtəbl] *adj* inflável.
inflate [ɪn'fleɪt] *vt* **-1.** [fill with air] inflar **-2.** *ECON* [increase] inflacionar.
inflation [ɪn'fleɪʃn] *n (U) ECON* inflação *f*.
inflationary [ɪn'fleɪʃnrɪ] *adj ECON* inflacionário(ria).
inflation rate *n ECON* taxa *f* de inflação.
inflict [ɪn'flɪkt] *vt*: **to ~ sthg on sb** infligir algo a alguém.
influence ['ɪnflʊəns] ◇ *n* **-1.** *(U)* [power]: **~ (on sb/sthg), ~ (over sb/sthg)** influência *f* (sobre alguém/algo); **under the ~ of** [person, group] sob a influência de; [alcohol, drugs] sob o efeito de **-2.** [influential person, thing]: **~ (on sb/sthg)** influência para alguém/algo. ◇ *vt* influenciar.
influential [ˌɪnflʊ'enʃl] *adj* influente.
influenza [ˌɪnflʊ'enzə] *n (U) fml* influenza *f*.
influx ['ɪnflʌks] *n* afluxo *m*.
inform [ɪn'fɔ:m] *vt* informar; **to ~ sb of/about sthg** informar alguém de/sobre algo.
◆ **inform on** *vt fus* denunciar, delatar.
informal [ɪn'fɔ:ml] *adj* informal.
informant [ɪn'fɔ:mənt] *n* informante *mf*.
information [ˌɪnfə'meɪʃn] *n (U)* informações *fpl*; **to give sb ~** dar informações a alguém; **to get ~** obter informações; **that's a useful piece of ~** esta é uma informação útil; **to have some ~ on** *OR* **about sthg** ter alguma informação sobre algo; **'Information'** 'Informações'; **for your ~** para seu conhecimento.
information desk *n* (balcão *m* de) informações *fpl*.
information technology *n* tecnologia *f* da informação.
informative [ɪn'fɔ:mətɪv] *adj* instrutivo(va).
informer [ɪn'fɔ:məʳ] *n* [denouncer] informante *mf*, delator *m*, -ra *f*.
infrared [ˌɪnfrə'red] *adj* infravermelho(lha).
infrastructure ['ɪnfrəˌstrʌktʃəʳ] *n* infra-estrutura *f*.
infringe [ɪn'frɪndʒ] (*cont* **infringeing**) ◇ *vt* **-1.** [right] transgredir, violar **-2.** [law, agreement] infringir. ◇ *vi* **-1.** [on right]: **to ~ on sthg** transgredir *OR* violar algo **-2.** [on law, agreement]: **to ~ on sthg** infringir algo.
infringement [ɪn'frɪndʒmənt] *n* **-1.** [of right] transgressão *f*, violação *f* **-2.** [of law, agreement] infração *f*.
infuriating [ɪn'fjʊərɪeɪtɪŋ] *adj* enfurecedor(ra).

ingenious [ɪn'dʒi:njəs] *adj* engenhoso(sa).
ingenuity [ˌɪndʒɪ'nju:ətɪ] *n (U)* engenhosidade *f*.
ingenuous [ɪn'dʒenjʊəs] *adj fml* ingênuo(nua).
ingot ['ɪŋgət] *n* lingote *m*.
ingrained [ˌɪn'greɪnd] *adj* **-1.** [ground in] entranhado(da) **-2.** [deeply rooted] arraigado(da).
ingratiating [ɪn'greɪʃɪeɪtɪŋ] *adj* insinuante, lisonjeiro(ra).
ingredient [ɪn'gri:djənt] *n* ingrediente *m*.
inhabit [ɪn'hæbɪt] *vt* habitar.
inhabitant [ɪn'hæbɪtənt] *n* habitante *mf*.
inhale [ɪn'heɪl] ◇ *vt* inalar. ◇ *vi* [breathe in - smoker] tragar; [- patient] inspirar.
inhaler [ɪn'heɪləʳ] *n MED* inalador *m*.
inherent [ɪn'hɪərənt, ɪn'herənt] *adj* inerente; ~ **in sthg** inerente a algo.
inherently [ɪn'hɪərentlɪ, ɪn'herəntlɪ] *adv* intrinsecamente.
inherit [ɪn'herɪt] ◇ *vt*: **to ~ sthg (from sb)** herdar algo (de alguém). ◇ *vi* herdar.
inheritance [ɪn'herɪtəns] *n* herança *f*.
inhibit [ɪn'hɪbɪt] *vt* **-1.** [restrict] impedir **-2.** *PSYCH* [repress] inibir.
inhibition [ˌɪnhɪ'bɪʃn] *n* inibição *f*.
inhospitable [ˌɪnhɒ'spɪtəbl] *adj* **-1.** [unwelcoming] inospitaleiro(ra) **-2.** [climate, area] inóspito(ta).
in-house ◇ *adj* **-1.** [journal, report, magazine] de circulação interna **-2.** [staff, group] interno(na), da casa; ~ **staff** quadro *m* interno. ◇ *adv* internamente.
inhuman [ɪn'hju:mən] *adj* **-1.** [cruel] desumano(na) **-2.** [not human] inumano(na).
initial [ɪ'nɪʃl] (*UK pt* & *pp* **-led**, *cont* **-ling**, *US pt* & *pp* **-ed**, *cont* **-ing**) ◇ *adj* inicial. ◇ *vt* rubricar.
◆ **initials** *npl* iniciais *fpl*.
initially [ɪ'nɪʃəlɪ] *adv* inicialmente.
initiate [ɪ'nɪʃɪeɪt] *vt* **-1.** [start] iniciar **-2.** [teach]: **to ~ sb (into sthg)** iniciar alguém (em algo).
initiative [ɪ'nɪʃətɪv] *n* **-1.** [gen] iniciativa *f* **-2.** [advantage]: **to have the ~** ter a vantagem.
inject [ɪn'dʒekt] *vt* **-1.** *MED*: **to ~ sb with sthg, to ~ sthg into sb** injetar algo em alguém **-2.** *fig* [add]: **to ~ sthg into sthg** injetar algo em algo.
injection [ɪn'dʒekʃn] *n* injeção *f*.
injure ['ɪndʒəʳ] *vt* **-1.** [hurt physically] machucar **-2.** [reputation, chances] prejudicar **-3.** [offend] ferir.
injured ['ɪndʒəd] ◇ *adj* [physically hurt] machucado(da), ferido(da). ◇ *npl*: **the ~** os feridos.
injury ['ɪndʒərɪ] (*pl* **-ies**) *n* **-1.** *(U)* [physical harm] lesão *f* **-2.** [wound] ferimento *m*; **to do o.s. an ~** machucar-se **-3.** *(U)* [to one's reputation] dano *m* **-4.** [to one's pride, feelings] golpe *m*.
injury time *n (U)* tempo *m* de descontos *(num jogo)*.
injustice [ɪn'dʒʌstɪs] *n* injustiça *f*; **to do sb an ~** fazer uma injustiça a alguém.
ink [ɪŋk] *n (U)* tinta *f*.
ink cartridge *n COMPUT* cartucho *m* de tinta.
ink-jet printer *n* impressora *f* jato de tinta.
inkwell ['ɪŋkwel] *n* tinteiro *m*.
inlaid [ˌɪn'leɪd] *adj* incrustado(da); ~ **with sthg** incrustado(da) de algo.
inland [*adj* 'ɪnlənd, *adv* ɪn'lænd] ◇ *adj* interior. ◇ *adv* **-1.** [drive, head, walk] para o interior **-2.** [be positioned] no interior.
Inland Revenue *n UK*: **the ~** o fisco, ≃ a Receita Federal.
in-laws *npl inf* sogros *mpl*.
inlet ['ɪnlet] *n* **-1.** [stretch of water] enseada *f* **-2.** [way in] entrada *f*.
inmate ['ɪnmeɪt] *n* **-1.** [mental hospital] interno *m*, -na *f* **-2.** [prison] preso *m*, -sa *f*.
inn [ɪn] *n* pousada *f*.
innate [ˌɪ'neɪt] *adj* inato(ta).
inner ['ɪnəʳ] *adj* **-1.** [most central] interno(na); **Inner London** o centro de Londres **-2.** [unexpressed, secret - feelings, doubts] íntimo(ma); [- peace, meaning] interior.
inner city *n*: **the ~** o centro urbano decadente.
inner tube *n* câmara *f* de ar.
innings ['ɪnɪŋz] (*pl inv*) *n UK* [in cricket] turno *m*.
innocence ['ɪnəsəns] *n (U)* **-1.** *JUR* [gen] inocência *f* **-2.** [naivety] ingenuidade *f*.
innocent ['ɪnəsənt] ◇ *adj* **-1.** [gen] inocente; ~ **of sthg** inocente de algo **-2.** [harmless] ingênuo(nua). ◇ *n* [naive person] inocente *mf*.
innocuous [ɪ'nɒkjʊəs] *adj* [harmless] inócuo(cua).
innovation [ˌɪnə'veɪʃn] *n* inovação *f*.
innovative ['ɪnəvətɪv] *adj* inovador(ra).
innuendo [ˌɪnju:'endəʊ] (*pl* **-es** *OR* **-s**) *n* **-1.** [individual remark] insinuação *f*, indireta *f* **-2.** *(U)* [style of speaking] insinuações *fpl*.
innumerable [ɪ'nju:mərəbl] *adj* inumerável.
inoculate [ɪ'nɒkjʊleɪt] *vt* inocular; **to ~ sb with sthg** inocular algo em alguém.
inordinately [ɪ'nɔ:dɪnətlɪ] *adv fml* [extremely] de forma desmesurada.
in-patient *n* paciente *mf* interno, -na.
input ['ɪnpʊt] (*pt* & *pp* **input** *OR* **-ted**, *cont* **-ting**) ◇ *n (U)* **-1.** [contribution] contribuição *f* **-2.** *COMPUT, ELEC* entrada *f*. ◇ *vt COMPUT* entrar.
inquest ['ɪnkwest] *n JUR* inquérito *m*.
inquire [ɪn'kwaɪəʳ] ◇ *vt*: **to ~ when/whether/if/how ...** inquirir quando/se/como ... ◇ *vi* [ask for information] informar-se; **to ~ about sthg** pedir informações sobre algo.

◆ **inquire after** *vt fus* perguntar por.
◆ **inquire into** *vt fus* investigar.

inquiry [ɪn'kwaɪərɪ] (*pl* **-ies**) *n* **-1.** [question] pergunta *f*; **'Inquiries'** 'Informações' **-2.** [investigation] investigação *f*, inquérito *m*.

inquiry desk *n* (balcão *m* de) informações *fpl*.

inquisitive [ɪn'kwɪzətɪv] *adj* curioso(sa).

inroads ['ɪnrəʊdz] *npl*: **to make ~ into sthg** abrir caminho em algo.

insane [ɪn'seɪn] *adj* **-1.** MED [mad] insano(na) **-2.** *fig* [very stupid] louco(ca).

insanity [ɪn'sænətɪ] *n* (U) **-1.** MED [madness] insanidade *f* **-2.** *fig* [great stupidity] loucura *f*.

insatiable [ɪn'seɪʃəbl] *adj* insaciável.

inscription [ɪn'skrɪpʃn] *n* **-1.** [gen] inscrição *f* **-2.** [in book] dedicatória *f*.

inscrutable [ɪn'skru:təbl] *adj* inescrutável, impenetrável.

insect ['ɪnsekt] *n* inseto *m*.

insecticide [ɪn'sektɪsaɪd] *n* inseticida *m*.

insect repellent *n* repelente *m* para insetos.

insecure [ˌɪnsɪ'kjʊə^r] *adj* **-1.** [not confident] inseguro(ra) **-2.** [not safe] pouco seguro(ra).

insensible [ɪn'sensəbl] *adj* **-1.** [unconscious] inconsciente **-2.** [unaware]: **to be ~ of sthg** não ter consciência de algo **-3.** [unable to feel]: **to be ~ to sthg** ser insensível a algo.

insensitive [ɪn'sensətɪv] *adj* **-1.** [unkind, thoughtless] insensível **-2.** [unresponsive]: **~ to sthg** indiferente a algo **-3.** [unable to feel]: **~ to sthg** insensível a algo.

inseparable [ɪn'seprəbl] *adj* **-1.** [subjects, facts]: **~ (from sthg)** inseparável (de algo) **-2.** [people] inseparável.

insert [*vb* ɪn'sɜ:t, *n* 'ɪnsɜ:t] ◇ *n* encarte *m*. ◇ *vt* [put in]: **to ~ sthg (in OR into sthg)** inserir algo (em algo).

insertion [ɪn'sɜ:ʃn] *n* (U) inserção *f*.

in-service training *n* UK treinamento *m* no serviço.

inshore [*adj* 'ɪnʃɔ:^r, *adv* ɪn'ʃɔ:^r] ◇ *adj* costeiro(ra). ◇ *adv* **-1.** [towards shore] em direção à costa **-2.** [close to shore] perto da costa.

inside [ɪn'saɪd] ◇ *adj* [interior, near centre] interno(na). ◇ *adv* **-1.** [in, within - place, object, building] para dentro; **there was sthg ~** havia alguma coisa dentro; [- body, mind] por dentro **-2.** [prison] *sl* preso(sa). ◇ *prep* dentro de; **get some food ~ you!** coma alguma coisa!; **~ three weeks** em menos de três semanas. ◇ *n* **-1.** [interior, inner part]: **the ~** o lado de dentro; **~ out** [clothes] do avesso; **to know sthg ~ out** *fig* conhecer algo de cabo a rabo; **to turn sthg ~ out** virar algo do avesso **-2.** AUT: **the ~** [in UK] a faixa da esquerda; [in mainland Europe, US, Brazil etc.] a faixa da direita.
◆ **insides** *npl inf* [intestines] tripas *fpl*.
◆ **inside of** *prep* US [building, object] dentro de.

inside lane *n* AUT **-1.** [in UK] faixa *f* da esquerda **-2.** [in mainland Europe, US, Brazil etc.] faixa *f* da direita.

insight ['ɪnsaɪt] *n* **-1.** (U) [wisdom]: **~ (into sthg)** discernimento *m* (sobre algo) **-2.** [glimpse]: **~ (into sthg)** insight *m* (sobre algo); **the book gave me an ~ into the problem** o livro me fez ter algumas idéias sobre o problema.

insignificant [ˌɪnsɪg'nɪfɪkənt] *adj* insignificante.

insincere [ˌɪnsɪn'sɪə^r] *adj* insincero(ra).

insinuate [ɪn'sɪnjʊeɪt] *pej vt* [imply]: **to ~ (that)** insinuar que.

insipid [ɪn'sɪpɪd] *adj pej* **-1.** [dull, boring] insosso(sa) **-2.** [flavourless - drink] insípido(da); [- food] insosso(sa).

insist [ɪn'sɪst] ◇ *vt*: **to ~ (that)** insistir que. ◇ *vi*: **to ~ on sthg** insistir em algo; **to ~ on doing sthg** insistir em fazer algo.

insistent [ɪn'sɪstənt] *adj* insistente; **~ on sthg** insistente em algo.

insofar [ˌɪnsəʊ'fɑ:^r] ◆ **insofar as** *conj* na medida em que.

insole ['ɪnsəʊl] *n* [in shoe] palmilha *f*.

insolent ['ɪnsələnt] *adj* insolente.

insolvable *adj* US insolúvel.

insolvent [ɪn'sɒlvənt] *adj* insolvente.

insomnia [ɪn'sɒmnɪə] *n* (U) insônia *f*.

inspect [ɪn'spekt] *vt* **-1.** [letter, person] examinar **-2.** [factory] inspecionar, vistoriar **-3.** [troops] passar revista em.

inspection [ɪn'spekʃn] *n* **-1.** [examination] exame *m* **-2.** [official check] inspeção *f*, vistoria *f*.

inspector [ɪn'spektə^r] *n* **-1.** [official] fiscal *mf* **-2.** [of police] inspetor *m*, -ra *f*.

inspiration [ˌɪnspə'reɪʃn] *n* **-1.** (U) [source of ideas] inspiração *f*; **~ (for sthg)** inspiração (para algo) **-2.** [brilliant idea] idéia *f*.

inspire [ɪn'spaɪə^r] *vt* [stimulate, encourage]: **to ~ sb (to do sthg)** inspirar alguém (a fazer algo); **to ~ sb with sthg, to ~ sthg in sb** inspirar algo a alguém.

install UK, **instal** US [ɪn'stɔ:l] *vt* [machinery, equipment] instalar.

installation [ˌɪnstə'leɪʃn] *n* instalação *f*.

instalment UK, **installment** US [ɪn'stɔ:lmənt] *n* **-1.** [payment] prestação *f*; **in ~s** em prestações **-2.** [episode] episódio *m*.

instance ['ɪnstəns] *n* [example, case] caso *m*, exemplo *m*; **for ~** por exemplo.

instant ['ɪnstənt] ◇ *adj* instantâneo(nea). ◇ *n* [moment] instante *m*; **the ~ (that) ...** no mesmo instante em que ...

instantly ['ɪnstəntlɪ] *adv* instantaneamente.

instead [ɪn'sted] *adv* em vez disso.
◆ **instead of** *prep* em vez de, em lugar de.

instep [ˈɪnstep] *n* [of foot] peito *m* do pé.
instigate [ˈɪnstɪgeɪt] *vt* [initiate] instigar.
instil *UK* (*pt* & *pp* **-led**, *cont* **-ling**), **instill** *US* (*pt* & *pp* **-ed**, *cont* **-ing**) [ɪnˈstɪl] *vt*: **to ~ sthg in(to) sb** instilar algo em alguém.
instinct [ˈɪnstɪŋkt] *n* instinto *m*; **first ~** primeiro impulso *m*.
instinctive [ɪnˈstɪŋktɪv] *adj* instintivo(va).
institute [ˈɪnstɪtjuːt] <> *n* [establishment] instituto *m*. <> *vt* instituir.
institution [ˌɪnstɪˈtjuːʃn] *n* instituição *f*.
institutionalize *vt* institucionalizar.
instruct [ɪnˈstrʌkt] *vt* **-1.** [tell, order]: **to ~ sb to do sthg** instruir alguém a fazer algo **-2.** [teach] instruir; **to ~ sb in sthg** instruir alguém em algo.
instruction [ɪnˈstrʌkʃn] *n* instrução *f*.
◆ **instructions** *npl* [for use] instruções *fpl*.
instructor [ɪnˈstrʌktəʳ] *n* **-1.** [in driving, skiing] instrutor *m* **-2.** [in swimming] professor *m*.
instrument [ˈɪnstrʊmənt] *n* **-1.** instrumento *m* **-2.** *literary* [means] instrumento *m*.
instrumental [ˌɪnstrʊˈmentl] *adj* [important, helpful]: **to be ~ in sthg** desempenhar um papel fundamental em algo.
instrument panel *n* painel *m* de instrumentos.
insubordinate [ˌɪnsəˈbɔːdɪnət] *adj fml* insubordinado(da).
insubstantial [ˌɪnsəbˈstænʃl] *adj* **-1.** [fragile] frágil **-2.** [unsatisfying] pouco substancioso(sa).
insufficient [ˌɪnsəˈfɪʃnt] *adj fml* insuficiente; **~ for sthg/to do sthg** insuficiente para algo/para fazer algo.
insular [ˈɪnsjʊləʳ] *adj* [narrow-minded] limitado(da) .
insulate [ˈɪnsjʊleɪt] *vt* isolar; **to ~ sb against** *OR* **from sthg** isolar alguém de algo.
insulating tape [ˈɪnsjʊleɪtɪŋ-] *n (U) UK* fita *f* isolante.
insulation [ˌɪnsjʊˈleɪʃn] *n (U)* [material, substance] isolamento *m*.
insulin [ˈɪnsjʊlɪn] *n (U)* insulina *f*.
insult [*vt* ɪnˈsʌlt, *n* ˈɪnsʌlt] <> *n* insulto *m*. <> *vt* insultar, ofender.
insuperable [ɪnˈsuːprəbl] *adj fml* insuperável.
insurance [ɪnˈʃʊərəns] *n* **-1.** [against fire, accident, theft] seguro *m*; **~ against sthg** seguro contra algo **-2.** *fig* [safeguard, protection] proteção *f*; **~ against sthg** proteção contra algo.
insurance policy *n* apólice *f* de seguros.
insure [ɪnˈʃʊəʳ] <> *vt* **-1.** [against fire, accident, theft]: **to ~ sb/sthg against sthg** segurar alguém/algo contra algo **-2.** *US* [make certain] assegurar. <> *vi* [protect]: **to ~ against sthg** prevenir-se contra algo.
insurer [ɪnˈʃʊərəʳ] *n* segurador *m*, -ra *f*.
insurmountable [ˌɪnsəˈmaʊntəbl] *adj* intransponível.
intact [ɪnˈtækt] *adj* intacto(ta).
intake [ˈɪnteɪk] *n* **-1.** [amount consumed] ingestão *f* **-2.** [people recruited - *SCH, UNIV*] ingresso *m*; [- *MIL*] recrutamento *m* **-3.** [inlet] entrada *f*.
integral [ˈɪntɪgrəl] *adj* [essential] essencial; **to be ~ to sthg** ser parte integrante de algo.
integrate [ˈɪntɪgreɪt] <> *vi* integrar. <> *vt* integrar.
integrity [ɪnˈtegrətɪ] *n (U)* **-1.** [honour] integridade *f* **-2.** *fml* [wholeness] integridade *f*.
intellect [ˈɪntəlekt] *n* **-1.** [gen] inteligência *f*, intelecto *m* **-2.** [mind] inteligência *f*.
intellectual [ˌɪntəˈlektjʊəl] <> *adj* intelectual. <> *n* [person] intelectual *mf*.
intelligence [ɪnˈtelɪdʒəns] *n (U)* **-1.** [ability to think and reason] inteligência *f* **-2.** [information service] serviço *m* de inteligência **-3.** [information] informações *fpl* secretas.
intelligent [ɪnˈtelɪdʒənt] *adj* [clever] inteligente.
intelligent card *n* cartão *m* inteligente.
intend [ɪnˈtend] *vt* [mean] pretender, propor-se a; **to be ~ed for/as sthg** ser destinado(da) para algo; **to be ~ed for sb** ser destinado(da) a alguém; **it wasn't ~ed to be a criticism** não pretendia ser uma crítica; **it was ~ed to be a surprise** era para ser uma surpresa; **to ~ doing sthg/to do sthg** pretender fazer algo.
intended [ɪnˈtendɪd] *adj* [planned] planejado(da); **the ~ victim** a vítima almejada.
intense [ɪnˈtens] *adj* **-1.** [gen] intenso(sa) **-2.** [person - serious] muito sério(ria); [- emotional] forte.
intensely [ɪnˈtenslɪ] *adv* **-1.** [very] enormemente **-2.** [very much] intensamente.
intensify [ɪnˈtensɪfaɪ] (*pt* & *pp* **-ied**) <> *vt* intensificar. <> *vi* intensificar-se.
intensity [ɪnˈtensətɪ] *n* **-1.** [gen] intensidade *f* **-2.** [of person - seriousness] seriedade *f*; [- of emotional nature] força *f*.
intensive [ɪnˈtensɪv] *adj* [concentrated] intensivo(va).
intensive care *n (U)* tratamento *m* intensivo.
intent [ɪnˈtent] <> *adj* **-1.** [absorbed] atento(ta) **-2.** [determined]: **to be ~ (up)on doing sthg** estar determinado(da) a fazer algo. <> *n fml* [intention] intenção *f*; **to all ~s and purposes** para todos os efeitos.
intention [ɪnˈtenʃn] *n* intenção *f*.
intentional [ɪnˈtenʃənl] *adj* intencional.
intently [ɪnˈtentlɪ] *adv* atentamente.
interact [ˌɪntərˈækt] *vi* **-1.** [people]: **to ~ (with sb)** interagir (com alguém) **-2.** [forces, ideas]: **to ~ (with sthg)** interagir (com algo).
interactive [ˌɪntərˈæktɪv] *n COMPUT* interativo(va).
intercede [ˌɪntəˈsiːd] *vi fml*: **to ~ (with/for sb)**

interceder (junto a/em favor de alguém).

intercept [ˌɪntə'sept] *vt* [message, missile] interceptar.

interchange [*n* 'ɪntətʃeɪndʒ, *vb* ˌɪntə'tʃeɪndʒ] ◇ *n* **-1.** [exchange] intercâmbio *m* **-2.** [road junction] trevo *m* rodoviário. ◇ *vt* trocar, intercambiar; **to ~ sthg with sb/sthg** trocar algo com alguém/algo.

interchangeable [ˌɪntə'tʃeɪndʒəbl] *adj*: **~ (with sb/sthg)** intercambiável (com alguém/algo).

intercity [ˌɪntə'sɪtɪ] *adj UK* intermunicipal.

intercom ['ɪntəkɒm] *n* interfone *m*.

intercourse ['ɪntəkɔ:s] *n (U)* [sexual] relação *f* sexual.

interest ['ɪntrəst] ◇ *n* **-1.** [gen] interesse *m*; **~ in sb/sthg** interesse em alguém/algo **-2.** [hobby] hobby *m*; **in the ~s of peace** em nome da paz **-3.** *(U)* [financial charge] juro *m* **-4.** [share in company] participação *f*. ◇ *vt* [appeal to] interessar; **can I ~ you in a drink?** posso te convidar para um drinque?

interested ['ɪntrəstɪd] *adj* interessado(da); **to be ~ in sb/sthg** estar interessado(da) em alguém/algo; **to be ~ in doing sthg** estar interessado(da) em fazer algo.

interesting ['ɪntrəstɪŋ] *adj* interessante.

interest rate *n* taxa *f* de juros.

interface [*n* 'ɪntəfeɪs] *n* **-1.** *COMPUT* interface *f* **-2.** [junction, boundary] zona *f* de interação.

interfere [ˌɪntə'fɪəʳ] *vi* **-1.** [meddle] interferir, intrometer-se; **to ~ in sthg** interferir em algo, intrometer-se em algo **-2.** [cause disruption] interferir; **to ~ with sthg** interferir em algo.

interference [ˌɪntə'fɪərəns] *n (U)* **-1.** [meddling]: **~ (with** *OR* **in sthg)** intrometimento *m* (em algo) **-2.** *RADIO & TV* interferência *f*.

interim ['ɪntərɪm] ◇ *adj* provisório(ria). ◇ *n*: **in the ~** neste ínterim.

interior [ɪn'tɪərɪəʳ] ◇ *adj* **-1.** [inner] interno(na), interior **-2.** *POL* do interior. ◇ *n* [inside] interior *m*.

interlock [ˌɪntə'lɒk] *vi* **-1.** *TECH* encaixar; **to ~ with sthg** encaixar com algo **-2.** [entwine] entrelaçar.

interloper ['ɪntələʊpəʳ] *n* intruso *m*, -sa *f*.

interlude ['ɪntəlu:d] *n* [gen] intervalo *m*.

intermediary [ˌɪntə'mi:djərɪ] (*pl* **-ies**) *n* intermediário *m*, -ria *f*, mediador *m*, -ra *f*.

intermediate [ˌɪntə'mi:djət] *adj* intermediário *m*, -ria *f*.

interminable [ɪn'tɜ:mɪnəbl] *adj* interminável.

intermission [ˌɪntə'mɪʃn] *n* intervalo *m*.

intermittent [ˌɪntə'mɪtənt] *adj* intermitente.

intern [*vb* ɪn'tɜ:n, *n* 'ɪntɜ:n] ◇ *n US* [trainee - teacher] estagiário *m*, -ria *f*; [- doctor] interno *m*, -na *f*. ◇ *vt* internar.

internal [ɪn'tɜ:nl] *adj* interno(na); **~ affairs** relações *fpl* interiores.

internally [ɪn'tɜ:nəlɪ] *adv* internamente.

Internal Revenue *n US*: **the ~** a receita pública.

international [ˌɪntə'næʃənl] ◇ *adj* internacional. ◇ *n UK SPORT* **-1.** [match] partida *f* internacional **-2.** [player] atleta *mf* da seleção.

Internet ['ɪntənet] *n*: **the ~** a Internet.

Internet access *n* acesso *m* à Internet.

Internet café *n* cibercafé *m*.

Internet connection *n* conexão *f* com a Internet.

Internet Service Provider *n* provedor *m* de serviços de Internet.

Internet start-up company *n* empresa *f* eletrônica que surgiu com a Internet.

Internet television, Internet TV *n* televisão *f* via Internet.

interpret [ɪn'tɜ:prɪt] ◇ *vt* [understand] interpretar; **to ~ sthg as** interpretar algo como. ◇ *vi* [translate] interpretar.

interpreter [ɪn'tɜ:prɪtəʳ] *n* [person] intérprete *mf*.

interpreting [ɪn'tɜ:prɪtɪŋ] *n* [occupation] interpretação *f*.

interracial [ˌɪntə'reɪʃl] *adj* inter-racial.

interrelate [ˌɪntərɪ'leɪt] ◇ *vt* correlacionar. ◇ *vi*: **to ~ (with sthg)** correlacionar-se (com algo).

interrogate [ɪn'terəgeɪt] *vt* [question] interrogar.

interrogation [ɪnˌterə'geɪʃn] *n* **-1.** *(U)* [questioning] interrogação *f* **-2.** [interview] interrogatório *m*.

interrogation mark *n US* ponto *m* de interrogação.

interrogative [ˌɪntə'rɒgətɪv] *GRAM* ◇ *adj* interrogativo(va). ◇ *n* **-1.** [form]: **the ~** a forma interrogativa **-2.** [word] pronome *m* interrogativo.

interrupt [ˌɪntə'rʌpt] ◇ *vt* interromper. ◇ *vi* interromper, incomodar.

interruption [ˌɪntə'rʌpʃn] *n* interrupção *f*.

intersect [ˌɪntə'sekt] ◇ *vi* cruzar-se. ◇ *vt* cruzar.

intersection [ˌɪntə'sekʃn] *n* [junction] interseção *f*.

intersperse [ˌɪntə'spɜ:s] *vt*: **to be ~ed with sthg** ser entremeado(da) por algo.

interstate (highway) *n US* rodovia *f* interestadual.

interval ['ɪntəvl] *n* **-1.** [period of time]: **~ (between)** intervalo *m* (entre); **at ~s** em intervalos; **at monthly/yearly ~s** em intervalos de um mês/um ano **-2.** *UK* [at play, concert] intervalo *m*.

intervene [ˌɪntə'vi:n] *vi* **-1.** [gen] intervir; **to ~**

in sthg intervir em algo **-2.** [interrupt] interferir.
intervention [ˌɪntəˈvenʃn] *n* intervenção *f.*
interview [ˈɪntəvjuː] <> *n* entrevista *f.* <> *vt* entrevistar.
interviewer [ˈɪntəvjuːəʳ] *n* entrevistador *m*, -ra *f.*
intestine [ɪnˈtestɪn] *n* intestino *m.*
intimacy [ˈɪntɪməsɪ] (*pl* **-ies**) *n* (*U*) [closeness]: **~ (between/with)** intimidade *f* (entre/com).
◆ **intimacies** *npl* [personal thoughts] intimidades *fpl.*
intimate [*adj & n* ˈɪntɪmət, *vb* ˈɪntɪmeɪt] <> *adj* **-1.** íntimo(ma) **-2.** [personal] pessoal **-3.** [thorough] profundo(da). <> *vt fml* [hint, imply] insinuar; **to ~ that** insinuar que, dar a entender que.
intimately [ˈɪntɪmətlɪ] *adv* intimamente.
intimidate [ɪnˈtɪmɪdeɪt] *vt* intimidar.
into [ˈɪntʊ] *prep* **-1.** [inside - referring to object] em; [- referring to place, vehicle] em direção a; **to get ~ a car** entrar num carro **-2.** [against] contra; **to bump ~ sb/sthg** tropeçar em alguém/algo; **to crash ~ sb/sthg** chocar-se com alguém/algo **-3.** [indicating transformation, change] em; **to translate ~ Spanish** traduzir para o espanhol **-4.** [concerning, about] sobre **-5.** MATH [indicating division] por; **6 ~ 2 is 3** 6 dividido por 2 é 3 **-6.** [indicating elapsed time]: **~ the night** noite adentro; **I was a week ~ my holiday when ...** eu estava há uma semana de férias quando ... **-7.** *inf* [interested in]: **to be ~ sthg** gostar de algo.
intolerable [ɪnˈtɒlrəbl] *adj fml* intolerável.
intolerance [ɪnˈtɒlərəns] *n* (*U*) [lack of respect] intolerância *f.*
intolerant [ɪnˈtɒlərənt] *adj* intolerante.
intoxicated [ɪnˈtɒksɪkeɪtɪd] *adj* **-1.** [drunk]: **to be ~** estar embriagado(da) **-2.** *fig* [excited]: **to be ~ by** OR **with sthg** estar inebriado(da) com algo.
intoxication [ɪnˌtɒksɪˈkeɪʃn] *n* embriaguez *f.*

> Não confundir *intoxication (embriaguez)* com o português *intoxicação* que em inglês é *poisoning*. (*His level of intoxication was high.* Seu nível de *embriaguez* era elevado.)

intractable [ɪnˈtræktəbl] *adj fml* **-1.** [stubborn] intratável **-2.** [insoluble] insolúvel.
intramural *adj* intramuros.
Intranet *n* COMPUT Intranet *f.*
intransitive [ɪnˈtrænzətɪv] *adj* intransitivo(va).
intravenous [ˌɪntrəˈviːnəs] *adj* intravenoso(sa).
in-tray *n* bandeja *f* de entrada (*para documentos em escritório*).
intricate [ˈɪntrɪkət] *adj* intricado(da).
intrigue [ɪnˈtriːg] <> *n* intriga *f.* <> *vt* intrigar.
intriguing [ɪnˈtriːgɪŋ] *adj* intrigante.
intrinsic [ɪnˈtrɪnsɪk] *adj* intrínseco(ca).
introduce [ˌɪntrəˈdjuːs] *vt* **-1.** [present, make aware of] apresentar; **to ~ sb to sb/sthg** apresentar alguém a alguém/algo **-2.** [bring in]: **to ~ sthg (to** OR **into)** introduzir algo (em).
introduction [ˌɪntrəˈdʌkʃn] *n* **-1.** [start, initiation] introdução *f*; **~ to sthg** introdução a algo **-2.** [presentation]: **~ (to sb)** apresentação *f* (a alguém).
introductory [ˌɪntrəˈdʌktrɪ] *adj* introdutório(ria).
introvert [ˈɪntrəvɜːt] *n* introvertido *m*, -da *f.*
introverted [ˈɪntrəvɜːtɪd] *adj* introvertido(da).
intrude [ɪnˈtruːd] *vi* intrometer-se; **to ~ (up)on sb/sthg** intrometer-se em alguém/algo.
intruder [ɪnˈtruːdəʳ] *n* intruso *m*, -sa *f.*
intrusive [ɪnˈtruːsɪv] *adj* **-1.** [person] intrometido(da) **-2.** [presence, interest] inoportuno(na).
intuition [ˌɪntjuːˈɪʃn] *n* intuição *f.*
inundate [ˈɪnʌndeɪt] *vt* inundar; **to be ~d with sthg** estar cheio (cheia) de algo.
invade [ɪnˈveɪd] *vt* invadir.
invalid [*adj* ɪnˈvælɪd *n & vb* ˈɪnvəlɪd] <> *adj* [not acceptable] inválido(da). <> *n* [ill person] inválido *m*, -da *f.*
invaluable [ɪnˈvæljʊəbl] *adj*: **~ (to sb/sthg)** inestimável (para alguém/algo).
invariably [ɪnˈveərɪəblɪ] *adv* [always] invariavelmente.
invasion [ɪnˈveɪʒn] *n* invasão *f.*
invent [ɪnˈvent] *vt* inventar.
invention [ɪnˈvenʃn] *n* invenção *f.*
inventive [ɪnˈventɪv] *adj* inventivo(va).
inventor [ɪnˈventəʳ] *n* inventor *m*, -ra *f.*
inventory [ˈɪnvəntrɪ] (*pl* **-ies**) *n* **-1.** [list] inventário *m* **-2.** *US* [goods] estoque *m.*
invert [ɪnˈvɜːt] *vt fml* inverter.
inverted commas [ɪnˈvɜːtɪd-] *npl UK* aspas *fpl*; **in ~** entre aspas.
invest [ɪnˈvest] <> *vt* [gen]: **to ~ sthg in sthg/in doing sthg** investir algo em algo/para fazer algo. <> *vi* **-1.** [financially] investir; **to ~ in sthg** investir em algo **-2.** *fig* [in sthg useful]: **to ~ in sthg** investir em algo.
investigate [ɪnˈvestɪgeɪt] *vt & vi* investigar.
investigation [ɪnˌvestɪˈgeɪʃn] *n*: **~ (into sthg)** investigação *f* (sobre algo).
investment [ɪnˈvestmənt] *n* investimento *m.*
investor [ɪnˈvestəʳ] *n* investidor *m*, -ra *f.*
inveterate [ɪnˈvetərət] *adj* inveterado(da).
invidious [ɪnˈvɪdɪəs] *adj* **-1.** [unfair] injusto(ta) **-2.** [unpleasant] desagradável.
invigilate [ɪnˈvɪdʒɪleɪt] *UK* <> *vt* fiscalizar (*um exame*). <> *vi* fiscalizar um exame.
invigorating [ɪnˈvɪgəreɪtɪŋ] *adj* **-1.** [gen] revigorante **-2.** [experience] estimulante.

invincible [ɪn'vɪnsɪbl] *adj* [unbeatable] invencível.
invisible [ɪn'vɪzɪbl] *adj* invisível.
invitation [ˌɪnvɪ'teɪʃn] *n* convite *m*; **an ~ to sthg/to do sthg** um convite para algo/para fazer algo.
invite [ɪn'vaɪt] *vt* **-1.** [request to attend] convidar; **to ~ sb to sthg** convidar alguém para algo **-2.** [ask politely]: **to ~ sb to do sthg** convidar alguém para fazer algo **-3.** [encourage] estimular.
inviting [ɪn'vaɪtɪŋ] *adj* convidativo(va), tentador(ra).
invoice ['ɪnvɔɪs] ◇ *n* fatura *f*. ◇ *vt* **-1.** [send an invoice to] enviar uma fatura para **-2.** [prepare an invoice for] faturar.
invoke [ɪn'vəʊk] *vt* **-1.** *fml* [quote as justification] invocar **-2.** [cause] evocar, suscitar.
involuntary [ɪn'vɒləntrɪ] *adj* [unintentional] involuntário(ria).
involve [ɪn'vɒlv] *vt* **-1.** [entail, require] envolver; **to ~ doing sthg** envolver fazer algo **-2.** [concern, affect] atingir, afetar; **to be ~ed in sthg** estar envolvido(da) em algo **-3.** [make part of sthg]: **to ~ sb in sthg** envolver alguém em algo.
involved [ɪn'vɒlvd] *adj* **-1.** [complex] complicado(da) **-2.** [participating]: **to be ~ in sthg** estar metido(da) em algo **-3.** [in a relationship]: **to be/get ~ with sb** envolver-se com alguém **-4.** [entailed]: **~ (in sthg)** envolvido(da) (em algo).
involvement [ɪn'vɒlvmənt] *n (U)* [gen] envolvimento *m*; **~ in sthg** envolvimento em algo.
inward ['ɪnwəd] ◇ *adj* **-1.** [feelings, satisfaction] interno(na), interior **-2.** [flow, movement] para dentro.
iodine [*UK* 'aɪədi:n, *US* 'aɪədaɪn] *n (U)* iodo *m*.
iota [aɪ'əʊtə] *n* pouquinho *m*; **not an ~** nem um pouquinho.
IOU (*abbr of* **I owe you**) *n documento assinado no qual se reconhece uma dívida*.
IQ (*abbr of* **intelligence quotient**) *n* QI *m*.
IRA (*abbr of* **Irish Republican Army**) *n* IRA *m*.
Iran [ɪ'rɑ:n] *n* Irã.
Iranian [ɪ'reɪnjən] ◇ *adj* iraniano(na). ◇ *n* [person] iraniano *m*, -na *f*.
Iraq [ɪ'rɑ:k] *n* Iraque.
Iraqi [ɪ'rɑ:kɪ] ◇ *adj* iraquiano(na). ◇ *n* [person] iraquiano *m*, -na *f*.
irate [aɪ'reɪt] *adj* irado(da).
Ireland ['aɪələnd] *n* Irlanda.
iris ['aɪərɪs] (*pl* **-es**) *n* MED, BOT íris *f inv*.
Irish ['aɪrɪʃ] ◇ *adj* irlandês(esa). ◇ *n* [language] gaélico-irlandês *m*. ◇ *npl*: **the ~** os irlandeses.
Irishman ['aɪrɪʃmən] (*pl* **-men** [-mən]) *n* irlandês *m*.
Irish Sea *n*: **the ~** o Mar da Irlanda.
Irishwoman ['aɪrɪʃˌwʊmən] (*pl* **-women** [-ˌwɪmɪn]) *n* irlandesa *f*.
irksome ['ɜ:ksəm] *adj fml* aborrecido(da).
iron ['aɪən] ◇ *adj* **-1.** [made of iron] de ferro **-2.** *fig* [very strict] duro(ra). ◇ *n* **-1.** *(U)* [metal] ferro *m* **-2.** [for clothes] ferro *m* (de passar roupa) **-3.** [golf club] ferro *m*. ◇ *vt* passar (a ferro).
◆ **iron out** *vt sep fig* [overcome] resolver.
ironic(al) [aɪ'rɒnɪk(l)] *adj* irônico(ca); **how ~!** que ironia!
ironing ['aɪənɪŋ] *n (U)* [clothes to be ironed] roupa *f* para passar.
ironing board *n* tábua *f* de passar roupa.
ironmonger ['aɪənˌmʌŋgə^r] *n UK* ferrageiro *m*, -ra *f*; **~'s (shop)** ferragem *f*.
irony ['aɪrənɪ] (*pl* **-ies**) *n* ironia *f*; **the ~ of it all is that ...** o curioso disso tudo é que ...
irrational [ɪ'ræʃənl] *adj* irracional.
irreconcilable [ɪˌrekən'saɪləbl] *adj* [completely different] irreconciliável.
irregular [ɪ'regjʊlə^r] *adj* irregular.
irrelevant [ɪ'reləvənt] *adj* irrelevante.
irreparable [ɪ'repərəbl] *adj* irreparável.
irreplaceable [ˌɪrɪ'pleɪsəbl] *adj* insubstituível.
irrepressible [ˌɪrɪ'presəbl] *adj* irreprimível.
irresistible [ˌɪrɪ'zɪstəbl] *adj* irresistível.
irrespective ◆ **irrespective of** *prep* independente de.
irresponsible [ˌɪrɪ'spɒnsəbl] *adj* irresponsável.
irrigate ['ɪrɪgeɪt] *vt* [land] irrigar.
irrigation [ˌɪrɪ'geɪʃn] ◇ *n (U)* [of land] irrigação *f*. ◇ *comp* de irrigação.
irritable ['ɪrɪtəbl] *adj* [bad-tempered] irritável.
irritate ['ɪrɪteɪt] *vt* irritar.
irritated *adj* irritado(da).
irritating ['ɪrɪteɪtɪŋ] *adj* irritante.
irritation [ɪrɪ'teɪʃn] *n* **-1.** [gen] irritação *f* **-2.** [cause of anger] motivo *m* de irritação.
IRS (*abbr of* **Internal Revenue Service**) *n departamento norte-americano de arrecadação de impostos*, ≃ Secretaria *f* da Fazenda.
is [ɪz] *vb* ▷ **be**.
ISDN (*abbr of* **Integrated Services Delivery Network**) *n* COMPUT RDSI *f*, ISDN *f*.
Islam ['ɪzlɑ:m] *n (U)* [religion] Islã *m*.
island ['aɪlənd] *n* **-1.** [in water] ilha *f* **-2.** [in traffic] passagem *m* para pedestres.
islander ['aɪləndə^r] *n* ilhéu *m*, ilhoa *f*.
isle [aɪl] *n* ilha *f*, ilhota *f*.
Isle of Man *n*: **the ~** a Ilha de Man.
Isle of Wight [-waɪt] *n*: **the ~** a Ilha de Wight.
isn't ['ɪznt] = **is not**.
isobar ['aɪsəbɑ:^r] *n* METEOR isóbara *f*.
isolate ['aɪsəleɪt] *vt*: **to ~ sthg/sb (from sthg)** isolar algo/alguém (de algo).
isolated ['aɪsəleɪtɪd] *adj* isolado(da).

Israel ['ɪzreɪəl] *n* Israel.

Israeli [ɪz'reɪlɪ] <> *adj* israelense. <> *n* israelense *mf.*

issue ['ɪʃu:] <> *n* **-1.** [important subject] assunto *m*, questão *f*; **at ~** em questão; **to make an ~ of sthg** dar importância demasiada a algo **-2.** [edition] número *m*, edição *f* **-3.** [bringing out] emissão *f.* <> *vt* **-1.** [statement, decree, warning] expedir **-2.** [stamps, bank notes, shares] emitir, pôr em circulação **-3.** [passport, documents, uniforms] expedir.

isthmus ['ɪsməs] *n* istmo *m.*

it [ɪt] *pron* **-1.** [referring to specific thing, subject after prep] ele *m*, ela *f* **-2.** [direct object] o *m*, a *f* **-3.** [indirect object] lhe; **a free book came with ~** veio acompanhado de um livro grátis; **give ~ to me** me dê isso; **he gave ~ a kick** ele deu um chute nele; **~'s big** é grande; **~'s here** está aqui; **she hit ~** ela deu uma pancada nele; **she lost ~** ela o perdeu. **-4.** [referring to situation, fact]: **~'s a difficult question** é uma questão difícil; **I can't remember ~** não me lembro; **tell me about ~** conte-me. **-5.** [used impersonally]: **~'s hot** está calor; **~'s six o'clock** são seis horas; **~'s Sunday** é domingo. **-6.** [referring to person]: **~'s me** sou eu; **who is ~?** quem é?

> *It* é o pronome neutro, usado para representar coisas ou objetos inanimados, idéias, animais em geral (***there's my car - it's a Ford*** lá está meu carro - é um Ford). ***He*** é usado para falar de pessoas e animais do sexo masculino (***there's my brother - he's a teacher*** lá está meu irmão - ele é professor; ***there's my cat - isn't he funny?*** lá está meu gato - ele não é engraçado?); seu equivalente feminino é ***she*** (***there's my sister - she's a nurse*** lá está minha irmã - ela é enfermeira; ***look at my rabbit - isn't she lovely?*** veja minha lebre - ela não é adorável?).
>
> Com nomes de animais ou com algumas palavras referentes a pessoas, como ***baby***, pode-se usar ***it***, quando o sexo não for conhecido (***listen to that baby - I wish it would be quiet!*** ouça aquele bebê - gostaria que ficasse quietinho!).
>
> Não se deve esquecer que ***it*** não tem pronome possessivo; ***its*** é usado somente como adjetivo (***its fur is wet*** seu pêlo está molhado; ***its lock is broken*** sua fechadura está quebrada).
>
> Ao contrário do português, as orações em inglês devem ter um sujeito. ***It*** e ***they*** são usados quando a oração não tem sujeito (***it's raining*** está chovendo; ***it's snowing*** está nevando) e quando o sujeito é indeterminado (***they say unemployment is at a record low*** dizem que o índice de desemprego está baixo).

IT (*abbr of* **information technology**) *n* TI *f.*

Italian [ɪ'tæljən] <> *adj* italiano(na). <> *n* **-1.** [person] italiano *m*, -na *f* **-2.** [language] italiano *m.*

italic [ɪ'tælɪk] *adj* itálico *m.*

◆ **italics** *npl*: **in ~** em itálico.

Italy ['ɪtəlɪ] *n* Itália.

itch [ɪtʃ] <> *n* coceira *f.* <> *vi* **-1.** [be itchy] coçar **-2.** *fig* [be impatient]: **to be ~ing to do sthg** estar se coçando para fazer algo.

itchy ['ɪtʃɪ] (*compar* **-ier**, *superl* **-iest**) *adj* que coça.

it'd ['ɪtəd] = **it would, it had**.

item ['aɪtəm] *n* **-1.** [single thing] item *m* **-2.** [article in newspaper] artigo *m.*

itemize, -ise ['aɪtəmaɪz] *vt* detalhar, especificar.

itinerary [aɪ'tɪnərərɪ] (*pl* **-ies**) *n* itinerário *m.*

it'll [ɪtl] = **it will**.

its [ɪts] *poss adj* o seu (a sua), dele (dela).

> Nomes coletivos como ***government*** ou ***team*** podem ser seguidos pelos adjetivos possessivos ***its*** ou ***their***, indistintamente. Não devemos esquecer, porém, que o verbo tem de concordar com o adjetivo possessivo em questão (***the government has made up its mind*** ▷ ***the government have made up their minds*** o governo tomou uma decisão).

it's [ɪts] = **it is, it has**.

itself [ɪt'self] *pron* **-1.** *(reflexive)* se **-2.** *(after prep)* si mesmo *m*, -ma *f* **-3.** *(stressed)*: **the house ~ is fine** a casa em si é boa.

ITV (*abbr of* **Independent Television**) *n canal privado de televisão na Grã-Bretanha.*

I've [aɪv] = **I have**.

ivory ['aɪvərɪ] *n (U)* marfim *m.*

ivy ['aɪvɪ] *n (U)* hera *f.*

Ivy League *n* **US** *grupo formado pelas oito universidades mais prestigiadas do leste norte-americano.*

j (*pl* **j's** OR **js**) **J** (*pl* **J's** OR **Js**) [dʒeɪ] *n* [letter] j, J *m.*

jab [dʒæb] (*pt* & *pp* **-bed**, *cont* **-bing**) <> *n* **-1.** [push] golpe *m* **-2.** **UK** *inf* [injection] injeção *f.* <> *vt*: **to ~ sthg at sb/sthg** espetar algo em alguém/algo; **to ~ sthg into sb/sthg** cravar algo em alguém/algo.

jabber ['dʒæbə^r] <> *vt* algaraviar. <> *vi* tagarelar.

jack [dʒæk] *n* **-1.** [device] macaco *m* **-2.** [playing card] valete *m.*

◆ **jack up** *vt sep* **-1.** [lift with a jack] macaquear **-2.** [force up] aumentar.

jackal ['dʒækəl] *n* chacal *m.*

jackdaw ['dʒækdɔ:] *n* gralha *f.*

jacket ['dʒækɪt] *n* **-1.** [garment] casaco *m*, jaqueta *f* **-2.** [potato skin] casca *f* **-3.** [book cover] sobrecapa *f* **-4.** *US* [of record] capa *f* **-5.** [of boiler] camisa *f*.

jacket potato *n* batata *f* assada com pele.

jackhammer ['dʒæk,hæməʳ] *n US* britadeira *f*.

jack knife *n* [tool] canivete *m* grande.
◆ **jack-knife** *vi* [truck, lorry] derrapar a parte dianteira.

jack plug *n* pino *m*.

jackpot ['dʒækpɒt] *n* bolada *f*.

jaded ['dʒeɪdɪd] *adj* estafado(da).

jagged ['dʒægɪd] *adj* dentado(da).

jail [dʒeɪl] ◇ *n* prisão *f*, cadeia *f*. ◇ *vt* prender.

jailer ['dʒeɪləʳ] *n* carcereiro *m*, -ra *f*.

jam [dʒæm] (*pt* & *pp* **-med**, *cont* **-ming**) ◇ *n* **-1.** *(U)* [preserve] geléia *f* **-2.** [of traffic] engarrafamento *m* **-3.** *inf* [difficult situation]: **to get into/be in a** ~ meter-se/estar em apuros. ◇ *vt* **-1.** [place roughly]: **to** ~ **sthg onto sthg** enfiar algo em algo **-2.** [fix, cause to stick - window]: **to** ~ **the window shut** trancar a janela; [- mechanism] emperrar **-3.** [fill, pack tightly] apinhar, abarrotar; **to** ~ **sthg into sthg** socar algo em algo **-4.** TELEC bloquear **-5.** RADIO interferir. ◇ *vi* [stick] emperrar.
◆ **jam on** *vt* [brakes] pisar.

Jamaica [dʒə'meɪkə] *n* Jamaica; **in** ~ na Jamaica.

jam-packed [-'pækt] *adj inf* apinhado(da).

jangle ['dʒæŋgl] ◇ *vt* fazer soar de forma estridente. ◇ *vi* retinir.

janitor ['dʒænɪtəʳ] *n US* & *Scot* [caretaker] zelador *m*, -ra *f*.

January ['dʒænjʊərɪ] *n* janeiro; *see also* **September**.

Japan [dʒə'pæn] *n* Japão.

Japanese [,dʒæpə'ni:z] (*pl inv*) ◇ *adj* japonês(esa). ◇ *n* **-1.** [person] japonês *m*, -esa *f* **-2.** [language] japonês *m*. ◇ *npl* [people]: **the** ~ os japoneses.

jar [dʒɑ:ʳ] (*pt* & *pp* **-red**, *cont* **-ring**) ◇ *n* pote *m*. ◇ *vt* [shake] sacudir. ◇ *vi* **-1.** [noise, voice]: **to** ~ **(on sb)** dar nos nervos (de alguém) **-2.** [colours] destoar.

jargon ['dʒɑ:gən] *n (U)* jargão *m*.

jaundice ['dʒɔ:ndɪs] *n (U)* icterícia *f*.

jaundiced ['dʒɔ:ndɪst] *adj fig* [attitude, view] pessimista.

jaunt [dʒɔ:nt] *n* excursão *f*.

jaunty ['dʒɔ:ntɪ] (*compar* **-ier**, *superl* **-iest**) *adj* **-1.** [hat, wave] vistoso(sa) **-2.** [person] animado(da).

javelin ['dʒævlɪn] *n* dardo *m*.

jaw [dʒɔ:] *n* **-1.** [of person] maxilar *m* **-2.** [of animal] mandíbula *f*.

jawbone ['dʒɔ:bəʊn] *n* osso *m* maxilar.

jay [dʒeɪ] *n* gaio *m*.

jaywalker ['dʒeɪwɔ:kəʳ] *n* pedestre *mf* imprudente.

jazz [dʒæz] *n* MUS jazz *m*.
◆ **jazz up** *vt sep inf* alegrar, animar.

jazzy ['dʒæzɪ] (*compar* **-ier**, *superl* **-iest**) *adj* [bright] chamativo(va).

jealous ['dʒeləs] *adj* [envious]: **to be** ~ **(of sb/sthg)** ter inveja (de alguém/algo).

jealousy ['dʒeləsɪ] *n (U)* **-1.** [envy] inveja *f* **-2.** [resentment] ciúmes *mpl*.

jeans [dʒi:nz] *npl* jeans *m inv*.

Jeep® *n* jipe *m*.

jeer [dʒɪəʳ] ◇ *vt* **-1.** [mock] zombar de **-2.** [boo] vaiar. ◇ *vi* **-1.** [boo] vaiar; **to** ~ **at sb** vaiar alguém **-2.** [mock] zombar; **to** ~ **at sb** zombar de alguém.

Jehovah's Witness [dʒɪ'həʊvəz-] *n* Testemunha *f* de Jeová.

Jello® *n (U) US* ≃ gelatina *f*.

jelly ['dʒelɪ] (*pl* **-ies**) *n* **-1.** [dessert] gelatina *f* **-2.** [jam] geléia *f*.

jellyfish ['dʒelɪfɪʃ] (*pl inv* OR **-es**) *n* água-viva *f*.

jeopardize, -ise ['dʒepədaɪz] *vt* pôr em perigo, arriscar.

jerk [dʒɜ:k] ◇ *n* **-1.** [movement] guinada *f*, movimento *m* brusco **-2.** *inf pej* [fool] estúpido *m*, -da *f*. ◇ *vi* dar solavancos.

jersey ['dʒɜ:zɪ] (*pl* **jerseys**) *n* **-1.** [sweater] suéter *m* **-2.** *(U)* [cloth] jérsei *m*.

Jersey ['dʒɜ:zɪ] *n* Jersey.

jest [dʒest] *n* brincadeira *f*; **in** ~ de brincadeira.

Jesus (Christ) ['dʒi:zəs-] ◇ *n* Jesus Cristo. ◇ *interj inf* Jesus Cristo!

jet [dʒet] (*pt* & *pp* **-ted**, *cont* **-ting**) *n* **-1.** [gen] jato *m* **-2.** [nozzle, outlet] cano *m* de descarga.

jet-black *adj* da cor de azeviche.

jet engine *n* motor *m* a jato.

jetfoil ['dʒetfɔɪl] *n* hidroavião *m*.

jet lag *n (U)* jet lag *m*.

jetsam ['dʒetsəm] *n* ▷ **flotsam**.

jettison ['dʒetɪsən] *vt* **-1.** [cargo, bombs] alijar **-2.** *fig* [discard] descartar.

jetty ['dʒetɪ] (*pl* **-ies**) *n* quebra-mar *m*.

Jew [dʒu:] *n* judeu *m*.

jewel ['dʒu:əl] *n* **-1.** [gemstone] pedra *f* preciosa **-2.** [piece of jewellery] jóia *f* **-3.** [in watch] rubi *m*.

jeweller *UK*, **jeweler** *US* ['dʒu:ələʳ] *n* joalheiro *m*, -ra *f*; ~**'s (shop)** joalheria *f*.

jewellery *UK*, **jewelry** *US* ['dʒu:əlrɪ] *n (U)* jóias *fpl*.

Jewish ['dʒu:ɪʃ] *adj* judeu(dia).

jib [dʒɪb] (*pt* & *pp* **-bed**, *cont* **-bing**) *n* **-1.** [NAUT - beam] vau *m*; [- sail] bujarrona *f* **-2.** [of crane] braço *m* de guindaste.

jibe [dʒaɪb] *n* zombaria *f*.

jiffy ['dʒɪfɪ] *n inf*: **in a ~** num instante.
Jiffy bag® *n* envelope *m* acolchoado.
jig [dʒɪg] *n* [dance] jiga *f*.
jigsaw (puzzle) ['dʒɪgsɔ:-] *n* quebra-cabeça *m*.
jilt [dʒɪlt] *vt* deixar plantado(da).
jingle ['dʒɪŋgl] <> *n* **-1.** [sound] tilintar *m* **-2.** [song] jingle *m*. <> *vi* tilintar.
jinx [dʒɪŋks] *n* pé-frio *m*.
jitters ['dʒɪtəz] *npl inf*: **to have the ~** ficar com os nervos à flor da pele.
job [dʒɒb] *n* **-1.** [paid employment] emprego *m* **-2.** [task, piece of work] trabalho *m* **-3.** [difficult time]: **to have a ~ doing sthg** ter trabalho para fazer algo **-4.** *inf* [crime] trabalho *m* **-5.** *phr*: **that's just the ~** *UK inf* isso vem bem a calhar.
job centre *n UK* agência *f* de empregos.
jobless ['dʒɒblɪs] *adj* desempregado(da).
Job Seekers Allowance *n UK seguro-desemprego concedido a pessoas que comprovadamente estão buscando um novo trabalho.*
jobsharing ['dʒɒbʃeərɪŋ] *n (U) prática de dividir um trabalho de tempo integral entre duas pessoas de forma que cada uma cumpra apenas meio turno, especialmente para permitir que mulheres com filhos possam trabalhar.*
jockey ['dʒɒkɪ] (*pl* **-s**) <> *n* jóquei *m*. <> *vi*: **to ~ for position** competir por uma melhor posição.
jocular ['dʒɒkjʊlə^r] *adj* **-1.** [person] divertido(da) **-2.** [remark] engraçado(da).
jodhpurs ['dʒɒdpəz] *npl* culote *m*.
jog [dʒɒg] (*pt* & *pp* **-ged**, *cont* **-ging**) <> *n* [run] corrida *f*, jogging *m*. <> *vt* [nudge] cutucar; **to ~ the table** sacudir a mesa; **to ~ sb's memory** refrescar a memória de alguém. <> *vi* [run] fazer cooper.
jogging ['dʒɒgɪŋ] *n* [running] cooper *m*.
john [dʒɒn] *n US inf* [toilet] banheiro *m*.
join [dʒɔɪn] <> *n* junção *f*. <> *vt* **-1.** [connect] juntar **-2.** [get together with] juntar-se a; **do ~ us for lunch** venha almoçar com a gente **-3.** [become a member of - political party] filiar-se a; [- club] associar-se a; [- army] alistar-se em **-4.** [take part in] unir-se a; **to ~ a queue** *UK*, **to ~ a line** *US* entrar numa fila; **to ~ forces** juntar forças; **~ the club!** juntem-se ao clube! <> *vi* **-1.** [connect - rivers] unir-se; [- pieces] encaixar-se **-2.** [become a member - of library] inscrever-se; [- of club] associar-se.
◆ **join in** *vt fus* & *vi* participar.
◆ **join up** *vi MIL* alistar-se.
joiner ['dʒɔɪnə^r] *n* marceneiro *m*, -ra *f*.
joinery ['dʒɔɪnərɪ] *n (U)* marcenaria *f*.
joint [dʒɔɪnt] <> *adj* conjunto(ta). <> *n* **-1.** *ANAT* articulação *f* **-2.** [where things are joined] encaixe *m* **-3.** *UK* [of meat] corte *m* **-4.** *inf pej* [place] espelunca *f* **-5.** *drugs sl* [cannabis cigarette] baseado *m*.
joint account *n* conta *f* conjunta.
jointly ['dʒɔɪntlɪ] *adv* conjuntamente.
joist [dʒɔɪst] *n* viga *f* de madeira.
joke [dʒəʊk] <> *n* [funny story or action] piada *f*, anedota *f*; **to play a ~ on sb** pregar uma peça em alguém; **it's no ~** [not easy] não é fácil. <> *vi* brincar; **to ~ about sthg** brincar em relação a algo.
joker ['dʒəʊkə^r] *n* **-1.** [person] brincalhão *m*, -lhona *f* **-2.** [playing card] curinga *m*.
jolly ['dʒɒlɪ] (*compar* **-ier**, *superl* **-iest**) <> *adj* alegre, divertido(da). <> *adv UK inf* muito; **~ easy!** barbada!; **~ good!** excelente!
jolt [dʒəʊlt] <> *n* **-1.** [jerk] empurrão *m*, solavanco *m* **-2.** [shock] sacudida *f*. <> *vt* **-1.** [jerk] sacudir **-2.** [shock] chocar.
Jordan ['dʒɔ:dn] *n* Jordânia.
jostle ['dʒɒsl] <> *vt* acotovelar. <> *vi* acotovelar-se.
jot [dʒɒt] (*pt* & *pp* **-ted**, *cont* **-ting**) *n* tiquinho *m*; **there isn't a ~ of truth in ...** não há um pingo de verdade em ...; **I don't care a ~ what the rest of you think** não ligo a mínima para o que vocês pensam.
◆ **jot down** *vt sep* anotar.
jotter ['dʒɒtə^r] *n* bloco *m* de anotações.
journal ['dʒɜ:nl] *n* **-1.** [magazine] revista *f* especializada **-2.** [diary] diário *m*.
journalism ['dʒɜ:nəlɪzm] *n (U)* jornalismo *m*.
journalist ['dʒɜ:nəlɪst] *n* jornalista *mf*.
journey ['dʒɜ:nɪ] (*pl* **-s**) *n* jornada *f*.
jovial ['dʒəʊvjəl] *adj* jovial.
jowls [dʒaʊlz] *npl* bochechas *fpl*.
joy [dʒɔɪ] *n* **-1.** *(U)* [happiness] alegria *f* **-2.** [cause of happiness] prazer *m*, deleite *m*.
joyful ['dʒɔɪfʊl] *adj* alegre.
joyride ['dʒɔɪraɪd] *vi* andar num carro roubado.
joystick ['dʒɔɪstɪk] *n* **-1.** [in aircraft] manche *m* **-2.** [for computers, video games] joystick *m*.
JP *n abbr of* **Justice of the Peace**.
Jr. (*abbr of* **Junior**) Jr.
jubilant ['dʒu:bɪlənt] *adj* jubilante.
jubilee ['dʒu:bɪli:] *n* jubileu *m*.
judge [dʒʌdʒ] <> *n* juiz *m*, -za *f*. <> *vt* **-1.** *JUR* julgar **-2.** [decide result of] sentenciar **-3.** [estimate] estimar. <> *vi* [decide] julgar; **to ~ from** *OR* **by** a julgar por, julgando-se por.
judg(e)ment ['dʒʌdʒmənt] *n* **-1.** *JUR* julgamento *m* **-2.** [opinion] parecer *m* **-3.** *(U)* [ability to form opinion] opinião *f* **-4.** [punishment] sentença *f*.
judicial [dʒu:'dɪʃl] *adj* judicial.
judiciary [dʒu:'dɪʃərɪ] *n*: **the ~** o judiciário.

judicious [dʒuːˈdɪʃəs] *adj* judicioso(sa).
judo [ˈdʒuːdəʊ] *n (U)* judô *m.*
jug [dʒʌg] *n* [container] jarro *m.*
juggernaut [ˈdʒʌgənɔːt] *n* [truck] jamanta *f.*
juggle [ˈdʒʌgl] <> *vt* **-1.** [throw] fazer malabarismos com **-2.** [rearrange] reorganizar **-3.** [commitments] equilibrar **-4.** [figures, ideas] maquiar. <> *vi* [as entertainment] fazer malabarismos.
juggler [ˈdʒʌgləʳ] *n* malabarista *mf.*
jugular (vein) [ˈdʒʌgjʊləʳ-] *n* (veia *f*) jugular *f.*
juice [dʒuːs] *n* [from fruit, vegetables] suco *m.*
juicy [ˈdʒuːsɪ] (*compar* **-ier**, *superl* **-iest**) *adj* [full of juice] suculento(ta).
jukebox [ˈdʒuːkbɒks] *n* juke-box *f.*
July [dʒuːˈlaɪ] *n* julho; *see also* **September**.
jumble [ˈdʒʌmbl] <> *n* [mixture] mistura *f.* <> *vt*: **to ~ (up)** confundir.
jumble sale *n UK* venda *f* de objetos usados.
jumbo jet [ˈdʒʌmbəʊ-] *n* jumbo *m.*
jumbo-sized [ˈdʒʌmbəʊsaɪzd] *adj* gigantesco(ca).
jump [dʒʌmp] <> *n* **-1.** [leap] salto *m* **-2.** [rapid increase] alta *m* **-3.** *phr*: **to keep one ~ ahead of sb** manter um passo à frente de alguém. <> *vt* **-1.** [cross by leaping] pular; **the train ~ed the rails** o trem descarrilhou **-2.** *inf* [attack] atacar. <> *vi* **-1.** [leap] saltar **-2.** [make a sudden movement] sobressaltar; **the noise made me ~** o barulho me fez dar um sobressalto **-3.** [increase rapidly] ter uma alta.
◆ **jump at** *vt fus fig* agarrar.
◆ **jump in** *vi* [get in quickly]: **~ in!** entra rápido!
◆ **jump out** *vi* [get out quickly]: **~ out!** salta fora!
◆ **jump up** *vi* [rise hurriedly] levantar-se rapidamente.
jumper [ˈdʒʌmpəʳ] *n* **-1.** *UK* [pullover] suéter *m* **-2.** *US* [dress] avental *m.*
jump leads *npl* cabos *mpl* para ligação da bateria.
jump-start *vt* fazer ligação direta.
jumpsuit [ˈdʒʌmpsuːt] *n* macacão *m.*
jumpy [ˈdʒʌmpɪ] (*compar* **-ier**, *superl* **-iest**) *adj* nervoso(sa).
junction [ˈdʒʌŋkʃn] *n* [meeting point] junção *f*, entroncamento *m.*
June [dʒuːn] *n* junho; *see also* **September**.
jungle [ˈdʒʌŋgl] *n* selva *f*; **the Amazon ~** a floresta amazônica.
junior [ˈdʒuːnjəʳ] <> *adj* **-1.** [younger] jovem **-2.** [lower in rank] júnior **-3.** *US* [after name] júnior. <> *n* **-1.** [person of lower rank] júnior *mf* **-2.** [younger person] jovem *mf*; **he's five years her ~** ele é cinco anos mais jovem que ela **-3.** *US SCH & UNIV* aluno *m*, -na *f* do penúltimo ano.
junior high school *n US* escola *f* de ensino intermediário *(para alunos de 13 a 15 anos).*
junior school *n UK* escola *f* primária.
junk [dʒʌŋk] *n* **-1.** *inf* [unwanted things] traste *m* **-2.** [boat] junco *m.*
junk food *n pej comida pronta e pouco saudável.*
junkie [ˈdʒʌŋkɪ] *n drugs sl* drogado *m*, -da *f.*
junk mail *n pej* junk mail *m.*
junk shop *n* brechó *m*, brique *m.*
Jupiter [ˈdʒuːpɪtəʳ] *n* [planet] Júpiter.
jurisdiction [ˌdʒʊərɪsˈdɪkʃn] *n (U)* jurisdição *f.*
jurisprudence [ˌdʒʊərɪsˈpruːdəns] *n (U)* jurisprudência *f.*
juror [ˈdʒʊərəʳ] *n* jurado *m*, -da *f.*
jury [ˈdʒʊərɪ] (*pl* **-ies**) *n* júri *m.*
jury box *n* tribunal *f* do júri.
just [dʒʌst] <> *adj* [fair] justo(ta). <> *adv* **-1.** [recently] agora mesmo; **he's ~ left** ele acabou de sair **-2.** [at this or that moment]: **I was ~ about to go out** eu estava quase saindo; **I'm ~ going to do it** vou fazer isso agora mesmo; **~ then there was a knock at the door** naquele momento houve uma batida na porta; **she arrived ~ as I was leaving** ela chegou no exato momento em que eu estava saindo; **why do you always arrive ~ as I'm leaving?** por que você sempre chega justamente quando estou saindo? **-3.** [only, simply] apenas, simplesmente; **in ~ a minute** *OR* **moment** *OR* **second** num minuto *OR* instante *OR* segundo; **~ a minute!** espera aí um pouquinho! **-4.** [barely, almost not] mal; **I can only ~ hear you** mal consigo ouvir você; **I only ~ caught the train** quase perdi o trem; **we have ~ enough time** quase não temos tempo **-5.** [for emphasis] simplesmente; **I ~ can't believe it!** simplesmente não consigo acreditar!; **~ look at this mess!** dá só uma olhada na bagunça! **-6.** [exactly, precisely] precisamente; **~ here** exatamente aqui **-7.** [in requests]: **could I ~ borrow your pen?** poderia me emprestar sua caneta, por favor?
◆ **just about** *adv* mais ou menos.
◆ **just as** *adv* [in comparisons]: **~ as well as you** tão bem quanto você; **~ as bad as ever** mal como sempre.
◆ **just now** *adv* **-1.** [a short time ago] agora mesmo **-2.** [at this moment] neste momento.
justice [ˈdʒʌstɪs] *n* **-1.** [gen] justiça *f* **-2.** [of a cause, claim] razão *f.*
Justice of the Peace (*pl* **Justices of the Peace**) *n* Juiz *m*, -za *f* de Paz.
justify [ˈdʒʌstɪfaɪ] (*pt & pp* **-ied**) *vt* **-1.** [give reasons for] justificar **-2.** *COMPUT & TYPO* justificar.
justly [ˈdʒʌstlɪ] *adv* merecidamente, imparcialmente.

jut [dʒʌt] (*pt* & *pp* **-ted**, *cont* **-ting**) *vi*: **to ~ (out)** projetar-se.

juvenile ['dʒu:vənaɪl] ◇ *adj* **-1.** *JUR* juvenil **-2.** *pej* [childish] infantil. ◇ *n JUR* [young person] menor *mf*.

juxtapose [ˌdʒʌkstə'pəʊz] *vt*: **to ~ sthg with sthg** justapor algo com algo.

K

k (*pl* **k's** *OR* **ks**), **K** (*pl* **K's** *OR* **Ks**) [keɪ] *n* [letter] k, K *m*.

◆ **K** *n* **-1.** (*abbr of* **kilobyte**) K **-2.** (*abbr of* **thousand**) mil.

kaleidoscope [kə'laɪdəskəʊp] *n* caleidoscópio *m*.

kangaroo [ˌkæŋgə'ru:] *n* canguru *m*.

kaput [kə'pʊt] *adj inf* acabado(da).

karaoke [kɑ:rə'əʊkɪ] *n* karaokê *m*.

karat ['kærət] *n US* quilate *m*.

karate [kə'rɑ:tɪ] *n (U)* karatê *m*.

kayak ['kaɪæk] *n* caiaque *m*.

KB (*abbr of* **kilobyte(s)**) *n COMPUT* KB.

KBE (*abbr of* **Knight Commander of the Order of the British Empire**) *n (titular de) distinção britânica*.

kcal (*abbr of* **kilocalorie**) Kcal.

kebab [kɪ'bæb] *n churrasquinho picante servido com pão árabe e acompanhado de vegetais picados*, kebab *m*.

keel [ki:l] *n* quilha *f*; **on an even ~** em perfeito equilíbrio.

◆ **keel over** *vi* **-1.** [ship] emborcar **-2.** [person] desmaiar.

keen [ki:n] *adj* **-1.** [enthusiastic] entusiasta; **to be ~ on sthg** gostar muito de algo, ser aficionado(da) por algo; **to be ~ on sb** gostar muito de alguém; **to be ~ to do** *OR* **on doing sthg** estar muito a fim de fazer algo; **I'm not madly ~ on going** não estou com toda essa vontade de ir **-2.** [intense] intenso(sa) **-3.** [sharp, well-developed] apurado(da) **-4.** [wind] forte.

keep [ki:p] (*pt* & *pp* **kept**) ◇ *vt* **-1.** [maintain in a particular place or state or position] manter; **to ~ sb waiting** fazer alguém esperar **-2.** [retain] ficar com; **please ~ the change** pode ficar com o troco; **they're ~ing the house in Scotland** eles estão mantendo a casa na Escócia **-3.** [continue]: **to ~ doing sthg** continuar fazendo algo; **to ~ talking** continuar falando **-4.** [put aside, store] guardar **-5.** [prevent]: **to ~ sb/sthg from doing sthg** impedir alguém/algo de fazer algo **-6.** [detain] manter; **to ~ sb (from sthg)** privar alguém (de algo); **what kept you here?** o que te segurou aqui? **-7.** [fulfil, observe] cumprir; **to ~ a secret** guardar um segredo **-8.** [withhold news or fact of]: **to ~ sthg from sb** ocultar algo de alguém; **~ it to yourself for the moment** não conta isso para ninguém por enquanto **-9.** [diary, record, account] ter **-10.** [own - farm animals] criar; [- shop, car] ter **-11.** *phr*: **they ~ themselves to themselves** eles são muito reservados. ◇ *vi* **-1.** [remain, stay] manter-se **-2.** [continue moving] manter-se a **-3.** [last, stay fresh] conservar-se **-4.** *UK* [in health] manter-se. ◇ *n (U)* [food, board etc.] sustento *m*.

◆ **for keeps** *adv* para valer.

◆ **keep back** *vt sep* conter.

◆ **keep off** ◇ *vt sep* [fend off] manter afastado(da). ◇ *vt fus* [avoid] evitar; **'~ off the grass'** 'não pise na grama'.

◆ **keep on** ◇ *vi* **-1.** [continue] continuar **-2.** [talk incessantly]: **to ~ on (about sthg)** falar incessantemente (sobre algo). ◇ *vt* [continue]: **to ~ on doing sthg** [without stopping] continuar fazendo algo; [repeatedly] continuar fazendo algo sem parar.

◆ **keep out** ◇ *vt sep* manter-se fora. ◇ *vi*: **'~ out'** 'entrada proibida'.

◆ **keep to** *vt fus* **-1.** [observe, respect] respeitar **-2.** [not deviate from] manter-se em.

◆ **keep up** ◇ *vt sep* **-1.** [prevent from falling] segurar **-2.** [maintain, continue] manter **-3.** [prevent from going to bed] manter acordado(da). ◇ *vi* [maintain pace, level] acompanhar; **to ~ up with sb/sthg** acompanhar alguém/algo.

keeper ['ki:pəʳ] *n* **-1.** [in zoo] zelador *m*, -ra *f*, guarda *mf* **-2.** [curator] curador *m*, -ra *f*.

keep-fit *UK n (U)* ginástica *f*.

keeping ['ki:pɪŋ] *n* **-1.** [care] cuidado *m* **-2.** [conformity, harmony]: **in/out of ~ with sthg** [rules, regulations, decision] em acordo/desacordo com algo; [clothes, furniture, style] combinando/não combinando com algo.

keepsake ['ki:pseɪk] *n* lembrança *f*.

keg [keg] *n* barrilote *m*.

kennel ['kenl] *n* **-1.** [shelter for dog] canil *m* **-2.** *US* = **kennels**.

◆ **kennels** *npl UK* [for boarding pets] canil *m*.

Kenya ['kenjə] *n* Quênia.

Kenyan ['kenjən] ◇ *adj* queniano(na). ◇ *n* queniano *m*, -na *f*.

kept [kept] *pt* & *pp* ▷ **keep**.

kerb [kɜ:b] *n UK* meio-fio *m*.

kernel ['kɜ:nl] *n* [of nut] amêndoa *f*; **the ~ of the issue** o cerne da questão.

kerosene ['kerəsi:n] *n (U)* querosene *f*.

ketchup ['ketʃəp] *n (U)* ketchup *m*.

kettle ['ketl] *n* chaleira *f*.

key [ki:] <> *n* **-1.** [for lock] chave *f* **-2.** [of typewriter, computer] tecla *f* **-3.** [explanatory list] legenda *f* **-4.** [solution, answer]: **~ (to sthg)** chave (para algo) **-5.** [*MUS* - of piano, organ] tom *m*; [- scale of notes] clave *f*. <> *adj* [main] principal; **~ position** posição-chave; **~ issue** questão-chave.

keyboard ['ki:bɔ:d] *n* teclado *m*.

keyed up [ki:d-] *adj* excitado(da).

keyhole ['ki:həʊl] *n* buraco *m* da fechadura.

keynote ['ki:nəʊt] <> *n* [main point] tônica *f*. <> *comp*: **~ speech** conferência *f* de abertura.

keypad ['ki:pæd] *n COMPUT* teclado *m*.

key ring *n* chaveiro *m*.

kg (*abbr of* **kilogram**) kg.

khaki ['kɑ:kɪ] <> *adj* cáqui *inv*. <> *n* [colour] cáqui *m*.

kHz (*abbr of* **kilohertz**) *n* kHz.

kick [kɪk] <> *n* **-1.** [with foot] chute *m* **-2.** *inf* [excitement]: **to do sthg for ~s** fazer algo para se divertir; **to get a ~ from sthg** desfrutar de algo. <> *vt* **-1.** [with foot] chutar; **to ~ o.s.** *fig* morder-se de raiva **-2.** *inf* [give up] largar. <> *vi* [person, baby, animal] dar pontapés.

◆ **kick about, kick around** *vi UK inf* [lie around] rodear.

◆ **kick in** *vi* fazer efeito.

◆ **kick off** *vi* **-1.** *FTBL* dar o pontapé inicial **-2.** *inf fig* [start] começar.

◆ **kick out** *vt sep inf* expulsar.

kid [kɪd] (*pt* & *pp* **-ded**, *cont* **-ding**) <> *n* **-1.** *inf* [child, young person] criança *f*; **I've got four ~s** tenho quatro filhos **-2.** [young goat] cabrito *m* **-3.** [leather] pelica *f*. <> *comp inf* [brother, sister]: **my ~ brother** meu irmão mais novo; **my ~ sister** minha irmã mais nova. <> *vt inf* **-1.** [tease] caçoar **-2.** [delude]: **to ~ o.s.** iludir-se. <> *vi inf*: **to be kidding** estar brincando.

kidnap ['kɪdnæp] (*UK pt* & *pp* **-ped**, *cont* **-ping**, *US pt* & *pp* **-ed**, *cont* **-ing**) *vt* seqüestrar.

kidnapper *UK*, **kidnaper** *US* ['kɪdnæpə^r] *n* seqüestrador *m*, -ra *f*.

kidnapping *UK*, **kidnaping** *US* ['kɪdnæpɪŋ] *n* seqüestro *m*.

kidney ['kɪdnɪ] (*pl* **-s**) *n* rim *m*.

kidney bean *n* feijão *m* roxo.

kill [kɪl] <> *n* [of animal] abate *m*; **to move** *OR* **close in for the ~** dar o bote; *fig* dar o bote. <> *vt* **-1.** [gen] matar; **my feet are ~ing me** meus pés estão me matando; **to ~ o.s.** matar-se **-2.** [murder] assassinar **-3.** *fig* [cause to end, fail] acabar com. <> *vi* aniquilar.

killer ['kɪlə^r] *n* **-1.** [person] assassino *m*, -na *f* **-2.** [animal] matador *m*, -ra *f*.

killing ['kɪlɪŋ] *n* **-1.** [of one person] assassinato *m* **-2.** [of several people] matança *f* **-3.** *inf* [profit]: **to make a ~** faturar uma grana.

killjoy ['kɪldʒɔɪ] *n* estraga-prazer *mf*.

kiln [kɪln] *n* fornalha *f*.

kilo ['ki:ləʊ] (*pl* **-s**) (*abbr of* **kilogram**) *n* quilo *m*.

kilobyte ['kɪləbaɪt] *n* quilobyte *m*.

kilogram(me) ['kɪləgræm] *n* quilograma *m*.

kilohertz ['kɪləhɜ:tz] (*pl inv*) *n* quilohertz *m*.

kilometre *UK* ['kɪlə,mi:tə^r], **kilometer** *US* [kɪ'lɒmɪtə^r] *n* quilômetro *m*.

kilowatt ['kɪləwɒt] *n* quilowatt *m*.

kilt [kɪlt] *n* kilt *m*.

kin [kɪn] *n* ▷ **kith**.

kind [kaɪnd] <> *adj* gentil, amável. <> *n* espécie *f*, tipo *m*; **a ~ of** uma espécie de; **~ of** *inf* de certo modo; **I ~ of thought that ...** eu meio que achei que ...; **of a ~** [sort of] do estilo; **an agreement of a ~** um acordo do estilo; [of same kind] do mesmo tipo; **in ~** [payment] em espécie; **nothing of the ~!** de jeito nenhum!; **it's one of a ~** é um em um milhão; **they're two of a ~** os dois são muito semelhantes.

kindergarten ['kɪndə,gɑ:tn] *n* jardim-de-infância *m*.

kind-hearted [-'hɑ:tɪd] *adj* de bom coração.

kindle ['kɪndl] *vt* **-1.** [fire] pôr fogo em **-2.** *fig* [idea, feeling] inflamar.

kindly ['kaɪndlɪ] (*compar* **-ier**, *superl* **-iest**) <> *adj* bondoso(sa), gentil. <> *adv* **-1.** [gen] bondosamente, gentilmente **-2.** [in sarcasm]: **~ leave the room!** faça o favor de sair da sala!; **will you ~ stop calling me that name!** pode fazer o favor de parar de me chamar por esse nome!

kindness ['kaɪndnɪs] *n* **-1.** *(U)* [gentleness] gentileza *f*, bondade *f* **-2.** [helpful act] generosidade *f*.

kindred ['kɪndrɪd] *adj* [similar] afim; **~ spirit** alma *f* gêmea.

king [kɪŋ] *n* rei *m*.

kingdom ['kɪŋdəm] *n* reino *m*.

kingfisher ['kɪŋ,fɪʃə^r] *n* martim-pescador *m*.

king-size(d) [-saɪz(d)] *adj* de tamanho grande; **~ bed** cama *f* king-size.

kinky ['kɪŋkɪ] (*compar* **-ier**, *superl* **-iest**) *adj* **-1.** *inf* [idea, behaviour] excêntrico(ca) **-2.** [sex] pervertido(da).

kiosk ['ki:ɒsk] *n* **-1.** [small shop] banca *f* **-2.** *UK* [telephone box] cabine *f* telefônica.

kip [kɪp] (*pt* & *pp* **-ped**, *cont* **-ping**) *UK inf* <> *n* sesta *f*. <> *vi* sestear.

kipper ['kɪpə^r] *n* arenque *m* defumado.

kiss [kɪs] <> *n* beijo *m*; **to give sb a ~** dar um beijo em alguém. <> *vt* beijar. <> *vi* beijar-se.

kiss of death *n fig*: **the ~** o beijo da morte.

kiss of life *n* [to resuscitate sb]: **to give sb the ~**

fazer respiração boca-a-boca em alguém.

kit [kɪt] (*pt* & *pp* **-ted**, *cont* **-ting**) *n* **-1.** [set] estojo *m* **-2.** *(U)* [clothes] equipamento *m* **-3.** [to be assembled] kit *m*, modelo *m*.

kit bag *n* mochila *f* de viagem.

kitchen ['kɪtʃɪn] *n* cozinha *f*.

kitchen roll *n* papel-toalha *m*.

kitchen sink *n* pia *f* de cozinha.

kitchen unit *n* módulo *m* de cozinha.

kite [kaɪt] *n* **-1.** [toy] pipa *f*.

kith [kɪθ] *n*: **~ and kin** amigos *mpl* e parentes.

kitten ['kɪtn] *n* gatinho *m*, -nha *f*.

kitty ['kɪtɪ] (*pl* **-ies**) *n* [shared fund - for bills, drinks] vaquinha *f*; [- in card games] bolo *m*.

kiwi ['ki:wi:] *n* **-1.** [bird] quivi *m* **-2.** *inf* [New Zealander] neozelandês *m*, -esa *f*.

kiwi fruit *n* quivi *m*.

km (*abbr of* **kilometre**) km.

km/h (*abbr of* **kilometres per hour**) km/h.

knack [næk] *n* inclinação *m*, queda *f*; **to have the ~ (of doing sthg)** levar jeito (para fazer algo); **to have a ~ (for doing sthg)** ter uma queda (para fazer algo).

knackered ['nækəd] *adj* *UK vinf* [tired, broken] acabado(da).

knapsack ['næpsæk] *n* mochila *f*.

knead [ni:d] *vt* [dough, clay] misturar.

knee [ni:] *n* ANAT joelho *m*.

kneecap ['ni:kæp] *n* rótula *f*.

kneel [ni:l] (*UK pt* & *pp* **knelt**, *US pt* & *pp* **knelt** OR **-ed**) *vi* ajoelhar-se.

◆ **kneel down** *vi* ajoelhar, ajoelhar-se.

knelt [nelt] *pt* & *pp* ▻ **kneel**.

knew [nju:] *pt* ▻ **know**.

knickers ['nɪkəz] *npl* **-1.** *UK* [underwear] calcinha *f* **-2.** *US* [knickerbockers] calções *mpl* (presos à altura dos joelhos).

knick-knack ['nɪknæk] *n* penduricalho *m*.

knife [naɪf] (*pl* **knives**) ◇ *n* faca *f*. ◇ *vt* esfaquear.

knight [naɪt] ◇ *n* **-1.** [gen] cavaleiro *m* **-2.** [in chess] cavalo *m*. ◇ *vt* nomear cavaleiro(ra).

knighthood ['naɪthʊd] *n* título *m* da classe dos cavaleiros.

knit [nɪt] (*pt* & *pp* **knit** OR **-ted**, *cont* **-ting**) ◇ *adj*: **closely** OR **tightly ~** *fig* fortemente unido(da). ◇ *vt* [make with wool] tricotar. ◇ *vi* **-1.** [with wool] fazer tricô, tricotar **-2.** [join] juntar-se.

knitting ['nɪtɪŋ] *n (U)* **-1.** [activity] trabalho *m* de tricô **-2.** [work produced] tricô *m*.

knitting needle *n* agulha *f* de tricô.

knitwear ['nɪtweə^r] *n (U)* roupa *f* de tricô.

knives [naɪvz] *pl* ▻ **knife**.

knob [nɒb] *n* **-1.** [on door] maçaneta *f* **-2.** [on drawer] puxador *m* **-3.** [on walking stick, furniture] nó *m* **-4.** [on TV, radio] botão *m*.

knock [nɒk] ◇ *n* **-1.** [blow] pancada *f*, batida *f* **-2.** *inf* [piece of bad luck] azar *m*. ◇ *vt* **-1.** [gen] bater contra; **to ~ one's head on sthg** bater com a cabeça em algo; **to ~ a hole in the wall** abrir um buraco na parede; **to ~ a nail into sthg** pregar um prego em algo **-2.** *inf fig* [criticize] criticar. ◇ *vi* **-1.** [on door]: **to ~ at** OR **on sthg** bater em algo **-2.** [car engine] bater.

◆ **knock down** *vt sep* **-1.** [subj: car, driver] atropelar **-2.** [building] derrubar.

◆ **knock off** *vi inf* [stop working] parar de trabalhar.

◆ **knock out** *vt sep* **-1.** [make unconscious - subj: person, punch] pôr a nocaute; [- subj: drug] derrubar **-2.** [from competition] eliminar.

◆ **knock over** *vt sep* **-1.** [push over] derrubar **-2.** [in car] atropelar.

knocker ['nɒkə^r] *n* [on door] aldrava *f*.

knock-kneed [-'ni:d] *adj* de pernas tortas.

knock-on effect *n UK* efeito *m* dominó.

knockout ['nɒkaʊt] *n* **-1.** [in boxing] nocaute *m* **-2.** *inf* [sensation]: **she's a real ~** ela é de arrasar.

knockout competition *n UK* competição *f* com eliminatórias.

knot [nɒt] (*pt* & *pp* **-ted**, *cont* **-ting**) ◇ *n* **-1.** [gen] nó *m*; **to tie/untie a ~** fazer/desfazer um nó **-2.** [of people] grupo *m*. ◇ *vt* [rope, string] dar um nó em.

knotty ['nɒtɪ] (*compar* **-ier**, *superl* **-iest**) *adj* [difficult] cabeludo(da).

know [nəʊ] (*pt* **knew**, *pp* **known**) ◇ *vt* **-1.** [become acquainted with] conhecer; **to get to ~ sb** conhecer alguém **-2.** [fact, information] saber; **to ~ (that)** saber que; **to get to ~ sthg** saber algo **-3.** [language, skill] ter conhecimento de; **to ~ how to do sthg** saber fazer algo **-4.** [recognize] reconhecer **-5.** [distinguish] diferenciar **-6.** [nickname, call]: **to be known as** ser conhecido(da) como. ◇ *vi* saber; **to ~ of sthg** saber de algo; **to ~ about sthg** [be aware of] saber sobre algo; [be expert in] saber de algo; **you ~** [for emphasis, to add information] você sabe. ◇ *n*: **to be in the ~** estar bem-informado(da) sobre.

know-all *n UK* sabichão *m*, -ona *f*.

know-how *n* experiência *f*, know-how *m*.

knowing ['nəʊɪŋ] *adj* [look, smile] de cumplicidade.

knowingly ['nəʊɪŋlɪ] *adv* **-1.** [look, smile] conscientemente **-2.** [act] de propósito.

know-it-all *n* = **know-all**.

knowledge ['nɒlɪdʒ] *n* conhecimento *m*.

knowledgeable ['nɒlɪdʒəbl] *adj* entendido(da).

known [nəʊn] *pp* ▻ **know**.

knuckle ['nʌkl] *n* **-1.** ANAT nó *m (do dedo)* **-2.** [of meat] mocotó *m*.

knuckle-duster *n* soqueira *f* de metal.

koala (bear) [kəʊ'ɑ:lə-] *n* coala *m*.
Koran [kɒ'rɑ:n] *n*: **the** ~ o Alcorão.
Korea [kə'rɪə] *n* Coréia.
Korean [kə'rɪən] ◇ *adj* coreano(na). ◇ *n* **-1.** [person] coreano *m*, -na *f* **-2.** [language] coreano *m*.
kosher ['kəʊʃə^r] *adj* **-1.** [meat] kosher **-2.** *fig inf* [reputable] limpo(pa), puro(ra).
Kosovo ['kɒsəvəʊ] *n* Kosovo.
Koweit *n* = **Kuwait**; **in** ~ no Kuwait.
kung fu [ˌkʌŋ'fu:] *n (U)* kung fu *m*.
Kurd [kɜ:d] *n* curdo *m*, -da *f*.
Kuwait [kju:'weɪt] *n* **-1.** [country] Kuwait **-2.** [city] Kuwait.

l[1] (*pl* **l's** *OR* **ls**), **L** (*pl* **L's** *OR* **Ls**) [el] *n* [letter] l, L *m*.
l[2] (*abbr of* **litre**) l.
lab [læb] *n inf* laboratório *m*.
label ['leɪbl] (*UK pt* & *pp* **-led**, *cont* **-ling**, *US pt* & *pp* **-ed**, *cont* **-ing**) ◇ *n* **-1.** [identification - on bottle] rótulo *m*; [- on luggage, clothing] etiqueta *f* **-2.** [of record] selo *m*. ◇ *vt* **-1.** [fix label to - bottle] rotular; [- luggage, clothing] etiquetar **-2.** [describe] descrever; **to** ~ **sb as sthg** rotular alguém de algo.
labor *etc. n US* = **labour**.
laboratory [*UK* lə'bɒrətrɪ, *US* 'læbrəˌtɔ:rɪ] (*pl* **-ies**) *n* laboratório *m*.
laborious [lə'bɔ:rɪəs] *adj* trabalhoso(sa).
labor union *n US* sindicato *m (de trabalhadores)*.
labour *UK*, **labor** *US* ['leɪbə^r] ◇ *n* **-1.** [work] trabalho *m*; **manual** ~ trabalho manual; **to withdraw one's** ~ abandonar o trabalho **-2.** [effort] esforço *m* **-3.** *(U)* [work force] mão-de-obra *f*; **parts and** ~ peças e mão-de-obra **-4.** *MED* [giving birth] trabalho *m* de parto. ◇ *vi* **-1.** [work] trabalhar **-2.** [struggle]: **to** ~ **at** *OR* **over sthg** trabalhar em algo.
◆ **Labour** *UK POL* ◇ *adj* trabalhista. ◇ *n UK* o Partido Trabalhista.
laboured *UK*, **labored** *US* ['leɪbəd] *adj* **-1.** [breathing] forçado(da) **-2.** [style] elaborado(da).
labourer *UK*, **laborer** *US* ['leɪbərə^r] *n* peão *m*.
Labour Party *n UK*: **the** ~ o Partido Trabalhista.
Labrador ['læbrədɔ:^r] *n* **-1.** [dog] labrador *m*.
labyrinth ['læbərɪnθ] *n* labirinto *m*.
lace [leɪs] ◇ *n* **-1.** *(U)* [fabric] renda *f* **-2.** [shoelace] cadarço *m*. ◇ *vt* **-1.** [shoe, boot] amarrar **-2.** [drink, food] misturar álcool em.
◆ **lace up** *vt sep* amarrar.
lace-up *n UK* sapato *m* de amarrar.
lack [læk] ◇ *n* falta *f*; **for** *OR* **through** ~ **of** por falta de; **with no** ~ **of** sem falta de. ◇ *vt* sentir falta de, carecer de. ◇ *vi*: **you're** ~**ing in experience** te falta experiência; **to be** ~**ing** estar faltando.
lackadaisical [ˌlækə'deɪzɪkl] *adj pej* desinteressado(da), apático(ca).
lacklustre *UK*, **lackluster** *US* ['lækˌlʌstə^r] *adj* sem brilho.
laconic [lə'kɒnɪk] *adj* lacônico(ca).
lacquer ['lækə^r] ◇ *n* **-1.** [for wood, metal] verniz *m* **-2.** [for hair] fixador *m*. ◇ *vt* **-1.** [wood, metal] envernizar **-2.** [hair] aplicar fixador em.
lacrosse [lə'krɒs] *n (U) jogo canadense semelhante ao hóquei*.
lad [læd] *n inf* **-1.** [young boy] rapaz *m* **-2.** [male friend] amigo *m*; **he went out for a drink with the** ~**s** ele saiu para beber com a rapazeada.
ladder ['lædə^r] ◇ *n* **-1.** [for climbing] escada *f* de mão **-2.** *UK* [in tights] defeito *m*. ◇ *vt UK* [tights] puxar fio em. ◇ *vi UK* [tights] puxar fio.
laden ['leɪdn] *adj* carregado(da); ~ **with sthg** carregado com algo.
ladies *UK* ['leɪdɪz], **ladies room** *US n* senhoras *fpl*, damas *fpl*.
ladle ['leɪdl] ◇ *n* concha *f*. ◇ *vt* servir com concha.
lady ['leɪdɪ] (*pl* **-ies**) ◇ *n* **-1.** [woman] senhora *f* **-2.** [by birth or upbringing] dama *f*. ◇ *comp*: ~ **doctor** médica *f*.
◆ **Lady** *n* [member of nobility] Lady *f*.
ladybird *UK* ['leɪdɪbɜ:d], **ladybug** *US* ['leɪdɪbʌg] *n* joaninha *f*.
lady-in-waiting [-'weɪtɪŋ] (*pl* **ladies-in-waiting**) *n* dama *f* de companhia.
ladylike ['leɪdɪlaɪk] *adj* elegante, refinado(da).
Ladyship ['leɪdɪʃɪp] *n*: **her/your** ~ Vossa Senhoria.
lag [læg] (*pt* & *pp* **-ged**, *cont* **-ging**) ◇ *n* [in time] atraso *m*, demora *f*. ◇ *vt* revestir com material isolante. ◇ *vi* [move more slowly]: **to** ~ **(behind)** ficar (para trás).
lager ['lɑ:gə^r] *n* cerveja *m* tipo Pilsen.
lagoon [lə'gu:n] *n* lagoa *f*.
laid [leɪd] *pt* & *pp* ▷ **lay**.
laid-back *adj inf* descontraído(da).
lain [leɪn] *pp* ▷ **lie**.
lair [leə^r] *n* toca *f*.
laity ['leɪətɪ] *n RELIG*: **the** ~ os laicos.
lake [leɪk] *n* lago *m*.
Lake District *n*: **the** ~ a Região dos Lagos.
Lake Geneva *n* o Lago de Genebra.
lamb [læm] *n* [animal, meat] cordeiro *m*.

lambswool ['læmzwʊl] <> *n (U)* lã *f* de cordeiro. <> *comp* de lã de cordeiro.
lame [leɪm] *adj* **-1.** [person, horse] manco(ca) **-2.** [excuse, argument] pouco convincente.
lament [lə'ment] <> *n* lamento *m.* <> *vt* lamentar.
lamentable ['læməntəbl] *adj* lamentável.
laminated ['læmɪneɪtɪd] *adj* laminado(da).
lamp [læmp] *n* lâmpada *f.*
lampoon [læm'pu:n] <> *n* sátira *f.* <> *vt* satirizar.
lamppost ['læmppəʊst] *n* poste *m* de iluminação.
lampshade ['læmpʃeɪd] *n* quebra-luz *m.*
lance [lɑ:ns] <> *n* [spear] lança *f.* <> *vt* MED lancetar.
lance corporal *n UK* ≃ cabo *m.*
land [lænd] <> *n* **-1.** [gen] terra *f* **-2.** [property, estate] terreno *m* **-3.** [nation] país *m.* <> *vt* **-1.** [plane] aterrissar **-2.** [cargo, passengers] desembarcar **-3.** [fish] recolher **-4.** *inf* [job, contract] fechar **-5.** *inf* [put, place]: **to ~ sb in trouble** pôr alguém em apuros; **to ~ sb in jail** fazer com que alguém acabe na cadeia **-6.** *inf* [encumber]: **to ~ sb with sb/sthg** incomodar alguém com alguém/algo. <> *vi* **-1.** [plane, passenger] aterrissar **-2.** [fall] cair.
◆ **land up** *vi inf* acabar; **to ~ up in serious debt** acabar com um monte de dívidas; **to ~ up in** *OR* **at** [place] acabar em, ir parar em.
landing ['lændɪŋ] *n* **-1.** [of stairs] patamar *m* **-2.** [of aeroplane] aterrissagem *f* **-3.** [of goods from ship] desembarque *m.*
landing card *n* cartão *m* de desembarque.
landing gear *n (U)* trem *m* de aterrissagem.
landing stage *n* cais *m inv* de desembarque.
landing strip *n* pista *f* de aterrissagem.
landlady ['lænd,leɪdɪ] (*pl* **-ies**) *n* [gen] senhoria *f*; [in guesthouse, pub] proprietária *f.*
landlord ['lændlɔ:d] *n* **-1.** [in lodgings] senhorio *m* **-2.** [of pub] proprietário *m.*
landmark ['lændmɑ:k] *n* **-1.** [prominent feature] ponto *m* de referência **-2.** *fig* [in history] marco *m* divisório.
landowner ['lænd,əʊnəʳ] *n* proprietário *m*, -ria *f* de terras.
landscape ['lændskeɪp] *n* paisagem *f.*
landslide ['lændslaɪd] *n* **-1.** [of earth, rocks] desmoronamento *m* **-2.** POL vitória *f* esmagadora.
lane [leɪn] *n* **-1.** [road - in country] senda *f*; [- in town, village] ruela *f* **-2.** [division of road] pista *f*, faixa *f*; **'get/keep in ~'** 'entrar/manter-se na pista' **-3.** [in swimming pool, on racetrack] raia *f* **-4.** [for shipping, aircraft] pista *f.*
language ['læŋgwɪdʒ] *n* **-1.** [spoken, foreign] língua *f* **-2.** [style, mode of communication] linguagem *f.*
language laboratory *n* laboratório *m* de línguas.
languid ['læŋgwɪd] *adj* lânguido(da).
languish ['læŋgwɪʃ] *vi* **-1.** [suffer] sofrer **-2.** [become weak] debilitar-se.
lank [læŋk] *adj* liso(sa).
lanky ['læŋkɪ] (*compar* **-ier**, *superl* **-iest**) *adj* magricela.
lantern ['læntən] *n* lanterna *f.*
lap [læp] (*pt* & *pp* **-ped**, *cont* **-ping**) <> *n* **-1.** [knees] colo *m* **-2.** SPORT volta *f.* <> *vt* **-1.** [subj: animal] lamber **-2.** SPORT [runner, car] estar uma volta à frente de. <> *vi* [water, waves] marulhar.
lapel [lə'pel] *n* lapela *f.*
Lapland ['læplænd] *n* Lapônia; **in ~** na Lapônia.
lapse [læps] <> *n* **-1.** [failing] lapso *m* **-2.** [in behaviour] deslize *m* **-3.** [of time] intervalo *m.* <> *vi* **-1.** [custom, licence] caducar **-2.** [passport] expirar **-3.** [law] prescrever **-4.** [deteriorate] decair **-5.** [subj: person]: **to ~ into** [coma] entrar em; [silence, dialect] mergulhar em; [bad habits] adquirir.
lap-top (computer) *n* (computador *m*) lap-top *m.*
larceny ['lɑ:sənɪ] *n (U)* furto *m.*
lard [lɑ:d] *n (U)* toicinho *m*, banha *f (de porco).*
larder ['lɑ:dəʳ] *n* despensa *f.*
large [lɑ:dʒ] *adj* grande.
◆ **at large** <> *adj* [escaped prisoner, animal] em liberdade. <> *adv* [as a whole] em geral.
largely ['lɑ:dʒlɪ] *adv* em grande parte.
lark [lɑ:k] *n* **-1.** [bird] cotovia *f* **-2.** *inf* [joke] brincadeira *f.*
◆ **lark about** *vi* fazer palhaçadas.
laryngitis [,lærɪn'dʒaɪtɪs] *n (U)* laringite *f.*
larynx ['lærɪŋks] (*pl* **-es**) *n* laringe *f.*
lasagna, lasagne [lə'zænjə] *n (U)* lasanha *f.*
laser ['leɪzəʳ] *n* laser *m.*
laser printer *n* impressora *f* a laser.
lash [læʃ] <> *n* **-1.** [eyelash] cílio *m* **-2.** [blow with whip] chicotada *f.* <> *vt* **-1.** [whip] chicotear **-2.** [subj: wind, rain, waves] fustigar **-3.** [tie] atar; **to ~ sthg to sthg** atar algo em algo.
◆ **lash out** *vi* **-1.** [physically]: **to ~ out (at** *OR* **against sb)** atacar alguém com extrema violência **-2.** [verbally]: **to ~ out (at** *OR* **against sb)** atacar alguém verbalmente **-3.** *UK inf* [spend money]: **to ~ out (on sthg)** esbanjar dinheiro (em algo).
lass [læs] *n* [girl] moça *f.*
lasso [læ'su:] (*pl* **-s**, *pt* & *pp* **-ed**, *cont* **-ing**) <> *n* laço *m.* <> *vt* laçar.
last [lɑ:st] <> *adj* **-1.** [gen] último(ma); **~ but one** penúltimo(ma); **~ but two** antepenúltimo(ma) **-2.** [with dates, time of day] último(ma),

passado(da); ~ **week** na semana passada, na última semana; ~ **year** no ano passado **-3.** [least likely]: **you're the ~ person I expected to see** você é a última pessoa que eu esperava ver. ◇ *adv* **-1.** [in final place] em último lugar **-2.** [most recently]: **when did you ~ visit them?** quando você os visitou pela última vez?; **at ~** finalmente; **at ~!** até que enfim! ◇ *pron* o último, a última; **to leave sthg till ~** deixar algo para o fim; **the week before ~** na semana retrasada; **the day before ~** anteontem. ◇ *n* [final thing]: **the ~ I saw/heard of him** a última coisa que eu soube dele. ◇ *vi* **-1.** [gen] durar; **they only had food to ~ another week** eles só tinham comida para mais uma semana **-2.** [survive] sobreviver.

◆ **at (long) last** *adv* por fim.

last-ditch *adj* derradeiro(ra).

lasting [ˈlɑːstɪŋ] *adj* duradouro(ra).

lastly [ˈlɑːstlɪ] *adv* **-1.** [to conclude] por fim **-2.** [at the end] finalmente.

last-minute *adj* de última hora.

last name *n* sobrenome *m*.

latch [lætʃ] *n* trinco *m*.

◆ **latch onto** *vt fus inf* agarrar-se a.

late [leɪt] ◇ *adj* **-1.** [delayed] atrasado(da); **to be ~ for sthg** estar atrasado(da) para algo **-2.** [later than normal] tarde **-3.** [near end of]: **in ~ December** no final de dezembro **-4.** [dead] falecido(da). ◇ *adv* [not on time] tarde; **he arrived 20 minutes ~** ele chegou 20 minutos atrasado; **~ in December** no final de dezembro; **to work ~** trabalhar até tarde.

◆ **of late** *adv* recentemente.

> *Lately* não significa o mesmo que *late*, embora ambos sejam advérbios e *lately* pareça ser derivado do adjetivo *late*. *Lately* quer dizer o mesmo que *recently* ('ultimamente', 'recentemente'). Compare: (*he arrived late* ele chegou tarde) com (*we haven't spoken lately* não temos nos falado ultimamente).

latecomer [ˈleɪtˌkʌmə^{r}] *n* retardatário *m*, -ria *f*.

lately [ˈleɪtlɪ] *adv* ultimamente.

latent [ˈleɪtənt] *adj* latente.

later [ˈleɪtə^{r}] ◇ *adj* **-1.** [last, final] último(ma) **-2.** [subsequent, following] posterior **-3.** [train, bus, boat] que sai mais tarde. ◇ *adv* [at a later time]: **~ (on)** mais tarde.

lateral [ˈlætərəl] *adj* lateral.

latest [ˈleɪtɪst] ◇ *adj* [most recent] último(ma). ◇ *n*: **at the ~** no mais tardar.

lathe [leɪð] *n* torno *m* mecânico.

lather [ˈlɑːðə^{r}] ◇ *n* espuma *f*. ◇ *vt* ensaboar.

Latin [ˈlætɪn] ◇ *adj* latino(na). ◇ *n* [language] latim *m*.

Latin America *n* América Latina.

Latin American ◇ *adj* latino-americano(na). ◇ *n* [person] latino-americano *m*, -na *f*.

latitude [ˈlætɪtjuːd] *n* **-1.** GEOGR latitude *f* **-2.** *fml* [freedom] liberdade *f (de expressão)*.

latter [ˈlætə^{r}] ◇ *adj* **-1.** [later] último(ma) **-2.** [second] segundo(da). ◇ *n*: **the ~** o último, a última; **we prefer the ~ house to the former** preferimos esta casa àquela.

latterly [ˈlætəlɪ] *adv* recentemente.

lattice [ˈlætɪs] *n* [fence, frame] treliça *f*.

Latvia [ˈlætvɪə] *n* Letônia.

laudable [ˈlɔːdəbl] *adj* louvável.

laugh [lɑːf] ◇ *n* **-1.** [sound] riso *m*, risada *f* **-2.** *inf* [fun, joke] piada *f*; **to do sthg for ~s** OR **a ~** fazer algo por prazer. ◇ *vi* rir, gargalhar.

◆ **laugh at** *vt fus* [mock] rir-se de, gozar com.

◆ **laugh off** *vt sep* [dismiss] disfarçar com um sorriso.

laughable [ˈlɑːfəbl] *adj pej* [absurd] risível.

laughingstock *n* motivo *m* de riso.

laughter [ˈlɑːftə^{r}] *n (U)* risada *f*, risos *mpl*.

launch [lɔːntʃ] ◇ *n* **-1.** [gen] lançamento *m* **-2.** [start, initiation] início *m*. ◇ *vt* **-1.** [gen] lançar **-2.** [start, initiate] iniciar.

launch(ing) pad [ˈlɔːntʃ(ɪŋ)-] *n* [for rocket, missile, satellite] plataforma *f* de lançamento.

launder [ˈlɔːndə^{r}] *vt* **-1.** [clothes] lavar e passar **-2.** *inf* [money] lavar.

laund(e)rette [lɔːnˈdret], **Laundromat®** *US* [ˈlɔːndrəmæt] *n* lavanderia *f* automatizada.

laundry [ˈlɔːndrɪ] (*pl* **-ies**) *n* **-1.** *(U)* [clothes - about to be washed] roupa *f* suja; [- newly washed] roupa *f* lavada **-2.** [room, business] lavanderia *f*.

laurel *n* louro *m*.

lava [ˈlɑːvə] *n (U)* lava *f*.

lavatory [ˈlævətrɪ] (*pl* **-ies**) *n* **-1.** [receptacle] privada *f*.

lavender [ˈlævəndə^{r}] *n* [plant] alfazema *f*, lavanda *f*.

lavish [ˈlævɪʃ] ◇ *adj* **-1.** [generous] generoso(sa); **to be ~ with sthg** ser generoso(sa) com algo **-2.** [sumptuous] suntuoso(sa). ◇ *vt*: **to ~ sthg on sb/sthg** encher alguém/algo de algo.

law [lɔː] *n* **-1.** [gen] lei *f*; **to break the ~** transgredir a lei; **against the ~** contra a lei; **~ and order** lei e ordem **-2.** [system, subject] direito *m*.

law-abiding [-əˌbaɪdɪŋ] *adj* obediente à lei.

law court *n* tribunal *m* de justiça.

lawful [ˈlɔːfʊl] *adj fml* lícito(ta).

lawn [lɔːn] *n* [grass] gramado *m*.

lawnmower [ˈlɔːnˌməʊə^{r}] *n* cortador *m* de grama.

lawn tennis *n* tênis *m inv* de gramado.

law school *n* escola *f* de direito.

lawsuit ['lɔ:su:t] *n* ação *f* judicial.

lawyer ['lɔ:jəʳ] *n* advogado *m*, -da *f*.

lax [læks] *adj* negligente.

laxative ['læksətɪv] *n* laxante *m*.

lay [leɪ] (*pt* & *pp* **laid**) ◇ *pt* ▷ **lie.** ◇ *vt* **-1.** [in specified position] colocar **-2.** [prepare - trap, snare] armar; [- plans] traçar; **to ~ the table** pôr a mesa **-3.** [bricks] assentar; [carpet] colocar; [cable] afixar; [pipes, foundations] preparar **-4.** [egg] pôr **-5.** [blame, emphasis] aplicar. ◇ *adj* **-1.** *RELIG* leigo(ga) **-2.** [untrained, unqualified] desqualificado(da).

◆ **lay aside** *vt sep* **-1.** [save] poupar **-2.** [put down, abandon] abandonar.

◆ **lay down** *vt sep* **-1.** [formulate] formular **-2.** [put down] depor.

◆ **lay off** ◇ *vt sep* [make redundant] dispensar. ◇ *vt fus inf* **-1.** [leave alone] deixar sozinho(nha) **-2.** [stop, give up] parar de.

◆ **lay on** *vt sep UK* [provide, supply] providenciar.

◆ **lay out** *vt sep* **-1.** [arrange, spread out] dispor **-2.** [plan, design] projetar.

layabout ['leɪəbaʊt] *n UK inf* vadio *m*, -dia *f*.

lay-by (*pl* **-s**) *n UK* acostamento *m*.

layer ['leɪəʳ] *n* **-1.** [of substance, material] camada *f* **-2.** *fig* [level] nível *m*.

layman ['leɪmən] (*pl* **-men** [-mən]) *n* leigo *m*; **in ~'s terms** em termos gerais.

layout ['leɪaʊt] *n* [design] leiaute *m*.

laze [leɪz] *vi*: **to ~ (about** *OR* **around)** vadiar.

lazy ['leɪzɪ] (*compar* **-ier**, *superl* **-iest**) *adj* **-1.** [person] preguiçoso(sa) **-2.** [action] ocioso(sa).

lazybones ['leɪzɪbəʊnz] (*pl inv*) *n inf* preguiçoso *m*, -sa *f*.

lb *abbr of* **pound.**

LCD (*abbr of* **liquid crystal display**) *n* tela *f* de cristal líquido, LCD *m*.

Ld (*abbr of* **Lord**) Lorde.

lead[1] [li:d] (*pt* & *pp* **led**) ◇ *n* **-1.** *(U)* [winning position] dianteira *f*; **to be in** *OR* **have the ~** estar na frente **-2.** [amount ahead] vantagem *f* **-3.** *(U)* [initiative, example] exemplo *m*; **to take the ~** [do sthg first] tomar a iniciativa **-4.** *(U)* [most important role]: **the ~** o papel principal **-5.** [clue] pista *f* **-6.** [for dog] correia *f* **-7.** [wire, cable] fio *m*. ◇ *adj* [most important] principal. ◇ *vt* **-1.** [be in front of] dirigir **-2.** [take, guide] conduzir **-3.** [head, be in charge of] chefiar, comandar **-4.** [organize] organizar **-5.** [life, existence] reger **-6.** [cause, influence]: **to ~ sb to do sthg** induzir alguém a fazer algo. ◇ *vi* **-1.** [go] levar **-2.** [give access to]: **that door ~s to the kitchen** aquela porta dá para a cozinha **-3.** [be winning] estar na frente **-4.** [result in]: **to ~ to sthg** resultar em algo.

◆ **lead up to** *vt fus* **-1.** [precede] conduzir a **-2.** [in conversation] levar a.

lead[2] [led] ◇ *n* **-1.** *(U)* [metal] chumbo *m* **-2.** [in pencil] grafite *m*. ◇ *comp* [made of or with lead] de chumbo.

leaded ['ledɪd] *adj* **-1.** [petrol] com chumbo **-2.** [window] com almofada de vidro.

leader ['li:dəʳ] *n* **-1.** [gen] líder *mf* **-2.** *UK* [in newspaper] editorial *m*.

leadership ['li:dəʃɪp] *n* **-1.** [people in charge]: **the ~** a liderança **-2.** [position of leader] liderança *f*.

lead-free [led-] *adj* sem chumbo.

leading ['li:dɪŋ] *adj* **-1.** [prominent] destacado(da) **-2.** *SPORT* [at front] primeiro(ra).

leading light *n* figura *f* central.

leaf [li:f] (*pl* **leaves**) *n* **-1.** [gen] folha *f* **-2.** [of table] aba *f*.

◆ **leaf through** *vt fus* folhear.

leaflet ['li:flɪt] *n* folder *m*, folheto *m*.

league [li:g] *n* liga *f*; **to be in ~ with sb** [work with] estar confabulado(da) com alguém.

leak [li:k] ◇ *n* **-1.** [gen] vazamento *m*; **a ~ in the roof** uma goteira **-2.** *fig* [disclosure] vazamento *m (de informações)*. ◇ *vt* [make known] vazar. ◇ *vi* **-1.** [gen] vazar; [boat, shoe]: **to be ~ing** estar com infiltração **-2.** [roof] ter goteiras.

◆ **leak out** *vi* [gen] vazar; **to ~ (out) from sthg** vazar de dentro de algo.

leakage ['li:kɪdʒ] *n* vazamento *m*.

lean [li:n] (*pt* & *pp* **leant** *OR* **-ed**) ◇ *adj* **-1.** [gen] magro(gra) **-2.** *fig* [harvest, year] improdutivo(va). ◇ *vt* [support, prop]: **to ~ sthg against sthg** apoiar algo contra algo. ◇ *vi* **-1.** [bend, slope] inclinar-se **-2.** [rest]: **to ~ on/against sthg** apoiar-se em/contra algo.

◆ **lean back** *vi* [person] recostar-se.

leaning ['li:nɪŋ] *n*: **~ (towards sthg)** inclinação *f* (para algo).

leant [lent] *pt* & *pp* ▷ **lean.**

lean-to (*pl* **-s**) *n* alpendre *m*.

leap [li:p] (*pt* & *pp* **leapt** *OR* **-ed**) ◇ *n* **-1.** [jump] salto *m*, pulo *m* **-2.** [increase] pulo *m*; **in ~s and bounds** com extrema rapidez. ◇ *vi* **-1.** [jump] saltar, pular **-2.** [increase] disparar; **to ~ to the eye** saltar aos olhos.

leapfrog ['li:pfrɒg] (*pt* & *pp* **-ged**, *cont* **-ging**) ◇ *n (U)* jogo *m* de pular carniça; **to play ~** brincar de pular carniça. ◇ *vi* **-1.** [jump]: **to ~ over sthg** saltar por cima de algo **-2.** *fig* aproveitar-se de.

leapt [lept] *pt* & *pp* ▷ **leap.**

leap year *n* ano *m* bissexto.

learn [lɜ:n] (*pt* & *pp* **-ed** *OR* **learnt**) ◇ *vt* **-1.** [gen] aprender; **to ~ (how) to do sthg** aprender a fazer algo **-2.** [hear] ouvir; **to ~ that** ficar sabendo que. ◇ *vi* **-1.** [acquire knowledge, skill] aprender **-2.** [hear]: **to ~ of** *OR* **about sthg** ficar sabendo de algo.

learned [ˈlɜːnɪd] *adj* **-1.** [person] culto(ta), erudito(ta) **-2.** [journal, paper, book] erudito(ta).
learner [ˈlɜːnəʳ] *n* aprendiz *mf*.
learner (driver) *n* aprendiz *mf* de direção.
learning [ˈlɜːnɪŋ] *n* **-1.** [knowledge] erudição *f* **-2.** [study] aprendizagem *f*.
learnt [lɜːnt] *pt & pp* ▷ **learn**.
lease [liːs] ◇ *n* JUR arrendamento *m*, contrato *m* de locação. ◇ *vt* [premises] arrendar, alugar; **to ~ sthg from/to sb** arrendar algo de/para alguém; [car] fazer um leasing.
leasehold [ˈliːshəʊld] ◇ *adj* arrendado(da). ◇ *adv* em arrendamento.
leash [liːʃ] *n* [for dog] coleira *f*.
least [liːst] ◇ *adj (superl of little)* [smallest in amount, degree]: **the ~** o (a) menor; **he earns the ~ money of all** de todos ele é o que ganha menos. ◇ *pron (superl of little)* [smallest amount]: **the ~** o mínimo; **it's the ~ we'll have to spend** é o mínimo que teremos de gastar; **that's the ~ of my worries!** essa é a menor das minhas preocupações!; **it's the ~ (that) he can do** é o mínimo que ele podia fazer; **not in the ~** em absoluto, de modo algum; **to say the ~** para não dizer outra coisa. ◇ *adv* [to the smallest amount, degree] menos; **to aim for the ~ possible expenditure** desejar alcançar o menor gasto possível.
◆ **at least** *adv* **-1.** [gen] pelo menos, no mínimo **-2.** [qualifying sthg one has said] pelo menos.
◆ **least of all** *adv* muito menos.
◆ **not least** *adv fml* em especial.
leather [ˈleðəʳ] ◇ *n (U)* couro *m*. ◇ *comp* de couro.
leave [liːv] (*pt & pp* **left**) ◇ *n* **-1.** [time off] licença *f*; **to be on ~** estar de licença **-2.** *fml* [permission] licença *f*, permissão *f*. ◇ *vt* **-1.** [gen] deixar; **~ me alone!** me deixa em paz!; **it ~s a lot to be desired** isso deixa muito a desejar **-2.** [depart from] sair de **-3.** [entrust]: **to ~ it to sb to do sthg** deixar que alguém faça algo; **to ~ sthg/with sb** deixar algo com alguém; **~ it with me!** deixa (isso) comigo!; **to ~ sb sthg, to ~ sthg to sb** deixar algo para alguém **-4.** [husband, wife] deixar, largar. ◇ *vi* **-1.** [gen] partir, ir embora **-2.** [end relationship] ir embora.
◆ **leave behind** *vt sep* **-1.** [abandon] abandonar **-2.** [forget] esquecer.
◆ **leave out** *vt sep* [omit] excluir, deixar de fora.
leave of absence *n* licença *f*.
leaves [liːvz] *pl* ▷ **leaf**.
Lebanon [ˈlebənən] *n* Líbano.
lecherous [ˈletʃərəs] *adj* lascivo(va).
lecture [ˈlektʃəʳ] ◇ *n* **-1.** [talk - at university] aula *f*; [- at conference] palestra *f*, conferência *f* **-2.** [criticism, reprimand] sermão *m*. ◇ *vt* [scold] dar um sermão em. ◇ *vi* [university]: **to ~ (on/in sthg)** dar uma aula (sobre algo); [at conference] dar uma palestra (sobre algo).
lecturer [ˈlektʃərəʳ] *n* **-1.** [teacher] professor *m*, -ra *f* **-2.** [speaker] palestrante *mf*, conferencista *mf*.
led [led] *pt & pp* ▷ **lead** [1].
ledge [ledʒ] *n* **-1.** [of window] parapeito *m* **-2.** [of mountain] saliência *f*.
ledger [ˈledʒəʳ] *n* livro *m* contábil.
leech [liːtʃ] *n* **-1.** [creature] sanguessuga *f* **-2.** *fig & pej* [person] sanguessuga *f*.
leek [liːk] *n* alho-poró *m*.
leer [lɪəʳ] ◇ *n* olhar *m* malicioso. ◇ *vi*: **to ~ at sb** olhar maliciosamente para alguém.
leeway [ˈliːweɪ] *n (U)* [room to manoeuvre] liberdade *f* de ação.
left [left] ◇ *pt & pp* ▷ **leave**. ◇ *adj* **-1.** [remaining] sobrando; **do you have any money ~?** tem algum dinheiro sobrando?; **to be ~** sobrar; **there's no milk ~** não sobrou leite **-2.** [side, hand, foot] esquerdo(da). ◇ *adv* para a esquerda. ◇ *n (U)* [direction]: **on/to the ~** à esquerda; **keep ~** mantenha-se à esquerda.
◆ **Left** *n* POL: **the Left** a esquerda.
left-hand *adj* esquerdo(da); **~ side** lado *m* esquerdo.
left-hand drive *adj* com direção do lado esquerdo.
left-handed [-ˈhændɪd] *adj* **-1.** [person] canhoto(ta) **-2.** [implement] para canhotos.
left luggage (office) *n UK* guarda-bagagem *m*.
leftover [ˈleftəʊvəʳ] *adj* restante.
◆ **leftovers** *npl* sobras *fpl*.
left wing *n* POL esquerda *f*.
◆ **left-wing** *adj* POL esquerdista, de esquerda.
leg [leg] *n* **-1.** [gen] perna *f*; **to pull sb's ~** pegar no pé de alguém; [of animal, bird, insect] pata *f* **-2.** [CULIN - of chicken] coxa *f*; [- of frog, lamb] perna *f*; [- of pork] pernil *m* **-3.** [of journey, tournament] etapa *f*.
legacy [ˈlegəsɪ] (*pl* **-ies**) *n* **-1.** [gift of money] legado *m* **-2.** *fig* [consequence] herança *f*.
legal [ˈliːgl] *adj* **-1.** [concerning the law] jurídico(ca) **-2.** [lawful] legal.
legalize, -ise [ˈliːgəlaɪz] *vt* legalizar.
legal tender *n (U)* moeda *f* corrente.
legend [ˈledʒənd] *n* **-1.** [myth] lenda *f* **-2.** *fig* [person] lenda *f*.
leggings [ˈlegɪŋz] *npl* calças *fpl* stretch.
legible [ˈledʒəbl] *adj* legível.
legislation [ˌledʒɪsˈleɪʃn] *n (U)* legislação *f*.
legislature [ˈledʒɪsleɪtʃəʳ] *n* legislatura *f*.
legitimate [lɪˈdʒɪtɪmət] *adj* legítimo(ma).
legless [ˈleglɪs] *adj UK inf* [drunk] bêbado(da) como um gambá.

legroom ['legrʊm] *n (U)* espaço *m* para as pernas.
leg-warmers [-,wɔ:məz] *npl* polainas *fpl*.
leisure [*UK* 'leʒəʳ, *US* 'li:ʒər] *n (U)* lazer *m*; **do it at (your) ~** faça quando puder.
leisure centre *n* centro *m* de lazer.
leisurely [*UK* 'leʒəlɪ, *US* 'li:ʒərlɪ] <> *adj* calmo(ma). <> *adv* calmamente.
leisure time *n* (tempo *m* de) lazer *m*.
lemon ['lemən] *n* [fruit] limão *m*.
lemonade [,lemə'neɪd] *n* **-1.** *UK* [fizzy] soda *f* limonada **-2.** [made with fresh lemons] limonada *f*.
lemon juice *n* suco *m* de limão.
lemon sole *n* solha-limão *m*.
lemon squash *n UK* suco *m* de limão.
lemon squeezer [-'skwi:zəʳ] *n* espremedor *m* de limão.
lemon tea *n* chá *m* com limão.
lend [lend] (*pt* & *pp* **lent**) *vt* **-1.** [money, book] emprestar; **to ~ sb sthg, to ~ sthg to sb** emprestar algo para alguém **-2.** [support, assistance]: **to ~ sthg (to sb)** dar algo (a alguém) **-3.** [credibility, quality]: **to ~ sthg to sthg** conferir algo a algo.
lending rate ['lendɪŋ-] *n* taxa *f* de empréstimo.
length [leŋθ] *n* **-1.** [gen] comprimento *m*; **what ~ is it?** quanto tem de comprimento?; **it's five metres in ~** são cinco metros de comprimento **-2.** [of swimming pool] piscina *f* **-3.** [piece] pedaço *m* **-4.** *(U)* [duration] duração *f* **-5.** *phr*: **to go to great ~s to do sthg** não medir esforços para fazer algo.
◆ **at length** *adv* **-1.** [eventually] no final das contas **-2.** [in detail] detalhadamente.
lengthen ['leŋθən] <> *vt* **-1.** [skirt] alongar **-2.** [life] prolongar. <> *vi* alongar-se, ficar mais longo(ga).
lengthways ['leŋθweɪz] *adv* ao comprido.
lengthy ['leŋθɪ] (*compar* **-ier**, *superl* **-iest**) *adj* longo(ga).
lenient ['li:njənt] *adj* leniente, indulgente.
lens [lenz] *n* **-1.** [made of glass] lente *f* **-2.** [contact lens] lente *f* (de contato).
lent [lent] *pt* & *pp* ▷ **lend**.
Lent [lent] *n (U)* quaresma *f*.
lentil ['lentɪl] *n* lentilha *f*.
Leo ['li:əʊ] *n* [sign] leão *m*.
leopard ['lepəd] *n* leopardo *m*.
leotard ['li:ətɑ:d] *n* malha *f (usada por dançarinos, acrobatas)*.
leper ['lepəʳ] *n* [person with leprosy] leproso *m*, -sa *f*.
leprosy ['leprəsɪ] *n (U)* lepra *f*.
lesbian ['lezbɪən] *n* lésbica *f*.
less [les] *(compar of little)* <> *adj* [not as much] menos; **~ ... than** menos ... (do) que; **~ and ~** cada vez menos. <> *pron* [not as much] menos; **~ than** menos (do) que; **the ~ you work the ~ you earn** quanto menos você trabalha, menos você ganha; **no ~ than** nada menos que. <> *adv* [to a smaller extent] menos; **~ and ~** cada vez menos. <> *prep* [minus] menos.
lessen ['lesn] *vt* & *vi* diminuir.
lesser ['lesəʳ] *adj* menor; **to a ~ extent** *OR* **degree** em menor grau.
lesson ['lesn] *n* **-1.** [class] aula *f* **-2.** [example] lição *f*; **to teach sb a ~** ensinar uma lição a alguém.
let [let] (*pt* & *pp* **let**, *cont* **-ting**) *vt* **-1.** [allow]: **to ~ sb do sthg** deixar alguém fazer algo; **she ~ her hair grow** ela deixou o cabeço crescer; **to ~ go of sb/sthg, to ~ sb/sthg go** soltar alguém/algo; [release] soltar alguém/algo; **to ~ sb know sthg** informar alguém de algo, informar algo a alguém **-2.** *(in verb forms)*: **~'s go!** vamos!; **~'s see** agora vejamos; **~ them wait!** eles que esperem! **-3.** [rent out] alugar; **'to ~'** 'aluga-se'.
◆ **let alone** *conj* [much less]: **he couldn't walk, ~ alone jump** ele não conseguia caminhar, que dirá pular.
◆ **let down** *vt sep* **-1.** [deflate] esvaziar **-2.** [disappoint] desapontar.
◆ **let in** *vt sep* **-1.** [admit] deixar entrar **-2.** [air, water] deixar entrar.
◆ **let off** *vt sep* **-1.** [excuse, allow not to do]: **to ~ sb off sthg** eximir alguém de algo **-2.** [criminal, pupil, child] deixar impune **-3.** [bomb, explosive] detonar **-4.** [firework] estourar.
◆ **let on** *vi* contar *(um segredo)*; **don't ~ on!** não conta nada!
◆ **let out** *vt sep* **-1.** [gen] deixar sair **-2.** [sound, cry, laugh] emitir **-3.** [garment] alargar.
◆ **let up** *vi* **-1.** [heat, rain] cessar **-2.** [person] relaxar.
letdown ['letdaʊn] *n inf* decepção *f*.
lethal ['li:θl] *adj* letal.
lethargic [lə'θɑ:dʒɪk] *adj* letárgico(ca).
let's [lets] = **let us**.
letter ['letəʳ] *n* **-1.** [written message] carta *f* **-2.** [of alphabet] letra *f*.
letter bomb *n* carta-bomba *f*.
letterbox ['letəbɒks] *n UK* **-1.** [in door] portinhola *f* para cartas **-2.** [in street] caixa *f* de correio.
letter of credit *n* carta *f* de crédito.
lettuce ['letɪs] *n* alface *f*.
letup ['letʌp] *n* pausa *f*, intervalo *m*.
leuk(a)emia [lu:'ki:mɪə] *n* leucemia *f*.
level ['levl] (*UK pt* & *pp* **-led**, *cont* **-ling**, *US pt* & *pp* **-ed**, *cont* **-ing**) <> *adj* **-1.** [equal in height] nivelado(da); **to be ~ (with sthg)** estar nivelado(da) (com algo) **-2.** [equal in standard] em pé de igualdade **-3.** [flat - floor, field] plano(na);

[- spoon, cup] raso(sa). ◇ *n* **-1.** [gen] nível *m* **-2.** ***US*** [spirit level] nível *m* (de bolha) **-3.** [storey] andar *m* **-4.** ***phr*:** **to be on the ~** ***inf*** ser sincero(ra). ◇ *vt* **-1.** [make flat] nivelar, aplainar **-2.** [demolish] derrubar.

◆ **level off, level out** *vi* estabilizar-se.

◆ **level with** *vt fus* ***inf*** [be honest with] ser sincero(ra) com.

level crossing *n* ***UK*** passagem *f* de nível.

level-headed [-'hedɪd] *adj* equilibrado(da), sensato(ta).

lever [***UK*** 'li:vəʳ, ***US*** 'levər] *n* alavanca *f*.

leverage [***UK*** 'li:vərɪdʒ, ***US*** 'levərɪdʒ] *n (U)* **-1.** ***fig*** [influence] influência *f* **-2.** [force] alavancagem *f*, força *f*.

levy ['levɪ] (*pt* & *pp* **-ied**) ◇ *n* [financial contribution, tax]: **~ (on sthg)** taxa *f* (sobre algo). ◇ *vt* [demand, collect] arrecadar.

lewd [lju:d] *adj* [behaviour] lascivo(va), obsceno(na).

liability [ˌlaɪə'bɪlətɪ] (*pl* **-ies**) *n* **-1.** [hindrance] estorvo *m* **-2.** *JUR (U)* [legal responsibility]: **~ (for sthg)** responsabilidade *f* (por algo).

◆ **liabilities** *npl FIN* [debts] passivos *mpl*, obrigações *fpl*.

liable ['laɪəbl] *adj* **-1.** [likely]: **she is ~ to do something stupid** é bem provável que ela faça algo estúpido **-2.** [prone]: **to be ~ to sthg** estar propenso(sa) a algo **-3.** *JUR*: **to be ~ (for sthg)** [legally responsible] ser legalmente responsável (por algo); **to be ~ to sthg** [punishable] estar sujeito(ta) a algo.

liaise [lɪ'eɪz] *vi*: **to ~ (with)** fazer contato (com); **to ~ (between)** criar vínculos (entre).

liar ['laɪəʳ] *n* mentiroso *m*, -sa *f*.

libel ['laɪbl] (***UK*** *pt* & *pp* **-led**, *cont* **-ling**, ***US*** *pt* & *pp* **-ed**, *cont* **-ing**) ◇ *n* libelo *m*. ◇ *vt* difamar.

liberal ['lɪbərəl] ◇ *adj* **-1.** [tolerant] liberal **-2.** [generous] generoso(sa). ◇ *n* liberal *mf*.

◆ **Liberal** *POL* ◇ *adj* liberal. ◇ *n* liberal *mf*.

Liberal Democrat ◇ *adj* liberal democrata. ◇ *n* liberal democrata *mf*.

liberate ['lɪbəreɪt] *vt* libertar.

liberation [ˌlɪbə'reɪʃn] *n (U)* **-1.** [release] libertação *f* **-2.** ***fig*** [emancipation] libertação *f*.

liberty ['lɪbətɪ] (*pl* **-ies**) *n* [gen] liberdade *f*; **at ~** em liberdade; **to be at ~ to do sthg** ter liberdade para fazer algo; **to take liberties (with sb)** tomar liberdades (com alguém).

Libra ['li:brə] *n* [sign] Libra *f*.

librarian [laɪ'breərɪən] *n* bibliotecário *m*, -ria *f*.

library ['laɪbrərɪ] (*pl* **-ies**) *n* biblioteca *f*.

library book *n* livro *m* de biblioteca.

libretto [lɪ'bretəʊ] (*pl* **-s**) *n* libreto *m*.

Libya ['lɪbɪə] *n* Líbia.

lice [laɪs] *pl* ▷ **louse**.

licence ['laɪsəns] ◇ *n* **-1.** [permit - gen] licença *f*; [- for marriage] autorização *f*; [- for pilot] brevê *m* **-2.** *COMM* licença *f*. ◇ *vt* ***US*** = **license**.

license ['laɪsəns] ◇ *vt COMM* autorizar. ◇ *n* ***US*** = **licence**.

licensed ['laɪsənst] *adj* **-1.** [person]: **to be ~ to do sthg** estar autorizado(da) a fazer algo **-2.** [object - car, dog] com licença; [- gun] registrado(da) **-3.** ***UK*** [premises] autorizado(da) a vender álcool.

license plate *n* ***US*** placa *f (de automóvel)*.

lick [lɪk] *vt* [with tongue] lamber.

licorice ['lɪkərɪs] *n* = **liquorice**.

lid [lɪd] *n* **-1.** [cover] tampa *f* **-2.** [eyelid] pálpebra *f*.

lie [laɪ] (*pt sense 1* **lied**, *pt senses 2-4* **lay**, *pp sense 1* **lied**, *pp senses 2-4* **lain**, *cont all senses* **lying**) ◇ *n* mentira *f*; **to tell ~s** contar mentiras. ◇ *vi* **-1.** [tell untruth] mentir; **to ~ to sb** mentir para alguém **-2.** [to be lying down] estar deitado(da) **-3.** [lie down] deitar **-4.** [be situated] encontrar-se **-5.** ***phr*:** **to ~ low** ficar escondido(da).

◆ **lie about, lie around** *vi* **-1.** [people] andar sem fazer nada, vadiar **-2.** [things] estar jogado(da).

◆ **lie down** *vi* deitar-se.

◆ **lie in** *vi* ***UK*** ficar na cama até tarde.

Liechtenstein ['lɪktənˌstaɪn] *n* Liechtenstein.

lie-down *n* ***UK*:** **to have a ~** repousar.

lie-in *n* ***UK*:** **to have a ~** ficar na cama até tarde.

lieutenant [***UK*** lef'tenənt, ***US*** lu:'tenənt] *n* tenente *m*.

life [laɪf] (*pl* **lives**) *n* **-1.** [gen] vida *f*; **to come to ~** criar vida; **that's ~!** é a vida!; **to scare the ~ out of sb** quase matar alguém do coração **-2.** *(U)* ***inf*** [life imprisonment] prisão *f* perpétua.

life assurance *n* = **life insurance**.

life belt *n* cinto *m* salva-vidas.

lifeboat ['laɪfbəʊt] *n* **-1.** [on ship] bote *m* salva-vidas **-2.** [on shore] lancha *f* de salvamento.

life buoy *n* bóia *f* salva-vidas.

life cycle *n* ciclo *m* vital.

life expectancy *n* espectativa *f* de vida.

lifeguard ['laɪfgɑ:d] *n* salva-vidas *mf inv*.

life imprisonment [-ɪm'prɪznmənt] *n* prisão *f* perpétua.

life insurance *n (U)* seguro *m* de vida.

life jacket *n* colete *m* salva-vidas.

lifeless ['laɪflɪs] *adj* **-1.** [dead] sem vida, morto(ta) **-2.** [listless] apagado(da).

lifelike ['laɪflaɪk] *adj* **-1.** [statue, doll] realista **-2.** [portrait] fiel.

lifeline ['laɪflaɪn] *n* **-1.** [rope] corda *f* de segurança **-2.** ***fig*** [with outside] cordão *m* umbilical.

lifelong ['laɪflɒŋ] *adj* de toda a vida.

life preserver [-prɪˌzɜ:vəʳ] *n* ***US*** **-1.** [belt] cinto

m salva-vidas **-2.** [jacket] colete *m* salva-vidas.
life raft *n* balsa *f* salva-vidas.
lifesaver ['laɪf,seɪvəʳ] *n* [person] salvavidas *mf inv*.
life sentence *n* pena *f* de prisão perpétua.
life-size(d) [-saɪz(d)] *adj* em tamanho natural.
lifespan ['laɪfspæn] *n* **-1.** [of person, animal, plant] vida *f* **-2.** [of product, machine] vida *f* útil.
lifestyle ['laɪfstaɪl] *n* estilo *m* de vida.
life-support system *n* sistema *m* de respiração artificial.
lifetime ['laɪftaɪm] *n* [length of time] vida *f*.
lift [lɪft] ◇ *n* **-1.** [ride] carona *f* **-2.** *UK* [elevator] elevador *m*. ◇ *vt* **-1.** [gen] levantar; **he ~ed the books off the shelf** ele tirou os livros da estante **-2.** [ban, embargo] revogar **-3.** [plagiarize] plagiar **-4.** *inf* [steal] levantar. ◇ *vi* **-1.** [lid, top] levantar **-2.** [mist, fog, clouds] dissipar-se.
lift-off *n* decolagem *f*.
light [laɪt] (*pt* & *pp* **lit** OR **-ed**) ◇ *adj* **-1.** [gen] leve **-2.** [not dark] claro(ra). ◇ *adv*: **to travel ~** viajar com pouca bagagem. ◇ *n* **-1.** [gen] luz *f* **-2.** [for cigarette, pipe] fogo *m*; **to set ~ to sthg** atear fogo em algo **-3.** [perspective]: **in the ~ of** *UK*, **in ~ of** *US* à luz de **-4.** *phr*: **to come to ~** vir à luz; **there's a ~ at the end of the tunnel** há uma luz no fim do túnel; **to make ~ of sthg** não dar a devida importância a algo. ◇ *vt* **-1.** [ignite] acender **-2.** [illuminate] iluminar.
◆ **light up** ◇ *vt sep* **-1.** [illuminate] iluminar **-2.** [start smoking] acender. ◇ *vi* **-1.** [look happy] iluminar-se **-2.** *inf* [start smoking] pôr-se a fumar.
light bulb *n* lâmpada *f*.
lighten ['laɪtn] ◇ *vt* **-1.** [make brighter] clarear **-2.** [make less heavy] aliviar. ◇ *vi* **-1.** [brighten] iluminar-se **-2.** [become happier, more relaxed] alegrar-se.
lighter ['laɪtəʳ] *n* [cigarette lighter] isqueiro *m*.
light-headed [-'hedɪd] *adj* tonto(ta).
light-hearted [-'hɑːtɪd] *adj* **-1.** [cheerful] despreocupado(da) **-2.** [amusing] alegre.
lighthouse ['laɪthaʊs, *pl* -haʊzɪz] *n* farol *m*.
lighting ['laɪtɪŋ] *n (U)* iluminação *f*.
light meter *n* PHOT fotômetro *m*.
lightning ['laɪtnɪŋ] *n (U)* raio *m*, relâmpago *m*.
lightweight ['laɪtweɪt] ◇ *adj* [object] leve. ◇ *n* [boxer] peso *m* leve.
likable ['laɪkəbl] *adj* simpático(ca), agradável.
like [laɪk] ◇ *prep* **-1.** [similar to] como; **to look ~ sb/sthg** parecer-se com alguém/algo, parecer alguém/algo; **what did it taste ~?** tinha gosto de quê?; **what did it look ~?** como era?; **what did it sound ~?** como era o barulho?; **~ this/that** assim **-2.** [such as] (tal) como. ◇ *vt* **-1.** [enjoy, find pleasant, approve of] gostar; **to ~ doing** OR **to do sthg** gostar de fazer algo **-2.** [want, wish] querer; **to ~ to do sthg** desejar fazer algo; **to ~ sb to do sthg** desejar que alguém faça algo; **I'd ~ you to come** gostaria que você viesse. ◇ *n*: **the ~ of sb/sthg** alguém/algo do estilo.
◆ **likes** *npl* [things one likes] gostos *mpl*.
likeable ['laɪkəbl] *adj* = **likable**.
likelihood ['laɪklɪhʊd] *n (U)* probabilidade *f*.
likely ['laɪklɪ] *adj* **-1.** [probable] provável; **rain is ~ later on** é provável que chova mais tarde; **to be ~ to do sthg** ser provável que algo aconteça; **he's ~ to come** é provável que ele venha; **a ~ story!** *iro* pura invenção! **-2.** [suitable] indicado(da).
liken ['laɪkn] *vt*: **to ~ sb/sthg to** comparar alguém/algo a.
likeness ['laɪknɪs] *n* semelhança *f*; **~ to sb/sthg** semelhança com alguém/algo.
likewise ['laɪkwaɪz] *adv* [similarly] da mesma maneira; **to do ~** fazer o mesmo.
liking ['laɪkɪŋ] *n*: **~ for sb/sthg** afeição *f* por alguém/algo; **to have a ~ for sb/sthg** ter afeição por alguém/algo; **to be to sb's ~** estar ao gosto de alguém.
lilac ['laɪlək] ◇ *adj* [colour] lilás. ◇ *n* **-1.** [tree] lilás *m* **-2.** *(U)* [colour] lilás *m*.
Lilo® ['laɪləʊ] (*pl* **-s**) *n* *UK* colchão *m* inflável.
lily ['lɪlɪ] (*pl* **-ies**) *n* lírio *m*.
lily of the valley (*pl* **lilies of the valley**) *n* lírio-do-vale *m*.
Lima ['liːmə] *n* Lima.
limb [lɪm] *n* **-1.** [of body] membro *m* **-2.** [of tree] ramo *m*.
limber ['lɪmbəʳ] ◆ **limber up** *vi* fazer aquecimento, aquecer.
limbo ['lɪmbəʊ] (*pl* **-s**) *n (U)* [uncertain state]: **to be in ~** estar no limbo.
lime [laɪm] *n* **-1.** [fruit] lima *f*; **~ (juice)** (suco *m* de) lima *f* **-2.** [linden tree] tília *f* **-3.** *(U)* [substance] cal *f*.
limelight ['laɪmlaɪt] *n*: **to be in the ~** estar no/ser o centro das atenções.
limerick ['lɪmərɪk] *n poema humorístico de cinco linhas*.
limestone ['laɪmstəʊn] *n (U)* calcário *m*, pedra *f* calcária.
limey ['laɪmɪ] (*pl* **-s**) *n* *US inf termo pejorativo que designa um inglês*.
limit ['lɪmɪt] ◇ *n* limite *m*; **to be off ~s** ser/estar proibido(da); **within ~s** [to a certain extent] até certo ponto. ◇ *vt* limitar, restringir.
limitation [,lɪmɪ'teɪʃn] *n* limitação *f*.
limited ['lɪmɪtɪd] *adj* [restricted] limitado(da).
limited company *n* companhia *f* limitada.
limited liability company *n* = **limited company**.

limousine [ˈlɪməziːn] *n* limusine *f*.
limp [lɪmp] ◇ *adj* **-1.** [hand, handshake] sem firmeza **-2.** [body, lettuce] murcho(cha) **-3.** [excuse] mole. ◇ *n* manqueira *f*. ◇ *vi* mancar.
limpet [ˈlɪmpɪt] *n* lapa *f*.
line [laɪn] ◇ *n* **-1.** [gen] linha *f*; **washing ~** corda *f* de varal; **power ~** cabo *m* de força; **to draw the ~ at doing sthg** *fig* estabelecer limites para fazer algo **-2.** [row] fileira *f*, linha *f* **-3.** [queue] fila *f*; **to stand** *OR* **wait in ~** ficar *OR* esperar em fila **-4.** [alignment] alinhamento *m*; **in ~ with** em linha com; **to step out of ~** sair da linha **-5.** [*RAIL* - railway track] linha *f (férrea)*; [- route] linha *f* **-6.** [in writing - of text] linha *f* **-7.** [wrinkle] ruga *f* **-8.** *TELEC* [telephone connection] linha *f (telefônica)* **-9.** *inf* [short letter]: **to drop sb a ~** escrever umas linhas para alguém **-10.** *inf* [field of activity] ramo *m*. ◇ *vt* [cover inside surface of] forrar.
◆ **out of line** *adj* inaceitável.
◆ **line up** ◇ *vt sep* **-1.** [in rows] alinhar **-2.** *inf* [organize] arranjar, organizar. ◇ *vi* **-1.** [in a row] alinhar-se **-2.** [in a queue] pôr-se na fila.
lined [laɪnd] *adj* **-1.** [paper] pautado(da) **-2.** [face] enrugado(da).
linen [ˈlɪnɪn] *(U) n* **-1.** [cloth] linho *m* **-2.** [sheets] roupa *f* de cama **-3.** [tablecloths] toalha *f (de mesa)*.
liner [ˈlaɪnəʳ] *n* [ship] transatlântico *m*.
linesman [ˈlaɪnzmən] (*pl* **-men** [-mən]) *n SPORT* juiz *m* de linha.
line-up *n* **-1.** [of players, competitors] seleção *f* **-2.** *US* [identification parade] fila *f* de identificação.
linger [ˈlɪŋgəʳ] *vi* **-1.** [dawdle] demorar-se **-2.** [persist] persistir.
lingo [ˈlɪŋgəʊ] (*pl* **-es**) *n inf* idioma *f*.
linguist [ˈlɪŋgwɪst] *n* **-1.** [someone good at languages] pessoa *f* com facilidade para os idiomas **-2.** [student or teacher of linguistics] lingüista *mf*.
lining [ˈlaɪnɪŋ] *n* **-1.** [of coat, curtains, box] forro *m* **-2.** [of stomach, nose] paredes *fpl* internas **-3.** *AUT* [of brakes] revestimento *m*.
link [lɪŋk] ◇ *n* **-1.** [of chain] elo *m* **-2.** *COMPUT* linque *m* **-3.** [connection] conexão *f*; **~ between sb/sthg** vínculo *m OR* ligação *f* entre alguém/algo; **~ with sb/sthg** vínculo *OR* ligação com alguém/algo. ◇ *vt* **-1.** [relate] ligar, relacionar; **to ~ sb/sthg with** *OR* **to sb/sthg** ligar alguém/algo com *OR* a alguém/algo, relacionar alguém/algo com *OR* a alguém/algo **-2.** [connect physically] enlaçar.
◆ **link up** ◇ *vt sep* [connect] conectar; **to ~ sthg up with sthg** conectar algo a algo.
links [lɪŋks] (*pl inv*) *n SPORT* campo *m* de golfe.
lino [ˈlaɪnəʊ], **linoleum** [lɪˈnəʊljəm] *n (U)* linóleo *m*.
lintel [ˈlɪntl] *n* verga *f (de porta ou janela)*.
lion [ˈlaɪən] *n* leão *m*.
lioness [ˈlaɪənes] *n* leoa *f*.
lip [lɪp] *n* **-1.** [of mouth] lábio *m*; **to keep a stiff upper ~** manter-se firme **-2.** [of container] borda *f*.
liposuction [ˈlɪpəʊˌsʌkʃn] *n* lipoaspiração *f*.
lip-read *vi* ler nos lábios.
lip salve [-sælv] *n UK* pomada *f* para lábios.
lip service *n*: **to pay ~ to sthg** concordar com algo da boca para fora.
lipstick [ˈlɪpstɪk] *n* batom *m*.
liqueur [lɪˈkjʊəʳ] *n* licor *m*.
liquid [ˈlɪkwɪd] ◇ *adj* [fluid] líquido(da). ◇ *n* [fluid] líquido *m*.
liquidation [ˌlɪkwɪˈdeɪʃn] *n (U) FIN* falência *f*; **to go into ~** abrir falência.
liquidize, -ise [ˈlɪkwɪdaɪz] *vt UK CULIN* liquidificar.
liquidizer [ˈlɪkwɪdaɪzəʳ] *n UK* liquidificador *m*.
liquor [ˈlɪkəʳ] *n US* [alcohol] álcool *m*; [spirits] bebida *f* alcoólica.
liquorice [ˈlɪkərɪʃ, ˈlɪkərɪs] *n (U)* alcaçuz *m*.
liquor store *n US* armazém *m* de bebidas alcoólicas.
Lisbon [ˈlɪzbən] *n* Lisboa; **in ~** em Lisboa.
lisp [lɪsp] ◇ *n* ceceio *m*. ◇ *vi* cecear.
list [lɪst] ◇ *n* lista *f*. ◇ *vt* [in writing, speech] listar.
listed building [ˌlɪstɪd-] *n UK* prédio *m* tombado.
listen [ˈlɪsn] *vi* **-1.** [give attention] escutar, ouvir; **to ~ to sb/sthg** escutar alguém/algo; **to ~ for sthg** estar atento(ta) a algo **-2.** [heed advice] dar atenção a; **to ~ to sb/sthg** escutar alguém/algo.
listener [ˈlɪsnəʳ] *n* ouvinte *mf*.
listless [ˈlɪstlɪs] *adj* apático(ca).
lit [lɪt] *pt & pp* ▷ **light**.
liter *n US* = **litre**.
literacy [ˈlɪtərəsɪ] *n (U)* alfabetização *f*.
literal [ˈlɪtərəl] *adj* literal.
literally [ˈlɪtərəlɪ] *adv* literalmente; **to take sthg ~** levar algo ao pé da letra.
literary [ˈlɪtərərɪ] *adj* literário(ria); **a ~ man** um literato.
literate [ˈlɪtərət] *adj* **-1.** [able to read and write] alfabetizado(da); **computer-~** que tem conhecimentos de informática **-2.** [well-read] letrado(da), culto(ta).
literature [ˈlɪtrətʃəʳ] *n (U)* **-1.** [novels, plays, poetry] literatura *f* **-2.** [books on a particular subject] literatura *f*, bibliografia *f* **-3.** [printed information] informações *fpl*.
lithe [laɪð] *adj* ágil.
Lithuania [ˌlɪθjʊˈeɪnɪə] *n* Lituânia.
litigation [ˌlɪtɪˈgeɪʃn] *n (U) fml* litígio *m*.
litre *UK*, **liter** *US* [ˈliːtəʳ] *n* **-1.** [metric unit] litro *m*

- 2. [capacity of engine] cilindrada *f*.

litter ['lɪtəʳ] ◇ *n* **- 1.** *(U)* [waste material] lixo *m* **- 2.** [newborn animals] ninhada *f* **- 3.** [for litter tray]: **(cat) ~** areia *f* química *(para fezes de gato)*. ◇ *vt*: **to be ~ed with sthg** estar coberto(ta) de algo.

litter bin *n UK* cesto *m* de lixo.

little ['lɪtl] ◇ *adj* **- 1.** [gen] pequeno(na) **- 2.** [younger] menor; **my ~ brother** meu irmão mais novo **- 3.** [short in time or distance] curto(ta) **- 4.** [not much] pouco(ca); **she has a ~ money left** ela tem pouco dinheiro sobrando. ◇ *pron* [small amount] pouco(ca); **a ~** um pouco; **a ~ (bit)** um pouquinho. ◇ *adv* **- 1.** [to a limited extent] pouco; **he's ~ more than a waiter** ele é pouco mais do que um garçom; **~ by ~** pouco a pouco **- 2.** [rarely] raramente; **we go there as ~ as possible** vamos lá o mínimo possível.

> ***A little*** quer dizer o mesmo que ***a bit*** e ***a bit of***, mas é um pouco mais formal. Não se deve esquecer que ***a little***, ao contrário de ***a bit***, não precisa de ***of*** quando aparecer antes de um substantivo (***would you like a little bread with your soup?*** você quer um pouco de pão com sua sopa?).
>
> Assim como ***a bit***, ***a little*** também funciona como advérbio (***he seems a little better*** ele parece um pouco melhor; ***I slept a little this afternoon*** dormi um pouco esta tarde).
>
> Ver também **few**.

little finger *n* dedo *m* mínimo, minguinho *m*.

live¹ [lɪv] ◇ *vi* **- 1.** [gen] viver **- 2.** [reside] morar, viver. ◇ *vt* viver; **to ~ it up** *inf* curtir a vida.

◆ **live down** *vt sep* redimir-se de.

◆ **live off** *vt fus* **- 1.** [savings] viver de **- 2.** [parents, family] viver às custas de.

◆ **live on** ◇ *vt fus* **- 1.** [money] viver **- 2.** [food] viver de. ◇ *vi* [memory, feeling, works] perdurar.

◆ **live together** *vi* [cohabit] viver juntos(tas).

◆ **live up to** *vt fus* estar à altura de.

◆ **live with** *vt fus* **- 1.** [cohabit with] viver com **- 2.** *inf* [accept] conviver com.

livelihood ['laɪvlɪhʊd] *n* meio *m* de vida, sustento *m*.

lively ['laɪvlɪ] (*compar* **-ier**, *superl* **-iest**) *adj* **- 1.** [gen] animado(da) **- 2.** [mind, curiosity, imagination] sagaz, perspicaz.

liven ['laɪvn] ◆ **liven up** ◇ *vt sep* animar. ◇ *vi* [person] animar-se.

liver ['lɪvəʳ] *n* fígado *m*.

livery ['lɪvərɪ] (*pl* **-ies**) *n* **- 1.** [uniform] libré *f* **- 2.** [of a company] marca *f* distintiva.

lives [laɪvz] *pl* ▷ **life**.

livestock ['laɪvstɒk] *n (U)* animais *mpl* de uma fazenda.

livid ['lɪvɪd] *adj* **- 1.** *inf* [angry] furioso(sa) **- 2.** [blue-grey] roxo(xa).

living ['lɪvɪŋ] ◇ *adj* vivo(va); **~ proof** prova *f* viva. ◇ *n* **- 1.** [people]: **the ~** os vivos **- 2.** [means of earning money]: **what do you do for a ~?** o que você faz para ganhar a vida?; **to scrape a ~** mal ganhar a vida **- 3.** *(U)* [lifestyle] (estilo *m* de) vida *f*; **healthy ~** vida *f* saudável.

living conditions *npl* condições *fpl* de vida.

living room *n* sala *f* de estar.

living standards *npl* padrão *m* de vida.

living wage *n* salário *m* básico.

lizard ['lɪzəd] *n* **- 1.** [large] lagarto *m* **- 2.** [small] lagartixa *f*.

llama ['lɑ:mə] (*pl inv* OR **-s**) *n* lhama *m*.

load [ləʊd] ◇ *n* **- 1.** [gen] carga *f*; **to take a ~ off one's mind** tirar um peso da consciência **- 2.** [burden] fardo *m* **- 3.** [large amount]: **~s of, a ~ of** *inf* um monte de; **a ~ of rubbish** *inf* um monte de bobagem. ◇ *vt* **- 1.** [container, vehicle, person] carregar; **to ~ sb/sthg with sthg** carregar alguém/algo de algo **- 2.** [gun]: **to ~ sthg (with sthg)** carregar algo (com algo) **- 3.** [in camera, video recorder]: **to ~ a film** colocar filme *(na câmera)*; **to ~ a tape** colocar fita *(na filmadora)* **- 4.** COMPUT [program] carregar.

◆ **load up** ◇ *vt sep* carregar. ◇ *vi* [with furniture, boxes] carregar.

loaded ['ləʊdɪd] *adj* **- 1.** [question, statement] com duplo sentido **- 2.** [gun, camera] carregado(da) **- 3.** *inf* [rich] forrado(da).

loading bay ['ləʊdɪŋ-] *n* zona *f* de carga e descarga.

loaf [ləʊf] (*pl* **loaves**) *n* [of bread] (pedaço *m* de) pão *m*.

loafer ['ləʊfəʳ] *n* **- 1.** [shoe] mocassim *m* **- 2.** [lazy person] vadio *m*, -dia *f*.

loan [ləʊn] ◇ *n* empréstimo *m*; **on ~** por empréstimo. ◇ *vt* emprestar; **to ~ sthg to sb, to ~ sb sthg** emprestar algo a alguém.

loath [ləʊθ] *adj*: **to be ~ to do sthg** estar pouco inclinado(da) a fazer algo.

loathe [ləʊð] *vt* odiar, detestar; **to ~ doing sthg** odiar fazer algo.

loathsome ['ləʊðsəm] *adj* repugnante.

loaves [ləʊvz] *pl* ▷ **loaf**.

lob [lɒb] (*pt* & *pp* **-bed**, *cont* **-bing**) ◇ *n* TENNIS lob *m*. ◇ *vt* **- 1.** [throw] lançar **- 2.** [TENNIS - ball] rebater com um lob.

lobby ['lɒbɪ] (*pl* **-ies**, *pt* & *pp* **-ied**) ◇ *n* **- 1.** [hall] saguão *m* **- 2.** [pressure group] lobby *m*, grupo *m* de pressão. ◇ *vt* pressionar.

lobe [ləʊb] *n* ANAT lóbulo *m*.

lobster ['lɒbstəʳ] *n* lagosta *f*.

local ['ləʊkl] ◇ *adj* local. ◇ *n inf* **- 1.** [person]: **the ~s** os habitantes do lugar **- 2.** *UK* [pub] pub *m* local.

local authority *n UK* autoridade *f* local.
local call *n* chamada *f* local.
local government *n (U)* governo *m* local.
locality [ləʊ'kælətɪ] (*pl* **-ies**) *n* localidade *f*.
localized, -ised ['ləʊkəlaɪzd] *adj* localizado(da).
locally ['ləʊkəlɪ] *adv* [in region] localmente ; [in neighbourhood] na região.
locate [*UK* ləʊ'keɪt, *US* 'ləʊkeɪt] *vt* localizar.
location [ləʊ'keɪʃn] *n* **-1.** [place] localização *f* **-2.** *CINEMA*: **on ~** em locação.
loch [lɒk] *n Scot* lago *m*.
lock [lɒk] <> *n* **-1.** [of door, window, box] fechadura *f* **-2.** [on canal] eclusa *f* **-3.** *AUT* [steering lock] ângulo *m* de giro **-4.** [of hair] mecha *f*. <> *vt* **-1.** [fasten securely] fechar com chave **-2.** [keep safely] trancar **-3.** [immobilize] bloquear. <> *vi* **-1.** [fasten securely] fechar com chave, chavear **-2.** [become immobilized] trancar.
◆ **lock away** *vt sep* trancar a sete chaves.
◆ **lock in** *vt sep* encerrar.
◆ **lock out** *vt sep* **-1.** [accidentally] trancar do lado de fora **-2.** [deliberately] deixar na rua.
◆ **lock up** *vt sep* **-1.** [person] trancafiar **-2.** [house] trancar **-3.** [valuables] fechar com chave **-4.** [with padlock] fechar com cadeado.
locker ['lɒkə^r] *n* [for clothes, luggage, books] compartimento *m* com chave.
locker room *n US* vestiário *m*.
locket ['lɒkɪt] *n* medalhão *m*.
locksmith ['lɒksmɪθ] *n* serralheiro *m*, -ra *f*.
locomotive ['ləʊkə,məʊtɪv] *n* locomotiva *f*.
locum ['ləʊkəm] (*pl* **-s**) *n* interino *m*, -na *f*.
locust ['ləʊkəst] *n* gafanhoto *m*.
lodge [lɒdʒ] <> *n* **-1.** [caretaker's room] portaria *f* **-2.** [of manor house] guarita *f* **-3.** [of Freemasons] loja *f* **-4.** [for hunting] região *f* de caça. <> *vt fml* [register] apresentar. <> *vi* **-1.** [stay, live]: **to ~ with sb** hospedar-se na casa de alguém **-2.** [become stuck] alojar-se **-3.** *fig* [in mind] gravar-se na mente.
lodger ['lɒdʒə^r] *n* pensionista *mf (em casa de família)*.
lodging ['lɒdʒɪŋ] *n* ▷ **board**.
◆ **lodgings** *npl* alojamentos *mpl*.
loft [lɒft] *n* [attic] sótão *m*; **~ (apartment)** *apartamento transformado na cobertura de um armazém ou de uma fábrica, em geral amplo e sem divisórias internas*.
lofty ['lɒftɪ] (*compar* **-ier**, *superl* **-iest**) *adj* **-1.** [noble] elevado(da), nobre **-2.** *pej* [haughty] arrogante **-3.** *literary* [high] elevado(da).
log [lɒg] (*pt* & *pp* **-ged**, *cont* **-ging**) <> *n* **-1.** [of wood] tronco *m* **-2.** [written record - of ship] diário *m* de bordo; [- of plane] diário *m* de vôo. <> *vt* **-1.** [information - on paper] registrar; [- in computer] registrar em log **-2.** [speed, distance, time] anotar.
◆ **log in** *vi COMPUT* entrar (no sistema), efetuar login.
◆ **log out** *vi COMPUT* sair (do sistema), efetuar logout.
logbook ['lɒgbʊk] *n* **-1.** [of ship] diário *m* de bordo **-2.** [of plane] diário *m* de vôo **-3.** [of car] documentação *f*.
loggerheads ['lɒgəhedz] *n*: **at ~ with** em desavença com.
logic ['lɒdʒɪk] *n* lógica *f*.
logical ['lɒdʒɪkl] *adj* lógico(ca).
logistics [lə'dʒɪstɪks] <> *n MIL* logística *f*. <> *npl fig* [organization] logística *f*.
logo ['ləʊgəʊ] (*pl* **-s**) *n* logotipo *m*.
loin [lɔɪn] *n* lombo *m*.
loiter ['lɔɪtə^r] *vi* **-1.** [hang about] demorar-se **-2.** [dawdle] vadiar.
loll [lɒl] *vi* **-1.** [sit, lie about] recostar-se, refestelar-se **-2.** [hang down] estar pendente.
lollipop ['lɒlɪpɒp] *n* pirulito *m*.
lollipop lady *n UK* guarda *f* escolar.
lollipop man *n UK* guarda *m* escolar.
lolly ['lɒlɪ] (*pl* **-ies**) *n* **-1.** [lollipop] pirulito *m* **-2.** *UK* [ice cream] picolé *m*.
London ['lʌndən] *n* Londres; **in ~** em Londres.
Londoner ['lʌndənə^r] *n* londrino *m*, -na *f*.
lone [ləʊn] *adj* solitário(ria).
loneliness ['ləʊnlɪnɪs] *n (U)* solidão *f*.
lonely ['ləʊnlɪ] (*compar* **-ier**, *superl* **-iest**) *adj* **-1.** [gen] solitário(ria), só **-2.** [place] isolado(da).
loner ['ləʊnə^r] *n* solitário *m*, -ria *f*.
lonesome ['ləʊnsəm] *adj US inf* **-1.** [person] solitário(ria), só **-2.** [place] isolado(da).
long [lɒŋ] <> *adj* **-1.** [in time] longo(ga); **two days ~** de dois dias de duração; **how ~ will it take?** quanto tempo vai demorar? **-2.** [in space] comprido(da), longo(ga); **10 metres ~** com 10 metros de comprimento; **it's five hundred pages ~** tem quinhentas páginas. <> *adv* [for a long time] por muito tempo; **how ~ have you been waiting?** há quanto tempo você está esperando?; **as** *OR* **so ~ as** desde que; **before ~** agora; **no ~er** não mais; **I can't wait any ~er** não posso mais esperar; **so ~!** *inf* até logo! <> *vt*: **to ~ to do sthg** ansiar por fazer algo.
◆ **as long as, so long as** *conj* [if] desde que; **as ~ as you're happy about it** desde que você esteja feliz com isso.
◆ **long for** *vt fus* ansiar por.
long-distance *adj* de longa distância.
long-distance call *n* chamada *f* de longa distância.
longhand ['lɒŋhænd] *n (U)* escrita *f* à mão.
long-haul *adj* de grande distância.
longing ['lɒŋɪŋ] <> *adj* ansioso(sa). <> *n* desejo *m*; **~ (for sthg)** ânsia *f* (por algo).

longitude ['lɒndʒɪtju:d] *n GEOGR (U)* longitude *f*.
long jump *n* salto *m* em distância.
long-life *adj* longa-vida.
long-playing record [-'pleɪɪŋ-] *n* LP *m*.
long-range *adj* **-1.** [missile, bomber] de longo alcance **-2.** [plan, forecast] a longo prazo.
long shot *n fig* possibilidade *f* remota.
long-sighted *adj MED* presbita.
long-standing *adj* de longa data.
long-suffering *adj* sofrido(da).
long term *n*: **in the ~** a longo prazo.
long-winded *adj* cansativo(va).
loo [lu:] *(pl* **-s)** *n UK inf* toalete *m*.
look [lʊk] ◇ *n* **-1.** [with eyes] olhada *f*; **to give sb a ~** dar uma olhada em alguém; **to have a ~ (for sthg)** dar uma olhada (procurando algo); **to take** *OR* **have a ~ (at sthg)** dar uma olhada (em algo) **-2.** [appearance] aparência *f*; **by the ~ (s) of things** pelo jeito. ◇ *vi* **-1.** [with eyes] olhar; **to ~ at sb/sthg** olhar alguém/algo **-2.** [search] procurar **-3.** [have stated appearance] parecer; **to ~ like** parecer como; **it ~s like rain** parece que vai chover; **to ~ as if** parecer como se; **you ~ as if you haven't slept** parece que você não dormiu.
◆ **looks** *npl* [attractiveness] aparência *f*, beleza *f*.
◆ **look after** *vt fus* [take care of] cuidar de.
◆ **look at** *vt fus* **-1.** [examine] examinar **-2.** [analise] analisar **-3.** [regard, consider] olhar para.
◆ **look down on** *vt fus* [condescend to] desdenhar de, depreciar.
◆ **look for** *vt fus* procurar (por).
◆ **look forward to** *vt fus* aguardar (ansiosamente).
◆ **look into** *vt fus* [examine] analisar, examinar.
◆ **look on** *vi* [watch] observar.
◆ **look onto** *vi* [face] ter vista para, dar para.
◆ **look out** *vi* [take care] tomar cuidado; **~ out!** cuidado!
◆ **look out for** *vt fus* [try to spot] estar atento(ta) a.
◆ **look round** ◇ *vt fus* [visit] visitar. ◇ *vi* **-1.** [look at surroundings] percorrer com o olhar ao redor **-2.** [turn] virar-se.
◆ **look to** *vt fus* **-1.** [depend on] contar com **-2.** [think about] pensar em.
◆ **look up** ◇ *vt sep* **-1.** [in book] consultar **-2.** [visit] visitar. ◇ *vi* [improve] melhorar.
◆ **look up to** *vt fus* [admire] prezar, respeitar.
lookout ['lʊkaʊt] *n* **-1.** [place] posto *m* de observação, guarita *f* **-2.** [person] vigia *mf* **-3.** [search]: **to be on the ~ for sthg** estar à espreita de algo.
loom [lu:m] *vi* **-1.** [rise up] erguer-se **-2.** *fig* [be imminent] aproximar-se, ser iminente.
◆ **loom up** *vi* despontar sombriamente.
loony ['lu:nɪ] *(compar* **-ier**, *superl* **-iest**, *pl* **-ies)** *inf* ◇ *adj* lunático(ca). ◇ *n* lunático *m*, -ca *f*.
loop [lu:p] *n* **-1.** [shape] laço *m* **-2.** [contraceptive] DIU *m* **-3.** *COMPUT* loop *m*, laço *m*.
loophole ['lu:phəʊl] *n* furo *m (na lei)*.
loose [lu:s] *adj* **-1.** [not firmly fixed] frouxo(xa) **-2.** [unattached, unpackaged - sheets of paper] avulso(sa); [- sweets, nails] solto(ta) **-3.** [not tight-fitting] folgado(da) **-4.** [free, not restrained] solto(ta) **-5.** *pej & dated* [promiscuous] promíscuo(cua) **-6.** [inexact] impreciso(sa).
loose change *n (U)* trocado *m*.
loose end *n* ponta *f* solta; **yet another ~ we can't explain** outra incógnita que a gente não consegue explicar; **to be at a ~** *UK*, **to be at ~s** *US* estar entediado(da), não ter o que fazer.
loosely ['lu:slɪ] *adv* **-1.** [not firmly] sem apertar **-2.** [inexactly] imprecisamente.
loosen ['lu:sn] *vt* [make less tight] afrouxar.
◆ **loosen up** *vi* **-1.** [before game, race] aquecer-se **-2.** *inf* [relax] relaxar.
loot [lu:t] ◇ *n (U)* saque *m*. ◇ *vt* saquear.
looting ['lu:tɪŋ] *n (U)* saque *m*.
lop [lɒp] *(pt & pp* **-ped**, *cont* **-ping)** *vt* podar.
◆ **lop off** *vt sep* cortar.
lop-sided [-'saɪdɪd] *adj* [uneven] assimétrico(ca).
lord [lɔ:d] *n UK* [man of noble rank] lorde *m*.
◆ **Lord** *n* **-1.** *RELIG*: **the Lord** [God] o Senhor; **good Lord!** *UK* Deus meu! **-2.** [in titles] lorde *m* **-3.** [as form of address]: **my Lord** [bishop] Reverendíssimo *m*; [judge] Meritíssimo *m*, -ma *f*.
◆ **Lords** *npl UK POL*: **the (House of) Lords** a Câmara dos Lordes.
Lordship ['lɔ:dʃɪp] *n*: **your/his ~** Vossa/Sua Senhoria.
lore [lɔ:ʳ] *n (U)* crença *f* popular.
lorry ['lɒrɪ] *(pl* **-ies)** *n UK* caminhão *m*.
lorry driver *n UK* motorista *mf* de caminhão.
lose [lu:z] *(pt & pp* **lost)** ◇ *vt* **-1.** [gen] perder; **to ~ sight of sb/sthg** perder alguém/algo de vista; **to ~ one's way** [get lost] perder-se; **to ~ weight** emagrecer, perder peso; **you have nothing to ~** *inf* você não tem nada a perder **-2.** [subj: clock, watch]: **my watch ~s 5 minutes a day** meu relógio atrasa 5 minutos por dia **-3.** [elude, shake off] escapar de. ◇ *vi* **-1.** [fail to win] perder **-2.** [time] atrasar-se.
◆ **lose out** *vi* sair perdendo.
loser ['lu:zəʳ] *n* [gen] perdedor *m*, -ra *f*.
loss [lɒs] *n* **-1.** [gen] perda *f* **-2.** [failure to win] derrota *f* **-3.** *phr*: **to be at a ~ to explain sthg** não saber como explicar algo.
lost [lɒst] ◇ *pt & pp* ▷ **lose**. ◇ *adj* [gen]

perdido(da); **to get ~** [lose way] perder-se; **get ~!** *inf* te some!

lost-and-found office *n US* setor *m* de achados e perdidos.

lost property office *n UK* setor *m* de achados e perdidos.

lot [lɒt] *n* **-1.** [large amount]: **a ~ of, ~s of** muito(ta); **a ~ of people** muita gente, muitas pessoas; **~s of problems** muitos problemas; **he talks a ~** ele fala muito **-2.** *inf* [group of things]: **I bought two ~s of shares last week** comprei dois lotes de ações na semana passada; **put this ~ in my office** *inf* coloca tudo isso no meu escritório **-3.** [destiny] destino *m*, sorte *f* **-4.** [at auction] lote *m* **-5.** [entire amount]: **the ~** tudo **-6.** *US* [of land] lote *m*; [car park] estacionamento *m* **-7.** *phr*: **to draw ~s** tirar à sorte.

◆ **a lot** *adv* muito; **~ better** muito melhor.

> *Lots* e *lots of* são variantes mais coloquiais de *a lot* e *a lot of.*
>
> Em orações negativas e interrogativas, *a lot (of)* e *lots (of)* são substituídos por *much* (para substantivos invariáveis) e *many* (para plurais) (*I haven't got much time* não tenho muito tempo; *were there many people at the party?* tinha muita gente na festa?). Entretanto, pode-se utilizar *a lot (of)* ou *lots (of)*, quando quisermos enfatizar o que está sendo dito (*there's not a lot to do here* não há muito o que fazer aqui; *lots of people don't agree* muitas pessoas não estão de acordo).

lotion ['ləʊʃn] *n* loção *f*.

lottery ['lɒtərɪ] (*pl* **-ies**) *n* loteria *f*.

LOTTO® ['lɒtəʊ] *n* loteria *f* nacional (britânica), ≃ loto *f*.

loud [laʊd] ◇ *adj* **-1.** [person] barulhento(ta) **-2.** [voice, music, TV] alto(ta) **-3.** [bang] forte **-4.** [garish] espalhafatoso(sa). ◇ *adv* alto.

loudhailer [ˌlaʊd'heɪlə^r] *n UK* megafone *m*.

loudly ['laʊdlɪ] *adv* **-1.** [shout] alto **-2.** [talk] em voz alta **-3.** [garishly] de forma espalhafatosa.

loudspeaker [ˌlaʊd'spi:kə^r] *n* alto-falante *m*.

lough *n Irish* lago *m*.

lounge [laʊndʒ] (*cont* **loungeing**) ◇ *n* **-1.** [in house] sala *f* de estar **-2.** [in airport] sala *f* de espera **-3.** *UK* [bar] = **lounge bar**. ◇ *vi* recostar-se.

lounge bar *n UK* sala *f* mais confortável *(num bar)*.

louse [laʊs] (*pl sense 1* **lice**, *pl sense 2* **-s**) *n* **-1.** [insect] piolho *m* **-2.** *inf pej* [person] canalha *mf*.

lousy ['laʊzɪ] (*compar* **-ier**, *superl* **-iest**) *adj inf* [poor-quality] péssimo(ma); **his performance was ~** a apresentação dele foi uma porcaria.

lout [laʊt] *n* mal-educado *m*.

louvre *UK*, **louver** *US* ['lu:və^r] *n*: **~ door** porta *f* de veneziana; **~ window** veneziana *f*.

lovable ['lʌvəbl] *adj* amável, encantador(ra).

love [lʌv] ◇ *n* **-1.** *(U)* [affection for person] amor *m*; **give her my ~** dá um abraço nela por mim; **~ from** [at end of letter] um abraço, um beijo; **to be in ~** estar apaixonado(da); **to fall in ~** apaixonar-se; **to make ~** fazer amor **-2.** [liking for sthg, for activity] paixão *f* **-3.** [beloved person, thing] amor *m* **-4.** *inf* [term of address] amor *m* **-5.** *(U)* TENNIS: **30 ~** 30 a zero. ◇ *vt* **-1.** [gen] amar **-2.** [like] adorar; **to ~ to do sthg** OR **doing sthg** adorar fazer algo.

love affair *n* caso *m* (de amor).

love life *n* vida *f* amorosa.

lovely ['lʌvlɪ] (*compar* **-ier**, *superl* **-iest**) *adj* **-1.** [person, child - in looks] encantador(ra); [- in character] amável **-2.** [view, day, weather] adorável ; [dress, surprise, holiday] maravilhoso(sa), adorável.

lover ['lʌvə^r] *n* **-1.** [sexual partner] amante *mf* **-2.** [enthusiast] amante *mf*, apaixonado *m*, -da *f*.

loving ['lʌvɪŋ] *adj* carinhoso(sa), afetuoso(sa).

low [ləʊ] ◇ *adj* **-1.** [gen] baixo(xa) **-2.** [poor - intelligence] pouco(ca); [- opinion] pobre; [- standard, quality, esteem] baixo(xa); [- health] debilitado(da) **-3.** [not loud or high] baixo(xa) **-4.** [light] fraco(ca) **-5.** [neckline] decotado(da) **-6.** [depressed] deprimido(da) **-7.** [vulgar] baixo(xa). ◇ *adv* **-1.** [gen] baixo **-2.** [situated, built] embaixo. ◇ *n* **-1.** [low point] baixa *f* **-2.** METEOR área *f* de baixa pressão.

low-calorie *adj* de baixa caloria.

low-cut *adj* decotado(da).

lower ['ləʊə^r] *adj* inferior. ◇ *vt* **-1.** [gen] baixar **-2.** [reduce] reduzir.

low-fat *adj* com baixo teor de gordura.

low-key *adj* discreto(ta).

lowly ['ləʊlɪ] (*compar* **-ier**, *superl* **-iest**) *adj* humilde.

low-lying *adj* [land] baixo(xa).

loyal ['lɔɪəl] *adj* leal, fiel.

loyalty ['lɔɪəltɪ] (*pl* **-ies**) *n* lealdade *f*, fidelidade *f*.

loyalty card *n* cartão *f* de fidelização.

lozenge ['lɒzɪndʒ] *n* **-1.** [tablet] pastilha *f* **-2.** [shape] losango *m*.

LP (*abbr of* **long-playing record**) *n* LP *m*.

L-plate *n UK* ≃ auto-escola *f (indicação no veículo), placa que contém a letra L em vermelho fixada no veículo conduzido por pessoa que está aprendendo a dirigir.*

Ltd, ltd (*abbr of* **limited**) Ltda.

lubricant ['lu:brɪkənt] *n* lubrificante *m*.

lubricate ['lu:brɪkeɪt] *vt* lubrificar.

lucid ['lu:sɪd] *adj* **-1.** [easily understood] nítido(da) **-2.** [clear-headed] lúcido(da).

luck [lʌk] *n (U)* sorte *f*; **good ~!** boa sorte!; **bad ~** [misfortune] azar *m*; **bad ~!** [said to commiserate] que azar!; **hard ~!** azar!; **to be in ~**

estar com sorte; **with (any) ~** com (um pouco de) sorte.

luckily [ˈlʌkɪlɪ] *adv* afortunadamente.

lucky [ˈlʌkɪ] (*compar* **-ier**, *superl* **-iest**) *adj* **-1.** [fortunate - person] sortudo(da), com sorte; [- event] feliz **-2.** [bringing good luck] da sorte.

lucrative [ˈlu:krətɪv] *adj* lucrativo(va).

ludicrous [ˈlu:dɪkrəs] *adj* **-1.** [appearance, situation] ridículo(la) **-2.** [decision, suggestion] absurdo(da).

lug [lʌg] (*pt* & *pp* **-ged**, *cont* **-ging**) *vt inf* arrastar, tirar com dificuldade.

luggage [ˈlʌgɪdʒ] *n (U) UK* bagagem *f*.

luggage rack *n UK* porta-bagagem *m*.

lukewarm [ˈlu:kwɔ:m] *adj* **-1.** [tepid] morno(na) **-2.** [unenthusiastic] desanimado(da), indiferente.

lull [lʌl] ◇ *n* **-1.** [in activity] pausa *f* **-2.** [in fighting] trégua *f*. ◇ *vt* **-1.** [make sleepy]: **to ~ sb to sleep** ninar alguém para dormir **-2.** [reassure]: **to ~ sb into a false sense of security** passar a alguém uma falsa sensação de segurança.

lullaby [ˈlʌləbaɪ] (*pl* **-ies**) *n* cantiga *f* de ninar.

lumber [ˈlʌmbəʳ] *n* **-1.** *US* [timber] madeira *f* serrada, tábua *f* **-2.** *UK* [bric-a-brac] trastes *mpl*.

◆ **lumber with** *vt sep UK inf* [encumber] encarregar.

lumberjack [ˈlʌmbədʒæk] *n* lenhador *m*, -ra *f*.

luminous [ˈlu:mɪnəs] *adj* luminoso(sa).

lump [lʌmp] ◇ *n* **-1.** [piece - of coal] pedaço *m*; [- earth, sugar] torrão *m*; [- in sauce, soup] caroço *m* **-2.** *MED* [on body] tumor *m*. ◇ *vt*: **to ~ sthg together** agrupar algo; **you'll just have to ~ it** *inf*! você vai ter de engolir isso!

lump sum *n* soma *f* global.

lunacy [ˈlu:nəsɪ] *n (U)* loucura *f*.

lunar [ˈlu:nəʳ] *adj* lunar.

lunatic [ˈlu:nətɪk] ◇ *adj pej* lunático(ca). ◇ *n* **-1.** *pej* [fool] idiota *mf* **-2.** [insane person] lunático *m*, -ca *f*.

lunch [lʌntʃ] ◇ *n* almoço *m*; **to have ~** almoçar. ◇ *vi* almoçar.

> *Não confundir lunch (almoço)* com o português *lanche* que em inglês é *snack*. (*Are you coming with me for lunch?* Você vem *almoçar* comigo?)

luncheon [ˈlʌntʃən] *n fml* almoço *m*.

luncheon meat *n (U)* fiambre *m*.

luncheon voucher *n UK* tíquete-refeição *m*.

lunch hour *n* hora *f* do almoço.

lunchtime [ˈlʌntʃtaɪm] *n* hora *f* do almoço.

lung [lʌŋ] *n* pulmão *m*.

lunge [lʌndʒ] *vi* arremessar-se; **to ~ at sb** investir contra alguém.

lurch [lɜ:tʃ] ◇ *n* [movement] cambaleio *m*, solavanco *m*; **to leave sb in the ~** deixar alguém na mão. ◇ *vi* [in movement] cambalear, balançar.

lure [ljʊəʳ] ◇ *n* [attraction] fascínio *m*. ◇ *vt* [tempt] fascinar.

lurid [ˈljʊərɪd] *adj* **-1.** [brightly coloured] sensacional **-2.** [shockingly unpleasant] chocante.

lurk [lɜ:k] *vi* espreitar.

luscious [ˈlʌʃəs] *adj* **-1.** [fruit] suculento(ta) **-2.** [colour] vistoso(sa).

lush [lʌʃ] *adj* **-1.** [healthy, thick] viçoso(sa) **-2.** *inf* [sumptuous] luxuoso(sa).

lust [lʌst] *n* **-1.** *(U)* [sexual desire] luxúria *f* **-2.** [greed]: **~ for sthg** cobiça *f* por algo.

◆ **lust after, lust for** *vt fus* **-1.** [money, power] cobiçar **-2.** [person] desejar.

lusty [ˈlʌstɪ] (*compar* **-ier**, *superl* **-iest**) *adj* vigoroso(sa), forte.

Luxembourg [ˈlʌksəm,bɜ:g] *n* Luxemburgo.

luxurious [lʌgˈʒʊərɪəs] *adj* **-1.** [expensive] luxuoso(sa) **-2.** [voluptuous] esplêndido(da).

luxury [ˈlʌkʃərɪ] (*pl* **-ies**) ◇ *n* luxo *m*. ◇ *comp* de luxo.

LW (*abbr of* **long wave**) *n* onda *f* longa.

Lycra® [ˈlaɪkrə] ◇ *n (U)* lycra® *f*. ◇ *comp* de lycra.

lying [ˈlaɪɪŋ] ◇ *adj* [dishonest] mentiroso(sa), falso(sa). ◇ *n* [dishonesty] mentiras *fpl*.

lynch [lɪntʃ] *vt* linchar.

lyric [ˈlɪrɪk] *adj* lírico(ca).

◆ **lyrics** *npl* letra *f (de música)*.

lyrical [ˈlɪrɪkl] *adj* **-1.** [poetic] lírico(ca) **-2.** [enthusiastic] entusiasmado(da).

m¹ (*pl* **m's** *OR* **ms**), **M** (*pl* **M's** *OR* **Ms**) [em] *n* [letter] m, M *m*.

◆ **M -1.** *UK* (*abbr of* **motorway**) rodovia *f*.

m² -1. (*abbr of* **metre**) m **-2.** (*abbr of* **million**) milhão *m*. **-3.** *abbr of* **mile**.

MA *n* (*abbr of* **Master of Arts**) *(titular de) diploma de mestre em ciências humanas*.

mac [mæk] (*abbr of* **mackintosh**) *n UK inf* [coat] capa *f* de chuva.

macaroni [,mækəˈrəʊnɪ] *n (U)* macarrão *m*.

mace [meɪs] *n* **-1.** [ornamental rod] maça *f* **-2.** *(U)* [spice] macis *m inv*.

machine [məˈʃi:n] ◇ *n* máquina *f*. ◇ *vt* **-1.** *SEWING* costurar à maquina **-2.** *TECH* usinar.

machinegun [məˈʃi:ngʌn] (*pt* & *pp* **-ned**, *cont* **-ning**) *n* metralhadora *f*.

machine language *n COMPUT* linguagem *f* de máquina.
machinery [mə'ʃi:nərɪ] *n (U)* **-1.** [machines] maquinário *m* **- 2.** *fig* [system] mecanismo *m.*
macho ['mætʃəʊ] *adj inf* machista.
mackerel ['mækrəl] (*pl inv OR* **-s**) *n* cavala *f.*
mackintosh ['mækɪntɒʃ] *n UK* capa *f* de chuva.
mad [mæd] (*compar* **-der**, *superl* **-dest**) *adj* **-1.** [insane] louco(ca); **to go ~** enlouquecer **- 2.** *pej* [foolish] maluco(ca) **- 3.** [furious] doido(da); **to go ~ at sb** ficar louco(ca) com alguém **- 4.** [hectic] exasperado(da) **- 5.** [very enthusiastic]: **to be ~ about sb/sthg** ser louco(ca) por alguém/algo.
Madagascar [ˌmædə'gæskə^r] *n* Madagascar.
madam ['mædəm] *n fml* [form of address] senhora *f.*
madcap ['mædkæp] *adj* doido(da).
madden ['mædn] *vt* enfurecer, exasperar.
made [meɪd] *pt & pp* ▷ **make.**
-made [məɪd] *suffix*: **French ~** feito(ta) na França.
Madeira [mə'dɪərə] *n* **-1.** *(U)* [wine] madeira *m* **- 2.** *GEOGR* Ilha *f* da Madeira.
made-to-measure *adj* feito(ta) sob medida.
made-up *adj* **-1.** [with make-up] maquiado(da) **- 2.** [invented] falso(sa), esfarrapado(da).
madly ['mædlɪ] *adv* [frantically] alucinadamente; **~ in love** loucamente apaixonado(da).
madman ['mædmən] (*pl* **-men** [-mən]) *n* louco *m.*
madness ['mædnɪs] *n (U)* loucura *f.*
Madrid [mə'drɪd] *n* Madrid; **in ~** em Madrid.
Mafia ['mæfɪə] *n*: **the ~** a Máfia.
magazine [ˌmægə'zi:n] *n* **-1.** [periodical] revista *f* **- 2.** [news programme] programa *m* de variedades **- 3.** [on a gun] câmara *f.*
maggot ['mægət] *n* larva *f.*
magic ['mædʒɪk] ◇ *adj* **-1.** [gen] mágico(ca) **- 2.** [referring to conjuring] de mágica. ◇ *n (U)* **-1.** [gen] magia *f* **- 2.** [conjuring] mágica *f.*
magical ['mædʒɪkl] *adj* [using sorcery] mágico(ca).
magician [mə'dʒɪʃn] *n* **-1.** [conjurer] mágico *m*, -ca *f* **- 2.** [wizard] mago *m*, -ga *f.*
magistrate ['mædʒɪstreɪt] *n* magistrado *m*, -da *f.*
magistrates' court *n UK* tribunal *m.*
magnanimous [mæg'nænɪməs] *adj* magnânimo(ma).
magnate ['mægneɪt] *n* magnata *mf.*
magnesium [mæg'ni:zɪəm] *n (U)* magnésio *m.*
magnet ['mægnɪt] *n* **-1.** *PHYSICS* ímã *m* **- 2.** *fig* [attraction] atrativo *m.*
magnetic [mæg'netɪk] *adj* **-1.** *PHYSICS* magnético(ca) **- 2.** *fig* [personality] atraente, carismático(ca).
magnetic tape *n (U)* fita *f* magnética.
magnificent [mæg'nɪfɪsənt] *adj* **-1.** [clothes, splendour, building] grandioso(sa) **- 2.** [idea, book, game] magnífico(ca), brilhante.
magnify ['mægnɪfaɪ] (*pt & pp* **-ied**) *vt* **-1.** [*TECH* - image] ampliar; [- sound] amplificar **- 2.** *fig* [exaggerate] exagerar.
magnifying glass ['mægnɪfaɪɪŋ-] *n* lupa *f*, lente *f* de aumento.
magnitude ['mægnɪtju:d] *n* magnitude *f.*
magpie ['mægpaɪ] *n* pega *f (ave).*
maid [meɪd] *n* [servant] empregada *f* doméstica.
maiden ['meɪdn] ◇ *adj* [voyage, speech] de estréia, inaugural. ◇ *n literary* [young girl] donzela *f.*
maiden aunt *n* tia *f* solteirona.
maiden name *n* nome *m* de solteira.
mail [meɪl] ◇ *n* **-1.** [letters, parcels] correio *m*; **by ~** pelo correio **- 2.** [system] correios *mpl.* ◇ *vt* **-1.** [send] mandar pelo correio **- 2.** [put in mail box] postar.
mailbox ['meɪlbɒks] *n* **-1.** *US* [for letters] caixa *f* de correio **- 2.** *COMPUT* caixa *f* de entrada.
mailing list ['meɪlɪŋ-] *n* lista *f* de endereços.
mailman ['meɪlmən] (*pl* **-men** [-mən]) *n US* carteiro *m.*
mail order *n (U)* pedido *m* por reembolso postal.
mailshot ['meɪlʃɒt] *n* mala-direta *f.*
maim [meɪm] *vt* mutilar.
main [meɪn] ◇ *adj* principal. ◇ *n* [pipe] tubulação *f.*
◆ **mains** *npl*: **the ~s** [gas, water] as tubulações; [electric] a rede elétrica.
◆ **in the main** *adv* em geral.
main course *n* prato *m* principal.
mainframe (computer) ['meɪnfreɪm-] *n* computador *m* mainframe.
mainland ['meɪnlənd] ◇ *adj* continental. ◇ *n*: **the ~** o continente.
mainly ['meɪnlɪ] *adv* principalmente.
main road *n* rodovia *f* principal.
mainstay ['meɪnsteɪ] *n* meio *m* de subsistência.
mainstream ['meɪnstri:m] ◇ *adj* predominante. ◇ *n*: **the ~** a tendência geral.
maintain [meɪn'teɪn] *vt* **-1.** [gen] manter **- 2.** [support, provide for] sustentar, manter **- 3.** [look after] manter em bom estado **- 4.** [assert]: **to ~ (that)** sustentar que.
maintenance ['meɪntənəns] *n (U)* **-1.** [gen] manutenção *f* **- 2.** [money] pensão *f.*
maize [meɪz] *n (U)* milho *m.*
majestic [mə'dʒestɪk] *adj* majestoso(sa).
majesty ['mædʒəstɪ] (*pl* **-ies**) *n* [grandeur] majestade *f.*
◆ **Majesty** *n*: **His** *OR* **Her/Your Majesty** Sua/Vossa Majestade.

major ['meɪdʒəʳ] ◇ *adj* **-1.** [gen] principal **-2.** *MUS* maior. ◇ *n* [*MIL* - in army] major *m*; [- in air force] major-aviador *m*.

Majorca [mə'jɔ:kə, mə'dʒɔ:kə] *n* Maiorca.

majority [mə'dʒɒrətɪ] (*pl* **-ies**) *n* maioria *f*; **in a** *OR* **the ~** na maioria; **age of ~** maioridade *f*.

make [meɪk] (*pt* & *pp* **made**) *vt* **-1.** [produce, manufacture] fazer; **to be made of** ser feito de; **to ~ lunch/dinner** fazer o almoço/jantar; **made in Japan** fabricado no Japão. **-2.** [perform, do] fazer; **to ~ a mistake** cometer um erro, enganar-se; **to ~ a phone call** dar um telefonema. **-3.** [cause to be] tornar **-4.** [cause to do, force] fazer; **to ~ sb do sthg** obrigar alguém a fazer algo; **it made her laugh** isso a fez rir. **-5.** [amount to, total] ser; **that ~s $5** são 5 dólares. **-6.** [calculate]: **I ~ it seven o'clock** calculo que sejam sete horas; **I ~ it $4** segundo os meus cálculos são 4 dólares. **-7.** [profit, loss] ter. **-8.** *inf* [arrive in time for]: **we didn't ~ the 10 o'clock train** não conseguimos apanhar o trem das 10. **-9.** [friend, enemy] fazer. **-10.** [have qualities for] dar; **this would ~ a lovely bedroom** isto dava um lindo quarto. **-11.** [bed] fazer. **-12.** [in phrases]: **to ~ do** contentar-se; [damage] reparar; **to ~ it** [arrive on time] conseguir chegar a tempo; [be able to go] poder ir; [survive a crisis] recuperar-se.

◇ *n* [of product] marca *f*.

◆ **make out** *vt sep* [check, receipt] passar; [form] preencher; [see] distinguir; [hear] perceber, entender.

◆ **make up** *vt sep* [invent] inventar; [comprise] constituir; [difference, extra] cobrir.

◆ **make up for** *vt fus* compensar.

Ver **fazer** no lado Português-Inglês do dicionário.

make-believe *n (U)* faz-de-conta *m*.

makeover ['meɪkəʊvəʳ] *n* **-1.** [for person] tratamento *m* **-2.** [for company] aperfeiçoamento *m*.

maker ['meɪkəʳ] *n* **-1.** [of film] produtor *m*, -ra *f* **-2.** [of product] fabricante *mf*.

makeshift ['meɪkʃɪft] *adj* **-1.** [temporary] provisório(ria) **-2.** [improvised] improvisado(da).

make-up *n (U)* **-1.** [cosmetics] maquiagem *f*; **~ remover** removedor *m* de maquiagem **-2.** [person's character] caráter *m* **-3.** [composition] composição *f*.

making ['meɪkɪŋ] *n* [of cake] fabricação *f*; [of film] produção *f*; **in the ~** em desenvolvimento; **this is history in the ~** isto passará para a história; **your problems are of your own ~** teus problemas são todos coisas da tua cabeça; **you have the ~s of a diplomat** você tem tudo para ser um diplomata.

malaise [mə'leɪz] *n (U) fml* [unease] mal-estar *m*.

malaria [mə'leərɪəl] *n (U)* malária *f*.

Malaya [mə'leɪə] *n* Malásia.

Malaysia [mə'leɪzɪə] *n* Malásia.

male [meɪl] ◇ *adj* **-1.** [animal] macho; **~ kangaroo** canguru *m* macho **-2.** [human] masculino(na) **-3.** [concerning men] do homem, masculino(na). ◇ *n* **-1.** [animal] macho *m* **-2.** [human] homem *m*.

male nurse *n* enfermeiro *m*.

malevolent [mə'levələnt] *adj* malévolo(la).

malfunction [mæl'fʌŋkʃn] ◇ *n* mau funcionamento *m*. ◇ *vi* funcionar mal.

malice ['mælɪs] *n (U)* malícia *f*.

malicious [mə'lɪʃəs] *adj* malicioso(sa).

malign [mə'laɪn] ◇ *adj* maligno(na). ◇ *vt* difamar, falar mal de.

malignant [mə'lɪgnənt] *adj MED* maligno(na).

mall [mɔ:l] *n esp US*: **(shopping) ~** shopping *m (center)*.

mallet ['mælɪt] *n* [hammer] marreta *f*.

malnutrition [ˌmælnju:'trɪʃn] *n (U)* subnutrição *f*.

malpractice [ˌmæl'præktɪs] *n (U) JUR* falta *f* profissional.

malt [mɔ:lt] *n (U)* [grain] malte *m*.

Malta ['mɔ:ltə] *n* Malta.

mammal ['mæml] *n* mamífero *m*.

mammoth ['mæməθ] ◇ *adj* gigantesco(ca), descomunal. ◇ *n* mamute *m*.

man [mæn] (*pl* **men**, *pt* & *pp* **-ned**, *cont* **-ning**) ◇ *n* **-1.** [gen] homem *m*; **the ~ in the street** o homem comum **-2.** [as form of address] cara *m*. ◇ *vt* **-1.** [ship, plane] tripular **-2.** [machine, switchboard, telephone] manejar.

manage ['mænɪdʒ] ◇ *vi* **-1.** [cope] arranjar-se **-2.** [financially] virar-se. ◇ *vt* **-1.** [be responsible for, control - organization, business] dirigir, gerenciar; [- money] administrar; [- another person] representar; [- time] organizar **-2.** [succeed]: **to ~ to do sthg** conseguir fazer algo **-3.** [be available for]: **I can only ~ an hour tonight** eu só disponho de uma hora esta noite.

manageable ['mænɪdʒəbl] *adj* **-1.** [hair, inflation] controlável **-2.** [children] dominável **-3.** [task, operation] viável.

management ['mænɪdʒmənt] *n* **-1.** *(U)* [control, running] administração *f*, gestão *f* **-2.** [people in control] gerência *f*, direção *f*.

manager ['mænɪdʒəʳ] *n* **-1.** [of organization] gerente *mf*, diretor *m*, -ra *f* **-2.** [of popstar] empresário *m*, -ria *f* **-3.** *SPORT* treinador *m*, -ra *f*.

manageress [ˌmænɪdʒə'res] *n UK* gerente *f*.

managerial [ˌmænɪ'dʒɪərɪəl] *adj* gerencial.

managing director ['mænɪdʒɪŋ-] *n* diretor-

gerente *m*, diretora-gerente *f*.
mandarin [ˈmændərɪn] *n* [fruit] tangerina *f*.
mandate [ˈmændeɪt] *n* **-1.** [elected right or authority] mandato *m* **-2.** [task] incumbência *f*, missão *f*.
mandatory [ˈmændətrɪ] *adj* obrigatório(ria).
mane [meɪn] *n* **-1.** [of horse] crina *f* **-2.** [of lion] juba *f*.
maneuver *US* = **manoeuvre**.
manfully [ˈmænfʊlɪ] *adv* valentemente.
mangle [ˈmæŋgl] ◇ *n* [for washing] calandra *f*. ◇ *vt* [body, car] destroçar.
mango [ˈmæŋgəʊ] (*pl* **-es** *OR* **-s**) *n* manga *f*.
mangy [ˈmeɪndʒɪ] (*compar* **-ier**, *superl* **-iest**) *adj* sarnento(ta).
manhandle [ˈmænˌhændl] *vt* maltratar.
manhole [ˈmænhəʊl] *n* poço *m* de inspeção, boca-de-lobo *m*.
manhood [ˈmænhʊd] *n* *(U)* **-1.** [age] idade *f* adulta **-2.** [virility] virilidade *f*.
man-hour *n* hora-homem *f*.
mania [ˈmeɪnjə] *n* **-1.** *(U)* *PSYCH* mania *f* **-2.** [excessive liking]: ~ **(for sthg)** gosto *m* excessivo (por algo).
maniac [ˈmeɪnɪæk] *n* **-1.** [madman] maníaco *m*, -ca *f* **-2.** [fanatic] fanático *m*, -ca *f*.
manic [ˈmænɪk] *adj* **-1.** [overexcited] doido(da) **-2.** *PSYCH* maníaco(ca).
manicure [ˈmænɪˌkjʊəʳ] *n* [individual treatment]: **to give sb a ~** fazer as unhas de alguém.
manifest [ˈmænɪfest] ***fml*** ◇ *adj* manifesto(ta). ◇ *vt* manifestar.
manifesto [ˌmænɪˈfestəʊ] (*pl* **-s** *OR* **-es**) *n* manifesto *m*.
manipulate [məˈnɪpjʊleɪt] *vt* **-1.** [control for personal benefit] manipular **-2.** [operate - machine, controls] operar; [- lever] acionar.
manipulative [məˈnɪpjʊlətɪv] *adj* manipulador(ra).
mankind [mænˈkaɪnd] *n* *(U)* humanidade *f*.
manly [ˈmænlɪ] (*compar* **-ier**, *superl* **-iest**) *adj* másculo(la), viril.
man-made *adj* **-1.** [problem, disaster] produzido(da) pelo homem **-2.** [fibre, environment] artificial.
manner [ˈmænəʳ] *n* **-1.** [method] maneira *f*, forma *f* **-2.** [bearing, attitude] jeito *m*, comportamento *m*.
◆ **manners** *npl* maneiras *fpl*; **to be good/bad ~s to do sthg** ser de boa/má educação fazer algo.
mannerism [ˈmænərɪzm] *n* trejeito *m*.
mannish [ˈmænɪʃ] *adj* [woman] masculino(na).
manoeuvre *UK*, **maneuver** *US* [məˈnuːvəʳ] ◇ *n* **-1.** [movement] manobra *f* **-2.** ***fig*** [clever move] manobra *f*. ◇ *vt* [control physically] manobrar, manejar. ◇ *vi* [move physically] manobrar.
manor [ˈmænəʳ] *n* [house] solar *m*.
manpower [ˈmænˌpaʊəʳ] *n* *(U)* mão-de-obra *f*.
mansion [ˈmænʃn] *n* mansão *f*.
manslaughter [ˈmænˌslɔːtəʳ] *n* *(U)* homicídio *m* involuntário.
mantelpiece [ˈmæntlpiːs] *n* consolo *m* de lareira.
manual [ˈmænjʊəl] ◇ *adj* manual. ◇ *n* [handbook] manual *m*.
manual worker *n* operário *m*, -ria *f*.
manufacture [ˌmænjʊˈfæktʃəʳ] ◇ *n* *(U)* manufatura *f*, fabricação *f*. ◇ *vt* [make] manufaturar, fabricar.
manufacturer [ˌmænjʊˈfæktʃərəʳ] *n* fabricante *mf*.
manure [məˈnjʊəʳ] *n* *(U)* esterco *m*.
manuscript [ˈmænjʊskrɪpt] *n* manuscrito *m*.
many [ˈmenɪ] (*compar* **more**, *superl* **most**) ◇ *adj* [a lot of, plenty of] muitos(tas); **~ people** muitas pessoas, muita gente; **how ~ ...?** quantos(tas) ...?; **too ~ ...** demais; **there are too ~ books for me to read** há livros demais para eu ler; **as ~ ... as** tantos ... quantos, tantas ... quantas; **bring as ~ cups as you can** traga tantas xícaras quantas você puder; **so ~ ...** tantos(tas) ...; **a good** *OR* **great ~ ...** muitíssimos(mas) ..., um grande número de ... ◇ *pron* [a lot, plenty] muitos(tas); **how ~?** quantos(tas)?; **too ~** muitos(tas); **as ~ as** tantos(tas) quanto; **so ~** tantos(tas).

> ***Many*** é usado sobretudo em orações interrogativas (***were there many people at the party?*** tinha muita gente na festa?) e negativas (***I didn't get many presents for my birthday*** não ganhei muitos presentes de aniversário); em orações afirmativas, utiliza-se ***a lot (of)*** ou ***lots (of)*** (***lots of people were at the party*** tinha muita gente na festa), embora ***many*** sirva para construir expressões como ***too many***, ***how many*** e ***so many***.
>
> Ver também **lot**, **plenty**.

map [mæp] (*pt* & *pp* **-ped**, *cont* **-ping**) ◇ *n* mapa *m*; **to put sb/sthg on the ~** colocar alguém/algo no mapa. ◇ *vt* **-1.** [chart] fazer o mapa de **-2.** *COMPUT* associar.
◆ **map out** *vt sep* planejar, planificar.
maple [ˈmeɪpl] *n* bordo *m*.
marathon [ˈmærəθn] ◇ *adj* exaustivo(va). ◇ *n* maratona *f*.
marauder [məˈrɔːdəʳ] *n* gatuno *m*, -na *f*, saqueador *m*, -ra *f*.
marble [ˈmɑːbl] *n* **-1.** *(U)* [stone] mármore *m* **-2.** [for game] bolinha *f* de gude.
march [mɑːtʃ] ◇ *n* **-1.** [gen] marcha *f* **-2.** [steady progress] avanço *m*. ◇ *vi* **-1.** [gen] marchar **-2.** [approach] avançar.
March [mɑːtʃ] *n* março; *see also* **September**.
marcher [ˈmɑːtʃəʳ] *n* [protester] manifestante *mf*.

mare [meəʳ] *n* égua *f*.

margarine [ˌmɑːdʒəˈriːn, ˌmɑːgəˈriːn] *n (U)* margarina *f*.

marge [mɑːdʒ] *n (U) inf* margarina *f*.

margin [ˈmɑːdʒɪn] *n* **-1.** [gen] margem *f* **-2.** [of desert, forest] limite *m*.

marginal [ˈmɑːdʒɪnl] *adj* **-1.** [unimportant] secundário(ria) **-2.** *UK POL*: **~ seat** *OR* **constituency** *cadeira f ganha por uma pequena maioria de votos*.

marginally [ˈmɑːdʒɪnəlɪ] *adv* ligeiramente.

marigold [ˈmærɪgəʊld] *n* calêndula *f*.

marihuana, marijuana [ˌmærɪˈwɑːnə] *n (U)* maconha *f*.

marine [məˈriːn] ◇ *adj* **-1.** [underwater] marinho(nha) **-2.** [seafaring] marítimo(ma). ◇ *n MIL* fuzileiro *m* naval.

marital [ˈmærɪtl] *adj* conjugal.

marital status *n* estado *m* civil.

maritime [ˈmærɪtaɪm] *adj* marítimo(ma).

mark [mɑːk] ◇ *n* **-1.** [stain] mancha *f*; [scratch] marca *f* **-2.** [in exam] nota *f* **-3.** [stage, level]: **the halfway ~** o meio caminho; **beyond the billion ~** acima de um bilhão **-4.** [sign, indication] sinal *f* **-5.** [currency] marco *m* **-6.** *CULIN* nível *m* de temperatura. ◇ *vt* **-1.** [gen] marcar **-2.** [exam, essay] corrigir **-3.** [commemorate] comemorar, celebrar **-4.** [stain] manchar.
◆ **mark off** *vt sep* [cross off] assinalar.

marked [mɑːkt] *adj* [noticeable] notável.

marker [ˈmɑːkəʳ] *n* [sign] indicador *m*.

marker pen *n* caneta *f* marcadora.

market [ˈmɑːkɪt] ◇ *n* [gen] mercado *m*. ◇ *vt* comercializar, vender.

market garden *n esp UK* horta *f*.

marketing [ˈmɑːkɪtɪŋ] *n (U) COMM* marketing *m*.

marketplace [ˈmɑːkɪtpleɪs] *n* mercado *m*.

market research *n (U)* pesquisa *f* de mercado.

market value *n COMM* valor *m* de mercado.

marking [ˈmɑːkɪŋ] *n (U) SCH & UNIV* correção *f*.
◆ **markings** *npl* **-1.** [of flower] manchas *fpl* **-2.** [of animal] pintas *fpl* **-3.** [of road] sinais *mpl*.

marksman [ˈmɑːksmən] (*pl* **-men** [-mən]) *n* atirador *m*.

marmalade [ˈmɑːməleɪd] *n (U)* geléia *f*.

maroon [məˈruːn] *adj* castanho-avermelhado.

marooned [məˈruːnd] *adj* abandonado(da).

marquee [mɑːˈkiː] *n* toldo *m*.

marriage [ˈmærɪdʒ] *n* casamento *m*.

marriage bureau *n UK* agência *f* matrimonial.

marriage certificate *n* certidão *m* de casamento.

marriage guidance *n (U)* orientação *f* para casais.

married [ˈmærɪd] *adj* **-1.** [having a spouse] casado(da) **-2.** [of marriage] de casado.

marrow [ˈmærəʊ] *n* **-1.** *UK* [vegetable] abóbora *f* **-2.** *(U)* [in bones] medula *f*.

marry [ˈmærɪ] (*pt* & *pp* **-ied**) ◇ *vt* casar; **will you ~ me?** quer se casar comigo? ◇ *vi* [get married] casar-se.

Mars [mɑːz] *n* [planet] Marte.

marsh [mɑːʃ] *n* pântano *m*.

marshal [ˈmɑːʃl] (*UK pt* & *pp* **-led**, *cont* **-ling**, *US pt* & *pp* **-ed**, *cont* **-ing**) ◇ *n* **-1.** *MIL* marechal *m* **-2.** [assistant] oficial *m* **-3.** *US* [law officer] oficial *mf* de justiça. ◇ *vt* **-1.** [people] dirigir, conduzir **-2.** [support, thoughts] ordenar, organizar.

martial arts [ˌmɑːʃl-] *npl* artes *fpl* marciais.

martial law [ˌmɑːʃl-] *n (U)* lei *f* marcial.

martyr [ˈmɑːtəʳ] *n* mártir *mf*.

martyrdom [ˈmɑːtədəm] *n (U)* martírio *m*.

marvel [ˈmɑːvl] (*UK pt* & *pp* **-led**, *cont* **-ling**, *US pt* & *pp* **-ed**, *cont* **-ing**) ◇ *n* **-1.** [gen] maravilha *f* **-2.** [surprise, miracle] milagre *m*. ◇ *vi*: **to ~ (at sthg)** maravilhar-se (com algo).

marvellous *UK*, **marvelous** *US* [ˈmɑːvələs] *adj* maravilhoso(sa).

Marxism [ˈmɑːksɪzm] *n (U)* marxismo *m*.

Marxist [ˈmɑːksɪst] ◇ *adj* marxista. ◇ *n* marxista *mf*.

marzipan [ˈmɑːzɪpæn] *n (U)* maçapão *m*.

mascara [mæsˈkɑːrə] *n (U)* rímel *m*.

masculine [ˈmæskjʊlɪn] *adj* masculino(na).

mash [mæʃ] *vt* triturar, amassar.

mashed potatoes [mæʃt-] *npl* purê *m* de batatas.

mask [mɑːsk] ◇ *n* **-1.** [covering face] máscara *f* **-2.** *fig* [dissimulation] máscara *f*. ◇ *vt* **-1.** [cover] mascarar **-2.** [conceal] disfarçar.

masochist [ˈmæsəkɪst] *n* masoquista *mf*.

mason [ˈmeɪsn] *n* **-1.** [stonemason] pedreiro *m*, -ra *f* **-2.** [Freemason] maçom *m*.

masonry [ˈmeɪsnrɪ] *n (U)* [stones] alvenaria *f*.

masquerade [ˌmæskəˈreɪd] *vi*: **to ~ as** fazer-se passar por.

mass [mæs] ◇ *n* [large amount] grande quantidade *f*. ◇ *adj* em massa. ◇ *vi* concentrar-se.
◆ **Mass** *n RELIG* missa *f*.
◆ **masses** *npl* **-1.** *inf* [lots, plenty] montes *mpl*; **~es of sthg** montes de algo **-2.** [ordinary people]: **the ~es** as massas.

massacre [ˈmæsəkəʳ] ◇ *n* massacre *m*. ◇ *vt* massacrar.

massage [*UK* ˈmæsɑːʒ, *US* məˈsɑːʒ] ◇ *n* massagem *f*. ◇ *vt* massagear.

massive [ˈmæsɪv] *adj* [in size, amount] enorme; **~ majority** maioria em massa.

mass media *n or npl*: **the ~** os meios de comunicação de massas.

mass production *n (U)* produção *f* em série.
mast [mɑːst] *n* **-1.** [on boat] mastro *m* **-2.** *RADIO & TV* antena *f*.
master [ˈmɑːstəʳ] ◇ *n* **-1.** [person in charge] senhor *m*; **a ~ and his servants** um amo e seus servos **-2.** *fig* [of subject, situation] dono *m* **-3.** *UK* [teacher] mestre *m* **-4.** [of ship] capitão *m* **-5.** [original copy] original *m*. ◇ *adj* **-1.** [in trade] mestre **-2.** [original] original. ◇ *vt* **-1.** [gain control of] dominar, controlar **-2.** [perfect] dominar.
master key *n* chave-mestra *f*.
masterly [ˈmɑːstəlɪ] *adj* magistral.
mastermind [ˈmɑːstəmaɪnd] ◇ *n* cabeça *mf*; **he is the ~ behind the plan** ele é o cabeça do plano. ◇ *vt* ser o cabeça de.
Master of Arts (*pl* **Masters of Arts**) *n* **-1.** [degree] mestrado *m* em ciências humanas, *diploma de mestre em ciências humanas* **-2.** [person] mestre *mf* em ciências humanas, *titular de diploma de mestre em ciências humanas*.
Master of Science (*pl* **Masters of Science**) *n* **-1.** [degree] mestrado *m* em ciências exatas, *diploma de mestre em ciências exatas* **-2.** [person] mestre *mf* em ciências exatas, *titular de diploma de mestre em ciências exatas*.
masterpiece [ˈmɑːstəpiːs] *n* obra-prima *f*.
master's degree *n* mestrado *m*.
mastery [ˈmɑːstərɪ] *n (U)* domínio *m*.
mat [mæt] *n* **-1.** [on floor] tapete *m*; **door ~** capacho *m* **-2.** [on table]: **beer ~** porta-copos *m inv*; **table ~** jogo *m* americano.
match [mætʃ] ◇ *n* **-1.** [game] partida *f* **-2.** [for lighting] fósforo *m* **-3.** [equal]: **to be no ~ for sb** não ser páreo para alguém. ◇ *vt* **-1.** [be the same as] coincidir com **-2.** [coordinate with] combinar com **-3.** [equal] equiparar-se a. ◇ *vi* [be the same] combinar.
matchbox [ˈmætʃbɒks] *n* caixa *f* de fósforos.
matching [ˈmætʃɪŋ] *adj* que combina bem.
mate [meɪt] ◇ *n* **-1.** *inf* [friend] amigo *m*, -ga *f*, companheiro *m*, -ra *f* **-2.** *UK inf* [form of address] colega *mf* **-3.** [of animal] parceiro *m*, -ra *f* **-4.** *NAUT*: **(first) ~** contramestre *m*. ◇ *vi* [animals] acasalar-se; **to ~ with** acasalar-se com.
material [məˈtɪərɪəl] ◇ *adj* **-1.** material **-2.** [important] substancial. ◇ *n* material *m*.
◆ **materials** *npl* materiais *mpl*.
materialistic [məˌtɪərɪəˈlɪstɪk] *adj* materialista.
materialize, -ise [məˈtɪərɪəlaɪz] *vi* **-1.** [happen] concretizar-se **-2.** [appear] materializar-se.
maternal [məˈtɜːnl] *adj* maternal.
maternity [məˈtɜːnətɪ] *n (U)* maternidade *f*.
maternity dress *n* vestido *m* de gestante.
maternity hospital *n* maternidade *f (no hospital)*.
maternity leave *n* licença-maternidade *f*.
maternity ward *n* maternidade *f*.
math *n US* = **maths**.
mathematical [ˌmæθəˈmætɪkl] *adj* matemático(ca).
mathematics [ˌmæθəˈmætɪks] *n (U)* [subject] matemática *f*.
maths *UK* [mæθs], **math** *US* [mæθ] (*abbr of* **mathematics**) *inf n (U)* [subject] matemática *f*.
matinée [ˈmætɪneɪ] *n* matinê *f*.
mating season [ˈmeɪtɪŋ-] *n* época *f* de acasalamento.
matrices [ˈmeɪtrɪsiːz] *pl* ▷ **matrix**.
matriculation [məˌtrɪkjʊˈleɪʃn] *n (U) UNIV* matrícula *f*.
matrimonial [ˌmætrɪˈməʊnjəl] *adj* matrimonial.
matrimony [ˈmætrɪmənɪ] *n (U)* matrimônio *m*.
matrix [ˈmeɪtrɪks] (*pl* **matrices** *OR* **-es**) *n* **-1.** [gen] matriz *f* **-2.** *TECH* molde *m* para fundição.
matron [ˈmeɪtrən] *n* **-1.** *UK* [in hospital] enfermeira-chefe *f* **-2.** [in school] enfermeira *f*.
matronly [ˈmeɪtrənlɪ] *adj euph* matronal.
matt *UK*, **matte** *US* [mæt] *adj* fosco(ca).
matted [ˈmætɪd] *adj* embaraçado(da).
matter [ˈmætəʳ] ◇ *n* **-1.** [question, situation] questão *f*, assunto *m*; **that's another** *OR* **a different ~** isso é outra questão/coisa; **a ~ of opinion** uma questão de opinião; **to make ~s worse** piorar as coisas; **and to make ~s worse,** ... e para piorar (ainda mais) as coisas, ...; **as a ~ of course** como algo natural **-2.** [trouble, cause of pain] problema *m*; **what's the ~?** qual é o problema?, o que (é que) houve?; **what's the ~ with it/her?** qual é o problema com isso/ela? **-3.** *(U) PHYSICS* matéria *f* **-4.** *(U)* [material] material *m*; **vegetable ~** matéria vegetal. ◇ *vi* [be important] importar; **it doesn't ~** não importa; **it doesn't ~ what you decide** não interessa o que você decidir.
◆ **as a matter of fact** *adv* aliás, na verdade.
◆ **for that matter** *adv* quanto a isso.
◆ **no matter** *adv*: **no ~ how hard I try ...** não importa quanto eu tente ...; **no ~ what** aconteça o que acontecer.
Matterhorn [ˈmætəˌhɔːn] *n*: **the ~** a Montanha Matterhorn.
matter-of-fact *adj* sem sentimento, prosaico(ca).
mattress [ˈmætrɪs] *n* colchão *m*.
mature [məˈtjʊəʳ] ◇ *adj* **-1.** [person] maduro(ra) **-2.** [food, drink] envelhecido(da), maturado(da) **-3.** [cheese] curado(da). ◇ *vi* **-1.** [gen] amadurecer **-2.** [animal, plant] crescer **-3.** [wine, spirit] envelhecer **-4.** [cheese] curar **-5.** [insurance policy] vencer.

mature student *n UK UNIV* estudante *mf* adulto, -ta.

maul [mɔ:l] *vt* [attack, savage] atacar gravemente.

mauve [məʊv] ◇ *adj* da cor de malva. ◇ *n (U)* malva *f.*

max. [mæks] (*abbr of* **maximum**) máx.

maxim ['mæksɪm] (*pl* **-s**) *n* máxima *f.*

maxima ['mæksɪmə] *pl* ▷ **maximum.**

maximum ['mæksɪməm] (*pl* **maxima** *OR* **-s**) ◇ *adj* [highest, largest] máximo(ma). ◇ *n* [upper limit] máximo *m.*

may [meɪ] *modal vb* **-1.** poder; **you ~ like it** talvez você goste; **he ~ well have said that** ele pode muito bem ter dito aquilo; **it ~ rain** pode ser que chova; **be that as it ~** seja como for; **I would like to add, if I ~ ...** eu gostaria de acrescentar, se possível ... **-2.** *fml* [to express wish, hope]: **long ~ it last!** que dure por muito tempo!; **~ they be very happy!** que eles sejam muito felizes!; ▷ **might.**

May, no sentido de 'ter permissão para', não pode ser utilizado quando se fala do passado ou do futuro. Nesses casos, utiliza-se *be allowed to* (*she wasn't allowed to see him again* ela não teve permissão para vê-lo novamente; *I hope that I'll be allowed to go* espero ter permissão para ir ou que me deixem ir).

Ver também **might**.

May [meɪ] *n* maio; *see also* **September.**

maybe ['meɪbi:] *adv* talvez.

mayhem ['meɪhem] *n (U)* caos *m inv.*

mayonnaise [ˌmeɪə'neɪz] *n (U)* maionese *f.*

mayor [meə^r] *n* prefeito *m.*

mayoress ['meərɪs] *n* [female mayor] prefeita *f*; [wife of mayor] esposa *f* do prefeito.

maze [meɪz] *n* **-1.** [system of paths] labirinto *m* **-2.** *fig* [tangle] confusão *f.*

MB ◇ *n* (*abbr of* **Bachelor of Medicine**) *(titular de) bacharelado em medicina.* ◇ (*abbr of* **megabyte**) MB.

MD *n* **-1.** (*abbr of* **Doctor of Medicine**) *(titular de) doutorado em medicina* **-2.** (*abbr of* **managing director**) diretor-gerente *m.*

me [mi:] *pers pron* **-1.** *(direct, indirect)* me; **she knows ~** ela me conhece; **it's ~** sou eu; **send it to ~** mande-o para mim; **tell ~** diga-me; **-2.** *(after prep)* mim; **with ~** comigo; **it's for ~** é para mim.

meadow ['medəʊ] *n* campina *f.*

meagre *UK*, **meager** *US* ['mi:gə^r] *adj* magro(gra), insuficiente.

meal [mi:l] *n* refeição *f*; **to go out for a ~** sair para jantar.

mealtime ['mi:ltaɪm] *n* hora *f* da refeição.

mean [mi:n] (*pt* & *pp* **meant**) ◇ *adj* **-1.** [miserly] mesquinho(nha); **to be ~ with sthg** ser avarento com algo **-2.** [unkind] grosseiro(ra); **to be ~ to sb** ser malvado(da) com alguém **-3.** [average] médio(dia). ◇ *n* [average] meio-termo *m*; ▷ **means.** ◇ *vt* **-1.** [signify, represent] significar **-2.** [have in mind, intend] querer dizer; **to ~ to do sthg** ter a intenção de fazer algo, tencionar fazer algo; **to be meant for sb/sthg** ser feito(ta) para alguém/algo; **they're not meant to be there** eles não deveriam estar lá; **it was meant as a compliment** era para ser um elogio; **to be meant to do sthg** dever fazer algo; **to ~ well** ter boa vontade **-3.** [be serious about] falar sério; **she meant every word she said** tudo o que ela disse era a sério **-4.** [entail] acarretar **-5.** *phr*: **I ~** quer dizer.

meander [mɪ'ændə^r] *vi* **-1.** [river, road] serpentear **-2.** [in walking] vagar **-3.** [in speaking] divagar.

meaning ['mi:nɪŋ] *n* **-1.** [sense] sentido *m*, significado *m* **-2.** *(U)* [purpose, importance] sentido *m.*

meaningful ['mi:nɪŋfʊl] *adj* **-1.** [expressive] significativo(va) **-2.** [deep, profound] sério(ria).

meaningless ['mi:nɪŋlɪs] *adj* **-1.** [devoid of sense] sem sentido **-2.** [futile] fútil.

means [mi:nz] (*pl inv*) ◇ *n* [method, way] meio *m*; **by ~ of** por meio de. ◇ *npl* [money] recursos *mpl.*

◆ **by all means** *adv* claro que sim.

◆ **by no means** *adv* de modo algum.

meant [ment] *pt* & *pp* ▷ **mean.**

meantime ['mi:nˌtaɪm] *n*: **in the ~** enquanto isso.

meanwhile ['mi:nˌwaɪl] *adv* **-1.** [at the same time] enquanto isso **-2.** [between two events] nesse ínterim.

measles ['mi:zlz] *n*: **to catch ~** pegar sarampo.

measly ['mi:zlɪ] (*compar* **-ier**, *superl* **-iest**) *adj inf* miserável.

measure ['meʒə^r] ◇ *n* **-1.** [step, action] medida *f* **-2.** [of alcohol] dose *f* **-3.** [indication] indicação *f* **-4.** [device] régua *f.* ◇ *vt* [determine size of, gauge] medir.

measurement ['meʒəmənt] *n* **-1.** [figure, amount] medida *f* **-2.** *(U)* [act of measuring] medição *f.*

◆ **measurements** *npl* [of sb's body] medidas *fpl.*

meat [mi:t] *n (U)* carne *f.*

meatball ['mi:tbɔ:l] *n* almôndega *f.*

meat pie *n UK* torta *f* de carne.

meaty ['mi:tɪ] (*compar* **-ier**, *superl* **-iest**) *adj fig* [full of ideas] rico(ca), sólido(da).

Mecca ['mekə] *n GEOGR* Meca.

mechanic [mɪ'kænɪk] *n* mecânico *m*, -ca *f.*

◆ **mechanics** ◇ *n (U)* [study] mecânica *f.* ◇ *npl* [way sthg works] mecânica *f.*

mechanical [mɪ'kænɪkl] *adj* mecânico(ca).

mechanism ['mekənɪzm] *n* mecanismo *m*.

medal ['medl] *n* medalha *f*.

medallion [mɪ'dæljən] *n* medalhão *m*.

meddle ['medl] *vi* meter-se; **to ~ in/with sthg** meter-se em/com algo.

media ['mi:djə] ◇ *pl* ▷ **medium**. ◇ *n or npl*: **the ~** a mídia.

mediaeval [,medɪ'i:vl] *adj* = **medieval**.

median ['mi:djən] *n* **US** [of road] canteiro *m* divisor.

mediate ['mi:dɪeɪt] ◇ *vt* [produce by arbitration] negociar. ◇ *vi* [arbitrate]: **to ~ between** ser mediador(ra) entre.

mediator ['mi:dɪeɪtə^r] *n* mediador *m*, -ra *f*.

Medicaid ['medɪkeɪd] *n (U)* **US** auxílio-saúde *m*.

medical ['medɪkl] ◇ *adj* médico(ca). ◇ *n* [checkup] exame *m* médico, check-up *m*.

Medicare ['medɪkeə^r] *n (U)* **US** seguro-saúde *m (para idosos)*.

medicated ['medɪkeɪtɪd] *adj* medicinal.

medicine ['medsɪn] *n* **-1.** *(U)* [treatment of illness] medicina *f* **-2.** [substance] medicamento *m*, remédio *m*.

medieval [,medɪ'i:vl] *adj* medieval.

mediocre [,mi:dɪ'əʊkə^r] *adj* medíocre.

meditate ['medɪteɪt] *vi* **-1.** [reflect, ponder] refletir; **to ~ (up)on sthg** refletir sobre algo **-2.** [practise meditation] meditar.

Mediterranean [,medɪtə'reɪnjən] ◇ *n* **-1.** [sea]: **the ~ (Sea)** o (Mar) Mediterrâneo **-2.** [area around sea]: **the ~** o mediterrâneo. ◇ *adj* mediterrâneo(nea).

medium ['mi:djəm] (*pl sense 1* **-dia**, *pl sense 2* **-diums**) ◇ *adj* [middle, average] médio(dia). ◇ *n* **-1.** [way of communicating] meio *m* de comunicação **-2.** [spiritualist] médium *mf*.

medium-size(d) [-saɪzd] *adj* de tamanho médio.

medium wave *n (U)* onda *f* média.

medley ['medlɪ] (*pl* **-s**) *n* **-1.** [mixture] mistura *f* **-2.** [selection of music] coletânea *f*.

meek [mi:k] *adj* dócil, meigo(ga).

meet [mi:t] (*pt* & *pp* **met**) ◇ *n* **US** [meeting] encontro *m*, competição *f*. ◇ *vt* **-1.** [gen] encontrar; **she met his gaze defiantly** ela encarou o olhar dele de forma desafiadora **-2.** [by arrangement] encontrar-se com, reunir-se com **-3.** [make acquaintance of] conhecer; **I met a really interesting guy** conheci um cara muito interessante **-4.** [wait for - person] ir esperar; [- train, plane, bus, boat] esperar **-5.** [fulfil, satisfy] satisfazer, cumprir **-6.** [deal with] enfrentar **-7.** [pay] pagar em dia. ◇ *vi* **-1.** [gen] encontrar-se; **their eyes met across the room** os olhos deles se cruzaram na sala **-2.** [committee] reunir-se **-3.** [become acquainted] conhecer-se **-4.** [hit, touch] bater-se.

◆ **meet up** *vi* [by arrangement] encontrar-se; **to ~ up with sb** encontrar-se com alguém.

◆ **meet with** *vt fus* **-1.** [encounter] experimentar **-2.** **US** [by arrangement] encontrar.

meeting ['mi:tɪŋ] *n* **-1.** [gen] reunião *f* **-2.** [coming together] encontro *m*.

meeting place *n* ponto *m* de encontro.

megabyte ['megəbaɪt] *n* COMPUT megabyte *m*.

megaphone ['megəfəʊn] *n* megafone *m*.

megapixel [,mega'pɪksl] *n* megapixel *m*.

melancholy ['melənkəlɪ] ◇ *adj* [sad] melancólico(ca). ◇ *n (U)* melancolia *f*.

mellow ['meləʊ] ◇ *adj* **-1.** [gen] suave **-2.** [smooth, pleasant] melodioso(sa) **-3.** [gentle, relaxed] alegre, tranqüilo(la). ◇ *vi* [become more gentle or relaxed] suavizar-se, tranqüilizar-se.

melody ['melədɪ] (*pl* **-ies**) *n* [tune] melodia *f*.

melon ['melən] *n* melão *m*.

melt [melt] ◇ *vt* [make liquid] derreter. ◇ *vi* **-1.** [become liquid] derreter **-2.** *fig* [soften] amolecer **-3.** *fig* [disappear]: **to ~ away** dissipar-se; **his savings ~ed away** suas economias se acabaram.

◆ **melt down** *vt sep* fundir-se.

meltdown ['meltdaʊn] *n* **-1.** *(U)* [act of melting] fusão *f* **-2.** [incident] acidente *m* nuclear.

melting pot ['meltɪŋ-] *n fig* [of cultures, races, ideas] cadinho *m* cultural.

member ['membə^r] ◇ *n* membro *m*.

Member of Congress (*pl* **Members of Congress**) *n* **US** Membro *m* do Congresso.

Member of Parliament (*pl* **Members of Parliament**) *n* [in UK] Membro *m* do Parlamento.

membership ['membəʃɪp] *n* **-1.** [gen - of party, union] associação *f*; [- of club] qualidade *f* de sócio; **I have to renew my ~** tenho que renovar o meu título **-2.** [number of members] número *m* de sócios **-3.** [people themselves]: **the ~** os sócios, os membros.

membership card *n* carteira *f* de sócio.

memento [mɪ'mentəʊ] (*pl* **-s**) *n* lembrança *f*.

memo ['meməʊ] (*pl* **-s**) *n* [at work] memorando *m*.

memoirs ['memwɑ:z] *npl* memórias *fpl*.

memorandum [,memə'rændəm] (*pl* **-da**, **-dums**) *n fml* memorando *m*.

memorial [mɪ'mɔ:rɪəl] ◇ *adj* comemorativo(va). ◇ *n* memorial *m*.

memorize, -ise ['meməraɪz] *vt* memorizar, decorar.

memory ['memərɪ] (*pl* **-ies**) *n* **-1.** [gen] memória *f*; **from ~** de memória **-2.** [sthg remembered] lembrança *f*.

men [men] *pl* ▷ **man**.

menace ['menəs] ◇ *n* **-1.** [gen] ameaça *f* **-2.** *inf* [nuisance, pest] praga *f*. ◇ *vt* ameaçar.

menacing ['menəsɪŋ] *adj* ameaçador(ra).

mend [mend] ◇ *n (U) inf*: **to be on the ~** estar convalescendo. ◇ *vt* [repair] consertar.

menial ['mi:njəl] *adj* simplório(ria), baixo(xa).

meningitis [,menɪn'dʒaɪtɪs] *n (U)* MED meningite *f*.

menopause ['menəpɔ:z] *n (U)*: **the ~** a menopausa.

men's room *n US*: **the ~** o banheiro dos homens.

menstruation [,menstrʊ'eɪʃn] *n (U)* menstruação *f*.

menswear ['menzweə^r] *n (U)* roupa *f* masculina.

mental ['mentl] *adj* mental.

mental hospital *n* hospital *m* psiquiátrico.

mentality [men'tælətɪ] *n (U)* [way of thinking] mentalidade *f*.

mentally handicapped ['mentəlɪ-] *npl*: **the ~** os deficientes mentais.

mention ['menʃn] ◇ *vt* [say, talk about] mencionar; **to ~ sthg to sb** mencionar algo para alguém; **not to ~** sem falar em; **don't ~ it!** não tem de quê! ◇ *n* [reference] menção *f*.

menu ['menju:] *n* **-1.** [in restaurant] menu *m*, cardápio *m* **-2.** COMPUT menu *m*.

meow *n & vi US* = **miaow**.

MEP (*abbr of* **Member of the European Parliament**) *n membro do parlamento europeu*.

mercenary ['mɜ:sɪnrɪ] (*pl* **-ies**) ◇ *adj* mercenário(ria). ◇ *n* [soldier] mercenário *m*.

merchandise ['mɜ:tʃəndaɪz] *n (U)* COMM mercadoria *f*.

merchant ['mɜ:tʃənt] *n* comerciante *mf*.

merchant bank *n UK* banco *m* mercantil.

merchant navy *UK*, **merchant marine** *US n* marinha *f* mercante.

merciful ['mɜ:sɪfʊl] *adj* **-1.** [person] piedoso(sa) **-2.** [death, release] misericordioso(sa).

merciless ['mɜ:sɪlɪs] *adj* impiedoso(sa).

mercury ['mɜ:kjʊrɪ] *n (U)* mercúrio *m*.

Mercury ['mɜ:kjʊrɪ] *n* [planet] Mercúrio.

mercy ['mɜ:sɪ] (*pl* **-ies**) *n* **-1.** *(U)* [kindness, pity] piedade *f*; **at the ~ of** *fig* à mercê de **-2.** [blessing] bênção *f*.

mere [mɪə^r] *adj* **-1.** [just, no more than] mero(ra); **she's a ~ child!** ela é só uma criança! **-2.** [for emphasis] simples, mero(ra) **-3.** [amount, quantity] apenas.

merely ['mɪəlɪ] *adv* **-1.** [simply, just, only] meramente, simplesmente **-2.** [of amount, quantity] apenas.

merge [mɜ:dʒ] ◇ *n* COMPUT intercalamento *m*. ◇ *vt* **-1.** COMM fundir **-2.** COMPUT intercalar. ◇ *vi* **-1.** COMM fundir-se; **to ~ with sthg** unir-se com algo **-2.** [roads, lines] unir-se **-3.** [blend, melt] misturar; **to ~ into sthg** incorporar-se em algo.

merger ['mɜ:dʒə^r] *n* COMM fusão *f*.

meringue [mə'ræŋ] *n* merengue *m*.

merit ['merɪt] ◇ *n (U)* [value] mérito *m*. ◇ *vt* merecer.

◆ **merits** *npl* [advantages, qualities] méritos *mpl*.

mermaid ['mɜ:meɪd] *n* sereia *f*.

merry ['merɪ] (*compar* **-ier**, *superl* **-iest**) *adj* **-1.** *literary* [laugh, joke, person] alegre, divertido(da) **-2.** [fire, party] agradável; **Merry Christmas!** Feliz Natal! **-3.** *inf* [tipsy] alegre.

merry-go-round *n* carrossel *m*.

mesh [meʃ] ◇ *n (U)* [netting] malha *f*. ◇ *vi* **-1.** [fit together] combinar **-2.** TECH encaixar.

mesmerize, -ise ['mezməraɪz] *vt*: **to be ~d by sb/sthg** ser hipnotizado(da) por alguém/ algo.

mess [mes] *n* **-1.** [gen] bagunça *f* **-2.** [muddle, problem] confusão *f* **-3.** MIL rancho *m*.

◆ **mess about, mess around** *inf* ◇ *vt sep* embromar. ◇ *vi* **-1.** [gen] matar tempo **-2.** [tinker]: **to ~ about with sthg** mexer em algo.

◆ **mess up** *vt sep inf* **-1.** [make untidy, dirty - room, papers, objects] bagunçar; [- clothes] sujar **-2.** [spoil] estragar.

message ['mesɪdʒ] *n* **-1.** [piece of information] mensagem *f* **-2.** [idea, moral] moral *m*.

messenger ['mesɪndʒə^r] *n* mensageiro *m*, -ra *f*.

Messrs, Messrs. ['mesəz] (*abbr of* **messieurs**) Srs.

messy ['mesɪ] (*compar* **-ier**, *superl* **-iest**) *adj* **-1.** [dirty, untidy] desarrumado(da) **-2.** [person, activity] confuso(sa) **-3.** [job] sujo(ja) **-4.** *inf* [complicated, confused] complicado(da).

met [met] *pt & pp* ▷ **meet**.

metal ['metl] ◇ *n* metal *m*. ◇ *adj* de metal.

metallic [mɪ'tælɪk] *adj* **-1.** [gen] metálico(ca) **-2.** TECH [of metal] metalífero(ra).

metalwork ['metəlwɜ:k] *n (U)* [craft] trabalho *m* em metal.

metaphor ['metəfə^r] *n* metáfora *f*.

mete [mi:t] ◆ **mete out** *vt sep*: **to ~ sthg out to sb** impor algo a alguém.

meteor ['mi:tɪə^r] *n* meteoro *m*.

meteorology [,mi:tjə'rɒlədʒɪ] *n (U)* meteorologia *f*.

meter ['mi:tə^r] ◇ *n* **-1.** [device] medidor *m*; **taxi ~** taxímetro *m*; **electricity ~** relógio *m* de luz; **parking ~** parquímetro *m* **-2.** *US* = **metre**. ◇ *vt* [measure] medir.

method ['meθəd] *n* [way, system] método *m*.

methodical [mɪ'θɒdɪkl] *adj* metódico(ca).

Methodist ['meθədɪst] ◇ *adj* metodista. ◇ *n* metodista *mf*.

meths [meθs] *n UK inf* álcool *m* metilado.

methylated spirits ['meθɪleɪtɪd-] *n (U)* álcool *m* metilado.

meticulous [mɪ'tɪkjʊləs] *adj* meticuloso(sa).

metre *UK*, **meter** *US* ['miːtə^r] *n* [unit of measurement] metro *m*.

metric ['metrɪk] *adj* métrico(ca).

metronome ['metrənəʊm] *n* metrônomo *m*.

metropolitan [,metrə'pɒlɪtn] *adj* [of a metropolis] metropolitano(na).

Metropolitan Police *npl*: **the ~** a Polícia de Londres.

mettle ['metl] *n (U)*: **to be on one's ~** estar preparado(da) para agir da melhor forma possível; **to show** *OR* **prove one's ~** provar seu próprio valor.

mew [mjuː] *n & vi* = **miaow**.

mews [mjuːz] *(pl inv) n UK* estrebaria *f*.

Mexican ['meksɪkn] ◇ *adj* mexicano(na). ◇ *n* mexicano *m*, -na *f*.

Mexico ['meksɪkəʊ] *n* México.

MI5 (*abbr of* **Military Intelligence 5**) *n órgão do serviço secreto britânico de contra-espionagem.*

MI6 (*abbr of* **Military Intelligence 6**) *n órgão do serviço secreto britânico de espionagem.*

miaow *UK* [miː'aʊ], **meow** *US* [mɪ'aʊ] ◇ *n* miado *m*, miau *m*. ◇ *vi* miar.

mice [maɪs] *pl* ▷ **mouse**.

mickey ['mɪkɪ] *n*: **to take the ~ out of sb** *UK inf* tirar sarro de alguém.

microbusiness ['maɪkrəʊ'bɪznɪs] *n* microempresa *f*.

microchip ['maɪkrəʊtʃɪp] *n* microchip *m*.

microcomputer [,maɪkrəʊkəm'pjuːtə^r] *n* microcomputador *m*.

microfilm ['maɪkrəʊfɪlm] *n* microfilme *m*.

microlight ['maɪkrəlaɪt] *n* ultraleve *m*.

microphone ['maɪkrəfəʊn] *n* microfone *m*.

micro scooter *n* patinete *m*.

microscope ['maɪkrəskəʊp] *n* microscópio *m*.

microscopic [,maɪkrə'skɒpɪk] *adj* **-1.** [very small] microscópico(ca) **-2.** [detailed] minucioso(sa).

microwave (oven) *n* forno *m* de microondas.

mid- [mɪd] *prefix*: **~ height** de meia altura; **in ~ morning** no meio da manhã; **in ~ August** em meados de agosto; **in ~ winter** em pleno inverno; **she's in her ~ twenties** ela tem uns vinte e poucos anos.

midair [mɪd'eə^r] ◇ *adj* no ar. ◇ *n (U)*: **in ~** no ar.

midday ['mɪddeɪ] *n (U)* meio-dia *m*.

middle ['mɪdl] ◇ *adj* [centre] do meio. ◇ *n* **-1.** [centre] meio *m*, centro *m*; **in the ~ (of sthg)** no meio (de algo) **-2.** [in time] meio *m*; **to be in the ~ of sthg** estar no meio de algo; **to be in the ~ of doing sthg** estar fazendo algo; **in the ~ of the night** no meio da noite, em plena madrugada; **in the ~ of September** em meados de setembro **-3.** [waist] cintura *f*.

middle-aged *adj* de meia-idade.

Middle Ages *npl*: **the ~** a Idade Média.

middle-class *adj* da classe média.

middle classes *npl*: **the ~** a classe média.

Middle East *n*: **the ~** o Oriente Médio.

middleman ['mɪdlmæn] (*pl* **-men** [-men]) *n* intermediário *m*.

middle name *n* segundo nome *m (num nome composto)*.

middleweight ['mɪdlweɪt] *n* peso *m* médio.

middling ['mɪdlɪŋ] *adj* médio(dia), regular.

Mideast *n US*: **the ~** o Oriente Médio.

midfield [,mɪd'fiːld] *n FTBL* meio-campo *m*.

midge [mɪdʒ] *n* mosquito-pólvora *m*.

midget ['mɪdʒɪt] *n* anão *m*, -nã *f*.

midi system ['mɪdɪ-] *n* sistema *m* MIDI.

Midlands ['mɪdləndz] *npl*: **the ~** *a região central da Inglaterra.*

midnight ['mɪdnaɪt] ◇ *n (U)* meia-noite *f*.

midriff ['mɪdrɪf] *n* diafragma *m*.

midst [mɪdst] *n* [in space, time]: **in the ~ of** *literary* no meio de.

midsummer ['mɪd,sʌmə^r] *n (U)* pleno verão *m*.

Midsummer Day *n* Dia *m* de São João *(24 de junho)*.

midway [,mɪd'weɪ] *adv* **-1.** [in space]: **~ (between)** a meio caminho (entre) **-2.** [in time]: **~ (through)** na metade (de).

midweek [*adj* mɪd'wiːk, *adv* 'mɪdwiːk] ◇ *adj* do meio da semana. ◇ *adv* no meio da semana.

midwife ['mɪdwaɪf] (*pl* **-wives** [-waɪvz]) *n* parteira *f*.

midwifery ['mɪd,wɪfərɪ] *n (U)* trabalho *m* de parteira.

might [maɪt] ◇ *modal vb* **-1.** [expressing possibility]: **I think I ~ go to the pub tonight** acho que é possível eu ir ao bar hoje; **he ~ be armed** ele poderia estar armado **-2.** [expressing suggestion]: **you ~ have told me** você poderia ter me contado; **it ~ be better to wait** talvez fosse melhor esperar **-3.** *(past tense of may) fml* [asking permission]: **he asked if he ~ leave the room** ele me pediu permissão para sair da sala **-4.** [in polite questions, suggestions]: **~ I ...?** podia ...? **-5.** [contradicting a point of view]: **you ~ well be right, but ...** é bem possível que você tenha razão, mas ... **-6.** *phr*: **I ~ have known** *OR* **guessed** eu deveria ter suspeitado. ◇ *n* **-1.** [power] poder *m* **-2.** [physical strength] força *f*.

May e *might* podem ser usados para transmitir a idéia de possibilidade real, mas *might* exprime maior incerteza. Compare (*you may be right but I'll have to check* você pode estar certo, mas tenho que verificar) com (*if you phone now, you might catch him in his office* se você ligar agora, talvez ainda o encontre no escritório).

mighty [ˈmaɪtɪ] (*compar* **-ier**, *superl* **-iest**) ◇ *adj* [powerful] poderoso(sa). ◇ *adv* **US** *inf* muito.

migraine [ˈmiːɡreɪn, ˈmaɪɡreɪn] *n* enxaqueca *f.*

migrant [ˈmaɪɡrənt] ◇ *adj* **-1.** [bird, animal] migratório(ria) **-2.** [worker] migrante. ◇ *n* **-1.** [bird, animal] migratório *m*, -ria *f* **-2.** [person] emigrante *mf.*

migrate [*UK* maɪˈɡreɪt, *US* ˈmaɪɡreɪt] *vi* **-1.** [bird, animal] migrar **-2.** [person] emigrar.

mike [maɪk] (*abbr of* **microphone**) *n inf* mike *m.*

mild [maɪld] *adj* **-1.** [food, shampoo, sedative] suave **-2.** [person, manner] sereno(na) **-3.** [weather] temperado(da) **-4.** [surprise, criticism, reproach] moderado(da) **-5.** [illness] leve.

mildew [ˈmɪldjuː] *n* **-1.** *(U)* [gen] mofo *m* **-2.** *(U)* BOT míldio *m.*

mildly [ˈmaɪldlɪ] *adv* **-1.** [talk, complain, criticize] moderadamente; **to put it ~** para não dizer coisa pior **-2.** [slightly] bastante.

mile [maɪl] *n* milha *f*; **to be ~s away** *fig* estar bem longe.

◆ **miles** *adv (in comparisons)* muito; **this is ~ better** sem dúvida alguma isto é realmente melhor.

mileage [ˈmaɪlɪdʒ] *n* **-1.** [distance travelled] quilometragem *f* **-2.** *(U) inf* [advantage] vantagem *f.*

mileometer [maɪˈlɒmɪtəʳ] *n* odômetro *m.*

milestone [ˈmaɪlstəʊn] *n* **-1.** [marker stone] marco *m* miliário **-2.** *fig* [event] marco *m.*

militant [ˈmɪlɪtənt] ◇ *adj* militante. ◇ *n* militante *mf.*

military [ˈmɪlɪtrɪ] ◇ *adj* militar. ◇ *n*: **the ~** as forças armadas, os militares.

militia [mɪˈlɪʃə] *n* milícia *f.*

milk [mɪlk] ◇ *n* leite *m.* ◇ *vt* **-1.** [get milk from] ordenhar **-2.** *fig* [use for one's own ends] explorar.

milk chocolate *n (U)* chocolate *m* ao leite.

milkman [ˈmɪlkmən] (*pl* **-men** [-mən]) *n* leiteiro *m.*

milk shake *n* milk-shake *m.*

milky [ˈmɪlkɪ] (*compar* **-ier**, *superl* **-iest**) *adj* **-1.** *UK* [with milk] com leite **-2.** [like milk] leitoso(sa) **-3.** [pale white] pálido(da).

Milky Way *n*: **the ~** a Via Láctea.

mill [mɪl] ◇ *n* **-1.** [flour mill] moinho *m* **-2.** [factory] fábrica *f* **-3.** [grinder] moedor *m.* ◇ *vt* [grain] moer.

◆ **mill about, mill around** *vi* aglomerar-se.

millennium [mɪˈlenɪəm] (*pl* **-nnia** [-nɪə]) *n* [thousand years] milênio *m.*

miller [ˈmɪləʳ] *n* moleiro *m*, -ra *f.*

millet [ˈmɪlɪt] *n* painço *m.*

milligram(me) [ˈmɪlɪɡræm] *n* miligrama *m.*

millimetre *UK*, **millimeter** *US* [ˈmɪlɪˌmiːtəʳ] *n* milímetro *m.*

millinery [ˈmɪlɪnrɪ] *n (U)* chapelaria *f (para senhoras).*

million [ˈmɪljən] *n* **-1.** [1,000,000] milhão *m* **-2.** [enormous number]: **a ~**, **~s of** milhões de.

millionaire [ˌmɪljəˈneəʳ] *n* milionário *m*, -ria *f.*

millstone [ˈmɪlstəʊn] *n* [for grinding] pedra *f* de moinho.

milometer [maɪˈlɒmɪtəʳ] *n* = **mileometer**.

mime [maɪm] ◇ *n (U)* mímica *f.* ◇ *vt* imitar. ◇ *vi* fazer mímica.

mimic [ˈmɪmɪk] (*pt* & *pp* **-ked**, *cont* **-king**) ◇ *n* [person] imitador *m*, -ra *f.* ◇ *vt* [person, voice, gestures] imitar.

mimicry [ˈmɪmɪkrɪ] *n (U)* imitação *f.*

min. [mɪn] **-1.** (*abbr of* **minute**) min. **-2.** (*abbr of* **minimum**) mín.

mince [mɪns] ◇ *n (U) UK* carne *f* picada. ◇ *vt* picar; **not to ~ one's words** não ter papas na língua. ◇ *vi* andar com passinhos.

mincemeat [ˈmɪnsmiːt] *n (U)* **-1.** [fruit] *iguaria feita de sebo, frutas cristalizadas e passas* **-2.** *US* [minced meat] picadinho *m.*

mince pie *n torta com recheio de frutas secas preparada geralmente no Natal.*

mincer [ˈmɪnsəʳ] *n* moedor *m* de carne.

mind [maɪnd] ◇ *n* **-1.** [gen] mente *f*; **state of ~** estado de espírito **-2.** [thoughts] memória *f*; **to come into/cross sb's ~** passar pela cabeça de alguém; **to have sthg on one's ~** estar preocupado(da) com algo **-3.** [attention]: **to concentrate the ~** concentrar a mente; **to keep one's ~ on sthg** concentrar-se em algo; **to put one's ~ to sthg** colocar empenho em algo **-4.** [opinion]: **to my ~** na minha opinião; **to change one's ~** mudar de idéia; **to keep an open ~** manter a mente aberta; **to make one's ~ up** tomar uma decisão; **to speak one's ~** dizer o que se pensa; **to be in two ~s about sthg** estar com dois corações sobre algo **-5.** [memory] memória *f*; **to bear sthg in ~** ter algo em mente **-6.** [intention]: **to have sthg in ~** ter algo em mente; **to have a ~ to do sthg** estar pensando em fazer algo. ◇ *vi* [care, worry] importar-se; **do you ~ if ...?** você se importaria se ...?; **I don't ~** eu não me importo; **never ~** [don't worry] não faz mal; [it's not important] não tem importância. ◇ *vt* **-1.** [object to] importar-se em; **I don't ~ waiting** não me importo em esperar; **I wouldn't ~ a ...** eu aceitaria um ... **-2.** [bother about] preocupar-se com **-3.** [pay attention to] prestar atenção com **-4.** [take care of] tomar conta de.

◆ **mind you** *adv*: **he didn't give me a Christmas present this year - ~, he never does** ele não me deu um presente de Natal neste ano - bom, mas ele nunca dá mesmo.

minder [ˈmaɪndəʳ] *n UK* [bodyguard] guarda-costas *m inv.*

mindful ['maɪndfʊl] *adj*: **~ of sthg** ciente de algo.

mindless ['maɪndlɪs] *adj* **-1.** [stupid] absurdo(da), sem sentido **-2.** [not requiring thought] tedioso(sa).

mine¹ [maɪn] ◇ *n* [gen] mina *f*. ◇ *vt* **-1.** [excavate] extrair **-2.** [lay mines in] minar.

mine² [maɪn] *poss pron* o meu (a minha); **a friend of mine** um amigo meu; **those shoes are mine** esses sapatos são meus; **mine are here - where are yours?** os meus estão aqui - onde estão os seus?

minefield ['maɪnfi:ld] *n* **-1.** [area containing mines] campo *m* minado **-2.** *fig* [dangerous topic] campo *m* minado.

miner ['maɪnəʳ] *n* mineiro *m*, -ra *f*.

mineral ['mɪnərəl] ◇ *adj* GEOL mineral. ◇ *n* GEOL mineral *m*.

mineral water *n (U)* água *f* mineral.

minesweeper ['maɪn,swi:pəʳ] *n* caça-minas *m inv*.

mingle ['mɪŋgl] *vi* **-1.** [combine] misturar-se; **to ~ with sthg** misturar-se com algo **-2.** [socially] misturar-se; **to ~ with sb** misturar-se com alguém.

miniature ['mɪnətʃəʳ] ◇ *adj* [reduced-scale] em miniatura. ◇ *n* **-1.** [painting] miniatura *f* **-2.** [of alcohol] garrafa *f* em miniatura **-3.** [small scale]: **in ~** em miniatura.

minibus ['mɪnɪbʌs] (*pl* **-es**) *n* microônibus *m inv*.

minicab ['mɪnɪkæb] *n UK* radiotáxi *m*.

MiniDisc® ['mɪdɪsk] *n* MiniDisc® *m*.

MiniDisc player® *n* reprodutor *m* de MiniDisc®.

minidish [m'ɪnɪdɪʃ] *n* miniparabólica *f*.

minima ['mɪnɪmə] *pl* ▷ **minimum**.

minimal ['mɪnɪml] *adj* mínimo(ma).

minimum ['mɪnɪməm] (*pl* **-mums** OR **-ma**) ◇ *adj* mínimo(ma). ◇ *n* mínimo *m*.

mining ['maɪnɪŋ] ◇ *adj* mineiro(ra); **~ engineer** engenheiro *m*, -ra *f* de minas. ◇ *n* mineração *f*.

miniskirt ['mɪnɪskɜ:t] *n* minissaia *f*.

minister ['mɪnɪstəʳ] *n* **-1.** POL: **~ (for sthg)** ministro *m*, -tra *f* (de algo) **-2.** RELIG pastor *m*, -ra *f*.

◆ **minister to** *vt fus* **-1.** [person] atender **-2.** [needs] atender a.

ministerial [,mɪnɪ'stɪərɪəl] *adj* POL ministerial.

minister of state *n*: **~ (for sthg)** secretário *m*, -ria *f* de estado (para algo).

ministry ['mɪnɪstrɪ] (*pl* **-ies**) *n* **-1.** POL ministério *m*; **Ministry of Defence** Ministério da Defesa **-2.** RELIG [clergy]: **the ~** o sacerdócio.

mink [mɪŋk] (*pl inv*) *n* **-1.** *(U)* [fur] pele *f* de visom **-2.** [animal] visom *m*.

minnow ['mɪnəʊ] *n* [fish] peixinho *m (de água doce)*.

minor ['maɪnəʳ] ◇ *adj* [gen] menor. ◇ *n* [in age] menor *mf* de idade.

Minorca [mɪ'nɔ:kə] *n* Minorca; **in ~** em Minorca.

minority [maɪ'nɒrətɪ] (*pl* **-ies**) ◇ *adj* minoritário(ria). ◇ *n* [gen] minoria *f*.

mint [mɪnt] ◇ *n* **-1.** *(U)* [herb] hortelã *f* **-2.** [sweet] bala *f* de hortelã **-3.** [for coins]: **the Mint** a Casa da Moeda; **in ~ condition** novo(va) em folha. ◇ *vt* [coins] cunhar.

minus ['maɪnəs] (*pl* **-es**) ◇ *prep* **-1.** MATH [less]: **4 ~ 2 is 2** 4 menos 2 é 2 **-2.** [in temperatures]: **it's ~ 5 degrees** está fazendo 5 graus abaixo de zero. ◇ *adj* **-1.** MATH [less than zero] negativo(va) **-2.** SCH [in grades] menos. ◇ *n* **-1.** MATH sinal *m* de menos **-2.** [disadvantage] desvantagem *f*.

minus sign *n* sinal *m* de menos.

minute¹ ['mɪnɪt] *n* [gen] minuto *m*; **at any ~** a qualquer momento; **this ~** agora mesmo.

◆ **minutes** *npl* [of meeting] ata *f*.

minute² [maɪ'nju:t] *adj* [tiny] mínimo(ma).

miracle ['mɪrəkl] *n* milagre *m*.

miraculous [mɪ'rækjʊləs] *adj* milagroso(sa).

mirage [mɪ'rɑ:ʒ] *n* miragem *f*.

mire [maɪəʳ] *n (U)* lamaçal *m*.

mirror ['mɪrəʳ] ◇ *n* espelho *m*. ◇ *vt* [copy] espelhar.

mirth [mɜ:θ] *n (U) literary* alegria *f*.

misadventure [,mɪsəd'ventʃəʳ] *n fml* [unfortunate accident] desventura *f*; **death by ~** JUR morte *f* acidental.

misapprehension ['mɪs,æprɪ'henʃn] *n* mal-entendido *m*.

misappropriation ['mɪsə,prəʊprɪ'eɪʃn] *n* desvio *m*.

misbehave [,mɪsbɪ'heɪv] *vi* comportar-se mal.

miscalculate [,mɪs'kælkjʊleɪt] *vt & vi* calcular mal.

miscarriage [,mɪs'kærɪdʒ] *n* aborto *m* natural.

miscarriage of justice *n* erro *m* judicial.

miscellaneous [,mɪsə'leɪnjəs] *adj* diverso(sa).

mischief ['mɪstʃɪf] *n (U)* **-1.** [playfulness] malícia *f* **-2.** [naughty behaviour] travessuras *fpl* **-3.** [harm] dano *m*.

mischievous ['mɪstʃɪvəs] *adj* **-1.** [playful] cheio (cheia) de malícia **-2.** [naughty] travesso(sa).

misconception [,mɪskən'sepʃn] *n* conceito *m* falho, idéia *f* equivocada.

misconduct [,mɪs'kɒndʌkt] *n* [bad behaviour] má conduta *f*.

misconstrue [,mɪskən'stru:] *vt fml* interpretar erroneamente.

miscount [,mɪs'kaʊnt] *vt & vi* contar mal.

misdeed [,mɪs'di:d] *n literary* delito *m*.

misdemeanour *UK*, **misdemeanor** *US* [,mɪsdɪ'mi:nəʳ] *n* JUR contravenção *f*.

miser ['maɪzəʳ] *n* avarento *m*, -ta *f*.

miserable [ˈmɪzrəbl] *adj* **-1.** [unhappy] infeliz, triste **- 2.** [depressing - conditions, life] miserável; [- weather, holiday, evening] horrível **- 3.** [failure] lamentável.

miserly [ˈmaɪzəlɪ] *adj* mesquinho(nha), miserável.

misery [ˈmɪzərɪ] (*pl* **-ies**) *n* **-1.** [unhappiness] tristeza *f* **- 2.** [poverty] miséria *f*.

misfire [ˌmɪsˈfaɪə^r] *vi* **- 1.** [gun] não disparar **- 2.** [car engine] não dar partida **- 3.** [plan] fracassar.

misfit [ˈmɪsfɪt] *n* desajustado *m*, -da *f*.

misfortune [mɪsˈfɔːtʃuːn] *n* **-1.** *(U)* [bad luck] azar *m* **- 2.** [piece of bad luck] infortúnio *m*, desgraça *f*.

misgivings [mɪsˈgɪvɪŋz] *npl* receio *m*, desconfiança *f*.

misguided [ˌmɪsˈgaɪdɪd] *adj* **- 1.** [person] desencaminhado(da) **- 2.** [attempt, opinion] equivocado(da).

mishandle [ˌmɪsˈhændl] *vt* **- 1.** [person, animal] maltratar **- 2.** [negotiations, business] administrar mal.

mishap [ˈmɪshæp] *n* [unfortunate event] incidente *m*, percalço *m*.

misinterpret [ˌmɪsɪnˈtɜːprɪt] *vt* interpretar mal.

misjudge [ˌmɪsˈdʒʌdʒ] *vt* **- 1.** [calculate wrongly] calcular mal **- 2.** [appraise wrongly] julgar mal.

mislay [ˌmɪsˈleɪ] (*pt* & *pp* **-laid**) *vt* perder, extraviar.

mislead [ˌmɪsˈliːd] (*pt* & *pp* **-led**) *vt* enganar.

misleading [ˌmɪsˈliːdɪŋ] *adj* enganoso(sa).

misled [ˌmɪsˈled] *pt* & *pp* ▷ **mislead**.

misnomer [ˌmɪsˈnəʊmə^r] *n* termo *m* impróprio.

misplace [ˌmɪsˈpleɪs] *vt* extraviar, perder.

misprint [ˈmɪsprɪnt] *n* erro *m* de impressão.

miss [mɪs] ◇ *vt* **- 1.** [gen] perder **- 2.** [fail to see] não ver, perder **- 3.** [fail to hit] errar; **to ~ the target** não acertar o alvo **- 4.** [feel absence of - person, home, family] sentir/estar com saudades de; [- things] sentir falta de **- 5.** [fail to be present at] faltar a **- 6.** [escape] evitar; **I just ~ed being run over** escapei de ser atropelado por pouco. ◇ *vi* [fail to hit] não acertar. ◇ *n*: **to give sthg a ~** *inf* deixar algo.

◆ **miss out** ◇ *vt sep* omitir. ◇ *vi*: **to ~ out (on sthg)** perder (algo).

Miss [mɪs] *n* Senhorita *f*.

misshapen [ˌmɪsˈʃeɪpn] *adj* **- 1.** [hands, fingers] deformado(da) **- 2.** [object] disforme.

missile [*UK* ˈmɪsaɪl, *US* ˈmɪsəl] *n* **- 1.** [weapon] míssil *m* **- 2.** [thrown object] projétil *m*.

missing [ˈmɪsɪŋ] *adj* **- 1.** [object] perdido(da) **- 2.** [person] desaparecido(da) **- 3.** [not present] que falta; **who's ~?** quem está faltando?

mission [ˈmɪʃn] *n* missão *f*.

missionary [ˈmɪʃənrɪ] (*pl* **-ies**) *n* missionário *m*, -ria *f*.

misspend (*pt* & *pp* **-spent**) *vt* [money, talent, youth] desperdiçar.

mist [mɪst] *n* neblina *f*.

◆ **mist over, mist up** *vi* embaçar.

mistake [mɪˈsteɪk] (*pt* **-took**, *pp* **-taken**) ◇ *n* erro *m*; **to make a ~** cometer um erro, equivocar-se; **by ~** por engano. ◇ *vt* **- 1.** [misunderstand] entender mal **- 2.** [fail to distinguish]: **to ~ sb/sthg for** confundir alguém/algo com.

mistaken [mɪˈsteɪkn] ◇ *pp* ▷ **mistake**. ◇ *adj* **- 1.** [person] equivocado(da), enganado(da); **to be ~ about sb/sthg** estar enganado(da) sobre alguém/algo **- 2.** [belief, idea] equivocado(da).

mister [ˈmɪstə^r] *n inf* amigo *m*.

◆ **Mister** *n* Senhor *m*.

mistletoe [ˈmɪsltəʊ] *n (U)* visco *m*.

mistook [mɪˈstʊk] *pt* ▷ **mistake**.

mistreat [ˌmɪsˈtriːt] *vt* maltratar.

mistress [ˈmɪstrɪs] *n* **- 1.** [of house, situation] dona *f* **- 2.** [female lover] amante *f* **- 3.** [schoolteacher] professora *f*.

mistrust [ˌmɪsˈtrʌst] ◇ *n (U)* desconfiança *f*, receio *m*. ◇ *vt* desconfiar de.

misty [ˈmɪstɪ] (*compar* **-ier**, *superl* **-iest**) *adj* nebuloso(sa).

misunderstand [ˌmɪsʌndəˈstænd] (*pt* & *pp* **-stood**) *vt* & *vi* entender mal.

misunderstanding [ˌmɪsʌndəˈstændɪŋ] *n* **- 1.** *(U)* [lack of understanding] equívoco *m* **- 2.** [wrong interpretation] mal-entendido *m* **- 3.** [disagreement] desentendimento *m*.

misunderstood [ˌmɪsʌndəˈstʊd] *pt* & *pp* ▷ **misunderstand**.

misuse [*n* ˌmɪsˈjuːs, *vb* ˌmɪsˈjuːz] ◇ *n* **- 1.** *(U)* [wrong use] uso *m* indevido **- 2.** [abuse] abuso *m*. ◇ *vt* **- 1.** [use wrongly] usar indevidamente **- 2.** [abuse] abusar de.

miter *n US* = mitre.

mitigate [ˈmɪtɪgeɪt] *vt fml* mitigar.

mitre *UK*, **miter** *US* [ˈmaɪtə^r] *n* **- 1.** [hat] mitra *f* **- 2.** [joint] meia-esquadria *f*.

mitt [mɪt] *n* **- 1.** = **mitten** **- 2.** [in baseball] luva *f*.

mitten [ˈmɪtn] *n* [with fingers joined] luva *f (com separação somente para o polegar)*; [with fingers cut off] mitene *f*.

mix [mɪks] ◇ *vi* misturar-se, combinar-se; **to ~ with sb** misturar-se com alguém. ◇ *n* **- 1.** [gen] mistura *f* **- 2.** COMM: **marketing ~** mix *m* de marketing, composto *m* mercadológico.

◆ **mix up** *vt sep* **- 1.** [confuse] confundir **- 2.** [disorder] misturar.

mixed [mɪkst] *adj* **- 1.** [of different kinds] misturado(da) **- 2.** [of different sexes] misto(ta).

mixed-ability *adj UK* de vários níveis.

mixed grill *n prato grelhado com carnes e vegetais.*

mixed up *adj* **-1.** [confused] confuso(sa) **- 2.** [involved]: **to be ~ in sthg** estar envolvido(da) em algo.

mixer ['mɪksə^r] *n* **-1.** [machine - for food] *f* batedeira; [- for drinks] misturador *m*; [- for cement] betoneira *f* **-2.** [soft drink] *bebida não-alcoólica usada para se misturar com bebidas alcoólicas.*

mixture ['mɪkstʃə^r] *n* mistura *f.*

mix-up *n inf* engano *m*, confusão *f.*

ml (*abbr of* **millilitre**) *n* ml.

mm (*abbr of* **millimetre**) mm.

MMR (*abbr of* **measles, mumps, and rubella**) *n* MMR *f*, SCR *f.*

moan [məʊn] ◇ *n* [of pain, sadness] gemido *m.* ◇ *vi* **-1.** [in pain, sadness] gemer **- 2.** *inf* [complain] resmungar, queixar-se; **to ~ about sb/sthg** resmungar *OR* queixar-se sobre alguém/algo.

moat [məʊt] *n* fosso *m.*

mob [mɒb] (*pt* & *pp* **-bed**, *cont* **-bing**) ◇ *n* **-1.** multidão *f* **- 2.** *pej*: **the ~** a ralé, a plebe. ◇ *vt* cercar, amontoar-se ao redor de.

mobile ['məʊbaɪl] ◇ *adj* **-1.** [able to move] móvel **- 2.** *inf* [having transport] motorizado(da). ◇ *n* **-1.** [phone] (telefone) celular *m* **- 2.** [decoration] móbile *m.*

mobile home *n* trailer *m.*

mobile phone *n* (telefone) celular *m.*

mobilize, -ise ['məʊbɪlaɪz] ◇ *vt* mobilizar. ◇ *vi* mobilizar-se.

mock [mɒk] ◇ *adj* falso(sa); **a ~ exam** um simulado. ◇ *vt* [deride] zombar de. ◇ *vi* zombar.

mockery ['mɒkərɪ] *n* **-1.** *(U)* [scorn] zombaria *f* **- 2.** [travesty] paródia *f.*

mod cons [ˌmɒd-] (*abbr of* **modern conveniences**) *npl UK inf*: **all ~** todas as comodidades modernas.

mode [məʊd] *n* **-1.** [gen] modo *m* **- 2.** [of transport] meio *m.*

model ['mɒdl] (*UK pt* & *pp* **-led**, *cont* **-ling**, *US pt* & *pp* **-ed**, *cont* **-ing**) ◇ *adj* **-1.** [miniature] em miniatura **- 2.** [exemplary] modelo. ◇ *n* [gen] modelo *m.* ◇ *vt* **-1.** [shape] moldar **- 2.** [in fashion show] desfilar com **- 3.** [copy]: **to ~ o.s. on sb** ter alguém como modelo, espelhar-se em alguém. ◇ *vi* [in fashion show] desfilar.

modem ['məʊdem] *COMPUT n* modem *m.*

moderate [*adj* & *n* 'mɒdərət, *vb* 'mɒdəreɪt] ◇ *adj* moderado(da). ◇ *n POL* moderado *m*, -da *f.* ◇ *vt* moderar. ◇ *vi* moderar-se.

moderation [ˌmɒdə'reɪʃn] *n* moderação *f*; **in ~** com moderação.

modern ['mɒdən] *adj* moderno(na).

modernize, -ise ['mɒdənaɪz] ◇ *vt* modernizar. ◇ *vi* modernizar-se.

modern languages *npl* línguas *fpl* modernas.

modest ['mɒdɪst] *adj* modesto(ta).

modesty ['mɒdɪstɪ] *n (U)* modéstia *f.*

modicum ['mɒdɪkəm] *n fml* quantia *f* módica; **a ~ of** um mínimo de.

modify ['mɒdɪfaɪ] (*pt* & *pp* **-ied**) *vt* **-1.** [alter] modificar **- 2.** [tone down] moderar.

module ['mɒdju:l] *n* módulo *m.*

mogul ['məʊgl] *n* [magnate] magnata *m.*

mohair ['məʊheə^r] *n* mohair *m.*

moist [mɔɪst] *adj* úmido(da); **~ cake** bolo *m* fofo.

moisten ['mɔɪsn] *vt* umedecer.

moisture ['mɔɪstʃə^r] *n (U)* umidade *f.*

moisturizer ['mɔɪstʃəraɪzə^r] *n* (creme) hidratante *m.*

molar ['məʊlə^r] *n* molar *m.*

molasses [mə'læsɪz] *n (U)* melaço *m.*

mold *etc n* & *vt US* = **mould**.

mole [məʊl] *n* **-1.** [animal] toupeira *f* **- 2.** [on skin] sinal *m* **- 3.** [spy] espião *m*, -ã *f.*

molecule ['mɒlɪkju:l] *n* molécula *f.*

molest [mə'lest] *vt* **-1.** [attack sexually - child] molestar; [- person] assediar **- 2.** [bother] incomodar.

mollusc, mollusk *US* ['mɒləsk] *n* molusco *m.*

mollycoddle ['mɒlɪˌkɒdl] *vt inf* mimar.

molt *vt* & *vi US* = **moult**.

molten ['məʊltn] *adj* derretido(da), fundido(da).

mom [mɒm] *n US inf* mãe *f.*

moment ['məʊmənt] *n* [gen] momento *m*; **at any ~** a qualquer momento; **at the ~** no momento; **for the ~** por enquanto.

momentarily ['məʊməntərɪlɪ] *adv* **-1.** [for a short time] momentaneamente **- 2.** *US* [immediately] imediatamente.

momentary ['məʊməntrɪ] *adj* momentâneo(nea).

momentous [mə'mentəs] *adj* significativo(va).

momentum [mə'mentəm] *n* **-1.** *PHYSICS* momento *m* **- 2.** *fig* [speed, force] força *f.*

momma ['mɒmə], **mommy** ['mɒmɪ] *n US* mamãe *f*, mãezinha *f.*

Monaco ['mɒnəkəʊ] *n* Mônaco; **in ~** em Mônaco.

monarch ['mɒnək] *n* monarca *mf.*

monarchy ['mɒnəkɪ] (*pl* **-ies**) *n* monarquia *f*; **the ~** a monarquia.

monastery ['mɒnəstrɪ] (*pl* **-ies**) *n* monastério *m.*

Monday ['mʌndɪ] *n* segunda-feira *f*; *see also* **Saturday**.

monetary ['mʌnɪtrɪ] *adj* monetário(ria).

money ['mʌnɪ] *n (U)* dinheiro *m*; **to make ~** ganhar dinheiro; **to get one's ~'s worth** fazer o dinheiro *OR* investimento valer a pena.

moneybox ['mʌnɪbɒks] *n* cofrinho *m.*

moneylender ['mʌnɪˌlendə^r] *n* prestamista *mf.*

money order *n* ordem *f* de pagamento.

money-spinner [-ˌspɪnəʳ] *n esp UK inf* mina *f (de ouro)*.

mongol ['mɒŋgəl] *dated & offensive n* mongolóide *mf*.

Mongolia [mɒŋ'gəʊlɪə] *n* Mongólia.

mongrel ['mʌŋgrəl] *n* [dog] vira-lata *m*.

monitor ['mɒnɪtəʳ] ◇ *n TECH* monitor *m*. ◇ *vt* monitorar.

monk [mʌŋk] *n* monge *m*.

monkey ['mʌŋkɪ] (*pl* **-s**) *n* [animal] macaco *m*, -ca *f*.

monkey nut *n* amendoim *m*.

monkey wrench *n* chave *f* inglesa.

mono ['mɒnəʊ] ◇ *adj* monofônico(ca), mono *inv*. ◇ *n inf* [sound] som *m* mono.

monochrome ['mɒnəkrəʊm] *adj* [TV, photograph] monocromo(ma).

monocle ['mɒnəkl] *n* monóculo *m*.

monologue, monolog *US* ['mɒnəlɒg] *n THEATRE* monólogo *m*.

monopolize, -ise [mə'nɒpəlaɪz] *vt* monopolizar.

monopoly [mə'nɒpəlɪ] (*pl* **-ies**) *n* monopólio *m*.

monotone ['mɒnətəʊn] *n*: **he speaks in a ~** ele fala com uma voz monótona.

monotonous [mə'nɒtənəs] *adj* [voice, job, life] monótono(na).

monotony [mə'nɒtənɪ] *n (U)* monotonia *f*.

monsoon [mɒn'su:n] *n* [rainy season] monção *f*.

monster ['mɒnstəʳ] *n* monstro *m*.

monstrosity [mɒn'strɒsətɪ] (*pl* **-ies**) *n* monstruosidade *f*.

monstrous ['mɒnstrəs] *adj* **-1.** [appalling] espantoso(sa) **-2.** [hideous] monstruoso(sa) **-3.** [very large] gigantesco(ca).

Mont Blanc [mɒnt] *n* Monte *m* Branco.

month [mʌnθ] *n* mês *m*.

monthly ['mʌnθlɪ] (*pl* **-ies**) ◇ *adj* mensal. ◇ *adv* mensalmente. ◇ *n* [publication] revista *f* mensal.

Montreal [mɒntrɪ'ɔ:l] *n* Montreal; **in ~** em Montreal.

monument ['mɒnjʊmənt] *n* monumento *m*.

monumental [ˌmɒnjʊ'mentl] *adj* **-1.** [gen] monumental **-2.** [extremely bad] descomunal.

moo [mu:] (*pl* **-s**) ◇ *n* mugido *m*. ◇ *vi* mugir.

mood [mu:d] *n* [state of feelings] humor *m*; **in a (bad) ~** de mau humor; **in a good ~** de bom humor.

moody ['mu:dɪ] (*compar* **-ier**, *superl* **-iest**) *adj pej* **-1.** [changeable] temperamental, de humor variável **-2.** [bad-tempered] mal-humorado(da).

moon [mu:n] *n* lua *f*.

moonlight ['mu:nlaɪt] (*pt & pp* **-ed**) ◇ *n (U)* luar *m*, luz *f* da lua. ◇ *vi inf* [have second job] *ter um trabalho extra*.

moonlighting ['mu:nlaɪtɪŋ] *n (U)* [illegal work] trabalho *m* extra, bico *m*.

moonlit ['mu:nlɪt] *adj* enluarado(da).

moor [mɔ:ʳ] *vt & vi* atracar, ancorar.

moorland ['mɔ:lənd] *n (U) esp UK* charneca *f*.

moose [mu:s] (*pl inv*) *n* [North American] alce *m*.

mop [mɒp] (*pt & pp* **-ped**, *cont* **-ping**) ◇ *n* **-1.** [for cleaning] esfregão *m* **-2.** *inf* [of hair] mecha *f*. ◇ *vt* **-1.** [floor] esfregar, passar o esfregão em **-2.** [brow, face] enxugar.

◆ **mop up** *vt sep* **-1.** [clean up] limpar *(com esfregão)* **-2.** *fig* [clear away] eliminar.

mope [məʊp] *vi pej* lastimar-se.

moped ['məʊped] *n* bicicleta *f* motorizada.

moral ['mɒrəl] ◇ *adj* moral. ◇ *n* [lesson] moral *f*.

◆ **morals** *npl* [principles] princípios *mpl*.

morale [mə'rɑ:l] *n (U)* moral *m*.

morality [mə'rælətɪ] (*pl* **-ies**) *n* moralidade *f*.

morass [mə'ræs] *n* [mass] emaranhado *m*, confusão *f*.

morbid ['mɔ:bɪd] *adj* [unhealthy] mórbido(da).

more [mɔ:r] ◇ *adj* **-1.** [a larger amount of] mais; **there are ~ tourists than usual** há mais turistas que o normal. **-2.** [additional] mais; **is there any ~ cake?** tem mais bolo?; **I'd like two ~ bottles** queria mais duas garrafas; **there's no ~ wine** já não tem mais vinho. ◇ *adv* **-1.** [in comparatives] mais; **it's ~ difficult than before** é mais difícil do que antes; **speak ~ clearly** fale de forma mais clara; **we go there ~ often now** agora vamos lá mais freqüentemente. **-2.** [to a greater degree] mais; **we ought to go to the movies ~** devíamos ir mais vezes ao cinema. **-3.** [in phrases]: **once ~** mais uma vez; **we'd be ~ than happy to help** teríamos muito prazer em ajudar.

◆ **more and more** *adv, adj & pron* cada vez mais.

◆ **more or less** *adv* mais ou menos.

moreover [mɔ:'rəʊvəʳ] *adv fml* além disso.

morgue [mɔ:g] *n* [mortuary] necrotério *m*.

Mormon ['mɔ:mən] *n* mórmon *mf*.

morning ['mɔ:nɪŋ] *n* **-1.** [first part of day] manhã *f*; **in the ~** [before lunch] de *OR* pela manhã; [tomorrow morning] pela manhã **-2.** [between midnight and noon] manhã *f*.

◆ **mornings** *adv US* de manhã.

Moroccan [mə'rɒkən] ◇ *adj* marroquino(na). ◇ *n* marroquino *m*, -na *f*.

Morocco [mə'rɒkəʊ] *n* Marrocos.

moron ['mɔ:rɒn] *n inf* [stupid person] idiota *mf*, imbecil *mf*.

morose [mə'rəʊs] *adj* melancólico(ca).

morphing *n* morphing *m*.

morphine ['mɔ:fi:n] *n (U)* morfina *f*.

Morse (code) [mɔ:s-] *n (U)* código *m* Morse.
morsel ['mɔ:sl] *n* pedacinho *m*.
mortal ['mɔ:tl] <> *adj* mortal. <> *n* mortal *mf*.
mortality [mɔ:'tælətɪ] *n (U)* mortalidade *f*.
mortar ['mɔ:tə^r] *n* **-1.** *(U)* [cement mixture] argamassa *f* **-2.** [gun] morteiro *m* **-3.** [bowl] almofariz *m*.
mortgage ['mɔ:gɪdʒ] <> *n* hipoteca *f*. <> *vt* hipotecar.
mortified ['mɔ:tɪfaɪd] *adj* mortificado(da).
mortify *vt* mortificar.
mortuary ['mɔ:tʃʊərɪ] (*pl* **-ies**) *n* necrotério *m*.
mosaic [mə'zeɪɪk] *n* mosaico *m*.
Moscow ['mɒskəʊ] *n* Moscou; **in ~** em Moscou.
Moslem ['mɒzləm] *adj & n* = **Muslim**.
mosque [mɒsk] *n* mesquita *f*.
mosquito [mə'ski:təʊ] (*pl* **-es** *OR* **-s**) *n* mosquito *m*.
moss [mɒs] *n (U)* musgo *m*.
most [məʊst] <> *adj (superl of many & much)* **-1.** [the majority of] a maioria de; **~ people** a maioria das pessoas **-2.** [largest amount of]: **(the) ~** mais; **who's got (the) ~ money?** quem é que tem mais dinheiro?; **what gave me (the) ~ satisfaction was ...** o que me deu a maior satisfação foi ... <> *pron* **-1.** [the majority] a maioria; **~ of** a maioria de; **~ of the time** a maior parte do tempo **-2.** [largest amount]: **(the) ~** o máximo; **at ~** no máximo **-3.** *phr*: **to make the ~ of sthg** tirar o máximo de algo. <> *adv* **-1.** [to the greatest extent]: **what I like (the) ~** o que eu mais gosto **-2.** *fml* [very] muito; **~ certainly** com toda a certeza **-3.** *US* [almost] quase.

> Quando significa 'a maioria' ou 'a maioria de', *most* nunca é precedido pelo artigo *the* (*most people don't go to work on Sundays* a maioria das pessoas não trabalha aos domingos; *most of my friends go to the same school as me* a maioria dos meus amigos freqüenta a mesma escola que eu).

mostly ['məʊstlɪ] *adv* **-1.** [in the main] principalmente **-2.** [usually] normalmente.
MOT *n* (*abbr of* **Ministry of Transport (test)**) *vistoria anual obrigatória realizada pelo Ministério dos Transportes britânico em carros com mais de 3 anos de fabricação.*
motel [məʊ'tel] *n* hotel *m* de beira de estrada.
moth [mɒθ] *n* **-1.** *ZOOL* mariposa *f* **-2.** [in clothes] traça *f*.
mothball ['mɒθbɔ:l] *n* (bola de) naftalina *f*.
mother ['mʌðə^r] <> *n* mãe *f* <> *vt pej* [spoil] mimar.
mother-in-law (*pl* **mothers-in-law** *OR* **mother-in-laws**) *n* sogra *f*.
motherly ['mʌðəlɪ] *adj* maternal, materno(na).
mother-of-pearl *n (U)* madrepérola *f*.
mother-to-be (*pl* **mothers-to-be**) *n* futura mãe *f*.
mother tongue *n* língua *f* materna.
motif [məʊ'ti:f] *n* motivo *m*.
motion ['məʊʃn] <> *n* **-1.** *(U)* [process of moving] movimento *m*; **to set sthg in ~** colocar algo em marcha **-2.** [proposal] proposta *f*. <> *vt*: **to ~ sb to do sthg** fazer sinal para alguém fazer algo. <> *vi*: **to ~ to sb** fazer sinal *(com a mão)* para alguém.
motionless ['məʊʃənlɪs] *adj* imóvel.
motion picture *n US* filme *m*.
motivated ['məʊtɪveɪtɪd] *adj* motivado(da).
motivation [ˌməʊtɪ'veɪʃn] *n* **-1.** [cause] razão *f* **-2.** *(U)* [sense of purpose] motivação *f*.
motive ['məʊtɪv] *n* motivo *m*, razão *f*.
motley ['mɒtlɪ] *adj pej* heterogêneo(nea).
motor ['məʊtə^r] <> *adj UK* [relating to cars - industry, accident] automobilístico(ca); [- mechanic] de automóveis. <> *n* [engine] motor *m*.
motorbike ['məʊtəbaɪk] *n* moto *f*.
motorboat ['məʊtəbəʊt] *n* barco *m* a motor.
motorcar ['məʊtəkɑ:^r] *n UK fml* automóvel *m*.
motorcycle ['məʊtəˌsaɪkl] *n* motocicleta *f*.
motorcyclist ['məʊtəˌsaɪklɪst] *n* motociclista *mf*.
motoring ['məʊtərɪŋ] <> *adj UK* automobilístico(ca); **~ offence** infração *f* de trânsito. <> *n (U) dated* automobilismo *m*.
motorist ['məʊtərɪst] *n* motorista *mf*.
motor racing *n (U)* corrida *f* automobilística.
motor scooter *n* lambreta *f*.
motor vehicle *n* veículo *m* motorizado.
motorway ['məʊtəweɪ] *n UK* auto-estrada *f*.
mottled ['mɒtld] *adj* com manchas, pintado(da).
motto ['mɒtəʊ] (*pl* **-s** *OR* **-es**) *n* [maxim] lema *m*.
mould, mold *US* [məʊld] <> *n* **-1.** *(U) BOT* mofo *m* **-2.** [shape] fôrma *f*, molde *m*. <> *vt* **-1.** [influence] moldar **-2.** [shape physically] moldar, modelar.
moulding, molding *US* ['məʊldɪŋ] *n* [decoration] cornija *f*.
mouldy, moldy *US* (*compar* **-ier**, *superl* **-iest**) ['məʊldɪ] *adj* mofado(da).
moult, molt *US* [məʊlt] *vi* **-1.** [bird] trocar as penas **-2.** [dog] trocar o pêlo.
mound [maʊnd] *n* **-1.** [small hill] morro *m* **-2.** [untidy pile] montanha *f*.
mount [maʊnt] <> *n* **-1.** [support, frame] moldura *f* **-2.** [horse, pony] montaria *f* **-3.** [mountain] monte *m*. <> *vt* **-1.** [climb onto] montar **-2.** *fml* [climb up] subir **-3.** [organize] montar **-4.** [photograph] emoldurar **-5.** [trophy] pôr em posição de destaque **-6.** [jewel] engastar. <> *vi* **-1.** [increase] aumentar **-2.** [climb on horse] montar.

mountain ['maʊntɪn] *n* [gen] montanha *f*.

mountain bike *n* mountain bike *f*.

mountaineer [,maʊntɪ'nɪəʳ] *n* montanhista *mf*, alpinista *mf*.

mountaineering [,maʊntɪ'nɪərɪŋ] *n (U)* montanhismo *m*, alpinismo *m*.

mountainous ['maʊntɪnəs] *adj* [full of mountains] montanhoso(sa).

mourn [mɔ:n] <> *vt* **-1.** [the loss of] lamentar **-2.** [the death of] lamentar a morte de. <> *vi*: **to ~ for sb** fazer luto por alguém.

mourner ['mɔ:nəʳ] *n* enlutado *m*, -da *f*.

mournful ['mɔ:nfʊl] *adj* lamuriento(ta), desolado(da).

mourning ['mɔ:nɪŋ] *n* **-1.** [period] luto *m* **-2.** [clothes] traje *m* de luto; **in ~** em luto.

mouse [maʊs] (*pl* **mice**) *n* **-1.** [animal] camundongo *m* **-2.** COMPUT mouse *m*.

mouse mat, mouse pad *n* COMPUT mouse pad *m*.

mousetrap ['maʊstræp] *n* ratoeira *f*.

mousse [mu:s] *n* **-1.** [food] musse *f* **-2.** [for hair] mousse *m*.

moustache *UK* [mə'stɑ:ʃ], **mustache** *US* ['mʌstæʃ] *n* bigode *m*.

mouth [*n* maʊθ] *n* **-1.** ANAT boca *f* **-2.** [entrance - of cave, hole] boca *f*; [- of river] foz *f*.

mouthful ['maʊθfʊl] *n* [amount - of food] bocado *m*; [- of water] gole *m*.

mouthorgan ['maʊθ,ɔ:gən] *n* harmônica *f*, gaita-de-boca *f*.

mouthpiece ['maʊθpi:s] *n* **-1.** [of object] bocal *m* **-2.** [spokesperson] porta-voz *mf*.

mouth ulcer *n* úlcera *f* bucal.

mouthwash ['maʊθwɒʃ] *n* anti-séptico *m* bucal.

mouth-watering [-,wɔ:tərɪŋ] *adj* de dar água na boca.

movable ['mu:vəbl] *adj* móvel.

move [mu:v] <> *n* **-1.** [movement] movimento *m*; **to get a ~ on** *inf* apressar-se **-2.** [change] mudança *f* **-3.** [in board game - turn to play] vez *f*; [- action] jogada *f* **-4.** [course of action] medida *f*. <> *vt* **-1.** [shift] mudar, mexer; **to ~ the car** tirar o carro **-2.** [change - job, office] mudar de; [- house] mudar-se de **-3.** [affect emotionally] tocar, comover **-4.** [in debate]: **to ~ that ...** sugerir que ... **-5.** *fml* [cause]: **to ~ sb to do sthg** impelir alguém a fazer algo. <> *vi* **-1.** [shift] mover-se, mexer-se **-2.** [act] agir **-3.** [to new house, job] mudar-se.

◆ **move about** *vi* **-1.** [fidget] remexer-se, ir de lá para cá **-2.** [travel] viajar.

◆ **move along** <> *vt sep* circular. <> *vi* continuar andando.

◆ **move around** *vi* = **move about**.

◆ **move away** *vi* **-1.** [go in opposite direction] afastar-se **-2.** [live elsewhere] ir-se embora.

◆ **move in** *vi* **-1.** [to new house] instalar-se **-2.** [take control, attack] preparar-se para o ataque.

◆ **move on** *vi* **-1.** [after stopping] prosseguir **-2.** [in discussion] passar para outro tema.

◆ **move out** *vi* [from house] mudar-se.

◆ **move over** *vi* chegar mais para lá/cá.

◆ **move up** *vi* [on seat] chegar mais para lá/cá.

moveable *adj* = **movable**.

movement ['mu:vmənt] *n* **-1.** [gen] movimento *m* **-2.** [transportation] movimentação *f*.

movie ['mu:vɪ] *n esp US* filme *m*.

movie camera *n* câmara *f* cinematográfica.

moving ['mu:vɪŋ] *adj* **-1.** [touching] tocante, comovente **-2.** [not fixed] móvel.

mow [məʊ] (*pt* **-ed**, *pp* **-ed** OR **mown**) *vt* [cut - grass, lawn] cortar; [- corn, wheat] ceifar.

◆ **mow down** *vt sep* dizimar.

mower ['məʊəʳ] *n* [machine] ceifadeira *f*.

mown [məʊn] *pp* ▷ **mow**.

MP *n* **-1.** (*abbr of* **Member of Parliament**) *membro do Parlamento Britânico* **-2.** (*abbr of* **Military Police**) *polícia militar*, ≃ PE *f*.

MP3 (*abbr of* **MPEG-1 Audio Layer-3**) *n* COMPUT MP3 *m*.

MPEG (*abbr of* **Moving Pictures Expert Group**) *n* COMPUT MPEG *m*.

mpg (*abbr of* **miles per gallon**) *n* milhas *fpl* por galão.

mph (*abbr of* **miles per hour**) *n* milhas *fpl* por hora.

Mr ['mɪstəʳ] (*abbr of* **Mister**) *n* Sr.

Mrs ['mɪsɪz] (*abbr of* **Missus**) *n* Sra.

Ms [mɪz] *n abreviatura usada diante do nome de mulher quando não se quer especificar seu estado civil, válida para senhora ou senhorita*.

MS *n* (*abbr of* **multiple sclerosis**) esclerose *f* múltipla.

MSc (*abbr of* **Master of Science**) *n (titular de) mestrado em ciências*.

much [mʌtʃ] (*compar* **more**, *superl* **most**) <> *adj* muito(ta); **as ~ (...) as** tanto (...) quanto; **how ~ ...?** quanto ...?; **too ~ ...** demais. <> *pron* muito; **how ~ have you got?** quanto você tem?; **I don't think ~ of it** não me parece grande coisa; **as ~ as** tanto quanto; **how ~?** quanto?; **too ~** demais; **this isn't ~ of a party** essa festa não está grande coisa; **I'm not ~ of a cook** não sou um grande cozinheiro; **so ~ for my hard work!** tanto desgaste por meu trabalho!; **I thought as ~** já imaginava. <> *adv* muito; **thank you very ~** muito obrigado(da); **it's ~ too cold** está frio demais; **it's ~ the same** é praticamente a mesma coisa; **'what did you think of the film?' - 'not ~'** 'o que você achou do filme?' - 'não gostei muito';

he's not so ~ stupid as lazy ele é muito mais preguiçoso que bobo; **too ~** demais; **without so ~ as ...** sem nem sequer ...; **~ as** (exatamente) como; **nothing ~** nada de mais.

> *Much* é usado sobretudo em orações interrogativas (*is there much traffic in town today?* tem muito trânsito na cidade hoje?) e negativas (*I don't have much money* não tenho muito dinheiro); para as afirmativas, deve-se utilizar ***a lot (of)*** e ***lots (of)***, embora ***much*** sirva para formar expressões como ***too much***, ***how much*** e ***so much***.
>
> Ver também **lot**, **plenty**.

muck [mʌk] *n inf* **-1.** [dirt] sujeira *f* **-2.** [manure] esterco *m*.
◆ **muck about, muck around** *UK inf* ◇ *vt sep* fazer perder tempo. ◇ *vi* fazer cera.
◆ **muck up** *vt sep UK inf* estragar.
mucky ['mʌkɪ] (*compar* **-ier**, *superl* **-iest**) *adj inf* sujo(ja).
mucus ['mju:kəs] *n (U)* muco *m*.
mud [mʌd] *n (U)* lama *f*, barro *m*.
muddle ['mʌdl] ◇ *n* **-1.** [disorder] desordem *f* **-2.** [confusion] confusão *f*. ◇ *vt* **-1.** [put into disorder] desordenar **-2.** [confuse] confundir, misturar.
◆ **muddle along** *vi* prosseguir de forma confusa.
◆ **muddle through** *vi* conseguir de qualquer jeito.
◆ **muddle up** *vt sep* misturar.
muddy ['mʌdɪ] (*compar* **-ier**, *superl* **-iest**, *pt* & *pp* **-ied**) ◇ *adj* [covered with mud - floor, boots] embarrado(da); [- river] lamacento(ta). ◇ *vt fig* [issue, situation] complicar.
mudguard ['mʌdgɑ:d] *n* pára-lama *m*.
mud-slinging *n (U) fig* difamação *f*.
muesli ['mju:zlɪ] *n UK* granola *f*.
muff [mʌf] ◇ *n* [for hands] regalo *m*; [for ears] protetor *m* de orelhas *(contra o frio)*. ◇ *vt inf* perder.
muffin ['mʌfɪn] *n* **-1.** *UK* [bread roll] *pãozinho redondo e chato que se come quente com manteiga* **-2.** *US* [cake] bolinho *m* doce com frutas/chocolate.
muffle ['mʌfl] *vt* [quieten] abafar.
muffler ['mʌflə^r] *n US* [for car] silenciador *m*.
mug [mʌg] (*pt* & *pp* **-ged**, *cont* **-ging**) ◇ *n* **-1.** caneca *f* **-2.** *inf* [fool] tolo *m*, -la *f*. ◇ *vt* [attack and rob] assaltar.
mugging ['mʌgɪŋ] *n* assalto *m*.
muggy ['mʌgɪ] (*compar* **-ier**, *superl* **-iest**) *adj* mormacento(ta), quente e úmido(da).
mule [mju:l] *n* **-1.** [animal] mula *f* **-2.** [slipper] tamanco *m*.
mull [mʌl] ◆ **mull over** *vt sep* refletir sobre.
mullah ['mʌlə] *n* mulá *m*.
mulled [mʌld] *adj*: **~ wine** quentão *m*.
multicoloured *UK*, **multicolored** *US* [ˌmʌltɪ'kʌləd] *adj* multicor.
multilateral [ˌmʌltɪ'lætərəl] *adj* multilateral.
multilingual *adj* multilíngüe.
multimedia [ˌmʌltɪ'mi:djə] *adj* COMPUT multimídia.
multinational [ˌmʌltɪ'næʃənl] *n* multinacional *f*.
multiple ['mʌltɪpl] ◇ *adj* múltiplo(pla). ◇ *n* MATH múltiplo *m*.
multiple sclerosis [-sklɪ'rəʊsɪs] *n (U)* esclerose *f* múltipla.
multiplex cinema ['mʌltɪpleks-] *n* cinema *m* multissalas, cinema *m* multiplex.
multiplication [ˌmʌltɪplɪ'keɪʃn] *n* multiplicação *f*.
multiplication table *n* tabuada *f*.
multiply ['mʌltɪplaɪ] (*pt* & *pp* **-ied**) ◇ *vt* multiplicar. ◇ *vi* **-1.** MATH multiplicar **-2.** [increase] multiplicar-se.
multi-storey *UK*, **multistory** *US* ◇ *adj* com muitos andares. ◇ *n* edifício-garagem *m*.
multitude ['mʌltɪtju:d] *n* **-1.** [large number] multiplicidade *f* **-2.** [crowd] multidão *f*.
mum [mʌm] *UK inf* ◇ *n* [mother] mamãe *f*. ◇ *adj*: **to keep ~** não dar um pio.
mumble ['mʌmbl] *vt* & *vi* murmurar.
mummy ['mʌmɪ] (*pl* **-ies**) *n* **-1.** *UK inf* [mother] mamãe *f*, mãe *f* **-2.** [preserved body] múmia *f*.
mumps [mʌmps] *n (U)* caxumba *f*.
munch [mʌntʃ] *vt* & *vi* mascar.
mundane [mʌn'deɪn] *adj* trivial.
municipal [mju:'nɪsɪpl] *adj* municipal.
municipality [mju:ˌnɪsɪ'pælətɪ] (*pl* **-ies**) *n* [city, district] município *m*.
mural ['mju:ərəl] *n* (pintura *f*) mural *m*.
murder ['mɜ:də^r] ◇ *n* assassinato *m*. ◇ *vt* assassinar.
murderer ['mɜ:dərə^r] *n* assassino *m*.
murderous ['mɜ:dərəs] *adj* assassino(na), homicida.
murky ['mɜ:kɪ] (*compar* **-ier**, *superl* **-iest**) *adj* **-1.** [gen] sombrio(bria) **-2.** [water] turvo(va).
murmur ['mɜ:mə^r] ◇ *n* **-1.** [low sound] murmúrio *m* **-2.** MED [of heart] sopro *m*. *vt* & *vi* murmurar.
muscle ['mʌsl] *n* **-1.** músculo *m* **-2.** *(U) fig* [power] poder *m*.
◆ **muscle in** *vi* intrometer-se.
muscular ['mʌskjʊlə^r] *adj* **-1.** [of muscles] muscular **-2.** [strong] musculoso(sa).
muse [mju:z] ◇ *n* [source of inspiration] musa *f*. ◇ *vi* meditar, refletir.
museum [mju:'zi:əm] *n* museu *m*.
mushroom ['mʌʃrʊm] ◇ *n* cogumelo *m*. ◇ *vi* [grow quickly] expandir-se rapidamente.

music ['mju:zɪk] *n* **-1.** [gen] música *f* **- 2.** [written set of notes] partitura *f.*

musical ['mju:zɪkl] <> *adj* **-1.** [relating to music] [melodious] musical **- 2.** [talented in music] com talento para música. <> *n* musical *m.*

musical instrument *n* instrumento *m* musical.

music centre *n* [machine] aparelho *m* de som.

music hall *n UK* **-1.** [theatre] sala *f* de espetáculo **- 2.** *(U)* [variety entertainment] teatro *m* de variedades.

musician [mju:'zɪʃn] *n* músico *m,* -ca *f.*

Muslim ['mʊzlɪm] <> *adj* muçulmano(na). <> *n* muçulmano *m,* -na *f.*

muslin ['mʌzlɪn] *n (U)* musselina *f.*

mussel ['mʌsl] *n* mexilhão *m.*

must [mʌst] <> *modal vb* **-1.** [have to] dever, ter que; **I ~ go** eu preciso ir **- 2.** [intend to] ter que **- 3.** [as suggestion] precisar, ter que **- 4.** [to express likelihood] dever. <> *n (U) inf* [necessity]: **the film is a ~** você tem que ver o filme.

> Quando expressamos uma obrigação, *must* significa o mesmo que *have got to* e *have to* (*I must get up early tomorrow = I have (got) to get up early tomorrow* tenho que levantar cedo amanhã). Entretanto, *must* não pode ser utilizado com esse significado em perguntas (*do I have to/have I got to get up early tomorrow?* terei que levantar cedo amanhã?) ou para expressar ações cotidianas ou repetitivas (*I have to get up early every morning* tenho que levantar cedo todas as manhãs). *Must* também não pode ser usado no passado (*I had to get up early yesterday* tive que levantar cedo ontem).
>
> Não confundir *she mustn't leave* ela não deve sair e *she doesn't have to leave* ela não precisa sair, pois essas frases têm significados bem diferentes.
>
> Ver também **need**.

mustache *n US* = **moustache.**

mustard ['mʌstəd] *n (U)* mostarda *f.*

muster ['mʌstə^r] <> *vt* **-1.** [assemble] reunir **- 2.** [summon - strength, energy] juntar; [- support] reunir. <> *vi* reunir-se.

mustn't ['mʌsnt] = **must not.**

must've ['mʌstəv] = **must have.**

musty ['mʌstɪ] (*compar* **-ier**, *superl* **-iest**) *adj* **-1.** [gen] mofado(da) **- 2.** [smell] com cheiro de mofo.

mute [mju:t] <> *adj* mudo(da). *n* [person who cannot speak] mudo *m,* -da *f.*

muted ['mju:tɪd] *adj* **-1.** [soft] suave **- 2.** [less strong - reaction] discreto(ta); [- feelings] contido(da).

mutilate ['mju:tɪleɪt] *vt* mutilar.

mutiny ['mju:tɪnɪ] (*pl* **-ies**, *pt* & *pp* **-ied**) <> *n* motim *m.* <> *vi* amotinar-se.

mutter ['mʌtə^r] <> *vt* murmurar. <> *vi* resmungar; **to ~ to sb** sussurrar para alguém.

mutton ['mʌtn] *n (U)* (carne *f* de) carneiro *m.*

mutual ['mju:tʃʊəl] *adj* **-1.** [reciprocal] mútuo(tua) **- 2.** [common] comum.

mutually ['mju:tʃjʊəlɪ] *adv* [reciprocally] mutuamente.

muzzle ['mʌzl] <> *n* **-1.** [dog's nose and jaws] focinho *m* **- 2.** [wire guard] focinheira *f* **- 3.** [of gun] boca *f.* <> *vt* **-1.** [put guard on] colocar focinheira em **- 2.** *fig* [silence] amordaçar.

MW (*abbr of* **medium wave**) onda *f* média.

my [maɪ] *poss adj* meu (minha); **~ books** os meus livros; **~ name is Joe** o meu nome é Joe.

> Não se deve esquecer que, em relação às partes do corpo, emprega-se o adjetivo possessivo *my* no lugar do artigo *the* (*my hair; my legs*).

myriad ['mɪrɪəd] *literary* <> *adj* incontável. <> *n* miríade *f.*

myself [maɪ'self] *pron* **-1.** *(reflexive)* me; **I hurt ~** machuquei-me **- 2.** *(after prep)* mim **- 3.** *(stressed)* eu mesmo (eu mesma); **I did it ~** eu mesmo o fiz.

mysterious [mɪ'stɪərɪəs] *adj* misterioso(sa).

mystery ['mɪstərɪ] (*pl* **-ies**) *n* mistério *m.*

mystical ['mɪstɪkl] *adj* [spiritual] místico(ca).

mystified ['mɪstɪfaɪd] *adj* [puzzled] perplexo(xa), desconcertado(da).

mystifying ['mɪstɪfaɪɪŋ] *adj* [puzzling] desconcertante.

mystique [mɪ'sti:k] *n (U)* mística *f.*

myth [mɪθ] *n* mito *m.*

mythical ['mɪθɪkl] *adj* **-1.** [imaginary] mítico(ca) **- 2.** [untrue] falso(sa).

mythology [mɪ'θɒlədʒɪ] (*pl* **-ies**) *n* **-1.** *(U)* [collection of myths] mitologia *f* **- 2.** [set of false beliefs] mito *m.*

N

n (*pl* **n's** OR **ns**), **N** (*pl* **N's** OR **Ns**) [en] *n* [letter] n, N *m.*

◆ **N** (*abbr of* **north**) N.

n/a, N/A -1. (*abbr of* **not applicable**) não-aplicável **- 2.** (*abbr of* **not available**) n/d.

nab [næb] (*pt* & *pp* **-bed**, *cont* **-bing**) *vt inf* **-1.** [arrest] pegar **- 2.** [claim quickly] pegar rapidamente.

nag [næg] (*pt* & *pp* **-ged**, *cont* **-ging**) <> *n inf UK* [horse] rocim *m.* <> *vt* [pester, find fault with] incomodar; **to ~ sb to do sthg/into doing sthg** incomodar alguém para fazer algo.

nagging ['nægɪŋ] *adj* **-1.** [thought, doubt, pain]

perturbador(ra), persistente **-2.** [person] briguento(ta).

nail [neɪl] <> *n* **-1.** [for fastening] prego *m* **-2.** [of finger, toe] unha *f.* <> *vt* [fasten]: **to ~ sthg to sthg** pregar algo em algo.

◆ **nail down** *vt sep* **-1.** [fasten] pregar **-2.** *fig* [person]: **to ~ sb down to a date** pressionar alguém a fixar uma data.

nail brush *n* escova *f* de unhas.

nail clippers *npl* cortador *m* de unhas.

nail file *n* lixa *f* de unha.

nail polish *n (U)* esmalte *m* de unhas.

nail scissors *npl* tesoura *f* para unhas.

nail varnish *n (U)* esmalte *m* de unhas.

nail varnish remover [-rɪ'mu:vəʳ] *n (U)* removedor *m* de esmalte.

naive, naïve [naɪ'i:v] *adj* ingênuo(nua).

naked ['neɪkɪd] *adj* **-1.** [nude] nu (nua), pelado(da) **-2.** [exposed] descoberto(ta); **~ truth** verdade *f* nua e crua; **~ flame** chama *f* sem proteção; **with the ~ eye** a olho nu **-3.** [obvious, blatant - emotions] óbvio(via); [- aggression] aberto(ta).

name [neɪm] <> *n* nome *m*; **what's your ~?** como você se chama?; **by ~** pelo nome; **in the ~ of** em nome de; **in my/his ~** em meu/seu nome; **to call sb ~s** chamar alguém de tudo. <> *vt* **-1.** [christen] batizar; **to ~ sb after sb** *UK*, **to ~ sb for sb** *US* dar nome a alguém em homenagem a alguém; **to ~ sthg after sthg** *UK*, **to ~ sthg for sthg** *US* dar um nome a algo em homenagem a algo **-2.** [reveal identity of] dizer o nome de **-3.** [choose] escolher.

nameless ['neɪmlɪs] *adj* **-1.** [unknown - person] anônimo(ma); [- disease] desconhecido(da) **-2.** [indescribable] indescritível.

namely ['neɪmlɪ] *adv* a saber.

namesake ['neɪmseɪk] *n* [with same name] xará *mf.*

nanny ['nænɪ] (*pl* **-ies**) *n* [childminder] babá *f.*

nap [næp] (*pt* & *pp* **-ped**, *cont* **-ping**) <> *n* [sleep] soneca *f*, cochilo *m*; **to take** *OR* **have a ~** tirar uma soneca *OR* um cochilo. <> *vi* [sleep] cochilar; **to be caught napping** *inf* ser pego de surpresa.

nape [neɪp] *n*: **~ (of the neck)** nuca *f.*

napkin ['næpkɪn] *n* [serviette] guardanapo *m.*

nappy ['næpɪ] (*pl* **-ies**) *n UK* fralda *f.*

nappy liner *n espécie de papel descartável que mantém o bebê seco quando o restante da fralda está molhado.*

narcissi [nɑ:'sɪsaɪ] *pl* ▷ **narcissus.**

narcissus [nɑ:'sɪsəs] (*pl* **-cissuses** *OR* **-cissi**) *n* narciso *m.*

narcotic [nɑ:'kɒtɪk] *n* narcótico *m.*

narrative ['nærətɪv] <> *adj* narrativo(va). <> *n* narrativa *f.*

narrator [*UK* nə'reɪtəʳ, *US* 'næreɪtər] *n* [speaker] narrador *m*, -ra *f.*

narrow ['nærəʊ] <> *adj* **-1.** [thin, not wide] estreito(ta) **-2.** [limited, restricted] limitado(da) **-3.** [marginal, close - victory, majority] apertado(da); [- escape]: **to have a ~ escape** escapar por um triz. <> *vt* **-1.** [eyes] apertar **-2.** [difference] diminuir, reduzir. <> *vi* **-1.** [road, river] estreitar-se **-2.** [eyes] estreitar-se **-3.** [difference] diminuir, reduzir.

◆ **narrow down** *vt sep* [restrict] diminuir, reduzir.

narrowly ['nærəʊlɪ] *adv* **-1.** [win, lose, miss] por muito pouco **-2.** [escape, miss] por um triz.

narrow-minded [-'maɪndɪd] *adj* de visão limitada.

nasal ['neɪzl] *adj* nasal.

nasty ['nɑ:stɪ] (*compar* **-ier**, *superl* **-iest**) *adj* **-1.** [unkind, unpleasant] mal-intencionado(da) **-2.** [disgusting, unattractive] horrível, desagradável; **cheap and ~** barato(ta) e de mau gosto **-3.** [tricky] complicado(da) **-4.** [serious - injury, disease] sério(ria); [- fall, accident] feio (feia).

nation ['neɪʃn] *n* [country] nação *f.*

national ['næʃənl] <> *adj* nacional. <> *n* cidadão *m*, -dã *f.*

national anthem *n* hino *m* nacional.

national curriculum *n*: **the ~** *o currículo nacional do ensino na Inglaterra e no País de Gales.*

national dress *n (U)* roupas *fpl* típicas *(de um país).*

National Front *n UK* Frente *f* Nacional, *partido político minoritário de extrema direita na Grã-Bretanha.*

National Health Service *n (U) UK*: **the ~** o Serviço Nacional de Saúde, *órgão britânico gestor da saúde pública.*

National Insurance *n (U) UK* **-1.** [system] ≃ Instituto Nacional de Seguro Social **-2.** [payments] contribuição *f* para a previdência social.

nationalism ['næʃnəlɪzm] *n (U)* nacionalismo *m.*

nationalist ['næʃnəlɪst] <> *adj* [pro-independence] nacionalista. <> *n* [supporter of independence movement] nacionalista *mf.*

nationality [,næʃə'nælətɪ] (*pl* **-ies**) *n* nacionalidade *f.*

nationalize, -ise ['næʃnəlaɪz] *vt* [company, industry] nacionalizar.

national park *n* parque *m* nacional.

national service *n (U) UK MIL* serviço *m* militar.

National Trust *n (U) UK*: **the ~** *organização britânica que promove a preservação e o acesso público a edifícios de interesse histórico ou arquitetônico e a locais de beleza natural,* ≃ o Patrimônio Nacional.

nationwide ['neɪʃənwaɪd] <> *adj* em âmbito

nacional. <> *adv* **-1.** [travel] por todo o país **-2.** [being shown] em todo o país **-3.** [being broadcast] para todo o país.

native ['neɪtɪv] <> *adj* **-1.** [country, area] natal **-2.** nativo(va); ~ **language** língua *f* materna; ~ **to** nativo(va) de. <> *n* **-1.** [person born in area, country] natural *mf* **-2.** *offensive* [original inhabitant] nativo *m*, -va *f*.

Nativity [nə'tɪvətɪ] *n*: **the** ~ a Natividade.

NATO ['neɪtəʊ] (*abbr of* **North Atlantic Treaty Organization**) *n* OTAN *f*.

natural ['nætʃrəl] *adj* **-1.** [gen] natural **-2.** [inborn, instinctive] nato(ta).

natural gas *n (U)* gás *m* natural.

naturalize, -ise ['nætʃrəlaɪz] *vt* [make citizen] naturalizar; **to be** ~**d** naturalizar-se.

naturally ['nætʃrəlɪ] *adv* **-1.** [as expected, understandably] naturalmente **-2.** [unaffectedly] com naturalidade **-3.** [instinctively] por natureza.

natural wastage *n* demissão *f* voluntária.

natural yoghurt *n* iogurte *m* natural.

nature ['neɪtʃə^r] *n* natureza *f*; **by** ~ por natureza.

nature reserve *n* reserva *f* natural.

naughty ['nɔ:tɪ] (*compar* **-ier**, *superl* **-iest**) *adj* **-1.** [badly behaved] malcriado(da) **-2.** [rude, indecent] obsceno(na), atrevido(da).

nausea ['nɔ:sjə] *n (U)* náusea *f*.

nauseam ['nɔ:zɪæm] ▻ **ad nauseam**.

nauseating ['nɔ:sɪeɪtɪŋ] *adj* **-1.** [sickening] enjoativo(va) **-2.** *fig* [disgusting] repugnante.

nautical ['nɔ:tɪkl] *adj* náutico(ca).

naval ['neɪvl] *adj* naval.

nave [neɪv] *n* nave *f (da igreja)*.

navel ['neɪvl] *n* umbigo *m*.

navigate ['nævɪgeɪt] <> *vt* **-1.** [steer - plane] pilotar; [- ship] comandar **-2.** [travel safely across] navegar por. <> *vi* **-1.** [ship] comandar **-2.** [car] ser co-piloto(ta) **-3.** [plane] pilotar.

navigation [,nævɪ'geɪʃn] *n (U)* [piloting, steering - plane] pilotagem *f*; [- ship] navegação.

navigator ['nævɪgeɪtə^r] *n* **-1.** [on a ship] navegador *m*, -ra *f* **-2.** [on a plane] comandante *mf*.

navvy ['nævɪ] (*pl* **-ies**) *n* **UK** *inf* operário *m (em escavações)*.

navy ['neɪvɪ] (*pl* **-ies**) <> *adj* [in colour] azul-marinho. <> *n* **-1.** [armed force] marinha *f (de guerra)* **-2.** = **navy blue**.

navy blue <> *adj* azul-marinho. <> *n* azul-marinho *m*.

Nazi ['nɑ:tsɪ] (*pl* **-s**) <> *adj* nazista. <> *n* nazista *mf*.

NB (*abbr of* **nota bene**) NB.

near [nɪə^r] <> *adj* **-1.** [in space] perto **-2.** [in time, relationship] próximo(ma); **in the** ~ **future** em breve; **the nearest thing to sthg** o mais próximo de algo **-3.** [almost happened] quase; **it was a** ~ **thing** faltou pouco. <> *adv* **-1.** [in space] perto; **come** ~**er!** chegue mais perto! **-2.** [in time] próximo(ma) **-3.** [almost] quase; **we're nowhere** ~ **finding a solution** não estamos nem perto de encontrar uma solução. <> *prep* **-1.** : ~ **(to)** perto de; **phone** ~**er the time** ligue quando chegar a hora **-2.** [on the point of]: ~ **(to)** à beira de **-3.** [similar to]: ~ **(to)** próximo(ma) de. <> *vt* aproximar-se de. <> *vi* aproximar-se.

nearby [nɪə'baɪ] <> *adj* próximo(ma). <> *adv* perto, nas redondezas.

nearly ['nɪəlɪ] *adv* [almost] quase; **I** ~ **cried** quase chorei; **not** ~ nem de longe; **not** ~ **enough** muito pouco; **you don't make** ~ **enough effort** você não se esforça o suficiente *OR* o bastante; **he doesn't study** ~ **enough** ele não estuda o suficiente.

near miss *n* [nearly a collision] quase-colisão *f*.

nearside ['nɪəsaɪd] *n* lado *m* oposto ao do condutor.

nearsighted [,nɪə'saɪtɪd] *adj* **US** míope.

neat [ni:t] *adj* **-1.** [tidy] arrumado(da) **-2.** [skilful] hábil **-3.** [undiluted] puro(ra) **-4.** **US** *inf* [very good] ótimo(ma), maravilhoso(sa).

neatly ['ni:tlɪ] *adv* **-1.** [tidily] com capricho **-2.** [skilfully] habilmente.

nebulous ['nebjʊləs] *adj fml* nebuloso(sa).

necessarily [*UK* 'nesəsrəlɪ, ,nesə'serəlɪ] *adv* inevitavelmente, necessariamente; **not** ~ não necessariamente.

necessary ['nesəsrɪ] *adj* **-1.** [required] necessário(ria) **-2.** [inevitable] inevitável.

necessity [nɪ'sesətɪ] (*pl* **-ies**) *n* necessidade *f*; **of** ~ por necessidade.

neck [nek] <> *n* **-1.** ANAT pescoço *m* **-2.** [of shirt, dress] gola *f* **-3.** [of bottle] gargalo *m*. <> *vi inf* agarrar-se.

◆ **neck and neck** *adj* **-1.** [horses] cabeça a cabeça **-2.** [competitors] emparelhado(da).

necklace ['neklɪs] *n* colar *m*.

neckline ['neklaɪn] *n* decote *m*.

necktie ['nektaɪ] *n* **US** gravata *f*.

nectarine ['nektərɪn] *n* [fruit] nectarina *f*.

need [ni:d] <> *n* necessidade *f*; ~ **for sthg** necessidade por algo; ~ **to do sthg** necessidade de fazer algo; **to be in** *OR* **have** ~ **of sthg** necessitar de algo; **if** ~ **be** se necessário for; **in** ~ em necessidade. <> *vt* precisar de, necessitar de; **to** ~ **to do sthg** precisar fazer algo. <> *modal vb*: ~ **we go?** precisamos ir mesmo?; **it** ~ **not happen** não tem que ser assim.

needle ['ni:dl] <> *n* agulha *f*. <> *vt inf* alfinetar, importunar.

needless ['ni:dlɪs] *adj* desnecessário(ria); ~ **to say ...** desnecessário dizer que ...

needlework ['ni:dlwɜ:k] *n (U)* **-1.** [work produced] bordado *m* **-2.** [activity] costura *f*.

needn't ['ni:dnt] = **need not.**
needy ['ni:dɪ] (*compar* **-ier**, *superl* **-iest**) *adj* necessitado(da), carente.
negative ['negətɪv] <> *adj* negativo(va). <> *n* **-1.** *PHOT* negativo *m* **-2.** *LING* negação *f*; **to answer in the** ~ dizer não.
neglect [nɪ'glekt] <> *n* **-1.** [of duty] não-cumprimento *m* **-2.** [of work, children] desleixo *m*, descuido *m*; **in a state of** ~ num estado de total abandono. <> *vt* **-1.** [not take care of] abandonar **-2.** [not do - duty] não cumprir com; [- work] não fazer; **to** ~ **to do sthg** deixar de fazer algo.
neglectful [nɪ'glektfʊl] *adj* negligente.
negligee ['neglɪʒeɪ] *n* chambre *m*.
negligence ['neglɪdʒəns] *n (U)* negligência *f*.
negligible ['neglɪdʒəbl] *adj* insignificante.
negotiate [nɪ'gəʊʃɪeɪt] <> *vt* **-1.** [obtain through negotiation] negociar **-2.** [get over] transpor **-3.** [get around - obstacle] contornar; [- bend] tomar. <> *vi* negociar; **to** ~ **with sb for sthg** negociar algo com alguém.
negotiation [nɪ,gəʊʃɪ'eɪʃn] *n (U)* [talking, discussion] negociação *f*.
◆ **negotiations** *npl* negociações *fpl*.
neigh [neɪ] *vi* relinchar.
neighbor *etc. n* **US** = **neighbour** *etc.*
neighbour *UK*, **neighbor** *US* ['neɪbə[r]] *n* vizinho *m*, -nha *f*.
neighbourhood *UK*, **neighborhood** *US* ['neɪbəhʊd] *n* **-1.** [of town] vizinhança *f* **-2.** [approximate area]: **in the** ~ **of** [approximately] por volta de.
neighbouring *UK*, **neighboring** *US* ['neɪbərɪŋ] *adj* vizinho(nha).
neighbourly *UK*, **neighborly** *US* ['neɪbəlɪ] *adj* de boa vizinhança; **to be** ~ ser um bom vizinho.
neither ['naɪðə[r], 'ni:ðə[r]] <> *adj* nenhum(ma). <> *adv* nem; ~ **... nor ...** nem ... nem ...; **that's** ~ **here nor there** isso não importa. <> *pron* nenhum(ma) dos dois; ~ **of us** nenhum de nós dois. <> *conj*: ~ **do I** nem eu.

Quando ***neither*** for um adjetivo, deve ser colocado antes do substantivo (***neither dictionary*** nenhum dicionário; ***neither alternative*** nenhuma alternativa).

Quando ***neither*** for o sujeito da oração ou acompanhar um substantivo com função de sujeito, o verbo ficará sempre no singular (***neither film appeals to me*** nenhum filme me chamou a atenção; ***neither appeals to me*** nenhum me atraiu).
Observe o verbo na afirmativa.

Com ***neither of***, o verbo pode ser utilizado no singular ou no plural (***neither of us like/likes blue*** nenhum de nós gosta de azul).

Quando a estrutura ***neither…nor…*** for o sujeito da oração e cada sujeito estiver no singular, o verbo fica no singular, ao contrário da concordância em português (***neither John nor Deborah is coming tonight*** nem John nem Deborah virão esta noite). Porém, quando um ou ambos os sujeitos estiverem no plural, o verbo também vai para o plural (***neither the teacher nor the students agree with the decision*** nem a professora nem os alunos concordam com a decisão).

neon ['ni:ɒn] *n (U)* neônio *m*.
neon light *n* lâmpada *f OR* luz *f* de néon.
nephew ['nefju:] *n* sobrinho *m*.
Neptune ['neptju:n] *n* [planet] Netuno *m*.
nerd *n pessoa estúpida e ridícula.*
nerve [nɜ:v] *n* **-1.** *ANAT* nervo *m* **-2.** [courage] coragem *f*; **to lose one's** ~ perder a coragem **-3.** [cheek] petulância *f*.
◆ **nerves** *npl* nervos *mpl*; **to get on sb's** ~**s** dar nos nervos de alguém.
nerve-racking [-,rækɪŋ] *adj* angustiante.
nervous ['nɜ:vəs] *adj* nervoso(sa); **to be** ~ **of sthg/of doing sthg** ter medo de algo/de fazer algo; **to be** ~ **about sthg** ficar nervoso(sa) por algo.
nervous breakdown *n* crise *f* nervosa.
nest [nest] <> *n* **-1.** [gen] ninho *m* **-2.** [of ants] formigueiro *m* **-3.** [of wasps] vespeiro *m* **-4.** [of tables] conjunto *m*. <> *vi* [make a nest] fazer um ninho, aninhar-se.
nest egg *n* pé-de-meia *m*.
nestle ['nesl] *vi* **-1.** [make o.s. comfortable] aconchegar-se **-2.** [be sheltered] estar abrigado(da).
net [net] (*pt* & *pp* **-ted**, *cont* **-ting**) <> *adj* **-1.** [gen] líquido(da) **-2.** [final] final. <> *n* **-1.** [gen] rede *f* **-2.** [type of fabric] malha *f*. <> *vt* **-1.** [catch] enredar **-2.** *fig* [acquire because of skill] alcançar **-3.** [bring in as profit] render.
◆ **Net** *n*: **the Net** *COMPUT* a Rede.
netball ['netbɔ:l] *n (U) esporte feminino semelhante ao basquete*, bola-ao-cesto *m*.
net curtains *npl* cortinas *fpl* de voile.
Netherlands ['neðələndz] *npl*: **the** ~ os Países Baixos.
netiquette ['netɪket] *n COMPUT* netiqueta *f*.
net profit *n* lucro *m* líquido.
net revenue *n* receita *f* líquida.
nett *adj* = **net**.
netting ['netɪŋ] *n (U)* **-1.** [of metal, plastic] tela *f* **-2.** [fabric] voile *m*.
nettle ['netl] *n* urtiga *f*.
network ['netwɜ:k] <> *n* **-1.** [gen] rede *f* **-2.** [group of people] grupo *m*; **a** ~ **of contacts** uma rede de contatos. <> *vt RADIO & TV* [broadcast] transmitir em rede.
neurosis [,njʊə'rəʊsɪs] (*pl* **-ses** [-si:z]) *n* neurose *f*.
neurotic [,njʊə'rɒtɪk] <> *adj* [person] neurótico(ca). <> *n* neurótico *m*, -ca *f*.
neuter ['nju:tə[r]] <> *adj* **-1.** *GRAM* neutro(tra) **-2.** [sexless] castrado(da). <> *vt* castrar.

neutral ['nju:trəl] ◇ *adj* **-1.** [non-allied] [pale grey-brown & *ELEC*] neutro(tra) **- 2.** [inexpressive] indiferente **- 3.** [colourless] incolor. ◇ *n* **-1.** *(U) AUT* ponto *m* morto **- 2.** [*POL* - country] país *m* neutro; [- person] pessoa *f* neutra.

neutrality [nju:'trælətɪ] *n (U) POL* neutralidade *f*.

neutralize, -ise ['nju:trəlaɪz] *vt* [effects] neutralizar.

never ['nevəʳ] *adv* **-1.** [at no time] nunca; ~ **ever** jamais **- 2.** *inf* [in surprise, disbelief] nunca; **you ~ did!** não (me diga)! **-3.** *phr*: **well I ~!** não acredito!

never-ending *adj* interminável.

nevertheless [ˌnevəðə'les] *adv* contudo, todavia.

new [nju:] *adj* novo(va); **as good as ~** como se fosse novo.

◆ **news** *n (U)* **-1.** [information] notícia *f*; **the ~s** as notícias; **a piece of ~s** uma notícia; **that's ~s to me** isto é novidade para mim **- 2.** *RADIO & TV* noticiário *m*.

newborn ['nju:bɔ:n] *adj* recém-nascido(da).

newcomer ['nju:ˌkʌməʳ] *n*: ~ **(to sthg)** novato *m*, -ta *f* (em algo); ~ **(to somewhere)** recém-chegado *m*, -da *f* (em algum lugar).

newfangled [ˌnju:'fæŋgld] *adj inf pej* modernoso(sa).

new-found *adj* recém-descoberto(ta); ~ **friend** amigo *m* recente.

newly ['nju:lɪ] *adv* recém-.

newly-weds *npl* recém-casados *mpl*, -das *fpl*.

new moon *n* lua *f* nova.

news agency *n* agência *f* de notícias.

newsagent *UK* ['nju:zeɪdʒənt], **newsdealer** *US* ['nju:zdi:lər] *n* [person] jornaleiro *m*, -ra *f*; **~'s (shop)** banca *f* de jornais.

newscaster ['nju:zkɑ:stəʳ] *n* **-1.** [television] apresentador *m*, -ra *f* de jornal **- 2.** [radio] locutor(ra).

newsdealer *n US* = **newsagent**.

newsflash ['nju:zflæʃ] *n* plantão *m* de notícias.

newsgroup ['nju:zgru:p] *n COMPUT* grupo *m* de notícias.

newsletter ['nju:zˌletəʳ] *n* boletim *m* de notícias.

newspaper ['nju:zˌpeɪpəʳ] *n* jornal *m*.

newsprint ['nju:zprɪnt] *n (U)* papel *m* jornal.

newsreader ['nju:zˌri:dəʳ] *n* **-1.** [TV] apresentador *m*, -ra *f* de jornal **- 2.** [radio] locutor(ra).

newsreel ['nju:zri:l] *n* cinejornal *m*.

news-stand *n* banca *f* de revistas.

newt [nju:t] *n* tritão *m*.

new town *n UK* cidade *f* planejada.

New Year *n* Ano *m* Novo; **Happy ~!** Feliz Ano Novo!

New Year's Day *n* dia *m* de Ano Novo, primeiro *m* do ano.

New Year's Eve *n* véspera *f* de Ano Novo.

New York [-'jɔ:k] *n* **-1.** [city] Nova Iorque; ~ **(City)** (cidade *f* de) Nova Iorque **- 2.** [state]: ~ **(State)** (Estado *m* de) Nova Iorque.

New Zealand [-'zi:lənd] *n* Nova Zelândia; **in ~** na Nova Zelândia.

New Zealander [-'zi:ləndəʳ] *n* neozelandês(esa).

next [nekst] ◇ *adj* **-1.** [in time] próximo(ma); ~ **week** semana que vem; **the ~ week** na semana que vem; **the day after ~** depois de amanhã; **the week after ~** sem ser a próxima semana, na outra **- 2.** [in space - turning, page, street] próximo(ma); [- room] ao lado. ◇ *adv* **-1.** [afterwards] depois; **when are you ~ going to Brazil?** quando você irá novamente ao Brasil? **- 2.** [next time] da próxima vez (que); **when we ~ meet** da próxima vez que nos encontrarmos **- 3.** *(with superlatives)*: **~ best / biggest** o segundo melhor/maior. ◇ *prep US* ao lado de. ◇ *n* próximo *m*, -ma *f*.

◆ **next to** *prep* **-1.** [physically near] ao lado de, junto a **- 2.** *(in comparisons)* próximo(ma) de **- 3.** [almost] quase; ~ **to nothing** quase nada.

next-door ◇ *adj*: ~ **neighbour** vizinho *m*, -nha *f* do lado. ◇ *adv* ao lado.

next of kin *n* parente *m* mais próximo.

NF *n* (*abbr of* **National Front**) *pequeno partido político britânico de extrema direita.*

NHS (*abbr of* **National Health Service**) *n órgão estatal britânico de saúde pública.*

NI *n* (*abbr of* **National Insurance**) *sistema britânico de seguridade social*, ≃ INSS *m*.

nib [nɪb] *n* pena *f (de caneta)*.

nibble ['nɪbl] *vt* **-1.** [subj: person, caterpillar] beliscar ; [subj: rodent, goat, sheep] roer **- 2.** [playfully] mordiscar.

Nicaragua [ˌnɪkə'rægjʊəl *n* Nicarágua.

nice [naɪs] *adj* **-1.** [expressing approval - dress, picture] belo(la); [- day, weather] agradável; [- car, food] bom (boa) **- 2.** [kind, pleasant] gentil; **it was ~ of you to help** foi muita gentileza de sua parte ajudar.

nice-looking [-'lʊkɪŋ] *adj* [attractive] bonito(ta); ~ **person** pessoa *f* atraente.

nicely ['naɪslɪ] *adv* **-1.** [well, attractively, satisfactorily] bem; **that will do ~** será o suficiente **- 2.** [politely] educadamente.

niche [ni:ʃ] *n* **-1.** [gen] nicho *m* **- 2.** [in life] boa colocação *f*.

nick [nɪk] ◇ *n* **-1.** [cut] talha *f*, corte *m* **- 2.** *inf* [condition]: **in good/bad ~** *UK* em bom/mau estado **- 3.** *phr*: **in the ~ of time** em cima da hora. ◇ *vt* **-1.** [cut] talhar, cortar **- 2.** *UK inf* [steal] passar a mão em **- 3.** *UK inf* [arrest] enjaular.

nickel ['nɪkl] *n* **-1.** *(U)* [metal] níquel *m* **-2.** *US* [coin] moeda *f* de 5 centavos.
nickname ['nɪkneɪm] ◇ *n* apelido *m.* ◇ *vt* apelidar.
nicotine ['nɪkəti:n] *n (U)* nicotina *f.*
niece [ni:s] *n* sobrinha *f.*
Nigeria [naɪ'dʒɪərɪə] *n* Nigéria.
niggle ['nɪgl] *vt* **-1.** [worry] preocupar **-2.** [criticize] incomodar.
night [naɪt] *n* **-1.** [not day] noite *f*; **at ~** à *OR* de noite **-2.** *phr*: **to have an early/a late ~** ir dormir cedo/tarde.
◆ **nights** *adv* **-1.** *US* [at night] à *OR* de noite **-2.** *UK* [night shift]: **to work ~s** trabalhar durante a noite.
nightcap ['naɪtkæp] *n* [drink] *bebida que se toma antes de se ir dormir.*
nightclub ['naɪtklʌb] *n* casa *f* noturna, nightclub *m.*
nightdress ['naɪtdres] *n* camisola *f.*
nightfall ['naɪtfɔ:l] *n (U)* anoitecer *m.*
nightgown ['naɪtgaʊn] *n* camisola *f.*
nightie ['naɪtɪ] *n inf* camisola *f.*
nightingale ['naɪtɪŋgeɪl] *n* rouxinol *m.*
nightlife ['naɪtlaɪf] *n (U)* vida *f* noturna.
nightly ['naɪtlɪ] ◇ *adj* noturno(na). ◇ *adv* à noite.
nightmare ['naɪtmeəʳ] *n lit* & *fig* pesadelo *m.*
night porter *n* porteiro *m*, -ra *f* do turno da noite.
night school *n (U)* escola *f* noturna.
night shift *n* [period] turno *m* da noite.
nightshirt ['naɪtʃɜ:t] *n* camisolão *m.*
night-time *n (U)* noite *f.*
nil [nɪl] *n (U)* **-1.** [nothing] nada *m* **-2.** *UK SPORT* zero *m.*
Nile [naɪl] *n*: **the ~** o Nilo.
nimble ['nɪmbl] *adj* ágil.
nine [naɪn] *num* nove; *see also* **six.**
nineteen [ˌnaɪn'ti:n] *num* dezenove; *see also* **six.**
ninety ['naɪntɪ] *num* noventa; *see also* **sixty.**
ninth [naɪnθ] *num* nono(na); *see also* **sixth.**
nip [nɪp] (*pt* & *pp* **-ped**, *cont* **-ping**) ◇ *n* **-1.** [pinch] beliscão *m* **-2.** [bite] mordiscada *f* **-3.** [of drink] trago *m.* ◇ *vt* **-1.** [pinch] beliscar **-2.** [bite] mordiscar.
nipple ['nɪpl] *n* **-1.** [of breast] mamilo *m* **-2.** [of baby's bottle] bico *m.*
nit [nɪt] *n* **-1.** [in hair] lêndea *f* **-2.** *UK inf* [idiot] idiota *mf.*
nit-picking *inf n (U)* detalhismo *m.*
nitrogen ['naɪtrədʒən] *n (U)* nitrogênio *m.*
nitty-gritty [ˌnɪtɪ'grɪtɪ] *n inf*: **to get down to the ~** ir ao que interessa.
no [nəʊ] (*pl* **-es**) ◇ *adv* [gen] não; **~, thanks** não obrigado(da). ◇ *adj* nenhum(ma), algum(ma); **I have ~ money left** não tenho mais um tostão. ◇ *n* não *m.*

> O adjetivo *no* pode acompanhar substantivos contáveis ou incontáveis em inglês (*no books*; *no bread*).
>
> É muito importante lembrar que, com *no* como adjetivo, o resto da oração tem a forma afirmativa (*no changes have ocurred* não houve mudanças (ou nenhuma mudança ocorreu); *that's no problem* não há (nenhum) problema).
>
> *No* nunca é um pronome; a forma correspondente é *none* (*there are no cookies left* ▷ *there are none left* não tem mais biscoitos ▷ não sobrou nenhum).
>
> Ver também **some**.

No., no. (*abbr of* **number**) nº.
nobility [nə'bɪlətɪ] *n* **-1.** [aristocracy]: **the ~** a nobreza **-2.** *(U)* [nobleness] nobreza *f.*
noble ['nəʊbl] ◇ *adj* [aristocratic, distinguished] nobre. ◇ *n* nobre *mf.*
nobody ['nəʊbədɪ] (*pl* **-ies**) ◇ *pron* ninguém. ◇ *n pej* [insignificant person] joão-ninguém *m.*
no-claim(s) bonus *n* bonificação *f* de seguro.
nocturnal [nɒk'tɜ:nl] *adj* noturno(na).
nod [nɒd] (*pt* & *pp* **-ded**, *cont* **-ding**) ◇ *vt* [in agreement]: **to ~ one's head** assentir com a cabeça; [as greeting] cumprimentar com a cabeça. ◇ *vi* **-1.** [in agreement] assentir com a cabeça **-2.** [to indicate sthg] indicar com a cabeça **-3.** [as greeting]: **to ~ to sb** cumprimentar alguém com a cabeça.
◆ **nod off** *vi* cabecear.
noise [nɔɪz] *n* [sound] barulho *m.*
noisy ['nɔɪzɪ] (*compar* **-ier**, *superl* **-iest**) *adj* barulhento(ta).
no-man's-land *n (U)* terra *f* de ninguém.
nom de plume *n* pseudônimo *m.*
nominal ['nɒmɪnl] *adj* **-1.** [in name only] apenas no nome; **a ~ Catholic** um católico só no nome; **a ~ leader** um líder de fachada **-2.** [very small] simbólico(ca).
nominate ['nɒmɪneɪt] *vt* **-1.** [propose]: **to ~ sb (for/as sthg)** designar alguém (para algo) **-2.** [appoint]: **to ~ sb (sthg)** nomear alguém (algo); **to ~ sb (to sthg)** nomear alguém (para algo).
nominee [ˌnɒmɪ'ni:] *n* nomeado *m*, -da *f.*
non- [nɒn] *prefix* [not] não-.
non-alcoholic *adj* não alcoólico(ca).
non-aligned *adj* não-alinhado(da).
nonchalant [*UK* 'nɒnʃələnt, *US* ˌnɒnʃə'lɑ:nt] *adj* indiferente.
non-committal *adj* evasivo(va).
nonconformist [ˌnɒnkən'fɔ:mɪst] ◇ *adj* inconformista. ◇ *n* inconformista *mf.*
nondescript [*UK* 'nɒndɪskrɪpt, *US* ˌnɒndɪ'skrɪpt] *adj* desinteressante.
none [nʌn] *pron* nehum *m*, -ma *f*; **there's ~ left** não resta nada; **~ of this is your fault** nada disso foi culpa sua.

Não devemos esquecer que *none* nunca funciona como adjetivo; a forma correspondente é *no* (*there are none left* ▷ *there are no cookies left* não sobrou nenhum ▷ não sobraram biscoitos).
Se usarmos o pronome *none*, o resto da oração tem a forma afirmativa (*none of this is your fault* nada disso foi culpa sua).
Ver também **some**.

nonentity [nɒ'nentətɪ] (*pl* **-ies**) *n* nulidade *f*, zero *mf* à esquerda.

nonetheless [ˌnʌnðə'les] *adv* contudo, não obstante.

non-event *n* decepção *f*, fracasso *m*.

non-existent *adj* inexistente.

non-fiction *n (U)* não-ficção *f*.

no-nonsense *adj* prático(ca).

non-payment *n (U)* inadimplência *f*, não-pagamento *m*.

nonplussed, nonplused *US* [ˌnɒn'plʌst] *adj* perplexo(xa).

non-returnable *adj* [bottle] não-retornável, sem retorno.

nonsense ['nɒnsənsl] <> *n (U)* **-1.** [meaningless words] bobagem *f*, asneira *f* **-2.** [foolish idea] besteira *f*; **it is ~ to suggest that ...** é um absurdo sugerir que ... **-3.** [foolish behaviour] idiotice *f*; **stop this ~ at once** pára com essas criancices agora mesmo; **to make (a) ~ of sthg** ridicularizar algo. <> *excl* bobagem!, que nada!

nonsensical [nɒn'sensɪkl] *adj* sem sentido, absurdo(da).

non-smoker *n* não-fumante *mf*.

non-stick *adj* antiaderente.

non-stop <> *adj* **-1.** [gen] contínuo(nua), incessante **-2.** [flight] sem escalas. <> *adv* sem parar, continuamente.

noodles ['nu:dlz] *npl* talharim *m*.

nook [nʊk] *n* [of room] canto *m*; **every ~ and cranny** todos os cantos.

noon [nu:n] *n (U)* meio-dia *m*.

no one *pron* = **nobody**.

noose [nu:s] *n* [lasso] nó *m* corrediço.

no-place *adv US* = **nowhere**.

nor [nɔ:ʳ] *conj* **-1.** ▷ **neither -2.** [and not] nem; **I don't smoke - ~ do I** eu não fumo - nem eu; **I don't know, ~ do I care** não sei, nem quero saber.

Ver **neither**.

norm [nɔ:m] *n* norma *f*; **the ~** o normal.

normal ['nɔ:ml] *adj* normal.

normality [nɔ:'mælɪtɪ], **normalcy** *US* ['nɔ:mlsɪ] *n (U)* normalidade *f*.

normally ['nɔ:məlɪ] *adv* normalmente.

Normandy ['nɔ:məndɪ] *n* Normandia; **in ~** na Normandia.

north [nɔ:θ] <> *adj* norte; **North London** o norte de Londres. <> *adv* para o norte; **~ of** ao norte de. <> *n* [direction] norte *m*.

North Africa *n* África do Norte.

North America *n* América do Norte; **in ~** na América do Norte.

North American <> *adj* **-1.** da América do Norte **-2.** [of USA] norte-americano(na). <> *n* **-1.** pessoa *f* da América do Norte **-2.** [of USA] norte-americano *m*, -na *f*.

North Country *n*: **the ~** *UK a região norte da Inglaterra.*

northeast [ˌnɔ:θ'i:st] <> *adj* nordeste. <> *n* [direction] nordeste *m*. <> *adv* para o nordeste; **~ of** ao nordeste de.

northerly ['nɔ:ðəlɪ] *adj* **-1.** [towards north, in north] ao norte **-2.** [from north] do norte.

northern ['nɔ:ðən] *adj* do norte.

Northern Ireland *n* Irlanda do Norte.

northernmost ['nɔ:ðənməʊst] *adj* mais setentrional, mais ao norte.

North Korea *n* Coréia do Norte; **in ~** na Coréia do Norte.

North Pole *n*: **the ~** o Pólo Norte.

North Sea *n*: **the ~** o Mar do Norte.

northward ['nɔ:θwəd] <> *adj* para o norte. <> *adv* = **northwards**.

northwards ['nɔ:θwədz] *adv* para o norte.

northwest [ˌnɔ:θ'west] <> *adj* **-1.** [in the northwest, facing the northwest] noroeste **-2.** [from the northwest] do noroeste. <> *n* [direction] noroeste *m*. <> *adv* para noroeste; **~ of** a noroeste de.

Norway ['nɔ:weɪ] *n* Noruega.

Norwegian [nɔ:'wi:dʒən] <> *adj* norueguês(esa). <> *n* **-1.** [person] norueguês *m*, -esa *f* **-2.** [language] norueguês *m*.

nose [nəʊz] *n ANAT* nariz *m*; **to keep one's ~ out of sthg** não meter o nariz em algo; **to look down one's ~ at sb/sthg** *fig* olhar de cima para alguém/algo; **to poke** *OR* **stick one's ~ into sthg** *inf* meter o nariz em algo; **to turn up one's ~ at sthg** torcer o nariz para algo.
◆ **nose about, nose around** *vi* bisbilhotar.

nosebleed ['nəʊzbli:d] *n* hemorragia *f* nasal.

nosedive ['nəʊzdaɪv] <> *n* [of plane] mergulho *m*. <> *vi* **-1.** [plane] mergulhar **-2.** *fig* [prices, popularity] despencar.

nose ring *n* argola *f* de nariz.

nose stud *n* piercing *m* de nariz.

nosey ['nəʊzɪ] *adj* = **nosy**.

nostalgia [nɒ'stældʒəl] *n (U)*: **~ (for sthg)** nostalgia *f* (de algo).

nostril ['nɒstrəl] *n* narina *f*.

nosy ['nəʊzɪ] (*compar* **-ier**, *superl* **-iest**) *adj* curioso(sa), abelhudo(da).

not [nɒt] *adv* não; **~ a** nem um (uma); **~ all/every** nem todos(das); **~ always** nem sempre;

it's ~ every day we get sunshine não é todo dia que tem sol; it's ~ that I'm jealous, but ... não que eu seja ciumento, mas ...; ~ at all em absoluto, de maneira nenhuma; [to acknowledge thanks] de nada.

notable ['nəʊtəbl] *adj* notável; **to be ~ for sthg** destacar-se por algo.

notably ['nəʊtəblɪ] *adv* **-1.** [in particular] especialmente **-2.** [noticeably] claramente, obviamente.

notary ['nəʊtərɪ] (*pl* **-ies**) *n*: **~ (public)** notário *m*, -ria *f*.

notch [nɒtʃ] *n* **-1.** [cut] corte *m*, entalhe *m* **-2.** *fig* [on scale] ponto *m*.

note [nəʊt] ◇ *n* **-1.** [gen] nota *f* **-2.** [written reminder, record] anotação *f*, nota *f*; **to take ~ of sthg** prestar atenção em algo **-3.** [short letter] bilhete *m* **-4.** [tone] tom *m*. ◇ *vt* **-1.** [observe] notar, observar **-2.** [mention] apontar, mencionar.

◆ **notes** *npl* [in book] anotações *fpl*.

◆ **note down** *vt sep* anotar.

notebook ['nəʊtbʊk] *n* **-1.** [for writing in] caderno *m* **-2.** COMPUT notebook *m*.

noted ['nəʊtɪd] *adj* conhecido(da), destacado(da); **~ for sthg** conhecido(da) por algo.

notepad ['nəʊtpæd] *n* bloco *m* de notas.

notepaper ['nəʊtpeɪpə^r] *n (U)* papel *m* de carta.

noteworthy ['nəʊt,wɜːðɪ] (*compar* **-ier**, *superl* **-iest**) *adj* digno(na) de menção.

nothing ['nʌθɪŋ] ◇ *pron* nada; **~ new/interesting** nada de novo/interessante; **she did ~** ela não fez nada; **for ~** [free] de graça; [in vain] para nada.

notice ['nəʊtɪs] ◇ *n* **-1.** *(U)* [attention] atenção *f*; **to take ~ (of sb/sthg)** dar bola (para alguém/algo); **to take no ~ (of sb/sthg)** não dar bola (para alguém/algo), fazer pouco caso (de alguém/algo) **-2.** *(U)* [warning, announcement] aviso *m*; **at short ~** em cima da hora; **until further ~** até segunda ordem **-3.** *(U)* [at work]: **to be given one's ~** receber aviso prévio; **to hand in one's ~** apresentar pedido de demissão. ◇ *vt* perceber, notar; **to ~ sb doing sthg** ver que alguém está fazendo algo.

> Não confundir *notice (aviso)* com o português *notícia* que em inglês é *news*. (*There's a new notice on the board.* Há um novo *aviso* no quadro.)

noticeable ['nəʊtɪsəbl] *adj* notável, digno(na) de nota.

notice board *n* quadro *m* de avisos.

notify ['nəʊtɪfaɪ] (*pt* & *pp* **-ied**) *vt*: **to ~ sb (of sthg)** notificar alguém (de algo).

notion ['nəʊʃn] *n* [concept, idea] noção *f*.

◆ **notions** *npl* **US** [haberdashery] aviamentos *mpl*.

notorious [nəʊ'tɔːrɪəs] *adj* notório(ria).

notwithstanding [,nɒtwɪθ'stændɪŋ] *fml* ◇ *prep* não obstante. ◇ *adv* no entanto, não obstante.

nought [nɔːt] *num* zero *m*; **~s and crosses** jogo *m* da velha.

noun [naʊn] *n* substantivo *m*.

nourish ['nʌrɪʃ] *vt* [feed] nutrir.

nourishing ['nʌrɪʃɪŋ] *adj* nutritivo(va).

nourishment ['nʌrɪʃmənt] *n (U)* alimento *m*.

novel ['nɒvl] ◇ *adj* original. ◇ *n* romance *m*.

novelist ['nɒvəlɪst] *n* romancista *mf*.

novelty ['nɒvltɪ] (*pl* **-ies**) *n* **-1.** *(U)* [quality] originalidade *f* **-2.** [unusual object, event] novidade *f* **-3.** [cheap object] bugiganga *f*.

November [nə'vembə^r] *n* novembro *m*; *see also* **September**.

novice ['nɒvɪs] *n* **-1.** [inexperienced person] novato *m*, -ta *f*, principiante *mf* **-2.** RELIG noviço *m*, -ça *f*.

now [naʊ] ◇ *adv* **-1.** [at this time] agora; **from ~ on I'm in charge** de agora em diante eu estou no comando; **any day ~** qualquer dia destes; **any time ~** a qualquer momento; **~ and then** OR **again** de vez em quando **-2.** [already, before this time] já; **they should be here by ~** eles já deveriam estar aqui; **he's been away for two weeks ~** já faz duas semanas que ele foi embora **-3.** [at a particular time in the past] então; **we were all singing ~** estávamos todos cantando naquele momento **-4.** [to introduce statement] agora **-5.** [nowadays] atualmente; **~ many people use computers to work** atualmente muitas pessoas usam computadores para trabalhar. ◇ *conj*: **~ (that)** agora que.

nowadays ['naʊədeɪz] *adv* hoje em dia, atualmente.

nowhere *UK* ['nəʊweə^r], **no-place** *US adv* em nenhum lugar; **~ near** nem de longe; **to be getting ~** indo a lugar nenhum.

nozzle ['nɒzl] *n* bocal *m*, bico *m*.

nuance [njuː'ɑːns] *n* [of word, meaning] nuança *f*.

nuclear ['njuːklɪə^r] *adj* nuclear.

nuclear bomb *n* bomba *f* nuclear.

nuclear disarmament *n (U)* desarmamento *m* nuclear.

nuclear energy *n (U)* energia *f* nuclear.

nuclear power *n (U)* energia *f* nuclear.

nuclear reactor *n* reator *m* nuclear.

nuclear war *n* guerra *f* nuclear.

nucleus ['njuːklɪəs] (*pl* **-lei** [-lɪaɪ]) *n* núcleo *m*.

nude [njuːd] ◇ *adj* nu (nua). ◇ *n* [figure, painting] nu *m*; **in the ~** em pêlo.

nudge [nʌdʒ] *vt* **-1.** [with elbow] cutucar **-2.** *fig* [to encourage] empurrar; **to ~ sb's memory** puxar a memória de alguém.

nudist ['nju:dɪst] ◇ *adj* nudista. ◇ *n* nudista *mf*.

nugget ['nʌgɪt] *n* **-1.** [of gold] pepita *f* **-2.** *fig* [valuable piece] pérola *f*.

nuisance ['nju:sns] *n* **-1.** [annoying thing, situation] chatice *f* **-2.** [annoying person] chato *m*, -ta *f* de galocha; **to make a ~ of o.s.** amolar.

nuke [nju:k] *inf* ◇ *n* arma *f* nuclear. ◇ *vt* bombardear com armas nucleares.

null [nʌl] *adj*: **~ and void** nulo e sem valor.

numb [nʌm] ◇ *adj* [shoulder, hand] adormecido(da); [person] paralisado(da); **to be ~ with cold** estar congelado(da) de frio. ◇ *vt* [subj: cold, anaesthetic] paralisar.

number ['nʌmbəʳ] ◇ *n* **-1.** [gen] número *m*; **a ~ of** vários(as); **I've told you any ~ of times ...** já te disse um milhão de vezes ... **-2.** [of car] placa *f* **-3.** [song] música *f*. ◇ *vt* **-1.** [amount to] chegar a **-2.** [give a number to] numerar **-3.** [include]: **to be ~ed among** figurar entre.

number one ◇ *adj* [main] número um, principal. ◇ *n inf* [oneself]: **to look after ~** cuidar de si mesmo(ma).

numberplate ['nʌmbəpleɪt] *n* placa *f* do carro.

Number Ten *n*: **~ (Downing Street)** *a casa número 10 de Downing Street, residência oficial do primeiro ministro britânico*; *fig* o governo britânico.

numeral ['nju:mərəl] *n* algarismo *m*.

numerate ['nju:mərət] *adj* ***UK*** que sabe fazer cálculos elementares.

numerical [nju:'merɪkl] *adj* numérico(ca).

numerous ['nju:mərəs] *adj* inúmero(ra).

nun [nʌn] *n* freira *f*.

nurse [nɜ:s] ◇ *n* enfermeiro *m*, -ra *f*. ◇ *vt* **-1.** *MED* [care for] cuidar de, atender **-2.** [harbour, foster] nutrir **-3.** [breast-feed] amamentar.

nursery ['nɜ:sərɪ] (*pl* **-ies**) *n* **-1.** [for children] creche *f* **-2.** [for plants, trees] viveiro *m* **-3.** [at home] quarto *m* das crianças.

nursery rhyme *n* cantiga *f* infantil.

nursery school *n* pré-escola *f*.

nursery slopes *npl SKIING* pista *f* para principiantes.

nursing ['nɜ:sɪŋ] *n* **-1.** [profession] enfermagem *f* **-2.** [care] cuidados *mpl*.

nursing home *n* **-1.** [for old people] clínica *f* de repouso **-2.** [for childbirth] maternidade *f (privada)*.

nurture ['nɜ:tʃəʳ] *vt* **-1.** [children, plants] criar **-2.** [hope, desire, plan] alimentar.

nut [nʌt] *n* **-1.** [to eat] noz *f* **-2.** *TECH* porca *f* **-3.** *inf* [mad person] maluco *m*, -ca *f*.
◆ **nuts** *inf* ◇ *adj*: **to be ~s** estar louco(ca). ◇ *excl* ***US*** maldito seja!

nutcrackers ['nʌt,krækəz] *npl* quebra-nozes *m*.

nutmeg ['nʌtmeg] *n (U)* noz-moscada *f*.

nutritious [nju:'trɪʃəs] *adj* nutritivo(va).

nutshell ['nʌtʃel] *n* casca *f* de noz; **in a ~** em poucas palavras.

nuzzle ['nʌzl] ◇ *vt* [with nose] fuçar. ◇ *vi* [nestle]: **to ~ (up) against sb/sthg** aconchegar-se em alguém/algo.

NVQ (*abbr of* **National Vocational Qualification**) *n na Inglaterra e no País de Gales, certificado de qualificação vocacional obtido pelos estudantes de 15 a 16 anos*, ≃ diploma *m* de segundo grau.

nylon ['naɪlɒn] ◇ *n (U)* [fabric] náilon *m*. ◇ *comp* de náilon.

O

o (*pl* **o's** *OR* **os**), **O** (*pl* **O's** *OR* **Os**) [əʊ] *n* **-1.** [letter] o, O *m* **-2.** [zero] zero *m*.

oak [əʊk] ◇ *n*: **~ (tree)** carvalho *m*. ◇ *comp* de carvalho.

OAP (*abbr of* **old age pensioner**) *n* ***UK*** *idoso que recebe pensão do estado*.

oar [ɔ:ʳ] *n* remo *m*.

oasis [əʊ'eɪsɪs] (*pl* **oases** [əʊ'eɪsi:z]) *n* **-1.** [in desert] oásis *m inv* **-2.** *fig* [pleasant place] oásis *m inv*.

oatcake ['əʊtkeɪk] *n* biscoito *m* de aveia.

oath [əʊθ] *n* **-1.** [promise] juramento *m*; **on** *OR* **under ~** sob juramento **-2.** [swearword] blasfêmia *f*.

oatmeal ['əʊtmi:l] *n* [food] farinha *f* de aveia.

oats [əʊts] *npl* [grain] aveia *f*.

obedience [ə'bi:djəns] *n (U)*: **~ (to sb)** obediência *f* (a alguém).

obedient [ə'bi:djənt] *adj* obediente.

obese [əʊ'bi:s] *adj* obeso(sa).

obey [ə'beɪ] ◇ *vt* obedecer a. ◇ *vi* obedecer.

obituary [ə'bɪtʃʊərɪ] (*pl* **-ies**) *n* obituário *m*.

object [*n* 'ɒbdʒɪkt, *vb* ɒb'dʒekt] ◇ *n* **-1.** [gen] objeto *m* **-2.** [aim] objetivo *m* **-3.** *GRAMM* objeto *m*, complemento *m*. ◇ *vt*: **to ~ (that)** objetar (que). ◇ *vi* objetar; **to ~ to sthg/to doing sthg** opor a algo/a fazer algo.

objection [əb'dʒekʃn] *n* [argument against] objeção *f*; **to have no ~ to sthg/to doing sthg** não ter nenhuma objeção a algo/a fazer algo.

objectionable [əb'dʒekʃənəbl] *adj* desagradável.

objective [əb'dʒektɪv] ◇ *adj* objetivo(va). ◇ *n* objetivo *m*.

obligation [ˌɒblɪ'geɪʃn] *n* obrigação *f*.

obligatory [ə'blɪgətrɪ] *adj* obrigatório(ria).

oblige [ə'blaɪdʒ] *vt* **-1.** [force]: **to ~ sb to do sthg** obrigar alguém a fazer algo **-2.** *fml* [do a favour to] fazer um favor a.

obliging [ə'blaɪdʒɪŋ] *adj* prestativo(va).

oblique [ə'bli:k] ◇ *adj* **-1.** [indirect - look] enviesado(da); [- reference, hint, compliment] indireto(ta) **-2.** [slanting] oblíquo(qua). ◇ *n* *TYPO* barra *f*.

obliterate [ə'blɪtəreɪt] *vt* [destroy] obliterar.

oblivion [ə'blɪvɪən] *n (U)* **-1.** [unconsciousness] inconsciência *f* **-2.** [state of being forgotten] esquecimento *m*.

oblivious [ə'blɪvɪəs] *adj* inconsciente; **to be ~ to** *OR* **of sthg** não ter consciência de algo.

oblong ['ɒblɒŋ] ◇ *adj* oblongo(ga). ◇ *n* retângulo *m*.

obnoxious [əb'nɒkʃəs] *adj* repulsivo(va), repugnante.

oboe ['əʊbəʊ] *n* oboé *m*.

obscene [əb'si:n] *adj* obsceno(na).

obscure [əb'skjʊəʳ] ◇ *adj* **-1.** [not well-known] desconhecido(da) **-2.** [difficult to see/understand] obscuro(ra). ◇ *vt* **-1.** [make difficult to understand] obscurecer **-2.** [hide] esconder.

observance [əb'zɜ:vns] *n (U)* observância *f*, cumprimento *m*.

observant [əb'zɜ:vnt] *adj* observador(ra).

observation [ˌɒbzə'veɪʃn] *n* observação *f*.

observatory [əb'zɜ:vətrɪ] (*pl* **-ies**) *n* observatório *m*.

observe [əb'zɜ:v] *vt* observar.

observer [əb'zɜ:vəʳ] *n* **-1.** [gen] observador *m*, -ra *f* **-2.** [political commentator] analista *mf*.

obsess [əb'ses] *vt* obsedar, obcecar; **to be ~ed by** *OR* **with sb/sthg** estar obcecado(da) com *OR* por alguém/algo.

obsessive [əb'sesɪv] *adj* obsessivo(va).

obsolescent [ˌɒbsə'lesnt] *adj* antiquado(da).

obsolete ['ɒbsəli:t] *adj* obsoleto(ta).

obstacle ['ɒbstəkl] *n* obstáculo *m*.

obstetrics [ɒb'stetrɪks] *n (U)* obstetrícia *f*.

obstinate ['ɒbstənət] *adj* **-1.** [stubborn] obstinado(da), teimoso(sa) **-2.** [persistent] persistente.

obstruct [əb'strʌkt] *vt* **-1.** [road, path, traffic] obstruir, bloquear **-2.** [progress, justice] impedir.

obstruction [əb'strʌkʃn] *n* **-1.** [blockage, obstacle] obstrução *f*, obstáculo *m* **-2.** *(U)* [act of impeding] impedimento *m* **-3.** *SPORT* obstrução *f*.

obtain [əb'teɪn] *vt* [get] obter.

obtainable [əb'teɪnəbl] *adj* disponível.

obtrusive [əb'tru:sɪv] *adj* **-1.** [person, behaviour] inconveniente **-2.** [smell] penetrante **-3.** [colour] gritante.

obtuse [əb'tju:s] *adj* obtuso(sa).

obvious ['ɒbvɪəs] *adj* **-1.** [evident] óbvio(via) **-2.** [unsubtle] evidente.

obviously ['ɒbvɪəslɪ] *adv* **-1.** [of course] evidentemente, obviamente; **~ not** claro que não **-2.** [clearly] evidentemente; **he's ~ lying** é óbvio que ele está mentindo.

occasion [ə'keɪʒn] ◇ *n* **-1.** [circumstance, time] ocasião *f*; **to rise to the ~** mostrar-se à altura da ocasião **-2.** *fml* [reason, motive] razão *f*. ◇ *vt fml* [cause] ocasionar.

occasional [ə'keɪʒənl] *adj* ocasional.

occasionally [ə'keɪʒnəlɪ] *adv* de vez em quando, ocasionalmente.

occult [ɒ'kʌlt] *adj* oculto(ta).

occupant ['ɒkjʊpənt] *n* ocupante *mf*.

occupation [ˌɒkjʊ'peɪʃn] *n* **-1.** [job] ocupação *f*, emprego *m* **-2.** [pastime] passatempo *m* **-3.** *(U) MIL* ocupação *f*.

occupational disease *n MED* doença *f* ocupacional.

occupational hazard *n* risco *m* da profissão.

occupational therapy *n (U)* terapia *f* ocupacional.

occupier ['ɒkjʊpaɪəʳ] *n* ocupante *mf*.

occupy ['ɒkjʊpaɪ] (*pt* & *pp* **-ied**) *vt* **-1.** [gen] ocupar **-2.** [keep busy]: **to ~ o.s.** ocupar-se.

occur [ə'kɜ:ʳ] (*pt* & *pp* **-red**, *cont* **-ring**) *vi* **-1.** [happen] ocorrer **-2.** [exist] existir **-3.** [be found] ser encontrado(da) **-4.** [come to mind]: **to ~ to sb** ocorrer a alguém.

occurrence [ə'kʌrəns] *n* [event] acontecimento *m*.

ocean ['əʊʃn] *n* oceano *m*.

oceangoing ['əʊʃnˌgəʊɪŋ] *adj* de grande autonomia.

ochre *UK*, **ocher** *US* ['əʊkəʳ] *adj* [colour] ocre.

o'clock [ə'klɒk] *adv*: **five ~** cinco horas; **it's four ~** são quatro horas; **it's one ~** é uma hora.

octave ['ɒktɪv] *n MUS* oitava *f*.

October [ɒk'təʊbəʳ] *n* outubro *m*; *see also* **September**.

octopus ['ɒktəpəs] (*pl* **-puses** *OR* **-pi** [-paɪ]) *n* polvo *m*.

OD ◇ *n inf* (*abbr of* **overdose**) overdose *f*. ◇ *vi* **-1.** *inf* (*abbr of* **overdose**) tomar uma overdose **-2.** *fig, hum* exagerar. ◇ *adj* (*abbr of* **overdrawn**) *no negativo, referente a conta bancária*.

odd [ɒd] *adj* **-1.** [strange] estranho(nha) **-2.** [not part of pair] sem par **-3.** [number] ímpar **-4.** [leftover] avulso(sa) **-5.** [occasional] ocasional **-6.** *inf* [approximately]: **20 ~ years** 20 e tantos anos.

◆ **odds** *npl* **-1.** [probability] probabilidades

fpl; **the ~s are that ...** as previsões são de que ...; **against the ~s** apesar de todas as dificuldades **-2.** [bits]: **~s and ends** miudezas *fpl* **-3.** *phr*: **to be at ~s with sb/sthg** discordar de algo/alguém.

oddity ['ɒdɪtɪ] (*pl* **-ies**) *n* **-1.** [strange person, thing] esquisitice *f* **-2.** *(U)* [strangeness] estranheza *f*.

odd jobs *npl* biscates *mpl*.

oddly ['ɒdlɪ] *adv* [strangely] estranhamente; **~ enough, I didn't care** surpreendentemente, não me importei.

oddments ['ɒdmənts] *npl* retalhos *mpl*.

odds-on ['ɒdz-] *adj inf*: **the ~ favourite** o grande favorito.

odometer [əʊ'dɒmɪtə^r] *n* [in car] velocímetro *m*.

odor *n US* = **odour**.

odour *UK*, **odor** *US* ['əʊdə^r] *n* odor *m*.

of [ɒv] *prep* **-1.** [belonging to] de; **the colour ~ the car** a cor do carro. **-2.** [expressing amount] de; **a piece ~ cake** uma fatia de bolo; **a fall ~ 20%** uma queda de 20%; **lots ~ people** muita gente. **-3.** [containing, made from] de; **a glass ~ beer** um copo de cerveja; **a house ~ stone** uma casa de pedra; **it's made ~ wood** é de madeira. **-4.** [regarding, relating to, indicating cause] de; **fear ~ spiders** medo de aranhas; **he died ~ cancer** ele morreu de câncer. **-5.** [referring to time] de; **the summer ~ 1969** o verão de 1969; **the 26th ~ August** o 26 de agosto. **-6.** [with cities, countries] de; **the city ~ San Francisco** a cidade de San Francisco. **-7.** [on the part of] de; **that was very kind ~ you** foi muito amável da sua parte. **-8.** *US* [in telling the time] menos, para; **it's ten ~ four** são dez para as quatro.

off [ɒf] ◇ *adv* **-1.** [away]: **to drive/walk ~** ir-se embora; **to get ~** [from bus, train, etc.] descer; **we're ~ to Austria next week** vamos para a Áustria na próxima semana. **-2.** [expressing removal]: **to take sthg ~** tirar algo. **-3.** [so as to stop working]: **to turn sthg ~** [TV, radio, engine] desligar algo; [tap] fechar algo. **-4.** [expressing distance or time away]: **it's a long way ~** [in distance] é muito longe; [in time] ainda falta muito; **it's two months ~** é daqui a dois meses. **-5.** [not at work] de folga; **I'm taking a week ~** vou tirar uma semana de férias. ◇ *prep* **-1.** [away from]: **to get ~ sthg** descer de algo; **~ the coast** ao largo da costa; **just ~ the main road** perto da estrada principal. **-2.** [indicating removal]: **take the lid ~ the jar** tire a tampa do frasco; **we'll take $20 ~ the price** descontaremos 20 dólares do preço. **-3.** [absent from]: **to be ~ work** não estar trabalhando. **-4.** *inf* [from] a; **I bought it ~ her** eu comprei isso dela. ◇ *adj* **-1.** [TV, radio, light] apagado(da), desligado(da); [tap] fechado(da); [engine] desligado(da). **-2.** [cancelled] cancelado(da).

offal ['ɒfl] *n (U)* vísceras *fpl (do animal abatido)*.

off-chance *n*: **he called on the ~ of seeing her** ele ligou com a remota esperança de vê-la.

off-colour *adj* **-1.** [ill] indisposto(ta) **-2.** [rude, offensive] ofensivo(va).

off duty *adv*: **when do you get ~?** quando você fica de folga?

◆ **off-duty** *adj* de folga.

offence *UK*, **offense** *US* [ə'fens] *n* **-1.** [crime] infração *f*, delito *m* **-2.** [displeasure, hurt] insulto *m*, ofensa *f*; **to take ~** ofender-se.

offend [ə'fend] *vt* [upset] ofender.

offender [ə'fendə^r] *n* **-1.** [criminal] transgressor *m*, -ra *f* **-2.** [culprit] infrator *m*, -ra *f*.

offense [*sense 2* 'ɒfens] *n US* **-1.** = **offence -2.** *SPORT* ataque *m*.

offensive [ə'fensɪv] ◇ *adj* **-1.** [causing offence] ofensivo(va) **-2.** [aggressive] agressivo(va). ◇ *n MIL* ofensiva *f*.

offer ['ɒfə^r] ◇ *n* **-1.** [something offered] oferta *f*; **on ~** [available] em oferta **-2.** [bid, proposal] proposta *f*. ◇ *vt* **-1.** [present, give] oferecer; **to ~ sthg to sb, to ~ sb sthg** oferecer algo a alguém **-2.** [propose]: **to ~ to do sthg** oferecer-se para fazer algo. ◇ *vi* oferecer-se.

offering ['ɒfərɪŋ] *n* **-1.** [something offered] oferta *f* **-2.** *RELIG* [sacrifice] oferenda *f*.

off guard *adv* desprevenido(da).

off-hand ◇ *adj* [unfriendly] brusco(ca). ◇ *adv* [at this moment] de imediato.

office ['ɒfɪs] *n* **-1.** [room] escritório *m*, gabinete *m* **-2.** [building] edifício *m* de escritórios **-3.** [staff] pessoal *m* **-4.** [government department] departamento *m* **-5.** [distribution point - for tickets] bilheteria *f*; [- for information] guichê *m*; [- for enquiries] serviço *m* de informações **-6.** [position of authority] cargo *m*; **in ~** no poder; **to take ~** tomar posse.

office automation *n* automatização *f*.

office block *n* prédio *m* de escritórios.

office hours *npl* horário *m* de expediente.

officer ['ɒfɪsə^r] *n* **-1.** *MIL* oficial *mf* **-2.** [in organization] diretor *m*, -ra *f* **-3.** [in police force] (agente) policial *m*.

office worker *n* funcionário *m*, -ria *f* de escritório.

official [ə'fɪʃl] ◇ *adj* oficial. ◇ *n* [public] funcionário *m*, -ria *f*; *SPORT* oficial *mf*.

officialdom [ə'fɪʃəldəm] *n (U)* burocracia *f*.

offing ['ɒfɪŋ] *n*: **in the ~** num futuro próximo.

off-licence *n UK* loja *f* de bebidas alcoólicas.

off-line *adj COMPUT* off-line, desconectado(da).

off-peak *adj* de tarifa reduzida.

off-putting [-ˌpʊtɪŋ] *adj* desconcertante.

off season *n*: **the ~** a baixa temporada.

offset ['ɒfset] (*pt* & *pp* **offset**, *cont* **-ting**) *vt* contrabalançar.

offshoot ['ɒfʃu:t] *n* [spin-off] ramificação *f*; **to be an ~ of sthg** ser uma ramificação de algo.

offshore ['ɒfʃɔ:ʳ] <> *adj* **-1.** [in or on the sea] em alto-mar **-2.** [near coast] costeiro(ra). <> *adv* **-1.** [out at sea] ao largo **-2.** [near coast] a pouca distância da costa.

offside [*adj* & *adv* ˌɒf'saɪd, *n* 'ɒfsaɪd] <> *adj* **-1.** [part of vehicle] do lado do motorista **-2.** SPORT impedido(da). <> *n* [of vehicle] lado *m* do motorista.

offspring ['ɒfsprɪŋ] (*pl inv*) *n* **-1.** *fml or hum* [of people] descendência *f* **-2.** [of animals] prole *f*.

offstage [ˌɒf'steɪdʒ] <> *adj* dos bastidores. <> *adv* nos bastidores.

off-the-cuff <> *adj* improvisado(da). <> *adv* de improviso.

off-the-peg *adj UK* pronto(ta), confeccionado(da).

off-the-record <> *adj* extra-oficial. <> *adv* extra-oficialmente.

off-white *adj* de cor não totalmente branca.

often ['ɒfn, 'ɒftn] *adv* **-1.** [many times] muitas vezes; **how ~ ?** quantas vezes?; **how ~ do you visit her?** com que freqüência você a visita? **-2.** [in many cases] freqüentemente.

◆ **as often as not** *adv* geralmente.

◆ **every so often** *adv* de vez em quando.

◆ **more often than not** *adv* freqüentemente.

ogle ['əʊgl] *vt pej* comer com os olhos.

oh [əʊ] *excl* **-1.** [to introduce comment] ah!; **~ really?** é mesmo? **-2.** [expressing emotion] ah!; **~ no!** essa não!

oil [ɔɪl] <> *n* **-1.** [gen] óleo *m* **-2.** *(U)* [petroleum] petróleo *m* **-3.** *(U)* [olive oil] azeite *m*. <> *vt* [lubricate] lubrificar.

oilcan ['ɔɪlkæn] *n* almotolia *f*.

oilfield ['ɔɪlfi:ld] *n* campo *m* petrolífero.

oil filter *n* filtro *m* de óleo.

oil-fired [-ˌfaɪəd] *adj* a óleo.

oil painting *n* **-1.** [art] pintura *f* a óleo **-2.** [picture] quadro *m* a óleo.

oilrig ['ɔɪlrɪg] *n* plataforma *f* petrolífera.

oilskins ['ɔɪlskɪnz] *npl* capa *f* de oleado.

oil slick *n* mancha *f* de óleo.

oil tanker *n* **-1.** [ship] petroleiro *m* **-2.** [lorry] caminhão *m* -tanque.

oil well *n* poço *m* de petróleo.

oily ['ɔɪlɪ] (*compar* **-ier**, *superl* **-iest**) *adj* [covered in oil] gorduroso(sa).

ointment ['ɔɪntmənt] *n* pomada *f*.

OK (*pl* **OKs**, *pt* & *pp* **OKed**, *cont* **OKing**), **okay** [ˌəʊ'keɪ] *inf* <> *adj*: **are you ~?** você está bem?; **to be ~ with** OR **by sb** estar tudo bem com alguém. <> *adv* [well] bem. <> *excl* **-1.** [asking for, expressing agreement] está bem!, tá (bem/bom)! **-2.** [fair enough] certo! **-3.** [to introduce new topic] bom! <> *vt* aprovar.

old [əʊld] <> *adj* **-1.** [aged, ancient, longstanding] velho(lha) **-2.** [referring to age]: **how ~ are you?** quantos anos você tem? **-3.** [former, ancient, out-of-date] antigo(ga) **-4.** *inf* [for emphasis]: **any ~ clothes will do** qualquer roupa serve; **any ~ how** de qualquer jeito. <> *npl*: **the ~** os idosos.

old age *n (U)* velhice *f*.

old age pensioner *n UK* aposentado *m*, -da *f* por idade.

Old Bailey [-'beɪlɪ] *n*: **the ~** *o prédio do Tribunal Criminal (de Londres).*

old-fashioned [-'fæʃnd] *adj* **-1.** [outmoded] antiquado(da) **-2.** [traditional] tradicional.

old people's home *n* lar *m* de idosos.

O level (*abbr of* **ordinary level**) *n UK até há pouco tempo, primeira etapa do GCE, exame prestado pelos estudantes britânicos aos 16 anos, agora substituído pelo GCSE.*

olive ['ɒlɪv] <> *adj* da cor de oliva. <> *n* [fruit] azeitona *f*.

olive green *adj* verde-oliva.

olive oil *n (U)* azeite *m* de oliva.

Olympic [ə'lɪmpɪk] *adj* olímpico(ca).

◆ **Olympics** *npl*: **the ~s** as Olimpíadas.

Olympic Games *npl*: **the ~** os Jogos Olímpicos.

ombudsman ['ɒmbʊdzmən] (*pl* **-men** [-mən]) *n* ombudsman *mf*.

omelet(te) ['ɒmlɪt] *n* omelete *f*.

omen ['əʊmen] *n* presságio *m*.

ominous ['ɒmɪnəs] *adj* **-1.** ominoso(sa) **-2.** [threatening] ameaçador(ra).

omission [ə'mɪʃn] *n* omissão *f*.

omit [ə'mɪt] (*pt* & *pp* **-ted**, *cont* **-ting**) *vt* omitir; **to ~ to do sthg** deixar de fazer algo.

omnibus ['ɒmnɪbəs] *n* **-1.** [book] antologia *f* **-2.** *UK* RADIO & TV programa *f* de variedades.

on [ɒn] <> *prep* **-1.** [expressing position, location] em, sobre; **it's ~ the table** está na mesa, está sobre a mesa; **put it ~ the table** ponha-o na OR sobre a mesa; **~ my right** à minha direita; **~ the right** à direita; **a picture ~ the wall** um quadro na parede; **the exhaust ~ the car** o cano de descarga do carro; **we stayed ~ a farm** ficamos numa fazenda. **-2.** [with forms of transportation]: **~ the plane** no avião; **to get ~ a bus** subir num ônibus. **-3.** [expressing means, method] em; **~ foot** a pé; **~ the radio** no rádio; **~ TV** na televisão; **paid ~ an hourly basis** pago por hora. **-4.** [using] a; **it runs ~ unleaded gas** funciona com gasolina sem chumbo; **to be ~ drugs** drogar-se; **to be ~ medication** estar tomando medicamentos. **-5.** [about] sobre; **a book ~ Germany** um livro sobre a Alemanha. **-6.** [expressing time]: **~ arrival** ao chegar; **~ Tuesday** na terça-feira;

~ **August 25th** no dia 25 de agosto. **-7.** [with regard to] em, sobre; **a tax ~ imports** um imposto sobre as importações; **the effect ~ the country** o impacto no país. **-8.** [describing activity, state]: **~ vacation** de férias; **~ sale** à venda. **-9.** [in phrases]: **do you have any money ~ you?** *inf* você tem dinheiro?; **the drinks are ~ me** as bebidas são por minha conta. <> *adv* **-1.** [in place, covering]: **to put one's clothes ~** vestir-se; **to put the lid ~** tapar. **-2.** [movie, play, programme]: **the news is ~** está passando o telejornal; **what's ~ at the movies?** o que é que está passando no cinema? **-3.** [with transportation]: **to get ~** subir. **-4.** [functioning]: **to turn sthg ~** [TV, radio, light] ligar *OR* acender algo; [tap] abrir algo; [engine] pôr algo para trabalhar. **-5.** [taking place]: **how long is the festival ~?** quanto tempo dura o festival?; **the game is already ~** o jogo já começou. **-6.** [farther forward]: **to drive ~** continuar a dirigir. **-7.** [in phrases]: **I already have something ~ tonight** já tenho planos para esta noite. <> *adj* [TV, radio, light] ligado(da), aceso(sa); [tap] aberto(ta); [engine] funcionando.

Ver **at**.

once [wʌns] <> *adv* **-1.** [on one occasion] uma vez; **~ again** *OR* **more** [one more time] outra vez; [yet again] novamente; **~ and for all** de uma vez por todas; **~ in a while** de vez em quando; **~ or twice** uma vez ou duas; **for ~** ao menos uma vez **-2.** [previously, formerly] outrora; **~ upon a time** era uma vez. <> *conj* assim que, quando.

◆ **at once** *adv* **-1.** [immediately] imediatamente **-2.** [at the same time] ao mesmo tempo; **all at ~** de repente.

oncoming [ˈɒn,kʌmɪŋ] *adj* **-1.** [traffic, vehicle] em sentido contrário **-2.** [danger] iminente.

one [wʌn] <> *num* um (uma); **thirty-~** trinta e um; **~ fifth** um quinto. <> *adj* [only] único(ca); **~ day** um dia. <> *pron* [referring to a particular thing or person] um *m*, uma *f*; **the green ~** o verde; **that ~** aquele *m*, aquela *f*.

Cuidado para não confundir o artigo indefinido (*a/an*) com o numeral um. Na sentença *a holdall is no good - you need a suitcase* uma sacola não serve; você precisa de uma mala, *holdall* se opõe a *suitcase*; mas *one suitcase is no good - we've got enough clothes to fill three* uma mala não basta; temos roupa suficiente para encher três, *one* se opõe a *three*.

O uso do pronome *one* para falar de si mesmo ou de pessoas em geral (*how does one spell 'focused'?*) é muito formal. Nesses casos, geralmente emprega-se *you (how do you spell 'focused'?* como se escreve 'focused'?).

one-armed bandit *n* caça-níqueis *m*.

one-man *adj* individual, solo.

one-man band *n* [musician] homem-orquestra *m*.

one-off *inf* <> *adj* único(ca). <> *n* **-1.** [unique event, person] único *m*, -ca *f* **-2.** [unique product] exemplar *m* único.

one-on-one *adj US* = **one-to-one**.

one-parent family *n* família *f* que possui apenas um dos pais.

oneself [wʌnˈself] *pron fml* **-1.** *(reflexive)* se **-2.** *(after prep)* si próprio(pria), si mesmo(ma).

one-sided [-ˈsaɪdɪd] *adj* **-1.** [unequal] desigual, unilateral **-2.** [biased] parcial.

one-to-one *UK*, **one-on-one** *US adj* **-1.** [discussion] entre dois **-2.** [tuition] individual.

one-touch dialling *UK*, **one-touch dialing** *US n* discagem *f* automática.

one-upmanship [,wʌnˈʌpmənʃɪp] *n (U) capacidade de parecer ser melhor que os outros.*

one-way *adj* **-1.** [moving in one direction] de mão única **-2.** [for outward travel only] só de ida.

ongoing [ˈɒn,gəʊɪŋ] *adj* em andamento, atual.

onion [ˈʌnjən] *n* cebola *f*.

online [ˈɒnlaɪn] *COMPUT adj & adv* on-line.

online banking *n* serviço *m* de banco online.

online shopping *n* compras *fpl* on-line.

onlooker [ˈɒn,lʊkəʳ] *n* espectador *m*, -ra *f*.

only [ˈəʊnlɪ] <> *adj* único(ca); **an ~ child** um filho único. <> *adv* **-1.** [exclusively] só **-2.** [merely, just] apenas, só **-3.** [for emphasis] só; **I was ~ too willing to help** eu queria tanto ajudar; **it's ~ natural you should be upset** é bastante natural que você fique perturbado; **not ~ ... but also** não apenas ... mas também; **~ just** por pouco. <> *conj* só que.

onset [ˈɒnset] *n* começo *m*.

onshore [ˈɒnʃɔːʳ] <> *adj* **-1.** [on land] terrestre **-2.** [moving towards land] em direção à costa. <> *adv* **-1.** [on land] em terra **-2.** [towards land] para a praia.

onslaught [ˈɒnslɔːt] *n* investida *f*.

onto [*unstressed before consonant* ˈɒntə, *unstressed before vowel* ˈɒntʊ, *stressed* ˈɒntuː] *prep* ▷ **on**.

onus [ˈəʊnəs] *n* ônus *m*.

onward [ˈɒnwəd] <> *adj* [advancing - in time] para a frente; [- in space] adiante, para a frente. <> *adv* = **onwards**.

onwards [ˈɒnwədz] *adv* [forwards - in space] para a frente; [- in time] em diante.

ooze [uːz] <> *vt fig* exalar. <> *vi* exsudar; **to ~ from** *OR* **out of sthg** transpirar por algo; **sweat ~d from every pore** o suor transpirava-lhe por todos os poros.

opaque [əʊˈpeɪk] *adj* **-1.** [not transparent] opa-

co(ca) **-2.** *fig* [obscure] obscuro(ra).
OPEC ['əʊpek] (*abbr of* **Organization of the Petroleum Exporting Countries**) *n* OPEP *f*.
open ['əʊpn] ◇ *adj* **-1.** [gen] aberto(ta); **to be ~ to sthg** [ready to accept] ser aberto(ta) a algo; **to be ~ to sb** [opportunity, choice] estar aberto(ta) a alguém **-2.** [frank] franco(ca) **-3.** [unfastened] desdobrado(da) **-4.** [meeting, competition, invitation] aberto(ta) a todos **-5.** [unconcealed] manifesto(ta). ◇ *n*: **in the ~** [in the fresh air] ao ar livre; **to bring sthg out into the ~** pôr algo para fora. ◇ *vt* **-1.** [gen] abrir **-2.** [inaugurate] inaugurar. ◇ *vi* abrir.
◆ **open on to** *vt fus* [subj: room, door] dar para.
◆ **open up** ◇ *vt* [unlock door] destrancar a porta. ◇ *vi* **-1.** [gen] abrir-se **-2.** [shop, house] abrir.
opener ['əʊpnəʳ] *n* abridor *m*.
opening ['əʊpnɪŋ] ◇ *adj* [first] primeiro(ra). ◇ *n* **-1.** [beginning] lançamento *m* **-2.** [gap] abertura *f* **-3.** [opportunity] oportunidade *f*; **~ for sthg** oportunidade para algo **-4.** [job vacancy] vaga *f*.
opening hours *npl* horário *m* de funcionamento.
openly ['əʊpənlɪ] *adv* abertamente.
open-minded [-'maɪndɪd] *adj* compreensivo(va), sem preconceitos.
open-plan *adj* sem divisórias.
Open University *n UK*: **the ~** *universidade britânica para alunos adultos que estudam em casa, através de uma combinação de programas de rádio e televisão e ensino à distância.*
opera ['ɒpərə] *n* ópera *f*.
opera house *n* teatro *m* lírico.
operate ['ɒpəreɪt] ◇ *vt* **-1.** [cause to work] operar **-2.** *COMM* [manage] dirigir. ◇ *vi* **-1.** [function] funcionar **-2.** *COMM* dirigir **-3.** *MED* operar; **to ~ on sb/sthg** operar alguém/algo.
operating theatre *UK*, **operating room** *US* ['ɒpəreɪtɪŋ-] *n* sala *f* de operações.
operation [ˌɒpə'reɪʃn] *n* **-1.** [gen] operação *f* **-2.** *MIL* manobra *f* **-3.** *COMM* administração *f* **-4.** *(U)* [functioning] funcionamento *m*; **in ~** [machine, device] em funcionamento; [law, system] em vigor **-5.** *MED* operação *f*, cirurgia *f*; **to have an ~ on one's knee** ser operado(da) no joelho; **to perform a kidney transplant ~** fazer uma cirurgia de transplante renal.
operational [ˌɒpə'reɪʃənl] *adj* operacional.
operative ['ɒprətɪv] ◇ *adj* [law] em vigor; [system] vigente. ◇ *n* [in factory] operário *m*, -ria *f*.
operator ['ɒpəreɪtəʳ] *n* **-1.** *TELEC* telefonista *mf* **-2.** [technician] operador *m*, -ra *f* **-3.** *COMM* [person in charge] encarregado *m*, -da *f*.
opinion [ə'pɪnjən] *n* opinião *f*; **to be of the ~ that** ser da opinião de que; **in my ~** na minha opinião.
opinionated [ə'pɪnjəneɪtɪd] *adj pej* teimoso(sa), cabeça-dura.
opinion poll *n* pesquisa *f* de opinião.
opponent [ə'pəʊnənt] *n* adversário *m*, -ria *f*.
opportune ['ɒpətju:n] *adj* oportuno(na).
opportunist [ˌɒpə'tju:nɪst] *n* oportunista *mf*.
opportunity [ˌɒpə'tju:nətɪ] (*pl* **-ies**) *n* oportunidade *f*; **to take the ~ to do** *OR* **of doing sthg** aproveitar a oportunidade para fazer algo.
oppose [ə'pəʊz] *vt* opor-se a.
opposed [ə'pəʊzd] *adj* oposto(ta); **to be ~ to sthg** opor-se a algo; **as ~ to** em oposição a, em vez de; **I like beer ~ to wine** prefiro vinho a cerveja.
opposing [ə'pəʊzɪŋ] *adj* oposto(ta), contrário(ria).
opposite ['ɒpəzɪt] ◇ *adj* **-1.** [facing] em frente; **the ~ side (of the street/house/door)** o outro lado (da rua/casa/porta) **-2.** [very different]: **~ (to sthg)** oposto(ta) (a algo). ◇ *adv* (lá) em frente. ◇ *prep* [facing] em frente a. ◇ *n* [contrary] contrário *m*.
opposite number *n* número *m* equivalente.
opposition [ˌɒpə'zɪʃn] *n* **-1.** *(U)* [gen] oposição *f* **-2.** [opposing team] adversário *m*, -ria *f*.
◆ **Opposition** *n UK POL*: **the Opposition** a Oposição.
oppress [ə'pres] *vt* **-1.** [tyrannize] oprimir **-2.** [subj: anxiety, atmosphere] deprimir.
oppressive [ə'presɪv] *adj* **-1.** [gen] opressivo(va) **-2.** [heat, weather] sufocante.
opt [ɒpt] ◇ *vt*: **to ~ to do sthg** optar por *OR* preferir fazer algo. ◇ *vi*: **to ~ for sthg** optar por *OR* escolher algo.
◆ **opt in** *vi*: **to ~ in (to sthg)** optar por participar (de algo).
◆ **opt out** *vi*: **to ~ out (of sthg)** optar por não participar (de algo); [give up] abrir mão (de algo).
optical ['ɒptɪkl] *adj* **-1.** [relating to light] óptico(ca) **-2.** [visual] visual.
optician [ɒp'tɪʃn] *n* oculista *mf*; **~'s** óptica *f*.
optimist ['ɒptɪmɪst] *n* otimista *mf*.
optimistic [ˌɒptɪ'mɪstɪk] *adj* otimista.
optimum ['ɒptɪməm] *adj* ótimo(ma).
option ['ɒpʃn] *n* [choice] opção *f*; **to have the ~ to do** *OR* **of doing sthg** ter a opção de fazer algo.
optional ['ɒpʃənl] *adj* opcional.
or [ɔ:ʳ] *conj* **-1.** [gen] ou **-2.** [after negative] nem; **he can't read ~ write** ele não sabe ler nem escrever **-3.** [otherwise] senão; **I'd better go now ~ I'll miss my plane** acho melhor eu ir logo, senão vou perder o vôo.

Ver **either**.

oral ['ɔ:rəl] <> *adj* **-1.** [spoken] oral **-2.** [relating to the mouth] bucal. <> *n* exame *m* oral.
orally ['ɔ:rəlɪ] *adv* **-1.** [in spoken form] oralmente **-2.** [via the mouth] por via oral.
orange ['ɒrɪndʒ] <> *adj* [colour] laranja. <> *n* **-1.** [fruit] laranja *f* **-2.** *(U)* [colour] laranja *m inv*.
orange juice *n* suco *m* de laranja.
orator ['ɒrətəʳ] *n* orador *m*, -ra *f*.
orbit ['ɔ:bɪt] <> *n* órbita *f*. <> *vt* orbitar.
orbital road *n UK estrada que circunda uma cidade*.
orchard ['ɔ:tʃəd] *n* pomar *m*.
orchestra ['ɔ:kɪstrə] *n* orquestra *f*.
orchestral [ɔ:'kestrəl] *adj* orquestral.
orchid ['ɔ:kɪd] *n* orquídea *f*.
ordain [ɔ:'deɪn] *vt* **-1.** *fml* [decree] ordenar, decretar **-2.** RELIG: **to be ~ed** ser ordenado(da).
ordeal [ɔ:'di:l] *n* experiência *f* traumática, provação *f*.
order ['ɔ:dəʳ] <> *n* **-1.** [gen] ordem *f*; **to be under ~s to do sthg** receber ordens para fazer algo; **in ~** em ordem; **in working ~** em funcionamento; **to be out of ~** [not working] estar fora de operação, não estar funcionando; [in meeting, debate] agir de forma inaceitável; [behaviour] ser improcedente **-2.** COMM [request] pedido *m*; **to place an ~ with sb for sthg** encomendar algo com alguém; **to ~** sob encomenda **-3.** *US* [portion] porção *f*. <> *vt* **-1.** [command] ordenar; **to ~ sb to do sthg** ordenar alguém a fazer algo; **to ~ that** ordenar que **-2.** [request - drink, food, shopping item] pedir; [- taxi] chamar.
◆ **in the order of** *UK*, **on the order of** *US prep* da ordem de.
◆ **in order that** *conj* a fim de que, para que.
◆ **in order to** *conj* para.
◆ **order about, order around** *vt sep*: **he's always ~ing people about** ele está sempre mandando nas pessoas.
order form *n* formulário *m* de encomenda.
orderly ['ɔ:dəlɪ] (*pl* **-ies**) <> *adj* **-1.** [person] obediente **-2.** [room, office] ordenado(da). <> *n* [in hospital] assistente *mf*.
ordinarily ['ɔ:dənrəlɪ] *adv* [normally] geralmente.
ordinary ['ɔ:dənrɪ] <> *adj* **-1.** [normal] comum, normal **-2.** *pej* [unexceptional] medíocre. <> *n*: **out of the ~** fora do comum.
ordnance ['ɔ:dnəns] *n* **-1.** [military supplies] arsenal *f* bélico **-2.** [artillery] artilharia *f*.
ore [ɔ:ʳ] *n* minério *m*.
oregano [,ɒrɪ'gɑ:nəʊ] *n (U)* orégano *m*.
organ ['ɔ:gən] *n* **-1.** [gen] órgão *m* **-2.** *fig* [mouthpiece] órgão *m*.
organic [ɔ:'gænɪk] *adj* orgânico(ca).
organic farming *n* agricultura *f* orgânica.
organization [,ɔ:gənaɪ'zeɪʃn] *n* organização *f*.
organize, -ise ['ɔ:gənaɪz] *vt* organizar.
organizer ['ɔ:gənaɪzəʳ] *n* [person] organizador *m*, -ra *f*.
orgasm ['ɔ:gæzm] *n* orgasmo *m*.
orgy ['ɔ:dʒɪ] (*pl* **-ies**) *n* orgia *f*.
Orient ['ɔ:rɪənt] *n*: **the ~** o Oriente.
oriental [,ɔ:rɪ'entl] *adj* oriental.
orienteering [,ɔ:rɪən'tɪərɪŋ] *n (U) esporte no qual as pessoas utilizam um mapa e uma bússola para se orientar*, corrida *f* de orientação.
origami [,ɒrɪ'gɑ:mɪ] *n (U)* origami *m*.
origin ['ɒrɪdʒɪn] *n* origem *f*; **country of ~** país *m* de origem.
◆ **origins** *npl* origens *fpl*.
original [ɒ'rɪdʒənl] <> *adj* original. <> *n* original *m*.
originally [ə'rɪdʒənəlɪ] *adv* [initially] originalmente.
originate [ə'rɪdʒəneɪt] <> *vt* originar, produzir. <> *vi*: **to ~ (in)** originar-se (em), surgir (de); **to ~ from** originar-se de.
Orkney Islands ['ɔ:knɪ-], **Orkneys** ['ɔ:knɪz] *npl*: **the ~** as Ilhas Órcadas.
ornament ['ɔ:nəmənt] *n* ornamento *m*.
ornamental [,ɔ:nə'mentl] *adj* ornamental.
ornate [ɔ:'neɪt] *adj* ornado(da).
ornithology [,ɔ:nɪ'θɒlədʒɪ] *n (U)* ornitologia *f*.
orphan ['ɔ:fn] <> *n* órfão *m*, -fã *f*. <> *vt*: **to be ~ed** ficar órfão(fã).
orphanage ['ɔ:fənɪdʒ] *n* orfanato *m*.
orthodox ['ɔ:θədɒks] *adj* ortodoxo(xa).
orthopaedic [,ɔ:θə'pi:dɪk] *adj* ortopédico(ca).
orthopedic *etc*. [,ɔ:θə'pi:dɪk] *adj* = **orthopaedic** *etc*.
oscillate ['ɒsɪleɪt] *vi* **-1.** [from side to side] oscilar **-2.** *fig* [vacillate]: **to ~ between** oscilar entre.
Oslo ['ɒzləʊ] *n* Oslo; **in ~** em Oslo.
ostensible [ɒ'stensəbl] *adj* ostensivo(va).
ostentatious [,ɒstən'teɪʃəs] *adj* ostentoso(sa).
osteopath ['ɒstɪəpæθ] *n* osteopático *m*, -ca *f*.
ostracize, -ise ['ɒstrəsaɪz] *vt* condenar ao ostracismo.
ostrich ['ɒstrɪtʃ] *n* avestruz *mf*.
other ['ʌðəʳ] <> *adj* **-1.** [gen] outro(tra); **the ~ one** o outro, a outra **-2.** *phr*: **the ~ day** no outro dia; **the ~ week** na outra semana. <> *adv*: **~ than** a não ser; **to be none ~ than** ser nem mais nem menos que. <> *pron*: **the ~** o outro, a outra; **~s** outros(tras); **the ~s** os outros, as outras; **one after the ~** um atrás do outro, uma atrás da outra; **one or ~ of you must help me** um de vocês dois deve me ajudar.
◆ **something or other** *pron* uma coisa ou outra.

◆ **somehow or other** *adv* de um jeito ou de outro.

otherwise ['ʌðəwaɪz] ◇ *adv* **-1.** [apart from that] de resto, tirando isso **-2.** [differently, in a different way] de outra maneira; **deliberately or ~** intencionalmente ou não. ◇ *conj* [or else] senão, do contrário.

otter ['ɒtəʳ] *n* lontra *f*.

ouch [aʊtʃ] *excl* ai!

ought [ɔ:t] *aux vb* dever; **I really ~ to go** eu realmente deveria ir; **you ~ not to have done that** você não deveria ter feito isso; **she ~ to pass her exam** ela tem chance de passar no exame.

Ought to have seguido de um particípio pode expressar arrependimento (*I ought to have called on her birthday* eu deveria ter ligado no aniversário dela) ou reprovação (*you ought to have been more careful* você deveria ter sido mais cuidadoso).

ounce [aʊns] *n* **-1.** [unit of measurement] onça *f* **-2.** *fig* [small amount]: **an ~ of,** um pouco de.

our ['aʊəʳ] *poss adj* nosso(a); **~ books** os nossos livros.

ours ['aʊəz] *poss pron* o nosso (a nossa); **a friend of ~** um amigo nosso; **those shoes are ~** estes sapatos são (os) nossos; **~ are here - where are yours?** os nossos estão aqui - onde estão os seus?

ourselves [aʊə'selvz] *pron pl* **-1.** *(reflexive)* nos **-2.** *(after prep)* nós mesmos(mas), nós próprios(prias); **we did it ~** nós mesmos *OR* próprios o fizemos.

oust [aʊst] *vt fml*: **to ~ sb (from sthg)** expulsar alguém (de algo).

out [aʊt] ◇ *adj* [light, cigarette] apagado(da); [not in fashion] fora de moda; **cargo pants are so ~** as calças cargo estão tão fora de moda. ◇ *adv* **-1.** [outside] fora; **to get/go ~ (of)** sair (de); **it's cold ~ today** está frio lá fora hoje; **he looked ~** ele olhou para fora. **-2.** [not at home, work] fora; **to be ~** não estar em casa; **to go ~** sair. **-3.** [so as to be extinguished]: **to turn sthg ~** apagar algo; **put your cigarette ~** apague o cigarro. **-4.** [expressing removal]: **to pour sthg ~** despejar algo, jogar algo fora; **to take money ~** [from cashpoint] retirar dinheiro; **to take sthg ~ (of)** tirar algo (de). **-5.** [outwards]: **to stick ~** sobressair. **-6.** [expressing distribution]: **to hand sthg ~** distribuir algo. **-7.** [in phrases]: **to get enjoyment ~ of sthg** divertir-se com algo; **stay ~ of the sun** não se exponha ao sol; **made ~ of wood** (feito) de madeira; **five ~ of ten women** cinco em cada dez mulheres; **I'm ~ of cigarettes** não tenho cigarros.

out-and-out *adj* completo(ta), absoluto(ta).

outback ['aʊtbæk] *n*: **the ~** *o interior da Austrália.*

outboard (motor) ['aʊtbɔ:d-] *n* motor *m* de popa.

outbreak ['aʊtbreɪk] *n* **-1.** [of crime, violence] explosão *f* **-2.** [of disease] surto *m* **-3.** [of war] deflagração *f*.

outburst ['aʊtbɜ:st] *n* **-1.** [of emotion] manifestação *f* **-2.** [sudden occurrence] explosão *f*.

outcast ['aʊtkɑ:st] *n* rejeitado *m*, -da *f*.

outcome ['aʊtkʌm] *n* resultado *m*.

outcrop ['aʊtkrɒp] *n* afloramento *m*.

outcry ['aʊtkraɪ] (*pl* **-ies**) *n* protestos *mpl*.

outdated [,aʊt'deɪtɪd] *adj* ultrapassado(da), fora de moda.

outdid [,aʊt'dɪd] *pt* ▷ **outdo**.

outdo [,aʊt'du:] (*pt* **-did**, *pp* **-done** [-dʌn]) *vt* ultrapassar, superar.

outdoor ['aʊtdɔ:ʳ] *adj* ao ar livre.

outdoors [aʊt'dɔ:z] *adv* ao ar livre; **let's eat ~** vamos comer fora.

outer ['aʊtəʳ] *adj* externo(na); **Outer London** a Grande Londres.

outer space *n (U)* espaço *m* exterior.

outfit ['aʊtfɪt] *n* **-1.** [clothes] vestimenta *f*; [fancy dress] traje *m* **-2.** *inf* [organization] agrupamento *m*, grupo *m*.

outfitters ['aʊt,fɪtəz] *n UK dated* confecção *f*.

outgoing ['aʊt,gəʊɪŋ] *adj* **-1.** [leaving] de partida **-2.** [friendly, sociable] extrovertido(da), aberto(ta).

◆ **outgoings** *npl UK* despesas *fpl*.

outgrow [,aʊt'grəʊ] (*pt* **-grew**, *pp* **-grown**) *vt* **-1.** [grow too big for]: **he has ~n his shirts** as camisas ficaram pequenas para ele **-2.** [grow too old for] ser muito grande para.

outhouse ['aʊthaʊs, *pl* -haʊzɪz] *n* dependência *f*.

outing ['aʊtɪŋ] *n* [trip] excursão *f*.

outlandish [aʊt'lændɪʃ] *adj* estranho(nha), extravagante.

outlaw ['aʊtlɔ:] ◇ *n* fora-da-lei *mf*. ◇ *vt* [make illegal] declarar ilegal.

outlay ['aʊtleɪ] *n* despesa *f*, desembolso *m*.

outlet ['aʊtlet] *n* **-1.** [for feelings] escape *m* **-2.** [hole, pipe] saída *f* **-3.** [shop] ponto *m* de venda **-4.** *US ELEC* tomada *f*.

outline ['aʊtlaɪn] ◇ *n* **-1.** [brief description] linhas *fpl* gerais, esboço *m*; **in ~** em linhas gerais **-2.** [silhouette] contorno *m*. ◇ *vt* [describe briefly] resumir, esboçar.

outlive [,aʊt'lɪv] *vt* [subj: person] viver mais que.

outlook ['aʊtlʊk] *n* **-1.** [attitude, disposition] postura *f*, atitude *f* **-2.** [prospect] perspectiva *f*.

outlying ['aʊt,laɪɪŋ] *adj* distante, remoto(ta).

outmoded [,aʊt'məʊdɪd] *adj* antiquado(da), fora de moda.

outnumber [,aʊt'nʌmbəʳ] *vt* exceder em número.

out-of-date *adj* **-1.** [passport, season ticket] expirado(da) **-2.** [clothes, belief] antiquado(da).

out of doors *adv* ao ar livre.

out-of-the-way *adj* [isolated] remoto(ta).

outpatient [ˈaʊtˌpeɪʃnt] *n* paciente *mf* ambulatorial.

outpost [ˈaʊtpəʊst] *n fig* [bastion] posto *m* avançado.

output [ˈaʊtpʊt] *n* **-1.** [production] produção *f* **-2.** [*COMPUT* - printing out] saída *f*; [- printout] cópia *f* impressa.

outrage [ˈaʊtreɪdʒ] <> *n* **-1.** *(U)* [anger, shock] indignidade *f* **-2.** [atrocity] atrocidade *f*, ultraje *m*. <> *vt* ultrajar.

outrageous [aʊtˈreɪdʒəs] *adj* **-1.** [offensive, shocking] ultrajante **-2.** [extravagant, wild] extravagante.

outright [*adj* ˈaʊtraɪt, *adv* ˌaʊtˈraɪt] <> *adj* **-1.** [categoric, direct] claro(ra), categórico(ca) **-2.** [total, complete - disaster] completo(ta); [- victory, winner] indiscutível. <> *adv* **-1.** [ask] abertamente, francamente **-2.** [win, fail] indiscutivelmente, completamente **-3.** [deny] categoricamente.

outset [ˈaʊtset] *n*: **at the ~** no princípio; **from the ~** desde o princípio.

outside [*adv* ˌaʊtˈsaɪd, *adj, prep & n* ˈaʊtsaɪd] <> *adj* **-1.** [gen] externo(na) **-2.** [unlikely] remoto(ta). <> *adv* (lá) fora; **to look ~** olhar para fora; **to run ~** correr lá fora; **to go ~** ir lá para fora. <> *prep* **-1.** [not inside] fora de; **we live half an hour ~ London** moramos a meia hora de Londres **-2.** [beyond] além de. <> *n* [exterior] exterior *m*.

◆ **outside of** *prep* **US** [apart from] exceto.

outside lane *n AUT* **-1.** [in UK] faixa *f* da direita **-2.** [in mainland Europe, US, Brazil etc.] faixa *f* da esquerda.

outside line *n* linha *f* externa.

outsider [ˌaʊtˈsaɪdəʳ] *n* **-1.** *SPORT* azarão *m* **-2.** [from outside social group] estranho *m*, -nha *f*, desconhecido *m*, -da *f*.

outsize [ˈaʊtsaɪz] *adj* **-1.** [book, portion] enorme **-2.** [clothes] extra-grande.

outskirts [ˈaʊtskɜːts] *npl*: **the ~** os arredores.

outsource [ˈaʊtsɔːs] *vt COMM* terceirizar.

outsourcing [ˈaʊtsɔːsɪŋ] *n COMM* terceirização *f*.

outspoken [ˌaʊtˈspəʊkn] *adj* franco(ca).

outstanding [ˌaʊtˈstændɪŋ] *adj* **-1.** [excellent] destacado(da), notável **-2.** [very obvious, important] notável **-3.** [pending] pendente.

outstay [ˌaʊtˈsteɪ] *vt*: **to ~ one's welcome** abusar da hospitalidade de alguém.

outstretched [ˌaʊtˈstretʃt] *adj* estendido(da).

outstrip [ˌaʊtˈstrɪp] (*pt* & *pp* **-ped**, *cont* **-ping**) *vt* **-1.** [do better than] superar **-2.** [run faster than] ultrapassar, deixar para trás.

out-tray *n* bandeja *f* de saída.

outward [ˈaʊtwəd] <> *adj* **-1.** [going away] de ida **-2.** [apparent] aparente **-3.** [visible] visível.

outwardly [ˈaʊtwədlɪ] *adv* [apparently] aparentemente.

outweigh [ˌaʊtˈweɪ] *vt* pesar mais que.

outwit [ˌaʊtˈwɪt] (*pt* & *pp* **-ted**, *cont* **-ting**) *vt* ser mais esperto(ta) que.

oval [ˈəʊvl] <> *adj* oval. <> *n* oval *m*.

Oval Office *n*: **the ~** o Salão Oval.

ovary [ˈəʊvərɪ] (*pl* **-ies**) *n ANAT* ovário *m*.

ovation [əʊˈveɪʃn] *n* ovação *f*; **a standing ~** ovação com o público de pé.

oven [ˈʌvn] *n* [for cooking] forno *m*.

ovenproof [ˈʌvnpruːf] *adj* refratário(ria).

over [ˈəʊvəʳ] <> *prep* **-1.** [gen] sobre; **put your coat ~ that chair** ponha o seu casaco naquela cadeira; **to rule ~ a country** governar um país **-2.** [directly above] sobre, em cima de **-3.** [on the far side of] ao outro lado de **-4.** [across the surface of] por; **she walked ~ the lawn** ela caminhou pelo gramado **-5.** [across the top or edge of] por cima de **-6.** [more than] mais de; **~ and above** bem acima de **-7.** [by means of] por **-8.** [concerning, due to] por; **it was a fight ~ a woman, I think** era uma disputa por uma mulher, acho eu **-9.** [during] durante **-10.** [recovered from] recuperado(da) (de). <> *adv* **-1.** [distance away] lá; **~ here/there** por aqui, lá **-2.** [across]: **to cross ~** cruzar; **they flew ~ to America** eles voaram para a América; **~ at mum's** na casa da minha mãe; **to ask sb ~** convidar alguém para ir lá em casa **-3.** [to face a different way]: **to turn sth ~** virar algo **-4.** [more] mais **-5.** [remaining]: **that leaves £2 ~** isso nos sobra £2; **I ate the piece of cake left ~** comi o pedaço de bolo que sobrou **-6.** *RADIO* câmbio; **~ and out!** câmbio e desligo! **-7.** [involving repetitions]: **(all) ~ again** (tudo) novamente; **~ and ~ (again)** várias e várias vezes. <> *adj* [finished] acabado(da); **the meeting was ~ by seven** a reunião acabou às sete horas.

◆ **all over** <> *adv* [everywhere] por todas as partes. <> *adj* [finished] acabado(da).

overall [*adj & n* ˈəʊvərɔːl, *adv* ˌəʊvərˈɔːl] <> *adj* [total] global, total. <> *adv* **-1.** [in total] no geral **-2.** [in general] normalmente, em geral. <> *n* **-1.** [coat] avental *m*, guarda-pó *m* **-2.** **US** [with trousers] macacão *m*.

◆ **overalls** *npl* macacão *m*.

overawe [ˌəʊvərˈɔː] *vt* intimidar.

overbalance [ˌəʊvəˈbæləns] *vi* perder o equilíbrio.

overbearing [ˌəʊvəˈbeərɪŋ] *adj pej* arrogante.

overboard [ˈəʊvəbɔːd] *adv NAUT*: **to fall ~** cair ao mar.

overbook [ˌəʊvəˈbʊk] *vi* ter mais reservas que lugares; **the plane was ~** deu overbook no avião.
overcame [ˌəʊvəˈkeɪm] *pt* ▷ **overcome**.
overcast [ˈəʊvəkɑːst] *adj* carregado(da), nublado (da).
overcharge [ˌəʊvəˈtʃɑːdʒ] *vt*: **to ~ sb (for sthg)** cobrar de alguém em excesso (por algo).
overcoat [ˈəʊvəkəʊt] *n* sobretudo *m*.
overcome [ˌəʊvəˈkʌm] (*pt* **-came**, *pp* **-come**) *vt* **-1.** [control, deal with] superar, vencer **-2.** [overwhelm]: **to be ~ (by** OR **with sthg)** [emotion] estar tomado(da) (por algo); [smoke, fumes] estar asfixiado(da) (por algo).
overcrowded [ˌəʊvəˈkraʊdɪd] *adj* **-1.** [room, building] superlotado(da) **-2.** [city, country] superpovoado(da).
overcrowding [ˌəʊvəˈkraʊdɪŋ] *n* **-1.** *(U)* [of room, building] superlotação *f* **-2.** *(U)* [of city, country] superpovoamento *m*.
overdo [ˌəʊvəˈduː] (*pt* **-did** [-dɪd], *pp* **-done**) *vt* **-1.** *pej* [exaggerate] exagerar **-2.** [do too much]: **to ~ the walking** caminhar demais; **the doctor told her not to ~ it** o médico disse para ela pegar leve OR não exagerar **-3.** [overcook] cozinhar demais.
overdone [ˌəʊvəˈdʌn] ◇ *pp* ▷ **overdo**. ◇ *adj*: **it's ~** cozinhou demais.
overdose [ˈəʊvədəʊs] *n* overdose *f*.
overdraft [ˈəʊvədrɑːft] *n* saldo *m* negativo.
overdrawn [ˌəʊvəˈdrɔːn] *adj* **-1.** [person]: **to be ~** ter saldo negativo **-2.** [account] no negativo.
overdue [ˌəʊvəˈdjuː] *adj* **-1.** [gen] atrasado(da); **I'm ~ for a dental checkup** já está na hora de eu fazer a revisão no dentista **-2.** [needed, awaited]: **(long) ~** (há muito) esperado(da).
overestimate [ˌəʊvərˈestɪmeɪt] *vt* superestimar.
overflow [*vb* ˌəʊvəˈfləʊ, *n* ˈəʊvəfləʊ] ◇ *vi* transbordar; **to be ~ing (with sthg)** estar transbordando (de algo). ◇ *n* ladrão *m*.
overgrown [ˌəʊvəˈgrəʊn] *adj* coberto(ta) de mato.
overhaul [*n* ˈəʊvəhɔːl, *vb* ˌəʊvəˈhɔːl] ◇ *n* revisão *f*. ◇ *vt* **-1.** [service] fazer a revisão de **-2.** [revise] revisar.
overhead [*adv* ˌəʊvəˈhed, *adj* & *n* ˈəʊvəhed] ◇ *adj* aéreo(rea). ◇ *adv* por cima, pelo alto. ◇ *n* **US** despesas *fpl* gerais, gastos *mpl* gerais.
◆ **overheads** *npl* **UK** despesas *fpl* gerais, gastos *mpl* gerais.
overhead projector *n* retroprojetor *m*.
overhear [ˌəʊvəˈhɪəʳ] (*pt* & *pp* **-heard** [-hɜːd]) *vt* entreouvir.
overheat [ˌəʊvəˈhiːt] ◇ *vt* superaquecer. ◇ *vi* superaquecer-se.
overjoyed [ˌəʊvəˈdʒɔɪd] *adj*: **to be ~ (at sthg)** estar contentíssimo(ma) (com algo).
overkill [ˈəʊvəkɪl] *n (U)* exagero *m*.
overladen [ˌəʊvəˈleɪdn] ◇ *pp* ▷ **overload**. ◇ *adj* sobrecarregado(da).
overland [ˈəʊvəlænd] ◇ *adj* terrestre. ◇ *adv* por terra.
overlap [*n* ˈəʊvəlæp , *vb* ˌəʊvəˈlæp] (*pt* & *pp* **-ped**, *cont* **-ping**) *vi* **-1.** [cover each other] sobrepor-se **-2.** [be similar] coincidir; **to ~ (with sthg)** coincidir em parte (com algo).
overleaf [ˌəʊvəˈliːf] *adv* no verso.
overload [ˌəʊvəˈləʊd] (*pp* **-loaded** OR **-laden**) *vt* sobrecarregar; **to be ~ed (with sthg)** estar sobrecarregado(da) de algo.
overlook [ˌəʊvəˈlʊk] *vt* **-1.** [look over] dar para **-2.** [disregard, miss] fazer vista grossa para **-3.** [excuse] desculpar.
overnight [*adj* ˈəʊvənaɪt, *adv* ˌəʊvəˈnaɪt] ◇ *adj* **-1.** [stay, guest, parking] por uma noite **-2.** [clothes] para uma noite **-3.** [journey] de uma noite; **~ bag** bolsa *f* de viagem **-4.** [very sudden] da noite para o dia. ◇ *adv* **-1.** [for all of night] durante a noite **-2.** [very suddenly] da noite para o dia.
overpass [ˈəʊvəpɑːs] *n* **US** viaduto *m*.
overpower [ˌəʊvəˈpaʊəʳ] *vt* **-1.** [in fight] subjugar **-2.** *fig* [overwhelm] vencer, sobrepujar.
overpowering [ˌəʊvəˈpaʊərɪŋ] *adj* **-1.** [desire, feeling] dominante **-2.** [smell] asfixiante **-3.** [heat, sensation] sufocante **-4.** [personality] opressor(ra).
overran [ˌəʊvəˈræn] *pt* ▷ **overrun**.
overrated [ˌəʊvəˈreɪtɪd] *adj* superestimado(da).
override [ˌəʊvəˈraɪd] (*pt* **-rode**, *pp* **-ridden**) *vt* **-1.** [be more important than] passar por cima de, não fazer caso de **-2.** [overrule] desautorizar.
overriding [ˌəʊvəˈraɪdɪŋ] *adj* predominante.
overrode [ˌəʊvəˈrəʊd] *pt* ▷ **override**.
overrule [ˌəʊvəˈruːl] *vt* **-1.** [person, decision] desautorizar **-2.** [objection] negar.
overrun [ˌəʊvəˈrʌn] (*pt* **-ran**, *pp* **-run**, *cont* **-running**) ◇ *vt* **-1.** MIL [occupy] invadir **-2.** *fig* [cover, fill]: **to be ~ with sthg** estar repleto(ta) de algo. ◇ *vi* passar do tempo previsto.
oversaw [ˌəʊvəˈsɔː] *pt* ▷ **oversee**.
overseas [*adj* ˈəʊvəsiːz, *adv* ˌəʊvəˈsiːz] ◇ *adj* **-1.** [market] exterior **-2.** [network, branches] no exterior **-3.** [sales, aid] para o exterior **-4.** [from abroad] estrangeiro(ra). ◇ *adv* **-1.** [travel, sell] para o exterior **-2.** [study, live] no exterior.
oversee [ˌəʊvəˈsiː] (*pt* **-saw**, *pp* **-seen** [-ˈsiːn]) *vt* supervisionar.
overseer [ˈəʊvəˌsiːəʳ] *n* supervisor *m*, -ra *f*.
overshadow [ˌəʊvəˈʃædəʊ] *vt* **-1.** [make darker] fazer sombra em **-2.** *fig* [outweigh, eclipse]: **to**

be ~ed by sb/sthg ser eclipsado(da) por alguém/algo **-3.** *fig* [mar, cloud]: **to be ~ed by sthg** ser ofuscado(da) por algo.

overshoot [ˌəʊvəˈʃuːt] (*pt* & *pp* **-shot**) *vt* passar.

oversight [ˈəʊvəsaɪt] *n* deslize *m*, descuido *m*.

oversleep [ˌəʊvəˈsliːp] (*pt* & *pp* **-slept** [-ˈslept]) *vi* dormir demais, ficar dormindo.

overspill [ˈəʊvəspɪl] *n (U)* excesso *m* de população.

overstep [ˌəʊvəˈstep] (*pt* & *pp* **-ped**, *cont* **-ping**) *vt* passar por cima de; **to ~ the mark** passar dos limites.

overt [ˈəʊvɜːt] *adj* aberto(ta), manifesto(ta).

overtake [ˌəʊvəˈteɪk] (*pt* **-took**, *pp* **-taken** [-ˈteɪkn]) <> *vt* **-1.** *AUT* ultrapassar **-2.** [subj: disaster, misfortune] surpreender, pegar de surpresa. <> *vi AUT* ultrapassar.

overthrow [*n* ˈəʊvəθrəʊ, *vb* ˌəʊvəˈθrəʊ] (*pt* **-threw**, *pp* **-thrown**) <> *n* deposição *f*, destituição *f*. <> *vt* [government, president] depor, destituir.

overtime [ˈəʊvətaɪm] <> *n* **-1.** [extra time worked] hora *f* extra **-2.** *US SPORT* prorrogação *f*. <> *adv*: **to work ~** fazer hora extra.

overtones [ˈəʊvətəʊnz] *npl* insinuações *fpl*.

overtook [ˌəʊvəˈtʊk] *pt* ▷ **overtake**.

overture [ˈəʊvəˌtjʊəʳ] *n MUS* abertura *f*.

overturn [ˌəʊvəˈtɜːn] <> *vt* **-1.** [turn over] virar **-2.** [overrule] invalidar **-3.** [overthrow] depor. <> *vi* **-1.** [boat] virar **-2.** [lorry, car] capotar.

overweight [ˌəʊvəˈweɪt] *adj* obeso(sa), gordo(da).

overwhelm [ˌəʊvəˈwelm] *vt* **-1.** [make helpless] subjugar **-2.** *MIL* [gain control of] dominar, passar a controlar.

overwhelming [ˌəʊvəˈwelmɪŋ] *adj* **-1.** [feeling, quality] impressionante **-2.** [victory, defeat, majority] esmagador(ra).

overwork [ˌəʊvəˈwɜːk] <> *n (U)* trabalho *m* excessivo. <> *vt* [give too much work to] fazer trabalhar demais.

overwrought [ˌəʊvəˈrɔːt] *adj* muito nervoso(sa).

owe [əʊ] *vt*: **to ~ sthg to sb**, **to ~ sb sthg** dever algo a alguém.

owing [ˈəʊɪŋ] *adj* que se deve.

◆ **owing to** *prep* por causa de, devido a.

owl [aʊl] *n* coruja *f*.

own [əʊn] <> *adj* [indicating possession] próprio(pria); **my/your ~ car** meu/teu próprio carro; **he doesn't need a lift, he has his ~ car** ele não precisa de carona, tem seu próprio carro; **she has her ~ style** ela tem um estilo próprio. <> *pron* [indicating possession]: **my ~** o(a) meu(minha); **your ~** o(a) seu(sua); **a house of my ~** minha própria casa; **the city has a special atmosphere of its ~** a cidade tem uma atmosfera especial que lhe é própria; **on one's ~** [alone] sozinho(nha); **to get one's ~ back** dar o troco, vingar-se. <> *vt* possuir, ter.

◆ **own up** *vi*: **to ~ up (to sthg)** confessar (algo), admitir (algo).

owner [ˈəʊnəʳ] *n* proprietário *m*, -ria *f*, dono *m*, -na *f*.

ownership [ˈəʊnəʃɪp] *n (U)* posse *f*, propriedade *f*.

ox [ɒks] (*pl* **oxen**) *n* boi *m*.

Oxbridge [ˈɒksbrɪdʒ] *n (U)* as universidades de Oxford e Cambridge.

oxen [ˈɒksn] *pl* ▷ **ox**.

oxtail soup [ˈɒksteɪl-] *n (U)* rabada *f*.

oxygen [ˈɒksɪdʒən] *n (U)* oxigênio *m*.

oxygen mask *n* máscara *f* de oxigênio.

oxygen tent *n* tenda *f* de oxigênio.

oyster [ˈɔɪstəʳ] *n* ostra *f*.

oz. *abbr of* **ounce**.

ozone [ˈəʊzəʊn] *n* ozônio *m*.

ozone-friendly *adj* não-prejudicial à camada de ozônio.

ozone layer *n* camada *f* de ozônio.

P

p[1] (*pl* **p's** *OR* **ps**), **P** (*pl* **P's** *OR* **Ps**) [piː] *n* [letter] p, P *m*.

p[2] **-1.** (*abbr of* **page**) p. **-2.** *abbr of* **penny, pence**.

P45 *n documento oficial que o empregado recebe do empregador na Grã-Bretanha ao deixar o emprego e repassa ao próximo empregador, contendo informações salariais.*

P60 *n documento oficial fornecido pelo empregador ao empregado na Grã-Bretanha com informações sobre salário recebido e impostos pagos durante aquele ano*, ≃ declaração *f* de rendimentos.

pa [pɑː] *n inf esp US* pai *m*.

p.a. (*abbr of* **per annum**) p.a.

PA *n* **-1.** *UK* (*abbr of* **personal assistant**) assessor *m*, -ra *f* pessoal **-2.** (*abbr of* **public address system**) sistema *m* de alto-falantes.

pace [peɪs] <> *n* **-1.** *(U)* [speed, rate] ritmo *m*, andamento *m*; **to keep ~ (with sb/sthg)** acompanhar o ritmo (de alguém/algo) **-2.** [step]

passo *m*. <> *vi* andar de um lado para o outro.

pacemaker ['peɪsˌmeɪkəʳ] *n* **-1.** *MED* marca-passo *m* **-2.** [in race] *competidor que estabelece o ritmo da corrida.*

Pacific [pə'sɪfɪk] <> *adj* do Pacífico. <> *n*: **the ~ (Ocean)** o (Oceano) Pacífico.

pacifier ['pæsɪfaɪəʳ] *n US* bico *m*.

pacifist ['pæsɪfɪst] *n* pacifista *mf*.

pacify ['pæsɪfaɪ] (*pt* & *pp* **-ied**) *vt* **-1.** [person] acalmar **-2.** [country, region] pacificar.

pack [pæk] <> *n* **-1.** [rucksack] mochila *f* **-2.** [bundle] pacote *m*, embrulho *m* **-3.** [of cigarettes] maço *m* **-4.** *esp US* [washing powder, tissues] caixa *f* **-5.** [of cards] baralho *m* **-6.** [of animals - dogs] matilha *f*; [- wolves] alcatéia *f*; [- of thieves] quadrilha *f*. <> *vt* **-1.** [bag, suitcase] fazer **-2.** [clothes etc.] colocar na mala **-3.** [put in container, parcel] embalar **-4.** [crowd into] lotar; **to be ~ed into sthg** estar socado(da) em algo. <> *vi* [for journey, holiday] fazer as malas.

◆ **pack in** <> *vt sep UK inf* [job, boyfriend, smoking] deixar; **~ it in!** [stop annoying me] pare com isso!, chega!; [shut up] boca fechada! <> *vi inf* pifar.

◆ **pack off** *vt sep inf* enviar, mandar.

package ['pækɪdʒ] <> *n* **-1.** [gen] pacote *m* **-2.** [box] caixa *f* **-3.** *US* [of cigarettes] maço *m*, carteira *f OR m* **-4.** [set, group] pacote *m*. <> *vt* embalar, empacotar.

package deal *n* pacote *m* de acordo.

package tour *n* pacote *m* turístico.

packaging ['pækɪdʒɪŋ] *n (U)* embalagem *f*.

packed [pækt] *adj* **-1.** [place]: **~ (with)** lotado(da) (de) **-2.** [magazine, information pack]: **~ with** repleto(ta) de.

packed lunch *n UK* **-1.** [for school] *f* merenda *f* **-2.** [for work] marmita *f*.

packet ['pækɪt] *n* **-1.** [gen] pacote *m* **-2.** [box] caixa *f* **-3.** [of cigarettes] maço *m*, carteira *f*.

packing ['pækɪŋ] *n (U)* **-1.** [protective material] embalagem *f* **-2.** [for journey, holiday]: **to do the ~** fazer as malas.

packing case *n* caixote *m* de embalagem.

pact [pækt] *n* pacto *m*.

pad [pæd] (*pt* & *pp* **-ded**, *cont* **-ding**) <> *n* **-1.** [for clothes, body]: **shoulder ~** ombreira *f*; **knee ~** joelheira *f*; **shin ~** tornozeleira *f* **-2.** [notepad] bloco *m* de anotações **-3.** [for absorbing liquid - cotton wool] chumaço *m*; [- sanitary] absorvente *m* higiênico **-4.** *SPACE*: **(launch) ~** plataforma *f* (de lançamento) **-5.** [of cat or dog] almofadinha *f* **-6.** *inf dated* [home] casa *f*. <> *vt* **-1.** [clothing, furniture] revestir, forrar **-2.** [wound] cobrir. <> *vi* andar com suavidade.

padding ['pædɪŋ] *n (U)* **-1.** [in jacket] revestimento *m* **-2.** [in shoulders] ombreira *f* **-3.** [in chair] enchimento *m* **-4.** [in speech, essay, letter] enrolação *f*.

paddle ['pædl] <> *n* **-1.** [for canoe, dinghy] remo *m* **-2.** [wade]: **to have a ~** patinhar na água. <> *vi* **-1.** [in canoe, dinghy] remar **-2.** [wade] patinhar.

paddle boat, paddle steamer *n* vapor *m* movido a rodas.

paddling pool ['pædlɪŋ-] *n* **-1.** [in park] piscina *f* infantil **-2.** [inflatable] piscina *f* inflável.

paddock ['pædək] *n* **-1.** [small field] manejo *m* **-2.** [at racecourse] paddock *m*.

paddy field ['pædɪ-] *n* arrozal *m*.

padlock ['pædlɒk] <> *n* cadeado *m*. <> *vt* fechar com cadeado.

paediatrics [ˌpiːdɪ'ætrɪks] *n* = **pediatrics**.

pagan ['peɪgən] <> *adj* pagão(gã). <> *n* pagão *m*, -gã *f*.

page [peɪdʒ] <> *n* página *f*. <> *vt* chamar (pelo alto-falante).

page [peɪdʒ] *vt* [using pager]: **to be ~d** receber chamadas pelo pager; **to ~ sb** chamar alguém pelo pager.

pageant ['pædʒənt] *n* desfile *m*, cortejo *m* cívico.

pageantry ['pædʒəntrɪ] *n (U)* fausto *m*, pompa *f*.

page break *n COMPUT* quebra *f* de página.

paid [peɪd] <> *pt* & *pp* ▷ **pay**. <> *adj* pago(ga).

pail [peɪl] *n* balde *m*.

pain [peɪn] *n* **-1.** dor *f*; **to be in ~** sentir dor **-2.** *(U)* [mental suffering] sofrimento *m*, pena *f* **-3.** *inf* [annoyance]: **it's such a ~!** é tão chato!; **he is a real ~!** ele é um saco!

◆ **pains** *npl* esforços *mpl*; **to be at ~s to do sthg** empenhar-se para fazer algo; **to take ~s to do sthg** esforçar-se para fazer algo.

pained [peɪnd] *adj* aflito(ta), consternado(da).

painful ['peɪnfʊl] *adj* **-1.** [sore] dolorido(da) **-2.** [causing pain] doloroso(sa) **-3.** [distressing] penoso(sa), doloroso(sa).

painfully ['peɪnfʊlɪ] *adv* **-1.** [distressingly] dolorosamente **-2.** [for emphasis] terrivelmente.

painkiller ['peɪnˌkɪləʳ] *n* analgésico *m*, calmante *m*.

painless ['peɪnlɪs] *adj* indolor, fácil.

painstaking ['peɪnzˌteɪkɪŋ] *adj* meticuloso(sa), minucioso(sa).

paint [peɪnt] <> *n* tinta *f*. <> *vt* pintar; **to ~ the wall white** pintar o teto de branco. <> *vi* pintar.

paintbrush ['peɪntbrʌʃ] *n* **-1.** [of artist] pincel *m* **-2.** [of decorator] broxa *f*.

painter ['peɪntəʳ] *n* pintor *m*, -ra *f*.

painting ['peɪntɪŋ] *n* **-1.** [picture] pintura *f*, quadro *m* **-2.** *(U) ACTIVITY* pintura *f*.

paint stripper *n (U)* removedor *m* (de tinta).

paintwork ['peɪntwɜ:k] *n (U)* pintura *f*.

pair [peəʳ] *n* par *m*; **a ~ of idiots** uma dupla de idiotas; **a ~ of scissors** uma tesoura; **a ~ of trousers** uma calça; **a ~ of spectacles** um óculos.

pajamas [pə'dʒɑ:məz] *npl US* = **pyjamas**.

Pakistan [*UK* ,pɑ:kɪ'stɑ:n, *US* ,pækɪ'stæn] *n* Paquistão.

Pakistani [*UK* ,pɑ:kɪ'stɑ:nɪ, *US* ,pækɪ'stænɪ] ◇ *adj* paquistanês(esa). ◇ *n* paquistanês, -esa *f*.

pal [pæl] *n inf* **-1.** [friend] camarada *mf*, companheiro *m*, -ra *f* **-2.** [as term of address]: **now wait a minute, ~, I was first!** espera um pouco, meu chapa, eu cheguei primeiro!

palace ['pælɪs] *n* palácio *m*.

palatable ['pælətəbl] *adj* **-1.** [pleasant to taste] saboroso(sa) **-2.** [acceptable] aceitável, admissível.

palate ['pælət] *n* **-1.** ANAT palato *m* **-2.** [sense of taste] paladar *m*.

palaver [pə'lɑ:vəʳ] *n inf* **-1.** [talk] palavrório *m* **-2.** [fuss] bagunça *f*, rebuliço *m*.

pale [peɪl] *adj* **-1.** [colour] fosco(ca) **-2.** [light] tênue **-3.** [clothes] claro(ra) **-4.** [face, complexion] pálido(da).

Palestine ['pælɪ,staɪn] *n* Palestina; **in ~** na Palestina.

Palestinian [,pælə'stɪnɪən] ◇ *adj* palestino(na). ◇ *n* palestino *m*, -na *f*.

palette ['pælət] *n* paleta *f*.

palings ['peɪlɪŋz] *npl* cerca *f*.

pall [pɔ:l] ◇ *n* **-1.** [of smoke] nuvem *f*, cortina *f* **-2.** *US* [coffin] caixão *m*. ◇ *vi* perder a graça.

pallet ['pælɪt] *n* palete *m*, plataforma *f* de carga.

pallor ['pæləʳ] *n* palor *m*.

palm [pɑ:m] *n* **-1.** [tree] palmeira *f* **-2.** [of hand] palma *f*.

◆ **palm off** *vt sep inf*: **to ~ sthg off on sb** empurrar algo para alguém; **to ~ sb off with sthg** enganar alguém com algo.

Palm Sunday *n* Domingo *m* de Ramos.

palmtop ['pɑ:mtɒp] *n* COMPUT palmtop *m*.

palm tree *n* palmeira *f*.

palpable ['pælpəbl] *adj* palpável.

paltry ['pɔ:ltrɪ] (*compar* **-ier**, *superl* **-iest**) *adj* irrisório(ria).

pamper ['pæmpəʳ] *vt* mimar.

pamphlet ['pæmflɪt] *n* panfleto *m*.

pan [pæn] (*pt* & *pp* **-ned**, *cont* **-ning**) ◇ *n* **-1.** [for frying] fridigeira **-2.** [for boiling] panela *f* **-3.** *US* [for baking] assadeira *f* **-4.** [of scales] prato *m* **-5.** [of toilet] vaso *m* sanitário. ◇ *vt inf* esculachar.

panacea [,pænə'sɪəl] *n fig*: **a ~ (for sthg)** uma panacéia (para algo).

panama *n*: **~ (hat)** panamá *m*.

Panama ['pænə,mɑ:] *n* Panamá.

Panama Canal *n*: **the ~** o Canal do Panamá.

pancake ['pæŋkeɪk] *n* panqueca *f*.

Pancake Day *n UK* ≃ Terça-feira *f* de Carnaval.

Pancake Tuesday *n* = **Pancake Day**.

panda ['pændə] (*pl inv* OR **-s**) *n* panda *m*.

Panda car *n UK* patrulha *f* policial.

pandemonium [,pændɪ'məʊnjəm] *n (U)* pandemônio *m*.

pander ['pændəʳ] *vi*: **to ~ to sb/sthg** fazer concessões a alguém/algo.

pane [peɪn] *n* vidraça *f*, vidro *m* de vidraça.

panel ['pænl] *n* **-1.** [group of people] equipe *f* **-2.** TECH painel *m*.

panelling *UK*, **paneling** *US* ['pænəlɪŋ] *n (U)* apainelamento *m*.

pang [pæŋ] *n* acesso *m (de fome, de culpa etc.)*.

panic ['pænɪk] (*pt* & *pp* **-ked**, *cont* **-king**) ◇ *n (U)* pânico *m*. ◇ *vi* entrar em pânico.

panicky ['pænɪkɪ] *adj* **-1.** [person] aterrorizado(da) **-2.** [feeling] aterrorizante.

panic-stricken *adj* em pânico.

panorama [,pænə'rɑ:mə] *n* panorama *m*.

pansy (*pl* **-ies**) *n* **-1.** [flower] amor-perfeito *m* **-2.** *inf pej* [man] veado *m*.

pant [pænt] *vi* ofegar.

◆ **pants** *npl* **-1.** *UK* [underpants] calcinha *f* **-2.** *US* [trousers] calças *fpl*.

panther ['pænθəʳ] (*pl inv* OR **-s**) *n* pantera *f*.

panties ['pæntɪz] *npl inf* calcinha *f*.

pantihose ['pæntɪhəʊz] *npl* = **panty hose**.

pantomime ['pæntəmaɪm] *n UK peça de teatro para crianças realizada no Reino Unido no Natal*.

pantry ['pæntrɪ] (*pl* **-ies**) *n* despensa *f*.

panty hose ['pæntɪ-] *npl US* meia-calça *f*.

papa [*UK* pə'pɑ:, *US* 'pæpə] *n* papá *m*.

paper ['peɪpəʳ] ◇ *n* **-1.** *(U)* [material] papel *m*; **a piece of ~** uma folha de papel; **on ~** [written down] no papel; [in theory] teoricamente **-2.** [newspaper] jornal *m* **-3.** [in exam] trabalho *m* **-4.** [essay] ensaio *m* **-5.** [at conference] apostila *f*, polígrafo *m*. ◇ *adj* **-1.** [cup, napkin, hat] de papel **-2.** [theoretical] no papel. ◇ *vt* empapelar.

◆ **papers** *npl* **-1.** [identity papers] documentos *mpl* (de identidade) **-2.** [documents] documentação *f*.

paperback ['peɪpəbæk] *n*: **~ (book)** brochura *f*.

paper bag *n* saco *m* de papel.

paper clip *n* clipe *m*.

paper handkerchief *n* lenço *m* de papel.

paper knife *n* abridor *m* de cartas.

paper shop *n UK* banca *f* de jornais.

paperweight [ˈpeɪpəweɪt] *n* peso *m* para papel.

paperwork [ˈpeɪpəwɜːk] *n (U)* papelada *f.*

paprika [ˈpæprɪkəl] *n (U)* páprica *f.*

par [pɑːʳ] *n* **-1.** [parity]: **on a ~ with sb/sthg** no mesmo nível que alguém/algo **-2.** *(U)* GOLF par *m* **-3.** [good health]: **below** OR **under ~** indisposto(ta) **-4.** FIN valor *m* (ao par).

parable [ˈpærəbl] *n* parábola *f.*

parachute [ˈpærəʃuːt] ◇ *n* pára-quedas *m inv.* ◇ *vi* saltar de pára-quedas.

parade [pəˈreɪd] ◇ *n* **-1.** [procession] desfile *m* **-2.** MIL parada *f* **-3.** [street, path] passeio *m* público. ◇ *vt* **-1.** [MIL - soldiers] fazer desfilar; [- prisoners] apresentar **-2.** [object] exibir **-3.** *fig* [flaunt] fazer alarde de, mostrar-se com. ◇ *vi* desfilar.

paradise [ˈpærədaɪs] *n* paraíso *m.*

◆ **Paradise** *n* Paraíso *m.*

paradox [ˈpærədɒks] *n* paradoxo *m.*

paradoxically [ˌpærəˈdɒksɪklɪ] *adv* paradoxalmente.

paraffin [ˈpærəfɪn] *n (U)* parafina *f.*

paragliding [ˈpærəˌglaɪdɪŋ] *n* vôo *m* de paraglider.

paragon *n* modelo *m.*

paragraph [ˈpærəgrɑːf] *n* parágrafo *m.*

Paraguay [ˈpærəgwaɪ] *n* Paraguai.

parallel [ˈpærəlel] (*pt* & *pp* **-led**, *cont* **-ling**) ◇ *adj* [gen] paralelo(la); **~ to** OR **with sthg** paralelo(la) a algo. ◇ *n* paralelo *m*; **to have no ~** não ter precedente OR paralelo.

paralyse *UK*, **paralyze** *US* [ˈpærəlaɪz] *vt* paralisar.

paralysis [pəˈrælɪsɪs] (*pl* **-lyses** [-lɪsiːz]) *n* **-1.** MED paralisia *f* **-2.** [of industry, traffic] imobilidade *f.*

paralyze *vt US* = **paralyse**.

paramedic [ˌpærəˈmedɪk] *n* paramédico *m*, -ca *f.*

parameter [pəˈræmɪtəʳ] *n* parâmetro *m.*

paramount [ˈpærəmaʊnt] *adj* vital, fundamental; **of ~ importance** de suma importância.

paranoid [ˈpærənɔɪd] *adj* **-1.** [person] paranóico(ca) **-2.** [disorder] paranóico(ca).

paraphernalia [ˌpærəfəˈneɪljəl] *n (U)* parafernália *f.*

parascending [ˌpærəˈsendɪŋ] *n* vôo *m* de parapente.

parasite [ˈpærəsaɪt] *n* parasita *m.*

parasol [ˈpærəsɒl] *n* sombrinha *f.*

paratrooper [ˈpærətruːpəʳ] *n* pára-quedista *mf (do exército).*

parcel [ˈpɑːsl] (*UK pt* & *pp* **-led**, *cont* **-ling**, *US pt* & *pp* **-ed**, *cont* **-ing**) *n* pacote *m*, encomenda *f.*

◆ **parcel up** *vt sep* empacotar.

parched [pɑːtʃt] *adj* **-1.** [grass, plain] seco(ca) **-2.** [throat, lips] ressecado(da) **-3.** *inf* [very thirsty] seco(ca).

parchment [ˈpɑːtʃmənt] *n (U)* pergaminho *m.*

pardon [ˈpɑːdn] ◇ *n* **-1.** JUR indulto *m* **-2.** *(U)* [forgiveness] perdão *m*; **I beg your ~?** [showing surprise or offence] como é?, o que foi?; [what did you say?] como?, o que você disse?; **I beg your ~!** [to apologize] perdão!, desculpe! ◇ *vt* **-1.** JUR indultar **-2.** [forgive] perdoar; **to ~ sb for sthg** perdoar alguém por algo; **~ me!** me desculpe!

parent [ˈpeərənt] *n* **-1.** [mother] mãe *f* **-2.** [father] pai *m.*

◆ **parents** *npl* pais *mpl.*

> Não confundir *parents (pais)* com o português *parentes* que em inglês é *relatives*. (*He is still living with his parents.* Ele ainda está morando com os *pais*.)

parental [pəˈrentl] *adj* dos pais.

parenthesis [pəˈrenθɪsɪs] (*pl* **-theses** [-θɪsiːz]) *n* parêntese *m.*

Paris [ˈpærɪs] *n* Paris; **in ~** em Paris.

parish [ˈpærɪʃ] *n* **-1.** [of church] paróquia *f* **-2.** *UK* [area of local government] distrito *m.*

Parisian [pəˈrɪzjən] ◇ *adj* parisiense. ◇ *n* parisiense *mf.*

parity [ˈpærətɪ] *n (U)* igualdade *f*; **~ with** igualdade com; **~ between** paridade *f* de OR entre.

park [pɑːk] ◇ *n* **-1.** [public] parque *m* **-2.** *US* AUT *posição da alavanca de carro hidramático usada para estacionar*. ◇ *vt* & *vi* estacionar.

parking [ˈpɑːkɪŋ] *n (U)* estacionamento *m*; **I find ~ very difficult** acho muito difícil estacionar; **'no ~'** 'proibido estacionar'.

parking lot *n US* área *f* de estacionamento.

parking meter *n* parquímetro *m.*

parking ticket *n* multa *f* por estacionamento proibido.

parlance [ˈpɑːləns] *n (U)*: **in common/legal ~** em linguagem coloquial/legal.

parliament [ˈpɑːləmənt] *n* **-1.** [gen] parlamento *m* **-2.** [session] legislatura *f.*

parliamentary [ˌpɑːləˈmentərɪ] *adj* parlamentar.

parlour *UK*, **parlor** *US* [ˈpɑːləʳ] *n* **-1.** *dated* [in house] sala *f* de visitas **-2.** [cafe]: **ice cream ~** sorveteria *f.*

parochial [pəˈrəʊkjəl] *adj pej* provinciano(na).

parody [ˈpærədɪ] (*pl* **-ies**, *pt* & *pp* **-ied**) ◇ *n* paródia *f.* ◇ *vt* parodiar.

parole [pəˈrəʊl] *n (U)* liberdade *f* condicional; **on ~** em liberdade condicional.

parrot [ˈpærət] *n* papagaio *m.*

parry [ˈpærɪ] (*pt* & *pp* **-ied**) *vt* **-1.** [blow] desviar **-2.** [question] esquivar-se de.

parsley ['pɑ:slɪ] *n (U)* salsa *f*.
parsnip ['pɑ:snɪp] *n* chirivia *f*.
parson ['pɑ:sn] *n* pároco *m*.
part [pɑ:t] ◇ *n* **-1.** [gen] parte *f*; **for the most ~** em sua maioria; **the best** OR **better ~ of** a maior parte de **-2.** [component] peça *f* **-3.** [acting role] papel *m* **-4.** [involvement]: **~ in sthg** participação *f* em algo; **to take ~ in sthg** participar de algo; **to play an important ~ in sthg** ter um papel importante em algo; **for my/your** etc. **~** por minha/sua parte **-5.** *US* [hair parting] linha *f*. ◇ *adv* em parte. ◇ *vt* **-1.** [separate] separar **-2.** [move apart, open] abrir **-3.** [hair] repartir. ◇ *vi* **-1.** [leave one another] separar-se **-2.** [move apart, open] abrir-se.
◆ **parts** *npl* terras *fpl*.
◆ **part with** *vt fus* desfazer-se de.
part exchange *n* **-1.** [deal] *negociação em que se paga parte do valor de um produto com um artigo usado* **-2.** *(U)* [system] *sistema através do qual se paga parte do valor do produto com um artigo usado*; **in ~** como parte do pagamento.
partial ['pɑ:ʃl] *adj* **-1.** [gen] parcial **-2.** [fond]: **~ to sthg** afeiçoado(da) a algo.
participant [pɑ:'tɪsɪpənt] *n* participante *mf*.
participate [pɑ:'tɪsɪpeɪt] *vi* participar; **to ~ in sthg** participar de algo.
participation [pɑ:,tɪsɪ'peɪʃn] *n (U)* participação *f*.
participle ['pɑ:tɪsɪpl] *n* particípio *m*.
particle ['pɑ:tɪkl] *n* partícula *f*.
parti-coloured *adj* multicor, matizado(da).
particular [pə'tɪkjʊlə^r] *adj* **-1.** [gen] especial **-2.** [fussy] exigente.
◆ **particulars** *npl* particularidades *fpl*.
◆ **in particular** *adv* em especial, em particular.
particularly [pə'tɪkjʊləlɪ] *adv* **-1.** [in particular] especialmente **-2.** [very] muito.
parting ['pɑ:tɪŋ] *n* **-1.** *(U)* despedida *f* **-2.** *UK* [in hair] repartição *f*.
partisan [,pɑ:tɪ'zæn] ◇ *adj* partidário(ria). ◇ *n* guerrilheiro *m*, -ra *f*.
partition [pɑ:'tɪʃn] ◇ *n* **-1.** [wall] divisória *f* **-2.** [screen] separação *f*. ◇ *vt* **-1.** [room] separar com divisórias **-2.** [country] dividir.
partly ['pɑ:tlɪ] *adv* em parte.
partner ['pɑ:tnə^r] ◇ *n* parceiro *m*, -ra *f*. ◇ *vt* ser parceiro de.
partnership ['pɑ:tnəʃɪp] *n* parceria *f*.
partridge ['pɑ:trɪdʒ] (*pl inv* OR **-s**) *n* perdiz *f*.
part-time ◇ *adj* de meio período. ◇ *adv* em meio período.
party ['pɑ:tɪ] (*pl* **-ies**, *pt* & *pp* **-ied**) ◇ *n* **-1.** POL partido *m* **-2.** [social gathering] festa *f* **-3.** [group] grupo *m* **-4.** JUR, COMM [individual] parte *f*. ◇ *vi inf* festejar.
party line *n* **-1.** POL linha *f* (política) do partido **-2.** TELEC extensão *f* de linha telefônica.
pass [pɑ:s] ◇ *n* **-1.** [gen] passe *m* **-2.** *UK* [successful result] aprovação *f*; **to get a ~** ser aprovado *m*, -da *f* em algo **-3.** [route between mountains] desfiladeiro *m* **-4.** *phr*: **to make a ~ at sb** *inf* passar-se com alguém. ◇ *vt* **-1.** [gen] passar; **to ~ sthg to sb**, **to ~ sb sthg** passar algo a alguém **-2.** [move past] passar por **-3.** AUT [overtake] ultrapassar **-4.** [exceed] passar de **-5.** [exam, test] passar em **-6.** [approve] aprovar **-7.** [express - opinion, judgment] formular; [- sentence] ditar. ◇ *vi* **-1.** [gen] passar **-2.** AUT [overtake] ultrapassar **-3.** SPORT fazer passes.
◆ **pass as** *vt fus* passar por.
◆ **pass away** *vi* falecer.
◆ **pass by** ◇ *vt sep fig* passar despercebido(da) por. ◇ *vi* passar.
◆ **pass for** *vt fus* = **pass as**.
◆ **pass on** ◇ *vt sep* **-1.** [object]: **to pass sthg on (to sb)** passar algo adiante (para alguém) **-2.** [characteristic, tradition, information] transmitir. ◇ *vi* **-1.** [move on]: **to ~ on to the next question** passar para a próxima questão **-2.** = **pass away**.
◆ **pass out** *vi* **-1.** [faint] desmaiar **-2.** *UK* MIL graduar-se.
◆ **pass over** *vt fus* passar por cima.
◆ **pass up** *vt sep* deixar passar.
passable ['pɑ:səbl] *adj* **-1.** [satisfactory] passável, aceitável **-2.** [not blocked] livre.
passage ['pæsɪdʒ] *n* **-1.** [gen] passagem *f* **-2.** ANAT trato *m* **-3.** [sea journey] travessia *f*.
passageway ['pæsɪdʒweɪ] *n* passagem *f*, corredor *m*.
passbook ['pɑ:sbʊk] *n* caderneta *f* de conta bancária.
passenger ['pæsɪndʒə^r] *n* passageiro *m*, -ra *f*.
passerby [,pɑ:sə'baɪ] (*pl* **passersby** [,pɑ:səz'baɪ]) *n* passante *mf*, transeunte *mf*.
passing ['pɑ:sɪŋ] *adj* passageiro(ra).
◆ **in passing** *adv* de passagem.
passion ['pæʃn] *n (U)* paixão *f*; **~ for sthg** paixão por algo.
◆ **passions** *npl* paixões *fpl*.
passionate ['pæʃənət] *adj* apaixonado(da).
passive ['pæsɪv] *adj* passivo(va).
Passover ['pɑ:s,əʊvə^r] *n*: **(the) ~** a Páscoa Judia.
passport ['pɑ:spɔ:t] *n* [document] passaporte *m*.
passport control *n* controle *m* de passaportes.
password ['pɑ:swɜ:d] *n* senha *f*.
past [pɑ:st] ◇ *adj* **-1.** [former] passado(da) **-2.** [last] último(ma); **over the ~ week** durante a

última semana **-3.** [finished] terminado(da), passado(da); **our problems are now ~** nossos problemas terminaram. <> *adv* **-1.** [telling the time]: **it's ten ~ eleven** são onze e dez **-2.** [by] por; **to walk ~** passar por; **to run ~** passar correndo por; **he didn't see me as I drove ~** ele não me viu quando passei por ele de carro. <> *n* **-1.** [time]: **the ~** o passado; **in the ~** no passado **-2.** [personal history] passado *m.* <> *prep* **-1.** [telling the time]: **at five ~ nine** às nove e cinco; **it's half ~ eight** são oito e meia **-2.** [by] pela frente de **-3.** [beyond] além de; **the post office is ~ the bank** o correio é passando o banco.

pasta ['pæstə] *n (U)* massa *f,* macarrão *m.*

paste [peɪst] <> *n* **-1.** [smooth mixture] pasta *f* **-2.** *(U)* *CULIN* patê *m* **-3.** *(U)* [glue] cola *f.* <> *vt* colar.

pastel ['pæstl] <> *adj* pastel. <> *n* pastel *m.*

pasteurize, -ise ['pɑːstʃəraɪz] *vt* pasteurizar.

pastille ['pæstɪl] *n* pastilha *f.*

pastime ['pɑːstaɪm] *n* passatempo *m.*

pastor ['pɑːstəʳ] *n* pastor *m.*

past participle *n* particípio *m* passado.

pastry ['peɪstrɪ] *(pl* **-ies)** *n* **-1.** *(U)* [mixture] massa *f* **-2.** [cake] torta *f.*

past tense *n* passado *m.*

pasture ['pɑːstʃəʳ] *n* pasto *m.*

pasty[1] ['peɪstɪ] *(compar* **-ier,** *superl* **-iest)** *adj* pálida(da).

pasty[2] ['pæstɪ] *(pl* **-ies)** *n UK CULIN* pastelão *m* de carne.

pat [pæt] *(compar* **-ter,** *superl* **-test,** *pt* & *pp* **-ted,** *cont* **-ting)** <> *adv*: **to have sthg off ~** ter algo na ponta da língua. <> *n* **-1.** [light stroke] palmadinha *f* **-2.** [small portion] porção *f* pequena. <> *vt* **-1.** [surface] bater de leve em **-2.** [dog] acariciar **-3.** [back, shoulder, hand] dar uma palmadinha em.

patch [pætʃ] <> *n* **-1.** [piece of material] remendo *m* **-2.** [to cover eye] venda *f* **-3.** [small area] área *f* **-4.** [of land] pedaço *m* **-5.** [period of time] período *m.*

◆ **patch up** *vt sep* **-1.** [mend] consertar, remendar **-2.** *fig* [resolve] resolver.

patchwork ['pætʃwɜːk] *n* **-1.** colcha *f* de retalhos **-2.** *fig* [mixed collection - of fields] mosaico *m*; [- cultures, religions] mistura *m*; *inf* [hotchpotch] salada *m.*

patchy ['pætʃɪ] *(compar* **-ier,** *superl* **-iest)** *adj* **-1.** [gen] irregular **-2.** [incomplete] incompleto(ta).

pâté ['pæteɪ] *n* patê *m.*

patent [*UK* 'peɪtənt, *US* 'pætənt] <> *adj* evidente. <> *n* patente *f.* <> *vt* patentear.

patent leather *n (U)* couro *m* envernizado.

paternal [pə'tɜːnl] *adj* **-1.** [love, attitude] paternal **-2.** [relation] paterno(na).

path [pɑːθ, *pl* pɑːðz] *n* **-1.** [track] trilha *f* **-2.** [way ahead] caminho *m* **-3.** [trajectory] trajetória *f* **-4.** [course of action] curso *m.*

pathetic [pə'θetɪk] *adj* **-1.** [causing pity] patético(ca) **-2.** [useless] inútil, infeliz.

pathological [ˌpæθə'lɒdʒɪkl] *adj* patológico(ca).

pathology [pə'θɒlədʒɪ] *n (U)* patologia *f.*

pathos ['peɪθɒs] *n (U)* patos *m.*

pathway ['pɑːθweɪ] *n* caminho *m.*

patience ['peɪʃns] *n (U)* paciência *f.*

patient ['peɪʃnt] <> *adj* paciente. <> *n* paciente *mf.*

patio ['pætɪəʊ] *(pl* **-s)** *n* pátio *m.*

patriotic [*UK* ˌpætrɪ'ɒtɪk, *US* ˌpeɪtrɪ'ɒtɪk] *adj* patriótico(ca).

patrol [pə'trəʊl] *(pt* & *pp* **-led,** *cont* **-ling)** <> *n* patrulha *f.* <> *vt* patrulhar.

patrol car *n* radiopatrulha *f.*

patrolman [pə'trəʊlmən] *(pl* **-men** [-mən]) *n US* patrulheiro *m,* policial *m.*

patron ['peɪtrən] *n* **-1.** [gen] patrono *m,* -nesse *f* **-2.** *fml* [customer] cliente *mf.*

patronize, -ise ['pætrənaɪz] *vt* **-1.** *pej* [talk down to] tratar com condescendência **-2.** *fml* [be a customer of] ser cliente de **-3.** *fml* [back financially] patrocinar.

patronizing ['pætrənaɪzɪŋ] *adj pej* condescendente.

patter ['pætəʳ] <> *n* **-1.** [sound of feet] passinhos *mpl* **-2.** *fig*: **the ~ of raindrops on the roof** o barulhinho da chuva no telhado **-3.** [talk] arenga *f.* <> *vi* **-1.** [dog] dar passinhos rápidos **-2.** [rain] tamborilar.

pattern ['pætən] *n* **-1.** [gen] padrão *m* **-2.** [for sewing, knitting] molde *m* **-3.** [model] modelo *m.*

paunch [pɔːntʃ] *n* pança *f,* barriga *f.*

pauper ['pɔːpəʳ] *n* indigente *mf.*

pause [pɔːz] <> *n* **-1.** [short silence] pausa *f* **-2.** [break, rest] interrupção *f.* <> *vi* fazer uma pausa.

pave [peɪv] *vt* pavimentar; **to ~ the way for sb/sthg** preparar o terreno para alguém/algo.

pavement ['peɪvmənt] *n* **-1.** *UK* [at side of road] calçada *f* **-2.** *US* [roadway] rua *f.*

pavilion [pə'vɪljən] *n* pavilhão *m.*

paving ['peɪvɪŋ] *n (U)* **-1.** [material] material *m* para pavimentação **-2.** [paved surface] pavimento *m,* calçamento *m.*

paving stone *n* paralelepípedo *m.*

paw [pɔː] *n* pata *f.*

pawn [pɔːn] <> *n* **-1.** [chesspiece] peão *m* **-2.** [unimportant person] joguete *m,* marionete *f.* <> *vt* empenhar.

pawnbroker ['pɔːnˌbrəʊkəʳ] *n* penhorista *mf.*

pawnshop ['pɔːnʃɒp] *n* casa *f* de penhores.

pay [peɪ] *(pt* & *pp* **paid)** <> *vt* **-1.** [gen] pagar; **to ~ sb/sth for sthg** pagar alguém/algo por algo **-2.** *UK* [into bank account]: **to ~ sthg into**

sthg depositar algo em algo **-3.** [be profitable to] ser rentável para; **it won't ~ you to sell just now** não vale a pena vender agora **-4.** [be advantageous to] ser proveitoso(sa) para; **it will ~ you not to say anything** é melhor você não dizer nada **-5.** [compliment, respects, attention] prestar; [visit, call] fazer. ◇ *vi* **-1.** [gen] pagar; **to ~ for sthg** pagar algo; **the work ~s well** o trabalho é bem remunerado; **crime doesn't ~** o crime não compensa **-2.** *fig* [suffer] pagar; **to ~ dearly for sthg** pagar caro por algo. ◇ *n* **-1.** [wage] paga *f* **-2.** [salary] salário *m*.

◆ **pay back** *vt sep* **-1.** [return loan of money to] devolver **-2.** [revenge o.s. on]**: to ~ sb back (for sthg)** pagar a alguém na mesma moeda (por algo).

◆ **pay off** ◇ *vt sep* **-1.** [repay] saldar, liquidar **-2.** [dismiss] despedir com indenização **-3.** [bribe] subornar, comprar. ◇ *vi* obter êxito.

◆ **pay up** *vi* saldar dívida.

payable ['peɪəbl] *adj* **-1.** [to be paid] a pagar **-2.** [on cheque]: **~ to sb** para crédito de alguém.

pay-as-you-go *n* [for mobile phone, Internet etc.] *sistema de pagamento por tempo de uso.*

paycheck ['peɪtʃek] *n* **US** [cheque] contracheque *m*; [money] salário *m*.

pay cheque *n* **UK** contracheque *m*.

payday ['peɪdeɪ] *n (U)* dia *m* de pagamento.

payee [peɪ'i:] *n* beneficiário *m*, -ria *f*.

pay envelope *n* **US** envelope *m* de pagamento.

payment ['peɪmənt] *n* pagamento *m*.

pay packet *n* **UK** **-1.** [envelope] envelope *m* de pagamento **-2.** [wages] pagamento *m*.

pay-per-view ◇ *adj* [channel] pay-per-view. ◇ *n* pay-per-view *m*.

pay phone, pay station **US** *n* telefone *m* público.

payroll ['peɪrəʊl] *n* folha *f* de pagamento.

payslip **UK** ['peɪslɪp], **paystub** **US** *n* contracheque *m*.

pay station *n* **US** = **pay phone**.

paystub ['peɪstʌb] *n* **US** = **payslip**.

pc (*abbr of* **per cent**) por cento.

PC ◇ *n* **-1.** (*abbr of* **personal computer**) PC *m* **-2.** (*abbr of* **police constable**) policial *mf*.

PDA (*abbr of* **personal digital assistant**) *n* COMPUT PDA *m*.

PDF (*abbr of* **portable document format**) *n* COMPUT PDF *m*.

PE (*abbr of* **physical education**) *n* **UK** ≃ Ed.Fis.

pea [pi:] *n* CULIN ervilha *f*.

peace [pi:s] *n (U)* **-1.** [gen] paz *f*; **to make (one's) ~ with sb/sthg** fazer as pazes com alguém/algo **-2.** [law and order] paz *f*, ordem *f*.

peaceable ['pi:səbl] *adj* pacífico(ca).

peaceful ['pi:sfʊl] *adj* **-1.** [tranquil] tranqüilo(la) **-2.** [non-violent] pacífico(ca).

peacetime ['pi:staɪm] *n (U)* tempo *m* de paz.

peach [pi:tʃ] ◇ *adj* da cor de pêssego. ◇ *n* **-1.** [fruit] pêssego *m* **-2.** [colour] cor *f* de pêssego.

peacock ['pi:kɒk] *n* pavão *m*.

peak [pi:k] ◇ *adj* **-1.** [time] de pico **-2.** [productivity, condition] máximo(ma). ◇ *n* **-1.** [mountain top] pico *m* **-2.** [highest point] cume *m*, apogeu *m* **-3.** [of cap] viseira *f*. ◇ *vi* atingir o máximo.

peaked [pi:kt] *adj* com viseira; **~ cap** boné *m* (com viseira).

peak hour *n* hora *f* de pico.

peak period *n* período *m* de pico.

peak rate *n* tarifa *f* máxima.

peal [pi:l] ◇ *n* **-1.** [of bells] repique *m* **-2.** [of thunder] estrondo *m*; **~ (of laughter)** gargalhada *f*. ◇ *vi* repicar.

peanut ['pi:nʌt] *n* amendoim *m*.

peanut butter *n (U)* manteiga *f* de amendoim.

pear [peəʳ] *n* pêra *f*.

pearl [pɜ:l] *n* pérola *f*.

peasant ['peznt] *n* [in countryside] camponês *m*, -esa *f*.

peat [pi:t] *n (U)* turfa *f*.

pebble ['pebl] *n* cascalho *m*, seixo *m*.

peck [pek] ◇ *n* **-1.** [with beak] bicada *f* **-2.** [kiss] bicota *f*. ◇ *vt* **-1.** [with beak] bicar **-2.** [kiss] dar uma bicota.

pecking order ['pekɪŋ-] *n* hierarquia *f*.

peckish ['pekɪʃ] *adj* **UK** *inf* esfomeado(da).

peculiar [pɪ'kju:ljəʳ] *adj* **-1.** [odd] esquisito(ta) **-2.** [slightly ill] estranho(nha) **-3.** [characteristic]: **to be ~ to sb/sthg** ser característico(ca) de alguém/algo.

peculiarity [pɪˌkju:lɪ'ærətɪ] (*pl* **-ies**) *n* **-1.** [strange habit] peculiaridade *f* **-2.** [individual characteristic] singularidade *f* **-3.** [oddness] excentricidade *f*.

pedal ['pedl] (**UK** *pt* & *pp* **-led**, *cont* **-ling**, **US** *pt* & *pp* **-ed**, *cont* **-ing**) ◇ *n* pedal *m*; **brake ~** freio *m*. ◇ *vi* pedalar.

pedal bin *n* lixeira *f* com pedal.

pedantic [pɪ'dæntɪk] *adj pej* pedante.

peddle ['pedl] *vt* **-1.** [sell] traficar **-2.** [spread] espalhar.

pedestal ['pedɪstl] *n* pedestal *m*.

pedestrian [pɪ'destrɪən] ◇ *adj pej* enfadonho(nha). ◇ *n* pedestre *mf*.

pedestrian crossing *n* **UK** faixa *f* para pedestres.

pedestrian precinct **UK**, **pedestrian zone** **US** *n* área *f* só para pedestres.

pediatrics [ˌpi:dɪ'ætrɪks] *n (U)* pediatria *f*.

pedigree ['pedɪgri:] ◇ *adj* com pedigree.

◇ *n* **-1.** [of animal] pedigree *m* **-2.** [of person] linhagem *f.*

pedlar *UK*, **peddler** *US* ['pedlə^r] *n* vendedor *m*, -ra *f* ambulante.

pee [pi:] *inf* ◇ *n* xixi *m*; **to have a ~** fazer xixi. ◇ *vi* fazer xixi.

peek [pi:k] *inf* ◇ *n* espiadela *f.* ◇ *vi* espiar.

peel [pi:l] ◇ *n (U)* casca *f.* ◇ *vt* & *vi* descascar.

peelings ['pi:lɪŋz] *npl* cascas *fpl.*

peep [pi:p] ◇ *n* **-1.** [look] espiada *f* **-2.** *inf* [sound] pio *m.* ◇ *vi* dar uma espiada em.

◆ **peep out** *vi* surgir.

peephole ['pi:phəʊl] *n* vigia *f (em porta).*

peer [pɪə^r] ◇ *n* **-1.** [noble] nobre *m* **-2.** [equal] par *m.* ◇ *vi*: **to ~ at** observar; **to ~ through the clouds** observar por entre as nuvens.

peerage ['pɪərɪdʒ] *n* pariato *m*; **the ~** o pariato.

peer group *n grupo de mesma faixa etária ou classe social.*

peeved [pi:vd] *adj inf* aborrecido(da).

peevish ['pi:vɪʃ] *adj* irritadiço(ça), mal-humorado(da).

peg [peg] (*pt* & *pp* **-ged**, *cont* **-ging**) ◇ *n* **-1.** [hook] cabide *m* **-2.** [for washing line] prendedor *m* (de roupa) **-3.** [for tent] pino *m.* ◇ *vt* [price, increase] fixar.

pejorative [pɪ'dʒɒrətɪv] *adj* pejorativo(va).

pekinese (*pl inv* OR **-s**) *n* [dog] pequinês *m.*

Peking [pi:'kɪŋ] *n* Pequim; **in ~** em Pequim.

pekingese (*pl inv* OR **-s**) *n* = **pekinese**.

pelican ['pelɪkən] (*pl inv* OR **-s**) *n* pelicano *m.*

pelican crossing *n UK* faixa *f* de segurança *(com semáforo acionado pelo pedestre).*

pellet ['pelɪt] *n* **-1.** [small ball - of paper] bolinha *f*; [- of food, mud] bolo *m* **-2.** [for gun] chumbinho *m.*

pelmet ['pelmɪt] *n UK* bandô *m.*

pelt [pelt] ◇ *n* [animal skin] pele *f.* ◇ *vt*: **to ~ sb with sthg** arremessar algo em alguém. ◇ *vi* **-1.** [rain] chover a cântaros **-2.** [run very fast] correr a toda.

pelvis ['pelvɪs] (*pl* **-vises** OR **-ves** [-vi:z]) *n* pélvis *f inv.*

pen [pen] (*pt* & *pp* **-ned**, *cont* **-ning**) ◇ *n* **-1.** [for writing] caneta *f* **-2.** [enclosure] curral *m.* ◇ *vt* [enclose - livestock] cercar; [- people] encurralar.

penal ['pi:nl] *adj* JUR penal.

penalize, ise ['pi:nəlaɪz] *vt* **-1.** [gen] penalizar **-2.** [put at a disadvantage] prejudicar.

penalty ['penltɪ] (*pl* **-ies**) *n* **-1.** [punishment] penalidade *f*; **to pay the ~ (for sthg)** *fig* pagar pena (por algo) **-2.** [fine] pena *f* **-3.** SPORT pênalti *m*; **~ (kick)** pênalti.

penance ['penəns] *n (U)* penitência *f.*

pence [pens] *UK pl* ▷ **penny**.

penchant [*UK* pãʃã, *US* 'pentʃənt] *n*: **to have a ~ for sthg/for doing sthg** ter uma queda por algo/por fazer algo.

pencil ['pensl] (*UK pt* & *pp* **-led**, *cont* **-ling**, *US pt* & *pp* **-ed**, *cont* **-ing**) ◇ *n* lápis *m inv*; **in ~** a lápis. ◇ *vt* escrever a lápis.

◆ **pencil in** *vt sep* **-1.** [person] inscrever provisoriamente **-2.** [date] marcar provisoriamente.

pencil case *n* estojo *m* (de canetas).

pencil sharpener *n* apontador *m* de lápis.

pendant ['pendənt] *n* pendente *m.*

pending ['pendɪŋ] *fml* ◇ *adj* **-1.** [about to happen] iminente **-2.** [waiting to be dealt with] pendente. ◇ *prep* à espera de.

pendulum ['pendjʊləm] (*pl* **-s**) *n* pêndulo *m.*

penetrate ['penɪtreɪt] *vt* **-1.** [get through - subj: person, object] penetrar em, adentrar-se em; [- rain] infiltrar-se em **-2.** [infiltrate - party] entrar sorrateiramente em; [- terrorist group, spy ring] infiltrar-se em.

penfriend ['penfrend] *n* amigo *m*, -ga *f* por correspondência.

penguin ['peŋgwɪn] *n* pingüim *m.*

penicillin [,penɪ'sɪlɪn] *n (U)* penicilina *f.*

peninsula [pə'nɪnsjʊlə] (*pl* **-s**) *n* península *f.*

penis ['pi:nɪs] (*pl* **penises** ['pi:nɪsɪz]) *n* pênis *m inv.*

penitentiary [,penɪ'tenʃərɪ] (*pl* **-ies**) *n US* penitenciária *f.*

penknife ['pennaɪf] (*pl* **-knives** [-naɪvz]) *n* canivete *m*, navalha *f.*

pen-name *n* pseudônimo *m.*

pennant ['penənt] *n* bandeirola *f.*

penniless ['penɪlɪs] *adj* sem dinheiro.

penny ['penɪ] (*pl senses 1* & *2* **-ies**, *pl sense 3* **pence**) *n* **-1.** *UK* [coin] pêni *m* **-2.** *US* [coin] centavo *m* **-3.** *UK* [value] centavo *m.*

pen pal *n inf* amigo *m*, -ga *f* por correspondência.

pension ['penʃn] *n* **-1.** *UK* [on retirement - state scheme] pensão *f*; [- private scheme] previdência *f* privada **-2.** [for disability] pensão *f* por invalidez.

pensioner ['penʃənə^r] *n UK*: **(old-age) ~** pensionista *mf.*

pensive ['pensɪv] *adj* pensativo(va).

pentagon ['pentəgən] *n* pentágono *m.*

◆ **Pentagon** *n US*: **the Pentagon** o Pentágono.

pentathlete [pen'tæθli:t] *n* pentatleta *mf.*

Pentecost ['pentɪkɒst] *n* Pentecostes *m inv.*

penthouse ['penthaʊs, *pl* -haʊzɪz] *n* cobertura *f.*

pent up ['pent-] *adj* contido(da), reprimido(da).

penultimate [pe'nʌltɪmət] *adj* penúltimo(ma).

people ['pi:pl] ◇ *n* [nation, race] povo *m.* ◇

npl **-1.** [gen] pessoas *fpl*; ~ **say that ...** dizem que ... **-2.** [inhabitants] habitantes *mpl* **-3.** *POL*: **the ~** o povo. <> *vt*: **to be ~d by** *OR* **with** ser povoado(da) por.

people carrier *n* monovolume *m*.

pep [pep] (*pt* & *pp* **-ped**, *cont* **-ping**) *n inf* vigor *m*, vitalidade *f*.

◆ **pep up** *vt sep* **-1.** [person] revigorar **-2.** [party, event] animar.

pepper ['pepəʳ] *n* **-1.** *(U)* [spice] pimenta *f* **-2.** [vegetable] pimentão *m*.

pepperbox *n US* = **pepper pot**.

peppermint ['pepəmɪnt] *n* **-1.** [sweet] menta *f* **-2.** *(U)* [herb] hortelã-pimenta *f*.

pepper pot *UK*, **pepperbox** *US* ['pepəbɒks] *n* pimenteira *f*.

pep talk *n inf* palavras *fpl* de ânimo *OR* incentivo.

per [pɜːʳ] *prep* por; ~ **hour/day/kilo/person** por hora/dia/quilo/pessoa; **as ~ instructions** conforme/segundo as instruções.

per annum *adv* por ano.

per capita [pə'kæpɪtə] *adj, adv* per capita.

perceive [pə'siːv] *vt* **-1.** [see] distinguir **-2.** [notice, realize] perceber, ver **-3.** [conceive, consider]: **to ~ sb/sthg as** ver alguém/algo como.

per cent *adv* por cento.

percentage [pə'sentɪdʒ] *n* porcentagem *f*.

perception [pə'sepʃn] *n* **-1.** *(U)* [gen] distinção *f* **-2.** *(U)* [insight, understanding] percepção *f*, perspicácia *f*.

perceptive [pə'septɪv] *adj* perspicaz.

perch [pɜːtʃ] (*pl sense 3 only inv OR* **-es**) <> *n* **-1.** [for bird] poleiro *m* **-2.** [high position] posição *f* elevada **-3.** [fish] perca *f*. <> *vi*: **to ~ (on sthg)** [bird] pousar (em algo); [person] empoleirar-se (em algo).

percolator ['pɜːkəleɪtəʳ] *n* cafeteira *f*.

percussion [pə'kʌʃn] *n (U) MUS* percussão *f*.

perennial [pə'renjəl] <> *adj* perene. <> *n BOT* planta *f* perene.

perfect [*adj* & *n* 'pɜːfɪkt, *vb* pə'fekt] <> *adj* perfeito(ta); **it makes ~ sense** é perfeitamente lógico (ca). <> *n GRAMM*: **~ (tense)** o perfeito. <> *vt* aperfeiçoar.

perfection [pə'fekʃn] *n* perfeição *f*; **to ~** à perfeição.

perfectionist [pə'fekʃənɪst] *n* perfeccionista *mf*.

perfectly ['pɜːfɪktlɪ] *adv* perfeitamente; ~ **honest/ridiculous** totalmente honesto/ridículo, totalmente honesta/ridícula.

perforate ['pɜːfəreɪt] *vt* perfurar.

perforations [,pɜːfə'reɪʃnz] *npl* perfurações *fpl*.

perform [pə'fɔːm] <> *vt* **-1.** [carry out] realizar, levar a cabo **-2.** [in front of audience - play] representar, interpretar; [- music, dance] apresentar. <> *vi* **-1.** [function - car, machine] funcionar; [- person, team] sair-se **-2.** [in front of audience] apresentar-se, atuar.

performance [pə'fɔːməns] *n* **-1.** *(U)* [carrying out, doing] execução *f*, realização *f* **-2.** [show] apresentação *f* **-3.** [rendition] performance *f*, desempenho *m* **-4.** *(U)* [of car, engine] desempenho *m*, rendimento *m*.

performer [pə'fɔːməʳ] *n* performer *mf*.

perfume ['pɜːfjuːm] *n* **-1.** [for woman] perfume *m* **-2.** [pleasant smell] aroma *f*.

perfunctory [pə'fʌŋktərɪ] *adj* superficial, feito(ta) às pressas.

perhaps [pə'hæps] *adv* talvez; ~ **you're right** talvez você esteja certo; ~ **so/not** talvez sim/não; ~ **you should go and see her?** quem sabe você vai dar uma olhada nela?

peril ['perɪl] *n (U) literary* perigo *m*.

perimeter [pə'rɪmɪtəʳ] *n* perímetro *m*; ~ **fence/wall** alambrado *m*, cerca *f*.

period ['pɪərɪəd] <> *n* **-1.** [gen] período *m*; **free ~** período livre **-2.** *HISTORY* era *f* **-3.** [menstruation] período *m* menstrual **-4.** *US* [full stop] ponto *m*. <> *comp* [dress, furniture] de época.

periodic [,pɪərɪ'ɒdɪk] *adj* periódico(ca).

periodical [,pɪərɪ'ɒdɪkl] <> *adj* = **periodic**. <> *n* periódico *m*.

peripheral [pə'rɪfərəl] <> *adj* **-1.** [of little importance] secundário(ria) **-2.** [at edge] periférico(ca). <> *n COMPUT* periférico *m*.

perish ['perɪʃ] *vi* **-1.** [die] perecer **-2.** [decay] deteriorar-se.

perishable ['perɪʃəbl] *adj* perecível.

◆ **perishables** *npl* produtos *mpl* perecíveis.

perjury ['pɜːdʒərɪ] *n (U) JUR* perjúrio *m*.

perk [pɜːk] *n inf* mordomia *m*, regalia *f*.

◆ **perk up** *vi* animar-se.

perky ['pɜːkɪ] (*compar* **-ier**, *superl* **-iest**) *adj inf* animado(da), alegre.

perm [pɜːm] *n* permanente *m*.

permanent ['pɜːmənənt] <> *adj* **-1.** [not temporary - job] fixo(xa); [- damage, feature] permanente **-2.** [continuous, constant] permanente, constante. <> *n US* permanente *m*.

permeate ['pɜːmɪeɪt] *vt* permear.

permissible [pə'mɪsəbl] *adj* permissível.

permission [pə'mɪʃn] *n (U)* permissão *f*.

permissive [pə'mɪsɪv] *adj* permissivo(va), tolerante.

permit [*vb* pə'mɪt, *n* 'pɜːmɪt] (*pt* & *pp* **-ted**, *cont* **-ting**) <> *n* autorização *f*. <> *vt* permitir; **to ~ sb to do sthg** permitir que alguém faça algo; **my mother won't ~ me to go out** minha mãe não vai me deixar sair; **to ~ sb sthg** permitir algo a alguém.

pernicious [pə'nɪʃəs] *adj fml* pernicioso(sa).

pernickety *UK*, **persnickety** *US* [pə'(s)nɪkətɪ] *adj inf* meticuloso(sa).

perpendicular [ˌpɜ:pənˈdɪkjʊlə[r]] ◇ *adj* **-1.** *MATH* perpendicular; **~ to sthg** perpendicular a algo **-2.** [upright] vertical. ◇ *n MATH* perpendicular *f.*

perpetrate [ˈpɜ:pɪtreɪt] *vt fml* perpetrar.

perpetual [pəˈpetʃʊəl] *adj* **-1.** *pej* [continuous] constante **-2.** [everlasting - darkness] perpétuo(tua); [- hunger] eterno(na).

perplex [pəˈpleks] *vt* desconcertar, deixar perplexo(xa).

perplexing [pəˈpleksɪŋ] *adj* desconcertante.

persecute [ˈpɜ:sɪkju:t] *vt* perseguir, oprimir.

perseverance [ˌpɜ:sɪˈvɪərəns] *n (U)* perseverança *f.*

persevere [ˌpɜ:sɪˈvɪə[r]] *vi* **-1.** [with difficulty] perseverar; **to ~ with sthg** persistir em algo **-2.** [with determination]: **to ~ in doing sthg** insistir em fazer algo.

Persian [ˈpɜ:ʃn] *adj* persa.

Persian cat *n* gato *m*, -ta *f* persa.

persist [pəˈsɪst] *vi* **-1.** [problem, situation, rain] persistir **-2.** [person]: **to ~ in doing sthg** insistir em fazer algo.

persistence [pəˈsɪstəns] *n (U)* **-1.** [continuation] persistência *f* **-2.** [determination] obstinação *f*, determinação *f.*

persistent [pəˈsɪstənt] *adj* **-1.** [constant] constante **-2.** [determined] obstinado(da) determinado(da).

person [ˈpɜ:sn] (*pl* **people** *OR* **persons** *fml*) *n* **-1.** [man or woman] pessoa *f*; **in ~** pessoalmente, em pessoa **-2.** [body]: **about one's ~** em seu corpo **-3.** *GRAMM* pessoa *f.*

personable [ˈpɜ:snəbl] *adj* bem-apessoado(da).

personal [ˈpɜ:sənl] *adj* **-1.** [gen] pessoal **-2.** [letter, message] particular **-3.** *pej* [rude] ofensivo (va).

personal assistant *n* assistente *mf* particular.

personal column *n* seção *f* de recados *(em jornal)*.

personal computer *n* computador *m* pessoal.

personality [ˌpɜ:səˈnælətɪ] (*pl* **-ies**) *n* personalidade *f.*

personally [ˈpɜ:snəlɪ] *adv* pessoalmente; **to take sthg ~** levar algo para o lado pessoal.

personal organizer *n* agenda *f* pessoal.

personal property *n (U) JUR* bens *mpl* móveis.

personal stereo *n* walkman *m.*

personify [pəˈsɒnɪfaɪ] (*pt* & *pp* **-ied**) *vt* personificar.

personnel [ˌpɜ:səˈnel] ◇ *n (U)* [in firm, organization] equipe *f.* ◇ *npl* [staff] funcionários *mpl.*

perspective [pəˈspektɪv] *n* perspectiva *f.*

Perspex® [ˈpɜ:speks] *n UK* plexiglas *m.*

perspiration [ˌpɜ:spəˈreɪʃn] *n* transpiração *f.*

persuade [pəˈsweɪd] *vt* persuadir; **to ~ sb to do sthg** persuadir alguém a fazer algo; **to ~ sb that** convencer alguém de que; **to ~ sb of sthg** convencer alguém de algo.

persuasion [pəˈsweɪʒn] *n* **-1.** *(U)* [act of persuading] persuasão *f* **-2.** [belief] crença *f.*

persuasive [pəˈsweɪsɪv] *adj* persuasivo(va).

pert [pɜ:t] *adj* [person, reply] vivo(va), atrevido(da).

pertain [pəˈteɪn] *vi fml*: **~ing to sb/sthg** relacionado(da) a alguém/algo.

pertinent [ˈpɜ:tɪnənt] *adj* pertinente, relevante.

perturb [pəˈtɜ:b] *vt fml* perturbar.

Peru [pəˈru:] *n* Peru.

peruse [pəˈru:z] *vt* **-1.** [read thoroughly] ler com atenção **-2.** [read quickly] ler por cima.

pervade [pəˈveɪd] *vt* impregnar.

perverse [pəˈvɜ:s] *adj* perverso(sa).

perversion [*UK* pəˈvɜ:ʃn, *US* pəˈvɜ:rʒn] *n* perversão *f.*

pervert [*n* ˈpɜ:vɜ:t, *vb* pəˈvɜ:t] ◇ *n* pervertido *m*, -da *f.* ◇ *vt* **-1.** [distort] distorcer **-2.** [corrupt morally] perverter.

pessimist [ˈpesɪmɪst] *n* pessimista *mf.*

pessimistic [ˌpesɪˈmɪstɪk] *adj* pessimista.

pest [pest] *n* [gen] praga *f*, peste *f.*

pester [ˈpestə[r]] *vt* importunar, incomodar.

pet [pet] (*pt* & *pp* **-ted**, *cont* **-ting**) ◇ *adj* [favourite] predileto(ta), preferido(da). ◇ *n* **-1.** [domestic animal] animal *m* de estimação **-2.** [favourite person] preferido *m*, -da *f.* ◇ *vt* acariciar, afagar. ◇ *vi* acariciar-se.

petal [ˈpetl] *n* pétala *f.*

peter [ˈpi:tə[r]] ◆ **peter out** *vi* **-1.** [food, interest] esgotar-se **-2.** [path] desaparecer.

petite [pəˈti:t] *adj* diminuto(ta).

petition [pɪˈtɪʃn] ◇ *n* **-1.** [supporting campaign] abaixo-assinado *m* **-2.** *JUR* petição *f.* ◇ *vt* peticionar.

petrified [ˈpetrɪfaɪd] *adj* petrificado(da).

petrol [ˈpetrəl] *n (U) UK* gasolina *f.*

petrol bomb *n UK* coquetel *m* molotov.

petrol can *n UK* lata *f* de gasolina.

petrol cap *n UK* tampa *f* do tanque de combustível.

petroleum [pɪˈtrəʊljəm] *n (U)* petróleo *m.*

petrol pump *n UK* bomba *f* de gasolina.

petrol station *n UK* posto *m* de gasolina.

petrol tank *n UK* tanque *m* de gasolina.

pet shop *n* pet shop *f*, loja *f* de produtos para animais de estimação.

petticoat [ˈpetɪkəʊt] *n* anágua *f.*

petty [ˈpetɪ] (*compar* **-ier**, *superl* **-iest**) *adj* **-1.** [small-minded] mesquinho(nha) **-2.** [trivial] insignificante.

petty cash *n (U)* dinheiro *m* para pequenas despesas, trocado *m*.
petty officer *n* suboficial *mf*.
petulant ['petjʊlənt] *adj* petulante.
pew [pju:] *n* banco *m (de igreja)*.
pewter ['pju:təʳ] *n (U)* peltre *m*.
pH (*abbr of* **potential of hydrogen**) *n* CHEM ph.
phantom ['fæntəm] ◇ *adj* [imaginary] ilusório(ria). ◇ *n* [ghost] fantasma *m*.
pharmaceutical [ˌfɑ:mə'sju:tɪkl] *adj* farmacêutico(ca).
pharmacist ['fɑ:məsɪst] *n* farmacêutico *m*, -ca *f*.
pharmacology [ˌfɑ:mə'kɒlədʒɪ] *n (U)* farmacologia *f*.
pharmacy ['fɑ:məsɪ] (*pl* **-ies**) *n* farmácia *f*.
phase [feɪz] *n* fase *f*.
◆ **phase in** *vt sep* introduzir gradualmente.
◆ **phase out** *vt sep* retirar gradualmente.
PhD (*abbr of* **Doctor of Philosophy**) *n (titular de) doutorado em ciências humanas*.
pheasant ['feznt] (*pl inv* OR **-s**) *n* faisão *m*.
phenomena [fɪ'nɒmɪnə] *pl* ▷ **phenomenon**.
phenomenal [fɪ'nɒmɪnl] *adj* fenomenal.
phenomenon [fɪ'nɒmɪnən] (*pl* **-mena**) *n* fenômeno *m*.
phial ['faɪəl] *n* frasco *m*.
philanthropist [fɪ'lænθrəpɪst] *n* filantropo *m*.
philately [fɪ'lætəlɪ] *n (U)* filatelia *f*.
Philippine ['fɪlɪpi:n] *adj* filipino(na).
◆ **Philippines** *npl*: **the ~s** as Filipinas.
philosopher [fɪ'lɒsəfəʳ] *n* filósofo *m*, -fa *f*.
philosophical [ˌfɪlə'sɒfɪkl] *adj* filosófico(ca).
philosophy [fɪ'lɒsəfɪ] (*pl* **-ies**) *n* filosofia *f*.
phlegm [flem] *n (U)* fleuma *f*.
phlegmatic [fleg'mætɪk] *adj* fleumático(ca).
phobia ['fəʊbjə] *n* fobia *f*.
phone [fəʊn] ◇ *n* telefone *m*; **to be on the ~** [speaking] estar no telefone; *UK* [connected to network] ter telefone. ◇ *comp* telefônico(ca). ◇ *vt* telefonar, ligar para. ◇ *vi* telefonar, ligar.
◆ **phone back** *vt sep & vi* ligar de volta.
◆ **phone up** *vt sep & vi* ligar.
phone book *n* lista *f* telefônica.
phone booth *n US* cabine *f* telefônica.
phone box *n UK* cabine *f* telefônica.
phone call *n* ligação *f*, chamada *f* telefônica; **to make a ~** fazer uma ligação.
phonecard ['fəʊnkɑ:d] *n* cartão *m* telefônico.
phone-in *n* RADIO, TV *programa para o qual as pessoas ligam e suas perguntas ou opiniões vão para o ar*.
phone number *n* número *m* de telefone.
phonetics [fə'netɪks] *n (U)* fonética *f*.
phoney *UK*, **phony** *US* ['fəʊnɪ] (*compar* **-ier**, *superl* **-iest**, *pl* **-ies**) ◇ *adj* falso(sa). ◇ *n* farsante *mf*.
phosphorus ['fɒsfərəs] *n (U)* fósforo *m*.
photo ['fəʊtəʊ] *n* foto *f*; **to take a ~ (of sb/sthg)** tirar OR bater uma foto (de alguém/algo).
photocopier ['fəʊtəʊˌkɒpɪəʳ] *n* fotocopiadora *f*.
photocopy ['fəʊtəʊˌkɒpɪ] (*pl* **-ies**, *pt* & *pp* **-ied**) ◇ *n* fotocópia *f*. ◇ *vt* fotocopiar.
photograph ['fəʊtəgrɑ:f] ◇ *n* fotografia *f*; **to take a ~ (of sb/sthg)** tirar OR bater uma fotografia (de alguém/algo). ◇ *vt* fotografar.
photographer [fə'tɒgrəfəʳ] *n* fotógrafo *m*, -fa *f*.
photography [fə'tɒgrəfɪ] *n (U)* fotografia *f*.
photovoltaic cell [ˌfəʊtəʊvɒl'teɪɪk-] *n* célula *f* fotovoltaica.
phrasal verb ['freɪzl-] *n combinação de um verbo e de uma preposição ou um advérbio, que juntos possuem sentido único*.
phrase [freɪz] ◇ *n* **-1.** [part of sentence] frase *f* **-2.** [expression] expressão *f*. ◇ *vt* [express - letter] redigir; [- apology, refusal] expressar; **sorry, I've ~d that badly** desculpe, eu me expressei mal.
phrasebook ['freɪzbʊk] *n* manual *m* de conversação.
physical ['fɪzɪkl] ◇ *adj* físico(ca). ◇ *n* exame *m* médico.
physical education *n (U)* SCH educação *f* física.
physically ['fɪzɪklɪ] *adv* fisicamente.
physically handicapped ◇ *adj* portador(ra) de deficiência física. ◇ *npl*: **the ~** os portadores de deficiência física.
physician [fɪ'zɪʃn] *n* médico *m*, -ca *f*.
physicist ['fɪzɪsɪst] *n* físico *m*, -ca *f*.
physics ['fɪzɪks] *n (U)* física *f*.
physiotherapy [ˌfɪzɪəʊ'θerəpɪ] *n (U)* fisioterapia *f*.
physique [fɪ'zi:k] *n* físico *m*.
pianist ['pɪənɪst] *n* pianista *mf*.
piano [pɪ'ænəʊ] (*pl* **-s**) *n* piano *m*; **to play the ~** tocar piano.
pick [pɪk] ◇ *n* **-1.** [tool] picareta *f* **-2.** [selection]: **to take one's ~** escolher o que quiser **-3.** [best]: **the ~ of** o melhor de. ◇ *vt* **-1.** [select, choose] escolher **-2.** [gather] colher **-3.** [remove] tirar **-4.** [nose]: **to ~ one's nose** pôr o dedo no nariz **-5.** [teeth]: **to ~ one's teeth** palitar os dentes **-6.** [provoke] provocar; **to ~ a fight (with sb)** arranjar briga (com alguém) **-7.** [lock] forçar *(com instrumento ou ferramenta)*.
◆ **pick on** *vt fus* meter-se com.
◆ **pick out** *vt sep* **-1.** [recognize] reconhecer **-2.** [select, choose] escolher.
◆ **pick up** ◇ *vt sep* **-1.** [lift up] pegar, apanhar **-2.** [collect] pegar **-3.** [acquire] adquirir; **to ~ up speed** pegar velocidade **-4.** *inf*

[start relationship with] dar em cima de **- 5.** [detect, receive] captar **- 6.** [resume] retomar. ◇ *vi* **- 1.** [improve] melhorar **- 2.** [resume] retomar.

pickaxe *UK*, **pickax** *US* [ˈpɪkæks] *n* picareta *f*.

picket [ˈpɪkɪt] ◇ *n* [at place of work - person] piqueteiro *m*, -ra *f*; [- instance of picketing] piquete *m*. ◇ *vt* fazer piquete em.

picket line *n* piquete *m* de grevistas.

pickle [ˈpɪkl] ◇ *n* **- 1.** [food] picles *m inv* **- 2.** *inf* [difficult situation]: **to be in a ~** estar numa enrascada. ◇ *vt* fazer conserva de.

pickpocket [ˈpɪk,pɒkɪt] *n* batedor *m*, -ra *f* de carteiras.

pick-up *n* **- 1.** [of record player] pickup *f* **- 2.** [truck] picape *f*.

picnic [ˈpɪknɪk] (*pt* & *pp* **-ked**, *cont* **-king**) ◇ *n* piquenique *m*. ◇ *vi* fazer piquenique.

pictorial [pɪkˈtɔːrɪəl] *adj* ilustrado(da).

picture [ˈpɪktʃə^r] ◇ *n* **- 1.** [painting, drawing] quadro *m* **- 2.** [photograph] fotografia *f* **- 3.** [image] imagem *f* **- 4.** [movie] filme *m* **- 5.** [prospect] cenário *m* **- 6.** *phr*: **to get the ~** *inf* entender; **to put sb in the ~** colocar alguém a par. ◇ *vt* **- 1.** [in mind] imaginar **- 2.** [in photo] fotografar **- 3.** [in painting, drawing] retratar.

◆ **pictures** *npl UK*: **the ~s** o cinema.

picture book *n* livro *m* ilustrado.

picturesque [,pɪktʃəˈresk] *adj* pitoresco(ca).

pie [paɪ] *n* **- 1.** [sweet] torta *f* **- 2.** [savoury] pastelão *m*.

piece [piːs] *n* **- 1.** [gen] pedaço *m*; **to fall to ~s** ficar em pedaços; **to take sthg to ~s** desmontar algo; **in ~s** em pedaços; **in one ~** [intact] sem um arranhão, intacto(ta); [unharmed] são e salvo, sã e salva **- 2.** [of food] pedaço *f* **- 3.** *(with uncountable noun)* [gen] peça *f*; **~ of paper** folha *f* de papel; **~ of luck** golpe *m* de sorte; **~ of information** informação *f* **- 4.** [of journalism] artigo *m* **- 5.** [coin] moeda *f*.

◆ **piece together** *vt sep* reunir.

piecemeal [ˈpiːsmiːl] ◇ *adj* pouco sistemático(ca). ◇ *adv* aos poucos, gradualmente.

piecework [ˈpiːswɜːk] *n (U)* trabalho *m* por tarefas.

pie chart *n* gráfico *m* circular.

pier [pɪə^r] *n* píer *m*.

pierce [pɪəs] *vt* **- 1.** [subj: bullet, needle] furar; **to have one's ears ~d** furar as orelhas **- 2.** [subj: noise, light, pain] romper.

piercing [ˈpɪəsɪŋ] ◇ *adj* **- 1.** [sound, voice] agudo(da), estridente **- 2.** [wind] cortante **- 3.** [look, eyes] penetrante. ◇ *n* piercing *m*.

pig [pɪg] (*pt* & *pp* **-ged**, *cont* **-ging**) *n* **- 1.** [animal] porco *m*, -ca *f* **- 2.** *inf pej* [greedy eater] glutão *m*, -ona *f* **- 3.** *inf pej* [unkind person] grosseirão *m*, -rona *f*.

pigeon [ˈpɪdʒɪn] (*pl inv* OR **-s**) *n* pomba *f*.

pigeonhole [ˈpɪdʒɪnhəʊl] ◇ *n* [compartment] escaninho *m*. ◇ *vt* [classify] classificar.

piggybank [ˈpɪgɪbæŋk] *n* porquinho *m (de moedas)*.

pig-headed *adj* cabeçudo(da).

pigment [ˈpɪgmənt] *n* pigmento *m*.

pigpen *n US* = **pigsty**.

pigskin [ˈpɪgskɪn] *n (U)* couro *m* de porco.

pigsty [ˈpɪgstaɪ] (*pl* **-ies**), **pigpen** *US* [ˈpɪgpen] *n* chiqueiro *m*.

pigtail [ˈpɪgteɪl] *n* trança *f*.

pike [paɪk] (*pl sense 1 only inv* OR **-s**) *n* **- 1.** [fish] lúcio *m* **- 2.** [spear] pique *m*.

pilchard [ˈpɪltʃəd] *n* sardinha *f*.

pile [paɪl] ◇ *n* **- 1.** [heap] monte *m*; **a ~** OR **~s of sthg** *inf* um monte de algo **- 2.** [neat stack] pilha *f* **- 3.** [of carpet, fabric] felpa *f*. ◇ *vt* empilhar; **to be ~d with sthg** estar entulhado(da) de algo.

◆ **piles** *npl* MED hemorróidas *fpl*.

◆ **pile into** *vt fus inf* amontoar-se.

◆ **pile up** ◇ *vt sep* amontoar, empilhar. ◇ *vi* acumular-se.

pile-up *n* engavetamento *m*.

pilfer [ˈpɪlfə^r] ◇ *vt*: **to ~ sthg (from)** furtar algo (de). ◇ *vi*: **to ~ (from)** furtar (de), surrupiar (de).

pilgrim [ˈpɪlgrɪm] *n* peregrino *m*, -na *f*.

pilgrimage [ˈpɪlgrɪmɪdʒ] *n* peregrinação *f*.

pill [pɪl] *n* **- 1.** MED pílula *f* **- 2.** [contraceptive]: **the ~** a pílula anticoncepcional; **to be on the ~** tomar pílula (anticoncepcional).

pillage [ˈpɪlɪdʒ] *vt* pilhar.

pillar [ˈpɪlə^r] *n* **- 1.** ARCHIT pilar *m* **- 2.** *fig* [of community, church etc.] bastião *m*; **to be a ~ of strength** ser uma fortaleza; **to be a ~ of the church** ser um bastião da igreja.

pillar box *n UK* caixa *f* coletora *(do correio)*.

pillion [ˈpɪljən] *n* assento *m* traseiro; **to ride ~** ir na garupa.

pillow [ˈpɪləʊ] *n* **- 1.** [for bed] travesseiro *m* **- 2.** *US* [on sofa, chair] almofada *f*.

pillowcase [ˈpɪləʊkeɪs], **pillowslip** [ˈpɪləʊslɪp] *n* fronha *f*.

pilot [ˈpaɪlət] ◇ *n* piloto *m*. ◇ *comp* [trial] piloto; **~ project** projeto-piloto *m*. ◇ *vt* **- 1.** [gen] pilotar **- 2.** [bill] pôr em prática **- 3.** [scheme] aplicar.

pilot light, pilot burner *n* [on gas appliance] piloto *m*.

pilot study *n* estudo *m* -piloto.

pimp [pɪmp] *n inf* cafetão *m*.

pimple [ˈpɪmpl] *n* espinha *f*.

pin [pɪn] (*pt* & *pp* **-ned**, *cont* **-ning**) ◇ *n* **- 1.** [for sewing] alfinete *m*; **to have ~s and needles** *fig* estar com formigamento **- 2.** [drawing pin] percevejo *m* **- 3.** [safety pin] alfinete *m* de segurança **- 4.** [of plug, grenade] pino *m* **- 5.** TECH pino *m*, cavilha *f* **- 6.** ***US*** [brooch] broche *m*; [badge] bottom *m*. ◇ *vt* **- 1.** [attach]: **to ~ sthg to** *OR* **on sthg** prender *OR* colocar algo em algo **- 2.** [immobilize]: **to ~ sb against** *OR* **to sthg** prender alguém contra/em algo **- 3.** [apportion]: **to ~ sthg on sb** botar a culpa de algo em alguém, culpar alguém de algo.

◆ **pin down** *vt sep* **- 1.** [identify] determinar, identificar **- 2.** [force to make a decision] obrigar a se decidir.

pinafore ['pɪnəfɔːʳ] *n* **- 1.** [apron] avental *m* **- 2.** ***UK*** [dress] jardineira *f*.

pinball ['pɪnbɔːl] *n (U)* fliperama *f*.

pincers ['pɪnsəz] *npl* **- 1.** [tool] torquês *f* **- 2.** [front claws] pinças *fpl*.

pinch [pɪntʃ] ◇ *n* **- 1.** [nip] beliscão *m* **- 2.** [small quantity] pitada *f*. ◇ *vt* **- 1.** [nip] beliscar **- 2.** ***inf*** [steal - money, clothes] passar a mão em; [- car] pegar.

◆ **at a pinch** ***UK***, **in a pinch** ***US*** *adv* em último caso.

pincushion ['pɪn,kʊʃn] *n* alfineteira *f*.

pine [paɪn] ◇ *n* **- 1.** [tree] pinheiro *m* **- 2.** *(U)* [wood] pinho *m*. ◇ *vi*: **to ~ for sb/sthg** suspirar por alguém/algo.

◆ **pine away** *vi* consumir-se (de desgosto).

pineapple ['paɪnæpl] *n* abacaxi *m*.

pine tree *n* pinheiro *m*.

ping [pɪŋ] *n* tinido *m*.

Ping-Pong® [-pɒŋ] *n (U)* pingue-pongue *m*.

pink [pɪŋk] ◇ *adj* **- 1.** [in colour] cor-de-rosa **- 2.** [with embarrassment] vermelho(lha); **to turn ~** ficar vermelho(lha). ◇ *n* [colour] rosa *m*.

pink pound ***UK***, **pink dollar** ***US*** *n*: **the ~** *poder aquisitivo da comunidade gay*.

pinnacle ['pɪnəkl] *n* **- 1.** ***fig*** [of career, success] auge *m* **- 2.** [mountain peak] topo *m* **- 3.** *ARCHIT* [spire] pináculo *m*.

pinpoint ['pɪnpɔɪnt] *vt* **- 1.** [difficulty, cause] determinar, identificar **- 2.** [position, target, leak] identificar.

pin-striped [-,straɪpt] *adj* riscado(da).

pint [paɪnt] *n* **- 1.** ***UK*** [unit of measurement] quartilho *m (0,568 litro)* **- 2.** ***US*** [unit of measurement] pint *m (0,473 litro)* **- 3.** ***UK*** [beer] cerveja *f*.

pioneer [,paɪə'nɪəʳ] ◇ *n* **- 1.** [first settler] pioneiro *m*, -ra *f* **- 2.** [innovator] pioneiro *m*, -ra *f*. ◇ *vt* lançar, ser pioneiro(na) de.

pious ['paɪəs] *adj* **- 1.** [religious] piedoso(sa) **- 2.** ***pej*** [sanctimonious] devoto(ta).

pip [pɪp] *n* **- 1.** [seed] semente *f* **- 2.** ***UK*** [bleep] sinal *m*.

pipe [paɪp] ◇ *n* **- 1.** [for gas, water] tubo *m*, cano *m* **- 2.** [for smoking] cachimbo *m*. ◇ *vt* canalizar.

◆ **pipes** *npl MUS* [bagpipes] gaita *f* de foles.

◆ **pipe down** *vi* ***inf*** fechar a matraca.

◆ **pipe up** *vi* ***inf***: **there was silence and then she ~d up with a suggestion** fez-se silêncio e então ela saiu com uma sugestão.

pipe cleaner *n* limpador *m* para cachimbo.

pipe dream *n* castelo *m* no ar, sonho *m* impossível.

pipeline ['paɪplaɪn] *n* **- 1.** [for oil] oleoduto *m* **- 2.** [for gas] gasoduto *m*.

piper ['paɪpəʳ] *n MUS* tocador *m*, -ra *f* de gaita de foles.

piping hot ['paɪpɪŋ-] *adj* extremamente quente.

pique [piːk] *n (U)* ressentimento *m*.

piracy ['paɪrəsɪʳ] *n* pirataria *f*.

pirate ['paɪrət] ◇ *adj* [illegally copied] pirateado(da). ◇ *n* **- 1.** [sailor] pirata *m* **- 2.** [illegal copy] cópia *f* pirata. ◇ *vt* piratear.

pirate radio *n* ***UK*** rádio *f* pirata.

pirouette [,pɪrʊ'et] ◇ *n* pirueta *f*. ◇ *vi* fazer pirueta.

Pisces ['paɪsiːz] *n* [sign] Peixes *m*.

piss [pɪs] ***vulg*** ◇ *n* [urine] mijo *m*. ◇ *vi* [urinate] mijar.

pissed [pɪst] *adj* ***vulg*** **- 1.** ***UK*** [drunk] mamado(da) **- 2.** ***US*** [annoyed] puto(ta) da cara.

pissed off *adj* ***vulg*** de saco cheio.

pistol ['pɪstl] *n* pistola *f*.

piston ['pɪstən] *n* pistom *m*.

pit [pɪt] (*pt* & *pp* **-ted**, *cont* **-ting**) ◇ *n* **- 1.** [large hole] cova *f* **- 2.** [small, shallow hole] marca *f* **- 3.** [for orchestra] fosso *m* da orquestra **- 4.** [mine] mina *f* **- 5.** ***US*** [of fruit] caroço *m*. ◇ *vt*: **to be ~ted against sb** ser incitado(da) contra alguém.

◆ **pits** *npl* [in motor racing]: **the ~s** o box.

pitch [pɪtʃ] ◇ *n* **- 1.** *SPORT* campo *m* **- 2.** *MUS* tom *m* **- 3.** *(U)* [level, degree] grau *m* **- 4.** [street vendor's place] ponto *m* **- 5.** ***inf*** [spiel]: **sales ~** papo *m* de vendedor **- 6.** [of slope, roof] (grau *m* de) inclinação *f*. ◇ *vt* **- 1.** [throw] arremessar **- 2.** [set level of - price] estabelecer um preço para; [- speech] dar um tom a **- 3.** [camp, tent] armar. ◇ *vi* **- 1.** [fall over] despencar; **to ~ forward** precipitar-se para frente **- 2.** [ship, plane] arfar.

pitch-black *adj* preto(ta) como carvão.

pitched battle [,pɪtʃt-] *n* batalha *f* campal.

pitcher ['pɪtʃəʳ] *n* ***US*** **- 1.** [jug] jarro *m* **- 2.** [in baseball] lançador *m*.

pitchfork ['pɪtʃfɔːk] *n* forcado *m*.

piteous ['pɪtɪəs] *adj* lastimável, comovente.

pitfall ['pɪtfɔːl] *n* armadilha *f*, perigo *m*.

pith [pɪθ] *n (U) parte branca da casca de uma fruta*.

pithy ['pɪθɪ] (*compar* **-ier**, *superl* **-iest**) *adj* denso(sa), contundente.

pitiful ['pɪtɪfʊl] *adj* **- 1.** [arousing pity] lastimável **- 2.** [arousing contempt] lastimoso(sa).

pitiless ['pɪtɪlɪs] *adj* impiedoso(sa).
pit stop *n* pit stop *m*.
pittance ['pɪtəns] *n* miséria *f*.
pity ['pɪtɪ] (*pt* & *pp* **-ied**) <> *n* **-1.** [sympathy, sorrow] compaixão *f*; **to take** *OR* **have ~ on sb** ficar com pena de alguém **-2.** [shame] pena *f*; **what a ~!** que pena! <> *vt* sentir pena de.
pivot ['pɪvət] *n* **-1.** *TECH* eixo *m* **-2.** *fig* [crux] centro *m*, eixo *m*.
pixel ['pɪksl] *n* pixel *m*.
pizza ['pi:tsə] *n* pizza *f*.
pl. *abbr of* **please**.
placard ['plækɑ:d] *n* cartaz *m*.
placate [plə'keɪt] *vt* aplacar, acalmar.
place [pleɪs] <> *n* **-1.** [gen] lugar *m*; **~ of birth** local de nascimento **-2.** [suitable occasion] momento *m* **-3.** [home] casa *f*; **decimal ~** *MATH* casa decimal **-4.** [post, vacancy] vaga *f* **-5.** [role, function] papel *m* **-6.** [rank] posição *f* **-7.** [instance]: **why didn't you say so in the first ~?** por que você não disse isso logo?; **in the first ~ ..., and in the second ~ ...** em primeiro lugar ..., e em segundo lugar ... **-8.** *phr*: **the market takes ~ every Sunday** a feira acontece todos os domingos; **the events that took ~ that day became infamous** os acontecimentos que tiveram lugar naquele dia tornaram-se notórios; **to take the ~ of sb/sthg** tomar o lugar de alguém/algo, substituir alguém/algo. <> *vt* **-1.** [position, put] colocar **-2.** [lay, apportion]: **to ~ blame on sb/sthg** colocar a culpa em alguém/algo; **to ~ emphasis on sb/sthg** dar ênfase a alguém/algo; **to ~ pressure on sb/sthg** exercer pressão sobre alguém/algo; **to ~ responsibility on sb/sthg** pôr a responsabilidade em alguém/algo **-3.** [identify] identificar **-4.** [make]: **to ~ an order** *COMM* fazer um pedido; **to ~ a bet** fazer uma aposta **-5.** [situate] situar; **how are we ~d for money?** como estamos de dinheiro? **-6.** [in race]: **to be ~d** classificar-se.
◆ **all over the place** *adv* por todo lado.
◆ **in place** *adv* **-1.** [in proper position] no lugar **-2.** [established, set up] estabelecido(da).
◆ **in place of** *prep*: **in ~ of me** em meu lugar.
◆ **out of place** *adv* **-1.** [in wrong position] fora do lugar **-2.** [unsuitable] fora de propósito.
place mat *n* toalha *f* de mesa individual.
placement ['pleɪsmənt] *n* **-1.** *(U)* [positioning] disposição *f* **-2.** [work experience] estágio *m*.
placid ['plæsɪd] *adj* **-1.** [even-tempered] plácido(da) **-2.** [peaceful] sereno(na).
plagiarize, -ise ['pleɪdʒəraɪz] *vt* plagiar.
plague [pleɪg] <> *n* praga *f*. <> *vt*: **to ~ sb with sthg** importunar alguém com algo; **to be ~d by sthg** ser/estar atormentado(da) por algo.
plaice [pleɪs] (*pl inv*) *n* linguado *m*.
plaid [plæd] *n (U)* tecido *m* em xadrez da Escócia.
Plaid Cymru [,plaɪd'kʌmrɪ] *n UK POL* Plaid Cymru *(partido nacionalista galês)*.
plain [pleɪn] <> *adj* **-1.** [not patterned] liso(sa) **-2.** [simple, not fancy] simples; **~ yoghurt** iogurte *m* natural **-3.** [clear] claro(ra) **-4.** [blunt] direto(ta) **-5.** [absolute] absoluto(ta) **-6.** [not pretty] sem atrativos. <> *adv inf* [completely] claramente. <> *n GEOGR* planície *f*.
plain chocolate *n UK* chocolate *m* meio amargo.
plain-clothes *adj* à paisana.
plain flour *n UK* farinha *f* sem fermento.
plainly ['pleɪnlɪ] *adv* **-1.** [upset, angry] completamente **-2.** [remember, hear] claramente **-3.** [frankly] francamente, abertamente **-4.** [simply] de forma simples.
plaintiff ['pleɪntɪf] *n* querelante *mf*.
plait [plæt] <> *n* trança *f*. <> *vt* trançar.
plan [plæn] (*pt* & *pp* **-ned**, *cont* **-ning**) <> *n* **-1.** [strategy] plano *m*; **to go according to ~** sair de acordo com o planejado **-2.** [outline] esboço *m* **-3.** [diagram, map - of garden, building] planta *f*; [- of inside of a machine] esquema *m* de montagem. <> *vt* **-1.** [organize] planejar **-2.** [intend] pretender; **to ~ to do sthg** pensar em fazer algo **-3.** [design, devise] projetar. <> *vi* fazer planos; **to ~ for sthg** fazer planos para algo.
◆ **plans** *npl* planos *mpl*; **to have ~s for** ter planos para.
◆ **plan on** *vt fus*: **to ~ on doing sthg** pretender fazer algo.
plane [pleɪn] <> *adj* plano(na). <> *n* **-1.** [aircraft] avião *m* **-2.** *GEOM* plano *m* **-3.** *fig* [level] patamar *m* **-4.** [tool] plaina *f* **-5.** [tree] plátano *m*.
planet ['plænɪt] *n* planeta *f*.
plank [plæŋk] *n* **-1.** [piece of wood] tábua *f* **-2.** *POL* [main policy] item *m*.
planning ['plænɪŋ] *n* planejamento *m*.
planning permission *n (U)* autorização *f* para construir.
plant [plɑ:nt] <> *n* **-1.** *BOT* planta *f* **-2.** [factory] fábrica *f*; **nuclear ~** usina *f* nuclear **-3.** *(U)* [heavy machinery] maquinários *mpl*. <> *vt* **-1.** [seed, tree] plantar; [field, garden] semear **-2.** [blow, kiss] dar **-3.** [place - oneself] plantar-se; [- object] fincar **-4.** [spy] infiltrar **-5.** [bomb, microphone] colocar secretamente **-6.** [thought, idea] incutir.
plantation [plæn'teɪʃn] *n* plantação *f*.
plaque [plɑ:k] *n* placa *f*.
plaster ['plɑ:stə^r] <> *n* **-1.** [gen] gesso *m* **-2.** *UK* [for cut]: **(sticking) ~** esparadrapo *m*, Band-Aid® *m*. <> *vt* **-1.** [put plaster on] revestir

com gesso **-2.** [cover]: **to ~ sthg with sthg** cobrir algo com algo.

plaster cast *n* molde *m* de gesso.

plastered ['plɑ:stəd] *adj inf* [drunk] de porre.

plasterer ['plɑ:stərəʳ] *n* rebocador *m*, -ra *f*.

plaster of paris *n* gesso *m* de Paris.

plastic ['plæstɪk] ◇ *adj* de plástico. ◇ *n* [material] plástico *m*.

Plasticine® *UK* ['plæstɪsi:n], **play dough** *US n (U)* plasticina *f*.

plastic surgery *n (U)* cirurgia *f* plástica.

plastic wrap *n US* filme *m* de PVC transparente.

plate [pleɪt] ◇ *n* **-1.** [gen] prato *m* **-2.** [on wall, door or surgical] placa *f* **-3.** *(U)* [gold, silver etc.] baixela *f* **-4.** [photograph] chapa *f* **-5.** [in dentistry] dentadura *f* **-6.** [in baseball] base *f*. ◇ *vt*: **to be ~d (with sthg)** ser banhado (a algo).

plateau ['plætəʊ] (*pl* **-s** *OR* **-x** [-z]) *n* **-1.** *GEOGR* planalto *m* **-2.** *fig* [steady level] nível *m* estável.

plate-glass *adj* de vidro laminado.

platform ['plætfɔ:m] *n* **-1.** [gen] plataforma *f* **-2.** [for speaker, performer] palanque *m*.

platform ticket *n UK* bilhete *m* de plataforma.

platinum ['plætɪnəm] *n* platina *f*.

platoon [plə'tu:n] *n* pelotão *m*.

platter ['plætəʳ] *n* travessa *f*.

plausible ['plɔ:zəbl] *adj* [reason, excuse] plausível; [person] convincente.

play [pleɪ] ◇ *n* **-1.** *(U)* [amusement] brincadeira *f*; **children at ~** crianças brincando **-2.** [piece of drama] peça *f* **-3.** [pun]: **~ on words** trocadilho **-4.** *TECH* folga *f*. ◇ *vt* **-1.** [gen] jogar; **to ~ hide-and-seek** brincar de esconde-esconde **-2.** [opposing player or team] jogar contra **-3.** [joke, trick] pregar **-4.** [perform] desempenhar, representar; **to ~ a part** *OR* **role in sthg** *fig* desempenhar um papel em algo **-5.** [*MUS* - instrument, CD] tocar; [- tune] executar **-6.** [pretend to be] fingir. ◇ *vi* **-1.** [amuse o.s.] brincar; **to ~ with sb/sthg** brincar com alguém/algo **-2.** *SPORT* jogar; **to ~ for sb** jogar para alguém; **to ~ against sb** jogar contra alguém **-3.** *PERFORM*: **to ~ in sthg** atuar em algo **-4.** [music] tocar **-5.** *phr*: **to ~ safe** não se arriscar.

◆ **play along** *vi*: **to ~ along (with sb)** fazer o jogo (de alguém).

◆ **play down** *vt sep* menosprezar.

◆ **play up** ◇ *vt sep* enfatizar. ◇ *vi* **-1.** [cause problems] dar trabalho **-2.** [misbehave] comportar-se mal.

play-act *vi* fazer fita.

playboy ['pleɪbɔɪ] *n* playboy *m*.

play dough *n US* = **Plasticine**®.

player ['pleɪəʳ] *n* **-1.** [of game, sport] jogador *m*, -ra *f* **-2.** *MUS* músico *m*, -ca *f*; **guitar ~** guitarrista *mf*; **saxophone ~** saxofonista *mf* **-3.** *dated* & *THEATRE* ator *m*, atriz *f*.

playful ['pleɪfʊl] *adj* **-1.** [good-natured] divertido(da) **-2.** [frisky] brincalhão(lhona).

playground ['pleɪgraʊnd] *n* [at school] pátio *m* de recreio; [in park] parque *m* de diversões.

playgroup ['pleɪgru:p] *n* jardim-de-infância *m*.

playing card ['pleɪɪŋ-] *n* carta *f* de baralho.

playing field ['pleɪɪŋ-] *n* quadra *f* de esportes.

playmate ['pleɪmeɪt] *n* amigo *m*, -ga *f* de infância.

play-off *n* partida *f* de desempate.

playpen ['pleɪpen] *n* cercadinho *m* para crianças, chiqueirinho *m*.

playschool ['pleɪsku:l] *n* jardim-de-infância *m*.

plaything ['pleɪθɪŋ] *n* **-1.** [toy] brinquedo *m* **-2.** *fig* [person] joguete *m*.

playtime ['pleɪtaɪm] *n (U)* (hora *f* do) recreio *m*.

playwright ['pleɪraɪt] *n* dramaturgo *m*, -ga *f*.

plc (*abbr of* **public limited company**) *UK* companhia *f* pública limitada.

plea [pli:] *n* **-1.** [appeal] apelo *m* **-2.** *JUR* contestação *f*.

plead [pli:d] (*pt* & *pp* **-ed** *OR* **pled**) ◇ *vt* **-1.** *JUR* defender; **to ~ insanity** alegar insanidade mental; **to ~ guilty** declarar culpado(da) **-2.** [give as excuse] alegar. ◇ *vi* **-1.** [beg] implorar; **to ~ with sb to do sthg** implorar a alguém que faça algo; **to ~ for sthg** implorar algo **-2.** *JUR* responder a uma acusação.

pleasant ['pleznt] *adj* agradável.

pleasantry ['plezntrɪ] (*pl* **-ies**) *n*: **to exchange pleasantries** trocar amabilidades.

please [pli:z] ◇ *adv* por favor. ◇ *vt* agradar; **to ~ o.s.** fazer o que se deseja; **~ yourself!** como queira! ◇ *vi* **-1.** [give satisfaction] agradar **-2.** [choose]: **to do as one ~s** fazer como quiser.

pleased [pli:zd] *adj* contente, feliz; **to be ~ about sthg** estar satisfeito(ta) com algo; **to be ~ with sb/sthg** estar satisfeito(ta) com alguém/algo; **~ to meet you!** prazer em conhecê-lo(-la)!

pleasing ['pli:zɪŋ] *adj* agradável.

pleasure ['pleʒəʳ] *n* **-1.** *(U)* [feeling of happiness] alegria *f*; **with ~** com (muito) prazer **-2.** [enjoyment] prazer *m*; **it's a ~** *OR* **my ~!** é um prazer!, não tem de quê!

pleat [pli:t] ◇ *n* prega *f*. ◇ *vt* fazer prega em.

pled [pled] *pt* & *pp* ▷ **plead**.

pledge [pledʒ] ◇ *n* **-1.** [promise] promessa *f* **-2.** [token] símbolo *m* **-3.** [as a security] garantia *f*. ◇ *vt* **-1.** [promise to provide] prometer **-2.**

[commit]: **to be ~d to sthg** estar comprometido(da) com algo; **to ~ o.s. to sthg** comprometer-se com algo **-3.** [pawn] penhorar.

plentiful ['plentɪfʊl] *adj* abundante.

plenty ['plentɪ] <> *n (U)* fartura *f*. <> *pron* bastante; **~ of** bastante; **~ of time** bastante tempo; **~ of reasons** inúmeras razões. <> *adv* **US** [very] muito.

pliable ['plaɪəbl], **pliant** ['plaɪənt] *adj* **-1.** [supple] flexível **-2.** [adaptable] dócil.

pliers ['plaɪəz] *npl* alicate *m*.

plight [plaɪt] *n* péssima situação *f*; **in a ~** em apuros.

plimsoll ['plɪmsəl] *n* **UK** calçados *mpl* para prática de esportes.

plinth [plɪnθ] *n* plinto *m*.

PLO (*abbr of* **Palestine Liberation Organization**) *n* OLP *f*.

plod [plɒd] (*pt* & *pp* **-ded**, *cont* **-ding**) *vi* **-1.** [walk slowly] arrastar-se **-2.** [work slowly] trabalhar vagarosamente.

plodder ['plɒdə[r]] *n* ***pej*** trabalhador *m* lerdo e pouco criativo.

plonk [plɒŋk] *n* **UK** ***inf*** vinho *m* fajuto.

◆ **plonk down** *vt sep* ***inf*** deixar cair.

plot [plɒt] (*pt* & *pp* **-ted**, *cont* **-ting**) <> *n* **-1.** [conspiracy] complô *m* **-2.** [story] enredo *m*, trama *f* **-3.** [of land] lote *m*. <> *vt* **-1.** [conspire] tramar; **to ~ to do sthg** tramar para fazer algo **-2.** [chart] traçar **-3.** MATH traçar, plotar. <> *vi* conspirar; **to ~ against sb** conspirar contra alguém.

plotter ['plɒtə[r]] *n* [schemer] conspirador *m*, -ra *f*.

plough UK, **plow US** [plaʊ] <> *n* arado *m*. <> *vt* **-1.** AGR arar, lavrar **-2.** [invest]: **to ~ money into sthg** investir muito dinheiro em algo. <> *vi*: **to ~ into sthg** colidir contra algo.

ploughman's ['plaʊmənz] (*pl inv*) *n* **UK**: **~ (lunch)** *refeição que consiste em pão, queijo, cebola e picles*.

plow etc. *n* & *vt* **US** = **plough etc.**

ploy [plɔɪ] *n* estratagema *f*.

pluck [plʌk] <> *vt* **-1.** [flower, fruit] colher **-2.** [pull] apanhar; **the helicopter ~ed the survivors off the ship** o helicóptero resgatou os sobreviventes do navio **-3.** [chicken] depenar **-4.** [eyebrows] depilar **-5.** [musical instrument] dedilhar. <> *n (U)* ***dated*** [courage] garra *f*.

◆ **pluck up** *vt fus*: **to ~ up the courage to do sthg** criar coragem para fazer algo.

plucky ['plʌkɪ] (*compar* **-ier**, *superl* **-iest**) *adj* ***dated*** valente.

plug [plʌg] (*pt* & *pp* **-ged**, *cont* **-ging**) <> *n* **-1.** ELEC tomada *f*; [socket] plugue *m* **-2.** [for bath or sink] tampa *f*, válvula *f*. <> *vt* **-1.** [block] tampar **-2.** ***inf*** [advertise] fazer propaganda de.

◆ **plug in** *vt sep* ligar.

plughole ['plʌghəʊl] *n* ralo *m*.

plum [plʌm] <> *adj* **-1.** [colour] da cor de ameixa **-2.** [choice]: **a ~ job** uma jóia de emprego. <> *n* [fruit] ameixa *m*.

plumb [plʌm] <> *adv* **-1. UK** [exactly] exatamente **-2. US** [completely] totalmente. <> *vt*: **to ~ the depths of sthg** atingir o auge de algo.

plumber ['plʌmə[r]] *n* encanador *m*, -ra *f*.

plumbing ['plʌmɪŋ] *n (U)* **-1.** [fittings] encanamento *m* **-2.** [work] trabalho *m* do encanador.

plume [plu:m] *n* **-1.** [on bird] pluma *f* **-2.** [on hat, helmet] penacho *m* **-3.** [column]: **a ~ of smoke** um penacho de fumaça.

plummet ['plʌmɪt] *vi* **-1.** [dive] mergulhar *(em direção ao solo)* **-2.** [decrease rapidly] despencar.

plump [plʌmp] <> *adj* roliço(ça). <> *vi*: **to ~ for sthg** optar por algo.

◆ **plump up** *vt sep* afofar.

plum pudding *n* pudim *m* de passas.

plunder ['plʌndə[r]] <> *n* **-1.** [pillaging] pilhagem *f* **-2.** [booty] saque *m*. <> *vt* saquear.

plunge [plʌndʒ] <> *n* **-1.** [rapid decrease] caída *f* **-2.** [dive] mergulho; **to take the ~** mergulhar de cabeça, dar um passo decisivo. <> *vt* **-1.** [immerse]: **to ~ sthg into sthg** mergulhar algo em algo **-2.** ***fig*** [thrust]: **to ~ sthg into sthg** enfiar algo em algo; **the room was ~d into darkness** a sala mergulhou na escuridão. <> *vi* **-1.** [dive, throw o.s.] mergulhar **-2.** [decrease rapidly] despencar.

plunger ['plʌndʒə[r]] *n* desentupidor *m*.

pluperfect [,plu:'pɜ:fɪkt] *n*: **the ~ (tense)** o (tempo) mais-que-perfeito.

plural ['plʊərəl] <> *adj* plural. <> *n* plural *m*.

plus [plʌs] (*pl* **-es** OR **-ses**) <> *adj* mais; **thirty-five ~** trinta e cinco ou mais. <> *n* **-1.** MATH sinal *m* de adição, sinal *m* de mais **-2.** ***inf*** [bonus] vantagem *f*. <> *prep* mais. <> *conj* [moreover] além disso.

plush [plʌʃ] *adj* suntuoso(sa).

plus sign *n* sinal *m* de mais.

Pluto ['plu:təʊ] *n* Plutão.

plutonium [plu:'təʊnɪəm] *n (U)* plutônio *m*.

ply [plaɪ] (*pt* & *pp* **plied**) <> *n* espessura. <> *vt* **-1.** [work at] trabalhar em **-2.** [supply, provide]: **to ~ sb with sthg** prover alguém com algo. <> *vi* [travel] navegar em.

-ply *adj* de espessura.

plywood ['plaɪwʊd] *n (U)* compensado *m*.

p.m., pm (*abbr of* **post meridiem**): **at three ~** às três da tarde.

PM (*abbr of* **prime minister**) *n* primeiro-ministro *m*, primeira-ministra *f*.

PMT (*abbr of* **premenstrual tension**) *n* TPM *f*.

pneumatic [nju:'mætɪk] *adj* **-1.** [air-powered] pneumático(ca) **- 2.** [air-filled] de ar.

pneumatic drill *n* perfuratriz *f*.

pneumonia [nju:'məʊnjəl *n (U)* pneumonia *f*.

poach [pəʊtʃ] <> *vt* [hunt illegally] caçar ilegalmente **- 2.** [copy] plagiar **- 3.** [*CULIN* salmon] escaldar; [- egg] escalfar. <> *vi* caçar ilegalmente.

poacher ['pəʊtʃə^r] *n* [person] caçador *m* furtivo, caçadora *f* furtiva.

poaching ['pəʊtʃɪŋ] *n (U)* caça *f* ilegal.

PO Box (*abbr of* **Post Office Box**) *n* caixa *f* postal.

pocket ['pɒkɪt] <> *n* **-1.** [in clothes] bolso *m*; **the deal left us £10 out of** ~ o negócio nos deu um prejuízo de £10; **to pick sb's** ~ roubar do bolso de alguém **- 2.** [in car door etc.] porta-mapas *m* **- 3.** [small area] foco *m* **- 4.** [of snooker, pool table] caçapa *f*. <> *adj* [pocket-sized] de bolso. <> *vt* **-1.** [place in pocket] pôr no bolso **- 2.** [steal] embolsar **- 3.** [in snooker, pool] encaçapar.

pocketbook ['pɒkɪtbʊk] *n* **-1.** [notebook] livro *m* de bolso **- 2.** *US* [handbag] carteira *f*.

pocketknife ['pɒkɪtnaɪf] (*pl* **-knives** [-naɪvz]) *n* canivete *m*.

pocket money *n (U)* mesada *m*.

pockmark ['pɒkmɑ:k] *n* sinal *m* de varíola.

pod [pɒd] *n* **-1.** [of plants] vagem *f* **- 2.** [of spacecraft] módulo *m*.

podgy ['pɒdʒɪ] (*compar* **-ier**, *superl* **-iest**) *adj inf* atarracado(da).

podiatrist [pə'daɪətrɪst] *n US* podiatra *mf*.

podium ['pəʊdɪəm] (*pl* **-diums** *OR* **-dia** [-dɪə]) *n* pódio *m*.

poem ['pəʊɪm] *n* poema *f*.

poet ['pəʊɪt] *n* poeta *mf*, poetisa *f*.

poetic [pəʊ'etɪk] *adj* poético(ca).

poetry ['pəʊɪtrɪ] *n (U)* [poems] poesia *f*.

poignant ['pɔɪnjənt] *adj* comovente.

point [pɔɪnt] <> *n* **-1.** [gen] ponto *m*; **to make a** ~ fazer uma observação; **to make one's** ~ dar sua opinião **- 2.** [tip] ponta *f* **- 3.** [essence, heart] parte *f* essencial; **to get** *OR* **come to the** ~ ir ao ponto principal; **beside the** ~ irrelevante; **to the** ~ objetivo(va) **- 4.** [feature, characteristic] característica *f* **- 5.** [purpose] propósito *m*, razão *f* **- 6.** [of compass] ponto *m* cardeal **- 7.** *UK ELEC* ponto *m* **- 8.** *US* [full stop] ponto *m* final **- 9.** *phr*: **to make a** ~ **of doing sthg** fazer questão de fazer algo. <> *vt*: **to** ~ **sthg (at sb/sthg)** apontar algo (para alguém/algo); **to** ~ **the way (to sthg)** mostrar a direção (para algo). <> *vi* apontar; **to** ~ **at sb/sthg**, **to** ~ **to sb/sthg** apontar para alguém/algo.

◆ **points** *npl UK RAIL* pontos *mpl*.

◆ **up to a point** *adv* até certo ponto.

◆ **on the point of** *prep* prestes a.

◆ **point out** *vt sep* **-1.** [indicate] indicar **- 2.** [call attention to] salientar.

point-blank *adv* **-1.** [directly] categoricamente **- 2.** [at close range] à queima-roupa.

pointed ['pɔɪntɪd] *adj* **-1.** [sharp] pontiagudo(da) **- 2.** [meaningful] sugestivo(va).

pointer ['pɔɪntə^r] *n* **-1.** [tip, hint] dica *f* **- 2.** [needle on dial] agulha *f* **- 3.** [stick] indicador *m* **- 4.** *COMPUT* ponteiro *m*.

pointless ['pɔɪntlɪs] *adj* inútil.

point of view (*pl* **points of view**) *n* ponto *m* de vista.

poise [pɔɪz] *n (U)* compostura *f*.

poised [pɔɪzd] *adj* **-1.** [ready] pronto(ta), preparado(da); **to be** ~ **to do sthg** estar pronto(ta) para fazer algo; **to be** ~ **for sthg** estar pronto(ta) para algo **- 2.** [calm and dignified] equilibrado(da).

poison ['pɔɪzn] <> *n* veneno *m*. <> *vt* **-1.** [gen] envenenar **- 2.** [pollute] poluir **- 3.** *fig* [spoil, corrupt] corromper.

poisoning ['pɔɪznɪŋ] *n (U)* envenenamento *m*, intoxicação *f*.

poisonous ['pɔɪznəs] *adj* **-1.** [gas, chemical] tóxico (ca) **- 2.** [snake, mushroom, plant] venenoso(sa).

poke [pəʊk] <> *vt* **-1.** [prod, jab] remexer, cutucar **- 2.** [stick, thrust] enfiar em **- 3.** [fire] atiçar, remexer. <> *vi* projetar-se; **his head** ~**d round the corner** a cabeça dele apareceu na esquina.

◆ **poke about, poke around** *vi inf* escarafunchar.

poker ['pəʊkə^r] *n* **-1.** [game] pôquer *m* **- 2.** [for fire] atiçador *m*.

poker-faced [-,feɪst] *adj* de rosto inexpressivo.

poky ['pəʊkɪ] (*compar* **-ier**, *superl* **-iest**) *adj pej* apertado(da).

Poland ['pəʊlənd] *n* Polônia.

polar ['pəʊlə^r] *adj GEOGR* polar.

Polaroid® ['pəʊlərɔɪd] *n* polaróide *f*.

pole [pəʊl] *n* **-1.** [gen] pólo *m* **- 2.** [rod, post] poste *m*.

Pole [pəʊl] *n* polonês *m*, -esa *f*.

poleaxed ['pəʊlækst] *adj* atordoado(da).

pole vault *n*: **the** ~ o salto com vara.

police [pə'li:s] <> *npl* **-1.** [police force]: **the** ~ a polícia **- 2.** [policemen, policewomen] policial *mf*. <> *vt* policiar.

police car *n* radiopatrulha *f*.

police constable *n UK* policial *mf*.

police force *n* força *f* policial.

policeman [pə'li:smən] (*pl* **-men** [-mən]) *n* policial *m*.

police officer *n* oficial *mf* de polícia.

police record *n* ficha *f* policial.

police station *n UK* delegacia *f.*
policewoman [pə'li:s,wʊmən] (*pl* **-women** [-,wɪmɪn]) *n* policial *f.*
policy ['pɒləsɪ] (*pl* **-ies**) *n* **-1.** [plan, practice] política *f* **- 2.** [document, agreement] apólice *f.*

> Não confundir *policy (política, apólice)* com o português *polícia* que em inglês é *police.* (*The present government's policy on education.* A *política* atual do governo para a educação.)

polio ['pəʊlɪəʊ] *n (U)* poliomielite *f*, paralisia *f* infantil.
polish ['pɒlɪʃ] ◇ *n* **-1.** [cleaning material] polidor *m* **- 2.** [shine] polimento *m* **- 3.** *fig* [refinement] requinte *m.* ◇ *vt* **-1.** polir **- 2.** *fig* [perfect]: **to ~ sthg (up)** refinar algo.
◆ **polish off** *vt sep inf* **-1.** [meal] comer/beber rapidamente **- 2.** [job, book] dar um fim rápido em.
Polish ['pəʊlɪʃ] ◇ *adj* polonês(esa). ◇ *n* [language] polonês *m.* ◇ *npl*: **the ~** os poloneses.
polished ['pɒlɪʃt] *adj* **-1.** [gen] polido(da) **- 2.** [performer, performance] elegante.
polite [pə'laɪt] *adj* [person, remark] educado(da), cortês(tesa).
politic ['pɒlətɪk] *adj fml* prudente.
political [pə'lɪtɪkl] *adj* político(ca).
politically correct [pə,lɪtɪklɪ-] *adj* politicamente correto(ta).
politician [,pɒlɪ'tɪʃn] *n* político *m*, -ca *f.*
politics ['pɒlətɪks] ◇ *n* política *f.* ◇ *npl* [of a person, group] política *f.*
polka ['pɒlkəl] *n* polca *f*; **to do the ~** dançar a polca.
polka dot *n* bolinhas *fpl (em um padrão de tecido).*
poll [pəʊl] ◇ *n* **-1.** [election] eleição *f* **- 2.** [survey] pesquisa *f.* ◇ *vt* **-1.** [people] entrevistar **- 2.** [votes] receber, obter.
◆ **polls** *npl*: **to go to the ~s** ir às urnas.
pollen ['pɒlən] *n (U)* pólen *m.*
polling booth ['pəʊlɪŋ-] *n* cabine *f* de votação.
polling day ['pəʊlɪŋ-] *n UK* dia *f* de eleição.
polling station ['pəʊlɪŋ-] *n* zona *f* eleitoral.
pollute [pə'lu:t] *vt* poluir.
pollution [pə'lu:ʃn] *n* poluição *f.*
polo ['pəʊləʊ] *n (U)* pólo *m.*
polo neck *n UK* **-1.** [collar] gola *f* alta **- 2.** [jumper] blusão *m* de gola alta.
polo shirt *n* camisa *f* pólo.
polyethylene *n US* = **polythene.**
Polynesia [,pɒlɪ'ni:ʒə] *n* Polinésia.
polystyrene [,pɒlɪ'staɪri:n] *n (U)* poliestireno *m*, isopor *m.*
polytechnic [,pɒlɪ'teknɪk] *n UK* politécnica *f.*
polythene *UK* ['pɒlɪθi:n], **polyethylene** *US* ['pɒlɪ'eθɪli:n] *n (U)* polietileno *m.*
polythene bag *n UK* saco *m* de polietileno.
pomegranate ['pɒmɪ,grænɪt] *n* romã *f.*
pomp [pɒmp] *n (U)* pompa *f.*
pompom ['pɒmpɒm] *n* pompom *m.*
pompous ['pɒmpəs] *adj* [pretentious - speech, style] pomposo(sa); [- person] pretensioso(sa).
pond [pɒnd] *n* lago *m (natural ou artificial)*; **the ~** *inf* o Atlântico.
ponder ['pɒndə[r]] *vt* ponderar.
ponderous ['pɒndərəs] *adj* **-1.** [dull, solemn] ponderoso(sa) **- 2.** [large and heavy] pesado(da).
pong [pɒŋ] *UK inf n* fedor *m.*
pontoon [pɒn'tu:n] *n* **-1.** [bridge] barcaça *f* **- 2.** *UK* [game] vinte-e-um *m.*
pony ['pəʊnɪ] (*pl* **-ies**) *n* pônei *m.*
ponytail ['pəʊnɪteɪl] *n* rabo-de-cavalo *m.*
pony-trekking [-,trekɪŋ] *n (U)* excursão *f* em pôneis.
poodle ['pu:dl] *n* poodle *m.*
pool [pu:l] ◇ *n* **-1.** [natural] lago *m* **- 2.** [swimming pool] piscina *f* **- 3.** [of liquid, light] poça *f* **- 4.** [of workers, cars, talent] grupo *m* **- 5.** *(U)* SPORT bilhar *m.* ◇ *vt* juntar.
◆ **pools** *npl UK*: **the ~s** ≃ a loteria esportiva.
poor [pɔ:[r]] ◇ *adj* pobre. ◇ *npl*: **the ~** os pobres.
poorly ['pɔ:lɪ] ◇ *adj UK inf* [ill] mal. ◇ *adv* mal.
pop [pɒp] (*pt & pp* **-ped**, *cont* **-ping**) ◇ *n* **-1.** *(U)* [music] pop *m* **- 2.** *(U) inf* [fizzy drink] gasosa *f* **- 3.** *esp US inf* [father] pai *m* **- 4.** [noise] estouro *m.* ◇ *vt* **-1.** [burst] estourar **- 2.** [put quickly] pôr rapidamente. ◇ *vi* **-1.** [burst] estourar **- 2.** [spring, fly off] soltar-se **- 3.** [eyes] arregalar.
◆ **pop in** *vi* entrar por um momento.
◆ **pop up** *vi* aparecer de repente.
pop concert *n* concerto *m* pop.
popcorn ['pɒpkɔ:n] *n (U)* pipoca *f.*
pope [pəʊp] *n* papa *m.*
pop group *n* grupo *m* pop.
poplar ['pɒplə[r]] *n* choupo *m.*
poppy ['pɒpɪ] (*pl* **-ies**) *n* papoula *f.*
Popsicle® ['pɒpsɪkl] *n US* picolé *m.*
populace ['pɒpjʊləs] *n*: **the ~** o populacho.
popular ['pɒpjʊlə[r]] *adj* popular.
popularize, -ise ['pɒpjʊləraɪz] *vt* popularizar.
population [,pɒpjʊ'leɪʃn] *n* população *f.*
porcelain ['pɔ:səlɪn] *n (U)* porcelana *f.*
porch [pɔ:tʃ] *n* **-1.** [entrance] átrio *m* **- 2.** *US* [veranda] alpendre *m.*
porcupine ['pɔ:kjʊpaɪn] *n* porco-espinho *m.*
pore [pɔ:[r]] *n* poro *m.*
◆ **pore over** *vt fus* examinar minuciosamente.
pork [pɔ:k] *n (U)* carne *f* de porco.
pork pie *n* pastelão *m* de porco.
pornography [pɔ:'nɒgrəfɪ] *n (U)* pornografia *f.*

porous ['pɔ:rəs] *adj* poroso(sa).

porridge ['pɒrɪdʒ] *n (U)* mingau *m* com cereais.

port [pɔ:t] *n* **-1.** [gen] porto *m* **-2.** *(U)* NAUT bombordo *m* **-3.** *(U)* [drink] vinho *m* do Porto **-4.** COMPUT porta *f*.

portable ['pɔ:təbl] *adj* portável.

portal ['pɔ:tl] *n* COMPUT portal *m*.

portent ['pɔ:tənt] *n literary* prognóstico *m*.

porter ['pɔ:tə^r] *n* **-1.** *UK* [doorman] porteiro *m*, -ra *f* **-2.** [for luggage] carregador *m*, -ra *f* **-3.** *US* [on train] cabineiro *m*, -ra *f*.

portfolio [,pɔ:t'fəʊljəʊ] (*pl* **-s**) *n* **-1.** [case] pasta *f* **-2.** [sample of work] portfólio *m* **-3.** FIN carteira *f*.

porthole ['pɔ:thəʊl] *n* vigia *mf*.

portion ['pɔ:ʃn] *n* **-1.** [part, share] porção *f* **-2.** [set amount of food] parte *f*.

portly ['pɔ:tlɪ] (*compar* **-ier**, *superl* **-iest**) *adj* corpulento(ta).

portrait ['pɔ:trɪt] *n* retrato *m*.

portray [pɔ:'treɪ] *vt* **-1.** [in a play, film] interpretar **-2.** [describe, represent] descrever **-3.** [subj: artist] retratar.

Portugal ['pɔ:tʃʊgl] *n* Portugal.

Portuguese [,pɔ:tʃʊ'gi:z] (*pl inv*) ◇ *adj* português(guesa). ◇ *n* [language] português *m*. ◇ *npl*: **the ~** os portugueses.

pose [pəʊz] ◇ *n* **-1.** [position, stance] pose *f* **-2.** *pej* [pretence, affectation] pose *f*. ◇ *vt* **-1.** [problem, danger, threat] constituir **-2.** [question] fazer. ◇ *vi* **-1.** [model] posar **-2.** *pej* [behave affectedly] fazer-se **-3.** [pretend to be]: **to ~ as sb/sthg** fazer-se passar por alguém/algo.

posh [pɒʃ] *adj inf* **-1.** [hotel, clothes] chique **-2.** [upper-class] chique.

position [pə'zɪʃn] ◇ *n* **-1.** [gen] posição *f* **-2.** [job] cargo *m* **-3.** [state, situation] posição *f*, situação *f* **-4.** [stance, opinion]: **~ on sthg** posição sobre algo. ◇ *vt* posicionar.

positive ['pɒzətɪv] *adj* **-1.** [gen] positivo(va); **to be ~ about sthg** ser positivo(va) sobre algo; **be ~ about the exam!** seja otimista em relação à prova! **-2.** [irrefutable] irrefutável **-3.** [for emphasis]: **a ~ joy** uma ótima brincadeira; **a ~ nightmare** um pesadelo terrível.

posse ['pɒsɪ] *n* **-1.** [of sheriff] *US* destacamento *m* **-2.** *inf* [gang] bando *m* armado.

possess [pə'zes] *vt* **-1.** [gen] possuir **-2.** [subj: emotion] levar a.

possession [pə'zeʃn] *n (U)* posse *f*.
◆ **possessions** *npl* posses *fpl*, bens *mpl*.

possessive [pə'zesɪv] ◇ *adj* **-1.** *pej* [clinging] possessivo(va) **-2.** GRAMM possessivo(va). ◇ *n* GRAMM possessivo *m*.

possibility [,pɒsə'bɪlətɪ] (*pl* **-ies**) *n* possibilidade *f*.

possible ['pɒsəbl] ◇ *adj* possível; **as soon as ~** o mais cedo possível; **as much as ~** o máximo possível. ◇ *n* possível *m*.

possibly ['pɒsəblɪ] *adv* **-1.** [perhaps, maybe] possivelmente **-2.** [conceivably]: **I'll do all I ~ can** vou fazer tudo que estiver ao meu alcance; **how could he ~ do that?** como ele foi capaz de fazer isso?; **I can't ~ take the money!** simplesmente não posso aceitar o dinheiro!

post [pəʊst] ◇ *n* **-1.** [mail service]: **the ~** o correio; **by ~** pelo correio **-2.** *(U)* [letters etc.] correio *m* **-3.** [delivery] mala *f* -postal **-4.** *UK* [collection] coleta *f* **-5.** [pole] poste *m* **-6.** [position, job] posto *m* **-7.** MIL guarnição *f*. ◇ *vt* **-1.** [by mail] postar, pôr no correio **-2.** [transfer] transferir.

post [pəʊst] *vt* COMPUT [message, query] enviar.

postage ['pəʊstɪdʒ] *n (U)* franquia *f*; **~ and packing** despesas *fpl* de envio.

postal ['pəʊstl] *adj* postal.

postal order *n* vale *m* postal.

postbox ['pəʊstbɒks] *n UK* caixa *f* de correio.

postcard ['pəʊstkɑ:d] *n* cartão-postal *m*.

postcode ['pəʊstkəʊd] *n UK* código *m* (de endereçamento) postal.

post-date *vt* pós-datar.

poster ['pəʊstə^r] *n* cartaz *m*, pôster *m*.

poste restante [,pəʊst'restɑ:nt] *n (U) esp UK* posta-restante *f*.

posterior [pɒ'stɪərɪə^r] ◇ *adj* posterior. ◇ *n hum* traseiro *m*.

postgraduate [,pəʊst'grædʒʊət] ◇ *adj* pós-graduado(da). ◇ *n* pós-graduado *m*, -da *f*.

posthumous ['pɒstjʊməs] *adj* póstumo(ma).

postman ['pəʊstmən] (*pl* **-men** [-mən]) *n* carteiro *m*.

postmark ['pəʊstmɑ:k] ◇ *n* carimbo *m (postal)*. ◇ *vt* carimbar.

postmaster ['pəʊst,mɑ:stə^r] *n* agente *m* de correio.

postmortem [,pəʊst'mɔ:təm] *n* **-1.** [autopsy] autópsia *f* **-2.** *fig* [analysis] análise *f* detalhada.

post office *n* **-1.** [organization]: **the Post Office** a Agência dos Correios **-2.** [building] correio *m*.

post office box *n* caixa *f* postal.

postpone [pəs'pəʊn] *vt* adiar.

postscript ['pəʊstskrɪpt] *n* **-1.** [to letter] pós-escrito *m* **-2.** *fig* [additional information] adendo *m*.

posture ['pɒstʃə^r] *n* postura *f*.

postwar [,pəʊst'wɔ:^r] *adj* pós-guerra.

posy ['pəʊzɪ] (*pl* **-ies**) *n* ramalhete *m*.

pot [pɒt] (*pt* & *pp* **-ted**, *cont* **-ting**) ◇ *n* **-1.** [for cooking] panela *f*; **to go to ~** ir para o brejo; **the ~ calling the kettle black** rir-se o roto do esfarrapado **-2.** [for tea, coffee] bule *m* **-3.** [for paint, jam] frasco *m* **-4.** [flowerpot] vaso *m* **-5.**

(U) ***drugs sl*** [cannabis] maconha *f.* <> *vt* **-1.** [plant] plantar *(em vaso)* **-2.** [billiards ball] encaçapar.

potassium [pə'tæsɪəm] *n (U)* potássio *m.*

potato [pə'teɪtəʊ] (*pl* **-es**) *n* batata *f.*

potato peeler [-ˌpi:lə^r] *n* descascador *m* de batatas.

potent ['pəʊtənt] *adj* **-1.** [argument] forte **-2.** [drink, drug] de alto teor, poderoso(sa) **-3.** [virile] potente, viril.

potential [pə'tenʃl] <> *adj* potencial, em potencial. <> *n* [of person] potencial *m*; **to have ~** ter potencial.

potentially [pə'tenʃəlɪ] *adv* potencialmente.

pothole ['pɒthəʊl] *n* buraco *m.*

potholing ['pɒtˌhəʊlɪŋ] *n UK* espeleologia; **to go ~** explorar cavernas.

potion ['pəʊʃn] *n* poção *f.*

potluck [ˌpɒt'lʌk] *n*: **to take ~** [at meal] contentar-se com o que houver para comer; [in choice] arriscar *OR* tentar a sorte.

potshot ['pɒtˌʃɒt] *n*: **to take a ~ (at sthg)** atirar a esmo (em algo).

potted ['pɒtɪd] *adj* **-1.** [grown in pot] de vaso **-2.** [preserved] em conserva.

potter ['pɒtə^r] *n* oleiro *m*, -ra *f.*

◆ **potter about, potter around** *vi UK* ocupar-se em trabalhos pequenos.

pottery ['pɒtərɪ] (*pl* **-ies**) *n* **-1.** [gen] cerâmica *f* **-2.** [factory] olaria *f.*

potty ['pɒtɪ] (*compar* **-ier**, *superl* **-iest**, *pl* **-ies**) *UK inf* <> *adj* doido(da); **to be ~ about sb/sthg** ser doido(da) por alguém/algo. <> *n* [for children] penico *m.*

pouch [paʊtʃ] *n* bolsa *f.*

poultry ['pəʊltrɪ] <> *n (U)* [meat] carne *f* de aves *(domésticas).* <> *npl* [birds] aves *fpl* domésticas.

pounce [paʊns] *vi* **-1.** [subj: animal, bird]: **to ~ (on** *OR* **upon sthg)** agarrar (algo) **-2.** [subj: person, police]: **to ~ (on** *OR* **upon sb)** lançar-se (sobre alguém).

pound [paʊnd] <> *n* **-1.** *UK* [unit of money] libra *f* **-2.** *UK* [currency system]: **the ~** a libra **-3.** [unit of weight] libra *f* **-4.** [for dogs] canil **-5.** [for cars] depósito *m (para automóveis apreendidos).* <> *vt* **-1.** [strike loudly] esmurrar **-2.** [pulverize] pulverizar. <> *vi* **-1.** [strike loudly]: **to ~ on sthg** esmurrar algo **-2.** [beat, throb - heart] palpitar; [- head] latejar.

pound coin *n* moeda *f* de libra.

pound sterling *n* libra *f* esterlina.

pour [pɔ:^r] <> *vt* [cause to flow] despejar; **to ~ sthg into sthg** despejar algo em algo; **to ~ sb a drink, to ~ a drink for sb** servir um drinque a alguém. <> *vi* **-1.** [flow quickly] fluir, correr **-2.** *fig* [rush] correr. <> *v impers* [rain hard] chover a cântaros.

◆ **pour in** *vi* vir em enxurrada.

◆ **pour out** *vt sep* **-1.** [empty] esvaziar **-2.** [serve] servir.

pouring ['pɔ:rɪŋ] *adj* [rain] torrencial.

pout [paʊt] *vi* fazer beiço.

poverty ['pɒvətɪ] *n (U)* **-1.** [hardship] miséria *f.*

poverty-stricken *adj* carente, necessitado(da).

powder ['paʊdə^r] <> *n* [tiny particles] pó *m*; **face ~** pó-de-arroz *m*; **gun ~** pólvora *f*; **washing ~** detergente *m.* <> *vt* [make-up] maquiar.

powder compact *n* estojo *m (de pó-de-arroz).*

powdered ['paʊdəd] *adj* [in powder form] em pó.

powder puff *n* esponja *f* de pó-de-arroz.

powder room *n* toalete *m.*

power ['paʊə^r] <> *n* **-1.** *(U)* [control, influence] poder *m*; **to be in ~** estar no poder; **to come to ~** chegar ao poder; **to take ~** assumir o poder **-2.** [ability, capacity] força *f*; **mental ~s** poderes *mpl* mentais; **to be (with)in one's ~ to do sthg** competir a alguém fazer algo **-3.** [legal authority] autoridade *f*; **to have the ~ to do sthg** ter autoridade para fazer algo **-4.** [strength] força *f* **-5.** *(U)* *TECH* energia *f* **-6.** *(U)* [electricity] luz *f.* <> *vt* alimentar.

powerboat ['paʊəbəʊt] *n* powerboat *m*, *pequeno barco de corrida muito veloz.*

power cut *n* corte *m* de energia.

power failure *n* falha *f* no sistema elétrico.

powerful ['paʊəfʊl] *adj* **-1.** [influential] poderoso(sa) **-2.** [strong] poderoso(sa), forte **-3.** [very convincing, very moving] vigoroso(sa).

powerless ['paʊəlɪs] *adj* fraco(ca); **to be ~ to do sthg** ser impotente para fazer algo.

power point *n UK* ponto *m* de força, tomada *f.*

power station *n* estação *f* de força.

power steering *n (U)* direção *f* hidráulica.

pp (*abbr of* **per procurationem**) p/.

p & p (*abbr of* **postage and packing**) *n* postagem *f* e empacotamento.

PR <> *n* **-1.** (*abbr of* **public relations**) RP *mf* **-2.** (*abbr of* **proportional representation**) representação *f* proporcional. <> *abbr of* **Puerto Rico**.

practicable ['præktɪkəbl] *adj* praticável.

practical ['præktɪkl] <> *adj* **-1.** [gen] prático(ca) **-2.** [practicable] praticável. <> *n* prática *f.*

practicality [ˌpræktɪ'kælətɪ] *n (U)* praticabilidade *f.*

practical joke *n* peça *f*, trote *m.*

practically ['præktɪklɪ] *adv* praticamente.

practice ['præktɪs], **practise** *US* *n* **-1.** *(U)* [gen] prática *f*; **to be out of ~** estar destreinado(da); **the athlete is out of ~** estar fora de forma **-2.** *(U)* [implementation]: **to put sthg into ~** pôr algo em prática; **in ~** [in fact] na prática **-3.** [training session] sessão *f* de treino.

practicing *adj US* = **practising**.

practise, practice *US* ['præktɪs] <> *vt* praticar. <> *vi* **-1.** [train] treinar **-2.** [professional] exercer.

practising, practicing *US* ['præktɪsɪŋ] *adj* **-1.** [doctor, lawyer] que exerce **-2.** [Christian, Catholic] praticante **-3.** [homosexual] assumido(da).

practitioner [præk'tɪʃnəʳ] *n MED*: **a medical ~** um profissional da área médica.

Prague [prɑ:g] *n* Praga.

prairie ['preərɪ] *n* pradaria *f*.

praise [preɪz] <> *n* **-1.** *(U)* [commendation] elogio *m* **-2.** *RELIG* louvor *m*; **~ be to God!** louvado seja Deus! <> *vt* **-1.** [commend] elogiar **-2.** *RELIG* louvar.

praiseworthy ['preɪz,wɜ:ðɪ] *adj* louvável.

pram [præm] *n UK* carrinho *m* de bebê.

prance [prɑ:ns] *vi* empinar-se.

prank [præŋk] *n* peça *f*.

prawn [prɔ:n] *n* pitu *m*.

pray [preɪ] *vi RELIG* rezar; **to ~ to sb** rezar para alguém; **to ~ for sthg** rezar por algo.

prayer [preəʳ] *n* **-1.** *(U)* [act of praying] prece *f* **-2.** [set of words] oração *f* **-3.** *fig* [strong hope] pedido *m*.

prayer book *n* missal *m*.

preach [pri:tʃ] <> *vt* pregar. <> *vi* **-1.** *RELIG* pregar; **to ~ to sb** fazer sermões a alguém **-2.** *pej* [pontificate] dar sermões em; **to ~ at sb** dar sermões em alguém.

preacher ['pri:tʃəʳ] *n* pregador *m*, -ra *f*.

precarious [prɪ'keərɪəs] *adj* precário(ria).

precaution [prɪ'kɔ:ʃn] *n* precaução *f*.

precede [prɪ'si:d] *vt* **-1.** [gen] preceder **-2.** [walk in front of] adiantar-se.

precedence ['presɪdəns] *n*: **to take ~ over sthg** ter prioridade sobre algo; **to take ~ over sb** ter precedência sobre alguém.

precedent ['presɪdənt] *n* precedente *m*.

precinct ['pri:sɪŋkt] *n* **-1.** *UK* [shopping area] zona *f* comercial **-2.** *US* [district] distrito *m*.
◆ **precincts** *npl* [around building] arredores *mpl*.

precious ['preʃəs] *adj* **-1.** [friendship, moment, time] precioso(sa), querido(da) **-2.** [jewel, object, material] precioso(sa) **-3.** *inf iro* [damned] maldito(ta) **-4.** [affected] afetado(da).

precipice ['presɪpɪs] *n* precipício *m*.

precipitate [*adj* prɪ'sɪpɪtət, *vb* prɪ'sɪpɪteɪt] *fml* <> *adj* precipitado(da). <> *vt* precipitar.

precise [prɪ'saɪs] *adj* preciso(sa), exato(ta).

precisely [prɪ'saɪslɪ] *adv* exatamente; **to describe/explain sthg ~** descrever/explicar algo com precisão.

precision [prɪ'sɪʒn] *n (U)* precisão *f*.

preclude [prɪ'klu:d] *vt fml* impedir, evitar; **to ~ sb/sthg from doing sthg** impedir alguém/algo de fazer algo.

precocious [prɪ'kəʊʃəs] *adj* precoce.

preconceived [,pri:kən'si:vd] *adj* preconcebido(da).

precondition [,pri:kən'dɪʃn] *n fml* precondição *f*, condição *f* prévia.

predator ['predətəʳ] *n* **-1.** [animal, bird] predador *m*, -ra *f* **-2.** *fig* [exploitative person] explorador *m*, -ra *f*.

predecessor ['pri:dɪsesəʳ] *n* **-1.** [person] predecessor *m*, -ra *f*, antecessor *m*, -ra *f* **-2.** [thing] antecessor *m*, -ra *f*.

predicament [prɪ'dɪkəmənt] *n* aperto *m*; **to be in a ~** estar num aperto.

predict [prɪ'dɪkt] *vt* prever.

predictable [prɪ'dɪktəbl] *adj* previsível.

prediction [prɪ'dɪkʃn] *n* **-1.** [something foretold] previsão *f*, prognóstico *m* **-2.** *(U)* [foretelling] previsão *f*.

predispose [,pri:dɪs'pəʊz] *vt*: **to be ~d to sthg to do sthg** estar predisposto(ta) a algo/a fazer algo.

predominant [prɪ'dɒmɪnənt] *adj* predominante.

predominantly [prɪ'dɒmɪnəntlɪ] *adv* predominantemente.

pre-empt [-'empt] *vt* antecipar-se a.

pre-emptive [-'emptɪv] *adj* preventivo(va).

preen [pri:n] *vt* **-1.** [subj: bird] alisar com o bico **-2.** *fig* [subj: person]: **to ~ o.s.** arrumar-se, ajeitar-se.

prefab ['pri:fæb] *n inf* casa *f* pré-fabricada.

preface ['prefɪs] *n* [in book] prefácio *m*; **~ to sthg** [to text] prefácio a algo; [to speech] preâmbulo *m*.

prefect ['pri:fekt] *n UK* monitor *m*, -ra *f*, prefeito *m*, -ta *f (em escola)*.

prefer [prɪ'fɜ:ʳ] (*pt* & *pp* **-red**, *cont* **-ring**) *vt* preferir; **to ~ sthg to sthg** preferir algo a algo; **to ~ to do sthg** preferir fazer algo.

preferable ['prefrəbl] *adj*: **to be ~ (to sthg)** ser preferível(a algo).

preferably ['prefrəblɪ] *adv* preferivelmente.

preference ['prefərəns] *n*: **~ (for sthg)** preferência *f* (por algo); **to give sb/sthg ~, to give ~ to sb/sthg** dar preferência a alguém/algo.

preferential [,prefə'renʃl] *adj* preferencial.

prefix ['pri:fɪks] *n GRAMM* prefixo *m*.

pregnancy ['pregnənsɪ] (*pl* **-ies**) *n* gravidez *f*.

pregnant ['pregnənt] *adj* [carrying unborn baby - human] grávido(da); [- animal] prenho(ha).

prehistoric [,pri:hɪ'stɒrɪk] *adj* pré-histórico(ca).

prejudice ['predʒʊdɪs] <> *n* **-1.** [bias] preconceito *m*; **~ in favour of sb/sthg** tendência *f* de favorecer alguém/algo; **~ against sb/sthg** preconceito contra alguém/algo **-2.** [harm] prejuízo *m.* <> *vt* **-1.** [bias] ter preconceito em relação a; **to ~ sb in favour of/against sthg** predispor alguém a favor de/contra algo **-2.** [jeopardize] prejudicar.

prejudiced ['predʒʊdɪst] *adj* preconceituoso(sa), parcial; **to be ~ in favour of sb/sthg** favorecer alguém/algo; **to be ~ against sb/sthg** ser preconceituoso(sa) em relação a alguém/algo.

prejudicial [,predʒʊ'dɪʃl] *adj* prejudicial; **to be ~ to sb/sthg** ser prejudicial para alguém/algo.

preliminary [prɪ'lɪmɪnərɪ] *(pl* **-ies**) *adj* preliminar.

prelude ['prelju:d] *n*: **~ to sthg** prelúdio *m* de algo.

premarital [,pri:'mærɪtl] *adj* pré-marital, antes do casamento.

premature ['premə,tjʊə^r] *adj* prematuro(ra).

premeditated [,pri:'medɪteɪtɪd] *adj* premeditado(da).

premenstrual syndrome, premenstrual tension [pri:'menstrʊəl-] *n* síndrome *f* pré-menstrual.

premier ['premjə^r] <> *adj* principal, primeiro(ra). <> *n* [prime minister] primeiro-ministro *m*, primeira-ministra *f.*

premiere ['premɪeə^r] *n* estréia *f.*

premise ['premɪs] *n* premissa *f*; **on the ~ that** com a premissa de que.

◆ **premises** *npl* [site] local *m*; **on the ~s** no local.

premium ['pri:mjəm] *n* [gen] prêmio *m*; **at a ~** [above usual value] *a um valor superior ao nominal*; [in great demand] muito disputado(da).

premium bond *n* **UK** *obrigação emitida pelo governo que dá direito a prêmios mensais em dinheiro mediante sorteio.*

premonition [,premə'nɪʃn] *n* premonição *f.*

preoccupied [pri:'ɒkjʊpaɪd] *adj* preocupado(da); **to be ~ with sthg** estar preocupado(da) com algo.

prep [prep] *n* **UK inf** [homework]: **to do one's ~** fazer o dever de casa.

prepaid ['pri:peɪd] *adj* com porte pago.

prepaid card *n* cartão *m* pré-pago.

preparation [,prepə'reɪʃn] *n* **-1.** *(U)* [act of preparing] preparação *f* **-2.** [prepared mixture] preparado *m.*

◆ **preparations** *npl* [plans] preparativos *mpl*; **to make ~s for sthg** fazer preparativos para algo.

preparatory [prɪ'pærətrɪ] *adj* preparatório(ria).

preparatory school *n* **-1.** [in UK] colégio pago para crianças de 7 a 13 anos **-2.** [in US] *escola particular que prepara alunos para entrar na universidade.*

prepare [prɪ'peə^r] <> *vt* preparar; **to ~ to do sthg** preparar-se para fazer algo. <> *vi*: **to ~ for sthg** preparar-se para algo.

prepared [prɪ'peəd] *adj* [organized, done beforehand] preparado(da); **to be ~** *OR* **for sthg** *OR* **to do sthg** estar preparado(da) para algo/para fazer algo.

preposition [,prepə'zɪʃn] *n* preposição *f.*

preposterous [prɪ'pɒstərəs] *adj* absurdo(da).

prep school (*abbr of* **preparatory school**) *n* *escola particular primária para crianças de 7 a 12 anos na Grã-Bretanha.*

prerequisite [,pri:'rekwɪzɪt] *n* pré-requisito *m*; **~ of** *OR* **for sthg** pré-requisito para algo.

prerogative [prɪ'rɒgətɪv] *n* prerrogativa *f.*

Presbyterian [,prezbɪ'tɪərɪən] <> *adj* presbiteriano(na). <> *n* presbiteriano *m*, -na *f.*

pre-school <> *adj* pré-escolar. <> *n* **US** pré-escola *f.*

prescribe [prɪ'skraɪb] *vt* **-1.** *MED* prescrever **-2.** [order] ordenar, mandar.

prescription [prɪ'skrɪpʃn] *n* [*MED* - written form] receita *f* (médica); [- medicine] prescrição *f.*

prescriptive [prɪ'skrɪptɪv] *adj* *GRAMM* prescritivo(va).

presence ['prezns] *n* presença *f*; **in the ~ of sb** na presença de alguém.

presence of mind *n* presença *f* de espírito.

present [*adj* & *n* 'preznt, *vb* prɪ'zent] <> *adj* **-1.** [gen] presente, atual **-2.** [in attendance] presente; **to be ~ at sthg** estar presente em algo. <> *n* **-1.**: **the ~** o presente; **at ~** atualmente **-2.** *GRAMM*: **~ (tense)** presente *m.* <> *vt* **-1.** [gen] apresentar; **to ~ sb to sb** apresentar alguém para alguém **-2.** [give] presentear; **to ~ sb with sthg, to ~ sthg to sb** presentar alguém com algo **-3.** [provide, pose] deparar-se com; **to ~ sb with sthg, to ~ sthg to sb** representar algo para alguém **-4.** [arrive, go]: **to ~ o.s.** apresentar-se.

presentable [prɪ'zentəbl] *adj* apresentável.

presentation [,prezn'teɪʃn] *n* **-1.** [gen] apresentação *f* **-2.** [ceremony] cerimônia *f* **-3.** [performance] representação *f.*

present day *n*: **the ~** o momento atual.

◆ **present-day** *adj* atual, de hoje em dia.

presenter [prɪ'zentə^r] *n* **UK** apresentador *m*, -ra *f.*

presently ['prezəntlɪ] *adv* **-1.** [soon] em breve, daqui a pouco **-2.** [now] atualmente.

preservation [,prezə'veɪʃn] *n* *(U)* **-1.** [gen] preservação *f* **-2.** [of food] conservação *f.*

preservative [prɪ'zɜ:vətɪv] *n* **-1.** [for food] conservante *m* **-2.** [for wood] revestimento *m.*

preserve [prɪ'zɜ:v] <> *n* [jam] compota *f*,

conserva *f.* <> *vt* **-1.** [gen] preservar **-2.** [food] conservar.

preset [ˌpriːˈset] (*pt* & *pp* **preset**, *cont* **-ting**) *vt* programar.

president [ˈprezɪdənt] *n* presidente *mf.*

President-elect *n* presidente *mf* eleito, -ta.

presidential [ˌprezɪˈdenʃl] *adj* presidencial.

press [pres] <> *n* **-1.** [push] pressionamento *m* **-2.** [journalism]: **the ~** a imprensa; **to get a bad ~** ser criticado(da) na/pela imprensa, **-3.** [printing machine] imprensa *f* **-4.** [pressing machine] prensa *f.* <> *vt* **-1.** [push firmly - switch] ligar; [- accelerator] pisar em; **to ~ sthg against sthg** prensar algo contra algo **-2.** [squeeze] espremer **-3.** [iron] passar **-4.** [press person, button] pressionar; **he didn't need much ~ and readily agreed** ele não precisava de muita pressão e concordou prontamente; **to ~ sb to do sthg** *OR* **into doing sthg** pressionar alguém a fazer algo **-5.** [pursue] insistir em. <> *vi* **-1.** [push hard]: **to ~ (on sthg)** apertar (algo) com força **-2.** [surge] comprimir-se; **to ~ forwards** empurrar para frente.

◆ **press on** *vi* [continue] continuar; **to ~ on with sthg** continuar com algo.

press agency *n* assessoria *f* de imprensa.

press conference *n* entrevista *f* coletiva.

pressed [prest] *adj*: **to be ~ (for time/ money)** estar meio apertado(da) (de tempo/dinheiro).

pressing [ˈpresɪŋ] *adj* urgente, premente.

press officer *n* acessor *m*, -ra *f* de imprensa.

press release *n* press-release *m*, comunicado *m* de imprensa.

press-stud *n UK* botão *m* de pressão.

press-up *n UK* flexão *f*, apoio *m* *(como exercício)*.

pressure [ˈpreʃəʳ] *n* pressão *f*; **to put ~ on sb (to do sthg)** pressionar alguém (a fazer algo *OR* para que faça algo), exercer pressão sobre alguém (para fazer algo).

pressure cooker *n* panela *f* de pressão.

pressure gauge *n* manômetro *m.*

pressure group *n* grupo *m* de pressão.

pressurize, -ise [ˈpreʃəraɪz] *vt* **-1.** *TECH* pressurizar **-2.** *UK* [force]: **to ~ sb to do** *OR* **into doing sthg** pressionar alguém a fazer algo.

prestige [preˈstiːʒ] *n (U)* prestígio *m.*

presumably [prɪˈzjuːməblɪ] *adv* presumivelmente; **~ you've read the book** suponho que você já tenha lido o livro.

presume [prɪˈzjuːm] *vt* presumir, supor; **to be ~d dead/innocent** ser julgado(da) morto(ta)/ inocente; **to ~ (that)** supor *OR* imaginar que.

presumption [prɪˈzʌmpʃn] *n* **-1.** [assumption] pressuposição *f*, suposição *f* **-2.** *(U)* [audacity] presunção *f.*

presumptuous [prɪˈzʌmptʃʊəs] *adj* presunçoso(sa).

pretence, pretense *US* [prɪˈtens] *n* fingimento *m*; **under false ~s** com falsos pretextos.

pretend [prɪˈtend] <> *vt* **-1.** [make believe]: **to ~ to be/to do sthg** fingir ser/fazer algo; **to ~ (that)** fingir (que), fazer de conta (que) **-2.** [claim]: **to ~ to do sthg** fingir fazer algo. <> *vi* fingir.

> Não confundir *pretend (fingir)* com o português *pretender* que em inglês é *intend*. (*I am tired of having to pretend all the time.* Estou cansado de *fingir* o tempo todo.)

pretense *n US* = **pretence.**

pretension [prɪˈtenʃn] *n* pretensão *f.*

pretentious [prɪˈtenʃəs] *adj* pretencioso(sa).

pretext [ˈpriːtekst] *n* pretexto *m*; **on** *OR* **under the ~ that** com o pretexto de que; **on** *OR* **under the ~ of doing sthg** com o pretexto de estar fazendo algo.

pretty [ˈprɪtɪ] (*compar* **-ier**, *superl* **-iest**) <> *adj* bonito(ta). <> *adv* [quite, rather] bastante; **~ much** *OR* **well** mais ou menos.

prevail [prɪˈveɪl] *vi* **-1.** [be widespread] prevalecer, predominar **-2.** [triumph] prevalecer; **to ~ over sb/sthg** prevalecer sobre alguém/ algo **-3.** [persuade]: **to ~ (up)on sb to do sthg** persuadir alguém a fazer algo *OR* para que faça algo.

prevailing [prɪˈveɪlɪŋ] *adj* predominante.

prevalent [ˈprevələnt] *adj* predominante, prevalecente.

prevent [prɪˈvent] *vt* evitar, impedir; **to ~ sb (from) doing sthg** impedir alguém de fazer algo; **to ~ sthg (from) doing sthg** evitar que algo faça algo; **they tried to ~ any pain to the animal** eles tentaram não causar nenhuma dor ao animal.

preventive [prɪˈventɪv] *adj* preventivo(va).

preview [ˈpriːvjuː] *n* **-1.** [early showing] pré-estréia *f* **-2.** [trailer] trailer *m* **-3.** *COMPUT* pré-visualizacão *f.*

previous [ˈpriːvjəs] *adj* **-1.** [earlier, prior] anterior, prévio(via); **~ convictions** antecedentes *mpl* criminais; **it was the ~ President who did it** foi o ex-presidente que fez isso **-2.** [days and dates] anterior.

previously [ˈpriːvjəslɪ] *adv* **-1.** [formerly] anteriormente, antes **-2.** [with days and dates] antes.

prewar [ˌpriːˈwɔːʳ] *adj* anterior à guerra.

prey [preɪ] *n (U)* presa *f*, vitima *f.*

◆ **prey on** *vt fus* **-1.** [live off] caçar, alimentar-se de **-2.** [trouble]: **to ~ on sb's mind** atormentar alguém.

price [praɪs] <> *n* preço *m.* <> *vt* pôr preço em; **it was ~d highly** seu preço era muito elevado.

priceless [ˈpraɪslɪs] *adj* **-1.** [very valuable] inestimável, que não tem preço **-2.** *inf* [funny] impagável.

price list *n* lista *f* de preços.

price tag *n* **-1.** [label] etiqueta *f* de preço **-2.** [sacrifice] *fig* preço *m.*

pricey ['praɪsɪ] (*compar* **-ier**, *superl* **-iest**) *adj inf* caro(ra).

prick [prɪk] ◇ *n* **-1.** [scratch, wound] picada *f* **-2.** *vulg* [penis] cacete *m*, caralho *m* **-3.** *vulg* [stupid person] pau-no-cu *m.* ◇ *vt* **-1.** [jab, pierce] espetar **-2.** [sting] arder.

◆ **prick up** *vt fus*: **to ~ up one's ears** [subj: animal] levantar as orelhas; [subj: person] aguçar os ouvidos.

prickle ['prɪkl] ◇ *n* **-1.** [thorn] espinho *m* **-2.** [sensation] formigamento *m*, comichão *f.* ◇ *vi* formigar, comichar.

prickly ['prɪklɪ] (*compar* **-ier**, *superl* **-iest**) *adj* **-1.** [thorny] espinhoso(sa), espinhento(ta) **-2.** *fig* [touchy] suscetível.

prickly heat *n (U)* brotoeja *f.*

pride [praɪd] ◇ *n* orgulho *m*; **to take ~ in sthg/in doing sthg** sentir-se orgulhoso(sa) em algo/ao fazer algo. ◇ *vt*: **to ~ o.s. on sthg** orgulhar-se de algo.

priest [pri:st] *n* **-1.** [Christian] padre *m*, sacerdote *m* **-2.** [non-Christian] homem *m* religioso.

priestess ['pri:stɪs] *n* sacerdotisa *f.*

priesthood ['pri:sthʊd] *n (U)* **-1.** [position, office]: **the ~** o sacerdócio **-2.** [priests collectively]: **the ~** o clero.

prig [prɪg] *n* moralista *mf*, puritano *m*, -na *f.*

prim [prɪm] (*compar* **-mer**, *superl* **-mest**) *adj* afetado(da), empertigado(da).

primarily ['praɪmərɪlɪ] *adv* primeiramente, principalmente.

primary ['praɪmərɪ] (*pl* **-ies**) ◇ *adj* primário(ria). ◇ *n* **US** *POL* prévias *fpl.*

primary school *n* escola *f* primária.

primary teacher *n* [in UK] professor *m* primário, professora *f* primária.

primate ['praɪmeɪt] *n* **-1.** *ZOOL* primata *m* **-2.** *RELIG* primaz *m.*

prime [praɪm] ◇ *adj* **-1.** [main] primeiro(ra) principal **-2.** [excellent] excelente, de primeira. ◇ *n* [peak] auge *m*, plenitude *f*; **in one's ~** na flor da idade. ◇ *vt* **-1.** [inform]: **to ~ sb about sthg** instruir alguém sobre algo **-2.** [paint] imprimar, preparar para pintura **-3.** [make ready - gun] carregar; [- machine] aprontar; [- pump] escorvar.

prime minister *n* primeiro-ministro *m*, primeira-ministra *f.*

primer ['praɪmə^{r}] *n* **-1.** [paint] imprimadura *f* **-2.** [textbook] manual *m.*

primeval [praɪ'mi:vl] *adj* primitivo(va).

primitive ['prɪmɪtɪv] *adj* **-1.** [not civilized, of an early type] primitivo(va) **-2.** [simple, basic] rudimentar.

primrose ['prɪmrəʊz] *n* prímula *f.*

Primus stove® ['praɪməs-] *n* fogareiro *m.*

prince [prɪns] *n* príncipe *m.*

princess [prɪn'ses] *n* princesa *f.*

principal ['prɪnsəpl] ◇ *adj* principal. ◇ *n* **-1.** [of school] diretor *m*, -ra *f* **-2.** [of college] reitor *m*, -ra *f.*

principle ['prɪnsəpl] *n* **-1.** princípio *m* **-2.** *(U)* [integrity] princípios *mpl*; **he lacks ~** ele não tem princípios; **(to do sthg) on ~** *OR* **as a matter of ~** fazer algo por (uma questão de) princípios.

◆ **in principle** *adv* em princípio.

print [prɪnt] ◇ *n* **-1.** *(U)* [type] caracteres *mpl (de imprensa)*; **the book is still in ~** o livro ainda está disponível *(não esgotado)*; **he saw his name in ~** ele viu seu nome impresso; **to be out of ~** estar esgotado(da) **-2.** *ART* gravura *f* **-3.** [photograph] cópia *f* **-4.** [fabric] estampado *m* **-5.** [footprint] pegada *f*; [fingerprint] impressão *f* digital. ◇ *vt* **-1.** [produce by printing] imprimir **-2.** [publish] publicar **-3.** [on fabric] estampar **-4.** [write clearly] escrever em letra de forma ◇ *vi* [printer] imprimir.

◆ **print out** *vt sep COMPUT* imprimir.

printed matter ['prɪntɪd-] *n (U)* impresso *m.*

printer ['prɪntə^{r}] *n* **-1.** [person, firm] impressor *m*, -ra *f* **-2.** *COMPUT* impressora *f.*

printing ['prɪntɪŋ] *n* impressão *f.*

printout ['prɪntaʊt] *n* saída *f* de impressora, impressão *f.*

prior ['praɪə^{r}] ◇ *adj* **-1.** [previous] prévio(via), anterior **-2.** [more important] mais importante. ◇ *n* [monk] prior *m.*

◆ **prior to** *prep* antes de; **~ to doing sthg** antes de fazer algo.

prioress ['praɪəres] *n* prioresa *f.*

priority [praɪ'ɒrətɪ] (*pl* **-ies**) *n* prioridade *f*; **to have** *OR* **take ~ (over sthg)** ter prioridade (sobre algo).

prise [praɪz] *vt*: **to ~ sthg open** abrir algo com força; **to ~ sthg away** separar algo usando força.

prison ['prɪzn] *n* prisão *f.*

prisoner ['prɪznə^{r}] *n* prisioneiro *m*, -ra *f.*

prisoner of war (*pl* **prisoners of war**) *n* prisioneiro *m*, -ra *f* de guerra.

privacy [*UK* 'prɪvəsɪ, *US* 'praɪvəsɪ] *n* privacidade *f.*

private ['praɪvɪt] ◇ *adj* **-1.** [confidential, not for the public] privado(da) **-2.** [not state-controlled] privado (da), particular **-3.** [personal] privado(da), pessoal **-4.** [secluded] afastado(da), retirado(da) **-5.** [reserved] reservado(da). ◇ *n* **-1.** [soldier] soldado *m* raso **-2.** [secrecy]: **(to do sthg) in ~** fazer algo em particular.

private enterprise *n (U)* empresa *f* privada.
private eye *n* detetive *mf* particular.
private limited company *n* COMM companhia *f* privada limitada.
privately ['praɪvɪtlɪ] *adv* **-1.** [not by the state] de forma privada; ~ **owned** de propriedade privada; ~ **educated** educado(da) em escola particular **-2.** [confidentially] privadamente, em particular **-3.** [personally] no fundo.
private property *n* propriedade *f* privada.
private school *n* escola *f* particular.
privatize, -ise ['praɪvɪtaɪz] *vt* privatizar.
privet ['prɪvɪt] *n (U)* alfena *f.*
privilege ['prɪvɪlɪdʒ] *n* **-1.** [special advantage] privilégio *m* **-2.** [honour] privilégio *m*, honra *f.*
privy ['prɪvɪ] *adj*: **to be ~ to sthg** *fml* inteirar-se de algo.
Privy Council *n UK*: **the ~** *conselho privado que aconselha o monarca em questões políticas.*
prize [praɪz] <> *adj* **-1.** [prizewinning] premiado(da) **-2.** [perfect] perfeito(ta) **-3.** [valued] de estimação. <> *n* prêmio *m.* <> *vt* apreciar, valorizar.
prize-giving [-,gɪvɪŋ] *n UK* entrega *f* de prêmios.
prizewinner ['praɪz,wɪnəʳ] *n* premiado *m*, -da *f.*
pro [prəʊ] *(pl* **-s***)* *n* **-1.** *inf* [professional] profissional *mf* **-2.** [advantage]: **the ~s and cons** os prós e os contras.
probability [,prɒbə'bɪlətɪ] *(pl* **-ies***)* *n* probabilidade *f.*
probable ['prɒbəbl] *adj* provável.
probably ['prɒbəblɪ] *adv* provavelmente.
probation [prə'beɪʃn] *n (U)* **-1.** [of prisoner] liberdade *f* condicional; **to put sb on ~** colocar alguém em liberdade condicional **-2.** [trial period] período *m* de experiência; **to be on ~** estar em período de experiência.
probe [prəʊb] <> *n* **-1.** [investigation] sindicância *f*, investigação *f*; **~ into sthg** sindicância sobre algo **-2.** MED, TECH sonda *f.* <> *vt* **-1.** [investigate] investigar **-2.** [prod] explorar.
problem ['prɒbləm] <> *n* problema *f*; **no ~!** *inf* sem problema! <> *comp* problemático(ca).
problem page *n* página *f* com perguntas dos leitores *(em revistas, jornais).*
procedure [prə'si:dʒəʳ] *n* procedimento *m.*
proceed [*vb* prə'si:d, *npl* 'prəʊsi:dz] <> *vt* [do subsequently]: **to ~ to do sthg** passar a fazer algo. <> *vi* **-1.** [continue] prosseguir, continuar; **to ~ with sthg** prosseguir com algo **-2.** *fml* [go, advance] dirigir-se para.
◆ **proceeds** *npl* proventos *mpl.*
proceedings [prə'si:dɪŋz] *npl* **-1.** [series of events] ação *f* **-2.** [legal action] processo *m.*
process ['prəʊses] <> *n* processo *m*; **in the ~** no decorrer; **to be in the ~ of doing sthg** estar em vias de fazer algo. <> *vt* processar.
processing ['prəʊsesɪŋ] *n* processamento *m.*
procession [prə'seʃn] *n* **-1.** [ceremony] cortejo *m* **-2.** [demonstration] passeata *f* **-3.** [continuous line] procissão *f.*
proclaim [prə'kleɪm] *vt* **-1.** [declare] proclamar, declarar **-2.** [law] promulgar.
procrastinate [prə'kræstɪneɪt] *vi* procrastinar, protelar.
procure [prə'kjʊəʳ] *vt* conseguir, obter.
prod [prɒd] *(pt & pp* **-ded**, *cont* **-ding***)* *vt* [push, poke] cutucar, empurrar.
prodigal ['prɒdɪgl] *adj* pródigo(ga).
prodigy ['prɒdɪdʒɪ] *(pl* **-ies***)* *n* prodígio *m.*
produce [*n* 'prɒdju:s, *vb* prə'dju:s] <> *n* **-1.** [goods] produtos *mpl* **-2.** [fruit and vegetables] produtos *mpl* agrícolas. <> *vt* **-1.** [gen] produzir **-2.** BIOL gerar **-3.** [yield - raw materials, crop] produzir; [- interest, profit] gerar **-4.** [present, show] apresentar.
producer [prə'dju:səʳ] *n* **-1.** [gen] produtor *m*, -ra *f* **-2.** [theatre] diretor *m*, -ra *f.*
product ['prɒdʌkt] *n* [thing manufactured or grown] produto *m.*
production [prə'dʌkʃn] *n* produção *f.*
production line *n* linha *f* de produção.
productive [prə'dʌktɪv] *adj* produtivo(va).
productivity [,prɒdʌk'tɪvətɪ] *n (U)* produtividade *f.*
profane [prə'feɪn] *adj* obsceno(na).
profession [prə'feʃn] *n* **-1.** [career] profissão *f*; **by ~** por profissão **-2.** [body of people] categoria *f (profissional).*
professional [prə'feʃənl] <> *adj* profissional. <> *n* profissional *mf.*
professor [prə'fesəʳ] *n* **-1.** *UK* [head of department] chefe *mf* de departamento **-2.** *US & Can* [teacher, lecturer] professor *m (universitário)*, professora *f (universitária).*
proficiency [prə'fɪʃənsɪ] *n (U)* proficiência *f*; **~ in sthg** proficiência em algo.
profile ['prəʊfaɪl] *n* perfil *m.*
profit ['prɒfɪt] <> *n* **-1.** [financial gain] lucro *m*; **to make a ~** ter lucro **-2.** *(U)* [advantage] proveito *m*, benefício *m.* <> *vi*: **to ~ (from** OR **by sthg)** tirar proveito (de algo).
profitability [,prɒfɪtə'bɪlətɪ] *n (U)* lucratividade *f*, rentabilidade *f.*
profitable ['prɒfɪtəbl] *adj* **-1.** [making a profit] lucrativo(va), rentável **-2.** [beneficial] proveitoso(sa).
profiteering [,prɒfɪ'tɪərɪŋ] *n (U)* especulação *f.*
profound [prə'faʊnd] *adj* profundo(da).
profusely [prə'fju:slɪ] *adv* **-1.** [abundantly] abun-

dantemente **-2.** [generously, extravagantly] profusamente.
profusion [prəˈfju:ʒn] *n* profusão *f*.
progeny [ˈprɒdʒənɪ] (*pl* **-ies**) *n fml* progênie *f*.
prognosis [prɒgˈnəʊsɪs] (*pl* **-noses** [-ˈnəʊsi:z]) *n* prognóstico *m*.
program [ˈprəʊgræm] (*pt* & *pp* **-med** OR **-ed**, *cont* **-ming** OR **-ing**) ◇ *n* **-1.** COMPUT programa *m* **-2.** *US* = **programme.** ◇ *vt* **-1.** COMPUT programar **-2.** *US* = **programme.**
programer *n US* = **programmer.**
programme *UK*, **program** *US* [ˈprəʊgræm] ◇ *n* programa *m*. ◇ *vt* programar; **to ~ sthg to do sthg** programar algo para fazer algo OR para que faça algo.
programmer *UK*, **programer** *US* [ˈprəʊgræməʳ] *n* COMPUT programador *m*, -ra *f*.
programming [ˈprəʊgræmɪŋ] *n* COMPUT programação *f*.
progress [*n* ˈprəʊgres, *vb* prəˈgres] ◇ *n* **-1.** [gen] progresso *m*; **to make ~** [improve] fazer progresso; **to make ~ in sthg** [get on] progredir em algo; **in ~** em andamento **-2.** [physical movement] avanço *m*. ◇ *vi* [gen] progredir.
progressive [prəˈgresɪv] *adj* **-1.** [forward-looking] progressista **-2.** [gradual] progressivo(va).
prohibit [prəˈhɪbɪt] *vt* proibir; **to ~ sb from doing sthg** proibir alguém de fazer algo.
project [*n* ˈprɒdʒekt, *vb* prəˈdʒekt] ◇ *n* **-1.** [plan, idea] projeto *m* **-2.** SCH projeto *m*, estudo *m*; **~ on sthg** projeto estudo sobre algo. ◇ *vt* **-1.** [gen] projetar **-2.** [estimate] projetar, estimar **-3.** [present] apresentar, dar uma imagem de. ◇ *vi* projetar.
projectile [prəˈdʒektaɪl] *n* projétil *m*.
projection [prəˈdʒekʃn] *n* **-1.** [gen] projeção *f* **-2.** [protrusion] saliência *f*.
projector [prəˈdʒektəʳ] *n* projetor *m*.
proletariat [ˌprəʊlɪˈteərɪət] *n* proletariado *m*.
prolific [prəˈlɪfɪk] *adj* prolífico(ca).
prologue, prolog *US* [ˈprəʊlɒg] *n* **-1.** [introduction] prólogo *m* **-2.** *fig* [preceding event]: **~ to sthg** preâmbulo *m* para algo.
prolong [prəˈlɒŋ] *vt* prolongar.
prom [prɒm] *n* **-1.** *UK inf* (*abbr of* **promenade**) [at seaside] *caminho junto ao mar* **-2.** *US* [ball] *baile de gala estudantil* **-3.** *UK inf* (*abbr of* **promenade concert**): **the Proms** *concertos que acontecem no Albert Hall, em Londres, no verão*.
promenade [ˌprɒməˈnɑ:d] *n UK* [at seaside] calçadão *m*.
promenade concert *n UK concerto sinfônico ao qual boa parte das pessoas assiste de pé*.
prominent [ˈprɒmɪnənt] *adj* **-1.** [important - person, politician] destacado(da); [- ideas, issues] proeminente **-2.** [noticeable - building, landmark] em evidência; [- cheekbones] saliente.
promiscuous [prɒˈmɪskjʊəs] *adj* promíscuo(cua).
promise [ˈprɒmɪs] ◇ *n* promessa *f*. ◇ *vt* **-1.** [pledge]: **to ~ (sb) sthg** prometer algo (a alguém); **to ~ (sb) to do sthg** prometer (a alguém) fazer algo **-2.** [indicate]: **to ~ sthg** prometer algo; **it ~s to be a wonderful day** promete ser um dia maravilhoso. ◇ *vi* prometer.
promising [ˈprɒmɪsɪŋ] *adj* promissor(ra).
promontory [ˈprɒməntrɪ] (*pl* **-ies**) *n* promontório *m*.
promote [prəˈməʊt] *vt* **-1.** [foster] promover, fomentar **-2.** [push, advertise] promover **-3.** [in job]: **to ~ sb (to sthg)** promover alguém (a algo) **-4.** SPORT: **to be ~d to the First Division** subir para a Primeira Divisão.
promoter [prəˈməʊtəʳ] *n* **-1.** [organizer] patrocinador *m*, -ra *f* **-2.** [supporter] defensor *m*, -ra *f*.
promotion [prəˈməʊʃn] *n* promoção *f*.
prompt [prɒmpt] ◇ *adj* **-1.** [quick] pronto(ta), rápido(da) **-2.** [punctual] pontual. ◇ *adv* pontualmente. ◇ *n* [THEATRE - line] deixa *f*; [- person] ponto *m*. ◇ *vt* **-1.** [provoke, persuade]: **to ~ sb (to do sthg)** levar alguém (a fazer algo) **-2.** THEATRE dar a deixa.
promptly [ˈprɒmptlɪ] *adv* **-1.** [quickly] prontamente, rapidamente **-2.** [punctually] pontualmente.
prone [prəʊn] *adj* **-1.** [susceptible]: **to be ~ to sthg/to do sthg** ser propenso(sa) a algo/a fazer algo **-2.** [lying flat] (deitado(da)) de bruços.
prong [prɒŋ] *n* dente *m (de garfo)*.
pronoun [ˈprəʊnaʊn] *n* pronome *m*.
pronounce [prəˈnaʊns] ◇ *vt* **-1.** [say aloud] pronunciar **-2.** [declare, state] declarar. ◇ *vi*: **to ~ on sthg** pronunciar-se sobre algo.
pronounced [prəˈnaʊnst] *adj* pronunciado(da), marcado(da).
pronouncement [prəˈnaʊnsmənt] *n* pronunciamento *m*.
pronunciation [prəˌnʌnsɪˈeɪʃn] *n* pronúncia *f*.
proof [pru:f] *n* **-1.** [gen] prova *f* **-2.** [of alcohol] teor *m* alcoólico.
prop [prɒp] (*pt* & *pp* **-ped**, *cont* **-ping**) ◇ *n* **-1.** [physical support] escora *f*, estaca *f* **-2.** *fig* [supporting thing, person] apoio *m* **-3.** RUGBY pilar *m*. ◇ *vt*: **to ~ sthg against sthg** apoiar algo em OR contra algo.
◆ **props** *npl* [in film, play] acessórios *mpl*.
◆ **prop up** *vt sep* **-1.** [support physically] escorar, sustentar **-2.** *fig* [sustain] apoiar.
propaganda [ˌprɒpəˈgændə] *n (U)* propaganda *f*.
propel [prəˈpel] (*pt* & *pp* **-led**, *cont* **-ling**) *vt* **-1.**

[drive forward] impulsionar **-2.** *fig* [urge] impelir.

propeller [prə'peləʳ] *n* hélice *f.*

propelling pencil [prə'pelıŋ-] *n UK* lapiseira *f.*

propensity [prə'pensətı] (*pl* **-ies**) *n fml*: ~ **for** *OR* **to sthg** propensão *f* a algo; ~ **to do sthg** propensão para fazer algo.

proper ['prɒpəʳ] *adj* **-1.** [real] verdadeiro(ra) **-2.** [correct] correto(ta), exato(ta) **-3.** [decent] decente, apropriado(da).

properly ['prɒpəlı] *adv* **-1.** [satisfactorily] adequadamente, bem **-2.** [correctly] direito **-3.** [decently] adequadamente.

proper noun *n* nome *m* próprio.

property ['prɒpətı] (*pl* **-ies**) *n* **-1.** [gen] propriedade *f* **-2.** *(U)* [buildings] imóveis *mpl* **-3.** *(U)* [land] terrenos *mpl.*

property owner *n* proprietário *m*, -ria *f* de um imóvel.

prophecy ['prɒfısı] (*pl* **-ies**) *n* profecia *f.*

prophesy ['prɒfısaı] (*pt* & *pp* **-ied**) *vt* profetizar.

prophet ['prɒfıt] *n* profeta *mf.*

proportion [prə'pɔ:ʃn] *n* **-1.** [part] parte *f* **-2.** [ratio, comparison] proporção *f* a **-3.** *(U) ART*: **in** ~ proporcional; **out of** ~ fora de proporção; **a sense of** ~ *fig* senso *m* de proporção.

proportional [prə'pɔ:ʃənl] *adj* proporcional, em proporção a; **to be** ~ **to sthg** ser proporcional a algo.

proportional representation *n (U)* representação *f* proporcional.

proportionate [prə'pɔ:ʃnət] *adj* proporcional; ~ **to sthg** proporcional a algo.

proposal [prə'pəʊzl] *n* proposta *f*; **marriage** ~ proposta *f (de casamento).*

propose [prə'pəʊz] <> *vt* **-1.** [suggest] propor **-2.** [introduce] apresentar **-3.** [toast] brindar a **-4.** [intend]: **to** ~ **doing** *OR* **to do sthg** ter a intenção de fazer algo. <> *vi* [make offer of marriage] pedir em casamento; **to** ~ **to sb** pedir a mão de alguém em casamento.

proposition [,prɒpə'zıʃn] *n* **-1.** [statement of theory] proposição *f* **-2.** [suggestion] proposta *f.*

proprietor [prə'praıətəʳ] *n* proprietário *m*, -ria *f.*

propriety [prə'praıətı] *n (U) fml* retidão *f.*

pro rata [-'rɑ:tə] *adj* & *adv* pro rata.

prose [prəʊz] *n (U)* prosa *f.*

prosecute ['prɒsıkju:t] <> *vt JUR* processar; **to be** ~**d for sthg** ser processado(da) por algo. <> *vi* **-1.** [bring a charge] promover ação penal **-2.** [represent in court] sustentar acusação em juizo.

prosecution [,prɒsı'kju:ʃn] *n* **-1.** [criminal charge] acusação *f* **-2.** [lawyers]: **the** ~ a acusação.

prosecutor ['prɒsıkju:təʳ] *n* promotor *m*, -ra *f.*

prospect [*n* 'prɒspekt, *vb* prə'spekt] <> *n* **-1.** [hope] possibilidade *f* **-2.** [probability] perspectiva *f.* <> *vi* prospectar; **to** ~ **for sthg** prospectar algo.

◆ **prospects** *npl* [chances of success]: ~**s (for sthg)** perspectivas *fpl* (de algo).

prospecting [prə'spektıŋ] *n (U)* prospecção *f.*

prospective [prə'spektıv] *adj* provável, possível.

prospector [prə'spektəʳ] *n* prospector *m*, -ra *f.*

prospectus [prə'spektəs] (*pl* **-es**) *n* prospecto *m*, folheto *m* informativo.

prosper ['prɒspəʳ] *vi* prosperar.

prosperity [prɒ'sperətı] *n (U)* prosperidade *f.*

prosperous ['prɒspərəs] *adj* próspero(ra).

prostitute ['prɒstıtju:t] *n* prostituta *f*; **male** ~ prostituto *m.*

prostrate ['prɒstreıt] *adj* prostrado(da).

protagonist [prə'tægənıst] *n* protagonista *mf.*

protect [prə'tekt] *vt* proteger; **to** ~ **sb/sthg from**, **to** ~ **sb/sthg against** proteger alguém/algo de/contra.

protection [prə'tekʃn] *n (U)* proteção *f*; ~ **from sb/sthg**, ~ **against sb/sthg** proteção de *OR* contra alguém/algo.

protective [prə'tektıv] *adj* protetor(ra).

protein ['prəʊti:n] *n (U)* proteína *f.*

protest [*n* 'prəʊtest, *vb* prə'test] <> *n* protesto *m.* <> *vt* **-1.** [state] protestar, declarar **-2.** *US* [protest against] protestar contra. <> *vi* [complain] protestar; **to** ~ **about/against sthg** protestar por/contra algo.

Protestant ['prɒtıstənt] <> *adj* protestante. <> *n* protestante *mf.*

protester [prə'testəʳ] *n* manifestante *mf.*

protest march *n* marcha *f* de protesto, manifestação *f.*

protocol ['prəʊtəkɒl] *n (U)* protocolo *m.*

prototype ['prəʊtətaıp] *n* protótipo *m.*

protracted [prə'træktıd] *adj* prolongado(da).

protrude [prə'tru:d] *vi* salientar-se, sobressair-se; **to** ~ **from sthg** sobressair-se em algo.

protuberance [prə'tju:bərəns] *n* protuberância *f.*

proud [praʊd] *adj* **-1.** [gen] orgulhoso(sa); **to be** ~ **of sb/sthg** estar orgulhoso(sa) de alguém/algo **-2.** *pej* [arrogant] orgulhoso(sa), arrogante.

prove [pru:v] (*pp* **-d** *OR* **proven**) *vt* **-1.** [show to be true] provar, demonstrar **-2.** [show o.s. to be]: **to** ~ **(to be) sthg** demonstrar ser algo; **to** ~ **o.s. to be sthg** mostrar-se algo.

proven ['pru:vn, 'prəʊvn] <> *pp* ▷ **prove.** <> *adj* comprovado(da).

proverb ['prɒvɜ:b] *n* provérbio *m.*

provide [prə'vaıd] *vt* fornecer, prover; **to** ~

sb with sthg proporcionar algo a alguém; **to ~ sthg for sb** oferecer algo a alguém.
◆ **provide for** *vt fus* **-1.** [support] sustentar, manter **-2.** *fml* [make arrangements for] prever, tomar medidas para.
provided [prə'vaɪdɪd] ◆ **provided (that)** *conj* desde que, contanto que.
providing [prə'vaɪdɪŋ] ◆ **providing (that)** *conj* desde que.
province ['prɒvɪns] *n* **-1.** [part of country] província *f* **-2.** [specialist subject] campo *m*, ramo *m* do conhecimento; [area of responsibility] alçada *f*.
provincial [prə'vɪnʃl] *adj* **-1.** [of a province] da província **-2.** *pej* [narrow-minded] provinciano(na).
provision [prə'vɪʒn] *n* **-1.** *(U)* [act of supplying] provisão *f* **-2.** *(U)* [arrangement] providência *f*; **to make ~ for/sthg** tomar providências para algo; **to make ~ for/sb** garantir o sustento de alguém **-3.** [in agreement, law] cláusula *f*.
◆ **provisions** *npl* [supplies] provisões *fpl*.
provisional [prə'vɪʒənl] *adj* provisório(ria).
proviso [prə'vaɪzəʊ] *(pl* **-s**) *n* condição *f*; **with the ~ that** com a condição de que.
provocative [prə'vɒkətɪv] *adj* **-1.** [controversial] provocativo(va) **-2.** [sexy] provocante.
provoke [prə'vəʊk] *vt* provocar.
prow [praʊ] *n* proa *f*.
prowess ['praʊɪs] *n (U) fml* façanha *f*.
prowl [praʊl] ◇ *n*: **on the ~** de ronda, rondando. ◇ *vt* rondar por. ◇ *vi* fazer a ronda.
prowler ['praʊlə^r] *n* gatuno *m*, -na *f*.
proxy ['prɒksɪ] *(pl* **-ies**) *n*: **by ~** por procuração.
prudent ['pru:dnt] *adj* prudente.
prudish ['pru:dɪʃ] *adj* pudico(ca).
prune [pru:n] ◇ *n* ameixa *f* seca. ◇ *vt* podar.
pry [praɪ] *(pt & pp* **pried**) *vi* bisbilhotar; **to ~ into sthg** intrometer-se em algo.
PS (*abbr of* **postscript**) *n* PS.
psalm [sɑ:m] *n* salmo *m*.
pseudonym ['sju:dənɪm] *n* pseudônimo *m*.
psyche ['saɪkɪ] *n* psique *f*.
psychiatric [ˌsaɪkɪ'ætrɪk] *adj* psiquiátrico(ca).
psychiatrist [saɪ'kaɪətrɪst] *n* psiquiatra *mf*.
psychiatry [saɪ'kaɪətrɪ] *n (U)* psiquiatria *f*.
psychic ['saɪkɪk] ◇ *adj* **-1.** [clairvoyant] paranormal **-2.** [mental] psíquico(ca). ◇ *n* paranormal *mf*, médium *mf*.
psychoanalysis [ˌsaɪkəʊə'næləsɪs] *n (U)* psicanálise *f*.
psychoanalyst [ˌsaɪkəʊ'ænəlɪst] *n* psicanalista *mf*.
psychological [ˌsaɪkə'lɒdʒɪkl] *adj* psicológico(ca).
psychologist [saɪ'kɒlədʒɪst] *n* psicólogo *m*, -ga *f*.
psychology [saɪ'kɒlədʒɪ] *n* psicologia *f*.
psychopath ['saɪkəpæθ] *n* psicopata *mf*.
psychotic [saɪ'kɒtɪk] ◇ *adj* psicótico(ca). ◇ *n* psicótico *m*, -ca *f*.
pt -1. *abbr of* **pint -2.** (*abbr of* **point**) pt.
PT (*abbr of* **physical training**) *n* treinamento *m* físico.
PTO (*abbr of* **please turn over**) vide verso.
pub [pʌb] *n* pub *m*, bar *m*.
puberty ['pju:bətɪ] *n (U)* puberdade *f*.
pubic ['pju:bɪk] *adj* pubiano(na).
public ['pʌblɪk] ◇ *adj* [gen] público(ca); **to go ~ on sthg** *inf* levar a público. ◇ *n*: **the ~** o público; **in ~** em público.
public-address system *n* sistema *m* de auto-falantes.
publican ['pʌblɪkən] *n UK* dono *m*, -na *f* de um pub.
publication [ˌpʌblɪ'keɪʃn] *n* publicação *f*.
public company *n* sociedade *f* anônima *(com ações na Bolsa)*.
public convenience *n UK* sanitário *m* público.
public holiday *n* feriado *m* nacional.
public house *n UK fml* bar *m*, pub *m*.
publicity [pʌb'lɪsɪtɪ] *n* publicidade *f*.
publicize, -ise ['pʌblɪsaɪz] *vt* divulgar.
public limited company *n* sociedade *f* anônima *(com ações na Bolsa)*.
public opinion *n (U)* opinião *f* pública.
public prosecutor *n* promotor *m* público, promotora *f* pública.
public relations ◇ *n (U)* relações *fpl* públicas. ◇ *npl* relações *f* públicas.
public school *n* **-1.** *UK* [private school] escola *f* particular **-2.** *US & Scot* [state school] escola *f* pública.
public-spirited *adj* com espírito cívico.
public transport *n (U)* transporte *m* público.
publish ['pʌblɪʃ] *vt* **-1.** [gen] publicar **-2.** [make known] divulgar, tornar público(ca).
publisher ['pʌblɪʃə^r] *n* **-1.** [company] editora *f* **-2.** [person] editor *m*, -ra *f*.
publishing ['pʌblɪʃɪŋ] *n (U)* setor *m* editorial.
pub lunch *n almoço servido em um pub*.
pucker ['pʌkə^r] *vt* franzir.
pudding ['pʊdɪŋ] *n* **-1.** [food - sweet] pudim *m*; [- savoury] pastelão *m* **-2.** *(U) UK* [part of meal] sobremesa *f*.
puddle ['pʌdl] *n* poça *f*.
puff [pʌf] ◇ *n* **-1.** [of cigarette, pipe] baforada *f* **-2.** [of air, smoke] golfada *f*. ◇ *vt* baforar. ◇ *vi* **-1.** [smoke]: **to ~ at** OR **on sthg** dar tragadas em algo **-2.** [pant] ofegar.
◆ **puff out** *vt sep* **-1.** [chest, cheeks] inflar **-2.** [feathers] eriçar.

puffed [pʌft] *adj* [swollen]: ~ **up** inchado(da)

puffin ['pʌfɪn] *n* papagaio-do-mar *m*.

puff pastry, puff paste *US n (U)* massa *f* folhada.

puffy ['pʌfɪ] (*compar* **-ier**, *superl* **-iest**) *adj* inchado(da).

pugnacious [pʌg'neɪʃəs] *adj fml* belicoso(sa).

pull [pʊl] ◇ *n* **-1.** [tug with hand] puxão *m* **-2.** [influence] prestígio *m*. ◇ *vt* **-1.** [gen] puxar; **to ~ sthg to pieces** despedaçar algo **-2.** [curtains - open] abrir; [- close] puxar **-3.** [take out - cork, tooth] arrancar; [- gun] sacar; **she ~ed herself out of the water** ela se afastou da água **-4.** [muscle, hamstring] distender **-5.** [attract] atrair. ◇ *vi* [tug with hand] puxar.

◆ **pull apart** *vt sep* desmontar.

◆ **pull at** *vt fus* puxar, dar puxões em.

◆ **pull away** *vi* **-1.** [from roadside]: **to ~ away (from)** afastar-se (da margem da estrada) **-2.** [in race]: **to ~ away (from)** disparar na frente (de).

◆ **pull down** *vt sep* demolir.

◆ **pull in** *vi* [vehicle] encostar.

◆ **pull off** *vt sep* **-1.** [take off] tirar rapidamente **-2.** [succeed in] conseguir levar a cabo.

◆ **pull out** ◇ *vt sep* retirar. ◇ *vi* **-1.** [train] partir **-2.** [vehicle] entrar na estrada **-3.** [withdraw] retirar.

◆ **pull over** *vi* [vehicle, driver] encostar.

◆ **pull through** *vi* [patient] restabelecer-se, recuperar-se.

◆ **pull together** *vt sep*: **to ~ o.s. together** acalmar-se.

◆ **pull up** ◇ *vt sep* **-1.** [raise] levantar **-2.** [move closer] aproximar. ◇ *vi* parar, deter.

pulley ['pʊlɪ] (*pl* **pulleys**) *n* roldana *f*.

pullover ['pʊlˌəʊvəʳ] *n* pulôver *m*.

pulp [pʌlp] ◇ *adj* barato(ta), de má qualidade. ◇ *n* **-1.** [soft mass] pasta *f* **-2.** [of fruit] polpa *f* **-3.** [of wood] cerne *m*.

pulpit ['pʊlpɪt] *n* púlpito *m*.

pulsate [pʌl'seɪt] *vi* **-1.** [heart] pulsar, palpitar **-2.** [air, sound] vibrar; **pulsating rhythm** ritmo *m* vibrante.

pulse [pʌls] ◇ *n* **-1.** [in body] pulso *m* **-2.** *TECH* impulso *m*. ◇ *vi* [throb - blood] pulsar; [- music, room] vibrar.

◆ **pulses** *npl* [food] grãos *mpl*.

puma ['pju:mə] (*pl inv OR* **-s**) *n* puma *m*.

pumice (stone) ['pʌmɪs-] *n (U)* pedra-pomes *f*.

pummel ['pʌml] (*UK pt* & *pp* **-led**, *cont* **-ling**, *US pt* & *pp* **-ed**, *cont* **-ing**) *vt* esmurrar.

pump [pʌmp] ◇ *n* bomba *f*. ◇ *vt* **-1.** [convey by pumping] bombear **-2.** *inf* [interrogate] sondar. ◇ *vi* **-1.** [machine] bater **-2.** [person] arfar **-3.** [heart] palpitar.

◆ **pumps** *npl* [shoes] sapatilhas *fpl*.

pumpkin ['pʌmpkɪn] *n* abóbora *f*.

pun [pʌn] *n* jogo *m* de palavras.

punch [pʌntʃ] ◇ *n* **-1.** [blow] soco *m* **-2.** [tool] punção *m* **-3.** *(U)* [drink] ponche *m*. ◇ *vt* **-1.** [hit] esmurrar, soquear **-2.** [perforate - paper, ticket] picar; [- hole] perfurar.

Punch-and-Judy show [-'dʒu:dɪ-] *n teatro de fantoches para crianças apresentado normalmente na praia.*

punch ball *n* saco *m* de pancadas.

punch(ed) card [pʌntʃ(t)-] *n* cartão *m* perfurado.

punch line *n* frase *f* final, arremate *m (de uma história)*.

punch-up *n UK inf* briga *f*.

punchy ['pʌntʃɪ] (*compar* **-ier**, *superl* **-iest**) *adj inf* incisivo(va).

punctual ['pʌŋktʃʊəl] *adj* pontual.

punctuation [ˌpʌŋktʃʊ'eɪʃn] *n (U)* pontuação *f*.

punctuation mark *n* sinal *m* de pontuação.

puncture ['pʌŋktʃəʳ] ◇ *n* furo *m*. ◇ *vt* **-1.** [tyre, ball] furar **-2.** [lung, skin] perfurar.

pundit ['pʌndɪt] *n* especialista *mf*, autoridade *f (em algum assunto)*.

pungent ['pʌndʒənt] *adj* **-1.** [strong-smelling] forte, penetrante **-2.** *fig* [powerful] pujente.

punish ['pʌnɪʃ] *vt* punir; **to ~ sb for sthg/for doing sthg** punir alguém por algo/por fazer algo.

punishing ['pʌnɪʃɪŋ] *adj* penoso(sa).

punishment ['pʌnɪʃmənt] *n* [gen] punição *f*, castigo *m*.

punk [pʌŋk] ◇ *adj* punk. ◇ *n* **-1.** *(U)* [music]: **~ (rock)** rock *m* punk **-2.** [person]: **~ (rocker)** roqueiro *m*, -ra *f* punk **-3.** *US inf* [lout] rebelde *mf*.

punt [pʌnt] *n* **-1.** [boat] barco *m* a remo **-2.** [Irish currency] libra *f* irlandesa.

punter ['pʌntəʳ] *n* **-1.** [someone who bets] apostador *m*, -ra *f* **-2.** *UK inf* [customer] cliente *mf*.

puny ['pju:nɪ] (*compar* **-ier**, *superl* **-iest**) *adj* **-1.** [person] raquítico(ca) **-2.** [limbs] fraco(ca) **-3.** [effort] débil.

pup [pʌp] *n* **-1.** [young dog] cachorrinho *m*, -nha *f* **-2.** [young seal, otter] filhote *m*.

pupil ['pju:pl] *n* **-1.** [student] aluno *m*, -na *f* **-2.** [of eye] pupila *f*.

puppet ['pʌpɪt] *n* **-1.** [string puppet] marionete *f* **-2.** [glove puppet] fantoche *m* **-3.** *pej* [person, country] fantoche *mf*.

puppy ['pʌpɪ] (*pl* **-ies**) *n* cachorrinho *m*, -nha *f*.

purchase ['pɜ:tʃəs] *fml* ◇ *n* **-1.** *(U)* [act of buying] compra *f*, aquisição *f* **-2.** [thing bought] aquisição *f* **-3.** [grip] apoio *m*. ◇ *vt* comprar, adquirir.

purchaser ['pɜ:tʃəsəʳ] *n* comprador *m*, -ra *f*.

purchasing power ['pɜ:tʃəsɪŋ-] *n (U)* poder *m* de compra.

pure [pjʊə^r] *adj* **-1.** [gen] puro(ra) **-2.** [clear] cristalino(na) **-3.** ***literary*** [chaste] puro(ra) **-4.** [for emphasis] mero(ra), puro(ra).

puree ['pjʊəreɪ] *n* purê *m*.

purely ['pjʊəlɪ] *adv* puramente.

purge [pɜ:dʒ] <> *n* POL expurgo *m*. <> *vt* **-1.** POL purgar **-2.** [rid]: **to ~ sthg (of sthg)** livrar algo (de algo); **to ~ o.s. (of sthg)** livrar-se (de algo).

purify ['pjʊərɪfaɪ] (*pt* & *pp* **-ied**) *vt* purificar.

purist ['pjʊərɪst] *n* purista *mf*.

puritan ['pjʊərɪtən] <> *adj* puritano(na). <> *n* puritano *m*, -na *f*.

purity ['pjʊərətɪ] *n (U)* **-1.** pureza *f* **-2.** ***literary*** [chastity] pureza *f*.

purl [pɜ:l] <> *n* laçada *f*. <> *vt* dar uma laçada.

purple ['pɜ:pl] <> *adj* purpúreo(rea). <> *n* púrpura *f*.

purport [pə'pɔ:t] *vi fml*: **to ~ to do/be sthg** pretender fazer/ser algo.

purpose ['pɜ:pəs] *n* **-1.** [objective, reason] objetivo *m*, propósito *m* **-2.** [use] propósito *m*; **to no ~** em vão **-3.** [determination] determinação *f*.

◆ **on purpose** *adv* de propósito.

purposeful ['pɜ:pəsfʊl] *adj* determinado(da), resoluto(ta).

purr [pɜ:^r] *vi* **-1.** [gen] roncar **-2.** [cat] ronronar.

purse [pɜ:s] <> *n* **-1.** [for money] carteira *f* **-2.** *US* [handbag] bolsa *f*. <> *vt* franzir *(em desagrado)*.

purser ['pɜ:sə^r] *n* comissário *m*, -ria *f* de bordo.

pursue [pə'sju:] *vt* **-1.** [follow] perseguir **-2.** [hobby] dedicar-se a **-3.** [interest, aim] buscar, ir atrás de **-4.** [take further] aprofundar-se em.

pursuer [pə'sju:ə^r] *n* perseguidor *m*, -ra *f*.

pursuit [pə'sju:t] *n* **-1.** [gen] perseguição *f* **-2.** [of happiness, security etc.] ***fml*** busca *f* **-3.** [occupation, activity] atividade *f*.

pus [pʌs] *n (U)* pus *m*.

push [pʊʃ] <> *n* **-1.** [shove] empurrão *m* **-2.** [on button, bell] pressionamento *m* **-3.** [campaign] pressão *f*. <> *vt* **-1.** [press, move - door, person] empurrar; [- button] apertar **-2.** [encourage] incitar; **to ~ sb to do sthg** incitar alguém a fazer algo **-3.** [force] impelir; **to ~ sb into doing sthg** impelir alguém a fazer algo **-4.** ***inf*** [promote] promover. <> *vi* **-1.** [shove] empurrar; **to ~ through** abrir caminho aos empurrões em **-2.** [on button, bell] apertar **-3.** [campaign]: **to ~ for sthg** fazer pressão por algo.

◆ **push around** *vt sep inf fig* [bully] mandar.

◆ **push in** *vi* [in queue] furar.

◆ **push off** *vi inf* [go away] largar-se.

◆ **push on** *vi* [continue] seguir em frente sem parar.

◆ **push through** *vt sep* [force to be accepted] conseguir que se aprove.

> Não confundir *push (empurrar)* com o português *puxar* que em inglês é *pull*. (*Could you push the door please?* Você poderia *empurrar* a porta?)

pushchair ['pʊʃtʃeə^r] *n UK* carrinho *m* de bebê.

pushed [pʊʃt] *adj inf*: **to be ~ for sthg** andar meio curto(ta) de algo; **to be hard ~ to do sthg** estar com dificuldades para fazer algo.

pusher ['pʊʃə^r] *n* ***drugs sl*** traficante *mf*, vendedor *m*, -ra *f* de drogas.

pushover ['pʊʃ,əʊvə^r] *n inf* otário *m*, -ria *f*.

push-up *n US* flexão *f*.

pushy ['pʊʃɪ] (*compar* **-ier**, *superl* **-iest**) *adj pej* agressivo(va).

puss [pʊs], **pussy (cat)** ['pʊsɪ-] *n inf* gatinho *m*, bichano *m*.

put [pʊt] (*pt* & *pp* **put**, *cont* **-ting**) *vt* **-1.** [gen] colocar, pôr **-2.** [express] colocar, expressar **-3.** [ask] colocar, perguntar **-4.** [cause to be] colocar; **to ~ sb out of work** deixar alguém sem trabalho **-5.** [estimate]: **to ~ sthg at** avaliar algo em **-6.** [invest]: **to ~ sthg into sthg** investir algo em algo, colocar algo em algo **-7.** [apply - responsibility]: **to ~ pressure on sb/sthg** pressionar alguém/algo; **to ~ tax on sthg** colocar impostos sobre algo **-8.** [write] escrever.

◆ **put across** *vt sep* expor.

◆ **put away** *vt sep* **-1.** [tidy away] colocar no lugar, organizar **-2.** ***inf*** [lock up] encerrar *(na prisão)*.

◆ **put back** *vt sep* **-1.** [replace] repor no lugar **-2.** [postpone] adiar **-3.** [clock, watch] atrasar.

◆ **put by** *vt sep* [money] poupar.

◆ **put down** *vt sep* **-1.** [lay down] largar, pôr no chão **-2.** [quell] sufocar **-3.** [write down] apontar **-4.** *UK* [kill] sacrificar.

◆ **put down to** *vt sep* atribuir a.

◆ **put forward** *vt sep* **-1.** [propose] apresentar, propor **-2.** [advance] adiar **-3.** [clock, watch] adiantar.

◆ **put in** *vt sep* **-1.** [spend] dedicar **-2.** [submit] apresentar.

◆ **put off** *vt sep* **-1.** [postpone] adiar **-2.** [switch off - radio, light] desligar; [- brake] soltar **-3.** [cause to wait] fazer esperar **-4.** [discourage] desanimar, dissuadir **-5.** [disturb] distrair **-6.** [cause to dislike] desanimar, desestimular; **to ~ sb off sthg** desestimular alguém de algo.

◆ **put on** *vt sep* **-1.** [wear - trousers, hat] vestir; [- shoes] calçar **-2.** [arrange] montar **-3.** [gain in weight]: **to ~ on weight** engordar **-4.** [switch on

- radio, light] ligar; [- brake] acionar **- 5.** [play] tocar, pôr **- 6.** [start cooking] colocar no fogo **- 7.** [pretend] fingir **- 8.** [bet] apostar **- 9.** [add] acrescentar.

◆ **put out** *vt sep* **- 1.** [place outside] colocar *OR* pôr para fora **- 2.** [issue] tornar público(ca) **- 3.** [extinguish] apagar **- 4.** [switch off] desligar **- 5.** [extend] espichar **- 6.** [annoy, upset]: **to be ~ out** ficar chateado(da) **- 7.** [inconvenience] importunar, incomodar.

◆ **put through** *vt sep* *TELEC* transferir.

◆ **put up** <> *vt sep* **- 1.** [build] erguer **- 2.** [raise and open - umbrella] abrir; [- flag] hastear **- 3.** [fix to wall] afixar **- 4.** [provide] pôr **- 5.** [propose] indicar **- 6.** [increase] aumentar **- 7.** [provide accommodation for] hospedar. <> *vt fus* [offer, present] manifestar.

◆ **put up with** *vt fus* suportar, agüentar.

putrid ['pju:trɪd] *adj fml* putrefato(ta).

putt [pʌt] <> *n* tacada *f* leve *(no golfe)*. <> *vt* dar uma tacada leve em. <> *vi* dar uma tacada leve.

putting green ['pʌtɪŋ-] *n* minicampo *m* sem obstáculos *(para jogar golfe)*.

putty ['pʌtɪ] *n (U)* massa *f* de vidraceiro.

puzzle ['pʌzl] <> *n* **- 1.** [toy, game] quebra-cabeça *m* **- 2.** [mystery] enigma *m*. <> *vt* deixar perplexo(xa). <> *vi*: **to ~ over sthg** quebrar a cabeça com algo.

◆ **puzzle out** *vt sep* decifrar.

puzzling ['pʌzlɪŋ] *adj* desconcertante.

pyjamas [pə'dʒɑ:məz] *npl* pijama *m*.

pylon ['paɪlən] *n ELEC* torre *f (de eletricidade)*.

pyramid ['pɪrəmɪd] *n* pirâmide *f*.

Pyrenees [,pɪrə'ni:z] *npl*: **the ~** os Pireneus.

python ['paɪθn] (*pl inv OR* **-s**) *n* píton *m*.

Q

q (*pl* **q's** *OR* **qs**), **Q** (*pl* **Q's** *OR* **Qs**) [kju:] *n* [letter] q, Q *m*.

quack [kwæk] *n* **- 1.** [noise] grasnido *m* **- 2.** *inf pej* [doctor] curandeiro *m* charlatão, curandeira *f* charlatona.

quad [kwɒd] *n* (*abbr of* **quadrangle**) *pátio cercado por edifícios, em geral em escola ou universidade*.

quadrangle ['kwɒdræŋgl] *n* **- 1.** [figure] quadrângulo *m* **- 2.** [courtyard] pátio *m*.

quadruple [kwɒ'dru:pl] <> *adj* quadruplicado (da). <> *vt & vi* quadruplicar.

quadruplets ['kwɒdrʊplɪts] *npl* quadrigêmeos *mpl*, -meas *fpl*.

quads [kwɒdz] *npl inf* quadrigêmeos *mpl*, -meas *fpl*.

quagmire ['kwægmaɪə^r] *n* pântano *m*.

quail [kweɪl] (*pl inv OR* **-s**) <> *n* codorna *f*. <> *vi literary* amedrontar-se.

quaint [kweɪnt] *adj* pitoresco(ca), singular.

quake [kweɪk] <> *n* (*abbr of* **earthquake**) *inf* terremoto *m*. <> *vi* tremer.

Quaker ['kweɪkə^r] *n* quacre *m*.

qualification [,kwɒlɪfɪ'keɪʃn] *n* **- 1.** [examination, certificate] qualificação *f*, título *m* **- 2.** [quality, skill] qualificação *f* **- 3.** [qualifying statement] restrição *f*, ressalva *f*.

qualified ['kwɒlɪfaɪd] *adj* **- 1.** [trained] qualificado(da) **- 2.** [able]: **to be ~ to do sthg** estar qualificado(da) para fazer algo **- 3.** [limited] com ressalvas.

qualify ['kwɒlɪfaɪ] (*pt* & *pp* **-ied**) <> *vt* **- 1.** [modify] restringir **- 2.** [entitle]: **to ~ sb to do sthg** qualificar alguém para fazer algo. <> *vi* **- 1.** [pass exams] habilitar-se **- 2.** [be entitled]: **to ~ (for sthg)** qualificar-se(para algo) **- 3.** *SPORT* classificar-se.

quality ['kwɒlətɪ] (*pl* **-ies**) <> *n* qualidade *f*. <> *comp* de qualidade.

qualms [kwɑ:mz] *npl* receio *m*, escrúpulos *mpl*.

quandary ['kwɒndərɪ] (*pl* **-ies**) *n* dilema *m*; **to be in a ~ about** *OR* **over sthg** estar num dilema sobre algo.

quantify ['kwɒntɪfaɪ] (*pt* & *pp* **-ied**) *vt* quantificar.

quantity ['kwɒntətɪ] (*pl* **-ies**) *n* quantidade *f*.

quantity surveyor *n* calculista *mf* de obra.

quarantine ['kwɒrənti:n] <> *n* quarentena *f*. <> *vt* pôr em quarentena.

quark [kwɑ:k] *n* **- 1.** *PHYSICS* quark *m* **- 2.** *CULIN* queijo *m* tipo quark.

quarrel ['kwɒrəl] (*UK pt* & *pp* **-led**, *cont* **-ling**, *US pt* & *pp* **-ed**, *cont* **-ing**) <> *n* discussão *f*. <> *vi* discutir; **to ~ with sb** discutir com alguém; **to ~ with sthg** não estar de acordo sobre algo.

quarrelsome ['kwɒrəlsəm] *adj* briguento(ta).

quarry ['kwɒrɪ] (*pl* **-ies**, *pt* & *pp* **-ied**) *n* **- 1.** [place] pedreira *f* **- 2.** [prey] presa *f*.

quart [kwɔ:t] *n* **- 1.** *UK* [unit of measurement] quarto *m* de galão *(1,14 litro)* **- 2.** *US* [unit of measurement] quarto *m* de galão *(0,95 litro)*.

quarter ['kwɔ:tə^r] *n* **- 1.** [fraction] quarto *m* **- 2.** [in telling time]: **it's a ~ past two** *UK*, **it's a ~ after two** *US* são duas e quinze; **it's a ~ to two** *UK*, **it's a ~ of two** *US* faltam quinze para as duas **- 3.** [of year] trimestre *m* **- 4.** *US* [coin] moeda *f* de 25 centavos **- 5.** [four ounces] quarto *m* de libra *(113,396 g)* **- 6.** [area in town] quarteirão *m* **- 7.** [direction] lugar *m*, parte *f*; **they came from all ~s of the globe** eles vieram de todos os cantos da terra.

◆ **quarters** *npl* [rooms] alojamentos *mpl*.

◆ **at close quarters** *adv* de perto.

quarter-final *n* quarta-de-final *f*.

quarterly ['kwɔːtəlɪ] (*pl* **-ies**) ◇ *adj* trimestral. ◇ *adv* trimestralmente. ◇ *n* revista *f* trimestral.

quartermaster ['kwɔːtə,mɑːstə^r] *n MIL* quartel-mestre *m*.

quartet [kwɔː'tet] *n* quarteto *m*.

quartz [kwɔːts] *n (U)* quartzo *m*.

quartz watch *n* relógio *m* de quartzo.

quash [kwɒʃ] *vt* **- 1.** [reject] revogar, anular **- 2.** [quell] sufocar, reprimir.

quasi- ['kweɪzaɪ] *prefix* quase-.

quaver ['kweɪvə^r] ◇ *n* **- 1.** *MUS* colcheia *f* **- 2.** [in voice] tremor *m*. ◇ *vi* tremer.

quay [kiː] *n* cais *m*.

quayside ['kiːsaɪd] *n* cais *m*.

queasy ['kwiːzɪ] (*compar* **-ier**, *superl* **-iest**) *adj* enjoado(da).

Quebec [kwɪ'bek] *n* Quebec.

queen [kwiːn] *n* **- 1.** [gen] rainha *f* **- 2.** [playing card] dama *f*.

queen bee *n* (abelha *f*) rainha *f*.

queen mother *n*: **the ~** a rainha-mãe.

queer [kwɪə^r] ◇ *adj* [odd] esquisito(ta), estranho(nha). ◇ *n inf pej* [homosexual] veado *m*, bicha *f*.

quell [kwel] *vt* **- 1.** [rebellion] sufocar, reprimir **- 2.** [unease, anger] dominar, conter.

quench [kwentʃ] *vt*: **to ~ one's thirst** matar a sede.

querulous ['kwerʊləs] *adj fml* lamuriante.

query ['kwɪərɪ] (*pl* **-ies**, *pt* & *pp* **-ied**) ◇ *n* pergunta *f*, dúvida *f*. ◇ *vt* pôr em dúvida.

quest [kwest] *n literary* busca *f*; **~ for sthg** busca por algo.

question ['kwestʃn] ◇ *n* **- 1.** [gen] questão *f* **- 2.** [query] pergunta *f*; **to ask (sb) a ~** fazer uma pergunta a alguém **- 3.** [doubt] dúvida *f*; **to** *OR* **call sthg into ~** por *OR* colocar algo em dúvida; **to** *OR* **bring sthg into ~** colocar algo em questão; **beyond ~** sem nenhuma dúvida **- 4.** *phr*: **there's no ~ of ...** não há dúvida de (que) ... ◇ *vt* **- 1.** [interrogate] interrogar **- 2.** [express doubt about] questionar.

◆ **in question** *adv*: **the matter in ~** o assunto em questão.

◆ **out of the question** *adj* fora de questão.

questionable ['kwestʃənəbl] *adj* questionável.

question mark *n* ponto *m* de interrogação.

questionnaire [,kwestʃə'neə^r] *n* questionário *m*.

queue [kjuː] *UK* ◇ *n* fila *f*. ◇ *vi* fazer fila; **to ~ (up) for sthg** fazer fila para algo.

quibble ['kwɪbl] *pej* ◇ *n* chorumela *f*. ◇ *vi* queixar-se por bobagem, lamuriar-se; **to ~ over** *OR* **about sthg** queixar-se por bobagem sobre algo.

quiche [kiːʃ] *n* quiche *f*.

quick [kwɪk] ◇ *adj* rápido(da). ◇ *adv* depressa, rápido.

quicken ['kwɪkn] ◇ *vt* [make faster] apressar, acelerar. ◇ *vi* [get faster] acelerar(-se).

quickly ['kwɪklɪ] *adv* **- 1.** [rapidly] rapidamente **- 2.** [without delay] depressa, rápido.

quicksand ['kwɪksænd] *n* areia *f* movediça.

quick-witted [-'wɪtɪd] *adj* arguto(ta).

quid [kwɪd] (*pl inv*) *n UK inf* libra *f (esterlina)*.

quiet ['kwaɪət] ◇ *adj* **- 1.** [gen] quieto(ta); **in a ~ voice** numa voz baixa; **to keep ~ about sthg** guardar silêncio sobre algo; **be ~!** fique quieto(ta)! **- 2.** [tranquil] tranqüilo(la) **- 3.** [not busy] parado(da) **- 4.** [discreet] suave, discreto(ta); **to have a ~ word with sb** falar discretamente com alguém **- 5.** [intimate] íntimo(ma). ◇ *n (U)* tranqüilidade *f*, silêncio *m*; **on the ~** *inf* na surdina, às escondidas. ◇ *vt US* acalmar, tranqüilizar.

◆ **quiet down** ◇ *vt sep US* acalmar, tranqüilizar. ◇ *vi* acalmar-se, tranqüilizar-se.

quieten ['kwaɪətn] *vt* acalmar, tranqüilizar.

◆ **quieten down** ◇ *vt sep* acalmar, tranqüilizar. ◇ *vi* acalmar-se, tranqüilizar-se.

quietly ['kwaɪətlɪ] *adv* **- 1.** [without noise] sem fazer barulho **- 2.** [without excitement] tranqüilamente **- 3.** [without fuss] discretamente.

quilt [kwɪlt] *n* acolchoado *m*, edredom *m*.

quinine [kwɪ'niːn] *n (U)* quinina *f*.

quins *UK* [kwɪnz], **quints** *US* [kwɪnts] *npl inf* quíntuplos *mpl*, -plas *fpl*.

quintet [kwɪn'tet] *n* quinteto *m*.

quints *npl US* = **quins**.

quintuplets [kwɪn'tjuːplɪts] *npl* quíntuplos *mpl*, -plas *fpl*.

quip [kwɪp] (*pt* & *pp* **-ped**, *cont* **-ping**) ◇ *n* gracejo *m*. ◇ *vi* gracejar.

quirk [kwɜːk] *n* **- 1.** [habit] mania *f*, esquisitice *f* **- 2.** [strange event] estranha coincidência *f*; **by a ~ of fate** por um capricho do destino.

quit [kwɪt] (*UK pt* & *pp* **quit** *OR* **-ted**, *cont* **-ting**, *US pt* & *pp* **quit**, *cont* **-ting**) ◇ *vt* **- 1.** [resign from] abandonar, deixar **- 2.** [stop]: **to ~ smoking** deixar de fumar. ◇ *vi* **- 1.** [resign] demitir-se **- 2.** [give up] desistir.

quite [kwaɪt] *adv* **- 1.** [completely] completamente, totalmente **- 2.** [fairly] bem; **~ a lot of people** bastante gente; **~ a few times** várias vezes **- 3.** [after negative]: **I don't ~ understand** não entendo muito bem; **this room is not ~ big enough** essa sala não é tão grande quanto deveria ser **- 4.** [for emphasis]: **she's ~ a singer**

ela é uma cantora e tanto **-5.** [to express agreement]: ~ **(so)!** exatamente!
quits [kwɪts] *adj inf*: **to be ~ (with sb)** estar quite(com alguém); **to call it ~** ficar quite.
quiver ['kwɪvəʳ] <> *n* **-1.** [shiver] estremecimento *m* **-2.** [for arrows] aljava *f*. <> *vi* estremecer.
quiz [kwɪz] (*pl* **-zes**, *pt* & *pp* **-zed**, *cont* **-zing**) <> *n* **-1.** [competitions, game] jogo *m* de perguntas e respostas **-2.** *US SCH* exame *m*. <> *vt*: **to ~ sb (about sthg)** interrogar alguém (sobre algo).
quizzical ['kwɪzɪkl] *adj* interrogativo(va).
quota ['kwəʊtə] *n* cota *f*.
quotation [kwəʊ'teɪʃn] *n* **-1.** [citation] citação *f* **-2.** *COMM* cotação *f*.
quotation marks *npl* aspas *fpl*; **in ~** entre aspas.
quote [kwəʊt] <> *n* **-1.** [citation] citação *f* **-2.** *COMM* cotação *f*. <> *vt* **-1.** [cite] citar **-2.** *COMM* cotar; **she ~d £100** ela fixou um preço de £100. <> *vi* **-1.** [cite] citar; **to ~ from sthg** citar de algo **-2.** *COMM*: **to ~ for sthg** estabelecer um preço para algo.
quotient ['kwəʊʃnt] *n* quociente *m*.

R

r (*pl* **r's** *OR* **rs**), **R** (*pl* **R's** *OR* **Rs**) [ɑːʳ] *n* [letter] r, R *m*.
rabbi ['ræbaɪ] *n* rabino *m*.
rabbit ['ræbɪt] *n* **-1.** [animal] coelho *m*, -lha *f* **-2.** *(U)* [food] coelho *m*.
rabbit hutch *n* coelheira *f*.
rabble ['ræbl] *n* **-1.** [disorderly crowd] povaréu *m* **-2.** [riffraff] gentalha *f*.
rabies ['reɪbiːz] *n (U)* raiva *f*.
RAC (*abbr of* **Royal Automobile Club**) *n automóvel clube britânico*.
race [reɪs] <> *n* **-1.** [ethnicity] raça *f* **-2.** [competition] corrida *f*; **a ~ against time** uma corrida contra o tempo. <> *vt* competir com *(em corrida)*. <> *vi* **-1.** [compete]: **to ~ against sb** bater uma corrida com alguém **-2.** [rush] ir correndo **-3.** acelerar.
race car *n US* = **racing car**.
racecourse ['reɪskɔːs] *n* hipódromo *m*.
race driver *n US* = **racing driver**.
racehorse ['reɪshɔːs] *n* cavalo *m* de corrida.
racetrack ['reɪstræk] *n* autódromo *m*.
racial ['reɪʃl] *adj* racial.
racial discrimination *n (U)* discriminação *m* racial.
racing ['reɪsɪŋ] *n (U) SPORT* corrida *f*.
racing car *UK*, **race car** *US n* carro *m* de corrida.
racing driver *UK*, **race driver** *US n* piloto *m* de corrida.
racism ['reɪsɪzm] *n (U)* racismo *m*.
racist ['reɪsɪst] <> *adj* racista. <> *n* racista *mf*.
rack [ræk] *n* **-1.** [frame - for plates] escorredor *m* de louça; [- for toast] prateleira *f*; [- for bottles] porta-garrafas *m inv* **-2.** [for luggage] porta-bagagens *m inv*.
racket ['rækɪt] *n* **-1.** [noise] algazarra *f*, zoeira *f* **-2.** [illegal activity] golpe *m*, fraude *f* **-3.** *SPORT* raquete *f*.
racquet ['rækɪt] *n* raquete *f*.
racy ['reɪsɪ] (*compar* **-ier**, *superl* **-iest**) *adj* vivaz.
radar ['reɪdɑːʳ] *n (U)* radar *m*.
radiant ['reɪdjənt] *adj* **-1.** [happy] radiante **-2.** *literary* [brilliant] brilhante.
radiate ['reɪdɪeɪt] <> *vt* irradiar. <> *vi* **-1.** [be emitted] irradiar **-2.** [spread from centre] sair, partir do centro.
radiation [,reɪdɪ'eɪʃn] *n* radiação *f*.
radiator ['reɪdɪeɪtəʳ] *n* **-1.** [in house] aquecedor *m* **-2.** *AUT* radiador *m*.
radical ['rædɪkl] <> *adj* radical. <> *n POL* radical *mf*.
radically ['rædɪklɪ] *adv* radicalmente.
radii ['reɪdɪaɪ] *pl* ▷ **radius**.
radio ['reɪdɪəʊ] (*pl* **-s**) <> *n* **-1.** [gen] rádio *m* **-2.** [station] rádio *f*. <> *comp* de rádio. <> *vt* transmitir por rádio.
radioactive [,reɪdɪəʊ'æktɪv] *adj* radioativo(va).
radioactivity [,reɪdɪəʊæk'tɪvətɪ] *n (U)* radioatividade *f*.
radio alarm *n* rádio-relógio *m*.
radio-controlled [-kən'trəʊld] *adj* de controle remoto.
radiography [,reɪdɪ'ɒgrəfɪ] *n (U)* radiografia *f*.
radiology [,reɪdɪ'ɒlədʒɪ] *n (U)* radiologia *f*.
radiotherapy [,reɪdɪəʊ'θerəpɪ] *n (U)* radioterapia *f*.
radish ['rædɪʃ] *n* rabanete *m*.
radius ['reɪdɪəs] (*pl* **radii**) *n* **-1.** *MATH* raio *m* **-2.** *ANAT* rádio *m*.
RAF [ɑːreɪ'ef, ræf] (*abbr of* **Royal Air Force**) *n força aérea real britânica*.
raffle ['ræfl] <> *n* rifa *f*. <> *vt* rifar.
raffle ticket *n* bilhete *m* de rifa.
raft [rɑːft] *n* **-1.** [of wood] jangada *f* **-2.** [of rubber, plastic] bote *m*.
rafter ['rɑːftəʳ] *n* viga *f*.
rag [ræg] *n* **-1.** [piece of cloth] trapo *m* **-2.** *pej* [newspaper] jornaleco *m*.
◆ **rags** *npl* [clothes] trapos *mpl*.

rag-and-bone man *n pessoa que compra e vende roupas e móveis velhos na rua.*

rag doll *n* boneca *f* de pano.

rage [reɪdʒ] ◇ *n* **-1.** [fury] fúria *f*; **to fly into a ~** ficar enraivecido(da) **-2.** *inf* [fashion]: **all the ~** a última moda. ◇ *vi* **-1.** [person] enfurecer-se **-2.** [storm, argument] recrudescer.

ragged ['rægɪd] *adj* **-1.** [wearing torn clothes] maltrapilho(lha) **-2.** [torn] esfarrapado(da) **-3.** [wavy] irregular **-4.** [poor-quality] pobre.

rag week *n UK semana em que as universidades britânicas organizam atividades divertidas para fins beneficentes.*

raid [reɪd] ◇ *n* **-1.** MIL [attack] incursão *f* **-2.** [forced entry - by robbers] assalto *m*; [- by police] batida *f*. ◇ *vt* **-1.** MIL [attack] atacar de surpresa **-2.** [enter by force - robbers] assaltar; [- police] fazer uma batida em.

raider ['reɪdəʳ] *n* **-1.** [attacker] invasor *m*, -ra *f* **-2.** [thief] ladrão *m*, -dra *f*, assaltante *mf*.

rail [reɪl] ◇ *n* **-1.** [on staircase] corrimão *m* **-2.** [on walkway] ferro *m* de proteção **-3.** [on bridge] parapeito *m* **-4.** [on ship] amurada *f* **-5.** [bar] barra *f* **-6.** [of railway line] trilho *m* **-7.** *(U)* [form of transport] trem *m*. ◇ *comp* ferroviário(a).

railcard ['reɪlkɑːd] *n UK* cartão *m* de desconto *(no trem)*.

railing ['reɪlɪŋ] *n* **-1.** [round basement] grade *f* **-2.** [on walkway] ferro *m* de proteção **-3.** [on ship] amurada *f* **-4.** [on bridge] parapeito *m*.

railway *UK* ['reɪlweɪ], **railroad** *US* ['reɪlrəʊd] *n* **-1.** [track] estrada *f* de ferro **-2.** [company] companhia *f* ferroviária **-3.** [system] sistema *m* ferroviário.

railway line *n* **-1.** [route] linha *f* de trem **-2.** [track] via *f* férrea, trilhos *mpl*.

railwayman ['reɪlweɪmən] (*pl* **-men** [-mən]) *n UK* ferroviário *m*.

railway station *n* estação *f* de trem.

railway track *n* via *f* férrea, trilhos *mpl*.

rain [reɪn] ◇ *n (U)* chuva *f*. ◇ *v impers* METEOR chover. ◇ *vi* [fall like rain] cair como chuva.

rainbow ['reɪnbəʊ] *n* arco-íris *m*.

rain check *n US*: **to take a ~ (on sthg)** deixar(algo) para outra hora OR para a próxima.

raincoat ['reɪnkəʊt] *n* capa *f* de chuva.

raindrop ['reɪndrɒp] *n* pingo *m* de chuva.

rainfall ['reɪnfɔːl] *n (U)* precipitação *f*.

rain forest *n* floresta *f* tropical.

rainy ['reɪnɪ] (*compar* **-ier**, *superl* **-iest**) *adj* chuvoso(sa).

raise [reɪz] ◇ *n US* aumento *m*. ◇ *vt* **-1.** [gen] levantar **-2.** [lift up] levantar, erguer; **to ~ o.s.** levantar-se **-3.** [increase] aumentar; **to ~ one's voice** levantar a voz **-4.** [improve] elevar **-5.** [evoke] evocar **-6.** [child, animals] criar **-7.** [crop] cultivar **-8.** [build] erguer.

raisin ['reɪzn] *n* passa *f (de uva)*.

rake [reɪk] ◇ *n* **-1.** [implement] rastelo *m* **-2.** *dated* & *literary* [immoral man] devasso *m*, libertino *m*. ◇ *vt* **-1.** [smooth] rastelar **-2.** [gather] juntar com o rastelo.

rally ['rælɪ] (*pl* **-ies**, *pt* & *pp* **-ied**) ◇ *n* **-1.** [gen] rali *m* **-2.** [meeting] comício *m*. ◇ *vt* reunir. ◇ *vi* **-1.** [come together] reunir-se **-2.** [recover] recuperar-se.

◆ **rally round** ◇ *vt fus* mobilizar. ◇ *vi* mobilizar-se.

ram [ræm] (*pt* & *pp* **-med**, *cont* **-ming**) ◇ *n* carneiro *m*. ◇ *vt* **-1.** [crash into] bater contra OR em **-2.** [force] enfiar.

RAM [ræm] (*abbr of* **random-access memory**) *n* RAM *f*.

ramble ['ræmbl] ◇ *n* passeio *m* no campo. ◇ *vi* **-1.** [walk] passear **-2.** [talk] divagar.

rambler ['ræmbləʳ] *n* excursionista *mf*.

rambling ['ræmblɪŋ] *adj* **-1.** [building] cheio (cheia) de voltas e curvas **-2.** [conversation, book] desconexo(xa).

ramp [ræmp] *n* **-1.** [slope] rampa *f* **-2.** AUT [in road] viaduto *m*.

rampage [ræm'peɪdʒ] *n*: **to go on the ~** sair em debandada, debandar-se.

rampant ['ræmpənt] *adj* desenfreado(da).

ramparts ['ræmpɑːts] *npl* muralha *f*.

ramshackle ['ræm,ʃækl] *adj* desmantelado(da).

ran [ræn] *pt* ▷ **run**.

ranch [rɑːntʃ] *n* fazenda *m*, rancho *m*.

rancher ['rɑːntʃəʳ] *n* fazendeiro *m*, -ra *f*.

rancid ['rænsɪd] *adj* rançoso(sa).

rancour *UK*, **rancor** *US* ['ræŋkəʳ] *n (U)* rancor *m*.

random ['rændəm] ◇ *adj* aleatório(ria). ◇ *n*: **at ~** aleatoriamente.

random access memory *n (U)* COMPUT memória *f* de acesso aleatório, memória *f* RAM.

R and R (*abbr of* **rest and recreation**) *n US termo militar norte-americano para licença.*

randy ['rændɪ] (*compar* **-ier**, *superl* **-iest**) *adj inf* tarado(da).

rang [ræŋ] *pt* ▷ **ring**.

range [reɪndʒ] ◇ *n* **-1.** [distance covered - of telescope, gun] alcance *m*; [- of ship, plane] autonomia *f*; **at close ~** à queima-roupa **-2.** [variety] variedade *f* **-3.** [bracket] faixa *f* **-4.** [of mountains, hills] cadeia *f* **-5.** [shooting area] linha *f* **-6.** MUS alcance *m*. ◇ *vt* [place in row] enfileirar. ◇ *vi* **-1.** [vary]: **to ~ from ... to ...** variar de ... a ...; **to ~ between ... and ...** oscilar entre ... e ... **-2.** [deal with, include]: **to ~ over sthg** passar por algo.

ranger ['reɪndʒəʳ] *n* guarda-florestal *mf*.

rank [ræŋk] <> *adj* **-1.** [utter, absolute - disgrace, stupidity] completo(ta); [- injustice, bad luck] total **-2.** [offensive] rançoso(sa). <> *n* **-1.** [in army, police] posto *m*; **the ~ and file** *MIL* soldados rasos; [of political party, organization] bases *fpl* **-2.** [social class] nível *m* **-3.** [row, line] fila *f*. <> *vt* [classify] classificar. <> *vi* classificar-se; **to ~ as/among** classificar-se como/entre.
◆ **ranks** *npl* **-1.** *MIL*: **the ~s** os soldados rasos **-2.** *fig* [members] filas *fpl*.

rankle ['ræŋkl] *vi* causar dor; **it still ~s with me!** isso ainda me dói!

ransack ['rænsæk] *vt* **-1.** [plunder] saquear **-2.** [search] revistar.

ransom ['rænsəm] *n* resgate *m*; **to hold sb to ~** [keep prisoner] pedir resgaste por alguém; *fig* [put in impossible position] chantagear alguém.

rant [rænt] *vi* falar asneira.

rap [ræp] (*pt* & *pp* **-ped**, *cont* **-ping**) <> *n* **-1.** [knock] batidinha *f* **-2.** *MUS* rap *m*. <> *vt* [knock] dar batidinhas em.

rape [reɪp] <> *n* **-1.** [gen] estupro *m* **-2.** *fig* [destruction] destruição *f* **-3.** *(U)* [plant] colza *f*. <> *vt* estuprar.

rapeseed *n* semente *f* de colza.

rapid ['ræpɪd] *adj* rápido(da).
◆ **rapids** *npl* corredeira *f*.

rapidly ['ræpɪdlɪ] *adv* rapidamente.

rapist ['reɪpɪst] *n* estuprador *m*, -ra *f*.

rapport [ræ'pɔːʳ] *n* afinidade *f*; **a ~ with/between** uma afinidade com/entre.

rapture ['ræptʃəʳ] *n* arrebatamento *m*.

rapturous ['ræptʃərəs] *adj* arrebatador(ra).

rare [reəʳ] *adj* **-1.** [gen] raro(ra) **-2.** *CULIN* [underdone] malpassado(da).

rarely ['reəlɪ] *adv* raramente.

raring ['reərɪŋ] *adj*: **to be ~ to go** estar ansioso(sa) para começar.

rarity ['reərətɪ] (*pl* **-ies**) *n* raridade *f*.

rascal ['rɑːskl] *n* patife *mf*, malandro *m*, -dra *f*.

rash [ræʃ] <> *adj* precipitado(da). <> *n* **-1.** *MED* erupção *f* **-2.** [spate] onda *f*.

rasher ['ræʃəʳ] *n* fatia *f* fina *(de bacon)*.

rasp [rɑːsp] *n* rangido *m*.

raspberry ['rɑːzbərɪ] (*pl* **-ies**) *n* **-1.** [fruit] framboesa *f* **-2.** [rude noise]: **to blow a ~** debochar fazendo barulho com a boca.

rat [ræt] *n* **-1.** [animal] rato *m*, ratazana *f* **-2.** *pej* [person] tratante *mf*.

rate [reɪt] <> *n* **-1.** [speed] velocidade *f*; **at this ~** nesse ritmo **-2.** [ratio, proportion - birth, death, inflation] taxa *f*; [- unemployment] índice *m* **-3.** [price] tarifa *f*. <> *vt* **-1.** [consider]: **to ~ sb/sthg (as)** considerar alguém/algo; **to ~ sb/sthg (among)** classificar alguém/algo (entre) **-2.** [deserve] merecer.
◆ **at any rate** *adv* pelo menos.

ratepayer ['reɪt,peɪəʳ] *n UK* contribuinte *mf*.

rather ['rɑːðəʳ] *adv* **-1.** [slightly, a bit] um pouco **-2.** [for emphasis] bem, bastante **-3.** [expressing a preference]: **I would ~ wait** eu preferiria esperar **-4.** [more exactly]: **or ~ ...** ou melhor ... **-5.** [on the contrary]: **(but) ~ ...** (senão) pelo contrário ...
◆ **rather than** *conj* em vez de.

> *Rather than* pode ser seguido de um substantivo (***it's a comedy rather than an action movie*** é mais uma comédia do que um filme de ação) ou um verbo (***I prefer to go on my own rather than going with my brother*** prefiro ir sozinho do que com meu irmão). Atenção para o verbo no presente.
>
> *Would rather* pode ser contraído para *-'d rather*. Note que não se usa *to* quando a expressão for seguida por um infinitivo (***I'd rather stay a bit longer*** prefiro ficar um pouco mais).

ratify ['rætɪfaɪ] (*pt* & *pp* **-ied**) *vt* ratificar.

rating ['reɪtɪŋ] *n* [standing - high, low, popularity] índice *m*;[- opinion poll] posição *f*.

ratio ['reɪʃɪəʊ] (*pl* **-s**) *n* razão *f*, proporção *f*.

ration ['ræʃn] <> *n* ração *f*. <> *vt* [goods] racionar.
◆ **rations** *npl* ração *f*.

rational ['ræʃənl] *adj* racional.

rationale [,ræʃə'nɑːl] *n* lógica *f*, fundamento *m* lógico.

rationalize, -ise ['ræʃənəlaɪz] *vt* racionalizar.

rat race *n* competição *f* acirrada *(no mundo dos negócios)*.

rattle ['rætl] <> *n* **-1.** [noise] barulho *m*, ruído *m* **-2.** [toy] chocalho *m*. <> *vt* **-1.** [make rattling noise with] chacoalhar **-2.** [unsettle] desconcertar. <> *vi* [make rattling noise] chacoalhar.

rattlesnake ['rætlsneɪk], **rattler** *US* ['rætləʳ] *n* cascavel *f*.

raucous ['rɔːkəs] *adj* **-1.** [laughter, voice] rouco(ca) e estridente **-2.** [behaviour] escandaloso(sa).

ravage ['rævɪdʒ] *vt* devastar.
◆ **ravages** *npl* estragos *mpl*.

rave [reɪv] <> *adj* entusiasmado(da). <> *n UK inf* [party] rave *f*. <> *vi* **-1.** [talk angrily]: **to ~ at sb** xingar alguém; **to ~ against sthg** vociferar contra algo **-2.** [talk enthusiastically]: **to ~ about sthg** falar com entusiasmo sobre algo.

raven ['reɪvn] *n* corvo *m*.

ravenous ['rævənəs] *adj* **-1.** [person, animal] faminto(ta) **-2.** [appetite] voraz.

ravine [rə'viːn] *n* ravina *f*.

raving ['reɪvɪŋ] *adj* [for emphasis] delirante; **~ lunatic** doido *m* varrido, doida *f* varrida.

ravioli [,rævɪ'əʊlɪ] *n (U)* ravióli *m*.

ravishing ['rævɪʃɪŋ] *adj* **-1.** [sight, beauty] extasiante **-2.** [person] belíssimo(ma).

raw [rɔː] *adj* **-1.** [uncooked] cru (crua) **-2.** [untreated] bruto(ta) **-3.** [painful] em carne viva

-4. [inexperienced] inexperiente **-5.** [cold] frio (fria).

raw deal *n*: **to get a ~** receber um tratamento injusto.

raw material *n* **-1.** [natural substance] matéria-prima *f* **-2.** *(U) fig* [basis] base *f*.

ray [reɪ] *n* **-1.** [beam] raio *m* **-2.** *fig* [glimmer] resquício *m*.

rayon ['reɪɒn] *n (U)* raiom *m*.

raze [reɪz] *vt* destruir completamente, arrasar.

razor ['reɪzəʳ] *n* **-1.** [electric] barbeador *m* elétrico **-2.** [disposable] barbeador *m*, aparelho *m* de barbear.

razor blade *n* lâmina *f* de barbear.

RC (*abbr of* **Roman Catholic**) *adj* católico romano, católica romana.

Rd (*abbr of* **Road**) estrada *f*.

R & D (*abbr of* **research and development**) *n* P & D.

re [ri:] *prep* referente a.

RE *n* (*abbr of* **religious education**) educação *f* religiosa.

reach [ri:tʃ] <> *n* [of arm, boxer] alcance *m*; **within (sb's) ~** [easily touched] ao alcance (de alguém); [easily travelled to] a pouca distância (de alguém); **out of** *OR* **beyond sb's ~** [not easily touched] fora/além do alcance de alguém; [not easily travelled to] fora/além do alcance de alguém. <> *vt* **-1.** [arrive at] chegar a, alcançar **-2.** [be able to touch] alcançar **-3.** [contact] contatar, entrar em contato com **-4.** [extend as far as] atingir **-5.** [attain, achieve] chegar a. <> *vi* **-1.** [person]: **to ~ out/across** alcançar; **to ~ down** abaixar-se **-2.** [land] alcançar, ir até.

react [rɪ'ækt] *vi* **-1.** [rebel]: **to ~ against sthg** reagir contra algo **-2.** *CHEM*: **to ~ with sthg** reagir com algo.

reaction [rɪ'ækʃn] *n* **-1.** reação *f* **-2.** [response]: **~ (to sthg)** reação *f* (a algo) **-3.** [rebellion]: **~ (against sthg)** reação *f* (contra algo).

reactionary [rɪ'ækʃənrɪ] <> *adj* reacionário(ria). <> *n* reacionário *m*, -ria *f*.

reactor [rɪ'æktəʳ] *n* [nuclear reactor] reator *m*.

read [ri:d] (*pt* & *pp* **read** [red]) <> *vt* **-1.** [gen] ler; **to ~ sb's mind** ler os pensamentos de alguém; **to ~ events** ver os acontecimentos; **the man came to ~ the electricity meter** o funcionário veio fazer a leitura da luz; **to be well ~ in a subject** conhecer bem um assunto **-2.** [subj: sign, notice] dizer; [subj: gauge, meter, barometer] marcar **-3.** *UK UNIV* estudar. <> *vi* **-1.** [person] ler; **to ~ (to sb)** ler (para alguém); **to ~ between the lines** ler nas entrelinhas; **to ~ sb like a book** compreender alguém perfeitamente **-2.** [text]: **it ~s well/badly** isto está bem/mal escrito.

◆ **read out** *vt sep* ler em voz alta.

◆ **read up on** *vt fus* estudar.

readable ['ri:dəbl] *adj* [book] interessante de se ler.

reader ['ri:dəʳ] *n* leitor *m*, -ra *f*.

readership ['ri:dəʃɪp] *n* público *m* leitor.

readily ['redɪlɪ] *adv* **-1.** [willingly] de boa vontade **-2.** [easily] facilmente.

reading ['ri:dɪŋ] *n* **-1.** [gen] leitura *f* **-2.** [recital] recital *m* **-3.** [from gauge, meter, thermometer] marcação *f* **-4.** *POL* [of bill] revisão *f*.

readjust [ˌri:ə'dʒʌst] <> *vt* reajustar. <> *vi*: **to ~ (to sthg)** reorganizar-se (para algo).

readout ['ri:daʊt] *n COMPUT* exibição *f* de dados.

ready ['redɪ] (*pt* & *pp* **-ied**) <> *adj* **-1.** [prepared] pronto(ta); **to be ~ to do sthg** estar pronto(ta) para fazer algo; **to be ~ for sthg** estar pronto(ta) para algo; **to get ~** preparar-se; **to get sthg ~** preparar algo **-2.** [willing]: **to be ~ to do sthg** estar disposto(ta) a fazer algo **-3.** [in need of]: **to be ~ for sthg** precisar de algo **-4.** [likely]: **to be ~ to do sthg** estar prestes a fazer algo **-5.** [easily accessible] à mão. <> *vt* preparar.

ready cash *n (U)* dinheiro *m* em mão.

ready-made *adj* pronto(ta).

ready money *n (U)* dinheiro *m* à vista.

ready-to-wear *adj* prêt-à-porter.

reafforestation ['ri:əˌfɒrɪ'steɪʃn] *n (U)* reflorestamento *m*.

real ['rɪəl] <> *adj* **-1.** [gen] real; **in ~ terms** em termos reais **-2.** [authentic - problem, situation] real; [- gold, jewels,] legítimo(ma); **the ~ thing** a verdade; **a ~ job** um emprego de verdade; **it's for ~** é real **-3.** [for emphasis] verdadeiro(ra). <> *adv US* bem.

real estate *n (U)* bens *mpl* imobiliários.

realign [ˌri:ə'laɪn] *vt* **-1.** *POL* reorganizar **-2.** [brakes] realinhar.

realism ['rɪəlɪzm] *n (U)* **-1.** [common sense] bom senso *m* **-2.** [artistic style] realismo *m*.

realistic [ˌrɪə'lɪstɪk] *adj* realista; **~ chance** chance real; **to be ~ about sthg** ser realista em relação a algo.

reality [rɪ'ælətɪ] (*pl* **-ies**) *n* [gen] realidade *f*.

reality TV *n (U)* reality shows *mpl*.

realization [ˌrɪəlaɪ'zeɪʃn] *n (U)* **-1.** [awareness, recognition] percepção *f* **-2.** [achievement] realização *f*.

realize, -ise ['rɪəlaɪz] *vt* **-1.** [become aware of, understand] perceber, dar-se conta de **-2.** [achieve] concretizar **-3.** *COMM* atingir.

> Não confundir ***realize (perceber)*** com o português ***realizar*** que em inglês é ***achieve***. (***I realize that the teacher does not like me.*** Eu ***percebo*** que o professor não gosta de mim.)

really ['rɪəlɪ] <> *adv* **-1.** [gen] realmente **-2.**

[to reduce force of negative statements] na real. ◇ *excl* **-1.** [expressing doubt]: **really?** é mesmo?, não é mesmo? **- 2.** [expressing surprise, disbelief]: **really?** mesmo? **- 3.** [expressing disapproval]: **really!** francamente!

realm [relm] *n* **- 1.** [field] domínio *m* **- 2.** [kingdom] reino *m*.

realtor [ˈrɪəltər] *n* **US** corretor *m*, -ra *f* de imóveis.

reap [riːp] *vt* colher; **you ~ what you sow** você colhe o que planta.

reappear [ˌriːəˈpɪəʳ] *vi* reaparecer.

rear [rɪəʳ] ◇ *adj* **- 1.** [door, window] dos fundos **- 2.** [wheel] traseiro(ra). ◇ *n* **- 1.** [back - of building] fundos *mpl*; [- of vehicle] traseira *f*; **to bring up the ~** fechar a raia **- 2.** *inf* [buttocks] bunda *f*. ◇ *vt* [children, animals, plants] criar. ◇ *vi*: **to ~ (up)** empinar, empinar-se.

rearm [riːˈɑːm] *vt* & *vi* rearmar.

rearmost [ˈrɪəməʊst] *adj* último(ma).

rearrange [ˌriːəˈreɪndʒ] *vt* **- 1.** [arrange differently] reorganizar **- 2.** [reschedule] reajustar.

rearview mirror [ˈrɪəvjuː-] *n* espelho *m* retrovisor.

reason [ˈriːzn] ◇ *n* **- 1.** [cause] razão *f*, motivo *m*; **~ for sthg** razão para algo; **for some ~** por alguma razão **- 2.** *(U)* [justification]: **to have ~ to do sthg** ter razões para fazer algo **- 3.** *(U)* [rationality, common sense] razão *f*; **to listen to ~** ouvir à razão; **it stands to ~** é lógico. ◇ *vt* concluir. ◇ *vi* raciocinar.

◆ **reason with** *vt fus* argumentar com.

reasonable [ˈriːznəbl] *adj* **- 1.** [sensible] sensato(ta) **- 2.** [acceptable] razoável **- 3.** [fairly large] aceitável.

reasonably [ˈriːznəblɪ] *adv* **- 1.** [quite] razoavelmente **- 2.** [sensibly] sensatamente.

reasoned [ˈriːznd] *adj* racional.

reasoning [ˈriːznɪŋ] *n (U)* raciocínio *m*.

reassess [ˌriːəˈses] *vt* reavaliar.

reassurance [ˌriːəˈʃɔːrəns] *n* **- 1.** *(U)* [comfort] reconforto *m* **- 2.** [promise] nova garantia *f*.

reassure [ˌriːəˈʃɔːʳ] *vt* tranqüilizar.

reassuring [ˌriːəˈʃɔːrɪŋ] *adj* tranqüilizador(ra).

rebate [ˈriːbeɪt] *n* restituição *f*.

rebel [*n* ˈrebl, *vb* rɪˈbel] (*pt* & *pp* **-led**, *cont* **-ling**) ◇ *n* rebelde *mf*. ◇ *vi* **- 1.** [revolt]: **to ~ (against sb/sthg)** rebelar-se (contra alguém/algo) **- 2.** [not conform]: **to ~ (against sb/sthg)** revoltar-se (contra alguém/algo).

rebellion [rɪˈbeljən] *n* **- 1.** [armed revolt] rebelião *f* **- 2.** [opposition] oposição *f* **- 3.** *(U)* [nonconformity] revolta *f*.

rebellious [rɪˈbeljəs] *adj* rebelde.

rebound [*n* ˈriːbaʊnd, *vb* ˌrɪˈbaʊnd] ◇ *n*: **on the ~** [ball] no ricochete; [person] no impulso. *vi* **- 1.** [ball] ricochetear.

rebuff [rɪˈbʌf] *n* recusa *f*.

rebuild [ˌriːˈbɪld] (*pt* & *pp* **-built**) *vt* reconstruir.

rebuke [rɪˈbjuːk] ◇ *n* reprimenda *f*. ◇ *vt*: **to ~ sb (for sthg)** repreender alguém (por algo).

recalcitrant [rɪˈkælsɪtrənt] *adj* obstinado(da).

recall [rɪˈkɔːl] ◇ *n* **- 1.** *(U)* [memory] recordação *f* **- 2.** [on faulty goods] recall *m*. ◇ *vt* **- 1.** [remember] relembrar-se de **- 2.** [summon back - parliament] reconvocar; [- ambassador] chamar de volta.

recant [rɪˈkænt] *vi* retratar-se.

recap [ˈriːkæp] (*pt* & *pp* **-ped**, *cont* **-ping**) *inf* ◇ *n* recapitulação *f*. ◇ *vt* [summarize] recapitular. ◇ *vi* [summarize] recapitular.

recapitulate [ˌriːkəˈpɪtjʊleɪt] *vt* & *vi* recapitular.

recd, rec'd (*abbr of* **received**) recebido.

recede [riːˈsiːd] *vi* **- 1.** [move away] afastar-se **- 2.** *fig* [disappear, fade] desaparecer.

receding [rɪˈsiːdɪŋ] *adj* **- 1.** [hair]: **~ hairline** entrada *f* (no cabelo) **- 2.** [chin]: **~ chin** queixo *m* retraído.

receipt [rɪˈsiːt] *n* **- 1.** [piece of paper] recibo *m* **- 2.** *(U)* [act of receiving] recebimento *m*.

◆ **receipts** *npl* receita *f*.

> Não confundir ***receipt (recibo)*** com o português ***receita*** que em inglês é ***recipe***. (***I didn't keep the receipt.*** Eu não guardei o ***recibo***.)

receive [rɪˈsiːv] *vt* **- 1.** [gen] receber **- 2.** [welcome] recepcionar **- 3.** [greet]: **to be well/badly ~d** ser bem/mal recebido(da).

receiver [rɪˈsiːvəʳ] *n* **- 1.** [of telephone] fone *m* **- 2.** [radio, TV set] receptor *m* **- 3.** [criminal] receptador *m*, -ra *f* **- 4.** FIN [official] curador *m*, -ra *f*.

recent [ˈriːsnt] *adj* recente.

recently [ˈriːsntlɪ] *adv* recentemente; **until ~, no one knew of his existence** até pouco tempo atrás, ninguém sabia da existência dele.

receptacle [rɪˈseptəkl] *n* recipiente *m*.

reception [rɪˈsepʃn] *n* recepção *f*.

reception desk *n* recepção *f*.

receptionist [rɪˈsepʃənɪst] *n* recepcionista *mf*.

recess [ˈriːses, *UK* rɪˈses] *n* **- 1.** [vacation] recesso *m*; **to be in/go into ~** estar/entrar em recesso **- 2.** [alcove] reentrância *f*, vão *m* **- 3.** [of mind, memory] refluxo *m* **- 4.** **US** SCH recreio *m*, intervalo *m*.

recession [rɪˈseʃn] *n* recessão *f*.

recharge [ˌriːˈtʃɑːdʒ] *vt* recarregar.

recipe [ˈresɪpɪ] *n* receita *f*.

recipient [rɪˈsɪpɪənt] ◇ *adj* recebedor(ra), receptor(ra). ◇ *n* **- 1.** [of letter] destinatário(ria) **- 2.** [of cheque] beneficiário(ria) **- 3.** [of award] ganhador(ra).

reciprocal [rɪˈsɪprəkl] *adj* recíproco(ca).

recital [rɪ'saɪtl] *n* recital *m*.

recite [rɪ'saɪt] *vt* **-1.** [perform aloud] recitar **-2.** [list] enumerar.

reckless ['reklɪs] *adj* imprudente.

reckon ['rekn] *vt* **-1.** *inf* [think] achar **-2.** [consider, judge]: **he was ~ed to be too old for the job** ele foi considerado velho demais para o trabalho **-3.** [calculate] calcular.

◆ **reckon on** *vt fus* contar com.

◆ **reckon with** *vt fus* [expect] esperar.

reckoning ['rekənɪŋ] *n* cálculo *m*.

reclaim [rɪ'kleɪm] *vt* **-1.** [claim back] recuperar **-2.** [make fit for use] desbravar.

recline [rɪ'klaɪn] *vi* reclinar-se.

reclining [rɪ'klaɪnɪŋ] *adj* reclinável.

recluse [rɪ'klu:s] *n* recluso *m*, -sa *f*.

recognition [ˌrekəg'nɪʃn] *n* **-1.** [identification] reconhecimento *m*; **beyond** OR **out of all ~** irreconhecível **-2.** [acknowledgment] identificação *f*; **in ~ of** em reconhecimento a.

recognizable ['rekəgnaɪzəbl] *adj* reconhecível; **he was barely ~** mal dava para reconhecê-lo.

recognize, -ise ['rekəgnaɪz] *vt* reconhecer.

recoil [*vb* rɪ'kɔɪl, *n* 'ri:kɔɪl] ◇ *n* coice *m*. ◇ *vi* recuar; **to ~ from/at sthg** recuar diante de algo; **she ~ed at his suggestion** ela recuou diante da sugestão dele.

recollect [ˌrekə'lekt] *vt* recordar-se de, lembrar-se de.

recollection [ˌrekə'lekʃn] *n* recordação *f*, lembrança *f*.

recommend [ˌrekə'mend] *vt* **-1.** [commend, speak in favour of]: **to ~ sb/sthg (to sb)** recomendar alguém/algo (para alguém) **-2.** [advise] recomendar.

recompense ['rekəmpens] ◇ *n*: **~ (for sthg)** recompensa (por algo). ◇ *vt*: **to ~ sb (for sthg)** recompensar alguém (por algo).

reconcile ['rekənsaɪl] *vt* **-1.** [beliefs, ideas] conciliar; **to ~ sthg with sthg** conciliar algo com algo **-2.** [people] reconciliar **-3.** [resign]: **to ~ o.s. to sthg** resignar-se a algo.

reconditioned [ˌri:kən'dɪʃnd] *adj* recondicionado(da).

reconnaissance [rɪ'kɒnɪsəns] *n (U)* reconhecimento *m*.

reconnoitre *UK*, **reconnoiter** *US* [ˌrekə'nɔɪtə^r] ◇ *vt* reconhecer. ◇ *vi* fazer um reconhecimento.

reconsider [ˌri:kən'sɪdə^r] *vt & vi* reconsiderar.

reconstruct [ˌri:kən'strʌkt] *vt* reconstruir.

record [*n & adj* 'rekɔ:d, *vb* rɪ'kɔ:d] ◇ *adj* recorde. ◇ *n* **-1.** [gen] registro *m*; **off the ~** em off; **on ~** [on file] em registro; [ever recorded] já registrado(da) **-2.** [vinyl disc] disco *m* **-3.** [best achievement] recorde *m*. ◇ *vt* **-1.** [write down] registrar **-2.** [put on tape etc.] gravar.

> Não confundir ***record (registrar, gravar)*** com o português ***recordar*** que em inglês é ***remember***. (***The secretary recorded the main points of the meeting.*** A secretária ***anotou*** os principais tópicos da reunião.)

recorded delivery [rɪ'kɔ:dɪd-] *n (U)*: **to send sthg by ~** enviar algo como carta registrada.

recorder [rɪ'kɔ:də^r] *n* **-1.** [machine] gravador *m* **-2.** [musical instrument] flauta *f* doce.

record holder *n* detentor *m*, -ra *f* do recorde.

recording [rɪ'kɔ:dɪŋ] *n* gravação *f*.

record player *n* toca-discos *m*.

recount [*n* 'ri:kaʊnt, *vt sense 1* rɪ'kaʊnt, *sense 2* ˌri:'kaʊnt] ◇ *n* recontagem *f*. ◇ *vt* **-1.** [narrate] relatar **-2.** [count again] recontar.

recoup [rɪ'ku:p] *vt* recuperar.

recourse [rɪ'kɔ:s] *n (U) fml*: **to have ~ to sthg** recorrer a algo.

recover [rɪ'kʌvə^r] ◇ *vt* **-1.** [stolen goods, money] recuperar; **to ~ sthg (from sb/somewhere)** recuperar algo (de alguém/algum lugar) **-2.** [consciousness, one's breath] recobrar. ◇ *vi* **-1.** [from illness, accident] [finances]: **to ~ (from sthg)** recuperar-se (de algo) **-2.** [from shock, setback, sb's death]: **to ~ (from sthg)** refazer-se (de algo).

recovery [rɪ'kʌvərɪ] (*pl* **-ies**) *n* **-1.**: **~ (from sthg)** recuperação (de algo) **-2.** recuperação *f*.

recreation [ˌrekrɪ'eɪʃn] *n (U)* recreação *f*, divertimento *m*.

recrimination [rɪˌkrɪmɪ'neɪʃn] *n (U)* recriminação *f*.

◆ **recriminations** *npl* recriminações *fpl*.

recruit [rɪ'kru:t] ◇ *n* recruta *mf*. ◇ *vt* recrutar; **to ~ sb (for sthg/to do sthg)** recrutar alguém (para algo/para fazer algo). ◇ *vi* [take on new staff] recrutar gente.

recruitment [rɪ'kru:tmənt] *n (U)* recrutamento *m*.

rectangle ['rekˌtæŋgl] *n* retângulo *m*.

rectangular [rek'tæŋgjʊlə^r] *adj* retangular.

rectify ['rektɪfaɪ] (*pt & pp* **-ied**) *vt fml* retificar.

rector ['rektə^r] *n* **-1.** [priest] pároco *m* **-2.** *Scot* [head - of school] diretor *m*, -ra *f*; [- of college, university] reitor *m*, -ra *f*.

rectory ['rektərɪ] (*pl* **-ies**) *n* residência *f* paroquial.

recuperate [rɪ'ku:pəreɪt] *vi fml*: **to ~ (from sthg)** restabelecer-se (de algo).

recur [rɪ'kɜ:^r] (*pt & pp* **-red**, *cont* **-ring**) *vi* repetir-se.

recurrence [rɪ'kʌrəns] *n fml* recorrência *f*.

recurrent [rɪ'kʌrənt] *adj* recorrente.

recycle [ˌriːˈsaɪkl] *vt* reciclar.

red [red] (*compar* **-der**, *superl* **-dest**) <> *adj* **-1.** [gen] vermelho(lha) **-2.** [hair] ruivo(va). <> *n* *(U)* [colour] vermelho *m*; **to be in the ~** *inf* estar no vermelho.

red card *n* FTBL: **to be shown the ~**, **to get a ~** receber cartão vermelho.

red carpet *n*: **to roll out the ~ for sb** estender o tapete vermelho para alguém.

◆ **red-carpet** *adj*: **to give sb the red-carpet treatment** dar tratamento VIP para alguém.

Red Cross *n*: **the ~** a Cruz Vermelha.

redcurrant [ˈredkʌrənt] *n* **-1.** [fruit] groselha *f* **-2.** [bush] groselheira *f*.

redden [ˈredn] <> *vt* [make red] avermelhar. <> *vi* [flush] ruborizar-se, ficar ruborizado(da).

redecorate [ˌriːˈdekəreɪt] <> *vt* redecorar. <> *vi* redecorar a casa.

redeem [rɪˈdiːm] *vt* **-1.** [save, rescue] redimir **-2.** [from pawnbroker] resgatar.

redeemer *n* RELIG: **the Redeemer** o Redentor.

redeeming [rɪˈdiːmɪŋ] *adj* redentor, que redime.

redeploy [ˌriːdɪˈplɔɪ] *vt* remanejar.

red-faced [-ˈfeɪst] *adj* **-1.** [after exercise, with heat] vermelho(lha) **-2.** [with embarrassment] corado(da).

red-haired [-ˈheəd] *adj* ruivo(va).

red-handed [-ˈhændɪd] *adj*: **to catch sb ~** pegar alguém com a mão na massa.

redhead [ˈredhed] *n* ruiva *f*.

red herring *n fig* pista *f* falsa.

red-hot *adj* **-1.** [extremely hot] em brasa **-2.** [very enthusiastic] apaixonado(da) **-3.** *inf* [very good] supimpa.

redid [ˌriːˈdɪd] *pt* ▻ **redo**.

redirect [ˌriːdɪˈrekt] *vt* **-1.** [mail] redirecionar **-2.** [traffic, aircraft] desviar **-3.** [one's energies, money, aid] direcionar.

rediscover [ˌriːdɪsˈkʌvəʳ] *vt* **-1.** [re-experience] redescobrir **-2.** [make popular, famous again]: **to be ~ed** ser redescoberto(ta).

red light *n* [traffic signal] luz *f* vermelha.

red-light district *n* zona *f* do baixo meretrício.

redo [ˌriːˈduː] (*pt* **-did**, *pp* **-done**) *vt* [do again] refazer.

redolent [ˈredələnt] *adj literary* **-1.** [reminiscent]: **~ of sthg** rememorativo(va) de algo **-2.** [smelling]: **~ of sthg** com aroma de algo.

redone *pp* ▻ **redo**.

redouble [ˌriːˈdʌbl] *vt*: **to ~ one's efforts (to do sthg)** redobrar os esforços (para fazer algo).

redraft [ˌriːˈdrɑːft] *vt* reescrever.

redress [rɪˈdres] *fml* <> *n (U)* retificação *f*. <> *vt*: **to ~ the balance** compensar.

Red Sea *n*: **the ~** o Mar Vermelho.

red tape *n (U) fig* burocracia *f*.

reduce [rɪˈdjuːs] <> *vt* **-1.** [make smaller, less] reduzir; **to ~ sthg to a pulp** reduzir algo à essência **-2.** [force, bring]: **to be ~d to doing sthg** ser forçado(da) a fazer algo; **to be ~d to sthg** estar reduzido(da) a algo. <> *vi US* [lose weight] emagrecer.

reduction [rɪˈdʌkʃn] *n* **-1.** [decrease]: **~ (in sthg)** redução (em algo) **-2.** [amount of decrease]: **~ (of)** redução de.

redundancy [rɪˈdʌndənsɪ] (*pl* **-ies**) *n UK* **-1.** [job loss] demissão *f* **-2.** *(U)* [jobless state] desemprego *m*.

redundant [rɪˈdʌndənt] *adj* **-1.** *UK* [jobless]: **to be made ~** ficar desempregado(da) **-2.** [superfluous] supérfluo(a).

reed [riːd] *n* **-1.** [plant] junco *m* **-2.** [of musical instrument] palheta *f*.

reef [riːf] *n* recife *m*.

reek [riːk] <> *n* fedor *m*. <> *vi*: **to ~ (of sthg)** feder (a algo).

reel [riːl] <> *n* **-1.** [roll] rolo *m* **-2.** [on fishing rod] molinete *m*. <> *vi* [stagger] cambalear.

◆ **reel in** *vt sep* enrolar.

◆ **reel off** *vt sep* [list] enumerar.

re-enact *vt* reviver.

ref [ref] *n* **-1.** *inf* (*abbr of* **referee**) SPORT árbitro *m* **-2.** (*abbr of* **reference**) ADMIN ref.

refectory [rɪˈfektərɪ] (*pl* **-ies**) *n* **-1.** [in school, college] cantina *f* **-2.** [in monastery] refeitório *m*.

refer [rɪˈfɜːʳ] (*pt* & *pp* **-red**, *cont* **-ring**) *vt* **-1.** [person]: **to ~ sb to sthg** encaminhar alguém para algo **-2.** [report, case, decision]: **to ~ sthg to sb/sthg** encaminhar algo para alguém/algo.

◆ **refer to** *vt fus* **-1.** [mention, speak about] referir-se a **-2.** [apply to, concern] aplicar-se a **-3.** [consult] consultar.

referee [ˌrefəˈriː] <> *n* **-1.** SPORT árbitro *m*, -tra *f* **-2.** *UK* [for job application] referência *f*. <> *vt & vi* SPORT apitar.

reference [ˈrefrəns] *n* **-1.** [gen] referência *f* **-2.** *(U)* [act of mentioning]: **to make ~ to sb/sthg** referência a alguém/algo; **with ~ to** *fml* com referência a **-3.** [mention]: **~ (to sb/sthg)** menção a alguem/algo **-4.** *(U)* [for advice, information]: **~ (to sb/sthg)** referência a alguém/algo **-5.** COMM [in letter] referências *fpl*.

reference book *n* livro *m* de consulta.

reference number *n* número *m* de referência.

referendum [ˌrefəˈrendəm] (*pl* **-s** *OR* **-da** [-də]) *n* POL plebiscito *m*.

refill [*n* ˈriːfɪl, *vb* ˌriːˈfɪl] <> *n* **-1.** [for pen, lighter] carga *f* nova **-2.** *inf* [drink] dose *f* extra. <> *vt* [fill again - bottle, glass] encher novamente; [- petrol tank] reabastecer.

refine [rɪ'faɪn] *vt* **-1.** [purify] refinar **-2.** [details, speech] aprimorar.
refined [rɪ'faɪnd] *adj* refinado(da).
refinement [rɪ'faɪnmənt] *n* **-1.** [improvement]: **~ (on sthg)** refinamento (de algo) **-2.** *(U)* [gentility] requinte *m*.
reflect [rɪ'flekt] ◇ *vt* refletir; **to ~ that ...** refletir que ... ◇ *vi* [think, consider]: **to ~ (on** *OR* **upon sthg)** refletir (sobre algo).
reflection [rɪ'flekʃn] *n* **-1.** [gen] reflexo *m* **-2.** [comment, thought] reflexão *f*; **~ on sthg** reflexão sobre algo; **on ~** pensando bem.
reflector [rɪ'flektəʳ] *n* refletor *m*.
reflex ['ri:fleks] *n*: **~ (action)** (ato) reflexo *m*.
reflexive [rɪ'fleksɪv] *adj* *GRAMM* reflexivo(va).
reforestation [ri:ˌfɒrɪ'steɪʃn] *n esp* **US** = **reafforestation**.
reform [rɪ'fɔ:m] ◇ *n* reforma *f*. ◇ *vt* **-1.** [change] reformar **-2.** [improve behaviour of] corrigir. ◇ *vi* corrigir-se.
Reformation [ˌrefə'meɪʃn] *n*: **the ~** a Reforma.
reformer [rɪ'fɔ:məʳ] *n* reformador *m*, -ra *f*.
refrain [rɪ'freɪn] ◇ *n* refrão *m*. ◇ *vi fml*: **to ~ from doing sthg** abster-se de fazer algo.
refresh [rɪ'freʃ] *vt* refrescar.
refreshed [rɪ'freʃt] *adj* revigorado(da).
refresher course [rɪ'freʃəʳ-] *n* curso *m* de aperfeiçoamento *OR* atualização.
refreshing [rɪ'freʃɪŋ] *adj* **-1.** [pleasantly different] reconfortante **-2.** [cooling, energy-giving] refrescante.
refreshments [rɪ'freʃmənts] *npl* comes *mpl* e bebes, lanche *m*.
refrigerator [rɪ'frɪdʒəreɪtəʳ] *n* geladeira *f*, refrigerador *m*.
refuel [ˌri:'fjʊəl] (**UK** *pt* & *pp* **-led**, *cont* **-ling**, **US** *pt* & *pp* **-ed**, *cont* **-ing**) ◇ *vt* reabastecer. ◇ *vi* reabastecer-se *(de combustível)*.
refuge ['refju:dʒ] *n* **-1.** [place of safety] refúgio *m* **-2.** *(U)* [safety]: **to seek** *OR* **take ~** [hide] procurar refúgio, refugiar-se; **to seek** *OR* **take ~ in sthg** *fig* procurar *OR* buscar refúgio em algo, refugiar-se em algo.
refugee [ˌrefjʊ'dʒi:] *n* refugiado *m*, -da *f*.
refund [*n* 'ri:fʌnd, *vb* rɪ'fʌnd] ◇ *n* reembolso *m*. ◇ *vt*: **to ~ sthg to sb**, **to ~ sb sthg** reembolsar algo a alguém.
refurbish [ˌri:'fɜ:bɪʃ] *vt* **-1.** [shop, office] reformar **-2.** [building] restaurar.
refusal [rɪ'fju:zl] *n* recusa *f*; **her ~ to accept the conditions** o fato de ela não ter aceitado as condições; **to meet with ~** ser rechaçado(da).
refuse[1] ['rɪfju:z] ◇ *vt* **-1.** [withhold, deny]: **to ~ sb sthg**, **to ~ sthg to sb** negar algo a alguém **-2.** [decline] recusar; **to ~ to do sthg** recusar-se a fazer algo, negar-se a fazer algo. ◇ *vi* negar-se, dizer que não.
refuse[2] ['refju:s] *n (U)* lixo *m*, refugo *m*.
refuse collection ['refju:s-] *n* coleta *f* de lixo.
refute [rɪ'fju:t] *vt fml* refutar.
regain [rɪ'geɪn] *vt* recuperar.
regal ['ri:gl] *adj* régio(gia).
regalia [rɪ'geɪljə] *n (U) fml* insígnias *fpl* reais.
regard [rɪ'gɑ:d] ◇ *n* **-1.** *(U) fml* [respect, esteem] respeito *m*, estima *f*; **~ (for sb/sthg)** respeito *OR* estima (por alguém/algo) **-2.** [aspect]: **in this/that ~** a este respeito. ◇ *vt* considerar; **to ~ o.s. intelligent** considerar-se inteligente; **to be highly ~ed** ser muito bem considerado(da).
◆ **regards** *npl* [in greetings] lembranças *fpl*; **with my best ~s** cordialmente.
◆ **as regards** *prep* em relação a, no que se refere a.
◆ **in regard to, with regard to** *prep* a respeito de, em relação a.
regarding [rɪ'gɑ:dɪŋ] *prep* a respeito de, em relação a.
regardless [rɪ'gɑ:dlɪs] *adv* apesar de tudo.
◆ **regardless of** *prep* independentemente de; **~ the cost** custe o que custar.
regime [reɪ'ʒi:m] *n pej* regime *m*.
regiment ['redʒɪmənt] *n MIL* regimento *m*.
region ['ri:dʒən] *n* **-1.** [gen] região *f* **-2.** [range]: **in the ~ of** por volta de.
regional ['ri:dʒənl] *adj* regional.
register ['redʒɪstəʳ] ◇ *n* registro *f*. ◇ *vt* **-1.** registrar **-2.** [express] expressar, mostrar. ◇ *vi* **-1.** [enrol]: **to ~ as/for sthg** inscrever-se como/para algo **-2.** [book in] registrar-se **-3.** *inf* [be properly understood] assimilar.
registered ['redʒɪstəd] *adj* **-1.** [officially listed] oficialmente inscrito(ta) **-2.** [letter, parcel] registrado(da).
registered trademark *n* marca *f* registrada.
registrar ['redʒɪstrɑ:ʳ] *n* **-1.** [keeper of records] escrivão *m*, -vã *f*, oficial *mf* de registro **-2.** *UNIV* [administrator] secretário *m*, -ria *f* -geral **-3.** *UK* [doctor] médico *m*, -ca *f* em estágio de especialização.
registration [ˌredʒɪ'streɪʃn] *n* **-1.** [course enrolment] matrícula *f* **-2.** [of births, marriages and deaths] registro *m* **-3.** *AUT* = **registration number**.
registration number *n AUT* número *m* de licença.
registry ['redʒɪstrɪ] (*pl* **-ies**) *n* registro *m*.
registry office *n* registro *m* civil.
regret [rɪ'gret] (*pt* & *pp* **-ted**, *cont* **-ting**) ◇ *n* **-1.** *(U) fml* [sorrow] pesar *m* **-2.** [sad feeling]: **to have no ~s about sthg** não lamentar algo em absoluto. ◇ *vt*: **to ~ sthg/doing sthg** lamentar algo/ter feito algo; **we ~ to announce ...** lamentamos comunicar ...

regretfully [rɪˈgretfʊlɪ] *adv* pesarosamente; **~ we have to announce ...** lamentamos ter que anunciar ...

regrettable [rɪˈgretəbl] *adj fml* lamentável.

regroup [ˌriːˈgruːp] *vi* reagrupar-se.

regular [ˈregjʊləʳ] ◇ *adj* **-1.** [gen] regular **-2.** [frequent - occurrence] freqüente; [- customer] habitual; [- visitor] assíduo(dua) **-3.** [usual] habitual, normal **-4.** *US* [in size] médio(dia) **-5.** *US* [pleasant] amigável **-6.** *US* [normal] normal. ◇ *n* [customer, client] cliente *mf* habitual.

regularly [ˈregjʊləlɪ] *adv* **-1.** [equally spaced] de maneira uniforme **-2.** [repeated at expected time] regularmente.

regulate [ˈregjʊleɪt] *vt* regular.

regulation [ˌregjʊˈleɪʃn] ◇ *adj* regulamentar. ◇ *n* **-1.** [rule] regra *f*, lei *f* **-2.** *(U)* [control] regulamento *m*, regulamentação *f*.

rehabilitate [ˌriːəˈbɪlɪteɪt] *vt* **-1.** [convict, addict] reabilitar **-2.** [patient, invalid] recuperar.

rehearsal [rɪˈhɜːsl] *n* ensaio *m*.

rehearse [rɪˈhɜːs] ◇ *vt* ensaiar. ◇ *vi*: **to ~ (for sthg)** ensaiar (para algo).

reheat [ˌriːˈhiːt] *vt* reaquecer, esquentar de novo.

reign [reɪn] ◇ *n* reinado *m*. ◇ *vi*: **to ~ (over sb/sthg)** reinar (sobre alguém/algo).

reimburse [ˌriːɪmˈbɜːs] *vt*: **to ~ sb (for sthg)** reembolsar alguém (por algo).

rein [reɪn] *n fig*: **to give (a) free ~ to sb, to give sb free ~** dar carta branca a alguém.
◆ **reins** *npl* [for horse] rédeas *fpl*.

reindeer [ˈreɪnˌdɪəʳ] (*pl inv*) *n* rena *f*.

reinforce [ˌriːɪnˈfɔːs] *vt*: **to ~ sthg (with sthg)** reforçar algo (com algo).

reinforced concrete [ˌriːɪnˈfɔːst-] *n (U)* concreto *m* armado.

reinforcement [ˌriːɪnˈfɔːsmənt] *n* reforço *m*.
◆ **reinforcements** *npl* reforços *mpl*.

reinstate [ˌriːɪnˈsteɪt] *vt* **-1.** [person - in job] readmitir; [- in position, office] reempossar, reintegrar **-2.** [payment, idea, policy] restabelecer.

reissue [riːˈɪʃuː] ◇ *n* reedição *f*, reimpressão *f*. ◇ *vt* reeditar, reimprimir.

reiterate [riːˈɪtəreɪt] *vt fml* reiterar.

reject [*n* ˈriːdʒekt, *vb* rɪˈdʒekt] ◇ *n* [in factory, shop] refugo *m*, rejeito *m*. ◇ *vt* **-1.** [not agree to] rejeitar, não concordar com **-2.** [dismiss, not accept] rejeitar **-3.** [for job] recusar.

rejection [rɪˈdʒekʃn] *n* **-1.** *(U)* [act of refusal] rejeição *f* **-2.** [for job] recusa *f*.

rejoice [rɪˈdʒɔɪs] *vi*: **to ~ (at** *OR* **in sthg)** regozijar-se *OR* alegrar-se (por algo).

rejuvenate [rɪˈdʒuːvəneɪt] *vt* rejuvenescer.

rekindle [ˌriːˈkɪndl] *vt fig* reacender, reavivar.

relapse [rɪˈlæps] ◇ *n* recaída *f*. ◇ *vi*: **to ~ into** [coma] entrar novamente em; [drunken stupor, old ways] voltar a cair em; [crime] reincidir em.

relate [rɪˈleɪt] ◇ *vt* **-1.** [connect]: **to ~ sthg to sthg** relacionar algo a algo **-2.** [tell] contar. ◇ *vi* **-1.** [connect]: **to ~ to sthg** relacionar-se a algo **-2.** [concern]: **to ~ to sthg** referir-se a algo **-3.** [empathize]: **to ~ (to sb/sthg)** ter muito em comum(com alguém/algo).
◆ **relating to** *prep* sobre, acerca de.

related [rɪˈleɪtɪd] *adj* **-1.** [in same family] aparentado(da); **to be ~ to sb** ser aparentado(da) de alguém **-2.** [connected] relacionado(da).

relation [rɪˈleɪʃn] *n* **-1.** *(U)* [connection]: **~ (to/between)** relação *f* (com/entre); **to bear no ~ to** não ter nada a ver com **-2.** [family member] parente *mf*, familiar *mf*.
◆ **relations** *npl* [relationship] relações *fpl*; **~ between/with** relações entre/com.

relationship [rɪˈleɪʃnʃɪp] *n* **-1.** [gen] relação *f* **-2.** [relations] relação *f*, relacionamento *m* **-3.** [connection] ligação *f*.

relative [ˈrelətɪv] ◇ *adj* relativo(va). ◇ *n* parente *mf*, familiar *mf*.
◆ **relative to** *prep fml* **-1.** [compared to] em comparação com **-2.** [connected with] relativo(va) a, com relação a.

relatively [ˈrelətɪvlɪ] *adv* relativamente.

relax [rɪˈlæks] ◇ *vt* **-1.** [gen] relaxar **-2.** [loosen, free up] afrouxar. ◇ *vi* **-1.** [person] relaxar, descontrair-se; **~! It's OK!** relaxe! Está tudo bem! **-2.** [grip] afrouxar-se.

relaxation [ˌriːlækˈseɪʃn] *n (U)* **-1.** [rest] relaxamento *m* **-2.** [of rule, discipline, regulation] afrouxamento *m*.

relaxed [rɪˈlækst] *adj* **-1.** [person] relaxado(da), descontraído(da) **-2.** [meeting, evening, mood] descontraído(da).

relaxing [rɪˈlæksɪŋ] *adj* relaxante.

relay [ˈriːleɪ] (*pt* & *pp senses 1* & *2* **-ed**, *pt* & *pp sense 3* **relaid**) ◇ *n* **-1.** SPORT: **~ (race)** corrida *f* de revezamento; **in ~s** *fig* em turnos **-2.** [broadcast] retransmissão *f*. ◇ *vt* **-1.** [broadcast] retransmitir **-2.** [message, news]: **to ~ sthg (to sb)** transmitir algo (a alguém).

release [rɪˈliːs] ◇ *n* **-1.** *(U)* [from captivity] soltura *f*, libertação *f* **-2.** *(U)* [from pain, suffering] liberação *f* **-3.** [statement] comunicado *m* **-4.** *(U)* [of gas, fumes] escapamento *m*, emissão *f* **-5.** *(U)* [of film, video, CD] lançamento *m* **-6.** [film, video, CD]: **new ~** novo lançamento. ◇ *vt* **-1.** [set free] soltar, libertar; **to ~ sb from prison/captivity** libertar *OR* soltar alguém da prisão/do cativeiro; **to ~ sb from sthg** [promise, contract] liberar alguém de algo **-2.** [make available] liberar **-3.** [control, grasp, mechanism] soltar **-4.** [let out, emit]: **heat is ~d from the liquid into the air** o calor é liberado do líquido para o ar **- 5.** [film, video, CD] lançar; [statement, news story] divulgar.

relegate ['relɪgeɪt] *vt* **- 1.** [demote]**: to ~ sb/sthg (to)** relegar alguém/algo (a) **- 2.** *SPORT*: **to be ~d** *UK* ser rebaixado(da).

relent [rɪ'lent] *vi* **- 1.** [person] condescender **- 2.** [wind, storm] abrandar-se, acalmar-se.

relentless [rɪ'lentlɪs] *adj* implacável.

relevant ['reləvənt] *adj* **- 1.** [gen] relevante; **~ (to sb/sthg)** relevante (a alguém/algo) **- 2.** [important]: **~ (to sb/sthg)** importante (a alguém/algo).

reliable [rɪ'laɪəbl] *adj* **- 1.** [dependable] confiável **- 2.** [correct, true] seguro(ra).

reliably [rɪ'laɪəblɪ] *adv* **- 1.** [dependably] de forma confiável **- 2.** [correctly, truly]: **to be ~ informed that ...** saber de fonte segura que ...

reliant [rɪ'laɪənt] *adj*: **~ on sb/sthg** dependente de alguém/algo.

relic ['relɪk] *n* relíquia *f*.

relief [rɪ'li:f] *n* **- 1.** [comfort] alívio *m*; **she sighed with ~** ela suspirou aliviada **- 2.** *(U)* [for poor, refugees] auxílio *m* **- 3.** *US* [social security] subsídio *m*.

relieve [rɪ'li:v] *vt* **- 1.** [ease, lessen] aliviar; **to ~ sb of sthg** aliviar alguém de algo **- 2.** [take over from] substituir **- 3.** [give help to] auxiliar.

religion [rɪ'lɪdʒn] *n* religião *f*.

religious [rɪ'lɪdʒəs] *adj* religioso(sa).

relinquish [rɪ'lɪŋkwɪʃ] *vt* **- 1.** [power, post, claim] renunciar a **- 2.** [hold] soltar.

relish ['relɪʃ] <> *n* **- 1.** *(U)* [enjoyment]: **with (great) ~** com(grande)satisfação **- 2.** [pickle] picles *mpl*. <> *vt* desfrutar de; **to ~ the thought** *OR* **idea** *OR* **prospect of doing sthg** desfrutar de antemão da idéia *OR* da perspectiva de fazer algo.

relocate [,ri:ləʊ'keɪt] <> *vt* realocar, transferir. <> *vi* transferir-se.

reluctance [rɪ'lʌktəns] *n (U)* relutância *f*.

reluctant [rɪ'lʌktənt] *adj* relutante; **to be ~ to do sthg** estar pouco disposto(ta) a fazer algo.

reluctantly [rɪ'lʌktəntlɪ] *adv* relutantemente.

rely [rɪ'laɪ] (*pt* & *pp* **-ied**) ◆ **rely on** *vt fus* **- 1.** [count on] contar com; **to ~ on sb/sthg to do sthg** estar certo(ta) de que alguém/algo fará algo **- 2.** [be dependent on]: **to ~ on sb/sthg for sthg** depender de alguém/algo para algo.

remain [rɪ'meɪn] *vi* **- 1.** [stay] permanecer, ficar; **to ~ the same** continuar sendo igual **- 2.** [be left] ficar; **the problem ~** o problema continua; **to ~ to be done** ficar para ser feito(ta).

◆ **remains** *npl* **- 1.** [of meal, fortune, body] restos *mpl* **- 2.** [corpses] corpos *mpl* **- 3.** [of ancient civilization, buildings] ruínas *fpl*.

remainder [rɪ'meɪndəʳ] *n* **- 1.** [rest]: **the ~** o resto **- 2.** *MATH* resto *m*; **three into ten goes three ~ one** dez (dividido) por três é igual a três e sobra um.

remaining [rɪ'meɪnɪŋ] *adj* restante; **it's my last ~ pound!** é a última libra que eu tenho!

remand [rɪ'mɑ:nd] *JUR* <> *n*: **on ~** sob prisão preventiva. <> *vt* recolocar em prisão preventiva; **to be ~ed in custody** estar sob custódia.

remark [rɪ'mɑ:k] <> *n* comentário *m*. <> *vt*: **to ~ (that)** comentar que.

remarkable [rɪ'mɑ:kəbl] *adj* excepcional, extraordinário(ria).

remarry [,ri:'mærɪ] (*pt* & *pp* **-ied**) *vi* casar-se de novo.

remedial [rɪ'mi:djəl] *adj* **- 1.** [pupil] atrasado(da) **- 2.** [teacher, class] de reforço **- 3.** [corrective] corretivo (va).

remedy ['remədɪ] (*pl* **-ies**, *pt* & *pp* **-ied**) <> *n* **- 1.** [for ill health]: **~ (for sthg)** remédio *m* (para algo) **- 2.** *fig* [solution]: **~ (for sthg)** *OR* solução *f* (para algo). <> *vt* remediar.

remember [rɪ'membəʳ] <> *vt* lembrar-se de, lembrar; **to ~ doing sthg** lembrar-se de ter feito algo; **to ~ to do sthg** lembrar-se de fazer algo. <> *vi* lembrar(-se).

remembrance [rɪ'membrəns] *n (U) fml*: **in ~ of** em memória de.

Remembrance Day *n na Grã-Bretanha, dia em memória das pessoas mortas nas duas guerras mundiais.*

remind [rɪ'maɪnd] *vt* **- 1.** [tell]: **to ~ sb (about sthg/to do sthg)** lembrar alguém (de algo/de fazer algo) **- 2.** [be reminiscent of]: **to ~ sb of sb/sthg** fazer alguém se lembrar de alguém/algo; **she ~s me of my sister** ela me faz lembrar a minha irmã.

reminder [rɪ'maɪndəʳ] *n* **- 1.** [to jog memory]: **~ of sthg/to do sthg** lembrança *f* de algo/de fazer algo **- 2.** [for bill, membership, licence] lembrete *m*.

reminisce [,remɪ'nɪs] *vi*: **to ~ (about sthg)** rememorar(algo).

reminiscent [,remɪ'nɪsnt] *adj*: **~ of sb/sthg** que faz lembrar alguém/algo.

remiss [rɪ'mɪs] *adj* descuidado(da), negligente.

remit ['ri:mɪt] (*pt* & *pp* **-ted**, *cont* **-ting**) <> *n* *UK* alçada *f*; **that's outside my ~** isto está fora da minha alçada. <> *vt* remeter.

remittance [rɪ'mɪtns] *n* **- 1.** [payment] remessa *f* **- 2.** *COMM* [settlement of invoice] remessa *f* de valores.

remnant ['remnənt] *n* [of cloth] sobra *f*; [of beauty, culture] resto *m*.

remold *n US* = **remould**.

remorse [rɪ'mɔ:s] *n (U)* remorso *m*.

remorseful [rɪ'mɔ:sfʊl] *adj* cheio (cheia) de remorso.

remorseless [rɪ'mɔ:slɪs] *adj* **-1.** [pitiless] desapiedado(da) **-2.** [unstoppable] impiedoso(sa), implacável.
remote [rɪ'məʊt] *adj* **-1.** [gen] remoto(ta) **-2.** [unconnected, detached]: **~ from** distante de.
remote control *n* controle *m* remoto.
remotely [rɪ'məʊtlɪ] *adv* remotamente.
remould *UK*, **remold** *US* ['ri:məʊld] *n* pneu *m* recauchutado.
removable [rɪ'mu:vəbl] *adj* desmontável.
removal [rɪ'mu:vl] *n* **-1.** *UK* [change of house] mudança *f* **-2.** *(U)* [act of removing] remoção *f*.
removal van *n UK* caminhão *m* de mudança.
remove [rɪ'mu:v] *vt* **-1.** [gen]: **to ~ sthg (from)** remover algo (de) **-2.** [take off garment] tirar **-3.** [from a job, post]: **to ~ sb (from)** demitir alguém (de) **-4.** [injustice, difficulty] eliminar **-5.** [problem] resolver **-6.** [suspicion] dissipar.
remuneration [rɪˌmju:nə'reɪʃn] *n fml (U)* remuneração *f*.
Renaissance [rə'neɪsəns] *n*: **the ~** o Renascimento.
render ['rendəʳ] *vt* **-1.** [make, change] tornar; **to ~ sthg useless** tornar algo inútil; **to ~ sb speechless** deixar alguém boquiaberto(ta) **-2.** [give] dar, prestar; **to ~ good services** prestar bons serviços **-3.** *COMPUT* exibir.
rendering ['rendərɪŋ] *n* **-1.** [performance - of play] interpretação *f*; [- of song, piece of music] execução *f* **-2.** [translation] tradução *f* **-3.** *COMPUT* exibição *f*.
rendezvous ['rɒndɪvu:] (*pl inv*) *n* **-1.** [meeting] encontro *m* **-2.** [place] ponto *m* de encontro.
renegade ['renɪgeɪd] *n* renegado *m*, -da *f*.
renew [rɪ'nju:] *vt* **-1.** [gen] renovar **-2.** [start again] reiniciar.
renewable [rɪ'nju:əbl] *adj* renovável.
renewal [rɪ'nju:əl] *n* renovação *f*.
renounce [rɪ'naʊns] *vt* renunciar a.
renovate ['renəveɪt] *vt* renovar, reformar.
renown [rɪ'naʊn] *n (U)* renome *m*.
renowned [rɪ'naʊnd] *adj*: **~ (for sthg)** renomado(da) (por algo).
rent [rent] <> *n* aluguel *m*. <> *vt* alugar.
rental ['rentl] <> *adj* de aluguel. <> *n* [money] aluguel *m*.
renunciation [rɪˌnʌnsɪ'eɪʃn] *n (U)* renúncia *f*.
reorganize, -ise [ˌri:'ɔ:gənaɪz] *vt* reorganizar.
rep [rep] *n* **-1.** (*abbr of* **representative**) *inf* representante *mf* **-2.** (*abbr of* **repertory**) *apresentação de uma série de peças teatrais em seqüencia por uma mesma companhia teatral em um mesmo teatro.*
repaid [ri:'peɪd] *pt* & *pp* ▷ **repay**.
repair [rɪ'peəʳ] <> *n* **-1.** *(U)* [act of mending] reparo *m*, conserto *m*; **it's beyond ~** não tem conserto; **in good/bad ~** em bom/mau estado **-2.** [instance of mending] reparo *m*. <> *vt* reparar.
repair kit *n* caixa *f* de ferramentas *(de bicicleta)*.
repartee [ˌrepɑ:'ti:] *n (U)* troca *f* de réplicas engenhosas.
repatriate [ˌri:'pætrɪeɪt] *vt* repatriar.
repay [ri:'peɪ] (*pt* & *pp* **repaid**) *vt* **-1.** [money] reembolsar, devolver; **to ~ sb sthg, to ~ sthg to sb** reembolsar *OR* devolver algo a alguém **-2.** [favour] retribuir.
repayment [ri:'peɪmənt] *n* **-1.** *(U)* [act of paying back] reembolso *m*, devolução *f* **-2.** [sum] pagamento *m*.
repeal [rɪ'pi:l] <> *n* revogação *f*. <> *vt* revogar.
repeat [rɪ'pi:t] <> *vt* **-1.** [gen] repetir **-2.** [broadcast] reprisar. <> *n* [broadcast] reprise *f*.
repeatedly [rɪ'pi:tɪdlɪ] *adv* repetidamente.
repel [rɪ'pel] (*pt* & *pp* **-led**, *cont* **-ling**) *vt* **-1.** [disgust] repugnar **-2.** [drive away] repelir.
repellent [rɪ'pelənt] <> *adj* repugnante. <> *n* repelente *m*.
repent [rɪ'pent] <> *vt* arrepender-se de. <> *vi*: **to ~ of sthg** arrepender-se de algo.
repentance [rɪ'pentəns] *n (U)* arrependimento *m*.
repercussions [ˌri:pə'kʌʃnz] *npl* repercussões *fpl*.
repertoire ['repətwɑ:ʳ] *n* repertório *m*.
repertory ['repətrɪ] *n (U)* repertório *m*.
repetition [ˌrepɪ'tɪʃn] *n* repetição *f*.
repetitious [ˌrepɪ'tɪʃəs], **repetitive** [rɪ'petɪtɪv] *adj* repetitivo(va).
replace [rɪ'pleɪs] *vt* **-1.** [take the place of] substituir; **to ~ sthg (with sthg)** substituir *OR* trocar algo (por algo); **to ~ sb (with sb)** substituir alguém (por alguém); **if I lose your book, I'll ~ it** se eu perder o teu livro, eu te dou outro **-2.** [put back] recolocar no lugar.
replacement [rɪ'pleɪsmənt] *n* **-1.** *(U)* [act of replacing] reposição *f*, substituição *f* **-2.** [new person, object]: **~ (for sthg)** substituto *m*, -ta *f* (para algo); **~ (for sb)** suplente *mf* (para alguém).
replay [*n* 'ri:pleɪ, *vb* ˌri:'pleɪ] <> *n* **-1.** [recording] replay *m* **-2.** [game] partida *f* de desempate. <> *vt* **-1.** [match, game] jogar de novo **-2.** [film, tape] reprisar.
replenish [rɪ'plenɪʃ] *vt fml*: **to ~ sthg (with sthg)** reabastecer *OR* prover novamente algo (com algo).
replica ['replɪkə] *n* réplica *f*, cópia *f*.
reply [rɪ'plaɪ] (*pl* **-ies**, *pt* & *pp* **-ied**) <> *n* resposta *f*. <> *vt* responder; **to ~ that** responder que. <> *vi* responder; **to ~ to sb/sthg** responder a alguém/algo.
reply coupon *n* cupom *m* de resposta.

report [rɪ'pɔ:t] <> *n* **-1.** [description, account] relatório *m* **-2.** *PRESS* reportagem *f* **-3.** *UK SCH* boletim *m* de avaliação. <> *vt* **-1.** [news, crime] informar, comunicar **-2.** [make known]: **to ~ that** informar que; **to ~ sthg (to sb)** relatar algo (a alguém) **-3.** [complain about]: **to ~ sb (to sb)** denunciar alguém (a alguém); **to ~ sb for sthg** denunciar alguém por algo. <> *vi* **-1.** [give account] relatar; **to ~ on sthg** fazer um relatório sobre algo **-2.** *PRESS*: **to ~ on sthg** fazer uma reportagem sobre algo **-3.** [present o.s.]: **to ~ to** apresentar-se a; **to ~ for sthg** apresentar-se para algo.
report card *n US SCH* boletim *m*, caderneta *f* escolar.
reportedly [rɪ'pɔ:tɪdlɪ] *adv* segundo se diz; **he is ~ not intending to return to this country** sabe-se que ele não pretende voltar a este país.
reporter [rɪ'pɔ:təʳ] *n* repórter *mf*.
repose [rɪ'pəʊz] *n (U) literary* repouso *m*.
repossess [ˌri:pə'zes] *vt* retomar a posse de.
reprehensible [ˌreprɪ'hensəbl] *adj fml* repreensível.
represent [ˌreprɪ'zent] *vt* representar.
representation [ˌreprɪzen'teɪʃn] *n (U)* representação *f*.
◆ **representations** *npl fml*: **to make ~s to sb** apresentar reclamações a alguém.
representative [ˌreprɪ'zentətɪv] <> *adj* representativo(va); **~ (of sb/sthg)** representativo(va) (de alguém/algo). <> *n* **-1.** [of company, organization, group] representante *mf* **-2.** *COMM*: **(sales) ~** representante *mf* (de vendas) **-3.** *US POL* deputado *m*, -da *f*.
repress [rɪ'pres] *vt* reprimir.
repression [rɪ'preʃn] *n (U)* repressão *f*.
reprieve [rɪ'pri:v] <> *n* **-1.** [of death sentence] indulto *m* **-2.** [respite] trégua *f*. <> *vt* indultar.
reprimand ['reprɪmɑ:nd] <> *n* reprimenda *f*, repreensão *f*. <> *vt* repreender.
reprisal [rɪ'praɪzl] *n* retaliação *f*, represália *f*.
reproach [rɪ'prəʊtʃ] <> *n* **-1.** *(U)* [disapproval] censura *f*, repreensão *f* **-2.** [words of blame] acusação *f*. <> *vt*: **to ~ sb (for** *OR* **with sthg)** censurar *OR* repreender alguém (por algo).
reproachful [rɪ'prəʊtʃfʊl] *adj* de reprovação.
reproduce [ˌri:prə'dju:s] <> *vt* reproduzir. <> *vi* reproduzir-se.
reproduction [ˌri:prə'dʌkʃn] *n* reprodução *f*.
reproof [rɪ'pru:f] *n* **-1.** [words of blame] censura *f* **-2.** *(U)* [disapproval] reprovação *f*.
reprove [rɪ'pru:f] *vt*: **to ~ sb (for sthg)** reprovar alguém (por algo).
reptile ['reptaɪl] *n* réptil *m*.
republic [rɪ'pʌblɪk] *n* república *f*.
republican [rɪ'pʌblɪkən] <> *adj* republicano(na). <> *n* republicano *m*, -na *f*.
◆ **Republican** <> *adj* **-1.** [in USA] republicano(na); **the Republican Party** o Partido Republicano **-2.** [in Northern Ireland] independentista. <> *n* **-1.** [in USA] republicano *m*, -na *f* **-2.** [in Northern Ireland] independentista *mf*.
repudiate [rɪ'pju:dɪeɪt] *vt fml* repudiar.
repulse [rɪ'pʌls] *vt* repelir.
repulsive [rɪ'pʌlsɪv] *adj* repulsivo(va).
reputable ['repjʊtəbl] *adj* de boa reputação.
reputation [ˌrepjʊ'teɪʃn] *n* reputação *f*.
repute [rɪ'pju:t] *n (U) fml* [reputation]: **of good/ill ~** de boa/má reputação.
reputed [rɪ'pju:tɪd] *adj* de renome; **to be ~ to be/do sthg** ter fama de ser/fazer algo.
reputedly [rɪ'pju:tɪdlɪ] *adv* supostamente, segundo dizem.
request [rɪ'kwest] <> *n*: **~ (for sthg)** solicitação *f* (de algo); **on ~** através de solicitação. <> *vt* solicitar, pedir; **to ~ sb to do sthg** solicitar a alguém que faça algo.
request stop *n UK* parada *f* de ônibus não-obrigatória.
require [rɪ'kwaɪəʳ] *vt* **-1.** [need] requerer, necessitar de **-2.** [demand] exigir; **to ~ sb to do sthg** exigir que alguém faça algo; **employees are ~d to wear a uniform** exige-se que os funcionários usem uniformes.
required [rɪ'kwaɪəd] *adj* necessário(ria); **formal dress is ~d** exigem-se trajes formais.
requirement [rɪ'kwaɪəmənt] *n* **-1.** [need] necessidade *f* **-2.** [condition] requisito *m*, condição *f*.
requisition [ˌrekwɪ'zɪʃn] *vt* requisitar.
reran [ˌri:'ræn] *pt* ▷ **rerun**.
rerun [*n* 'ri:ˌrʌn , *vb* ri:'rʌn] (*pt* **reran**, *pp* **rerun**, *cont* **-ning**) <> *n* **-1.** [film, programme] reprise *f* **-2.** [similar situation] repetição *f*. <> *vt* **-1.** [race, competition] voltar a participar de **-2.** [film, programme] reprisar **-3.** [tape] pôr novamente.
resat [ˌri:'sæt] *pt* & *pp* ▷ **resit**.
rescind [rɪ'sɪnd] *vt* [*JUR* - contract] rescindir; [- law] revogar.
rescue ['reskju:] <> *n* **-1.** [help] auxílio *f* **-2.** [successful attempt] resgate *m*, salvamento *m*. <> *vt* resgatar, salvar; **to ~ sb from sb/sthg** resgatar *OR* salvar alguém de alguém/algo; **to ~ sthg from sb/sthg** salvar algo de alguém/algo.
rescuer ['reskjʊəʳ] *n* resgatador *m*, -ra *f*.
research [ˌrɪ'sɜ:tʃ] <> *n (U)*: **~ (on** *OR* **into sthg)** pesquisa *f* (sobre algo); **~ and development** pesquisa e desenvolvimento. <> *vt* pesquisar, fazer uma pesquisa sobre.
researcher [rɪ'sɜ:tʃəʳ] *n* pesquisador *m*, -ra *f*.
resemblance [rɪ'zembləns] *n* semelhança *f*; **~ to sb/sthg** semelhança com alguém/algo; **~ between** semelhança entre.

resemble [rɪ'zembl] *vt* assemelhar-se a, parecer-se com.

resent [rɪ'zent] *vt* ofender-se com, ressentir-se de.

resentful [rɪ'zentfʊl] *adj* ressentido(da).

resentment [rɪ'zentmənt] *n (U)* ressentimento *m*.

reservation [ˌrezə'veɪʃn] *n* **-1.** [gen] reserva *f*; **without ~** sem reserva **-2.** *US* [for Native Americans] reserva *f* (indígena).
◆ **reservations** *npl* [doubts] reservas *fpl*, dúvidas *fpl*.

reserve [rɪ'zɜ:v] ◇ *n* reserva *f*; **in ~** de reserva. ◇ *vt* **-1.** [keep for particular purpose]: **to ~ sthg for sb/sthg** reservar algo para alguém/algo **-2.** [retain]: **to ~ the right to do sthg** reservar-se o direito de fazer algo.

reserved [rɪ'zɜ:vd] *adj* reservado(da).

reservoir ['rezəvwɑ:ʳ] *n* [lake] reservatório *m* natural.

reset [ˌri:'set] (*pt* & *pp* **reset**, *cont* **-ting**) *vt* **-1.** [clock, meter, controls] reajustar **-2.** *COMPUT* reinicializar.

reshape [ˌri:'ʃeɪp] *vt* reformar, remodelar.

reshuffle [ˌri:'ʃʌfl] ◇ *n POL* reorganização *f*, reforma *f*; **cabinet ~** reforma *f* do gabinete. ◇ *vt ADMIN* & *POL* reformar.

reside [rɪ'zaɪd] *vi fml* residir; **happiness does not ~ in wealth** a felicidade não reside na riqueza.

residence ['rezɪdəns] *n* **-1.** [house] residência *f* **-2.** *(U)* [fact of residing]: **to apply for ~** solicitar visto de residência; **to take up ~** *fml* estabelecer residência (em), instalar-se **-3.** *(U) UNIV*: **writer in ~** escritor(ra) residente *(que atua temporariamente numa universidade)*.

residence permit *n* visto *m* de residência.

resident ['rezɪdənt] ◇ *adj* residente; **she's been ~ in France for two years** faz dois anos que ela está morando na França. ◇ *n* residente *mf*.

residential [ˌrezɪ'denʃl] *adj* em regime de internato.

residential area *n* zona *f* residencial.

residue ['rezɪdju:] *n CHEM* resíduo *m*.

resign [rɪ'zaɪn] ◇ *vt* **-1.** [give up - job] demitir-se de; [- post] renunciar a **-2.** [accept calmly]: **to ~ o.s. to sthg** resignar-se a algo. ◇ *vi* pedir demissão, demitir-se; **to ~ (from sthg)** pedir demissão *OR* demitir-se (de algo).

resignation [ˌrezɪg'neɪʃn] *n* **-1.** [from job] demissão *f* **-2.** [from post] renúncia *f* **-3.** *(U)* [calm acceptance] resignação *f*.

resigned [rɪ'zaɪnd] *adj*: **~ (to sthg)** resignado(da) (a algo).

resilient [rɪ'zɪlɪənt] *adj* **-1.** [rubber, metal] elástico(ca) **-2.** [person] que se recupera rapidamente, resistente.

resin ['rezɪn] *n (U)* resina *f*.

resist [rɪ'zɪst] *vt* **-1.** [gen] resistir a **-2.** [oppose] opor-se a.

resistance [rɪ'zɪstəns] *n (U)* **-1.** [to enemy, attack, infection] resistência *f*; **~ to sthg** resistência a algo **-2.** [to change, proposal, attempt] oposição *f*.

resit [*n* 'ri:sɪt, *vb* ˌri:'sɪt] (*pt* & *pp* **resat**, *cont* **-ting**) *UK* ◇ *n* exame *m* de recuperação. ◇ *vt* fazer de novo *(um exame)*.

resolute ['rezəlu:t] *adj* resoluto(ta), determinado(da).

resolution [ˌrezə'lu:ʃn] *n* **-1.** [gen] resolução *f* **-2.** [vow, promise] promessa *f*.

resolve [rɪ'zɒlv] ◇ *n (U)* resolução *f*. ◇ *vt* [solve] resolver; [vow, promise]: **to ~ that** prometer que; **to ~ to do sthg** resolver fazer algo.

resort [rɪ'zɔ:t] *n* **-1.** [for holidays] estância *f* de férias **-2.** [solution]: **as a last ~** como último recurso; **in the last ~** em última instância.
◆ **resort to** *vt fus* apelar para.

resound [rɪ'zaʊnd] *vi* **-1.** [noise] ressoar, retumbar **-2.** [place]: **the room ~ed with laughter** as risadas ressoavam em toda a sala.

resounding [rɪ'zaʊndɪŋ] *adj* **-1.** [gen] retumbante **-2.** [extremely loud] estrondoso(sa) **-3.** [unequivocal] clamoroso(sa).

resource [rɪ'sɔ:s] *n* recurso *m*.

resourceful [rɪ'sɔ:sfʊl] *adj* versátil, habilidoso(sa).

respect [rɪ'spekt] ◇ *n (U)* respeito *m*; **~ (for sb/sthg)** respeito *m* *OR* admiração *f* (por alguém/algo); **with ~, ...** com todo o respeito, ...; **in this ~** a este respeito; **in that ~** quanto a isso. ◇ *vt* respeitar; **to ~ sb for sthg** respeitar alguém por algo.
◆ **respects** *npl* saudações *fpl*, cumprimentos *mpl*.
◆ **with respect to** *prep* com respeito a.

respectable [rɪ'spektəbl] *adj* respeitável.

respectful [rɪ'spektfʊl] *adj* respeitoso(sa).

respective [rɪ'spektɪv] *adj* respectivo(va).

respectively [rɪ'spektɪvlɪ] *adv* respectivamente.

respite ['respaɪt] *n* **-1.** [pause] descanso *m* **-2.** [delay] adiamento *m*, novo prazo *m*.

resplendent [rɪ'splendənt] *adj literary* resplandescente.

respond [rɪ'spɒnd] *vi*: **to ~ (to sthg)** responder (a algo); **to ~ by doing sthg** responder fazendo algo.

response [rɪ'spɒns] *n* resposta *f*.

responsibility [rɪˌspɒnsə'bɪlətɪ] (*pl* **-ies**) *n*: **~ (for sthg)** responsabilidade *f* (por algo); **~ (to sb)** responsabilidade *f* (diante de alguém).

responsible [rɪ'spɒnsəbl] *adj* **-1.** [gen]: **~ (for sthg)** responsável (por algo) **-2.** [answerable]: **~ to sb** que presta contas a alguém **-3.** [requiring sense] de responsabilidade.

responsibly [rɪ'spɒnsəblɪ] *adv* de forma responsável.

responsive [rɪ'spɒnsɪv] *adj* que responde muito bem; ~ **(to sthg)** sensível *OR* atencioso(sa) (a algo).

rest [rest] <> *n* **-1.** [remainder]: **the** ~ o resto; **the** ~ **of** o resto de **-2.** *(U)* [relaxation] descanso *m* **-3.** [break] pausa *f*, descanso *m* **-4.** [support] apoio *m*. <> *vt* **-1.** [relax] descansar **-2.** [support, lean]: **to** ~ **sthg on/against sthg** apoiar *OR* descansar algo em algo **-3.** *phr*: ~ **assured (that)** fique descansado(da) que. <> *vi* **-1.** [relax, be still] descansar **-2.** [depend]: **to** ~ **(up)on sb/sthg** depender de alguém/algo **-3.** [be supported]: **to** ~ **on/against sthg** apoiar-se em/contra algo.

restaurant ['restərɒnt] *n* restaurante *m*.

restaurant car *n UK* vagão-restaurante *m*.

restful ['restfʊl] *adj* tranqüilo(la), sossegado(da).

rest home *n* **-1.** [for the elderly] lar *m* de idosos **-2.** [for the sick] casa *f* de repouso.

restive ['restɪv] *adj* inquieto(ta).

restless ['restlɪs] *adj* **-1.** [bored, dissatisfied] impaciente **-2.** [fidgety] inquieto(ta), agitado(da) **-3.** [sleepless]: **a** ~ **night** uma noite em claro.

restoration [ˌrestə'reɪʃn] *n (U)* restauração *f*.

restore [rɪ'stɔːʳ] *vt* **-1.** [reestablish, bring back] restabelecer; **the king was** ~**ed to power** o rei foi reconduzido ao poder; **I feel completely** ~**ed to health** sinto-me totalmente recuperado(da); **to** ~ **sthg to sb/sthg** devolver algo a alguém/algo **-2.** [renovate] restaurar **-3.** [give back] restituir.

restrain [rɪ'streɪn] *vt* **-1.** [gen] reprimir; **to** ~ **o.s. from doing sthg** conter-se para não fazer algo **-2.** [overpower, bring under control] controlar.

restrained [rɪ'streɪnd] *adj* comedido(da).

restraint [rɪ'streɪnt] *n* **-1.** [rule, check] restrição *f*, limitação *f* **-2.** *(U)* [control] controle *m*.

restrict [rɪ'strɪkt] *vt* restringir, limitar; **to** ~ **sb to sthg** restringir alguém a algo; **to** ~ **sthg to sb/sthg** restringir algo a alguém/algo.

restriction [rɪ'strɪkʃn] *n* **-1.** [limitation, regulation] restrição *f* **-2.** *(U)* [impediment, hindrance] limitação *f*.

restrictive [rɪ'strɪktɪv] *adj* restritivo(va).

rest room *n US* banheiro *m*.

result [rɪ'zʌlt] <> *n* resultado *m*; **as a** ~ como resultado, por conseguinte; **as a** ~ **of sthg** como resultado de algo. <> *vi*: **to** ~ **in sthg** ter algo como resultado; **to** ~ **from sthg** ser resultado de algo.

resume [rɪ'zjuːm] <> *vt* **-1.** [activity] recomeçar **-2.** *fml* [place, position] retomar. <> *vi* recomeçar, continuar.

résumé ['rezjuːmeɪ] *n* **-1.** [summary] resumo *m* **-2.** *US* [of career, qualifications] currículo *m*.

resumption [rɪ'zʌmpʃn] *n (U)* retomada *f*.

resurgence [rɪ'sɜːdʒəns] *n (U)* ressurgimento *m*.

resurrection [ˌrezə'rekʃn] *n (U)* ressurreição *f*.

resuscitation [rɪˌsʌsɪ'teɪʃn] *n (U)* ressuscitação *f*, reanimação *f*.

retail ['riːteɪl] <> *n (U)* varejo *m*. <> *adv* no varejo. <> *vi*: **to** ~ **at** ser vendido(da) no varejo.

retailer ['riːteɪləʳ] *n* varejista *mf*.

retail price *n* preço *m* no varejo.

retain [rɪ'teɪn] *vt* reter.

retainer [rɪ'teɪnəʳ] *n* [fee] adiantamento *m*.

retaliate [rɪ'tælɪeɪt] *vi* retaliar.

retaliation [rɪˌtælɪ'eɪʃn] *n* retaliação *f*.

retarded [rɪ'tɑːdɪd] *adj* mentalmente retardado(da).

retch [retʃ] *vi* fazer força para vomitar.

retentive [rɪ'tentɪv] *adj* retentivo(va).

reticent ['retɪsənt] *adj* reticente.

retina ['retɪnə] (*pl* **-nas** *OR* **-nae** [-niːl]) *n* retina *f*.

retinue ['retɪnjuː] *n* séquito *m*.

retire [rɪ'taɪəʳ] *vi* **-1.** [from work] aposentar-se **-2.** *fml* [to another place] retirar-se **-3.** *fml* [to bed] recolher-se.

retired [rɪ'taɪəd] *adj* aposentado(da).

retirement [rɪ'taɪəmənt] *n* aposentadoria *f*.

retiring [rɪ'taɪərɪŋ] *adj* [shy] retraído(da), tímido(da).

retort [rɪ'tɔːt] <> *n* réplica *f*. <> *vt*: **to** ~ **(that)** retrucar (que).

retrace [rɪ'treɪs] *vt*: **to** ~ **one's steps** refazer o mesmo caminho.

retract [rɪ'trækt] <> *vt* **-1.** [take back] retratar **-2.** [draw in] recolher. <> *vi* [be drawn in] recolher-se.

retrain [ˌriː'treɪn] *vt* reabilitar.

retraining [ˌriː'treɪnɪŋ] *n (U)* reciclagem *f*.

retread ['riːtred] *n* pneu *m* recauchutado.

retreat [rɪ'triːt] <> *n* **-1.** *MIL* [withdrawal]: ~ **(from)** retirada *f* (de) **-2.** [refuge] refúgio *m*. <> *vi*: **to** ~ **(to/from)** retirar-se (para/de).

retribution [ˌretrɪ'bjuːʃn] *n (U)* castigo *m* merecido.

retrieval [rɪ'triːvl] *n (U) COMPUT* recuperação *f*.

retrieve [rɪ'triːv] *vt* **-1.** [get back] reaver **-2.** *COMPUT* recuperar **-3.** [rescue, rectify] reparar, remediar.

retriever [rɪ'triːvəʳ] *n* [dog] perdigueiro *m*; [of specific breed] labrador *m*.

retrograde ['retrəgreɪd] *adj fml* retrógrado(da);a ~ **step** um passo para trás.

retrospect ['retrəspekt] *n (U)*: **in** ~ em retrospecto.

retrospective [ˌretrə'spektɪv] *adj* **-1.** [mood,

look] retrospectivo(va) **-2.** [law, pay rise] retroativo (va).

return [rɪ'tɜ:n] <> *n* **-1.** *(U)* [arrival back] volta *f*, regresso *m*; ~ **(to)** regresso *m* (para); ~ **to sthg** *fig* volta a algo **-2.** [giving back] devolução *f* **-3.** *TENNIS* rebatida *f* **-4.** *UK* [ticket] passagem *f* de ida e volta **-5.** [profit] retorno *m* **-6.** *COMPUT* [on keyboard] tecla *f* Return. <> *vt* **-1.** [gen] devolver **-2.** [reciprocate, give in exchange] retribuir **-3.** *JUR* dar **-4.** *POL* eleger. <> *vi*: **to** ~ **(from/to)** voltar (de/a).

◆ **returns** *npl* **-1.** *COMM* retorno *m*, rendimentos *mpl* **-2.** [on birthday]: **many happy** ~**s (of the day)!** que a data se repita por muitos e muitos anos!

◆ **in return** *adv* em troca.

◆ **in return for** *prep* em troca de.

return ticket *n UK* passagem *f* de ida e volta.

reunification [ˌri:ju:nɪfɪ'keɪʃn] *n (U)* reunificação *f*.

reunion [ˌri:'ju:njən] *n* reunião *f*.

reunite [ˌri:ju:'naɪt] *vt* reunir; **to be** ~**d with sb/sthg** estar reunido com alguém/algo.

rev [rev] (*pt* & *pp* **-ved**, *cont* **-ving**) *inf* <> *n* (*abbr of* **revolution**) rotação *f*. <> *vt*: **to** ~ **sthg (up)** acelerar algo. <> *vi*: **to** ~ **(up)** acelerar o motor.

revamp [ˌri:'væmp] *vt inf* **-1.** [reorganize] reformar **-2.** [redecorate] redecorar.

reveal [rɪ'vi:l] *vt* revelar.

revealing [rɪ'vi:lɪŋ] *adj* **-1.** [clothes]: **a** ~ **dress** um vestido que mostra tudo **-2.** [comment] revelador(ra), esclarecedor(ra).

reveille [*UK* rɪ'vælɪ, *US* 'revəlɪ] *n* toque *m* de alvorada.

revel ['revl] (*UK pt* & *pp* **-led**, *cont* **-ling**, *US pt* & *pp* **-ed**, *cont* **-ing**) *vi*: **to** ~ **in sthg** desfrutar de algo, deleitar-se com algo.

revelation [ˌrevə'leɪʃn] *n* **-1.** [surprising fact] revelação *f* **-2.** [surprising experience] surpresa *f*.

revenge [rɪ'vendʒ] <> *n (U)* vingança *f*; **to take** ~ **(on sb)** vingar-se (de alguém). <> *vt* vingar; **to** ~ **o.s. on sb/sthg** vingar-se de alguém/algo.

revenue ['revənju:] *n* **-1.** [income] receita *f* **-2.** [from investment] rendimento *f* **-3.** *UK FIN*: **the Inland Revenue** a Receita Federal.

reverberate [rɪ'vɜ:bəreɪt] *vi* **-1.** [re-echo] ressoar, retumbar **-2.** [have repercussions] repercutir.

reverberations [rɪˌvɜ:bə'reɪʃnz] *npl* **-1.** [echoes] reverberação *f* **-2.** [repercussions] repercussões *fpl*.

revere [rɪ'vɪəʳ] *vt fml* reverenciar, venerar.

reverence ['revərəns] *n (U) fml* reverência *f*.

Reverend ['revərənd] *n* reverendo *m*.

reverie ['revərɪ] *n fml* devaneio *m*.

reversal [rɪ'vɜ:sl] *n* **-1.** [of trend, policy, decision] reviravolta *f* **-2.** [of roles, order, position] inversão *f* **-3.** [piece of ill luck] contratempo *m*.

reverse [rɪ'vɜ:s] <> *adj* reverso(sa), inverso(sa). <> *n* **-1.** *AUT*: ~ **(gear)** marcha *f* à ré **-2.** [opposite]: **the** ~ o contrário **-3.** [back, other side - of paper] verso *m*; [- of coin] outro lado *m*. <> *vt* **-1.** *AUT* dar marcha à ré em **-2.** [trend, policy, decision] reverter **-3.** [roles, order, position] inverter **-4.** [turn over] virar **-5.** *UK TELEC*: **to** ~ **the charges** fazer uma ligação a cobrar. <> *vi AUT* dar marcha à ré.

reverse-charge call *n UK* chamada *f* a cobrar.

reversing light [rɪ'vɜ:sɪŋ-] *n UK* luz *f* de ré.

revert [rɪ'vɜ:t] *vi*: **to** ~ **to sthg** voltar a algo.

review [rɪ'vju:] <> *n* **-1.** [examination] revisão *f*, reavaliação *f* **-2.** [critique] crítica *f*, resenha *f*. <> *vt* **-1.** [reassess] reavaliar **-2.** [write an article on] fazer resenha *OR* crítica de **-3.** [troops] passar em revista **-4.** *US* [study] revisar.

reviewer [rɪ'vju:əʳ] *n* crítico *m*, -ca *f*.

revile [rɪ'vaɪl] *vt literary* insultar, injuriar.

revise [rɪ'vaɪz] <> *vt* **-1.** [reconsider] revisar **-2.** [rewrite] corrigir, alterar **-3.** *UK* [study] revisar. <> *vi UK*: **to** ~ **(for sthg)** fazer revisão (para algo).

revision [rɪ'vɪʒn] *n* **-1.** [alteration] alteração *f*, correção *f* **-2.** *(U)* [study] revisão *f*.

revitalize, -ise [ˌri:'vaɪtəlaɪz] *vt* revitalizar.

revival [rɪ'vaɪvl] *n* **-1.** *COMM* reativação *f* **-2.** [of interest, cultural activity] renovação *f* **-3.** [of play] revival *m*.

revive [rɪ'vaɪv] <> *vt* **-1.** [resuscitate] ressuscitar **-2.** [revitalize - plant, economy] revitalizar; [- interest, hopes] despertar **-3.** [bring back into use, being - tradition] restabelecer; [- musical, play] reviver; [- memories] trazer à baila. <> *vi* **-1.** [regain consciousness] voltar a si, recobrar os sentidos **-2.** [be revitalized - plant, economy] revitalizar-se; [- interest, hopes] renovar-se.

revolt [rɪ'vəʊlt] <> *n* revolta *f*, rebelião *f*. <> *vt* revoltar. <> *vi*: **to** ~ **(against sb/sthg)** revoltar-se *OR* rebelar-se (contra alguém/algo).

revolting [rɪ'vəʊltɪŋ] *adj* revoltante, repugnante.

revolution [ˌrevə'lu:ʃn] *n* revolução *f*; ~ **in sthg** revolução em algo.

revolutionary [revə'lu:ʃnərɪ] (*pl* **-ies**) <> *adj* revolucionário(ria). <> *n POL* revolucionário *m*, -ria *f*.

revolve [rɪ'vɒlv] *vi* girar, dar voltas; **to** ~ **(a)round sthg** girar em torno de algo; **to** ~ **(a)round sb** girar em torno de alguém.

revolver [rɪ'vɒlvəʳ] *n* revólver *m*.

revolving [rɪ'vɒlvɪŋ] *adj* giratório(ria).

revolving door *n* porta *f* giratória.

revue [rɪ'vju:] *n* teatro *m* de revista.
revulsion [rɪ'vʌlʃn] *n (U)* repugnância *f*, asco *m*.
reward [rɪ'wɔ:d] <> *n* **-1.** [recompense] recompensa *f* **-2.** [sum of money] recompensa *f*, gratificação *f*. <> *vt* recompensar; **to ~ sb for/with sthg** recompensar alguém por/com algo.
rewarding [rɪ'wɔ:dɪŋ] *adj* gratificante.
rewind [ˌri:'waɪnd] (*pt* & *pp* **rewound**) *vt* rebobinar.
rewire [ˌri:'waɪəʳ] *vt* trocar a fiação elétrica de.
reword [ˌri:'wɜ:d] *vt* expressar com outras palavras.
rewound [ˌri:'waʊnd] *pt* & *pp* ▷ **rewind**.
rewrite [ˌri:'raɪt] (*pt* **rewrote** [ˌri:'rəʊt], *pp* **rewritten** [ˌri:'rɪtn]) *vt* reescrever.
Reykjavik ['rekjəvɪk] *n* Reykjavik.
rhapsody ['ræpsədɪ] (*pl* **-ies**) *n* **-1.** MUS rapsódia *f* **-2.** [strong approval] entusiasmo *m*.
rhetoric ['retərɪk] *n (U)* retórica *f*.
rhetorical question [rɪ'tɒrɪkl-] *n* pergunta *f* retórica.
rheumatism ['ru:mətɪzm] *n (U)* reumatismo *m*.
Rhine [rain] *n*: **the ~** o Reno.
rhino ['raɪnəʊ] (*pl inv* OR **-s**) *n inf* rino *m*.
rhinoceros [raɪ'nɒsərəs] (*pl inv* OR **-es**) *n* rinoceronte *m*.
rhododendron [ˌrəʊdə'dendrən] *n* rododendro *m*.
Rhone *n*: **the (River) ~** o rio Ródano.
rhubarb ['ru:bɑ:b] *n (U)* ruibarbo *m*.
rhyme [raɪm] <> *n* **-1.** [word] rima *f* **-2.** [poem] poesia *f*, versos *mpl*. <> *vi* rimar; **to ~ with sthg** rimar com algo.
rhythm ['rɪðm] *n* ritmo *m*.
rib [rɪb] *n* **-1.** ANAT costela *f* **-2.** [of metal or wood] vareta *f*.
ribbed [rɪbd] *adj* canelado(da).
ribbon ['rɪbən] *n* fita *f*.
rice [raɪs] *n (U)* arroz *m*.
rice pudding *n* arroz-doce *m*, arroz-de-leite *m*.
rich [rɪtʃ] <> *adj* **-1.** [gen] rico(ca); **to be ~ in sthg** ser rico(ca) em algo **-2.** [indigestible] pesado(da). <> *npl*: **the ~** os ricos.
◆ **riches** *npl* **-1.** [natural resources] riquezas *fpl* **-2.** [wealth] riqueza *f*.
richly ['rɪtʃlɪ] *adv* [gen] ricamente.
richness ['rɪtʃnɪs] *n (U)* **-1.** [gen] riqueza *f* **-2.** [of food] peso *m*.
rickets ['rɪkɪts] *n (U)* raquitismo *m*.
rickety ['rɪkətɪ] *adj* instável, sem solidez.
rickshaw ['rɪkʃɔ:] *n* jinriquixá *m*.
ricochet ['rɪkəʃeɪ] (*pt* & *pp* **-ed** OR **-ted**, *cont* **-ing** OR **-ting**) <> *n* ricochete *m*. <> *vi* ricochetear; **to ~ off sthg** ricochetear em algo.
rid [rɪd] (*pt* **rid** OR **-ded**, *pp* **rid**, *cont* **-ding**) *vt*: **to ~ sb/sthg of sthg** livrar alguém/algo de algo; **to ~ o.s. of sthg** livrar-se de algo; **to get ~ of sb/sthg** livrar-se de alguém/algo.
ridden ['rɪdn] *pp* ▷ **ride**.
riddle ['rɪdl] *n* **-1.** [verbal puzzle] adivinhação *f* **-2.** [mystery] enigma *m*.
riddled ['rɪdld] *adj* **-1.** [holes, errors] cheio (cheia) **-2.** [bullet holes] crivado(da) **-3.** [woodworm] infestado(da).
ride [raɪd] (*pt* **rode**, *pp* **ridden**) <> *n* **-1.** [gen] passeio *m*; **to go for a** OR **horse/bike ~** dar um passeio a cavalo/de bicicleta; **to go for a car ~** dar uma volta OR um passeio de carro **-2.** *phr*: **to take sb for a ~** *inf* [trick] levar alguém no bico. <> *vt* **-1.** [horse] montar em **-2.** [bicycle, motorbike] andar de **-3.** [distance] percorrer **-4.** *US* [travel in] ir de. <> *vi* **-1.** [on horseback] montar **-2.** [on bicycle] andar de bicicleta **-3.** [on motorbike] andar de moto **-4.** [in car, bus]: **to ~ in sthg** andar de algo.
rider ['raɪdəʳ] *n* **-1.** [on horseback - male] cavaleiro *m*; [- female] amazona *f* **-2.** [on bicycle] ciclista *mf* **-3.** [on motorbike] motoqueiro *m*, -ra *f*.
ridge [rɪdʒ] *n* **-1.** [on mountain] crista *f* **-2.** [on flat surface - in sand, of muscles] saliência *f*; [- in fabric] ruga *f*.
ridicule ['rɪdɪkju:l] <> *n (U)* zombaria *f*. <> *vt* ridicularizar.
ridiculous [rɪ'dɪkjʊləs] *adj* ridículo(la).
riding ['raɪdɪŋ] *n (U)* equitação *f*.
riding school *n* escola *f* de equitação.
rife [raɪf] *adj* muito comum.
riffraff ['rɪfræf] *n (U)* gentalha *f*, ralé *f*.
rifle ['raɪfl] <> *n* rifle *m*. <> *vt* roubar.
rifle range *n* estande *m* de tiro ao alvo.
rift [rɪft] *n* **-1.** GEOL fenda *f* **-2.** [quarrel] desavença *f*; **~ between/in** desavença entre/em.
rig [rɪg] (*pt* & *pp* **-ged**, *cont* **-ging**) <> *n* [structure - onshore] torre *f* de perfuração; [- offshore] plataforma *f* petrolífera. <> *vt* manipular.
◆ **rig up** *vt sep* armar, construir.
rigging ['rɪgɪŋ] *n* **-1.** [of ship] *(U)* cordame *m* **-2.** [of votes] fraude *f* em uma votação.
right [raɪt] <> *adj* **-1.** [gen] certo(ta), correto(ta); **to be ~ about sthg** estar certo(ta) sobre algo, ter razão sobre algo; **to be ~ to do sthg** estar certo(ta) ao fazer algo **-2.** [going well] bem **-3.** [socially desirable, appropriate] apropriado(da) **-4.** [not left] direito(ta) **-5.** *UK inf* [complete] perfeito(ta). <> *adv* **-1.** [correctly] corretamente, bem **-2.** [not left] para a direita **-3.** [emphatic use]: **~ here** aqui mesmo; **~ down** bem para baixo; **~ in the middle** bem no

meio **-4.** [immediately]**: I'll be ~ back** eu já volto; **~ after Christmas** logo depois do Natal; **~ now** [immediately] agora; [at this very moment] já; **~ away** em seguida. ◇ *n* **-1.** *(U)* [moral correctness] certo *m*; **to be in the ~** ter razão **-2.** [entitlement, claim] direito *m*; **by ~s** por direito **-3.** [right-hand side] direita *f*; **on the ~** à direita. ◇ *vt* **-1.** [correct] corrigir **-2.** [make upright] endireitar. ◇ *excl* certo!

◆ **Right** *n POL*: **the Right** a direita.

right angle *n* ângulo *m* reto; **at ~s to sthg** em ângulo reto com algo.

righteous [ˈraɪtʃəs] *adj* **-1.** [anger, indignation] justo(ta) **-2.** [person] honrado(da).

rightful [ˈraɪtfʊl] *adj* legítimo(ma).

right-hand *adj* direito(ta); **~ side** o lado direito.

right-hand drive *adj* com direção do lado direito.

right-handed [-ˈhændɪd] *adj* destro(tra).

right-hand man *n* braço *m* direito.

rightly [ˈraɪtlɪ] *adv* **-1.** [gen] corretamente **-2.** [justifiably] com razão.

right of way *n* **-1.** *AUT* preferência *f* **-2.** [access] direito *m* de passagem.

right wing *n*: **the ~** a direita.

◆ **right-wing** *adj* de direita.

rigmarole [ˈrɪgmərəʊl] *n inf pej* **-1.** [process] ritual *m* **-2.** [story] ladainha *f*.

rigor *n US* = **rigour**.

rigorous [ˈrɪgərəs] *adj* rigoroso(sa).

rigour *UK*, **rigor** *US* [ˈrɪgəʳ] *n (U)* rigor *m*.

◆ **rigours** *npl* rigores *mpl*.

rile [raɪl] *vt* irritar.

rim [rɪm] *n* **-1.** [top edge of container] borda *f* **-2.** [outer edge of round object - of spectacles, glass] moldura *f*; [- of wheel] aro *m*.

rind [raɪnd] *n* casca *f*.

ring [rɪŋ] (*pt* **rang**, *pp vt senses 1* & *2* & *vi* **rung**, *pt* & *pp vt senses 3* & *4 only* **ringed**) ◇ *n* **-1.** [telephone call]: **to give sb a ~** dar uma ligada para alguém **-2.** [sound of bell] toque *m* **-3.** [quality, tone] tom *m*; **it has a familiar ~** soa familiar **-4.** [circular object - for curtains, napkin] argola *f*; **napkin ~** argola *f* para guardanapo; [- hoop] aro *m* **-5.** [piece of jewellery] anel *m* **-6.** [of people, trees] círculo *m* **-7.** [for boxing] ringue *m* **-8.** [people working together] cartel *m*. ◇ *vt* **-1.** *UK* [phone] telefonar para, ligar para **-2.** [bell, doorbell] tocar **-3.** [draw a circle round] fazer um círculo ao redor de **-4.** [surround] cercar, rodear; **to be ~ed with sthg** estar cercado(da) de algo. ◇ *vi* **-1.** *UK* [phone] telefonar, ligar **-2.** [bell, doorbell] tocar **-3.** [to attract attention]: **to ~ (for sb/sthg)** chamar (por alguém/algo) **-4.** [resound]: **to ~ with sthg** ressoar com algo.

◆ **ring back** *UK* ◇ *vt sep* voltar a ligar para. ◇ *vi* voltar a ligar.

◆ **ring off** *vi UK* desligar.

◆ **ring up** *vt sep UK* ligar.

ring binder *n* fichário *m* com aros de metal.

ringing [ˈrɪŋɪŋ] *n* **-1.** *(U)* [of bell] toque *m* **-2.** *(U)* [in ears] zumbido *m*.

ringing tone *n UK TELEC* tom *m* de discagem.

ringleader [ˈrɪŋˌliːdəʳ] *n* cabeça *m*.

ringlet [ˈrɪŋlɪt] *n* anel *m* de cabelo.

ring road *n UK* anel *m* rodoviário.

ring tone *n* [for mobile phone] toque *m* musical.

rink [rɪŋk] *n* rinque *m*.

rinse [rɪns] *vt* enxagüar; **to ~ one's mouth out** enxagüar a boca.

riot [ˈraɪət] ◇ *n* desordem *f*; **to run ~** descontrolar-se. ◇ *vi* amotinar-se.

rioter [ˈraɪətəʳ] *n* desordeiro *m*, -ra *f*.

riotous [ˈraɪətəs] *adj* **-1.** [party] barulhento(ta) **-2.** [behaviour, mob] desordeiro(ra).

riot police *npl* tropa *f* de choque.

rip [rɪp] (*pt* & *pp* **-ped**, *cont* **-ping**) ◇ *n* rasgão *m*. ◇ *vt* **-1.** [tear, shred] rasgar **-2.** [remove] arrancar. ◇ *vi* rasgar.

RIP (*abbr of* **rest in peace**) descanse em paz.

ripe [raɪp] *adj* maduro(ra); **to be ~ (for sthg)** *fig* estar pronto(ta) (para algo).

ripen [ˈraɪpn] *vt* & *vi* amadurecer.

rip-off *n inf* **-1.** [swindle] assalto *m* **-2.** [imitation] imitação *f* barata.

ripple [ˈrɪpl] ◇ *n* **-1.** [in water] ondulação *f* **-2.** [of laughter, applause] onda *f*. ◇ *vt* ondular.

rise [raɪz] (*pt* **rose**, *pp* **risen** [ˈrɪzn]) ◇ *n* **-1.** *UK* [increase in amount] aumento *m*, subida *f* **-2.** *UK* [increase in salary] aumento *m* **-3.** [to power, fame] ascensão *f* **-4.** [slope] ladeira *f* **-5.** *phr*: **to give ~ to sthg** originar algo. ◇ *vi* **-1.** [gen] elevar-se **-2.** [sun, moon] nascer, sair **-3.** *UK* [increase] aumentar, subir **-4.** [stand up] levantar-se **-5.** *literary* [get out of bed] levantar-se **-6.** [to a challenge]: **to ~ to sthg** mostrar-se à altura de algo; **to ~ to the occasion** elevar-se à altura (de algo) **-7.** [rebel] sublevar-se **-8.** [in status] ascender; **to ~ to sthg** ascender a algo **-9.** [bread, soufflé] crescer.

rising [ˈraɪzɪŋ] ◇ *adj* **-1.** [gen] em ascensão **-2.** [sloping upwards] em aclive **-3.** [tide] que sobe. ◇ *n* [rebellion] levante *m*, rebelião *f*.

risk [rɪsk] ◇ *n* risco *m*; **to run the ~ of sthg/of doing sthg** correr o risco de algo/de fazer algo; **to take a ~** arriscar-se; **it's at your own ~** é por sua conta e risco; **at ~** em perigo. ◇ *vt* **-1.** [put in danger] arriscar **-2.** [take the chance of]**: to ~ doing sthg** arriscar-se a fazer algo; **go on, ~ it!** vamos, arrisque-se!

risky [ˈrɪskɪ] (*compar* **-ier**, *superl* **-iest**) *adj* arriscado(da).

risqué [ˈriːskeɪ] *adj* picante.

rissole [ˈrɪsəʊl] *n UK* bolinho *m* de carne, rissole *m*.

rite [raɪt] *n* rito *m*.
ritual [ˈrɪtʃʊəl] ◇ *adj* ritual. ◇ *n* ritual *m*.
rival [ˈraɪvl] (*UK pt* & *pp* **-led**, *cont* **-ling**, *US pt* & *pp* **-ed**, *cont* **-ing**) ◇ *adj* **-1.** [gen] rival **-2.** [company] concorrente. ◇ *n* **-1.** [gen] rival *mf* **-2.** [company] concorrente *mf*. ◇ *vt* rivalizar OR competir com.
rivalry [ˈraɪvlrɪ] *n* rivalidade *f*.
river [ˈrɪvəʳ] *n* rio *m*.
river bank *n* margem *f* do rio.
riverbed [ˈrɪvəbed] *n* leito *m* do rio.
riverside [ˈrɪvəsaɪd] *n*: **the ~** a margem do rio.
rivet [ˈrɪvɪt] ◇ *n* rebite *m*. ◇ *vt* **-1.** [fasten with rivets] rebitar **-2.** *fig* [fascinate]: **to be ~ed by sthg** estar fascinado(da) por algo.
Riviera [ˌrɪvɪˈeərəl] *n*: **the French ~** a Riviera Francesa; **the Italian ~** a Riviera Italiana.
road [rəʊd] *n* **-1.** [major] estrada *f*; **by ~** por estrada; **on the ~ to** *fig* a caminho de **-2.** [minor] caminho *m* **-3.** [street] rua *f*.
roadblock [ˈrəʊdblɒk] *n* barreira *f* policial.
road hog *n inf pej* dono *m*, -na *f* da estrada.
road map *n* mapa *m* rodoviário.
road rage *n* raiva *f* no trânsito.
road safety *n (U)* segurança *f* no trânsito.
roadside [ˈrəʊdsaɪd] *n*: **the ~** a beira da estrada.
road sign *n* placa *f* de trânsito.
road tax *n* ≃ imposto *m* sobre veículos automotores, ≃ IPVA *m*.
roadway [ˈrəʊdweɪ] *n* pista *f* (da estrada).
road works *npl* obras *fpl* na pista.
roadworthy [ˈrəʊdˌwɜːðɪ] *adj* em condições de tráfego.
roam [rəʊm] ◇ *vt* vagar por. ◇ *vi* vagar.
roar [rɔːʳ] ◇ *vi* **-1.** [lion] rugir **-2.** [traffic, plane, engine] roncar **-3.** [person] urrar; **to ~ with laughter** rir às gargalhadas **-4.** [wind] bramir. ◇ *vt* bradar. ◇ *n* **-1.** [of lion] rugido *m* **-2.** [of engine] ronco *m* **-3.** [of traffic] barulho *m* **-4.** [of wind] sopro *m* **-5.** [of person] urro *m*.
roaring [ˈrɔːrɪŋ] ◇ *adj* **-1.** [traffic, wind] barulhento(ta) **-2.** [fire] crepitante **-3.** [for emphasis] estrondoso(sa); **a ~ success** um sucesso estrondoso; **to do a ~ trade** vender bem. ◇ *adv* [for emphasis] completamente.
roast [rəʊst] ◇ *adj* assado(da). ◇ *n* assado *m*. ◇ *vt* **-1.** [meat, potatoes] assar **-2.** [coffee beans, nuts] torrar.
roast beef *n (U)* rosbife *m*.
rob [rɒb] (*pt* & *pp* **-bed**, *cont* **-bing**) *vt* roubar; **to ~ sb of sthg** [of money, goods] roubar algo de alguém; *fig* [of opportunity, glory] privar alguém de algo.
robber [ˈrɒbəʳ] *n* ladrão *m*, -dra *f*.
robbery [ˈrɒbərɪ] (*pl* **-ies**) *n* roubo *m*.
robe [rəʊb] *n* **-1.** [of priest] túnica *f* **-2.** [judge] toga *f* **-3.** [monarch] manto *m* **-4.** *US* [dressing gown] robe *m*.
robin [ˈrɒbɪn] *n* pintarroxo *m*.
robot [ˈrəʊbɒt] *n* robô *m*.
robust [rəʊˈbʌst] *adj* [person] **-1.** robusto(ta) **-2.** [economy] forte **-3.** [health] de ferro **-4.** [criticism, defence] vigoroso(sa).
rock [rɒk] ◇ *n* **-1.** *(U)* [substance] rocha *f* **-2.** [boulder] rochedo *m*, penhasco *m* **-3.** *US* [pebble] pedregulho *m* **-4.** *(U)* [music] rock *m* **-5.** *(U) UK* [sweet] barra *f* de caramelo. ◇ *comp* [music] de rock. ◇ *vt* **-1.** [cause to move] balançar **-2.** [shock] abalar. ◇ *vi* balançar-se.
◆ **on the rocks** *adv* **-1.** [drink] com gelo, on the rocks **-2.** [marriage, relationship] que vai mal.
rock-and-roll *n (U)* rock-and-roll *m*.
rock bottom *n (U)* nível *m* baixíssimo; **to hit ~** atingir o fundo do poço.
◆ **rock-bottom** *adj* baixíssimo(ma).
rockery [ˈrɒkərɪ] (*pl* **-ies**) *n* jardim *m* de pedras.
rocket [ˈrɒkɪt] ◇ *n* foguete *m*. ◇ *vi* disparar.
rocket launcher [-ˌlɔːntʃəʳ] *n* lança-foguetes *m inv*.
rocking chair [ˈrɒkɪŋ-] *n* cadeira *f* de balanço.
rocking horse [ˈrɒkɪŋ-] *n* cavalinho *m* de balanço.
rock-'n'-roll *n* = **rock-and-roll**.
rocky [ˈrɒkɪ] (*compar* **-ier**, *superl* **-iest**) *adj* **-1.** [full of rocks] rochoso(sa) **-2.** [unsteady] instável.
Rocky Mountains *npl*: **the ~** as Montanhas Rochosas.
rod [rɒd] *n* **-1.** [wooden] vara *f* **-2.** [metal] barra *f*.
rode [rəʊd] *pt* ▷ **ride**.
rodent [ˈrəʊdənt] *n* roedor *m*.
roe [rəʊ] *n* ova *f* (*de peixe*).
roe deer *n* corço *m*, -ça *f*.
rogue [rəʊg] *n* **-1.** [likable rascal] malandro *m*, -dra *f* **-2.** *dated* [dishonest person] vigarista *mf*.
role [rəʊl] *n* **-1.** [position, function] função *f*, papel *m* **-2.** CINEMA, THEATRE papel *m*.
roll [rəʊl] ◇ *n* **-1.** [of material, paper, film] rolo *m* **-2.** [of banknotes] maço *m* **-3.** [of cloth] peça *f* **-4.** [of bread] pãozinho *m* **-5.** [list] lista *f* **-6.** [sound - of drum] rufar *m*; [- of thunder] estrondo *m*. ◇ *vt* **-1.** [turn over] rolar **-2.** [make into cylinder] enrolar; **~ed into one** *fig* tudo num só. ◇ *vi* **-1.** [of a round object] rolar **-2.** [move] andar.
◆ **roll about, roll around** *vi* rolar.
◆ **roll over** *vi* virar-se.
◆ **roll up** ◇ *vt sep* **-1.** [make into cylinder] enrolar **-2.** [sleeves] arregaçar. ◇ *vi* **-1.** [vehicle] chegar **-2.** *inf* [person] pintar.

roll call *n* toque *m* de chamada.
roller ['rəʊləʳ] *n* **-1.** [cylinder] cilindro *m* **-2.** [curler] rolo *m*.
Rollerblades® ['rəʊləˌbleɪdz] *npl* patins *mpl* em linha.
rollerblading ['rəʊləˌbleɪdɪŋ] *n* patinação *f* *(com patins em linha)*; **to go ~** praticar patinação *(com patins em linha)*.
roller coaster *n* montanha-russa *f*.
roller skate *n* patim *m* de rodas.
rolling ['rəʊlɪŋ] *adj* **-1.** [undulating] ondulado(da) **-2.** *phr*: **to be ~ in it** *inf* estar nadando em dinheiro.
rolling pin *n* rolo *m* de massa.
rolling stock *n (U)* material *m* rodante.
roll-on *adj* de rolo, roll-on.
ROM [rɒm] (*abbr of* **read-only memory**) *n* ROM *f*.
Roman ['rəʊmən] ◇ *adj* romano(na). ◇ *n* romano *m*, -na *f*.
Roman candle *n* pistolão *m*.
Roman Catholic ◇ *adj* católico (romano), católica (romana). ◇ *n* católico *m* (romano), católica *f* (romana).
romance [rəʊ'mæns] *n* **-1.** [gen] romance *m* **-2.** *(U)* [romantic quality] romantismo *m*.
Romania [rə'meɪnjə] *n* Romênia.
Romanian [rə'meɪnjən] ◇ *adj* romeno(na). ◇ *n* **-1.** [person] romeno *m*, -na *f* **-2.** [language] romeno *m*.
Roman numerals *npl* algarismos *mpl* romanos.
romantic [rəʊ'mæntɪk] *adj* romântico(ca).
Rome [rəʊm] *n* Roma.
romp [rɒmp] ◇ *n* travessura *f*. ◇ *vi* brincar ruidosamente.
rompers ['rɒmpəz] *npl*, **romper suit** ['rɒmpəʳ-] *n* macacão *m* de criança.
roof [ru:f] *n* **-1.** [covering - of vehicle] capota *f*; [- of building] telhado *m*; **not under my ~!** não na minha casa!; **to go through** *OR* **hit the ~** subir pelas paredes **-2.** [upper part - of cave] teto *m*; [- of mouth] céu *m* da boca.
roofing ['ru:fɪŋ] *n (U)* material *m* para cobertura.
roof rack *n* bagageiro *m* *(na capota do carro)*.
rooftop ['ru:ftɒp] *n* telhado *m*.
rook [rʊk] *n* **-1.** [bird] gralha *f* **-2.** [chess piece] torre *f*.
rookie ['rʊkɪ] *n* **US** *inf* novato *m*, -ta *f*.
room [ru:m, rʊm] *n* **-1.** [in building] sala *f* **-2.** [bedroom] quarto *m* **-3.** *(U)* [space] espaço *m*; **to make ~ for sb/sthg** abrir espaço para alguém/algo **-4.** *(U)* [opportunity, possibility] possibilidade *f*.
rooming house ['ru:mɪŋ-] *n* **US** pensão *f*.
roommate ['ru:mmeɪt] *n* companheiro *m*, -ra *f* de quarto.
room service *n* serviço *m* de quarto.
roomy ['ru:mɪ] (*compar* **-ier**, *superl* **-iest**) *adj* espaçoso(sa), amplo(pla).
roost [ru:st] ◇ *n* poleiro *m*. ◇ *vi* empoleirar-se.
rooster ['ru:stəʳ] *n* galo *m*.
root [ru:t] ◇ *n* [gen] raiz *f*; **to take ~** [plant] pegar; [idea] consolidar-se. ◇ *vi* remexer.
◆ **roots** *npl* raízes *fpl*.
◆ **root for** *vt fus esp* **US** *inf* torcer por.
◆ **root out** *vt sep* arrancar até a raiz, extirpar.
rope [rəʊp] ◇ *n* corda *f*; **to know the ~s** estar por dentro do assunto. ◇ *vt* amarrar com corda.
◆ **rope in** *vt sep inf* arrastar para.
rosary ['rəʊzərɪ] (*pl* **-ies**) *n* rosário *m*.
rose [rəʊz] ◇ *pt* ▷ **rise**. ◇ *adj* [pink] rosa, cor- de-rosa. ◇ *n* [flower] rosa *f*; **it's not a bed of ~s** não é um leito de rosas.
rosé ['rəʊzeɪ] *n (U)* vinho *m* rosé.
rosebud ['rəʊzbʌd] *n* botão *m* de rosa.
rose bush *n* roseira *f*.
rose-coloured *adj* cor-de-rosa.
rosemary ['rəʊzmərɪ] *n (U)* alecrim *m*.
rose-tinted *adj*: **to look through ~ glasses** ver tudo cor-de-rosa.
rosette [rəʊ'zet] *n* roseta *f*.
roster ['rɒstəʳ] *n* lista *f*.
rostrum ['rɒstrəm] (*pl* **-trums** *OR* **-tra** [-trə]) *n* tribuna *f*, rostro *m*.
rosy ['rəʊzɪ] (*compar* **-ier**, *superl* **-iest**) *adj* **-1.** [pink] rosado(da) **-2.** [hopeful] promissor(ra).
rot [rɒt] (*pt* & *pp* **-ted**, *cont* **-ting**) ◇ *n* **-1.** [decay - of wood, food] putrefação *f*; [- in society, organization] decadência *f* **-2.** **UK** *dated* [nonsense] besteira *f*, bobagem *f*. ◇ *vt* [cause to decay] corroer, decompor. ◇ *vi* apodrecer.
rota ['rəʊtə] *n* lista *f* de turnos.
rotary ['rəʊtərɪ] ◇ *adj* rotatório(ria). ◇ *n* **US** [roundabout] rotatória *f*.
rotate [rəʊ'teɪt] ◇ *vt* **-1.** [gen] alternar **-2.** [turn] girar. ◇ *vi* [turn] girar, dar voltas.
rotation [rəʊ'teɪʃn] *n* [turning movement] rotação *f*.
rote [rəʊt] *n (U)*: **by ~** de cor *OR* memória.
rotten ['rɒtn] *adj* **-1.** [decayed] podre **-2.** *inf* [poor-quality, unskilled] péssimo(ma) **-3.** *inf* [unpleasant, nasty] perverso(sa), ruim **-4.** *inf* [unenjoyable] detestável **-5.** *inf* [unwell]: **to feel ~** sentir-se péssimo(ma).
rouge [ru:ʒ] *n (U)* ruge *m*.
rough [rʌf] ◇ *adj* **-1.** [not smooth - surface] áspero(ra); [- road] acidentado(da) **-2.** [violent] rude, grosseiro(ra) **-3.** [crude, basic - people, manners] rústico(ca); [- shelter, conditions, situation] precário(ria) **-4.** [approximate - not detailed] rudimentar; [- not exact] aproximado(da) **-5.**

[unpleasant, tough - life, time] duro(ra), difícil; [- area, town etc.] tumultuoso(sa) **- 6.** [stormy - weather] tormentoso(sa); [- crossing] movimentado(da); [- sea] agitado(da); [- wind] violento(ta); [- day] tempestuoso(sa) **- 7.** [sounding harsh] áspero(ra) **- 8.** [tasting harsh] azedo(da). ◇ *adv*: **to sleep ~** dormir na rua. ◇ *n* **- 1.** *GOLF*: **the ~** o rough **- 2.** [undetailed form]: **in ~** em rascunho. ◇ *vt phr*: **to ~ it** viver sem comodidades.

roughage ['rʌfɪdʒ] *n* fibras *fpl*.

rough and ready *adj* rústico(ca), feito(ta) às pressas.

roughcast *n (U)* reboco *m* grosso.

roughen ['rʌfn] *vt* tornar áspero(ra).

roughly ['rʌflɪ] *adv* **- 1.** [not gently] bruscamente **- 2.** [crudely] rusticamente **- 3.** [approximately] aproximadamente, mais ou menos.

roulette [ruː'let] *n (U)* roleta *f*.

round [raʊnd] ◇ *adj* **- 1.** [gen] redondo(da) **- 2.** [fat, curved - cheeks, hips] roliço(ça), redondo(da); [- bulge] redondo(da). ◇ *prep* **- 1.** [surrounding] ao redor de **- 2.** [near] em volta de; **~ here** por aqui **- 3.** [all over] por todo(da) **- 4.** [in circular movement, in circumference] ao redor de; **she measures 70 cm ~ the waist** ela mede *OR* tem 70 cm de cintura **- 5.** [to/on the other side of]: **to drive ~ the corner** dobrar a esquina; **I live just ~ the corner** eu moro logo ali **- 6.** [so as to avoid - hole, obstacle]: **to go ~ an obstacle** contornar um obstáculo; [- problem]: **to find a way ~ sthg** achar um jeito de contornar algo. ◇ *adv* **- 1.** [surrounding]: **all ~** por toda a volta, por todos os lados **- 2.** [near]: **~ about** [in distance] por perto; [in number, amount] aproximadamente **- 3.** [all over]: **to travel ~** viajar por aí **- 4.** [in circular movement]: **~ (and ~)** em círculos; **to go ~** circular; **to spin ~** girar **- 5.** [in circumference]: **it's at least 3 km ~** tem no mínimo 3 km de circunferência **- 6.** [to the other side or direction] ao redor; **to turn ~** virar; **to go ~** dar a volta **- 7.** [on a visit]: **come ~ sometime!** apareçam uma hora dessas! ◇ *n* **- 1.** [gen] rodada *f*; **a ~ of applause** uma salva de palmas **- 2.** [professional visit] percurso *m* **- 3.** [of ammunition] cartucho *m* **- 4.** *BOXING* assalto *m* **- 5.** *GOLF* partida *f*. ◇ *vt* [turn] dobrar, virar.

◆ **rounds** *npl* [professional visits] percurso *m*; **to do** *OR* **go the ~s** *fig* espalhar-se, propagar-se.

◆ **round off** *vt sep* encerrar, terminar.

◆ **round up** *vt sep* **- 1.** [gather together] reunir **- 2.** *MATH* arredondar.

roundabout ['raʊndəbaʊt] ◇ *adj* indireto(ta). ◇ *n UK* **- 1.** [on road] rotatória *f* **- 2.** [at fairground] carrossel *m*.

rounders ['raʊndəz] *n (U) UK* bete *m*.

roundly ['raʊndlɪ] *adv* totalmente, terminantemente.

round-shouldered [-'ʃəʊldəd] *adj* de ombros caídos.

round trip *n* viagem *f* de ida e volta.

round-up *n* resumo *m*.

rouse [raʊz] *vt* **- 1.** [wake up] despertar **- 2.** [impel]: **to ~ sb to do sthg** animar alguém a fazer algo; **to ~ o.s. to do sthg** animar-se a fazer algo **- 3.** [excite] estimular **- 4.** [give rise to] suscitar.

rousing ['raʊzɪŋ] *adj* estimulante.

rout [raʊt] ◇ *n* derrota *f* esmagadora. ◇ *vt* derrotar de forma esmagadora.

route [ruːt] ◇ *n* **- 1.** [line of travel - of journey] rota *f*; [- of or person, procession] trajeto *m*, percurso *m* **- 2.** [of bus, train] linha *f* **- 3.** [of plane, ship] rota *f* **- 4.** *fig* [to achievement] caminho *m*. ◇ *vt* **- 1.** [flight, traffic] direcionar **- 2.** [goods] enviar.

route map *n* mapa *m (de localização)*.

routine [ruː'tiːn] ◇ *adj* **- 1.** [normal] de rotina **- 2.** *pej* [humdrum, uninteresting] rotineiro(ra). ◇ *n* **- 1.** *(U)* [normal pattern of activity] rotina *f* **- 2.** *pej* [boring repetition] rotina *f*.

rove [rəʊv] *literary* ◇ *vt* errar, vagar por. ◇ *vi*: **to ~ around** vagar.

roving ['rəʊvɪŋ] *adj* itinerante; **~ eyes** olhar *m* errante.

row[1] [rəʊ] ◇ *n* **- 1.** [gen] fileira *f* **- 2.** [succession] seqüência *f*, série *f*; **four in a ~** quatro seguidos. ◇ *vt* **- 1.** [boat] remar **- 2.** [person] conduzir de barco a remo. ◇ *vi* [in boat] remar.

row[2] [raʊ] ◇ *n* **- 1.** [quarrel] briga *f* **- 2.** *inf* [noise] alvoroço *m*, barulho *m*. ◇ *vi* [quarrel] discutir, brigar.

rowboat ['rəʊbəʊt] *n US* barco *m* a remo.

rowdy ['raʊdɪ] (*compar* **-ier**, *superl* **-iest**) *adj* **- 1.** [person] brigão(gona) **- 2.** [party, atmosphere] barulhento(ta).

row house [rəʊ-] *n US* casa *f* geminada.

rowing ['rəʊɪŋ] *n (U)* remo *m*.

rowing boat *n UK* barco *m* a remo.

royal ['rɔɪəl] ◇ *adj* real. ◇ *n inf* membro *m* da família real.

Royal Air Force *n (U)*: **the ~** a Força Aérea Britânica.

royal family *n* família *f* real.

royal jelly *n (U)* geléia *f* real.

Royal Mail *n UK*: **the ~** os Correios da Grã-Bretanha.

Royal Navy *n*: **the ~** a Marinha Real Britânica.

royalty ['rɔɪəltɪ] *n (U)* realeza *f*.

◆ **royalties** *npl* direitos *mpl* autorais.

rpm (*abbr of* **revolutions per minute**) *npl* rpm.

RSPCA (*abbr of* **Royal Society for the Preven-**

tion of Cruelty to Animals) *n sociedade britânica protetora de animais.*

RSVP (*abbr of* **répondez s'il vous plaît**) RSVP.

rub [rʌb] (*pt* & *pp* **-bed**, *cont* **-bing**) ◇ *vt* esfregar; **to ~ shoulders with** acotovelar-se com; **to ~ sthg in (to) sthg** esfregar algo em algo; **to ~ sb up the wrong way** *UK*, **to ~ sb the wrong way** *US* ofender alguém sem intenção. ◇ *vi*: **to ~ (against** *OR* **on sthg)** roçar (em algo); **to ~ (together)** esfregar-se; **to ~ along** dar-se bem com.

◆ **rub off on** *vt fus* influir em.

◆ **rub out** *vt sep* apagar.

rubber ['rʌbə^r] ◇ *adj* de borracha. ◇ *n* **-1.** *(U)* [substance] borracha *f* **- 2.** *UK* [eraser] borracha *f* **- 3.** [in bridge] rubber *m* **- 4.** *US inf* [condom] camisinha *f*.

rubber band *n* atilho *m*, borrachinha *f (para papel)*.

rubber plant *n* goma-elástica *f*.

rubber stamp *n* carimbo *m*.

◆ **rubber-stamp** *vt* aprovar sem questionar.

rubbish ['rʌbɪʃ] ◇ *n* **-1.** [refuse] lixo *m* **- 2.** *inf fig* [worthless matter] porcaria *f* **- 3.** *inf* [nonsense] besteira *f*, bobagem *f*. ◇ *vt inf* rebaixar. ◇ *excl* bobagem!

rubbish bag *n UK* saco *m* de lixo.

rubbish bin *n UK* lata *f* de lixo.

rubbish dump, rubbish tip *n UK* depósito *m* de lixo.

rubble ['rʌbl] *n (U)* entulho *m*.

ruby ['ru:bɪ] (*pl* **-ies**) *n* rubi *m*.

rucksack ['rʌksæk] *n* mochila *f*.

ructions ['rʌkʃnz] *npl inf* alvoroço *m*, tumulto *m*.

rudder ['rʌdə^r] *n* leme *m*.

ruddy ['rʌdɪ] (*compar* **-ier**, *superl* **-iest**) *adj* **-1.** [reddish] corado(da) **- 2.** *UK dated* [for emphasis] maldito(ta).

rude [ru:d] *adj* **-1.** [impolite] rude, grosseiro(ra) **- 2.** [dirty, naughty - joke] sujo(ja); [- word] grosseiro(ra); [- noise] violento(ta) **- 3.** [unexpected] brusco(ca); **~ awakening** um despertar brusco.

rudimentary [,ru:dɪ'mentərɪ] *adj* rudimentar.

rueful ['ru:fʊl] *adj* arrependido(da).

ruffian ['rʌfjən] *n* rufião *m*, -ona *f*.

ruffle ['rʌfl] *vt* **-1.** [mess up - hair, fur] revolver; [- water] agitar **- 2.** [upset] enervar.

rug [rʌg] *n* **-1.** [carpet] tapete *m (pequeno)* **- 2.** [blanket] manta *f*.

rugby ['rʌgbɪ] *n (U)* rúgbi *m*.

rugged ['rʌgɪd] *adj* **-1.** [rocky, uneven] acidentado(da) **- 2.** [sturdy] potente **- 3.** [roughly handsome] rústico(ca) e atraente.

rugger ['rʌgə^r] *n (U) UK inf* rúgbi *m*.

ruin ['ru:ɪn] ◇ *n* ruína *f*. ◇ *vt* **-1.** [spoil] arruinar, estragar **- 2.** [bankrupt] arruinar.

◆ **in ruin(s)** *adv* em ruínas.

rule [ru:l] ◇ *n* **-1.** [regulation - *SPORT*] regra *f*; [- *SCH*] norma *f* **- 2.** [convention, guideline] regra *f*; **as a ~ of thumb** por experiência (própria) **- 3.** [norm]: **the ~** a regra, a norma; **as a ~** via de regra **- 4.** *(U)* [control] domínio *m*. ◇ *vt* **-1.** [control, guide] comandar **- 2.** [govern] governar **- 3.** [decide]: **to ~ that** ordenar *OR* decretar que. ◇ *vi* **-1.** [give decision] deliberar **- 2.** *fml* [be paramount] dominar **- 3.** [govern] governar.

◆ **rule out** *vt sep* **-1.** [reject as unsuitable] descartar **- 2.** [prevent, make impossible - possibility, circumstances] descartar; [- event, decision] impedir.

ruled [ru:ld] *adj* pautado(da).

ruler ['ru:lə^r] *n* **-1.** [for measurement] régua *f* **- 2.** [leader] soberano *m*, -na *f*.

ruling ['ru:lɪŋ] ◇ *adj* no poder, dominante. ◇ *n* sentença *f*, parecer *m*.

rum [rʌm] (*compar* **-mer**, *superl* **-mest**) *n (U)* rum *m*.

Rumania [ru:'meɪnjəl *n* = **Romania**.

Rumanian [ru:'meɪnjən] *adj* & *n* = **Romanian**.

rumble ['rʌmbl] ◇ *n* [noise - of thunder] estrondo *m*; [- of stomach, train] ronco *m*; [- of traffic] barulho *m*. ◇ *vi* **-1.** [thunder] trovejar **- 2.** [stomach, train] roncar **- 3.** [traffic] fazer barulho.

rummage ['rʌmɪdʒ] *vi* escarafunchar.

rumour *UK*, **rumor** *US* ['ru:mə^r] *n* rumor *m*, boato *m*.

rumoured *UK*, **rumored** *US* ['ru:məd] *adj*: **to be ~ed that** comenta-se que.

rump [rʌmp] *n* **-1.** [of animal] anca *f*, garupa *f* **- 2.** *inf* [of person] nádegas *fpl*.

rump steak *n* filé *m* de alcatra.

rumpus ['rʌmpəs] *n inf* bafafá *m*, rolo *m*.

run [rʌn] (*pt* **ran**, *pp* **run**, *cont* **-ning**) ◇ *n* **-1.** [on foot] corrida *f*; **to go for a ~** ir dar uma corrida; **to break into a ~** sair em disparada; **to take the dog for a ~** levar o cão para um passeio; **on the ~** em fuga **- 2.** [in car] passeio *f* **- 3.** [series - of luck] alternância *f*; [- of disasters, wins] série *f* **- 4.** *THEATRE* temporada *f* **- 5.** [great demand]: **~ on sthg** procura *f OR* demanda *f* por algo **- 6.** [in tights] fio *m* puxado **- 7.** [in cricket, baseball] ponto *m* **- 8.** [sports track] pista *f* **- 9.** [term, period]: **in the short/long ~** a curto/longo prazo. ◇ *vt* **-1.** [on foot] correr **- 2.** [manage, control] dirigir, administrar **- 3.** [machine] operar **- 4.** [car] dirigir, fazer andar **- 5.** [water, bath, tap] abrir **- 6.** [publish] publicar **- 7.** *inf* [drive] levar **- 8.** [move, pass]: **to ~ sthg along/over sthg** passar algo em/sobre algo. ◇ *vi* **-1.** [gen] passar **- 2.** [on foot] correr **- 3.** *US* [in election]: **to ~ (for sthg)** concorrer (a algo) **- 4.** [progress, develop]: **to ~ smoothly** ir bem **- 5.** [machine, factory, engine] funcionar; **to ~ on** *OR*

off sthg funcionar com algo **-6.** [liquid, river] escorrer **-7.** [nose] escorrer **-8.** [tap] pingar **-9.** [colour] borrar **-10.** [continue] continuar; **feelings are ~ning high** os ânimos estão exaltados.

◆ **run about** *vi* **-1.** [from place to place] correr (de um lugar para outro) **-2.** [associate] andar.

◆ **run across** *vt fus* encontrar-se com.

◆ **run around** *vi* = **run about.**

◆ **run away** *vi* [flee]: **to ~ away (from sb/sthg)** fugir (de alguém/algo).

◆ **run down** ◇ *vt sep* **-1.** [in vehicle] atropelar **-2.** [criticize] falar mal de **-3.** [allow to decline] enfraquecer. ◇ *vi* perder força.

◆ **run into** *vt fus* **-1.** [encounter - problem] deparar-se com; [- person] topar com **-2.** [in vehicle] chocar-se com *OR* contra.

◆ **run off** ◇ *vt sep* [a copy] imprimir. ◇ *vi* [abscond, elope]: **to ~ off (with sb/sthg)** fugir (com alguém/algo).

◆ **run out** *vi* **-1.** [become used up] esgotar **-2.** [expire] vencer, caducar.

◆ **run out of** *vt fus* ficar sem.

◆ **run over** *vt sep* atropelar.

◆ **run through** *vt fus* **-1.** [practise] ensaiar, praticar **-2.** [read through] passar os olhos em.

◆ **run to** *vt fus* [amount to] chegar a.

◆ **run up** *vt fus* contrair.

◆ **run up against** *vt fus* deparar-se com.

runaway [ˈrʌnəweɪ] ◇ *adj* [out of control - train, inflation] descontrolado(da); [- victory] fácil. ◇ *n* fugitivo *m*, -va *f*.

rundown [ˈrʌndaʊn] *n* **-1.** [report] relatório *m* detalhado **-2.** [decline] desmantelamento *m* gradual.

◆ **run-down** *adj* **-1.** [dilapidated] arruinado(da), em ruínas **-2.** [tired] esgotado(da).

rung [rʌŋ] ◇ *pp* ▷ **ring.** ◇ *n* degrau *m*.

runner [ˈrʌnəʳ] *n* **-1.** [athlete] corredor *m*, -ra *f* **-2.** [smuggler - guns] contrabandista *mf*; [- drugs] traficante *mf* **-3.** [wood or metal strip - of sledge, skate] lâmina *f*; [- of drawer] corrediça *f*.

runner bean *n UK* feijão-trepador *m*.

runner-up (*pl* **runners-up**) *n* segundo colocado *m*, segunda colocada *f*.

running [ˈrʌnɪŋ] ◇ *adj* **-1.** [continuous] constante **-2.** [consecutive] consecutivo(va) **-3.** [water - not stagnant] corrente; [- in pipes] encanado(da). ◇ *n* **-1.** *(U)* *SPORT* corrida *f*; **she loves ~ in the park** ela gosta de correr no parque **-2.** [management, control] gestão *f*, direção *f* **-3.** [of machine] funcionamento *m* **-4.** *phr*: **to be in/out of the ~ (for sthg)** ter/não ter possibilidades (de algo).

runny [ˈrʌnɪ] (*compar* **-ier**, *superl* **-iest**) *adj* **-1.** [food - eggs] malpassado(da); [- jam, honey] mole; [- butter, chocolate] derretido(da) **-2.** [nose] escorrendo **-3.** [eyes] lacrimejante.

run-of-the-mill *adj* corriqueiro(ra).

runt [rʌnt] *n* **-1.** [animal] filhote *m* mais fraco **-2.** *pej* [person] tampinha *mf*.

run-up *n* **-1.** [preceding time] período *m* anterior **-2.** *SPORT* impulso *m*.

runway [ˈrʌnweɪ] *n* pista *f* (de pouso/decolagem).

rupture [ˈrʌptʃəʳ] *n* **-1.** *MED* hérnia *f* **-2.** [of relationship] rompimento *m*.

rural [ˈrʊərəl] *adj* rural.

ruse [ruːz] *n* ardil *m*.

rush [rʌʃ] ◇ *n* **-1.** [hurry] pressa *f* **-2.** [demand]: **~ (for *OR* on sthg)** procura *f* excessiva (por algo) **-3.** [busiest period] corre-corre *m* **-4.** [surge - physical] fluxo *m*; **~ of air** corrente *m* de ar; [- mental, emotional] torrente *f*. ◇ *vt* **-1.** [hurry] apressar **-2.** [send quickly] levar com urgência **-3.** [attack suddenly] investir repentinamente contra. ◇ *vi* **-1.** [hurry] apressar-se; **to ~ into sthg** entrar de cabeça em algo **-2.** [crowd] correr.

◆ **rushes** *npl BOT* juncos *mpl*.

rush hour *n* hora *f* do rush.

rusk [rʌsk] *n* biscoito *m* seco.

Russia [ˈrʌʃə] *n* Rússia.

Russian [ˈrʌʃn] ◇ *adj* russo(sa). ◇ *n* **-1.** [person] russo *m*, -sa *f* **-2.** [language] russo *m*.

rust [rʌst] ◇ *n (U)* ferrugem *f*. ◇ *vi* enferrujar.

rustic [ˈrʌstɪk] *adj* rústico(ca).

rustle [ˈrʌsl] ◇ *vt* **-1.** [paper, leaves] farfalhar **-2.** *US* [cattle] roubar. ◇ *vi* farfalhar.

rusty [ˈrʌstɪ] (*compar* **-ier**, *superl* **-iest**) *adj* enferrujado(da).

rut [rʌt] *n* **-1.** [furrow] sulco *m*; **to get into/be in a ~** tornar-se/ser escravo(va) da rotina **-2.** [animal] cio *m*.

ruthless [ˈruːθlɪs] *adj* impiedoso(sa).

RV *n* (*abbr of* **recreational vehicle**) *US* motor-home *m*.

rye [raɪ] *n (U)* centeio *m*.

rye bread *n (U)* pão *m* de centeio.

S

s (*pl* **ss** *OR* **s's**), **S** (*pl* **Ss** *OR* **S's**) [es] *n* [letter] s, S *m*.

◆ **S** (*abbr of* **south**) S.

Sabbath [ˈsæbəθ] *n*: **the ~** o sabá.

sabbatical [səˈbætɪkl] *n* período *m* sabático; **on ~** em período sabático.

sabotage ['sæbətɑ:ʒ] <> *n (U)* sabotagem *f*. <> *vt* sabotar.

saccharin(e) ['sækərın] *n (U)* sacarina *f*.

sachet ['sæʃeı] *n* sachê *m*.

sack [sæk] <> *n* **-1.** [bag] saco *m* **-2.** *UK inf* [dismissal]: **to get** *OR* **be given the ~** ser despedido(da). <> *vt UK inf* [dismiss] despedir, mandar embora.

sacking ['sækıŋ] *n (U)* linhagem *f*.

sacred ['seıkrıd] *adj* sagrado(da).

sacrifice ['sækrıfaıs] <> *n* sacrifício *m*. <> *vt* sacrificar.

sacrilege ['sækrılıdʒ] *n (U)* sacrilégio *m*.

sacrosanct ['sækrəusæŋkt] *adj* sacrossanto(ta).

sad [sæd] (*compar* **-der**, *superl* **-dest**) *adj* triste.

sadden ['sædn] *vt* entristecer.

saddle ['sædl] <> *n* **-1.** [for horse] sela *f* **-2.** [of bicycle, motorcycle] selim *m*. <> *vt* **-1.** [put saddle on] selar **-2.** *fig* [burden]: **to ~ sb with sthg** encarregar alguém de algo.

saddlebag ['sædlbæg] *n* **-1.** [for horse] alforje *m* **-2.** [for bicycle, motorcycle] bolsa *f*.

sadistic [sə'dıstık] *adj* sádico(ca).

sadly ['sædlı] *adv* **-1.** [sorrowfully] tristemente **-2.** [regrettably] lamentavelmente.

sadness ['sædnıs] *n* tristeza *f*.

s.a.e., sae (*abbr of* **stamped addressed envelope**) *n envelope-resposta com porte pago*.

safari [sə'fɑ:rı] *n* safári *m*.

safe [seıf] <> *adj* **-1.** [not causing harm or danger] seguro(ra) **-2.** [not in danger] protegido(da); **to be ~ from attack** estar a salvo de ataques; **~ and sound** são e salvo, sã e salva **-3.** [not causing disagreement] pacífico(ca); **it's ~ to say that ...** pode-se dizer com segurança que ... **-4.** [not involving any risk] seguro(ra); **to be on the ~ side** por precaução. <> *n* cofre *m*.

safe-conduct *n* **-1.** [document giving protection] salvo-conduto *m* **-2.** *(U)* [protection] salvaguarda *f*.

safe-deposit box *n* caixa-forte *f*.

safeguard ['seıfgɑ:d] <> *n* salvaguarda *f*, proteção *f*; **~ against sthg** proteção contra algo. <> *vt*: **to ~ sb/sthg (against sthg)** proteger *OR* salvaguardar alguém/algo (de algo).

safe keeping *n (U)* proteção *f*, custódia *f*; **in sb's ~** aos cuidados de alguém.

safely ['seıflı] *adv* **-1.** [gen] com segurança **-2.** [unharmed] ileso(sa), a salvo **-3.** [for certain]: **I can ~ say (that) ...** posso dizer seguramente que ...

safe sex *n (U)* sexo *m* seguro.

safety ['seıftı] *n* segurança *f*.

safety belt *n* cinto *m* de segurança.

safety pin *n* alfinete *m* de segurança.

saffron ['sæfrən] *n (U)* **-1.** [spice] açafrão *m*.

sag [sæg] (*pt* & *pp* **-ged**, *cont* **-ging**) *vi* [sink downwards] afundar, ceder.

sage [seıdʒ] <> *adj* [wise] sábio(bia). <> *n* **-1.** *(U)* [herb] sálvia *f* **-2.** [wise man] sábio *m*.

Sagittarius [,sædʒı'teərıəs] *n* [sign] Sagitário *m*.

Sahara [sə'hɑ:rə] *n*: **the ~ (Desert)** o (Deserto do) Saara.

said [sed] *pt* & *pp* ▷ **say**.

sail [seıl] <> *n* **-1.** [of boat] vela *f*; **to set ~** zarpar **-2.** [journey by boat]: **let's go for a ~** vamos velejar. <> *vt* **-1.** [boat] governar **-2.** [sea] cruzar. <> *vi* **-1.** [to depart] zarpar **-2.** [sport] velejar **-3.** [to travel, move - person] navegar; [- boat] singrar **-4.** *fig* [through air] voar.

◆ **sail through** *vt fus* passar fácil por.

sailboat *n US* = **sailing boat**.

sailing ['seılıŋ] *n* **-1.** *(U)* SPORT navegação *f* a vela, vela *f*; **I like to go ~** eu gosto de (ir) velejar; **plain ~** sem maiores dificuldades **-2.** [trip by ship] travessia *f*.

sailing boat *UK*, **sailboat** *US* ['seılbəut] *n* barco *m* a vela.

sailing ship *n* veleiro *m*.

sailor ['seılə^r] *n* marinheiro *m*, -ra *f*.

saint [seınt] *n* **-1.** RELIG santo *m*, -ta *f* **-2.** *inf* [very good person] santo *m*, -ta *f*.

saintly ['seıntlı] (*compar* **-ier**, *superl* **-iest**) *adj* santo(ta), santificado(da).

sake [seık] *n* **-1.** [benefit, advantage]: **for the ~ of** para o bem de; **for my ~** por mim **-2.** [purpose]: **for the ~ of** pelo bem de; **let us say, for the ~ of argument, that ...** digamos, só para argumentar, que ... **-3.** *phr*: **for God's** *OR* **Heaven's ~!** pelo amor de Deus!

salad ['sæləd] *n* salada *f*.

salad bowl *n* saladeira *f*.

salad cream *n (U) UK* molho *m* para salada *(à base de maionese)*.

salad dressing *n (U)* molho *m* para salada *(à base de vinagre, óleo e ervas)*.

salami [sə'lɑ:mı] *n (U)* salame *m*.

salary ['sælərı] (*pl* **-ies**) *n* salário *m*.

sale [seıl] *n* **-1.** [gen] venda *f*; **on ~** à venda; **(up) for ~** à venda; **'for ~'** 'vende-se' **-2.** [at reduced prices] liquidação *f*, saldo *m* **-3.** [auction] leilão *m*.

◆ **sales** <> *npl* **-1.** [quantity sold] vendas *fpl* **-2.** [at reduced prices]: **the ~s** os saldos.

saleroom *UK* ['seılrum], **salesroom** *US* ['seılzrum] *n* sala *f* de leilão.

sales assistant ['seılz-], **salesclerk** *US* ['seılzklз:rk] *n* balconista *mf*, vendedor *m*, -ra *f (em loja)*.

salesman ['seılzmən] (*pl* **-men** [-mən]) *n* [gen] vendedor *m*; [representative] representante *m* de vendas.

sales rep *n inf* representante *mf* de vendas.

salesroom *n US* = **saleroom.**

saleswoman ['seɪlz,wʊmən] (*pl* **-women** [-,wɪmɪn]) *n* vendedora *f*; [representative] representante *f* de vendas.

salient ['seɪljənt] *adj fml* evidente, notável.

saliva [sə'laɪvə] *n (U)* saliva *f*.

sallow ['sæləʊ] *adj* amarelado(da).

salmon ['sæmən] (*pl inv* OR **-s**) *n* salmão *m*.

salmonella [,sælmə'nelə] *n (U)* salmonela *f*.

salon ['sælɒn] *n* **-1.** [hairdresser's] salão *m* **-2.** [clothes shop] butique *f*.

saloon [sə'lu:n] *n* **-1.** *UK* [car] sedã *m* **-2.** *US* [bar] bar *m* **-3.** *UK* [in pub]: ~ **(bar)** *em alguns pubs e hotéis, bar finamente decorado e de preços mais altos do que os do public bar* **-4.** [on ship] salão *m*.

salt [sɔ:lt, sɒlt] <> *n* sal *m*. <> *vt* **-1.** [food] salgar **-2.** [roads] jogar sal em *(para derreter o gelo)*.

◆ **salt away** *vt sep inf* guardar.

SALT [sɔ:lt] (*abbr of* **Strategic Arms Limitation Talks/Treaty**) *n* SALT *m*.

salt cellar *UK*, **salt shaker** *US* [-,ʃeɪkəʳ] *n* saleiro *m*.

saltwater ['sɔ:lt,wɔ:təʳ] <> *adj* de água salgada. <> *n (U)* água *f* salgada, água *f* do mar.

salty ['sɔ:ltɪ] (*compar* **-ier**, *superl* **-iest**) *adj* salgado(da).

salutary ['sæljʊtrɪ] *adj* salutar.

salute [sə'lu:t] <> *n* **-1.** MIL [with hand] continência *f* **-2.** MIL [firing of guns] salva *f* **-3.** *(U)* [act of saluting] cumprimento *m* **-4.** [formal acknowledgment] saudação *f*. <> *vt* **-1.** MIL [with hand] fazer continência a **-2.** [acknowledge formally, honour] cumprimentar. <> *vi* MIL [with hand] fazer continência.

salvage ['sælvɪdʒ] <> *n* **-1.** [rescue of ship] salvamento *m* **-2.** [property rescued] objetos *mpl* recuperados. <> *vt* **-1.** [rescue]: **to ~ sthg (from)** salvar algo (de) **-2.** *fig* [gain from failure]: **to ~ sthg (from)** preservar algo (de).

salvation [sæl'veɪʃn] *n* salvação *f*.

Salvation Army *n*: **the ~** o Exército da Salvação.

same [seɪm] <> *adj* [gen] mesmo(ma); **at the ~ time** [simultaneously] ao mesmo tempo; [yet] mesmo assim; **one and the ~** o mesmo, a mesma. <> *adv*: **the ~** o mesmo, a mesma. <> *pron* [unchanged, identical]: **the ~** o mesmo, a mesma; **the hats they were wearing were the ~** os chapéus que eles estavam usando eram iguais; **all** OR **just the ~** [nevertheless, anyway] mesmo assim; **it's all the ~ to me** para mim dá no mesmo, para mim tanto faz; **it's not the ~** não é a mesma coisa.

sample ['sɑ:mpl] <> *n* amostra *f*. <> *vt* **-1.** [taste] provar **-2.** [try out, test] experimentar.

sanatorium (*pl* **-riums** OR **-ria** [-rɪə]), **sanitorium** *US* (*pl* **-riums** OR **-ria** [-rɪə]) [,sænə'tɔ:rɪəm] *n* sanatório *m*.

sanctimonious [,sæŋktɪ'məʊnjəs] *adj pej* santarrão(rrona).

sanction ['sæŋkʃn] <> *n* sanção *f*. <> *vt* sancionar.

sanctity ['sæŋktətɪ] *n (U)* santidade *f*.

sanctuary ['sæŋktʃʊərɪ] (*pl* **-ies**) *n* **-1.** [gen] santuário *m* **-2.** [place of safety] abrigo *m* **-3.** *(U)* [safety, refuge] refúgio *m*.

sand [sænd] <> *n (U)* areia *f*. <> *vt* lixar.

sandal ['sændl] *n* sandália *f*.

sandalwood ['sændlwʊd] *n (U)* sândalo *m*.

sandbox *n US* = **sandpit.**

sandcastle ['sænd,kɑ:sl] *n* castelo *m* de areia.

sand dune *n* duna *f*.

sandpaper ['sænd,peɪpəʳ] <> *n (U)* lixa *f*. <> *vt* lixar.

sandpit *UK* ['sændpɪt], **sandbox** *US* ['sændbɒks] *n* caixa *f* de areia.

sandstone ['sændstəʊn] *n (U)* arenito *m*.

sandwich ['sænwɪdʒ] <> *n* sanduíche *m*. <> *vt fig*: **to be ~ed between** ser prensado(da) entre.

sandwich course *n UK curso universitário que inclui um certo tempo de experiência profissional.*

sandy ['sændɪ] (*compar* **-ier**, *superl* **-iest**) *adj* **-1.** [made of sand] arenoso(sa) **-2.** [sand-coloured] cor-de-areia.

sane [seɪn] *adj* **-1.** [not mad] são(sã) **-2.** [sensible] sensato(ta).

sang [sæŋ] *pt* ⊳ **sing.**

sanitary ['sænɪtrɪ] *adj* **-1.** [connected with health] sanitário(ria) **-2.** [clean, hygienic] higiênico(ca).

sanitary towel, sanitary napkin *US* *n* absorvente *m* higiênico.

sanitation [,sænɪ'teɪʃn] *n* **-1.** [in streets] saneamento *m* **-2.** [in houses] instalações *fpl* sanitárias.

sanitorium *n US* = **sanatorium.**

sanity ['sænətɪ] *n* **-1.** [saneness] sanidade *f* **-2.** [good sense] sensatez *f*.

sank [sæŋk] *pt* ⊳ **sink.**

Santa (Claus) ['sæntə(,klu:z)] *n* Papai *m* Noel.

sap [sæp] (*pt* & *pp* **-ped**, *cont* **-ping**) <> *n (U)* [of plant] seiva *m*. <> *vt* enfraquecer, consumir.

sapling ['sæplɪŋ] *n* árvore *m* nova, arvorezinha *f*.

sapphire ['sæfaɪəʳ] *n* safira *f*.

sarcastic [sɑ:'kæstɪk] *adj* sarcástico(ca).

sarcophagus [sɑ:'kɒfəgəs] (*pl* **-gi** [-gaɪ], **-es**) *n* sarcófago *m*.

sardine [sɑ:'di:n] *n* sardinha *f*.

Sardinia [sɑ:'dɪnjə] *n* Sardenha.

sardonic [sɑ:'dɒnɪk] *adj* mordaz.

SAS (*abbr of* **Special Air Service**) *n unidade especial do exército britânico encarregada de operações de antiterrorismo e sabotagem.*

SASE (*abbr of* **self-addressed stamped envelope**) *n US envelope auto-endereçado e já selado.*

sash [sæʃ] *n* faixa *f.*

sat [sæt] *pt & pp* ▷ **sit.**

SAT [sæt] *n* **-1.** (*abbr of* **Standard Assessment Test**) *exames de aptidão que os estudantes da Inglaterra e do País de Gales prestam aos 7, 11 e 14 anos de idade* **-2.** (*abbr of* **Scholastic Aptitude Test**) *exame prestado por estudantes no último ano da escola secundária nos Estados Unidos, importante ao se ingressar na universidade.*

Satan ['seɪtn] *n* Satã *m*, Satanás *m.*

satchel ['sætʃəl] *n* pasta *f*, mochila *f* escolar.

satellite ['sætəlaɪt] ◇ *n* satélite *m.* ◇ *comp* **-1.** *TELEC* por satélite **-2.** [dependent]: ~ **city** cidade-satélite *f.*

satellite dish *n* [for TV] antena *f* parabólica.

satellite TV *n* tevê *f* via satélite.

satin ['sætɪn] ◇ *n (U)* cetim *m.* ◇ *comp* **-1.** [made of satin] de cetim **-2.** [smooth] acetinado(da).

satire ['sætaɪəʳ] *n* sátira *f.*

satisfaction [ˌsætɪs'fækʃn] *n* **-1.** [gen] satisfação *f* **-2.** *(U)* [fulfilment of need] atendimento *m*, cumprimento *m.*

satisfactory [ˌsætɪs'fæktərɪ] *adj* satisfatório(ria).

satisfied ['sætɪsfaɪd] *adj* [happy] satisfeito(ta); **to be ~ with sthg** estar satisfeito(ta) com algo.

satisfy ['sætɪsfaɪ] (*pt & pp* **-ied**) *vt* **-1.** [make happy] satisfazer **-2.** [convince] convencer; **to ~ sb that** convencer alguém de que **-3.** [fulfil] satisfazer, atender a.

satisfying ['sætɪsfaɪɪŋ] *adj* satisfatório(ria), agradável.

satsuma [ˌsæt'su:mə] *n tipo de tangerina proveniente do Japão.*

saturate ['sætʃəreɪt] *vt* **-1.** [drench] ensopar, empapar; **to ~ sthg with sthg** ensopar *OR* empapar algo com algo **-2.** [fill completely, swamp] inundar; **to ~ sthg with sthg** saturar algo com algo.

saturated *adj* **-1.** [drenched] ensopado(da), empapado(da) **-2.** [fat] saturado(da).

Saturday ['sætədɪ] ◇ *n* sábado *m*; **what day is it? - it's ~** que dia é hoje? - é sábado; **on ~** no sábado; **on ~s** aos sábados; **last ~** sábado passado; **this ~** este sábado; **next ~** sábado da semana que vem; **every ~** todos os sábados; **every other ~** um sábado sim, outro não; **the ~ before** no sábado anterior; **the ~ before last** há dois sábados; **the ~ after next, ~ week, a week on ~** não no próximo sábado, no outro. ◇ *comp* aos sábados; **~ morning/afternoon/night** sábado de manhã/tarde/noite; **~ evening** no fim da tarde de sábado.

sauce [sɔ:s] *n CULIN* molho *m.*

saucepan ['sɔ:spən] *n* panela *f* com cabo.

saucer ['sɔ:səʳ] *n* pires *m inv.*

saucy ['sɔ:sɪ] (*compar* **-ier**, *superl* **-iest**) *adj inf* atrevido(da).

Saudi Arabia [ˌsaʊdɪə'reɪbjə] *n* Arábia Saudita.

Saudi (Arabian) ['saʊdɪ-] ◇ *adj* árabe-saudita. ◇ *n* árabe-saudita *mf.*

sauna ['sɔ:nə] *n* sauna *f.*

saunter ['sɔ:ntəʳ] *vi* passear *(tranqüilamente).*

sausage ['sɒsɪdʒ] *n* **-1.** *(U)* [meat] lingüiça *f* **-2.** [shaped piece of meat] salsicha *f.*

sausage roll *n UK* enroladinho *m* de salsicha.

sauté [*UK* 'səʊteɪ, *US* səʊ'teɪ] (*pt & pp* **sautéed** *OR* **sautéd**) ◇ *adj* sauté. ◇ *vt* fritar levemente.

savage ['sævɪdʒ] ◇ *adj* selvagem. ◇ *n* selvagem *mf.* ◇ *vt* [attack physically] atacar ferozmente.

save [seɪv] ◇ *n SPORT* defesa *f.* ◇ *prep fml*: **~ (for)** exceto. ◇ *vt* **-1.** [gen] salvar; **to ~ sb from sthg/from doing sthg** salvar alguém de algo/de fazer algo; **to ~ sb's life** salvar a vida de alguém **-2.** [prevent waste of] economizar **-3.** [set aside] guardar **-4.** [make unnecessary] poupar; **to ~ sb/sthg from doing sthg** poupar alguém/algo de fazer algo **-5.** *SPORT* defender. ◇ *vi* economizar.

◆ **save up** *vi* economizar.

saving grace ['seɪvɪŋ-] *n* mérito *m.*

savings ['seɪvɪŋz] *npl* economias *fpl.*

savings account *n US* (caderneta *f* de) poupança *f.*

savings and loan association *n US* sociedade *f* de empréstimos imobiliários.

savings bank *n* caixa *f* econômica, banco *m* só de cadernetas de poupança.

saviour *UK*, **savior** *US* ['seɪvjəʳ] *n* salvador *m*, -ra *f.*

savour *UK*, **savor** *US* ['seɪvəʳ] *vt* **-1.** [enjoy taste of] saborear **-2.** *fig* [enjoy greatly] saborear, aproveitar.

savoury *UK* (*pl* **-ies**), **savory** (*pl* **-ies**) *US* ['seɪvərɪ] ◇ *adj* **-1.** [not sweet] condimentado(da) **-2.** [respectable, pleasant] agradável. ◇ *n* tira-gosto *m.*

savoy (cabbage) *n* repolho *m* crespo.

saw [sɔ:] (*UK pt* **-ed**, *pp* **sawn**, *US pt & pp* **-ed**) ◇ *pt* ▷ **see.** ◇ *n* serra *f.* ◇ *vt* serrar.

sawdust ['sɔ:dʌst] *n (U)* serragem *f.*

sawed-off shotgun *n US* = **sawn-off shotgun.**

sawmill ['sɔ:mɪl] *n* serraria *f*.
sawn [sɔ:n] *pp UK* ▻ **saw**.
sawn-off shotgun *UK*, **sawed-off shotgun** *US* [sɔ:d-] *n* arma *f* de cano serrado.
say [seɪ] (*pt* & *pp* **said**) ◇ *vt* **-1.** [gen] dizer; **to ~ (that)** dizer que **-2.** [giving information] mostrar **-3.** [assume, suppose] supor **-4.** *phr*: **that goes without ~ing** nem precisa dizer isso; **it has a lot to be said for it** tem muitos pontos em seu favor; **what have you got to ~ for yourself?** o que você tem a dizer para se defender?; **you don't ~!** não diga!, não é verdade! ◇ *n* [power of decision]: **to have a/no ~ (in sthg)** ter/não ter voz nem vez (em algo); **let me have my ~** deixe-me dizer o que eu penso.
◆ **that is to say** *adv* quer dizer.
saying ['seɪɪŋ] *n* ditado *m* popular, dito *m*.
scab [skæb] *n* **-1.** [of wound] casca *f*, crosta *f* **-2.** *pej* [non-striker] fura-greve *mf*.
scaffold ['skæfəʊld] *n* **-1.** [frame] andaime *m* **-2.** [for executions] cadafalso *m*, patíbulo *m*.
scaffolding ['skæfəldɪŋ] *n (U)* andaime *m*.
scald [skɔ:ld] ◇ *n* escaldadura *f*. ◇ *vt* escaldar.
scale [skeɪl] ◇ *n* **-1.** [gen] escala *f*; **to ~** em escala **-2.** [size, extent] tamanho *m* **-3.** [of fish, snake] escama *f* **-4.** *US* = **scales**. ◇ *vt* **-1.** [climb] escalar **-2.** [remove scales from] escamar.
◆ **scales** *npl* balança *f*.
◆ **scale down** *vt fus* reduzir.
scale model *n* maquete *f*.
scallop ['skɒləp] ◇ *n* [shellfish] vieira *f*. ◇ *vt* [decorate edge of] guarnecer.
scalp [skælp] ◇ *n* **-1.** *ANAT* couro *m* cabeludo **-2.** [removed from head] escalpo *m*. ◇ *vt* escalpelar.
scalpel ['skælpəl] *n* bisturi *m*.
scamper ['skæmpəʳ] *vi* fugir rapidamente.
scampi ['skæmpɪ] *n (U)* camarão-castanho *m*.
scan [skæn] (*pt* & *pp* **-ned**, *cont* **-ning**) ◇ *n MED* & *TECH* exame *m*, escaneamento *m*. ◇ *vt* **-1.** [gen] escanear **-2.** [examine carefully] examinar cuidadosamente **-3.** [glance at] correr os olhos por.
scandal ['skændl] *n* escândalo *m*.
scandalize, ise ['skændəlaɪz] *vt* escandalizar.
Scandinavia [ˌskændɪ'neɪvjə] *n* Escandinávia.
Scandinavian [ˌskændɪ'neɪvjən] ◇ *adj* escandinavo(va). ◇ *n* escandinavo *m*, -va *f*.
scant [skænt] *adj* insuficiente, escasso(sa).
scanty ['skæntɪ] (*compar* **-ier**, *superl* **-iest**) *adj* **-1.** [dress] mínimo(ma) **-2.** [amount, resources] escasso(sa) **-3.** [meal] insuficiente.
scapegoat ['skeɪpgəʊt] *n* bode *m* expiatório.
scar [skɑ:ʳ] (*pt* & *pp* **-red**, *cont* **-ring**) *n* [physical] cicatriz *f*.
scarce ['skeəs] *adj* escasso(sa).
scarcely ['skeəslɪ] *adv* apenas.
scare [skeəʳ] ◇ *n* **-1.** [sudden fright] susto *m* **-2.** [public panic] ameaça *f*; **bomb ~** ameaça de bomba. ◇ *vt* assustar.
◆ **scare away, scare off** *vt sep* afugentar.
scarecrow ['skeəkrəʊ] *n* espantalho *m*.
scared ['skeəd] *adj* [very frightened] apavorado(da); **to be ~ stiff** *OR* **to death** estar morrendo de medo.
scarf [skɑ:f] (*pl* **-s** *OR* **scarves**) *n* **-1.** [long - to keep warm] cachecol *m*; [- as accessory] echarpe *f* **-2.** [square] lenço *m*.
scarlet ['skɑ:lət] ◇ *adj* escarlate. ◇ *n* escarlate *m*.
scarlet fever *n (U)* escarlatina *f*.
scarves [skɑ:vz] *pl* ▻ **scarf**.
scathing ['skeɪðɪŋ] *adj* mordaz.
scatter ['skætəʳ] ◇ *vt* espalhar. ◇ *vi* dispersar-se.
scatterbrained ['skætəbreɪnd] *adj inf* desmiolado(da), avoado(da).
scavenger ['skævɪndʒəʳ] *n* **-1.** [animal] *animal que se alimenta de carniça* **-2.** *fig* [person] catador *m*, -ra *f* de lixo.
scenario [sɪ'nɑ:rɪəʊ] (*pl* **-s**) *n* cenário *m*.
scene [si:n] *n* **-1.** [gen] cena *f*; **behind the ~s** nos bastidores **-2.** [picture of place] paisagem *f*, cenário *m* **-3.** [sight, impression] vista *f* **-4.** [area of activity] área *f* **-5.** [embarrassing fuss] cena *f*, escândalo *m* **-6.** *phr*: **to set the ~** [for person] descrever a cena; [for event] preparar o cenário.
scenery ['si:nərɪ] *n (U)* **-1.** [of countryside] paisagem *f* **-2.** *THEATRE* cenário *m*.
scenic ['si:nɪk] *adj* **-1.** [view] pitoresco(ca) **-2.** [tour] turístico(ca).
scent [sent] *n* **-1.** [smell - of flowers] perfume *m*, fragrância *f*; [- of animal] cheiro *m*, odor *m* **-2.** *(U)* [perfume] perfume *m*.
scepter *n US* = **sceptre**.
sceptic *UK*, **skeptic** *US* ['skeptɪk] *n* céptico(ca).
sceptical *UK*, **skeptical** *US* ['skeptɪkl] *adj* cético(ca); **to be ~ about sthg** ser cético(ca) em relação a algo.
sceptre *UK*, **scepter** *US* ['septəʳ] *n* cetro *m*.
schedule [*UK* 'ʃedju:l, *US* 'skedʒʊl] ◇ *n* **-1.** [plan] plano *m*; **to be ahead of ~** estar adiantado(da); **to be behind ~** estar atrasado(da); **on ~** sem atraso **-2.** [written list - of prices, contents] lista *f*; [- of times] horários *mpl*. ◇ *vt*: **to ~ sthg (for)** marcar algo(para).
scheduled flight [*UK* 'ʃedju:ld-, *US* 'skedʒʊld-] *n* vôo *m* regular.
scheme [ski:m] ◇ *n* **-1.** [plan] projeto *m* **-2.** *pej* [dishonest plan] esquema *f* **-3.** [arrangement, decoration] disposição *f*; **colour ~** combinação *f* de cores. ◇ *vi pej* tramar.

scheming ['ski:mɪŋ] *adj* que faz intriga.
schism ['sɪzm, 'skɪzm] *n* cisma *m*.
schizophrenic [,skɪtsə'frenɪk] ◇ *adj* esquizofrênico(ca). ◇ *n* esquizofrênico *m*, -ca *f*.
scholar ['skɒlə^r] *n* **-1.** [expert]: **he's a Greek ~** ele é perito em grego **-2.** ***dated*** [student] aluno *m*, -na *f* **-3.** [holder of scholarship] bolsista *mf*.
scholarship ['skɒləʃɪp] *n* **-1.** [grant] bolsa *f* **-2.** *(U)* [learning] erudição *f*.
school [sku:l] *n* **-1.** [place of education] escola *f*, colégio *m* **-2.** [hours spent in school] escola *f* **-3.** *UNIV* [department] faculdade *f* **-4.** ***US*** [university] universidade *f* **-5.** [group of fish] cardume *m* **-6.** [of whales, dolphins] grupo *m*.
school age *n (U)* idade *f* escolar.
schoolbook ['sku:lbʊk] *n* livro *m* escolar.
schoolboy ['sku:lbɔɪ] *n* aluno *m*.
schoolchild ['sku:ltʃaɪld] (*pl* **-children** [-tʃɪldrən]) *n* aluno *m*, -na *f*.
schooldays ['sku:ldeɪz] *npl* tempos *mpl* de colégio *OR* escola.
schoolgirl ['sku:lgɜ:l] *n* aluna *f*.
schooling ['sku:lɪŋ] *n (U)* educação *f*, ensino *m*.
school-leaver [-,li:və^r] *n* ***UK*** *jovem que concluiu o ensino obrigatório*.
schoolmaster ['sku:l,mɑ:stə^r] *n* ***dated*** mestre *m*.
schoolmistress ['sku:l,mɪstrɪs] *n* ***dated*** mestra *f*.
school of thought *n* escola *f* de pensamento.
schoolteacher ['sku:l,ti:tʃə^r] *n* professor *m*, -ra *f*.
school year *n* ano *m* letivo.
schooner ['sku:nə^r] *n* **-1.** [ship] escuna *f* **-2.** ***UK*** [sherry glass] caneca *f (para xerez)*.
sciatica [saɪ'ætɪkəl] *en (U)* ciática *f*.
science ['saɪəns] *n* ciência *f*.
science fiction *n (U)* ficção *f* científica.
scientific [,saɪən'tɪfɪk] *adj* científico(ca).
scientist ['saɪəntɪst] *n* cientista *mf*.
scintillating ['sɪntɪleɪtɪŋ] *adj* brilhante.
scissors ['sɪzəz] *npl* tesoura *f*; **a pair of ~** uma tesoura.
sclerosis *n* ▷ **multiple sclerosis**.
scoff [skɒf] ◇ *vt* ***UK inf*** devorar, engolir. ◇ *vi* zombar; **to ~ at sb/sthg** zombar de alguém/algo.
scold [skəʊld] *vt* repreender, xingar.
scone [skɒn] *n bolinho geralmente tomado à hora do chá com manteiga ou geléia*.
scoop [sku:p] ◇ *n* **-1.** [kitchen implement - for sugar] colher *f*; [- for ice cream] pá *f* **-2.** [scoopful] concha *f*, colher *f* grande; **two ~s of ice cream** duas bolas de sorvete **-3.** [news report] furo *m*. ◇ *vt* **-1.** [with hands] tirar com as mãos **-2.** [with implement] tirar com colher.
◆ **scoop out** *vt sep* tirar com colher.
scooter ['sku:tə^r] *n* **-1.** [toy] patinete *f* **-2.** [motorcycle] lambreta *f*.
scope [skəʊp] *n (U)* **-1.** [opportunity] possibilidades *fpl* **-2.** [range] escopo *m*.
scorch [skɔ:tʃ] *vt* **-1.** [clothes, food, skin] chamuscar **-2.** [grass, fields] queimar.
scorching ['skɔ:tʃɪŋ] *adj inf* escaldante.
score [skɔ:^{r}] ◇ *n* **-1.** *SPORT* placar *m* **-2.** [in test, competition] nota *f* **-3.** ***dated*** [twenty] vintena *f* **-4.** *MUS* partitura *f* **-5.** [subject]: **on that ~** a esse respeito. ◇ *vt* **-1.** *SPORT* marcar **-2.** [achieve] conseguir, obter **-3.** [win in an argument] ganhar **-4.** [cut] gravar, entalhar. ◇ *vi* *SPORT* marcar.
◆ **score out** *vt sep* ***UK*** riscar.
scoreboard ['skɔ:bɔ:d] *n* placar *m*.
scorer ['skɔ:rə^r] *n* **-1.** [official] anotador *m*, -ra *f* de pontos **-2.** [player - football] goleador *m*, -ra *f*; [- basketball] cestinha *mf*; [- sports in general] jogador(ra) que marca mais pontos.
scorn [skɔ:n] ◇ *n (U)* desdém *m*, menosprezo *m*. ◇ *vt* **-1.** [despise] desprezar **-2.** ***fml*** [refuse to accept] desdenhar.
scornful ['skɔ:nfʊl] *adj* desdenhoso(osa); **to be ~ of sthg** desdenhar de algo.
Scorpio ['skɔ:pɪəʊ] (*pl* **-s**) *n* [sign] Escorpião *m*.
scorpion ['skɔ:pjən] *n* escorpião *m*.
Scot [skɒt] *n* escocês *m*, -esa *f*.
scotch [skɒtʃ] *vt* **-1.** [idea] acabar com **-2.** [rumour] desmentir.
Scotch [skɒtʃ] ◇ *adj* escocês(esa). ◇ *n* [whisky] uísque *m* escocês.
Scotch (tape)® *n* ***US*** fita *f* adesiva, durex® *m*.
scot-free *adj inf*: **to get off ~** sair impune.
Scotland ['skɒtlənd] *n* Escócia.
Scots [skɒts] ◇ *adj* escocês(esa). ◇ *n (U)* [dialect] escocês *m*.
Scotsman ['skɒtsmən] (*pl* **-men** [-mən]) *n* escocês *m*.
Scotswoman ['skɒtswʊmən] (*pl* **-women** [-,wɪmɪn]) *n* escocesa *f*.
Scottish ['skɒtɪʃ] *adj* escocês(esa).
scoundrel ['skaʊndrəl] *n* ***dated*** canalha *mf*.
scour [skaʊə^r] *vt* **-1.** [clean] esfregar **-2.** [search] esquadrinhar.
scourge [skɜ:dʒ] *n* **-1.** [cause of suffering] flagelo *m* **-2.** [critic] tormento *m*.
scout [skaʊt] *n MIL* batedor *m*, explorador *m*.
◆ **Scout** *n* escoteiro *m*.
◆ **scout around** *vi*: **to ~ around (for sthg)** explorar a área (em busca de algo).
scowl [skaʊl] ◇ *n* carranca *f*, cara *f* feia. ◇ *vi* franzir o cenho; **to ~ at sb** fazer cara feia para alguém.
scrabble ['skræbl] *vi* **-1.** [scramble] escalar com dificuldade; **to ~ up/down** subir/descer escalando **-2.** [scrape]: **to ~ at sthg** arranhar

algo **-3.** [feel around] escarafunchar; **to ~ around for sthg** escarafunchar à procura de algo.

scraggy ['skrægɪ] (*compar* **-ier**, *superl* **-iest**) *adj inf* magricela.

scramble ['skræmbl] <> *n* briga *f.* <> *vi* **-1.** [climb] trepar em **-2.** [move clumsily] caminhar cambaleando; **she ~d for her handbag in the crush** ela teve que brigar pela bolsa no meio do tumulto.

scrambled eggs ['skræmbld-] *npl* ovos *mpl* mexidos.

scrap [skræp] (*pt* & *pp* **-ped**, *cont* **-ping**) <> *n* **-1.** [small piece] pedaço *m*; **~ of conversation** trecho *m*; **~ of information** uma informação; **there isn't a ~ of evidence** não há prova alguma **-2.** [metal] sucata *f* **-3.** *inf* [fight, quarrel] briga *f.* <> *vt* abandonar.

◆ **scraps** *npl* sobras *fpl.*

scrapbook ['skræpbʊk] *n* álbum *m* de recortes.

scrap dealer *n* ferro-velho *m*, sucateiro *m*, -ra *f.*

scrape [skreɪp] <> *n* **-1.** [scraping noise] rangido *m*, arranhão *m* **-2.** *dated* [difficult situation] enrascada *f.* <> *vt* **-1.** [remove]: **to ~ sthg off sthg** raspar algo de algo **-2.** [peel] raspar **-3.** [rub against - car, bumper, glass] riscar; [- knee, elbow, skin] arranhar. <> *vi* [rub]: **to ~ against/on sthg** raspar contra/em algo.

◆ **scrape through** *vt fus* passar com as calças na mão.

scraper ['skreɪpəʳ] *n* raspador *m.*

scrap merchant *n UK* sucateiro *m*, -ra *f.*

scrap paper *UK*, **scratch paper** *US n (U)* papel *m* rascunho.

scrapyard ['skræpjɑ:d] *n* ferro-velho *m.*

scratch [skrætʃ] <> *n* **-1.** [gen] arranhão *m* **-2.** *phr*: **to do sthg from ~** fazer algo começando do nada; **to be up to ~** estar à altura. <> *vt* **-1.** [wound] arranhar **-2.** [surface] riscar **-3.** [rub] coçar. <> *vi* **-1.** [branch, knife, thorn]: **to ~ at/against sthg** roçar em algo **-2.** [person, animal] coçar-se.

scratch paper *n US* = **scrap paper.**

scrawl [skrɔ:l] <> *n* rabisco *m.* <> *vt* rabiscar.

scrawny ['skrɔ:nɪ] (*compar* **-ier**, *superl* **-iest**) *adj* esquelético(ca).

scream [skri:m] <> *n* **-1.** [of person] grito *m*; **~s of laughter** gargalhadas *fpl.* <> *vt* gritar. <> *vi* [person] gritar, vociferar.

scree [skri:] *n (U) acúmulo de pedras soltas na encosta de uma montanha.*

screech [skri:tʃ] <> *n* **-1.** [gen] guincho *m* **-2.** [of person] grito *m*; **a ~ of laughter** gargalhadas *fpl.* <> *vt* berrar, gritar. <> *vi* **-1.** [gen] guinchar **-2.** [person] gritar, berrar.

screen [skri:n] <> *n* **-1.** [viewing surface] tela *f* **-2.** *CINEMA*: **the (big) ~** a tela de cinema **-3.** [protective or dividing panel] biombo *m.* <> *vt* **-1.** [gen] exibir **-2.** [hide, shield] proteger; **to ~ sb/sthg (from sb/sthg)** proteger alguém/algo (de alguém/algo).

screening ['skri:nɪŋ] *n* **-1.** [in cinema] exibição *f*, projeção *f* **-2.** [on TV] exibição *f* **-3.** *(U)* [for security] triagem *f* **-4.** *(U) MED* [examination] exame *m* médico.

screenplay ['skri:npleɪ] *n* roteiro *m.*

screen print *n* serigrafia *f.*

screw [skru:] <> *n* parafuso *m.* <> *vt* **-1.** [fix with screws]: **to ~ sthg to sthg** aparafusar algo em algo **-2.** [twist] enroscar **-3.** *vulg* [have sex with] trepar com, foder. <> *vi* [fix together] enroscar.

◆ **screw up** *vt sep* **-1.** [crumple up] amassar **-2.** [contort, twist] contrair **-3.** *inf* [ruin] ferrar.

screwdriver ['skru:ˌdraɪvəʳ] *n* chave *f* de fenda.

scribble ['skrɪbl] <> *n* rabisco *m*, garrancho *m.* <> *vt* & *vi* rabiscar.

script [skrɪpt] *n* **-1.** [of play, film] script *m*, roteiro *m* **-2.** [system of writing] escrita *f* **-3.** [handwriting] letra *f.*

Scriptures ['skrɪptʃəz] *npl*: **the ~** as Escrituras.

scriptwriter ['skrɪptˌraɪtəʳ] *n* roteirista *mf.*

scroll [skrəʊl] <> *n* rolo *m* de papel *OR* pergaminho. <> *vt COMPUT* rolar.

scrounge [skraʊndʒ] *inf vt*: **to ~ sthg (off sb)** filar algo (de alguém).

scrounger ['skraʊndʒəʳ] *n inf* parasita *mf.*

scrub [skrʌb] (*pt* & *pp* **-bed**, *cont* **-bing**) <> *n* **-1.** [rub] esfregação *f*; **give it a good ~** dá uma boa esfregada (nisso) **-2.** *(U)* [undergrowth] moita *f.* <> *vt* esfregar.

scruff [skrʌf] *n ANAT*: **by the ~ of the neck** pelo cangote.

scruffy ['skrʌfɪ] (*compar* **-ier**, *superl* **-iest**) *adj* **-1.** [gen] sujo(ja) **-2.** [room, part of town] bagunçado(da).

scrum(mage) ['skrʌm(ɪdʒ)] *n RUGBY* disputa *f* de bola.

scrunchy ['skrʌntʃɪ] (*pl* **-ies**) *n* rabicó *m.*

scruples ['skru:plz] *npl* escrúpulos *mpl.*

scrutinize, -ise ['skru:tɪnaɪz] *vt* escrutinar.

scrutiny ['skru:tɪnɪ] *n (U)* escrutínio *m.*

scuff [skʌf] *vt* **-1.** [drag] arrastar **-2.** [damage - shoes] gastar; [- surface] riscar.

scuffle ['skʌfl] *n* briga *f.*

scullery ['skʌlərɪ] (*pl* **-ies**) *n* copa *f (para lavar e guardar louça).*

sculptor ['skʌlptəʳ] *n* escultor *m*, -ra *f.*

sculpture ['skʌlptʃəʳ] <> *n* escultura *f.* <> *vt* esculpir.

scum [skʌm] *n* **-1.** [froth] espuma *f* **-2.** *v inf pej* [worthless people] escória *f.*

scupper ['skʌpəʳ] *vt* **-1.** *NAUT* [sink] afundar **-2.** *UK fig* [ruin] arruinar.

scurrilous ['skʌrələs] *adj fml* difamatório(ria).

scurry ['skʌrɪ] (*pt* & *pp* **-ied**) *vi*: **to ~ off** escapulir-se.

scuttle ['skʌtl] <> *n* balde *m* para carvão. <> *vi* correr.

scythe [saɪð] *n* foice *f*.

SDLP (*abbr of* **Social Democratic and Labour Party**) *n partido político da Irlanda do Norte que defende a integração pacífica com a República da Irlanda.*

sea [si:] <> *n* mar *m*; **to be at ~** [ship, sailor] estar no mar; **to be all at ~** *fig* [person] estar totalmente perdido(da); **by ~** pelo mar; **by the ~** junto ao mar; **out to ~** [away from land] para alto-mar. <> *comp* **-1.** [travel, voyage] marítimo(ma) **-2.** [animal] marinho(nha).

seabed ['si:bed] *n*: **the ~** o fundo do mar.

seaboard ['si:bɔ:d] *n fml* litoral *m*.

sea breeze *n* brisa *f* do mar.

seafood ['si:fu:d] *n (U)* frutos *mpl* do mar.

seafront ['si:frʌnt] *n* orla *f* marítima.

seagull ['si:gʌl] *n* gaivota *f*.

seal [si:l] (*pl sense 1 only inv OR* **-s**) <> *n* **-1.** [gen] selo *m* **-2.** [animal] foca *f*. <> *vt* **-1.** [stick down] selar **-2.** [block up] vedar.

◆ **seal off** *vt sep* interditar.

sea level *n (U)* nível *m* do mar.

sea lion (*pl inv OR* **-s**) *n* leão-marinho *m*.

seam [si:m] *n* **-1.** *SEWING* costura *f* **-2.** [of coal] veio *m*.

seaman ['si:mən] (*pl* **-men** [-mən]) *n* marinheiro *m*.

seamy ['si:mɪ] (*compar* **-ier**, *superl* **-iest**) *adj* sórdido(da).

séance ['seɪɒns] *n* sessão *f* espírita.

seaplane ['si:pleɪn] *n* hidroavião *m*.

seaport ['si:pɔ:t] *n* porto *m* de mar.

search [sɜ:tʃ] <> *n* **-1.** [for lost person, object] procura *f*, busca *f*; **~ for sthg** busca *OR* procura por algo; **in ~ of** a procura de, em busca de **-2.** [of person, luggage, house] procura *f*. <> *vt* **-1.** [gen] procurar **-2.** [mind, memory] vasculhar **-3.** [frisk] revistar. <> *vi* **-1.** [look for] procurar; **to ~ for sb/sthg** procurar (por) alguém/algo **-2.** [try to recall]: **to ~ for sthg** tentar lembrar algo.

search engine *n COMPUT* mecanismo *m* de busca.

searching ['sɜ:tʃɪŋ] *adj* **-1.** [question] perspicaz **-2.** [examination, review] minucioso(sa) **-3.** [look] penetrante.

searchlight ['sɜ:tʃlaɪt] *n* holofote *m*.

search party *n* equipe *f* de busca.

search warrant *n* mandado *m* de busca.

seashell ['si:ʃel] *n* concha *f* (marinha).

seashore ['si:ʃɔ:ʳ] *n*: **the ~** o litoral.

seasick ['si:sɪk] *adj* mareado(da).

seaside ['si:saɪd] *n*: **the ~** a praia.

seaside resort *n* local *m* de veraneio *(na praia)*.

season ['si:zn] <> *n* **-1.** [time of year] estação *f* **-2.** [for particular activity] período *m*, época *f* **-3.** [of holiday] temporada *f*; **out of ~** fora de temporada **-4.** [of food]: **in ~** da estação; **out of ~** fora da estação **-5.** [series - of films] festival *m*; [- of lectures] série *f*. <> *vt* temperar.

seasonal ['si:zənl] *adj* sazonal.

seasoned ['si:znd] *adj* experiente.

seasoning ['si:znɪŋ] *n* tempero *m*.

season ticket *n* bilhete *m* para a temporada.

seat [si:t] <> *n* **-1.** [gen] assento *m* **-2.** [place to sit] banco *m* **-3.** [of clothing] fundilho *m* **-4.** *POL* [in parliament] cadeira *f*. <> *vt* [sit down] sentar.

seat belt *n* cinto *m* de segurança.

seating ['si:tɪŋ] *n (U)* acomodação *f*.

seawater ['si:ˌwɔ:təʳ] *n (U)* água *f* do mar.

seaweed ['si:wi:d] *n (U)* alga *f* marinha.

seaworthy ['si:ˌwɜ:ðɪ] *adj* em condições de navegar.

sec. (*abbr of* **second**) *n* seg.

secede [sɪ'si:d] *vi fml* separar-se; **to ~ from sthg** separar-se de algo.

secluded [sɪ'klu:dɪd] *adj* isolado(da), afastado(da).

seclusion [sɪ'klu:ʒn] *n (U)* isolamento *m*.

second ['sekənd] *n* **-1.** [gen] segundo *m* **-2.** *UK UNIV* diploma *m* com louvor **-3.** *AUT*: **~ (gear)** segunda *f*. <> *num* segundo(da); **~ only to Boris ...** perdendo apenas para Boris; **he is ~ to none** ele não perde para ninguém; *see also* **sixth**.

◆ **seconds** *npl* **-1.** *COMM* artigos *mpl* de segunda linha **-2.** [of food] repetição *f*.

secondary ['sekəndrɪ] *adj* secundário(ria); **to be ~ to sthg** ser secundário para algo.

secondary school *n* escola *f* secundária.

second-class ['sekənd-] *adj* **-1.** [gen] de segunda classe **-2.** *pej* [less important] de segunda classe **-3.** *UK UNIV tipo de grau universitário com louvor concedido por universidades britânicas.*

second-hand ['sekənd-] <> *adj* **-1.** [gen] de segunda mão **-2.** [shop] de objetos usados. <> *adv* [not new] de segunda mão.

second hand ['sekənd-] *n* ponteiro *m* dos segundos.

secondly ['sekəndlɪ] *adv* em segundo lugar.

secondment [sɪ'kɒndmənt] *n UK* transferência *f* temporária.

second-rate ['sekənd-] *adj pej* de segunda categoria.

second thought ['sekənd-] *n*: **to have ~s about sthg** estar em dúvida sobre algo; **on**

~s *UK*, on ~ *US* pensando bem.

secrecy ['si:krəsɪ] *n (U)* sigilo *m*.

secret ['si:krɪt] <> *adj* secreto(ta); **to keep sthg** ~ manter algo em segredo. <> *n* segredo *m*; **in** ~ em segredo.

secretarial [ˌsekrə'teərɪəl] *adj* **-1.** [course] de secretário **-2.** [staff] de secretários **-3.** [training] para secretariado.

secretary [*UK* 'sekrətrɪ, *US* 'sekrəˌterɪ] (*pl* **-ies**) *n* **-1.** [gen] secretário *m*, -ria *f* **-2.** *POL* [minister] ministro *m*, -tra *f*.

Secretary of State *n* **-1.** *UK* [minister]: ~ **(for sthg)** ministro *m* (de algo) **-2.** *US* [in charge of foreign affairs] secretário *m*, -ria *f* das relações exteriores.

secretive ['si:krətɪv] *adj* **-1.** [person] reservado(da) **-2.** [organization] secreto(ta).

secretly ['si:krɪtlɪ] *adv* secretamente, em segredo.

sect [sekt] *n* seita *f*.

sectarian [sek'teərɪən] *adj* sectário(ria).

section ['sekʃn] <> *n* seção *f*. <> *vt* **-1.** *GEOM* seccionar **-2.** *fml* [cut] seccionar.

sector ['sektə^r] *n* setor *m*.

secular ['sekjʊlə^r] *adj* secular.

secure [sɪ'kjʊə^r] <> *adj* **-1.** [tightly locked up] seguro(ra), protegido(da) **-2.** [fixed in place] seguro(ra), firme **-3.** [safe, not likely to change] garantido(da) **-4.** [strong, solid] firme **-5.** [free of anxiety, confident] confiante. <> *vt* **-1.** [obtain] conseguir, obter **-2.** [make safe] proteger **-3.** [fasten] fechar bem.

security [sɪ'kjʊərətɪ] (*pl* **-ies**) *n* **-1.** [gen] segurança *f* **-2.** *(U)* [legal protection] segurança *f*, garantia *f*; ~ **of tenure** cargo *m* vitalício.

◆ **securities** *npl FIN* papéis *mpl* negociáveis.

security guard *n* (guarda *mf* de) segurança *mf*.

sedan [sɪ'dæn] *n US* sedã *m*.

sedate [sɪ'deɪt] <> *adj* calmo(ma), sossegado(da). <> *vt* sedar.

sedation [sɪ'deɪʃn] *n (U)* sedação *f*.

sedative ['sedətɪv] *n* sedativo *m*.

sediment ['sedɪmənt] *n* sedimento *m*.

seduce [sɪ'dju:s] *vt* seduzir; **to** ~ **sb into doing sthg** persuadir alguém a fazer algo.

seductive [sɪ'dʌktɪv] *adj* sedutor(ra).

see [si:] (*pt* **saw**, *pp* **seen**) <> *vt* **-1.** [gen] ver; **we're going to** ~ **each other tonight** vamos nos ver hoje à noite; ~ **you!** até mais!; ~ **you soon/later/tomorrow!** até breve/mais tarde/amanhã! **-2.** [friend, doctor] visitar **-3.** [realize]: **to** ~ **(that)** perceber que **-4.** [understand] entender **-5.** [accompany] levar, acompanhar **-6.** [find out, ascertain] descobrir **-7.** [make sure]: **I'll** ~ **(that the work gets done)** vou providenciar (para que o trabalho fique pronto) **-8.** [judge, consider] ver, considerar. <> *vi* **-1.** [perceive with eyes] enxergar **-2.** [understand] entender; **I** ~ entendo; **you** ~, ... veja bem, ... **-3.** [find out] ver; **let's** ~, **let me** ~ vamos ver, vejamos.

◆ **seeing as, seeing that** *conj inf* já que, como.

◆ **see about** *vt fus* **-1.** [organize]: **I'll** ~ **about getting you some work** vou dar um jeito de te arrumar algum trabalho **-2.** [think about] ver.

◆ **see off** *vt sep* **-1.** [say goodbye to] despedir-se de **-2.** *UK* [chase away] afugentar.

◆ **see through** <> *vt fus* [not be deceived by] não se deixar enganar por. <> *vt sep* [to conclusion] levar a termo.

◆ **see to** *vt fus* cuidar de.

seed [si:d] *n* **-1.** [of plant] semente *f* **-2.** *SPORT* pré-selecionado *m*, -da *f*.

◆ **seeds** *npl fig* [beginnings] semente *f*.

seedling ['si:dlɪŋ] *n* muda *f*.

seedy ['si:dɪ] (*compar* **-ier**, *superl* **-iest**) *adj* **-1.** [person] maltrapilho(lha) **-2.** [room, area] usado(da).

seek [si:k] (*pt* & *pp* **sought**) *fml vt* procurar; **to** ~ **to do sthg** procurar fazer algo.

seem [si:m] <> *vi* parecer; **it** ~**s too good to be true** parece bom demais para ser verdade; **I** ~ **to remember that ...** parece que eu me lembro de que ...; **I can't** ~ **to do that** por mais que eu tente, não consigo fazer isso. <> *v impers*: **it** ~**s (that)** parece que.

seemingly ['si:mɪŋlɪ] *adv* aparentemente.

seen [si:n] *pp* ▷ **see**.

seep [si:p] *vi* infiltrar-se, penetrar.

seesaw ['si:sɔ:] *n* gangorra *f*.

seethe [si:ð] *vi* fervilhar; **to be seething with sthg** estar fervilhando com algo.

see-through *adj* transparente.

segment ['segmənt] *n* **-1.** [of market, report, audience] segmento *m* **-2.** [of fruit] gomo *m*.

segregate ['segrɪgeɪt] *vt* segregar.

Seine [seɪn] *n*: **the (River)** ~ o (rio) Sena.

seize [si:z] *vt* **-1.** [grab] agarrar, pegar **-2.** [win, capture] tomar **-3.** [arrest] prender, deter **-4.** [take advantage of] aproveitar.

◆ **seize (up)on** *vt fus* valer-se de.

◆ **seize up** *vi* **-1.** [body] enrijecer **-2.** [engine] emperrar.

seizure ['si:ʒə^r] *n* **-1.** *MED* ataque *m* **-2.** *(U)* [taking, capturing] tomada *f*.

seldom ['seldəm] *adv* raramente.

select [sɪ'lekt] <> *adj* **-1.** [carefully chosen] selecionado(da) **-2.** [exclusive] seleto(ta). <> *vt* selecionar.

selection [sɪ'lekʃn] *n* **-1.** [gen] seleção *f* **-2.** [range of goods] coleção *f*.

selective [sɪ'lektɪv] *adj* seletivo(va).

self [self] (*pl* **selves**) *n*: **she's her old** ~ ela volta a ser ela mesma; **the** ~ o eu.

self-assured *adj* confiante em si mesmo(ma), seguro(ra) de si.
self-catering *adj* sem refeições incluídas.
self-centred [-'sentəd] *adj* egocêntrico(ca).
self-confessed [-kən'fest] *adj* assumido(da).
self-confidence *n* autoconfiança *f*.
self-confident *adj* **-1.** [person] seguro(ra) de si **-2.** [remark, attitude] que passa segurança.
self-conscious *adj* inibido(da).
self-contained [-kən'teɪnd] *adj* **-1.** [person] reservado(da) **-2.** [flat] independente.
self-control *n (U)* autocontrole *m*.
self-defence *n (U)* legítima defesa *f*.
self-discipline *n (U)* autodisciplina *f*.
self-employed [-ɪm'plɔɪd] *adj* autônomo(ma), que trabalha por conta própria.
self-esteem *n (U)* amor-próprio *m*.
self-evident *adj* óbvio(via).
self-explanatory *adj* claro(ra), manifesto(ta).
self-government *n (U)* governo *m* autônomo.
self-important *adj pej* presunçoso(sa), convencido(da).
self-indulgent *adj pej* comodista, que se permite excessos.
self-interest *n (U) pej* interesse *m* pessoal *OR* próprio.
selfish ['selfɪʃ] *adj* egoísta.
selfishness ['selfɪʃnɪs] *n (U)* egoísmo *m*.
selfless ['selflɪs] *adj* desinteressado(da).
self-made *adj* que se fez por si mesmo(ma).
self-opinionated *adj pej* presunçoso(sa).
self-pity *n (U) pej* autocomiseração *f*.
self-portrait *n* auto-retrato *m*.
self-possessed [-pə'zest] *adj* dono de si mesmo, dona de si mesma.
self-preservation *n* autopreservação *f*.
self-raising flour *UK* [-,reɪzɪŋ-], **self-rising flour** *US n (U)* farinha *f* com fermento.
self-reliant *adj* independente.
self-respect *n (U)* amor-próprio *m*.
self-respecting [-rɪs'pektɪŋ] *adj* que se presta, digno(na).
self-restraint *n (U)* autocontrole *m*.
self-righteous *adj pej* hipócrita.
self-rising flour *n US* = **self-raising flour**.
self-sacrifice *n (U)* abnegação *f*.
self-satisfied *adj pej* convencido(da).
self-service *n (U)* auto-serviço *m*, self-service *m*.
self-sufficient *adj*: ~ **(in sthg)** auto-suficiente (em algo).
self-taught *adj* autodidata.
sell [sel] (*pt* & *pp* **sold**) ◇ *vt* **-1.** vender; **to ~ sthg to sb, to ~ sb sthg** vender algo para alguém; **to ~ sthg for** vender algo por; **to ~ o.s.** vender-se; **to ~ o.s. short** desmerecer-se **-2.** *fig* [make enthusiastic about]: **to ~ sthg to sb, to ~ sb sthg** vender algo para alguém; **to ~ sb an idea** vender uma idéia a alguém; **I'm not really sold on the idea** não consigo comprar essa idéia. ◇ *vi* vender; **to ~ for** *OR* **at** ser vendido(da) por *OR* a.
◆ **sell off** *vt sep* liquidar.
◆ **sell out** ◇ *vt sep*: **to be sold out** estar esgotado(da). ◇ *vi* **-1.** [shop, ticket office]: **to ~ out (of sthg)** vender todo o estoque (de algo) **-2.** [betray one's principles] vender-se.
sell-by date *n UK* prazo *m* de validade.
seller ['selə^r] *n* vendedor *m*, -ra *f*.
selling price ['selɪŋ-] *n* preço *m* de venda.
Sellotape® ['seləteɪp] *n UK* fita *f* adesiva, durex® *m*.
sell-out *n* **-1.** [performance, match] sucesso *m* de bilheteria **-2.** [of principles] traição *f*.
selves [selvz] *pl* ▷ **self**.
semaphore ['seməfɔː^r] *n (U)* semáforo *m*.
semblance ['sembləns] *n fml* aparência *f*.
semen ['siːmən] *n (U)* sêmen *m*.
semester [sɪ'mestə^r] *n* semestre *m*.
semicircle ['semɪ,sɜːkl] *n* semicírculo *m*.
semicolon [,semɪ'kəʊlən] *n* ponto-e-vírgula *m*.
semi-detached ◇ *adj UK* geminado(do). ◇ *n UK* casa *f* geminada.
semi-final *n* semifinal *f*.
seminar ['semɪnɑː^r] *n* seminário *m*.
seminary ['semɪnərɪ] (*pl* **-ies**) *n RELIG* seminário *m*.
semi-skilled *adj* semi-especializado(da).
semolina [,semə'liːnə] *n (U)* semolina *f*.
Senate ['senɪt] *n POL*: **the ~** o Senado; **the United States ~** o Senado dos Estados Unidos.
senator ['senətə^r] *n* senador *m*, -ra *f*.
send [send] (*pt* & *pp* **sent**) *vt* **-1.** [letter, message, money] enviar, mandar; **to ~ sb sthg, to ~ sthg to sb** enviar *OR* mandar algo para alguém **-2.** [tell to go]: **to ~ sb (to)** mandar alguém (para); **to ~ sb for sthg** mandar alguém buscar algo **-3.** [into a specific state] deixar; **to ~ sb mad** deixar alguém louco(ca); **to ~ to sleep** dar sono em alguém; **to ~ sb flying** arremessar alguém longe.
◆ **send back** *vt sep* devolver; **to ~ sb back** fazer alguém voltar.
◆ **send for** *vt fus* **-1.** [person] mandar chamar **-2.** [by post] encomendar.
◆ **send in** *vt sep* **-1.** [visitor] fazer entrar **-2.** [troops, police] enviar, mandar **-3.** [submit] enviar.
◆ **send off** *vt sep* **-1.** [by post] enviar *(pelo correio)* **-2.** *SPORT* expulsar.
◆ **send off for** *vt fus* encomendar *(pelo correio)*.
◆ **send up** *vt sep inf UK* [imitate] arremedar, imitar.

sender ['sendəʳ] *n* remetente *mf.*
send-off *n* despedida *f.*
senile ['si:naɪl] *adj* senil.
senior ['si:njəʳ] <> *adj* **-1.** [highest-ranking] superior(ra) **- 2.** [higher-ranking]: ~ **to sb** superior a alguém **- 3.** *SCH* [pupils, classes] veterano(na). <> *n* **- 1.** [older person] mais velho(lha); **I'm five years his** ~ sou cinco anos mais velho do que ele **- 2.** *SCH* & *UNIV* veterano *m*, -na *f.*
senior citizen *n* idoso *m*, -sa *f.*
sensation [sen'seɪʃn] *n* sensação *f.*
sensational [sen'seɪʃənl] *adj* **- 1.** [causing a stir] sensacional **- 2.** *inf* [wonderful] sensacional.
sensationalist [sen'seɪʃnəlɪst] *adj pej* sensacionalista.
sense [sens] <> *n* **- 1.** [gen] sentido *m*; **to make** ~ [have clear meaning] fazer sentido; [be logical] ser lógico(ca) **- 2.** [feeling, sensation - of guilt, terror, honour] sentimento *m*; [- of justice, duty, urgency] senso *m* **- 3.** [natural ability]: ~ **of direction** senso *m* de direção; ~ **of style** idéia *f* de estilo **- 4.** *(U)* [wisdom, reason] bom senso *m*, sabedoria *f* **- 5.** *phr*: **to come to one's ~s** [be sensible again] recobrar o juízo; [regain consciousness] recobrar os sentidos; **to be out of one's ~s** perder o juízo. <> *vt* sentir; **to ~ that** sentir que.
◆ **in a sense** *adv* de certo modo, em certo sentido.
senseless ['senslɪs] *adj* **- 1.** [stupid] sem sentido, estúpido(da) **- 2.** [unconscious] inconsciente; **to knock sb** ~ bater em alguém até ficar inconsciente.
sensibilities [,sensɪ'bɪlətɪz] *npl* sensibilidade *f.*
sensible ['sensəbl] *adj* **- 1.** [reasonable, practical] prático(ca) **- 2.** [person] sensato(ta).

> Não confundir ***sensible (prático, sensato)*** com o português ***sensível*** que em inglês é ***sensitive***. (*She made a sensible decision.* Ela tomou uma decisão *sensata*.)

sensitive ['sensɪtɪv] *adj* **- 1.** [eyes, skin]: ~ **(to sthg)** sensível (a algo) **- 2.** [understanding, aware]: ~ **(to sthg)** compreensivo(va) (com algo) **- 3.** [easily hurt, touchy]: ~ **(to/about sthg)** sensível *OR* suscetível (a algo) **- 4.** [controversial] delicado(da) **- 5.** [instrument] sensível.
sensual ['sensjʊəl] *adj* sensual.
sensuous ['sensjʊəs] *adj* sensual.
sent [sent] *pt* & *pp* ▷ **send**.
sentence ['sentəns] <> *n* **- 1.** [group of words] frase *f*, oração *f* **- 2.** *JUR* sentença *f.* <> *vt*: **to ~ sb (to sthg)** condenar alguém (a algo).
sentiment ['sentɪmənt] *n* **- 1.** [feeling] sentimento *m* **- 2.** [opinion] opinião *f.*
sentimental [,sentɪ'mentl] *adj* **- 1.** *pej* [overemotional] sentimental **- 2.** [emotional] sentimental.
sentry ['sentrɪ] *(pl* **-ies)** *n* sentinela *mf.*
separate [*adj* & *n* 'seprət, *vb* 'sepəreɪt] <> *adj* **- 1.** [not joined, apart] separado(da); ~ **from sthg** separado(da) de algo **- 2.** [individual] separado(da), diferente **- 3.** [distinct] distinto(ta). <> *vt* separar; **to ~ sb/sthg from** separar alguém/algo de; **to ~ sb/sthg into** separar alguém/algo em; **to ~ sb/sthg from** separar alguém/algo de. <> *vi* **- 1.** [gen] separar-se **- 2.** [go different ways]: **to ~ (from sb/sthg)** separar-se (de alguém/algo).
◆ **separates** *npl UK* peças *fpl* avulsas *(de roupa).*
separately ['seprətlɪ] *adv* separadamente.
separation [,sepə'reɪʃn] *n* separação *f*; ~ **(from sb/sthg)** separação (de alguém/algo).
September [sep'tembəʳ] *n* setembro; **in** ~ em setembro; **last/this/next** ~ em setembro do ano passado/deste ano/do ano que vem; **by** ~ até setembro; **every** ~ todos os anos em setembro; **during** ~ em setembro, durante o mês de setembro; **at the beginning/end of** ~ no início/fim de setembro; **in the middle of** ~ em meados de setembro, no meio do mês de setembro.
septic ['septɪk] *adj* séptico(ca); **to go** ~ infeccionar.
septic tank *n* fossa *f* séptica.
sequel ['si:kwəl] *n* **- 1.** [book, film]: ~ **to sthg** continuação *f* de algo **- 2.** [consequence]: ~ **to sthg** seqüela *f* de algo.
sequence ['si:kwəns] *n* **- 1.** [gen] seqüência *f* **- 2.** [series] seqüência *f*, sucessão *f.*
Serb *adj* & *n* = **Serbian**.
Serbia ['sɜ:bjə] *n* Sérvia.
Serbian ['sɜ:bjən], **Serb** [sɜ:b] <> *adj* sérvio(via). <> *n* **- 1.** [person] sérvio *m*, -via *f* **- 2.** [language] sérvio *m.*
serene [sɪ'ri:n] *adj* sereno(na).
sergeant ['sɑ:dʒənt] *n* **- 1.** *MIL* sargento *m* **- 2.** *POLICE* tenente *m.*
sergeant major *n* primeiro-sargento *m.*
serial ['sɪərɪəl] *n* série *f*, seriado *m.*
serial number *n* número *m* de série.
series ['sɪəri:z] *(pl inv) n* **- 1.** [sequence] série *f* **- 2.** *RADIO* & *TV* série *f*, seriado *m.*
serious ['sɪərɪəs] *adj* **- 1.** [gen] sério(ria); **are you ~?** fala sério? **- 2.** [problem, illness] grave.
seriously ['sɪərɪəslɪ] *adv* **- 1.** [earnestly] seriamente; **to take sb/sthg ~** levar alguém/algo a sério **- 2.** [very badly] gravemente.
seriousness ['sɪərɪəsnɪs] *n (U)* **- 1.** [of person, expression, voice] seriedade *f* **- 2.** [of illness, situation, loss] gravidade *f.*
sermon ['sɜ:mən] *n* **- 1.** *RELIG* sermão *m* **- 2.** *fig* & *pej* [lecture] sermão *m.*
serrated [sɪ'reɪtɪd] *adj* serrilhado(da), dentado(da).

servant ['sɜːvənt] *n* criado *m*, -da *f*, empregado *m*, -da *f*.

serve [sɜːv] ◇ *n SPORT* serviço *m*, saque *m*. ◇ *vt* **-1.** [gen] servir; **to ~ sthg to sb, to ~ sb sthg** servir algo a alguém **-2.** [have effect]: **to ~ to do sthg** servir para fazer algo; **to ~ a purpose** cumprir o propósito **-3.** [provide] abastecer; **which motorway ~s Birmingham** que rodovia atende à região de Birmingham? **-4.** *JUR*: **to ~ sb with sthg, to ~ sthg on sb** entregar algo a alguém **-5.** [complete, carry out] cumprir; **he's serving time** ele está cumprindo pena **-6.** *SPORT* servir, sacar **-7.** *phr*: **it ~s you right** bem feito! ◇ *vi* **-1.** [be employed - as soldier] servir o exército **-2.** [function]: **to ~ as sthg** servir como algo **-3.** [in shop, bar etc.] servir **-4.** *SPORT* sacar.

◆ **serve out, serve up** *vt sep* servir.

service ['sɜːvɪs] ◇ *n* **-1.** [gen] serviço *m*; **in ~** em funcionamento; **out of ~** fora de serviço **-2.** *(U)* [in shop, bar etc.] atendimento *m* **-3.** [mechanical check] revisão *f* **-4.** *RELIG* serviço *m*, culto *m* **-5.** [set of tableware] jogo *m*; **dinner ~** aparelho *m* de jantar **-6.** *SPORT* serviço *m*, saque *m* **-7.** [use, help]: **to be of ~ (to sb)** servir (a alguém). ◇ *vt* [car, machine] fazer a revisão de.

◆ **services** *npl* **-1.** [on motorway] estação *f* de serviços **-2.** [armed forces]: **the ~s** as forças armadas **-3.** [help] serviços *mpl*.

serviceable ['sɜːvɪsəbl] *adj* resistente, prático(ca).

service area *n* estação *f* de serviços.

service charge *n* taxa *f* de serviço.

serviceman ['sɜːvɪsmən] (*pl* **-men** [-mən]) *n MIL* militar *m*.

service provider *n COMPUT* provedor *m*.

service station *n* posto *m* de gasolina, posto *m* de serviços.

serviette [,sɜːvɪ'et] *n* guardanapo *m*.

sesame ['sesəmɪ] *n (U)* gergelim *m*, sésamo *m*; **open ~!** abre-te, sésamo!

session ['seʃn] *n* **-1.** [gen] sessão *f* **-2.** *US* [school term] período *m* letivo.

set [set] (*pt* & *pp* **set**, *cont* **-ting**) ◇ *adj* **-1.** [specified, prescribed] estabelecido(da) **-2.** [fixed, rigid] fixo(xa); **~ phrase** frase *f* feita **-3.** [ready] pronto(ta); **~ for sthg/to do sthg** pronto(ta) para algo/para fazer algo **-4.** [determined]: **to be ~ on sthg/on doing sthg** estar empenhado(da) em algo/em fazer algo; **to be dead ~ against sthg** ser completamente contra algo. ◇ *n* **-1.** [collection, group - stamps] série *f*; [- chess, tea] jogo *m* (de); [- keys, tyres, saucepans] conjunto *m*; [- books] coleção *f* (de) **-2.** [apparatus] aparelhagem *f* **-3.** [of film, play] cenário *m* **-4.** *TENNIS* set *m*. ◇ *vt* **-1.** [put in specified position, place] pôr, colocar **-2.** [fix, insert]: **to ~ sthg in(to) sthg** fixar algo em algo **-3.** [indicating change of state or activity] pôr; **to ~ sb free** pôr alguém em liberdade; **to ~ sb's mind at rest** tranqüilizar alguém; **to ~ sthg in motion** pôr algo em movimento; **to ~ sthg right** emendar algo; **to ~ sb thinking** fazer alguém pensar; **to ~ sthg on fire** pôr fogo em algo **-4.** [lay, prepare in advance] pôr, colocar **-5.** [adjust] ajustar, botar; **she ~ the meter at zero** ela ajustou o medidor para zero **-6.** [decide on] estabelecer, fixar **-7.** [establish, create - example] dar; [- precedent] abrir; [- trend] impor; [- record] estabelecer **-8.** [assign - target, problem] determinar; [- school work] passar; [- exam, test work] aplicar **-9.** *MED* [mend] recompor **-10.** [story] passar-se; **the film is ~ in Scotland** o filme se passa na Escócia **-11.** [hair] fazer mise-en-plis. ◇ *vi* **-1.** [sun] pôr-se **-2.** [solidify - jelly] endurecer; [- glue, cement] secar.

◆ **set about** *vt fus*: **to ~ about sthg** começar algo; **to ~ about doing sthg** pôr-se a fazer algo.

◆ **set aside** *vt sep* **-1.** [keep, save] guardar **-2.** [not consider] deixar de lado.

◆ **set back** *vt sep* [delay] atrasar.

◆ **set off** ◇ *vt sep* **-1.** [initiate, cause] provocar **-2.** [ignite] fazer explodir. ◇ *vi* pôr-se a caminho.

◆ **set out** ◇ *vt sep* **-1.** [arrange, spread out] dispor **-2.** [clarify, explain] expor. ◇ *vt fus*: **to ~ out to do sthg** propor-se a fazer algo. ◇ *vi* pôr-se a caminho.

◆ **set up** *vt sep* **-1.** [gen] montar **-2.** [establish, arrange - company] montar, fundar; [- committee, organization] criar; [- interview, meeting] organizar **-3.** *inf* [make appear guilty] convencer; **to ~ sb up** armar contra alguém; **I was ~ up!** me armaram uma!

setback ['setbæk] *n* contratempo *m*.

set menu *n* cardápio *m* a preço fixo.

settee [se'tiː] *n* sofá *m*.

setting ['setɪŋ] *n* **-1.** [surroundings] cenário *m* **-2.** [of dial, control] posição *f*.

settle ['setl] ◇ *vt* **-1.** [conclude, decide] resolver **-2.** [pay] saldar **-3.** [make comfortable] acomodar **-4.** [calm] acalmar, tranqüilizar. ◇ *vi* **-1.** [go to live] instalar-se **-2.** [make o.s. comfortable] acomodar-se **-3.** [come to rest] depositar-se; **to ~ on sthg** pousar em algo.

◆ **settle down** *vi* **-1.** [give one's attention]: **to ~ down (to sthg/to doing sthg)** dedicar-se (a algo/a fazer algo) **-2.** [become stable] estabelecer-se **-3.** [make o.s. comfortable] acomodar-se; **to ~ down (for sthg)** preparar-se (para algo) **-4.** [become calm] acalmar-se.

◆ **settle for** *vt fus* conformar-se com.

◆ **settle in** *vi* **-1.** [new house] instalar-se **-2.** [in new job] adaptar-se.

◆ **settle on** *vt fus* decidir-se por.

◆ **settle up** *vi*: **to ~ up (with sb)** ajustar as contas (com alguém).

settlement ['setlmənt] *n* **-1.** [agreement] acordo *m* **-2.** [village] povoado *m* **-3.** [payment] pagamento *m*.

settler ['setləʳ] *n* colonizador *m*, -ra *f*.

set-up *n inf* **-1.** [system, organization] estrutura *f* **-2.** [deception to incriminate] armação *f*.

seven ['sevn] *num* sete; *see also* **six**.

seventeen [,sevn'ti:n] *num* dezessete; *see also* **six**.

seventeenth [,sevn'ti:nθ] *num* décimo sétimo, décima sétima; *see also* **sixth**.

seventh ['sevnθ] *num* sétimo(ma); *see also* **sixth**.

seventy ['sevntɪ] *num* setenta; *see also* **sixty**.

sever ['sevəʳ] *vt* **-1.** [rope, limb] cortar **-2.** [relationship] romper.

several ['sevrəl] <> *adj* vários(rias). <> *pron* vários *mpl*, -rias *fpl*.

severance ['sevrəns] *n (U) fml* rompimento *m*.

severance pay *n (U)* indenização *m* por demissão.

severe [sɪ'vɪəʳ] *adj* **-1.** [extreme, bad - shock] forte; [- weather] ruim; [- pain] agudo(da); [- injury, illness] grave **-2.** [stern] severo(ra).

severity [sɪ'verətɪ] *n (U)* **-1.** [seriousness] gravidade *f* **-2.** [strength] força *f* **-3.** [sternness] severidade *f*.

sew [səʊ] (*UK pp* **sewn**, *US pp* **sewed** *OR* **sewn**) *vt* & *vi* costurar.

◆ **sew up** *vt sep* [join] costura.

sewage ['su:ɪdʒ] *n (U)* águas *fpl* residuais.

sewage works *n* estação *f* de tratamento de esgoto.

sewer ['sʊəʳ] *n* esgoto *m*; **the city's ~ system** o sistema de esgotos da cidade.

sewing ['səʊɪŋ] *n (U)* **-1.** [activity] trabalho *m* de costura **-2.** [items] costura *f*.

sewing machine *n* máquina *f* de costura.

sewn [səʊn] *pp* ▷ **sew**.

sex [seks] *n* sexo *m*; **to have ~ (with sb)** fazer sexo (com alguém).

sexist ['seksɪst] <> *adj* sexista. <> *n* sexista *mf*.

sexual ['sekʃʊəl] *adj* sexual.

sexual discrimination *n* discriminação *f* sexual.

sexual harassment *n (U)* assédio *m* sexual.

sexual intercourse *n (U)* relações *fpl* sexuais.

sexually transmitted disease *n* doença *f* sexualmente transmissível.

sexy ['seksɪ] (*compar* **-ier**, *superl* **-iest**) *adj inf* sexy, sexualmente atraente.

shabby ['ʃæbɪ] (*compar* **-ier**, *superl* **-iest**) *adj* **-1.** [in bad condition - clothes, briefcase] em mau estado; [- street] abandonado(da) **-2.** [wearing old clothes] esfarrapado(da) **-3.** [mean] mesquinho(nha).

shack [ʃæk] *n* cabana *f*.

shackle ['ʃækl] *vt* **-1.** [chain] algemar **-2.** *literary* [restrict] impedir.

◆ **shackles** *npl* **-1.** [metal restraints] algemas *pl* **-2.** *literary* [restrictions] impedimentos *mpl*.

shade [ʃeɪd] <> *n* **-1.** *(U)* [shadow] sombra *f* **-2.** [lampshade] abajur *m*, quebra-luz *m* **-3.** [colour] tonalidade *f* **-4.** [nuance] tom *m*. <> *vt* **-1.** [from light] fazer sombra em, proteger do sol **-2.** [by drawing lines] sombrear.

◆ **shades** *npl inf* óculos *mpl* escuros.

shadow ['ʃædəʊ] *n* **-1.** [dark area] sombra *f* **-2.** [under eyes] olheiras *fpl* **-3.** *phr*: **there's not a** *OR* **the ~ of a doubt** não há sombra de dúvida.

shadow cabinet *n* gabinete-sombra *m*, *gabinete do principal partido de oposição na Grã-Bretanha*.

shadowy ['ʃædəʊɪ] *adj* **-1.** [dark] escuro(ra) **-2.** [unknown, sinister] obscuro(ra).

shady ['ʃeɪdɪ] (*compar* **-ier**, *superl* **-iest**) *adj* **-1.** [sheltered from sun] sombreado(da) **-2.** [providing shade] que dá sombra **-3.** *inf* [dishonest, sinister] suspeito(ta).

shaft [ʃɑ:ft] *n* **-1.** [vertical passage] poço *m* **-2.** [rod] haste *f* **-3.** [of light] feixe *m*.

shaggy ['ʃægɪ] (*compar* **-ier**, *superl* **-iest**) *adj* **-1.** [hair, beard] desgrenhado(da) **-2.** [dog] peludo(da) **-3.** [carpet, rug] felpudo(da).

shake [ʃeɪk] (*pt* **shook**, *pp* **shaken** ['ʃeɪkən]) <> *vt* **-1.** [gen] abalar **-2.** [move vigorously] sacudir; **to ~ sb's hand** apertar a mão de alguém; **to ~ hands** apertar as mãos; **to ~ one's head** [to say no] negar com a cabeça. <> *vi* tremer. <> *n* sacudida *f*.

◆ **shake off** *vt sep* livrar-se de.

◆ **shake up** *vt sep* abalar.

shaken ['ʃeɪkn] *pp* ▷ **shake**.

shaky ['ʃeɪkɪ] (*compar* **-ier**, *superl* **-iest**) *adj* **-1.** [unsteady - chair, table] frágil, instável; [- hand, writing, voice] trêmulo(la); [- person] abalado(da) **-2.** [weak, uncertain] débil.

shall [*weak form* ʃəl, *strong form* ʃæl] *aux vb* **-1.** [to express future tense]: **we ~ be in Scotland in June** estaremos na Escócia em junho; **I ~ ring next week** vou ligar semana que vem **-2.** [in questions]: **~ we have our tea now?** vamos tomar nosso chá agora?; **where ~ I put this?** onde eu coloco isto?; **~ I give her a ring, then?** ligo para ela, então?; **I'll do that, ~ I?** eu faço isso, pode ser? **-3.** [in orders]: **you ~ tell me what happened!** você deve me contar o que aconteceu!

Pode-se usar *shall* com *I* e *we* em perguntas para sugerir algo (*shall I make you a cup of tea?* que tal uma xícara de chá?), fazer um convite (*shall we go for a picnic on Sunday?* vamos fazer um piquenique no domingo?) ou pedir conselho (*what shall I wear?* o que devo usar?).

A não ser nos casos acima, *shall* não é muito usado, sobretudo em inglês americano. *Shan't*, a forma negativa, é ainda menos usada. *Should* cumpre a função de passado de shall.

shallow [ˈʃæləʊ] *adj* **-1.** [in size] raso(sa) **-2.** *pej* [superficial] superficial.

sham [ʃæm] ◇ *adj* falso(sa), fingido(da). ◇ *n* farsa *f.*

shambles [ˈʃæmblz] *n* **-1.** [disorder] confusão *f* **-2.** [fiasco] fiasco *m.*

shame [ʃeɪm] ◇ *n* **-1.** *(U)* [remorse] vergonha *f* **-2.** *(U)* [dishonour]: **to bring ~ (up)on sb** trazer desonra *OR* vergonha a alguém **-3.** [pity]: **it's a ~ (that)** é uma pena *OR* lástima que; **what a ~!** que pena! ◇ *vt* **-1.** [fill with shame] envergonhar **-2.** [force by making ashamed]: **I ~d him into telling the truth** eu o forcei a dizer a verdade ao fazê-lo sentir-se envergonhado por não dizer.

shamefaced [ˌʃeɪmˈfeɪst] *adj* envergonhado(da).

shameful [ˈʃeɪmfʊl] *adj* vergonhoso(sa).

shameless [ˈʃeɪmlɪs] *adj* desavergonhado(da).

shampoo [ʃæmˈpuː] *(pl* **-s**, *pt* & *pp* **-ed**, *cont* **-ing)** ◇ *n* **-1.** [liquid - for hair] xampu *m*; [- for carpet] detergente *m* **-2.** [act of shampooing] lavada *f* com xampu. ◇ *vt* lavar.

shamrock [ˈʃæmrɒk] *n (U)* trevo *m.*

shandy [ˈʃændɪ] *(pl* **-ies)** *n* shandy *m*, *bebida preparada com limonada e cerveja.*

shan't [ʃɑːnt] = **shall not.**

shanty town *n* ≃ favela *f.*

shape [ʃeɪp] ◇ *n* **-1.** [form] forma *f*; **to take ~** tomar forma **-2.** [figure, silhouette] silhueta *f* **-3.** [form, health]: **to be in good/bad ~** estar em boa/má forma. ◇ *vt* **-1.** [mould physically]: **to ~ sthg (into)** dar a algo forma (de); **a birthmark ~d like a strawberry** uma marca de nascença com a forma de morango **-2.** [influence] influenciar.

◆ **shape up** *vi* desenvolver-se.

SHAPE [ʃeɪp] *(abbr of* **Supreme Headquarters Allied Powers Europe)** *n quartel-general das potências aliadas na Europa.*

-shaped [ˈʃeɪpt] *suffix* com forma de; **star~** em forma de estrela.

shapeless [ˈʃeɪplɪs] *adj* sem forma.

shapely [ˈʃeɪplɪ] *(compar* **-ier**, *superl* **-iest)** *adj* bem formado(da); **~ legs** pernas *fpl* bem torneadas.

share [ʃeəʳ] ◇ *n*: **everyone must do his ~ of the work** todo mundo deve fazer a parte que lhe toca do trabalho; **to have a ~ in the profits** ter participação nos lucros. ◇ *vt* **-1.** [gen] compartilhar **-2.** [reveal] revelar. ◇ *vi* dividir, compartilhar; **to ~ in sthg** compartilhar algo.

◆ **shares** *npl FIN* ações *fpl.*

◆ **share out** *vt sep* dividir, compartilhar.

shareholder [ˈʃeəˌhəʊldəʳ] *n* acionista *mf.*

shark [ʃɑːk] *(pl inv OR* **-s)** *n* [fish] tubarão *m.*

sharp [ʃɑːp] ◇ *adj* **-1.** [not blunt - teeth, pencil] apontado(da); [- needle] pontudo(da); [- knife, razor] afiado(da) **-2.** [well-defined] claro(ra), bem-definido(da) **-3.** [intelligent, keen - person, mind] inteligente, esperto(ta); [- eyesight] penetrante; [- hearing] atento(ta) **-4.** [abrupt, sudden] abrupto(ta), brusco(ca) **-5.** [angry, severe] seco(ca) **-6.** [sound, pain] agudo(da) **-7.** [cold, wind] cortante **-8.** [bitter] acre **-9.** *MUS* sustenido(da); **C ~** dó sustenido. ◇ *adv* **-1.** [punctually] pontualmente; **at eight o'clock ~** pontualmente às oito horas **-2.** [quickly, suddenly] de repente. ◇ *n MUS* sustenido *m.*

sharpen [ˈʃɑːpn] *vt* [make sharp - knife, tool] afiar; [- pencil] apontar.

sharpener [ˈʃɑːpnəʳ] *n* **-1.** [for pencil] apontador *m* **-2.** [for knife] amolador *m.*

sharp-eyed [-ˈaɪd] *adj* perspicaz.

sharply [ˈʃɑːplɪ] *adv* **-1.** [distinctly] claramente **-2.** [suddenly] de repente, repentinamente **-3.** [harshly] duramente.

shat [ʃæt] *pt* & *pp* ▷ **shit.**

shatter [ˈʃætəʳ] ◇ *vt* **-1.** [glass, window] estilhaçar **-2.** *fig* [beliefs, hopes, dreams] destruir, arrasar. ◇ *vi* estilhaçar-se.

shattered [ˈʃætəd] *adj* **-1.** [shocked, upset] arrasado(da) **-2.** *UK inf* [very tired] podre.

shave [ʃeɪv] ◇ *n*: **to have a ~** fazer a barba. ◇ *vt* **-1.** [with razor - face] barbear, fazer a barba de; [- body] depilar, raspar **-2.** [cut pieces off] cortar. ◇ *vi* barbear-se, fazer a barba.

shaver [ˈʃeɪvəʳ] *n* barbeador *m*, aparelho *m* de barbear.

shaving brush [ˈʃeɪvɪŋ-] *n* pincel *m* de barba.

shaving cream [ˈʃeɪvɪŋ-] *n (U)* creme *m* de barbear.

shaving foam [ˈʃeɪvɪŋ-] *n (U)* espuma *f* de barbear.

shavings [ˈʃeɪvɪŋz] *npl* **-1.** [of wood] cavacos *mpl*, lascas *fpl* **-2.** [of metal] cisalha *f.*

shawl [ʃɔːl] *n* xale *m.*

she [ʃiː] *pers pron* ela; **~'s tall** ela é alta.

She é o pronome pessoal utilizado para falar de mulheres e animais do sexo feminino (*there's my sister - she's a nurse* lá está minha irmã - ela é enfermeira); seu equivalente masculino é *he* (*there's my brother - he's a teacher* lá está meu irmão - ele é professor). *It* serve para designar o que não tem sexo, as idéias e os animais em geral (***there's my car - it's a Volkswagen*** lá está meu carro - é um Volkswagen).

She é empregado às vezes para referir-se a navios (***the Titanic was new but she sank the first time she left port*** o Titanic era novo, mas naufragou na primeira vez que deixou o porto).

Com nomes de animais e com algumas palavras referentes a pessoas, como ***baby***, pode-se usar ***it***, caso se desconheça o sexo (***listen to that baby - I wish it would be quiet!*** ouça aquele bebê - gostaria que ficasse quietinho!).

Antigamente, em linguagem formal, empregava-se o pronome masculino, caso não se soubesse qual o sexo de uma pessoa (***if a student is sick, he must have a note from his parents*** se um aluno está doente, ele deve trazer um bilhete de seus pais). A linguagem formal moderna utiliza o masculino e o feminino juntos (***if a student is sick, he or she must have a note from his or her parents***). *They* é mais coloquial (***if a student is sick, they must have a note from their parents***).

sheaf [ʃi:f] (*pl* **sheaves**) *n* **-1.** [of papers, letters] maço *m* **-2.** [of corn, grain] feixe *m*.

shear [ʃɪəʳ] (*pt* **-ed**, *pp* **-ed** OR **shorn**) *vt* tosquiar.

◆ **shears** *npl* **-1.** [for garden] tesoura *f* de podar **-2.** [for dressmaking] tesoura *f*.

◆ **shear off** ◇ *vt sep* romper. ◇ *vi* romper-se.

sheath [ʃi:θ] (*pl* **-s**) *n* **-1.** [for sword, dagger] bainha *f* **-2.** *UK* [condom] camisinha *f*.

sheaves [ʃi:vz] *pl* ▷ **sheaf**.

shed [ʃed] (*pt* & *pp* **shed**, *cont* **-ding**) ◇ *n* galpão *m*. ◇ *vt* **-1.** [lose naturally] perder **-2.** [discard, get rid of] desfazer-se de; **the company decided to ~ 100 employees** a empresa decidiu despedir 100 funcionários; **after a drink she ~s any inhibition** depois de um drinque, ela deixa de lado qualquer inibição **-3.** [tears, blood] derramar.

she'd [*weak form* ʃɪd, *strong form* ʃi:d] = **she had**, **she would**.

sheen [ʃi:n] *n* brilho *m*.

sheep [ʃi:p] (*pl inv*) *n* [animal] ovelha *f*.

sheepdog [ˈʃi:pdɒg] *n* cão *m* pastor.

sheepish [ˈʃi:pɪʃ] *adj* encabulado(da).

sheepskin [ˈʃi:pskɪn] *n (U)* pele *f* de carneiro.

sheer [ʃɪəʳ] *adj* **-1.** [absolute] puro(ra) **-2.** [very steep - cliff] escarpado(da); [- drop] vertical **-3.** [delicate] diáfano(na).

sheet [ʃi:t] *n* **-1.** [for bed] lençol *m* **-2.** [of paper] folha *f* **-3.** [of glass, metal, wood] lâmina *f*.

sheik(h) [ʃeɪk] *n* xeque *m*.

shelf [ʃelf] (*pl* **shelves**) *n* prateleira *f*.

shell [ʃel] ◇ *n* **-1.** [gen] casca *f* **-2.** [of tortoise] carapaça *f* **-3.** [on beach] concha *f* **-4.** [of building] estrutura *f* **-5.** [of boat] casco *m* **-6.** [of car] chassi *m* **-7.** *MIL* granada *f*. ◇ *vt* **-1.** [remove covering] descascar **-2.** *MIL* [fire shells at] bombardear.

she'll [ʃi:l] *cont* = **she will**, **she shall**.

shellfish [ˈʃelfɪʃ] (*pl inv*) *n* **-1.** [creature] molusco *m*, crustáceo *m* **-2.** *(U)* [food] marisco *m*.

shell suit *n UK* *conjunto de calça e jaqueta de náilon à prova d'água*.

shelter [ˈʃeltəʳ] ◇ *n* **-1.** [building, structure] abrigo *m*, refúgio *m* **-2.** *(U)* [cover, protection] abrigo *m*, proteção *f* **-3.** *(U)* [accommodation] abrigo *m*. ◇ *vt* **-1.** [from rain, sun, bombs]: **to be ~ed by/from sthg** estar protegido(da) por/de algo **-2.** [give asylum to] abrigar. ◇ *vi*: **to ~ from/in sthg** abrigar-se de/em algo.

sheltered [ˈʃeltəd] *adj* **-1.** [protected] protegido(da) **-2.** [supervised] assistencial.

shelve [ʃelv] *vt* engavetar.

shelves [ʃelvz] *pl* ▷ **shelf**.

shepherd [ˈʃepəd] ◇ *n* pastor *m*. ◇ *vt fig* acompanhar.

shepherd's pie [ˈʃepədz-] *n (U)* *gratinado de carne moída temperada com ervas e coberto com purê de batatas*.

sheriff [ˈʃerɪf] *n* **-1.** *US* [law officer] xerife *m* **-2.** *Scot* [judge] juiz *m*, -íza *f*.

sherry [ˈʃerɪ] (*pl* **-ies**) *n* xerez *m*.

she's [ʃi:z] = **she is**, **she has**.

Shetland [ˈʃetlənd] *n*: **~**, **the ~ Islands** as Ilhas Shetland.

shield [ʃi:ld] ◇ *n* **-1.** [armour] escudo *m* **-2.** *UK* [sports trophy] troféu *m* *(na forma de escudo)* **-3.** [protection]: **~ against sthg** proteção *f* contra algo. ◇ *vt*: **to ~ sb (from sthg)** proteger alguém (de algo).

shift [ʃɪft] ◇ *n* **-1.** [gen] turno *m* **-2.** [slight change] mudança *f*. ◇ *vt* **-1.** [move, put elsewhere] mover, mudar de lugar **-2.** [change slightly] mudar de **-3.** *US AUT* [gear] trocar. ◇ *vi* **-1.** [move] mover-se **-2.** [change slightly] mudar **-3.** *US AUT* trocar de marcha.

shiftless [ˈʃɪftlɪs] *adj* folgado(da).

shifty [ˈʃɪftɪ] (*compar* **-ier**, *superl* **-iest**) *adj inf* matreiro(ra).

shilling [ˈʃɪlɪŋ] *n UK* xelim *m*.

shilly-shally [ˈʃɪlɪˌʃælɪ] (*pt* & *pp* **-ied**) *vi* vacilar, titubear.

shimmer [ˈʃɪməʳ] ◇ *n* reflexo *m* trêmulo, cintilação *f*. ◇ *vi* cintilar, tremeluzir.

shin [ʃɪn] (*pt* & *pp* **-ned**, *cont* **-ning**) *n* canela *f* *(na perna)*.

shin bone *n* tíbia *f*.

shine [ʃaɪn] (*pt* & *pp* **shone**) ◇ *n* brilho *m*. ◇ *vt* **-1.** [focus] direcionar **-2.** [polish] lustrar. ◇ *vi* [give out light] brilhar.

shingle [ˈʃɪŋgl] *n (U)* cascalhos *m*, pedrinhas *fpl*.

◆ **shingles** *n MED* herpes-zoster *m*.

shiny ['ʃaɪnɪ] (*compar* **-ier**, *superl* **-iest**) *adj* brilhante.

ship [ʃɪp] (*pt* & *pp* **-ped**, *cont* **-ping**) ◇ *n* navio *m*, barco *m*. ◇ *vt* enviar por via marítima.

shipbuilding ['ʃɪp,bɪldɪŋ] *n (U)* construção *f* naval.

shipment ['ʃɪpmənt] *n* carregamento *m*.

shipper ['ʃɪpəʳ] *n* **-1.** [person] exportador(ra) **-2.** [company] empresa *f* exportadora.

shipping ['ʃɪpɪŋ] *n (U)* **-1.** [transport] envio *m*, transporte *m* **-2.** [ships] navegação *f*.

shipshape ['ʃɪpʃeɪp] *adj* em ordem.

shipwreck ['ʃɪprek] ◇ *n* **-1.** [destruction of ship] naufrágio *m* **-2.** [wrecked ship] navio *m* naufragado. ◇ *vt*: **to be ~ed** naufragar.

shipyard ['ʃɪpjɑ:d] *n* estaleiro *m*.

shire [ʃaɪəʳ] *n* condado *m*.

shirk [ʃɜ:k] *vt* escapar a.

shirt [ʃɜ:t] *n* camisa *f*.

shirtsleeves ['ʃɜ:tsli:vz] *npl*: **to be in (one's) ~** estar em mangas de camisa.

shit [ʃɪt] (*pt* & *pp* **shit** *OR* **-ted** *OR* **shat**, *cont* **-ting**) *vulg* ◇ *n* merda *f*. ◇ *vi* cagar. ◇ *excl* merda!

shiver ['ʃɪvəʳ] ◇ *n* tremer. ◇ *vi*: **to ~ (with sthg)** tremer (de algo).

shoal [ʃəʊl] *n* cardume *m*.

shock [ʃɒk] ◇ *n* **-1.** [gen] choque *m* **-2.** *(U) MED*: **to be suffering from ~, to be in (a state of) ~** estar em estado de choque. ◇ *vt* **-1.** [upset] chocar **-2.** [offend] ofender.

shock absorber [-əb,zɔ:bəʳ] *n* amortecedor *m*.

shocking ['ʃɒkɪŋ] *adj* **-1.** [very bad] péssimo(ma) **-2.** [scandalous] escandaloso(sa) **-3.** [horrifying] chocante.

shod [ʃɒd] ◇ *pt* & *pp* ▷ **shoe**. ◇ *adj* calçado(da).

shoddy ['ʃɒdɪ] (*compar* **-ier**, *superl* **-iest**) *adj* **-1.** [badly done or made] de segunda qualidade **-2.** *fig* [poor, unworthy] inferior.

shoe [ʃu:] (*pt* & *pp* **-ed** *OR* **shod**, *cont* **-ing**) ◇ *n* [for person] sapato *m*. ◇ *vt* ferrar.

shoebrush ['ʃu:brʌʃ] *n* escova *f* para sapato.

shoehorn ['ʃu:hɔ:n] *n* calçadeira *f*.

shoelace ['ʃu:leɪs] *n* cadarço *m*.

shoe polish *n (U)* graxa *f* de sapato.

shoe shop *n* sapataria *f*.

shoestring ['ʃu:strɪŋ] *n fig*: **on a ~** com orçamento mínimo.

shone [ʃɒn] *pt* & *pp* ▷ **shine**.

shoo [ʃu:] ◇ *vt* enxotar. ◇ *excl* xô!

shook [ʃʊk] *pt* ▷ **shake**.

shoot [ʃu:t] (*pt* & *pp* **shot**) ◇ *vt* **-1.** [fire gun at - killing] matar a tiros, balear; [- wounding] ferir a tiros, balear; **to ~ o.s.** [kill o.s.] dar-se um tiro, atirar em si mesmo(ma) **-2.** *UK* [hunt] caçar **-3.** [arrow, question] disparar **-4.** *CINEMA* filmar, rodar. ◇ *vi* **-1.** [fire gun]: **to ~ (at sb/sthg)** atirar (em alguém/algo) **-2.** *UK* [hunt] caçar **-3.** [move quickly]: **to ~ in/out/past** entrar/sair/passar rapidamente; **to ~ ahead** sair na frente; **to ~ off** partir rapidamente **-4.** *CINEMA* filmar, rodar **-5.** [*SPORT* - football] chutar; [- basketball, netball etc.] arremessar. ◇ *n* **-1.** *UK* [hunting expedition] caçada *f* **-2.** [new growth] brote *m*.

◆ **shoot down** *vt sep* **-1.** [person] matar a tiros **-2.** [plane] derrubar.

◆ **shoot up** *vi* **-1.** [grow quickly] dar um pulo **-2.** [increase quickly] disparar.

shooting ['ʃu:tɪŋ] *n* **-1.** [firing of gun] tiroteio *m* **-2.** *(U)* [hunting] caça *f*.

shooting star *n* estrela *f* cadente.

shop [ʃɒp] (*pt* & *pp* **-ped**, *cont* **-ping**) ◇ *n* **-1.** [store] loja *f* **-2.** [workshop] oficina *f*, seminário *m*. ◇ *vi* comprar; **to go shopping** fazer compras.

shop assistant *n UK* vendedor *m*, -ra *f* (de loja).

shop floor *n*: **the ~** o chão de fábrica, os operários.

shopkeeper ['ʃɒp,ki:pəʳ] *n* lojista *mf*.

shoplifting ['ʃɒp,lɪftɪŋ] *n (U)* roubo *m* numa loja.

shopper ['ʃɒpəʳ] *n* comprador *m*, -ra *f*.

shopping ['ʃɒpɪŋ] *n* compras *fpl*; **to go ~** fazer compras.

shopping bag *n* sacola *f* de compras.

shopping basket *n UK* **-1.** [in supermarket] cesta *f* **-2.** [for online shopping] cesta *f* de compras.

shopping cart *n US* **-1.** [in supermarket] carrinho *m* **-2.** [for online shopping] carrinho *m* de compras.

shopping centre *UK*, **shopping mall** *US*, **shopping plaza** *US* [-,plɑ:zəl] *n* shopping (center) *m*, centro *m* comercial.

shopsoiled *UK* ['ʃɒpsɔɪld], **shopworn** *US* ['ʃɒpwɔ:n] *adj* deteriorado(da) por ficar exposto numa loja.

shop steward *n* representante *mf* sindical.

shopwindow [,ʃɒp'wɪndəʊ] *n* vitrina *f*.

shopworn *adj US* = **shopsoiled**.

shore [ʃɔ:ʳ] *n* **-1.** [land by water] beira *f*, margem *f*; **sea ~** litoral *m* **-2.** *(U)* [not at sea]: **on ~** em terra.

◆ **shore up** *vt sep* **-1.** [prop up] reforçar, sustentar **-2.** *fig* [sustain] sustentar.

shorn [ʃɔ:n] ◇ *pp* ▷ **shear**. ◇ *adj* **-1.** [grass] cortado(da) **-2.** [hair] raspado(da); **~ of** *fig* desprovido(da) de, despojado(da) de; **she was shorn of her responsibility** retiraram todo o poder dela.

short [ʃɔ:t] ◇ *adj* **-1.** [in length, distance]

curto(ta) **-2.** [in height] baixo(xa) **-3.** [in time] curto(ta), breve; **in two ~ days we'll be in Spain!** em apenas dois dias, estaremos na Espanha! **-4.** [curt]: **to be ~ (with sb)** ser seco(ca) (com alguém) **-5.** [lacking]: **money is always ~ around Christmas** o dinheiro anda sempre curto no Natal; **we're a pound ~** falta(-nos) uma libra; **she's a bit ~ on brain power** falta a ela um pouco de agilidade mental; **to be ~ of sthg** andar mal de algo **-6.** [abbreviated]: **to be ~ for sthg** ser o diminutivo de algo. <> *adv* **-1.** [lacking]: **we're running ~ of food** está acabando a comida **-2.** [suddenly, abruptly]: **to cut sthg ~** interromper algo antes do fim; **to stop ~** parar de repente. <> *n* **-1.** *UK* [alcoholic drink] drinque *m (bebida forte)* **-2.** *CINEMA* [film] curta *f.*

◆ **shorts** *npl* **-1.** [short trousers] shorts *mpl* **-2.** *US* [underwear] cuecas *fpl.*

◆ **for short** *adv* para abreviar, para simplificar.

◆ **in short** *adv* enfim.

◆ **nothing short of** *prep*: **it was nothing ~ of madness** foi uma verdadeira loucura.

◆ **short of** *prep*: **~ of doing sthg** a não ser fazendo algo.

shortage ['ʃɔːtɪdʒ] *n* falta *f*, escassez *f.*

shortbread ['ʃɔːtbred] *n (U)* biscoito *m* amanteigado.

short-change *vt* **-1.** [in shop, restaurant] dar mal o troco a **-2.** *fig* [reward unfairly] passar para trás.

short circuit *n* curto-circuito *m*, curto *m.*

shortcomings ['ʃɔːtˌkʌmɪŋz] *npl* defeitos *mpl.*

shortcrust pastry ['ʃɔːtkrʌst-] *n (U)* massa *f* podre.

short cut *n* **-1.** [quick route] atalho *m* **-2.** [quick method] método *m* rápido.

shorten ['ʃɔːtn] <> *vt* encurtar; **'Robert' can be ~ed to 'Bob'** Bob é a forma reduzida de Robert. <> *vi* encurtar.

shortfall ['ʃɔːtfɔːl] *n* déficit *m*; **~ in** *OR* **of sthg** déficit em *OR* de algo.

shorthand ['ʃɔːthænd] *n (U)* [writing system] taquigrafia *f*, estenografia *f.*

shorthand typist *n UK* taquígrafo *m*, -fa *f*, estenógrafo *m*, -fa *f.*

short list *n UK* **-1.** [for job] lista *f* de candidatos selecionados **-2.** [for prize] relação *f* dos finalistas.

shortly ['ʃɔːtlɪ] *adv* [soon] em breve, logo; **~ before/after** pouco antes/depois de.

shortsighted [ˌʃɔːt'saɪtɪd] *adj* **-1.** [myopic] míope **-2.** *fig* [lacking foresight] de visão curta.

short-staffed [-'stɑːft] *adj*: **to be ~** estar com falta de pessoal.

short-stay *adj*: **a ~ car park** *estacionamento para curtos períodos de tempo, geralmente 2-3 horas*; **~ accommodation** acomodação para poucos dias; **a ~ patient** *paciente hospitalizado por três dias ou menos.*

short story *n* conto *m.*

short-tempered [-'tempəd] *adj* irritadiço(ça).

short-term *adj* **-1.** [happening soon] a curto prazo **-2.** [of short duration] de curto prazo.

short wave *n* onda *f* curta.

shot [ʃɒt] <> *pt* & *pp* ▷ **shoot.** <> *n* **-1.** [gunshot] tiro *m*; **like a ~** [quickly] como um raio **-2.** [marksman] atirador *m*, -ra *f* **-3.** *SPORT* chute *m* **-4.** [photograph] foto *f* **-5.** *CINEMA* tomada *f* **-6.** *inf* [try, go] tentativa *f* **-7.** [injection] injeção *f.*

shotgun ['ʃɒtgʌn] *n* espingarda *f.*

should [ʃʊd] *aux vb* **-1.** [indicating duty, necessity]: **we ~ leave now** deveríamos ir agora **-2.** [seeking advice, permission]: **~ I go too?** eu vou também? **-3.** [as suggestion]: **I ~ deny everything** eu negaria tudo **-4.** [indicating probability]: **she ~ be home soon** ela deve chegar em casa logo **-5.** [was or were expected to]: **they ~ have won the match** eles deveriam ter ganhado o jogo **-6.** *(as conditional)*: **I ~ like to come with you** eu gostaria de ir com você; **how ~ I know?** como é que eu poderia saber?; **~ you be interested, ...** caso você esteja interessado, ... **-7.** *(in subordinate clauses)*: **we decided that you ~ meet him** decidimos que você deveria encontrá-lo **-8.** [expressing uncertain opinion]: **I ~ think he's about 50 years old** eu diria que ele tem uns 50 anos **-9.** *(after who or what)* [expressing surprise]: **and who ~ I see but Ann!** e então quem é que eu vejo? A Ann!

> *Should have*, seguido de um particípio, pode expressar arrependimento (*I should have called on her birthday* eu deveria ter ligado no aniversário dela) ou reprovação (*you should have been more careful* você deveria ter tido mais cuidado).
>
> Ver também **shall**.

shoulder ['ʃəʊldəʳ] <> *n* **-1.** [part of body] ombro *m* **-2.** [part of clothing] ombreira *f* **-3.** *CULIN* [joint] quarto *m* dianteiro. <> *vt* **-1.** [load] carregar nos ombros **-2.** [responsibility] arcar com.

shoulder blade *n* omoplata *f.*

shoulder strap *n* alça *f.*

shouldn't ['ʃʊdnt] = **should not.**

should've ['ʃʊdəv] = **should have.**

shout [ʃaʊt] <> *n* grito *m.* <> *vt* gritar. <> *vi* gritar; **to ~ at sb** [tell off] gritar com alguém.

◆ **shout down** *vt sep* calar com gritos.

shouting ['ʃaʊtɪŋ] *n (U)* gritos *mpl*; **a lot of ~** uma gritaria.

shove [ʃʌv] *inf* <> *n*: **to give sb/sthg a ~** dar um empurrão em alguém/algo. <> *vt* empurrar; **to ~ sb in** colocar alguém para dentro aos empurrões; **to ~ sb out** tirar alguém aos empurrões.

◆ **shove off** *vi* **-1.** [in boat] afastar-se da costa **-2.** *inf* [go away] cair fora.

shovel ['ʃʌvl] (*UK pt* & *pp* **-led**, *cont* **-ling**, *US pt* & *pp* **-ed**, *cont* **-ing**) ◇ *n* pá *f.* ◇ *vt* **-1.** [with a shovel] tirar com pá **-2.** *fig* [food, meal] devorar; **they ~led down their food and left** eles engoliram a janta e saíram.

show [ʃəʊ] (*pt* **-ed**, *pp* **shown** OR **-ed**) ◇ *n* **-1.** [piece of entertainment - theatre] espetáculo *m*; [- TV, radio] show *m*, programa *m* **-2.** CINEMA sessão *f* **-3.** [exhibition] exposição *f* **-4.** [display] demonstração *f.* ◇ *vt* **-1.** [gen] mostrar; **to ~ sb sthg, to ~ sthg to sb** mostrar algo para alguém **-2.** [reveal] mostrar, revelar; **to ~ sb sthg** demostrar algo por alguém **-3.** [escort]: **to ~ sb to sthg** levar OR acompanhar alguém até algo **-4.** [broadcast] apresentar, passar **-5.** [profit, loss] registrar **-6.** [work of art, produce] mostrar, exibir. ◇ *vi* **-1.** [indicate, make clear] mostrar, indicar **-2.** [be visible] aparecer; **inside he was very angry but it didn't ~** por dentro ele estava muito bravo mas não aparentava **-3.** CINEMA passar.

◆ **show off** ◇ *vt sep* exibir. ◇ *vi* exibir-se.

◆ **show up** ◇ *vt sep*: **to ~ sb up in public** fazer alguém passar vergonha em público. ◇ *vi* **-1.** [stand out] destacar-se **-2.** [arrive] aparecer.

show business *n (U)* showbusiness *m*, mundo *m* dos espetáculos.

showdown ['ʃəʊdaʊn] *n*: **to have a ~ with sb** ter um acerto final de contas com alguém.

shower ['ʃaʊəʳ] ◇ *n* **-1.** [gen] chuva *f* **-2.** [device] chuveiro *m* **-3.** [wash]: **to have** OR **take a ~** tomar uma ducha **-4.** [for a baby] chá *m* de fralda. ◇ *vt* **-1.** [sprinkle] jogar; **the newlyweds were ~ed with confetti** os recém-casados ganharam uma chuva de confetes **-2.** [bestow]: **to ~ sb with sthg, to ~ sthg (up)on sb** encher alguém de algo. ◇ *vi* tomar banho.

shower cap *n* touca *f* de banho.

showing ['ʃəʊɪŋ] *n* sessão *f.*

show jumping [-ˌdʒʌmpɪŋ] *n (U)* concurso *m* hípico de saltos.

shown [ʃəʊn] *pp* ▷ **show**.

show-off *n inf* exibido(da).

showpiece ['ʃəʊpi:s] *n* atração *f* principal.

showroom ['ʃəʊrʊm] *n* salão *m* de exposição.

shrank [ʃræŋk] *pt* ▷ **shrink**.

shrapnel ['ʃræpnl] *n (U)* metralha *f.*

shred [ʃred] (*pt* & *pp* **-ded**, *cont* **-ding**) ◇ *n* **-1.** [small piece] pedaço *m* **-2.** *fig* [scrap]: **there was not a ~ of evidence that ...** não havia a mais remota evidência de que ...; **a ~ of truth** um pingo de verdade. ◇ *vt* **-1.** CULIN picar **-2.** [paper] picar, rasgar.

shredder ['ʃredəʳ] *n* **-1.** CULIN [in food processor] triturador *m* **-2.** [for documents] picadora *f* de papel.

shrewd [ʃru:d] *adj* perspicaz, astuto(ta).

shriek [ʃri:k] ◇ *n* grito *m*; **a ~ of laughter** uma gargalhada. ◇ *vi* : **to ~ with laughter** gargalhar.

shrill [ʃrɪl] *adj* agudo(da).

shrimp [ʃrɪmp] *n* camarão *m.*

shrine [ʃraɪn] *n* santuário *m.*

shrink [ʃrɪŋk] (*pt* **shrank**, *pp* **shrunk**) ◇ *vt* encolher. ◇ *vi* **-1.** [become smaller] encolher **-2.** *fig* [contract, diminish] diminuir **-3.** [recoil]: **to ~ away from sthg** recuar frente a algo **-4.** [be reluctant]: **to ~ from sthg/from doing sthg** fugir de algo/de fazer algo. ◇ *n inf* [psychoanalyst] psicanalista *mf.*

shrinkage ['ʃrɪŋkɪdʒ] *n (U)* **-1.** [loss in size] encolhimento *m* **-2.** *fig* [contraction] redução *f.*

shrink-wrap *vt* embalar com plástico termorretrátil.

shrivel ['ʃrɪvl] (*UK pt* & *pp* **-led**, *cont* **-ling**, *US pt* & *pp* **-ed**, *cont* **-ing**) ◇ *vt*: **to ~ (up)** secar, murchar. ◇ *vi*: **to ~ (up)** secar, murchar.

shroud [ʃraʊd] ◇ *n* mortalha *f.* ◇ *vt*: **to be ~ed in sthg** [darkness, fog] estar encoberto(ta) em algo; [mystery] estar envolto(ta) em algo.

Shrove Tuesday ['ʃrəʊv-] *n* Terça-feira *f* de Carnaval.

shrub [ʃrʌb] *n* arbusto *m.*

shrubbery ['ʃrʌbərɪ] (*pl* **-ies**) *n* arbustos *mpl.*

shrug [ʃrʌg] (*pt* & *pp* **-ged**, *cont* **-ging**) ◇ *vt* encolher. ◇ *vi* dar de ombros, encolher os ombros.

◆ **shrug off** *vt sep* não dar bola para.

shrunk [ʃrʌŋk] *pp* ▷ **shrink**.

shudder ['ʃʌdəʳ] *vi* **-1.** [person]: **to ~ (with sthg)** estremecer-se (de algo) **-2.** [machine, vehicle] tremer, balançar.

shuffle ['ʃʌfl] *vt* **-1.** [feet] arrastar **-2.** [cards] embaralhar **-3.** [papers] mudar de lugar.

shun [ʃʌn] (*pt* & *pp* **-ned**, *cont* **-ning**) *vt* evitar.

shunt [ʃʌnt] *vt* RAIL manobrar, trocar de via férrea.

shut [ʃʌt] (*pt* & *pp* **shut**, *cont* **-ting**) ◇ *adj* fechado(da). ◇ *vt* & *vi* fechar.

◆ **shut away** *vt sep* **-1.** [criminal] trancafiar **-2.** [valuables] guardar.

◆ **shut down** ◇ *vt sep* & *vi* fechar.

◆ **shut out** *vt sep* [of building, room] não deixar entrar.

◆ **shut up** ◇ *vt sep* **-1.** [shop, factory] fechar **-2.** [silence] calar, fazer calar. ◇ *vi* **-1.** *inf* [be quiet] calar a boca **-2.** [close] fechar.

shutter ['ʃʌtəʳ] *n* **-1.** [on window] veneziana *f* **-2.** [in camera] obturador *m.*

shuttle ['ʃʌtl] <> *adj*: ~ **service** [of planes] ponte *f* aérea; [of buses, train] linha *f* regular. <> *n* **-1.** [train, bus] linha *f* regular **-2.** [plane] avião *m* da ponte aérea.

shuttlecock ['ʃʌtlkɒk] *n* peteca *f*.

shy [ʃaɪ] (*pt* & *pp* **shied**) <> *adj* tímido(da); **to be ~ of doing sthg** não se atrever a fazer algo. <> *vi* espantar-se.

Siberia [saɪ'bɪərɪə] *n* Sibéria.

sibling ['sɪblɪŋ] *n* irmão *m*, -mã *f*.

Sicily ['sɪsɪlɪ] *n* Sicília.

sick [sɪk] *adj* **-1.** [unwell] doente **-2.** [nauseous]: **to feel ~** sentir-se mal **-3.** [vomiting]: **to be ~** *UK* vomitar **-4.** [fed up]: **to be ~ of sthg/of doing sthg** estar farto(ta) de algo/de fazer algo **-5.** [offensive] de mau gosto.

sickbay ['sɪkbeɪ] *n* enfermaria *f*.

sicken ['sɪkn] <> *vt* deixar doente. <> *vi* *UK*: **to be ~ing for sthg** estar ficando doente de algo.

sickening ['sɪknɪŋ] *adj* **-1.** [disgusting] repugnante **-2.** *hum* [infuriating] irritante, exasperante.

sickle ['sɪkl] *n* foice *f*.

sick leave *n (U)* licença *f* de saúde.

sickly ['sɪklɪ] (*compar* **-ier**, *superl* **-iest**) *adj* **-1.** [unhealthy] doentio(tia) **-2.** [nauseating] nauseante.

sickness ['sɪknɪs] *n* **-1.** *(U)* [general illness] doença *f*, enfermidade *f* **-2.** *UK (U)* [nausea, vomiting] náusea *f*, enjôo *m* **-3.** [specific illness] doença *f*.

sick pay *n (U) espécie de auxílio-doença pago pelo empregador*.

side [saɪd] <> *n* **-1.** [gen] lado *m*; **on every ~, on all ~s** por todos os lados; **from ~ to ~** de um lado a outro; **at** *OR* **by sb's ~** ao lado de alguém; **~ by ~** lado a lado; **on my mother's ~** por parte da minha mãe **-2.** [surface] lateral *f* **-3.** [of table, river] borda *f*, beira *f* **-4.** [slope] ladeira *f*, encosta *f* **-5.** [in sport] equipe *f* **-6.** [viewpoint] ponto *m* de vista; **to take sb's ~** ficar do lado de alguém **-7.** [aspect] aspecto *m*; **to be on the safe ~** por via das dúvidas. <> *adj* lateral.

◆ **side with** *vt fus* pôr-se ao lado de.

sideboard ['saɪdbɔ:d] *n* armário *m*, guarda-louça *m*.

sideboards *UK* ['saɪdbɔ:dz], **sideburns** *US* ['saɪdbɜ:nz] *npl* suíças *fpl*, costeletas *fpl*.

side effect *n* efeito *m* colateral.

sidelight ['saɪdlaɪt] *n* luz *f* lateral.

sideline ['saɪdlaɪn] *n* **-1.** [extra business] ocupação *f* secundária **-2.** *SPORT* [painted line] linha *f* lateral.

sidelong ['saɪdlɒŋ] <> *adj* de lado. <> *adv*: **to look ~ at sb/sthg** olhar de lado para alguém/algo.

sidesaddle ['saɪd,sædl] *adv*: **to ride ~** montar de silhão.

sideshow ['saɪdʃəʊ] *n área de jogos ou de espetáculos paralelos numa feira ou num circo*.

sidestep ['saɪdstep] (*pt* & *pp* **-ped**, *cont* **-ping**) *vt* **-1.** [step to one side to avoid] desviar, evitar **-2.** *fig* [problem, question] esquivar-se de.

side street *n* rua *f* secundária.

sidetrack ['saɪdtræk] *vt*: **to be ~ed** desviar (dos objetivos).

sidewalk ['saɪdwɔ:k] *n* *US* calçada *f*.

sideways ['saɪdweɪz] <> *adj* **-1.** [movement] lateral **-2.** [look] de soslaio. <> *adv* **-1.** [move] de lado **-2.** [look] de soslaio.

siding ['saɪdɪŋ] *n* **-1.** *UK* [for shunting] via *f* morta **-2.** *US* [loop line] tapume *m*.

sidle ['saɪdl] ◆ **sidle up** *vi*: **to ~ up to sb** aproximar-se furtivamente de alguém.

siege [si:dʒ] *n* cerco *m*.

sieve [sɪv] <> *n* peneira *f*. <> *vt* peneirar.

sift [sɪft] <> *vt* **-1.** [sieve] peneirar **-2.** *fig* [examine carefully] examinar cuidadosamente. <> *vi*: **to ~ through sthg** analisar algo minuciosamente.

sigh [saɪ] <> *n* suspiro *m*. <> *vi* suspirar.

sight [saɪt] <> *n* **-1.** visão *f*; **his first ~ of the sea** a primeira vez que ele viu o mar; **in ~** à vista; **out of ~** longe de vista; **at first ~** à primeira vista **-2.** [spectacle] espetáculo *m* **-3.** [on gun] mira *f*; **to set one's ~ on sthg** botar algo na cabeça. <> *vt* avistar, divisar.

◆ **sights** *npl* pontos *mpl* turísticos.

sightseeing ['saɪt,si:ɪŋ] *n (U)* turismo *m*; **to do some ~** fazer turismo.

sightseer ['saɪt,si:ə^r] *n* turista *mf*.

sign [saɪn] <> *n* **-1.** [gen] sinal *m* **-2.** [in music] símbolo *m* **-3.** [notice] placa *f*. <> *vt* [document] assinar.

◆ **sign on** *vi* **-1.** [enrol]: **to ~ on (for sthg)** [for course] inscrever-se (em algo); *MIL* alistar-se (em algo) **-2.** [register as unemployed] cadastrar-se para receber o seguro desemprego.

◆ **sign up** <> *vt sep* **-1.** [employee] contratar **-2.** [soldier] recrutar. <> *vi* [enrol]: **to ~ up (for sthg)** [for course] inscrever-se (em algo); *MIL* alistar-se (em algo).

signal ['sɪgnl] (*UK pt* & *pp* **-led**, *cont* **-ling**, *US pt* & *pp* **-ed**, *cont* **-ing**) <> *n* sinal *m*. <> *vt* **-1.** [send signals to] enviar sinais a **-2.** [indicate - a turn] sinalizar; [- a warning] indicar; **to ~ sb (to do sthg)** fazer sinal para alguém (fazer algo) **-3.** *fig* marcar, anunciar. <> *vi* **-1.** *AUT* sinalizar **-2.** [indicate]: **to ~ to sb (to do sthg)** fazer sinal para alguém (fazer algo).

signalman ['sɪgnlmən] (*pl* **-men** [-mən]) *n* sinaleiro *m*.

signature ['sɪgnətʃə^r] *n* assinatura *f*.

signature tune *n* tema *m*.

signet ring ['sɪgnɪt-] *n* anel *m* com sinete.

significance [sɪgˈnɪfɪkəns] *n (U)* **-1.** [importance] importância *f* **-2.** [meaning] significado *m*.

significant [sɪgˈnɪfɪkənt] *adj* significativo(va).

signify [ˈsɪgnɪfaɪ] (*pt* & *pp* **-ied**) *vt* significar.

signpost [ˈsaɪnpəʊst] *n* placa *f* de sinalização.

Sikh [siːk] ◇ *adj* sique. ◇ *n* sique *mf*.

silence [ˈsaɪləns] ◇ *n* silêncio *m*. ◇ *vt* silenciar, calar.

silencer [ˈsaɪlənsəʳ] *n* **-1.** [on gun] silenciador *m* **-2.** AUT silenciador *m*, silencioso *m*.

silent [ˈsaɪlənt] *adj* **-1.** [gen] silencioso(sa) **-2.** [taciturn] silencioso(sa), taciturno(na) **-3.** CINEMA & LING mudo(da).

silhouette [ˌsɪluːˈet] *n* silhueta *f*.

silicon chip [ˌsɪlɪkən-] *n* chip *m* de silício.

silk [sɪlk] ◇ *n (U)* seda *f*. ◇ *comp* de seda.

silky [ˈsɪlkɪ] (*compar* **-ier**, *superl* **-iest**) *adj* sedoso(sa).

sill [sɪl] *n* peitoril *m*.

silly [ˈsɪlɪ] (*compar* **-ier**, *superl* **-iest**) *adj* **-1.** [foolish] bobo(ba) **-2.** [comical] bobo(ba), ridículo(la).

silo [ˈsaɪləʊ] (*pl* **-s**) *n* silo *m*.

silt [sɪlt] *n (U)* sedimento *m*, lodo *m*.

silver [ˈsɪlvəʳ] ◇ *adj* prateado(da). ◇ *n (U)* **-1.** [metal] prata *f* **-2.** [coins] moedas *fpl* **-3.** [silverware] prataria *f*. ◇ *comp* [made of silver] de prata.

silver-plated [-ˈpleɪtɪd] *adj* prateado(da).

silversmith [ˈsɪlvəsmɪθ] *n* prateiro *m*, -ra *f*.

silverware [ˈsɪlvəweəʳ] *n* **-1.** [objects made of silver] prataria *f* **-2.** US [cutlery] prataria *f*.

similar [ˈsɪmɪləʳ] *adj* parecido(da), semelhante; ~ **to sthg** parecido(da) OR similar a algo.

similarly [ˈsɪmɪləlɪ] *adv* igualmente, da mesma forma.

simmer [ˈsɪməʳ] *vt* & *vi* cozinhar em fogo baixo.

simpering [ˈsɪmpərɪŋ] *adj* **-1.** [person] que sorri com cara de bobo(ba) **-2.** [smile] bobo(ba).

simple [ˈsɪmpl] *adj* **-1.** [gen] simples **-2.** *inf* [mentally retarded] simplório(ria).

simple-minded [-ˈmaɪndɪd] *adj* simplório(ria).

simplicity [sɪmˈplɪsətɪ] *n* simplicidade *f*.

simplify [ˈsɪmplɪfaɪ] (*pt* & *pp* **-ied**) *vt* simplificar.

simply [ˈsɪmplɪ] *adv* **-1.** [gen] simplesmente; **you ~ must go and see the film** você só tem que ir ver o filme **-2.** [in an uncomplicated way] de forma simples.

simulate [ˈsɪmjʊleɪt] *vt* **-1.** [feign] simular, fingir **-2.** [produce effect, appearance of] simular.

simultaneous [UK ˌsɪmʊlˈteɪnjəs, US ˌsaɪməlˈteɪnjəs] *adj* simultâneo(nea).

sin [sɪn] (*pt* & *pp* **-ned**, *cont* **-ning**) ◇ *n* pecado *m*. ◇ *vi*: **to ~ (against sb/sthg)** pecar (contra alguém/algo).

since [sɪns] ◇ *adv*: ~ **(then)** desde então. ◇ *prep* desde. ◇ *conj* **-1.** [in time]: **it's ages ~ I saw him** faz séculos que eu não o vejo **-2.** [because] já que, como.

> Atenção para os tempos verbais empregados com a preposição *since*: *we have been friends since school* (present perfect); *we had been in contact since 1985* (past perfect); *we had been working together since the summer* (past perfect continuous).
>
> Vejamos também quais os tempos verbais empregados com *since* na função de conjunção: *I haven't read much since I left school* (simple past); *his books sell very well since he's become famous* (present perfect).

sincere [sɪnˈsɪəʳ] *adj* sincero(ra).

sincerely [sɪnˈsɪəlɪ] *adv* sinceramente; **Yours ~** [at end of letter] atenciosamente.

sincerity [sɪnˈserətɪ] *n (U)* sinceridade *f*.

sinew [ˈsɪnjuː] *n* tendão *m*.

sinful [ˈsɪnfʊl] *adj* **-1.** [guilty of sin] pecador(ra) **-2.** [wicked, immoral] pecaminoso(sa).

sing [sɪŋ] (*pt* **sang**, *pp* **sung**) *vt* & *vi* cantar.

Singapore [ˌsɪŋəˈpɔːʳ] *n* Cingapura.

singe [sɪndʒ] (*cont* **singeing**) *vt* chamuscar.

singer [ˈsɪŋəʳ] *n* cantor *m*, -ra *f*.

singing [ˈsɪŋɪŋ] *n* canto *m*.

single [ˈsɪŋgl] ◇ *adj* **-1.** [sole] único(ca); **to sweep up every ~ leaf** varrer todas as folhas, sem deixar nenhuma; **every ~ day** todo santo dia **-2.** [unmarried] solteiro(ra) **-3.** UK [one-way] de ida. ◇ *n* **-1.** UK [one-way ticket] passagem *f* de ida **-2.** MUS single *m*.

◆ **singles** *npl* TENNIS simples *f inv*.

◆ **single out** *vt sep*: **to ~ sb out (for sthg)** escolher alguém (para algo).

single bed *n* cama *f* de solteiro.

single-breasted [-ˈbrestɪd] *adj* não trespassado(da).

single cream *n (U)* UK creme *m* leve.

single file *n*: **in ~** em fila indiana.

single-handed [-ˈhændɪd] *adv* sem ajuda.

single-minded [-ˈmaɪndɪd] *adj* determinado(da), resoluto(ta).

single parent *n* pai *m* solteiro, mãe *f* solteira.

single-parent family *n* família *f* em que falta um dos pais.

single room *n* quarto *m* simples.

singlet [ˈsɪŋglɪt] *n* camiseta *f* (sem mangas).

singular [ˈsɪŋgjʊləʳ] ◇ *adj* **-1.** GRAMM no singular **-2.** [unusual, remarkable] singular. ◇ *n* singular *m*.

sinister [ˈsɪnɪstəʳ] *adj* sinistro(tra).

sink [sɪŋk] (*pt* **sank**, *pp* **sunk**) ◇ *n* pia *f*. ◇ *vt* **-1.** [cause to go underwater] afundar **-2.** [cause to penetrate]: **to ~ sthg into sthg** cravar algo em algo. ◇ *vi* **-1.** [gen] afundar; **to ~ without trace** sumir sem deixar vestígio **-2.** [below ground - person] afundar-se; [- sun] pôr-se **-3.** [slump]: **he sank back into his chair** ele se afundou na cadeira; **she sank to her knees** ela caiu sobre os joelhos **-4.** ***fig*** [heart, spirits] congelar **-5.** [fall] baixar; **her voice sank to a whisper** sua voz foi baixando até ficar um sussurro **-6.** ***fig*** [slip]: **to ~ into sthg** [despair, poverty] cair em algo; [depression, coma] entrar em algo.

◆ **sink in** *vi*: **it hasn't sunk in yet** ainda não caiu a ficha.

sink unit *n* pia *f*.

sinner ['sɪnəʳ] *n* pecador *m*, -ra *f*.

sinus ['saɪnəs] (*pl* **-es**) *n* seio *m (paranasal)*.

sip [sɪp] (*pt* & *pp* **-ped**, *cont* **-ping**) <> *n* gole *m*. <> *vt* bebericar.

siphon ['saɪfn] <> *n* sifão *m*. <> *vt* **-1.** [draw off] tirar com sifão **-2.** ***fig*** [transfer] desviar.

◆ **siphon off** *vt sep* **-1.** [draw off] tirar com sifão **-2.** ***fig*** [transfer] desviar.

sir [sɜːʳ] *n* **-1.** [form of address] senhor *m* **-2.** [in titles] sir *m*.

siren ['saɪərən] *n* sirene *f*.

sirloin (steak) ['sɜːlɔɪn] *n* bife *m* de lombo de vaca.

sissy ['sɪsɪ] (*pl* **-ies**) *n* ***inf*** fresco *m*.

sister ['sɪstəʳ] *n* **-1.** [gen] irmã *f* **-2.** [nun] irmã *f*, freira *f* **-3.** ***UK*** [senior nurse] (enfermeira *f*) supervisora *f*.

sister-in-law (*pl* **sisters-in-law** OR **sister-in-laws**) *n* cunhada *f*.

sit [sɪt] (*pt* & *pp* **sat**, *cont* **-ting**) <> *vt* **-1.** [place] sentar **-2.** ***UK*** [examination] fazer. <> *vi* **-1.** [gen] sentar-se **-2.** [be member]: **to ~ on sthg** integrar algo, fazer parte de algo **-3.** [be in session] reunir-se.

◆ **sit about, sit around** *vi* ver o tempo passar.

◆ **sit down** *vi* sentar-se.

◆ **sit in on** *vt fus* estar presente (sem tomar parte).

◆ **sit through** *vt fus* agüentar até o final.

◆ **sit up** *vi* **-1.** [be sitting upright] sentar-se reto(ta); [move into upright position] endireitar-se **-2.** [stay up] ficar acordado(da).

sitcom ['sɪtkɒm] *n* ***inf*** comédia *f* de situação, sitcom *f*.

site [saɪt] <> *n* **-1.** [piece of land - archaelogy] sítio *m*; [- building] lote *m*; [- missile] campo *m*; [- camp] área *f* **-2.** [location, place] local *m* **-3.** COMPUT site *m*. <> *vt* localizar-se, situar-se.

sit-in *n* greve *f* branca.

sitting ['sɪtɪŋ] *n* **-1.** [serving of meal] turno *m* para as refeições **-2.** [session] sessão *f*.

sitting room *n* sala *f* de estar.

situated ['sɪtjʊeɪtɪd] *adj*: **to be ~** estar localizado(da), localizar-se.

situation [ˌsɪtjʊ'eɪʃn] *n* **-1.** [gen] situação *f* **-2.** [location] localização *f* **-3.** [job] emprego *m*, colocação *f*; **'Situations Vacant'** ***UK*** 'Empregos'.

six [sɪks] <> *num adj* **-1.** [numbering six] seis **-2.** [referring to age]: **she's ~ (years old)** ela tem seis anos (de idade). <> *num pron* seis; **I want ~** quero seis; **there were ~ of us** éramos seis; **groups of ~** grupos *mpl* de seis. <> *num n* **-1.** [gen] seis; **two hundred and ~** duzentos e seis **-2.** [six o'clock] seis *(horas)*; **we arrived at ~** chegamos às seis **-3.** [in addresses]: **~ Peyton Place** Praça Peyton, casa OR número 6; **~-nil** seis a zero.

sixteen [sɪks'tiːn] *num* dezesseis; *see also* **six**.

sixteenth [sɪks'tiːnθ] *num* décimo sexto, décima sexta; *see also* **sixth**.

sixth [sɪksθ] <> *num adj* sexto(ta). <> *num adv* sexto. <> *num pron* sexto(ta). <> *n* **-1.** [fraction] sexto *m* **-2.** [in dates]: **the ~** o dia seis; **the ~ of September** o dia seis de setembro.

sixth form *n* ***UK*** SCH *curso opcional de dois anos no ensino secundário britânico oferecido aos alunos de 16 anos a fim de ingressarem na universidade.*

sixth form college *n* ***UK*** *escola pública na Inglaterra para adolescentes de 16 a 18 anos na qual se preparam para ingressar na universidade ou para fazer testes de formação profissional.*

sixty ['sɪkstɪ] (*pl* **-ies**) *num* sessenta; *see also* **six**.

◆ **sixties** *npl* **-1.** [decade]: **the sixties** os anos sessenta **-2.** [in ages]: **to be in one's sixties** estar na casa dos sessenta.

size [saɪz] *n* tamanho *m*; **an organization of that ~** uma organização daquele porte.

◆ **size up** *vt sep* **-1.** [situation] avaliar **-2.** [person] julgar.

sizeable ['saɪzəbl] *adj* considerável.

sizzle ['sɪzl] *vi* chiar.

skate [skeɪt] (*pl sense 2 only inv* OR **-s**) <> *n* **-1.** [gen] patim *m* **-2.** [fish] raia *f*. <> *vi* **-1.** [on ice skates] patinar no gelo **-2.** [on roller skates] patinar, andar de patins.

skateboard ['skeɪtbɔːd] *n* skate *m*.

skater ['skeɪtəʳ] *n* patinador *m*, -ra *f*.

skating ['skeɪtɪŋ] *n (U)* **-1.** [on ice] patinação *f* no gelo; **to go ~** patinar no gelo **-2.** [on roller skates] patinação *f*; **to go ~** andar de patins.

skating rink *n* [for ice skating] pista *f* de patinação no gelo; [for roller skating] rinque *m*, pista *f* de patinação.

skeleton ['skelɪtn] *n* esqueleto *m*.

skeleton key *n* chave-mestra *f*.

skeleton staff *n* contingente *m* mínimo de pessoal.

skeptic etc. *n* ***US*** = **sceptic** etc.

sketch [sketʃ] <> *n* **-1.** [drawing] esboço *m*,

croqui *m* **-2.** [brief description] resumo *m* **-3.** [on TV, radio, stage] esquete *m*. ◇ *vt* **-1.** [draw] fazer um esboço de **-2.** [describe] resumir.

sketchbook ['sketʃbʊk] *n* caderno *m* de desenhos.

sketchpad ['sketʃpæd] *n* bloco *m* de desenhos.

sketchy ['sketʃɪ] (*compar* **-ier**, *superl* **-iest**) *adj* incompleto(ta), pouco detalhado(da).

skewer ['skjʊəʳ] ◇ *n* espeto *m*. ◇ *vt* espetar.

ski [ski:] (*pt* & *pp* **skied**, *cont* **skiing**) ◇ *n* esqui *m*. ◇ *vi* esquiar.

ski boots *npl* botas *fpl* de esqui.

skid [skɪd] (*pt* & *pp* **-ded**, *cont* **-ding**) ◇ *n* AUT derrapagem *f*; **to go into a ~** derrapar. ◇ *vi* derrapar.

skier ['ski:əʳ] *n* esquiador *m*, -ra *f*.

skiing ['ski:ɪŋ] *n* (*U*) esqui *m*; **to go ~** ir esquiar.

ski jump *n* **-1.** [slope] rampa *f* para saltos de esqui **-2.** [sporting event] salto *m* de esqui.

skilful, skillful *US* ['skɪlfʊl] *adj* hábil.

ski lift *n* teleférico *m*.

skill [skɪl] *n* **-1.** (*U*) [expertise] experiência *f*, destreza *f* **-2.** [craft, technique] habilidade *f*.

skilled [skɪld] *adj* **-1.** [skilful] habilidoso(sa); **to be ~ in** OR **at doing sthg** ter muito jeito para fazer algo **-2.** [trained] especializado(da), qualificado(da).

skillful *adj US* = **skilful**.

skim [skɪm] (*pt* & *pp* **-med**, *cont* **-ming**) ◇ *vt* **-1.** [remove - cream] tirar a nata de; [- fat] tirar a gordura de; [- sap] extrair **-2.** [glide over] roçar. ◇ *vi* **-1.** : **to ~ over sthg** [bird] dar uma rasante em algo; [stone] ricochetear em algo **-2.** [read]: **to ~ through sthg** ler algo por cima.

skim(med) milk [skɪm(d)mɪlk] *n* (*U*) leite *m* desnatado.

skimp [skɪmp] *vi*: **to ~ on sthg** [food, material, time] restringir algo; [money] economizar em algo; [work] fazer algo correndo.

skimpy ['skɪmpɪ] (*compar* **-ier**, *superl* **-iest**) *adj* **-1.** [meal] parco(ca) **-2.** [clothes] justo(ta) **-3.** [facts] insuficiente.

skin [skɪn] (*pt* & *pp* **-ned**, *cont* **-ning**) ◇ *n* **-1.** (*U*) [gen] pele *f* **-2.** [of fruit, vegetable, on paint, pudding] casca *f* **-3.** [on milk] nata *f*. ◇ *vt* **-1.** [remove skin from - fruit] descascar; [- dead animal] pelar **-2.** [graze] esfolar.

skin-deep *adj* superficial.

skin diving *n* (*U*): **to go ~** praticar mergulho *m* livre.

skinny ['skɪnɪ] (*compar* **-ier**, *superl* **-iest**) *adj inf* magricela.

skin-tight *adj* muito justo(ta).

skip [skɪp] (*pt* & *pp* **-ped**, *cont* **-ping**) ◇ *n* **-1.** [little jump] pulinho *m* **-2.** *UK* [large container] caçamba *f* (*para entulho*). ◇ *vt* **-1.** [page] pular **-2.** [class] perder **-3.** [meal] faltar a. ◇ *vi* **-1.** [move in little jumps] ir pulando **-2.** *UK* [using rope] pular.

ski pants *npl* calças *fpl* de esqui.

ski pole *n* bastão *m* de esqui.

skipper ['skɪpəʳ] *n* capitão *m*, -tã *f*.

skipping rope ['skɪpɪŋ-] *n UK* corda *f* de pular.

skirmish ['skɜ:mɪʃ] *n* **-1.** MIL escaramuça *f* **-2.** *fig* [disagreement] desavença *f*.

skirt [skɜ:t] ◇ *n* [garment] saia *f*. ◇ *vt* **-1.** [go round] contornar **-2.** [avoid dealing with] evitar.
◆ **skirt round** *vt fus* **-1.** [go round]: **to ~ round sb/sthg** desviar de alguém/algo **-2.** [avoid dealing with]: **to ~ round sthg** evitar algo.

skit [skɪt] *n*: **~ on sthg** sátira *f* OR paródia *f* sobre algo.

ski tow *n* ski lift *m*.

skittle ['skɪtl] *n UK* pino *m* de boliche.
◆ **skittles** *n* (*U*) *UK* boliche *m*.

skive [skaɪv] *vi UK inf*: **to ~ (off)** [at school] matar aula; [at work] matar o serviço.

skulk [skʌlk] *vi* esconder-se.

skull [skʌl] *n* **-1.** ANAT crânio *m* **-2.** [on skeleton] caveira *f*.

skunk [skʌnk] *n* gambá *m*.

sky [skaɪ] (*pl* **skies**) *n* céu *m*.

skylight ['skaɪlaɪt] *n* clarabóia *f*.

skyscraper ['skaɪˌskreɪpəʳ] *n* arranha-céu *m*.

slab [slæb] *n* **-1.** [of concrete, stone] laje *f* **-2.** [of meat, cake] fatia *f* **-3.** [of chocolate] barra *f*.

slack [slæk] ◇ *adj* **-1.** [not tight] frouxo(xa) **-2.** [not busy] parado(da) **-3.** [not efficient] desleixado(da), negligente. ◇ *n* (*U*) ponta *f* solta.

slacken ['slækn] ◇ *vt* **-1.** [make slower] reduzir **-2.** [make looser] afrouxar. ◇ *vi* **-1.** [become slower] reduzir **-2.** [become looser] afrouxar.

slag [slæg] *n* **-1.** (*U*) [waste material] escombros *mpl* **-2.** *inf pej* [promiscuous woman] vagabunda *f*.

slagheap ['slæghi:p] *n* monte *m* de entulho.

slain [sleɪn] *pp* ▷ **slay**.

slam [slæm] (*pt* & *pp* **-med**, *cont* **-ming**) ◇ *vt* **-1.** [shut] bater **-2.** [place roughly]: **to ~ sthg on (to) sthg** jogar algo com violência sobre algo. ◇ *vi* [shut] bater.

slander ['slɑ:ndəʳ] ◇ *n* (*U*) calúnia *f*. ◇ *vt* caluniar.

slang [slæŋ] *n* (*U*) gíria *f*.

slant [slɑ:nt] ◇ *n* **-1.** [diagonal angle - of table, shelf] inclinação *f*; [- of land] declive *m* **-2.** [point of view] perspectiva *f*, enfoque *m*. ◇ *vt* [bias] distorcer. ◇ *vi* [slope] inclinar-se.

slanting ['slɑ:ntɪŋ] *adj* inclinado(da).

slap [slæp] (*pt* & *pp* **-ped**, *cont* **-ping**) ◇ *n* **-1.** [on face] bofetada *f* **-2.** [on back] tapa *m*. ◇ *vt*

-1. [smack - on face] esbofetear; [- on back] dar um tapa em **-2.** [put]: **to ~ sthg on** dar uma retocada em. ◇ *adv inf* [exactly] em cheio; **~ in the middle of the city** bem no meio da cidade.

slapdash ['slæpdæʃ], **slaphappy** ['slæp,hæpɪ] *adj* relaxado(da).

slapstick ['slæpstɪk] *n (U)* pastelão *m*; **the film is pure ~** este filme é um pastelão só.

slap-up *adj UK inf* farto(ta); **a ~ dinner** um jantar formidável.

slash [slæʃ] ◇ *n* **-1.** [long cut] rasgão *m*, corte *m* **-2.** [oblique stroke] barra *f* oblíqua; **forward ~** barra *f* (inclinada) **-3.** *UK inf* [pee]: **to have a ~** fazer xixi. ◇ *vt* **-1.** [cut - material, tyres] rasgar; [- wrists] cortar **-2.** *inf* [reduce drastically] cortar.

slat [slæt] *n* ripa *f*, sarrafo *m*.

slate [sleɪt] ◇ *n* **-1.** *(U)* [material] ardósia *f* **-2.** [on roof] telha *f* de ardósia; **to wipe the ~ clean** sacudir a poeira; **put it on the ~** põe na conta. ◇ *vt* [criticize] malhar.

slaughter ['slɔ:tə^r] ◇ *n* **-1.** [of animals] matança *f* **-2.** [of people] chacina *f*. ◇ *vt* **-1.** [animals] matar, carnear **-2.** [people] chacinar.

slaughterhouse ['slɔ:təhaʊs, *pl* -haʊzɪz] *n* matadouro *m*.

slave [sleɪv] ◇ *n* escravo *m*, -va *f*; **to be a ~ to sthg** ser escravo(va) de algo. ◇ *vi* [work hard]: **to ~ (over sthg)** trabalhar como um escravo em algo, trabalhar como uma escrava em algo.

slavery ['sleɪvərɪ] *n (U)* escravidão *f*.

slay [sleɪ] (*pt* **slew**, *pp* **slain**) *vt literary* assassinar.

sleaze *n* sujeira *f*.

sleazy ['sli:zɪ] (*compar* **-ier**, *superl* **-iest**) *adj* sujo(ja).

sledge [sledʒ], **sled** *US* [sled] *n* trenó *m*.

sledgehammer ['sledʒ,hæmə^r] *n* marreta *f*.

sleek [sli:k] *adj* **-1.** [hair] sedoso(sa) **-2.** [fur] brilhoso(sa) **-3.** [animal, bird] lustroso(sa) **-4.** [car, plane] vistoso(sa) **-5.** [person] polido(da).

sleep [sli:p] (*pt* & *pp* **slept**) ◇ *n* **-1.** *(U)* [rest] sono *m*; **to go to ~** [doze off] adormecer; [go numb] ficar dormente **-2.** [period of sleeping] sono *m*. ◇ *vi* dormir.

◆ **sleep in** *vi* dormir até mais tarde.

◆ **sleep with** *vt fus euphemism* dormir com.

sleeper ['sli:pə^r] *n* **-1.** [person]: **to be a heavy/light ~** ter sono pesado/leve **-2.** [sleeping compartment] leito *m* **-3.** [train] trem-leito *m* **-4.** *UK* [on railway track] dormente *m*.

sleeping bag ['sli:pɪŋ-] *n* saco *m* de dormir.

sleeping car ['sli:pɪŋ-] *n* vagão-leito *m*.

sleeping pill ['sli:pɪŋ-] *n* pílula *f* para dormir.

sleepless ['sli:plɪs] *adj* em claro, sem dormir.

sleepwalk ['sli:pwɔ:k] *vi* sonambular.

sleepy ['sli:pɪ] (*compar* **-ier**, *superl* **-iest**) *adj* [person] sonolento(ta).

sleet [sli:t] ◇ *n (U)* granizo *m*. ◇ *v impers* chover granizo.

sleeve [sli:v] *n* **-1.** [of garment] manga *f* **-2.** [for record] capa *f*.

sleigh [sleɪ] *n* trenó *m*.

sleight of hand [,slaɪt-] *n (U)* **-1.** [skill with hands] prestidigitação *f* **-2.** *fig* [deception] artimanha *f*.

slender ['slendə^r] *adj* **-1.** [thin - person, figure] esbelto(ta); [- legs] delgado(da) **-2.** [scarce] escasso(sa).

slept [slept] *pt* & *pp* ▷ **sleep**.

slew [slu:] ◇ *pt* ▷ **slay**. ◇ *vi*: **the car ~ed off the road** o carro rodopiou para fora da estrada.

slice [slaɪs] ◇ *n* **-1.** [gen] fatia *f* **-2.** [of lemon] rodela *f* **-3.** [proportion] parte *f* **-4.** *SPORT* cortada *f*. ◇ *vt* **-1.** [cut into slices] fatiar **-2.** *SPORT* cortar.

◆ **slice off** *vt sep* [sever] arrancar fora.

slick [slɪk] ◇ *adj* **-1.** [smoothly efficient - performance, teamwork] talentoso(sa); [- technique, crime] engenhoso(sa) **-2.** *pej* [glib] ardiloso(sa). ◇ *n* local *m* escorregadio.

slide [slaɪd] (*pt* & *pp* **slid** [slɪd]) ◇ *n* **-1.** *PHOT* eslaide *m* **-2.** [in playground] escorregador *m* **-3.** *UK* [for hair] passador *m* **-5.** [decline] declínio *m*. ◇ *vt* [move smoothly] deslizar. ◇ *vi* **-1.** [on ice, slippery surface] escorregar **-2.** [move quietly] deslizar **-3.** [decline gradually] sucumbir a.

sliding door [,slaɪdɪŋ-] *n* porta *f* de correr.

sliding scale [,slaɪdɪŋ-] *n* escala *f* móvel.

slight [slaɪt] ◇ *adj* **-1.** [minor] ligeiro(ra); **not in the ~est** nem de leve; **I haven't got the ~est interest in his car** eu não tenho o menor interesse no carro dele **-2.** [slender] de aspecto frágil. ◇ *n* menosprezo *m*. ◇ *vt* [offend] menosprezar.

slightly ['slaɪtlɪ] *adv* [to small extent] ligeiramente, levemente.

slim [slɪm] (*compar* **-mer**, *superl* **-mest**, *pt* & *pp* **-med**, *cont* **-ming**) ◇ *adj* **-1.** [person] esbelto(ta) **-2.** [object] fino(na) **-3.** [chance, possibility] remoto(ta). ◇ *vi* emagrecer; **I'm ~ming** estou de dieta.

slime [slaɪm] *n (U)* muco *m*.

slimming ['slɪmɪŋ] ◇ *n (U)* emagrecimento *m*. ◇ *adj* **-1.** [magazine] de dieta **-2.** [product] para emagrecer.

sling [slɪŋ] (*pt* & *pp* **slung**) ◇ *n* **-1.** [for injured arm] tipóia *f* **-2.** [for carrying things] linga *f*. ◇ *vt* **-1.** [hang roughly] pendurar **-2.** *inf* [throw] atirar, jogar **-3.** [hang by both ends] pendurar.

slip [slɪp] (*pt* & *pp* **-ped**, *cont* **-ping**) ◇ *n* **-1.** [mistake] deslize *m*, descuido *m*; **a ~ of the pen** um erro de ortografia; **a ~ of the tongue** um lapso verbal **-2.** [form] formulário *m* **-3.** [of paper] folha *f* **-4.** [underwear] combinação *f*, anágua *f* **-5.** *phr*: **to give sb the ~** *inf* safar-se de alguém. <> *vt* **-1.** [slide] enfiar, meter **-2.** [clothes]: **to ~ sthg on** vestir algo rapidamente; **~ your clothes off** tira fora essas tuas roupas **-3.** [escape] fugir; **it ~ped my mind** me esqueci. <> *vi* **-1.** [lose balance] escorregar **-2.** [move unexpectedly] escapulir **-3.** [move gradually] entrar em **-4.** [decline] baixar **-5.** [move discreetly] escapulir-se; **to ~ into/out of sthg** [clothes] vestir/tirar algo **-6.** AUT [clutch] patinar.

◆ **slip away** *vi* [leave] ir embora.

◆ **slip on** *vt sep* [clothes, shoes] enfiar.

◆ **slip up** *vi* [make a mistake] cometer um deslize.

slipped disc [ˌslɪpt-] *n* hérnia *f* de disco.

slipper [ˈslɪpəʳ] *n* pantufa *f*.

slippery [ˈslɪpərɪ] *adj* **-1.** [surface, soap] escorregadio(dia) **-2.** *pej* [person] evasivo(va).

slip road *n UK* acesso *m (na estrada)*.

slipshod [ˈslɪpʃɒd] *adj* desleixado(da).

slip-up *n inf* mancada *f*.

slipway [ˈslɪpweɪ] *n* carreira *f (para navios)*.

slit [slɪt] (*pt* & *pp* **slit**, *cont* **-ting**) <> *n* **-1.** [opening] fenda *f* **-2.** [cut] corte *m*. <> *vt* **-1.** [cut open] cortar **-2.** [cut through] fender.

slither [ˈslɪðəʳ] *vi* **-1.** [car, person] arrastar-se **-2.** [snake] rastejar.

sliver [ˈslɪvəʳ] *n* **-1.** [gen] caco *f* **-2.** [of ice, wood] lasca *f*.

slob [slɒb] *n inf* [disgusting person - in habits] porcalhão *m*, -lhona *f*; [- in appearance] porco *m*, -ca *f*.

slog [slɒg] (*pt* & *pp* **-ged**, *cont* **-ging**) *inf* <> *n* [tiring work] chatice *f*. <> *vi* [work]: **to ~ (away) at sthg** trabalhar sem descanso em algo.

slogan [ˈsləʊgən] *n* slogan *m*.

slop [slɒp] (*pt* & *pp* **-ped**, *cont* **-ping**) <> *vt* derramar. <> *vi* transbordar.

slope [sləʊp] <> *n* **-1.** [of roof, ground] inclinação *f* **-2.** [hill] encosta *f*. <> *vi* inclinar-se.

sloping [ˈsləʊpɪŋ] *adj* inclinado(da).

sloppy [ˈslɒpɪ] (*compar* **-ier**, *superl* **-iest**) *adj* [careless] desleixado(da), relaxado(da).

slot [slɒt] *n* **-1.** [opening] abertura *f* **-2.** [groove] ranhura *f* **-3.** [place in schedule] espaço *m* **-4.** COMPUT slot *m*.

slot machine *n* **-1.** [vending machine] máquina *f* automática *(de bebidas, cigarros etc.)* **-2.** [arcade machine] caça-níqueis *m inv*.

slouch [slaʊtʃ] *vi* [in posture] ter má postura.

Slovakia [sləˈvækɪə] *n* Eslováquia.

slovenly [ˈslʌvnlɪ] *adj* **-1.** [person, work] desmazelado(da) **-2.** [appearance] desleixado(da) **-3.** [dress] desalinhado(da).

slow [sləʊ] <> *adj* **-1.** [not fast] lento(ta) **-2.** [clock, watch] atrasado(da) **-3.** [not intelligent] lerdo(da). <> *adv*: **to go ~** [driver] ir devagar; [workers] fazer operação-tartaruga. <> *vt* retardar. <> *vi* ir mais devagar, desacelerar.

◆ **slow down, slow up** <> *vt sep* **-1.** [growth] retardar **-2.** [car] reduzir a velocidade de. <> *vi* **-1.** [car] reduzir a velocidade de **-2.** [walker] diminuir a marcha.

slowdown [ˈsləʊdaʊn] *n* desaceleração *f*.

slowly [ˈsləʊlɪ] *adv* devagar.

slow motion *n (U)* câmera *f* lenta.

sludge [slʌdʒ] *n* **-1.** [mud] lama *f* **-2.** [sediment] lodo *m*.

slug [slʌg] *n* **-1.** ZOOL lesma *f* **-2.** *inf* [of alcohol] trago *m* **-3.** *US inf* [bullet] bala *f (de revólver)*.

sluggish [ˈslʌgɪʃ] *adj* **-1.** [lethargic] vagaroso(sa) **-2.** [reaction, business] moroso(sa).

sluice [slu:s] *n* [lock] comporta *f*.

slum [slʌm] *n* [area of poor housing] favela *f*, cortiço *m*.

slumber [ˈslʌmbəʳ] *literary* <> *n (U)* sono *m*. <> *vi* adormecer.

slump [slʌmp] <> *n* **-1.** [decline]: **~ (in sthg)** queda *f* (em algo) **-2.** ECON crise *f* econômica. <> *vi* **-1.** [business, prices, market] cair **-2.** [person] afundar-se.

slung [slʌŋ] *pt* & *pp* ▷ **sling**.

slur [slɜ:ʳ] (*pt* & *pp* **-red**, *cont* **-ring**) <> *n* [insult]: **~ (on sb/ sthg)** ultraje *m* OR afronta *f* (a alguém/algo). <> *vt* [speech] balbuciar; **to ~ one's words** engolir as palavras.

slush [slʌʃ] *n (U)* neve *f* meio derretida.

slush fund, slush money *US n* caixa *m* dois.

slut [slʌt] *n* **-1.** *inf* [dirty or untidy woman] mulher *f* relaxada **-2.** *v inf* [sexually immoral woman] rameira *f*.

sly [slaɪ] (*compar* **slyer** OR **slier**, *superl* **slyest** OR **sliest**) *adj* **-1.** [look, smile, grin] dissimulado(da) **-2.** [cunning] astuto(ta).

smack [smæk] <> *n* **-1.** [slap] palmada *f* **-2.** [impact] batida *f*. <> *vt* **-1.** [slap] dar uma palmada em **-2.** [put] colocar bruscamente **-3.** [make sound]: **to ~ one's lips** estalar os lábios.

small [smɔ:l] *adj* **-1.** [gen] pequeno(na) **-2.** [person] baixo(xa) **-3.** [importance] pouco(ca) **-4.** [matter, alteration] de pouca importância.

small ads [-ædz] *npl UK* classificados *mpl*.

small change *n (U)* trocado *m*.

smallholder [ˈsmɔ:lˌhəʊldəʳ] *n UK* minifundiário *m*, -ria *f*.

small hours *npl* primeiras horas *fpl* da manhã.

smallpox [ˈsmɔ:lpɒks] *n (U)* varíola *f*.

small print *n*: **the ~** as letras miúdas *(de um contrato)*.

small talk *n (U)*: **to make ~** conversar amenidades.

smarmy ['smɑ:mɪ] (*compar* **-ier**, *superl* **-iest**) *adj inf* adulador(ra).

smart [smɑ:t] ◇ *adj* **-1.** [elegant] elegante **-2.** [clever] inteligente **-3.** [fashionable, exclusive] chique, elegante **-4.** [rapid] rápido(da). ◇ *vi* **-1.** [sting] pungir, arder **-2.** [feel anger, humiliation] ofender-se.

smarten ['smɑ:tn] ◆ **smarten up** *vt sep* arrumar; **to ~ o.s. up** arrumar-se.

smash [smæʃ] ◇ *n* **-1.** [sound] estilhaço *m* **-2.** *inf* [car crash] acidente *m* **-3.** TENNIS cortada *f*. ◇ *vt* **-1.** [break into pieces] quebrar **-2.** [hit, crash] bater em; **to ~ one's fist into sthg** dar um soco em algo **-3.** *fig* [defeat] derrotar. ◇ *vi* **-1.** [break into pieces] quebrar-se **-2.** [crash, collide]: **to ~ through/into sthg** espatifar-se contra/em algo.

smashing ['smæʃɪŋ] *adj inf* fabuloso(sa), fenomenal.

smattering ['smætərɪŋ] *n* noções *fpl*; **to have a ~ of Welsh** falar meia dúzia de palavras de galês.

smear [smɪəʳ] ◇ *n* **-1.** [dirty mark] mancha *f (de gordura)* **-2.** MED esfregaço *m* **-3.** [slander] calúnia *f*. ◇ *vt* **-1.** [smudge - page] manchar; [- painting] borrar **-2.** [spread]: **to ~ sthg onto sthg** espalhar algo sobre algo; **to ~ sthg with sthg** untar algo com algo **-3.** [slander] caluniar.

smell [smel] (*pt* & *pp* **-ed** OR **smelt**) ◇ *n* **-1.** [odour] cheiro *m*, odor *m* **-2.** *(U)* [sense of smell] olfato *m*. ◇ *vt* **-1.** [notice an odour of] sentir cheiro de **-2.** [sniff at] cheirar **-3.** *fig* [sense] pressentir. ◇ *vi* **-1.** [have sense of smell] sentir cheiro **-2.** [have particular smell]: **to ~ of sthg** cheirar a algo; **to ~ like sthg** cheirar como algo; **to ~ good/bad** cheirar bem/mal **-3.** [smell unpleasantly] feder.

smelly ['smelɪ] (*compar* **-ier**, *superl* **-iest**) *adj* fedorento(ta).

smelt [smelt] ◇ *pt* & *pp* ▷ **smell**. ◇ *vt* TECH fundir.

smile [smaɪl] ◇ *n* sorriso *m*. ◇ *vi* sorrir.

smiley ['smaɪlɪ] *n* COMPUT smiley *m*.

smirk [smɜ:k] *n* sorriso *m* afetado.

smock [smɒk] *n* avental *m*, guarda-pó *m*.

smog [smɒg] *n (U)* bruma *f*.

smoke [sməʊk] ◇ *n (U)* [from burning] fumaça *f*. ◇ *vt* **-1.** [cigarette, cigar] fumar **-2.** [fish, meat, cheese] defumar. ◇ *vi* **-1.** [chimney, engine, lamp] fumegar **-2.** [person] fumar.

smoked [sməʊkt] *adj* [food] defumado(da).

smoker ['sməʊkəʳ] *n* **-1.** [person who smokes] fumante *mf* **-2.** *inf* RAIL [compartment] vagão *m* para fumantes.

smokescreen ['sməʊkskri:n] *n fig* cortina *f* de fumaça.

smoke shop *n US* tabacaria *f*.

smoking ['sməʊkɪŋ] *n (U)*: **~ is bad for you** fumar não te faz bem; **'no ~'** 'é proibido fumar'.

smoky ['sməʊkɪ] (*compar* **-ier**, *superl* **-iest**) *adj* **-1.** [full of smoke] enfumaçado(da) **-2.** [resembling smoke - taste] com gosto de fumaça; [- colour] cinzento(ta).

smolder *vi US* = **smoulder**.

smooth [smu:ð] ◇ *adj* **-1.** [surface - skin, fabric] macio(cia); [- stone] liso(sa); [- water, sea] calmo(ma) **-2.** CULIN [texture] uniforme **-3.** [flow, supply] fluido(da) **-4.** [pace] tranqüilo(la) **-5.** [taste, ride] suave **-6.** [engine] macio(cia) **-7.** *pej* [person, manner] lisonjeiro(ra) **-8.** [trouble-free] tranqüilo(la), sem problemas. ◇ *vt* **-1.** [gen] alisar **-2.** [rub] passar.

◆ **smooth out** *vt sep* **-1.** [gen] alisar **-2.** *fig* [difficulties] resolver-se.

smother ['smʌðəʳ] *vt* **-1.** [cover thickly]: **to ~ sthg in** OR **with sthg** cobrir algo de algo **-2.** [suffocate] sufocar **-3.** [extinguish] abafar **-4.** *fig* [repress] reprimir **-5.** [suffocate with love] mimar demais.

smoulder *UK*, **smolder** *US* ['sməʊldəʳ] *vi* **-1.** [fire] fumegar **-2.** *fig* [feelings] arder.

SMS (*abbr of* **short message service**) *n* COMPUT SMS *m*, mensagens *fpl* curtas de texto.

smudge [smʌdʒ] ◇ *n* [dirty mark] borrão *m*. ◇ *vt* [spoil - by blurring] borrar; [- by dirtying] manchar.

smug [smʌg] (*compar* **-ger**, *superl* **-gest**) *adj pej* presunçoso(sa).

smuggle ['smʌgl] *vt* [across frontiers] contrabandear.

smuggler ['smʌgləʳ] *n* contrabandista *mf*.

smuggling ['smʌglɪŋ] *n (U)* contrabando *m*.

smutty ['smʌtɪ] (*compar* **-ier**, *superl* **-iest**) *adj inf pej* obsceno(na), indecente.

snack [snæk] ◇ *n* lanche *m*.

snack bar *n* lanchonete *f*.

snag [snæg] (*pt* & *pp* **-ged**, *cont* **-ging**) ◇ *n* **-1.** [small problem] dificuldade *f* **-2.** [in nail, tights, fabric] ponta *f* saliente. ◇ *vi*: **to ~ (on sthg)** enganchar-se (em algo).

snail [sneɪl] *n* caracol *m*.

snail mail *n* correio *m* tradicional.

snake [sneɪk] *n* cobra *f*, serpente *f*.

snap [snæp] (*pt* & *pp* **-ped**, *cont* **-ping**) ◇ *adj* atropelado(da), repentino(na). ◇ *n* **-1.** [act or sound of snapping] estalo *m* **-2.** *inf* [photograph] foto *f* **-3.** [card game] *jogo de cartas semelhante ao burro mecânico*. ◇ *vt* **-1.** [break] partir (em dois) **-2.** [make cracking sound with]: **to ~ sthg open/shut** abrir/fechar algo com um golpe; **to ~ one's fingers** estalar os dedos **-3.** [speak sharply] falar bruscamente. ◇ *vi* **-1.** [break] partir (em dois) **-2.** [attempt to bite]: **to ~ (at sb/sthg)** tentar morder (alguém/algo) **-3.** [speak sharply]: **to ~ (at sb)** ficar bravo(va) (com alguém).

◆ **snap up** *vt sep* não deixar escapar.

snap fastener *n esp* **US** botão *m* de pressão.

snappy ['snæpɪ] (*compar* **-ier**, *superl* **-iest**) *adj inf* **-1.** [stylish] chique **-2.** [quick] rápido(da); **make it ~!** anda logo!

snapshot ['snæpʃɒt] *n* instantânea *f*.

snare [sneəʳ] ◇ *n* armadilha *f*. ◇ *vt* pegar numa armadilha.

snarl [snɑːl] ◇ *n* rosnado *m*. ◇ *vi* **-1.** [animal] rosnar **-2.** [person] resmungar.

snatch [snætʃ] ◇ *n* [fragment] trecho *m*. ◇ *vt* [grab] agarrar.

sneak [sniːk] (**US** *pt* **snuck**) ◇ *n* **UK** *inf* mexeriqueiro *m*, -ra *f*. ◇ *vt* levar escondido(da); **to ~ a look at sb/sthg** espiar alguém/algo. ◇ *vi* [move quietly] esgueirar-se.

sneakers ['sniːkəz] *npl* **US** tênis *m inv*.

sneaky ['sniːkɪ] (*compar* **-ier**, *superl* **-iest**) *adj inf* sorrateiro(ra).

sneer [snɪəʳ] ◇ *n* escárnio *m*. ◇ *vi* [smile unpleasantly] sorrir com escárnio.

sneeze [sniːz] ◇ *n* espirro *m*. ◇ *vi* espirrar.

snide [snaɪd] *adj* sarcástico(ca).

sniff [snɪf] ◇ *vt* **-1.** [smell] fungar **-2.** [drug] cheirar. ◇ *vi* [to clear nose] assoar.

snigger ['snɪgəʳ] ◇ *n* escárnio *m*. ◇ *vi* rir por dentro.

snip [snɪp] (*pt* & *pp* **-ped**, *cont* **-ping**) ◇ *n inf* [bargain] pechincha *f*. ◇ *vt* [cut] cortar *(em pedaços)*.

sniper ['snaɪpəʳ] *n* franco-atirador *m*, -ra *f*.

snippet ['snɪpɪt] *n* fragmento *m*.

snivel ['snɪvl] (**UK** *pt* & *pp* **-led**, *cont* **-ling**, **US** *pt* & *pp* **-ed**, *cont* **-ing**) *vi* choramingar.

snob [snɒb] *n* esnobe *mf*.

snobbish ['snɒbɪʃ], **snobby** ['snɒbɪ] (*compar* **-ier**, *superl* **-iest**) *adj* esnobe.

snooker ['snuːkəʳ] *n (U)* snooker *m*.

snoop [snuːp] *vi inf* bisbilhotar.

snooty ['snuːtɪ] (*compar* **-ier**, *superl* **-iest**) *adj* presunçoso(sa).

snooze [snuːz] ◇ *n* cochilo *m*, soneca *f*; **to have a ~** tirar uma soneca *OR* um cochilo. ◇ *vi* cochilar.

snore [snɔːʳ] ◇ *n* ronco *m*. ◇ *vi* roncar.

snoring ['snɔːrɪŋ] *n (U)* roncos *mpl*.

snorkel ['snɔːkl] *n* (tubo *m*) snorkel *m*.

snort [snɔːt] ◇ *n* bufo *m*. ◇ *vi* bufar.

snout [snaʊt] *n* focinho *m*.

snow [snəʊ] ◇ *n (U)* neve *f*. ◇ *v impers* nevar.

snowball ['snəʊbɔːl] ◇ *n* bola *f* de neve. ◇ *vi fig* [increase rapidly] crescer como bola de neve.

snowboard ['snəʊbɔːd] *n* snowboard *m*.

snowboarding ['snəʊbɔːdɪŋ] *n* snowboard *m*; **to go ~** praticar snowboard.

snowbound ['snəʊbaʊnd] *adj* bloqueado(da) pela neve.

snowdrift ['snəʊdrɪft] *n* monte *m* de neve.

snowdrop ['snəʊdrɒp] *n* campainha-branca *f*.

snowfall ['snəʊfɔːl] *n* **-1.** [fall of snow] nevada *f* **-2.** [amount of snow over time] quantidade *f* de neve.

snowflake ['snəʊfleɪk] *n* floco *m* de neve.

snowman ['snəʊmæn] (*pl* **-men** [-men]) *n* boneco *m* de neve.

snowplough *UK*, **snowplow** *US* ['snəʊplaʊ] *n* [vehicle] limpa-neve *m*.

snowshoe ['snəʊʃuː] *n* raquete *f* de neve.

snowstorm ['snəʊstɔːm] *n* nevasca *f*.

SNP (*abbr of* **Scottish National Party**) *n partido nacional escocês que prega a independência da Grã-Bretanha.*

Snr, snr (*abbr of* **senior**) sênior.

snub [snʌb] (*pt* & *pp* **-bed**, *cont* **-bing**) ◇ *n* repulsa *f*. ◇ *vt* desprezar.

snuck [snʌk] *pt* **US** ▷ **sneak**.

snuff [snʌf] *n (U)* [tobacco] rapé *m*.

snug [snʌg] (*compar* **-ger**, *superl* **-gest**) *adj* **-1.** [person, feeling] agradável **-2.** [place] confortável **-3.** [close-fitting] cômodo(da).

snuggle ['snʌgl] *vi* aconchegar-se; **to ~ down** cobrir-se *(com coberta)*.

so [səʊ] ◇ *adv* **-1.** [emphasizing degree] tão; **don't be ~ stupid!** não seja tão idiota!; **it's ~ difficult (that ...)** é tão difícil (que ...); **~ much** tanto(ta); **~ many** tantos(tas). **-2.** [referring back]: **I don't think ~** acho que não; **I'm afraid ~** receio que sim; **~ you knew already** então você já sabia; **if ~** nesse caso. **-3.** [also] também; **~ do I** eu também. **-4.** [in this way] deste modo, assim. **-5.** [expressing agreement]: **~ there is** pois é, é verdade. **-6.** [in phrases]: **or ~** mais ou menos; **~ as** para; **~ that** para. ◇ *conj* **-1.** [therefore] por isso; **I'm away next week ~ I won't be there** viajo na semana que vem, portanto não estarei lá. **-2.** [summarizing] então; **~ what have you been up to?** então, o que é que você tem feito? **-3.** [in phrases]: **~ what?** *inf* e daí?; **~ there!** *inf* pronto!, nada a fazer!

soak [səʊk] ◇ *vt* **-1.** [leave immersed] pôr de molho **-2.** [wet thoroughly] ensopar; **to be ~ed with sthg** estar ensopado(da) de algo. ◇ *vi* **-1.** [become thoroughly wet]: **to leave sthg to ~, to let sthg ~** deixar algo de molho **-2.** [spread]: **to ~ into sthg** espalhar-se por algo; **to ~ through (sthg)** infiltrar-se em algo.

◆ **soak up** *vt sep* [liquid] absorver.
soaking [ˈsəʊkɪŋ] *adj* ensopado(da).
so-and-so *n inf* **-1.** [to replace a name] fulano *m*, -na *f* **-2.** [annoying person] filho *m*, -lha *f* da mãe.
soap [səʊp] *n* **-1.** *(U)* [for washing] sabão *m* **-2.** TV novela *f*.
soap dish *n* saboneteira *f*.
soap flakes *npl* sabão *m* em flocos.
soap opera *n* novela *f*.
soap powder *n (U)* sabão *m* em pó.
soapy [ˈsəʊpɪ] (*compar* **-ier**, *superl* **-iest**) *adj* **-1.** [full of soap] ensaboado(da) **-2.** [resembling soap] de sabão.
soar [sɔːʳ] *vi* **-1.** [bird] levantar vôo **-2.** [rise into the sky] subir **-3.** [increase rapidly] aumentar rapidamente.
sob [sɒb] (*pt* & *pp* **-bed**, *cont* **-bing**) ◇ *n* soluço *m*. ◇ *vi* [cry] soluçar.
sober [ˈsəʊbəʳ] *adj* **-1.** [not drunk] sóbrio(bria) **-2.** [serious] sério(ria) **-3.** [plain] simples.
◆ **sober up** *vi* ficar sóbrio(bria).
sobering [ˈsəʊbərɪŋ] *adj* que faz refletir.
so-called [-kɔːld] *adj* **-1.** [misleadingly named] suposto(ta) **-2.** [widely known as] chamado(da).
soccer [ˈsɒkəʳ] *n (U)* futebol *m*.
sociable [ˈsəʊʃəbl] *adj* sociável.
social [ˈsəʊʃl] *adj* social.
social club *n* clube *m* social.
socialism [ˈsəʊʃəlɪzm] *n (U)* socialismo *m*.
socialist [ˈsəʊʃəlɪst] ◇ *adj* socialista. ◇ *n* socialista *mf*.
socialize, -ise [ˈsəʊʃəlaɪz] *vi*: **to ~ (with sb)** socializar-se (com alguém).
social security *n (U)* previdência *f* social.
social services *npl* assistência *f* social.
social worker *n* assistente *mf* social.
society [səˈsaɪətɪ] (*pl* **-ies**) *n* sociedade *f*.
sociology [ˌsəʊsɪˈɒlədʒɪ] *n (U)* sociologia *f*.
sock [sɒk] *n* meia *f*.
socket [ˈsɒkɪt] *n* **-1.** ELEC tomada *f* **-2.** [de lâmpada] soquete *m* **-3.** [ANAT - of arm, hipbone] concavidade *f*; [- of eye] órbita *f*.
sod [sɒd] *n* **-1.** [of turf] torrão *m* **-2.** *v inf* [person] sujeito *m*.
soda [ˈsəʊdə] *n* **-1.** [gen] soda *f* **-2.** *US* [fizzy drink] refrigerante *m*.
soda water *n (U)* soda *f*, água *f* com gás.
sodden [ˈsɒdn] *adj* encharcado(da).
sodium [ˈsəʊdɪəm] *n (U)* sódio *m*.
sofa [ˈsəʊfə] *n* sofá *m*.
Sofia [ˈsəʊfjə] *n* Sofia.
soft [sɒft] *adj* **-1.** [gen] mole **-2.** [to touch] macio(cia) **-3.** [gentle] suave **-4.** [kind, caring] meigo(ga), bondoso(sa) **-5.** [not strict] flexível.
softball *n* SPORT *espécie de beisebol que se joga com uma bola mais macia e maior*.
soft drink *n* **-1.** [fruit juice] refresco *m* **-2.** [fizzy drink] refrigerante *m*.
soften [ˈsɒfn] ◇ *vt* **-1.** [substance] suavizar **-2.** [blow, impact, effect] amortecer **-3.** [attitude] enternecer. ◇ *vi* **-1.** [substance] amaciar **-2.** [attitude] amolecer **-3.** [eyes, voice, expression] suavizar.
softhearted [ˌsɒftˈhɑːtɪd] *adj* de bom coração.
softly [ˈsɒftlɪ] *adv* **-1.** [gently, without violence] com delicadeza **-2.** [quietly] suavemente **-3.** [dimly] tenuamente **-4.** [fondly] carinhosamente.
soft return *n* COMPUT quebra *f* de linha condicional.
soft-spoken *adj* de voz suave.
software [ˈsɒftweəʳ] *n (U)* COMPUT software *m*.
soggy [ˈsɒgɪ] (*compar* **-ier**, *superl* **-iest**) *adj* empapado(da), encharcado(da).
soil [sɔɪl] ◇ *n* **-1.** [earth] terra *f*, solo *m* **-2.** *fig* [territory] solo *m*. ◇ *vt* [dirty] sujar.
soiled [sɔɪld] *adj* sujo(ja).
solace [ˈsɒləs] *n literary* consolo *m*.
solar [ˈsəʊləʳ] *adj* solar.
solar energy *n* energia *f* solar.
solar power *n* energia *f* solar.
sold [səʊld] *pt* & *pp* ▷ **sell**.
solder [ˈsəʊldəʳ] ◇ *n (U)* solda *f*. ◇ *vt* soldar.
soldier [ˈsəʊldʒəʳ] *n* soldado(da).
sold out *adj* esgotado(da).
sole [səʊl] (*pl sense 2 only inv* OR **-s**) ◇ *adj* **-1.** [only] único(ca) **-2.** [exclusive] exclusivo(va). ◇ *n* **-1.** [of foot] sola *f* **-2.** [fish] linguado *m*.
solemn [ˈsɒləm] *adj* solene.
solicit [səˈlɪsɪt] ◇ *vt fml* [request] solicitar. ◇ *vi* [prostitute] oferecer seus serviços.
solicitor [səˈlɪsɪtəʳ] *n UK* solicitador *m*, -ra *f*.
solid [ˈsɒlɪd] ◇ *adj* **-1.** [gen] sólido(da) **-2.** [of a single substance] maciço(ça) **-3.** [reliable, respectable] coerente **-4.** [unbroken, continuous] ininterrupto(ta). ◇ *adv*: **to be packed ~** estar superlotado(da). ◇ *n* [not liquid or gas] sólido *m*.
◆ **solids** *npl* [food] sólidos *mpl*; **she can't eat ~s** ela não pode comer nada sólido.
solidarity [ˌsɒlɪˈdærətɪ] *n (U)* solidariedade *f*.
solitaire [ˌsɒlɪˈteəʳ] *n* **-1.** [jewel] solitário *m* **-2.** [card game] paciência *f*.
solitary [ˈsɒlɪtrɪ] *adj* **-1.** [gen] solitário(ria) **-2.** [single] isolado(da).
solitary confinement *n (U)* solitária *f*.
solitude [ˈsɒlɪtjuːd] *n (U)* solidão *f*.
solo [ˈsəʊləʊ] (*pl* **-s**) ◇ *adj* **-1.** MUS solo *inv* **-2.** [attempt, flight] único(ca). ◇ *n* MUS solo *m*. ◇ *adv* **-1.** MUS em solo **-2.** [fly, climb] sozinho(nha).
soloist [ˈsəʊləʊɪst] *n* solista *mf*.
soluble [ˈsɒljʊbl] *adj* **-1.** [substance] solúvel **-2.** [problem] solucionável.

solution [sə'lu:ʃn] *n* **-1.** [to problem, puzzle]: ~ **(to sthg)** solução *f* (para algo) **-2.** [liquid] solução *f*.
solve [sɒlv] *vt* resolver.
solvent ['sɒlvənt] <> *adj* FIN solvente. <> *n* [substance] solvente *m*.
Somalia [sə'mɑ:lɪə] *n* Somália.
sombre *UK*, **somber** *US* ['sɒmbəʳ] *adj* **-1.** [person, mood] lúgubre **-2.** [colour, place] sombrio(bria).
some [sʌm] <> *adj* **-1.** [certain, large amount of] algum (alguma); ~ **meat** um pouco de carne; ~ **money** um pouco de dinheiro; **I had** ~ **difficulty getting here** tive algumas dificuldades para chegar aqui. **-2.** [certain, large number of] alguns (algumas); ~ **sweets** alguns doces; ~ **people** algumas pessoas; **I've known him for** ~ **years** já o conheço há alguns anos. **-3.** [not all] alguns (algumas); ~ **jobs are better paid than others** alguns empregos são mais bem pagos que outros. **-4.** [in imprecise statements] um (uma) ... qualquer; ~ **woman phoned** telefonou uma mulher. <> *pron* **-1.** [certain amount] algum *m*, alguma *f*, parte *f*; **can I have** ~**?** posso ficar com uma parte?; ~ **of the money** algum dinheiro, parte do dinheiro. **-2.** [certain number] alguns *mpl*, algumas *fpl*; **can I have** ~**?** posso ficar com alguns?; ~ **(of them) left early** alguns (deles) foram embora cedo. <> *adv* [approximately] aproximadamente; **there were** ~ **7,000 people there** havia umas 7.000 pessoas.

> O adjetivo ou pronome *some* só é usado em sentenças afirmativas (*there are some cookies left; some of my old school friends are married*; 'sobraram alguns biscoitos'; 'alguns dos meus velhos amigos de escola são casados'). Para as frases negativas, usamos o adjetivo *no* ou o pronome *none* (*there are no cookies left, none of my old school friends are married*; 'não sobrou nenhum biscoito'; 'nenhum dos meus velhos amigos de escola é casado').
>
> Para perguntas podemos usar *some* se a resposta esperada é *'yes'* (*would you like some soup?*, você gostaria de uma sopa'?). Do contrário, usaríamos *any* (*did you put any salt in the soup?* 'você colocou sal na sopa?').
>
> Ver também **no**, **none**.

somebody ['sʌmbədɪ] *pron* alguém.
someday ['sʌmdeɪ] *adv* algum dia.
somehow ['sʌmhaʊ], **someway** *US* ['sʌmweɪ] *adv* **-1.** [by some action] de alguma maneira **-2.** [for some reason] por alguma razão; ~ **I don't think he'll come** tenho a impressão de que ele não virá.
someone ['sʌmwʌn] *pron* = **somebody**.
someplace *adv US* = **somewhere**.
somersault ['sʌməsɔ:lt] <> *n* salto *m* mortal. <> *vi* dar um salto mortal.
something ['sʌmθɪŋ] <> *pron* **-1.** algo, alguma coisa; **or** ~ *inf* ou (qualquer) coisa parecida **-2.** *phr*: **it's really** ~**!** é demais! <> *adv* [in approximations]: ~ **like** uns(umas), qualquer coisa como.
sometime ['sʌmtaɪm] *adv*: ~ **in June** em junho.
sometimes ['sʌmtaɪmz] *adv* às OR por vezes.
someway *adv US* = **somehow**.
somewhat ['sʌmwɒt] *adv* um tanto.
somewhere *UK* ['sʌmweəʳ], **someplace** *US* ['sʌmpleɪs] *adv* **-1.** [unknown place] em algum lugar, em alguma parte **-2.** [specific place] a alguma parte **-3.** [in approximations]: ~ **around** OR **between** aproximadamente.
son [sʌn] *n* filho *m*.
song [sɒŋ] *n* **-1.** [piece of music] música *f*; **-2.** *(U)* [act of singing]: **they burst into** ~ desataram a cantar **-3.** [of bird] canto *m*.
sonic ['sɒnɪk] *adj* sônico(ca).
son-in-law (*pl* **sons-in-law** OR **son-in-laws**) *n* genro *m*.
sonnet ['sɒnɪt] *n* soneto *m*.
sonny ['sʌnɪ] *n inf* filhinho *m*.
soon [su:n] *adv* **-1.** [in a short time] logo **-2.** [early] cedo; **how** ~ **can you finish it?** para quando você consegue terminar?; **as** ~ **as** assim que; **as** ~ **as possible** o quanto antes.
sooner ['su:nəʳ] *adv* **-1.** [earlier] mais cedo; **no** ~ **did he arrive than** ... ele tinha acabado de chegar quando ...; ~ **or later** mais cedo ou mais tarde; **the** ~ **the better** quanto mais cedo, melhor **-2.** [expressing preference]: **I'd** ~ ... preferiria ...
soot [sʊt] *n (U)* fuligem *f*.
soothe [su:ð] *vt* **-1.** [relieve] aliviar **-2.** [calm] acalmar.
sophisticated [sə'fɪstɪkeɪtɪd] *adj* **-1.** [stylish] sofisticado(da) **-2.** [intelligent] inteligente **-3.** [complicated] complicado(da).
sophomore ['sɒfəmɔ:ʳ] *n US estudante do segundo ano de faculdade*.
soporific [,sɒpə'rɪfɪk] *adj* soporífero(ra).
sopping ['sɒpɪŋ] *adj*: ~ **(wet)** encharcado(da).
soppy ['sɒpɪ] (*compar* **-ier**, *superl* **-iest**) *adj inf pej* sentimentalóide.
soprano [sə'prɑ:nəʊ] (*pl* **-s**) *n* **-1.** [person] soprano *mf* **-2.** [voice] soprano *f*.
sorbet ['sɔ:beɪ] *n* sorbet *m*.
sorcerer ['sɔ:sərəʳ] *n* feiticeiro *m*.
sorceress *n* feiticeira *f*.
sordid ['sɔ:dɪd] *adj* sórdido(da).
sore [sɔ:ʳ] <> *adj* **-1.** [painful] dolorido(da); a ~ **throat** uma dor de garganta **-2.** *US inf* [angry] zangado(da). <> *n* MED inflamação *f*.
sorely ['sɔ:lɪ] *adv literary* imensamente.
sorrow ['sɒrəʊ] *n* **-1.** *(U)* [feeling of sadness]

mágoa *f* **-2.** [cause of sadness] desgosto *m*.

sorry ['sɒrɪ] (*compar* -ier, *superl* -iest) ◇ *adj* **-1.** [expressing apology]: **I'm ~** desculpe; **to be ~ about sthg** lamentar algo; **to be ~ for sthg** estar arrependido(da) por algo; **to be ~ to do sthg** desculpar-se por fazer algo **-2.** [expressing disappointment]: **to be ~ (that)** lamentar que; **to be ~ about sthg** ficar sentido(da) por algo **-3.** [expressing regret]: **I'm ~ to have to say that ...** lamento ter que dizer que ...; **to be ~ to do sthg** estar triste por fazer algo **-4.** [expressing sympathy]: **to be** *OR* **feel ~ for sb** estar com/sentir pena de alguém **-5.** [expressing polite disagreement]: **I'm ~, but I think that ...** me desculpa, mas eu acho que ... **-6.** [poor, pitiable] lamentável. ◇ *excl* **-1.** [expressing apology] desculpe! **-2.** [asking for repetition] como! **-3.** [to correct o.s.]: **a boy, ~, a man** um garoto, quer dizer, um homem.

sort [sɔ:t] ◇ *n* **-1.** [gen] tipo *m*; **a ~ of** um tipo de, uma espécie de **-2.** [act of sorting out] escolha *f*. ◇ *vt* [classify, separate] classificar.

◆ **sort of** *adv* [rather] mais ou menos.

◆ **sort out** *vt sep* **-1.** [into groups] classificar **-2.** [tidy up] pôr em ordem **-3.** [solve] resolver **-4.** [work out] concluir.

sorting office ['sɔ:tɪŋ-] *n* centro *f* de triagem.

SOS (*abbr of* **save our souls**) *n* SOS *f*.

so-so *inf adj, adv* mais ou menos.

sought [sɔ:t] *pt & pp* ▻ **seek**.

soul [səʊl] *n* **-1.** [gen] alma *f* **-2.** [emotional depth] sentimento *m* **-3.** [perfect example] exemplo *m* perfeito **-4.** *(U)* [music] (música *f*) soul *m*.

soul-destroying [-dɪˌstrɔɪɪŋ] *adj* [boring] massante; [discouraging] desmoralizador(ra).

soulful ['səʊlfʊl] *adj* cheio (cheia) de sentimentos.

sound [saʊnd] ◇ *adj* **-1.** [healthy] sadio(dia) **-2.** [sturdy] sólido(da) **-3.** [reliable] confiável, seguro(ra) **-4.** [thorough] completo(ta). ◇ *adv*: **to be ~ asleep** estar num sono profundo. ◇ *n* **-1.** [particular noise] barulho *m* **-2.** *(U)* [in general] som *m* **-3.** *(U)* [volume] volume *m* **-4.** [impression, idea] tom *m*. ◇ *vt* [alarm, bell, horn] tocar. ◇ *vi* **-1.** [make a noise] fazer barulho; **to ~ like sthg** soar como algo **-2.** [seem] parecer; **to ~ like sthg** parecer algo.

◆ **sound out** *vt sep*: **to ~ sb out (on** *OR* **about sthg)** sondar alguém(sobre algo).

sound barrier *n* barreira *f* do som.

sound card *n* *COMPUT* placa *f* de som.

sound effects *npl* efeitos *mpl* sonoros.

sounding ['saʊndɪŋ] *n* **-1.** *NAUT* [measurement] prumada *f* **-2.** *fig* [investigation] sondagem *f*.

soundly ['saʊndlɪ] *adv* **-1.** [thoroughly] completamente **-2.** [deeply] profundamente.

soundproof ['saʊndpru:f] *adj* à prova de som.

soundtrack ['saʊndtræk] *n* trilha *f* sonora.

soup [su:p] *n* sopa *f*, caldo *m*.

soup plate *n* prato *m* fundo.

soup spoon *n* colher *f* de sopa.

sour [saʊəʳ] ◇ *adj* **-1.** [acidic] ácido(da) **-2.** [milk] azedo(da) **-3.** [ill-tempered] mal-humorado(da). ◇ *vt & vi* [person, relationship] azedar.

source [sɔ:s] *n* **-1.** [gen] fonte *f* **-2.** [cause] origem *f* **-3.** [of river] nascente *f*.

sour grapes *n (U) inf* inveja *f* pura.

south [saʊθ] ◇ *adj* sul. ◇ *adv* para o sul; **~ of** ao sul de. ◇ *n* **-1.** [direction] sul *m* **-2.** [region]: **the ~** o sul.

South Africa *n* África *f* do Sul.

South African ◇ *adj* sul-africano(na). ◇ *n* [person] sul-africano *m*, -na *f*.

South America *n* América *f* do Sul.

South American ◇ *adj* sul-americano(na). ◇ *n* [person] sul-americano *m*, -na *f*.

south-east ◇ *adj* sudeste. ◇ *adv* para o sudeste; **~ of** a sudeste de. ◇ *n* **-1.** [direction] sudeste *m* **-2.** [region]: **the ~** o sudeste.

southerly ['sʌðəlɪ] *adj* **-1.** [in the south] ao sul **-2.** [towards the south] para o sul **-3.** [from the south] do sul.

southern ['sʌðən] *adj* sulista.

South Korea *n* Coréia *f* do Sul.

South Pole *n*: **the ~** o Pólo Sul.

southward ['saʊθwəd] ◇ *adj* sul. ◇ *adv* = **southwards**.

southwards ['saʊθwədz] *adv* para o sul.

south-west ◇ *adj* sudoeste. ◇ *adv* para o sudoeste; **~ of** a sudoeste de. ◇ *n* **-1.** [direction] sudoeste *m* **-2.** [region]: **the ~** o sudoeste.

souvenir [ˌsu:vəˈnɪəʳ] *n* suvenir *m*, lembrança *f*.

sovereign ['sɒvrɪn] ◇ *adj* [state, territory] soberano(na). ◇ *n* **-1.** [ruler] soberano *m*, -na *f* **-2.** [coin] soberano *m*.

soviet *n* soviético(ca).

◆ **Soviet** ◇ *adj* soviético *m*, -ca *f*. ◇ *n* [person] soviético *m*, -ca *f*.

Soviet Union *n*: **the (former) ~** a (antiga) União Soviética.

sow[1] [səʊ] (*pt* **-ed**, *pp* **sown** *OR* **-ed**) *vt* semear.

sow[2] [saʊ] *n* [pig] porca *f*.

sown [səʊn] *pp* ▻ **sow**[1].

soya ['sɔɪə] *n (U)* soja *f*.

soy(a) bean ['sɔɪ(ə)-] *n* grão *m* de soja.

spa [spɑ:] *n* **-1.** [mineral spring] termas *fpl* **-2.** [for health care] spa *m*.

space [speɪs] ◇ *n* **-1.** [gen] espaço *m* **-2.** [gap] lugar *m*, espaço *m* **-3.** [period of time] intervalo *m* **-4.** [seat, place] lugar *m*. ◇ *comp* espacial. ◇ *vt* espaçar.

◆ **space out** *vt sep* [arrange] espaçar.

spacecraft ['speɪskrɑ:ft] (*pl inv*) *n* espaçonave *f*.

spaceman ['speɪsmæn] (*pl* **-men** [-men]) *n inf* [astronaut] astronauta *m*.

spaceship ['speɪsʃɪp] *n* nave *f* espacial, astronave *f*.

space shuttle *n* ônibus *m inv* espacial.

spacesuit ['speɪssu:t] *n* roupa *f* espacial.

spacing ['speɪsɪŋ] *n (U)* TYPO espaçamento *m*.

spacious ['speɪʃəs] *adj* espaçoso(sa).

spade [speɪd] *n* **-1.** [tool] pá *f* **-2.** [playing card] espada *f*.

◆ **spades** *npl* espadas *fpl*.

Não confundir *spade (pá)* com o português *espada* que em inglês é *sword*. (*I left my spade in the garden.* Deixei minha *pá* no jardim.)

spaghetti [spə'getɪ] *n (U)* espaguete *m*.

Spain [speɪn] *n* Espanha *f*.

spam [spæm] (*pt* & *pp* **-med**, *cont* **-ming**) COMPUT ◇ *n* spam *m*. ◇ *vt* enviar spam para.

span [spæn] (*pt* & *pp* **-ned**, *cont* **-ning**) ◇ *pt* ▻ **spin**. ◇ *n* **-1.** [in time] período *m*; **concentration ~** tempo *m* de concentração **-2.** [range] gama *f* **-3.** [of hand] palmo *m* **-4.** [of arms] braçada *f* **-5.** [of wings] envergadura *f* **-6.** [of bridge, arch] extensão *f*. ◇ *vt* **-1.** [encompass] cobrir um período de **-2.** [cross] atravessar, cruzar.

Spaniard ['spænjəd] *n* espanhol *m*, -la *f*.

spaniel ['spænjəl] *n* cocker *m* spaniel.

Spanish ['spænɪʃ] ◇ *adj* espanhol(la). ◇ *n* [language] espanhol *m*. ◇ *npl*: **the ~** os espanhóis.

spank [spæŋk] *vt* dar palmadas em.

spanner ['spænəʳ] *n* chave *f* inglesa.

spar [spɑ:ʳ] (*pt* & *pp* **-red**, *cont* **-ring**) *vi* BOXING treinar boxe.

spare [speəʳ] ◇ *adj* **-1.** [surplus] sobressalente, de sobra; **have you got a ~ pencil?** você tem um lápis sobrando? **-2.** [free] livre. ◇ *n* [surplus object] sobressalente *mf*. ◇ *vt* **-1.** [put aside, make available] dispor de; **to have sthg to ~** [extra] ter algo de sobra **-2.** [not harm] preservar **-3.** [economize] poupar; **to ~ no expense** não poupar despesas **-4.** [save, protect from]: **to ~ sb sthg** poupar alguém de algo.

spare time *n (U)* tempo *m* livre.

sparing ['speərɪŋ] *adj*: **to be ~ with** OR **of sthg** ser econômico(ca) em algo.

sparingly ['speərɪŋlɪ] *adv* com moderação.

spark [spɑ:k] *n* **-1.** [from fire] fagulha *f* **-2.** [from electricity] faísca *f* **-3.** *fig* [of interest, humour *etc.*] lampejo *m*.

sparking plug ['spɑ:kɪŋ-] *n UK* = **spark plug**.

sparkle ['spɑ:kl] ◇ *n* [gen] brilho *m*. ◇ *vi* [gen] brilhar.

sparkling *adj* **-1.** [mineral water] com gás, gaseificado(da) **-2.** [wit] brilhante.

sparkling wine ['spɑ:klɪŋ-] *n* vinho *m* espumante.

spark plug *n* vela *f (de ignição)*.

sparrow ['spærəʊ] *n* pardal *m*.

sparse [spɑ:s] *adj* esparso(sa).

spasm ['spæzm] *n* **-1.** MED [muscular contraction] espasmo *m* **-2.** [fit] acesso *m*.

spastic ['spæstɪk] MED *n* espasmofílico *m*, -ca *f*.

spat [spæt] *pt* & *pp* ▻ **spit**.

spate [speɪt] *n* série *f*, sucessão *f*.

spatter ['spætəʳ] *vt* & *vi* respingar.

spawn [spɔ:n] ◇ *n (U)* [of frogs, fish] ovas *fpl*. ◇ *vt fig* [produce] gerar. ◇ *vi* ZOOL desovar.

speak [spi:k] (*pt* **spoke**, *pp* **spoken**) ◇ *vt* **-1.** [say] dizer **-2.** [language] falar. ◇ *vi* **-1.** [say words] falar; **to ~ to** OR **with sb** falar com alguém; **to ~ to sb about sthg** falar com alguém sobre algo; **to ~ about sb/sthg** falar sobre alguém/algo **-2.** [make a speech] discursar; **to ~ to sb** discursar para alguém; **to ~ on sthg** falar OR discursar sobre algo **-3.** [in giving an opinion]: **generally ~ing** falando em termos gerais; **personally ~ing** pessoalmente falando.

◆ **so to speak** *adv* por assim dizer.

◆ **speak for** *vt fus* [represent] falar em nome de.

◆ **speak up** *vi* **-1.** [say something] falar claro; **to ~ up for sb/sthg** sair em defesa de alguém/algo **-2.** [speak louder] falar mais alto.

speaker ['spi:kəʳ] *n* **-1.** [person talking, of a language] falante *mf* **-2.** [in lecture] orador *m*, -ra *f*, conferencista *mf* **-3.** [loudspeaker] alto-falante *m* **-4.** [in stereo system] caixa *f* de som.

◆ **Speaker** *n UK* [in House of Commons] Presidente *mf* da Câmara dos Comuns.

spear [spɪəʳ] ◇ *n* [weapon] lança *f*. ◇ *vt* lancear.

spearhead ['spɪəhed] ◇ *n* ponta-de-lança *f*. ◇ *vt* encabeçar.

spec [spek] *n UK inf*: **to buy sthg on ~** comprar algo sem garantia; **to go on ~** ir sem ter feito reserva.

special ['speʃl] *adj* especial.

special delivery *n (U)* [service] entrega *f* especial.

specialist ['speʃəlɪst] ◇ *adj* especializado(da). ◇ *n* [expert] especialista *mf*.

speciality [,speʃɪ'ælətɪ] (*pl* **-ies**), **specialty** *US* ['speʃltɪ] (*pl* **-ies**) *n* especialidade *f*.

specialize, -ise ['speʃəlaɪz] *vi* especializar-se; **to ~ in sthg** especializar-se em algo.

specially ['speʃəlɪ] *adv* **-1.** [on purpose, specifically] especialmente **-2.** [really] realmente; **do you want to go? - not ~** quer ir? - na verdade não.

specialty *n US* = **speciality**.

species ['spi:ʃi:z] (*pl inv*) *n* espécie *f*.

specific [spə'sɪfɪk] *adj* [particular, precise] específico(ca); ~ **to sb/sthg** específico(ca) de alguém/algo.
specifically [spə'sɪfɪklɪ] *adv* especificamente.
specify ['spesɪfaɪ] (*pt* & *pp* **-ied**) *vt* especificar.
specimen ['spesɪmən] *n* **-1.** [example] espécime *m*, exemplar *m* **-2.** [sample] amostra *f*.
speck [spek] *n* **-1.** [small stain] mancha *f* pequena **-2.** [small particle] partícula *f*.
speckled ['spekld] *adj* manchado(da); ~ **with sthg** pintado(da) de algo.
specs [speks] *npl inf* [glasses] óculos *m inv*.
spectacle ['spektəkl] *n* **-1.** [sight] visão *f* **-2.** [event] espetáculo *m*.
◆ **spectacles** *npl UK* [glasses] óculos *m inv*.
spectacular [spek'tækjʊlə^r] *adj* espetacular.
spectator [spek'teɪtə^r] *n* espectador *m*, -ra *f*.
spectre *UK*, **specter** *US* ['spektə^r] *n* **-1.** *fml* [ghost] espectro *m* **-2.** *fig* [frightening prospect]: **the ~ of famine** o fantasma da fome.
spectrum ['spektrəm] (*pl* **-tra** [-trə]) *n* **-1.** *PHYS* espectro *m* **-2.** *fig* [range] gama *f*.
speculation [ˌspekjʊ'leɪʃn] *n* especulação *f*.
sped [sped] *pt* & *pp* ▷ **speed**.
speech [spi:tʃ] *n* **-1.** [gen] fala *f* **-2.** [manner of speaking] maneira *f* de falar **-4.** *(U)* [dialect] dialeto *m*, maneira *f* de falar **-5.** *GRAMM* discurso *m*.
speechless ['spi:tʃlɪs] *adj*: **to be ~ (with sthg)** ficar emudecido(da) (de algo).
speed [spi:d] (*pt* & *pp* **-ed** *OR* **sped**) ◇ *n* **-1.** [rate, pace] velocidade *f*; **at ~** a grande velocidade **-2.** *(U)* [rapid rate] rapidez *f* **-3.** [gear] marcha *f*. ◇ *vi* **-1.** [move fast]: **to ~ (along/away/by)** ir/acelerar/passar a toda velocidade **-2.** *AUT* [go too fast] exceder a velocidade.
◆ **speed up** ◇ *vt sep* acelerar. ◇ *vi* acelerar.
speedboat ['spi:dbəʊt] *n* lancha *f*.
speed-dial button *n* [on phone, fax] tecla *m* de discagem rápida.
speeding ['spi:dɪŋ] *n (U)* excesso *m* de velocidade.
speed limit *n* limite *m* de velocidade.
speedometer [spɪ'dɒmɪtə^r] *n* velocímetro *m*.
speedway ['spi:dweɪ] *n* **-1.** *SPORT* corrida *f* de motos **-2.** *US* [road] pista *f* de corrida.
speedy ['spi:dɪ] (*compar* **-ier**, *superl* **-iest**) *adj* rápido(da).
spell [spel] (*UK pt* & *pp* **spelt** *OR* **-ed**, *US pt* & *pp* **-ed**) ◇ *n* **-1.** [period of time] período *m* **-2.** [enchantment] feitiço *m*, encanto *m* **-3.** [magic words] palavras *fpl* mágicas. ◇ *vt* **-1.** [write] soletrar **-2.** *fig* [signify] significar. ◇ *vi* escrever corretamente.
◆ **spell out** *vt sep* **-1.** [read aloud] soletrar **-2.** [explain]: **to ~ sthg out (for** *OR* **to sb)** explicar algo em detalhes (para alguém).
spellbound ['spelbaʊnd] *adj* encantado(da).
spellcheck ['speltʃek] *vt COMPUT* passar o corretor ortográfico em.
spellchecker ['speltʃekə^r] *n COMPUT* corretor *m* ortográfico.
spelling ['spelɪŋ] *n* ortografia *f*.
spelt [spelt] *pt* & *pp UK* ▷ **spell**.
spend [spend] (*pt* & *pp* **spent**) *vt* **-1.** [pay out] gastar; **to ~ sthg on sb/sthg** gastar algo em alguém/algo **-2.** [time, life] passar **-3.** [energy] gastar.
spendthrift ['spendθrɪft] *n* perdulário *m*, -ria *f*.
spent [spent] ◇ *pt* & *pp* ▷ **spend**. ◇ *adj* [consumed, burned out - matches, ammunition] usado(da); [- force, patience, energy] esgotado(da).
sperm [spɜ:m] (*pl inv OR* **-s**) *n* esperma *m*.
spew [spju:] ◇ *vt* [cause to flow, spread] expelir, cuspir. ◇ *vi* [flow, spread]: **to ~ (out) from sthg** lançar-se (para fora) de algo; **flames ~ed out of the volcano** o vulcão cuspia chamas.
sphere [sfɪə^r] *n* esfera *f*.
spice [spaɪs] *n* tempero *m*.
spick-and-span [ˌspɪkən'spæn] *adj* asseado(da).
spicy ['spaɪsɪ] (*compar* **-ier**, *superl* **-iest**) *adj* picante.
spider ['spaɪdə^r] *n* aranha *f*.
spike [spaɪk] ◇ *n* **-1.** [on railings] prego *m* **-2.** [on shoe] cravo *m* **-3.** [on plant] espigão *m* **-4.** [of hair] corte *m* escovinha. ◇ *vt* reforçar com mais álcool.
spill [spɪl] (*UK pt* & *pp* **spilt** *OR* **-ed**, *US pt* & *pp* **-ed**) ◇ *vt* derramar. ◇ *vi* **-1.** [liquid] derramar; **the wine ~ed all over the carpet** o vinho esparramou por todo o carpete **-2.** [salt, sugar etc.] esparramar.
spilt [spɪlt] *pt* & *pp UK* ▷ **spill**.
spin [spɪn] (*pt* **span** *OR* **spun**, *pp* **spun**, *cont* **-ning**) ◇ *n* **-1.** [turn] giro *m*, volta *f* **-2.** *AERON* parafuso *m* **-3.** *inf* [in car] volta *f* **-4.** *SPORT* [on ball] efeito *m*. ◇ *vt* **-1.** [cause to rotate] rodar, girar **-2.** [in spin-dryer] centrifugar **-3.** [thread, cloth, wool] fiar **-4.** *SPORT* [ball] fazer girar. ◇ *vi* **-1.** [rotate] girar, dar voltas **-2.** [spinner] fiar **-3.** [in spin-dryer] centrifugar.
◆ **spin out** *vt sep* **-1.** [story, explanation] prorrogar **-2.** [food, money] esticar.
spinach ['spɪnɪdʒ] *n (U)* espinafre *m*.
spinal column ['spaɪnl-] *n* coluna *f* vertebral.
spinal cord *n* medula *f* espinhal.
spindly ['spɪndlɪ] (*compar* **-ier**, *superl* **-iest**) *adj* longo e fino, longa e fina.
spin-dryer *n UK* centrifugadora *f (de roupas)*.

spine [spaɪn] *n* **-1.** ANAT espinha *f* dorsal **-2.** [of book] lombada *f* **-3.** [spike, prickle] espinho *m*.

spinning ['spɪnɪŋ] *n (U)* fiação *f*.

spinning top *n* pião *m*.

spin-off *n* [by-product] subproduto *m*.

spinster ['spɪnstəʳ] *n* solteirona *f*.

spiral ['spaɪərəl] (*UK pt* & *pp* **-led**, *cont* **-ling**, *US pt* & *pp* **-ed**, *cont* **-ing**) ◇ *adj* espiral. ◇ *n* **-1.** [curve] espiral *f* **-2.** [increase] escalada *f* **-3.** [decrease] queda *f*. ◇ *vi* [move in spiral curve] mover-se em espiral.

spiral staircase *n* escada *f* caracol.

spire [spaɪəʳ] *n* pináculo *m*.

spirit ['spɪrɪt] ◇ *n* espírito *m*.
◆ **spirits** *npl* **-1.** [mood] astral *m*; **to be in high/low ~s** estar de alto/baixo astral **-2.** [alcohol] bebidas *fpl* destiladas.

spirited ['spɪrɪtɪd] *adj* animado(da).

spirit level *n* nível *m* de pedreiro OR bolha.

spiritual ['spɪrɪtʃʊəl] *adj* espiritual.

spit [spɪt] (*UK pt* & *pp* **spat**, *cont* **-ting**, *US pt* & *pp* **spit**, *cont* **-ting**) ◇ *n* **-1.** *(U)* [saliva] cuspe *m* **-2.** [skewer] espeto *m*. ◇ *vi* [from mouth] cuspir. ◇ *v impers UK* [rain lightly] chuviscar.

spite [spaɪt] ◇ *n (U)* rancor *m*. ◇ *vt* magoar.
◆ **in spite of** *prep* apesar de.

spiteful ['spaɪtfʊl] *adj* maldoso(sa), mal-intencionado(da).

spittle ['spɪtl] *n (U)* cuspe *m*.

splash [splæʃ] ◇ *n* **-1.** [sound] chape *m*, pancada *f* na água **-2.** [patch] mancha *f*. ◇ *vt* **-1.** [subj: person] respingar **-2.** [subj: water] molhar **-3.** [apply haphazardly] espalhar. ◇ *vi* **-1.** [person]: **to ~ about** OR **around** patinhar **-2.** [water, liquid]: **to ~ on/against sthg** espirrar em/contra algo.
◆ **splash out** *inf vi*: **to ~ out (on sthg)** gastar um dinheirão (em algo).

spleen [spli:n] *n* **-1.** ANAT baço *m* **-2.** *(U) fig* [anger] cólera *f*.

splendid ['splendɪd] *adj* **-1.** [very good] esplêndido(da) **-2.** [magnificent, beautiful] esplendoroso(sa).

splint [splɪnt] *n* tala *f*.

splinter ['splɪntəʳ] ◇ *n* lasca *f*. ◇ *vi* [glass, bone, wood] lascar.

split [splɪt] (*pt* & *pp* **split**, *cont* **-ting**) ◇ *n* **-1.** [crack] racha *f*, fenda *f*; **~ (in sthg)** fenda (em algo) **-2.** [tear] rasgão *m*; **~ in sthg** rasgão em algo **-3.** [division, schism] separação *f*; **~ in sthg** racha *m* em algo; **~ between** divisão *f* entre. ◇ *vt* **-1.** [crack] rachar, partir **-2.** [tear] rasgar **-3.** [divide - group, organization] rachar; [- road] dividir-se. ◇ *vi* **-1.** [crack] rachar-se **-2.** [tear] rasgar-se **-3.** [divide - group, organisation] rachar; [road] dividir-se.
◆ **split up** *vi* separar-se; **to ~ up with sb** romper com alguém.

split screen *n* **-1.** CINEMA & TV tela *f* múltipla **-2.** COMPUT divisão *f* de tela.

split second *n* fração *f* de segundo.

splutter ['splʌtəʳ] *vi* **-1.** [person] balbuciar **-2.** [car, engine] estalar **-3.** [spit] crepitar.

spoil [spɔɪl] (*pt* & *pp* **-ed** OR **spoilt**) *vt* **-1.** [ruin] estragar **-2.** [pamper] mimar; **to ~ sb** fazer um agrado a alguém.
◆ **spoils** *npl* butim *m*; **~ of war** despojos *mpl* de guerra.

spoiled [spɔɪld] *adj* = **spoilt**.

spoilsport ['spɔɪlspɔ:t] *n* desmancha-prazeres *mf inv*.

spoilt [spɔɪlt] ◇ *pt* & *pp* ▷ **spoil**. ◇ *adj* **-1.** [child] mimado(da) **-2.** [food, dinner] estragado(da).

spoke [spəʊk] ◇ *pt* ▷ **speak**. ◇ *n* raio *m* (*da roda*).

spoken ['spəʊkn] *pp* ▷ **speak**.

spokesman ['spəʊksmən] (*pl* **-men** [-mən]) *n* porta-voz *m*.

spokeswoman ['spəʊks,wʊmən] (*pl* **-women** [-,wɪmɪn]) *n* porta-voz *f*.

sponge [spʌndʒ] (*UK cont* **spongeing**, *US cont* **sponging**) ◇ *n* **-1.** [for cleaning, washing] esponja *f* **-2.** [cake] pão-de-ló *m*. ◇ *vt* limpar com esponja. ◇ *vi inf*: **to ~ off sb** viver às custas de alguém.

sponge bag *n UK* nécessaire *m*.

sponge cake *n* pão-de-ló *m*.

sponsor ['spɒnsəʳ] ◇ *n* patrocinador *m*, -ra *f*. ◇ *vt* **-1.** patrocinar **-2.** [bill, appeal, proposal] dar o respaldo a.

sponsored walk [,spɒnsəd-] *n* marcha *f* beneficente.

sponsorship ['spɒnsəʃɪp] *n (U)* patrocínio *m*.

spontaneous [spɒn'teɪnjəs] *adj* espontâneo(nea).

spooky ['spu:kɪ] (*compar* **-ier**, *superl* **-iest**) *adj* **-1.** *inf* [place, house] assombrado(da) **-2.** *inf* [film] aterrorizante.

spool [spu:l] *n* **-1.** [of thread, tape, film] carretel *m* **-2.** COMPUT spool *m*.

spoon [spu:n] *n* **-1.** [piece of cutlery] colher *f* **-2.** [spoonful] colherada *f*.

spoon-feed *vt* **-1.** [feed with spoon] dar de comer com colher a **-2.** *fig* [give too much help to] dar mastigado OR de mão beijada a.

spoonful ['spu:nfʊl] (*pl* **-s** OR **spoonsful** ['spu:nzfʊl]) *n* colherada *f*.

sporadic [spə'rædɪk] *adj* esporádico(ca).

sport [spɔ:t] *n* **-1.** [gen] esporte *m* **-2.** *dated* [cheerful person] pessoa *f* amável.

sporting ['spɔ:tɪŋ] *adj* **-1.** [relating to sport] esportivo(va) **-2.** [generous, fair] nobre; **that's very ~ of you** é muita bondade sua.

sports car ['spɔ:ts-] *n* carro *m* esporte.

sports jacket ['spɔ:ts-] *n* jaqueta *f* esportiva.

sportsman ['spɔ:tsmən] (*pl* **-men** [-mən]) *n* esportista *m*.

sportsmanship ['spɔ:tsmənʃɪp] *n (U)* espírito *m* esportivo.

sportswear ['spɔ:tsweəʳ] *n (U)* roupas *fpl* esportivas.

sportswoman ['spɔ:ts,wʊmən] (*pl* **-women** [-,wɪmɪn]) *n* esportista *f*.

sporty ['spɔ:tɪ] (*compar* **-ier**, *superl* **-iest**) *adj inf* [person] aficcionado(da) por esportes.

spot [spɒt] (*pt* & *pp* **-ted**, *cont* **-ting**) <> *n* **-1.** [mark, dot] mancha *f* **-2.** [pimple] sinal *m* **-3.** *inf*: **a ~ of sleep** uma dormida; **a ~ of work** um pouco de trabalho; [- of milk, liquid] gole *m*; [- of rain] pingo *m*, gota *f* **-4.** [place] local *m*; **on the ~** no local; **to do sthg on the ~** fazer algo no ato **-5.** RADIO & TV espaço *m*. <> *vt* [notice] enxergar.

spot check *n* controle *m* aleatório.

spotless ['spɒtlɪs] *adj* [clean] impecável.

spotlight ['spɒtlaɪt] *n* [bright light] refletor *m*; **to be in the ~** *fig* ser o centro das atenções.

spotted ['spɒtɪd] *adj* de bolinhas.

spotty ['spɒtɪ] (*compar* **-ier**, *superl* **-iest**) *adj UK* [skin] sardento(ta).

spouse [spaʊs] *n* esposo *m*, -sa *f*.

spout [spaʊt] <> *n* **-1.** [of container] bico *m* **-2.** [of water - from fountain, geyser] jorro *m*; [- from whale] esguicho *m*. <> *vi*: **to ~ from** OR **out of sthg** jorrar de algo.

sprain [spreɪn] <> *n* torção *f*, distensão *f*. <> *vt* torcer, distender.

sprang [spræŋ] *pt* ▷ **spring**.

sprawl [sprɔ:l] *vi* **-1.** [person] estirar-se **-2.** [city, suburbs] expandir-se.

spray [spreɪ] <> *n* **-1.** *(U)* [droplets] borrifo *m* **-2.** [pressurized liquid] spray *m* **-3.** [insect] pulverizador *m* **-4.** [can, container] vaporizador *m* **-5.** [of flowers] ramo *m*. <> *vt* & *vi* **-1.** [treat] pulverizar **-2.** [apply] borrifar.

spread [spred] (*pt* & *pp* **spread**) <> *n* **-1.** *(U)* CULIN [paste] pasta *f* **-2.** [diffusion, growth] propagação *f* **-3.** [range] extensão *f* **-4.** *US* [bedspread] colcha *f*. <> *vt* **-1.** [open out, unfold - map, tablecloth, rug] estender; [- arms, legs, fingers] abrir **-2.** [apply - butter, jam] untar; **to ~ sthg over sthg** untar algo com algo; [- glue] passar; **to ~ sthg over sthg** passar algo em algo **-3.** [diffuse, disseminate] espalhar **-4.** [over an area] espalhar; **the floor was ~ with straw** o chão estava coberto de palha **-6.** [distribute evenly] expandir. <> *vi* [gen] espalhar-se; [disease, infection] alastrar-se.

◆ **spread out** *vi* [disperse] dispersar-se.

spread-eagled [-,i:gld] *adj* de braços e pernas abertos.

spreadsheet ['spredʃi:t] *n* COMPUT panilha *f* eletrônica.

spree [spri:] *n* farra *f*.

sprightly ['spraɪtlɪ] (*compar* **-ier**, *superl* **-iest**) *adj* ativo(va).

spring [sprɪŋ] (*pt* **sprang**, *pp* **sprung**) <> *n* **-1.** [season] primavera *f*; **in ~** na primavera **-2.** [coil] mola *f* **-3.** [water source] fonte *f*. <> *vi* **-1.** [leap] saltar **-2.** [be released] soltar-se; **to ~ shut/open** fechar/abrir rapidamente **-3.** [originate]: **to ~ from sthg** originar-se de algo.

◆ **spring up** *vi* **-1.** [get up] levantar-se **-2.** [grow in size, height] elevar-se **-3.** [appear] surgir de repente.

springboard ['sprɪŋbɔ:d] *n fig* [launch pad]: **~ for/to sthg** trampolim *m* para algo.

spring-clean *vt* fazer uma faxina geral em.

spring onion *n UK* cebolinha *f* verde.

springtime ['sprɪŋtaɪm] *n (U)*: **in (the) ~** na primavera.

springy ['sprɪŋɪ] (*compar* **-ier**, *superl* **-iest**) *adj* **-1.** [carpet, mattress, ground] flexível **-2.** [rubber] elástico(ca).

sprinkle ['sprɪŋkl] *vt* **-1.** salpicar; **to ~ sthg over** OR **on sthg** salpicar algo sobre OR em algo; **to ~ sthg with sthg** regar algo com algo **-2.** [powder] polvilhar **-3.** [liquid] borrifar.

sprinkler ['sprɪŋkləʳ] *n* **-1.** [for gardens] regador *m* **-2.** [for extinguishing fires] extintor *m*.

sprint [sprɪnt] <> *n* SPORT [race] corrida *f* de velocidade. <> *vi* correr a toda (velocidade).

sprout [spraʊt] <> *n* **-1.** CULIN: **(brussels) ~s** couve-de-bruxelas *f* **-2.** [shoot] broto *m*. <> *vt* **-1.** [germinate] germinar **-2.** [bud] brotar **-3.** [grow] crescer. <> *vi* **-1.** [germinate] germinar **-2.** [bud] brotar **-3.** [grow] crescer.

spruce [spru:s] <> *adj* alinhado(da). <> *n* [tree] abeto *m*.

◆ **spruce up** *vt sep* arrumar.

sprung [sprʌŋ] *pp* ▷ **spring**.

spry [spraɪ] (*compar* **-ier**, *superl* **-iest**) *adj* ativo(va).

spun [spʌn] *pt* & *pp* ▷ **spin**.

spur [spɜ:ʳ] (*pt* & *pp* **-red**, *cont* **-ring**) <> *n* **-1.** [incentive]: **~ (to sthg)** estímulo *m* (a algo) **-2.** [on rider's boot] espora *f*. <> *vt* **-1.** [encourage]: **to ~ sb to do sthg** incentivar alguém a fazer algo **-2.** [horse] esporear.

◆ **on the spur of the moment** *adv* sem pensar duas vezes.

◆ **spur on** *vt sep* [encourage] estimular.

spurious ['spʊərɪəs] *adj* **-1.** [not genuine] espúrio(ria) **-2.** [based on false reasoning] falso(sa).

spurn [spɜ:n] *vt* rejeitar, desprezar.

spurt [spɜ:t] <> *n* **-1.** [of steam] jato *m* **-2.** [of water] jorro *m* **-3.** [of flame] labareda *f* **-4.** [of activity, energy] acesso *m* **-5.** [burst of speed] acelerada *f*. <> *vi* [water]: **to ~ (out of** OR **from sthg)** jorrar (de algo); [steam] sair um jato de vapor (de algo); [flame] sair uma labareda (de algo)

spy [spaɪ] (*pl* **spies**, *pt* & *pp* **spied**) ◇ *n* espião *m*, -ã *f*. ◇ *vt inf* espionar. ◇ *vi* **-1.** [work as spy] espionar **-2.** [watch secretly]: **to ~ on sb** espionar alguém.

spying ['spaɪɪŋ] *n (U)* espionagem *f*.

Sq., sq. (*abbr of* **square**) pça.

squabble ['skwɒbl] ◇ *n* rinha *f*, discussão *f*. ◇ *vi*: **to ~ (about** *OR* **over sthg)** discutir (sobre algo).

squad [skwɒd] *n* **-1.** [of police] esquadrão *m* **-2.** *MIL* pelotão *m* **-3.** [*SPORT*, group of players - of club] time *m*; [- of national team] seleção *f*.

squadron ['skwɒdrən] *n* esquadrão *m*.

squalid ['skwɒlɪd] *adj* **-1.** [filthy] esquálido(da), sórdido(da) **-2.** [base, dishonest] depreciável.

squall [skwɔ:l] *n* [storm] tempestade *f*.

squalor ['skwɒləʳ] *n (U)* sordidez *f*, miséria *f*.

squander ['skwɒndəʳ] *vt* desperdiçar.

square [skweəʳ] ◇ *adj* **-1.** quadrado(da) **-2.** [not owing money]: **we're ~ now** estamos quites agora. ◇ *n* **-1.** [shape] quadrado *m* **-2.** [in town, city] praça *f* **-3.** *inf* [unfashionable person] quadrado *m*, -da *f*. ◇ *vt* **-1.** *MATH* [multiply by itself] elevar ao quadrado **-2.** [balance, reconcile]: **to ~ sthg with sthg** conciliar algo com algo.

◆ **square up** *vi* [settle up]: **to ~ up with sb** acertar-se com alguém, acertar as contas com alguém.

squarely ['skweəlɪ] *adv* **-1.** [directly] exatamente **-2.** [honestly] honestamente, abertamente.

square meal *n* boa refeição *f*.

squash [skwɒʃ] ◇ *n* **-1.** *(U) SPORT* squash *m* **-2.** *UK* [drink]: **lemon/orange ~** refresco *m* de limão/laranja **-3.** *US* [vegetable] abóbora *f*. ◇ *vt* [squeeze, flatten] esmagar.

squat [skwɒt] (*compar* **-ter**, *superl* **-test**, *pt* & *pp* **-ted**, *cont* **-ting**) ◇ *adj* atarracado(da). ◇ *vi* [crouch]: **to ~ (down)** agachar-se.

squatter ['skwɒtəʳ] *n UK* [in empty building] posseiro *m*, -ra *f*.

squawk [skwɔ:k] *n* [of bird] grasnado *m*.

squeak [skwi:k] *n* **-1.** [of animal] guincho *m* **-2.** [of door, hinge] rangido *m*.

squeal [skwi:l] *vi* [person, animal] gritar.

squeamish ['skwi:mɪʃ] *adj* apreensivo(va).

squeeze [skwi:z] ◇ *n* [pressure] aperto *m*. ◇ *vt* **-1.** [press firmly] apertar **-2.** [extract, press out] espremer **-3.** [cram]: **to ~ sthg into sthg** [into place] espremer algo dentro de algo; [into time] virar-se para fazer algo em algo.

squelch [skweltʃ] *vi* chapinhar.

squid [skwɪd] (*pl inv OR* **-s**) *n* lula *f*.

squiggle ['skwɪgl] *n* rabisco *m*.

squint [skwɪnt] ◇ *n MED* estrabismo *m*. ◇ *vi* **-1.** *MED* ser estrábico(ca) **-2.** [half-close one's eyes]: **to ~ at sthg** olhar com os olhos semicerrados para algo.

squire ['skwaɪəʳ] *n* [landowner] proprietário *m*, -ria *f* rural.

squirm [skwɜ:m] *vi* [wriggle] contorcer-se.

squirrel [*UK* 'skwɪrəl, *US* 'skwɜ:rəl] *n* esquilo *m*.

squirt [skwɜ:t] ◇ *vt* [force out] esguichar. ◇ *vi*: **to ~ (out of sthg)** esguichar (para fora de algo).

Sr (*abbr of* **senior**) *forma utilizada após o nome de um homem para indicar que ele é pai de alguém com o mesmo nome.*

Sri Lanka [,sri:'læŋkə] *n* Sri Lanka.

St (*abbr of* **saint**) Sto.

stab [stæb] (*pt* & *pp* **-bed**, *cont* **-bing**) ◇ *n* **-1.** [with knife] punhalada *f* **-2.** *inf* [attempt]: **to have a ~ (at sthg)** ter uma experiência (em algo) **-3.** [twinge] pontada *f*. ◇ *vt* **-1.** apunhalar, esfaquear **-2.** [jab] fincar.

stable ['steɪbl] ◇ *adj* **-1.** [gen] estável **-2.** [solid, anchored] firme. ◇ *n* [building] estábulo *m*; [horses] cavalariça *f*.

stack [stæk] ◇ *n* [pile] pilha *f*. ◇ *vt* [pile up] empilhar.

stadium ['steɪdjəm] (*pl* **-diums** *OR* **-dia** [-djə]) *n* estádio *m*.

staff [stɑ:f] ◇ *n* [employees] pessoal *m*, quadro *m*. ◇ *vt*: **the shop was ~ed by women** a equipe da loja era composta de mulheres.

stag [stæg] (*pl inv OR* **-s**) *n ZOOL* veado *m*.

stage [steɪdʒ] ◇ *n* **-1.** [period, phase] etapa *f*, estágio *m* **-2.** [platform] palco *m* **-3.** [acting profession]: **the ~** o teatro. ◇ *vt* **-1.** *THEATRE* representar **-2.** [organize] organizar.

stagecoach ['steɪdʒkəʊtʃ] *n* diligência *f*.

stage fright *n (U)* medo *m* do palco.

stage-manage *vt* **-1.** *THEATRE* dirigir **-2.** *fig* [orchestrate] orquestrar.

stagger ['stægəʳ] ◇ *vt* **-1.** [astound] abalar, chocar **-2.** [arrange at different times] escalonar. ◇ *vi* [totter] cambalear.

stagnant ['stægnənt] *adj* **-1.** [water, air] estancado(da) **-2.** [business, career, economy] estagnado(da).

stagnate [stæg'neɪt] *vi* **-1.** [water, air] estancar **-2.** [business, career, economy] estagnar-se.

stag night *OR* **party** *n* despedida *f* de solteiro.

staid [steɪd] *adj* sério(ria), recatado(da).

stain [steɪn] ◇ *n* [mark] mancha *f*. ◇ *vt* [discolour] manchar.

stained glass [,steɪnd-] *n (U)* vitral *m*.

stainless steel [,steɪnlɪs-] *n (U)* aço *m* inoxidável.

stain remover [-rɪ,mu:vəʳ] *n* removedor *m* de manchas.

stair [steə^r] *n* [step] degrau *m*.
◆ **stairs** *npl* [flight] escada *f*.
staircase ['steəkeɪs] *n* escadas *fpl*.
stairway ['steəweɪ] *n* escadas *fpl*, escadaria *f*.
stairwell ['steəwel] *n* vão *m* OR poço *m* das escadas.
stake [steɪk] ◇ *n* **-1.** [share]: **to have a ~ in sthg** ter interesses em algo **-2.** [wooden post] estaca *f* **-3.** [in gambling] aposta *f*. ◇ *vt* **-1.** [risk]: **to ~ sthg (on** OR **upon sthg)** arriscar algo (com algo) **-2.** [in gambling] apostar.
◆ **at stake** *adv*: **to be at ~** estar em jogo.
stale [steɪl] *adj* **-1.** [food] passado(da) **-2.** [air] viciado(da) **-3.** [bread] amanhecido(da) **-4.** [breath] velho(lha).
stalemate ['steɪlmeɪt] *n* **-1.** [deadlock] impasse *m* **-2.** CHESS empate *m*.
stalk [stɔ:k] ◇ *n* **-1.** [of flower, plant] caule *m* **-2.** [of leaf] talo *m* **-3.** [of fruit] cabo *m*. ◇ *vt* [hunt] tocaiar. ◇ *vi* [walk] andar de forma irritada.
stall [stɔ:l] ◇ *n* **-1.** [table] estande *m*, banca *f* **-2.** [in stable] baia *f*. ◇ *vt* AUT fazer morrer. ◇ *vi* **-1.** AUT morrer **-2.** [delay] ganhar tempo.
◆ **stalls** *npl UK* platéia *f*.
stallion ['stæljən] *n* garanhão *m*.
stalwart ['stɔ:lwət] *n* leal partidário *m*, -ia *f*.
stamina ['stæmɪnə] *n (U)* resistência *f*.
stammer ['stæmə^r] ◇ *n* gagueira *f*. ◇ *vi* gaguejar.
stamp [stæmp] ◇ *n* **-1.** [postage stamp] selo *m* **-2.** [rubber stamp] carimbo *m* **-3.** *fig* [hallmark] selo *m*. ◇ *vt* **-1.** [mark, word, sign] carimbar **-2.** [pattern] timbrar **-3.** [stomp]: **to ~ one's foot** bater com o pé no chão **-4.** *fig* [with characteristic quality] estampar. ◇ *vi* **-1.** [walk] andar com passos pesados **-2.** [with one foot]: **to ~ on sthg** pisar em algo.
stamp album *n* álbum *m* de selos.
stamp-collecting *n (U)* filatelia *f*.
stamped addressed envelope ['stæmptə,drest-] *n UK* *envelope selado e endereçado ao remetente, que o usa para enviar algo a si próprio através de outra pessoa*.
stampede [stæm'pi:d] *n* **-1.** [of animals] debandada *f* **-2.** [of people] fuga *f* em pânico.
stance [stæns] *n* **-1.** [posture] atitude *f*, postura *f* **-2.** [attitude]: **~ (on sthg)** postura (sobre algo).
stand [stænd] (*pt* & *pp* **stood**) ◇ *n* **-1.** [stall] banca *f*, barraca *f* **-2.** [for umbrella, hat] cabide *m* **-3.** [for bicycle, lamp] suporte *m* **-4.** SPORT arquibancada *f* **-5.** MIL posição *f*; **to make a ~** resistir ao inimigo **-6.** [position] posição *f* **-7.** *US* JUR depoimento *m*. ◇ *vt* **-1.** [place] colocar **-2.** [withstand] agüentar **-3.** [put up with] suportar. ◇ *vi* **-1.** [be on one's feet] ficar em pé **-2.** [rise to one's feet] levantar-se **-3.** [be located] estar **-4.** [be left undisturbed] repousar **-5.** [be valid] seguir de pé **-6.** [indicating current situation]: **as things ~...** do jeito que as coisas andam; **unemployment ~s at three million** o desemprego já atinge três milhões de pessoas **-7.** *UK* POL [be a candidate], candidatar-se (a) **-8.** *US* [stop]: **'no ~ing'** proibido parar e estacionar.
◆ **stand back** *vi* [get out of way] afastar-se.
◆ **stand by** ◇ *vt fus* **-1.** [person] estar ao lado de **-2.** [promise, decision, offer] manter. ◇ *vi* **-1.** [in readiness]: **to ~ by (for sthg/to do sthg)** estar preparado (da) (a algo/a fazer algo) **-2.** [not intervene] ficar de lado.
◆ **stand down** *vi* [resign] retirar-se.
◆ **stand for** *vt fus* **-1.** [signify] significar, representar **-2.** [tolerate] agüentar.
◆ **stand in** *vi*: **to ~ in (for sb)** substituir (alguém).
◆ **stand out** *vi* **-1.** [be clearly visible] sobressair **-2.** [be distinctive] destacar-se.
◆ **stand up** ◇ *vt sep inf* [miss appointment with] deixar plantado(da). ◇ *vi* **-1.** [be on one's feet, upright] ficar de pé **-2.** [rise to one's feet] levantar-se.
◆ **stand up for** *vt fus* sair em defesa de.
◆ **stand up to** *vt fus* **-1.** [weather, heat, bad treatment] resistir a **-2.** [person, boss] peitar.
standard ['stændəd] ◇ *adj* **-1.** [gen] normal **-2.** [type, feature] comum **-3.** [size] padronizado **-4.** [text, work] -padrão; **~ practice** prática-padrão *f*. ◇ *n* **-1.** [level] nível *m* **-2.** [point of reference] padrão *m*, critério *m* **-3.** [flag] estandarte *m*.
◆ **standards** *npl* [principles] valores *mpl* morais.
standard lamp *n UK* abajur *m* de pé.
standard of living (*pl* **standards of living**) *n* padrão *m* de vida.
standby ['stændbaɪ] (*pl* **standbys**) ◇ *n* [substitute] reserva *f*; **to be on ~** estar a postos. ◇ *comp* stand-by.
stand-in *n* **-1.** [replacement] suplente *mf*, **-2.** [stunt person] dublê *mf*.
standing ['stændɪŋ] ◇ *adj* [permanent] permanente; **a ~ joke** uma piada manjada; **a ~ invitation** um convite em aberto. ◇ *n* **-1.** [reputation] reputação *f* **-2.** [duration] duração *f*; **friends of 20 years' ~** amigos há mais de 20 anos.
standing order *n* débito *m* automático em conta.
standing room *n (U)* lugar *m* em pé.
standoffish [,stænd'ɒfɪʃ] *adj* reservado(da).
standpoint ['stændpɔɪnt] *n* ponto *m* de vista.
standstill ['stændstɪl] *n*: **at a ~** [not moving] parado(da); *fig* [not active] paralisado(da); **to**

come to a ~ [stop moving] parar; *fig* [cease] estancar.
stand-up *adj*: ~ **comedian** comediante *mf* de platéia; ~ **fight** briga *f* violenta.
stank [stæŋk] *pt* ⊳ **stink**.
staple ['steɪpl] ◇ *adj* [principal] básico(ca), de primeira necessidade. ◇ *n* **-1.** [for paper] grampo *m* **-2.** [principal commodity] produto *m* de primeira necessidade. ◇ *vt* grampear.
stapler ['steɪplə^r] *n* grampeador *m*.
star [stɑː^r] (*pt* & *pp* **-red**, *cont* **-ring**) ◇ *n* [gen] estrela *f*. ◇ *comp* de estrela. ◇ *vi* [actor]: **to** ~ **(in sthg)** ser protagonista(de algo).
◆ **stars** *npl* [horoscope] horóscopo *m*.
starboard ['stɑːbəd] ◇ *adj* de estibordo. ◇ *n (U)* estibordo *m*; **to** ~ a estibordo.
starch [stɑːtʃ] *n* **-1.** [stiffening substance] goma *f* **-2.** [in food] amido *m*.
stardom ['stɑːdəm] *n (U)* estrelato *m*.
stare [steə^r] ◇ *n* olhar *m* fixo. ◇ *vi*: **to** ~ **(at sb/sthg)** olhar fixamente (para alguém/algo).
stark [stɑːk] ◇ *adj* **-1.** [bare, bleak] desolado(da) **-2.** [rock] áspero(ra) **-3.** [decoration] desguarnecido(da) **-4.** [room] sem mobília **-5.** [contrast] duro(ra) **-6.** [reality] nu(a) e cru(a) **-7.** [fact] às claras. ◇ *adv*: ~ **naked** em pêlo.
starling ['stɑːlɪŋ] *n* estorninho *m*.
starry ['stɑːrɪ] (*compar* **-ier**, *superl* **-iest**) *adj* estrelado(da).
starry-eyed [-'aɪd] *adj* [naive] iludido(da).
Stars and Stripes *n*: **the** ~ *a bandeira dos Estados Unidos*.
start [stɑːt] ◇ *n* **-1.** [beginning] início *m*, começo *m* **-2.** [jump] sobressalto *m*, susto *m* **-3.** SPORT saída *f* **-4.** [lead] vantagem *f*. ◇ *vt* **-1.** [begin] começar; **to** ~ **doing** OR **to do sthg** começar a fazer algo **-2.** [turn on] ligar **-3.** [set up - ger] criar, formar; [- business] montar **-4.** [initiate, instigate] iniciar. ◇ *vi* **-1.** [begin] começar; **to** ~ **with sb/sthg** começar com alguém/algo; **to** ~ **with, ...** [at first] para começar, ... **-2.** [car] pegar **-3.** [engine] pôr-se em funcionamento **-4.** [tape] ligar **-5.** [set out] sair **-6.** [jump] sobressair-se, assustar-se.
◆ **start off** ◇ *vt sep* [cause to start - person] pôr-se a caminho; **this should be enough work to** ~ **you off** com isso já tem trabalho suficiente para começar; [- meeting] começar; [- rumour, discussion] desencadear. ◇ *vi* **-1.** [begin] começar **-2.** [set out] sair.
◆ **start out** *vi* **-1.** [in life, career] começar **-2.** [set out] partir.
◆ **start up** ◇ *vt sep* **-1.** [set up - business] montar; [- shop] botar; [- women's group] criar, formar **-2.** [car, engine, machine] ligar. ◇ *vi* **-1.** [guns, music, noise] começar **-2.** [car, engine, machine] ligar **-3.** [set up business] estabelecer-se.
starter ['stɑːtə^r] *n* **-1.** UK [hors d'oeuvre] entrada *f*, primeiro prato *m* **-2.** AUT (motor *m* de) arranque *m* **-3.** [SPORT - official] juiz *m*, -íza *f*; [- competitor] corredor *m*, -ra *f*.
starting point ['stɑːtɪŋ-] *n* ponto *m* de partida.
startle ['stɑːtl] *vt* assustar.
startling ['stɑːtlɪŋ] *adj* assustador(ra), surpreendente.
starvation [stɑː'veɪʃn] *n (U)* fome *f*, inanição *f*.
starve [stɑːv] ◇ *vt* [deprive of food] não dar comida para. ◇ *vi* **-1.** [have no food] passar fome **-2.** *inf* [be hungry]: **I'm starving to death!** estou morrendo de fome!
state [steɪt] ◇ *n* **-1.** [condition] estado *m*; **to be in a** ~ estar com os nervos à flor da pele **-2.** [authorities]: **the** ~ o Estado. ◇ *comp* de estado. ◇ *vt* [declare] afirmar, declarar; **to** ~ **that** afirmar que; [specify] estabelecer.
◆ **State** *n* [government]: **the State** o Estado.
◆ **States** *npl* [USA]: **the States** os Estados Unidos.
State Department *n* US ≃ Ministério *m* das Relações Exteriores.
stately ['steɪtlɪ] (*compar* **-ier**, *superl* **-iest**) *adj* [dignified] majestoso(sa).
statement ['steɪtmənt] *n* **-1.** [declaration] afirmação *f*, declaração *f* **-2.** JUR declaração *f* **-3.** [from bank] extrato *m*.
state of mind (*pl* **states of mind**) *n* estado *m* de espírito.
statesman ['steɪtsmən] (*pl* **-men** [-mən]) *n* estadista *m*, homem *m* de estado.
static ['stætɪk] ◇ *adj* [unchanging] estável. ◇ *n (U)* ELEC estática *f*.
static electricity *n (U)* eletricidade *f* estática.
station ['steɪʃn] ◇ *n* **-1.** [gen] estação *f*; **police** ~ delegacia *f*; **fire** ~ corpo *m* de bombeiros **-2.** [position] posto *m* **-3.** *fml* [rank] posição *f*. ◇ *vt* **-1.** [position] situar, colocar **-2.** MIL estacionar.
stationary ['steɪʃnərɪ] *adj* estacionário(ria).
stationer *n* dono *m*, -na *f* de papelaria; ~**'s (shop)** papelaria *f*.
stationery ['steɪʃnərɪ] *n (U)* artigos *mpl* de escritório.
stationmaster ['steɪʃn,mɑːstə^r] *n* chefe *mf* da estação.
station wagon *n* US perua *f (camioneta)*.
statistic [stə'tɪstɪk] *n* [number] estatística *f*.
◆ **statistics** *n (U)* [science] estatística *f*.
statistical [stə'tɪstɪkl] *adj* estatístico(ca).
statue ['stætʃuː] *n* estátua *f*.
stature ['stætʃə^r] *n (U)* **-1.** [height, size] estatura *f* **-2.** [importance] categoria *f*.
status ['steɪtəs] *n (U)* **-1.** [legal or social position] condição *f*, estado *m* **-2.** [prestige] status *m inv*.

status bar *n COMPUT* barra *f* de status.
status symbol *n* símbolo *m* de status.
statute [ˈstætjuːt] *n* estatuto *m*.
statutory [ˈstætjʊtrɪ] *adj* estatutário(ria).
staunch [stɔːntʃ] ◇ *adj* leal, fiel. ◇ *vt* estancar.
stave [steɪv] (*pt* & *pp* **-d** *OR* **stove**) *n MUS* pauta *f*.
◆ **stave off** *vt sep* afastar temporariamente.
stay [steɪ] ◇ *n* [visit] estada *f*, estadia *f*. ◇ *vi* **-1.** [remain] ficar **-2.** [reside temporarily] ficar, permanecer **-3.** [continue to be] permanecer; **I don't want to ~ a teacher all my life** não quero ser professor toda a minha vida; **she ~ed awake till midnight** ficou acordada até a meia-noite.
◆ **stay in** *vi* [stay at home] ficar em casa.
◆ **stay on** *vi* ficar, permanecer.
◆ **stay out** *vi* **-1.** [not come home] ficar fora **-2.** [not get involved]: **to ~ out of sthg** ficar fora de algo.
◆ **stay up** *vi* **-1.** [not go to bed] ficar acordado(da) **-2.** [not fall] ficar de pé.
staying power [ˈsteɪɪŋ-] *n (U)* resistência *f*.
stead [sted] *n*: **to stand sb in good ~** servir muito a alguém.
steadfast [ˈstedfɑːst] *adj* **-1.** [supporter] fiel **-2.** [resolve] resoluto(ta) **-3.** [gaze] fixo(xa).
steadily [ˈstedɪlɪ] *adv* **-1.** [gradually] gradualmente **-2.** [regularly] normalmente **-3.** [calmly - look, stare] fixamente; [- say] calmamente.
steady [ˈstedɪ] (*compar* **-ier**, *superl* **-iest**, *pt* & *pp* **-ied**) ◇ *adj* **-1.** [gradual] gradual **-2.** [regular, constant] constante **-3.** [not shaking] firme **-4.** [calm - voice] calmo(ma); [- stare] fixo(xa) **-5.** [stable - boyfriend, girlfriend] firme; [- relationship] sério(ria); [- job] estável **-6.** [sensible] sensato(ta). ◇ *vt* **-1.** [stabilize] estabilizar **-2.** [calm] controlar; **to ~ o.s.** acalmar-se, controlar os nervos.
steak [steɪk] *n* **-1.** *(U)* [meat] bife *m* **-2.** [piece of meat or fish] filé *m*.
steal [stiːl] (*pt* **stole**, *pp* **stolen**) ◇ *vt* roubar. ◇ *vi* [move stealthily] mover-se furtivamente.
stealthy [ˈstelθɪ] (*compar* **-ier**, *superl* **-iest**) *adj* furtivo(va).
steam [stiːm] ◇ *n (U)* vapor *m*. ◇ *vt CULIN* cozinhar no vapor. ◇ *vi* largar vapor.
◆ **steam up** ◇ *vt sep fig* [get angry]: **to get ~ed up about sthg** soltar fumaça pelas ventas por causa de algo. ◇ *vi* [window, glasses] embaçar.
steamboat [ˈstiːmbəʊt] *n* barco *m* a vapor.
steam engine *n* máquina *f* a vapor.
steamer [ˈstiːmə^r] *n* [ship] navio *m* a vapor.
steamroller [ˈstiːmˌrəʊlə^r] *n* rolo *m* compressor.
steamy [ˈstiːmɪ] (*compar* **-ier**, *superl* **-iest**) *adj* **-1.** [full of steam] cheio (cheia) de vapor **-2.** *inf* [erotic] quente.
steel [stiːl] *n (U)* aço *m*. ◇ *comp* de aço.
steelworks [ˈstiːlwɜːks] (*pl inv*) *n* (usina *f*) siderúrgica *f*.
steep [stiːp] ◇ *adj* **-1.** [hill, road] íngreme **-2.** [increase, fall] acentuado(da) **-3.** *inf* [expensive] abusivo(va). ◇ *vt* **-1.** [soak] embeber, molhar **-2.** [fruit] macerar.
steeple [ˈstiːpl] *n* agulha *f (do campanário)*.
steeplechase [ˈstiːpltʃeɪs] *n* corrida *f* de obstáculos.
steer [ˈstɪə^r] ◇ *n* [bullock] boi *m*. ◇ *vt* conduzir, guiar. ◇ *vi* conduzir; **the car ~s well** é um carro bom de dirigir; **the bus ~ed into the hedge** o ônibus foi direto para a cerca viva; **to ~ clear (of sb/sthg)** *fig* ficar longe (de alguém/algo).
steering [ˈstɪərɪŋ] *n (U) AUT* direção *f*.
steering wheel *n* volante *m*, direção *f*.
stem [stem] (*pt* & *pp* **-med**, *cont* **-ming**) ◇ *n* **-1.** [of plant] caule *m* **-2.** [of glass] pé *m*, base *f* **-3.** [of pipe] tubo *m* **-4.** *GRAMM* raiz *f*. ◇ *vt* [stop - flow] conter; [- blood] estancar.
◆ **stem from** *vt fus* derivar-se de, ser o resultado de.
stem cell *n MED* célula-tronco *f*.
stench [stentʃ] *n* fedor *m*.
stencil [ˈstensl] (*UK pt* & *pp* **-led**, *cont* **-ling**, *US pt* & *pp* **-ed**, *cont* **-ing**) ◇ *n* [template] matriz *f*. ◇ *vt* reproduzir com matriz.
stenographer [stəˈnɒgrəfə^r] *n* estenógrafo *m*, -fa *f*.
step [step] (*pt* & *pp* **-ped**, *cont* **-ping**) ◇ *n* **-1.** [pace] passo *m*; **in ~ with** *fig* [in touch with] em acordo com; **out of ~ with** *fig* [out of touch with] em desacordo com **-2.** [action] medida *f* **-3.** [stage, degree] grau *m*; **~ by ~** passo a passo **-4.** [stair, ladder] degrau *m*. ◇ *vi* **-1.** [take a single step] dar um passo; **to ~ forward** dar um passo à frente; **watch where you ~** olhe onde você pisa; **to ~ off sthg** descer de algo; **to ~ over sthg** pisar em algo **-2.** [put one's foot down]: **to ~ on sthg** pisar em algo; **~ on it!** [drive fast, hurry up] acelera!; **to ~ in sthg** meter o pé em algo.
◆ **steps** *npl* **-1.** [stairs] escadas *fpl* **-2.** *UK* [stepladder] escada *f* de mão.
◆ **step down** *vi* [resign] renunciar.
◆ **step in** *vi* [intervene] intervir.
◆ **step up** *vt sep* [increase] aumentar.
step aerobics *n* step *m*.
stepbrother [ˈstepˌbrʌðə^r] *n* meio-irmão *m*.
stepdaughter [ˈstepˌdɔːtə^r] *n* enteada *f*.
stepfather [ˈstepˌfɑːðə^r] *n* padrasto *m*.
stepladder [ˈstepˌlædə^r] *n* escada *f* de mão.
stepmother [ˈstepˌmʌðə^r] *n* madrasta *f*.

stepping-stone ['stepɪŋ-] *n* **-1.** [in river] passadeira *f* **-2.** *fig* [way to success] trampolim *m.*
stepsister ['step,sɪstə^r] *n* meia-irmã *f.*
stepson ['stepsʌn] *n* enteado *m.*
stereo ['sterɪəʊ] (*pl* **-s**) ◇ *adj* estéreo(rea). ◇ *n* **-1.** [stereo system] (aparelho *m* de) som *m* **-2.** *(U)* [stereo sound] estéreo *m.*
stereotype ['sterɪətaɪp] *n* estereótipo *m.*
sterile ['steraɪl] *adj* **-1.** [germ-free] esterilizado(da) **-2.** [unable to produce offspring] estéril.
sterilize, -ise ['sterəlaɪz] *vt* esterilizar.
sterling ['stɜ:lɪŋ] ◇ *adj* **-1.** [of British money] esterlino(na) **-2.** [excellent] excelente. ◇ *n* *(U)* libra *f* esterlina.
sterling silver *n (U)* prata *f* de lei.
stern [stɜ:n] ◇ *adj* severo(ra). ◇ *n* popa *f.*
steroid ['stɪərɔɪd] *n* esteróide *m.*
stethoscope ['steθəskəʊp] *n* estetoscópio *m.*
stew [stju:] ◇ *n* ensopado *m*, refogado *m.* ◇ *vt* ensopar, refogar.
steward ['stjʊəd] *n* **-1.** *UK* [on plane] comissário *m* de bordo **-2.** *UK* [ship, train] camareiro *m* **-3.** *UK* [marshal] coordenador *m*, -ra *f (de uma corrida, um desfile etc.).*
stewardess ['stjʊədɪs] *n* comissária *f* de bordo.
stick [stɪk] (*pt* & *pp* **stuck**) ◇ *n* **-1.** [piece of wood] graveto *m* **-2.** [of chalk] (pedaço *m* de) giz *m* **-3.** [of dynamite] (banana *f*) de dinamite **-4.** [of celery] talho *m* de aipo **-5.** [walking stick] bastão *m* **-6.** *SPORT* taco *m.* ◇ *vt* **-1.** [jab]: **to ~ sthg in(to) sthg** fincar *OR* espetar algo em algo **-2.** [with adhesive] colar; **to ~ sthg on** *OR* **to sthg** colar algo em algo **-3.** *inf* [put] socar **-4.** *UK inf* [tolerate] agüentar. ◇ *vi* **-1.** [arrow, dart, spear]: **I've got a splinter stuck in my finger** há uma felpa enfiada no meu dedo **-2.** [adhere]: **to ~ (to sthg)** colar (em algo) **-3.** [become jammed] emperrar.
◆ **stick out** ◇ *vt sep* **-1.** [extend] colocar para fora; **to ~ one's tongue out at sb** botar a língua (para alguém) **-2.** *inf* [endure]: **to ~ it out** agüentar. ◇ *vi* **-1.** [protrude] sobressair **-2.** *inf* [be noticeable] destacar-se, chamar a atenção.
◆ **stick to** *vt fus* **-1.** [person, path] não abandonar **-2.** [principles, decision] ser fiel a; **if I were you, I'd ~ to French** se eu fosse tu, ficaria apenas com o francês **-3.** [promise] cumprir.
◆ **stick up** *vi* sobressair; **to be ~ing up** estar espetado(da).
◆ **stick up for** *vt fus* defender.
sticker ['stɪkə^r] *n* [piece of paper] adesivo *m.*
sticking plaster ['stɪkɪŋ-] *n* **-1.** *(U)* [bandaging material] esparadrapo *m* **-2.** [bandage] curativo *m.*
stickler ['stɪklə^r] *n*: **~ for sthg** obsessivo(va) por algo.
stick shift *n US* [gear lever] alavanca *f* da marcha *OR* mudança; [car] carro *m* com câmbio manual.
stick-up *n inf* assalto *m* à mão armada.
sticky ['stɪkɪ] (*compar* **-ier**, *superl* **-iest**) *adj* **-1.** [tacky] grudento(ta) **-2.** [adhesive] adesivo(va) **-3.** *inf* [awkward] chato(ta).
stiff [stɪf] ◇ *adj* **-1.** [inflexible] duro(ra) **-2.** [difficult to move] emperrado(da) **-3.** [difficult to stir] consistente **-4.** [aching] dolorido(da); **~ neck** torcicolo *m* **-5.** [formal] formal **-6.** [severe] severo(ra) **-7.** [difficult] duro(ra). ◇ *adv inf* [for emphasis] muito; **to be bored ~** estar completamente entediado(da); **to be scared/frozen ~** estar morrendo de medo/de frio.
stiffen ['stɪfn] ◇ *vt* **-1.** [paper, fabric] endurecer **-2.** [resistance, resolve] reforçar. ◇ *vi* **-1.** [tense up - people] ficar tenso(sa); [- joints, muscles, back] enrijecer **-2.** [become difficult to move] emperrar **-3.** [become more severe, intense - competition] ficar mais acirrado(da); [- resistance, resolve] fortalecer-se.
stifle ['staɪfl] ◇ *vt* **-1.** [suffocate] sufocar **-2.** [suppress] sufocar, reprimir. ◇ *vi* [suffocate] sufocar.
stifling ['staɪflɪŋ] *adj* sufocante.
stigma ['stɪgmə] *n* estigma *m.*
stile [staɪl] *n escada para passar sobre uma cerca.*
stiletto (heel) [stɪ'letəʊ-] *n UK* salto *m* alto.
still [stɪl] ◇ *adv* **-1.** [in time] ainda; **do you ~ live in ...?** você ainda mora em ...? **-2.** [all the same] ainda assim **-3.** *(with comparatives)* ainda; **more interesting ~, ...** ainda mais interessante que isso, ... **-4.** [motionless] sem se mover; **sit ~!** te senta e fica quieto! ◇ *adj* **-1.** [not moving] parado(da) **-2.** [calm, quiet] calmo(ma), tranqüilo(la) **-3.** [not windy] sem vento **-4.** [not fizzy] sem gás. ◇ *n* **-1.** *PHOT* foto *f* fixa **-2.** [for making alcohol] alambique *m.*
stillborn ['stɪlbɔ:n] *adj* natimorto(ta).
still life (*pl* **-s**) *n* natureza-morta *f.*
stilted ['stɪltɪd] *adj* forçado(da).
stilts [stɪlts] *npl* **-1.** [for person] pernas *fpl* de pau **-2.** [for building] estacas *fpl.*
stimulate ['stɪmjʊleɪt] *vt* **-1.** [gen] estimular **-2.** [physically] excitar.
stimulating ['stɪmjʊleɪtɪŋ] *adj* estimulante.
stimulus ['stɪmjʊləs] (*pl* **-li** [-laɪ]) *n* estímulo *m.*
sting [stɪŋ] (*pt* & *pp* **stung**) ◇ *n* **-1.** [from bee] ferroada *f* **-2.** [from insect] picada *f* **-3.** [from nettle] urticária *f* **-4.** [part of bee, wasp, scorpion] ferrão *m.* ◇ *vt* [subj: bee, wasp, scorpion] picar; [subj: nettle] queimar; [subj: smoke, acid] irritar. ◇ *vi* **-1.** [bee, wasp, scorpion] picar; [nettle] queimar; [smoke, acid] irritar **-2.** [eyes, skin] arder.
stingy ['stɪndʒɪ] (*compar* **-ier**, *superl* **-iest**) *adj*

-1. *inf* [person] sovina -2. *inf* [amount] escasso(sa).

stink [stɪŋk] (*pt* **stank** *OR* **stunk**, *pp* **stunk**) <> *n* fedor *m.* <> *vi* [smell] feder.

stinking ['stɪŋkɪŋ] *inf* <> *adj* -1. [smelly] fedorento(ta) -2. *fig* [for emphasis] maldito(ta).

stint [stɪnt] <> *n* [period of time] período *m.* <> *vi*: **to ~ on sthg** pechinchar algo.

stipulate ['stɪpjʊleɪt] *vt* estipular.

stir [stɜːʳ] (*pt* & *pp* **-red**, *cont* **-ring**) <> *n* [public excitement] agitação *f*, alvoroço *m.* <> *vt* -1. [mix] mexer, misturar -2. [move physically] mexer -3. [rouse, excite] instigar. <> *vi* -1. [move gently] mover-se, mexer-se -2. [awaken] despertar.

◆ **stir up** *vt sep* -1. [dust, mud] levantar -2. [trouble, dissent, feelings, memories] provocar.

stirrup ['stɪrəp] *n* estribo *m.*

stitch [stɪtʃ] <> *n* -1. [gen] ponto *m* -2. [pain]: **to have a ~** sentir pontadas de dor. <> *vt* costurar.

stoat [stəʊt] *n* arminho *m.*

stock [stɒk] <> *n* -1. [gen] estoque *m*; **in ~** em estoque; **out of ~** esgotado(da) -2. [*FIN* - of company] capital *m*; [- of government] títulos *mpl* do governo; **~s and shares** títulos *mpl* mobiliários, ações *fpl* -3. *(U)* [ancestry] estirpe *f*, linhagem *f* -4. *CULIN* caldo *m* -5. *(U)* [livestock] rebanho *m* -6. [of gun] coronha *f* -7. *phr*: **to take ~ (of sthg)** refletir (sobre algo). <> *adj* [typical] típico(ca). <> *vt* -1. *COMM* ter em estoque -2. [fill] encher (de); **to be ~ed with** estar cheio (cheia) de.

◆ **stock up** *vi*: **to ~ up (on** *OR* **with sthg)** fazer estoque (de algo).

stockbroker ['stɒkˌbrəʊkəʳ] *n* corretor *m*, -ra *f* da bolsa.

stock cube *n UK* caldo *m* em cubo.

stock exchange *n* bolsa *f* de valores.

stockholder ['stɒkˌhəʊldəʳ] *n US* acionista *mf.*

Stockholm ['stɒkhəʊm] *n* Estocolmo; **in ~** em Estocolmo.

stocking ['stɒkɪŋ] *n* meia *f.*

stockist ['stɒkɪst] *n UK* varejista *mf.*

stock market *n* mercado *m* de ações.

stock phrase *n* frase *f* feita.

stockpile ['stɒkpaɪl] <> *n* estoque *m.* <> *vt* estocar, armazenar.

stocktaking ['stɒkˌteɪkɪŋ] *n (U)* inventário *m.*

stocky ['stɒkɪ] (*compar* **-ier**, *superl* **-iest**) *adj* reforçado(da), corpulento(ta).

stodgy ['stɒdʒɪ] (*compar* **-ier**, *superl* **-iest**) *adj* [indigestible] pesado(da).

stoical ['stəʊɪkl] *adj* estóico(ca).

stoke [stəʊk] *vt* [keep burning] alimentar.

stole [stəʊl] <> *pt* ▷ **steal**. <> *n* [shawl] estola *f.*

stolen ['stəʊln] *pp* ▷ **steal**.

stolid ['stɒlɪd] *adj* impassível.

stomach ['stʌmək] <> *n* -1. [organ] estômago *m* -2. [abdomen] ventre *m.* <> *vt* [tolerate] tolerar.

stomach ache *n* dor *f* de estômago.

stomach upset [-'ʌpset] *n* indigestão *f.*

stone [stəʊn] (*pl sense 5 only inv OR* **-s**) <> *n* -1. [gen] pedra *f*; **a ~'s throw from** bem perto de -2. [in fruit] caroço *m* -3. [unit of measurement] *equivalente a 6,35kg.* <> *comp* de pedra. <> *vt* apedrejar.

stone-cold *adj* gelado(da) como pedra.

stonewashed ['stəʊnwɒʃt] *adj* estonado(da).

stonework ['stəʊnwɜːk] *n (U)* cantaria *f.*

stood [stʊd] *pt* & *pp* ▷ **stand**.

stool [stuːl] *n* [seat] mocho *m*, banquinho *m.*

stoop [stuːp] <> *n* [bent back]: **to walk with a ~** caminhar encurvado(da). <> *vi* -1. [bend forwards and down] abaixar-se -2. [hunch shoulders] encurvar-se.

stop [stɒp] (*pt* & *pp* **-ped**, *cont* **-ping**) <> *n* -1. [gen] parada *f* -2. [end]: **to put a ~ to sthg** dar um basta em algo -3. [in punctuation] ponto *m* -5. *TECH* trava *f*, ferrolho *m.* <> *vt* -1. [gen] parar; **to ~ doing sthg** parar de fazer algo -2. [prevent] impedir; **to ~ sb/sthg from doing sthg** impedir alguém/algo de fazer algo -3. [hole, gap] tapar. <> *vi* -1. [gen] parar -2. [stay] ficar.

◆ **stop off** *vi* dar uma parada.

◆ **stop up** *vt sep* [block] entupir.

stopgap ['stɒpgæp] *n* quebra-galho *m.*

stopover ['stɒpˌəʊvəʳ] *n* parada *f.*

stoppage ['stɒpɪdʒ] *n* -1. [strike] paralisação *f* -2. *UK* [deduction] dedução *f.*

stopper ['stɒpəʳ] *n* rolha *f.*

stop press *n* notícias *fpl* de última hora.

stopwatch ['stɒpwɒtʃ] *n* cronômetro *m.*

storage ['stɔːrɪdʒ] *n (U)* armazenamento *m.*

storage heater *n UK aquecedor que acumula calor à noite, quando a eletricidade é mais barata, e libera calor durante o dia.*

store [stɔːʳ] <> *n* -1. *esp US* [shop] loja *f* -2. [supply] reserva *f*, provisão *f* -3. [storage place] depósito *m.* <> *vt* -1. [gen] armazenar -2. [details, address, ideas] guardar.

◆ **store up** *vt sep* -1. [objects] armazenar -2. [facts, information] guardar.

store card *n* cartão *m* de crédito *(de lojas).*

storekeeper ['stɔːˌkiːpəʳ] *n US* lojista *mf.*

storeroom ['stɔːrʊm] *n* -1. [gen] almoxarifado *m* -2. [for food] despensa *f.*

storey *UK* (*pl* **storeys**), **story** *US* (*pl* **-ies**) ['stɔːrɪ] *n* andar *m.*

stork [stɔːk] *n* cegonha *f.*

storm [stɔːm] <> *n* -1. [bad weather] temporal *m*, tempestade *f* -2. [violent reaction] torrente *f.* <> *vt* -1. *MIL* tomar de assalto -2. [say angrily] esbravejar. <> *vi* [go angrily]: **to ~ into/out of** entrar/sair intempestivamente.

stormy ['stɔːmɪ] (*compar* **-ier**, *superl* **-iest**) *adj* **-1.** [weather, sea] tempestuoso(sa) **-2.** *fig* [relationship, meeting] turbulento(ta).

story ['stɔːrɪ] (*pl* **-ies**) *n* **-1.** [tale] história *f*, conto *m* **-2.** HIST & *euphemism* história *f* **-3.** [article - newspaper] artigo *m*; [- TV, radio] reportagem *f* **-4.** *US* = **storey**.

storybook ['stɔːrɪbʊk] *adj* de novela.

storyteller ['stɔːrɪ,teləʳ] *n* **-1.** [teller of story] contador *m*, -ra *f* de histórias **-2.** *euphemism* [liar] mentiroso *m*, -sa *f*.

stout [staʊt] <> *adj* **-1.** [corpulent] corpulento(ta) **-2.** [strong] forte, resistente **-3.** [brave] firme, forte. <> *n* (U) cerveja *f* escura, stout *f*.

stove [stəʊv] <> *pt* & *pp* ▷ **stave**. <> *n* **-1.** [for cooking] forno *m* **-2.** [for heating] estufa *f*.

stow [stəʊ] *vt*: **to ~ sthg (away)** guardar algo.

stowaway ['stəʊəweɪ] *n* clandestino *m*, -na *f*.

straddle ['strædl] *vt* **-1.** [subj: person] escarranchar-se em **-2.** [subj: bridge, town] atravessar, cruzar.

straggle ['strægl] *vi* **-1.** [buildings, hair, plant] espalhar-se **-2.** [person, group] ficar para trás.

straggler ['strægləʳ] *n* retardatário *m*, -ria *f*.

straight [streɪt] <> *adj* **-1.** [gen] reto(ta) **-2.** [not curly] liso(sa) **-3.** [honest, frank] direto(ta), franco(ca) **-4.** [tidy] arrumado(da) **-5.** [simple] fácil, simples **-6.** [undiluted] puro(ra) **-7.** *phr*: **to get something ~** deixar uma coisa clara. <> *adv* **-1.** [in a straight line]: **~ ahead** bem na frente; **I couldn't see ~** não podia ver direito **-2.** [upright] reto(ta); **why won't that painting hang ~** por que aquele quadro não fica reto? **-3.** [directly, immediately] imediatamente; **I'll go ~ to bed** vou direto para a cama **-4.** [honestly, frankly] com toda a franqueza **-5.** [undiluted]: **I drink my whisky ~** tomo meu uísque puro.

◆ **straight off** *adv* no ato.

◆ **straight out** *adv* sem rodeios.

straightaway *adv* em seguida.

straighten ['streɪtn] *vt* **-1.** [tidy] arrumar, organizar **-2.** [make straight] endireitar **-3.** [make level] pôr reto(ta), endireitar.

◆ **straighten out** *vt sep* [sort out - mess] arrumar; [- problem] resolver.

straight face *n*: **to keep a ~** ficar sério(ria).

straightforward [,streɪt'fɔːwəd] *adj* **-1.** [easy] simples **-2.** [honest, frank - answer] direto(ta); [- person] aberto(ta), franco(ca).

strain [streɪn] <> *n* **-1.** [mental] tensão *f* **-2.** MED [of muscle, back] distensão *f* **-3.** [TECH - weight] peso *m*; [- pressure] pressão *f*; [- force] força *f*. <> *vt* **-1.** [work hard] forçar **-2.** MED [injure] distender **-3.** [overtax - resources, budget] esticar; [- enthusiasm] acabar; [- patience] esgotar **-4.** [drain - vegetables] escorrer; [- tea] coar **-5.** TECH [rope, girder, ceiling] estirar. <> *vi* [try very hard]: **to ~ to do sthg** esforçar-se para fazer algo.

◆ **strains** *npl literary* [of music] acordes *mpl*.

strained [streɪnd] *adj* **-1.** [forced] forçado(da) **-2.** [tense] tenso(sa) **-3.** MED [sprained] distendido(da) **-4.** [CULIN - liquid] coado(da); [- vegetables] escorrido(da).

strainer ['streɪnəʳ] *n* coador *m*.

strait [streɪt] *n* GEOGR estreito *m*.

◆ **straits** *npl*: **in dire** OR **desperate ~s** em sérios apuros.

straitjacket ['streɪt,dʒækɪt] *n* [garment] camisa-de-força *f*.

straitlaced [,streɪt'leɪst] *adj pej* puritano(na).

strand [strænd] *n* **-1.** [of hair, cotton, wool] mecha *f*; **a ~ of hair** um fio de cabelo **-2.** [of story, argument, plot] linha *f*.

stranded ['strændɪd] *adj* **-1.** [person] preso(sa) **-2.** [car] atolado(da) **-3.** [boat] encalhado(da).

strange [streɪndʒ] *adj* **-1.** [unusual, unexpected] estranho(nha) **-2.** [unfamiliar] desconhecido(da), estranho(nha).

stranger ['streɪndʒəʳ] *n* **-1.** [unknown person] estranho *m*, -nha *f* **-2.** [person from elsewhere] forasteiro *m*, -ra *f*.

strangle ['stræŋgl] *vt* **-1.** [kill - person] estrangular; [- chicken] torcer o pescoço de **-2.** *fig* [stifle] sufocar.

stranglehold ['stræŋglhəʊld] *n* **-1.** [round neck] gravata *f* **-2.** *fig* [strong influence]: **~ (on sb/sthg)** controle *m* total (sobre alguém/algo).

strap [stræp] (*pt* & *pp* **-ped**, *cont* **-ping**) <> *n* **-1.** [for carrying] correia *f*, tira *f* **-2.** [for fastening] alça *f* **-3.** [of watch] pulseira *f*. <> *vt* [fasten] prender *(com correia)*.

strapping ['stræpɪŋ] *adj* robusto(ta).

Strasbourg ['stræzbɜːg] *n* Estrasburgo; **in ~** em Estrasburgo.

strategic [strə'tiːdʒɪk] *adj* estratégico(ca).

strategy ['strætɪdʒɪ] (*pl* **-ies**) *n* estratégia *f*.

straw [strɔː] *n* **-1.** (U) [dried corn] palha *f* **-2.** [for drinking] canudinho *m*.

strawberry ['strɔːbərɪ] (*pl* **-ies**) <> *n* [fruit] morango *m*. <> *comp* de morango.

stray [streɪ] <> *adj* perdido(da). <> *vi* **-1.** [from group] perder-se **-2.** [from path] desviar-se **-3.** [thoughts, mind]: **to ~ from the point** desviar-se do tema.

streak [striːk] <> *n* **-1.** [of grease] faixa *f* **-2.** [of lightning] raio *m* **-3.** [in hair] listra *f* **-4.** [in character] traço *m*. <> *vi* [move quickly] passar como um raio.

stream [striːm] <> *n* **-1.** [brook] riacho *m* **-2.** [of liquid] curso *m* **-3.** [of air] corrente *f* **-4.** [of light] raio *m*, faixa *f* **-5.** [of liquid, air, light] rio *m*

- **6.** [of people, traffic] torrente *f* - **7.** [of abuse, queries, complaints, books] série *f* - **8.** *UK SCH* grupo *m.* <> *vt UK SCH agrupar de acordo com o rendimento escolar.* <> *vi* - **1.** [gen] jorrar - **2.** [air] fluir - **3.** [people]: **to ~ in/out** entrar/sair em massa - **4.** [traffic] mover-se rapidamente.

streamer ['stri:məʳ] *n* [for party] serpentina *f*, flâmula *f*.

streamlined ['stri:mlaɪnd] *adj* - **1.** [aerodynamic] aerodinâmico(ca) - **2.** [efficient] racional.

street [stri:t] *n* rua *f*.

streetcar ['stri:tkɑ:ʳ] *n US* bonde *m*.

street lamp, street light *n* lâmpada *f* de rua.

street plan *n* mapa *m* viário.

strength [streŋθ] *n* - **1.** *(U)* [gen] força *f* - **2.** *(U)* [power, influence] poder *m* - **3.** [quality, ability] ponto *m* forte - **4.** *(U)* [solidity] solidez *f* - **5.** [intensity - gen] intensidade *f*; [- of alcohol] teor *m* alcoólico; [- of drug] potência *f* - **6.** *FIN* [of currency] solidez *f*.

strengthen ['streŋθn] *vt* - **1.** [gen] fortalecer - **2.** [reinforce] reforçar - **3.** [intensify] intensificar - **4.** [make braver, more confident] encorajar.

strenuous ['strenjʊəs] *adj* extenuante.

stress [stres] <> *n* - **1.** [emphasis]: **~ (on sthg)** ênfase *f* (em algo) - **2.** [tension, anxiety] estresse *m* - **3.** *TECH* [physical pressure]: **~ (on sthg)** pressão *f* (sobre algo) - **4.** *LING* [on word, syllable] acento *m* tônico. <> *vt* - **1.** [emphasize] enfatizar, realçar - **2.** *LING* [word, syllable] acentuar *(na pronúncia)*.

stressful ['stresfʊl] *adj* estressante.

stretch [stretʃ] <> *n* - **1.** [area] extensão *f* - **2.** [period of time] período *m.* <> *vt* - **1.** [gen] esticar - **2.** [pull taut] estirar - **3.** [rules, meaning, truth] distorcer - **4.** [challenge] fazer render ao máximo. <> *vi* - **1.** [gen] esticar-se - **2.** [area]: **to ~ over** estender-se por; **to ~ from ... to** estender-se de ... até - **3.** [person] espreguiçar-se.

◆ **stretch out** <> *vt sep* estender, esticar. <> *vi* esticar-se *(deitando)*.

stretcher ['stretʃəʳ] *n* maca *f*.

strew [stru:] (*pt* **-ed**, *pp* **strewn** [stru:n], **-ed**) *vt*: **to be strewn with sthg** estar coberto(ta) de algo.

stricken ['strɪkn] *adj*: **to be ~ by** *OR* **with sthg** [grief] estar abalado(da) por algo; [doubt, horror, panic] ser tomado(da) por algo; [illness, complaint] estar atacado(da) por algo.

strict [strɪkt] *adj* - **1.** [severe] rígido(da) - **2.** [exact, precise] exato(ta), preciso(sa).

strictly ['strɪktlɪ] *adv* - **1.** [severely] rigidamente - **2.** [rigidly, absolutely] estritamente - **3.** [precisely, exactly] exatamente, precisamente; **~ speaking** a rigor - **4.** [exclusively] exclusivamente.

stride [straɪd] (*pt* **strode**, *pp* **stridden** ['strɪdn]) <> *n* passada *f*; **to take sthg in one's ~** *fig* encarar algo com tranqüilidade. <> *vi* caminhar a passos largos.

strident ['straɪdnt] *adj* - **1.** [voice, sound] estridente - **2.** [demand] rigoroso(sa).

strife [straɪf] *n (U) fml* conflitos *mpl*.

strike [straɪk] (*pt* & *pp* **struck**) <> *n* - **1.** [gen] greve *f*; **to be (out) on ~** estar em greve; **to go on ~** entrar em greve - **2.** *MIL* [attack] ataque *m* - **3.** [find] descoberta *f.* <> *vt* - **1.** [hit - deliberately] bater, golpear; [- accidentally] atingir, pegar em - **2.** [subj: hurricane, disaster, lightning] atingir - **3.** [subj: thought] ocorrer; **to ~ sb as sthg** parecer algo a alguém - **4.** [reach, arrive at] fechar - **5.** [ignite] acender - **6.** [chime] bater. <> *vi* - **1.** [stop working] entrar em greve - **2.** [hit accidentally]: **to ~ against sthg** bater em algo - **3.** [happen suddenly - hurricane, disaster] ocorrer; [- lightning] cair - **4.** [attack] atacar - **5.** [chime]: **the clock struck seven** o relógio bateu sete horas.

◆ **strike down** *vt sep* derrubar.

◆ **strike out** <> *vt sep* rasurar. <> *vi* - **1.** [head out] partir, pôr-se a caminho - **2.** [do sthg different] partir para outra.

◆ **strike up** <> *vt fus* - **1.** [friendship, conversation] travar - **2.** [music] começar a tocar.

striker ['straɪkəʳ] *n* - **1.** [person on strike] grevista *mf* - **2.** *FTBL* atacante *mf*.

striking ['straɪkɪŋ] *adj* - **1.** [noticeable, unusual] impressionante, chocante - **2.** [attractive] que chama a atenção.

string [strɪŋ] (*pt* & *pp* **strung**) *n* - **1.** *(U)* [thin rope] cordão *m*, barbante *m* - **2.** [piece of thin rope] cordel *m*; **to pull ~s** mexer os pauzinhos - **3.** [row, chain - of beads, pearls] colar *m* - **4.** [series] série *f*, sucessão *f* - **5.** [for bow, tennis racket] corda *f*; **to be highly strung** *fig* ter o pavio curto - **6.** *COMPUT* string *m*.

◆ **strings** *npl MUS*: **the ~s** as cordas.

◆ **string out** *vt sep*: **to be strung out** estar disperso(sa).

◆ **string together** *vt sep fig* juntar.

string bean *n* vagem *f*.

stringed instrument ['strɪŋd-] *n* instrumento *m* de corda.

stringent ['strɪndʒənt] *adj* rigoroso(sa).

strip [strɪp] (*pt* & *pp* **-ped**, *cont* **-ping**) <> *n* - **1.** [of fabric, paper, carpet] tira *f* - **2.** [of land, water, forest] faixa *f* - **3.** *UK SPORT* camiseta *f (de time)*. <> *vt* - **1.** [undress] despir; **~ped to the waist** nu (nua) até o peito - **2.** [remove layer of] descascar. <> *vi* [undress] despir-se.

◆ **strip off** *vi* despir-se.

strip cartoon *n UK* tira *f* em quadrinhos.

stripe [straɪp] *n* - **1.** [band of colour] lista *f*, faixa *f* - **2.** [sign of rank] galão *m*.

striped [straɪpt] *adj* listado(da).

strip lighting *n (U)* iluminação *f* fluorescente.

stripper ['strɪpə^r] *n* **-1.** [performer of striptease] stripper *mf* **-2.** [tool, liquid] removedor *m*.

striptease ['stripti:z] *n* striptease *m*.

strive [straɪv] (*pt* **strove**, *pp* **striven** ['strɪvn]) *vi fml*: **to ~ for sthg/to do sthg** lutar por algo/para fazer algo.

strode [strəʊd] *pt* ▻ **stride**.

stroke [strəʊk] ◇ *n* **-1.** *MED* derrame *m* cerebral **-2.** [of brush] pincelada *f* **-3.** [of pen] traço *m* **-4.** [in swimming - movement] braçada *f*; [- style] nado *m* **-5.** [movement in rowing] remada *f* **-6.** [in tennis] raquetada *f* **-7.** [in golf] tacada *f* **-8.** [of clock] batida *f* **-9.** [of bell] dobre *m* **-10.** *UK TYPO* [slash] barra *f* **-11.** [piece]: **a ~ of genius** um lance de gênio; **a ~ of luck** um golpe de sorte; **at a ~** de um golpe só. ◇ *vt* acariciar.

stroll [strəʊl] ◇ *n* passeio *m*. ◇ *vi* passear.

stroller ['strəʊlə^r] *n US* [for baby] carrinho *m* de bebê.

strong [strɒŋ] *adj* **-1.** [gen] forte; **~ point** ponto forte; **~ nerves** nervos *mpl* de aço **-2.** [solid, sturdy] reforçado(da) **-3.** [in number] de ... pessoas; **the crowd was 2000 ~** a multidão tinha 2000 pessoas.

strongbox ['strɒŋbɒks] *n* caixa-forte *f*.

stronghold ['strɒŋhəʊld] *n fig* baluarte *m*.

strongly ['strɒŋlɪ] *adv* **-1.** [sturdily, solidly - built] solidamente; [- protected] fortemente **-2.** [in degree or intensity] intensamente; **the kitchen smells ~ of onions** tem um cheiro forte de cebola na cozinha **-3.** [very definitely] totalmente; **to feel ~ about sthg** ter uma opinião firme sobre algo.

strong room *n* casa-forte *f*.

strove [strəʊv] *pt* ▻ **strive**.

struck [strʌk] *pt & pp* ▻ **strike**.

structure ['stʌktʃə^r] *n* **-1.** [organization, arrangement] estrutura *f* **-2.** [building, construction] construção *f*.

struggle ['strʌgl] ◇ *n* **-1.** [gen]: **~ (for sthg/to do sthg)** luta *f* (por algo/por fazer algo) **-2.** [fight] briga *f*. ◇ *vi* **-1.** [try hard, strive] esforçar-se; **to ~ free** lutar para ser solto(ta); **to ~ (for sthg/to do sthg)** lutar (por algo/por fazer algo) **-2.** [fight]: **to ~ (with sb)** brigar (com alguém).

strum [strʌm] (*pt & pp* **-med**, *cont* **-ming**) *vt* dedilhar.

strung [strʌŋ] *pt & pp* ▻ **string**.

strut [strʌt] (*pt & pp* **-ted**, *cont* **-ting**) ◇ *n CONSTR* escora *f*. ◇ *vi* andar empertigado(da).

stub [stʌb] (*pt & pp* **-bed**, *cont* **-bing**) ◇ *n* **-1.** [of cigarette, pencil] toco *m* **-2.** [of ticket, cheque] canhoto *m*. ◇ *vt*: **to ~ one's toe (on)** dar uma topada com o dedo do pé (em).

◆ **stub out** *vt sep* apagar.

stubble ['stʌbl] *n (U)* **-1.** [in field] restolho *m* **-2.** [on chin] barba *f* curta.

stubborn ['stʌbən] *adj* **-1.** [person] teimoso(sa), cabeçudo(da) **-2.** [stain] persistente, difícil.

stuck [stʌk] ◇ *pt & pp* ▻ **stick**. ◇ *adj* **-1.** [gen] preso(sa) **-2.** [window] emperrado(da) **-3.** [stumped]: **can you help with this problem? I'm ~** pode me ajudar com esse problema? (eu) empaquei.

stuck-up *adj inf pej* convencido(da), metido(da).

stud [stʌd] *n* **-1.** [metal decoration] tachão *m* **-2.** [earring] pingente *m* **-3.** *UK* [on boot, shoe] salto *m*; **-4.** *(U)* [of horses] plantel *m*.

studded ['stʌdɪd] *adj*: **~ (with sthg)** adornado(da) (com algo); **a ~ jacket** uma jaqueta adornada; **~ with precious stones** cravejado(da) de pedras preciosas.

student ['stju:dnt] ◇ *n* **-1.** [at college, university] estudante *mf* **-2.** [scholar] estudioso *m*, -sa *f*. ◇ *comp* **-1.** [nurse, teacher] em estágio **-2.** [politics] estudantil **-3.** [lifestyle] de estudante **-4.** [disco] para estudantes.

student loan *n UK* crédito *m* educativo.

studio ['stju:dɪəʊ] (*pl* **-s**) *n* estúdio *m*.

studio flat *UK*, **studio apartment** *US n* quitinete *f*.

studious ['stju:djəs] *adj* estudioso(sa).

studiously ['stju:djəslɪ] *adv* cuidadosamente.

study ['stʌdɪ] (*pl* **-ies**, *pt & pp* **-ied**) ◇ *n* **-1.** *(U)* [gen] estudo *m* **-2.** [room] sala *f* de estudos. ◇ *vt* **-1.** [learn] estudar **-2.** [examine] examinar, estudar. ◇ *vi* estudar.

◆ **studies** *npl* estudos *mpl*.

stuff [stʌf] ◇ *n (U) inf* **-1.** [matter, things] coisa *f* **-2.** [substance]: **what's that ~ in your pocket?** o que é isso aí no seu bolso? **-3.** [belongings] coisas *fpl*. ◇ *vt* **-1.** [push, put] enfiar **-2.** [fill, cram]: **to ~ sthg (with sthg)** encher algo (com algo) **-3.** *CULIN* rechear.

stuffed [stʌft] *adj* **-1.** [filled, crammed]: **~ with sthg** atulhado(da) de algo **-2.** *inf* [with food] empanturrado(da) **-3.** *CULIN* recheado(da) **-4.** [animal] empalhado(da).

stuffing ['stʌfɪŋ] *n (U)* **-1.** [filling - for furniture] estofamento *m*; [- for toys] enchimento *m* **-2.** *CULIN* recheio *m*.

stuffy ['stʌfɪ] (*compar* **-ier**, *superl* **-iest**) *adj* **-1.** [room] abafado(da) **-2.** [formal, old-fashioned] retrógrado(da).

stumble ['stʌmbl] *vi* **-1.** [trip] tropeçar **-2.** [hesitate, make mistake] equivocar-se.

◆ **stumble across, stumble on** *vt fus* **-1.** [person] topar com **-2.** [objects] encontrar por acaso.

stumbling block [ˈstʌmblɪŋ-] *n* pedra *f* no caminho, obstáculo *m*.
stump [stʌmp] ◇ *n* **-1.** [of tree] toco *m* **-2.** [of limb] coto *m*. ◇ *vt* deixar perplexo(xa).
stun [stʌn] (*pt* & *pp* **-ned**, *cont* **-ning**) *vt* **-1.** [knock unconscious] deixar sem sentidos **-2.** [shock, surprise] atordoar.
stung [stʌŋ] *pt* & *pp* ▷ **sting**.
stunk [stʌŋk] *pt* & *pp* ▷ **stink**.
stunning [ˈstʌnɪŋ] *adj* **-1.** [very beautiful] imponente **-2.** [very shocking, surprising] espantoso(sa).
stunt [stʌnt] ◇ *n* **-1.** [for publicity] golpe *m* publicitário **-2.** *CINEMA* cena *f* arriscada, cena *f* perigosa. ◇ *vt* inibir.
stunted [ˈstʌntɪd] *adj* mirrado(da).
stunt man *n* dublê *m*.
stupefy [ˈstju:pɪfaɪ] (*pt* & *pp* **-ied**) *vt* **-1.** [tire, bore] entorpecer **-2.** [surprise] deixar estupefato(ta).
stupendous [stju:ˈpendəs] *adj* *inf* **-1.** [wonderful] estupendo(da) **-2.** [very large] enorme.
stupid [ˈstju:pɪd] *adj* **-1.** [foolish] estúpido(da) **-2.** *inf* [wretched, damned] idiota.
stupidity [stju:ˈpɪdətɪ] *n* *(U)* estupidez *f*.
sturdy [ˈstɜ:dɪ] (*compar* **-ier**, *superl* **-iest**) *adj* **-1.** [person] forte, robusto(ta) **-2.** [furniture, platform] sólido(da), firme.
stutter [ˈstʌtəʳ] *vi* gaguejar.
sty [staɪ] (*pl* **sties**) *n* chiqueiro *m*.
stye [staɪ] *n* terçol *m*.
style [staɪl] ◇ *n* **-1.** [manner] estilo *m*; **in the ~ of** ao estilo de **-2.** *(U)* [smartness, elegance] classe *f* **-3.** [fashion, design] modelo *m*. ◇ *vt* pentear de acordo com a moda.
stylish [ˈstaɪlɪʃ] *adj* de estilo.
stylist [ˈstaɪlɪst] *n* estilista *mf*.
suave [swɑ:v] *adj* afável.
sub [sʌb] *n* *inf* **-1.** *SPORT* (*abbr of* **substitute**) reserva *mf* **-2.** (*abbr of* **submarine**) submarino *m* **-3.** *UK* (*abbr of* **subscription**) assinatura *f* **-4.** *UK* [advance payment] adiantamento *m*.
subconscious [ˌsʌbˈkɒnʃəs] ◇ *adj* subconsciente. ◇ *n*: **the ~** o subconsciente.
subcontract [ˌsʌbkənˈtrækt] *vt* subcontratar.
subdivide [ˌsʌbdɪˈvaɪd] *vt* subdividir.
subdue [səbˈdju:] *vt* **-1.** [enemy, rioters, crowds] subjugar **-2.** [feelings, passions] conter, dominar.
subdued [səbˈdju:d] *adj* **-1.** [person] desanimado(da) **-2.** [feelings] reprimido(da) **-3.** [light, sound, colour] fraco(ca).
subject [*adj, n & prep* ˈsʌbdʒekt, *vt* səbˈdʒekt] ◇ *adj*: **~ (to sthg)** sujeito(ta) (a algo). ◇ *n* **-1.** [topic, person under consideration] assunto *m*, tema *m* **-2.** *GRAMM* sujeito *m* **-3.** *SCH & UNIV* cadeira *f* **-4.** [citizen] súdito *m*, -ta *f*. ◇ *vt* **-1.** [bring under strict control] sujeitar, dominar **-2.** [force to experience]: **to ~ sb to sthg** sujeitar alguém a algo.
◆ **subject to** *prep* sujeito(ta) a; **~ to the budget** dependendo do orçamento.
subjective [səbˈdʒektɪv] *adj* subjetivo(va).
subject matter [ˈsʌbdʒekt-] *n* *(U)* temática *f*, tema *m*.
subjunctive [səbˈdʒʌŋktɪv] *n* *GRAMM*: **~ (mood)** (modo *m*) subjuntivo *m*.
sublet [ˌsʌbˈlet] (*pt* & *pp* **sublet**, *cont* **-ting**) *vt* sublocar.
sublime [səˈblaɪm] *adj* sublime.
submachine gun [ˌsʌbməˈʃi:n-] *n* metralhadora *f*.
submarine [ˌsʌbməˈri:n] *n* submarino *m*.
submerge [səbˈmɜ:dʒ] ◇ *vt* **-1.** [flood] inundar **-2.** [plunge into liquid] submergir. ◇ *vi* mergulhar.
submission [səbˈmɪʃn] *n* *(U)* **-1.** [obedience, capitulation] submissão *f* **-2.** [presentation] apresentação *f*.
submissive [səbˈmɪsɪv] *adj* submisso(sa).
submit [səbˈmɪt] (*pt* & *pp* **-ted**, *cont* **-ting**) ◇ *vt* submeter. ◇ *vi*: **to ~ (to sb)** render-se (a alguém); **to ~ (to sthg)** submeter-se (a algo).
subnormal [ˌsʌbˈnɔ:ml] *adj* subnormal.
subordinate [ˌsəˈbɔ:dɪnət] ◇ *adj* *fml*: **~ (to sthg)** subordinado(da) (a algo). ◇ *n* subordinado *m*, -da *f*.
subpoena [səˈpi:nə] (*pt* & *pp* **-ed**) *JUR* ◇ *n* intimação *f (para comparecimento em juízo)*. ◇ *vt* intimar *(para comparecimento em juízo)*.
subscribe [səbˈskraɪb] *vi* **-1.** [to magazine, newspaper]: **to ~ (to sthg)** fazer assinatura (de algo) **-2.** [to view, belief]: **to ~ to sthg** concordar com algo.
subscriber [səbˈskraɪbəʳ] *n* **-1.** [to magazine, newspaper] assinante *mf* **-2.** [to service] usuário *m*, -ria *f*.
subscription [səbˈskrɪpʃn] *n* **-1.** [to newspaper, magazine] assinatura *f* **-2.** [to club, organization - monthly] mensalidade *f*; [- yearly] anuidade *f*.
subsequent [ˈsʌbsɪkwənt] *adj* subseqüente.
subsequently [ˈsʌbsɪkwəntlɪ] *adv* subseqüentemente, por conseguinte.
subservient [səbˈsɜ:vjənt] *adj* **-1.** [servile]: **~ (to sb)** subserviente (a alguém) **-2.** [less important]: **~ (to sthg)** subordinado(da) (a algo).
subside [səbˈsaɪd] *vi* **-1.** [storm, anger] acalmar; [pain, grief] passar **-2.** [floods] baixar; [swelling] diminuir **-3.** *CONSTR* ceder.
subsidence [səbˈsaɪdns, ˈsʌbsɪdns] *n* *(U)* *CONSTR*: **the problems were caused by ~** os problemas foram causados pelo fato de o terreno ter cedido.
subsidiary [səbˈsɪdjərɪ] (*pl* **-ies**) ◇ *adj* sub-

sidiário(ria). ◇ *n*: ~ **(company)** (empresa *f*) subsidiária *f*.

subsidize, -ise ['sʌbsɪdaɪz] *vt* subsidiar.

subsidy ['sʌbsɪdɪ] (*pl* **-ies**) *n* subsídio *m*.

substance ['sʌbstəns] *n* **-1.** [gen] substância *f* **-2.** [essence, gist] essência *f* **-3.** *(U)* [importance] importância *f*.

substantial [səb'stænʃl] *adj* **-1.** [large, considerable] substancial **-2.** [solid, well-built] sólido(da).

substantially [səb'stænʃəlɪ] *adv* **-1.** [quite a lot] substancialmente, consideravelmente **-2.** [mainly] basicamente.

substantiate [səb'stænʃɪeɪt] *vt* ***fml*** fundamentar.

substitute ['sʌbstɪtju:t] ◇ *n* **-1.** [replacement]: ~ **(for sb/sthg)** substituto *m*, -ta *f* (de alguém/algo) **-2.** SPORT reserva *mf*, suplente *mf*. ◇ *vt*: **to ~ sb for sb** substituir alguém por alguém; **to ~ sthg for sthg** substituir algo por algo.

subtitle ['sʌb,taɪtl] *n* subtítulo *m*.

◆ **subtitles** *npl* CINEMA legenda *f*.

subtle ['sʌtl] *adj* sutil.

subtlety ['sʌtltɪ] *n* **-1.** [gen] sutileza *f* **-2.** [delicacy, understatement] delicadeza *f*.

subtotal ['sʌbtəʊtl] *n* subtotal *m*.

subtract [səb'trækt] *vt*: **to ~ sthg (from sthg)** subtrair algo (de algo).

subtraction [səb'trækʃn] *n* subtração *f*.

suburb ['sʌbɜ:b] *n* periferia *f*.

◆ **suburbs** *npl*: **the ~s** a periferia.

suburban [sə'bɜ:bn] *adj* **-1.** [of suburbs] da periferia **-2.** ***pej*** [boring] suburbano(na).

suburbia [sə'bɜ:bɪə] *n (U)* bairros *mpl* residenciais.

subversive [səb'vɜ:sɪv] ◇ *adj* subversivo(va). ◇ *n* subversivo *m*, -va *f*.

subway ['sʌbweɪ] *n* **-1.** ***UK*** [underground walkway] passagem *f* subterrânea **-2.** ***US*** [underground railway] metrô *m*.

succeed [sək'si:d] ◇ *vt* **-1.** [person] suceder a **-2.** [event, emotion]: **to be ~ed by sthg** ser sucedido(da) por algo. ◇ *vi* **-1.** [achieve desired result]: **to ~ in sthg/in doing sthg** conseguir algo/fazer algo **-2.** [work well, come off] dar bons resultados, sair-se bem **-3.** [go far in life] triunfar.

succeeding [sək'si:dɪŋ] *adj* seguinte.

success [sək'ses] *n* sucesso *m*.

successful [sək'sesfʊl] *adj* **-1.** [attempt] bem-sucedido(da) **-2.** [film, book *etc.*] de sucesso **-3.** [person] bem-sucedido(da), de sucesso.

succession [sək'seʃn] *n* **-1.** [series] sucessão *f* **-2.** *(U)* ***fml*** [to high position] sucessão *f*.

successive [sək'sesɪv] *adj* sucessivo(va).

succinct [sək'sɪŋkt] *adj* sucinto(ta).

succumb [sə'kʌm] *vi*: **to ~ (to sthg)** sucumbir (a algo).

such [sʌtʃ] ◇ *adj* **-1.** [referring back] tal, semelhante; **I never heard ~ nonsense!** nunca ouvi tal absurdo! **-2.** [referring forward] assim; **have you got ~ a thing as a tin opener?** você teria algo como um abridor de latas?; **~ words as 'duty' and 'honour'** palavras como dever e honra **-3.** [whatever]: **I've spent ~ as I had** gastei o pouco dinheiro que eu tinha **-4.** [so great, so extreme]: **~ ... that** tal ... que; **the state of the economy is ~ that ...** tal é o estado da economia que ... ◇ *adv* tão; **~ nice people** essas pessoas tão gentis; **~ a lot of books** tantos livros; **~ a long time** tanto tempo. ◇ *pron* [referring back]: **and ~ (like)** e coisas do gênero.

◆ **as such** *adv* propriamente dito(ta).

◆ **such and such** *adj*: **at ~ and ~ a time** de tal em tal hora.

> Quando *such* for usado na função de adjetivo, deverá ser colocado sempre antes do substantivo. *Such a/an* é usado diante de substantivos variáveis no singular (*such a fool*; *such an awful person*) e *such* diante de invariáveis (*such energy*; *such amazing stupidity*) e de variáveis no plural (*such idiots*; *such expensive tastes*).

suck [sʌk] *vt* **-1.** [by mouth] chupar **-2.** [draw in] aspirar, sugar.

sucker ['sʌkə^r] *n* **-1.** [suction pad] ventosa *f* **-2.** ***inf*** [gullible person] trouxa *mf*.

suction ['sʌkʃn] *n (U)* **-1.** [drawing in] sucção *f* **-2.** [adhesion] adesão *f*.

Sudan [su:'dɑ:n] *n* Sudão *m*.

sudden ['sʌdn] *adj* **-1.** [quick] repentino(na); **all of a ~** de repente **-2.** [unforeseen] inesperado(da).

suddenly ['sʌdnlɪ] *adv* de repente.

suds [sʌdz] *npl* espuma *f* de sabão.

sue [su:] *vt*: **to ~ sb (for sthg)** processar alguém (por algo).

suede [sweɪd] *n (U)* camurça *f*.

suet ['sʊɪt] *n (U)* sebo *m*.

suffer ['sʌfə^r] ◇ *vt* sofrer. ◇ *vi* **-1.** [feel physical pain] sofrer de; **to ~ from sthg** MED sofrer de algo **-2.** [experience difficulties or loss] sair prejudicado(da).

sufferer ['sʌfrə^r] *n* paciente *mf*.

suffering ['sʌfrɪŋ] *n* sofrimento *m*.

suffice [sə'faɪs] *vi* ***fml*** ser suficiente, bastar.

sufficient [sə'fɪʃnt] *adj* suficiente.

sufficiently [sə'fɪʃntlɪ] *adv* suficientemente.

suffocate ['sʌfəkeɪt] ◇ *vt* sufocar, asfixiar. ◇ *vi* sufocar-se, asfixiar-se.

suffrage ['sʌfrɪdʒ] *n (U)* sufrágio *m*.

suffuse [sə'fju:z] *vt*: **~d with sthg** banhado(da) de algo.

sugar ['ʃʊgə^r] ◇ *n (U)* açúcar *m*. ◇ *vt* adoçar.

sugar beet *n (U)* beterraba *f* (açucareira).

sugarcane [ˈʃʊgəkeɪn] *n (U)* cana-de-açúcar *f*.
sugary [ˈʃʊgərɪ] *adj* [high in sugar] açucarado(da), muito doce.
suggest [səˈdʒest] *vt* **-1.** [propose] sugerir, propor; **to ~ that sb do sthg** sugerir que alguém faça algo **-2.** [imply] insinuar.
suggestion [səˈdʒestʃn] *n* **-1.** [gen] sugestão *f* **-2.** *(U)* [implication] insinuação *f*.
suggestive [səˈdʒestɪv] *adj* **-1.** [implying sexual connotation] insinuante, provocante **-2.** [implying a certain conclusion]: **~ (of sthg)** indicativo(va) (de algo) **-3.** [reminiscent]: **~ of sthg** evocativo(va) de algo.
suicide [ˈsu:ɪsaɪd] *n* suicídio *m*; **to commit ~** cometer suicídio, suicidar-se.
suit [su:t] *n* **-1.** [of matching clothes - for man] terno *m*; [- for woman] conjunto *m* **-2.** [in cards] naipe *m*; **to follow ~** seguir no mesmo naipe; *fig* seguir o exemplo **-3.** *JUR* processo *m*. ◇ *vt* **-1.** [look attractive on] cair bem **-2.** [be convenient or agreeable to] convir **-3.** [be appropriate to]: **that job ~s you perfectly!** este trabalho é a sua cara! ◇ *vi* [be convenient or agreeable]: **does that ~?** está bom para ti?
suitable [ˈsu:təbl] *adj* adequado(da), apropriado(da); **the most ~ person** a pessoa mais indicada.
suitably [ˈsu:təblɪ] *adv* adequadamente, apropriadamente.
suitcase [ˈsu:tkeɪs] *n* mala *f*.
suite [swi:t] *n* **-1.** [of rooms] suíte *f* **-2.** [of furniture] conjunto *m*.
suited [ˈsu:tɪd] *adj* **-1.** [suitable]: **~ to/for sthg** adequado(da) para algo **-2.** [compatible]: **they are well ~** eles combinam muito bem.
suitor [ˈsu:təʳ] *n dated* pretendente *m*.
sulfur *n US* = **sulphur**.
sulk [sʌlk] *vi* emburrar.
sulky [ˈsʌlkɪ] (*compar* **-ier**, *superl* **-iest**) *adj* emburrado(da).
sullen [ˈsʌlən] *adj* mal-humorado(da), atacado(da).
sulphur *UK*, **sulfur** *US* [ˈsʌlfəʳ] *n (U)* enxofre *m*.
sultana [səlˈtɑ:nə] *n UK* [dried grape] passa *f* branca.
sultry [ˈsʌltrɪ] (*compar* **-ier**, *superl* **-iest**) *adj* **-1.** [hot] abafado(da), mormacento(ta) **-2.** [sexy] quente.
sum [sʌm] (*pt* & *pp* **-med**, *cont* **-ming**) *n* soma *f*.
◆ **sum up** *vt sep* [summarize] resumir. ◇ *vi* recapitular.
summarize, -ise [ˈsʌməraɪz] *vt* resumir. ◇ *vi* resumir.
summary [ˈsʌmərɪ] (*pl* **-ies**) *n* resumo *m*.
summer [ˈsʌməʳ] *n* verão *m*; **in ~** no verão. ◇ *comp* de verão.
summer house *n* **-1.** [in garden] quiosque *m* *(em jardim)* **-2.** [for holidays] casa *f* de veraneio.
summer school *n* escola *f* de verão.
summertime [ˈsʌmətaɪm] *n*: **(the) ~** o verão.
summit [ˈsʌmɪt] *n* **-1.** [mountaintop] topo *m*, cume *m* **-2.** [meeting] reunião *f* de cúpula.
summon [ˈsʌmən] *vt* convocar.
◆ **summon up** *vt sep* armar-se de.
summons [ˈsʌmənz] (*pl* **summonses**) *JUR n* intimação *f*. ◇ *vt* intimar.
sump [sʌmp] *n AUT* cárter *m*.
sumptuous [ˈsʌmptʃʊəs] *adj* suntuoso(sa).
sun [sʌn] *n*: **the ~** o sol.
sunbathe [ˈsʌnbeɪð] *vi* tomar (banho de) sol.
sunbed [ˈsʌnbed] *n* câmara *f* de bronzeamento artificial.
sunburn [ˈsʌnbɜ:n] *n (U)* queimadura *f* de sol.
sunburned [ˈsʌnbɜ:nd], **sunburnt** [ˈsʌnbɜ:nt] *adj* queimado(da) de sol.
Sunday [ˈsʌndɪ] *n* domingo *m*; *see also* **Saturday**.
Sunday school *n* catequese *f*.
sundial [ˈsʌndaɪəl] *n* relógio *m* de sol.
sundown [ˈsʌndaʊn] *n (U)* crepúsculo *m*.
sundry [ˈsʌndrɪ] *adj fml* diversos(sas); **all and ~** todos(das) sem exceção.
◆ **sundries** *npl fml* artigos *mpl* diversos.
sunflower [ˈsʌnˌflaʊəʳ] *n* girassol *m*.
sung [sʌŋ] *pp* ▷ **sing**.
sunglasses [ˈsʌnˌglɑ:sɪz] *npl* óculos *mpl* escuros *OR* de sol.
sunk [sʌŋk] *pp* ▷ **sink**.
sunlight [ˈsʌnlaɪt] *n (U)* luz *f* do sol *OR* solar.
sunny [ˈsʌnɪ] (*compar* **-ier**, *superl* **-iest**) *adj* **-1.** [full of sun] ensolarado(da) **-2.** *fig* [cheerful] luminoso(sa).
sunrise [ˈsʌnraɪz] *n* **-1.** [time of day] amanhecer *m* **-2.** [event] nascer *m* do sol.
sunroof [ˈsʌnru:f] *n* teto *m* solar.
sunset [ˈsʌnset] *n* **-1.** *(U)* [time of day] anoitecer *m* **-2.** [event] pôr-do-sol *m*, crepúsculo *m*.
sunshade [ˈsʌnʃeɪd] *n* guarda-sol *m*.
sunshine [ˈsʌnʃaɪn] *n (U)* (luz *f* do) sol *m*.
sunstroke [ˈsʌnstrəʊk] *n (U)* insolação *f*.
suntan [ˈsʌntæn] *n* bronzeado *m*. ◇ *comp* bronzeador(ra).
suntrap [ˈsʌntræp] *n* local *m* muito ensolarado.
super [ˈsu:pəʳ] *adj inf* excelente. ◇ *n* [petrol] gasolina *f* premium.
superannuation [ˈsu:pəˌrænjʊˈeɪʃn] *n* **-1.** *(U)* [pension] aposentadoria *f*, pensão *f* **-2.** [contribution] contribuição *f* para a previdência.
superb [su:ˈpɜ:b] *adj* soberbo(ba).
supercilious [ˌsu:pəˈsɪlɪəs] *adj* convencido(da), arrogante.
superficial [ˌsu:pəˈfɪʃl] *adj* superficial.
superfluous [su:ˈpɜ:flʊəs] *adj* supérfluo(flua).

superhuman [ˌsuːpəˈhjuːmən] *adj* sobre-humano(na).

superimpose [ˌsuːpərɪmˈpəʊz] *vt*: **to ~ sthg on sthg** sobrepor algo a algo.

superintendent [ˌsuːpərɪnˈtendənt] *n* **-1.** *UK* [of police] chefe *mf* de polícia **-2.** *fml* [of department] superintendente *mf*.

superior [suːˈpɪərɪəʳ] *adj* **-1.** [gen] superior; **~ to sthg/sb** superior a algo/alguém **-2.** *pej* [arrogant] arrogante. <> *n* superior *m*, -ra *f*.

superlative [suːˈpɜːlətɪv] *adj* [of the highest quality] excelente. <> *n GRAMM* superlativo *m*.

supermarket [ˈsuːpəˌmɑːkɪt] *n* supermercado *m*.

supernatural [ˌsuːpəˈnætʃrəl] *adj* sobrenatural.

superpower [ˈsuːpəˌpaʊəʳ] *n* superpotência *f*.

supersede [ˌsuːpəˈsiːd] *vt* suplantar.

supersonic [ˌsuːpəˈsɒnɪk] *adj* supersônico(ca).

superstitious [ˌsuːpəˈstɪʃəs] *adj* supersticioso(sa).

superstore [ˈsuːpəstɔːʳ] *n* hipermercado *m*.

supertanker [ˈsuːpəˌtæŋkəʳ] *n* superpetroleiro *m*.

supervise [ˈsuːpəvaɪz] *vt* supervisionar.

supervisor [ˈsuːpəvaɪzəʳ] *n* supervisor *m*, -ra *f*.

supper [ˈsʌpəʳ] *n* **-1.** [main evening meal] jantar *m* **-2.** [snack before bedtime] lanche *m* antes de dormir.

supple [ˈsʌpl] *adj* flexível.

supplement [*n* ˈsʌplɪmənt, *vb* ˈsʌplɪment] *n* **-1.** [addition] acréscimo *m* **-2.** [in book] suplemento *m*; [of newspaper] suplemento *m*, encarte *m*. <> *vt* complementar.

supplementary [ˌsʌplɪˈmentərɪ] *adj* suplementar.

supplier [səˈplaɪəʳ] *n* fornecedor *m*, -ra *f*.

supply [səˈplaɪ] (*pl* **-ies**, *pt* & *pp* **-ied**) *n* **-1.** [store, reserve] estoque *m* **-2.** *(U)* [network] abastecimento *m* **-3.** *(U) ECON* oferta *f*. <> *vt*: **to ~ sthg (to sb)** fornecer algo (a alguém); **if you ~ the food, I'll bring the drink** se você entrar com a comida, eu trago a bebida; **to ~ sb (with sthg)** prover alguém (com algo); **to ~ sthg with sthg** abastecer algo com algo.
◆ **supplies** *npl* **-1.** [food] provisões *fpl* **-2.** [office equipment] material *m* **-3.** *MIL* apetrechos *mpl*.

support [səˈpɔːt] *n* **-1.** [gen] apoio *m* **-2.** *(U)* [financial] ajuda *f* **-3.** [object, person] suporte *m*. <> *vt* **-1.** [physically] sustentar, apoiar **-2.** [back, back up] apoiar **-3.** [financially] ajudar **-4.** [theory] fundamentar **-5.** *SPORT* torcer para.

supporter [səˈpɔːtəʳ] *n* **-1.** [of person, plan] partidário *m*, -ria *f* **-2.** *SPORT* torcedor *m*, -ra *f*.

suppose [səˈpəʊz] *vt* **-1.** [assume] supor **-2.** [concede reluctantly] supor, achar. <> *vi* **-1.** [assume] crer; **I ~ (so)** suponho que sim; **I ~ not** suponho que não **-2.** [admit] admitir; **I ~ so/not** admito que sim/que não.

supposed [səˈpəʊzd] *adj* **-1.** [doubtful] suposto(posta) **-2.** [intended]: **you weren't ~ to be outside** não era para você estar na rua **-3.** [reputed]: **he was ~ to be here at eight** era para ele estar aqui às oito horas; **it's ~ to be very good** dizem que é muito bom.

supposedly [səˈpəʊzɪdlɪ] *adv* supostamente.

supposing [səˈpəʊzɪŋ] *conj*: **~ we went out?** que tal *OR* e se a gente saísse?

suppress [səˈpres] *vt* **-1.** [uprising, revolt] reprimir **-2.** [information, report] ocultar **-3.** [emotions] conter.

supreme [sʊˈpriːm] *adj* **-1.** [highest in rank] supremo(ma) **-2.** [great] extraordinário(ria).

Supreme Court *n* [in US]: **the ~** a Suprema Corte.

surcharge [ˈsɜːtʃɑːdʒ] *n*: **~ (on sthg)** sobretaxa *f* (a algo).

sure [ʃʊəʳ] *adj* **-1.** [reliable] confiável, seguro(ra) **-2.** [certain] certo(ta); **to be ~ about sthg** ter certeza sobre algo; **to be ~ of sthg** estar certo de algo; **to be ~ of doing sthg** ter certeza de que vai fazer algo; **to make ~ (that) ...** certificar-se de que ...; **I'm ~ (that) ...** tenho certeza de que ... **-3.** [confident]: **to be ~ of o.s.** estar seguro(ra) de si mesmo(ma). <> *adv* **-1.** *inf* [yes] com certeza, claro **-2.** *US* [really] realmente.
◆ **for sure** *adv* com (toda) certeza.
◆ **sure enough** *adv* de fato.

surely [ˈʃʊəlɪ] *adv* com certeza; **~ you can't be serious!** você não pode estar falando a verdade!

surety [ˈʃʊərətɪ] *n* garantia *f*, fiança *f*.

surf [sɜːf] *n (U)* espuma *f (das ondas do mar)*.

surface [ˈsɜːfɪs] *n* superfície *f*; **on the ~** à primeira vista. <> *vi* **-1.** [from water] emergir, vir à tona **-2.** [become generally known] vir à tona.

surface mail *n* correio *m* terrestre *OR* marítimo.

surfboard [ˈsɜːfbɔːd] *n* prancha *f* de surfe.

surfeit [ˈsɜːfɪt] *n fml* excesso *m*.

surfing [ˈsɜːfɪŋ] *n (U)* surfe *m*; **to go ~** ir surfar.

surge [sɜːdʒ] <> *n* **-1.** [gen] onda *f*; [of electricity] sobretensão *f* **-2.** [of water] torrente *f* **-3.** [of sales, applications] onda *f*, aumento *m*. <> *vi* **-1.** [people, vehicles] avançar em massa **-2.** [water] subir.

surgeon [ˈsɜːdʒən] *n* cirurgião *m*, -giã *f*.

surgery [ˈsɜːdʒərɪ] (*pl* **-ies**) *n* **-1.** *(U) MED* [activity, operation] cirurgia *f* **-2.** *UK MED* [place] consultório *m*.

surgical [ˈsɜːdʒɪkl] *adj* **-1.** [connected with surgery] cirúrgico(ca) **-2.** [worn as treatment] ortopédico(ca).

surgical spirit *n (U) UK* anti-séptico *m.*

surly ['sɜ:lɪ] (*compar* **-ier**, *superl* **-iest**) *adj* ríspido(da).

surmount [sɜ:'maʊnt] *vt* superar, vencer.

surname ['sɜ:neɪm] *n* sobrenome *m.*

surpass [sə'pɑ:s] *vt fml* ultrapassar, superar.

surplus ['sɜ:pləs] *adj* excedente; **he was ~ to requirements** ele estava além do que se precisava. <> *n* **-1.** [gen] excedente *m* **-2.** [in budget] superávit *m.*

surprise [sə'praɪz] *n* surpresa *f.* <> *vt* surpreender.

surprised [sə'praɪzd] *adj* surpreso(sa).

surprising [sə'praɪzɪŋ] *adj* surpreendente.

surprisingly [sə'praɪzɪŋlɪ] *adv* surpreendentemente.

surrender [sə'rendəʳ] *n* rendição *f.* <> *vi* **-1.** [stop fighting]: **to ~ (to sb)** render-se (a alguém) **-2.** *fig* [give in]: **to ~ (to sthg)** sucumbir *OR* ceder (a algo).

surreptitious [ˌsʌrəp'tɪʃəs] *adj* clandestino(na), furtivo(va).

surrogate ['sʌrəgeɪt] *adj* suplente. <> *n* substituto *m*, -ta *f.*

surrogate mother *n* mãe *f* de aluguel.

surround [sə'raʊnd] *vt* **-1.** [encircle] circundar, rodear **-2.** [trap] cercar **-3.** *fig* [be associated with] rondar.

surrounding [sə'raʊndɪŋ] *adj* **-1.** [all around] circundante **-2.** [associated] relacionado(da).

◆ **surroundings** *npl* **-1.** [physical] arredores *mpl* **-2.** [social] ambiente *m.*

surveillance [sɜ:'veɪləns] *n (U)* vigilância *f.*

survey [*n* 'sɜ:veɪ, *vb* sə'veɪ] *n* **-1.** [statistical investigation] pesquisa *f*, levantamento *m* **-2.** [physical examination - of land] medição *f*; [- of building] vistoria *f*, inspeção *f.* <> *vt* **-1.** [contemplate] contemplar **-2.** [investigate statistically] fazer um levantamento de **-3.** [examine, assess - land] medir; [- building] vistoriar, inspecionar.

surveyor [sə'veɪəʳ] *n* [of land] agrimensor *m*, -ra *f*; [of building] vistoriador *m*, -ra *f.*

survival [sə'vaɪvl] *n (U)* [continuing to live] sobrevivência *f.*

survive [sə'vaɪv] *vt* **-1.** [live through] sobreviver a **-2.** [live longer than] sobreviver. <> *vi* **-1.** [gen] sobreviver **-2.** *inf* [cope successfully] sobreviver.

survivor [sə'vaɪvəʳ] *n* **-1.** [gen] sobrevivente *mf* **-2.** *fig* [fighter] lutador *m*, -ra *f.*

susceptible [sə'septəbl] *adj* **-1.** [likely to be influenced]: **~ (to sthg)** suscetível (a algo) **-2.** *MED*: **~ (to sthg)** propenso(sa) (a algo).

suspect [*adj & n* 'sʌspekt, *vb* sə'spekt] *adj* suspeito(ta). <> *n* suspeito *m*, -ta *f.* <> *vt* **-1.** suspeitar; **I ~ corruption in the system** imagino que haja corrupção no sistema **-2.** [consider guilty]: **to ~ sb (of sthg)** suspeitar de alguém (em algo).

suspend [sə'spend] *vt* **-1.** [gen] suspender **-2.** [temporarily discontinue] suspender, interromper.

suspended sentence [sə'spendɪd-] *n* condenação *f* condicional.

suspender belt [sə'spendəʳ-] *n UK* cinta-liga *f.*

suspenders [sə'spendəz] *npl* **-1.** *UK* [for stockings] cintas-ligas *fpl* **-2.** *US* [for trousers] suspensórios *mpl.*

suspense [sə'spens] *n (U)* suspense *m.*

suspension [sə'spenʃn] *n* suspensão *f.*

suspension bridge *n* ponte *f* suspensa.

suspicion [sə'spɪʃn] *n* suspeita *f.*

suspicious [sə'spɪʃəs] *adj* **-1.** [having suspicions] desconfiado(da) **-2.** [causing suspicion] suspeito(ta).

sustain [sə'steɪn] *vt* **-1.** [gen] manter **-2.** [nourish spiritually] sustentar **-3.** [suffer] sofrer **-4.** [withstand] suportar.

sustainable development [sə'steɪnabl-] *n* desenvolvimento *m* sustentável.

sustenance ['sʌstɪnəns] *n (U) fml* subsistência *f.*

SW (*abbr of* **short wave**) OC *f.*

swab [swɒb] *n* (bucha *f* de) algodão *m.*

swagger ['swægəʳ] *vi* andar com ar garboso.

Swahili [swɑ:'hi:lɪ] *n* [language] suaíli *m.*

swallow ['swɒləʊ] *n* **-1.** [bird] andorinha *f* **-2.** [of drink] gole *m.* <> *vt* **-1.** [gen] engolir **-2.** *fig* [hold back] engolir em seco. <> *vi* engolir.

swam [swæm] *pt* ▻ **swim.**

swamp [swɒmp] *n* pântano *m*, brejo *m.* <> *vt* **-1.** [flood] inundar **-2.** [overwhelm]: **to ~ sb/sthg (with sthg)** sobrecarregar alguém/algo (de algo).

swan [swɒn] *n* cisne *m.*

swap [swɒp] (*pt* & *pp* **-ped**, *cont* **-ping**) *vt*: **to ~ sthg (with sb)** trocar algo com alguém; **to ~ sthg (over** *OR* **round)** trocar algo; **to ~ sthg for sthg** trocar algo por algo.

swarm [swɔ:m] *n fig* [of people] mundaréu *m.* <> *vi* **-1.** *fig* [people] apinhar-se **-3.** *fig* [place]: **to be ~ing (with)** estar fervilhando de.

swarthy ['swɔ:ðɪ] (*compar* **-ier**, *superl* **-iest**) *adj* moreno(na).

swastika ['swɒstɪkə] *n* suástica *f.*

swat [swɒt] (*pt* & *pp* **-ted**, *cont* **-ting**) *vt* golpear.

sway [sweɪ] *vt* [influence] persuadir, convencer. <> *vi* oscilar.

swear [sweəʳ] (*pt* **swore**, *pp* **sworn**) *vt* [gen] jurar; **to ~ to do sthg** jurar fazer algo *inf* [state emphatically] jurar. <> *vi* **-1.** [state emphatically] jurar **-2.** [use swearwords] praguejar.

swearword ['sweəwɜ:d] *n* blasfêmia *f*, palavrão *m.*

sweat [swet] *n (U)* [perspiration] suor *m.* <> *vi* **-1.** [perspire] suar **-2.** *inf* [worry] preocupar-se com.

sweater ['swetəʳ] *n* suéter *m.*

sweatshirt ['swetʃɜ:t] *n* moletom *m.*

sweaty ['swetɪ] (*compar* **-ier**, *superl* **-iest**) *adj* **-1.** [skin, clothes] suado(da) **-2.** [activity] exaustivo(va).

swede [swi:d] *n UK* rutabaga *f.*

Swede [swi:d] *n* sueco *m*, -ca *f.*

Sweden ['swi:dn] *n* Suécia.

Swedish ['swi:dɪʃ] *adj* sueco(ca). <> *n* [language] sueco *m.* <> *npl*: **the ~** os suecos.

sweep [swi:p] (*pt* & *pp* **swept**) *n* **-1.** [sweeping movement] movimento *m* (circular) **-2.** [with brush] varrida *f* **-3.** [chimneysweep] limpador *m*, -ra *f* de chaminé. <> *vt* **-1.** [gen] varrer **-2.** [with eyes] examinar **-3.** [spread through] disseminar.

◆ **sweep away** *vt sep* varrer do mapa.

◆ **sweep up** *vt sep* & *vi* escovar.

sweeping ['swi:pɪŋ] *adj* **-1.** [effect] radical **-2.** [statement] muito genérico(ca).

sweet [swi:t] *adj* **-1.** [gen] doce **-2.** [smell] doce, perfumado(da) **-3.** [sound] doce, melodioso(sa) **-4.** [gentle, kind] amável; **that's very ~ of you** é muita gentileza de sua parte **-5.** [attractive] meigo(ga). <> *n UK* **-1.** [candy] doce *m* **-2.** [dessert] sobremesa *f.*

sweet corn *n (U)* milho *m* verde.

sweeten ['swi:tn] *vt* adoçar.

sweetheart ['swi:thɑ:t] *n* **-1.** [term of endearment] querido *m*, -da *f* **-2.** [boyfriend or girlfriend] namorado *m*, -da *f.*

sweetness ['swi:tnɪs] *n (U)* **-1.** [gen] doçura *f* **-2.** [of feelings] prazer *f* **-3.** [of smell] aroma *f* **-4.** [of sound] melodia *f.*

sweet pea *n* ervilha-de-cheiro *f.*

swell [swel] (*pt* **-ed**, *pp* **swollen** *OR* **-ed**) *vi* **-1.** [become larger]: **to ~ (up)** inchar **-2.** [fill with air] inflar **-3.** [increase in number] aumentar **-4.** [become louder] intensificar-se **-5.** [with pride] encher-se. <> *vt* aumentar. <> *n* elevação *f*; **sea ~** vaivém *m* do mar. <> *adj US inf* genial, excelente.

swelling ['swelɪŋ] *n* **-1.** *(U)* [swollenness] inchamento *m* **-2.** [swollen area] inchaço *m.*

sweltering ['sweltərɪŋ] *adj* **-1.** [weather] abafado(da) **-2.** [person] sufocado(da).

swept [swept] *pt* & *pp* ▷ **sweep**.

swerve [swɜ:v] *vi* **-1.** [car, lorry] dar uma guinada **-2.** [person] desviar repentinamente.

swift [swɪft] *adj* **-1.** [fast] veloz **-2.** [prompt, ready] rápido(da). <> *n* [bird] andorinhão *m* preto.

swig [swɪg] *n inf* trago *m.*

swill [swɪl] *n (U)* lavagem *f.* <> *vt UK* enxaguar.

swim [swɪm] (*pt* **swam**, *pp* **swum**, *cont* **-ming**) *n* banho *m (de mar, de piscina)*; **to have a ~** nadar; **to go for a ~** ir nadar *OR* tomar banho *(de mar, de piscina)*. <> *vi* **-1.** [move through water] nadar; **can you ~?** você sabe nadar? **-2.** [feel dizzy] dar voltas; **my head was ~ming** minha cabeça estava girando.

swimmer ['swɪməʳ] *n* nadador *m*, -ra *f.*

swimming ['swɪmɪŋ] *n* [bathing] natação *f*; **to go ~** ir nadar.

swimming cap *n* touca *f* de natação.

swimming costume *n UK* traje *m* de banho.

swimming pool *n* piscina *f.*

swimming trunks *npl* sunga *m.*

swimsuit ['swɪmsu:t] *n* traje *m* de banho.

swindle ['swɪndl] *n* logro *m*, fraude *f.* <> *vt* lograr; **to ~ sb out of sthg** lograr alguém em algo.

swine [swaɪn] *n inf pej* [person] porco *m*, -ca *f.*

swing [swɪŋ] (*pt* & *pp* **swung**) *n* **-1.** [child's toy] balanço *m* **-2.** [change] virada *f*, mudança *f* **-3.** [swaying movement] rebolado *m* **-4.** *phr*: **to be in full ~** estar a todo vapor. <> *vt* **-1.** [move back and forth] balançar **-2.** [turn] virar bruscamente. <> *vi* **-1.** [move back and forth] balançar **-2.** [turn] girar; **to ~ open** abrir-se **-3.** [change] virar, mudar.

swing bridge *n* ponte *f* giratória.

swing door *n* porta *f* corrediça.

swingeing ['swɪndʒɪŋ] *adj* severo(ra).

swipe [swaɪp] <> *vt* **-1.** *inf* [steal] roubar **-2.** [plastic card] passar. <> *vi*: **to ~ at sthg** tentar golpear algo.

swirl [swɜ:l] <> *n* **-1.** [swirling movement] rodopio *m* **-2.** [eddy] redemoinho *m.* <> *vi* girar.

swish [swɪʃ] <> *adj inf* [posh] bacana. <> *vt* [tail] balançar, agitar.

Swiss [swɪs] <> *adj* suíço(ça). <> *n* [person] suíço *m*, -ça *f.* <> *npl*: **the ~** os suíços.

switch [swɪtʃ] <> *n* **-1.** [control device] chave *f*, interruptor *m* **-2.** [change] mudança *f*, virada *f.* <> *vt* **-1.** [transfer] trocar; **to ~ one's attention to sthg** dirigir a atenção a algo **-2.** [swap, exchange] trocar de; **to ~ sthg round** trocar algo de lugar.

◆ **switch off** *vt sep* desligar.

◆ **switch on** *vt sep* ligar.

Switch® [swɪtʃ] *n UK cartão de débito automático.*

switchboard ['swɪtʃbɔ:d] *n* mesa *f* telefônica.

Switzerland ['swɪtsələnd] *n* Suíça.

swivel ['swɪvl] (*UK pt* & *pp* **-led**, *cont* **-ling**, *US pt* & *pp* **-ed**, *cont* **-ing**) *vt* & *vi* girar.

swivel chair *n* cadeira *f* giratória.

swollen ['swəʊln] <> *pp* ▷ **swell**. <> *adj* **-1.** [ankle, arm] inchado(da) **-2.** [river] cheio (cheia).

swoop [swu:p] <> *n* [raid] ataque-surpresa

m. ◇ *vi* **-1.** [fly downwards] precipitar-se, mergulhar **-2.** [pounce] atacar de surpresa.

swop [swɒp] *n, vt & vi* = **swap**.

sword [sɔːd] *n* espada *f.*

swordfish [ˈsɔːdfɪʃ] (*pl inv* OR **-es**) *n* peixe-espada *m.*

swore [swɔːʳ] *pt* ▷ **swear**.

sworn [swɔːn] ◇ *pp* ▷ **swear**. ◇ *adj* JUR sob juramento.

swot [swɒt] (*pt & pp* **-ted**, *cont* **-ting**) *UK inf* ◇ *n pej* cê-dê-efe *mf.* ◇ *vi*: **to ~ (for sthg)** matar-se de estudar (para algo).

swum [swʌm] *pp* ▷ **swim**.

swung [swʌŋ] *pt & pp* ▷ **swing**.

sycamore [ˈsɪkəmɔːʳ] *n* falso-plátano *m.*

syllable [ˈsɪləbl] *n* sílaba *f.*

syllabus [ˈsɪləbəs] (*pl* **-buses** OR **-bi** [-baɪ]) *n* programa *m* da disciplina.

symbol [ˈsɪmbl] *n* símbolo *m.*

symbolize, -ise [ˈsɪmbəlaɪz] *vt* simbolizar.

symmetry [ˈsɪmətrɪ] *n (U)* simetria *f.*

sympathetic [ˌsɪmpəˈθetɪk] *adj* **-1.** [understanding] compreensivo(va) **-2.** [willing to support] favorável; **~ to sthg** favorável a algo.

> Não confundir *sympathetic (compreensível, solidário)* com o português *simpático* que em inglês é *nice*. (*He wasn't sympathetic to the problem.* Ele não foi *solidário* com o problema.)

sympathize, -ise [ˈsɪmpəθaɪz] *vi* **-1.** [feel sorry] compadecer-se; **to ~ with sb** solidarizar-se com alguém, compadecer-se de alguém **-2.** [understand] compreender; **to ~ with sthg** compreender algo **-3.** [support]: **to ~ with sthg** apoiar algo.

sympathizer, -iser [ˈsɪmpəθaɪzəʳ] *n* simpatizante *mf.*

sympathy [ˈsɪmpəθɪ] *n* **-1.** [understanding] empatia *f*; **~ for sb** empatia por alguém **-2.** [agreement] simpatia *f*; **in ~ (with sthg)** de acordo (com algo).

◆ **sympathies** *npl* **-1.** [approval] simpatias *fpl* **-2.** [condolences] pêsames *mpl.*

symphony [ˈsɪmfənɪ] (*pl* **-ies**) *n* sinfonia *f.*

symposium [sɪmˈpəʊzjəm] (*pl* **-siums** OR **-sia** [-zjə]) *n fml* simpósio *m.*

symptom [ˈsɪmptəm] *n* sintoma *m.*

synagogue [ˈsɪnəgɒg] *n* sinagoga *f.*

syndicate [ˈsɪndɪkət] *n* sindicato *m.*

syndrome [ˈsɪndrəʊm] *n* síndrome *f.*

synonym [ˈsɪnənɪm] *n* sinônimo *m*; **~ for** OR **of sthg** sinônimo para OR de algo.

synopsis [sɪˈnɒpsɪs] (*pl* **-ses** [-siːz]) *n* sinopse *f.*

syntax [ˈsɪntæks] *n* LING sintaxe *f.*

synthesis [ˈsɪnθəsɪs] (*pl* **-ses** [-siːz]) *n* síntese *f.*

synthetic [sɪnˈθetɪk] *adj* **-1.** [man-made] sintético(ca) **-2.** *pej* [insincere] artificial.

syphilis [ˈsɪfɪlɪs] *n (U)* sífilis *f inv.*

syphon [ˈsaɪfn] *n & vt* = **siphon**.

Syria [ˈsɪrɪəl] *n* Síria.

syringe [sɪˈrɪndʒ] *n* seringa *f.*

syrup [ˈsɪrəp] *n (U)* **-1.** [sugar and water] calda *f* **-2.** *UK* [golden syrup] melado *m* **-3.** [medicine] xarope *m.*

system [ˈsɪstəm] *n* **-1.** [gen] sistema *m* **-2.** [network, structure - road] rede *f*; [- railway] malha *f* **-3.** *(U)* [methodical approach] sistemática *f.*

systematic [ˌsɪstəˈmætɪk] *adj* sistemático(ca).

system disk *n* COMPUT disco *m* de sistema.

systems analyst [ˈsɪstəmz-] *n* COMPUT analista *mf* de sistemas.

T

t (*pl* **t's** OR **ts**), **T** (*pl* **T's** OR **Ts**) [tiː] *n* t, T *m.*

ta [tɑː] *excl UK inf* brigado(da)!; **~ very much** brigado(da)!

tab [tæb] *n* **-1.** [of cloth] etiqueta *f* **-2.** [of metal] lingüeta *f* **-3.** *US* [bill] conta *f*; **to pick up the ~** pagar a conta **-4.** *phr*: **to keep ~s on sb** ficar de olho em alguém.

tabby [ˈtæbɪ] (*pl* **-ies**) *n*: **~ (cat)** gato *m* tigrado.

table [ˈteɪbl] ◇ *n* **-1.** [piece of furniture] mesa *f* **-2.** [diagram] tabela *f.* ◇ *vt UK* [propose] apresentar.

tablecloth [ˈteɪblklɒθ] *n* toalha *f* de mesa.

table football *n* pebolim *m.*

table lamp *n* luminária *f.*

table mat *n* descanço *m* para panelas.

table of contents *n* sumário *m.*

tablespoon [ˈteɪblspuːn] *n* **-1.** [spoon] colher *f (de sopa)* **-2.** [spoonful] colherada *f* de sopa.

tablet [ˈtæblɪt] *n* **-1.** [pill] comprimido *m*, pastilha *f* **-2.** [piece of stone] pedra *f* lascada **-3.** [piece of soap] barra *f.*

table tennis *n (U)* tênis *m inv* de mesa.

table wine *n (U)* vinho *m* de mesa.

tabloid [ˈtæblɔɪd] *n*: **~ (newspaper)** tablóide *m*; **the ~ press** a imprensa sensacionalista.

tabulate [ˈtæbjʊleɪt] *vt* dispor em formato de tabela.

tacit [ˈtæsɪt] *adj fml* tácito(ta).

taciturn [ˈtæsɪtɜːn] *adj fml* taciturno(na).

tack [tæk] ◇ *n* **-1.** [nail] tacha *f* **-2.** NAUT rumo *m* **-3.** *fig* [course of action] tática *f.* ◇ *vt* **-1.** [fasten with nail] afixar (com tachas) **-2.** [in sewing] alinhavar. ◇ *vi* NAUT virar.

tackle [ˈtækl] ◇ *n* **-1.** FTBL entrada *f* **-2.** RUGBY obstrução *f* **-3.** [equipment, gear] apetrechos *mpl* **- 4.** [for lifting] guincho *m.* <> *vt* **- 1.** [job] lidar com **- 2.** [problem] atacar **- 3.** *FTBL* roubar a bola de **- 4.** *RUGBY* derrubar **- 5.** [attack] enfrentar.

tacky ['tækɪ] (*compar* **-ier**, *superl* **-iest**) *adj* **- 1.** *inf* [cheap and nasty] barato(ta) **- 2.** [sticky] grudento(ta), pegajoso(sa).

tact [tækt] *n (U)* tato *m.*

tactful ['tæktfʊl] *adj* discreto(ta); **that wasn't very ~ of you** você não agiu com muito tato.

tactic ['tæktɪk] *n* tática *f.*

◆ **tactics** *n (U) MIL* tática *f.*

tactical ['tæktɪkl] *adj* **- 1.** [gen] estratégico(ca) **- 2.** *MIL* tático(ca).

tactile *adj* tátil.

tactless ['tæktlɪs] *adj* indiscreto(ta); **he's so ~** falta tato nele.

tadpole ['tædpəʊl] *n* girino *m.*

taffy ['tæfɪ] (*pl* **-ies**) *n US* puxa-puxa *m.*

tag [tæg] *n* etiqueta *f.*

tail [teɪl] <> *n* **- 1.** [gen] rabo *m* **- 2.** [of coat, shirt] fralda *f* **- 3.** [of car] parte *f* traseira. <> *vt inf* ir atrás de.

◆ **tails** <> *adv* [when tossing a coin] coroa *f.* <> *npl* [coat] fraque *m.*

◆ **tail off** *vi* diminuir.

tailback ['teɪlbæk] *n UK* fila *f (de carros).*

tailcoat ['teɪl,kəʊt] *n* fraque *m.*

tail end *n* final *m*, parte *f* final.

tailgate ['teɪlgeɪt] *n* tampa *f* traseira.

tailor ['teɪlə^r] <> *n* alfaiate *m.* <> *vt* adaptar.

tailor-made *adj fig* [role, job] sob medida.

tailwind ['teɪlwɪnd] *n* vento *m* de cauda.

tainted ['teɪntɪd] *adj* **- 1.** [reputation] manchado(da) **- 2.** *US* [food] estragado(da).

Taiwan [,taɪ'wɑːn] *n* Taiwan.

take [teɪk] (*pt* **took**, *pp* **taken**) *vt* **- 1.** [gen] levar **- 2.** [accompany] levar, acompanhar **- 3.** [capture, undergo, swallow, measure] tomar **- 4.** [receive] receber **- 5.** [rent] alugar **- 6.** [object, hand, road, means of transport] pegar **- 7.** [accept, take on] aceitar; **~ my word for it** acredita em mim; **what batteries does it ~?** que pilha vai aí? **- 8.** [contain] suportar **- 9.** [bear] agüentar **- 10.** [require] precisar; **it could ~ years** pode levar anos **- 11.** [holiday] tirar; **to ~ a walk** dar uma caminhada; **to ~ a bath** tomar um banho; **to ~ a photo** tirar *OR* bater uma foto **- 12.** [pity, interest] ter; **to ~ offence** ofender-se; **I ~ the view that ...** sou da opinião de que ...; **to ~ sthg seriously/badly** levar algo a sério/a mal **- 13.** [wear as a particular size - shoe] calçar; [- dress] vestir **- 14.** [consider] pensar em, considerar **- 15.** [assume]: **I ~ it (that) ...** presumo que ...

◆ **take after** *vt fus* parecer-se com.

◆ **take apart** *vt sep* desmontar.

◆ **take away** *vt sep* **- 1.** [remove] levar embora **- 2.** [deduct] subtrair, tirar.

◆ **take back** *vt sep* **- 1.** [return] devolver **- 2.** [accept] aceitar de volta **- 3.** [statement, accusation] retirar.

◆ **take down** *vt sep* **- 1.** [dismantle] desmontar **- 2.** [write down] escrever, tomar nota de **- 3.** [lower] baixar.

◆ **take in** *vt sep* **- 1.** [deceive] enganar **- 2.** [understand] compreender **- 3.** [include] incluir **- 4.** [provide accommodation for] acolher.

◆ **take off** <> *vt sep* **- 1.** [remove] tirar **- 2.** [have as holiday] tirar de folga; **she took the afternoon off** ela tirou a tarde de folga **- 3.** *UK inf* [imitate] imitar. <> *vi* **- 1.** [gen] decolar **- 2.** [go away suddenly] mandar-se (embora), ir-se embora.

◆ **take on** *vt sep* **- 1.** [accept - work, job] aceitar; [- responsibility] assumir **- 2.** [employ] admitir **- 3.** [confront] desafiar.

◆ **take out** *vt sep* **- 1.** [from container] tirar **- 2.** [go out with] convidar para sair.

◆ **take over** <> *vt sep* **- 1.** [take control of] tomar o controle de, assumir **- 2.** [job, role] assumir. <> *vi* **- 1.** [take control] tomar o poder **- 2.** [in job] assumir.

◆ **take to** *vt fus* **- 1.** [feel a liking for - person] ter afeição especial por; [- activity] gostar de **- 2.** [begin]: **to ~ to doing sthg** começar a fazer algo.

◆ **take up** *vt fus* **- 1.** [begin - acting, singing] começar a se dedicar a; [- post, job] assumir **- 2.** [use up - time] tomar; [- space] ocupar; [- effort] exigir.

◆ **take up on** *vt sep* [an offer] aceita.

takeaway *UK* ['teɪkə,weɪl], **takeout** *US* ['teɪkaʊt] <> *n* [food] comida *f* para levar. <> *comp* [food] para levar.

taken ['teɪkn] *pp* ▻ **take.**

takeoff ['teɪkɒf] *n* decolagem *f.*

takeout *n US* = **takeaway.**

takeover ['teɪk,əʊvə^r] *n* **- 1.** [of company] aquisição *f* **- 2.** [of government] tomada *f* do poder.

takings *npl* féria *f*, arrecadação *f.*

talc [tælk], **talcum (powder)** ['tælkəm-] *n (U)* talco *m.*

tale [teɪl] *n* **- 1.** [fictional story] conto *m* **- 2.** [anecdote] história *f.*

talent ['tælənt] *n*: **~ (for sthg)** talento *m* (para algo).

talented ['tæləntɪd] *adj* talentoso(sa).

talk [tɔːk] <> *n* **- 1.** [conversation] conversa *f* **- 2.** *(U)* [gossip] boatos *mpl*, falatório *m* **- 3.** [lecture] palestra *f.* <> *vi* **- 1.** [gen] falar; **to ~ to sb** falar *OR* conversar com alguém; **to ~ about sb/sthg** falar sobre alguém/algo; **~ing of sb/sthg, ...** falando de alguém/algo, ..., por falar em alguém/algo, ... **- 2.** [gossip] fofocar **- 3.** [make a speech] dar palestra; **to ~ on** *OR* **about sthg**

falar sobre algo. ◇ *vt* **-1.** [discuss] tratar de **-2.** [spout] falar.

◆ **talks** *npl* negociações *fpl*.

◆ **talk into** *vt sep*: **to ~ sb into sthg/into doing sthg** convencer alguém de algo/a fazer algo.

◆ **talk out of** *vt sep*: **to ~ sb out of sthg/out of doing sthg** dissuadir alguém de algo/de fazer algo.

◆ **talk over** *vt sep* discutir.

talkative [ˈtɔːkətɪv] *adj* loquaz.

talk show *US n* programa *m* de entrevistas, talk-show *m*.

talk time *n (U)* [on mobile phone] tempo *m* de conversação.

tall [tɔːl] *adj* [in height] alto(ta); **she's two metres ~** ela mede dois metros (de altura); **how ~ are you?** qual é a sua altura?

tall story *n* história *f* fantasiosa.

tally [ˈtælɪ] (*pl* **-ies**, *pt* & *pp* **-ied**) ◇ *n* [record] conta *f*; **to keep ~ of sthg** manter registro de algo. ◇ *vi* [correspond] fechar.

talon [ˈtælən] *n* garra *f*.

tambourine [ˌtæmbəˈriːn] *n* pandeiro *m*.

tame [teɪm] ◇ *adj* **-1.** [animal, bird] domesticado(da) **-2.** *pej* [person] parado(da) **-3.** *pej* [unexciting] monótono(na). ◇ *vt* **-1.** [animal, bird] domesticar **-2.** [person] dominar.

tamper [ˈtæmpəʳ] ◆ **tamper with** *vt fus* **-1.** [gen] mexer em **-2.** [lock] forçar.

tampon [ˈtæmpɒn] *n* absorvente *m* interno.

tan [tæn] (*pt* & *pp* **-ned**, *cont* **-ning**) ◇ *adj* castanho(nha). ◇ *n* bronzeado *m*; **to get a ~** bronzear-se. ◇ *vi* bronzear-se.

tang [tæŋ] *n* [smell] cheiro *m* forte; [taste] gosto *m* forte.

tangent [ˈtændʒənt] *n* GEOM tangente *f*; **to go off at a ~** *fig* sair pela tangente.

tangerine [ˌtænˈdʒəriːn] *n* tangerina *f*.

tangible [ˈtændʒəbl] *adj* tangível.

Tangier [tænˈdʒɪəʳ] *n* Tânger.

tangle [ˈtæŋgl] *n* **-1.** [mass] emaranhado *m* **-2.** *fig* [mess] rolo *m*; **they got into a ~** eles se meteram num rolo.

tank [tæŋk] *n* tanque *m*.

tanker [ˈtæŋkəʳ] *n* **-1.** [ship] navio-tanque *m*; **oil ~** petroleiro *m* **-2.** [truck] caminhão-tanque *m* **-3.** [train] vagão-tanque *m*.

tanned [tænd] *adj* bronzeado(da).

Tannoy® [ˈtænɔɪ] *n* alto-falante *m*.

tantalizing [ˈtæntəlaɪzɪŋ] *adj* tentador(ra).

tantamount [ˈtæntəmaʊnt] *adj*: **~ to sthg** equivalente a algo.

tantrum [ˈtæntrəm] (*pl* **-s**) *n* acesso *m* de fúria.

Tanzania [ˌtænzəˈnɪə] *n* Tanzânia.

tap [tæp] (*pt* & *pp* **-ped**, *cont* **-ping**) ◇ *n* **-1.** [device] torneira *f* **-2.** [light blow] batida *f* leve, palmadinha *f*. ◇ *vt* **-1.** [knock] bater de leve; **to ~ one's fingers on sthg** tamborilar em algo **-2.** [make use of] utilizar **-3.** [listen secretly to] grampear.

tap dance *n* sapateado *m*.

tape [teɪp] ◇ *n* **-1.** [gen] fita *f* **-2.** [adhesive material] fita *f* adesiva. ◇ *vt* **-1.** [record] gravar **-2.** [fasten with adhesive tape] juntar com fita adesiva.

tape measure *n* fita *f* métrica.

taper [ˈteɪpəʳ] *vi* estreitar-se, afilar-se

tape recorder *n* gravador *m*.

tapestry [ˈtæpɪstrɪ] (*pl* **-ies**) *n* tapeçaria *f*.

tar [tɑːʳ] *n (U)* alcatrão *m*.

target [ˈtɑːgɪt] ◇ *n* **-1.** [gen] alvo *m* **-2.** *fig* [goal] meta *f*. ◇ *vt* **-1.** [as object of attack] mirar **-2.** [as customer] visar.

tariff [ˈtærɪf] *n* **-1.** [tax] tarifa *f* **-2.** *UK* [price list] tabela *f* de preços.

Tarmac® [ˈtɑːmæk] *n* alcatrão *m*.

◆ **tarmac** *n* AERON: **the tarmac** a pista.

tarnish [ˈtɑːnɪʃ] *vt* **-1.** [make dull] embaciar **-2.** *fig* [damage] manchar.

tarpaulin [tɑːˈpɔːlɪn] *n* **-1.** *(U)* [material] encerado *m* **-2.** [sheet] lona *f* alcatroada.

tart [tɑːt] ◇ *adj* **-1.** [bitter-tasting] azedo(da) **-2.** [sarcastic] mordaz. ◇ *n* **-1.** [sweet pastry] torta *f* **-2.** *UK vinf* [prostitute] piranha *f*.

◆ **tart up** *vt sep UK inf pej* [smarten up]: **to ~ o.s. up** emperiquitar-se.

tartan [ˈtɑːtn] ◇ *n* **-1.** [pattern] xadrez *m* **-2.** *(U)* [cloth] tartan *m*. ◇ *comp* de tartan.

tartar(e) sauce [ˈtɑːtəʳ-] *n (U)* molho *m* tártaro.

task [tɑːsk] *n* tarefa *f*.

task force *n* força-tarefa *f*.

tassel [ˈtæsl] *n* borla *f*.

taste [teɪst] ◇ *n* **-1.** [gen] gosto *m*; **in bad/good ~** de mau/bom gosto **-2.** *fig* [liking, preference]: **~ (for sthg)** gosto (por algo) **-3.** *fig* [experience]: **I've had a ~ of success** eu senti o gostinho do sucesso **-4.** *(U)* [sense of taste] paladar *m* **-5.** [try]: **have a ~** dá uma provada. ◇ *vt* **-1.** [gen] sentir o gosto de **-2.** [test, try] provar. ◇ *vi*: **it ~s horrible** tem um gosto horrível; **to ~ of/like sthg** ter gosto de algo.

tasteful [ˈteɪstfʊl] *adj* de bom gosto.

tasteless [ˈteɪstlɪs] *adj* **-1.** [cheap and unattractive] sem graça **-2.** [offensive] de mau gosto **-3.** [without flavour] sem gosto.

tasty [ˈteɪstɪ] (*compar* **-ier**, *superl* **-iest**) *adj* saboroso(sa).

tatters [ˈtætəz] *npl*: **in ~** [clothes] em farrapos; *fig* [confidence, reputation] em frangalhos.

tattle-tale *n US* = **telltale**.

tattoo [təˈtuː] (*pl* **-s**) ◇ *n* **-1.** [design] tatuagem *f* **-2.** *UK* [military display] parada *f* OR desfile *m* militar. ◇ *vt* tatuar.

tatty [ˈtætɪ] (*compar* **-ier**, *superl* **-iest**) *adj UK inf*

pej **-1.** [clothes] surrado(da) **-2.** [area] enxovalhado(da).
taught [tɔ:t] *pt & pp* ⊳ **teach.**
taunt [tɔ:nt] ◇ *n* insulto *m.* ◇ *vt* insultar.
Taurus ['tɔ:rəs] *n* [sign] Touro *m.*
taut [tɔ:t] *adj* retesado(da).
tawdry ['tɔ:drɪ] (*compar* **-ier**, *superl* **-iest**) *adj pej* de mau gosto.
tax [tæks] ◇ *n* imposto *m.* ◇ *vt* **-1.** [gen] tributar **-2.** [strain, test] esgotar.
taxable ['tæksəbl] *adj* tributável.
tax allowance *n* limite *m* de isenção fiscal.
taxation [tæk'seɪʃn] *n (U)* **-1.** [system] sistema *m* tributário **-2.** [amount] tributação *f.*
tax avoidance [-ə'vɔɪdəns] *n (U)* dedução *f* fiscal.
tax collector *n* cobrador *m*, -ra *f* de impostos.
tax disc *n UK disco fixado no pára-brisa do veículo para mostrar que o imposto já foi pago.*
tax evasion *n (U)* sonegação *f* de impostos.
tax-free *UK*, **tax-exempt** *US adj* isento(ta) de imposto.
taxi ['tæksɪ] ◇ *n* táxi *m.* ◇ *vi* taxiar.
taxi driver *n* motorista *mf* de táxi, taxista *mf.*
tax inspector *n* inspetor *m*, -ra *f* da Receita.
taxi rank *UK*, **taxi stand** *n* ponto *m* de táxi.
taxpayer ['tæks,peɪəʳ] *n* contribuinte *mf.*
tax relief *n (U)* dedução *f* tributária.
tax return *n* declaração *f* de renda.
TB (*abbr of* **tuberculosis**) *n* tuberculose *f.*
tea [ti:] *n* **-1.** [gen] chá *m* **-2.** *UK* [afternoon meal] lanche *m* **-3.** *UK* [evening meal] chá *m.*
teabag ['ti:bæg] *n* saquinho *m* de chá.
teach [ti:tʃ] (*pt* & *pp* **taught**) ◇ *vt* **-1.** [instruct] ensinar; **to ~ sb sthg, to ~ sthg to sb** ensinar algo a alguém; **to ~ sb to do sthg** ensinar alguém a fazer algo; **to ~ (sb) that** ensinar (a alguém) que **-2.** [give lessons in] dar aulas de **-3.** [advocate] preconizar. ◇ *vi* lecionar.
teacher ['ti:tʃəʳ] *n* professor *m*, -ra *f.*
teacher training college *UK*, **teachers college** *US n* curso *f* de licenciatura.
teaching ['ti:tʃɪŋ] *n* **-1.** *(U)* [profession, work] magistério *m* **-2.** [thing taught] ensinamento *m.*
tea cloth *n* **-1.** [tablecloth] toalha *f* de mesa **-2.** [tea towel] pano *m* de prato.
tea cosy *UK*, **tea cozy** *US n* abafador *m (de chá).*
teacup ['ti:kʌp] *n* xícara *f* de chá.
teak [ti:k] *n (U)* teca *f.*
team [ti:m] *n* **-1.** *SPORT* time *m* **-2.** [group] equipe *f.*
teammate ['ti:mmeɪt] *n* companheiro *m*, -ra *f* de equipe.
teamwork ['ti:mwɜ:k] *n (U)* trabalho *m* em equipe.
teapot ['ti:pɒt] *n* bule *m* de chá.
tear[1] [tɪəʳ] *n* lágrima *f*; **to burst into ~s** debulhar-se em lágrimas.
tear[2] [teəʳ] (*pt* **tore**, *pp* **torn**) ◇ *vt* **-1.** [rip] rasgar **-2.** [remove roughly] arrancar. ◇ *vi* **-1.** [rip] rasgar **-2.** *inf* [move quickly] ir a toda. ◇ *n* [rip] rasgão *m.*
◆ **tear apart** *vt sep* **-1.** [rip up] destroçar **-2.** *fig* [disrupt greatly] desmantelar **-3.** [upset greatly] magoar.
◆ **tear down** *vt sep* **-1.** [demolish] demolir **-2.** [remove] remover.
◆ **tear up** *vt sep* despedaçar, fazer em pedaços.
teardrop ['tɪədrɒp] *n* lágrima *f.*
tearful ['tɪəfʊl] *adj* [person] choroso(rosa)
tear gas [tɪəʳ-] *n (U)* gás *m* lacrimogêneo.
tearoom ['ti:rʊm] *n* salão *f* de chá.
tease [ti:z] ◇ *n inf* **-1.** [joker] gozador *m*, -ra *f* **-2.** [sexually] provocador *m*, -ra *f.* ◇ *vt*: **to ~ sb (about sthg)** gozar de alguém (sobre algo).
teaspoon ['ti:spu:n] *n* colher *f* de chá.
teat [ti:t] *n* **-1.** [of animal] teta *f* **-2.** [of bottle] bico *m.*
teatime ['ti:taɪm] *n (U) UK* hora *f* do chá.
tea towel *n* pano *m* de prato.
technical ['teknɪkl] *adj* técnico(ca).
technical college *n UK* escola *f* técnica.
technicality [,teknɪ'kælətɪ] (*pl* **-ies**) *n* detalhe *m* técnico.
technically ['teknɪklɪ] *adv* tecnicamente.
technician [tek'nɪʃn] *n* [worker] técnico *m*, -ca *f.*
technique [tek'ni:k] *n* técnica *f.*
techno ['teknəʊ] *n MUS* tecno *m.*
technological [,teknə'lɒdʒɪkl] *adj* tecnológico(ca).
technology [tek'nɒlədʒɪ] (*pl* **-ies**) *n* tecnologia *f.*
teddy ['tedɪ] (*pl* **-ies**) *n*: **~ (bear)** ursinho *m* de pelúcia.
tedious ['ti:djəs] *adj* tedioso(sa).
tee [ti:] *n GOLF* **-1.** [area] tee *m*, ponto *m* de partida **-2.** [for ball] tee *m.*
teem [ti:m] *vi* **-1.** [rain] chover torrencialmente; **the rain ~ed down** caiu uma chuva torrencial **-2.** [be busy]: **to be ~ing with** estar inundado(da) de.
teenage ['ti:neɪdʒ] *adj* adolescente.
teenager ['ti:n,eɪdʒəʳ] *n* adolescente *mf.*
teens [ti:nz] *npl* adolescência *f.*
tee shirt *n* camiseta *f.*
teeter ['ti:təʳ] *vi* **-1.** [wobble] balançar, oscilar **-2.** *fig* [be in danger]: **to ~ on the brink of bankruptcy** estar à beira da falência.
teeth [ti:θ] *pl* ⊳ **tooth.**

teethe [ti:ð] *vi* começar a ter dentes.
teething troubles ['ti:ðɪŋ-] *npl fig* dificuldades *fpl* iniciais.
teetotaller *UK*, **teetotaler** *US* [ti:'təʊtlə^r] *n* abstêmio *m*, -mia *f*.
TEFL ['tefl] (*abbr of* **teaching of English as a foreign language**) *n ensino de inglês para estrangeiros*.
tel. (*abbr of* **telephone**) tel. *m*.
telecommunications ['telɪkə,mju:nɪ'keɪʃnz] *npl* telecomunicações *fpl*.
telegram ['telɪgræm] *n* telegrama *m*.
telegraph ['telɪgrɑ:f] <> *n* telégrafo *m*. <> *vt* telegrafar.
telegraph pole, telegraph post *UK n* poste *m* de telégrafo.
telepathy [tɪ'lepəθɪ] *n (U)* telepatia *f*.
telephone ['telɪfəʊn] <> *n (U)* telefone *m*; **to be on the ~** *UK* [have a telephone line] ter telefone; [be talking on the telephone] estar no telefone. <> *vt* telefonar. <> *vi* telefonar.
telephone banking *n* serviço *m* de banco por telefone.
telephone book *n* lista *f* telefônica.
telephone booth *n UK* telefone *m* público.
telephone box *n UK* cabine *f* telefônica.
telephone call *n* telefonema *m*.
telephone directory *n* lista *f* telefônica.
telephone line *n* linha *f* de telefone.
telephone number *n* número *m* de telefone.
telephonist [tɪ'lefənɪst] *n UK* telefonista *mf*.
telephoto lens [,telɪ'fəʊtəʊ-] *n* (lente *f*) teleobjetiva *f*.
telescope ['telɪskəʊp] *n* telescópio *m*.
teleshopping *n* telecompras *fpl*.
teletext ['telɪtekst] *n (U)* teletexto *m*.
televideo [telɪ'vɪdɪəʊ] *n* televisor *m* com videocassete.
televise ['telɪvaɪz] *vt* televisionar.
television ['telɪ,vɪʒn] *n* televisão *f*; **on ~** na televisão.
television set *n* (aparelho *m* de) televisão *f*.
teleworker ['telɪwɜ:kə^r] *n* teletrabalhador *m*, -ra *f*.
telex ['teleks] <> *n* telex *m*. <> *vt* transmitir por telex.
tell [tel] (*pt* & *pp* **told**) <> *vt* **-1.** [gen] contar; **to ~ sb (that)** contar a alguém que; **to ~ sb sthg, to ~ sthg to sb** contar algo a alguém **-2.** [instruct, judge, reveal] dizer; **do as you're told!** faça como lhe disseram!; **to ~ sb to do sthg** dizer para alguém fazer algo; **to ~ sb (that)** dizer a alguém que; **to ~ what sb is thinking** saber o que alguém está pensando <> *vi* **-1.** [speak] falar **-2.** [judge] dizer **-3.** [have effect] surtir efeito.
◆ **tell apart** *vt sep* distinguir, diferenciar.
◆ **tell off** *vt sep* repreender.
telling ['telɪŋ] *adj* **-1.** [relevant] contundente **-2.** [revealing] revelador(ra).
telltale ['telteɪl] <> *adj* revelador(ra). <> *n* mexeriqueiro *m*, -ra *f*.
telly ['telɪ] (*pl* **-ies**) *n UK inf* televisão *f*; **on ~** na televisão.
temp *UK* [temp] *inf* <> *n* (*abbr of* **temporary (employee)**) funcionário *m* temporário, funcionária *f* temporária. <> *vi* trabalhar em emprego temporário.
temper ['tempə^r] <> *n* **-1.** [state of mind, mood] humor *m*; **to be in a good/bad ~** estar de bom/mau humor; **to lose one's ~** perder a cabeça; **-2.** [temperament] temperamento *m*. <> *vt fml* controlar, conter.
temperament ['temprəmənt] *n* temperamento *m*.
temperamental [,temprə'mentl] *adj* temperamental.
temperate ['temprət] *adj* temperado(da).
temperature ['temprətʃə^r] *n* temperatura *f*; **to have a ~** ter febre.
tempestuous [tem'pestjʊəs] *adj* **-1.** *literary* [stormy] turbulento(ta) **-2.** *fig* [emotional] tempestuoso(sa).
template ['templɪt] *n* [of shape, pattern] molde *m*, modelo *m*.
temple ['templ] *n* **-1.** *RELIG* templo *m* **-2.** *ANAT* têmpora *f*.
temporarily [,tempə'rerəlɪ] *adv* temporariamente.
temporary ['tempərərɪ] *adj* temporário(ria).
tempt [tempt] *vt* tentar; **to ~ sb to do sthg** tentar alguém a fazer algo.
temptation [temp'teɪʃn] *n* tentação *f*.
tempting ['temptɪŋ] *adj* tentador(ra).
ten [ten] *num* dez; *see also* **six**.
tenable ['tenəbl] *adj* [reasonable, credible] sustentável.
tenacious [tɪ'neɪʃəs] *adj* tenaz.
tenancy ['tenənsɪ] (*pl* **-ies**) *n* **-1.** [period] aluguel *m* **-2.** *(U)* [possession] locação *f*.
tenant ['tenənt] *n* **-1.** [of a house] inquilino *m*, -na *f* **-2.** [of a pub] locatário *m*, -ria *f*.
tend [tend] *vt* **-1.** [have tendency]: **to ~ to do sthg** ter a tendência a fazer algo **-2.** [look after] cuidar.
tendency ['tendənsɪ] (*pl* **-ies**) *n* **-1.** [gen]: **~ towards sthg/to do sthg** tendência *f* a algo/a fazer algo **-2.** [leaning, habit] tendência *f*.
tender ['tendə^r] <> *adj* **-1.** [caring, gentle] terno(na), meigo(ga) **-2.** [meat] macio(cia) **-3.** [sore] dolorido(da). <> *n COMM* proposta *f*, oferta *f*. <> *vt fml* oferecer.
tendon ['tendən] *n* tendão *m*.
tenement ['tenəmənt] *n* cortiço *m*.
Tenerife *n* Tenerife.

tenet ['tenɪt] *n fml* dogma *m*.
tennis ['tenɪs] *n (U)* tênis *m*.
tennis ball *n* bola *f* de tênis.
tennis court *n* quadra *f* de tênis.
tennis racket *n* raquete *f* de tênis.
tenor ['tenəʳ] *n* [singer] tenor *m*.
tense [tens] ◇ *adj* tenso(sa). ◇ *n* GRAMM tempo *m* (verbal). ◇ *vt* tensionar, retesar.
tension ['tenʃn] *n* tensão *f*.
◆ **tensions** *npl* conflitos *mpl*.
tent [tent] *n* tenda *f*, barraca *f*.
tentacle ['tentəkl] *n* tentáculo *m*.
tentative ['tentətɪv] *adj* **-1.** [unconfident, hesitant - person] indeciso(sa); [- handshake] vacilante **-2.** [temporary, not final] provisório(ria).
tenterhooks ['tentəhʊks] *npl*: **to be on ~** estar com os nervos à flor da pele.
tenth [tenθ] *num* décimo(ma); *see also* **sixth**.
tent peg *n* estaca *f* de barraca.
tent pole *n* mastro *m* de barraca.
tenuous ['tenjʊəs] *adj* **-1.** [argument] pouco convincente **-2.** [connection] de pouca importância **-3.** [hold] tênue.
tenure ['tenjəʳ] *n (U) fml* **-1.** [of property] posse *f* **-2.** [of job] estabilidade *f*.
tepid ['tepɪd] *adj* [liquid] tépido(da), morno(na).
term [tɜ:m] ◇ *n* **-1.** [word, expression] termo *m* **-2.** SCH & UNIV [third of school year] semestre *m* **-3.** [stretch of time] período *m*; **in the long/short ~** a longo/curto prazo. ◇ *vt* designar.
◆ **terms** *npl* **-1.** [of contract, agreement] termos *mpl* **-2.** [conditions]: **in international/real ~s** em termos internacionais/reais **-3.** [of relationship]: **to be on good ~s (with sb)** dar-se bem (com alguém) **-4.** *phr*: **to come to ~s with sthg** aceitar algo.
◆ **in terms of** *prep* no que diz respeito a.
terminal ['tɜ:mɪnl] ◇ *adj* terminal. ◇ *n* terminal *m*.
terminate ['tɜ:mɪneɪt] ◇ *vt* **-1.** [agreement, discussion] *fml* pôr fim a, encerrar **-2.** [pregnancy] interromper **-3.** [contract] rescindir. ◇ *vi* **-1.** [bus, train]: **this bus ~s in the city centre** este ônibus pára no centro na cidade **-2.** [contract] terminar.
terminus ['tɜ:mɪnəs] (*pl* **-ni** OR **-nuses**) *n* terminal *m*.
terrace ['terəs] *n* **-1.** *UK* [of houses] fileira *f* de casas geminadas **-2.** [patio] terraço *m* **-3.** [on hillside] terraço *m*, socalco *m*.
◆ **terraces** *npl* FTBL: **the ~s** as arquibancadas.
terraced ['terəst] *adj* escalonado(da).
terraced house *n UK* casa *f* geminada.
terrain [te'reɪn] *n (U)* terreno *m*.
terrible ['terəbl] *adj* terrível.
terribly ['terəblɪ] *adv* **-1.** [very badly] terrivelmente **-2.** [extremely] imensamente.
terrier ['terɪəʳ] *n* terrier *m*.
terrific [tə'rɪfɪk] *adj* **-1.** [wonderful] fabuloso(sa), maravilhoso(so) **-2.** [enormous] enorme.
terrified ['terɪfaɪd] *adj*: **~ (of sb/sthg)** aterrorizado(da) (com alguém/algo); **to be ~ of sthg** ter horror a algo.
terrifying ['terɪfaɪɪŋ] *adj* aterrorizante.
territory ['terətrɪ] (*pl* **-ies**) *n* **-1.** [political area] território *m* **-2.** [terrain] terreno *m* **-3.** [area of knowledge] campo *m*, área *f*.
terror ['terəʳ] *n* **-1.** *(U)* [fear] terror *m* **-2.** [something feared] horror *m* **-3.** *inf* [rascal] pestinha *mf*.
terrorism ['terərɪzm] *n (U)* terrorismo *m*.
terrorist ['terərɪst] *n* terrorista *mf*.
terrorize, -ise ['terəraɪz] *vt* aterrorizar.
terry (cloth) *n (U)* tecido *m* atoalhado.
terse [tɜ:s] *adj* seco(ca).
Terylene® ['terəli:n] *n (U)* tergal® *m*.
test [test] ◇ *n* **-1.** [trial] teste *m* **-2.** [MED, examination of knowledge, skill] exame *m*; SCH prova *f*, teste *m*. ◇ *vt* **-1.** [try out] testar **-2.** [examine, check] examinar; **to ~ sb on sthg** examinar algo de alguém.
testament ['testəmənt] *n* testamento *m*.
test-drive *vt* test-drive *m*.
testicles ['testɪklz] *npl* testículos *mpl*.
testify ['testɪfaɪ] (*pt* & *pp* **-ied**) ◇ *vt* declarar; **to ~ that** testemunhar que. ◇ *vi* **-1.** JUR declarar sob juramento **-2.** [be proof]: **to ~ to sthg** evidenciar algo.
testimony [*UK* 'testɪmənɪ, *US* 'testəməʊnɪ] *n (U)* JUR depoimento *m*, testemunho *m*; **to bear ~** testemunhar.
testing ['testɪŋ] *adj* [trying, difficult] duro(ra).
test match *n UK* partida *f* internacional.
testosterone *n* testosterona *f*.
test pilot *n* piloto *m* de prova.
test tube *n* tubo *m* de ensaio, proveta *f*.
test-tube baby *n* bebê *m* de proveta.
tetanus ['tetənəs] *n (U)* tétano *m*.
tether ['teðəʳ] ◇ *vt* **-1.** [horse] apear **-2.** [dog] amarrar. ◇ *n*: **to be at the end of one's ~** estar no limite.
text [tekst] *n* texto *m*.
textbook ['tekstbʊk] *n* livro-texto *m*.
textile ['tekstaɪl] *n* tecido *m*.
texting ['tekstɪŋ] *n inf* mensagens *fpl* de texto.
text message *n* [on mobile phone] mensagem *m* de texto.
text messaging [-'mesɪdʒɪŋ] *n* [on mobile phone] mensagem *f* de texto.
texture ['tekstʃəʳ] *n* textura *f*.
Thai [taɪ] ◇ *adj* tailandês(esa). ◇ *n* **-1.** [person] tailandês *m*, -esa *f* **-2.** [language] tailandês *m*.
Thailand ['taɪlænd] *n* Tailândia.

Thames [temz] *n*: **the ~** o Tâmisa.

than [*weak form* ðən, *strong form* ðæn] *conj* que; **more ~ ten** mais de dez; **I'd rather stay in ~ go out** prefiro ficar em casa a sair.

Para se fazer comparações em linguagem cotidiana, usa-se *than* seguido normalmente de um pronome oblíquo em inglês (*me, him, them etc.*) (*he's bigger than me* ele é maior do que eu; *Keith has arrived earlier than me* Keith chegou mais cedo do que eu). Na linguagem formal, no entanto, usa-se um pronome reto em inglês (*I, he, they etc.*), podendo-se omitir o verbo que o acompanha (*he's bigger than I* ou *than I am* ele é maior do que eu ou do que eu sou; *Keith has arrived earlier than I have* Keith chegou mais cedo do que eu (cheguei)).

Quando *than* for seguido dos pronomes (*I, he, they etc.*), estes podem ser acompanhados da forma contraída de *be* ou *have*; mas somente se, após o verbo, houver pelo menos uma palavra. Compare: *she's quicker than she's ever been* ela está mais rápida do que jamais foi e *she's quicker than you are* (e não *you're*) ela é mais rápida do que você.

thank [θæŋk] *vt*: **to ~ sb (for sthg)** agradecer alguém (por algo); **~ God** *OR* **goodness** *OR* **heavens!** graças a Deus/aos céus!

◆ **thanks** <> *npl* agradecimento *m.* <> *excl* obrigado(da)!

◆ **thanks to** *prep* graças a.

thankful ['θæŋkfʊl] *adj* agradecido(da); **~ for sthg** agradecido(da) por algo.

thankless ['θæŋklɪs] *adj* ingrato(ta).

thanksgiving *n* ação *f* de graças.

◆ **Thanksgiving (Day)** *n* Dia *m* de Ação de Graças.

thank you *excl* obrigado(da); **~ for** obrigado(da) por.

that [ðæt, *weak form of pron & conj* ðət] (*pl* **those**) <> *adj* **-1.** [referring to thing, person mentioned] esse (essa); **I prefer ~ book** prefiro esse livro. **-2.** [referring to thing, person farther away] aquele (aquela); **~ book at the back** aquele livro lá atrás; **I'll have ~ one** quero aquele (ali) *OR* esse. <> *pron* **-1.** [referring to thing, person mentioned] esse *m*, essa *f*; [indefinite] isso; **what's ~?** o que é isso?; **who's ~?** [on the phone] quem fala?; [pointing] e esse, quem é?; **~'s interesting** que interessante. **-2.** [referring to thing, person farther away] aquele *m*, aquela *f*; [indefinite] aquilo; **is ~ Lucy?** [pointing] aquela é a Lucy?; **I want those at the back** quero aqueles lá atrás; **what's ~ on the roof?** o que é aquilo no telhado? **-3.** [introducing relative clause] que; **a shop ~ sells antiques** uma loja que vende antiguidades; **the movie ~ I saw** o filme que eu vi; **the room ~ I slept in** o quarto onde *OR* em que dormi. <> *adv* assim tão; **it wasn't ~ bad/good** não foi assim tão mau/bom; **it didn't cost ~ much** não custou tanto assim. <> *conj* que; **tell him ~ I'm going to be late** diga-lhe que vou chegar atrasado.

Como pronome relativo, *that* é freqüentemente omitido (*are you the person (that) the teacher's looking for?* você é a pessoa que a professora está procurando?), a não ser quando for o sujeito da oração seguinte (*she's the girl that got the job* ela é a garota que conseguiu o emprego).

Também é comum omitir-se a conjunção quando esta for antecedida por verbos como *believe, say, think, tell* (*he said (that) he liked her, she told him (that) she was getting married* ele disse que gostava dela, ela disse que ia se casar).

Ver também **this**.

thatched [θætʃt] *adj* com telhado de palha.

that's [ðæts] = **that is**.

thaw [θɔ:] <> *vt* **-1.** [ice] derreter **-2.** [frozen food] descongelar. <> *vi* **-1.** [ice] derreter **-2.** [food] descongelar **-3.** *fig* [people, relations] tornar-se um pouco mais amistoso. <> *n* [warm spell] degelo *m*.

the [*weak form* ðə, *before vowel* ðɪ, *strong form* ði:] *definite article* **-1.** [gen] o (a), os (as) *(pl)*; **~ book** o livro; **~ apple** a maçã; **~ girls** as meninas; **~ Wilsons** os Wilson; **to play ~ piano** tocar piano. **-2.** [with an adjective to form a noun] o (a), os (as) *(pl)*; **~ British** os britânicos; **~ young** os jovens; **~ impossible** o impossível. **-3.** [in dates]: **~ twelfth** o dia doze; **~ forties** os anos quarenta. **-4.** [in titles]: **Elizabeth ~ Second** Elizabeth Segunda.

The não pode ser usado antes de substantivos incontáveis em inglês (*work, beer, money*) ou de contáveis no plural (*children, cats, houses*) quando relacionados a coisas ou idéias em geral (*money isn't important to me*; dinheiro não é importante para mim; *I don't like modern houses* não gosto de casas modernas).

Às vezes, omite-se *the* antes de substantivos que se referem a um lugar em geral (*to go to school/church*; *to be in bed/hospital/prison*; *to come home*). Entretanto, deve ser usado quando se referir a um exemplo concreto de um destes lugares (*we go to the school at the end of the road* vamos à escola no final da rua; *the church is very pretty* a igreja é muito bonita).

Omite-se *the* também com as refeições do dia (*to have breakfast*; *to meet for lunch*) e com as estações do ano (*in spring*; *next year*; *last term*).

The também não deve ser usado antes de nomes próprios de pessoa (*President Kennedy*, o presidente Kennedy; *Doctor Allen*; o doutor Allen).

theatre, theater *US* ['θɪətə^r] *n* **-1.** [building] teatro *m* **-2.** [art, industry]: **the ~** o teatro **-3.** [in hospital] sala *f* de cirurgia **-4.** *US* [cinema] cinema *m*.

theatregoer, theatergoer *US* ['θɪətə,gəʊə^r] *n* aficionado *m*, -da *f* por teatro.

theatrical [θɪ'ætrɪkl] *adj* teatral.
theft [θeft] *n* roubo *m*.
their [ðeə^r] *adj* seu (sua), deles (delas); ~ **house** a sua casa, a casa deles.
theirs [ðeəz] *pron* o/a deles (o/a delas); **a friend of** ~ um amigo deles; **these books are** ~ estes livros são (os) deles; **these are ours - where are** ~**?** estes são os nossos - onde estão os deles?
them [*weak form* ðəm, *strong form* ðem] *pron* **-1.** *(direct)* os *mpl*, as *fpl*; **I know** ~ eu os conheço **-2.** *(indirect)* lhes; **send this to** ~ mande-lhes isso; **tell** ~ diga-lhes **-3.** *(after prep)* eles *mpl*, elas *fpl*; **Anna and Sam brought it with** ~ a Anna e o Sam trouxeram-no com eles.
theme [θi:m] *n* **-1.** [gen] tema *m* **-2.** [signature tune] sintonia *f*.
theme tune *n* música-tema *f*, tema *f* musical.
themselves [ðem'selvz] *pron* **-1.** *(reflexive)* se; **they hurt** ~ eles machucaram-se **-2.** *(after prep)* eles *mpl* próprios, elas *fpl* próprias, si *mpl* próprios, si *fpl* próprias; **they blame** ~ eles culpam-se a si próprios; **they did it** ~ fizeram-no eles mesmos *OR* próprios.
then [ðen] ◇ *adv* **-1.** [later, as a result] então; **if you help me out now,** ~ **I'll return the favour** se você me ajudar agora, eu te devolvo o favor; **it starts at eight - I'll see you** ~ começa às oito - te vejo a essa hora **-2.** [next, afterwards] depois **-3.** [in that case] então, neste caso; **all right** ~ então, tudo certo **-4.** [therefore] então, portanto **-5.** [furthermore, also] além disso. ◇ *adj* então.
theology [θɪ'ɒlədʒɪ] *n* teologia *f*.
theoretical [θɪə'retɪkl] *adj* teórico(ca).
theorize, -ise ['θɪəraɪz] *vi*: **to** ~ **(about sthg)** teorizar (sobre algo).
theory ['θɪərɪ] (*pl* **-ies**) *n* teoria *f*; **in** ~ em teoria.
therapist ['θerəpɪst] *n* terapeuta *mf*.
therapy ['θerəpɪ] *n (U)* terapia *f*.
there [ðeə^r] ◇ *pron* [indicating existence of sthg]: ~ **is/are** há; ~**'s someone at the door** tem alguém na porta ◇ *adv* **-1.** [in existence, available] lá, ali; **is Sam** ~**, please?** [when telephoning] o Sam está? **-2.** [referring to place] lá; **I'm going** ~ **next week** vou lá para a semana; **over** ~ ali; **it's right** ~ **by the phone** está aí bem ao lado do telefone.
◆ **there you are** *adv* handing sthg to sb] aqui está.
thereabouts [,ðeərə'baʊts], **thereabout** *US* [,ðeərə'baʊt] *adv*: **or** ~ ou por ali; **by 1998 or** ~ mais ou menos em 1998.
thereafter [,ðeər'ɑ:ftə^r] *adv fml* conseqüentemente, depois disso.
thereby [,ðeər'baɪ] *adv fml* desse modo.
therefore ['ðeəfɔ:^r] *adv* portanto, por isso.
there's [ðeəz] *cont* = **there is**.
thermal ['θɜ:ml] *adj* térmico(ca); ~ **waters** águas *fpl* termais.
thermometer [θə'mɒmɪtə^r] *n* termômetro *m*.
Thermos (flask)® ['θɜ:məs-] *n* garrafa *f* térmica.
thermostat ['θɜ:məstæt] *n* termostato *m*.
thesaurus [θɪ'sɔ:rəs] (*pl* **-es**) *n* tesauro *m*.
these [ði:z] *pl* ▷ **this**.
thesis ['θi:sɪs] (*pl* **theses** ['θi:si:z]) *n* tese *f*.
they [ðeɪ] *pers pron pl* eles *mpl*, elas *fpl*.

Ver **he**.

they'd [ðeɪd] = **they had, they would**.
they'll [ðeɪl] = **they shall, they will**.
they're [ðeə^r] = **they are**.
they've [ðeɪv] = **they have**.
thick [θɪk] ◇ *adj* **-1.** [bulky] grosso(sa); **it's 6 cm** ~ tem 6 cm de grossura; **how** ~ **is that wall?** qual é a espessura da parede? **-2.** [dense] denso(sa) **-3.** *inf* [stupid] estúpido(da) **-4.** [viscous] espesso(sa) **-5.** [voice - with anger] enraivecido(da); [- with emotion] embargado(da); [- with drink] enrolado(da). ◇ *n*: **to be in the** ~ **of sthg** estar no centro de algo.
thicken ['θɪkn] ◇ *vt* engrossar. ◇ *vi* **-1.** [become denser] ficar mais denso(sa) **-2.** [become more solid] engrossar.
thicket ['θɪkɪt] *n* moita *f*.
thickness ['θɪknɪs] *n* **-1.** [width, depth] espessura *f* **-2.** [density - of forest, hedge] densidade *f*; [- of hair] grossura *f* **-3.** [of soup, sauce] consistência *f*.
thickset [,θɪk'set] *adj* robusto(ta).
thick-skinned [-'skɪnd] *adj* insensível.
thief [θi:f] (*pl* **thieves**) *n* ladrão *m*, -dra *f*.
thieve [θi:v] ◇ *vt* roubar. ◇ *vi* roubar.
thieves [θi:vz] *pl* ▷ **thief**.
thigh [θaɪ] *n* coxa *f*.
thimble ['θɪmbl] *n* dedal *m*.
thin [θɪn] (*compar* **-ner**, *superl* **-nest**, *pt* & *pp* **-ned**, *cont* **-ning**) *adj* **-1.** [in width, depth] fino(na) **-2.** [skinny] magro(gra) **-3.** [watery] ralo(la), aguado(da) **-4.** [sparse - crowd, vegetation] disperso(sa); [- hair] ralo(la) **-5.** [excuse] fraco(ca).
◆ **thin down** *vt sep* diluir.
thing [θɪŋ] *n* **-1.** [gen] coisa *f*; **you poor** ~**!** coitadinho(nha); **the next** ~ **on the list** o próximo item da lista; **the (best)** ~ **to do would be ...** o melhor a fazer seria ...; **the** ~ **is ...** a questão é ..., acontece que ... **-2.** [anything]: **not a** ~ nada; **I don't know a** ~ **(about)** não sei nada (sobre *OR* de).
◆ **things** *npl* **-1.** [clothes, possessions] coisas *fpl* **-2.** *inf* [life] coisas *fpl*.

think [θɪŋk] (*pt* & *pp* **thought**) ◇ *vt* **-1.** [believe]: **to ~ (that)** achar *OR* acreditar que; **I ~ so** acho que sim; **I don't ~ so** acho que não **-2.** [have in mind] pensar **-3.** [imagine] entender, imaginar **-4.** [in polite requests]: **do you ~ you could help me?** você acha que pode me ajudar? ◇ *vi* **-1.** [use mind] pensar **-2.** [have stated opinion]: **what do you ~ of** *OR* **about his new film?** o que você acha do novo filme dele?; **I don't ~ much of them/it** não tenho uma opinião muito boa sobre eles/ele; **to ~ a lot of sb/sthg** ter alguém/algo em grande estima **-3.** *phr*: **to ~ twice** pensar duas vezes.

◆ **think about** *vt fus* [consider] pensar em; **I'll have to ~ about it** vou ter que pensar sobre isso.

◆ **think of** *vt fus* **-1.** [gen] pensar em; **to ~ of doing sthg** pensar em fazer algo **-2.** [remember] lembrar-se de.

◆ **think over** *vt sep* refletir sobre.

◆ **think up** *vt sep* imaginar, bolar.

think tank *n* assessoria *f* técnica.

third [θɜːd] ◇ *num* terceiro(ra). ◇ *n* **-1.** [fraction] terço *m* **-2.** *UK UNIV* ≃ nota *f* C *(num título universitário)*; *see also* **sixth**.

thirdly [ˈθɜːdlɪ] *adv* em terceiro lugar.

third party insurance *n* seguro *m* contra terceiros.

third-rate *adj pej* de terceira categoria.

Third World *n*: **the ~** o Terceiro Mundo.

thirst [θɜːst] *n* sede *f*; **~ for sthg** *fig* sede de algo.

thirsty [ˈθɜːstɪ] (*compar* **-ier**, *superl* **-iest**) *adj* **-1.** [parched]: **to be** *OR* **feel ~** estar com *OR* sentir sede **-2.** [causing thirst] que dá sede.

thirteen [ˌθɜːˈtiːn] *num* treze; *see also* **six**.

thirty [ˈθɜːtɪ] (*pl* **-ies**) *num* trinta; *see also* **sixty**.

this [ðɪs] (*pl* **these**) ◇ *adj* **-1.** [referring to thing, person] este (esta); **these chocolates are delicious** estes chocolates são deliciosos; **~ morning/week** esta manhã/semana; **I prefer ~ book** prefiro este livro; **I'll take ~ one** quero este. **-2.** *inf* [used when telling a story]: **there was ~ man ...** havia um homem ... ◇ *pron* [referring to thing, person] este *m*, esta *f*; [indefinite] isto; **~ is for you** isto é para você; **what are these?** o que é isto?, o que é que são estas coisas?; **~ is David Gregory** [introducing someone] este é o David Gregory; [on telephone] aqui fala David Gregory. ◇ *adv*: **it was ~ big** era deste tamanho; **I don't remember it being ~ tiring** não me lembro de ser tão cansativo assim.

> *This* e *these* referem-se a coisas próximas no tempo e no espaço (*is this your coat on the floor?*; *this music is excellent*) e dizem respeito a *here* e *now*. *That* e *those* são usados com coisas que nos parecem mais distantes (*isn't that your father over there?*; *he was born in 1915 - that's a long time ago* aquele lá não é o seu pai?; ele nasceu em 1915 - faz muito tempo) e dizem respeito a *there* e *then*.
>
> Algumas vezes *this/these* e *that/those* são usados em comparações (*which skirt should I wear? - this one or that one?* qual saia devo usar? - esta ou aquela?), mas se quisermos realçar o contraste entre duas possibilidades é mais comum usar-se *this/these* e *the other/the others* (*Federer is serving from this end and Roddick receiving at the other* Federer está sacando deste lado e Roddick recebendo do outro).
>
> Somente *this/these* podem referir-se a algo ainda não mencionado (*listen to this - you'll never believe it!* escute isto, você não vai acreditar!).
>
> Como pronomes, somente *those* (e não *this/these* ou *that*) pode referir-se diretamente a pessoas. Neste caso, *those* deve ser seguido de uma frase especificativa (*those of you who agree, please put up your hands* aqueles que estiverem de acordo, levantem a mão).

thistle [ˈθɪsl] *n* cardo *m*.

thong [θɒŋ] *n* **-1.** [piece of leather] correia *f*, tira *f* de couro **-2.** [bikini] tanga *f*.

thorn [θɔːn] *n* **-1.** [prickle] espinho *m* **-2.** [bush, tree] espinheiro *m*.

thorny [ˈθɔːnɪ] (*compar* **-ier**, *superl* **-iest**) *adj* **-1.** [prickly] espinhoso(sa), cheio (cheia) de espinhos **-2.** *fig* [tricky, complicated] espinhoso(sa).

thorough [ˈθʌrə] *adj* **-1.** [gen] completo(ta) **-2.** [meticulous] minucioso(sa).

thoroughbred [ˈθʌrəbred] *n* puro-sangue *m*.

thoroughfare [ˈθʌrəfeə[r]] *n fml* via *f* pública.

thoroughly [ˈθʌrəlɪ] *adv* **-1.** [fully, in detail] a fundo, exaustivamente **-2.** [completely, utterly] completamente, totalmente.

those [ðəʊz] *pl* ▷ **that**.

though [ðəʊ] ◇ *conj* **-1.** [in spite of the fact that] embora **-2.** [even if] ainda que; **even ~** embora. ◇ *adv* no entanto.

thought [θɔːt] ◇ *pt* & *pp* ▷ **think**. ◇ *n* **-1.** [notion] idéia *f* **-2.** *(U)* [act of thinking] reflexão *f* **-3.** *(U)* [philosophy] pensamento *m* **-4.** [gesture] intenção *f*.

◆ **thoughts** *npl* **-1.** [reflections] opiniões *fpl*; **she keeps her ~ to herself** ela não expressa o que pensa **-2.** [views] opiniões *fpl*, idéias *fpl*.

thoughtful [ˈθɔːtfʊl] *adj* **-1.** [pensive] pensativo(va) **-2.** [considerate] atencioso(sa).

thoughtfulness [ˈθɔːtfʊlnɪs] *n (U)* **-1.** [pensiveness] ar *m* pensativo **-2.** [considerateness] atenção *f*, consideração *f*.

thoughtless [ˈθɔːtlɪs] *adj* indelicado(da).

thousand [ˈθaʊznd] *num*: **a ~** mil; **two ~** dois mil; **~s of** milhares de.

thousandth [ˈθaʊzntθ] *num* **-1.** milésimo(ma) **-2.** [fraction] milésimo(ma); *see also* **sixth**.

thrash [θræʃ] *vt* **-1.** [beat, hit] surrar, dar uma surra em **-2.** *inf* [trounce] dar uma surra em.

◆ **thrash about, thrash around** *vi* debater-se; **to be ~ing about in one's sleep** ter um sono agitado.

◆ **thrash out** *vt sep* esgotar *(um assunto)*.

thread [θred] ◇ *n* **-1.** [of cotton, wool] fio *m* **-2.** [of screw] rosca *f* **-3.** *fig* [theme] fio *m* da meada. ◇ *vt* [pass thread through] enfiar.

threadbare [ˈθredbeəʳ] *adj* **-1.** [clothes, carpet] surrado(da) **-2.** [argument, joke] manjado(da).

threat [θret] *n* **-1.** [warning] ameaça *f* **-2.** [menace]: **~ (to sb/sthg)** ameaça (a alguém/algo) **-3.** [risk]: **~ (of sthg)** ameaça (de algo).

threaten [ˈθretn] ◇ *vt* **-1.** [issue threat]: **to ~ sb (with sthg)** ameaçar alguém (com algo); **to ~ to do sthg** ameaçar fazer algo **-2.** [endanger] ameaçar. ◇ *vi* ameaçar.

three [θriː] *num* três; *see also* **six**.

three-dimensional [-dɪˈmenʃənl] *adj* tridimensional.

threefold [ˈθriːfəʊld] ◇ *adj* triplo(pla). ◇ *adv* três vezes; **to increase ~** triplicar.

three-piece *adj* de três peças.

three-ply *adj* **-1.** [wood] com três espessuras **-2.** [wool] com três fios.

thresh [θreʃ] *vt* debulhar.

threshold [ˈθreʃhəʊld] *n* **-1.** [doorway] soleira *f* **-2.** [level] limiar *m*.

threw [θruː] *pt* ▻ **throw**.

thrift shop *n US* loja *f* beneficente.

thrifty [ˈθrɪftɪ] (*compar* **-ier**, *superl* **-iest**) *adj* econômico(ca).

thrill [θrɪl] ◇ *n* **-1.** [sudden feeling - of joy] vibração *f*; [- of horror] estremecimento *m* **-2.** [exciting experience] emoção *f*. ◇ *vt* emocionar, entusiasmar.

thrilled [θrɪld] *adj*: **~ (with sthg/to do sthg)** encantado(da) (com algo/por fazer algo).

thriller [ˈθrɪləʳ] *n* suspense *m* *(enquanto obra)*.

thrilling [ˈθrɪlɪŋ] *adj* emocionante.

thrive [θraɪv] (*pt* **-d** *OR* **throve**, *pp* **-d**) *vi* **-1.** [person, plant] desenvolver-se **-2.** [business] prosperar.

thriving [ˈθraɪvɪŋ] *adj* **-1.** próspero(ra) **-2.** [plant] que se desenvolve.

throat [θrəʊt] *n* **-1.** [inside mouth] garganta *f* **-2.** [front of neck] pescoço *m*.

throb [θrɒb] (*pt* & *pp* **-bed**, *cont* **-bing**) *vi* **-1.** [beat - pulse, blood] pulsar; [- heart] palpitar; [- engine, machine] vibrar; [- music, drums] vibrar, ressoar **-2.** [be painful] latejar.

throes [θrəʊz] *npl*: **to be in the ~ of sthg** estar no meio de algo.

throne [θrəʊn] *n* **-1.** [chair] trono *m* **-2.** [position, authority]: **the ~** o trono.

throng [θrɒŋ] ◇ *n* aglomeração *f*. ◇ *vt* aglomerar.

throttle [ˈθrɒtl] ◇ *n* **-1.** [valve] válvula *f* de estrangulamento **-2.** [lever] alavanca *f* *(da válvula de estrangulamento)*; [pedal] afogador *m*. ◇ *vt* estrangular.

through [θruː] ◇ *adj* [finished] terminado(da); **to be ~ with sthg** ter terminado algo; **to be ~ with sb** terminar com alguém. ◇ *adv* **-1.** [from one end to another] até o fim; **they let us ~** nos deixaram passar **-2.** [until] até; **I slept ~ till ten** dormi até as dez. ◇ *prep* **-1.** [from one side to another] através de; **to cut ~** cortar algo; **to get ~ sthg** passar por algo **-2.** [during, throughout] durante; **to go ~ an experience** passar por uma experiência **-3.** [because of] por; **to happen ~ sthg** acontecer devido a algo **-4.** [by means of] graças a **-5.** *US* [up till and including]: **Monday ~ Friday** de segunda a sexta.

◆ **through and through** *adv* **-1.** [completely] dos pés à cabeça **-2.** [thoroughly]: **to know sthg ~ and ~** conhecer algo de cima a baixo.

> *Through* é geralmente traduzido por 'através (de)' e refere-se a espaços tridimensionais, muitas vezes envolvendo obstáculos (***we walked through the woods*** andamos através dos arbustos; ***the sun was shining through the clouds*** o sol brilhava através das nuvens). Quando associado a movimento, no entanto, pode ser traduzido pelos verbos 'atravessar' ou 'cruzar', da mesma forma que *across*.

throughout [θruːˈaʊt] ◇ *prep* **-1.** [during] durante todo(da) **-2.** [everywhere in] por todo(da). ◇ *adv* **-1.** [all the time] o tempo todo **-2.** [everywhere] por todo o lado.

throve [θrəʊv] *pt* ▻ **thrive**.

throw [θrəʊ] (*pt* **threw**, *pp* **thrown**) ◇ *vt* **-1.** [gen] atirar **-2.** [move suddenly]: **to ~ o.s.** jogar-se, atirar-se **-3.** [rider] derrubar, desmontar **-4.** *fig* [force into]: **we were all thrown into confusion** ficamos todos muito confusos; **he was thrown into the job at short notice** largaram o trabalho nas costas dele sem avisar **-5.** *fig* [confuse] deixar confuso(sa). ◇ *n* [toss, pitch] arremesso *m*, lançamento *m*.

◆ **throw away** *vt sep* jogar fora.

◆ **throw out** *vt sep* **-1.** [discard] jogar fora **-2.** *fig* [reject] rejeitar **-3.** [force to leave] expulsar.

◆ **throw up** *vi inf* [vomit] vomitar, botar para fora.

throwaway [ˈθrəʊəˌweɪ] *adj* **-1.** [disposable] descartável **-2.** [casual] fortuito(ta), casual.

throw-in *n UK FTBL* arremesso *m* lateral.

thrown [θrəʊn] *pp* ▻ **throw**.

thru [θruː] *adj, adv* & *prep US inf* = **through**.

thrush [θrʌʃ] *n* **-1.** [bird] tordo *m* **-2.** *MED* cândida *f*.

thrust [θrʌst] (*pt* & *pp* **thrust**) ◇ *n* **-1.** [forward movement - of knife, sword] golpe *m*; [- of army] investida *f*; [- of body] impulso *m* **-2.**

[main aspect] essência *f.* <> *vt* [shove, jab] empurrar.

thud [θʌd] (*pt* & *pp* **-ded**, *cont* **-ding**) <> *n* baque *m.* <> *vi* dar um baque seco.

thug [θʌg] *n* marginal *mf.*

thumb [θʌm] <> *n* [of hand] polegar *m.* <> *vt inf* [hitch]: **to ~ a lift** pedir carona *(com o dedo).*

◆ **thumb through** *vt fus* folhear.

thumbs down [ˌθʌmz-] *n*: **to get** OR **be given the ~** ser recebido(da) com desaprovação, não ser bem recebido(da).

thumbs up [ˌθʌmz-] *n* [go-ahead]: **to give sb/sthg the ~** dar luz verde a alguém/algo.

thumbtack [ˈθʌmtæk] *n US* percevejo *m (para fixar).*

thump [θʌmp] <> *n* **-1.** [blow] soco *m* **-2.** [thud] baque *m.* <> *vt* [punch] dar um soco em. <> *vi* [pound - heart] palpitar; [- head] latejar.

thunder [ˈθʌndəʳ] <> *n (U)* **-1.** METEOR trovão *m* **-2.** *fig* [loud sound] estrondo *m.* <> *v impers* METEOR trovejar.

thunderbolt [ˈθʌndəbəʊlt] *n* **-1.** METEOR raio *m* **-2.** *fig* [shock] choque *m.*

thunderclap [ˈθʌndəklæp] *n* trovão *m.*

thunderstorm [ˈθʌndəstɔːm] *n* temporal *m.*

thundery [ˈθʌndərɪ] *adj* carregado(da).

Thursday [ˈθɜːzdɪ] *n* quinta-feira *f*; *see also* **Saturday**.

thus [ðʌs] *adv fml* **-1.** [as a consequence] assim, por isso **-2.** [in this way] desse modo **-3.** [as follows] assim.

thwart [θwɔːt] *vt* frustrar, impedir.

thyme [taɪm] *n (U)* tomilho *m.*

thyroid [ˈθaɪrɔɪd] *n* tireóide *f.*

tiara [tɪˈɑːrə] *n* tiara *f.*

Tibet [tɪˈbet] *n* Tibete.

tic [tɪk] *n* tique *m.*

tick [tɪk] <> *n* **-1.** [written mark] (sinal *m* de) visto *m* **-2.** [sound] tiquetaque *m*; **I shan't be a ~** não vou demorar **-3.** [insect] carrapato *m.* <> *vt* marcar *(com sinal de visto).* <> *vi* [make ticking sound] fazer tiquetaque

◆ **tick off** *vt sep* **-1.** [mark off] marcar *(com sinal de visto)* **-2.** [tell off]: **to ~ sb off (for sthg)** dar uma bronca em alguém (por algo).

◆ **tick over** *vi* funcionar em marcha lenta.

ticket [ˈtɪkɪt] *n* **-1.** [for entry, access - plane] bilhete *m*; [- bus, train] passagem *f*; [- for football match, concert] entrada *f*, ingresso *m* **-2.** [label on product] etiqueta *f* **-3.** [notice of traffic offence] multa *f.*

ticket collector *n UK* cobrador *m*, -ra *f (no trem).*

ticket inspector *n UK* cobrador *m*, -ra *f (no trem).*

ticket machine *n* máquina *f* automática que vende ingressos.

ticket office *n* **-1.** [in theatre] bilheteria *f* **-2.** [in station] guichê *m* de venda.

tickle [ˈtɪkl] <> *vt* **-1.** [touch lightly] fazer cócegas em **-2.** *fig* [amuse] divertir. <> *vi*: **my feet are tickling** sinto cócegas nos pés.

ticklish [ˈtɪklɪʃ] *adj* [sensitive to touch]: **to be ~** sentir cócegas.

tidal [ˈtaɪdl] *adj* da maré.

tidal wave *n* maremoto *m.*

tidbit *n US* = **titbit**.

tiddlywinks [ˈtɪdlɪwɪŋks], **tiddledywinks** *US* [ˈtɪdldɪwɪŋks] *n (U)* [game] jogo *m* da pulga.

tide [taɪd] *n* **-1.** [of sea] maré *f* **-2.** *fig* [trend] tendência *f*; **the ~ of history** o curso da história **-3.** *fig* [large quantity] corrente *f.*

tidy [ˈtaɪdɪ] (*compar* **-ier**, *superl* **-iest**, *pt* & *pp* **-ied**) <> *adj* **-1.** [gen] arrumado(da) **-2.** [in habits] asseado(da). <> *vt* arrumar.

◆ **tidy up** <> *vt sep* arrumar. <> *vi*: **I'll have to ~ up before going out** [objects] vou ter que arrumar tudo antes de sair.; [hair, appearance] vou ter que me arrumar antes de sair.

tie [taɪ] (*pt* & *pp* **tied**, *cont* **tying**) <> *n* **-1.** [necktie] gravata *f* **-2.** [in game, competition] empate *m.* <> *vt* **-1.** [attach]: **to ~ sthg (on)to sthg** amarrar algo (em algo); **to ~ sthg round sthg** amarrar algo em volta de algo; **to ~ sthg with sthg** amarrar algo com algo **-2.** [do up, fasten - shoelaces] atar, amarrar; [- knot] dar **-3.** *fig* [link]: **to be ~d to sb/sthg** estar ligado(da) a alguém/algo. <> *vi* [draw]: **to ~ (with sb)** empatar (com alguém).

◆ **tie down** *vt sep fig* [restrict] prender; **to feel tied down by sthg** sentir-se preso(sa) a algo.

◆ **tie in with** *vt fus* concordar com, ajustar-se com.

◆ **tie up** *vt sep* **-1.** [secure with string, rope] amarrar **-2.** *fig* [restrict use of] limitar o uso de **-3.** *fig* [link]: **to be ~d up with sthg** estar ligado(da) a algo.

tiebreak(er) [ˈtaɪbreɪk(əʳ)] *n* **-1.** TENNIS tie-break *m* **-2.** [extra question] desempate *m.*

tiepin [ˈtaɪpɪn] *n* alfinete *m* de gravata.

tier [tɪəʳ] *n* **-1.** [of seats, shelves] fileira *f* **-2.** [cake] camada *f.*

tiff [tɪf] *n* desavença *f*, briguinha *f.*

tiger [ˈtaɪgəʳ] *n* tigre *m.*

tight [taɪt] <> *adj* **-1.** [gen] apertado(da); **a ~ fit** justo(ta) **-2.** [taut] esticado(da), teso(sa) **-3.** [close together] comprimido(da) **-4.** [strict] rigoroso(sa) **-5.** [at sharp angle] cerrado(da) **-6.** *inf* [drunk] bêbado(da) **-7.** *inf* [miserly] sovina. <> *adv* **-1.** [firmly, securely] com força; **to hold ~** segurar bem; **to shut** OR **close sthg ~** fechar bem algo **-2.** [tautly] bem esticado(da).

◆ **tights** *npl* meia-calça *f.*

tighten ['taɪtn] ◇ *vt* **-1.** [knot, belt, rules] apertar **-2.** [make tauter] esticar **-3.** [strengthen]: **to ~ one's hold** *OR* **grip on sthg** agarrar *OR* segurar algo com força **-4.** [security] intensificar. ◇ *vi* [make tighter] apertar.

tightfisted [ˌtaɪtˈfɪstɪd] *adj inf pej* pão-duro.

tightly ['taɪtlɪ] *adv* [firmly, securely] com força; [fasten, tie] bem.

tile [taɪl] *n* **-1.** [on roof] telha *f* **-2.** [on floor] piso *m* **-3.** [on wall] azulejo *m*.

tiled [taɪld] *adj* **-1.** [roof] telhado(da) **-2.** [floor] ladrilhado(da) **-3.** [wall] azulejado(da).

till [tɪl] ◇ *prep* até; **~ now** até agora. ◇ *conj* até; **wait ~ I come back** espere até eu voltar *OR* que eu volte. ◇ *n* caixa *f* (registradora).

tiller ['tɪlər] *n* cana *f* do leme.

tilt [tɪlt] ◇ *vt* inclinar. ◇ *vi* inclinar-se.

timber ['tɪmbər] *n* **-1.** *(U)* [wood] madeira *f (para a construção)* **-2.** [beam - of ship] viga *f* mestra; [- of house] madeiramento *m*.

timbered ['tɪmbəd] *adj* revestido(da) com madeira.

time [taɪm] ◇ *n* **-1.** *(U)* [general measurement, spell] tempo *m*; **to take ~** levar tempo; **to have no ~ for sb/sthg** não ter tempo a perder com alguém/algo; **to pass the ~** passar o tempo; **to play for ~** tentar ganhar tempo; **it was a long ~ before he came** passou muito tempo antes que ele viesse; **for a ~** por um tempo **-2.** [as measured by clock, moment] hora *f*; **the ~ is three o'clock** são três horas; **what ~ is it?, what's the ~?** que horas são?, tem horas?; **in a week's/year's ~** daqui a uma semana/um mês; **to lose ~** atrasar; **to tell the ~** dizer as horas; **now would be a good ~ to ask** agora seria uma boa hora para perguntar **-3.** [point in time in past] época *f*; **at that ~** naquela época **-4.** [era] era *f*; **in ancient ~s** na antiguidade; **before my ~** [before I was born] antes de eu nascer; [before I worked here] antes de eu trabalhar ali **-5.** [occasion] vez *f*; **from ~ to ~** de vez em quando; **~ after ~, ~ and again** uma e outra vez **-6.** [experience]: **we had a good ~** nos divertimos muito; **we had a terrible ~** foi uma situação horrível; **to have a hard ~ trying to do sthg** ter dificuldade tentando fazer algo **-7.** [degree of lateness]: **in good ~** na hora certa; **ahead of ~** cedo; **on ~** na hora **-8.** *MUS* compasso *m*. ◇ *vt* **-1.** [schedule] marcar **-2.** [measure duration, speed of] cronometrar **-3.** [choose appropriate moment for] escolher o momento certo para.

◆ **times** ◇ *npl*: **four ~s as much as me** quatro vezes mais do que eu. ◇ *prep MATH*: **four ~s five is twenty** quatro vezes cinco é vinte.

◆ **about time** *adv*: **it's about ~** já era hora.

◆ **at a time** *adv*: **for months at a ~** por meses seguidos; **one at a ~** um (uma) por vez; **I always read several maganizes at a ~** sempre leio várias revistas ao mesmo tempo.

◆ **at times** *adv* às vezes.

◆ **at the same time** *adv* ao mesmo tempo.

◆ **for the time being** *adv* por enquanto.

◆ **in time** *adv* **-1.** [not late]: **in ~ (for sthg)** a tempo (para algo) **-2.** [eventually] com o tempo.

time bomb *n* bomba-relógio *f*.

time lag *n* intervalo *m*.

timeless ['taɪmlɪs] *adj* eterno(na).

time limit *n* prazo *m*, limite *m* de tempo.

timely ['taɪmlɪ] (*compar* **-ier**, *superl* **-iest**) *adj* oportuno(na).

time off *n (U)* (tempo *m* de) folga *f*; **I'm owed ~** me devem alguns dias de folga.

time-out (*pl* **time-outs** *OR* **times-out**) *n US SPORT* intervalo *m*.

timer ['taɪmər] *n* temporizador *m*.

time scale *n* escala *f* de tempo.

time-share *n UK* propriedade *f* comprada em sociedade.

time switch *n* temporizador *m (numa máquina)*.

timetable ['taɪmˌteɪbl] *n* **-1.** [gen] horário *m* **-2.** [schedule] programação *f*, programa *m*.

time zone *n* fuso *m* horário.

timid ['tɪmɪd] *adj* tímido(da).

timing ['taɪmɪŋ] *n (U)* **-1.** [of actor, musician, tennis player] timing *m* **-2.** [chosen moment]: **she made her comment with perfect ~** ela fez seu comentário no momento certo **-3.** *SPORT* [measuring] cronometragem *f*.

timpani ['tɪmpənɪ] *npl* timbales *mpl*, tímpanos *mpl*.

tin [tɪn] *n* **-1.** *(U)* [metal] estanho *m*; **~plate** folha-de-flandres *f* **-2.** *UK* [for food, storage] lata *f*.

tin can *n* lata *f*.

tinfoil ['tɪnfɔɪl] *n (U)* papel *m OR* folha *f* de estanho.

tinge [tɪndʒ] *n* **-1.** [of colour] tom *m*, matiz *m* **-2.** [of feeling] rápida sensação *f*; **a ~ of guilt** uma ponta de culpa.

tinged [tɪndʒd] *adj* **-1.** [colour]: **~ with sthg** com um toque de algo **-2.** [feeling]: **~ with sthg** com uma pontinha de algo.

tingle ['tɪŋgl] *vi* formigar.

tinker ['tɪŋkər] ◇ *n pej* [gipsy] cigano *m*, -na *f*. ◇ *vi* atamancar; **to ~ with sthg** fuçar em algo.

tinkle ['tɪŋkl] *vi* **-1.** [bell] tilintar **-2.** [phone] tocar.

tinned [tɪnd] *adj UK* enlatado(da), em conserva.

tin opener *n UK* abridor *m* de lata.

tinsel ['tɪnsl] *n (U)* lantejoula *f*, ouropel *m*.

tint [tɪnt] *n* matiz *m*.

tinted ['tɪntɪd] *adj* **-1.** [window, glass] colorido(da) **-2.** [hair] tingido(da).

tiny ['taɪnɪ] (*compar* **-ier**, *superl* **-iest**) *adj* minúsculo(la), diminuto(ta).

tip [tɪp] (*pt* & *pp* **-ped**, *cont* **-ping**) ◇ *n* **-1.** [end] ponta *f* **-2.** *UK* [dump]: **rubbish ~** lixão *m*, depósito *m* de lixo **-3.** [gratuity] gorjeta *f* **-4.** [piece of advice] dica *f*. ◇ *vt* **-1.** [tilt] inclinar **-2.** [spill] derramar **-3.** [give a gratuity to] dar gorjeta a. ◇ *vi* **-1.** [tilt] inclinar-se **-2.** [spill] derramar.
◆ **tip over** *vt sep* & *vi* virar.

tip-off *n* informação *f (secreta)*.

tipped [tɪpt] *adj* **-1.** [spear] com ponta de aço **-2.** [cigarette] com filtro **-3.** [pen]: **felt-~ pen** caneta *f* hidrográfica.

tipsy ['tɪpsɪ] (*compar* **-ier**, *superl* **-iest**) *adj inf* alto(ta) *(por ingerir bebida alcoólica)*, tocado(da).

tiptoe ['tɪptəʊ] ◇ *n*: **on ~** nas pontas dos pés. ◇ *vi* andar nas pontas dos pés.

tip-top *adj inf dated* ótimo(ma).

tire ['taɪəʳ] ◇ *n US* = **tyre**. ◇ *vt* cansar. ◇ *vi* **-1.** [get tired] cansar-se, ficar cansado(da) **-2.** [get fed up]: **to ~ of sb/sthg** cansar-se de alguém/algo.

tired ['taɪəd] *adj* **-1.** [sleepy] cansado(da) **-2.** [fed up]: **~ of sthg/of doing sthg** cansado(da) de algo/de fazer algo.

tireless ['taɪəlɪs] *adj* incansável.

tiresome ['taɪəsəm] *adj* cansativo(va), enfadonho(nha).

tiring ['taɪərɪŋ] *adj* cansativo(va).

tissue ['tɪʃu:] *n* **-1.** [paper handkerchief] lenço *m* de papel **-2.** *(U)* BIOL tecido *m*.

tissue paper *n (U)* papel *m* de seda.

tit [tɪt] *n* **-1.** [bird] chapim *m* **-2.** *vulg* [breast] teta *f*.

titbit *UK* ['tɪtbɪt], **tidbit** *US* ['tɪdbɪt] *n* **-1.** [of food] petisco *m* **-2.** *fig* [of news]: **a ~ of gossip** uma pequena fofoca.

tit for tat [-'tæt] *n*: **it's ~** é olho por olho.

titillate ['tɪtɪleɪt] *vt* excitar.

title ['taɪtl] *n* título *m*.

title deed *n* título *m* de propriedade.

title role *n* papel *m* principal.

titter ['tɪtəʳ] *vi* rir baixinho.

TM ◇ *abbr of* **trademark**.

to [*unstressed before consonant* tə, *unstressed before vowel* tʊ, *stressed* tu:] ◇ *prep* **-1.** [indicating direction] para; **to go ~ Brazil** ir ao Brasil; **to go ~ school** ir para a escola. **-2.** [indicating position] a; **~ the left/right** à esquerda/direita. **-3.** [expressing indirect object] a; **to give sthg ~ sb** dar algo a alguém; **give it ~ me** dême isso; **to listen ~ the radio** ouvir rádio. **-4.** [indicating reaction, effect]: **~ my surprise** para surpresa minha; **it's ~ your advantage** é em seu benefício. **-5.** [until] até; **to count ~ ten** contar até dez; **we work from nine ~ five** trabalhamos das nove (até) às cinco. **-6.** [in stating opinion] para; **~ me, he's lying** para mim, ele está mentindo. **-7.** [indicating change of state]: **to turn ~ sthg** transformar-se em algo; **it could lead ~ trouble** pode vir a dar problemas. **-8.** *UK* [in expressions of time] para; **it's ten ~ three** são dez para as três; **at quarter ~ seven** às quinze para as sete. **-9.** [in ratios, rates]: **40 miles ~ the gallon** 40 milhas por galão. **-10.** [of, for]: **the answer ~ the question** a resposta à pergunta; **the key ~ the car** a chave do carro; **a letter ~ my daughter** uma carta para a minha filha. **-11.** [indicating attitude] (para) com; **to be rude ~ sb** ser grosseiro com alguém. ◇ *with infinitive* **-1.** [forming simple infinitive]: **~ walk** andar; **~ laugh** rir. **-2.** [following another verb]: **to begin ~ do sthg** começar a fazer algo; **to try ~ do sthg** tentar fazer algo. **-3.** [following an adjective]: **difficult ~ do** difícil de fazer; **pleased ~ meet you** prazer em conhecê-lo; **ready ~ go** pronto para partir. **-4.** [indicating purpose] para; **we came here ~ look at the castle** viemos para ver o castelo.

toad [təʊd] *n* sapo *m*.

toadstool ['təʊdstu:l] *n* cogumelo *m* venenoso.

toast [təʊst] ◇ *n* **-1.** *(U)* [bread] torrada *f*, pão *m* torrado **-2.** [drink] brinde *m*. ◇ *vt* **-1.** [bread] tostar, torrar **-2.** [person] brindar a.

toasted sandwich [ˌtəʊstɪd-] *n* misto-quente *m*.

toaster ['təʊstəʳ] *n* torradeira *f*.

tobacco [tə'bækəʊ] *n* tabaco *m*.

tobacconist *n* charuteiro *m*, -ra *f*, vendedor *m*, -ra *f* de fumo OR tabaco; **~'s (shop)** tabacaria *f*.

toboggan [tə'bɒgən] *n* tobogã *m*.

today [tə'deɪ] ◇ *adv (U)* **-1.** [this day] hoje **-2.** [nowadays] de hoje, atual; **~'s technology** a tecnologia hoje em dia. ◇ *adv* **-1.** [this day] hoje **-2.** [nowadays] hoje (em dia).

toddler ['tɒdləʳ] *n* criança *f* pequena *(que começa a andar)*.

toddy ['tɒdɪ] (*pl* **-ies**) *n* ponche *m*.

to-do (*pl* **-s**) *n inf dated* tumulto *m*, alvoroço *m*.

toe [təʊ] ◇ *n* **-1.** [of foot] dedo *m (do pé)* **-2.** [of sock] ponta *f* **-3.** [of shoe] biqueira *f*. ◇ *vt*: **to ~ the line** cumprir as normas.

toenail ['təʊneɪl] *n* unha *f* do pé.

toffee ['tɒfɪ] *n* **-1.** [sweet] tofe *m*, caramelo *m* **-2.** *(U)* [substance] tofe *m*.

toga ['təʊgə] *n* toga *f*.

together [tə'geðə^r] *adv* juntos(tas); **to go ~** combinar.

◆ **together with** *prep* junto com.

toil [tɔɪl] *fml* ◇ *n* trabalho *m* duro. ◇ *vi* trabalhar duro.

toilet ['tɔɪlɪt] *n* vaso *m* sanitário; **to go to the ~** ir ao banheiro.

toilet bag *n* nécessaire *m*.

toilet paper *n (U)* papel *m* higiênico.

toiletries ['tɔɪlɪtrɪz] *npl* artigos *mpl* de toalete.

toilet roll *n* **-1.** *(U)* [paper] papel *m* higiênico **-2.** [roll] rolo *m* de papel higiênico.

toilet water *n (U)* água-de-colônia *f*, colônia *f*.

token ['təʊkn] ◇ *adj* simbólico(ca). ◇ *n* **-1.** [voucher, disc - for machines] ficha *f*; [- for books, records] vale *m* **-2.** [symbol] símbolo *m*, mostra *f*.

◆ **by the same token** *adv* da mesma forma.

told [təʊld] *pt & pp* ▷ **tell**.

tolerably ['tɒlərəblɪ] *adv* razoavelmente.

tolerance ['tɒlərəns] *n* tolerância *f*.

tolerant ['tɒlərənt] *adj* **-1.** [not bigoted]: **~ of sb/sthg** tolerante com alguém/algo **-2.** [resistant]: **~ to sthg** resistente a algo.

tolerate ['tɒləreɪt] *vt* **-1.** [put up with] suportar, tolerar **-2.** [permit] tolerar.

toll [təʊl] ◇ *n* **-1.** [number]: **death ~** número *m* de vítimas fatais **-2.** [fee] pedágio *m* **-3.** *phr*: **to take its ~** ter suas implicações. ◇ *vt* [bell] tocar, badalar.

toll-free *US adv*: **to call ~** telefonar *OR* ligar gratuitamente.

tomato [*UK* tə'mɑːtəʊ, *US* tə'meɪtəʊ] (*pl* **-es**) *n* tomate *m*.

tomb [tuːm] *n* túmulo *m*, tumba *f*.

tomboy ['tɒmbɔɪ] *n menina que gosta de jogos e brincadeiras de meninos*.

tombstone ['tuːmstəʊn] *n* lápide *f*.

tomcat ['tɒmkæt] *n* gato *m (macho)*.

tomorrow [tə'mɒrəʊ] ◇ *n* **-1.** [day after today] amanhã *m* **-2.** *fig* [future] futuro *m*. ◇ *adv* **-1.** [the day after today] amanhã; **~ week** uma semana a contar de amanhã **-2.** [in future] no futuro.

ton [tʌn] (*pl inv OR* **-s**) *n* **-1.** *UK* [imperial unit of measurement] tonelada *f* inglesa *OR* longa *(1016,05 kg)* **-2.** *US* [unit of measurement] tonelada *f (907,19 kg)* **-3.** [metric unit of measurement] tonelada *f* métrica.

◆ **tons** *npl UK inf*: **~s (of)** um monte de.

tone [təʊn] *n* **-1.** [gen] tom *m* **-2.** *TELEC* sinal *m*; **dialling ~** linha *f* de discagem.

◆ **tone down** *vt sep* suavizar, moderar.

◆ **tone up** *vt sep* pôr em forma.

tone-deaf *adj* que não tem ouvido musical.

tongs [tɒŋz] *npl* **-1.** [for sugar] pinça *f* para açúcar **-2.** [for hair] pinças *fpl*.

tongue [tʌŋ] *n* **-1.** [gen] língua *f*; **to hold one's ~** *fig* fechar o bico **-2.** *fml* [language] língua *f* **-3.** [of shoe] lingüeta *f*.

tongue-in-cheek *adj* em tom de brincadeira.

tongue-tied [-ˌtaɪd] *adj* mudo(da) *(por timidez ou nervosismo)*.

tongue twister [-ˌtwɪstə^r] *n* trava-língua *m*.

tonic ['tɒnɪk] *n* **-1.** [gen] tônico *m* **-2.** *(U)* [tonic water] (água *f*) tônica *f*.

tonic water *n (U)* (água *f*) tônica *f*.

tonight [tə'naɪt] ◇ *n (U)* esta noite *f*. ◇ *adv* hoje à noite, esta noite.

tonnage ['tʌnɪdʒ] *n (U) NAUT* **-1.** [weight] tonelagem *f* **-2.** [amount of cargo] tonelagem *f* (de arqueação).

tonne [tʌn] (*pl inv OR* **-s**) *n* tonelada *f* métrica.

tonsil ['tɒnsl] *n* amígdala *f*.

tonsil(l)itis [ˌtɒnsɪ'laɪtɪs] *n (U)* amigdalite *f*.

too [tuː] *adv* **-1.** [also] também **-2.** [excessively]: **~ much** demais; **~ old** velho demais; **~ many things** muitas e muitas coisas; **~ long a book** um livro longo demais; **all ~ soon** cedo demais; **only ~ ...** muito ...; **I'd be only ~ happy to help** eu adoraria ajudar **-3.** *(with negatives)*: **not ~ bad** nada mal; **I wasn't ~ impressed** não fiquei muito impressionado.

took [tʊk] *pt* ▷ **take**.

tool [tuːl] *n* **-1.** [implement] ferramenta *f* **-2.** *fig* [means] ferramenta *f*, instrumento *m*.

tool box *n* caixa *f* de ferramentas.

tool kit *n* jogo *m* de ferramentas.

toot [tuːt] ◇ *n* buzinada *f*. ◇ *vi* buzinar.

tooth [tuːθ] (*pl* **teeth**) *n* dente *m*.

toothache ['tuːθeɪk] *n (U)* dor *f* de dente.

toothbrush ['tuːθbrʌʃ] *n* escova *f* de dentes.

toothpaste ['tuːθpeɪst] *n (U)* pasta *f* de dentes.

toothpick ['tuːθpɪk] *n* palito *m*.

top [tɒp] (*pt & pp* **-ped**, *cont* **-ping**) ◇ *adj* **-1.** [highest] de cima, superior **-2.** [most important, successful] importante; **she got the ~ mark** ela tirou a melhor nota **-3.** [maximum] máximo(ma). ◇ *n* **-1.** [gen] topo *m*, parte *f* de cima; **at the ~ of one's voice** a toda voz **-2.** [highest point - of list, class] primeiro(ra); [- of tree] copa *f*; [- of hill] cume *m*; [- of page] topo *m* **-3.** [lid, cap] tampa *f* **-4.** [upper side] superfície *f* **-5.** [clothing - bikini, pyjama] parte *f* de cima; [- blouse] blusa *f* **-6.** [toy] pião *m* **-7.** [highest rank - of an organization] topo *m*; [- of a league, class] primeiro(ra). ◇ *vt* **-1.** [to be first in - league, poll] liderar, estar em primeiro lugar em; [- table, chart] liderar, encabeçar **-2.** [better] superar **-3.** [exceed] passar de **-4.** [put on top of] cobrir.

◆ **on top of** *prep* **-1.** [in space] em cima de **-2.**

[in addition to] além de; **on ~ of that** como se não bastasse.

◆ **top up** *UK*, **top off** *US vt sep* encher novamente.

top floor *n* último andar *m*.

top hat *n* cartola *f*.

top-heavy *adj* muito pesado(da) na parte de cima.

topic ['tɒpɪk] *n* tópico *m*.

topical ['tɒpɪkl] *adj* atual, da atualidade.

topless ['tɒplɪs] *adj* [barebreasted] topless; **to go ~** fazer topless.

top-level *adj* do mais alto nível.

topmost ['tɒpməʊst] *adj* mais alto(ta).

topping ['tɒpɪŋ] *n* cobertura *f*.

topple ['tɒpl] ◇ *vt* derrubar. ◇ *vi* vir abaixo.

top-secret *adj* ultra-secreto(ta).

topspin *n (U)* topspin *m*.

topsy-turvy [,tɒpsɪ'tɜ:vɪ] *adj* **-1.** [messy] de pernas para o ar **-2.** [haywire] louco(ca).

top-up card *n* [for mobile phone] cartão *m* de recarga.

torch [tɔ:tʃ] *n* **-1.** *UK* [electric] lanterna *f* **-2.** [flaming stick] tocha *f*.

tore [tɔ:ʳ] *pt* ⊳ **tear** [2].

torment [*n* 'tɔ:ment, *vb* tɔ:'ment] ◇ *n* tormento *m*. ◇ *vt* atormentar.

torn [tɔ:n] *pp* ⊳ **tear** [2].

tornado [tɔ:'neɪdəʊ] (*pl* **-es** *OR* **-s**) *n* tornado *m*.

torpedo [tɔ:'pi:dəʊ] (*pl* **-es**) *n* torpedo *m*.

torrent ['tɒrənt] *n* torrente *f*.

torrid ['tɒrɪd] *adj* tórrido(da).

tortoise ['tɔ:təs] *n* tartaruga *f* terrestre.

tortoiseshell ['tɔ:təʃel] ◇ *adj* [cat] escama-de-tartaruga. ◇ *n (U)* [material] tartaruga *f*.

torture ['tɔ:tʃəʳ] ◇ *n* tortura *f*. ◇ *vt* torturar.

Tory ['tɔ:rɪ] (*pl* **-ies**) ◇ *adj* tóri, do partido conservador britânico. ◇ *n* tóri *mf*, membro *m* do partido conservador britânico.

toss [tɒs] *vt* **-1.** [throw carelessly] atirar, jogar **-2.** [head] sacudir **-3.** [food] misturar **-4.** [coin] jogar *(ao ar)*; **to ~ a coin** tirar no cara ou coroa **-5.** [throw about] jogar, arremessar.

◆ **toss up** *vi* disputar no cara ou coroa.

tot [tɒt] *n* **-1.** *inf* [small child] nenezinho *f*, -nha **-2.** [of drink] golinho *m*.

total ['təʊtl] (*UK pt* & *pp* **-led**, *cont* **-ling**, *US pt* & *pp* **-ed**, *cont* **-ing**) ◇ *adj* total. ◇ *n* total *m*. ◇ *vt* **-1.** [add up] somar **-2.** [amount to] totalizar.

totalitarian [,təʊtælɪ'teərɪən] *adj* totalitário(ria).

totally ['təʊtəlɪ] *adv* totalmente.

totter ['tɒtəʳ] *vi* cambalear.

touch [tʌtʃ] ◇ *n* **-1.** [gen] toque *m* **-2.** [contact]: **to get in ~ (with sb)** entrar em contato (com alguém); **to keep in ~ (with sb)** manter contato (com alguém); **to lose ~ (with sb)** perder o contato (com alguém); **to be out of ~ with sthg** estar por fora de algo **-3.** [small amount]: **a ~ (of sthg)** um pouco (de algo) **-4.** *SPORT*: **in ~** na lateral **-5.** *(U)* [sense] tato *m*; **soft to the ~** suave ao toque; **the ~ of her lips** o toque de seus lábios. ◇ *vt* **-1.** [make contact with] tocar **-2.** [move emotionally] tocar, comover **-3.** [eat] comer **-4.** [drink] beber. ◇ *vi* **-1.** [make contact] tocar **-2.** [be in contact] tocar-se.

◆ **touch down** *vi* [plane] aterrissar.

◆ **touch on** *vt fus* tocar por cima.

touch-and-go *adj* incerto(ta), duvidoso(sa).

touchdown ['tʌtʃdaʊn] *n* **-1.** [on land, sea] aterrissagem *f* **-2.** [in American football] touchdown *m*.

touched [tʌtʃt] *adj* **-1.** [grateful] comovido(da), emocionado(da) **-2.** *inf* [slightly mad] tantã.

touching ['tʌtʃɪŋ] *adj* tocante, comovente.

touchline ['tʌtʃlaɪn] *n SPORT* linha *f* lateral.

touch screen *n* tela *f* tátil.

touchy ['tʌtʃɪ] (*compar* **-ier**, *superl* **-iest**) *adj* **-1.** [person] suscetível **-2.** [subject, question] delicado(da).

tough [tʌf] *adj* **-1.** [gen] duro(ra) **-2.** [person, character] forte **-3.** [material] resistente **-4.** [decision, life] difícil **-5.** [criminal, neighbourhood] da pesada.

toughen ['tʌfn] *vt* endurecer.

toupee ['tu:peɪ] *n* peruca *f*.

tour [tʊəʳ] ◇ *n* **-1.** [trip] excursão *f*, viagem *f* **-2.** [of building, town, museum] visita *f*; **guided ~** visita *f* guiada **-3.** [official journey] turnê *f*. ◇ *vt* **-1.** [visit] visitar **-2.** *SPORT & THEATRE* fazer uma turnê por.

touring ['tʊərɪŋ] *n (U)* viagens *fpl* turísticas; **to go ~** fazer turismo.

tourism ['tʊərɪzm] *n (U)* turismo *m*.

tourist ['tʊərɪst] *n* turista *mf*.

tourist (information) office *n* (serviço *m* de) informações *fpl* turísticas.

tournament ['tɔ:nəmənt] *n CHESS & SPORT* torneio *m*.

tour operator *n* agência *f* de viagens.

tousle *vt* **-1.** [hair] despentear **-2.** [fur, feathers] desarrumar.

tout [taʊt] ◇ *n* cambista *mf*. ◇ *vt* [tickets, goods] revender *(como cambista)*. ◇ *vi*: **to ~ for sthg** angariar algo; **to ~ for trade** tentar obter algo; **to ~ for clients** aliciar algo; **to ~ for investment** buscar algo.

tow [təʊ] ◇ *n* reboque *m*; **on ~** *UK* a reboque. ◇ *vt* rebocar.

towards *UK* [tə'wɔ:dz], **toward** *US* [tə'wɔ:d] *prep* **-1.** [in the direction of] para, em direção a **-2.** [indicating attitude] em relação a **-3.** [near in time, space] perto de **-4.** [as contribution to] para.

towel ['taʊəl] *n* toalha *f*.

towelling *UK*, **toweling** *US* ['taʊəlɪŋ] *n (U)* tecido *m* atoalhado.

towel rail *n* toalheiro *m*.

tower ['taʊə^r] <> *n* torre *f*. <> *vi* destacar-se; **to ~ over sb** ser muito mais alto(ta) do que alguém; **to ~ over sthg** destacar-se por cima de algo.

tower block *n UK* prédio *m* alto de escritórios.

towering ['taʊərɪŋ] *adj* [very tall] altíssimo(ma).

town [taʊn] *n* **-1.** [population centre] cidade *f* **-2.** *(U)* [centre of town, city] centro *m* (da cidade); **to go out on the ~** ir divertir-se; **to go to ~** *fig* botar para quebrar.

town centre *n* centro *m* (da cidade).

town council *n* câmara *f* municipal.

town hall *n* **-1.** [building] prefeitura *f* **-2.** *(U) fig* [council] prefeitura *f*.

town plan *n* **-1.** [map] mapa *m* da cidade **-2.** [project, plan] projeto *m* de urbanização.

town planning *n (U)* **-1.** [study] urbanismo *m* **-2.** [practice] urbanização *f*.

township ['taʊnʃɪp] *n* **-1.** [in South Africa] *zona urbana atribuída antigamente pelo governo à população negra* **-2.** [in US] ≃ município *m*.

towpath ['təʊpɑːθ, *pl* -pɑːðz] *n* caminho *m* de sirga.

towrope ['təʊrəʊp] *n* cabo *m* para reboque.

tow truck *n US* guincho *m*, reboque *m*.

toxic ['tɒksɪk] *adj* tóxico(ca).

toy [tɔɪ] *n* brinquedo *m*.

◆ **toy with** *vt fus* **-1.** [idea]: **to ~ with sthg** pensar em algo **-2.** [play]: **to ~ with sthg** brincar com algo.

toy shop *n* loja *f* de brinquedos.

trace [treɪs] <> *n* **-1.** [evidence, remains] vestígio *m* **-2.** [small amount] vestígio *m*. <> *vt* **-1.** [find] localizar **-2.** [follow progress of] traçar **-3.** [mark outline of] traçar; [with tracing paper] decalcar.

tracing paper ['treɪsɪŋ-] *n (U)* papel *m* de decalque.

track [træk] <> *n* **-1.** [path] trilha *f* **-2.** *SPORT* pista *f* **-3.** *RAIL* trilho *m* **-4.** [mark, trace] pegada *f* **-5.** [on record, tape, CD] faixa *f* **-6.** *phr*: **to lose ~ of sb/sthg** perder alguém/algo de vista; **to be on the right/wrong ~** estar no caminho certo/errado. <> *vt* [follow] seguir a pista de.

◆ **track down** *vt sep* localizar.

track record *n* histórico *m (de reputação)*.

tracksuit ['træksuːt] *n* abrigo *m* esportivo.

tract [trækt] *n* **-1.** [pamphlet] panfleto *m* **-2.** [of land, forest] extensão *f*.

traction ['trækʃn] *n (U)* **-1.** *PHYSICS* tração *f* **-2.** *MED* tração *f*.

tractor ['træktə^r] *n* trator *m*.

trade [treɪd] <> *n* **-1.** *(U)* [commerce] comércio *m* **-2.** [job] profissão *f*, ofício *m*; **by ~** por formação. <> *vt* [exchange] negociar; **to ~ sthg for sthg** trocar algo por algo. <> *vi COMM* [do business] negociar; **to ~ with sb** negociar com alguém.

◆ **trade in** *vt sep* [exchange] dar como entrada.

trade fair *n* feira *f* industrial.

trade-in *n objeto ou artigo que se entrega como entrada ao se comprar um novo*, base *f* de troca.

trademark ['treɪdmɑːk] *n* **-1.** *COMM* marca *f* registrada **-2.** *fig* [characteristic] marca *f* registrada.

trade name *n COMM* razão *f* social.

trader ['treɪdə^r] *n* comerciante *mf*.

tradesman ['treɪdzmən] (*pl* **-men** [-mən]) *n* [shopkeeper, trader] comerciante *m*.

trades union *n UK* = **trade union**.

Trades Union Congress *n UK*: **the ~** *a associação britânica dos sindicatos*.

trades unionist *n UK* = **trade unionist**.

trade union *n* sindicato *m*.

trade unionist *n* sindicalista *mf*.

trading ['treɪdɪŋ] *n (U)* comércio *m*.

trading estate *n UK* distrito *m* industrial.

tradition [trə'dɪʃn] *n* **-1.** *(U)* [system of customs] tradição *f* **-2.** [established practice] costume *m*.

traditional [trə'dɪʃənl] *adj* tradicional.

traffic ['træfɪk] (*pt* & *pp* **-ked**, *cont* **-king**) <> *n (U)* **-1.** [vehicles] tráfego *m* **-2.** [illegal trade] tráfico *m*; **~ in sthg** tráfico de algo. <> *vi*: **to ~ in sthg** traficar algo.

traffic circle *n US* rotatória *f*.

traffic jam *n* congestionamento *m*.

trafficker ['træfɪkə^r] *n* traficante *mf*; **~ in sthg** traficante de algo.

traffic lights *npl* semáforo *m*.

traffic warden *n UK* guarda *mf* de trânsito.

tragedy ['trædʒədɪ] (*pl* **-ies**) *n* **-1.** *(U)* [ill fate, dramatic form] tragédia *f* **-2.** [terrible event, play] tragédia *f*.

tragic ['trædʒɪk] *adj* trágico(ca).

trail [treɪl] <> *n* **-1.** [path] trilha *f* **-2.** [traces] rastro *m*. <> *vt* **-1.** [drag behind, tow] arrastar **-2.** [lag behind] estar atrás de. <> *vi* **-1.** [drag behind] arrastar **-2.** [move slowly] andar lentamente **-3.** *SPORT* [lose] perder.

◆ **trail away, trail off** *vi* apagar-se.

trailer ['treɪlə^r] *n* **-1.** [vehicle for luggage] reboque *m* **-2.** *esp US* [for living in] trailer *m* **-3.** *CINEMA* trailer *m*.

train [treɪn] <> *n* **-1.** *RAIL* trem *m* **-2.** [of dress] cauda *f* **-3.** [connected sequence]: **~ of thought** linha *f* de raciocínio. <> *vt* **-1.** [teach] treinar; **to ~ sb to do sthg** treinar alguém para fazer algo; **to ~ sb in sthg** treinar alguém em algo **-2.** [for job]: **to ~ sb as sthg** preparar *OR* formar alguém para ser algo **-3.** *SPORT* treinar; **to ~ sb for sthg** treinar alguém para algo **- 4.** [gun, camera] apontar. <> *vi* **-1.** [for job] preparar-se; **to ~ as sthg** estudar para algo **- 2.** *SPORT* treinar; **to ~ for sthg** treinar para algo.

train driver *n* maquinista *mf.*

trained [treɪnd] *adj* **-1.** [psychologist] formado(da) **- 2.** [singer] profissional **- 3.** [cartographer] qualificado(da) **- 4.** [doctor] especializado(da).

trainee [treɪ'ni:] *n* estagiário *m*, -ria *f*, trainee *mf.*

trainer ['treɪnəʳ] *n* **-1.** [of animals] amestrador *m*, -ra *f* **- 2.** *SPORT* treinador *m*, -ra *f.*

◆ **trainers** *npl UK* [shoes] tênis *m inv* para a prática desportiva.

training ['treɪnɪŋ] *n (U)* **-1.** [for job]: **~ in sthg** formação *f* em algo, treinamento *m* para algo **- 2.** *SPORT* treinamento *m.*

training college *n UK* escola *f* profissionalizante.

training shoes *npl UK* tênis *m inv* para a prática desportiva.

traipse [treɪps] *vi* vaguear.

trait [treɪt] *n* traço *m.*

traitor ['treɪtəʳ] *n* traidor *m*, -ra *f.*

trajectory [trə'dʒektərɪ] (*pl* **-ies**) *n TECH* trajetória *f.*

tram [træm], **tramcar** ['træmkɑ:ʳ] *n UK* bonde *m.*

tramp [træmp] <> *n* vagabundo *m*, -da *f.* <> *vi* andar com passos pesados.

trample ['træmpl] *vt* esmagar com os pés, pisar em.

trampoline ['træmpəli:n] *n* trampolim *m.*

trance [trɑ:ns] *n* [hypnotic state] transe *m.*

tranquil ['træŋkwɪl] *adj literary* plácido(da).

transaction [træn'zækʃn] *n* transação *f.*

transcend [træn'send] *vt fml* [go beyond] transcender.

transcript ['trænskrɪpt] *n* [of speech, conversation] transcrição *f.*

transfer [*n* 'trænsfɜ:ʳ, *vb* træns'fɜ:r] (*pt* & *pp* **-red**, *cont* **-ring**) <> *n* **-1.** [gen] transferência *f* **- 2.** [design] decalcomania *f.* <> *vt* transferir. <> *vi* transferir-se.

transfix [træns'fɪks] *vt* [immobilize] paralisar.

transform [træns'fɔ:m] *vt* transformar; **to ~ sb/sthg into sthg** transformar alguém/algo em algo.

transfusion [træns'fju:ʒn] *n* transfusão *f.*

transgenic [trænz'dʒenɪk] *adj* transgênico(ca).

transient ['trænzɪənt] *adj fml* [fleeting] transitório(ria).

transistor [træn'zɪstəʳ] *n ELECTRON* transistor *m.*

transistor radio *n dated* (rádio *m*) transistor *m.*

transit ['trænsɪt] *n*: **in ~** de passagem.

transition [træn'zɪʃn] *n* **-1.** [change] transição *f* **- 2.** *(U)* [act of changing] transição *f*; **~ from sthg to sthg** transição de algo para algo.

transitive ['trænzɪtɪv] *adj GRAMM* transitivo(va).

transitory ['trænzɪtrɪ] *adj* transitório(ria).

translate [træns'leɪt] *vt* **-1.** [languages] traduzir **- 2.** *fig* [transform]: **to ~ sthg into sthg** transformar algo em algo.

translation [træns'leɪʃn] *n* tradução *f.*

translator [træns'leɪtəʳ] *n* tradutor *m*, -ra *f.*

transmission [trænz'mɪʃn] *n* transmissão *f.*

transmit [trænz'mɪt] (*pt* & *pp* **-ted**, *cont* **-ting**) *vt* transmitir.

transmitter [trænz'mɪtəʳ] *n ELECTRON* transmissor *m.*

transparency [trans'pærənsɪ] (*pl* **-ies**) *n* transparência *f.*

transparent [træns'pærənt] *adj* **-1.** [gen] transparente **- 2.** [obvious] óbvio(via).

transpire [træn'spaɪəʳ] *fml* <> *vt* : **it ~s that ...** descobre-se que ... <> *vi* [happen] acontecer, ocorrer.

transplant [*n* 'trænsplɑ:nt, *vb* træns'plɑ:nt] <> *n* transplante *m.* <> *vt* [gen] transplantar.

transport [*n* 'trænspɔ:t, *vb* træn'spɔ:t] <> *n* transporte *m.* <> *vt* [goods, people] transportar.

transportation [,trænspɔ:'teɪʃn] *n (U) esp US* = **transport**.

transport cafe ['trænspɔ:t-] *n UK* lanchonete *f* de estrada.

transpose [træns'pəʊz] *vt* [change round] inverter.

trap [træp] (*pt* & *pp* **-ped**, *cont* **-ping**) <> *n* **-1.** [for animal, bird] armadilha *f* **- 2.** *fig* [trick] cilada *f.* <> *vt* **-1.** [animal, bird] apanhar em armadilha **- 2.** *fig* [trick] armar uma cilada **- 3.** [retain] guardar.

trapdoor [,træp'dɔ:ʳ] *n* alçapão *m.*

trapeze [trə'pi:z] *n* trapézio *m.*

trappings ['træpɪŋz] *npl* pompas *fpl.*

trash [træʃ] *n (U)* **-1.** *US* [refuse] lixo *m* **- 2.** *inf pej* [sthg of poor quality] lixo *m*, porcaria *f.*

trashcan ['træʃkæn] *n US* lata *f* de lixo.

traumatic [trɔ:'mætɪk] *adj* traumático(ca).

travel ['trævl] (*UK pt* & *pp* **-led**, *cont* **-ling**, *US pt* & *pp* **-ed**, *cont* **-ing**) <> *n (U)* viagem *f*; **I'm keen on ~** eu adoro viajar. <> *vt* **-1.** [place] viajar por **- 2.** [distance] viajar. <> *vi* **-1.** [gen] viajar **- 2.** [news] voar.

travel agency *n* agência *f* de viagens.

travel agent *n* agente *mf* de viagens; **~'s** agência *f* de viagens.

travel brochure *n* catálogo *m* de viagens.

travel card *n* passe *m.*

travel insurance *n* seguro *m* de viagem.

traveller *UK*, **traveler** *US* ['trævləʳ] *n* **-1.** [gen]

viajante *mf* **-2.** [sales representative] representante *mf* comercial.

traveller's cheque *n* cheque *m* de viagem, traveler's cheque *m.*

travelling *UK*, **traveling** *US* ['trævlıŋ] *adj* **-1.** [itinerant] itinerante, ambulante **-2.** [portable, of travel] de viagem.

travelsick ['trævəlsık] *adj* enjoado(da) *(pela viagem)*.

travesty ['trævəstı] *(pl* **-ies**) *n* paródia *f.*

trawler ['trɔ:ləʳ] *n* traineira *f.*

tray [treı] *n* bandeja *f.*

treacherous ['tretʃərəs] *adj* **-1.** [person] traidor(ra) **-2.** [plan, behaviour] traiçoeiro(ra) **-3.** [dangerous] perigoso(sa).

treachery ['tretʃərı] *n (U)* traição *f.*

treacle ['tri:kl] *n (U) UK* melado *m.*

tread [tred] *(pt* **trod**, *pp* **trodden**) <> *n* **-1.** [on tyre] banda *f* de rodagem **-2.** [shoe] sola *f* **-3.** [sound or way of walking] passos *mpl.* <> *vi* [place foot]: **to ~ on sthg** pisar em algo.

treadmill ['tredmıl] *n* esteira *f.*

treason ['tri:zn] *n (U)* traição *f.*

treasure ['treʒəʳ] <> *n lit* & *fig* tesouro *m.* <> *vt* dar valor a.

treasurer ['treʒərəʳ] *n* tesoureiro *m*, -ra *f.*

treasury ['treʒərı] *(pl* **-ies**) *n* [room] sala *f* do tesouro.

◆ **Treasury** *n*: **the Treasury** ≃ o Ministério da Fazenda.

treat [tri:t] <> *vt* **-1.** [handle, deal with] tratar **-2.** [give sthg special]: **to ~ sb (to sthg)** convidar alguém (para algo) **-3.** [*MED*, process] tratar. <> *n* **-1.** [food] delícia *f* **-2.** [gift] prazer *m.*

treatise ['tri:tıs] *n fml*: **~ (on sthg)** tratado *m* (sobre algo).

treatment ['tri:tmənt] *n* tratamento *m.*

treaty ['tri:tı] *(pl* **-ies**) *n* [written agreement] tratado *m.*

treble ['trebl] <> *adj* **-1.** *MUS* de soprano **-2.** [with numbers]: **my phone extension is ~ 4** meu ramal é 444. <> *n MUS* soprano *m.* <> *vt* & *vi* triplicar.

treble clef *n* clave *f* de sol.

tree [tri:] *n* árvore *f.*

treetop ['tri:tɒp] *n* copa *f* (de árvore).

tree-trunk *n* tronco *m* (de árvore).

trek [trek] *n* expedição *f.*

trellis ['trelıs] *n* treliça *f.*

tremble ['trembl] *vi* tremer.

tremendous [trı'mendəs] *adj* **-1.** [impressive, large] tremendo(da), enorme **-2.** *inf* [really good] fabuloso(sa).

tremor ['treməʳ] *n* tremor *m.*

trench [trentʃ] *n* **-1.** [narrow channel] vala *f* **-2.** *MIL* trincheira *f.*

trench coat *n* capa *f* de chuva.

trend [trend] *n* [tendency] tendência *f.*

trendy ['trendı] *(compar* **-ier**, *superl* **-iest**, *pl* **-ies**) *inf adj* **-1.** [person] moderno(na) **-2.** [clothes, music] da moda.

trepidation [,trepı'deıʃn] *n (U) fml*: **in** *OR* **with ~** com ansiedade.

trespass ['trespəs] *vi* [on sb's land] invadir; **'no ~ing'** 'entrada proibida'.

trespasser ['trespəsəʳ] *n* invasor *m*, -ra *f.*

trestle ['tresl] *n* cavalete *m.*

trestle table *n* mesa *f* de cavalete.

trial ['traıəl] *n* **-1.** *JUR* julgamento *m*; **to be on ~ (for sthg)** ser processado(da) (por algo) **-2.** [test, experiment] teste *m*; **on ~** em testes; **by ~ and error** por tentativa e erro **-3.** [unpleasant experience] suplício *m.*

triangle ['traıæŋgl] *n* triângulo *m.*

tribe [traıb] *n* [social group] tribo *f.*

tribunal [traı'bju:nl] *n* tribunal *m.*

tributary ['trıbjʊtrı] *(pl* **-ies**) *n GEOGR* afluente *m.*

tribute ['trıbju:t] *n* **-1.** [act of respect, admiration] tributo *m*; **to be a ~ to sb/sthg** ser um tributo para alguém/algo **-2.** [evidence] prova *f* **-3.** *(U)* [respect, admiration] homenagem *f*; **to pay ~ (to sb/sthg)** prestar homenagem (a alguém/algo).

trice [traıs] *n*: **in a ~** num abrir e fechar de olhos.

trick [trık] <> *n* **-1.** [to deceive] trapaça *f*; **to play a ~ on sb** pregar uma peça em alguém **-2.** [to entertain] truque *m* **-3.** [ability, knack] hábito *m*; **to do the ~** dar resultado. <> *vt* enganar; **to ~ sb into sthg** enrolar alguém sobre algo; **to ~ sb into doing sthg** enrolar alguém para que faça algo.

trickery ['trıkərı] *n (U)* trapaça *f.*

trickle ['trıkl] <> *n* [of liquid] fio *m.* <> *vi* **-1.** [liquid] gotejar, pingar **-2.** [people, things]: **to trickle in/out** entrar/sair aos poucos.

tricky ['trıkı] *(compar* **-ier**, *superl* **-iest**) *adj* [difficult] enrolado(da), complicado(da).

tricycle ['traısıkl] *n* triciclo *m.*

tried [traıd] *adj*: **~ and tested** testado e aprovado, testada e aprovada.

trifle ['traıfl] *n* **-1.** *CULIN* *sobremesa de biscoito feita com gelatina, creme, frutas e nata* **-2.** [unimportant thing] ninharia *f.*

◆ **a trifle** *adv fml* ligeiramente, um pouco.

trifling ['traıflıŋ] *adj pej* insignificante.

trigger ['trıgəʳ] *n* [on gun] gatilho *m.*

trill [trıl] *n* **-1.** *MUS* tremolo *m* **-2.** [of birds] trinado *m.*

trim [trım] *(compar* **-mer**, *superl* **-mest**, *pt* & *pp* **-med**, *cont* **-ming**) <> *adj* **-1.** [neat and tidy] bem cuidado(da) **-2.** [slim] esbelto(ta). <> *n* **-1.** [cut - hair] corte *m*; [- hedge] poda *f.* <> *vt* **-1.** [cut - hair, nails, lawn] cortar; [- hedge] podar; [- moustache] aparar **-2.** [decorate] enfeitar; **to**

~ **sthg with sthg** enfeitar algo com algo.
trimming *n* [on clothing] enfeite *m*.
◆ **trimmings** *npl* **-1.** CULIN guarnição *f* **-2.** [scraps] aparas *fpl*.
trinket ['trɪŋkɪt] *n* adorno *m*.
trio ['tri:əʊ] (*pl* **-s**) *n* trio *m*.
trip [trɪp] (*pt* & *pp* **-ped**, *cont* **-ping**) ◇ *n* **-1.** [journey] viagem *f* **-2.** *drugs sl* [experience] viagem *f*. ◇ *vt* [make stumble] fazer tropeçar, passar uma rasteira em. ◇ *vi* [stumble]: **to ~ (over)** tropeçar (em); **to ~ over sthg** tropeçar em algo.
◆ **trip up** *vt sep* [make stumble] fazer tropeçar.
tripe [traɪp] *n (U)* **-1.** CULIN dobradinha *f* **-2.** *inf* [nonsense] bobajada *f*.
triple ['trɪpl] ◇ *adj* triplo(pla). ◇ *vt* & *vi* triplicar.
triple jump *n*: **the ~** o salto triplo.
triplets ['trɪplɪts] *npl* trigêmeos *mpl*, -meas *fpl*.
triplicate ['trɪplɪkət] *n*: **in ~** em três vias.
tripod ['traɪpɒd] *n* tripé *m*.
trite [traɪt] *adj pej* banal.
triumph ['traɪəmf] ◇ *n* **-1.** [success] triunfo *m* **-2.** *(U)* [satisfaction] triunfo *m*. ◇ *vi* triunfar; **to ~ over sb/sthg** triunfar sobre alguém/algo.
trivia ['trɪvɪə] *n (U)* trivialidades *fpl*.
trivial ['trɪvɪəl] *adj pej* trivial.
trod [trɒd] *pt* ▷ **tread**.
trodden ['trɒdn] *pp* ▷ **tread**.
trolley ['trɒlɪ] (*pl* **trolleys**) *n* **-1.** *UK* [gen] carrinho *m* **-2.** *US* [vehicle] bonde *m*.
trolley case *n* mala *f* com rodinhas.
trombone [trɒm'bəʊn] *n* trombone *m*.
troop [tru:p] ◇ *n* [band] bando *m*, grupo *m*. ◇ *vi* [march] andar em bando; **to ~ in/out** entrar/sair em bando.
◆ **troops** *npl* MIL tropas *fpl*.
trophy ['trəʊfɪ] (*pl* **-ies**) *n* SPORT troféu *m*.
tropical ['trɒpɪkl] *adj* tropical.
tropics ['trɒpɪks] *npl*: **the ~** os trópicos.
trot [trɒt] (*pt* & *pp* **-ted**, *cont* **-ting**) ◇ *n* [of horse] trote *m*. ◇ *vi* [horse] trotar .
◆ **on the trot** *adv inf*: **four times on the ~** quatro vezes seguidas.
trouble ['trʌbl] ◇ *n* **-1.** *(U)* [difficulty] problema *m*; **to be in ~** [having problems] estar com problemas **-2.** [bother] incômodo *m*; **to take the ~ to do sthg** dar-se ao trabalho de fazer algo **-3.** *(U)* [pain, illness] problema *m* **-4.** *(U)* [fighting] confusão *f* **-5.** POL [unrest] agitação *f*. ◇ *vt* **-1.** [worry, upset] preocupar **-2.** [interrupt, disturb] importunar **-3.** [cause pain to] incomodar.
◆ **troubles** *npl* **-1.** [worries] problemas *mpl*, preocupações *fpl* **-2.** POL [unrest] conflitos *mpl*.
troubled ['trʌbld] *adj* **-1.** [worried, upset] preocupado(da) **-2.** [disturbed - sleep] agitado(da); [- life, place, time] tumultuado(da).
troublemaker ['trʌbl,meɪkə^r] *n* agitador *m*, -ra *f*.
troubleshooter ['trʌbl,ʃu:tə^r] *n* solucionador *m*, -ra *f* de problemas; **he's the ~ here** é ele quem resolve os problemas aqui.
troublesome ['trʌblsəm] *adj* problemático(ca).
trough [trɒf] *n* **-1.** [for animals] cocho *m* **-2.** [low point] baixa *f*.
troupe [tru:p] *n* trupe *f*.
trousers ['traʊzəz] *npl* calças *fpl*.
trout [traʊt] (*pl inv* OR **-s**) *n* truta *f*.
trowel ['traʊəl] *n* **-1.** [for the garden] pá *f* de jardim **-2.** [for cement, plaster] colher *f* de pedreiro.
truant ['tru:ənt] *n* [child] criança *f* que mata as aulas; **to play ~** gazear OR matar aula.
truce [tru:s] *n* trégua *f*.
truck [trʌk] *n* **-1.** *esp US* [lorry] caminhão *m* **-2.** RAIL vagão *m*.
truck driver *n esp US* motorista *mf* de caminhão.
trucker ['trʌkə^r] *n US* caminhoneiro *m*, -ra *f*.
truck farm *n US* chácara *f*.
truculent ['trʌkjʊlənt] *adj* truculento(ta).
trudge [trʌdʒ] *vi* arrastar-se.
true [tru:] *adj* **-1.** [factual] verdadeiro(ra); **I can't believe it's ~** não acredito que seja verdade; **to come ~** tornar-se realidade **-2.** [faithful, genuine] verdadeiro(ra); [- friend] de verdade **-3.** [precise, exact] exato(ta).
truffle ['trʌfl] *n* trufa *f*.
truly ['tru:lɪ] *adv* **-1.** [in fact] verdadeiramente **-2.** [sincerely] realmente; **~, I didn't do it** com toda sinceridade eu não fiz isso **-3.** [for emphasis] realmente **-4.** *phr*: **yours ~** [at end of letter] cordialmente; **and who do you think did that? - yours ~, of course!** e quem você acha que fez isso? - euzinho em pessoa, obviamente!
trump [trʌmp] *n* [card] trunfo *m*.
trumped-up ['trʌmpt-] *adj pej* forjado(da).
trumpet ['trʌmpɪt] *n* MUS trompete *m*.
truncheon ['trʌntʃən] *n* cassetete *m*.
trundle ['trʌndl] *vi* rodar lentamente.
trunk [trʌŋk] *n* **-1.** [gen] tronco *m* **-2.** [of elephant] tromba *f* **-3.** [box] baú *m* (de viagem) **-4.** *US* [of car] porta-malas *m inv*.
◆ **trunks** *npl* [for swimming] calção *m* de banho, sunga *f*.
trunk road *n UK* ≃ rodovia *f* nacional.
truss [trʌs] *n* MED funda *f* OR cinta *f* para hérnia.
trust [trʌst] ◇ *vt* **-1.** [have confidence in] confiar em; **to ~ sb to do sthg** confiar em alguém para fazer algo **-2.** [entrust]: **to ~ sb with sthg** confiar algo a alguém **-3.** *fml* [hope]:

to ~ (that) esperar que. ◇ *n* **-1.** *(U)* [faith] confiança *f*; ~ **in sb/sthg** confiança em alguém/algo **-2.** *(U)* [responsibility] confiança *f* **-3.** FIN fideicomisso *m*; **in** ~ em fideicomisso **-4.** COMM truste *m*.

trusted ['trʌstɪd] *adj* de confiança.

trustee [trʌs'ti:] *n* **-1.** FIN & JUR fideicomissário *m*, -ria *f* **-2.** [of institution] curador *m*, -ra *f*.

trust fund *n* fundo *m* fiduciário.

trusting ['trʌstɪŋ] *adj* crédulo(la).

trustworthy ['trʌst,wɜ:ðɪ] *adj* (digno(na)) de confiança.

truth [tru:θ] *n* **-1.** [gen]: **the** ~ a verdade; **to tell the** ~, **...** para dizer a verdade,... **-2.** *(U)* [veracity] veracidade *f*; **in (all)** ~ em verdade, na realidade.

truthful ['tru:θfʊl] *n* **-1.** [person] sincero(ra), verdadeiro(ra) **-2.** [story] verídico(ca).

try [traɪ] (*pt* & *pp* **-ied**, *pl* **-ies**) ◇ *vt* **-1.** [attempt] tentar; **to** ~ **to do sthg** tentar fazer algo **-2.** [sample, test] experimentar **-3.** JUR levar a juízo **-4.** [tax, strain] cansar; **to** ~ **sb's patience** esgotar a paciência de alguém. ◇ *vi* tentar; **to** ~ **for sthg** tratar de conseguir algo. ◇ *n* **-1.** [attempt] tentativa *f*; **to give sthg a** ~ provar algo **-2.** RUGBY *ato de levar a bola até a linha de fundo do adversário e posicioná-la no solo para se marcar pontos.*

◆ **try on** *vt sep* [clothes] experimentar.

◆ **try out** *vt sep* **-1.** [car, machine] testar **-2.** [plan] pôr à prova.

> Em inglês coloquial, o verbo *try*, em vez de ser seguido pelo infinitivo, é seguido por *and* e o infinitivo sem *to* (*try and come tonight* = *try to come tonight* tente vir esta noite).

trying ['traɪɪŋ] *adj* difícil, árduo(dua).

T-shirt *n* camiseta *f*.

T-square *n* régua-tê *f*.

tub [tʌb] *n* **-1.** [container - for ice cream, margarine] pote *m*; [- for water] tina *f* **-2.** *inf* [bath] banheira *f*.

tubby ['tʌbɪ] (*compar* **-ier**, *superl* **-iest**) *adj inf* rolha-de-poço, gorducho(cha).

tube [tju:b] *n* **-1.** [gen] tubo *m* **-2.** *UK* [underground train] metrô *m*; [underground system]: **the** ~ o metrô; **by** ~ de metrô.

tuberculosis [tju:,bɜ:kjʊ'ləʊsɪs] *n (U)* tuberculose *f*.

tubing ['tju:bɪŋ] *n (U)* tubulação *f*.

tubular ['tju:bjʊləʳ] *adj* tubular.

TUC (*abbr of* **Trades Union Congress**) *n federação dos sindicatos na Grã-Bretanha*, ≃ CUT *f*.

tuck [tʌk] *vt* [place neatly] enfiar, meter.

◆ **tuck away** *vt sep* [store] guardar.

◆ **tuck in** ◇ *vt sep* **-1.** [child, patient in bed] ajeitar na cama **-2.** [clothes] meter para dentro. ◇ *vi inf* comer com apetite.

◆ **tuck up** *vt sep* enfiar, meter.

tuck shop *n UK* confeitaria *f (perto de um colégio)*.

Tuesday ['tju:zdɪ] *n* terça-feira *f*; *see also* **Saturday**.

tuft [tʌft] *n* tufo *m*.

tug [tʌg] (*pt* & *pp* **-ged**, *cont* **-ging**) ◇ *n* **-1.** [pull] puxão *m* **-2.** [boat] rebocador *m*. ◇ *vt* dar um puxão em. ◇ *vi* dar um puxão; **to** ~ **at sthg** dar um puxão em algo.

tug-of-war *n* cabo-de-guerra *m*.

tuition [tju:'ɪʃn] *n (U)* ensino *m*; **private** ~ aulas *fpl* particulares.

tulip ['tju:lɪp] *n* tulipa *f*.

tumble ['tʌmbl] ◇ *vi* **-1.** [person] tombar **-2.** [water] jorrar **-3.** *fig* [prices] despencar. ◇ *n* tombo *m*.

◆ **tumble to** *vt fus UK inf* sacar, tocar-se de.

tumbledown ['tʌmbldaʊn] *adj* em ruínas.

tumble-dryer [-,draɪəʳ] *n* secadora *f* (de roupa).

tumbler ['tʌmbləʳ] *n* [glass] copo *m*.

tummy ['tʌmɪ] (*pl* **-ies**) *n inf* barriga *f*.

tumour *UK*, **tumor** *US* ['tju:məʳ] *n* tumor *m*.

tuna [*UK* 'tju:nə, *US* 'tu:nə] (*pl inv* OR **-s**), **tuna fish** (*pl* **tuna fish**) *n* **-1.** [fish] atum *m* **-2.** *(U)* [food] atum *m*.

tune [tju:n] ◇ *n* [song, melody] melodia *f*. ◇ *vt* **-1.** MUS afinar **-2.** RADIO & TV sintonizar **-3.** [engine] ajustar, regular.

◆ **tune in** *vi* RADIO & TV sintonizar-se; **to** ~ **in to sthg** sintonizar-se em algo.

◆ **tune up** *vi* MUS afinar OR consertar os instrumentos.

◆ **in tune** ◇ *adj* MUS afinado(da). ◇ *adv* **-1.** MUS harmonicamente **-2.** [in agreement]: **in** ~ **with sb/sthg** em sintonia com alguém/algo.

◆ **out of tune** ◇ *adj* MUS desafinado(da). ◇ *adv* **-1.** MUS desarmonicamente **-2.** [not in agreement]: **out of** ~ **with sb/sthg** fora de sintonia com alguém/algo.

tuneful ['tju:nfʊl] *adj* melodioso(sa).

tuner ['tju:nəʳ] *n* **-1.** RADIO & TV sintonizador *m* **-2.** MUS afinador *m*.

tunic ['tju:nɪk] *n* [clothing] túnica *f*.

tuning fork ['tju:nɪŋ-] *n* diapasão *m*.

Tunisia [tju:'nɪzɪə] *n* Tunísia *f*.

tunnel ['tʌnl] (*UK pt* & *pp* **-led**, *cont* **-ling**, *US pt* & *pp* **-ed**, *cont* **-ing**) ◇ *n* túnel *m*. ◇ *vi*: **to** ~ **through sthg** atravessar um túnel por algo.

turban ['tɜ:bən] *n* [man's headdress] turbante *m*.

turbine ['tɜ:baɪn] *n* turbina *f*.

turbocharged ['tɜ:bəʊtʃɑ:dʒd] *adj* com turbo; ~ **car** carro-turbo *m*.

turbulence ['tɜ:bjʊləns] *n (U)* turbulência *f*.

turbulent ['tɜ:bjʊlənt] *adj* turbulento(ta).
tureen [tə'ri:n] *n* sopeira *f*.
turf [tɜ:f] (*pl* **-s** *OR* **turves**) ◇ *n* **-1.** *(U)* [grass surface] gramado *m* **-2.** [clod] turfa *f*. ◇ *vt* [with grass] gramar.
◆ **turf out** *vt sep* **UK inf -1.** [evict] chutar, dar patadas em **-2.** [throw away] jogar fora.
turgid ['tɜ:dʒɪd] *adj* **fml** [style, prose] empolado(da).
Turk [tɜ:k] *n* turco *m*, -ca *f*.
turkey ['tɜ:kɪ] (*pl* **turkeys**) *n* **-1.** [bird] peru *m* **-2.** *(U)* [meat] peru *m*.
Turkey ['tɜ:kɪ] *n* Turquia.
Turkish ['tɜ:kɪʃ] ◇ *adj* turco(ca). ◇ *n* [language] turco *m*. ◇ *npl*: **the ~** os turcos.
Turkish delight *n (U) doce feito de substância gelatinosa em cubos com cobertura de açúcar ou chocolate.*
turmoil ['tɜ:mɔɪl] *n (U)* desordem *f*.
turn [tɜ:n] ◇ *n* **-1.** [in road, river] curva *f* **-2.** [revolution, twist] volta *f* **-3.** [change] reviravolta *f* **-4.** [in game]: **it's my ~** é a minha vez **-5.** [in order] vez *f*; **in ~** por vez **-6.** [performance] número *m*, apresentação *f* **-7.** *MED* ataque *m*, crise *f* **- 8.** *phr*: **to do sb a good ~** fazer uma boa ação a alguém. ◇ *vt* **-1.** [cause to rotate] girar **-2.** [move round, turn over] virar **-3.** [go round] dobrar **-4.** [direct]: **to ~ sthg to sb/sthg** voltar algo para alguém/algo **-5.** [change]: **to ~ sthg into sthg** transformar algo em algo **-6.** [make, cause to become] deixar; **to ~ sthg inside out** virar algo pelo avesso. ◇ *vi* **-1.** [change direction] virar, dobrar; **to ~ to sb/sthg** voltar-se para alguém/algo **-2.** [rotate] girar **-3.** [move round] voltar-se **-4.** [in book]: **~ to page 102** vão até a página 102 **-5.** [for consolation]: **to ~ to sb/sthg** buscar consolo em alguém/algo **-6.** [become] tornar-se; **my hair's ~ing grey** meu cabelo está ficando branco; **to ~ into sthg** transformar-se em algo.
◆ **turn around** *vt sep* & *vi* = **turn round**.
◆ **turn away** ◇ *vt sep* [refuse entry to] não deixar entrar. ◇ *vi* distanciar-se.
◆ **turn back** ◇ *vt sep* **-1.** [force to return] fazer voltar **-2.** [fold back] dobrar. ◇ *vi* [return] voltar atrás.
◆ **turn down** *vt sep* **-1.** [reject] recusar **-2.** [heating, lighting] diminuir **-3.** [sound] abaixar.
◆ **turn in** *vi* **inf** [go to bed] ir dormir.
◆ **turn off** ◇ *vt fus* [road, path] sair de. ◇ *vt sep* [switch off - appliance, engine] desligar; [- gas, tap] fechar. ◇ *vi* [leave road, path] dobrar.
◆ **turn on** ◇ *vt sep* **-1.** [make work - appliance, engine] ligar; [- gas, tap] abrir; [- light] acender **-2.** **inf** [excite sexually] acender. ◇ *vt fus* [attack] avançar em.
◆ **turn out** ◇ *vt sep* **-1.** [switch off] apagar **-2.** [empty] esvaziar. ◇ *vt fus*: **to ~ out to be** acabar sendo, vir a ser; **it ~s out that ...** acontece que ... ◇ *vi* **-1.** [end up] acabar, terminar **-2.** [attend]: **to ~ out (for sthg)** comparecer (em algo).
◆ **turn over** ◇ *vt sep* **-1.** [playing card, stone, page] virar **-2.** [consider]: **I ~ed his ideas over in my mind** fiquei com as idéias dele dando voltas na minha cabeça **-3.** [hand over] entregar; **to ~ sb/sthg over to sb** entregar alguém/algo para alguém. ◇ *vi* **-1.** [roll over] revirar-se **-2.** **UK** *TV* mudar de canal.
◆ **turn round** ◇ *vt sep* **-1.** [chair, picture] virar **-2.** [wheel] girar **-3.** [words, sentence] expressar de outra maneira **- 4.** [quantity of work] aliviar. ◇ *vi* [person] virar-se.
◆ **turn up** ◇ *vt sep* [heat, lighting, radio, TV] aumentar. ◇ *vi* **inf -1.** [gen] aparecer **-2.** [opportunity, solution] surgir.
turning ['tɜ:nɪŋ] *n* [side road]: **the first ~ to the left** a primeira (rua) à esquerda.
turning point *n* momento *m* decisivo.
turnip ['tɜ:nɪp] *n* nabo *m*.
turnout ['tɜ:naʊt] *n* [attendance] comparecimento *m*, número *m* de participantes.
turnover ['tɜ:nˌəʊvə[r]] *n (U)* **-1.** [of personnel] rotatividade *f* **-2.** *FIN* volume *m* de vendas.
turnpike ['tɜ:npaɪk] *n* **US** rodovia *f* com pedágio.
turnstile ['tɜ:nstaɪl] *n* borboleta *f (em ônibus)*.
turntable ['tɜ:nˌteɪbl] *n* [on record player] prato *m* (giratório).
turn-up *n* **UK -1.** [on trousers] bainha *f* **-2.** **inf** [surprise]: **a ~ for the books** **inf** uma surpresa total.
turpentine ['tɜ:pəntaɪn] *n (U)* terebentina *f*.
turquoise ['tɜ:kwɔɪz] ◇ *adj* turquesa. ◇ *n* **-1.** *(U)* [mineral, gem] turquesa *f* **-2.** [colour] turquesa *m*.
turret ['tʌrɪt] *n* [on castle] torre *f* pequena.
turtle ['tɜ:tl] (*pl inv OR* **-s**) *n* tartaruga *f*.
turtleneck ['tɜ:tlnek] *n* **-1.** [garment] blusa *f* de gola olímpica **-2.** [neck] gola *f* olímpica.
turves [tɜ:vz] **UK** *pl* ▷ **turf**.
tusk [tʌsk] *n* [of animal] presa *f*.
tussle ['tʌsl] ◇ *n* briga *f*. ◇ *vi* brigar; **to ~ over sthg** brigar por algo.
tutor ['tju:tə[r]] *n* **-1.** [private] professor *m*, -ra *f* particular **-2.** *UNIV* professor *m* universitário, professora *f* universitária.
tutorial [tju:'tɔ:rɪəl] *n* aula *f* para grupos pequenos.
tuxedo [tʌk'si:dəʊ] (*pl* **-s**) *n* **US** smoking *m*.
TV (*abbr of* **television**) *n* [medium, industry, apparatus] TV *f*.
twang [twæŋ] *n* **-1.** [sound - of guitar] som *m* metálico; [- of string, elastic] som *m* vibrante **-2.** [accent] som *m* nasalado.

tweed [twi:dl] *n (U)* tweed *m*.

tweezers ['twi:zəz] *npl* pinças *fpl*.

twelfth [twelfθ] *num* décimo segundo, décima segunda; *see also* **sixth**.

twelve [twelv] *num* doze; *see also* **six**.

twentieth ['twentɪəθ] *num* vigésimo(ma); *see also* **sixth**.

twenty ['twentɪ] *(pl* **-ies***)* *num* vinte; *see also* **sixty**.

twice [twaɪs] *adv* duas vezes; **~ a week** duas vezes por semana; **he earns ~ as much as me** ele ganha o dobro que eu.

twiddle ['twɪdl] ◇ *vt* girar (entre os dedos). ◇ *vi*: **to ~ with sthg** brincar com algo entre os dedos.

twig [twɪg] *n* graveto *m*.

twilight ['twaɪlaɪt] *n* [in evening] crepúsculo *m* vespertino.

twin [twɪn] ◇ *adj* **-1.** [child, sibling] gêmeo(mea) **-2.** [beds] duplo(pla) **-3.** [towns, towers] gêmeos(meas). ◇ *n* [sibling] gêmeos *mpl*, -meas *fpl*.

twin-bedded [-'bedɪd] *adj* com duas camas.

twine [twaɪn] ◇ *n (U)* barbante *m*. ◇ *vt*: **to ~ sthg round sthg** enrolar algo em algo.

twinge [twɪndʒ] *n* **-1.** [of pain] pontada *f* **-2.** [of guilt] remorso *m*.

twinkle ['twɪŋkl] *vi* **-1.** [star, light] cintilar **-2.** [eyes] brilhar.

twin room *n* quarto *m* com duas camas.

twin town *n* cidade-irmã *f*.

twirl [twɜ:l] ◇ *vt* **-1.** [spin] girar **-2.** [twist] torcer. ◇ *vi* rodopiar.

twist [twɪst] ◇ *n* **-1.** [gen] volta *f* **-2.** *fig* [in plot] reviravolta *f*. ◇ *vt* **-1.** [gen] retorcer **-2.** [face, frame] torcer **-3.** [head] voltar **-4.** [lid, knob, dial] girar **-5.** [words, meaning] distorcer. ◇ *vi* **-1.** [road, river] dar voltas **-2.** [body, part of body] torcer.

twit [twɪt] *n UK inf* idiota *mf*, imbecil *mf*.

twitch [twɪtʃ] ◇ *n* espasmo *m*; **nervous ~** tique *m* nervoso. ◇ *vi* contrair-se.

two [tu:] *num* dois (duas); **in ~** em dois; *see also* **six**.

two-door *adj* [car] de duas portas.

twofaced [,tu:'feɪst] *adj pej* de duas caras.

twofold ['tu:fəʊld] ◇ *adj* duplo(pla). ◇ *adv*: **to increase ~** duplicar-se.

two-piece *adj* [suit, swimsuit] de duas peças.

twosome ['tu:səm] *n inf* dupla *f*.

two-way *adj* **-1.** [traffic] de mão dupla **-2.** [discussion, debate] de duas vias **-3.** [cooperation] mútuo(tua).

tycoon [taɪ'ku:n] *n* magnata *mf*.

type [taɪp] ◇ *n* **-1.** [gen] tipo *m* **-2.** *(U)* TYPO: **in bold/italic ~** em negrito/itálico. ◇ *vt & vi* **-1.** [on typewriter] datilografar **-2.** [on computer] digitar.

typecast ['taɪpkɑ:st] *(pt & pp* **typecast***)* *vt* escalar sempre para o mesmo tipo de papel; **to be ~ as sthg** ser sempre escalado(da) (para atuar) como algo.

typeface ['taɪpfeɪs] *n* TYPO tipo *m*, letra *f*.

typescript ['taɪpskrɪpt] *n* cópia *f* datilografada.

typeset ['taɪpset] *(pt & pp* **typeset**, *cont* **-ting***)* *vt* TYPO compor.

typesetting *n* composição *f* (para impressão).

typewriter ['taɪp,raɪtəʳ] *n* máquina *f* de escrever.

typhoid (fever) ['taɪfɔɪd-] *n (U)* **febre** *f* tifóide.

typhoon [taɪ'fu:n] *n* tufão *m*.

typical ['tɪpɪkl] *adj* típico(ca); **~ of sb/sthg** típico(ca) de alguém/algo.

typing ['taɪpɪŋ] *n* **-1.** *(U)* [on typewriter] datilografia *f* **-2.** *(U)* [on computer] digitação *f*.

typist ['taɪpɪst] *n* **-1.** [on typewriter] datilógrafo *m*, -fa *f* **-2.** [on computer] digitador *m*, -ra *f*.

typography [taɪ'pɒgrəfɪ] *n* **-1.** *(U)* [process, job] tipografia *f* **-2.** [format] composição *f* tipográfica.

tyranny ['tɪrənɪ] *n (U)* [of person, government] tirania *f*.

tyrant ['taɪrənt] *n* tirano *m*, -na *f*.

tyre *UK*, **tire** *US* ['taɪəʳ] *n* pneu *m*.

tyre pressure *n (U)* pressão *f* do pneu.

u *(pl* **u's** OR **us***)*, **U** *(pl* **U's** OR **Us***)* [ju:] *n* [letter] u, U *m*.

◆ **U** *(abbr of* **universal***)* *filme de censura livre.*

U-bend *n* sifão *m*.

udder ['ʌdəʳ] *n* úbere *m*.

UFO *(abbr of* **unidentified flying object***)* *n* OVNI *m*.

Uganda [ju:'gændə] *n* Uganda.

ugh [ʌg] *excl* puf!

ugly ['ʌglɪ] *(compar* **-ier**, *superl* **-iest***)* *adj* **-1.** [unattractive] feio (feia) **-2.** *fig* [unpleasant] desagradável.

UHF *(abbr of* **ultra-high frequency***)* *n* UHF *m*.

UK *(abbr of* **United Kingdom***)* *n* RU *m*.

UKAEA *(abbr of* **United Kingdom Atomic Energy Authority***)* *n órgão responsável pelo controle da energia atômica no Reino Unido.*

Ukraine [juː'kreɪn] *n*: **the ~** a Ucrânia.
ulcer ['ʌlsəʳ] *n* **-1.** [in stomach] úlcera *f* **-2.** [in mouth] afta *f*.
ulcerated ['ʌlsəreɪtɪd] *adj* ulcerado(da).
Ulster ['ʌlstəʳ] *n* Irlanda *f* do Norte.
ulterior [ʌl'tɪərɪəʳ] *adj*: **~ motive** motivo *m* ulterior.
ultimata [ˌʌltɪ'meɪtə] *pl* ▷ **ultimatum**.
ultimate ['ʌltɪmət] ◇ *adj* **-1.** [success, objetive] final, definitivo(va) **-2.** [failure] último(ma) **-3.** [most powerful] máximo(ma). ◇ *n*: **the ~ in sthg** a última palavra em algo.
ultimately ['ʌltɪmətlɪ] *adv* **-1.** [finally, in the long term] finalmente, por fim **-2.** [fundamentally] no fundo.
ultimatum [ˌʌltɪ'meɪtəm] (*pl* **-tums** OR **-ta**) *n* ultimato *m*.
ultrasound ['ʌltrəsaʊnd] *n (U)* ultra-som *m*.
ultraviolet [ˌʌltrə'vaɪələt] *adj* ultravioleta.
umbilical cord [ʌm'bɪlɪkl-] *n* cordão *m* umbilical.
umbrella [ʌm'brelə] ◇ *n* **-1.** [gen] guarda-chuva *m*; **-2.** [fixed] guarda-sol *m*. ◇ *adj* guarda-chuva; **~ word** palavra guarda-chuva.
umpire ['ʌmpaɪəʳ] ◇ *n* árbitro *m*. ◇ *vt* & *vi* arbitrar, apitar.
umpteen [ˌʌmp'tiːn] *num adj inf*: **~ times** um milhão de vezes.
umpteenth [ˌʌmp'tiːnθ] *num adj inf* enésimo(ma).
UN (*abbr of* **United Nations**) *n*: **the ~** a ONU.
unabated [ˌʌnə'beɪtɪd] *adj* incessante.
unable [ʌn'eɪbl] *adj* incapaz; **to be ~ to do sthg** não poder fazer algo.
unacceptable [ˌʌnək'septəbl] *adj* inaceitável.
unaccompanied [ˌʌnə'kʌmpənɪd] *adj* **-1.** [child] sozinho(nha) **-2.** [luggage] desacompanhado(da) **-3.** [song] sem acompanhamento.
unaccountably [ˌʌnə'kaʊntəblɪ] *adv* [inexplicably] inexplicavelmente.
unaccounted [ˌʌnə'kaʊntɪd] *adj*: **~ for** desaparecido(da).
unaccustomed [ˌʌnə'kʌstəmd] *adj* [unused]: **to be ~ to sthg/to doing sthg** estar desacostumado(da) a algo/a fazer algo.
unadulterated [ˌʌnə'dʌltəreɪtɪd] *adj* **-1.** [unspoiled] não-adulterado(da) **-2.** [absolute] puro(ra).
unanimous [juː'nænɪməs] *adj* unânime.
unanimously [juː'nænɪməslɪ] *adv* unanimemente.
unanswered [ˌʌn'ɑːnsəd] *adj* não-respondido(da).
unappetizing, -ising [ˌʌn'æpɪtaɪzɪŋ] *adj* **-1.** [food] pouco apetitoso(sa) **-2.** [sight, thought] pouco apetecível.
unarmed [ˌʌn'ɑːmd] *adj* desarmado(da).
unarmed combat *n (U)* combate *m* sem armas.
unashamed [ˌʌnə'ʃeɪmd] *adj* descarado(da).
unassuming [ˌʌnə'sjuːmɪŋ] *adj* despretensioso(sa).
unattached [ˌʌnə'tætʃt] *adj* **-1.** [not fastened, linked] independente; **~ to sthg** separado(da) de algo **-2.** [without partner] sem compromisso.
unattended [ˌʌnə'tendɪd] *adj* **-1.** [luggage, children] desacompanhado(da) **-2.** [fire, shop] sem vigilância.
unattractive [ˌʌnə'træktɪv] *adj* **-1.** [person, building, place] sem atrativos **-2.** [idea, prospect] sem brilho.
unauthorized, -ised [ˌʌn'ɔːθəraɪzd] *adj* não-autorizado(da).
unavailable [ˌʌnə'veɪləbl] *adj* que não está disponível.
unaware [ˌʌnə'weəʳ] *adj* desconhecedor(ra); **to be ~ of sb/sthg** não estar consciente de alguém/algo.
unawares [ˌʌnə'weəz] *adv*: **to catch** OR **take sb ~** pegar alguém desprevenido(da).
unbalanced [ˌʌn'bælənst] *adj* **-1.** [biased] parcial **-2.** [deranged] desequilibrado(da).
unbearable [ʌn'beərəbl] *adj* insuportável, insustentável.
unbeatable [ˌʌn'biːtəbl] *adj* imbatível.
unbeknown(st) [ˌʌnbɪ'nəʊn(st)] *adv*: **~ to** sem o conhecimento de.
unbelievable [ˌʌnbɪ'liːvəbl] *adj* **-1.** [amazing] incrível **-2.** [not believable] inacreditável.
unbending [ˌʌn'bendɪŋ] *adj* [intransigent] resoluto(ta).
unbia(s)sed [ˌʌn'baɪəst] *adj* imparcial.
unborn [ˌʌn'bɔːn] *adj* [child] nascituro(ra).
unbreakable [ˌʌn'breɪkəbl] *adj* inquebrável.
unbridled [ˌʌn'braɪdld] *adj* desenfreado(da).
unbutton [ˌʌn'bʌtn] *vt* desabotoar.
uncalled-for [ˌʌn'kɔːld-] *adj* injusto(ta), desnecessário(ria).
uncanny [ʌn'kænɪ] (*compar* **-ier**, *superl* **-iest**) *adj* sinistro(tra).
unceasing [ˌʌn'siːsɪŋ] *adj fml* incessante.
unceremonious ['ʌnˌserɪ'məʊnjəs] *adj* [abrupt] abrupto(ta).
uncertain [ʌn'sɜːtn] *adj* **-1.** [gen] incerto(ta) **-2.** [person] indeciso(sa); **in no ~ terms** sem meias palavras.
unchanged [ˌʌn'tʃeɪndʒd] *adj* sem alterar.
unchecked [ˌʌn'tʃekt] ◇ *adj* [unrestrained] desenfreado(da). ◇ *adv* [unrestrained] sem restrições.
uncivilized, -ised [ˌʌn'sɪvɪlaɪzd] *adj* [barbaric] não-civilizado(da).
uncle ['ʌŋkl] *n* tio *m*.
unclear [ˌʌn'klɪəʳ] *adj* **-1.** [meaning, instructions]

confuso(sa), pouco claro(ra) **-2.** [future] obscuro(ra) **-3.** [motives, details] confuso(sa) **-4.** [person]: **to be ~ about sthg** não ter algo claro.

uncomfortable [ˌʌnˈkʌmftəbl] *adj* **-1.** [giving discomfort] desconfortável **-2.** *fig* [awkward] desagradável **-3.** [person - in physical discomfort] desconfortável; [- ill at ease] incomodado(da).

uncommon [ʌnˈkɒmən] *adj* **-1.** [rare] raro(ra) **-2.** *fml* [extreme] fora do comum.

uncompromising [ˌʌnˈkɒmprəmaɪzɪŋ] *adj* resoluto(ta), inflexível.

unconcerned [ˌʌnkənˈsɜːnd] *adj* [not anxious] indiferente.

unconditional [ˌʌnkənˈdɪʃənl] *adj* incondicional.

unconscious [ʌnˈkɒnʃəs] ◇ *adj* **-1.** [gen] inconsciente **-2.** *fig* [unaware]: **to be ~ of sthg** não estar ciente de algo. ◇ *n* PSYCH: **the ~** o inconsciente.

unconsciously [ʌnˈkɒnʃəslɪ] *adv* inconscientemente.

uncontrollable [ˌʌnkənˈtrəʊləbl] *adj* incontrolável.

unconventional [ˌʌnkənˈvenʃənl] *adj* não-convencional.

unconvinced [ˌʌnkənˈvɪnst] *adj* não-convencido(da).

uncouth [ʌnˈkuːθ] *adj* grosseiro(ra).

uncover [ʌnˈkʌvə^r] *vt* **-1.** [saucepan] destampar **-2.** [corruption, truth] revelar, expor.

undecided [ˌʌndɪˈsaɪdɪd] *adj* **-1.** [person] indeciso(sa) **-2.** [issue] pendente.

undeniable [ˌʌndɪˈnaɪəbl] *adj* inegável.

under [ˈʌndə^r] ◇ *prep* **-1.** [beneath, below] embaixo de; **they walked ~ the bridge** passaram por baixo da ponte **-2.** [less than] menos de **-3.** [indicating conditions or circumstances]: **~ the circumstances** dadas as circunstâncias; **I'm ~ the impression that ...** tenho a impressão de que ... **-4.** [undergoing]: **~ discussion** em discussão **-5.** [directed, governed by]: **he has ten people ~ him** tem dez pessoas trabalhando sob seu comando **-6.** [according to] de acordo com **-7.** [in classification, name, title]: **he filed it ~ 'D'** arquivou na letra D; **~ an alias** sob outro nome. ◇ *adv* **-1.** [beneath] embaixo; **to go ~** fracassar **-2.** [less]: **children of five years and ~** crianças de cinco anos ou menos.

underage [ʌndərˈeɪdʒ] *adj* **-1.** [person] menor de idade **-2.** [drinking, sex] para menor de idade.

undercarriage [ˈʌndəˌkærɪdʒ] *n* trem *m* de aterrissagem.

undercharge [ˌʌndəˈtʃɑːdʒ] *vt* cobrar menos que o estipulado.

underclothes [ˈʌndəkləʊðz] *npl* roupas *fpl* íntimas OR de baixo.

undercoat [ˈʌndəkəʊt] *n* [of paint] primeira demão *f*.

undercover [ˈʌndəˌkʌvə^r] *adj* secreto(ta).

undercurrent [ˈʌndəˌkʌrənt] *n fig* [tendency] sentimento *m* oculto.

undercut [ˌʌndəˈkʌt] (*pt* & *pp* **undercut**, *cont* **-ting**) *vt* [in price] vender mais barato que.

underdeveloped [ˌʌndədɪˈveləpt] *adj* subdesenvolvido(da), em desenvolvimento.

underdog [ˈʌndədɒg] *n*: **the ~** os menos favorecidos.

underdone [ˌʌndəˈdʌn] *adj* [food] meio cru (crua).

underestimate [ˌʌndərˈestɪmeɪt] *vt* subestimar.

underexposed [ˌʌndərɪkˈspəʊzd] *adj* PHOT subexposto(ta).

underfoot [ˌʌndəˈfʊt] *adv* debaixo dos pés; **the ground is wet ~** o chão está molhado.

undergo [ˌʌndəˈgəʊ] (*pt* **-went**, *pp* **-gone**) *vt* **-1.** [change, difficulties] passar por **-2.** [operation, examination] submeter-se a.

undergraduate [ˌʌndəˈgrædʒʊət] *n* universitário *m*, -ria *f (que ainda não colou grau)*.

underground [*adj* & *n* ˈʌndəgraʊnd, *adv* ˌʌndəˈgraʊnd] ◇ *adj* **-1.** [below the ground] subterrâneo(nea) **-2.** *fig* [secret, illegal] clandestino(na). ◇ *adv*: **to go ~** passar à clandestinidade; **to be forced ~** ter de passar à clandestinidade. ◇ *n* **-1.** UK [transport system] metrô *m* **-2.** [activist movement] resistência *f*.

undergrowth [ˈʌndəgrəʊθ] *n (U)* vegetação *f* rasteira *(numa floresta)*.

underhand [ˌʌndəˈhænd] *adj* clandestino(na).

underline [ˌʌndəˈlaɪn] *vt* **-1.** [draw line under] sublinhar **-2.** *fig* [stress] salientar.

underlying [ˌʌndəˈlaɪɪŋ] *adj* subjacente.

undermine [ˌʌndəˈmaɪn] *vt fig* [weaken] minar.

underneath [ˌʌndəˈniːθ] ◇ *prep* debaixo de. ◇ *adv* **-1.** [beneath] por baixo **-2.** *fig* [within oneself] por dentro, no fundo. ◇ *adj inf* de baixo. ◇ *n* [underside]: **the ~** a parte de baixo; **on the ~ of the box** na parte de baixo da caixa.

underpaid [ˈʌndəpeɪd] *adj* mal pago(ga).

underpants [ˈʌndəpænts] *npl* cueca *f*.

underpass [ˈʌndəpɑːs] *n* passagem *f* subterrânea.

underprivileged [ˌʌndəˈprɪvɪlɪdʒd] *adj* [children] desamparado(da).

underrated [ˌʌndəˈreɪtɪd] *adj* subestimado(da).

undershirt [ˈʌndəʃɜːt] *n* US camiseta *f*.

underside [ˈʌndəsaɪd] *n*: **the ~** a parte de baixo.

underskirt [ˈʌndəskɜːt] *n* anágua *f*.

understand [ˌʌndəˈstænd] (*pt* & *pp* **-stood**) ◇

vt **-1.** entender, compreender **- 2.** ***fml*** [believe]: **to ~ that** acreditar que. <> *vi* entender, compreender.

understandable [ˌʌndəˈstændəbl] *adj* compreensível.

understanding [ˌʌndəˈstændɪŋ] <> *n* **-1.** [knowledge, insight] compreensão *f*, entendimento *m* **- 2.** *(U)* [sympathy] compreensão *f* mútua **- 3.** [interpretation, conception]: **it is my ~ that ...** tenho a impressão de que ... **- 4.** [informal agreement] entendimento *m* <> *adj* [sympathetic] compreensivo(va).

understated *adj* [elegance, clothes] sóbrio(bria).

understatement [ˌʌndəˈsteɪtmənt] *n* **-1.** [inadequate statement] atenuação *f* **- 2.** *(U)* [quality of understating] atenuação *f*; **he is a master of ~** ele é o rei dos eufemismos.

understood [ˌʌndəˈstʊd] *pt & pp* ▷ **understand.**

understudy [ˈʌndəˌstʌdɪ] (*pl* **-ies**) *n* ator *m* substituto, atriz *f* substituta.

undertake [ˌʌndəˈteɪk] (*pt* **-took**, *pp* **-taken**) *vt* **-1.** [take on - responsibility, control] assumir; [- task] incumbir-se de **- 2.** [promise]: **to ~ to do sthg** comprometer-se a fazer algo.

undertaker [ˈʌndəˌteɪkə^r] *n* agente *mf* funerário, -ria.

undertaking [ˌʌndəˈteɪkɪŋ] *n* **-1.** [task] incumbência *f* **- 2.** [promise] promessa *f*.

undertone [ˈʌndətəʊn] *n* **-1.** [quiet voice] voz *f* baixa **- 2.** [vague feeling] traço *m*; **an ~ of sadness** um traço de tristeza.

undertook [ˌʌndəˈtʊk] *pt* ▷ **undertake.**

underwater [ˌʌndəˈwɔːtə^r] <> *adj* submarino(na). <> *adv* debaixo d'água.

underwear [ˈʌndəweə^r] *n (U)* roupa *f* íntima OR de baixo.

underwent [ˌʌndəˈwent] *pt* ▷ **undergo.**

underwired *adj* [bra] com suporte.

underworld [ˈʌndəˌwɜːld] *n* [criminal society]: **the ~** o submundo.

underwriter [ˈʌndəˌraɪtə^r] *n* segurador *m*, -ra *f*.

undid [ˌʌnˈdɪd] *pt* ▷ **undo.**

undies [ˈʌndɪz] *npl* ***inf*** roupas *fpl* íntimas OR de baixo.

undisputed [ˌʌndɪˈspjuːtɪd] *adj* indiscutível.

undistinguished [ˌʌndɪˈstɪŋgwɪʃt] *adj* sem graça.

undo [ˌʌnˈduː] (*pt* **-did**, *pp* **-done**) *vt* **-1.** [knot] desfazer, desatar **- 2.** [buttons] desabotoar **- 3.** [garment] desamarrar **- 4.** [good work, efforts] anular.

undoing [ˌʌnˈduːɪŋ] *n (U)* ***fml*** ruína *f*, perdição *f*.

undone [ˌʌnˈdʌn] <> *pp* ▷ **undo.** <> *adj* **-1.** [coat] desabotoado(da) **- 2.** [shoe] desamarrado(da) **- 3.** ***fml*** [not done] por fazer.

undoubted [ʌnˈdaʊtɪd] *adj* indubitável.

undoubtedly [ʌnˈdaʊtɪdlɪ] *adv* indubitavelmente.

undress [ˌʌnˈdres] <> *vt* despir. <> *vi* despir-se.

undue [ˌʌnˈdjuː] *adj* ***fml*** desmedido(da).

undulate [ˈʌndjʊleɪt] *vi* ***fml*** ondular.

unduly [ˌʌnˈdjuːlɪ] *adv* ***fml*** demasiadamente.

unearth [ˌʌnˈɜːθ] *vt* **-1.** [dig up] desenterrar **- 2.** ***fig*** [discover] descubrir.

unearthly [ʌnˈɜːθlɪ] *adj* ***inf*** [time of day]: **at an ~ hour in the morning** num horário absurdo da manhã.

unease [ʌnˈiːz] *n (U)* inquietação *f*, apreensão *f*.

uneasy [ʌnˈiːzɪ] (*compar* **-ier**, *superl* **-iest**) *adj* **-1.** [troubled] apreensivo(va) **- 2.** [embarrassed] constrangido(da); **an ~ silence** um silêncio constrangedor **- 3.** [peace, truce] duvidoso(sa).

uneconomic [ˈʌnˌiːkəˈnɒmɪk] *adj* pouco rentável.

uneducated [ˌʌnˈedjʊkeɪtɪd] *adj* **-1.** [person] inculto(ta), sem instrução **- 2.** [behaviour, manners, speech] em que se percebe falta de instrução.

unemployed [ˌʌnɪmˈplɔɪd] <> *adj* [out-of-work] desempregado(da). <> *npl*: **the ~** os desempregados.

unemployment [ˌʌnɪmˈplɔɪmənt] *n* desemprego *m*.

unemployment benefit *UK*, **unemployment compensation** *US n (U)* ≃ seguro-desemprego *m*.

unerring [ˌʌnˈɜːrɪŋ] *adj* infalível.

uneven [ˌʌnˈiːvn] *adj* **-1.** [surface] irregular **- 2.** [road] acidentado(da) **- 3.** [performance, coverage *etc.*] desigual, desparelho(lha) **- 4.** [competition] injusto(ta).

unexpected [ˌʌnɪkˈspektɪd] *adj* inesperado(da).

unexpectedly [ˌʌnɪkˈspektɪdlɪ] *adv* inesperadamente.

unfailing [ʌnˈfeɪlɪŋ] *adj* [loyalty, support, good humour] infalível.

unfair [ˌʌnˈfeə^r] *adj* injusto(ta).

unfaithful [ˌʌnˈfeɪθfʊl] *adj* [sexually] infiel.

unfamiliar [ˌʌnfəˈmɪljə^r] *adj* **-1.** [not well-known] desconhecido(da) **- 2.** [not acquainted]: **to be ~ with sb/sthg** desconhecer alguém/algo.

unfashionable [ˌʌnˈfæʃnəbl] *adj* ultrapassado(da).

unfasten [ˌʌnˈfɑːsn] *vt* **-1.** [garment, buttons] desabotoar **- 2.** [rope] desamarrar.

unfavourable *UK*, **unfavorable** *US* [ˌʌnˈfeɪvrəbl] *adj* desfavorável.

unfeeling [ʌnˈfiːlɪŋ] *adj* insensível.

unfinished [ˌʌnˈfɪnɪʃt] *adj* inacabado(da).

unfit [ˌʌn'fɪt] *adj* **-1.** [not in good shape] fora de forma **-2.** [not suitable]: **~ (for sthg)** inadequado(da) (para algo).
unfold [ʌn'fəʊld] <> *vt* [open out] desdobrar. <> *vi* [become clear] esclarecer-se.
unforeseen [ˌʌnfɔː'siːn] *adj* imprevisto(ta).
unforgettable [ˌʌnfə'getəbl] *adj* inesquecível.
unforgivable [ˌʌnfə'gɪvəbl] *adj* imperdoável.
unfortunate [ʌn'fɔːtʃnət] *adj* **-1.** [unlucky] azarento(ta) **-2.** [regrettable] lamentável.
unfortunately [ʌn'fɔːtʃnətlɪ] *adv* infelizmente.
unfounded [ˌʌn'faʊndɪd] *adj* infundado(da).
unfriendly [ˌʌn'frendlɪ] (*compar* **-ier**, *superl* **-iest**) *adj* hostil.
unfurnished [ˌʌn'fɜːnɪʃt] *adj* desmobiliado(da), sem móveis.
ungainly [ʌn'geɪnlɪ] *adj* desajeitado(da).
ungodly [ˌʌn'gɒdlɪ] *adj* *inf* [unreasonable]: **why are you phoning me at this ~ hour?** por que você está me ligando nesta hora da madrugada?
ungrateful [ʌn'greɪtfʊl] *adj* mal-agradecido(da).
unhappy [ʌn'hæpɪ] (*compar* **-ier**, *superl* **-iest**) *adj* **-1.** [sad] triste **-2.** [uneasy]: **to be ~ (with** OR **about sthg)** estar descontente(com algo) **-3.** *fml* [unfortunate] lamentável, infeliz.
unharmed [ˌʌn'hɑːmd] *adj* ileso(sa).
unhealthy [ʌn'helθɪ] (*compar* **-ier**, *superl* **-iest**) *adj* **-1.** [in bad health] doentio(tia) **-2.** [causing bad health] insalubre **-3.** *fig* [undesirable] prejudicial.
unheard-of [ʌn'hɜːd-] *adj* **-1.** [unknown, completely absent] inaudito(ta) **-2.** [unprecedented] sem precedente.
unhook [ˌʌn'hʊk] *vt* **-1.** [unfasten hooks of] desenganchar **-2.** [remove from hook] desprender.
unhurt [ˌʌn'hɜːt] *adj* ileso(sa).
unhygienic [ˌʌnhaɪ'dʒiːnɪk] *adj* anti-higiênico(ca).
uni (*abbr of* **university**) *n* *UK* *inf* universidade *f*.
unidentified flying object *n* objeto *m* voador não-identificado.
unification [ˌjuːnɪfɪ'keɪʃn] *n* *(U)* unificação *f*.
uniform ['juːnɪfɔːm] <> *adj* uniforme. <> *n* uniforme *m*.
unify ['juːnɪfaɪ] (*pt* & *pp* **-ied**) *vt* unificar.
unilateral [ˌjuːnɪ'lætərəl] *adj* unilateral.
unimportant [ˌʌnɪm'pɔːtənt] *adj* insignificante, sem importância.
uninhabited [ˌʌnɪn'hæbɪtɪd] *adj* desabitado(da).
uninjured [ˌʌn'ɪndʒəd] *adj* ileso(sa).
unintelligent [ˌʌnɪn'telɪdʒent] *adj* pouco inteligente.
unintentional [ˌʌnɪn'tenʃənl] *adj* involuntário(ria).
union ['juːnjən] <> *n* **-1.** [trade union] sindicato *m* **-2.** [alliance] união *f*. <> *comp* sindical.
unionized, -ised *adj* sindicalizado(da).
Union Jack *n*: **the ~** *a bandeira do Reino Unido.*
unique [juː'niːk] *adj* **-1.** [unparalleled] incomparável, único(ca) **-2.** *fml* [peculiar, exclusive]: **~ to sb/sthg** peculiar a alguém/algo.
unison ['juːnɪzn] *n* *(U)* [agreement] harmonia *f*; **in ~** [simultaneously] em uníssono.
unit ['juːnɪt] *n* **-1.** [gen] unidade *f* **-2.** [piece of furniture] módulo *m*.
unite [juː'naɪt] <> *vt* unificar. <> *vi* unir-se, juntar-se.
united [juː'naɪtɪd] *adj* **-1.** [in harmony] unido(da) **-2.** [unified] unificado(da).
United Kingdom *n*: **the ~** o Reino Unido.
United Nations *n*: **the ~** as Nações Unidas.
United States *n*: **the ~ (of America)** os Estados Unidos (da América); **in the ~** nos Estados Unidos.
unit trust *n* *UK* fundo *m* de investimento.
unity ['juːnətɪ] *n* **-1.** [union] união *f*, unidade *f* **-2.** [harmony] união *f*.
universal [ˌjuːnɪ'vɜːsl] *adj* [belief, truth] universal.
universe ['juːnɪvɜːs] *n* ASTRON universo *m*.
university [ˌjuːnɪ'vɜːsətɪ] (*pl* **-ies**) <> *n* universidade *f*. <> *comp* universitário(ria); **~ student** estudante *m* universitário, -ria *f*.
unjust [ˌʌn'dʒʌst] *adj* injusto(ta).
unkempt [ˌʌn'kempt] *adj* [hair, beard, appearance] desajeitado(da).
unkind [ʌn'kaɪnd] *adj* [gen] indelicado(da).
unknown [ˌʌn'nəʊn] *adj* desconhecido(da).
unlawful [ˌʌn'lɔːfʊl] *adj* ilegal.
unleaded [ˌʌn'ledɪd] *adj* sem chumbo.
unleash [ˌʌn'liːʃ] *vt* *literary* desencadear.
unless [ən'les] *conj* a menos que; **~ I'm mistaken, ...** a não ser que eu esteja enganado, ...
unlike [ˌʌn'laɪk] *prep* **-1.** [different from] diferente de **-2.** [in contrast to] ao contrário de **-3.** [not typical of] atípico(ca); **it's very ~ you to complain** você não é de reclamar.
unlikely [ʌn'laɪklɪ] *adj* **-1.** [not probable] improvável **-2.** [bizarre] estranho(nha).
unlisted [ʌn'lɪstɪd] *adj* *US* [phone number] fora da lista.
unload [ˌʌn'ləʊd] *vt* [gen] descarregar.
unlock [ˌʌn'lɒk] *vt* destrancar, abrir *(com chave).*
unlucky [ʌn'lʌkɪ] (*compar* **-ier**, *superl* **-iest**) *adj* **-1.** [unfortunate] infeliz **-2.** [bringing bad luck] de mau agouro.
unmarried [ˌʌn'mærɪd] *adj* solteiro(ra).
unmistakable [ˌʌnmɪ'steɪkəbl] *adj* inconfundível.
unmitigated [ʌn'mɪtɪgeɪtɪd] *adj* completo(ta),

absoluto(ta); **he's talking ~ nonsense!** ele não está dizendo coisa com coisa!

unnatural [ʌn'nætʃrəl] *adj* **-1.** [unusual, strange] estranho(nha) **-2.** [affected] pouco natural.

unnecessary [ʌn'nesəsərɪ] *adj* desnecessário(ria).

unnerving [ˌʌn'nɜːvɪŋ] *adj* enervante.

unnoticed [ˌʌn'nəʊtɪst] *adj* desapercebido(da).

unobtainable [ˌʌnəb'teɪnəbl] *adj* inacessível.

unobtrusive [ˌʌnəb'truːsɪv] *adj* discreto(ta).

unofficial [ˌʌnə'fɪʃl] *adj* não-oficial.

unorthodox [ˌʌn'ɔːθədɒks] *adj* não-ortodoxo(xa).

unpack [ˌʌn'pæk] <> *vt* **-1.** [bag, suitcase] desfazer **-2.** [clothes, books, shopping] desembrulhar. <> *vi* desfazer as malas.

unpalatable [ʌn'pælətəbl] *adj* **-1.** [unpleasant to taste] intragável **-2.** *fig* [difficult to accept] desagradável.

unparalleled [ʌn'pærəleld] *adj* sem paralelo.

unpleasant [ʌn'pleznt] *adj* desagradável.

unplug [ʌn'plʌg] (*pt* & *pp* **-ged**, *cont* **-ging**) *vt* *ELEC* desligar.

unpopular [ˌʌn'pɒpjʊlə^r] *adj* impopular.

unprecedented [ʌn'presɪdəntɪd] *adj* sem precedente.

unpredictable [ˌʌnprɪ'dɪktəbl] *adj* imprevisível.

unprofessional [ˌʌnprə'feʃənl] *adj* não-profissional.

unqualified [ˌʌn'kwɒlɪfaɪd] *adj* **-1.** [not qualified] desqualificado(da) **-2.** [total, complete] absoluto(ta).

unquestionable [ʌn'kwestʃənəbl] *adj* inquestionável.

unquestioning [ʌn'kwestʃənɪŋ] *adj* incondicional.

unravel [ʌn'rævl] (*UK pt* & *pp* **-led**, *cont* **-ling**, *US pt* & *pp* **-ed**, *cont* **-ing**) *vt* **-1.** [undo] desembaraçar **-2.** *fig* [solve] elucidar.

unreal [ˌʌn'rɪəl] *adj* [strange] irreal.

unrealistic [ˌʌnrɪə'lɪstɪk] *adj* pouco realista.

unreasonable [ʌn'riːznəbl] *adj* **-1.** [unfair, not sensible] injusto(ta) **-2.** [not justifiable] absurdo(da), irracional.

unrelated [ˌʌnrɪ'leɪtɪd] *adj*: **to be ~ (to sthg)** não estar relacionado(da) (a algo).

unrelenting [ˌʌnrɪ'lentɪŋ] *adj* **-1.** [pressure] contínuo(nua) **-2.** [questions] implacável.

unreliable [ˌʌnrɪ'laɪəbl] *adj* inconfiável.

unremitting [ˌʌnrɪ'mɪtɪŋ] *adj* incessante.

unrequited [ˌʌnrɪ'kwaɪtɪd] *adj* não-correspondido(da).

unresolved [ˌʌnrɪ'zɒlvd] *adj* sem solução.

unrest [ˌʌn'rest] *n (U)* agitação *f*.

unrivalled *UK*, **unrivaled** *US* [ʌn'raɪvld] *adj* incomparável.

unroll [ˌʌn'rəʊl] *vt* [unfold] desenrolar.

unruly [ʌn'ruːlɪ] (*compar* **-ier**, *superl* **-iest**) *adj* **-1.** [wayward] indisciplinado(da) **-2.** [untidy] desarrumado(da).

unsafe [ˌʌn'seɪf] *adj* **-1.** [dangerous] perigoso(sa) **-2.** [in danger] inseguro(ra).

unsaid [ˌʌn'sed] *adj*: **to leave sthg ~** não falar algo.

unsatisfactory ['ʌnˌsætɪs'fæktərɪ] *adj* insatisfatório(ria).

unsavoury, unsavory *US* [ˌʌn'seɪvərɪ] *adj* **-1.** [behaviour, person, habits] *(moralmente)* ofensivo(va) **-2.** [smell] repugnante.

unscathed [ˌʌn'skeɪðd] *adj* ileso(sa), são e salvo, sã e salva.

unscrew [ˌʌn'skruː] *vt* **-1.** [lid, bottle top] desenroscar **-2.** [sign, mirror] desparafusar.

unscrupulous [ʌn'skruːpjʊləs] *adj* inescrupuloso(sa).

unseemly [ʌn'siːmlɪ] (*compar* **-ier**, *superl* **-iest**) *adj* inconveniente.

unselfish [ˌʌn'selfɪʃ] *adj* desinteressado(da).

unsettled [ˌʌn'setld] *adj* **-1.** [unstable - person] inquieto(ta); [- weather] instável **-2.** [unfinished, unresolved - argument] incerto(ta); [- issue] vago(ga) **-3.** [account, bill] duvidoso(sa) **-4.** [area, region] despovoado(da).

unshak(e)able [ʌn'ʃeɪkəbl] *adj* inabalável.

unshaven [ˌʌn'ʃeɪvn] *adj* [face, chin] com a barba por fazer.

unsightly [ʌn'saɪtlɪ] *adj* de péssima aparência.

unskilled [ˌʌn'skɪld] *adj* não-especializado(da).

unsociable [ʌn'səʊʃəbl] *adj* [person, place] anti-social.

unsocial [ˌʌn'səʊʃl] *adj*: **to work ~ hours** trabalhar fora de hora.

unsound [ˌʌn'saʊnd] *adj* **-1.** [based on false ideas] equivocado(da) **-2.** [in poor condition] inseguro(ra).

unspeakable [ʌn'spiːkəbl] *adj* terrível.

unstable [ˌʌn'steɪbl] *adj* instável.

unsteady [ˌʌn'stedɪ] (*compar* **-ier**, *superl* **-iest**) *adj* **-1.** [person, step, voice] inseguro(ra) **-2.** [chair, ladder] pouco seguro(ra).

unstoppable [ˌʌn'stɒpəbl] *adj* inevitável.

unstuck [ˌʌn'stʌk] *adj*: **to come ~** [notice, stamp, label] descolar-se; *fig* [plan, system] degringolar; *fig* [person] dar-se mal.

unsuccessful [ˌʌnsək'sesfʊl] *adj* malsucedido(da).

unsuccessfully [ˌʌnsək'sesfʊlɪ] *adv* em vão.

unsuitable [ˌʌn'suːtəbl] *adj* inconveniente; **to be ~ for sthg** ser inapropriado(da) para algo.

unsure [ˌʌn'ʃɔː^r] *adj* **-1.** [not confident]: **to be ~ (of o.s.)** não ser seguro(ra) (de si) **-2.** [not certain]: **to be ~ (about/of sthg)** não ter certeza (sobre/de algo).

unsuspecting [ˌʌnsəˈspektɪŋ] *adj* insuspeitável.

unsympathetic [ˈʌnˌsɪmpəˈθetɪk] *adj* [unfeeling] insensível.

untangle [ˌʌnˈtæŋgl] *vt* [disentangle] desemaranhar.

untapped [ˌʌnˈtæpt] *adj* [unexploited] inexplorado(da).

untenable [ˌʌnˈtenəbl] *adj* insustentável.

unthinkable [ʌnˈθɪŋkəbl] *adj* [inconceivable] inconcebível.

untidy [ʌnˈtaɪdɪ] (*compar* **-ier**, *superl* **-iest**) *adj* **-1.** [gen] desarrumado(da) **-2.** [person, work] desleixado(da).

untie [ˌʌnˈtaɪ] (*cont* **untying**) *vt* [string, knot, bonds] desatar; [prisoner] soltar.

until [ənˈtɪl] <> *prep* **-1.** [up to, till] até **-2.** *(after negative)* antes de; **I can't come ~ tomorrow** eu não posso vir antes de amanhã. <> *conj* **-1.** [up to, till] até; **we were told to wait ~ he arrived** pediram-nos para esperar até que ele chegasse *OR* até ele chegar **-2.** *(after negative)* antes de, até; **they never help ~ I tell them to** eles só ajudam quando eu peço; **don't sign ~ you've checked everything** não assine nada antes de ter verificado tudo.

untimely [ʌnˈtaɪmlɪ] *adj* **-1.** [premature] prematuro(ra) **-2.** [inopportune] inoportuno(na).

untold [ˌʌnˈtəʊld] *adj* [incalculable, vast] inimaginável.

untoward [ˌʌntəˈwɔːd] *adj* [unfortunate] inconveniente.

untrue [ˌʌnˈtruː] *adj* [inaccurate] falso(sa).

unused [*sense 1* ˌʌnˈjuːzd, *sense 2* ʌnˈjuːst] *adj* **-1.** [new] novo(va) **-2.** [unaccustomed]: **to be ~ to sthg/to doing sthg** não estar acostumado(da) a algo/a fazer algo.

unusual [ʌnˈjuːʒl] *adj* [rare] raro(ra).

unusually [ʌnˈjuːʒəlɪ] *adv* [exceptionally] excepcionalmente.

unveil [ˌʌnˈveɪl] *vt* **-1.** [remove covering from] desvelar **-2.** *fig* [reveal, divulge] expor.

unwanted [ˌʌnˈwɒntɪd] *adj* indesejado(da).

unwavering [ʌnˈweɪvərɪŋ] *adj* firme.

unwelcome [ʌnˈwelkəm] *adj* **-1.** [news, experience] desagradável **-2.** [visitor] desconfortável.

unwell [ˌʌnˈwel] *adj*: **to be/feel ~** estar/sentir-se indisposto(ta).

unwieldy [ʌnˈwiːldɪ] (*compar* **-ier**, *superl* **-iest**) *adj* **-1.** [cumbersome] pesado(da) **-2.** *fig* [inefficient] ineficiente.

unwilling [ˌʌnˈwɪlɪŋ] *adj* [reluctant] relutante; **to be ~ to do sthg** estar relutante para/em fazer algo.

unwind [ˌʌnˈwaɪnd] (*pt* & *pp* **-wound**) <> *vt* desenrolar. <> *vi fig* [person] relaxar.

unwise [ˌʌnˈwaɪz] *adj* imprudente.

unwitting [ʌnˈwɪtɪŋ] *adj fml* inadvertido(da), impremeditado(da).

unworkable [ˌʌnˈwɜːkəbl] *adj* impraticável.

unworthy [ʌnˈwɜːðɪ] (*compar* **-ier**, *superl* **-iest**) *adj* [undeserving]: **to be ~ of sb/sthg** ser indigno(na) de alguém/algo.

unwound [ˌʌnˈwaʊnd] *pt* & *pp* ▷ **unwind**.

unwrap [ˌʌnˈræp] (*pt* & *pp* **-ped**, *cont* **-ping**) *vt* desembrulhar.

unwritten law [ˌʌnˈrɪtn-] *n* lei *f* não-escrita.

unzip [ˌʌnˈzɪp] *vt* descompactar.

up [ʌp] <> *adv* **-1.** [toward higher position, level] para cima; **we walked ~ to the top** subimos até o topo **-2.** [in higher position]: **she's ~ in her bedroom** está lá em cima no seu quarto; **~ there** ali *OR* lá em cima. **-3.** [into upright position]: **to stand ~** pôr-se em *OR* de pé; **to sit ~** [from lying position] sentar-se; [sit straight] sentar-se direito. **-4.** [northward]: **~ in Canada** no Canadá. **-5.** [in phrases]: **to walk ~ and down** andar de um lado para o outro; **to jump ~ and down** dar pulos; **~ to six weeks** até seis semanas; **~ to ten people** até dez pessoas; **are you ~ to travelling?** você está em condições de viajar?; **what are you ~ to?** o que você está tramando?; **it's ~ to you** depende de você; **~ until ten o'clock** até às dez horas. <> *prep* **-1.** [toward higher position]: **to walk ~ a hill** subir um monte; **I went ~ the stairs** subi as escadas. **-2.** [in higher position] no topo de; **~ a hill** no topo de um monte; **~ a ladder** no topo de uma escada. **-3.** [at end of]: **they live ~ the block from us** eles vivem no final da nossa rua. <> *adj* **-1.** [out of bed] levantado(da); **I got ~ at six today** levantei-me às seis hoje. **-2.** [at an end]: **time's ~** acabou-se o tempo. **-3.** [rising]: **the ~ escalator** a escada rolante ascendente. <> *n*: **~ s and downs** altos e baixos *mpl.*

up-and-coming *adj* promissor(ra).

upbringing [ˈʌpˌbrɪŋɪŋ] *n (U)* educação *f.*

update [ˌʌpˈdeɪt] *vt* [bring up-to-date] atualizar.

upheaval [ʌpˈhiːvl] *n* convulsão *f.*

upheld [ʌpˈheld] *pt* & *pp* ▷ **uphold**.

uphill [ˌʌpˈhɪl] <> *adj* **-1.** [rising] íngreme **-2.** *fig* [difficult] árduo(dua). <> *adv* para cima.

uphold [ʌpˈhəʊld] (*pt* & *pp* **-held**) *vt* [support] apoiar.

upholstery [ʌpˈhəʊlstərɪ] *n (U)* estofamento *m.*

upkeep [ˈʌpkiːp] *n (U)* manutenção *f.*

uplifting [ʌpˈlɪftɪŋ] *adj* [cheering] extasiante, edificante.

up-market *adj* de alta categoria.

upon [əˈpɒn] *prep fml* **-1.** [gen] sobre; **the weekend is ~ us** o final de semana já está em cima da gente; **summer is ~ us** o verão está chegando **-2.** [when] após.

upper [ˈʌpəʳ] ◇ *adj* **-1.** [gen] superior **-2.** *GEOGR* [inland] alto(ta). ◇ *n* [of shoe] gáspea *f*.

upper class *n*: **the ~** a alta classe.
◆ **upper-class** *adj* de alta classe.

upper-crust *adj* da alta roda.

upper hand *n*: **to have the ~** ter a palavra final; **to gain** *OR* **get the ~** obter o controle.

Upper House *n UK POL* Câmara *f* dos Lordes.

uppermost [ˈʌpəməʊst] *adj* **-1.** [highest] mais alto(ta) **-2.** [most important]: **to be ~ in one's mind** ser o mais importante na cabeça de alguém.

upright [*adj* ˌʌpˈraɪt, *n* ˈʌpraɪt] ◇ *adj* **-1.** [erect] vertical **-2.** *fig* [honest] honesto(ta). ◇ *adv* verticalmente. ◇ *n* **-1.** [of door] marco *m* **-2.** [of bookshelf] pilar *m* **-3.** [of goal] poste *m*.

uprising [ˈʌpˌraɪzɪŋ] *n* revolta *f* rebelião *f*.

uproar [ˈʌprɔːʳ] *n* **-1.** [commotion] algazarra *f* **-2.** [protest] protesto *m*.

uproot [ʌpˈruːt] *vt* **-1.** [force to leave] arrancar; **to ~ o.s.** desarraigar-se **-2.** *BOT* [tear out of ground] arrancar.

upset [ʌpˈset] (*pt* & *pp* **upset**, *cont* **-ting**) ◇ *adj* **-1.** [distressed] descontrolado(da); [offended] chateado(da) **-2.** *MED*: **to have an ~ stomach** ter um estômago fraco. ◇ *n* **-1.** *MED*: **to have a stomach ~** ficar com dor de estômago **-2.** [surprise result] surpresa *f*. ◇ *vt* **-1.** [distress] deixar nervoso(sa), irritar **-2.** [mess up] atrapalhar **-3.** [overturn, knock over] virar.

upshot [ˈʌpʃɒt] *n* desfecho *m*.

upside down [ˌʌpsaɪd-] ◇ *adj* [inverted] invertido(da), ao contrário. ◇ *adv* de cabeça para baixo; **to turn sthg ~** *fig* [disorder] virar algo de pernas para o ar.

upstairs [ˌʌpˈsteəz] ◇ *adj* de cima. ◇ *adv* **-1.** [not downstairs] em cima **-2.** [on one of the floors above] de cima. ◇ *n* andar *m* de cima.

upstart [ˈʌpstɑːt] *n* novo-rico *m*, nova-rica *f*.

upstream [ˌʌpˈstriːm] ◇ *adj*: **the bridge is a few miles ~ (from here)** a ponte fica poucas milhas rio acima (a partir daqui). ◇ *adv* correnteza acima.

upsurge [ˈʌpsɜːdʒ] *n*: **~ of/in sthg** aumento *m* de/em algo.

uptake [ˈʌpteɪk] *n*: **to be quick/slow on the ~** ter um raciocínio rápido/lento.

uptight [ʌpˈtaɪt] *adj inf* nervoso(sa).

up-to-date *adj* **-1.** [machinery, methods] moderno(na) **-2.** [news, information] atualizado(da); **to keep ~ with sthg** manter-se a par de algo.

upturn [ˈʌptɜːn] *n*: **~ (in sthg)** melhoria *f* (em algo).

upward [ˈʌpwəd] *adj* [movement, trend] para cima.

uranium [jʊˈreɪnjəm] *n (U)* urânio *m*.

urban [ˈɜːbən] *adj* urbano(na).

urbane [ɜːˈbeɪn] *adj* gentil.

Urdu [ˈʊəduː] *n (U)* urdu *m*.

urge [ɜːdʒ] ◇ *n* impulso *m*; **to have an ~ to do sthg** ter um impulso de fazer algo. ◇ *vt* **-1.** [try to persuade]: **to ~ sb to do sthg** incitar alguém a fazer algo **-2.** [advocate] defender.

urgency [ˈɜːdʒənsɪ] *n (U)* urgência *f*.

urgent [ˈɜːdʒənt] *adj* **-1.** [pressing] urgente **-2.** [desperate] insistente.

urinal [ˌjʊəˈraɪnl] *n* [receptacle] urinol *m*; [room] mictório *m*.

urinate [ˈjʊərɪneɪt] *vi* urinar.

urine [ˈjʊərɪn] *n (U)* urina *f*.

URL (*abbr of* **uniform resource locator**) *n COMPUT* URL *f*.

urn [ɜːn] *n* **-1.** [for ashes] urna *f* funerária **-2.** [for tea, coffee] chaleira *f*.

Uruguay [ˈjʊərəgwaɪ] *n* Uruguai *m*.

us [ʌs] *pers pron (direct)* nos; *(indirect, after prep)* nós; **they know ~** conhecem-nos; **it's ~** somos nós; **send it to ~** envie-nos isso; **tell ~** diga-nos; **we brought it with ~** trouxemo-lo conosco.

US (*abbr of* **United States**) *n*: **the ~** os EUA.

USA *n* (*abbr of* **United States of America**): **the ~** os EUA.

usage [ˈjuːzɪdʒ] *n* **-1.** *(U)* [use of language] uso *m* **-2.** [meaning] sentido *m* **-3.** *(U)* [handling, treatment] uso *m*.

USB (*abbr of* **Universal Serial Bus**) *n COMPUT* USB *m*.

USB port *n COMPUT* porta *f* USB.

use [*n* & *aux vb* juːs, *vt* juːz] ◇ *n* **-1.** [gen] uso *m*; **to be in ~** estar em uso; **to be out of ~** estar fora de uso; **to make ~ of sthg** fazer uso de algo; **to let sb have the ~ of sthg** deixar que alguém utilize algo **-2.** [purpose, usefulness] utilidade *f*; **to be of ~** ser útil; **to be no ~** ser inútil; **what's the ~ (of doing sthg)?** qual é a utilidade (de se fazer algo)? ◇ *aux vb* costumar; **I ~d to live in London** eu morava em Londres; **there ~d to be a tree here** havia uma árvore aqui. ◇ *vt* **-1.** [utilize] usar, utilizar **-2.** *pej* [exploit] usar.
◆ **use up** *vt sep* esgotar.

used [*sense 1* juːzd, *sense 2* juːst] *adj* **-1.** [object, car *etc.*] usado(da) **-2.** [accustomed]: **to be ~ to sthg/to doing sthg** estar acostumado(da) a algo/a fazer algo; **to get ~ to sthg** acostumar-se a algo.

Used to tem três usos distintos que convém não confundir.

Em primeiro lugar, é usado seguido do infinitivo sem *to* para falar de uma ação que ocorria de forma habitual ou que ocorreu durante um período de tempo no passado (***they used to live next door but they've moved now*** eles moravam ao lado, mas agora se mudaram).

Em segundo lugar, é usado seguido de um particípio presente para expressar o costume de se fazer algo (*I don't mind leaving at 6 o'clock tomorrow morning - I'm used to getting up early* não me importo de sair amanhã às 6 da manhã - estou acostumado a acordar cedo).

Finalmente, *used to* pode fazer parte de uma construção passiva que expresse intenção ou finalidade (*this part is used to increase the speed of the engine* esta peça serve ou é usada para aumentar a velocidade do motor). Neste caso, deve ser antecedido pelo verbo *be* e seguido do infinitivo sem *to*.

useful ['ju:sfʊl] *adj* útil.

useless ['ju:slɪs] *adj* **-1.** [gen] inútil **-2.** *inf* [hopeless] incorrigível.

user ['ju:zəʳ] *n* usuário *m*, -ria *f*.

user-friendly *adj* de fácil utilização.

usher ['ʌʃəʳ] <> *n* **-1.** [at wedding] recepcionista *m* **-2.** [at theatre, concert] lanterninha *m*. <> *vt* conduzir.

usherette [,ʌʃə'ret] *n* **-1.** [at wedding] recepcionista *f* **-2.** [at theatre, concert] lanterninha *f*.

USSR (*abbr of* **Union of Soviet Socialist Republics**) *n*: **the (former)** ~ a (ex-)URSS.

usual ['ju:ʒəl] *adj* usual, habitual; **as** ~ [as normal] como de costume; [as often happens] como sempre.

usually ['ju:ʒəlɪ] *adv* geralmente, normalmente.

usurp [ju:'zɜ:p] *vt fml* usurpar.

utensil [ju:'tensl] *n* utensílio *m*.

uterus ['ju:tərəs] (*pl* **-ri** [-raɪ], **-ruses**) *n* útero *m*.

utility [ju:'tɪlətɪ] (*pl* **-ies**) *n* **-1.** *(U)* [usefulness] utilidade *f* **-2.** [public service] serviço *m* público **-3.** COMPUT utilitário *m*.

utility room *n* área *f* de serviços.

utilize, -ise ['ju:təlaɪz] *vt* utilizar.

utmost ['ʌtməʊst] <> *adj* máximo(ma), supremo(ma). <> *n* **-1.** [best effort]: **to do one's** ~ fazer o impossível **-2.** [maximum] máximo *m*; **to the** ~ ao máximo, até não poder mais.

utter ['ʌtəʳ] <> *adj* total, completo(ta). <> *vt* **-1.** [sound, cry] emitir **-2.** [word] proferir.

utterly ['ʌtəlɪ] *adv* totalmente, completamente.

U-turn *n* **-1.** [turning movement] retorno *m* **-2.** *fig* [complete change] guinada *f* de 180 graus.

v[1] (*pl* **v's** OR **vs**), **V** (*pl* **V's** OR **Vs**) [vi:] *n* [letter] v, V *m*.

v[2] **-1.** (*abbr of* **verse**) v **-2.** (*abbr of* **vide**) [cross-reference] vide **-3.** (*abbr of* **versus**) versus **-4.** (*abbr of* **volt**) v.

vacancy ['veɪkənsɪ] (*pl* **-ies**) *n* **-1.** [job, position] vaga *f* **-2.** [room available] quarto *m* livre; **'vacancies'** 'há vagas'; **'no vacancies'** 'lotação esgotada'.

vacant ['veɪkənt] *adj* **-1.** [gen] vago(ga) **-2.** [look, expression] distraído(da).

vacant lot *n* lote *m* disponível.

vacate [və'keɪt] *vt* **-1.** [give up, resign] deixar vago(ga) **-2.** [leave empty, stop using] desocupar.

vacation [və'keɪʃn] *n* **-1.** UNIV [period when closed] férias *fpl* **-2.** *US* [holiday] férias *fpl*.

vacationer [və'keɪʃənəʳ] *n US* veranista *mf*.

vaccinate ['væksɪneɪt] *vt*: **to** ~ **sb (against sthg)** vacinar alguém (contra algo).

vaccine [*UK* 'væksi:n, *US* væk'si:n] *n* vacina *f*.

vacuum ['vækjʊəm] <> *n* **-1.** [gen] vácuo *m* **-2.** [machine]: ~ **(cleaner)** aspirador *m* (de pó). <> *vt* aspirar, passar o aspirador em.

vacuum cleaner *n* aspirador *m* de pó.

vacuum-packed *adj* embalado(da) a vácuo.

vagina [və'dʒaɪnə] *n* vagina *f*.

vagrant ['veɪgrənt] *n* vagabundo *m*, -da *f*.

vague [veɪg] *adj* **-1.** [imprecise] vago(ga), impreciso(sa) **-2.** [feeling] leve **-3.** [evasive] evasivo(va) **-4.** [absent-minded] distraído(da) **-5.** [indistinct] vago(ga).

vaguely ['veɪglɪ] *adv* **-1.** [imprecisely] vagamente **-2.** [slightly, not very] levemente **-3.** [absent-mindedly] distraidamente **-4.** [indistinctly]: **I could** ~ **make out a ship on the horizon** mal dava para distinguir um navio no horizonte.

vain [veɪn] *adj* **-1.** *pej* [conceited] vaidoso(sa) **-2.** [futile, worthless] vão (vã).

◆ **in vain** *adv* em vão.

valentine card ['væləntaɪn-] *n* cartão *m* de dia dos namorados.

Valentine's Day ['væləntaɪnz-] *n*: **(St)** ~ Dia *m* dos Namorados.

valet ['væleɪ, 'vaelɪt] *n* [manservant] camareiro *m*.

valiant ['væljənt] *adj* valente.

valid ['vælɪd] *adj* válido(da).

valley ['vælɪ] (*pl* **valleys**) *n* vale *m*.
valour *UK*, **valor** *US* ['vælə^r] *n (U) fml & literary* valor *m*.
valuable ['væljʊəbl] *adj* valioso(sa).
◆ **valuables** *npl* objetos *mpl* de valor.
valuation [,væljʊ'eɪʃn] *n* avaliação *f*.
value ['vælju:] ◇ *n* **-1.** *(U)* [gen] valor *m* **-2.** [financial] valor *m*; **to be good ~** estar com o preço muito bom; **to be ~ for money** estar bem em conta. ◇ *vt* **-1.** [estimate price of] avaliar **-2.** [cherish] valorizar.
◆ **values** *npl* [morals] valores *mpl* morais, princípios *mpl*.
value added tax *n* ≃ imposto *m* sobre circulação de mercadorias e serviços.
valued ['vælju:d] *adj* estimado(da).
valve [vælv] *n* válvula *f*.
van [væn] *n* **-1.** *AUT* caminhonete *f*, van *f* **-2.** *UK RAIL* vagão *m* de carga.
vandal ['vændl] *n* vândalo *m*, -la *f*.
vandalism ['vændəlɪzm] *n (U)* vandalismo *m*.
vandalize, -ise ['vændəlaɪz] *vt* destruir.
vanguard ['vængɑ:d] *n* vanguarda *f*; **in the ~ of sthg** na vanguarda de algo.
vanilla [və'nɪlə] *n (U)* baunilha *f*.
vanish ['vænɪʃ] *vi* desaparecer.
vanity ['vænətɪ] *n (U) pej* vaidade *f*.
vanity unit *n* armário *m* de banheiro.
vantage point ['vɑ:ntɪdʒ,pɔɪnt] *n* **-1.** [for view] ponto *m* de observação **-2.** *fig* [advantageous position] posição *f* vantajosa.
vapour *UK*, **vapor** *US* ['veɪpə^r] *n (U)* vapor *m*.
variable ['veərɪəbl] *adj* variável.
variance ['veərɪəns] *n fml*: **at ~ with sthg** em desacordo com algo.
variation [,veərɪ'eɪʃn] *n* **-1.** *(U)* [fact of difference] variação *f*; **~ in sthg** variação em algo **-2.** [degree of difference] variação *f*; **~ in sthg** variação em algo **-3.** [different version & *MUS*] variação *f*.
varicose veins ['værɪkəʊs-] *npl* varizes *fpl*.
varied ['veərɪd] *adj* variado(da).
variety [və'raɪətɪ] (*pl* **-ies**) *n* **-1.** *(U)* [difference in type] variedade *f* **-2.** [selection] variedade *f* **-3.** [type] tipo *m* **-4.** *(U) THEATRE* (teatro *m* de) variedades *fpl*.
variety show *n* programa *m* de variedades.
various ['veərɪəs] *adj* **-1.** [several] vários(rias) **-2.** [different] variados(das).
varnish ['vɑ:nɪʃ] ◇ *n* **-1.** [for wood] verniz *m* **-2.** [for nails] esmalte *m*. ◇ *vt* **-1.** [wood] envernizar **-2.** [nails] pintar.
vary ['veərɪ] (*pt & pp* **-ied**) ◇ *vt* variar. ◇ *vi*; **to ~ in sthg** variar em algo; **to ~ with sthg** variar de acordo com algo.
vase [*UK* vɑ:z, *US* veɪz] *n* vaso *m*.
Vaseline® ['væsəli:n] *n (U)* vaselina *f*.
vast [vɑ:st] *adj* enorme, imenso(sa).
vat [væt] *n* tina *f*.
Vatican ['vætɪkən] *n*: **the ~** o Vaticano.
vault [vɔ:lt] ◇ *n* **-1.** [in bank] caixa-forte *f* **-2.** [in church] cripta *f* **-3.** [roof] abóbada *f*. ◇ *vt* saltar. ◇ *vi*: **to ~ over sthg** pular por cima de algo.
veal [vi:l] *n (U)* vitela *f*.
veer [vɪə^r] *vi* **-1.** [vehicle, road, wind] virar **-2.** *fig* [conversation, mood] alternar-se.
vegan ['vi:gən] ◇ *adj* vegan. ◇ *n* vegan *mf*.
vegetable ['vedʒtəbl] ◇ *n* **-1.** *BOT* vegetal *m* **-2.** [food] hortaliças *fpl*, legume *m*. ◇ *adj* **-1.** [protein] vegetal **-2.** [soup] de legumes.
vegetarian [,vedʒɪ'teərɪən] ◇ *adj* vegetariano(na). ◇ *n* vegetariano *m*, -na *f*.
vegetation [,vedʒɪ'teɪʃn] *n (U)* vegetação *f*.
vehement ['vi:əmənt] *adj* **-1.** [gesture, attack] violento(ta) **-2.** [person, denial] veemente.
vehicle ['vi:əkl] *n* **-1.** [for transport] veículo *m* **-2.** *fig* [medium]: **a ~ for sthg** um meio para algo.
veil [veɪl] *n* **-1.** [for face] véu *m* **-2.** *fig* [obscuring thing] manto *m*.
vein [veɪn] *n* **-1.** *ANAT* veia *f* **-2.** [of leaf] nervura *f* **-3.** [of mineral] veio *m*.
velocity [vɪ'lɒsətɪ] (*pl* **-ies**) *n PHYSICS* velocidade *f*.
velvet ['velvɪt] *n (U)* veludo *m*.
vendetta [ven'detə] *n* vendeta *f*.
vending machine ['vendɪŋ-] *n* máquina *f* de venda automática.
vendor ['vendɔ:^r] *n* vendedor *m*, -ra *f*.
veneer [və'nɪə^r] *n* **-1.** *(U)* [of wood] compensado *m* **-2.** *fig* [appearance] aparência *f*.
venereal disease [vɪ'nɪərɪəl-] *n (U)* doença *f* venérea.
venetian blind *n* persiana *f*.
Venezuela [,venɪz'weɪlə] *n* Venezuela.
vengeance ['vendʒəns] *n (U)* vingança *f*; **it started raining with a ~** começou a chover para valer.
venison ['venɪzn] *n (U)* carne *f* de veado.
venom ['venəm] *n (U)* **-1.** [poison] veneno *m* **-2.** *fig* [spite, bitterness] veneno *m*.
vent [vent] ◇ *n* saída *f* de ar, abertura *f* de ar; **to give ~ to sthg** dar vazão a algo. ◇ *vt* [express] descarregar; **to ~ sthg on sb/sthg** descarregar algo em alguém/algo.
ventilate ['ventɪleɪt] *vt* ventilar.
ventilator ['ventɪleɪtə^r] *n* ventilador *m*.
ventriloquist [ven'trɪləkwɪst] *n* ventríloquo *m*, -qua *f*.
venture ['ventʃə^r] ◇ *n* empreendimento *m*. ◇ *vt* [proffer] arriscar; **to ~ to do sthg** arriscar-se a fazer algo. ◇ *vi* **-1.** [go somewhere dangerous] aventurar-se **-2.** [embark]: **to ~ into sthg** lançar-se em algo.
venue ['venju:] *n* local *m (em que se realiza algo)*.

veranda(h) [vəˈrændə] *n* varanda *f*.
verb [vɜːb] *n* verbo *m*.
verbal [ˈvɜːbl] *adj* verbal.
verbatim [vɜːˈbeɪtɪm] ◇ *adj* literal. ◇ *adv* literalmente, palavra por palavra.
verbose [vɜːˈbəʊs] *adj fml* prolixo(xa).
verdict [ˈvɜːdɪkt] *n* **-1.** JUR veredito *m* **-2.** [opinion] parecer *m*; ~ **on sthg** parecer sobre algo.
verge [vɜːdʒ] *n* **-1.** [edge, side] acostamento *m* **-2.** [brink]: **on the ~ of sthg** à beira de algo; **on the ~ of doing sthg** a ponto de fazer algo.
◆ **verge (up)on** *vt fus* beirar.
verify [ˈverɪfaɪ] (*pt* & *pp* **-ied**) *vt* **-1.** [check] verificar **-2.** [confirm] confirmar.
veritable [ˈverɪtəbl] *adj fml or hum* legítimo(ma).
vermin [ˈvɜːmɪn] *npl* **-1.** [ZOOL - rodents] bichos *mpl*; [- insects] insetos *mpl* nocivos **-2.** *pej* [people] parasita *mf*.
vermouth [ˈvɜːməθ] *n (U)* vermute *m*.
versa ▷ **vice-versa**.
versatile [ˈvɜːsətaɪl] *adj* **-1.** [multitalented] versátil **-2.** [multipurpose] multifuncional.
verse [vɜːs] *n* **-1.** *(U)* [poetry] versos *mpl*, poesia *f* **-2.** [stanza] estrofe *m* **-3.** [in Bible] versículo *m*.
versed [vɜːst] *adj*: **to be well ~ in sthg** ser bem versado(da) em algo.
version [ˈvɜːʃn] *n* [gen] versão *f*.
versus [ˈvɜːsəs] *prep* **-1.** SPORT contra **-2.** [as opposed to] em oposição a.
vertebra [ˈvɜːtɪbrə] (*pl* **-brae** [-briː]) *n* vértebra *f*.
vertical [ˈvɜːtɪkl] *adj* vertical.
vertigo [ˈvɜːtɪgəʊ] *n (U)* vertigem *f*.
verve [vɜːv] *n (U)* vivacidade *f*, entusiasmo *m*.
very [ˈverɪ] ◇ *adv* **-1.** [for emphasis] muito; **to like sthg ~ much** gostar muito de algo **-2.** [as euphemism]: **he's not ~ intelligent** ele não é muito inteligente. ◇ *adj* mesmíssimo(ma); **the ~ book I've been looking for** justo o livro que eu estava procurando; **the ~ thought make me bad** só de pensar eu já fico mal; **fighting for his ~ life** lutando por sua própria vida; **the ~ best** o melhor de todos; **a house of my ~ own** minha própria casa.
◆ **very well** *adv* muito bem; **you can't ~ well stop him now** é um pouco tarde para impedi-lo.
vessel [ˈvesl] *n fml* **-1.** [boat] embarcação *f* **-2.** [container] recipiente *m*, vasilha *f*.
vest [vest] *n* **-1.** *UK* [undershirt] camiseta *f* **-2.** *US* [waistcoat] colete *m*.
vested interest [ˈvestɪd-] *n* capital *m* investido; ~ **in sthg** capital investido em algo.
vestibule [ˈvestɪbjuːl] *n fml* [entrance hall] vestíbulo *m*.
vestige [ˈvestɪdʒ] *n fml* vestígio *m*.
vestry [ˈvestrɪ] (*pl* **-ies**) *n* sacristia *f*.
vet [vet] (*pt* & *pp* **-ted**, *cont* **-ting**) ◇ *n UK* (*abbr of* **veterinary surgeon**) veterinário *m*, -ria *f*. ◇ *vt UK* [check] submeter a uma investigação.
veteran [ˈvetrən] ◇ *adj* [experienced] veterano(na). ◇ *n* veterano *m*, -na *f*.
veterinarian [ˌvetərɪˈneərɪən] *n US* veterinário *m*, -ria *f*.
veterinary surgeon [ˈvetərɪnrɪ-] *n UK fml* veterinário *m*, -ria *f*.
veto [ˈviːtəʊ] (*pl* **-es**, *pt* & *pp* **-ed**, *cont* **-ing**) ◇ *n* **-1.** *(U)* [power to forbid] veto *m* **-2.** [act of forbidding] veto *m*. ◇ *vt* vetar.
vex [veks] *vt fml* [annoy] importunar.
vexed question [ˌvekst-] *n* pomo *m* de discórdia.
via [ˈvaɪə] *prep* **-1.** [travelling through] via; **they flew to China ~ Karachi** eles viajaram para a China (passando) por Karachi **-2.** [by means of] através de; ~ **satellite** via satélite.
viable [ˈvaɪəbl] *adj* viável.
vibrate [vaɪˈbreɪt] *vi* vibrar.
vicar [ˈvɪkə^r] *n* vigário *m*, pároco *m*.
vicarage [ˈvɪkərɪdʒ] *n* casa *f* paroquial.
vicarious [vɪˈkeərɪəs] *adj* indireto(ta).
vice [vaɪs] *n* **-1.** *(U)* [immorality] vício *m* **-2.** [moral fault] vício *m* **-3.** [tool] torno *m* de mesa.
vice-chairman *n* vice-presidente *m*.
vice-chancellor *n UK* UNIV reitor *m*, -ra *f*.
vice-president *n* vice-presidente *mf*.
vice versa [ˌvaɪsɪˈvɜːsə] *adv* vice-versa.
vicinity [vɪˈsɪnətɪ] *n* **-1.** [neighbourhood] proximidades *fpl*, redondezas *fpl*; **in the ~ (of)** nas proximidades OR redondezas(de) **-2.** [approximate figures]: **in the ~ of** cerca de.
vicious [ˈvɪʃəs] *adj* **-1.** [attack, blow] violento(ta) **-2.** [person, gossip] cruel **-3.** [dog] feroz, bravo(va).
vicious circle *n* círculo *m* vicioso.
victim [ˈvɪktɪm] *n* vítima *f*.
victimize, -ise [ˈvɪktɪmaɪz] *vt* vitimar.
victor [ˈvɪktə^r] *n* vencedor *m*, -ra *f*.
victorious [vɪkˈtɔːrɪəs] *adj* [winning] vitorioso(sa).
victory [ˈvɪktərɪ] (*pl* **-ies**) *n* **-1.** *(U)* [act of winning] vitória *f* **-2.** [win] vitória *f*; ~ **over sb/sthg** vitória sobre alguém/algo.
video [ˈvɪdɪəʊ] (*pl* **-s**, *pt* & *pp* **-ed**, *cont* **-ing**) ◇ *n* **-1.** *(U)* [medium] vídeo *m* **-2.** [recording, machine] vídeo *m* **-3.** [cassette] videocassete *m*. ◇ *comp* de vídeo. ◇ *vt* **-1.** [using videorecorder] gravar em vídeo **-2.** [using camera] gravar um vídeo de.
video camera *n* câmera *f* de vídeo.
video cassette *n* videocassete *m*, vídeo *m*.
video conference *n* videoconferência *f*.
video game *n* videogame *m*.

videorecorder [ˈvɪdɪəʊrɪˌkɔːdəʳ] *n* videocassete *m*, vídeo *m*.
video shop *n* videolocadora *f*.
videotape [ˈvɪdɪəʊteɪp] *n* **-1.** [cassette] videoteipe *m* **-2.** *(U)* [ribbon] fita *f*.
vie [vaɪ] (*pt* & *pp* **vied**, *cont* **vying**) *vi*: **to ~ for sthg** competir por algo; **to ~ with sb (for sthg/ to do sthg)** competir com alguém (por algo/ para fazer algo).
Vienna [vɪˈenə] *n* Viena.
Vietnam [*UK* ˌvjetˈnæm, *US* ˌvjetˈnɑːm] *n* Vietnã.
Vietnamese [ˌvjetnəˈmiːz] ◇ *adj* vietnamita. ◇ *n* [language] vietnamita *m*. ◇ *npl*: **the ~** os vietnamitas.
view [vjuː] ◇ *n* **-1.** [opinion] visão *f*, opinião *f*; **in my ~** na minha opinião **-2.** [vista] vista *f* **-3.** [ability to see] visão *f*; **to come into ~** aparecer. ◇ *vt* **-1.** [consider] ver **-2.** *fml* [house] visitar **-3.** [solar system] observar.
◆ **in view of** *prep* em vista de.
◆ **with a view to** *conj* com o intuito de.
viewer [ˈvjuːəʳ] *n* **-1.** [person] telespectador *m*, -ra *f* **-2.** [apparatus] visor *m*.
viewfinder [ˈvjuːˌfaɪndəʳ] *n* visor *m*.
viewpoint [ˈvjuːpɔɪnt] *n* **-1.** [opinion] ponto *m* de vista **-2.** [place] mirante *m*.
vigil [ˈvɪdʒɪl] *n* vigília *f*.
vigilante [ˌvɪdʒɪˈlæntɪ] *n* vigilante *mf*.
vigorous [ˈvɪgərəs] *adj* **-1.** [gen] vigoroso(sa) **-2.** [attempt] enérgico(ca) **-3.** [person, animal] vivaz **-4.** [plant] viçoso(sa).
vigour *UK*, **vigor** *US* [ˈvɪgəʳ] *n* *(U)* vigor *m*.
vile [vaɪl] *adj* **-1.** [person] vil **-2.** [mood] muito ruim **-3.** [act] desprezível **-4.** [food] repugnante.
villa [ˈvɪlə] *n* casa *f* de campo, chalé *m*.
village [ˈvɪlɪdʒ] *n* vilarejo *m* povoado *m*.
villager [ˈvɪlɪdʒəʳ] *n* população *f* de um vilarejo.
villain [ˈvɪlən] *n* **-1.** [of film, book, play] vilão *m*, -lã *f* **-2.** ***dated*** [criminal] criminoso *m*, -sa *f*.
vindicate [ˈvɪndɪkeɪt] *vt* [confirm] vindicar; [justify] justificar.
vindictive [vɪnˈdɪktɪv] *adj* vingativo(va).
vine [vaɪn] *n* [grapevine] videira *f*, parreira *f*.
vinegar [ˈvɪnɪgəʳ] *n* *(U)* vinagre *m*.
vineyard [ˈvɪnjəd] *n* vinhedo *m*.
vintage [ˈvɪntɪdʒ] ◇ *adj* **-1.** [wine] de boa safra **-2.** ***fig*** [classic] clássico(ca). ◇ *n* [wine] safra *f*.
vintage wine *n* vinho *m* de uma boa safra.
vinyl [ˈvaɪnɪl] *n* *(U)* vinil *m*.
viola [vɪˈəʊlə] *n* **-1.** MUS viola *f* **-2.** BOT violeta *f*.
violate [ˈvaɪəleɪt] *vt* **-1.** [disregard] violar **-2.** [disrupt] invadir **-3.** [break into] profanar.
violence [ˈvaɪələns] *n* *(U)* **-1.** [physical force] violência *f* **-2.** [of words, reaction] violência *f*.
violent [ˈvaɪələnt] *adj* **-1.** [gen] violento(ta) **-2.** [emotion, colour] intenso(sa).
violet [ˈvaɪələt] ◇ *adj* violeta. ◇ *n* **-1.** [flower] violeta *f* **-2.** *(U)* [colour] violeta *f*.
violin [ˌvaɪəˈlɪn] *n* violino *m*.
violinist [ˌvaɪəˈlɪnɪst] *n* violinista *mf*.
viper [ˈvaɪpəʳ] *n* víbora *f*.
virgin [ˈvɜːdʒɪn] ◇ *adj* ***literary*** **-1.** [sexually] virgem **-2.** [forest, snow, soil] virgem. ◇ *n* virgem *mf*.
Virgo [ˈvɜːgəʊ] (*pl* **-s**) *n* [sign] Virgem *m*.
virile [ˈvɪraɪl] *adj* viril.
virtually [ˈvɜːtʃʊəlɪ] *adv* [almost] praticamente.
virtual reality *n* realidade *f* virtual.
virtue [ˈvɜːtjuː] *n* **-1.** *(U)* [goodness] virtude *f* **-2.** [merit, quality] virtude *f* **-3.** [benefit] vantagem *f*; **~ in sthg** vantagem em algo.
◆ **by virtue of** *prep* ***fml*** em virtude de.
virtuous [ˈvɜːtʃʊəs] *adj* virtuoso(sa).
virus [ˈvaɪrəs] *n* vírus *m inv*.
visa [ˈviːzə] *n* visto *m*.
vis-à-vis [ˌviːzɑːˈviː] *prep* ***fml*** em relação a.
viscose [ˈvɪskəʊs] *n* *(U)* **-1.** [solution] viscose *f* **-2.** [material] viscose *f*.
visibility [ˌvɪzɪˈbɪlətɪ] *n* visibilidade *f*.
visible [ˈvɪzəbl] *adj* visível.
vision [ˈvɪʒn] *n* **-1.** *(U)* [ability to see] visão *f*, vista *f* **-2.** *(U)* ***fig*** [foresight] visão *f* **-3.** [impression, dream] visão *f*.
visit [ˈvɪzɪt] ◇ *n* visita *f*; **on a ~ to** numa visita a. ◇ *vt* visitar.
visiting hours [ˈvɪzɪtɪŋ-] *npl* hora *f* de visita.
visitor [ˈvɪzɪtəʳ] *n* **-1.** [to person] visita *mf* **-2.** [to place] visitante *mf*.
visitors' book *n* livro *m* de visitantes.
visitor's passport *n* ***UK*** passaporte *m* temporário.
visor [ˈvaɪzəʳ] *n* [on helmet] viseira *f*.
vista [ˈvɪstə] *n* [view] vista *f*, perspectiva *f*.
visual [ˈvɪʒʊəl] *adj* **-1.** [gen] visual **-2.** [examination] de vista.
visual aids *npl* recursos *mpl* visuais.
visual display unit *n* monitor *m*.
visualize, -ise [ˈvɪʒʊəlaɪz] *vt* visualizar; **to ~ (sb) doing sthg** imaginar (alguém) fazendo algo.
vital [ˈvaɪtl] *adj* **-1.** [essential] vital, essencial **-2.** [full of life] cheio (cheia) de vida.
vitally [ˈvaɪtəlɪ] *adv* extremamente.
vital statistics *npl* ***inf*** [of figure] medidas *fpl* *(do corpo de uma mulher)*.
vitamin [*UK* ˈvɪtəmɪn, *US* ˈvaɪtəmɪn] *n* vitamina *f*.
vivacious [vɪˈveɪʃəs] *adj* vivaz, animado(da).
vivid [ˈvɪvɪd] *adj* **-1.** [bright] vivo(va) **-2.** [clear] vívido(da).
vividly [ˈvɪvɪdlɪ] *adv* **-1.** [brightly] com cores muito vivas **-2.** [clearly] vividamente.
vixen [ˈvɪksn] *n* raposa *f* (fêmea).

VLF (*abbr of* **very low frequency**) *n* VLF *f*.

V-neck *n* **-1.** [sweater, dress] decote *m* em V **-2.** [neck] gola *f* em V.

vocabulary [vəˈkæbjʊlərɪ] (*pl* **-ies**) *n* vocabulário *m*.

vocal [ˈvəʊkl] *adj* **-1.** [outspoken] sincero(ra) **-2.** [of the voice] vocal.

vocal cords *npl* cordas *fpl* vocais.

vocation [vəʊˈkeɪʃn] *n* [calling] vocação *f*.

vocational [vəʊˈkeɪʃənl] *adj* vocacional.

vociferous [vəˈsɪfərəs] *adj fml* vociferante.

vodka [ˈvɒdkə] *n* vodca *f*.

vogue [vəʊg] *n* moda *f*; **in ~** na moda, em voga.

voice [vɔɪs] ◇ *n* [gen] voz *f*. ◇ *vt* [opinion, emotion] manifestar.

voice mail *n* correio *m* de voz.

void [vɔɪd] ◇ *adj* **-1.** [invalid] inválido(da) ⇨ **null -2.** *fml* [empty]: **~ of sthg** desprovido(da) de algo. ◇ *n literary* vazio *m*.

volatile [*UK* ˈvɒlətaɪl, *US* ˈvɒlətl] *adj* [unpredictable - situation] imprevisível; [- person] volúvel; [- market] volátil.

volcano [vɒlˈkeɪnəʊ] (*pl* **-es** *OR* **-s**) *n* vulcão *m*.

volition [vəˈlɪʃn] *n fml*: **of one's own ~** por vontade própria.

volley [ˈvɒlɪ] (*pl* **volleys**) ◇ *n* **-1.** [of gunfire] rajada *f*, saraivada *f* **-2.** *fig* [rapid succession] torrente *f* **-3.** *SPORT* voleio *m*. ◇ *vt* dar de voleio em.

volleyball [ˈvɒlɪbɔːl] *n (U)* voleibol *m*, vôlei *m*.

volt [vəʊlt] *n* volt *m*.

voltage [ˈvəʊltɪdʒ] *n* voltagem *f*.

voluble [ˈvɒljʊbl] *adj fml* loquaz.

volume [ˈvɒljuːm] *n (U)* volume *m*.

voluntarily [*UK* ˈvɒləntrɪlɪ, *US* ˌvɒlənˈterəlɪ] *adv* voluntariamente.

voluntary [ˈvɒləntrɪ] *adj* voluntário(ria); **~ organization** organização *f* beneficente.

voluntary work *n* trabalho *m* voluntário.

volunteer [ˌvɒlənˈtɪəʳ] ◇ *n* voluntário *m*, -ria *f*. ◇ *vt* **-1.** [offer of one's free will]: **to ~ to do sthg** oferecer-se (de livre e espontânea vontade) para fazer algo **-2.** [information, advice] oferecer. ◇ *vi* **-1.** [freely offer one's services]: **to ~ (for sthg)** oferecer-se (para algo) **-2.** *MIL* alistar-se como voluntário(ria).

vomit [ˈvɒmɪt] ◇ *n (U)* vômito *m*. ◇ *vi* vomitar.

vote [vəʊt] ◇ *n* **-1.** [individual decision] voto *m*; **~ for sb/sthg** voto em alguém/algo; **~ against sb/sthg** voto contra alguém/algo **-2.** [session, ballot] votação *f*; **to put sthg to the ~** levar algo à votação **-3.** [result of ballot]: **the ~** a votação **-4.** [section of voters] eleitorado *m* **-5.** [suffrage] voto *m*. ◇ *vt* **-1.** [declare, elect] eleger **-2.** [choose in ballot] votar em; **they ~ed to return to work** eles votaram pela volta ao trabalho **-3.** [suggest] votar. ◇ *vi* [express one's choice] votar; **to ~ for/against sb** votar em/contra alguém; **to ~ for/against sthg** votar a favor de/contra algo.

vote of thanks (*pl* **votes of thanks**) *n*: **to give a ~** fazer um discurso de agradecimento.

voter [ˈvəʊtəʳ] *n* votante *mf*.

voting [ˈvəʊtɪŋ] *n* votação *f*.

vouch [vaʊtʃ] ◆ **vouch for** *vt fus* **-1.** [take responsibility for] responsabilizar-se por **-2.** [declare belief in] dar testemunho de.

voucher [ˈvaʊtʃəʳ] *n* [for restaurant, purchase, petrol] vale *m*.

vow [vaʊ] ◇ *n* **-1.** juramento *m*, promessa *f* solene **-2.** *RELIG* voto *m*. ◇ *vt*: **to ~ to do sthg** jurar fazer algo; **to ~ (that)** jurar que.

vowel [ˈvaʊəl] *n* vogal *f*.

voyage [ˈvɔɪɪdʒ] *n* viagem *f*.

vs (*abbr of* **versus**) vs.

VSO (*abbr of* **Voluntary Service Overseas**) *n organização britânica de voluntários para ajuda a países em desenvolvimento.*

vulgar [ˈvʌlgəʳ] *adj* **-1.** [common] comum **-2.** [rude] vulgar, baixo(xa).

vulnerable [ˈvʌlnərəbl] *adj* **-1.** [easily hurt] vulnerável; **~ to sthg** [to being hurt] vulnerável a algo **-2.** [easily influenced]: **~ (to sthg)** facilmente influenciável (por algo).

vulture [ˈvʌltʃəʳ] *n* **-1.** [bird] abutre *m*, urubu *m* **-2.** *fig* [exploitative person] abutre *m*.

w (*pl* **w's** *OR* **ws**), **W** (*pl* **W's** *OR* **Ws**) [ˈdʌbljuː] *n* w, W *m*.

◆ **W -1.** (*abbr of* **west**) O. **-2.** (*abbr of* **watt**) W *m*.

wad [wɒd] *n* **-1.** [of cotton wool] chumaço *m*; [of paper, bank notes, documents] pilha *f*; [of tobacco] masca *f* **-2.** [of chewing gum] pedaço *f*.

waddle [ˈwɒdl] *vi* caminhar se balançando.

wade [weɪd] *vi* patinhar.

◆ **wade through** *vt fus fig*: **he was wading through the documents** ele penava muito para ler os documentos.

wading pool [ˈweɪdɪŋ-] *n US* piscina *f* para crianças.

wafer [ˈweɪfəʳ] *n* [thin biscuit] wafer *m*.

waffle [ˈwɒfl] ◇ *n* **-1.** *CULIN* waffle *m* **-2.** *(U) UK inf* [vague talk] lengalenga *f*, ladainha *f*. ◇ *vi inf* enrolar.

waft [wɑ:ft, wɒft] *vi* flutuar.
wag [wæg] (*pt* & *pp* **-ged**, *cont* **-ging**) ◇ *vt* sacudir. ◇ *vi* [tail] abanar.
wage [weɪdʒ] ◇ *n* salário *m*. ◇ *vt*: **to ~ war against sb/sthg** guerrear com alguém/algo.
◆ **wages** *npl* [of worker] pagamento *m*, salário *m*; **I always get my ~ s at the end of the week** eu recebo sempre nos finais de semana.
wage earner [-ˌɜ:nəʳ] *n* assalariado *m*, -da *f*.
wage packet *n* **-1.** [envelope] envelope *m* de pagamento **-2.** [pay] pagamento *m*.
wager [ˈweɪdʒəʳ] *n* aposta *f*.
waggle [ˈwægl] *inf vt* & *vi* balançar.
wagon [ˈwægən], **waggon** *UK n* **-1.** [horse-drawn vehicle] carroça *f* **-2.** *UK* RAIL vagão *m*.
wail [weɪl] ◇ *n* lamento *m*, gemido *m*. ◇ *vi* **-1.** [baby] choramingar **-2.** [person] gemer.
waist [weɪst] *n* cintura *f*.
waistcoat [ˈweɪskəʊt] *n* colete *m*.
waistline [ˈweɪstlaɪn] *n* cintura *f*.
wait [weɪt] ◇ *n* espera *f*. ◇ *vi* esperar; **to ~ and see** esperar para ver. ◇ *vt* **I/he** *etc.* **couldn't ~ to do sthg** eu/ele mal podia esperar para fazer algo.
◆ **wait for** *vt fus* esperar; **to ~ for sb to do sthg** esperar que alguém faça algo.
◆ **wait on** *vt fus* [serve food to] servir; **she ~ s on her family hand and foot** ela responde a todas as necessidades da família.
◆ **wait up** *vi* ficar acordado(da) esperando.
waiter [ˈweɪtəʳ] *n* garçom *m*.
waiting list [ˈweɪtɪŋ-] *n* lista *f* de espera.
waiting room [ˈweɪtɪŋ-] *n* sala *f* de espera.
waitress [ˈweɪtrɪs] *n* garçonete *f*.
waive [weɪv] *vt* **-1.** *fml* [rule] não aplicar **-2.** *fml* [entrance fee] abrir mão de.
wake [weɪk] (*pt* **woke** OR **-d**, *pp* **woken** OR **-d**) ◇ *n* [of ship, boat] esteira *f*. ◇ *vt* acordar. ◇ *vi* acordar-se.
◆ **wake up** ◇ *vt sep* acordar. ◇ *vi* [wake] acordar-se.
waken [ˈweɪkən] *fml* ◇ *vt* despertar. ◇ *vi* despertar-se.
Wales [weɪlz] *n* País de Gales.
walk [wɔ:k] ◇ *n* **-1.** [stroll] passeio *m*, caminhada *f*; **to go for a ~** dar um passeio **-2.** [gait] jeito *m* de andar. ◇ *vt* **-1.** [escort] acompanhar **-2.** [take out for exercise] levar para passear **-3.** [cover on foot] caminhar. ◇ *vi* caminhar, andar.
◆ **walk out** *vi* **-1.** [leave suddenly] sair **-2.** [go on strike] entrar em greve branca.
◆ **walk out on** *vt fus* deixar, abandonar.
walker [ˈwɔ:kəʳ] *n* [for pleasure, sport] caminhante *mf*.
walkie-talkie [ˌwɔ:kɪˈtɔ:kɪ] *n* walkie-talkie *m*.
walking [ˈwɔ:kɪŋ] *n* [for pleasure, sport] caminhada *f*; **to go ~** dar uma caminhada.
walking shoes *npl* sapatos *mpl* de caminhada.
walking stick *n* bengala *f*.
Walkman® [ˈwɔ:kmən] *n* walkman® *m*.
walk of life (*pl* **walks of life**) *n* **-1.** [job] profissão *f* **-2.** [social position] posição *f* social.
walkout [ˈwɔ:kaʊt] *n* [of members, spectators, workers] greve *f* branca.
walkover [ˈwɔ:kˌəʊvəʳ] *n UK inf* [victory] barbada *f*, vitória *f* fácil.
walkway [ˈwɔ:kweɪ] *n* passadiço *m*, passagem *f*.
wall [wɔ:l] *n* **-1.** [interior] parede *f* **-2.** [exterior] muro *m* **-3.** ANAT parede *f*.
wallchart [ˈwɔ:ltʃɑ:t] *n* mural *m*.
walled [wɔ:ld] *adj* cercado(da) *(com muros)*.
wallet [ˈwɒlɪt] *n* carteira *f*.
wallflower [ˈwɔ:lˌflaʊəʳ] *n* **-1.** [plant] aleli *m* **-2.** *inf fig* [person] azeite *m*.
wallop [ˈwɒləp] *inf vt* [hit] surrar.
wallow [ˈwɒləʊ] *vi* **-1.** [in water] mergulhar **-2.** [in mud] chafurdar.
wallpaper [ˈwɔ:lˌpeɪpəʳ] ◇ *n (U)* papel *m* de parede. ◇ *vt* forrar com papel de parede.
Wall Street *n* Wall Street; **on ~** em Wall Street.
wally [ˈwɒlɪ] (*pl* **-ies**) *n UK inf* pateta *mf*.
walnut [ˈwɔ:lnʌt] *n* **-1.** [nut] noz *m* **-2.** [tree, material] nogueira *f*.
walrus [ˈwɔ:lrəs] (*pl inv* OR **-es**) *n* morsa *f*.
waltz [wɔ:ls] ◇ *n* valsa *f*. ◇ *vi* [dance] dançar uma valsa.
wan [wɒn] (*compar* **-ner**, *superl* **-nest**) *adj* abatido(da).
wand [wɒnd] *n* varinha *f* mágica.
wander [ˈwɒndəʳ] *vi* **-1.** [person] perambular **-2.** [mind, thoughts] divagar.
wane [weɪn] *vi* **-1.** [influence, interest] declinar **-2.** [moon] minguar.
wangle [ˈwæŋgl] *vt inf* arranjar, conseguir.
want [wɒnt] ◇ *n* **-1.** [need] necessidade *f* **-2.** [lack] falta *f*; **for ~ of** por falta de **-3.** *(U)* [deprivation] penúria *f*; **to be in ~** passar necessidades. ◇ *vt* **-1.** [desire] querer; **to ~ to do sthg** querer fazer algo; **to ~ sb to do sthg** querer que alguém faça algo **-2.** *inf* [need] precisar.
wanted [ˈwɒntɪd] *adj*: **to be ~ (by the police)** ser procurado(da) (pela polícia).
wanton [ˈwɒntən] *adj fml* [malicious] gratuito(ta), sem motivo.
WAP [wæp] (*abbr of* **wireless application protocol**) *n* WAP *m*.
WAP phone *n* telefone *m* WAP.
war [wɔ:ʳ] *n* guerra *f*; **at ~** em guerra.
ward [wɔ:d] *n* **-1.** [in hospital] ala *f* **-2.** *UK* POL distrito *m* eleitoral **-3.** JUR tutelado *m*, -da *f*.

◆ **ward off** *vt fus* proteger-se de.
warden ['wɔ:dn] *n* **-1.** [of park] guarda *mf* **- 2.** *UK* [of youth hostel, hall of residence] diretor *m*, -ra *f* **- 3.** *US* [prison governor] diretor *m*, -ra *f*.
warder ['wɔ:də^r] *n* [in prison] carcereiro *m*, -ra *f*.
wardrobe ['wɔ:drəʊb] *n* **-1.** [piece of furniture] guarda-roupa *m*, armário *m* **- 2.** [collection of clothes] guarda-roupa *m*.
warehouse ['weəhaʊs, *pl* -haʊzɪz] *n* armazém *m*, depósito *m*.
wares [weəz] *npl literary* mercadorias *fpl*.
warfare ['wɔ:feə^r] *n* combate *m*; **gang ~** disputa *f* entre gangues.
warhead ['wɔ:hed] *n* MIL ogiva *f*.
warily ['weərəlɪ] *adv* com desconfiança.
warm [wɔ:m] ◇ *adj* **-1.** [gen] quente; **I'm ~** estou com calor; **are you ~ enough?** não está com frio, certo? **- 2.** [clothing, blanket] que protege do frio **- 3.** [sound] cálido(da) **- 4.** [person] afetuoso(sa), caloroso(sa) **- 5.** [friendly - congratulations] efusivo(va); [- attitude, smile, handshake] caloroso(sa). ◇ *vt* [heat gently] aquecer.
◆ **warm to** *vt fus* tomar simpatia por.
◆ **warm up** ◇ *vt sep* **-1.** [heat] esquentar **- 2.** [audience] esquentar. ◇ *vi* **-1.** [get warmer - gen] esquentar; [- person] esquentar-se **- 2.** [prepare - for exercise] aquecer, aquecer-se; [- for performance] preparar-se.
warm-hearted [-'hɑ:tɪd] *adj* afetuoso(sa).
warmly ['wɔ:mlɪ] *adv* **-1.** [in warm clothes]: **to dress ~** agasalhar-se bem **- 2.** [in a friendly way] calorosamente, efusivamente.
warmth [wɔ:mθ] *n (U)* **-1.** [of temperature] calor *m* **- 2.** [of welcome, smile, support] cordialidade *f*.
warn [wɔ:n] *vt* **-1.** [advise] advertir, prevenir; **to ~ sb of** OR **about sthg** advertir alguém de/sobre algo; **to ~ sb not to do sthg** avisar a alguém para que não faça algo **- 2.** [inform] avisar.
warning ['wɔ:nɪŋ] *n* **-1.** [official caution] advertência *f* **- 2.** [prior notice] aviso *m*.
warning light *n* luz *f* de advertência.
warning triangle *n UK* triângulo *m* luminoso *(do carro)*.
warp [wɔ:p] ◇ *vt* **-1.** [wood] empenar **- 2.** [personality, mind] desvirtuar; [judgement] distorcer. ◇ *vi* [wood] empenar.
warrant ['wɒrənt] ◇ *n* JUR [written order] mandado *m* (judicial). ◇ *vt fml* [justify] merecer.
warranty ['wɒrəntɪ] (*pl* **-ies**) *n* garantia *f*.
warren ['wɒrən] *n* [of rabbit] toca *f*.
warrior ['wɒrɪə^r] *n literary* guerreiro *m*, -ra *f*.
Warsaw ['wɔ:sɔ:] *n* Varsóvia; **in ~** em Varsóvia; **the ~ Pact** o Pacto de Varsóvia.
warship ['wɔ:ʃɪp] *n* navio *m* de guerra.
wart [wɔ:t] *n* verruga *f*.
wartime ['wɔ:taɪm] *n (U)* tempos *mpl* de guerra; **in ~** em tempos de guerra.
wary ['weərɪ] (*compar* **-ier**, *superl* **-iest**) *adj* receoso(sa); **~ of sthg/of doing sthg** receoso(sa) de algo/de fazer algo.
was [*weak form* wəz, *strong form* wɒz] *pt* ▷ **be**.
wash [wɒʃ] ◇ *n* **-1.** [act of washing] lavada *f*; **to have a ~** lavar-se; **to give sthg a ~** dar uma lavada em algo **- 2.** [clothes to be washed] roupa *f* para lavar OR suja **- 3.** [from boat] esteira *f*. ◇ *vt* [clean] lavar. ◇ *vi* [clean o.s.] lavar-se.
◆ **wash away** *vt sep* levar, arrastar.
◆ **wash up** ◇ *vt sep UK* [dishes] lavar. ◇ *vi* **-1.** *UK* [wash the dishes] lavar os pratos **- 2.** *US* [wash o.s.] lavar-se.
washable ['wɒʃəbl] *adj* lavável.
washbasin *UK* ['wɒʃˌbeɪsn], **washbowl** *US* ['wɒʃbəʊl] *n* lavatório *m*.
washcloth ['wɒʃˌklɒθ] *n US* toalha *f* de rosto.
washer ['wɒʃə^r] *n* **-1.** TECH arruela *f* **- 2.** [washing machine] lavadora *f* (de roupa).
washing ['wɒʃɪŋ] *n (U)* **-1.** [act] lavagem *f* **- 2.** [clothes] roupa *f* para lavar OR suja.
washing line *n* varal *m*.
washing machine *n* lavadora *f* (de roupa).
washing powder *n (U) UK* sabão *m* em pó.
Washington ['wɒʃɪŋtən] *n* [city]: **~ D.C.** Washington D.C.
washing-up *n* **-1.** *UK* [crockery, pans *etc.*] louça *f* para lavar OR suja **- 2.** [act]: **to do the ~** lavar a louça.
washing-up liquid *n UK* detergente *m*.
washout ['wɒʃaʊt] *n inf* fracasso *m*, desastre *m*.
washroom ['wɒʃrʊm] *n US* lavabo *m*.
wasn't [wɒznt] = **was not**.
wasp [wɒsp] *n* [insect] vespa *f*.
wastage ['weɪstɪdʒ] *n* desperdício *m*.
waste [weɪst] ◇ *adj* **-1.** [material, fuel] de sobra **- 2.** [area of land] improdutivo(va). ◇ *n* **-1.** [misuse] desperdício *m*; **a ~ of time** uma perda de tempo **- 2.** [refuse] resíduos *mpl*. ◇ *vt* [misuse] desperdiçar; **it would be ~d on me** eu não saberia aproveitar isso.
◆ **wastes** *npl literary* [wastelands] desertos *mpl*.
wastebasket *n US* cesto *m* de lixo.
waste disposal unit *n* triturador *m* de lixo.
wasteful ['weɪstfʊl] *adj*: **to be very ~ to do sthg** ser muito desperdício fazer algo.
waste ground *n (U)* terra *f* improdutiva, descampados *mpl*.
wastepaper basket [ˌweɪst'peɪpə^r-], **wastepaper bin** [ˌweɪst'peɪpə^r-], **wastebasket** *US* ['weɪstˌbɑ:skɪt] *n* cesto *m* para papel.
waste segregation *n* coleta *f* seletiva.
watch [wɒtʃ] ◇ *n* **-1.** [timepiece] relógio *m* **- 2.**

[act of guarding]: **to keep ~** ficar de guarda; **to keep ~ on sb/sthg** vigiar alguém/algo **-3.** [guard] guarda *mf.* <> *vt* **-1.** [look at - television, programme, match] ver; [- scene, activity] contemplar **-2.** [spy on] vigiar **-3.** [be careful about] cuidar; **~ what you're doing** presta atenção no que você está fazendo. <> *vi* [observe] observar.

◆ **watch for** *vt fus* esperar.

◆ **watch out** *vi* **-1.** [be careful]: **to ~ out (for sthg)** ter cuidado (com algo); **~ out!** cuidado! **-2.** [keep a lookout]: **to ~ out for sthg** prestar atenção em algo.

watchdog ['wɒtʃdɒg] *n* **-1.** [dog] cão *m* de guarda **-2.** *fig* [organization] *comissão que fiscaliza as empresas e impede que realizem ações ilegais ou irresponsáveis.*

watchful ['wɒtʃfʊl] *adj* [vigilant] atento(ta).

watchmaker ['wɒtʃˌmeɪkə^r] *n* relojoeiro *m*, -ra *f.*

watchman ['wɒtʃmən] (*pl* **-men** [-mən]) *n* segurança *m*, vigia *m.*

water ['wɔ:tə^r] <> *n* [gen] água *f.* <> *vt* [plants, soil] regar. <> *vi* **-1.** [eyes] lacrimejar **-2.** [mouth]: **it makes my mouth ~** fico com água na boca.

◆ **waters** *npl* águas *fpl.*

◆ **water down** *vt sep* **-1.** [dilute] diluir **-2.** *usu pej* [moderate] suavizar, moderar.

water bottle *n* garrafa *f* d'água, cantil *m.*

water closet *n dated* w.c. *m.*

watercolour ['wɔ:təˌkʌlə^r] *n* aquarela *f.*

watercress ['wɔ:təkres] *n (U)* agrião *m.*

waterfall ['wɔ:təfɔ:l] *n* queda-d'água *f*, cachoeira *f.*

water heater *n* aquecedor *m* de água.

waterhole ['wɔ:təhəʊl] *n* cacimba *f.*

watering can ['wɔ:tərɪŋ-] *n* regador *m.*

water level *n* nível *m* de água.

water lily *n* nenúfar *m.*

waterline ['wɔ:təlaɪn] *n NAUT* linha-d'água *f.*

waterlogged ['wɔ:təlɒgd] *adj* **-1.** [land] alagado(da) **-2.** [vessel] inundado(da).

water main *n* adutora *f.*

watermark ['wɔ:təmɑ:k] *n* **-1.** [in paper] marca *f* d'água **-2.** [showing water level] linha-d'água *f.*

watermelon ['wɔ:təˌmelən] *n* melancia *f.*

water polo *n (U)* pólo *m* aquático.

waterproof ['wɔ:təpru:f] <> *adj* à prova d'água. <> *n* capa *f* impermeável; **~s** roupa *f* à prova d'água.

watershed ['wɔ:təʃed] *n* **-1.** *GEOGR* linha *f* divisória das águas **-2.** *fig* [turning point] divisor *m* de águas.

water skiing *n (U)* esqui *m* aquático.

water tank *n* caixa-d'água *f.*

watertight ['wɔ:tətaɪt] *adj* **-1.** [waterproof] hermético(ca) **-2.** *fig* [faultless] infalível.

waterway ['wɔ:təweɪ] *n* via *f* navegável, canal *m.*

waterworks ['wɔ:təwɜ:ks] (*pl inv*) *n* [building] instalações *fpl* para a distribuição de água.

watery ['wɔ:tərɪ] *adj* **-1.** [food, drink] aguado(da) **-2.** [light, sun, moon] pálido(da).

watt [wɒt] *n* watt *m.*

wave [weɪv] <> *n* **-1.** [gen] onda *f* **-2.** [of people] leva *f* **-3.** [in hair] ondulação *f* **-4.** [gesture] aceno *m.* <> *vt* **-1.** [brandish - hand, flag] agitar; [- baton] manejar; [- stick, pistol, gun] empunhar **-2.** [gesture to] fazer sinal para. <> *vi* **-1.** [with hand] abanar; **to ~ at** *OR* **to sb** abanar para alguém **-2.** [flag] tremular **-3.** [tree] balançar **-4.** [hair] ondular.

wavelength ['weɪvleŋθ] *n* comprimento *m* de onda; **to be on the same ~** *fig* estar em sintonia.

waver ['weɪvə^r] *vi* **-1.** [gen] vacilar **-2.** [light, temperature] oscilar **-3.** [flame] tremer.

wavy ['weɪvɪ] (*compar* **-ier**, *superl* **-iest**) *adj* **-1.** [hair] ondulado(da) **-2.** [line] sinuoso(sa).

wax [wæks] *n* [gen] cera *f.* <> *vt* **-1.** [floor, table] encerar; [skis] passar cera em **-2.** [legs] depilar com cera. <> *vi* [moon] crescer.

wax paper *n US* papel *m* encerado.

waxworks ['wækswɜ:ks] (*pl inv*) *n* [museum] museu *m* de cera.

way [weɪ] <> *n* **-1.** [means, method] maneira *f*, modo *m* **-2.** [manner, style] jeito *m*, maneira *f*; **in the same ~** da mesma forma; **this/that ~** dessa/daquela forma; **in a ~** de certa forma *OR* maneira; **to fall for sb in a big ~** apaixonar-se loucamente por alguém **-3.** [thoroughfare, path] caminho *m*; **'give ~'** *UK AUT* dê passagem **-4.** [route leading to a specified place] caminho *m*; **do you know the ~ to the cathedral?** sabe como se faz para chegar na catedral?; **to lose one's ~** perder-se; **out of one's ~** [place] fora do caminho de alguém; **can you post this letter on the** *OR* **one's ~ (to the shops)** quando você for (fazer compras), pode colocar esta carta no correio?; **to be under ~** [ship] estar navegando; [project, meeting] estar em andamento; **to get under ~** [ship] zarpar; [project, meeting] estar em andamento; **to be in the ~** estar na passagem *OR* frente; **if you put your suitcase over there, it will be out of the ~** se colocar sua mala lá, ela não vai ficar atrapalhando; **to go out of one's ~ to do sthg** não poupar esforços para fazer algo; **to keep out of sb's ~** não cruzar o caminho de alguém; **keep out of the ~!** saia do caminho!; **to make ~ for sb/sthg** abrir espaço para alguém/algo; **to stand in sb's ~** *fig* ficar no caminho de alguém **-5.** [route leading in a specified direction]: **come this ~** vem por aqui; **~ in** entrada; **~ out** saída **-6.**

[side] lado *m*; **the right/wrong ~ round** do jeito certo/errado; **the right/wrong ~ up** com o lado certo/errado para cima **-7.** [distance]: **all the ~** todo o caminho; **a long ~** um longo caminho **- 8.** ***phr*: to give ~** [under weight, pressure] ceder; **no ~!** de maneira alguma! ◇ *adv inf* [by far] muito; **it's ~ too big!** é enorme de grande!

◆ **ways** *npl* [customs, habits] costumes *mpl*, hábitos *mpl*.

◆ **by the way** *adv* a propósito, aliás.

waylay [ˌweɪˈleɪ] (*pt* & *pp* **-laid**) *vt* abordar.

wayward [ˈweɪwəd] *adj* incorrigível.

WC (*abbr of* **water closet**) *n* WC *m*.

we [wiː] *pers pron pl* nós **~'re young** (nós) somos jovens.

weak [wiːk] *adj* **-1.** [gen] fraco(ca) **- 2.** [lacking knowledge, skill]: **to be ~ on sthg** ser fraco(ca em algo).

weaken [ˈwiːkn] ◇ *vt* **-1.** [gen] enfraquecer; *FIN* [devalue] desvalorizar **- 2.** [debilitate] debilitar. ◇ *vi* **-1.** [person - physically] debilitar-se; [- morally] desgastar-se; **no signs of ~ing** nenhum sinal de desgaste **- 2.** [influence, power] diminuir **- 3.** [structure] enfraquecer-se **- 4.** *FIN* [dollar, mark] desvalorizar-se.

weakling [ˈwiːklɪŋ] *n pej* fraco *m*, -ca *f (de corpo e mente)*.

weakness [ˈwiːknɪs] *n* **-1.** *(U)* [of person - physical] fraqueza *f*; [- moral] ponto *m* fraco **- 2.** [of government, structure, plan] debilidade *f* **- 3.** *FIN* [of currency] fragilidade *f*.

wealth [welθ] *n* **-1.** *(U)* [riches] riqueza *f* **- 2.** [abundance]: **a ~ of sthg** uma profusão de algo.

wealthy [ˈwelθɪ] (*compar* **-ier**, *superl* **-iest**) *adj* rico(ca).

wean [wiːn] *vt* [from mother's milk] desmamar.

weapon [ˈwepən] *n* arma *f*.

weaponry [ˈwepənrɪ] *n (U)* armamento *m*.

wear [weəʳ] (*pt* **wore**, *pp* **worn**) ◇ *n* **-1.** [type of clothes] roupa *f* **- 2.** [damage] desgaste *m*; **~ and tear** desgaste **- 3.** [use] uso *m*. ◇ *vt* **-1.** [gen] usar **- 2.** [clothes] vestir **- 3.** [shoes] calçar **- 4.** [damage - gen] danificar; [- holes] abrir. ◇ *vi* **-1.** [deteriorate] gastar **- 2.** [last]: **to ~ well/badly** durar bastante/pouco.

◆ **wear away** ◇ *vt sep* desgastar. ◇ *vi* desgastar-se.

◆ **wear down** *vt sep* **-1.** [reduce size of] gastar **- 2.** [weaken] esgotar.

◆ **wear off** *vi* passar.

◆ **wear out** ◇ *vt sep* **-1.** [clothing, machinery] usar até estragar **- 2.** [patience, strength, reserves] esgotar **- 3.** [person] ficar esgotado(da). ◇ *vi* [clothing, shoes] gastar.

weary [ˈwɪərɪ] (*compar* **-ier**, *superl* **-iest**) *adj* **-1.** [exhausted] exausto(ta) **- 2.** [fed up]: **to be ~ of sthg/of doing sthg** estar farto(ta) de algo/de fazer algo.

weasel [ˈwiːzl] *n* doninha *f*.

weather [ˈweðəʳ] ◇ *n* tempo *m*; **to be under the ~** estar se sentindo um pouco indisposto(ta). ◇ *vt* [survive] superar.

weather-beaten [-ˌbiːtn] *adj* [face, skin] desgastado(da) pelo tempo.

weathercock [ˈweðəkɒk] *n* cata-vento *m (em forma de galo)*.

weather forecast *n* previsão *f* do tempo.

weatherman [ˈweðəmæn] (*pl* **-men** [-men]) *n* meteorologista *m*.

weather vane [-veɪn] *n* cata-vento *m*.

weave [wiːv] (*pt* **wove**, *pp* **woven**) ◇ *vt* [using loom] tecer. ◇ *vi* [move]: **to ~ in and out** ziguezaguear.

weaver [ˈwiːvəʳ] *n* tecelão *m*, -lã *f*.

web [web] *n* **-1.** [cobweb] teia *f* **- 2.** *fig* [of lies, intrigue] rede *f* **- 3.** *COMPUT* Web *f*, Rede *f*.

web browser *n COMPUT* navegador *m*.

webcam [ˈwebkæm] *n* câmera *f* web, webcam *f*.

webcast [ˈwebkɑːst] *n* transmissão *f* ao vivo pela Internet.

web designer *n* web designer *mf*.

web page *n* página *f* da Web.

webphone [ˈwebfəʊn] *n* webphone *m*.

website [ˈwebsaɪt] *n* site *m* da Web.

wed [wed] (*pt* & *pp* **wed** *OR* **-ded**) ***literary*** ◇ *vt* [marry] desposar. ◇ *vi* casar.

we'd [wiːd] = **we had, we would**.

wedding [ˈwedɪŋ] *n* casamento *m (cerimônia)*.

wedding anniversary *n* aniversário *m* de casamento.

wedding cake *n* bolo *m* de casamento.

wedding dress *n* vestido *m* de noiva.

wedding ring *n* aliança *f*.

wedge [wedʒ] ◇ *n* **-1.** [gen] cunha *f* **- 2.** [of cheese, cake, pie] fatia *f*, porção *f*. ◇ *vt* **-1.** [make fixed or steady] calçar com cunha **- 2.** [squeeze, push] enfiar; **she sat ~d between us** ela se sentou enfiada entre nós.

Wednesday [ˈwenzdɪ] *n* quarta-feira *f*; *see also* **Saturday**.

wee [wiː] ◇ *adj Scot* pequenino(na). ◇ *n inf* xixi *m*. ◇ *vi inf* fazer xixi.

weed [wiːd] ◇ *n* **-1.** [wild plant] erva *f* daninha **- 2.** ***UK inf*** [feeble person] fracote *m*, -ta *f*. ◇ *vt* capinar.

weedkiller [ˈwiːdˌkɪləʳ] *n* herbicida *m*.

weedy [ˈwiːdɪ] (*compar* **-ier**, *superl* **-iest**) *adj UK inf* [feeble] fracote(ta).

week [wiːk] *n* [gen] semana *f*; **during the ~** durante a semana; **in three ~s' time** dentro de três semanas; **a ~ last Saturday** uma semana antes de sábado.

weekday ['wi:kdeɪ] *n* dia *m* da semana.
weekend [ˌwi:k'end] *n* fim *m* de semana; **at the ~** no fim de semana.
weekly ['wi:klɪ] (*pl* **-ies**) ◇ *adj* semanal. ◇ *adv* semanalmente. ◇ *n* semanário *m*.
weep [wi:p] (*pt* & *pp* **wept**) ◇ *vt* derramar. ◇ *vi* chorar.
weeping willow [ˌwi:pɪŋ-] *n* salgueiro-chorão *m*.
weigh [weɪ] ◇ *vt* **-1.** [gen] pesar **-2.** [raise]: **to ~ anchor** levantar âncora. ◇ *vi* [have specific weight] pesar.
◆ **weigh down** *vt sep* **-1.** [physically] sobrecarregar **-2.** [mentally]: **to be ~ed down by** OR **with sthg** estar prostrado(da) por algo.
◆ **weigh up** *vt sep* [situation, pros and cons] pesar; [person, opposition] fazer uma idéia de.
weight [weɪt] *n* **-1.** [gen] peso *m*; **to put on** OR **gain ~** engordar; **to lose ~** perder peso **-2.** *fig* [power, influence]: **the ~ of public opinion** a opinião pública em peso.
weighted ['weɪtɪd] *adj*: **to be ~ in favour of/against sb** pesar a favor de/contra alguém; **to be ~ in favour of/against sthg** pesar a favor de/contra algo.
weighting ['weɪtɪŋ] *n (U) pagamento adicional por se viver numa cidade com alto custo de vida*.
weight lifting *n (U)* levantamento *m* de peso.
weighty ['weɪtɪ] (*compar* **-ier**, *superl* **-iest**) *adj* [serious, important] de peso.
weir [wɪə^r] *n* represa *f*.
weird [wɪəd] *adj* estranho(nha), esquisito(ta).
welcome ['welkəm] ◇ *adj* **-1.** [gen] bem-vindo(da) **-2.** [free]: **to be ~ to do sthg** ter toda a liberdade para fazer algo **-3.** [in reply to thanks]: **you're ~** de nada. ◇ *n* acolhida *f*. ◇ *vt* [gen] acolher. ◇ *excl* bem-vindo(da)!
weld [weld] ◇ *n* solda *f*. ◇ *vt* soldar.
welfare ['welfeə^r] ◇ *adj* de assistência social. ◇ *n* **-1.** [state of wellbeing] bem-estar *m* **-2.** *US* [income support] assistência *f* social *(do governo)*.
welfare state *n* estado *m* de bem-estar social.
well [wel] (*compar* **better**, *superl* **best**) ◇ *adj* bem; **to get ~** ficar bem; **all is ~** está tudo bem; **just as ~** ainda bem que. ◇ *adv* **-1.** [gen] bem; **to go ~** ir bem; **~ done!** muito bem!; **~ and truly** completamente **-2.** [definitely, certainly] certamente, definitivamente; **it was ~ worth it** claro que valeu a pena; **she's ~ over 40** ela tem muito mais de 40 **-3.** [easily, possibly] (muito) bem. ◇ *n* [water, oil] poço *m*. ◇ *excl* **-1.** [in hesitation] bem!, bom! **-2.** [to correct o.s.] bem **-3.** [to express resignation]: **oh ~!** enfim! **-4.** [in surprise] quem diria!, olha só!
◆ **as well** *adv* [in addition] também; **you may/might as ~ tell the truth** e por que você não conta a verdade?
◆ **as well as** *conj* além de.
◆ **well up** *vi* brotar.
we'll [wi:l] = **we shall, we will**.
well-advised [-əd'vaɪzd] *adj* prudente; **he/you would be ~ to do sthg** seria prudente que ele/você fizesse algo.
well-behaved [-bɪ'heɪvd] *adj* bem-comportado(da).
wellbeing [ˌwel'bi:ɪŋ] *n (U)* bem-estar *m*.
well-built *adj* [person] robusto(ta), fornido(da).
well-done *adj* [thoroughly cooked] bem passado(da).
well-dressed [-'drest] *adj* bem vestido(da).
well-earned [-'ɜ:nd] *adj* merecido(da).
well-heeled [-hi:ld] *adj inf* rico(ca).
wellington (boot) *n* bota *f* impermeável.
well-kept *adj* **-1.** [garden, village] bem cuidado(da) **-2.** [secret] bem guardado(da).
well-known *adj* conhecido(da).
well-mannered [-'mænəd] *adj*: **to be ~** ter boas maneiras.
well-meaning *adj* bem-intencionado(da).
well-nigh [-naɪ] *adv* quase.
well-off *adj* **-1.** [financially] rico(ca), próspero(ra) **-2.** [in a good position]: **to be ~ for sthg** estar bem de algo.
well-read [-'red] *adj* instruído(da), culto(ta).
well-rounded [-'raʊndɪd] *adj* [varied] variado(da).
well-timed *adj* oportuno(na).
well-to-do *adj* abastado(da), de dinheiro.
well-wisher *n* simpatizante *mf*.
Welsh [welʃ] ◇ *adj* galês(esa). ◇ *n (U)* [language] galês *m*. ◇ *npl*: **the ~** os galeses.
Welshman ['welʃmən] (*pl* **-men** [-mən]) *n* galês *m*.
Welshwoman ['welʃˌwʊmən] (*pl* **-women** [-ˌwɪmɪn]) *n* galesa *f*.
went [went] *pt* ▷ **go**.
wept [wept] *pt* & *pp* ▷ **weep**.
were [wɜ:^r] *vb* ▷ **be**.
we're [wɪə^r] = **we are**.
weren't [wɜ:nt] = **were not**.
west [west] ◇ *n* **-1.** [direction] oeste *m*; **the ~** o oeste **-2.** [region]: **the ~** o Oeste. ◇ *adj* oeste. ◇ *adv* para o oeste; **~ of** ao oeste de.
◆ **West** *n* POL: **the West** o Ocidente.
West Bank *n*: **the ~** a Cisjordânia.
West Country *n*: **the ~** o sudoeste da Inglaterra.
westerly ['westəlɪ] *adj* **-1.** [towards the west]: **in a ~ direction** para o oeste **-2.** [in the west] ocidental **-3.** [from the west] oeste.

western ['westən] ◇ *adj* **-1.** [part of country, continent] ocidental **-2.** *POL* [relating to the West] do Ocidente. ◇ *n* [book, film] western *m*.

West German ◇ *adj* da Alemanha Ocidental. ◇ *n* [person] alemão *m*, -mã *f* ocidental.

West Germany *n*: **(former)** ~ a (antiga) Alemanha Ocidental.

West Indian ◇ *adj* antilhano(na). ◇ *n* [person] antilhano *m*, -na *f*.

West Indies [-'ɪndi:z] *npl*: **the** ~ as Antilhas.

Westminster ['westmɪnstəʳ] *n* **-1.** [area] Westminster **-2.** *fig* [British parliament] parlamento *m* britânico.

westward ['westwəd] ◇ *adj* para o oeste. ◇ *adv* = **westwards**.

westwards ['westwədz] *adv* para o oeste.

wet [wet] (*compar* **-ter**, *superl* **-test**, *pt* & *pp* **wet** *OR* **-ted**, *cont* **-ting**) ◇ *adj* **-1.** [damp] úmido(da) **-2.** [soaked] molhado(da) **-3.** [rainy] chuvoso(sa) **-4.** [ink, concrete] fresco(ca) **-5.** *UK inf pej* [weak, feeble] fraco(ca). ◇ *n inf UK POL político conservador moderado*. ◇ *vt* **-1.** [soak] molhar **-2.** [dampen] umedecer **-3.** [bed]: **to** ~ **the bed** fazer xixi na cama.

wet blanket *n inf pej* desmancha-prazeres *mf inv*.

wet suit *n* roupa *f* de mergulho.

we've [wi:v] = **we have**.

whack [wæk] *inf* ◇ *n* **-1.** [hit] pancada *f* **-2.** *inf* [share]: **one's** ~ **of the profits** a sua parte nos lucros. ◇ *vt* dar pancadas em.

whale [weɪl] *n* [animal] baleia *f*.

wharf [wɔ:f] (*pl* **-s** *OR* **wharves** [wɔ:vz]) *n* cais *m inv*.

what [wɒt] ◇ *adj* **-1.** [in questions] que; ~ **colour is it?** de que cor é?; **he asked me** ~ **colour it was** ele perguntou-me de que cor era. **-2.** [in exclamations] que; ~ **a surprise!** mas que surpresa!; ~ **a beautiful day!** mas que dia lindo! ◇ *pron* **-1.** [in questions] o que; ~ **is going on?** o que é que está acontecendo?; ~ **is that?** o que é isso?; ~ **is that thing called?** como é que se chama aquilo?; ~ **is the problem?** qual é o problema?; **she asked me** ~ **had happened** ela perguntou-me o que é que tinha acontecido; **she asked me** ~ **I had seen** ela perguntou-me o que é que eu tinha visto. **-2.** (in questions: after prep) que; ~ **are they talking about?** de que é que eles estão falando?; ~ **is it for?** para que é isso?; **she asked me** ~ **I was thinking about** ela me perguntou em que eu estava pensando. **-3.** [introducing relative clause] o que; **I didn't see** ~ **happened** não vi o que aconteceu; **you can't have** ~ **you want** você não pode ter o que quer. **-4.** [in phrases]: ~ **for?** para quê?; ~ **about going out for a meal?** que tal irmos comer fora? ◇ *excl* o quê!

Cuidado para não confundir *which* e *what*. *Which* é usado quando há um número limitado de possibilidades (*which is your car?* qual é o seu carro?; *which one do you want?* qual deles você quer?). *What* sugere uma gama de possibilidades muito maior (*what is that?* o que e, aquilo?; *what songs do you know?* que músicas você conhece?).

Em linguagem coloquial, *what for* significa o mesmo que *why* (*what did she tell me that for?* por que ela me disse isto?; *I don't know what she told me that for* não sei por que ela me disse isto).

Convém lembrar que, em perguntas, *what* é usado no início da oração e, caso venha acompanhado de alguma preposição (*about, for, etc.*), esta permanece no seu lugar de costume, ou seja, após o verbo (*what are you thinking about?* o que você está pensando?; *what did you do that for?* para que você fez aquilo?).

What about e *how about* são usados em inglês falado para sugerir ou propor algo. Ambos podem ser seguidos por um substantivo (*what/how about a game of cards* que tal um jogo de cartas?), um pronome (*what/how about this one?* que tal este aqui?), ou um verbo no gerúndio (*what/how about going to the movies?* que tal irmos ao cinema?).

whatever [wɒt'evəʳ] ◇ *adj* qualquer; **eat** ~ **food you find** come o que encontrar; **no chance** ~ nem a mais remota chance; **nothing** ~ absolutamente nada. ◇ *pron* **-1.** [no matter what] o que quer que; ~ **they may offer** ofereçam o que oferecerem **-2.** [indicating surprise]: ~ **did you say?** o que foi que você disse? **-3.** [indicating lack of precision]: ~ **that is** seja lá o que for; **or** ~ ou o que seja.

what's-her-name *n inf* a tal fulana.

what's-his-name *n inf* o tal fulano.

whatsit *n inf* treco *m*.

whatsoever [ˌwɒtsəʊ'evəʳ] *adj* absolutamente.

wheat [wi:t] *n* trigo *m*.

wheedle ['wi:dl] *vt*: **to** ~ **sb into doing sthg** bajular alguém para que faça algo; **to** ~ **sthg out of sb** conseguir algo de alguém por bajulação.

wheel [wi:l] ◇ *n* **-1.** [of bicycle, car, train] roda *f* **-2.** *AUT* [steering wheel] direção *f* (do carro). ◇ *vt* empurrar *(algo com rodas)*. ◇ *vi* [turn round]: **to** ~ **round** dar a volta.

wheelbarrow ['wi:lˌbærəʊ] *n* carrinho *m* de mão.

wheelchair ['wi:lˌtʃeəʳ] *n* cadeira *f* de rodas.

wheel clamp *n grampo posto nas rodas de veículo estacionado em lugar proibido*.
◆ **wheel-clamp** *vt* grampear a roda *(de veículo mal estacionado)*.

wheeze [wi:z] ◇ *n* [sound of wheezing] respiração *f* ofegante. ◇ *vi* resfolegar.

whelk [welk] *n* caramujo *m*.
when *adv* & *conj* quando.
whenever [wen'evəʳ] <> *conj* sempre que. <> *adv* **-1.** [indicating surprise] quando é que **-2.** [indicating lack of precision]**: or** ~ ou quando quiser.
where [weəʳ] *adv* & *conj* onde.
whereabouts [*adv* ˌweərə'baʊts, *n* 'weərəbaʊts] <> *adv* por onde. <> *npl* paradeiro *m*.
whereas [weər'æz] *conj* enquanto que, ao passo que.
whereby [weə'baɪ] *conj* *fml* através do (da) qual, pelo(la) qual.
whereupon [ˌweərə'pɒn] *conj* *fml* depois do que.
wherever [weər'evəʳ] <> *conj* **-1.** [no matter where, everywhere] em todo o lugar que **-2.** [anywhere, in whatever place] onde quer que; **sit** ~ **you like** senta onde quiser **-3.** [in any situation] sempre que **-4.** [indicating ignorance]**:** ~ **that is** seja lá onde for. <> *adv* **-1.** [indicating surprise] onde é que **-2.** [indicating lack of precision] em qualquer lugar.
wherewithal ['weəwɪðɔ:l] *n* *fml*: **to have the** ~ **to do sthg** dispor dos meios necessários para fazer algo.
whet [wet] (*pt* & *pp* **-ted**, *cont* **-ting**) *vt*: **to** ~ **sb's appetite (for sthg)** despertar o interesse de alguém (por algo).
whether ['weðəʳ] *conj* **-1.** [indicating choice, doubt] se **-2.** [no matter if]**:** ~ **I want to or not** queira ou não queira.
which [wɪtʃ] <> *adj* [in questions] qual, que; ~ **room do you want?** qual é o quarto que você quer?, que quarto você quer?; ~ **one?** qual (deles)?; **she asked me** ~ **room I wanted** ela perguntou-me qual *OR* que quarto eu queria <> *pron* **-1.** [in questions] qual; ~ **one is the cheapest?** qual é o mais barato?; ~ **one do you prefer?** qual (é o que) você prefere?; **he asked me** ~ **one I preferred** ele perguntou-me qual é que eu preferia **-2.** [introducing relative clause: subject]: **I can't remember** ~ **was better** não me lembro qual era o melhor **-3.** [introducing relative clause: object, after prep] que; **the sofa on** ~ **I'm sitting** o sofá em que estou sentado **-4.** [to refer back to a clause] o que; **he's late,** ~ **annoys me** ele está atrasado, o que me aborrece; **he's always late,** ~ **I don't like** ele está sempre atrasado, coisa que eu detesto.

Quando *which* for o sujeito da oração, o verbo ficará no singular ou plural dependendo do contexto, mesmo no caso de *which* ser invariável (*which is the right answer?* qual é a resposta correta?; *which are our presents?* quais são os nossos presentes?).

Em perguntas, *which* é usado no início da oração e, caso venha acompanhado de alguma preposição (*to, in, etc.*), esta permanece em seu lugar de costume após o verbo (*which movie are you going to tonight?* que filme você vai ver esta noite?; *which department do you work in?* em qual departamento você trabalha?).

Ver também **what**.

whichever [wɪtʃ'evəʳ] <> *adj* **-1.** [no matter which]**:** ~ **route you take** por qualquer dos caminhos que você for **-2.** [the one which]**:** ~ **colour you prefer** a cor que preferir. <> *pron* **-1.** [the one which] o (a) que, os (as) que **-2.** [no matter which one] qualquer um(ma).
whiff [wɪf] *n* [smell] cheirinho *m*.
while [waɪl] <> *n* algum tempo *m*; **it's a long** ~ **since I did that** faz muito tempo que não faço isso; **for a** ~ por algum tempo; **after a** ~ depois de algum tempo. <> *conj* **-1.** [as long as, during the time that] enquanto **-2.** [whereas] enquanto (que), ao passo que.
◆ **while away** *vt sep* passar o tempo *(de forma agradável)*.
whilst [waɪlst] *conj* = **while**.
whim [wɪm] *n* capricho *m*.
whimper ['wɪmpəʳ] <> *vt* lamuriar-se. <> *vi* choramingar.
whimsical ['wɪmzɪkl] *adj* **-1.** [idea, story] fantasioso(sa) **-2.** [look] estranho(nha) **-3.** [remark] esquisito(ta).
whine [waɪn] *vi* **-1.** [child] gemer **-2.** [dog] ganir **-3.** [siren] gritar **-4.** [engine] zunir.
whinge [wɪndʒ] (*cont* **whingeing**) *vi UK*: **to** ~ **(about sb/sthg)** queixar-se (de alguém/algo).
whip [wɪp] (*pt* & *pp* **-ped**, *cont* **-ping**) <> *n* **-1.** [for hitting] chicote *m* **-2.** *UK POL membro do partido político responsável por fazer com que seus correligionários compareçam a votações importantes no parlamento.* <> *vt* **-1.** [beat with whip] chicotear **-2.** [take quickly]: **to** ~ **sthg out/off** arrancar algo de **-3.** *CULIN* bater.
whipped cream [wɪpt-] *n* creme *m* batido.
whip-round *n UK inf*: **to have a** ~ fazer uma vaquinha.
whirl [wɜ:l] <> *n* **-1.** [rotating movement] redemoinho *m* **-2.** *fig* [flurry, round] turbilhão *m*, agitação *f*. <> *vt*: **to** ~ **sb/sthg round** rodopiar alguém/algo. <> *vi* **-1.** [move around] rodopiar **-2.** *fig* [be confused, excited] dar voltas.
whirlpool ['wɜ:lpu:l] *n* redemoinho *m*.
whirlwind ['wɜ:lwɪnd] *n* furacão *m*.
whirr [wɜ:ʳ] *vi* zumbir.
whisk [wɪsk] <> *n CULIN* batedeira *f*. <> *vt* **-1.** [put or take quickly - away]**: to** ~ **sb/sthg away** levar alguém/algo rapidamente; [- out]: **to** ~ **sthg out** tirar algo rapidamente **-2.** *CULIN* bater.
whisker ['wɪskəʳ] *n* [of animal] bigode *m*.
◆ **whiskers** *npl* [of man] suíças *fpl*.

whisky *UK* (*pl* **-ies**), **whiskey** *US* & *Irish* (*pl* **-s**) ['wɪskɪ] *n* uísque *m*.

whisper ['wɪspəʳ] <> *vt* sussurrar, cochichar. <> *vi* sussurrar, cochichar.

whistle ['wɪsl] <> *n* **-1.** [gen] apito *m* **-2.** [through lips] assobio *m* **-3.** [of bird] piado *m*, pio *m* **-4.** [of kettle] chiar *m*. <> *vt* assobiar. <> *vi* **-1.** [gen] assobiar **-2.** [using whistle] apitar **-3.** [bird] piar **-4.** [kettle] chiar.

white [waɪt] <> *adj* **-1.** [gen] branco(ca) **-2.** [milky] com leite. <> *n* **-1.** [gen] branco *m* **-2.** [person] branco *m*, -ca *f* **-3.** [of egg] clara *f*.

white-collar *adj* de colarinho branco.

white elephant *n fig* elefante *m* branco.

Whitehall ['waɪthɔ:l] *n* Whitehall.

white-hot *adj* incandescente.

White House *n*: **the ~** a Casa Branca.

white lie *n* mentira *f* branca.

whiteness ['waɪtnɪs] *n (U)* brancura *f*.

white paper *n POL* relatório *m* oficial do governo.

white sauce *n (U)* molho *m* branco.

white spirit *n (U) UK* aguarrás *f inv*.

white trash *n US pej* [people] branquelo *m*, -la *f*.

whitewash ['waɪtwɒʃ] <> *n* **-1.** *(U)* [paint] (água *f* de) cal *f* **-2.** *pej* [cover-up] disfarce *m*. <> *vt* [paint] caiar, pintar com cal.

whiting ['waɪtɪŋ] (*pl inv OR* **-s**) *n* merlúcio *m*.

Whitsun ['wɪtsn] *n* [day] Pentecostes *m inv*.

whittle ['wɪtl] *vt*: **to ~ sthg away** *OR* **down** reduzir algo gradualmente.

whiz (*pt* & *pp* **-zed**, *cont* **-zing**), **whizz** [wɪz] *vi* passar zunindo.

whiz(z) kid *n inf* (menino *m*) prodígio *m*, (menina *f*) prodígio.

who [hu:] *pron* **-1.** *(in direct, indirect questions)* quem **-2.** *(in relative clauses)* que.

> Quando *who* for o sujeito da oração o verbo ficará no singular ou plural dependendo do contexto, ainda que *who* seja indeterminado (***who is coming to the concert?*** quem vai ao concerto?; ***who are they?*** quem são eles?).
>
> Em perguntas, ***who*** é usado no início da oração e, caso seja acompanhado de alguma preposição (*at, from, etc.*), esta permanece em seu lugar de costume, ou seja, após o verbo (***who are you staring at?*** para quem você está olhando?; ***what are you sitting on?*** sobre o que você está sentado?).
>
> ***Who***, como pronome relativo, pode ser omitido caso não seja o sujeito da oração seguinte (***I just met some friends (who) I know from university*** acabei de encontrar alguns amigos que conheço da universidade). Todavia, quando for o sujeito, não se pode omiti-lo (***I have a brother who is a teacher*** tenho um irmão que é professor).

who'd [hu:d] = **who had, who would**.

whodu(n)nit [ˌhu:'dʌnɪt] *n inf* romance *m* policial.

whoever [hu:'evəʳ] *pron* **-1.** [gen] quem quer que; **I don't like him, ~ he is** não gosto dele, quem quer que ele seja **-2.** [indicating surprise] quem será que; **~ can that be?** quem poderá ser?

whole [həʊl] <> *adj* **-1.** [entire, complete] inteiro(ra) **-2.** [for emphasis]: **a ~ lot of** muitos e muitos, muitas e muitas, ; **a ~ lot bigger** muitíssimo maior. <> *adv* [for emphasis] totalmente. <> *n* **-1.** [all, entirety]: **the ~ of the summer** o verão todo **-2.** [unit, complete thing] todo *m*.

◆ **as a whole** *adv* como um todo.

◆ **on the whole** *adv* em geral.

wholefood ['həʊlfu:d] *n UK* comida *f* integral.

whole-hearted [-'hɑ:tɪd] *adj* sincero(ra).

wholemeal *UK* ['həʊlmi:l], **whole wheat** *US* *adj* integral.

wholesale ['həʊlseɪl] <> *adj* **-1.** [bulk] por atacado **-2.** *pej* [excessive - slaughter] exagerado(da); [- destruction] em massa, em grande escala; [- theft] indiscriminado(da). <> *adv* **-1.** [in bulk] por atacado **-2.** *pej* [excessively] indiscriminadamente.

wholesaler ['həʊlˌseɪləʳ] *n* atacadista *mf*.

wholesome ['həʊlsəm] *adj* saudável.

whole wheat *adj US* = **wholemeal**.

who'll [hu:l] = **who will**.

wholly ['həʊlɪ] *adv* totalmente, completamente.

whom [hu:m] *pron fml* **-1.** *(in direct, indirect questions)* quem **-2.** *(in relative clauses)* que; **to ~** a quem.

> ***Whom*** pode ser omitido quando for usado como pronome relativo (***I just met some friends (whom) I know from university*** acabei de encontrar alguns amigos que conheço da universidade), a não ser que venha acompanhado de alguma preposição como *to, with, etc.*, quando, então, não pode ser omitido (***these are the friends with whom I went to the theater*** estes são os amigos com quem fui ao teatro).
>
> Ver também **quem** no lado Português-Inglês do dicionário.

whooping cough ['hu:pɪŋ-] *n (U)* coqueluche *f*.

whopping ['wɒpɪŋ] *inf* <> *adj* tremendo(da), enorme. <> *adv*: **a ~ great lie** uma mentira enorme.

whore [hɔ:ʳ] *n pej* puta *f*, vagabunda *f*.

who're ['hu:əʳ] = **who are**.

whose [hu:z] <> *pron* de quem <> *adj* **-1.** *(in direct, indirect questions)* de quem; **~ book is this?** de quem é este livro? **-2.** *(in relative clauses)* cujo(ja).

who's who [hu:z-] *n* [book] quem é quem *m*, *livro contendo informações sobre as pessoas mais ricas e famosas do mundo*.

who've [hu:v] = **who have**.

why [waɪ] ◇ *adv* & *conj* porque; ~ **not?** porque não?; **I know ~ Tom isn't here** eu sei porque é que o Tom não está; **tell me ~** (diga-me) porquê.

> ***Why*** seguido de ***not*** ou ***don't*** serve para sugerir algo (***why don't we try again?*** por que não tentamos outra vez?) ou dar um conselho (***why not take a little more exercise?*** por que não fazer um pouco mais de exercício?).

wick [wɪk] *n* pavio *m*.
wicked ['wɪkɪd] *adj* **-1.** [evil] malvado(da) **-2.** [mischievous, devilish] perverso(sa).
wicker ['wɪkə^r] *adj* de vime.
wickerwork ['wɪkəwɜ:k] *n (U)* trabalho *m* em vime.
wicket ['wɪkɪt] *n CRICKET* **-1.** [stumps] meta *f* **-2.** [pitch] wicket *m* **-3.** [dismissal] demissão *f* do batedor.
wide [waɪd] ◇ *adj* **-1.** [gen] largo(ga); **it's 6 metres ~** tem 6 metros de largura; **how ~ is the room?** qual é a largura da sala? **-2.** [coverage, selection] amplo(pla) **-3.** [implications, issues] maior. ◇ *adv* **-1.** [as far as possible] amplamente; **open ~!** abra bem! **-2.** [off-target]: **to go ~** desviar-se.
wide-angle lens *n PHOT* (objetiva *f*) grande-angular *f*.
wide-awake *adj* desperto(ta), bem acordado(da).
widely ['waɪdlɪ] *adv* **-1.** [gen] muito; **~ known** amplamente conhecido(da) **-2.** [considerably] bastante.
widen ['waɪdn] *vt* **-1.** [make broader] alargar **-2.** [increase scope or variety of] ampliar **-3.** [gap, difference] aumentar.
wide open *adj* **-1.** [window, door] escancarado(da) **-2.** [eyes] arregalado(da).
wide-ranging [-'reɪndʒɪŋ] *adj* de amplo alcance.
widescreen TV ['waɪdskri:n-] *n* tv *f* widescreen.
widespread ['waɪdspred] *adj* disseminado(da), geral.
widow ['wɪdəʊ] *n* viúva *f*.
widowed ['wɪdəʊd] *adj* viúvo(va).
widower ['wɪdəʊə^r] *n* viúvo *m*.
width [wɪdθ] *n* **-1.** [breadth] largura *f*; **in ~** de largura **-2.** [in swimming pool] largura *f*; **she swam 20 ~s** ela nadou 20 piscinas.
wield [wi:ld] *vt* **-1.** [weapon] manejar **-2.** [power] controlar, exercer.
wife [waɪf] (*pl* **wives**) *n* esposa *f*.
wig [wɪg] *n* peruca *f*.
wiggle ['wɪgl] *inf vt* balançar, agitar.
wild [waɪld] *adj* **-1.** [animal, land] selvagem **-2.** [person, dog, attack] violento(ta) **-3.** [plant] silvestre **-4.** [scenery, landscape] agreste **-5.** [sea] revolto(ta) **-6.** [weather] turbulento(ta) **-7.** [laughter, crowd, applause] frenético(ca); **the crowd went ~** a multidão foi à loucura **-8.** [eyes, features] inquieto(ta) agitado(ta) **-9.** [dream, scheme] maluco(ca) **-10.** [estimate]: **a ~ guess** uma vaga idéia.
◆ **wilds** *npl*: **the ~s** as regiões selvagens.
wild card *n COMPUT* caractere-curinga *m*.
wilderness ['wɪldənɪs] *n* **-1.** [barren land] sertão *m* **-2.** [overgrown land] matagal *m* **-3.** *fig* [unimportant place]: **in the political ~** no ostracismo político.
wild-goose chase *n inf* busca *m* infrutífera.
wildlife ['waɪldlaɪf] *n (U)* fauna *f*.
wildly ['waɪldlɪ] *adv* **-1.** [enthusiastically, fanatically] freneticamente **-2.** [without reason or control] inadvertidamente **-3.** [very] extremamente.
wilful *UK*, **willful** *US* ['wɪlfʊl] *adj* **-1.** [determined] que sempre apronta das suas **-2.** [deliberate] proposital, intencional.
will[1] [wɪl] *n* **-1.** [wish, desire] vontade *f*; **against my ~** contra a minha vontade **-2.** [document] testamento *m*.

> Existe um uso especial de ***will*** que nos permite descrever hábitos cotidianos ou fazer afirmações genéricas (***cats won't eat vegetables*** gatos não comem legumes). Freqüentemente este uso contém um tom de irritação (***he will call when we're in the middle of dinner*** ele vai ligar quando estivermos no meio do jantar).
>
> Em perguntas, ***will you*** pode servir para pedir algo (***will you cook dinner this evening?*** você pode fazer o jantar esta noite? ***Would*** pode ser usado da mesma forma, só que é mais polido (***would you cook dinner this evening?*** você poderia fazer o jantar esta noite?).

will[2] [wɪl] *aux vb* **-1.** [expressing future tense]: **it ~ be difficult to repair** vai ser difícil de consertar; **~ you be here next Friday?** você vai estar aqui na próxima sexta?; **I ~ see you next week** vejo-lhe para a semana; **yes I ~** sim; **no I won't** não. **-2.** [expressing willingness]: **I won't do it** recuso-me a fazê-lo. **-3.** [expressing polite question]: **~ you have some more tea?** você quer mais um chá? **-4.** [in commands, requests]: **~ you please be quiet!** pode ficar calado, por favor!; **close that window, ~ you?** feche a janela, por favor.
willful *adj US* = **wilful**.
willing ['wɪlɪŋ] *adj* **-1.** [prepared] disposto(ta); **to be ~ to do sthg** estar disposto(ta) a fazer algo **-2.** [eager] prestativo(va).
willingly ['wɪlɪŋlɪ] *adv* de bom grado.
willow (tree) ['wɪləʊ-] *n* salgueiro *m*.
willpower ['wɪl,paʊə^r] *n (U)* força *f* de vontade.
willy-nilly [,wɪlɪ'nɪlɪ] *adv* **-1.** [at random] ao acaso **-2.** [wanting to or not] quer queira quer não.

wilt [wɪlt] *vi* **-1.** [plant] murchar **-2.** *fig* [person] definhar.
wily ['waɪlɪ] (*compar* **-ier**, *superl* **-iest**) *adj* ardiloso(sa).
wimp [wɪmp] *n inf pej* bunda-mole *mf*.
win [wɪn] (*pt* & *pp* **won**, *cont* **-ning**) ◇ *n* vitória *f*. ◇ *vt* **-1.** [gen] ganhar **-2.** [game, fight, competition] vencer. ◇ *vi* ganhar.
◆ **win over, win round** *vt sep* convencer.
wince [wɪns] *vi* contrair-se; **to ~ at sthg** perturbar-se com algo; **to ~ with sthg** retrair-se de algo.
winch [wɪntʃ] *n* guindaste *m*.
wind[1] [wɪnd] ◇ *n* **-1.** METEOR vento *m* **-2.** *(U)* [breath] fôlego *m* **-3.** *(U)* [in stomach] gases *mpl*. ◇ *vt* [knock breath out of] ficar sem fôlego.
wind[2] [waɪnd] (*pt* & *pp* **wound**) ◇ *vt* **-1.** [string, thread] enrolar **-2.** [clock] dar corda em. ◇ *vi* [river, road] serpentear.
◆ **wind down** ◇ *vt sep* **-1.** [car window] baixar **-2.** [business] fechar aos poucos. ◇ *vi* [relax] espairecer.
◆ **wind up** *vt sep* **-1.** [finish - meeting] encerrar; [- business] fechar, liquidar **-2.** [clock] dar corda em **-3.** [car window] levantar **-4.** *UK inf* [deliberately annoy] azucrinar **-5.** *inf* [end up]: **to ~ up doing sthg** acabar fazendo algo.
windfall ['wɪndfɔːl] *n* [unexpected gift] dinheiro *m* que caiu do céu.
wind farm [wɪnd-] *n* parque *m* eólico.
winding ['waɪndɪŋ] *adj* sinuoso(sa).
wind instrument [wɪnd-] *n* instrumento *m* de sopro.
windmill ['wɪndmɪl] *n* moinho *m* de vento.
window ['wɪndəʊ] *n* **-1.** [gen] janela *f* **-2.** [of shop] vitrina *f* **-3.** [free time] tempo *m* livre.
window box *n* floreira *f* de janela.
window cleaner *n* limpador *m* de vidros.
window ledge *n* parapeito *m*.
windowpane *n* vidraça *f*.
window sill *n* parapeito *m*.
windpipe ['wɪndpaɪp] *n* traquéia *f*.
windscreen *UK* ['wɪndskriːn], **windshield** *US* ['wɪndʃiːld] *n* pára-brisa *m*.
windscreen washer *n* lavador *m* de pára-brisa.
windscreen wiper *n* limpador *m* de pára-brisa.
windshield *n US* = **windscreen**.
windsurfing ['wɪnd,sɜːfɪŋ] *n (U)* windsurfe *m*; **to go ~** praticar windsurfe.
windswept ['wɪndswept] *adj* [scenery] varrido(da) ao vento.
wind turbine [wɪnd-] *n* turbina *f* eólica.
windy ['wɪndɪ] (*compar* **-ier**, *superl* **-iest**) *adj* **-1.** [weather, day] de muito vento; **it's ~** está ventando **-2.** [place] exposto(ta) ao vento.
wine [waɪn] *n* vinho *m*; **red/rosé/white ~** vinho tinto/rosé/branco.
wine bar *n UK* cantina *f*.
wine cellar *n* adega *f*.
wineglass ['waɪnglɑːs] *n* copo *m* de vinho.
wine list *n* carta *f* de vinhos.
wine merchant *n UK* mercador *m*, -ra *f* de vinhos.
wine rack *n* suporte *m* para vinhos.
wine tasting [-,teɪstɪŋ] *n (U)* degustação *f* de vinhos.
wine waiter *n* sommelier *m*.
wing [wɪŋ] *n* **-1.** [gen] asa *f* **-2.** [of car] flanco *m* **-3.** [of building, organization] ala *f*.
◆ **wings** *npl* THEATRE: **the ~s** os bastidores.
winger ['wɪŋəʳ] *n* SPORT ala *f*; **left-~** ponta-esquerda *mf*; **right-~** ponta-direita *mf*.
wink [wɪŋk] ◇ *n* [of eye] piscada *f*. ◇ *vi* [eye] piscar, pestanejar; **to ~ at sb** piscar para alguém.
winkle ['wɪŋkl] *n* caramujo *m*.
◆ **winkle out** *vt sep* **-1.** [remove] arrancar **-2.** *fig* [extract]: **to ~ sthg out of sb** arrancar algo de alguém.
winner ['wɪnəʳ] *n* [person] vencedor *m*, -ra *f*, ganhador *m*, -ra *f*.
winning ['wɪnɪŋ] *adj* [victorious, successful] vencedor(ra), vitorioso(sa).
◆ **winnings** *npl* ganhos *mpl (de aposta)*.
winning post *n* meta *f*.
winter ['wɪntəʳ] ◇ *n* inverno *m*; **in ~** no inverno. ◇ *comp* de inverno.
winter sports *npl* esportes *mpl* de inverno.
wintertime ['wɪntətaɪm] *n (U)* inverno *m*.
wint(e)ry ['wɪntrɪ] *adj* invernal, de inverno.
wipe [waɪp] ◇ *n* [clean]: **to give sthg a ~** dar uma limpada em algo. ◇ *vt* **-1.** [rub to clean] limpar, passar um pano em **-2.** [rub to dry] secar.
◆ **wipe out** *vt sep* **-1.** [erase] limpar **-2.** [kill] aniquilar **-3.** [eradicate] erradicar.
◆ **wipe up** ◇ *vt sep* **-1.** [dirt, mess] limpar **-2.** [water] secar. ◇ *vi* limpar.
wire ['waɪəʳ] ◇ *n* **-1.** *(U)* [metal] cabo *m*, fio *m* **-2.** [length of wire] fio *m* **-3.** *US* [telegram] telegrama *m*. ◇ *vt* **-1.** ELEC ligar à rede elétrica; **he ~d the whole house himself** ele mesmo fez a instalação elétrica da casa **-2.** *US* [send telegram to] passar um telegrama para.
wireless ['waɪəlɪs] ◇ *n dated* radiofone *m* ◇ *adj* sem fio.
wiring ['waɪərɪŋ] *n (U)* instalação *f* elétrica.
wiry ['waɪərɪ] (*compar* **-ier**, *superl* **-iest**) *adj* **-1.** [hair] eriçado(da) **-2.** [body, man] esguio(guia).
wisdom ['wɪzdəm] *n (U)* sabedoria *f*.
wisdom tooth *n* dente *m* do juízo.
wise [waɪz] *adj* sábio(bia).

wisecrack ['waɪzkræk] *n pej* gafe *f*, mancada *f*.

wish [wɪʃ] ◇ *n* **-1.** [desire] desejo *m*; **~ to do sthg** desejo de fazer algo; **~ for sthg** desejo por algo **-2.** [magic request] pedido *m*. ◇ *vt* **-1.** [want]: **to ~ to do sthg** *fml* desejar fazer algo; **to ~ (that)** esperar que **-2.** [desire, request by magic]: **to ~ (that)** desejar que; **I ~ I were rich** ah, se eu fosse rico **-3.** [in greeting]: **to ~ sb sthg** desejar algo a alguém. ◇ *vi* [by magic]: **to ~ for sthg** pedir algo.
◆ **wishes** *npl*: **best ~es** cumprimentos *mpl*, parabéns *mpl*; **(with) best ~es** [at end of letter] com os cumprimentos.

> Quando *wish* for seguido do verbo *be*, podemos utilizar a forma subjuntiva *were* no lugar do passado *was* (*I wish I was/were rich*). *Were* é mais formal do que *was*.

wishful thinking [ˌwɪʃfʊl-] *n (U)* fantasia *f*, ilusão *f*.

wishy-washy ['wɪʃɪˌwɒʃɪ] *adj inf pej* [vague] sem graça.

wisp [wɪsp] *n* **-1.** [tuft - of hair] mecha *f*, tufo *m*; [- of grass] bola *f* **-2.** [small cloud] nuvem *f*.

wistful ['wɪstfʊl] *adj* melancólico(ca), triste.

wit [wɪt] *n* **-1.** *(U)* [humour] presença *f* de espírito, gracejo *m* **-2.** [intelligence]: **to have the ~ to do sthg** ter astúcia para fazer algo.
◆ **wits** *npl* [intelligence, mind]: **to have** *OR* **keep one's ~s about one** manter-se alerta.

witch [wɪtʃ] *n* bruxa *f*.

with [wɪð] *prep* **-1.** [in company of] com; **come ~ me/us** venha comigo/conosco; **can I go ~ you?** posso ir com você?; **we stayed ~ friends** ficamos em casa de amigos. **-2.** [in descriptions] com; **a man ~ a beard** um homem de barba; **a room ~ a bathroom** um quarto com banheiro. **-3.** [indicating means, manner] com; **I washed it ~ detergent** lavei-o com detergente; **they won ~ ease** ganharam com facilidade. **-4.** [indicating emotion] de; **to tremble ~ fear** tremer de medo. **-5.** [regarding] com; **be careful ~ that!** tenha cuidado com isso! **-6.** [indicating opposition] com; **to argue ~ sb** discutir com alguém. **-7.** [indicating covering, contents]: **to fill sthg ~ sthg** encher algo com *OR* de algo; **packed ~ people** cheio de gente; **topped ~ cream** coberto com creme.

> Ver **by**.

withdraw [wɪð'drɔː] (*pt* **-drew**, *pp* **-drawn**) ◇ *vt* **-1.** [remove] afastar; **to ~ sthg from sthg** remover algo de algo **-2.** *FIN* sacar **-3.** [troops, statement, offer] retirar. ◇ *vi* **-1.** [gen] retirar-se; **to ~ from** retirar-se de; **to ~ to** retirar-se para **-2.** [quit, give up] afastar-se; **to ~ from sthg** afastar-se de algo.

withdrawal [wɪð'drɔːəl] *n* **-1.** *(U)* [gen] retirada *f*; **~ from sthg** afastamento *m* de algo **-2.** *(U)* [removal] remoção *f* **-3.** *(U)* [retraction] retratação *f* **-4.** *FIN* saque *m*.

withdrawal symptoms *npl* síndrome *f* de abstinência.

withdrawn [wɪð'drɔːn] ◇ *pp* ▷ **withdraw**. ◇ *adj* [shy, quiet] retraído(da).

withdrew [wɪð'druː] *pt* ▷ **withdraw**.

wither ['wɪðəʳ] *vi* **-1.** [dry up] murchar **-2.** [become weak] debilitar-se.

withhold [wɪð'həʊld] (*pt* & *pp* **-held** [-'held]) *vt* reter.

within [wɪ'ðɪn] ◇ *prep* **-1.** [gen] dentro de **-2.** [less than - distance]: **~ 5 quilometers of London** a menos de 5 quilômetros de Londres; [- time] em menos de. ◇ *adv* dentro.

without [wɪð'aʊt] ◇ *prep* sem; **~ doing sthg** sem fazer algo. ◇ *adv*: **to go** *OR* **do ~ (sthg)** ficar sem (algo).

withstand [wɪð'stænd] (*pt* & *pp* **-stood** [-'stʊd]) *vt* resistir a, agüentar.

witness ['wɪtnɪs] ◇ *n* **-1.** testemunha *f* **-2.** *(U)* [testimony]: **to bear ~ to sthg** [give testimony of] dar testemunho de algo; [be proof of] testemunhar algo. ◇ *vt* **-1.** [see] testemunhar **-2.** [countersign] assinar como testemunha.

witness box *UK*, **witness stand** *US* *n* banco *m* das testemunhas.

witticism ['wɪtɪsɪzm] *n* sagacidade *f*.

witty ['wɪtɪ] (*compar* **-ier**, *superl* **-iest**) *adj* espirituoso(sa).

wives [waɪvz] *pl* ▷ **wife**.

wizard ['wɪzəd] *n* **-1.** [man with magic powers] feiticeiro *m*, mago *m* **-2.** *fig* [skilled person] gênio *m*.

wobble ['wɒbl] *vi* **-1.** [chair] cambalear **-2.** [hands] tremer **-3.** [aeroplane] balançar.

woe [wəʊ] *n literary* lamúria *f*, infortúnio *m*.

woke [wəʊk] *pt* ▷ **wake**.

woken ['wəʊkn] *pp* ▷ **wake**.

wolf [wʊlf] (*pl* **wolves**) *n* **-1.** [animal] lobo *m* **-2.** [man] gavião *m*, paquerador *m*.

woman ['wʊmən] (*pl* **women**) ◇ *n* mulher *f*. ◇ *comp*: **a ~ doctor** uma doutora; **a ~ governor** uma governadora; **a ~ teacher** uma professora; **a ~ footballer** uma jogadora de futebol; **a ~ prime minister** uma primeira-ministra.

womanly ['wʊmənlɪ] *adj* feminino(na).

womb [wuːm] *n* útero *m*.

women ['wɪmɪn] *pl* ▷ **woman**.

women's lib [-'lɪb] *n inf* libertação *f* da mulher.

women's liberation *n* **-1.** [aim] libertação *f* da mulher **-2.** [movement] movimento *m* pela libertação da mulher.

won [wʌn] *pt* & *pp* ▷ **win**.

wonder ['wʌndəʳ] ◇ *n* **-1.** *(U)* [amazement]

espanto *m* **-2.** [cause for surprise]: **it's a ~ (that) ...** é de se admirar que ...; **no** *OR* **little** *OR* **small ~** não é de se admirar **-3.** [amazing thing, person] maravilha *f.* <> *vt* **-1.** [speculate] perguntar-se; **to ~ if** *OR* **whether** perguntar-se a si próprio(pria) se **-2.** [in polite requests]: **I ~ whether you would mind shutting the window?** será que você se importaria de fechar a janela? <> *vi* [speculate] perguntar; **why did you ask? - oh, I just ~ed** por que você perguntou isso? - ah, foi só por perguntar; **to ~ about sthg** pensar sobre algo.

wonderful ['wʌndəfʊl] *adj* maravilhoso(sa).

wonderfully ['wʌndəfʊlɪ] *adv* maravilhosamente.

won't [wəʊnt] = **will not.**

woo [wu:] *vt* **-1.** *literary* [court] cortejar **-2.** *fig* [try to win over] persuadir.

wood [wʊd] <> *n* **-1.** *(U)* [timber] madeira *f* **-2.** [group of trees] bosque *m*, floresta *f* <> *comp* de madeira.

◆ **woods** *npl* floresta *f.*

wooded ['wʊdɪd] *adj* arborizado(da).

wooden ['wʊdn] *adj* **-1.** [of wood] de madeira **-2.** *pej* [actor] sem expressão.

woodpecker ['wʊd,pekə[r]] *n* pica-pau *m.*

woodwind ['wʊdwɪnd] *n*: **the ~** os instrumentos doces.

woodwork ['wʊdwɜ:k] *n* **-1.** [wooden objects] obra *f* de madeira **-2.** [craft] carpintaria *f.*

woodworm ['wʊdwɜ:m] *n* caruncho *m.*

wool [wʊl] *n* **-1.** [gen] lã *f* **-2.** *phr*: **he is pulling the ~ over your eyes** *inf* ele está te vendendo gato por lebre.

woollen *UK*, **woolen** *US* ['wʊlən] *adj* [garment] de lã.

◆ **woollens** *npl* produtos *mpl* de lã.

woolly ['wʊlɪ] (*compar* **-ier**, *superl* **-iest**, *pl* **-ies**) *adj* **-1.** [woollen] de lã, lanoso(sa) **-2.** *inf* [fuzzy, unclear] desatinado(da).

word [wɜ:d] <> *n* **-1.** [gen] palavra *f*; **~ for ~** ao pé da letra; **in other ~s** em outras palavras; **in a ~** em uma palavra; **too ... for ~s** ser extremamente ...; **to have a ~ (with sb)** ter uma palavra (com alguém), falar (com alguém); **she doesn't mince her ~s** ela não tem papas na língua; **I couldn't get a ~ in edgeways** eu não pude entrar na conversa; **to give sb one's ~** dar a palavra a alguém **-2.** *(U)* [news] notícias *fpl.* <> *vt* redigir.

wording ['wɜ:dɪŋ] *n (U)* palavreado *m.*

word processing *n (U)* processamento *m* de texto.

word processor [-'prəʊsesə[r]] *n* processador *m* de texto.

wore [wɔ:[r]] *pt* ▷ **wear.**

work [wɜ:k] <> *n* **-1.** *(U)* [employment] emprego *m*; **in/out of ~** empregado/desempregado **-2.** *(U)* [activity, tasks] trabalho *m*; **at ~** em atividade **-3.** [something made, created, composed] obra *f.* <> *vt* **-1.** [person, staff] fazer trabalhar **-2.** [machine] operar **-3.** [shape, manipulate] trabalhar em **-4.** [cultivate] cultivar. <> *vi* **-1.** [do a job] trabalhar **-2.** [function, succeed] funcionar **-3.** [gradually become] tornar-se; **to ~ loose** soltar-se; **to ~ into a tangle** entrelaçar-se.

◆ **works** <> *n* [factory] usina *f.* <> *npl* **-1.** [mechanism] mecanismo *m* **-2.** [digging, building] obras *fpl.*

◆ **work on** *vt fus* **-1.** [concentrate on] dedicar-se a **-2.** [take as basis] basear-se em **-3.** [try to persuade] tentar persuadir.

◆ **work out** <> *vt sep* **-1.** [formulate] elaborar **-2.** [calculate] calcular. <> *vi* **-1.** [figure, total]: **to ~ out at** totalizar; **the bill ~s out at £5 a head** a conta dá 5 libras para cada um **-2.** [turn out] surtir efeito **-3.** [be successful] dar certo **-4.** [train, exercise] treinar.

◆ **work up** *vt sep* **-1.** [excite]: **to ~ o.s. up into a frenzy** excitar-se de tal forma **-2.** [generate] gerar.

workable ['wɜ:kəbl] *adj* viável.

workaholic [,wɜ:kə'hɒlɪk] *n* burro *m* de carga, workaholic *mf.*

workday ['wɜ:kdeɪ] *n* [not weekend] dia *m* útil.

worked up [,wɜ:kt-] *adj* exaltado(da).

worker ['wɜ:kə[r]] *n* trabalhador *m*, -ra *f*, operário *m*, -ria *f.*

workforce ['wɜ:kfɔ:s] *n* força *f* de trabalho.

working ['wɜ:kɪŋ] *adj* **-1.** [in operation] em operação; **to be ~** estar funcionando **-2.** [having employment - mothers, children] que trabalha; [- population] ativo(va) **-3.** [relating to work] de trabalho.

◆ **workings** *npl* [of system, machine] operação *f.*

working class *n*: **the ~** a classe operária.

◆ **working-class** *adj* da classe operária.

working order *n (U)*: **in ~** em funcionamento.

workload ['wɜ:kləʊd] *n* carga *f* de trabalho.

workman ['wɜ:kmən] (*pl* **-men** [-mən]) *n* trabalhador *m*, operário *m.*

workmanship ['wɜ:kmənʃɪp] *n (U)* acabamento *m.*

workmate ['wɜ:kmeɪt] *n* colega *mf* de trabalho.

work permit [-,pɜ:mɪt] *n* visto *m* de trabalho.

workplace ['wɜ:kpleɪs] *n* local *m* de trabalho.

workshop ['wɜ:kʃɒp] *n* **-1.** [room] oficina *f* **-2.** [building] fábrica *f* **-3.** [discussion] oficina *f*, workshop *f.*

workstation ['wɜ:k,steɪʃn] *n* *COMPUT* estação *f* de trabalho.

worktop ['wɜ:ktɒp] *n* *UK* superfície *f* de trabalho.

work-to-rule *n UK* paralisação *f* de trabalho extra.

world [wɜ:ld] ◇ *n* **-1.** [gen] mundo *m*; **the ~** o mundo **-2.** [great deal]: **to think the ~ of sb** ter grande afeição por alguém; **a ~ of difference** toda uma diferença. ◇ *comp* mundial.

world-class *adj* muito superior(ra).

world-famous *adj* famoso(sa) no mundo todo.

worldly ['wɜ:ldlɪ] *adj* mundano(na).

World Service *n serviço da BBC que transmite programas de rádio e TV em inglês e em vários idiomas para o mundo todo.*

worldwide ['wɜ:ldwaɪd] ◇ *adj* mundial. ◇ *adv* no mundo inteiro.

worm [wɜ:m] *n* [animal - in stomach] lombriga *f*, verme *m*; [- earthwork] minhoca *f*.

worn [wɔ:n] ◇ *pp* ▷ **wear**. ◇ *adj* **-1.** [threadbare] surrado(da) **-2.** [tired] exausto(ta).

worn-out *adj* **-1.** [old, threadbare] usado(da), gasto(ta) **-2.** [tired] exausto(ta).

worried ['wʌrɪd] *adj* preocupado(da).

worry ['wʌrɪ] (*pl* **-ies**, *pt* & *pp* **-ied**) ◇ *n* **-1.** *(U)* [feeling] preocupação *f* **-2.** [problem] problema *m*. ◇ *vt* [cause to be troubled] preocupar. ◇ *vi* preocupar-se; **to ~ about sb/sthg** preocupar-se com alguém/algo; **not to ~!** nada com o que se preocupar!

worrying ['wʌrɪɪŋ] *adj* preocupante.

worse [wɜ:s] ◇ *adj* pior; **to get ~** piorar. ◇ *adv* pior; **~ off** em pior situação. ◇ *n* pior *m*; **for the ~** para o pior.

worsen ['wɜ:sn] *vt* & *vi* agravar, piorar.

worship ['wɜ:ʃɪp] (*UK pt* & *pp* **-ped**, *cont* **-ping**, *US pt* & *pp* **-ed**, *cont* **-ing**) ◇ *vt* **-1.** RELIG adorar **-2.** [admire, adore] admirar, adorar. ◇ *n (U)* adoração *f*.

◆ **Worship** *n*: **Your/Her/His Worship** Vossa Excelência.

worst [wɜ:st] ◇ *adj* & *adv* pior. ◇ *n*: **the ~** o pior; **if the ~ comes to the ~** se o pior acontecer.

◆ **at (the) worst** *adv* na pior das hipóteses.

worth [wɜ:θ] ◇ *prep* **-1.** [having the value of] valor *m*; **it's ~ £50** vale £50 **-2.** [deserving of]: **it's ~ going to Brazil** vale a pena ir para o Brasil; **it's ~ a visit** vale a visita; **to be ~ doing sthg** valer a pena fazer algo. ◇ *n* **-1.** [value] valor *m* **-2.** [supply] provisão *f*.

worthless ['wɜ:θlɪs] *adj* **-1.** [object] sem valor **-2.** [person] inútil.

worthwhile [ˌwɜ:θ'waɪl] *adj* que vale a pena.

worthy ['wɜ:ðɪ] (*compar* **-ier**, *superl* **-iest**) *adj* **-1.** [deserving of respect] respeitável **-2.** [deserving]: **to be ~ of sthg** ser merecedor(ra) de algo **-3.** *pej* [good but unexciting] adequado(da).

would [wʊd] *modal vb* **-1.** [in reported speech]: **she said she ~ come** ela disse que viria; **he promised he ~ help me** ele prometeu que me ajudaria **-2.** [indicating likely result]: **what ~ you do if he phoned?** o que você faria se ele ligasse?; **I doubt she ~ have noticed** duvido que ela percebesse; **if he had lost, he ~ have resigned** se tivesse perdido, ele teria renunciado **-3.** [indicating willingness]: **she ~n't go** ela não queria ir embora; **he ~ do anything for her** ele faria qualquer coisa por ela; **she ~n't give an answer even if ...** ela não teria respondido mesmo que ... **-4.** [in polite questions]: **~ you like a drink?** você gostaria de tomar um drinque?; **~ you mind closing the window?** você poderia fechar a janela, por favor?; **help me shut the door, ~ you?** me ajuda a fechar a porta, por favor? **-5.** [indicating inevitability]: **he ~ say that** não me surpreende que ele tenha dito isso; **I said yes - well, you ~** eu disse sim - bem, era o esperado **-6.** [expressing opinions]: **I ~ have thought that she'd be pleased** eu pensava que ela tivesse gostado; **I ~ prefer a blue one** eu preferia um azul **-7.** [in giving advice]: **I'd report it if I were you** no teu lugar, eu denunciaria **-8.** [describing habitual past actions]: **I ~ go for a walk every evening** eu costumava dar uma caminhada todas as tardes; **we ~ meet and he ~ say ...** a gente se encontrava e ele dizia ...

Ver **will**.

would-be *adj* aspirante.

wouldn't ['wʊdnt] = **would not**.

would've ['wʊdəv] = **would have**.

wound[1] [wu:nd] ◇ *n* ferida *f*, ferimento *m*. ◇ *vt* ferir.

wound[2] [waʊnd] *pt* & *pp* ▷ **wind** [2].

wove [wəʊv] *pt* ▷ **weave**.

woven ['wəʊvn] *pp* ▷ **weave**.

WP *n* **-1.** (*abbr of* **word processing**) processamento *m* de textos **-2.** (*abbr of* **word processor**) processador *m* de textos.

wrangle ['ræŋgl] ◇ *n* disputa *f*, briga *f*. ◇ *vi* brigar; **to ~ with sb (over sthg)** discutir com alguém (sobre algo).

wrap [ræp] (*pt* & *pp* **-ped**, *cont* **-ping**) ◇ *vt* [cover in paper or cloth] embrulhar; **to ~ sthg in sthg** enrolar algo em algo; **to ~ sthg (a)round sthg** enrolar algo ao redor de algo. ◇ *n* [garment] xale *m*.

◆ **wrap up** ◇ *vt sep* [cover in paper or cloth] embrulhar. ◇ *vi* [put warm clothes on]: **~ up well** OR **warmly!** agasalhe-se bem!

wrapper ['ræpə^r] *n* embalagem *f*.

wrapping ['ræpɪŋ] *n* embrulho *m*, invólucro *m*.

wrapping paper *n (U)* papel *m* de embrulho.

wrath [rɒθ] *n (U) literary* ira *f*.

wreak [riːk] *vt* causar.

wreath [riːθ] *n* coroa *f (de flores)*.

wreck [rek] ◇ *n* **-1.** [car, plane] destroços *mpl* **-2.** [ship] restos *mpl* **-3.** *inf* [person] caco *m*. ◇ *vt* **-1.** [break, destroy] destruir **-2.** NAUT [cause to run aground] naufragar **-3.** [spoil, ruin] arruinar.

wreckage [ˈrekɪdʒ] *n* **-1.** [of plane, car] restos *mpl* **-2.** [of building] escombros *mpl*.

wren [ren] *n* garriça *f*.

wrench [rentʃ] ◇ *n* [tool] chave *f* inglesa. ◇ *vt* **-1.** [pull violently] arrancar **-2.** [twist and injure] torcer, distender **-3.** [force away] arrebatar; **to ~ sthg away from sthg** varrer algo para longe de algo.

wrestle [ˈresl] *vi* **-1.** [fight] lutar; **to ~ with sb** lutar com alguém **-2.** *fig* [struggle]: **to ~ with sthg** lutar contra algo.

wrestler [ˈreslə[r]] *n* lutador *m*, -ra *f* de luta livre.

wrestling [ˈreslɪŋ] *n (U)* luta *f* livre.

wretch [retʃ] *n* [unhappy person] desgraçado *m*, -da *f*.

wretched [ˈretʃɪd] *adj* **-1.** [miserable] infeliz **-2.** *inf* [damned] maldito(ta).

wriggle [ˈrɪgl] ◇ *vt* mexer. ◇ *vi* [move about] mexer-se.

wring [rɪŋ] (*pt* & *pp* **wrung**) *vt* [squeeze out water from] torcer.

wringing [ˈrɪŋɪŋ] *adj*: **~ (wet)** encharcado(da), ensopado(da).

wrinkle [ˈrɪŋkl] ◇ *n* **-1.** [on skin] ruga *f* **-2.** [in cloth] prega *f*. ◇ *vt* [screw up] enrugar. ◇ *vi* [crease] dobrar-se.

wrist [rɪst] *n* pulso *m*.

wristwatch [ˈrɪstwɒtʃ] *n* relógio *m* de pulso.

writ [rɪt] *n* mandado *m* judicial.

write [raɪt] (*pt* **wrote**, *pp* **written**) ◇ *vt* **-1.** [gen] escrever **-2.** *US* [person] escrever para **-3.** [cheque, prescription] preencher **-4.** COMPUT gravar. ◇ *vi* **-1.** [gen] escrever **-2.** COMPUT gravar.

◆ **write back** *vi* responder.

◆ **write down** *vt sep* anotar.

◆ **write into** *vt sep* [contract] acrescentar.

◆ **write off** *vt sep* **-1.** [project] cancelar **-2.** [debt, investment] cancelar, reduzir **-3.** [person] descartar **-4.** *UK inf* [vehicle] destroçar.

◆ **write up** *vt sep* [notes] redigir.

write-off *n* [car] perda *f* total.

writer [ˈraɪtə[r]] *n* escritor *m*, -ra *f*.

writhe [raɪð] *vi* contorcer-se.

writing [ˈraɪtɪŋ] *n* **-1.** [gen] escrita *f*; **I couldn't see the ~** não conseguia ler o que estava escrito; **in ~** por escrito **-2.** [handwriting] caligrafia *f*; **I can't read your ~** não consigo ler o que você escreveu.

writing paper *n (U)* papel *m* de carta.

written [ˈrɪtn] ◇ *pp* ▷ **write**. ◇ *adj* **-1.** [not oral] escrito(ta) **-2.** [official] por escrito.

wrong [rɒŋ] ◇ *adj* **-1.** [gen] errado(da); **to be ~ to do sthg** enganar-se ao fazer algo **-2.** [morally bad] feio (feia). ◇ *adv* [incorrectly] errado; **to get sthg ~** enganar-se sobre algo; **to go ~** [make a mistake] errar; [stop functioning] funcionar mal. ◇ *n* erro *m*; **to be in the ~** estar equivocado(da). ◇ *vt literary* ofender.

wrongful [ˈrɒŋfʊl] *adj* injusto(ta).

wrongly [ˈrɒŋlɪ] *adv* **-1.** [unsuitably] inadequadamente **-2.** [mistakenly] erroneamente.

wrong number *n* número *m* errado.

wrote [rəʊt] *pt* ▷ **write**.

wrought iron [rɔːt-] *n (U)* ferro *m* forjado.

wrung [rʌŋ] *pt* & *pp* ▷ **wring**.

wry [raɪ] *adj* **-1.** [amused] entretido(da) **-2.** [displeased] desgostoso(sa).

x (*pl* **x's** OR **xs**), **X** (*pl* **X's** OR **Xs**) [eks] *n* **-1.** [letter] x, X *m* **-2.** [unknown name] X *m* **-3.** [unknown quantity] x *m* **-4.** [in algebra] x *m* **-5.** [at end of letter] beijos *mpl*.

xenophobia [ˌzenəˈfəʊbjə] *n (U)* xenofobia *f*.

Xmas [ˈeksməs] *n (U)* Natal *m*.

X-ray ◇ *n* **-1.** [ray] raio *m* X **-2.** [picture] raio X *m*. ◇ *vt* tirar um raio X de, tirar uma radiografia de.

xylophone [ˈzaɪləfəʊn] *n* xilofone *m*.

y (*pl* **y's** OR **ys**), **Y** (*pl* **Y's** OR **Ys**) [waɪ] *n* [letter] y, Y *m*.

yacht [jɒt] *n* iate *m*.

yachting [ˈjɒtɪŋ] *n (U)* iatismo *m*.

yachtsman [ˈjɒtsmən] (*pl* **-men** [-mən]) *n* iatista *m*.

Yank [jæŋk] *n UK inf pej* ianque *mf*.

Yankee [ˈjæŋkɪ] *n UK inf pej* [American] ianque *mf*.

yap [jæp] (*pt* & *pp* **-ped**, *cont* **-ping**) *vi* [dog] ganir, latir.

yard [jɑːd] *n* **-1.** [unit of measurement] jarda *f* **-2.**

[walled area] pátio *m* **- 3.** [place of work] oficina *f* **- 4.** ***US*** [attached to house] jardim *m*.

yardstick ['jɑ:dstɪk] *n* padrão *m* de medida.

yarn [jɑ:n] *n (U)* [thread] fio *m*.

yawn [jɔ:n] <> *n* [when tired] bocejo *m*. <> *vi* [when tired] bocejar.

yd *abbr of* **yard**.

yeah [jeə] *adv* ***inf*** sim; **bring us something to drink - ~, ~!** traz algo para a gente beber - tá, já trago!

year [jɪə^r] *n* ano *m*; **all (the) ~ round** durante todo o ano.

◆ **years** *npl* [ages] séculos *mpl*.

yearly ['jɪəlɪ] <> *adj* anual. <> *adv* anualmente.

yearn [jɜ:n] *vi*: **to ~ for sthg/to do sthg** ansiar por algo/para fazer algo.

yearning ['jɜ:nɪŋ] *n* ânsia *f*; **~ for sb/sthg** ânsia por alguém/algo.

yeast [ji:st] *n (U)* levedura *f*.

yell [jel] <> *n* grito *m*. <> *vi* gritar. <> *vt* gritar.

yellow ['jeləʊ] <> *adj* [in colour] amarelo(la). <> *n* amarelo *m*.

yellow card *n* FTBL cartão *m* amarelo.

yelp [jelp] *vi* latir.

Yemen ['jemən] *n*: **(the) ~** o Iêmen.

yeoman of the guard (*pl* **-men of the guard**) *n* membro *m* da guarda real.

yes [jes] <> *adv* sim; **~, please** sim, por favor; **to say ~ to sthg** dizer sim para algo. <> *n* [vote in favour] sim *m*.

yesterday ['jestədɪ] <> *n* ontem *m*; **the day before yesterday** anteontem. <> *adv* **- 1.** [day before today] ontem **- 2.** [the past] passado.

yet [jet] <> *adv* **- 1.** [gen] ainda; **not ~** ainda não **- 2.** [up until now] já; **as ~** até agora **- 3.** [in the future] até **- 4.** [to emphasize number, frequency] mais; **~ again** mais uma vez. <> *conj* porém.

yew [ju:] *n* teixo *m*.

yield [ji:ld] <> *n* lucro *m*, rendimento *m*. <> *vt* **- 1.** [produce - fruit, answer, clue] produzir; [- profits, result] gerar **- 2.** [give up] ceder. <> *vi* **- 1.** [open, give way, break] ceder **- 2.** ***fml*** [give up, surrender] render-se; **to ~ to sb/sthg** ceder a alguém/algo.

Y2K (*abbr of* **year two thousand**) *n* ano *m* 2000.

YMCA (*abbr of* **Young Men's Christian Association**) *n* ≃ ACM *f*.

yoga ['jəʊgə] *n (U)* ioga *f*.

yoghourt, yoghurt, yogurt [*UK* 'jɒgət, *US* 'jəʊgərt] *n* iogurte *m*.

yoke [jəʊk] *n* **- 1.** [for oxen] junta *f* **- 2.** ***literary*** [burden, suffering] jugo *m*.

yokel ['jəʊkl] *n* ***pej*** caipira *mf*.

yolk [jəʊk] *n* gema *f*.

you [ju:] *pron* **- 1.** [subject: singular] você, tu; [subject: singular polite form] o senhor (a senhora); [subject: plural] vocês; [subject: plural polite form] os senhores (as senhoras); **do ~ speak Portuguese?** [singular] você fala português?; [polite form] (o senhor) fala português?; **~ Brazilians** vocês brasileiros. **- 2.** [direct object: singular] o (a), te; [direct object: singular polite form] o senhor (a senhora); [direct object: plural] os (as), vos; [direct object: plural polite form] os (as), os senhores (as senhoras); **I saw ~** [singular] eu o vi; **can I help ~?** [polite form: singular] em que posso ajudá-lo?; [polite form: plural] em que posso ajudá-los?; **I'll see ~ later** [plural] vejo-os mais tarde. **- 3.** [indirect object: singular] lhe, te; [indirect object: singular polite form] lhe; [indirect object: plural] lhes, vos; **I would like to ask ~ something** [polite form: singular] gostaria de perguntar algo a você; **didn't I tell ~ what happened?** [polite form: plural] não lhes contei o que aconteceu? **- 4.** [after prep: singular] você, ti; [after prep: singular polite form] o senhor (a senhora), si; [after prep: plural] vocês; [after prep: plural polite form] os senhores (as senhoras), vós; **this is for ~** isto é para você/o senhor, etc.; **with ~** [singular] com você, contigo; [singular: polite form] com o senhor (a senhora); [plural] com vocês; [plural: polite form] com os senhores (as senhoras). **- 5.** [indefinite use: subject]: **the coffee ~ get in Brazil is very strong** o café que se bebe no Brasil é muito forte; **~ never know** nunca se sabe. **- 6.** [indefinite use: object]: **exercise is good for ~** exercício faz bem (para a saúde).

> *You* pode ser usado tanto no singular quanto no plural e sua utilização independe do grau de familiaridade que temos com a pessoa ou pessoas às quais nos dirigimos.
>
> *You* é usado também para referir-se a pessoas em geral, por exemplo, ao fornecer ou pedir informações (*how do you get to the station?* como se chega à estação?). Há também uma maneira muito mais formal de se expressar o mesmo com o pronome *one* (*how does one get to the station?*).

you'd [ju:d] = **you had, you would**.

you'll [ju:l] = **you will**.

young [jʌŋ] <> *adj* **- 1.** [person] jovem **- 2.** [plant, wine, animal] novo(va). <> *npl* **- 1.** [young people]: **the ~** a juventude **- 2.** [baby animals] filhotes *mpl*.

younger *adj* mais novo(va); **Pitt the Younger** Pitt Júnior.

youngster ['jʌŋstə^r] *n* **- 1.** [child] filho *m*, -lha *f* **- 2.** [young person] jovem *mf*.

your [jɔ:r] *adj* **- 1.** [singular subject] o seu (a sua), o teu (a tua); [singular subject: polite form] o/a do senhor (da senhora); [plural subject] o vosso (a vossa); [plural subject: polite form] o/a dos senhores (das senhoras); **~ dog** o seu/teu/

vosso cão, o cão do senhor (da senhora), o cão dos senhores (das senhoras); ~ **house** a sua/tua/vossa casa, etc.; ~ **children** os seus/teus/vossos filhos, etc. **-2.** [indefinite subject]: **it's good for ~ health** é bom para a saúde.

> *Your* pode ser usado tanto no singular quanto no plural e sua utilização independe do grau de familiaridade que temos com a pessoa ou pessoas às quais nos dirigimos.
>
> Não devemos esquecer que ao falar das partes do corpo utilizamos o adjetivo possessivo *your* no lugar do artigo *the* (*your hair, your legs*).

you're [jɔːʳ] = **you are**.

yours [jɔːz] *pron* [singular subject] o seu (a sua), o teu (a tua); [plural subject] o vosso (a vossa); [formal - singular subject] o/a do senhor (da senhora); [- plural subject] o/a dos senhores (das senhoras); **a friend of ~** um amigo seu/teu/vosso/do senhor/da senhora/dos senhores/das senhoras; **these shoes are ~** estes sapatos são (os) teus/seus/vossos, etc.; **these are mine – where are ~?** estes são os meus – onde estão os seus/teus/vossos, etc.?

> *Yours* pode ser usado tanto no singular como no plural e será sempre utilizado independente do grau de familiaridade que haja com a pessoa ou pessoas a quem nos dirigimos.

yourself [jɔːr'self] *pron* **-1.** [reflexive: singular] se, te; [reflexive: plural] se; **did you hurt ~?** [singular] você se machucou? **-2.** [after prep: singular] você mesmo(ma), tu mesmo(ma); [after prep: plural] vocês mesmos(mas); [after prep: plural polite form] os senhores mesmos (as senhoras mesmas), vós mesmos(mas); **did you do it ~?** [singular] você fez isso sozinho?; [polite form] foi o senhor mesmo que o fez?; **did you do it yourselves?** vocês fizeram isso sozinhos?; [polite form] foram os senhores mesmos que o fizeram?

youth [juːθ] *n* **-1.** [gen] juventude *f* **-2.** [boy, young man] mocidade *f* **-3.** *(U)* [young people] mocidade *f*, juventude *f*.

youth club *n* clube *m* da juventude.

youthful ['juːθfʊl] *adj* juvenil.

youth hostel *n* albergue *m* da juventude.

you've [juːv] = **you have**.

Yugoslav *adj & n* = **Yugoslavian**.

Yugoslavia [ˌjuːgə'slɑːvɪə] *n* Iugoslávia *f*.

Yugoslavian [ˌjuːgə'slɑːvɪən], **Yugoslav** [ˌjuːgə'slɑːv] ◇ *adj* iugoslavo(va). ◇ *n* iugoslavo *m*, -va *f*.

yuppie, yuppy ['jʌpɪ] (*pl* **-ies**) (*abbr of* **young urban professional**) *n* yuppie *mf*.

YWCA (*abbr of* **Young Women's Christian Association**) *n* ≃ ACM *f*.

Z

z (*pl* **z's** *OR* **zs**), **Z** (*pl* **Z's** *OR* **Zs**) [*UK* zed, *US* ziː] *n* [letter] z, Z *m*.

Zambia ['zæmbɪə] *n* Zâmbia.

zany ['zeɪnɪ] (*compar* **-ier**, *superl* **-iest**) *adj inf* bobo(ba).

zap [zæp] (*pt & pp* **-ped**, *cont* **-ping**) *inf vi* [rush] correr; **to ~ off to** correr para; **to ~ through sthg** passar os olhos por algo.

zeal [ziːl] *n (U) fml* zelo *m*.

zealous ['zeləs] *adj fml* zeloso(sa).

zebra [*UK* 'zebrə, *US* 'ziːbrə] (*pl inv OR* **-s**) *n* zebra *f*.

zebra crossing *n UK* faixa *f* de segurança.

zenith [*UK* 'zenɪθ, *US* 'ziːnəθ] *n* **-1.** ASTRON zênite *m* **-2.** *fig* [highest point] apogeu *m*.

zero [*UK* 'zɪərəʊ, *US* 'ziːrəʊ] (*pl* **-s** *OR* **-es**, *pt & pp* **-ed**, *cont* **-ing**) ◇ *adj* zero. ◇ *n* zero *m*.

zest [zest] *n* **-1.** [excitement] entusiasmo *m* **-2.** *(U)* [eagerness] vivacidade *f* **-3.** *(U)* [of orange, lemon] sabor *m*.

zigzag ['zɪgzæg] (*pt & pp* **-ged**, *cont* **-ging**) *vi* ziguezaguear.

Zimbabwe [zɪm'bɑːbwɪ] *n* Zimbábue.

zinc [zɪŋk] *n (U)* zinco *m*.

zip [zɪp] (*pt & pp* **-ped**, *cont* **-ping**) ◇ *n UK* [fastener] fecho *m* ecler, zíper *m*.
◆ **zip up** *vt sep* fechar o zíper de.

zip code *n US* ≃ CEP *m*.

Zip disk® *n* COMPUT disco *m* Zip®.

Zip drive® *n* COMPUT unidade *f* Zip®.

zip fastener *n UK* = **zip**.

zipper ['zɪpəʳ] *n US* = **zip**.

zodiac ['zəʊdɪæk] *n*: **the ~** o zodíaco.

zone [zəʊn] *n* [district] zona *f*.

zoo [zuː] *n* zoológico *m*.

zoology [zəʊ'ɒlədʒɪ] *n (U)* zoologia *f*.

zoom [zuːm] *vi inf* [move quickly] arrancar-se.
◆ **zoom off** *vi inf* arrancar-se.

zoom lens *n* (lentes *fpl* de) zum *m*.

zucchini [zuː'kiːnɪ] (*pl inv OR* **-s**) *n US* abobrinha *f* italiana.

PORTUGUÊS-INGLÊS
PORTUGUESE-ENGLISH

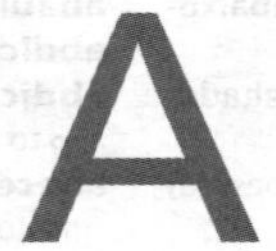

a¹, A [a] *m* [letra] a, A.

a² [a] ◇ *artigo definido* ▷ **o.** ◇ *prep* **-1.** [introduz um complemento indireto] to; **mostrar algo a alguém** to show sthg to sb, to show sb sthg; **diga ao Zé para vir** tell Zé to come; **peça o chapéu ao Paulo** ask Paulo for the hat. **-2.** [relativo a direção] to; **fomos à praia** we went to the beach; **vamos ao cinema** we're going to the movies; **cheguei a Salvador ontem** I arrived in Salvador yesterday; **ele percorreu o país de norte a sul** he travelled the country from north to south. **-3.** [relativo a posição, lugar, distância]: **é à esquerda/direita** it's on the left/right; **fica na saída do teatro** it's on the way out of the theatre. **-4.** [introduz um complemento direto]: **amar a Deus** to love God; **ele criou o menino como a um filho** he raised the boy like his own son. **-5.** [relativo a quantidade, medida, preço]: **aos centos/às dezenas** by the hundred/dozen; **a quanto estão as peras?** how much are the pears?; **a quilo/metro** by the kilo/metre. **-6.** [indica modo, maneira]: **feito à mão** handmade; **bater à máquina** to type; **ir a pé/cavalo** to go on foot/horseback; **viajar a trabalho/passeio** to go on a business/pleasure trip; **à moda da casa** house style; **sal a gosto** salt to taste; **pagar à vista/a prazo** to pay cash/on time; **a olho nu** with the naked eye. **-7.** [relativo a velocidade]: **dirigir a 60 km/h** to drive at 60 kph; **ela ia a 100 km/h** she was doing 100 kph. **-8.** [indica freqüência]: **três vezes ao dia** three times a day; **estou lá às terças e quintas** I'm there on Tuesdays and Thursdays. **-9.** [introduz complemento de tempo]: **as lojas abrem às nove horas** the shops open at nine (o'clock); **eles chegam daqui a 2 horas** they're arriving in two hours' time; **fica a dez minutos daqui** it's ten minutes from here; **à noite** at night. **-10.** [indica série]: **de ... a** from ... to; **façam os exercícios de um a dez** do exercises one to ten. **-11.** [seguido de infinitivo para exprimir momento]: **ele começou a falar** he started speaking; **ele tropeçou ao subir no ônibus** he tripped as he was getting on the bus. **-12.** [seguido de infinitivo indicando duas ações]: **ela saiu a cantar** she went out singing; **ele nunca aprendeu a assobiar** he never learned to whistle; **começou a chover** it started to rain. **-13.** [em locuções]: **a não ser que** unless; **à exceção de** except for; **a partir de** from; **a respeito de** regarding.

à [a] = **a + a**.

AA (*abrev de* **Alcoólicos Anônimos**) *m* AA.

AACC (*abrev de* **Associação de Assistência à Criança com Câncer**) *f Brazilian association for assistance to children with cancer*.

AACD (*abrev de* **Associação de Assistência à Criança Defeituosa**) *f Brazilian association for assistance to disabled children*.

aba ['aba] *f* **-1.** [de chapéu] brim. **-2.** [de casaca] tail.

abacate [aba'katʃi] *m* avocado.

abacaxi [abaka'ʃi] *m* **-1.** [fruta] pineapple. **-2.** *fam* [problema, dificuldade] difficulty; **ter ~s para resolver** to have some difficulties to sort out; **descascar um ~** to get out of a fix.

abade, dessa [a'badʒi, desa] *m, f* abbot (*f* abbess).

abadia [aba'dʒia] *f* abbey.

abafado, da [aba'fadu, da] *adj* **-1.** [ar, sala] stuffy. **-2.** [pessoa - sem ar] suffocated. **-3.** [som] muffled.

abafamento [abafa'mẽntu] *m* **-1.** [sufoco] suffocation. **-2.** [de som] muffling.

abafar [aba'fa(x)] ◇ *vt* **-1.** [sufocar] to suffocate. **-2.** [cobrir] to cover. **-3.** [apagar] to smother. **-4.** [amortecer] to muffle. **-5.** [ocultar] to cover up. ◇ *vi* **-1.** [sufocar] to suffocate. **-2.** *fam* [fazer sucesso] to steal the show.

abagunçado, da [abagũn'sadu, da] *adj* messed-up.

abagunçar [abagũn'sa(x)] *vt* to mess sthg up.

abaixado, da [abaj'ʃadu, da] ◇ *pp* ▷ **abaixar**. ◇ *adj* **-1.** [pessoa] stooped. **-2.** [persiana] lowered.

abaixar [abaj'ʃa(x)] *vt* to lower; **~ o volume** to turn down the volume.

◆ **abaixar-se** *vp* [curvar-se] to crouch down.

abaixo [a'bajʃu] ◇ *adv* **-1.** [posição] down; **mais ~** lower down. **-2.** [direção] further down; **escada ~** downstairs; **ladeira ~** downhill; **rio ~** downstream. **-3.** [em texto] below.

◇ *interj* down with; ~ **a opressão!** down with oppression!

◆ **abaixo de** *loc prep* **-1.** [em posição inferior] below. **-2.** [em número inferior etc.] under.

abaixo-assinado [aˌbajʃuasi'nadu] (*pl* **abaixo-assinados**) *m* petition.

abajur [aba'ʒu(x)] (*pl* **-es**) *m* **-1.** [pantalha] shade. **-2.** [lâmpada] table lamp.

abalado, da [aba'ladu, da] *adj* **-1.** [pessoa] shaken. **-2.** [saúde] impaired.

abalar [aba'la(x)] *vt* **-1.** [prédio, fundações] to rock. **-2.** [pessoa] to shake. **-3.** [saúde] to impair.

◆ **abalar-se** *vp* [comover-se] to be moved.

abalizado, da [abali'zadu, da] *adj* **-1.** [profissional] skilled. **-2.** [opinião] expert.

abalo [a'balu] *m* **-1.** [tremor] tremor; ~ **sísmico** earth tremor. **-2.** [efeito ruim] setback. **-3.** *fig* [comoção] uproar.

abanar [aba'na(x)] *vt* **-1.** [com leque, jornal] to fan. **-2.** [com mão, lenço] to wave. **-3.** [rabo] to wag. **-4.** [cabeça] to shake.

◆ **abanar-se** *vp* [ventilar-se] to fan o.s.

abandonado, da [abãndo'nadu, da] *adj* **-1.** [desamparado] abandoned. **-2.** [descuidado] neglected.

abandonar [abãndo'na(x)] *vt* **-1.** [desamparar] to abandon. **-2.** [negligenciar] to neglect. **-3.** [deixar - estudos, profissão] to give up; [- cônjuge] to leave. **-4.** [renegar] to reject.

◆ **abandonar-se** *vp* **-1.** [desleixar-se] to let o.s. go. **-2.** [entregar-se]: ~**-se a algo** to surrender o.s. to sthg.

abandono [abãn'donu] *m* **-1.** [ato] abandonment. **-2.** [estado] neglect. **-3.** [relaxamento] shabbiness. **-4.** [entrega] surrender.

abarcar [abax'ka(x)] *vt* **-1.** [abranger] to comprise. **-2.** [alcançar] to cover. **-3.** [monopolizar] to monopolize.

abarrotado, da [abaxo'tadu, da] *adj*: ~ **(de)** packed (with).

abarrotar [abaxo'ta(x)] *vt*: ~ **algo (de)** to pack sthg (with).

abastado, da [abaʃ'tadu, da] *adj* well-off.

abastecer [abaʃte'se(x)] *vt*: ~ **algo (de)** to supply sthg (with).

◆ **abastecer-se** *vp*: ~**-se (de algo)** to stock up (with sthg).

abastecimento [abaʃtesi'mẽntu] *m* supply.

abatedouro [abate'doru] *m* [matadouro] slaughterhouse.

abater [aba'te(x)] *vt* **-1.** [matar - animais] to slaughter; [- pessoa] to kill. **-2.** [diminuir] to reduce. **-3.** [enfraquecer] to weaken. **-4.** [desanimar] to shatter.

abatido, da [aba'tʃidu, da] *adj* **-1.** [pálido] drawn. **-2.** [enfraquecido] weakened. **-3.** [desanimado] downcast.

abatimento [abatʃi'mẽntu] *m* **-1.** [palidez] paleness. **-2.** [fraqueza] weakness. **-3.** [desânimo] dejection. **-4.** [redução] reduction; **fazer um** ~ to give a discount.

abaulado, da [abaw'ladu, da] *adj* convex.

abdicação [abdʒika'sãw] (*pl* **-ões**) *f* abdication.

abdicar [abdʒi'ka(x)] *vi* to abdicate; ~ **de algo** *fig* to forgo sthg.

abecê [abe'se] *m* **-1.** [alfabeto] ABC. **-2.** *fig* [rudimentos] fundamentals *(pl)*.

abecedário [abese'darju] *m* alphabet.

abeirar [abej'ra(x)] *vt* to bring near.

◆ **abeirar-se** *vp*: ~**-se de** to draw near to.

abelha [a'beʎa] *f* bee.

abelha-mestra [aˌeʎa'mɛʃtra] (*pl* **abelhas-mestras**) *f* queen bee.

abelhudo, da [abe'ʎudu, da] *adj* nosy.

abençoar [abẽn'swa(x)] *vt* to bless; **(que) Deus te abençoe!** God bless you!

aberração [abexa'sãw] (*pl* **-ões**) *f* aberration.

aberto, ta [a'bɛxtu, ta] ◇ *pp* ▷ **abrir.** ◇ *adj* **-1.** [ger] open. **-2.** [registro, torneira] turned on. **-3.** [sem cobertura - terraço] open-air; [- carro] convertible. **-4.** [céu] clear. **-5.** [embrulho, pacote etc.] unwrapped. **-6.** [camisa etc.] undone. **-7.** [sincero] frank. **-8.** [liberal] open-minded.

abertura [abex'tura] *f* **-1.** [ger] opening; **cerimônia de** ~ opening ceremony. **-2.** [orifício] gap. **-3.** [início] start. **-4.** [de golfo, enseada] width. **-5.** [em roupa] neckline. **-6.** [em idéias] openness. **-7.** *FOT* aperture. **-8.** *MÚS* overture. **-9.** [*POL* - democrática] liberalization; [- de aeroporto, porto] deregulation.

abestalhado, da [abeʃta'ʎadu, da] *adj* moronic.

ABF (*abrev de* **Associação Brasileira de Franchising**) *f Brazilian franchising association.*

ABI (*abrev de* **Associação Brasileira de Imprensa**) *f Brazilian press association.*

abismado, da [abiʒ'madu, da] *adj* dismayed.

abismo [a'biʒmu] *m* **-1.** [precipício] abyss. **-2.** *fig* [grande diferença] chasm. **-3.** *fig* [situação difícil]: **estar à beira de um** ~ to be on the brink.

abjeto, ta [ab'ʒɛtu, ta] *adj* abject.

ABL (*abrev de* **Academia Brasileira de Letras**) *f Brazilian academy of arts.*

abnegado, da [abne'gadu, da] *adj* self-sacrificing.

abnegar [abne'ga(x)] *vi* [renunciar]: ~ **de algo** to renounce sthg.

◆ **abnegar-se** *vp* [sacrificar-se] to sacrifice o.s.

ABNT (*abrev de* **Associação Brasileira de Normas Técnicas**) *f Brazilian body overseeing technical standards,* ≃ BSI *UK*, ≃ ANSI *US*.

abóbada [a'bɔbada] *f* vault.

abóbora [a'bɔbora] *f* pumpkin.

abolição [abolisãw] *f* abolition.

abolir [abo'li(x)] *vt* to abolish.
abominação [abomina'sãw] (*pl* **-ões**) *f* abomination.
abominar [abomi'na(x)] *vt* to loathe.
abonado, da [abo'nadu, da] <> *adj* [rico] well-off. <> *m, f* [rico] well-off person; **os ~s** the well-off.
abonar [abo'na(x)] *vt* **-1.** [gen] to back up. **-2.** [afiançar] to guarantee. **-3.** [aprovar] to approve. **-4.** [dar] to grant. **-5.** [adiantar] to advance. **-6.** [relevar] to excuse.
abono [a'bonu] *m* **-1.** [aprovação] approval. **-2.** [fiança] collateral. **-3.** [pagamento extra] bonus **-4.** [relevação] pardon.
abordagem [abox'daʒẽ] (*pl* **-ns**) *f* approach.
abordar [abox'da(x)] *vt* **-1.** [ir a bordo de] to board. **-2.** [pessoa] to approach. **-3.** [assunto] to broach.
aborígine [abo'riʒeni] *adj* **-1.** [indígena] native. **-2.** [da Austrália] aboriginal.
aborrecer [aboxe'se(x)] *vt* **-1.** [amolar] to annoy. **-2.** [entediar] to bore.
◆ **aborrecer-se** *vp* [amolar-se]: **~-se com alguém** to get annoyed with sb.
aborrecido, da [aboxe'sidu, da] *adj* **-1.** [amolado] annoyed. **-2.** [enfadonho] boring.
aborrecimento [aboxesi'mẽntu] *m* [amolação] annoyance.
abortar [abox'ta(x)] <> *vi* [*MED* - espontaneamente] to have a miscarriage; [- intencionalmente] to have an abortion. <> *vt* [plano, greve etc.] to abort.
aborto [a'boxtu] *m* [*MED* - espontâneo] miscarriage; [- intencional] abortion.
abotoadura [abotwa'dura] *f* cuff-link.
abotoar [abo'twa(x)] *vt* [roupa] to button.
abr. (*abrev de* **abril**) Apr.
abraçar [abra'sa(x)] *vt* **-1.** [com os braços] to hug. **-2.** *fig* [seguir] to embrace.
◆ **abraçar-se** *vp* to hug each other.
abraço [a'brasu] *m* hug; **dar um ~ em alguém** to give sb a hug.
abrandar [abrãn'da(x)] <> *vt* **-1.** [dor] to ease. **-2.** [lei, palavreado] to moderate. <> *vi* **-1.** [ger] to soften. **-2.** [dor, ira, calor, vento] to die down.
abranger [abrãn'ʒe(x)] *vt* **-1.** [incluir] to include. **-2.** [entender] to grasp. **-3.** [conter em sua área] to comprise.
abrasar [abra'za(x)] *vt* **-1.** [incendiar] to set alight. **-2.** [esquentar muito] to scorch.
abreviar [abre'vja(x)] *vt* **-1.** [pôr em abreviatura] to abbreviate. **-2.** [resumir] to abridge. **-3.** [tornar breve] to shorten.
abreviatura [abrevja'tura] *f* abbreviation.
abridor [abri'do(x)] (*pl* **-es**) *m*: **~ de garrafa** bottle opener; **~ de lata** can opener.
abrigar [abri'ga(x)] *vt* [albergar] to shelter.
◆ **abrigar-se** *vp* [albergar-se] to take shelter.
abrigo [a'brigu] *m* **-1.** [refúgio] shelter; **~ antiaéreo** bomb shelter. **-2.** [cobertura] cover. **-3.** [asilo] home.
abril [a'briw] *m* April; *veja também* **setembro**.
abrir [a'bri(x)] <> *vt* **-1.** [ger] to open. **-2.** [pernas, braços] to stretch out. **-3.** [camisa etc.] to undo. **-4.** [mapa] to open out. **-5.** [registro, torneira, água] to turn on. **-6.** [túnel] to bore. **-7.** [estrada] to make. **-8.** [exceção, precedente] to create. **-9.** [apetite] to whet. <> *vi* **-1.** [ger] to open. **-2.** [sinal de tráfego] to turn green. **-3.** [tempo] to clear up.
◆ **abrir-se** *vp* [confidenciar]: **~-se com alguém** to confide in sb.
abrolho [a'broʎu] *m* thorn.
abrupto, ta [a'bruptu, ta] *adj* **-1.** [súbito] sudden. **-2.** [áspero] abrupt.
ABS (*abrev de* **antilock braking system**) *m* ABS; **freios ~** ABS brakes.
absolutamente [abso,luta'mẽntʃi] *adv* **-1.** [completamente] absolutely. **-2.** [de modo nenhum] absolutely not.
absoluto, ta [abso'lutu, ta] *adj* absolute; **em ~** not at all.
absolver [absow've(x)] *vt*: **~ alguém (de algo)** *JUR* to acquit sb (of sthg); *RELIG* to absolve sb (of sthg); [inocentar] to clear sb (of sthg).
absolvição [absowvi'sãw] *f* **-1.** *JUR* acquittal. **-2.** *RELIG* absolution.
absorção [absox'sãw] *f* **-1.** [de água, vapores, gases] absorption. **-2.** [de valores, cultura] absorption.
absorto, ta [ab'soxtu, ta] *adj* [concentrado] absorbed.
absorvente [absox'vẽntʃi] *adj* **-1.** [substância] absorbent. **-2.** [pessoa, leitura, trabalho] absorbing.
◆ **absorvente** *m*: **~ higiênico** sanitary towel.
absorver [absoxve(x)] *vt* to absorb; **~ energia** to use up energy; **~ tempo** to take up time.
abstêmio, mia [abʃ'temju, mja] <> *adj* abstemious. <> *m, f* teetotaller.
abstenção [abʃtẽn'sãw] (*pl* **-ões**) *f* **-1.** [de prazeres, de fumo] abstinence. **-2.** [do voto] abstention.
abster-se [abʃ'texsi] *vp*: **~ (de algo/de fazer algo)** to abstain (from sthg/from doing sthg).
abstrair [abʃtra'i(x)] *vt* **-1.** [afastar] to keep away from. **-2.** [isolar] to separate out.
◆ **abstrair-se** *vp* **-1.** [alhear-se]: **~-se de** to distance o.s. from. **-2.** [concentrar-se]: **~-se em** to absorb o.s. in.
abstrato, ta [abʃ'tratu, ta] *adj* abstract.
absurdo, da [ab'suxdu, da] *adj* absurd.
◆ **absurdo** *m* absurdity.
abulia [abu'abu'dabi] *f* apathy.
abundância [abũn'dãnsja] *f* **-1.** [grande quanti-

dade] abundance; **em ~** in abundance. **-2.** [riqueza]: **ele vive com ~** he is a man of means.
abundante [abũn'dãntʃi] *adj*: **~ (em/de)** abundant (in/with).
abundar [abũn'da(x)] *vi* to abound.
abusado, da [abu'zadu, da] *adj* forward.
abusar [abu'za(x)] *vi* **-1.** [aproveitar-se, exceder-se] to go too far. **-2.** [praticar excessos]: **~ de algo** to abuse sthg. **-3.** [aproveitar-se]: **~ de alguém/algo** to take advantage of sb/sthg. **-4.** [sexualmente]: **~ de alguém** to abuse sb.
abuso [a'buzu] *m*: **~ (de)** abuse (of); **~ sexual** sexual abuse.
abutre [a'butri] *m* vulture.
AC (*abrev de* **Estado do Acre**) *m State of Acre.*
a.C. (*abrev de* **antes de Cristo**) *adj* BC.
acabamento [akaba'mẽntu] *m* finish.
acabar [aka'ba(x)] <> *vt* **-1.** [terminar] to finish. **-2.** [rematar] to finish off. <> *vi* **-1.** [terminar] to finish, to end; **~ de fazer algo** to finish doing sthg; [há pouco] to have just done sthg. **-2.** [ter como conseqüência]: **~ em algo** to end up in sthg. **-3.** [abolir]: **~ com algo** to put an end to sthg. **-4.** [destruir]: **~ com algo** to destroy sthg. **-5.** [tornar-se] to end up.
◆ **acabar-se** *vp* **-1.** [terminar] to finish, to end. **-2.** [desgastar-se] to wear o.s. out.
acabrunhar [akabru'ɲa(x)] *vt* **-1.** [desanimar] to dishearten. **-2.** [envergonhar] to embarrass.
academia [akade'mia] *f* **-1.** [escola] school. **-2.** [sociedade] academy. **-3.** ESP school.
acadêmico, ca [aka'demiku, ka] <> *adj* academic. <> *m, f* academic.
açafrão [asa'frãw] *m* saffron.
acalentar [akalẽn'ta(x)] *vt* **-1.** [ninar] to lull. **-2.** *fig* [nutrir] to cherish. **-3.** [aconchegar] to cuddle.
acalmar [akaw'ma(x)] <> *vt* [pessoa, ânimos] to calm. <> *vi* **-1.** [pessoa] to calm down. **-2.** [ventania] to abate. **-3.** [mar] to become calm.
◆ **acalmar-se** *vp* [pessoa, ânimos] to calm down.
acalorado, da [akalo'radu, da] *adj* [discussão etc.] heated.
acamado, da [aka'madu, da] *adj* bedridden.
açambarcar [asãnbax'ka(x)] *vt* **-1.** [apropriar-se de] to appropriate. **-2.** [monopolizar] to corner.
acampamento [akãnpa'mẽntu] *m* **-1.** [atividade] camping; [lugar] campsite. **-2.** MIL encampment.
acanhado, da [aka'ɲadu, da] *adj* shy.
acanhar-se [aka'ɲaxsi] *vp*: **~ (de fazer algo)** to be shy (about doing sthg).
ação [a'sãw] (*pl* **-ões**) *f* **-1.** [atuação] action. **-2.** [feito] act; **~ de graças** thanksgiving. **-3.** [capacidade de agir]: **sem ~** helpless. **-4.** [efeito] effect. **-5.** [enredo] plot. **-6.** JUR legal action; **mover uma ~ contra alguém** to bring a legal action against sb. **-7.** FIN share; **~ ordinária** ordinary share; **~ preferencial** preference share. **-8.** MIL action.
acarajé [akara'ʒɛ] *m bean fritter.*
acarear [aka'rja(x)] *vt* to confront.
acariciar [akari'sja(x)] *vt* to caress.
acarretar [akaxe'ta(x)] *vt* to cause.
acaso [a'kazu] *m* chance; **essa descoberta foi um ~** it was a chance discovery.
◆ **ao acaso** *loc adv* at random.
◆ **por acaso** *loc adv* by chance.
acatamento [akata'mẽntu] *m* **-1.** [respeito]: **~ (a)** respect (for). **-2.** [cumprimento]: **~ (a** OU **de)** deference (to).
acatar [aka'ta(x)] *vt* **-1.** [respeitar] to respect. **-2.** [cumprir] to obey.
acautelar [akawte'la(x)] *vt* to caution.
◆ **acautelar-se** *vp*: **~-se (contra)** to guard (against).
acebolado, da [asebo'ladu, da] *adj cooked with onions.*
aceder [ase'de(x)] *vi*: **~ a algo** to accede to sthg.
aceitação [asejta'sãw] *f* **-1.** [anuência] acceptance. **-2.** [admissão, aprovação] approval. **-3.** [receptividade] acceptability.
aceitar [asej'ta(x)] *vt* **-1.** [anuir a] to accept. **-2.** [admitir, aprovar] to approve.
aceito, ta [a'sejtu, ta] <> *pp* ▻ **aceitar.** <> *adj* **-1.** [pessoa, produto] well-received. **-2.** [proposta, solução] accepted.
aceleração [aselera'sãw] *f* **-1.** FÍS acceleration. **-2.** [de processo etc.] progress.
acelerador [aselera'do(x)] (*pl* **-es**) *m* accelerator.
acelerar [asele'ra(x)] <> *vt* **-1.** AUTO to accelerate. **-2.** [apressar] to hurry. <> *vi* AUTO to accelerate.
acenar [ase'na(x)] <> *vt* **-1.** [sinalizar] to indicate. **-2.** [fazer movimento com - cabeça] to nod; [- mãos] to wave. <> *vi* **-1.** [sinalizar - com cabeça] to nod; [- com mãos, lenço] to wave. **-2.** [prometer]: **~ algo (a alguém)** to offer (sb) sthg.
acendedor [asẽnde'do(x)] *m* [de bico de gás] lighter.
acender [asẽn'de(x)] <> *vt* **-1.** [cigarro, fósforo] to light. **-2.** [lâmpada, luz] to switch on. **-3.** *fig* [ânimo] to excite. <> *vp* [lâmpada, luz] to be turned on.
aceno [a'senu] *m* **-1.** [gesto] gesture. **-2.** [com a cabeça] nod. **-3.** [com a mão] wave.
acento [a'sẽntu] *m* **-1.** [gráfico] accent. **-2.** [intensidade] stress.
acentuação [asẽntwa'sãw] *f* accentuation.
acentuar [asẽn'twa(x)] *vt* **-1.** [palavra, vogal] to stress. **-2.** [enfatizar] to emphasize. **-3.** [realçar] to accentuate.
acepção [asep'sãw] (*pl* **-ões**) *f* sense.

acerca [a'sexka] ◆ **acerca de** *loc adv* about, concerning.

acerola [ase'rɔla] *f fruit similar to Barbados Cherry, commonly drunk as a fruit juice, rich in vitamins and minerals.*

acertado, da [asex'tadu, da] *adj* **-1.** [relógio] correct. **-2.** [medida, decisão] sensible. **-3.** [combinado] arranged.

acertar [asex'ta(x)] <> *vt* **-1.** [relógio] to set. **-2.** [combinar] to arrange. **-3.** [contas] to settle. **-4.** [igualar] to even up. **-5.** [endireitar] to put right. **-6.** [encontrar] to find. **-7.** [fazer atingir]: ~ **algo em algo** to land sthg on sthg. **-8.** [aplicar] to strike. <> *vi* **-1.** [em adivinhação, jogo] to guess correctly. **-2.** [atingir]: ~ **em algo/alguém** to hit sthg/sb.

acerto [a'sextu] *m* **-1.** [em decisão, escolha] right decision. **-2.** [acordo] agreement. **-3.** [de contas] settling.

acervo [a'sexvu] *m* [patrimônio] collection.

aceso, sa [a'sezu, za] <> *pp* ▷ **acender.** <> *adj* **-1.** [cigarro, fósforo] lit. **-2.** [lâmpada, luz] on. **-3.** *fig* [pessoa] excited.

acessar [ase'sa(x)] *vt* COMPUT to access.

acessível [ase'sivɛw] (*pl* **-eis**) *adj* **-1.** [de acesso fácil] accessible. **-2.** [que se pode obter] available. **-3.** [tratável] approachable. **-4.** [inteligível] comprehensible. **-5.** [módico] affordable.

acesso [a'sɛsu] *m* **-1.** [ger] access. **-2.** [aproximação] approach. **-3.** [ímpeto] fit. **-4.** MED attack. **-5.** COMPUT access; ~ **discado** dial-up access.

acessório, ria [ase'sɔrju] *adj* accessory.

◆ **acessório** *m* accessory.

achado [a'ʃadu] *m* **-1.** [coisa encontrada] find. **-2.** [descoberta] discovery. **-3.** [pechincha] bargain. **-4.** [coisa providencial] godsend.

achaque [a'ʃaki] *m* ailment.

achar [a'ʃa(x)] *vt* **-1.** [encontrar - procurando] to find; [- por acaso] to come across. **-2.** [descobrir, encontrar] to find. **-3.**: ~ **graça em algo** to find sthg amusing. **-4.** [supor, opinar] to think; ~ **que ...** to think that ...; **acho que sim** I think so.

◆ **achar-se** *vp* **-1.** [estar] to be. **-2.** [considerar-se] to consider o.s.

achatar [aʃa'ta(x)] *vt* **-1.** [aplanar] to flatten. **-2.** [rebaixar] to lower.

achegar-se [aʃe'gaxsi] *vp*: ~ **(a/de)** to get closer (to).

acidentado, da [asidẽn'tadu, da] <> *adj* **-1.** [terreno] rough. **-2.** [viagem, vida] turbulent. **-3.** [pessoa] injured. <> *m, f* [pessoa] injured person.

acidental [asidẽn'taw] (*pl* **-ais**) *adj* **-1.** [fortuito] accidental. **-2.** [secundário] incidental.

acidente [asi'dẽntʃi] *m* **-1.** [desastre] accident; ~ **de carro** car accident. **-2.** [eventualidade] circumstance; **por** ~ by chance. ~ **geográfico** geographic accident. ~ **de trabalho** accident at work, industrial accident. ~ **vascular cerebral** MED stroke.

acidez [asi'deʒ] *f* acidity.

ácido, da ['asidu, da] *adj* **-1.** QUÍM acid. **-2.** [bebida, fruta, sabor] acidic.

◆ **ácido** *m* **-1.** QUÍM acid. **-2.** *fam* [droga] acid.

acima [a'sima] *adj* **-1.** [ger] above; **mais** ~ higher up. **-2.** [em direção à parte superior]: **morro** OU **ladeira** ~ uphill.

◆ **acima de** *loc prep* **-1.** [em posição superior] above. **-2.** [quantia, quantidade] more than.

acinte [a'sĩntʃi] *m* provocation.

acintosamente [asĩntoza'mẽntʃi] *adv* deliberately.

acionar [asjo'na(x)] *vt* **-1.** [mecanismo, medidas] to set in motion. **-2.** JUR to sue.

acionista [asjo'niʃta] *mf* shareholder.

acirrado, da [asi'xadu, da] *adj* **-1.** [luta, discussão, ânimo] tough. **-2.** [ódio] bitter.

aclamação [aklama'sãw] *f* **-1.** [ovação] ovation. **-2.** [proclamação] proclamation.

aclamar [akla'ma(x)] *vt* **-1.** [ovacionar] to applaud. **-2.** [proclamar] to proclaim.

aclive [a'klivi] *m* slope; **um caminho em** ~ an uphill slope.

ACM (*abrev de* **Associação Cristã de Moços**) *f* ≃ YMCA.

aço ['asu] *m* steel; ~ **inoxidável** stainless steel.

ações [a'sõjʃ] *pl* ▷ **ação.**

açoitar [asoj'ta(x)] *vt* **-1.** [com açoite] to whip. **-2.** [suj: vento, temporal] to lash.

açoite [a'sojtʃi] *m* whip.

acolá [ako'la] *adv* over there.

acolchoado, da [akow'ʃwadu, da] *adj* [forrado] quilted.

◆ **acolchoado** *m* quilt.

acolchoar [akow'ʃwa(x)] *vt* [forrar] to quilt.

acolhedor, ra [akoʎe'do(x), ra] *adj* welcoming.

acolher [ako'ʎe(x)] *vt* **-1.** [ger] to welcome. **-2.** [hospedar] to put sb up. **-3.** [admitir] to receive.

acolhida [ako'ʎida] *f* **-1.** [hospedagem] hospitality. **-2.** [recepção] welcome.

acometer [akome'te(x)] *vt* **-1.** [atacar] to attack. **-2.** [suj: doença, desejo, sentimento] to strike.

acomodação [akomoda'sãw] (*pl* **-ões**) *f* **-1.** [alojamento] accommodation. **-2.** [aposento, instalação] room. **-3.** [arranjo, arrumação] layout. **-4.** [adaptação] adaptation.

acomodado, da [akomo'dadu, da] *adj* **-1.** [alojado, instalado] settled. **-2.** [conformado] reconciled.

acomodar [akomo'da(x)] *vt* [alojar, instalar] to accommodate.

◆ **acomodar-se** *vp* **-1.** [alojar-se, instalar-se] to settle o.s. **-2.** [conformar-se] to reconcile o.s.

acompanhado, da [akõnpa'ɲadu, da] *adj* accompanied.

acompanhamento [akõnpaɲa'mẽntu] *m* **-1.**

[de processo, doença] monitoring. **-2.** *MÚS* accompaniment. **-3.** *CULIN* side order, side dish.

acompanhante [akõnpaˈɲãntʃil] *mf* companion.

acompanhar [akõnpaˈɲa(x)] ◇ *vt* **-1.** [ger] to accompany. **-2.** [processo, doença] to monitor. **-3.** [suj: problema, preocupações] to stay with. **-4.** [margear] to run parallel to. **-5.** [compreender] to keep up with. **-6.** *CULIN* to go with. ◇ *vi MÚS* to accompany.

aconchegante [akõnʃeˈgãntʃil] *adj* cosy.

aconchegar [akõnʃeˈga(x)] *vt* **-1.** [nos braços] to cuddle. **-2.** [na cama, nas cobertas] to tuck up *OU* in.

◆ **aconchegar-se** *vp* **-1.** [nos braços] to snuggle. **-2.** [na cama, nas cobertas] to tuck o.s. up *OU* in.

aconchego [akõnˈʃegul] *m* warmth.

acondicionamento [akõndʒisjonaˈmẽntul] *m* packaging.

acondicionar [akõndʒisjoˈna(x)] *vt* **-1.** [embrulhar] to wrap. **-2.** [embalar] to package.

aconselhar [akõnseˈʎa(x)] *vt* **-1.** [dar conselho a]: ~ **alguém (a fazer algo** *OU* **a que faça algo)** to advise sb (to do sthg). **-2.** [recomendar] to recommend.

◆ **aconselhar-se** *vp* to seek advice; ~**-se com alguém** to seek the advice of sb.

aconselhável [akõnseˈʎavɛw] (*pl* **-eis**) *adj* advisable.

acontecer [akõnteˈse(x)] *vi* to happen.

acontecimento [akõntesiˈmẽntul] *m* event.

acoplado, da [akoˈpladu, dal] *adj* [conectado - peças] connected; [- naves espaciais] docked.

acordado, da [akoxˈdadu, dal] *adj* **-1.** [desperto] awake; **sonhar** ~ to daydream. **-2.** [combinado] agreed.

acordar [akoxˈda(x)] ◇ *vt* [despertar] to wake. ◇ *vi* [despertar] to wake.

acordeão [akoxˈdʒjãw] (*pl* **-ões**) *m* accordion.

acordo [aˈkoxdul] *m* agreement; **chegar a um** ~ to arrive at an agreement; **de** ~ agreed; **de** ~ **com** [conforme] according to; **estar de** ~ **(com alguém/em fazer algo)** to be in agreement (with sb/to do sthg); **de comum** ~ by common accord.

acorrentar [akoxẽnˈta(x)] *vt* to chain.

acossado, da [akoˈsadu, dal] ◇ *adj* [perseguido] persecuted, hounded. ◇ *m, f* victim.

acossar [akoˈsa(x)] *vt* **-1.** [perseguir] to pursue. **-2.** [acuar] to corner.

acostamento [akoʃtaˈmẽntul] *m* hard shoulder.

acostumado, da [akoʃtuˈmadu, dal] *adj* **-1.** [habitual] usual. **-2.** [habituado]: **estar** ~ **a** *OU* **com algo** to be used to sthg; **estar** ~ **a fazer algo** to be in the habit of doing sthg.

acostumar [akoʃtuˈma(x)] *vt*: ~ **alguém/algo a algo** to accustom sb/sthg to sthg; ~ **alguém a fazer algo** to accustom sb to doing sthg.

◆ **acostumar-se** *vp* to accustom o.s.; ~**-se a algo/a fazer algo** to accustom o.s. to sthg/to doing sthg.

acotovelar [akotoveˈla(x)] *vt* **-1.** [para chamar a atenção] to nudge. **-2.** [empurrar] to elbow.

◆ **acotovelar-se** *vp* [empurrar-se] to elbow one's way.

açougue [aˈsogil] *m* butcher's.

açougueiro, ra [asoˈgejru, ral] *m* butcher.

acre [ˈakril] *adj* **-1.** [ácido, amargo] acrid. **-2.** *fig* [áspero] harsh.

acreditar [akredʒiˈta(x)] ◇ *vt* **-1.** [crer] to believe. **-2.** [abonar] to confirm. ◇ *vi* **-1.** [crer]: ~ **em algo/alguém** to believe in sthg/sb. **-2.** [confiar]: ~ **em algo/alguém** to have confidence in sthg/sb.

acrescentar [akresẽnˈta(x)] *vt* to add.

acréscimo [aˈkrɛsimul] *m* **-1.** [adição] addition. **-2.** [aumento] increase.

acrílico [aˈkrilikul] *m* acrylic.

acrobacia [akrobaˈsial] *f* acrobatics *(pl)*.

acrobata [akroˈbatal] *mf* acrobat.

acuado, da [aˈkuadu, dal] *adj* [acossado] cornered.

açúcar [aˈsuka(x)] *m* sugar; ~ **mascavo** brown sugar.

açucareiro [asukaˈrejrul] *m* sugar bowl.

açude [aˈsudʒil] *m* dam.

acudir [akuˈdʒi(x)] ◇ *vt* to run to help. ◇ *vi* to rush to sb's aid.

acumular [akumuˈla(x)] *vt* **-1.** [ajuntar] to accrue. **-2.** [amontoar] to accumulate. **-3.** [reunir] to collate. **-4.** [cargos] to combine.

acúmulo [aˈkumulul] *m* accumulation.

acupuntura [akupũnˈtural] *f* acupuncture.

acusação [akuzaˈsãw] (*pl* **-ões**) *f* **-1.** [incriminação] accusation. **-2.** [promotoria]: **a** ~ the prosecution.

acusado, da [akuˈzadu, dal] *m, f* [réu] defendant.

acusar [akuˈza(x)] *vt* **-1.** [gen]: ~ **alguém (de algo)** to accuse sb (of sthg). **-2.** *JUR* : ~ **alguém de algo** to charge sb with sthg. **-3.** [mostrar] to reveal.

acústico, ca [aˈkuʃtʃiku, kal] *adj* acoustic.

◆ **acústica** *f FÍS* acoustics.

AD (*abrev de* **Anno Domini**) AD.

adaptação [adaptaˈsãw] (*pl* **-ões**) *f* adaptation.

adaptar [adapˈta(x)] *vt* **-1.** [fixar] to fit. **-2.** [peça teatral, música, linguagem] to adapt.

◆ **adaptar-se** *vp* [ambientar-se] to adapt o.s.

adega [aˈdɛgal] *f* cellar.

ademais [adʒiˈmajʃ] *adv* [além disso] moreover.

adentro [aˈdẽntrul] *adv*: **casa/noite** ~ into the house/night; **mar** ~ out to sea.

adepto, ta [a'dɛptu, ta] *m, f*: ~ **(de)** follower (of).
adequado, da [ade'kwadu, da] *adj* appropriate.
adequar [ade'kwa(x)] *vt*: ~ **algo a algo** to adapt sthg to sthg.
aderente [ade'rẽntʃi] <> *adj* [substância] adhesive. <> *mf* [adepto] adherent.
aderir [ade'ri(x)] *vi* **-1.** [colar-se] to stick. **-2.** [a partido, campanha] to adhere. **-3.** [a moda, estilo de vida] to follow.
adesão [ade'zãw] (*pl* **-ões**) *f* [a partido, campanha] adhesion; **documento de** ~ petition.
adesivo, va [ade'zivu, va] *adj* adhesive.
◆ **adesivo** *m* Sellotape® *UK*, Scotch tape® *US*.
adestramento [adeʃtra'mẽntu] *m* training.
adestrar [adeʃ'tra(x)] *vt* to train.
adeus [a'dewʃ] <> *m* farewell. <> *interj* goodbye!
adiamento [adʒja'mẽntu] *m* [prorrogação] postponement.
adiantado, da [adʒjãn'tadu, da] *adj* **-1.** [trabalho] ahead of schedule. **-2.** [relógio] fast. **-3.** [pagamento] advance *(antes de subst)*. **-4.** [aluno, povo] advanced.
◆ **adiantado** *adv*: **pagar** ~ to pay in advance; **cheguei** ~ **ao encontro** I arrived early for the meeting.
adiantamento [adʒjãnta'mẽntu] *m* **-1.** [progresso] progress. **-2.** [de quantia, salário] advance.
adiantar [adʒjãn'ta(x)] <> *vt* **-1.** [trabalho] to get ahead with. **-2.** [relógio] to put forward. **-3.** [quantia, salário] to advance. **-4.** [dizer antecipadamente] to anticipate. <> *vi* **-1.** [relógio] to be fast. **-2.** [trazer benefício]: ~ **fazer algo** to be worth doing sthg.
◆ **adiantar-se** *vp* [em trabalho, estudos] to get ahead.
adiante [a'dʒjãntʃi] *adv* **-1.** [na frente] ahead; **mais** ~ [no espaço] further on; [no tempo] later on. **-2. levar algo** ~ [obra, plano] to go ahead with sthg.
adiar [a'dʒja(x)] *vt* to postpone.
adição [adʒi'sãw] (*pl* **-ões**) *f* **-1.** [acréscimo] addition. **-2.** *MAT* sum.
adicionar [adʒisjo'na(x)] *vt* **-1.** [acrescentar] to add. **-2.** *MAT* to add up.
adido, da [a'dʒidu, da] *m,f* [em embaixada] attaché.
adivinhar [adʒivi'ɲa(x)] *vt* **-1.** [presente, futuro] to predict. **-2.** [resposta, causa, intenção] to guess. **-3.** [enigma, mistério] to solve.
adivinho, nha [adʒi'viɲu, ɲa] *m,f* fortuneteller.
adjacências [adʒa'sẽnsjaʃ] *fpl* neighbourhood.
adjacente [adʒa'sẽntʃi] *adj* adjacent.
adjetivo [adʒɛ'tʃivu] *m* adjective.
adjudicação [adʒudʒika'sãw] (*pl* **-ões**) *f JUR* adjudication.
adjudicar [adʒudʒi'ka(x)] *vt JUR* : ~ **algo a alguém** to adjudicate sthg for sb.
adjunto, ta [ad'ʒũntu, ta] <> *adj* [assistente] assistant. <> *m, f* **-1.** [assistente] assistant. **-2.** *GRAM* adjunct.
administração [adʒiminiʃtra'sãw] (*pl* **-ões**) *f* **-1.** [ger] administration; ~ **de empresas** [curso] business studies. **-2.** [pessoal] management.
administrador, ra [adʒiminiʃtra'do(x), ra] (*mpl* **-es**, *fpl* **-s**) *m, f* administrator.
administrar [adʒiminiʃ'tra(x)] *vt* **-1.** [gerir] to manage. **-2.** [dar] to administer.
administrativo, va [adʒiminiʃtra'tʃivu, va] *adj* administrative.
admiração [adʒimira'sãw] *f* **-1.** [respeito] admiration. **-2.** [surpresa] surprise.
admirado, da [adʒimi'radu, da] *adj* [respeitado] admired.
admirador, ra [adʒimira'do(x), ra] *m, f* admirer.
admirar [adʒimi'ra(x)] <> *vt* **-1.** [respeitar, contemplar] to admire. **-2.** [surpreender] to surprise. <> *vi* [surpreender] to be astounding; **não é de** ~ **(que ...)** it's no wonder (that ...).
◆ **admirar-se** *vp* **-1.** [mutuamente] to admire each other. **-2.** [surpreender-se]: **~-se (de algo)** to be surprised (at sthg).
admirável [adʒimi'ravɛw] (*pl* **-eis**) *adj* **-1.** [excelente] admirable. **-2.** [assombroso] amazing.
admissão [adʒimi'sãw] (*pl* **-ões**) *f* **-1.** [ger] admission. **-2.** [contratação] employment.
admitir [adʒimi'tʃi(x)] *vt* **-1.** [ger] to admit. **-2.** [aceitar] to tolerate. **-3.** [consentir em] to permit. **-4.** [contratar] to take on. **-5.** [comportar] to allow.
admoestação [adʒmweʃta'sãw] (*pl* **-ões**) *f* **-1.** [advertência] warning. **-2.** [reprimenda] reprimand.
ADN (*abrev de* **ácido desoxirribonucleico**) *m* DNA.
adoçante [ado'sãntʃi] *m* sweetener.
adoção [ado'sãw] (*pl* **-ões** [-õjʃ] *f* adoption.
adoçar [ado'sa(x)] *vt* **-1.** [café, chá] to sweeten. **-2.** *fig* [velhice, vida] to ease.
adoecer [adwe'se(x)] <> *vi*: ~ **(de)** to fall ill (with). <> *vt* to make ill.
adoidado, da [adoj'dadu, da] <> *adj* [amalucado] mad. <> *adv fam* [muito] madly.
adolescência [adole'sẽnsja] *f* adolescence.
adolescente [adole'sẽntʃi] <> *adj* adolescent. <> *mf* adolescent.
adorar [ado'ra(x)] *vt* **-1.** [divindade] to adore. **-2.** [gostar muito de] to love.
adorável [ado'ravɛw] (*pl* **-eis**) *adj* lovely.
adormecer [adoxme'se(x)] <> *vi* **-1.** [dormir] to fall asleep. **-2.** [ficar dormente] to go numb. <>

vt [causar sono a] to make sleepy.

adornar [adox'na(x)] *vt* to adorn.

adorno [a'doxnu] *m* adornment.

adotar [ado'ta(x)] *vt* to adopt.

adotivo, va [ado'tʃivu, va] *adj* adoptive.

adquirir [adʒiki'ri(x)] *vt* **-1.** [comprar] to buy. **-2.** [conseguir] to acquire.

adro ['adru] *m* churchyard.

aduana [a'dwana] *f* customs *(pl)*.

aduaneiro, ra [adwa'nejru, ra] *adj* customs *(pl)*.

adubar [adu'ba(x)] *vt* to fertilize.

adubo [a'dubu] *m* [fertilizante] fertilizer; **~ orgânico/químico** organic/chemical fertilizer.

adulação [adula'sãw] *f* flattery.

adular [adu'la(x)] *vt* to flatter.

adulterar [aduwte'ra(x)] *vt* **-1.** [texto] to falsify. **-2.** [alimento, medicamento] to adulterate.

adultério [aduw'tɛrju] *m* adultery.

adúltero, ra [a'duwteru, ra] ◇ *adj* adulterous. ◇ *m, f* adulterer (*f* adulteress).

adulto, ta [a'duwtu, ta] ◇ *adj* adult. ◇ *m, f* adult.

advento [adʒ'vẽntu] *m* advent.

advérbio [adʒ'vɛxbju] *m* adverb.

adversário, ria [adʒivex'sarju, rja] *m, f* adversary.

adversidade [adʒivexsi'dadʒi] *f* adversity.

adverso, sa [adʒi'vɛxsu, sa] *adj* [difícil] adverse.

advertência [adʒivex'tẽnsja] *f* **-1.** [aviso] warning. **-2.** [repreensão] reprimand.

advertir [adʒivex'tʃi(x)] *vt* **-1.** [prevenir, avisar] to warn. **-2.** [repreender] to reprimand.

advir [adʒ'vi(x)] *vi* [resultar]: **~ de** to result from.

advocacia [adʒivoka'sia] *f* advocacy.

advogado, da [adʒivo'gadu, da] *m, f* lawyer.

advogar [adʒivo'ga(x)] ◇ *vt* **-1.** *JUR* to advocate. **-2.** *fig* [defender] to defend. ◇ *vi* [exercer a profissão de advogado] to practise law.

aéreo, rea [a'ɛrju, rja] *adj* **-1.** *AERON* air *(antes de subst)*. **-2.** [pessoa] absent-minded.

aerobarco [aɛro'baxku] *m* hovercraft.

aeróbico, ca [ae'rɔbiku, ka] *adj* aerobic.

◆ **aeróbica** *f* aerobics *(sg)*.

aeroclube [aɛro'klubi] *m* flying club.

aerodinâmico, ca [aɛrodʒi'nãmiku, ka] *adj* aerodynamic.

◆ **aerodinâmica** *f* aerodynamics *(pl)*.

aeródromo [aɛ'rɔdromu] *m* airfield.

aerograma [aɛro'grama] *m* aerogramme *UK*, aerogram *US*.

aeromoça [aɛro'mosa] *f* air stewardess, flight attendant.

aeronáutica [aɛro'nawtʃika] *f* **-1.** [ciência] aeronautics *(sg)*. **-2.** *MIL* air force.

aeronave [aɛro'navi] *f* aircraft.

aeroporto [aɛro'poxtu] *m* airport.

afã [a'fã] *m* **-1.** [ânsia - por sucesso] longing; [- de agradar] eagerness; [- para fazer algo] urge. **-2.** [entusiasmo, vontade] enthusiasm.

afabilidade [afabili'dadʒi] *f* affability.

afagar [afa'ga(x)] *vt* **-1.** [person] to caress. **-2.** [animal, hair] to stroke.

afamado, da [afa'madu, da] *adj* famous.

afanar [afa'na(x)] *vt* ***fam*** [roubar] to nick, to steal.

afastado, da [afaʃ'tadu, da] *adj* **-1.** [praia, terras] remote. **-2.** [casa] isolated. **-3.** [parente] distant. **-4.** [pernas] apart.

afastamento [afaʃta'mẽntu] *m* **-1.** [distanciamento] withdrawal. **-2.** [de cargo] removal.

afastar [afaʃ'ta(x)] *vt* **-1.** [tirar do caminho] to push out of the way. **-2.** [apartar] to put aside. **-3.** [pôr de lado] to part. **-4.** [distanciar] to keep away *(sep)*. **-5.** [de cargo] to remove. **-6.** [frustrar] to thwart.

◆ **afastar-se** *vp* **-1.** [distanciar-se - no espaço] to move aside *(sep)*; [- de amigos etc.] to part. **-2.** [sair] to leave. **-3.** [de cargo] to take leave from.

afável [a'favɛw] (*pl* **-eis**) *adj* affable.

afazeres [afa'zeriʃ] *mpl* affairs; **~ domésticos** housework *(sg)*.

afeição [afej'sãw] *f* affection; **sentir ~ por alguém/algo** to feel affection for sb/sthg.

afeiçoado, da [afej'swadu, da] *adj* attached.

afeiçoar-se [afej'swaxsi] *vp*: **~ a alguém/algo** to become attached to sb/sthg.

afeito, ta [a'fejtu, ta] *adj*: **~ a** accustomed to.

aferir [afe'ri(x)] *vt* **-1.** [conferir] to check. **-2.** [avaliar] to estimate. **-3.** [cotejar]: **~ algo/alguém por algo** to judge sthg/sb by sthg.

aferrado, da [afe'xadu, da] *adj* [apegado] attached.

aferrar-se [afe'xaxsi] *vp* [apegar-se]: **~ a algo** to cling to sthg.

afetado, da [afe'tadu, da] *adj* affected.

afetar [afe'ta(x)] *vt* to affect.

afetividade [afetʃivi'dadʒi] *f* **-1.** affection. **-2.** *PSIC* affectivity.

afetivo, va [afe'tʃivu, va] *adj* **-1.** affectionate, kind. **-2.** *PSIC* affective.

afeto [a'fɛtu] *m* **-1.** affection. **-2.** *PSIC* affect.

afetuoso, osa [afe'tuozu, ɔza] *adj* affectionate.

afiado, da [a'fjadu, da] *adj* sharp.

afiançar [afjãn'sa(x)] *vt* **-1.** [réu] to bail out. **-2.** [dívida, empréstimo] to guarantee.

afiar [a'fja(x)] *vt* [faca, tesoura] to sharpen.

aficionado, da [afisjo'nadu, da] *m, f* enthusiast.

afilhado, da [afi'ʎadu, da] *m, f* godchild.

afiliar [afi'lja(x)] *vt* to affiliate.

◆ **afiliar-se** *vp*: **~-se a algo** to join sthg.

afim [a'fĩ] (*pl* **-ns**) *adj* **-1.** [objetivos] similar. **-2.** [almas] kindred.

afinado, da [afi'nadu, da] *adj* **-1.** [instrumento] tuned. **-2.** [pessoa]: **~ com** attuned to.

afinal [afi'naw] *adv* **-1.** [por fim] finally, in the end; **~ , ele vem ou não vem?** so is he coming or not?; **~ (de contas)** in the end. **-2.** [pensando bem] all things considered.

afinar [afi'na(x)] <> *vt* [voz, instrumento] to tune. <> *vi* **-1.** [emagrecer] to slim down. **-2.** [concordar]: **~ com alguém em algo** to see eye to eye with sb over sthg.

afinco [a'fĩŋku] *m* perseverance; **com ~** assiduously.

afinidade [afini'dadʒil] *f* [semelhança] affinity.

afins [a'fĩʃ] *pl* ⊳ **afim.**

afirmação [afixma'sãw] (*pl* **-ões**) *f* **-1.** [declaração] assertion. **-2.** [auto-afirmação] self-assertion.

afirmar [afix'ma(x)] *vt* **-1.** [declarar] to declare. **-2.** [confirmar] to assert.

◆ **afirmar-se** *vp* **-1.** [estabelecer-se] to establish o.s. **-2.** [sentir-se seguro] to assert o.s.

afirmativo, va [afixma'tʃivu, va] *adj* affirmative.

◆ **afirmativa** *f* assertion.

afivelar [afive'la(x)] *vt* to buckle.

afixar [afik'sa(x)] *vt* [aviso, cartaz] to affix.

aflição [afli'sãw] (*pl* **-ões**) *f* **-1.** [sofrimento] distress *(U)*. **-2.** [ansiedade] anxiety. **-3.** [desconforto]: **dar ~ a alguém** to unsettle sb.

afligir [afli'ʒi(x)] *vt* **-1.** [fazer sofrer] to distress. **-2.** [causar ansiedade a] to trouble. **-3.** [suj: mal] to torment.

◆ **afligir-se** *vp*: **~-se (com)** to worry (about).

aflito, ta [a'flitu, ta] *adj* distressed; **estar ~ com algo/para fazer algo** to be desperate about sthg/to do sthg.

aflorar [aflo'ra(x)] *vi* **-1.** [vir à tona] to come to the surface. **-2.** [surgir] to surface.

afluência [aflu'ẽnsja] *f* **-1.** [de líquido] flow. **-2.** [de pessoas] flood. **-3.** [riqueza] affluence.

afluente [aflu'ẽntʃi] <> *adj* [rico] affluent. <> *m* [curso de rio] tributary.

afluir [a'flwi(x)] *vt*: **~ a** *ou* **para/de** to flow into *ou* towards/from; [pessoas] to flock to *ou* towards/from.

afobação [afoba'sãw] *f* **-1.** [agitação, atrapalhação] turmoil. **-2.** [pressa] haste. **-3.** [ansiedade] anxiety.

afobado, da [afo'badu, da] *adj* **-1.** [ger] flustered. **-2.** [ansioso] upset.

afobamento [afoba'mẽntu] *m* = **afobação.**

afobar [afo'ba(x)] *vt* **-1.** [ger] to fluster. **-2.** [deixar ansioso] to perturb.

◆ **afobar-se** *vp* **-1.** [ficar agitado] to get flustered. **-2.** [apressar-se] to fret. **-3.** [ficar ansioso] to worry.

afogado, da [afo'gadu, da] *adj* **-1.** [pessoa] drowned. **-2.** [motor] flooded. **-3.** [em dívidas] weighed down. **-4.** [em trabalho] swamped.

afogador [afoga'do(x)] (*pl* **-es**) *m* AUTO choke.

afogamento [afoga'mẽntu] *m* drowning.

afogar [afo'ga(x)] <> *vt* **-1.** [pessoa] to drown. **-2.** [motor] to flood. **-3.** [pensamentos, sentimento] to quell. <> *vi* **-1.** [pessoa] to drown. **-2.** [motor] to flood.

◆ **afogar-se** *vp* [pessoa] to drown o.s.

afoito, ta [a'fojtu, ta] *adj* in a hurry *(depois de subst/de verbo)*.

afônico, ca [a'foniku, ka] *adj* silent.

afora [a'fɔra] <> *adv*: **pelo mundo ~** throughout the world; **mar ~** across the sea; **pela vida ~** throughout life; **sair** *ou* **ir por aí ~** to go off; **porta ~** out the door. <> *prep* apart from.

afortunado, da [afoxtu'nadu, da] *adj* fortunate.

Afoxés [a'foʃɛʃ] *mpl traditional groups who parade through the streets during Carnival.*

afresco [a'freʃku] *m* fresco.

África ['afrika] *n* Africa.

africano, na [afri'kãnu, na] <> *adj* African. <> *m, f* African.

afro-americano, na [afrwameri'kãnu, na] <> *adj* Afro-American. <> *m, f* Afro-American.

afro-brasileiro, ra [afrobrazi'lejru, ra] *adj* Afro-Brazilian.

afronta [a'frõnta] *f* affront.

afrontar [afrõn'ta(x)] *vt* **-1.** [ultrajar] to outrage. **-2.** [atacar] to confront.

afrouxar [afro'ʃa(x)] <> *vt* **-1.** [soltar] to loosen. **-2.** [relaxar] to relax. <> *vi* **-1.** [soltar-se] to come undone. **-2.** [pessoa] to give up.

afta ['afta] *f* mouth ulcer.

afugentar [afuʒẽn'ta(x)] *vt* to chase away.

afundar [afũn'da(x)] <> *vt* **-1.** [fazer ir ao fundo - pessoa] to force to the ground; [- âncora] to drop. **-2.** [aprofundar] to deepen. <> *vi* to sink.

◆ **afundar-se** *vp* **-1.** *fam* [em exame] to fail. **-2.** [embrenhar-se - em afazeres] to become engulfed; [- no matagal] to go deep. **-3.** [imergir] to sink. **-4.** [perder-se] to lose o.s.

agá [a'ga] *m* aitch.

agachar-se [aga'ʃaxsi] *vp* **-1.** [acocorar-se] to squat. **-2.** *fig* [aviltar-se] to grovel.

agarrado, da [aga'xadu, da] *adj* **-1.** [preso com força]: **~ a** *ou* **em algo** clinging to *ou* onto sthg. **-2.** [apegado]: **~ a** *ou* **com alguém** clinging to *ou* onto sb.

agarrar [aga'xa(x)] <> *vt* **-1.** [segurar com força] to grasp. **-2.** [capturar] to catch. <> *vi* **-1.** [segurar com força]: **~ em** to hold on to. **-2.** [goleiro] to defend.

◆ **agarrar-se** *vp* **-1.** [segurar com força]: **~-se a** *ou* **em** to hold on to. **-2.** [abraçar-se fortemente] to cling to each other.

agasalhar [agaza'ʎa(x)] *vt* to wrap up warmly.

◆ **agasalhar-se** *vp* to wrap o.s. up warmly.

agasalho [aga'zaʎu] *m* **-1.** [casaco, manta] warm clothing. **-2.** [suéter] jumper.
ágeis ['aʒejʃ] *pl* ⊳ **ágil.**
agência [a'ʒẽnsja] *f* **-1.** [empresa] agency; ~ **de viagens** travel agency. **-2.** [sucursal] branch; ~ **de correios** post-office branch.
agenciamento [aʒẽsja'mẽntu] *m* **-1.** [negociação] negotiation. **-2.** [representação] representation. **-3.** [obtenção, busca] recruitment.
agenciar [a'ʒẽsja(x)] *vt* **-1.** [ger] to manage. **-2.** [servir de agente a] to act as agent for.
agenda [a'ʒẽnda] *f* **-1.** [de compromissos] diary. **-2.** [programação - de semana] schedule.

> Não confundir ***agenda (schedule)*** com o inglês ***agenda*** que em português é ***pauta***. (***Eu tenho uma agenda lotada para os próximos dias.*** I have a very busy ***schedule*** for the next few days.)

agente [a'ʒẽntʃi] ◇ *m, f* [pessoa] agent; ~ **secreto** secret agent. ◇ *m* **-1.** [ger] agent. **-2.** *GRAM* subject.
ágil ['aʒiw] (*pl* **ágeis**) *adj* agile.
agilidade [aʒili'dadʒi] *f* agility.
ágio ['aʒju] *m* interest.
agiota [a'ʒjɔta] *m, f* [usurário] usurer.
agir [a'ʒi(x)] *vi* to act; ~ **bem/mal** to act properly/wrongly.
agitação [aʒita'sãw] (*pl* **-ões**) *f* **-1.** [movimento - de garrafa] shaking; [- de líquido] stirring; [- de braços] waving. **-2.** *PSIC* [excitação] agitation. **-3.** [inquietação] restlessness. **-4.** [rebuliço] agitation. **-5.** [política, social] unrest.
agitado, da [aʒi'tadu, da] *adj* **-1.** [excitado] agitated. **-2.** [inquieto] disturbed. **-3.** [tumultuado] unsettled. **-4.** [mar] rough.
agitar [aʒi'ta(x)] ◇ *vt* **-1.** [movimentar - garrafa etc.] to shake; [- líquido] to stir; [- braços] to wave. **-2.** [excitar] to unnerve. **-3.** [inquietar] to worry. **-4.** [sublevar] to agitate. **-5.** ***fam*** [fazer, organizar] to organize. ◇ *vi* [movimentar]: **'agite antes de usar'** 'shake before use'.
◆ **agitar-se** *vp* **-1.** [inquietar-se] to become agitated. **-2.** [movimentar-se - na cama] to be restless; [- na rua, no trabalho etc.] to run around.
aglomeração [aglomera'sãw] (*pl* **-ões**) *f* **-1.** [de coisas] stack. **-2.** [de pessoas] mass.
aglomerado [aglome'radu] *m* **-1.** [de coisas] pile. **-2.** [de pessoas] mass.
aglomerar [aglome'ra(x)] *vt* to mass.
◆ **aglomerar-se** *vp* [pessoas] to swarm.
aglutinação [aglutʃina'sãw] *f* **-1.** [fusão] agglutination. **-2.** [combinação] almagamation.
ago. (*abrev de* **agosto**) Aug.
agonia [ago'nia] *f* **-1.** [ger] agony. **-2.** [de moribundo] death throes *(pl)*. **-3.** ***fig*** [declínio] decline.
agonizante [agoni'zãntʃi] *adj* dying.
agonizar [agoni'za(x)] *vi* to be dying.
agora [a'gɔra] ◇ *adv* **-1.** [neste momento] now; ~ **mesmo** right now; [há pouco] just now; **até** ~ until now; **de** ~ **em diante** from now on. **-2.** [atualmente] nowadays. **-3.** [doravante] from now on. ◇ *conj* [mas] now.
agosto [a'goʃtu] *m* August; ***veja também* setembro.**
agourar [ago'ra(x)] ◇ *vt* [pressagiar] to portend. ◇ *vi* [fazer mau agouro] to bode ill.
agouro [a'goru] *m* omen; **mau** ~ bad omen.
agradar [agra'da(x)] ◇ *vt* [causar prazer a] to please. ◇ *vi* **-1.** [satisfazer]: ~ **(a) alguém** to please sb. **-2.** [aprazer]: ~ **a** to delight. **-3.** [ser agradável] to please, to be pleasing.
agradável [agra'davɛw] (*pl* **-eis**) *adj* pleasant.
agradecer [agrade'se(x)] ◇ *vt*: ~ **algo** to say thank you for sthg. ◇ *vi* **-1.** [dizer obrigado] to say thank you; ~ **a alguém por algo** to thank sb for sthg. **-2.** [ficar grato] to be grateful.
agradecido, da [agrade'sidu, da] *adj* grateful.
agradecimento [agradesi'mẽntu] *m* [gratidão] thanks *(pl)*, thank you; **carta de** ~ thank-you letter.
◆ **agradecimentos** *mpl* thanks.
agrado [a'gradu] *m*: **fazer um** ~ **a alguém** [presentear] to give sb a present; [acariciar] to be affectionate with sb.
agrário, ria [a'grarju, rja] *adj* agrarian.
agravamento [agrava'mẽntu] *m* worsening.
agravante [agra'vãntʃi] ◇ *adj* aggravating. ◇ *m* [o que piora a situação]: **o agravante é que ...** the annoying thing is that ...
agravar [agra'va(x)] *vt* [piorar] to worsen.
◆ **agravar-se** *vp* [piorar] to worsen.
agravo [a'gravu] *m JUR* appeal.
agredir [agre'dʒi(x)] *vt* **-1.** [atacar] to attack. **-2.** [insultar] to insult. **-3.** ***fig*** [afetar] to offend.
agregado, da [agre'gadu, da] ◇ *adj* attached. ◇ *m, f* [hóspede] guest.
agregar [agre'ga(x)] *vt* to add.
agressão [agre'sãw] (*pl* **-ões**) *f* aggression.
agressivo, va [agre'sivu, va] *adj* aggressive.
agressor, ra [agre'so(x), ra] *m, f* aggressor.
agreste [a'grɛʃtʃi] ◇ *adj* rural. ◇ *m stony, unfertile area of north-eastern Brazil.*
agrião [agri'ãw] (*pl* **-ões**) *m* watercress.
agrícola [a'grikola] *adj* agricultural.
agricultor, ra [agrikuw'to(x), ra] *m, f* farmer.
agricultura [agrikuw'tura] *f* agriculture; ~ **orgânica** organic farming.
agridoce [agri'dosi] *adj* **-1.** [comida] sweet and sour. **-2.** [emoções] bitter-sweet.
agronomia [agrono'mia] *f* agronomy.
agropecuário, ria [agrope'kwarju, rja] *adj* mixed-farming *(antes de subst)*.
◆ **agropecuária** *f* mixed farming.

agrupar [agru'pa(x)] *vt* to collect.
◆ **agrupar-se** *vp* to be grouped together.
água ['agwa] *f* **-1.** water; ~ **corrente** running water; ~ **doce/salgada** fresh/salt water; **peixe de** ~ **doce** freshwater fish; ~ **mineral/gasosa/sem gás** mineral/sparkling/still water; ~ **oxigenada** hydrogen peroxide; ~ **sanitária** chemically purified water; **com** ~ **na boca** watering at the mouth. **-2.** *fig* [plano]: **ir por** ~ **abaixo** to go down the drain.
aguaceiro [agwa'sejru] *m* downpour.
água-de-coco [,agwadʒi'koku] *f* coconut milk.
água-de-colônia [,agwadʒiko'lonja] (*pl* **águas-de-colônia**) *f* eau de cologne.
aguado, da [a'gwadu, da] *adj* watered-down.
água-furtada [,agwafux'tada] (*pl* **águas-furtadas**) *f* garret.
aguar [a'gwa(x)] *vt* **-1.** [diluir] to water down. **-2.** [regar] to water.
aguardar [agwax'da(x)] ◇ *vt* to await. ◇ *vi* to wait.
aguardente [agwax'dẽntʃi] *f* brandy; ~ **de cana** cachaça.
aguarrás [agwa'xaʃ] *f* turpentine.
água-viva [,agwa'viva] (*pl* **águas-vivas**) *f* jellyfish.
aguçado, da [agu'sadu, da] *adj* **-1.** [ger] sharp. **-2.** [apetite] keen; [interesse] lively.
agudo, da [a'gudu, da] *adj* **-1.** [ger] acute. **-2.** [penetrante] sharp. **-3.** [nota, voz] shrill.
agüentar [agwẽn'ta(x)] ◇ *vt* **-1.** [ger] to bear; ~ **fazer algo** to be able to bear to do sthg. **-2.** [tolerar] to put up with. ◇ *vi* [resistir] to support; **não** ~ **de algo** to be unable to bear sthg.
águia ['agja] *f* **-1.** [ave] eagle. **-2.** *fig* [pessoa] talented person.
agulha [a'guʎa] *f* needle.
ai [,aj] ◇ *interj* **-1.** [de dor] ouch! **-2.** [de cócegas] eek! **-3.** [suspiro] oh! **-4.** [lamento] oh dear! **-5.** [gemido] oh no! ◇ *m* [de dor] groan.
◆ **ai de** *loc adj* damn.
aí [a'i] ◇ *adv* **-1.** [ger] there; **espera** ~**!** wait there! **-2.** [em lugar indeterminado]: **por** ~ around. **-3.** [junto, em anexo] herewith. **-4.** [nesse caso, então] then.
AIDS (*abrev de* **Acquired Immunodeficiency Syndrome**) *f* AIDS.
ainda [a'ĩnda] *adv* **-1.** [ger] still; ~ **não** not yet; ~ **(assim)** still. **-2.** [um dia] one day.
◆ **ainda agora** *loc adv* just now.
◆ **ainda bem** *loc adv* just as well.
◆ **ainda por cima** *loc adv* still; **ele não ajuda, e** ~ **por cima reclama** he's not helping, and on top of that he's complaining.
◆ **ainda que** *loc conj* even if.
aipim [aj'pĩ] (*pl* **-ns**) *m* cassava.
aipo ['ajpu] *m* celery.
ajeitar [aʒej'ta(x)] *vt* **-1.** [endireitar] to straighten. **-2.** [arrumar] to tidy up. **-3.** [acomodar] to tuck up.
◆ **ajeitar-se** *vp* **-1.** [arrumar-se] to tidy o.s. up. **-2.** [a emprego] to adapt. **-3.** [acomodar-se] to settle down.
ajoelhado, da [aʒwe'ʎadu, da] *adj* kneeling.
ajoelhar [aʒwe'ʎa(x)] *vi* to kneel.
◆ **ajoelhar-se** *vp* to kneel down.
ajuda [a'ʒuda] *f* **-1.** [auxílio] help; **dar** ~ **a alguém (em algo)** to help sb (with sthg). **-2.** ECON & POL aid; ~ **de custo** financial assistance.
ajudante [aʒu'dãntʃi] *mf* assistant.
ajudar [aʒu'da(x)] ◇ *vt* **-1.** [auxiliar]: ~ **alguém (em algo)** to help sb (with sthg); ~ **alguém a fazer algo** to help sb do sthg. **-2.** [facilitar] to help. ◇ *vi* **-1.** [auxiliar] to help; ~ **a alguém** to help sb; ~ **em algo** to help with sthg. **-2.** [facilitar] to help.
◆ **ajudar-se** *vp* to help each other.
ajuizado, da [aʒwi'zadu, da] *adj* sensible.
ajuntamento [aʒũnta'mẽntu] *m* **-1.** [de pessoas] gathering. **-2.** [de objetos] pile.
ajuntar [aʒũn'ta(x)] *vt* **-1.** [reunir] to assemble. **-2.** [acrescentar] to add.
ajustável [aʒuʃ'tavew] (*pl* **-eis**) *adj* adjustable.
ajuste [a'ʒuʃtʃi] *m* **-1.** [acordo] agreement. **-2.** [de peça - encaixe] fitting; [- aperto] tightening. **-3.** [regulagem] adjustment. **-4.** [acerto]: ~ **de contas** settlement of accounts; *fig* settling of scores.
AL (*abrev de* **Estado de Alagoas**) *n State of Alagoas.*
ala ['ala] *f* **-1.** [ger] wing. **-2.** [de escola de samba] group; **a** ~ **das baianas** *the section of the carnival parade made up of women wearing typical Bahia costumes.*
Alá [a'la] *m* Allah.
alagar [ala'ga(x)] *vt* to flood.
ALALC (*abrev de* **Associação Latino-Americana de Livre Comércio**) *f Latin-American free trade association.*
alambique [alãn'biki] *m* still *(for making alcohol).*
alameda [ala'meda] *f* avenue.
alarde [a'laxdʒi] *m* **-1.** [ostentação] ostentation. **-2.** [bazófia] boastfulness; **fazer** ~ **de algo** to brag about sthg.
alardear [alax'dʒja(x)] *vt* **-1.** [ostentar] to parade. **-2.** [gabar-se de] to brag about.
alargar [alax'ga(x)] *vt* **-1.** [estrada] to widen. **-2.** [roupa] to let out.
alarido [ala'ridu] *m* [gritaria, algazarra] uproar.
alarmante [alax'mãntʃi] *adj* alarming.
alarmar [alax'ma(x)] *vt* to alarm.

◆ **alarmar-se** *vp* to become alarmed.
alarme [a'laxmi] *m* alarm; **dar o ~** to sound the alarm.
alastrar [alaʃ'tra(x)] *vt* [propagar, espalhar] to spread.
◆ **alastrar-se** *vp* to spread.
alavanca [ala'vãŋka] *f* **-1.** [peça] lever; **~ de mudanças** AUTO gear lever. **-2.** *fig* [meio de ação] lever.
Albânia [aw'bãnja] *n* Albania.
albergue [aw'bɛxgi] *m* **-1.** [hospedaria] hostel; [para jovens] youth hostel. **-2.** [asilo] refuge.
álbum ['awbũ] (*pl* **-ns**) *m* album.
ALCA (*abrev de* **Área de Livre Comércio das Américas**) *f* FTAA.
alça ['awsa] *f* [de mala, vestido] strap.
alcachofra [awka'ʃofra] *f* artichoke.
alçada [aw'sada] *f* **-1.** [competência] competence; **ser da ~ de alguém** to be sb's responsibility. **-2.** JUR jurisdiction.
alcançar [awkãn'sa(x)] *vt* **-1.** [ger] to reach. **-2.** [pegar] to catch. **-3.** [entender] to grasp. **-4.** [conseguir] to attain.
alcance [aw'kãnsi] *m* **-1.** [de arma, míssil] range. **-2.** [de pessoa]: **ao meu/ao teu ~** within my/your reach; **ao ~ da vista** within sight; **fora do ~ de** [objeto, pessoa] out of reach of; [entendimento] beyond the grasp of.
alçapão [awsa'pãw] (*pl* **-ões**) *m* **-1.** [portinhola] trapdoor. **-2.** [armadilha] trap.
alcaparra [awka'paxa] *f* caper.
alçar [aw'sa(x)] *vt* **-1.** [levantar - carga, viga] to lift; [- braço] to raise. **-2.** [voz] to raise. **-3.** [vôo] to rise.
alcatéia [awka'tɛja] *f* [de lobos] pack.
alcatrão [awka'trãw] *m* tar.
álcool ['awkow] (*pl* **-óis**) *m* alcohol.
alcoólatra [aw'kɔlatra] ◇ *adj* alcoholic. ◇ *mf* alcoholic.
alcoólico, ca [aw'kwɔliku, ka] *adj* alcoholic.
Alcorão [awko'rãw] *m* Koran.
alcova [aw'kova] *f* dressing room.
alcunha [aw'kuɲa] *f* nickname.
aldeão, deã [aw'dʒjãw, dja] (*mpl* **-ões**, **-ãos**, *fpl* **-s**) *m, f* villager.
aldeia [aw'deja] *f* village.
aldraba [aw'draba] *f* [de bater] door-knocker.
aleatório, ria [alea'tɔrju, rja] *adj* random.
alecrim [ale'krĩ] *m* rosemary.
alegação [alega'sãw] (*pl* **-ões**) *f* allegation.
alegar [ale'ga(x)] *vt* to allege; **~ que** to allege that; JUR to allege that.
alegoria [alego'ria] *f* allegory.
alegórico, ca [ale'gɔriku] *adj* allegorical; ▷ **carro**.
alegrar [ale'gra(x)] *vt* to cheer up.
◆ **alegrar-se** *vp* to be happy; **alegre-se!** cheer up!

alegre [a'lɛgri] *adj* **-1.** [pessoa] cheerful. **-2.** [festa, bar, voz] lively. **-3.** [cor] bright. **-4.** [embriagado] merry.
alegria [ale'gria] *f* **-1.** [qualidade] cheerfulness. **-2.** [satisfação] contentment. **-3.** [júbilo] joy.
aleijado, da [alej'ʒadu, da] ◇ *adj* crippled. ◇ *m, f* cripple.
além [a'lẽj] ◇ *m* [o outro mundo]: **o ~** the beyond. ◇ *adv* **-1.** [em lugar afastado] over there. **-2.** [mais adiante] further on; **mais ~** further.
◆ **além de** *loc prep* **-1.** [mais adiante de] beyond. **-2.** [do outro lado de, acima de] beyond. **-3.** [afora] apart from.
◆ **além disso** *loc conj* besides.
◆ **além do mais** *loc conj* furthermore.
Alemanha [ale'mãɲa] *n* Germany.
alemão, mã [ale'mãw, mã] ◇ *adj* German. ◇ *m, f* German.
◆ **alemão** *m* [língua] German.
alentado, da [alẽn'tadu, da] *adj* **-1.** [animoso] brave. **-2.** [volumoso] bulky. **-3.** [corpulento] stout.
alento [a'lẽntu] *m* **-1.** [ânimo] courage. **-2.** [fôlego] breath.
alergia [alex'ʒia] *f* MED allergy; **ter ~ a algo** to be allergic to sthg.
alérgico, ca [a'lɛxʒiku, ka] *adj* MED : **~ (a)** allergic (to).
alerta [a'lɛxta] ◇ *adj* alert. ◇ *adv* alert. ◇ *m* warning.
alertar [alex'ta(x)] *vt*: **~ alguém (de/sobre algo)** to alert sb (to sthg).
alfabético, ca [awfa'bɛtʃiku, ka] *adj* alphabetical.
alfabetização [awfabetʃiza'sãw] *f* **-1.** [ato] teaching to read and write. **-2.** [estado] literacy.
alfabetizado, da [awfabetʃi'zadu, da] *adj* literate.
alfabeto [awfa'bɛtu] *m* alphabet.
alface [aw'fasi] *f* lettuce.
alfaiate [awfa'jatʃi] *m* tailor.
alfândega [aw'fãndega] *f* **-1.** [administração] customs *(pl)*. **-2.** [local] customs house.
alfandegário, ria [awfãnde'garju, rja] *adj* customs *(antes de subst)*.
alfazema [awfa'zema] *f* lavender.
alfinetada [awfine'tada] *f* **-1.** [picada de alfinete] pin-prick. **-2.** [dor] sharp pain. **-3.** *fig* [dito] stinging remark; **dar uma ~ em alguém** to make a stinging remark to sb.
alfinete [awfi'netʃi] *m* **-1.** COST pin. **-2.** [prendedor]: **~ de fralda** nappy pin; **~ de segurança** safety pin. **-3.** [jóia] pin.
alga ['awga] *f* seaweed.
algarismo [awga'riʒmu] *m* number.
algazarra [awga'zaxa] *f* shouting; **fazer ~** to make a racket.

álgebra ['awʒebra] *f* algebra.
algébrico, ca [aw'ʒɛbriku, ka] *adj MAT* algebraic.
algemas [aw'ʒemaʃ] *fpl* handcuffs.
algo ['awgu] <> *pron* **-1.** *(em frases afirmativas)* something. **-2.** *(em frases interrogativas)* anything. <> *adv* somewhat.

> *Something* só é usado em sentenças afirmativas (*there's something missing* está faltando algo); nas negativas, emprega-se *nothing* (*nothing happened*, não aconteceu nada). Em períodos compostos, se a oração principal for negativa, emprega-se anything (*I don't know if anything exciting happened*, não sei se aconteceu algo emocionante).
>
> Em sentenças interrogativas, usa-se *something* se esperamos uma resposta afirmativa (*did he say something rude to you?* ele disse algo grosseiro para você?). Caso contrário, usaremos anything (*did she tell you anything about her new job?* ela te contou algo sobre seu novo trabalho?).

algodão [awgo'dãw] *m* cotton; **~ (hidrófilo)** cotton wool; **uma camisa de ~** a cotton shirt.
algodoeiro [awgo'dwejru] *m* cotton plant.
algoz [aw'goʒ] *m* **-1.** [carrasco] executioner. **-2.** [pessoa cruel] cruel person.
alguém [aw'gẽj] <> *pron indef* **-1.** [alguma pessoa] someone; **~ quebrou este vaso** someone broke this vase; **tem ~ lá embaixo** there's someone downstairs **-2.** [em frases interrogativas] anybody, anyone; **~ me telefonou?** did anybody phone me?; **~ quer mais café?** does anybody want more coffee?; **tem ~ aí?** is anybody there?; **~ mais** anybody else. **-3.** [determinada pessoa] somebody; **ele sabia que haveria ~ à sua espera** he knew there would be somebody waiting for him; **você é ~ que admiro muito** you are somebody I admire greatly. **-4.** *fig* [pessoa importante] somebody; **se um dia eu me tornar ~, lembrarei dos velhos amigos** if one day I become somebody, I'll remember my old friends; **ele é ~ na empresa?** is he somebody in the company?; **ser ~ (na vida)** to be somebody in life. <> *m* [uma pessoa]: **esse ~** that person; **um ~** a person.

> *Someone* e *somebody* só são usados em sentenças afirmativas (*there's someone/somebody at the door* tem alguém na porta). Se a oração principal for negativa, usaremos *anyone* ou *anybody* (*I don't know if anyone, anybody will come to my party* não sei se alguém virá à minha festa).
>
> Em sentenças interrogativas, usa-se *someone* ou *somebody* se esperamos uma resposta afirmativa (*are you going to the party with someone/somebody nice?* voce vai à festa com alguém interessante? Caso contrário, usaremos *anyone* (*is anyone/anybody there?* há alguém aí?).

algum, ma [aw'gũ, ma] (*mpl* **-ns**, *fpl* **-s**) <> *adj* **-1.** [indeterminado] some; **ela morou ~ tempo em Londres** she lived for some time in London; **me dê ~ dinheiro** give me some money; **~ dia vamos te visitar** some day we'll come and see you **-2.** [em interrogativas, negativas] any; **~ problema?** any problems?; **de jeito** *OU* **modo ~** in no way; **não há problema ~** there's no problem, there aren't any problems; **em parte alguma do país** nowhere in the country; **coisa alguma** nothing; **não há melhora alguma** there is no improvement, there isn't any improvement. <> *pron* **-1.** [indicando pessoa] somebody; **alguns preferem cinema, outros, teatro** some people prefer the cinema, others the theatre **-2.** [indicando coisa] one; **abra a caixa de bombons e prove alguns** open the box of sweets and try some **-3.** [em interrogativas: pessoa] anybody **-4.** [em interrogativas: coisa] any; **~ dia** one *OU* some day; **alguma coisa** something, anything; **alguma vez** sometime.
◆ **alguns** *pron pl* some.
◆ **alguma** *f* [evento, feito]: **deve ter lhe acontecido alguma** something must have happened to him; **esse menino aprontou alguma** that boy has been up to something.
alheamento [aʎea'mẽntu] *m* [indiferença] indifference.
alheio, alheia [a'ʎeju, a'ʎeja] *adj* **-1.** [de outra pessoa]: **um problema ~** somebody else's problem. **-2.** [afastado, abstraído]: **~ (a)** unaware (of).
alho ['aʎu] *m* garlic.
alho-poró [aʎupo'rɔ] (*pl* **alhos-porós**) *m* leek.
alhures [a'ʎuriʃ] *adv* elsewhere.
ali [a'li] *adv* **-1.** [naquele lugar] there; **~ dentro/fora** in/out there; **logo ~** right there; **por ~** around there. **-2.** [naquele momento] then.
aliado, da [a'ljadu, da] <> *adj* allied. <> *m, f* ally.
◆ **Aliados** *mpl*: **os Aliados** the Allies.
aliança [a'ljãnsa] *f* **-1.** [pacto] alliance. **-2.** [anel] wedding ring.
aliar [a'lja(x)] *vt* [qualidades] to combine.
◆ **aliar-se** *vp* [nações] to become allied.
aliás [a'ljajʃ] *adv* **-1.** [a propósito] as a matter of fact. **-2.** [diga-se de passagem] incidentally. **-3.** [ou por outra] or rather.
álibi ['alibi] *m* alibi.
alicate [ali'katʃi] *m* pliers *(pl)*; **~ de unhas** nail clippers *(pl)*.
alicerce [ali'sɛxsi] *m CONSTR* foundation.
aliciamento [alisia'mẽntu] *m* [sedução] seduction.
aliciar [ali'sja(x)] *vt* **-1.** [atrair, seduzir] to entice. **-2.** [convocar] to recruit. **-3.** [subornar] to bribe.
alienação [aljena'sãw] *f* **-1.** [falta de consciência, participação] lack of awareness. **-2.** *PSIC* : **~ mental** mental illness. **-3.** [de bens] assignment.

alienado, da [alje'nadu, da] *adj* **-1.** [não participante] alienated. **-2.** [louco] insane. **-3.** [bens] assigned.

alienígena [alje'niʒena] *mf* alien.

alijar [ali'ʒa(x)] *vt* **-1.** [carga] to jettison. **-2.** [isentar]: **~ alguém de algo** to free sb of sthg.

alimentação [alimẽnta'sãw] *f* **-1.** [ato] feeding. **-2.** [dieta] diet. **-3.** [de máquina, impressora] feeding. **-4.** *ELETR* supply.

alimentador [alimẽnta'do(x)] *m*: **~ de papel** paper feed.

alimentar [alimẽn'ta(x)] (*pl* **-es**) ◇ *adj* alimentary. ◇ *vt* **-1.** [ger] to feed. **-2.** [nutrir] to feed. **-3.** [esperança] to feed. ◇ *vi* [nutrir] to provide nourishment.

◆ **alimentar-se** *vp* to feed o.s.; **~-se de algo** to live on sthg.

alimentício, cia [alimẽn'tʃisju, sja] *adj* **-1.** [qualidades] nutritious. **-2.** [pensão] maintenance.

alimento [ali'mẽntu] *m* **-1.** [comida] food. **-2.** [nutrição] nourishment.

alinhado, da [ali'ɲadu, da] *adj* **-1.** [posto em linha reta] in a row. **-2.** [elegante] elegant. **-3.** [correto] correct.

alinhar [ali'ɲa(x)] *vt* **-1.** [enfileirar] to line up. **-2.** [estrada] to straighten. **-3.** *TIP* to justify.

alinhavar [aliɲa'va(x)] *vt COST* to tack *UK*, to baste.

alíquota [a'likwota] *f* tax rate.

alisar [ali'za(x)] *vt* **-1.** [tornar liso - cama, cabelo] to smooth; [- tábua] to plane. **-2.** [acariciar] to caress.

alistamento [aliʃta'mẽntu] *m* **-1.** [em partido] enrolment. **-2.** *MIL* enlistment.

alistar [aliʃ'ta(x)] *vt* **-1.** [em partido] to enrol. **-2.** *MIL* to enlist.

◆ **alistar-se** *vp* **-1.** [em partido] to enrol. **-2.** *MIL* to enlist.

aliviado, da [ali'vjadu, da] *adj* **-1.** [pessoa - tranqüilizado] relieved; [- folgado] slackened. **-2.** [consciência] relieved. **-3.** [embarcação] lightened.

aliviar [ali'vja(x)] ◇ *vt* **-1.** [gen] to relieve. **-2.** [folgar] to slacken. **-3.** [desafogar]: **~ alguém de algo** to unburden sb of sthg. **-4.** [embarcação] to lighten. ◇ *vi* **-1.** [diminuir] to ease. **-2.** [confortar] to comfort.

◆ **aliviar-se** *vp* to be relieved; **~-se de algo** to be relieved of sthg.

alívio [a'livju] *m* relief; **que ~!** what a relief!

alma ['awma] *f* **-1.** [essência humana] soul. **-2.** [espírito desencarnado] spirit. **-3.** [pessoa]: **não ver viva ~** not to see a living soul. **-4.** [caráter] heart. **-5.** *fig* [de negócio, empresa, partido] essence.

almanaque [awma'naki] *m* almanac.

almejar [awme'ʒa(x)] *vt* to long for; **~ fazer algo** to long to do sthg.

almirante [awmi'rãntʃi] *m* admiral.

almoçar [awmo'sa(x)] ◇ *vt* to have for lunch. ◇ *vi* to have lunch.

almoço [aw'mosu] *m* lunch; **na hora do ~** at lunchtime; **~ de negócios** business lunch.

almofada [awmo'fada] *f* cushion.

almôndega [aw'mõndega] *f* meatball.

almoxarifado [awmoʃari'fadu] *m* warehouse.

alô [a'lo] ◇ *interj* [ao telefone] hello! ◇ *m* hello.

alocar [alo'ka(x)] *vt* to allocate.

aloirado, da [aloj'radu, da] *adj* fair-haired.

alojamento [aloʒa'mẽntu] *m* **-1.** [ger] accommodation. **-2.** *MIL* billet.

alojar [alo'ʒa(x)] *vt* **-1.** [hospedar] to accommodate. **-2.** *MIL* to billet. **-3.** [armazenar] to store.

◆ **alojar-se** *vp* **-1.** [hospedar-se] to stay. **-2.** [acampar] to camp.

alongar [alõŋ'ga(x)] *vt* **-1.** [ger] to lengthen. **-2.** [perna, braço] to stretch. **-3.** [conversa] to prolong.

◆ **alongar-se** *vp* **-1.** [corpo] to stretch. **-2.** [conversa] to prolong. **-3.** [sobre assunto] to expand.

aloprado, da [alo'pradu, da] *adj fam* crazy.

alourado, da [alow'radu, da], **aloirado, da** [aloj'radu, da] *adj* fair-haired.

alpendre [aw'pẽndri] *m* [telheiro] porch.

Alpes ['awpiʃ] *npl*: **os ~** the Alps.

alpinismo [awpi'niʒmu] *m* mountaineering.

alpinista [awpi'niʃta] *mf* mountaineer.

alpino, na [aw'pinu, na] *adj* Alpine.

alqueire [aw'kejri] *m* *measure for land area = 4.84 hectares in Rio de Janeiro, Minas Gerais e Goiás and 2.42 hectares in São Paulo.*

alquimia [awki'mia] *f* alchemy.

alta ['awta] *f* ▷ **alto**.

altar [aw'ta(x)] (*pl* **-es**) *m* altar.

alta-roda [ˌawta'xɔda] (*pl* **altas-rodas**) *f* high society.

alta-tensão [ˌawtatẽn'sãw] (*pl* **altas-tensões**) *f* high voltage.

altear [awte'a(x)] *vt* **-1.** [construção] to build. **-2.** [preço, voz] to raise. **-3.** [posição]: **~ sua posição numa firma** to move up within a company.

alteração [awtera'sãw] (*pl* **-ões**) *f* **-1.** [modificação - em gosto, clima, programação] change; [- de texto, roupa] alteration. **-2.** [perturbação] worry. **-3.** [tumulto] commotion.

alterar [awte'ra(x)] *vt* **-1.** [modificar] to change. **-2.** [perturbar] to worry.

◆ **alterar-se** *vp* [perturbar-se] to be worried.

altercar [awtex'ka(x)] *vi*: **~ (com)** to quarrel (with).

alternar [awtex'na(x)] ◇ *vt*: **~ algo (com)** to alternate sthg (with). ◇ *vi*: **~ com** to alternate with.

◆ **alternar-se** *vp* [revezar-se] to alternate; [pessoas] to take turns.
alternativo, va [awtexna'tʃivu, va] *adj* alternative.
◆ **alternativa** *f* alternative.
alteza [aw'teza] *f*: **Sua Alteza** Your Highness.
altissonante [awtʃiso'nãntʃi] *adj* **-1.** [voz] booming. **-2.** [orquestra] majestic.
altitude [awtʃi'tudʒi] *f* altitude.
altivez [awtʃi'veʒ] *f* **-1.** [arrogância] presumption. **-2.** [dignidade] dignity.
altivo, va [aw'tʃivu, va] *adj* **-1.** [arrogante] presumptuous. **-2.** [digno] dignified.
alto, ta ['awtu, ta] *adj* **-1.** [ger] high; [forte] loud; **ler em voz ~** to read aloud. **-2.** [em estatura] tall. **-3.** *(antes de subst)* [superior] high. **-4.** *(antes de subst)* [importante - cargo] top; [- negócio] big. **-5.** *(antes de subst)* [grave - risco] high; [- perigo] grave. **-6.** GEOGR upper. **-7.** [MÚS - tom, nota] high; [- voz, saxofone] alto. **-8.** *fam* [embriagado] high.
◆ **alto** ◇ *m* **-1.** [topo] top. **-2.** MÚS [saxofone] alto. **-3.** [mando, poder]: **do ~** from above. ◇ *adv* **-1.** [falar] aloud. **-2.** [voar] high. ◇ *interj*: **alto!** stop!
◆ **alta** *f* **-1.** MED discharge; **dar/receber ~** to discharge/to be discharged. **-2.** [de preços] rise. **-3.** [de cotação] rise; **estar em ~** [cotação] to be rising; *fam* [reputação] to be in favour; *fam* [moda] to be highly fashionable.
◆ **por alto** *loc adv* roughly.

Use *tall* quando referir-se a pessoas, prédios e árvores (*my brother's very tall* meu irmão é muito alto).
Use *high* quando referir-se a algo mais abstrato (*high levels of unemployment* altos níveis de desemprego).

alto-falante ['awtufa'lãntʃi] (*pl* **-s**) *m* loudspeaker.
alto-mar [ˌawtu'ma(x)] (*pl* **altos-mares**) *m* open sea.
altura [aw'tura] *f* **-1.** [ger] height; **a dez mil metros de ~** at an altitude of ten thousand metres. **-2.** [de som, volume] level. **-3.** [momento] time. **-4.** [localização]: **na ~ de** close to; **a loja fica na avenida principal, mas em que ~?** the shop is on the main road, but how far up? **-5.** [nível]: **à ~ de** equal to.
alucinação [alusina'sãw] (*pl* **-ões**) *f* hallucination.
alucinado, da [alusi'nadu, da] ◇ *adj* **-1.** PSIC hallucinated. **-2.** *fig* [apaixonado]: **~ por** crazy about. **-3.** *fig* [desvairado] frantic. ◇ *m, f* PSIC lunatic.
alucinante [alusi'nãntʃi] *adj fam* **-1.** [enlouquecedor] maddening. **-2.** [ótimo, incrível] amazing.
aludir [alu'dʒi(x)] *vi*: **~ a** to allude to.
alugar [alu'ga(x)] *vt* **-1.** [tomar de aluguel - carro, traje] to hire; [- apartamento] to rent. **-2.** [dar em aluguel - carro, traje] to hire out; [- apartamento] to rent out. **-3.** *fam* [incomodar] to annoy.
aluguel [alu'gɛw] (*pl* **-eis**) *m* **-1.** [ato - carro] rental; [- apartamento] renting. **-2.** [pagamento] rent.
alumínio [alu'minju] *m* aluminium *UK*, aluminum *US*.
alunissar [aluni'sa(x)] *vi* to land on the moon.
aluno, na [a'lunu, na] *m, f* pupil.
alusão [alu'zãw] (*pl* **-ões**) *f* allusion.
alvejante [awve'ʒãntʃi] ◇ *adj* bleaching. ◇ *m* bleach.
alvejar [awve'ʒa(x)] *vt* **-1.** [mirar em] to aim at. **-2.** [branquear] to bleach, to whiten.
alvenaria [awvena'ria] *f* masonry; **de ~** stonework.
alvéolo [al'vɛwlu] *f* **-1.** [cavidade] cavity. **-2.** [ANAT - do pulmão]: **~ pulmonar** alveolus; [- de dente] cavity.
alvo, va ['awvu, 'va] *adj* white.
◆ **alvo** *m* **-1.** [mira] target; **acertar no ~** to hit the target. **-2.** *fig* [objeto]: **ser ~ de** to be the target of.
alvorada [awvo'rada] *f* dawn.
alvorecer [awvore'se(x)] ◇ *m* [alvorada] daybreak. ◇ *vi* [amanhecer] to dawn.
alvoroçar [awvoro'sa(x)] *vt* **-1.** [agitar] to stir up. **-2.** [entusiasmar] to excite.
◆ **alvoroçar-se** *vp* **-1.** [agitar-se] to be startled. **-2.** [entusiasmar-se] to get excited.
alvoroço [awvo'rosu] *m* [agitação] commotion.
alvura [aw'vura] *f* **-1.** [branqueza] whiteness. **-2.** [pureza] innocence.
AM ◇ *f* (*abrev de* **Amplitude Modulation**) AM. ◇ *m* (*abrev de* **Estado do Amazonas**) *State of Amazon.*
amabilidade [amabili'dadʒi] *f* **-1.** [delicadeza, cortesia] courtesy. **-2.** [de gesto, palavra] kindness.
amaciante [ama'sjãntʃi] *m*: **~ de roupas** fabric conditioner.
amaciar [ama'sja(x)] ◇ *vt* **-1.** [tornar macio] to soften. **-2.** [bife] to tenderize. **-3.** [motor] to run in. ◇ *vi* [motor] to run in.
ama-de-leite [ˌãmadʒi'lejtʃi] (*pl* **amas-de-leite**) *f* wet nurse.
amado, da [a'madu, da] ◇ *adj* **-1.** [ger] favourite. **-2.** [person] beloved. ◇ *m, f* beloved, love.
amador, ra [ama'do(x)] (*mpl* **-es**, *fpl* **-s**) ◇ *adj* amateur. ◇ *m, f* amateur.
amadurecer [amadure'se(x)] ◇ *vt* **-1.** [fruta] to ripen. **-2.** *fig* [pessoa] to mature. ◇ *vi* **-1.** [fruta] to ripen. **-2.** *fig* [pessoa] to mature. **-3.** *fig* [idéia, projeto] to come to fruition.
âmago ['ãmagu] *m* **-1.** [cerne - de madeira] heart; [- de questão] heart. **-2.** [essência] essence. **-3.** [alma, interior] heart.

amaldiçoar [amawdi'swa(x)] *vt* to curse.
amálgama [a'mawgama] *m* amalgam.
amalgamar [amawga'ma(x)] *vt* to amalgamate.
amalucado, da [amalu'kadu, da] *adj* crazy.
amamentar [amamẽn'ta(x)] *vt* & *vi* to breastfeed.
amanhã [amã'ɲã] <> *adv* tomorrow; ~ **de manhã** tomorrow morning; ~ **à noite** tomorrow night; ~ **de tarde** tomorrow afternoon/evening; **depois de** ~ the day after tomorrow. <> *m* tomorrow.
amanhecer [amãɲe'se(x)] <> *m* dawn; **ao** ~ at dawn. <> *vi* **-1.** [dia] to dawn. **-2.** [pessoa]: **hoje amanheci com dor de cabeça** today I woke up with a headache.
amansar [amãn'sa(x)] <> *vt* **-1.** [animal] to break in. **-2.** *fig* [pessoa etc.] to calm down. <> *vi* **-1.** [animal] to become tame. **-2.** *fig* [pessoa etc.] to relent.
amante [a'mãntʃi] *mf* lover.
Amapá [ama'pa] *n* Amapá.
amar [a'ma(x)] <> *vt* **-1.** [sentir amor por] to love. **-2.** [fazer amor com] to make love to. <> *vi* [sentir amor] to be in love.
◆ **amar-se** *vp* **-1.** [mutuamente] to love each other. **-2.** [fazer amor] to make love.
amarelado, da [amare'ladu, da] *adj* yellowish.
amarelo, la [ama'rɛlu, la] *adj* yellow.
◆ **amarelo** *m* yellow.
amarfanhar [amaxfa'ɲa(x)] *vt* to crumple.
amargar [amax'ga(x)] <> *vt* **-1.** [tornar amargo] to make bitter. **-2.** *fig* [fazer sofrer] to embitter. <> *vi* [tornar-se amargo] to go bitter.
amargo, ga [a'maxgu, ga] *adj* bitter.
amargor [amax'go(x)] *m* **-1.** [sabor amargo] bitter taste. **-2.** [sensação de desgosto] bitterness.
amargura [amax'gura] *f* **-1.** [ger] bitterness. **-2.** *fig* [sofrimento] bitterness.
amarrado, da [ama'xadu, da] *adj* **-1.** [atado] tied up. **-2.** *fig* [cara] glowering. **-3.** *fam fig* [comprometido] committed.
amarrar [ama'xa(x)] *vt* **-1.** [atar] to tie. **-2.** NÁUT to moor. **-3.** *fig*: ~ **a cara** to glower.
amarrotar [amaxo'ta(x)] <> *vt* to crumple. <> *vi* to be crumpled.
amassado, da [ama'sadu, da] *adj* [tecido, roupa, papel] crumpled; [carro] smashed up.
amassar [ama'sa(x)] *vt* **-1.** [massa] to knead; [bolo, pão] to mix. **-2.** [roupa] to crease. **-3.** [papel] to crumple. **-4.** [carro] to smash up.
amável [a'mavɛw] (*pl* **-eis**) *adj* friendly.
amazona [ama'zona] *f* **-1.** [mulher que anda a cavalo] horsewoman. **-2.** [mulher guerreira] Amazon.
Amazonas [ama'zonaʃ] *n* **-1.** [rio]: **o** ~ the Amazon. **-2.** [estado] Amazonas.
AmBev (*abrev de* **American Beverage Company**) *f* ≃ AmBev, *Brazilian drinks manufacturer.*
ambição [ãnbi'sãw] (*pl* **-ões**) *f* ambition.
ambicionar [ãnbisjo'na(x)] *vt* to set one's sights on.
ambicioso, osa [ãnbi'sjozu, ɔza] <> *adj* ambitious. <> *m, f* go-getter.
ambidestro, tra [ãnbi'deʃtru, tra] *adj* ambidextrous.
ambiental [ãnbjẽn'taw] (*pl* **-ais**) *adj* environmental.
ambientalista [ãnbjẽnta'liʃta] <> *adj* environmental. <> *mf* environmentalist.
ambientar [ãnbjẽn'tar] *vt* **-1.** [filme, enredo] to set. **-2.** [adaptar] to acclimatize.
◆ **ambientar-se** *vp* [adaptar-se] to mingle.
ambiente [ãn'bjẽntʃi] <> *adj* ambient. <> *m* **-1.** [gen & COMPUT] environment. **-2.** [em sala, boate] area. **-3.** *fig* [atmosfera] atmosphere.
ambigüidade [ãnbigwi'dadʒi] *f* ambiguity.
ambíguo, gua [ãn'bigwu, gwa] *adj* ambiguous.
âmbito ['ãnbitu] *m* [campo de ação] field.
ambivalente [ãnbiva'lẽntʃi] *adj* ambivalent.
ambos, bas ['ãnbuʃ, baʃ] <> *adj* both. <> *pron* both.
ambrosia [ãnbro'zia] *f a sweet dish of eggs and milk.*
ambulância [ãnbu'lãnsja] *f* ambulance.
ambulante [ãnbu'lãntʃi] <> *adj* **-1.** [vendedor, pipoqueiro - na calçada] street *(antes de subst)*; [- de porta em porta] door-to-door *(antes de subst)*. **-2.** [biblioteca, posto médico] mobile. **-3.** *fam fig*: **ele é uma enciclopédia** ~ he's a walking encyclopedia. <> *mf* [vendedor ambulante] street vendor.
ambulatório [ãnbula'tɔrju] *m* outpatient department.
ameaça [a'mjasa] *f* threat.
ameaçar [amja'sa(x)] *vt* to threaten; ~ **fazer algo** to threaten to do sthg.
ameba [a'mɛba] *f* amoeba *UK*, ameba *US*.
amedrontar [amedrõn'ta(x)] *vt* to frighten.
◆ **amedrontar-se** *vp* to feel afraid.
ameixa [a'mejʃa] *f* **-1.** [fresca] plum. **-2.** [seca] prune.
amém [a'mẽ] *interj* amen!
amêndoa [a'mẽndwa] *f* almond.
amendoeira [amẽn'dwejra] *f* almond tree.
amendoim [amẽn'dwĩ] (*pl* **-ns**) *m* peanut; ~ **torrado** roasted peanut.
amenidade [ameni'dadʒi] *f* **-1.** [suavidade] mildness. **-2.** [delicadeza] gentleness.
◆ **amenidades** *fpl* [futilidades] trivialities.
amenizar [ameni'za(x)] *vt* **-1.** [abrandar] to reduce. **-2.** [tornar agradável] to make pleasant. **-3.** [briga, conflito] to settle. **-4.** [facilitar] to lighten.

ameno, na [a'menu, na] *adj* **-1.** [brando - sabor] mild; [- repreensão] quiet; [- pena] light. **-2.** [agradável] pleasant.

América [a'mɛrika] America; ~ **Central** Central America; ~ **do Norte** North America; ~ **do Sul** South America; ~ **Hispânica** Spanish America; ~ **Latina** Latin America.

americanizar [amerikãni'za(x)] *vt* to Americanize.

americano, na [ameri'kãnu, na] <> *adj* American. <> *m, f* American.

amesquinhar [ameʃki'ɲa(x)] *vt* [tornar mesquinho] to demean.

◆ **amesquinhar-se** *vp* **-1.** [tornar-se avaro] to become mean. **-2.** [humilhar-se] to demean o.s.

ametista [ame'tʃiʃta] *f* amethyst.

amianto [a'mjãntu] *m* asbestos.

amido [a'midu] *m* starch.

amigável [ami'gavɛw] (*pl* **-eis**) *adj* friendly.

amígdala [a'migdala] *f* tonsil.

amigdalite [amigda'litʃi] *f* tonsillitis.

amigo, ga [a'migu, ga] <> *adj* friendly. <> *m, f* friend.

amistoso, osa [amiʃ'tozu, ɔza] *adj* friendly.

◆ **amistoso** *m* ESP friendly.

amizade [ami'zadʒi] *f* **-1.** [relação] friendship; **fazer** ~ **(com alguém)** to make friends (with sb); ~ **colorida** *fam* casual relationship. **-2.** [estima] friendliness; **ela o tratou com** ~ she treated him in a friendly manner.

amnésia [am'nɛzja] *f* amnesia.

amolação [amola'sãw] (*pl* **-ões**) *f* [incômodo, aborrecimento] hassle.

amolar [amo'la(x)] <> *vt* **-1.** [faca] to sharpen. **-2.** [incomodar, aborrecer] to annoy. <> *vi* [causar incômodo] to be annoying.

◆ **amolar-se** *vp* [aborrecer-se] to get annoyed.

amoldar [amow'da(x)] *vt* [adaptar, ajustar]: ~ **algo (a)** to adapt sthg (to).

◆ **amoldar-se** *vp* [adaptar-se, ajustar-se]: ~**-se (a)** to adapt (to).

amolecer [amole'se(x)] <> *vt* **-1.** [tornar mole] to soften. **-2.** *fig* [abrandar] to mollify. <> *vi* **-1.** [tornar-se mole] to soften. **-2.** *fig* [tornar-se brando] to relent.

amônia [a'monja] *f* ammonia.

amoníaco [amo'niaku] *m* ammonia.

amontoar [amõn'twa(x)] *vt* to pile up.

amor [a'mo(x)] (*pl* **-es**) *m* love; **fazer** ~ to make love; **pelo** ~ **de Deus!** for God's sake!; **ser um** ~ **(de pessoa)** to be a gem (of a person).

amora [a'mɔra] *f* mulberry.

amoral [amo'raw] (*pl* **-ais**) <> *adj* amoral. <> *mf* unscrupulous person.

amora-preta [a,mɔra'preta] (*pl* **amoras-pretas**) *f* mulberry.

amordaçar [amoxda'sa(x)] *vt* to gag.

amornar [amox'na(x)] <> *vt* to warm up. <> *vi* to cool down.

amoroso, osa [amo'rozu, ɔza] *adj* [pessoa] loving; **um caso** ~ a love affair.

amor-perfeito [a,moxpex'fejtu] (*pl* **amores-perfeitos**) *m* heartsease.

amor-próprio [a,mox'prɔprju] (*pl* **amores-próprios**) *m* **-1.** [auto-estima] self-esteem. **-2.** [orgulho] conceitedness.

amortecedor [amoxtese'do(x)] (*pl* **-es**) *m* shock absorber.

amortização [amoxtiza'sãw] (*pl* **-ões**) *f* **-1.** [pagamento parcial] part payment. **-2.** FIN [de ações] amortization.

amortizar [amoxti'za(x)] *vt* **-1.** [pagar parte de] to repay (in part). **-2.** FIN [ações] to amortize.

amostra [a'mɔʃtra] *f* sample.

amotinar [amotʃi'na(x)] *vt* to lead into mutiny.

◆ **amotinar-se** *vp* to mutiny.

amparar [ãnpa'ra(x)] *vt* **-1.** [escorar, segurar] to hold. **-2.** [ajudar] to support.

◆ **amparar-se** *vp* [escorar-se, segurar-se]: ~**-se (contra/em)** to lean (against/on).

amparo [ãn'paru] *m* **-1.** [apoio] hold. **-2.** [ajuda] support.

amperagem [ãnpe'raʒẽ] *f* [eletr] amperage.

ampère [ãn'pɛri] *m* amp, ampere.

ampliação [ãnplia'sãw] (*pl* **-ões**) *f* **-1.** [aumento - de forma, imagem] enlargement; [- de ângulo] widening. **-2.** [extensão] extension. **-3.** [desenvolvimento - de estudos] broadening; [- de negócio] expansion. **-4.** [FOT - processo] blow-up; [- exemplar] enlargement.

ampliar [ãnpli'a(x)] *vt* **-1.** [aumentar - forma, imagem] to enlarge; [- ângulo] to widen. **-2.** [estender] to extend. **-3.** [desenvolver - estudos] to broaden; [- negócio] to expand.

amplificação [anplifika'sãw] (*pl* **-ões**) *f* **-1.** [aumento - de forma, imagem] enlargement; [de ângulo] widening. **-2.** [de som] amplification.

amplificador [ãnplifika'do(x)] (*pl* **-es**) *m* [de som] amplifier.

amplificar [ãnplifi'ka(x)] *vt* **-1.** [aumentar - forma, imagem] to enlarge; [- ângulo] to widen. **-2.** [som] to amplify.

amplitude [ãnpli'tudʒi] *f* **-1.** [espaço] spaciousness. **-2.** *fig* [abrangência] scope. **-3.** TEC amplitude.

amplo, pla ['ãnplu, 'pla] *adj* **-1.** [espaçoso] spacious. **-2.** [abrangente] broad. **-3.** [lato]: **no sentido mais** ~ **da palavra** in the broadest sense of the word. **-4.** *(antes de subst)* [ilimitado] ample.

ampulheta [ãnpu'ʎeta] *f* hour-glass.

amputar [ãnpu'ta(x)] *vt* to amputate.

Amsterdã [amiʃtex'dã] *n* Amsterdam.

amuado, da [a'mwadu, da] *adj* [aborrecido] sulking.

amuar [a'mwa(x)] *vt* [aborrecer] to annoy.
◆ **amuar-se** *vp* [aborrecer-se]: ~**-se (com** *ou* **contra)** to get annoyed (with).
anã [a'nã] *f* ▻ **anão.**
anacronismo [anakro'niʒmu] *m* anachronism.
anafilático, ca [anafi'latiku, ka] *adj* ▻ **choque.**
anagrama [ana'grãma] *m* anagram.
anágua [a'nagwa] *f* petticoat.
anais [a'najʃ] *mpl* annals.
anal [a'naw] (*pl* **-ais**) *adj* anal.
analfabetismo [anawfabe'tʃiʒmu] *m* illiteracy.
analfabeto, ta [anawfa'bɛtu, ta] ◇ *adj* illiterate. ◇ *m, f* illiterate.
analgésico, ca [anaw'ʒɛziku, ka] *adj* analgesic.
◆ **analgésico** *m* [remédio] painkiller, analgesic.
analisar [anali'za(x)] *vt* **-1.** [examinar, avaliar] to analyse. **-2.** *PSIC* to put through analysis.
análise [a'nalizi] *f* [ger & *PSIC*] analysis.
analista [ana'liʃta] *mf* **-1.** [ger & *PSIC*] analyst; ~ **de sistemas** systems analyst.
analogia [analo'ʒia] *f* analogy.
análogo, ga [a'nalogu, ga] *adj* analogous.
ananás [ana'naʃ] (*pl* **-ases**) *m* pineapple.
anão, ã [a'nãw, ã] (*mpl* **-ões**, *fpl* **-s**) *m, f* dwarf.
anarquia [anax'kia] *f* **-1.** [ausência de governo] anarchy. **-2.** *fig* [bagunça] shambles.
anarquista [anax'kiʃta] ◇ *adj* [partido, sociedade] anarchist. ◇ *mf* **-1.** [militante] anarchist. **-2.** *fig* [bagunceiro, agitador] agitator.
ANATEL (*abrev de* **Agência Nacional de Telecomunicações**) *f Brazilian state telecommunications regulator*, ≃ Oftel *UK*, ≃ ODTR *US*.
anatomia [anato'mia] *f* anatomy.
anatômico, ca [ana'tomiku, ka] *adj* anatomical.
anca ['ãŋka] *f* **-1.** [de pessoa] hip. **-2.** [de animal] haunch.
ancestral [ãn'seʃtraw] (*pl* **-ais**) ◇ *adj* ancestral, age-old. ◇ *mf* ancestor.
◆ **ancestrais** *mpl* ancestors.
anchova [ãn'ʃova] *f* anchovy.
ancião, ciã [ã'sjãw, sjã] (*mpl* **-ões**, *fpl* **-s**) ◇ *adj* aged. ◇ *m, f* venerable person.
ancinho [ãn'siɲu] *m* rake.
anciões [ã'sjõjʃ] *pl* ▻ **ancião.**
ancoradouro [ãŋkora'doru] *m* anchorage.
ancorar [ãŋko'ra(x)] ◇ *vt* **-1.** [fundear] to anchor. **-2.** *fig* [basear] to base. ◇ *vi* [fundear] to base.
andaime [ãn'dãjmi] *m* scaffolding.
andamento [ãnda'mẽntu] *m* **-1.** [prosseguimento] progress; **estar em** ~ to be under way. **-2.** [direção] direction. **-3.** *MÚS* tempo.
andança [ãn'dãnsa] *f* [viagem] travel.
andar [ãn'da(x)] (*pl* **-es**) ◇ *m* **-1.** [jeito de caminhar] walk. **-2.** [pavimento] storey *UK*, story *US*. ◇ *vi* **-1.** [caminhar] to walk. **-2.** [usar como transporte]: ~ **de bicicleta/a cavalo** to ride a bicycle/horse; ~ **de avião/carro/trem** to go by plane/car/train. **-3.** [movimentar-se] to go. **-4.** [errar] to wander. **-5.** [progredir, funcionar] to go. **-6.** [passar] to go, to pass. **-7.** [conviver]: ~ **com alguém** to get along with sb. **-8.** [estar] to be; ~ **em** *ou* **por** to be travelling in; ~ **fazendo algo** to be doing sthg. **-9.** [ir-se]: **ir andando** to be on one's way. **-10.** [apressar-se]: **anda (com isso)!** get a move on! ◇ *vt* [percorrer] to do; **andamos 50 quilômetros em um dia** we did 50 kms in one day.
Andes ['ãndiʃ] *npl*: **os** ~ the Andes.
andino, na [ãn'dinu, na] ◇ *adj* Andean. ◇ *m, f* Andean.
andorinha [ãndo'riɲa] *f* swallow.
Andorra [ãn'doxa] *n*: **(o principado de)** ~ (the principality of) Andorra.
anedota [ane'dɔta] *f* joke.
anel [a'nɛw] (*pl* **-éis**) *m* **-1.** [ger] ring. **-2.** [de corrente] circuit. **-3.** [de cabelo] lock.
anelado, da [ane'ladu, da] *adj* curly.
anemia [ane'mia] *f* anaemia *UK*, anemia *US*.
anestesia [aneʃte'zia] *f* **-1.** [efeito] anaesthesia *UK*, anesthesia *US*. **-2.** [anestésico] anaesthetic *UK*, anesthetic *US*; ~ **geral/local** general/local anaesthetic.
anestesiado, da [aneʃte'zjadu, da] *adj* [paciente] anaesthetized.
anestésico, ca [aneʃ'tɛziku, ka] *adj* anaesthetizing *UK*, anesthetizing *US*.
◆ **anestésico** *m* anaesthetic *UK*, anesthetic *US*.
anexado, da [ane'ksadu, da] *adj* *COMPUT* attached.
anexar [anek'sa(x)] *vt* *COMPUT*: ~ **um arquivo** to attach a file.
anexo [a'nɛksu] *m* *COMPUT* attachment.
ANFAVEA (*abrev de* **Associação Nacional dos Fabricantes de Veículos Automotores**) *f Brazilian association of automobile manufacturers.*
anfíbio, bia [ãn'fibju, bja] *adj* amphibious.
◆ **anfíbio** *m* amphibian.
anfiteatro [ãnfi'tʃjatru] *m* amphitheatre *UK*, amphitheater *US*.
anfitrião, triã [ãnfi'trjãw, trjã] (*mpl* **-ões**, *fpl* **-s**) *m, f* host (*f* hostess).
angariar [ãŋga'rja(x)] *vt* to attract.
angina [ãn'ʒina] *f*: ~ **(do peito)** angina (pectoris).
anglicano, na [ãŋgli'kanu, na] ◇ *adj* Anglican. ◇ *m, f* Anglican.
anglo-saxão, xã [ˌãnglosak'sãw, sã] (*mpl* **-ões**, *fpl* **-ãs**) ◇ *adj* Anglo-Saxon. ◇ *m, f* Anglo-Saxon.
Angola [ãŋ'gɔla] *n* Angola.

angorá [ãŋgo'ra] <> *adj* angora. <> *m* [tecido] angora. <> *mf* [gato] angora.
angra ['ãŋgra] *f* bay.
angu [ãŋ'gu] *m* **-1.** [ger] ≃ porridge. **-2.** *fam fig* [confusão, problema]: **um ~-de-caroço** a tough nut to crack.
ângulo ['ãŋgulu] *m* **-1.** [ger] angle. **-2.** [canto] corner. **-3.** [de mira] angle (of vision).
anguloso, sa [ãŋgu'lozu, lɔza] *adj* angled.
angústia [ãŋ'guʃtʃja] *f* anguish.
angustiante [ãŋguʃ'tʃjãntʃi] *adj* harrowing.
angustiar [ãŋguʃ'tʃja(x)] *vt* to cause anguish to.
◆ **angustiar-se** *vp* to become distressed; **~-se com algo** to be distressed by sthg.
anil [a'niw] *m* [cor] blue.
animação [anima'sãw] *f* **-1.** [entusiasmo] enthusiasm. **-2.** [alegria] jollity. **-3.** [movimento] hustle and bustle. **-4.** CINE animation.
animado, da [ani'madu, da] *adj* **-1.** [entusiasmado] spirited. **-2.** [alegre, movimentado] lively.
animador, ra [anima'do(x), ra] (*mpl* **-es**, *fpl* **-s**) <> *adj* encouraging. <> *m, f* animator.
animal [ani'maw] (*pl* **-ais**) <> *adj* **-1.** [ger] animal. **-2.** *fam pej* [pessoa] brutal. <> *mf fam pej* [pessoa - bruto] brute; [- ignorante] ass. <> *m* ZOOL animal; **~ doméstico** [de estimação] domestic animal; [de criação] livestock.
animalesco, ca [animal'leʃku, ka] *adj* animal.
animar [ani'ma(x)] *vt* **-1.** [ger] to liven up. **-2.** [encorajar]: **~ alguém (a fazer algo)** to encourage sb (to do sthg). **-3.** [entusiasmar] to enthuse. **-4.** [fomentar, estimular] to stimulate. **-5.** [dar animação] to animate. **-6.** RELIG [dar vida a] to bring to life.
◆ **animar-se** *vp* **-1.** [tomar coragem]: **~-se (a fazer algo)** to resolve (to do sthg). **-2.** [entusiasmar-se] to become enthusiastic. **-3.** [debate, conversa, festa] to liven up. **-4.** [alegrar-se] to cheer up. **-5.** RELIG [ganhar vida] to come to life.
ânimo ['ãnimu] <> *m* **-1.** [coragem] courage. **-2.** [entusiasmo] enthusiasm; **perder o ~** to lose courage. **-3.** [estímulo] life; **representar um novo ~ para** to give a new lease of life to. <> *interj*: **~!** come on!
animosidade [animozi'dadʒi] *f* animosity.
aniquilar [aniki'la(x)] *vt* **-1.** [anular] to rescind. **-2.** [esgotar] to exhaust. **-3.** [destruir] to annihilate. **-4.** *fig* [arruinar] to ruin.
◆ **aniquilar-se** *vp* **-1.** [esgotar-se] to be exhausted. **-2.** *fig* [moralmente] to destroy o.s.
anis [a'niʃ] (*pl* **-es**) *m* aniseed; **licor de ~** anisette.
anistia [aniʃ'tʃia] *f* amnesty.
anistiado, da [aniʃ'tʃiadu, da] <> *adj* amnestied. <> *m, f person granted amnesty.*
aniversariar [anivexsa'rja(x)] *vi* **-1.** [pessoa] *to celebrate one's birthday/anniversary.* **-2.** [cidade] *to celebrate its anniversary.*
aniversário [anivex'sarju] *m* **-1.** [de acontecimento] anniversary. **-2.** [de nascimento] birthday. **-3.** [festa] birthday party.
anjo ['ãnʒu] *m* angel; **~ da guarda** guardian angel.
ano ['ãnu] *m* [período] year; **no ~ de 1969, o homem foi à Lua** in 1969, man went to the moon; **os ~s 70** the 1970s; **~ bissexto** leap year; **~ fiscal** tax year; **~ letivo** academic year; **há ~s** OU **faz ~s que** it's years since; **faz ~s que não o vejo** it's years since I saw him, I haven't seen him for years; **(no) ~ passado** last year; **(no) ~ que vem** next year.
◆ **anos** *mpl* [idade]: **tenho vinte ~ (de idade)** I'm twenty (years old); **quantos ~s você tem?** how old are you?; **ela faz nove ~s em outubro** she'll be nine in October.
anões [a'nõjʃ] *pl* ⊳ **anão**.
anoitecer [anojte'se(x)] <> *m* nightfall; **ao ~** at nightfall. <> *vi* **-1.** [cair a noite]: **quando anoiteceu, acendemos as luzes** when it got dark we turned on the lights. **-2.** [estar em algum lugar ao anoitecer] to be somewhere when night falls; **anoitecemos na estrada** night fell while we were on the road.
ano-luz [,ãnu'luʃ] (*pl* **anos-luz**) *m* light year.
anomalia [anoma'lia] *f* abnormality.
anônimo, ma [a'nonimu, ma] *adj* anonymous.
ano-novo [,ãnu'novu] (*pl* **anos-novos**) *m* **-1.** [período] new year. **-2.** [festa] New Year.
anoréxico, ca [ano'reksiku, ka] <> *adj* anorexic. <> *m, f* anorexic.
anormal [anox'maw] (*pl* **-ais**) <> *adj* **-1.** [ger] abnormal. **-2.** [incomum] unusual. **-3.** [extraordinário] extraordinary. **-4.** [deficiente] retarded. <> *m* **-1.** [pessoa excepcional] abnormal person. **-2.** *fam pej* [idiota] cretin.
anormalidade [anoxmali'dadʒi] *f* **-1.** [anomalia] abnormality. **-2.** [situação] abnormal situation.
anotação [anota'sãw] (*pl* **-ões**) *f* note.
anotar [ano'ta(x)] *vt* **-1.** [tomar nota de] to note down. **-2.** [apor observações a] to annotate.
anseio [ãn'seju] *m* desire; **no ~ de fazer algo** in one's eagerness to do sthg.
ânsia ['ãnsja] *f* **-1.** [desejo]: **ter ~ (por algo/de fazer algo)** to be longing for sthg/to do sthg; **~s de vômito** nausea. **-2.** [ansiedade] anxiety.
ansiar [ãn'sja(x)] *vi*: **~ por algo/por fazer algo** to long for sthg/to do sth.
ansiedade [ãnsje'dadʒi] *f* **-1.** [ger] anxiety; **com ~** anxiously. **-2.** [desejo] longing.
ansioso, osa [ãn'sjozu, ɔza] *adj* [angustiado, desejoso] anxious; **o presidente aguarda ~ o resultado das eleições** the president is anxiously awaiting the election results.
antagonista [ãntago'niʃta] <> *adj* **-1.** [candi-

dato, partido] opposing. **-2.** [opinião, idéia] conflicting. <> *mf* [rival] opponent.

antártico, ca [ãn'taxtʃiku, ka] *adj* Antarctic.

◆ **Antártico** *n*: **o (oceano) ~** the Antarctic (Ocean).

Antártida [ãn'taxtʃida] *n*: **a ~** Antarctica.

ante ['ãntʃi] *prep* **-1.** [diante de] before; **jurar ~ a Bíblia** to swear on the Bible; **jurar ~ o juiz** to swear before the judge. **-2.** [em conseqüência de] as a result of.

ante- ['ãntʃi-] *prefixo* ante-.

antebraço [ãntʃi'brasu] *m* forearm.

antecedência [ãntese'dẽnsja] *f*: **com ~** in advance; **com uma semana de ~** a week in advance.

antecedente [ãntese'dẽntʃi] <> *adj* [precedente] preceding. <> *m* **-1.** [precedente] predecessor. **-2.** *GRAM, MAT* antecedent.

◆ **antecedentes** *mpl* [pessoais] track record *(sg)*; **ter bons ~s** to have a clean record; **~s criminais** criminal record *(sg)*.

anteceder [ãntese'de(x)] *vt* [preceder, chegar antes de] to precede.

antecessor, ra [ãntese'so(x), ra] <> *adj* preceding. <> *m, f* predecessor.

antecipação [ãntesipa'sãw] (*pl* **-ões**) *f* **-1.** [adiantamento]: **a ~ de metas** the early achievement of goals; **a ~ do comunicado provocou uma crise** the bringing forward of the announcement caused a crisis. **-2.** [salarial] advance. **-3.** [antecedência]: **com ~** in advance; **com uma semana/um mês de ~** a week/month in advance.

antecipadamente [ãntesi,pada'mẽntʃi] *adv* in advance.

antecipado, da [ãntesi'padu, da] *adj* **-1.** [pagamento] advance *(antes de subst)*. **-2.** [eleições] early.

antecipar [ãntesi'pa(x)] *vt* **-1.** [fazer ocorrer mais cedo] to bring forward. **-2.** [adiantar-se a] to anticipate.

antemão [ãnte'mãw] ◆ **de antemão** *loc adv* beforehand.

antena [ãn'tena] *f* **-1.** [ger] antenna. **-2.** *RÁDIO, TV* aerial; **~ parabólica** satellite dish.

anteontem [ãntʃi'õntẽ] *adv* the day before yesterday.

antepassado, da [,ãntepa'sadu, da] *m, f* ancestor.

antepor [ãnteẽpo(x)] *vt* [contrapor]: **~ algo a algo** to respond to sthg with sthg.

anterior [ãnte'rjo(x)] (*pl* **-es**) *adj* **-1.** [prévio]: **~ (a)** before. **-2.** [antigo]: **~ (a)** previous (to). **-3.** [em posição] front; **membro ~** forelimb; **músculo ~** anterior muscle.

antes ['ãnʃiʃ] *adv* **-1.** [previamente] beforehand; **o quanto ~** as soon as possible; **pouco ~** a little before. **-2.** [antigamente] in the past. **-3.** [de preferência] rather. **-4.** [ao contrário] on the contrary.

◆ **antes de** *loc prep* before; **~ de fazer algo** before doing sthg; **~ da hora/do tempo** early; **~ de tudo** above all.

◆ **antes que** *loc conj* before; **fui embora ~ que chovesse** I left before it rained.

antever [ãnte've(x)] *vt* to foresee.

antevisão [,ãnte'vizãw] *f* **-1.** [visão antecipada]: **ter uma ~ de** to foresee. **-2.** [pressentimento] premonition.

anti- ['ãntʃi-] *prefixo* anti-, non-.

antiácido, da [ãn'tʃjasidu, da] *adj* antacid.

◆ **antiácido** *m* antacid.

antiaéreo, rea [ãntʃja'ɛrju, rja] *adj* anti-aircraft; **abrigo ~** bomb shelter.

antialérgico, ca [ãntʃja'lɛxʒiku, ka] *adj* hypoallergenic.

◆ **antialérgico** *m* antihistamine.

antibiótico, ca [ãntʃi'bjɔtʃiku, ka] *adj* antibiotic.

◆ **antibiótico** *m* antibiotic.

anticlímax [ãntʃi'klimãks] *m inv* anticlimax.

anticoncepcional [ãntʃikõnsepsjo'naw] (*pl* **-ais**) <> *adj* contraceptive. <> *m* [pílula, dispositivo] contraceptive.

anticorpo [ãntʃi'koxpu] *m* antibody.

antídoto [ãn'tʃidotu] *m* antidote.

antiético, ca [ãn'tʃjɛtʃiku, ka] *adj* unethical.

antigamente [ãntʃiga'mẽntʃi] *adv* in the past; **de ~** old-fashioned.

antigo, ga [ãn'tʃigu, ga] *adj* **-1.** [ger] old. **-2.** [antiquado, remoto] old-fashioned. **-3.** *(antes de subst)* [anterior] former, previous. **-4.** *(antes de subst)* [veterano] longstanding; **ser ~ no clube** to be a longstanding member of the club; **ser ~ na empresa** to be a longstanding member of staff; **ser ~ no cargo** to be an old hand at the job. **-5.** *HIST* [da Antigüidade] ancient.

◆ **antigos** *mpl HIST* [homens] ancients.

antigüidade [ãntʃigwi'dadʒi] *f* **-1.** [idade] age. **-2.** [em cargo, função] seniority. **-3.** [peça, monumento] antique.

◆ **Antigüidade** *f* [época] antiquity.

◆ **antigüidades** *fpl* **-1.** [peças] antiques; **loja de ~s** antique shop. **-2.** [monumentos] ancient monuments.

anti-higiênico, ca [ãntʃji'ʒjeniku, ka] (*mpl* **-s**, *fpl* **-s**) *adj* unhygienic.

anti-histamínico, ca [ãntʃji'iʃta'miniku, ka] *adj* antihistamine.

◆ **anti-histamínico** *m* antihistamine.

anti-horário [ãntʃjo'rarju] *adj*: **sentido/movimento ~** anticlockwise direction/movement.

antiinflamatório, ria [ãntʃiĩnflama'tɔriu, rja] <> *adj* anti-inflammatory. <> *m* anti-inflammatory.

antílope [ãn'tʃilopi] *m* antelope.
antinuclear [ãntʃinukle'a(x)] *adj* anti-nuclear.
antipático, ca [ãntʃi'patʃiku, ka] *adj* unpleasant.
antipatizar [ãntʃipatʃi'za(x)] *vi*: ~ **com alguém** to dislike sb.
antiperspirante [ãntʃipexʃpi'rantʃi] ◇ *adj* antiperspirant. ◇ *mf* antiperspirant.
antiquado, da [ãntʃi'kwadu, da] *adj* antiquated.
antiquário, ria [ãntʃi'kwarju, rja] *m, f* [comerciante] antique dealer.
◆ **antiquário** *m* [loja] antique shop.
antiqüíssimo, ma [ãntʃi'kisimu, ma] *superl* ⊳ **antigo**.
anti-semita [ãntʃise'mita] (*pl* **-s**) ◇ *adj* anti-Semitic. ◇ *mf* [pessoa] anti-Semite.
anti-séptico, ca [antʃi'sɛptʃiku, ka] *adj* antiseptic.
◆ **anti-séptico, antisséptico** *m* [desinfetante] antiseptic.
anti-social [ãntʃiso'sjaw] (*pl* **-ais**) *adj* antisocial.
antisséptico [ˌãntʃi'sɛptʃiku] = **anti-séptico**.
antitabagista [ãntʃitaba'ʒista] ◇ *adj* anti-smoking. ◇ *mf* anti-smoker.
antitérmico, ca [ãntʃi'tɛxmiku, ka] *adj* antipyretic.
◆ **antitérmico** *m* [comprimido] antipyretic.
antiterrorista [ãntʃitexo'riʃta] ◇ *adj* anti-terrorist. ◇ *mf* anti-terrorist.
antítese [ãn'tʃitezi] *f* antithesis.
antivírus [ãntʃi'viruʃ] *m inv INFORM* antivirus software.
antologia [ãntolo'ʒia] *f* anthology.
antológico, ca [ãnto'lɔʒiko, ka] *adj* outstanding.
antro ['ãntru] *m* **-1.** [caverna] cave. **-2.** [de animal] lair. **-3.** [de bandidos etc.] den.
antropófago, ga [ãntro'pɔfagu, ga] ◇ *adj* cannibalistic. ◇ *m, f* cannibal.
antropologia [ãntropolo'ʒia] *f* anthropology.
anual [a'nwaw] (*pl* **-ais**) *adj* annual, yearly.
anuário [a'nwarju] *m* yearbook.
anuidade [anwi'dadʒi] *f* annuity.
anulação [anula'sãw] (*pl* **-ões**) *f* **-1.** [cancelamento, invalidação] cancellation. **-2.** [casamento] annulment. **-3.** [pena] revocation. **-4.** [gol] disallowance.
anular [anu'la(x)] ◇ *vt* **-1.** [cancelar, invalidar] to cancel. **-2.** [casamento] to annul. **-3.** [pena] to revoke. **-4.** [gol] to disallow. **-5.** [sobrepujar] to cancel out. ◇ *adj* **-1.** [forma] circular. **-2.** [dedo] ring. ◇ *m* [dedo] ring finger.
anunciante [anũn'sjãntʃi] *m COM* advertiser.
anunciar [anũn'sja(x)] *vt* **-1.** [ger] to announce. **-2.** *COM* [produto] to advertise.
anúncio [a'nũnsju] *m* **-1.** [comunicado] announcement. **-2.** [cartaz, aviso] notice. **-3.** [publicitário] advertisement; ~**s classificados** classifieds.
ânus ['ãnuʃ] *m inv* anus.
anzol [ãn'zɔw] (*pl* **-óis**) *m* hook.
ao [aw] = **a + o**.
aonde [a'õndʒi] *adv* where; ~ **quer que ...** wherever ...
aos [awʃ] = **a + os**.
AP (*abrev de* **Estado do Amapá**) *n State of Amapá*.
APAE (*abrev de* **Associação de Pais e Amigos dos Excepcionais**) *f Brazilian association of parents and friends of the disabled.*
apagado, da [apa'gadu, da] *adj* **-1.** [fogo] extinguished. **-2.** [desligado] out *(depois de verbo)*. **-3.** [com borracha] rubbed out *UK*, erased *US*. **-4.** [desvanecido] faded. **-5.** *fig* [sem brilho] lacklustre. **-6.** *fig* [pessoa] dull.
apagão [apa'gãw] (*pl* **-ões**) *m* [blecaute] power cut.
apagar [apa'ga(x)] ◇ *vt* **-1.** [fogo] to put out. **-2.** [vela] to blow out. **-3.** [luz, lanterna] to turn out. **-4.** [lustre] to dim. **-5.** [com borracha, apagador] to rub out. **-6.** [fazer desvanecer-se] to fade. **-7.** [abrandar] to dull. **-8.** *COMPUT* [eliminar] to delete. **-9.** *fam fig* [matar] to wipe out. ◇ *vi fam fig* [adormecer] to crash out.
◆ **apagar-se** *vp* **-1.** [extingüir-se] to die out. **-2.** [desligar-se] to go out. **-3.** [desvanecer-se] to fade. **-4.** [abrandar-se] to dull.
apaixonado, da [apajʃo'nadu, da] *adj* **-1.** [enamorado] in love; **estar** ~ **(por alguém)** to be in love (with sb). **-2.** [exaltado] impassioned. **-3.** [aficcionado]: **ser** ~ **(por algo)** to be passionate about sthg.
apaixonar-se [apajʃo'naxsi] *vp* **-1.** [enamorar-se]: ~ **(por alguém)** to fall in love (with sb). **-2.** [aficcionar-se]: ~ **(por algo)** to become passionate (about sthg).
apalermado, da [apalex'madu, da] *adj* idiotic.
apalpar [apaw'pa(x)] *vt* to feel.
◆ **apalpar-se** *vp* [examinar-se] to examine o.s.
apanhado [apã'ɲadu] *m* **-1.** [resumo] summary. **-2.** [de flores] bunch.
apanhar [apã'ɲa(x)] ◇ *vt* **-1.** [ger] to catch. **-2.** [pegar] to pick out. **-3.** [alcançar] to get. **-4.** [pegar do chão] to pick up. **-5.** [agarrar] to grab. **-6.** [colher] to pick. **-7.** [ir buscar] to fetch. **-8.** [tomar condução] to take. ◇ *vi* **-1.** [ser espancado] to be beaten; ~ **de alguém** to take a beating from sb; ~ **de algo** to be beaten with sthg. **-2.** *ESP* [perder] to lose. **-3.** *fig* [ter dificuldades] to go through a lot.
apara [a'para] *f* **-1.** [madeira] shaving. **-2.** [papel] shred.
aparador [apara'do(x)] (*pl* **-es**) *m* [móvel] sideboard.

aparafusar [aparafu'za(x)] *vt* **-1.** [parafuso] to screw in. **-2.** [prender] to screw.

aparar [apa'ra(x)] *vt* **-1.** [cabelo, barba, unhas] to trim. **-2.** [unhas] to clip. **-3.** [golpe] to fend off. **-4.** [tábua, folhas] to smooth out.

aparato [apa'ratu] *m* **-1.** [pompa] ceremony. **-2.** [conjunto - de ferramentas] collection; [- de armas] apparatus. **-3.** *fig* [de conceitos, análises] structure.

aparecer [apare'se(x)] *vt* **-1.** [ger] to appear. **-2.** [ser perceptível] to be apparent. **-3.** [comparecer] to turn up; *fam* [fazer visita] to drop in. **-4.** *fam pej* [exibir-se] to show off.

aparecimento [aparesi'mẽntu] *m* appearance.

aparelhado, da [apare'ʎadu, da] *adj* **-1.** [preparado] prepared. **-2.** [madeira] planed.

aparelhagem [apare'ʎaʒẽ] (*pl* **-ns**) *f* **-1.** [equipamento] equipment; [de som] sound system. **-2.** [da madeira] planing. **-3.** NÁUT rigging.

aparelhar [apare'ʎa(x)] *vt* **-1.** [preparar] to equip. **-2.** NÁUT to rig.

◆ **aparelhar-se** *vp* [preparar-se] to equip o.s.

aparelho [apa'reʎu] *m* **-1.** [conjunto] set; ~ **de chá** tea set. **-2.** [equipamento] equipment; ~ **de som** sound system. **-3.** [máquina] machine; ~ **de barbear** shaving equipment; ~ **de rádio/TV** radio/television set. **-4.** PESCA tackle. **-5.** POL hideout. **-6.** ANAT system; ~ **digestivo** digestive system.

aparência [apa'rẽnsja] *f* **-1.** [aspecto] appearance; **sob a** ~ **de** in the guise of; **na** ~ by all appearances. **-2.** [ilusão] show.

◆ **aparências** *fpl* [exterioridades] appearances; **as** ~**s enganam** *prov* one shouldn't judge by appearances; **manter as** ~**s** to keep up appearances.

aparentar [aparẽn'ta(x)] *vt* **-1.** [parecer] to seem. **-2.** [fingir] to pretend.

aparente [apa'rẽntʃi] *adj* **-1.** [falso] feigned. **-2.** [visível] visible.

aparição [apari'sãw] (*pl* **-ões**) *f* apparition.

apartamento [apaxta'mẽntu] *m* **-1.** [residência] apartment, flat *UK*. **-2.** [de hotel] hotel suite.

apartar [apax'ta(x)] *vt* **-1.** [separar] to split. **-2.** [briga] to break up.

◆ **apartar-se** *vp* [afastar-se] to split from.

aparte [a'paxtʃi] *m* [observação] aside; **fazer um** ~ to make an aside.

apartheid [apax'tajdʒi] *m* apartheid.

apartidário, ria [apartʃi'darju, rja] *adj* non-partisan.

apatetado, da [apate'tadu, da] *adj* [trapalhão] foolish.

apatia [apa'tʃia] *f* indifference.

apático, ca [a'patʃiku, ka] *adj* indifferent.

apavorado, da [apavo'radu, da] *adj* terrified.

apavorante [apavo'rãntʃi] *adj* terrifying.

apavorar [apavo'ra(x)] ⇔ *vt* to terrify. ⇔ *vi* to be terrifying.

◆ **apavorar-se** *vp* to become terrified.

apaziguar [apazi'gwa(x)] *vt* to calm.

◆ **apaziguar-se** *vp* **-1.** to calm down. **-2.** [inimigos] to make peace.

apear [a'pja(x)] *vi* to dismount.

apedrejar [apedre'ʒa(x)] *vt* to stone.

apegado, da [ape'gadu, da] *adj* [afeiçoado]: ~ **(a)** attached (to).

apegar-se [ape'gaxsi] *vp* [afeiçoar-se]: ~ **a algo/alguém** to become attached to sthg/sb.

apego [a'pegu] *m* [afeição] attachment; **ter** ~ **por** to be attached to.

apelação [apela'sãw] (*pl* **-ões**) *f* **-1.** [apelo] appeal. **-2.** JUR appeal. **-3.** *fam* [vulgarização] solicitation.

apelar [ape'la(x)] *vi* **-1.** [recorrer]: ~ **a** to appeal to; ~ **(para a violência)** to turn nasty. **-2.** [invocar]: ~ **a** [compreensão, amizade] to call upon. **-3.** JUR : ~ **(de)** to appeal (against). **-4.** [vulgarmente] to turn nasty.

apelidar [apeli'da(x)] *vt*: ~ **alguém de algo** to nickname sb sthg.

apelido [ape'lidu] *m* [alcunha] nickname.

apelo [a'pelu] *m* appeal; ~ **a alguém/algo** appeal to sb/sthg.

apenas [a'penaʃ] *adv* [só] only.

apêndice [a'pẽndʒisi] *m* appendix.

apendicite [apẽndʒi'sitʃi] *f* appendicitis.

aperceber-se [apexse'bexsi] *vp*: ~ **de** to realize.

aperfeiçoamento [apexfejswa'mẽntu] *m* [aprimoramento] improvement.

aperfeiçoar [apexfej'swa(x)] *vt* to improve.

◆ **aperfeiçoar-se** *vp* [aprimorar-se] to improve; ~**-se em algo** to improve in *ou* at sthg.

aperitivo, va [aperi'tʃivu, va] *adj* appetizing.

◆ **aperitivo** *m* **-1.** [bebida] aperitif. **-2.** [petisco] appetizer.

aperreado, da [ape'xjadu, da] *adj* **-1.** [aborrecido] vexed. **-2.** [em situação difícil] troubled.

apertado, da [apex'tadu, da] ⇔ *adj* **-1.** [ger] tight. **-2.** [passagem] narrow. **-3.** [poltrona, sala, teatro] cramped. **-4.** [difícil] hard. **-5.** [sem tempo] pressed. **-6.** [sem dinheiro] strapped for cash; **orçamento** ~ tight budget. **-7.** *fam* [para ir ao banheiro]: **estar** ~ to be desperate to go to the bathroom. **-8.** [coração]: **estar com o coração** ~ to be anguished. ⇔ *adv* [com dificuldade] only just.

apertar [apex'ta(x)] ⇔ *vt* **-1.** [cingir]: ~ **algo (contra/entre)** to clasp sthg (against/between); ~ **alguém (contra/entre)** to clasp sb (against/between); ~ **a mão de alguém** [cumprimentar] to shake sb's hand. **-2.** [espremer] to squeeze. **-3.** [incomodar por ser justo] to constrict. **-4.** [tornar mais justo] to tighten. **-5.** [pressionar - botão] to do up; [- gatilho] to squeeze. **-6.** ***fig*** [intensificar] to tighten up on. **-7.** [passo, ritmo] to speed up. **-8.** [cortar] to cut. **-9.** [coração] to wring. **-10.** ***fig*** [pessoa] to put pressure on. <> *vi* **-1.** [roupa, sapato] to be tight. **-2.** [chuva, frio, fome] to intensify. **-3.** [prazo] to run out. **-4.** [estrada, rio] to narrow.

aperto [a'pextu] *m* **-1.** [em cumprimento]: **~ de mãos** handshake. **-2.** ***fig*** [apuro] problem; **passar um ~** to have a rough time. **-3.** ***fig*** [financeiro] hardship.

apesar [ape'za(x)] *prep*: **~ de** in spite of; **~ de que** even though; **~ disso** in spite of this.

apetecer [apete'se(x)] *vi* to be appetizing; **~ a alguém** to appeal to sb.

apetecível [apete'sivew] (*pl* **-eis**) *adj* **-1.** [prato, receita] appetizing. **-2.** ***fig*** [idéia proposta] attractive.

apetite [ape'tʃitʃi] *m* appetite; **bom ~!** enjoy your meal!; **ter um ~ de sucesso/riqueza/poder** to have an appetite for success/wealth/power.

apetitoso, osa [apetʃi'tozu, ɔza] *adj* tasty.

apetrechos [ape'treʃuʃ] *mpl* **-1.** [de guerra] equipment *(U)*. **-2.** [de pesca] tackle *(U)*.

ápice ['apisi] *m* **-1.** [cimo] top, summit. **-2.** ***fig*** [apogeu] peak.

apiedar-se [apje'daxsi] *vp*: **~ (de alguém/algo)** to feel sorry (for sb/sthg).

apimentado, da [apimẽn'tadu, da] *adj* **-1.** [com muita pimenta] peppery. **-2.** ***fig*** [sensual] spicy.

apimentar [apimẽn'ta(x)] *vt* to pepper.

apinhado, da [api'ɲadu, da] *adj* crowded.

apinhar [api'ɲa(x)] *vt* [lotar] to crowd.

◆ **apinhar-se** *vp* **-1.** [aglomerar-se] to crowd. **-2.** [lotar]: **~-se (de gente)** to be crowded (with people).

apitar [api'ta(x)] <> *vi* **-1.** [com apito] to whistle. **-2.** ***fam fig*** [ter autoridade] to know a lot; **ele apita muito em medicina** he knows a lot about medicine; **ele não apita nada em casa** he's not the one who wears the trousers. <> *vt* [*ESP* - arbitrar] to referee; [- falta, pênalti] to whistle.

apito [a'pitu] *m* [instrumento, silvo] whistle.

aplacar [apla'ka(x)] <> *vt* **-1.** [serenar] to subdue. **-2.** [abrandar] to assuage. <> *vi* **-1.** [serenar-se] to die down. **-2.** [abrandar-se] to calm down.

◆ **aplacar-se** *vp* to calm down.

aplainar [aplaj'na(x)] *vt* **-1.** [madeira] to plane. **-2.** [nivelar] to level out.

aplanar [apla'na(x)] *vt* **-1.** [nivelar] to level out. **-2.** [alisar] to smooth. **-3.** ***fig*** [obstáculos] to smooth out.

aplaudir [aplaw'di(x)] <> *vt* to applaud. <> *vi* to clap, to applaud.

aplauso [a'plawzu] *m* **-1.** [ger] applause; **o filme recebeu o ~ da crítica** the film received critical acclaim. **-2.** ***fig*** [aprovação] approval; **as medidas contra o crime contam com meu ~** I applaud the measures against crime.

aplicação [aplika'sãw] (*pl* **-ões**) *f* **-1.** [ger] application. **-2.** [ornato] adornment.

aplicado, da [apli'kadu, da] *adj* **-1.** [esforçado] hard-working. **-2.** [prático] applied.

aplicar [apli'ka(x)] <> *vt* **-1.** [ger] to apply. **-2.** [injeção] to give. **-3.** *FIN* to invest. <> *vi FIN* to invest.

◆ **aplicar-se** *vp* **-1.** [esforçar-se]: **~-se em/para algo** to work hard at/for sthg. **-2.** [adequar-se]: **~-se a algo** to apply to sthg.

aplicativo, va [aplika'tʃivu, va] *adj COMPUT* : **programa ~** application.

◆ **aplicativo** *m COMPUT* application.

APM (*abrev de* **Associação de Pais e Mestres**) *f* ≃ PTA.

apocalipse [apoka'lipsi] *m* apocalypse.

apoderar-se [apode'raxsi] *vp*: **~ de algo** to take over sthg.

apodrecer [apodre'se(x)] *vi* **-1.** [comida] to go off. **-2.** [dente] to rot. **-3.** ***fam*** [pessoa]: **~ em** to rot in.

apodrecimento [apodresi'mẽntu] *m* rot.

apogeu [apo'ʒew] *m* **-1.** [de império, carreira, romance] crowning point. **-2.** *ASTRON* apogee.

apoiar [apo'ja(x)] *vt* **-1.** [ger] to support. **-2.** [firmar]: **~ algo em** *OU* **sobre algo** to rest sthg on sthg. **-3.** [fundamentar]: **~ algo em** *OU* **sobre algo** to base sthg on sthg.

◆ **apoiar-se** *vp* **-1.** [amparar-se mutuamente] to support one another. **-2.** [firmar-se] to lean. **-3.** [fundamentar-se] to be based on.

apoio [a'poju] *m* **-1.** [ger] support. **-2.** [patrocínio] sponsorship. **-3.** [alicerce] foundations *(pl)*. **-4.** ***fig*** [fundamento] basis.

apólice [a'pɔlisi] *f* policy; **~ de seguro** insurance policy.

apologia [apolo'ʒia] *f* defence.

apontador [apõnta'do(x)] (*pl* **-es**) *m* **-1.** [de lápis] pencil sharpener. **-2.** [de jogo] marker.

apontamento [apõnta'mẽntu] *m* [anotação] notes *(pl)*.

apontar [apõn'ta(x)] <> *vt* **-1.** [ger] to point out. **-2.** [arma] to aim. **-3.** [citar] to name. **-4.** [notas] to make notes. **-5.** [jogo] to mark. **-6.** [lápis] to sharpen. <> *vi* **-1.** [com arma]: **~ para** to aim at; **apontar!** aim! **-2.** [com o dedo]: **~ para** to point at. **-3.** [aparecer] to appear.

apoquentar [apokẽnta(x)] *vt* to annoy.

◆ **apoquentar-se** *vp* to get annoyed.

após [a'pɔjʃ] *prep* after.

aposentado, da [apozẽn'tadu, da] <> *adj* **-1.** [pessoa] retired. **-2.** [sapato] discarded. **-3.** [carro, máquina] disused. <> *m, f* retired person.

aposentadoria [apozẽntado'ria] *f* **-1.** [condição] retirement. **-2.** [vencimentos] pension.

aposentar [apozẽn'ta(x)] *vt* **-1.** [pessoa] to pension off. **-2.** [máquina] to discard.

◆ **aposentar-se** *vp* to retire.

aposento [apo'zẽntu] *m* bedroom.

apossar-se [apo'saxsi] *vp*: ~ **de algo** to take possession of sthg.

aposta [a'pɔʃta] *f* bet.

apostar [apoʃ'ta(x)] ◇ *vt* to bet; ~ **que** to bet that. ◇ *vi*: ~ **em** to bet on.

apostila [apoʃ'tʃila] *f* **-1.** [nota marginal] marginal note. **-2.** [matéria de aula] handout.

apóstolo [a'pɔʃtulu] *m* apostle.

apóstrofo [a'pɔʃtrofu] *m* apostrophe.

apoteose [apote'ɔzi] *f* apotheosis.

aprazível [apra'zivɛw] (*pl* **-eis**) *adj* pleasant.

apreciação [apresja'sãw] (*pl* **-ões**) *f* **-1.** [análise] consideration. **-2.** [julgamento] assessment.

apreciar [apre'sja(x)] *vt* **-1.** [ger] to appreciate. **-2.** [gostar de] to enjoy.

apreciativo, va [apresja'tʃivu, va] *adj* appreciative.

apreço [a'presu] *m* [estima, consideração] consideration.

apreender [aprjẽn'de(x)] *vt* **-1.** [tomar] to seize. **-2.** [compreender] to understand, to comprehend.

apreensão [aprjẽn'sãw] (*pl* **-ões**) *f* **-1.** [tomada] seizure. **-2.** [percepção] understanding, comprehension. **-3.** [preocupação] apprehension.

apreensivo, va [aprjẽn'sivu, va] *adj* apprehensive.

apregoar [apre'gwa(x)] *vt* to proclaim.

aprender [aprẽn'de(x)] ◇ *vt* to learn. ◇ *vi* to learn; ~ **a fazer algo** to learn to do sthg; ~ **de cor** to learn by heart.

aprendiz [aprẽn'dʒiʒ] (*pl* **-es**) *mf* learner.

aprendizado [aprendʒi'zadu] *m*, **aprendizagem** *f* [aprẽndʒi'zaʒẽ] (*pl* **-ns**) learning.

apresentação [aprezẽnta'sãw] (*pl* **-ões**) *f* [ger] presentation.

apresentador, ra [aprezẽnta'do(x), ra] *m, f* **-1.** [de seminário, painel] speaker. **-2.** RÁDIO, TV presenter.

apresentar [aprezẽn'ta(x)] *vt* **-1.** [ger] to present; ~ **uma comunicação** to give a talk. **-2.** [fazer] to make. **-3.** [moção, recurso] to introduce.

◆ **apresentar-se** *vp* **-1.** [dar-se a conhecer] to introduce o.s. **-2.** [comparecer] to present o.s. **-3.** [manifestar-se] to arise. **-4.** [candidatar-se] to put o.s. forward.

apressado, da [apre'sadu, da] *adj* hurried; **estar** ~ to be in a hurry.

apressar [apre'sa(x)] *vt* to hurry.

◆ **apressar-se** *vp* to hurry.

aprimorar [aprimo'ra(x)] *vt* to improve.

◆ **aprimorar-se** *vp*: ~**-se (em algo)** to try hard (at sthg).

aprisionamento [aprizjona'mẽntu] *m* **-1.** [de pessoa] imprisonment. **-2.** [de passarinho] captivity.

aprisionar [aprizjo'na(x)] *vt* **-1.** [prender] to imprison. **-2.** [meter em prisão] to put in prison. **-3.** [capturar] to keep in captivity.

aprofundamento [aprofũnda'mẽntu] *m* in-depth examination.

aprofundar [aprofũn'da(x)] *vt* **-1.** [ger] to deepen. **-2.** [investigação] to intensify. **-3.** [conhecimentos] to improve. **-4.** [divergências] to increase.

◆ **aprofundar-se** *vp* **-1.** [no solo, no mar] to go down. **-2.** [em investigações, análise] to intensify. **-3.** [em área de conhecimento] to immerse o.s. **-4.** [em selva, mato] to penetrate deeper.

aprontar [aprõnta(x)] ◇ *vt* **-1.** [preparar] to prepare. **-2.** [terminar] to complete. **-3.** *fam* [briga, confusão] to cause. ◇ *vi fam* [criar confusão] to play up.

◆ **aprontar-se** *vp* **-1.** [vestir-se, arrumar-se] to get ready. **-2.** [preparar-se] to prepare o.s.

apropriação [aproprja'sãw] (*pl* **-ões**) *f* **-1.** [assenhoramento] takeover. **-2.** [tomada] seizure.

apropriado, da [apro'prjadu, da] *adj* **-1.** [adequado] appropriate. **-2.** [tomado] seized.

apropriar [apro'prja(x)] *vt* [adequar] to adapt.

◆ **apropriar-se** *vp*: ~**-se de algo** to take possession of sthg.

aprovação [aprova'sãw] (*pl* **-ões**) *f* **-1.** [ger] approval. **-2.** [em exame] pass.

aprovar [apro'va(x)] *vt* **-1.** [apoiar] to approve. **-2.** [sancionar] to approve. **-3.** [em exame] to pass.

aproveitador, ra [aprovejta'do(x), ra] (*mpl* **-es**, *fpl* **-s**) ◇ *adj* opportunistic. ◇ *m,f* opportunist.

aproveitamento [aprovejta'mẽntu] *m* **-1.** [uso] good use. **-2.** [nos estudos] improvement; **ter um bom** ~ to do well.

aproveitar [aprovej'ta(x)] ◇ *vt* **-1.** [não desperdiçar] to make the most of, to put to good use. **-2.** [usar] to use. ◇ *vi* [tirar proveito]: ~ **para fazer algo** to take opportunity to do sthg; **aproveite enquanto é tempo!** make the most of it while you can!, make hay while the sun shines!

◆ **aproveitar-se** *vp*: ~**-se de algo/alguém** to take advantage of sthg/sb.

aprovisionar [aprovizjo'na(x)] *vt* [abastecer] to supply.

aprox. (*abrev de* **aproximadamente**) *adv* approx.

aproximação [aprosima'sãw] (*pl* **-ões**) *f* **-1.** [chegada] approach. **-2.** [estimativa] approximation. **-3.** [de países] coming together. **-4.** [de pontos de vista] similarity.

aproximado, da [aprosi'madu, da] *adj* approximate.

aproximar [aprosi'ma(x)] *vt* **-1.** [precipitar] to bring forward. **-2.** [cálculo] to approximate. **-3.** [pessoas, países] to bring together. **-4.** [levar para perto] to draw up. **-5.** [fazer parecer perto] to bring closer.

◆ **aproximar-se** *vp* **-1.** [achegar-se] to approach. **-2.** [pessoas, países] to draw closer. **-3.** [assemelhar-se] to be similar.

aptidão [aptʃi'dãw] (*pl* **-ões**) *f* **-1.** [ger] aptitude. **-2.** [jeito]: **ter ~ para** to have an aptitude for.

apto, ta ['aptu, ta] *adj* suitable.

Apto. (*abrev de* **apartamento**) *m* Flat no. ***UK***, Apt. ***US***.

apunhalar [apuɲa'la(x)] *vt* **-1.** [esfaquear] to stab. **-2.** *fig* [trair] to stab in the back.

apuração [apura'sãw] (*pl* **-ões**) *f* **-1.** [de votos] counting. **-2.** [de fatos, informações] examination. **-3.** [de conta] checking.

apurado, da [apu'radu, da] *adj* **-1.** [ger] refined. **-2.** [aguçado] sharp.

apurar [apu'ra(x)] *vt* **-1.** [tornar puro] to purify. **-2.** [refinar] to refine. **-3.** [aprimorar] to perfect. **-4.** [aguçar] to sharpen. **-5.** [averiguar] to verify. **-6.** [votos] to count. **-7.** [conta] to check.

◆ **apurar-se** *vp* **-1.** [tornar-se puro] to become pure. **-2.** [no trajar] to smarten o.s. up. **-3.** [aprimorar-se] to become perfect.

apuro [a'puru] *m* **-1.** [esmero] care. **-2.** [dificuldade] fix; **estar em ~s** to be in a fix. **-3.** [aperto financeiro] hardship.

aquarela [akwa'rɛla] *f* water colour.

aquário [a'kwarju] *m* [para peixes] aquarium.

◆ **Aquário** *m* [zodíaco] Aquarius; *veja também* **Virgem**.

aquático, ca [a'kwatʃiku, ka] *adj* aquatic; **pólo/massagem ~** water polo/massage; **ginástica ~** aquarobics; **esportes ~s** aquatics.

aquecedor [akese'do(x)] (*pl* **-es**) *adj* heating.

◆ **aquecedor** *m* heater.

aquecer [ake'se(x)] ◇ *vt* **-1.** [ger] to warm up. **-2.** [esquentar] to heat. ◇ *vi* **-1.** [esquentar] to become hot. **-2.** [dar calor] to give warmth.

◆ **aquecer-se** *vp* **-1.** [ger] to warm up. **-2.** [esquentar-se] to warm o.s. **-3.** *fig* [debate] to become heated.

aquecimento [akesi'mẽntu] *m* **-1.** [ger] heating; **~ central** central heating. **-2.** [econômico] warming. **-3.** ESP [muscular] warm up.

àquela [a'kɛla] = **a + aquela**.

aquele, aquela [a'keli, a'kɛla] ◇ *adj* that, those *pl*. ◇ *pron* that one; **~ ali** that one there; **~ que** [relativo a pessoa] the one who, those who *pl*; [relativo a objeto] the one which; **peça àquele homem/àquela mulher** ask that man/woman.

àquele [a'keli] = **a + aquele**.

aquém [a'kẽj] *adv* **-1.** [deste lado] this side; **~ de** on this side of. **-2.** [abaixo]: **~ de** below.

aqui [a'ki] *adv* **-1.** [neste lugar] here; **~ mesmo** right here; **eis ~** here is; **por ~** round here; **estar por ~ (com algo/alguém)** to be up to here (with sthg/sb). **-2.** [neste momento] at that point; **até ~** up to now. **-3.** [nisto] on this point.

> As expressões ***here is*** e ***here are*** servem para anunciar uma chegada, uma aparição ou uma descoberta (***here's Charlie!*** aqui está o Charlie!; ***here are the answers***, aqui estão as respostas). O sujeito (***Charlie; answers***) aparece no final da oração, exceto quando se trata de um pronome pessoal como ***I, you, he etc.*** (***here's Charlie! - here he is; here are the answers - here they are***).

aquietar [akje'ta(x)] *vt* to quieten.

◆ **aquietar-se** *vp* to quieten down.

aquilo [a'kilu] *pron* that; **você chama aquilo de carro!** you call that a car!

àquilo [a'kilu] = **a + aquilo**.

aquisição [akizi'sãw] (*pl* **-ões**) *f* acquisition.

aquisitivo, va [akizi'tʃivu, va] *adj* [poder] acquisitive.

ar [a(x)] (*pl* **-ares**) *m* **-1.** [ger] air; **o avião está no ~** the plane is in the sky; **ao ~ livre** in the open air; **~ condicionado** [atmosfera] air conditioning; **ir pelos ares** to be blown sky-high. **-2.** RÁDIO, TV : **no ~** on the air; **ir ao ~** to be broadcast, to go on the air. **-3.** *fig* [aspecto] appearance. **-4.** *loc*: **apanhar as coisas no ~** to pick things up quickly; **estar no ~** to be up in the air.

árabe ['arabi] ◇ *adj* Arab. ◇ *m, f* Arab. ◇ *m* [língua] Arabic.

arabesco [ara'beʃku] *m* arabesque.

Arábia Saudita [a,rabjasaw'dʒita] *n* Saudi Arabia.

arábico, ca [a'rabiku, ka] *adj* **-1.** [da Arábia] Arabian. **-2.** [algarismo] Arabic. **-3.** [goma]: **goma arábica** gum arabic.

Aracaju [araka'ʒu] *n* Aracaju.

arado [a'radu] *m* plough.

aragem [a'raʒẽ] (*pl* **-ns** [a'raʒẽʃ]) *f* breeze.

arame [a'rãmi] *m* [cabo] wire; **~ farpado** barbed wire.

aranha [a'rãɲa] *f* spider.

aranha-caranguejeira [a,rãɲakarãnge'ʒejra] (*pl* **aranhas-caranguejeiras**) *f* bird-eating spider.

arar [a'ra(x)] *vt* to plough.

arara [a'rara] *f* macaw.

arbitragem [axbi'traʒẽ] (*pl* **-ns**) *f* **-1.** [julgamento] arbitration. **-2.** [ESP - ato] adjudication; [- decisão] decision; [- os juízes] referees *(pl)*.

arbitrar [axbi'tra(x)] *vt* **-1.** [questão, litígio] to arbitrate. **-2.** ESP [partida, campeonato] to referee.

arbitrariedade [axbitrarje'dadʒi] *f* arbitrariness.

arbitrário, ria [axbi'trarju, rja] *adj* arbitrary.

arbítrio [ax'bitrju] *m* **-1.** [resolução] judgment. **-2.** [faculdade] free will.

árbitro ['axbitru] *m* **-1.** [de questão, litígio] mediator. **-2.** [juiz] judge. **-3.** [*ESP* - em futebol, box] referee; [- em tênis] umpire.

arborizado, da [axbori'zadu, da] *adj* **-1.** [bairro, terreno] wooded. **-2.** [rua] tree-lined.

arbusto [ax'buʃtu] *m* bush.

arca ['axka] *f* **-1.** [caixa] chest. **-2.** [barca]: **Arca de Noé** Noah's Ark.

arcada [ax'kada] *f* **-1.** [de arcos] arcade; ~ **dentária** dental arch. **-2.** [arco] arch.

arcaico, ca [ax'kajku, ka] *adj* **-1.** [antigo] archaic. **-2.** [antiquado] antiquated.

arcaizante [axkaj'zãntʃi] *adj* archaic.

arcar [ax'ka(x)] *vi*: ~ **com algo** to take responsibility for sthg.

arcebispo [axse'biʃpu] *m* archbishop.

arco ['axku] *m* **-1.** [ger] arch. **-2.** [arma, instrumento musical] bow; **~-e-flecha** *ESP* archery. **-3.** *GEOM* , *ELETR* & *MAT* arc. **-4.** [de barril] hoop.

arco-íris [ax'kwiriʃ] (*pl* **arcos-íris**) *m inv* rainbow.

ar-condicionado [ˌa(x)kõndʒisjo'nadu] (*pl* **ares-condicionados**) *m* [aparelho] air-conditioning.

ardência [ax'dẽnsja] *f* burning.

ardente [ax'dẽntʃi] *adj* burning.

arder [ax'de(x)] *vi* **-1.** [ger] to burn. **-2.** [ferimento] to sting.

ardido, da [ax'dʒidu, da] *adj* **-1.** [costas, olhos] stinging. **-2.** [pimenta, comida] hot.

ardil [ax'dʒiw] (*pl* **-is**) *m* cunning.

ardiloso, losa [axdʒi'lozu, lɔza] *adj* [pessoa] cunning.

ardor [ax'do(x)] (*pl* **-es**) *m* [paixão] ardour.

ardoroso, rosa [axdo'rozu, rɔza] *adj* amorous.

ardósia [ax'dɔzja] *f* slate.

árduo, dua ['axdwu, dwa] *adj* **-1.** [escarpado] arduous. **-2.** [difícil] hard. **-3.** [sofrimento] painful.

área ['arja] *f* **-1.** [ger] area; ~ **de serviço** service point. **-2.** [de conhecimento etc.] field.

areia [a'reja] *f* sand; ~ **movediça** quicksand.

arejado, da [are'ʒadu, da] *adj* **-1.** [ventilado] airy. **-2.** [fig] [pessoa, cabeça] open-minded.

arena [a'rena] *f* **-1.** [ger] arena. **-2.** [de circo] ring. **-3.** [de teatro] amphitheatre.

arenito [are'nitu] *m* sandstone.

arenoso, osa [are'nozu, ɔza] *adj* sandy.

arenque [a'rẽŋki] *m* herring.

ares ['ariʃ] ▷ **ar.**

argamassa [axga'masa] *f* mortar.

Argel [ax'ʒɛw] Algiers.

Argélia [ax'ʒɛlja] Algeria.

argelino, na [axʒe'linu, na] ◇ *adj* Algerian. ◇ *m, f* Algerian.

Argentina [axʒẽn'tʃina] *n*: **(a)** ~ Argentina.

argentino, na [axʒẽn'tʃinu, na] ◇ *adj* Argentinian. ◇ *m, f* Argentinian.

argila [ax'ʒila] *f* clay.

argola [ax'gɔla] *f* **-1.** [aro] ring. **-2.** [de porta] knocker.

argumentação [axgumẽnta'sãw] (*pl* **-ões**) *f* argument, reasoning.

argumentar [axgumẽn'ta(x)] ◇ *vt* [alegar] to argue. ◇ *vi* [expor argumentos] to argue one's case.

argumento [axgu'mẽntu] *m* **-1.** [em teoria, debate] argument. **-2.** [de filme, TV, romance] theme, plot.

arguto, ta [ax'gutu, ta] *adj* **-1.** [agudo] shrewd. **-2.** [sutil] subtle.

ária ['arja] *f* *MÚS* aria.

aridez [ari'deʒ] *f* **-1.** [de clima, estação] dryness. **-2.** [de terra, região] aridity. **-3.** *fig* [de teoria, pensamento] barrenness.

árido, da ['aridu, da] *adj* **-1.** [clima, estação] dry. **-2.** [terra, região] arid. **-3.** *fig* [teoria, pensamento] barren.

Áries ['ariʃ] *m* Aries; *veja também* **Virgem**.

aristocrata [ariʃto'krata] *mf* aristocrat.

aristocrático, ca [ariʃto'kratʃiku, ka] *adj* aristocratic.

aritmético, ca [aritʃ'mɛtʃiku, ka] *adj* arithmetic.

◆ **aritmética** *f* arithmetic.

arma ['axma] *f* **-1.** [ger] weapon; ~ **de fogo** firearm; ~ **nuclear** nuclear weapon; ~ **química** chemical weapon. **-2.** *MIL* [do Exército] force.

◆ **armas** *fpl* **-1.** [forças armadas] forces. **-2.** [brasão] arms.

armação [axma'sãw] (*pl* **-ões**) *f* **-1.** [de barraca, estrutura, peças] framework. **-2.** [estrutura] frame. **-3.** [de óculos] frames *(pl)*. **-4.** [de onda] *point near a shoreline where the waves start to break*. **-5.** [de tempestade] gathering. **-6.** *fam* [golpe] con. **-7.** *fam* [programa, aventura] move.

armada [ax'mada] ◆ **Armada** *f* navy.

armadilha [axma'diʎa] *f* trap.

armador, ra [axma'do(x), ra] *m, f* [*NÁUT* - dono] shipowner; [- firma] ship chandler's.

armadura [axma'dura] *f* **-1.** [de cavaleiro] armour. **-2.** [de ouriço, besouro] shell. **-3.** *ELETR* armature. **-4.** *CONSTR* framework.

armamentista [axmamẽn'tʃiʃta] *adj* ▷ **corrida.**

armamento [axma'mẽntu] *m* **-1.** [armas] armament. **-2.** *NÁUT* fitting out.

armar [ax'ma(x)] *vt* **-1.** [com arma] to arm. **-2.** [carregar] to load. **-3.** [gatilho] to cock. **-4.** [montar] to assemble. **-5.** [preparar] to set up. **-6.** [saia etc.] to give body to. **-7.** *fam* [planejar - golpe] to plot; [- programa, aventura] to plan. **-8.** *fam* [provocar] to cause. **-9.** *NÁUT* to fit out.

◆ **armar-se** *vp* [com armas] to arm o.s.

armarinho [axma'riɲu] *m* haberdasher's *UK*, notions store *US*.

armário [ax'marju] *m* **-1.** [de roupa] wardrobe; **~ embutido** fitted wardrobe. **-2.** [de cozinha etc.] cupboard.

armazém [axma'zẽ] (*pl* **-ns**) *m* **-1.** [depósito] warehouse. **-2.** [loja] store.

armazenar [axmaze'na(x)] *vt* to store.

arminho [ax'miɲu] *m* ermine.

aro ['aru] *m* **-1.** [ger] rim. **-2.** [argola] ring. **-3.** [de porta] frame.

aroma [a'roma] *m* **-1.** [de perfume] scent. **-2.** [de café, comida] aroma.

aromático, ca [aro'matʃiku, ka] *adj* **-1.** [essência, erva] aromatic. **-2.** [tempero, comida] spicy.

arpão [ax'pãw] (*pl* **-ões**) *m* harpoon.

arpões [ax'põjʃ] *pl* ▷ **arpão**.

arqueado, da [ax'kjadu, da] *adj* **-1.** [pernas] bandy. **-2.** [sobrancelhas] arched.

arquear [ax'kja(x)] *vt* to arch.

◆ **arquear-se** *vp* to bend.

arqueiro, ra [ax'kejru, ra] *m, f* **-1.** [atirador] archer. **-2.** [goleiro] goalkeeper.

arqueologia [axkjolo'ʒia] *f* archaeology.

arqueólogo, ga [ax'kjɔlogu, ga] *m, f* archaeologist.

arquibancada [axkibãŋ'kada] *f* **-1.** [local] terrace; **ir de ~** to sit on the terraces. **-2.** [público] terraces *(pl)*.

arquipélago [axki'pɛlagu] *m* archipelago.

arquiteto, ta [axki'tɛtu, ta] *m, f* architect.

arquitetônico, ca [axkite'toniku, ka] *adj* architectural.

arquitetura [axkite'tura] *f* architecture.

arquivar [axki'va(x)] *vt* **-1.** [ger] to file. **-2.** [projeto, processo] to shelve.

arquivista [axki'viʃta] *mf* archivist.

arquivo [ax'kivu] *m* **-1.** [ger] file; **abrir/fechar um ~** to open/close a file. **-2.** [local] archive. **-3.** [móvel] filing cabinet. **-4.** [de instituição] file.

arraia [a'xaja] *f* [peixe] ray.

arraial [axa'jaw] (*pl* **-ais**) *m* [povoado] village.

arraigado, da [axaj'gadu, da] *adj* **-1.** [costume, idéia, mentalidade] deep-rooted. **-2.** *fig* [defensor, admirador] staunch.

arraigar [axaj'ga(x)] *vi* [criar raízes] to put down roots.

◆ **arraigar-se** *vp* **-1.** [ger] to take root. **-2.** [pessoa] to settle down.

arrancada [axãŋ'kada] *f* **-1.** [puxão] tug. **-2.** [partida] start. **-3.** [em competição, disputa] spurt; **dar uma ~** to jump ahead.

arrancar [axãŋ'ka(x)] ◇ *vt* **-1.** [tirar]: **~ algo de alguém** to pull sthg off sb; **~ algo (de algo)** [pétala, botão] to pull sthg (off sthg); [folha] to tear sthg (out of sthg); [raiz] to pull sthg up (out of sthg). **-2.** [conseguir]: **~ algo de alguém** to draw sthg from sb. **-3.** [fazer sair]: **~ alguém de algum lugar** to turf sb out of somewhere. ◇ *vi* **-1.** [dar partida] to start off. **-2.** [em competição] to put on a spurt.

◆ **arrancar-se** *vt fam* [fugir]: **~-se (de)** to scarper (from).

arranha-céu [a,xaɲa'sɛw] (*pl* **arranha-céus**) *m* skyscraper.

arranhão [axã'ɲãw] (*pl* **-ões**) *m* scratch.

arranhar [axa'ɲa(x)] ◇ *vt* **-1.** [ger] to scratch. **-2.** *fig* [tocar mal] to bash away at. **-3.** *fig* [idioma] to scratch by. ◇ *vi* [provocar arranhão] to scratch.

◆ **arranhar-se** *vp* to scratch o.s.

arranjar [axãn'ʒa(x)] *vt* **-1.** [ger] to arrange. **-2.** [resolver] to sort out. **-3.** [conseguir] to obtain. **-4.** [contrair] to catch. **-5.** [encontrar] to find.

◆ **arranjar-se** *vp* [virar-se] to get by.

arranjo [a'xãnʒu] *m* **-1.** [ger] arrangement. **-2.** [acordo] deal. **-3.** [mamata] scam.

arranque [a'xãŋki] *m* ▷ **motor**.

arrasado, da [axa'zadu, da] *adj* **-1.** [devastado] razed, devastated. **-2.** [arruinado] ruined. **-3.** [deprimido] devastated. **-4.** [muito cansado] worn out.

arrasador, ra [axaza'do(x), ra] *adj* **-1.** [devastador] crippling. **-2.** [notícia, crítica] devastating. **-3.** [vitória] overwhelming.

arrasar [axa'za(x)] *vt* **-1.** [devastar] to raze. **-2.** [arruinar] to destroy. **-3.** [com críticas] to demolish.

◆ **arrasar-se** *vp* **-1.** [ser devastado] to be devastated. **-2.** [destruir-se] to be destroyed. **-3.** [arruinar-se] to collapse in ruins. **-4.** [em exame, competição] to flop.

arrastão [axaʃ'tãw] (*pl* **-tões**) *m* **-1.** [*PESCA* - rede] dragnet; [- ato] haul. **-2.** [puxão] tug. **-3.** *fig* [assalto] mobbing.

arrastar [axaʃ'ta(x)] ◇ *vt* [ger] to drag. ◇ *vi* [roçar] to drag.

◆ **arrastar-se** *vp* **-1.** [rastejar] to crawl. **-2.** [andar com dificuldade] to drag o.s. **-3.** [decorrer lentamente] to drag on.

arrear [a'xja(x)] *vt* [montaria] to harness.

arrebatado, da [axeba'tadu, da] *adj* **-1.** [impetuoso] impetuous. **-2.** [exaltado] fiery.

arrebatar [axeba'ta(x)] *vt* **-1.** [arrancar]: **~ algo de algo/alguém** to grab sthg from sthg/sb. **-2.** [carregar] to drag off. **-3.** *fig* [aplausos] to draw. **-4.** *fig* [coração] to break.

◆ **arrebatar-se** *vp* **-1.** [exaltar-se] to get carried away. **-2.** [maravilhar-se] to be entranced.

arrebentação [axebẽnta'sãw] *f* [local] *point*

close to a shoreline at which the waves break.

arrebentado, da [axebẽn'tadu, da] *adj* **-1.** [em mau estado] broken. **-2.** [ferido] battered. **-3.** [muito cansado] worn out.

arrebentar [axebẽn'ta(x)] ◇ *vt* **-1.** [quebrar, romper] to break. **-2.** [estragar] to wreck. **-3.** [ferir] to smash. ◇ *vi* **-1.** [quebrar-se, romper-se] to snap. **-2.** [bomba] to explode. **-3.** ***fig*** [guerra, revolução] to break out.

◆ **arrebentar-se** *vp* [ferir-se] to smash o.s.up.

arrebitado, da [axebi'tadu, da] *adj* **-1.** [para cima] turned up. **-2.** [bumbum, nariz] pert.

arrecadação [axekada'sãw] (*pl* **-ões**) *f* **-1.** [coleta] collection. **-2.** [receita] revenue.

arrecadar [axeka'da(x)] *vt* to collect.

arrecife [axe'sifi] *m* reef.

arredar [axe'da(x)] *vt* [retirar] to remove; **~ (o) pé (de)** [de lugar] to budge from; [de intenção, princípios] to budge (from).

arredio, dia [axe'dʒiu, dʒia] *adj* [pessoa] withdrawn.

arredondado, da [axedõn'dadu, da] *adj* round.

arredondar [axedõn'da(x)] *vt* **-1.** [formato] to round off. **-2.** [conta] to round up.

arredores [axe'dɔriʃ] *mpl* **-1.** [cercanias] neighbourhood. **-2.** [periferia] outskirts.

arrefecer [axefe'se(x)] ◇ *vt* **-1.** [tornar frio] to cool. **-2.** [febre] to lower. **-3.** ***fig*** [desanimar] to cool. ◇ *vi* **-1.** [tornar-se frio] to cool down. **-2.** [ger] to subside.

ar-refrigerado [ˌa(x)xefriʒe'radu] (*pl* **ares-refrigerados**) *m* **-1.** [aparelho] air-conditioner. **-2.** [sistema] air-conditioning.

arregaçar [axega'sa(x)] *vt* to roll up.

arregalado, da [axega'ladu, da] *adj* staring.

arregalar [axega'la(x)] *vt* to open wide.

arreganhado, da [axega'ɲadu, da] *adj* gaping.

arregimentar [axeʒimẽn'ta(x)] *vt* to drum up.

arreio [a'xeju] *m* [cavalo] harness.

arrematar [axema'ta(x)] *vt* **-1.** [ger] to finish off. **-2.** [dizer concluindo] to conclude. **-3.** [em leilão - comprar] to bid successfully for; [- vender] to auction off.

arremessar [axeme'sa(x)] *vt* to throw.

arremesso [axe'mesu] *m* [lançamento] throw; **~ de peso** *ESP* shot-put.

arremeter [axeme'te(x)] *vi* to charge; **~ contra** to attack.

arrendamento [axẽnda'mẽntu] *m* leasing, hiring, rental.

arrendar [axẽn'da(x)] *vt* **-1.** [dar] to let, to lease. **-2.** [tomar] to rent, to take a lease on.

arrepender-se [axepẽn'dexsi] *vp* to repent; **~ de algo/de fazer algo** to regret sthg/doing sthg.

arrependido, da [axepẽn'dʒidu, da] *adj* repentant, sorry.

arrependimento [axepẽndʒi'mẽntu] *m* **-1.** [remorso] regret. **-2.** [de crime] remorse. **-3.** *RELIG* repentance.

arrepiado, da [axe'pjadu, da] *adj* **-1.** [eriçado - cabelo] standing on end ***(depois de subst/verbo)***; [- pele] goose-pimpled. **-2.** ***fig*** [assustado] terrified.

arrepiar [axe'pja(x)] *vt* **-1.** [eriçar - cabelo] to cause to stand on end; [- pele] to give goose pimples. **-2.** [fig] [assustar] to terrify; **(ser) de ~ os cabelos** to be enough to make your hair stand on end.

◆ **arrepiar-se** *vp* [ficar eriçado - cabelo] to stand on end; [- pessoa] to shiver.

arrepio [axe'piw] *m* shiver; **dar ~s (a alguém)** ***fig*** to send shivers up sb's spine.

arresto [a'xɛʃtu] *m JUR* confiscation.

arriar [a'xja(x)] ◇ *vt* **-1.** [abaixar - cortina, calça] to lower; [- pneu] to let down. **-2.** [cansar muito] to exhaust. **-3.** [pôr de cama] to lay up. ◇ *vi* **-1.** [pneu, bateria] to go flat. **-2.** [vergar] to sag. **-3.** [desanimar] to lose heart.

arriscado, da [axiʃ'kadu, da] *adj* **-1.** [perigoso] hazardous, risky. **-2.** [audacioso] daring.

arriscar [axiʃ'ka(x)] ◇ *vt* **-1.** [pôr em perigo] to put at risk. **-2.** [palpite] to risk. ◇ *vi* [tentar] to take the risk.

◆ **arriscar-se** *vp* [pôr-se em perigo] to take a risk; **~-se a fazer algo** to risk doing sthg.

arrivista [axi'viʃta] ◇ *adj* opportunistic. ◇ *mf* opportunist.

arroba [a'xoba] *f COMPUT* at.

arrocho [a'xoʃu] *m* **-1.** [diminuição] lessening; **~ salarial** wage squeeze. **-2.** [dificuldade financeira] hardship. **-3.** ***fam fig*** [pressão] grilling.

arrogância [axo'gãnsja] *f* arrogance.

arrogante [axo'gãntʃi] *adj* arrogant.

arroio [a'xoju] *m* stream.

arrojado, da [axo'ʒadu, da] *adj* **-1.** [ger] bold. **-2.** [ousado] daring. **-3.** [temerário] rash.

arrolamento [axola'mẽntu] *m* **-1.** [levantamento] register. **-2.** [lista] list.

arrolar [axo'la(x)] *vt* [listar] to list.

arrombamento [axõnba'mẽntu] *m* [abertura forçada]: **foi necessário o ~ da porta** it was necessary to break down the door.

arrombar [axõn'ba(x)] *vt* **-1.** [ger] to break into. **-2.** [porta] to break down.

arrotar [axo'ta(x)] ◇ *vi* [dar arroto] to belch. ◇ *vt* **-1.** [cheiro] to burp. **-2.** ***fam fig*** [alardear] to boast about.

arroto [a'xotu] *m* burp.

arroubo [a'xobu] *m* [enlevo] moment of ecstasy.

arroz [a'xoʒ] *m* rice.

arroz-doce [axoʒ'dosi] *m CULIN* *rice pudding sprinkled with cinnamon and cloves.*

arruaça [a'xwasa] *f* riot.

arruaceiro, ra [axwa'sejru, ra] ◇ *adj* rowdy. ◇ *m, f* rioter.

arruela [a'xwɛla] *f* washer.

arruinado, da [axwi'nadu, da] *adj* ruined.

arruinar [axwi'na(x)] *vt* **-1.** [arrasar] to demolish. **-2.** [destruir] to destroy. **-3.** [causar falência] to ruin.
◆ **arruinar-se** *vp* [ruir] to be ruined.

arrulhar [axu'ʎa(x)] *vi* **-1.** [pombo] to coo. **-2.** *fig* [namorados] to bill and coo.

arrumação [axuma'sãw] *f* **-1.** [arranjo] arrangement. **-2.** [de quarto, armário] tidying. **-3.** [de malas, bagagem] packing.

arrumadeira [axuma'dejra] *f* [criada] maid.

arrumar [axu'ma(x)] *vt* **-1.** [pôr em ordem] to arrange. **-2.** [quarto, armário] to tidy. **-3.** [malas, bagagem] to pack. **-4.** [vestir, aprontar] to straighten up. **-5.** [conseguir] to get.
◆ **arrumar-se** *vp* **-1.** [vestir-se, aprontar-se] to get ready. **-2.** [na vida] to set o.s. up. **-3.** [virar-se] to fend for o.s.

arsenal [axse'naw] (*pl* **-ais**) *m* arsenal.

arsênio [ax'senju] *m* arsenic.

arte ['axtʃi] *f* **-1.** [ger] art; ~ **dramática** theatre. **-2.** [arte-final] artwork. **-3.** [ofício] art. **-4.** [técnica] art; ~ **culinária** cuisine; ~ **marcial** martial art. **-5.** [primor]: **com** ~ skilfully. **-6.** [astúcia] cunning. **-7.** *fam* [travessura] mischief; **fazer** ~ to get up to mischief.
◆ **artes** *fpl* **-1.** [visuais] arts; ~**s plásticas** plastic arts. **-2.** [curso]: **(belas-)** ~**s** fine arts. **-3.** [artifício]: **por** ~**s de** through the artful wiles of.

artefato [axte'fatu] *m* **-1.** [instrumento] artefact. **-2.** [produto] goods *(pl)*.

artéria [ax'tɛrja] *f* artery.

arterial [axte'rjaw] (*pl* **-ais**) *adj* arterial.

artesã [axte'zã] *f* ▷ **artesão**.

artesanal [axteza'naw] (*pl* **-ais**) *adj* craftwork.

artesanato [axteza'natu] *m* craftwork.

artesão, sã [axte'zãw, zã] (*mpl* **-ãos**, *fpl* **-s**) *m, f* craftsman (*f* craftswoman).

ártico, ca ['axtʃiku] *adj* Arctic.
◆ **Ártico** *n*: **o Ártico** the Arctic; **o Oceano Glacial Ártico** the Arctic Ocean.

articulação [axtʃikula'sãw] (*pl* **-ões**) *f* **-1.** [ligação] connection. **-2.** ANAT joint. **-3.** POL link.

articulista [axtʃiku'liʃta] *mf* JORN article writer.

artífice [ax'tʃifisi] *mf* **-1.** [artesão] craftsman (*f* craftswoman). **-2.** [criador, mentor] author.

artificial [axtʃifi'sjaw] (*pl* **-ais**) *adj* **-1.** [ger] artificial. **-2.** [dissimulado] false.

artifício [axtʃi'fisju] *m* **-1.** [processo] artifice. **-2.** [subterfúgio] trick. **-3.** [dissimulação] pretence.

artigo [ax'tʃigu] *m* article; ~ **de luxo** luxury item; ~**s esportivos** sports goods.

artilharia [axtʃiʎa'ria] *f* artillery.

artista [ax'tʃiʃta] *mf* **-1.** [ger] artist. **-2.** [ator] actor (*f* actress). **-3.** [pessoa manhosa] crafty person.

artístico, ca [ax'tʃiʃtʃiku, ka] *adj* artistic.

artrite [ax'tritʃi] *f* arthritis.

árvore ['axvori] *f* **-1.** [vegetal] tree; ~ **de Natal** Christmas tree. **-2.** TEC shaft.

arvoredo [axvo'redu] *m* grove.

as [aʃ] ▷ **a**.

ás, ases ['ajʃ, 'azeʃ] ◇ *mf* [pessoa exímia]: ~ **de algo** ace at sthg. ◇ *m* [carta] ace.

às [ajʃ] = **a** + **as**.

asa ['aza] *f* **-1.** [de pássaro, avião, inseto] wing. **-2.** [de xícara] handle.

asa-delta [ˌazaʒ'dɛwta] (*pl* **asas-delta**) *f* **-1.** [veículo] hang-glider. **-2.** [esporte] hang gliding.

ascendência [asẽn'dẽnsja] *f* **-1.** [antepassados] descent. **-2.** [influência, domínio] influence; **ter** ~ **sobre** to hold sway over.

ascendente [asẽn'dẽntʃi] ◇ *adj* rising. ◇ *m, f* [antepassado] ancestor.

ascender [asẽn'de(x)] *vi* to rise.

ascensão [asẽn'sãw] (*pl* **-ões**) *f* **-1.** [ger] rise. **-2.** [subida] climb.

ascensorista [asẽnso'riʃta] *mf* lift operator.

ASCII (*abrev de* **American Standard Code for Information Interchange**) *m* ASCII.

asco ['aʃku] *m* disgust; **dar** ~ **a alguém** to make sb sick.

asfaltado, da [aʃfaw'tadu, da] *adj* asphalted.

asfalto [aʃ'fawtu] *m* asphalt.

asfixia [aʃfik'sia] *f* asphyxia.

asfixiar [aʃfik'sja(x)] *vt* **-1.** [matar por asfixia] to asphyxiate. **-2.** [sufocar] to be suffocating. **-3.** *fig* [oprimir] to suppress.
◆ **asfixiar-se** *vp* **-1.** [morrer por asfixia] to be asphyxiated. **-2.** [sufocar-se] to gasp for breath.

Ásia ['azja] *n* Asia.

asiático, ca [a'zjatʃiku, ka] ◇ *adj* Asian. ◇ *m, f* Asian.

asilo [a'zilu] *m* **-1.** [para órfãos, anciãos] home. **-2.** [refúgio] refuge. **-3.** POL asylum; ~ **político** political asylum.

asma ['aʒma] *f* asthma.

asneira [aʒ'nejra] *f* [ação] blunder.

asno ['aʒnu] *m* **-1.** [animal] ass, donkey. **-2.** *fam fig & pej* [idiota] silly ass.

aspargo [aʃ'paxgu] *m* asparagus.

aspas ['aʃpaʃ] *fpl* quotation marks.

aspecto [aʃ'pɛktu] *m* **-1.** [aparência] look. **-2.** [faceta] aspect. **-3.** [ângulo] angle. **-4.** [visão, detalhe] view.

aspereza [aʃpe'reza] *f* **-1.** [no tato] roughness. **-2.** *fig* [severidade, rispidez] harshness.

aspergir [aʃpex'ʒi(x)] *vt* to sprinkle.

áspero, ra ['aʃperu, ra] *adj* **-1.** [ao tato] rough. **-2.** *fig* [severo, ríspido] harsh.

asperso, sa [aʃ'pexsu, sa] *pp* ▷ **aspergir**.

aspiração [aʃpira'sãw] (*pl* **-ões**) *f* **-1.** [de ar - por pessoa] inhalation; [- por máquina] suction. **-2.** *LING* aspiration.

aspirador [aʃpira'do(x)] (*pl* **-es**) *m*: ~ **(de pó)** vacuum cleaner; **passar o ~ (em)** to vacuum, to hoover.

aspirante [aʃpi'rãntʃi] *mf* **-1.** [candidato]: **ser ~ (a algo)** to be a candidate (for sthg). **-2.** *MIL & NÁUT* cadet.

aspirar [aʃpi'ra(x)] ◇ *vt* **-1.** [sugar] to aspirate, to suck in. **-2.** [ar - pessoa] to inhale; [- máquina] to suction. **-3.** *LING* to aspirate. ◇ *vi* **-1.** [desejar]: **~ a algo** to aspire to sthg. **-2.** [respirar] to breathe. **-3.** [soprar brisa] to blow.

aspirina [aʃpi'rina] *f* aspirin®.

asqueroso, osa [aʃke'rozu, ɔza] *adj* disgusting.

assado, da [a'sadu, da] *adj* roast.

◆ **assado** *m* roast.

assadura [asa'dura] *f* **-1.** [em bebê] nappy rash. **-2.** [em adulto] rash.

assaltante [asaw'tãntʃi] *mf* **-1.** [na rua] mugger. **-2.** [de banco] robber. **-3.** [de casa] burglar.

assaltar [asaw'ta(x)] *vt* **-1.** [atacar] to attack. **-2.** [roubar - na rua] to mug; [- banco] to rob; [- casa] to break into. **-3.** *fig* [acometer] to assail.

assalto [a'sawtu] *m* **-1.** [ataque] attack. **-2.** [na rua] mugging. **-3.** [a banco] robbery. **-4.** [a casa] burglary.

assar [a'sa(x)] ◇ *vt* **-1.** [no forno] to roast. **-2.** [na grelha] to grill. ◇ *vi* to roast.

assassinar [asasi'na(x)] *vt* **-1.** [matar] to murder. **-2.** *POL* to assassinate.

assassinato [asasi'natu], **assassínio** [asa'sinju] *m* **-1.** [de pessoa comum] murder. **-2.** *POL* assassination.

assassino, na [asa'sinu, na] ◇ *adj* deadly. ◇ *m, f* **-1.** [de pessoa comum] killer, murderer. **-2.** *POL* assassin.

asseado, da [a'sjadu, da] *adj* clean, neat.

assediar [ase'dʒja(x)] *vt* **-1.** [sitiar] to besiege. **-2.** [perseguir] to hound. **-3.** [sexualmente] to harass.

assédio [a'sɛdʒju] *m* **-1.** [cerco] siege. **-2.** [insistência] hounding; **ele se acostumou com o ~ dos repórteres** he became used to being hounded by reporters; **~ sexual** sexual harassment.

assegurar [asegu'ra(x)] *vt* **-1.** [garantir] to ensure; **~ algo a alguém** to assure sb sthg. **-2.** [afirmar] to give an assurance.

◆ **assegurar-se** *vp*: **~-se de fazer algo** to make sure of doing sthg.

asseio [a'seju] *m* cleanliness, neatness.

assembléia [asẽn'blɛja] *f* **-1.** [reunião] meeting; **~ geral** annual general meeting. **-2.** [órgão] assembly.

assemelhar [aseme'ʎa(x)] *vt* [tornar semelhante] to liken.

◆ **assemelhar-se** *vp* [ser parecido] to look alike; **~-se a algo/alguém** to look like sthg/sb.

assentado, da [asẽn'tadu, da] *adj* **-1.** [firme] secure. **-2.** [combinado] arranged. **-3.** [ajuizado] sound. **-4.** [em terras] landed.

assentar [asẽn'ta(x)] ◇ *vt* **-1.** [firmar] to set. **-2.** [colocar] to place. **-3.** [tijolos] to lay. **-4.** [em terras] to settle. **-5.** *fig* [basear] to base. **-6.** [anotar, registrar] to note down. **-7.** [estabelecer] to establish. **-8.** [determinar] to agree. **-9.** [decidir] to resolve. ◇ *vi* [ger] to settle.

◆ **assentar-se** *vp* **-1.** [firmar-se] to be founded. **-2.** *fig* [basear-se] to be based. **-3.** *fig* [ajuizar-se] to settle down.

assente [a'sẽntʃi] ◇ *pp* ▷ **assentar**. ◇ *adj* [combinado, fixo] agreed.

assentir [asẽn'tʃi(x)] *vi* **-1.** [concordar]: **~ (em)** to agree (to). **-2.** [aceder]: **~ (a)** to accede (to).

assento [a'sẽntu] *m* **-1.** [para sentar] seat. **-2.** *fig* [base]: **ter ~** to be based on.

assessor, ra [ase'so(x), ra] *m, f* **-1.** [consultor] consultant. **-2.** [assistente] adviser. **-3.** *POL* aide.

assessoria [aseso'ria] *f* **-1.** [consultoria] consultancy. **-2.** [assistência] assistance. **-3.** [setor, órgão, conselho] advisors *(pl)*.

assiduidade [asidwi'dadʒi] *f* **-1.** [a aulas, trabalho] regular attendance. **-2.** [diligência] diligence; **com ~** diligently.

assíduo, dua [a'sidwu, dwa] *adj* **-1.** [a aulas, trabalho] regularly attending. **-2.** [diligente] diligent.

assim [a'sĩ] ◇ *adv* **-1.** [deste modo] just like that; **como ~?** how do you mean? **-2.** [igualmente] the same; **e ~ por diante** and so on; **~ como** [tal como] just like; [também] as well as. **-3.** [deste tamanho]: **ser grande ~** to be this big. ◇ *conj* [então] so; **~ mesmo, mesmo ~** even so.

◆ **assim que** *loc conj* as soon as.

assimilar [asimi'la(x)] *vt* **-1.** [ger] to assimilate. **-2.** [apropriar-se de] to absorb.

assinalar [asina'la(x)] *vt* **-1.** [marcar] to mark. **-2.** [distinguir] to indicate. **-3.** [especificar] to specify. **-4.** [observar] to point out. **-5.** [celebrizar] to distinguish.

assinante [asi'nãntʃi] *mf* subscriber.

assinar [asi'na(x)] ◇ *vt* **-1.** [firmar] to sign. **-2.** [ser assinante de] to subscribe to. ◇ *vi* [firmar] to sign.

assinatura [asina'tura] *f* **-1.** [firma] signature. **-2.** [subscrição] subscription.

assistência [asiʃ'tẽnsja] *f* **-1.** [ger] assistance, aid; **~ técnica** technical assistance. **-2.** [presença] attendance. **-3.** [espectadores] audience. **-4.** [ambulância] emergency assistance.

assistente [asiʃ'tẽntʃi] ◇ *adj* [auxiliar] assistant. ◇ *mf* **-1.** [auxiliar] assistant; **~ social** social worker. **-2.** [espectador - em jogo] spectator; [- em teatro, cinema] member of the audience.

assistir [asiʃ'tʃi(x)] ◇ *vt* **-1.** [socorrer] to assist. **-2.** [auxiliar] to assist. **-3.** [fazer companhia a] to attend. ◇ *vi* **-1.** [estar presente]: **~ a** [ver] to watch; [testemunhar] to witness; [comparecer a] to attend. **-2.** [caber]: **~ a alguém** to pertain to sb.

assoalho [a'swaʎu] *m* floor.

assoar [a'swa(x)] *vt* to blow *(one's nose)*.

assobiar [aso'bja(x)] *m* = **assoviar**.

assobio [aso'biw] *m* = **assovio**.

associação [asosja'sãw] (*pl* **-ões**) *f* **-1.** [ger] association; **~ de moradores** residents' association. **-2.** [parceria, aliança] partnership.

associado, da [aso'sjadu, da] ◇ *adj* **-1.** [relacionado] associated. **-2.** [sócio] associate. **-3.** [médico, advogado etc.] associate. ◇ *m, f* [sócio] associate, partner.

associar [aso'sja(x)] *vt* relacionar; **~ algo a algo** to associate sthg with sthg.

◆ **associar-se** *vp* **-1.** *COM* [formar associação] to form a partnership. **-2.** [entrar de sócio]: **~-se a** to become a member of.

assolar [aso'la(x)] *vt* to devastate.

assombração [asõnbra'sãw] (*pl* **-ões**) *f* ghost.

assombrar [asõn'bra(x)] *vt* **-1.** [assustar] to frighten. **-2.** [rondar] to haunt. **-3.** [impressionar] to amaze.

assombro [a'sõnbru] *m* **-1.** [admiração] astonishment. **-2.** [espanto, maravilha]: **ser um ~** to be amazing.

assoviar [aso'vja(x)], **assobiar** [aso'bja(x)] *vi* & *vt* to whistle.

assovio [aso'viw], **assobio** [aso'bju] *m* whistling, whistle.

assumir [asu'mi(x)] ◇ *vt* **-1.** [chamar a si] to assume. **-2.** [reconhecer - filho] to recognize; [- erro] to admit. **-3.** [tomar posse de] to take up. **-4.** [adotar, adquirir] to take on. **-5.** [homossexualidade] to come out. ◇ *vi* [tomar posse] to take office.

Assunção [asũn'sãw] *n* [cidade] Asunción.

assunto [a'sũntu] *m* [tema] subject.

assustador, ra [asuʃta'do(x), ra] (*mpl* **-es**, *fpl* **-s**) *adj* **-1.** [amedrontador] terrifying. **-2.** [alarmante] alarming.

assustar [asuʃ'ta(x)] ◇ *vt* **-1.** [amedrontar] to frighten. **-2.** [alarmar] to alarm. ◇ *vi* **-1.** [amedrontar] to be terrifying. **-2.** [alarmar] to be alarming.

◆ **assustar-se** *vp*: **~-se (com)** [amedrontar-se] to be terrified (by); [alarmar-se] to be alarmed (by).

asteca [aʃ'tɛka] ◇ *adj* Aztec. ◇ *mf* Aztec.

asterisco [aʃte'riʃku] *m* asterisk.

astral [aʃ'traw] (*pl* **-ais**) ◇ *adj* *ASTRO* astrological. ◇ *m* [humor, ambiente] mood.

astrologia [aʃtrolo'ʒia] *f* astrology.

astrólogo, ga [aʃ'trɔlogu, ga] *m, f* astrologist.

astronauta [aʃtro'nawta] *mf* astronaut.

astronomia [aʃtrono'mia] *f* astronomy.

astronômico, ca [aʃtro'nomiku, ka] *adj* astronomical.

astúcia [aʃ'tusja] *f* **-1.** [esperteza] shrewdness. **-2.** [ardil] ruse.

astuto, ta [aʃ'tutu, ta] *adj* **-1.** [esperto] shrewd. **-2.** [ardiloso] cunning.

at. (*abrev de* **atenção a**) attn.

ata ['ata] *f* [de reunião] minutes *(pl)*.

atacadista [ataka'dʒiʃta] ◇ *adj* *COM* [comércio, mercado, vendedor] wholesale. ◇ *mf* [vendedor] wholesaler.

atacado, da [ata'kadu, da] *adj* ***fam*** [pessoa]: **estar** *OU* **andar ~** to be in a foul mood.

◆ **atacado** *m* *COM* **: no/por ~** wholesale.

atacante [ata'kãntʃi] ◇ *adj* attacking. ◇ *mf* attacker.

atacar [ata'ka(x)] ◇ *vt* **-1.** [lançar ataque contra] to attack. **-2.** [acometer] to strike at. **-3.** ***fig*** [combater] to tackle. **-4.** ***fig*** [criticar] to hit out at. ◇ *vi* **-1.** [lançar ataque] to attack. **-2.** [vírus] to strike. **-3.** *ESP* [time, jogador] to go on the attack. ◇ ***interj*: atacar!** charge!

atado, da [a'tadu, da] *adj* **-1.** [desajeitado] clumsy. **-2.** [confuso, perplexo] bewildered.

atadura [ata'dura] *f* bandage.

atalho [a'taʎu] *m* *COMPUT* shortcut.

atapetar [atape'ta(x)] *vt* to carpet.

ataque [a'taki] *m* [ger] attack; **~ aéreo** air strike; **~ cardíaco** heart attack; **ter um ~ (de raiva)** ***fam*** to have a fit (of rage).

atar [a'ta(x)] *vt* to tie; **não ~ nem desatar** [pessoa] to shilly-shally; [negócio, namoro] to be getting nowhere.

atarefado, da [ˌatare'fadu, da] *adj* busy.

atarracado, da [ataxa'kadu, da] *adj* **-1.** [pessoa] thickset. **-2.** [pescoço, perna] thick.

até [a'tɛ] ◇ *prep* **-1.** [no espaço] as far as, up to; **de ... ~ ...** from ... to ... **-2.** [no tempo] until, till; **~ que enfim!** at long last!; **~ agora** so far, up until now. **-3.** [prazo - antes de] before; [- extensão] until. **-4.** [despedida]: **até!** see you!; **~ amanhã** until tomorrow; **~ já** see you soon. **-5.** [com quantidades] up to. ◇ *adv* [mesmo, inclusive] even.

◆ **até que** *loc conj* [até quando] until.

atear [ate'a(x)] *vt* **-1.** [fogo]: **~ fogo a algo** to set fire to sthg. **-2.** ***fig*** [espalhar] to inflame.

atéia [a'tɛja] *f* ▷ **ateu**.

ateliê [ate'lje] *m* studio.

atemorizador, ra [atemoriza'do(x), ra] *adj* alarming.

atemorizar [atemori'za(x)] *vt* **-1.** [assustar] to frighten. **-2.** [intimidar] to alarm.

Atenas [a'tenaʃ] *n* Athens.

atenção [atẽn'sãw] (*pl* **-ões**) <> *f* **-1.** [interesse] attention; **chamar a ~ (de)** [atrair] to catch the eye (of); **chamar a ~ de alguém** [advertir] to warn sb. **-2.** [cuidado] care. **-3.** [cortesia] consideration *(U)*. <> *interj*: **~!** [cuidado] beware!; [exigindo concentração] pay attention!; [em aeroporto, conferência] your attention please!

atencioso, osa [atẽn'sjozu, ɔsa] *adj* **-1.** [que presta atenção] attentive. **-2.** [polido, cortês] considerate.

atender [atẽn'de(x)] <> *vt* **-1.** [satisfazer] to attend to. **-2.** [deferir] to grant. **-3.** [receber] to receive. **-4.** [responder] to answer. **-5.** [em loja] to serve. **-6.** [cuidar de - convidado, hóspede] to look after; [- paciente, ferido] to tend. <> *vi* **-1.** [satisfazer]: **~ a** to attend to. **-2.** [responder]: **~ (a)** to answer. **-3.** [loja, vendedor] to serve.

atendimento [atẽndʒi'mẽntu] *m* **-1.** [serviço] service; **horário de ~** opening times. **-2.** [recepção]: **tivemos pronto ~ no ministério** we were dealt with swiftly at the ministry.

atentado [atẽn'tadu] *m* **-1.** [ataque] attack; **~ terrorista** terrorist attack. **-2.** [contra pessoa] attempt on one's life. **-3.** [contra edifício, monumento]: **~ (a/contra)** attack (on/against). **-4.** [crime, ofensa]: **~ (a algo)** attack (on sthg).

atentar [atẽn'ta(x)] *vi* **-1.** [prestar atenção]: **~ para** *OU* **a** to pay attention to. **-2.** [cometer atentado]: **~ contra (a vida de) alguém** to make an attempt on sb's life; **~ contra algo** [violar, ofender] to offend against sthg.

atento, ta [a'tẽntu, ta] *adj* **-1.** [interessado, concentrado] attentive. **-2.** [cuidadoso] painstaking.

atenuante [ate'nwãntʃi] <> *adj* extenuating. <> *m JUR* extenuating circumstance.

atenuar [ate'nwa(x)] *vt* **-1.** [pressão, pena] to reduce. **-2.** [combate] to die down. **-3.** [dor] to ease.

aterragem [ate'xaʒẽj] (*pl* **-ns**) *f* = **aterrissagem**.

aterrar [ate'xar] *vt* [cobrir com terra] to level.

aterrissagem [atexi'saʒẽj] (*pl* **-ns**) *f* landing.

aterrissar [atexi'sa(x)], **aterrizar** [atexi'za(x)] *vi* to land.

aterro [a'texu] *m* [área aterrada] levelling.

aterrorizante [atexori'zãntʃi] *adj* terrifying.

aterrorizar [atexori'za(x)] *vt* to terrorize.

ater-se [a'texsi] *vp* **-1.** [limitar-se]: **~ a** to keep to. **-2.** [fiar-se por] to rely on.

atestado, da [ateʃ'tadu, da] *adj* certified.

◆ **atestado** *m* **-1.** [certificado] certificate; **~ médico** medical certificate. **-2.** *fig* [prova] confirmation. **-3.** *JUR* testimony.

atestar [ateʃ'ta(x)] *vt* **-1.** [certificar] to certify. **-2.** [provar] to confirm. **-3.** [testemunhar] to vouch for.

ateu, atéia [a'tew, a'tɛja] <> *adj* atheist. <> *m, f* atheist.

atinar [atʃi'na(x)] <> *vt* **-1.** [descobrir, acertar] to work out. **-2.** [perceber] to realize. <> *vi* **-1.** [encontrar]: **~ com** to come up with. **-2.** [ter consciência de]: **~ em** to be aware of.

atingir [atʃĩn'ʒi(x)] *vt* **-1.** [ger] to reach. **-2.** [acertar] to hit. **-3.** [objetivo] to achieve. **-4.** *fig* [ferir] to wound. **-5.** [afetar] to affect. **-6.** [compreender] to grasp.

atirador, ra [atʃira'do(x), ra] *m, f* shot, shooter.

atirar [atʃi'ra(x)] <> *vt* **-1.** [lançar]: **~ algo (em)** to throw sthg (into); **~ algo (por)** to throw sthg (through). **-2.** [fig] [olhares, beijos] to cast. <> *vi* [dar disparo]: **~ (em)** to fire (at).

◆ **atirar-se** *vp* **-1.** [lançar-se]: **~-se (a/em)** to throw o.s. (at); *fig* [dedicar-se] to throw o.s. into. **-2.** *fam* [insinuar-se amorosamente] to come on to.

atitude [atʃi'tudʒi] *f* **-1.** [modo de agir] response. **-2.** [postura] attitude.

ativa [a'tʃiva] *f* ⊳ **ativo**.

atividade [atʃivi'dadʒi] *f* **-1.** [ger] activity. **-2.** [ocupação] pursuit. **-3.** [movimento intenso] bustle.

ativo, va [a'tivu, va] *adj* **-1.** [ger] active. **-2.** [que trabalha] working. **-3.** [ágil, movimentado] lively.

◆ **ativo** *m COM* assets *(pl)*.

atlântico, ca [at'lãntʃiku, ka] *adj* Atlantic.

◆ **Atlântico** *n*: **o (oceano) Atlântico** the Atlantic Ocean.

atlas ['atlaʃ] *m inv* atlas.

atleta [a'tlɛta] *mf* athlete.

atlético, ca [a'tlɛtʃiku, ka] *adj* athletic.

atmosfera [atmoʃ'fɛra] *f* **-1.** *GEOGR* atmosphere. **-2.** *fig* [ambiente] mood.

ato ['atu] *m* **-1.** [ger] act; **no ~** [imediatamente] on the spot. **-2.** [cerimônia] action; **~ público** public ceremony.

à-toa [a'toa] *adj* **-1.** [sem importância] insignificant. **-2.** [simples] simple.

atoalhado, da [atwa'ʎadu, da] *adj* towelling.

atolar [ato'la(x)] *vt* to get bogged down.

◆ **atolar-se** *vp fig* [pessoa] to be snowed under.

atoleiro [ato'lejru] *m* **-1.** [de lama] quagmire. **-2.** *fig* [situação] morass.

atômico, ca [a'tomiku, ka] *adj* atomic.

átomo ['atomu] *m* atom.

atônito, ta [a'tonitu, ta] *adj* astonished.

ator, atriz [a'to(x), a'triʒ] (*mpl* **-res**, *fpl* **-zes**) *m, f* actor, actress.

atordoado, da [atox'dwadu, da] *adj* dazed.

atordoamento [atoxdwa'mẽntu] *m* bewilderment.

atordoante [atox'dwãntʃi] *adj* deafening.

atordoar [atox'dwa(x)] *vt* to daze.

atormentado, da [atoxmẽn'tadu, da] *adj* tormented.

atormentar [atoxmẽn'ta(x)] *vt* to torment.

ATP (*abrev de* **Associação dos Tenistas Profissionais**) *f* ATP.

atração [atra'sãw] (*pl* **-ões**) *f* **-1.** *FÍS* attraction. **-2.** [de cinema, teatro] main attraction. **-3.** [propensão] pull. **-4.** [sexual] attraction.

atracar [atra'ka(x)] *vt* & *vi* *NÁUT* to moor.
◆ **atracar-se** *vp* **-1.** *fig* [em briga] to come to blows. **-2.** *fam fig* [amorosamente] to clinch.

atraente [atra'ẽntʃi] *adj* **-1.** [objeto, efeito] eye-catching. **-2.** [proposta, vantagem] appealing. **-3.** [pessoa] attractive.

atrair [atra'i(x)] *vt* **-1.** [fascinar] to attract. **-2.** [chamar a si] to bring. **-3.** [aliciar] to entice.

atrapalhar [atrapa'ʎa(x)] <> *vt* **-1.** [confundir] to muddle. **-2.** [perturbar] to upset. **-3.** [dificultar] to confound. <> *vi* [perturbar] to be disturbing.
◆ **atrapalhar-se** *vp* [confundir-se] to get into a muddle.

atrás [a'trajʃ] *adv* **-1.** [posição] behind; **lá** ~ back there. **-2.** [no tempo] ago. **-3.** [em classificação]: **estar/ficar** ~ **(de)** to be ranked behind.
◆ **atrás de** *loc prep* **-1.** [posição] behind. **-2.** [em seguimento a] after; **logo** ~ **de** right behind. **-3.** [em busca de - pessoa] after; [- objeto, explicação] looking for.

atrasado, da [atra'zadu, da] *adj* **-1.** [ger] slow. **-2.** [tardio] late. **-3.** [país, povo, costume] backward. **-4.** [pagamento, conta] overdue. **-5.** [número, edição] back.
◆ **atrasados** *mpl* arrears.

atrasar [atra'za(x)] <> *vt* **-1.** [fazer demorar] to delay. **-2.** [retardar] to hold back. **-3.** [relógio] to put back. **-4.** [pagamento] to be late with. <> *vi* **-1.** [demorar] to be delayed. **-2.** [publicação] to be late. **-3.** [relógio] to be slow. **-4.** [pagamento] to arrive late. **-5.** [em trabalho, encomenda] to fail to keep up.
◆ **atrasar-se** *vp* [pessoa]: **~-se (para)** to be late (for).

atraso [a'trazu] *m* **-1.** [demora] delay. **-2.** [de pagamento] late payment. **-3.** [de país, povo, costumes] backwardness.

atrativo, va [atra'tʃivu, va] *adj* attractive.
◆ **atrativo** *m* attraction.

atravancar [atravãŋ'ka(x)] *vt* **-1.** [bloquear] to block. **-2.** [lotar] to clutter.

através [atra'vɛʃ] *adv* [de lado a lado] through.
◆ **através de** *loc adv* **-1.** [por entre] amongst. **-2.** [pelo centro de] through. **-3.** [no decorrer de] through. **-4.** [por meio de] by means of. **-5.** [por via de] through.

atravessar [atrave'sa(x)] *vt* **-1.** [ger] to cross. **-2.** [pôr de través] to place across. **-3.** [transpassar] to pierce. **-4.** *fig* [passar por] to go through.

atrever-se [atre'vexsi] *vp*: ~ **(a fazer algo)** to dare (to do sthg).

atrevido, da [atre'vidu, da] *adj* **-1.** [petulante] impertinent. **-2.** [ousado] bold.

atrevimento [atrevi'mẽntu] *m* **-1.** [petulância] insolence. **-2.** [ousadia - condição] boldness; [- ato] effrontery.

atribuir [atri'bwi(x)] *vt* [imputar]: ~ **algo a alguém/algo** to attribute sthg to sb/sthg.

atributo [atri'butu] *m* attribute.

átrio ['atriu] *m* **-1.** [vestíbulo] hallway. **-2.** [pátio] courtyard.

atritar [atri'ta(x)] *vt* to rub.

atrito [a'tritu] *m* **-1.** [fricção] friction. **-2.** *fig* [conflito] conflict; **entrar em** ~ to have a misunderstanding.

atriz [a'triʒ] *f* ⊳ **ator.**

atrocidade [atrosi'dadʒi] *f* atrocity.

atropelamento [atropela'mẽntu] *m* [de pedestre] running over.

atropelar [atrope'la(x)] *vt* **-1.** [pedestre] to run over. **-2.** [esbarrar em, empurrar] to crash into.

atroz [a'trɔʒ] *adj* **-1.** [cruel] atrocious. **-2.** [terrível] terrible.

atuação [atwa'sãw] (*pl* **-ões**) [-õjʃ] *f* **-1.** [ger] performance. **-2.** [participação] role.

atual [a'twaw] (*pl* **-ais**) *adj* **-1.** [corrente] present. **-2.** [moderno] current.

> Não confundir *atual (current)* com o inglês *actual* que em português é *real*. (*Meu salário atual é muito baixo.* My *current* salary is very low.)

atualidade [atwali'dadʒi] *f* **-1.** [período atual] present time. **-2.** [modernidade] modernity.
◆ **atualidades** *fpl* *JORN* news *(sg)*.

atualização [aktualiza'sãw] *f* *COMPUT* update.

atualizar [atwali'za(x)] *vt* to update.
◆ **atualizar-se** *vp* [pessoa] to bring o.s. up to date.

atualmente [atwaw'mẽntʃi] *adv* **-1.** [no momento] currently. **-2.** [hoje em dia] nowadays.

> Algo semelhante ao caso do adjetivo 'atual' em português ocorre com o advérbio 'atualmente', que nunca deve ser traduzido como *actually*, uma vez que este significa 'realmente' ou 'na verdade'. Assim, a sentença *it is actually quite dangerous* quer dizer, na verdade, 'é bastante perigoso', e não 'é atualmente perigoso'.

atuante [a'twãntʃi] *adj* active.

atuar [a'twa(x)] *vi* **-1.** [ger] to act. **-2.** [participar de]: ~ **em** to act on/in. **-3.** [influenciar]: ~ **sobre** to influence.

atum [a'tũ] (*pl* **-ns**) *m* tuna.

aturar [atu'ra(x)] *vt* to endure, to put up with.

aturdido, da [atur'dʒidu, da] *adj* stunned.

aturdir [atux'dʒi(x)] <> *vt* to stun. <> *vi* to deafen.

audácia [aw'dasja] *f* **-1.** [intrepidez] boldness. **-2.** [insolência] audacity.

audacioso, sa [awda'sjozu, ɔza] *adj* **-1.** [pessoa] intrepid. **-2.** [ato] gallant. **-3.** [decisão] bold.

audaz [aw'daʒ] (*pl* **-es**) *adj* [intrépido] audacious.
audição [awdʒi'sãw] (*pl* **-ões**) *f* **-1.** [ger] hearing. **-2.** [concerto] audition.
audiência [aw'dʒjẽnsja] *f* **-1.** [ger] audience. **-2.** [mídia - RÁDIO] listeners *(pl)*; [- TV] viewers *(pl)*; **índices de ~** ratings *(pl)*. **-3.** JUR hearing.
audiovisual [ˌawdʒuvi'zwaw] (*pl* **-ais**) ◇ *adj* audiovisual. ◇ *m* projector.
auditor, ra [awdʒi'to(x), ra] *m, f* **-1.** FIN auditor. **-2.** [juiz] judge, magistrate. **-3.** [ouvinte] listener.
auditoria [awdʒito'ria] *f* **-1.** [serviço] audit; **fazer a ~ de** to carry out an audit of. **-2.** [empresa] firm of accountants.
auditório [awdʒi'tɔrju] *m* **-1.** [recinto] courtroom. **-2.** [platéia] auditorium.
auê [aw'e] *m fam* [confusão] uproar; **fazer um ~** to create an uproar.
auge ['awʒi] *m* height.
augúrio [aw'gurju] *m* **-1.** [prognóstico] prophecy. **-2.** [sinal] indication.
aula ['awla] *f* [escola] **-1.** lesson; **dar ~** to teach. **-2.** [universidade] lecture.
aumentar [awmẽn'ta(x)] ◇ *vt* [ger] to increase. ◇ *vi* to increase.
aumento [aw'mẽntu] *m* **-1.** [ger] price increase. **-2.** [de salário] rise *UK*, raise *US*. **-3.** [crescimento] increase. **-4.** [ampliação] magnification.
auréola [aw'rɛwla] *f* halo.
aurora [aw'rɔra] *f* dawn.
ausência [aw'zẽnsja] *f* **-1.** [falta de presença] absence. **-2.** *fig* [inexistência] lack.
ausentar-se [awzẽn'taxsi] *vp* to absent o.s.
ausente [aw'zẽntʃi] ◇ *adj* **-1.** [não-presente] absent. **-2.** [omisso] neglectful. ◇ *mf* [não-presente] absent.
auspício [awʃ'pisju] *m* **-1.** [prenúncio] sign. **-2.** [patrocínio]: **sob os ~s de** under the auspices of.
austeridade [awʃteri'dadʒi] *f* **-1.** [severidade, seriedade] severity. **-2.** [em gastos] austerity.
austero, ra [awʃ'tɛru, ra] *adj* **-1.** [severo] strict. **-2.** [em gastos] austere.
austral [awʃ'traw] (*pl* **-ais**) *adj* southern.
Austrália [awʃ'tralja] *n* Australia.
australiano, na [awʃtra'ljãnu, na] ◇ *adj* Australian. ◇ *m, f* Australian.
Áustria ['awʃtria] *n* Austria.
austríaco, ca [awʃ'triaku, ka] ◇ *adj* Austrian. ◇ *m, f* Austrian.
autenticidade [awtẽntʃisi'dadʒi] *f* [genuinidade] authenticity.
autêntico, ca [aw'tẽntʃiku, ka] *adj* **-1.** [genuíno] authentic. **-2.** [original] original. **-3.** *(antes de subst) pej* [verdadeiro] real.
auto ['awtu] *m* **-1.** JUR (legal) brief. **-2.** TEATRO medieval allegorical play.
◆ **autos** *mpl* JUR legal papers.
auto-adesivo, va [ˌawtwade'zivu, va] (*pl* **-s**) ◇ *adj* self-adhesive. ◇ *m* sticker.
autobiografia [awtobjogra'fia] *f* autobiography.
autocrítica [awto'kritika] *f* self-criticism; **fazer uma ~** to admit to one's faults.
autodefesa [awtude'feza] *f* self-defence.
autodeterminação [awtudetexmina'sãw] *f* self-determination.
autodidata [awtodʒi'data] ◇ *adj* self-taught. ◇ *mf* self-taught person.
autódromo [aw'tɔdromu] *m* racetrack.
auto-escola [ˌawtwiʃ'kɔla] (*pl* **auto-escolas**) *f* driving school.
auto-estima [ˌawtwiʃ'tʃima] *f* self-esteem.
auto-estrada [ˌawtwiʃ'trada] (*pl* **auto-estradas**) *f* motorway *UK*, freeway *US*.
autógrafo [aw'tɔgrafu] *m* autograph.
automação [awtoma'sãw] *f* = **automatização**.
automático, ca [awto'matʃiku, ka] *adj* automatic.
automatização [awtomatʃiza'sãw] (*pl* **-ões**) *f* automation.
automobilismo [awtomobi'liʒmu] *m* motor racing.
automóvel [awto'mɔvɛw] (*pl* **-eis**) *m* car.
autonomia [awtono'mia] *f* **-1.** [independência] autonomy. **-2.** [de veículo] range.
autônomo, ma [aw'tonomu, ma] ◇ *adj* **-1.** [independente] autonomous. **-2.** [trabalhador] autonomist. ◇ *m, f* [trabalhador] autonomist.
autópsia [aw'tɔpsja] *f* autopsy.
autor, ra [aw'to(x), ra] (*mpl* **-es**, *fpl* **-s**) *m, f* author.
autoral [awto'raw] (*pl* **-ais**) *adj* authorial.
auto-retrato [ˌawtoxe'tratu] (*pl* **auto-retratos**) *m* self-portrait.
autoria [awto'ria] *f* **-1.** LITER authorship; **ser de ~ de alguém** to be written by sb. **-2.** [de crime] perpetration.
autoridade [awtori'dadʒi] *f* [ger] authority.
autoritário, ria [awtori'tarju, ja] *adj* authoritarian.
autorização [awtoriza'sãw] (*pl* **-ões**) *f* permission; **dar ~ a alguém (para algo/para fazer algo)** to give sb permission (for sthg/to do sthg).
autorizar [awtori'za(x)] *vt* **-1.** [permitir] to authorize. **-2.** [capacitar] to enable.
auto-suficiente [ˌawtusufi'sjẽntʃi] (*pl* **-s**) *adj* self-sufficient; **ser ~ em algo** to be self-sufficient in sthg.
auxiliar [awsi'lja(x)] (*pl* **-es**) ◇ *adj* **-1.** [ger] assistant. **-2.** [enfermeiro] auxiliary. ◇ *mf* assistant. ◇ *vt* to assist.
auxílio [aw'silju] *m* assistance.
av. (*abrev de* **avenida**) *f* Av.

avacalhar [avaˈkaʎa(x)] *vt* **-1.** [pôr em ridículo] *fam* to make a travesty of. **-2.** [executar com desleixo] *fam* to make a mess of.

aval [aˈvaw] (*pl* **-ais**) *m* **-1.** [ger] backing. **-2.** [garantia] warranty.

avalanche [avaˈlãnʃi], **avalancha** [avaˈlãnʃa] *f* avalanche.

avaliação [avaljaˈsãw] (*pl* **-ões**) *f* **-1.** [de preço, prejuízos] estimate. **-2.** [de qualidade, vantagens] appraisal. **-3.** [opinião] opinion. **-4.** *EDUC* assessment.

avaliar [avaˈlja(x)] *vt* **-1.** [preço, prejuízo] to estimate. **-2.** [imóvel] to value. **-3.** [qualidade, vantagens, idéia] to evaluate. **-4.** *EDUC* to assess.

avançado, da [avãnˈsadu, da] *adj* **-1.** [adiantado] jutting out. **-2.** [hora] late. **-3.** [nível] advanced. **-4.** [idéia, pessoa] progressive.

avançar [avãˈsa(x)] ◇ *vi* **-1.** [adiantar-se] to move forward. **-2.** [estender-se] to spread. **-3.** [atacar, investir] to advance. **-4.** [atirar-se]: **~ em algo** to throw o.s. upon sthg. ◇ *vt* [adiantar] to advance.

avanço [aˈvãsu] *m* **-1.** [de tropa] advance. **-2.** [adiantamento] headway. **-3.** [melhora] step in the right direction. **-4.** [progresso] progress.

avante [aˈvãntʃi] ◇ *adv* **-1.** [adiante] ahead. **-2.** [para diante] onward. ◇ *interj* forward!

avarento, ta [avaˈrẽntu, ta] ◇ *adj* miserly. ◇ *m, f* miser.

avareza [avaˈreza] *f* avarice.

avaria [avaˈria] *f* **-1.** [de veículo, máquina] breakdown. **-2.** [de carga, casco] damage.

avariado, da [avaˈrjadu, da] *adj* **-1.** [veículo, máquina] broken down. **-2.** [carga, casco] damaged.

avaro, ra [aˈvaru, ra] ◇ *adj* avaricious. ◇ *m, f* miser.

ave [ˈavi] *f* bird.

aveia [aˈveja] *f* oat.

avelã [aveˈlã] *f* hazelnut.

avenida [aveˈnida] *f* avenue.

avental [avẽnˈtaw] (*pl* **-ais**) *m* **-1.** [proteção] apron. **-2.** [vestido] pinafore dress.

aventura [avẽnˈtura] *f* **-1.** [experiência] adventure. **-2.** [amorosa] love affair.

aventureiro, ra [avẽntuˈrejru, ra] ◇ *adj* adventurous. ◇ *m, f* adventurer (*f* adventuress).

averiguação [averigwaˈsãw] (*pl* **-ões**) *f* **-1.** [investigação] investigation. **-2.** [verificação] check.

averiguar [averiˈgwa(x)] *vt* **-1.** [investigar] to investigate. **-2.** [verificar] to check.

avermelhado, da [avexmeˈʎadu, da] *adj* reddish.

aversão [avexˈsãw] (*pl* **-ões**) *f* aversion; **ter ~ a algo** to have an aversion to sthg.

avesso, ssa [aˈvesu] *adj* [lado] wrong.

◆ **avesso** *m* [lado] underside; **virar pelo ~** [blusa etc.] to turn inside out; *fig* [revirar] to turn upside down.

◆ **às avessas** *loc adj* [oposto]: **ser um santo às avessas** to be anything but a saint.

avestruz [aveʃˈtruʃ] (*pl* **-es**) *f* ostrich.

aviação [avjaˈsãw] *f* **-1.** [sistema] aviation. **-2.** [força aérea] air force.

aviador, ra [avjaˈdo(x), ra] *m, f* pilot, aviator.

aviamento [avjaˈmẽntu] *m* **-1.** *COST* trimmings (*pl*). **-2.** [de receita médica] preparation.

avião [aˈvjãw] (*pl* **-ões**) *m* [veículo] aeroplane; **~ a jato** jet plane; **ir de ~** to fly.

avicultura [avikuwˈtura] *f* poultry breeding.

avidez [aviˈdeʒ] *f* **-1.** [desejo] eagerness; **com ~** eagerly. **-2.** [cobiça] greed.

ávido, da [ˈavidu, da] *adj* **-1.** [desejoso] eager. **-2.** [cobiçoso] greedy.

aviltar [aviwˈta(x)] *vt* [degradar] to weaken.

◆ **aviltar-se** *vp* [degradar-se] to degenerate.

avisar [aviˈza(x)] ◇ *vt* [informar] to warn; **~ alguém de algo** to inform sb of sthg. ◇ *vi* [informar] to give warning.

aviso [aˈvizu] *m* **-1.** [placa] notice. **-2.** [notificação] notification. **-3.** [informação] sign. **-4.** [advertência] warning sign; **~ prévio** [notificação, período] notice.

avistar [aviʃˈta(x)] *vt* to catch sight of.

avizinhar-se [aviziˈɲaxsi] *vp* [aproximar-se] to draw near.

avo [ˈavu] *m* [fração] fractional part.

avô [aˈvo], **avó** [aˈvɔ] *m, f* grandfather (*f* grandmother).

◆ **avós** *pl* grandparents.

avoado, da [avoˈadu, da] *adj* scatty.

avós [aˈvɔʃ] *pl* ⊳ **avô**.

avulso, sa [aˈvuwsu, sa] *adj* loose.

axila [akˈsila] *f* armpit.

axiomático, ca [aksioˈmatʃiku, ka] *adj* axiomatic.

azaléia [azaˈlɛja] *f* azalea.

azar [aˈza(x)] (*pl* **-es**) *m* bad luck; **~!** tough!; **que ~!** damn!; **dar ~** to bring bad luck.

azedar [azeˈda(x)] ◇ *vt* **-1.** [comida, leite] to cause to go sour. **-2.** *fig* [pessoa] to irritate. ◇ *vi* [leite, vinho] to go sour.

azedo, da [aˈzedu, da] *adj* **-1.** [sabor] sour. **-2.** *fig* [pessoa] bitter.

azeite [aˈzejtʃi] *m*: **~ (de oliva)** (olive) oil.

azeitona [azejˈtona] *f* olive.

azeviche [azeˈviʃi] *m* [cor] jet black.

azia [aˈzia] *f* heartburn.

aziago, ga [aziˈagu, ga] *adj* ill-omened.

azucrinar [azukriˈna(x)] *vt* to annoy.

azul [aˈzuw] (*pl* **azuis**) ◇ *adj* blue; **está tudo ~** *fig* everything is rosy. ◇ *m* blue.

azulado, da [azuˈladu, da] *adj* bluish.

azul-claro, ra [a'zuwklaru, ra] ◇ *adj* light blue. ◇ *m* light blue.

azulejo [azu'leʒu] *m* (ornamental) tile.

azul-escuro, ra [a'zuwiʃkuru, ra] ◇ *adj* dark blue. ◇ *m* dark blue.

azul-marinho [a,zuwma'riɲu] ◇ *adj inv* ultramarine. ◇ *m* ultramarine.

azul-turquesa [a,zuwtux'keza] ◇ *adj inv* turquoise. ◇ *m* turquoise.

B

b, B [be] *m* [letra] b, B.

BA (*abrev de* **Estado da Bahia**) *n State of Bahia.*

B2B (*abrev de* **business-to-business**) *m* B2B.

baba ['baba] *f* dribble.

babá [ba'ba] *f* nursemaid.

babaca [ba'baka] *m fam adj* stupid.

baba-de-moça [,babadʒi'mosa] (*pl* **babas-de-moça**) *m, f* CULIN *egg and coconut pudding.*

babado, da [ba'badu, da] *adj* [molhado de baba] dribbly.

◆ **babado** *m* **-1.** [em roupa etc.] frill. **-2.** *fam* [caso] gossip.

babador [baba'do(x)] *m* bib.

babar [ba'ba(x)] ◇ *vt* to dribble on. ◇ *vi* **-1.** [deitar baba] to dribble. **-2.** *fam* [ficar impressionado] to drool.

◆ **babar-se** *vp* [deitar baba em si] to dribble.

baby-sitter [,bejbi'site(x)] (*pl* **baby-sitters**) *mf* baby-sitter.

bacalhau [baka'ʎaw] *m* cod.

bacalhoada [bakaʎo'ada] *f a dish made with salt cod boiled with potatoes, cabbage, whole onions and other vegetables, mixed with hard-boiled eggs and olives and seasoned with vinegar and olive oil.*

bacana [ba'kãna] ◇ *adj* cool. ◇ *mf fam* [pessoa] toff.

BACEN (*abrev de* **Banco Central do Brasil**) *m central bank of Brazil.*

bacharel [baʃa'rɛw] (*pl* **-éis**) *mf*: ~ **em Artes/Direito/Economia** Arts/Law/Economics graduate.

bacharelar-se [baʃare'laxsi] *vp*: ~ **(em algo)** to obtain a degree (in sthg).

bacia [ba'sia] *f* **-1.** [ger] basin. **-2.** [sanitária] lavatory. **-3.** ANAT pelvis.

backbone [bak'boni] (*pl* **backbones**) *m* backbone.

baço, ça ['basu, 'sa] ◇ *adj* **-1.** [pele] dull. **-2.** [metal] tarnished. ◇ *m* ANAT spleen.

bacon ['bejkõ] *m* bacon.

bactéria [bak'tɛrja] *f* bacterium.

◆ **bactérias** *fpl* bacteria.

badalado, da [bada'ladu, da] *fam adj* **-1.** [movimentado, divertido] swinging. **-2.** [famoso, falado] much talked about.

◆ **badalada** *f* [de sino] peal.

badalar [bada'la(x)] ◇ *vt* [tocar] to ring. ◇ *vi* **-1.** [tocar] to peal. **-2.** *fam* [sair, divertir-se] to go out and enjoy o.s.

badalo [ba'dalu] *m* **-1.** [de sino] peal. **-2.** *fam* [diversão] fun.

badejo [ba'deʒu] *m* serran.

baderna [ba'dɛxna] *f* **-1.** [bagunça] mess. **-2.** [tumulto] revelry.

badulaque [badu'laki] *m* trinket.

◆ **badulaques** *mpl* odds and ends.

bafo ['bafu] *m* breath; **~-de-onça** *fam* bad breath.

bafômetro [ba'fometru] *m* breathalyzer.

baforada [bafo'rada] *f* [fumaça] blast.

bagaço [ba'gasu] *m* [de fruta] remains of fruit *(once juice has been extracted)*; **estar/ficar um** ~ *fig* to be drained, to be exhausted.

bagageiro [baga'ʒejru] *m* AUTO luggage rack.

bagagem [ba'gaʒẽ] (*pl* **-ns**) *f* **-1.** [equipagem] luggage. **-2.** *fig* [conhecimentos, experiência] experience.

bagatela [baga'tɛla] *f fig* [ninharia] next to nothing.

bago ['bagu] *m* **-1.** [fruto] berry. **-2.** [uva] grape. **-3.** [de chumbo] shot. **-4.** *vulg* [testículo] ball.

baguete [ba'gɛtʃi] *f* baguette.

bagulho [ba'guʎu] *m* [objeto] trinket.

bagunça [ba'gũnsa] *f* mess.

bagunçado, da [bagũn'sadu, da] *adj* cluttered.

bagunçar [bagũn'sa(x)], *vt* **-1.** [fazer confusão em] to clutter. **-2.** *fig* [atrapalhar, tumultuar] to upset.

bagunceiro, ra [bagũn'sejru, ra] *adj* [pessoa - desordeiro] disorderly; [- relaxado] untidy.

baía [ba'ia] *f* bay.

baião [baj'ãw] (*pl* **-ões**) *m* [ritmo, dança] baião, *popular music from north-eastern Brazil.*

bailado [baj'ladu] *m* dance.

bailar [baj'la(x)] *vt & vi* to dance.

bailarino, na [bajla'rinu, na] *m, f* dancer.

baile ['bajli] *m* ball; ~ **de carnaval** carnival ball; **dar um** ~ **em** *fig* [superar] to crush.

bainha [ba'iɲa] *f* **-1.** [de arma] sheath. **-2.** COST hem.

bairrista [baj'xiʃta] ◇ *adj* **-1.** [que defende interesse do bairro] community-based. **-2.** [muito patriota] regionalistic. ◇ *mf* **-1.** [do local] local. **-2.** [patriota] regionalist.

bairro ['bajxu] *m* neighbourhood.

baixa ['bajʃa] *adj* ▷ **baixo**.

baixada [baj'ʃada] *f GEOGR* valley.

baixar [baj'ʃa(x)] *vt COMPUT* [fazer download]: ~ **um arquivo** to download a file.

baixaria [bajʃa'ria] *f* **-1.** [ger] depravity. **-2.** [escândalo] disgrace.

baixista [baj'ʃiʃta] *mf* bass player.

baixo, xa ['bajʃu, ʃa] *adj* **-1.** [ger] low. **-2.** [pessoa] short. **-3.** [cabeça, olhar] lowered. **-4.** [bairro, cidade] lower. **-5.** [metal] base. **-6.** *(antes de subst)* [rio] downriver. **-7.** *(antes de subst)* [época] late. **-8.** *(antes de subst)* [vil, grosseiro] base; **palavrão de** ~ swear word.

◆ **baixo** ◇ *m* **-1.** [*MÚS* - instrumento] bass; [- cantor] bass player. **-2.** *fam* [bairro] lower town. ◇ *adv* **-1.** [a pouca altura] low. **-2.** [falar] softly.

◆ **baixa** *f* **-1.** [ger] drop; **em baixa** falling. **-2.** [de serviço] sick-leave. **-3.** *MIL* loss.

◆ **para baixo** *loc adv* downwards.

◆ **por baixo (de)** *loc adv* underneath.

baixo-astral [ˌbajʃwaʃ'traw] *m fam* glumness.

bajulador, ra [baʒula'do(x), ra] ◇ *adj* adulatory. ◇ *m, f* adulator.

bajular [baʒu'la(x)] *vt* to adulate.

bala ['bala] *f* **-1.** [munição] bullet; ~ **de festim** blank cartridge. **-2.** [doce] boiled sweet.

balada [ba'lada] *f* ballad.

balaio [ba'laju] *m* basket.

balança [ba'lãnsa] *f* scales *(pl)*; ~ **comercial** balance of trade.

◆ **Balança** *f* [zodíaco] Libra; *veja também* **Virgem**.

balançar [balãn'sa(x)] ◇ *vt* **-1.** [fazer oscilar - bebê, navio] to rock; [- quadril] to wiggle; [- galho, carro, avião] to shake. **-2.** [compensar] to counterbalance. ◇ *vi* **-1.** [oscilar] to shake. **-2.** [em balanço, cadeira] to rock.

◆ **balançar-se** *vp* [sacudir-se] to sway.

balanço [ba'lãnsu] *m* **-1.** [de criança] swing. **-2.** [ação] swinging. **-3.** *ECON* : ~ **de pagamentos** balance of payments.

balão [ba'lãw] *(pl* **-ões***)* *m* **-1.** [dirigível] airship. **-2.** [de brinquedo] balloon. **-3.** [sonda] probe. **-4.** [tanque]: ~ **de oxigênio** oxygen cylinder. **-5.** [em estrada etc.] *place for doing U-turns*. **-6.** [em história em quadrinhos] bubble.

balaústre [bala'uʃtri] *m* baluster.

balbuciar [bawbu'sja(x)] ◇ *vt* to stammer. ◇ *vi* to babble.

balbúrdia [baw'buxdʒja] *f* hustle and bustle.

balcão [baw'kãw] *(pl* **-ões***)* *m* **-1.** [sacada] balcony. **-2.** [de loja] counter. **-3.** *DE TEATRO* dress circle; ~ **nobre** balcony; ~ **simples** upper circle.

Bálcãs ['bawkãʃ] *npl*: **os** ~ the Balkans.

balconista [bawko'niʃta] *mf* shop assistant.

balde ['bawdʒi] *m* bucket.

baldeação [bawdʒja'sãw] *(pl* **-ões***)* *f* transfer; **fazer** ~ to change.

baldio, dia [baw'dʒiu, dʒia] *adj* gone to wasteland.

balé [ba'lɛ] *m* ballet.

baleia [ba'leja] *f ZOOL* whale.

baleiro, ra [ba'lejru, ra] ◇ *m, f* [vendedor] sweet seller. ◇ *m* [pote] sweet jar.

balística [ba'liʃtʃika] *f* ballistics *(sg)*.

baliza [ba'liza] *f* **-1.** [estaca] goalpost. **-2.** [bóia] buoy. **-3.** [luminosa] beacon. **-4.** *ESP* goal.

balizamento [baliza'mẽntu] *m* beaconing, signposting.

balneário [baw'njarju] *m* baths *(pl)*.

balões [ba'lõjʃ] *pl* ▷ **balão**.

balofo, fa [ba'lofu, fa] ◇ *adj* puffy. ◇ *m, f* puffed-up person.

balsa ['bawsa] *f* **-1.** [jangada] raft. **-2.** [barca] catamaran. **-3.** [salva-vidas] lifeboat.

bálsamo ['bawsamu] *m* balsam.

Báltico ['bawtʃiku] *n*: **o (mar)** ~ the Baltic (Sea).

baluarte [ba'lwaxtʃi] *m* stronghold.

bamba ['bãnba] *fam* ◇ *adj* [perito] expert. ◇ *mf* [perito] expert.

bambo, ba ['bãnbu, ba] *adj* **-1.** [corda, laço, parafuso] loose. **-2.** [perna] faltering.

bambolear [bãnbo'lja(x)] ◇ *vt* [balançar] to sway. ◇ *vi* to sway.

bambu [bãn'bu] *m* **-1.** [planta] bamboo. **-2.** [vara] bamboo-stick.

banal [ba'naw] *(pl* **-ais***)* *adj* mundane.

banalidade [banali'dadʒi] *f* simplicity.

banana [ba'nãna] ◇ *f* [fruta] banana; **dar uma** ~ **(para alguém)** *vulg fig* to say 'up yours!' (to sb). ◇ *mf fam fig & pej* [bobo, idiota] fool.

bananada [bana'nada] *f* banana sweetmeat.

banca ['bãŋka] *f* **-1.** [de jogo] game of chance. **-2.** [estande]: ~ **(de jornal)** newspaper stand. **-3.** [comissão]: ~ **(examinadora)** (examination) board. **-4.** [escritório] desk. **-5.** [mesa de trabalho] worktop; **botar** ~ to boss about.

bancada [bãŋ'kada] *f* **-1.** [banco] bench. **-2.** [*POL* - de partido] bench; [- de estado] representatives *(pl)*. **-3.** [mesa de trabalho] workbench.

bancar [bãŋ'ka(x)] *vt* **-1.** [financiar] to back. **-2.** [comportar-se como] to play.

bancário, ria [bãŋ'karju, rja] ◇ *adj* bank. ◇ *m, f* [empregado] bank employee.

bancarrota [bãŋka'xota] *f* bankruptcy; **ir à** ~ to go bankrupt.

banco ['bãŋku] *m* **-1.** [ger] bank; ~ **24 horas** 24-hour bank; ~ **de sangue** blood bank. **-2.** [assento] bench. **-3.** *COMPUT* : ~ **de dados** databank. **-4.** *GEOL* : ~ **de areia** sandbank.

banda ['bãnda] *f* **-1.** side; **-2.** [filarmônica] brass band; [de rock] band; **-3.**: **de** ~ **(de lado)** sideways; **-4.**: ~ **larga** *COMPUT* broadband.

Band-aid® [bãn'dejdʒi] *m* Band-Aid®.

bandalheira [bãnda'ʎejra] *f* roguery.
bandeira [bãn'dejra, ra] *f* **-1.** [ger] flag; **~ ~ a meio pau** flag at half-mast; **~ dois** taxi night-rate. **-2.** [estandarte] standard. **-3.** [de porta] fanlight. **-4.** *loc*: **dar ~ de que** to let it be known that.
bandeirante [bãndej'rãntʃi] <> *m* [explorador] expedition member. <> *f* [moça] Girl Guide.
bandeirinha [bãn'dejriɲa] *m ESP* linesman.
bandeja [bãn'deʒa] *f* tray.
bandejão [bãnde'ʒãw] (*pl* **-ões**) *m* [*UNIV* - refeição] meal on a tray; [- refeitório] canteen.
bandido, da [bãn'dʒidu, da] <> *m, f* **-1.** [marginal] bandit. **-2.** [mau-caráter] rogue. <> *adj fam fig* [malvado, ruim] cruel.
banditismo [bãndʒi'tʃiʒmu] *m* banditry.
bando ['bãndu] *m* **-1.** [de pessoas, animais] flock; **em ~** in flocks. **-2.** [quadrilha] gang. **-3.** [facção] group. **-4.** [monte] stack.
bandô [bãn'do] *m* pelmet.
bandoleiro, ra [bãndo'lejru, ra] *m, f* bandit.
bandolim [bãndo'lĩ] (*pl* **-ns**) *m* mandolin.
bandolinista [bãndoli'niʃta] *mf* mandolin player.
bangalô [bãŋga'lo] *m* bungalow.
banha ['bãɲa] *f* **-1.** [no homem] fat. **-2.** [de porco] lard.
banhar [bã'ɲa(x)] *vt* **-1.** [dar banho em] to bathe. **-2.** [mergulhar]: **~ algo (em)** to dip sthg (into). **-3.** [rio, mar] to wash.
◆ **banhar-se** *vp* [tomar banho] to bathe.
banheira [bã'ɲejra] *f* **-1.** [para banho] bathtub. **-2.** *fam fig* [carro] charabanc.
banheiro [bã'ɲejru] *m* toilet.
banhista [bã'ɲiʃta] *mf* bather.
banho ['bãɲu] *m* **-1.** [ger] immersion. **-2.** [de entusiasmo] wave. **-3.** [para asseio]: **~ (de chuveiro)** shower; **tomar ~** to have a shower; **tomar ~ (de banheira)** to take a bath. **-4.** [na praia]: **tomar um ~ de sol** to sunbathe. **-5.** *fam fig* [surra]: **dar um ~ em alguém** to wipe sb out. **-6.** *loc*: **vai tomar ~!** *fam* get away!
banho-maria [,bãɲuma'ria] (*pl* **banhos-marias, banhos-maria**) *m CULIN* double boiler, bain-marie.
banir [ba'ni(x)] *vt* to banish.
banqueiro, ra [bãɲ'kejru, ra] *m, f* banker.
banqueta [bãŋ'keta] *f* banquette.
banquete [bãŋ'ketʃi] *m* banquet.
baque ['baki] *m* **-1.** [choque] shock; **levar um ~** to be given a shock; **ele levou um baque com a notícia** the news gave him a shock. **-2.** [ruído] thud. **-3.** [queda] fall.
bar ['ba(x)] (*pl* **-es**) *m* bar.
baralho [ba'raʎu] *m* pack.
barão, ronesa [ba'rãw, 'neza] *m, f* baron (*f* baroness).
barata [ba'rata] *f* cockroach.
barateiro, ra [bara'tejru, ra] *adj* cut-price.
baratinado, da [baratʃi'nadu, da] *adj* **-1.** [sobrecarregado, apressado] stressed. **-2.** [transtornado - pessoa] upset; [- idéia, atitude] disturbed.
baratinar [baratʃi'na(x)] *vt* **-1.** [atrapalhar, assoberbar] to stress. **-2.** [transtornar] to upset.
barato, ta [ba'ratu, ta] <> *adj* **-1.** [produto, serviço, preço] cheap. **-2.** [barateiro] cut-price. **-3.** *fam* [ordinário] common or garden. <> *adv* [cobrar etc.] cheaply. <> *m* **-1.** *gír droga* high. **-2.** *fam* [legal]: **que ~!** how cool!; **ser um ~** to be cool.
barba ['baxba] *f* **-1.** [de homem] beard; **fazer a ~** to shave; **pôr as ~s de molho** *fig* to lie low. **-2.** [de animal] whiskers.
barbado, da [bax'badu, da] *adj* bearded.
Barbados [bax'baduʃ] *n* Barbados.
barbante [bax'bãntʃi] *m* string.
barbaramente [baxbara'mẽntʃi] *adv* **-1.** [cruelmente] brutally. **-2.** [demasiadamente] atrociously.
barbaridade [baxbari'dadʒi] *f* **-1.** [crueldade] barbarity. **-2.** [expressando espanto]: **que ~!** great!
barbárie [bax'barje] *f* barbarity.
bárbaro, ra ['baxbaru, ra] *adj* **-1.** [terrível] barbaric. **-2.** [ótimo] great.
barbatana [baxba'tãna] *f* fin.
barbeador [barbja'do(x)] (*pl* **-es**) *m* razor.
barbear [bax'bja(x)] *vt* to shave.
◆ **barbear-se** *vp* to shave.
barbearia [baxbja'ria] *f* barbershop.
barbeiragem [baxbej'raʒẽ] *f fam* [no trânsito] bad driving.
barbeiro, ra [bax'bejru, ra] <> *adj fam* [motorista] careless. <> *m* **-1.** [quem corta cabelos, barba] barber. **-2.** [barbearia] barbershop. **-3.** [inseto] kissing bug.
barbudo, da [bax'budu, da] <> *adj* bearded. <> *m* bearded man.
barca ['baxka] *f* ship.
barcaça [bax'kasa] *f* barge.
barco ['baxku] *m* boat; **~ a motor** motor boat; **~ a remo** rowing boat; **~ a vela** sailing boat; **estar no mesmo ~** *fig* to be in the same boat; **tocar o ~ para frente** *fig* to carry on with one's life.
barganha [bax'gãɲa] *f* bargain.
barganhar [baxgã'ɲa(x)] *vt & vi* to bargain.
barítono, na [ba'ritonu, na] <> *adj* baritone. <> *m* baritone.
barman ['baxmɛ] (*pl* **-s**) *m* barman.
barões [ba'rõjʃ] *pl* ▷ **barão**.
barômetro [ba'rometru] *m* barometer.
baronesa [baro'neza] *f* ▷ **barão**.
barqueiro, ra [bax'kejru, ra] *m, f* boatman.
barra ['baxa] *f* **-1.** [ger] bar; **~ de chocolate** chocolate bar; **~s paralelas** parallel bars. **-2.**

[de metal] ingot. **- 3.** [de madeira] pole. **- 4.** [de balé] barre. **- 5.** [traço] score. **- 6.** [acabamento] trimming. **- 7.** [faixa] strip. **- 8.** *GEOGR* sandbar. **- 9.** *loc*: **agüentar a ~** *fam* to stick it out; **forçar a ~** to make things difficult.

barraca [ba'xaka] *f* **- 1.** [ger] tent. **- 2.** [em feira] stall. **- 3.** [de madeira] hut.

barracão [baxa'kãw] (*pl* **-ões**) *m* **- 1.** [telheiro] shed. **- 2.** [habitação] big house.

barraco [ba'xaku] *m* shack.

barragem [ba'xaʒẽ] (*pl* **-ns**) *f* **- 1.** [represa] dam. **- 2.** [barreira] barrage.

barranco [ba'xãŋku] *m* **- 1.** [ribanceira] ravine. **- 2.** [escarpa] escarpment. **- 3.** [precipício] precipice.

barra-pesada [ˌbaxape'zada] (*pl* **barras-pesadas**) *fam adj* **- 1.** [violento] threatening. **- 2.** [difícil] tough.

barrar [ba'xa(x)] *vt* **- 1.** [obstruir] to block. **- 2.** [excluir] to bar.

barreira [ba'xejra] *f* **- 1.** [escarpa] embankment. **- 2.** *fig* [dificuldade] barrier. **- 3.** [fronteira] roadblock. **- 4.** *ESP* hurdle.

barrento, ta [ba'xẽntu, ta] *adj* clayey.

barricada [baxi'kada] *f* barricade.

barriga [ba'xiga] *f* **- 1.** *ANAT* belly. **- 2.** [saliência] bulge.

barrigudo, da [baxi'gudu, da] *adj* pot-bellied.

barril [ba'xiw] (*pl* **-is**) *m* cask.

barro ['baxu] *m* clay.

barroco, ca [ba'xoku, ka] *adj* baroque.

barulhento, ta [baru'ʎẽntu, ta] *adj* noisy.

barulho [ba'ruʎu] *m* **- 1.** [ruído] noise. **- 2.** *fig* [confusão] fuss.

basco, ca ['baʃku, ka] ◇ *adj* Basque. ◇ *m, f* Basque.

◆ **basco** *m* [língua] Basque.

basculante [baʃku'lãntʃi] *m* swivel window.

base ['bazi] *f* **- 1.** [ger] base; **~ monetária** monetary base. **- 2.** [camada] base coat. **- 3.** *fig* [fundamento] basis; **com ~ em** based on; **na ~ de** with the support of.

baseado, da [ba'zjadu, da] *adj* [fundamentado] based.

◆ **baseado** *m fam* [droga] spliff.

basear [ba'zja(x)] *vt*: **~ algo em algo** to base sthg on sthg.

◆ **basear-se** *vp*: **~-se em algo** to base o.s. on sthg.

básico, ca ['baziku, ka] *adj* basic.

basílica [ba'zilika] *f* basilica.

basquete [baʃ'kɛtʃi], **basquetebol** [baʃketʃi'bɔw] *m* basketball.

basta ['baʃta] ◇ *m*: **dar um ~ em** to stop. ◇ *interj* that's enough!

bastante [baʃ'tãntʃi] ◇ *adj* **- 1.** [suficiente] enough. **- 2.** [numeroso] many. ◇ *adv* enough.

bastão [baʃ'tãw] (*pl* **-ões**) *m* stick.

bastar [baʃ'ta(x)] *vi* [ser suficiente] to be enough.

bastardo, da [baʃ'taxdu, da] *adj* bastard.

bastidor [baʃtʃi'do(x)] *m* [moldura] frame.

◆ **bastidores** *mpl* **- 1.** *TEATRO* wings. **- 2.** [lado secreto] shadowy side.

bastões [baʃ'tõjʃ] *pl* ▷ **bastão**.

bata ['bata] *f* **- 1.** [blusa] blouse. **- 2.** [jaleco] white coat, overall.

batalha [ba'taʎa] *f* **- 1.** [ger] battle. **- 2.** *fig* [esforço] struggle.

batalhador, ra [bataʎa'do(x), ra] *adj* hardworking.

batalhão [bata'ʎãw] (*pl* **-ões**) *m* **- 1.** *MIL* battallion. **- 2.** [multidão] crowd.

batata [ba'tata] *f* potato; **~ frita** chips *UK*, fries *US*; **~ da perna** calf *(of the leg)*.

batata-doce [baˌtata'dosi] (*pl* **batatas-doces**) *f* sweet potato.

bate-boca [ˌbatʃi'boka] (*pl* **bate-bocas**) *m* quarrel.

batedor [bate'do(x)] *m* **- 1.** [polícia] escort. **- 2.**: **~ de carteiras** [ladrão] bag-snatcher.

batente [ba'tẽntʃi] *m* **- 1.** [ombreira] doorpost. **- 2.** *fam* [trabalho] work; **pegar firme no ~** to toil away.

bate-papo [ˌbatʃi'papu] (*pl* **bate-papos**) *m fam* chat.

bater [ba'te(x)] ◇ *vt* **- 1.** [ger] to beat; **~ o pé** to stamp one's foot. **- 2.** [datilografar]: **~ algo (à máquina)** to type sthg out. **- 3.** [fechar com força] to slam. **- 4.** [foto] to take. **- 5.** [usar todo dia] to wear every day. **- 6.** *fam* [furtar]: **~ carteira** to pickpocket. ◇ *vi* **- 1.** [dar pancadas]: **~ em alguém/algo** to hit sb/sthg. **- 2.** [colidir]: **~ em algo** to collide with sthg. **- 3.** [horas, sino] to strike. **- 4.** [coração] to beat. **- 5.** *loc*: **não ~ bem** *fam* [ser meio doido] to be off one's rocker.

◆ **bater-se** *vp*: **~-se por** to fight for.

bateria [bate'ria] *f* **- 1.** [de cozinha] *set of kitchen utensils*. **- 2.** [*MÚS* - instrumentos de percussão] percussion; [- conjunto de pratos, caixa e bombo] drum kit. **- 3.** *ELETR* battery.

baterista [bate'riʃta] *mf* [*MÚS* - percussionista] percussionist; [- que toca bateria] drummer.

batido, da [ba'tʃidu, da] ◇ *adj* **- 1.** [ger] beaten. **- 2.** [comum demais] worn out. ◇ *adv* [às pressas] in a hurry.

◆ **batida** *f* **- 1.** [ger] beat. **- 2.** [de relógio, sino] strike. **- 3.** [à porta] knock. **- 4.** *AUTO* collision. **- 5.** [bebida] crush.

batina [ba'tʃina] *f RELIG* cassock.

batismo [ba'tʃiʒmu] *m* baptism.

batistério [batʃiʃ'tɛrju] *m* baptistery.

batizar [batʃi'za(x)] *vt* **- 1.** [ger] to baptize. **- 2.** [apelidar] to nickname.

batom [ba'tõ] (*pl* **-ns**) *m* lipstick.

Não confundir *batom (lipstick)* com o inglês *baton* que em português é *cassetete*. (*Eu sempre levo um batom na minha bolsa.* I always carry a *lipstick* in my purse.)

batucada [batu'kada] *f street gathering for samba music and expression.*

batucar [batu'ka(x)] *vi* **-1.** MÚS *to dance and sing the batuque.* **-2.** [martelar] to hammer.

batuque [ba'tuki] *m Afro-Brazilian dance.*

batuta [ba'tuta] *f* [de maestro] baton.

baú [ba'u] *m* trunk.

baunilha [baw'niʎa] *f* vanilla.

bazar [ba'za(x)] (*pl* **-es**) *m* **-1.** [ger] bazaar. **-2.** [loja] bazaar.

BB (*abrev de* **Banco do Brasil**) *m Brazilian state-owned bank.*

BC (*abrev de* **Banco Central do Brasil**) *m central bank of Brazil.*

beato, ta [be'atu, ta] <> *adj* **-1.** [beatificado] blessed. **-2.** [fanático religioso] churchy. <> *m* **-1.** [quem foi beatificado] beatified person. **-2.** [devoto] worshipper.

bêbado, da ['bebadu, da] <> *adj* drunk. <> *m, f* **-1.** [que bebe regularmente] drunkard. **-2.** [que bebeu demais] drunk.

bebê [be'be] *m* baby.

bebedeira [bebe'dejra] *f* **-1.** [estado do bêbado] drunkenness; **tomar uma ~** to get drunk. **-2.** [ato de se embebedar] drinking bout.

bêbedo ['bebedu] *adj* ▷ **bêbado.**

bebedouro [bebe'doru] *m* **-1.** [aparelho] drinking fountain. **-2.** [para animais] drinking trough.

beber [be'be(x)] <> *vt* **-1.** [tomar líquido] to drink. **-2.** [absorver] to soak up. <> *vi* **-1.** [tomar bebida alcoólica] to have a drink. **-2.** [embriagar-se] to get drunk.

bebida [be'bida] *f* **-1.** [líquido potável] drink. **-2.** [alcoólica] (alcoholic) drink.

beça ['bɛsa] *f*: **à ~** [em grande quantidade] in large numbers; [ao extremo] **gostei à ~ da nova revista** I enjoyed the new magazine very much.

beco ['beku] *m* alley; **estar num ~ sem saída** to be in a catch-22 situation.

beduíno, na [be'dwinu, na] <> *adj* Bedouin. <> *m, f* Bedouin.

bege ['bɛʒi] <> *adj inv* beige. <> *m* beige.

begônia [be'gonja] *f* begonia.

beiço ['bejsu] *m* lip.

beija-flor [,bejʒa'flo(x)] (*pl* **beija-flores**) *m* hummingbird.

beijar [bej'ʒa(x)] *vt* to kiss.
◆ **beijar-se** *vp* to kiss.

beijo ['bejʒu] *m* kiss; **dar um ~ em alguém** to give sb a kiss.

beira ['bejra] *f* edge; **à ~ de** [na borda] on the edge of; *fig* on the brink of.

beira-mar [,bejra'ma(x)] *f*: **à ~** by the sea.

beirar [bej'ra(x)] *vt* **-1.** [caminhar à beira de] to walk alongside. **-2.** [estar à beira de] to be on the edge of. **-3.** [estar próximo de] to be close to.

beisebol [bejze'bɔw] *m* baseball.

belas-artes [,bɛla'zaxtʃiʃ] *fpl* fine arts.

beldade [bew'dadʒi] *f* **-1.** [beleza] beauty. **-2.** [mulher bonita] beautiful woman.

Belém [be'lẽj] *n* **-1.** [no Brasil] Belém. **-2.** [na Palestina] Bethlehem.

beleza [be'leza] *f* **-1.** [de lugar etc.] beauty. **-2.** [mulher bela] beautiful woman.

belga ['bɛwga] <> *adj* Belgian. <> *m, f* Belgian.

Bélgica ['bɛwʒika] *n* Belgium.

Belgrado [bew'gradu] *n* Belgrade.

beliche [be'liʃi] *m* bunk bed.

bélico, ca ['bɛliku, ka] *adj* war *(antes de subst).*

beliscão [beliʃ'kãw] (*pl* **-ões**) *m* pinch.

beliscar [beliʃ'ka(x)] *vt* **-1.** [pessoa] to pinch. **-2.** *fig* [comida] to pick at *(food).*

belo, la ['bɛlu, la] <> *adj* **-1.** [perfeito] lovely. **-2.** [sublime] wonderful. **-3.** *(antes de subst)* [considerável] fine. **-4.** *(antes de subst)* [gratificante] excellent. **-5.** [indefinido]: **um ~ dia ...** one fine day ... <> *m* [estética] beauty.

bem ['bẽj] <> *adv* **-1.** [ger] well. **-2.** [muito, bastante] very. **-3.** [exatamente] exactly; **~ ali** right there. **-4.** [de bom grado]: **~ que eu gostaria de ajudar, mas não posso** I'd very much like to help, but I can't. **-5.** [expressando opinião]: **estar ~** [de saúde] to be well; [de aspecto] to look good; [financeiramente] to be well-off; **fazer ~ a alguém** [suj: exercício etc.] to be good for sb; **ficar** *ou* **cair ~** [atitude] to be suitable. **-6.** [saudando]: **tudo ~?** *fam* how are you?; **tudo ~** [em resposta] fine. **-7.** [concordando]: **tá ~** all right. **-8.** [em conclusão, introdução] well now. **-9.** [em congratulação]: **muito ~!** well done! <> *m* **-1.** [ger] good. **-2.** [pessoa amada] loved one. **-3.** *fam* [forma de tratamento]: **meu ~** my darling. **-4.** [patrimônio] assets *(pl).*
◆ **bens** *mpl* **-1.** [patrimônio] assets. **-2.** [produtos]: **~ de consumo** consumer goods.
◆ **bem como** *loc adv* as well as.
◆ **se bem que** *loc conj* even though.

bem-acabado, da [bẽjaka'badu, da] (*mpl* **-s**, *fpl* **-s**) *adj* well-finished.

bem-apessoado, da [bẽjape'swadu, da] (*mpl* **-s**, *fpl* **-s**) *adj* presentable.

bem-arrumado, da [bẽjaxu'madu, da] (*mpl* **-s**, *fpl* **-s**) *adj* **-1.** [pessoa] well dressed. **-2.** [casa] well appointed.

bem-casado, da [bẽjka'zadu, da] (*mpl* **-s**, *fpl* **-s**) *adj* happily married.

bem-conceituado, da [bẽjkõsej'twadu, da] (*mpl* **-s** [-ʃ], *fpl* **-s** [-ʃ]) *adj* well respected.

bem-disposto, ta [bẽjdʒiʃ'poʃtu, ta] *adj* good-humoured.

bem-educado, da [bẽjedu'kadu, da] (*mpl* -s, *fpl* -s) *adj* well bred.

bem-estar [bẽjʃ'ta(x)] *m* well-being.

bem-feito, ta [bẽj'fejtu, ta] (*mpl* -s, *fpl* -s) *adj* **-1.** [bem-acabado] well made. **-2.** [de belas formas] elegant. **-3.** [quando algo ruim ocorre]: ~ serves you right!

bem-humorado, da [bẽjumo'radu, da] (*mpl* -s, *fpl* -s) *adj* good-humoured.

bem-intencionado, da [bẽjĩntẽnsjo'nadu, da] (*mpl* -s, *fpl* -s) *adj* well meaning.

bem-me-quer [bẽjmi'kɛ(x)] *m* daisy.

bem-passado, da [bẽjpa'sadu, da] (*mpl* -s, *fpl* -s) *adj* [carne] well cooked.

bem-sucedido, da [bẽjsuse'dʒidu, da] (*mpl* -s, *fpl* -s) *adj* successful.

bem-vindo, da [bẽj'vĩndu, da] *adj* welcome.

benchmarking [bɛnʃmarkiŋ] *m* ECON benchmarking.

bênção [bẽnsãw] (*pl* **-çãos**) *f* blessing.

bendito, ta [bẽn'dʒitu, ta] *adj* [abençoado] blessed.

bendizer [bẽndʒi'ze(x)] *vt* **-1.** [falar bem de] to praise. **-2.** [abençoar] to bless.

beneficência [benefi'sẽnsja] *f* **-1.** [bondade] kindness. **-2.** [caridade] charity.

beneficiado, da [benefi'sjadu, da] <> *adj* [que se beneficiou] benefitting. <> *m* [beneficiário] beneficiary.

beneficiar [benefi'sja(x)] *vt* **-1.** [favorecer] to benefit. **-2.** [processar] to process. **-3.** [melhorar] to improve.

◆ **beneficiar-se** *vp* [favorecer-se] to profit.

benefício [bene'fisju] *m* benefit.

benéfico, ca [be'nɛfiku, ka] *adj* **-1.** [ger] beneficial. **-2.** [favorável] favourable.

benemérito, ta [bene'mɛritu, ta] <> *adj* **-1.** [que merece o bem] deserving. **-2.** [digno de honras] praiseworthy. **-3.** [ilustre] renowned. <> *m* worthy person.

benevolente [benevo'lẽntʃi] *adj* **-1.** [bondoso] kindly. **-2.** [complacente] friendly.

benfeitor, ra [bẽnfej'to(x), ra] <> *adj* [benévolo] benevolent. <> *m* [aquele que faz benfeitoria] benefactor.

bengala [bẽŋ'gala] *f* walking stick.

benigno, na [be'nignu, na] *adj* **-1.** [benévelo] gentle. **-2.** [complacente] friendly. **-3.** MED benign.

benjamim [bẽnʒa'mĩ] (*pl* **-ns**) *m* ELETR adaptor.

bens ['bẽjʃ] *pl* ▷ **bem**.

bento, ta ['bẽntu, ta] <> *pp* ▷ **benzer**. <> *adj* holy.

benzer [bẽn'ze(x)] *vt* [abençoar] to bless.

◆ **benzer-se** *vp* [fazer o sinal-da-cruz] to make the sign of the cross.

berço ['bexsu] *m* cradle.

Berlim [bex'lĩ] *n* Berlin.

berimbau [berĩn'baw] *m* MÚS berimbau, *small Brazilian percussion instrument.*

berinjela [berĩn'ʒɛla] *f* aubergine **UK**, eggplant **US**.

bermuda [bex'muda] *f* Bermuda shorts *(pl)*.

berreiro [be'xejru] *m* **-1.** [gritaria] shouting. **-2.** [choradeira] wailing.

berro ['bɛxu] *m* bellow.

besouro [be'zoru] *m* beetle.

besta ['beʃta] *fam* <> *adj* **-1.** [pedante] pedantic. **-2.** [idiota] idiotic. **-3.** [surpreso]: **ficar** ~ to be dumbfounded. **-4.** [insignificante] insignificant. <> *f* **-1.** [animal] beast. **-2.** *fam* [pessoa pedante] pedant. **-3.** *fam* [pessoa idiota] fool.

bestial [beʃ'tjaw] (*pl* **-ais**) *adj* **-1.** [brutal] bestial. **-2.** [repugnante] depraved.

best-seller [ˌbɛʃt'sɛle(x)] (*pl* -s) *m* best-seller.

besuntar [bezũn'ta(x)] *vt* [untar]: ~ **de** *ou* **com** to grease with.

beterraba [bete'xaba] *f* beetroot.

betume [be'tumi] *m* bitumen.

bexiga [be'ʃiga] *f* ANAT bladder.

bezerro, rra [be'zexu, xa] *m,f* calf.

bibelô [bibe'lo] *m* [objeto decorativo] knick-knack.

bíblia ['biblja] *f* bible.

◆ **Bíblia** *f* Bible.

bíblico, ca ['bibliku, ka] *adj* biblical.

bibliografia [bibljogra'fia] *f* bibliography.

biblioteca [bibljo'tɛka] *f* library.

bibliotecário, ria [bibljote'karju, rja] *m, f* librarian.

bica ['bika] *f* water outlet.

bicampeão, peã [bikãnpjãw, pja] (*mpl* **-peões**, *fpl* -s) <> *adj* twice champion. <> *m* twice champion.

bicar [bi'ka(x)] *vt* **-1.** [dar bicadas] to peck. **-2.** [bebericar] to sip.

bicentenário, ria [bisẽnte'narju, rja] <> *adj* bicentennial. <> *m* bicentenary.

bicha ['biʃa] *f* **-1.** [lombriga] earthworm. **-2.** *fam pej* [efeminado] fairy.

bicheiro [bi'ʃejru] *m* [em jogo do bicho] bookie *(collecting money for illegal lottery bets)*.

bicho ['biʃu] *m* **-1.** [animal] animal. **-2.** [inseto, piolho] insect. **-3.** *fam* [sujeito] mate.

bicicleta [besi'klɛta] *f* bicycle; **andar de** ~ to ride a bike.

bico ['biku] *m* **-1.** [de ave] beak. **-2.** [ponta] tip. **-3.** *fam* [boca] mouth; **calar o** ~ to pipe down. **-4.** [chupeta] teat. **-5.** *fam* [biscate] odd job. **-6.** ANAT: ~ **do peito** nipple. **-7.** [de gás] burner.

bicombustível [bikõnbuʃ'tʃivew] *adj* dual-fuel.

BID (*abrev de* **Banco Interamericano de Desenvolvimento**) *m* IDB.

bidê [bi'de] *m* bidet.
Bielo-Rússia [bjɛlo'xusja] *n* Belarus.
bienal [bje'naw] (*pl* **-ais**) ◇ *adj* biennial. ◇ *f* biennial.
bife ['bifi] *m* CULIN steak; ~ **a cavalo** steak with a fried egg; ~ **à milanesa** steak milanese.

> Não confundir *bife (steak)* com o inglês *beef* que em português é *carne de vaca*. (*Eu vou comer um bife com batatas assadas.* I'll have a *steak* with roast potatoes.)

bifocal [bifo'kaw] (*pl* **-ais**) *adj* bifocal.
bifurcar [bifux'ka(x)] *vi* to fork.
◆ **bifurcar-se** *vp* to fork.
bígamo, ma ['bigamu, ma] ◇ *adj* bigamous. ◇ *m, f* bigamist.
bigode [bi'gɔdʒi] *m* moustache.
bigorna [bi'gɔxna] *f* anvil.
bijuteria [biʒute'ria] *f* piece of jewellery.
bilhão [bi'ʎãw] (*pl* **-ões**) *num* billion.
bilhar [bi'ʎa(x)] (*pl* **-es**) *m* **-1.** [jogo] billiards (*sg*). **-2.** [estabelecimento] billiard hall.
bilhete [bi'ʎetʃi] *m* **-1.** [ger] ticket; ~ **de ida** one-way ticket; ~ **de ida e volta** return ticket. **-2.** [mensagem] note.
bilheteria [biʎete'ria] *f* ticket office.
bilhões [bi'ʎõjʃ] *pl* ▷ **bilhão**.
bilíngüe [bi'lĩŋgwi] *adj* bilingual.
bilionário, ria [biljo'narju, rja] ◇ *adj* billionaire. ◇ *m, f* billionaire.
bílis ['biliʃ] *f (inv)* bile.
bimestral [bimeʃ'traw] (*pl* **-ais**) *adj* two-monthly.
bimotor [bimo'to(x)] ◇ *adj* twin-engined. ◇ *m* twin-engined plane.
bingo ['bĩŋgu] *m* bingo.
binóculo [bi'nɔkulu] *m* binoculars *(pl)*.
binômio [bi'nomju] *m* MAT binomial.
biodegradável [bjodegra'davew] (*pl* **-eis**) *adj* biodegradable.
biodiversidade [bjodʒivexsi'dadʒi] *f* biodiversity.
bioengenharia [biowẽnʒeɲa'ria] *f* bioengineering.
biografia [bjogra'fia] *f* biography.
biográfico, ca [bjo'grafiku, ka] *adj* biographical.
biologia [bjolo'ʒia] *f* biology.
biológico, ca [bjo'lɔʒiku, ka] *adj* biological.
biólogo, ga ['bjɔlogu, ga] *m, f* biologist.
biomassa [bio'masa] *f* biomass.
biombo ['bjõnbu] *m* screen.
biopiratarìa [biopirata'ria] *f* biopiracy.
BIOS (*abrev de* **Basic Input/Output System**) *m* BIOS.
bipartidarismo [bipaxtʃida'riʒmu] *m* bipartisanship.
biquíni [bi'kini] *m* bikini.
BIRD (*abrev de* **Banco Internacional de Reconstrução e Desenvolvimento**) *m* IBRD.
birita [bi'rita] *f fam* (alcoholic) drink.
birosca [bi'rɔʃka] *f* **-1.** [pequena mercearia] small shop. **-2.** [botequim] snack bar.
birra ['bixa] *f* **-1.** [teimosia] temper. **-2.** [irritação, zanga]: **ficar de ~ com alguém** to be at loggerheads with sb.
biruta [bi'ruta] ◇ *adj* [pessoa] mad. ◇ *m* [pessoa] madman. ◇ *f* [dispositivo] windsock.
bis ['biʃ] ◇ *m* encore; **pedir um ~** to demand an encore; **fazer** *ou* **dar um ~** to give an encore. ◇ *interj* encore!
bisavô, vó [biza'vo, vɔ] *m, f* great-grandfather (*f* great-grandmother).
◆ **bisavós** *mpl* great-grandparents.
bisbilhotar [biʒbiʎo'ta(x)] ◇ *vt* [examinar] to pry. ◇ *vi fam* [fazer mexericos] to gossip.
bisbilhoteiro, ra [biʒbiʎo'tejru, ra] ◇ *adj* **-1.** [curioso] nosy. **-2.** [mexeriqueiro] gossipy. ◇ *m, f* **-1.** [pessoa curiosa] nosy parker. **-2.** [pessoa mexeriqueira] gossip.
biscate [biʃ'katʃi] *m fam* odd job.
biscoito [biʃ'kojtu] *m* biscuit.
bisnaga [biʒ'naga] *f* **-1.** [pão] baguette. **-2.** [tubo] tube.
bisneto, ta [biʒ'nɛtu, ta] *m, f* great-grandchild.
bispo ['biʃpu] *m* bishop.
bissexto, ta [bi'sejʃtu, ta] *adj*: **ano ~** leap year.
◆ **bissexto** *m* 29 February.
bissexual [bisek'swaw] (*pl* **-ais**) ◇ *adj* bisexual. ◇ *m* bisexual.
bisturi [biʃtu'ri] *m* scalpel.
bit ['bitʃi] *m* COMPUT bit.
bitmap ['bitimapi] *m* COMPUT bitmap.
bitola [bi'tɔla] *f* gauge.
bizarro, a [bi'zaxu, xa] *adj* bizarre.
black-tie [blɛk'taj] *m* black tie, dinner jacket.
blasé [bla'ze] *adj* blasé.
blasfemar [blaʃfe'ma(x)] ◇ *vt* RELIG to take in vain. ◇ *vi* RELIG to swear.
blasfêmia [blaʃ'femja] *f* **-1.** RELIG blasphemy. **-2.** [ultraje] defamation.
blazer ['blejzɛ(x)] (*pl* **-es**) *m* blazer.
blecaute [ble'kawtʃi] *m* blackout.
blefar [ble'fa(x)] *vi* **-1.** [em jogo] to bluff. **-2.** [tapear] to deceive.
blefe ['blɛfi] *m* **-1.** [truque] trick. **-2.** [no jogo] bluff.
blindado, da [blĩn'dadu, da] *adj* armoured.
blindagem [blĩn'daʒẽ] *f* armour.
blitz ['blitiʃ] (*pl* **blitze**) *f* blitz.
bloco ['blɔku] *m* **-1.** [ger] block. **-2.** [papel] pad. **-3.** [grupo]: ~ **de Carnaval** group of carnival revellers.
◆ **em bloco** *loc adv* en bloc.
blog ['blɔgi] *m* COMPUT blog.

bloquear [blo'kja(x)] *vt* **-1.** [cercar] to surround. **-2.** [impedir] to block off. **-3.** PSIC to block.
bloqueio [blo'keju] *m* **-1.** [cerco] blockade. **-2.** [obstrução] obstacle; MED, PSIC blockage.
blusa ['bluza] *f* blouse.
BM (*abrev de* **Banco Mundial**) *m* World Bank.
BM & F (*abrev de* **Bolsa de Mercadorias e Futuros**) *f Brazilian commodities and futures market.*
BNDES (*abrev de* **Banco Nacional de Desenvolvimento Econômico e Social**) *m Brazilian bank for financing economic and social development.*
BNH (*abrev de* **Banco Nacional da Habitação**) *m national bank for financing low-paid workers to buy their own homes.*
BO (*abrev de* **Boletim de Ocorrência**) *m Brazilian crime report.*
boa ['boa] *f* ▻ **bom.**
boate ['bwatʃi] *f* nightclub.
boato ['bwatu] *m* rumour.
boa-vida [ˌboa'vida] (*pl* **boas-vidas**) *m* bon vivant.
Boa Vista [ˌboa'viʃta] *n* Boa Vista.
bobagem [bo'baʒẽ] (*pl* **-ns**) ◇ *f* **-1.** [coisa supérflua] frippery. **-2.** [dito] rubbish. **-3.** [fato sem importância] trifle. ◇ *adj* [desaconselhável]: **ser ~ fazer algo** to be foolish to do sthg.
bobeada [bo'bjada] *f fam* foolishness; **dar uma ~** to be a fool.
bobear [bo'bja(x)] *vi* **-1.** [fazer besteira] to make a mistake. **-2.** [deixar-se enganar] to be tricked. **-3.** [descuidar-se] to be careless. **-4.** [perder uma chance] to blow it.
bobeira [bo'bejra] *f* mistake; **marcar ~** *fam* [ser enganado] to be a fool; [perder uma chance] to blow it.
bobina [bo'bina] *f* bobbin.
bobo, ba ['bobu, ba] ◇ *adj* foolish. ◇ *m, f* fool.
◆ **bobo** *m*: **~ da corte** court jester.
bobó [bo'bɔ] *m* CULIN : **~ (de camarão)** *shrimp bobó.*
boca ['boka] *f* **-1.** [ger] mouth; **~ do estômago** MED cardia; **cala a ~!** *fam* shut up! **-2.** [de calça] top. **-3.** *fam* [emprego] opening. **-4.** *fam* [pessoa para alimentar] mouth to feed. **-5.** *loc*: **bater ~** to argue; **falar da ~ para fora** not to mean what one is saying.
boca-a-boca [ˌboka'boka] ◇ *m* MED mouth-to-mouth resuscitation. ◇ *adj*: **respiração ~** kiss of life.
boca-de-fumo [ˌbokadʒi'fumu] (*pl* **bocas-de-fumo**) *f fam* drug-dealing patch.
bocadinho [boka'dʒiɲu] *m* **-1.** [pequena quantidade]: **um ~ (de)** a little bit (of). **-2.** [tempo curto]: **um ~** a little bit.
bocado [bo'kadu] *m* **-1.** [grande quantidade]: **um ~ de** quite a lot of. **-2.** [pedaço, porção]: **um ~ (de)** a bit (of). **-3.** [mordida] mouthful.
◆ **um bocado** *loc adv* [bastante] quite.
bocal [bo'kaw] (*pl* **-ais**) *m* **-1.** [ger] mouth. **-2.** MÚS mouthpiece.
boçal [bo'saw] (*pl* **-ais**) *adj* **-1.** [ignorante] stupid. **-2.** [grosseiro] rude.
bocejar [bose'ʒa(x)] *vi* to yawn.
bocejo [bo'seʒu] *m* yawn.
bochecha [bu'ʃeʃa] *f* cheek.
bochecho [bo'ʃeʃu] *m* mouthwash.
bodas ['bodaʃ] *fpl* wedding anniversary *(sg)*; **~ de ouro** golden wedding *(sg)*; **~ de prata** silver wedding *(sg)*.
bode ['bɔdʒi] *m* ZOOL billy goat; **~ expiatório** *fig* scapegoat.
boêmio, mia [bo'emju, mja] ◇ *adj* **-1.** [vida etc.] bohemian. **-2.** [da Boêmia] Bohemian. ◇ *m, f* **-1.** [pessoa boêmia] bohemian. **-2.** [da Boêmia] Bohemian.
bofe ['bɔfi] *m fam* **-1.** [pulmão] lungs *(pl)*. **-2.** *fam* [pessoa feia] monster.
bofetada [bofe'tada] *f* slap in the face.
bofetão [bofe'tãw] (*pl* **-ões**) *m* hard slap on the face.
Bogotá [bogo'ta] *n* Bogotá.
boi ['boj] *m* ox.
bóia ['bɔja] *f* **-1.** NÁUT buoy; **~ salva-vidas** lifebuoy. **-2.** *fam* [comida] grub.
boiada [bo'jada] *f* drove of oxen.
boiar [bo'ja(x)] *vi* **-1.** [flutuar] to float. **-2.** *fam* [não entender]: **estar/ficar boiando** to be thrown by.
boicotar [bojko'ta(x)] *vt* to boycott.
boicote [boj'kɔtʃi] *m* boycott.
boiler ['bɔjle(x)] (*pl* **-s**) *m* boiler.
boina ['bojna] *f* cap.
bojo ['boʒu] *m* **-1.** [saliência] bulge. **-2.** [de navio] belly.
bola ['bɔla] *f* **-1.** [objeto] ball; **ser bom de ~** to play football very well; **~ de futebol** football. **-2.** ESP [jogada] shot. **-3.** *loc*: **dar ~ para alguém** [flertar] to flirt with sb; **não dar ~ (para)** [ignorar] to ignore; **não dar ~ para algo** [não dar importância a] to ignore sthg; **pisar na ~** *fig* to make a mistake.
bolacha [bo'laʃa] *f* **-1.** [biscoito] biscuit; **~ d'água** water biscuit. **-2.** *fam* [bofetada]: **dar uma ~ em alguém** to slap sb. **-3.** [em bares, restaurantes] coaster.
bolada [bo'lada] *f* **-1.** [pancada] hit *(with a ball)*. **-2.** [de dinheiro] jackpot.
bolar [bo'la(x)] ◇ *vt* to devise. ◇ *vi* to be successful.
boléia [bo'lɛja] *f* lorry driver's seat.
boletim [bole'tʃĩ] (*pl* **-ns**) *m* **-1.** [publicação] bulletin. **-2.** EDUC school report. **-3.** [nota] memo; **~ médico** medical report.

bolha ['boʎa] <> *f* **-1.** [em líquido, material] bubble. **-2.** [na pele] blister. <> *mf fam* [pessoa] bore.
boliche [bo'liʃi] *m* **-1.** [jogo] pool. **-2.** [estabelecimento] pool room.
bolinagem [bolina'ʒẽl] (*pl* **-ns**) *f fam* touching up.
bolinar [boli'na(x)] *vt fam* to touch up.
bolinho [bo'liɲu] *m* croquette; ~ **de bacalhau** salt cod croquette.
Bolívia [bo'livja] *n* Bolivia.
boliviano, na [boli'vjãnu, na] <> *adj* Bolivian. <> *m, f* Bolivian.
bolo ['bolu] *m* **-1.** CULIN cake. **-2.** [quantidade]: **um** ~ **de** a load of. **-3.** *fam* [confusão] commotion; **dar o maior** ~ to cause a commotion; **deu o maior** ~ **quando ...** there was a great to-do when ... **-4.** [em jogo etc.] stake. **-5.** *loc*: **dar o** ~ **em alguém** to stand sb up.
bolor [bo'lo(x)] *m* mould.
bolsa ['bowsa] *f* **-1.** [acessório] purse. **-2.** EDUC: ~ **(de estudos)** bursary. **-3.** FIN: ~ **(de valores)** stock market.
bolso ['bowsu] *m* pocket; **de** ~ pocket *(antes de subst).*
bom, boa ['bõ, 'boa] (*mpl* **bons**, *fpl* **boas**) *adj* **-1.** [ger] good; **ser** ~ **em algo** to be good at sthg; **ficar** ~ to be well made/done. **-2.** [curado] well. **-3.** [seguro] safe. **-4.** [amplo, confortável] spacious. **-5.** [pedindo opinião, permissão]: **está** ~**?** all right?
◆ **bom** *interj*: **que** ~**!** how great!
◆ **às boas** *loc adv*: **voltar às boas (com alguém)** to make up (with sb).
bomba ['bõnba] *f* **-1.** [explosivo] bomb; ~ **atômica** atomic bomb. **-2.** [fogo de artifício] rocket. **-3.** [máquina, aparelho] pump; ~ **d'água** water pump; ~ **de gasolina** petrol pump. **-4.** *fig* [acontecimento] shock. **-5.** *fig* [coisa ruim]: **ser uma** ~ to be a flop. **-6.** EDUC : **levar** ~ **(em algo)** to fail at sthg. **-7.** [doce] bombe.
bombardear [bõnbax'dʒja(x)] *vt* to bombard.
bombardeio [bõnbax'deju] *m* bombardment.
bomba-relógio [,bõnbaxe'lɔʒju] (*pl* **bombas-relógios, bombas-relógio**) *f* time bomb.
bombear [bõn'bja(x)] *vt* & *vi* to pump.
bombeiro [bõn'bejru] *m* **-1.** [de incêndios] fire fighter. **-2.** [encanador] plumber.
bombom [bõn'bõ] (*pl* **-ns**) *m* sweetie.
bom-tom [bõn'tõ] *m* good manners; **ser de** ~ to be socially acceptable.
bonança [bo'nãnsa] *f* **-1.** NÁUT calm. **-2.** *fig* [tranqüilidade] calm.
bondade [bõn'dadʒi] *f* **-1.** [qualidade] kindness. **-2.** [benevolência] goodness; **ter a** ~ **de fazer algo** to be kind enough to do sthg.
bonde ['bõndʒi] *m* **-1.** [veículo] tram; **pegar o** ~ **andando** *fig* to come in (a conversation) half way. **-2.** *fam* [mulher feia] ugly woman.
bondoso, sa [bõn'dozu, ɔza] *adj* kind.
boné [bo'nɛ] *m* cap.
boneca [bo'nɛka] *f* **-1.** [ger] doll. **-2.** *fam* [homossexual] queen.
boneco [bo'nɛku] *m* **-1.** [ger] stencil. **-2.** [brinquedo] doll. **-3.** *fig* [fantoche] puppet.
boníssimo, ma [bo'nisimu, ma] *superl* ▻ **bom.**
bonito, ta [bo'nitu, ta] *adj* **-1.** [ger] beautiful. **-2.** *iron* [lamentável] lovely.
◆ **bonito** *adv* [bem] well.
bons ['bõjʃ] *pl* ▻ **bom.**
bônus ['bonuʃ] *m (inv)* **-1.** [prêmio] prize. **-2.** [debênture] share.
boot ['butil] (*pl* **boots**) *m* COMPUT [inicialização] boot-up; **dar** ~ to reboot.
boquiaberto, ta [bokja'bɛxtu, ta] *adj* gaping.
boquinha [bo'kiɲa] *f fig* [refeição]: **fazer uma** ~ snack.
borboleta [boxbo'leta] *f* **-1.** ZOOL butterfly. **-2.** [roleta] turnstile.
borbotão [boxbo'tãw] (*pl* **-ões**) *m*: **aos borbotões** in spurts.
borbulhante [boxbu'ʎãntʃi] *adj* fizzy.
borbulhar [boxbu'ʎa(x)] *vi* to bubble.
borda ['bɔxda] *f* **-1.** edge. **-2.** [lençol] hem. **-3.** [jardim] border. **-4.** [rio] bank. **-5.** [piscina] side.
bordadeira [boxda'dejra] *f* embroiderer.
bordado, da [box'dadu, da] *adj* embroidered.
◆ **bordado** *m* embroidery.
bordão [box'dãw] (*pl* **-ões**) *m* **-1.** [cajado] crook. **-2.** *fig* [arrimo] prop. **-3.** [MÚS - corda] bass string; [- nota] lowest note. **-4.** [frase] slogan.
bordar [box'da(x)] *vt* & *vi* to embroider.
bordejar [boxde'ʒa(x)] *vi* NÁUT to tack.
bordel [box'dɛw] (*pl* **-eis**) *m* brothel.
bordo ['bɔxdu] *m* **-1.** [de navio] board; **a** ~ on board. **-2.** [ao bordejar] tack.
bordões [box'dõjʃ] *pl* ▻ **bordão.**
borla ['bɔxla] *f* **-1.** [pendão] tassel. **-2.** [pompom] pompom.
borra ['boxa] *f* **-1.** [de café] grounds *(pl).* **-2.** [de vinho] dregs *(pl).*
borracha [bo'xaʃa] *f* **-1.** [ger] rubber. **-2.** [para apagar] rubber, eraser.
borrachudo [boxa'ʃudu] *m* black fly.
borracheiro [boxa'ʃejru] *m* **-1.** [pessoa] tyre fitter. **-2.** [oficina] tyre-fitting workshop.
borrão [bo'xãw] (*pl* **-ões**) *m* stain.
borrar [bo'xa(x)] *vt* **-1.** [manchar] to stain. **-2.** [riscar] to cross out. **-3.** [pintar] to smear. **-4.** *fam* [de fezes] to foul.
borrasca [bo'xaʃka] *f* **-1.** [tempestade] thunderstorm. **-2.** [em alto-mar] squall.
borrifar [boxi'fa(x)] *vt* to spray.
borrifo [bo'xifu] *m* spray.

borrões [bo'xõjʃ] *pl* ▷ **borrão**.
Bósnia-Herzegovina [ˌbɔʒnjexzego'vina] Bosnia-Herzegovina.
bósnio, nia ['bɔʒnju, nja], **bosniano, na** [boʒd ni'ãnu, na] ◇ *adj* Bosnian. ◇ *m, f* Bosnian.
bosque ['bɔʃki] *m* wood.
bossa ['bɔsa] *f* **-1.** [ger] bump. **-2.** *fam* [charme] appeal; **ter ~** to be appealing.
bosta ['bɔʃta] *f* **-1.** [de animal] dung. **-2.** [de ser humano] excrement.
bota ['bɔta] *f* boot; **~s de borracha** wellington boots, rubber boots.
botânico, ca [bo'taniku, ka] ◇ *adj* botanic. ◇ *m, f* botanist.
◆ **botânica** *f* botany.
botão [bo'tãw] (*pl* **-ões**) *m* **-1.** [ger] button. **-2.** [de jogo] counter. **-3.** [de flor] bud.
botar [bo'ta(x)] ◇ *vt* **-1.** [ger] to put; **~ algo em dia** to bring sthg up to date. **-2.** [roupa, sapatos] to put on. **-3.** [defeito] to point out. ◇ *vi loc*: **~ para quebrar** [empreender mudanças] to make sweeping changes; [fazer sucesso] to be a huge hit.
bote ['bɔtʃi] *m* **-1.** [barco] boat; **~ salva-vidas** lifeboat. **-2.** [golpe - com arma] thrust; [- salto] leap; [- de cobra] lunge; **dar o ~** to lunge.
boteco [bo'tɛku] (*pl* **-s**), **botequim** [bote'kĩ] (*pl* **-ns**) *m* tavern.
boticário, ria [botʃi'karju, rja] *m, f* dispensing chemist.
botijão [botʃi'ʒãw] (*pl* **-ões**) *m* cylinder.
botões [bo'tõjʃ] *pl* ▷ **botão**.
Bovespa (*abrev de* **Bolsa de Valores do Estado de São Paulo**) *f São Paulo stock exchange.*
bovino, na [bo'vinu, na] *adj* bovine.
boxe ['bɔksi] *m* **-1.** ESP boxing. **-2.** [em banheiro] shower cubicle.
boxeador [boksja'do(x)] *m* boxer.
boy ['bɔj] *m* = **bói**.
bps [bepe'esi] (*abrev de* **bit por segundo**) COMPUT bps.
BR *abrev de* **Brasil**.
braça ['brasa] *f* NÁUT fathom.
braçada [bra'sada] *f* **-1.** [de flores] armful. **-2.** [em natação] stroke.
braçadeira [brasa'dejra] *f* **-1.** [para o braço] armband. **-2.** [de cortina] tie-back. **-3.** [metálica] clasp. **-4.** ESP [correia] wristband.
braçal [bra'saw] (*pl* **-ais**) *adj* physical; **trabalho ~** physical work.
bracelete [brase'letʃi] *m* bracelet.
braço ['brasu] *m* **-1.** [ger] arm; **de ~s cruzados** with arms folded; *fig* [impassível] impassively; **dar o ~ a alguém** to give one's arm to sb; **de ~ dado** arm in arm; **~ direito** *fig* right arm. **-2.** [de toca-discos] arm. **-3.** [de balança] pointer. **-4.** [trabalhador] hand. **-5.** [ramo] limb. **-6.** *loc*: **não dar o ~ a torcer** to stick to one's guns; **receber (alguém) de ~s abertos** to welcome (sb) with open arms.
bradar [bra'da(x)] ◇ *vt* to proclaim. ◇ *vi* to shout.
Bradesco (*abrev de* **Banco Brasileiro de Descontos**) *m largest private Brazilian bank.*
brado ['bradu] *m* shout.
braguilha [bra'giʎa] *f* flies *UK (pl)*, fly *US*.
bramido [bra'midu] *m* **-1.** [ger] roar. **-2.** [grito] scream.
bramir [bra'mi(x)] *vi* **-1.** [ger] to roar. **-2.** [gritar] to scream.
branco, ca ['brãŋku, ka] ◇ *adj* **-1.** [ger] white; **arma ~** weapon with a blade. **-2.** [versos] blank. ◇ *m, f* [pessoa] White.
◆ **branco** *m* **-1.** [cor] white; **~ do olho** white of the eye. **-2.** [espaço] blank space.
◆ **em branco** ◇ *loc adj* [espaço] blank. ◇ *loc adv* [sem dormir]: **passar a noite em ~** to have a sleepless night.
brancura [brãŋ'kura] *f* whiteness.
brandir [brãn'dʒi(x)] *vt* to brandish.
brando, da ['brãndu, da] *adj* **-1.** [ger] mild. **-2.** [fraco - ação] weak; [- febre] mild. **-3.** [fogo, forno] warm.
brandura [brãn'dura] *f* mildness.
brasa ['braza] *f* **-1.** [de carvão] embers *(pl)*; **na ~** in the embers. **-2.** [incandescência] heat; **em ~** red-hot. **-3.** *loc*: **mandar ~** *fam* to get cracking.
brasão [bra'zãw] (*pl* **-ões**) *m* coat of arms.
braseiro [bra'zejru] *m* brazier.
Brasil [bra'ziw] *n*: **(o) ~** Brazil.
brasileiro, ra [brazi'lejru, ra] ◇ *adj* Brazilian. ◇ *m, f* Brazilian.
brasões [bra'zõjʃ] *pl* ▷ **brasão**.
bravata [bra'vata] *f* bravado.
bravio, via [bra'viw, via] *adj* **-1.** [selvagem] wild. **-2.** [feroz] fierce.
bravo, va ['bravu, va] ◇ *adj* **-1.** [corajoso] brave. **-2.** [animal] wild. **-3.** [mar] rough. ◇ *m, f* [pessoa] intrepid person.
◆ **bravo** *interj* bravo!
bravura [bra'vura] *f* **-1.** [coragem] courage. **-2.** [de animal] wildness.
brecha ['brɛʃa] *f* **-1.** [ger] gap. **-2.** [fenda, abertura] opening. **-3.** [prejuízo] hole. **-4.** *fam* [oportunidade] break.
brechó [bre'ʃɔ] *m* second-hand shop.
brejo ['brɛʒu] *m* swamp.
breu ['brew] *m* **-1.** pitch. **-2.** [escuridão] darkness.
breve ['brɛvi] ◇ *adj* **-1.** [ger] short. **-2.** [rápido] fleeting. **-3.** [conciso] brief. **-4.** MÚS [nota] short. ◇ *adv*: **até ~** see you soon; **(dentro) em ~** soon. ◇ *f* MÚS breve.
brevidade [brevi'dadʒi] *f* **-1.** [curteza] shortness. **-2.** [rapidez] brevity. **-3.** CULIN cassava flour cake.

bridge ['bridʒi] *m* bridge.

briga ['briga] *f* **-1.** [luta] brawl. **-2.** [desavença] dispute. **-3.** [rixa] fight.

brigadeiro [briga'dejru] *m* **-1.** MIL brigadier. **-2.** CULIN *confectionery made with condensed milk and chocolate, very common at birthday parties.*

brigão, gona [bri'gãw, gɔna] (*mpl* **-ões**, *fpl* **-s**) ◇ *adj* brawling. ◇ *m, f* brawler.

brigar [bri'ga(x)] *vi* **-1.** [ger] to fight; ~ **por algo** to fight for sthg. **-2.** [desavir-se] to fall out.

brilhante [bri'ʎãntʃi] ◇ *adj* **-1.** [que reluz] sparkling. **-2.** *fig* [notável] brilliant. ◇ *m* [diamante] sparkler.

brilhar [bri'ʎa(x)] *vi* **-1.** [reluzir] to shine. **-2.** *fig* [distinguir-se] to excel.

brilho ['briʎu] *m* **-1.** [luz] shine. **-2.** [de cor] brightness. **-3.** [de metal etc.] gleam. **-4.** *fig* [distinção] excellence. **-5.** *fig* [esplendor] splendour. **-6.** *gír droga* [cocaína] coke.

brincadeira [brĩŋka'dejra] *f* **-1.** [divertimento] play. **-2.** [jogo] game. **-3.** [gracejo] joke; **de** ~ as a joke; **deixe de** ~**!** stop kidding! **-4.** *fam* [coisa fácil] child's play; **não ser** ~ to be no joke.

brincalhão, ona [brĩŋka'ʎãw, ɔna] (*mpl* **-ões**, *fpl* **-s**) *adj* playful.

brincar [brĩŋ'ka(x)] ◇ *vi* **-1.** [divertir-se] to play; ~ **de algo/de fazer algo** to play with/at doing sthg. **-2.** [gracejar]: ~ **com alguém** to joke with sb; **está brincando?** are you kidding?; **estar (só) brincando** to be (only) joking. **-3.** [no Carnaval] to party. ◇ *vt* [Carnaval] to celebrate.

brinco ['brĩŋku] *m* [adorno] earring.

brindar [brĩn'da(x)] ◇ *vt* [no ato de beber] to toast. ◇ *vi* [no ato de beber]: ~ **a algo** to drink a toast to sthg.

brinde ['brĩndʒi] *m* **-1.** [no ato de beber] toast. **-2.** [presente] free gift.

brinquedo [brĩŋ'kedu] *m* toy.

brio ['briw] *m* **-1.** [honra, dignidade] honour. **-2.** [galhardia] dignity.

brioche [bri'ɔʃi] *m* brioche.

brisa ['briza] *f* breeze.

brita ['brita] *f* CONSTR gravel.

britânico, ca [bri'tãniku, ka] ◇ *adj* British. ◇ *m, f* British person, Briton.

broa ['broa] *f* cornflour bread; ~ **de milho** maize flour bread.

broca ['brɔka] *f* drill.

broche ['brɔʃi] *m* brooch.

brochura [bro'ʃura] *f* **-1.** [livro] binding. **-2.** [folheto] brochure.

brócolis ['brɔkoliʃ] *mpl* broccoli *(sg).*

bronco, ca ['brõŋku, ka] *adj* **-1.** [rude] ill-mannered. **-2.** [burro] slow-witted.
◆ **bronca** *f fam* [repreensão] telling-off.

bronquear [brõŋ'kja(x)] *vi fam* to get furious.

bronquite [brõŋ'kitʃi] *f* bronchitis.

bronze ['brõnzi] *m* bronze.

bronzeado, da [brõn'zeadu, da] *adj* tanned.
◆ **bronzeado** *m* tan.

bronzeador [brõnzea'do(x)] (*pl* **-es**) *adj* suntan *(antes de subst).*
◆ **bronzeador** *m* suntan lotion.

bronzear [brõn'zja(x)] *vt* to tan.
◆ **bronzear-se** *vp* to sunbathe.

brotar [bro'ta(x)] *vi* **-1.** [germinar, desabrochar - planta] to sprout; [- muda] to begin; [- flor] to blossom. **-2.** [manar] to flow. **-3.** *fig* [esperança, suspeita, paixão] to grow.

broto ['brotu] *m* **-1.** [de vegetal] sprout; ~ **de bambu** bamboo shoot; ~ **de feijão** bean sprout. **-2.** [de flor] shoot. **-3.** [jovem] sapling.

bruços ['brusuʃ] *mpl*: **de** ~ lying face down.

bruma ['bruma] *f* mist.

brumoso, osa [bru'mozu, ɔza] *adj* misty.

brusco, ca ['bruʃku, ka] *adj* **-1.** [repentino] sudden. **-2.** [tosco, grosseiro] coarse.

brutal [bru'taw] (*pl* **-ais**) *adj* **-1.** [violento, bárbaro] brutal. **-2.** [tremendo, grande] tremendous.

brutalidade [brutali'dadʒi] *f* brutality.

bruto, ta ['brutu, ta] *adj* **-1.** [rude, grosseiro] brutish. **-2.** [tosco] coarse. **-3.** *(antes de subst)* [tremendo, grande] tremendous. **-4.** [violento] brutal. **-5.** [produto] raw; **em** ~ raw. **-6.** [sem decréscimo] gross.

bruxa ['bruʃa] *f* **-1.** [feiticeira] witch. **-2.** [mariposa] moth. **-3.** *fam pej* [mulher má] bad woman. **-4.** *fam pej* [mulher feia] hag.

bruxaria [bruʃa'ria] *f* witchcraft.

Bruxelas [bru'ʃɛlaʃ] *n* Brussels.

bruxo ['bruʃu] *m* sorcerer.

Bucareste [buka'rɛʃtʃi] *n* Bucharest.

buço ['busu] *m* down.

Budapeste [buda'pɛʃtʃi] *n* Budapest.

budismo [bu'dʒiʒmu] *m* Buddhism.

bueiro [bu'ejru] *m* gutter.

Buenos Aires [bwenu'zajriʃ] *n* Buenos Aires.

búfalo ['bufalu] *m* buffalo.

bufar [bu'fa(x)] *vi* **-1.** [ofegar] to pant. **-2.** [de raiva] to fume.

bufê, buffet [bu'fe] *m* buffet.

bug ['bugi] (*pl* **bugs**) *m* COMPUT bug.

bugiganga [buʒĩŋ'gãŋga] *f* piece of junk.

bujão [bu'ʒãw] (*pl* **-ões**) *m* cylinder; ~ **de gás** gas cylinder.

bula ['bula] *f* MED information leaflet.

bulbo ['buwbu] *m* bulb.

buldôzer [buw'doze(x)] (*pl* **-es**) *m* bulldozer.

bule ['buli] *m* pot.

Bulgária [buw'garja] *n* Bulgaria.

búlgaro, ra ['buwgaru, ra] ◇ *adj* Bulgarian. ◇ *m, f* Bulgarian.
◆ **búlgaro** *m* [língua] Bulgarian.

bumbum [bũn'bũ] (*pl* **-ns**) *m fam* bottom, bum.
bunda ['bũnda] (*pl* **-ns**) *f fam* bottom, bum.
buquê [bu'ke] *m* bouquet; ~ **de flores** bouquet of flowers.
buraco [bu'raku] *m* **-1.** [ger] hole; ~ **da fechadura** keyhole. **-2.** [de agulha] eye. **-3.** [jogo] rummy.
burguês, guesa [bux'geʃ, gezal] <> *adj* bourgeois. <> *m, f* [pessoa] bourgeois.
burguesia [buxge'zia] *f* bourgeoisie.
burla ['buxla] *f* **-1.** [fraude] double-dealing. **-2.** [zombaria] jeering.
burlar [bux'la(x)] *vt* **-1.** [fraudar, lesar] to cheat. **-2.** [enganar] to deceive. **-3.** [lei] to defraud.
burocracia [burokra'sia] *f* bureaucracy.
burocrata [buro'krata] *m f* bureaucrat.
burrice [bu'xisi] *f* **-1.** [estupidez] stupidity. **-2.** [ato, dito] something stupid; **foi ~ minha ter aceitado a proposta** it was silly of me to accept that offer.
burro, a ['buxu, xa] <> *adj* stupid. <> *m, f* [pessoa imbecil] ass.
◆ **burro** *m* ZOOL donkey.
◆ **pra burro** *fam loc adv*: **ele pinta mal pra ~** he paints terribly; **a mulher do hotel era feia pra ~** the woman in the hotel was terribly ugly.
busca ['buʃka] *f* search; **em ~ de** in search of; **dar ~ a** to search for.
buscador [buʃka'do(x)] *m* COMPUT search engine.
buscar [buʃ'ka(x)] *vt* **-1.** [procurar] to search for. **-2.** [tratar de obter] to seek. **-3.** [pegar, trazer] to fetch; **ir ~** to go and fetch; **mandar ~** to send for. **-4.** [esforçar-se por]: **~ fazer algo** to try to do sthg. **-5.** COMPUT to search.
bússola ['busola] *f* compass.
bustiê [buʃ'tʃje] *m* bustier.
busto ['buʃtu] *m* **-1.** [ger] bust; **ela tem 85 cm de ~** her bust size is 85 cm. **-2.** [torso] torso.
butique [bu'tʃiki] *f* boutique.
buzina [bu'zina] *f* horn, hooter.
buzinar [buzi'na(x)] <> *vt* **-1.** AUTO to honk. **-2.** *fig* [dizer com insistência] to harp on. <> *vi* AUTO to honk.
búzio ['buzju] *m* [concha] conch.
byte ['bajtʃi] *m* COMPUT byte.

c, C ['se] *m* [letra] c, C.
◆ **C** *abrev de* **celsius**.
cá ['ka] *adv* **-1.** [lugar] here; **vem ~!** come here!; **de ~ para lá** from here to there; **do lado de ~** this side. **-2.** [tempo]: **de uma semana para ~** for the past week. **-3.** [na intimidade]: **~ entre nós** just between ourselves.
CA (*abrev de* **Centro Acadêmico**) *m centre in a Brazilian university where students meet to discuss problems concerning their course etc.*
caatinga [ka'tʃĩŋga] *f* caatinga.
cabal [ka'baw] (*pl* **-ais**) *adj* **-1.** [pleno, completo] utter. **-2.** [exato] complete. **-3.** [prova] ultimate.
cabalístico, ca [kaba'liʃtʃiku, ka] *adj* cabalistic.
cabana [ka'bãna] *f* hut.
cabaré [kaba'rɛ] *m* cabaret.
cabeça [ka'besa] <> *f* **-1.** [ger] head; **de ~** [calcular] in one's head; **de ~** head first; **por ~** per head; **passar pela ~** to cross one's mind; **subir à ~** [suj: sucesso, dinheiro] to go to one's head; **~ fria** *fig* cool-headed; **~ a ~** neck and neck. **-2.** [inteligência] mind; **usar a ~** to use one's head. **-3.** [pessoa inteligente] brains. **-4.** [topo, parte de cima]: **de ~ para baixo** upside down. **-5.** [de lista] top. **-6.** *fam* [de glande] glans. **-7.** [loc]: **fazer a ~ de alguém** to influence sb's thinking; **não esquentar a ~** *fam* not to get hot and bothered; **perder a ~** to lose one's head. <> *mf* head.
cabeçada [kabe'sada] *f* **-1.** [pancada] headbutt. **-2.** FUT header.
cabeçalho [kabe'saʎu] *m* **-1.** [de livro] title. **-2.** [de página, capítulo] heading.
cabecear [kabe'sja(x)] FUT *vt* [bola] to head.
cabeceira [kabe'sejra] *f* head; **livro de ~** bedside book.
cabeçudo, da [kabe'sudu, da] *adj* **-1.** [de cabeça grande] big-headed. **-2.** *fam* [teimoso] pig-headed.
cabeleira [kabe'lejra] *f* **-1.** [natural] head of hair. **-2.** [peruca] wig.
cabeleireiro, ra [kabelej'rejru, ra] *m, f* [profissional] hairdresser.
◆ **cabeleireiro** *m* [salão] hairdressing salon.
cabelo [ka'belu] *m* [ger] hair; **~ liso/crespo/pixaim** straight/curly/woolly hair.

cabeludo, da [kabe'ludu, da] *adj* **-1.** hairy. **-2.** *fam fig* [complicado, obsceno] hairy.
◆ **cabeludo** *m fam* [homem] hairy man.

caber [ka'be(x)] *vi* **-1.** [ger] to fit; **~ (em)** to fit (in); **~ fazer algo** to have to do sthg. **-2.** [ser oportuno] to be time to. **-3.** [competir]: **~ a alguém fazer algo** to be the responsibility of sb to so sthg. **-4.** [partilha]: **~ a alguém** to be allocated to sb.

cabide [ka'bidʒi] *m* [de armário] clothes hanger; [de pé] coat hanger; [de parede] coat hook; **~ de empregos** *fig* [pessoa] Jack-of-all-trades (but master of none); *fig* [empresa estatal] jobs-for-the-boys organisation.

cabimento [kabi'mẽntu] *m* [adequação] sense; **ter/não ter ~** to make/not to make sense.

cabine [ka'bini] *f* **-1.** [ger] cabin. **-2.** [telefônica] phone box *UK*, phone booth *US*. **-3.** [guarita] sentry box. **-4.** *FERRO* [compartimento] carriage, compartment. **-5.** *AERON* [de comando] cockpit. **-6.** [vestuário] changing room.

cabisbaixo, xa [kabiʒ'bajʃu, ʃa] *adj* crestfallen.

cabo ['kabu] *m* **-1.** [de panela, faca, vassoura] handle. **-2.** [fim] end. **-3.** *CORDA* : **~ de aço** iron cable. **-4.** *ELETR* cable. **-5.** *GEOGR* cape. **-6.** *MIL* corporal. **-7.** [fim]: **dar ~ de** [pessoa] to kill; [problema] to put an end to; [tarefa] to finish; **levar algo a ~** [tarefa, projeto] to see sthg through; **ao ~ de** by the end of.

caboclo, cla [ka'boklu, cla] ◇ *adj* **-1.** [pele] copper-coloured. **-2.** [pessoa] bumpkinish. ◇ *m, f* **-1.** [mestiço de branco com índio] caboclo. **-2.** [pessoa da roça] bumpkin.

cabra ['kabra] ◇ *f* [animal] goat. ◇ *m fam* [homem] guy.

cabra-cega [ˌkabra'sɛga] (*pl* **cabras-cegas**) *f* blind man's buff.

cabreiro, ra [ka'brejru, ra] *adj fam* [desconfiado] suspicious.

cabresto [ka'breʃtu] *m* [para cavalos] halter.

cabrito [ka'britu] *m* kid.

caça ['kasa] ◇ *f* **-1.** [ato] hunt. **-2.** [animal - caçado por homem] game; [- caçado por outro animal] prey; game. **-3.** [passatempo] hunting. ◇ *m AERON* fighter.

caçada [ka'sada] *f* [jornada] hunting trip.

caçador, ra [kasa'do(x), ra] (*mpl* **-es**, *fpl* **-s**) *m, f* hunter.

caça-níqueis [ˌkasa'nikejʃ] *m inv* **-1.** [máquina] slot-machine. **-2.** *fam* [empresa, loja] cowboy outfit.

cação [ka'sãw] (*pl* **-ões**) *m* dogfish.

caçar [ka'sa(x)] ◇ *vt* **-1.** [animais] to hunt. **-2.** [a tiro] to shoot. **-3.** [buscar - documentos, prova, tesouro] to search for; [- recompensa] to seek. **-4.** [perseguir] to hunt down. **-5.** *fam* [marido] to hunt for. ◇ *vi* [andar à caça] to hunt.

cacarejar [kakare'ʒa(x)] *vi* to cluck.

caçarola [kasa'rɔla] *f* casserole.

cacau [ka'kaw] *m* **-1.** [fruto] cacao. **-2.** [semente] cocoa bean. **-3.** [pó] cocoa.

cacetada [kase'tada] *f* whack (*with stick*).

cacete [ka'setʃi] ◇ *adj* [tedioso] tedious. ◇ *m* **-1.** [porrete] truncheon. **-2.** *vulg* [pênis] rod.
◆ **pra cacete** *mfam* ◇ *loc pron*: **gente pra ~** shitloads of people. ◇ *loc adv*: **chato/bom/forte pra cacete** bloody boring/good/strong.

cachaça [ka'ʃasa] *f* sugar-cane brandy.

cachaceiro, ra [kaʃa'sejru, ra] ◇ *adj* drunken. ◇ *m, f* drunkard.

cachê [ka'ʃe] *m* fee (*for performance*).

cacheado, da [ka'ʃjadu, da] *adj* curly.

cachecol [kaʃe'kɔw] (*pl* **-óis**) *m* scarf.

cachimbo [ka'ʃĩnbu] *m* pipe.

cacho ['kaʃu] *m* **-1.** [ger] bunch. **-2.** [de cabelos - anel] lock; [- mecha] strand.

cachoeira [ka'ʃwejra] *f* waterfall.

cachorra [ka'ʃoxa] *f* ▷ **cachorro**.

cachorrada [kaʃo'xada] *f* **-1.** [matilha] pack of dogs. **-2.** *fam fig* [canalhice] scam; **fazer uma ~ com alguém** to scam sb.

cachorro, rra [ka'ʃoxu, ra] *m, f* **-1.** [cão] dog; **soltar os ~s (em cima de alguém)** *fig* to lash out (at sb). **-2.** *fam pej* [patife] bastard.

cachorro-quente [kaˌʃoxu'kẽntʃi] (*pl* **cachorros-quentes**) *m* hot dog.

cacique [ka'siki] *m* **-1.** [indígena] cacique, tribal chief. **-2.** *fig* [chefão] boss.

caco ['kaku] *m* **-1.** [de vidro etc.] shard. **-2.** *fam* [pessoa]: **estar um ~** [estar velho] to be a wreck; [estar desgastado] to be a wreck; [estar exausto] to be wiped out.

caçoar [ka'swa(x)] *vi* to mock; **~ de algo/alguém** to make fun of sthg/sb.

cações [ka'sõjʃ] *pl* ▷ **cação**.

cacoete [ka'kwetʃi] *m* tic.

cacto ['kaktu] *m* cactus.

caçula [ka'sula] ◇ *adj* youngest. ◇ *mf* youngest child.

CAD (*abrev de* **Computer Aided Design**) *m* CAD.

cada ['kada] *adj* (*inv*) **-1.** [valor de unidade] each; **uma coisa de ~ vez** one thing at a time; **~ (um)** [em preço] each; **~ qual**, **~ um** each one. **-2.** [todo] every; **a ~** every; **aumentar a ~ dia** to increase from day to day. **-3.** [valor intensivo] such.

> 'Cada' se traduz por *every* e *each*. Usa-se *every* quando falamos da totalidade de um grupo (*the company gave every worker a bonus* a empresa deu a cada funcionário (ou a todos os funcionários) uma gratificação). Usa-se *each* quando nos referimos a todos os elementos de um grupo, mas considerados individualmente (*the managers gave each of the workers a different task* os gerentes deram uma tarefa distinta para cada operário).

Tanto *each* como *every* são usados com substantivos contáveis no singular, com o verbo também no singular. *Each* pode funcionar como pronome (*their aunt gave them 10 dollars each* a tia deles deu 10 dólares a cada um), mas *every* não.

cadafalso [kada'fawsu] *m* gallows *(pl)*.
cadarço [ka'daxsu] *m* shoelace.
cadastramento [kadaʃtra'mẽntu] *m* registration.
cadastro [ka'daʃtru] *m* **-1.** [registro] register. **-2.** [ato] registration. **-3.** [ficha de criminoso] criminal record. **-4.** [de banco, clientes] records *(pl)*. **-5.** [de imóveis] land registry. **-6.** COMPUT [de dados] data record.
cadáver [ka'davɛ(x)] (*pl* **-es**) *m* corpse.
cadê [ka'de] *adv fam* where is/are.
cadeado [ka'dʒjadu] *m* padlock.
cadeia [ka'deja] *f* **-1.** [ger] chain. **-2.** [prisão] prison. **-3.** [série, seqüência] series *(inv)*; ~ **de montanhas** mountain range. **-4.** [de emissoras de TV] network.
cadeira [ka'dejra] *f* **-1.** [ger] chair; ~ **de balanço** rocking chair; ~ **de rodas** wheelchair. **-2.** [disciplina] subject. **-3.** [em teatro] seat.
◆ **cadeiras** *fpl* ANAT hips.
cadela [ka'dɛla] *f* [cão] bitch ▷ **cão**.
cadência [ka'dẽnsja] *f* **-1.** [ritmo] rhythm. **-2.** [de estilo, fala] cadence.
caderneta [kadex'neta] *f* **-1.** [livrete] note pad. **-2.** [escolar] mark sheet. **-3.** FIN: ~ **de poupança** savings account.
caderno [ka'dɛxrnu] *m* **-1.** [de notas] notebook. **-2.** [de jornal] section.
cadete [ka'detʃi] *m* cadet.
caducar [kadu'ka(x)] *vi* **-1.** [prazo, documento, lei] to expire. **-2.** [pessoa] to become senile.
caduco, ca [ka'duku, ka] *adj* **-1.** [prazo, documento, lei] expired. **-2.** [pessoa] senile. **-3.** BOT deciduous.
cães ['kãjʃ] *pl* ▷ **cão**.
cafajeste [kafa'ʒɛʃtʃi] *fam* ◇ *adj* **-1.** [canalha] crooked. **-2.** [vulgar] vulgar. ◇ *mf* [pessoa canalha] con man.
café [ka'fɛ] *m* **-1.** [ger] coffee; ~ **(preto)** black coffee; ~ **com leite** white coffee *UK*, coffee with cream *US*; ~ **expresso** espresso. **-2.** [desjejum]: ~ **(da manhã)** breakfast. **-3.** [estabelecimento] café.
cafeeiro, ra [kafe'ejru, ra] ◇ *adj* [setor, indústria] coffee *(antes de subst)*. ◇ *m* coffee bush.
cafeína [kafe'ina] *f* caffeine.
cafetão, tina [kafe'tãw, tʃina] (*mpl* **-ões**, *fpl* **-s**) *m, f* pimp.
cafeteira [kafe'tejra] *f* coffee pot.
cafetina [kafe'tʃina] *f* ▷ **cafetão**.
cafezal [kafe'zaw] (*pl* **-ais**) *m* coffee plantation.
cafezinho [kafɛ'ziɲu] *m fam* small black coffee.
cafona [ka'fona] ◇ *adj* [pessoa, roupa, música] tacky. ◇ *mf* [pessoa] tacky person.
cafuné [kafu'nɛ] *m*: **fazer** ~ **em alguém** to scratch sb's head gently.
cagada [ka'gada] *f vulg* crap.
cágado ['kagadu] *m* terrapin.
cagar [ka'ga(x)] *vulg vi* **-1.** [defecar] to have a crap. **-2.** *fig* [menosprezar]: ~ **para alguém/algo** not to give a shit about sb/sthg.
caiado, da [ka'jadu, da] *adj* ≃ whitewashed.
caiaque [ka'jaki] *m* kayak.
caiar [ka'ja(x)] *vt* to whitewash.
caído, da [ka'idu, da] *adj* **-1.** [derrubado] fallen. **-2.** [pendente] droopy. **-3.** *fig* [abatido] depressed. **-4.** *fig* [desanimado] subdued. **-5.** *fig* [feio] saggy.
◆ **caída** *f* [queda] fall.
caipira [kaj'pira] *fam* ◇ *adj* provincial. ◇ *mf* [pessoa - do interior] country bumpkin; [- sem traquejo social] boor.
caipirinha [kajpi'riɲa] *f* caipirinha, *cocktail made with sugar-cane brandy and lime juice*.
cair [ka'i(x)] *vi* **-1.** [ger] to fall; ~ **em** to fall into. **-2.** [desabar] to collapse. **-3.** [desprender-se - dente, cabelo, folha] to fall out; [- botão] to fall off. **-4.** [deixar-se enganar] to fall for. **-5.** *euf* [ser morto] to fall. **-6.** EDUC [em prova] to crop up. **-7.** *loc*: ~ **bem/mal** [penteado, roupa, cor] to suit/not to suit; [frase, atitude] to go down well/badly; [comida, bebida] to agree/not to agree with; ~ **em si** [reconhecer o erro] to accept one's mistake; [voltar à realidade] to come down to earth; **não ter onde** ~ **morto** to have nothing to one's name.
cais ['kajʃ] *m inv* quay.
caixa ['kajʃa] ◇ *f* **-1.** [ger] box; ~ **acústica** loudspeaker. **-2.** [para correspondência]: ~ **de correio** postbox *UK*, mailbox *US*; ~ **postal** OU **de coleta** postal box. **-3.** [mecanismo]: ~ **de marchas** OU **de mudanças** gearbox. **-4.** [máquina]: ~ **registradora** cash till. **-5.** [seção] till. **-6.** [banco] savings bank; ~ **dois** undeclared assets; ~ **econômica** national savings bank. **-7.** TIP : ~ **alta/baixa** upper/lower case. ◇ *m* **-1.** [máquina]: ~ **eletrônico** cashpoint. **-2.** [livro] ledger; ~ **dois** fraudulent books *(pl)*. ◇ *mf* [funcionário] cashier.
caixa-d'água ['kajʃa'dagwa] (*pl* **caixas-d'água**) *f* water tank.
caixa-de-fósforos ['kajʃadʒi'ʃɔʃforuʃ] *f fam* [habitação, carro] matchbox.
caixa-forte ['kajʃa'fɔxtʃi] (*pl* **caixas-fortes**) *f* safe.
caixão [kaj'ʃãw] (*pl* **-ões**) *m* [ataúde] coffin.
caixa-preta ['kajʃa'preta] (*pl* **caixas-pretas**) *f* AERON black box.
caixeiro-viajante, caixeira-viajante [kaj,ʃ

ʃejruvja'ʒãntʃi, kaj,ʃejravja'ʒãntʃi] *m, f* commercial traveller.
caixilho [kaj'ʃiʎu] *m* [moldura] frame.
caixões [kaj'ʃõjʃ] *pl* ▻ **caixão**.
caixote [kaj'ʃɔtʃi] *m* crate.
caju [ka'ʒu] *m* cashew.
cajueiro [ka'ʒwejru] *m* cashew tree.
cal ['kaw] *f* **-1.** [substância] lime, quicklime. **-2.** [extinta] slaked lime. **-3.** [para caiar] whitewash.
calabouço [kala'bosu] *m* dungeon.
calado, da [ka'ladu, da] *adj* quiet.
calafetagem [kalafe'taʒẽ] (*pl* **-ns**) *f* caulking.
calafrio [kala'friw] *m* shiver; **ter ~s** to have the shivers.
calamar [kala'ma(x)] *m* squid.
calamidade [kalami'dadʒi] *f* calamity.
calamitoso, tosa [kalami'tozu, tɔza] *adj* calamitous.
calar [ka'la(x)] ◇ *vt* **-1.** [ocultar] to keep quiet about. **-2.** [silenciar] to silence; **cala a boca!** shut up! **-3.** [conter] to ignore. **-4.** *euf* [armas, canhões] to silence. ◇ *vi* [manter-se em silêncio] to keep quiet.
◆ **calar-se** *vp* [parar de falar] to go quiet, to stop talking.
calça ['kawsa] *f* trousers *UK (pl)*, pants *US (pl)*.
calçada [kaw'sada] *f* pavement *UK*, sidewalk *US*.
calçadão [kawsa'dãw] (*pl* **-ões**) *m* pavement.
calçadeira [kawsa'dejra] *f* shoehorn.
calçado, da [kaw'sadu, da] *adj* **-1.** [caminho, rua] paved. **-2.** [pessoa, pé] with shoes on *(depois de subst)*.
◆ **calçado** *m* [sapato, tênis] footwear.
calçamento [kawsa'mẽntu] *m* paving.
calcanhar [kawka'ɲa(x)] (*pl* **-es**) *m* heel.
calção [kaw'sãw] (*pl* **-ões**) *m* shorts *(pl)*; **~ de banho** swim shorts *(pl)*.
calcar [kaw'ka(x)] *vt* **-1.** [pisar] to tread on. **-2.** *fig* [basear]: **~ algo em** to base sthg on.
calçar [kaw'sa(x)] *vt* **-1.** [sapatos, luvas] to put on; [tamanho] to take a size. **-2.** [pavimentar] to pave. **-3.** [pôr calço em] to wedge.
◆ **calçar-se** *vp* [pôr sapatos] to put one's shoes on.
calcário, ria [kaw'karju, rja] *adj* **-1.** [substância, pedra] chalky, calcareous. **-2.** [água] hard.
◆ **calcário** *m* [rocha] limestone.
calcinha [kaw'siɲa] *f* panties *(pl)*.
cálcio ['kawsju] *m* calcium.
calço ['kawsu] *m* [cunha] wedge.
calções [kal'sõiʃ] *pl* ▻ **calção**.
calculadora [kawkula'dora] *f* calculator.
calcular [kawku'la(x)] ◇ *vt* **-1.** [fazer a conta de] to calculate. **-2.** [avaliar, estimar] to estimate. **-3.** [imaginar] to imagine. **-4.** [supor, prever]: **~ que** to guess that. ◇ *vi* [fazer contas] to calculate.
calculista [kawku'liʃta] ◇ *adj* calculating. ◇ *mf* opportunist.
cálculo ['kawkulu] *m* **-1.** [conta] calculation. **-2.** [estimativa] estimate. **-3.** *MAT* calculus. **-4.** *MED* stone; **~ renal** kidney stone.
calda ['kawda] *f* syrup.
caldeira [kaw'dejra] *f TEC* boiler.
caldeirão [kawdej'rãw] (*pl* **-ões**) *m* cauldron.
caldo ['kawdu] *m* **-1.** [sopa] broth; **~ verde** *green vegetable and potato soup*. **-2.** [sumo] juice; **~ de cana** sugar-cane juice. **-3.** [tempero]: **~ de carne/galinha** beef/chicken stock.
calefação [kalefa'sãw] *f* heating.
calendário [kalẽn'darju] *m* calendar.
calha [ka'ʎa] *f* **-1.** [sulco] channel. **-2.** [para a chuva] gutter.
calhamaço [kaʎa'masu] *m* tome.
calhar [ka'ʎa(x)] *vi* **-1.** [concidir] to happen that; **calhou de elas usarem vestidos iguais** they happened to be wearing the same dress. **-2.** [convir]: **vir a ~** to come at just the right time.
calibragem [kali'braʒẽj] (*pl* **-ns**) *f* calibration.
calibre [ka'libri] *m* [de cano] calibre.
cálice ['kalisi] *m* **-1.** [taça] liqueur glass. **-2.** *RELIG* chalice.
cálido, da ['kalidu, da] *adj* warm.
caligrafia [kaligra'fia] *f* **-1.** [arte] calligraphy. **-2.** [letra] handwriting.
calista [ka'liʃta] *m f* chiropodist *UK*, podiatrist *US*.
calma ['kawma] *f* ▻ **calmo**.
calmante [kaw'mãntʃi] ◇ *adj* calming. ◇ *m* tranquillizer.
calmaria [kaw'maria] *f* lull.
calmo, ma ['kawmu, ma] *adj* [ger] calm.
◆ **calma** *f* **-1.** [quietude] tranquillity. **-2.** [serenidade] serenity; **calma!** just a moment!
calo ['kalu] *m* [endurecimento da pele] callus; [no pé] corn.
calor [ka'lo(x)] *m* **-1.** [ger] heat; **estar com ~, sentir ~** to be/feel hot; **fazer ~** to be hot. **-2.** [quentura] warmth.
calorento, ta [kalo'rẽntu, ta] *adj* **-1.** [pessoa] sensitive to heat. **-2.** [local] hot.
caloria [kalo'ria] *f* calorie.
caloroso, osa [kalo'rozu, ɔza] *adj* **-1.** [ger] warm. **-2.** [manifestação, protesto] fervent.
calota [ka'lɔta] *f AUTO* hubcap.
calouro, ra [ka'loru, ra] *m, f* **-1.** *EDUC* fresher *UK*, freshman *US*. **-2.** [novato] novice.
calúnia [ka'lunja] *f* calumny.
calunioso, niosa [kalu'njozu, njɔza] *adj* slanderous.
calvo, va ['kawvu, va] *adj* bald.
cama ['kãma] *f* bed; **~ de casal** double bed; **~ de solteiro** single bed; **estar de ~** [estar doente] to be bedridden.

camada [ka'madal] *f* **-1.** [ger] layer. **-2.** [de tinta] coat.

camafeu [kama'few] *m* cameo.

câmara ['kãmara] *f* **-1.** [ger] chamber; **Câmara dos Deputados** House of Representatives. **-2.** CINE & FOTO camera; ~ **escura** darkroom. **-3.** TV television camera; **em ~ lenta** in slow motion. **-4.** [de pneu]: ~ **(de ar)** inner tube.

camarada [kama'rada] *adj* **-1.** [amigável] friendly. **-2.** [preço] good.

camarão [kama'rãw] (*pl* **-ões**) *m* **-1.** [comum] shrimp. **-2.** [graúdo] prawn.

camareiro, ra [kama'rejru, ra] *m, f* **-1.** [in hotel] chambermaid, room cleaner. **-2.** [on boat] cabin cleaner.

camarim [kama'rĩ] (*pl* **-ns**) *m* dressing room.

camarote [kama'rɔtʃi] *m* **-1.** NÁUT cabin. **-2.** TEATRO box.

cambaleante [kãnba'ljãntʃi] *adj* unsteady.

cambalear [kãnba'lja(x)] *vi* to stagger.

cambalhota [kãnba'ʎɔta] *f* somersault.

câmbio ['kãnbju] *m* **-1.** [ger] exchange; ~ **livre** free trade; ~ **negro** black economy; ~ **oficial/paralelo** official/parallel exchange; [taxa] exchange rate. **-2.** AUTO [mudança] gear stick.

cambista [kãn'biʃta] *mf* **-1.** [de moeda] money changer. **-2.** [de ingressos] (ticket) tout.

camburão [kãnbu'rãw] (*pl* **-ões**) *m* police van.

camelo [ka'melu] *m* **-1.** [animal] camel. **-2.** *fig* [pessoa burra] idiot.

camelô [kame'lo] *m* pedlar.

câmera ['kãmera] <> *f* camera. <> *mf* [operador] camera operator.

caminhada [kami'ɲada] *f* **-1.** [passeio] walk. **-2.** [extensão] trek.

caminhão [kami'ɲãw] (*pl* **-ões**) *m* lorry *UK*, truck *US*.

caminhar [kami'ɲa(x)] *vi* **-1.** [andar] to walk. **-2.** [progredir] *fig* to progress; ~ **para** to lead to.

caminho [ka'miɲu] *m* **-1.** [via, estrada] road. **-2.** [extensão, direção] way. **-3.** *fig* [meio] way. **-4.** *fig* [rumo] route.

caminhoneiro, ra [kamiɲo'nejru, ra] *m, f* lorry driver *UK*, truck driver *US*.

caminhonete [kamjo'nɛtʃi], **camioneta** [kamio'nɛta] *f* van.

camisa [ka'miza] *f* shirt; ~ **esporte** sports shirt; ~ **pólo** polo shirt; ~ **social** dress shirt.

camisa-de-força [ka,mizadʒi'foxsa] (*pl* **camisas-de-força**) *f* straitjacket.

camisa-de-vênus [ka,mizaʒdʒi'venuʃ] = **camisinha**.

camiseta [kami'zeta] *f* T-shirt.

camisinha [kami'ziɲa] *f* condom.

camisola [kami'zɔla] *f* nightdress.

camomila [kamo'mila] *f* camomile.

campainha [kãmpa'iɲa] *f* bell.

campanha [kãn'pãɲa] *f* **-1.** [ger] campaign; **fazer ~ (de/contra)** to campaign for/against. **-2.** [planície] plain.

campeão, ã [kãn'pjãw, ã] (*mpl* **-ões**, *fpl* **-s**) <> *adj* [time etc.] champion. <> *m, f* champion.

campeonato [kãnpjo'natu] *m* championship.

campestre [kãn'pɛʃtri] *adj* rural.

camping [kãn'pĩŋ] *m* **-1.** [atividade] camping. **-2.** [lugar] campsite.

campismo [kãn'piʒmu] *m* camping.

campista [kãn'piʃta] *mf* camper.

campo ['kãnpu] *m* **-1.** [ger] field. **-2.** [zona rural] countryside; **casa de ~** country house. **-3.** [área] camp; ~ **de concentração** concentration camp. **-4.** ESP: ~ **de golfe** golf course; ~ **de tênis** tennis court. **-5.** *fig* [âmbito] field. **-6.** *fig* [ocasião] scope. **-7.** *loc*: **embolar o meio de ~** to mess it all up.

Campo Grande [,kãnpu'grãndʒi] *n* Campo Grande.

camponês, esa ['kãnpo'neʃ, eza] (*mpl* **-eses**, *fpl* **-s**) <> *adj* rural. <> *m, f* countryman (*f* countrywoman).

campus ['kãnpuʃ] *m inv* campus.

camuflado, da [kamu'fladu, da] *adj* camouflaged.

camuflagem [kamu'flaʒẽ] (*pl* **ns**) *f* camouflage.

camundongo [kamũn'dõŋgu] *m* mouse.

camurça [ka'muxsa] *f* suede.

cana ['kãna] *f* **-1.** [ger] cane. **-2.** *fam* [cachaça] gut-rot, cachaça, *sugar-cane brandy*. **-3.** *fam* [cadeia] jail; **ir em ~** to be locked up.

Canadá [kana'da] *n*: **(o) ~** Canada.

cana-de-açúcar [,kãnadʒja'suka(x)] (*pl* **canas-de-açúcar**) *f* sugar cane.

canadense [kana'dẽnsi] <> *adj* Canadian. <> *mf* Canadian.

canal [ka'naw] (*pl* **-ais**) *m* **-1.** [ger] canal. **-2.** GEOGR, TV channel. **-3.** [conduto] pipe. **-4.** *fig* [meio, via] channel.

canalha [ka'naʎa] <> *adj* despicable. <> *mf* rotter.

canalizar [kanali'za(x)] *vt* **-1.** [rios] to channel. **-2.** [pôr canos de esgotos] to lay with pipes. **-3.** [abrir canais] to canalize. **-4.** *fig* [dirigir] to channel.

Canárias [ka'narjaʃ] *npl*: **as (Ilhas) ~** the Canary Islands, the Canaries.

canário [ka'narju] *m* canary.

canastrão, trona [kanaʃ'trãw, trona] (*mpl* **-ões**, *fpl* **-s**) *m, f* TEATRO ham actor.

canavial [kana'vjaw] (*pl* **-ais**) *m* cane field.

canção [kãn'sãw] (*pl* **-ões**) *f* song.

cancela [kãn'sɛla] *f* gate.

cancelamento [kãnsela'mẽntu] *m* **-1.** [passagem] cancellation. **-2.** [processo] overruling.

cancelar [kãnse'la(x)] *vt* **-1.** [anular] to cancel. **-2.** [riscar] to cross out. **-3.** [desistir de] to call off.

-4. [suprimir - atividade, pagamento] to cancel; [- regalia] to revoke.

câncer ['kãse(x)] (*pl* **-es**) *m MED* cancer.

◆ **Câncer** *m* [zodíaco] Cancer; *veja também* **Virgem; Trópico de** ~ Tropic of Cancer.

canceriano, na [kãnse'rjãnu, na] ◇ *adj ASTRO* Cancerian. ◇ *m, f* Cancerian.

canções [kãn'sõjʃ] *pl* ▷ **canção**.

candelabro [kãnde'labru] *m* **-1.** [castiçal] candlestick. **-2.** [lustre] chandelier.

candidatar-se [kãndʒida'taxsi] *vp* **-1.** [à presidência da república] to stand for. **-2.** [à vaga] to apply for.

candidato, ta [kãndʒi'datu, ta] *m* **-1.** *POL* candidate. **-2.** [pretendente - a vaga] applicant; [- a exame] candidate.

candidatura [kãndʒida'tura] *f* **-1.** [ger] candidature. **-2.** [proposta] application.

cândido, da ['kãndʒidu, da] *adj* **-1.** [imaculado] candid. **-2.** *fig* [inocente] naive.

candomblé [kãndõn'blɛ] *m* **-1.** [religião] *Yoruba religious tradition in Bahia and its ceremony.* **-2.** [local] Candomblé shrine.

caneca [ka'nɛka] *f* mug.

canela [ka'nɛla] *f* **-1.** [especiaria] cinnamon. **-2.** *ANAT* shin.

caneta [ka'neta] *f* pen; ~ **esferográfica** ballpoint pen.

caneta-tinteiro [ka,netatʃĩn'tejru] (*pl* **canetas-tinteiros**) *f* fountain pen.

cangote [kãn'gɔtʃi] *m* (back of the) neck.

canguru [kãŋgu'ru] *m* kangaroo.

cânhamo ['kãɲamu] *m* hemp.

canhão [ka'ɲãw] (*pl* **-ões**) *m MIL* cannon.

canhões [ka'ɲõjʃ] *pl* ▷ **canhão**.

canhoto, ta [ka'ɲotu, ta] ◇ *adj* left-handed. ◇ *m, f* left-handed person.

◆ **canhoto** *m* [em talão] stub.

canibal [kani'baw] (*pl* **-ais**) ◇ *adj* cannibalistic. ◇ *m, f* cannibal.

caniço [ka'nisu] *m* **-1.** *PESCA* rod. **-2.** *fam* [perna fina] pin.

canil [ka'niw] (*pl* **-is**) *m* kennel.

caninha [ka'niɲa] *f* sugar-cane alcohol.

canino, na [ka'ninu, na] *adj* **-1.** [ger] canine. **-2.** [fome] ravenous.

◆ **canino** *m* [dente] canine.

canivete [kani'vɛtʃi] *m* penknife.

canja ['kãnʒa] *f* **-1.** *CULIN thin broth of rice and chicken.* **-2.** *MÚS* : **dar uma** ~ to do a turn.

canjica [kãn'ʒika] *f a sweet dish of maize, coconut milk and cinnamon.*

cano ['kãnu] *m* **-1.** [tubo] pipe; ~ **de esgoto** sewer pipe. **-2.** [de arma] barrel. **-3.** [de bota] leg. **-4.** [trambique] swindle. **-5.** *loc:* **entrar pelo** ~ to come a cropper.

canoa [ka'noa] *f* canoe.

canonização [kanoniza'sãw] (*pl* **-ões**) *f* canonization.

cansaço [kãn'sasu] *m* weariness.

cansado, da [kãn'sadu, da] *adj* **-1.** [fatigado] tired. **-2.** [enfastiado] weary.

cansar [kãn'sa(x)] ◇ *vt* **-1.** [fatigar] to tire. **-2.** [entediar] to bore. ◇ *vi* **-1.** [ficar cansado] to get tired; ~ **de algo/alguém** to get tired of sthg/sb; ~ **de fazer algo** to be tired of doing sthg. **-2.** [fazer ficar cansado] to be tiring. **-3.** [aborrecer] to be boring. **-4.** [desistir]: ~ **de fazer algo** to weary of doing sthg.

◆ **cansar-se** *vp* **-1.** [fatigar-se] to get tired. **-2.** [entediar-se]: ~**-se de algo** to get bored with sthg. **-3.** [aborrecer-se]: ~**-se de algo** to become weary of sthg.

cansativo, va [kãnsa'tʃivu, va] *adj* **-1.** [fatigante] tiring. **-2.** [enfadonho] boring.

canseira [kãn'sejra] *f* **-1.** [cansaço] weariness. **-2.** *fam* [esforço] hassle.

cantar [kãn'ta(x)] ◇ *vt* **-1.** [ger] to sing. **-2.** [dizer em voz alta] to sing out. ◇ *vi MÚS* to sing.

cantarolar [kãntaro'la(x)] *vt & vi* to hum.

canteiro [kãn'tejru] *m* **-1.** [jardim]: ~ **de flores** flower bed. **-2.** [construção]: ~ **de obras** work site. **-3.** [operário] stone mason.

cantiga [kãn'tʃiga] *f* ballad.

cantil [kãn'tʃiw] (*pl* **-is**) *m* **-1.** [frasco] flask. **-2.** [ferramenta] plane.

cantina [kãn'tʃina] *f* canteen.

canto ['kãntu] *m* **-1.** [ger] corner. **-2.** [de triângulo] angle. **-3.** [lugar retirado] quiet corner. **-4.** [*MÚS* - som musical] song; ~ **gregoriano** Gregorian chant; [- arte] singing.

cantor, ra [kãn'to(x), ra] (*mpl* **-es**, *fpl* **-s**) *m, f* singer.

canudo [ka'nudu] *m* **-1.** [tubo] tube. **-2.** [para beber] straw. **-3.** *fam* [diploma] certificate.

cão ['kãw] (*pl* **cães**) *mf* **-1.** *ZOOL* dog. **-2.** *loc:* **quem não tem** ~ **caça com gato** there is more than one way to skin a cat.

◆ **de cão** *loc adj* [dia, férias etc.] dreadful.

caolho, lha [ka'oʎu, ʎa] ◇ *adj* **-1.** [zarolho] one-eyed. **-2.** [estrábico] cross-eyed. ◇ *m, f* **-1.** [pessoa zarolha] one-eyed person; **ele é um** ~ he only has one eye. **-2.** [pessoa estrábica] cross-eyed person.

caos ['kawʃ] *m inv* chaos.

caótico, ca [ka'ɔtʃiku, ka] *adj* chaotic.

capa ['kapa] *f* **-1.** [ger] cover; ~ **dura** hard cover; **de** ~ **dura** hardback; ~ **frontal** [para celular] fascia. **-2.** [roupa] cape; ~ **(de chuva)** rain cape. **-3.** *fig* [aparência] cloak.

capacete [kapa'setʃi] *m* helmet.

capacho [ka'paʃu] *m* **-1.** [tapete] door mat. **-2.** *fig* [pessoa servil] toady.

capacidade [kapasi'dadʒi] *f* **-1.** [ger] capacity. **-2.** [habilidade] ability. **-3.** *fig* [sumidade] genius.

capacitar [kapasi'ta(x)] *vt* [habilitar]: ~ **alguém a fazer algo** to prepare sb to do sthg.
capado, da [ka'padu, da] <> *adj* [castrado] castrated. <> *m* gelded pig.
capataz [kapa'taʒ] *m* foreman.
capaz [ka'paʃ] (*pl* **-es**) *adj* **-1.** [competente] competent. **-2.** [apropriado] capable. **-3.** [provável]: **é** ~ **de nevar** it might snow. **-4.**: **ser** ~ **de fazer algo** [dispor-se a, ter coragem de] to be capable of doing sthg.
capcioso, osa [kap'sjozu, ɔza] *adj* [pergunta] trick.
capela [ka'pɛla] *f* chapel.
capenga [ka'pẽŋga] <> *adj* lame. <> *mf* cripple.
CAPES (*abrev de* **Coordenação de Aperfeiçoamento de Pessoal de Nível Superior**) *f Brazilian educational body that finances postgraduate studies.*
capeta [ka'peta] *m* **-1.** [diabo] devil. **-2.** *fam* [traquinas] troublemaker.
capim [ka'pĩ] *m* grass.
capinar [kapi'na(x)] *vt* [limpar] to weed.
capita ['kapita] ◆ **per capita** *loc adj* per capita.
capital [kapi'taw] (*pl* **-ais**) <> *adj* **-1.** [essencial] major. **-2.** [pena] capital. <> *m* ECON capital. <> *f* [cidade] capital.
capitalismo [kapita'liʒmu] *m* capitalism.
capitalista [kapita'liʃta] <> *adj* capitalist. <> *mf* capitalist.
capitalização [kapitaliza'sãw] *f* ECON capitalization.
capitão, ã [kapi'tãw, ã] (*mpl* **-ães**, *fpl* **-s**) *m, f* **-1.** [ger] captain. **-2.** [chefe] leader.
capitular [kapitu'la(x)] <> *vi* to capitulate. <> *adj* capitular. <> *f* [letra] capital.
capítulo [ka'pitulu] *m* chapter.
capô [ka'po] *m* AUTO bonnet *UK*, hood *US*.
capoeira [ka'pwejra] *f* [dança] capoeira, *acrobatic game in dance form that is very popular in north-eastern Brazil.*
capoeirista [kapwej'riʃta] *mf person who does capoeira dancing.*
capota [ka'pɔta] *f* AUTO hood.
capotar [kapo'ta(x)] *vi* to overturn.
capricho [ka'priʃu] *m* **-1.** [esmero] care. **-2.** [vontade] whim. **-3.** [teimosia] obstinacy.
caprichoso, osa [kapri'ʃozu, ɔza] *adj* **-1.** [cuidadoso] meticulous. **-2.** [voluntarioso] capricious. **-3.** [teimoso] obstinate.
capricorniano, na [kaprikox'njãnu, na] <> *adj* Capricorn. <> *m, f* Capricorn.
Capricórnio [kapri'kɔxnju] *m* [zodíaco] Capricorn; *veja também* **Virgem**; **Trópico de** ~ Tropic of Capricorn.
cápsula ['kapsula] *f* capsule.
captar [kap'ta(x)] *vt* **-1.** [atrair] to win. **-2.** [sintonizar] to pick up. **-3.** [água] to collect. **-4.** [compreender] to catch.
captura [kap'tura] *f* capture.
capuz [ka'puʃ] (*pl* **-es**) *m* hood.
caqui [ka'ki] *m inv* kaki fruit.
cáqui ['kaki] <> *adj inv* khaki. <> *m* drill.
cara ['kara] <> *f* **-1.** [rosto] face; ~ **a** ~ face to face; **ser a** ~ **de alguém** to be the image of sb. **-2.** [aspecto] look. **-3.** [de moeda] side. **-4.** *fam* [coragem] nerve. <> *m* **-1.** *fam* [sujeito] guy. **-2.** *loc*: **dar de** ~ **com alguém** to bump into sb; **encher a** ~ *fam* to have a skinful; **estar com** ~ **de que** [parecer que] to look like; **estar na** ~ to be staring one in the face; **não ir com a** ~ **de alguém** not to be keen on sb.
carabina [kara'bina] *f* rifle.
Caracas [ka'rakaʃ] *n* Caracas.
caracol [kara'kɔw] (*pl* **-óis**) *m* **-1.** [molusco] snail. **-2.** [de cabelo] curl.
◆ **de caracol** *loc adj* [escada] spiral.
caractere [karak'tɛri] *m* character.
caractere-curinga [karak'tɛ(e)-ku'rĩnga] *m* COMPUT wildcard.
caracteres [karak'tɛriʃ] *pl* ▻ **caráter**.
◆ **caracteres** *mpl* **-1.** [características individuais] characteristics. **-2.** [legendas, créditos] credits.
característico, ca [karakte'riʃtʃiku, ka] *adj* characteristic.
◆ **característica** *f* characteristic.
caracterizar [karakteri'za(x)] *vt* **-1.** [descrever] characterize. **-2.** [TEATRO - maquilagem] to make up; [- indumentária] to dress.
◆ **caracterizar-se** *vp* [distinguir-se]: ~**-se por** to be characterized by.
cara-de-pau [ˌkaradʒi'paw] fam <> *adj* shameless. <> *mf* shameless person.
carambola [karãm'bɔla] *f* star fruit.
caramelado, da [karame'ladu, da] *adj* caramelized.
caramelo [kara'mɛlu] *m* **-1.** [calda] caramel. **-2.** [bala] toffee.
caramujo [kara'muʒu] *m* shellfish.
caranguejo [karãŋ'gejʒu] *m* crab.
caraquenho, nha [kara'kẽɲu, ɲa] <> *adj* Caracas (*antes de subst*). <> *m, f person from Caracas.*
caratê [kara'te] *m* karate.
caráter [ka'rate(x)] (*pl* **-es**) *m* [índole, natureza, cunho] character; **uma pessoa de** ~ **/sem** ~ a person of good moral fibre/with no moral fibre.
◆ **a caráter** *loc adv* [vestir-se] in character.
caravana [kara'vãna] *f* caravan.
carboidrato [kaxbwi'dratu] *m* carbohydrate.
carbônico, ca [kax'boniku, ka] *adj* carbonic.
carbono [kax'bonu] *m* QUÍM carbon.
carburador [kaxbura'do(x)] (*pl* **-es**) *m* carburettor *UK*, carburator *US*.

carcaça [kax'kasa] *f* **-1.** [esqueleto] carcass. **-2.** [armação] frame. **-3.** [de navio] hull.
cárcere ['kaxseri] *m* jail.
carcereiro, ra [kaxse'rejru, ra] *m* jailer.
carcomer [kaxko'me(x)] *vt* [roer] to eat into.
carcomido, da [kaxko'midu, da] *adj* **-1.** [roído] worm-eaten. **-2.** [gasto] frayed. **-3.** *fig* [rosto] pockmarked.
cardápio [kax'dapju] *m* menu.
cardeal [kax'dʒjaw] (*pl* **-ais**) ◇ *m RELIG* cardinal. ◇ *adj* [ponto] cardinal.
cardíaco, ca [kax'dʒiaku, ka] ◇ *adj* cardiac, heart; **ataque ~** heart attack. ◇ *m, f* heart patient, person with heart problems.
cardigã [kaxdʒi'gã] *m* cardigan.
cardinal [kaxdʒi'naw] (*pl* **-ais**) *adj* cardinal.
cardiovascular [ˌkaxdʒjovaʃku'la(x)] (*pl* **-es**) *adj* cardiovascular.
cardume [kax'dumi] *m* shoal.
careca [ka'rɛka] ◇ *adj* bald; **estar ~ de saber algo** to know sthg full well. ◇ *m* bald man. ◇ *f* bald patch.
carecer [kare'se(x)] *vt* **-1.** [não ter]: **~ de** to lack. **-2.** [precisar]: **~ de** to need.
careiro, ra [ka'rejru, ra] *adj* pricey.
carência [ka'rẽnsja] *f* **-1.** [falta]: **~ de** lack of. **-2.** [falta de afeto]: **~ afetiva** lack of care. **-3.** [em seguro, financiamento]: **período de ~** moratorium.
carente [ka'rẽntʃi] *adj* **-1.** [desprovido] lacking. **-2.** [pobre] needy.
carestia [kareʃ'tʃia] *f* **-1.** [custo alto] high cost. **-2.** [escassez] scarcity.
careta [ka'reta] ◇ *adj* **-1.** *fam* [conservador - pessoa] fuddy-duddy; [- roupa, festa] dated. **-2.** *fam* [que não usa drogas] clean. ◇ *f* [com o rosto] grimace; **fazer ~** to pull faces.
caretice [kare'tʃisi] *f* *fam* [convencionalismo]: **meu pai é a ~ em pessoa** my father is as old-fashioned as they come.
carga ['kaxga] *f* **-1.** [ato] loading. **-2.** [carregamento] cargo. **-3.** [fardo] load. **-4.** [de arma de fogo] charge. **-5.** [de caneta] cartridge. **-6.** *ELETR*: **~ elétrica** electric charge. **-7.** *fig* [peso] burden. **-8.** *fig* [responsabilidade] load.
cargo ['kaxgu] *m* **-1.** [função] post. **-2.** [responsabilidade] responsibility.
cargueiro, ra [kax'gejru, ra] *adj* cargo.
◆ **cargueiro** *m* cargo ship.
cariado, da [ka'riadu, da] *adj* [dente] decayed.
Caribe [ka'ribi] *n*: **o (mar do) ~** the Caribbean (Sea).
caricatura [karika'tura] *f* **-1.** [desenho] caricature. **-2.** *fig* [reprodução malfeita] distortion.
carícia [ka'risja] *f* caress.
caridade [kari'dadʒi] *f* **-1.** [benevolência] charity. **-2.** [esmola] alms *(pl)*.
caridoso, osa [kari'dozu, ɔza] *adj* charitable.
cárie ['kari] *f* caries.
carimbar [karĩn'ba(x)] *vt* to stamp.
carimbo [ka'rĩnbu] *m* stamp.
carinho [ka'riɲu] *m* **-1.** [afago] caress. **-2.** [cuidado] care.
carinhoso, osa [kari'ɲozu, ɔza] *adj* affectionate.
carisma [ka'riʒma] *m* charisma.
caritativo, va [karita'tʃivu, va] *adj* charitable.
carnal [kax'naw] (*pl* **-ais**) *adj* **-1.** [da carne, do corpo] carnal. **-2.** [consangüíneo] blood- *(antes de subst)*.
carnaval [kaxna'vaw] (*pl* **-ais**) *m* **-1.** [festa popular] carnival. **-2.** *fig* [desordem] mess. **-3.** *fig* [estardalhaço] racket.
carnavalesco, ca [kaxnava'leʃku, ka] *adj* **-1.** [relativo ao carnaval] carnival. **-2.** [extravagante] over the top.
◆ **carnavalesco** *m* **-1.** [folião] reveller. **-2.** [organizador] carnival planner.
carne ['kaxni] *f* **-1.** [ger] flesh; **em ~ e osso** in the flesh; **em ~ viva** raw; **ser de ~ e osso** *fig* to be only human, after all. **-2.** *CULIN* meat; **~ assada** roast meat. **-3.** [parentesco] flesh and blood.

Em inglês, a carne (***meat***) nem sempre leva o mesmo nome do animal de origem. ***Beef*** é usado para carne de vaca (***cow***), ***pork*** para carne de porco (***pig***), ***veal*** para novilhos (***calves***), ***mutton*** para carneiro (***sheep***). No entanto, para carne de cordeiro (***lamb***) usa-se ***lamb*** mesmo.

carnê [kax'ne] *m* [de pagamento] slate.
carne-de-sol [ˌkaxnidʒi'sɔw] (*pl* **carnes-de-sol**) *f CULIN lightly dried meat.*
carneiro [kax'nejru] *m* lamb.
carne-seca [ˌkaxni'seka] (*pl* **carnes-secas**) *f CULIN* dried meat.
carniça [kax'nisa] *f* carrion; **pular ~** to play leapfrog.
carnificina [kaxnifi'sina] *f* carnage.
carnívoro, ra [kax'nivoru, ra] *adj* carnivorous.
◆ **carnívoro** *m* carnivore.
carnudo, da [kax'nudu, da] *adj* **-1.** [lábios] full. **-2.** [fruta, perna] plump.
caro, ra ['karu, ra] *adj* **-1.** [ger] expensive. **-2.** [querido, custoso] dear.
◆ **caro** *adv* **-1.** [por alto preço] for a high price. **-2.** *fig* [com alto custo] dear.
carochinha [karɔ'ʃiɲa] *f* ▷ **história**.
caroço [ka'rosu] *m* stone.
carona [ka'rona] *f* lift; **dar/pegar ~** to give/hitch a lift.
carpete [kax'pɛtʃi] *m* fitted carpet.
carpintaria [kaxpĩnta'ria] *f* **-1.** [ofício] carpentry. **-2.** [oficina] carpenter's shop.
carpinteiro, ra [kaxpĩn'tejru] *m, f* carpenter.
carranca [ka'xãŋka] *f* **-1.** *fam* [cara fechada] sour face. **-2.** [em embarcação] figurehead.

carrapato [kaxa'patu] *m* **-1.** [inseto] tick. **-2.** *fam* [pessoa dependente] hanger-on.

carrasco [ka'xaʃku] *m* **-1.** [algoz] executioner. **-2.** *fig* [tirano] tyrant.

carregado, da [kaxe'gadu, da] *adj* **-1.** [caminhão etc.]: ~ **(de)** laden with. **-2.** [fisionomia] sullen. **-3.** [ambiente] dismal. **-4.** [estilo] dark. **-5.** [céu] threatening.

carregador [kaxega'do(x)] (*pl* **-es**) *m, f* **-1.** [de bagagem] porter. **-2.** [transportador] carrier.

carregamento [kaxega'mẽntu] *m* **-1.** [ato] loading. **-2.** [carga] load.

carregar [kaxe'ga(x)] ◇ *vt* **-1.** [ger] to load. **-2.** [levar] to transport. **-3.** *fig* [sentimento etc.] to carry. **-4.** [bateria] to charge. **-5.** [impregnar] to fill. ◇ *vi* [pôr em demasia]: ~ **em** to overdo.

carreira [ka'xejra] *f* **-1.** [correria] run. **-2.** [profissão] career. **-3.** *NÁUT* slipway. **-4.** [turfe] racecourse. **-5.** [trilha] track.

carreta [ka'xeta] *f* **-1.** [caminhão] truck. **-2.** [carroça] cart.

carretel [kaxe'tɛw] (*pl* **-éis**) *m* **-1.** [cilindro] reel. **-2.** [molinete] fishing reel.

carretilha [kaxe'tʃiʎa] *f* **-1.** [roldana] pulley. **-2.** [cortadeira] pastry cutter.

carrilhão [kaxi'ʎãw] (*pl* **-ões**) *m* **-1.** [sinos] carillon. **-2.** [relógio] chime.

carrinho [ka'xiɲu] *m* **-1.** [para transportar criança] pushchair *UK*, stroller *US*. **-2.** [para transportar comida etc.] trolley; ~ **de chá** tea trolley *UK*, tea cart *US*; ~ **de mão** handcart.

carro ['kaxu] *m* **-1.** [veículo] car; ~ **alegórico** float; ~ **de bombeiro** fire engine; ~ **de praça** taxi. **-2.** [vagão] waggon. **-3.** [de bois] cart. **-4.** [de máquina de escrever] carriage.

carro-bomba [ˌkaxu'bõnba] (*pl* **carros-bombas, carros-bomba**) *m* car bomb.

carroça [ka'xɔsa] *f* **-1.** [de tração animal] cart. **-2.** [calhambeque] trap.

carroceria [kaxose'ria] *f* car body.

carro-chefe [ˌkaxũ'ʃɛfi] (*pl* **carros-chefes**) *m* leading float.

carrocinha [kaxɔ'siɲa] *f* dog wagon.

carrossel [kaxɔ'sɛw] (*pl* **-éis**) *m* roundabout *UK*, merry-go-round *US*.

carruagem [ka'xwaʒẽ] (*pl* **-ns**) *f* carriage.

carta ['kaxta] *f* **-1.** [missiva] letter; ~ **registrada** registered letter. **-2.** [de baralho] playing card; **dar as ~s** to deal the cards. **-3.** [mapa] map. **-4.** [constituição]: ~ **magna** charter.

cartão [kax'tãw] (*pl* **-ões**) *m* card; ~ **de crédito** credit card; ~ **de telefone** phone card; ~ **de embarque** boarding card; ~ **pré-pago** [para celular] prepaid card.

> Não confundir *cartão (card)* com o inglês *carton* que em português é *pacote*. (*Eu recebi um lindo cartão de aniversário.* I received a nice birthday *card*.)

cartão-postal [kaxˌtãwpoʃtaw] (*pl* **cartões-postais**) *m* postcard.

cartaz [kax'taʃ] (*pl* **-es**) *m* **-1.** [anúncio] poster. **-2.** *CINE & TEATRO* : **estar em ~** to be showing.

carteira [kax'tejra] *f* **-1.** [para dinheiro]: ~ **(de notas)** wallet. **-2.** [mesa] desk. **-3.** [documento]: ~ **de identidade** identity card; ~ **de estudante** student card; ~ **de investimentos** *ECON* investment portfolio; ~ **de sócio** membership card; ~ **de motorista** driving licence *UK*, driver's license *US*. **-4.** [de cigarros] pack. **-5.** [de títulos, ações] portfolio.

carteiro, ra [kax'tejru, ra] *m, f* postman (*f* postwoman).

cartola [kax'tɔla] ◇ *f* [chapéu] top hat. ◇ *m* **-1.** *fam* [pessoa importante] snob. **-2.** *pej & FUT* *club manager who abuses his position.*

cartolina [kaxto'lina] *f* card.

cartomante [kaxto'mãntʃi] *mf* card reader.

cartório [kax'tɔrju] *m* **-1.** [arquivo] archive. **-2.** [de registro civil] registry office. **-3.** [de registro de imóveis] Land Registry.

cartucho [kax'tuʃu] *m* **-1.** [de arma] cartridge. **-2.** [invólucro] tube. **-3.**: ~ **de tinta** ink cartridge.

cartum [kax'tũ] (*pl* **-ns**) *m* cartoon.

cartunista [kaxtu'niʃta] *mf* cartoonist.

carvalho [kax'vaʎu] *m* oak.

carvão [kax'vãw] (*pl* **-ões**) *m* **-1.** [combustível] coal; ~ **vegetal** charcoal. **-2.** [tição] cinder.

casa ['kaza] *f* **-1.** [ger] house. **-2.** [lar] home; **em ~** at home; **ir para ~** to go home. **-3.** [estabelecimento] building; ~ **de câmbio** bureau de change; **Casa da Moeda** Mint; ~ **de saúde** hospital. **-4.** [de botões] buttonhole. **-5.** *MAT* place.

casacão [kaza'kãw] (*pl* **-ões**) *m* overcoat.

casaco [ka'zaku] *m* coat; ~ **de pele** fur coat.

casa-grande [ˌkaza'grãndʒi] (*pl* **casas-grandes**) *f* main house.

casal [ka'zaw] (*pl* **-ais**) *m* **-1.** [homem e mulher] couple. **-2.** [de filhos] pair.

casamento [kaza'mẽntu] *m* **-1.** [ger] marriage. **-2.** [cerimônia] wedding.

casar [ka'za(x)] ◇ *vt* **-1.** [ger] to marry. **-2.** [emparelhar] to pair. ◇ *vi* [em matrimônio]: ~ **(com alguém)** to marry (sb); ~ **no civil/no religioso** to have a civil/religious wedding.
◆ **casar-se** *vp* **-1.** [em matrimônio] to marry. **-2.** [combinar-se] to go.

casarão [kaza'rãw] (*pl* **-ões**) *m* large house.

casca ['kaʃka] *f* **-1.** [de pão] crust. **-2.** [de ferida] scab. **-3.** [de ovo] shell. **-4.** [de fruta] peel. **-5.** *fig* [aparência] sullenness.

cascalho [kaʃ'kaʎu] *m* gravel.

cascão [kaʃ'kãw] (*pl* **-ões**) *m* **-1.** [crosta] hard crust. **-2.** [de sujeira] grime.

cascata [kaʃ'kata] *f* **-1.** [queda d'água] waterfall.

-2. *fam* [mentira] fib. **-3.** *fam* [bazófia] bragging.

cascavel [kaʃka'vɛw] (*pl* **-éis**) ◇ *m* ZOOL rattlesnake. ◇ *f* ***fig*** [mulher] cow.

casco ['kaʃku] *m* **-1.** [de navio] hull. **-2.** [de tartaruga] shell. **-3.** [garrafa] cask. **-4.** [crânio] scalp.

casebre [ka'zɛbri] *m* hovel.

caseiro, ra [ka'zejru, ra] ◇ *adj* **-1.** [produto] home-made. **-2.** [trabalho] home- *(antes de subst)*. **-3.** [roupa] homespun. **-4.** [pessoa] family man. ◇ *m, f* [empregado] caretaker.

caserna [ka'zɛxna] *f* MIL barracks *(pl)*.

caso ['kazu] ◇ *m* **-1.** [fato] matter. **-2.** [circunstância]: **em todo ~** anyway; **neste ~** in that case; **no ~ de** should there be; **~ de emergência** emergency. **-3.** [história] story. **-4.** [amoroso] affair. **-5.** [problema]: **criar ~** to cause a problem. **-6.** MED, GRAM case. ◇ *conj* if.

caspa ['kaʃpa] *f* dandruff.

casquinha [kaʃ'kiɲa] *f* [de pele] scab.

cassado, da [ka'sadu, da] *m, f person deprived of his/her civil rights*.

cassete [ka'sɛtʃi] ◇ *adj inv* [fita, gravador] tape- *(antes de subst)*. ◇ *m* [gravador] tape.

cassetete [kase'tɛtʃi] *m* truncheon.

cassino [ka'sinu] *m* casino.

casta ['kaʃta] *f* **-1.** [camada social] caste. **-2.** ***fig*** [raça] race.

castanha [kaʃ'tãɲa] *f* ▷ **castanho**.

castanha-do-pará [kaʃ,tãɲadupa'ra] (*pl* **castanhas-do-pará**) *m* Brazil nut.

castanheiro [kaʃtã'ɲejru] *m* chestnut tree.

castanho, nha [kaʃ'tãɲu, ɲa] *adj* [olhos etc.] brown.
◆ **castanha** *f* [fruto] chestnut; **~ -de-caju** cashew.

castanholas [kaʃtã'ɲɔlaʃ] *fpl* castanets.

castelo [kaʃ'tɛlu] *m* castle.

castiçal [kaʃtʃi'saw] (*pl* **-ais**) *m* candlestick.

castiço, ça [kaʃ'tʃisu, sa] *adj* **-1.** [puro] top-breed. **-2.** [de boa casta] well-bred. **-3.** ***fig*** [vernáculo] vernacular.

castidade [kaʃtʃi'dadʒi] *f* chastity.

castigar [kaʃtʃi'ga(x)] *vt* **-1.** [punir] to punish. **-2.** ***fam*** [tocar] to bash out.

castigo [kaʃ'tʃigu] *m* **-1.** [punição] punishment. **-2.** ***fig*** [mortificação] torture; **ser um ~** to be torture.

casto, ta ['kaʃtu, ta] *adj* chaste.

casual [ka'zwaw] (*pl* **-ais**) *adj* chance *(antes de subst)*.

> Não confundir *casual (chance)* com o inglês *casual* que em português é *informal*. (*A amizade deles foi o resultado de um encontro casual.* Their friendship was the result of a *chance* meeting.)

casualidade [kazwali'dadʒi] *f* chance; **por ~** by chance.

casulo [ka'zulu] *m* **-1.** [de insetos] cocoon. **-2.** [de sementes] boll.

cata ['kata] *f*: **à ~ de algo/alguém** in search of sthg/sb.

catalão, lã [kata'lãw, lã] ◇ *adj* Catalan. ◇ *m, f* Catalan.
◆ **catalão** *m* [língua] Catalan.

catalogar [katalo'ga(x)] *vt* to catalogue.

catálogo [ka'talogu] *m* catalogue; **~ (de telefones)** telephone directory.

Catalunha [kata'lũɲa] *n* Catalonia.

catapora [kata'pɔra] *f* chickenpox.

catar [ka'ta(x)] *vt* **-1.** [procurar] to search for. **-2.** [pegar, recolher] to pick up. **-3.** [tirar, limpar de] to pick out; **~ piolhos** to delouse. **-4.** [escolher] to pick over; **~ feijão/arroz** to pick over beans/rice.

catarata [kata'rata] *f* **-1.** [queda-d'água] waterfall. **-2.** MED cataract.

catarro [ka'taxu] *m* catarrh.

catástrofe [ka'taʃtrofi] *f* catastrophe.

cata-vento [kata'vẽntu] (*pl* **cata-ventos**) *m* weathervane.

catecismo [kate'siʒmu] *m* catechism.

cátedra ['katedra] *f* **-1.** UNIV chair. **-2.** RELIG throne.

catedral [kate'draw] (*pl* **-ais**) *f* cathedral.

catedrático, ca [kate'dratʃiku, ka] ◇ *m, f* chair. ◇ *adj* chair.

categoria [katego'ria] *f* **-1.** [grupo] category. **-2.** [qualidade] quality; **de (alta) ~** high quality. **-3.** [social] standing. **-4.** [cargo] position.

categorização [kategoriza'sãw] (*pl* **-ões**) *f* categorization.

catequese [kate'kɛzi] *f* religious instruction.

cateterismo [katete'riʒmu] *m* MED catheterization.

cativar [katʃi'va(x)] *vt* **-1.** [escravizar] to capture. **-2.** [seduzir] to captivate.

cativeiro [katʃi'vejru] *m* **-1.** [escravidão] slavery. **-2.** [prisão] captivity.

cativo, va [ka'tʃivu, va] ◇ *adj* **-1.** [preso] captive. **-2.** [cadeira] exclusive. ◇ *m, f* [escravo] slave. **-2.** [prisioneiro] prisoner.

catolicismo [katoli'siʒmu] *m* Catholicism.

católico, ca [ka'tɔliku, ka] *adj* RELIG Catholic.

catorze [ka'toxzi] *num* fourteen; ***veja também* seis**.

catucar [katu'ka(x)] *vt* = **cutucar**.

caução [kaw'sãw] (*pl* **-ões**) *f* **-1.** [cautela] care. **-2.** [garantia] pledge. **-3.** JUR bail.

cauções [kaw'sõjʃ] *fpl* ▷ **caução**.

cauda ['kawda] *f* **-1.** [de animal] tail. **-2.** [de vestido] train.

caudaloso, osa [kawda'lozu, ɔza] *adj* torrential.

caudilho [kaw'dʒiʎu] *m* military commander.

caule ['kawli] *m* stem.

causa ['kawza] *f* **-1.** [ger] cause. **-2.** [motivo] reason; **por ~ de** because of.

causador, ra [kawza'do(x), ra] <> *adj* causal. <> *m, f* cause.
causar [kaw'za(x)] *vt* to cause.
cautela [kaw'tɛla] *f* **-1.** [precaução] precaution. **-2.** [título] share certificate. **-3.** [de penhor] pawn ticket.
cauteloso, osa [kawte'lozu, ɔza] *adj* cautious.
cava ['kava] *f* ⊳ **cavo.**
cavala [ka'vala] *f* [peixe] mackerel.
cavalaria [kavala'ria] *f* **-1.** MIL cavalry. **-2.** [cavalos] herd of horses. **-3.** [ordem] chivalry.
cavalariça [kavala'risa] *f* [estrebaria] stable.
cavalariço [kavala'risu] *m* [estribeiro] groom *UK*, stableman *US*.
cavaleiro, ra [kava'lejru] *m, f* [quem monta] horseman (*f* horsewoman).
◆ **cavaleiro** *m* [medieval] knight.
cavalete [kava'letʃi] *m* **-1.** [de pintor] easel. **-2.** [de mesa] trestle. **-3.** [para instrumento] bridge.
cavalgar [kavaw'ga(x)] *vt* & *vi* to ride.
cavalheiro [kava'ʎejru] <> *m* gentleman. <> *adj* [educado] well-bred.
cavalo [ka'valu] *m* **-1.** ZOOL horse; **a ~** on horseback. **-2.** [em xadrez] knight. **-3.** *fig* [pessoa agressiva] pig; **ele agiu como um ~** he behaved like a pig. **-4.** [cavalo-vapor] horsepower. **-5.** *loc*: **pode tirar o ~ da chuva que ela não vai aceitar sua proposta** you can forget that, as she's not going to accept your proposal.
cavalo-de-pau [kavaludʒi'paw] (*pl* **cavalos-de-pau**) *m* wheel spin.
cavalo-de-tróia [ka'valudʒitrɔja] (*pl* **cavalos-de-Tróia**) *m* COMPUT Trojan horse.
cavanhaque [kava'ɲaki] *m* goatee.
cavaquinho [kava'kiɲu] *m* small guitar.
cavar [ka'va(x)] <> *vt* **-1.** [ger] to dig. **-2.** [emprego] to search long and hard. <> *vi* [escavar] to dig.
cave ['kavi] *f* cellar.
caveira [ka'vejra] *f* **-1.** [crânio] skull. **-2.** *fig* [rosto macilento] cavernous face.
caverna [ka'vɛxna] *f* cavern.
caviar [ka'vja(x)] *m* caviar.
cavidade [kavi'dadʒi] *f* cavity.
cavilha [ka'viʎa] *f* peg.
cavo, va ['kavu, va] *adj* [côncavo] hollow.
◆ **cava** *f* [de manga] armhole.
caxumba [ka'ʃũnba] *f* mumps *(sg)*.
CBF (*abrev de* **Confederação Brasileira de Futebol**) *f Brazilian football federation.*
c/c (*abrev de* **conta corrente**) *f* c/a.
CD [se'de] (*abrev de* **Compact Disc**) *m* CD.
CDB (*abrev de* **Certificado de Depósito Bancário**) *m type of investment offered by Brazilian banks.*
CDC (*abrev de* **Código de Defesa do Consumidor**) *m Brazilian consumer protection legislation.*
CD-i (*abrev de* **Compact Disc-Interativo**) *m* CD-I.
CD-ROM (*abrev de* **Compact Disc-Read Only Memory**) *m* CD-ROM.
CE <> *f* (*abrev de* **Comunidade Européia**) EC. <> *m* (*abrev de* **Estado do Ceará**) *State of Ceará.*
cear ['sja(x)] <> *vt* to have for supper. <> *vi* to have supper.
CEASA (*abrev de* **Companhia de Entrepostos e Armazéns S.A**) *m Brazilian company of fruit and vegetable wholesalers.*
cebola [se'bola] *f* onion.
cebolinha [sebo'liɲa] *f* chive.
CEBRAP (*abrev de* **Centro Brasileiro de Análise e Planejamento**) *m independent research centre for the study of Brazilian society.*
cê-cedilha [ˌsese'dʒiʎa] (*pl* **cês-cedilhas**) *m* c-cedilla.
ceder [se'de(x)] <> *vt* **-1.** [dar] to hand over. **-2.** [emprestar] to loan. <> *vi* **-1.** [aquiescer]: **~ a algo** to give in to sthg. **-2.** [diminuir] to fall. **-3.** [afrouxar-se] to loosen. **-4.** [curvar-se ao peso] to give way. **-5.** [sucumbir]: **~ a algo** to give way to sthg. **-6.** [transigir] to give in.
cedilha [se'diʎa] *f* cedilla.
cedo ['sedu] *adv* [de manhãzinha] early; **mais ~ ou mais tarde** sooner or later; **quanto mais ~ melhor** the sooner the better.
cedro ['sɛdru] *m* cedar.
cédula ['sɛdula] *f* **-1.** [dinheiro] banknote. **-2.** [em votação]: **~ eleitoral** ballot paper.
CEF (*abrev de* **Caixa Econômica Federal**) *f Brazilian state-owned bank financing loans for house purchase.*
cegar [se'ga(x)] *vt* **-1.** [ger] to blind. **-2.** [suj: paixão, raiva] to make blind. **-3.** [tesoura etc.] to blunt.
cego, ga ['sɛgu, ga] <> *adj* **-1.** [ger] blind. **-2.** [tesoura] blunt. <> *m, f* blind person.
◆ **às cegas** *loc adv* **-1.** [sem ver] blindly. **-2.** [sem saber] in the dark.
cegonha [se'goɲa] *f* [ave] stork; **esperar a chegada da ~** *fam* to be pregnant.
cegueira [se'gejra] *f* blindness.
ceia ['seja] *f* supper; **~ de Natal** Christmas Eve midnight supper.
ceifa ['sejfa] *f* **-1.** [ato] harvest. **-2.** [época] harvest-time. **-3.** *fig* [destruição, mortandade] death-toll.
cela ['sɛla] *f* cell.
celebração [selebra'sãw] (*pl* **-ões**) *f* **-1.** [realização] celebration. **-2.** [comemoração] commemoration.
celebrar [sele'bra(x)] *vt* **-1.** [ger] to celebrate. **-2.** [exaltar] to glorify.
célebre ['sɛlebri] *adj* famous.
celebridade [selebri'dadʒi] *mf* celebrity.

celeiro [se'lejru] *m* **-1.** [para cereais] granary. **-2.** [depósito] store.
celeste [se'lɛʃtʃi] *adj* heavenly.
celibato [seli'batu] *m* celibacy.
celofane [selo'fãni] ◇ *adj* [papel] cellophane. ◇ *m* cellophane.
celsius [sew'siuʃ] *adj* Celsius.
celta ['sɛwta] ◇ *adj* Celtic. ◇ *mf* [pessoa] Celt. ◇ *m* [língua] Celtic.
célula ['sɛlula] *f* cell; ~ **fotoelétrica** photoelectric cell.
celular [selu'la(x)] ◇ *adj* cellular. ◇ *m* TELEC cellular phone.
célula-tronco ['sɛlula-trõŋku] *f* stem cell.
celulite [selu'litʃi] *f* cellulite.
cem ['sẽ] *num* **-1.** [cardinal] one/a hundred; ~ **por cento** one/a hundred per cent; *veja também* **seis**. **-2.** [muitos]: ~ **vezes** hundreds of times.
◆ **cem por cento** ◇ *loc adj*: **ser** ~ **por cento** to be one hundred per cent. ◇ *loc adv* [totalmente] completely.
cemitério [semi'tɛrju] *m* cemetery.
cena ['sena] *f* **-1.** [de peça, filme, novela] scene. **-2.** [palco] stage; **em** ~ on stage. **-3.** [acontecimento] spectacle.
cenário [se'narju] *m* **-1.** [ger] scene. **-2.** [em teatro, cinema, TV] scenery. **-3.** [panorama] sight.

A palavra 'cenário' pode referir-se a *scenario* e *scenery* em inglês, mas é preciso ter cuidado para não confundi-las. *Scenario* quer dizer 'cenário', por exemplo, de um filme, ou, mais freqüentemente, 'situação hipotética no futuro' ou 'panorama', como na sentença *there are two possible scenarios* há duas situações possíveis. Quanto à palavra *scenery*, ela também tem dois significados: paisagem e cenário (de uma peça de teatro).

cenografia [senogra'fia] *f* scenography.
cenógrafo, fa [se'nɔgrafu, fa] *m, f* scenographer.
cenoura [se'nora] *f* carrot.
censo ['sẽsu] *m* census.
censura [sẽn'sura] *f* **-1.** [crítica] criticism. **-2.** [repreensão] reprimand. **-3.** [condenação] condemnation. **-4.** [prática] censure. **-5.** [organismo] board of censors. **-6.** [proibição] censorship. **-7.** [corte] cut.
censurado, da [sẽnsu'radu, da] *adj* [proibido] censored.
censurar [sẽnsu'ra(x)] *vt* **-1.** [criticar] to criticise. **-2.** [repreender] to reprove. **-3.** [condenar] to condemn. **-4.** [examinar] to censor. **-5.** [proibir] to ban. **-6.** [cortar] to cut.
centavo [sẽn'tavu] *m* cent; **estar sem um** ~ to be penniless.
centeio [sẽn'teju] *m* rye.
centelha [sẽn'teʎa] *f* spark.
centena [sẽn'tena] *f* hundred; **às** ~**s** in their hundreds; **uma** ~ **de vezes** a hundred times.
centenário, ria [sẽnte'narju, rja] ◇ *adj*: **um homem** ~ a hundred-year-old man; **ele é** ~ he is a hundred years old. ◇ *m, f* [pessoa] centenarian.
◆ **centenário** *m* [comemoração] centenary.
centésimo, ma [sẽn'tɛzimu, ma] ◇ *num* hundredth. ◇ *m, f* [pessoa] hundredth.
◆ **centésimo** *m* hundredth.
centígrado, da [sẽn'tʃigradu] *adj* centigrade *(depois de subst)*.
◆ **centígrado** *m* centigrade.
centilitro [sẽntʃi'litru] *m* centilitre.
centímetro [sẽn'tʃimetru] *m* centimetre.
cento ['sẽntu] *num*: ~ **e dez** one/a hundred and ten; **por** ~ per cent; *veja também* **seis**.
centopéia [sẽnto'pɛja] *f* centipede.
central [sẽn'traw] (*pl* **-ais**) ◇ *adj* **-1.** [ger] central. **-2.** *fig* [problema, ponto, argumento] central. ◇ *f* **-1.** [agência, delegacia]: ~ **de polícia** police station; ~ **de atendimento** call centre; ~ **de correios** post office; ~ **telefônica** telephone exchange. **-2.** [usina]: ~ **elétrica** power station.
centralizar [sẽntrali'za(x)] *vt* to centralize.
centrar [sẽn'tra(x)] ◇ *vt* **-1.** [ger] to centre. **-2.** FUT [bola, passe]: ~ to kick into the centre. ◇ *vi* FUT to shoot.
centrífuga [sẽntri'fuga], **centrifugadora** [sẽntri'fuga'dora] *f* centrifuge.
centro ['sẽntru] *m* **-1.** [ger] centre; **ser o** ~ **das atenções** to be the centre of attention; ~ **comercial** shopping centre *UK*, shopping mall *US*; ~ **cultural** cultural centre; ~ **espírita** spiritualist centre; ~ **de processamento de dados** data processing centre. **-2.** [de cidade] (city) centre; **ir ao** ~ to go downtown. **-3.** [metrópole] metropolis.
centroavante [ˌsẽntrw'vãntʃi] *m* centre forward.
CEP (*abrev de* **Código de Endereçamento Postal**) *m* ≃ post code *UK*, ≃ zip code *US*.
CEPAL (*abrev de* **Comissão Econômica para a América Latina**) *f* ECLAC.
cera ['sera] *f* **-1.** [ger] wax. **-2.** [para polir] wax polish.
cerâmica [se'rãmika] *f* **-1.** [ger] ceramics. **-2.** [fábrica] pottery. **-3.** [argila cozida] ceramic.
ceramista [sera'miʃta] *mf* potter, ceramicist.
cerca ['sexka] *f* [de arame, madeira, ferro] fence; ~ **viva** hedge.
◆ **cerca de** *loc prep* around.
cercanias [sexka'niaʃ] *fpl* **-1.** [arredores] outskirts. **-2.** [vizinhança] neighbourhood.
cercar [sex'ka(x)] *vt* **-1.** [ger] to surround. **-2.** [pôr cerca em] to fence.
◆ **cercar-se** *vp* [rodear-se]: ~**-se de** to surround o.s. with.

cerco ['sexku] *m* [assédio] siege; **pôr** ~ **a** to lay siege to.

cereal [se'rjaw] (*pl* **-ais**) *m* cereal.

cérebro ['sɛrebru] *m* **-1.** ANAT brain. **-2.** *fig* [líder, mentor]: **o** ~ the brains *(sg)*.

cereja [se'reʒa] *f* cherry.

cerimônia [seri'monja] *f* **-1.** [solenidade] ceremony. **-2.** [formalidade] formality; **fazer** ~ to stand on ceremony.

cerne ['sɛxni] *m* **-1.** [de madeira] heartwood. **-2.** *fig* [de questão] heart.

ceroulas [se'rolaʃ] *fpl* long johns.

cerração [sexa'sãw] *f* [neblina] fog.

cerrado, da [se'xadu, da] *adj* **-1.** [fechado - porta, olhos] closed; [- punhos, dentes] clenched. **-2.** [intenso] [bombardeio] heavy. **-3.** [denso, espesso] thick.

◆ **cerrado** *m* [vegetação] *dense, low vegetation found in northern and central Brazil.*

cerrar [se'xa(x)] *vt* [fechar - porta, olhos] to close; [-punhos, centes] to clench.

certa ['sɛxta] *f* ▷ **certo.**

certeiro, ra [sex'tejru, ra] *adj* accurate.

certeza [sex'teza] *f* certainty; **ter** ~ **de algo** to be sure about sthg; **ter** ~ **de que** to be sure that; **com** ~ definitely.

certidão [sextʃi'dãw] (*pl* **-ões**) *f* certificate; ~ **de casamento** marriage certificate; ~ **de nascimento** birth certificate.

certificação [sextʃifika'sãw] (*pl* **-ões**) *f* certification.

certificado [sextʃifi'kadu] *m* certificate.

certificar [sextʃifi'ka(x)] *vt* **-1.** [assegurar]: ~ **alguém de algo/de que** to assure sb of sthg/ that. **-2.** [atestar] to affirm.

◆ **certificar-se** *vp*: ~**-se de que/de algo** to make sure that/of sthg.

certo, ta ['sɛxtu, ta] ◇ *adj* **-1.** [ger] right. **-2.** [correto, certeiro] correct. **-3.** [sensato, acertado] sensible. **-4.** [infalível, seguro] certain. **-5.** [com razão]: **estar** ~ to be right. **-6.** [com certeza]: **estar** ~ **de que/de algo** to be sure that/of sthg. ◇ *pron* **-1.** *(antes de subst)* [um, algum] right; **certa vez** once. **-2.** *loc* : **dar** ~ to work; **está** ~ [está bem] all right.

◆ **certo** ◇ *m* **-1.** [correto] (what is) right; **ele não sabe distinguir entre o** ~ **e o errado** he doesn't know the difference between right and wrong. **-2.** [verdade] truth. ◇ *adv* **-1.** [certamente] certainly. **-2.** [corretamente] correctly.

◆ **certa** *f*: **na certa** definitely.

◆ **ao certo** *loc adv* for sure.

cerveja [sex'veʒa] *f* [bebida] beer.

cervejaria [sexveʒa'ria] *f* **-1.** [fábrica] brewery. **-2.** [estabelecimento] *beer bar, usually serving food if wanted.*

cessação [sesa'sãw] *f* ending.

cessão [se'sãw] (*pl* **-ões**) *f* **-1.** [cedência] assignment. **-2.** [transferência] transfer.

cessar [se'sa(x)] ◇ *vi* to come to an end; **sem** ~ non-stop. ◇ *vt* **-1.** [fogo] to cease. **-2.** [trabalho] to stop.

cessar-fogo [se,sax'fogu] *m (inv)* ceasefire.

cessões [se'sõjʃ] *pl* ▷ **cessão.**

cesta ['seʃta] *f* **-1.** [ger] basket; ~ **básica** *basic monthly supplies that the average lower-middle-class family needs in order to survive.* **-2.** [conteúdo] basketful. **-3.** [ESP - aro] basket; [- ponto] stitch.

cesto ['seʃtu] *m* basket.

CETESB (*abrev de* **Companhia Estadual de Tecnologia de Saneamento Básico e Defesa do Meio Ambiente**) *f São Paulo environment agency.*

cético, ca ['sɛtʃiku, ka] ◇ *adj* sceptical. ◇ *m, f* sceptic.

cetim [se'tʃĩ] *m* satin.

cetro ['sɛtru] *m* sceptre.

céu ['sɛw] *m* **-1.** [firmamento] sky; **cair do** ~ *fig* to be heaven-sent. **-2.** RELIG heaven. **-3.** ANAT : ~ **da boca** roof of the mouth.

cevada [se'vada] *f* barley.

cevar [se'va(x)] *vt* **-1.** [alimentar] to feed. **-2.** [fazer engordar] to fatten.

CFC (*abrev de* **clorofluorocarboneto**) *m* CFC.

chá ['ʃa] *m* [ger] tea; ~ **completo** afternoon tea; ~ **de camomila/menta** camomile/mint tea; ~ **preto** black tea.

chã ['ʃã] *f* plain.

chacal [ʃa'kaw] (*pl* **-ais**) *m* jackal.

chácara ['ʃakara] *f* **-1.** [no campo] smallholding. **-2.** [na cidade] large town house. **-3.** [casa de campo] country house.

chacina [ʃa'sina] *f* slaughter.

chacota [ʃa'kɔta] *f* **-1.** [deboche] ridicule. **-2.** [objeto de deboche] butt of ridicule.

chafariz [ʃafa'riʃ] (*pl* **-es**) *m* fountain.

chafurdar [ʃafux'da(x)] *vi*: ~ **em** [lama etc.] to wallow in; *fig* [vícios etc.] to become involved in.

chaga ['ʃaga] *f* **-1.** [ferida] wound. **-2.** *fig* [mal] scourge.

chalé [ʃa'lɛ] *m* cottage.

chaleira [ʃa'lejra] *f* kettle.

chama ['ʃãma] *f* flame; **em** ~**s** in flames.

chamada [ʃa'mada] *f* **-1.** [telefônica] call; **fazer uma** ~ **a cobrar** to make a reverse charge call *UK*, to call collect *US*. **-2.** [verificação de presença] roll call. **-3.** JORN headline.

chamar [ʃa'ma(x)] ◇ *vt* **-1.** [ger] to call; **ela decidiu chamá-la de Júlia** she decided to call her 'Júlia'. **-2.** [com gesto] to hail. **-3.** [convocar] to summon; [para função]: ~ **alguém para algo** to call sb for sthg. **-4.** [convidar] to invite; ~ **a atenção** [suj: pessoa, roupa] to attract attention; [para aspecto etc.] to draw attention. **-5.** [acordar] to wake. **-6.** [qualificar]: **~ algo/alguém de algo** to call sthg/sb sthg. <> *vi* **-1.** [dar sinal para vir] to call over; **chamei, mas ela não quis vir** I called her over but she didn't want to come. **-2.** [para acudir]: **~ por alguém** to call out for sb. **-3.** [telefone] to ring.

◆ **chamar-se** *vp* [ter por nome] to be called; **como você se chama?** what's your name?

chamariz [ʃama'riʒ] *m* **-1.** [isca] bait. **-2.** [seta, anúncio] advert. **-3.** *fig* [engodo] illusion.

chamativo, va [ʃama'tʃivu, va] *adj* flashy.

chaminé [ʃami'nɛ] *f* chimney.

champanha [ʃãm'pãɲa], **champanhe** [ʃãm'dpaɲi] *m* OU *f* champagne.

chamuscar [ʃamuʃ'ka(x)] *vt* **-1.** [roupa] to scorch. **-2.** [cabelo] to singe. **-3.** [pessoa, braço] to burn.

chance ['ʃãnsi] *f* chance; **dar uma ~ a** OU **para alguém/algo** to give sb/sthg a chance; **ele tem boas ~s de ganhar** he has a good chance of winning.

chanceler [ʃãnse'lɛ(x)] *mf* **-1.** [ministro] minister. **-2.** [chefe de governo] head of government.

chantagear [ʃãnta'ʒja(x)] *vt* to blackmail.

chantagem [ʃãn'taʒẽ] (*pl* **-ns**) *f* blackmail.

chantagista [ʃãnta'ʒiʃta] *mf* blackmailer.

chão ['ʃãw] *m* **-1.** [piso] floor. **-2.** [solo] ground.

chapa ['ʃapa] <> *f* **-1.** [folha] sheet; **~ de metal/aço** metal/steel sheet. **-2.** [para grelhar] hotplate; **bife na ~** steak on the griddle. **-3.** AUTO [placa] number plate *UK*, license plate *US*. **-4.** [de impressão] plate. **-5.** FOT shot. **-6.** [radiografia] X-ray. **-7.** POL [eleitoral] roll.

chapéu [ʃa'pɛw] *m* hat; **de tirar o ~** fantastic.

chapinha [ʃa'piɲa] *f* [de garrafa] stopper.

charada [ʃa'rada] *f* [enigma] puzzle.

charco ['ʃaxku] *m* puddle.

charge ['ʃaxʒi] *f* cartoon.

chargista [ʃax'ʒiʃta] *mf* cartoonist.

charlatão, tã [ʃaxla'tãw, tã] (*mpl* **-ães**, *fpl* **-s**) <> *adj* charlatan. <> *m, f* impostor.

charme ['ʃaxmi] *m* charm.

charmoso, osa [ʃax'mozu, ɔza] *adj* charming.

charrete [ʃa'xɛtʃi] *f* chariot.

charter ['ʃarte(x)] <> *adj inv* charter. <> *m* charter plane.

charuto [ʃa'rutu] *m* cigar.

chassi [ʃa'si] *m* **-1.** [ger] chassis. **-2.** ARTE [de tela] stretcher.

chateação [ʃatʃja'sãw] (*pl* **-ões**) *f* **-1.** [aborrecimento] boredom. **-2.** [maçada] bore.

chatear [ʃa'tʃja(x)] <> *vt* **-1.** [aborrecer] to annoy. **-2.** [incomodar] to bother. **-3.** [enfadar] to irritate. **-4.** [implicar com] to tease. <> *vi* **-1.** [aborrecer] to be boring. **-2.** [incomodar] to be annoying.

◆ **chatear-se** *vp* [aborrecer-se] to become bored.

chatice [ʃa'tʃisi] *f* boredom.

chato, ta ['ʃatu, ta] <> *adj* **-1.** [superfície, forma] flat; **ele tem pés ~s** he's got flat feet. **-2.** [filme, música] boring. **-3.** [desagradável] unwelcome. **-4.** [embaraçoso] tricky. <> *m, f* bore; **um ~ de galochas** a drag.

chauvinista [ʃovi'niʃta] *mf* chauvinist.

chavão [ʃa'vãw] (*pl* **-ões**) *m* hackneyed phrase.

chave ['ʃavi] *f* **-1.** [de fechadura] key. **-2.** [ferramenta] spanner; **~ de fenda** OU **parafusos** screwdriver; **~ inglesa** adjustable spanner *UK*, monkey wrench *US*. **-3.** ELETR switch. **-4.** [golpe] blow. **-5.** [sinal gráfico] curly bracket. **-6.** *fig* [de problema] key.

chaveiro [ʃa'vejru] *m* **-1.** [utensílio] key-rack. **-2.** [profissional] locksmith.

chavões [ʃa'võjʃ] *pl* ⊳ **chavão**.

checar [ʃe'ka(x);] *vt* to check.

check-up [ʃe'kapi] (*pl* **check-ups**) *m* check-up.

chefe ['ʃɛfi] *mf* **-1.** [superior] head; **~ de estado** head of state. **-2.** *fam* [garçom] waiter. **-3.** *fam* [freguês] mate.

chefia [ʃe'fia] *f* **-1.** [direção] management. **-2.** [repartição, sala] management office.

chefiar [ʃe'fja(x)] *vt* to lead.

chega ['ʃega] *m fam* [repreensão]: **dar um ~ (para lá) em alguém** to tear a strip off sb.

chegada [ʃe'gada] *f* **-1.** [vinda, regresso] arrival. **-2.** [aproximação] approach. **-3.** ESP finishing line.

chegar [ʃe'ga(x)] <> *vi* **-1.** [a um lugar]: **~ em** to arrive at; **~ em casa** to arrive home; **~ de** to arrive from. **-2.** [aproximar-se] to approach. **-3.** [afastar-se]: **chega para lá** [ir embora] go away; [deslocar-se] move over. **-4.** [verão, noite, hora] to arrive. **-5.** [bastar] to be enough; **chegar!** that's enough! **-6.** [alcançar] to reach; **não ~ aos pés de** [não ser comparável a] to come nowhere near. **-7.** [conseguir]: **~ a (ser) algo** to succeed in becoming sthg; **~ a fazer algo** to manage to do sthg. **-8.** [ir ao extremo]: **~ a fazer algo** to reach the point of doing sthg. <> *vt* **-1.** [aproximar]: **~ algo para cá** to bring sthg over here. **-2.** [afastar]: **~ algo para lá/para o lado** to move sthg over there/to one side.

◆ **chegar-se** *vp* [aproximar-se] to come closer.

cheio, cheia ['ʃeju, 'ʃeja] *adj* **-1.** [ger] full; **~ de si** [orgulhoso] proud; [arrogante] full of o.s. **-2.** [gordo] plump. **-3.** *fam* [farto]: **estar ~ (de alguém/algo)** to be fed up with sb/sthg.

◆ **cheia** *f* **-1.** [de rio] flood. **-2.** [época] flood season.

◆ **em cheio** *loc adv*: **acertar em ~** to hit the mark.

cheirar [ʃej'ra(x)] <> *vt* **-1.** [flor, perfume, comida] to smell. **-2.** [cocaína] to snort. <> *vi* **-1.** [flor, perfume, comida] to smell; **~ a** [ter cheiro de] to smell of; *fig* [parecer] to smack (of); **~ bem/**

mal to smell nice/bad. **-2.** [cocaína]: **passou a noite cheirando** he spent the whole night snorting (coke).
cheiroso, osa [ʃej'rosu, ɔza] *adj* scented.
cheiro-verde [ˌʃeju'vexdʒi] (*pl* **cheiros-verdes**) *m* parsley and spring onion.
cheque ['ʃɛki] *m* cheque; ~ **especial** guaranteed cheque; ~ **nominal** nominative cheque; ~ **pré-datado** pre-dated cheque; ~ **voador** *OU* **sem fundos** bounced cheque.
chiado ['ʃjadu] *m* **-1.** [de roda, porta] squeak. **-2.** [de passarinho] chirp.
chiar ['ʃja(x)] *vi* **-1.** [emitir chio - pessoa, respiração] to wheeze; [- vento] whistle. **-2.** *fam* [reclamar] to kick up a stink.
chiclete [ʃi'klɛtʃi] *m* chewing gum; ~ **de bola** bubble gum.
chicória [ʃi'kɔrja] *f* chicory.
chicote [ʃi'kɔtʃi] *m* whip.
chicotear [ʃiko'tʃja(x)] *vt* to whip.
chifrada [ʃi'frada] *f* horn thrust.
chifrar [ʃi'fra(x)] *vt* **-1.** [toureiro, tronco] to gore. **-2.** *fam fig* [marido, namorada] to two-time.
chifre ['ʃifri] *m* [de animal] horn; **pôr ~s em** *fam fig* [em marido, namorada] to two-time.
Chile ['ʃili] *n* Chile.
chileno, na [ʃi'lenu, na] ◇ *adj* Chilean. ◇ *m, f* Chilean.
chimarrão [ʃima'xãw] (*pl* **-ões**) *m herbal tea.*
chimpanzé [ʃĩnpãn'zɛ] *m* chimpanzee.
China ['ʃina] *n*: **(a)** ~ China.
chinelo [ʃi'nɛlu] *m* slipper.
chinês, esa [ʃi'neʃ, eza] (*pl* **-eses**, *fpl* **-s**) ◇ *adj* Chinese. ◇ *m, f* [da China] Chinese.
chip ['ʃipi] *m COMPUT* microchip.
Chipre ['ʃipri] *n* Cyprus.
chique ['ʃiki] *adj* chic.
chiqueiro [ʃi'kejru] *m* **-1.** [de porcos] pigsty. **-2.** *fam fig* [bagunça] pigsty.
chispa ['ʃiʃpa] *f* [faísca] spark.
chispar [ʃiʃ'pa(x)] *vi* [correr] to race.
chocalhar [ʃoka'ʎa(x)] ◇ *vt* to rattle. ◇ *vi* [soar] to rattle.
chocalho [ʃo'kaʎu] *m* **-1.** *MÚS* maraca. **-2.** [brinquedo] rattle. **-3.** [de gado, cavalo] bell.
chocante [ʃo'kãntʃi] *adj* **-1.** [assustador, ofensivo] shocking. **-2.** *fam* [ótimo] wicked.
chocar [ʃo'ka(x)] ◇ *vt* **-1.** [assustar, ofender] to shock. **-2.** *ZOOL* to hatch. ◇ *vi* **-1.** [causar espanto, ofensa] to shock. **-2.** *ZOOL* to brood.
◆ **chocar-se** *vp* **-1.** [colidir]: **~-se (contra)** to collide (with). **-2.** [assustar-se]: **~-se (com)** to be shocked (by). **-3.** [discordar]: **~-se em relação a** to clash over.
chocho, cha ['ʃoʃu, ʃa] *adj* **-1.** [sem graça] dull. **-2.** [fruta, ovo] rotten.
chocolate [ʃoko'latʃi] *m* chocolate.
chofer [ʃo'fɛ(x)] (*pl* **-es**) *mf* driver.
chope ['ʃopi] *m* beer.
choque ['ʃɔki] *m* **-1.** [ger] shock. **-2.** [colisão] crash. **-3.** [conflito, confronto] clash.
choramingar [ʃoramĩŋ'ga(x)] *vi* to whine.
choramingo [ʃora'mĩŋgu] *m* whine.
chorão, ona [ʃo'rãw, ona] (*mpl* **-ões**, *fpl* **-onas**) ◇ *adj* moaning. ◇ *m, f* [pessoa] crybaby.
◆ **chorão** *m BOT* weeping willow.
chorar [ʃo'ra(x)] ◇ *vi* **-1.** [verter lágrimas] to cry. **-2.** *fig* [barganhar] to haggle. ◇ *vt* **-1.** [lágrima] to cry. **-2.** *fig* [barganhar] to haggle.
chorinho [ʃo'riɲu] *m MÚS* = **choro**.
choro ['ʃoru] *m* **-1.** [pranto] crying. **-2.** *MÚS a type of traditional Brazilian music started at the end of the nineteenth century.*
chorona [ʃo'rona] *f* ▷ **chorão.**
choroso, osa [ʃo'rozu, ɔza] *adj* tearful.
chouriço [ʃo'risu] *m* chorizo.
chover [ʃo've(x)] *v impess* **-1.** *METEOR* to rain. **-2.** *fig* [cair do alto] to shower. **-3.** *fig* [sobrevir em demasia] to pour in.
chuchu [ʃu'ʃu] *m fruit-bearing climbing plant*; **está frio pra ~** *fam* it's bloody cold; **tinha comida pra ~** *fam* there was loads of food at the party.
chucrute [ʃu'krutʃi] *m* choucroute, sauerkraut.
chulé [ʃu'lɛ] *m* smell of feet.
chulo, la ['ʃulu, la] *adj* vulgar.
chumaço [ʃu'masu] *m* **-1.** [enchimento] padding. **-2.** [de algodão, gaze] wadding.
chumbar [ʃũn'ba(x)] *vt* **-1.** [soldar] to solder. **-2.** [grade, portão] to secure. **-3.** [rede, anzol] to drop.
chumbo ['ʃũnbu] *m* lead.
chupar [ʃu'pa(x)] *vt* to suck.
chupeta [ʃu'peta] *f* **-1.** [de criança] dummy ***UK***, comforter ***US***. **-2.** *fam AUTO* : **fazer uma ~** to use jump-leads.
churrascaria [ʃuxaʃka'ria] *f restaurant specializing in grilled and spit-roasted meat*; ~ **rodízio** restaurant where diners may pick and choose from food offered.
churrasco [ʃu'xaʃku] *m* **-1.** [carne] barbecued meat. **-2.** [refeição] barbecue.
churrasqueira [ʃuxaʃ'kejra] *f* rotisserie.
churrasquinho [ʃuxaʃ'kiɲu] *m* kebab.
chutar [ʃu'ta(x)] ◇ *vt* **-1.** [objeto, pessoa] to kick. **-2.** *fam* [resposta] to take a stab at. **-3.** *fam* [funcionário, namorado]: ~ **alguém** to give sb the push. ◇ *vi* **-1.** [dar chute] to kick. **-2.** *fam* [em prova] to take a pot shot.
chute ['ʃutʃi] *m* **-1.** [pontapé] kick. **-2.** *fam* [mentira] bullshit. **-3.** *fam* [dispensa] push; **dar um ~ em alguém** to give sb the push.
chuteira [ʃu'tejra] *f* football boot; **pendurar as ~s** [aposentar-se] to hang up one's boots.
chuva ['ʃuva] *f* **-1.** *METEOR* rain; ~ **de granizo**

OU **pedra** hail. **-2.** *fig* [de papel picado etc.] shower.

chuveirada [ʃuvej'rada] *f* shower.

chuveiro [ʃu'vejru] *m* shower.

chuviscar [ʃuviʃ'ka(x)] *vi* to drizzle.

chuvisco [ʃu'viʃku] *m* **-1.** [chuva] drizzle. **-2.** *CULIN* *confection made of egg-yolk and sugar.*

chuvoso, osa [ʃu'vozu, ɔza] *adj* rainy.

Cia. (*abrev de* **Companhia**) *f* Co.

cibercafé [sibex'kafε] *m* cybercafé.

ciberespaço [sibereʃ'pasu] *m* cyberspace.

cibernética [sibex'nεtʃika] *f* cybernetics *(sg).*

cibernético, ca [sibex'netʃiku, ka] *adj* cybernetic.

◆ **cibernética** *f* cybernetics.

ciberpunk [sibex'pũŋki] *mf* net hacker.

CIC (*abrev de* **Cartão de Identificação do Contribuinte**) *m Brazilian tax-payer's identity card for individual contributions.*

cicatriz [sika'triʃ] (*pl* **-es**) *f* scar.

cicatrizar [sikatri'za(x)] ◇ *vt* **-1.** [fechar] to heal. **-2.** [cobrir de cicatrizes] to scar. ◇ *vi* [fechar-se] to heal.

cicerone [sise'roni] *mf* guide.

ciclismo [si'kliʒmu] *m* cycling.

ciclista [si'kliʃta] *mf* cyclist.

ciclo ['siklu] *m* cycle.

ciclone [si'kloni] *m* cyclone.

ciclotimia [siclotʃi'mia] *f* *PSIC* cyclothymia.

ciclotímico, ca [siklo'tʃimiku, ka] ◇ *adj* cyclothymic. ◇ *m, f* cyclothymic.

ciclovia [siklo'via] *f* bicycle lane.

cidadã [sida'dã] *f* ▷ **cidadão.**

cidadania [sidada'nia] *f* citizenship.

cidadão, dã [sida'dãw, da] (*pl* **-ãos**, *fpl* **-s**) *m, f* citizen.

cidade [si'dadʒi] *f* **-1.** [centro urbano] city; [pequena] small town; ~ **satélite** satellite town. **-2.** [bairro central] town. **-3.** *fig* [população] city.

Cidade do México [si,dadʒidu'mεʃiku] *n* Mexico City.

cidra ['sidra] *f* citron.

ciência ['sjẽnsja] *f* **-1.** [saber] science. **-2.** [da vida, do amor] art. **-3.** [conhecimento] knowledge.

ciente ['sjẽntʃi] *adj* learned.

cientificismo [sjẽntʃifi'siʒmu] *m* *scientific spirit.*

científico, ca [sjẽn'tʃifiku, ka] *adj* scientific.

cientista [sjẽn'tʃiʃta] *mf* scientist.

cifrão [si'frãw] (*pl* **-ões**) *m* dollar sign.

cifrar [si'fra(x)] *vt* to write in code.

cigano, na [si'gãnu, na] ◇ *adj* gipsy. ◇ *m, f* gipsy.

cigarra [si'gaxa] *f* **-1.** *ZOOL* cicada. **-2.** [campainha] buzzer.

cigarrilha [siga'xiʎa] *f* cheroot.

cigarro [si'gaxu] *m* cigarette.

> Não confundir *cigarro (cigarette)* com o inglês *cigar* que em português é *charuto.* (*Ele fuma um maço de cigarros por dia.* He smokes a packet of *cigarettes* a day.)

cilada [si'lada] *f* **-1.** [ger] trap. **-2.** [emboscada] ambush.

cilindro [si'lĩndru] *m* *GEOM, AUTO* cylinder.

cílio ['silju] *m* eyelash.

cima ['sima] *f*: **lá em ~** [no topo, no alto] up there; [em andar superior] upstairs; **andar de ~** upstairs; **ainda por ~** on top of that; **de ~** from the top; **de ~ para baixo** from top to bottom; **em ~ de** on top of; **em ~ da mesa** on the table; **para ~** upwards; **por ~ de** over; **dar em ~ de alguém** to chat sb up.

cimentado, da [simẽn'tadu, da] *adj* **-1.** *CONSTR* cemented. **-2.** [consolidado] sealed.

cimentar [simẽn'ta(x)] *vt* to cement.

cimento [si'mẽntu] *m* cement.

cimo ['simu] *m* top.

cinco ['sĩŋku] *num* five; *veja também* **seis.**

cineasta [si'njaʃta] *mf* cinematographer.

cinegrafista [sinegra'fiʃta] *mf* cameraman (*f* camerawoman).

cinema [si'nema] *m* cinema.

cinematografia [sinematogra'fia] *f* cinematography.

Cingapura [sĩŋga'pura] *n* Singapore.

cínico, ca ['siniku, ka] ◇ *adj* shameless. ◇ *m, f* immoral person.

cinismo [si'niʒmu] *m* impudence.

cinqüenta [sĩŋ'kwẽnta] *num* fifty; *veja também* **seis.**

cinqüentão,tona [sĩŋkwẽn'tãw, tɔna] (*mpl* **-ões**, *fpl* **-s**) ◇ *adj* quinquagenarian. ◇ *m, f* quinquagenarian.

cinta ['sĩnta] *f* **-1.** [faixa] belt. **-2.** [feminina] girdle.

cinta-liga [,sĩnta'liga] (*pl* **cintas-ligas**) *f* suspender belt.

cintilar [sĩntʃi'la(x)] *vi* to scintillate.

cinto ['sĩntu] *m* belt; **~ de segurança** safety belt.

cintura [sĩn'tura] *f* waist.

cinturão [sĩntu'rãw] (*pl* **-ões**) *m* belt; **~ verde** green belt.

cinza ['sĩnza] ◇ *adj inv* [cor] grey. ◇ *m* [cor] grey.

◆ **cinzas** *fpl* ashes.

cinzeiro [sĩn'zejru] *m* ashtray.

cinzento, ta [sĩn'zẽntu, ta] *adj* grey.

cio ['siw] *m* rut.

CIPA (*abrev de* **Comissão Interna de Prevenção de Acidentes**) *f Brazilian commission for prevention of accidents at work,* ≃ HSE *UK,* ≃ OHSA *US.*

cipreste [si'prɛʃtʃi] *m* cypress.
circo ['sixku] *m* circus.
circuito [six'kujtu] *m* circuit.
circulação [sixkula'sãw] *f* circulation.
circulante [sirku'lãntʃi] *adj* **-1.** [itinerante] itinerant. **-2.** *ECON* **: capital** ~ ready capital.
circular [sixku'la(x)] (*pl* **-es**) <> *adj* [formato] circular. <> *m* [ônibus] shuttle. <> *f* [carta, ofício] circular. <> *vt* **-1.** [rodear] to circle. **-2.** [dar voltas por] to surround. <> *vi* **-1.** [ger] to circulate. **-2.** [percorrer] to wander.
círculo ['sixkulu] *m* **-1.** *GEOM* circle. **-2.** *fig* [meio, grupo] circle.
circuncisão [sixkũnsi'zãw] *f* circumcision.
circundar [sixkũn'da(x)] *vt* to surround.
circunferência [sixkũnfe'rẽnsja] *f* circumference.
circunflexo [sixkũn'flɛksu] *GRAM* <> *adj* circumflex. <> *m* circumflex.
circunscrição [sixkũnʃkri'sãw] (*pl* **-ões**) *f* [repartição] division.
circunspe(c)ção [sixkũnʃpe(k)sãw] (*pl* **-ões**) *f* circumspection.
circunspecto, ta [sixkũnʃ'pɛktu, ta] *adj* circumspect.
circunstância [sixkũnʃ'tãnsja] *f* **-1.** [ger] circumstance. **-2.** *JUR* **:** ~**s atenuantes/agravantes** attenuating/aggravating circumstances. **-3.** [caso] event.
circunstanciado, da [sixkũnʃtãn'sjadu, da] *adj* detailed.
cirurgia [sirux'ʒia] *f* surgery; ~ **plástica** plastic surgery; ~ **estética** aesthetic surgery *UK*, esthetic surgery *US*; ~ **reconstrutora** *OU* **reparadora** reconstructive surgery.
cirurgião, ã [sirux'ʒjãwʒjã, a] (*pl* **-ões**, *fpl* **-s**) *m, f* surgeon.
cirurgião-dentista, cirurgiã-dentista [sirux,ʒjãwdẽn'tʃiʃta, sirux,ʒjãdẽntʃiʃta] (*mpl* **cirurgiões-dentistas**, *fpl* **cirurgiãs-dentistas**) *m, f* dental surgeon.
cirúrgico, ca [si'ruxʒiku, ka] *adj* surgical.
cisco ['siʃku] *m* dust.
cisma ['siʒma] <> *m* schism. <> *f* [mania] crazy idea.
cismado, da [siʒ'madu, da] *adj* wary.
cismar [siʒ'ma(x)] <> *vt* [convencer-se de]: ~ **que** to be convinced that. <> *vi* **-1.** [decidir]: ~ **de** *OU* **em fazer algo** to determine upon doing sthg. **-2.** [implicar]: ~ **com** to clash with. **-3.** [insistir]: ~ **em** to insist on.
cisne ['siʒni] *m* swan.
cisões [si'zõjʃ] *pl* ⊳ **cisão**.
cisterna [siʃ'tɛxna] *f* cistern.
citação [sita'sãw] (*pl* **-ões**) *f* **-1.** [de trecho, autor] quotation. **-2.** *JUR* citation.
citar [si'ta(x)] *vt* **-1.** [trecho, autor] to quote. **-2.** *JUR* to summons.
cítrico, ca ['sitriku, ka] *adj* **-1.** [fruta] citrus. **-2.** [ácido] citric.
ciúme ['sjumi] *m* jealousy.
ciumento, ta [sju'mẽntu, ta] *adj* jealous.
cívico, ca ['siviku, ka] *adj* civic.
civil [si'viw] (*pl* **-is**) <> *adj* **-1.** [direito, tribunal] civil. **-2.** [vida, traje] civilian. <> *mf* [pessoa] civilian.
civilidade [sivili'dadʒi] *f* courtesy.
civilização [siviliza'sãw] (*pl* **-ões**) *f* civilization.
civismo [si'viʒmu] *m* public spirit.
cl (*abrev de* **centilitro**) *m* cl.
clã ['klã] (*pl* **clãs**) *m* clan.
clamar [kla'ma(x)] <> *vt* to clamour. <> *vi*: ~ **por/contra algo** to clamour for/to protest against sthg.
clamor [kla'mo(x)] (*pl* **-es**) *m* clamour *UK*, clamor *US*.
clamoroso, osa [klamo'rozu, ɔza] *adj* clamorous.
clandestino, na [klãndeʃ'tʃinu, na] *adj* clandestine.
clara ['klara] *f* ⊳ **claro**.
clarabóia [klara'bɔja] *f* skylight.
clarão [kla'rãw] (*pl* **-ões**) *m* **-1.** [de raio, flash] flash. **-2.** [claridade] brightness.
clarear [kla'rja(x)] <> *vt* **-1.** [iluminar] to light up. **-2.** [dia, céu] to brighten. <> *vi* **-1.** [amanhecer] to get light. **-2.** [dia, céu] to brighten.
clareira [kla'rejra] *f* [em floresta] glade, clearing.
clareza [kla'reza] *f* clarity.
claridade [klari'dadʒi] *f* [luz] clarity.
clarim [kla'rĩ] (*pl* **-ns**) *m* bugle.
clarinete [klari'netʃi] *m* clarinet.
clarividente [klarivi'dẽntʃi] <> *adj* **-1.** [sagaz] wise. **-2.** [prudente] cautious. **-3.** [vidente] clairvoyant. <> *mf* [vidente] clairvoyant.
claro, ra ['klaru, ra] *adj* **-1.** [ger] bright. **-2.** [límpido, nítido, explícito] clear; **ser** ~ **(que)** to be obvious (that).
◆ **claro** <> *adv* [evidentemente]**: claro!** of course!; ~ **que sim!/que não!** of course!/of course not! <> *m* **-1.** [em escrita] space. **-2.** [em pintura] highlight.
◆ **clara** *f*: ~ **(de ovo)** egg white.
◆ **às claras** *loc adv* in broad daylight.
◆ **em claro** *loc adv*: **passar a noite em** ~ to have a sleepless night.
clarões [kla'rõjʃ] ⊳ **clarão**.
classe ['klasi] *f* **-1.** [ger] class; ~ **média** middle class; ~ **executiva** business class; ~ **turística** tourist class; **primeira** ~ first class. **-2.** [categoria]**: de primeira** ~ first class; **de** ~ classy.
clássico, ca ['klasiku, ka] *adj* **-1.** [ger] classic; **música** ~ classical music. **-2.** [da Antigüidade] classical.
◆ **clássico** *m* [obra-prima] classic.

classificação [klasifika'sãw] (*pl* **-ões**) *f* **-1.** [ger] classification. **-2.** [qualificação] label. **-3.** [para cinema e TV] rating.

classificado, da [klasifi'kadu, da] <> *adj* classified. <> *m, f* [em concurso, competição] classified entrant.

◆ **classificados** *mpl* JORN [seção] classifieds.

classificar [klasifi'ka(x)] *vt* to classify.

◆ **classificar-se** *vp* **-1.** [ser aprovado] to pass. **-2.** [obter posição de]: **~-se em primeiro lugar** to be first.

claudicante [klawdʒi'kãntʃi] *adj* [capengante] hobbling.

claustro ['klawʃtru] *m* cloister.

claustrofobia [klawʃtrofo'bia] *f* claustrophobia.

cláusula ['klawzula] *f* clause.

clausura [klaw'zura] *f* **-1.** [recinto] enclosure. **-2.** [vida] seclusion.

clave ['klavi] *f* MÚS clef.

clavícula [kla'vikula] *f* clavicle, collarbone.

clemência [kle'mẽnsja] *f* **-1.** [qualidade] leniency. **-2.** [perdão] clemency.

clero ['klɛru] *m* clergy.

clicar [kli'ka(x)] *vi* to click.

clichê [kli'ʃe] *m* **-1.** FOT proof. **-2.** [chavão] cliché. **-3.** [tipográfico] type.

cliente [kli'ẽntʃi] *m* COMPUT client.

clientela [kliẽn'tɛla] *f* **-1.** clientele. **-2.** [de médico] patients *(pl)*.

clima ['klima] *m* **-1.** METEOR climate. **-2.** *fam fig* [atmosfera] atmosphere.

clímax ['klimaks] *m inv* **-1.** [ger] climax. **-2.** [auge] peak.

clínico, ca ['kliniku, ka] <> *adj* clinical. <> *m, f* [médico] doctor; **~ geral** general practitioner, GP.

◆ **clínica** *f* **-1.** [local] clinic. **-2.** [prática] medicine.

clipe ['klipi] *m* **-1.** [videoclipe] clip. **-2.** [para papéis] paper clip.

clitóris [kli'tɔriʃ] *m inv* clitoris.

clonagem [klo'naʒẽ] (*pl* **-ns**) *f* BIOL cloning.

clonar [klo'na(x)] *vt* BIOL to clone.

cloro ['klɔru] *m* chlorine.

clorofila [kloro'fila] *f* chlorophyll.

clorofórmio [kloro'fɔxmju] *m* chloroform.

close ['klozi] *m* close-up.

CLT (*abrev de* **Consolidação das Leis do Trabalho**) *f Brazilian legislation regulating the rights and responsibilities of workers.*

clube ['klubi] *m* club.

cm (*abrev de* **centímetro**) *m* cm.

CNH (*abrev de* **Carteira Nacional de Habilitação**) *f* driving licence *UK*, driver's license *US*.

coação [koa'sãw] *f* force.

coadjuvante [kwadʒu'vãntʃi] <> *adj* back-up; **ator ~** supporting actor; **criminoso ~** accomplice. <> *mf* **-1.** CINE, TEATRO, TV supporting role. **-2.** [cúmplice] accomplice.

coador [kwa'do(x)] (*pl* **-es**) *m* **-1.** [crivo] sieve. **-2.** [de café] filter. **-3.** [para legumes] colander.

coagir [kwa'ʒi(x)] *vt*: **~ alguém (a fazer algo)** to coerce sb (into doing sthg).

coagulação [kwagula'sãw] (*pl* **-ões**) *f* [do sangue] clotting.

coagular [kwagu'la(x)] <> *vt* [solidificar] to clot. <> *vi* **-1.** [sangue] to clot. **-2.** [leite] to curdle.

◆ **coagular-se** *vp* **-1.** [sangue] to clot. **-2.** [leite] to curdle.

coágulo ['kwagulu] *m* [de sangue] clot.

coalhado, da [kwa'ʎadu, da] *adj* [leite] curdled.

◆ **coalhada** *f* clabber.

coalhar [kwa'ʎa(x)] <> *vt* to curdle. <> *vi* to curdle.

coalizão [kwali'zãw] (*pl* **-ões**) *f* coalition.

coar ['kwa(x)] *vt* **-1.** [líquido] to filter. **-2.** [café] to percolate.

cobaia [ko'baja] *f* guinea pig.

cobalto [ko'bawtu] *m* cobalt.

coberto, ta [ko'bɛxtu, ta] <> *pp* ▷ **cobrir**. <> *adj* covered.

◆ **coberta** *f* **-1.** [colcha, cobertor] bed cover. **-2.** [cobertura] covering. **-3.** [telhado] roofing.

cobertura [kobex'tura] *f* **-1.** [ger] cover; **dar ~ a** to cover up. **-2.** [apartamento] penthouse. **-3.** [calda] topping. **-4.** JORN coverage.

cobiça [ko'bisa] *f* greed.

cobiçar [kobi'sa(x)] *vt* to covet.

cobra ['kɔbra] <> *adj fam* [perito] ace. <> *f* **-1.** ZOOL snake. **-2.** *pej* [mau-caráter] snake. <> *mf fam* [perito] ace.

cobrador, ra [kobra'do(x), ra] (*mpl* **-es**, *fpl* **-s**) *m, f* **-1.** [recebedor, caixa] debt collector. **-2.** [de ônibus] conductor.

cobrança [ko'brãnsa] *f* **-1.** [de taxa, passagem, ingresso] fee. **-2.** *fig* [exigência] demands *(pl)*. **-3.** ESP penalty; **~ de pênalti** FUT penalty kick.

cobrar [ko'bra(x)] *vt* **-1.** [taxa, passagem, ingresso] to collect. **-2.** [preço] to charge. **-3.** *fig* [promessa, favor] to exact. **-4.** ESP to take a penalty; **~ um pênalti** FUT to take a penalty.

cobre ['kɔbri] *m* **-1.** [metal] copper. **-2.** [dinheiro, moeda] coin.

cobrir [ko'bri(x)] *vt* **-1.** [ger] to cover. **-2.** [ocultar] to conceal. **-3.** [envolver] to wrap up. **-4.** [exceder] to exceed. **-5.** ZOOL [fêmea] to breed.

◆ **cobrir-se** *vp* **-1.** [ocultar-se, resguardar-se] to hide o.s. **-2.** [com cobertor] to cover o.s.

cocada [ko'kada] *f* coconut ice *UK*, coconut candy *US*.

cocaína [koka'ina] *f* cocaine.

coçar [ko'sa(x)] <> *vt* to scratch. <> *vi* to itch.

◆ **coçar-se** *vp* to scratch o.s.

cocar [ko'ka(x)] *m* crest.

cócegas [ˈkɔsigaʃ] *fpl*: **fazer ~ em alguém** to tickle sb; **sentir ~** to feel itchy.

coceguento, ta [koseˈgẽntu, ta] *adj* ticklish.

coceira [koˈsejra] *f* [sensação] itch.

cochichar [koʃiˈʃa(x)] *vi* to whisper.

cochilar [koʃiˈla(x)] *vi* **-1.** [dormir um pouco] to take a nap. **-2.** [dormitar] to doze off.

cochilo [koˈʃilu] *m* nap; **tirar um ~** to take a nap.

coco [ˈkoku] *m* **-1.** [fruta] coconut. **-2.** *fam fig* [cabeça] nut.

cocô [koˈko] *m fam* poo.

cócoras [ˈkɔkoraʃ] ◆ **de cócoras** *loc adv* squatting.

codificação [kodʒiʃikaˈsãw] (*pl* **-ões**) *f* COMPUT coding.

código [ˈkɔdʒigu] *m* [ger] code; **~ de barras** bar code; **~ civil** civil code.

codorna [koˈdɔxna] *f* quail.

co-editor, ra [koedʒiˈto(x), ra] (*mpl* **-res**, *fpl* **-ras**) *m, f* co-editor.

coeficiente [koefiˈsjẽntʃi] *m* **-1.** MAT coefficient. **-2.** *fig* [fator] factor.

coelho [ˈkweʎu] *m* rabbit.

coentro [ˈkwẽntru] *m* coriander.

coerção [koexˈsãw] *f* coercion.

coercivo, va [koexˈsivu, va], **coercitivo, va** [koexsiˈtʃivu, va] *adj* coercive.

coerência [koeˈrẽnsja] *f* coherence.

coerente [koeˈrẽntʃi] *adj* coherent.

coesão [koeˈzãw] *f* cohesion.

COFINS (*abrev de* **Contribuição para o Financiamento da Seguridade Social**) *m Brazilian employer's social security contributions, based on profits.*

cofre [ˈkɔfri] *m* safe.

cofre-forte [ˌkɔfriˈfɔxtʃi] (*pl* **cofres-fortes**) *m* strongroom.

cogitar [koʒiˈta(x)] ◇ *vt* **-1.** [considerar] to consider. **-2.** [planejar]: **~ fazer algo** to consider doing sthg. ◇ *vi* [refletir] to deliberate.

cogumelo [koguˈmɛlu] *m* [comestível] mushroom.

COI (*abrev de* **Comitê Olímpico Internacional**) *m* IOC.

coibir [kojˈbi(x)] *vt* to restrain; **~ alguém de fazer algo** to restrain sb from doing sthg.

coice [ˈkojsi] *m* **-1.** [de animal] backward kick; **dar um ~ em** *fig* to give sb a kick in the teeth. **-2.** [de arma] butt.

coincidência [koĩnsiˈdẽnsja] *f* coincidence.

coincidente [koĩnsiˈdẽntʃi] *adj* coincidental.

coincidentemente [koĩnsidẽntʃiˈmẽntʃi] *adv* coincidentally.

coincidir [koĩnsiˈdi(x)] *vi* **-1.** [eventos, datas] to coincide. **-2.** [concordar]: **~ (em)** to agree (upon).

coisa [ˈkojza] *f* **-1.** [ger] thing. **-2.** [assunto] topic. **-3.** *loc*: **ele não diz ~ com ~** he talks absolute rubbish; **que ~!** goodness me!; **ser uma ~** [ser terrível] to be dreadful.

◆ **coisa de** *loc adv* roughly.

coitado, da [kojˈtadu, da] ◇ *adj* [pessoa] wretched; **coitado!** poor thing! ◇ *m, f* poor wretch.

coito [ˈkojtu] *m* sex; **~ anal** anal sex.

cola [ˈkɔla] *f* **-1.** [adesivo] glue. **-2.** *fam* EDUC [ato] cribbing. **-3.** *fam* EDUC [objeto] crib.

colaboração [kolaboraˈsãw] (*pl* **-ões**) *f* **-1.** [ajuda] cooperation. **-2.** [em jornal etc.] freelance work.

colaborador, ra [kolaboraˈdo(x), ra] *m, f* **-1.** [ajudante] collaborator. **-2.** [de jornal etc.] freelance.

colaborar [kolaboˈra(x)] *vi* **-1.** [ajudar] to cooperate; **~ em algo/com alguém** to cooperate on sthg with sb. **-2.** [em jornal etc.]: **~ em algo** to freelance on sthg.

colagem [koˈlaʒẽ] (*pl* **-ns**) *f* **-1.** [ato] glueing. **-2.** ARTE collage.

colante [koˈlãntʃi] *adj* [roupa] clinging.

colapso [koˈlapsu] *m* collapse; **~ cardíaco** heart failure; **~ nervoso** nervous breakdown.

colar [koˈla(x)] (*pl* **-res** [-riʃ]) ◇ *vt* to glue, to stick. ◇ *vi* to stick. ◇ *m* necklace.

◆ **colar de** *v + prep* to crib from.

> Não confundir *colar (necklace)* com o inglês *collar* que em português é *colarinho*. (*Ele deu a ela um colar como presente de aniversário.* He gave her a *necklace* as a birthday present.)

colarinho [kolaˈriɲu] *m* **-1.** [de camisa] collar. **-2.** *fam* [de cerveja] head; **com/sem ~** with/without a head.

colateral [kolateˈraw] (*pl* **-ais**) *adj* collateral.

colcha [ˈkowʃa] *f* bedspread.

colchão [kowˈʃãw] (*pl* **-ões**) *m* mattress.

colcheia [kowˈʃeja] *f* MÚS quaver *UK*, eighth note *US*.

colchete [kowˈʃetʃi] *m* **-1.** [de roupa] hook; **~ de gancho** hook and eye; **~ de pressão** press stud. **-2.** [sinal] bracket.

colchões [kowˈʃõjʃ] *pl* ▷ **colchão**.

colchonete [kowʃoˈnɛtʃi] *m* bolster.

coleção [koleˈsãw] (*pl* **-ões**) *f* collection.

colecionador, ra [kolesjonaˈdo(x), ra] (*mpl* **-res**, *fpl* **-s**) *m, f* collector.

colecionar [kolesjoˈna(x)] *vt* to collect.

colega [koˈlɛga] *mf* **-1.** [amigo] friend. **-2.** [de escola] schoolfriend. **-3.** [de trabalho] colleague.

colegial [koleˈʒjaw] (*pl* **-ais**) ◇ *adj* school (*antes de subst*). ◇ *mf* schoolboy (*f* schoolgirl).

colégio [koˈlɛʒju] *m* [escola] school.

> Não confundir ***colégio (school)*** com o inglês ***college*** que em português é ***universidade***. (***Com dezessete anos ela terá terminado o colégio.*** At the age of seventeen she will have finished ***school***.)

coleira [ko'lejra] *f* dog collar.
cólera ['kɔlera] ◇ *f* [ira] anger. ◇ *m MED* cholera.
colérico, ca [ko'lɛriku, ka] ◇ *adj* [irado] angry. ◇ *m, f MED* cholera victim.
colesterol [koleʃte'rɔw] *m* cholesterol.
coleta [ko'lɛta] *f* collection; ~ **de dados** fact-gathering; ~ **seletiva** waste segregation.
coletar [kole'ta(x)] *vt* to collect.
colete [ko'letʃi] *m* waistcoat *UK*, vest *US*; ~ **salva-vidas** life jacket.
coletivo, va [kole'tʃivu, va] *adj* **-1.** [de muitos] collective. **-2.** [transporte, banheiro] public.
◆ **coletivo** *m* **-1.** [ônibus] public transport. **-2.** [futebol] trials. **-3.** [ling] collective noun.
coletor, ra [kole'to(x), ra] *m, f* [de impostos] collector.
colheita [ko'ʎejta] *f* **-1.** [ger] harvest. **-2.** [produto] crop.
colher [ko'ʎɛ(x)] (*pl* **-es** [ko'ʎɛriʃ]) ◇ *f* **-1.** [talher] spoon; ~ **de chá** teaspoon; ~ **de sobremesa** dessertspoon; ~ **de sopa** tablespoon. **-2.** [ferramenta]: ~ **de pedreiro** trowel. ◇ *vt* **-1.** [fruta, verdura, safra] to pick. **-2.** [dados] to gather.
colherada [koʎe'rada] *f* spoonful.
colibri [koli'bri] *m* hummingbird.
cólica ['kɔlika] *f* colic.
colidir [koli'dʒi(x)] *vi* [chocar-se] to collide; ~ **com/contra** to collide with/against.
coligação [koliga'sãw] (*pl* **-ões**) *f* coalition.
coligir [koli'ʒi(x)] *vt* to compile.
colina [ko'lina] *f* hill.
colírio [ko'lirju] *m* eyewash.
colisão [koli'zãw] (*pl* **-ões**) *f* collision.
collant [ko'lã] *m* tights *(pl)*.
colméia [kow'mɛja] *f* beehive.
colo ['kɔlu] *m* **-1.** [ger] neck. **-2.** [regaço] lap.
colocação [koloka'sãw] (*pl* **-ões**) *f* **-1.** [ato] fitting. **-2.** [posição, emprego] position. **-3.** [em concurso, competição] place. **-4.** [observação] observation.
colocar [kolo'ka(x)] *vt* **-1.** [ger] to place. **-2.** [dar emprego a] to employ. **-3.** [situar - no espaço] to site. **-4.** [instalar - ar-condicionado] to install; [- pneu] to fit; [- carpete] to lay; [- cortina] to hang. **-5.** [levantar] to raise.
◆ **colocar-se** *vp* **-1.** [pôr-se] to position o.s. **-2.** [em concurso, competição] to be placed. **-3.** [imaginar-se]: **coloque-se no meu lugar** put yourself in my place.
Colômbia [ko'lõnbja] *n* Colombia.
colombiano, na [kolõn'bjãnu, na] ◇ *adj* Colombian. ◇ *m, f* Colombian.
cólon ['kɔlõ] *m ANAT* colon.
colônia [ko'lonja] *f* **-1.** [ger] colony. **-2.** [para crianças]: ~ **de férias** summer camp. **-3.** [perfume] cologne; **água de** ~ eau de cologne.
colonial [kolo'njaw] (*pl* **-ais**) *adj* colonial.
colonização [koloniza'sãw] *f* colonization.
colonizador, ra [koloniza'do(x), ra] ◇ *adj* [nação, esforço] colonizing. ◇ *m, f* [pessoa] settler.
colono, na [ko'lɔnu, na] *m, f* **-1.** [povoador] colonist. **-2.** [cultivador] smallholder.
coloquial [kolo'kjaw] (*pl* **-ais**) *adj* colloquial.
coloquialismo [kolokja'liʒmu] *m* familiar tone.
colóquio [ko'lɔkju] *m* **-1.** [congresso] symposium. **-2.** *ant* [conversa] conversation.
colorido, da [kolo'ridu, da] *adj* multicoloured *UK*, multicolored *US*.
◆ **colorido** *m* colour *UK*, color *US*.
colorir [kolo'ri(x)] *vt* **-1.** [dar cor a] to colour *UK*, to color *US*. **-2.** *fig* [avivar] to brighten.
coluna [ko'luna] *f* **-1.** [ger] column; ~ **social** society column. **-2.** [pilar] pillar. **-3.** *ANAT* : ~ **vertebral** spinal column.
colunável [kolu'navew] (*pl* **-eis**) ◇ *adj* [pessoa, festa] glamorous. ◇ *mf* [celebridade] celebrity.
colunista [kolu'niʃta] *mf* columnist.
com [kõ] *prep* **-1.** with; **ela mora** ~ **um amigo** she lives with a friend; ~ **quem você vai?** who are you going with? **-2.** [relativo a modo] with; ~ **cuidado** with care; [relativo a instrumento] with; **ela escreve** ~ **a mão direita** she writes with her right hand; ~ **o tempo, a mulher conseguiu superar o trauma** with time, the woman managed to overcome the trauma **-3.** [indica causa] with, because of; **só** ~ **muito esforço é que ele conseguiu** only with a lot of effort did he manage to do it; **estar** ~ **dor de cabeça** to have a headache; **estar** ~ **fome** to be hungry; **estar** ~ **pressa** to be in a hurry. **-4.** [apesar de] in spite of; ~ **todo esse trabalho ele ainda encontra tempo para estudar** in spite of all that work, he still finds time to study; **você vai jogar bola** ~ **chuva?** are you going to play football in the rain?; ~ **86 anos, ele continua cheio de energia** at 86, he is still full of energy. **-5.** *(em loc prep)* with; ~ **relação a** in relation to; ~ **vistas a** with an aim to; **de acordo** ~ in accordance with; **em parceria** ~ in partnership with.
coma ['koma] *m MED* coma.
comadre [ko'madri] *f* **-1.** [madrinha] *a godmother in relation to her godchild's parents; a child's mother in relation to its godparents*. **-2.** [amiga] friend. **-3.** [urinol] bedpan.

comandante [komãn'dãntʃi] *mf* **-1.** *MIL, NÁUT* commander. **-2.** [dirigente] leader.

comandar [komãn'da(x)] *vt* **-1.** *MIL, NÁUT* to command. **-2.** [dirigir] to head.

comando [ko'mãndu] *m* [ger] command.

combate [kõn'batʃi] *m* **-1.** [luta, oposição] fight. **-2.** [bélico] skirmish; **fora de ~** *fig* flat on one's back.

combater [kõnba'te(x)] <> *vt* [lutar contra, opor-se a] to struggle. <> *vi* [belicamente] to fight.

combinação [kõnbina'sãw] (*pl* **-ões**) *f* **-1.** [ger] combination. **-2.** *QUÍM* compound. **-3.** [acordo, plano] agreement. **-4.** [peça de roupa] slip.

combinar [kõnbi'na(x)] <> *vt* **-1.** [associar, reunir] to combine. **-2.** [encontro, jantar] to fix; **combinado!** agreed! **-3.** [plano, fuga] to plan. <> *vi* **-1.** [planejar]: **combinamos de ir ao cinema** we fixed up to go to the cinema. **-2.** [cores, roupas] to match; **~ com algo** to go with sthg.

comboio [kõn'boju] *m* **-1.** [ger] convoy. **-2.** *FERRO* train.

combustível [kõnbuʃ'tʃivɛw] (*pl* **-eis**) <> *adj* combustible. <> *m* fuel.

começar [kome'sa(x)] <> *vt* to start. <> *vi* to begin, to start; **~ a fazer algo** to start doing sthg, to start to do sthg; **~ por** to begin with.

começo [ko'mesu] *m* beginning.

comédia [ko'mɛdʒja] *f* comedy.

comedido, da [kome'dʒidu, da] *adj* **-1.** [moderado] moderate. **-2.** [prudente] prudent.

comemoração [komemora'sãw] (*pl* **-ões**) *f* celebration.

comemorar [komemo'ra(x)] *vt* to celebrate.

comentar [komẽn'ta(x)] *vt* **-1.** [fato, festa, incidente] to comment on. **-2.** [observar]: **~ que** to remark that. **-3.** *ESP* [partida] to commentate.

comentário [komẽn'tarju] *m* commentary; **fazer um ~** to do a commentary.

comentarista [komẽnta'riʃta] *mf* commentator; **~ esportivo** sports commentator; **~ político** political commentator.

comer [ko'me(x)] (*pl* **-es**) <> *vt* **-1.** [alimentar-se de] to eat. **-2.** *fig* [suprimir] to swallow. **-3.** *fig* [corroer] to corrode. **-4.** *fig* [consumir] to devour. **-5.** [em damas, xadrez] to take. **-6.** *vulg fig* [sexualmente] to fuck. <> *vi* [alimentar-se] to eat; **dar de ~ a alguém** to feed sb.

comercial [komex'sjaw] (*pl* **-ais**) <> *adj* commercial. <> *m* [anúncio] advertisement, commercial.

comercialização [komexsjaliza'sãw] (*pl* **-ões**) *f* commercialization.

comercializar [komexsjali'za(x)] *vt* to market.

comerciante [komex'sjãntʃi] *mf* businessman (*f* businesswoman).

comerciar [komex'sja(x)] *vi* to trade.

comércio [ko'mɛxsju] *m* **-1.** [compra e venda] trade; **~ eletrônico** e-commerce. **-2.** [tráfico] trafficking. **-3.** [estabelecimento] premises. **-4.** [mercado comercial] business. **-5.** *fig* [troca de idéias, influências] exchange.

comes ['kɔmiʃ] *mpl fam*: **~ e bebes** food and drink.

comestíveis [komeʃ'tʃivejʃ] *mpl* comestibles.

comestível [komeʃ'tʃivɛw] (*pl* **-eis**) *adj* edible.

cometa [ko'meta] *m* comet.

cometer [kome'te(x)] *vt* to commit.

comichão [komi'ʃãw] (*pl* **-ões**) *f* itch.

comício [ko'misju] *m* rally.

cômico, ca ['komiku, ka] <> *adj* comical. <> *m, f* [comediante] comedian.

comida [ko'mida] *f* **-1.** [alimento] food. **-2.** [refeição] meal; **~ caseira** home cooking.

comigo [ko'migu] *pron*: **ela não fala ~** she won't speak to me; **o livro dele está ~** I've got his book; **matemática é ~ mesmo** maths is my thing; **ela acenou, mas pensei que não era ~** she nodded, but I thought that she didn't agree with me; **isto não é justo, pensei ~** that isn't fair, I thought to myself; **deixa ~!** leave it with me!

comilão, lona [komi'lãw, lona] (*mpl* **-ões**, *fpl* **-s**) <> *adj* gluttonous. <> *m, f* glutton.

cominho [ko'miɲu] *m* cumin.

comiserar-se [komize'raxsi] *vp* to feel pity; **~ (de)** to feel pity for.

comissão [komi'sãw] (*pl* **-ões**) *f* **-1.** [comitê] committee. **-2.** [gratificação] commission.

comissário, ria [komi'sarju, rja] *m, f* agent; **~ de bordo** air steward (*f* air stewardess).

comissionar [komisjo'na(x)] *vt* **-1.** [encarregar] to commission. **-2.** [confiar] to entrust.

comitê [komi'te] *m* committee.

comitiva [komi'tʃiva] *f* retinue.

como ['komu] <> *adv* **-1.** [ger] as. **-2.** [de que modo] how; **~?** [o que você disse?] I'm sorry?; **~ assim?** how do you mean? **-3.** [comparativo]: **ser ~ algo/alguém** to be like sthg/sb. **-4.** [exclamativo]: **como!** what!; **e ~!** *fam* and how!; **~ não!** [pois não] of course! <> *conj* **-1.** [porque] because. **-2.** [conforme] as.

◆ **como que** *loc adv*: **~ que por um golpe de mágica, tudo desapareceu** as if by magic, everything disappeared.

◆ **como quer que** *loc conj* however.

◆ **como se** *loc conj* as if.

A tradução de 'como', quando usado como advérbio interrogativo, varia segundo o verbo que o acompanha ('ser' ou 'estar'). Compare (como ele está? ele está bem *how is he? he's fine*) com (como ele é? ele é alto e bonito *what's he like? he's tall and good looking*).

comoção [komo'sãw] (*pl* **-ões**) *f* **-1.** [abalo] shock. **-2.** [revolta] unrest.

cômoda ['komoda] *f* chest of drawers.

comodidade [komodʒi'dadʒi] *f* **-1.** [conforto] comfort. **-2.** [conveniência] convenience.

comodismo [komo'dʒiʒmu] *m* indolence.

comodista [komo'dʒiʃta] <> *adj* passive. <> *mf* passive person.

cômodo, da ['komodu, da] *adj* **-1.** [confortável] comfortable. **-2.** [conveniente] appropriate.
◆ **cômodo** *m* [aposento] room.

comovente [komo'vẽntʃi], **comovedor, ra** [komove'do(x), ra] *adj* moving.

comover [komo've(x)] <> *vt* to move. <> *vi* to be moving.
◆ **comover-se** *vp* to be moved.

comovido, da [komo'vidu, da] *adj* moved.

compactador [kõmpak'tado(x)] *m* COMPUT (file) compressor.

compactar [kõmpzk'ta(x)] *vt* COMPUT: ~ **arquivos** to compress files.

compacto, ta [kõm'paktu, ta] *adj* **-1.** [pequeno] compact. **-2.** [denso, comprimido] dense.
◆ **compacto** *m* [disco] compact disc, CD.

compadecer-se [kõnpade'sexsi] *vp*: ~ **de** to take pity on.

compadecido, da [kõnpade'sidu, da] *adj* compassionate.

compadre [kõn'padri] *m* **-1.** [padrinho do filho] *a godfather in relation to his godchild's parents* ou *a child's father in relation to its godparents.* **-2.** *fam* [companheiro] companion.

compaixão [kõnpaj'ʃãw] *f* **-1.** [piedade] compassion. **-2.** [misericórdia] mercy.

companheirismo [kõnpaɲej'riʒmu] *m* companionship.

companheiro, ra [kõnpa'ɲejru, ra] *m, f* **-1.** [que acompanha] companion. **-2.** [colega] colleague. **-3.** [marido, namorado] partner. **-4.** *fam* [amigo] mate.

companhia [kõnpa'ɲia] *f* [ger] company; **em** ~ **de** in the company of; **fazer** ~ **a alguém** to keep sb company.

comparação [kõnpara'sãw] (*pl* **-ões**) *f* comparison.

comparar [kõnpa'ra(x)] *vt*: ~ **algo/alguém (com)** to compare sthg/sb (with).

comparável [kõnpa'ravew] (*pl* **-eis**) *adj* comparable.

comparecer [kõnpare'se(x)] *vi*: ~ **(a)** to appear (at).

comparecimento [kõnparesi'mẽntu] *m* presence.

comparsa [kõn'paxsa] *mf* **-1.** [cúmplice] accomplice. **-2.** TEATRO extra.

compartilhar [kõmpaxtʃi'ʎa(x)] <> *vt* [partilhar] to share. <> *vi* [participar]: ~ **de** to share in.

compartimento [kõnpaxtʃi'mẽntu] *m* **-1.** [divisão] compartment. **-2.** [aposento] room.

compartir [kõnpax'tʃi(x)] *vt & vi* = **compartilhar**.

compassado, da [kõnpa'sadu, da] *adj* **-1.** [pausado] measured. **-2.** [cadenciado] rhythmic. **-3.** [comedido] moderate.

compassivo, va [kõnpa'sivu, va] *adj* compassionate.

compasso [kõn'pasu] *m* **-1.** [instrumento] pair of compasses. **-2.** MÚS beat. **-3.** [ritmo] time.

compatível [kõnpa'tʃivɛw] (*pl* **-eis**) *adj* compatible.

compatriota [kõnpatri'ɔta] *mf* compatriot.

compelir [kõnpe'li(x)] *vt*: ~ **alguém a fazer algo** to force sb to do sthg.

compêndio [kõn'pẽndʒju] *m* **-1.** [livro] textbook. **-2.** [síntese] summary.

compensação [kõnpẽnsa'sãw] (*pl* **-ões**) *f* **-1.** [reparação] compensation; **em** ~ to make up for it. **-2.** [equilíbrio] balance. **-3.** [de cheque] clearance.

compensado [kõnpẽn'sadu] *m* [madeira] plywood.

compensar [kõnpẽn'sa(x)] <> *vt* **-1.** [dar reparo a] to make up for. **-2.** [equilibrar] to compensate for. **-3.** [cheque] to clear. <> *vi* [valer a pena] to pay.

competência [kõnpe'tẽnsja] *f* **-1.** [habilidade] competence. **-2.** [responsabilidade] responsibility.

competente [kõnpe'tẽntʃi] *adj* **-1.** [hábil] competent. **-2.** [responsável] responsible.

competição [kõnpetʃi'sãw] (*pl* **-ões**) *f* **-1.** [disputa, concorrência] competition. **-2.** ESP [prova] contest.

competidor, ra [kõnpetʃi'do(x), ra] *m, f* ESP competitor.

competir [kõnpe'tʃi(x)] *vi* to compete.

compilação [kõnpila'sãw] *f* compilation.

compilar [kõnpi'la(x)] *vt* to compile.

complacente [kõnpla'sẽntʃi] *adj* complacent.

complementar [kõnplemẽn'ta(x)] (*pl* **-es**) <> *adj* additional. <> *vt* to complement.

complemento [kõnple'mẽntu] *m* **-1.** [acréscimo] addition. **-2.** GRAM object.

completamente [kõm,pleta'mẽntʃi] *adv* completely.

completar [kõnple'ta(x)] *vt* **-1.** [terminar] to complete. **-2.** [idade] to reach. **-3.** [com gasolina *etc.*] to fill up.

completo, ta [kõn'plɛtu, ta] *adj* **-1.** [trabalho] finished. **-2.** [tanque] full.
◆ **por completo** *loc adv* [inteiramente] completely.

complexo, xa [kõm'plɛksu, sa] *adj* complex.
◆ **complexo** *m* complex.

complicado, da [kõnpli'kadu, da] *adj* complicated.

complicar [kõnpli'ka(x)] *vt* [tornar complexo] to complicate.

complô [kõn'plo] *m* conspiracy.

componente [kõnpo'nẽntʃi] *m* component.

compor [kõn'po(x)] ◇ *vt* **-1.** [formar, integrar] to comprise. **-2.** [música, versos] to compose. **-3.** [discurso, livro] to write. **-4.** [enfeitar] to arrange. **-5.** *POL* [aliança, acordo] to constitute. **-6.** *TIP* to typeset. ◇ *vi* **-1.** [música] to compose. **-2.** *TIP* to typeset.

◆ **compor-se** *vp* **-1.** [ser integrado por]: **~-se de** to consist of. **-2.** [controlar-se] to compose o.s.

comporta [kõn'pɔxta] *f* floodgate.

comportamento [kõnpoxta'mẽntu] *m* **-1.** [de pessoa] behaviour. **-2.** [reação] reaction.

comportar [kõnpox'ta(x)] *vt* **-1.** [suportar] to hold. **-2.** [conter] to contain.

◆ **comportar-se** *vp* **-1.** [pessoa] to behave. **-2.** [reagir] to behave.

composição [kõnpozi'sãw] (*pl* **-ões**) *f* **-1.** [ger] composition. **-2.** [de trem, metrô] formation. **-3.** *TIP* typesetting.

compositor, ra [kõnpozi'to(x), ra] (*mpl* **-es**, *fpl* **-s**) *m, f MÚS* composer.

composto, ta [kõn'poʃtu, ta] ◇ *pp* ▷ **compor.** ◇ *adj* composed.

◆ **composto** *m QUÍM* compound.

compostura [kõnpoʃ'tura] *f* composure.

compota [kõn'pɔta] *f* stewed fruit, fruit compote.

compra ['kõnpra] *f* **-1.** [ato] purchase; **fazer ~s** to shop. **-2.** [coisa comprada] shopping.

comprar [kõn'pra(x)] *vt* **-1.** [adquirir] to buy. **-2.** *fig* [subornar] to bribe.

compreender [kõnprjẽn'de(x)] *vt* **-1.** [entender] to understand. **-2.** [abranger] to comprise.

compreensão [kõnprjẽ'sãw] *f* **-1.** [entendimento intelectual] comprehension. **-2.** [aceitação] understanding. **-3.** [percepção] realization.

compreensivo, va [kõnprjẽ'sivu, va] *adj* **-1.** [pessoa, atitude] understanding. **-2.** [medida] comprehensive.

> Embora 'compreensivo' e ***comprehensive*** se pareçam, seus significados são bem diferentes. Por exemplo, eu sempre a considerei uma pessoa compreensiva equivale a ***I have always thought she was an understanding person.*** Todavia, a sentença ***it was the most comprehensive glossary on the subject*** deve ser traduzida por era o glossário mais completo sobre o assunto.

compressor, ra [kõnpre'so(x), ra] *adj* ▷ **rolo.**

comprido, da [kõn'pridu, da] *adj* **-1.** [longo] long. **-2.** [alto] tall.

comprimento [kõnpri'mẽntu] *m* length; **três metros de ~** three metres in length, three metres long.

comprimido, da [kõnpri'midu, da] *adj* compressed.

◆ **comprimido** *m* tablet.

comprimir [kõnpri'mi(x)] *vt* **-1.** [reduzir sob pressão - ar, volume] to compress; [- barriga] to pull in. **-2.** [apertar] to squeeze.

comprometer [kõnprome'te(x)] *vt* **-1.** [ger] to compromise. **-2.** [empenhar] to commit.

◆ **comprometer-se** *vp* [assumir compromisso]: **~-se (com)** to make a commitment (to).

comprometido, da [kõnprome'tʃidu, da] *adj* **-1.** [ocupado] busy. **-2.** [amorosamente] engaged.

compromisso [kõnpro'misu] *m* **-1.** [encontro *etc.*] appointment. **-2.** [promessa] promise. **-3.** [obrigação] obligation; **sem ~** under no obligation. **-4.** [acordo] agreement. **-5.** [namoro, noivado] engagement.

comprovante [kõnpro'vantʃi] ◇ *adj* confirming. ◇ *m* receipt.

comprovar [kõnpro'va(x)] *vt* to confirm.

compulsão [kõnpuw'sãw] (*pl* **-ões**) *f* compulsion.

compulsivo, va [kõnpuw'sivu, va] *adj* compulsive.

compulsório, ria [kõnpuw'sɔrju, rja] *adj* compulsory.

computação [kõnputa'sãw] *f* **-1.** [ato] computation. **-2.** [ciência, curso] computing.

computador [kõnputa'do(x)] (*pl* **-es**) *m* computer.

computadorizar [kõnputadori'za(x)] *vt* to computerize.

computar [kõnpu'ta(x)] *vt* **-1.** [contar] to count. **-2.** [calcular] to compute, to calculate. **-3.** [incluir] to include.

comum [ko'mũ] (*pl* **-ns**) ◇ *adj* **-1.** [ordinário] ordinary. **-2.** [mútuo] mutual; **ter algo em ~** to have sthg in common. **-3.** [usual] common. ◇ *m* [usual] usual thing; **o ~ é ficarmos em casa aos domingos** we usually stay at home on Sundays; **fora do ~** [extraordinário] out of the ordinary.

comungar [komũn'ga(x)] *vi* **-1.** *RELIG* to receive Communion. **-2.** *fig* [partilhar]: **~ de algo** to share sthg.

comunhão [komu'ɲãw] (*pl* **-ões**) *f* **-1.** [união] unity; **~ de bens** [em matrimônio] joint ownership of property. **-2.** *RELIG* Communion.

comunicação [komunika'sãw] (*pl* **-ões**) *f* **-1.** [ato] communication. **-2.** [ciência] communications *(sg)*. **-3.** [mensagem] message. **-4.** [em congresso, simpósio] speech. **-5.** [ligação] link.

comunicar [komuni'ka(x)] *vt* **-1.** [informar sobre]: **~ algo a alguém** to inform sb of sthg. **-2.** [ligar] to link.

◆ **comunicar-se** *vp* **-1.** [dialogar, entender-se] to communicate. **-2.** [entrar em contato]: **~-se com** to contact.

comunicativo, va [komunika'tʃivu, va] *adj* communicative.

comunidade [komuni'dadʒi] *f* community; **Comunidade Européia** European Community.

comunismo [komu'niʒmu] *m* communism.

comunista [komu'niʃta] <> *adj* communist. <> *mf* communist.

comunitário, ria [komuni'tarju, rja] *adj* community.

concatenação [kõnkatena'sãw] (*pl* **-ões**) *f* [encadeamento] (close) linkage.

côncavo, va ['kõnkavu, va] *adj* concave.

conceber [kõnse'be(x)] <> *vt* [gerar] to conceive. <> *vi* [engravidar] to conceive.

conceder [kõnse'de(x)] *vt* [dar, outorgar] to concede.

conceito [kõn'sejtu] *m* **-1.** [idéia] concept. **-2.** [opinião] opinion. **-3.** [reputação] reputation. **-4.** EDUC [nota] grade.

conceituação [kõnsejtua'sãw] (*pl* **-ões**) *f* **-1.** [definição] conceptualization. **-2.** [avaliação] rating.

conceituado, da [kõsej'twadu, da] *adj* respected.

concentração [kõnsẽntra'sãw] (*pl* **-ões**) *f* **-1.** [ger] concentration. **-2.** ESP *athletic briefing and training usually the day before an important event.*

concentrado, da [kõsẽn'tradu, da] *adj* **-1.** [ger] concentrated. **-2.** [centralizado] centralized. **-3.** [aglomerado] gathered together.
◆ **concentrado** *m* [substância] concentrate.

concentrar [kõnsẽn'tra(x)] *vt* **-1.** [ger] to concentrate. **-2.** [centralizar] to centralize. **-3.** [aglomerar] to bring together, to mass.
◆ **concentrar-se** *vp* **-1.** [aglomerar-se] to mass. **-2.** [pessoa, atenção, esforço]: **~-se (em algo)** to concentrate (on sthg).

concepção [kõnsep'sãw] (*pl* **-ões**) *f* **-1.** [geração] conception. **-2.** [conceito] concept. **-3.** [opinião] opinion.

concernente [kõnsex'nẽntʃi] *adj*: **~ a** concerning.

concernir [kõnsex'ni(x)] *vi*: **~ a** to concern; **no que me concerne, ...** as far as I'm concerned, ...

concerto [kõn'sextu] *m* MÚS concert.

concessão [kõnse'sãw] (*pl* **-ões**) *f* **-1.** [ger] concession. **-2.** [entrega - de empréstimo, licença *etc.*] granting; [- de prêmio] awarding. **-3.** [permissão] permission.

concessionário, ria [kõnsesjo'narju, rja] *m, f* concessionaire.
◆ **concessionária** *f* [empresa] agency.

concha ['kõnʃa] *f* **-1.** [de molusco] shell. **-2.** [para líquidos] ladle.

conchavo [kõn'ʃavu] *m* conspiracy.

conciliação [kõnsilja'sãw] (*pl* **-ões**) *f* reconciliation.

conciliador, ra [kõnsilja'do(x), ra] <> *adj* conciliatory. <> *m, f* [pessoa] conciliator.

conciliar [kõnsi'lja(x)] *vt* to reconcile.

concílio [kõn'silju] *m* RELIG council.

concisão [kõnsi'sãw] *f* concision.

conciso, sa [kõn'sizu, za] *adj* concise.

conclamar [kõnkla'ma(x)] *vt* **-1.** [bradar] to shout. **-2.** [aclamar] to acclaim. **-3.** [convocar]: **~ alguém a fazer algo** to incite sb to do sthg.

concluir [kõŋklu'i(x)] *vt* **-1.** [terminar] to conclude. **-2.** [deduzir] to deduce.

conclusão [kõŋklu'zãw] (*pl* **-ões**) *f* [ger] conclusion; **chegar a uma ~** [chegar a uma dedução] to reach a conclusion; [chegar a um acordo] to come to an agreement; **~:** *fam* [resultado] upshot.

conclusivo, va [kõnklu'zivu, va] *adj* conclusive.

concordância [kõŋkox'dãnsja] *f* agreement.

concordar [kõŋkox'da(x)] <> *vt*: **~ que** to agree that. <> *vi* to agree; **~ com algo/alguém** to agree with sthg/sb; **~ em fazer algo** to agree to do sthg; **não concordo!** I disagree!

concorrência [kõŋko'xẽnsja] *f* **-1.** [ger] competition. **-2.** *fig* [licitação] tender.

concorrente [kõŋko'xẽntʃi] *adj* **-1.** [competidor] competitor. **-2.** [candidato] candidate.

concorrer [kõŋko'xe(x)] *vi* [ger] to compete; **~ com alguém** to compete with sb; **~ a algo** [ger] to apply for sthg; POL to be running for sthg.

concretizar [kõŋkreti'za(x)] *vt* to realize.
◆ **concretizar-se** *vp* [sonho, projeto, anseio] to be realized.

concreto, ta [kõŋ'krɛtu, ta] *adj* [sólido] concrete.
◆ **concreto** *m* concrete.

concretude [kõnkre'tudʒi] *f* concrete nature.

concupiscente [kõŋkupis'sẽntʃi] *adj* materialistic.

concursado, da [kõŋkux'sadu, da] <> *adj referring to a person who has been successful in a competitive examination giving access to a position, particularly in public office.*

concurso [kõŋ'kuxsu] *m* **-1.** [exame] competitive examination. **-2.** [sorteio] lottery.

condado [kõn'dadu] *m* county.

condão [kõn'dãw] *m* ⊳ **varinha**.

conde, dessa ['kõndʒi, dʒesa] *m, f* count (*f* countess).

condecorar [kõndeko'ra(x)] *vt* to decorate.

condenação [kõndena'sãw] (*pl* **-ões**) *f* **-1.** JUR conviction. **-2.** [reprovação] condemnation.

condenar [kõnde'na(x)] *vt* **-1.** [ger] to condemn; **~ alguém a algo** to sentence sb to sthg. **-2.** JUR [declarar culpado] to find guilty. **-3.** *fig* [interditar] to condemn. **-4.** *fig* [desenganar] to disillusion; **~ um paciente** to give up hope of saving a patient.

condensação [kõndẽnsa'sãw] (*pl* **-ões**) *f* condensation.

condensar [kõndẽn'sa(x)] *vt* to condense.
◆ **condensar-se** *vp* to condense.
condescendente [kõndesẽn'dẽntʃi] *adj* condescending.
condescender [kõndesẽn'de(x)] *vi* to acquiesce; ~ **a** *OU* **em** to agree to.
condessa [kõn'desa] *f* ▷ **conde**.
condição [kõndʒi'sãw] (*pl* **-ões**) *f* **-1.** [ger] position. **-2.** [exigência] condition; **com a ~ de que** on condition that. **-3.** [natureza] nature.
◆ **condições** *fpl* **-1.** [ger] conditions; **condições próprias/impróprias de banho** [praia] suitable/unsuitable conditions for swimming; **condições de trabalho** working conditions. **-2.** [estado] condition *(sg)*; **em boas condições (de uso)** in good (working) order. **-3.** [capacidade] requirement; **estar em condições de fazer algo** to be able do sthg. **-4.** [meios] means.
condimento [kõndʒi'mẽntu] *m* condiment.
condizer [kõndʒi'ze(x)] *vi*: ~ **com** to match.
condomínio [kõndo'minju] *m* **-1.** [conjunto de casas, apartamentos] condominium. **-2.** [pagamento] service charge.
condução [kõndu'sãw] (*pl* **-ões**) *f* **-1.** [ato] transportation. **-2.** [transporte] transport. **-3.** [ônibus] bus. **-4.** *FÍSICA* conduction.
conduta [kõn'duta] *f* conduct, behaviour.
conduto [kõn'dutu] *m* **-1.** [tubo] tube. **-2.** [cano] pipe. **-3.** [canal] channel.
condutor, ra [kõndu'to(x), ra] (*mpl* **-es**, *fpl* **-s**) ◇ *adj* [de eletricidade] conductor. ◇ *m, f* [de veículo] driver.
◆ **condutor** *m ELETR* conductor.
conduzir [kõndu'zi(x)] ◇ *vt* **-1.** [levar]: ~ **algo/alguém (a)** to transport sthg/sb (to). **-2.** [empresa, equipe] to lead. **-3.** *ELETR* to conduct. ◇ *vi* [levar]: ~ **a** to lead to.
cone ['koni] *m* cone.
conectar [konek'ta(x)] *vt* to connect.
◆ **conectar-se** *vp* to connect; ~ **à internet** to connect to the Internet.
conectividade [konektʃivi'dadʒi] *f* connectivity.
cônego ['konegu] *m* canon.
conexão [konek'sãw] (*pl* **-ões**) *f* **-1.** [ger & *COMPUT*] connection; ~ **discada** *OU* **dial-up** dial-up connection; ~ **a cabo** cable connection. **-2.** [nexo] link. **-3.** [relação] relationship.
confecção [kõnfek'sãw] (*pl* **-ões**) *f* **-1.** [ger] making. **-2.** [fábrica de roupas] clothing factory.
confeccionar [kõnfeksjo'na(x)] *vt* [fabricar, fazer] to make.
confederação [kõnfedera'sãw] (*pl* **-ões**) *f* confederation.
confeitar [kõnfej'ta(x)] *vt* [bolo] to sugar-coat.
confeitaria [kõnfejta'ria] *f* cake shop.
confeiteiro, ra [kõnfej'tejru, ra] *m, f* confectioner.
conferência [kõnfe'rẽsja] *f* **-1.** [verificação] check. **-2.** [palestra] lecture.
conferir [kõnfe'ri(x)] ◇ *vt* **-1.** [verificar] to check. **-2.** [cotejar, comparar] to compare. **-3.** [dar]: ~ **algo a alguém/algo** to invest sb/sthg with sthg. **-4.** [título, encargo] to confer. ◇ *vi* **-1.** [estar correto]: ~ **(com)** to agree (with). **-2.** [garantir] to make sure.
confessar [kõnfe'sa(x)] ◇ *vt* **-1.** [fazer confissão de] to confess. **-2.** *RELIG* [ouvir confissão de] to hear confession. ◇ *vi* **-1.** [fazer confissão] to make a confession. **-2.** *RELIG* to confess.
◆ **confessar-se** *vp* **-1.** *RELIG* to confess. **-2.** [admitir ser] to confess to being; **~-se culpado** *JUR* to plead guilty.
confesso, sa [kõn'fesu, sa] *adj* confessed.
confete [kõn'fɛtʃi] *m* confetti.
confiabilidade [kõnfjabili'dadʒi] *f* [credibilidade] reliability.
confiado, da [kõn'fjadu, da] *adj* [atrevido] cheeky.
confiança [kõn'fjãnsa] *f* **-1.** [segurança] confidence. **-2.** [fé] trust; **ter ~ em alguém** to have confidence in sb; **de ~** trustworthy.
confiante [kõn'fjãntʃi] *adj* **-1.** [seguro] confident. **-2.** [esperançoso]: ~ **(em)** trusting (in).
confiar [kõn'fja(x)] ◇ *vi*: ~ **em** to trust in. ◇ *vt* [entregar]: ~ **algo a alguém** to entrust sthg to sb.
confiável [kõn'fjavew] (*pl* **-eis**) *adj* reliable.
confidência [kõnfi'dẽnsja] *f* confidence; **em ~** in confidence.
confidencial [kõnfidẽn'sjaw] (*pl* **-ais**) *adj* confidential.
confinamento [kõnfina'mẽntu] *m* confinement.
confinar [kõnfi'na(x)] ◇ *vt* [isolar, enclausurar]: ~ **alguém/algo em** to confine sb/sthg to/in. ◇ *vi* ◆ **confinar-se** *vp* [isolar-se, enclausurar-se] to isolate o.s.
confins [kõn'fĩʃ] *mpl* [limite extremo] ends.
confirmação [kõnfixma'sãw] (*pl* **-ões**) *f* confirmation.
confirmar [kõnfix'ma(x)] *vt* [comprovar] to confirm.
◆ **confirmar-se** *vp* **-1.** [cumprir-se] to be confirmed. **-2.** [justificar-se] to be justified.
confiscar [kõnfiʃ'ka(x)] *vt* to confiscate.
confisco [kõn'fiʃku] *m* confiscation.
confissão [kõnfi'sãw] (*pl* **-ões**) *f* [de falta, crime] confession.
conflito [kõn'flitu] *m* [ger] conflict; **entrar em ~ (com)** to clash (with).
conformação [kõnfoxma'sãw] (*pl* **-ões**) *f* **-1.** [resignação] resignation. **-2.** [forma] shape.

conformado, da [kõnfox'madu, da] *adj* [resignado] resigned.
conformar [kõnfox'ma(x)] *vt* [formar] to shape.
◆ **conformar-se** *vp* [resignar-se]: **~-se com** to resign o.s. to.
conforme [kõn'fɔxmi] <> *prep* [de acordo com, segundo] in accordance with. <> *conj* **-1.** [ger] as. **-2.** [de acordo com] according to. **-3.** [dependendo de] depending on.
conformidade [kõnfoxmi'dadʒi] *f* [acordo] agreement; **em ~ com** in accordance with.
conformista [kõnfox'miʃta] *mf* conformist.
confortar [kõnfox'ta(x)] *vt* [consolar] to comfort.
confortável [kõnfox'tavɛw] (*pl* **-eis**) *adj* comfortable.
conforto [kõn'foxtu] *m* comfort.
confraria [kõnfra'ria] *f* fraternity.
confraternização [kõnfratexniza'sãw] (*pl* **-ões**) *f* fraternization.
confrontar [kõnfrõn'ta(x)] *vt* **-1.** [comparar] to compare. **-2.** [acarear] to confront.
◆ **confrontar-se** *vp* [defrontar-se] to face each other.
confronto [kõn'frõntu] *m* **-1.** [comparação] comparison. **-2.** [choque] confrontation.
confundir [kõnfũn'di(x)] *vt* **-1.** [ger] to confuse; **~ algo com** to confuse sthg with. **-2.** [misturar] to muddle. **-3.** [trocar] to mix up.
◆ **confundir-se** *vp* to become confused; **~-se com** to become confused with.
confusão [kõnfu'zãw] (*pl* **-ões**) *f* **-1.** [mistura] muddle. **-2.** [troca] mixing up. **-3.** [indistinção] confusion. **-4.** [caos] mess. **-5.** [problema] hassle; **dar ~** to cause a hassle. **-6.** [tumulto] melee.
confuso, sa [kõn'fuzu, za] *adj* **-1.** [obscuro] obscure. **-2.** [misturado] muddled. **-3.** [indistinto] hazy. **-4.** [atrapalhado] confused.
congelado, da [kõnʒe'ladu, da] *adj* frozen.
◆ **congelado** *m* frozen food *(inv)*.
congelador [kõnʒela'do(x)] (*pl* **-es**) *m* freezer.
congelamento [kõnʒela'mẽntu] *m* **-1.** [de água, alimento *etc.*] freezing. **-2.** *ECON* [de preços, salários] freeze.
congelar [kõnʒe'la(x)] <> *vt* [água, rio, alimento] to freeze. <> *vi* **-1.** [ficar congelado] to freeze. **-2.** [sentir frio] to be freezing.
congênito, ta [kõnʒenitu, ta] *adj* congenital.
congestionado, da [kõnʒeʃtjo'nadu, da] *adj* **-1.** [trânsito] congested. **-2.** [nariz, artéria] blocked.
congestionamento [kõnʒeʃtjona'mẽntu] *m* **-1.** [engarrafamento] congestion. **-2.** [de nariz, artéria] blockage.
congestionar [kõnʒeʃtʃjo'na(x)] *vt* **-1.** [trânsito]: **~ o trânsito** to cause traffic congestion. **-2.** [nariz, artéria] to block.
conglomerado [kõŋglome'radu] *m* conglomerate.
congregação [kõŋgrega'sãw] (*pl* **-ões**) *f* **-1.** *RELIG* congregation. **-2.** [reunião] coming together.
congregar [kõŋgre'ga(x)] *vt* [reunir] to bring together.
congressista [kõŋgre'siʃta] *m f* **-1.** [participante] delegate *(at a conference)*. **-2.** *POL* congressman (*f* congresswoman).
congresso [kõŋ'grɛsu] *m* **-1.** [conferência] conference. **-2.** *POL*: **o Congresso** Congress.
conhaque [ko'ɲaki] *m* cognac.
conhecedor, ra [koɲese'do(x), ra] (*mpl* **-es**, *fpl* **-s**) <> *adj* [ciente]: **~ (de)** aware (of). <> *m, f* [especialista]: **~ (de)** specialist (in).
conhecer [koɲe'se(x)] *vt* **-1.** [ger] to know. **-2.** [entender de] to understand. **-3.** [pessoa pela primeira vez] to meet. **-4.** [loja, casa *etc.*] to see. **-5.** [país] to visit. **-6.** [reconhecer]: **~ algo/alguém (por)** to recognize sthg/sb (by).
◆ **conhecer-se** *vp* **-1.** [a si próprio] to know o.s. **-2.** [pessoas] to know one another; [pela primeira vez] to meet.
conhecido, da [koɲe'sidu, da] <> *adj* **-1.** [famoso] well-known; **~ por** known for. **-2.** [sabido] wise. **-3.** [notório] notorious. <> *m, f* [pessoa] acquaintance.
conhecimento [koɲesi'mẽntu] *m* **-1.** [saber] knowledge; **levar algo ao ~ de alguém** to bring sthg to the attention of sb; **ter ~ de** to be aware of. **-2.** [conhecido] acquaintance.
◆ **conhecimentos** *mpl* **-1.** [noções] knowledge *(sg)*. **-2.** [relações, conhecidos] friends.
conivência [koni'vẽnsja] *f* connivance.
conivente [koni'vẽntʃi] *adj* conniving; **ser ~ com** to connive in.
conjugação [kõnʒuga'sãw] (*pl* **-ões**) *f* **-1.** [união] union. **-2.** *GRAM* conjugation.
conjugado, da [kõnʒu'gadu, da] *adj* **-1.** [apartamento, sala] adjoining. **-2.** *GRAM* conjugated.
◆ **conjugado** *m* [apartamento] adjoining apartment.
conjugal [kõnʒu'gaw] (*pl* **-ais**) *adj* marital.
cônjuge ['kõnʒuʒi] *m* spouse.
conjunção [kõnʒũn'sãw] (*pl* **-ões**) *f* **-1.** [união] combination. **-2.** *GRAM* conjunction.
conjuntivite [kõnʒũntʃi'vitʃi] *f* conjunctivitis.
conjunto, ta [kõn'ʒũntu, ta] *adj* combined, joint.
◆ **conjunto** *m* **-1.** [grupo] combination. **-2.** [totalidade]: **o ~ de** the whole of; **em ~** together. **-3.** *MÚS* group. **-4.** [residencial] complex; **~ habitacional** housing complex. **-5.** [traje] suit. **-6.** *MAT* set.
conjuntura [kõnʒũn'tura] *f* conjuncture.
conosco [ko'noʃku] *pron pess* with us.
conquanto [kõŋ'kwãntu] *conj* although.
conquista [kõŋ'kiʃta] *f* conquest.
conquistador, ra [kõŋkiʃta'do(x), ra] <> *adj* **-1.** [exército, país] conquering. **-2.** [sedutor]

seductive. <> *m, f* **-1.** [de terras, país] conqueror. **-2.** [sedutor - homem] lady-killer; [- mulher] femme fatale.

conquistar [kõŋkiʃ'ta(x)] *vt* **-1.** [subjugar] to conquer. **-2.** [alcançar] to achieve. **-3.** [ganhar] to win. **-4.** [seduzir] to seduce.

consagração [kõnsagra'sãw] (*pl* **-ões**) *f* **-1.** [aclamação] acclaim. **-2.** [exaltação] acclamation; **fazer a ~ de** to be an acclamation of. **-3.** [dedicação] dedication. **-4.** [aceitação] acceptance. **-5.** *RELIG* consecration.

consagrar [kõnsa'gra(x)] *vt* **-1.** [levar à aclamação] to lead to the acclamation of. **-2.** [exaltar] to glorify. **-3.** [dedicar] to dedicate. **-4.** [tornar aceito] to become accepted. **-5.** *RELIG* to consecrate.

◆ **consagrar-se** *vi* [atingir a aclamação] to achieve acclaim.

consangüíneo, nea [kõnsãn'gwinju, nja] <> *adj* related by blood. <> *m, f* [parente] blood relation.

consciência [kõn'sjẽnsja] *f* **-1.** [conhecimento] awareness; **ter/tomar ~ de** to be/become aware of. **-2.** [sentidos]: **perder a ~** to lose consciousness. **-3.** [moral] conscience; **estar com a ~ limpa/pesada** to have a clear/guilty conscience. **-4.** [cuidado, responsabilidade] care.

consciencioso, osa [kõnsjẽn'sjozu, ozа] *adj* conscientious.

consciente [kõnʃ'sjẽntʃi] <> *adj* conscious. <> *m PSIC* consciousness.

consecutivo, va [kõnseku'tʃivu, va] *adj* consecutive.

conseguinte [kõnse'gĩntʃi] ◆ **por conseguinte** *loc conj* consequently.

conseguir [kõnse'gi(x)] *vt* **-1.** [obter] to obtain. **-2.** [alcançar] to achieve; **~ fazer algo** to manage to do sthg.

conselheiro, ra [kõnse'ʎejru, ra] *m, f* **-1.** [ger] adviser. **-2.** [membro de conselho] councillor.

conselho [kõ'seʎu] *m* **-1.** [advertência] advice. **-2.** [órgão] council; **~ de ministros** Cabinet; **~ de guerra** council of war.

consenso [kõn'sẽnsu] *m* consensus.

consentimento [kõnsẽntʃi'mẽntu] *m* consent.

consentir [kõnsẽn'tʃi(x)] <> *vt* **-1.** [permitir] to grant. **-2.** [aprovar] to approve. <> *vi* [concordar, anuir]: **~ em algo** to consent to sthg.

conseqüência [kõnse'kwẽnsja] *f* [resultado] consequence; **em ~ de** because of, owing to; **por ~** consequently.

conseqüente [kõnse'kwẽntʃi] *adj* **-1.** [resultante] consequent. **-2.** [coerente] coherent.

consertar [kõnsex'ta(x)] *vt* **-1.** [reparar] to repair. **-2.** [remediar] to rectify.

conserto [kõn'sextu] *m* repair.

conserva [kõn'sɛrva] *f* preserve; **em ~** preserved.

conservação [kõnsexva'sãw] *f* **-1.** [ger] conservation. **-2.** [preservação] preservation.

conservador, ra [kõnsexva'do(x), ra] <> *adj* conservative. <> *m, f* conservative.

conservante [kõnser'vãntʃi] *m* preservative.

conservar [kõnsex'va(x)] *vt* **-1.** [preservar] to preserve. **-2.** [sabor, qualidade *etc.*] to conserve. **-3.** [manter] to maintain.

◆ **conservar-se** *vp* **-1.** [pessoa] to be well preserved. **-2.** [permanecer] to remain.

conservatório [kõnsexva'tɔrju] *m* conservatoire.

consideração [kõnsidera'sãw] (*pl* **-ões**) *f* **-1.** [ger] consideration; **levar em ~** to take into consideration; **falta de ~ (com alguém)** lack of consideration (towards sb). **-2.** [pensamento] thought.

considerar [kõnside'ra(x)] *vt* **-1.** [ger] to consider. **-2.** [respeitar, estimar]: **~ muito alguém/algo** to have a high regard for sb/sthg.

◆ **considerar-se** *vp* [julgar-se] to consider o.s.

considerável [kõnside'ravɛw] (*pl* **-eis**) *adj* considerable.

consignação [kõnsigna'sãw] (*pl* **-ões**) *f* **-1.** [registro] report. **-2.** *COM* consignment; **em ~** on consignment. **-3.** [de verbas] allocation.

consignar [kõnsig'na(x)] *vt* **-1.** [produtos] to consign. **-2.** [registrar] to record. **-3.** [verbas] to allocate.

consigo [kõn'sigu] *pron pess* with him/her/you/it.

consistência [kõnsiʃ'tẽnsja] *f* consistency; **ganhar ~** to thicken.

consistente [kõnsiʃ'tẽntʃi] *adj* **-1.** [sólido] solid. **-2.** [espesso] thick. **-3.** [coerente, sólido] consistent.

consistir [kõnsiʃ'tʃi(x)] *vi* [constituir-se]: **~ em** to consist of; **~ em fazer algo** to consist in doing sthg.

consoante [kõn'swãntʃi] <> *adj LING* consonant. <> *f LING* consonant. <> *prep* [de acordo com] according to.

consolação [kõnsola'sãw] (*pl* **-ões**) *f* comfort.

consolar [kõnso'la(x)] *vt* to comfort.

◆ **consolar-se** *vp*: **~-se (com)** to console o.s. (with).

console [kõn'soli] *m* console.

consolidação [kõnsolida'sãw] (*pl* **-ões**) *f* [estabilização] consolidation.

consolidar [kõnsoli'da(x)] <> *vt* **-1.** [estabilizar, ratificar] to consolidate. **-2.** [fratura] to calcify. <> *vi* [tornar-se sólido] to solidify.

consolo [kõn'solu] *m* **-1.** [consolação] comfort. **-2.** *vulg* [consolo-de-viúva] dildo.

consomê [kõnso'me] *m* consommé.

consórcio [kõn'sɔxsju] *m* **-1.** [união] partnership. **-2.** [de interesses, necessidades] uniting. **-3.** *COM* consortium.

conspícuo, cua [kõnʃ'pikwu, kwa] *adj* **-1.** [evidente] conspicuous. **-2.** [ilustre] remarkable.

conspiração [kõnʃpira'sãw] (*pl* **-ões**) *f* conspiracy.

conspirador, ra [kõnʃpira'do(x), ra] *m, f* conspirator.

conspirar [kõnʃpi'ra(x)] ◇ *vi*: ~ **(contra)** to conspire (against). ◇ *vt* to plot.

conspiratório, ria [kõʃpira'tɔrju, rja] *adj* conspiratorial.

constante [kõnʃ'tãntʃi] *adj* **-1.** [ger] constant. **-2.** [pessoa, amor] faithful. **-3.** [que consta]: ~ **de** pertaining to.

constar [kõnʃ'ta(x)] *vi* **-1.** [informação]: ~ **(em** *ou* **de)** to appear (in). **-2.** [constituir-se]: ~ **de** to consist of.

constatação [kõnʃtata'sãw] (*pl* **-ões**) *f* **-1.** [observação] observation. **-2.** [comprovação] confirmation.

constatar [kõnʃta'ta(x)] *vt* **-1.** [observar] to notice. **-2.** [comprovar] to prove.

constelação [kõnʃtela'sãw] (*pl* **-ões**) *f* constellation.

consternado, da [kõnʃter'nadu, da] *adj* dismayed.

consternar [kõnʃtex'na(x)] *vt* to discourage.

constipação [kõnʃtʃipa'sãw] (*pl* **-ões**) *f* **-1.** [prisão de ventre] constipation. **-2.** [resfriado] cold.

constipado, da [kõnʃtʃi'padu, da] *adj* **-1.** [resfriado]: **estar** ~ to have a cold. **-2.** [com prisão de ventre] constipated.

> Cuidado para não confundir ***constipated*** em inglês com 'constipado' em português. Em português, 'constipado' pode referir-se tanto a resfriado como à prisão de ventre, mas em inglês apenas à prisão de ventre.

constitucional [kõnʃtʃitusjo'naw] (*pl* **-ais**) *adj* constitutional.

constituição [kõnʃtʃitwi'sãw] (*pl* **-ões**) *f* **-1.** [formação] make-up. **-2.** [consistência] composition. **-3.** *POL* [carta] constitution.

constituinte [kõnʃtʃi'twĩntʃi] ◇ *adj* **-1.** [componente] constituent. **-2.** *POL* representative. ◇ *mf POL* [deputado] deputy.

◆ **Constituinte** *f POL* [assembléia]: **a Constituinte** the Constituent Assembly.

constituir [kõnʃtʃi'twi(x)] *vt* **-1.** [compor, ser] to constitute. **-2.** [criar, estabelecer] to establish.

◆ **constituir-se** *vp* **-1.** [estabelecer-se como]: **~-se em algo** to establish o.s. as sthg. **-2.** [ser]: **~-se em algo** to be sthg, to constitute sthg.

constrangedor, ra [kõnʃtrãnʒe'do(x), ra] *adj* **-1.** [embaraçador] embarrassing. **-2.** [repressivo] repressive.

constranger [kõnʃtrãn'ʒe(x)] *vt* **-1.** [embaraçar] to embarrass. **-2.** [reprimir, refrear] to curb.

◆ **constranger-se** *vp* [ficar embaraçado] to be embarrassed.

constrangimento [kõnʃtrãnʒi'mẽntu] *m* **-1.** [embaraço] embarrassment. **-2.** [repressão] restriction.

construção [kõnʃtru'sãw] (*pl* **-ões**) *f* **-1.** [edifício] building; **em** ~ under construction *(depois de verbo)*. **-2.** [intelectual, imaginária] feat.

construir [kõnʃtru'i(x)] *vt* to build.

construtivo, va [kõnʃtru'tʃivu, va] *adj* constructive.

construtor, ra [kõnʃtru'to(x), ra] (*mpl* **-es**, *fpl* **-s**) ◇ *adj* building *(antes de subst)*. ◇ *m, f* builder.

◆ **construtora** *f* [empresa] building company.

cônsul ['kõnsuw] (*pl* **-es**) *m* consul.

consulado [kõnsu'ladu] *m* consulate.

cônsules ['kõnsuliʃ] *pl* ▷ **cônsul**.

consulesa [kõnsu'leza] *f* **-1.** [diplomata] consul. **-2.** [esposa] consul's wife.

consulta [kõn'suwta] *f* **-1.** [sobre problema, dúvida] query. **-2.** *MED* consultation; **horário de** ~ surgery hours; **ter uma** ~ **(com)** to have an appointment (with).

consultar [kõnsuw'ta(x)] *vt* to consult.

consultor, ra [kõnsuw'to(x), ra] *m, f* consultant.

consultório [kõnsuw'tɔrju] *m MED* consulting room.

consumação [kõnsuma'sãw] (*pl* **-ões**) *f* **-1.** [realização] realization, carrying out. **-2.** [completude] completion. **-3.** [de casamento] consummation. **-4.** [em restaurante, bar]: ~ **mínima** minimum order.

consumar [kõnsu'ma(x)] *vt* **-1.** [realizar] to realize, to carry out. **-2.** [completar] to complete. **-3.** [casamento] to consummate.

◆ **consumar-se** *vp* **-1.** [realizar-se] to be realized, to be carried out. **-2.** [completar-se] to be completed. **-3.** [casamento] to be consummated. **-4.** [profecia] to come true.

consumidor, ra [kõsumi'do(x), ra] (*mpl* **-es**, *fpl* **-s**) ◇ *adj* consumer. ◇ *m, f* consumer.

consumir [kõnsu'mi(x)] ◇ *vt* **-1.** [ger] to consume. **-2.** [comprar] to purchase. **-3.** [corroer, devorar] to corrode. **-4.** *fig* [desgastar] to consume. ◇ *vi* [comprar] to consume.

◆ **consumir-se** *vp* **-1.** [combustível, fogo] to burn itself out. **-2.** *fig* [pessoa] to wear o.s. out.

consumo [kõn'sumu] *m* **-1.** [ger] consumption. **-2.** [compra] sale; **bens de** ~ consumer goods. **-3.** [de drogas] use.

conta ['kõnta] *f* **-1.** [ger] account; **pôr na** ~ to charge to one's account; **abrir uma** ~ to open an account; ~ **conjunta** joint account; ~ **corrente** current account. **-2.** [cálculo] counting; **acertar** *ou* **ajustar contas com alguém** *fig* to settle a score with sb; **pedir as ~s** *fig* [demitir-se] to resign; **afinal de ~s** after all. **-3.** [em restaurante] bill; **a ~, por favor!** the bill, please!; **pedir a** ~ to ask for the bill. **-4.** [fatura] invoice; ~ **de gás/luz/telefone** gas/ electricity/telephone bill. **-5.** [consideração]: **levar algo em** ~ to take sthg into account; **dar(-se)** ~ **de** to realize. **-6.** [justificação, razão]: **por** ~ **de** because of. **-7.** [informação, satisfação] account; **dar** ~ **de** to give an account of; **prestar** ~**s de** to account for. **-8.** [responsabilidade, capacidade]: **dar** ~ **de** to manage; **não ser da** ~ **de alguém** to be nobody's business; **tomar** ~ **de alguém/algo** [cuidar, encarregar-se de] to look after sb/sthg; **tomar** ~ **de** [difundir-se por] to take over. **-9.** [de colar] bead. **-10.** *loc*: **fazer de** ~ **que** [imaginar] to pretend; [fingir] to pretend; **ficar por** ~ to get angry.

◆ **por conta própria** *loc adv* on one's own account.

contabilidade [kõntabili'dadʒi] *f* **-1.** [ofício] accountancy. **-2.** [setor] accounts department.

contabilista [kõntabi'liʃta] *m f* accountant.

contabilizar [kõntabili'za(x)] *vt* **-1.** [registrar] to keep accounts. **-2.** [calcular] to count.

contador [kõnta'do(x)] (*pl* **-es**) *m, f* COM accountant.

◆ **contador** *m* TEC meter.

contagem [kõn'taʒẽ] (*pl* **-ns**) *f* **-1.** [ato] counting. **-2.** [escore] score.

contagiar [kõnta'ʒja(x)] *vt* **-1.** [infectar] to infect. **-2.** *fig* [influenciar] to affect.

contágio [kõn'taʒju] *m* contagion.

contagioso, osa [kõnta'ʒjozu, za] *adj* contagious.

contaminação [kõntamina'sãw] (*pl* **-ões**) *f* contamination.

contaminar [kõntami'na(x)] ◇ *vt* [contagiar] to contaminate. ◇ *vi* *fig* [corromper] to corrupt.

contanto [kõn'tãntu] ◆ **contanto que** *loc adv* provided that.

contar [kõn'ta(x)] ◇ *vt* **-1.** [enumerar] to count. **-2.** [narrar] to tell. **-3.** [supor]: ~ **que** to expect. ◇ *vi* **-1.** [fazer contas] to count. **-2.** [importar] to matter. **-3.**: ~ **com** [ger] to count on; [dispor] to have.

contatar [kõnta'ta(x)] *vt* to contact.

contato [kõn'tatu] *m* contact.

contemplar [kõntẽn'pla(x)] *vt* **-1.** [olhar] to contemplate. **-2.** [premiar] to reward.

◆ **contemplar-se** *vp* [olhar-se] to look at o.s.

contemplativo, va [kõntẽnpla'tʃivu, va] *adj* contemplative.

contemporaneidade [kõntẽnporãnej'dadʒi] *f* contemporary nature.

contemporâneo, nea [kõntẽmpo'ranju, nja] ◇ *adj* contemporary. ◇ *m, f* contemporary.

contenção [kõntẽn'sãw] *f* **-1.** [diminuição - de despesas] cutback; [- de gestos, palavras] restraint. **-2.** [interrupção de fluxo] containment.

contenda [kõn'tẽnda] *f* dispute.

contentamento [kõntẽnta'mẽntu] *m* **-1.** [alegria] happiness. **-2.** [satisfação] contentment.

contentar [kõntẽn'ta(x)] *vt* **-1.** [satisfazer] to content. **-2.** [agradar] to please.

◆ **contentar-se** *vp* [satisfazer-se]: ~**-se com** to be satisfied with.

contente [kõn'tẽntʃi] *adj* happy.

contento [kõn'tẽntu] ◆ **a contento** *loc adv* satisfactorily.

conter [kõn'te(x)] *vt* **-1.** [controlar] to control. **-2.** [ter] to contain.

◆ **conter-se** *vp* [controlar-se] to restrain o.s.

conterrâneo, nea [kõnte'xãnju, nja] ◇ *adj* fellow *(antes de subst)*; **é um amigo** ~ he is a friend who comes from the same place as me. ◇ *m, f* compatriot.

contestação [kõnteʃta'sãw] (*pl* **-ões**) *f* **-1.** [negação] dispute. **-2.** [impugnação] challenge. **-3.** [oposição] opposition. **-4.** [réplica] reply.

contestar [kõnteʃ'ta(x)] ◇ *vt* **-1.** [negar] to dispute. **-2.** [impugnar] to challenge. ◇ *vi* [opor-se] to oppose.

contestatório, ria [kõnteʃta'tɔrju, rja] *adj* contentious; **movimento** ~ protest movement.

conteúdo [kõn'tjudu] *m* contents *(pl)*.

contexto [kõn'teʃtu] *m* context.

contextualização [kõnteʃtwaliza'sãw] (*pl* **-ões**) *f* contextualization.

contextualizar [kõnteʃtwali'za(x)] *vt* to put into context.

contigo [kõn'tʃigu] *pron pess* with you.

contíguo, gua [kõn'tʃigwu, gwa] *adj* adjacent; ~ **a** next to.

continental [kõntʃinẽn'taw] (*pl* **-ais**) *adj* continental.

continente [kõntʃi'nẽntʃi] *m* continent.

contingência [kõntʃĩn'ʒẽnsja] *f* contingency.

contingente [kõntʃĩn'ʒẽntʃi] ◇ *adj* contingent. ◇ *m* contingent.

continuação [kõntʃinwa'sãw] (*pl* **-ões**) *f* continuation.

continuar [kõntʃi'nwa(x)] ◇ *vt* [prosseguir] to continue. ◇ *vi* **-1.** [perdurar] to continue. **-2.** [prolongar-se] to go on. **-3.** [prosseguir]: ~ **em algo** to continue with sthg; ~ **fazendo algo** OU **a fazer algo** to continue doing sthg/to do sthg. ◇ *v de ligação (antes de adjetivo)* [expressa qualidade, estado]: **a cidade continua bonita** the city is still beautiful.

continuidade [kõntʃinwi'dadʒi] *f* continuity.

contínuo, nua [kõn'tʃinwu, nwa] ◇ *adj* **-1.** [sem interrupção] continuous. **-2.** [constante] constant. ◇ *m* [pessoa] office junior.

conto [ˈkõntu] *m* story.
contorção [kõntoxˈsãw] (*pl* **-ões**) *f* contortion.
contorcer [kõntoxˈse(x)] *vt* to warp.
◆ **contorcer-se** *vp* to writhe.
contornar [kõntoxˈna(x)] *vt* **-1.** [rodear] to go around. **-2.** *fig* [resolver] to get around.
contorno [kõnˈtoxnu] *m* outline.
contra [ˈkõntra] ◇ *prep* [ger] against. ◇ *adv* against. ◇ *m* **-1.** [dificuldade] hard knock. **-2.** [contestação] objection; **pesar os prós e os ~s** to weigh up the pros and the cons; **ser do ~** to object on principle.
contra-ataque [ˌkõntraˈtaki] (*pl* **contra-ataques**) *m* counter-attack.
contrabaixo [ˌkõntraˈbajʃu] *m* **-1.** [instrumento] double bass. **-2.** [músico] bassist.
contrabandear [ˌkõntrabãnˈdʒja(x)] *vt* to smuggle.
contrabandista [ˌkõntrabãnˈdʒiʃta] *mf* smuggler.
contrabando [ˌkõntraˈbãndu] *m* **-1.** [ato] smuggling. **-2.** [mercadoria] contraband; **fazer ~** to smuggle.
contração [kõntraˈsãw] (*pl* **-ões**) *f* contraction.
contracapa [ˌkõntraˈkapa] *f* inside cover.
contracepção [ˌkõntrasepˈsãw] (*pl* **-ões**) *f* contraception.
contraceptivo, va [ˌkõntrasepˈtʃivu, va] *m* contraceptive.
contracheque [ˌkõntraˈʃɛki] *m* payslip.
contradição [ˌkõntradʒiˈsãw] (*pl* **-ões**) *f* contradiction.
contraditório, ria [ˌkõntradʒiˈtɔrju, rja] *adj* contradictory.
contradizer [ˌkõntradʒiˈze(x)] *vt* to contradict.
◆ **contradizer-se** *vp* to contradict o.s.
contrafilé [ˌkõntrafiˈlɛ] *m* rump steak.
contragosto [kõntraˈgoʃtu] ◆ **a contragosto** *loc adv* unwillingly.
contrair [kõntraˈi(x)] *vt* **-1.** [ger] to contract. **-2.** [assumir]: **~ matrimônio** to get married; **~ dívidas** to run up debts; **~ compromisso** to take on responsibilities. **-3.** [adquirir - doenças] to catch; [- hábitos] to acquire.
◆ **contrair-se** *vp* [encolher-se] to contract.
contramão [ˌkõntraˈmãw] ◇ *adj* [em sentido contrário] one-way. ◇ *f*: **na ~** on the wrong side of the road.
contramestre [ˌkõntraˈmɛʃtri] *m* **-1.** [em fábrica *etc.*] foreman. **-2.** [náut] first mate.
contrapartida [ˌkõntraparˈtʃida] *f* **-1.** [oposto] opposite. **-2.** [compensação]: **em ~** in compensation.
contrapeso [ˌkõntraˈpezu] *m* counterbalance.
contrapor [ˌkõntraˈpo(x)] *vt* [confrontar] to confront; **~ algo a algo** to set sthg against sthg.
contraproducente [ˌkõntraproduˈsẽntʃi] *adj* counterproductive.
contra-regra [ˌkõntraˈxɛgra] (*pl* **contra-regras**) *mf* stage manager.
contrariado, da [kõntraˈrjadu, da] *adj* annoyed.
contrariar [kõntraˈrja(x)] *vt* **-1.** [vontade, interesse] to thwart. **-2.** [declaração, informação] to contradict. **-3.** [desobedecer - ordem, instrução] to disobey; [- lei] to break. **-4.** [descontentar] to annoy.
contrário, ria [kõnˈtrarju, rja] *adj* **-1.** [lado] opposite. **-2.** [ponto de vista, decisão] opposing; **ser ~ a algo** to be against sthg; **caso ~** otherwise.
◆ **contrário** *m* opposite; **do ~** otherwise; **pelo** *ou* **ao ~** on the contrary; **ao ~** [de outra maneira] the other way round; [roupa] back to front.
contra-senso [ˌkõntraˈsẽnsu] (*pl* **contra-sensos**) *m* nonsense (*inv*).
contrastante [kõntraʃˈtãntʃi] *adj* contrasting.
contrastar [kõntraʃˈta(x)] ◇ *vt*: **~ algo com algo** to contrast sthg with sthg. ◇ *vi* to contrast.
contraste [kõnˈtraʃtʃi] *m* contrast.
contratação [kõntrataˈsãw] (*pl* **-ões**) *f* recruitment.
contratante [kõntraˈtãntʃi] ◇ *adj* contracting. ◇ *mf* contractor.
contratar [kõntraˈta(x)] *vt* to recruit.
contratempo [ˌkõntraˈtẽnpu] *m* **-1.** [imprevisto] setback. **-2.** [dificuldade] hurdle. **-3.** [aborrecimento] upset.
contrato [kõnˈtratu] *m* **-1.** [documento] contract. **-2.** [acordo] agreement.
contribuição [kõntribwiˈsãw] (*pl* **-ões**) *f* **-1.** [ger] contribution. **-2.** [tributo - sindical] dues *(pl)*; [- fiscal] tax.
contribuinte [kõntriˈbwĩntʃi] *m f* **-1.** [colaborador] contributor. **-2.** [aquele que paga imposto] taxpayer.
contribuir [kõntriˈbwi(x)] *vi* **-1.** [ger] to contribute; **~ com algo (para algo)** [fornecer, colaborar] to contribute sthg (for/to sthg). **-2.** [ter parte em um resultado]: **~ para algo** to contribute to sthg.
controlar [kõntroˈla(x)] *vt* to control.
◆ **controlar-se** *vp* [dominar-se] to control o.s.
controle [kõnˈtroli] *m* control; **~ remoto** remote control.
controvérsia [kõntroˈvɛrsja] *f* controversy.
controverso, sa [kõntroˈvɛrsu, sa] *adj* controversial.
contudo [kõnˈtudu] *conj* however.
contumaz [kõntuˈmajʒ] *adj* obstinate.
contundir [kõntũnˈdʒi(x)] *vt* to bruise.
◆ **contundir-se** *vp* to bruise o.s.
contusão [kõntuˈzãw] (*pl* **-ões**) *f* bruise.
convalescença [kõnvaleʃˈsẽnsa] *f* convalescence.

convalescer [kõvale'se(x)] *vi* to convalesce.
convenção [kõvẽn'sãw] (*pl* **-ões**) *f* convention.
convencer [kõvẽn'se(x)] <> *vt* [persuadir]: ~ **alguém (de algo)** to convince sb (of sthg); ~ **alguém a fazer algo** to persuade sb to do sthg. <> *vi fig* [agradar] to impress.
◆ **convencer-se** *vp* [persuadir-se]: ~**-se de algo** to convince o.s. of sthg.
convencido, da [kõnvẽn'sidu, da] *adj* **-1.** [convicto] convinced. **-2.** *fig* [presunçoso] conceited.
convencional [kõnvẽnsjo'naw] (*pl* **-ais**) *adj* **-1.** [ger] conventional. **-2.** *pej* [comum] commonplace.
conveniência [kõnve'njẽnsja] *f* convenience.
conveniente [kõnve'njẽntʃi] *adj* **-1.** [ger] convenient. **-2.** [oportuno] opportune.
convênio [kõn'venju] *m* **-1.** [acordo] agreement. **-2.** [entre instituições] accord.
convento [kõn'vẽntu] *m* convent.
convergência [kõnver'gẽnsja] *f* convergence.
convergir [kõnvex'ʒi(x)] *vi* **-1.** [mesma direção]: ~ **para** to converge on. **-2.** [afluir]: ~ **(de/para)** to converge (from/towards).
conversa [kõn'vɛxsa] *f* **-1.** [diálogo] chat; ~ **fiada** *OU* **mole** chit-chat. **-2.** *loc*: **passar uma** ~ **em alguém** to soft-soap sb.
conversação [kõnvexsa'sãw] (*pl* **-ões**) *f* conversation.
conversão [kõnvex'sãw] (*pl* **-ões**) *f* conversion.
conversar [kõnvex'sa(x)] *vi* to talk, to hold a conversation.
conversível [kõnvex'sivew] (*pl* **-eis**) <> *adj* convertible. <> *m AUTO* convertible.
conversor [kõnvex'so(x)] *m* **-1.** [dispositivo] transformer. **-2.** *COMPUT* converter.
converter [kõnvex'te(x)] *vt* **-1.** [transformar]: ~ **algo/alguém em algo** to convert sthg/sb into sthg. **-2.** *POL & RELIG*: ~ **alguém a** to convert sb to.
◆ **converter-se** *vp POL & RELIG*: ~**-se (a)** to convert (to).
convertido, da [kõnvex'tʃidu, da] <> *adj* converted. <> *m, f POL & RELIG* convert.
convés [kõn'vɛʃ] (*pl* **-veses**) *m* deck.
convexo, xa [kõn'vɛksu, sa] *adj* convex.
convicção [kõnvik'sãw] (*pl* **-ões**) *f* conviction.
convicto, ta [kõn'viktu, ta] <> *adj* **-1.** [convencido] convinced. **-2.** [réu] convicted. <> *m, f* [presidiário] convict.
convidado, da [kõnvi'dadu, da] *m, f* guest.
convidar [kõnvi'da(x)] *vt* [ger] to invite.
convidativo, va [kõnvida'tʃivu, va] *adj* inviting.
convincente [kõnvĩn'sẽntʃi] *m* convincing.
convir [kõn'vi(x)] *vi* **-1.** [concordar]: ~ **(com alguém) em algo** to agree (with sb) about sthg. **-2.** [ser conveniente, proveitoso]: ~ **a alguém** to be convenient for sb. **-3.** [condizer]: ~ **a alguém** to be appropriate for sb.
convite [kõn'vitʃi] *m* invitation.
convivência [kõnvi'vẽnsja] *f* **-1.** [convívio] closeness. **-2.** [familiaridade] familiarity.
conviver [kõnvi've(x)] *vi* **-1.** [coexistir] to coexist. **-2.** [lidar]: ~ **com** to cope with.
convívio [kõn'vivju] *m* [convivência] closeness.
convocar [kõnvo'ka(x)] *vt* **-1.** [chamar] to summon. **-2.** [reunir] to convene. **-3.** *MIL* to call up.
convosco [kõn'voʃku] *pron pess* with you.
convulsão [kõnvuw'sãw] (*pl* **-ões**) *f* **-1.** *MED* convulsion. **-2.** *fig* upheaval.
convulsionar [kõnvuwsjo'na(x)] *vt* **-1.** [pôr em convulsão] to convulse. **-2.** *fig* [povo, país] to agitate.
cookie ['koki] (*pl* **cookies**) *m COMPUT* cookie.
cooper ['kupe(x)] *m* jogging; **fazer** ~ to go jogging.
cooperação [kwopera'sãw] (*pl* **-ões**) *f* cooperation.
cooperar [kwope'ra(x)] *vi*: ~ **(com)** to cooperate (with).
cooperativo, va [kwopera'tʃivu, va] *adj* cooperative.
◆ **cooperativa** *f* cooperative.
coordenação [kooxdena'sãw] *f* [ato] coordination.
coordenada [kooxde'nada] *f* **-1.** *fam* [orientação] instructions. **-2.** *GEOM* coordinate.
coordenar [koorde'na(x)] *m* to coordinate.
copa ['kɔpa] *f* **-1.** [cômodo] pantry. **-2.** [parte superior] crown. **-3.** *ESP* cup.
◆ **copas** *fpl* [naipe] hearts.
Copenhague [kõpe'ɲagi] *n* Copenhagen.
cópia ['kɔpja] *f* **-1.** [ger] copy. **-2.** [fotocópia] photocopy.
copiadora [kopja'dora] *f* **-1.** [loja] print shop. **-2.** [máquina] photocopier.
copiar [ko'pja(x)] *vt* to copy.
copioso, piosa [ko'pjozu, pjɔza] *adj* **-1.** [ger] copious. **-2.** [refeição] copious.
copo ['kɔpu] *m* **-1.** [recipiente] glass. **-2.** [conteúdo] glassful.
COPOM (*abrev de* **Comitê de Política Monetária**) [ko'põ] *m* [econ] Monetary Policy Committee.
copular [ko'pula(x)] *vi* to copulate.
coqueiro [ko'kejru] *m* coconut palm.
coqueluche [koke'luʃi] *f* **-1.** [doença] whooping cough. **-2.** *fig* [moda]: **o bambolê foi** ~ **nos anos setenta** the hula hoop was all the rage in the seventies.
coquetel [koke'tɛw] (*pl* **-éis**) *m* **-1.** [drinque] cocktail. **-2.** [festa] cocktail party.
cor ['ko(x)] (*pl* **-es**) *f* **-1.** [tom] colour. **-2.** [de pele] complexion; **ficar sem** ~ to go pale. **-3.** *fig* [feição] tone.
◆ **de cor** *loc adv* by heart.

coração [kora'sãw] (*pl* **-ões**) *m* [ger] heart.

corado, da [ko'radu, da] *adj* **-1.** [na face] ruddy. **-2.** [avermelhado] reddish. **-3.** *fig* [envergonhado] shamefaced. **-4.** CULIN sautéed.

coragem [ko'raʒẽ] *f* courage.

corajoso, osa [kora'ʒozu, ɔza] *adj* courageous.

coral [ko'raw] (*pl* **-ais**) ◇ *m* **-1.** [ger] coral. **-2.** MÚS choir. ◇ *f* [cobra] coral snake. ◇ *adj* coral.

corante [ko'rãntʃi] ◇ *adj* colouring. ◇ *m* dye.

corcova [kox'kɔva] *f* hump.

corcunda [kox'kũnda] ◇ *adj* hunchbacked. ◇ *mf* hunchback.

corda ['kɔrda] *f* **-1.** [ger] spring; **dar ~ em** to wind up. **-2.** [fio] rope. **-3.** [varal] clothesline.
◆ **cordas** *fpl* **-1.** ANAT: **~s vocais** vocal cords. **-2.** MÚS: **quarteto de ~s** string quartet.

cordão [kor'dãw] (*pl* **-ões**) *m* **-1.** [corda fina] twine. **-2.** [jóia] chain. **-3.** [cadarço] shoelace. **-4.** [bloco carnavalesco] carnival block. **-5.** ANAT: **~ umbilical** umbilical cord.

cordeiro [kor'dejru] *m* lamb.

cordel [kor'dɛw] (*pl* **-éis**) *m* **-1.** [barbante] string. **-2.** LITER: **(literatura de) ~** popular Brazilian literature.

cor-de-rosa [ˌkordʒi'xɔza] ◇ *adj* **-1.** [cor] pink. **-2.** *fig* [feliz] rose-tinted. ◇ *m* [cor] pink.

cordial [kor'dʒjaw] (*pl* **-ais**) *adj* **-1.** [gentil] cordial. **-2.** [afetuoso] warm.

cordilheira [kordʒi'ʎejra] *f* mountain range.

cordões *pl* ⊳ **cordão**.

Coréia [ko'rɛja] *n* Korea; **~ do Norte** North Korea; **~ do Sul** South Korea.

coreografia [korjogra'fia] *f* choreography.

coreto [ko'retu] *m* bandstand.

coriza [ko'riza] *f* runny nose.

corja ['kɔxʒa] *f* gang.

córnea ['kɔxnja] *f* cornea.

córner ['kɔxne(x)] *m* corner (kick).

corneta [kox'neta] *f* cornet.

coro ['koru] *m* **-1.** [cantores] choir. **-2.** [balcão] organ loft.

coroa [ko'roa] ◇ *f* **-1.** [ger] crown. **-2.** [de flores] garland. **-3.** [calvície] bald spot. ◇ *mf* [pessoa] *fam* old fogey.

coroação [korwa'sãw] (*pl* **-ões**) *f* coronation.

coroar [koro'a(x)] *vt* **-1.** [ger] to crown. **-2.** [premiar] to reward.

coronel [koro'nɛw] (*pl* **-éis**) *m* **-1.** MIL colonel. **-2.** POL political baron.

coronha [ko'roɲa] *f* butt.

coronhada [koro'ɲada] *f* blow with a rifle butt.

corpete [kox'petʃi] *m* bodice.

corpo ['koxpu] *m* **-1.** [ger] body; **~ de bombeiros** fire department; **~ diplomático** diplomatic corps. **-2.** [cadáver] corpse, body. **-3.** [consistência]: **tomar ~** to thicken.

corporação [koxpora'sãw] (*pl* **-ões**) *f* corporation.

corporal [koxpo'raw] (*pl* **-ais**) *adj* corporal.

corporativismo [koxporatʃi'viʒmu] *m* corporatism.

corporativo, va [koxpo'ratʃivu, va] *adj* corporative.

corpulento, ta [koxpu'lẽntu, ta] *adj* corpulent.

correção [koxe'sãw] (*pl* **-ões**) *f* **-1.** [ato] marking. **-2.** [qualidade] exactness.

corre-corre [kɔxi'kɔxi] *m* mad rush.

corredor, ra [koxe'do(x), ra] (*mpl* **-es**, *fpl* **-s**) *m, f* [atleta] runner.
◆ **corredor** *m* [passagem - em casa] corridor; [- em avião, etc.] aisle.

córrego ['kɔxegu] *m* brook.

correia [ko'xeja] *f* **-1.** [tira] strap. **-2.** [em máquina] belt. **-3.** [em carro] fan belt.

correio [ko'xeju] *m* **-1.** [serviço] mail; **~ de voz** voice mail. **-2.** [correspondência] post; **agência dos ~s** post office. **-3.** *fig* [carteiro] postman *UK*, mailman *US*.

corrente [ko'xẽntʃi] ◇ *adj* **-1.** [atual] current. **-2.** [comum] common. **-3.** [fluente - língua] fluent; [- estilo] flowing. **-4.** [água] running. ◇ *f* **-1.** [ger] current; **remar contra a ~** *fig* to swim against the tide. **-2.** [corrente] chain. **-3.** [vento]: **~ de ar** draught.

correnteza [koxẽn'teza] *f* current.

correr [ko'xe(x)] ◇ *vi* **-1.** [ger] to run. **-2.** [passar] to fly past. **-3.** [circular] to circulate. **-4.** [espalhar-se] to spread. ◇ *vt* **-1.** [percorrer]: **~ a fazenda** to go all over sthg. **-2.** [passar de leve] to run. **-3.** [olhar rapidamente]: **corri os olhos pela revista** I ran my eyes over the magazine. **-4.** [estar exposto a]: **~ o risco de algo** to run the risk of sthg.

correria [koxe'ria] *f* rushing about.

correspondência [koxeʃpõn'dẽnsja] *f* correspondence.

correspondente [koxeʃpõn'dẽntʃi] ◇ *adj* corresponding. ◇ *mf* correspondent.

corresponder [koxeʃpõn'de(x)] *vi* [ger]: **~ a** to correspond to.
◆ **corresponder-se** *vp* to correspond with.

correto, ta [ko'xɛtu, ta] *adj* **-1.** [ger] correct. **-2.** [íntegro] honest.

corretor, ra [koxe'to(x), ra] (*mpl* **-es**, *fpl* **-s**) *m, f* [agente] broker; **~ de imóveis** estate agent *UK*, realtor *US*; **~ de Bolsa** stockbroker.

corrida [ko'xida] *f* **-1.** [ato] running. **-2.** ESP racing. **-3.** [de táxi] fare.

corrido, da [ko'xidu, da] *adj* [rápido] rushed.

corrigir [koxi'ʒi(x)] *vt* **-1.** [retificar] to correct. **-2.** [eliminar] to repair. **-3.** [repreender] to tell off. **-4.** [atenuar] to attenuate.

◆ **corrigir-se** *vp* [emendar-se] to correct o.s.
corrimão [koxi'mãw] (*pl* **-ãos**, **-ões**) *m* handrail.
corriqueiro, ra [koxi'kejru, ra] *adj* everyday.
corroborar [koxobo'ra(x)] *vt* to corroborate.
corroer [koxo'e(x)] *vt* **-1.** [carcomer] to eat away. **-2.** [danificar] to corrode. **-3.** *fig* [depravar] to undermine.
corromper [koxõn'pe(x)] *vt* **-1.** [perverter] to pervert. **-2.** [subornar] to corrupt. **-3.** [adulterar] to tamper with.
◆ **corromper-se** *vp* [perverter-se] to become corrupt.
corrosão [koxo'sãw] (*pl* **-ões**) *f* **-1.** [de metais] corrosion. **-2.** *GEOL* erosion.
corrosivo, va [koxo'zivu, va] *adj* corrosive.
corrupção [koxup'sãw] (*pl* **-ões**) *f* **-1.** [perversão] pervertion. **-2.** [suborno] corruption.
corrupto, ta [ko'xuptu, ta] *adj* corrupt.
Córsega ['kɔxsega] *n* Corsica.
cortada [kox'tada] *f ESP* smash; **dar uma ~ em alguém** *fig* to cut sb short.
cortado, da [kox'tadu, da] *adj* **-1.** [ger] cut. **-2.** [relações] severed. **-3.** *fig* [coração] broken.
cortador [koxta'do(x)] *m* cutter.
cortante [kox'tãntʃi] *adj* **-1.** [ger] cutting. **-2.** [que corta] sharp.
cortar [kox'ta(x)] ◇ *vt* **-1.** [ger] to cut. **-2.** [árvore] to cut down. **-3.** [suprimir] to cut out. **-4.** *AUTO* to stall. **-5.** [interromper] to interrupt. **-6.** [pôr fim a] to end. **-7.** [encurtar]: **~ caminho** to take a short cut. ◇ *vi* **-1.** [ter bom gume] to cut. **-2.** *ESP* to smash the ball.
◆ **cortar-se** *vp* [ferir-se] to cut o.s.
corte[1] ['kɔxtʃi] *m* **-1.** [ger] cut. **-2.** [gume] cutting edge. **-3.** [porção de tecido]: **~ de algo** length of sthg. **-4.** [trecho censurado] edited material.
corte[2] ['koxtʃi] *f* **-1.** [ger] court. **-2.** *fig* [de admiradores *etc.*] entourage.
cortejar [koxte'ʒa(x)] *vt* to court.
cortejo [kox'teʒu] *m* **-1.** [séquito] cortege. **-2.** [procissão] procession.
cortês [kox'teʃ] *adj* polite.
cortesão, sã [koxte'zãw, zã] (*mpl* **-ãos**, **-ões**, *fpl* **-s**) ◇ *adj* courtly. ◇ *m, f* courtier. ◇ *f* courtesan.
cortesia [koxte'zia] *f* **-1.** [delicadeza] courtesy. **-2.** [presente] complimentary gift. **-3.** [mesura] bow.
cortiça [kox'tʃisa] *f* cork.
cortiço [kox'tʃisu] *m* **-1.** [para abelhas] beehive. **-2.** [habitação] slum dwelling.
cortina [kox'tʃina] *f* **-1.** [peça] curtain. **-2.** *fig* [nuvem] screen.
coruja [ko'ruʒa] ◇ *f ZOOL* owl. ◇ *adj* [pai, mãe] doting.
corvo ['koxvu] *m* crow.
cós ['kɔʃ] *m inv* **-1.** [tira de pano] waistband. **-2.** [cintura] waist.
coser [ko'ze(x)] ◇ *vt* to stitch. ◇ *vi* to sew.
cosmético, ca [koʒ'mɛtʃiku, ka] *adj* cosmetic.
◆ **cosmético** *m* cosmetic.
cosmopolita [koʒmopo'lita] ◇ *adj* cosmopolitan. ◇ *mf* [pessoa] cosmopolitan person.
costa ['kɔʃta] *f* [litoral] coast.
costado [koʃ'tadu] *m NÁUT* [forro] hull cladding.
Costa Rica [ˌkɔʃta'xika] *n* Costa Rica.
costa-riquense [ˌkɔʃtaxi'kẽnsi], **costarriquenho, nha** [ˌkɔʃtaxi'kẽɲu, ɲa] ◇ *adj* Costa Rican. ◇ *m, f* Costa Rican.
costas ['kɔʃtaʃ] *fpl* **-1.** [ger] back. **-2.** [encosto] backrest. **-3.** *loc*: **carregar nas ~** *fig* to shoulder the burden; **ter ~ quentes** *fig* to be under sb's wing.
costela [koʃ'tɛla] *f* rib.
costeleta [koʃte'leta] *f* **-1.** *CULIN* chop. **-2.** [suíças] sideburns.
costumar [koʃtu'ma(x)] *vt* **-1.** [ter o hábito de]: **~ fazer algo** to be in the habit of doing sthg; **costumo correr todas as manhãs** I usually go running every morning. **-2.** [habituar] to accustom.
costume [koʃ'tumi] *m* [hábito] habit; **como de ~** as usual.
◆ **costumes** *mpl* [de um povo] customs.

> Não confundir ***costume (habit)*** com o inglês ***costume*** que em português ***significa roupa, traje, fantasia.*** (***Ela tem alguns costumes que eu realmente acho irritantes.*** She has some ***habits*** that I find really irritating.)

costumeiro, ra [koʃtu'mejru, ra] *adj* usual, customary.
costura [koʃ'tura] *f* **-1.** [ger] sewing; **alta ~** haute couture. **-2.** [linha de junção] seam.
costurar [koʃtu'ra(x)] ◇ *vt* **-1.** *COST* to stitch. **-2.** *fig* [texto] to tidy up. ◇ *vi* **-1.** *COST* to sew. **-2.** *fam AUTO* to weave in and out.
costureira [koʃtu'rejra] *f* seamstress.
cota ['kɔta] *f* **-1.** [quinhão] quota. **-2.** [prestação, parcela] instalment.
cotação [kota'sãw] (*pl* **-ões**) *f* **-1.** [ato] quoting. **-2.** [preço] quote. **-3.** *fig* [possibilidade de êxito] chance. **-4.** *fig* [conceito] reputation.
cotado, da [ko'tadu, da] *adj* **-1.** [com bom preço] well priced. **-2.** *fig* [favorito] favourite. **-3.** *fig* [conceituado] respected. **-4.** [avaliado] valued.
cotar [ko'ta(x)] *vt* **-1.** [ger] to quote. **-2.** [avaliar]: **~ algo/alguém em** to value sthg/sb at.
cotejar [kote'ʒa(x)] *vt* to compare.
cotejo [ko'teʒu] *m* comparison.
cotidiano, na [kotʃi'dʒjanu, na] *adj* everyday.
◆ **cotidiano** *m* routine.
coto *m* **-1.** [mus] koto. **-2.** [zool] feather follicle.
cotonete [koto'nɛtʃi] *m* cotton bud.

cotovelada [kotove'lada] *f* **-1.** [batida] hefty nudge. **-2.** [cutucada] nudge.

cotovelo [koto'velu] *m* **-1.** ANAT elbow; **falar pelos ~s** *fig* to talk non-stop. **-2.** [de estrada *etc.*] bend.

couraça [ko'rasa] *f* **-1.** [armadura] breastplate. **-2.** [de animal] plating. **-3.** NÁUT armour plate.

couraçado, da [kora'sadu, da] *adj* [que tem couraça] armoured.
◆ **couraçado** *m* NÁUT battleship.

couro ['koru] *m* [de animal] hide; [curtido] leather; **~ cru** rawhide.

couve ['kovi] *f* spring greens.

couve-de-bruxelas [ˌkovidʒibru'ʃɛlaʃ] (*pl* **couves-de-bruxelas**) *f* Brussels sprout.

couve-flor [ˌkovi'flo(x)] (*pl* **couves-flores**) *f* cauliflower.

couvert [ko'vɛ(x)] *m* cover charge.

cova ['kɔva] *f* **-1.** [sepultura] grave. **-2.** [caverna] cavern. **-3.** [buraco] hole.

covarde [ko'vaxdʒi] ◇ *adj* cowardly. ◇ *mf* coward.

covardia [kovax'dʒia] *f* cowardice.

covil [ko'viw] (*pl* **-is**) *m* **-1.** [ger] den. **-2.** *fig* [casebre] hovel.

coxa ['koʃa] *f* ANAT thigh.

coxear [ko'ʃja(x)] *vi* to limp.

coxia [ko'ʃia] *f* aisle.

coxo, xa ['koʃu, ʃa] *adj* **-1.** [ger] lame. **-2.** [móvel] wobbly *(on account of having one leg shorter than the others)*.

cozer [ko'ze(x)] *vt* to cook.

cozido, da [ko'zidu, da] *adj* cooked.
◆ **cozido** *m* stew.

cozinha [ko'ziɲa] *f* **-1.** [cômodo] kitchen. **-2.** [arte] cookery.

cozinhar [kozi'ɲa(x)] ◇ *vt* **-1.** [cozer] to cook. **-2.** *fig* [adiar] to put off. ◇ *vi* to cook.

cozinheiro, ra [kozi'ɲejru, ra] *m, f* cook.

CPD (*abrev de* **Centro de Processamento de Dados**) *m data-processing department.*

CPF (*abrev de* **Cadastro de Pessoa Física**) *m Brazilian tax-payer's identity card for individual contributions,* ≃ NI number *UK*, ≃ social security number *US*.

CPMF (*abrev de* **Contribuição Provisória sobre Movimentação Financeira**) *f Brazilian tax on bank transactions.*

crachá [kra'ʃa] *m* badge.

crack ['kraki] *m* crack (cocaine).

crânio ['krãnju] *m* ANAT skull.

craque ['kraki] ◇ *mf* [pessoa exímia]: **ser um ~ em algo** to be an expert in sthg. ◇ *m* FUT football star *UK*, soccer star *US*.

crasso, ssa ['krasu, sa] *adj* **-1.** [grosseiro] crass. **-2.** [espesso] viscous.

cratera [kra'tɛra] *f* crater.

cravar [kra'va(x)] *vt* **-1.** [fazer penetrar] to drive in. **-2.** [engastar] to set. **-3.** *fig* [fixar]: **~ os olhos em alguém** to stare at sb.

cravejar [krave'ʒa(x)] *vt* **-1.** [com cravos] to nail. **-2.** [com pedras preciosas] to set.

cravo ['kravu] *m* **-1.** [flor] carnation. **-2.** [prego] nail. **-3.** MÚS harpsichord. **-4.** [especiaria] clove. **-5.** [na pele] blackhead.

creche ['krɛʃi] *f* crèche.

credenciais [kredẽnsi'ajʃ] *fpl* [qualificações] credentials.

credenciamento [kredẽnsia'mẽntu] *m* accreditation.

crediário [kre'dʒjarju] *m* hire purchase.

creditar [kredʒi'ta(x)] *vt* [depositar] to deposit.

crédito ['krɛdʒitu] *m* **-1.** [ger] credit; **digno de ~** creditworthy. **-2.** FIN credit. **-3.** [boa reputação] credibility.

credo ['krɛdu] *m* **-1.** [crença] belief. **-2.** [reza]: **o Credo** the Creed.

credor, ra [kre'do(x), ra] (*mpl* **-es**, *fpl* **-s**) ◇ *adj* **-1.** FIN credit *(antes de subst)*. **-2.** [merecedor] deserving. ◇ *m, f* FIN creditor.

cremar [kre'ma(x)] *vt* to cremate.

crematório [krema'tɔrju] *m* crematorium.

creme ['kremi] ◇ *adj inv* [cor] cream. ◇ *m* **-1.** [ger] cream; **~ de leite** dairy cream. **-2.** [cosmético] face cream. **-3.** [pasta]: **~ dental** toothpaste.

cremoso, osa [kre'mozu, ɔza] *adj* creamy.

crença ['krẽnsa] *f* **-1.** RELIG belief. **-2.** [convicção] conviction.

crendice [krẽn'diʃi] *f* superstition.

crente ['krẽntʃi] ◇ *adj* **-1.** [que tem fé] believing. **-2.** [protestante] Protestant. ◇ *mf* **-1.** [quem tem fé] believer. **-2.** [protestante] Protestant.

crepúsculo [kre'puʃkulu] *m* **-1.** [ao amanhecer] dawn. **-2.** [ao anoitecer] dusk. **-3.** *fig* [declínio] twilight.

crer ['kre(x)] ◇ *vt* [ger] to believe. ◇ *vi* [acreditar]: **~ em** to believe in.

crescente [kre'sẽntʃi] ◇ *adj* **-1.** [tamanho] growing. **-2.** [formato] crescent. ◇ *m* [fase da lua] crescent moon.

crescer [kre'se(x)] *vi* **-1.** [aumentar] to grow. **-2.** CULIN to rise.

crescimento [kresi'mẽntu] *m* growth.

crespo, pa ['kreʃpu, pa] *adj* **-1.** [anelado] curly. **-2.** [áspero] rough.

cretinice [kretʃi'nisi] *f* stupidity.

cretino, na [kre'tʃinu, na] ◇ *adj* cretinous. ◇ *m, f* cretin.

cria ['kria] *f* offspring *(inv)*.

criação [krja'sãw] (*pl* **-ões**) *f* **-1.** [ger] creation. **-2.** [de animais] raising. **-3.** [de filhos] upbringing.
◆ **de criação** *loc adj* adopted.

criado-mudo [ˌkrjadu'mudu] (*pl* **criados-mudos**) *m* bedside table.

criador, ra [kria'do(x), ra] (*mpl* **-es**, *fpl* **-s**) ◇ *adj* creative. ◇ *m, f* **-1.** [autor] creator. **-2.** [de animais] breeder.
criança [kri'ãnsa] *f* **-1.** [infante] child. **-2.** [pessoa infantil] child.
criançada [krjãn'sada] *f*: **a ~** the kids *(pl)*.
criar [kri'a(x)] *vt* **-1.** [produzir] to create. **-2.** [fundar] to found. **-3.** [educar] to bring up. **-4.** [animais] to raise. **-5.** [plantas] to cultivate.
◆ **criar-se** *vp* [educar-se] to grow up.
criatividade [kriatʃivi'dadʒi] *f* creativity.
criativo, va [kria'tʃivu, va] *adj* creative.
criatura [kria'tura] *f* creature.
crime ['krimi] *m* crime.
criminal [krimi'naw] (*pl* **-ais**) *adj* criminal.
criminalidade [kriminali'dadʒi] *f* criminality.
criminoso, osa [krimi'nozu, ɔza] ◇ *adj* criminal. ◇ *m, f* criminal.
crina ['krina] *f* mane.
crioulo, la ['krjolu, la] ◇ *adj* **-1.** [comida, dialeto] Creole. **-2.** [negro] black. ◇ *m, f* [pessoa negra] black person.
criptografar [kriptogra'fa(x)] *vt* COMPUT to encrypt.
crisântemo [kri'zãntemu] *m* chrysanthemum.
crise ['krizi] *f* **-1.** MED attack. **-2.** [escassez] shortage. **-3.** [fase difícil] crisis. **-4.** *fig* [acesso] fit.
crisma ['kriʒma] *f* confirmation.
crismar [kriʒ'ma(x)] *vt* REL to confirm.
crista ['kriʃta] *f* **-1.** [de galo] comb. **-2.** [cume] crest.
cristal [kriʃ'taw] (*pl* **-ais**) *m* crystal.
cristaleira [kriʃta'lejra] *f* display cabinet.
cristalino, na [kriʃta'linu, na] *adj* crystalline.
cristalização [kriʃtaliza'sãw] (*pl* **-ões**) *f* crystallization.
cristandade [kriʃtãn'dadʒi] *f* Christianity.
cristão, ã [kriʃ'tãw, ã] ◇ *adj* Christian. ◇ *mf* Christian.
cristianismo [kriʃtʃjã'niʒmu] *m* Christianity.
cristo ['kriʃtu] *m* *fig* [vítima] victim.
Cristo ['kriʃtu] *m* Christ.
critério [kri'tɛrju] *m* criterion.
criterioso, osa [krite'rjozu, ɔza] *adj* selective.
criticar [kritʃi'ka(x)] *vt* **-1.** [censurar] to criticize. **-2.** [analisar] to review.
crítico, ca ['kritʃiku, ka] ◇ *adj* critical. ◇ *m, f* [pessoa] critic.
◆ **crítica** *f* **-1.** [censura] criticism *(inv)*; **ser alvo de ~s** to be criticized. **-2.** [análise] review. **-3.** [os críticos]: **a ~** critics *(pl)*.
crivar [kri'va(x)] *vt* **-1.** [com balas, facadas] to riddle. **-2.** [fig] [com perguntas] to bombard.
crível ['krivew] (*pl* **-eis**) *adj* believable.
crivo ['krivu] *m* **-1.** [peneira] sieve. **-2.** *fig* [escrutínio] scrutiny.
Croácia [kro'asja] *n* Croatia.
croata [kro'ata] ◇ *adj* Croat. ◇ *mf* Croat.
crocante [kro'kãntʃi] *adj* crunchy.
crochê [kro'ʃe] *m* crochet.
crocodilo [kroko'dʒilu] *m* crocodile.
cromo ['kromu] *m* chrome.
cromossomo [kromo'somu] *m* [genética] chromosome.
crônica ['kronika] *f* **-1.** HIST & LITER chronicle. **-2.** JORN column.
crônico, ca ['kroniku, ka] *adj* **-1.** [ger] chronic. **-2.** [inveterado] inveterate.
cronista [kro'niʃta] *m f* **-1.** HIST & LITER chronicler. **-2.** JORN columnist.
cronológico, ca [krono'lɔʒiku, ka] *adj* chronological.
cronometrar [kronome'tra(x)] *vt* to time.
cronômetro [kro'nometru] *m* stopwatch.
croquete [kro'kɛtʃi] *m* croquette.
croqui [kro'ki] *m* sketch.
crosta ['kroʃta] *f* **-1.** [de pão, terra] crust. **-2.** [de ferida] scab.
cru, crua ['kru, 'krua] *adj* **-1.** [não cozido] raw. **-2.** [não refinado] crude. **-3.** *fig* [duro] harsh.
crucial [kru'sjaw] (*pl* **-ais**) *adj* **-1.** [ger] crucial. **-2.** [difícil] important.
crucificação [krusifika'sãw] (*pl* **-ões**) *f* RELIG: **a ~** the Crucifixion.
crucificar [krusifi'ka(x)] *vt* to crucify.
crucifixo [krusi'fiksu] *m* crucifix.
cruel [kru'ɛw] (*pl* **-éis**) *adj* **-1.** [perverso] cruel. **-2.** [doloroso] cruel. **-3.** [violento] violent.
crueldade [kruew'dadʒi] *f* cruelty.
cruz ['kruʃ] (*pl* **-es** ['kruziʃ]) *f* cross.
◆ **Cruz Vermelha** *f* Red Cross.
cruzada [kru'zada] *f* crusade.
cruzado, da [kru'zadu, da] *adj* crossed.
◆ **cruzado** *m* [moeda] cruzado *(former Brazilian currency)*.
cruzador [kruza'do(x)] *m* NÁUT cruiser.
cruzamento [kruza'mẽntu] *m* **-1.** [de estradas] junction. **-2.** [de raças] crossbreeding.
cruzar [kru'za(x)] ◇ *vt* **-1.** [ger] to cross. **-2.** [animais] to crossbreed. ◇ *vi* **-1.** [rua]: **~ com** to intersect. **-2.** [navio] to cruise. **-3.** *fig* [encontrar]: **~ com alguém** to bump into sb.
cruzeiro [kru'zejru] *m* **-1.** NÁUT cruise. **-2.** [moeda] cruzeiro *(former Brazilian currency)*.
CTI (*abrev de* **Centro de Terapia Intensiva**) *m* ICU.
cu ['ku] *m* *vulg* arse; **fazer ~-doce** to act cool; **~-do-mundo** arsehole.
Cuba ['kuba] *n* Cuba.
cubano, na ['kubãnu, na] ◇ *adj* Cuban. ◇ *m, f* Cuban.
cubículo [ku'bikulu] *m* cubicle.
cubista [ku'biʃta] ◇ *adj* cubist. ◇ *mf* cubist.
cubo ['kubu] *m* **-1.** [ger] cube. **-2.** GEOM hexahedron.

cuca ['kuka] *fam f* **-1.** [cabeça] head. **-2.** [mente] intellect; **fundir a ~** [baratinar] to do one's head in; [confundir] to addle one's brain. **-3.** CULIN sponge cake.

cuco ['kuku] *m* **-1.** [ave] cuckoo. **-2.** [relógio] cuckoo clock.

cueca ['kwɛka] *f* underpants *(pl)*.

Cuiabá [kuja'ba] *n* Cuiabá.

cuíca ['kwika] *f* cuíca, *an instrument resembling a drum whose sound is produced by vibrating a cord on the inside.*

cuidado, da [kwi'dadu, da] *adj* [tratado]: **bem/mal ~** well/badly cared for.

◆ **cuidado** *m* [ger] care; **~!** careful!

cuidadoso, osa [kwida'dozu, ɔza] *adj* careful.

cuidar [kwi'da(x)] *vi* [tratar]: **~ de alguém/algo** to take care of sb/sthg.

◆ **cuidar-se** *vp* **-1.** [tratar-se] to take care of o.s. **-2.** [prevenir-se] to be careful.

cujo, ja ['kuʒu, ʒa] *pron rel* **-1.** [de quem] whose. **-2.** [de que] whose.

culinário, ria [kuli'narju, rja] *adj* culinary.

◆ **culinária** *f* cookery.

culminar [kuwmi'na(x)] *vi*: **~ com algo** to culminate with sthg.

culote [ku'lɔtʃi] *m* **-1.** [calça] jodphurs *(pl)*. **-2.** [nas coxas] big thighs *(pl)*.

culpa ['kuwpa] *f* **-1.** [falta] fault; **pôr a ~ em** to blame. **-2.** JUR guilt.

culpabilidade [kuwpabili'dadʒi] *f* guilt.

culpado, da [kuw'padu, da] ◇ *adj* guilty. ◇ *m, f* criminal.

culpar [kuw'pa(x)] *vt*: **~ alguém (de)** [atribuir a culpa] to blame sb (for); [acusar] to accuse sb (of).

cultivar [kuwtʃi'va(x)] *vt* to cultivate.

cultivo [kuw'tʃivu] *m* cultivation.

culto, ta ['kuwtu, ta] *adj* **-1.** [instruído] well educated. **-2.** [civilizado] civilized.

◆ **culto** *m* **-1.** RELIG ritual. **-2.** [veneração] worship.

cultura [kuw'tura] *f* **-1.** [conhecimento] culture. **-2.** [civilização] civilization. **-3.** [cultivo] culture. **-4.** [criação - de animais] breeding; [- de germes, bactérias] culture.

cultural [kuwtu'raw] *(pl* **-ais***)* *adj* cultural.

cume ['kumi] *m* **-1.** [topo] summit. **-2.** *fig* [apogeu] apex.

cúmplice ['kũnplisi] *mf* **-1.** [co-autor] accomplice. **-2.** *fig* [parceiro] partner.

cumplicidade [kũnplisi'dadʒi] *f* complicity.

cumprimentar [kũnprimẽn'ta(x)] *vt* **-1.** [saudar] to greet. **-2.** [elogiar] to compliment.

cumprimento [kũnpri'mẽntu] *m* **-1.** [saudação] congratulation. **-2.** [elogio] compliment. **-3.** [realização] fulfilment.

cumprir [kũn'pri(x)] ◇ *vt* **-1.** [dever, obrigação] to fulfill. **-2.** [lei] to obey. **-3.** [promessa] to keep. **-4.** [caber] to be sb's responsibility. ◇ *vi* [convir] to be necessary, to be convenient.

cúmulo ['kumulu] *m* height.

cunhado, da [ku'ɲadu, da] *m, f* brother-in-law, sister-in-law.

cunhar [ku'ɲa(x)] *vt* **-1.** [moedas] to mint. **-2.** [palavras] to create.

cunho ['kuɲu] *m* **-1.** [marca] mark. **-2.** *fig* [selo] stamp. **-3.** *fig* [caráter] nature.

cupim [ku'pĩ] *(pl* **-ns***)* *m* termite.

cupom [ku'põ] *(pl* **-ns***)* *m* coupon.

cúpula ['kupula] *f* **-1.** [abóbada] dome. **-2.** [chefia] leadership.

cura ['kura] ◇ *f* **-1.** [ger] cure; **não ter ~** *fig* to be incurable. **-2.** [recuperação] recovery. ◇ *m* [pároco] curate.

curador, ra [kura'do(x), ra] *m, f* **-1.** JUR [de menores] guardian. **-2.** [de instituições] caretaker. **-3.** [de arte] curator.

curandeiro, ra [kurãn'dejru, ra] *m* healer.

curar [ku'ra(x)] *vt* [pessoa, doença] to cure.

curativo [kura'tʃivu] *m* dressing.

curdo, da ['kurdu, da] ◇ *adj* Kurdish. ◇ *m, f* [pessoa] Kurd.

◆ **curdo** *m* [língua] Kurdish.

curiosidade [kurjozi'dadʒi] *f* curiosity.

curioso, osa [ku'rjozu, ɔza] ◇ *adj* **-1.** [ger] curious. **-2.** [bisbilhoteiro] nosy. **-3.** [interessante] interesting. ◇ *m, f* **-1.** [pessoa interessada] bystander. **-2.** [amador] amateur.

◆ **curioso** *m* [coisa singular]: **o ~ é ...** the strange thing is ...

◆ **curiosos** *mpl* [espectadores] onlookers.

curral [ku'xaw] *(pl* **-ais***)* *m* corral.

currar [ku'xa(x)] *vt fam* to rape.

currículo [ku'xikulu] *m* **-1.** [histórico] curriculum vitae **UK**, resume **US**. **-2.** [matérias] curriculum.

cursar [kux'sa(x)] *vt* **-1.** [curso] to study. **-2.** [escola] to attend.

cursinho [kur'siɲu] *m* [pré-vestibular] *preparatory course for university entry.*

curso ['kursu] *m* **-1.** [ger] flow. **-2.** [rumo] course. **-3.** [andamento]: **em ~** current. **-4.** [EDUC - nível] key stage **UK**, grade **US**; [- estabelecimento] school; **~ superior** degree course; **~ supletivo** supplementary course.

cursor [kux'so(x)] *(pl* **-es***)* *m* COMPUT cursor.

curtição [kuxtʃi'sãw] *f* **-1.** [de couro] tanning. **-2.** *fam* [prazer] fun.

curtido, da [kux'tʃidu, da] *adj* **-1.** [couro] tanned. **-2.** *fig* [sofrido] fed up. **-3.** *fig* [endurecido] hard-boiled.

curtir [kux'tʃi(x)] *vt* **-1.** [couro] to tan. **-2.** [sofrer] to suffer. **-3.** *fam* [desfrutar de] to enjoy.

◆ **curtir-se** *vp fam*: **eles se curtem muito** they really hit it off.

curto, ta ['kuxtu, ta] ◇ *adj* **-1.** [com pouco

comprimento] short. **-2.** [breve] brief. **-3.** [limitado] intellectually limited. ◇ *m* ELETR = **curto-circuito**.

curto-circuito [ˌkuxtusix'kujtu] (*pl* **curtos-circuitos**) *m* ELETR short circuit.

curva ['kuxva] *f* **-1.** [de rua *etc.*] bend; ~ **fechada** sharp bend, hairpin bend. **-2.** [arqueamento] curve. **-3.** GEOM arc. **-4.** [em gráfico] curve.

curvar [kux'va(x)] ◇ *vt* **-1.** [arquear] to arch. **-2.** *fig* [dominar] to subdue. ◇ *vi* [envergar] to stoop.

◆ **curvar-se** *vp* **-1.** [envergar-se] to bend down. **-2.** [prostrar-se] to bow. **-3.** *fig* [submeter-se]: ~**-se a** to give in to.

curvo, va ['kuxvu, va] *adj* **-1.** [arqueado] curved. **-2.** [sinuoso - estrada, caminho] bendy; [- rio] meandering.

cuscuz [kuʃ'kuʃ] *m* couscous.

cusparada [kuʃpa'rada] *f* gob of spittle.

cuspe ['kuʃpi] *m* spittle.

cuspida [kuʃ'pida] *f fam*: **dar** ~**s em** to spit on *ou* at.

cuspido, da [kuʃ'pidu, da] *adj* **-1.** [telefone] crackling. **-2.** [pessoa] affronted.

cuspir [kuʃ'pi(x)] ◇ *vt* to spit. ◇ *vi* to spit.

custa ['kuʃta] *f*: **à** ~ **de** at the expense of.

◆ **custas** *fpl* JUR costs.

custar [kuʃ'ta(x)] ◇ *vt* **-1.** [preço] to cost; *fig* ~ **os olhos da cara** to cost an arm and a leg. **-2.** *fig* [acarretar] to cause; **não** ~ **nada fazer algo** not to cost anything to do sthg. ◇ *vi* **-1.** [produto, serviço]: ~ **barato/caro** to be cheap/expensive. **-2.** [ser difícil, penoso]: **não custava você ter ajudado ...** it wouldn't have hurt you to help me ...; ~ **caro** to cost a great deal. **-3.** [demorar] to be late; ~ **a fazer algo** to take a lot of doing.

custo ['kuʃtu] *m* **-1.** [preço] cost; ~ **de vida** cost of living. **-2.** *fig* [dificuldade]: **a todo** ~ at all costs.

custódia [kuʃ'tɔdʒja] *f* custody.

CUT (*abrev de* **Central Única dos Trabalhadores**) *f central trade union body*, ≃ TUC *UK*.

cutelo [ku'tɛlu] *m* cutlass.

cutia [ku'tʃia] *f* agouti.

cutícula [ku'tʃikula] *f* cuticle.

cútis ['kutʃiʃ] *f inv* cutis.

cutucar [kutu'ka(x)], **catucar** [katu'ka(x)] *vt* **-1.** [com o cotovelo] to nudge. **-2.** [com o dedo] to poke.

C.V. (*abrev de* **curriculum vitae**) *m* CV.

CVM (*abrev de* **Comissão de Valores Mobiliários**) *f regulatory body overseeing the sale of shares*, ≃ FSA *UK*.

czar, ina ['kza(x), ina] *m, f* czar (*f* czarina).

d, D [de] *m* [letra] d, D.

da [da] = **de + a**.

DAC (**Departamento de Aviação Civil**) *m civil aviation department*, ≃ CAA.

dadaísta [dada'iʃta] ◇ *adj* Dadaist. ◇ *mf* Dadaist.

dádiva ['dadiva] *f* **-1.** [donativo] donation. **-2.** [dom] gift.

dado, da ['dadu, da] *adj* **-1.** [ger] given. **-2.** [presenteado] presented. **-3.** [afável] friendly.

◆ **dado** *m* **-1.** [em jogo] dice. **-2.** [informação] data.

◆ **dados** *mpl* COMPUT data.

◆ **dado que** *loc conj* given that.

daí [da'i] = **de + aí**.

dali [da'li] = **de + ali**.

daltônico, ca [daw'toniku, ka] ◇ *adj* colour-blind. ◇ *m, f* colour-blind person.

dama ['dãma] *f* **-1.** [mulher] lady; ~ **de honra** bridesmaid. **-2.** [em uma área específica] grande dame. **-3.** [em xadrez, baralho] queen.

◆ **damas** *fpl* [jogo] checkers.

damasco [da'maʃku] *m* **-1.** [fruta] apricot. **-2.** [tecido] damask.

danado, da [da'nadu, da] ◇ *adj* **-1.** [amaldiçoado] damned. **-2.** [zangado] annoyed. **-3.** [travesso] mischievous. **-4.** [incrível] unbelievable. ◇ *m* **-1.** [pessoa amaldiçoada] cursed person. **-2.** *fam* [esperto] joker.

dança ['dãnsa] *f* dance.

dançar [dãn'sa(x)] ◇ *vi* **-1.** [bailar] to dance. **-2.** *fam* [sair-se mal] to flop. **-3.** *fam* [deixar de acontecer] to fall through. ◇ *vt* [bailar] to dance.

dançarino, na [dãnsa'rinu, na] *m, f* ballet dancer.

danceteria [dãnsete'ria] *f* dancehall.

danificar [danifi'ka(x)] *vt* to damage.

◆ **danificar-se** *vp* to get damaged.

dano ['dãnu] *m* damage.

Danúbio [da'nubju] *n*: **o** ~ the Danube.

daquela [da'kɛla] = **de + aquela** ▷ **aquele**.

daquele [da'keli] = **de + aquele** ▷ **aquele**.

daqui [da'ki] = **de + aqui** ▷ **aqui**.

daquilo [da'kilu] = **de + aquilo** ▷ **aquilo**.

dardo ['daxdu] *m* **-1.** [seta] dart. **-2.** *ESP* javelin.

dar ['da(x)] <> *vt* **-1.** [entregar, presentear] to give; ~ **algo a alguém** to give sb sthg, to give sthg to sb. **-2.** [produzir] to yield. **-3.** [causar, provocar] to give; **isto me dá sono/pena** this makes me sleepy/sad; **isto vai ~ muito que fazer** this is going to be a lot of work; **o amor só dá problemas** love is nothing but trouble. **-4.** [filme, programa]: **deu no noticiário hoje** it was on the news today. **-5.** [exprime ação] to give; ~ **um berro** to cry out; ~ **um pontapé em alguém** to kick sb; ~ **um passeio** to go for a walk. **-6.** [festa, concerto] to have, to hold; **vão ~ uma festa** they're going to have *ou* throw a party. **-7.** [dizer] to say; **ele me deu boa-noite** he said good night to me. **-8.** [ensinar] to teach; **o que é que você está dando nas suas aulas?** what do you teach in your class?; **ela dá aula numa escola** she teaches at a school; **eu gostaria de ~ aulas de inglês** I would like to teach English. **-9.** [aprender, estudar] to do; **o que é que estão dando em Inglês?** what are you doing in English at the moment?; **estamos dando o verbo "to be"** we're doing the verb "to be". <> *vi* **-1.** [horas]: **já deram cinco horas** it's just gone five o'clock. **-2.** [condizer]: ~ **com** to go with; **as cores não dão umas com as outras** the colours clash. **-3.** [proporcionar]: ~ **de beber a alguém** to give sb sthg to drink; ~ **de comer a alguém** to feed sb. **-4.** [em locuções]: **dá igual/no mesmo** it doesn't matter; ~ **ares de** to look like; ~ **à luz** to give birth; ~ **de si** to give of o.s.

◆ **dar com** *v + prep* [encontrar, descobrir] to meet; **dei com ele no cinema** I met him at the movies.

◆ **dar em** *v + prep* [resultar]: **a discussão não vai ~ em nada** the discussion will come to nothing.

◆ **dar para** *v + prep* [servir para, ser útil para] to be good for; [suj: varanda, janela] to look onto; [suj: porta] to lead to; [ser suficiente para] to be enough for; [ser possível] to be possible; **dá para você fazer isso hoje?** could you do it today?; **dá para ir a pé?** is it within walking distance?; **não vai ~ para eu chegar na hora** I won't be able to get there on time.

◆ **dar por** *v + prep* [aperceber-se de] to notice.

◆ **dar-se** *vp*: ~**-se bem/mal com alguém** to get on well/badly with sb; **o professor deu-se mal com a brincadeira** the teacher did not appreciate the joke; ~**-se por vencido** to give up.

das [daʃ] = **de + as**.

DAT (*abrev de* **digital audio tape**) *f* DAT.

data ['data] *f* [em carta *etc.*] date.

> Não confundir *data (date)* com o inglês *data* que em português significa *dados, informações*. (*O professor mudou a data do exame mais uma vez.* The teacher changed the examination *date* one again.)

datar [da'ta(x)] <> *vt* **-1.** [pôr data em] to date. **-2.** [considerar que existe]: ~ **algo de** to date sthg at. <> *vi* [existir]: ~ **de** to date from.

datilógrafo, fa [datʃi'lɔgrafu, fa] *m, f* typist.

DC (*abrev de* **Depois de Cristo**) AD.

DDT (*abrev de* **Dicloro-Difenil-Tricloretana**) *m* DDT.

de [dʒi] *prep* **-1.** [indica posse] of; **o lápis do Mário** Mário's pencil; **o carro daquele homem** that man's car; **a recepção do hotel** the hotel reception; **a casa é dela** it's her house, the house is hers; **as fases da lua** the phases of the moon. **-2.** [indica matéria] (made) of; **um bolo ~ chocolate** a chocolate cake; **um relógio ~ ouro** a gold watch. **-3.** [indica conteúdo] of; **um copo d'água** a glass of water. **-4.** [usado em descrições, determinações]: **uma camiseta ~ manga curta** a short-sleeved T-shirt; **uma nota ~ 50 reais** a 50-real note; **o senhor ~ preto** the man in black. **-5.** [indica assunto] about; **fale da viagem** tell me about the trip; **um livro ~ informática** a book about *ou* on computers; **um livro ~ geografia** a geography book. **-6.** [indica origem] from; **sou ~ Salvador** I'm from Salvador; **os habitantes do bairro** the locals; **um produto do Brasil** a Brazilian product. **-7.** [indica tempo]: **o jornal das nove** the nine o'clock news; **partimos às três da tarde** we left at three in the afternoon; **trabalho das nove às cinco** I work from nine to five. **-8.** [indica uso]: **a sala ~ espera** the waiting room; **uma máquina ~ calcular** a calculator; **a porta ~ entrada** the front door. **-9.** [usado em denominações, nomes] of. **-10.** [indica causa, modo]: **chorar ~ alegria** to cry with joy; **está tudo ~ pernas para o ar** everything is upside down; **morrer ~ frio** to freeze to death; **ele viajou ~ carro** he travelled by car. **-11.** [indica autor] by; **um filme ~ Glauber Rocha** a film by Glauber Rocha; **o último livro ~ Ferreira Gullar** Ferreira Gullar's latest book. **-12.** [introduz um complemento]: **cheio ~ gente** full of people, crowded; **desconfiar ~ alguém** to distrust sb; **difícil ~ esquecer** hard to forget; **gostar ~ algo/alguém** to like sthg/sb. **-13.** [em comparações]: **do que** than; **teu carro é mais rápido do que este** your car is faster than this one. **-14.** [em superlativos] of; **o melhor ~ todos** the best of all. **-15.** [dentre] of; **uma daquelas cadeiras** one of those chairs; **um dia destes** one of these days; **um desses hotéis serve** one of those hotels will do. **-16.** [indica série]: ~ **dois**

em dois dias every two days; ~ **quinze em quinze minutos** every fifteen minutes; ~ **três em três metros** every three metres.

Para indicar posse, às vezes pode-se usar *-'s*, dando-lhe o mesmo significado que teria uma frase com *of* (*the company's profits = the profits of the company* os lucros da empresa). No caso de nomes de pessoas, somente a forma *-s* é correta (*Bill's clothes* as roupas de Bill).

Of é mais usado para referir-se a objetos (*the front of the house; the corner of the room*). Também soa mais natural em sentenças longas e complicadas (*I know the son of the woman who teaches you English* eu conheço o filho da mulher que ensina inglês para você, e não *I know the woman who teaches you English's son*).

Deve-se distinguir as duas formas possessivas: *-'s* para singular e *s'* para plural. Compare *my sister's friends* (uma só irmã) com *my sisters' friends* (mais de uma irmã).

debaixo [de'bajʃu] *adv* underneath.
◆ **debaixo de** *loc prep* under.
debate [de'batʃi] *m* **-1.** [discussão] debate. **-2.** [disputa] discussion.
debatedor, ra [debate'do(x), ra] *m,f* debater.
debater [deba'te(x)] ◇ *vt* **-1.** [discutir] to debate. **-2.** [questionar] to dispute. ◇ *vi* [discutir] to discuss.
◆ **debater-se** *vp* [agitar-se] to struggle.
débeis ['dɛbejʃ] *pl* ▷ **débil**.
debelar [debe'la(x)] *vt* **-1.** [ger] to overcome. **-2.** [dominar] to defeat.
débil ['dɛbiw] (*pl* **-eis**) ◇ *adj* **-1.** [fraco] weak. **-2.** PSIC retarded. ◇ *mf* PSIC: ~ **mental** mentally retarded person; *fam* [idiota] fool.
debilidade [debili'dadʒi] *f* **-1.** [fraqueza] weakness. **-2.** PSIC: ~ **mental** mental retardation.
debilitar [debili'ta(x)] *vt* to debilitate.
◆ **debilitar-se** *vp* to weaken.
debilóide [debi'lɔjdʒi] *fam* ◇ *adj* stupid. ◇ *mf* dunderhead.
debitar [debi'ta(x)] *vt* to debit.
débito ['dɛbitu] *m* debit.
debochado, da [debo'ʃadu, da] *adj* scornful.
debochar [debo'ʃa(x)] *vi*: ~ **de algo/alguém** to scorn sb/sthg.
deboche [de'bɔʃi] *m* scorn.
debruçar [debru'sa(x)] *vt* to lean.
◆ **debruçar-se** *vp* to lean over.
década ['dɛkada] *f* decade.
decadência [deka'dẽnsja] *f* decadence.
decadente [deka'dẽntʃi] *adj* decadent.
decair [deka'i(x)] *vi* **-1.** [deteriorar] to deteriorate. **-2.** [pender] to wither. **-3.** [diminuir] to diminish.
decapitar [dekapi'ta(x)] *vt* to decapitate.
decatleta [deka'tlɛta] *mf* ESP decathlete.
decatlo [de'katlu] *m* decathlon.
decência [de'sẽnsja] *f* decency.
decente [de'sẽntʃi] *adj* **-1.** [digno] decent. **-2.** [decoroso] demure. **-3.** [apropriado, asseado - roupa] decent; [- restaurante, casa] clean. **-4.** [bem-feito] well done.
decentemente [desẽntʃi'mẽntʃi] *adv* **-1.** [dignamente, com decoro] decently. **-2.** [adequadamente] satisfactorily.
decepar [dese'pa(x)] *vt* to cut off.
decepção [desep'sãw] (*pl* **-ões**) *f* **-1.** [desapontamento] disappointment. **-2.** [desilusão] disillusion.

Não confundir *decepção (disappointment)* com o inglês *deception* que em português significa *trapaça*. (*Foi uma decepção não encontrá-lo na festa.* It was a *disappointment* not to meet him at the party.)

decepcionado, da [desepsjo'nadu, da] *adj* **-1.** [desapontado] disappointed. **-2.** [desiludido] disillusioned.
decepcionar [desepsjo'na(x)] *vt* **-1.** [desapontar] to disappoint. **-2.** [desiludir] to disillusion.
◆ **decepcionar-se** *vp* [desapontar-se]: ~**-se com algo/alguém** to be disappointed with sthg/sb.
decerto [dʒi'sɛxtu] *adv* surely.
decididamente [desidʒida'mẽntʃi] *adv* **-1.** [com certeza] certainly. **-2.** [resolutamente] decidedly.
decidido, da [desi'dʒidu, da] *adj* **-1.** [resolvido] resolved. **-2.** [resoluto] resolute.
decidir [desi'dʒi(x)] ◇ *vt* **-1.** [resolver] to resolve. **-2.** [deliberar] to decide. **-3.** [concluir] to decide. ◇ *vi* **-1.** [tomar decisão]: ~ **(sobre algo)** to make a decision (about sthg). **-2.** [optar]: ~ **entre** to decide between.
◆ **decidir-se** *vp* **-1.** [tomar decisão] to make a decision. **-2.** [optar]: ~**-se por** to opt for.
decifrar [desi'fra(x)] *vt* **-1.** [ler, interpretar] to decipher. **-2.** [entender] to unravel.
décima ['dɛsima] ▷ **décimo**.
decimal [desi'maw] (*pl* **-ais** [dɛsi'majʃ]) ◇ *adj* decimal. ◇ *m* decimal.
décimo, ma ['dɛsimu, ma] *num* tenth.
◆ **décimo** *m* tenth part; *veja também* **sexto**.
decisão [desi'zãw] (*pl* **-ões**) *f* **-1.** [deliberação] decision; **tomar uma** ~ to make a decision. **-2.** [qualidade] decisiveness.
decisivo, va [desi'zivu, va] *adj* **-1.** [deliberativo, crítico] decisive. **-2.** [terminante] deciding.
declaração [deklara'sãw] (*pl* **-ões**) *f* **-1.** [documento] written declaration. **-2.** [depoimento] testimony; **fazer uma** ~ to make a declaration.
declarado, da [dekla'radu, da] *adj* **-1.** [patenteado] declared. **-2.** [confessado] self-declared.
declarante [dekla'rãntʃi] *mf* JUR declarant.

declarar [dekla'ra(x)] *vt* **-1.** [ger] to declare. **-2.** [confessar] to confess.
◆ **declarar-se** *vp* **-1.** [manifestar-se]: ~**-se a favor de/contra** to declare o.s for/against. **-2.** [confessar-se] to confess o.s. to be. **-3.** [designar-se] to declare o.s.

declinar [dekli'na(x)] <> *vt* **-1.** [ger] to decline. **-2.** [revelar] to disclose. <> *vi* **-1.** [astro] to set. **-2.** [mesa, terreno] to slope. **-3.** [dia, tarde] to draw to a close.

declínio [de'klinju] *m* decline.

declive [de'klivi] *m* [de terreno] slope.

decodificador [dekodʒifika'do(x)] *m* COMPUT & TV decoder.

decodificar [dekodʒifi'ka(x)] *vt* COMPUT & TV to decode.

decolagem [deko'laʒẽ] (*pl* **-ns**) *f* take-off.

decolar [deko'la(x)] *vi* to take off.

decompor [dekõn'po(x)] *vt* **-1.** [separar elementos de] to break down. **-2.** [dividir em partes] to dissect. **-3.** [estragar] to rot. **-4.** [alterar] to change.
◆ **decompor-se** *vp* **-1.** [estragar-se] to rot. **-2.** [alterar-se] to change o.s.

decomposição [dekõnpozi'sãw] (*pl* **-ões**) *f* **-1.** [apodrecimento] rotting. **-2.** [divisão em partes] dissection. **-3.** [separação de elementos] breakdown. **-4.** [alteração] change. **-5.** [desorganização] break-up.

decoração [dekora'sãw] (*pl* **-ões**) *f* decoration.

decorador, ra [dekora'do(x), ra] *m, f* [profissional] decorator.

decorar [deko'ra(x)] *vt* **-1.** [memorizar] to learn by heart. **-2.** [ornamentar] to decorate.

decorativo, va [dekora'tʃivu, va] *adj* decorative.

decoro [de'koru] *m* **-1.** [decência] decency. **-2.** [dignidade] dignity.

decoroso, osa [deko'rozu, ɔza] *adj* decent.

decorrência [deko'xẽnsja] *f* consequence; **em** ~ **de** as a consequence of.

decorrente [deko'xẽntʃi] *adj*: ~ **de** resulting from.

decorrer [deko'xe(x)] <> *m* [decurso]: **no** ~ **de** in the course of, during. <> *vi* **-1.** [derivar]: ~ **de** to stem from. **-2.** [passar] to pass.

decorrido, da [deko'xidu, da] *adj* [terminado]: **decorrida a votação, ...** once the voting was over, ...

decote [de'kɔtʃi] *m* décolletage.

decrepitude [dekrepi'tudʒi] *f* [caducidade] decrepitude.

decrescer [dekre'se(x)] *vi* to decrease.

decréscimo [de'krɛsimu] *m* decrease.

decretar [dekre'ta(x)] <> *vt* **-1.** [ordenar] to decree. **-2.** [determinar] to determine. <> *vi* [ordenar] to decree.

decreto [de'krɛtu] *m* [ordem] decree; [judicial] fiat.

decreto-lei [de,krɛtu'lej] (*pl* **decretos-lei**) *m* law by decree.

decurso [de'kuxsu] *m* course; **no** ~ **de** in the course of.

dedal [de'daw] (*pl* **-ais**) *m* thimble.

dedão [de'dãw] (*pl* **-ões**) *m* **-1.** [polegar] thumb. **-2.** [do pé] big toe.

dedetização [dedetʃiza'sãw] (*pl* **-ões**) *f* fumigation.

dedicação [dedʒika'sãw] (*pl* **-ões**) *f* **-1.** [devotamento] dedication. **-2.** [amor] devotion.

dedicado, da [dedʒi'kadu, da] *adj* dedicated.

dedicar [dedʒi'ka(x)] *vt* [devotar]: ~ **algo a alguém** to devote sthg to sb; [oferecer] to dedicate.
◆ **dedicar-se** *vp* [devotar-se]: ~**-se a fazer algo** to devote o.s to doing sthg.

dedicatória [dedʒika'tɔrja] *f* dedication.

dedo ['dedu] *m* **-1.** [da mão] finger; ~ **anular** ring finger; ~ **indicador** forefinger; ~ **mindinho** OU **mínimo** little finger; ~ **polegar** thumb. **-2.** [do pé] toe. **-3.** *loc*: **cheio de** ~**s** finicky; **não levantar um** ~ not to lift a finger.

dedões [de'dõjʃ] *pl* ▷ **dedão**.

dedução [dedu'sãw] (*pl* **-ões**) *f* deduction.

dedutível [dedu'tʃivew] (*pl* **-eis**) *adj* deductible.

deduzir [dedu'zi(x)] <> *vt* **-1.** [subtrair] to subtract. **-2.** [concluir] to deduce. <> *vi* [tirar dedução] to deduce.

defasado, da [defa'zadu, da] *adj* out of phase.

defasagem [defa'zaʒẽ] (*pl* **-ns**) *f* [discrepância] gap.

defecar [defe'ka(x)] *vi* to defecate.

defeito [de'fejtu] *m* **-1.** [físico] defect. **-2.** [moral] flaw. **-3.** [falha] fault; **com** ~ out of order.

defeituoso, osa [defej'twozu, ɔza] *adj* **-1.** [com falha] faulty. **-2.** [físico] defective.

defender [defẽn'de(x)] *vt* **-1.** [proteger]: ~ **algo/alguém (contra** OU **de)** to defend sthg/sb (against). **-2.** [sustentar] to stand up for.
◆ **defender-se** *vp* [proteger-se]: ~**-se (contra** OU **de)** to defend o.s (against).

defensivo, va [defẽn'sivu, va] *adj* defensive.
◆ **defensiva** *f* **-1.** [meios de defesa] defences UK, defenses US. **-2.** [atitude]: **estar/ficar na** ~ to be/stay on the defensive.

defensor, ra [defẽn'so(x), ra] (*mpl* **-es**, *fpl* **-s**) *m, f* **-1.** [de causa *etc.*] defender. **-2.** JUR defendant.

deferir [defe'ri(x)] <> *vt* **-1.** [atender] to grant. **-2.** [conceder]: ~ **algo a alguém** to award sthg to sb. <> *vi* [acatar]: ~ **a algo** to respect sthg.

defesa [de'feza] *f* **-1.** [proteção] defence. **-2.** JUR defence lawyer. **-3.** FUT defence.

deficiente [defi'sjẽntʃi] <> *adj* deficient. <> *mf* MED: ~ **(físico/mental)** physically/mentally disabled.

déficit ['dɛfisitʃ] *m* ECON: ~ **público** public deficit.

definhamento [deʃiɲa'mẽntu] *m* [debilitação] debilitation, wasting away.

definhar [defi'ɲa(x)] ◇ *vt* to drain. ◇ *vi* to waste away.

definição [defini'sãw] (*pl* **-ões**) *f* **-1.** [explicação] explanation. **-2.** [decisão] decision. **-3.** [de imagem] definition.

definir [defi'ni(x)] *vt* **-1.** [fixar, explicar] to define. **-2.** [decidir] to determine.

◆ **definir-se** *vp* **-1.** [pronunciar-se]: **~-se sobre/contra/a favor de** to come out for/ against/in favour of. **-2.** [decidir-se] to make up one's mind. **-3.** [descrever-se]: **~-se como** to describe o.s. as.

definitivamente [defini,tʃiva'mẽntʃi] *adv* **-1.** [para sempre] definitively. **-2.** [decididamente] definitely.

definitivo, va [defini'tʃivu, va] *adj* **-1.** [final] definitive. **-2.** [permanente] permanent.

deformação [defoxma'sãw] (*pl* **-ões**) *f* distortion.

deformar [defox'ma(x)] *vt* **-1.** [tornar disforme] to deform. **-2.** [deturpar] to distort.

◆ **deformar-se** *vp* [tornar-se disforme] to become deformed.

defraudar [defraw'da(x)] *vt* to defraud.

defrontar [defrõn'ta(x)] ◇ *vi* [estar]: **~ com** to face onto. ◇ *vt* **-1.** [encarar] to face. **-2.** [confrontar] to compare.

◆ **defrontar-se** *vp* [deparar-se]: **~-se com** to come face to face with.

defronte [de'frõntʃi] ◇ *adv* [em frente] opposite. ◇ *prep*: **~ a/de** in front of.

defumador [defuma'do(x)] *m* **-1.** [recipiente] burner. **-2.** [substância] *substance used in burners for its smell.*

defumar [defu'ma(x)] *vt* **-1.** [curar] to cure. **-2.** [perfumar] to perfume.

defunto, ta [de'fũntu, ta] ◇ *adj* [morto] dead. ◇ *m, f* [cadáver] corpse.

degelar [deʒe'la(x)] ◇ *vt* [descongelar] to defrost. ◇ *vi* [derreter-se] to melt.

degelo [de'ʒelu] *m* thaw.

degenerar [deʒene'ra(x)] *vi* **-1.** [ger] to degenerate. **-2.** [depravar-se] to become depraved.

◆ **degenerar-se** *vp* [depravar-se] to be led astray.

degenerativo, va [deʒenera'tʃivu, va] *adj* degenerative.

deglutição [deglutʃi'sãw] (*pl* **-ões**) *f* swallowing.

deglutir [deglu'tʃi(x)] ◇ *vt* & *vi* to swallow.

degola [de'gɔla] *f* **-1.** [decapitação] decapitation. **-2.** [demissão] large-scale redundancy. **-3.** ESP sacking.

degolar [dego'la(x)] *vt* to behead.

degradante [degra'dãntʃi] *adj* [aviltante] demeaning.

degradar [degra'da(x)] *vt* **-1.** [privar] to strip. **-2.** [aviltar] to demean.

◆ **degradar-se** *vp* [aviltar-se] to demean o.s.

degrau [de'graw] *m* **-1.** [de escada] step. **-2.** *fig* [meio] means.

degredo [de'gredu] *m* **-1.** [pena] exile. **-2.** [lugar] place of exile.

degringolar [degrĩŋgo'la(x)] *vi* **-1.** [cair] to fall down. **-2.** *fig* [deteriorar-se] to go off the rails. **-3.** *fig* [desordenar-se - esquema] to get in a mess; [- fila, jogo] to become disorderly. **-4.** [arruinar-se] to go bankrupt.

degustação [deguʃta'sãw] (*pl* **-ões**) *f* tasting.

degustar [deguʃ'ta(x)] *vt* **-1.** [provar] to taste. **-2.** [saborear] to savour.

deitada [dej'tada] *f fam*: **dar uma ~** to have a lie-down.

deitado, da [dej'tadu, da] *adj* **-1.** [pessoa] lying down *(depois de verbo)*. **-2.** [objeto] set down *(depois de verbo)*.

deitar [dej'ta(x)] ◇ *vt* **-1.** [pessoa] to lay down. **-2.** [objeto] to set down. ◇ *vi* [pessoa] to lie down; **~ e rolar** *fig* to call the shots.

◆ **deitar-se** *vp* [pessoa] to go to bed.

deixa ['dejʃa] *f* **-1.** [dica] hint. **-2.** TEATRO cue. **-3.** [chance] opportunity.

deixar [dej'ʃa(x)] ◇ *vt* **-1.** [ger] to leave. **-2.** [abandonar] to abandon. **-3.** [demitir-se de] to resign. **-4.** [consentir]: **~ alguém fazer/que alguém faça algo** to allow sb to do sthg; **~ passar algo** to overlook sthg. **-5.** [tornar possível]: **não ~ alguém fazer algo** not to allow sb to do sthg. **-6.** [esperar] to let. **-7.** [ignorar]: **~ algo/ alguém pra lá** to let sthg/sb be. **-8.** [não considerar, esquecer] to forget; **me deixa (em paz)!** leave me alone! ◇ *vi* **-1.** [parar]: **~ de fazer algo** to stop doing sthg. **-2.** [não se preocupar]: **pode ~** it's fine; **deixa pra lá!** forget it! **-3.** [expressando pedido]: **não deixe de ir no concerto!** make sure you go to the concert! **-4.** *loc*: **~ (muito) a desejar** to leave much to be desired.

◆ **deixar-se** *vp* [permitir-se]: **~-se fazer algo** to allow o.s. to do sthg.

dela ['dɛla] = **de** + **ella**.

delação [dela'sãw] (*pl* **-ões**) *f* **-1.** [denúncia] accusation. **-2.** [acusação] charge.

delas ['dɛlaʃ] = **de** + **ellas**.

delatar [dela'ta(x)] *vt* **-1.** [denunciar] to denounce. **-2.** [acusar] to accuse. **-3.** [informar] to inform.

delator, ra [dela'to(x), ra] *m, f* informer.

dele ['deli] = **de** + **ele**.

delegação [delega'sãw] (*pl* **-ões**) *f* delegation; **~ de poderes** transfer of powers.

delegacia [delega'sia] *f* police station; **~ de polícia** police station.

delegado, da [dele'gadu, da] *m, f* delegate; **~ de polícia** chief of police.

delegar [dele'ga(x)] *vt* **-1.** [dar]: ~ **algo a alguém** to delegate sthg to sb. **-2.** [enviar] to send sb as a delegate.
deleitar [delej'ta(x)] *vt* to delight.
◆ **deleitar-se** *vp*: ~**-se com** to rejoice in.
deleite [de'lejtʃi] *m* delight.
deleitoso, osa [delej'tozu, ɔza] *adj* delightful.
deles ['deliʃ] = **de** + **eles**.
deletar [dele'ta(x)] *vt* COMPUT to delete.
delgado, da [dew'gadu, da] *adj* **-1.** [fino] slim. **-2.** [esbelto] slender.
deliberação [delibera'sãw] (*pl* **-ões**) *f* **-1.** [discussão] discussion; **em** ~ under discussion. **-2.** [decisão] decision.
deliberar [delibe'ra(x)] ◇ *vt* [decidir] to decide. ◇ *vi* [refletir sobre]: ~ **sobre** to ponder upon.
delicadeza [delika'deza] *f* **-1.** [ger] delicacy. **-2.** [leveza] fineness. **-3.** [fragilidade] fragility. **-4.** [apuro]: ~ **de detalhes** attentiveness to detail. **-5.** [cortesia] politeness.
delicado, da [deli'kadu, da] *adj* **-1.** [ger] delicate. **-2.** [sensível] urbane. **-3.** [cortês] polite.
delícia [de'lisja] *f* **-1.** [deleite] delight. **-2.** [coisa saborosa]: **ser/estar uma** ~ to be delicious.
deliciar [deli'sja(x)] *vt* to delight.
◆ **deliciar-se** *vp*: ~**-se com algo** to be delighted with sthg.
delicioso, osa [deli'sjozu, ɔza] *adj* **-1.** [vinho, doce] delicious. **-2.** [passeio] delightful.
delineador [delinja'do(x)] *m* eyeliner.
delinear [deli'nja(x)] *vt* to outline.
delinqüência [delĩŋ'kwẽnsja] *f* delinquency.
delinqüente [delĩŋ'kwẽntʃi] ◇ *adj* delinquent. ◇ *mf* delinquent.
delirante [deli'rãntʃi] *adj* **-1.** PSIC delirious. **-2.** [extravagante, aloucado] wild. **-3.** [maravilhoso] wonderful.
delirar [deli'ra(x)] *vi* **-1.** PSIC to be delirious. **-2.** [sentir intensamente]: ~ **de algo** to be overcome with sthg.
delírio [de'lirju] *m* **-1.** PSIC delirium. **-2.** [excitação] excitement. **-3.** [êxtase] ecstasy.
delito [de'litu] *m* **-1.** [falta] sin. **-2.** [crime] crime.
delonga [de'lõŋga] *f* delay; **sem mais** ~ without further delay.
delongar [de'lõŋ'ga(x)] *vt* [retardar] to postpone.
◆ **delongar-se** *vp* **-1.** [demorar-se] to delay. **-2.** [prolongar-se] to prolong.
demagogia [demago'ʒia] *f* demagogy.
demais [de'majʃ] *adv* **-1.** [em demasia, muitíssimo] too much. **-2.** *fam* [ótimo]: **estar/ser** ~ to be amazing.
demanda [de'mãnda] *f* **-1.** ECON demand. **-2.** JUR lawsuit. **-3.** [disputa] dispute. **-4.** [pedido] request.
demão [de'mãw] (*pl* **-s**) *f* coat.
demarcação [demaxka'sãw] (*pl* **-ões**) *f* **-1.** [delimitação] demarcation. **-2.** [separação] boundary.
demasia [dema'zia] *f* excess; **em** ~ in excess.
demasiadamente [demazjada'mẽntʃi] *adv* **-1.** [demais] excessively. **-2.** [muito] too.
demasiado, da [dema'zjadu, da] ◇ *adj* excessive. ◇ *adv* too much.
demente [de'mẽntʃi] *adj* **-1.** MED demented. **-2.** [louco] insane.
demissão [demi'sãw] (*pl* **-ões**) *f* **-1.** [solicitado pelo empregador] dismissal. **-2.** [solicitado pelo empregado] resignation; **pedir** ~ to tender one's resignation.
demitir [demi'tʃi(x)] *vt* to dismiss.
◆ **demitir-se** *vp* to resign.
democracia [demokra'sia] *f* democracy.
democrata [demo'krata] *mf* democrat.
democrático, ca [demo'kratʃiku, ka] *adj* **-1.** [relativo a democracia] democratic. **-2.** [indiferente às classes sociais] egalitarian.
demolição [demoli'sãw] (*pl* **-ões**) *f* **-1.** demolition. **-2.** *fig* [ger] de reputação] destruction; [- de obstáculo] elimination.
demolidor, ra [demo'lido(x), ra] ◇ *adj* demolition *(antes de subst).* ◇ *m,f* demolition expert.
demolir [demo'li(x)] *vt* **-1.** [destruir] to demolish. **-2.** *fig* [- reputação] to destroy; [- obstáculo] to overcome.
demônio [de'monju] *m* demon.
demonstração [demõnʃtra'sãw] (*pl* **-ões**) *f* **-1.** [ger] demonstration. **-2.** [apresentação] display.
demonstrar [demõnʃ'tra(x)] *vt* **-1.** [ger] to demonstrate. **-2.** [afeto, antipatia *etc.*] to show. **-3.** [habilidades, talentos] to display.
demora [de'mɔra] *f* [atraso] delay; **sem** ~ without delay.
demorado, da [demo'radu, da] *adj* delayed.
demorar [demo'ra(x)] ◇ *vt* [retardar] to delay. ◇ *vi* **-1.** [tardar] to be late; ~ **a fazer algo** to take a long time to do sthg. **-2.** [permanecer] to stay.
◆ **demorar-se** *vp* **-1.** [tardar] to be late. **-2.** [permanecer] to remain.
demover [demo've(x)] *vt* **-1.** [dissuadir]: ~ **alguém de algo/fazer algo** to dissuade sb from sthg/doing sthg. **-2.** [remover] to move.
DENARC (*abrev de* **Departamento de Investigações sobre Narcóticos**) *m Brazilian police narcotics department.*
DENATRAN (*abrev de* **Departamento Nacional de Trânsito**) *m Brazilian national department responsible for transport law.*
dendê [dẽn'de] *m* **-1.** BOT palm. **-2.** [azeite] palm oil.

denegrir [dene'gri(x)] *vt* [escurecer] to blacken.
dengoso, osa [dẽn'gozu, ɔza] *adj* whining.
dengue ['dẽŋgi] *f* MED dengue.
denominação [denomina'sãw] (*pl* **-ões**) *f* **-1.** [nomeação] name. **-2.** [designação] designation. **-3.** REL denomination.
denominar [denomi'na(x)] *vt* **-1.** [nomear] to name. **-2.** [designar] to designate.
◆ **denominar-se** *vp* to be called.
denotar [deno'ta(x)] *vt* **-1.** [indicar] to indicate. **-2.** [significar] to denote.
densidade [dẽnsi'dadʒi] *f* density; **de alta/dupla ~** high/double density.
denso, sa ['dẽnsu, sa] *adj* **-1.** [ger] dense. **-2.** [espesso] thick.
dentada [dẽn'tada] *f* bite.
dentadura [dẽnta'dura] *f* **-1.** [natural] set of teeth. **-2.** [postiça] denture.
dental [dẽn'taw] (*pl* **-ais**) *adj* dental; **pasta ~** toothpaste.
dente ['dẽntʃi] *m* **-1.** [ger] tooth; **~ de leite** milk tooth; **~ de siso** wisdom tooth. **-2.** [de elefante] tusk. **-3.** [alho] clove.
dentifrício, cia [dẽntʃi'frisju, sja] *adj* dental.
◆ **dentifrício** *m* toothpaste.
dentista [dẽn'tʃiʃta] *mf* dentist.
dentre ['dẽntri] *prep* among.
dentro ['dẽntru] ◇ *adv* in; **aí/lá ~** in there. ◇ *prep* **-1.**: **~ de** [no interior de] inside; [no tempo] within; **por ~** [na parte interna] inside. **-2.** *loc*: **estar por ~ (de algo)** *fam* to be in touch (with sthg).
dentuço, ça [dẽn'tusu, sa] ◇ *adj* buck-toothed. ◇ *m, f* [pessoa] buck-toothed person.
denúncia [de'nũnsja] *f* **-1.** [acusação] accusation. **-2.** [à polícia] report. **-3.** [JUR - de pessoa, crime] condemnation; [- de contrato] termination.
denunciar [denũn'sja(x)] *vt* **-1.** [acusar] to denounce. **-2.** [divulgar] to expose. **-3.** [JUR - pessoa, crime] to condemn; [- contrato] to terminate. **-4.** [evidenciar] to reveal.
deparar [depa'ra(x)] *vi*: **~ com** to come across.
departamento [departa'mẽntu] *m* department.
depauperado, da [depawpe'radu, da] *adj* **-1.** [empobrecido] impoverished. **-2.** [enfraquecido] exhausted.
dependência [depẽn'dẽnsja] *f* **-1.** [ger] dependency. **-2.** [cômodo] room.
dependente [depẽn'dẽntʃi] ◇ *adj* [subordinado] dependent. ◇ *mf* dependant.
depender [depẽn'de(x)] *vi* [financeiramente]: **~ de** to be dependent upon.
depilador, ra [depila'do(x), ra] *m, f* *beautician who does hair-removal.*
depilar [depi'la(x)] *vt* to remove hair from.
◆ **depilar-se** *vp* **-1.** [com cera - na estética] to have a wax; [- em casa] to wax. **-2.** [com lâmina] to shave.
deplorar [deplo'ra(x)] *vt* to lament.
deplorável [deplo'ravew] (*pl* **-eis**) *adj* **-1.** [lamentável] lamentable. **-2.** [detestável] deplorable.
depoimento [depoj'mẽntu] *m* **-1.** [ger] statement. **-2.** [ato] testimony.
depois [de'pojʃ] ◇ *adv* **-1.** [posteriormente] after. **-2.** [além disso] besides. ◇ *prep*: **~ de fazer algo** after doing sthg.
◆ **depois que** *loc conj* after.
depor [de'po(x)] ◇ *vt* **-1.** [colocar] to put down. **-2.** [destituir] to depose.
deportar [depox'ta(x)] *vt* to deport.
depositar [depozi'ta(x)] *vt* to deposit.
◆ **depositar-se** *vp* [assentar] to settle.
depósito [de'pɔzitu] *m* **-1.** [ger] deposit. **-2.** [reservatório] depository.
depravado, da [depra'vadu, da] ◇ *adj* depraved. ◇ *m, f* depraved person.
depravar [depra'va(x)] *vt* **-1.** [corromper] to corrupt. **-2.** [estragar] to ruin.
◆ **depravar-se** *vp* [corromper-se] to become corrupted.
depreciação [depresja'sãw] (*pl* **-ões**) *f* [desvalorização] depreciation.
depreciar [depre'sja(x)] *vt* **-1.** [desvalorizar] to devalue. **-2.** [subestimar] to undervalue.
◆ **depreciar-se** *vp* **-1.** [desvalorizar-se] to fall in value. **-2.** [subestimar-se] to underestimate o.s.
depredar [depre'da(x)] *vt* **-1.** [destruir] to destroy. **-2.** [saquear] to loot.
depressa [de'prɛsa] *adv* quickly.
depressão [depre'sãw] (*pl* **-ões**) *f* **-1.** PSIC depression. **-2.** [en terreno, superfície] dip. **-3.** *fig* [abatimento] despondency.
deprimente [depri'mẽntʃi] *adj* depressing.
deprimido, da [depri'midu, da] *adj* depressed.
deprimir [depri'mi(x)] *vt* to depress.
◆ **deprimir-se** *vp* to become depressed.
depto. (*abrev de* **departamento**) *m* dept.
depurar [depu'ra(x)] *vt* to purify.
deputado, da [depu'tadu, da] *m, f* **-1.** POL deputy. **-2.** [delegado] representative.
deque ['dɛki] *m* decking.
DER (*abrev de* **Departamento de Estradas de Rodagem**) *m Brazilian highways department.*
deriva [de'riva] *f* drift; **à ~** drifting.
derivado, da [deri'vadu, da] *adj* [proveniente]: **~ de** derived from.
◆ **derivado** *m* derivative.
derivar [deri'va(x)] *vi* **-1.** [resultar]: **~ de** to derive from. **-2.** [ficar à deriva] to drift.
dermatológico, ca [dexmato'lɔʒiku, ka] *adj* dermatological.
dermatologista [dexmatolo'ʒiʃta] *mf* dermatologist.

derradeiro, ra [dexa'dejru, ra] *adj* final.

derramamento [dexama'mẽntu] *m* **-1.** [de água, leite] spillage. **-2.** [de lágrimas] flow; ~ **de sangue** bloodshed.

derramar [dexa'ma(x)] *vt* **-1.** [ger] to spill **-2.** [espalhar] to strew

◆ **derramar-se** *vp* [verter] to spill.

derrame [de'xãmi] *m* **-1.** [de líquido] spillage. **-2.** [de lágrimas, sangue] flow. **-3.** *MED* haemorrhage; ~ **cerebral** brain haemorrhage.

derrapagem [dexa'paʒẽ] (*pl* **-ns**) *f* skid.

derrapar [dexa'pa(x)] *vi* to skid.

derredor [dexe'do(x)] *adv fml*: **em** ~ **(de)** around.

derreter [dexe'te(x)] ◇ *vt* to melt. ◇ *vi* [liquefazer-se] to melt.

◆ **derreter-se** *vp* **-1.** *fig* [comover-se]: ~ **(com algo)** to be moved (by sthg). **-2.** *fig* [apaixonar-se]: ~**-se todo (por alguém)** to fall completely (for sb).

derretido, da [dexe'tʃidu, da] *adj* **-1.** [liquefeito] melted. **-2.** *fig* [comovido] moved. **-3.** *fig* [apaixonado] besotted.

derrota [de'xɔta] *f* **-1.** [fracasso] defeat. **-2.** *NÁUT* course.

derrotado, da [dexo'tadu, da] *adj* defeated.

derrotar [dexo'ta(x)] *vt* to defeat.

derrubar [dexu'ba(x)] *vt* **-1.** [fazer cair] to knock down. **-2.** [vencer] to overcome. **-3.** [destituir] to overthrow. **-4.** [destruir] to defame. **-5.** [prostrar] to lay low. **-6.** *fam* [prejudicar] to knock.

desabafar [dʒizaba'fa(x)] ◇ *vt*: ~ **algo (com alguém)** to share sthg (with sb). ◇ *vi*: ~ **(com alguém)** to open up (to sb).

◆ **desabafar-se** *vp*: ~**-se (com alguém)** to open up (to sb).

desabafo [dʒiza'bafu] *m* outpouring.

desabalado, da [dʒizaba'ladu, da] *adj* [excessivo] enormous.

desabamento [dʒizaba'mẽntu] *m* collapse.

desabar [dʒiza'ba(x)] *vi* **-1.** [ruir] to tumble down. **-2.** [cair com força] to fall heavily.

desabitado, da [dʒizabi'tadu, da] *adj* unoccupied.

desabotoar [dʒizabo'twa(x)] *vt* to unbutton.

desabrigado, da [dʒizabri'gadu, da] ◇ *adj* **-1.** [sem casa] homeless. **-2.** [exposto] unsheltered. ◇ *m, f* [pessoa] homeless person; **os** ~**s** the homeless.

desabrigar [dʒiza'briga(x)] *vt* [tirar do abrigo] to leave without shelter.

desabrochar [dʒizabro'ʃa(x)] *vi* **-1.** [flor] to bloom. **-2.** *fig* [pessoa] to blossom.

desacatar [dʒizaka'ta(x)] ◇ *vt* **-1.** [afrontar] to disrespect. **-2.** [desprezar] to disregard. ◇ *vi fam* [causar espanto] to stun.

desacato [dʒiza'katu] *m* **-1.** [afronta] disrespect. **-2.** [desprezo] disregard.

desacerto [dʒiza'sextu] *m* **-1.** [erro] mistake. **-2.** [tolice] blunder.

desacompanhado, da [dʒizakõnpa'ɲadu, da] *adj* unaccompanied.

desaconselhar [dʒizakõnse'ʎa(x)] *vt*: ~ **algo (a alguém)** to warn (sb) against sthg.

desaconselhável [dʒizakõnse'ʎavɛw] (*pl* **-eis**) *adj* not recommended *(depois de verbo)*.

desacordado, da [dʒizakox'dadu, da] *adj* senseless.

desacordo [dʒiza'koxdu] *m* **-1.** [falta de acordo] disagreement. **-2.** [desarmonia] disharmony.

desacostumado, da [dʒizakoʃtu'madu, da] *adj*: ~ **(a)** unaccustomed (to).

desacostumar [dʒizakoʃtu'ma(x)] *vt*: ~ **alguém de algo** to wean sb off sthg.

◆ **desacostumar-se** *vp* [desabituar-se]: ~**-se de algo/de fazer algo** to wean o.s. off sthg/doing sthg.

desacreditar [dʒizakredi'ta(x)] *vt* to discredit.

◆ **desacreditar-se** *vp* [perder o crédito] to become discredited.

desafeto [dʒiza'fɛtu] *m* opponent.

desafiador, ra [dʒizafja'do(x), ra] ◇ *adj* challenging. ◇ *m, f* challenger.

desafiar [dʒiza'fja(x)] *vt* **-1.** [propor luta] to challenge. **-2.** [afrontar] to defy.

desafinado, da [dʒizafi'nadu, da] *adj* out of tune.

desafinar [dʒizafi'na(x)] ◇ *vt*: ~ **um instrumento** to put an instrument out of tune. ◇ *vi* to be out of tune.

desafio [dʒiza'fiw] *m* **-1.** [provocação] challenge. **-2.** *LITER* & *MÚS literary/musical competition between two people.*

desafogado, da [dʒizafo'gadu, da] *adj* **-1.** [pessoa - de preocupações, de opressão] relieved; [- de trabalho] unencumbered. **-2.** [trânsito] clear.

desafogar [dʒizafo'ga(x)] ◇ *vt* **-1.** [desoprimir - garganta] to clear; [- espírito] to free. **-2.** [desabafar] to relieve. ◇ *vi* [desabafar-se]: ~ **(com alguém)** to open up (to sb).

◆ **desafogar-se** *vp* [desabafar-se] to unburden o.s.

desafogo [dʒiza'fogu] *m* **-1.** [alívio] relief. **-2.** [de trabalho] break.

desaforado, da [dʒizafo'radu, da] *adj* insulting.

desaforo [dʒiza'foru] *m* insult; **eu não levo** ~ **para casa** I'm not going to take it lying down.

desafortunado, da [dʒizafoxtu'nadu, da] *adj* unfortunate.

desagasalhado, da [dʒizagaza'ʎadu, da] *adj* unsheltered.

desagradar [dʒizagra'da(x)] ◇ *vt* to displease. ◇ *vi*: ~ **a alguém** to displease sb.

desagradável [dʒizagra'davew] (*pl* **-eis**) *adj* unpleasant.
desagrado [dʒiza'gradu] *m* displeasure.
desagravo [dʒiza'gravu] *m* **-1.** [reparação de agravo] recompense. **-2.** *JUR* reparation.
desaguar [dʒiza'gwa(x)] <> *vi* [vazar-se]: ~ **em** to flow into. <> *vt* [drenar] to drain.
desajeitado, da [dʒizaʒej'tadu, da] *adj* clumsy.
desajuste [dʒiza'ʒuʃtʃi] *m* **-1.** *PSIC* maladjustment. **-2.** [de peças, máquina] loosening.
desalentado, da [dʒizalẽn'tadu, da] *adj* discouraged.
desalentar [dʒizalẽn'ta(x)] <> *vt* to discourage. <> *vi* to lose heart.
desalento [dʒiza'lẽntu] *m* discouragement.
desalinhado, da [dʒizali'ɲadu, da] *adj* dishevelled.
desalinhar [dʒiza'liɲa(x)] *vt* **-1.** [tirar do alinhamento] to break up. **-2.** [desarrumar] to mess up.
desalinho [dʒiza'liɲu] *m* dishevelment.
desalmado, da [dʒizaw'madu, da] *adj* soulless.
desalojar [dʒizalo'ʒa(x)] *vt*: ~ **alguém de** to remove sb from
desamarrar [dʒizama'xa(x)] <> *vt* [desfazer] to untie. <> *vi NÁUT* to lift anchor.
desamassar [dʒizama'sa(x)] *vt* to straighten out.
desambientado, da [dʒizãnbjẽn'tadu, da] *adj* disorientated.
desamor [dʒiza'mo(x)] *m* antipathy.
desamparado, da [dʒizãnpa'radu, da] *adj* **-1.** [pessoa - abandonado] abandoned; [- sem ajuda] unassisted. **-2.** [lugar] abandoned.
desamparar [dʒizãnpa'ra(x)] *vt* [abandonar] to abandon.
desandar [dʒizãn'da(x)] *vi* *fam* [clara, maionese] to separate.
desanimador, ra [dʒizanima'do(x), ra] *adj* disheartening.
desanimar [dʒizani'ma(x)] <> *vt* **-1.** [fazer perder o ânimo]: ~ **alguém** to dishearten sb. **-2.** [desencorajar]: ~ **alguém de fazer algo** to discourage sb from doing sthg. <> *vi* **-1.** [perder o ânimo] to become disheartened; ~ **de fazer algo** to become disheartened about doing sthg. **-2.** [ser desencorajador] to be discouraging.
desânimo [dʒi'zãnimu] *m* despondency.
desanuviar [dʒizanu'vja(x)] *vt* **-1.** [céu] to clear. **-2.** *fig* [pessoa, mente] to calm.
◆ **desanuviar-se** *vp* **-1.** [céu] to clear. **-2.** *fig* [pessoa, mente] to become calm.
desaparafusar [dʒizaparafu'za(x)] *vt* to unscrew.
desaparecer [dʒizapare'se(x)] *vi* to disappear.
desaparecido, da [dʒizapare'sidu, da] <> *adj* missing. <> *m, f* [pessoa] missing person.
desaparecimento [dʒizaparesi'mẽntu] *m* **-1.** [sumiço] disappearance. **-2.** [falecimento] loss.
desapegado, da [dʒizape'gadu, da] *adj* detached.
desapego [dʒiza'pegu] *m* **-1.** [desamor] lack of love. **-2.** [indiferença] indifference.
desapertar [dʒizapex'ta(x)] *vt* to loosen.
desapiedado, da [dʒizapje'dadu, da] *adj* ruthless.
desapontador, ra [dʒizapõnta'do(x), ra] *adj* disappointing.
desapontamento [dʒizapõnta'mẽntu] *m* disappointment.
desapontar [dʒizapõn'ta(x)] *vt* to disappoint.
◆ **desapontar-se** *vp* to be disappointed.
desapropriação [dʒizaproprja'sãw] (*pl* **-ões**) *f* dispossession.
desapropriar [dʒizapro'prja(x)] *vt* **-1.** [desapossar]: ~ **alguém de algo** to deprive sb of sthg. **-2.** [expropriar]: ~ **algo (de alguém)** to expropriate sthg (from sb).
desaprovação [dʒizaprova'sãw] (*pl* **-ões**) *f* disapproval.
desaprovar [dʒizapro'va(x)] *vt* **-1.** [reprovar] to disapprove. **-2.** [censurar] to censure.
desarmado, da [dʒizax'madu, da] *adj* **-1.** [ger] disarmed. **-2.** [sem arma] unarmed.
desarmamento [dʒizaxma'mẽntu] *m* disarmament.
desarmar [dʒizax'ma(x)] *vt* **-1.** [ger] to disarm. **-2.** [barraca, brinquedo] to take down. **-3.** [arma] to disable.
desarmonia [dʒizaxmo'nia] *f* **-1.** [falta de harmonia] disharmony. **-2.** *fig* [divergência] discord.
desarranjado, da [dʒizaxãn'ʒadu, da] *adj* **-1.** [desarrumado] untidy. **-2.** *MED*: **estar** ~ to be queasy.
desarranjar [dʒizaxãn'ʒa(x)] *vt* [desarrumar] to make untidy.
desarranjo [dʒiza'xãnʒu] *m* disorder.
desarrumado, da [dʒizaxu'madu, da] *adj* untidy.
desarrumar [dʒizaxu'ma(x)] *vt* **-1.** [ger] to make untidy. **-2.** [mala] to unpack.
desarticulado, da [dʒizaxtʃiku'ladu, da] *adj* **-1.** [deslocado] dislocated. **-2.** [desfeito] broken up.
desarticular [dʒizaxtʃiku'la(x)] *vt* to dislocate.
desassossego [dʒizaso'segu] *m* uneasiness.
desastrado, da [dʒizaʃ'tradu, da] *adj* clumsy.
desastre [dʒi'zaʃtri] *m* **-1.** [acidente] accident. **-2.** *fig* [fracasso]: **ser um** ~ to be a disaster.
desastroso, osa [dʒizaʃ'trozu, ɔza] *adj* disastrous.
desatar [dʒiza'ta(x)] <> *vt* **-1.** [desfazer] to undo. **-2.** [desprender] to loosen. <> *vi* [come-

çar]: ~ **a fazer algo** to start to do sthg suddenly.

desatento, ta [dʒiza'tẽntu, ta] *adj* inattentive.

desatinado, da [dʒizatʃi'nadu, da] <> *adj* mad. <> *m, f* mad person.

desatino [dʒiza'tʃinu] *m* idiocy.

desativar [dʒizatʃi'va(x)] *vt* **-1.** [tornar inativo] to close down. **-2.** [desmontar] to deactivate.

desatualizado, da [dʒizatwali'zadu, da] *adj* out-of-date.

desavença [dʒiza'vẽnsa] *f* **-1.** [briga] enmity. **-2.** [dissensão] dissent.

desavergonhado, da [dʒizavexgo'ɲadu, da] *adj* unashamed.

desavisado, da [dʒizavi'zadu, da] *adj* not made aware.

desbancar [dʒiʒbãŋ'ka(x)] *vt*: ~ **alguém (em algo)** to outdo sb (at sthg).

desbaratar [dʒiʒbara'ta(x)] *vt* **-1.** [dissipar]: ~ **algo (em algo)** to squander sthg (on sthg). **-2.** [arruinar] to destroy. **-3.** [vencer] to defeat.

desbastar [dʒiʒbaʃ'ta(x)] *vt* to thin (out).

desbocado, da [dʒiʒbo'kadu, da] *adj* ***fig*** lewd.

desbotado, da [dʒiʒbo'tadu, da] *adj* faded.

desbotar [dʒiʒbo'ta(x)] *vt* to fade.

desbragadamente [dʒiʒbragada'mẽntʃi] *adv* shamelessly.

desbravador, ra [dʒiʒbrava'do(x), ra] *m, f* **-1.** [de terra, mata] explorer. **-2.** [de animais] tamer.

desbravar [dʒiʒbra'va(x)] *vt* **-1.** [terras, matas] to explore. **-2.** [animais selvagens] to tame. **-3.** [cavalo] to break in.

descabelar [dʒiʃkabe'la(x)] *vt* ***fam*** to ruffle the hair of.

◆ **descabelar-se** *vp* ***fam*** to ruffle one's hair.

descabido, da [dʒiʃka'bidu, da] *adj* **-1.** [absurdo] ridiculous. **-2.** [impróprio] inappropriate.

descalabro [dʒiʃka'labru] *m* disaster, ruin.

descalçar [dʒiʃkaw'sa(x)] *vt* to take off.

◆ **descalçar-se** *vp* to take off one's shoes/gloves.

descalço, ça [dʒiʃ'kawsu, sa] *adj* barefoot.

descampado, da [dʒiʃkãn'padu, da] *adj* uninhabited.

◆ **descampado** *m* open country.

descansado, da [dʒiʃkãn'sadu, da] *adj* **-1.** [tranqüilo] calm. **-2.** [lento] slow.

descansar [dʒiʃkãn'sa(x)] <> *vt* **-1.** [ger] to rest. **-2.** ***fig*** [tranqüilizar] to calm. <> *vi* **-1.** [repousar] to rest. **-2.** ***fig*** [tranqüilizar-se] to calm down. **-3.** ***ant & fig*** [morrer] to be at rest.

descanso [dʒiʃ'kãnsu] *m* **-1.** [repouso] rest. **-2.** [folga] break. **-3.** [para travessa *etc.*] trivet.

descarado, da [dʒiʃka'radu, da] <> *adj* shameless. <> *m, f* shameless person.

descaramento [dʒiʃkara'mẽntu] *m* shamelessness.

descarga [dʒiʃ'kaxga] *f* **-1.** [ato] unloading. **-2.** [vaso sanitário] flush; **dar a** ~ to flush. **-3.** [de arma] fire. **-4.** ELETR: ~ **elétrica** electrical discharge.

descarregar [dʒiʃkaxe'ga(x)] <> *vt* **-1.** [carga] to unload. **-2.** [arma] to fire. **-3.** ELETR to discharge. **-4.** [desabafar] to give vent to. **-5.** COMPUT to download. <> *vi* [bateria] to go flat.

descarrilamento [dʒiʃkaxila'mẽntu] *m* derailment.

descarrilar [dʒiʃkaxi'la(x)] *vt & vi* to derail.

descartar [dʒiʃkax'ta(x)] *vt* to discard.

◆ **descartar-se** *vp*: ~**-se de** [de carta, pessoa] to get rid of; [de compromisso] to free o.s. of.

descartável [dʒiʃkax'tavɛw] (*pl* **-eis**) *adj* disposable.

descascador [dʒiʃkaʃka'do(x)] *m* peeler.

descascar [dʒiʃkaʃ'ka(x)] <> *vt* to peel. <> *vi* **-1.** [perder a casca] to lose its shell. **-2.** [perder a pele] to peel; **com tanto sol, estou descascando todo** with all this sun, I'm peeling all over.

descaso [dʒiʃ'kasu] *m* negligence.

descendência [desẽn'dẽnsja] *f* descendancy.

descendente [desẽn'dẽntʃi] <> *adj* descendent; **ser** ~ **de** to be a descendant of. <> *mf* [pessoa] descendant.

descender [desẽn'de(x)] *vi* [pessoa]: ~ **de** to be descended from.

descer [de'se(x)] <> *vt* **-1.** [escada] to go down. **-2.** [carga] to take down. <> *vi* **-1.** [ger] to go down. **-2.** [de ônibus] to get off.

descida [de'sida] *f* [declive] descent.

desclassificar [dʒiʃklasifi'ka(x)] *vt* **-1.** [eliminar] to disqualify. **-2.** [desmoralizar] to disgrace.

descoberto, ta [dʒiʃko'bɛxtu, ta] <> *pp* ▻ **descobrir**. <> *adj* **-1.** [ger] discovered. **-2.** [exposto] uncovered. **-3.** BANCO [conta] overdrawn.

◆ **descoberta** *f* discovery.

descobridor, ra [dʒiʃkobri'do(x), ra] *m, f* discoverer.

descobrimento [dʒiʃkobri'mẽntu] *m* [de continentes] discovery.

descobrir [dʒiʃko'bri(x)] *vt* **-1.** [ger] to discover. **-2.** [tirar a proteção de] to uncover. **-3.** [estátua] to unveil.

◆ **descobrir-se** *vp* [tirar a coberta] to appear.

descolar [deʃko'lar] *vt* **-1.** [desgrudar]: ~ **algo (de)** to detach sthg (from). **-2.** ***fam*** [conseguir] to fix up.

descolorir [dʒiʃkolo'ri(x)] <> *vt* [tirar a cor] to discolour. <> *vi* [perder a cor] to fade.

descompor [dʒiʃkõn'po(x)] *vt* [desordenar] to muddle.

descomposto, osta [dʒiʃkõn'poʃtu, ɔʃta] <> *pp* ▻ **descompor**. <> *adj* **-1.** [desalinhado] confused. **-2.** [desfeito] disordered. **-3.** [desfigurado] upset.

descompostura [dʒiʃkõnpoʃ'tura] *f* **-1.** [repreensão] reprimand; **passar uma** ~ **em al-**

guém to reprimand sb. **-2.** [insulto] affront.

descomunal [dʒiʃkomu'naw] (*pl* **-ais**) *adj* **-1.** [gigantesco] huge. **-2.** [fora do comum] unusual.

desconcentrar [dʒiʃkõnsẽn'tra(x)] *vt* to distract.

◆ **desconcentrar-se** *vp* to lose concentration.

desconcertante [dʒiʃkõnsex'tãntʃi] *adj* **-1.** [desorientador] confusing. **-2.** [frustrante] upsetting.

desconcertar [dʒiʃkõnsex'ta(x)] *vt* **-1.** [desorientar] to confuse. **-2.** [frustrar] to upset.

◆ **desconcertar-se** *vp* **-1.** [desarranjar-se] to break down. **-2.** [perturbar-se] to become bewildered. **-3.** [frustrar-se] to be upset.

desconectar [dʒiʃkonek'ta(x)] *vt* to disconnect.

◆ **desconectar-se** *vp* [comput] to be disconnected.

desconexo, xa [dʒiʃko'nɛksu, ksa] *adj* **-1.** [incoerente] incoherent. **-2.** [desunido] disconnected.

desconfiado, da [dʒiʃkõn'fjadu, da] *adj* distrustful.

desconfiança [dʒiʃkõn'fjãnsa] *f* distrust.

desconfiar [dʒiʃkõn'fja(x)] ◇ *vt* [conjeturar]: ~ **que** to fear that. ◇ *vi* **-1.** [ficar suspeitoso] to suspect. **-2.** [não confiar em]: ~ **de** to be distrustful of. **-3.** [suspeitar de]: ~ **de** to be suspicious of.

desconfortável [dʒiʃkõnfor'tavɛw] (*pl* **-eis**) *adj* uncomfortable.

desconforto [dʒiʃkõn'foxtu] *m* discomfort.

descongelar [dʒiʃkõnʒe'la(x)] *vt* to defrost.

descongestionante [dʒiʃkõnʒeʃtʃjo'nãntʃi] ◇ *adj* decongestant. ◇ *m* decongestant.

descongestionar [dʒiʃkõnʒeʃtʃjo'na(x)] *vt* **-1.** to decongest. **-2.** *fig* [trânsito, rua] to clear.

desconhecer [dʒiʃkoɲe'se(x)] *vt* **-1.** [ignorar] not to know. **-2.** [estranhar] not to recognize. **-3.** [ser ingrato a] to be ungrateful for.

desconhecido, da [dʒiʃkoɲe'sidu, da] ◇ *adj* [incógnito] unknown. ◇ *m, f* [pessoa] unknown person.

desconhecimento [dʒiʃkoɲesi'mẽntu] *m* ignorance.

desconsolado, da [dʒiʃkõnso'ladu, da] *adj* disconsolate.

desconsolar [dʒiʃkõnso'la(x)] ◇ *vt* to sadden. ◇ *vi* to become saddened.

◆ **desconsolar-se** *vp* to become dispirited.

descontar [dʒiʃkõn'ta(x)] *vt* **-1.** [deduzir]: ~ **algo (de)** to deduct sthg (from). **-2.** [título de crédito - pagar] to pay off; [- receber] to receive. **-3.** *fam* [revidar]: ~ **algo (em alguém)** to pay sthg back (to sb). **-4.** *fig* [não fazer caso de] to take no notice of.

descontentamento [dʒiʃkõntẽnta'mẽntu] *m* **-1.** [desprazer] displeasure. **-2.** [insatisfação] dissatisfaction.

descontentar [dʒiʃkõntẽn'ta(x)] *vt* to displease.

◆ **descontentar-se** *vp* to be displeased.

descontente [dʒiʃkõn'tẽntʃi] *adj* displeased.

descontínuo, nua [dʒiʃkõn'tʃinwu, nwa] *adj* discontinued.

desconto [dʒiʃ'kõntu] *m* discount.

descontraído, da [dʒiʃkõntra'idu, da] *adj* relaxed.

descontrair [dʒiʃkõntra'i(x)] *vt* to relax.

◆ **descontrair-se** *vp* to relax.

descontrolar [dʒiʃkõntro'la(x)] *vt* to lose control of.

◆ **descontrolar-se** *vp* **-1.** [pessoa] to lose control of o.s. **-2.** [situação] to get out of control.

desconversar [dʒiʃkõnvex'sa(x)] *vi* to change the subject.

descorar [dʒiko'ra(x)] ◇ *vt* [desbotar] to discolour. ◇ *vi* [empalidecer] to turn pale.

descortês, tesa [dʒiʃkox'teʃ, teza] *adj* discourteous.

descortesia [dʒiʃkoxte'zia] *f* discourtesy.

descortinar [dʒiʃkoxtʃi'na(x)] *vt* **-1.** [avistar] to reveal. **-2.** [correndo a cortina] to unveil. **-3.** [revelar]: ~ **algo a alguém** to reveal sthg to sb.

descoser [dʒiʃko'ze(x)], **descosturar** [dʒiʃkoʃtu'ra(x)] ◇ *vt* to unstitch. ◇ *vi* to come unstiched.

descrédito [dʒiʃ'krɛdʒitu] *m* discredit.

descrença [dʒiʃ'krẽnsa] *f* disbelief.

descrente [dʒiʃ'krẽntʃi] *adj* disbelieving.

descrever [dʒiʃkre've(x)] *vt* **-1.** [expor] to describe. **-2.** [traçar] to trace.

descrição [dʒiʃkri'sãw] (*pl* **-ões**) *f* description.

descuidado, da [dʒiʃkuj'dadu, da] *adj* **-1.** [desleixado] uncared-for. **-2.** [irrefletido] careless.

descuidar [dʒiʃkuj'da(x)] *vi*: ~ **de algo** to neglect sthg.

◆ **descuidar-se** *vp*: ~**-se de algo** to become careless about sthg.

descuido [dʒiʃ'kujdu] *m* **-1.** [ger] carelessness. **-2.** [erro] error.

desculpa [dʒiʃ'kuwpa] *f* **-1.** [ger] excuse. **-2.** [perdão] forgiveness; **pedir ~s a alguém por algo** to ask sb forgiveness for sthg.

desculpar [dʒiʃkuw'pa(x)] *vt* **-1.** [perdoar]: ~ **alguém (por algo)** to forgive sb (for sthg). **-2.** [justificar] to give as an excuse.

◆ **desculpar-se** *vp* [justificar-se]: ~**-se (com alguém) por algo** to apologize (to sb) for sthg.

desculpável [dʒiʃkuw'pavew] (*pl* **-eis**) *adj* forgiveable.

desde ['deʒdʒi] *prep* **-1.** [tempo] since; ~ **então** from then on; ~ **já** straight away. **-2.** [espaço] from.

◆ **desde que** *loc conj* **-1.** [tempo] since. **-2.** [visto que] as. **-3.** [contanto que] as long as.

desdém [deʒ'dẽ] *m* disdain.

desdenhar [deʒde'ɲa(x)] *vt* **-1.** [desprezar] to despise. **-2.** [escarnecer] to scorn.

desdenhoso, osa [deʒde'ɲozu, ɔza] *adj* disdainful.

desdita [dʒiʒ'dʒita] *f* bad luck.

desdizer [dʒiʒdʒi'ze(x)] *vt* **-1.** [negar] to deny. **-2.** [desmentir] to contradict.

◆ **desdizer-se** *vp* [negar o que havia dito] to retract.

desdobrar [dʒiʒdo'bra(x)] *vt* **-1.** [abrir] to unfold. **-2.** [dividir]: **~ algo em algo** to divide sthg into sthg. **-3.** [aumentar] to develop.

◆ **desdobrar-se** *vp* **-1.** to unfold. **-2.** [empenhar-se]: **~-se (em algo)** *fig* to make an effort (at sthg).

desejar [deze'ʒa(x)] ◇ *vt* **-1.** [querer] to wish. **-2.** [ambicionar]: **~ algo** to wish for sthg; **~ fazer algo** to wish to do sthg. **-3.** [formulando votos]: **~ algo a alguém** to wish sb sthg. **-4.** [sexualmente] to desire. ◇ *vi*: **deixar a ~** to leave sthg to be desired.

desejável [dese'ʒavew] (*pl* **-eis**) *adj* desirable.

desejo [de'zeʒu] *m* **-1.** [ger] desire. **-2.** [ambição] wish. **-3.** [de grávida] craving.

desejoso, osa [dese'ʒosu, ɔsa] *adj*: **~ de algo/de fazer algo** keen for sthg/to do sthg.

desembaraçar [dʒizĩnbara'sa(x)] *vt* **-1.** [livrar] to free. **-2.** [desemaranhar] to loosen. **-3.** [liberar] to unencumber.

◆ **desembaraçar-se** *vp* **-1.** [desinibir-se] to open up. **-2.** [livrar-se]: **~-se de algo/alguém** to free o.s. of sthg/sb.

desembaraço [dʒizĩnba'rasu] *m* **-1.** [desinibição] ease. **-2.** [agilidade] agility.

desembarcar [dʒizĩnbax'ka(x)] ◇ *vt* **-1.** [carga] to unload. **-2.** [passageiros] to disembark. ◇ *vi* [descer de transporte] to disembark.

desembarque [dʒizĩn'baxki] *m* disembarkation.

desembocar [dʒizĩnbo'ka(x)] *vi* [rio, rua]: **~ em** to discharge into.

desembolsar [dʒizĩnbow'sa(x)] *vt* [gastar] to spend.

desembolso [dʒizĩn'bowsu] *m* [gasto] expenditure.

desembrulhar [dʒizĩnbru'ʎa(x)] *vt* to unwrap.

desempacotar [dʒizĩnpako'ta(x)] *vt* to unpack.

desempatar [dezĩnpa'ta(x)] ◇ *vt* ESP: **~ a partida** to score a deciding point or goal in a match. ◇ *vi* to decide; **a eleição só desempatou no final** the election was only decided at the finish.

desempate [dʒizĩn'patʃi] *m* ESP decision.

desempenhar [dʒizĩnpe'ɲa(x)] *vt* **-1.** [ger] to perform. **-2.** [cumprir] to carry out.

desempenho [dʒizĩn'peɲu] *m* performance.

desempregado, da [dʒizẽmpre'gadu, da] ◇ *adj* unemployed. ◇ *m, f* unemployed person.

desemprego [dʒizĩn'pregu] *m* unemployment.

desencadear [dʒizĩŋka'dʒja(x)] *vt* [provocar] to unleash.

◆ **desencadear-se** *vp* [irromper] to break out.

desencaixar [dʒizĩŋkaj'ʃa(x)] *vt* to dislocate.

◆ **desencaixar-se** *vp* to become dislocated.

desencaixotar [dʒizĩŋkajʃo'ta(x)] *vt* to take out of a box.

desencanto [dʒizĩŋ'kãntu] *m* [desilusão] disenchantment.

desencargo [dʒizĩŋ'kaxgu] *m* [cumprimento] carrying out; **por ~ de consciência** to clear one's conscience.

desencarregar-se [dʒizẽŋkaxe'gaxsi] *vp* [desobrigar-se]: **~ de algo** to unburden o.s. of sthg.

desencontrar [dʒizĩŋkõn'tra(x)] *vt* [fazer que não se encontrem] to send in different directions.

◆ **desencontrar-se** *vp* **-1.** [não se encontrar]: **~-se (de)** to diverge (from). **-2.** [perder-se um do outro] to fail to meet one another.

desencontro [dʒizĩŋ'kõntru] *m* **-1.** [falta de encontro] failure to meet. **-2.** [divergência] difference.

desencorajar [dʒizĩŋkora'ʒa(x)] *vt* to discourage.

desencostar [dʒizĩŋkoʃ'ta(x)] *vt*: **~ algo/alguém (de)** to move sthg/sb away (from).

◆ **desencostar-se** *vp*: **~-se de algo** to stop leaning against sthg.

desenfreado, da [dʒizẽnfre'adu, da] *adj* wild.

desenganado, da [dʒizẽŋga'nadu, da] *adj* [sem cura] incurable; [desiludido] disenchanted.

desenganar [dʒizĩŋga'na(x)] *vt* **-1.** [doente] to give up hope for. **-2.** [desiludir] to disillusion.

desengano [dʒizĩn'gãnu] *m* [desilusão] disillusionment.

desengonçado, da [dʒizẽŋgõ'sadu, da] *adj* **-1.** [desconjuntado] disjointed. **-2.** [desajeitado] clumsy.

desenhar [deze'ɲa(x)] ◇ *vt* **-1.** [traçar] to outline. **-2.** TEC to design. **-3.** ARTE to draw. ◇ *vi* [traçar desenhos] to draw up.

desenhista [deze'ɲiʃta] *m, f* designer.

desenho [de'zeɲu] *m* **-1.** [expressão de formas] drawing. **-2.** ARTE & TEC design. **-3.** CINE: **~ animado** (animated) cartoon.

desenlace [dʒizẽn'lasi] *m* unfolding, development.

desenrolar [dʒizẽnxo'la(x)] ◇ *m* to progress. ◇ *vt* **-1.** [estender] to unroll. **-2.** [expor] to unfold.

◆ **desenrolar-se** *vp* **-1.** [desenroscar-se] to uncurl o.s. **-2.** [mostrar-se] to open out.

desentender-se [dʒizẽntẽn'dexsi] *vp*: ~ **(com)** to disagree (with).

desentendido, da [dʒizẽntẽn'dʒidu, da] *adj*: **fazer-se de** ~ to pretend not to understand.

desentendimento [dʒizĩntẽndʒi'mẽntu] *m* misunderstanding.

desenterrar [dʒizẽnte'xa(x)] *vt* **-1.** [ger] to dig up. **-2.** [exumar] to exhume. **-3.** [descobrir] to unearth.

desentupir [dʒizẽntu'pi(x)] *vt* to unblock.

desenvoltura [dʒizĩnvow'tura] *f* lack of inhibition.

desenvolver [dʒizĩnvow've(x)] *vt* **-1.** [ger] to develop. **-2.** [melhorar] to improve. **-3.** [teorizar sobre] to expand on. **-4.** [correr] to run.
◆ **desenvolver-se** *vp* **-1.** [crescer] to develop. **-2.** [progredir] to progress.

desenvolvido, da [dʒizẽvow'vidu, da] ◇ *pp* ▷ **desenvolver**. ◇ *adj* **-1.** [concebido] conceived. **-2.** [adiantado] advanced. **-3.** [crescido] developed.

desenvolvimento [dʒizĩnvowvi'mẽntu] *m* **-1.** [crescimento] development; ~ **sustentável** sustainable development. **-2.** [concepção] conception.

desequilibrado, da [dʒizekili'bradu, da] ◇ *adj* **-1.** [sem equilíbrio] unbalanced. **-2.** PSIC unstable. ◇ *m, f* PSIC unstable person.

desequilibrar [dʒizekili'bra(x)] *vt* **-1.** [fazer perder o equilíbrio] to unbalance.
◆ **desequilibrar-se** *vp* **-1.** PSIC to become unstable. **-2.** *fig* [descontrolar] to get out of control.

desequilíbrio [dʒizeki'librju] *m* **-1.** [falta de equilíbrio] lack of balance. **-2.** PSIC instability.

desertar [dezex'ta(x)] ◇ *vt* [abandonar] to abandon. ◇ *vi* MIL to desert.

deserto, ta [de'zɛxtu, ta] *adj* deserted.
◆ **deserto** *m* desert.

desertor, ra [dezex'to(x), ra] *m, f* deserter.

desesperado, da [dʒiziʃpe'radu, da] *adj* **-1.** [sem esperança] desperate. **-2.** [irritado] irritated. **-3.** [intenso - briga, competição] fierce; [- amor] intense.

desesperador, ra [dʒiziʃpera'do(x), ra] *adj* **-1.** [sem esperança] hopeless. **-2.** [irritante] irritating.

desesperança [dʒiziʃpe'rãnsa] *f* despair.

desesperar [dʒizeʃpe'ra(x)] ◇ *vt* **-1.** [arrasar] to dishearten. **-2.** [irritar] to drive mad. ◇ *vi* [perder a esperança] to give up hope.
◆ **desesperar-se** *vp* **-1.** [perder a esperança] to give up hope. **-2.** [afligir-se] to get upset.

desespero [dʒiziʃ'peru] *m* **-1.** [desesperança] despair. **-2.** [aflição] despondency; **levar alguém ao** ~ to lead sb to despair.

desestimular [dʒiziʃtʃimu'la(x)] *vt* to discourage.

desfalcar [dʒiʃfaw'ka(x)] *vt* **-1.** [reduzir] to reduce. **-2.** [privar] to deprive. **-3.** [defraudar] to defraud.

desfalecer [dʒiʃfale'se(x)] *vi* [desmaiar] to faint.

desfalque [dʒiʃ'fawki] *m* **-1.** [redução] reduction. **-2.** [privação] loss. **-3.** [fraude] fraud.

desfavorável [dʒiʃfavo'ravɛw] (*pl* **-eis**) *adj* **-1.** [desvantajoso] unfavourable. **-2.** [oposto] adverse.

desfazer [dʒiʃfa'ze(x)] *vt* **-1.** [desmanchar] to undo. **-2.** [dispersar] to disperse. **-3.** [acabar com] to put an end to. **-4.** [anular] to annul.
◆ **desfazer-se** *vp* **-1.** [desmanchar-se] to come undone. **-2.** [dispersar-se] to disperse. **-3.** [acabar-se] to end. **-4.** [despojar-se]: ~ **-se de algo** to be stripped of sthg. **-6.** *fig* [desmanchar-se]: ~ **-se em lágrimas** to burst into tears; ~ **-se em sorrisos** to break into smiles; ~ **-se em gentilezas** to be desperate to please.

desfechar [dʒiʃfe'ʃa(x)] *vt* **-1.** [disparar] to fire. **-2.** [insultos] to loose off.

desfecho [dʒiʃ'feʃu] *m* ending.

desfeita [dʒiʃ'fejta] *f* insult.

desfeito, ta [dʒʃ'fejtu, ta] ◇ *pp* ▷ **desfazer**. ◇ *adj* **-1.** [desmanchado] undone. **-2.** [acabado] ended. **-3.** [desarrumada] untidy. **-4.** [anulado] annulled.

desferir [dʒiʃfe'ri(x)] *vt* [aplicar] to direct.

desfiar [dʒiʃ'fja(x)] ◇ *vt* **-1.** [tecido *etc.*] to unravel. **-2.** [terço] to unthread. **-3.** [galinha] to cut up. ◇ *vi* [tecido *etc.*] to unravel.

desfigurar [dʒiʃfigu'ra(x)] *vt* **-1.** [transformar] to disfigure. **-2.** *fig* [adulterar] to adulterate.
◆ **desfigurar-se** *vp* [transformar-se] to alter.

desfiladeiro [dʒiʃfila'dejru] *m* ravine.

desfilar [dʒiʃfi'la(x)] ◇ *vt* [exibir] to parade. ◇ *vi* [passar em desfile - soldado] to march past; [- manequim, escola de samba] to parade.

desfile [dʒiʃ'fili] *m* [passar em desfile - soldado] march past; [- manequim, escola de samba] parade.

desforra [dʒiʃ'fɔxa] *f* revenge.

desfrutar [dʒiʃfru'ta(x)] ◇ *vt* to enjoy. ◇ *vi*: ~ **de algo** to enjoy sthg.

desgarrado, da [dʒiʒga'xadu, da] *adj* [perdido] lost.

desgarrar-se [dʒiʒga'xaxsi] *vp* [perder-se]: ~ **de algo** to lose sight of sthg; ~ **(do caminho)** to lose one's way.

desgastante [dʒiʒgaʃ'tãntʃi] *adj* **-1.** [estressante] stressful. **-2.** [cansativo] tiring. **-3.** [desprestigiante] damaging.

desgastar [dʒiʒgaʃ'ta(x)] *vt* **-1.** [ger] to wear out. **-2.** [gastar] to wear away. **-3.** [desprestigiar] to damage.

desgaste [dʒiʒ'gaʃtʃi] *m* **-1.** [deterioração] deterioration. **-2.** [dano] harm.

desgostar [dʒiʒgoʃ'ta(x)] ◇ *vt* [contrariar] to displease. ◇ *vi* [não gostar]: ~ **de algo** to dislike sthg.

◆ **desgostar-se** *vp* [deixar de gostar]: **~-se de algo/de fazer algo** to no longer enjoy sthg/ doing sthg.

desgosto [dʒiʒ'goʃtu] *m* **-1.** [desprazer] displeasure. **-2.** [pesar] regret.

desgostoso, osa [dʒiʒgoʃ'tozu, ɔza] *adj* **-1.** [triste] sad. **-2.** [contrariado] displeased.

desgraça [dʒiʒ'grasa] *f* **-1.** [infortúnio] misfortune. **-2.** [miséria] penury. **-3.** *fig* [pessoa inábil]: **ser uma ~** to be a disgrace.

desgraçado, da [dʒiʒgra'sadu, da] ◇ *adj* **-1.** [desafortunado] unfortunate. **-2.** [miserável] wretched. **-3.** [vil] vile. **-4.** *m fam* [grande] hellish. ◇ *m, f* **-1.** [desafortunado] unfortunate. **-2.** [pessoa vil] beggar.

desgraçar [dʒiʒgra'sa(x)] *vt* to disgrace.

desgrenhado, da [dʒiʒgre'ɲadu, da] *adj* **-1.** [despenteado] tousled. **-2.** [desarrumado] untidy.

desgrudar [dʒiʒgru'da(x)] *vt* **-1.** [descolar]: **~ algo de algo** to unstick sthg from sthg. **-2.** [afastar]: **~ alguém de alguém/algo** *fig* to drag sb away from sb/sthg.

◆ **desgrudar-se** *vp* [afastar-se] to break away.

desidratar [dʒizidra'ta(x)] *vt* to dehydrate.

◆ **desidratar-se** *vp* to become dehydrated.

design [dʒi'zajni] (*pl* **-s**) *m* design.

designar [dezig'na(x)] *vt* **-1.** [denominar] to designate. **-2.** [simbolizar] to symbolize. **-3.** [determinar] to award. **-4.** [escolher]: **~ alguém para algo** to appoint sb as sthg.

designer [dʒi'zajnɛ(x)] (*pl* **-s**) *mf* designer.

desigual [dezi'gwaw] (*pl* **-ais**) *adj* **-1.** [diferente] different. **-2.** [irregular] irregular. **-3.** [injusto] unfair.

desiludir [dʒizilu'dʒi(x)] *vt*: **~ alguém (de algo/de fazer algo)** to dissuade sb (from sthg/ from doing sthg).

◆ **desiludir-se** *vp*: **~-se (com algo)** to be disappointed (by sthg).

desilusão [dʒizilu'zãw] (*pl* **-ões**) *f* disappointment.

desimpedir [dʒizĩnpe'dʒi(x)] *vt* to clear.

desinfetante [dʒizĩnfe'tãntʃi] ◇ *adj* disinfectant. ◇ *m* disinfectant.

desinfetar [dʒizĩnfe'ta(x)] *vt* MED to disinfect.

desinibido, da [dʒizini'bidu, da] *adj* uninhibited.

desintegração [dʒizĩntegra'sãw] *f* disintegration.

desinteressado, da [dʒizĩntere'sadu, da] *adj* **-1.** [sem interesse] disinterested. **-2.** [despreendido] detached.

desinteressar [dʒizĩntere'sa(x)] *vt*: **~ alguém de algo** to destroy sb's interest in sthg.

◆ **desinteressar-se** *vp*: **~-se de algo** to lose interest in sthg.

desinteresse [dʒizĩnte'resi] *m* **-1.** [falta de interesse] lack of interest. **-2.** [despreendimento] detachment.

desistência [deziʃ'tẽnsja] *f* withdrawal.

desistir [deziʃ'tʃi(x)] *vi* to give up; **~ de algo/ de fazer algo** to give up sthg/doing sthg.

desjejum [dʒiʒe'ʒũ] (*pl* **-ns**) *m* breakfast.

deslavado, da [dʒiʒla'vadu, da] *adj* brazen.

desleal [dʒiʒ'ljaw] (*pl* **-ais**) *adj* disloyal.

desleixado, da [dʒiʒlej'ʃadu, da] *adj* messy.

desligado, da [dʒiʒli'gadu, da] *adj* **-1.** ELETR switched off. **-2.** [desconectado] disconnected. **-3.** [afastado]: **~ de** detached from. **-4.** *fig* [despreendido] indifferent. **-5.** *fig* [distraído] absent-minded.

desligar [dʒiʒli'ga(x)] ◇ *vt* ELETR to switch off; **~ o carro** to switch off the engine. ◇ *vi fam* [despreocupar-se] to switch off.

◆ **desligar-se** *vp* **-1.** [afastar-se]: **~-se de** to switch off from. **-2.** *fig* [despreender-se]: **~-se de** to abandon. **-3.** *fig* [distrair-se] to switch off.

deslizamento [dʒiʒliza'mẽntu] *m* slip; **~ de terra** landslide.

deslizar [dʒiʒli'za(x)] *vi* **-1.** [movimentar-se - cisnes, dançarino] to glide; [- terra, encosta] to slide. **-2.** [escorregar] to slip. **-3.** *fig* [falhar] to make a slip.

deslize [dʒiʒ'lizi] *m* **-1.** [escorregão] slip. **-2.** *fig* [falha] blunder. **-3.** *fig* [engano] slip.

deslocado, da [dʒiʒlo'kadu, da] *adj* **-1.** MED dislocated. **-2.** [transferido] transferred. **-3.** *fig* [desambientado] out of place.

deslocar [dʒiʒlo'ka(x)] *vt* **-1.** MED to dislocate. **-2.** [transferir] to transfer. **-3.** [mover] to move.

◆ **deslocar-se** *vp* [mover-se] to move around.

deslumbramento [dʒiʒlũnbra'mẽntu] *m* dazzle.

deslumbrante [dʒiʒlũn'brãntʃi] *adj* dazzling.

deslumbrar [dʒiʒlũn'bra(x)] ◇ *vt* to dazzle. ◇ *vi* to be dazzling.

◆ **deslumbrar-se** *vp* to be dazzled.

desmaiado, da [dʒiʒma'jadu, da] *adj* **-1.** MED unconscious. **-2.** [pálido] pale.

desmaiar [dʒiʒmaj'a(x)] *vi* to faint.

desmaio [dʒiʒ'maju] *m* faint.

desmamar [dʒiʒma'ma(x)] ◇ *vt* to wean. ◇ *vi* to be weaned.

desmancha-prazeres [dʒiʒ,mãnʃapra'zeriʃ] *mf inv* killjoy.

desmanchar [dʒiʒmãn'ʃa(x)] *vt* **-1.** [desfazer] to undo. **-2.** [acabar com] to break off.

◆ **desmanchar-se** *vp* **-1.** [dissolver-se] to come undone. **-2.** *fig* [expandir-se]: **~-se em algo** to be lavish with sthg.

desmarcar [dʒiʒmax'ka(x)] *vt* **-1.** [tirar as marcas de] to remove markings from. **-2.** [adiar] to postpone.

desmascarar [dʒiʒmaʃka'ra(x)] *vt* **-1.** [revelar] to reveal. **-2.** [desmoralizar] to demoralize.

desmatamento [dʒiʒmata'mẽntu] *m* deforestation.

desmatar [dʒiʒma'ta(x)] *vt* to deforest.

desmedido, da [dʒiʒme'dʒidu, da] *adj* immense.

desmentir [dʒiʒmẽn'tʃi(x)] *vt* **-1.** [negar] to deny. **-2.** [discrepar de] to disagree with. **-3.** [contradizer] to contradict.

◆ **desmentir-se** *vp* [contradizer-se] to contradict o.s.

desmerecer [dʒiʒmere'se(x)] *vt* **-1.** [menosprezar] to despise. **-2.** [não merecer] not to deserve.

desmesurado, da [dʒiʒmezu'radu, da] *adj* excessive.

desmiolado, da [dʒiʒmjo'ladu, da] *adj* **-1.** [sem juízo] brainless. **-2.** [esquecido] forgetful.

desmontar [dʒiʒmõn'ta(x)] ◇ *vt* **-1.** [separar as partes de] to dismantle. **-2.** ***fig*** [destruir] to destroy. ◇ *vi* [apear]: ~ **(de algo)** to dismount (from sthg).

desmoralizar [dʒiʒmorali'za(x)] *vt* to demoralize.

◆ **desmoralizar-se** *vp* to be demoralized.

desmoronamento [dʒiʒmorona'mẽntu] *m* landslide.

desmoronar [dʒiʒmoro'na(x)] ◇ *vt* to knock down. ◇ *vi* to collapse.

desmotivado, da [dʒiʒmotʃi'vadu, da] *adj* demotivated.

desnatado, da [dʒiʒna'tadu, da] *adj* skimmed.

desnecessário, ria [dʒiʒnese'sarju, rja] *adj* unnecessary.

desnível [dʒiʒ'nivɛw] (*pl* **-eis**) *m* unevenness.

desnorteado, da [dʒiʒnox'tʃjadu, da] *adj* [perturbado] bewildered.

desnortear [dʒiʒnox'tʃja(x)] *vt* **-1.** [desorientar] to disorientate. **-2.** ***fig*** [perturbar] to confuse.

◆ **desnortear-se** *vp* **-1.** [perder-se] to get lost. **-2.** ***fig*** [perturbar-se] to become confused.

desnudar [dʒiʒnu'da(x)] *vt* **-1.** [despir] to undress. **-2.** ***fig*** [revelar] to reveal.

◆ **desnudar-se** *vp* [despir-se] to undress.

desnutrição [dʒiʒnutri'sãw] (*pl* **-ões**) *f* malnutrition.

desobedecer [dʒizobede'se(x)] *vi*: ~ **(a)** to disobey.

desobediência [dʒizobe'dʒjẽnsja] *f* disobedience.

desobediente [dʒizobe'dʒjẽntʃi] *adj* disobedient.

desobrigar [dʒizobri'ga(x)] *vt*: ~ **alguém de algo/de fazer algo** to release sb from sthg/doing sthg.

desobstruir [dʒizobʃtru'i(x)] *vt* to clear.

desocupado, da [dʒizoku'padu, da] ◇ *adj* **-1.** [ocioso] idle. **-2.** [disponível] available. **-3.** [vazio] empty. ◇ *m, f* **-1.** [desempregado] unemployed person. **-2.** [vagabundo] layabout.

desocupar [dʒizoku'pa(x)] *vt* **-1.** [deixar livre] to leave free. **-2.** [esvaziar] to empty.

desodorante [dʒizodo'rãntʃi] *m* deodorant.

desolação [dezola'sãw] (*pl* **-ões**) *f* **-1.** [tristeza] sadness. **-2.** [devastação] devastation.

desolado, da [dezo'ladu, da] *adj* **-1.** [triste] sad. **-2.** [devastado] devasted.

desolar [dezo'la(x)] *vt* to devastate.

desonesto, ta [dʒizo'nɛʃtu, ta] ◇ *adj* **-1.** [indigno] contemptible. **-2.** [mentiroso] dishonest. ◇ *m, f* [pessoa indigna] despicable person.

desonra [dʒi'zõnxa] *f* dishonour.

desonrar [dʒizõn'xa(x)] *vt* to dishonour.

◆ **desonrar-se** *vp* to disgrace o.s.

desordeiro, ra [dʒizox'dejru, ra] ◇ *adj* rowdy. ◇ *m, f* rowdy person.

desordem [dʒi'zɔxdẽ] (*pl* **-ns**) *f* **-1.** [bagunça] mess. **-2.** [tumulto] commotion.

desorganização [dʒizoxganiza'sãw] (*pl* **-ões**) *f* confusion.

desorganizar [dʒizoxgani'za(x)] *vt* to throw into confusion.

◆ **desorganizar-se** *vp* to be disorganized.

desorientação [dʒizorjẽnta'sãw] (*pl* **-ões**) *f* disorientation.

desorientar [dʒizorjẽn'ta(x)] *vt* **-1.** [desnortear] to disorientate. **-2.** [perturbar] to bewilder. **-3.** PSIC to disturb.

◆ **desorientar-se** *vp* **-1.** [desnortear-se] to become disorientated. **-2.** [perturbar-se] to become disconcerted.

desossar [dʒizo'sa(x)] *vt* to bone.

desovar [dʒizo'va(x)] ◇ *vi* [pôr ovos] to lay eggs. ◇ *vt* ***fig*** [livrar-se de] to get rid of.

despachado, da [dʒiʃpa'ʃadu, da] *adj* **-1.** [enviado] dispatched. **-2.** [eficiente] efficient.

despachar [dʒiʃpa'ʃa(x)] *vt* **-1.** [enviar] to send. **-2.** [resolver] to dispatch. **-3.** [atender] to attend to. **-4.** [mandar embora] to get rid of.

despacho [dʒiʃ'paʃu] *m* **-1.** [resolução] determination. **-2.** ESPIRIT religious offering.

despedaçar [dʒiʃpeda'sa(x)] *vt* [quebrar em pedaços] to smash.

◆ **despedaçar-se** *vp* [quebrar-se em pedaços] to smash.

despedida [dʒiʃpe'dʒida] *f* [ato] farewell.

despedir [dʒiʃpe'dʒi(x)] *vt* [demitir] to dismiss.

◆ **despedir-se** *vp* [dizer adeus]: ~**-se (de alguém)** to say goodbye (to sb).

despeitado, da [dʒiʃpej'tadu, da] *adj* **-1.** [invejoso] envious. **-2.** ***fam*** [que tem o peito magro] flat.

despeito [dʒiʃ'pejtu] *m* [inveja] spite.

◆ **a despeito de** *loc conj* [apesar de] despite.

despejar [dʒiʃpeˈʒa(x)] *vt* **-1.** [inquilino] to evict. **-2.** [entornar] to pour.
despejo [dʒiʃˈpeʒu] *m* [de inquilino] eviction.
despencar [dʒiʃpẽŋˈka(x)] *vi* [cair]: **~ de algo** to fall from sthg.
despensa [dʒiʃˈpẽnsa] *f* pantry.
despentear [dʒiʃpẽnˈtʒja(x)] *vt* to tousle.
◆ **despentear-se** *vp fig* to let one's hair down.
despercebido, da [dʒiʃpexseˈbidu, da] *adj* unnoticed.
desperdiçar [dʒiʃpexdʒiˈsa(x)] *vt* to waste.
desperdício [dʒiʃpexˈdʒisju] *m* waste.
despertador [dʒiʃpextaˈdo(x)] (*pl* **-es**) *m* alarm clock.
despertar [dʒiʃpexˈta(x)] ◇ *m* awakening. ◇ *vt* **-1.** [acordar] to wake. **-2.** [provocar] to awaken. **-3.** *fig* [tirar]: **~ alguém de algo** to rouse sb from sthg. ◇ *vi* **-1.** [ger] to wake up. **-2.** *fig* [sair]: **~ de algo** to rouse o.s. from sthg.
desperto, ta [dʒiʃˈpɛxtu, ta] *adj* awake.
despesa [dʒiʃˈpeza] *f* expense.
despido, da [dʒiʃˈpidu, da] *adj* **-1.** [nu] naked. **-2.** *fig* [desprovido]: **~ de algo** lacking sthg.
despir [dʒiʃˈpi(x)] *vt* [roupa, pessoa] to undress.
◆ **despir-se** *vp* **-1.** [tirar a roupa] to get undressed. **-2.** *fig* [despojar-se]: **~-se de algo** to abandon sthg.
despojado, da [dʒiʃpoˈʒadu, da] *adj* **-1.** [privado]: **~ de algo** stripped of sthg. **-2.** [desprendido] generous. **-3.** [sem enfeite] unadorned.
despojar [dʒiʃpoˈʒa(x)] *vt* **-1.** [roubar] to rob. **-2.** [espoliar] to clean out.
◆ **despojar-se** *vp* [privar-se]: **~-se de algo** to renounce sthg.
despojos [dʒiʃˈpɔʒoʃ] *mpl* remains; **~ mortais** mortal remains.
despoluir [dʒiʃpoˈlwi(x)] *vt* to clean up.
despontar [dʒiʃpõnˈta(x)] *vi* to rise.
déspota [ˈdɛʃpota] ◇ *adj* despotic. ◇ *mf* despot.
despovoado, da [dʒiʃpoˈvwadu, da] *adj* uninhabited.
desprazer [dʒiʃpraˈze(x)] *m* displeasure.
despregar [dʒiʃpreˈga(x)] ◇ *vt*: **~ algo (de)** to unfasten sthg (from); **não despregou os olhos de mim** *fig* he didn't take his eyes off me. ◇ *vi* to come undone.
◆ **despregar-se** *vp* [soltar-se] to come loose.
desprender [dʒiʃprẽnˈde(x)] *vt* **-1.** [soltar]: **~ alguém/algo (de algo)** to untie sthg (from sthg). **-2.** [escalar] to release.
◆ **desprender-se** *vp* **-1.** [soltar-se]: **~-se (de algo)** to get free (from sthg). **-2.** [exalar]: **~-se de algo** to extricate o.s. from sthg.
despreocupado, da [dʒiʃpreokuˈpadu, da] *adj* carefree.
despreparado, da [dʒiʃprepaˈradu, da] *adj* unprepared.
desprestigiar [dʒiʃpreʃtʃiˈʒja(x)] *vt* to discredit.
despretensioso, osa [dʒiʃpretẽnˈsjozu, ɔza] *adj* unpretentious.
desprevenido, da [dʒiʃpreveˈnidu, da] *adj* [distraído] unaware; **ser pego ~** to be taken by surprise.
desprezar [dʒiʃpreˈza(x)] *vt* **-1.** [menosprezar] to despise. **-2.** [não dar importância] to scorn. **-3.** [não considerar] to disregard.
desprezível [dʒiʃpreˈzivew] (*pl* **-eis**) *adj* **-1.** [vil] despicable. **-2.** [ínfimo] least.
desprezo [dʒiʃˈprezu] *m* **-1.** [desdém] disdain. **-2.** [repulsa] revulsion.
desproporcional [dʒiʃpropoxsjoˈnaw] (*pl* **-ais**) *adj*: **~ (a)** disproportionate (to).
despropositado, da [dʒiʃpropoziˈtadu, da] *adj* unreasonable.
despropósito [dʒiʃproˈpɔzitu] *m* **-1.** [disparate] absurdity. **-2.** *fig* [excesso]: **um ~** more than enough.
desprover [dʒiʃproˈve(x)] *vt*: **~ alguém (de algo)** to deprive sb (of sthg).
desprovido, da [dʒiʃproˈvidu, da] *adj*: **~ de algo** lacking sthg.
desqualificar [dʒiʃkwalifiˈka(x)] *vt* **-1.** [tornar indigno] to render unfit. **-2.** [inabilitar] to disqualify; **~ alguém (para)** to disqualify sb (from).
desregrado, da [dʒiʒxeˈgradu, da] ◇ *adj* **-1.** [desordenado] disorderly. **-2.** [devasso] dissolute. ◇ *m, f* [devasso] debauched person.
desrespeitar [dʒiʒxeʃpejˈta(x)] *vt* **-1.** [desacatar] to disregard. **-2.** [desobedecer] to disobey.
desrespeito [dʒiʒxeʃˈpejtu] *m*: **~ (a)** disrespect (for).
dessa [ˈdɛsa] = **de + esse**.
desse [ˈdesi] = **de + esse**.
destacado, da [dʒiʃtaˈkadu, da] *adj* **-1.** [separado] detached. **-2.** [proeminente] eminent.
destacar [dʒiʃtaˈka(x)] *vt* **-1.** [ger] to detach. **-2.** [fazer sobressair] to highlight.
◆ **destacar-se** *vp* [fazer-se notar] to be outstanding.
destampar [dʒiʃtãnˈpa(x)] *vt* to remove the lid from.
destapar [dʒiʃtaˈpa(x)] *vt* to uncover.
destaque [dʒiʃˈtaki] *m* **-1.** [realce] prominence. **-2.** [pessoa ou assunto relevante] highlight.
desta [ˈdɛʃta] = **de + esta**.
deste [ˈdeʃtʃi] = **de + este**.
destemido, da [dʒiʃteˈmidu, da] *adj* fearless.
desterrar [dʒiʃteˈxa(x)] *vt* to exile.
desterro [dʒiʃˈtexu] *m* exile.
destilar [deʃtʃiˈla(x)] *vt* to distil.
destilaria [deʃtʃilaˈria] *f* distillery.

destinação [deʃtʃina'sãw] (*pl* **-ões**) *f* destination.

destinar [deʃtʃi'na(x)] *vt* **-1.** [reservar] to put aside. **-2.** [aplicar] to allocate.

◆ **destinar-se** *vp* **-1.** [ser designado]: **~-se a** to be intended for. **-2.** [dedicar-se] to dedicate oneslf.

destinatário, ria [deʃtʃina'tarju, rja] *m, f* addressee.

destino [deʃ'tʃinu] *m* **-1.** [direção] destination. **-2.** [aplicação] purpose. **-3.** [futuro] destiny.

destituição [deʃtʃitwi'sãw] (*pl* **-ões**) *f* destitution.

destituir [deʃtʃi'twi(x)] *vt* **-1.** [privar]: **~ alguém de algo** to deprive sb of sthg. **-2.** [demitir]: **~ alguém (de algo)** to deprive sb (of sthg).

destorcer [dʒiʃtox'se(x)] *vt* [endireitar] to straighten.

destorcido, da [dʒiʃtox'sidu, da] *adj* untwisted.

destrancar [dʒiʃtrãŋ'ka(x)] *vt* to unlock.

destratar [dʒiʃtra'ta(x)] *vt* to offend.

destreza [deʃ'treza] *f* skill.

destro, tra ['dɛʃtru, tra] *adj* dexterous.

destroçar [dʒiʃtro'sa(x)] *vt* **-1.** [ger] to destroy. **-2.** [despedaçar] to pull to pieces.

destroços [dʒiʃ'trɔsuʃ] *mpl* wreckage *(sg).*

destroncar [dʒiʃtrõŋ'ka(x)] *vt* **-1.** [deslocar] to dislocate. **-2.** [decepar] to cut off.

destruição [dʒiʃtruj'sãw] (*pl* **-ões**) *f* destruction.

destruidor, ra [dʒiʃtruj'do(x), ra] ◇ *adj* destructive. ◇ *m, f* destroyer.

destruir [dʒiʃtru'i(x)] ◇ *vt* **-1.** [ger] to destroy. **-2.** [aniquilar] to annihilate. ◇ *vi* [ter efeito negativo] to be destroying.

◆ **destruir-se** *vp* **-1.** [a si próprio] to destroy o.s. **-2.** [um ao outro] to destroy one another.

desumano, na [dʒizu'mãnu, na] *adj* inhuman.

desunião [dʒiʒun'jãw] (*pl* **-ões**) *f* **-1.** [separação] separation. **-2.** [discórdia] discord.

desvairado, da [dʒiʒvaj'radu, da] ◇ *adj* **-1.** [louco] crazy. **-2.** [descontrolado] uncontrolled. ◇ *m, f* **-1.** [pessoa louca] crazy person. **-2.** [pessoa descontrolada] person who is quite out of control.

desvalorizar [dʒiʃvalori'za(x)] *vt* & *vi* to devalue.

desvantagem [dʒiʒvãn'taʒẽ] (*pl* **-ns**) *f* disadvantage; **em ~** at a disadvantage.

desvão [dʒiʒ'vãw] (*pl* **desvãos**) *m* loft.

desvario [dʒiʒva'riw] *m* madness.

desvelo [dʒiʒ'velu] *m* [zelo] zeal.

desvencilhar [dʒiʒvẽnsi'ʎa(x)] *vt* [soltar]: **~ algo/alguém (de algo)** to save sthg/sb (from sthg).

◆ **desvencilhar-se** *vp* **-1.** [soltar-se]: **~-se (de algo)** to free o.s. (from sthg). **-2.** *fig* [livrar-se]: **~ de alguém/algo** to get rid of sb/sthg.

desvendar [dʒiʒvẽn'da(x)] *vt* **-1.** [tirar a venda de] to remove the blindfold from. **-2.** [revelar] to reveal.

desventura [dʒiʒvẽn'tura] *f* misfortune.

desviar [dʒiʒ'vja(x)] *vt* **-1.** [mudar a direção de] to deviate. **-2.** *fig* [roubar] to misappropriate.

◆ **desviar-se** *vp* [mudar a direção] to deviate.

desvio [dʒiʒ'viw] *m* **-1.** [mudança de direção] diversion. **-2.** [da coluna vertebral] curvature. **-3.** *fig* deviation. **-4.** [roubo] misappropriation.

desvirar [dʒiʒvi'ra(x)] *vt* to turn back to the normal position.

detalhadamente [detaʎada'mẽntʃi] *adv* in detail.

detalhado, da [deta'ʎadu, da] *adj* detailed.

detalhar [deta'ʎa(x)] *vt* to detail.

detalhe [de'taʎi] *m* detail.

detalhista [deta'ʎiʃta] *adj* meticulous.

detectar [detek'ta(x)] *vt* to detect.

detector [detek'to(x)] (*pl* **-es**) *m* detector.

detenção [detẽn'sãw] (*pl* **-ões**) *f* detention.

détente [de'tãntʃi] *f* POL détente.

deter [de'te(x)] *vt* **-1.** [parar] to stop. **-2.** [prender] to detain. **-3.** [manter, reter] to keep. **-4.** [reprimir] to hold back. **-5.** [ter em seu poder] to retain.

◆ **deter-se** *vp* **-1.** [parar] to stop. **-2.** [ficar] to remain. **-3.** [reprimir-se] to hold back. **-4.** [ocupar-se]: **~-se em algo** to dwell on sthg.

detergente [detex'ʒẽntʃi] ◇ *adj* cleansing. ◇ *m* detergent.

deterioração [deterjora'sãw] (*pl* **-ões**) *f* deterioration.

deteriorar [deterjo'ra(x)] ◇ *vt* **-1.** [estragar] to spoil. **-2.** [piorar] to damage. ◇ *vi* [piorar] to worsen.

◆ **deteriorar-se** *vp* **-1.** [estragar] to become spoiled. **-2.** *fig* [piorar] to deteriorate.

determinação [detexmina'sãw] (*pl* **-ões**) *f* **-1.** [empenho] determination. **-2.** [ordem] order.

determinado, da [detexmi'nadu, da] *adj* **-1.** [resoluto] determined. **-2.** [estabelecido] fixed. **-3.** *(antes de subst)* [certo] certain; **em ~ momento ...** at a certain moment.

determinar [detexmi'na(x)] *vt* **-1.** [ger] to determine. **-2.** [precisar] to state.

detestar [deteʃ'ta(x)] *vt* to detest.

◆ **detestar-se** *vp* to detest o.s.

detestável [deteʃ'tavew] (*pl* **-eis**) *adj* detestable.

detetive [dete'tʃivi] *mf* detective.

detido, da [de'tʃidu, da] *adj* **-1.** [retido] retained. **-2.** [preso] detained.

detonação [detona'sãw] (*pl* **-ões**) *f* detonation.

detonar [deto'na(x)] ◇ *vt* [arma, bomba] to detonate. ◇ *vi* **-1.** [arma, bomba] to detonate. **-2.** [trovão] to thunder.

DETRAN (*abrev de* **Departamento Estadual de Trânsito**) *m Brazilian state department responsible for licensing of drivers and vehicles*, ≃ DVLA.

detrás [de'trajʃ] *adv* behind.

◆ **detrás de** *loc prep* behind.

◆ **por detrás** *loc adv* from behind.

detrimento [detri'mẽntu] *m*: **em ~ de** to the detriment of.

detrito [de'tritu] *m* detritus.

deturpação [detuxpa'sãw] (*pl* **-ões**) *f* corruption.

deturpar [detux'pa(x)] *vt* **-1.** [adulterar] to distort. **-2.** [corromper] to corrupt.

deus, sa ['dewʃ, sa] (*mpl* **-ses**, *fpl* **-sas**) *m, f* god.

◆ **Deus** *m* God; **graças a Deus!** thank God!; **meu Deus do céu!** my goodness!

deus-nos-acuda [ˌdewʃnuʃa'kuda] *m* commotion.

devagar [dʒiva'ga(x)] ◇ *adv* slowly. ◇ *adj inv fam* **-1.** [lento] slow. **-2.** [sem graça] boring; **ser ~ quase parando** to go at a snail's pace.

devaneio [deva'neju] *m* reverie.

devassado, da [deva'sadu, da] *adj* open.

devassidão [devasi'dãw] *f* licentiousness.

devasso, ssa [de'vasu, sa] ◇ *adj* debauched. ◇ *m, f* debauched person.

devastar [devaʃ'ta(x)] *vt* **-1.** [assolar] to devastate. **-2.** [despovoar] to drive people out of.

deve ['dɛvi] *m* COM debit.

devedor, ra [deve'do(x), ra] ◇ *adj* [firma, pessoa] in debt. ◇ *m, f* debtor.

dever [de've(x)] (*pl* **-es**) ◇ *m* **-1.** [obrigação] duty. **-2.** EDUC: **~ (de casa)** homework. ◇ *vt* **-1.** [dinheiro, favores]: **~ algo (a alguém)** to owe sthg (to sb). **-2.** [expressando probabilidade]: **deve fazer sol amanhã** it ought to be sunny tomorrow; **deve ser meia-noite** it must be midnight; **ela deve chegar à noite** she should arrive in the evening; **deve ter acontecido alguma coisa** something must have happened. **-3.** [expressando sugestão]: **você deve sair cedo** you ought to go out early. **-4.** [expressando obrigação]: **você deve ser pontual sempre** you must always be on time. ◇ *vi* [ter dívida]: **ele deve muito na praça** she owes a lot at the market; **ela deve a todos os amigos** she owes a lot to all her friends, she's in debt to all her friends.

◆ **dever-se a** *vp* [ser conseqüência de] to be due to.

deveras [de'vɛraʃ] *adv* really.

devidamente [deˌvida'mẽntʃi] *adv* duly.

devido, da [de'vidu, da] *adj* due; **no ~ tempo** in due course.

◆ **devido a** *loc adv* due to.

devoção [devo'sãw] (*pl* **-ões**) *f* **-1.** RELIG devotion. **-2.** [dedicação] dedication.

devolução [devolu'sãw] (*pl* **-ões**) *f* return.

devolver [devow've(x)] *vt* **-1.** [restituir] to return. **-2.** [replicar] to respond to. **-3.** [vomitar] to throw up.

devorar [devo'ra(x)] *vt* **-1.** [ger] to consume. **-2.** [comida] to devour. **-3.** *fig* [livro] to read voraciously.

devotar [devo'ta(x)] *vt*: **~ algo a algo/alguém** to devote sthg to sthg/sb.

◆ **devotar-se** *vp*: **~-se a algo/alguém** to devote o.s. to sthg/sb.

devoto, ta [de'vɔtu, ta] ◇ *adj* devout. ◇ *m, f* devotee.

dez ['dɛʒ] *num* ten; *veja também* **seis**.

dez. (*abrev de* **dezembro**) Dec.

dezembro [de'zẽnbru] *m* December; *veja também* **setembro**.

dezena [de'zena] *f* **-1.** [ger] ten. **-2.** [em jogo]: **ganhei na ~** I got ten numbers right.

dezenove [deze'nɔvi] *num* nineteen; *veja também* **seis**.

dezesseis [deze'seiʃ] *num* sixteen; *veja também* **seis**.

dezessete [deze'sɛtʃi] *num* seventeen; *veja também* **seis**.

dezoito [de'zɔitu] *num* eighteen; *veja também* **seis**.

DF (*abrev de* **Distrito Federal**) *m* Federal District.

dia ['dʒia] *m* **-1.** [gen] day; **bom ~!** good morning!; **de um ~ para outro** from one day to the next; **no ~ anterior/seguinte** the previous/next day; **mais ~, menos dia** sooner or later; **o ~ todo** all day long; **todo ~, todos os ~s** all day, every day. **~ cheio** busy day; **um ~ daqueles** one of those days. **-2.** [data] date; **no ~ dez** on the tenth. **-3.** [luz do sol]: **de ~** in the daytime. **-4.** [atualidade]: **em ~** up-to-date; **hoje em ~** nowadays. **-5.** [horário de trabalho]: **~ de folga** day off; **~ útil** working day.

dia-a-dia *m* daily routine.

diabetes [dʒja'bɛtʃiʃ] *m ou f* diabetes.

diabético, ca [dʒja'bɛtʃiku, ka] ◇ *adj* diabetic. ◇ *m, f* diabetic.

diabo ['dʒjabu] ◇ *m* devil; **aconteceu o ~** it all happened; **comer o pão que o ~ amassou** to go through hell; **fazer o ~** to run riot. ◇ *interj* damn!

◆ **como o diabo** *loc adv fam*: **é feia como o ~!** she's as ugly as sin!

diabrura [dʒja'brura] *f* devilish trick.

diafragma [dʒja'fragma] *m* diaphragm.

diagnóstico [dʒjag'nɔʃtʃiku] *m* diagnosis.

diagonal [dʒjago'naw] (*pl* **-ais**) ◇ *adj* diagonal. ◇ *f* diagonal.

diagrama [dʒja'grãma] *m* diagram.

diagramador, ra [dʒjagrama'do(x), ra] *m, f* typesetter.
dialeto [dʒja'lɛtu] *m* dialect.
dialogar [dʒjalo'ga(x)] *vi* **-1.** [conversar]: ~ **(com)** to talk (to). **-2.** [negociar]: ~ **(com)** to negotiate (with).
diálogo ['dʒjalogu] *m* dialogue.
diamante [dʒja'mãntʃi] *m* diamond.
diâmetro ['dʒjãmetru] *m* diameter.
diante ◆ **por diante** *loc adv*: **e assim** ~ and so on.
◆ **diante de** *loc adv* in the face of; ~ **de algo/alguém** in front of sthg/sb.
dianteira [dʒjãn'tejra] *f* lead; **na** ~ ahead.
dianteiro, ra [dʒjãn'tejru, ra] *adj* front.
diapositivo [dʒjapozi'tʃivu] *m* slide.
diário, ria ['dʒjarju, rja] *adj* daily.
◆ **diário** *m* **-1.** [caderno] diary. **-2.** [para viagem] journal. **-3.** [jornal] daily paper. **-4.** *COM* ledger.
◆ **diária** *f* [de hotel] daily rate.
dica ['dʒika] *f fam* hint.
dicção [dʒik'sãw] *f* diction.
dicionário [dʒisjo'narju] *m* dictionary.
dicionarista [dʒisjona'riʃta] *mf* lexicographer.
dicotomia [dʒikoto'mia] *f* dichotomy.
didático, ca [dʒi'datʃiku, ka] *adj* **-1.** [pessoa] didactic. **-2.** [explicação] instructive.
DIEESE (*abrev de* **Departamento Intersindical de Estatísticas e Estudos Sócio-Econômicos**) *m trade union body for the support of workers in São Paulo.*
diesel ['dʒizɛw] *m* diesel; **motor (a)** ~ diesel engine.
dieta ['dʒjɛta] *f* diet; **fazer** ~ to diet.
dietético, ca [dʒje'tɛtʃiku, ka] *adj* dietary; **chocolate** ~ diet chocolate; **bebida** ~ diet drink.
difamar [dʒifa'ma(x)] *vt* to slander.
diferença [dʒife'rẽnsa] *f* **-1.** [desigualdade] difference. **-2.** [distinção]: **fazer** ~ **entre** to distinguish between; **fazer** ~ to make a difference. **-3.** [discordância]: **ter** ~**(s) com alguém** to have one's differences with sb. **-4.** *MAT* remainder.
diferenciar [dʒiferẽn'sja(x)] *vt*: ~ **algo/alguém (de)** to distinguish sthg/sb (from).
◆ **diferenciar-se** *vp* to differ.
diferente [dʒife'rẽntʃi] ◇ *adj* different; ~ **de** different from *UK*, different than *US*. ◇ *adv* differently.
diferir [dʒife'ri(x)] *vi*: ~ **(em algo)** to differ (on sthg); ~ **de algo/alguém** to differ from sthg/sb.
difícil [dʒi'fisiw] (*pl* **-eis**) ◇ *adj* **-1.** [ger] difficult, hard. **-2.** [delicado] tricky. **-3.** [improvável]: **acho muito** ~ **ele vir hoje** I think it is very unlikely he will come today. ◇ *adv*: **falar/escrever** ~ to use fancy words. ◇ *m*: **o** ~ **é** the trouble is.
dificilmente [dʒifisiw'mẽntʃi] *adv*: ~ **voltarei a falar com ele** it will be hard for me ever to speak to him again.
dificuldade [dʒifikuw'dadʒi] *f* **-1.** [ger] problem; **ter** ~ **em fazer algo** to have difficulty in doing sthg. **-2.** [qualidade de difícil] difficulty. **-3.** [impedimento] snag. **-4.** [situação crítica] trouble; **em** ~**(s)** in trouble.
dificultar [dʒifikuw'ta(x)] *vt* to complicate.
difundir [dʒifũn'di(x)] *vt* to spread.
difuso, sa [dʒi'fuzu, za] *adj* diffuse.
digerir [dʒiʒe'ri(x)] *vt* to digest.
digestão [dʒiʒeʃ'tãw] (*pl* **-ões**) *f* digestion.
digitação [dʒiʒita'sãw] (*pl* **-ões**) *f COMPUT* keying-in.
digital [dʒiʒi'taw] (*pl* **-ais**) *adj* **-1.** [ger] digital. **-2.** [dos dedos] finger.
digitalizar [dʒiʒitali'za(x)] *vt COMPUT* to digitize.
digitar [dʒiʒi'ta(x)] *vt COMPUT* to key in.
dígito ['dʒiʒitu] *m* digit.
dignidade [dʒigni'dadʒi] *f* **-1.** [cargo] office. **-2.** [decência, honra] dignity; **com** ~ with dignity.
digno, na ['dʒignu, na] *adj* worthy; **ser** ~ **de algo/de fazer algo** to be worthy of sthg/doing sthg.
dilacerante [dʒilase'rãntʃi] *adj* agonizing.
dilacerar [dʒilase'ra(x)] *vt* [despedaçar] to tear to pieces.
◆ **dilacerar-se** *vp* [afligir-se] to be torn apart.
dilapidar [dʒilapi'da(x)] *vt* **-1.** [derrubar] to reduce to rubble. **-2.** [esbanjar] to squander.
dilatar [dʒila'ta(x)] *vt* **-1.** [ampliar] to dilate. **-2.** [adiar] to delay.
dilema [dʒi'lema] *m* dilemma.
diletante [dʒile'tãntʃi] ◇ *adj* dilettantish. ◇ *mf* dilettante.
diligência [dʒili'ʒẽnsja] *f* **-1.** [cuidado] diligence. **-2.** [presteza] promptness. **-3.** [pesquisa] enquiry. **-4.** [veículo] stagecoach. **-5.** *JUR* formality.
diligente [dʒili'ʒẽntʃi] *adj* diligent.
diluição [dʒilwi'sãw] *f* dilution.
diluir [dʒi'lwi(x)] *vt*: ~ **algo (em algo)** to dilute sthg (in sthg).
dilúvio [dʒi'luviw] *m* flood.
dimensão [dʒimẽn'sãw] (*pl* **-ões**) *f* **-1.** [ger] dimension. **-2.** [tamanho] size.
diminuição [dʒiminwi'sãw] (*pl* **-ões**) *f* reduction.
diminuir [dʒimi'nwi(x)] ◇ *vt* **-1.** [reduzir] to reduce. **-2.** [subtrair]: ~ **algo de** *OU* **em algo** to deduct sthg from sthg. ◇ *vi* [reduzir-se] to lessen; ~ **de peso/largura** to decrease in weight/width.
diminutivo [dʒiminu'tʃivu] *m GRAM* diminutive.
diminuto, ta [dʒimi'nutu, ta] *adj* minute.
dinâmico, ca [dʒi'nãmiku, ka] *adj* dynamic.

◆ **dinâmica** *f* **-1.** *MEC* dynamics *(pl)*. **-2.** *fig* [atividade] dynamic; ~ **de grupo** teamwork.
dinamismo [dʒina'miʒmu] *m* dynamism.
dinamite [dʒina'mitʃi] *f* dynamite.
Dinamarca [dʒina'marka] *n* Denmark.
dinamarquês, esa [dʒinamax'keʃ, eza] <> *adj* Danish. <> *m, f* Dane.
◆ **dinamarquês** *m* [língua] Danish.
dínamo ['dʒinamu] *m* dynamo.
dinastia [dʒinaʃ'tʃia] *f* dynasty.
dinheirão [dʒiɲej'rãw] *m fam*: **um** ~ a mint.
dinheiro [dʒi'ɲejru] *m* money; ~ **vivo** hard cash.
dinossauro [dʒino'sawru] *m* dinosaur.
diocese [dʒjo'sɛzi] *f* diocese.
dióxido ['dʒjɔksidu] *m QUÍM* dioxide; ~ **de carbono** carbon dioxide.
diploma [dʒi'ploma] *m* diploma.
diplomacia [dʒiploma'sia] *f* **-1.** [ciência] diplomacy. **-2.** [representantes] diplomatic corps. **-3.** *fig* [tato] tact; **com** ~ tactfully.
diplomado, da [dʒiploma'du, da] <> *adj* [formado] graduated. <> *m,f* graduate.
diplomar [dʒiplo'ma(x)] *vt* to graduate.
◆ **diplomar-se** *vp*: ~**-se (em algo)** to get a diploma/degree (in sthg).
diplomata [dʒiplo'mata] *mf* **-1.** [representante] diplomat. **-2.** *fig* [negociador hábil] mediator.
diplomático, ca [dʒiplo'matʃiku, ka] *adj* diplomatic.
dique ['dʒiki] *m* dyke.
direção [dʒire'sãw] (*pl* **-ões**) *f* **-1.** [rumo, sentido] direction; **em** ~ **a** towards, headed for. **-2.** [de empresa] management. **-3.** [de partido] leadership. **-4.** [de filme, peça de teatro] direction. **-5.** [de jornal] editors. **-6.** [diretores] board of directors. **-7.** *AUTO* steering.
direcionamento [dʒiresiona'mẽntu] *m COMPUT* forwarding.
direita [dʒi'rejta] *f* ▻ **direito**.
direito, ta [dʒi'rejtu, ta] *adj* **-1.** [lado] right-hand. **-2.** [destro] right. **-3.** [digno] honest. **-4.** [arrumado] straight.
◆ **direito** <> *m* **-1.** *JUR* law; ~ **civil** civil law. **-2.** [prerrogativa] right. **-3.** [lado] right side. <> *adv* properly.
◆ **direita** *f* **-1.** [lado direito] right-hand side; **à** ~ on *OU* to the right. **-2.** *POL* right.
◆ **direitos** *mpl*: ~ **autorais** copyright *(sg)*; ~ **humanos** human rights.
direto, ta [dʒi'rɛtu, ta] *adj* **-1.** [ger] direct. **-2.** *TV* [transmissão] live.
◆ **direto** *adv* straight.
diretor, ra [dʒire'to(x), ra] (*mpl* **-res**, *fpl* **-ras**) *m, f* **-1.** [de escola] head. **-2.** [de empresa, teatro, cinema] director. **-3.** [de jornal] editor.
diretoria [dʒireto'ria] *f* **-1.** [de escola] headship. **-2.** [de empresa] directorship.
DIRF (*abrev de* **Declaração de Imposto de Renda na Fonte**) *f Brazilian declaration of income tax at source.*
dirigente [dʒiri'ʒẽntʃi] *mf* leader.
dirigir [dʒiri'ʒi(x)] <> *vt* **-1.** [administrar - empresa, hotel] to manage; [- filme, peça de teatro] to direct. **-2.** *AUTO* to drive. **-3.** [bicicleta] to ride. **-4.** [atenção, esforços]: ~ **esforços para algo** to direct one's energy towards sthg. **-5.** [enviar] to address. <> *vi AUTO* to drive.
◆ **dirigir-se** *vp* **-1.** [encaminhar-se]: ~**-se a** to go to. **-2.** [falar com]: ~**-se a alguém** to speak to sb.
discagem [dʒiʃ'kaʒẽ] *f* dialling; ~ **direta** direct dialling.
discar [dʒiʃ'ka(x)] *vt* to dial.
discernimento [dʒisexni'mẽntu] *m* discernment.
disciplina [dʒisi'plina] *f* discipline.
discípulo, la [dʒi'sipulu, la] *m, f* disciple.
disc-jóquei [dʒisk'ʒɔkej] (*pl* **disc-jóqueis**) *mf* disc jockey.
disco ['dʒiʃku] *m* **-1.** [ger] disc; ~ **voador** flying saucer. **-2.** *MÚS* record; ~ **laser** compact disc; **não mudar o** ~ to keep banging on. **-3.** [de telefone] dial. **-4.** *COMPUT* disk; ~ **flexível/rígido** floppy/hard disk; ~ **de sistema** system disk.
discordar [dʒiʃkox'da(x)] *vi*: ~ **(de algo/alguém)** to disagree (with sthg/sb).
discórdia [dʒiʃ'kɔrdʒja] *f* discord.
discoteca [dʒiʃko'tɛka] *f* **-1.** [boate] discotheque. **-2.** [coleção de discos] record collection.
discotecário, ria [dʒiʃkote'kariw, ria] *m, f* disc jockey.
discrepância [dʒiʃkre'pãnsja] *f* discrepancy.
discreto, ta [dʒiʃ'krɛtu, ta] *adj* **-1.** [roupa] modest. **-2.** [pessoa] discreet.
discrição [dʒiʃkri'sãw] *f* discretion.
discriminação [dʒiʃkrimina'sãw] (*pl* **-ões**) *f* **-1.** [diferenciação] differentiation. **-2.** [segregação] discrimination.
discriminador, ra [dʒiʃkrimina'do(x), ra] *adj* biased.
discriminar [dʒiʃkrimi'na(x)] *vt* **-1.** [listar] to itemize. **-2.** [segregar] to isolate.
discursar [dʒiʃkux'sa(x)] *vi*: ~ **(sobre)** to make a speech (about).
discurso [dʒiʃ'kuxsu] *m* speech.
discussão [dʒiʃku'sãw] (*pl* **-ões**) *f* **-1.** [debate] discussion. **-2.** [briga] argument.
discutir [dʒiʃku'tʃi(x)] <> *vt* [debater]: ~ **algo (com alguém)** to discuss sthg (with sb). <> *vi* [brigar]: ~ **(com alguém)** to argue (with sb).
discutível [dʒiʃku'tʃivew] (*pl* **-eis**) *adj* arguable.
disenteria [dʒizẽnte'ria] *f* dysentery.
disfarçar [dʒiʃfax'sa(x)] *vt* [dissimular] to disguise.

◆ **disfarçar-se** *vp* [fantasiando-se]: **~-se de algo** to disguise o.s. as sthg.
disfarce [dʒiʃ'faxsi] *m* disguise.
díspar ['dʒiʃpa(x)] *adj* disparate.
disparado, da [dʒiʃpa'radu, da] *adj* [lançado - tiro, flecha] fired; [- pedra] hurled.
◆ **disparado** *adv* **-1.** [a toda velocidade] at full speed. **-2.** [com grande superioridade] by far.
◆ **disparada** *f*: **em ~** like a shot.
disparar [dʒiʃpa'ra(x)] ◇ *vt* [desfechar, lançar - tiro, flecha] to fire; [- pedra] to hurl. ◇ *vi* **-1.** [descarregar-se] to fire. **-2.** [correr] to shoot off.
disparatado, da [dʒiʃpara'tadu, da] *adj* absurd.
disparate [dʒiʃpa'ratʃi] *m* nonsense.
disparidade [dʒiʃpari'dadʒi] *f* disparity.
dispensa [dʒiʃ'pẽnsa] *f* dispensation.
dispensar [dʒiʃpẽn'sa(x)] *vt* **-1.** [prescindir] to do without. **-2.** [conceder]: **~ algo a alguém** to grant sthg to sb. **-3.** [eximir]: **~ alguém (de algo)** to excuse sb (from sthg).
dispensável [dʒiʃpẽn'savew] (*pl* **-eis**) *adj* expendable.
dispersar [dʒiʃpex'sa(x)] *vt* to disperse.
◆ **dispersar-se** *vp* to disperse.
displicência [dʒiʃpli'sẽnsja] *f* carelessness.
displicente [dʒiʃpli'sẽntʃi] *adj* careless.
disponível [dʒiʃpo'nivɛw] (*pl* **-eis**) *adj* available.
dispor [dʒiʃ'po(x)] ◇ *m*: **ao ~ de alguém** at sb's disposal. ◇ *vt* **-1.** [arrumar] to arrange. **-2.** [determinar] to decide. ◇ *vi* **-1.** [usar]: **~ de** to have at one's disposal; **disponha!** go ahead! **-2.** [ter]: **~ de** to have available.
◆ **dispor-se** *vp* **-1.** [decidir-se] to decide. **-2.** [propor-se] to be prepared.
disposição [dʒiʃpozi'sãw] (*pl* **-ões**) *m* **-1.** [arrumação] arrangement. **-2.** [ânimo, vontade]: **minha ~ para trabalhar hoje é pouca** I don't feel much like working today. **-3.** [subordinação]: **à ~ de** available to.
dispositivo [dʒiʃpozi'tʃivu] *m* **-1.** [mecanismo] mechanism, device; **~ intra-uterino** intrauterine device. **-2.** *JUR* provision. **-3.** *fig* [meio] measures *(pl)*.
disposto, ta [dʒiʃ'poʃtu, ta] *adj* **-1.** [arrumado] arranged. **-2.** [animado] in a good mood.
disputa [dʒiʃ'puta] *f* **-1.** [briga] dispute. **-2.** [competição] contest.
disputar [dʒiʃpu'ta(x)] ◇ *vt* **-1.** [concorrer a] to enter. **-2.** [competir por] to compete for. ◇ *vi* [rivalizar]: **~ com algo/alguém** to rival sthg/sb.
disquete [dʒiʃ'kɛtʃi] *m COMPUT* floppy disk.
dissabor [dʒisa'bo(x)] *m* annoyance.
dissecar [dʒise'ka(x)] *vt* **-1.** [corpo] to dissect. **-2.** *fig* [analisar] to examine in detail.
disseminar [dʒisemi'na(x)] *vt* to spread.
◆ **disseminar-se** *vp* to spread.
dissertação [dʒisexta'sõw] (*pl* **-ões**) *f* **-1.** [tratado] dissertation. **-2.** [discurso] lecture.
dissidência [dʒisi'dẽnsja] *f* **-1.** [divergência] difference of opinion. **-2.** [cisão] breakaway. **-3.** [dissidentes] dissidents *(pl)*.
dissidente [dʒisi'dẽntʃi] ◇ *adj* dissident. ◇ *mf* dissident.
dissimular [dʒisimu'la(x)] ◇ *vt* **-1.** [disfarçar] to disguise. **-2.** [fingir] to feign. ◇ *vi* [disfarçar] to dissimulate.
dissipar [dʒisi'pa(x)] *vt* **-1.** [dispersar] to disperse. **-2.** [esbanjar] to squander.
◆ **dissipar-se** *vp* to vanish.
disso ['dʒisu] = **de + isso**.
dissociar [dʒiso'sja(x)] *vt*: **~ algo de algo** to dissociate sthg from sthg.
dissolução [dʒisolu'sãw] (*pl* **-ões**) *f* dissolution.
dissoluto, ta [dʒiso'lutu, ta] *adj* dissolute.
dissolver [dʒisow've(x)] *vt* to dissolve.
◆ **dissolver-se** *vp* **-1.** [extinguir-se] to break up. **-2.** [desmanchar-se] to dissolve.
dissuadir [dʒiswa'di(x)] *vt*: **~ alguém (de algo/de fazer algo)** to dissuade sb (from sthg/doing sthg).
dissuasão [dʒiswa'zãw] *f* dissuasion.
distância [dʒiʃ'tãnsja] *f* **-1.** [espaço] distance; **manter-se à ~ de** to keep at a distance from. **-2.** *fig* [intervalo] gap. **-3.** [diferença] difference.
distanciar [dʒiʃtãn'sja(x)] *vt* to separate.
◆ **distanciar-se** *vp* to move away.
distante [dʒiʃ'tãntʃi] *adj* **-1.** [longe] distant. **-2.** *fig* [alheado] aloof.
distender [dʒiʃtẽn'de(x)] *vt* [ger] to stretch; [músculo] to pull.
distensão [dʒiʃtẽn'sãw] (*pl* **-ões**) *f* **-1.** *MED* relaxation. **-2.** *POL* calm.
distinção [dʒiʃtĩn'sãw] (*pl* **-ões**) *f* [ger] distinction; [honraria] honour.
distinguir [dʒiʃtĩŋ'gi(x)] *vt* **-1.** [caracterizar] to typify. **-2.** [discernir] to distinguish. **-3.** [separar] to differentiate. **-4.** [perceber] to make out. **-5.** [premiar] to decorate.
◆ **distinguir-se** *vp* [sobressair-se] to stand out.
distintivo, va [dʒiʃtʃĩn'tʃivu, va] *adj* distinctive.
◆ **distintivo** *m* badge.
distinto, ta [dʒiʃ'tʃintu, ta] *adj* **-1.** [diferente] different. **-2.** [perceptível] distinct. **-3.** [ilustre] distinguished. **-4.** [elegante - pessoa] refined; [- roupa] elegant; [- postura] distinguished.
disto ['dʒiʃtu] = **de + isto**.
distorcer [dʒiʃtox'se(x)] *vt* to distort.
distração [dʒiʃtra'sãw] (*pl* **-ões**) *f* **-1.** [descuido] carelessness. **-2.** [diversão] distraction.
distraído, da [dʒiʃtra'idu, da] *adj* **-1.** [desatento] inattentive. **-2.** [alheio] absent-minded.
distrair [dʒiʃtra'i(x)] *vt* **-1.** [divertir] to amuse. **-2.** [entreter] to entertain. **-3.** [desviar a atenção]: **~ alguém (de)** to distract sb (from).
◆ **distrair-se** *vp* **-1.** [divertir-se] to amuse o.s.

-2. [alhear-se] to lose concentration.
distribuição [dʒiʃtribwi'sãw] (*pl* **-ões**) *f* distribution.
distribuidor, ra [dʒiʃtribwi'do(x), ra] (*mpl* **-es**, *fpl* **-s**) *m, f* [pessoa] distributor.
◆ **distribuidor** *m* AUTO distributor.
distribuir [dʒiʃtri'bwi(x)] *vt* **-1.** [repartir] to distribute. **-2.** [atribuir] to allocate. **-3.** [entregar] to deliver. **-4.** [dispor] to arrange. **-5.** [levar] to supply. **-6.** [dirigir] to bestow.
distrito [dʒiʃ'tritu] *m* **-1.** [divisão administrativa] district; ~ **eleitoral** electoral constituency. **-2.** [policial] *administrative area of a town or city in which there is at least one police station*, police district ***US***.
◆ **Distrito Federal** *m* [no Brasil] Brasilia.
distúrbio [dʒiʃ'tuxbju] *m* **-1.** [agitação] disturbance. **-2.** [sublevação] riot. **-3.** MED & PSIC problem.
ditado [dʒi'tadu] *m* **-1.** [exercício escolar] dictation. **-2.** [provérbio] saying.
ditador, ra [dʒita'do(x), ra] (*mpl* **-es**, *fpl* **-s**) *m, f* **-1.** POL dictator. **-2.** ***fig*** [pessoa autoritária] despot.
ditadura [dʒita'dura] *f* dictatorship.
ditar [dʒi'ta(x)] *vt* **-1.** [texto] to dictate. **-2.** [impor] to impose.
dito, ta ['dʒitu, ta] ◇ *pp* ▷ **dizer**. ◇ *adj* aforementioned.
ditongo [dʒi'tõŋgu] *m* diphthong.
DIU (*abrev de* **Dispositivo Intra-Uterino**) *m* IUD.
diurno, na ['dʒjuxnu, na] *adj* daytime.
divã [dʒi'vã] *m* couch.
divagar [dʒiva'ga(x)] *vi* **-1.** [vaguear]: ~ **por** to wander about. **-2.** [devanear] to daydream. **-3.** [desviar-se do assunto] to digress.
divergir [dʒivex'ʒi(x)] *vi* **-1.** [afastar-se] to branch off. **-2.** [discordar]: ~ **(de alguém)** to disagree (with sb).
diversão [dʒivex'sãw] (*pl* **-ões**) *f* **-1.** [entretenimento] entertainment, amusement. **-2.** [passatempo] pastime.
diversidade [dʒivexsi'dadʒi] *f* **-1.** [variedade] diversity. **-2.** [divergência] difference.
diverso, sa [dʒi'vɛxsu, sa] *adj* [diferente] different.
◆ **diversos** *adj pl* [vários] various.
divertido, da [dʒivex'tʃidu, da] *adj* entertaining, amusing.
divertimento [dʒivextʃi'mẽntu] *m* entertainment, amusement.
divertir [dʒivex'tʃi(x)] *vt* to entertain, to amuse.
◆ **divertir-se** *vp* to have a good time.
dívida ['dʒivida] *f* debt.
dividendo [dʒivi'dẽndu] *m* dividend.
dividir [dʒivi'dʒi(x)] ◇ *vt* **-1.** [ger] to divide. **-2.** [repartir] to share. **-3.** [separar] to split. **-4.** [demarcar] to mark out. ◇ *vi* MAT to divide.
◆ **dividir-se** *vp* **-1.** [separar-se] to split up. **-2.** [divergir] to be divided.
divindade [dʒivĩn'dadʒi] *f* divinity.
divisa [dʒi'viza] *f* **-1.** [fronteira] border. **-2.** [insígnia] emblem. **-3.** [slogan] slogan.
◆ **divisas** *fpl* FIN foreign exchange *(sg)*.
divisão [dʒivi'zãw] (*pl* **-ões**) *f* **-1.** [partilha] sharing. **-2.** MAT division. **-3.** [discórdia] disagreement. **-4.** [compartimento] compartment.
divisório, ria [dʒivi'zɔrju, rja] *adj* dividing.
◆ **divisória** *f* partition.
divorciado, da [dʒivox'sjadu, da] ◇ *adj* divorced. ◇ *m, f* divorcé (*f* divorcée).
divorciar [dʒivox'sja(x)] *vt* **-1.** [cônjuge] to divorce. **-2.** [separar] to separate.
◆ **divorciar-se** *vp* **-1.** [cônjuges]: **~-se (de)** to get divorced (from). **-2.** ***fig*** [afastar-se] to cut o.s. off.
divórcio [dʒi'vɔxsju] *m* divorce.
divulgar [dʒivuw'ga(x)] *vt* **-1.** [notícias] to publicize. **-2.** [doutrina, conhecimento, cultura] to spread. **-3.** [segredo] to disclose. **-4.** [produto] to market.
dizer [dʒi'ze(x)] ◇ *vt* **-1.** [ger] to tell. **-2.** [falar] to say; ~ **que** to say that; ~ **que sim/não** to say yes/no; ~ **algo (a alguém)** to tell (sb) sthg; ~ **uma prece** to say a prayer. **-3.** [aconselhar, pensar, opinar] to say. **-4.** [significar] to mean; **esse título não me diz nada** the title means nothing to me; **querer** ~ to mean; **quer** ~, ... that is to say, ... **-5.** [atrair] to appeal. ◇ *vi* [falar]: **tive uma idéia! - diga!** I've had an idea! - tell me!; **dito e feito** no sooner said than done. ◇ *v impess* [afirmar]: **dizem que** it is said that; **a bem** ~ [na verdade] in fact; **que dirá** [quanto mais] let alone; [muito menos] even less.
◆ **dizer-se** *vp* [afirmar de si mesmo] to claim to be.
◆ **até dizer chega** *loc adv* beyond belief.
◆ **por assim dizer** *loc adv* so to speak.
dizimar [dʒizi'ma(x)] *vt* **-1.** [destruir em parte] to decimate. **-2.** ***fig*** [dissipar] to squander.
DJ [di'ʒej] (*abrev de* **Disc jockey**) *m* DJ.
dl (*abrev de* **decilitro**) *m* dl.
DLL (*abrev de* **Dynamic Link Library**) *f* DLL.
dm (*abrev de* **decímetro**) *m* dm.
DNA (*abrev de* **ácido desoxirribonucléico**) *m* DNA.
do [du] = **de** + **o**.
doação [dwa'sãw] (*pl* **-ões**) *f* donation.
doador, ra [dwa'do(x), ra] *m, f* donor.
doar ['dwa(x)] *vt*: ~ **algo (a alguém/algo)** to donate sthg (to sb/sthg).
dobra ['dɔbra] *f* **-1.** [parte voltada] fold. **-2.** [pre-

ga] pleat. **-3.** [vinco] crease.

dobradiça [dobra'disa] *f* hinge.

dobrado, da [do'bradu, da] *adj* **-1.** [com dobras] folded. **-2.** [flexionado] bent. **-3.** [duplicado] doubled.

dobrar [do'bra(x)] ◇ *vt* **-1.** [fazer dobras em] to fold. **-2.** [flexionar] to bend. **-3.** [duplicar] to double. **-4.** [circundar] to turn. **-5.** ***fig*** [fazer ceder] to win sb over. ◇ *vi* **-1.** [duplicar-se] to double. **-2.** [sino] to toll. **-3.** [envergar] to bend.

◆ **dobrar-se** *vp* **-1.** [curvar-se] to stoop. **-2.** ***fig*** [ceder] to give in.

dobro ['dobru] *m* double.

DOC (*abrev de* **Documento de Operação de Crédito**) *m Brazilian certificate of credit transfer between accounts.*

doca ['dɔka] *f* dock.

doce ['dosi] ◇ *adj* **-1.** [no sabor] sweet. **-2.** [terno] gentle. **-3.** [água] fresh. ◇ *m* **-1.** CULIN dessert, pudding. **-2.** [loc]: **fazer ~** *fam* to play hard to get; **ser um ~ (de pessoa)** to be a sweetie.

docente [do'sẽntʃi] ◇ *adj* teaching. ◇ *mf* teacher.

dócil ['dɔsiw] (*pl* **-eis**) *adj* docile.

documentação [dokumẽnta'sãw] *f* **-1.** [em arquivos] documentation. **-2.** [pessoal] papers.

documental [dokumẽn'taw] (*pl* **-ais**) *adj* documentary.

documentário [dokumẽn'tarju] *m* documentary.

documento [doku'mẽntu] *m* document.

doçura [do'sura] *f* **-1.** [gosto doce] sweetness. **-2.** [suavidade] gentleness.

doença ['dwẽnsa] *f* **-1.** MED illness. **-2.** ***fig*** [mania] obsession.

doente ['dwẽntʃi] ◇ *adj* **-1.** MED sick, ill. **-2.** ***fam*** [fanático] obsessed. ◇ *mf* [pessoa] patient.

doentio, tia [dwẽn'tʃiw, tʃia] *adj* **-1.** [débil] sickly. **-2.** [mórbido] unhealthy.

doer ['dwe(x)] *vi* **-1.** [fisicamente] to hurt. **-2.** [causar pena, dó]: **~ (a alguém)** to distress (sb).

doido, da ['dojdu, da] ◇ *adj* **-1.** [maluco] mad. **-2.** [imprudente, insensato] foolish. **-3.** [excêntrico] crazy. **-4.** [exagerado] insane. **-5.** [apaixonado]: **ser ~ por** to be mad about. **-6.** [encantado] thrilled. ◇ *m, f* [pessoa] madman (*f* madwoman).

doído, da [do'idu, da] *adj* **-1.** [dolorido] sore. **-2.** [doloroso] painful. **-3.** [magoado] pained.

dois, duas ['dojʃ, 'duaʃ] *num* two; *veja também* **seis.**

dois-pontos [ˌdojʃ'põntuʃ] *m inv* colon (*punctuation mark*).

dólar ['dɔla(x)] (*pl* **-es**) *m* dollar.

dolo ['dɔlu] *m* fraud.

dolorido, da [dolo'ridu, da] *adj* sore.

doloroso, osa [dolo'rozu, ɔza] *adj* painful.

◆ **dolorosa** *f* ***fam*** [conta] tab.

dom ['dõ] (*pl* **-ns**) *m* **-1.** [dádiva] gift. **-2.** [aptidão] knack. **-3.** [virtude] talent.

dom. (*abrev de* **domingo**) *f* Sun.

domar [do'ma(x)] *vt* **-1.** [animal] to tame. **-2.** [subjugar] to subdue. **-3.** [reprimir] to repress.

doméstica [do'mɛʃtʃika] *f* ▷ **doméstico.**

domesticado, da [domeʃtʃi'kadu, da] *adj* domesticated.

domesticar [domeʃtʃi'ka(x)] *vt* to domesticate.

doméstico, ca [do'mɛʃtʃiku, ka] *adj* domestic.

◆ **doméstica** *f* maid.

domiciliar [domisi'lja(x)] *adj* home.

domicílio [domi'silju] *m* residence; **entrega a ~** home delivery.

dominador, ra [domina'do(x), ra] ◇ *adj* domineering. ◇ *m, f* [pessoa] ruler.

dominante [domi'nãntʃi] *adj* dominant.

dominar [domi'na(x)] ◇ *vt* **-1.** [controlar] to dominate. **-2.** [conhecer] to master. **-3.** [abranger] to overlook. ◇ *vi* [ter influência]: **~ em** to hold sway over.

◆ **dominar-se** *vp* [controlar-se] to control o.s.

domingo [do'mĩŋgu] *m* Sunday; ***veja também*** **sábado.**

domínio [do'minju] *m* **-1.** [dominação]: **~ (sobre)** control (over). **-2.** [posse] power. **-3.** [território] domain. **-4.** [controle] command. **-5.** [conhecimento] mastery. **-6.** COMPUT domain.

domo ['domu] *m* dome.

dona ['dona] *f* ▷ **dono.**

donde ['dõnde] = **de + onde.**

dondoca [dõn'dɔka] *f fam* socialite.

dono, na ['donu, na] *m, f* [proprietário, senhor] owner; **ser ~ de seu nariz** to lead one's own life.

◆ **dona** *f* **-1.** [título - de casada] Mrs, Ms; [- de solteira] Miss, Ms. **-2.** ***fam*** [mulher] madam.

◆ **dona de casa** *f* housewife.

dons *pl* ▷ **dom.**

donzela [dõn'zɛla] *f* virgin.

dor ['do(x)] (*pl* **-es**) *f* **-1.** [física] pain. **-2.** [pesar] grief.

dor-d'olhos ['do(x)dɔʎuʃ] (*pl* **dores-d'olhos**) *f* ***fam*** eye infection.

dormente [dor'mẽntʃi] *adj* numb.

◆ **dormente** *m* [ferro] sleeper.

dormir [dor'mi(x)] ◇ *vi* [cair no sono] to sleep. ◇ *vt* [sesta, noite]: **dormi uma deliciosa noite** I had a wonderful night's sleep; **dormimos uma sesta ótima esta tarde** we had a really good nap this afternoon.

dormitório [dormi'tɔrju] *m* **-1.** [coletivo] dormitory. **-2.** [quarto] bedroom.

dorso ['doxsu] *m* back.

dos [duʃ] = **de + os.**

DOS (*abrev de* **Disc Operating System**) *m* DOS.

dosagem [do'zaʒẽj] (*pl* **-ns**) *f* dosage.
dosar [do'za(x)] *vt* **-1.** [regular - medicamento, drinque] to measure out; [- palavras] to measure. **-2.** [misturar] to mix.
dose ['dɔzi] *f* **-1.** [remédio] dose. **-2.** [bebida] measure.
dossiê [do'sje] *m* dossier.
dotado, da [do'tadu, da] *adj* **-1.** [que tem dote] gifted. **-2.** [possuidor]: **~ de** endowed with.
dotar [do'ta(x)] *vt* **-1.** [em casamento]: **~ alguém de algo** to give sthg to sb as a dowry. **-2.** [favorecer]: **~ alguém/algo de algo** to endow sb/sthg with sthg. **-3.** [prover]: **~ algo de algo** to provide sthg with sthg.
dote ['dɔtʃi] *m* **-1.** [bens] dowry. **-2.** *fig* [dom natural] gift.
DOU (*abrev de* **Diário Oficial da União**) *m* *official Brazilian government publication*, ≃ Weekly Information Bulletin *UK*, ≃ Federal Register *US*.
dourado, da [do'radu, da] *adj* golden; **peixinho ~** goldfish.
◆ **dourado** *m* **-1.** [cor] golden colour. **-2.** [peixe] gilthead.
douto, ta ['dotu, ta] *adj*: **~ (em)** learned (in).
doutor, ra [do'to(x), ra] (*mpl* **-es**, *fpl* **-s**) *m, f* **-1.** MED doctor. **-2.** UNIV: **~ (em)** doctor (of). **-3.** [conhecedor]: **~ em** expert on.
doutorado [doto'radu] *m* doctorate.
doutrina [do'trina] *f* doctrine.
doutrinar [dotri'na(x)] ◇ *vt* **-1.** [ensinar] to teach. **-2.** [convencer] to indoctrinate. ◇ *vi* to give instruction.
download [dawn'lowdʒi] *m* COMPUT download; **fazer um ~ de um arquivo** to download a file.
doze ['dozi] *num* twelve; *veja também* **seis**.
DP (*abrev de* **Distrito Policial**) *m* police district.
Dr. (*abrev de* **Doutor**) *m* Dr.
Dra. (*abrev de* **Doutora**) *f* Dr.
dragão [dra'gãw] (*pl* **-ões**) *m* dragon.
drama ['drãma] *m* **-1.** TEATRO play. **-2.** *fig* [catástrofe] tragedy. **-3.** *loc*: **fazer ~** to make a scene; **ser um ~** to be a nightmare.
dramático, ca [dra'matʃiku, ka] *adj* dramatic.
dramatizar [dramatʃi'za(x)] ◇ *vt* to dramatize. ◇ *vi fig* [ser dramático] to exaggerate.
dramaturgo, ga [drama'turgu, ga] *m, f* dramatist, playwright.
drástico, ca ['draʃtʃiku, ka] *adj* drastic.
drenagem [dre'naʒẽj] (*pl* **-ns**) *f* drainage.
drenar [dre'na(x)] *vt* to drain.
driblar [dri'bla(x)] *vt* **-1.** FUT to dribble. **-2.** *fig* [enganar] to dodge.
drinque ['drĩŋki] *m* drink.
drive ['drajvi] (*pl* **drives**) *m* COMPUT disk drive.
droga ['drɔga] ◇ *f* **-1.** [medicamento, entorpecente] drug. **-2.** *fam fig* [coisa ruim]: **ser uma ~** to be a disaster. ◇ *interj fam* damn!
drogado, da [dro'gadu, da] ◇ *adj* drugged. ◇ *m, f* [pessoa] drug addict.
drogaria [droga'ria] *f* chemist's (shop) *UK*, drugstore *US*.
dromedário [drome'darju] *m* dromedary.
duas ['duaʃ] *num* ▷ **dois**.
dubiedade [dubje'dadʒi] *f* [ambigüidade] dubiousness.
dúbio, bia ['dubju, bja] *adj* dubious.
dublado, da [du'bladu, da] *adj* CINE dubbed.
dublagem [du'blaʒẽj] (*pl* **-ns**) *f* CINE dubbing.
dublar [du'blax] *vt* CINE to dub.
dublê [du'ble] *mf* double.
Dublin *n* Dublin.
dublinense [dubli'nẽnsi] ◇ *adj* Dublin (*antes de subst*). ◇ *mf* Dubliner.
ducha ['duʃa] *f* **-1.** [jorro de água] shower. **-2.** [boxe] shower (cubicle).
duelar [dwe'la(x)] *vi* **-1.** [combater] to fight a duel. **-2.** *fig* [confrontar] to confront each other.
duelo ['dwɛlu] *m* duel.
dueto ['dwetu] *m* duet.
dupla ['dupla] *f* ▷ **duplo**.
duplex *m* duplex.
duplicar [dupli'ka(x)] ◇ *vt* **-1.** [dobrar] to double. **-2.** [aumentar] to redouble. ◇ *vi* [dobrar] to double.
duplicata [dupli'kata] *f* **-1.** [título] trade note. **-2.** [cópia] duplicate.
duplo, pla ['duplu, pla] *adj* double; **dupla cidadania** dual nationality.
duque, duquesa ['duki, du'keza] *m, f* duke (*f* duchess).
duração [dura'sãw] (*pl* **-ões**) *f* duration.
duradouro, ra [dura'doru, ra] *adj* lasting.
durante [du'rãntʃi] *prep* during.

> *For* e *during* podem ser traduzidos por 'durante', mas têm usos diferentes. *For* responde à pergunta *how long?*, 'quanto tempo?' (*I was in Boston for three weeks* estive em Boston durante três semanas). *During* responde à pergunta *when?* 'quando?' (*I was in Boston during the holidays* estive em Boston durante as férias).

durar [du'ra(x)] *vi* to last.
durável [du'ravew] (*pl* **-eis**) *adj* lasting, durable.
durex® [du'rɛkiʃ] *m* [fita adesiva] Sellotape® *UK*, Scotch tape® *US*.
dureza [du'reza] *f* **-1.** [rijeza] hardness. **-2.** [rigor] harshness. **-3.** [crueldade] callousness. **-4.** *fam* [dificuldade]: **ser uma ~** to be a hardship. **-5.** *fam* [falta de dinheiro]: **estar na maior ~** to be hard up.
duro, ra ['duru, ra] *adj* **-1.** [ger] harsh. **-2.** [carne, material, água] hard. **-3.** [vida, trabalho, tarefa] tough. **-4.** *fam* [sem dinheiro]: **estar ~** to be hard up. **-5.** *loc*: **dar ~ (para algo/ fazer algo)** to work flat out (for sthg/to do sthg).

dúvida ['duvida] *f* doubt; **sem ~** without a doubt.

duvidar [duvi'da(x)] <> *vt*: **~ que** to doubt that. <> *vi*: **~ de alguém/algo** to doubt sb/ sthg.

duvidoso, osa [duvi'dozu, ɔza] *adj* **-1.** [incerto] doubtful. **-2.** [suspeito] dubious.

duzentos, tas [du'zẽntuʃ, taʃ] *num* two hundred; *veja também* **seis**.

dúzia ['duzja] *f* dozen; **meia ~** half a dozen.

DVD (*abrev de* **Digital Video Disk**) *m* DVD.

E

e, E [ɛ] *m* [letra] e, E.

ébano ['ɛbanu] *m* ebony.

ébrio, ébria ['ɛbrju, 'ɛbrja] <> *adj* drunk. <> *m, f* drunkard.

EBTU (*abrev de* **Empresa Brasileira de Transportes Urbanos**) *f Brazilian company for urban transport planning*.

ebulição [ibuli'sãw] *f* **-1.** [de líquido] boiling. **-2.** *fig* [agitação] excitement.

e-business [ɛbusi'nɛesi] *m* ECON e-business.

eclesiástico, ca [ekle'zjastʃiku, ka] *adj* ecclesiastical.

◆ **eclesiástico** *m* [membro do clero] clergyman.

eclético, ca [e'klɛtʃiku, ka] *adj* eclectic.

eclipse [e'klipsi] *m* eclipse.

eclosão [eklo'zãw] (*pl* **-ões**) *f* **-1.** [aparecimento] emergence. **-2.** [desenvolvimento] development. **-3.** [de flor] blooming.

eclusa [e'kluza] *f* lock *(on waterway)*.

eco ['ɛku] *m* echo.

ecoar [e'kwa(x)] *vt & vi* to echo.

ecologia [ekolo'ʒia] *f* ecology.

ecológico, ca [eko'lɔʒiku, ka] *adj* ecological.

ecólogo, ga [e'kɔlogu, ga] *m, f* ecologist.

e-commerce [ɛko'mɛxsi] *m* ECON e-commerce.

economia [ekono'mia] *f* **-1.** [ger] economy; **~ de mercado** market economy; **fazer ~** to economize. **-2.** [estudo] economics.

◆ **economias** *fpl* [poupança] savings.

econômico, ca [eko'nomiku, ka] *adj* **-1.** [ger] economical. **-2.** [relativo à economia] economic.

economista [ekono'miʃta] *mf* economist.

economizar [ekonomi'za(x)] <> *vt* **-1.** [gastar, usar com moderação] to economize on. **-2.** [acumular] to save. <> *vi* [fazer economia] to economize.

ecossistema [,ɛkosiʃ'tema] *m* ecosystem.

ecoturismo [ɛkotu'riʃmu] *m* ecotourism.

ecoturista [ɛkotu'riʃta] *mf* ecotourist.

ECT (*abrev de* **Empresa Brasileira de Correios e Telégrafos**) *f Brazilian postal service*, ≃ The Post Office UK, ≃ USPS US.

ecumênico, ca [eku'meniku, ka] *adj* ecumenical.

ed. (*abrev de* **edifício**) *m* building.

edição [edʒi'sãw] (*pl* **-ões**) *f* **-1.** [ger] edition; **~ atualizada** revised edition; **~ pirata** pirate copy. **-2.** [publicação] publication; **-3.** [seleção] editing.

edificante [edʒifi'kãntʃi] *adj* **-1.** [moralizante] edifying. **-2.** [instrutivo] instructive.

edifício [edʒi'fisju] *m* building.

edital [edʒi'taw] (*pl* **-ais**) *m* proclamation.

editar [edʒi'ta(x)] *vt* **-1.** [ger] to produce. **-2.** [livro, revista] to publish. **-3.** [preparar texto] to edit.

edito [e'dʒitu] *m* edict.

editor, ra [edʒi'to(x), ra] <> *adj* [casa] publishing. <> *m, f* **-1.** [ger] editor. **-2.** [dono de editora] publisher. **-3.** RÁDIO & TV producer. **-4.** COMPUT: **~ de texto** text editor.

◆ **editora** *f* [estabelecimento] publisher.

editoração [edʒitora'sãw] *f* editing; **~ eletrônica** electronic publishing.

editorial [edʒitor'jaw] (*pl* **-ais**) <> *adj* editorial. <> *m* editorial.

edredom [edre'dõ] (*pl* **-ns**) *m* eiderdown.

educação [eduka'sãw] *f* **-1.** [ensino] education. **-2.** [criação] upbringing. **-3.** [polidez] manners; **falta de ~** bad manners.

> O vocábulo inglês, *'education'* é usado somente com o sentido de 'instrução'. Para 'educação' no sentido de polidez e boas maneiras, a tradução correta é *good manners*. Portanto, a sentença fiquei impressionada com a educação dela durante o jantar deve ser traduzida por *I was impressed by her good manners during dinner*.

educacional [edukasjo'naw] (*pl* **-ais**) *adj* educational.

educar [edu'ka(x)] *vt* **-1.** [instruir] to educate. **-2.** [criar] to bring up. **-3.** [adestrar] to instruct.

◆ **educar-se** *vp* [instruir-se] to teach o.s.

EEUU (*abrev de* **Estados Unidos da América do Norte**) *mpl* USA.

efeito [e'fejtu] *m* effect; **fazer ~** to have an effect; **levar a ~** to put into effect; **~ colateral** side effect; **~s especiais** CINE special effects; **~ estufa** greenhouse effect.

efervescente [eferve'sẽntʃi] *adj* **-1.** [líquido, comprimido] effervescent. **-2.** *fig* [agitado] excited.

efetivo, va [efe'tʃivu, va] *adj* **-1.** [positivo] effective. **-2.** [permanente] permanent. **-3.** [seguro] certain.

◆ **efetivo** *m* **-1.** *MIL* military strength. **-2.** *COM* liquid assets.
efetuar [efe'twa(x)] *vt* to carry out.
eficácia [efi'kasja] *f* **-1.** [de pessoa] efficiency. **-2.** [de medida, tratamento] effectiveness.
eficaz [efi'kaʃ] (*pl* **-es**) *adj* **-1.** [pessoa] efficient. **-2.** [medida, tratamento] effective.
eficiência [efi'sjẽnsja] *f* efficiency.
eficiente [efi'sjẽntʃi] *adj* efficient.
efusivo, va [efu'zivu, va] *adj* *fig* [expansivo] effusive.
e.g. (*abrev de* **exempli gratia**) e.g.
egípcio, cia [e'ʒipsju, ja] ◇ *adj* Egyptian. ◇ *m, f* Egyptian.
Egito [e'ʒitu] *n* Egypt.
egocêntrico, ca [ego'sẽntriku, ka] ◇ *adj* egocentric. ◇ *m, f* egocentric person.
egoísmo [e'gwiʒmu] *m* egoism.
egoísta [e'gwiʃta] ◇ *adj* egotistic. ◇ *mf* [pessoa] egotist.
égua ['ɛgwa] *f* mare.
ei [ej] *interj* hey!
ei-lo ['ejlu] = **eis + o**.
eis ['ejʃ] *adv* here is/are.
eixo ['ejʃu] *m* **-1.** [de rodas] axle. **-2.** [de máquina] shaft. **-3.** *MAT* axis. **-4.** [trecho] area *(between two points)*.
ejacular [eʒaku'la(x)] *vt* & *vi* to ejaculate.
ela ['ɛla] ▷ **ele**.
elaboração [elabora'sãw] (*pl* **-ões**) *f* preparation.
elaborar [elabo'ra(x)] *vt* to prepare.
elástico, ca [e'laʃtʃiku, ka] *adj* **-1.** [tecido etc.] elastic. **-2.** *fig* [flexível] adaptable.
◆ **elástico** *m* **-1.** [para prender notas *etc.*] rubber band. **-2.** [para roupa] elastic. **-3.** [para cabelo] elastic band.
ele, ela ['eli, 'ɛla] (*mpl* **eles**, *fpl* **elas**) *pron pess* *(de + ele = dele; de + ela = dela; em + ele = nele; em + ela = nela)* **-1.** [pessoa] he (*f* she); **~ é médico** he is a doctor; **ela foi embora** she has gone away; **elas viajaram** they travelled; **eles têm uma filha** they have one daughter; **que só ~** as only he can be/do; **~ mesmo** *OU* **próprio** him himself. **-2.** [animal, coisa] it; **o cachorro? ~ uivou a noite inteira** the dog? it howled all night long; **ela dá flor em novembro** it flowers in November; **o relatório? aqui está ~** the report? here it is; **eles já foram vendidos** they have already been sold; **~ mesmo** itself. **-3.** *(depois de prep)* [pessoa] him, her, it; **este livro pertence a ~** this book belongs to him; **jantei com ~** I had dinner with them; **todos olharam para eles ~** everybody looked at them; **sou mais velho que ~** I am older than him; **decidimos ir sem ela** we decided to go without her; **deram um tiro nele** they shot him; **aquele é o carro dele** that's his car; **os jornais só falam dela** the newspapers talk about nothing but her. **-4.** *loc*: **agora é que são elas** there's the rub; **ser elas por elas** to be tit for tat.
elefante [ele'fãntʃi] *m* elephant.
elegância [ele'gãnsja] *f* elegance; **com ~** elegantly.
elegante [ele'gãntʃi] *adj* elegant.
eleger [ele'ʒe(x)] *vt* **-1.** [por meio de votos] to elect. **-2.** [escolher] to select.
elegível [ele'ʒivew] (*pl* **-eis**) *adj* eligible.
eleição [elej'sãw] (*pl* **-ões**) *f* **-1.** [por meio de votos] election. **-2.** [escolha] selection.
eleito, ta [e'lejtu, ta] ◇ *pp* ▷ **eleger**. ◇ *adj* **-1.** [por votos] elected. **-2.** [escolhido] selected.
eleitor, ra [elej'to(x), ra] (*mpl* **-es**, *fpl* **-s**) *m, f* voter.
eleitorado [elejto'radu] *m* electorate; **conhecer o seu ~** *fam fig* to know who one is dealing with.
eleitoreiro, ra [elejto'rejru, ra] *adj* *pej* vote-catching.
elementar [elemẽn'ta(x)] (*pl* **-es**) *adj* **-1.** [rudimentar] elementary. **-2.** [fundamental] fundamental.
elemento [elemẽntu] *m* element. ◆ **elementos** *mpl* **-1.** [ger] elements. **-2.** [dados] facts.
elencar [elẽn'ka(x)] *vt* [listar] to list.
elenco [e'lẽnku] *m* **-1.** *TEATRO* cast list. **-2.** [rol] list.
eletricidade [eletrisi'dadʒi] *f* electricity.
eletricista [eletri'siʃta] *mf* electrician.
elétrico, ca [e'lɛtriku, ka] *adj* **-1.** *ELETR* electric. **-2.** *fig* [agitado] excited.
eletrificar [eletrifi'ka(x)] *vt* to electrify.
eletrizar [eletri'za(x)] *vt* **-1.** *ELETR* to electrify. **-2.** *fig* [arrebatar] to thrill.
Eletrobras (*abrev de* **Centrais Elétricas Brasileiras S/A**) *f* *Brazilian electricity company*.
eletrocardiograma [e,lɛtrokaxdʒo'grãma] *m* *MED* electrocardiogram.
eletrocutar [eletroku'ta(x)] *vt* to electrocute.
eletrodinâmica [elɛtrodʒi'nãmika] *f* *FÍS* electrodynamics *(sg)*.
eletrodo [ele'trodu] *m* electrode.
eletrodomésticos [eletrodo'mɛʃtʃikuʃ] *mpl* domestic appliances.
eletroeletrônico, ra [elɛktro'eletroniko, ka] ◇ *adj* electronics. ◇ *m, f* electronic device.
eletrônica [ele'tronika] *f* electronics *(sg)*.
eletrônico, ca [ele'troniku, ka] *adj* electronic.
elevação [eleva'sãw] (*pl* **-ões**) *f* **-1.** [ger] elevation. **-2.** [aumento] rise.
elevado, da [ele'vadu, da] *adj* **-1.** [alto] high. **-2.** [nobre] noble.
◆ **elevado** *m* [via] flyover.
elevador [eleva'do(x)] (*pl* **-es**) *m* lift *UK*, elevator *US*.

elevar [ele'va(x)] *vt* **-1.** [erguer] to lift up. **-2.** [aumentar] to raise. **-3.** [exaltar] to acclaim.
◆ **elevar-se** *vp* to rise.

eliminar [elimi'na(x)] *vt* **-1.** [ger] to eliminate. **-2.** [descartar] to exclude.

eliminatório, ria [elimina'tɔrju, rja] *adj* eliminatory.
◆ **eliminatória** *f* **-1.** *ESP* heat. **-2.** *EDUC* test.

elite [e'litʃi] *f* elite.

elo ['ɛlu] *m* link.

elocução [eloku'sãw] *f* elocution.

elogiar [elo'ʒjar] *vt* to praise.

elogio [elo'ʒiu] *m* praise.

El Salvador *n* El Salvador.

elucidar [elusi'da(x)] *vt* to explain.

em [ẽ] *prep (em + o = no; em + a = na)* **-1.** [lugar - dentro de] in; **no bolso/estojo/quarto** in the pocket/case/bedroom; **na bolsa/caixa/sala** in the purse/box/living room; [- num certo ponto de] at; ~ **casa** at home; **no trabalho** at work; **nas ruas** on the streets; **moramos na capital** we live in the capital; **depositei o dinheiro no banco** I deposited the money in the bank; [- sobre] on; **o bife mal cabia no prato** the steak hardly fitted on the plate; **havia um vaso de flores na mesa** there was a vase of flowers on the table; [- cidade, país] in; ~ **Londres/São Paulo** in London/São Paulo; **no Porto/Rio de Janeiro** in Oporto/Rio de Janeiro; ~ **Portugal** in Portugal; **no Brasil** in Brazil; **na França** in France; **nos Estados Unidos** in the United States. **-2.** [tempo] in; **inaugurado** ~ **1967** officially opened in 1967; **ele tirou férias** ~ **maio** he took his holidays in May; ~ **7 de setembro de 1622** on 7th September 1622; **comemoram a liberdade no 25 de abril** freedom is celebrated on 25th April; **no Natal** at Christmas; **na Semana Santa** during Holy Week; **ela fez tudo** ~ **uma semana** she did everything in one week; **o serviço ficará pronto** ~ **dois dias** the work will be ready in two days' time; **naquela época** at that time in those days; ~ **breve** soon. **-3.** [introduzindo o objeto indireto] in; **enfiar/esquecer/guardar algo** ~ to slip/forget/keep sthg in; **acreditar** ~ to believe in; **pensar** ~ to think of; **ele caiu num buraco** he fell in a hole; **ela caiu/no chão** she fell on the floor; **ela entrou na sala** she entered the room; **vou no jornaleiro e já volto** I am going to the newsagent's and I'll be right back. **-4.** [assunto] in; **doutorado** ~ **sociologia** graduated in sociology; **ele é perito** ~ **balística** he is an expert in ballistics. **-5.** [modo] in; **ele falou** ~ **voz baixa** he spoke in a low voice; **ela falou** ~ **português** she spoke in Portuguese; **ele dirige** ~ **alta velocidade** he drives fast; **ela pagou** ~ **libras/reais** she paid in pounds sterling/reals; **o preço aumentou** ~ **10%** the price has gone up by 10%; **ele gasta tudo o que ganha** ~ **livros** he spends all he earns on books; **bife na chapa** grilled steak. **-6.** [estado]: **a multidão** ~ **euforia** the rejoicing crowd; **ela ainda está** ~ **convalescença** she is still convalescing; **um carro usado** ~ **boas condições** a well-kept second-hand car; **países** ~ **guerra** countries at war. **-7.** [material]: **estátua** ~ **bronze** bronze statue; **camisa** ~ **viscose** rayon shirt. **-8.** *(em loc adv, loc prep)* on; **com base** ~ based on/in; **de tempos** ~ **tempos** from time to time; ~ **busca de** in search of; ~ **caso de** in case of; ~ **geral** in general; ~ **meio a** in the middle of; **na verdade** in truth; **no mínimo/máximo** at least/the most.

emagrecer [emagre'se(x)] ◇ *vt* [causar perda de peso] to cause to lose weight. ◇ *vi* **-1.** [perder peso] to lose weight. **-2.** [definhar] to slim down.

emagrecimento [emagresi'mẽntu] *m* slimming.

e-mail *m* e-mail.

emanar [ema'na(x)] *vi* **-1.** [exalar-se]: ~ **de** to emanate from. **-2.** [originar-se]: ~ **de** to stem from.

emancipado, da [emãnsi'padu, da] *adj* liberated.

emancipar [emãnsi'pa(x)] *vt* **-1.** [ger] to emancipate. **-2.** [país] to liberate.
◆ **emancipar-se** *vp* **-1.** [mulheres] to become emancipated. **-2.** [menor] to come of age. **-3.** [país] to become free.

emaranhado, da [emarã'ɲadu, da] *adj* [embaraçado] tangled.
◆ **emaranhado** *m* [confusão] confusion.

emaranhar [emarã'ɲa(x)] *vt* **-1.** [enredar] to tangle. **-2.** *fig* [complicar] to confuse.
◆ **emaranhar-se** *vp* [enredar-se] to become entangled.

embaçado, da [ẽnba'sadu, da] *adj* **-1.** [vidro] misted up. **-2.** [olhos] misty.

embaixada [ẽnbaj'ʃada] *f* **-1.** [local] embassy. **-2.** [cargo] ambassadorial duties. **-3.** [funcionários] embassy staff.

embaixador, ra [ẽnbajʃa'do(x), ra] *(mpl* **-es**, *fpl* **-s)** *m, f* ambassador.

embaixatriz [ẽnbajʃa'triʃ] *f* [esposa do embaixador] ambassadress.

embaixo [ẽn'bajʃu] *adv*: ~ **de** underneath; **aí** ~ down there; **lá** ~ downstairs.
◆ **embaixo de** *loc prep* under.

embalado, da [ẽnba'ladu, da] ◇ *adj* **-1.** [empacotado] wrapped, packed. **-2.** [acelerado] fast. **-3.** [drogado] high. ◇ *adv* [aceleradamente] more quickly.

embalagem [ẽnba'laʒẽ] *(pl* **-ns)** *f* **-1.** [ato] wrapping, packing. **-2.** [invólucro] package.

embalar [ẽnba'la(x)] *vt* **-1.** [acondicionar] to wrap. **-2.** [berço] to rock. **-3.** [balanço] to swing.
embalsamado, da [ẽnbawsa'madu, da] *adj* **-1.** [cadáver] embalmed. **-2.** [perfumado] scented.
embaraçar [ẽnbara'sa(x)] *vt* **-1.** [obstruir] to block. **-2.** [acanhar] to embarrass. **-3.** [cabelos] to tangle. **-4.** [dificultar] to complicate.
◆ **embaraçar-se** *vp* [embaralhar-se] to become embroiled.
embaraço [ẽnba'rasu] *m* **-1.** [obstáculo] obstacle. **-2.** [acanhamento] embarrassment. **-3.** [dificuldade] difficult situation.
embaraçoso, osa [ẽnbara'sozu, ɔza] *adj* embarrassing.
embaralhar [ẽnbara'ɲa(x)] *vt* **-1.** [cartas] to shuffle. **-2.** [confundir] to jumble.
◆ **embaralhar-se** *vp* [confundir-se] to become confused.
embarcação [ẽnbaxka'sãw] (*pl* **-ões**) *f* vessel.
embarcadouro [ẽnbaxka'doru] *m* quay.
embarcar [ẽnbax'ka(x)] <> *vt* **-1.** [pessoa] to board. **-2.** [carga] to load. <> *vi* ~ **(em)** [subir a bordo] to board; [viajar] to travel.
embargar [ẽnbax'ga(x)] *vt* **-1.** [*JUR* - apreender] to seize; [- impedir] to block. **-2.** [conter] to control.
embargo [ẽn'baxgu] *m* **-1.** *JUR* seizure. **-2.** [obstáculo] impediment.
embarque [ẽn'baxki] *m* **-1.** [de pessoa] boarding. **-2.** [de carga] loading.
embasamento [ẽnbaza'mẽntu] *m* **-1.** [base] foundation. **-2.** *fig* [fundamento] basis.
embebedar [ẽnbebe'da(x)] *vt* & *vi* to intoxicate.
◆ **embebedar-se** *vp* to become intoxicated.
embelezar [ẽnbele'za(x)] *vt* [tornar belo] to beautify.
◆ **embelezar-se** *vp* [enfeitar-se] to make o.s. beautiful.
embicar [ẽnbi'ka(x)] <> *vt* [tornar bicudo] to sharpen. <> *vi* **-1.** [esbarrar] to meet. **-2.** [implicar]: ~ **com algo/alguém** to become entangled with sthg/sb.
embocadura [ẽnboka'dura] *f* **-1.** [de rio] mouth. **-2.** [de instrumento] mouthpiece.
êmbolo ['ẽnbolu] *m* **-1.** [bomba] piston. **-2.** [seringa] plunger. **-3.** *MED* embolism.
embolsar [ẽnbow'sa(x)] *vt* **-1.** [receber] to pocket. **-2.** [pagar] to pay.
embora [ẽn'bɔra] <> *conj* although. <> *adv*: **ir** ~ to go; **vá-se** ~! go away!
emboscada [ẽnboʃ'kada] *f* ambush.
Embraer (*abrev de* **Empresa Brasileira de Aeronáutica**) *f Brazilian aeronautical company.*
Embratel (*abrev de* **Empresa Brasileira de Telecomunicações S/A**) *f Brazilian telecommunications company.*
embreagem [ẽnbre'aʒẽ] (*pl* **-ns**) *f* clutch.
embrear [ẽm'brja(x)] <> *vt* to engage (the clutch). <> *vi* to engage the clutch.
embrenhar-se [ẽnbre'ɲaxsi] *vp*: ~**-se em/por** to conceal o.s. in.
embriagar [ẽnbrja'ga(x)] <> *vt* to intoxicate. <> *vi* [embebedar] to intoxicate.
◆ **embriagar-se** *vp* [enlevar-se] to become intoxicated.
embriaguez [ẽnbrja'geʒ] *f* **-1.** [ebriedade] drunkenness. **-2.** *fig* [enlevo] intoxication.
embrião [ẽn'brjãw] (*pl* **-ões**) *m* embryo.
embromar [ẽnbro'ma(x)] <> *vt* **-1.** [enrolar] to fool. **-2.** [enganar] to bamboozle. <> *vi* **-1.** [protelar] to procrastinate. **-2.** [fazer rodeios] to beat about the bush.
embrulhada [ẽnbru'ʎada] *f fam* [confusão] muddle.
embrulhar [ẽnbru'ʎa(x)] *vt* **-1.** [empacotar] to wrap. **-2.** *fig* [estômago] to upset. **-3.** [confundir] to screw up. **-4.** [enganar] to trick.
embrulho [ẽn'bruʎu] *m* **-1.** [pacote] package. **-2.** [confusão] confusion.
embrutecer [ẽnbrute'se(x)] <> *vt* to make brutal. <> *vi* to brutalize.
◆ **embrutecer-se** *vp* to become brutalized.
emburrado, da [ẽnbu'xadu, da] *adj* [aborrecido] sulky.
embuste [ẽn'buʃtʃi] *m* **-1.** [mentira] deception. **-2.** [armadilha] trick.
embusteiro, ra [ẽnbuʃ'tejru, ra] <> *adj* deceitful. <> *m, f* [pessoa] trickster.
embutido, da [ẽnbu'tʃidu, da] *adj* [armário, estante] built-in.
emenda [e'mẽnda] *f* **-1.** [correção] correction. **-2.** *JUR* amendment. **-3.** *COST* repair. **-4.** [ligação] join.
emendar [emẽn'da(x)] *vt* **-1.** [corrigir] to correct. **-2.** *JUR* to amend. **-3.** [reparar] to redress. **-4.** [ligar] to join.
◆ **emendar-se** *vp* [corrigir-se] to mend one's ways.
emergência [emex'ʒẽnsja] *f* **-1.** [ger] emergency. **-2.** [surgimento] emergence.
emergir [emex'ʒi(x)] *vi* to emerge.
emigração [emigra'sãw] (*pl* **-ões**) *f* **-1.** [de pessoas] emigration. **-2.** [de aves] migration.
emigrado, da [emi'gradu, da] <> *adj* emigrant. <> *m, f* emigré.
emigrante [emi'grãntʃi] <> *adj* emigrant. <> *mf* emigré.
emigrar [emi'gra(x)] *vi* **-1.** [pessoa] to emigrate. **-2.** [ave] to migrate.
eminência [emi'nẽnsja] *f* **-1.** [ger] eminence. **-2.** [título, tratamento] Eminence. **-3.** [pessoa importante] important person.
eminente [emi'nẽntʃi] *adj* **-1.** [ilustre] eminent. **-2.** [elevado] high.

Emirados Árabes Unidos *n*: os ~ the United Arab Emirates.
emissão [emi'sãw] (*pl* **-ões**) *f* **-1.** [ger] emission. **-2.** [de moeda, títulos, passagens aéreas] issue. **-3.** *RÁDIO & TV* transmission.
emissário, ria [emi'sarju, rja] *m, f* [mensageiro] emissary.
◆ **emissário** *m* [esgoto] outlet.
emissor, ra [emi'so(x), ra] (*mpl* **-es**, *fpl* **-s**) *adj FIN* issuing.
◆ **emissor** *m* [transmissor] transmitter.
◆ **emissora** *f* transmitter.
emitir [emi'tʃi(x)] ◇ *vt* **-1.** [ger] to issue. **-2.** [sons, raios] to emit. **-3.** [opinião, idéias] to transmit. ◇ *vi FIN* to issue money.
emoção [emo'sãw] (*pl* **-ões**) *f* emotion.
emocional [emosjo'naw] (*pl* **-ais**) *adj* emotional.
emocionante [emosjo'nãntʃi] *adj* **-1.** [comovente] moving. **-2.** [empolgante] gripping.
emocionar [emosjo'na(x)] ◇ *vt* **-1.** [comover] to move. **-2.** [excitar] to thrill. ◇ *vi* [provocar emoção] to thrill.
◆ **emocionar-se** *vp* [comover-se]: **~-se com algo/alguém** to get emotional about sthg/sb.
emoldurar [emowdu'ra(x)] *vt* to frame.
emoticom [ɛmo'tikõ] (*pl* **-ns**) *m COMPUT* emoticon.
emotivo, va [emo'tʃivu, va] *adj* emotional.
empacotar [ẽnpako'ta(x)] ◇ *vt* [embalar] to wrap up. ◇ *vi fam* [morrer] to snuff it.
empada [ẽn'pada] *f CULIN* pie.
empadão [ẽnpa'dãw] (*pl* **-ões**) *m* pie.
empalhar [ẽnpa'ʎa(x)] *vt* **-1.** [animal] to stuff. **-2.** [cadeira, garrafa] to cover in wickerwork.
empalidecer [ẽnpalide'se(x)] ◇ *vt* [tornar pálido] to cause to turn pale. ◇ *vi* [perder a cor] to turn pale.
empanada [ẽnpa'nada] *f CULIN* large pie.
empanturrado, da [ẽnpãntu'xadu, da] *adj* stuffed full.
empanturrar [ẽnpãntu'xa(x)] *vt*: **~ alguém de algo** to stuff sb with sthg.
◆ **empanturrar-se** *vp*: **~-se de algo** to stuff o.s with sthg.
empapuçar [ẽnpapu'sa(x)] *vt* [inchar] to stuff.
emparelhado, da [ẽmpare'ʎadu, da] *adj* [lado a lado] paired.
emparelhar [ẽnpare'ʎa(x)] ◇ *vt* [por em pares] to pair up. ◇ *vi* **-1.** [equivaler]: **~ (em algo)** to be equal (in sthg). **-2.** [equiparar-se]: **~ com** to be equal to. **-3.** [correr parelhas]: **~ (com alguém)** to draw alongside.
empatar [ẽnpa'ta(x)] ◇ *vi* [em jogo]: **~ com** to draw with. ◇ *vt* **-1.** [impedir] to hinder. **-2.** [ocupar] to take up. **-3.** [aplicar] to tie up.
empate [ẽn'patʃi] *m* [jogo, votação] tie; **dar ~** to end in a draw.
empecilho [ẽnpe'siʎu] *m* obstacle.
empedernido, da [ẽnpedex'nidu, da] *adj* harsh.
empedrar [ẽnpe'dra(x)] *vt* [cobrir com pedras] to pave.
empenar [ẽnpe'na(x)] ◇ *vt* [entortar] to warp. ◇ *vi* [entortar-se] to warp.
empenhado, da [ẽnpe'ɲadu, da] *adj* **-1.** [disposto] determined. **-2.** [penhorado] pawned.
empenhar [ẽnpe'ɲa(x)] *vt* **-1.** [dar em penhor] to pawn. **-2.** [aplicar] to apply. **-3.** [comprometer] to pledge.
◆ **empenhar-se** *vp* [aplicar-se]: **~-se (para fazer algo)** to commit o.s. (to do sthg); **~-se em algo** to get into debt over sthg.
empenho [ẽn'peɲu] *m* **-1.** [diligência] commitment; **pôr todo o ~ em algo** to put all one's effort into sthg. **-2.** [compromisso] commitment. **-3.** [penhor] pledge.
emperrado, da [ẽmpe'xadu, da] *adj* **-1.** [entravado] jammed. **-2.** [teimoso] stubborn.
emperrar [ẽnpe'xa(x)] ◇ *vi* [tornar-se imóvel] to stick. ◇ *vt* **-1.** [entravar] to cause to stick. **-2.** [difcultar] to bog down.
empestar [ẽmpeʃ'ta(x)] *vt* **-1.** [contaminar] to infest. **-2.** [infectar com mau cheiro]: **~ algo (com algo)** to stink out sthg (with sthg).
empilhar [ẽnpi'ʎa(x)] *vt* [amontoar] to stack.
empinado, da [ẽnpi'nadu, da] *adj* straight.
empinar [ẽnpi'na(x)] ◇ *vt* **-1.** [peito, corpo, nariz] to thrust out. **-2.** [pipa] to empty. ◇ *vi* [cavalo] to rear.
emplastro [ẽn'plaʃtru] *m* [medicamento] plaster.
empobrecer [ẽnpobre'se(x)] ◇ *vt* **-1.** [tornar pobre] to impoverish. **-2.** [o solo] to deplete. ◇ *vi* [tornar-se pobre] to become poor.
empobrecimento [ẽnpobresi'mẽntu] *m* **-1.** [ger] impoverishment. **-2.** [do solo] depletion.
empoeirado, da [ẽnpoej'radu, da] *adj* dusty.
empolado, da [ẽnpo'ladu, da] *adj* **-1.** [pele] blistered. **-2.** *fig* [linguagem, estilo] pompous.
empolgação [ẽnpowga'sãw] *f* enthusiasm.
empolgante [ẽnpow'gãntʃi] *adj* thrilling.
empolgar [ẽnpow'ga(x)] *vt* to fill with enthusiasm.
◆ **empolgar-se** *vp* [entusiasmar-se] to become enthusiastic.
empório [ẽn'pɔrju] *m* **-1.** [mercado] market. **-2.** [armazém] department store.
empossar [ẽnpo'sa(x)] *vt* [dar posse a] to install in office.
empreendedor, ra [ẽnprjẽnde'do(x), ra] ◇ *adj* [ativo] enterprising. ◇ *m, f* [pessoa] entrepreneur.
empreender [ẽnprjẽn'de(x)] *vt* to undertake.
empreendimento [ẽnprjẽndʒi'mẽntu] *m* undertaking.

empregado, da [ẽnpre'gadu, da] *m, f* [funcionário] employee.
◆ **empregada** *f* [em casa de família]: **empregada (doméstica)** maid.
empregador, ra [ẽnprega'do(x), ra] *m, f* employer.
empregar [ẽnpre'ga(x)] *vt* **-1.** [ger] to use. **-2.** [dar emprego a] to employ. **-3.** [ocupar] to put to use.
◆ **empregar-se** *vp* [obter trabalho] to get a job.
emprego [ẽn'pregu] *m* **-1.** [trabalho] job. **-2.** [local de trabalho] work. **-3.** [uso] use.
empreiteira [ẽnprej'tejra] *f* contracting company.
empreiteiro [ẽnprej'tejru] *m* contractor.
empresa [ẽn'preza] *f* **-1.** [firma] company; **~ estatal/privada** state-owned/privately-owned company. **-2.** [empreendimento] enterprise.
empresário, ria [ẽnpre'zarju, rja] *m, f* **-1.** [dono de empresa] employer. **-2.** [de artista, jogador] agent.
emprestado, da [ẽnpreʃ'tadu, da] *adj* loaned; **pedir algo ~** to borrow sthg.
emprestar [ẽnpreʃ'ta(x)] *vt* to lend.
empréstimo [ẽn'prɛʃtʃimu] *m* [de dinheiro] loan.
empurrão [ẽnpu'xãw] (*pl* **-ões**) *m* shove.
empurrar [ẽnpu'xa(x)] *vt* **-1.** [impelir com força] to shove; **'empurre'** [aviso] 'push' **-2.** [impingir] to palm off.
emudecer [emude'se(x)] ◇ *vt* [fazer calar] to silence. ◇ *vi* [calar-se] to go quiet.
enamorado, da [enamo'radu, da] *adj* in love.
encabeçar [ẽŋkabe'sa(x)] *vt* **-1.** [vir à frente de] to head. **-2.** [chefiar] to lead.
encabulado, da [ẽŋkabu'ladu, da] *adj* **-1.** [acanhado] embarrassed. **-2.** [envergonhado] ashamed.
encabular [ẽŋkabu'la(x)] ◇ *vt* [envergonhar] to embarrass. ◇ *vi* [acanhar-se] to be embarrassed.
◆ **encabular-se** *vp* **-1.** [acanhar-se] to be embarrassed. **-2.** [envergonhar-se] to be ashamed.
encadernação [ẽŋkadexna'sãw] (*pl* **-ões**) *f* bookbinding.
encadernado, da [ẽŋkadex'nadu, da] *adj* bound.
encadernar [ẽŋkadex'na(x)] *vt* to bind.
encaixar [ẽŋkaj'ʃa(x)] ◇ *vt* **-1.** [inserir]: **~ algo (em algo)** to fit sthg (into sthg). **-2.** [encaixotar] to box. ◇ *vi* [entrar no encaixe] to fit.
◆ **encaixar-se** *vp* to fit.
encaixe [ẽŋ'kajʃi] *m* **-1.** [ato] entrance. **-2.** [cavidade] groove. **-3.** [junção] joint.
encalço [ẽŋ'kawsu] *m*: **estar no ~ de algo/alguém** to be in pursuit of sthg/sb.
encalhado, da [ẽŋka'ʎadu, da] *adj* **-1.** [embarcação] aground. **-2.** [mercadoria] unsaleable. **-3.** *fam* [pessoa solteira] on the shelf.
encalhar [ẽŋka'ʎa(x)] *vi* **-1.** [embarcação] to run aground. **-2.** [mercadoria] to remain unsold. **-3.** [processo] to grind to a halt. **-4.** *fam* [pessoa solteira] to be left on the shelf.
encaminhar [ẽŋkami'ɲa(x)] *vt* **-1.** [dirigir] to direct. **-2.** [orientar] to guide. **-3.** [dar andamento] to get going.
◆ **encaminhar-se** *vp* [dirigir-se]: **~-se para/a** to set out for/to.
encanador, ra [ẽŋkana'dox, ra] (*mpl* **-es**, *fpl* **-s**) *m, f* plumber.
encanamento [ẽŋkana'mẽntu] *m* [sistema] plumbing.
encanar [ẽŋka'na(x)] *vt* **-1.** [canalizar] to channel. **-2.** *fam* [prender] to lock up.
encantado, da [ẽŋkãn'tadu, da] (*mpl* **-es**, *fpl* **-s**) *adj* [ger] enchanted.
encantador, ra [ẽŋkãnta'do(x), ra] (*mpl* **-es**, *fpl* **-s**) *adj* **-1.** [fascinante] charming. **-2.** [deslumbrante] fantastic.
encantamento [ẽŋkãnta'mẽntu] *m* **-1.** [magia] enchantment. **-2.** [deslumbramento] fascination.
encantar [ẽŋkãn'ta(x)] *vt* **-1.** [enfeitiçar] to bewitch. **-2.** [fascinar] to charm. **-3.** [deslumbrar] to fascinate.
◆ **encantar-se** *vp*: **~-se com algo** to be enchanted by sthg.
encanto [ẽŋ'kãntu] *m* **-1.** [ger] charm. **-2.** *fam* [pessoa]: **ser um ~** to be a charming person.
encapado, da [ẽŋka'padu, da] *adj* covered.
encapar [ẽŋka'pa(x)] *vt* to cover.
encapetar-se [ẽŋkape'ta(x)si] *vp* [endiabrar-se] to go into a tantrum.
encapotar [ẽŋkapo'ta(x)] *vt* [cobrir] to wrap.
◆ **encapotar-se** *vp* [cobrir-se] to wrap o.s. up.
encarar [ẽŋka'ra(x)] *vt* **-1.** [fitar] to stare at. **-2.** [enfrentar] to face up to. **-3.** [considerar] to consider.
encarcerar [ẽŋkaxse'ra(x)] *vt* [prender] to incarcerate.
encardido, da [ẽŋkar'dʒidu, da] *adj* **-1.** [roupa] soiled. **-2.** [pele] grimy.
encardir [ẽŋkax'dʒi(x)] ◇ *vt* **-1.** [roupa] to soil. **-2.** [pele] to make grimy. ◇ *vi* [ficar mal lavado] to be badly washed.
encarecer [ẽŋkare'se(x)] ◇ *vt* **-1.** [tornar mais caro] to make more expensive. **-2.** [elogiar] to praise. ◇ *vi* [ficar mais caro] to go up in price.
encarecidamente [ẽŋkaresida'mẽntʃi] *adv* [insistentemente]: **pedir ~** to ask insistently.
encargo [ẽŋ'kaxgu] *m* **-1.** [ger] duty. **-2.** [responsabilidade] responsibility.
encarnação [ẽŋkaxna'sãw] (*pl* **-ões**) *f* **-1.** [ger] incarnation. **-2.** [personificação]: **ser a ~ de algo** to be the embodiment of sthg. **-3.** *fam* [implicância] teasing.
encarnado, da [ẽŋkax'nadu, da] *adj* [vermelho] red.

encarnar [ẽŋkax'na(x)] ◇ *vi* **-1.** [alma, espirito] to represent. **-2.** [implicar] *fam*: **~ em alguém** to tease sb. ◇ *vt* **-1.** [personificar] to personify. **-2.** TEATRO to play.

encarregado, da [ẽŋkaxe'gadu, da] ◇ *adj*: **~ de algo/fazer algo** in charge of sthg/with doing sthg. ◇ *m, f* person in charge.

encarregar [ẽŋkaxe'ga(x)] *vt*: **~ alguém de algo** to put sb in charge of sthg.

◆ **encarregar-se** *vp*: **~-se de algo/fazer algo** to take charge of sthg/doing sthg.

encarte [ẽŋ'kaxtʃi] *m* **-1.** [em publicação] insertion. **-2.** [de disco, CD] insert.

encenação [ẽsena'sãw] *f* **-1.** TEATRO staging. **-2.** [produção] production. **-3.** *fig* [fingimento] play-acting.

encenar [ẽnse'na(x)] *vt* **-1.** TEATRO to stage. **-2.** [produzir] to produce. **-3.** *fig* [fingir] to play-act.

encerado, da [ẽnse'radu, da] *adj* waxed.

◆ **encerado** *m* [oleado] tarpaulin.

encerar [ẽnse'ra(x)] *vt* to polish.

encerramento [ẽnsexa'mẽntu] *m* closure.

encerrar [ẽnse'xa(x)] *vt* **-1.** [acabar]: **~ algo (com algo)** to close sthg (with sthg). **-2.** [confinar] to shut. **-3.** [conter] to contain.

◆ **encerrar-se** *vp* [enclausurar-se]: **~-se (em)** to shut o.s. up (in).

encharcado, da [ẽnʃax'kadu, da] *adj* **-1.** [alagado] flooded. **-2.** [ensopado] soaking wet.

encharcar [ẽnʃar'ka(x)] *vt* **-1.** [alagar] to flood. **-2.** [ensopar] to drench.

◆ **encharcar-se** *vp* [ensopar-se] to become soaked.

enchente [ẽn'ʃẽntʃi] *f* flood.

encher [ẽn'ʃe(x)] ◇ *vt* **-1.** [ger] to fill; **~ o saco (de alguém)** *m fam* to piss sb off. **-2.** [fartar]: **~ algo (de)** to saturate sthg (with). **-3.** [balão, bola, pneu] to inflate. ◇ *vi* [tornar-se cheio] to become full.

◆ **encher-se** *vp* **-1.** [tornar-se cheio] to become full. **-2.** [fartar-se]: **~-se de** to have too much of. **-3.** [aborrecer-se] to become fed up.

enchimento [ẽnʃi'mẽntu] *m* **-1.** [ato] filling. **-2.** [coisa com que se enche] stuffing.

enchova [ẽn'ʃova] *f* anchovy.

enciclopédia [ẽnsiklo'pɛdʒja] *f* **-1.** [obra] encyclopedia. **-2.** *fam* [pessoa sábia] walking encyclopedia.

enciumar-se [ẽnsju'maxsi] *vp* to be jealous.

encoberto, ta [ẽŋko'bɛxtu, ta] ◇ *pp* ▷ **encobrir**. ◇ *adj* **-1.** [céu, tempo] overcast. **-2.** [escondido] hidden. **-3.** [disfarçado] concealed.

encobrir [ẽŋko'bri(x)] *vt* **-1.** [ger] to conceal. **-2.** [esconder] to hide.

◆ **encobrir-se** *vp* **-1.** [esconder-se] to hide. **-2.** [disfarçar-se] to disguise o.s. **-3.** [céu, sol] to become overcast.

encolher [ẽŋko'ʎe(x)] ◇ *vt* **-1.** [contrair] to tuck in; **~ os ombros** to shrug one's shoulders. **-2.** [diminuir o tamanho de] to shrink. ◇ *vi* [roupa] to shrink.

◆ **encolher-se** *vp* **-1.** [espremer-se] to squeeze up. **-2.** [de frio] to shrivel.

encomenda [ẽŋko'mẽnda] *f* **-1.** [mercadoria] order; **fazer uma ~** to order; **feito sob ~** made to order. **-2.** [pacote] parcel.

encomendar [ẽŋkomẽn'da(x)] *vt* **-1.** [obra, compra]: **~ algo a alguém** to order sthg from sb. **-2.** RELIG to commend.

encontrão [ẽŋkõn'trãw] (*pl* **-ões**) *m* **-1.** [esbarrão] bump; **dar um ~** to shove. **-2.** [empurrão] shove.

encontrar [ẽŋkõn'tra(x)] ◇ *vt* **-1.** [pessoa - por acaso] to meet; [- em certa condição] to find. **-2.** [coisa perdida, procurada] to find. **-3.** [dificuldades] to come up against. **-4.** [solução, erro] to discover. ◇ *vi*: **~ com alguém** [por acerto] to meet up with sb; [por acaso] to meet sb.

◆ **encontrar-se** *vp* **-1.**: **~-se (com alguém)** [por acerto] to have a meeting (with sb); [por acaso] to meet (sb). **-2.** [estar] to be. **-3.** [colidir] to collide. **-4.** PSIC to find o.s.

encontro [ẽŋ'kõntru] *m* meeting; **ir ao ~ de** to go to meet; **de ~ a** [contra] against; **o carro foi de ~ ao muro** the car crashed into the wall; [em contradição a] in contrast with.

encorajar [ẽŋkora'ʒa(x)] *vt* to encourage.

encorpar [ẽŋkox'pa(x)] *vt* **-1.** [fazer crescer] to make grow. **-2.** [engrossar] to thicken.

encosta [ẽŋ'kɔʃta] *f* hillside.

encostar [ẽŋkoʃ'ta(x)] ◇ *vt* **-1.** [aproximar] to put against. **-2.** [quase fechar] to leave ajar. **-3.** [estacionar] to pull up. **-4.** [deitar] to rest. **-5.** *fig* [pôr de lado] to put aside. ◇ *vi* [tocar]: **~ em algo/alguém** to lean against sthg/sb.

◆ **encostar-se** *vp* **-1.** [deitar-se] to recline. **-2.** [apoiar-se] to lean. **-3.** *fig* [fugir de trabalho] to lie back.

encosto [ẽŋ'koʃtu] *m* [espaldar] back.

encrenca [ẽ'ŋkrẽnka] *f* **-1.** [problema] tight spot. **-2.** [briga] fight; **meter-se numa ~** to get caught up in a fight.

encrencar [ẽŋkrẽn'ka(x)] ◇ *vt* [meter em complicação] to embarrass. ◇ *vi* **-1.** [quebrar - carro] to break down; [- computador] to go down. **-2.** [complicar-se] to become complicated. **-3.** *fam* [implicar]: **~ com alguém/algo** to take issue with sb/sthg.

encrespar [ẽŋkreʃ'pa(x)] *vt* **-1.** [cabelo] to curl. **-2.** [mar] to ripple.

◆ **encrespar-se** *vp* **-1.** [mar] to become choppy, to get choppy. **-2.** *fig* [irritar-se] to become angry, to get angry.

encruzilhada [ẽŋkruzi'ʎada] *f* crossroads *(sg)*.

encurralado, da [ẽŋkuxa'ladu, da] *adj* [cercado] cornered.

encurralar [ẽŋkuxa'la(x)] *vt* to herd.
encurtar [ẽŋkux'ta(x)] *vt* to shorten.
end. (*abrev de* **endereço**) *m* add.
endêmico, ca [ẽn'demiku, ka] *adj* endemic.
endereçamento [ẽnderesa'mẽntu] *m* **-1.** [ger] address. **-2.** COMPUT addressing.
endereçar [ẽndere'sa(x)] *vt* **-1.** [sobrescrever] to address. **-2.** [enviar] to send.
endereço [ẽnde'resu] *m* address; ~ **eletrônico** e-mail address.
endiabrado, da [ẽndʒja'bradu, da] *adj* mischievous.
endinheirado, da [ẽndʒiɲej'radu, da] *adj* well-off.
endireitar [ẽndʒirej'ta(x)] *vt* **-1.** [descurvar] to straighten. **-2.** [arrumar] to tidy.
◆ **endireitar-se** *vp* [corrigir-se] to go straight.
endividado, da [ẽndʒivi'dadu, da] *adj* in debt.
endividar-se [ẽndʒivi'daxsi] *vp* to fall into debt.
endocrinologia [ẽn,dokrinolo'ʒia] *f* endocrinology.
endoidecer [ẽndojde'se(x)] <> *vt* to drive mad. <> *vi* to go mad.
endossar [ẽndo'sa(x)] *vt* to endorse.
endosso [ẽn'dosu] *m* endorsement.
endurecer [ẽndure'se(x)] <> *vt* to harden. <> *vi* **-1.** [ficar duro] to go hard. **-2.** [ficar difícil] to be hard. **-3.** *fig* [tornar-se frio]: ~ **(com alguém)** to harden (towards sb).
endurecimento [ẽnduresi'mẽntu] *m* hardening.
ENEM (*abrev de* **Exame Nacional do Ensino Médio**) *m exam taken at the end of middle education in Brazil.*
energia [enex'ʒia] *f* energy; ~ **atômica/ nuclear/solar** atomic/nuclear/solar energy.
enérgico, ca [e'nɛxʒiku, ka] *adj* energetic.
enervante [enex'vãntʃi] *adj* annoying.
enevoado, da [ene'vwadu, da] *adj* misty.
enfado [ẽn'fadu] *m* boredom.
enfadonho, nha [ẽnfa'doɲu, ɲa] *adj* boring.
enfaixar [ẽnfaj'ʃa(x)] *vt* to bandage.
enfarte [ẽn'faxtʃi] *m* MED clot.
ênfase ['ẽnfazi] *f* emphasis.
enfastiado, da [ẽnfaʃ'tʃjadu, da] *adj* bored.
enfastiar [ẽnfaʃ'tʃja(x)] *vt* to bore.
◆ **enfastiar-se** *vp* to get bored.
enfático, ca [ẽn'fatʃiku, ka] *adj* emphatic.
enfatizar [ẽnfatʃi'za(x)] *vt* to emphasize.
enfeitar [ẽnfej'ta(x)] *vt* to decorate.
◆ **enfeitar-se** *vp* to dress up.
enfeite [ẽn'fejtʃi] *m* decoration.
enfeitiçar [ẽnfejtʃi'sa(x)] *vt* **-1.** [lançar feitiço] to bewitch. **-2.** *fig* [fascinar] to charm.
enfermagem [ẽnfex'maʒẽ] *f* nursing.
enfermaria [ẽnfexma'ria] *f* sickroom.
enfermeiro, ra [ẽnfex'mejru, ra] *m, f* nurse.
enfermidade [ẽnfexmi'dadʒi] *f* illness.
enfermo, ma [ẽn'fexmu, ma] <> *adj* sick. <> *m, f* sick person.
enferrujado, da [ẽnfexu'ʒadu, da] *adj* [oxidado] rusty.
enferrujar [ẽnfexu'ʒa(x)] <> *vt* to rust. <> *vi* to go rusty.
enfezar [ẽnfe'za(x)] *vt* to annoy.
◆ **enfezar-se** *vp* to get annoyed.
enfiar [ẽn'fja(x)] *vt* **-1.** [introduzir]: ~ **algo (em algo)** to thread sthg (onto sthg). **-2.** [vestir] to slip on. **-3.** [pôr] to put.
◆ **enfiar-se** *vp* [meter-se]: ~**-se em algo** to slip into sthg.
enfim [ẽn'fĩ] *adv* finally; **até que** ~ finally.
enfocar [ẽnfo'ka(x)] *vt* to focus.
enfoque [ẽn'fɔki] *m* focus.
enforcar [ẽfox'ka(x)] *vt* **-1.** [pessoa] to hang. **-2.** *fam fig* [dia de trabalho, aula] to skip.
◆ **enforcar-se** *vp* [pessoa] to hang o.s.
enfraquecer [ẽnfrake'se(x)] <> *vt* to weaken. <> *vi* to grow weak.
◆ **enfraquecer-se** *vp* to weaken o.s.
enfrentamento [ẽnfrẽnta'mẽntu] *m* clash, confrontation.
enfrentar [ẽnfrẽn'ta(x)] *vt* to face.
enfurecer [ẽnfure'se(x)] *vt* to infuriate.
◆ **enfurecer-se** *vp* to get infuriated.
enfurecido, da [ẽnfure'sidu, da] *adj* infuriated.
engajado, da [ẽŋga'ʒadu, da] *adj* engaged.
engajar [ẽŋga'ʒa(x)] *vt* [trabalhadores] to take on.
◆ **engajar-se** *vp* **-1.** POL: ~**-se (em)** to engage o.s. (in). **-2.** MIL: ~**-se (em)** to become engaged (in). **-3.** [em campanha, luta]: ~**-se em** to get involved (in). **-4.** [trabalhador]: ~**-se (em)** to be engaged (in).
enganador, ra [ẽŋgana'do(x), ra] *adj* deceptive.
enganar [ẽŋga'na(x)] *vt* **-1.** [iludir] to deceive. **-2.** [trair] to cheat.
◆ **enganar-se** *vp* **-1.** [iludir-se] to fool o.s. **-2.** [cometer um erro] to make a mistake.
enganchar [ẽŋgãn'ʃa(x)] <> *vt*: ~ **algo (em algo)** to hook sthg up (to sthg). <> *vi*: ~ **(em algo)** to catch (in sthg).
engano [ẽŋ'gãnu] *m* [equívoco] error; [em telefonema]: **ser** ~ to be a wrong number.
engarrafado, da [ẽŋgaxa'fadu, da] *adj* **-1.** [bebida] bottled. **-2.** [rua, trânsito] blocked.
engarrafamento [ẽŋgaxafa'mẽntu] *m* **-1.** [de bebida] bottling. **-2.** [no trânsito] traffic jam.
engarrafar [ẽŋgaxa'fa(x)] *vt* **-1.** [bebida] to bottle. **-2.** [rua, trânsito] to block.
engasgar [ẽŋgaʒ'ga(x)] <> *vt* [na garganta] to choke. <> *vi* to choke.
◆ **engasgar-se** *vp* [na garganta] to choke o.s.
engasgo [ẽŋ'gaʒgu] *m* [na garganta] choking.

engastar [ẽŋgaʃ'ta(x)] *vt* to set.

engatar [ẽŋga'ta(x)] *vt* **-1.** [atrelar]: **~ algo (em algo)** to couple sthg (with sthg). **-2.** [engrenar] to get into gear. **-3.** [iniciar] to start.

engate [ẽɲ'gatʃi] *m* connection.

engatinhar [ẽŋgatʃi'ɲa(x)] *vi* **-1.** [bebê] to crawl. **-2.** *fig* [ser principiante]: **~ em algo** to feel one's way in sthg.

engendrar [ẽnʒẽn'dra(x)] *vt* to create.

engenharia [ẽnʒeɲa'ria] *f* engineering; **~ genética** genetic engineering.

engenheiro, ra [ẽnʒe'ɲejru, ra] *m, f* engineer.

engenho [ẽn'ʒeɲu] *m* **-1.** [habilidade] inventiveness. **-2.** [máquina] engine. **-3.** [moenda] mill. **-4.** [fazenda de cana-de-açúcar] sugar plant.

engenhoso, osa [ẽnʒe'ɲozu, ɔza] *adj* ingenious.

engessado, da [ẽne'sadu, da] *adj* plastered.

engessar [ẽnʒe'sa(x)] *vt* to put in plaster.

englobar [ẽŋglo'ba(x)] *vt* to encompass.

engodo [ẽŋ'godu] *m* **-1.** [isca] bait. **-2.** [farsa] flattery.

engolir [ẽŋgo'li(x)] *vt fig* [sobrepujar]: **~ alguém** to eclipse sb.

engomar [ẽŋgo'ma(x)] *vt* to starch.

engordar [ẽŋgox'da(x)] ◇ *vt* to fatten. ◇ *vi* to put on weight; **açúcar engorda** sugar is fattening.

engordurado, da [ẽŋgoxdu'radu, da] *adj* greasy.

engraçado, da [ẽŋgra'sadu, da] *adj* amusing.

engradado [ẽŋgra'dadu] *m* crate.

engrandecer [ẽŋgrãnde'se(x)] *vt* to elevate.
◆ **engrandecer-se** *vp* to elevate o.s.

engravidar [ẽŋgravi'da(x)] ◇ *vt* to make pregnant. ◇ *vi* to become pregnant.

engraxar [ẽŋgra'ʃa(x)] *vt* to polish.

engraxate [ẽŋgra'ʃatʃi] *mf* shoe shiner.

engrenagem [ẽŋgre'naʒẽ] (*pl* **-ns**) *f* **-1.** AUTO gear. **-2.** *fig* [política, social] mechanism.

engrenar [ẽŋgre'na(x)] *vt* **-1.** AUTO to put in gear. **-2.** [iniciar] to start.

engrossar [ẽŋgro'sa(x)] ◇ *vt* **-1.** [aumentar] to enlarge. **-2.** [encorpar] to thicken. **-3.** [tornar grave] to deepen. ◇ *vi fig* [ser grosseiro]: **~ (com alguém)** to be rough (with sb).

enguia [ẽŋ'gia] *f* eel.

enguiçar [ẽŋgi'sa(x)] *vi* **-1.** [carro] to break down. **-2.** [relógio] to stop.

enguiço [ẽŋ'gisu] *m* breakdown.

enigma [e'nigma] *m* enigma.

enjaular [ẽnʒaw'la(x)] *vt* to put in a cage.

enjeitado, da [ẽnʒej'tadu, da] *adj* rejected.

enjeitar [ẽnʒej'ta(x)] *vt* **-1.** [rejeitar] to reject. **-2.** [abandonar] to abandon.

enjoado, da [ẽn'ʒwadu, da] *adj* **-1.** [nauseado] nauseous. **-2.** *fig* [cansado]: **~ de algo/de fazer algo** fed up with sthg/with doing sthg. **-3.** *fig* [chato] boring.

enjoar [ẽn'ʒwa(x)] ◇ *vt* **-1.** [nausear] to make nauseous. **-2.** *fig* [cansar] to bore. ◇ *vi* **-1.** [nausear-se] to feel sick. **-2.** *fig* [cansar-se]: **~ de algo/de fazer algo** to become bored with sthg/with doing sthg.

enjôo [ẽn'ʒou] *m* [náusea] sickness; **~ de gravidez** morning sickness.

enlaçar [ẽnla'sa(x)] *vt* **-1.** [prender com laço] to tie up. **-2.** [envolver] to bog down.

enlace [ẽn'lasi] *m* **-1.** [união] union. **-2.** [casamento] marriage.

enlatado, da [ẽnla'tadu, da] *adj* canned.
◆ **enlatado** *m* **-1.** [comida em lata] canned food. **-2.** *pej* [série de TV] trash TV.

enlatar [ẽnla'ta(x)] *vt* to can.

enlouquecer [ẽnloke'se(x)] ◇ *vt* to drive mad. ◇ *vi* to go mad.

enlouquecido, da [ẽnloke'sidu, da] *adj* crazed.

enlouquecimento [ẽnlokesi'mẽntu] *m* (growing) insanity.

enojado, da [eno'ʒadu, da] *adj* disgusted.

enorme [e'nɔxmi] *adj* enormous.

enormidade [enoxmi'dadʒi] *f* enormity; **uma ~ de** a vast quantity of.

enquadramento [ẽŋkwadra'mẽntu] *m* CINE & FOTO frame.

enquadrar [ẽŋkwa'dra(x)] ◇ *vt* **-1.** [ajustar]: **~ algo em algo** to frame sthg in sthg. **-2.** [autuar] to charge. ◇ *vi* [combinar]: **~ com** to fit in with.
◆ **enquadrar-se** *vp* [ajustar-se]: **~-se (em algo)** to fit in (with sthg).

enquanto [ẽŋ'kwãntu] *conj* **-1.** [ger] while. **-2.** [considerado como]: **isso é interessante ~ experiência** it's interesting as an experience; **~ isso** meanwhile.
◆ **por enquanto** *loc adv* for the time being.

enquete [ẽn'kɛtʃi] *f* survey.

enraivecer [ẽnxajve'se(x)] *vt* to anger.
◆ **enraivecer-se** *vp* to become angry.

enrascada [ẽnxaʃ'kada] *f* tight spot; **meter-se numa ~** to get into a tight spot.

enredo [ẽn'xedu] *m* plot.

enriquecer [ẽnxike'se(x)] ◇ *vt* to enrich. ◇ *vi* to become rich.
◆ **enriquecer-se** *vp*: **~-se com algo** to become rich in sthg.

enriquecimento [ẽnxikesi'mẽntu] *m* **-1.** [financeiro] increase in wealth. **-2.** [cultural] enrichment.

enrolado, da [ẽnxo'ladu, da] *adj* **-1.** [embrulhado]: **~ em algo** rolled up in sthg. **-2.** [cabelo] coiled. **-3.** *fam* [confuso] screwed up.

enrolar [ẽnxo'la(x)] ◇ *vt* **-1.** [dar forma de rolo] to roll. **-2.** [embrulhar]: **~ algo/alguém em algo** to wrap sthg/sb up in sthg. **-3.** *fam* [complicar] to screw up. **-4.** *fam* [enganar] to take in. <> *vi* *fam* [protelar] to put things off.

◆ **enrolar-se** *vp* **-1.** [agasalhar-se]: **~-se em algo** to wrap o.s. up in sthg. **-2.** *fam* [confundir-se] to screw things up.

enroscar [ẽnxoʃ'ka(x)] *vt*: **~ algo em** to entwine sthg in.

◆ **enroscar-se** *vp* **-1.** [encolher-se de frio] to curl up. **-2.** [embolar-se] to become entangled.

enrubescer [ẽnxube'se(x)] <> *vt* to redden. <> *vi* to blush, go red.

enrugado, da [ẽnxu'gadu, da] *adj* wrinkled.

enrugar [ẽnxu'ga(x)] *vt* & *vi* to wrinkle.

ensaiar [ẽnsa'ja(x)] *vt* to practise *UK*, to practice *US*.

ensaio [ẽn'saju] *m* **-1.** [experiência] trial. **-2.** *TEATRO* rehearsal. **-3.** *LITER* essay.

ensangüentado, da [ẽnsãngwẽn'tadu, da] *adj* blood-stained.

enseada [ẽn'sjada] *f* inlet.

ensejo [ẽn'seʒu] *m* opportunity.

ensinamento [ẽnsina'mẽntu] *m* instruction.

ensinar [ẽnsi'na(x)] *vt*: **~ alguém a fazer algo** to teach sb how to do sthg; **~ algo a alguém** to teach sthg to sb.

ensino [ẽn'sinu] *m* **-1.** [transmissão de conhecimento] teaching. **-2.** [educação] education; **~ fundamental/medio** primary/secondary education; **~ supletivo** *speeded-up education programme for adults who missed out on a full schooling.*

ensolarado, da [ẽnsola'radu, da] *adj* sunny.

ensopado, da [ẽnso'padu, da] *adj* **-1.** *CULIN* stewed. **-2.** *fig* [encharcado] soaking.

◆ **ensopado** *m* *CULIN* stew.

ensopar [ẽnso'pa(x)] *vt* to soak.

ensurdecer [ẽnsuxde'se(x)] *vt* to deafen.

entalar [ẽnta'la(x)] <> *vt* [apertar] to squeeze. <> *vi* [encravar] to stick.

entalhar [ẽnta'ʎa(x)] *vt* to carve.

entalhe [ẽn'taʎi] *m* groove.

entanto [ẽn'tãntu] ◆ **no entanto** *loc adv* however.

então [ẽn'tãw] *adv* then; **até ~** up until then; **desde ~** since then; **para ~** so that; **pois ~** then.

entardecer [ẽntaxde'se(x)] <> *vi* to get late. <> *m* sunset.

ente ['ẽntʃi] *m* **-1.** [ser] being. **-2.** [corporação, órgão] entity.

enteado, da [ẽn'tʒjadu, da] *m, f* stepchild, stepson (*f* stepdaughter).

entediar [ẽnte'dʒa(x)] *vt* to bore.

◆ **entediar-se** *vp* to get bored.

entender [ẽntẽn'de(x)] <> *vt* **-1.** [compreender] to understand; **dar a ~** to give the impression. **-2.** [ouvir] to hear. **-3.** [interpretar] to perceive. **-4.** [deduzir]: **~ que** to see (that). <> *vi* [conhecer]: **~ de** to know about. <> *m*: **no ~ de alguém** in the opinion of sb.

◆ **entender-se** *vp* **-1.** [comunicar-se] to get along. **-2.** [chegar a um acordo]: **~-se (com alguém)** to see eye to eye (with sb).

entendido, da [ẽntẽn'dʒidu, da] <> *adj* **-1.** [perito] expert; **~ em algo** expert in sthg. **-2.** *fam* [homossexual] gay. <> *m, f* **-1.** [perito] expert. **-2.** *fam* [homossexual] gay.

◆ **bem entendido** *loc adv* understood.

entendimento [ẽntẽndʒi'mẽntu] *m* **-1.** [compreensão] understanding. **-2.** [juízo] perception. **-3.** [acordo] agreement.

enternecer [ẽntexne'se(x)] *vt* to touch.

◆ **enternecer-se** *vp* to be touched.

enterrar [ẽnte'xa(x)] *vt* **-1.** to bury. **-2.** *fig* [encerrar] to close. **-3.** *fig* [arruinar] to ruin. **-4.** [enfiar]: **enterrou a estaca no coração do vampiro** he rammed the stake into the vampire's heart; **enterrou o chapéu na cabeça** he rammed his hat on his head.

enterro [ẽn'texu] *m* **-1.** [sepultamento] burial. **-2.** [funeral] funeral.

entidade [ẽntʃi'dadʒi] *f* entity.

entoar [ẽn'twa(x)] *vt* to chant.

entonação [ẽntona'sãw] *f* intonation.

entornar [ẽntox'na(x)] <> *vt* **-1.** [derramar] to spill. **-2.** [despejar] to pour. <> *vi* *fig* [embriagar-se] to drink heavily.

entorpecente [ẽntoxpe'sẽntʃi] *m* narcotic.

entorpecer [ẽntoxpe'se(x)] *vt* **-1.** [causar torpor] to stupefy. **-2.** *fig* [insensibilizar] to numb.

entortar [ẽntox'ta(x)] <> *vt* **-1.** [curvar] to bend. **-2.** [empenar] to jam. <> *vi* [empenar - porta] to warp; [- roda] to buckle.

entrada [ẽn'trada] *f* **-1.** [ger] entry; **'proibida a ~'** 'no entry'. **-2.** [lugar] entrance. **-3.** [admissão] admission. **-4.** [porta] doorway. **-5.** [corredor] hallway. **-6.** *CULIN* starter. **-7.** [calvície] receding hairline. **-8.** [pagamento inicial] down payment. **-9.** [ingresso] ticket; **~ gratuita** *OU* **franca** free admission; **meia ~** half price. **-10.** [abertura] opening. **-11.** *TEC* inlet. **-12.** *COMPUT* input.

entra-e-sai [ˌẽntri'saj] *m inv* coming and going.

entranhado, da [ẽntra'ɲadu, da] *adj* deep-seated.

entranhas [ẽn'traɲaʃ] *fpl* **-1.** [vísceras] bowels. **-2.** *fig* [profundeza] depths.

entrar [ẽn'tra(x)] *vi* **-1.** [adentrar]: **~ (em)** to go/come (into). **-2.** [penetrar] to enter. **-3.** [começar a trabalhar] to begin. **-4.** [contribuir]: **~ com algo** to contribute sthg. **-5.** [envolver-se]: **~ em algo** to become involved in sthg. **-6.** [caber]: **~ em algo** to fit into sthg. **-7.** [ser componente]: **~ em algo** to be part of sthg. **-8.** [ingressar]: **~**

para algo [universidade] to go to sthg; [clube] to join sthg. **-9.** *COMPUT*: **~ com algo** to enter sthg.

entre ['ẽntri] *prep* between; **os dois dividiram o bolo ~ eles** the two shared the cake between them; **os alunos sempre conversavam ~ si** the schoolchildren always talked among themselves.

entreaberto, ta [ˌẽntrja'bɛxtu, ta] *adj* **-1.** [porta] ajar. **-2.** [olho] half-open.

entreabrir [ẽntrja'bri(x)] *vt* to half-open.

◆ **entreabrir-se** *vp* to open up.

entrecortar [ẽntre'koxta(x)] *vt* **-1.** [cortar] to cut off. **-2.** [interromper] to interrupt.

entrega [ẽn'trɛga] *f* **-1.** [de carta, prêmio] delivery; **~ em domicílio** home delivery. **-2.** [dedicação]: **~ a algo/alguém** dedication to sthg/sb. **-3.** [rendição] surrender.

entregador, ra [ẽntrega'do(x), ra] *m, f* [funcionário] delivery person.

entregar [ẽntre'ga(x)] *vt* **-1.** [passar às mãos de - mercadoria, carta] to deliver; [- presente] to give; [- prêmio] to award. **-2.** [delatar] to inform on. **-3.** [devolver] to return.

◆ **entregar-se** *vp* **-1.** [render-se - inimigo] to surrender; [- à dor *etc.*]: **~-se a algo** to surrender to sthg. **-2.** [dedicar-se]: **~-se a algo** to dedicate o.s. to sthg. **-3.** [deixar-se seduzir]: **~-se a alguém** to give o.s. to sb.

entregue [ẽn'trɛgi] *pp* ▷ **entregar**.

entreguismo [ẽntre'giʒmu] *m* selling-out, *policy of allowing exploitation of the country's natural resources by foreign entities.*

entreguista [ẽntre'giʃta] *adj supportive or typical of selling-out.*

entrelaçamento [ẽntrelasa'mẽntu] *m* [união] interlinking.

entrelaçar [ẽntrela'sa(x)] *vt* to entwine.

entrelinha [ẽntre'liɲa] *f* [espaço] line space.

◆ **entrelinhas** *fpl*: **nas ~s** *fig* [subentendido] between the lines.

entremear [ẽntre'mja(x)] *vt*: **~ algo com algo** to mix sthg with sthg.

entreolhar-se [ẽntrjo'ʎaxsi] *vp* to exchange glances.

entretanto [ẽntri'tãntu] *conj* however.

entretenimento [ẽntriteni'mẽntu] *m* **-1.** [passatempo] pastime. **-2.** [diversão] entertainment.

entreter [ẽntre'te(x)] *vt* **-1.** [ger] to entertain. **-2.** [ocupar] to occupy.

◆ **entreter-se** *vp* **-1.** [divertir-se] to amuse o.s. **-2.** [ocupar-se] to occupy o.s.

entrevista [ẽntre'viʃta] *f* interview; **~ coletiva** press conference.

entrevistado, da [ẽntre'viʃ'tadu, da] *m, f* interviewee.

entrevistar [ẽntre'viʃ'ta(x)] *vt* to interview.

entristecer [ẽntriʃte'se(x)] ◇ *vt* to sadden. ◇ *vi* to become sad.

entroncamento [ẽntrõŋka'mẽntu] *m* junction.

entulhar [ẽntu'ʎa(x)] *vt*: **~ algo (de** *OU* **com)** to cram sthg with.

entulho [ẽn'tuʎu] *m* debris.

entupido, da [ẽntu'pidu, da] *adj* **-1.** [pia, nariz, ouvido] blocked. **-2.** [de comida] stuffed. **-3.** [de gente] packed.

entupimento [ẽntupi'mẽntu] *m* blockage.

entupir [ẽntu'pi(x)] *vt* to block.

◆ **entupir-se** *vp*: **~-se de comida** to stuff o.s. with food; **~-se de bebida** to pump o.s. full of drink.

entusiasmar [ẽntuzjaʒ'ma(x)] *vt* to fill with enthusiasm.

◆ **entusiasmar-se** *vp* to get enthusiastic.

entusiasmo [ẽntu'zjaʒmu] *m* enthusiasm.

entusiasta [ẽntu'zjaʃta] ◇ *adj* enthusiastic. ◇ *mf* enthusiast.

enumerar [enume'ra(x)] *vt* to enumerate.

enunciado, da [enũ'sjadu, da] ◇ *adj* stated. ◇ *m* statement.

enunciar [enũ'sja(x)] *vt* to state.

envelhecer [ẽnveʎe'se(x)] ◇ *vt* **-1.** [tornar velho] to age. **-2.** [fazer parecer velho]: **~ alguém** to make sb look older. ◇ *vi* **-1.** [ficar velho] to grow old. **-2.** [fazer parecer velho] to age.

envelhecimento [ẽnveʎesi'mẽntu] *m* ageing.

envelopar [ẽnve'lopa(x)] *vt* to put in an envelope.

envelope [ẽnve'lɔpi] *m* envelope.

envenenamento [ẽnvenena'mẽntu] *m* poisoning.

envenenar [ẽnvene'na(x)] *vt* **-1.** [intoxicar] to poison. **-2.** [corromper] to corrupt. **-3.** *AUTO* to soup up.

◆ **envenenar-se** *vp* [intoxicar-se] to poison o.s.

enveredar [ẽnvere'da(x)] *vi* to make one's way; **~ por/para** to head for.

envergadura [ẽnvexga'dura] *f* **-1.** [dimensão] wingspan. **-2.** *fig* [importância] scope. **-3.** *fig* [capacidade]: **é um poeta de pouca ~** he's a poet of little talent.

envergonhado, da [ẽnvexgo'ɲadu, da] *adj* **-1.** [tímido] shy. **-2.** [por má ação] ashamed.

envergonhar [ẽnvexgo'ɲa(x)] *vt* **-1.** [acanhar] to embarrass. **-2.** [com má ação] to disgrace.

◆ **envergonhar-se** *vp* **-1.** [acanhar-se] to be embarrassed. **-2.** [por má ação] to be ashamed.

envernizado, da [ẽnvexni'zadu, da] *adj* [com verniz] varnished.

envernizar [ẽnvexni'za(x)] *vt* to varnish.

enviado, da [ẽn'vjadu, da] *m, f* envoy.

enviar [ẽn'vja(x)] *vt*: **~ algo a** *OU* **para alguém** to send sthg to sb.

envidraçar [ẽnvidra'sa(x)] *vt* to glaze.
enviesar [ẽnvje'za(x)] *vt* -**1.** [pôr obliquamente] to put at an angle. -**2.** [envesgar] to cross.
envio [ẽn'viu] *m* dispatch.
enviuvar [ẽnvju'va(x)] *vi* to be widowed.
envolto, ta [ẽn'vowtu, ta] <> *pp* ▷ **envolver**. <> *adj* wrapped.
envoltório [ẽnvow'tɔrju] *m* wrapping.
envolvente [ẽnvow'vẽntʃi] *adj* compelling.
envolver [ẽnvow've(x)] *vt* -**1.** [cobrir]: ~ **algo/alguém (em)** to wrap sthg/sb (in). -**2.** [comprometer]: ~ **alguém (em)** to involve sb (in). -**3.** [acarretar] to involve. -**4.** [abraçar] to embrace.
◆ **envolver-se** *vp* -**1.** [comprometer-se]: ~**-se em** *ou* **com** to get involved in *ou* with. -**2.** [intrometer-se]: ~**-se em** to get involved in.
envolvimento [ẽnvowvi'mẽntu] *m* involvement.
enxada [ẽn'ʃada] *f* hoe.
enxaguar [ẽnʃa'gwa(x)] *vt* to rinse.
enxame [ẽn'ʃami] *m* swarm.
enxaqueca [ẽnʃa'keka] *f* migraine.
enxergar [ẽnʃex'ga(x)] <> *vt* -**1.** [ver] to catch sight of. -**2.** *fig* [perceber] to make out. <> *vi* [ver] to see.
enxofre [ẽn'ʃofri] *m* sulphur *UK*, sulfur *US*.
enxotar [ẽnʃo'ta(x)] *vt* to drive away.
enxoval [ẽnʃo'vaw] (*pl* **-ais**) *m* [de noiva] trousseau.
enxugador [ẽnʃuga'do(x)] *m* clothes dryer.
enxugar [ẽnʃu'ga(x)] *vt* -**1.** [secar] to dry. -**2.** *fig* [diminuir] to rationalize.
enxurrada [ẽnʃu'xada] *f* -**1.** [torrente] torrent. -**2.** *fig* [amontoado] flood.
enxuto, ta [ẽn'ʃutu, ta] *adj* -**1.** [seco] dry. -**2.** *fig* [bonito] good-looking.
épico, ca ['ɛpiku, ka] *adj* epic.
◆ **épico** *m LITER* epic.
epidemia [epide'mia] *f* -**1.** *MED* epidemic. -**2.** *fig* [modismo] mania.
epigrama [epi'grama] *f* epigram.
epilepsia [epilep'sia] *f* epilepsy.
epiléptico, ca [epi'lɛptʃiku, ka] <> *adj* epileptic. <> *m, f* epileptic.
epílogo [e'pilugu] *m* epilogue.
episódico, ca [epi'zɔdiku, ka] *adj* episodic.
episódio [epi'zɔdju] *m* episode.
epístola [e'piʃtola] *f* -**1.** [bíblia] Epistle. -**2.** [carta] letter.
epistolar [epiʃto'la(x)] *adj* epistolary.
epitáfio [epi'tafju] *m* epitaph.
época ['ɛpoka] *f* -**1.** [período] age; **naquela** ~ at that time; **fazer** ~ to be epoch-making. -**2.** [estação] season.
epopéia [epo'pɛja] *f* epic.
equação [ekwa'sãw] (*pl* **-ões**) *f* equation.
equacionamento [ekwasiona'mẽntu] *m* rationalizing.
equador [ekwa'do(x)] *m* equator.
Equador [ekwa'do(x)] *n* Ecuador.
equânime [e'kwãnimi] *adj* unbiased.
equatorial [ekwato'rjaw] (*pl* **-ais**) *adj* equatorial.
equatoriano, na <> *adj* Ecuadorean. <> *m, f* Ecuadorean.
eqüestre [e'kwɛʃtri] *adj* equestrian.
equilibrado, da [ekili'bradu, da] *adj* balanced.
equilibrar [ekili'bra(x)] *vt* to balance.
◆ **equilibrar-se** *vp* to balance.
equilíbrio [eki'libriw] *m* equilibrium.
equipamento [ekipa'mẽntu] *m* equipment.
equipar [eki'pa(x)] *vt*: ~ **algo/alguém (de)** to equip sthg/sb (with).
◆ **equipar-se** *vp*: ~**-se (de)** to equip o.s. (with).
equiparar [ekipa'ra(x)] *vt*: ~ **algo (a** *ou* **com algo)** to compare sthg (against sthg).
◆ **equiparar-se** *vp* -**1.** [igualar-se]: ~**-se (a** *ou* **com algo)** to compare o.s. (with sthg). -**2.** [comparar-se]: ~**-se (a** *ou* **com alguém)** to compare o.s. (with sb).
equipe [e'kipi] *f* team.
equitação [ekita'sãw] *f* horse-riding.
eqüitativo, va [ekwita'tʃivu, va] *adj* equitable.
equivalente [ekiva'lẽntʃi] *adj* equivalent.
equivocado, da [ekivo'kadu, da] *adj* mistaken.
equivocar-se [ekivo'kaxsi] *vp* to make a mistake.
equívoco [e'kivoku] *m* mistake.
era ['ɛra] *f* era.
erário [e'rarju] *m* exchequer.
ereção [ere'sãw] (*pl* **-ões**) *f* erection.
eremita [ere'mita] *mf* hermit.
ereto, ta [e'rɛtu, ta] *adj* erect.
erguer [ex'ge(x)] *vt* -**1.** [levantar] to raise. -**2.** [construir] to erect.
◆ **erguer-se** *vp* [levantar-se] to get up.
eriçado, da [ẽri'sadu, da] *adj* standing on end.
eriçar [eri'sa(x)] *vt* to make stand on end.
erigir [eri'ʒi(x)] *vt* to erect.
ermo, ma ['exmu, ma] *adj* deserted.
erosão [ero'zãw] *f* erosion.
erótico, ca [e'rɔtʃiku, ka] *adj* erotic.
erotismo [ero'tʃiʒmu] *m* eroticism.
erradicar [exadʒi'ka(x)] *vt* to eradicate.
errado, da [e'xadu, da] *adj* -**1.** [incorreto] wrong. -**2.** [inadequado] inappropriate. -**3.** *loc*: **dar** ~ to go wrong.
errar [e'xa(x)] <> *vt* [não acertar - alvo] to miss; [- conta, resposta] to get wrong. <> *vi* -**1.** [enganar-se]: ~ **(em algo)** to be wrong (in sthg). -**2.** [proceder mal] to go wrong. -**3.** [vagar] to wander.
erro ['exu] *m* [ger] error; ~ **de impressão** printing error.
errôneo, nea [e'xonju, nja] *adj* erroneous.

erudição [erudʒi'sãw] *f* erudition.

erudito, ta [eru'dʒitu, ita] <> *adj* erudite. <> *m, f* scholar.

erupção [erup'sãw] (*pl* **-ões**) *f* eruption.

erva ['ɛxva] *f* **-1.** *BOT* herb; ~ **daninha** weed. **-2.** *fam* [maconha] grass.

erva-cidreira [,ɛxva'sidrejra] (*pl* **ervas-cidreiras**) *f* lemon verbena.

erva-doce [,ɛxva'dosi] (*pl* **ervas-doces**) *f* fennel.

erva-mate [,ɛxva'matʃi] (*pl* **ervas-mates**) *f* matte.

ervilha [ex'viʎa] *f* pea.

ES (*abrev de* **Estado do Espírito Santo**) *m state of Espírito Santo.*

esbaforido, da [iʒbafo'ridu, da] *adj* breathless.

esbanjador, ra [iʒbãnʒa'do(x), ra] *adj* spendthrift.

esbanjar [iʒbãn'ʒa(x)] *vt* **-1.** [dinheiro] to squander. **-2.** [saúde] to be bursting with.

esbarrão [iʒba'xãw] *m* bump.

esbarrar [iʒba'xa(x)] *vi*: ~ **em algo/alguém** to bump into sthg/sb.

esbelto, ta [iʒ'bɛwtu, ta] *adj* svelte.

esboçar [iʒbo'sa(x)] *vt* **-1.** [ger] to sketch. **-2.** [sorriso] to trace.

esboço [iʒ'bosu] *m* **-1.** [desenho] sketch. **-2.** [primeira versão] draft. **-3.** [tentativa] hint. **-4.** [resumo] outline.

esbofetear [iʒbofe'tʃja(x)] *vt* to slap.

esborrachar-se [iʒboxa'ʃaxsi] *vp* **-1.** [arrebentar-se] to burst. **-2.** [cair] to fall sprawling.

esbranquiçado, da [iʒbrãnki'sadu, da] *adj* whitish.

esbugalhado, da [iʒbuga'ʎadu, da] *adj* bulging.

esburacado, da [iʒbura'kadu, da] *adj* **-1.** [rua, jardim] potholed. **-2.** [rosto] pitted.

esburacar [iʒbura'ka(x)] *vt* to make holes in.

escabeche [iʃka'bɛʃi] *m* marinade.

escada [iʃ'kada] *f* **-1.** [interna] stairs (*pl*), staircase. **-2.** [externa] steps (*pl*); ~ **de armar** ladder; ~ **de caracol** spiral staircase; ~ **de incêndio** fire escape; ~ **rolante** escalator. **-3.** *fig* [meio] ladder.

escadaria [iʃkada'ria] *f* staircase.

escala [iʃ'kala] *f* **-1.** [ger] scale. **-2.** [parada] stopover; **sem** ~ non-stop. **-3.** [turno] turn.

escalada [iʃka'lada] *f* climbing.

escalão [iʃka'lãw] (*pl* **-ões**) *m* level; **o alto** ~ **do governo** the upper echelon of government.

escalar [iʃka'la(x)] *vt* **-1.** [subir] to climb. **-2.** [designar] to select.

escaldar [iʃkaw'da(x)] *vt* to scald.

escaler [iʃka'lɛ(x)] *m* launch.

escalonar [iʃkalo'na(x)] *vt* to schedule.

escalope [iʃka'lɔpi] *m* escalope.

escalpelar [iʃkawpe'la(x)] *vt* [escalpar] to scalp.

escama [iʃ'kãma] *f* scale.

escamar [iʃka'ma(x)] <> *vt* [peixe] to scale. <> *vi* [pele] to flake.

escamotear [iʃkamo'tʃja(x)] *vt* to filch.

escancarado, da [iʃkãŋka'radu, da] *adj* **-1.** [aberto] wide open. **-2.** [evidente] brazen. **-3.** [franco] open.

escancarar [iʃkãŋka'ra(x)] *vt* **-1.** [abrir] to open wide. **-2.** [exibir] to display openly.

escandalizar [iʃkãndali'za(x)] *vt* to scandalize.
◆ **escandalizar-se** *vp* to be shocked.

escândalo [iʃ'kãndalu] *m* **-1.** [fato] scandal. **-2.** [indignação] outrage. **-3.** [alvoroço]: **fazer** *ou* **dar um** ~ to make a scene.

escandaloso, sa [iʃkãnda'lozu, ɔza] *adj* **-1.** [chocante] shocking. **-2.** [chamativo] outrageous.

escanear [iʃkã'nea(x)] *vt COMPUT* to scan.

escangalhar [iʃkãŋga'ʎa(x)] *vt* **-1.** [ger] to break. **-2.** [sapatos] to fall apart.

escaninho [iʃka'niɲu] *m* pigeon-hole.

escanteio [iʃkãn'teju] *m* corner.

escapar [iʃka'pa(x)] *vi* **-1.** [sobreviver]: ~ **(de algo)** to escape (from sthg). **-2.**: ~ **a alguém** to escape (from) sb. **-3.** [fugir] to escape from. **-4.** [esquivar-se] to avoid. **-5.** *loc*: ~ **de boa** to have a close shave; **deixar** ~ [não aproveitar] to miss; [revelar por descuido] to let drop.

escapatória [iʃkapa'tɔrja] *f* **-1.** [saída] way out. **-2.** [desculpa] excuse.

escapulir [iʃkapu'li(x)] *vi*: ~ **(de algo)** to escape (from sthg).

escaramuça [iʃkara'musa] *f* skirmish.

escaravelho [iʃkara'veʎu] *m* beetle.

escarcéu [iʃkax'sɛw] *m*: **fazer um** ~ to throw a fit.

escarlate [iʃkax'latʃi] *adj* scarlet.

escarlatina [iʃkaxla'tʃina] *f* scarlet fever.

escárnio [iʃ'karnju] *m* **-1.** [desdém] scorn. **-2.** [zombaria] mockery.

escarpado, da [iʃkar'padu, da] *adj* steep.

escarrar [iʃka'xa(x)] <> *vt* to spit. <> *vi* to hawk.

escarro [iʃ'kaxu] *m* phlegm.

escassear [iʃka'sja(x)] *vi* to become scarce.

escassez [iʃka'seʒ] *f* shortage.

escasso, a [iʃ'kasu, sa] *adj* scarce.

escavação [iʃkava'sãw] (*pl* **-ões**) *f* excavation.

escavar [iʃka'va(x)] *vt* to dig.

esclarecer [iʃklare'se(x)] *vt* **-1.** [explicar] to clarify. **-2.** [elucidar] to explain. **-3.** [informar] to inform.
◆ **esclarecer-se** *vp* [informar-se] to find out.

esclarecimento [iʃklaresi'mẽntu] *m* **-1.** [explicação] explanation. **-2.** [informação] (piece of) information.

esclerose [iʃkle'rɔzi] *f* sclerosis; ~ **múltipla** multiple sclerosis.

escoadouro [iʃkoa'doru] *m* drain.
escoar [iʃ'kwa(x)] *vi*: ~ **(por)** to drain (through).
escocês, esa [iʃko'seʒ, ezal] <> *adj* Scottish. <> *m, f* Scot.
◆ **escocês** *m* [língua] Gaelic.
Escócia [iʃ'kɔsja] *n* Scotland.
escola [iʃ'kɔla] *f* [ger] school; ~ **particular/pública** private/public school *US*, private/state school *UK*; ~ **naval** naval college; ~ **de samba** *group of musicians and samba dancers who perform in street parades during carnival celebrations in Brazil.*
escolar [iʃko'la(x)] (*pl* **-es**) *adj* school *(antes de subst).*
escolaridade [iʃkolari'dadʒi] *f* schooling.
escolha [iʃ'koʎa] *f* choice.
escolher [iʃko'ʎe(x)] *vt* to choose.
escolhido, da [iʃko'ʎidu, da] *adj* selected, chosen.
escoliose [iʃkoli'ɔzi] *f MED* curvature of the spine.
escolta [iʃkɔwta] *f* escort.
escombros [iʃ'kõnbruʃ] *mpl* ruins.
esconder [iʃkõn'de(x)] *vt* to hide.
◆ **esconder-se** *vp* to hide.
esconderijo [iʃkõnde'riʒu] *m* hiding place.
escondidas [iʃkõn'dʒidaʃ] ◆ **às escondidas** *loc adv* secretly.
escopeta [iʃko'peta] *f* shotgun.
escopo [iʃ'kopu] *m* purpose.
escora [iʃ'kɔra] *f* prop.
escorar [iʃko'ra(x)] *vt* [pôr escoras] to support, to prop up.
◆ **escorar-se** *vp* **-1.** [encostar-se]: ~**-se (em)** to lean (on). **-2.** [fundamentar-se]: ~**-se em** to go by.
escoriação [iʃkorja'sãw] (*pl* **-ões**) *f* abrasion.
escorpiano, na [iʃkox'pãjanu, na] <> *adj* Scorpio. <> *m, f* Scorpio.
escorpião [iʃkox'pjãw] (*pl* **-ões**) *m ZOOL* scorpion.
◆ **Escorpião** *m* [zodíaco] Scorpio; *veja também* **Virgem.**
escorredor [iʃkoxe'do(x)] *m* [para alimentos] colander; ~ **de pratos** dish drainer, draining board.
escorregadiço, dia [iʃkoxega'dʒisu, dʒia], **escorregadio, dia** [iʃkoxega'dʒiu, dʒia] *adj* slippery.
escorregador [iʃkoxega'do(x)] *m* slide.
escorregão [iʃkoxe'gãw] (*pl* **-ões**) *m* **-1.** [queda] slip. **-2.** *fig* [deslize] slip-up.
escorregar [iʃkoxe'ga(x)] *vi* **-1.** [deslizar] to slip. **-2.** *fig* [errar]: ~ **em algo** to slip up on sthg.
escorrer [iʃko'xe(x)] <> *vt* [tirar líquido de] to drain. <> *vi* [verter] to drip.
escoteiro, ra [iʃko'tejru, ra] *m* scout.
escotilha [iʃko'tiʎa] *f* hatch, hatchway.
escova [iʃ'kova] *f* [utensílio] brush; ~ **de dentes** toothbrush; ~ **de cabelo** hair brush.
escovar [iʃko'va(x)] *vt* to brush.
escrachar [iʃkra'ʃa(x)] *vt fam* **-1.** [desmascarar] to unmask. **-2.** [repreender] to tick off.
escravidão [iʃkravi'dãw] *f* slavery.
escravizar [iʃkravi'za(x)] *vt* **-1.** [tornar escravo] to enslave. **-2.** *fig* [subjugar] to dominate.
escravo, va [iʃ'kravu, va] <> *adj* **-1.** [ger] slave. **-2.** *fig* [dominado]: **ser** ~ **de alguém/algo** to be sb/sthg's slave. <> *m, f* slave.
escravocrata [iʃkravo'krata] <> *adj* slave-owning. <> *mf* slave-owner.
escrevente [iʃkre'vẽntʃi] *mf* clerk.
escrever [iʃkre've(x)] *vt & vi* to write.
◆ **escrever-se** *vp* **-1.** [pessoas] to correspond. **-2.** [palavras] to spell; **esta palavra se escreve com x** this word is spelt with an 'x'.
escrita [iʃ'krita] *f* **-1.** [letra] handwriting. **-2.** [tradição] tradition.
escrito, ta [iʃ'kritu, ta] <> *pp* ▻ **escrever.** <> *adj* written; **por** ~ in writing.
◆ **escrito** *m* text.
◆ **escritos** *mpl* [obra literária] manuscripts.
escritor, ra [iʃkri'to(x), ra] (*mpl* **-es**, *fpl* **-s**) *m, f* writer.
escritório [iʃkri'tɔrju] *m* **-1.** *COM* office. **-2.** [em casa] study.
escritura [iʃkri'tura] *f* **-1.** *JUR* deed. **-2.** [na compra de imóvel] exchange of contracts.
◆ **Escrituras** *fpl*: **as** ~ the Scriptures.
escriturar [iʃkri'tura(x)] *vt* to draw up.
escrivã [iʃkri'vã] *f* ▻ **escrivão.**
escrivaninha [iʃkriva'niɲa] *f* desk.
escrivão, vã [iʃkri'vãw, vã] (*mpl* **-ões**, *fpl* **-s**) *m, f* registrar.
escrúpulo [iʃ'krupulu] *m* **-1.** [ger] scruple; **sem** ~**s** unscrupulous. **-2.** [cuidado] care.
escrupuloso, osa [iʃkrupu'lozu, ɔza] *adj* scrupulous.
escrutínio [iʃkru'tʃinju] *m* scrutiny.
escudo [iʃkudu] *m* **-1.** [proteção] shield. **-2.** [moeda] escudo.
esculhambado, da [iʃkuʎãn'badu, da] *adj* messed up.
esculhambar [iʃkuʎãn'ba(x)] *fam vt* **-1.** [repreender] to tell off. **-2.** [avacalhar] to trash. **-3.** [desarrumar] to mess up. **-4.** [quebrar] to screw up.
esculpir [iʃkuw'pi(x)] *vt* to sculpt.
escultor, ra [iʃkuw'to(x), ra] (*mpl* **-es**, *fpl* **-s**) *m, f* sculptor.
escultura [iʃkuw'tura] *f* sculpture.
escuna [iʃ'kuna] *f* schooner.
escuras [iʃ'kuraʃ] *fpl* ▻ **escuro.**
escurecer [iʃkure'se(x)] <> *vt* [tornar escuro] to darken. <> *vi* **-1.** [anoitecer] to go dark. **-2.** [ficar escuro] to get dark.

escuridão [iʃkuri'dãw] *f* darkness.

escuro, ra [iʃ'kuru, ra] *adj* **-1.** [ger] dark. **-2.** [pessoa] dark-skinned.

◆ **escuro** *m* [escuridão] darkness.

◆ **às escuras** *loc adv* **-1.** [sem luz] in the dark. **-2.** *fig* [às escondidas] on the quiet.

escusa [iʃ'kuza] *f* excuse.

escusar [iʃku'za(x)] *vt* [desculpar]: ~ **alguém (de)** to excuse sb (for).

◆ **escusar-se** *vp* **-1.** [desculpar-se]: ~**-se (de)** to excuse o.s. (for). **-2.** [dispensar-se]: ~**-se de** to be excused from.

escuta [iʃ'kuta] *f* listening; ~ **telefônica** phone tap.

◆ **à escuta** *loc adv* listening.

escutar [iʃku'ta(x)] ◇ *vt* **-1.** [ouvir] to hear; [prestar atenção] to listen to. **-2.** [dar ouvidos a] to hear out. **-3.** [atender a] to heed. ◇ *vi* [ouvir] to hear; [prestar atenção] to listen.

esfacelar [iʃfase'la(x)] *vt* to destroy.

◆ **esfacelar-se** *vp* to destroy o.s.

esfaquear [iʃfa'kja(x)] *vt* to stab.

esfarelar [iʃfare'la(x)] *vt* to crumble.

◆ **esfarelar-se** *vp* to crumble.

esfarrapado, da [iʃfaxa'padu, da] *adj* **-1.** [roto] scruffy. **-2.** [não-convincente] unconvincing.

esfarrapar [iʃfaxa'pa(x)] *vt* to tear up.

esfera [iʃ'fɛra] *f* **-1.** [ger] sphere. **-2.** [globo] globe.

esférico, ca [iʃ'fɛriku, ka] *adj* spherical.

esferográfica [iʃfero'grafika] *f* ballpoint pen.

esfomeado, da [iʃfɔ'mjadu, da] *adj* starving.

esforçado, da [iʃfox'sadu, da] *adj* committed.

esforçar-se [iʃfox'saxsi] *vp* to make an effort.

esforço [iʃ'foxsu] *m* effort.

esfregar [iʃfre'ga(x)] *vt* **-1.** [friccionar] to scrub. **-2.** [lavar] to scrub.

◆ **esfregar-se** *vp* **-1.** [friccionar-se] to rub o.s. **-2.** [lavar-se] to scrub o.s. **-3.** *fam* [bolinar-se] to fondle each other.

esfriar [iʃfri'a(x)] ◇ *vt* to cool. ◇ *vi* **-1.** [perder o calor] to get cold. **-2.** *fig* [arrefecer] to cool.

esfuziante [iʃfu'zjãntʃi] *adj* [alegre] effusive.

esganar [iʒga'na(x)] *vt* to strangle.

esganiçado, da [iʒgani'sadu, da] *adj* shrill.

esgarçar [iʒgax'sa(x)] ◇ *vt* to tear. ◇ *vi* to wear thin.

esgotado, da [iʒgo'tadu, da] *adj* **-1.** [exausto] exhausted. **-2.** [acabado - paciência, crédito] exhausted; [- reservas naturais] depleted; [- prazo] finished. **-3.** *fig* [esquadrinhado] scrutinized. **-4.** [totalmente vendido] sold out.

esgotamento [iʒgota'mẽntu] *m* [exaustão] exhaustion.

esgotar [iʒgo'ta(x)] *vt* **-1.** [ger] to exhaust. **-2.** [esquadrinhar] to scrutinize. **-3.** [esvaziar, secar] to drain.

◆ **esgotar-se** *vp* **-1.** [ger] to be exhausted. **-2.** [ser vendido totalmente] to be sold out.

esgoto [iʒ'gotu] *m* drain.

esgrima [iʒ'grima] *f* fencing.

esguelha [iʒ'geʎa] *f* slant.

◆ **de esguelha** *loc adv* obliquely; **olhar de esguelha** to cast a sidelong glance.

esguichar [iʒgi'ʃa(x)] ◇ *vt* to squirt. ◇ *vi* to gush.

esguicho [iʒ'giʃu] *m* squirt.

esguio, guia [iʒ'giu, gia] *adj* willowy.

esmagador, ra [iʒmaga'do(x), ra] (*mpl* **-es**, *fpl* **-s**) *adj fig* overwhelming.

esmagar [iʒma'ga(x)] *vt* **-1.** [esmigalhar] to crush. **-2.** *fig* [vencer] to overpower.

esmalte [iʒ'mawtʃi] *m* enamel; ~ **de unha** nail polish *UK*, nail enamel *US*.

esmerado, da [iʒme'radu, da] *adj* **-1.** [cuidadoso] meticulous. **-2.** [bem acabado - produção] accomplished; [- trabalho] well finished.

esmeralda [iʒme'rawda] *f* emerald.

esmerar-se [iʒme'raxsi] *vp*: ~**-se em algo/em fazer algo** to be meticulous about sthg/about doing sthg.

esmero ['iʒmeru] *m* meticulousness.

esmigalhar [iʒmiga'ʎa(x)] *vt* **-1.** [fazer em migalhas] to crumble. **-2.** [despedaçar] to shatter. **-3.** [esmagar] to crush.

◆ **esmigalhar-se** *vp* **-1.** [fazer-se em migalhas] to crumble. **-2.** [despedaçar-se] to shatter.

esmiuçar [iʒmju'sa(x)] *vt* **-1.** [explicar] to explain in great detail. **-2.** [investigar] to scrutinize.

esmo ['eʒmu] ◆ **a esmo** *loc adv* at random.

esmola [iʒ'mɔla] *f* alms *(pl)*.

esmorecer [iʒmore'se(x)] ◇ *vt* [pessoa] to discourage. ◇ *vi* **-1.** [pessoa] to lose heart. **-2.** [luz] to diminish.

esmurrar [iʒmu'xa(x)] *vt* to punch.

esnobe [iʒ'nɔbi] ◇ *adj* snobbish. ◇ *mf* snob.

esnobismo [iʒno'biʒmu] *m* snobbishness.

esotérico, ca [ezo'tɛriku, ka] *adj* esoteric.

esoterismo [ezote'riʃmu] *m* esotericism.

espaçado, da [iʃpa'sadu, da] *adj* **-1.** [com intervalos] spaced out. **-2.** [esparso] scattered.

espacial [iʃpa'sjaw] (*pl* **-ais**) *adj* space *(antes do subst)*.

espaço [iʃ'pasu] *m* **-1.** [ger] space; ~ **aéreo** air space. **-2.** [o universo] outer space. **-3.** [de tempo] space.

espaçoso, osa [iʃpa'sozu, ɔza] *adj* spacious.

espada [iʃ'pada] *f* [arma] sword.

◆ **espadas** *fpl* [naipe] spades.

> Não confundir *espada (sword)* com o inglês *spade* que em português significa *pá*. (*O cavaleiro carregava sua espada.* The knight was carrying his *sword*.)

espádua [iʃ'padwa] *f* shoulder blade.

espaguete [iʃpa'gɛtʃi] *m* spaghetti.

espairecer [iʃpajre'se(x)] *vt* & *vi* to relax.
espaldar [iʃpaw'da(x)] *m* [de cadeira, sofá] back.
espalhafato [iʃpaʎa'fatu] *m* commotion.
espalhar [iʃpa'ʎa(x)] *vt* **-1.** [ger] to spread. **-2.** [dispersar - semente] to scatter; [- fumaça, odor] to spread. **-3.** [difundir] to diffuse.
◆ **espalhar-se** *vp* **-1.** [dissipar-se] to dissipate. **-2.** [propagar-se] to be spread.
espanador [iʃpana'do(x)] (*pl* **-es**) *m* duster.
espancamento [iʃpãŋka'mẽntu] *m* beating.
espancar [iʃpãŋ'ka(x)] *vt* to beat.
Espanha [iʃ'pãɲa] *n* Spain.
espanhol, la [iʃpã'ɲɔw, la] (*mpl* **-óis**, *fpl* **-s**) ◇ *adj* Spanish. ◇ *m, f* Spaniard.
◆ **espanhol** *m* [língua] Spanish.
espantado, da [iʃpãn'tadu, da] *adj* **-1.** [assustado] startled. **-2.** [surpreso] astonished.
espantalho [iʃpãn'taʎu] *m* [boneco] scarecrow.
espantar [iʃpãn'ta(x)] ◇ *vt* **-1.** [assustar] to frighten. **-2.** [afugentar] to frighten (away). **-3.** [surpreender] to amaze. ◇ *vi* [surpreender] to be amazing.
◆ **espantar-se** *vp* **-1.** [assustar-se] to be frightened. **-2.** [surpreender-se] to be amazed.
espanto [iʃ'pãntu] *m* **-1.** [susto] fright. **-2.** [assombro] amazement.
espantoso, osa [iʃpãn'tozu, ɔza] *adj* **-1.** [surpreendente] startling. **-2.** [admirável] astounding.
esparadrapo [iʃpara'drapu] *m* sticking plaster *UK*, Band-Aid® *US*.
esparramar [iʃpaxa'ma(x)] *vt* **-1.** [espalhar] to scatter. **-2.** [derramar] to splash.
◆ **esparramar-se** *vp* [refestelar-se] to sprawl.
esparso, sa [iʃ'paxsu, sa] *adj* **-1.** [espalhado] sparse. **-2.** [raro] scarce.
espartilho [iʃpax'tiʎu] *m* corset.
espasmo [iʃ'paʒmu] *m* spasm.
espatifar [iʃpatʃi'fa(x)] *vt* & *vi* to smash.
◆ **espatifar-se** *vp* to shatter.
espátula [iʃ'patula] *f* spatula.
especial [iʃpe'sjaw] (*pl* **-ais**) *adj* special; **em ~** in particular.
especialidade [iʃpesjali'dadʒi] *f* speciality.
especialista [iʃpesja'liʃta] ◇ *adj* [perito]: **~ em** expert in. ◇ *mf* **-1.** [profissional] expert. **-2.** [perito]: **~ em** specialist in.
especializar-se [iʃpesjali'zaxsi] *vp*: **~ (em)** to specialize (in).
especiaria [iʃpesja'ria] *f* spice.
espécie [iʃ'pɛsji] *f* **-1.** *BIOL* species. **-2.** [tipo] kind.
◆ **em espécie** *loc adv FIN* (in) cash.
especificar [iʃpesifi'ka(x)] *vt* to specify.
específico, ca [iʃpe'sifiku, ka] *adj* specific.
espécime [iʃ'pɛsimi] (*pl* **-es**), **espécimen** [iʃ'pɛsimẽ] (*pl* **-ns**) *m* specimen.
espectador, ra [iʃpekta'do(x), ra] (*mpl* **-res**, *fpl* **-ras**) *m, f* **-1.** [testemunha] witness. **-2.** [de espetáculo *etc.*] spectator.
◆ **espectadores** *mpl* viewers.
espectro [iʃ'pɛktru] *m* **-1.** [fantasma] ghost. **-2.** *FÍSICA* spectrum. **-3.** *fig* [pessoa esquálida] wretch.
especulação [iʃpekula'sãw] (*pl* **-ões**) *f* speculation.
especular [iʃpeku'la(x)] *vt* [averiguar] to speculate upon.
espelho [iʃ'peʎu] *m* mirror; **~ retrovisor** rear-view mirror.
espera [iʃ'pɛra] *f* **-1.** [ato] wait; **à ~ de** waiting for. **-2.** [tempo] delay. **-3.** [tocaia] ambush.
esperança [iʃpe'rãnsa] *f* **-1.** [expectativa] expectation. **-2.** [confiança] hope.
esperançoso, osa [iʃperãn'sozu, ɔza] *adj* hopeful.
esperar [iʃpe'ra(x)] ◇ *vt* **-1.** [aguardar] to wait for. **-2.** [bebê] to expect. **-3.** [desejar]: **~ que** to hope that; **~ fazer algo** to hope to do sthg. **-4.** [supor] to expect. **-5.** [estar destinado a] to await. **-6.** [contar obter] to expect. ◇ *vi* [aguardar]: to hope; **espera (aí)!** wait (a moment)!
◆ **esperar-se** *vp*: **como era de se ~** as was to be expected.
esperma [iʃ'pɛxma] *m* sperm.
espermicida [iʃpexmi'sida] ◇ *adj* spermicidal. ◇ *m* spermicide.
espernear [iʃpex'nja(x)] *vi* **-1.** [sacudir as pernas] to kick one's legs. **-2.** *fig* [protestar] to (put up a) protest.
espertalhão, ona [iʃpexta'ʎãw, ona] (*mpl* **-ões**, *fpl* **-s**) ◇ *adj* crafty. ◇ *m, f* smart operator.
esperteza [iʃpex'teza] *f* **-1.** [inteligência] intelligence. **-2.** [astúcia] shrewdness; **foi muita ~ dele fazer isso** it was very shrewd of him to do that.
esperto, ta [iʃ'pɛxtu, ta] *adj* **-1.** [inteligente] smart. **-2.** [ativo] lively. **-3.** [espertalhão] clever. **-4.** *fam* [bacana] groovy.

> Não confundir *esperto (smart)* com o inglês *expert* que em português signfica *especialista*. (*Ele é um garoto muito esperto.* He is a very *smart* boy.)

espesso, a [iʃ'pesu, sa] *adj* thick.
espessura [iʃpe'sura] *f* thickness.
espetacular [iʃpetaku'la(x)] (*pl* **-es**) *adj* amazing.
espetáculo [iʃpe'takulu] *m* **-1.** [show] show. **-2.** [maravilha]: **ser um ~** to be amazing. **-3.** [cena ridícula] spectacle; **ele deu o maior ~ aqui por causa da bebedeira** he made a spectacle of himself here being so drunk.
espetar [iʃpe'ta(x)] *vt* to impale.
◆ **espetar-se** *vp* to prick o.s.
espeto [iʃ'petu] *m* **-1.** [utensílio de churrasco]

(roasting) spit. **-2.** *fig* [pessoa magra] beanpole. **-3.** *fig* [situação difícil]: **ser um ~** to be difficult.

espevitado, da [iʃpevi'tadu, da] *adj* lively.

espevitar [iʃpevi'ta(x)] ◆ **espevitar-se** *vp* **-1.** [mostrar-se afetado] to show off. **-2.** [irritar-se] to fly off the handle.

espezinhar [iʃpezi'ɲa(x)] *vt* **-1.** [implicar com] to put down. **-2.** [humilhar] to trample (on).

espiada [iʃ'pjada] *f* peep; **dar uma ~** to have a peep, to have a look-see.

espião, piã [iʃ'pjãw, pjã] (*mpl* **-ões**, *fpl* **-s**) *m, f* spy.

espiar [iʃ'pja(x)] ◇ *vt* **-1.** [olhar] to watch. **-2.** [espionar] to spy on. ◇ *vi* **-1.** [olhar]: **~ (por)** [pela fechadura] to look (through); [pelo canto do olho] to glance. **-2.** [espionar] to spy.

espichado, da [iʃpi'ʃadu, da] *adj* **-1.** [pessoa] stretched out. **-2.** [corda] tight.

espichar [iʃpi'ʃa(x)] ◇ *vt* [esticar] to stretch out. ◇ *vi* [crescer] to shoot up.

◆ **espichar-se** *vp* [espreguiçar-se] to stretch (out).

espiga [iʃ'piga] *f* ear.

espinafrar [iʃpina'fra(x)] *vt* **-1.** [repreender] to reprimand. **-2.** [criticar] to lambaste.

espinafre [iʃpi'nafri] *m* spinach.

espingarda [iʃpĩŋ'gaxda] *f* shotgun.

espinha [iʃ'piɲa] *f* **-1.** [na pele] pimple. **-2.** [de peixe] bone. **-3.** ANAT spine.

espinho [iʃ'piɲu] *m* **-1.** [de planta] thorn. **-2.** [de porco-espinho] quill. **-3.** [de ouriço] spine. **-4.** *fig* [dificuldade] snag.

espinhoso, osa [iʃpi'ɲozu, ɔza] *adj* thorny.

espionagem [iʃpio'naʒẽ] *f* espionage.

espionar [iʃpio'na(x)] ◇ *vt* to spy on. ◇ *vi* to snoop.

espiral [iʃpi'raw] (*pl* **-ais**) ◇ *adj* spiral. ◇ *f* spiral; **em ~** in a spiral; **escada em ~** spiral staircase.

espiritismo [iʃpiri'tʃiʒmu] *m* spiritualism.

espírito [iʃ'piritu] *m* **-1.** [ger] spirit. **-2.** [temperamento]: **~ esportivo** competitive spirit.

◆ **Espírito Santo** *m* Holy Spirit.

espiritual [iʃpiri'twaw] (*pl* **-ais**) *adj* spiritual.

espirituoso, osa [iʃpiri'twozu, ɔza] *adj* witty.

espirrar [iʃpi'xa(x)] ◇ *vi* **-1.** [dar espirro] to sneeze. **-2.** [jorrar] to squirt out. ◇ *vt* [jorrar] to squirt.

espirro [iʃ'pixu] *m* sneeze.

esplanada [iʃpla'nada] *f* esplanade.

esplêndido, da [iʃ'plẽndʒidu, da] *adj* splendid.

esplendor [iʃplẽn'do(x)] *m* splendour *UK*, splendor *US*.

espólio [iʃ'pɔlju] *m* **-1.** [herança] inheritance. **-2.** [restos] remains *(pl)*.

esponja [iʃ'põnʒa] *f* **-1.** [ger] sponge. **-2.** *fig* [beberrão] soak.

espontâneo, nea [iʃpõn'tãnju, nja] *adj* spontaneous.

espora [iʃ'pɔra] *f* spur.

esporádico, ca [iʃpo'radʒiku, ka] *adj* sporadic.

esporte [iʃ'pɔxtʃi] *m* sport.

esportista [iʃpox'tʃiʃta] ◇ *adj* sporty. ◇ *mf* sportsman (*f* sportswoman).

esportivo, va [iʃpox'tʃivu, va] *adj* sports *(antes de subst)*.

◆ **esportiva** *f* (sense of) fair play.

esposa [iʃpo'za] *f* wife.

esposo [iʃ'pozu] *m* husband.

espreguiçadeira [iʃpregisa'dejra] *f* deckchair.

espreguiçar-se [iʃpregi'saxsi] *vp* to stretch.

espreita [iʃ'prejta] *loc*: **à ~ (de)** on the lookout (for).

espremedor [iʃpreme'do(x)] (*pl* **-es**) *m* masher; **~ de laranja** orange squeezer.

espremer [iʃpre'me(x)] *vt* **-1.** [apertar] to squeeze. **-2.** [comprimir - fruta] to squeeze; [- toalha molhada] to wring out.

espuma [iʃ'puma] *f* foam.

espumante [iʃpu'mãntʃi] *adj* sparkling.

espumar [iʃpu'ma(x)] *vi* to foam.

espúrio, ria [iʃ'purju, rja] *adj* spurious.

esquadra [iʃ'kwadra] *f* **-1.** NÁUT fleet. **-2.** MIL squadron.

esquadrão [iʃkwa'drãw] (*pl* **-ões**) *m* squadron.

esquadrilha [iʃkwa'driʎa] *f* flotilla.

esquartejar [iʃkwaxte'ʒa(x)] *vt* to quarter.

esquecer [iʃke'se(x)] ◇ *vt* to forget; **~ que** to forget that. ◇ *vi*: **~ (de algo/alguém)** to forget (sthg/sb); **~ de fazer algo** to forget to do sthg.

◆ **esquecer-se** *vp*: **~-se (de algo)** to forget (about sthg); **~-se de fazer algo** to forget to do sthg.

esquecido, da [iʃke'sidu, da] *adj* **-1.** [não lembrado] forgotten. **-2.** [distraído] forgetful.

esqueleto [iʃke'letu] *m* **-1.** [ossatura] skeleton. **-2.** [estrutura] skeleton. **-3.** [esboço] rough draft. **-4.** *fig* [pessoa magra] bag of bones, skeleton.

esquema [iʃ'kema] *m* **-1.** [gráfico] diagram. **-2.** [plano] plan. **-3.** [resumo] schema.

esquentar [iʃkẽn'ta(x)] ◇ *vt* [aquecer] to heat up. ◇ *vi* **-1.** [aquecer] to get hot. **-2.** *fig* [exaltar-se] to become irritable.

◆ **esquentar-se** *vp* **-1.** [aquecer-se] to warm o.s. up. **-2.** *fig* [exaltar-se] to get annoyed.

esquerdo, da [iʃ'kexdu, da] *adj* left.

◆ **esquerda** *f* **-1.** [lado] left; **à ~** on the left. **-2.** POL left wing.

esquete [iʃ'kɛtʃi] *m* sketch.

esqui [iʃ'ki] *m* **-1.** [patim] ski. **-2.** [esporte] skiing; **~ aquático** water-skiing.

esquiador, ra [iʃkja'do(x), ra] *m, f* skier.

esquiar [iʃ'kja(x)] *vi* to ski.

esquilo [iʃ'kilu] *m* squirrel.

esquimó [iʃki'mɔ] <> *adj* Eskimo. <> *mf* Eskimo.

◆ **esquimó** *m* [língua] Eskimo.

esquina [iʃ'kina] *f* corner; **dobrar a ~** to turn the corner.

esquisito, ta [iʃki'zitu, ta] *adj* **-1.** [incomum] strange. **-2.** [pessoa] strange.

Não confundir *esquisito (strange)* com o inglês *exquisite* que em português significa *requintado*. (*O cheiro desta sopa está esquisito.* This soup smells *strange*.)

esquivar-se [iʃki'vaxsi] *vp*: **~-se de algo** to dodge sthg.

esquivo, va [iʃ'kivu, va] *adj* aloof.

◆ **esquiva** *f* dodge.

esse, essa ['esi, 'ɛsa] <> *adj* that, those (*pl*). <> *pron* that (one), those (ones) (*pl*).

essência [e'sẽnsja] *f* essence.

essencial [esẽn'sjaw] (*pl* **-ais**) <> *adj* **-1.** [ger] essential. **-2.** [preocupação, benefício, trecho] main. <> *m*: **o ~** [o mais importante] the main thing.

esta ['ɛʃta] ▷ **este**.

estabelecer [iʃtabele'se(x)] *vt* **-1.** [ger] to establish. **-2.** [instalar] to set up.

◆ **estabelecer-se** *vp* **-1.** [firmar-se] to establish o.s. **-2.** [instalar-se] to be established. **-3.** [em negócio] to become established. **-4.** [determinar-se]: **~-se (que)** to be established (that).

estabelecimento [iʃtabelesi'mẽntu] *m* establishment.

estabilidade [iʃtabili'dadʒi] *f* stability.

estabilizador [iʃtabiliza'do(x)] (*pl* **-es**) *m* COMPUT transformer.

estabilizar [iʃtabili'za(x)] *vt* to stabilize.

◆ **estabilizar-se** *vp* to become stable.

estábulo [iʃ'tabulu] *m* stable.

estaca [iʃ'taka] *f* **-1.** [para cravar] stake. **-2.** [de construção] support. **-3.** [de barraca] post.

estação [iʃta'sãw] (*pl* **-ões**) *f* **-1.** [de trem, metrô, ônibus] station. **-2.** [período]: **~ (do ano)** season (of the year); **~ de chuvas** rainy season; [de colheita]: **frutas da ~** fruits of the season. **-3.** [estância]: **~ de águas** spa. **-4.** [para fins científicos] station. **-5.** RÁDIO & TV station.

estacionamento [iʃtasjona'mẽntu] *m* **-1.** [ato] parking. **-2.** [lugar] car park.

estacionar [iʃtasjo'na(x)] <> *vt* AUTO to park. <> *vi* **-1.** AUTO to park. **-2.** [não evoluir] to remain stationary.

estacionário, ria [iʃtasjo'narju, rja] *adj* **-1.** [parado] stationary. **-2.** ECON [estagnado] stagnant.

estada [iʃ'tada], **estadia** [iʃ'tadʒa] *f* stay.

estádio [iʃ'tadʒju] *m* stadium.

estadista [iʃta'dʒiʃta] *mf* statesman.

estado [iʃ'tadu] *m* **-1.** [ger] state; **em bom/mau ~** in good/bad condition; **~ civil** marital status; **~ de espírito** state of mind; **~ de saúde** (state of) health; **~ de sítio** state of siege; **~ gasosa/líquido/sólido** gaseous/liquid/solid state. **-2.** POL state.

◆ **Estado** *m* [país] state.

estado-maior [iʃ,taduma'jɔ(x)] (*pl* **estados-maiores**) *m* MIL general staff *UK*, army/air staff *US*.

Estados Unidos da América *n*: **os ~** the United States of America.

estadual [iʃta'dwaw] (*pl* **-ais**) *adj* [receita, constituição] state *(antes de subst)*.

estadunidense [iʃtaduni'dẽnsi] <> *adj* American. <> *mf* American.

estafa [iʃ'tafa] *f* **-1.** [esgotamento] exhaustion; **ter uma ~** to be exhausted. **-2.** [fadiga] exhaustion.

estafado, da [iʃta'fadu, da] *adj* exhausted.

estagflação [iʃtag'flasãw] *f* ECON stagflation.

estagiário, ria [iʃta'ʒjarju, rja] *m, f* trainee.

estágio [iʃ'taʒu] *m* **-1.** [fase] stage. **-2.** [treinamento] training period.

estagnação [iʃtagna'sãw] *f* stagnation.

estagnado, da [iʃtag'nadu, da] *adj* stagnant.

estagnar [iʃtag'na(x)] <> *vt* to make stagnant. <> *vi* to stagnate.

◆ **estagnar-se** *vp* to be stagnant.

estalagem [iʃta'laʒẽ] (*pl* **-ns**) *f* inn.

estalar [iʃta'la(x)] <> *vt* **-1.** [dedos] to snap. **-2.** [nozes, ovos] to crack. <> *vi* **-1.** [rachar] to crack. **-2.** [crepitar] to crackle.

estaleiro [iʃta'lejru] *m* shipyard.

estalido [iʃta'lidu] *m* **-1.** [de dedos] snapping. **-2.** [de chicote, fogos] cracking.

estalo [iʃ'talu] *m* [de dedos] snap; [de chicote] crack; [de trovão] crash; [de foguete] bang; **de ~** [de repente] suddenly.

estampa [iʃ'tãnpa] *f* **-1.** [ger] print. **-2.** [aparência] appearance.

estampado, da [iʃtãn'padu, da] *adj* **-1.** [tecido] printed. **-2.** *fig* [evidente] etched.

◆ **estampado** *m* **-1.** [tecido] printed cloth. **-2.** [padrão impresso] print.

estampar [iʃtãn'pa(x)] *vt* **-1.** [imprimir] to print. **-2.** [marcar] to imprint. **-3.** *fig* [mostrar]: **a mulher estampava no rosto seu desespero** the woman's despair was etched on her face.

estampido [iʃtãn'pidu] *m* bang.

estancar [iʃtãŋ'ka(x)] *vt* & *vi* to stem *UK*, to staunch *US*.

estância [iʃ'tãnsja] *f* **-1.** [fazenda] estate. **-2.** [estação]: **~ hidromineral** spa. **-3.** [estrofe] strophe, stanza.

estandarte [iʃtãn'daxtʃi] *m* standard.

estanho [iʃ'tãɲu] *m* tin.

estante [iʃ'tãntʃi] *f* **-1.** [móvel] bookcase. **-2.** [suporte] stand.

estapafúrdio, dia [iʃtapa'furdʒju, dʒja] *adj* outlandish.

estar [iʃ'ta(x)] *vi* **-1.** [com lugar] to be; [em casa] to be at home, to be in; **ela estará lá à hora certa** she'll be there on time; **estarei no emprego às dez** I'll be at work at ten. **-2.** [exprime estado] to be; **está quebrado** it's out of order; ~ **bem/mal de saúde** to be well/unwell; **está muito calor/frio** it's very hot/cold. **-3.** [manter-se] to be; **estive em casa toda a tarde** I was at home all afternoon; **estive esperando** I was waiting; **estive fora três anos** I lived abroad for three years; **deixe ~ ...** let it be ... **-4.** [em locuções]: **está bem** *OU* **certo!** OK!, all right!

◆ **estar a** *v + prep* [relativo a preço] to cost, to be; **o camarão está a 25 reais o quilo** shrimp cost *OU* are 25 reals a kilo.

◆ **estar de** *v + prep*: ~ **de baixa/férias** to be on sick leave/vacation; ~ **de saia** to be wearing a skirt; ~ **de vigia** to keep watch.

◆ **estar para** *v + prep*: ~ **para fazer algo** to be about to do sthg; **estou para sair** I'm about to go out, I'm on my way out; **ele está para chegar** he'll be here any minute now; **não estou para brincadeiras** I'm not in the mood for silly games.

◆ **estar perante** *v + prep* [frente a] to be facing; **você está perante um gênio** you're in the presence of a genius.

◆ **estar por** *v + prep* [apoiar] to support; [por realizar]: **a cama está por fazer** the bed hasn't been made yet; **a limpeza está por fazer** the cleaning hasn't been done yet.

◆ **estar sem** *v + prep*: **estou sem tempo** I don't have time; **estou sem dinheiro** I don't have any cash; **ele está sem comer há dois dias** he hasn't eaten for two days.

estardalhaço [iʃtaxda'ʎasu] *m* **-1.** [bulha] racket. **-2.** [ostentação] flamboyance.

estarrecer [iʃtaxe'se(x)] <> *vt* to appal *UK*, to appall *US*. <> *vi* to be appalled.

estarrecido, da [iʃtaxe'sidu, da] *adj* shaken.

estatal [iʃta'taw] (*pl* **-ais**) <> *adj* state *(antes de subst)*. <> *f* [empresa] state-owned company.

estatelado, da [iʃtate'ladu, da] *adj* [no chão] sprawled.

estático, ca [iʃ'tatʃiku, ka] *adj* **-1.** [imóvel] still. **-2.** *FÍS* static.

estatístico, ca [iʃta'tʃiʃtʃiku, ka] <> *adj* statistical. <> *m, f* [profissional] statistician.

◆ **estatística** *f* statistics.

estátua [iʃ'tatwa] *f* statue.

estatura [iʃta'tura] *f* **-1.** [física] stature; ~ **alta/baixa/mediana** tall/short/medium stature. **-2.** [intelectual, moral] standing.

estatuto [iʃta'tutu] *m* statute.

estável [iʃ'tavew] (*pl* **-eis**) *adj* **-1.** [ger] stable. **-2.** [cotação] fixed.

este[1] ['eʃtʃi] *m* east

este[2], **esta** ['eʃtʃi] <> *adj* this, these (*pl*). <> *pron* this (one), these ones (*pl*).

esteio [iʃ'teju] *m* **-1.** [escora] prop. **-2.** *NÁUT* chock. **-3.** *fig* [amparo] breadwinner.

esteira [iʃ'tejra] *f* **-1.** [tecido] woven mat. **-2.** [usada na praia] reed mat. **-3.** [rolante] moving carpet. **-4.** [em academia] treadmill. **-5.** *fig* [caminho] path; **na ~ de** in the course of.

estelionato [iʃteljo'natu] *m* swindle.

estender [iʃtẽn'de(x)] *vt* **-1.** [ger] to spread. **-2.** [roupa] to hang out. **-3.** [corda, fio] to stretch out. **-4.** [massa] to roll out. **-5.** [pernas, braços, mãos] to stretch out. **-6.** [limites] to extend. **-7.** [oferecer]: ~ **algo para alguém** to give sthg to sb. **-8.** [prolongar] to prolong.

◆ **estender-se** *vp* **-1.** [ocupar]: **~-se por** to spread out over. **-2.** [durar]: **~-se (por)** to last (for). **-3.** [deitar-se]: **~-se (em)** to lie down (on).

estenodatilógrafo, fa [iʃtenodatʃi'lɔgrafu, fa] *m, f* shorthand typist *UK*, stenographer *US*.

estenografia [iʃtenogra'fia] *f* shorthand *UK*, stenography *US*.

estepe [iʃ'tɛpi] <> *m* [pneu] spare wheel. <> *f* [vegetação] steppe.

esterco [iʃ'texku] *m* manure.

estéreo [iʃ'tɛrju] *adj* stereo.

estereofônico, ca [iʃterjo'foniku, ka] *adj* stereophonic.

estereótipo [iʃte'rjɔtʃipu] *m* stereotype.

estéril [iʃ'tɛriw] (*pl* **-eis**) *adj* **-1.** [ger] sterile. **-2.** [terreno] barren. **-3.** *fig* [inútil, infrutífero] pointless.

esterilização [iʃteriliza'sãw] (*pl* **-ões**) *f* sterilization.

esterilizado, da [iʃterili'zadu, da] *adj* sterilized.

esterilizar [iʃterili'za(x)] *vt* to sterilize.

esterlino, na [iʃtex'linu, na] <> *adj*: **libra ~** pound sterling. <> *m* sterling.

estético, ca [iʃ'tɛtʃiku, ka] *adj* **-1.** [artístico] aesthetic *UK*, esthetic *US*. **-2.** [harmonioso] tasteful.

◆ **estética** *f* **-1.** *FILOSOFIA* aestheticism *UK*, estheticism *US*. **-2.** [beleza] beauty; [do corpo] physical beauty.

estetoscópio [iʃtɛtoʃ'kɔpju] *m* stethoscope.

estiagem [iʃ'tʃjaʒẽ] (*pl* **-ns**) *f* **-1.** [período seco] dry spell. **-2.** [de rio, fonte] drying out.

estiar [iʃ'tʃja(x)] *vi* **-1.** [parar de chover] to stop raining. **-2.** [faltar chuva] to be dry.

estibordo [iʃtʃi'bɔxdu] *m* starboard; **a ~** to starboard.

esticar [iʃtʃi'ka(x)] <> *vt* to stretch. <> *vi* **-1.** [distender-se] to stretch. **-2.** *fam* [prolongar saída]: ~ **(em)** to go on (to).

◆ **esticar-se** *vp* [pessoa] to stretch.

estigma [iʃ'tʃigma] *m* **-1.** [ger] stigma. **-2.** [ferrete] mark; **a Inquisição o condenou a usar o ~ de cristão-novo** the Inquisition branded him a neo-Christian.

estigmatizar [iʃtʃigmatʃi'za(x)] *vt* **-1.** [com infâmia] to stigmatize. **-2.** [com preconceito] to revile.

estilhaçar [iʃtʃiʎa'sa(x)] *vt* to shatter.

◆ **estilhaçar-se** *vp* to be shattered.

estilhaço [iʃtʃi'ʎasu] *m* **-1.** [de plástico, granada] splinter. **-2.** [de vidro] shard.

estilista [iʃtʃi'liʃta] *mf* **-1.** [escritor] stylist. **-2.** [de moda] fashion designer.

estilo [iʃ'tʃilu] *m* style; **~ de vida** way of life; **em grande ~** [com pompa] in grande style.

estima [iʃ'tʃima] *f* **-1.** [apreço] esteem. **-2.** [afeição] affection.

estimação [iʃtʃima'sãw] *f*: **de ~** prized; **minha caneta de ~** my favourite pen; **animal de ~** (family) pet.

estimado, da [iʃtʃi'madu, da] *adj* **-1.** [avaliado] estimated. **-2.** [querido] esteemed.

estimar [iʃtʃi'ma(x)] *vt* **-1.** [ger] to prize. **-2.** [avaliar]: **~ algo (em)** to estimate sthg (at). **-3.** [desejar]: **~ as melhoras de alguém** to hope sb gets better; **~ que** to hope that.

estimativa [iʃtʃima'tʃiva] *f* estimation.

estimulante [iʃtʃimu'lãntʃi] <> *adj* stimulating. <> *m* stimulant.

estimular [iʃtʃimu'la(x)] *vt* **-1.** [excitar, ativar] to stimulate. **-2.** [instigar] to incite. **-3.** [incentivar]: **~ alguém (a fazer algo)** to encourage sb (to do sthg).

estímulo [iʃ'tʃimulu] *m* **-1.** [ger] stimulus. **-2.** [excitação] stimulant. **-3.** [incentivo] motivation.

estipular [iʃtipu'la(x)] *vt* to stipulate.

estirar [iʃtʃi'ra(x)] *vt* **-1.** [alongar] to stretch. **-2.** [estender ao comprido] to stretch out.

◆ **estirar-se** *vp* [deitar-se] to stretch o.s out.

estivador, ra [iʃtʃiva'do(x), ra] (*mpl* **-es**, *fpl* **-s**) *m, f* stevedore.

estocada [iʃto'kada] *f* stab.

estocar [iʃto'ka(x)] *vt* **-1.** [armazenar] to stock. **-2.** [dar estocada em] to stab.

Estocolmo [iʃto'kowmu] *n* Stockholm.

estofar [iʃto'fa(x)] *vt* **-1.** [revestir] to upholster. **-2.** [acolchoar] to stuff.

estofo [iʃ'tofu] *m* **-1.** [revestimento] re-upholstery. **-2.** [acolchoamento] stuffing.

estoicismo [iʃtoj'siʒmu] *m* stoicism.

estóico, ca [iʃ'tɔjku, ka] <> *adj* **-1.** FILOSOFIA stoical, stoic. **-2.** *fig* [austero] stoical. <> *m, f* *fig* [pessoa austera] stoic.

◆ **estóica** *f* FILOSOFIA stoicism.

estojo [iʃ'toʒu] *m* case; **~ de unhas** manicure set.

estola [iʃ'tɔla] *f* stole.

estômago [iʃ'tomagu] *m* **-1.** ANAT stomach. **-2.** *fig* [paciência]: **ter ~ para (fazer) algo** to have the stomach for (doing) sthg.

Estônia [iʃ'tonja] *n* Estonia.

estoque [iʃ'tɔki] *m* **-1.** [provisão] stock. **-2.** [local] store.

estória [iʃ'tɔrja] *f* story.

estorricar [iʃtoxi'ka(x)] *vt* & *vi* to scorch.

estorvo [iʃ'toxvu] *m* **-1.** [obstáculo] obstacle; [pessoa] hindrance. **-2.** [incômodo] disturbance.

estourado, da [iʃto'radu, da] *adj* **-1.** [temperamental] boisterous. **-2.** *fam* [fatigado] knackered.

estourar [iʃto'ra(x)] <> *vi* **-1.** [bomba] to explode. **-2.** [pneu] to blow up. **-3.** [guerra, revolução] to break out. **-4.** [escândalo] to become public. **-5.** *fig* [rebentar] to burst; **estar estourando de raiva/alegria** to be bursting with rage/joy. **-6.** [no mais tardar]: **estourando cinco e meia** no later than five-thirty. <> *vt* **-1.** [bomba] to explode. **-2.** [boca-de-fumo] to bust up.

estouro [iʃ'toru] *m* **-1.** [ger] explosion. **-2.** *fam*: **ser um ~** [filme, pessoa] to be a hit; [notícia, carro] to be a sensation.

estrábico, ca [iʃ'trabiku, ka] *adj* cross-eyed.

estrabismo [iʃtra'biʒmu] *m* squint, strabismus.

estraçalhar [iʃtrasa'ʎa(x)] *vt* **-1.** [livro, objeto] to tear to shreds. **-2.** [pessoa] to kill.

◆ **estraçalhar-se** *vp* **-1.** [objeto] to smash. **-2.** [pessoa] to smash one another.

estrada [iʃ'trada] *m* **-1.** road; **~ de ferro** railway track *UK*, railroad *US*. **-2.** *fig* [carreira] work; **estar na ~** to be in the field.

estrado [iʃ'tradu] *m* **-1.** [de cama] frame. **-2.** [tablado] platform.

estragado, da [iʃtra'gadu, da] *adj* **-1.** [podre] rotten. **-2.** [danificado] damaged. **-3.** [mimado] spoilt.

estragão [iʃtra'gãw] *m* tarragon.

estraga-prazeres [iʃ,tragapra'zeriʃ] *mf inv* killjoy, spoilsport.

estragar [iʃtra'ga(x)] <> *vt* **-1.** [ger] to spoil. **-2.** [danificar] to damage. <> *vi* [apodrecer] to go off.

◆ **estragar-se** *vp* **-1.** [deteriorar-se] to be ruined. **-2.** [avariar-se] to go wrong. **-3.** [apodrecer] to go rotten.

estrago [iʃ'tragu] *m* **-1.** [dano] damage. **-2.** [desperdício] disaster.

estrangeiro, ra [iʃtrãn'ʒejru, ra] <> *adj* foreign. <> *m, f* [pessoa] foreigner.

◆ **estrangeiro** *m*: **no ~** abroad.

estrangular [iʃtrãŋgu'la(x)] *vt* to strangle.

estranhamento [iʃtrãɲa'mentu] *m* [espanto] surprise.

estranhar [iʃtrã'ɲa(x)] ◇ *vt* **-1.** [achar fora do comum] to find strange. **-2.** [surpreender-se com] to be surprised by. **-3.** [não se habituar a] to be unaccustomed to. **-4.** [retrair-se diante de] to feel ill at ease with. **-5.** [hostilizar] to harass. ◇ *vi* [causar estranheza] to be strange.
◆ **estranhar-se** *vp* [hostilizar-se] to fall out with each other.

estranho, nha [iʃ'trãɲu, ɲa] *adj* **-1.** [diferente, estrangeiro] foreign. **-2.** [incomum, desconhecido] strange.

estratagema [iʃtrata'ʒema] *m* stratagem.

estratégia [iʃtra'tɛʒja] *f* strategy.

estratégico, ca [iʃtra'tɛʒiku, ka] *adj* strategic.

estrategista [iʃtrate'ʒiʃta] *mf* strategist.

estrato [iʃ'tratu] *m* stratum.

estrear [iʃtre'a(x)] ◇ *vt* **-1.** [roupa, carro] to try out for the first time. **-2.** [filme, show] to premiere. **-3.** [carreira] to start. ◇ *vi* **-1.** [filme, show] to premiere. **-2.** [artista, jogador] to debut.

estrebaria [iʃtreba'ria] *f* stable.

estréia [iʃ'trɛja] *f* **-1.** [de filme, show] premiere. **-2.** [de artista, jogador] debut. **-3.** [de roupa, carro] first time out.

estreitar [iʃtrej'ta(x)] ◇ *vt* **-1.** [diminuir] to shrink. **-2.** [apertar] to narrow. **-3.** [roupa] to constrict. **-4.** [relações, laços] to strengthen. **-5.** [tornar mais rigoroso] to tighten up. ◇ *vi* [estrada] to narrow.
◆ **estreitar-se** *vp* **-1.** [largura] to narrow. **-2.** [amizade, união] to strengthen.

estreito, ta [iʃ'trejtu, ta] *adj* **-1.** [apertado] narrow. **-2.** [vestido, saia] straight. **-3.** [relação, amizade] strong.
◆ **estreito** *m* GEOGR strait.

estrela [iʃ'trela] *f* [ger] star; ~ **cadente** shooting star.

estrela-de-davi [iʃ'treladzidavi] (*pl* **estrelas-de-davi**) *f* Star of David.

estrelado, da [iʃtre'ladu, da] *adj* **-1.** [céu, noite] starry. **-2.** [ovo] fried.

estrela-do-mar [iʃtreladu'ma(x)] (*pl* **estrelas-do-mar**) *f* starfish.

estremecer [iʃtreme'se(x)] ◇ *vt* to shake. ◇ *vi* **-1.** [tremer de espanto] to shiver. **-2.** [sacudir] to shudder. **-3.** [sofrer abalo] to be shaken.

estremecimento [iʃtremesi'mẽntu] *m* shaking.

estrépito [iʃ'trɛpitu] *m* racket.

estressado, da [iʃtre'sadu, da] *adj* stressed (out).

estressante [iʃtre'sãntʃi] *adj* stressful.

estresse [iʃ'trɛʃi] *m* stress.

estria [iʃ'tria] *f* **-1.** [sulco] groove. **-2.** [na pele] stretch mark.

estribeira [iʃtri'bejra] *f*: **perder as ~s** *fam* to lose one's head.

estribo [iʃ'tribu] *m* **-1.** [de cavalo] stirrup. **-2.** [degrau] step.

estridente [iʃtri'dẽntʃi] *adj* strident.

estripulia [iʃtripu'lia] *f* mischief.

estritamente [iʃtrita'mẽntʃi] *adv* [à risca] to the letter.

estrito, ta [iʃ'tritu, ta] *adj* **-1.** [rigoroso] strict. **-2.** [exato] precise; **no sentido ~ da palavra** in the strict sense of the word.

estrofe [iʃ'trɔfi] *f* stanza.

estrogonofe [iʃtrogo'nɔfi] *m* CULIN stroganoff.

estrondo [iʃ'trõndu] *m* rumble.

estrondoso, osa [iʃtrõn'dozu, ɔza] *adj* **-1.** [ruidoso] roaring. **-2.** [espetacular] spectacular.

estropiado, da [iʃtro'pjadu, da] *adj* **-1.** [aleijado] crippled. **-2.** [exausto] worn out.

estropiar [iʃtro'pja(x)] *vt* **-1.** [aleijar] to cripple. **-2.** [cansar] to tire out. **-3.** *fig* [mutilar] to mutilate. **-4.** *fig* [pronunciar mal] to mispronounce.

estrume [iʃ'trumi] *m* manure.

estrutura [iʃtru'tura] *f* **-1.** CONST structure. **-2.** [armação] frame.

estruturação [iʃtrutura'sãw] (*pl* **-ões**) *f* structuring.

estrutural [iʃtrutu'raw] (*pl* **-ais**) *adj* structural.

estruturalista [iʃtrutura'liʃta] *adj* structuralist.

estuário [iʃ'twarju] *m* estuary.

estudante [iʃtu'dãntʃi] *mf* student.

estudantil [iʃtudãn'tʃiw] (*pl* **-is**) *adj* student *(antes de subst)*.

estudar [iʃtu'da(x)] *vt & vi* to study.

estúdio [iʃ'tudʒju] *m* studio.

estudioso, osa [iʃtu'dʒjozu, ɔza] ◇ *adj* studious. ◇ *m, f* expert.

estudo [iʃ'tudu] *m* study.
◆ **estudos** *mpl* [formação escolar] studies.

estufa [iʃ'tufa] *f* **-1.** [para plantas] greenhouse. **-2.** [aquecedor] stove.

estupefação [iʃtupefa'sãw] *f* [espanto] amazement.

estupefato, ta [iʃtupe'fatu, ta] *adj* [espantado] amazed.

estupendo, da [iʃtu'pẽndu, da] *adj* **-1.** [maravilhoso] wonderful. **-2.** [espantoso] amazing.

estupidez [iʃtupi'deʃ] *f* **-1.** [condição] stupidity. **-2.** [ato] stupid thing.

estúpido, da [iʃ'tupidu, da] ◇ *adj* **-1.** [burro] stupid. **-2.** [grosseiro] rude; **um calor ~** *fig* an unbearable heat. ◇ *m, f* **-1.** [pessoa burra] stupid person. **-2.** [pessoa grosseira] rude person.

estuprar [iʃtu'pra(x)] *vt* to rape.

estupro [iʃ'tupru] *m* rape.

estuque [iʃ'tuki] *m* stucco.

esvair-se [iʒva'ixsi] *vp* **-1.** [desaparecer] to disappear. **-2.** [desmaiar] to faint. **-3.** *loc*: ~

em sangue to bleed copiously; ~ **em lágrimas** to dissolve into tears.

esvaziar [iʒva'zja(x)] *vt* **-1.** [desocupar] to empty. **-2.** [beber de uma só vez] to drain. **-3.** [tirar a importância de] to nullify.

esvoaçante [iʒvwa'sãntʃi] *adj* fluttering.

esvoaçar [iʒvwa'sa(x)] *vi* to flutter.

ET (*abrev de* **Extraterrestre**) *m* ET.

ETA (*abrev de* **Euskadi Ta Askatasuna**) *m* ETA.

etapa [e'tapa] *f* stage.

etc. (*abrev de* **et cetera**) etc.

eternidade [etexni'dadʒi] *f* eternity.

eternizar [etexni'za(x)] *vt* **-1.** [tornar eterno] to eternalize. **-2.** [imortalizar] to immortalize. **-3.** *fam* [prolongar] to drag out.

◆ **eternizar-se** *vp* **-1.** [tornar-se eterno] to become eternal. **-2.** [imortalizar-se] to become immortal. **-3.** *fam* [prolongar-se] to drag on.

eterno, na [e'tɛxnu, na] *adj* eternal.

ético, ca ['ɛtʃiku, ka] *adj* ethical.

◆ **ética** *f* ethics *(pl)*.

Etiópia [e'tʃi'ɔpja] *n* Ethiopia.

etiqueta [etʃi'keta] *f* **-1.** [ger] label; ~ **adesiva** sticky label. **-2.** [boas maneiras] etiquette. **-3.** [de preço] ticket; [de roupa] label.

etnia [etʃ'nia] *f* ethnic group.

étnico, ca ['ɛtʃniku, ka] *adj* ethnic.

etnocentrismo [etʃnosẽn'triʒmu] *m* ethnocentrism.

eu ['ew] *pron* I; **e** ~ **?** what about me?; **sou** ~ it's me; ~ **mesmo** *OU* **próprio** (I) myself.

EUA (*abrev de* **Estados Unidos da América**) *n* USA.

eucalipto [ewka'liptu] *m* eucalyptus.

eucaristia [ewkariʃ'tʃia] *f* Eucharist.

eufemismo [ewfe'miʒmu] *m* euphemism.

euforia [ewfo'ria] *f* euphoria.

euro ['ewro] *m* euro.

eurodólar [ewro'dɔla(x)] *m* Eurodollar.

Europa [ew'rɔpa] *n* Europe.

europeu, péia [ewro'pew, pɛja] ◇ *adj* European. ◇ *m, f* European.

evacuação [evakwa'sãw] (*pl* **-ões**) *f* evacuation.

evacuar [eva'kwa(x)] ◇ *vt* [desocupar] to evacuate. ◇ *vi* [defecar] to evacuate.

evadir [eva'dʒi(x)] *vt* **-1.** [evitar] to avoid. **-2.** [eludir] to evade.

◆ **evadir-se** *vp* [escapar] to escape.

evangelho [evãn'ʒɛʎu] *m* Gospel.

evangélico, ca [evãn'ʒɛliku, ka] ◇ *adj* evangelical. ◇ *m, f* [pessoa] evangelist.

evangelização [evãnʒeliza'sãw] (*pl* **-ões**) *f* conversion (to Christianity).

evangelizar [evãnʒeli'za(x)] *vt* to convert (to Christianity).

evaporar [evapo'ra(x)] ◇ *vt* [vaporizar] to evaporate. ◇ *vi* to evaporate.

evasão [eva'zãw] (*pl* **-ões**) *f* **-1.** [fuga] escape. **-2.** *fig* [evasiva] evasion.

evasivo, va [eva'zivu, va] *adj* evasive.

◆ **evasiva** *f* evasion.

evento [e'vẽntu] *m* event.

eventual [evẽn'twaw] (*pl* **-ais**) *adj* chance *(antes de subst)*.

eventualmente [evẽntwal'mẽntʃi] *adv* [às vezes] sometimes.

> Não confundir *eventualmente (sometimes)* com o inglês *eventually* que em português significa *finalmente*. (*Eventualmente, eu vou para o trabalho de carro. Sometimes* I go to work by car.)

Everest [eve'rɛʃtʃi] *n*: **o** ~ (Mount) Everest.

evidência [evi'dẽnsja] *f* evidence; **em** ~ [destacado] obvious.

evidenciar [evidẽn'sja(x)] *vt* **-1.** [comprovar] to prove. **-2.** [mostrar] to be evidence of. **-3.** [destacar] to show clearly.

◆ **evidenciar-se** *vp* **-1.** [comprovar-se] to be proven. **-2.** [destacar-se] to be shown clearly.

evidente [evi'dẽntʃi] *adj* obvious.

evidentemente [evidẽntʃi'mẽntʃi] *adv* clearly.

evitar [evi'ta(x)] *vt* **-1.** [fugir a] to avoid; ~ **fazer algo** to avoid doing sthg. **-2.** [impedir] to prevent.

evocar [evo'ka(x)] *vt* [trazer à lembrança] to bring to mind.

evolução [evolu'sãw] (*pl* **-ões**) *f* **-1.** *BIOL* evolution. **-2.** [desenrolar] development. **-3.** [movimento] expansion. **-4.** *MIL* exercise.

evoluir [evo'lwi(x)] *vi* **-1.** [espécie] to evolve. **-2.** [adiantar-se] to progress.

ex. (*abrev de* **exemplo**) e.g.

exacerbar [ezasex'ba(x)] *vt* **-1.** [intensificar] to exacerbate. **-2.** [irritar] to provoke.

◆ **exacerbar-se** *vp* **-1.** [intensificar-se] to be exacerbated. **-2.** [irritar-se] to be provoked.

exagerado, da [ezaʒe'radu, da] ◇ *adj* exaggerated. ◇ *m, f*: **o que ele diz é típico de um** ~ what he says is typical of an exaggerator.

exagerar [ezaʒe'ra(x)] *vt* & *vi* to exaggerate.

exagero [eza'ʒeru] *m* exaggeration.

exalação [ezala'sãw] (*pl* **-ões**) *f* exhalation.

exalar [eza'la(x)] *vt* to exhale.

exaltado, da [ezaw'tadu, da] *adj* **-1.** [facilmente irritável] irritable. **-2.** [fanático] fanatical. **-3.** [exacerbado] irritated.

exaltar [ezaw'ta(x)] *vt* **-1.** [engrandecer] to exalt. **-2.** [irritar] to irritate. **-3.** [excitar] to excite.

◆ **exaltar-se** *vp* [irritar-se] to become irritated.

exame [e'zãmi] *m* **-1.** [ger] examination. **-2.** *EDUC* [teste] examination, exam; **fazer um** ~ to sit an examination. **-3.** [inspeção] inspection.

examinar [ezami'na(x)] *vt* **-1.** [ger] to examine. **-2.** [inspecionar] to inspect.

exasperado, da [ezaʃpe'radu, da] *adj* exasperated.

exasperar [ezaʃpe'ra(x)] *vt* to exasperate.
◆ **exasperar-se** *vp* to become exasperated.

exatidão [ezatʃi'dãw] *f* **-1.** [precisão] accuracy. **-2.** [perfeição] perfection.

exato, ta [e'zatu, ta] *adj* **-1.** [preciso] exact. **-2.** [correto] correct, right.

exaurir [ezaw'ri(x)] *vt* [esgotar] to exhaust.
◆ **exaurir-se** *vp* to be exhausted.

exaustão [ezawʃ'tãw] *f* exhaustion.

exausto, ta [e'zawʃtu, ta] ◇ *pp* ▷ **exaurir**. ◇ *adj* exhausted.

exaustor [ezawʃ'to(x)] (*pl* **-es**) *m* extractor fan.

excedente [ese'dẽntʃi] ◇ *adj* excess *(antes de subst)*. ◇ *m* **-1.** COM surplus. **-2.** [aluno] student on waiting list.

exceder [ese'de(x)] *vt* exceed.
◆ **exceder-se** *vp* [cometer excessos] to go too far.

excelência [ese'lẽnsja] *f* **-1.** [primazia] excellence. **-2.** [tratamento]: **(Vossa) Excelência** Your Excellency.

excelente [ese'lẽntʃi] *adj* excellent.

excentricidade [esẽntrisi'dadʒi] *f* eccentricity.

excêntrico, ca [e'sẽntriku, ka] ◇ *adj* eccentric. ◇ *m, f* eccentric.

excepcional [esepsjo'naw] (*pl* **-ais**) ◇ *adj* **-1.** [extraordinário, excelente] exceptional. **-2.** MED disabled. ◇ *mf* MED [pessoa] person with special needs.

excerto [e'sextu] *m* excerpt.

excessivamente [esesiva'mẽntʃi] *adv* excessively.

excessivo, va [ese'sivu, va] *adj* excessive.

excesso [e'sɛsu] *m* **-1.** [ger] excess; **~ de velocidade** excessive speed. **-2.** COM surplus. **-3.** [desmando]: **cometer ~s** to go too far.

exceto [e'sɛtu] *prep* except.

excetuar [ese'twa(x)] *vt* to except.

excitação [esita'sãw] *f* **-1.** [agitação] excitement. **-2.** [sexual] arousal.

excitado, da [esi'tadu, da] *adj* **-1.** [agitado] excited. **-2.** [sexualmente] aroused.

excitante [esi'tãntʃi] *adj* **-1.** [ger] stimulating; **uma droga ~** a stimulant. **-2.** [filme] exciting.

excitar [esi'ta(x)] *vt* **-1.** [agitar] to excite. **-2.** [sexualmente] to arouse. **-3.** [incitar] to incite.
◆ **excitar-se** *vp* **-1.** [agitar-se] to become excited. **-2.** [sexualmente] to become aroused.

exclamação [iʃklama'sãw] (*pl* **-ões**) *f* exclamation.

exclamar [iʃkla'ma(x)] *vi* to exclaim.

excluir [iʃklu'i(x)] *vt* **-1.** [eliminar] to exclude. **-2.** [omitir]: **~ algo/alguém de** to exclude sthg/sb from. **-3.** [privar]: **~ algo/alguém de** to leave sthg/sb out of. **-4.** [por incompatibilidade] to preclude.

exclusão [iʃklu'zãw] (*pl* **-ões**) *f* exclusion.

exclusivista [iʃkluzi'viʃta] ◇ *adj* [individualista] self-centred. ◇ *mf* self-centred person.

exclusivo, va [iʃklu'zivu, va] *adj* exclusive.

excomungar [iʃkomũŋ'ga(x)] *vt* to excommunicate.

excremento [iʃkre'mẽntu] *m* excrement.

excretar [iʃkre'ta(x)] *vt* [expelir] to excrete.

excursão [iʃkux'sãw] (*pl* **-ões**) *f* **-1.** [ger] excursion. **-2.** [em caminhada] walk, ramble.

excursionista [iʃkuxsjo'niʃta] *mf* [turista] tourist; [por um dia] day-tripper; [em caminhada] walker, rambler.

execução [ezeku'sãw] (*pl* **-ões**) *f* **-1.** [ger] execution. **-2.** [de peça musical] performance.

executar [ezeku'ta(x)] *vt* **-1.** [ger] to execute. **-2.** [peça musical] to perform. **-3.** [cumprir] to carry out.

executivo, va [ezeku'tʃivu, va] ◇ *adj* executive. ◇ *m, f* executive.

executor, ra [ezeku'to(x), ra] *m, f* executor.

exemplar [ezẽn'pla(x)] (*pl* **-es**) ◇ *adj* [modelar] exemplary. ◇ *m* **-1.** [de livro, jornal] copy. **-2.** [peça] example. **-3.** [modelo] model. **-4.** BIOL [espécie] specimen.

exemplo [e'zẽnplu] *m* [ger] example; **por ~** for example; **bom/mau ~** good/bad example; **a ~ de** just like.

exéquias [eẽzɛkjaʃ] *fpl* funeral rites.

exercer [ezex'se(x)] *vt* **-1.** [desempenhar] to carry out; [profissão] to practise **UK**, to practice **US**. **-2.** [fazer sentir]: **~ algo (sobre)** to exert sthg (on).

exercício [ezex'sisju] *m* **-1.** [ger] exercise; **fazer ~** to exercise; **em ~** [presidente, diretor] in office; [professor] in service; [de profissão] practising; [de direitos] exercising. **-2.** EDUC exercise. **-3.** COM: **~ anterior/corrente** previous/current financial year.

exército [e'zɛxsitu] *m* army.

exibição [ezibi'sãw] (*pl* **-ões**) *f* **-1.** [demonstração] exhibition. **-2.** [do corpo] exhibition. **-3.** [de filme, obra de arte] exhibition.

exibido, da [ezi'bidu, da] *fam* ◇ *adj* [exibicionista] flamboyant. ◇ *m, f* [pessoa] exhibitionist.

exibir [ezi'bi(x)] *vt* **-1.** [ger] to show. **-2.** [ostentar] to exhibit. **-3.** [expor] [obra de arte] to exhibit.
◆ **exibir-se** *vp* **-1.** [mostrar-se] to show off. **-2.** [indecentemente] to expose o.s.

exigência [ezi'ʒẽnsja] *f* **-1.** [imposição] demand. **-2.** [requisito] requirement. **-3.** [rigor] urgent request.

exigente [ezi'ʒẽntʃi] *adj* [rigoroso] demanding.

exigir [ezi'ʒi(x)] *vt* **-1.** [reclamar] to demand; **~ que alguém faça algo** to demand that sb do sthg. **-2.** [requerer] to require.

exíguo, gua [e'zigwu, gwa] *adj* **-1.** [diminuto] tiny. **-2.** [minguado] meagre.

exilado, da [ezi'ladu, da] ◇ *adj* [pessoa] exiled. ◇ *m, f* [pessoa] exile.

exilar [ezi'la(x)] *vt* to exile.

◆ **exilar-se** *vp* to be exiled.

exílio [e'ziljul] *m* **-1.** [ger] exile. **-2.** [expatriação] deportation.

exímio, mia [e'zimju, mja] *adj* [excelente] excellent.

eximir [ezi'mi(x)] *vt*: **~ alguém de algo** to exempt sb from sthg.

◆ **eximir-se** *vp*: **~-se de algo** to excuse o.s. from sthg.

existência [eziʃ'tẽnsja] *f* existence.

existente [eziʃ'tẽntʃi] *adj* **-1.** [que existe] existing. **-2.** [vivente] living.

existir [eziʃ'tʃi(x)] *vi* **-1.** [haver] to be. **-2.** [viver] to exist. **-3.** *loc* [ser fantástico]: **não ~** *fam* to be incredible; **este sorvete não existe!** this ice cream is incredible!

êxito ['ezitu] *m* [sucesso] success; **ter/não ter ~ (em)** to be successful/unsuccessful (in).

> Não confundir *êxito (success)* com o inglês *exit* que em português significa *saída*. (*Qual é o segredo do seu êxito na vida?* What is the secret of your *success* in life?)

êxodo ['ezodu] *m* exodus; **~ rural** rural exodus.

exonerar [ezone'ra(x)] *vt* **-1.** [demitir]: **~ alguém de algo** to exonerate sb from sthg. **-2.** [desobrigar]: **~ alguém de algo** to exonerate sb from sthg.

◆ **exonerar-se** *vp* **-1.** [demitir-se]: **~-se de algo** to exonerate o.s. from sthg. **-2.** [desobrigar-se]: **~-se de algo** to release o.s. from sthg.

exorbitância [ezoxbi'tãnsja] *f* **-1.** [excesso] excess. **-2.** *fam* [preço excessivo] extortionate price.

exortar [ezox'ta(x)] *vt*: **~ alguém a fazer algo** to exhort sb to do sthg.

exótico, ca [e'zɔtʃiku, ka] *f* exotic.

expandir [iʃpãn'dʒi(x)] *vt* [ger] to spread.

◆ **expandir-se** *vp* **-1.** [dilatar-se] to spread, to be spread. **-2.** [ser expansivo] to be expansive.

expansão [iʃpãn'sãw] (*pl* **-ões**) *f* **-1.** [ato] expansion. **-2.** [efusão] outpouring.

expansivo, va [iʃpã'sivu, va] *adj* expansive.

expatriação [iʃpatrja'sãw] (*pl* **-ões**) *f* expatriation.

expatriar [iʃpa'trja(x)] *vt* to expatriate.

expectativa [iʃpekta'tʃiva] *f* expectation; **na ~ de** in the expectation of; **~ de vida** life expectancy.

expedição [iʃpedʒi'sãw] (*pl* **-ões**) *f* **-1.** [de mercadorias] dispatch. **-2.** [por navio] shipment. **-3.** [por correio] dispatch. **-4.** [viagem] expedition. **-5.** [de documento] issue.

expediente [iʃpe'dʒjẽntʃi] ◇ *adj* [desembaraçado, diligente] efficient; **ser ~** to be efficient. ◇ *m* **-1.** [horário] office hours; **meio ~** part-time. **-2.** [pessoal] resourceful. **-3.** [desembaraço, diligência]: **ter ~** to be resourceful. **-4.** [meios, recursos] expedient. **-5.** [correspondência] correspondence.

expedir [iʃpe'dʒi(x)] *vt* **-1.** [carta, mercadoria] to send. **-2.** [documento etc.] to issue.

expedito, ta [iʃpe'dʒitu, ta] *adj* **-1.** [pessoa] efficient. **-2.** [trabalho, solução] expeditious.

expelir [iʃpe'li(x)] *vt* to expel.

experiência [iʃpe'rjẽnsja] *f* experience.

experiente [iʃpe'rjẽntʃi] *adj* experienced.

experimentar [iʃperimẽn'ta(x)] *vt* **-1.** [testar] to test. **-2.** [provar - comida, bebida] to try; [- roupa] to try on. **-3.** [sofrer] to go through. **-4.** [sentir] to experience.

experimento [iʃperi'mẽntu] *m* experiment.

expiar [iʃ'pja(x)] *vt* to atone for.

expiatório, ria [iʃpja'tɔrju, rja] *adj* ▷ **bode**.

expirar [iʃpi'ra(x)] ◇ *vt* [ar] to exhale. ◇ *vi* **-1.** [encerrar] to expire. **-2.** [morrer] to die.

explicação [iʃplika'sãw] (*pl* **-ões**) *f* explanation.

explicar [iʃpli'ka(x)] *vt* & *vi* to explain.

◆ **explicar-se** *vp* [justificar-se] to explain o.s.

explicativo, va [iʃplika'tʃivu, va] *adj* explanatory.

explícito, ta [iʃ'plisitu, ta] *adj* explicit.

explodir [iʃplo'di(x)] ◇ *vi* **-1.** [bomba, avião, carro] to explode. **-2.** *fig* [não se conter] to burst; **~ de** to be bursting with; **~ em** to burst into. ◇ *vt* **-1.** [bomba] to detonate. **-2.** [edifício, avião] to blow up.

exploração [iʃplora'sãw] (*pl* **-ões**) *f* **-1.** [ger] exploration. **-2.** [emprego] use. **-3.** [de negócio] running. **-4.** [agrícola] cultivation, growing. **-5.** [abuso] exploitation. **-6.** [exorbitância]: **ser uma ~** to be exorbitant.

explorador, ra [iʃplora'do(x), ra] ◇ *adj* **-1.** [pessoa, companhia] exploring, exploratory. **-2.** [aproveitador] exploitative. ◇ *m, f* **-1.** [desbravador] explorer. **-2.** [aproveitador] exploiter.

explorar [iʃplo'ra(x)] *vt* **-1.** [ger] to exploit. **-2.** [empregar] to use. **-3.** [negócio] to run. **-4.** [desbravar] to explore.

exploratório, ria [iʃplora'tɔriu, ria] *adj* exploratory.

explosão [iʃplo'zãw] (*pl* **-ões**) *f* explosion.

explosivo, va [iʃplo'zivu, va] *adj* explosive.

◆ **explosivo** *m* [material] explosive.

EXPO (*abrev de* **Exposição**) *f* exhibition.

expor [iʃ'po(x)] *vt* **-1.** [mostrar] to display. **-2.** [explicar] to explain. **-3.** [exibir] to exhibit. **-4.** [revelar] to reveal. **-5.** [submeter]: **~ algo (a algo)** to expose sthg (to sthg).

◆ **expor-se** *vp* **-1.** [submeter-se]: **~-se a algo**

to expose o.s. to sthg. **-2.** [exibir-se] to expose o.s.

exportação [iʃpoxta'sãw] (*pl* **-ões**) *f* **-1.** [ato] export. **-2.** [produtos] exports *(pl)*.

exportador, ra [iʃpoxta'do(x), ra] ◇ *adj* **-1.** [país, companhia] exporting. **-2.** [política] export *(antes de subst)*. ◇ *m, f* exporter.

exportar [iʃpox'ta(x)] *vt* to export.

exposição [iʃpozi'sãw] (*pl* **-ões**) *f* **-1.** [mostra] display. **-2.** [explicação] explanation. **-3.** [narração] narrative. **-4.** FOTO exposure.

exposto, osta [iʃ'poʃtu, ɔʃta] ◇ *pp* ▷ **expor.** ◇ *adj* [à vista - mercadoria] on show; [- corpo] exposed; [- fratura] compound.

expressão [iʃpre'sãw] (*pl* **-ões**) *f* **-1.** [ger] expression; **~ artística** artistic expression. **-2.** [manifestação]: **~ (de algo)** expression (of sthg). **-3.** [vivacidade] expressiveness.

expressar [iʃpre'sa(x)] *vt* to express.

◆ **expressar-se** *vp* to express o.s.

expressivo, va [iʃpre'sivu, va] *adj* expressive.

expresso, sa [iʃ'prɛsu, sa] ◇ *pp* ▷ **expressar.** ◇ *adj* express.

◆ **expresso** *m* express.

exprimir [iʃpri'mi(x)] *vt* to express.

◆ **exprimir-se** *vp* to express o.s.

expulsão [iʃpuw'sãw] (*pl* **-ões**) *f* **-1.** [saída forçada] expulsion. **-2.** ESP sending-off.

expulsar [iʃpuw'sa(x)] *vt* **-1.** [ger] to expel. **-2.** [inimigo] to drive out. **-3.** [deportar] to deport. **-4.** ESP to send off.

expulso, sa [iʃ'puwsu, sa] ◇ *pp* ▷ **expulsar.** ◇ *adj* expelled.

expurgar [iʃpux'ga(x)] *vt* **-1.** [limpar] to clean. **-2.** [corrigir] to expurgate. **-3.** [livrar]: **~ algo (de)** to purge sthg (of).

êxtase ['eʃtazi] *m* **-1.** [enlevo] ecstasy. **-2.** [transe]: **estar em ~** to be in ecstasy.

extasiar [iʃta'zja(x)] *vt* to enrapture.

◆ **extasiar-se** *vp* to be entranced.

extensão [iʃtẽn'sãw] (*pl* **-ões**) *f* **-1.** [ger] extent. **-2.** [dimensão, área] area. **-3.** [comprimento] length; **a vegetação cobria toda a ~ da praia** the vegetation covered the whole length and breadth of the beach. **-4.** [duração] duration. **-5.** [ampliação] scope. **-6.** [ramal telefônico, fio elétrico] extension.

extensivo, va [iʃtẽn'sivu, va] *adj* **-1.** [extensível] extending. **-2.** [amplo] extensive.

extenso, sa [iʃ'tẽnsu, sa] *adj* **-1.** [ger] long. **-2.** [amplo, abrangente] extensive. **-3.** *loc*: **por ~** in full.

extenuado, da [iʃte'nwadu, da] *adj* worn out.

extenuante [iʃte'nwãntʃi] *adj* **-1.** [cansativo] exhausting. **-2.** [debilitante] debilitating.

extenuar [iʃtẽ'nwa(x)] *vt* **-1.** [cansar] to wear out. **-2.** [debilitar] to debilitate.

◆ **extenuar-se** *vp* **-1.** [cansar-se] to wear o.s. out. **-2.** [debilitar-se] to be debilitated.

exterior [iʃte'rjo(x)] (*pl* **-es**) ◇ *adj* **-1.** [externo] outer. **-2.** [com outros países] external. **-3.** [aparência] external. **-4.** [o estrangeiro]: **o ~** abroad. ◇ *m* [aparência] appearance.

exterioridade [iʃterjori'dadʒi] *f* external nature; [aparências] (outward) appearances.

exterminar [iʃtexmi'na(x)] *vt* **-1.** [aniquilar] to exterminate. **-2.** [erradicar] to eradicate.

extermínio [iʃtex'minju] *m* extermination.

externa [iʃ'tɛxna] *f* ▷ **externo.**

externato [iʃtɛx'natu] *m* day school.

externo, na [iʃtɛxnu, na] *adj* **-1.** [exterior - parede] exterior; [- lado] external. **-2.** [aparente] exterior. **-3.** [medicamento]: **uso ~** external use.

extinção [iʃtʃĩn'sãw] *f* extinction; **em ~** endangered.

extinguir [iʃtĩŋ'gi(x)] *vt* **-1.** [fogo] to extinguish. **-2.** [exterminar] to exterminate. **-3.** [dissolver] to dissolve. **-4.** ECOL to endanger.

◆ **extinguir-se** *vp* **-1.** [fogo] to go out. **-2.** [desaparecer] to disappear. **-3.** ECOL to become extinct.

extinto, ta [iʃ'tʃĩntu, ta] *adj* **-1.** [ger] extinct. **-2.** [fogo] extinguished. **-3.** [associação] defunct.

extintor [iʃtʃĩn'to(x)] (*pl* **-res**) *m*: **~ (de incêndio)** (fire) extinguisher.

extirpar [iʃtix'pa(x)] *vt* **-1.** [arrancar] to pull out. **-2.** [extrair - dente] to extract; [- tumor] to remove. **-3.** [erradicar] to eradicate.

extorquir [iʃtox'ki(x)] *vt*: **~ algo (de alguém)** to extort sthg (from sb).

extorsão [iʃtox'sãw] (*pl* **-ões**) *f* extortion.

extra ['ɛʃtra] ◇ *adj* [extraordinário] extra. ◇ *mf* extra.

extração [iʃtra'sãw] (*pl* **-ões**) *f* **-1.** [ger] extraction. **-2.** [sorteio] draw.

extraditar [iʃtradʒi'ta(x)] *vt* to extradite.

extrair [iʃtra'i(x)] *vt* [tirar]: **~ algo (de)** to extract sthg (from).

extraordinário, ria [iʃtraordʒi'narju, rja] *adj* extraordinary.

extrapolação [eʃtrapola'sãw] (*pl* **-ões**) *f* extrapolation.

extrapolar [iʃtrapo'la(x)] *vt* to go beyond.

extraterrestre [eʃtrate'xɛʃtri] ◇ *adj* extraterrestrial. ◇ *mf* extraterrestrial.

extrato [iʃ'tratu] *m* **-1.** [ger] extract; **~ de tomate** tomato puree. **-2.** [resumo] excerpt; **~ bancário** bank statement.

extravagância [iʃtrava'gãnsja] *f* extravagance; **fazer uma ~** to be extravagant.

extravagante [iʃtrava'gãntʃi] ◇ *adj* [excêntrico] eccentric.

extravasar [iʃtrava'sa(x)] ◇ *vt* [exteriorizar - sentimento, alegria] to show; [- raiva] to give vent to. ◇ *vi* **-1.** [expandir-se] to burst out. **-2.** [transbordar] to spill over.

extraviado, da [iʃtra'vjadu, da] *adj* missing.

extraviar [iʃtra'vja(x)] *vt* **-1.** [perder] to lose. **-2.** [dinheiro] to embezzle. **-3.** *fig* [perverter] to lead astray.

◆ **extraviar-se** *vp* **-1.** [carta] to go astray; [processo] to get lost. **-2.** [pessoa - perder-se] to get lost; *fig* [perverter-se] to be led astray.

extravio [iʃtra'viw] *m* **-1.** [perda]: **~ (de algo)** loss (of sthg). **-2.** [roubo] embezzlement.

extremidade [iʃtremi'dadʒi] *f* **-1.** [fim, limite] end. **-2.** [ponta] tip. **-3.** [beira] edge.

◆ **extremidades** *fpl* ANAT extremities.

extremo, ma [iʃ'tremu, ma] *adj (antes de subst)* **-1.** [ger] extreme; **o Extremo Oriente** the Far East. **-2.** [derradeiro, exagerado] extreme.

◆ **extremo** *m* **-1.** [limite, ponta] extreme. **-2.** [máximo] utmost; **ao ~** to the utmost.

extroversão [iʃtrovex'sãw] *f* extroversion.

extrovertido, da [iʃtrɔvex'tʃidu, da] ◇ *adj* extrovert. ◇ *m, f* extrovert.

exuberante [ezube'rãntʃi] *adj* exuberant.

exultante [ezuw'tãntʃi] *adj* exultant.

exultar [ezuw'ta(x)] *vi*: **~ (de)** to exult (in).

exumação [ezu'masãw] (*pl* **-ões**) *f* exhumation.

exumar [ezu'ma(x)] *vt* **-1.** [corpo] to exhume. **-2.** *fig* [lembranças] to dig up.

F

f, F ['ɛfi] *m* [letra] f, F.

fá [fa] *m* MÚS F, fa(h).

fã [fã] (*pl* **fãs**) *mf* fan.

FAB (*abrev de* **Força Aérea Brasileira**) *m* Brazilian Air Force.

fábrica ['fabrika] *f* factory.

> Não confundir ***fábrica (factory)*** com o inglês ***fabric*** que em português significa ***tecido***. (***O pai dele trabalha em uma fábrica.*** His father works in a ***factory***.)

fabricação [fabrika'sãw] (*pl* **-ões**) *f* manufacture; **de ~ caseira** home-made.

fabricar [fabri'ka(x)] *vt* **-1.** [manufaturar] to manufacture. **-2.** [inventar] to fabricate.

fábula ['fabula] *f* **-1.** [conto] fable. **-2.** *fam* [fortuna] fortune.

fabuloso, osa [fabu'lozu, ɔza] *adj* [ger] fabulous.

faca ['faka] *f* knife; **ser uma ~ de dois gumes** *fam* to be a double-edged sword.

facada [fa'kada] *f* **-1.** [golpe] stab. **-2.** *fam* cut; **dar uma ~ em alguém** [pedir dinheiro a alguém] to cadge money off sb.

façanha [fa'sãɲa] *f* exploit.

facão [fa'kãw] (*pl* **-ões**) *m* carving knife.

facção [fak'sãw] (*pl* **-ões**) *f* faction.

face ['fasi] *f* **-1.** [ger] face; **fazer ~ a** *fig* [enfrentar] to face up to; [custear] to take on board; **~ a ~** face to face. **-2.** [lado] side. **-3.** [aspecto] facet.

◆ **em face de** *loc prep* [diante de] faced with.

fáceis ['fasejʃ] *pl* ▷ **fácil**.

faceta [fa'seta] *f* [aspecto] facet.

fachada [fa'ʃada] *f* **-1.** [de prédio] façade. **-2.** *fig fam* [aparência] mug.

fácil ['fasiw] (*pl* **-eis**) *adj* **-1.** [simples] easy. **-2.** [dócil] easy(-going). **-3.** *pej* [mulher] easy.

◆ **fácil** *adv* easily.

facilidade [fasili'dadʒi] *f* **-1.** [ausência de dificuldade] ease. **-2.** [aptidão]: **ter ~ (para algo)** to have an aptitude (for sthg).

◆ **facilidades** *fpl* [meios] facilities.

facílimo, ma [fa'silimu, ma] *adj superl* ▷ **fácil**.

facilitar [fasili'ta(x)] ◇ *vt* **-1.** [tornar fácil] to make easy. **-2.** [facultar] to facilitate. ◇ *vi* [descuidar-se] to be careless.

facões [fa'kõjʃ] *pl* ▷ **facão**.

fac-símile [fak'simili] (*pl* **fac-símiles**) *m* **-1.** [cópia] facsimile. **-2.** [máquina] fax machine.

faculdade [fakuw'dadʒi] *f* **-1.** [capacidade] faculty. **-2.** [propriedade] property. **-3.** [escola superior] faculty.

facultativo, va [fakuwta'tʃivu, va] ◇ *adj* optional. ◇ *m, f* (medical) doctor.

fada ['fada] *f* fairy.

fadado, da [fa'dadu, da] *adj*: **estar ~ a algo** to be fated to sthg.

fadiga [fa'dʒiga] *f* fatigue.

fado ['fadu] *m* **-1.** [destino] fate. **-2.** MÚS fado, *type of Portuguese folk song*.

fagulha [fa'guʎa] *f* spark.

fahrenheit [fare'najtʃi] *adj* Fahrenheit.

faia ['faja] *f* beech tree.

faisão [faj'zãw] (*pl* **-ões**) *m* pheasant.

faísca [fa'iʃka] *f* spark.

faiscar [fajʃ'ka(x)] *vi* **-1.** [fogo] to flicker. **-2.** [olhos] to flash.

faixa ['fajʃa] *f* **-1.** [tira] strip. **-2.** [para a cintura] belt. **-3.** [para o peito] sash; **~ presidencial** presidential sash. **-4.** [para pedestres]: **~ (de pedestres)** (pedestrian) crossing. **-5.** [pista] lane. **-6.** [atadura] bandage. **-7.** [de terra] strip. **-8.** [para mensagem] banner. **-9.** [intervalo] interval; ~ **etária** age group. **-10.** [de disco] track.

fala ['fala] *f* **-1.** [ger] speech. **-2.** [parte de diálogo] words *(pl)*.

falácia [fa'lasja] *f* fallacy.

falante [fa'lãntʃi] *adj* talking.

falar [fa'la(x)] <> *vi* **-1.** [verbalmente] to speak; ~ **de** *ou* **em algo** to talk about sthg; ~ **com alguém** to speak to sb; ~ **alto/baixo** to speak loudly/softly; ~ **da boca para fora** *fam* not to mean a word one is saying; ~ **mais alto** *fig* to win the day; ~ **pelos cotovelos** [falar muito] to talk one's head off; ~ **por alguém** to speak on behalf of sb; ~ **por** ~ to talk for the sake of talking; ~ **sozinho/dormindo** to talk to o.s./in one's sleep; **por** ~ **em ...** speaking *ou* talking of ...; **sem** ~ **de** *ou* **em ...** not to mention ...; **falou, está falado!** *fam* [OK] OK! **-2.** [discursar] to make a speech. **-3.** [tratar]: ~ **de** *ou* **sobre algo** to talk about sthg. **-4.** [confessar] to talk. <> *vt* **-1.** [idioma]: ~ **inglês/espanhol** to speak English/Spanish. **-2.** [dizer] to say; ~ **que** to say that; ~ **bem/mal de** to speak well/ill of; ~ **bobagem** to talk nonsense. **-3.** [contar]: ~ **algo (a alguém)** to tell (sb) sthg.

◆ **falar-se** *vp* **-1.** [dialogar] to talk. **-2.** [estar em boas relações] to be talking to one another; **não se** ~ to not be talking to one another.

falatório [fala'tɔrju] *m* **-1.** [ruído] voices *(pl)*. **-2.** [discurso] diatribe. **-3.** [maledicência] slander.

falecer [fale'se(x)] *vi* to pass away.

falecido, da [fale'sidu, da] <> *adj* [pessoa] deceased. <> *m, f* [pessoa] deceased.

falência [fa'lẽnsja] *f* bankruptcy; **abrir** ~ to declare o.s. bankrupt; **ir à** ~ to go bankrupt; **levar à** ~ to bankrupt.

falésia [fa'lɛzja] *f* cliff.

falha ['faʎa] *f* **-1.** [fenda] fault. **-2.** [defeito] defect. **-3.** [omissão] omission.

falhar [fa'ʎa(x)] <> *vt* **-1.** [errar] to fail. **-2.** [faltar com - promessa] to break; [- obrigação] to fail. <> *vi* **-1.** [não funcionar, fracassar] to fail. **-2.** [não acertar] to miss.

falho, lha ['faʎu, ʎa] *adj* **-1.** [defeituoso] faulty. **-2.** [deficiente] flawed.

falido, da [fa'lidu, da] <> *adj* bankrupt. <> *m, f* bankrupt.

falir [fa'li(x)] *vi* **-1.** [abrir falência] to go bankrupt. **-2.** [fracassar] to fail.

falo ['falu] *m* phallus.

falsário, ria [faw'sarju, rja] *m* **-1.** [falsificador] forger. **-2.** [perjuro] perjurer.

falsidade [fawsi'dadʒi] *f* **-1.** [fingimento] hypocrisy. **-2.** [mentira] lie; ~ **ideológica** false declaration.

falsificação [fawsifika'sãw] *(pl* **-ões)** *f* forgery.

falsificar [fawsifi'ka(x)] *vt* **-1.** [ger] to forge. **-2.** [adulterar - alimento, remédio] to adulterate; [- documento] to falsify. **-3.** [desvirtuar] to misrepresent.

falso, sa ['fawsu, sa] *adj* **-1.** [ger] false. **-2.** [falsificado] forged. **-3.** [fingido] deceitful. **-4.** [errôneo] erroneous. **-5.** *loc*: **pisar em** ~ to miss one's step.

falta ['fawta] *f* **-1.** [carência] lack; **ter** ~ **de** to be in need of; ~ **de ar** airlessness; ~ **de respeito** lack of respect. **-2.** [ausência] absence; **sentir** ~ **de algo/alguém** to miss sthg/sb; **na** ~ **de** for lack of; **sem** ~ without fail. **-3.** [erro, pecado] fault. **-4.** ESP foul.

faltar [faw'ta(x)] *vi* **-1.** [não haver]: **falta água/luz/comida** there's no water/electricity/food; **falta honestidade** there's a lack of honesty; ~ **sal/tempero** to need salt/seasoning. **-2.** [estar ausente] to be absent; **ontem faltaram cinco alunos** yesterday five students were absent; **falta o Hélio** Hélio's not here, Hélio's missing. **-3.** [ser escasso]: **falta-lhe dinheiro** he hasn't got enough money; **falta-lhe saúde** he's not too healthy; **faltou-lhe força de vontade** he lacked the willpower; **nada nos falta** we have everything we need, we want for nothing. **-4.** [restar - por fazer]: **só falta fazermos o bolo** all that's left for us to do is make the cake; **falta pintarmos a casa** we've still got to paint the house; **só me faltava essa!** *fam* that's all I needed!; [- por decorrer]: **faltam dois meses para o festival** there are two months to go before the festival; **falta uma semana para irmos embora** it's a week until we go. **-5.** [omitir-se]: **nunca faltou quando a família precisava** he was always there when the family needed him. **-6.** [morrer] to die.

fama ['fãma] *f* **-1.** [celebridade] fame. **-2.** [reputação] reputation.

família [fa'milja] *f* family; **ser de** ~ to run in the family.

familiar [fami'lja(x)] *(pl* **-es)** <> *adj* **-1.** [relativo à família] family *(antes de subst)*. **-2.** [conhecido] familiar. <> *mf* [pessoa da família]: **um** ~ a family member; **os** ~**es** the family *(sg)*.

familiaridade [familjari'dadʒi] *f* **-1.** [intimidade] familiarity. **-2.** [informalidade] informality.

familiarizar [familjari'za(x)] *vt* to familiarize.

◆ **familiarizar-se** *vp*: ~**-se com algo/alguém** to familiarize o.s. with sthg/sb.

faminto, ta [fa'mĩntu, ta] *adj* famished.

famoso, osa [fa'mozu, ɔza] *adj* famous.

fanático, ca [fa'natʃiku, ka] <> *adj* **-1.** POL & RELIG fanatical. **-2.** [apaixonado]: ~ **(por)** crazy (about). <> *m, f* [pessoa] fanatic.

fanfarronice [fãnwfaxo'nisi] *f* [gabarolice] boasting.

fanho, nha ['faɲu, ɲa], **fanhoso, sa** [fã'ɲozu, za] *adj* **-1.** [voz] nasal. **-2.** [pessoa] *with a nasal-sounding voice.*

fantasia [fãnta'zia] *f* **-1.** [coisa imaginada] fantasy; **jóia de ~** [bijuteria] costume jewellery. **-2.** [imaginação] fancy. **-3.** [capricho] whim. **-4.** [traje] fancy dress; **~ de árabe/pirata** Arab/pirate costume. **-5.** *MÚS* fantasia.

fantasiar [fãnta'zja(x)] *vt* **-1.** [imaginar] to imagine. **-2.** [devanear] to daydream.

◆ **fantasiar-se** *vp*: **~-se (de)** to dress up (as).

fantasioso, osa [fãta'zjozu, ɔza] *adj* fanciful.

fantasma [fãn'taʒma] *m* **-1.** [espectro] ghost. **-2.** [alucinação] phantom. **-3.** *fig* [coisa terrível] spectre.

fantástico, ca [fãn'taʃtʃiku, ka] *adj* **-1.** [ger] fantastic. **-2.** *fam* [ótimo] fantastic.

fantoche [fãn'tɔʃi] *m* puppet.

FAQs (*abrev de* **Frequently Asked Questions**) *fpl* FAQs.

FARC (*abrev de* **Forças Armadas Revolucionárias da Colômbia**) *f* FARC.

farda ['faxda] *f* [uniforme] uniform.

fardo ['faxdu] *m* **-1.** [carga] load. **-2.** *fig* [peso] burden.

farejar [fare'ʒa(x)] ◇ *vt* to sniff. ◇ *vi* [tomar o faro] to pick up the scent.

farelo [fa'rɛlu] *m* **-1.** [de pão] crumb. **-2.** [de cereal] husk; **~ de trigo** wheat bran.

farfalhar [faxfa'ʎa(x)] *vi* to rustle.

farinha [fa'riɲa] *f*: **~ (de mesa** *OU* **de mandioca)** cassava flour; **~ de rosca** toasted breadcrumbs; **~ de trigo** wheat flour.

farmacêutico, ca [farma'sewtiku, ka] ◇ *adj* pharmaceutical. ◇ *m, f* pharmacist.

farmácia [fax'masja] *f* **-1.** [ger] pharmacy. **-2.** [coleção de medicamentos] first-aid box *OU* cabinet.

faro ['faru] *m* **-1.** [olfato] sense of smell. **-2.** *fig* [intuição] nose.

farofa [fa'rɔfa] *f CULIN* fried manioc flour.

farol [fa'rɔw] (*pl* **-óis**) *m* **-1.** [para navegantes] lighthouse. **-2.** *AUTO* headlight; **~ alto/baixo** full/low beam.

farolete [farɔ'leti] *m AUTO* indicator; **~ dianteiro** sidelight; **~ traseiro** rear light.

farpa ['faxpa] *f* **-1.** [de madeira] splinter. **-2.** [metálica] shard. **-3.** *fam* [crítica] barb.

farpado, da [fax'padu, da] *adj* ▷ **arame**.

farra ['faxa] *f* binge.

farrapo [fa'xapu] *m* [trapo] rag; **estar um ~** *fig* [coisa] to be ragged; [pessoa] to be in rags.

farsa ['faxsa] *f* **-1.** *TEATRO* farce. **-2.** *fig* [fraude] sham.

farsante [fax'sãntʃi] *mf* **-1.** [pessoa sem palavra] fraud. **-2.** [pessoa brincalhona] buffoon.

fartar [fax'ta(x)] *vt* [saciar] to satiate.

◆ **fartar-se** *vp* **-1.** [saciar-se]: **~-se (de algo)** to gorge (on sthg). **-2.** [cansar-se]: **~-se (de algo/alguém)** to have had enough of sthg/sb.

farto, ta ['faxtu, ta] *adj* **-1.** [saciado] replete. **-2.** [abundante] lavish. **-3.** [cansado]: **estar ~ (de algo/alguém)** to be fed up (with sthg/sb).

fartura [fax'tura] *f* [abundância] abundance; **~ de algo** abundance of sthg.

fascículo [fa'sikulu] *m* [de publicação] fascicle.

fascinante [fasi'nãntʃi] *adj* **-1.** [cativante] fascinating. **-2.** [deslumbrante] amazing.

fascinar [fasi'na(x)] ◇ *vt* [cativar] to fascinate. ◇ *vi* [deslumbrar] to delight.

fascínio [fa'sinju] *m* [atração] fascination.

fascismo [fa'siʒmu] *m* fascism.

fase ['fazi] *f* **-1.** [ger] phase. **-2.** *ASTRON*: **as ~s da Lua** the phases of the moon.

fastidioso, osa [faʃtʃi'dʒjozu, ɔza] *adj* fastidious.

FAT (*abrev de* **Fundo de Amparo ao Trabalhador**) *m Brazilan fund for the support of workers.*

fatal [fa'taw] (*pl* **-ais**) *adj* **-1.** [mortal] fatal. **-2.** [inevitável] inevitable.

fatalidade [fatali'dadʒi] *f* **-1.** [destino] fate. **-2.** [desgraça] misfortune.

fatia [fa'tʃia] *f* slice.

fatiado, da [fa'tʃiadu, da] *adj* sliced.

fatigante [fati'gãntʃi] *adj* **-1.** [cansativo] tiresome. **-2.** [enfadonho] tedious.

fatigar [fati'ga(x)] *vt* **-1.** [cansar] to tire. **-2.** [enfadar] to bore.

◆ **fatigar-se** *vp* **-1.** [cansar-se] to tire. **-2.** [enfadar-se] to become bored.

fato ['fatu] *m* [ger] fact.

◆ **de fato** *loc adv* in fact.

fator [fa'to(x)] (*mpl* **-res**) *m* factor; **~ Rh** rhesus factor.

fatura [fa'tura] *f* invoice.

faturamento [fatura'mẽntu] *m* **-1.** *COM* turnover. **-2.** [fatura] invoicing.

faturar [fatu'ra(x)] ◇ *vt* **-1.** [mercadorias]: **~ algo a alguém** to invoice sb for sthg. **-2.** [dinheiro]: **faturou um bom dinheiro** he got a good price. **-3.** *fam* [obter] to land. ◇ *vi fam* [ganhar dinheiro] to rake it in.

fauna ['fawna] *f* fauna.

faustoso, sa [fawʃ'tozu, ɔza] *adj* [luxuoso] sumptuous.

fava ['fava] *f*: **ser ~s contadas** to be a sure thing; **mandar alguém às ~s** to send sb on their way.

favela [fa'vɛla] *f* slum.

favelado, da [favɛ'ladu, da] *m, f* slum dweller.

favo ['favu] *m* honeycomb.

favor [fa'vo(x)] (*pl* **-es**) *m* **-1.** [ger] favour *UK*, favor *US*; **fazer um ~ para alguém** to do sb a favour *UK*, to do sb a favor *US*; **pedir um ~ a alguém** to ask a favour of sb *UK*, to ask a favor of sb *US*; **por ~** please; **por ~, que horas são?** excuse me, what time is it?; *fam* [em reprimenda] do me a favour!; **quer fazer o ~ de se calar?** would you kindly shut up! **-2.** [benefício]: **a ~ de** in favour of *UK*, in favor of *US*.

favorável [favo'ravɛw] (*pl* **-eis**) *adj*: **~ (a algo/a fazer algo)** favourable (to sthg/to doing sthg).

favorecer [favore'se(x)] *vt* **-1.** [ger] to favour *UK*, to favor *US*. **-2.** [melhorar] to improve.

favorito, ta [favo'ritu, ta] <> *adj* favourite *UK*, favorite *US*. <> *m, f* favourite *UK*, favorite *US*.

faxina [fa'ʃina] *f* bundle of twigs; **fazer uma ~** to have a spring clean.

faxineiro, ra [faʃi'nejru, ra] *m, f* cleaner.

fax-modem (*pl* **-dens**) *m* fax-modem.

fazenda [fa'zẽnda] *f* **-1.** [propriedade rural] fazenda. **-2.** [de gado] cattle ranch. **-3.** [de café, cacau] plantation. **-4.** [tecido] cloth. **-5.** *ECON* revenue.

fazendeiro, ra [fazẽn'dejru, ra] *m, f* **-1.** [dono de fazenda] rancher. **-2.** [de café, cacau] planter. **-3.** [de gado] cattle rancher.

fazer [fa'ze(x)] <> *vt* **-1.** [produzir] to make; **~ muito barulho** to make a lot of noise; **~ planos/um vestido** to make plans/a dress; **~ uma pergunta** to ask a question. **-2.** [comida] to cook.**-3.** [gerar] to produce. **-4.** [realizar]: **estou fazendo um curso de computadores** I'm taking a computer course; **vamos ~ uma festa** let's have a party. **-5.** [praticar] to do; **você devia ~ mais exercício** you should exercise more; **faço jogging todas as manhãs** I go jogging every morning. **-6.** [cama] to make; **~ a cama** to make the bed. **-7.** [transformar] to make; **~ alguém feliz** to make sb happy. **-8.** [anos]: **faço anos amanhã** it's my birthday tomorrow; **fazemos cinco anos de casados** we've been married (for) five years. **-9.** [obrigar] to make; **~ alguém fazer algo** to make sb do sthg; **~ alguém rir/chorar** to make sb laugh/cry. **-10.** [cálculo, conta] to do; **faz a conta para ver quanto é** work out the check to see what it comes to. <> *vi* **-1.** [causar]: **~ bem/mal a algo** to be good/bad for sthg; **~ bem/mal a alguém** [coisa] to be good/bad for sb; **~ mal a alguém** [pessoa] to hurt sb. **-2.** [obrigar]: **faça (com) que ele venha** make him come; [imaginar]: **~ de conta que ...** to pretend that ... <> *v impess* **-1.**: **faz frio/calor** it's cold/hot. **-2.** [tempo]: **faz um ano que não o vejo** it's been a year since I last saw him; **faz tempo que estou à espera** I've been waiting for a while; **o Sérgio partiu faz três meses** Sérgio left three months ago. **-3.** [importar]: **não faz mal se está quebrado** it doesn't matter if it's broken; **tanto faz** it doesn't matter.

◆ **fazer-se** *vp* [preparar-se] to be made; [ser correto]: **é assim que se faz** that's the way to do it; **~-se com** [ser preparado com] to be made with.

◆ **fazer-se de** *vp + prep* [pretender ser]: **ele gosta de ~-se de importante** he likes to act important; **~-se de tolo** to act stupid; **~-se de desentendido** to feign ignorance.

O verbo 'fazer' pode ser traduzido por *make* ou *do*, de acordo com o contexto.

Do é usado para referir-se a atividades em geral (***what are you doing?*** o que você está fazendo?; ***she never knows what to do on the weekends*** ela nunca sabe o que fazer nos fins de semana). E também para referir-se a tarefas domésticas, esportes ou trabalho em geral (***you should do some swimming*** você deveria fazer um pouco de natação; ***you must do your homework before watching television*** você deve fazer a lição de casa antes de ver televisão).

Make implica a ação concreta de criar ou levar algo a cabo (***I'm making some soup for dinner*** estou fazendo uma sopa para o jantar). Serve também para expressar a idéia de que alguém é obrigado a fazer algo (***she made the child have his medicine before leaving the house*** ela fez a criança tomar o remédio antes de sair de casa).

FBI (*abrev de* **Federal Bureau of Investigation**) *m* FBI.

fé ['fɛ] *f* [ger] faith; **de boa ~** in good faith; **de má ~** dishonestly.

FEBEM (*abrev de* **Fundação Estadual do Bem-Estar do Menor**) *f organization set up by individual states in Brazil for the rehabilitation of young offenders*.

Febraban (*abrev de* **Federação Brasileira de Associações de Bancos**) *f Brazilian banking representative body*.

febre ['fɛbri] *f* **-1.** *MED* fever; **~ amarela** yellow fever; **~ do feno** hayfever. **-2.** *fig* [mania] mania.

febril [fe'briw] (*pl* **-is**) *adj* feverish.

fechado, da [fe'ʃadu, da] *adj* **-1.** [ger] closed. **-2.** [pessoa] reticent. **-3.** *AUTO* [sinal] red light. **-4.** [tempo, céu] overcast. **-5.** [mato] dense. **-6.** [expressão] blank.

fechadura [feʃa'dura] *f* lock.

fechar [fe'ʃa(x)] <> *vt* **-1.** [ger] to close. **-2.** *AUTO* to cut in front of. <> *vi* **-1.** [cicatrizar-se] to close. **-2.** [tempo] to turn close. **-3.** [sinal de trânsito] to turn red. **-4.** [parar de funcionar] to close down.

◆ **fechar-se** *vp* **-1.** [encerrar-se] to close o.s. off. **-2.** [retrair-se] to shut o.s. off.

fecho ['feʃu] *m* **-1.** [de roupa] fastening; **~ ecler** zip. **-2.** [de porta, bolsa] catch. **-3.** [término] end.

fécula ['fɛkula] *f* starch.

fecundar [fekũn'da(x)] *vt* to fertilize.
feder [fe'de(x)] *vi* to stink; **não ~ nem cheirar** to be wishy-washy.
federação [federa'sãw] (*pl* **-ões**) *f* federation.
federal [fede'raw] (*pl* **-ais**) *adj* **-1.** [da Federação] federal. **-2.** *fam* [enorme] huge.
federativo, va [federa'tʃivu, va] *adj* federalist.
fedor [fe'do(x)] *m* stench.
fedorento, ta [fedo'rẽntu, ta] *adj* stinking.
feijão [fej'ʒãw] (*pl* **-ões**) *m* bean.
feijão-fradinho [fejʒãwfra'dʒiɲu] (*pl* **feijões-fradinhos**) *m* black-eyed bean.
feijão-preto [fejʒãw'pretu] (*pl* **feijões-pretos**) *m* black bean.
feijão-tropeiro [fejʒãwtro'pejru] (*pl* **feijões-tropeiros**) *m* bean casserole.
feijoada [fej'ʒwada] *f typical Brazilian dish made with black beans, pork, sausage and vegetables.*
feio, feia ['fejo, 'feja] *adj* **-1.** [ger] ugly. **-2.** [tempo] nasty.
◆ **feio** *adv*: **fazer ~** [dar vexame] to behave badly; **ficar ~** [dar má impressão] to be rude.
feira ['fejra] *f* [ger] fair; **~ livre** vegetable market.
feiticeiro, ra [fejtʃi'sejru, ra] ◇ *adj* [encantador] bewitching. ◇ *m, f* [pessoa] sorcerer (*f* witch).
feitiço [fej'tʃisu] *m* spell; **voltar-se o ~ contra o feiticeiro** to be hoist by one's own petard.
feitio [fej'tʃiw] *m* **-1.** [forma] shape. **-2.** [natureza] make-up. **-3.** [de roupa] cut.
feito, ta ['fejtu, ta] ◇ *pp* ▷ **fazer**. ◇ *adj* **-1.** [concluído, pronto] finished. **-2.** [adulto]: **homem ~/mulher feita** grown man/woman.
◆ **feito** ◇ *m* [façanha] deed. ◇ *conj* [tal qual] just like.
feixe ['fejʃi] *m* **-1.** [molho] bunch. **-2.** [de luz] beam.
fel ['fɛw] *m* **-1.** [ger] bitterness. **-2.** [bílis] bile.
felicidade [felisi'dadʒi] *f* **-1.** [ventura] happiness. **-2.** [êxito] success. **-3.** [boa sorte] good luck.
◆ **felicidades** *fpl* congratulations.
felicíssimo, ma [feli'sisimu, ma] *superl* ▷ **feliz**.
felicitação [felisita'sãw] (*pl* **-ões**) *f* praise.
◆ **felicitações** *fpl* congratulations.
felino, na [fe'linu, na] ◇ *adj* **-1.** [ger] feline. **-2.** *fig* [traiçoeiro] sly. ◇ *m* [animal] feline.
feliz [fe'liʒ] (*pl* **-es**) *adj* **-1.** [ger] happy; **ser ~ (em algo)** to be lucky (in sthg); **~ aniversário** happy birthday; **Feliz Natal** happy Christmas *UK*, merry Christmas *US*. **-2.** [oportuno] good. **-3.** [bem-sucedido] successful.
felizmente [feliʒ'mẽntʃi] *adv* **-1.** [por felicidade] luckily. **-2.** [de modo feliz] happily.
feltro ['fewtru] *m* felt.
fêmea ['femja] *f* female.
feminilidade [feminili'dadʒi] *f* femininity.
feminino, na [femi'ninu, na] *adj* feminine.
◆ **feminino** *m GRAM* feminine.
feminismo [femi'niʒmu] *m* feminism.
feminista [femi'niʃta] ◇ *adj* feminist. ◇ *mf* feminist.
fêmur ['femu(x)] *m* femur.
fenda ['fẽnda] *f* **-1.** [rachadura] crack. **-2.** *GEOL* crevice.
fender [fẽn'de(x)] *vt* to split.
◆ **fender-se** *vp* to split.
fenecer [fene'se(x)] *vi* **-1.** [extingüir-se] to die out. **-2.** [morrer] to die. **-3.** [murchar] to wilt.
feno ['fenu] *m* hay.
fenomenal [fenome'naw] (*pl* **-ais**) *adj* **-1.** [maravilhoso] wonderful. **-2.** [surpreendente] phenomenal.
fenômeno [fe'nomenu] *m* phenomenon.
fera ['fɛra] *f* **-1.** *fig* [ger] brute. **-2.** [animal] wild animal. **-3.** *fam fig* [pessoa perita] ace; **ser (uma) ~ em algo** *fam fig* to be an ace at sthg.
féretro ['fɛretru] *m* coffin.
feriado [fe'rjadu] *m* (public) holiday.
férias ['fɛrjaʃ] *fpl* holidays *UK*, vacation *(sg) US*; **de ~** on holiday *UK*, on vacation *US*; **entrar/sair de ~** to go on holiday *UK*, to go on vacation *US*.
ferida [fe'rida] *f* wound.
ferido, da [fe'ridu, da] ◇ *adj* **-1.** [machucado] wounded. **-2.** [magoado] wounded. ◇ *m, f* [pessoa] injured person; **os ~s** the injured.
ferimento [feri'mẽntu] *m* injury.

> O substantivo ***wound*** e o verbo ***to wound*** são usados em referência a uma ação deliberada ou quando há armas envolvidas (***the victim died from gunshot wounds*** a vítima morreu de ferimentos à bala; ***an old war wound*** um antigo ferimento de guerra).
>
> ***Injury*** e ***to injure*** referem-se a acidentes (***a sports injury*** uma contusão; ***he injured his leg in a car crash*** ele machucou a perna em um acidente de carro).

ferir [fe'ri(x)] *vt* **-1.** [machucar] to wound. **-2.** *fig* [magoar] to wound.
◆ **ferir-se** *vp* **-1.** [machucar-se] to hurt o.s. **-2.** *fig* [magoar-se]: **~-se com** to be wounded by.
fermentar [fexmẽn'ta(x)] ◇ *vt* to ferment. ◇ *vi* to ferment.
fermento [fex'mẽntu] *m* yeast; **~ em pó** powdered yeast.
Fernando de Noronha *m National Marine Park situated off the coast of Rio Grande do Norte in Brazil.*
ferocidade [ferosi'dadʒi] *f* ferocity.
ferocíssimo, ma [fero'sisimu, ma] *superl* ▷ **feroz**.
feroz [fe'rɔʃ] (*pl* **-es**) *adj* fierce.
ferradura [fexa'dura] *f* horseshoe.

ferragem [fe'xaʒẽ] (*pl* **-ns**) *f* **-1.** [peças] hardware. **-2.** [guarnição] ironwork.
ferramenta [fexa'mẽnta] *f* tool.
ferramental [fexa'mẽntaw] (*pl* **-ais**) *m* tool kit.
ferrão [fe'xãw] (*pl* **-ões**) *m* **-1.** [de inseto] sting. **-2.** [aguilhão] barb.
ferreiro [fe'xejru] *m* blacksmith.
ferrenho, nha [fe'xeɲu, ɲa] *adj* **-1.** [inflexível] iron. **-2.** [obstinado] passionate.
férreo, rrea ['fexju, xja] *adj* iron.
ferro ['fɛxu] *m* **-1.** [material] iron; **de** ~ *fig* [vontade, punhos] of iron; [pessoa] made of iron; ~ **batido** wrought iron; ~ **fundido** cast iron; ~ **ondulado** corrugated iron; ~ **velho** [sucata] scrap metal. **-2.** [aparelho]: ~ **(de passar)** iron; **passar a** ~ to iron.
ferroar [fe'xwa(x)] ◇ *vt* **-1.** [picar] to sting. **-2.** [criticar] to criticize. ◇ *vi* **-1.** [picar] to sting. **-2.** [latejar, doer] to really hurt.
ferrões [fe'xõjʃ] *pl* ▷ **ferrão**.
ferrolho [fe'xoʎu] *m* bolt.
ferro-velho [ˌfɛxu'vɛʎu] (*pl* **ferros-velhos**) *m* **-1.** [estabelecimento] scrapyard. **-2.** [sucata] scrap metal.
ferrovia [fexo'via] *f* railway *UK*, railroad *US*.
ferroviário, ria [fexo'vjarju, ja] ◇ *adj* railway *UK*, railroad *US*. ◇ *m, f* railway employee *UK*, railroad employee *US*.
ferrugem [fe'xuʒẽ] *f* rust.
fértil ['fɛxtiw] (*pl* **-eis**) *adj* **-1.** [terreno, período] fertile. **-2.** [pessoa] productive.
fertilidade [fextʃili'dadʒi] *f* **-1.** [de terra, pessoa] fertility. **-2.** [abundância] abundance.
fertilizante [fextʃili'zãntʃi] ◇ *adj* fertilizing; **método** ~ method of fertilization. ◇ *m* fertilizer.
fertilizar [fextʃili'za(x)] *vt* to fertilize.
fervente [fex'vẽntʃi] *adj* boiling.
ferver [fex've(x)] ◇ *vt* to boil; ~ **algo em fogo baixo** to simmer on a low heat. ◇ *vi* to become excited; ~ **de raiva** *fig* to be steaming with anger.
fervilhar [fexvi'ʎa(x)] *vi* **-1.** [ferver] to boil. **-2.** *fig* [pulular]: ~ **(de)** to swarm (with). **-3.** *fig* [de excitação] to bubble.
fervor [fex'vo(x)] *m* fervour *UK*, fervor *US*.
fervoroso, osa [fexvo'rozu, ɔza] *adj* **-1.** [ardoroso] fervent. **-2.** [dedicado] devoted.
festa ['fɛʃta] *f* **-1.** [reunião] party. **-2.** [comemoração]: ~ **da Independência** Independence Day party. **-3.** [alegria] thrill. **-4.** [carinho]: **fazer** ~ **(s) (em)** to cuddle up to.
◆ **festas** *fpl* [Natal e Ano-Novo] festive season *(sg)*.
festejar [feʃte'ʒa(x)] *vt* to celebrate.
festejo [feʃ'teʒu] *m* celebration.
festim [feʃ'tʃĩ] (*pl* **-ns**) *m* **-1.** [festa] feast. **-2.** [cartucho sem bala]: **tiro de** ~ blank shot.
festival [feʃtʃi'vaw] (*pl* **-ais**) *m* **-1.** [festa] festival. **-2.** *fig* [grande quantidade] load.
festividade [feʃtʃivi'dadʒi] *f* festivity.
festivo, va [feʃ'tʃivu, va] *adj* festive.
fetiche [fe'tʃiʃi] *m* fetish.
fétido, da ['fɛtʃidu, da] *adj* fetid.
feto ['fɛtu] *m* foetus *UK*, fetus *US*.
fev. (*abrev de* **fevereiro**) Feb.
fevereiro [feve'rejru] *m* February; *veja também* **setembro**.
fezes ['fɛziʃ] *fpl* faeces *UK*, feces *US*.
FGTS (*abrev de* **Fundo de Garantia por Tempo de Serviço**) *m monthly contribution towards the support of sacked and unemployed workers in Brazil.*
FGV (*abrev de* **Fundação Getúlio Vargas**) *f Brazilian private educational organization for improvement in public administration.*
FIA (*abrev de* **Federação Internacional de Automobilismo**) *f* FIA.
fiação [fja'sãw] (*pl* **-ões**) *f* **-1.** *ELETR* wiring. **-2.** [fábrica] spinning mill.
fiado, da ['fjadu, da] *adj* **-1.** [vendido a crédito] sold on credit *(depois do subst)*. **-2.** [conversa]: **isso é conversa fiada** that's far-fetched.
◆ **fiado** *adv* [a crédito] on credit.
fiador, ra [fja'do(x), ra] *m, f* guarantor.
fiambre ['fjãnbri] *m* ham.
fiança ['fjãnsa] *f* **-1.** [garantia] guarantee. **-2.** *JUR* bail; **sob** ~ on bail; **pagar** ~ to post bail.
fiapo ['fjapu] *m* thread.
fiar ['fja(x)] *vt* [reduzer a fio] to spin.
◆ **fiar-se** *vp* [confiar em]: ~**-se em alguém/algo** to trust sb/sthg.
fiasco ['fjaʃku] *m* fiasco.
fibra ['fibra] *f* [ger] fibre *UK*, fiber *US*; ~ **óptica** fibre optics *(pl) UK*, fiber optics *(pl) US*; ~ **de vidro** fibreglass *UK*, fiberglass *US*.
fibroso, sa [fi'brozu, ɔza] *adj* fibrous.
ficar [fi'ka(x)] *vi* **-1.** [ger] to remain; **só ficaram duas garrafas de refrigerante** there are only two bottles of soda left. **-2.** [permanecer] to stay; ~ **sentado/de pé** to remain seated/standing; ~ **por isso mesmo** to remain the same. **-3.** [estar situado] to be. **-4.** [tornar-se] to become; ~ **com frio** to be cold; ~ **feliz com algo** to be happy about sthg; ~ **bom** [de doença] to recover; [pintura etc.] to be good. **-5.** [ser adiado]: ~ **para** to leave until. **-6.** [combinar]: ~ **de fazer algo** to agree to do sthg. **-7.** [persistir]: ~ **fazendo algo** to go on doing sthg. **-8.** [prometer]: ~ **de fazer algo** to promise to do sthg. **-9.** [custar]: ~ **em** to come to. **-10.** [ser]: **não fica bem** it's not right. **-11.** [assentar a]: ~ **bem em** *OU* **para alguém** to look good on sb; ~ **bem de algo** to look good in sthg. **-12.** [vir a]: ~ **sabendo de algo** to get to know sthg. **-13.** *loc*: ~ **atrás** [ser inferior] to be behind.

ficção [fik'sãw] (*pl* **-ões**) *f* fiction.
ficcional [fik'sionawl] (*pl* **-ais**) *adj* LITER fictional.
ficha ['fiʃa] *f* **-1.** [ger] file. **-2.** [de telefone] plug. **-3.** [de jogo] token.
fichar [fi'ʃa(x)] *vt* to file.
fichário [fi'ʃarju] *m* **-1.** [ger] file. **-2.** [móvel] filing cabinet.
fictício, cia [fik'tʃisju, sja] *adj* fictitious.
fidalgo, ga [fi'dawgu, ga] *m, f* noble.
fidalguia [fidaw'gia] *f* nobility.
fidelidade [fideli'dadʒi] *f* **-1.** [lealdade] faithfulness. **-2.** [conjugal] fidelity. **-3.** [precisão] precision; **com ~** faithfully.
fiel ['fjɛw] (*pl* **-éis**) *adj* **-1.** [ger] faithful. **-2.** [constante] loyal.
◆ **fiéis** *mpl* RELIG: **os fiéis** the faithful *(pl inv)*.
FIFA (*abrev de* **Féderation Internationale de Football Association**) *f* FIFA.
figa ['figaʃ] *f* charm.
fígado ['figadu] *m* liver.
figo ['figu] *m* fig.
figura [fi'gura] *f* **-1.** [ger] figure; **ser uma ~** *fam* to be a character; **mudar de ~** to change. **-2.** [em carta] picture card, court card. **-3.** GRAM: **~ de linguagem** figure of speech.
figurante [figu'rãntʃi] *mf* extra.
figurão [figu'rãw] (*pl* **-ões**) *m* bigwig.
figurar [figu'ra(x)] ◇ *vt* **-1.** [representar] to represent. **-2.** [ter a forma de] to look like. **-3.** [aparentar] to look. ◇ *vi* [fazer parte]: **~ em/entre** to appear on/among.
figurino [figu'rinu] *m* **-1.** [molde] pattern. **-2.** [revista] fashion magazine. **-3.** CINE, TEATRO & TV [exemplo] model. **-4.** *fig*: **como manda o ~** as it should be.
fila ['fila] *f* [fileira - de pessoas] queue *UK*, line *US*; [- de cadeiras] row; **em ~** in line; **fazer ~** to queue *UK*, to form a line *US*; **~ indiana** single file.
filamento [fila'mẽntu] *m* filament.
filantropia [filãntro'pia] *f* philanthropy.
filantrópico, ca [filãn'tropiku, ka] *adj* philanthropic.
filarmônico, ca [filax'moniku, ka] *adj* philharmonic.
◆ **filarmônica** *f* philharmonic.
filatelia [filate'lia] *f* philately, stamp collecting.
filé [fi'lɛ] *m* fillet; **~ mignon** filet mignon.
fileira [fi'lejra] *f* row.
◆ **fileiras** *fpl* MIL ranks.
filha ['fiʎa] *f* ▷ **filho.**
filho, lha ['fiʎu, 'fiʎa] *m, f* **-1.** [descendente] son; **~ adotivo** adopted son; **~ da mãe** *vulg* bastard; **~ da puta** *vulg* son of a bitch. **-2.** *loc*: **ter um ~** *fig* to have a turn, to have a fainting fit; **ser ~ único de mãe solteira** *fig* to be unique.
filhote [fi'ʎɔtʃi] *m* **-1.** [de animal - de leão, urso] cub; [- de cachorro] puppy. **-2.** [filho] young son.
filial [fi'ljaw] (*pl* **-ais**) ◇ *adj* [amor] filial. ◇ *f* [sucursal] branch.
filiar [fi'ʎa(x)] *vt*: **~ alguém a algo** to sign sb up to sthg.
◆ **filiar-se** *vp*: **~-se a algo** to sign o.s. up to sthg.
Filipinas [fili'pinaʃ] *npl*: **(as) ~** the Philippines.
filipino, na [fili'pinu, na] ◇ *adj* Filipino. ◇ *m, f* Filipino.
◆ **filipino** *m* [língua] Filipino.
filmadora [fiwma'dora] *f* movie camera.
filmagem [fiw'maʒẽ] (*pl* **-ns**) *f* filming.
filmar [fiw'ma(x)] ◇ *vt* to film. ◇ *vi* to film.
filme ['fiwmi] *m* **-1.** [obra cinematográfica] film *UK*, movie *US*. **-2.** *loc*: **queimar o ~** to ruin one's image.
filmografia [fiwmogra'fia] *f* filmography.
filões [fi'lõjʃ] *mpl* ▷ **filão.**
filologia [filolo'ʒia] *f* philology.
filosofia [filozo'fia] *f* philosophy.
filósofo, fa [fi'lɔzofu, fi'lɔzofa] *m, f* philosopher.
filtragem [fiwtra'ʒẽ] (*pl* **-ns**) *f* [filtração] filtration.
filtrar [fiw'tra(x)] *vt* **-1.** [purificar] to filter. **-2.** [selecionar] to select.
filtro ['fiwtru] *m* filter; **~ de ar** air filter.
fim ['fĩ] (*pl* **-ns**) *m* [ger] end; **~ de semana** weekend; **no ~ das contas** after all; **ser o ~ (da picada)** to be the last straw; **por ~** finally.
◆ **a fim de** *loc prep* in order to; **estar a ~ de fazer algo** to be planning on doing sthg.
final [fi'naw] (*pl* **-ais**) ◇ *adj* final; **minuto ~** last minute; **ponto ~** full stop. ◇ *m* end. ◇ *f* ESP final.
finalidade [finali'dadʒi] *f* end.
finalista [fina'liʃta] *mf* finalist.
finalizar [finali'za(x)] ◇ *vt* [concluir] to conclude. ◇ *vi* FUT [fazer gol] to score.
finanças [fi'nãnsaʃ] *fpl* [situação financeira] finances.
financeiro, ra [finãn'sejru, ra] *adj* financial.
◆ **financeira** *f* [firma] finance company.
financiamento [finãnsja'mẽntu] *m* financing.
financiar [finãn'sja(x)] *vt* to finance.
fineza [fi'neza] *f* **-1.** [espessura] fineness. **-2.** [gentileza] politeness.
fingimento [fĩnʒi'mẽntu] *m* pretence *UK*, pretense *US*.
fingir [fĩ'ʒi(x)] ◇ *vt* to fake. ◇ *vi* to pretend.
◆ **fingir-se** *vp*: **~-se de algo** to pretend to be sthg.
finito, ta [fi'nitu, ta] *adj* finite.

finitude [fini'tudʒi] *f* [limitação] finite nature.
finlandês, esa [fĩnlãn'dejʃ, eza] <> *adj* Finnish. <> *m, f* Finnish person, Finn.
◆ **finlandês** *m* [língua] Finnish.
Finlândia [fĩn'lãndʒja] *n* Finland.
fino, na ['finu, na] *adj* **-1.** [ger] fine. **-2.** [agudo] shrill. **-3.** [refinado] elegant. **-4.** *loc*: **tirar uma ~ de** to come within a hair's breadth of.
fins [fĩʃ] *mpl* ▷ **fim**.
finura [fi'nura] *f* **-1.** [espessura] fineness. **-2.** [refinamento] refinement.
fio ['fiw] *m* **-1.** [ger] thread. **-2.** *ELETR* wire. **-3.** [gume] blade. **-4.** [filete] trickle.
◆ **a fio** *loc adj*: **dias/horas a ~** days/hours on end.
◆ **sem fio** *loc adj* wireless.
fiorde ['fjoxdʒi] *m* fjord.
firewall ['fajex'uɔw] *m COMPUT* firewall.
firma ['fixma] *f* **-1.** *COM* firm. **-2.** [assinatura] signature.
firmar [fix'ma(x)] <> *vt* **-1.** [fixar] to steady. **-2.** [assinar] to sign. **-3.** [estabelecer] to establish. **-4.** [basear]: **~ algo em algo** to base sthg on sthg. <> *vi* [estabilizar-se] to settle.
◆ **firmar-se** *vp* to settle.
firme ['fixmi] *adj* **-1.** [ger] firm. **-2.** [fixo] steady, stable. **-3.** [constante] settled. **-4.** [estável] stable.
firmeza [fix'meza] *f* **-1.** [ger] firmness. **-2.** [estabilidade] steadiness, stability. **-3.** [segurança] soundness.
fiscal [fiʃ'kaw] (*pl* **-ais**) <> *adj* [relativo ao fisco] fiscal. <> *mf* **-1.** [aduaneiro] customs officer. **-2.** [supervisor - de impostos] inspector; [- de prova] invigilator.
fiscalizar [fiʃkali'za(x)] *vt* **-1.** [estabelecimento, obras] to oversee. **-2.** [prova] to invigilate.
fisco ['fiʃku] *m*: **o ~** the public purse.
fisgar [fiʒ'ga(x)] *vt* **-1.** [peixe] to harpoon. **-2.** [pessoa] to understand.
físico, ca ['fiziku, ka] <> *adj* [ger] physical. <> *m, f FÍSICA* physicist.
◆ **físico** *m* [corpo] physique.
◆ **física** *f* [ciência] physics *(sg)*.
fisionomia [fizjono'mia] *f* features (*pl*), appearance; **ela está com boa ~** she's looking well.
fisioterapia [fizjɔtera'pia] *f* physiotherapy.
fissura [fi'sura] *f* **-1.** *GEOL* fissure. **-2.** *fam* [gana] hankering.
fissurado, da [fisu'radu, da] *adj* **-1.** [rachado] cracked. **-2.** *fam* [maluco por]: **~ em** mad about.
fita ['fita] *f* **-1.** [tira] ribbon; **~ durex**® *OU* **colante** Sellotape® *UK*; Scotch tape® *US*; **~ de impressora** typewriter ribbon; **~ isolante** insulating tape; **~ métrica** tape measure, measuring tape. **-2.** [filme] tape. **-3.** [cassete]: **~ de vídeo** videotape; **~ virgem** blank tape. **-4.** [manha] play-acting.
fivela [fi'vɛla] *f* **-1.** [fecho] buckle. **-2.** [de cabelo] hair clip.
fixador [fiksa'do(x)] (*pl* **-es**) *m* **-1.** [de cabelo] hairspray. **-2.** [de essência] fixing agent.
fixar [fik'sa(x)] *vt* **-1.** [prender] to fix. **-2.** [apreender] to make stick. **-3.** [estabelecer] to set.
◆ **fixar-se** *vp* **-1.** [estabilizar-se] to be fixed. **-2.** [estabelecer residência] to settle. **-3.** [fitar]: **~ em** to stare at.
fixo, xa ['fiksu, ksa] *adj* fixed.
flácido, da ['flasidu, da] *adj* flaccid.
flagelado, da [flaʒe'ladu, da] *adj* flogged.
flagelante [flaʒe'lãntʃi] *adj* **-1.** [chicote] searing. **-2.** [isolamento] punishing.
flagrante [fla'grãntʃi] <> *adj* flagrant. <> *m*: **pegar em ~ (de algo)** to catch in the act (of sthg); **em ~** red-handed, in flagrante.
flagrar [fla'gra(x)] *vt* to catch in the act.
flambar [flã'ba(x)] *vt* to flambé.
flamejante [flame'ʒãntʃi] *adj* flaming.
flamenco, ca [fla'mẽŋku, ka] <> *adj* flamenco.
◆ **flamenco** *m* flamenco.
flâmula ['flãmula] *f* pennant.
flanco ['flãŋku] *m* flank.
flanela [fla'nɛla] *f* flannel.
flanelinha [flane'liɲa] *mf fam unofficial car-park attendant*.
flash ['flɛʃi] (*pl* **-es**) *m* flash.
flauta ['flawta] *f* flute; **~ doce** tin whistle; **~ transversa** transverse flute.
flecha ['flɛʃa] *f* arrow.
flechada [fle'ʃada] *f* **-1.** [arremesso] arrow shot. **-2.** [ferimento] arrow wound.
flertar [flex'ta(x)] *vi*: **~ (com alguém)** to flirt (with sb).
fleuma ['flewma] *f* phlegm.
flexão [flek'sãw] (*pl* **-ões**) *f* **-1.** [movimento] flexing. **-2.** *GRAM* inflexion.
flexibilidade [fleksibili'dadʒi] *f* flexibility.
flexibilização [fleksibiliza'sãw] (*pl* **-ões**) *f* relaxation.
flexionado, da [fleksio'nadu, da] *adj LING* inflected.
flexível [flek'sivɛw] (*pl* **-eis**) *adj* flexible.
flexões [flek'sõjʃ] *fpl* ▷ **flexão**.
fliperama [flipe'rãma] *m* **-1.** [máquina] pinball machine. **-2.** [estabelecimento] amusement arcade.
floco ['flɔku] *m* flake; **~ de milho** cornflake; **~ de neve** snowflake.
◆ **flocos** *mpl*: **sorvete de ~s** chocolate chip ice-cream.
flor ['flo(x)] (*pl* **-es**) *f* **-1.** [pessoa boa]: **ser uma ~**

to be a gem. **-3.** *loc*: **a fina ~ de** the flower of.
floreado, da [flo'rjadu, da] *adj* flowery.
florescente [flore'sẽntʃi] *adj* **-1.** [BOT - árvore] blossoming; [- planta] flowering. **-2.** *fig* [próspero] flowering.
florescer [flore'se(x)] *vi* **-1.** [BOT - árvore] to blossom; [- planta] to flower. **-2.** *fig* [prosperar] to flower.
floresta [flo'rɛʃta] *f* forest.
florido, da [flo'ridu, da] *adj* flower-filled.
florista [flo'riʃta] *mf* florist.
fluente [flu'ẽntʃi] *adj* fluent.
fluido, da [flu'idu, ida] *adj* **-1.** [substância] fluid. **-2.** *fig* [fácil] flowing; **tráfego ~** smooth-flowing traffic.
◆ **fluido** *m* fluid.
fluir [flwi(x)] *vi* to flow.
flúor ['fluo(x)] *m* fluoride.
flutuar [flu'twa(x)] *vi* **-1.** [ger] to float. **-2.** [variar] to fluctuate.
fluvial [flu'vjaw] (*pl* **-ais**) *adj* river (*antes de subst*).
fluxo ['fluksu] *m* **-1.** [ger] flow. **-2.** COM: **~ de caixa** cash flow. **-3.** MED: **~ menstrual** menstrual flow.
fluxograma [flukso'grama] *m* flow chart.
FM (*abrev de* **freqüencia modulada**) *m* FM.
FMI (*abrev de* **Fundo Monetário Internacional**) *m* IMF.
fobia [fo'bia] *f* phobia.
foca ['fɔka] ◇ *f* ZOOL seal. ◇ *mf* [jornalista] cub reporter.
focalizar [fokali'za(x)], **focar** [fo'ka(x)] *vt* to focus.
focinho [fo'siɲu] *m* **-1.** [de suíno] snout. **-2.** [de cão] muzzle.
foco ['fɔku] *m* focus.
foder ['fode(x)] *vulg* ~ ◇ *vt* [copular com] to fuck. ◇ *vi* [copular] to fuck.
◆ **foder-se** *vp vulg* [dar-se mal] to fuck up.
fofo, fa ['fofu, fa] *adj* **-1.** [macio] soft. **-2.** [gracioso] cute.
fofoca [fo'fɔka] *f* gossip.
fofocar [fofo'ka(x)] *vi* to gossip.
fogão [fo'gãw] (*pl* **-ões**) *m* stove, cooker.
fogareiro [foga'rejru] *m* (paraffin) cooker, coal pot.
fogo ['fogu] (*pl* **fogos**) *m* **-1.** [ger] fire; **pegar ~** to catch fire; **ser ~ (na roupa)** to mean trouble. **-2.** [excitação] flame. **-3.** [desejo sexual] sex drive. **-4.** [disparo]: **abrir ~** to open fire; **fogo!** fire! **-5.** [pirotecnia]: **~(s) de artifício** fireworks.
fogões [fo'gõjʃ] *mpl* ▷ **fogão**.
fogoso, osa [fo'gozu, ɔza] *adj* **-1.** [arrebatado] fiery. **-2.** [sexualmente] aroused.
fogueira [fo'gejra] *f* bonfire.
foguete [fo'getʃi] *m* rocket.
foguetório [foge'tɔrju] *m* noise of fireworks.
foice ['fojsi] *f* scythe.
folclore [fow'klɔri] *m* folklore.
folclórico, ca [fow'klɔriku, ka] *adj* folk.
fole ['fɔli] *m* bellows (*pl*).
fôlego ['folegu] *m* **-1.** [respiração] breath; **perder o ~** to lose one's breath. **-2.** *fig* [ânimo]: **recuperar o ~** to recover one's breath.
folga ['fɔwga] *f* **-1.** [descanso] break; **dia de ~** day off. **-2.** [abuso]: **que ~!** what a cheek! **-3.** [sobra de espaço] space. **-4.** [sobra de tempo] gap.
folha ['foʎa] *f* **-1.** BOT leaf. **-2.** [página] page; **~ de pagamento** pay sheet. **-3.** [chapa] plate. **-4.** [jornal] newspaper. **-5.** [lâmina] blade. **-6.** [pedaço de papel] sheet.
◆ **em folha** *loc adv*: **novo em ~** brand new.
folhagem [fo'ʎaʒẽ] (*pl* **-ns**) *f* foliage.
folheado, da [fo'ʎadu, da] *adj* **-1.** [revestido]: **~ a ouro/prata** gold-/silver-plated. **-2.** CULIN: **massa folheada** puff pastry.
folhear [fo'ʎja(x)] *vt* to leaf through.
folheto [fo'ʎetu] *m* pamphlet.
folhinha [fo'ʎiɲa] *f* [calendário] calendar.
folia [fo'lia] *f* revelry.
folião, ona [fo'ljãw, ɔna] (*mpl* **-ões**, *fpl* **-s**) *m, f* reveller.
foliona [fo'ljona] *f* ▷ **folião**.
fome ['fɔmi] *f* [ger] hunger; **estar com ~** to be hungry; **passar ~** to go hungry.
fomentar [fomẽn'ta(x)] *vt* to foment.
fomento [fo'mẽntu] *m* **-1.** MED poultice. **-2.** [estímulo] fomentation.
fone ['foni] (*abrev de* **telefone**) *m* phone.
fonético, ca [fo'nɛtʃiku, ka] *adj* phonetic.
◆ **fonética** *f* phonetics (*sg*).
fonoaudiologia [fonawdʒiolo'gia] *f* speech therapy.
fonte ['fõntʃi] ◇ *f* **-1.** [ger] source. **-2.** [chafariz] fountain. ◇ *m* COMPUT source code.
fora [fɔra] ◇ *m* **-1.** [gafe] gaffe; **dar um ~** to commit a gaffe. **-2.** *fig* [dispensa]: **dar um ~ em alguém** to rebuff sb; **fora!** get out! **-3.** *loc*: **dar o ~** [partir] to skedaddle. ◇ *adv* **-1.** [na parte exterior]: **do lado de ~** on the outside; **por ~** outside. **-2.** [ao ar livre]: **lá ~** outside. **-3.** [em outro lugar] away, out; **fui para ~ a semana passada** I went away last week; **jantei ~ ontem** I went out to dinner yesterday; **a família está ~ no momento** the family is out OU away at the moment; [no estrangeiro] abroad. **-4.** *fig* [distanciado]: **~ de** out of; **estar ~ de si** to be beside o.s. ◇ *prep* [exceto] except for, apart from.
◆ **para fora** *loc adv*: **ela costura para ~** she takes sewing in.
◆ **por fora** *loc adv* **-1.** [cobrar, pagar]: **cobrar por ~** to receive on the side; **pagar por ~**

to pay on the side. **-2.** [ignorante]: **estar por ~ (de)** to be unaware (of).

◆ fora de série *loc adj* [excepcional] exceptional.

foragido, da [fora'ʒidu, da] <> *adj* fugitive. <> *m, f* fugitive.

forasteiro, ra [foraʃ'tejru, ra] *m, f* foreigner.

forca ['foxka] *f* gallows *(sg)*.

força ['foxsa] *f* **-1.** [ger] power. **-2.** [energia física, moral] strength; **ter ~ para fazer algo** to have (the) strength to do sthg; **~ de vontade** will power. **-3.** [violência] force; **à ~** by force. **-4.** [esforço]: **fazer ~** to try hard. **-5.** *MIL* force; **~s armadas** armed forces. **-6.** [ânimo, apoio]: **dar ~ a alguém** to give support to sb.

forçado, da [fox'sadu, da] *adj* **-1.** [ger] forced. **-2.** [interpretação] far-fetched.

forçar [fur'sar] *vt* **-1.** [obrigar]: **~ alguém (a algo/a fazer algo)** to force sb (to sthg/to do sthg). **-2.** [arrombar] to force. **-3.** [obter por força] to (obtain by) force. **-4.** [vista, voz] to strain. **-5.** [desvirtuar] to misinterpret. **-6.** *loc*: **~ a barra** [insistir, pressionar] to force sb's hand.

◆ forçar-se *vp*: **~-se a fazer algo** to force o.s. to do sthg, to make o.s. do sthg.

forçoso, osa [fox'sozu, ɔza] *adj* necessary.

forjado, da [fox'ʃadu, da] *adj* **-1.** [utensílio, metal] forged. **-2.** [notícia] fabricated.

forjar [fox'sa(x)] *vt* to forge.

forma ['fɔxma] *f* **-1.** [ger] form; **desta ~** in this way, thus. **-2.** [estado físico, feitio] shape; **em ~ de** in the shape of; **estar em ~** to be in shape.

◆ de forma que *loc conj* so that.

◆ da mesma forma *loc adv* similarly.

◆ de forma alguma *loc adv* in no way.

◆ de tal forma *loc adv* in such a way.

fôrma ['foxma] *f* **-1.** *CULIN* mould. **-2.** [molde] mould, cast. **-3.** [de sapato] last.

formação [foxma'sãw] (*pl* **-ões**) *f* **-1.** [ger] formation. **-2.** [educação] upbringing.

formado, da [fox'madu, da] *adj* **-1.** [constituído]: **~ por** made up of. **-2.** [graduado]: **ser ~ por** to be educated by.

formal [fox'maw] (*pl* **-ais**) *adj* formal.

formalidade [foxmali'dadʒi] *f* formality; **com ~** formally.

formão [fox'mãw] (*pl* **-ões**) *m* chisel.

formar [fox'ma(x)] <> *vt* **-1.** [ger] to form. **-2.** [educar] to educate. <> *vi MIL* [entrar em fila] to fall in.

◆ formar-se *vp* **-1.** [constituir-se] to form. **-2.** [graduar-se] to graduate.

formatar [foxma'ta(x)] *vt COMPUT* to format.

formato [fox'matu] *m* **-1.** [forma] shape. **-2.** [modelo] format.

fórmica ['fɔxmika] *f* formica®.

formidável [foxmi'davɛw] (*pl* **-eis**) *adj* **-1.** [fantástico] fantastic. **-2.** [imenso] formidable.

formiga [fox'miga] *f* ant.

formigar [foxmi'ga(x)] *vi* [coçar] to have pins and needles.

formigueiro [foxmi'gejru] *m* **-1.** [de formigas] anthill. **-2.** *fig* [multidão] swarm.

formoso, osa [fox'mozu, ɔza] *adj* beautiful.

fórmula ['fɔxmula] *f* **-1.** [ger] formula. **-2.** [modo] (polite) phrase, (politeness) formula. **-3.** *AUTO*: **~ um** Formula One.

formulário [foxmu'larju] *m* form; **~ contínuo** *COMPUT* continuous stationery.

fornecedor, ra [foxnese'do(x), ra] (*mpl* **-es**, *fpl* **-s**) <> *adj* supplying. <> *m, f* supplier.

fornecer [foxne'se(x)] *vt* to supply.

fornecimento [foxnesi'mẽntu] *m* supply.

forno ['foxnu] *m* **-1.** *CULIN* oven; **~ de microondas** microwave (oven). **-2.** [fornalha] kiln.

foro ['foru] *m* forum.

forra ['fɔxa] *f*: **ir à ~** to take one's revenge.

forrar [fo'xa(x)] *vt* **-1.** [ger] to line. **-2.** [sofá, chão] to cover. **-3.** [parede] to paper.

forro ['foxu] *m* **-1.** [interno] lining. **-2.** [externo] cover.

forró [fo'xɔ] *m typical Brazilian dance of the north-east.*

fortalecer [foxtale'se(x)] *vt* to strengthen.

fortaleza [foxta'leza] *f* **-1.** [forte] fortress. **-2.** *fig* [bastião] fortress.

forte ['fɔxtʃi] <> *adj* **-1.** [ger] strong. **-2.** [piada, palavra, filme] crude. **-3.** [poderoso] powerful. **-4.** [versado]: **ser ~ em algo** to be strong at sthg. **-5.** [intenso - emoção, calor, dor] intense; [- chuva] heavy. **-6.** [violento] violent. <> *m* **-1.** [fortaleza] stronghold. **-2.** *fig* [ponto forte] strength. <> *adv* heavily.

fortuito, ta [fox'twitu, ta] *adj* fortuitous.

fortuna [fox'tuna] *f* fortune.

fosco, ca ['foʃku, ka] *adj* tarnished.

fósforo ['fɔʃfuru] *m* **-1.** *QUÍM* phosphor. **-2.** [palito] matchstick.

fossa ['fɔsa] *f* **-1.** [buraco] hole; **~ nasal** nostril; **~ das Marianas** Mariana Trench. **-2.** [esgoto] ditch. **-3.** *fig* [depressão] slump; **estar/entrar na ~** to be down in the dumps.

fóssil ['fɔsiw] (*pl* **-eis**) *m* fossil.

fosso ['fosu] *m* ditch.

foto ['fɔtu] *f* photo.

fotocópia [foto'kɔpja] *f* photocopy.

fotocopiar [fotoko'pja(x)] *vt* to photocopy.

fotografia [fotogra'fia] *f* **-1.** [técnica] photography. **-2.** [foto] photograph.

fotógrafo, fa [fo'tɔgrafu, fa] *m, f* photographer.

fóton ['fɔtõ] (*pl* **-tons, -nes**) *m* [fís] photon.

fotonovela [fotono'vɛla] *f* photo-strip story.

foz ['fɔʃ] *f* estuary.

fração [fra'sãw] (*pl* **-ões**) *f* **-1.** [pedaço] bit. **-2.** MAT fraction.

fracassar [fraka'sa(x)] *vi* to fail.

fracasso [fra'kasu] *m* failure.

fracionário, ria [frasiona'riu, ria] *adj* MAT fractional.

fraco, ca ['fraku, ka] *adj* **-1.** [ger] weak. **-2.** [medíocre]: ~ **(em)** weak (at). **-3.** [não ativo - bebida] weak; [- cigarro] mild; [- perfume] delicate.

◆ **fraco** ◇ *adv* weakly. ◇ *m* **-1.** [ponto fraco] weak point. **-2.** [inclinação] weakness.

frade ['fradʒi] *m* friar.

fragata [fra'gata] *f* frigate.

frágil ['fraʒiw] (*pl* **-eis**) *adj* fragile.

fragilidade [fraʒili'dadʒi] *f* fragility.

fragmentação [fragmẽnta'sãw] (*pl* **-ões**) *f* fragmentation.

fragmento [frag'mẽntu] *m* fragment.

fragrância [fra'grãnsja] *f* fragrance.

fralda ['frawda] *f* **-1.** [cueiro] nappy *UK*, diaper *US*. **-2.** [de camisa] shirt tail.

framboesa [frãn'bweza] *f* raspberry.

frame ['frejmi] *m* COMPUT frame.

França ['frãnsa] *n* France.

francamente [ˌfrãŋka'mẽntʃi] *adv* frankly.

francês, esa [frã'seʃ, ezə] (*mpl* **-eses**, *fpl* **-s**) ◇ *adj* French. ◇ *m, f* Frenchman (*f* Frenchwoman).

◆ **francês** *m* [língua] French.

franco, ca ['frãŋku, ka] *adj* **-1.** [ger] free. **-2.** [sincero] frank. **-3.** [clara] candid.

◆ **franco** *m* [moeda] franc.

franco-atirador, ra ['frãnkuatriʃirado(x), ra] *m, f* sniper.

francófono, na [frãn'kɔfonu, na] ◇ *adj* French-speaking. ◇ *m,f* French speaker.

frango ['frãŋgu] ◇ *m* ZOOL chicken. ◇ *m* FUT easy goal.

franja ['frãnʒa] *f* fringe.

franjado, da [frãn'ʒadu, da] *adj* **-1.** [cabelo, xale] fringed. **-2.** [rebuscado] recherché.

franquear [frãɲ'kja(x)] *vt* **-1.** [liberar]: **a entrada foi franqueada, vamos à festa!** they've opened the doors, let's party! **-2.** [isentar de imposto] to exempt (from). **-3.** [pagar o transporte] to pay transport costs (for). **-4.** [ceder franquia] to franchise.

franqueza [frãŋ'keza] *f* frankness.

franquia [frãŋ'kia] *f* **-1.** COM franchise. **-2.** [isenção] exemption.

franzido, da [frãn'zidu, da] *adj* **-1.** [saia] gathered, pleated. **-2.** [pele] wrinkled.

franzino, na [frã'zinu, na] *adj* delicate.

franzir [frãn'zi(x)] *vt* **-1.** [preguear] to pleat. **-2.** [enrugar] to wrinkle; ~ **a sobrancelha** to frown.

fraque ['fraki] *m* frock coat.

fraqueza [fra'keza] *f* weakness.

frasco ['fraʃku] *m* flask.

frase ['frazi] *f* **-1.** [oração] sentence; ~ **feita** aphorism. **-2.** MÚS phrase.

frasqueira [fraʃ'kejra] *f* bottle rack.

fraternidade [fratexni'dadʒi] *f* fraternity.

fraterno, na [fra'tɛxnu, na] *adj* fraternal, brotherly.

fratura [fra'tura] *f* fracture.

fraturar [fratu'ra(x)] *vt* to fracture.

fraudar [fraw'da(x)] *vt* to defraud.

fraude ['frawdʒi] *f* fraud.

freada [fre'ada] *f* braking; **dar uma** ~ to brake.

frear [fre'a(x)] ◇ *vt* **-1.** AUTO to brake. **-2.** *fig* [controlar] to curb. ◇ *vi* AUTO to brake.

freeware [fri'wari] (*pl* **freewares**) *m* COMPUT freeware.

freezer ['frizɛx] (*pl* **-res**) *m* freezer.

freguês, esa [frɛ'geʃ, eza] (*mpl* **-eses**, *fpl* **-s**) *m, f* **-1.** [cliente] customer. **-2.** [paroquiano] parishioner.

freguesia [frege'zia] *f* **-1.** [clientela] clientele. **-2.** [paroquia] parish.

frei [frej] *m* friar.

freio ['freju] *m* **-1.** [cavalo] rein. **-2.** [carro] brake; ~ **de mão** handbrake.

freira ['frejra] *f* nun.

fremir [fre'mi(x)] *vi* **-1.** [rugir] to roar. **-2.** [tremer] to tremble.

frêmito ['fremitu] *m* shiver.

frenesi [frene'zi] *m* frenzy.

frente ['frẽntʃi] *f* **-1.** [lado dianteiro]: **na** ~ **(de)** in front (of); **estar à** ~ **de** *fig* to be ahead of. **-2.** [avante]: **em** ~ ahead; **ir para a** ~ to move on. **-3.** [resistência] front; ~ **de combate** frontline. **-4.** [presença] in front of; ~ **a** ~ face to face.

frentista [frẽn'tʃiʃta] *mf* forecourt attendant.

freqüentar [frekwẽn'ta(x)] *vt* **-1.** [visitar] to frequent. **-2.** [cursar] to attend.

freqüente [fre'kwẽntʃi] *adj* recurrent.

frescão [freʃ'kãw] (*pl* **-ões**) *m* de luxe coach.

fresco, ca ['freʃku, ka] *adj* **-1.** [ger] fresh. **-2.** [ameno] cool. **-3.** *fam* [luxento] posh. **-4.** *fam* [homossexual] camp.

◆ **fresca** *f* [aragem] breeze.

frescobol [freʃko'bɔw] (*pl* **-óis**) *m* beach tennis.

frescões [freʃ'kõjʃ] *mpl* ▷ **frescão**.

frescura [freʃ'kura] *f* **-1.** [frescor] freshness. **-2.** [afetação] affectation. **-3.** [formalidade] convention.

fretar [fre'ta(x)] *vt* to hire *UK*, to rent *US*.

frete ['frɛtʃi] *m* freight.

frevo ['frevu] *m Brazilian carnival street-dance, where dancers improvise their own dances.*

fria ['fria] *f fam* [apuros] fix; **entrar numa** ~ to be in a fix.

fricção [frik'sãw] *f* friction.

fricoteiro, ra [friko'tejru, ra] ◇ *adj* vain. ◇ *m, f* show-off.

frieza ['frjeza] *f* **-1.** [insensibilidade] cold-heartedness. **-2.** [desinteresse] off-handedness.

frigideira [friʒi'dejra] *f* frying pan.

frígido, da ['friʒidu, da] *adj* frigid.

frigir [fri'ʒi(x)] *vt* to fry.

frigorífico [frigo'rifiku] *m* **-1.** [loja] cold store. **-2.** [aparelho] fridge, refrigerator.

frio, fria ['friu, 'fria] *adj* **-1.** [sem calor] cold. **-2.** [insensível] cold. **-3.** [falso] fake. **-4.** [cor] cold. **-5.** [luz] cold.

◆ **frio** *m* [baixa temperatura] cold; **estar com ~** to be cold; **fazer ~** to be cold.

◆ **frios** *mpl* [carne] cold meats.

frisa ['friza] *f* TEATRO box.

frisar [fri'za(x)] *vt* **-1.** [salientar] to highlight. **-2.** [enrolar] to curl.

fritar [fri'ta(x)] *vt* to fry.

frito, ta ['fritu, ta] *adj* **-1.** CULIN fried. **-2.** *fam* [em apuros]: **estar ~** to be in hot water.

◆ **fritas** *fpl* chips *UK*, (French) fries *US*.

frívolo, la ['frivolu, la] *adj* frivolous.

fronha ['froɲa] *f* pillowcase.

fronte ['frõntʃi] *f* forehead.

fronteira [frõn'tejra] *f* ▷ **fronteiro**.

fronteiro, ra [frõn'tejru, ra] *adj* facing.

◆ **fronteira** *f* **-1.** [extremidade] border. **-2.** *fig* [limite] border.

frota ['frɔta] *f* fleet.

frouxo, xa ['froʃu, ʃa] *adj* **-1.** [folgado] loose. **-2.** [fraco, ineficiente] weak. **-3.** [condescendente]: **ser ~ com alguém** to be weak with sb. **-4.** [covarde] feeble.

frustração [fruʃtra'sãw] (*pl* **-ões**) *f* **-1.** [malogro] frustration. **-2.** [decepção] frustration.

frustrante [fruʃ'trãntʃi] *adj* frustrating.

frustrar [fruʃ'tra(x)] *vt* **-1.** [malograr] to frustrate. **-2.** [decepcionar] to cheat.

◆ **frustrar-se** *vp* **-1.** [malograr-se] to be frustrated. **-2.** [decepcionar-se] to be disappointed.

fruta ['fruta] *f* fruit.

fruta-de-conde [,frutadʒi'kõndʒi] (*pl* **frutas-de-conde**) *f* custard apple.

fruteiro, ra [fru'tejru, ra] *adj* fruit-loving.

◆ **fruteira** *f* fruit tree.

frutífero, ra [fru'tʃiferu, ra] *adj* **-1.** [árvore] fruit-bearing. **-2.** [proveitoso] fruitful.

fruto ['frutu] *m* **-1.** [fruta] fruit. **-2.** *fig* [resultado] fruit.

FTP (*abrev de* **File Transfer Protocol**) *m* FTP.

fubá [fu'ba] *m* **-1.** [de milho] maize flour. **-2.** [de arroz] rice flour.

fuga ['fuga] *f* **-1.** [escapada] escape. **-2.** *fig* [alívio] escape. **-3.** MÚS fugue.

fugaz [fu'gaʒ] *adj* fleeting.

fugir [fu'ʒi(x)] *vi* **-1.** [escapar]: **~ (de)** to escape (from). **-2.** [evitar]: **~ de algo/alguém** to avoid sthg/sb.

fugitivo, va [fuʒi'tʃivu, va] ◇ *adj* fugitive. ◇ *m, f* fugitive.

fulano, na [fu'lanu, na] *m, f* so-and-so; **~ de tal** some so-and-so.

fulgor [fuw'go(x)] *m* brilliance.

fulgurante [fuwgu'rãntʃi] *adj* shining.

fuligem [fu'liʒẽ] *f* soot.

fulminante [fuwmi'nãntʃi] *adj* **-1.** [mortal] deadly. **-2.** *fig* [irado] vicious.

fulminar [fuwmi'na(x)] *vt* **-1.** [matar] to kill. **-2.** [aniquilar] to annihilate.

fumaça [fu'masa] *f* smoke.

fumante [fu'mãntʃi] *mf* smoker; **não ~** non-smoker.

fumar [fu'ma(x)] ◇ *vt* to smoke. ◇ *vi* to smoke.

fumê [fu'me] *adj inv* smoky.

fumo ['fumu] *m* **-1.** [tabaco] tobacco. **-2.** [maconha] dope. **-3.** [vício] smoking.

fumódromo [fu'mɔdromu] *m fam* smoking area.

FUNAI (*abrev de* **Fundação Nacional do Índio**) *f Brazilian government organization for the protection of the indigenous population.*

FUNARTE (*abrev de* **Fundação Nacional de Arte**) *f Brazilian government organization for the promotion of artistic activities.*

FUNASA (*abrev de* **Fundação Nacional de Saúde**) *f Brazilian government organization for health education and prevention of disease among indigenous peoples.*

função [fũn'sãw] (*pl* **-ões**) *f* **-1.** [cargo] function. **-2.** [responsabilidade] function. **-3.** [utilidade] role. **-4.** [espetáculo] performance. **-5.** [papel] function. **-6.** [atribuição] function. **-7.** GRAM function. **-8.** MAT function.

◆ **em função de** *loc prep* due to.

funcionalidade [fũnsjonali'dadʒi] *f* functionality.

funcionalismo [fũnsjona'liʒmu] *m* [servidores]: **~ público** civil service.

funcionamento [fũnsjona'mẽntu] *m* functioning; **horário de ~** opening hours, working hours.

funcionar [fũsjo'na(x)] *vi* **-1.** [máquina *etc.*] to work; **pôr algo para ~** to switch sthg on. **-2.** [loja *etc.*] to be open. **-3.** [exercer função]: **~ como algo** to work as sthg. **-4.** [dar certo] to work.

funcionário, ria [fũsjo'narju, rja] *m, f* employee; **~ público** civil servant.

funções [fũn'sõjʃ] *fpl* ▷ **função**.

fundação [fũnda'sãw] (*pl* **-ões**) *f* **-1.** [alicerce] foundation. **-2.** [instituição] foundation. **-3.** [criação] founding.

fundamental [fũndamẽn'taw] (*pl* **-ais**) *adj* fundamental.
fundamento [fũnda'mẽntu] *m* fundament.
FUNDAP (*abrev de* **Fundação do Desenvolvimento Administrativo**) *f Brazilian organization for the coordination of training and educational programmes.*
fundar [fũn'da(x)] *vt* **-1.** [instituir] to found. **-2.** [criar] to establish.
fundir [fũn'dʒi(x)] *vt* **-1.** [derreter] to melt. **-2.** [moldar] to cast. **-3.** [incorporar] to merge.
◆ **fundir-se** *vp* **-1.** [derreter-se] to melt. **-2.** [incorporar-se] to merge.
fundo, da ['fũndu, da] *adj* **-1.** [profundo] deep. **-2.** [reentrante] sunken. **-3.** *fam* [despreparado]: ~ **(em algo)** weak (at sthg).
◆ **fundo** <> *m* **-1.** [base] bottom. **-2.** [de local] rear. **-3.** [segundo plano] background. **-4.** [de tecido, papel] background. **-5.** MÚS: ~ **musical** background music. **-6.** [íntimo]: **eu o perdoei do** ~ **da alma** I forgave him from the bottom of my heart. **-7.** *fig* [teor] element. **-8.** FIN fund; ~ **de garantia** security; ~ **de investimento** investment fund. <> *adv* [profundamente] deeply; **a** ~ in depth.
◆ **fundos** *mpl* **-1.** [de casa] funds. **-2.** [capital] capital; **cheque sem** ~ unsecured cheque.
◆ **no fundo** *loc adv* [intrinsecamente] basically.
fúnebre ['funebri] *adj* funereal.
funeral [fune'raw] (*pl* **-ais**) *m* funeral.
funesto, ta [fu'nɛʃtu, ta] *adj* dire.
fungo ['fũŋgu] *m* fungus.
funil [fu'niw] (*pl* **-is**) *m* funnel.
FUNRURAL (*de abrev* **Fundo de Assistência e Previdência aoTrabalhador Rural**) *m Brazilian fund for the assistance and support of rural workers.*
furacão [fura'kãw] (*pl* **-ões**) *m* [ciclone] cyclone.
furado, da [fu'radu, da] *adj* **-1.** [pneu] punctured. **-2.** [orelha] pierced. **-3.** [sapato] holey. **-4.** *fam* [infrutífero] unsuccessful.
furão, rona [fu'rãw, rɔna] (*mpl* **-ões**, *fpl* **-s**) *adj* [cavador] unreliable.
furar [fu'ra(x)] <> *vt* **-1.** [pneu] to puncture. **-2.** [orelha] to pierce. **-3.** [sapato] to make a hole in. **-4.** [frustrar] to fail. **-5.** [não aderir a] to leave. <> *vi* **-1.** [perfurar] to puncture. **-2.** [sapato] to get a hole. **-3.** [malograr] to fail.
furgão [fux'gãw] (*pl* **-ões**) *m* van.
fúria ['furja] *f* fury.
furioso, osa [fu'rjozu, ɔza] *adj* **-1.** [raivoso] furious. **-2.** [violento] furious.
furo ['furu] *m* **-1.** [buraco] puncture. **-2.** [orelha] hole. **-3.** [sapato] hole. **-4.** *fig* [falha] mistake; **dar um** ~ to put one's foot in it.
furões [fu'rõjʃ] *mpl* ▻ **furão.**
furona [fu'rona] *f* ▻ **furão.**
furor [fu'ro(x)] *m* **-1.** [fúria] fury. **-2.** *loc*: **causar** ~ to cause fury.
furtar [fux'ta(x)] <> *vt* [roubar] to steal. <> *vi* [roubar] to steal.
◆ **furtar-se** *vp* [esquivar-se]: ~**-se a algo** to dodge sthg.
furtivo, va [fux'tʃivu, va] *adj* **-1.** [às ocultas] furtive. **-2.** [dissimulado] furtive.
furto ['fuxtu] *m* theft.
fusão [fu'zãw] (*pl* **-ões**) *f* **-1.** [ger] fusion. **-2.** COM amalgamation. **-3.** [liga] amalgam.
fusível [fu'zivew] (*pl* **-eis**) *m* fuse.
fuso ['fuzu] *m* [peça] screw.
◆ **fuso horário** *m* time zone.
fusões [fu'zõjʃ] *fpl* ▻ **fusão.**
fustigar [fuʃtʃi'ga(x)] *vt* to whip.
futebol [futʃi'bɔw] *m* football; ~ **de salão** (indoor) five-a-side football.
fútil ['futʃiw] (*pl* **-eis**) *adj* **-1.** [leviano] frivolous. **-2.** [insignificante] trivial.

> Embora 'fútil' e ***futile*** sejam semelhantes, o vocábulo inglês deve ser traduzido como 'inútil, infrutífero'. 'Fútil' em inglês é ***frivolous***. Por exemplo, 'ela parece uma pessoa muito fútil' deve ser traduzido por ***she seems a very frivolous person***. Todavia, ***he made some futile remarks*** equivale em português a 'ele fez alguns comentários inúteis'.

futilidade [futʃili'dadʒi] *f* **-1.** [leviandade] frivolity. **-2.** [insignificância] triviality. **-3.** [coisa fútil] triviality.
futuro, ra [fu'turu, ra] *adj* future.
◆ **futuro** *m* **-1.** [tempo] future. **-2.** [destino] future. **-3.** GRAM future.
FUVEST (*abrev de* **Fundação do Vestibular do Estado de São Paulo**) *f organization regulating entrance examinations at some universities in São Paulo.*
fuzil [fu'ziw] (*pl* **-is**) *m* rifle.
fuzilar [fuzi'la(x)] *vt* **-1.** [atirar] to shoot. **-2.** *fig* [ameaçar]: ~ **alguém com os olhos** to look daggers at sb.
fuzileiro [fuzi'lejru] *m* rifleman; ~ **naval** marine.

G

g[1], **G** [ʒe] *m* [letra] g, G.
g[2] (*abrev de* **grama**) *m* g.
gabar-se [gabax'si] *vp*: ~**-se (de)** to boast (about).
gabinete [gabi'netʃi] *m* **-1.** [escritório] study. **-2.** POL cabinet.

gado ['gadu] *m* cattle.
gafanhoto [gafã'ɲotu] *m* grasshopper.
gafe ['gafi] *f* gaffe.
gafieira [ga'fjejra] *f* **-1.** [baile] ball. **-2.** [dança] dance.
gago, ga ['gagu, ga] ◇ *adj* stammering. ◇ *m, f* stammerer.
gaguejar [gage'ʒa(x)] *vt & vi* to stammer.
gaiato, ta [ga'jatu, ta] *adj* mischievous.
gaiola [ga'jɔla] ◇ *f* **-1.** [clausura] cage. **-2.** *fam* [prisão] jail. ◇ *m* [vapor] steamboat.
gaita ['gajta] *f* **-1.** *MÚS* mouth organ; ~ **de foles** bagpipe. **-2.** *fam fig* [dinheiro] dosh.
gaivota [gaj'vɔta] *f* seagull.
gala ['gala] *f*: **de** ~ gala; **uniforme de** ~ dress uniform.
galante [ga'lãntʃi] *adj* gallant.
galanteio [galãn'teju] *m* gallantry.
galão [ga'lãw] (*pl* **-ões**) *m* **-1.** *MIL* stripe. **-2.** [enfeite] braid. **-3.** [medida] gallon.
galáxia [ga'laksja] *f* galaxy.
galera [ga'lɛra] *f* **-1.** *NÁUT* galley. **-2.** *fam* [grupo] crowd.
galeria [gale'ria] *f* **-1.** *TEATRO* circle. **-2.** [coleção] collection. **-3.** [canalização] drainage. **-4.** [loja de arte] gallery. **-5.** [centro comercial] shopping centre.
Gales ['galiʃ] *n*: **País de** ~ Wales.
galês, esa [ga'leʃ, eza] ◇ *adj* Welsh. ◇ *m, f* Welshman (*f* Welshwoman).
◆ **galês** *m* [língua] Welsh.
galeto [ga'letu] *m* roast poussin.
galheteiro [gaʎe'tejru] *m* cruet-stand.
galho ['gaʎu] *m* **-1.** *BOT* branch. **-2.** *fam* [problema] pickle; **quebrar um** ~ to get out of a pickle.
Galícia [ga'lisja] *n* Galicia.
galinha [ga'liɲa] ◇ *f* **-1.** [ave] hen. **-2.** *CULIN* chicken. **-3.** *fam* [namorador] easy lay.
galinheiro [gali'ɲejru] *m* poulterer.
galo ['galu] *m* **-1.** [ave] cockerel, rooster. **-2.** [inchaço] bump.
galocha [ga'lɔʃa] *f* galosh.
galopar [galo'pa(x)] *vi* to gallop.
galope [ga'lɔpi] *m* gallop.
galpão [gaw'pãw] (*pl* **-ões**) *m* hangar.
gama ['gãma] *f* **-1.** *MÚS* scale. **-2.** *fig* [série] range.
gamão [ga'mãw] *m* backgammon.
gamar [ga'ma(x)] *vi* to be hooked; ~ **por algo/alguém** to fall for sthg/sb.
gambá [gãn'ba] *m ZOOL* opossum.
game ['gejmi] *m COMPUT* game.
gana ['gãna] *f* **-1.** [desejo]: ~ **de algo/de fazer algo** desire for sthg/to do sthg. **-2.** [raiva]: **ter** ~ **de alguém** to be furious with sb.
ganância [ga'nãnsja] *f* greed.
ganancioso, osa [ganã'sjozu, ɔza] *adj* greedy.
gancho ['gãnʃu] *m* **-1.** [peça] hook. **-2.** *COST* hook. **-3.** *fig* [recurso] bait.
gangorra [gãŋ'goxa] *f* seesaw.
gângster ['gãŋgiʃte(x)] *m* gangster.
gangue ['gãŋgi] *f* gang.
ganhador, ra [gaɲa'do(x), ra] ◇ *adj* winning. ◇ *m, f* winner.
ganha-pão [ˌgãɲa'pãw] (*pl* **ganha-pães**) *m* **-1.** [trabalho] living, livelihood. **-2.** [objeto de trabalho] livelihood.
ganhar [ga'ɲa(x)] ◇ *vt* **-1.** [ger] to win. **-2.** [receber] to get. **-3.** [salário] to earn. **-4.** [lucrar] to gain. **-5.** [atingir] to reach. ◇ *vi* **-1.** [vencer]: ~ **de alguém** to beat sb; ~ **de alguém em algo** to outdo sb at sthg. **-2.** [como remuneração] to earn. **-3.** [lucrar]: ~ **(com)** to profit (from); **sair ganhando** to come out on top.
ganho ['gãɲu] ◇ *pp* ⊳ **ganhar**. ◇ *m* **-1.** [salário] earnings (*pl*). **-2.** [lucro] profit. **-3.** *JUR*: ~ **de causa** successful lawsuit.
ganir [ga'ni(x)] *vi* to whine.
ganso ['gãnsu] *m* goose.
GAPA (*abrev de* **Grupo de Apoio à Prevenção à Aids**) *m Brazilian non-governmental organization working in AIDS prevention.*
garagem [ga'raʒẽ] (*pl* **-ns**) *f* garage.
garanhão [gara'ɲãw] (*pl* **-ões**) *m* **-1.** [cavalo] stallion. **-2.** *fig* [homem] stud.
garantia [garãn'tʃia] *f* **-1.** [ger] guarantee. **-2.** [de dívida] collateral.
garantir [garãn'tʃi(x)] *vt* **-1.** [assegurar]: ~ **algo a alguém** to assure sb of sthg; ~ **que** to guarantee that. **-2.** [prometer]: ~ **algo a alguém** to promise sb sthg. **-3.** [asseverar] to guarantee.
◆ **garantir-se** *vp* [defender-se]: ~**-se contra algo** to protect o.s. against sthg.
garça ['gaxsa] *f* heron.
garçom [gax'sõ] (*pl* **-ns**) *m* waiter.
garçonete [garso'nɛtʃi] *f* waitress.
garfo ['gaxfu] *m* fork.
gargalhada [gaxga'ʎada] *f* burst of laughter; **cair na** ~ to fall about laughing.
gargalo [gax'galu] *m* **-1.** [de garrafa] neck. **-2.** [obstáculo] *fig* bottleneck.
garganta [gax'gãnta] *f* **-1.** *ANAT* throat. **-2.** [desfiladeiro] mountain pass.
gargarejar [gaxgare'ʒa(x)] *vi* to gargle.
gargarejo [gaxga'reʒu] *m* **-1.** [ato] gargling. **-2.** [líquido] gargle.
gari [ga'ri] *mf* roadsweeper.
garimpeiro, ra [garĩn'pejru, ra] *m, f* prospector.
garimpo [ga'rĩnpu] *m* [mina] mining deposit.
garoa [ga'roa] *f* drizzle.
garota [ga'rota] *f* ⊳ **garoto**.
garotada [garo'tada] *f*: **a** ~ the kids (*pl*).
garoto, ta [ga'rotu, ta] *m, f* [menino] boy, kid.

◆ **garota** *f* [namorada] girlfriend.
garoupa [ga'ropa] *f* grouper.
garra ['gaxa] *f* **-1.** [de animal] claw. **-2.** *fig* [entusiasmo] enthusiasm; **ter ~** to be enthusiastic.
garrafa [ga'xafa] *f* bottle; **~ térmica** Thermos flask® *UK*, Thermos bottle® *US*.
garrote [ga'xɔtʃi] *m* **-1.** [de tortura] garrotte *UK*, garrote *US*. **-2.** [torniquete] tourniquet.
garupa [ga'rupa] *f* **-1.** [de cavalo] hindquarters, rump. **-2.** [de bicicleta, moto] pillion.
gás ['gajʃ] (*pl* **gases**) *m* **-1.** [fluido] gas; **~ natural** natural gas; **~ lacrimogêneo** tear gas. **-2.** [do intestino] wind, flatulence. **-3.** *fam fig* [entusiasmo] go.
gasoduto [gazo'dutu] *m* gas pipeline.
gasolina [gazo'lina] *f* petrol *UK*, gasoline *US*.
gasoso, osa [ga'zozu, ɔza] *adj* fizzy.
◆ **gasosa** *f* fizzy drink *UK*, soda *US*.
gastador, ra [gaʃta'do(x), ra] ◇ *adj* wasteful. ◇ *m, f* wasteful person.
gastar [gaʃ'ta(x)] ◇ *vt* **-1.** [despender] to spend. **-2.** [consumir - energia, gasolina] to consume; [- tempo] to take up. **-3.** [usar - roupa, sapato] to wear; [- cosmético, produto] to use. **-4.** [desperdiçar] to waste. **-5.** [desgastar] to wear out. ◇ *vi* **-1.** [despender dinheiro] to spend money. **-2.** [desgastar-se] to wear out.
◆ **gastar-se** *vp* [desgastar-se] to wear out.
gasto, ta ['gaʃtu, ta] ◇ *pp* ▷ **gastar**. ◇ *adj* **-1.** [ger] worn out. **-2.** [produto, cosmético] used up. **-5.** [desperdiçado] wasted. **-6.** [envelhecido] worn.
◆ **gasto** *m* [despesa] expense.
◆ **gastos** *mpl* [despesas] expenses.
gástrico, ca ['gaʃtriku, ka] *adj* gastric.
gastronomia [gaʃtrono'mia] *f* gastronomy.
gata ['gata] *f* ▷ **gato**.
gateway [gejtʃi'wej] (*pl* **gateways**) *m* COMPUT gateway.
gatilho [ga'tʃiʎu] *m* trigger.
gato, ta ['gatu, ta] *m, f* **-1.** [animal] cat; **~ montês** wild cat; **vender ~ por lebre** to sell a pig in a poke. **-2.** *fam* [pessoa] sexy person.
◆ **gato** *m* ELETR *illegal electrical connection*; **fazer um ~** *to make an illegal electrical connection*.
gatuno, na [ga'tunu, na] ◇ *adj* thieving. ◇ *m, f* thief.
gaveta [ga'veta] *f* drawer.
gavião [ga'vjãw] (*pl* **-ões**) *m* hawk.
gaze ['gazi] *f* **-1.** [tecido] gauze. **-2.** [para curativo] antiseptic gauze.
gazela [ga'zɛla] *f* gazelle.
gazeta [ga'zeta] *f* [jornal] gazette.
GB (*abrev de* **Great Britain**) *n* GB.
geada ['ʒjada] *f* frost.
gel [ʒɛl] *f* gel.
geladeira [ʒela'dejra] *f* refrigerator, fridge.
gelado, da [ʒe'ladu, da] *adj* **-1.** [comida] frozen. **-2.** [bebida] chilled. **-3.** [mar, vento] icy.
gelar [ʒe'la(x)] ◇ *vt* **-1.** [comida] to freeze. **-2.** [bebida] to chill. ◇ *vi* to be freezing.
gelatina [ʒela'tʃina] *f* **-1.** [gel] gelatine. **-2.** [sobremesa] jelly *UK*, Jell-O® *US*.
gelatinoso, osa [ʒelatʃi'nozu, ɔza] *adj* gelatinous.
geléia [ʒe'lɛja] *f* jam *UK*, jelly *US*.
geleira [ʒe'lejra] *f* glacier.
gélido, da ['ʒɛlidu, da] *adj* **-1.** [gelado] icy. **-2.** *fig* [imóvel] frozen.
gelo ['ʒelu] ◇ *adj inv* light grey *UK*, light gray *US*. ◇ *m* **-1.** [água solidificada] ice. **-2.** [cor] light grey *UK*, light gray *US*. **-3.** *fig* [indiferença]: **dar um ~ em alguém** to give sb the cold shoulder; **quebrar o ~** to break the ice. **-4.** *loc*: **estar um ~** to be freezing cold.
gema ['ʒema] *f* **-1.** [do ovo] yolk. **-2.** [pedra preciosa] gem.
gemada [ʒe'mada] *f* eggnog.
gêmeo, mea ['ʒemju, mja] ◇ *adj* twin. ◇ *m, f* twin.
◆ **Gêmeos** *mpl* [zodíaco] Gemini; **ser Gêmeos** to be Gemini.
gemer [ʒe'me(x)] *vi* **-1.** [de dor] to groan. **-2.** [lastimar-se] to moan. **-3.** [ranger] to wail. **-4.** *fig* [vento] to howl.
gemido [ʒe'midu] *m* **-1.** [de dor] groan. **-2.** [de animal] howl. **-3.** [lamento] wail.
geminiano, na [ʒemi'ɲanu, na] ◇ *adj* Gemini *(antes de subst)*. ◇ *m, f* Gemini.
gene ['ʒeni] *m* gene.
genealógico, ca [ʒenja'lɔʒiku, ka] *adj* genealogical; **árvore genelógica** family tree.
Genebra [ʒe'nɛbra] *n* Geneva.
general [gene'raw] (*pl* **-ais**) *m* general.
generalizar [generali'za(x)] ◇ *vi* [fazer generalizações] to generalize. ◇ *vt* [difundir] to spread.
◆ **generalizar-se** *vp* [difundir-se] to spread.
genérico [ʒe'nɛriku] *m* generic drug.
gênero ['ʒeneru] *m* **-1.** [ger] gender. **-2.** [tipo] kind. **-3.** [estilo] style. **-4.** BIO genus.
◆ **gêneros** *mpl* [mercadorias] goods; **~s alimentícios** foodstuffs.
generosidade [ʒenerozi'dadʒi] *f* generosity.
generoso, osa [ʒene'rozu, ɔza] *adj* generous.
genética [ʒe'nɛtʃika] *f* genetics *(sg)*.
genético, ca [ʒe'nɛtʃiku, ka] *adj* genetic.
gengibre [ʒẽn'ʒibri] *m* ginger.
gengiva [ʒẽn'ʒiva] *f* gum.
gengivite [ʒẽnʒi'vitʃi] *f* gingivitis.
genial [ʒe'njaw] (*pl* **-ais**) *adj* **-1.** [extraordinário] inspired. **-2.** *fam* [formidável] terrific.
genialidade [ʒenjali'dadʒi] *f* genius.
gênio ['ʒenju] *m* **-1.** [ger] genius. **-2.** [tempera-

mento] nature; ~ **bom/ruim** good-/bad-tempered. **-3.** *MITOL* genie.
genital [ʒeni'taw] (*pl* **-ais**) *adj* genital.
genitor, ra [ʒeni'to(x), ra] *m, f* progenitor.
genocídio [ʒeno'sidʒju] *m* genocide.
genoma [ʒe'noma] *m* genome.
genro ['ʒẽnxu] *m* son-in-law.
gente ['ʒẽntʃi] <> *f* **-1.** [pessoas] people; ~ **bem** upper classes; **toda a** ~ everybody; *fam* [amigos, colegas] folks; **oi/tchau,** ~ hi/bye, folks. **-2.** [alguém] somebody, someone. **-3.** *fam* [nós]: **a** ~ **vai viajar** we're going travelling; **você quer ir com a** ~**?** do you want to come with us?; **o carro da** ~ **está enguiçado** our car has broken down. <> *interj* [exprimindo espanto] gosh!
gentil [ʒẽn'tʃiw] (*pl* **-is**) *adj* kind.
gentileza [ʒẽntʃi'leza] *f* kindness; **por** ~ **poderia me ajudar?** would you be so kind as to help me?
genuíno, na [ʒe'nwinu, na] *adj* genuine.
geografia [ʒjogra'fia] *f* geography.
geográfico, ca [ʒeo'grafiku, ka] *adj* geographical.
geologia [ʒjolo'ʒia] *f* geology.
geometria [ʒjome'tria] *f* geometry.
geométrico, ca [ʒeo'mɛtriku, ka] *adj* geometric.
geração [ʒɛra'sãw] (*pl* **-ões**) *f* generation; **de última** ~ *COMPUT* & *TEC* latest generation.
gerador [ʒera'do(x)] (*pl* **-res**) *adj*: **empresa** ~ **a de empregos** job-creating company; **grupo** ~ **de problemas** problem-causing group.
◆ **gerador** *m TEC* generator.
geral [ʒe'raw] (*pl* **-ais**) <> *adj* [genérico] general; **de um modo** ~ on the whole. <> *m* [o normal] normal thing. <> *f* **-1.** *FUT* & *TEATRO* gallery. **-2.** [revisão, arrumação] spring clean; **dar uma** ~ **em algo** to have a blitz on sthg.
◆ **em geral** *loc adv* in general.
geralmente [ʒeraw'mẽntʃi] *adv* generally.
gerânio [ʒe'rãnju] *m* geranium.
gerar [ʒe'ra(x)] *vt* **-1.** [ger] to generate. **-2.** [ter filhos] to beget. **-3.** [causar] to breed.
gerência [ʒe'rẽnsja] *f* management.
gerenciamento [ʒerẽnsja'mẽntu] *m* management.
gerenciar [ʒerẽn'sja(x)] <> *vt* to manage. <> *vi* to manage.
gerente [ʒe'rẽntʃi] *mf* manager.
gergelim [ʒexʒe'lĩ] *m* sesame.
gerir [ʒe'ri(x)] *vt* to manage.
germanófono, na [gexma'nɔfonu, na] <> *adj* German-speaking. <> *m,f* German speaker.
germe ['ʒɛxmi] *m* germ.
germinar [ʒexmi'na(x)] *vi* to germinate.
gesso ['ʒesu] *m* **-1.** [nas artes plásticas] plaster of Paris. **-2.** [em parede] cast.
gestante [ʒeʃ'tãntʃi] *f* pregnant woman.
gestão [ʒeʃ'tãw] (*pl* **-ões**) *f* **-1.** [administração] administration. **-2.** [gerência] management.
gesticular [ʒeʃtʃiku'la(x)] *vi* to gesticulate.
gesto ['ʒɛʃtu] *m* gesture; **fazer um** ~ to make a gesture.
gestual [ʒeʃ'tuaw] (*pl* **-ais**) *adj* gestural.
Gibraltar [ʒibraw'ta(x)] *n* Gibraltar.
GIF (*abrev de* **Graphics Interchange Format**) *m* GIF.
gigabyte [giga'baijtʃi] (*pl* **gigabytes**) *m COMPUT* gigabyte.
gigante [ʒi'gãntʃi] <> *adj* gigantic. <> *m* giant.
gigantesco, ca [ʒigãn'teʃku, ka] *adj* gigantic.
gilete [ʒi'lɛtʃi] <> *f* [lâmina] razor blade. <> *m vulg* [bissexual] AC/DC.
gim ['ʒĩ] (*pl* **-ns**) *m* gin.
ginasial [ʒina'ziaw] (*pl* **-ais**) <> *adj* [relativo a ginásio] secondary school *UK*, high school *US*. <> *m* [curso] *dated* primary education.
ginásio [ʒi'nazju] *m* **-1.** *EDUC* secondary school. **-2.** [para esportes] gymnasium.
ginástica [ʒi'naʃtʃika] *f* **-1.** [esporte] gymnastics (*sg*). **-2.** [aeróbica, corretiva] exercises (*pl*).
ginecologia [ˌʒinɛkolo'ʒia] *f* gynaecology.
ginecologista [ˌʒinekolo'ʒiʃta] *mf* gynaecologist.
girafa [ʒi'rafa] *f* giraffe.
girar [ʒi'ra(x)] <> *vi* **-1.** [rodar] to rotate. **-2.** *fig* [funcionar]: ~ **em torno de** to revolve around. <> *vt* [fazer rodar] to turn.
girassol [ˌʒira'sɔw] (*pl* **-óis**) *m* sunflower.
giratório, ria [ʒira'tɔrju, rja] *adj* revolving; **cadeira giratória** swivel chair; **ponte giratória** swing bridge.
gíria ['ʒirja] *f* **-1.** [calão] slang. **-2.** [jargão] jargon.
giro, ra ['ʒiru, ra] *m* **-1.** [volta] rotation. **-2.** *fam* [passeio] stroll; **dar um** ~ to take a stroll.
giz ['ʒiʒ] *m* chalk.
glaciação [glasia'sãw] (*pl* **-ões**) *f* [período geológico] glaciation.
glacial [gla'sjaw] (*pl* **-ais**) *adj* glacial.
glamouroso, osa [glamu'rozu, ɔza] *adj* glamorous.
glândula ['glãndula] *f* gland.
glicerina [glise'rina] *f* glycerine.
glicose [gli'kɔzi] *f* glucose.
global [glo'baw] (*pl* **-ais**) *adj* **-1.** [total] total. **-2.** [relativo ao globo] global.
globalização [globaliza'sãw] (*pl* **-ões**) *f* globalization.
globalizado, da [globali'zadu, da] *adj* globalized.
globalizante [globali'zãntʃi] *adj* globalizing.
globalizar [globa'liza(x)] *vt* to globalize.

◆ **globalizar-se** *vp* to become globalized.
globo [ˈglobu] *m* globe; ~ **ocular** eyeball.
glória [ˈglɔrja] *f* glory.
glorificação [glorifikaˈsãw] (*pl* **-ões**) *f* glorification.
glorificar [glorifiˈka(x)] *vt* **-1.** [honrar] to glorify. **-2.** [canonizar] to canonize.
glorioso, osa [gloˈrjozu, ɔza] *adj* glorious.
glossário [gloˈsarju] *m* glossary.
GLP (*abrev de* **Gás Liquefeito de Petróleo**) *m* LPG.
glúten [ˈglutẽ] (*pl* **-s**) *m* gluten.
glúteo, tea [ˈglutew, tʃia] ◇ *adj* ANAT gluteal. ◇ *m* gluteus.
GO (*abrev de* **Estado de Goiás**) *n* *State of Goiás.*
godê [goˈde] *adj* flared.
goela [ˈgwɛla] *f* throat.
goiaba [goˈjaba] *f* guava.
goiabada [gojaˈbada] *f* guava jelly.
gol [ˈgow] (*pl* **-es**) *m* goal; **marcar um** ~ to score a goal.
gola [ˈgɔla] *f* collar.
gole [ˈgɔli] *m* gulp; **de um** ~ **só** in one gulp.
goleada [goˈljada] *f* FUT hammering.
goleiro [goˈlejru] *m* goalkeeper.
golfe [ˈgowfi] *m* golf.
golfinho [gowˈfiɲu] *m* dolphin.
golfista [gowˈfiʃta] *mf* golfer.
golfo [ˈgowfu] *m* gulf.
Golfo Pérsico [ˌgowfuˈpɛxsiku] *n* Persian Gulf.
golpe [ˈgɔwpi] *m* **-1.** [ger] stroke; ~ **de sorte** stroke of luck; ~ **de mestre** master stroke. **-2.** [pancada, abalo moral] blow; [soco] punch; [de faca] slash; [de chicote] lash; ~ **baixo** *fam fig* dirty trick; ~ **mortal** mortal blow. **-3.** POL coup; ~ **de Estado** coup d'état.
golpear [gowˈpja(x)] *vt* **-1.** [dar pancada em] to hit; [com soco] to punch; [com chicote] to lash; [com faca] to slash. **-2.** [moralmente] to wound.
goma [ˈgoma] *f* gum, glue; ~ **de mascar** chewing gum.
gomo [ˈgomu] *m* slice.
gongo [ˈgõŋgu] *m* **-1.** MÚS gong. **-2.** [sino] bell.
gorar [goˈra(x)] ◇ *vt* [fracassar] to thwart. ◇ *vi* [fracassar] to fail.
gordo, da [ˈgordu, da] ◇ *adj* **-1.** [pessoa] fat; **nunca ter visto alguém mais** ~ [não conhecer] not have seen sb before. **-2.** [carne] fatty. **-3.** *fig* [quantia] considerable. ◇ *m, f* fat person.
gordura [goxˈdura] *f* **-1.** [banha] fat. **-2.** [líquida] grease. **-3.** [obesidade] fatness.
gorduroso, osa [goxduˈrozu, ɔza] *adj* **-1.** [ger] greasy. **-2.** [comida] fatty.
gorila [goˈrila] *m* gorilla.
gorjeta [goxˈʒeta] *f* tip.
gorro [ˈgoxu] *m* cap.
gosma [ˈgɔʒma] *f* spittle.
gosmento, ta [goʒˈmẽntu, ta] *adj* slimy.
gostar [goʃˈta(x)] *vi* **-1.** [ter prazer, gosto]: ~ **de** to enjoy; ~ **de fazer algo** to enjoy doing sthg; **eu** ~ **ia de ir** I would like to go; **gostei de vê-lo feliz** it was good to see him happy; ~ **mais de algo do que de** to prefer sthg to; ~ **de alguém** [simpatizar com] to like sb; [sentir afeição por] to be fond of sb. **-2.** [aproveitar]: ~ **de** to enjoy. **-3.** [ter costume]: ~ **de fazer algo** to like doing sthg. **-4.** [aprovar]: ~ **de** to like.
◆ **gostar-se** *vp* [mutuamente] to be fond of each other *ou* one another.
gosto [ˈgoʃtu] *m* **-1.** [ger] taste; **ter** ~ **de** to taste of; **de bom/mau** ~ in good/bad taste; **falta de** ~ lack of taste. **-2.** [prazer] pleasure.
gostoso, osa [goʃˈtozu, ɔza] *adj* **-1.** [comida, bebida] tasty. **-2.** [cheiro] lovely. **-3.** [ambiente, música] pleasant. **-4.** [cama, cadeira] comfortable. **-5.** [risada] hearty. **-6.** *fam* [sensual, bonito] gorgeous.
gota [ˈgota] *f* **-1.** [ger] drop. **-2.** [de suor] bead. **-3.** MED gout.
goteira [goˈtejra] *f* [buraco no telhado] leak.
gotejar [goteˈʒa(x)] *vt* & *vi* to drip.
gourmet [guxˈme] (*pl* **-s**) *mf* gourmet.
governabilidade [govexnabiliˈdadʒi] *f* governability.
governador, ra [govexnaˈdo(x), ra] *m, f* governor.
governamental [govexnamẽnˈtaw] (*pl* **-ais**) *adj* government *(antes de subst)*, governmental.
governanta [govexˈnãnta] *f* **-1.** [de criança] governess. **-2.** [de casa] housekeeper.
governante [govexˈnãntʃi] ◇ *adj* [que governa] governing. ◇ *mf* [quem governa] governor.
governar [govexˈna(x)] ◇ *vt* **-1.** POL to govern. **-2.** [embarcação] to steer. **-3.** [dominar] to dominate. ◇ *vi* POL to govern.
governo [goˈvexnu] *m* **-1.** POL government. **-2.** [controle]: **o carro estava sem** ~ the car was out of control. **-3.** NÁUT steering.
gozação [gozaˈsãw] (*pl* **-ões**) *f* teasing.
gozar [goˈza(x)] ◇ *vt* **-1.** [desfrutar] to enjoy. **-2.** *fam* [troçar de] to make fun of. ◇ *vi* **-1.** [desfrutar]: ~ **de** to enjoy. **-2.** *fam* [troçar] to mock; ~ **da cara de alguém** to mock sb. **-3.** *fam* [ter orgasmo] to come.
gozo [ˈgozu] *m* **-1.** [prazer] pleasure. **-2.** [uso]: ~ **de algo** use of sthg; **estar em pleno** ~ **das faculdades mentais** to be in full possession of one's mental faculties. **-4.** [orgasmo] orgasm.
GP (*abrev de* **Grande Prêmio**) *m* grand prix.
GPS (*abrev de* **Global Positioning System**) *m* GPS.
Grã-Bretanha [ˌgrãnbreˈtãɲa] *n*: **(a)** ~ Great Britain.
graça [ˈgrasa] *f* **-1.** [ger] grace. **-2.** [humor] wit;

achar ~ de OU em algo to find sthg funny; ter ~ to be funny. -3. [encanto] charm; cheio de ~ full of charm; sem ~ dull; não sei que ~ ela vê nele I don't know what she sees in him. -4. [favor, proteção] favour. -5. [nome] name.

◆ graças a loc prep -1. [devido a] due to, thanks to. -2. [agradecimento]: dar ~s a to give thanks to; ~s a Deus! thank goodness!

◆ de graça loc adj -1. [grátis] free. -2. [muito barato] given away.

gracejar [grase'ʒa(x)] vi to joke.

gracejo [gra'seʒu] m joke.

gracinha [gra'siɲa] f: ser uma ~ [criança, rosto] to be sweet; [cidade, desenho] to be attractive; que ~! how sweet!

gracioso, osa [gra'sjozu, ɔza] adj gracious.

gradativo, va [grada'tʃivu, va] adj gradual.

grade ['gradʒi] f -1. [em janela] grille. -2. [no chão] grating. -3. loc: atrás das ~s fam [na cadeia] behind bars.

gradeado, da [gra'dʒiadu, da] adj [com grades - jardim] fenced; [- janela] with a grating (antes de subst).

◆ gradeado m [gradeamento] fencing.

gradear [gra'dʒa(x)] vt -1. [janela] to put bars on. -2. [área] to fence off.

gradual [gra'dwaw] (pl -ais) adj gradual.

graduar [gra'dwa(x)] vt -1. [regular] to regulate. -2. [classificar]: ~ em to classify according to. -3. [marcar os graus] to graduate. -4. EDUC: ~ alguém em algo to confer a degree on sb in sthg. -5. MIL: ~ alguém em general/coronel to promote sb to general/colonel.

◆ graduar-se vp EDUC: ~-se em algo to graduate in sthg.

grafia [gra'fia] f -1. [escrita] writing. -2. [ortografia] spelling.

gráfico, ca ['grafiku, ka] ◇ adj -1. [visual] graphic. -2. [tipográfico] typographic. ◇ m, f [profissional] typesetter.

◆ gráfico m -1. [diagrama] diagram; ~ de barras bar chart. -2. MAT graph.

◆ gráfica f [estabelecimento] graphics studio.

grã-fino, na [grãn'finu, na] (mpl grã-finos, fpl grã-finas) ◇ adj posh. ◇ m, f toff.

grafite [gra'fitʃi] f -1. [material] graphite. -2. [de lápis] lead. -3. [pichação] graffiti.

grama ['grãma] ◇ f [relva] grass. ◇ m [medida] gramme.

gramado [gra'madu] m -1. [de parque, jardim] lawn. -2. FUT pitch.

gramar [gra'ma(x)] vt to sow with grass.

gramática [gra'matʃika] f ▷ gramático.

gramatical [gramatʃi'kãw] (pl -ais) adj grammatical.

gramático, ca [gra'matʃiku, ka] ◇ adj grammatical. ◇ m, f grammarian.

◆ gramática f -1. [disciplina] grammar. -2. [livro] grammar book.

gramofone [gramo'foni] m gramophone.

grampeador [grãnpja'do(x)] (pl -es) m stapler.

grampear [grãm'pja(x)] vt -1. [prender com grampos] to staple. -2. [telefone] to tap.

grampo ['grãnpu] m -1. [para papel] staple. -2. [para cabelos] hairgrip. -3. [de chapéu] hatpin. -4. [de carpinteiro] clamp. -5. [de telefone] tap.

granada [gra'nada] f -1. [arma] projectile; ~ de mão hand grenade. -2. [pedra] garnet.

grande ['grãndʒi] adj -1. [em tamanho] large. -2. [em altura] tall. -3. [crescido] grown-up. -4. (antes de subst) [intenso] great. -5. (antes de subst) [excessivo] grand. -6. (antes de subst) [notável] great. -7. (antes de subst) [excepcional] great. -8. (antes de subst) [generoso] generous.

◆ grandes mpl: os ~s [os poderosos] the great.

grandeza [grãn'deza] f -1. [ger] greatness. -2. [ostentação] grandeur.

grandiloqüência [grãndʒilo'kwẽnsja] f grandiloquence.

grandioso, osa [grãn'dʒjozu, ɔza] adj grandiose.

granel [gra'nɛw] m: a ~ in bulk.

granito [gra'nitu] m granite.

granizo [gra'nizu] m hailstone; chover ~ to hail; chuva de ~ hail.

granja ['grãnʒa] f farm.

granulado, da [granu'ladu, da] adj granulated.

grão ['grãw] (pl grãos) m -1. [semente] seed; [de café] bean. -2. [de areia] grain.

◆ grãos mpl [cereais] cereal.

grão-de-bico [,grãwdʒi'biku] (pl grãos-de-bico) m chick pea UK, garbanzo bean US.

grasnar [graʒ'na(x)] vi -1. [corvo] to caw. -2. [pato] to quack. -3. fig [gritar] to shout.

gratidão [gratʃi'dãw] f gratitude.

gratificação [gratʃifika'sãw] (pl -ões) f -1. [bônus] bonus. -2. [recompensa] reward. -3. [gorjeta] tip.

gratificante [gratʃifi'kãntʃi] adj gratifying.

gratificar [gratʃifi'ka(x)] vt -1. [dar bônus] to give a bonus. -2. [dar gorjeta a] to tip. -3. [recompensar] to reward; esse trabalho gratifica muito this work is very rewarding.

gratinado, da [gratʃi'nadu, da] adj au gratin, gratiné.

grátis ['gratʃiʃ] adj free.

grato, ta ['gratu, ta] adj -1. [agradecido]: ficar ~ a alguém por algo/por fazer algo to be grateful to sb for sthg/doing sthg. -2. (antes de subst) [agradável] pleasant.

gratuito, ta [gra'twitu, ta] adj -1. [grátis] free. -2. [sem fundamento] gratuitous.

grau ['graw] m -1. [ger] degree. -2. [nível, gradação] level.

gravação [grava'sãw] (*pl* **-ões**) *f* **-1.** [em fita, disco, telefone] recording. **-2.** [em madeira] carving.
gravador, ra [grava'do(x), ra] (*pl* **-es**) *m, f* [quem faz gravuras] engraver.
◆ **gravador** *m* [aparelho] tape recorder.
◆ **gravadora** *f* [empresa] record company.
gravar [gra'va(x)] *vt* **-1.** [ger] to record. **-2.** [em pedra, metal, madeira] to carve. **-3.** [na memória] to memorize.
gravata [gra'vata] *f* [adereço] tie.
gravata-borboleta [gra,vataboxbo'leta] (*pl* **gravatas-borboletas, gravatas-borboleta**) *f* bow tie.
grave ['gravi] *adj* **-1.** [profundo] serious. **-2.** [sério] grave. **-3.** [rígido] grave. **-4.** *MÚS* deep. **-5.** *LING* [acento] grave.
gravemente [grave'mẽntʃi] *adv* seriously.
grávida ['gravida] *adj* pregnant.
gravidade [gravi'dadʒi] *f* gravity.
gravidez [gravi'deʒ] *f* pregnancy.
graviola [gra'vjɔla] *f* sweetsop.
gravura [gra'vura] *f* **-1.** [estampa] print. **-2.** [em madeira, metal] engraving.
graxa ['graʃa] *f* **-1.** [para couro] polish; **~ de sapatos** shoe polish. **-2.** [lubrificante] grease.
Grécia ['grɛsja] *f* Greece.
grego, ga ['gregu, 'ga] <> *adj* **-1.** [relativo à grécia] Greek. **-2.** *fig* [obscuro]: **isso para mim é ~** that's Greek to me. <> *m, f* [pessoa] Greek.
◆ **grego** *m LING* Greek; **falar ~** *fam* to speak a foreign language.
grelha ['greʎa] *f* grill; **na ~** cooked on the grill.
grelhado, da [gre'ʎadu, da] *adj* grilled.
◆ **grelhado** *m* grilled food.
grelhar [gre'ʎa(x)] *vt* to grill.
grêmio ['gremju] *m* **-1.** [associação] guild. **-2.** [clube] club.
grená [gre'na] <> *adj* dark red. <> *m* dark red.
greta ['greta] *f* crack.
greve ['grɛvi] *f* strike; **fazer ~** to strike.
grevista [gre'viʃta] *mf* striker.
grifar [gri'fa(x)] *vt* **-1.** [compor em grifo] to italicize. **-2.** [sublinhar] to underline. **-3.** *fig* [enfatizar] to emphasize.
grife ['grifi] *f* label.
grifo ['grifu] *m* italics.
grilagem [grila'ʒẽ] (*pl* **-ns**) *f falsification of property deeds.*
grileiro, ra [gri'lejru, ra] *m, f forger of property deeds.*
grilhão [gri'ʎãw] (*pl* **-ões**) *m* chain.
grilo ['grilu] *m* **-1.** [inseto] cricket. **-2.** *fam* [problema] hiccup; **dar ~** to cause a hiccup.
grinalda [gri'nawda] *f* garland.
gringo, ga ['grĩŋgu, ga] *m, f fam pej* foreigner.
gripado, da [gri'padu, da] *adj*: **estar/ficar ~** to have/get flu.
gripe ['gripi] *f* flu.
grisalho, lha [gri'zaʎu, ʎa] *adj* greying *UK*, graying *US*.
gritante [gri'tãntʃi] *adj* **-1.** [evidente] glaring. **-2.** [de cor viva] dazzling.
gritar [gri'ta(x)] *vt & vi* to shout; **~ com alguém** to shout at sb.
gritaria [grita'ria] *f* shouting.
grito ['gritu] *m* **-1.** [brado] shout; **falar aos ~s** to shout; **protestar aos ~s** to shout protests; **chegar aos ~s** to reach screaming point; **dar um ~** to give a shout. **-2.** [de animal] scream. **-3.** [de dor] scream. **-4.** [de pavor] scream.
Groenlândia [groẽn'lãndʒja] *n* Greenland.
grosar [gro'za(x)] *vt* [limar, debastar] to file.
groselha [gro'zɛʎa] *f* redcurrant.
grosseiro, ra [gro'sejru, ra] *adj* **-1.** [rude] rude. **-2.** [chulo] vulgar. **-3.** [ordinário] coarse.
grosseria [grose'ria] *f* rudeness; **dizer/fazer uma ~** to say/do something rude.
grosso, ssa ['grosu, sa] *adj* **-1.** [ger] thick. **-2.** [áspero] rough. **-3.** [rude] rude. **-4.** *fam* [abundante]: **dinheiro ~** a considerable sum of money.
◆ **grosso** *adv*: **falar ~ com alguém** to get tough with sb.
◆ **grosso modo** *loc adv* roughly.
grossura [gro'sura] *f* **-1.** [espessura] thickness. **-2.** *fam* [grosseria] rudeness.
grotesco, ca [gro'teʃku, ka] *adj* grotesque.
grudar [gru'da(x)] <> *vt*: **~ algo em algo** to stick sthg on sthg. <> *vi* to stick.
grude ['grudʒi] *m* **-1.** [cola] glue. **-2.** *fam* [comida ruim] muck.
grunhido [gru'ɲidu] *m* grunt.
grunhir [gru'ɲi(x)] *vi* **-1.** [porco] to grunt. **-2.** *fig* [resmungar] to grumble.
grupo ['grupu] *m* group; **~ sanguíneo** blood group; **~ de discussão** *COMPUT* newsgroup.
gruta ['gruta] *f* cave, grotto.
guache ['gwaʃi] *m* gouache.
guaraná [gwara'na] *m* guarana; **~ em pó** powdered guarana; **~ natural** natural guarana.
guarda ['gwaxda] <> *f* **-1.** [proteção] care; **ficar de ~** to stand guard. **-2.** *MIL* guard. <> *mf* [policial] police officer.
guarda-chuva [,gwaxda'ʃuva] (*pl* **guarda-chuvas**) *m* umbrella.
guarda-costas [,gwaxda'kɔʃtaʃ] *mf inv* **-1.** *NÁUT* coastguard. **-2.** *fig* [para defesa] bodyguard.
guardados [gwax'daduʃ] *mpl* bits and pieces.
guarda-florestal [,gwaxdaflore∫'taw] (*pl* **guardas-florestais**) *mf* forest ranger.
guarda-louça [,gwaxda'losa] (*pl* **guarda-louças**) *m* dresser.

guardanapo [ˌgwaxda'napu] *m* (table) napkin.

guarda-noturno [ˌgwaxdano'tuxnu] (*pl* **guardas-noturnos**) *mf* nightwatchman.

guardar [gwax'da(x)] *vt* **-1.** [ger] to keep; ~ **segredo sobre algo** to keep quiet about sthg. **-2.** [pôr no lugar]: ~ **algo (em)** to put sthg away (in). **-3.** [reservar]: ~ **algo (para)** to keep sthg (for). **-4.** [gravar na memória] to remember. **-5.** [vigiar] to guard. **-6.** [cuidar de] to look after. **-7.** [observar] to keep; **guardadas as (devidas) proporções** to a certain extent.
◆ **guardar-se** *vp* **-1.** [proteger-se]: ~**-se de** to steer clear of. **-2.** [prevenir-se]: ~**-se de** to watch out for.

guarda-roupa [ˌgwaxda'xopa] (*pl* **guarda-roupas**) *m* wardrobe.

guarda-sol [ˌgwaxda'sɔw] (*pl* **guarda-sóis**) *m* parasol.

guarda-volumes [ˌgwaxdavo'lumiʃ] *m (inv)* left-luggage office.

guardião, diã [gwax'dʒjãw, dʒjã] (*mpl* **-ães, -ões**, *fpl* **-s**) *m, f* guardian.

guarnecer [gwaxne'se(x)] *vt* **-1.** [abastecer] to supply; ~ **alguém de algo** to supply sb with sthg. **-2.** *MIL* to occupy. **-3.** *NÁUT* to crew.

guarnição [gwaxni'sãw] (*pl* **-ões**) *f* **-1.** [ger] garnish. **-2.** *MIL* garrison. **-3.** *NAUT* crew.

Guatemala [gwate'mala] *n* Guatemala.

guatemalteco, ca [gwatemaw'tɛku, ka] ◇ *adj* Guatemalan. ◇ *m, f* Guatemalan.

gude ['gudʒi] *m* ▷ **bola**.

guelra ['gɛwxa] *f* gill.

guerra ['gɛxa] *f* **-1.** [ger] war; **em** ~ at war; ~ **civil** civil war; ~ **fria** cold war; ~ **mundial** world war; **fazer** ~ **a** to do battle with. **-2.** *fig* [disputa] battle.

guerra-relâmpago [gɛxa'xelãmpagu] (*pl* **guerras-relâmpago**) *f* blitzkrieg.

guerreiro, ra [ge'xejru, ra] ◇ *adj* **-1.** [belicoso] warlike. **-2.** [espírito, índole] fighting. ◇ *m, f* [pessoa] warrior.

guerrilha [ge'xiʎa] *f* guerrilla warfare.

guerrilheiro, ra [gexi'ʎejru, ra] ◇ *adj* guerrilla *(antes de subst)*. ◇ *m, f* guerrilla.

gueto ['getu] *m* ghetto.

guia ['gia] ◇ *f* guide. ◇ *m* [manual - turístico, cultural] guide; [- de instruções] manual. ◇ *mf* [pessoa] guide; ~ **turístico** tourist guide.

Guiana [gwi'jãna] *n* Guyana.

guianense [gwija'nẽnsi] ◇ *adj* Guyanese. ◇ *mf* Guyanese.

guiar ['gja(x)] ◇ *vt* **-1.** [orientar] to guide. **-2.** [proteger] to watch over. **-3.** *AUTO* [dirigir] to drive. ◇ *vi AUTO* to drive.
◆ **guiar-se** *vp* [orientar-se] to orientate o.s.

guichê [gi'ʃe] *m* **-1.** [no cinema, teatro] ticket office. **-2.** [em banco] counter.

guidom [gi'dõ] (*pl* **-ns**) *m* handlebars *(pl)*.

guilhotina [giʎo'tʃina] *f* guillotine.

guinada [gi'nada] *f* **-1.** *NAÚT* yaw. **-2.** *AUTO* veer; **dar uma** ~ to veer.

guincho ['gĩnʃu] *m* **-1.** [reboque] tow. **-2.** [chiado] squeal.

guindaste [gĩn'daʃtʃi] *m* crane.

guisado, da [gi'zadu, da] *m CULIN* stew.

guisar [gi'za(x)] *vt* to stew.

guitarra [gi'taxa] *f*: ~ **(elétrica)** electric guitar.

guitarrista [gita'xiʃta] *mf* guitarist.

gula ['gula] *f* gluttony.

gulodice [gulo'dʒisi] *f* greediness.

guloseima [gulo'zejma] *f* titbit.

guloso, osa [gu'lozu, ɔza] *adj* greedy.

gume ['gumi] *m* blade.

guri, ria [gu'ri, ria] *m* kid.

gurizada [guri'zada] *f* [criançada] kids *(pl)*.

guru [gu'ru] *m* guru.

h¹, H [a'ga] *m* [letra] h, H.

h² (*abrev de* **hora**) *f* hr., h.

ha (*abrev de* **hectare**) *m* ha.

hábil ['abiw] (*pl* **-eis**) *adj* **-1.** [ger] skilful. **-2.** [sutil] subtle. **-3.** *loc*: **em tempo** ~ in due course.

habilidade [abili'dadʒi] *f* **-1.** [aptidão] ability. **-2.** [competência] talent. **-3.** [astúcia] skill. **-4.** [sutileza] subtlety.

habilidoso, osa [abili'dozu, ɔza] *adj* skilful *UK*, skillful *US*.

habilitação [abilita'sãw] (*pl* **-ões**) *f* **-1.** [aptidão] aptitude. **-2.** [conhecimento formal] qualification. **-3.** *JUR* [documento] validation.
◆ **habilitações** *fpl* [qualificações] qualifications.

habilitado, da [abili'tadu, da] *adj* **-1.** [profissional liberal] qualified. **-2.** [operário] skilled.

habilitar [abili'ta(x)] *vt* **-1.** [capacitar] to enable. **-2.** [preparar] to prepare. **-3.** [dar direito a] to entitle to.
◆ **habilitar-se** *vp* [capacitar-se] to prepare o.s.

habitação [abita'sãw] (*pl* **-ões**) *f* **-1.** [casa] house. **-2.** *POL* [moradia] housing.

habitante [abi'tãntʃi] *mf* inhabitant.

habitar [abi'ta(x)] ◇ *vt* **-1.** [morar em] to live in. **-2.** [povoar] to inhabit. ◇ *vi* [viver] to live.

hábitat ['abitatʃ] *m* habitat.

hábito ['abitu] *m* habit.

habituado, da [abi'twadu, da] *adj*: ~ **(a algo)** used (to sthg); ~ **a fazer algo** used to doing sthg.
habitual [abi'twaw] (*pl* **-ais**) *adj* habitual.
habituar [abi'twa(x)] *vt* to accustom to; ~ **alguém a algo/a fazer algo** to get sb used to sthg/to doing sthg.
◆ **habituar-se** *vp*: ~**-se a (fazer) algo** to get used to (doing) sthg.
hacker [xake(x)ʃ] (*pl* **hackers**) *m* COMPUT hacker.
hadoque [a'dɔki] *m* haddock.
Haia ['aja] *n* The Hague.
hálito ['alitu] *m* breath; **mau** ~ bad breath.
hall ['ɔw] *m* hall; ~ **de entrada** entrance hall.
halterofilista [awterofi'liʃta] *mf* weight lifter.
hambúrguer [ãn'buxge(x)] (*pl* **-es**) *m* hamburger.
handicap [ãndʒi'kapi] *m* handicap.
hangar [ãŋ'ga(x)] (*pl* **-es**) *m* hangar.
haras ['araʃ] *m inv* stud *(for racehorses)*.
hardware [ax'dwɛ(x)] *m* COMPUT hardware.
harmonia [axmo'nia] *f* harmony.
harmônico, ca [ax'moniku, ka] *adj* harmonic.
◆ **harmônica** *f* harmonica, mouth organ.
harmonioso, osa [axmo'njozu, jɔza] *adj* harmonious.
harmonizar [axmoni'za(x)] *vt* **-1.** MÚS to harmonize. **-2.** [conciliar]: ~ **algo com algo** to reconcile sthg with sthg.
◆ **harmonizar-se** *vp*: ~**-se (com algo)** to be in harmony (with sthg).
harpa ['axpa] *f* harp.
haste ['aʃtʃi] *f* **-1.** [de bandeira] pole. **-2.** [caule] stalk.
hasteamento [aʃtʃja'mẽntu] *m* hoisting.
havana [a'vãna] <> *adj* [cor] beige. <> *m* [charuto] Havana cigar.
haver [a've(x)] *v impess* **-1.** [existir, estar, ter lugar]: **há** there is, there are *pl*; **havia** there was, there were *pl*; **há um café muito bom ao fim da rua** there's a very good café at the end of the street; **não há nada aqui** there's nothing here; **não há correio amanhã** there's no mail tomorrow. **-2.** [exprime tempo]: **estou esperando há dez minutos** I've been waiting for ten minutes; **há séculos que não vou lá** I haven't been there for ages; **há três dias que não o vejo** I haven't seen him for three days. **-3.** [exprime obrigação]: **há que esperar três dias** you'll have to wait three days. **-4.** [em locuções]: **haja o que houver** come what may; **não há de quê!** don't mention it! <> *v aux* [em tempos compostos] to have; **ele havia chegado há pouco** he had just arrived; **como não havia comido estava com fome** I was hungry because I hadn't eaten; **havíamos reservado com antecedência** we'd reserved in advance.
◆ **haver de** *v + prep* [dever] to have; [exprime intenção]: **hei de ir** I'll go.
◆ **haver-se com** *vp + prep*: ~**-se com alguém** [prestar contas a] to answer to sb.
◆ **haveres** *mpl* [pertences] belongings; [bens] assets.

> Tanto ***there is*** como ***there are*** são traduzidos por 'há', mas é preciso lembrar que ***there is*** é sempre seguido pelo substantivo no singular (***there's a large cat in the window*** há um gato enorme na janela) e ***there are*** pelo substantivo no plural (***there are only four cookies left*** há apenas quatro biscoitos sobrando). A mesma regra se aplica aos outros tempos verbais (***there has been a change in the schedule*** houve uma mudança no horário e ***there have been a few changes in the company*** houve algumas mudanças na empresa).

haxixe [a'ʃiʃi] *m* hashish.
HC (*abrev de* **Hospital das Clínicas**) *m famous teaching hospital in São Paulo*.
HD (*abrev de* **Hard Disk**) *m* HD.
hectare [ek'tari] *m* hectare.
hedge [ɛdji] *m* ECON [proteção cambial] hedge.
hediondo, da [e'dʒõndu, da] *adj* hideous.
hegemonia [eʒemo'nia] *f* hegemony.
hegemônico, ca [ege'moniku, ka] *adj* hegemonic.
hélice ['ɛlisi] *f* propeller.
helicóptero [eli'kɔpteru] *m* helicopter.
hematoma [ema'toma] *f* bruise, haematoma **UK**, hematoma **US**.
hemisfério [emiʃ'fɛrju] *m* hemisphere.
hemodiálise [emo'dʒjalizi] *f* dialysis.
hemofílico, ca [ɛmo'filiku, ka] <> *adj* haemophilic **UK**, hemophilic **US**. <> *m, f* haemophiliac **UK**, hemophiliac **US**.
hemorragia [emoxa'ʒia] *f* haemorrhage **UK**, hemorrhage **US**.
hemorrágico, ca [emo'xagiku, ka] *adj* haemorrhagic.
hemorróidas [emo'xɔjdaʃ] *fpl* haemorrhoid **UK**, hemorrhoid **US**.
hepatite [epa'tʃitʃi] *f* hepatitis.
hera ['ɛra] *f* ivy.
heráldica [e'rawdʒika] *f* heraldry.
herança [e'rãnsa] *f* inheritance.
herdar [ex'da(x)] *vt* [ger]: ~ **algo de alguém** to inherit sthg from sb.
herdeiro, ra [ex'dejru, ra] *m, f* heir.
herege [e'rɛʒi] *mf* heretic.
heresia [ere'zia] *f* heresy.
hermético, ca [ex'mɛtʃiku, ka] *adj* **-1.** [bem fechado] hermetic, airtight. **-2.** *fig* [obscuro] hermetic.
hérnia ['ɛxnja] *f* hernia; ~ **de disco** slipped disc.
herói [e'rɔj] *m* hero.
heróico, ca [e'rɔjku, ka] *adj* heroic.
heroína [e'rwina] *f* heroine.
herpes ['ɛxpiʃ] *m* herpes.

hesitação [ezita'sãw] *(pl -ões) f* hesitation.
hesitante [ezi'tãntʃi] *adj* hesitant.
hesitar [ezi'ta(x)] *vi*: ~ **em fazer algo** to hesitate to do sthg.
heterogêneo, nea [etero'ʒenju, nja] *adj* heterogeneous.
heterossexual [eterosek'swaw] *(pl -ais)* <> *adj* heterosexual. <> *mf* heterosexual.
hibernar [ibex'na(x)] *vi* to hibernate.
hibisco [i'biʃku] *m* hibiscus.
híbrido, da ['ibridu, da] *adj* [mesclado] hybrid.
◆ **híbrido** *m* [animal ou vegetal]: **ser um ~ (de)** to be a hybrid (of).
hidramático, ca [idra'matʃiku, ka] *adj* Hydra-Matic®.
hidratante [idra'tãntʃi] <> *adj* moisturizing. <> *m* moisturizer.
hidratar [idra'ta(x)] *vt* **-1.** [pele] to moisturize. **-2.** *MED* to hydrate.
hidráulico, ca [i'drawliku, ka] *adj* hydraulic.
hidrelétrica [idre'lɛtrika] *f* **-1.** [usina] hydroelectric power station. **-2.** [empresa] hydroelectric company.
hidrófobo, ba [i'drɔfobu, ba] <> *adj* hydrophobic. <> *m, f* hydrophobic person.
hidrogênio [idro'ʒenju] *m* hydrogen.
hidromassagem [idruma'saʒẽ] *(pl -ns) f* hydromassage.
hiena ['jena] *f* hyena.
hierarquia [jerar'kia] *f* hierarchy.
hierárquico, ca [je'raxkiku, ka] *adj* hierarchical.
hieróglifo [je'rɔgliful *m* hieroglyph.
hífen ['ifẽ] *(pl -es) m* hyphen.
hifenizar [ifeni'za(x)] *vt* hyphenate.
Hi-Fi *(abrev de* **High Fidelity**) *m* hi-fi.
higiene [i'ʒjeni] *f* hygiene.
higiênico, ca [i'ʒjeniku, ka] *adj* hygienic; **papel ~** toilet paper.
higienizar [ʒjeni'za(x)] *vt* to sterilize.
hilariante [ila'rjãntʃi] *adj* hilarious.
hilário, ria [i'larju, rja] *adj* [hilariante] hilarious.
Himalaia [ima'laja] *n*: **o ~** the Himalayas *(pl)*.
hindi ['ĩndʒi] *m* Hindi.
hindu [ĩn'du] *(pl* **hindus**) <> *adj* **-1.** [da Índia] Indian. **-2.** *RELIG* Hindu. <> *m, f* **-1.** [da Índia] Indian. **-2.** *RELIG* Hindu.
hino ['inu] *m* hymn; ~ **nacional** national anthem.
hiper ['ipe(x)] *prefixo* **-1.** [extremo, grande] hyper-. **-2.** *fam* [super] hyper-.
hipermercado [ˌipexmex'kadu] *m* hypermarket.
hipertensão [ˌipextẽn'sãw] *(pl -ões) f* high blood pressure, hypertension.
hipertenso, sa [ipex'tẽsu, sa] *adj* with high blood-pressure; **ser ~** to have high blood pressure.
hipertexto [ipex'tejʃtu] *m COMPUT* hypertext.
hipertrofia [ipextro'fia] *f* **-1.** *MED* hypertrophy. **-2.** [fig] excessive increase.
hipertrofiar [ipextro'fja(x)] *vt* to overstretch.
◆ **hipertrofiar-se** *vp* to become overdeveloped.
hípico, ca ['ipiku, ka] *adj* **-1.** [clube, competição] riding. **-2.** [sociedade] equestrian.
hipismo [i'piʒmu] *m* horse riding, equestrianism.
hipnose [ip'nɔzi] *f* hypnosis.
hipnótico, ca [ip'nɔtʃiku, ka] *adj* hypnotic.
◆ **hipnótico** *m* [substância] hypnotic.
hipnotizado, da [ipnotʃi'zadu, da] *adj* hypnotized.
hipnotizar [ipnotʃi'za(x)] *vt* to hypnotize.
hipocondria [ipokõn'dria] *f* hypochondria.
hipocondríaco, ca [ˌipɔkõn'driaku, ka] <> *adj* hypochondriac. <> *m, f* hypochondriac.
hipocrisia [ipokri'zia] *f* hypocrisy.
hipócrita [i'pɔkrita] <> *adj* hypocritical. <> *mf* hypocrite.
hipódromo [i'pɔdrumu] *m* racecourse.
hipopótamo [ipo'pɔtamu] *m* hippopotamus.
hipoteca [ipo'tɛka] *f* mortgage.
hipótese [i'pɔtezi] *f* **-1.** [conjectura] hypothesis. **-2.** [possibilidade] eventuality; **não abandonaria meus filhos em ~ alguma** I wouldn't abandon my children under any circumstances, under no circumstance would I abandon my children; **na melhor/pior das ~s** at best/ worst.
hispânico, ca [iʃ'paniku, ka] <> *adj* Hispanic. <> *m, f* Hispanic.
hispano, na [iʃpãnu, na] <> *adj* Hispanic. <> *m, f* Hispanic.
hispano-americano, na [iʃˌpãnwameri'kãnu, na] <> *adj* Spanish-American. <> *m, f* Spanish American.
histeria [iʃte'ria] *f* hysteria.
histérico, ca [iʃ'tɛriku, ka] *adj* hysterical.
história [iʃ'tɔrja] *f* **-1.** [ger] history. **-2.** [narração] story; ~ **em quadrinhos** comic strip. **-3.** [lorota] nonsense. **-4.** [explicação] excuse. **-5.** [idéia, proposta] suggestion. **-6.** [acontecimento] event; [caso amoroso] love affair. **-7.** [enredo] storyline. **-8.** [boato] rumour. **-9.** [tradição] tradition. **-10.** [problema] problem. **-11.** *fam* [abuso]: **que ~ é essa de ...?** what's the idea of ...?
historiador, ra [iʃtorja'do(x), ra] *m, f* historian.
historicidade [iʃtorisi'dadʒi] *f* historicity, historical authenticity.
histórico, ca [iʃ'tɔriku, ka] *adj* **-1.** [ger] historical. **-2.** [importante] historic.
◆ **histórico** *m* history.
histrião [iʃtri'ãw] *(pl -ões) m* [comediante] comic.

histriônico, ca [iʃtri'oniku, ka] *adj* histrionic.
hit ['iti] *m COMPUT* hit.
HIV (*abrev de* **Human Immunodeficiency Virus**) *m* HIV.
hobby ['ɔbi] *m* hobby.
hoje ['oʒi] *adv* today; **de ~ em diante** from today onwards, from this day forth; **~ noite** tonight; **~ em dia** nowadays.
Holanda [o'lãnda] *f* Holland, The Netherlands.
holandês, esa [olãn'deʃ, eza] (*mpl* **-eses** *fpl* **-s**) <> *adj* Dutch. <> *m, f* Dutchman (*f* Dutchwoman).
◆ **holandês** *m* [língua] Dutch.
holofote [olo'fɔtʃi] *m* searchlight.
home banking ['xomibãnkĩn] *m COMPUT* home banking.
homem ['ɔmẽ] (*pl* **-ns**) *m* **-1.** [ger] man; **~ de negócios** businessman. **-2.** [humanidade]: **o ~** mankind.
homem-rã [,omẽn'xã] (*pl* **homens-rãs**) *m* frogman.
homenagear [omena'ʒja(x)] *vt* to pay homage to.
homenagem [ome'naʒẽ] (*pl* **-ns**) *f* homage; **em ~ a algo/alguém** in homage to sthg/sb.
homeopatia [omjopa'tʃia] *f* homeopathy.
homeopático, ca [omjo'patʃiku, ka] *adj* homeopathic.
homicida [omi'sida] <> *adj* homicidal. <> *mf* murderer.
homicídio [omi'sidʒju] *m* homicide; **~ culposo** manslaughter.
homogêneo, nea [omo'ʒenju, nja] *adj* homogeneous.
homologação [omologa'sãw] (*pl* **-ões**) *f* ratification.
homologar [omolo'ga(x)] *vt* **-1.** [lei, casamento] to ratify. **-2.** [sociedade] to grant official recognition to.
homossexual [omosek'swaw] (*pl* **-ais**) <> *adj* homosexual. <> *m, f* homosexual.
homossexualidade [omosekswali'dadʒi] *f* homosexuality.
Honduras [õn'duraʃ] *n* Honduras.
hondurenho, nha [õndu'reɲu, ɲa] <> *adj* Honduran. <> *m, f* Honduran.
honestidade [oneʃtʃi'dadʒi] *f* honesty; **com ~** honestly.
honesto, ta [o'nɛʃtu, ta] *adj* honest.
honorário, ria [ono'rarju, rja] *adj* honorary.
honorários [ono'rarjuʃ] *mpl* fee *(sg)*.
honra ['õnxa] *f* **-1.** [ger] honour ***UK***, honor ***US***; **em ~ de alguém** in honour of sb ***UK***, in honor of sb ***US***. **-2.** [motivo de orgulho] credit.
◆ **honras** *fpl* honours ***UK***, honors ***US***; **~ militares** military honours ***UK***, military honors ***US***.
honradez [õnxa'deʒ] *f* honesty.
honrado, da [õ'xadu, da] *adj* **-1.** [digno] worthy. **-2.** [respeitado] respectable.
honrar [õ'xa(x)] *vt* [respeitar] to honour ***UK***, to honor ***US***.
honroso, osa [õ'xozu, ɔza] *adj* honourable ***UK***, honorable ***US***.
hóquei ['ɔkej] *m* hockey; **~ sobre gelo** ice hockey.
hora ['ɔra] *f* **-1.** [do dia] hour; **de ~ em ~** every hour. **-2.** [ger] time; **altas ~s** very late at night; **que ~s são?** what time is it?; **~ extra** extra time; **fazer algo fora de ~** to do sthg at the wrong time; **estar na ~ de fazer algo** to be time to do sthg; **na ~ H** on the dot; **de última ~** last minute *(antes de subst)*; **não vejo a ~ de ir embora** I can't wait for the time to leave; **na ~** on time; **perder a ~** to be late. **-3.** [compromisso]: **marcar ~ com alguém** to make an appointment with sb. **-4.** *loc*: **fazer ~** to waste time.
horário, ria [o'rarju, rja] *adj* hourly.
◆ **horário** *m* **-1.** [tabela] timetable. **-2.** [hora prefixada] time; **~ nobre** prime time; **~ de verão** summer time.
horda ['ɔxda] *f* horde.
horizontal [orizõn'taw] (*pl* **-ais**) <> *adj* horizontal. <> *f* [linha] horizontal.
horizonte [ori'zõntʃi] *m* horizon.
hormônio [ox'monju] *m* hormone.
horóscopo [o'rɔʃkopu] *m* horoscope.
horrendo, da [o'xẽndu, da] *adj* **-1.** [atemorizante] frightful. **-2.** [feio] horrendous.
horrível [o'xivɛw] (*pl* **-eis**) *adj* **-1.** [ger] terrible. **-2.** [feio] horrible.
horror [o'xo(x)] (*pl* **-es**) *m* **-1.** [medo]: **ter ~ (de** *OU* **a algo)** to have a horror (of sthg). **-2.** [repulsa]: **ter ~ a algo/a fazer algo** to have a horror of sthg/doing sthg. **-3.** [coisa feia]: **fiquei um ~ com essa roupa** I looked a fright in those clothes. **-4.** [atrocidade]: **que ~!** how awful! **-5.** [ruim]: **ser um ~** to be terrible.
◆ **horrores** *mpl* **-1.** [palavras injuriosas]: **dizer ~ de algo/alguém** to say horrible things about sthg/sb. **-2.** [ações terríveis]: **fazer ~** to do horrible things. **-3.** [quantia vultuosa]: **ele está faturando ~es** he is raking it in.
horrorizar [oxori'za(x)] *vt* to terrify.
◆ **horrorizar-se** *vp* to be terrified.
horroroso, osa [oxo'rozu, ɔza] *adj* **-1.** [ger] terrible. **-2.** [feio] frightful.
horta ['ɔxta] *f* vegetable garden.
hortaliças [oxta'lisaʃ] *fpl* vegetables.
hortelã [oxte'lã] *f* mint.
hortelã-pimenta [oxte,lãpi'mẽnta] (*pl* **hortelãs-pimenta**) *f* peppermint.
hortênsia [ox'tẽnsja] *f* hydrangea.

horticultor, ra [oxtʃikuw'to(x), ra] *(mpl* **-es**, *fpl* **-s**) *m, f* horticulturist.

hortifrutigranjeiro, ra [oxtʃiʃrutʃigrãn'ʒejru, ra] *adj relating to fruit, vegetable and small farm production.*

◆ **hortifrutigranjeiro** *m* smallholder *(producing fruit and vegetables).*

hortigranjeiros [oxtʃigrãn'ʒeiruʃ] *mpl* farm produce.

horto ['oxtu] *m* allotment.

hospedagem [oʃpe'daʒẽ] *(pl* **-ns**) *f* **-1.** [acomodação] accommodation. **-2.** [diária] board and lodging. **-3.** [pensão] inn.

hospedar [oʃpe'da(x)] *vt* to lodge.

◆ **hospedar-se** *vp* to lodge.

hospedaria [oʃpeda'ria] *f* guest house.

hóspede ['ɔʃpedʒi] *mf* guest.

hospício [oʃ'pisju] *m* hospice.

hospital [oʃpi'taw] *(pl* **-ais**) *m* hospital.

hospitaleiro, ra [oʃpita'lejru, ra] *adj* hospitable.

hospitalidade [oʃpitali'dadʒi] *f* hospitality.

host ['xoʃtʃi] *m* COMPUT host.

hostess ['ɔʃtes] *f* hostess.

hostil [oʃ'tiw] *(pl* **-is**) *adj* **-1.** [contrário]: **~ a algo/alguém** hostile to sthg/sb. **-2.** [agressivo] hostile.

hostilidade [oʃtʃili'dadʒi] *f* [sentimento] hostility.

hostilizar [oʃtili'za(x)] *vt* to be hostile towards.

hotel [o'tɛw] *(pl* **-éis**) *m* hotel.

hp (*abrev de* **horsepower**) *m* hp.

HTML (*abrev de* **Hypertext Markup Language**) *m* HTML.

HTTP (*abrev de* **Hypertext Transfer Protocol**) *m* HTTP.

humanidade [umani'dadʒi] *f* humanity.

humanitário, ria [umani'tarju, rja] *adj* humanitarian.

humano, na [u'manu, na] *adj* **-1.** [da humanidade] human; **ser ~** human being. **-2.** [bondoso] human, understanding.

humanóide [uma'nɔjdʒi] ◇ *adj* humanoid. ◇ *mf* humanoid.

humildade [umiw'dadʒi] *f* **-1.** [pobreza] humbleness. **-2.** [modéstia] humility. **-3.** [submissão] humility; **com ~** humbly.

humilde [u'miwdʒi] *adj* humble; **os ~s** the poor *(pl).*

humildemente [umiwdʒi'mẽntʃi] *adv* humbly.

humilhação [umiʎa'sãw] *(pl* **-ões**) *f* humiliation.

humilhar [umi'ʎa(x)] *vt* to humiliate.

humor [u'mo(x)] *m* **-1.** [ger] humour *UK*, humor *US*. **-2.** [ânimo] mood; **estar de bom/mau ~** to be good-/bad-tempered. **-3.** [senso de humor] sense of humour *UK*, sense of humor *US*.

humorista [umo'riʃta] *mf* comedian.

humorístico, ca [umo'riʃtʃiku, ka] *adj* comedy *(antes de subst).*

húngaro, ra ['ũŋgaru, ra] ◇ *adj* Hungarian. ◇ *m, f* Hungarian.

◆ **húngaro** *m* [língua] Hungarian.

Hungria [ũŋ'gria] *n* Hungary.

Hz (*abrev de* **hertz**) *m* Hz.

I

i, I [i] *m* [letra] i, I.

ianque ['jãŋki] ◇ *adj* Yankee. ◇ *m, f* Yank.

iate ['jatʃi] *m* yacht.

iatismo [ja'tʃiʒmu] *m* yachting, sailing.

iatista [ja'tʃiʃta] *mf* yachtsman *(f* yachtswoman).

IBAMA (*abrev de* **Instituto Brasileiro do Meio Ambiente e dos Recursos Naturais Renováveis**) *m Brazilian organization responsible for preserving the country's natural environment.*

Ibase (*abrev de* **Instituto Brasileiro de Análises Sociais e Econômicas**) *m Brazilian institute for social and economic analysis.*

IBDF (*abrev de* **Instituto Brasileiro de Desenvolvimento Florestal**) *m Brazilian institute for forestry development.*

IBGE (*abrev de* **Instituto Brasileiro de Geografia e Estatística**) *m Brazilian institute of geography and statistics.*

Ibope (*abrev de* **Instituto Brasileiro de Opinião Pública e Estatística**) *m Brazilian opinion poll institute.*

IBP (*abrev de* **Instituto Brasileiro de Petróleo**) *m Brazilian petroleum institute.*

içar [i'sa(x)] *vt* to hoist.

iceberg [ajs'bɛxgi] *m* iceberg.

ICMS (*abrev de* **Imposto sobre a Circulação de Mercadorias e Serviços**) *m government tax on goods and services,* ≃ VAT *UK*.

ícone ['ikoni] *m* icon.

iconoclasta [ikono'klaʃta] ◇ *adj* iconoclastic. ◇ *mf* iconoclast.

ida ['ida] *f* **-1.** [ato de ir] going. **-2.** [partida] departure. **-3.** [viagem] journey; **na ~** on the outward journet; **(bilhete de) ~ e volta** return ticket. **-4.** [bilhete]: **só comprei a ~** I only bought a single (ticket).

idade [i'dadʒi] *f* [ger] age; **de ~** [idoso] elderly; **ser menor/maior de ~** to be under/of age;

pessoa da terceira ~ senior citizen; **Idade Média** Middle Ages *(pl)*; ~ **da pedra** Stone Age.
ideal [i'deaw] *(pl* **-ais**) <> *adj* ideal. <> *m* **-1.** [valores] ideal. **-2.** [perfeição] ideal thing.
idealista [idea'liʃta] <> *adj* idealistic. <> *mf* idealist.
idealizador [idealiza'do(x)] *m, f* planner.
idealizar [ideali'za(x)] *vt* **-1.** [endeusar] to idealize. **-2.** [planejar] to plan.
idear ['idea(x)] *vt* [planejar] to plan.
idéia [i'dɛja] *f* **-1.** [ger] idea; **estar com** ~ **de** to be thinking of; **ter uma** ~ **errada de algo** to have the wrong idea about sthg; **fazer** *ou* **ter** ~ **de algo** to have an idea of sthg. **-2.** [mente, opinião] mind; **mudar de** ~ to change one's mind.
idem ['idẽ] *pron* idem.
idêntico, ca [i'dʒẽntʃiku, ka] *adj* identical.
identidade [idẽntʃi'dadʒi] *f* identity; **(carteira de)** ~ identity card.
identificação [idẽntʃifika'sãw] *(pl* **-ões**) *f* identification.
identificar [idʒẽntʃifi'ka(x)] *vt* to identify.
◆ **identificar-se** *vp* **-1.** [revelar-se] to identify o.s. **-2.** [espelhar-se]: ~**-se com algo/alguém** to identify o.s. with sthg/sb.
ideologia [ideolo'ʒia] *f* ideology.
ídiche ['idiʃi] *m* = **iídiche**.
idílico, ca [i'dʒiliku, ka] *adj* idyllic.
idioma [i'dʒjoma] *m* language.
idiomático, ca [idʒo'matʃiku, ka] *adj* idiomatic; **expressão idiomática** idiomatic expression.
idiota [i'dʒjɔta] <> *adj* idiotic. <> *mf* idiot.
idiotia [idʒjo'tʃia] *f* idiocy.
ido, ida ['idu, 'ida] *adj* past.
idólatra [i'dɔlatra] <> *adj* idolatrous. <> *mf* [de ídolos] idol worshipper.
idolatrar [idola'tra(x)] *vt* to idolize.
ídolo ['idulu] *m* idol.
idôneo, nea [i'donju, nja] *adj* **-1.** [pessoa, julgamento] fitting. **-2.** [empresa] suitable.
idoso, osa [i'dozu, ɔza] *adj* aged.
Iemanjá [jemãn'ʒa] *f goddess of the sea and water, in Afro-Brazilian lore.*
Ierevan [jere'vã] *n* Yerevan.
ignição [igni'sãw] *f* ignition.
ignomínia [igno'minja] *f* ignominy.
ignorado, da [igno'radu, da] *adj* unknown.
ignorância [igno'rãnsja] *f* **-1.** [desconhecimento] ignorance. **-2.** [grosseria] rudeness; **com** ~ rudely. **-3.** [violência]: **apelar para a** ~ to resort to violence.
ignorante [igno'rãntʃi] <> *adj* **-1.** [leigo]: ~ **(em)** ignorant (of). **-2.** [grosseiro] rude. <> *mf* **-1.** [leigo] lay person. **-2.** [grosseiro] rude person.
ignorar [igno'ra(x)] *vt* **-1.** [desconhecer] not to know. **-2.** [desprezar] to ignore.
IGP (*abrev de* **Índice Geral de Preços**) *m general price index.*
IGP-M (*abrev de* **Índice Geral de Preços de Mercado**) *m general index of market prices.*
igreja [i'greʒa] *f* church.
Iguaçu [igwa'su] *n*: **as cataratas do** ~ the Iguaçu Falls.
igual [i'gwaw] *(pl* **-ais**) <> *adj* **-1.** [idêntico] equal. **-2.** [uniforme] the same. <> *mf* equal. <> *adv* the same as.
igualar [igwa'la(x)] *vt* **-1.** [tornar igual] to make equal. **-2.** [nivelar] to level.
◆ **igualar-se** *vp* **-1.** [tornar-se igual]: ~**-se a algo/alguém** to equal sthg/sb. **-2.** [comparar-se]: ~**-se a algo/alguém** to bear comparison with sthg/sb.
igualdade [igwaw'dadʒi] *f* **-1.** [ger] equality. **-2.** [constância] regularity.
igualmente [igwaw'mẽntʃi] *adv* equally.
iguaria [igwa'ria] *f* delicacy.
iídiche ['jidiʃi], **ídiche** ['idiʃi] *m* Yiddish.
ilegal [ile'gaw] *(pl* **-ais**) *adj* illegal.
ilegítimo, ma [ile'ʒitʃimu, ma] *adj* illegitimate.
ilegível [ile'ʒivɛw] *(pl* **-eis**) *adj* illegible.
ileso, sa [i'lezu, za] *adj* unharmed.
iletrado, da [ile'tradu, da] *adj* **-1.** [inculto] unlettered. **-2.** [analfabeto] illiterate.
ilha ['iʎa] *f* island.
ilhéu, ilhoa [i'ʎɛw, i'ʎoa] *m, f* islander.
ilhota [i'ʎɔta] *f* islet.
ilícito, ta [i'lisitu, ta] *adj* illicit.
ilimitado, da [ilemi'tadu, da] *adj* unlimited.
ilógico, ca [i'lɔʒiku, ka] *adj* illogical.
iludir [ilu'di(x)] *vt* to delude.
◆ **iludir-se** *vp* to delude o.s.
iluminação [ilumina'sãw] *(pl* **-ões**) *f* **-1.** [luzes] lighting. **-2.** *fig* [insight] inspiration.
iluminar [ilumi'na(x)] *vt* **-1.** [alumiar] to light up. **-2.** *fig* [esclarecer] to enlighten.
Iluminismo [ilumi'niʒmu] *m* Enlightenment.
iluminista [ilumi'niʃta] <> *adj* Enlightenment *(antes de subst).* <> *mf member or follower of the Enlightenment.*
ilusão [ilu'zãw] *(pl* **-ões**) *f* illusion; ~ **de ótica** optical illusion; **viver de ilusões** to delude o.s.
ilusionista [iluzjo'niʃta] *mf* illusionist.
ilusório, ria [ilu'zɔrju, rja] *adj* illusory.
ilustração [iluʃtra'sãw] *(pl* **-ões**) *f* illustration.
ilustrado, da [iluʃ'tradu, da] *adj* **-1.** [com figuras] illustrated. **-2.** [instruído] learned.
ilustrar [iluʃ'tra(x)] *vt* **-1.** [ger] to illustrate. **-2.** [instruir] to enlighten.
ilustre [i'luʃtri] *adj* illustrious, distinguished; **um** ~ **desconhecido** a complete unknown.
ilustríssimo, ma [iluʃ'trisimu, ma] *superl* ▷ **ilustre**; ~ **senhor** honourable gentleman

UK, honorable gentleman *US*.
ímã [ˈimã] *m* magnet.
imaculado, da [imakuˈladu, da] *adj* immaculate.
imagem [iˈmaʒẽ] (*pl* **-ns**) *f* **-1.** [gen] image. **-2.** [TV] picture.
imaginação [imaʒinaˈsãw] *f* imagination.
imaginar [imaʒiˈna(x)] ◇ *vt* **-1.** [fantasiar] to imagine. **-2.** [supor]: ~ **que** to imagine that. ◇ *vi* to daydream; **imagina!** just imagine!
◆ **imaginar-se** *vp* [supor-se] to imagine o.s.
imaginário, ria [imaʒiˈnarju, rja] *adj* imaginary.
imaginativo, va [imaʒinaˈtʃivu, va] *adj* imaginative.
imaturo, ra [imaˈturu, ra] *adj* immature.
imbatível [ĩnbaˈtʃivɛw] (*pl* **-eis**) *adj* unbeatable.
imbecil [ĩnbeˈsiw] (*pl* **-is**) ◇ *adj* stupid, idiotic. ◇ *mf* imbecile.
imbecilidade [ĩnbesiliˈdadʒi] *f* stupidity.
imediações [imedʒjaˈsõiʃ] *fpl* vicinity *(sg)*; **nas ~ de** near, in the vicinity of.
imediatamente [ime,dʒjataˈmẽntʃi] *adv* immediately.
imediatismo [imedʒjaˈtʃiʒmu] *m* immediacy.
imensidão [imẽnsiˈdãw], **imensidade** [imẽnsiˈdadʒi] *f* immensity.
imenso, sa [iˈmẽsu, sa] *adj* immense; **sinto uma saudade imensa dele** I miss him immensely.
imerecido, da [imereˈsidu, da] *adj* undeserved.
imergir [imexˈʒi(x)] ◇ *vt* to immerse. ◇ *vi* **-1.** [afundar] to sink. **-2.** *fig* [entrar]: ~ **em algo** to sink into sthg.
imerso, sa [iˈmɛxsu, sa] *adj* immersed.
imigração [imigraˈsãw] (*pl* **-ões**) *f* immigration.
imigrante [imiˈgrãntʃi] ◇ *adj* immigrant. ◇ *mf* immigrant.
iminente [imiˈnẽntʃi] *adj* imminent.
imitação [imitaˈsãw] (*pl* **-ões**) *f* imitation.
imitar [imiˈta(x)] *vt* **-1.** [arremedar] to imitate. **-2.** [falsificar] to forge.
IML (*abrev de* **Instituto Médico Legal**) *m Brazilian institute of forensic medicine.*
imobiliário, ria [imobiˈljarju, rja] *adj* property *(antes de subst)*.
◆ **imobiliária** *f* estate agency.
imobilizar [imobiliˈza(x)] *vt* to immobilize.
imodesto, ta [imoˈdɛʃtu, ta] *adj* immodest.
imoral [imoˈraw] (*pl* **-ais**) *adj* immoral.
imoralidade [imoraliˈdadʒi] *f* immorality.
imortal [imoxˈtaw] (*pl* **-ais**) ◇ *adj* immortal. ◇ *mf member of the Academia Brasileira de Letras.*
imortalidade [imoxtaliˈdadʒi] *f* immortality.
imóvel [iˈmɔvɛw] (*pl* **-eis**) ◇ *adj* **-1.** [pessoa] immobile. **-2.** [olho, bem] fixed; **bens imóveis** real estate *(U)*. ◇ *m* property.
impaciência [ĩnpaˈsjẽnsja] *f* impatience.
impacientar [ĩmpasjẽnˈta(x)] *vt* to be impatient.
◆ **impacientar-se** *vp* to become impatient.
impaciente [ĩnpaˈsjẽntʃi] *adj* **-1.** [sem paciência] impatient. **-2.** [ansioso] anxious.
impactar [ĩnpakˈta(x)] ◇ *vt* **-1.** [impressionar, abalar] to shatter. **-2.** [colidir contra] to crash into. ◇ *vi* to have an impact.
impacto [ĩnˈpaktu] *m* impact.
impagável [ĩmpaˈgavew] (*pl* **-eis**) *adj* priceless.
ímpar [ˈĩnpa(x)] (*pl* **-es**) *adj* **-1.** [número] odd. **-2.** [único] peerless; **ele é um amigo ~** he's a friend in a million.
imparcial [ĩnpaxˈsjaw] (*pl* **-ais**) *adj* impartial.
impasse [ĩnˈpasi] *m* deadlock, impasse.
impassível [ĩnpaˈsivew] (*pl* **-eis**) *adj* impassive.
impecável [ĩnpeˈkavɛw] (*pl* **-eis**) *adj* impeccable.
impedido, da [ĩmpeˈdʒidu, da] *adj* **-1.** [bloqueado] blocked. **-2.** *FUT* off-side. **-3.** [impossibilitado]: ~ **de fazer algo** prevented from doing sthg.
impedimento [ĩnpedʒiˈmẽntu] *m* **-1.** *FUT* off-side. **-2.** *fig* [obstáculo] impediment. **-3.** *POL* impeachment.
impedir [ĩmpeˈdʒi(x)] *v* **-1.** [obstruir] to obstruct. **-2.** [coibir] to prevent; ~ **alguém de fazer algo** to prevent sb from doing sthg.
impelir [ĩmpeˈli(x)] *vt* **-1.** [empurrar] to thrust. **-2.** [instigar]: ~ **alguém a algo** to drive sb to sthg; ~ **alguém a fazer algo** to impel sb to do sthg.
impenetrável [ĩnpeneˈtravɛw] (*pl* **-eis**) *adj* impenetrable.
impensado, da [ĩnpẽnˈsadu, da] *adj* **-1.** [não-pensado] thoughtless. **-2.** [imprevisto] unthought of.
impensável [ĩnpẽnˈsavɛw] (*pl* **-eis**) *adj* unthinkable.
imperador [ĩnperaˈdo(x)] (*mpl* **-es**) *m* emperor (*f* empress).
imperativo, va [ĩmperaˈtʃivu, va] *adj* **-1.** [urgente] imperative. **-2.** [autoritário] imperious.
◆ **imperativo** *m* imperative.
imperatriz [ĩnperaˈtriʃ] (*mpl* **-zes**) *f* ▷ **imperador**.
imperdível [ĩnpexˈdʒivew] (*pl* **-eis**) *adj* **-1.** [show, filme, aula] unmissable. **-2.** [jogo, eleição, questão] impossible to lose *(depois de verbo)*.
imperdoável [ĩnpexˈdwavɛw] (*pl* **-eis**) *adj* unforgivable.
imperfeição [ĩnpexfejˈsãw] (*pl* **-ões**) *f* [defeito] imperfection.
imperfeito, ta [ĩnpexˈfejtu, ta] *adj* imperfect.
◆ **imperfeito** *m GRAM* imperfect.
imperial [ĩnpeˈrjaw] (*pl* **-ais**) *adj* imperial.

imperialismo [ĩnperja'liʒmu] *m* imperialism.
imperícia [ĩnpe'risja] *f* **-1.** [inabilidade] incompetence. **-2.** [inexperiência] inexperience.
império [ĩn'pɛrju] *m* empire.
impermeável [ĩnpex'mjavɛw] (*pl* **-eis**) <> *adj* impermeable, waterproof. <> *m* [capa de chuva] raincoat.
impertinência [ĩnpextʃi'nẽnsja] *f* impertinence.
impertinente [ĩnpextʃi'nẽntʃi] *adj* impertinent.
imperturbável [ĩnpextux'bavɛw] (*pl* **-eis**) *adj* imperturbable.
impessoal [ĩnpe'swaw] (*pl* **-ais**) *adj* **-1.** [objetivo] objective. **-2.** *GRAM* impersonal.
ímpeto ['ĩnpetu] *m* **-1.** [movimento brusco] sudden movement; **ele se levantou num ~** he stood up with a start. **-2.** [impulso] urge, impulse; **sentir um ~ de fazer algo** to feel an urge to do sthg.
impetuoso, osa [ĩmpe'twozu, ɔza] *adj* **-1.** [pessoa] impetuous. **-2.** [chuva] driving. **-3.** [rio] fast-flowing.
impiedade [ĩnpje'dadʒi] *f* [crueldade] cruelty.
impiedoso, osa [ĩmpje'dozu, ɔza] *adj* merciless.
ímpio, pia ['ĩmpiu, pia] <> *adj* pitiless. <> *m,f* pitiless person.
implacável [ĩnpla'kavɛw] (*pl* **-eis**) *adj* **-1.** [impiedoso] implacable. **-2.** [inexorável] unrelenting.
implantação [ĩnplãnta'sãw] *f* **-1.** [introdução] establishing. **-2.** [implementação] implementation. **-3.** *MED* implant.
implementar [ĩmplemẽn'ta(x)] *vt* to implement.
implemento [ĩnple'mẽntu] *m* implement.
implicância [ĩnpli'kãnsja] *f* **-1.** [provocação] provoking; **meus filhos passam o dia inteiro de ~ um com o outro** my children spend the whole day provoking each other. **-2.** [antipatia]: **ter uma ~ com alguém** to dislike sb.
implicar [ĩmpli'ka(x)] <> *vt* [envolver]: **~ alguém em algo** to involve sb in sthg. <> *vi* **-1.** [pressupor]: **~ em algo** to involve sthg. **-2.** [acarretar]: **~ em algo** to result in sthg. **-3.** [provocar]: **~ com alguém** to torment sb.
implícito, ta [ĩn'plisitu, ta] *adj* implicit.
implorar [ĩmplo'ra(x)] *vt*: **~ algo (a alguém)** to beg (sb) for sthg.
imponderável [ĩnpõnde'ravew] (*pl* **-eis**) *adj* imponderable.
imponente [ĩnpo'nẽntʃi] *adj* impressive, imposing.
impontual [ĩnpõn'twaw] (*pl* **-ais**) *adj* unpunctual.
impopular [ĩnpopu'la(x)] (*pl* **-es**) *adj* unpopular.
impopularidade [ĩnpopulari'dadʒi] *f* unpopularity.
impor [ĩm'po(x)] *vt* to impose; **~ algo a alguém** to impose sthg on sb.
◆ **impor-se** *vp* [afirmar-se] to establish o.s.
importação [ĩnpoxta'sãw] (*pl* **-ões**) *f* **-1.** [ato] importation. **-2.** [produtos] imports *(pl)*.
importador, ra [ĩnpoxta'do(x), ra] <> *adj* importing *(antes de subst)*. <> *m, f* importer.
◆ **importadora** *f* **-1.** [companhia] importer. **-2.** [loja] *shop selling imported goods*.
importância [ĩnpox'tãnsja] *f* **-1.** [mérito] importance; **não dar ~ a alguém/algo** to not care about sb/sthg; **ela não dá ~ ao que ele disse** she doesn't care about what he said; **isso não tem ~** that doesn't matter. **-2.** [quantia] sum.
importante [ĩnpox'tãntʃi] *adj* important.
importar [ĩmpox'ta(x)] <> *vt COM* to import. <> *vi* **-1.** [ser importante] to matter. **-2.** [resultar]: **~ em** to result in. **-3.** [atingir]: **~ em** to add up to.
◆ **importar-se** *vp* [fazer caso]: **não ~-se (com algo/de fazer algo)** not to mind sthg/about doing sthg.
importunar [ĩmpoxtu'na(x)] *vt* to annoy.
importuno, na [ĩnpox'tunu, na] *adj* annoying.
imposição [ĩnpozi'sãw] (*pl* **-ões**) *f* imposition.
impossibilidade [ĩnposibili'dadʒi] *f* impossibility.
impossibilitado, da [ĩnposibili'tadu, da] *adj*: **~ de fazer algo** unable to do sthg.
impossibilitar [ĩmposi'bili'ta(x)] *vt*: **~ algo** to make sthg impossible; **~ alguém de fazer algo** to prevent sb from doing sthg.
impossível [ĩnpo'sivɛw] (*pl* **-eis**) *adj* impossible.
imposto, osta [ĩm'poʃtu, ɔsta] *pp* ▷ **impor**.
◆ **imposto** *m* tax; **~ sobre Circulação de Mercadorias e Serviços** ≃ value added tax *UK*, ≃ sales tax *US*; **~ predial** ≃ council tax *UK*; **~ de renda** income tax.
impostor, ra [ĩnpoʃ'to(x), ra] (*mpl* **-es**, *fpl* **-s**) *m* impostor.
impotente [ĩnpo'tẽntʃi] *adj* impotent.
impraticável [ĩnpratʃi'kavɛw] (*pl* **-eis**) *adj* **-1.** [impossível] impossible. **-2.** [inexeqüível] unworkable. **-3.** [intransitável] impassable.
impreciso, sa [ĩnpre'sizu, za] *adj* imprecise.
impregnar [ĩmpreg'na(x)] <> *vt* to impregnate; **~ algo de algo** to impregnate sthg with sthg. <> *vi*: **~ en** to pervade.
imprensa [ĩn'prẽnsa] *f* **-1.** [ger] press. **-2.** [tipografia] printing press.
imprescindível [ĩnpresĩn'dʒivɛw] (*pl* **-eis**) *adj* indispensable.
impressão [ĩnpre'sãw] (*pl* **-ões**) *f* **-1.** [marca] imprint. **-2.** [reprodução] printing. **-3.** [sensa-

ção] feeling; **ter boa/má impressão de alguém/algo** to have a good/bad impression of sb/sthg.

impressionante [ĩnpresjo'nãntʃi] *adj* impressive.

impressionar [ĩmpresju'na(x)] <> *vt* to impress. <> *vi* to impress.

◆ **impressionar-se** *vp*: **-se com alguém/algo** [comover-se] to be moved by sb/sthg.

impresso, a [ĩn'prεsu, sa] <> *pp* ▷ **imprimir**. <> *adj* printed.

◆ **impresso** *m* printed matter *(sg)*.

impressora [ĩnpre'sora] *f* printer; ~ **laser** laser printer; ~ **a jato de tinta** ink-jet printer; ~ **matricial** dot matrix printer.

imprestável [ĩnpreʃ'tavεw] (*pl* **-eis**) *adj* **-1.** [inútil] unhelpful. **-2.** [estragado] useless.

imprevidente [ĩnprevi'dẽntʃi] *adj* **-1.** [imprudente] imprudent. **-2.** [que não soube prever] improvident.

imprevisível [ĩnprevi'zivεw] (*pl* **-eis**) *adj* unforeseeable.

imprevisto, ta [ĩmpre'viʃtu, ta] *adj* unexpected.

◆ **imprevisto** *m*: **surgiu um ~ nos nossos planos** something unforeseen cropped up in our plans.

imprimir [ĩmpri'mi(x)] <> *vt* to print. <> *vi* COMPUT to print.

improcedente [ĩnprose'dẽntʃi] *adj* unjustified.

improdutivo, va [ĩnprodu'tʃivu, va] *adj* unproductive.

impróprio, pria [ĩn'prɔprju, prja] *adj* inappropriate.

improvável [ĩnpro'vavεw] (*pl* **-eis**) *adj* improbable.

improvisado, da [ĩnprovi'zadu, da] *adj* improvised.

improvisar [ĩmprovi'za(x)] <> *vt* to improvise. <> *vi* **-1.** to improvise. **-2.** TEATRO to ad-lib.

improviso [ĩnpro'vizu] *m* **-1.** [repente]: **de ~** [de repente] suddenly; [sem preparação] off the cuff; **falar de ~** to speak off the cuff. **-2.** TEATRO improvisation.

imprudente [ĩnpru'dẽntʃi] *adj* careless.

impugnação [ĩnpugna'sãw] (*pl* **-ões**) *f* [contestação] challenge.

impulsionar [ĩmpuwsju'na(x)] *vt* **-1.** [impelir] to propel. **-2.** [estimular] to speed up.

impulsivo, va [ĩnpuw'sivu, va] *adj* impulsive.

impulso [ĩn'puwsu] *m* **-1.** [ger] impulse, urge. **-2.** [força] thrust; **tomar ~** to take a run.

impune [ĩn'puni] *adj* unpunished.

impunidade [ĩnpuni'dadʒi] *f* impunity.

impureza [ĩnpu'reza] *f* impurity.

impuro, ra [ĩm'puru, ra] *adj* impure.

imputação [ĩmputa'sãw] (*pl* **-ões**) *f* [acusação] accusation.

imundície [ĩmũn,dʒisji], **imundícia** [ĩmun'dʒisja] *f* [falta de asseio] filthiness.

imundo, da [i'mũndo, da] *adj* filthy.

imune [i'muni] *adj*: ~ **(a)** immune to.

imunidade [imuni'dadʒi] *f* immunity.

imunizar [imuni'za(x)] *vt* to immunize.

imutável [imu'tavew] (*pl* **-eis**) *adj* immutable.

inábil [i'nabiw] (*pl* **-eis**) *adj* **-1.** [desajeitado] clumsy. **-2.** [incapaz] incapable.

inabilidade [inabili'dadʒi] *f* inability.

inabitado, da [inabi'tadu, da] *adj* uninhabited.

inabitável [inabi'tavew] (*pl* **-eis**) *adj* uninhabitable.

inacabado, da [inaka'badu, da] *adj* unfinished.

inacabável [inaka'bavew] (*pl* **-eis**) *adj* unending.

inaceitável [inasej'tavεw] (*pl* **-eis**) *adj* unacceptable.

inacessível [inase'sivεw] (*pl* **-eis**) *adj* inaccessible.

inacreditável [inakredʒi'tavεw] (*pl* **-eis**) *adj* unbelievable.

inadiável [ina'djavεw] (*pl* **-eis**) *adj* pressing.

inadimplência [inadʒĩn'plẽnsja] *f* JUR non-compliance.

inadvertidamente [inadʒivertʃida'mẽntʃi] *adv* inadvertently.

inadvertido, da [inadver'tʃidu, da] *adj* inadvertent.

inalação [inala'sãw] (*pl* **-ões**) *f* inhalation.

inalar [ina'la(x)] *vt* to inhale.

inalterado, da [inawte'radu, da] *adj* **-1.** [imutado] unaltered. **-2.** [calmo] composed.

inanimado, da [inani'madu, da] *adj* inanimate.

inaptidão [inaptʃi'dãw] *f* inabilty.

inapto, ta [i'naptu, ta] *adj* unsuitable.

inatingível [inatʃĩn'ʒivεw] (*pl* **-eis**) *adj* unattainable.

inatividade [inatʃivi'dadʒi] *f* **-1.** [ger] retirement. **-2.** [inércia] inactivity. **-3.** [desemprego] inactivity.

inativo, va [ina'tʃivu, va] *adj* **-1.** [ger] retired. **-2.** [parado] idle.

inato, ta ['inatu, ta] *adj* innate.

inaudito, ta [inaw'dʒitu, ta] *adj* unheard of.

inaudível [inaw'dʒivew] (*pl* **-eis**) *adj* inaudible.

inauguração [inawgura'sãw] (*pl* **-ões**) *f* inauguration.

inaugural [inawgu'raw] (*pl* **-ais**) *adj* inaugural.

inaugurar [inawgu'ra(x)] *vt* to open.

inca ['ĩŋka] <> *adj* Inca. <> *mf* Inca.

incalculável [ĩŋkawku'lavew] (*pl* **-eis**) *adj* incalculable.

incandescente [ĩŋkãnde'sẽntʃi] *adj* incandescent.

incansável [ĩŋkãn'savεw] (*pl* **-eis**) *adj* tireless.

incapacidade [ĩŋkapasi'dadʒi] *f* **-1.** [deficiência] incapacity. **-2.** [incompetência] incompetence.

incapacitado, da [ĩŋkapasi'tadu, da] ◇ *adj* **-1.** [inválido] disabled. **-2.** [impedido] unable; **estar ~ de fazer algo** to be unable to do sthg. ◇ *m, f* disabled person.

incapaz [ĩŋka'paʃ] (*pl* **-es**) *adj* **-1.** [incompetente]: **~ (para)** incompetent (for). **-2.** JUR incompetent. **-3.** [preguiçoso]: **ser ~ de fazer algo** [não se dignar a] to be incapable of doing sthg.

incauto, ta [iŋ'kawtu, ta] *adj* **-1.** [imprudente] reckless. **-2.** [ingênuo] naive.

incendiar [ĩsẽn'dʒja(x)] *vt* to set fire to.

◆ **incendiar-se** *vp* to catch fire.

incendiário, ria [ĩnsẽn'dʒjarju, rja] ◇ *adj* [bomba etc.] incendiary. ◇ *m, f* arsonist.

incêndio [ĩn'sẽndʒju] *m* fire; **~ provocado** OU **criminoso** arson.

incenso [ĩn'sẽnsu] *m* incense.

incentivar [ĩsẽntʒi'va(x)] *vt* to stimulate.

incentivo [ĩnsẽn'tʃivu] *m* incentive.

incerteza [ĩnsex'teza] *f* uncertainty.

incerto, ta [ĩ'sɛxtu, ta] *adj* uncertain.

incessante [ĩnse'sãntʃi] *adj* incessant.

incesto [ĩn'sɛʃtu] *m* incest.

inchação [ĩnʃa'sãw] *f* swelling.

inchaço [ĩn'ʃasu] *m fam* swelling.

inchado, da [ĩ'ʃadu, da] *adj* swollen.

inchar [ĩ'sa(x)] ◇ *vt* to swell. ◇ *vi* to swell.

incidência [ĩnsi'dẽnsja] *f* incidence.

incidente [ĩnsi'dẽntʃi] *m* incident.

incinerador, ra [ĩnsine'rado(x), ra] ◇ *adj* incineration *(antes de subst)*. ◇ *m* incinerator.

incipiente [ĩnsi'pjẽntʃi] *adj* incipient.

incisivo, va [ĩsi'zivu, va] *adj* **-1.** [cortante] cutting. **-2.** [direto] incisive.

incitar [ĩsi'ta(x)] *vt* **-1.** [instigar]: **~ alguém a algo** to incite sb to sthg; **~ alguém a fazer algo** to incite sb to do sthg. **-2.** [suj: ambição *etc.*]: **~ alguém (a algo/a fazer algo)** to drive sb to sthg/to do sthg. **-3.** [animal] to urge on.

incivilidade [ĩnsivili'dadʒi] *f* discourtesy.

inclemente [ĩŋkle'mẽntʃi] *adj* **-1.** [impiedoso] ruthless. **-2.** *fig* [rigoroso] merciless.

inclinado, da [ĩŋkli'nadu, da] *adj* **-1.** [oblíquo] inclined. **-2.** *fig* [propenso]: **estar ~ a algo/a fazer algo** to be inclined towards sthg/to do sthg.

inclinar [ĩŋkli'na(x)] *vt* **-1.** [fazer pender] to tilt. **-2.** [curvar] to bend.

◆ **inclinar-se** *vp* **-1.** [curvar-se] to bow. **-2.** [tender a]: **~-se a** to tend towards.

incluir [ĩŋklu'i(x)] *vt* **-1.** [abranger] to include. **-2.** [inserir]: **~ algo em algo** to insert sthg in sthg.

◆ **incluir-se** *vp* to include o.s.

inclusão [ĩŋklu'zãw] (*pl* **-oes**) *f* inclusion.

inclusive [ĩŋklu'zivi] *adv* **-1.** [com inclusão de] including; **de segunda a sábado ~** from Monday to Saturday inclusive. **-2.** [até mesmo] even.

incluso, sa [ĩŋ'kluzo, za] *adj* included.

incoerente [ĩŋkwe'rẽntʃi] *adj* **-1.** [ilógico] illogical. **-2.** [discordante] conflicting. **-3.** [incompreensível] incoherent.

incógnito, ta [ĩŋ'kɔgnitu, ta] *adj* incognito *(depois de verbo)*.

◆ **incógnita** *f* **-1.** MAT unknown quantity. **-2.** [mistério]: **ser uma ~** to be a mystery.

◆ **incógnito** *adv* incognito.

incolor [ĩŋko'lo(x)] (*pl* **-es**) *adj* colourless.

incólume [ĩŋ'kɔlumi] *adj* safe and sound.

incomodar [ĩŋkomo'da(x)] ◇ *vt* to annoy. ◇ *vi* [irritar]: **~ a** to annoy.

◆ **incomodar-se** *vp* **-1.** [irritar-se] to become annoyed. **-2.** [importar-se] to mind; **você se incomoda se eu fechar a porta?** would you mind if I closed the door?

incômodo, da [ĩŋ'komodu, da] *adj* **-1.** [ger] uncomfortable. **-2.** [enfadonho] boring.

◆ **incômodo** *m* **-1.** [embaraço] problem. **-2.** [menstruação] period, time of the month.

incomparável [ĩŋkõnpa'ravɛw] (*pl* **-eis**) *adj* incomparable.

incompatível [ĩŋkõnpa'tʃivɛw] (*pl* **-eis**) *adj* incompatible.

incompetente [ĩŋkõnpe'tẽntʃi] ◇ *adj* incompetent. ◇ *mf* incompetent.

incompleto, ta [ĩŋkõn'plɛtu, ta] *adj* incomplete, unfinished.

incompreendido, da [ĩŋkõnprjẽn'dʒidu, da] *adj* misunderstood.

incompreensível [ĩŋkõnprjẽn'sivew] (*pl* **-eis**) *adj* incomprehensible.

incomum [ĩŋko'mũ] (*pl* **-ns**) *adj* uncommon.

incomunicável [ĩŋkomuni'kavɛw] (*pl* **-eis**) *adj* **-1.** [sem comunicação] cut off. **-2.** [que não deve se comunicar] incommunicado. **-3.** *fig* [insociável] uncommunicative.

inconcebível [ĩŋkõnse'bivɛw] (*pl* **-eis**) *adj* inconceivable.

inconciliável [ĩŋkõnsi'ljavew] (*pl* **-eis**) *adj* irreconcilable.

incondicional [ĩŋkõndʒisjo'naw] (*pl* **-ais**) *adj* **-1.** [total] unconditional. **-2.** [fiel] loyal.

inconfidente [ĩŋkõnfi'dẽntʃi] ◇ *adj* disloyal. ◇ *mf* untrustworthy person.

inconformado, da [ĩŋkõnfox'madu, da] *adj*: **ela está ~** she has not come to terms with it.

inconfundível [ĩŋkõnfũn'dʒivɛw] (*pl* **-eis**) *adj* unmistakable.

inconsciência [ĩŋkõn'sjẽnsja] *f* **-1.** MED unconsciousness. **-2.** [leviandade] lack of awareness.

inconsciente [ĩŋkõn'sjẽntʃi] ◇ *adj* **-1.** [ger] unconscious. **-2.** [leviano] thoughtless. ◇

m PSIC: o ~ the unconscious.

inconseqüente [ĩŋkõnse'kwẽntʃi] ◇ *adj* **-1.** [incoerente] inconsistent. **-2.** [irresponsável] irresponsible. ◇ *mf* irresponsible person.

inconsistente [ĩŋkõnsiʃ'tẽntʃi] *adj* **-1.** [fraco] inconsistent. **-2.** [fluido] runny.

inconstante [ĩŋkõnʃ'tãntʃi] *adj* **-1.** [instável] unstable. **-2.** [volúvel] inconstant.

inconstitucionalidade [ĩŋkõnʃtʃitusjonali'ɗadʒi] *f* unconstitutionality.

incontável [ĩŋkõn'tavew] (*pl* **-eis**) *adj* countless.

incontestável [ĩŋkõnteʃ'tavɛw] (*pl* **-eis**) *adj* incontestable.

inconteste [ĩŋkõn'tɛʃtʃi] *adj* undisputed.

incontinência [ĩŋkõntʃi'nẽnsja] *f MED* incontinence.

incontrolável [ĩŋkõntro'lavew] (*pl* **-eis**) *adj* uncontrollable.

inconveniência [ĩŋkõnve'njẽnsja] *f* **-1.** [falta de conveniência] inconvenience. **-2.** [grosseria] rudeness.

inconveniente [ĩŋkõnve'njẽntʃi] ◇ *adj* **-1.** [inoportuno] inconvenient. **-2.** [inadequado] unsuitable. **-3.** [incômodo] annoying. ◇ *m* **-1.** [desvantagem] disadvantage. **-2.** [obstáculo] obstacle.

INCOR (*abrev de* **Instituto do Coração do Hospital das Clínicas**) *m institute of coronary diseases at the Hospital das Clínicas in São Paulo.*

incorporar [ĩŋkoxpo'ra(x)] *vt* **-1.** *COM* to incorporate. **-2.** [espirit] to become possessed by. **-3.** [juntar]: ~ **algo a algo** to include sthg in sthg.

◆ **incorporar-se** *vp* [juntar-se] to join.

incorrer [ĩŋko'xe(x)] *vi*: ~ **em algo** to fall into sthg.

incorreto, ta [ĩŋko'xɛtu, ta] *adj* incorrect.

incorrigível [ĩŋkoxi'ʒivɛw] (*pl* **-eis**) *adj* incorrigible.

incorruptível [ĩŋkoxup'tʃivew] (*pl* **-eis**) *adj* incorruptible.

INCRA (*abrev de* **Instituto Nacional de Colonização e Reforma Agrária**) *m Brazilian land reform institute.*

incrédulo, la [ĩŋ'krɛdulu, la] *adj* incredulous.

incremento [ĩŋkre'mẽntu] *m* **-1.** [aumento] increment. **-2.** [desenvolvimento] development.

incriminar [ĩŋkrimi'na(x)] *vt* to incriminate.

incrível [ĩŋ'krivɛw] (*pl* **-eis**) *adj* **-1.** [inacreditável] incredible. **-2.** *fam* [maravilhoso] incredible.

incrustação [ĩŋkruʃta'sãw] (*pl* **-ões**) *f* inlay.

incubação [ĩŋkuba'sãw] *f* incubation.

incubadora [ĩŋkuba'dora] *f* incubator.

incumbência [ĩŋkũn'bẽnsja] *f* incumbency.

incumbir [ĩŋkũm'bi(x)] ◇ *vt*: ~ **alguém de algo** to put sb in charge of sthg. ◇ *vi*: ~ **a alguém fazer algo** to be sb's responsibility to do sthg.

◆ **incumbir-se** *vp*: ~**-se de algo** to take charge of sthg.

incurável [ĩŋku'ravɛw] (*pl* **-eis**) *adj* incurable.

incursão [ĩŋkux'sãw] (*pl* **-ões**) *f* incursion.

incutir [ĩŋku'tʃi(x)] *vt*: ~ **algo (a** *OU* **em alguém)** to inspire sthg (in sb).

indagação [ĩndaga'sãw] *f* inquiry.

indagar [ĩnda'ga(x)] ◇ *vt* to ask for. ◇ *vi* to make inquiries.

indecente [ĩnde'sẽntʃi] *adj* **-1.** [obsceno] indecent. **-2.** [imoral] unscrupulous.

indecifrável [ĩndesi'fravew] (*pl* **-eis**) *adj* indecipherable.

indecisão [ĩndesi'zãw] (*pl* **-ões**) *f* indecision.

indeciso, sa [ĩnde'sizu, za] *adj* indecisive.

indecoroso, osa [ĩndeko'rozu, ɔza] *adj* indecent.

indeferir [ĩndefe'ri(x)] *vt* to reject.

indefeso, sa [ĩnde'fezu, za] *adj* defenceless.

indefinido, da [ĩndefi'nidu, da] *adj* **-1.** [ger] indefinite. **-2.** [vago] vague.

indelével [ĩnde'lɛvew] (*pl* **-eis**) *adj* indelible.

indelicado, da [ĩndeli'kadu, da] *adj* indelicate.

indenização [ĩndeniza'sãw] (*pl* **-ões**) *f* indemnity, compensation.

indenizar [ĩndeni'za(x)] *vt*: ~ **alguém (por algo)** to indemnify sb (for sthg), to compensate sb (for sthg).

independência [ĩndepẽn'dẽnsja] *f* independence.

independente [ĩndepẽn'dẽntʃi] *adj* **-1.** [ger] independent. **-2.** [separado, de livre acesso] separate. **-3.** [auto-suficiente] independent. **-4.** [financeiramente] of independent means, financially independent.

indescritível [indeʃkri'tʃivɛw] (*pl* **-eis**) *adj* indescribable.

indesculpável [ĩndʒiʃkuw'pavew] (*pl* **-eis**) *adj* unforgivable.

indesejável [ĩndeze'ʒavɛw] (*pl* **-eis**) *adj* undesirable.

indestrutível [indeʃtru'tʃivɛw] (*pl* **-eis**) *adj* **-1.** [não destrutível] indestructible. **-2.** *fig* [inabalável] enduring.

indeterminado, da [ĩndetexmi'nadu, da] *adj* **-1.** [não fixado] indeterminate; **por tempo** ~ for an indefinite length of time. **-2.** [impreciso] imprecise.

indevassável [ĩndeva'savew] (*pl* **-eis**) *adj* impenetrable.

indevido, da [ĩnde'vidu, da] *adj* **-1.** [imerecido] undeserved. **-2.** [impróprio] inappropriate.

Índia ['ĩndʒja] *n* India.

indiano, na [ĩn'dʒjanu, na] ◇ *adj* [da Índia] Indian. ◇ *m, f* [habitante da Índia] Indian.

indicação [ĩndʒika'sãw] (*pl* **-ões**) *f* **-1.** [denota-

ção] sign. **-2.** [de caminho *etc.*] sign. **-3.** [recomendação] recommendation; ~ **de uso** instructions for use. **-4.** [menção] indication.
indicado, da [ĩndʒi'kadu, da] *adj* **-1.** [recomendado] recommended. **-2.** [apropriado] appropriate.
indicador, ra [ĩndʒika'do(x), ra] (*pl* **-es**, *fpl* **-s**) *adj* [que indica]: ~ **de** indicator of.
◆ **indicador** *m* **-1.** [ger] indicator. **-2.** [dedo] index finger.
indicar [ĩndʒi'ka(x)] *vt* **-1.** [ger] to indicate. **-2.** [apontar]: ~ **algo com o dedo** to point to sthg. **-3.** [recomendar] to recommend. **-4.** [mencionar] to indicate. **-5.** [designar] to name.
indicativo, va [ĩndʒika'tʃivu, va] *adj* **-1.** [que indica] indicative. **-2.** *GRAM* indicative.
◆ **indicativo** *m GRAM* indicative.
índice ['ĩndʒisi] *m* **-1.** [lista] index; ~ **onomástico** name index. **-2.** [medida] level. **-3.** [dedo] index finger.
indício [in'dʒisju] *m* **-1.** [vestígio] sign. **-2.** *JUR* [prova] evidence *(inv)*.
Índico *n*: **o (Oceano)** ~ the Indian Ocean.
indiferença [ĩndʒife'rẽnsa] *f* indifference.
indiferente [ĩndʒife'rẽntʃi] *adj*: ~ **(a algo)** indifferent (to sthg).
indígena [ĩn'dʒiʒena] <> *adj* indigenous. <> *mf* native.
indigência [ĩndʒi'ʒẽnsja] *f* **-1.** [miséria] poverty. **-2.** [indigentes]: **a** ~ **do país** the indigence of the country. **-3.** [falta] lack.
indigestão [ĩndʒiʒeʃ'tãw] (*pl* **-ões**) *f* indigestion.
indigesto, ta [ĩndʒi'ʒɛʃtu, ta] *adj* indigestible.
indignação [ĩndʒigna'sãw] (*pl* **-ões**) *f* indignation.
indignado, da [ĩndʒig'nadu, da] *adj* indignant; **ficar** ~ **(com)** to be indignant (at).
indignidade [ĩndʒigni'dadʒi] *f* **-1.** [falta de dignidade] indignity. **-2.** [ultraje] outrage.
indigno, gna [ĩn'dʒignu, gna] *adj* **-1.** [não merecedor]: ~ **de algo** unworthy of sthg. **-2.** [vil] despicable.
índio, dia ['ĩndʒju, dʒja] <> *adj* Indian. <> *m,f* Indian.
indireto, ta [ĩndʒi'rɛtu, ta] *adj* indirect.
◆ **indireta** *f* hint.
indisciplina [ĩndʒisi'plina] *f* indiscipline.
indiscreto, ta [ĩndʒiʃ'krɛtu, ta] *adj* indiscreet.
indiscriminado, da [ĩndʒiʃkrimi'nadu, da] *adj* indiscriminate.
indiscutível [ĩndʒiʃku'tʃivɛw] (*pl* **-eis**) *adj* incontestable.
indispensável [ĩndʒiʃpẽn'savɛw] (*pl* **-eis**) <> *adj* indispensable, essential. <> *m*: **o** ~ the essentials.
indispor [ĩndʒiʃ'po(x)] *vt* **-1.** [adoecer] to make ill, to upset. **-2.** [inimizar] to set at odds.
◆ **indispor-se** *vp* [inimizar-se]: ~**-se com alguém** to fall out with sb.
indisposto, osta [ĩndʒiʃ'poʃtu, ɔʃta] <> *pp* ▷ **indispor.** <> *adj* unwell.
indistinto, ta [ĩndʒiʃ'tʃĩntu, ta] *adj* indistinct.
individual [ĩndʒivi'dwaw] (*pl* **-ais**) *adj* individual.
indivíduo [ĩndʒi'vidwu] *m* **-1.** [pessoa] individual. **-2.** *fam* [cara] person.
indócil [ĩn'dɔsiw] (*pl* **-eis**) *adj* **-1.** [rebelde] wayward. **-2.** [impaciente] restless.
indo-europeu, éia [ĩndwewro'pew, pɛja] *adj* Indo-European.
◆ **indo-europeu** *m* [língua] Indo-European.
índole ['ĩndoli] *f* **-1.** [temperamento] temperament. **-2.** [tipo] character.
indolência [ĩndo'lẽnsja] *f* indolence.
indolente [ĩndo'lẽntʃi] *adj* indolent.
indolor [ĩndo'lo(x)] (*pl* **-es**) *adj* painless.
indomável [ĩndo'mavew] (*pl* **-eis**) *adj* indomitable.
Indonésia [ĩndo'nɛzja] *n* Indonesia.
indulgência [ĩnduw'ʒẽnsja] *f* **-1.** [tolerância] leniency. **-2.** [perdão] indulgence. **-3.** *JUR* clemency.
indulgente [ĩnduw'ʒẽntʃi] *adj* lenient.
indulto [ĩn'duwtu] *m JUR* reprieve.
indumentária [ĩndumẽn'tarja] *f* attire.
indústria [ĩn'duʃtria] *f* industry; ~ **leve** *ou* **de consumo** light industry; ~ **pesada** heavy industry; '~ **brasileira**' 'made in Brazil'.
industrial [ĩnduʃ'trjaw] (*pl* **-ais**) <> *adj* industrial. <> *mf* industrialist.
industrialização [ĩnduʃtrjaliza'sãw] *f* industrialization.
industrializar [ĩnduʃtrjali'za(x)] *vt* **-1.** [ger] to industrialize. **-2.** [produto] to manufacture. **-3.** [usar na indústria] to put to industrial use.
◆ **industrializar-se** *vp* to become industrialized.
industrioso, osa [ĩnduʃ'trjozu, -ɔza] *adj* **-1.** [habilidoso] clever. **-2.** [diligente] industrious.
induzir [ĩndu'zi(x)] *vt* [levar]: ~ **alguém a algo** to lead sb to sthg; ~ **alguém a fazer algo** to persuade sb to do sthg.
inebriante [ine'brjãntʃi] *adj* intoxicating.
inebriado, da [inebri'adu, da] *adj* [extasiado] intoxicated.
ineditismo [inedʒi'tʃiʒmu] *m*: **o** ~ **dos contos** the fact that the stories are unpublished.
inédito, ta [i'nɛdʒitu, ta] *adj* **-1.** [não publicado] unpublished. **-2.** [novo] novel.
ineficaz [inefi'kaʃ] (*pl* **-es**) *adj* **-1.** [ger] ineffective. **-2.** [pessoa] inefficient.
ineficiente [inefi'sjẽntʃi] *adj* inefficient.
inegável [ine'gavɛw] (*pl* **-eis**) *adj* undeniable.
inelegível [inele'givew] (*pl* **-eis**) *adj* unelectable.

inépcia [i'nɛpsja] *f* ineptitude.
inepto, ta [i'nɛptu, ta] *adj* inept.
inequívoco, ca [ine'kivoku, ka] *adj* unmistakable.
inércia [i'nɛxsja] *f* inertia.
inerente [ine'rẽntʃi] *adj* inherent.
inerte [i'nɛxtʃi] *adj* inert.
inescrupuloso, osa [ineʃkrupu'lozu, ɔza] *adj* unscrupulous.
inescrutável [ineʃkru'tavew] (*pl* **-eis**) *adj* inscrutable.
inesgotável [ineʒgo'tavɛw] (*pl* **-eis**) *adj* **-1.** [inacabável] inexhaustible. **-2.** [copioso] profuse.
inesperado, da [ineʃpe'radu, da] *adj* unexpected.
◆ **inesperado** *m* surprise.
inesquecível [ineʃke'sivɛw] (*pl* **-eis**) *adj* unforgettable.
inestimável [ineʃtʃi'mavɛw] (*pl* **-eis**) *adj* **-1.** [ger] priceless. **-2.** [prejuízo] incalculable.
inevitável [inevi'tavɛw] (*pl* **-eis**) ◇ *adj* inevitable. ◇ *m*: **o** ~ the inevitable.
inexato, ta [ine'zatu, ta] *adj* inaccurate.
inexequível [ineze'kwivɛw] (*pl* **-eis**) *adj* unfeasible.
inexistência [ineziʃ'tẽnsja] *f* **-1.** [não existência] absence. **-2.** [carência] lack.
inexistente [ineziʃ'tẽntʃi] *adj* non-existent.
inexorável [inezo'ravew] (*pl* **-eis**) *adj* inexorable.
inexperiência [ineʃpe'rjẽnsja] *f* inexperience.
inexperiente [ineʃpe'rjẽntʃi] *adj* inexperienced.
inexplorado, da [ineʃplo'radu, da] *adj* unexplored.
inexpressivo, va [ineʃpre'sivu, va] *adj* **-1.** [rosto] expressionless. **-2.** [diferença] inexpressible.
infalível [ĩnfa'livɛw] (*pl* **-eis**) *adj* infallible.
infame [ĩn'fãmi] *adj* **-1.** [vil] shameful. **-2.** [péssimo] dreadful.
infâmia [ĩn'fãmja] *f* **-1.** [calúnia] slander. **-2.** [desonra] discredit. **-3.** [vilania] infamy.
infância [ĩn'fãnsja] *f* childhood.
infantaria [ĩnfãnta'ria] *f* infantry.
infantil [ĩnfãn'tiw] (*pl* **-is**) *adj* **-1.** [próprio da infância] childhood *(antes de subst)*. **-2.** [para criança] children's *(antes de subst)*. **-3.** *fig* [imaturo] childish.
infarto [ĩn'faxtu] *m* = **enfarte**.
infatigável [ĩnfatʃi'gavew] (*pl* **-eis**) *adj* **-1.** [incansável] tireless. **-2.** [zeloso] untiring.
infecção [ĩnfek'sãw] (*pl* **-ões**) *f* infection.
infeccionar [ĩfeksjo'na(x)] ◇ *vt* to infect. ◇ *vi* to become infected.
infeccioso, osa [ĩnfek'sjozu, ɔza] *adj* infectious.
infelicidade [ĩnfelisi'dadʒi] *f* **-1.** [tristeza] unhappiness. **-2.** [desgraça] misfortune. **-3.** [azar] bad luck; **por** ~ unfortunately.
infeliz [ĩnfe'liʒ] (*pl* **-es**) ◇ *adj* **-1.** [ger] unfortunate. **-2.** [triste] unhappy. **-3.** [desafortunado] wretched. ◇ *mf* **-1.** [triste] unfortunate person. **-2.** [desgraçado] wretch.
infelizmente [ĩnfeliʒ'mẽntʃi] *adv* unfortunately.
inferior [ĩnfe'rjo(x)] (*pl* **-es**) ◇ *adj* **-1.** [que está mais baixo] lower. **-2.** [em valor]: ~ **(a)** lower (than). **-3.** [em quantidade]: ~ **(a)** fewer (than). **-4.** [em altura]: ~ **a** shorter (than). **-5.** [em qualidade]: ~ **(a)** inferior (to). ◇ *mf* [subalterno] inferior.
inferioridade [ĩnferjori'dadʒi] *f* **-1.** [condição, posição] inferiority. **-2.** *PSIC*: **complexo de** ~ inferiority complex.
inferir [ĩfe'ri(x)] *vt*: ~ **algo (de)** to infer sthg (from).
infernal [ĩnfex'naw] (*pl* **-ais**) *adj fig* infernal.
inferninho [ĩnfɛx'niɲu] *m* dive.
inferno [ĩn'fɛxnu] *m* hell; **vá para o** ~**!** go to hell!
infértil [ĩ'fɛxtiw] *adj* infertile.
infertilidade [ĩnfextʃili'dadʒi] *f* infertility.
infestado, da [ĩnfeʃ'tadu, da] *adj* infested.
infestar [ĩnfeʃ'ta(x)] *vt* to infest.
infidelidade [ĩnfideli'dadʒi] *f* infedility.
infiel [ĩn'fjɛw] (*pl* **-éis**) ◇ *adj* **-1.** [desleal] unfaithful. **-2.** [inexato] inaccurate. ◇ *mf* *RELIG* non-believer.
infiltrar [ĩfiw'tra(x)] *vt* [parede] to penetrate.
◆ **infiltrar-se** *vp* to infiltrate; ~**-se em algo** to filter (into) sthg.
ínfimo, ma ['ĩfimu, ma] *adj* insignificant; **preço** ~ rock-bottom price.
infindável [ĩnfĩn'davɛw] (*pl* **-eis**) *adj* **-1.** [inacabável] interminable. **-2.** [permanente] unending. **-3.** [energia] boundless.
infinidade [ĩnfini'dadʒi] *f*: **uma** ~ **de vezes/roupas** countless times/clothes.
infinitivo, va [ĩnfini'tʃivu, va] *GRAM adj* infinitive.
◆ **infinitivo** *m* infinitive.
infinito, ta [ĩnfi'nitu, ta] *adj* **-1.** [ger] infinite. **-2.** [inumerável] countless.
◆ **infinito** *m LING* infinitive.
inflação [ĩnfla'sãw] *f ECON* inflation.
inflacionário, ria [ĩnflasjo'narju, rja] *adj ECON* inflationary.
inflamação [ĩnflama'sãw] (*pl* **-ões**) *f MED* inflammation.
inflamado, da [ĩnfla'madu, da] *adj* **-1.** *MED* inflamed. **-2.** *fig* [exaltado] heated.
inflamar [ĩfla'ma(x)] ◇ *vt* to inflame. ◇ *vi MED* to become inflamed.
inflamável [ĩnfla'mavɛw] (*pl* **-eis**) *adj* inflammable.

inflar [ĩ'fla(x)] *vt* **-1.** [balão, bóia] to inflate. **-2.** [vela] to fill. **-3.** [peito] to puff out.

inflexível [ĩnflek'sivɛw] (*pl* **-eis**) *adj* **-1.** [invergável] stiff. **-2.** *fig* [implacável] inflexible.

infligir [ĩfli'ʒi(x)] *vt*: ~ **algo (a alguém)** to inflict sthg (on sb).

influência [ĩnflu'ẽnsja] *f* influence.

influenciar [ĩflwẽn'sja(x)] ◇ *vt* to influence. ◇ *vi*: ~ **em algo** to influence sthg.

◆ **influenciar-se** *vp*: **~-se (por alguém/algo)** to be influenced (by sb/sthg).

influente [ĩnflu'ẽntʃi] *adj* influential.

influir [ĩnflu'i(x)] *vi* **-1.** [importar] to matter, to be important. **-2.** [atuar]: ~ **em algo** to interfere in sthg. **-3.** [influenciar]: ~ **para algo** to play a role in sthg.

influxo [ĩn'fluksu] *m* **-1.** [convergência] influx. **-2.** [maré alta] high tide.

infográfico, ca [ĩnfo'grafiku, ka] *adj* computer graphic *(antes de subst).*

◆ **infográfico** *m* computer graphics designer.

informação [ĩnfoxma'sãw] (*pl* **-ões**) *f* **-1.** [ger] information. **-2.** [notícia] news. **-3.** MIL intelligence. **-4.** COMPUT data *(inv).*

informal [ĩnfox'maw] (*pl* **-ais**) *adj* informal.

informalidade [ĩnfoxmali'dadʒi] *f* informality.

informante [ĩnfox'mãntʃi] *mf* informant.

informar [ĩfox'ma(x)] ◇ *vt* **-1.** [esclarecer] to inform. **-2.** [notificar]: ~ **alguém de algo** to notify sb of sthg. ◇ *vi* [ser informativo] to inform.

◆ **informar-se** *vp* **-1.** [atualizar-se] to keep o.s. up to date. **-2.** [esclarecer-se]: **~-se sobre algo** to make inquiries about sthg, to inquire about sthg.

informático, ca [ĩnfox'matʃiku, ka] ◇ *adj* computer *(antes de subst).* ◇ *m, f* [pessoa] IT specialist.

◆ **informática** *f* **-1.** [ciência] computer science. **-2.** [atividade] computing.

informativo, va [ĩnfoxma'tʃivu, va] *adj* informative.

informatizar [ĩnfurmati'za(x)] *vt* to computerize.

informe [ĩn'fɔxmi] ◇ *adj* shapeless. ◇ *m* **-1.** [informações] information. **-2.** MIL (piece of) intelligence.

infortúnio [ĩnfox'tunju] *m* misfortune.

infração [ĩnfra'sãw] (*pl* **-ões**) *f* **-1.** [de lei etc.] infringement; ~ **de trânsito** driving offence *UK*, driving offense *US*. **-2.** ESP foul.

Infraero (*abrev de* **Empresa Brasileira de Infra-Estrutura Aeroportuária**) *f Brazilian company responsible for airport insfrastructure,* ≃ BAA *UK*.

infra-estrutura [ˌĩnfraʃtru'tura] (*pl* **infra-estruturas**) *f* infrastructure.

infrator, ra [ĩnfra'to(x), ra] (*mpl* **-es**, *fpl* **-s**) ◇ *adj* law-breaking. ◇ *m, f* infringer.

infravermelho, lha [ĩnfravex'meʎu, ʎa] *adj* infrared.

infringir [ĩnfrĩ'ʒi(x)] *vt* to infringe.

infrutífero, ra [ĩnfru'tʃiferu, ra] *adj* fruitless.

infundado, da [ĩnfũn'dadu, da] *adj* unfounded, groundless.

infusão [ĩnfu'zãw] (*pl* **-ões**) *f* infusion.

ingênuo, nua [ĩn'ʒenwu, nwa] ◇ *adj* ingenuous, naive. ◇ *m, f* ingenuous person, naive person.

ingerência [ĩnʒe'rẽnsja] *f* intervention.

ingerir [ĩnʒe'ri(x)] *vt* to ingest.

ingestão [ĩnʒeʃ'tãw] *f* ingestion.

Inglaterra [ĩŋgla'tɛxa] *n* England.

inglês, esa [ĩŋ'gleʃ, eza] (*mpl* **-eses**, *fpl* **-s**) ◇ *adj* English. ◇ *mf* Englishman (*f* Englishwoman).

◆ **inglês** *m* [língua] English.

inglório, ria [ĩŋ'glɔrju, rja] *adj* inglorious.

ingovernabilidade [ĩŋgovexnabili'dadʒi] *f* ungovernability.

ingratidão [ĩŋgratʃi'dãw] *f* ingratitude.

ingrato, ta [ĩŋ'gratu, ta] *adj* **-1.** [sem gratidão] ungrateful. **-2.** [ruim] disagreeable.

ingrediente [ĩŋgre'djẽntʃi] *m* ingredient.

íngreme ['ĩŋgremi] *adj* steep.

ingressar [ĩŋgre'sa(x)] *vi*: ~ **em algo** to enter sthg.

ingresso [ĩŋ'grɛsu] *m* **-1.** [bilhete] (entrance) ticket. **-2.** [entrada] entry. **-3.** [admissão] entrance.

inhame [i'ɲãmi] *m* yam.

inibição [inibi'sãw] (*pl* **-ões**) *f* inhibition.

inibido, da [ini'bidu, da] *adj* inhibited.

inibir [ini'bi(x)] *vt* **-1.** [embaraçar] to embarrass. **-2.** [dificultar] to inhibit.

◆ **inibir-se** *vp* [ficar inibido] to become inhibited.

iniciação [inisja'sãw] (*pl* **-ões**) *f* initiation.

inicial [ini'sjaw] (*pl* **-ais**) ◇ *adj* initial. ◇ *f* [letra] initial.

◆ **iniciais** *fpl* initials.

iniciante [ini'sjãntʃi] ◇ *adj* [pessoa] beginning. ◇ *mf* [pessoa] beginner.

iniciar [ini'sja(x)] *vt* **-1.** [começar] to initiate, to begin. **-2.** [introduzir]: ~ **alguém em algo** to introduce sb to sthg.

◆ **iniciar-se** *vp* [introduzir-se]: **~-se em algo** to get into sthg.

iniciativa [inisja'tʃiva] *f* initiative; ~ **privada** private initiative.

início [i'nisju] *m* beginning; **no** ~ in the beginning.

inimigo, ga [ini'migu, ga] ◇ *adj* enemy *(antes de subst).* ◇ *m, f* enemy.

inimizade [inimi'zadʒi] *f* enmity.

ininterrupto, ta [inĩnte'xuptu, ta] *adj* uninterrupted.

injeção [ĩnʒe'sãw] (*pl* **-ões**) *f* injection.

injetar [ĩʒe'ta(x)] *vt* to inject.

injúria [ĩn'ʒurja] *f* insult.

injuriar [ĩʒu'rja(x)] *vt* [insultar] to insult.
◆ **injuriar-se** *vp fam* [zangar-se] to get angry.

injustiça [ĩnʒuʃ'tʃisa] *f* injustice.

injustificável [ĩnʒuʃtʃifi'kavew] (*pl* **-eis**) *adj* unjustifiable.

injusto, ta [ĩ'ʒuʃtu, ta] *adj* unfair.

INL (*abrev de* **Instituto Nacional do Livro**) *m Brazilian national book institute.*

INMETRO (*abrev de* **Instituto Nacional de Metrologia, Normalização e Qualidade Industrial**) *m Brazilian national institute of industrial standards,* ≃ TSI *UK*, ≃ NIST *US*.

inocência [ino'sẽnsja] *f* innocence.

inocentar [inosẽn'ta(x)] *vt*: ~ **alguém de algo** to clear sb of sthg.
◆ **inocentar-se** *vp*: **inocentou-se por sua sinceridade** his sincerity showed that he was innocent.

inocente [ino'sẽntʃi] ◇ *adj* innocent. ◇ *mf* innocent person.

inocular [inoku'la(x)] *vt* to innoculate.

inócuo, cua [i'nɔkwu, kwa] *adj* innocuous.

inodoro, ra [ino'dɔru, ra] *adj* odourless.

inofensivo, va [inofẽ'sivu, va] *adj* inoffensive.

inoportuno, na [inopox'tunu, na] *adj* inopportune.

inóspito, ta [i'nɔʃpitu, ta] *adj* inhospitable.

inovação [inova'sãw] (*pl* **-ões**) *f* innovation.

inovador, ra [inova'do(x), ra] ◇ *adj* innovative. ◇ *m, f* innovator.

inovar [ino'va(x)] *vt* to innovate.

inoxidável [inoksi'davɛw] (*pl* **-eis**) *adj* ▷ **aço.**

INPC (*abrev de* **Índice Nacional de Preços ao Consumidor**) *m national index of retail prices,* ≃ RPI *UK*.

inquérito [ĩŋ'kɛritu] *m* enquiry.

inquietação [ĩŋkjeta'sãw] (*pl* **-ões**) *f* anxiety.

inquietante [ĩŋkje'tãntʃi], **inquietador, ra** [ĩŋkjeta'do(x), ra] *adj* worrying.

inquietar [ĩŋkje'ta(x)] *vt* to worry.
◆ **inquietar-se** *vp* to worry.

inquieto, ta [ĩŋ'kjɛtu, ta] *adj* **-1.** [apreensivo] worried. **-2.** [agitado] restless.

inquilino, na [ĩŋki'linu, na] *m, f* tenant.

Inquisição [ĩŋkizi'sãw] *f*: **a** ~ the Inquisition.

insaciável [ĩnsa'sjavɛw] (*pl* **-eis**) *adj* insatiable.

insalubre [ĩnsa'lubri] *adj* **-1.** [local, clima] unhealthy. **-2.** [trabalho] damaging to the health. **-3.** [água] unfit for drinking.

insanidade [ĩnsani'dadʒi] *f* insanity.

insano, na [ĩ'sanu, na] ◇ *adj* **-1.** [demente] insane. **-2.** *fig* [incansável] relentless. ◇ *m, f* madman (*f* madwoman).

insaciabilidade [ĩnsasjabili'dadʒi] *f* insatiable appetite.

insatisfação [ĩnsatʃiʃfa'sãw] (*pl* **-ões**) *f* dissatisfaction.

insatisfatório, ria [ĩnsatʃiʃfa'tɔrju, rja] *adj* unsatisfactory.

insatisfeito, ta [ĩnsatʃiʃ'fejtu, ta] *adj* dissatisfied.

inscrever [ĩʃkre've(x)] *vt* **-1.** [gravar] to inscribe. **-2.** [pessoa]: ~ **alguém (em algo)** to register sb (for sthg).
◆ **inscrever-se** *vp* [pessoa]: ~**-se (em algo)** to register (for sthg).

inscrito, ta [ĩ'ʃkritu, ta] ◇ *pp* ▷ **inscrever.** ◇ *adj* **-1.** [mensagem] inscribed. **-2.** [pessoa] registered.

insegurança [insegu'rãnsa] *f* **-1.** [falta de segurança] lack of safety. **-2.** [de pessoa] insecurity.

inseguro, ra [ĩnse'guru, ra] *adj* **-1.** [perigoso] unsafe. **-2.** [pessoa] insecure.

inseminação [ĩnsemina'sãw] (*pl* **-ões**) *f* insemination; ~ **artificial** artificial insemination.

insensatez [ĩnsẽnsa'teʒ] *f* foolishness.

insensato, ta [ĩnsẽn'satu, ta] *adj* foolish.

insensível [ĩnsẽn'sivɛw] (*pl* **-eis**) *adj* **-1.** [sem sensibilidade] numb. **-2.** [impassível] insensitive.

inseparável [ĩnsepa'ravɛw] (*pl* **-eis**) *adj* inseparable.

inserção [ĩnsex'sãw] (*pl* **-ões**) *f* **-1.** [introdução]: ~ **(de algo em algo)** insertion (of sthg into sthg). **-2.** COMPUT insertion.

inserir [ĩse'ri(x)] *vt* **-1.**: ~ **algo em algo** to insert sthg into sthg. **-2.** COMPUT to insert.
◆ **inserir-se** *vp*: ~ **-em algo** to fit into sthg.

inseticida [ĩnsetʃi'sida] *m* insecticide.

inseto [ĩn'sɛtu] *m* insect.

insígnia [ĩn'signja] *f* insignia.

insignificante [ĩnsignifi'kãntʃi] *adj* insignificant.

insincero, ra [ĩnsĩ'sɛru, ra] *adj* insincere.

insinuação [ĩnsinwa'sãw] (*pl* **-ões**) *f* **-1.** [indireta, sugestão] insinuation. **-2.** [amorosa] advance.

insinuante [ĩnsi'nwãntʃi] *adj* [que se insinua] insinuating.

insinuar [ĩnsi'nwa(x)] *vt* **-1.** [afirmar indiretamente] to hint at. **-2.** [sugerir]: ~ **que** to suggest that.
◆ **insinuar-se** *vp* **-1.** [passar]: ~**-se por** *ou* **entre** to insinuate o.s. in *ou* among. **-2.** [amorosamente]: ~**-se (para alguém)** to make advances (to sb).

insípido, da [ĩn'sipidu, da] *adj* **-1.** [sem sabor] insipid. **-2.** *fig* [sem graça] insipid.

insistente [ĩnsiʃ'tẽntʃi] *adj* insistent.

insistir [ĩnsiʃ'ti(x)] *vi* [perseverar]: ~ **em (fazer algo)** to insist on (doing sthg); ~ **para alguém fazer algo** to insist that sb do sthg.

insociável [ĩnso'sjavɛw] (*pl* **-eis**) *adj* antisocial.
insolação [ĩnsola'sãw] (*pl* **-ões**) *f* sunstroke.
insolente [ĩnso'lẽntʃi] <> *adj* insolent. <> *mf* insolent person.
insólito, ta [ĩn'sɔlitu, ta] *adj* unusual.
insolúvel [ĩnso'luvew] (*pl* **-eis**) *adj* insoluble.
insone [ĩn'soni] *adj* **-1.** [pessoa] insomniac. **-2.** [noite] sleepless.
insônia [ĩn'sonja] *f* insomnia.
insosso, ssa [ĩn'sosu, sa] *adj* **-1.** [sem sal] unsalted. **-2.** [sem sabor] tasteless. **-3.** *fig* [sem graça] dull.
inspeção [ĩnʃpe'sãw] (*pl* **-ões**) *f* inspection.
inspetor, ra [ĩnʃpe'to(x), ra] (*mpl* **-es**, *fpl* **-s**) *m, f* inspector; ~ **da alfândega** customs officer.
inspiração [ĩnʃpira'sãw] (*pl* **-ões**) *f* **-1.** [estímulo] inspiration. **-2.** [na respiração] breathing in.
inspirador, ra [ĩnʃpira'do(x), ra] (*mpl* **-es**, *fpl* **-s**) *adj* inspiring.
inspirar [ĩʃpi'ra(x)] *vt* **-1.** [estimular] to inspire. **-2.** [ar] to breathe in.
◆ **inspirar-se** *vp* [obter estímulo] to be inspired.
instabilidade [ĩnʃtabili'dadʒi] *f* instability.
instalação [ĩnʃtala'sãw] (*pl* **-ões**) *f* **-1.** [ger] installation. **-2.** [sistema]: ~ **elétrica/hidráulica** electric/hydraulic plant.
◆ **instalações** *fpl* **-1.** [para esporte, lazer] facilities. **-2.** [de indústria] plant.
instalar [ĩʃta'la(x)] *vt* **-1.** [ger] to install. **-2.** [estabelecer] to establish. **-3.** [num cargo]: ~ **alguém em** to install sb in.
◆ **instalar-se** *vp* **-1.** [alojar-se] to install o.s. **-2.** [em um cargo] to install o.s.
instância [ĩnʃ'tãnsja] *f* **-1.** [solicitação] demand; **em última** ~ as a last resort. **-2.** [jurisdição] jurisdiction. **-3.** JUR stages of a law suit.
instantâneo, nea [ĩnʃtãn'tãnju, nja] *adj* instant.
◆ **instantâneo** *m* FOT snap, snapshot.
instante [ĩnʃ'tãntʃi] <> *m* moment; **nesse** ~ at that moment; **num** ~ in a moment. <> *adj* **-1.** [iminente] imminent. **-2.** [urgente] urgent.
instar [ĩ'ta(x)] <> *vt* [pedir]: ~ **que alguém faça algo** to request that sb do sthg. <> *vi* [insistir]: ~ **com alguém para que faça algo** to urge sb to do sthg.
instauração [ĩnʃtawra'sãw] (*pl* **-ões**) *f* establishment.
instaurar [ĩʃtaw'ra(x)] *vt* **-1.** [estabelecer] to establish. **-2.** [criar] to set up.
instável [ĩnʃ'tavew] (*pl* **-eis**) *adj* **-1.** [ger] unstable. **-2.** [sem equilíbrio] wobbly.
instigar [ĩʃtʃi'ga(x)] *vt* **-1.** [incitar]: ~ **alguém a fazer algo** to encourage sb to do sthg. **-2.** [provocar]: ~ **alguém contra alguém** to rouse sb against sb.
instintivo, va [ĩnʃtʃĩn'tʃivu, va] *adj* instinctive.
instinto [ĩnʃ'tʃĩntu] *m* instinct.
instituição [ĩnʃtʃitwi'sãw] (*pl* **-ões**) *f* institution.
instituir [ĩʃtʃi'twi(x)] *vt* **-1.** [estabelecer] to institute. **-2.** [marcar] to set. **-3.** [nomear] to name.
instituto [ĩnʃtʃi'tutu] *m* institute; ~ **de beleza** beauty parlour.
instrução [ĩnʃtru'sãw] (*pl* **-ões**) *f* **-1.** [educação] education. **-2.** [ordem] instruction.
◆ **instruções** *fpl* instructions.
instruído, da [ĩʃ'trwidu, da] *adj* educated.
instruir [ĩʃtru'i(x)] *vt* **-1.** [ger] to instruct. **-2.** [educar] to educate. **-3.** [informar]: ~ **alguém sobre algo** to instruct sb on sthg. **-4.** [adestrar] to train.
◆ **instruir-se** *vp* [educar-se] to become educated.
instrumental [ĩnʃtrumẽn'taw] (*pl* **-ais**) *adj* MÚS instrumental.
instrumento [ĩnʃtru'mẽntu] *m* **-1.** [ger] instrument; ~ **de sopro** wind instrument. **-2.** [ferramenta] tool; ~ **de trabalho** work tool.
instrutivo, va [ĩnʃtru'tʃivu, va] *adj* educational.
instrutor, ra [ĩnʃtru'to(x), ra] (*mpl* **-es**, *fpl* **-s**) *m, f* instructor.
insubordinação [ĩnsuboxdʒina'sãw] (*pl* **-ões**) *f* insubordination.
insubordinado, da [ĩnsuboxdʒi'nadu, da] *adj* insubordinate.
insubstituível [ĩnsubʃtʃi'twivɛw] (*pl* **-eis**) *adj* irreplaceable.
insucesso [ĩnsu'sɛsu] *m* failure.
insuficiência [ĩnsufi'sjẽnsja] *f* **-1.** [carência] lack. **-2.** MED insufficiency.
insuficiente [ĩnsufi'sjẽntʃi] <> *adj* **-1.** [não-suficiente] insufficient. **-2.** [incompetente] inadequate. <> *m* [nota escolar] fail.
insuflar [ĩsu'fla(x)] *vt* **-1.** [soprar] to blow into. **-2.** *fig* [incutir]: ~ **algo em alguém** to provoke sthg in sb.
insular [ĩsu'la(x)] *adj* insular.
insulina [ĩnsu'lina] *f* insulin.
insultar [isuw'ta(x)] *vt* to insult.
insulto [ĩn'suwtu] *m* insult.
insuperável [ĩnsupe'ravɛw] (*pl* **-eis**) *adj* **-1.** [invencível] insuperable. **-2.** [imbatível] unsurpassable.
insuportável [ĩnsupox'tavɛw] (*pl* **-eis**) *adj* unbearable.
insurgir-se [ĩsux'ʒixsi] *vp* to revolt.
insurreição [ĩnsuxej'sãw] (*pl* **-ões**) *f* insurrection.
insuspeito, ta [ĩnsuʃ'pejtu, ta] *adj* **-1.** [inocente] beyond suspicion. **-2.** [imparcial] impartial.
insustentável [ĩnsuʃtẽn'tavew] (*pl* **-eis**) *adj* untenable.

intacto, ta [ĩn'ta(k)tu, ta] *adj* = **intato**.
intangibilidade [ĩntãnʒibili'dadʒi] *f* intangibility.
intato, ta [ĩn'tatu, ta] *adj* **-1.** [ileso] intact. **-2.** *fig* [puro] inviolate.
íntegra ['ĩntegra] *f* entirety; **na ~** in entirety.
integração [ĩntegra'sãw] (*pl* **-ões**) *f* integration.
integral [ĩnte'graw] (*pl* **-ais**) *adj* [total] whole; **leite ~** full-cream milk; **cereal ~** wholegrain cereal; **arroz ~** brown rice; **pão ~** wholemeal bread.
integrante [ĩnte'grãntʃi] ◇ *adj* component. ◇ *mf* **-1.** [membro] constituent. **-2.** [parte] component. **-3.** *GRAM* conjunction.
integrar [ĩnte'gra(x)] *vt* **-1.** [unir] to integrate. **-2.** [formar] to comprise. **-3.** [fazer parte] to be a member.
◆ **integrar-se** *vp* **-1.** [inteirar-se] to combine. **-2.** [juntar-se]: **~-se em** *OU* **a algo** to join sthg.
integridade [ĩntegri'dadʒi] *f* integrity.
íntegro, gra ['ĩntegru, gra] *adj* **-1.** [inteiro] entire. **-2.** [honesto] honest.
inteiramente [ĩn,tejra'mẽntʃi] *adv* entirely.
inteirar [ĩntej'ra(x)] *vt* **-1.** [completar] to make up. **-2.** [informar]: **~ alguém de algo** to inform sb of sthg.
◆ **inteirar-se** *vp* [informar-se]: **~-se de algo** to find out about sthg.
inteiro, ra [ĩn'tejru, ra] *adj* **-1.** [todo] whole. **-2.** [intacto] intact. **-3.** [completo] entire. **-4.** [ileso] in one piece *(depois de verbo)*. **-5.** [inteiriço] all-in-one *(antes de subst)*; [total] complete. **-6.** *fam* [conservado] in good shape.
intelecto [ĩnte'lɛktu] *m* intellect.
intelectual [ĩntelɛ'twaw] (*pl* **-ais**) ◇ *adj* intellectual. ◇ *mf* intellectual.
inteligência [ĩnteli'ʒẽnsja] *f* **-1.** [destreza mental] intelligence. **-2.** [entendimento] comprehension. **-3.** [pessoa] brain. **-4.** *COMP*: **~ artificial** artificial intelligence.
inteligente [ĩnteli'ʒẽntʃi] *adj* intelligent.
inteligível [ĩnteli'ʒivew] (*pl* **-eis**) *adj* intelligible.
intempestivo, va [ĩntẽmpeʃ'tʃivu, va] *adj* untimely.
intenção [ĩntẽn'sãw] (*pl* **-ões**) *f* intention; **com boa ~** with good intentions, well meaning; **segundas intenções** ulterior motives; **ter a ~ de fazer algo** to intend to do sthg, to have the intention of doing sthg.
intencional [ĩntẽnsjo'naw] (*pl* **-ais**) *adj* intentional.
intencionar [ĩntẽsjo'na(x)] *vt* to intend.
intensidade [ĩntẽnsi'dadʒi] *f* intensity.
intensificar [ĩntẽsifi'ka(x)] *vt* to intensify.
◆ **intensificar-se** *vp* to intensify.
intensivo, va [ĩntẽ'sivu, va] *adj* intensive.
intenso, sa [ĩn'tẽsu, sa] *adj* intense.
interação [ĩntera'sãw] (*pl* **-ões**) *f* interaction.
interatividade [ĩnteratʃivi'dadʒi] *f COMPUT* interactivity.
interativo, va [ĩntera'tʃivu, va] *adj* interactive.
intercâmbio [,ĩnter'kãnbju] *m* exchange.
interceder [ĩntexse'de(x)] *vi*: **~ por alguém** to intercede on behalf of sb.
interceptar [ĩntexsep'ta(x)] *vt* **-1.** [ger] to cut off. **-2.** [fazer parar] to stop. **-3.** [apoderar-se de] to intercept.
intercontinental [ĩntexkõntʃinẽn'taw] (*pl* **-ais**) *adj* intercontinental.
interdição [ĩntexdʒi'sãw] (*pl* **-ões**) *f* **-1.** [proibição] ban. **-2.** [bloqueio] closure. **-3.** *JUR* injunction.
interdisciplinaridade [ĩntexdʒisiplinari'dadʒi] *f* interdisciplinary nature.
interditado, da [ĩntexdʒi'tadu, da] *adj* **-1.** [proibido] banned. **-2.** [bloqueado] closed.
interditar [ĩntexdʒi'ta(x)] *vt* **-1.** [proibir] to ban. **-2.** [bloquear] to close. **-3.** *JUR* to interdict.
interessado, da [ĩntere'sadu, da] ◇ *adj* interested. ◇ *m, f* interested party.
interessante [ĩntere'sãntʃi] *adj* interesting.
interessar [ĩntere'sa(x)] ◇ *vt* to interest. ◇ *vi* [despertar interesse] to be of interest; **a quem possa ~** *fml* to whom it may concern.
◆ **interessar-se** *vp* [ter interesse]: **~-se em** *OU* **por** to take an interest in.
interesse [ĩnte'resi] *m* **-1.** [ger] interest. **-2.** [vantagem] benefit; **no ~ de** in the interest of; **por ~ próprio** out of self-interest.
interesseiro, ra [ĩntere'sejru, ra] ◇ *adj* self-seeking. ◇ *m, f* egotist.
interface [,ĩntex'fasi] *f COMPUT* interface.
interferência [ĩntexfe'rẽnsja] *f* interference.
interferir [ĩntexfe'ri(x)] *vi* **-1.** [intervir]: **~ em algo** to interfere in sthg. **-2.** [em rádio, televisão] to cause interference.
interfonar [ĩntexfo'na(x)] *vi*: **~ a alguém** to call sb on the internal phone.
interfone [,ĩntex'foni] *m* intercom.
ínterim ['ĩnterĩ] *m* interim; **nesse ~** meanwhile.
interior [ĩnte'rjo(x)] (*pl* **-es**) ◇ *adj* inner. ◇ *m* interior.
interiorano, na [ĩnterjo'rãnu, na] ◇ *adj* country *(antes de subst)*. ◇ *m,f* country dweller.
interjeição [ĩntexʒej'sãw] (*pl* **-ões**) *f* exclamation.
interlocutor, ra [ĩntexloku'to(x), ra] (*pl* **-es**, *fpl* **-s**) *m, f* interlocutor.
interlúdio [ĩntex'ludʒju] *m* interlude.
intermediar [ĩntexme'dʒja(x)] *vt* **-1.** [servir como mediador] to mediate; **~ um debate entre** to chair a debate between. **-2.** [entremear, intercalar] to mix.

intermediário, ria [ĩntexme'dʒjarju, rja] ◇ *adj* intermediate. ◇ *m, f* **-1.** [mediador] mediator. **-2.** *COM* intermediary.

intermédio [ĩnter'mɛdʒu] *m*: **por ~ de** through.

interminável [ĩntexmi'navɛw] (*pl* **-eis**) *adj* endless.

intermitente [ĩntexmi'tẽntʃi] *adj* intermittent.

internação [ĩntexna'sãw] (*pl* **-ões**) *f* **-1.** [de doente] admission. **-2.** [de aluno] boarding.

internacional [ĩntexnasjo'naw] (*pl* **-ais**) *adj* international.

internamento [ĩntexna'mẽntu] *m* admission.

internar [ĩntex'na(x)] *vt* **-1.** *MED* to admit. **-2.** [aluno] to board. **-3.** *POL* to intern.

internato [ĩntex'natu] *m EDUC* boarding school.

internauta [ĩntex'nawta] *mf COMPUT* Internet user *OU* surfer.

Internet [ĩntex'nɛtʃi] *f*: **a ~** the Internet.

interno, na [ĩn'tɛxnu, na] ◇ *adj* **-1.** [interior] inside; **de uso ~** for internal use. **-2.** *POL* internal. **-3.** [aluno] boarding. ◇ *m, f* **-1.** *MED* houseman ***UK***, intern ***US***. **-2.** [aluno] boarder.

Interpol (*abrev de* **International Criminal Police Organization**) *f* Interpol.

interpretação [ĩntexpreta'sãw] (*pl* **-ões**) *f* **-1.** [ger] interpretation. **-2.** [tradução] interpreting.

interpretar [ĩntexpre'ta(x)] *vt* **-1.** [ger] to interpret. **-2.** [traduzir] to interpret.

interpretativo, va [ĩntexpreta'tʃivu, va] *adj* interpretative.

intérprete [ĩn'tɛxpretʃi] *mf* **-1.** *LING* interpreter. **-2.** *CINE*, *TEATRO & TV* performer.

inter-relacionar [ĩntexelasjo'na(x)] *vt* to interrelate.

interrogação [ĩntexoga'sãw] (*pl* **-ões**) *f* interrogation; **ponto de ~** question mark.

interrogar [ĩntexu'ga(x)] *vt* **-1.** [indagar]: **~ alguém (sobre algo)** to interrogate sb (about sthg). **-2.** *JUR* to put questions to.

interrogativo, va [ĩntexoga'tʃivu, va] *adj* **-1.** [indagativo] questioning. **-2.** *GRAM* interrogative.

interrogatório [ĩntexoga'tɔrju] *m* interrogation.

interromper [ĩntexõm'pe(x)] *vt* to interrupt.

interrupção [ĩntexup'sãw] (*pl* **-ões**) *f* interruption.

interruptor [ĩntexup'to(x)] (*pl* **-es**) *m* switch.

interseção [ĩntexse'sãw] (*pl* **-ões**) *f* intersection.

interurbano, na [ˌĩnterux'bãnu, na] *adj* **-1.** intercity ***UK***, inter-urban ***US***. **-2.** [telefonema] long distance.

◆ **interurbano** *m* [telefonema] long distance call.

intervalo [ĩntex'valu] *m* **-1.** [ger] interval; **a ~s** at intervals; **~ comercial** commercial break. **-2.** [no espaço] distance.

intervenção [ĩntexvẽn'sãw] (*pl* **-ões**) *f* **-1.** [interferência] intervention; **~ cirúrgica** operation, surgical intervention. **-2.** *JUR* mediation.

intervencionismo [ĩntexvẽnsjo'niʒmu] *m* interventionism.

intervencionista [ĩntervẽnsjo'niʃta] ◇ *adj* interventionist. ◇ *mf* interventionist.

interventor, ra [ĩntexvẽn'to(x), ra] *m, f* interim governor.

intervir [ĩntex'vi(x)] *vi* to intervene.

intestino [ĩnteʃ'tʃinu] *m* intestine.

intimação [ĩntʃima'sãw] (*pl* **-ões**) *f* **-1.** [ordem] order. **-2.** *JUR* summons *(sg)*.

intimar [ĩntʃi'ma(x)] *vt* **-1.** [ordenar]: **~ alguém (a fazer algo)** to order sb (to do sthg). **-2.** *JUR* to summons.

intimidade [ĩntʃimi'dadʒi] *f* **-1.** [vida íntima] privacy. **-2.** [familiaridade] intimacy; **ter ~ com alguém** to be close to sb.

intimidar [ĩntʃimi'da(x)] *vt* to intimidate.

◆ **intimidar-se** *vp* to be intimidated.

íntimo, ma ['ĩntʃimu, ma] ◇ *adj* **-1.** [interior e profundo] intimate. **-2.** [privado] private. ◇ *m* **-1.** [âmago]: **no ~, ela sabia que estava errada** deep down, she knew that she was wrong. **-2.** [amigo] close friend.

intolerância [ĩntole'rãnsja] *f* intolerance.

intolerante [ĩntole'rãntʃi] *adj* intolerant.

intolerável [ĩntole'ravɛw] (*pl* **-eis**) *adj* intolerable.

intoxicação [ĩntoksika'sãw] (*pl* **-ões**) *f* poisoning; **~ alimentar** food poisoning.

> Não confundir ***intoxicação (poisoning)*** com o inglês ***intoxication*** que em português significa ***embriaguez***. (*O médico acha que eu tive uma intoxicação alimentar.* The doctor thinks I had food ***poisoning***.)

intoxicar [ĩntoksi'ka(x)] *vt* to poison.

◆ **intoxicar-se** *vp* to poison o.s.

intragável [ĩntra'gavɛw] (*pl* **-eis**) *adj* unpalatable.

intranet ['ĩntranetʃi] *f COMPUT* intranet.

intranqüilidade [ĩntrãŋkwili'dadʒi] *f* disquiet.

intranqüilo [ĩntrãn'kwilu] *adj* restless.

intransferível [ĩntrãnʃfe'rivɛw] (*pl* **-eis**) *adj* **-1.** [bilhete, documento] non-transferable. **-2.** [inadiável] non-postponable.

intransigente [ĩntrãnzi'ʒẽntʃi] *adj* **-1.** [intolerante] intransigent. **-2.** *fig* [austero] uncompromising.

intransitável [ĩntrãnzi'tavɛw] (*pl* **-eis**) *adj* impassable.

intransitivo, va [ĩntrãnzi'tʃivu, va] *adj* intransitive.

intransponível [ĩntrãnʃpo'nivɛw] (*pl* **-eis**) *adj*

-1. [rio, barreira] impassable. **-2.** [problema, obstáculo] insurmountable.

intratável [ĩntra'tavɛw] (*pl* **-eis**) *adj* [insociável] intractable.

intravenoso, osa [ĩntrave'nozu, ɔza] *adj* intravenous.

intrépido, da [ĩn'trɛpidu, da] *adj* intrepid.

intricado, da [ĩntri'kadu, da] *adj* **-1.** [emaranhado] tangled. **-2.** [confuso] intricate.

intriga [ĩn'triga] *f* **-1.** [trama] intrigue. **-2.** [cilada] conspiracy. **-3.** [enredo] plot.

◆ **intrigas** *fpl* [fofoca] gossip *(sg)*.

intrigante [ĩntri'gãntʃi] *adj* intriguing.

intrigar [ĩntri'ga(x)] ◇ *vt* [despertar curiosidade de] to intrigue. ◇ *vi* [excitar a curiosidade] to intrigue.

introdução [ĩntrodu'sãw] (*pl* **-ões**) *f* introduction.

introduzir [ĩntrodu'zi(x)] *vt* **-1.** [inserir]: ~ **algo (em)** to introduce sthg (into). **-2.** [fazer adotar] to introduce.

◆ **introduzir-se** *vp*: ~ **(em)** to find one's way (into).

intrometer-se [ĩntrome'texsi] *vp*: ~**-se em algo** to meddle in sthg.

intrometido, da [ĩntrome'tʃidu, da] ◇ *adj* meddlesome, interfering. ◇ *m, f* meddler.

introvertido, da [ĩntrovex'tʃidu, da] ◇ *adj* introverted. ◇ *m, f* introvert.

intruso, sa [ĩn'truzu, za] *m, f* intruder.

intuição [ĩntwi'sãw] (*pl* **-ões**) *f* intuition.

intuir [ĩn'twi(x)] ◇ *vt* to intuit. ◇ *vi* to be intuitive.

intuitivo, va [ĩntwi'tʃivu, va] *adj* intuitive.

intuito [ĩn'twitu] *m* **-1.** [objetivo] purpose. **-2.** [intento] intention.

inumano, na [inu'manu, na] *adj* inhuman.

inúmeros, ras [i'numeruʃ, raʃ] *adj pl* [antes de subst] innumerable.

inundação [inũnda'sãw] (*pl* **-ões**) *f* flood.

inundado, da [inũn'dadu, da] *adj* **-1.** [de água] flooded. **-2.** *fig* covered.

inundar [inũn'da(x)] ◇ *vt* [alagar] to flood; *fig* [encher] to swamp. ◇ *vi* [transbordar] to flood.

inusitado, da [inuzi'tadu, da] *adj* unusual.

inútil [i'nutʃiw] (*pl* **-eis**) *adj* **-1.** [imprestável] useless. **-2.** [desnecessário] needless. **-3.** [vão] pointless.

inutilizar [inutʃili'za(x)] *vt* **-1.** [tornar inútil] to render useless. **-2.** [danificar] to ruin. **-3.** [frustrar] to thwart.

inutilmente [i,nutʃiwmẽntʃi] *adv* uselessly.

invadir [ĩnva'di(x)] *vt* **-1.** [ger] to invade. **-2.** *fig* [dominar] to overwhelm.

invalidez [ĩnvali'deʒ] *f* disability.

inválido, da [ĩnvalidu, da] ◇ *adj* **-1.** [nulo] invalid. **-2.** [pessoa] invalid, disabled. ◇ *m, f* [pessoa] invalid.

invariável [ĩnva'rjavɛw] (*pl* **-eis**) *adj* invariable.

invasão [ĩnva'zãw] (*pl* **-ões**) *f* invasion.

invasivo, va [ĩnva'zivu, va] *adj* **-1.** [agressivo] invasion *(antes de subst)*. **-2.** MED invasive.

invasor, ra [ĩva'zo(x), ra] ◇ *adj* invading. ◇ *m, f* invader.

inveja [ĩn'vɛʒa] *f* envy.

invejar [ĩnvɛ'ʒa(x)] ◇ *vt* **-1.** [ter inveja de] to envy. **-2.** [cobiçar] to covet. ◇ *vi* [ter inveja] to be envious.

invejoso, osa [ĩnve'ʒozu, ɔza] ◇ *adj* [pessoa] envious. ◇ *m, f* [pessoa] envious person.

invenção [ĩnvẽn'sãw] (*pl* **-ões**) *f* **-1.** [ger] invention. **-2.** *fig* [mentira] fabrication.

invencível [ĩnvẽn'sivew] (*pl* **-eis**) *adj* invincible.

inventar [ĩnvẽn'ta(x)] *vt* to invent.

inventário [ĩnvẽn'tarju] *m* inventory.

inventivo, va [ĩnvẽn'tʃivu, va] *adj* inventive.

inventor, ra [ĩnvẽn'to(x), ra] (*mpl* **-es**, *fpl* **-s**) *m, f* inventor.

inverdade [ĩnvex'dadʒi] *f* untruth.

inverno [ĩn'vɛxnu] *m* winter.

inverossímil [ĩnvero'simiw] (*pl* **-eis**) *adj* implausible.

inverso, sa [ĩn'vɛxsu, sa] *adj* **-1.** [invertido] inverse. **-2.** [oposto] opposite.

◆ **inverso** *m* [contrário] opposite.

invertebrado, da [ĩnvexte'bradu, da] ◇ *adj* [animal] invertebrate. ◇ *m* [animal] invertebrate.

inverter [ĩnvex'te(x)] *vt* **-1.** [virar ao contrário] to reverse. **-2.** [trocar a ordem de] to invert. **-3.** [mudar] to alter.

invés [ĩn'vɛʃ] *m* inside out.

◆ **ao invés de** *loc prep* instead of.

investida [ĩnveʃ'tʃida] *f* **-1.** [ataque] attack. **-2.** *fig* [tentativa] attempt.

investidor, ra [ĩveʃtʃi'do(x), ra] *m, f* investor.

investigação [ĩnveʃtʃiga'sãw] (*pl* **-ões**) *f* **-1.** [inquérito] investigation. **-2.** [pesquisa] inquiry.

investigador, ra [ĩnveʃtʃiga'do(x), ra] *m, f* [agente policial] detective.

investigar [ĩnveʃtʃi'ga(x)] *vt* **-1.** [inquirir] to investigate. **-2.** [pesquisar] to research.

investimento [ĩnveʃtʃi'mẽntu] *m* investment.

investir [ĩveʃ'tʃi(x)] ◇ *vt* [dinheiro, verba] to invest. ◇ *vi* **-1.** [aplicar dinheiro, verba]: ~ **(em algo)** to invest (in sthg). **-2.** [atacar]: ~ **contra algo** to storm sthg. **-3.** [atirar-se]: ~ **para algo** to rush to sthg.

inveterado, da [ĩnvete'radu, da] *adj* [muito antigo] inveterate.

inviabilizar [ĩvjabili'za(x)] *vt* to make unviable.

◆ **inviabilizar-se** *vp* to become unviable.

inviável [ĩn'vjavɛw] (*pl* **-eis**) *adj* unviable.

invicto, ta [ĩn'viktu, ta] *adj* unbeaten.

inviolabilidade [ĩnviolabili'dadʒi] *f* inviolability.

invisível [ĩnvi'zivɛw] (*pl* **-eis**) *adj* invisible.

invocar [ĩvo'ka(x)] ◇ *vt* **-1.** [chamar] to invoke. **-2.** *fam* [irritar] to wind up, to annoy. ◇ *vi fam* [antipatizar]: ~ **com alguém** to dislike sb.

invólucro [ĩn'vɔlukru] *m* **-1.** [envoltório] envelope. **-2.** [membrana] membrane. **-3.** [caixa] casing.

involuntário, ria [ĩnvolũn'tarju, rja] *adj* involuntary.

iodo ['jodu] *m* iodine.

IOF (*abrev de* **Imposto sobre Operações Financeiras**) *m Brazilian tax on financial transactions.*

ioga ['jɔga] *f* yoga.

iogue ['jogi] ◇ *adj* yoga *(antes de subst).* ◇ *mf* yogi.

iogurte [ju'guxtʃi] *m* yoghurt.

íon ['iõ] (*pl* **íons**) *m* ion.

IPC (*abrev de* **Índice de Preços ao Consumidor**) *m* consumer price index.

IPEM (*abrev de* **Instituto de Pesos e Medidas**) *m Brazilian institute of weights and measures.*

IPTU (*abrev de* **Imposto Predial e Territorial Urbano**) *m annual tax based on the value of a house.*

IPVA (*abrev de* **Imposto sobre Propriedade de Veículos Automotores**) *m tax paid annually on the value of a car,* ≃ road tax *UK.*

ir ['i(x)] *vi* **-1.** [deslocar-se] to go; **fomos de ônibus** we went by bus; **iremos a pé** we'll go on foot, we'll walk; **vamos?** shall we go? **-2.** [assistir, freqüentar] to go; **ele nunca vai às reuniões** he never goes to the meetings; **você não vai à aula?** aren't you going to your class?; **vou ao cinema muitas vezes** I often go to the cinema. **-3.** [estender-se] to go; **o caminho vai até ao lago** the path leads to the lake. **-4.** [desenrolar-se] to go; **isto não vai nada bem** this isn't going at all well; **como vai você?** how are you?; **como vão as coisas?** how are things?; **os negócios vão mal** business is bad. **-5.** [exprime duração gradual]: ~ **fazendo algo** to continue doing sthg; **vá tentando!** keep trying! **-6.** [seguido de infinitivo]: **vou falar com ele** I'll speak to him; **você vai gostar** you'll like it; **não vou fazer nada** I'm not going to do anything. **-7.** [seguido de gerúndio]: **eu ia caindo** I almost fell. **-8.** [em locuções]: ~ **dar em** [desembocar] to lead to; ~ **ter com** [encontrar] to go and meet up with.

◆ **ir de** *v + prep* [ir disfarçado] to go as; [escolher]: **eu vou de filé com fritas, e você?** I'll have the steak and fries, what about you?

◆ **ir por** *v + prep* [auto-estrada, escadas] to take; ~ **pela esquerda/direita** to go (on the) left/right; ~ **pelo jardim** to go through the garden.

◆ **ir-se** *vp* [partir] to go; **ele já se foi** he's already left; ~**-se embora** to leave; **vai-te embora!** go away!

> ***Be going to*** refere-se a um acontecimento no futuro. Indica a intenção de fazer (ou não fazer) algo (***we're going to have a party*** vamos dar uma festa; ***I'm not going to work tomorrow*** não vou trabalhar amanhã). Pode indicar também a certeza de que algo vai acontecer (***you're going to drop the plates!*** você vai derrubar os pratos!; ***he's going to be angry*** ele vai ficar zangado).
>
> Ver também go, no lado Inglês-Português do dicionário.

IR (*abrev de* **Imposto de Renda**) *m* income tax.

ira ['ira] *f* anger.

Irã [i'rã] *m*: **(o)** ~ Iran.

irado, da [i'radu, da] *adj* angry.

iraniano, na [ira'njãnu, na] ◇ *adj* Iranian. ◇ *m, f* Iranian.

Iraque [i'raki] *n*: **(o)** ~ Iraq.

iraquiano, na [ira'kjanu, na] ◇ *adj* Iraqi. ◇ *m, f* Iraqi.

irascível [ira'sivɛw] (*pl* **-eis**) *adj* irascible.

ir-e-vir [iri'vi(x)] (*pl* **ires-e-vires**) *m* coming and going.

íris ['iriʃ] *f inv* iris.

Irlanda [ix'lãnda] *n* Ireland; ~ **do Norte** Northern Ireland.

irlandês, esa [ixlãn'deʃ, eza] (*mpl* **-eses**, *fpl* **-s**) ◇ *adj* Irish. ◇ *m, f* Irishman (*f* Irishwoman).

◆ **irlandês** *m* [língua] Irish.

irmã [ix'mã] *f* ▷ **irmão.**

irmandade [ixmãn'dadʒi] *f* **-1.** [*RELIG* - de irmãos] brotherhood; [- de irmãs] sisterhood. **-2.** [confraternidade] fraternity.

irmão, mã [ix'mãw, mã] *m, f* **-1.** [parente] brother (*f* sister); ~ **de criação** stepbrother; ~ **gêmeo** twin brother. **-2.** [afim] twin.

> Em inglês, para referir-se a irmãos e irmãs você deve dizer ***brothers and sisters***, ao contrário do português, em que a forma masculina pode designar ambos (***do you have any brothers and sisters?*** você tem irmãos?), querendo dizer, você tem algum irmão ou irmã?

ironia [iro'nia] *f* irony.

irônico, ca [i'roniku, ka] *adj* ironic.

IRPF (*abrev de* **Imposto de Renda de Pessoa Física**) *m income tax paid by individuals.*

IRPJ (*abrev de* **Imposto de Renda de Pessoa Jurídica**) *m corporation tax.*

irracional [ixasjo'naw] (*pl* **-ais**) *adj* irrational.

irradiação [ixadʒja'sãw] (*pl* **-ões**) *f* **-1.** [transmissão] broadcast. **-2.** [propagação] diffusion. **-3.** *MED* irradiation.

irradiar [ixa'dʒja(x)] *vt* **-1.** [transmitir] to

broadcast. **-2.** [propagar] to spread. **-3.** *fig* [externar] to radiate.

irreal [i'xjaw] (*pl* **-ais**) *adj* unreal.

irreconciliável [ixekõnsi'ljavɛw] (*pl* **-eis**) *adj* irreconcilable.

irreconhecível [ixekoɲe'sivɛw] (*pl* **-eis**) *adj* unrecognizable.

irrecuperável [ixekupe'ravɛw] (*pl* **-eis**) *adj* irrecoverable.

irrecusável [ixeku'zavew] (*pl* **-eis**) *adj which cannot be refused.*

irredutível [ixedu'tʃivew] (*pl* **-eis**) *adj* indomitable.

irregular [ixegu'la(x)] (*pl* **-es**) *adj* **-1.** [desigual] irregular. **-2.** [pouco convencional] unorthodox. **-3.** [irrecuperável] incurable.

irrelevante [ixele'vãntʃi] *adj* irrelevant.

irremediável [ixeme'dʒjavɛw] (*pl* **-eis**) *adj* irreparable.

irrepreensível [ixeprjẽn'sivew] (*pl* **-eis**) *adj* irreproachable.

irreprimível [ixepri'mivɛw] (*pl* **-eis**) *adj* irrepressible.

irrequieto, ta [ixe'kjɛtu, ta] *adj* [desassossegado] restless.

irresistível [ixeziʃ'tʃivɛw] (*pl* **-eis**) *adj* irresistible.

irresoluto, ta [ixezo'lutu, ta] *adj* irresolute.

irresponsável [ixeʃpõn'savɛw] (*pl* **-eis**) ◇ *adj* irresponsible. ◇ *mf* irresponsible person.

irrestrito, ta [ixeʃ'tritu, ta] *adj* unlimited, limitless.

irreverente [ixeve'rẽntʃi] *adj* irreverent.

irreversível [ixevex'sivew] (*pl* **-eis**) *adj* irreversible.

irrigação [ixiga'sãw] (*pl* **-ões**) *f* irrigation.

irrigar [ixi'ga(x)] *vt* to irrigate.

irrisório, ria [ixi'zɔrju, rja] *adj* **-1.** [de zombaria] derisory. **-2.** *fig* [ínfimo] derisory.

irritação [ixita'sãw] (*pl* **-ões**) *f* irritation.

irritadiço, ça [ixita'dʒisu, sa] *adj* irritable.

irritante [ixi'tãntʃi] *adj* irritating.

irritar [ixi'ta(x)] *vt* to irritate.

◆ **irritar-se** *vp* [exasperar-se] to become irritated.

irritável [ixi'tavew] (*pl* **-eis**) *adj* irritable.

irromper [ixõm'pe(x)] *vi* **-1.** [entrar]: ~ **em** to burst into. **-2.** [surgir]: ~ **de** to surge from.

isca ['iʃka] *f* **-1.** [ger] bait. **-2.** CULIN morsel.

isenção [izẽn'sãw] (*pl* **-ões**) *f* **-1.** [dispensa] exemption. **-2.** [livramento] release. **-3.** [imparcialidade] impartiality.

isentar [izẽn'ta(x)] *vt* **-1.** [dispensar]: ~ **alguém de algo/de fazer algo** to exempt sb from sthg/from doing sthg. **-2.** [livrar]: ~ **alguém de algo/fazer algo** to let sb off from sthg/from doing sthg.

◆ **isentar-se** *vp* to free o.s.

isento, ta [i'zẽntu, ta] *adj* **-1.** [dispensado] exempt. **-2.** [livre] free. **-3.** [imparcial] unbiased.

Islã [iʒ'lã] *m* Islam.

islâmico, ca [iʒ'lamiku, ka] *adj* Islamic.

islamismo [iʒla'miʒmu] *m* Islam.

islandês, esa [iʒlãn'deʃ, eza] ◇ *adj* Icelandic. ◇ *m, f* Icelander.

◆ **islandês** *m* [língua] Icelandic.

Islândia [iʒ'lãndʒja] *f* Iceland.

ISO (*abrev de* **International Standards Organization**) *f* ISO.

isolado, da [izo'ladu, da] *adj* **-1.** [separado] isolated. **-2.** [só] lone. **-3.** [afastado] remote. **-4.** ELETR insulated.

isolamento [izola'mẽntu] *m* **-1.** [ger] isolation. **-2.** ELETR insulation.

isolar [izo'la(x)] *vt* **-1.** [ger] to isolate; ~ **algo de algo** to isolate sthg from sthg. **-2.** ELETR to insulate.

◆ **isolar-se** *vp* [afastar-se]: ~**-se de alguém/algo** to isolate o.s from sb/sthg.

isonomia [izono'mia] *f* equality.

isopor [izo'pox] *m* polystyrene.

isqueiro [iʃ'kejru] *m* lighter.

Israel [iʒxa'ɛw] *n* Israel.

israelense [iʒxae'lẽnsi], **israelita** [iʒxae'lita] ◇ *adj* Israeli. ◇ *mf* Israeli.

isso ['isu] ◇ *pron* that; **é isso aí!** that's right!; **foi por isso que ele não veio** that's why he didn't come; **é por isso mesmo que en não vou!** that is exactly why I'm not going!; **isso não!** no way!; **não gosto disso** I don't like that; **não mexa nisso!** leave that alone!

◆ **por isso** *loc adv* therefore; **nem por** ~ not really.

Istambul [iʃtãn'buw] *n* Istanbul.

istmo ['iʃtʃimu] *m* isthmus.

isto ['iʃtu] *pron* this; **disto eu não quero** I don't want any of this; **escreva nisto** write on this; **isto é** [quer dizer] that is (to say); **isto é que é vida!** this is the life!

Itália [i'talja] *n* Italy.

italiano, na [ita'ljanu, na] ◇ *adj* Italian. ◇ *m, f* Italian.

◆ **italiano** *m* [língua] Italian.

itálico, ca [i'taliku, ka] *adj* TIPO italic.

◆ **itálico** *m* TIPO italic.

Itamarati [itamara'tʃi] *m* Brazilian foreign ministry.

item ['itẽ] (*pl* **itens**) *m* **-1.** [ger] item. **-2.** JUR [artigo] point.

itinerário [itʃine'rarju] *m* **-1.** [roteiro] route. **-2.** [caminho] itinerary.

Iugoslávia [iwgo'ʒlavja] *f* Yugoslavia; **a ex-**~ the ex-Yugoslavia.

iugoslavo, va [iwgoʒ'lavu, va] ◇ *adj* Yugoslav. ◇ *m, f* Yugoslav.

J

j, J ['ʒɔta] *m* [letra] j, J.

já ['ʒa] ◇ *adv* **-1.** [ger] already. **-2.** [agora] now. **-3.** [sem demora] just; **~ vou** just coming. **-4.** [até mesmo] even. **-5.** [daqui a pouco] soon; **até ~** see you soon. **-6.** [alguma vez] ever. ◇ *conj* however. ◇ *loc*: **~ era!** *fam* that's history!

◆ **desde já** *loc prep* from now on.

◆ **já que** *loc conj* since.

jabuti [ʒabu'tʃi] *m* jabuti, *indigenous Brazilian tortoise.*

jabuticaba [ʒabutʃi'kaba] *f* jaboticaba, *Brazilian evergreen tree or the fruit of this tree.*

jaca ['ʒaka] *f* jack fruit.

jacarandá [ʒakarãn'da] *f* jacaranda.

Jacarta [ʒa'kaxta] *n* Djakarta, Jakarta.

jacinto [ʒa'sĩntu] *m* hyacinth.

jade ['ʒadʒi] *m* jade.

jaguar [ʒa'gwa(x)] (*pl* **-es**) *m* jaguar.

jaguatirica [ʒagwatʃi'rika] *f* leopard.

Jamaica [ʒa'majka] *f* Jamaica.

jamais [ʒa'majʃ] *adv* never; *(com palavra negativa)* ever.

jamanta [ʒa'mãnta] *f* [caminhão] articulated truck.

jan. (*abrev de* **janeiro**) Jan.

janeiro [ʒa'nejru] *m* January; *veja também* **setembro**.

janela [ʒa'nɛla] *f* window.

jangada [ʒãŋ'gada] *f* raft.

jantar [ʒãn'ta(x)] (*pl* **-es**) ◇ *vt* to have for dinner. ◇ *vi* to have dinner. ◇ *m* dinner.

Japão [ʒa'pãw] *n*: **(o) ~** Japan.

japonês, esa [ʒapo'neʃ, eza] (*mpl* **-eses**, *fpl* **-s**) ◇ *adj* Japanese. ◇ *m, f* Japanese person.

◆ **japonês** *m* [língua] Japanese.

jaqueta [ʒa'keta] *f* jacket.

jararaca [ʒara'raka] *f* **-1.** [cobra] viper. **-2.** *fig* [pessoa] harridan.

jardim [ʒax'dʒĩ] (*pl* **-ns**) *m* garden; **~ botânico** botanical garden; **~ zoológico** zoo.

jardim-de-infância [ʒaxdʒĩndʒĩnfãnsja] (*pl* **jardins-de-infância**) *m* kindergarten.

jardinagem [ʒaxdʒi'naʒẽ] *f* gardening.

jardineiro, ra [ʒaxdʒi'nejru, ra] *m, f* [pessoa] gardener.

◆ **jardineira** *f* **-1.** [móvel] jardinière. **-2.** [em parapeito] window box. **-3.** [roupa] overalls *(pl)*.

jargão [ʒax'gãw] (*pl* **-ões**) *m* jargon.

jarra ['ʒaxa] *f* [pote] carafe; [vaso] vase.

jarro ['ʒaxu] *m* jug.

jasmim [ʒaʒ'mĩ] (*pl* **-ns**) *m* jasmine.

jato ['ʒatu] *m* **-1.** [raio] beam. **-2.** [avião] jet. **-3.** [propulsão]: **a ~** jet propelled. **-4.** [jorro] stream.

jaula ['ʒawla] *f* cage.

Java ['ʒava] *n* Java.

javali [ʒava'li] *m* wild boar.

jazida [ʒa'zida] *f* seam.

jazigo [ʒa'zigu] *m* grave.

jazz ['ʒajʃ] *m* jazz.

JC (*abrev de* **Jesus Cristo**) *m* JC.

jeans ['ʒĩnʃ] *m inv* jeans *(pl)*.

jeca-tatu ['ʒɛkatatu] (*pl* **-tus**) *m character from children's literature representing the village people of the Brazilian interior.*

jegue ['ʒɛgi] *m* ass.

jeito ['ʒejtu] *m* **-1.** [modo] way; **ao ~ de** in the manner of; **de ~ algum!** no way!; **de qualquer ~** anyway; [sem cuidado] any old how. **-2.** [aspecto] air. **-3.** [índole] disposition. **-4.** [torção]: **dar um mau ~ em** to sprain. **-5.** [propensão]: **ter** *ou* **levar ~ para (fazer) algo** to be good at (doing) sthg. **-6.** [habilidade] aptitude; **ter falta de ~ para (fazer) algo** to be bad at (doing) sthg. **-7.** [graça]: **ficar sem ~** to feel embarrassed. **-8.** [arrumação] clean up; **dar um ~ em algo** to tidy up. **-9.** [solução] solution; **dar um ~ em algo** to do something about sthg. **-11.** [juízo]: **tomar ~** to grow up.

jeitoso, osa [ʒej'tozu, ɔza] *adj* **-1.** [habilidoso] dexterous. **-2.** [funcional] practical. **-3.** [diplomático] tactful.

jejuar [ʒe'ʒwa(x)] *vi* to fast.

jejum [ʒe'ʒũ] (*pl* **-ns**) *m* fast; **em ~** fasting.

jérsei ['ʒɛxsej] *m* jersey.

Jerusalém [ʒeruza'lẽ] *n* Jerusalem.

jesuíta [ʒe'zwita] ◇ *adj* Jesuit. ◇ *m* Jesuit.

jesuítico, ca [ʒezu'itʃiku, ka] *adj* [período, missão] Jesuitical.

jesus [ʒe'zuʃ] *interj* (good) heavens!

jet set [ʒet'sɛtʃi] *m* jet set.

jibóia [ʒi'bɔja] *f* [cobra] boa.

jiló [ʒi'lɔ] *m type of Brazilian vegetable.*

jingle ['ʒĩngow] *m* jingle.

jipe ['ʒipi] *m* jeep.

joalheiro, ra [ʒoa'ʎejru, ra] *m, f* jeweller ***UK***, jeweler ***US***.

joalheria [ʒwaʎe'ria] *f* jewellers ***UK***, jewelers ***US***.

joaninha [ʒwa'niɲa] *f* **-1.** [inseto] ladybird. **-2.** [carro de polícia] patrol car.

jocoso, sa [ʒoko'zu, za] *adj* [divertido, cômico] jocular.

joelho ['ʒweʎu] *m* knee; **de ~s** kneeling, on

one's knees; **ficar de ~s** to kneel down.

jogada [ʒo'gada] *f* **-1.** [*ESP* - tática] strategy; [- lance] shot. **-2.** *fam* [esquema] scam. **-3.** *fam* [intenção] intention.

jogador, ra [ʒoga'do(x), ra] *m, f* **-1.** [atleta] player. **-2.** [apostador] gambler.

jogar [ʒo'ga(x)] ◇ *vt* **-1.** [tomar parte em jogo de] to play. **-2.** [atirar] to throw. **-3.** [apostar]: **~ algo em algo** to gamble sthg on sthg. **-4.** [desfazer-se de]: **~ algo fora** to throw sthg out. ◇ *vi* **-1.** [divertir-se num jogo] to play. **-2.** [apostar]: **~ em algo** to bet on sthg. **-3.** [manipular]: **~ com algo** to play around with sthg. **-4.** [balançar] to toss.

◆ **jogar-se** *vp* [lançar-se] to throw o.s.

jogging ['ʒɔgĩŋ] *m* **-1.** [corrida] jogging; **fazer ~** to go jogging. **-2.** [roupa] tracksuit.

jogo ['ʒogu] (*pl* **jogos**) *m* **-1.** [ger] game; **~ de azar** game of chance. **-2.** [partida] match. **-3.** [vício de jogar] gambling. **-4.** [conjunto] collection. **-5.** [aposta] bet. **-6.** *MEC* set. **-7.** *fig* [ardil] ruse. **-8.** [manipulação] play. **-9.** [movimentação] movement. **-10.** [balanço] tossing. **-11.** *AUTO* running. **-12.** *fam* [intenção] game. **-13.** *loc*: **abrir o ~** to lay one's cards on the table; **ter ~ de cintura para algo** to be quite capable of getting out of sthg.

jóia ['ʒɔja] ◇ *adj fam* delightful. ◇ *f* **-1.** [enfeite] jewel. **-2.** [taxa] fee.

joio ['ʒoju] *m* darnel; **separar o ~ do trigo** to separate the wheat from the chaff.

jóquei ['ʒɔkej] *m* Jockey Club.

jornada [ʒox'nada] *f* **-1.** [ger] journey. **-2.** [período] duration; **~ de trabalho** working day.

jornal [ʒox'naw] (*pl* **-ais**) *m* **-1.** [gazeta] newspaper. **-2.** [noticiário] news.

jornaleiro, ra [ʒoxna'lejru, ra] *m, f* [pessoa] newspaper vendor.

◆ **jornaleiro** *m* [banca] news-stand.

jornalista [ʒoxna'liʃta] *mf* journalist.

jorrar [ʒo'xa(x)] ◇ *vt* to spurt. ◇ *vi* to gush.

jovem ['ʒɔvẽ] (*pl* **-ns**) ◇ *adj* **-1.** [juvenil] youthful. **-2.** [para jovens] young. ◇ *mf* young person.

jovial [ʒo'vjaw] (*pl* **-ais**) *adj* jovial.

joystick [ʒɔj'ʃtʃik] (*pl* **joysticks**) *m COMPUT* joystick.

juba ['ʒuba] *f* mane.

jubileu [ʒubi'lew] *m* jubilee; **~ de prata** silver jubilee.

júbilo ['ʒubilu] *m* elation.

judaico, ca [ʒu'dajku, ka] *adj* Jewish.

judaísmo [ʒuda'iʒmu] *m* Judaism.

judeu, dia [ʒu'dew, dʒia] ◇ *adj* Jewish. ◇ *m, f* Jewish person, Jew.

judicial [ʒudʒi'sjaw] (*pl* **-ais**) *adj* judicial.

judiciário, ria [ʒudʒi'sjarju, rja] *adj* judicial.

◆ **Judiciário** *m*: **o ~** the judiciary.

judicioso, osa [ʒudʒi'sjozu, ɔza] *adj* judicious.

judô [ʒu'do] *m* judo.

jugo ['ʒugu] *m*: **sob o ~ de** under the yoke of.

juiz, íza ['ʒwiʃ, iza] (*mpl* **-ízes**, *fpl* **-s**) *m, f* **-1.** *JUR* judge; **~ de paz** justice of the peace. **-2.** *ESP* referee.

juizado [ʒuj'zadu, da] *m* court; **~ de menores** juvenile court.

juízo ['ʒwizu] *m* **-1.** [julgamento] judgement. **-2.** [conceito] opinion. **-3.** [sensatez] prudence; **perder o ~** to lose one's mind. **-4.** *JUR* [foro] tribunal.

jujuba [ʒu'ʒuba] *f* **-1.** *BOT* jujube. **-2.** [bala] *jujube-flavoured boiled sweet.*

jul. (*abrev de* **julho**) Jul.

julgamento [ʒuwga'mẽntu] *m* **-1.** [juízo] judgement. **-2.** [audiência] hearing. **-3.** [sentença] sentence.

julgar [ʒuw'ga(x)] *vt* **-1.** [sentenciar sobre] to judge. **-2.** [avaliar]: **~ algo/alguém por algo** to judge sthg/sb by sthg. **-3.** [supor] to think.

◆ **julgar-se** *vp* [supor-se] to consider o.s.

julho ['ʒuʎu] *m* July; *veja também* **setembro**.

jumento [ʒu'mẽntu] *m* donkey.

jun. (*abrev de* **junho**) Jun.

junção [ʒũn'sãw] (*pl* **-ões**) *f* **-1.** [união] union. **-2.** [ponto] junction.

junco ['ʒũŋku] *m* reed.

junho ['ʒuɲu] *m* June; *veja também* **setembro**.

júnior ['ʒunjo(x)] (*pl* **juniores**) ◇ *adj* junior. ◇ *mf ESP* junior.

junta ['ʒũnta] *f* **-1.** [comissão] council. **-2.** *POL* junta. **-3.** [articulação] joint. **-4.** [órgão]: **~ comercial** chamber of commerce.

juntar [ʒũn'ta(x)] ◇ *vt* **-1.** [unir]: **~ algo (a algo)** to mix sthg (with sthg). **-2.** [aproximar]: **~ alguém (a alguém)** to unite sb (with sb). **-3.** [colocar junto] to mix (together). **-4.** [aglomerar] to assemble. **-5.** [recolher] to collect. ◇ *vi* [aglomerar-se] to cluster. ◇ *vi* [economizar]: **~ (para)** to save (for).

◆ **juntar-se** *vp* [associar-se]: **~-se a** to mix with; **~-se com** to unite o.s with.

junto, ta ['ʒũntu, ta] ◇ *adj* together. ◇ *adv* at the same time; **~ de** next to.

◆ **junto a, junto de** *loc prep* next to.

jura ['ʒura] *f* vow.

jurado, da [ʒu'radu, da] ◇ *adj* sworn. ◇ *m, f* juror.

juramento [ʒura'mẽntu] *m* oath.

jurar [ʒu'ra(x)] ◇ *vt* **-1.** [prometer] to swear; **~ fazer algo** to swear to do sthg; **~ que** to swear that. **-2.** [sob juramento]: **~ fazer algo** to take an oath to do sthg. ◇ *vi* [prestar juramento]: **~ (por/sobre)** to swear (by/on).

júri ['ʒuri] *m* jury.

jurídico, ca [ʒu'ridʒiku, ka] *adj* legal.

jurisdição [ʒuriʒdʒi'sãw] *f* jurisdiction.

juros [ˈʒuruʃ] *mpl* interest *(sg)*; ~ **fixos/variáveis** fixed/variable interest.

justamente [ʒuʃtaˈmẽntʃi] *adv* **-1.** [com justiça] rightly. **-2.** [precisamente] precisely.

justapor [ʒuʃtaˈpo(x)] *vt*: ~ **algo (a algo)** to juxtapose sthg (with sthg).
◆ **justapor-se** *vp* to be juxtaposed.

justaposto, osta [ʒuʃtaˈpoʃtu, ɔʃta] *pp* ▷ **justapor**.

justiça [ʒuʃˈtʃisa] *f* **-1.** [virtude] fairness; **com** ~ justly; **fazer ~ a alguém/algo** to do justice to sb/sthg. **-2.** [eqüidade] equality; ~ **social** social justice. **-3.** [tribunal] justice; **ir á** ~ to go to court. **-4.** [poder judiciário]: **a Justiça** the judiciary.

justiceiro, ra [ʒuʃtʃiˈsejru, ra] *adj* just.

justificação [ʒuʃtʃifikaˈsãw] (*pl* **-ões**) *f* justification.

justificar [ʒuʃtʃifiˈka(x)] *vt* to justify.
◆ **justificar-se** *vp* [explicar-se]: **~-se por algo** to excuse o.s for sthg.

justo, ta [ˈʒuʃtu, ta] ◇ *adj* **-1.** [ger] fair. **-2.** [apertado] tight. **-3.** [exato] precise. **-4.** [merecido] just. ◇ *adv* just.

juvenil [ʒuveˈniw] (*pl* **-is**) ◇ *adj* **-1.** [de jovens] youth, teenage. **-2.** *ESP* junior. ◇ *m ESP* [campeonato] junior.

juventude [ʒuvẽnˈtudʒi] *f* youth.

K

k, K [ka] *m* [letra] k, K.

kafkiano, na [kafˈkianu, na] *adj* Kafkaesque.

karaokê [karawˈke] *m* **-1.** [atividade] karaoke. **-2.** [casa noturna] karaoke bar.

kardecismo [kaxdeˈsiʒmu] *m religious doctrine of the Frenchman Allan Kardec*.

kart [ˈkaxtʃi] *m* go-cart.

kartódromo [kaxˈtɔdromu] *m* go-kart track.

Kb (*abrev de* **quilobyte**) *m* Kb.

kg (*abrev de* **quilograma**) *m* kg.

ketchup [kɛˈtʃupi] *m* (tomato) ketchup.

kit [ˈkitʃi] *m* kit.

kitsch [kitʃi] *adj inv* kitsch.

kiwi [ˈkiwi] *m* [fruta] kiwi fruit.

kl (*abrev de* **quilolitro**) *m* kl.

km (*abrev de* **quilômetro**) *m* km.

km/h (*abrev de* **quilômetro por hora**) *m* km/h.

know-how [nowˈhaw] *m* know-how.

Kuwait [kuˈajtʃi] *n* Kuwait.

kW (*abrev de* **kilowatt**) *m* kW.

l, L [ˈɛli] *m* [letra] l, L.

-la [la] *pron* **-1.** [pessoa] her; **-2.** [coisa] it; **-3.** [você] you.

lá [ˈla] *adv* there; **quero lá saber!** what do I care!; **sei lá!** how should I know; **para lá de** beyond.

lã [ˈlã] *f* wool; **de pura** ~ pure wool.

labareda [labaˈreda] *f* flame.

lábia [ˈlabja] *f* [conversa] smooth talk; **ter** ~ to have the gift of the gab.

labial [laˈbjaw] (*pl* **-ais**) *adj* labial.

lábio [ˈlabju] *m* [*ANAT* - beiço] lip; [- genital] labium.

labirinto [labiˈrĩntu] *m* labyrinth.

laboratorial [laboratoˈriaw] (*pl* **-ais**) *adj* laboratory *(antes de subst)*.

laboratório [laboraˈtɔrju] *m* laboratory.

labuta [laˈbuta] *f* toil.

laca [ˈlaka] *f* lacquer.

laçar [laˈsa(x)] *vt* [animal] to lasso.

laço [ˈlasu] *m* **-1.** [nó] bow; **dar um ~ em algo** to tie a bow in sthg. **-2.** [para laçar animais] lasso. **-3.** *fig* [vínculo] tie; **~s de família** family ties.

lacônico, ca [laˈkɔniku, ka] *adj* laconic.

lacrar [laˈkra(x)] *vt* to seal.

lacre [ˈlakri] *m* sealing wax.

lacrimejar [lakrimeˈʒa(x)] *vi* **-1.** [olhos] to water. **-2.** [pessoa] to weep.

lacrimogêneo, nea [lakrimoˈʒenju, nja] *adj* ▷ **gás**.

lactação [laktaˈsãw] (*pl* **-ões**) *f* [amamentação] lactation.

lácteo, tea [ˈlaktju, tja] *adj* **-1.** [produto] milky. **-2.** ▷ **via**.

lactose [lakˈtɔzi] *f* lactose.

lacuna [laˈkuna] *f* **-1.** [vão] gap. **-2.** [espaço em branco] blank. **-3.** [omissão] omission.

ladeira [laˈdejra] *f* **-1.** [rampa] slope. **-2.** [rua íngreme] steep road.

lado [ˈladu] *m* **-1.** [ger] side; **do ~ avesso** inside out; **estar do ~ de alguém** to be on sb's side; **por um ~ ... por outro ~** on the one hand ... on the other hand. **-2.** [direção, local] direction; **de todos os ~s** everywhere; **de um ~ para outro** from one side to the other; **do ~ de fora** outside.

◆ **ao lado** *loc adv* **-1.** [na casa adjacente] next door. **-2.** [próximo] close by.

◆ **ao lado de** *loc prep* next to.

◆ **de lado** *loc adv* [sentar, andar] on the side; **deixar algo de ~** [pôr de reserva] to put sthg aside; [desconsiderar] to drop sthg.

ladrão, ladra [la'drãw, 'ladra] (*mpl* **-ões**, *fpl* **-s**) ◇ *adj* thieving. ◇ *m, f* thief; **~ de loja** shoplifter.

◆ **ladrão** *m* [tubo] overflow pipe.

ladrar [la'dra(x)] *vi* to bark.

ladrilho [la'driʎu] *m* tile.

ladrões [la'drõjʃ] *pl* ▷ **ladrão**.

lagarta [la'gaxta] *f* ZOOL caterpillar.

lagartixa [lagax'tʃiʃa] *f* (small) lizard.

lagarto [la'gaxtu] *m* ZOOL lizard.

lago ['lagu] *m* **-1.** GEOGR lake. **-2.** [de jardim] pond. **-3.** *fig* [poça] puddle; **a cozinha está um ~** the kitchen is flooded.

lagoa [la'goa] *f* lake.

lagosta [la'goʃta] *f* lobster.

lagostim [lagoʃ'tʃĩ] (*pl* **-ns**) *m* crayfish.

lágrima ['lagrima] *f* tear.

laguna [la'guna] *f* lagoon.

laje ['laʒi] *f* **-1.** [pedra] flagstone. **-2.** CONSTR concrete flooring.

lajota [la'ʒɔta] *f* small flagstone.

lama ['lãma] *f* **-1.** [ger] mud. **-2.** *fig* [má situação]: **tirar alguém da ~** to help sb out of trouble.

lamaçal [lama'saw] (*pl* **-ais**), **lamaceiro** [lama'ſejru] *m* muddy place.

lamacento, ta [lama'sẽntu, ta] *adj* muddy.

lambada [lãn'bada] *f* **-1.** [golpe] blow. **-2.** *fig* [descompostura] telling-off. **-3.** [dança] lambada.

lamber [lãm'be(x)] *vt* to lick.

lambida [lãn'bida] *f* lick; **dar uma ~ em algo** to have a lick of sthg, to lick sthg.

lambido, da [lãm'bidu, da] *adj* **-1.** [cara] clean. **-2.** [cabelo] straight.

lambiscar [lãmbiʃ'ka(x)] ◇ *vt* to nibble. ◇ *vi* to pick.

lambri [lãn'bri] (*pl* **-bris**) *m* panelling.

lambuja [lãn'buʒa] *f* [vantagem] advantage.

lambuzar [lãmbu'za(x)] *vt*: **~ alguém/algo (de com algo)** to cover sb/sthg (in sthg).

lamentar [lamẽn'ta(x)] *vt* to regret; **lamento muito, mas ...** I am very sorry, but ...

◆ **lamentar-se** *vp*: **~-se (de algo)** [lastimar-se] to feel sorry (about sthg).

lamentável [lamẽn'tavɛw] (*pl* **-eis**) *adj* **-1.** [lastimável] regrettable. **-2.** [deplorável] deplorable.

lamento [la'mẽntu] *m* lament.

lâmina ['lãmina] *f* **-1.** [ger] blade. **-2.** [de vidro] slide.

lâmpada ['lãnpada] *f* **-1.** [bulbo] light; **~ (elétrica)** (light) bulb; **~ fluorescente** fluorescent light bulb. **-2.** [aparelho] lamp; **~ de mesa** table lamp.

lamparina [lãnpa'rina] *f* [aparelho] blowlamp.

lampião [lãn'pjãw] (*pl* **-ões**) *m* street light.

lamuriar-se [lamu'rjaxsi] *vp*: **~ (de algo)** to moan (about sthg).

LAN (*abrev de* **Local Area Network**) *f* LAN.

lança ['lãnsa] *f* spear.

lançamento [lãnsa'mẽntu] *m* **-1.** [arremesso] throw. **-2.** ESP: **~ de dardos** to play darts; **~ de disco** discus throwing. **-3.** [ger] launch; **novo ~** [livro] new title. **-4.** [escrituração] entry. **-5.** [de impostos] rate.

lançar [lã'sa(x)] *vt* **-1.** [ger] to launch. **-2.** [atirar] to throw. **-3.** [pôr em voga] to start. **-4.** [escriturar] to enter. **-5.** [impostos] to set. **-6.** [dirigir] to cast.

◆ **lançar-se** *vp* **-1.** [atirar-se] to throw o.s. **-2.** [iniciar-se]: **~-se em algo** to take up sthg; **~-se como algo** to set o.s.up as sthg.

lance ['lãnsi] *m* **-1.** [episódio, passagem] moment. **-2.** [fato] incident. **-3.** [em leilão] bid. **-4.** [no jogo - aposta] bet; [- jogada] play. **-5.** [de escada] staircase. **-6.** [de casas] terrace. **-7.** [rasgo] surge.

lancha ['lãnʃa] *f* **-1.** NÁUT launch. **-2.** *fam* [pé] large foot. **-3.** *fam* [calçado] large shoe; **este sapato está uma ~** this shoe is like a boat.

lanchar [lã'ʃa(x)] ◇ *vt* to snack on. ◇ *vi* to have tea.

lanche ['lãnʃi] *m* [refeição ligeira] snack *(in the afternoon)*.

> Não confundir *lanche (snack)* com o inglês *lunch* que em português significa *almoço*. (*Eu sei que não deveria comer este lanche antes do jantar.* I know I shouldn't eat this *snack* before dinner.)

lanchonete [lãnʃo'nɛtʃi] *f* snack bar.

lancinante [lãnsi'nãntʃi] *adj* piercing.

languidez [lãŋgi'deʒ] *f* [debilitação] langour.

lânguido, da ['lãŋgidu, da] *adj* languid.

lanterna [lãn'tɛxna] *f* **-1.** [aparelho] lantern; **~ elétrica** torch *UK*, flashlight *US*. **-2.** AUTO light.

La Paz [la'paʃ] *n* La Paz.

lapela [la'pɛla] *f* lapel.

lapidar [lapi'da(x)] *vt* to polish.

lápide ['lapidʒi] *f* **-1.** [comemorativa] plaque. **-2.** [tumular] tombstone.

lápis ['lapiʃ] *m inv* pencil; **~ de cera** wax crayon; **~ de cor** colouring pencil; **~ de olho** eye pencil.

lapiseira [lapi'zejra] *f* pencil case.

Lapônia [la'ponja] *f* Lapland.

lapso ['lapsu] *m* **-1.** [falta] mistake. **-2.** [espaço de tempo] lapse.

laptop ['lapitopi] (*pl* **laptops**) *m* COMPUT laptop.

laquê [la'ke] *m* hairspray.

lar ['la(x)] (*pl* **-es**) *m* home.

laranja [la'rãnʒa] ◇ *f* [fruta] orange. ◇ *m* **-1.** [cor] orange. **-2.** *fam* [testa-de-ferro] scapegoat. ◇ *adj (inv)* [cor] orange.
laranjada [larãn'ʒada] *f* orangeade.
laranjal [larãn'ʒaw] (*pl* **-ais**) *m* orange grove.
laranjeira [larãn'ʒejra] *f* orange tree.
lareira [la'rejra] *f* fireplace.
larga ['laxga] *f* ▷ **largo.**
largada [lax'gada] *f* [em corrida] start; **dar a ~** to start.
largado, da [lax'gadu, da] *adj* neglected.
largar [lax'ga(x)] ◇ *vt* **-1.** [ger] to leave. **-2.** [soltar] to loosen. **-3.** [deixar cair] to drop. **-4.** [pôr em liberdade] to release. **-5.** [deixar em paz] to leave alone. **-6.** *fam* [dar] to give; **~ a mão em alguém** to slap sb. ◇ *vi* **-1.** [deixar]: **~ de algo/de ser algo** to stop doing sthg/being sthg. **-2.** *NÁUT* to set sail.
◆ **largar-se** *vp* **-1.** [desprender-se] to untie o.s. from. **-2.** [ir] to go.
largo, ga ['laxgu, ga] *adj* **-1.** [grande de lado a lado] wide. **-2.** [folgado] loose. **-3.** *(antes de subst)* [extenso] great, large. **-4.** *(antes de subst)* [prolongado] long. **-5.** *(antes de subst)* [abundante] abundant.
◆ **largo** *m* [praça] square.
◆ **ao largo** *loc adv*: **passar ao ~ (de)** to give a wide berth (to); **avistar algo ao ~** to make something out in the distance.
largura [lax'gura] *f* width; **tem 3 metros de ~** it is 3 metres wide; **~ de banda** *COMPUT* bandwidth.
larica [la'rika] *f fam* [fome] hunger.
laringe [la'rĩnʒi] *f* larynx.
laringite [larĩn'ʒitʃi] *f* laryngitis.
larva ['laxva] *f* larva.
lasanha [la'zãɲa] *f* lasagne.
lascivo, va [la'sivu, va] *adj* lascivious.
laser ['lejze(x)] (*pl* **-es**) ◇ *adj (inv)* ▷ **raio.** ◇ *m (inv)* laser.
lástima ['laʃtʃima] *f* **-1.** [pessoa]: **ser/estar uma ~** to be pathetic; [coisa] to be a disgrace. **-2.** [pena]: **é uma ~ (que)** it is a pity (that); **que ~!** what a pity!
lastimar [laʃtʃi'ma(x)] *vt* **-1.** [lamentar] to regret. **-2.** [ter pena de] to pity.
◆ **lastimar-se** *vp* [lamentar-se]: **~-se (de algo)** to moan (about sthg).
lastimável [laʃtʃi'mavɛw] (*pl* **-eis**) *adj* **-1.** [lamentável] regrettable. **-2.** [deplorável] disgraceful.
lata ['lata] *f* **-1.** [material] tin. **-2.** [recipiente] can; **~ de conserva** tin; **~ de lixo** rubbish bin **-3.** *fam* **na ~** straight.
latão [la'tãw] (*pl* **-ões**) *m* [material] brass.
lataria [lata'ria] *f* **-1.** *AUTO* bodywork. **-2.** [latas] large quantity of tins.
latejar [late'ʒa(x)] *vi* to throb.
latente [la'tẽntʃi] *adj* latent.
lateral [late'raw] (*pl* **-ais**) ◇ *adj* lateral. ◇ *m FUT* outfielder. ◇ *f ESP* [linha] sideline.
látex ['latɛks] *m inv* latex.
latido [la'tʃidu] *m* bark.
latifundiário, ria [latʃifũn'dʒjarju, rja] ◇ *adj* landed. ◇ *m, f* landowner.
latifúndio [latʃi'fũndʒju] *m* large property.
latim [la'tʃĩ] *m* Latin; **gastar o seu ~** to waste one's breath.
latino, na [la'tʃinu, na] ◇ *adj* Latin. ◇ *m, f* Latin.
latino-americano, latino-americana [la,tʃinwameri'kanu, la,tʃinwameri'kana] ◇ *adj* Latin American. ◇ *m, f* Latin American.
latir [la'tʃi(x)] *vi* to bark.
latitude [latʃi'tudʒi] *f* **-1.** [ger] latitude. **-2.** [amplitude] capacity.
latrocínio [latro'sinju] *m* larceny.
laudo ['lawdu] *m* **-1.** [parecer] verdict. **-2.** [documento] written verdict.
lava ['lava] *f* lava.
lavabo [la'vabu] *m* **-1.** [pia] washbasin. **-2.** [local] bathroom.
lavadeira [lava'dejra] *f* **-1.** [trabalhadora] washerwoman. **-2.** [libélula] dragonfly.
lavadora [lava'dora] *f* washing machine.
lavagem [la'vaʒẽ] (*pl* **-ns**) *f* **-1.** [limpeza] washing; **~ a seco** dry-cleaning. **-2.** *MED* washout. **-3.** *PSIC*: **~ cerebral** brainwashing. **-4.** *FIN*: **~ de dinheiro** money laundering. **-5.** [comida de porcos] swill.
lavanda [la'vãnda] *f* **-1.** *BOT* lavender. **-2.** [colônia] lavender water. **-3.** [recipiente com água] finger bowl.
lavanderia [lavãnde'ria] *f* laundry.
lavar [la'va(x)] *vt* to wash.
◆ **lavar-se** *vp* to wash o.s.
lavatório [lava'tɔrju] *m* **-1.** [pia] washbasin. **-2.** [toalete] cloakroom.
lavoura [la'vora] *f* cultivation.
lavrador, ra [lavra'do(x), ra] (*mpl* **-es**, *fpl* **-s**) *m, f* ploughman.
laxante [la'ʃãntʃi] *adj* laxative.
lazer [la'ze(x)] *m* **-1.** [descanso] pleasure. **-2.** [tempo de folga] leisure.
LBV (*abrev de* **Legião da Boa Vontade**) *f Brazilian charitable organization for support of the needy.*
leal [le'aw] (*pl* **-ais**) *adj* loyal.
lealdade [leaw'dadʒi] *f* loyalty.
leão [le'ãw] (*pl* **-ões**) *m, f* lion.
◆ **Leão** *m* **-1.** [zodíaco] Leo; *veja também* **Virgem.** **-2.** *fig* [fisco]: **o Leão** the taxman.
leasing ['lisĩŋ] *m ECON* leasing.
lebre ['lɛbri] *f* hare.
lecionar [lesjo'na(x)] ◇ *vt* to teach. ◇ *vi* to teach.

legado [le'gadu] *m* **-1.** [herança] legacy. **-2.** [enviado] envoy.

legal [le'gaw] (*pl* **-ais**) <> *adj* **-1.** *JUR* legal. **-2.** *fam* [bom, bonito] cool. **-3.** [hora] official time. <> *adv fam* [bem] well.

legalidade [legali'dadʒi] *f* legality.

legalizar [legali'za(x)] *vt* to legalize.

legar [le'ga(x)] *vt* **-1.** *JUR* to bequeath. **-2.** [transmitir] to pass on.

legenda [le'ʒẽnda] *f* **-1.** [em foto, desenho *etc.*] caption. **-2.** *CINE* subtitle. **-3.** *POL number identifying political party on ballot sheet*; **votar na ~** to vote for the party.

legendado, da [leʒẽn'dadu, da] *adj* **-1.** [filme] subtitled. **-2.** [fotos] captioned.

legendar [le'ʒẽnda(x)] *vt* **-1.** [filme] to subtitle. **-2.** [fotos] to caption.

legendário, ria [leʒẽn'darju, rja] *adj* legendary.

legião [le'ʒjãw] (*pl* **-ões**) *f* [de fãs, leitores] legion.

legislação [leʒiʒla'sãw] (*pl* **-ões**) *f* legislation.

legislador, ra [leʒiʒla'do(x), ra] *m, f* legislator.

legislativo, va [leʒiʒla'tʃivu, va] *adj* legislative.
◆ **Legislativo** *m*: **o Legislativo** the legislature.

legislatura [leʒiʒla'tura] *f* **-1.** [corpo] legislature. **-2.** [período] term.

legitimar [leʒitʃi'ma(x)] *vt* [legalizar] to legitimize.

legítimo, ma [le'ʒitʃimu, ma] *adj* **-1.** [ger] legitimate; **em legítima defesa** in legitimate defense. **-2.** [autêntico] authentic.

legível [le'ʒivɛw] (*pl* **-eis**) *adj* **-1.** [nítido] legible. **-2.** [agradável de ler] readable.

légua ['lɛgwa] *f* [medida] league.
◆ **léguas** *fpl fig* [grande distância] miles.

legume [le'gume] *m* vegetable.

leguminosa [legumi'nɔza] *f BOT* leguminous plant.
◆ **leguminosas** *fpl BOT* leguminosae.

lei ['lej] *f* [ger] law; **~ da oferta e da procura** the law of supply and demand.

leigo, ga ['lejgu, ga] <> *adj* **-1.** *RELIG* secular. **-2.** *fig* [imperito]: **ser ~ em algo** to be a layperson in sthg. <> *m, f* [pessoa imperita] layperson.

leilão [lej'lãw] (*pl* **-ões**) *m* auction.

leiloar [lej'lwa(x)] *vt* to auction.

leiloeiro, ra [lej'lwejru, ra] *m, f* auctioneer.

leitão, toa [lej'tãw, toa] (*pl* **-ões**) *m, f* suckling pig.

leite ['lejtʃi] *m* milk; **~ em pó** powdered milk; **~ de coco** coconut milk; **~ condensado** condensed milk; **~ desnatado** *OU* **magro** skimmed milk; **~ integral** full-cream milk; **~ de magnésia** Milk of Magnesia; **~ de soja** soya milk.

leiteiro, ra [lej'tejru, ra] <> *adj* [que produz leite] dairy. <> *m, f* [pessoa] milkman (*f* milkwoman).
◆ **leiteira** *f* **-1.** [para ferver leite] milk pan. **-2.** [para servir leite] milk jug.

leito ['lejtu] *m* bed.

leitor, ra [lej'to(x), ra] (*mpl* **-es**, *fpl* **-s**) *m, f* **-1.** [quem lê] reader. **-2.** *UNIV* visiting lecturer.

leitura [lej'tura] *f* reading.

lema ['lema] *m* **-1.** [norma] maxim. **-2.** [político] motto.

lembrança [lẽn'brãnsa] *f* **-1.** [recordação] souvenir. **-2.** [presente] gift.
◆ **lembranças** *fpl* [cumprimentos]: **(dê) ~s minhas à sua família** (give) my regards to your family.

lembrar [lẽm'bra(x)] <> *vt* **-1.** [recordar] to remember. **-2.** [parecer] to look like. **-3.** [trazer à memória]: **~ algo a alguém** to remind sb of sthg. <> *vi* **-1.** [recordar]: **~ (de alguém/algo)** to remember (sb/sthg). **-2.** [advertir]: **~ a alguém de algo/de fazer algo** to remind sb of sthg/to do sthg; **~ a alguém (de) que** to remind sb that.
◆ **lembrar-se** *vp*: **~-se (de alguém/algo)** to remember (sb/sthg); **~-se (de) que** to remember that.

lembrete [lẽn'bretʃi] *m* memo.

leme ['lemi] *m* **-1.** [ger] helm. **-2.** [dispositivo] rudder.

lenço ['lẽnsu] *m* **-1.** [para limpar] handkerchief; **~ de papel** paper handkerchief, tissue. **-2.** [de cabeça] headscarf. **-3.** [de pescoço] neckerchief.

lençol [lẽn'sɔw] (*pl* **-óis**) *m* sheet; **~ d'água** water table; **estar em maus lençóis** *fig* to be in a fine mess.

lenda ['lẽnda] *f* **-1.** [história] legend. **-2.** *fig* [mentira] tall story.

lendário, ria [lẽn'darju, rja] *adj* legendary.

lenha ['leɲa] *f* [para queimar] firewood; **botar ~ na fogueira** *fig* to add fuel to the fire.

lenhador [leɲa'do(x)] *m* woodcutter.

lente ['lẽntʃi] *f* lens; **~ de aumento** magnifying glass; **~s de contato** contact lenses.

lentidão [lẽntʃi'dãw] *f* slowness.

lentilha [lẽn'tʃiʎa] *f* lentil.

lento, ta ['lẽntu, ta] *adj* slow.

leoa [le'oa] *f* ▷ **leão**.

leões [le'õjʃ] *pl* ▷ **leão**.

leonino, na [leo'ninu, na] <> *adj* **-1.** [caráter] leonine ; [contrato] fraudulent. **-2.** *ASTRO* Leo. <> *m, f ASTRO* Leo.

leopardo [ljo'paxdu] *m* leopard.

lépido, da ['lɛpidu, da] *adj* **-1.** [ágil] nimble. **-2.** [contente] happy.

leporino, na [lepo'rinu, na] *adj* ▷ **lábio**.

lepra ['lɛpra] *f* leprosy.

leprosário [lepro'zarju] *m* leper colony.

leproso, osa [le'prozu, ɔza] <> *adj* leprous. <> *m, f* [pessoa] leper.

leque ['lɛki] *m* **-1.** [abano] fan. **-2.** *fig* [conjunto]: **um ~ de** a range of.

ler ['le(x)] <> *vt* to read. <> *vi* to read.

lerdo, da ['lɛxdu, da] *adj* **-1.** [vagaroso] sluggish. **-2.** [idiota] slow.

lesado, da [le'zadu, da] *adj* [ferido] injured.

lesão [le'zãw] (*pl* **-ões**) *f* **-1.** *MED* lesion; **~ corporal** grievous bodily harm. **-2.** *JUR* [violação] violation.

lesar [le'za(x)] *vt* **-1.** *fig* [prejudicar, enganar] to cheat. **-2.** *JUR* [violar] to violate.

lésbico, ca ['lɛʒbiku, ka] *adj* lesbian.
◆ **lésbica** *f* lesbian.

lesma ['leʒma] *f* **-1.** [animal] slug. **-2.** *fig* [pessoa] sluggard.

leste ['lɛʃtʃi] <> *m (inv)* [ger] east; **a ~ (de)** to the east (of); **para ~** eastward. <> *adj (inv)* easterly.

letal [le'taw] (*pl* **-ais**) *adj* lethal.

letargia [letax'ʒia] *f* lethargy.

letárgico, ca [le'taxʒiku, ka] *adj* lethargic.

letivo, va [le'tʃivu, va] *adj* school *(antes de subst)*; **ano ~** academic year, school year.

Letônia [le'tonja] *n* Latvia.

letra ['letra] *f* **-1.** [caractere] letter; **~ de imprensa** print; **~ maiúscula/minúscula** capital/small letter. **-2.** [caligrafia] handwriting; **~ de mão** handwriting. **-3.** [de música] lyrics *(pl)*. **-4.** *COM*: **~ de câmbio** bill of exchange.
◆ **letras** *fpl* **-1.** [curso] arts. **-2.** [literatura] literature.
◆ **à letra, ao pé da letra** *loc adv* **-1.** [literalmente] literally. **-2.** [rigorosamente] to the letter.

letrado, da [le'tradu, da] *adj* **-1.** [culto] lettered. **-2.** [versado em literatura] well read.

letreiro [le'trejru] *m* notice.

léu ['lɛw] ◆ **ao léu** *loc adv* **-1.** [à toa] aimlessly. **-2.** [à mostra] uncovered.

leucemia [lewse'mia] *f* leukaemia *UK*, leukemia *US*.

levado, da [le'vadu, da] *adj*: **~ (da breca)** unruly.

levantador, ra [levãnta'do(x), ra] *m, f ESP*: **~ de pesos** weightlifter.

levantamento [levãnta'mẽntu] *m* **-1.** [pesquisa] survey. **-2.** [inventário] inventory. **-3.** *ESP*: **~ de pesos** weightlifting.

levantar [levãn'ta(x)] <> *vt* **-1.** [ger] to raise. **-2.** [do chão] to lift; **~ vôo** to take off. **-3.** [tornar mais alto] to lift up. **-4.** [coletar] to collect. **-5.** [inventariar] to count. <> *vi* **-1.** [ficar de pé] to stand. **-2.** [sair da cama] to get up. **-3.** [avivar] to cheer.
◆ **levantar-se** *vp* **-1.** [ficar de pé] to stand up. **-2.** [sair da cama] to get up.

levante [le'vãntʃi] *m* **-1.** [revolta] uprising. **-2.** [leste] east.

levar [le'va(x)] *vt* **-1.** [ger] to take; **isso leva algum tempo** that will take some time; **~ adiante** to carry on; **~ a cabo** to carry out. **-2.** [carregar] to carry. **-3.** [induzir] to lead; **~ alguém a algo/a fazer algo** to bring sb to sthg/to do sthg; **deixar-se ~ por algo** to let o.s. be led by sthg. **-4.** [retirar] to take away. **-5.** [lidar com] to deal with. **-6.** [vida]: **ele leva uma vida dura** he has a hard life. **-7.** [susto, surra]: **~ um susto** to get a fright; **~ uma surra** to take a beating. **-8.** [ganhar] to win.

leve ['lɛvi] *adj* light; **de ~** lightly.

levedo [le'vedu] *m*, **levedura** *f* [leve'dura] yeast.

leviandade [levjãn'dadʒi] *f* **-1.** [imprudência] rashness. **-2.** [falta de seriedade] frivolity.

leviano, na [le'vjanu, na] *adj* **-1.** [imprudente] rash. **-2.** [sem seriedade] frivolous.

léxico, ca ['lɛksiku, ka] *adj* [análise, família] lexical.
◆ **léxico** *m* [vocabulário] lexicon.

lexicógrafo, fa [leksi'kɔgrafu, fa] *m* lexicographer.

lexicólogo, ga [leksi'kɔlogu, ga] *m* lexicologist.

lhama ['ʎãma] *mf* llama.

lhe [ʎe] (*pl* **lhes**) *pron pess* **-1.** [a ele, ela] (to) him/her/it; **dei-~ um presente** I gave him/her a present; **Maria ~ contou um segredo** Maria told him/her a secret; **acertaram-~ um tiro** they shot him/her; **isto lhes custou caro** this cost them a lot of money **-2.** [a você] (to) you; **telefonei-~ ontem** I phoned you yesterday; **o que ~ aconteceu?** what's happened to you?; **ouçam bem o que lhes digo!** listen carefully to what I say! **-3.** [indicando posse - dele, dela] his (*f* her); **roubaram-~ o carro** they stole his/her car; **ardia-lhes a vista** their eyes were stinging; [- de você] your; **beijei-~ as faces** I kissed your cheeks; **não lhes pesa a consciência?** doesn't your conscience trouble you? **-4.** [para enfatizar - a ele, ela] his (*f* her); **não sei como ele agüenta as confusões que sua namorada ~ apronta** I don't know how he puts up with his girlfriend's nonsense; [- a você] you; **não sei como você agüenta as confusões que sua namorada ~ apronta** I don't know how you put up with your girlfriend's nonsense.

Líbano ['libanu] *n*: **o ~** Lebanon.

libelo [li'bɛlu] *m* **-1.** [ger] lampoon. **-2.** *JUR* indictment.

libélula [li'bɛlula] *f* dragonfly.

liberação [libera'sãw] *f* **-1.** [ger] release. **-2.** [libertação] liberation. **-3.** [de preços, câmbio] freedom from controls. **-4.** [de cheque] clearing. **-5.** [do aborto] legalization.

liberal [libe'raw] (*pl* **-ais**) <> *adj* liberal. <> *mf POL* liberal.
liberar [libe'ra(x)] *vt* **-1.** [ger] to release; ~ **alguém de algo** to release sb from sthg. **-2.** [libertar] to release. **-3.** [preço, câmbio] to free from controls. **-4.** [cheque] to clear. **-5.** [aborto] to legalize.
liberdade [libex'dadʒi] *f* freedom; **estar em** ~ to be free; **pôr em** ~ to set free; **ter** ~ **para fazer algo** to be at liberty to do sthg; **tomar a** ~ **de fazer algo** to take the liberty of doing sthg; **estar em** ~ **condicional** to be on parole; ~ **de expressão** freedom of speech; ~ **sob fiança** release on bail.
Libéria [li'bɛrja] *n* Liberia.
líbero ['liberu] *m FUT* sweeper.
libertação [libex'tasãw] (*pl* **-ões**) *f* liberation.
libertar [libex'ta(x)] *vt* [tornar livre] to liberate.
libertino, na [libex'tʃinu, na] <> *adj* libertine. <> *m, f* libertine.
Líbia ['libja] *n* Libya.
libido [li'bidu] *f* libido.
libra ['libra] *f* pound; ~ **(esterlina)** pound (sterling).
◆ **Libra** *m* [zodíaco] Libra; *veja também* **Virgem.**
libreto [li'bretu] *m* libretto.
lição [li'sãw] (*pl* **-ões**) *f* **-1.** *EDUC* lesson. **-2.** *fig* [ensinamento] lesson. **-3.** *fig* [repreensão]: **dar uma** ~ **em alguém** to teach sb a lesson.
licença [li'sẽnsa] *f* **-1.** [permissão] permission; **dar** ~ **a alguém (para fazer algo)** to give sb permission (to do sthg); **com** ~ excuse me. **-2.** [de trabalho] permit; **estar de** ~ to be on leave. **-3.** [documento] licence *UK*, license *US*.
licença-maternidade [li'sẽnsa'matexni'dadʒi] (*pl* **licenças-maternidade**) *f* maternity leave.
licenciado, da [lisẽ'sjadu, da] <> *adj* **-1.** *UNIV* graduated. **-2.** [do trabalho] on leave. <> *m, f UNIV* graduate.
licenciar [lisẽn'sja(x)] *vt* [do trabalho] to allow time off work.
◆ **licenciar-se** *vp* **-1.** *UNIV*: ~**-se (em algo)** to obtain a degree (in sthg). **-2.** [do trabalho] to go on leave.
licenciatura [lisẽnsja'tura] *f* **-1.** [grau] degree. **-2.** [curso] degree course.
licitação [lisita'sãw] (*pl* **-ões**) *f* **-1.** [em leilão] bid. **-2.** [concorrência] tender; **vencer uma** ~ to win a tender.
lícito, ta ['lisitu, ta] *adj* **-1.** [legal] lawful. **-2.** [correto] licit.
lições [li'sõiʃ] *pl* ▷ **lição.**
licor [li'ko(x)] (*pl* **-es**) *m* liqueur.
lidar [li'da(x)] *vi*: ~ **com alguém/algo** [conviver com] to deal with sb/sthg; [tratar] to deal with sb/sthg; [trabalhar com] to deal with sb/sthg.
líder ['lide(x)] (*pl* **-es**) *mf* leader.
liderança [lide'rãnsa] *f* leadership.
liderar [lide'ra(x)] *vt* to lead.
lido, da ['lidu, da] *pp* ▷ **ler.**
lifting ['liftĩŋ] *m* facelift.
liga ['liga] *f* **-1.** [associação] league. **-2.** [de meias] garter. **-3.** [de metais] alloy.
ligação [liga'sãw] (*pl* **-ões**) *f* **-1.** [ger] connection; **fazer a** ~ **entre algo e algo** to connect sthg with sthg. **-2.** *TELEC* (telephone) call; **a** ~ **caiu** we have been cut off; **completar a** ~ to get through (on the phone); **fazer uma** ~ **(para alguém)** to make a call (to sb). **-3.** [relacionamento - amoroso] liaison; [- profissional] relationship.
ligado, da [li'gadu, da] *adj* **-1.** [ger] connected. **-2.** [absorto] immersed. **-3.** [afeiçoado] attached.
◆ **ligada** *f TELEC* phone call; **dar uma** ~ **para alguém** to call sb.
ligadura [liga'dura] *f* **-1.** [atadura] bandage. **-2.** *MÚS* ligature.
ligamento [liga'mẽntu] *m* **-1.** *ANAT* ligament. **-2.** *MED*: ~ **de trompas** tubal ligation.
ligar [li'ga(x)] <> *vt* **-1.** [ger] to connect. **-2.** [unir] to connect, to join. **-3.** [criar vínculos] to tie. **-4.** [dar importância a]: **não** ~ **a mínima (para alguém/algo)** to not pay the least bit of attention to sb/sthg. <> *vi* **-1.** [telefonar] to call; ~ **para alguém/algum lugar** to call sb/somewhere (on the phone). **-2.** [dar importância] to care; ~ **para alguém/algo** to care about sb/sthg. **-3.** [dar atenção] to notice; ~ **para alguém/algo** to notice sb/sthg.
◆ **ligar-se** *vp* **-1.** [unir-se] to unite. **-2.** [afeiçoar-se] to become attached.
ligeireza [liʒej'reza] *f* **-1.** [rapidez] lightness. **-2.** [agilidade] agility.
ligeiro, ra [li'ʒejru, ra] *adj* **-1.** [rápido] light. **-2.** [ágil] agile. **-3.** *(antes de subst) fig* [sutil] slight.
◆ **ligeiro** *adv* **-1.** [rapidamente] swiftly. **-2.** [com agilidade] nimbly.
lilás [li'laʃ] (*pl* **lilases**) <> *adj* [cor] lilac. <> *m* lilac.
lima ['lima] *f* **-1.** [fruta] lime. **-2.** [ferramenta] file.
Lima ['lima] *n* Lima.
limão [li'mãw] (*pl* **-ões**) *m* lemon.
limbo ['lĩnbu] *m*: **estar no** ~ *fig* to be in limbo.
limiar [li'mja(x)] *m* threshold.
limitação [limita'sãw] (*pl* **-ões**) *f* limitation.
limitado, da [limi'tadu, da] *adj* limited.
limitar [limi'ta(x)] *vt* [restringir] to limit.
◆ **limitar-se** *vp* [restringir-se]: ~**-se a fazer algo** to limit o.s. to doing sthg.
limite [li'mitʃi] *m* [ger] limit; **passar dos** ~**s** to go too far.
limítrofe [li'mitrofi] *adj* bordering.
limo ['limu] *m BOT* slime.

limoeiro [li'mwejru] *m* lemon tree.

limões [li'mõiʃ] *pl* ▷ **limão**.

limonada [limo'nada] *f* lemonade *UK*, lemon soda *US*.

limpador [lĩnpa'do(x)] (*pl* **-es**) *m* cleaner; ~ **de pára-brisas** windscreen wiper *UK*, windshield wiper *US*.

limpar [lĩm'pa(x)] *vt* **-1.** [ger] to clean. **-2.** *fig* [elevar]: ~ **a imagem de alguém/algo** to clean up sb's/sthg's image. **-3.** [enxugar] to dry. **-4.** [esvaziar] to clean. **-5.** [roubar] to clean out.
◆ **limpar-se** *vp* **-1.** [assear-se] to wash o.s. **-2.** [moralmente] to make a clean start.

limpeza [lĩn'peza] *f* **-1.** [estado] cleanliness. **-2.** [ato] cleaning; **fazer uma** ~ **em algo** [livrar de excessos] to clear sthg out; [livrar de maus elementos] to clean sthg up; [roubar] to clean sthg out; ~ **pública** refuse collection. **-3.** [esmero] neatness.

limpo, pa ['lĩnpu, pa] ◇ *pp* ▷ **limpar**. ◇ *adj* **-1.** [asseado] clean. **-2.** [esmerado] neat; **passar a** ~ to make a clean copy. **-3.** *fig* [honrado] blameless. **-4.** [desanuviado] clear. **-5.** [sem dinheiro] broke. **-6.** [sem descontos]: **recebi 100 mil** ~**s** I received 100,000 clear. **-7.** *loc*: **tirar a** ~ to get to the bottom of.

limusine [limu'zini] *f* limousine.

lince ['lĩnsi] *m* lynx.

linchamento [lĩnʃa'mẽntu] *m* lynching.

linchar [lĩn'ʃa(x)] *vt* to lynch.

lindo, da ['lĩndu, da] *adj* beautiful.

lingerie [lãnʒe'xi] *f* lingerie.

língua ['lĩŋgwa] *f* **-1.** [órgão] tongue; **dar com a** ~ **nos dentes** to spill the beans; **ficar de** ~ **de fora** to be exhausted; **estar na ponta da** ~ to be on the tip of one's tongue; **dobrar a** ~ to mind what one says. **-2.** [idioma] language; ~ **materna** mother tongue.

linguado [lĩŋ'gwadu] *m* [peixe] (Brazilian) flounder.

linguagem [lĩŋ'gwaʒẽ] (*pl* **-ns**) *f* language; ~ **de máquina** machine language; ~ **de programação** programming language.

linguarudo, da [lĩŋgwa'rudu, da] ◇ *adj* gossipy. ◇ *m, f* gossip.

lingüeta [lĩŋ'gweta] *f* **-1.** [de fechadura] catch. **-2.** [balança] pointer.

lingüiça [lĩŋ'gwisa] *f* chorizo.

lingüístico, ca [liŋ'gwiʃtʃiku, ka] *adj* linguistic.
◆ **lingüística** *f* linguistics (*pl*).

linha ['lĩɲa] *f* **-1.** [ger] line; **em** ~**s gerais** in general terms; ~ **de mira** line of sight; ~ **de fogo** firing line; ~ **de montagem** assembly line; ~ **cruzada** crossed line; **não dar** ~ to be dead; **andar na** ~ *fig* to toe the line. **-2.** [fio de costura] thread. **-3.** [via] route; ~ **aérea** airline. **-4.** [elegância] flair; **é um homem de** ~ he has a flair for things; **perder a** ~ to lose face. **-5.** *COMPUT*: ~ **de comando** command line; ~ **dedicada** dedicated line; ~ **discada** dial-up line.

linho ['lĩɲu] *m* **-1.** [tecido] linen. **-2.** [planta] flax.

link ['liŋnki] (*pl* **links**) *m COMPUT* link.

linóleo [li'nɔlju] *m* linoleum.

lipoaspiração [lipu'aʃpirasãw] (*pl* **-ões**) *f* liposuction.

liquidação [likida'sãw] (*pl* **-ões**) *f* **-1.** [dissolução] settlement. **-2.** *FIN* liquidation. **-3.** *COM* clearance sale; **(estar) em** ~ (to be) in liquidation. **-4.** [destruição] elimination.

liquidar [liki'da(x)] ◇ *vt* **-1.** [ger] to liquidate. **-2.** [dissolver] to settle. **-3.** [destruir] to eliminate. ◇ *vi* **-1.** *COM* to hold a clearance sale. **-2.**: ~ **com alguém/algo** [destruir] to destroy sb/sthg.

liquidez [liki'dejʃ] *f ECON* liquidity.

liqüidificador [likwidʒifika'do(x)] *m* blender.

líquido, da ['likidu, 'likida] *adj* **-1.** [estado] liquid. **-2.** [valor] net; **peso** ~ *COM* net weight.
◆ **líquido** *m* [fluido] liquid.

lira ['lira] *f* **-1.** [instrumento] lyre. **-2.** [moeda] lira.

lírico, ca ['liriku, ka] *adj* **-1.** [gênero] lyrical. **-2.** *fig* [romântico] romantic.
◆ **lírica** *f* [coleção de poesia] lyrical poetry.

lírio ['lirju] *m* lily.

Lisboa [liʒ'boa] *n* Lisbon.

liso, sa ['lizu, 'liza] *adj* **-1.** [superfície] smooth. **-2.** [cabelo] straight. **-3.** [tecido] plain. **-4.** *fam* [sem dinheiro] broke.

lisonja [li'zõnʒa] *f* flattery.

lisonjeador, ra [lisõnʒja'do(x), ra] ◇ *adj* flattering. ◇ *m, f* flatterer.

lisonjear [lizõn'ʒja(x)] *vt* to flatter.

lisonjeiro, ra [lizõn'ʒejru, ra] *adj* flattering.

lista ['liʃta] *f* **-1.** [relação] list; ~ **negra** blacklist; ~ **de discussão** newsgroup; ~ **telefônica** telephone directory. **-2.** [listra] stripe.

listar [liʃ'ta(x)] *vt COMPUT* to list.

listra ['liʃtra] *f* stripe.

listrado, da [liʃ'tradu, da], **listado, da** [liʃ'tadu, da] *adj* striped.

literal [lite'raw] (*pl* **-ais**) *adj* literal.

literário, ria [lite'rarju, rja] *adj* literary.

literatura [litera'tura] *f* literature.

litígio [li'tʃiʒju] *m* **-1.** *JUR* [questão] litigation. **-2.** *fig* [disputa] quarrel.

litogravura [ˌlitogra'vura] *f* [gravura] lithograph.

litoral [lito'raw] (*pl* **-ais**) ◇ *adj* [costeiro] coastal. ◇ *m* [beira-mar] coast.

litorâneo, nea [lito'ranju, nja] *adj* coastal.

litro ['litru] *m* [medida] litre *UK*, liter *US*.

Lituânia [li'twãnja] *f* Lithuania.

liturgia [litux'ʒia] *f* liturgy.

lívido, da ['lividu, da] *adj* pallid.
livrar [li'vra(x)] *vt* **-1.** [libertar] to free. **-2.** [salvar]: ~ **alguém/algo de algo** to save sb/sthg from sthg.
◆ **livrar-se** *vp* [libertar-se]: ~**-se (de alguém/ algo)** to free o.s. (from sb/sthg).
livraria [livra'ria] *f* bookshop *UK*, bookstore *US*.

> Deve-se tomar cuidado com a semelhança da palavra 'livraria' (***bookshop***) em português com a palavra ***library*** (biblioteca) em inglês. É comum a confusão, porque ambas estão relacionadas com locais cheios de livros. Mas os dois vocábulos possuem significados bem diferentes: comprei este dicionário numa livraria e peguei o atlas emprestado numa biblioteca será traduzido como ***I bought this dictionary in a bookshop and I borrowed the atlas from a library***.

livre ['livri] *adj* **-1.** [ger] free. **-2.** [independente] independent; **de ~ e espontânea vontade** of one's own free will. **-3.** [permitido] free. **-4.** [solto] free. **-5.** [isento]: ~ **de impostos** tax-free.
livre-arbítrio [ˌlivrjax'bitrju] (*pl* **livres-arbítrios**) *m* free will.
livre-iniciativa ['livri'inisja'tʃiva] (*pl* **-s**) *m ECON* free enterprise.
livreiro, ra [liv'rejru, ra] *m,f* bookseller.
livro ['livru] *m* book; ~ **de bolso** pocketbook; ~ **de capa dura** hardback; ~ **didático** text book; ~ **de cabeceira** favourite reading.
livro-caixa [ˌlivro'kajʃa] (*pl* **livros-caixas**) *m* cash book.
lixa ['liʃa] *f* **-1.** [papel] sandpaper. **-2.** [de ferro] file; ~ **de unhas** nail file.
lixar [li'ʃa(x)] *vt* **-1.** [madeira] to sand. **-2.** [unhas] to file.
◆ **lixar-se** *vp fam* [não se incomodar]: **ele está se lixando com a demissão** he couldn't care less about the resignation.
lixeira [li'ʃejra] *f* **-1.** [em prédio] rubbish chute *UK*, garbage chute *US*. **-2.** [local] rubbish dump *UK*, garbage dump *US*.
lixeiro [li'ʃejru] *m* refuse collector *UK*, dustman *UK*, garbage collector *US*.
lixo ['liʃu] *m* **-1.** [restos] rubbish *UK*, garbage *US*; ~ **atômico** nuclear waste. **-2.** [coisa sem valor] rubbish *UK*, garbage *US*.
-lo [lu] *pron* [pessoa] him; [coisa] it; [você] you.
lobby ['lɔbi] (*pl* **lobbies**) *m POL* lobby.
lobista [lo'biʃta] *mf* lobbyist.
lobo ['lobu] *m* wolf.
lobo-do-mar [ˌlobudu'ma(x)] (*pl* **lobos-do-mar**) *m* sea dog, old salt.
lóbulo ['lɔbulu] *m* lobe.
locação [loka'sãw] (*pl* **-ões**) *f* **-1.** [de carro, vídeo] hire, rental. **-2.** [de telefone, imóvel] rental. **-3.** *CINE* location.
locador, ra [loka'do(x), ra] *m* **-1.** [de imóvel] landlord. **-2.** [de carro] lessor.
◆ **locadora** *f* [agência] hire *ou* rental company; ~ **de vídeo** video hire *ou* rental shop.
local [lo'kaw] (*pl* **-ais**) ◇ *adj* local. ◇ *m* place.
localidade [lokali'dadʒi] *f* **-1.** [lugar] locality. **-2.** [povoado] town.
localizar [lokali'za(x)] *vt* **-1.** [encontrar] to find. **-2.** [limitar a certo local] to site.
◆ **localizar-se** *vp* [situar-se] to be sited.
loção [lo'sãw] (*pl* **-ões**) *f* lotion; ~ **após-barba** aftershave.
locatário, ria [loka'tarju, rja] *m* **-1.** [carro] lessee. **-2.** [imóvel] tenant.
locomotiva [lokomo'tʃiva] *f* locomotive.
locomover-se [lokomo'vexsi] *vp* to move.
locutor, ra [loku'to(x), ra] (*mpl* **-es**, *fpl* **-s**) *m,f* [profissional] presenter.
lodacento, ta [loda'sẽntu, ta] *adj* muddy.
lodo ['lodu] *m* mud.
lodoso, osa [lo'dozu, ɔza] *adj* = **lodacento**.
lógico, ca ['lɔʒiku, ka] *adj* logical; **(é)** ~**!** of course!
◆ **lógica** *f* **-1.** [ger] logic. **-2.** [raciocínio] reasoning.
log-in (*pl* **logins**) *m COMPUT* login.
logo ['lɔgu] ◇ *adv* **-1.** [sem demora] at once; ~ **de saída** *OU* **de cara** straight away. **-2.** [em breve] soon; **até** ~**!** see you later!; ~ **mais** in a while. **-3.** [exatamente]: ~ **agora** right now; ~ **ali** right there. **-4.** [pouco]: ~ **antes/depois** just before/after. ◇ *conj* [portanto] therefore.
◆ **logo que** *loc adv* as soon as.
logomarca [logo'maxka] *f* logo.
logotipo [logo'tʃipu] *m* logo.
logradouro [logra'doru] *m* public area.
lograr [lo'gra(x)] *vt* **-1.** [conseguir] to achieve; ~ **fazer algo** to manage to do sthg. **-2.** [empulhar] to trick.
logro ['logru] *m* fraud.
loiro, ra ['lojru, ra] *adj* = **louro**.
loja ['lɔʒa] *f* **-1.** *COM* shop *UK*, store *US*; ~ **de departamentos** department store. **-2.** [maçônica] lodge.
lombada [lõn'bada] *f* **-1.** [de livro] spine. **-2.** [de boi] fillet. **-3.** [no solo] ridge.
lombar [lõn'ba(x)] *adj* lumbar.
lombinho [lõn'biɲu] *m* [carne de porco] pork fillet.
lombo ['lõnbu] *m* **-1.** [dorso] lower back. **-2.** [carne] loin. **-3.** [elevação] ridge.
lombriga [lõn'briga] *f* roundworm.
lona ['lona] *f* **-1.** [tecido] canvas. **-2.** [cobertura] tarpaulin. **-3.** [de pneu] layer.
Londres ['lõndriʃ] *n* London.
londrino, na ['lõn'drinu, na] ◇ *adj* London *(antes de subst)*. ◇ *m, f* Londoner.

longa-metragem [ˌlõŋgame'traʒẽ] (*pl* **longas-metragens**) *m*: **(filme de)** ~ feature-length film.

longe ['lõnʒi] ◇ *adv* far (away); **ir ~ demais** *fig* [exceder-se] to go too far; **ver ~** *fig* [ter visão] to look far ahead. ◇ *adj* remote.

◆ **ao longe** *loc adv* [no espaço] in the distance.

◆ **de longe** *loc adv* **-1.** [no espaço] from far away. **-2.** [no tempo]: **vir de ~** to be longstanding. **-3.** [sem comparação] by far.

◆ **longe de** ◇ *loc conj* far from; **~ disso** far from it. ◇ *loc prep* far from.

longevidade [lõnʒevi'dadʒi] *f* longevity.

longevo, va [lõnʒe'vu, va] *adj* **-1.** [muito idoso] elderly. **-2.** [duradouro] long-lived.

longínquo, qua [lõ'ʒĩŋkwu, kwa] *adj* **-1.** [no espaço] distant, remote. **-2.** [no tempo] distant.

longitude [lõnʒi'tudʒi] *f* GEOGR longitude.

longo, ga ['lõŋgu, ga] *adj* **-1.** [ger] long. **-2.** *(antes de subst)* [duradouro] lasting.

◆ **longo** *m* [vestido] long dress.

◆ **ao longo de** *loc prep* **-1.** [no sentido longitudinal] along. **-2.** [à beira de] alongside. **-3.** [no tempo]: **ao ~ dos anos** over the years.

lontra ['lõntra] *f* otter.

loquacidade [lokwasi'dadʒi] *m* loquaciousness.

loquaz [lo'kwaʒ] *adj* **-1.** [falador] talkative. **-2.** [eloqüente] eloquent.

losango [lo'zãŋgu] *m* diamond, lozenge.

lotação [lota'sãw] (*pl* **-ões**) *f* **-1.** [capacidade] capacity; **~ esgotada** [cinema, teatro] sold out, full house. **-2.** [quadro de pessoal] number of personnel. **-3.** [veículo] minibus.

lotado, da [lo'tadu, da] *adj* [cheio] full, crowded.

lotar [lo'ta(x)] ◇ *vt* [encher] to fill. ◇ *vi* [encher]: **~ (de)** to fill (with).

lote ['lɔtʃi] *m* **-1.** [parte] parcel. **-2.** [conjunto] set. **-3.** [terreno] plot.

lotear [lo'tʃja(x)] *vt* to divide into plots.

loteria [lote'ria] *f* lottery; **~ esportiva** (football) pools ***UK***, lottery ***US***.

loto ['lɔtu] *m* lottery.

louça ['losa] *f* china; **de ~** china *(antes de subst)*; **lavar/secar a ~** to wash/dry the dishes.

louco, ca ['loku, ka] ◇ *adj* **-1.** [ger] crazy. **-2.** [insano] mad. **-3.** [transtornado] crazed; **deixar alguém ~** to drive sb mad. **-4.** [furioso]: **~ (da vida com)** spitting mad (at). **-5.** [apaixonado]: **ser ~ por alguém/algo** to be crazy about sb/sthg. **-6.** [excêntrico] weird. **-7.** [intenso] extreme. ◇ *m, f* [insano] lunatic; **~ varrido** *OU* **de pedra** ***fam*** stark raving mad.

◆ **louca** *f*: **dar a louca em alguém** to go mad.

loucura [lo'kura] *f* **-1.** [insanidade] insanity. **-2.** [imprudência] lunacy, madness; **ser (uma) ~ fazer algo** to be madness to do sthg. **-3.** [extravagância] antics *(pl)*; **fazer ~s** to get up to antics. **-4.** [paixão] passion.

louro, ra ['loru, ra] ◇ *adj* [cabelo, pessoa] fair. ◇ *m, f* [pessoa] fair-haired person.

◆ **louro** *m* **-1.** [cor] fair, blond. **-2.** [árvore] laurel. **-3.** CULIN bay leaf. **-4.** [papagaio] polly parrot.

louvar [lo'va(x)] ◇ *vt* **-1.** [elogiar] to praise. **-2.** [glorificar] to exalt. ◇ *vi*: **~ a Deus** to praise God.

louvável [lo'vavɛw] (*pl* **-eis**) *adj* praiseworthy.

louvor [lo'vo(x)] *m*: **~ a alguém/algo** [elogio] praise for sb/sthg; [glorificação] glorification of sb/sthg.

Ltda. (*abrev de* **Limitada**) *f* Ltd.

lua ['lua] *f* moon; **~ cheia/nova** full/new moon; **estar no mundo da ~** to be daydreaming; **ser de ~** to have mood swings.

lua-de-mel [ˌluadʃi'mɛw] (*pl* **luas-de-mel**) *f* honeymoon.

luar ['lwa(x)] *m* moonlight.

lubrificante [lubrifi'kãntʃi] ◇ *adj* lubricating. ◇ *m* lubricant.

lubrificar [lubrifi'ka(x)] *vt* to lubricate.

lucidez [lusi'deʃ] *f* lucidity.

lúcido, da ['lusidu, da] *adj* lucid.

lucrar [lu'kra(x)] ◇ *vt*: **~ algo com** *OU* **em algo** [financeiramente] to make a profit of sthg from sthg; [tirar vantagem de] to enjoy sthg through sthg. ◇ *vi* [financeiramente] to make a profit; **~ com algo** [tirar vantagem de] to benefit from sthg.

lucrativo, va [lukra'tʃivu, va] *adj* **-1.** [financeiramente] lucrative, profitable; **com/sem fins ~s** profit/non-profit-making. **-2.** [proveitoso] useful.

lucro ['lukru] *m* **-1.** [financeiro] profit; **participação nos ~s** profit-sharing. **-2.** [proveito] gain.

lúdico, da ['ludʒiku, ka] *adj* play *(antes de subst)*.

lugar [lu'ga(x)] (*pl* **-es**) *m* **-1.** [ger] place; **em algum ~** somewhere; **em ~ nenhum** nowhere; **em outro ~** somewhere else; **~ de nascimento** place of birth; **em primeiro ~** [em competição] in first place; [em argumentação] in the first place; **tirar o primeiro/segundo ~** to come first/second. **-2.** [espaço] room. **-3.** [assento] seat. **-4.** [função, ocupação] position; **colocar-se no ~ de alguém** to put o.s. in sb else's shoes. **-5.** [situação]: **no seu ~ eu faria o mesmo** if I were you, I would do the same. **-6.** *log*: **dar ~ a** to give rise to.

◆ **em lugar de** *loc prep* instead of.

lugar-comum [luˌgaxku'mũ] (*pl* **lugares-co-**

muns) *m* commonplace.

lugarejo [luga'reʒu] *m* small village.

lugar-tenente [lu,ga(x)te'nẽntʃi] *m* deputy.

lúgubre ['lugubri] *adj* gloomy.

lula ['lula] *f* squid.

luminária [lumi'narja] *f* lamp.

luminosidade [luminozi'dadʒi] *f* brightness.

luminoso, osa [lumi'nozu, ɔza] *adj* **-1.** [que emite luz] luminous. **-2.** *fig* [raciocínio, idéia, talento] brilliant.

lunar [lu'na(x)] (*pl* **-es**) *adj* lunar.

lunático, ca [lu'natʃiku, ka] *adj* lunatic.

luneta [lu'neta] *f* telescope.

lupa ['lupa] *f* magnifying glass.

lusco-fusco [,luʃku'fuʃku] *m* twilight.

lusitano, na [luzi'tanu, na] ◇ *adj* Lusitanian. ◇ *m, f* Lusitanian.

luso, sa [za, 'luzu] ◇ *adj* Portuguese. ◇ *m, f* Portuguese person.

lusófono, na [na, lu'zɔfonu, na] ◇ *adj* Portuguese-speaking. ◇ *m, f* Portuguese speaker.

lustrar [luʃ'tra(x)] *vt* [móvel] to polish.

lustre ['luʃtri] *m* **-1.** [polimento] polish; **dar um ~ em algo** to give sthg a polish. **-2.** [luminária] chandelier.

lustroso, osa [luʃ'trozu, ɔza] *adj* shiny.

luta ['luta] *f* **-1.** [ger] struggle. **-2.** [combate] fight. **-3.** ESP: **~ de boxe** boxing; **~ livre** wrestling.

lutador, ra [luta'do(x), ra] ◇ *adj* [esforçado] tough. ◇ *m, f* **-1.** [ger] fighter. **-2.** BOXE boxer.

lutar [lu'ta(x)] ◇ *vi* **-1.** [combater]: **~ (com/contra alguém)** to fight with/against sb; **~ por algo** to fight for sthg. **-2.** *fig* [combater]: **~ por/contra algo** to fight for/against sthg. **-3.** [empenhar-se] to use all one's forces; **~ (por algo/para fazer algo)** to fight (for sthg/to do sthg). **-4.** [resistir] to fight; **~ contra algo** to fight against sthg. ◇ *vt* [judô, caratê, capoeira, luta livre] to fight.

luterano, na [lute'ranu, na] ◇ *adj* [pessoa, igreja, doutrina] Lutheran. ◇ *m, f* [crente] Lutheran.

luto ['lutu] *m* mourning; **estar de ~** to be in mourning.

luva ['luva] *f* glove; **cair como uma ~** to fit like a glove.

◆ **luvas** *fpl* [pagamento] payment.

Luxemburgo [luʃẽn'buxgu] *n* Luxemburg.

luxemburguês, esa [luʃẽnbux'geʃ, eza] ◇ *adj* Luxemburg *(antes de subst).* ◇ *m, f person from Luxemburg.*

luxo ['luʃu] *m* **-1.** [pompa] ostentation; **de ~** luxury *(antes de subst).* **-2.** [extravagância] luxury. **-3.** [afetação, cerimônia] ceremony; **cheio de ~** full of airs and graces.

luxuoso, osa [lu'ʃwozu, ɔza] *adj* luxurious.

luxúria [lu'ʃurja] *f* [lascívia] lust.

luz ['luʃ] (*pl* **-es**) *f* **-1.** [claridade, fonte de luz] light; **acender a ~** to turn on the light; **apagar a ~** to turn off the light; **~ do dia** daylight. **-2.** [eletricidade] electricity; **falta ~ todos os dias aqui** the electricity gets cut off here every day. **-3.** *loc*: **dar à ~** to give birth.

luzir [lu'zi(x)] *vi* to shine.

Lycra® ['lajkra] *f* Lycra®.

M

m, M ['emi] *m* [letra] m, M.

má [ma] ▷ **mau.**

MA (*abrev de* **Estado do Maranhão**) *m State of Maranhão.*

maca ['maka] *f* MED trolley.

maçã [ma'sã] *f* apple; **~ do rosto** cheek; **~ do amor** toffee apple.

macabro, bra [ma'kabru, bra] *adj* macabre.

macacão [maka'kãw] (*pl* **-ões**) *m* overalls *(pl) UK*, coveralls *(pl) US*.

macaco, ca [ma'kaku, ka] *m, f* [animal] monkey; **~ velho** *fig* [pessoa experiente] old hand.

◆ **macaco** *m* AUTO jack.

maçaneta [masa'neta] *f* handle.

maçante [ma'sãntʃi] *adj* boring.

macaquice [maka'kisi] *f*: **fazer ~s** to monkey around.

maçarico [masa'riku] *m* blow torch.

maçaroca [masa'rɔka] *f* **-1.** [emaranhado] tangle. **-2.** [mixórdia] mess.

macarrão [maka'xãw] *m* **-1.** [massa] pasta. **-2.** [em tiras] spaghetti.

macete [ma'setʃi] *m* **-1.** [instrumento] mallet. **-2.** *fam* [truque] trick.

machadada [ma'ʃadu] *f* axe blow.

machado [ma'ʃadu] *m* axe.

machão, ona [ma'ʃãw, ɔna] (*mpl* **-ões**, *fpl* **-s**) *adj* **-1.** *pej* [ger] macho. **-2.** [corajoso] brave.

machismo [ma'ʃiʒmu] *m* machismo.

machista [ma'ʃiʃta] ◇ *adj* macho. ◇ *m* male chauvinist.

macho ['maʃu] ◇ *adj* **-1.** [ger] manly. **-2.** [gênero] male. ◇ *m* **-1.** [animal] male. **-2.** TEC tap. **-3.** [prega] box pleat.

machões [ma'ʃõjʃ] *pl* ▷ **machão.**

machona [ma'ʃona] *f* ▷ **machão.**

machucado, da [maʃu'kadu, da] *adj* **-1.** [ferido] hurt. **-2.** [contundido] injured. **-3.** [esmagado] bruised. **-4.** [lascado] scratched. **-5.** [magoado] hurt.

◆ **machucado** *m* [ferida] wound.

machucar [maʃu'kax] ◇ *vt* **-1.** [ferir] to hurt. **-2.** [contundir] to injure. **-3.** [esmagar] to bruise. **-4.** [lascar] to scratch. **-5.** [magoar] to hurt. ◇ *vi* to hurt.

◆ **machucar-se** *vp* **-1.** [ferir-se] to injure o.s. **-2.** [contundir-se] to hurt o.s.

maciço, ça [ma'sisu, sa] *adj* **-1.** [sólido] massive. **-2.** [em quantidade] massive. **-3.** *fig* [sólido] solid.

◆ **maciço** *m* [cadeia montanhosa] massif.

macieira [ma'sjejra] *f* apple tree.

maciez [ma'sjeʒ] *f* softness.

macio, cia [ma'siu, sia] *adj* **-1.** [ger] smooth. **-2.** [fofo] soft.

maço ['masu] *m* **-1.** [de notas, folhas] bundle. **-2.** [de cartas] pack. **-3.** [de cigarros] packet.

maçom [ma'sõ] (*pl* **-ns**) *m* [membro da maçonaria] Freemason.

maçonaria [masona'ria] *f* freemasonry.

maconha [ma'koɲa] *f* **-1.** *BOT* hemp. **-2.** [droga] cannabis, marijuana.

má-criação [ˌmakrja'sãw] *f* = **malcriação.**

macrobiótico, ca [makro'bjɔtʃiku, ka] *adj* macrobiotic.

◆ **macrobiótica** *f* **-1.** [doutrina] macrobiotics. **-2.** [dieta] macrobiotic diet.

mácula ['makula] *f* ***fig*** [desonra, mancha] stain.

maculado, da [maku'ladu, da] *adj* **-1.** [manchado] stained. **-2.** [desonrado] tarnished.

macumba [ma'kũnba] *f* [espirit- religião] macumba, *Afro-Brazilian religion*; [- despacho] sacrificial offering.

macumbeiro, ra [makũm'bejru, ra] ◇ *adj* [relativo à macumba] macumba *(antes de subst).* ◇ *m, f* [adepto] macumba initiate.

madame [ma'dãmi], **madama** [ma'dama] *f* **-1.** [senhora] Madam. **-2.** ***irôn*** [mulher rica] lady. **-3.** ***irôn*** [esposa] ladyship. **-4.** [cafetina] madam.

madeira [ma'dejrã] *f* wood; **de ~** wooden; **bater na ~** to touch wood.

madeireiro, ra [madej'rejru, ra] ◇ *adj* timber *(antes de subst).* ◇ *m, f* timber merchant.

◆ **madeireira** *f* [empresa] timber merchant's.

madeixa [ma'dejʃa] *f* [mecha] lock.

madrasta [ma'draʃta] *f* **-1.** [esposa do pai] stepmother. **-2.** ***fig*** [mãe má] unfit mother.

madre ['madri] *f* **-1.** [religiosa] nun. **-2.** [título] Mother.

madrepérola [ˌmadre'pɛrula] *f* mother-of-pearl.

madressilva [ˌmadre'siwva] *f BOT* honeysuckle.

Madri [ma'dri] *n* Madrid.

madrileno, na [madri'lenu, na] ◇ *adj* Madrid *(antes de subst).* ◇ *m & f person from Madrid.*

madrinha [ma'driɲa] *f* **-1.** [*RELIG* - de batismo] godmother; [- de crisma] sponsor; [- de casamento] chief bridesmaid. **-2.** ***fig*** [protetora, patrocinadora] patroness.

madrugar [madru'ga(x)] *vi* **-1.** [acordar cedo] to wake up early. **-2.** [chegar cedo] to get in early.

maduro, ra [ma'duru, ra] *adj* **-1.** [fruto] ripe. **-2.** [pessoa, atitude, decisão] mature.

mãe ['mãj] *f* **-1.** [ger] mother; **~ adotiva** adoptive mother; **~ de criação** foster mother. **-2.** [como forma de tratamento] mother.

mãe-de-santo [ˌmãjʃdʒi'sãntu] (*pl* **mães-de-santo**) *f* [espirit] *high priestess in Afro-Brazilian religion.*

maestro, trina [ma'ɛʃtru, trina] *m, f* maestro.

má-fé [ˌma'fɛ] *f inv* bad faith; **agir de ~** to act in bad faith.

máfia ['mafja] *f* **-1.** [bando do crime organizado] Mafia. **-2.** [grupo de corruptos] mafia.

mafioso, osa [ma'fjozu, ɔza] ◇ *adj* **-1.** [pessoa] Mafioso. **-2.** [ação] of the Mafia. ◇ *m, f* [membro da máfia] Mafioso.

magia [ma'ʒia] *f* magic.

mágico, ca ['maʒiku, ka] ◇ *adj* magic. ◇ *m, f* [prestidigitador] magician.

◆ **mágica** *f* **-1.** [prestidigitação] magic. **-2.** [truque] trick; **fazer mágica** to perform magic; ***fig*** to work miracles.

magistério [maʒiʃ'tɛrju] *m* **-1.** [profissão] teaching. **-2.** [classe dos professores] teaching profession. **-3.** [ensino] teaching.

magistrado, da [maʒiʃ'tradu, da] *m* magistrate.

magistral [maʒiʃ'traw] (*pl* **-ais**) *adj* [exemplar] masterly.

magistratura [maʒiʃtra'tura] *f* [os magistrados] magistracy.

magnânimo, ma [mag'nanimu, ma] *adj* magnanimous.

magnata [mag'nata] *m* magnate.

magnésio [mag'nɛzju] *m* magnesium.

magnético, ca [mag'nɛtʃiku, ka] *adj* magnetic.

magnetismo [magne'tʃiʒmu] *m* magnetism.

magnífico, ca [mag'nifiku, ka] *adj* magnificent.

magnitude [magni'tudʒi] *f* [dimensão] magnitude.

magnólia [mag'nɔlja] *f* magnolia.

mago, ga ['magu, ga] ◇ *m, f* wizard (*f* witch). ◇ *adj*: **os reis ~s** the Three Kings.

mágoa ['magwa] *f* **-1.** [ressentimento] grief. **-2.** [tristeza] sorrow.

magoado, da [ma'gwadu, da] *adj*: **estar/ficar ~ (com algo)** [ressentido] to be/feel offended (by sthg); [triste] to be hurt (by sthg).

magoar [ma'gwa(x)] ◇ *vt* [ferir] to hurt. ◇ *vi* [ferir] to hurt.

magrela [ma'grɛla] *adj* skinny.

magricela [magri'sɛla] *adj* = **magrela**.

magro, gra ['magru, ra] *adj* **-1.** [franzino] slim. **-2.** [sem gordura - carne, presunto] lean; [- leite] skimmed. **-3.** *(antes de subst) fig* [parco] meagre *UK*, meager *US*.

mai. (*abrev de* **maio**) May.

mail [mejo] (*pl* **mails**) *m COMPUT* e-mail.

maio ['maju] *m* May; *veja também* **setembro**.

maiô [ma'jo] *m* swimming costume *UK*, swimsuit *US*.

maionese [majo'nɛzi] *f* mayonnaise.

maior [ma'jɔ(x)] (*pl* **-es**) ◇ *adj* **-1.** [comparativo]: **~ (do) que** [de tamanho] bigger than; [de importância] more important than; [de número] larger than. **-2.** [superlativo]: **o/a ~ ...** [de tamanho] the biggest ...; [de importância] the highest ...; [de número] the largest ...; **ser o ~ barato** [pessoa] to be really cool; [coisa] to be really great. **-3.** [adulto]: **ser ~ (de idade)** to be of age; **ser ~ de 21 anos** to be over 21. **-4.** *MÚS*: **em dó ~** in C major. ◇ *mf* **-1.** [de tamanho]: **o/a ~** the largest. **-2.** *fam* [superior]: **ser o/a ~** to be the best. **-3.** [adulto] adult; **ser de ~** to be an adult.

maioral [majo'raw] (*pl* **-ais**) *mf*: **o ~** the boss.

maioria [majo'ria] *f* majority; **a ~ de** the majority of; **a ~ das pessoas acha ...** the majority think ...

maioridade [majori'dadʒi] *f* age of majority.

mais ['majʃ] ◇ *adv* **-1.** [em comparações] more; **a Ana é ~ alta/inteligente** Ana is taller/more intelligent; **~ do que** more than; **~ ... do que ...** more ... than ...; **bebeu um copo a ~!** he's had one too many!; **deram-me dinheiro a ~** they gave me too much money; **é ~ alta do que eu** she's taller than me. **-2.** [como superlativo]: **o/a ~ ...** the most ...; **o ~ engraçado/inteligente** the funniest/most intelligent. **-3.** [indica adição] any more; **não necessito de ~ trabalho** I don't need any more work; **não necessito de ~ ninguém** I don't need anyone else. **-4.** [indica intensidade]: **que dia ~ feliz!** what a great day!; **que casa ~ feia!** what a horrible house! **-5.** [indica preferência]: **vale ~ a pena ficar em casa** it would be better to stay at home; **gosto ~ de comida chinesa** I prefer Chinese food. **-6.** [em locuções]: **de ~ a ~** [ainda por cima] what's more; **~ ou menos** more or less; **por ~ que se esforce** however hard he tries; **sem ~ nem menos** for no apparent reason; **uma vez ~, ~ uma vez** once *OU* yet again. ◇ *adj inv* **-1.** [em comparações] more; **eles têm ~ dinheiro** they have more money; **está ~ calor hoje** it's hotter today; **~ ... do que** more ... than. **-2.** [como superlativo] (the) most; **a pessoa que ~ discos vendeu** the person who sold (the) most records; **os que ~ dinheiro têm** those who have (the) most money. **-3.** [indica adição] more; **~ água, por favor** I'd like some more water, please; **~ alguma coisa?** anything else?; **tenho ~ três dias de férias** I have another three days of vacation left. ◇ *conj* and; **quero uma sopa ~ pão com manteiga** I'd like some soup and some bread and butter. ◇ *prep* [indica soma] plus; **dois ~ dois são quatro** two plus two is four.

maisena [maj'zena] *f*: **de ~** cornflour *UK*, cornstarch *US*.

maître ['mɛtri] *m* head waiter.

maiúsculo, la [ma'juʃkulu, la] *adj*: **letra maiúscula** capitals *(pl)*.

◆ **maiúscula** *f* capital letter.

majestade [maʒeʃ'tadʒi] *f* majesty.

◆ **Majestade** *f*: **Sua Majestade** Your Majesty, His Majesty, Her Majesty.

majestoso, osa [maʒeʃ'tozu, ɔza] *adj* [grandioso] majestic.

major [ma'ʒɔ(x)] (*pl* **-res**) *m MIL* major.

majoritário, ria [maʒori'tarju, rja] *adj* majority *(antes de subst)*; **a opinião majoritária é que ...** the majority opinion is that ...

mal ['maw] (*pl* **-es**) *m* **-1.** [ger] evil; **cortar o ~ pela raiz** to stop things going from bad to worse; **a luta entre o bem e o ~** the fight between good and evil. **-2.** [dano] damage; **fazer ~ (a)** [à saúde] to damage; **o cigarro faz ~ à saúde** smoking damages your health; **fazer ~ a alguém** [afetar] to upset sb; [deflorar] to deflower sb; **você fez ~ em se divorciar** you did the wrong thing in getting divorced; **não faz ~** it doesn't matter. **-3.** [doença] illness. **-4.** [sofrimento] stress.

◆ **mal** ◇ *adv* **-1.** [ger] badly; **dar-se ~ (em algo)** to do badly (in sthg); **de ~ a pior** from bad to worse. **-2.** [quase não]: **ele ~ consegue dormir** he barely manages to sleep. **-3.** [injustamente] wrongly. **-4.** [rudemente] rudely. **-5.** [de maneira desfavorável] unfavourably; **não me leve a ~, mas ...** don't get me wrong, but ... **-6.** *PSIC* [doente] down; **passar ~** to feel sick. ◇ *conj* just; **~ cheguei, ele saiu** just as I arrived, he left.

mala ['mala] *f* **-1.** [recipiente] suitcase; **fazer as ~s** to pack one's bags. **-2.** *AUTO* boot *UK*, trunk *US*. **-3.** *COM*: **~ direta** mail order. **-4.** [serviço]: **~ postal** mail. **-5.** *fam pej* [pessoa chata]: **ser uma ~** to be a pain.

malabarismo [malaba'riʒmu] *m* **-1.** [arte] juggling. **-2.** *fig* [habilidade] deftness.

malabarista [malaba'riʃta] *mf* juggler.

mal-acabado, da [,mawaka'badu] *adj* **-1.** [construção, móvel] poorly finished. **-2.** [corpo] in poor shape.

mala-direta [,maladʒi'rɛta] (*pl* **malas-diretas**) *f*

[marketing] direct marketing.
mal-agradecido, da [mawagrade'sidu, da] *(pl -s)* ◇ *adj* ungrateful. ◇ *m, f*: **o ~ nem sequer me agradeceu** he's so ungrateful he didn't even thank me.
malagueta [mala'geta] *m* chilli pepper.
malandragem [malãn'draʒẽ] *(pl -ns)*, **malandrice** [malãn'drisi] *f* **-1.** [patifaria] double-dealing. **-2.** [astúcia] cunning. **-3.** [vadiagem] vagrancy. **-4.** [preguiça] laziness.
malandro, dra [ma'lãndru, dra] ◇ *adj* **-1.** [patife] crooked. **-2.** [astuto] sharp. **-3.** [vadio] vagrant. **-4.** [preguiçoso] idle. ◇ *m, f* **-1.** [patife] crook. **-2.** [astuto] swindler. **-3.** [vadio] vagrant. **-4.** [preguiçoso] layabout.
malária [ma'larja] *f* malaria.
mal-arrumado, da [mawaxu'madu, da] *(pl -s)* *adj* untidy.
mala-sem-alça ['malasẽ'sãw] *(pl* **malas-sem-alça)** *mf fam* bore.
Malásia [ma'lazja] *n* Malaysia.
malbaratar [mawbara'ta(x)] *vt* to squander.
malcomportado, da [mawkõmpox'tadu, da] *adj* badly behaved.
malcriação [mawkrja'sãw] *(pl -ões)*, **má-criação** [makrja'sãw] *(pl -ões)* *f* bad manners; **respondeu com ~** he replied rudely; **fazer ~** to behave badly.
malcriado, da [mawkri'adu, da] ◇ *adj* ill-mannered. ◇ *m, f* yob.
maldade [maw'dadʒi] *f* **-1.** [ger] cruelty; **bater em criança é uma ~** it's cruel to hit children; **ser uma ~** to be cruel. **-2.** [malícia] malice.
maldição [mawdi'sãw] *(pl -ões)* *f* curse.
maldito, ta [maw'dʒitu, ta] ◇ *pp* ▷ **maldizer.** ◇ *adj* **-1.** [amaldiçoado] damned. **-2.** [funesto] tragic. **-3.** [cruel] cruel. **-4.** *(antes de subst) fam* [para enfatizar]: **essa chuva maldita** this bloody rain.
maldizer [mawdʒi'ze(x)] *vt* to curse.
maldoso, osa [maw'dozu, ɔza] *adj* **-1.** [malvado] nasty. **-2.** *fig* [mordaz] vicious.
maleável [ma'ljavew] *(pl -eis)* *adj* malleable.
maledicência [malidʒi'sẽnsja] *f* **-1.** [ação] slander. **-2.** [difamação] defamation.
mal-educado, da [ˌmaledu'kadu, da] ◇ *adj* rude. ◇ *m, f*: **o ~** the rude man; **a malcriada** the rude woman.
malefício [male'fisju] *m* **-1.** [ação] wrong. **-2.** [dano] harm.
maléfico, ca [ma'lɛfiku, ka] *adj* harmful.
mal-encarado, da [ˌmalẽŋka'radu, da] *(pl -s)* *adj* shady.
mal-entendido [ˌmawẽntẽn'dʒidu] *(pl* **mal-entendidos)** ◇ *adj* [mal interpretado] misunderstood. ◇ *m* misunderstanding.
males ['maliʃ] *pl* ▷ **mal.**
mal-estar [maweʃ'ta(x)] *(pl* **mal-estares)** *m* **-1.** [indisposição] upset. **-2.** *fig* [embaraço] uneasiness.
maleta [ma'leta] *f* small suitcase.
malevolente *adj* [malevo'lẽntʃi] malevolent.
malévolo, la [ma'lɛvolu, la] *adj* malevolent.
malfeito, ta [mal'fejtu, ta] *adj* **-1.** [mal-acabado] sloppy. **-2.** [deforme] misshapen. **-3.** *fig* [injusto] unjust.
malfeitor, ra [mawfej'to(x), ra] *(mpl -es, fpl -s)* *m* **-1.** [quem comete delito] wrongdoer. **-2.** [bandido] criminal.
malgrado [maw'gradu] *prep* despite.
malha ['maʎa] *f* **-1.** [tecido] jersey; **de ~** jersey. **-2.** [de rede, tecido] mesh. **-3.** [de balé] leotard. **-4.** [suéter] sweatshirt.
malhação [maʎa'sãw] *(pl -ões)* *f fam* [crítica violenta] panning.
malhado, da [ma'ʎadu, ada] *adj* [animal] mottled.
malhar [ma'ʎa(x)] ◇ *vt* **-1.** [ger] to beat. **-2.** [criticar] to knock. ◇ *vi* [fazer ginástica] *fam* to work out.
malharia [maʎa'ria] *f* **-1.** [loja] knitwear shop. **-2.** [fábrica] textile mill. **-3.** [artigos] knitted goods.
malho ['maʎu] *m* mallet.
mal-humorado, da [mawumo'radu, da] *adj* **-1.** [que tem mau humor] sullen. **-2.** [ranzinza] grumpy.
malícia [ma'lisja] *f* **-1.** [intenção maldosa] malice. **-2.** [intenção licenciosa] licentiousness. **-3.** [manha, marotice] cunning.
malicioso, osa [mali'sjozu, ɔza] *adj* **-1.** [maldoso] malicious. **-2.** [que vê licenciosidade] licentious. **-3.** [manhoso] sly.
maligno, gna [ma'lignu, gna] *adj* **-1.** [mau] malicious. **-2.** [nocivo] harmful. **-3.** MED malignant.
má-língua [ˌma'lĩngwa] *(pl* **más-línguas)** *f* scandalmonger; **dizem as más-línguas que ...** the scandalmongers are saying that ...
mal-intencionado, da [ˌmawĩntẽnsjo'nadu, da] *(pl -s)* *adj* malicious.
malogrado, da [malo'gradu, da] *adj* thwarted.
malograr [malo'gra(x)] ◇ *vt* to thwart. ◇ *vi* to fall through.
malogro [ma'logru] *m* failure.
malote [ma'lɔtʃi] *m* **-1.** [bolsa] pouch. **-2.** [correspondência] mail. **-3.** [serviço] courier.
malpassado, da [mawpa'sadu, da] *adj* rare.
malsucedido, da [mawsuse'dʒidu, da] *adj* unsuccessful.
Malta ['mawta] *n* Malta.
malte ['mawtʃi] *m* malt.
maltês, esa [maw'teʃ, eza] ◇ *adj* Maltese. ◇ *m, f* Maltese.
maltrapilho, lha [mawtra'piʎu, ʎa] ◇ *adj* ragged. ◇ *m, f* **-1.** [mendigo] beggar. **-2.** [criança] urchin.

maltratar [mawtra'ta(x)] *vt* **-1.** [fisicamente] to mistreat. **-2.** [verbalmente] to abuse. **-3.** [tratar com desleixo] to mishandle.
maluco, ca [ma'luku, ka] ◇ *adj* **-1.** *PSIC* crazy. **-2.** [adoidado] nuts. **-3.** [absurdo] mad. ◇ *m, f PSIC* insane person.
maluquice [malu'kisi] *f PSIC* madness.
malvadeza [mawva'deza], **malvadez** [mawva'deʒ] *f* wickedness.
malvado, da [maw'vadu, da] ◇ *adj* wicked. ◇ *m, f* thug.
malversação [mawvexsa'sãw] (*pl* **-ões**) *f* **-1.** [desvio]: ~ **(de algo)** embezzlement (of sthg). **-2.** [mau gerenciamento] mismanagement.
Malvinas [maw'vinaʃ] *npl*: **as (ilhas)** ~ the Falkland Islands, the Falklands.
mama ['mãma] *f* breast.
mamadeira [mama'dejra] *f* baby's bottle.
mamãe [mã'mãj] *f* mummy, mum.
mamão [ma'mãw] (*pl* **-ões**) *m* papaya.
mamar [ma'ma(x)] ◇ *vt* [sugar] to suck. ◇ *vi* [alimentar-se] to feed; **dar de ~ a alguém** to breastfeed sb.
mamata [ma'mata] *f* **-1.** *fam* [proveito ilícito] racket. **-2.** [facilidade] breeze.
mamífero, ra [ma'miferu, ra] *adj* mammalian. ◆ **mamífero** *m* mammal.
mamilo [ma'milu] *m* nipple.
maminha [ma'miɲa] *f* [carne] rump steak.
mamoeiro [ma'mwejru] *m* papaya tree.
mamões [ma'mõjʃ] *pl* ▷ **mamão**.
manada [ma'nada] *f* herd.
Manágua [ma'nagwa] *n* Managua.
manancial [manãn'sjaw] (*pl* **-ais**) *m* **-1.** [fonte] spring. **-2.** *fig* [origem] source.
Manaus [ma'nawʃ] *n* Manaus.
mancada [mãŋ'kada] *f* **-1.** [erro] mistake. **-2.** [gafe] gaffe; **dar uma ~** to make a gaffe.
mancar [mãŋ'ka(x)] *vi* [coxear] to limp. ◆ **mancar-se** *vp fam* [desconfiar] to take a hint.
mancha ['mãnʃa] *f* **-1.** [ger] stain. **-2.** [em pintura] blotch. **-3.** [marca] mark.
manchado, da [mã'ʃadu, da] *adj* **-1.** [com manchas] stained. **-2.** [pintura] blotched. **-3.** [malhado] mottled.
manchar [mã'ʃa(x)] *vt* **-1.** [ger] to stain. **-2.** [deixar marca] to mark.
manchete [mãn'ʃɛtʃi] *f* headline; **o acidente virou ~ em todo o país** the accident hit the headlines nationwide.
manco, ca ['mãŋku, ka] ◇ *adj* lame. ◇ *m, f* disabled person.
mandachuva [mãnda'ʃuva] *mf* **-1.** [pessoa poderosa] boss. **-2.** [chefe, líder] chief.
mandado [mãn'dadu] *m* **-1.** [autorização] order. **-2.** *JUR* injunction; **~ de prisão** arrest warrant; **~ de segurança** injunction.
mandamento [mãnda'mẽntu] *m* **-1.** [preceito] order. **-2.** *RELIG* commandment.
mandão, ona [mãn'dãw, ɔna] (*mpl* **-ões**) *adj fam* [autoritário] bossy.
mandatário, ria [mãnda'tarju, rja] *m* **-1.** [representante] deputy, representative. **-2.** [procurador] defence lawyer *UK*, defense lawyer *US*, counsel for the defence *UK*, defense attorney *US*.
mandato [mãn'datu] *m* **-1.** [procuração] mandate. **-2.** [missão] duty. **-3.** [ordem] order. **-4.** *POL* term of office.
mandíbula [mãn'dʒibula] *f* jaw.
mandioca [mãn'dʒjɔka] *f* cassava, manioc.
mandões [mãn'dõjʃ] *mpl* ▷ **mandão**.
mandona [mãn'dona] *f* ▷ **mandão**.
maneira [ma'nejra] *f* manner; **à ~ (de)** like; **de ~ nenhuma** *OU* **alguma** no way; **não volto àquele clube de ~ alguma!** no way am I going back to that club!; **de ~ que** so that; **de qualquer ~** [sem cuidado] anyhow; [a qualquer preço] at whatever cost; [de todo modo] whatever; **de qualquer ~ será útil** it'll be useful, whatever. ◆ **maneiras** *fpl* manners; **boas ~s** good manners.
manejar [mane'ʒa(x)] *vt* **-1.** [ger] to control. **-2.** [manusear] to handle. **-3.** [administrar] to manage.
manejável [mane'ʒavɛw] (*pl* **-eis**) *adj* **-1.** [fácil de usar] simple. **-2.** [controlável] controllable.
manequim [mane'kĩ] (*pl* **-ns**) ◇ *m* [boneco] dummy. ◇ *mf* [pessoa] model.
maneta [ma'neta] *adj* one-handed.
manga ['mãŋga] *f* **-1.** [de roupa] sleeve. **-2.** [fruto] mango. **-3.** [filtro] filter.
mangue ['mãŋgi] *m* **-1.** [terreno] mangrove swamp. **-2.** [planta] mangrove.
mangueira [mãŋ'gejra] *f* **-1.** *BOT* mango tree. **-2.** [cano] hose.
manha ['mãɲa] *f* **-1.** [habilidade] skill. **-2.** [esperteza] shrewdness. **-3.** *fam* [choro, birra] tantrum; **fazer ~** to throw a tantrum.
manhã [mã'ɲã] (*pl* **-s**) *f* morning; **amanhã de ~** tomorrow morning; **de** *OU* **pela ~** in the morning; **hoje de ~** this morning; **seis horas da ~** six o'clock in the morning.
manhãzinha [maɲã'ziɲa] *f*: **de ~** early in the morning.
manhoso, osa [ma'ɲozu, ɔza] *adj* **-1.** [esperto] sly. **-2.** [chorão, birrento] whingeing.
mania [ma'nia] *f* **-1.** *PSIC* mania. **-2.** [gosto exagerado] obsession; **~ de algo** obsession with sthg. **-3.** [hábito] habit; **ter ~ de fazer algo** to have a habit of doing sthg. **-4.** [mau hábito] bad habit. **-5.** [peculiaridade, excentricidade] quirk.
maníaco, ca [ma'niaku, ka] ◇ *adj* **-1.** *PSIC* maniacal. **-2.** [fanático]: **ser ~ por algo** to be

manic about sthg. <> *m, f* PSIC maniac.
manicômio [mani'komju] *m* lunatic asylum.
manicure [mani'kuri] *f* manicure.
manifestação [manifeʃta'sãw] (*pl* **-ões**) *f* **-1.** [ger] manifestation. **-2.** [expressão] display.
manifestadamente [manifeʃtada'mẽntʃi] *adv* quite clearly.
manifestante [manifeʃ'tãntʃi] *mf* demonstrator.
manifestar [manifeʃ'ta(x)] *vt* **-1.** [exprimir] to express. **-2.** [revelar] to display.
◆ **manifestar-se** *vp* **-1.** [revelar-se] to reveal o.s. **-2.** [pronunciar-se]: **~-se (sobre/a favor de/contra algo)** to express an opinion (on/in favour of/against sthg).
manifesto, ta [mani'fɛʃtu, ta] *adj* manifest.
◆ **manifesto** *m* manifesto.
manipulação [manipula'sãw] *f* **-1.** [com as mãos] handling. **-2.** [ger] manipulation. **-3.** FARM preparation.
manipular [manipu'la(x)] *vt* **-1.** [ger] to manipulate. **-2.** [com as mãos] to handle. **-3.** FARM to prepare.
maniqueísmo [manike'iʒmu] *m* Manicheism.
manivela [mani'vɛla] *f* crank.
manjado, da [mã'ʒadu, da] *adj* **fam** well-known.
manjar [mã'ʒa(x)] <> *m* [iguaria] delicacy. <> *vt* **fam** **-1.** [compreender] to grasp. **-2.** [observar] to watch. <> *vi* [conhecer]: **~ de algo** to know about sthg.
manjedoura [mãnʒe'dora] *f* manger.
manjericão [mãnʒeri'kãw] *m* basil.
mano, na ['manu, na] *m,f* **fam** **-1.** [irmão] brother (sister). **-2.** **fam** [camarada, amigo] buddy.
manobra [ma'nɔbra] *f* **-1.** [ger] manoeuvre *UK*, maneuver *US*. **-2.** **fig** [manipulação] manipulation.
manobrar [mano'bra(x)] <> *vt* **-1.** [manejar] to manoeuvre *UK*, to maneuver *US*. **-2.** [dirigir] to direct. **-3.** **fig** [manipular] to manipulate. <> *vi* MIL to manoeuvre *UK*, to maneuver *US*.
manobrista [mano'briʃta] *mf* **-1.** [de carro] valet *UK*, car jockey *US*. **-2.** [de trem] shunter.
mansão [mãn'sãw] (*pl* **-ões**) *f* mansion.
mansidão [mãnsi'dãw] *f* **-1.** [brandura] gentleness; **ele falava com ~** he spoke gently. **-2.** [tranqüilidade] calmness.
mansinho, nha [mã'siɲu, ɲa] *adj* [diminutivo de manso] gentle.
◆ **de mansinho** *loc adv* **-1.** [de leve] gently. **-2.** [sorrateiramente]: **entrar/sair de ~** to creep in/out.
manso, sa ['mãsu, sa] *adj* **-1.** [brando] gentle. **-2.** [tranqüilo] calm. **-3.** [domesticado] tame.
mansões [man'sõjʃ] *pl* ▷ **mansão**.
manta ['mãnta] *f* **-1.** [cobertor] blanket. **-2.** [xale] shawl. **-3.** [de carne seca] cut.
manteiga [mãn'tejga] *f* butter; **~ de cacau** cocoa butter.
manter [mãn'te(x)] *vt* **-1.** [ger] to keep. **-2.** [em bom estado - máquina] to service; [- casa, saúde] to keep. **-3.** [família] to support. **-4.** [opinião, posição] to hold. **-5.** [relações] to maintain; **~ boas relações com alguém** to maintain a good relationship with sb.
◆ **manter-se** *vp* **-1.** [sustentar-se] to support o.s. **-2.** [permanecer] to remain; **~-se a par de algo** to keep abreast of sthg.
mantimentos [mãntʃi'mẽntuʃ] *m* provisions *(pl)*.
manto ['mãntu] *m* **-1.** [vestimenta] cloak. **-2.** [de reis] robe. **-3.** **fig** [simulação] smokescreen.
manual [ma'nwaw] (*pl* **-ais**) <> *adj* manual. <> *m* manual.
manufatura [manufa'tura] *f* [fabricação] manufacture.
manufaturar [manufatu'ra(x)] *vt* to manufacture.
manuscrito, ta [manuʃ'kritu] *adj* handwritten.
◆ **manuscrito** *m* manuscript.
manusear [manu'zea(x)] *vt* **-1.** [manejar] to handle. **-2.** [folhear] to thumb.
manutenção [manutẽn'sãw] *f* **-1.** [ger] maintenance. **-2.** [da casa] upkeep. **-3.** [da família] support.
mão ['mãw] (*pl* **mãos**) *f* **-1.** [ger] hand; **à ~** [perto] at hand; [com a mão] by hand; **feito à ~** handmade; **à ~ armada** armed; **de ~s dadas** hand in hand; **de segunda ~** second-hand; **entregar algo em ~s** to deliver sthg by hand; **ter algo em ~** to have sthg to hand. **-2.** [no trânsito]: **esta rua dá ~ para a praia** this street takes you to the beach; **~ dupla** two-way; **~ única** one-way. **-3.** [de tinta] coat. **-4.** [habilidade]: **ter uma ~ boa para algo** to be good at sthg. **-5.** [poder, controle]: **estar nas ~s de alguém** to be in sb's hands; **estar em boas ~s** to be in good hands. **-6.** *loc*: **abrir ~ de algo** to give sthg up; **ficar na ~** to be duped; **lançar ~ de algo** to make use of sthg; **pedir a ~ de alguém (em casamento)** to ask for sb's hand (in marriage); **pôr a ~ no fogo por alguém** to stand up for sb; **de ~ beijada** buckshee; **dar uma ~ a alguém** to give sb a hand; **preciso de uma ~** I need a hand.
mão-aberta [ˌmãwa'bɛxta] (*pl* **mãos-abertas**) *adj* generous.
mão-de-obra [mãw'dʒjɔbra] (*pl* **mãos-de-obra**) *f* **-1.** [trabalho, custo] labour *UK*, labor *US*; **ser uma ~** **fig** to be hard work. **-2.** [trabalhadores] workforce.
mapa ['mapa] *m* map; **sumir do ~** **fam fig** to disappear off the face of the earth.
mapa-múndi [ˌmapa'mũndʒi] (*pl* **mapas-múndi**) *m* world map.

maquete [ma'kɛtʃi] *f* model.

maquiado, da [ma'kjadu, da] *adj* [com maquiagem] made-up.

maquiador, ra [makja'do(x), ra], **maquilador, ra** [makila'do(x), ra] *m, f* make-up artist.

maquiagem [ma'kjaʒẽ] (*pl* **-ns**) *f* **-1.** [ger] make-up; **ele se encarregou da ~** he was in charge of make-up. **-2.** [disfarce]: **~ financeira** financial cover-up.

maquiar [ma'kjax] *vt* **-1.** [pintar] to make up. **-2.** *fig* [mascarar] to cover up.
◆ **maquiar-se** *vp* [pintar-se] to put on one's make-up.

maquiavélico, ca [makja'vɛliku, ka] *adj* Machiavellian.

maquilador, ra [makila'do(x), ra] *m, f* = **maquiador**.

maquilagem [maki'laʒẽ] *f* = **maquiagem**.

máquina ['makina] *f* **-1.** [ger] machine; **bater** *OU* **escrever à ~** to type; **feito à ~** machine-made; **~ de calcular** calculator; **~ de costura** sewing machine; **~ de escrever** typewriter; **~ fotográfica** camera; **~ de lavar (roupa)** washing machine. **-2.** [locomotora] engine; **~ a vapor** steam engine. **-3.** *fig* [de estado, partido *etc.*] machinery.

maquinação [makina'sãw] (*pl* **-ões**) *f* machination.

maquinar [maki'na(x)] ◇ *vt* to plot. ◇ *vi*: **~ contra alguém/algo** to plot against sb/sthg.

maquinária [maki'narja], **maquinaria** [makina'ria] *f* [máquinas] machinery.

maquinário [maki'narju] *m* = **maquinária**.

maquinista [maki'niʃta] *mf* **-1.** *FERRO* engine driver. **-2.** *TEATRO* stagehand.

mar ['ma(x)] (*pl* **-es**) *m* sea; **~ aberto** open sea; **por ~** by sea; **~ Morto** Dead Sea; **~ Negro** Black Sea; **~ do Norte** North Sea; **~ de rosas** [mar calmo] calm sea; *fig* bed of roses; **nem tanto ao ~ nem tanto à terra** neither one way nor the other.

mar. (*abrev de* **março**) Mar.

maracujá [maraku'ʒa] *m* passion fruit.

maracutaia [maraku'taja] *f* dirty trick.

marajá [mara'ʒa] *m* **-1.** [título] maharaja. **-2.** *fig* [servidor] a person who has uses their position, not necessarily honestly, in order to become very rich.

Maranhão [mara'pãw] *n* Maranhão.

marasmo [ma'raʒmu] *m* **-1.** [desânimo] lethargy. **-2.** [estagnação] stagnation.

maratona [mara'tona] *m* marathon.

maravilha [mara'viʎa] *f* wonder; **às mil ~s** wonderfully; **ser uma ~** to be wonderful.

maravilhar [maravi'ʎa(x)] *vt* to astonish.
◆ **maravilhar-se** *vp*: **~-se (de algo)** to be amazed (at sthg).

maravilhoso, osa [maravi'ʎozu, ɔza] *adj* wonderful.

marca ['maxka] *f* **-1.** [ger] mark. **-2.** [*COM* - de carro] make; [- de café, queijo] brand; **~ registrada** registered trademark. **-3.** [de prata] hallmark.
◆ **de marca maior** *loc adj pej* of the first order.

marcação [maxka'sãw] (*pl* **-ões**) *f* **-1.** [ato de marcar - enxoval] marking; [- gado] branding. **-2.** *ESP* marking. **-3.** [perseguição, vigilância] scrutiny; **estar de ~ com alguém** to pick on sb.

marcado, da [max'kadu, da] *adj* **-1.** [assinalado - roupa, texto] marked; [- gado] branded. **-2.** [reservado] booked. **-3.** [com marca, mancha] marked. **-4.** [pessoa - traumatizada] marked; [- em evidência] watched.

marcador [maxka'do(x)] *m* **-1.** [de livro] bookmark. **-2.** [*ESP* - quadro] scoreboard; [- jogador] scorer.

marcante [max'kãntʃi] *adj* marked.

marcapasso [maxka'pasu] *m MED* pacemaker.

marcar [max'ka(x)] *vt* **-1.** [ger] to mark; **~ época** to make history. **-2.** [pôr marca em - livro, roupa] to mark; [- animal] to brand. **-3.** [data, hora, prazo] to fix; **~ o tempo de algo** to time sthg. **-4.** [almoço, encontro] to arrange; **~ uma consulta** to make an appointment. **-5.** [*ESP* - jogador] to mark; [- gol] to score. **-6.** [suj: relógio] to say. **-7.** [suj: termômetro] to show. **-8.** [demarcar] to demarcate.

marceneiro, ra [maxse'nejru, ra] *m, f* cabinet-maker.

marcha ['maxʃa] *f* **-1.** [ato] marching. **-2.** [passo] pace. **-3.** [ger] march. **-4.** *AUTO* gear; **~ à ré** reverse. **-5.** [*MÚS* - tradicional] march; **~ fúnebre** funeral march; [- popular] festive march. **-6.** *fig* [progressão] course.

marchar [max'ʃa(x)] *vi* **-1.** *MIL* to march. **-2.** [ir]: **~ para** to go to.

marchinha [max'ʃiɲa] *f MÚS a satirical song in double time, in the main performed during carnival.*

marcial [max'sjaw] (*pl* **-ais**) *adj* martial; **corte ~** court martial.

marco ['maxku] *m* **-1.** [ger] landmark. **-2.** [moeda] mark. **-3.** [da janela] frame.

março ['marsu] *m* March; *veja também* **setembro**.

maré [ma'rɛ] *f* **-1.** [do mar] tide; **~ alta/baixa** high/low tide; **remar contra a ~** *fig* to swim against the tide. **-2.** *fig* [ocasião] spell. **-3.** *fig* [tendência] tendency. **-4.** *fig* [multidão] sea.

marechal [mare'ʃaw] (*pl* **-ais**) *m* marshal.

maré-cheia [ma,rɛ'ʃeja] (*pl* **marés-cheias**) *f* high tide.

maremoto [mare'mɔtu] *m* tidal wave.

maresia [mare'zia] *f* sea air.
marfim [max'fĩ] *m* ivory; **de** ~ ivory *(antes de subst).*
margarida [maxga'rida] *f* BOT daisy.
margarina [maxga'rina] *f* margarine.
margem ['maxʒẽ] (*pl* **-ns**) *f* **-1.** [ger] margin; ~ **de lucro** profit margin. **-2.** [beira - de estrada, lago] edge; **à** ~ **de** alongside; [- de rio] bank; [- litoral] shore. **-3.** [latitude] room; ~ **de erro** margin of error; ~ **de segurança** safety margin. **-4.** [limites] edge; **à** ~ **da sociedade/lei** on the fringes of society/the law. **-5.** [ocasião]: **dar** ~ **a alguém para fazer algo** to give sb the chance to do sthg.
marginal [maxʒi'naw] (*pl* **-ais**) ◇ *adj* **-1.** [pessoa] delinquent. **-2.** [nota] marginal. ◇ *mf* [pessoa] delinquent.
marginalidade [maxʒinali'dadʒi] *f* delinquency.
marginalizar [maxʒinali'za(x)] *vt* [excluir] to marginalize.
◆ **marginalizar-se** *vp* [tornar-se fora-da-lei] to marginalize o.s.
maria-fumaça [ma,riafu'masa] (*pl* **marias-fumaças**) *m* & *f* steam train.
maria-sem-vergonha [ma,riasẽnvex'goɲa] (*pl* **marias-sem-vergonha**) *f* BOT busy lizzie.
marido [ma'ridu] *m* husband.
marimbondo [marĩn'bõndu] *m* hornet.
marina [ma'rina] *f* marina.
marinha [ma'riɲa] *f* ▷ **marinho**.
marinheiro, ra [mari'ɲejru, ra] ◇ *adj* sailor's *(antes de subst).* ◇ *m, f* sailor; ~ **de primeira viagem** *fig* greenhorn.
marinho, nha [ma'riɲu, ɲa] *adj* [do mar] marine.
◆ **marinho** ◇ *adj inv* [cor] navy. ◇ *m* [cor] navy blue.
◆ **marinha** *f* **-1.** [força] navy; **marinha (de guerra)** navy; **marinha mercante** merchant navy. **-2.** [pintura] seascape.
marionete [marjo'nɛtʃi] *f* puppet.
mariposa [mari'poza] *f* moth.
marisco [ma'riʃku] *m* shellfish.
marital [mari'taw] (*pl* **-ais**) *adj* marital.
marítimo, ma [ma'ritʃimu, ma] *adj* maritime.
marketing ['maxketʃĩŋ] *m* marketing.
marmanjo [max'mãnʒu] *m* grown man.
marmelada [maxme'lada] *f* **-1.** [doce] quince jam. **-2.** *fam* [mamata] racket.
marmelo [max'mɛlu] *m* quince.
marmita [max'mita] *f* **-1.** [recipiente] casserole. **-2.** [refeição] packed lunch.
mármore ['maxmori] *m* marble.
marmóreo, rea [max'mɔriu, ria] *adj* marble.
marola [ma'rɔla] *f* small wave.
marquês, quesa [max'keʃ, eza] (*mpl* **-eses**, *fpl* **-esas**) *m, f* marquis (*f* marchioness).
marquise [max'kizi] *f* canopy.
marra ['maxa] *f*: **obedeceu na** ~ he obeyed under pressure; **invadiram na** ~ they invaded in strength.
marreco [ma'xɛku] *m* wigeon.
Marrocos [ma'xɔkuʃ] *n* Morocco.
marrom [ma'xõ] (*pl* **-ns**) ◇ *adj* brown. ◇ *m* brown.
marroquino, na [maxo'kinu, na] ◇ *adj* Moroccan. ◇ *m, f* Morroccan.
Marte ['maxtʃi] *m* Mars.
martelar [maxte'la(x)] ◇ *vt* **-1.** [com martelo] to hammer. **-2.** [afligir] to bother. **-3.** [repetir] to repeat. ◇ *vi* [dar marteladas] to hammer.
martelo [max'tɛlu] *m* hammer.
mártir ['maxti(x)] (*pl* **-es**) *mf* martyr.
martírio [max'tʃirju] *m* **-1.** [suplício] martyrdom. **-2.** *fig* [tormento] torment; **ser um** ~ to be a torment.
martirizar [maxtʃiri'za(x)] *vt* **-1.** [torturar] to torture. **-2.** *fig* [atormentar] to torment.
◆ **martirizar-se** *vp* [atormentar-se] to agonize.
marujo [ma'ruʒu] *m* sailor.
marulho [ma'ruʎu] *m* **-1.** [do mar] surge. **-2.** [das ondas] lapping.
marxismo [max'ksiʒmu] *m* Marxism.
marzipã [maxzi'pã] *m* marzipan.
mas [ma(j)ʃ] ◇ *conj* but; ~ **que decepção!** how disappointing! ◇ *cont* = **me + as**.
◆ **mas também** *loc conj* but also; **não só ...** ~ **também** not only ... but also.
mascar [maʃ'ka(x)] ◇ *vt* to chew. ◇ *vi* to chew.
máscara ['maʃkara] *f* **-1.** [ger] mask; **baile de** ~**s** masked ball; ~ **de oxigênio** oxygen mask; ~ **(de beleza)** face mask. **-2.** [fachada] disguise; **tirar a** ~ **de alguém** to unmask sb.
mascarado, da [maʃka'radu, da] *adj* [fantasiado] masked.
mascarar [maʃka'ra(x)] *vt* to mask.
mascavo [maʃ'kavu] *adj* ▷ **açúcar**.
mascote [maʃ'kɔtʃi] *f* mascot.
masculinidade [maʃkulini'dadʒi] *f* masculinity.
masculinizar [maʃkulini'za(x)] *vt* to masculinize.
masculino, na [maʃku'linu, na] *adj* **-1.** [sexo, população] male. **-2.** [modos, voz]: **esta foi uma reação tipicamente masculina** that was a typically male response. **-3.** GRAM masculine.
másculo, la ['maʃkulu, la] *adj* [viril] manly.
masmorra [maʒ'moxa] *f* **-1.** [calabouço] dungeon. **-2.** *fig* [aposento] hole.
masoquista [mazo'kiʃta] ◇ *adj* masochistic. ◇ *mf* masochist.
massa ['masa] *f* **-1.** [ger] mass. **-2.** [culinária - de pão] dough; [- de bolo] mixture; [- de torta, em-

pada] pastry; [- de tomate] paste. **-3.** [macarrão] pasta. **-4.** [grande quantidade]: **uma ~ de** a mass of.

◆ **massas** *fpl*: **as ~s** the masses.

◆ **em massa** *loc adv* en masse.

massa-corrida [ˈmasakoˈxida] (*pl* **-s**) *f plaster skim applied before painting.*

massacrar [masaˈkra(x)] *vt* **-1.** [ger] to massacre. **-2.** [oprimir] to oppress. **-3.** *fig* [torturar] to torture.

massacre [maˈsakri] *m* massacre.

massagear [masaˈʒea(x)] ◇ *vt* to massage. ◇ *vi* to do massage.

massagem [maˈsaʒẽ] (*pl* **-ns**) *f* massage.

massagista [masaˈʒiʃta] *mf* masseur (*f* masseuse).

massificar [masifiˈka(x)] *vt* **-1.** [ensino universitário] to popularize. **-2.** [povo] to sell to the masses.

massudo, da [maˈsudu, da] *adj* **-1.** [pão, torta] heavy. **-2.** [documentação, livro] bulky.

mastigar [maʃtʃiˈga(x)] ◇ *vt* [triturar] to chew. ◇ *vi* [triturar] to chew.

mastro [ˈmaʃtru] *m* **-1.** NÁUT mast. **-2.** [para bandeira] flagpole.

masturbar [maʃtuxˈba(x)] *vt* to masturbate.

◆ **masturbar-se** *vp* to masturbate.

mata [ˈmata] *f* forest; **~ virgem** virgin forest.

mata-baratas [matabaˈrataʃ] *mpl* [inseticida] cockroach killer.

matadouro [mataˈdoru] *m* slaughterhouse.

matagal [mataˈgaw] (*pl* **-ais**) *m* **-1.** [terreno] bush. **-2.** [mata espessa] thicket.

mata-moscas [ˌmataˈmoʃkaʃ] *m (inv)* fly-swat.

matança [maˈtãnsa] *f* **-1.** [de pessoas] massacre. **-2.** [de animais] slaughter.

matar [maˈta(x)] ◇ *vt* **-1.** [ger] to kill. **-2.** [saciar - fome] to satisfy; [- sede] to quench; [- curiosidade] to quell. **-3.** [gazetear] to skip. **-4.** [executar mal] to do badly. **-5.** [decifrar] to guess. **-6.** [fazer desaparecer] to crush. ◇ *vi* [causar morte] to kill.

◆ **matar-se** *vp* **-1.** [suicidar-se] to kill o.s. **-2.** [cansar-se]: **~-se de algo/fazer algo** to kill o.s. with sthg/doing sthg.

◆ **de matar** *loc adj fig* [terrível] terrible; **dor de ~** excruciating pain; **ser de ~** to be terrible.

mate [ˈmatʃi] *m* [bebida] maté.

matelassê [matelaˈse] *adj* quilted.

matemático, ca [mateˈmatʃiku, ka] ◇ *adj* mathematical. ◇ *m, f* mathematician.

◆ **matemática** *f* [ciência] mathematics *(sg)*.

matéria [maˈtɛrja] *f* **-1.** [ger] matter. **-2.** [assunto] subject; **em ~ de política/esporte** in the area of politics/sports. **-3.** EDUC subject. **-4.** JORN article.

material [mateˈrjaw] (*pl* **-ais**) ◇ *adj* material. ◇ *m* **-1.** [substância] material. **-2.** [utensílios] materials *(pl)*; **~ de limpeza** cleaning products *(pl)*. **-3.** [bélico] armaments *(pl)*. **-4.** [informativo, didático] teaching material.

materialista [materjaˈliʃta] ◇ *adj* materialistic. ◇ *mf* materialist.

matéria-prima [maˌtɛrjaˈprima] (*pl* **matérias-primas**) *f* raw material.

maternal [matexˈnaw] (*pl* **-ais**) ◇ *adj* maternal. ◇ *m* EDUC nursery school.

maternidade [matexniˈdadʒi] *f* **-1.** [qualidade] motherhood. **-2.** [hospital] maternity hospital.

materno, na [maˈtɛxnu, na] *adj* **-1.** [ger] maternal. **-2.** [língua]: **língua ~** mother tongue.

matilha [maˈtʃiʎa] *f* [cães] pack.

matinal [matʃiˈnaw] (*pl* **-ais**) *adj* morning *(antes de subst)*.

matinê [matʃiˈne] *f* matinée.

matiz [maˈtʃiʒ] *m* **-1.** [tom] shade. **-2.** *fig* [traço] tinge.

matizar [matʃiˈza(x)] *vt* **-1.** [dar nuances a] to tinge. **-2.** [colorir] to colour *UK*, to color *US*.

mato [ˈmatu] *m* **-1.** [área] scrubland. **-2.** [plantas] weeds *(pl)*. **-3.** [roça] countryside. **-4.** *loc*: **estar num ~ sem cachorro** *fam* to be up the creek without a paddle.

matreiro, ra [maˈtrejru, ra] *adj fam* [astuto, ardiloso] crafty.

matriarcal [matrjaxˈkaw] (*pl* **-ais**) *adj* matriarchal.

matrícula [maˈtrikula] *f* **-1.** [inscrição] enrolment *UK*, enrollment *US*; **fazer (a) ~** to enrol *UK*, to enroll *US*; **qual é o seu número de ~** what's your registration number? **-2.** [taxa] fee.

matricular [matrikuˈla(x)] *vt*: **~ alguém (em algo)** to enrol sb (in sthg) *UK*, to enroll sb (in sthg) *US*.

◆ **matricular-se** *vp*: **~-se (em algo)** to enrol (in sthg) *UK*, to enroll (in sthg) *US*.

matrimonial [matrimoˈnjaw] (*pl* **-ais**) *adj* matrimonial.

matrimônio [matriˈmonju] *m* marriage.

matriz [maˈtriʃ] (*pl* **-es**) ◇ *adj* **-1.** [igreja, língua] mother *(antes de subst)*. **-2.** [idéia] original. ◇ *f* **-1.** [de empresa] head office. **-2.** [de igreja] mother church. **-3.** [molde] mould *UK*, mold *US*. **-4.** MAT matrix.

matrona [maˈtrona] *f pej* matron.

maturidade [maturiˈdadʒi] *f* maturity.

matuto, ta [maˈtutu, ta] *m, f* [pessoa da roça] country bumpkin.

mau, má [ˈmaw, ˈma] ◇ *adj* **-1.** *(antes de subst)* [ger] bad. **-2.** *(antes de subst)* [incapaz] poor. ◇ *m, f* **-1.** [pessoa] bad person. **-2.** [em filme etc.] baddy.

mau-caráter [ˌmawkaˈratex] (*pl* **maus-**

caráteres) <> *adj* disreputable. <> *mf* bad character.
mau-olhado [ˌmawoˈʎadu] (*pl* **maus-olhados**) *m* evil eye.
mausoléu [mawzoˈlɛu] *m* mausoleum.
maus-tratos [mawʃˈtratuʃ] *mpl* abuse.
maxilar [maksiˈla(x)] (*pl* **-es**) <> *m* jaw. <> *adj* maxillary.
máxima [ˈmasima] *f* ▷ **máximo**.
máximo, ma [ˈmasimu, ma] *adj* **-1.** [o maior possível] maximum. **-2.** [supremo] highest.
◆ **máximo** *m* [o mais alto grau] maximum; **ao ~** to the maximum; **no ~** at most; **ser o ~** [ser maravilhoso] to be the best.
◆ **máxima** *f* **-1.** [temperatura] maximum. **-2.** [sentença, princípio] maxim.
MB (*abrev de* **megabyte**) *m* MB.
MBA (*abrev de* **Master of Business Administration**) *m* MBA.
me [mi] *pron* [complemento direto] me; [complemento indireto] (to) me; [reflexo] myself; **eu nunca ~ engano** I'm never wrong; **eu ~ machuquei** I've hurt myself; **você já ~ contou essa história** you've already told me that story.
meado [ˈmjadu] *m*: **em ~s de setembro** in mid-September.
meandro [ˈmjãndru] *m* meander.
MEC (*abrev de* **Ministério da Educação e Cultura**) *m* Brazilian ministry of education and culture.
Meca [ˈmɛka] *n* Mecca.
mecânico, ca [meˈkãniku, ka] <> *adj* mechanical. <> *m, f* [profissional] mechanic.
◆ **mecânica** *f* **-1.** [ger] mechanics *(pl)*. **-2.** *fig* [mecanismo] workings *(pl)*.
mecanismo [mekaˈniʒmu] *m* mechanism; **~ de defesa** defence mechanism; **~ de busca** *COMPUT* search engine.
mecenas [meˈsenaʃ] *m inv* patron.
mecha [ˈmɛʃa] *f* [de cabelo] strand.
medalha [meˈdaʎa] *f* medal.
média [ˈmɛdʒja] *f* ▷ **médio**.
mediação [medʒjaˈsãw] *f* mediation.
mediador, ra [medʒjaˈdo(x), ra] *m, f* mediator.
mediano, na [meˈdʒjãnu, na] *adj* **-1.** [ger] average. **-2.** [linha] median.
mediante [meˈdʒjãntʃi] *prep* **-1.** [por meio de] through; **~ ajuda de** with the help of; **~ a graça de Deus** by the grace of God. **-2.** [a troco de] in exchange for.
mediar [meˈdʒja(x)] <> *vt* [intervir em] to mediate; **~ um debate** to chair a debate. <> *vi* [intervir] to mediate.
medicamento [medʒikaˈmẽntu] *m* medicine.
medicar [medʒiˈka(x)] *vt* to medicate.
◆ **medicar-se** *vp* to take medicine.
medicina [medʒiˈsina] *f* medicine.
medicinal [medʒisiˈnaw] (*pl* **-ais**) *adj* medicinal.
médico, ca [ˈmɛdʒiku, ka] <> *adj* medical. <> *m, f* doctor; **~ de família** family doctor, GP, general expert.
médico-hospitalar [ˌmɛdʒikwoʃpitaˈla(x)] (*pl* **médico-hospitalares**) *adj* hospital and medical *(antes de subst)*.
médico-legista, médica-legista [ˌmedʒikuleˈʒiʃta] (*mpl* **médicos-legistas**, *fpl* **médicas-legistas**) *m, f* forensic expert.
medida [meˈdʒida] *f* **-1.** [ger] measurement. **-2.** [tamanho] size; **feito sob ~** made to measure. **-3.** [grau] degree; **na ~ do possível** as far as possible. **-4.** [providência] measure; **~ provisória** *JUR* emergency measure; **~ de segurança** safety measure.
◆ **à medida que** *loc conj* as.
medieval [medʒjeˈvaw] (*pl* **-ais**) *adj* medieval.
médio, dia [ˈmɛdʒju, dja] *adj* **-1.** [entre dois pontos - ger] middle; [- tamanho] medium. **-2.** [resultado de cálculo] average. **-3.** [ensino] secondary.
◆ **média** *f* **-1.** *MAT* average; **em ~** on average. **-2.** *EDUC* secondary school. **-3.** [café com leite] white coffee.
medíocre [meˈdʒiwkri] <> *adj* mediocre. <> *mf* mediocrity.
mediocridade [medʒiwkriˈdadʒi] *f* mediocrity.
medir [meˈdʒi(x)] *vt* **-1.** [ger] to measure. **-2.** [considerar, avaliar] to evaluate. **-3.** [moderar] to measure; **meça suas palavras!** watch what you say!
meditação [medʒitaˈsãw] (*pl* **-ões**) *f* meditation.
meditar [meˈdʒita(x)] *vi* to meditate.
meditativo, va [medʒitaˈtʃivu, va] *adj* meditative.
mediterrâneo, nea [medʒiteˈxãnju, nja] *adj* Mediterranean.
◆ **Mediterrâneo** *n*: **o (mar) ~** the Mediterranean (Sea).
médium [ˈmɛdʒjũ] (*pl* **-ns**) [espirit] *mf* medium.
mediúnico, ca [meˈdʒjuniku, ka] *adj* of a medium *(depois de subst)*.
mediunidade [medʒjuniˈdadʒi] *f* spiritualism.
medo [ˈmedu] *m* **-1.** [pavor] fear; **estar com** *ou* **ter ~ (de)** to be afraid (of); **morrer de ~** to be frightened to death. **-2.** [receio]: **com ~ de/que** for fear of/that.
medroso, osa [medrozu, ɔza] <> *adj* [temeroso] scared. <> *m, f* coward.
medula [meˈdula] *f ANAT* marrow, medulla; **~ óssea** bone marrow.
megabyte [mɛgaˈbajtʃi] *m COMPUT* megabyte.
megafone [mɛgaˈfoni] *m* megaphone.
megalomaníaco, ca [megalomaˈnjaku, ka] <>

adj megalomaniac. <> *m, f* megalomaniac.

megapixel [mɛga'piksewl] *m* COMPUT megapixel.

megera [me'ʒɛra] *f* shrew.

meia ['meja] *f* ▷ **meio.**

meia-calça [,meja'kawsa] (*pl* **meias-calças**) *f* tights (*pl*) *UK*, pantyhose (*pl*) *US*.

meia-entrada [,mejaẽn'trada] (*pl* **meias-entradas**) *f* half-price ticket.

meia-idade [,mejej'dadʒi] (*pl* **meias-idades**) *f* middle age.

meia-lua [,meja'lua] *f* **-1.** ASTRO half moon. **-2.** [semicírculo] semicircle.

meia-luz [,meja'luʃ] (*pl* **meias-luzes**) *f* half light; **à ~** in the gloom.

meia-noite [,meja'nojtʃi] (*pl* **meias-noites**) *f* midnight; **à ~** at midnight.

meigo, ga ['mejgu, ga] *adj* gentle.

meio, meia ['meju, 'meja] *adj* half; **a ~ caminho** halfway; **meia dúzia** half a dozen; **meia hora** half an hour; **~ quilo** half a kilo; **são três e meia** it's half past three.

◆ **meio** <> *adv* half-. <> *m* **-1.** [metade] half; **~ a ~** fifty-fifty. **-2.** [centro] middle; **o filho do ~** the middle son. **-3.** [ambiente - social, profissional] circle; [- físico] milieu; **~ ambiente** environment. **-4.** [modo] way; **por ~ de** through, by means of.

◆ **meios** *mpl* [recursos] means; **os ~s de comunicação** the media; **~s de transporte** means of transport.

◆ **meia** <> *num* six. <> *f* **-1.** [meia - de seda] stocking; [- soquete] sock. **-2.** [entrada] half-price ticket.

meio-dia [,meju'dʒia] (*pl* **meios-dias**) *m* midday; **ao ~** at midday.

meio-fio [,mejo'fiw] (*pl* **meios-fios**) *m* kerb *UK*, curb *US*.

meio-tempo [,meju'tẽnpu] (*pl* **meios-tempos**) *m* [ínterim]: **nesse ~** meanwhile.

meio-tom [,meju'tõ] (*pl* **meios-tons**) *m* **-1.** MÚS semitone. **-2.** [de cor] half-tone.

mel ['mɛw] *m* honey.

melancia [melãn'sia] *f* watermelon.

melancolia [melãŋko'lia] *f* melancholy.

melancólico, ca [melãŋ'kɔliku, ka] *adj* melancholic.

melão [me'lãw] (*pl* **-ões**) *m* melon.

meleca [me'lɛka] *f* **-1.** *fam* [secreção] bogey; **ele está tirando ~ do nariz** he's picking his nose. **-2.** (*enfático*): **essa ~ dessa chuva** that damned rain.

melhor [me'ʎɔ(x)] (*pl* **-es**) <> *adj* **-1.** (*comparativo de bom*): **~ (do que)** better (than); **bem/muito ~** much better; **é ~ você ...** you had better ...; **quanto mais ~** the more the better. **-2.** (*superlativo de bom*): **o/a ~** the best. <> *adv* **-1.** (*comparativo de bem*): **~ (do que)** better (than); **estar ~** to be better. **-2.** (*superlativo de bem*) best. <> *m, f*: **o/a ~** the best; **levar a ~** to come off best.

◆ **ou melhor** *loc adv* or rather.

melhora [me'ʎɔra] *f* improvement; **estimo suas ~s** I hope you get better soon.

melhoramento [meʎora'mẽntu] *m* improvement.

melhorar [meʎo'ra(x)] <> *vt* to improve. <> *vi* to improve; **~ de algo** to improve in sthg; **~ de vida** to get on in life.

melhoria [meʎo'ria] *f* improvement.

melindrar [melĩn'dra(x)] *vt* to offend.

melodia [melo'dʒia] *f* melody.

melódico, ca [me'lɔdʒiku, ka] *adj* melodic.

melodrama [melo'drama] *m* melodrama.

melodramático, ca [melodra'matʃiku, ka] *adj* melodramatic.

melões [me'lõjʃ] *pl* ▷ **melão.**

melro ['mɛwxu] *m* blackbird.

membro ['mẽnbru] *m* **-1.** [ANAT - braços, pernas] limb; [- pênis] (male) member, penis. **-2.** [parte] member.

memorando [memo'rãndu] *m* **-1.** [comunicação] memo. **-2.** [nota diplomática] memorandum.

memorável [memo'ravew] (*pl* **-eis**) *adj* memorable.

memória [me'mɔrja] *f* **-1.** [ger] memory; **de ~** by heart; **ter ~ fraca** to have a poor memory; **vir à ~** to come to mind; **~ RAM/ROM** RAM/ROM memory. **-2.** [recordação] recollection; **em ~ de** in memory of.

◆ **memórias** *fpl* memoirs.

memorial [memo'rjaw] (*pl* **-ais**) *m* memorial.

memorização ['memori'zasãw] (*pl* **-ões**) *f* memorizing.

memorizar [memori'za(x)] *vt* to memorize.

menção [mẽn'sãw] (*pl* **-ões**) *f* **-1.** [referência] mention; **fazer ~ a algo** to make mention of sthg. **-2.** [intento]: **fazer ~ de se levantar** to make as if to get up. **-3.** [distinção]: **~ honrosa** distinction.

mencionar [mẽnsjo'na(x)] *vt* to mention; **(isso) sem mencionar ...** not to mention ...

mendicância [mẽndʒi'kãnsja] *f* begging.

mendigar [mẽndʒi'ga(x)] <> *vt* **-1.** [esmola] to beg for. **-2.** [ajuda, favor] to beg. <> *vi* [pedir esmola] to beg.

mendigo, ga [mẽn'dʒigu, ga] *m, f* beggar.

menina [me'nina] *f* ▷ **menino.**

meninada [meni'nada] *f* kids (*pl*).

meningite [menĩn'ʒitʃi] *f* meningitis.

meninice [meni'nisi] *f* **-1.** [período] childhood. **-2.** [criancice] childishness.

menino, na [me'ninu, na] <> *adj* young. <> *m, f* **-1.** [criança] child; **nasceu um ~** a boy was born; **~ de rua** street child. **-2.** [jovem] youngster. **-3.** [como forma de tratamento] boy.

◆ **menina** *f*: **ser a menina dos olhos de alguém** to be the apple of sb's eye.

menopausa [meno'pawza] *f* menopause.

menor [me'nɔ(x)] (*pl* **-es**) ◇ *adj* **-1.** *(comparativo)*: **~ (do que)** [de tamanho] smaller (than); [de idade] younger (than); [de importância, número] less (than). **-2.** *(superlativo)*: **o/a ~ ...** [ger] the least; [de tamanho] the smallest. **-3.** [jovem]: **ser ~ (de idade)** [para dirigir, votar] to be under age; JUR to be a minor, to be under age. **-4.** *(antes de subst)* [noção, paciência] slightest. ◇ *mf* **-1.** *(superlativo)*: **o/a ~** [de tamanho] the smallest; [de idade] the youngest; **proibido para ~es** prohibited to under 18s. **-2.** [jovem] young person. **-3.** JUR minor.

menoridade [menori'dadʒi] *f* minority.

menos ['menuʃ] ◇ *adv* **-1.** [em comparações] less; **a Ana é ~ inteligente** Ana is less intelligent; **~ do que** less than; **~ ... do que** ... less ...than ...; **tenho ~ trabalho do que ele** I have less work than him; **tenho um livro a ~** I'm one book short; **deram-me 5 reais a ~** they gave me 5 reals too little, they short-changed me by 5 reals. **-2.** [como superlativo]: **o/a ~ ...** the least ...; **o ~ caro/interessante** the least expensive/interesting. **-3.** [em locuções]: **a ~ que** unless; **ao ~, pelo ~** at least; **isso é o de ~** that's the least of it; **pouco ~ de** just under. ◇ *adj inv* **-1.** [em comparações] less, fewer *pl*; **como ~ carne** I eat less meat; **eles têm ~ posses** they have fewer possessions; **está ~ frio do que ontem** it's less cold than it was yesterday; **~ ... do que** less ... than, fewer ... than *pl*. **-2.** [como superlativo] (the) least, (the) fewest *pl*; **as que ~ bolos comeram** those who ate (the) fewest cakes; **os que ~ dinheiro têm** those who have (the) least money. ◇ *prep* **-1.** [exceto] except (for); **todos gostaram ~ ele** they all liked it except (for) him; **tudo ~ isso** anything but that. **-2.** [indica subtração] minus; **três ~ dois é igual a um** three minus two equals one.

menosprezado, da [menoʃpre'zadu, da] *adj* underestimated.

menosprezar [menoʃpre'za(x)] *vt* to disdain.

menosprezo [menoʃ'prezu] *m*: **~ (por)** disdain (for).

mensageiro, ra [mẽsa'ʒejru, ra] *m, f* messenger.

mensagem [mẽnsa'ʒẽ] (*pl* **-ns**) *f* message; **~ de texto** text message.

mensal [mẽn'saw] (*pl* **-ais**) *adj* monthly; **ganho 1.000 reais mensais** I earn 1,000 reals a month.

mensalidade [mẽnsali'dadʒi] *f* monthly payment.

mensalmente [mẽnsaw'mẽntʃi] *adv* monthly.

menstruação [mẽnʃtrwa'sãw] (*pl* **-ões**) *f* menstruation.

menstruada [mẽnʃ'trwada] *adj f*: **estar/ficar ~** to be menstruating.

menstrual [mẽnʃ'trwaw] (*pl* **-ais**) *adj* menstrual.

menstruar [mẽnʃ'trwa(x)] *vi* to menstruate.

mensurável [mẽnsu'ravew] (*pl* **-eis**) *adj* measurable.

menta ['mẽnta] *f* mint; **de ~** mint *(antes de subst)*.

mental [mẽn'taw] (*pl* **-ais**) *adj* mental.

mentalidade [mẽntali'dadʒi] *f* mentality.

mentalizar [mẽntali'za(x)] *vt* **-1.** [pensar em] to think. **-2.** [conceber] to imagine.

mente ['mẽntʃi] *f* mind; **ter algo em ~** to have sthg in mind.

mentecapto, ta [mẽnte'kaptu, ta] *m, f* insane, foolish.

mentir [mẽn'tʃi(x)] *vi* to lie.

mentira [mẽn'tʃira] *f* [falsidade] lie; **de ~** [como brincadeira] as a joke; [falso] fake; **~ deslavada** downright lie; **~!** [mostrando surpresa] you don't say!

mentiroso, osa [mẽntʃi'rozu, ɔza] ◇ *adj* **-1.** [ger] untruthful. **-2.** [jornalista, artigo] lying. ◇ *m, f* [pessoa] liar.

mentolado, da [mẽnto'ladu, da] *adj* mentholated.

mentor, ra [mẽn'to(x), ra] *m, f* [autor intelectual]: **o/a ~** the brains.

menu [me'nu] *m* menu.

meramente [mɛra'mẽntʃi] *adv* merely.

mercado [mex'kadu] *m* market; **~ negro** black market; **~ de trabalho** job market; **~ das pulgas** flea market.

◆ **Mercado Comum** *m* Common Market.

mercador [mexka'do(x)] *m* merchant.

mercadoria [mexkado'ria] *f* commodity.

◆ **mercadorias** *fpl* merchandise, goods *(pl)*.

mercante [mex'kãntʃi] *adj* merchant *(antes de subst)*.

mercantil [mexkãn'tʃiw] (*pl* **-is**) *adj* mercantile.

mercantilismo [mexkãntʃi'liʒmu] *m* mercantilism.

mercê [mex'se] *f*: **estar/ficar à ~ de alguém/algo** to be at the mercy of sb/sthg.

mercearia [mexsja'ria] *f* grocery shop.

mercenário, ria [mexse'narju, rja] ◇ *adj* mercenary. ◇ *m, f* mercenary.

Mercosul [mexko'suw] (*abrev de* **Mercado do Cone Sul**) *m South American common market*.

mercúrio [mex'kurju] *m* mercury; **~ cromo** merbromin, Mercurochrome®.

Mercúrio [mex'kurju] *m* Mercury.

merda ['mɛxda] *mfam* ◇ *f* **-1.** [ger] crap, shit; **ser/estar uma ~** to be crap; **mandar alguém à ~** to tell sb to bugger off. **-2.**

[excremento] shit. ◇ *interj*: **(que) ~!** what crap!

merecedor, ra [merese'do(x), ra] *adj*: **~ de** deserving of.

merecer [mere'se(x)] ◇ *vt* to deserve. ◇ *vi*: **ele ganhou o prêmio, mas não merecia** he won the prize but he didn't deserve to.

merecido, da [mere'sidu, da] *adj* deserved; **foi um castigo bem ~** it was a well deserved punishment.

merecimento [meresi'mẽntu] *m* [mérito, valor] merit.

merenda [me'rẽnda] *f* snack; **~ escolar** free school meal.

merendeira [merẽn'dejra] *f* [lancheira] snack box.

merengue [me'rẽŋgi] *m* meringue.

meretriz [mere'triʒ] *f* prostitute.

mergulhador, ra [mexguʎa'do(x), ra] (*mpl* **-es**, *fpl* **-s**) ◇ *adj* diving. ◇ *m, f* diver.

mergulhar [mexgu'ʎa(x)] ◇ *vt* [afundar]: **~ algo (em algo)** to dip sthg (in sthg). ◇ *vi* **-1.**: **~ (em algo)** [afundar] to dive (into sthg); [saltar] to spring (from sthg). **-2.**: **~ em algo** [penetrar] to plunge into sthg; *fig* [concentrar-se] to plunge o.s. in sthg.

mergulho [mex'guʎu] *m* **-1.** [ger] dive; **dar um ~** [na praia] to take a dip; [de trampolim] to spring. **-2.** *ESP* diving.

meridiano, na [meri'dʒjãnu, na] *adj* meridian.

◆ **meridiano** *m GEOGR* meridian.

meridional [meridʒjo'naw] (*pl* **-ais**) *adj* southern.

meritíssimo, ma [meri'tʃisimu, ma] *adj* highly deserving.

mérito ['mɛritu] *m* merit.

merluza [mex'luza] *f* hake.

mero, ra ['mɛru, ra] *adj* mere.

merreca [me'xɛka] *f*: **uma ~** a trifle; **custar/pagar uma ~** to cost/pay a trifle.

mês ['meʃ] (*pl* **meses**) *m*: **de ~ em ~** monthly.

mesa ['meza] *f* **-1.** [móvel] table; **pôr/tirar a ~** to lay/clear the table; **~ telefônica** switchboard. **-2.** [de uma assembléia etc.] board. **-3.** *loc*: **virar a ~** to turn the tables.

mesada [me'zada] *f* **-1.** [pagamento] monthly payment. **-2.** [de criança] pocket money *UK*, allowance *US*.

mesa-de-cabeceira [ˌmezadʒikabi'sejra] (*pl* **mesas-de-cabeceira**) *f* bedside table.

mesa-redonda [ˌmezaxe'dõnda] (*pl* **mesas-redondas**) *f* round table.

mescla ['mɛʃkla] *f* **-1.** [mistura] mixture. **-2.** [tecido] blend.

mesclar [meʃ'kla(x)] *vt* **-1.** [misturar]: **~ algo (com algo)** to mix sthg (with sthg). **-2.** [incorporar]: **~ algo a algo** to combine sthg with sthg.

mesmo, ma ['meʒmu, ma] ◇ *adj* **-1.** [ger] same; **o ~ batom** the same lipstick; **na mesma hora** [imediatamente] at once. **-2.** [próprio]: **eu ~ fiz isso** I made that myself; **ela mesma** herself; **eles mesmos** themselves. **-3.** [para enfatizar] very. ◇ *pron*: **o ~ /a mesma** the same.

◆ **mesma** ◇ *f*: **continuar na mesma** [não mudar] to be exactly the same. ◇ *m* [a mesma coisa]: **o mesma** the same; **dá na mesma** it's all the same.

◆ **mesmo** *adv* **-1.** [precisamente]: **agora/aqui ~** right now/here; **é assim ~** that's just the way it is; **por isso ~** for that very reason. **-2.** [realmente] really; **é ~?** really?; **só ~ você consegue fazer isso** only you can do it. **-3.** [até, ainda] even; **~ assim, assim ~** even so; **nem ~** not even.

◆ **mesmo que** *loc conj* even though.

mesquinhez [meʃki'ɲeʃ] *f* [] meanness.

mesquinho, nha [meʃ'kiɲu, ɲa] *adj* mean.

mesquita [meʃ'kita] *f* mosque.

messias [me'siaʃ] *m fig* messiah.

◆ **Messias** *m*: **o Messias** the Messiah.

mestiçagem [meʃtʃi'saʒẽ] (*pl* **-ns**) *f* **-1.** [cruzamento] cross-breeding. **-2.** [miscigenação] miscegenation.

mestiço, ça [meʃ'tʃisu, sa] ◇ *adj* mestizo. ◇ *m, f* mestizo.

mestra ['mɛʃtra] *f* ▷ **mestre**.

mestrando, da [meʃ'trãndu, da] *m student about to complete a master's degree*.

mestre, tra ['mɛʃtri, tra] ◇ *adj* **-1.** [extraordinário] fantastic. **-2.** [principal] master. ◇ *m, f* **-1.** [ger] master; **ser ~ em fazer algo** *irôn* to be a past master at doing sthg. **-2.** [fonte de ensinamento] teacher. **-3.** [músico] maestro.

mestre-de-cerimônias [ˌmɛʃtridʒiseri'monjaʃ] (*pl* **mestres-de-cerimônias**) *m* master of ceremonies.

mestre-de-obras [ˌmɛʃtri'dʒjɔbraʃ] (*pl* **mestres-de-obras**) *m* foreman.

mestre-sala [ˌmɛʃtri'sala] (*pl* **mestres-sala**) *m* [em escola de samba] *leader of samba group display during carnival*.

mesura [me'zura] *f* reverence.

meta ['mɛta] *f* **-1.** [objetivo] aim, goal. **-2.** [gol] goal. **-3.** [na corrida] finishing line.

metabolismo [metabo'liʒmu] *m* metabolism.

metade [me'tadʒi] *f* half; **~ das pessoas** half the people; **deixar pela ~** to leave halfway through; **na ~ do caminho** halfway.

metáfora [me'tafora] *f* metaphor.

metafórico, ca [meta'fɔriku, ka] *adj* metaphorical.

metal [me'taw] (*pl* **-ais**) *m* metal.

◆ **metais** *mpl MÚS* brass instruments.

metálico, ca [me'taliku, ka] *adj* metallic.
metalurgia [metalux'ʒia] *f* metallurgy.
metalúrgico, ca [meta'luxʒiku, ka] <> *adj* metallurgic. <> *m, f* [operário] metallurgist.
◆ **metalúrgica** *f* [oficina] foundry.
meteórico, ca [mete'ɔriku, ka] *adj* meteoric.
meteorito [metʃju'ritu] *m* meteorite.
meteoro [me'tjɔru] *m* meteor.
meteorologia [metʃjorolo'ʒia] *f* meteorology.
meteorológico, ca [metʃjoro'lɔʒiku, ka] *adj* meteorological.
meter [me'te(x)] *vt* **-1.** [ger] to put. **-2.** [enfiar]: ~ **algo em** *ou* **dentro de algo** to put sthg in/ inside sthg. **-3.** [inspirar]: **ele me mete pena** he makes me feel sorry for him; **ele é feio de ~ medo** he's so ugly it's frightening.
◆ **meter-se** *vp* **-1.** [ir, esconder-se] to hide. **-2.** [intrometer-se]: **~-se (em algo)** to stick one's nose (in sthg); **não se meta!** don't interfere! **-3.** [desafiar]: **~-se com alguém** to provoke sb. **-4.** [associar-se]: **~-se com alguém** to get mixed up with sb. **-5.** [fazer-se de]: **~-se a algo** to play at being sthg. **-6.** [aventurar-se]: **~-se a fazer algo** to start doing sthg.
meticuloso, osa [metʃiku'lozu, ɔza] *adj* meticulous.
metido, da [me'tʃidu, da] *adj* **-1.** [abelhudo] meddlesome, nosy. **-2.** [presumido]: ~ **(a besta)** full of o.s. **-3.** [cheio de intimidades] inquisitive. **-4.** [envolvido]: ~ **em algo** involved in sthg.
metodismo [meto'dʒiʒmu] *m* **-1.** *RELIG* Methodism. **-2.** [procedimento] method.
metodista [meto'dʒiʃta] *RELIG* <> *adj* Methodist. <> *mf* Methodist.
método ['mɛtodu] *m* method.
metodológico, ca [metodo'lɔʒiku, ka] *adj* methodological.
metonímia [meto'nimja] *f* metonymy.
metragem [me'traʒẽ] *f* **-1.** [medida] length in metres *UK ou* meters *US*. **-2.** *CINE*: **filme de curta/longa ~** short/feature-length film.
metralhadora [metraʎa'dora] *f* machine gun.
métrico, ca ['mɛtriku, ka] *adj* **-1.** [do metro] metric; **fita métrica** tape measure. **-2.** *LITER* metrical.
metro ['mɛtru] *m* metre *UK*, meter *US*; ~ **cúbico** cubic metre; ~ **quadrado** square metre.
metrô [me'tro] *m* underground *UK*, subway *US*.
metrópole [me'trɔpoli] *f* **-1.** [cidade principal] capital. **-2.** [cidade grande] metropolis. **-3.** [nação] mother country.
metropolitano, na [metropoli'tãnu, na] *adj* metropolitan.
meu, minha ['mew, 'miɲa] <> *adj* **-1.** [ger] my; **este é o ~ carro** this is my car; ~ **Deus!** my God!; **minha nossa!** oh me, oh my!, gosh! **-2.** [caro a mim] my; **como vai, ~ caro Affonso?** how are you, my dear Affonso?; ~ **irmão** *fam* [tratamento] my friend. <> *pron*: **o ~ /a minha** mine; **um amigo ~** a friend of mine; **os ~s** [a minha família] my family; **este jeito de andar é bem ~** this manner of walking is quite me.
mexer [me'ʃe(x)] <> *vt* **-1.** [ger] to move. **-2.** [misturar] to mix. <> *vi* **-1.** [mover] to move. **-2.**: ~ **em alguém/algo** [tocar] to touch sb/ sthg; [mudar de posição, remexer] to fiddle with sb/sthg. **-3.**: ~ **com alguém** [caçoar] to tease sb; [provocar] to provoke sb; [afetar] to affect sb. **-4.** [trabalhar]: ~ **com algo** to work with sthg.
◆ **mexer-se** *vp* **-1.** [mover-se] to move. **-2.** [agir] to move.
mexerica [meʃe'rika] *f* tangerine.
mexerico [meʃe'riku] *m* **-1.** [ato] gossip. **-2.** [intriga] intrigue.
mexicano, na [meʃi'kãnu, na] <> *adj* Mexican. <> *m,f* Mexican.
México ['mɛʃiku] *n* Mexico.
mexido, da [me'ʃidu, da] *adj* **-1.** [papéis] muddled. **-2.** [ovos] scrambled.
mexilhão [meʃi'ʎãw] (*pl* **-ões**) *m* mussel.
mg (*abrev de* **miligrama**) *m* mg.
MG (*abrev de* **Estado de Minas Gerais**) *n State of Minas Gerais*.
mi [mi] *m MÚS* E, mi.
miado ['mjadu] *m* miaow.
miar ['mja(x)] *vi* to mew.
miçanga [mi'sãŋga] *f* **-1.** [conta] glass bead. **-2.** [ornato] beads *(pl)*.
mico ['miku] *m ZOOL* capuchin monkey.
mico-leão [miku'ljãw] (*pl* **micos-leão**) *m ZOOL* golden lion tamarin.
micose [mi'kɔzi] *f* fungal infection, mycosis.
micro ['mikru] *m COMPUT* computer, PC.
micro- [mikru-] *prefixo* micro-.
micróbio [mi'krɔbju] *m* microbe.
microbiologia [mikrobjolo'ʒia] *f* microbiology.
microcomputador [mikrokõnputa'do(x)] *m* microcomputer.
microempresa [mikrowẽn'preza] *f* small business.
microfilme [mikro'fiwmi] *m* microfilm.
microfone [mikro'foni] *m* microphone.
microonda [mikro'õnda] *f* microwave.
◆ **microondas** *mpl* [forno] microwave oven *(sg)*.
microônibus [mikro'onibuʃ] *m inv* minibus.
microorganismo [mikrwoxga'niʒmu] *m* microorganism.
microprocessador [mikruprosesa'do(x)] *m* microprocessor.
mictório [mik'tɔrju] *m* urinal.

mídia [ˈmidʒja] *f* media.
migalha [miˈgaʎa] *f* [de pão, bolo] crumb.
◆ **migalhas** *fpl* [sobras] leftovers.
migrante [miˈgrãntʃi] ◇ *adj* **-1.** [pássaro] migratory. **-2.** [população] migrant. ◇ *mf* migrant.
migrar [miˈgra(x)] *vi* to migrate.
mijar [miˈʒa(x)] *vi fam* to pee.
mijo [ˈmiʒu] *m fam* pee.
mil [ˈmiw] *num* **-1.** [número] thousand; **três ~** three thousand. **-2.** [grande número] a thousand; *veja também* **seis.**
milagre [miˈlagri] *m* miracle; **por ~** miraculously.
milagroso, osa [milaˈgrozu, ɔza] *adj* miraculous.
milanesa [milaˈneza] *f*: **à ~** in breadcrumbs.
milênio [miˈlenju] *m* millennium.
milésimo, ma [miˈlɛzimu, ma] *num* thousandth; **a milésima parte** the thousandth part.
mil-folhas [miwˈfoʎaʃ] *f inv* millefeuille.
milha [ˈmiʎa] *f* mile; **~ marítima** nautical mile.
milhão [miˈʎãw] (*pl* **-ões**) *num* million; **três milhões** three million.
milhar [miˈʎa(x)] (*pl* **-es**) *m* thousand.
◆ **milhares** *mpl*: **~ es de pessoas** thousands of people.
milho [ˈmiʎu] *m* **-1.** [planta] maize *UK*, corn *US*. **-2.** [grão] corn; **~ de pipoca** popcorn.
milhões [miˈʎõjʃ] *pl* ▷ **milhão.**
milícia [miˈlisja] *f* militia.
miligrama [miliˈgrãma] *m* milligram.
mililitro [miliˈlitru] *m* millilitre *UK*, milliliter *US*.
milímetro [miˈlimetru] *m* millimetre *UK*, millimeter *US*.
milionário, ria [miljoˈnarju, rja] ◇ *adj* millionaire. ◇ *m, f* millionaire.
militância [miliˈtãnsja] *f* militancy.
militante [miliˈtãntʃi] ◇ *adj* militant. ◇ *mf* militant.
militar [miliˈta(x)] ◇ *adj* military. ◇ *mf* career soldier; **os ~ es** the military (*inv*). ◇ *vi* **-1.** [lutar]: **~ (por/contra)** to fight for/against. **-2.**: **~ em** *MIL* to serve in; *POL* to be active in.
mim [ˈmĩ] *pron* **-1.** [com preposição: complemento indireto] me; **ela comprou um presente para ~** she bought a present for me, she bought me a present; **ele fez o serviço por ~** he did the work for me; **a ~ ele não faria isto** he wouldn't do that to me; **falaram mal de ~** they spoke ill of me; **o que você tem contra ~?** what have you got against me?; **eles foram embora sem ~** they left without me; **para ~, este é o melhor quadro** [para expressar opinião] for me, this is the best painting; **por ~, você pode ficar aqui** [de minha parte] as far as I'm concerned, you can stay here. **-2.** [com preposição: reflexo] myself; **a ~, você não engana** you don't fool me; **comprei-o para ~ (mesmo** *OU* **próprio)** I bought it for myself; **preciso cuidar mais de ~** I need to look after myself a bit better; **de ~ para ~** [comigo mesmo] to myself.
mimado, da [miˈmadu, da] *adj* spoiled.
mimar [miˈma(x)] *vt* **-1.** [fazer todas as vontades de] to spoil. **-2.** [tratar com carinho] to pamper.
mimeografar [mimjograˈfa(x)] *vt* to mimeograph.
mimeógrafo [miˈmjɔgrafu] *m* mimeograph.
mímico, ca [ˈmimiku, ka] ◇ *adj* imitative. ◇ *m, f* **-1.** [pessoa] mimic. **-2.** [ator] mime artist.
◆ **mímica** *f* mime.
mimo [ˈmimu] *m* **-1.** [carinho] affection. **-2.** [pessoa ou coisa graciosa]: **ser um ~** to be a delight.
mimoso, osa [miˈmozu, ɔza] *adj* **-1.** [carinhoso] affectionate. **-2.** [gracioso] delightful. **-3.** [delicado] delicate.
mina [ˈmina] *f* **-1.** [ger] mine; **~ de carvão/ouro** coal/gold mine. **-2.** *fig*: **ser uma ~** [de lucros] to be a goldmine; [preciosidade] to be precious; **ser uma ~ de informações** to be a mine of information. **-3.** *fam* [garota] girl.
minar [miˈna(x)] ◇ *vt* **-1.** [pôr minas em] to mine. **-2.** [deteriorar, prejudicar] to undermine. ◇ *vi* [água]: **~ (de)** to stream (from).
mindinho [mĩnˈdʒiɲu] *m fam* pinky.
mineiro, ra [miˈnejru, ra] ◇ *adj* **-1.** [relativo a mina] mining. **-2.** [de Minas Gerais] from Minas Gerais. ◇ *m, f* **-1.** [operário] miner. **-2.** [de Minas Gerais] *person from Minas Gerais.*
mineração [mineraˈsãw] *f* **-1.** [exploração] mining. **-2.** [depuração] purifying.
minerador, ra [mineraˈdo(x),ra] ◇ *adj* mining (*antes de subst*). ◇ *m, f* miner.
◆ **mineradora** *f* mining company.
mineral [mineˈraw] (*pl* **-ais**) ◇ *adj* mineral. ◇ *m* mineral.
minério [miˈnɛrju] *m* ore.
mingau [mĩŋˈgaw] *m* **-1.** [papa] porridge. **-2.** *fig* [coisa mole] mush.
míngua [ˈmĩŋgwa] *f* lack; **estar à ~ de algo** to be short of sthg; **viver à ~ de algo** to live with a shortage of sthg.
minguado, da [mĩŋˈgwadu, da] *adj* **-1.** [escasso] scarce. **-2.** [pouco desenvolvido] flat.
minguante [mĩŋˈgwãntʃi] *m ASTRON* [moon] waning, last quarter.
minguar [mĩŋˈgwa(x)] ◇ *vt* [reduzir] to reduce. ◇ *vi* [escassear] to dwindle.
minha [ˈmiɲa] ▷ **meu.**

minhoca [mi'ɲɔka] *f* earthworm; **com ~s na cabeça** with strange ideas.
míni ['mini] <> *adj inv* mini. <> *m* [vestido] minidress. <> *f* [saia] miniskirt.
miniatura [minja'tura] *f* miniature; **em ~** in miniature.
mínima ['minima] *f* ⊳ **mínimo**.
minimizar [minimi'za(x)] *vt* **-1.** [tornar mínimo] to minimize. **-2.** [subestimar] to underestimate. **-3.** [fazer pouco caso de] to play down.
mínimo, ma ['minimu, ma] *adj* **-1.** [ger] minimal. **-2.** [muito pequeno] tiny. **-3.** [o menor possível] smallest. **-4.** *(antes de subst)* [nenhum] slightest.
◆ **mínimo** *m* [limite] least; **no ~** at least.
◆ **mínima** *f* **-1.** METEOR minimum (temperature). **-2.** MÚS minim. **-3.** *loc*: **não dar a mínima (para alguém/algo)** not to have the least concern (for sb/sthg).
minissaia [ˌmini'saja] *f* miniskirt.
minissérie [ˌmini'sɛrji] *f* miniseries.
ministério [miniʃ'tɛrju] *m* **-1.** [ger] ministry; **Ministério da Fazenda** ≃ HM Treasury *UK*, ≃ the Treasury *US*; **Ministério Público** public prosecution; **Ministério das Relações Exteriores** ≃ Foreign (and Commonwealth) Office *UK*, ≃ State Department *US*; **Ministério do Trabalho** ≃ Department of Employment *UK*, ≃ Department of Labor *US*; **Ministério da Educação e Cultura** ≃ Department of Education; **Ministério dos Transportes** ≃ Department of Transport. **-2.** [gabinete] cabinet.
ministro, tra [mi'niʃtru, tra] *m, f* minister; **~ da Educação e Cultura** ≃ Secretary for Education; **~ dos Transportes** ≃ Secretary for Transport.
minoria [mino'ria] *f* minority.
minoritário, ria [minori'tarju, rja] *adj* minority *(antes de subst)*.
minúcia [mi'nusja] *f* **-1.** [detalhe] detail. **-2.** [coisa sem importância] minutiae *(pl)*.
minucioso, osa [minu'sjozu, ɔza] *adj* meticulous.
minúsculo, la [mi'nuʃkulu, la] *adj* **-1.** [tamanho] minuscule. **-2.** [letra] lower case *(antes de subst)*.
◆ **minúscula** *f* [letra] lower case.
minuta [mi'nuta] *f* **-1.** [rascunho] draft. **-2.** [prato] cooked to order.
minuto [mi'nutu] *m* minute; **um ~!** one minute!
miolo ['mjolu] *m* **-1.** [pão] crumb. **-2.** [fruta] pulp.
◆ **miolos** *mpl* **-1.** CULIN brains. **-2.** *fam* [cérebro] brains.
miopia [mju'pia] *f* myopia.
mira ['mira] *f* **-1.** [ger] aim. **-2.** [de arma] sight.
mirabolante [mirabo'lãntʃi] *adj* **-1.** [surpreendente] incredible. **-2.** [espalhafatoso] gaudy.
miraculoso, osa [miraku'lozu, ɔza] *adj* [espantoso] miraculous.
miragem [mi'raʒẽ] (*pl* **-ns**) *f* **-1.** [efeito ótico] mirage. **-2.** *fig* [ilusão] illusion.
mirante [mi'rãntʃi] *m* belvedere.
mirar [mi'ra(x)] <> *vt* **-1.** [fitar] to stare at. **-2.** [apontar para] to aim at. **-3.** [observar] to watch. <> *vi* [apontar]: **~ (em algo)** to aim (at sthg).
mirim [mi'rĩ] (*pl* **-ns**) *adj* little.
miscelânea [mise'lãnja] *f* **-1.** [coletânea] miscellany. **-2.** *fig* [mistura] assortment.
miscigenação [misiʒena'sãw] *f* interbreeding.
miserável [mize'ravɛw] (*pl* **-eis**) <> *adj* **-1.** [ger] miserable. **-2.** [sovina] miserly. **-3.** [vil] despicable. **-4.** [terrível] dreadful. <> *mf* **-1.** [infeliz] miserable person. **-2.** [pessoa pobre] poor wretch. **-3.** [pessoa vil] despicable person.
miseravelmente [mizeravew'mẽntʃi] *adv* **-1.** [desgraçadamente] wretchedly. **-2.** [pobremente] in misery.
miséria [mi'zɛrja] *f* **-1.** [desgraça] misery. **-2.** [pobreza] poverty. **-3.** [sovinice] meanness. **-4.** [ninharia]: **custar/ganhar uma ~** to cost/to earn a pittance.
misericórdia [mizeri'kɔrdʒja] *f*: **~ (de/com)** mercy (on/for).
misericordioso, osa [mizerikox'dʒjozu, ɔza] *adj* compassionate.
mísero, ra ['mizeru, ra] *adj fig* [escasso] miserly.
misógino, na [mi'zɔʒinu, na] <> *adj* misogynous. <> *m, f* mysoginist.
missa ['misa] *f* RELIG mass.
missal [mi'saw] (*pl* **-ais**) *m* missal.
missão [mi'sãw] (*pl* **-ões**) *f* mission.
misse ['misi] *f* beauty queen.
míssil ['misiw] (*pl* **-eis**) *m* missile.
missionário, ria [misjo'narju, rja] <> *adj* missionary. <> *m, f* missionary.
missiva [mi'siva] *f* missive.
missões [mi'sõjʃ] *pl* ⊳ **missão**.
mister [miʃ'te(x)] *m* **-1.** [ofício] office. **-2.** [necessidade] need.
mistério [miʃ'tɛrju] *m* **-1.** [ger] mystery. **-2.** [segredo] secret.
misterioso, osa [miʃte'rjozu, ɔza] *adj* mysterious.
misticismo [miʃtʃi'siʒmu] *m* mysticism.
místico, ca ['miʃtʃiku, ka] <> *adj* mystic. <> *m, f* [pessoa] mystic.
mistificar [miʃtʃifi'ka(x)] *vt* to mystify.
misto, ta ['miʃtu, ta] *adj* mixed.
◆ **misto** *m* mixture.
misto-quente [ˌmiʃtu'kẽntʃi] (*pl* **mistos-quentes**) *m toasted cheese and ham sandwich.*

mistura [miʃ'tura] *f* mixture.

misturar [miʃtu'ra(x)] *vt* **-1.** [combinar, juntar] to mix. **-2.** [confundir] to mix up.

mítico, ca ['mitʃiku, ka] *adj* mythical.

mitificar [mitʃifi'ka(x)] *vt* to mythicize.

mito ['mitu] *m* **-1.** [ger] myth. **-2.** [pessoa] legend.

mitologia [mitolo'ʒia] *f* mythology.

mitológico, ca [mito'lɔʒiku, ka] *adj* mythological.

miúdo, da ['mjudu, da] *adj* [pequeno] small.

◆ **miúdos** *mpl* **-1.** [dinheiro] small change. **-2.** [de animal] giblets. **-3.** *loc*: **trocar em ~s** to put it simply.

mixagem [mik'saʒẽ] *f* CINE & RÁDIO mixing.

mixar[1] [mi'ʃa(x)] *vi fam* [gorar] to go down the drain.

mixar[2] [mi'ʃa(x)] *vt* CINE & RÁDIO to mix.

mixaria [miʃa'ria] *f* **-1.** *fam* [soma insignificante]: uma ~ peanuts. **-2.** [coisa sem valor] rubbish.

mixuruca [miʃu'ruka] *adj* **-1.** [presente] worthless. **-2.** [festa] lifeless.

ml (*abrev de* **mililitro**) *m* ml.

mm (*abrev de* **milímetro**) *m* mm.

mó ['mɔ] *f* **-1.** [de moinho] millstone. **-2.** [de afiar] whetstone.

mobília [mo'bilja] *f* furniture.

mobiliar [mobi'lja(x)] *vt* to furnish.

mobilização [mobiliza'sãw] *f* mobilization.

mobilizar [mobili'za(x)] *vt* to mobilize.

moça ['mosa] *f* ▻ **moço**.

moçada [mo'sada] *f fam group of young people*.

moção [mo'sãw] *f* motion.

mocassim [moka'sĩ] (*pl* **-ns**) *m* moccasin.

mochila [mo'ʃila] *f* rucksack.

mocidade [mosi'dadʒi] *f* **-1.** [período] youth. **-2.** [os jovens]: **a ~** the young.

mocinho, nha [mo'siɲu, ɲa] *m, f* **-1.** [jovem] boy. **-2.** [herói] hero.

moço, ça ['mosu, sa] ◇ *adj* [pessoa] young. ◇ *m, f* **-1.** [jovem] young person. **-2.** [adulto] young boy (*f* young girl).

moções [mo'sõjʃ] *pl* ▻ **moção**.

moda ['mɔda] *f* **-1.** [ger] fashion; **cair** OU **sair de ~** to fall out of fashion; **fora de ~** out of fashion. **-2.** [coqueluche] craze. **-3.** [maneira] way; **à ~ portuguesa** Portuguese-style. **-4.** *loc*: **inventar ~** to create a new fad.

modalidade [modali'dadʒi] *f* **-1.** [tipo] mode. **-2.** ESP event.

modelagem [mode'laʒẽ] (*pl* **-ns**) *f* **-1.** [ato] modelling. **-2.** [produto] moulding UK, molding US. **-3.** [do corpo] shape.

modelar [mode'la(x)] *vt* **-1.** [ger] to mould UK, to mold US. **-2.** *fig* [moldar]: **~ algo por algo** to model sthg on sthg.

modelista [mode'liʃta] *mf* designer.

modelo [mo'delu] ◇ *m* model. ◇ *mf* model; **~ vivo** live model.

modem ['modẽ] (*pl* **-ns**) *m* COMPUT modem.

moderação [modera'sãw] *f* moderation.

moderado, da [mode'radu, da] *adj* moderate.

moderar [mode'ra(x)] *vt* to moderate.

◆ **moderar-se** *vp* [comedir-se] to control o.s.

modernidade [modexni'dadʒi] *f* modernity.

modernismo [modex'niʒmu] *m* modernism.

modernizar [modexni'za(x)] *vt* to modernize.

◆ **modernizar-se** *vp* to keep o.s. up to date.

moderno, na [mo'dɛxnu, na] *adj* modern.

modess® ['mɔdeʃ] *m inv* sanitary towel UK, sanitary nakpin US.

modéstia [mo'dɛʃtja] *f* modesty.

modesto, ta [mo'dɛʃtu, ta] *adj* modest.

módico, ca ['mɔdʒiku, ka] *adj* **-1.** [barato, parco] modest. **-2.** [moderado] moderate.

modificação [modʒifika'sãw] (*pl* **-ões**) *f* **-1.** [alteração] modification. **-2.** [transformação] transformation.

modismo [mo'dʒiʒmu] *m* **-1.** [tendência] trend. **-2.** [moda] fashion.

modo ['mɔdu] *m* **-1.** [ger] way; **de ~ algum** in no way. **-2.** [jeito] manner. **-3.** GRAM mood.

◆ **modos** *mpl* manners.

◆ **de modo que** *loc conj* **-1.** [de maneira que] so (that). **-2.** [assim sendo] so that.

modulação [modula'sãw] (*pl* **-ões**) *f* modulation.

modulado, da [modu'ladu, da] *adj* modular.

módulo ['mɔdulu] *m* **-1.** [unidade] module. **-2.** [veículo]: **~ lunar** lunar module.

moeda ['mwɛda] *f* **-1.** [peça] coin; **uma ~ de 10 centavos** a 10 cent coin; **uma ~ falsa** a counterfeit coin. **-2.** [dinheiro] money; **pagar na mesma ~** to pay sb back in their own coin; ▻ **casa**.

moedor [mwe'do(x)] *m* **-1.** [de café, pimenta] mill. **-2.** [de carne] mincer UK, grinder US.

moer ['mwe(x)] ◇ *vt* **-1.** [café, pimenta] to grind. **-2.** [carne] to mince UK, to grind US. **-3.** [para extrair suco] to mill. ◇ *vi* [moinho] to grind.

mofado, da [mo'fadu, da] *adj* mouldy UK, moldy US.

mofar [mo'fa(x)] *vi* [criar mofo] to go mouldy UK OU moldy US.

mofo ['mofu] *m* mould UK, mold US; **esta camisa está com cheiro de ~** this shirt smells musty.

mogno ['mɔgnu] *m* mahogany.

moído, da ['mwidu, da] *adj* **-1.** [café, pimenta] ground. **-2.** [carne] minced UK, ground US. **-3.** *fig* [doído]: **~ de algo** hurting from sthg.

moinho ['mwiɲu] *m* mill; **~ de vento** windmill.

moita ['mojta] *f* thicket.

◆ **na moita** *loc adv* [às escondidas] in secret.

mola [ˈmɔla] *f* [dispositivo] spring.

molar [moˈla(x)] (*pl* **-es**) ◇ *adj* [dente] molar. ◇ *m* molar.

moldar [mowˈda(x)] *vt* **-1.** [fazer o molde de] to make a mould ***UK*** *OU* mold ***US*** of. **-2.** [modelar] to mould ***UK***, to mold ***US***. **-3.** ***fig*** [dar forma a] to shape.

Moldávia [mowˈdavja] *n* Moldova, Moldavia.

molde [ˈmɔwdʒi] *m* mould ***UK***, mold ***US***.

moldura [mowˈdura] *f* **-1.** [de quadro, espelho] frame. **-2.** *ARQUIT* moulding ***UK***, molding ***US***.

mole [ˈmɔli] ◇ *adj* **-1.** [ger] soft. **-2.** [flácido] flabby. **-3.** [lento] languid. **-4.** [fraco] limp. **-5.** [indolente] lazy. **-6.** ***fam*** [fácil] a piece of cake. ◇ *adv* [facilmente] easily.

moleca [moˈlɛka] *f* ▷ **moleque**.

molecagem [moleˈkaʒẽ] (*pl* **-ns**) *f* **-1.** [travessura] prank. **-2.** [brincadeira] trick.

molécula [moˈlɛkula] *f* molecule.

moleira [moˈlejra] *f* *ANAT* fontanelle ***UK***, fontanel ***US***.

molejo [moˈleʒu] *m* **-1.** [de veículo] suspension. **-2.** ***fam*** [de pessoa, corpo] wiggle.

moleque, leca [moˈlɛki, lɛka] ◇ *adj* **-1.** [travesso] wild. **-2.** [brincalhão] mischievous. ◇ *m, f* **-1.** [criança] youngster. **-2.** [criança travessa] rascal. **-3.** [patife] scoundrel.

molestar [moleʃˈta(x)] *vt* **-1.** [importunar] to annoy. **-2.** [ofender] to offend. **-3.** [sexualmente] to molest.

moléstia [moˈlɛʃtʃja] *f* ailment.

moleza [moˈleza] *f* **-1.** [maciez] softness. **-2.** [lentidão] slowness. **-3.** [fraqueza, falta de energia] limpness.

molhado, da [moˈʎadu, da] *adj* wet.

molhar [moˈʎa(x)] *vt* **-1.** [banhar] to wet; ~ **algo em algo** to dip *OU* dunk sthg in sthg. **-2.** [umedecer] to dampen. **-3.** [regar] to water. **-4.** ***fam*** [urinar] to wet.

molhe [ˈmɔʎi] *m* **-1.** [de defesa] breakwater. **-2.** [de atracação] jetty.

molho[1] [ˈmoʎu] *m* sauce; ~ **pardo** *gravy made with chicken blood and vinegar.*

◆ **de molho** ◇ *loc adv*: **pôr/deixar de ~** [roupa, feijão] to put/leave to soak. ◇ *loc adj*: **ficar de ~** ***fig*** [pessoa] to stay in bed.

molho[2] [ˈmɔʎu] *m* bunch.

molinete [moliˈnetʃi] *m* *PESCA* fishing reel.

molusco [moˈluʃku] *m* mollusc.

momentâneo, nea [momẽnˈtãnju, nja] *adj* momentary.

momento [moˈmẽntu] *m* **-1.** moment. **-2.** [tempo presente]: **no ~** at the moment.

Mônaco [ˈmonaku] *n*: **(o principado de) ~** (the principality of) Monaco.

monarca [moˈnaxka] *mf* monarch.

monarquia [monaxˈkia] *f* monarchy.

monastério [monaʃˈtɛrju] *m* monastery.

monástico, ca [moˈnaʃtʃiku, ka] *adj* monastic.

monção [mõnˈsãw] (*pl* **-ões**) *f* [vento] monsoon.

monetário, ria [moneˈtarju, rja] *adj* monetary; ▷ **correção**.

monge, ja [ˈmõnʒi, ʒa] *m, f* [monge] monk; [monja] nun.

mongolóide [mõŋgoˈlɔjdʒi] *MED* ◇ *adj* Down's syndrome *(antes de subst)*. ◇ *mf* (person with) Down's syndrome.

monitor, ra [moniˈto(x), ra] (*mpl* **-es**, *fpl* **-s**) *m, f* *EDUC* monitor.

◆ **monitor** *m* **-1.** [ger] monitor. **-2.** *TV* screen.

monja [ˈmõnʒa] *f* ▷ **monge**.

monocultura [monokuwˈtura] *f* monoculture.

monogamia [monogaˈmia] *f* monogamy.

monólogo [moˈnɔlogu] *m* monologue.

monopólio [monoˈpɔlju] *m* monopoly.

monopolizar [monopoliˈza(x)] *vt* to monopolize.

monotonia [monotoˈnia] *f* monotony.

monótono, na [moˈnɔtonu, na] *adj* monotonous.

monóxido [moˈnɔksidu] *m* monoxide; ~ **de carbono** carbon monoxide.

monsenhor [mõnseˈɲo(x)] *m* Monsignor.

monstrengo, ga [mõnʃˈtreŋgu, ga] *m, f* [pessoa, coisa] monstrosity.

monstro [ˈmõnʃtru] ◇ *adj inv* [enorme] huge. ◇ *m* [criatura disforme] monster; **ser um ~** [ser um prodígio] to be a wizard; [ser cruel, enorme, horrendo] to be monstrous.

monstruosidade [mõnʃtrwoziˈdadʒi] *f* monstrosity.

monstruoso, osa [mõnˈʃtrwozu, ɔza] *adj* **-1.** [com conformação de monstro] deformed. **-2.** [enorme] enormous. **-3.** [horrendo] monstrous.

monta [ˈmõnta] *f*: **de pouca ~** of little importance.

montagem [mõnˈtaʒẽ] (*pl* **-ns**) *f* **-1.** [de equipamento, casa] assembly. **-2.** *CINE* (film) editing. **-3.** *TEATRO* (theatre) production.

montanha [mõnˈtãɲa] *f* mountain.

montanha-russa [mõnˌtãɲaˈrusa] (*pl* **montanhas-russas**) *f* roller coaster.

montanhês, esa [mõntaˈɲeʃ, eza] (*pl* **-eses**) ◇ *adj* mountain *(antes de subst)*. ◇ *m, f* highlander.

montanhismo [mõntãˈɲiʒmu] *m* mountaineering.

montanhista [mõntãˈɲiʃta] ◇ *adj* mountaineering. ◇ *mf* mountaineer.

montanhoso, osa [mõntãˈɲozu, ɔza] *adj* mountainous.

montante [mõnˈtãntʃi] *m* **-1.** [soma] amount, sum. **-2.** [direção]: **a ~ de** upstream of.

montão [mõnˈtãw] (*pl* **-ões**) *m* pile.

montar [mõnˈta(x)] ◇ *vt* **-1.** [armar] to prime.

-2. [instalar] to ready. -3. *CINE* to edit. -4. *TEATRO* to produce. <> *vi* [cavalgar]: ~ **(a cavalo)** to ride (horseback).

montaria [mõnta'ria] *f* [cavalo] mount.

monte ['mõntʃi] *m* -1. [elevação] hill. -2. [pilha] pile. -3. *fig* [grande quantidade]: **um ~ de** a load of; **comida aos ~s** loads of food.

Montevidéu [mõntevi'dɛw] *n* Montevideo.

montões [mõn'tõjʃ] *pl* ▷ **montão**.

monumental [monumẽn'taw] (*pl* **-ais**) *adj* -1. [enorme] monumental. -2. [magnífico] magnificent.

monumento [monu'mẽntu] *m* monument.

moqueca [mo'kɛka] *f Brazilian fish or chicken stew made with coconut milk, onions and palm oil.*

moradia [mora'dʒia], **morada** [mo'rada] *f* dwelling.

morador, ra [mora'do(x), ra] (*mpl* **-es**, *fpl* **-s**) *m, f* resident.

moral [mo'raw] (*pl* **-ais**) <> *adj* moral. <> *m* [estado de espírito] morale; **levantar o ~ (de alguém)** to raise the morale (of sb). <> *f* -1. [ética] morals *(pl)*. -2. [de história, fato] moral. -3. [estado de espírito]: **estar de ~ baixa** to be demoralized.

moralidade [morali'dadʒi] *f* morality.

moralismo [mora'liʒmu] *m* moralism.

moralista [mora'liʃta] <> *adj* moralistic. <> *mf* moralist.

moralização [morali'zasãw] (*pl* **-ões**) *f* moralization.

moralizar [morali'za(x)] <> *vt* [tornar mais moral] to moralize. <> *vi* [pregar moral]: **~ (sobre)** to moralize (on).

morango [mo'rãngu] *m* strawberry.

morar [mo'ra(x)] *vi* -1. [habitar]: **~ (em)** to live (in). -2. *fam* [entender] to catch on; **morou?** got it?

moratória [mora'tɔrja] *f* moratorium.

mórbido, da ['mɔxbidu, da] *adj* morbid.

morcego [mox'segu] *m* bat.

mordaça [mox'dasa] *f* -1. [de animal] muzzle. -2. *fig* [pano] gag.

mordaz [mox'daʒ] *adj* biting.

morder [mox'de(x)] <> *vt & vi* to bite.

mordomia [moxdo'mia] *f* -1. [num emprego] perks *(pl)*. -2. [conforto, luxo] comfort.

mordomo [mox'domu] *m* butler.

moreno, na [mo'renu, na] <> *adj* -1. [tipo - de pele] dark-skinned; [- de cabelo] dark-haired. -2. [bronzeado] tanned; **ficar ~** to tan; **estar ~** to be tanned. <> *m, f* -1. [de pele] dark-skinned person. -2. [de cabelo] dark-haired person. -3. [cor] tan.

morfina [mox'fina] *f* morphine.

moribundo, da [mori'bũndu, da] *adj* dying.

moringa [mo'rĩnga] *f* water-cooler.

mormaço [mox'masu] *m* sultry weather.

mormente [mɔx'mẽntʃi] *adv* especially.

mórmon ['mɔxmõ] *mf* Mormon.

morno, na ['moxnu, na] *adj* lukewarm.

moroso, osa [mo'rozu, ɔza] *adj* slow.

morrer [mo'xe(x)] *vi* -1. [ger] to die. -2. [cair no esquecimento] to be dead. -3. *AUTO* to die. -4. *fig* [sentir intensamente]: **estou morrendo de calor/fome/frio** I'm dying of heat/hunger/cold. -5. *fam* [desembolsar]: **~ em** to cough up.

morro ['moxu] *m* -1. [monte] hill. -2. [favela] slum.

mortadela [moxta'dɛla] *f salami-type sausage.*

mortal [mox'taw] (*pl* **-ais**) <> *adj* -1. [ger] mortal. -2. [terrível - dor] dreadful; [- pecado] deadly. <> *mf* mortal.

mortalidade [moxtali'dadʒi] *f* mortality.

morte ['mɔxtʃi] *f* -1. [ger] death. -2. [fim] ending. -3. *loc*: **pensar na ~ da bezerra** *fig* to daydream; **ser de ~** *fam* to be impossible.

morteiro [mox'tejru] *m* mortar.

mortífero, ra [mox'tʃiferu, ra] *adj* lethal.

mortificar [moxtʃifi'ka(x)] *vt* -1. [torturar] to torture. -2. [atormentar] to torment.

morto, ta ['moxtu, ta] <> *pp* ▷ **matar**. <> *adj* -1. [ger] dead; **nem ~** no way; **não ter onde cair ~** to have nowhere to lay one's head. -2. [sem atividades] deadly. -3. [desbotado] faded. -4. [sentindo intensamente]: **~ de fome** dying of hunger; **~ de raiva** seething with rage. <> *m, f* [falecido] deceased.

mosaico [mo'zajku] *m* mosaic.

mosca ['moʃka] *f* fly; **acertar na ~** to hit the jackpot; **estar/viver às ~s** to be empty.

moscovita [moʃko'vita] <> *adj* Muscovite. <> *m, f* Muscovite.

Moscou [moʃ'kow] *n* Moscow.

mosquito [moʃ'kitu] *m* mosquito.

mostarda [moʃ'taxda] *f* mustard.

mosteiro [moʃ'tejru] *m* [de monges] monastery; [de monjas] convent.

mostra ['mɔʃtra] *f* -1. [exposição] display. -2. [manifestação] sign.

mostrar [moʃ'tra(x)] *vt* -1. [ger] to show. -2. [apontar] to point out.

◆ **mostrar-se** *vp* -1. [revelar-se] to show o.s. to be. -2. [exibir-se] to show off.

mostruário [moʃ'trwarju] *m* display case.

motel [mo'tɛw] (*pl* **-éis**) *m* motel.

motim [mo'tʃĩ] (*pl* **-ns**) *m* -1. [do povo] riot. -2. [de tropas] mutiny.

motivação [motʃiva'sãw] (*pl* **-ões**) *f* motivation.

motivado, da [motʃiva'du, da] *adj* [incentivado] motivated.

motivar [motʃi'va(x)] *vt* -1. [estimular] to motivate. -2. [provocar] to provoke.

motivo [mo'tʃivu] *m* **-1.** [causa]: ~ **(de/para)** cause (of/for); **por ~s de força maior** for reasons beyond our control; **sem ~** without reason. **-2.** [justificativa] reason. **-3.** ARTE, MÚS motif.

moto[1] ['mɔtu] *m* [lema] motto.

moto[2] ['mɔtu] *f* [motocicleta] motorbike.

motocicleta [ˌmotosi'klɛta] *f* motorcycle, motorbike.

motociclismo [motosi'kliʒmu] *m* motorcycling.

motociclista [motosi'kliʃta] *mf* motorcyclist, biker.

motoneta [moto'neta] *f* motor scooter.

motoqueiro, ra [moto'kejru, ra] *m, f* **-1.** *fam* [motociclista] biker. **-2.** [entregador] deliveryman *(on a bike)*.

motor [mo'to(x)] (*pl* **-es**) ◇ *adj* **-1.** TEC driving. **-2.** ANAT motor. ◇ *m* engine.

motorista [moto'riʃta] *mf* driver.

motorizado, da [motori'zadu, da] *adj* motorized.

motorizar [motori'za(x)] *vt* to motorize.

motorneiro, ra [motox'nejru, ra] *m, f* tram driver *UK*, streetcar driver *US*.

motosserra [moto'sɛxa] *f* chainsaw.

mouro, ra ['moru, ra] ◇ *adj* Moorish. ◇ *m, f* Moor.

mouse [ˌmawzi] *m* COMPUT mouse.

movediço, ça [move'dʒisu, sa] *adj* TEC moving; **areia movediça** quicksand.

móvel ['mɔvɛw] (*pl* **-eis**) ◇ *adj* movable. ◇ *m* piece of furniture.

mover [mo've(x)] *vt* **-1.** [ger] to move. **-2.** [começar] to set in motion.

◆ **mover-se** *vp* to move.

movido, da [mo'vidu, da] *adj* **-1.** [impelido]: ~ **por algo** moved by sthg. **-2.** [promovido]: ~ **contra alguém/algo** started against sb/sthg. **-3.** [acionado]: ~ **a álcool/vapor** ethanol/steam-driven.

movimentado, da [movimẽn'tadu, da] *adj* **-1.** [bairro, loja, dia] busy. **-2.** [música, peça, show] lively.

movimentar [movimẽn'ta(x)] *vt* **-1.** [ger] to move. **-2.** *fig* [animar] to liven up.

movimento [movi'mẽntu] *m* **-1.** [ger] movement. **-2.** [animação] bustle.

MP ◇ *m* (*abrev de* **Ministério Público**) *Brazilian state government.* ◇ *f* (*abrev de* **Medida Provisória**) *emergency law.*

MPB (*abrev de* **Música Popular Brasileira**) *f generic term for all popular Brazilian music.*

MS (*abrev de* **Estado do Mato Grosso do Sul**) *m State of Mato Grosso do Sul.*

MS-DOS (*abrev de* **Microsoft Disk Operating System**) *m* MS-DOS.

MST (*abrev de* **Movimento dos Trabalhadores Sem-Terra**) *m Brazilian movement for landless workers.*

MT (*abrev de* **Estado do Mato Grosso**) *m State of Mato Grosso.*

muamba ['mwãnba] *f* **-1.** *fam* [mercadoria contrabandeada] contraband. **-2.** [mercadoria roubada] loot.

muambeiro, ra [mwãn'bejru, ra] *m, f* **-1.** [contrabandista] smuggler. **-2.** [vendedor de objetos roubados] fence.

muçulmano, na [musuw'mãnu, na] ◇ *adj* Muslim. ◇ *m, f* Muslim.

muda ['muda] *f* **-1.** BOT seedling. **-2.** ZOOL moult. **-3.** [vestuário]: ~ **(de roupa)** change (of clothes).

mudança [mu'dãnsa] *f* **-1.** [ger] move; **fazer a ~** to move (house). **-2.** [modificação] change. **-3.** AUTO gear.

mudar [mu'da(x)] ◇ *vt* to change. ◇ *vi* [modificar] to change; ~ **de casa** to move house; ~ **de roupa** to change clothes.

mudez [mu'deʒ] *f* muteness.

mudo, da ['mudu, da] ◇ *adj* **-1.** [ger] silent. **-2.** MED mute. **-3.** [telefone] dead. ◇ *m, f* mute.

mugido [mu'ʒidu] *m* moo.

muito, ta ['muĩntu, ta] ◇ *adj* **-1.** [grande quantidade - no sg] a lot of; **não tenho ~ tempo/~s alunos** I haven't much time/many pupils. **-2.** *(no sg)* [demais] too much. ◇ *pron (no sg)* much; *(no pl)* a lot.

◆ **muito** *adv* **-1.** [intensamente] a lot; **gostei ~ de ir ao cinema** I enjoyed going to the cinema very much; **não gosto ~** I don't like it very much; **~ mais** much more; **sinto ~, mas não posso** I'm very sorry, but I can't. **-2.** [muito tempo] a long time; **~ antes/depois** a long time before/afterwards; **~ mais tarde** much later. **-3.** [freqüentemente] often. **-4.** *loc*: **quando ~** at most.

mula ['mula] *f* mule.

mulato, ta [mu'latu, ta] ◇ *adj* mulatto. ◇ *m, f* mulatto.

muleta [mu'leta] *f* **-1.** [para andar] crutch. **-2.** *fig* [apoio] support.

mulher [mu'ʎɛ(x)] (*pl* **-es**) *f* **-1.** [ser] woman; **~ de negócios** businesswoman; **~ da vida** prostitute. **-2.** [esposa] wife.

mulheraço [muʎe'rasu] (*pl* **-s**) **mulherão** [muʎe'rãw] (*pl* **-ões**) *f* fantastic woman.

mulherengo [muʎe'rẽŋgu] ◇ *adj* womanizing. ◇ *m* womanizer.

mulher-feita [muˌʎɛx'fejta] (*pl* **mulheres-feitas**) *f* grown woman.

mulherio [muʎe'riw] *m* **-1.** [grupo de mulheres] group of women. **-2.** [as mulheres] women.

multa ['muwta] *f* fine; **dar uma ~** to fine.

multar [muw'ta(x)] *vt*: ~ **alguém (em R$ 100)** to fine sb (100 R$).
multicolor [muwtʃico'lo(x)] *adj* multicoloured *UK*, multicolored *US*.
multidão [muwtʃi'dãw] (*pl* **-ões**) *f* **-1.** [de pessoas] crowd. **-2.** [grande quantidade] multitude.
multifacetado, da [muwtʃi'fasetadu, da] *adj* [personalidade, talento] multifaceted.
multiforme [muwtʃi'fɔxmi] *adj* multiform.
multimídia [muwtʃi'midʒa] *adj* *COMPUT* multimedia.
multimilionário, ria [muwtʃimiljo'narju, rja] ◇ *adj* multimillionaire *(antes de subst)*. ◇ *m, f* multimillionaire.
multinacional [ˌmuwtʃinasjo'naw] (*pl* **-ais**) ◇ *adj* multinational. ◇ *f* multinational.
multiplicação [muwtʃiplika'sãw] (*pl* **-ões**) *f* **-1.** [ger] multiplication. **-2.** [aumento] increase.
multiplicar [muwtʃipli'ka(x)] ◇ *vt* **-1.** *MAT* to multiply. **-2.** [aumentar] to increase. ◇ *vi MAT* to multiply.
◆ **multiplicar-se** *vp* **-1.** [aumentar] to increase. **-2.** *BIOL* to multiply.
múltiplo, pla ['muwtʃiplu, pla] *adj* multiple.
◆ **múltiplo** *m* multiple.
multiprocessamento [muwtʃiprosesa'mẽntu] *m COMPUT* multiprocessing.
multirracial [muwtʃixa'sjaw] (*pl* **-ais**) *adj* multiracial.
multiuso [muwtʃi'uzu] *adj inv* multipurpose.
multiusuário, ria [muwtʃiuz'arju, rja] *adj COMPUT* multiuser.
múmia ['mumja] *f* **-1.** [cadáver] mummy. **-2.** *fig* [pessoa] moron.
mundano, na [mũn'dãnu, na] *adj* mundane.
mundial [mũn'dʒjaw] (*pl* **-ais**) ◇ *adj* **-1.** [política, guerra] world *(antes de subst)*. **-2.** [organização, fama] worldwide. ◇ *m* [campeonato] world championship; [de futebol] World Cup.
mundo ['mũndu] *m* **-1.** [ger] world; **o outro ~** the next world; **vir ao ~** to come into the world. **-2.** [pessoas]: **todo o ~** everyone. **-3.** [quantidade]: **um ~ de** loads of. **-4.** *loc*: **estar no ~ da lua** to be miles away; **prometer ~ s e fundos** to promise the world; **como este ~ é pequeno** what a small world; **desde que o ~ é ~** since time immemorial.
◆ **Mundo** *m*: **Novo Mundo** New World; **Terceiro Mundo** Third World.
munição [muni'sãw] (*pl* **-ões**) *f* ammunition.
municipal [munisi'paw] (*pl* **-ais**) *adj* municipal.
municipalizar [munisipali'za(x)] *vt* [instituições, serviços] to municipalize.
município [muni'sipju] *m* **-1.** [divisão administrativa] local authority. **-2.** [território] town.
munir [mu'ni(x)] *vt*: ~ **alguém de algo** to equip sb with sthg.
◆ **munir-se** *vp*: **~-se de algo** to equip o.s. with sthg; **~-se de coragem** to arm o.s. with courage; **~-se de paciência** to arm o.s. with patience.
mural [mu'raw] (*pl* **-ais**) ◇ *adj* wall *(antes de subst)*. ◇ *m* [pintura] mural.
muralha [mu'raʎa] *f* wall.
murchar [mux'ʃa(x)] ◇ *vt* **-1.** [planta] to wither. **-2.** [sentimento] to fade. **-3.** *fig* [retrair] to shrink. ◇ *vi* **-1.** [planta] to wilt. **-2.** *fig* [pessoa] to droop.
murcho, cha ['muxʃu, ʃa] *adj* **-1.** [planta] wilting. **-2.** [bola] soft. **-3.** [pessoa - sem energia] languid; [- triste] droopy.
murmurante [muxmu'rãntʃi] *adj* murmuring.
murmurar [muxmu'ra(x)] ◇ *vt* [sussurar] to whisper. ◇ *vi* [sussurar] to murmur.
murmurinho [muxmu'riɲu] *m* **-1.** [de vozes] murmuring. **-2.** [de folhas] rustling. **-3.** [som confuso] murmur.
murmúrio [mux'murju] *m* **-1.** [de vozes] murmuring. **-2.** [de folhas] rustling. **-3.** [de água] trickling.
muro ['muru] *m* wall.
murro ['muxu] *m* punch; **dar ~ em ponta de faca** *fig* to bang one's head against a brick wall.
musa ['muza] *f* muse.
musculação [muʃkula'sãw] *f* bodybuilding.
muscular [muʃku'la(x)] *adj* muscular.
musculatura [muʃkula'tura] *f* musculature.
músculo ['muʃkulu] *m* **-1.** *ANAT* muscle. **-2.** *CULIN* sinewy meat.
musculoso, osa [muʃku'lozu, ɔza] *adj* **-1.** [cheio de músculo - costas, pernas] muscular; [- carne de comer] tough. **-2.** *fig* [forte] tough.
museu [mu'zew] *m* museum.
musgo ['muʒgu] *m* moss.
música ['muzika] *f* ▷ **músico**.
musical [muzi'kaw] (*pl* **-ais**) ◇ *adj* musical. ◇ *m* musical.
musicar [muzi'ka(x)] *vt* to set to music.
musicista [muzi'siʃta] *mf* **-1.** [músico] musician. **-2.** [especialista] musicologist.
músico, ca ['muziku, ka] ◇ *adj* [profissional] musical. ◇ *m, f* musician.
◆ **música** *f* **-1.** [ger] music; **~ de câmara** chamber music; **~ clássica** classical music. **-2.** [canção] song.
musicologia [muzikolo'ʒia] *f* musicology.
musicólogo, ga [muzi'kɔlogu, ga] *m* musicologist.
musse ['musi] *f CULIN* mousse.
mutabilidade [mutabili'dadʒi] *f* mutability.
mutilação [mutʃila'sãw] *f* **-1.** [orgânico] mutilation. **-2.** [de texto] cutting.
mutilado, da [mutʃi'ladu, da] ◇ *adj* mutilated. ◇ *m, f* cripple.

mutilar [mutʃi'la(x)] *vt* **-1.** [pessoa] to mutilate. **-2.** [texto] to cut.
mutirão [mutʃi'rãw] (*pl* **-ões**) *m* joint effort.
mutreta [mu'treta] *f fam* cheating; **fazer (uma) ~** to cheat.
mutuamente [mutwa'mẽntʃi] *adv* mutually.
mútuo, tua ['mutwu, twa] *adj* mutual.
muxoxo [mu'ʃoʃu] *m* tutting.

N

n, N ['eni] *m* **-1.** [letra] n, N. **-2.** [quantidade indeterminada] n; **contamos ~ vezes a mesma história** we told the story for the nth time.
na [na] = **em + a**.
-na [na] *pron* [pessoa] her; [coisa] it; [você] you.
nabo ['nabu] *m* turnip.
nação [na'sãw] (*pl* **-ões**) *f* nation.
nacional [nasjo'naw] (*pl* **-ais**) *adj* national.
nacionalidade [nasjonali'dadʒi] *f* nationality.
nacionalismo [nasjona'liʒmu] *m* nationalism.
nacionalista [nasjona'liʃta] ◇ *adj* nationalist. ◇ *mf* nationalist.
nacionalizar [nasjonali'za(x)] *vt* **-1.** [estatizar] to nationalize. **-2.** [naturalizar] to naturalize.
nações [na'sõjʃ] *fpl* ▷ **nação**.
◆ **Nações Unidas** *fpl* United Nations.
nada ['nada] ◇ *pron indef* [coisa alguma] nothing; **não li ~ desse autor** I haven't read anything by this author; **antes de mais ~** first of all; **de ~!** [resposta a obrigado] not at all!, you're welcome!; **~ de novo** nothing new; **~ mais** nothing more; **não quero ~ mais com ele** I don't want anything more to do with him; **~ mau** not bad; **não dizer ~** to say nothing, not to say anything; **não foi ~** [resposta a 'desculpa!'] don't mention it; **quase ~** hardly anything, next to nothing; **que ~!** nonsense! ◇ *adv* [de modo algum] not at all; **não gostei ~ do filme** I didn't enjoy the film at all; **~ menos do que** nothing less than.

> Use *nothing* quando a forma verbal em inglês for afirmativa (*there's nothing on television* não há nada na TV).
> Use *anything* quando a forma verbal em inglês for negativa (*I'm not allowed to eat anything after 7p.m.* não posso comer nada depois das sete da noite).

nadadeira [nada'dejra] *f* **-1.** [de animal] fin. **-2.** [de mergulhador] flipper.
nadador, ra [nada'do(x), ra] (*mpl* **-es**, *fpl* **-s**) *m, f* swimmer.
nadar [na'da(x)] *vi* **-1.** [em piscina, mar, rio] to swim. **-2.** [estar imerso] to be swimming; **~ em dinheiro** *fig* to be rolling in money.
nádegas ['nadegaʃ] *fpl* buttocks.
nado ['nadu] *m* swimming; **atravessar algo a ~** to swim across sthg; **~ borboleta** butterfly (stroke); **~ de costas** backstroke; **~ de peito** breaststroke; **~ livre** freestyle.
NAFTA (*abrev de* **North American Free Trade Agreement**) *f* NAFTA.
náilon ['najlõ] *m* nylon.
naipe ['najpi] *m* **-1.** [cartas] suit. **-2.** *fig* [qualidade]: **de bom ~** first class.
namorado, da [namo'radu, da] ◇ *adj* enamoured. ◇ *m, f* boyfriend (*f* girlfriend).
namorador, ra [namora'do(x), ra] *adj* flirtatious.
namorar [namo'ra(x)] ◇ *vt* **-1.** [manter namoro] to be going out with. **-2.** [cobiçar] to covet. **-3.** [fitar] to stare longingly at. ◇ *vi* **-1.** [manter namoro] to be going out together. **-2.** [trocar carícias] to flirt.
namoro [na'moru] *m* relationship.
nanquim [nãŋ'kĩ] *m* Indian ink.
não [nãw] ◇ *adv* **-1.** [resposta] no. **-2.** [negação] not; **ela é médica, ~ é?** she's a doctor, isn't she?; **agora ~** not now; **como ~?** why not?; **~ muito** not much; **~ sei** I don't know; **~ tem de quê** [resposta a 'obrigado'] not at all, you're welcome; **pois ~!** [como interj] of course! ◇ *m* [recusa] refusal.
não-governamental [nãwgovernemẽn'taw] (*pl* **-ais**) *adj* non-governmental.
naquela [na'kɛla] = **em + aquela**.
naquele [na'keli] = **em + aquele**.
naquilo [na'kilu] = **em + aquilo**.
narcisismo [naxsi'ziʒmu] *m* narcissism.
narcisista [naxsi'ziʃta] *adj* narcissistic.
narciso [nax'sizu] *m* BOT narcissus.
narcótico, ca [nax'kɔtʃiku, ka] *adj* narcotic.
◆ **narcótico** *m* narcotic.
narcotráfico [naxko'trafiku] *m* drug traffic.
narina [na'rina] *f* nostril.
nariz [na'riʃ] (*pl* **-es**) (*pl* **-es**) *m* **-1.** [ger] nose. **-2.** *loc*: **meter o ~ em** to stick one's nose into; **sou dono do meu ~** I know my own mind.
narração [naxa'sãw] (*pl* **-ões**) *f* **-1.** [conto] story. **-2.** [relato] narrative.
narrador, ra [naxa'do(x), ra] *m, f* narrator.
narrar [na'xa(x)] *vt* **-1.** [contar] to describe. **-2.** [relatar] to recount.
narrativo, va [naxa'tʃivu, va] *adj* narrative.
◆ **narrativa** *f* = **narração**.
nas [naʃ] = **em + as**.
-nas [naʃ] *pron pl* [elas] them; [vocês] you.
NASA (*abrev de* **National Aeronautics and Space Administration**) *f* NASA.

nascença [na'sẽnsa] *f* [nascimento] birth; **de ~** from birth; **ela é surda de ~** she has been deaf from birth; **marca de ~** birthmark.

nascente [na'sẽntʃi] ◇ *adj* **-1.** [interesse, povo] emerging. **-2.** [planta] sprouting. ◇ *m* **-1.** [fonte] spring. **-2.** [nascer do sol] sunrise. **-3.** [leste] east.

nascer [na'se(x)] *vi* **-1.** [vir ao mundo] to be born. **-2.** [brotar] to sprout. **-3.** [originar-se] to originate. **-4.** [surgir - sol, lua] to rise; [- dia] to dawn. **-5.** [formar-se] to be born. **-6.** [ter aptidão]: **ele nasceu para o comércio** he is a born businessman. **-7.** [aparecer] to appear. **-8.** *loc*: **~ em berço de ouro** to be born with a silver spoon in one's mouth; **~ de novo** to take on a new lease of life; **eu não nasci ontem** I wasn't born yesterday.

nascido, da [na'sidu, da] *adj* [pessoa] born; **bem ~** from a good family.

nascimento [nasi'mẽntu] *m* **-1.** [nascença] birth; **de ~** since birth. **-2.** *fig* [origem] origin.

NASDAQ (*abrev de* **National Association of Securities Dealers Automated Quotation**) *f* NASDAQ.

nata ['nata] *f* cream.

natação [nata'sãw] *f* swimming.

natal [na'taw] (*pl* **-ais**) *adj* native; **terra ~** birthplace.

◆ **Natal** *m* Christmas; **Feliz Natal!** happy Christmas!, merry Christmas!

natalidade [natali'dadʒi] *f* birth rate.

natalino, na [nata'linu, na] *adj* Christmas *(antes de subst)*.

nativo, va [na'tʃivu, va] ◇ *adj* native. ◇ *m, f* native.

nato, ta ['natu, ta] *adj*: **ele é um escritor ~** he is a born writer.

natural [natu'raw] (*pl* **-ais**) ◇ *adj* **-1.** [ger] natural; **ao ~** *CULIN* uncooked. **-2.** [nascido]: **ser ~ de** to be a native of. ◇ *mf* [nativo] native.

naturalidade [naturali'dadʒi] *f* **-1.** [espontaneidade] spontaneity. **-2.** [local de nascimento]: **ele é de ~ brasileira** he is Brazilian by birth.

naturalismo [natura'liʒmu] *m ARTE* naturalism.

naturalista [natura'liʃta] *mf* naturalist.

naturalização [naturaliza'sãw] *f* naturalization.

naturalizado, da [naturali'zadu, da] ◇ *adj* naturalized. ◇ *m, f* naturalized citizen.

naturalizar-se [naturali'zaxsi] *vp* to become naturalized.

naturalmente [naturaw'mẽntʃi] ◇ *adv* [evidentemente] naturally. ◇ *interj* of course!

natureza [natu'reza] *f* **-1.** [ger] nature. **-2.** [espécie] kind.

natureza-morta [natu,reza'mɔxta] (*pl* **naturezas-mortas**) *f* still life.

naufragar [nawfra'ga(x)] *vi* **-1.** [embarcação] to be wrecked. **-2.** [pessoa] to be shipwrecked. **-3.** *fig* [fracassar] to fail.

naufrágio [naw'fraʒju] *m* **-1.** [de embarcação, pessoa] shipwreck. **-2.** *fig* [fracasso] failure.

náufrago, ga ['nawfragu, ga] *m* (shipwreck) survivor, castaway.

náusea ['nawzja] *f* nausea.

nausear [naw'zja(x)] ◇ *vt* **-1.** [enjoar] to make sick. **-2.** [repugnar] to nauseate. ◇ *vi* [sentir náusea] to feel sick.

náutico, ca ['nawtʃiku, ka] *adj* nautical.

◆ **náutica** *f ESP* seamanship.

naval [na'vaw] (*pl* **-ais**) *adj* naval; **construção ~** shipbuilding.

navalha [na'vaʎa] *f* **-1.** [de barba] razor blade. **-2.** [faca] blade.

navalhada [nava'ʎada] *f* stab.

nave ['navi] *f* **-1.** [de igreja] nave. **-2.** *LITER* [embarcação] ship; **~ espacial** spaceship.

navegação [navega'sãw] (*pl* **-ões**) *f* voyage; **companhia de ~** shipping line.

navegante [nave'gãntʃi] *mf* navigator.

navegável [nave'gavew] (*pl* **-eis**) *adj* navigable.

navio [na'viw] *m* ship; **~ de guerra** warship; **~ mercante** merchant ship; **ficar a ver ~s** to be left high and dry.

navio-petroleiro [na,viwpetro'lejru] (*pl* **navios-petroleiros**) *m* oil tanker.

nazismo [na'ziʒmu] *m* Nazism.

nazista [na'ziʃta] ◇ *adj* Nazi. ◇ *mf* Nazi.

NBA (*abrev de* **National Basketball Association**) *f* NBA.

NE (*abrev de* **Nordeste**) *m* NE.

neblina [ne'blina] *f* mist.

nebulosa [nebu'lɔza] *f* ▷ **nebuloso**.

nebulosidade [nebulozi'dadʒi] *f* cloudiness.

nebuloso, osa [nebu'lozu, ɔza] *adj* **-1.** [ger] cloudy. **-2.** *fig* [sombrio] dark. **-3.** *fig* [indefinido] nebulous. **-4.** *fig* [obscuro] nebulous.

◆ **nebulosa** *f ASTRON* nebula.

necessário, ria [nese'sarju, rja] ◇ *adj* necessary. ◇ *m* necessities *(pl)*; **o ~** the necessities.

necessidade [nesesi'dadʒi] *f* [o que se necessita] necessity; **em caso de ~** in case of necessity, if need be.

◆ **necessidades** *fpl* **-1.** [privação] need *(sg)*. **-2.**: **fazer suas ~** *fam* [defecar, urinar] to spend a penny.

necessitado, da [nesesi'tadu, da] *adj*: **~ (de)** in need (of).

◆ **necessitados** *mpl*: **os ~** [miseráveis] the needy.

necessitar [nesesi'ta(x)] ◇ *vt* to need. ◇ *vi*

to be in need; ~ **de** to need.
necrotério [nekro'tɛrju] *m* mortuary *UK*, morgue *US*.
néctar ['nɛkta(x)] (*pl* **-es**) *m* nectar.
nectarina [nekta'rina] *f* nectarine.
nefasto, ta [ne'faʃtu, ta] *adj* **-1.** [agourento] ominous. **-2.** [trágico] tragic. **-3.** [nocivo] harmful.
negação [nega'sãw] (*pl* **-ões**) *f* **-1.** [recusa] refusal. **-2.** [inaptidão]: **ser uma ~ em algo** to be hopeless at sthg. **-3.** [desmentido] denial.
negar [ne'ga(x)] *vt* **-1.** [ger] to deny. **-2.** [recusar, não permitir] to refuse.
◆ **negar-se** *vp* [recusar-se] to refuse.
negativo, va [nega'tʃivu, va] <> *adj* negative. <> *adv*: **~!** nope!
◆ **negativo** *m* FOT negative.
◆ **negativa** *f* [recusa] refusal.
negligência [negli'ʒẽnsja] *f* negligence.
negligente [negli'ʒẽntʃi] *adj* negligent.
negociação [negosja'sãw] (*pl* **-ões**) *f* **-1.** [transação] transaction. **-2.** [entendimento] negotiation.
negociante [nego'sjãntʃi] *mf* businessman (*f* businesswoman).
negociar [nego'sja(x)] <> *vi* **-1.** COMM: **~ (com algo)** to trade (in sthg); **~ com alguém/algo** to negotiate with sb/sthg. **-2.** [discutir] to negotiate. <> *vt* **-1.** [combinar] to negotiate. **-2.** COM to trade.
negociata [nego'sjata] *f* crooked deal.
negociável [nego'sjavew] (*pl* **-eis**) *adj inv* negotiable.
negócio [ne'gɔsju] *m* **-1.** COM business; **homem de ~s** businessman. **-2.** [transação] deal; **fechar um ~** to make a deal; **~ da China** very profitable deal; **~ fechado!** it's a deal! **-3.** [caso] matter; **o ~ é o seguinte** the deal is as follows. **- 4.** *fam* [coisa] thing; **que ~ é esse?** what's the big idea?
negro, gra ['negru, gra] <> *adj* black. <> *m, f* black.
negrume [ne'grumi] *m* darkness.
nela ['nɛla] = **em + ela**.
nele ['neli] = **em + ele**.
nem [nẽ] *conj* nor; **nem ... nem ...** neither ... nor ...; **eles ~ (sequer) me convidaram** they didn't even invite me; **~ eu!** nor was I!; **ele foi agressivo mas ~ por isso você deveria ter retrucado** he was aggressive but that was no reason for you to retaliate; **~ sempre** not always; **~ tanto** not so much; **eles saíam sem ~ avisar** they would go out even without warning.
◆ **nem que** *loc conj* even if.
nenhum, ma [ne'ɲũ, ma] (*mpl* **-ns**, *fpl* **-s**) <> *adj* no; **ele não tomou nenhuma decisão** he has made no decision; **em ~ momento** at no time. <> *pron* none; **não comprei livro ~** I didn't buy a single book; **não comprei ~** I didn't buy any; **não quero nenhuma bebida** I don't want anything to drink; **não tive problema ~** I didn't have a single problem; **~ professor é perfeito** no teacher is perfect; **todos os professores são pessoas, ~ é perfeito** all teachers are human; none is/are perfect; **~ de** none of, not one of; **~ dos dois** neither of them, neither of the two; **~ dos cinco** none of the five, not one of the five.

> Use *no* quando a forma verbal em inglês for afirmativa (*there are no birds in the cage* não há nenhum pássaro na gaiola).
>
> Use *any* quando a forma verbal em inglês for negativa (*she didn't eat any chocolates* ela não comeu nenhum chocolate).
>
> Use *neither* no início da oração quando a forma verbal estiver no afirmativo (*neither girl is tall* nenhuma das meninas é alta).
>
> Use *either* quando a forma verbal em inglês for negativa (*I don't like either of them* não gosto de nenhum deles).

neoclássico, ca [nɛw'klasiku, ka] *adj* neoclassical.
◆ **Neoclássico** *m* neoclassical period.
neófito, ta [ne'ɔfitu, ta] *adj* [principiante] beginner.
neoliberal [neo'liberaw] (*pl* **-ais**) <> *adj* neoliberal. <> *mf* neoliberal.
neoliberalismo [nɛw'liberaliʒmu] *m* neoliberalism.
neologismo [nɛwlo'giʒmu] *m* neologism.
néon ['nɛõ], **neônio** [ne'onju] *m* neon.
neonazismo [nɛw'naziʒmu] *m* neo-Nazism.
Nepal [ne'paw] *n* Nepal.
nervo ['nexvu] *m* **-1.** ANAT nerve; **estar uma pilha de ~s** to be a bag of nerves. **-2.** [na carne] sinew. **-3.** *fig* [força] driving force.
nervosismo [nexvo'ziʒmu] *m* **-1.** [ger] nervousness. **-2.** [irritabilidade] irritability.
nervoso, osa [nex'vozu, ɔza] *adj* **-1.** [ger] nervous. **-2.** [irritado] irritable.
nessa ['nɛsa] = **em + essa**.
nessas ['nɛsaʃ] = **em + essas**.
nesse ['nesi] = **em + esse**.
nesses ['nɛsiʃ] = **em + esses**.
nesta ['nɛʃta] = **em + esta**.
nestas ['nɛstaʃ] = **em + estas**.
neste ['neʃtʃi] = **em + este**.
nestes ['nestʃiʃ] = **em + estes**.
netiqueta [netʃi'keta] *f* COMPUT netiquette.
neto, ta ['nɛtu, ta] *m, f* grandson (*f* granddaughter).
◆ **netos** *mpl* grandchildren.
Netuno [ne'tunu] *n* Neptune.
neurologia [newrolo'ʒia] *f* neurology.

neurologista [newrolo'ʒiʃta] *mf* neurologist.
neurose [new'rɔzi] *f* neurosis.
neurótico, ca [new'rɔtʃiku, ka] ◇ *adj* neurotic. ◇ *m, f* neurotic.
neutralidade [newtrali'dadʒi] *f* neutrality.
neutralizar ['newtrali'za(x)] *vt* to neutralize.
neutro, tra ['newtru, tra] *adj* neutral.
nevada [ne'vada] *f* snowfall.
nevado, da [ne'vadu, da] *adj* **-1.** [coberto de neve] snow-covered. **-2.** [branco] snow-white.
nevar [ne'va(x)] *vi* to snow.
nevasca [ne'vaʃka] *f* snowstorm.
neve ['nɛvi] *f* snow; **branco feito ~** as white as snow.
névoa ['nɛvwa] *f* fog.
nevoeiro [ne'vwejru] *m* thick fog.
nevralgia [nevraw'ʒia] *f* neuralgia.
newsgroup [neuʃ'grupi] (*pl* **-s**) *m* COMPUT newsgroup.
nexo ['nɛksu] *m* **-1.** [ligação] connection. **-2.** [coerência] coherence; **sem ~** incoherent.
Nicarágua [nika'ragwa] *n* Nicaragua.
nicaragüense [nikara'gwẽnsi] ◇ *adj* Nicaraguan. ◇ *mf* Nicaraguan.
nicotina [niko'tʃina] *f* nicotine.
Nilo ['nilu] *n*: **o ~** the Nile.
ninar [ni'na(x)] ◇ *vt* to sing to sleep. ◇ *vi* to fall asleep.
ninfeta [nĩn'feta] *f* nymphette.
ninfomaníaca [nĩnfoma'njaka] *f* nymphomaniac.
ninguém [nĩŋ'gẽj] ◇ *pron indef* **-1.** [nenhuma pessoa] nobody; **~ vai descobrir** nobody will find out; **não conte a ~!** don't tell anybody!, tell nobody!; **~ respeita mais ~** nobody respects anybody any more; **~ mais** nobody else. **-2.** *fig* [pessoa desimportante]: **ser ~** to be nobody. ◇ *m fig* [pessoa desimportante]: **esse (zé) ~** that nobody.

Use *nobody* ou *no one* quando a forma verbal em inglês for afirmativa (*nobody knows!* ninguém sabe!). Use *anybody* ou *anyone* quando a forma verbal em inglês for negativa (*I didn't see anybody* não vi ninguém).

ninhada [ni'ɲada] *f* brood.
ninharia [niɲa'ria] *f* trifle.
ninho ['niɲu] *m* nest; **~ de rato** *fam* [bagunça] mess.
nipônico, ca [ni'poniku, ka] ◇ *adj* Nipponese. ◇ *m, f* Nipponese.
níquel ['nikew] (*pl* **-eis**) *m* nickel.
nissei [ni'sej] *mf child of Japanese parents born in Brazil.*
nisso ['nisu] = **em + isso**.
nisto ['niʃtu] = **em + isto**.
nitidez [nitʃi'deʃ] *f* **-1.** [precisão] sharpness. **-2.** [clareza] clarity. **-3.** [brilho] brightness.
nítido, da ['nitʃidu, da] *f* **-1.** [preciso] distinct. **-2.** [claro] clear. **-3.** [brilhante] bright.
nitrogênio [nitro'ʒenju] *m* nitrogen.
nível ['nivɛw] (*pl* **-eis**) *m* **-1.** [ger] level; **em ~ de** level with; **~ superior** UNIV higher education. **-2.** [condições] standard; **alto/baixo ~** high/low standard. **-3.** [ferramenta] spirit level.
nivelar [nive'la(x)] *vt* **-1.** [aplanar] to level. **-2.** [equiparar] to compare; **~ algo a** OU **por** OU **com algo** to put sthg on the same level as sthg. **-3.** [medir] to equal.
◆ **nivelar-se** *vp* [equiparar-se]: **~-se a** OU **por** OU **com alguém** to measure up to sb.
no [nu] = **em + o.**
NO (*abrev de* **Noroeste**) *m* NW.
nó ['nɔ] *m* **-1.** [laço] knot; **dar um ~** to tie a knot; **~ cego** fast knot; **~ do dedo** knuckle. **-2.** *fig* [dificuldade] knotty situation. **-3.** [ponto crucial] nub.
-no [nu] *pron* [pessoa] him; [coisa] it; [você] you.
nobre ['nɔbri] ◇ *adj* **-1.** [ger] noble; **bairro ~** smart area. **-2.** *(antes de subst)* [ilustre] honourable. **-3.** ▷ **horário**. ◇ *m, f* nobleman (*f* noblewoman).
nobreza [no'breza] *f* nobility.
noção [no'sãw] (*pl* **-ões**) *f* notion; **não ter a menor ~ de algo** not to have the slightest idea about sthg.
◆ **noções** *fpl* [rudimentos] basics.
nocaute [no'kawtʃi] *m* **-1.** BOXE knockout; **levar alguém a ~/pôr alguém em ~** to knock sb out; *fig* [prostrar] to lay sb out. **-2.** [soco] punch.
nocivo, va [no'sivu, va] *adj* harmful.
noções [no'sõjʃ] *pl* ▷ **noção**.
noctívago [nok'tʃivagu] *adj & n* = **notívago**.
nódoa ['nɔdwa] *f* stain.
nogueira [no'gejra] *f* walnut tree.
noitada [noj'tada] *f* **-1.** [período] night. **-2.** [de diversão] night out. **-3.** [de insônia] sleepless night.
noite ['nojtʃi] *f* **-1.** [período] night; **à** OU **de ~** at night; **boa ~!** [cumprimento] good evening!; [despedida] good night!; **da ~ para o dia** from one day to the next, overnight; **esta ~** [a noite passada] last night; [a próxima noite] this evening, tonight; **ontem/hoje/amanhã a ~** yesterday/this/tomorrow evening; **tarde da ~** late at night; **ao cair da ~** at nightfall. **-2.** [vida noturna] nightlife.

Diga *good night* a alguém apenas ao se despedir. Se quiser cumprimentar alguém, diga *good evening*.

noitinha [noj'tʃiɲa] *f*: **à** OU **de ~** at dusk.
noivado [noj'vadu] *m* **-1.** [ger] engagement. **-2.** [festa] engagement party.
noivo, va ['nojvu, va] ◇ *adj* engaged. ◇ *m, f* **-1.** [comprometido]: **estar/ser ~ de alguém** to

be sb's fiancé (*f* fiancée), to be engaged to sb. **-2.** [no altar] groom (*f* bride).

◆ **noivos** *mpl*: **os ~s** [no altar] the bride and groom; [na lua-de-mel] newly-weds.

nojento, ta [no'ʒẽntu, ta] *adj* **-1.** [que enoja] disgusting. **-2.** [antipático] loathsome.

nojo ['noʒu] *m* **-1.** [náusea] nausea. **-2.** [repulsa] disgust; **estar um ~** [estar sujo, ruim] to be filthy; **ser um ~** [ser antipático] to be loathsome.

nômade ['nomadʒi] ◇ *adj* nomadic. ◇ *mf* nomad.

nome ['nɔmi] *m* **-1.** [designação] name; **~ de batismo** Christian name; **~ de família** surname; **de ~** [renome] of renown; [reputação] well known. **-2.** [autoridade]: **em ~ de algo** in the name of sthg; **em ~ de alguém** on behalf of sb.

nomeação [nomja'sãw] (*pl* **-ões**) *f* **-1.** [denominação] naming. **-2.** [para cargo] nomination.

nomeado, da [nomea'du, da] *adj* nominated.

nomear [no'mja(x)] *vt* **-1.** [proferir o nome, conferir o nome a] to name. **-2.** [conferir cargo a] to appoint.

nonagésimo, ma [nona'ʒɛzimu, ma] *num* ninetieth; *veja também* **sexto**.

nono, na ['nonu, na] *num* ninth; *veja também* **sexto**.

nora ['nɔra] *f* daughter-in-law.

nordeste [nox'dɛʃtʃi] ◇ *adj* north-east. ◇ *m* northeast.

◆ **Nordeste** *m* north-east region of Brazil.

nordestino, na [na, nɔxdɛʃ'tʃinu, na] ◇ *adj* **-1.** northeastern **-2.** *of north-eastern Brazil (depois de subst).* ◇ **-1.** Northeasterner *m, f* **-2.** *person from north-eastern Brazil.*

nórdico, ca ['nɔxdʒiku, ka] ◇ *adj* Nordic. ◇ *m, f* Nordic.

norma ['nɔxma] *f* **-1.** [padrão] norm. **-2.** [regra] rule; **ter como ~** to have as a norm.

normal [nɔx'maw] (*pl* **-ais**) *adj* [ger] normal.

normalidade [noxmali'dadʒi] *f* normality.

normalizar [noxmali'za(x)] *vt* to bring back to normal.

◆ **normalizar-se** *vp* to return to normal.

normalmente [noxmaw'mẽntʃi] *adv* **-1.** [regularmente] as expected. **-2.** [geralmente] usually.

noroeste [no'rwɛʃtʃi] ◇ *adj* [relativo ao noroeste] north-west. ◇ *m* northwest.

norte ['nɔxtʃi] ◇ *adj* [relativo ao norte] north. ◇ *m* **-1.** [direção] north; **ao ~ de** to the north of. **-2.** [região] North. **-3.** [guia] guide.

norte-americano, na [ˌnɔxtʃjameri'kãnu, na] ◇ *adj* North American. ◇ *m & f* North American.

nortista [nox'tʃiʃta] ◇ *adj* [do norte] northern. ◇ *mf* [pessoa] northerner.

Noruega [no'rwɛga] *n* Norway.

norueguês, esa [norwe'geʃ, eza] ◇ *adj* Norwegian. ◇ *m, f* Norwegian.

◆ **norueguês** *m* [língua] Norwegian.

nos[1] [noʃ] = **em + os**.

nos[2] [noʃ] *pron pess* **-1.** *(objeto direto)* us; **convidaram-~ para a festa** they invited us to the party. **-2.** *(objeto indireto)* us; **ele ~ deu um presente** he gave us a present; **isto ~ saiu caro** that cost us a lot of money; [para enfatizar] us; **não ~ faça mais isto!** don't do that to us again! **-3.** *(reflexivo)* ourselves; **ontem ~ matriculamos na Universidade** yesterday we registered at University. **-4.** [reciprocamente] each other; **olhamo-~ com ternura** we looked lovingly at each other. **-5.** [indicando posse] us; **ela ~ beijou as faces** she kissed us on the cheeks; **ardia-~ a vista** our eyes were stinging. **-6.** [ao autor] us; **parece-~ ...** it seems to us ...; **neste caso, o que ~ chama a atenção é ...** in this case, what draws our attention is ...

nós [nɔʃ] *pron pess (com + nós = conosco)* **-1.** [sujeito] we; **~ somos casados** we are married; **~, brasileiros/estudantes, somos ...** we Brazilians/students, are ...; **~, que gostamos de música, ...** we, who love music, ...; **não pude ver o jogo; ~ vencemos?** I couldn't watch the match; did we win?; **~ dois/quatro** the two/four of us, we two/four; **só ~ dois** just the two of us; **~ todos** all of us; **~ mesmos** *ou* **próprios** we ... ourselves; **~ mesmos pintaremos a casa** we shall paint the house ourselves. **-2.** *(depois de prep)* **us**; **chegou un convite para ~** an invitation arrived for us, we received an invitation; **o que ele tem contra ~?** what does he have against us?; **você fica para jantar conosco?** are you staying with us for dinner?; **alguns de ~ serão premiados** some of us will be rewarded; **entre ~** [duas pessoas] between the two of us, between you and me; [mais de duas pessoas] among us. **-3.** [o autor] we; **neste capítulo, o que ~ pretendemos é ...** in this chapter, what we are attempting to do is ... **-4.** *loc*: **cá entre ~** between ourselves.

-nos [noʃ] *pron pl* [eles] them; [vocês] you ▷ **nos**[2].

nosso, a ['nɔsu, a] ◇ *adj* our; **Nossa Senhora** Our Lady; **nossas coisas/brigas** our things/arguments; **um amigo ~** a friend of ours; **este iate é ~** this yacht is ours. ◇ *pron*: **o ~/a nossa** ours; **um amigo ~** a friend of ours; **a nossa é maior** ours is bigger; **os ~s** [a nossa família] our family; [do nosso time] ours; **ser um dos ~s** *fam* [estar do nosso lado] to be one of ours; **à nossa!** here's to us!

◆ **nossa** *interj* [exprimindo espanto] God; ~ **mãe!**, ~ **senhora!** God!, Holy Mary!

nostalgia [noʃtaw'ʒia] *f* **-1.** [melancolia] nostalgia. **-2.** [da pátria] homesickness.

nostálgico, ca [noʃ'tawʒiku, ka] *adj* nostalgic.

nota ['nɔta] *f* **-1.** [ger] note; **tomar** ~ to take note; ~ **de rodapé** footnote. **-2.** *COM* bill; ~ **fiscal** invoice. **-3.** *EDUC* mark. **-4.** [comunicado] notice; ~ **oficial** official statement.

notar [no'ta(x)] *vt* [reparar] to note; **fazer** ~ to indicate.

◆ **notar-se** *vp*: **nota-se que ...** it is clear that ...

notável [no'tavɛw] (*pl* **-eis**) *adj* notable.

notebook ['notʃibukil] (*pl* **-s**) *m COMPUT* notebook.

notícia [no'tʃisja] *f* news *(sg)*; **ter ~s de alguém/algo** to have news of sb/sthg, to hear from sb/about sthg.

Não confundir *notícia (news)* com o inglês *notice* que em português signfica *aviso*. (*Ele ficou feliz em ouvir a notícia.* He was very happy to hear the *news*.)

noticiário [notʃi'sjarju] *m* **-1.** [de jornal] news section. **-2.** [rádio, tv] news bulletin. **-3.** [cinema] newsreel.

notificar [notʃifi'ka(x)] *vt* **-1.** [comunicar]: ~ **algo a alguém** to notify sb of sthg. **-2.** *JUR* to instruct.

notívago, ga [no'tʃivagu, ga] ◇ *adj* nocturnal. ◇ *m, f* [pessoa] sleepwalker.

notoriedade [notorje'dadʒi] *f* **-1.** [fama] fame. **-2.** [evidência] blatancy.

notório, ria [no'tɔrju, rja] *adj* **-1.** [famoso] famous, well-known. **-2.** [evidente] blatant; **é público e ~ que ...** it is public knowledge and blatantly clear that ...

noturno, na [no'tuxnu, na] *adj* **-1.** [trem, aula] night *(antes de subst)*; **vôo** ~ night flight. **-2.** [animais, plantas] nocturnal.

◆ **noturno** *m* **-1.** *MÚS* nocturne. **-2.** [trem] night train.

noutro ['notru] = **em + outro**.

nov. (*abrev de* **novembro**) Nov.

nova ['nɔva] *f* ▷ **novo**.

nova-iorquino, na [ˌnovajox'kinu, na] ◇ *adj* New York *(antes de subst)*. ◇ *m, f* New Yorker.

novamente [ˌnɔva'mẽntʃi] *adv* **-1.** [outra vez] once again. **-2.** [recentemente] recently.

novato, ta [no'vatu, ta] ◇ *adj* inexperienced. ◇ *m, f* novice.

Nova York [ˌnɔva'jɔxki] *n* New York.

Nova Zelândia [ˌnɔvaze'lãndʒja] *n* New Zealand.

nove ['nɔvi] *num* nine; *veja também* **seis**.

novecentos, tas [nɔve'sẽntuʃ, taʃ] *num* nine hundred; *veja também* **seiscentos**.

novela [no'vɛla] *f* **-1.** *RÁDIO & TV* soap opera. **-2.** *LITER* story.

novelo [no'velu] *m* ball of yarn.

novembro [no'vẽnbru] *m* November; *veja também* **setembro**.

noventa [no'vẽnta] *num* ninety; *veja também* **sessenta**.

noviço, ça [no'visu, sa] *m, f RELIG* novice.

novidade [novi'dadʒi] *f* **-1.** [ger] novelty. **-2.** [notícia] news *(sg)*.

novilho, lha [no'viʎu, ʎa] *m, f* calf.

novo, nova ['novu, 'nɔva] ◇ *adj* **-1.** [ger] new; ~ **em folha** brand new; **o que há de ~?** what's new? **-2.** [jovem] young. **-3.** [outro] different. ◇ *m, f*: **a nova/o novo** the new one.

◆ **de novo** *loc adv* again.

◆ **novo** *m* unknown.

◆ **nova** *f*: **boa nova** good news; **nova economia** new economy.

novo-rico [novu'xiku] (*pl* **novos-ricos**) *m,f* nouveau riche.

noz ['nɔʃ] (*pl* **-es**) *f* nut.

noz-moscada [ˌnɔʒmoʃ'kada] (*pl* **nozes-moscadas**) *f* nutmeg.

nu, nua ['nu, 'nua] *adj* **-1.** [ger] bare. **-2.** [sem roupa] naked. **-3.** [sem rodeios]: **a verdade nua e crua** the naked truth; **a realidade nua e crua** the stark reality.

◆ **nu** *m ARTE* nude.

nuança [nu'ãnsa], **nuance** [nu'ãsi] *f* nuance.

nublado, da [nu'bladu, da] *adj* cloudy.

nublar [nu'bla(x)] *vt* to cloud.

◆ **nublar-se** *vp* to become cloudy.

nuca ['nuka] *f* nape.

nuclear [nukle'a(x)] (*pl* **-es**) *adj* **-1.** *TEC* nuclear. **-2.** *fig* [central] central.

núcleo ['nuklju] *m* nucleus.

nudez [nu'deʃ] *f* **-1.** [de pessoa] nudity. **-2.** [de coisas] bareness.

nudista [nu'dʒiʃta] ◇ *adj* nudist. ◇ *mf* nudist.

nulidade [nuli'dadʒi] *f* insignificance.

nulo, la ['nulu, la] *adj* **-1.** [sem valor] invalid. **-2.** [nenhum] non-existent. **-3.** [inepto] useless.

num [nũ] = **em + um**.

núm. (*abrev de* **número**) *m* no.

numa ['numa] *cont* = **em + uma**.

numeração [numera'sãw] (*pl* **-ões**) *f* **-1.** [ato] numbering. **-2.** [sistema] numbers. **-3.** [de calçados, roupas] size.

numerado, da [nume'radu, da] *adj* numbered.

numeral [nume'raw] (*pl* **-ais**) *m GRAM* numeral.

numerar [nume'ra(x)] *vt* **-1.** [pôr número em] to number. **-2.** [pôr em ordem numérica] to place in numerical order.

numérico, ca [nu'mɛriku, ka] *adj* numerical.

número ['numeru] *m* **-1.** [ger] number; ~ **par/**

ímpar even/odd number; **sem-~** countless; **um sem-~ de vezes** countless times; **~ de telefone/fax** telephone/fax number. **-2.** [tamanho]**: que ~ você calça?** what size shoe do you wear? **-3.** [edição] issue; **~ atrasado** back number. **-4.** [quadro] act.

numeroso, osa [nume'rozu, ɔza] *adj* numerous.

nunca ['nũŋka] *adv* **-1.** [sentido negativo] never; **~ mais** never again; **ele quase ~ sorri** he hardly ever smiles. **-2.** [sentido afirmativo]**: como ~** as never before; **mais do que ~** more than ever.

nuns [nũʃ] = **em + ums**.

núpcias ['nupsjaʃ] *fpl* wedding.

nutrição [nutri'sãw] *f* nutrition.

nutricionista [nutrisjo'niʃta] *mf* nutritionist.

nutrido, da [nu'tridu, da] *adj* **-1.** [bem alimentado] well-fed. **-2.** [robusto] fit.

nutrir [nu'tri(x)] *vt* **-1.** [alimentar]**: ~ (com/de)** to nourish (with). **-2.** *fig* [acalentar]**: ~ algo por** to nurture sthg for. **-3.** *fig* [fornecer]**: ~ algo de** to provide sthg with.

◆ **nutrir-se** *vp* **-1.** [alimentar-se]**: ~-se de** to obtain nourishment from; **~-se com** to feed on. **-2.** [prover-se] *fig*: **~-se de algo** to supply o.s. with.

nutritivo, va [nutri'tʃivu, va] *adj* nourishing; **valor ~** nutritional value.

nuvem ['nuvẽ] (*pl* **-ns**) *f* **-1.** [do céu] cloud. **-2.** *fig* [aglomeração - de pessoas] swarm; [- de insetos, gases, fumaça] cloud. **-3.** *loc*: **estar nas nuvens** to daydream; **passar em brancas nuvens** [data] to pass by unnoticed.

O

o¹, O [ɔ] *m* [letra] o, O.

o², a [u, a] (*mpl* **os**, *fpl* **as**) ◇ *artigo definido* **-1.** [com substantivo genérico] the; **a casa** the house; **o hotel** the hotel; **os alunos** the students; **os noivos** the bride and groom. **-2.** [com substantivo abstrato]**: a vida** life; **o amor** love. **-3.** [com adjetivo substantivado]**: o melhor/pior** the best/worst; **vou fazer o possível** I'll do what I can. **-4.** [com nomes geográficos]**: a Inglaterra** England; **o Amazonas** the Amazon; **o Brasil** Brazil; **os Estados Unidos** the United States; **os Pireneus** the Pyrenees. **-5.** [indicando posse]**: quebrei o nariz** I broke my nose; **estou com os pés frios** my feet are cold. **-6.** [enfaticamente]**: ele pensa que é O gênio** he thinks he is THE genius; **ela é A supermãe** she is THE supermother; **Tentação, O perfume** Tentação, THE perfume. **-7.** [com nome de pessoa]**: o Alexandre** Alexandre; **a Helena** Helena; **o Sr. Mendes** Mr. Mendes. **-8.** [por cada] a, per; **3 reais a dúzia** 3 reals a dozen; **o linho é 5 reais o metro** linen is 5 reals per metre. **-9.** [em datas, períodos] the; **o dois de abril** the second of April *UK*, April second *US*; **o pós-guerra** the post-war years. **-10.** [em títulos] the; **Alexandre, o Grande** Alexander, the Great; **D. Maria, a Louca** Queen Mary, the Madwoman. ◇ *pron pess* **-1.** [pessoa] him (*f* her), them *pl*; **eu a deixei ali** I left her there; **ela o amava muito** she loved him very much; **não os vi** I didn't see them. **-2.** [você, vocês] you; **eu o chamei, Dirceu, mas você não ouviu** I called you, Dirceu, but you didn't hear; **prazer em conhecê-los, meus senhores** pleased to meet you, gentlemen. **-3.** [coisa] it, them *pl*; **onde estão as chaves? não consigo achá-las** where are the keys? I can't find them; **este paletó é novo, comprei-o no mês passado** this jacket is new, I bought it last month. **-4.** [em locuções]**: o/a da esquerda** the one on the left; **os que desejarem vir terão de pagar** those who wish to come will have to pay; **o que (é que) ...?** what (is) ...?; **o que (é que) está acontecendo?** what's going on?; **era o que eu pensava** it's just as I thought; **o quê?** what? ◇ *pron dem* **-1.** [especificativo - com substantivo] the one; **feche a porta da frente e a dos fundos** close the front door and the one at the back; **compre o que for mais barato** buy the one that's cheapest; **2.** [- com adjetivo] the; **destas balas, adoro as vermelhas** out of these sweets, I prefer the red ones **3.** [indicando posse] one; **minha casa e a de Teresa** my house and Teresa's, mine and Teresa's house; **minha casa é grande e a de Teresa é pequena** my house is big and Teresa's one is small.

ó [ɔ] *interj* oh!

ô [o] *interj* oh!

OAB (*abrev de* **Ordem dos Advogados do Brasil**) *f Brazilian law society*.

oásis [ɔ'aziʃ] *m inv* oasis.

oba ['oba] *interj* **-1.** [de alegria] great! **-2.** [cumprimento] hi!

obcecado, da [obise'kadu, da] *adj* obsessive.

obedecer [obede'se(x)] ◇ *vt* to obey. ◇ *vi*: **~ a (alguém/algo)** to obey (sb/sthg).

obediência [obe'dʒjẽnsja] *f* obedience.

obediente [obe'dʒjẽntʃi] *adj* obedient.

obeso, sa [o'bezu, za] ◇ *adj* obese. ◇ *m, f* obese person.

óbito ['ɔbitu] *m* death.

objeção [obʒe'sãw] (*pl* **-ões**) *f* **-1.** [contestação] objection. **-2.** [obstáculo] obstacle; **fazer** *ou* **pôr ~ a** to make an objection to.

objetivo, va [obʒe'tʃivu, va] *adj* objective.

◆ **objetivo** *m* objective, aim.

objeto [ob'ʒɛtu] *m* **-1.** [coisa] object. **-2.** [de estudo] subject.

oblíquo, qua [o'blikwu, kwa] *adj* **-1.** [diagonal - luz, chuva, traço] slanting; [- terreno, reta] sloping; [- ângulo] oblique. **-2.** *fig* [dissimulado] devious.

oblongo, ga [ob'lõŋgu, ga] *adj* oblong.

oboé [o'bwɛ] *m* oboe.

obra ['ɔbra] *f* **-1.** [trabalho] work; **~ de arte** work of art; **ser ~ de alguém** *fig* to be the work of sb. **-2.** *CONSTR* works *(pl)*; **em ~s** under repair.

obra-prima [,ɔbra'prima] (*pl* **obras-primas**) *f* **-1.** [melhor obra] masterpiece. **-2.** [perfeição]: **ser/estar uma ~** to be a work of art.

obrigação [obriga'sãw] (*pl* **-ões**) *f* **-1.** [dever] obligation. **-2.** *COM* bond.

obrigado, da [obri'gadu, da] *interj* [agradecimento]: **(muito) ~ (por)** thank you (very much) (for).

obrigar [obri'ga(x)] *vt*: **~ alguém a fazer algo** [forçar] to force sb to do sthg; [impor] to require sb to do sthg; [induzir] to compel sb to do sthg.

◆ **obrigar-se** *vp* to take it upon o.s.

obrigatoriedade [obrigatorje'dadʒi] *f* obligatory nature.

obrigatório, ria [obriga'tɔrju, rja] *adj* obligatory.

obsceno, na [obi'senu, na] *adj* obscene.

obscurecer [obiʃkure'se(x)] *vt* **-1.** [escurecer] to darken. **-2.** *fig* [entristecer] to trouble. **-3.** *fig* [prejudicar] to damage; *fig* [perturbar] to unsettle.

obscuridade [obiʃkuri'dadʒi] *f* **-1.** [escuridão] darkness. **-2.** [anonimato] obscurity. **-3.** *fig* [esquecimento] obscurity.

obscuro, ra [obi'ʃkuru, ra] *adj* **-1.** [escuro] dark. **-2.** *fig* [desconhecido, confuso] obscure.

obséquio [obi'zɛkju] *m* favour *UK*, favor *US*; **por ~** please.

observação [obizexva'sãw] (*pl* **-ões**) *f* **-1.** [ato] observation. **-2.** [comentário] remark. **-3.** [cumprimento] observance.

observador, ra [obisexva'do(x), ra] (*pl* **-es**, *fpl* **-s**) ◇ *adj* [perspicaz] observant. ◇ *m, f* observer.

observar [obisex'va(x)] *vt* **-1.** [ger] to observe. **-2.** [contemplar] to look at. **-3.: ~ que** [notar] to notice that; [comentar] to remark that.

observatório [obisexva'tɔrju] *m* observatory.

obsessão [obse'sãw] (*pl* **-ões**) *f* obsession.

obsessivo, va [obse'sivu, va] *adj* obsessive.

obsoleto, ta [obso'letu, ta] *adj* obsolete.

obstante [obiʃ'tãntʃi] ◆ **não obstante** ◇ *loc conj* nevertheless. ◇ *loc prep* in spite of.

obstetra [obʃ'tɛtra] *mf* obstetrician.

obstinado, da [obiʃtʃi'nadu, da] *adj* **-1.** [perseverante] obdurate. **-2.** [teimoso] obstinate.

obstrução [obʃtru'sãw] (*pl* **-ões**) *f* **-1.** [entupimento] blockage. **-2.** [impedimento] obstruction.

obstruir [obiʃ'trwi(x)] *vt* **-1.** [entupir] to block. **-2.** [impedir] to obstruct.

obtenção [obitẽn'sãw] (*pl* **-ões**) *f* **-1.** [aquisição] acquisition. **-2.** [consecução] achievement.

obter [obi'te(x)] *vt* **-1.** [diploma, verbas, absolvição] to obtain. **-2.** [desempenho, sucesso] to achieve.

obturação [obtura'sãw] (*pl* **-ões**) *f* [de dente] filling.

obturador [obtura'do(x)] (*pl* **-es**) *m FOT* shutter.

obturar [obtu'ra(x)] *vt* [dente] to fill.

obtuso, sa [obi'tuzu, za] *adj* **-1.** [arredondado] blunt. **-2.** [bronco] obtuse. **-3.** [obscuro] obscure.

óbvio, via ['ɔbvju, vja] *adj* obvious; **é ~!** of course!

◆ **óbvio** *m*: **o ~** the obvious; **ser o ~ ululante** to be blatantly obvious.

ocasião [oka'zjãw] (*pl* **-ões**) *f* **-1.** [ger] time; **em certas ocasiões** sometimes. **-2.** [oportunidade]: **aproveitar a ~** to seize the moment; **ter ~ de fazer algo** to have the opportunity to do sthg.

ocasional [okazjo'naw] (*pl* **-ais**) *adj* chance *(antes de subst)*.

ocasionar [okazjo'na(x)] *vt* [proporcionar]: **~ algo a alguém** to afford sb sthg.

ocaso [o'kazu] *m* **-1.** [do sol] sunset. **-2.** *fig* [fim] end. **-3.** *fig* [decadência] decline.

Oceania [osjã'nia] *n* Oceania.

oceânico, ca [o'sjãniku, ka] *adj* oceanic.

oceano [o'sjãnu] *m* [mar] ocean; **~ Antártico** Antarctic Ocean; **~ Atlântico** Atlantic Ocean; **~ Ártico** Arctic Ocean; **~ Índico** Indian Ocean; **~ Pacífico** Pacific Ocean.

oceanografia [osjanogra'fia] *f* oceanography.

ocidental [osidẽn'taw] (*pl* **-ais**) ◇ *adj* western. ◇ *m, f* westerner.

ocidentalizar [osidẽntali'za(x)] *vt* to westernize.

◆ **ocidentalizar-se** *vp* to become westernized.

ocidente [osi'dẽntʃi] *m* west.

◆ **Ocidente** *m*: **o Ocidente** the West.

ócio ['ɔsju] *m* **-1.** [tempo livre] free time. **-2.** [desocupação]: **estar no ~** to be unoccupied. **-3.** [indolência] idleness.

ocioso, sa [o'sjozu, za] *adj* **-1.** [desocupado] unoccupied. **-2.** [improdutivo] unproductive. **-3.** [indolente] idle. **-4.** [inútil] useless.

oco, oca ['oku, 'oka] *adj* **-1.** [vazio] hollow. **-2.** *fig* [fútil] empty.

ocorrência [oko'xẽnsja] *f* **-1.** [acontecimento] event; **~ policial** police matter. **-2.** [circunstância] circumstance.

ocorrer [oko'xe(x)] *vi* **-1.** [acontecer] to occur. **-2.** [vir à memória]: **~ a alguém** to occur to sb.

ocre ['ɔkri] <> *adj* ochre *UK (antes de subst)*, ocher *US (antes de subst)*. <> *m* ochre.

octógono [ok'tɔgonu] *m* octagon.

ocular [oku'la(x)] *adj* ocular.

oculista [oku'liʃta] *mf* oculist, ophthalmologist.

óculo ['ɔkulu] *m* **-1.** [de navio] porthole. **-2.** *ARQUIT* oculus.

◆ **óculos** *mpl* glasses *(pl)*; **~s escuros** sunglasses.

ocultar [okuw'ta(x)] *vt* to conceal.

ocultas [o'kuwtaʃ] ◆ **às ocultas** *loc adv* secretly.

ocultismo [okuw'tʃiʒmu] *m* occultism.

oculto, ta [o'kuwtu, ta] *adj* **-1.** [secreto, desconhecido] hidden. **-2.** [sobrenatural] occult.

ocupação [okupa'sãw] *(pl* **-ões***)* *f* **-1.** [ger] occupation. **-2.** [de um espaço] occupancy.

ocupado, da [oku'padu, da] *adj* **-1.** [ger] occupied. **-2.** [atarefado] busy. **-3.** *TELEC* engaged *UK*, busy *US*; **dar (sinal de) ~** to give the engaged tone *UK*, to give the busy signal *US*.

ocupante [oku'pãntʃi] *mf* occupant.

ocupar [oku'pa(x)] *vt* **-1.** [ger] to occupy. **-2.** [atrair] to attract.

◆ **ocupar-se** *vp* **-1.** [preencher tempo] to keep o.s. occupied. **-2.** [cuidar de]: **~-se com alguém/algo** to look after sb/sthg.

odalisca [oda'liʃka] *f* odalisque.

odiar [o'dʒja(x)] <> *vt* to hate. <> *vi* to hate.

◆ **odiar-se** *vp* **-1.** [a si mesmo] to hate o.s. **-2.** [um ao outro] to hate one another.

ódio ['ɔdʒju] *m* hatred, hate.

odioso, osa [o'dʒjozu, ɔza] *adj* odious.

odisséia [odʒi'sɛja] *f* odyssey.

odontologista [odõntolo'ʒiʃta] *mf* odontologist, dentist.

odor [o'do(x)] *(pl* **-es***)* *m* odour.

OEA *(abrev de* **Organização dos Estados Americanos***)* *f* OAS.

oeste ['wɛʃtʃi] <> *adj inv* west. <> *m*: **a ~ de** west of.

ofegante [ofe'gãntʃi] *adj* **-1.** [arquejante] panting. **-2.** [cansado] breathless.

ofegar [ofe'ga(x)] *vi* to pant.

ofender [ofẽn'de(x)] *vt* to offend.

◆ **ofender-se** *vp* [sentir-se insultado] to be offended.

ofensa [o'fẽnsa] *f* **-1.** [insulto] insult. **-2.** [desrespeito] offence *UK*, offense *US*.

ofensivo, va [ofẽn'sivu, va] *adj* offensive.

◆ **ofensiva** *f* offensive.

oferecer [ofere'se(x)] *vt* to offer.

◆ **oferecer-se** *vp* [propor seus serviços] to offer o.s.; **~-se para fazer algo** to offer to do sthg.

oferecido, da [ofere'sidu, da] *adj pej* easy.

oferenda [ofe'rẽnda] *f RELIG* offering.

oferta [o'fɛxta] *f* **-1.** [ger] offer; **em ~** on offer. **-2.** *ECON* supply.

off-line ['ɔflajni] *adv COMPUT* off-line.

oficializar [ofisjali'za(x)] *vt* to officialize.

oficina [ofi'sina] *f* workshop; **~ mecânica** garage.

ofício [o'fisju] *m* **-1.** [profissão] profession. **-2.** [incumbência] job. **-3.** *RELIG* office. **-4.** [correspondência] official letter.

oficioso, osa [ofi'sjozu, ɔza] *adj* [não oficial] unofficial.

oftalmológico, ca [oftawmo'lɔʒiku, ka] *adj* ophthalmological.

oftalmologista [oftawmolo'ʒiʃta] *mf* ophthalmologist.

ofuscante [ofuʃkãntʃi] *adj* dazzling.

ofuscar [ofuʃ'ka(x)] <> *vt* **-1.** [encobrir] to conceal. **-2.** [suplantar em brilho] to outshine. **-3.** [olhos] to dazzle. **-4.** *fig* [apagar] to overshadow. <> *vi* [turvar a vista] to dazzle.

ogum [o'gũ] *m god of war in Afro-Brazilian cults.*

oh [ɔ] *interj* oh!

oi ['oj] *interj* **-1.** [como saudação] hi! **-2.** [como resposta indagativa] mm?

oitavo, va [oj'tavu, va] <> *num* eighth; **a oitava parte** the eighth part. <> *m* eighth; *veja também* **sexto**.

oitenta [oj'tẽnta] *num* eighty; *veja também* **sessenta**.

oito ['ojtu] *num* eight; *veja também* **seis**; **ou ~ ou oitenta** all or nothing.

oitocentos, tas [ojtu'sẽntuʃ] *num* eight hundred; *veja também* **seiscentos**.

ola ['ola] *f ESP* Mexican wave.

olá [o'la] *interj* hello.

olaria [ola'ria] *f* [fábrica] pottery.

óleo ['ɔlju] *m* oil; **~ de bronzear** sun-tan oil; **~ diesel** diesel oil.

oleoduto [oljo'dutu] *m* pipeline.

oleoso, osa [o'ljozu, ɔza] *adj* greasy.

olfato [ow'fatu] *m* smell.

olhada [o'ʎada] *f* look; **dar uma ~ (em)** to take a look (at).

olhadela [oʎa'dɛla] *f* glance.

olhar [o'ʎa(x)] <> *vt* **-1.** [ger] to look at. **-2.** [cuidar de] to keep an eye on. **-3.** [ponderar] to look at. <> *vi* [ver] to look; **olha!** look!; **~ por** [cuidar de] to keep an eye on. <> *m* look.

◆ **olhar-se** *vp* **-1.** [ver-se] to look at o.s. **-2.**

[entreolhar-se] to look at each other.

olho ['oʎu] (*pl* **olhos**) *m* **-1.** [ger] eye; **a ~ nu** to the naked eye; **~ de sogra** *CULIN* *Brazilian plum pudding with caramelized topping*; **estar de ~ em alguém/algo** to have one's eye on sb/sthg. **-2.** [vista] glance; **dirigiu os ~s para todos durante o show** she cast her eyes over everyone during the show; **a ~s vistos** in front of one's very eyes. **-3.** [de queijo] hole. **-4.** [de agulha] eye; **~ mágico** magic eye. **-5.** *loc*: **abrir os ~s de alguém** to open sb's eyes; **custar/pagar os ~s da cara** to cost/pay an arm and a leg; **não pregar o ~** not to sleep a wink; **pôr alguém no ~ da rua** to fire sb; **ter o ~ maior do que a barriga** to have eyes bigger than one's stomach.

oligarquia [oligax'kia] *f* oligarchy.

oligárquico, ca [oli'gaxkiku, ka] *adj* oligarchical.

oligopólio [oligo'pɔlju] *m* oligopoly.

olimpíada [olĩn'piada] *f* Olympiad; **as ~s** the Olympics.

olímpico, ca [o'lĩmpiku, ka] *adj* Olympic.

olmo ['owmu] *m* elm.

OLP (**Organização para Libertação da Palestina**) *f* PLO.

ombro ['õnbru] *m* *ANAT* shoulder; **~ a ~** shoulder to shoulder; **encolher os ~s** to shrug.

OMC (*abrev de* **Organização Mundial de Comércio**) *f* WTO.

omelete [ome'lɛtʃi] *f* omelette *UK*, omelet *US*.

omissão [omi'sãw] (*pl* **-ões**) *f* omission.

omisso, ssa [o'misu, sa] *adj* **-1.** [negligente, ausente] negligent. **-2.** [faltando] omitted.

omitir [omi'tʃi(x)] *vt* to omit.

◆ **omitir-se** *vp*: **~-se de algo** to refrain from sthg.

omoplata [omo'plata] *f* shoulder blade, scapula.

OMS (*abrev de* **Organização Mundial de Saúde**) *f* WHO.

onça ['õnsa] *f* **-1.** [animal] jaguar; **estar/ficar uma ~** to be wild. **-2.** [peso] ounce.

onça-pintada ['õnsapĩntada] (*pl* **-s**) *f* *ZOOL* jaguar.

onda ['õnda] *f* **-1.** [ger] wave; **pegar ~** [surfar] to surf. **-2.** [moda] vogue; **estar na ~** to be in vogue. **-3.** *fam* [fingimento] lie. **-4.** *FÍSICA*: **~ curta/média/longa** short/medium/long wave. **-5.** *loc*: **deixar de ~** to stop messing about; **ir na ~ de alguém** to be taken in by sb.

onde ['õndʒi] (*a + onde = aonde*) ◇ *adv (interrogativo)* **-1.** where; **~ fica o museu?** where is the museum?; **não sei ~ deixei meus óculos** I don't know where I've left my glasses; **aonde vamos esta noite?** where are we going tonight?; **por ~ vieram?** which way did you come?; **~ quer que** wherever; **carregue sua carteira por ~ você for** keep your wallet with you wherever you go. **-2.** *loc*: **fazer por ~** to do what's necessary. ◇ *pron* **-1.** *(relativo)* where; **a casa ~ moro** the house where I live; **o vale por ~ passa o rio** the valley where the river flows. **-2.** *(indefinido)* where; **eles não têm ~ morar** they have nowhere to live, they don't have anywhere to live; **pretendo voltar ~ estivemos ontem** I intend to go back to where we were yesterday; **até ~ eu sei** as far as I know.

ondulação [õndula'sãw] (*pl* **-ões**) *f* undulation.

ondulado, da [õndu'ladu, da] *adj* **-1.** [cabelo] wavy. **-2.** [folha] curled.

oneroso, osa [one'rozu, ɔza] *adj* **-1.** [dispendioso] costly. **-2.** [pesado] burdensome.

ONG (*abrev de* **Organização Não-Governamental**) *f* NGO.

ônibus ['onibuʃ] *m inv* bus.

onipotente [ˌonipo'tẽntʃi] *adj* omnipotent.

onipresença [oni'prezẽnsa] *f* omnipresence.

onírico, ca [o'niriku, ka] *adj* dreamlike.

onisciência [oni'sjẽnsja] *f* omniscience.

onívoro, ra [o'nivuru, ra] *adj* omnivorous.

ônix ['oniks] *m (inv)* onyx.

ontem ['õntẽ] *adv* yesterday; **~ de manhã** yesterday morning; **~ à noite/à tarde** yesterday evening/afternoon.

ONU ['ɔnu] (*abrev de* **Organização das Nações Unidas**) *f* UN.

ônus ['onuʃ] *m* **-1.** *(inv)* [peso] excess weight. **-2.** *fig* [encargo] obligation. **-3.** [imposto pesado] heavy tax.

onze ['õnzi] *num* eleven; *veja também* **seis**.

opa ['opa] *interj* [de admiração] wow!; [de saudação] hi!

opacidade [opasi'dadʒi] *f* opacity.

opaco, ca [o'paku, ka] *adj* opaque.

opala [o'pala] *f* **-1.** [mineral] opal. **-2.** [tecido] *fine cotton material*.

opção [op'sãw] (*pl* **-ões**) *f* **-1.** [escolha] choice. **-2.** [preferência] preference.

opcional [opsjo'naw] (*pl* **-ais**) *adj* optional.

open market ['opẽn'maxkitʃ] *m* open market.

OPEP (*abrev de* **Organização dos Países Exportadores de Petróleo**) *f* OPEC.

ópera ['ɔpera] *f* opera.

operação [opera'sãw] (*pl* **-ões**) *f* operation.

operacionalidade [operasjonali'dadʒi] *f* operating efficiency.

operador, ra [opera'do(x), ra] (*mpl* **-es**, *fpl* **-s**) *m, f* operator.

operar [ope'ra(x)] ◇ *vt* **-1.** [fazer funcionar] to operate. **-2.** *MED* to operate on. **-3.** [realizar] to perform. ◇ *vi* **-1.** [ger] to operate. **-2.** *MED* to operate.

operária [ope'rarja] *f* ▷ **operário**.

operariado [opera'rjadu] *m*: **o ~** the working class.

operário, ria [ope'rarju, rja] <> *adj* **-1.** [greve] workers' *(antes de subst)*. **-2.** [classe] working. **-3.** [abelha] worker *(antes de subst)*. <> *m, f* [trabalhador] worker.

opereta [ope'reta] *m* operetta.

opinar [opi'na(x)] *vi* [emitir opinião]: **~ (sobre alguém/algo)** to give one's opinion (on sb/sthg).

opinião [opi'njãw] (*pl* **-ões**) *f* opinion; **a ~ pública** public opinion; **dar uma ~** to give an opinion; **mudar de ~** to change one's mind.

ópio ['ɔpju] *m* opium.

oponente [opo'nẽntʃi] <> *adj* opposing. <> *mf* opponent.

opor [o'po(x)] *vt* **-1.** [resistência, objeção] to oppose. **-2.** [argumento, razão] to set.

◆ **opor-se** *vp* [ser contrário]: **~-se (a algo)** to be opposed (to sthg).

oportunidade [opoxtuni'dadʒi] *f* opportunity; **aproveitar a ~** to seize the opportunity.

oportunista [opoxtu'niʃta] <> *adj* opportunistic. <> *mf* opportunist.

oportuno, na [opox'tunu, na] *adj* opportune; **momento ~** opportune moment.

oposição [opozi'sãw] (*pl* **-ões**) *f* **-1.** [objeção] opposition; **fazer ~ a** to oppose. **-2.** *POL*: **a ~** the opposition.

oposicionista [opozisjo'niʃta] <> *adj* opposition *(antes de subst)*. <> *mf* member of the opposition.

oposto, ta [o'poʃtu, o'pɔʃta] *adj* **-1.** [contrário] opposite. **-2.** [em frente a] opposite.

◆ **oposto** *m* [inverso] opposite.

opressão [opre'sãw] (*pl* **-ões**) *f* **-1.** [ger] oppression. **-2.** [sufocação - no peito] tightness; [- no coração] oppression.

opressivo, va [opre'sivu, va] *adj* oppressive.

oprimido, da [opri'midu, da] *adj* oppressed.

oprimir [opri'mi(x)] *vt* **-1.** [ger] to oppress. **-2.** [comprimir] to crush.

optar [op'ta(x)] *vi*: **~ (por/entre)** to opt (for/between); **~ por fazer algo** to opt to do sthg, to choose to do sthg.

óptico, ca ['ɔptʃiku, ka] <> *adj* optical. <> *mf* optician.

◆ **óptica** *f* **-1.** *FÍS* optics *(sg)*. **-2.** [loja] optician's. **-3.** [ponto de vista] point of view.

opulento, ta [opu'lẽntu, ta] *adj* opulent.

opúsculo [o'puʃkulu] *m* **-1.** [livreto] booklet. **-2.** [folheto] pamphlet.

ora ['ɔra] <> *adv* [agora] now; **ela ~ quer uma coisa, ~ quer outra** first she wants one thing, then she wants another; **por ~** for now. <> *conj* now. <> *interj*: **~ bolas!** oh hell!

oração [ora'sãw] (*pl* **-ões**) *f* **-1.** [reza] prayer. **-2.** *GRAM* clause.

oráculo [o'rakulu] *m* oracle.

oral [o'raw] (*pl* **-ais**) <> *adj* oral. <> *f* oral (exam).

orangotango [orãŋgu'tãŋgu] *m* orangutan.

orar [o'ra(x)] *vi*: **~ (a/por)** to pray (to/for).

órbita ['ɔxbita] *f* **-1.** *ASTRON* orbit; **a lua está em ~ da Terra** the moon orbits the Earth; **o satélite entrou em ~** the satellite entered into orbit; **estar fora de ~** *fam fig* to be out of one's mind. **-2.** [de olho] socket. **-3.** *fig* [área] orbit.

orbitar [oxbi'ta(x)] *vi* **-1.** [descrever órbita] to orbit. **-2.** *fig* [em torno de alguém] to revolve around.

orçamentário, ria [oxsamẽn'tarju, rja] *adj* budget *(antes de subst)*.

orçar [ox'sa(x)] <> *vt* [calcular] to estimate. <> *vi* [avaliar] to make an estimate; **~ em** to estimate at.

ordeiro, ra [ox'dejru, ra] *adj* orderly.

ordem ['ɔxdẽ] (*pl* **-ns**) *f* **-1.** [ger] order; **estar em ~** to be tidy; **~ do dia** agenda; **manter a ~** to maintain order; **tudo em ~?** everything OK?; **~ pública/social** public/social order; **às suas ordens** at your service; **dar ~ a alguém para fazer algo** to tell sb to do sthg; **~ de pagamento** money order; **~ de prisão** prison order. **-2.** [categoria]: **foi um prejuízo da ~ de bilhões** there was damage in the order of billions; **de primeira/segunda ~** first/second rate.

ordenado, da [oxde'nadu, da] *adj* [organizado] organized.

◆ **ordenado** *m* [salário] salary, wages *(pl)*.

ordenar [oxde'na(x)] *vt* to order.

◆ **ordenar-se** *vp* **-1.** *RELIG* to be ordained. **-2.** [organizar-se] to organize o.s.

ordenhar [oxde'ɲa(x)] *vt* to milk.

ordinal [oxdʒi'naw] (*pl* **-ais**) *adj* ordinal.

ordinário, ria [oxdʒi'narju, rja] *adj* **-1.** [ger] ordinary. **-2.** [de má qualidade] poor. **-3.** [comum, freqüente] usual.

orégano [o'rɛganu] *m* oregano.

orelha [o'reʎa] *f* **-1.** *ANAT* ear; **estar de ~ em pé** *fam fig* to have one's wits about one; **estar até as ~s com algo** to be up to one's ears in sthg. **-2.** [aba] flap.

orelhão [ore'ʎãw] (*pl* **-ões**) *m* [cabine de telefone público] open telephone booth.

orfanato [oxfa'natu] *m* orphanage.

órfão, ã ['ɔxfãw, fã] <> *adj* orphaned; **~ de pai/mãe** fatherless/motherless. <> *m, f* orphan.

orgânico, ca [ox'gãniku, ka] *adj* organic.

organismo [oxga'niʒmu] *m* **-1.** [ger] organism. **-2.** *fig* [instituição] organization.

organização [oxganiza'sãw] (*pl* **-ões**) *f* organization.

organizacional [oxganiza'sionaw] (*pl* **-ais**) *adj* organizational.
organizador, ra [oxganiza'do(x), ra] *m, f* organizer.
organizar [oxgani'za(x)] *vt* to organize.
órgão ['ɔxgãw] (*pl* **-s**) *m* **-1.** [ger] organ. **-2.** [instituição] body; ~ **de imprensa** news publication.
orgasmo [ox'gaʒmu] *m* orgasm.
orgia [ox'ʒia] *f* orgy.
orgulhar [oxgu'ʎa(x)] *vt* to make proud.
◆ **orgulhar-se** *vp*: ~**-se de** to pride o.s. on.
orgulho [ox'guʎu] *m* **-1.** [ger] pride. **-2.** [arrogância] arrogance.
orgulhoso, osa [oxgu'ʎozu, ɔza] *adj* **-1.** [brioso] self-satisfied. **-2.** [satisfeito] proud. **-3.** [arrogante] arrogant.
orientação [orjẽnta'sãw] (*pl* **-ões**) *f* **-1.** [ger] direction; ~ **profissional** careers guidance. **-2.** [supervisão] supervision. **-3.** *fig* [linha, tendência] orientation.
oriental [orjẽn'taw] (*pl* **-ais**) ◇ *adj* oriental. ◇ *mf* oriental.
orientar [orjẽn'ta(x)] *vt* **-1.** [situar] to orient. **-2.** [nortear] to put in the right direction. **-3.** [supervisionar] to supervise. **-4.** *fig* [aconselhar] to advise.
◆ **orientar-se** *vp* **-1.** [nortear-se] to orient o.s. **-2.** [aconselhar-se, informar-se] to take advice.
oriente [o'rjẽntʃi] *m* east.
◆ **Oriente** *m*: **o Oriente** the East; **Extremo Oriente** Far East; **Oriente Médio** Middle East.
orifício [ori'fisju] *m* orifice.
origem [o'riʒẽ] (*pl* **-ns**) *f* **-1.** [início] origin. **-2.** [ascendência] origin; **país de** ~ country of origin. **-3.** [causa] cause; **dar** ~ **a** to give rise to.
original [oriʒi'naw] (*pl* **-ais**) ◇ *adj* original. ◇ *m* [obra] original.
originalidade [oriʒinali'dadʒi] *f* **-1.** [origem] origin. **-2.** [excentricidade] originality.
originalmente [oriʒinaw'mẽntʃi] *adv* originally.
originário, ria [oriʒi'narju, rja] *adj* [proveniente]: ~ **de** native of.
oriundo, da [o'rjũndu, da] *adj*: ~ **de** from.
orixá [ori'ʃa] *m Orisha, a Yoruba divinity that symbolizes the forces of nature and acts as an intermediary between worshippers and the highest divinity.*
orla ['ɔxla] *f* [faixa] edge.
ornamentação [oxnamẽnta'sãw] (*pl* **-ões**) *f* decoration.
ornamental [oxnamẽn'taw] (*pl* **-ais**) *adj* ornamental.
ornamento [oxna'mẽntu] *m* ornament.
orquestra [ox'kɛʃtra] *f* orchestra.
orquestrar [oxkeʃ'tra(x)] *vt* to orchestrate.
orquídea [ox'kidʒja] *f* orchid.
ortodoxia [oxtodok'sia] *f* orthodoxy.
ortodoxo, xa [oxto'dɔksu, ksa] ◇ *adj* orthodox. ◇ *m, f* RELIG orthodox person.
ortografia [oxtogra'fia] *f* orthography, spelling.
ortopédico, ca [oxto'pɛdʒiku, ka] *adj* orthopaedic *UK*, orthopedic *US*.
ortopedista [oxtope'dʒiʃta] *mf* orthopaedist *UK*, orthopedist *US*.
orvalho [ox'vaʎu] *m* dew.
os [uʃ] ▷ **o²**.
oscilação [osila'sãw] (*pl* **-ões**) *f* **-1.** [movimento] swinging. **-2.** [variação] swing. **-3.** *fig* [hesitação] hesitation.
oscilar [osi'la(x)] *vi* **-1.** [ger] to swing. **-2.** *fig* [hesitar] to hesitate.
Oslo ['ɔʒlu] *n* Oslo.
ósseo, óssea ['ɔsju, 'ɔsja] *adj* bone *(antes de subst)*.
osso ['osu] (*pl* **ossos**) *m* **-1.** ANAT bone. **-2.** *fig* [dificuldade]: ~**s do ofício** occupational hazards; **ser um** ~ **duro de roer** to be a tough nut to crack.
ostensivo, va [oʃtẽn'sivu, va] *adj* **-1.** [pessoa, luxo] ostentatious. **-2.** [policiamento] overt.
ostentar [oʃtẽn'ta(x)] *vt* **-1.** [exibir] to show off. **-2.** [alardear] to display.
osteoporose [oʃtʃjopo'rɔzi] *f* osteoporosis.
ostra ['oʃtra] *f* oyster.
ostracismo [oʃtra'siʒmu] *m* ostracism.
OTAN [o'tã] *(abrev de* **Organização do Tratado do Atlântico Norte***)* *f* NATO.
otário, ria [o'tarju, rja] *m, f* sucker.
ótico, ca ['ɔtʃiku, ka] ◇ *adj* optic, optical. ◇ *m, f* [especialista] optician.
◆ **ótica** *f* **-1.** [loja] optician's. **-2.** *fig* [ponto de vista] viewpoint. **-3.** FÍSICA optics *(sg)*.
otimismo [otʃi'miʒmu] *m* optimism.
otimista [otʃi'miʃta] ◇ *adj* optimistic. ◇ *mf* optimist.
otimização [otʃimiza'sãw] (*pl* **-ões**) *f* optimization.
otimizar [otʃimi'za(x)] *vt* to optimize.
ótimo, ma ['ɔtʃimu, ma] ◇ *adj (superl de bom)* best. ◇ *interj* great!
otite [o'tʃitʃi] *f* otitis.
otorrinolaringologista [otoxinolarĩngolo'ʒiʃta] *mf* ear, nose and throat specialist.
ou [ow] *conj* or; ~ **...**, ~ **...** either ..., or ...; ~ **seja** in other words.
ouriçado, da [ori'sadu, da] *adj fam* prickly.
ouriço [o'risu] *m* **-1.** [casca espinhosa] burr. **-2.** ZOOL hedgehog.
ouriço-do-mar [o,risudu'ma(x)] (*pl* **ouriços-do-mar**) *m* sea urchin.
ourives [o'riviʃ] *mf inv* goldsmith.
ourivesaria [oriveza'ria] *f* **-1.** [arte] goldwork-

ing. **-2.** [oficina, loja] goldsmith's.

ouro ['orul] *m* **-1.** [metal] gold; **de ~** *lit* gold; *fig* [coração] of gold. **-2.** *fig* [dinheiro] money.

◆ **ouros** *mpl* [naipe] diamonds.

ousadia [oza'dʒia] *f* daring.

ousado, da [o'zadu, da] *adj* **-1.** [audacioso] audacious. **-2.** [corajoso] daring.

ousar [o'za(x)] ◇ *vt* to dare. ◇ *vi* to be daring.

out. (*abrev de* **outubro**) Oct.

outonal [oto'naw] (*pl* **-ais**) *adj* autumnal.

outono [o'tonu] *m* autumn.

outorgado, da [owtox'gadu, da] *adj* granted.

outra ['otra] *f* ▷ **outro**.

outrem [o'trẽ] *pron* **-1.** *inv (pl)* other people. **-2.** *(sg)* someone else.

outro, outra ['otru, 'otra] ◇ *adj* **-1.** [ger] other; **~ dia** the other day. **-2.** [diferente] another; **de ~ modo** in another way; **entre outras coisas** among other things. **-3.** [novo, adicional] another; **no ~ dia** the next day; **outra vez** again. ◇ *pron* another; **o ~** the other; **nem um, nem ~** neither one nor the other, neither of them; **os ~s** [pessoas] others; [objetos] the others; **dos ~s** [pessoas] other people's.

◆ **outra** *f*: **a outra** [amante] the other woman; **estar em outra** *fam* to be into something else.

> *Other*, como outros adjetivos em inglês, é invariável no plural (*other people; other towns*). Quando usado como pronome, deve-se acrescentar um *s* para formar o plural (*where are the others?* onde estão os outros?).
>
> Quando *other* for precedido de *an*, transforma-se numa só palavra: *another*.

outubro [o'tubru] *m* October; *veja também* **setembro**.

ouvido [o'vidu] *m* **-1.** ANAT ear. **-2.** [audição] hearing; **dar ~s a algo/alguém** to listen to sthg/sb; **de ~** by ear.

ouvinte [o'vĩntʃi] *mf* **-1.** RÁDIO listener. **-2.** UNIV auditor.

ouvir [o'vi(x)] ◇ *vt* **-1.** [pela audição] to hear. **-2.** [atentamente] to listen to. ◇ *vi* **-1.** [pela audição] to hear; **~ dizer que** to hear that; **~ falar de algo/alguém** to hear of sthg/sb. **-2.** [atentamente] to listen. **-3.** [ser repreendido] to get a telling off.

ova ['ɔva] *f* roe; **uma ~!** *fam* no way!

ovação [ova'sãw] (*pl* **-ões**) *f* ovation.

oval [o'vaw] (*pl* **-ais**) *adj* oval.

ovário [o'varju] *m* ovary.

ovelha [o'veʎa] *f* sheep; **~ negra** *fig* black sheep.

overdose [ˌovex'dɔzi] *f* overdose.

ovni ['ɔvni] *m* (*abrev de* **Objeto Voador Não-Identificado**) UFO.

ovo ['ovu] (*pl* **ovos**) *m* ANAT egg; **~ de codorna** quail egg; **~ cozido** hard-boiled egg; **~ estalado** OU **frito** fried egg; **~ de granja** free-range egg; **~ mexido** scrambled egg; **~ de Páscoa** Easter egg; **~ quente** boiled egg; **acordar/estar de ~ virado** *fam* to get out of bed on the wrong side; **pisar em ~s** to tread on eggshells.

óvulo ['ɔvulu] *m* ovum.

oxalá [oʃa'la] ◇ *interj* let's hope. ◇ *m* RELIG *highest Yoruba divinity in Afro-Brazilian cults.*

oxidar [oksi'da(x)] *vt* **-1.** QUÍM to oxidize. **-2.** [enferrujar] to rust.

◆ **oxidar-se** *vp* [enferrujar] to rust.

óxido ['ɔksidu] *m* oxide; **~ de carbono** carbon monoxide.

oxigenado, da [oksiʒe'nadu, da] *adj* **-1.** [cabelo] bleached. **-2.** QUÍM: **água oxigenada** (hydrogen) peroxide.

oxigenar [oksiʒe'na(x)] *vt* **-1.** [ger] to oxygenate. **-2.** [cabelo] to bleach.

oxum [o'ʃũ] *m Yoruba water goddess worshipped in Afro-Brazilian cults.*

ozônio [o'zonju] *m* ozone.

P

p, P [pe] *m* [letra] p, P.

pá ['pa] *f* **-1.** spade; **~ de lixo** dustpan. **-2.** [de hélice] blade. **-3.** *fam* [quantidade]: **uma ~ de** a mass of. **-4.** *loc*: **ser da ~ virada** to be of dubious character.

PA (*abrev de* **Estado do Pará**) *m State of Pará.*

PABX (*abrev de* **Private Automatic Branch Exchange**) *m* PABX.

paca ['paka] ◇ *mf* ZOOL paca. ◇ *adv fam* bloody; **isso está bom ~** this is bloody good.

pacato, ta [pa'katu, ta] *adj* quiet.

pachorrento, ta [paʃo'xẽntu, ta] *adj* lumbering.

paciência [pa'sjẽnsja] *f* patience; **perder a ~** to lose patience.

paciente [pa'sjẽntʃi] ◇ *adj* patient. ◇ *mf* MED patient.

pacificar [pasifi'ka(x)] *vt* to pacify.

pacífico, ca [pa'sifiku, ka] *adj* **-1.** [tranqüilo] tranquil. **-2.** [indiscutível] indisputable.

Pacífico [pa'sifiku] *n*: **o (oceano) ~** the Pacific (Ocean).

pacifismo [pasi'fiʒmu] *m* pacifism.

pacifista [pasi'fiʃta] ◇ *adj* pacifist. ◇ *mf* pacifist.

paçoca [pa'sɔka] *f* [doce] *sweet made with peanuts and brown sugar.*

pacote [pa'kɔtʃi] *m* **-1.** [embrulho] packet. **-2.** *ECON* package.

pacto ['paktu] *m* [acordo] pact.

padaria [pada'ria] *f* bakery.

padecer [pade'se(x)] ◇ *vt* to suffer. ◇ *vi*: ~ **de algo** to suffer from sthg.

padecimento [padesi'mẽntu] *m* suffering.

padeiro, ra [pa'dejru, ra] *m* baker.

padiola [pa'dʒjɔla] *f* stretcher.

padrão [pa'drãw] (*pl* **-ões**) ◇ *adj* [tamanho] standard. ◇ *m* **-1.** [ger] standard; ~ **de vida** standard of living. **-2.** [desenho] pattern.

padrasto [pa'draʃtu] *m* stepfather.

padre ['padri] *m* **-1.** [sacerdote] priest. **-2.** [como título] father.

padrinho [pa'driɲu] *m* **-1.** [testemunha] godfather. **-2.** [paraninfo] guest of honour. **-3.** [protetor] protector.

◆ **padrinhos** *mpl* [padrinho e madrinha] godparents.

padroeiro, ra [pa'drwejru, ra] *m, f* patron saint.

padrões [pa'drõjʃ] *pl* ▷ **padrão**.

padronizar [padroni'za(x)] *vt* to standardize.

pães ['pãjʃ] *pl* ▷ **pão**.

pág. (*abrev de* **página**) *f* p.

pagã [pa'gã] *f* ▷ **pagão**.

pagador, ra [paga'do(x), ra] ◇ *adj* paying. ◇ *m, f* payer; **ser bom/mau** ~ to be a good/bad payer.

pagamento [paga'mẽntu] *m* **-1.** [ger] payment. **-2.** [salário]: **dia de** ~ pay day. **-3.** *COM* [prestação, de dívida] repayment; ~ **contra entrega** cash on delivery; ~ **à vista** cash payment.

pagão, gã [pa'gãw, gã] (*mpl* **-s**, *fpl* **-s**) ◇ *adj* pagan. ◇ *m, f* pagan.

pagar [pa'ga(x)] ◇ *vt* **-1.** [ger] to pay. **-2.** [compensar, reembolsar] to repay. ◇ *vi*: ~ **(a alguém)** to pay (sb); ~ **por algo** [desembolsar] to pay for sthg; *fig* [crime, pecado] to pay; **você me paga!** *fig* you'll pay for this!

página ['paʒina] *f* page; ~ **de rosto** facing page.

pago, ga ['pagu, ga] ◇ *pp* ▷ **pagar**. ◇ *adj* paid.

pagode [pa'gɔdʒi] *m* **-1.** [templo] pagoda. **-2.** *MÚS type of samba.* **-3.** [festa] *party where pagode is danced.*

págs. (*abrev de* **páginas**) *fpl* pp.

pai ['paj] *m* **-1.** [ger] father; ~ **adotivo** adoptive father. **-2.** [protetor] protector.

◆ **pais** *mpl* [pai e mãe] parents.

pai-de-santo [,pajdʒi'sãntu] (*pl* **pais-de-santo**) *m religious and spiritual candomblé leader.*

painel [paj'nɛw] (*pl* **-éis**) *m* **-1.** [ger] panel. **-2.** [quadro, panorama] picture. **-3.** *ARQUIT* frame.

pai-nosso [,paj'nɔsu] (*pl* **pais-nossos**) *m* Our Father, the Lord's Prayer.

paio ['paju] *m salami-like pork sausage.*

paiol [pa'jɔw] (*pl* **-óis**) *m* **-1.** [celeiro] store. **-2.** [depósito] arsenal.

pairar [paj'ra(x)] *vi* **-1.** [sustentar-se]: ~ **em/sobre** to hover in/over. **-2.** [ameaçar]: ~ **sobre** to hang over.

país [pa'iʃ] (*pl* **-es**) *m* country.

paisagem [paj'zaʒẽ] (*pl* **-ns**) *f* **-1.** [vista] view. **-2.** [pintura] landscape.

paisano, na [paj'zãnu, na] *m, f* [civil] civilian.

◆ **à paisana** *loc adv* in mufti.

País Basco [pa,iʃ'baʃku] *n*: **o** ~ the Basque Country.

Países Baixos [pa,iziʃ'bajʃuʃ] *n*: **os** ~ the Netherlands.

paixão [paj'ʃãw] (*pl* **-ões**) *f* passion.

pajé [pa'ʒɛ] *m Amerindian priest and medicine man.*

PAL (*abrev de* **Phase Alternate Line**) *m* PAL.

palácio [pa'lasju] *m* **-1.** [residência] palace. **-2.** [sede] headquarters *(pl)*.

paladar [pala'da(x)] (*pl* **-es**) *m* **-1.** [ger] taste. **-2.** *ANAT* palate.

palafita [pala'fita] *f* **-1.** [habitação] house built on stilts. **-2.** [estacas] stilts *(pl)*.

palanque [pa'lãŋki] *m* **-1.** [de comício] seating. **-2.** [para espectadores] stand.

palavra [pa'lavra] *f* **-1.** [ger] word; ~ **s cruzadas** crossword (puzzle) *(sg)*; ~ **de ordem** watchword; **ter** ~ to keep one's word; ~ **de honra** word of honour. **-2.** [fala] speaking. **-3.** [direito de falar] right to speak; **dar a** ~ **a alguém** to hand the floor to sb.

palavrão [pala'vrãw] (*pl* **-ões**) *m* swear word.

palco ['pawku] *m* **-1.** *TEATRO* stage. **-2.** *fig* [cenário] scene.

paleolítico, ca [paljo'litʃiku, ka] *adj* paleolithic.

palerma [pa'lɛxma] ◇ *adj* foolish. ◇ *mf* fool.

Palestina [paleʃ'tʃina] *n* Palestine.

palestino, na [paleʃ'tʃinu, na] ◇ *adj* Palestinian. ◇ *m, f* Palestinian.

palestra [pa'lɛʃtra] *f* [conferência] lecture, talk.

paleta [pa'leta] *f* palette.

paletó [pale'tɔ] *m* overcoat.

palha ['paʎa] *f* straw; **não mexer uma** ~ *fam fig* not to lift a finger.

palhaçada [paʎa'sada] *f* **-1.** [brincadeira] clowning. **-2.** [cena ridícula] ridiculous sight.

palhaço, ça [pa'ʎasu, sa] *m, f* **-1.** [artista] clown. **-2.** *fam* [bobo] clown.

palheiro [pa'ʎejru] *m* [celeiro] hayloft.

palheta [pa'ʎeta] *f* **-1.** *ARTE* palette. **-2.** [lâmina -

de veneziana] slat; [- de ventilador] blade. **-3.** [*MÚS* - para dedilhar] plectrum; [- embocadura] reed.
palhoça [pa'ʎɔsa] *f* straw hut.
paliativo, va [palja'tʃivu, va] ◇ *adj* palliative. ◇ *m* palliative.
paliçada [pali'sada] *f* **-1.** [tapume] palisade. **-2.** *MIL* stockade.
palidez [pali'deʒ] *f* **-1.** [de cor] paleness. **-2.** [de pessoa, rosto] pallor.
pálido, da ['palidu, da] *adj* pale.
paliteiro [pali'tejru] *m* toothpick holder.
palito [pa'litu] *m* **-1.** [para os dentes] toothpick. **-2.** [biscoito] straw. **-3.** [fósforo] matchstick. **-4.** [pessoa magra] matchstick.
PAL-M (*abrev de* **Phase Alternate Line-Modified**) *m* PAL-M.
palma ['pawma] *f* palm.
◆ **palmas** *fpl* [aplauso]: **bater ~** to clap.
palmada [paw'mada] *f* smack; **dar/levar umas ~s** to smack/be smacked.
Palmas ['pawmaʃ] *n* Palmas.
palmeira [paw'mejra] *f* palm tree.
palmilha [paw'miʎa] *f* inner sole.
palmito [paw'mitu] *m* Assai palm.
palmo ['pawmu] *m* handspan; **~ a ~** inch by inch.
palpável [paw'pavɛw] (*pl* **-eis**) *adj* [tangível] palpable.
pálpebra ['pawpebra] *f* eyelid.
palpitação [pawpita'sãw] (*pl* **-ões**) *f* throbbing.
◆ **palpitações** *fpl* palpitations.
palpitar [pawpi'ta(x)] *vi* **-1.** [pulsar] to throb. **-2.** [agitar-se] to quiver. **-3.** [opinar] to speculate.
palpite [paw'pitʃi] *m* **-1.** [opinião] speculation. **-2.** [turfe] tip.
palpiteiro, ra [pawpi'tejru, ra] ◇ *adj* opinionated. ◇ *m, f* opinionated person.
paludismo [palu'dʒiʒmu] *m* malaria.
pampa ['pãnpa] *m* **-1.** *GEOGR* pampas. **-2.: às ~s** [com substantivo] loads of; [com adjetivo] extremely; [com advérbio] really.
panaca [pa'naka] ◇ *adj* dim-witted. ◇ *mf* dimwit.
Panamá [pana'ma] *n* Panama.
panamenho, nha [pana'meɲu, ɲa] ◇ *adj* Panamanian. ◇ *m, f* Panamanian.
pança ['pãnsa] *f fam* paunch.
pancada [pãŋ'kada] ◇ *adj fam* nuts. ◇ *f* **-1.** [golpe] blow; **dar uma ~ em alguém** to hit sb. **-2.** [batida] hit. **-3.** [chuva]: **~ d'água** downpour.
pancadaria [pãŋkada'ria] *f* brawl.
pâncreas ['pãŋkrjaʃ] *m* pancreas.
panda ['pãnda] *m ZOOL* panda.
pandarecos [pãnda'rɛkuʃ] *mpl fam*: **em ~** [exausto] shattered; [destruído] in pieces; [moralmente] thoroughly dejected.
pandeiro [pãn'dejru] *m MÚS* tambourine.
pandemônio [pãnde'monju] *m* pandemonium.
pane ['pãni] *f* breakdown.
panela [pa'nɛla] *f* **-1.** [recipiente] saucepan; **~ de pressão** pressure cooker. **-2.** *fig* [conteúdo] saucepanful.
panelaço [pane'lasu] *m banging of pots and pans as a form of protest.*
panfleto [pãn'fletu] *m* pamphlet.
pangaré [pãŋga'rɛ] *m* nag.
pânico ['pãniku] *m* panic; **estar/entrar em ~** to panic.
panificação [panifika'sãw] *f* **-1.** [padaria] bakery. **-2.** [fabrico] bread making.
pano ['pãnu] *m* **-1.** [tecido] cloth; **~ de chão** floor cloth; **~ de prato** tea towel; **por baixo/debaixo do ~** *fig* on the quiet; **dar ~ para mangas** *fig* to get people talking. **-2.** *TEATRO* curtain; **~ de fundo** backdrop.
panorama [pano'rãma] *m* panorama.
panorâmico, ca [pano'rãmiku, ka] *adj* panoramic.
panqueca [pãŋ'kɛka] *f* pancake.
pantanal [pãnta'naw] (*pl* **-ais**) *m* large swamp.
pântano ['pãntanu] *m* swamp.
pantanoso, osa [pãnta'nozu, ɔza] *adj* swampy.
pantera [pãn'tɛra] *f ZOOL* panther.
pantomima [pãnto'mima] *f TEATRO* pantomime.
pantufa [pãn'tufa] *f* slipper.
pão ['pãw] (*pl* **pães**) *m* **-1.** [alimento] bread; **~ de forma** tin loaf; **~ de mel** honey bread; **~ dormido** stale bread; **~ francês** small baguette; **~ integral** wholemeal bread; **comer o ~ que o diabo amassou** to go through a bad patch; **com ele é ~, ~, queijo, queijo** you know where you stand with him. **-2.** [sustento] daily bread; **ganhar o ~** to earn a crust. **-3.** *RELIG* Eucharist.
pão-duro [ˌpãw'duru] (*pl* **pães-duros**) ◇ *adj* miserly. ◇ *m, f* miser.
pãozinho [pãw'ziɲu] *m* roll.
papa ['papa] *f* **-1.** [mingau] pap. **-2.** [pasta] mush; **não ter ~s na língua** to be outspoken.
◆ **Papa** *m RELIG* Pope.
papagaio [papa'gaju] ◇ *m* **-1.** *ZOOL* parrot. **-2.** *COM* promissory note. **-4.** *AUTO* provisional licence. ◇ *interj fam*: **~ (s)!** golly!
papaguear [papa'gja(x)] ◇ *vt* [repetir] to parrot. ◇ *vi* [tagarelar] to chatter away.
papai [pa'paj] *m* daddy.
◆ **Papai Noel** *m*: **o Papai Noel** Father Christmas.
papaia [pa'paja] *m* papaya, pawpaw.
papar [pa'pa(x)] *fam* ◇ *vt* **-1.** [comer] to gobble. **-2.** [conseguir] to win. ◇ *vi* to eat.
papear [pa'pja(x)] *vi*: **~ (com/sobre)** to chat (with/about).

papel [pa'pɛw] (*pl* **-éis**) *m* **-1.** [ger] role; **fazer ~ de bobo** *fig* to look like a fool. **-2.** [folha] paper; **~ crepon** crepe paper; **~ de carta** notepaper; **~ de embrulho** wrapping paper; **~ de seda** tissue paper; **~ higiênico** toilet paper; **~ laminado** *OU* **de alumínio** aluminium foil; **~ ofício** headed paper; **~ pardo** brown wrapping paper; **~ de pared** *COMPUT* wallpaper. **-3.** [documento] paper; **de ~ passado** officially. **-4.** *FIN* paper money. **-5.** *gír droga* twist.

papelada [pape'lada] *f* **-1.** [papéis] pile of paper. **-2.** [documentos] stack of papers.

papelão [pape'lãw] *m* **-1.** [papel] cardboard. **-2.** *fig* [fiasco] fiasco.

papelaria [papela'ria] *f* stationer.

papel-bíblia [pa'pewbiblia] (*pl* **papéis-bíblia**) *m* India paper.

papel-carbono [pa,pɛwkax'bonu] (*pl* **papéis-carbono**) *m* carbon paper.

papel-manteiga [pa'pewmãntejga] (*pl* **papéis-manteiga**) *m* tracing paper.

papel-moeda [pa,pɛw'mwɛda] (*pl* **papéis-moeda**) *m* paper money.

papelote [pape'lɔtʃi] *m gír droga* twist.

papiro [pa'piru] *m* papyrus.

papo ['papu] *m* **-1.** [de ave] crop. **-2.** *fam* [de pessoa] double chin; **estar no ~** to be in the bag; **ficar de ~ para o ar** *fig* to sit on one's hands. **-3.** *fam* [conversa] chat; **~ furado** [mentira] hot air; **bater (um) ~** to (have a) natter.

papo-de-anjo [,papu'dʒjãnʒu] (*pl* **papos-de-anjo**) *m CULIN* *baked egg sweet*.

papoula [pa'pola] *f* poppy.

páprica ['paprika] *f* paprika.

paquera [pa'kera] ◇ *f* *fam* [paqueração] casual affair. ◇ *mf* pick-up.

paquerar [pake'ra(x)] *fam* ◇ *vt* to flirt with. ◇ *vi* to pull.

Paquistão [pakiʃ'tãw] *n* Pakistan.

paquistanês, esa [pakiʃta'neʃ, eza] ◇ *adj* Pakistani. ◇ *m, f* Pakistani.

par ['pa(x)] (*pl* **-es**) ◇ *adj* **-1.** *MAT* even. **-2.** [parelho] paired. ◇ *m* **-1.** [dupla] pair; **sem ~** peerless. **-2.** [casal] couple. **-3.** [em dança] partner. ◇ *f TELEC*: **~ trançado** twisted pair.
◆ **a par** *loc adj*: **estar a ~ de algo** to be well informed about sthg.

para ['para] *prep* **-1.** [exprime finalidade, destinação] for; **um telefonema ~ o senhor** a phone call for the gentleman; **esta água não é boa ~ beber** this water is not good for drinking; **eu queria algo ~ comer** I would like something to eat; **~ que serve isto?** what's this for? **-2.** [indica motivo, objetivo] (in order) to; **cheguei mais cedo ~ arranjar lugar** I arrived early (in order) to get a seat; **era só ~ lhe agradar** it was only to please you. **-3.** [indica direção] towards; **ela apontou ~ cima/baixo** she pointed upwards/downwards; **olhei ~ ela** I looked at her; **ele seguiu ~ o aeroporto** he headed for the airport; **vá ~ casa!** go home! **-4.** [relativo a tempo]: **de uma hora ~ a outra** from one hour to the next; **quero isso pronto ~ amanhã** I want it done by tomorrow; **estará pronto ~ a semana/o ano** it'll be ready next week/year; **são quinze ~ as três** it's a quarter of three *US*, it's a quarter to three *UK*. **-5.** [em comparações]: **é caro demais ~ as minhas posses** it's too expensive for my budget; **~ o que come, está magro** he's thin, considering how much he eats. **-6.** [relativo a opinião, sentimento]: **~ mim** as far as I'm concerned; **~ ele, você está errado** as far as he's concerned, you are wrong. **-7.** [exprime a iminência]: **estar ~ fazer algo** to be about to do sthg; **o ônibus está ~ sair** the bus is about to leave; **ele está ~ chegar** he'll be here any minute now. **-8.** [em locuções]: **~ com** towards; **~ mais de** well over; **~ que** so that; **é ~ já!** coming up!

Pará [pa'ra] *n* Pará.

parabéns [para'bẽnʃ] *mpl* **-1.** [congratulações] congratulations; **dar ~ a alguém** to congratulate sb. **-2.** [por aniversário] congratulations.

parábola [pa'rabola] *f* **-1.** [narrativa] parable. **-2.** *MAT* parabola.

pára-brisa [,para'briza] (*pl* **pára-brisas**) *m* windscreen *UK*, windshield *US*.

pára-choque [,para'ʃɔki] (*pl* **pára-choques**) *m* *AUTO* bumper.

paradeiro [para'dejru] *m* whereabouts.

paradisíaco, ca [paradʒi'ziaku, ka] *adj fig* idyllic.

parado, da [pa'radu, da] *adj* **-1.** [imóvel] motionless. **-2.** [sem vida] dull. **-3.** [desativado] stopped. **-4.** [abandonado] axed. **-5.** [em greve] on strike. **-6.** [sem trabalhar] unemployed.
◆ **parada** *f* **-1.** [de ônibus, trem] stop. **-2.** [pausa] break; **~ cardíaca** cardiac arrest. **-3.** [desfile] parade. **-4.** *MÚS*: **~ de sucessos** hit parade. **-5.** *fam* [dificuldade] obstacle.

paradoxal [paradok'saw] (*pl* **-ais**) *adj* paradoxical.

paradoxo [para'dɔksu] *m* paradox.

parafernália [parafex'nalja] *f* **-1.** [tralha] paraphernalia. **-2.** [equipamento] equipment.

parafina [para'fina] *f* paraffin.

paráfrase [pa'rafrazi] *f* paraphrase.

parafrasear [parafra'zja(x)] *vt* to paraphrase.

parafuso [para'fuzu] *m* screw; **ter um ~ de menos** *fam* to have a screw loose.

parágrafo [pa'ragrafu] *m* paragraph.

Paraguai [para'gwaj] *n*: **(o) ~** Paraguay.

paraguaio, ia [para'gwaju, ja] ◇ *adj* Paraguayan. ◇ *m, f* Paraguayan.

paraíso [para'izu] *m* paradise; ~ **fiscal** *ECON fam* tax haven.
pára-lama [ˌpara'lãma] (*pl* **pára-lamas**) *m* mudguard.
paralela [para'lɛla] *f* ▷ **paralelo**.
paralelepípedo [paralele'pipedu] *m* paving stone.
paralelo, la [para'lɛlu, la] *adj* parallel.
◆ **paralelo** *m* parallel.
◆ **paralela** *f MAT* parallel (line).
paralisar [parali'za(x)] *vt* [fazer parar] to paralyse.
paralisia [parali'zia] *f* paralysis.
paralítico, ca [para'litʃiku, ka] ◇ *adj* paralytic. ◇ *m, f* paralytic.
paramédico, ca [para'mɛdʒiku, ka] *adj* paramedic.
parâmetro [pa'rãmetru] *m* parameter.
paraninfo [para'nĩnfu] *m* sponsor.
paranóia [para'nɔja] *f* **-1.** *PSIC* paranoia. **-2.** *fig* [coletiva] fear.
paranóico, ca [para'nɔiku, ka] *adj* paranoid.
paranormal [paranox'maw] (*pl* **-ais**) ◇ *adj* paranormal. ◇ *mf* psychic.
paranormalidade [paranoxmali'dadʒi] *f* paranormal nature.
parapeito [para'pejtu] *m* **-1.** [de janela] window sill. **-2.** [muro] parapet.
paraplégico, ca [para'plɛʒiku, ka] ◇ *adj* paraplegic. ◇ *m, f* paraplegic.
pára-quedas [ˌpara'kɛdaʃ] *m inv* parachute.
pára-quedista [ˌparake'dʒiʃta] (*pl* **pára-quedistas**) *mf* **-1.** [quem salta] parachutist. **-2.** *MIL* paratrooper.
parar [pa'ra(x)] ◇ *vi* **-1.** [deter-se] to stop; ~ **de fazer algo** to stop doing sthg; **sem** ~ non-stop. **-2.** [permanecer] to stay. **-3.** [acabar]: **ir** ~ to end up. **-4.** [interromper-se] to stop. ◇ *vt* **-1.** [deter] to stop. **-2.** [paralisar] to bring to a standstill.
pára-raios [ˌpara'xajuʃ] *m inv* lightning conductor *UK*, lightning rod *US*.
parasita [para'zita] ◇ *adj* parasitic. ◇ *mf* parasite.
parceiro, ra [pax'sejru, ra] *m, f* partner.
parcela [pax'sɛla] *f* **-1.** [parte] portion. **-2.** [de pagamento] instalment. **-3.** [de terreno] plot. **-4.** [do eleitorado] section. **-5.** *MAT* factor.
parcelado, da [paxse'ladu, da] *adj* [pagamento] in instalments.
parcelamento [paxsela'mẽntu] *m* **-1.** [de pagamento] payment by instalments. **-2.** [de terra] distribution.
parcelar [paxse'la(x)] *vt* to divide into instalments.
parceria [paxse'ria] *f* partnership.
parcial [pax'sjaw] (*pl* **-ais**) *adj* **-1.** [incompleto] partial. **-2.** [não-isento] biased.
parco, ca ['paxku, ka] *adj* [escasso] scanty.
pardal [pax'daw] (*pl* **-ais**) *m* sparrow.
pardieiro [pax'dʒjejru] *m* ruin.
pardo, da ['paxdu, da] *adj* **-1.** [escuro] dark. **-2.** [mulato] coloured.
parecer [pare'se(x)] ◇ *m* judgement, opinion. ◇ *vi* **-1.** [ger] to seem; ~ **a alguém** to seem to sb; ~ **a alguém que** to think that; ~ **(com) algo/alguém** to resemble sthg/sb. **-2.** [ser possível]: ~ **que** to look like. **-3.** [aparentar]: **ao que parece** apparently.
◆ **parecer-se** *vp* [assemelhar-se] to resemble one another; ~**-se com algo/alguém** to resemble sthg/sb.
parecido, da [pare'sidu, da] *adj*: **ser** ~ **(com alguém/algo)** to be similar (to sb/sthg).
parede [pa'redʒi] *f* wall; **subir pelas** ~**s** to go up the wall.
parente, ta [pa'rẽntʃi, ta] ◇ *m, f* relative. ◇ *adj*: **ser** ~ **de alguém** to be related to sb.

> Não confundir *parentes (relatives)* com o inglês *parents* que em português significa *pais*. (*Encontrei meus parentes na festa de casamento da minha prima.* I met my *relatives* at my cousin's wedding party.)

parentesco [parẽn'teʃku] *m* kinship.
parêntese [pa'rẽntezi] *m* **-1.** [sinal] parenthesis; **abrir/fechar** ~**s** to open/close brackets. **-2.** [digressão] digression; **abrir um** ~ to go off at a tangent.
páreo ['parju] *m* **-1.** [turfe] race. **-2.** [disputa] competition; **um** ~ **duro** *fig* a hard nut to crack.
pária ['parja] *m* pariah.
parir [pa'ri(x)] ◇ *vt* to give birth to. ◇ *vi* to give birth.
Paris [pa'riʃ] *n* Paris.
parlamentar [paxlamẽn'ta(x)] ◇ *adj* parliamentary. ◇ *mf* member of parliament. ◇ *vi* to discuss.
parlamento [paxla'mẽntu] *m POL* parliament.
parmesão [paxme'zãw] *adj* parmesan.
pároco ['paroku] *m RELIG* parish priest.
paródia [pa'rɔdʒja] *f* parody.
paróquia [pa'rɔkja] *f* **-1.** *RELIG* parish. **-2.** *fig* [vizinhança] neighbourhood.
parque ['paxki] *m* park; ~ **de diversões** amusement park; ~ **industrial** industrial park.
parreira [pa'xejra] *f* grapevine.
parricida [paxi'sida] ◇ *adj* parricidal. ◇ *mf* parricide.
parte ['paxtʃi] *f* **-1.** [fração] part; **a maior** ~ **de** the majority of, most; **em grande** ~ largely; **em** ~ in parts; **fazer** ~ **de algo** to belong to sthg; **tomar** ~ **em** to take part in. **-2.** [lado] side; **à** ~ [separadamente] separately; **em alguma/qualquer** ~ somewhere; **em** ~

alguma anywhere; **por toda (a) ~** everywhere. **-3.** [quinhão] share. **-4.** JUR party. **-5.** [denúncia]: **dar ~ de algo/alguém** to report sthg/sb.

◆ **da parte de** *loc prep* from.

parteira [pax'tejra] *f* midwife.

participação [paxtʃisipa'sãw] (*pl* **-ões**) *f* **-1.** [atuação]: **~ em algo** participation in sthg. **-2.** [comunicação]: **fazer uma ~ (a alguém) sobre algo** to make a statement (to sb) about sthg. **-3.** COM share.

participante [paxtʃisi'pãntʃi] ◇ *adj* participating. ◇ *mf* participant.

participar [paxtʃisi'pa(x)] ◇ *vi* **-1.** [tomar parte]: **~ de algo** to take part in sthg. **-2.** [compartilhar]: **~ de algo** to share in sthg. ◇ *vt* [anunciar]: **~ algo (a alguém)** to announce sthg (to sb).

particípio [paxtʃi'sipju] *m* participle; **~ passado/presente** past/present participle.

partícula [pax'tʃikula] *f* particle.

particular [paxtʃiku'la(x)] (*pl* **-es**) ◇ *adj* **-1.** [privado] private. **-2.** [especial] particular. ◇ *m* **-1.** [singularidade] detail. **-2.** *fam* [conversa] private talk.

◆ **em particular** *loc adv* in private.

particularidade [paxtʃikulari'dadʒi] *f* detail.

particularizar [paxtʃikulari'za(x)] *vt* **-1.** [especificar] to specify. **-2.** [detalhar] to go into the details of.

particularmente [paxtʃikulax'mẽntʃi] *adv* [especialmente] particularly.

partida [pax'tʃida] *f* **-1.** [saída] departure. **-2.** [ESP - largada] start; [- jogo] game. **-3.** [COM - quantidade] shipment; [- remessa] consignment.

partidário, ria [partʃi'darju, rja] *adj* **-1.** [de partido] party *(antes de subst)*. **-2.** [seguidor] follower.

partido, da [pax'tʃidu, da] *adj* [quebrado] broken.

◆ **partido** *m* **-1.** [político] party. **-2.** [defesa]: **tomar o ~ de alguém** to take sb's side. **-3.** [vantagem]: **tirar ~ de algo** to make the most of sthg. **-4.** [pretendente] catch.

partilha [pax'tʃiʎa] *f* sharing.

partilhar [paxtʃi'ʎa(x)] ◇ *vt* **-1.** [dividir] to share. **-2.** [distribuir] to share out. ◇ *vi* [compartilhar]: **~ de algo** to share in sthg.

partir [pax'tʃi(x)] ◇ *vt* to break. ◇ *vi* **-1.** [ir embora] to leave. **-2.** *fam* [recorrer]: **~ para** to resort to.

◆ **a partir de** *loc prep* **-1.** [desde] from. **-2.** [dali em diante]: **a ~ daquele momento** from that moment on; **a ~ de agora** from now on.

partitura [paxtʃi'tura] *f* score.

parto ['paxtu] *m* childbirth; **estar em trabalho de ~** to be in labour *UK*, to be in labor *US*; **ser um ~** *fig* [ser difícil] to be heavy going.

Páscoa ['paʃkwa] *f* **-1.** RELIG Easter. **-2.** GEOG: **a ilha de ~** Easter Island.

pasmar [paʒ'ma(x)] ◇ *vt* to amaze. ◇ *vi* to be amazed.

pasmo, ma ['paʒmu, ma] *adj* amazed.

◆ **pasmo** *m* amazement.

passa ['pasa] *f* raisin.

passada [pa'sada] *f* [passo] step; **dar uma ~ em** to drop by.

passadeira [pasa'dejra] *f* **-1.** [tapete] stair carpet. **-2.** [mulher] ironing woman.

passado, da [pa'sadu, da] *adj* **-1.** [que passou - tempo] past; [- semana, ano] last. **-2.** [ultrapassado]: **meio ~** dated. **-3.** [fruta] overripe. **-4.** [carne]: **bem ~** well done; **mal ~** rare. **-5.** [vexado] infuriated.

◆ **passado** *m* past.

passageiro, ra [pasa'ʒejru, ra] ◇ *adj* passing. ◇ *m, f* passenger.

passagem [pa'saʒẽ] (*pl* **-ns**) *f* **-1.** [caminho] way; **~ de nível** level crossing; **~ de pedestres** pedestrian crossing; **~ subterrânea** underpass. **-2.** [condução - preço] fare; [- bilhete] ticket; **~ de ida** one-way ticket; **~ de ida e volta** return ticket. **-3.** [trecho] passage. **-4.** [transição] transition.

◆ **de passagem** *loc adv* in passing; **estar de ~** to be passing through.

passaporte [pasa'pɔxtʃi] *m* passport.

passar [pa'sa(x)] ◇ *vt* **-1.** [transpor] to cross. **-2.** [ultrapassar] to overtake; **~ a frente de alguém** to get in front of sb; **~ alguém para trás** *fig* [enganar] to dupe sb; [trair] to deceive sb. **-3.** [padecer] to endure. **-4.** [tarefa escolar] to set. **-5.** [reprimenda] to tell off. **-6.** [expedir] to send. **-7.** [entregar] to pass. **-8.** [deslizar]: **~ algo em/por** to run sthg over/through. **-9.** [tempo] to spend. **-10.** [espalhar] to spread. **-11.** [coar] to sieve. **-12.** [grelhar] to grill. **-13.** [a ferro] to iron. ◇ *vi* **-1.** [ger] to pass; **~ por algo** to pass o.s. off as sthg OU as being sthg; **~ (de ano)** to go up (a year). **-2.** [ir] to go past; **~ em/por** to go in/through; **~ pela cabeça de alguém** *fig* to cross one's mind; **~ por cima de alguém** *fig* to go over sb's head. **-3.** [cruzar]: **~ por alguém/algo** to go by sb/sthg. **-4.** [sentir-se] to feel; **como está passando?** [cumprimentando] how do you do? **-5.** [sofrer]: **~ por algo** to go through sthg. **-6.** [trocar de lado] to cross over. **-7.** [ser mais tarde que] to be past. **-8.** [ter mais de] to be over; **ela já passou dos 40** she's over 40 now; **aos cinco anos, o menino não passara dos 18 quilos** at five years of age, the boy still didn't weigh more than 18kg. **-10.** [ser apenas]: **não ~ de** *pej* to be no more than. **-11.** [ser aceitável] to be passable.

◆ **passar-se** *vp* **-1.** [suceder-se] to happen. **-2.** [transcorrer] to go by.
passarela [pasa'rɛla] *f* **-1.** [para pedestre] footbridge. **-2.** [para manequim] catwalk.
passarinho [pasa'riɲu] *m* birdie.
pássaro ['pasaru] *m* bird.
passatempo [,pasa'tẽnpu] *m* hobby.
passável [pa'savew] (*pl* **-eis**) *adj* passable.
passe ['pasi] *m* **-1.** [licença] permit. **-2.** [*ESP* - de bola] pass; [- de jogador] transfer. **-3.** [lance]: **~ de mágica** sleight of hand. **-4.** *REL* laying on of hands.
passear [pa'sja(x)] *vi* **-1.** [ger] to go for a walk. **-2.** [cavalo, carro] to ride.
passeata [pa'sjata] *f* [protesto] demonstration.
passeio [pa'seju] *m* **-1.** [a pé] walk; **dar** *ou* **fazer um ~** to go for a walk. **-2.** [a cavalo, de carro] ride; **fazer um ~** to go for a ride. **-3.** [calçada] pavement *UK*, sidewalk *US*.
passional [pasjo'naw] (*pl* **-ais**) *adj* **-1.** [discurso, atitude, artista] passionate. **-2.** [crime] of passion.
passista [pa'siʃta] *mf* samba dancer.
passível [pa'sivɛw] (*pl* **-eis**) *adj*: **~ de algo** liable to sthg.
passivo, va [pa'sivu, va] *adj* passive.
◆ **passivo** *m COM* liabilities *(pl)*.
passo ['pasu] *m* **-1.** [ger] step. **-2.** [medida]: **a uns seis ~s (de distância)** a short distance away; **a um ~ de** *fig* on the verge of. **-3.** [ruído de passos] footsteps. **-4.** [pegada] footprint. **-5.** [marcha] step. **-6.** [modo de andar] walk.
◆ **ao passo que** *loc adv* **-1.** [enquanto] whilst. **-2.** [contudo] whereas.
pasta ['paʃta] *f* **-1.** [creme] paste; **~ de dentes** toothpaste. **-2.** [de couro] briefcase. **-3.** [de cartolina] folder. **-4.** *POL* portfolio.
pastagem [paʃ'taʒẽ] (*pl* **-ns**) *f* pasture.
pastar [paʃ'ta(x)] *vi* to graze; **vá ~!** *fig* & *pej* get lost!
pastel [paʃ'tɛw] (*pl* **-éis**) ◇ *adj* [cor] pastel. ◇ *m* **-1.** [ger] pastel. **-2.** [comida] pastie.
pastelaria [paʃtela'ria] *f* cake shop.
pasteurizar [paʃtewri'za(x)] *vt* to pasteurize.
pastilha [paʃ'tʃiʎa] *f* **-1.** [bala] pastille. **-2.** *MED* pill. **-3.** *COMPUT* chip. **-4.** *CONSTR* mosaic piece.
pasto ['paʃtu] *m* **-1.** [erva] grass. **-2.** [pastagem] pasture.
pastor, ra [paʃ'to(x), ra] (*mpl* **-es**, *fpl* **-s**) *m, f AGR* shepherd (*f* shepherdess).
◆ **pastor** *m RELIG* pastor.
pastoso, osa [paʃ'tozu, ɔza] *adj* pasty.
pata ['pata] *f* **-1.** [de animal - de cão, gato] paw; [- de cavalo] foot. **-2.** [ave] (female) duck.
patamar [pata'ma(x)] (*pl* **-es**) *m* **-1.** [de escada] landing. **-2.** *fig* [nível] level.
patê [pa'te] *m* pâté.
patente [pa'tẽntʃi] ◇ *adj* obvious. ◇ *f* **-1.** *COM* patent. **-2.** *MIL* rank; **altas/baixas ~s** high/low ranks.
paternal [patex'naw] (*pl* **-ais**) *adj* paternal, fatherly.
paternidade [patexni'dadʒi] *f* paternity.
paterno, na [pa'tɛxnu, na] *adj* paternal, father's *(antes de subst)*.
pateta [pa'tɛta] ◇ *adj* foolish. ◇ *mf* fool.
patético, ca [pa'tɛtʃiku, ka] *adj* pathetic.
patife [pa'tʃifi] ◇ *adj* roguish. ◇ *m* scoundrel.
patim [pa'tĩ] (*pl* **-ns**) *m* skate; **patins de rodas** roller skates.
patinação [patʃina'sãw] *f* skating; **~ artística** figure skating; **~ no gelo** ice skating.
patinar [patʃi'na(x)] *vi* **-1.** [de patins] to skate. **-2.** [carro] to skid.
pátio ['patʃju] *m* patio.
pato ['patu] *m* **-1.** *ZOOL* duck. **-2.** *fam* [otário] sucker; **cair como um ~** to be a laughing stock. **-3.** *loc*: **pagar o ~** to carry the can.
patológico, ca [pato'lɔʒiku, ka] *adj* pathological.
patologista [patolo'ʒiʃta] *mf* pathologist.
patrão, roa [pa'trãw, roa] (*mpl* **-ões**, *fpl* **-oas**) *m, f* **-1.** [empregador] boss. **-2.** [de criados] master. **-3.** [como forma de tratamento] sir.
◆ **patroa** *f* **-1.** [mulher do patrão] master's/boss's wife. **-2.** *fam* [esposa] missus.
pátria ['patrja] *f* fatherland; **salvar a ~** *fig* to save the day.
patriarca [pa'trjaxka] *m* patriarch.
patriarcal [patrjax'kaw] (*pl* **-ais**) *adj* patriarchal.
patricinha [patri'siɲa] *f pej* posh girl.
patrimônio [patri'monju] *m* **-1.** [bens] patrimony. **-2.** [herança] inheritance; **~ histórico** historical heritage.
patriota [pa'trjɔta] *mf* patriot.
patroa [pa'troa] *f* ▷ **patrão**.
patrocinador, ra [patrosina'do(x), ra] (*mpl* **-es**, *fpl* **-s**) ◇ *adj* sponsoring. ◇ *m, f* sponsor.
patrocinar [patrosi'na(x)] *vt* **-1.** [ger] to support. **-2.** [financiar] to sponsor.
patrocínio [patro'sinju] *m* **-1.** [financiamento] sponsorship. **-2.** [apoio] support.
patrões [pa'trõjʃ] *pl* ▷ **patrão**.
patrono [pa'tronu] *m* patron.
patrulha [pa'truʎa] *f* **-1.** [ronda] patrol. **-2.** [censura] censorship.
patrulhar [patru'ʎa(x)] *vt* **-1.** [vigiar] to patrol. **-2.** [censurar] to censure.
pau ['paw] *m* **-1.** [bastão] stick. **-2.** [madeira]: **de ~** wooden. **-3.** [de bandeira] pole; **a meio ~** at half mast. **-4.** *fam* [briga] brawl; **o ~ comeu** all hell broke loose. **-5.** *fam* [moeda] *slang for Brazilian currency*. **-6.** *mfam* [pênis] cock.
◆ **paus** *mpl* [naipe] clubs; **de ~s** of clubs.

◆ **pau a pau** *loc adj* on an equal footing.

pau-brasil [ˌpawbraˈziw] *m* Brazil wood.

pau-de-arara [ˌpawdʒjaˈrara] (*pl* **paus-de-arara**) *mf* [retirante do Nordeste] *migrant from north-eastern Brazil.*

◆ **pau-de-arara** *m* [tortura] *form of torture where victim is suspended face down from a pole.*

pau-de-sebo [ˌpawdʒiˈsebu] (*pl* **paus-de-sebo**) *m* [mastro de cocanha] greasy pole.

Paulicéia [pawliˈsɛja] *n* São Paulo.

paulista [pawˈliʃta] ◇ *adj* São Paulo *(antes de subst).* ◇ *mf person from São Paulo.*

paupérrimo, ma [pawˈpɛximu, ma] *adj* extremely poor.

pausa [ˈpawza] *f* **-1.** [interrupção, intervalo] break. **-2.** [descanso] rest.

pausado, da [pawˈzadu, da] *adj* **-1.** [lento] leisurely. **-2.** [cadenciado] rythmic.

◆ **pausado** *adv* unhurriedly.

pauta [ˈpawta] *f* **-1.** [linha] guideline; **sem ~** unruled. **-2.** [folha com linhas] ruled sheet. **-3.** [lista] list. **-4.** [ordem do dia] agenda; **em ~** on the agenda. **-5.** *MÚS* stave.

pavão [paˈvãw] (*pl* **-ões**) *mf* peacock.

pavê [paˈve] *m* *CULIN* *cream cake made of sponge soaked in liqueur.*

pavilhão [paviˈʎãw] (*pl* **-ões**) *m* **-1.** [prédio] annex. **-2.** [de exposições] stand. **-3.** [tenda, abrigo] tent. **-4.** *fig* [bandeira] banner.

pavimentar [pavimẽnˈta(x)] *vt* to pave.

pavimento [paviˈmẽntu] *m* **-1.** [andar] storey *UK*, story *US*. **-2.** [chão] floor. **-3.** [de rua] pavement.

pavio [paˈviw] *m* wick; **ter o ~ curto** [ser de briga] to have a short fuse.

pavões [paˈvõjʃ] *pl* ▷ **pavão.**

pavor [paˈvo(x)] *m* fear; **ter ~ de alguém/algo** to dread sb/sthg.

pavoroso, osa [pavoˈrozu, ɔza] *adj* **-1.** [repulsivo] appalling. **-2.** [muito ruim, feio] dreadful.

paz [ˈpaʃ] (*pl* **-es**) *f* peace; **deixar alguém em ~** to leave sb in peace; **fazer as pazes** to make up.

PB (*abrev de* **Estado da Paraíba**) *n State of Paraíba.*

PBX (*abrev de* **Private Branch Exchange**) PBX.

PC (*abrev de* **Personal Computer**) *m* PC.

Pça. (*abrev de* **Praça**) *f* Sq.

PC do B (*abrev de* **Partido Comunista do Brasil**) *m Brazilian communist party.*

PCI (*abrev de* **Placa de Circuito Interno**) *f internal circuit board.*

PDT (*abrev de* **Partido Democrático Trabalhista**) *m* Democratic Labour Party, *the second largest left-wing party in Brazil.*

PDV (*abrev de* **Programa de Demissão Voluntária**) *m Brazilian voluntary redundancy scheme.*

pé [ˈpɛ] *m* **-1.** [ger] foot; **não arredar o ~** not to budge; **a ~** on foot; **com um ~ nas costas** with the greatest of ease; **em** *OU* **de ~** standing; **dar no ~** *fam* [fugir] to do a runner; **cuidado que aquela parte da piscina não dá ~** be careful because you will be out of your depth in that part of the pool; **estar de ~** *fam* to still be on; **meter os ~s pelas mãos** to go haywire; **não chegar aos ~s de** to be nowhere near as good as; **não largar do ~ de alguém** to stick like glue to sb; **não ter ~ nem cabeça** not to make any sense. **-2.** [base - de monumento, morro] foot; **ao ~ de** at the foot of. **-3.** *BOT* plant. **-4.** [de calçado, meia] sole. **-5.** [situação] state of affairs; **em ~ de guerra/igualdade** on a war/equal footing.

◆ **ao pé da letra** *loc adv* to the letter.

PE (*abrev de* **Estado de Pernambuco**) *n State of Pernambuco.*

peão [ˈpjãw] (*pl* **-ões**) *m* **-1.** [trabalhador] labourer *UK*, laborer *US*. **-2.** [xadrez] pawn.

peça [ˈpɛsa] *f* **-1.** [ger] piece. **-2.** *MEC* part; **~ de reposição** *OU* **~ sobressalente** replacement *OU* spare part. **-3.** [cômodo] room. **-4.** [brincadeira]: **pregar uma ~ em alguém** to play a practical joke on sb. **-5.** *TEATRO* play. **-6.** *JUR* document.

pecado [peˈkadu] *m* **-1.** *RELIG* sin; **~ original** original sin; **pagar os seus ~s** to pay for one's sins. **-2.** [pena]: **que ~!** what a sin!

pecador, ra [pekaˈdo(x), ra] *m, f* sinner.

pecar [peˈka(x)] *vi* **-1.** *RELIG* to sin. **-2.** [errar]: **~ por algo** to err on the side of sthg.

pechincha [peˈʃĩnʃa] *f* bargain; **ser uma ~** to be a bargain.

pecuário, ria [peˈkwarju, rja] *adj* cattle.

◆ **pecuária** *f* [criação] cattle-raising.

peculiar [pekuˈlja(x)] (*pl* **-es**) *adj* **-1.** [característico] particular. **-2.** [curioso] peculiar.

peculiaridade [pekuljariˈdadʒi] *f* peculiarity.

pedaço [peˈdasu] *m* **-1.** [parte] piece; **aos ~s** in pieces; **estar caindo aos ~s** to be falling to pieces. **-2.** [trecho] piece. **-3.** [lugar] area.

pedágio [peˈdaʒju] *m* toll.

pedagógico, ca [pedaˈgɔʒiku, ka] *adj* teaching *(antes de subst).*

pedagogo, ga [pedaˈgogu, ga] *m, f* educationalist.

pé-d'água [ˌpɛˈdagwa] (*pl* **pés-d'água**) *m* deluge.

pedal [peˈdaw] (*pl* **-ais**) *m* pedal.

pedalar [pedaˈla(x)] ◇ *vt* to pedal. ◇ *vi* to pedal.

pedalinho [pedaˈliɲu] *m* pedalo.

pedante [peˈdãntʃi] ◇ *adj* pedantic. ◇ *m, f* pedant.

pé-de-galinha [ˌpɛdʒigaˈliɲa] (*pl* **pés-de-galinha**) *m* crow's foot.

pé-de-moleque [ˌpɛdʒimu'lɛki] (*pl* **pés-de-moleque**) *m* **-1.** [doce] peanut brittle. **-2.** [calçamento] crazy paving.
pé-de-pato [ˌpɛdʒi'patu] (*pl* **pés-de-pato**) *m* **-1.** [nadadeira] flipper. **-2.** *fam* [diabo] Satan.
pedestal [pedeʃ'taw] (*pl* **-ais**) *m* pedestal.
pedestre [pe'dɛʃtri] *mf* pedestrian.
pediatra [pe'dʒjatra] *mf* paediatrician *UK*, pediatrician *US*.
pedicuro, ra [pedʒi'kuru, ra] *m, f* pedicurist.
pedido [pe'dʒidu] *m* **-1.** [ger] order. **-2.** [solicitação] request; **a ~** to an encore; **~ de casamento** marriage proposal; **~ de demissão** resignation; **~ de divórcio** divorce petition.
pedigree [pedʒi'gri] *m* pedigree.
pedinte [pe'dʒĩntʃi] *mf* beggar.
pedir [pe'dʒi(x)] <> *vt* **-1.** [solicitar] to ask for; **~ algo a alguém** to ask sb for sthg; **~ a alguém que faça algo** to ask sb to do sthg; **~ algo emprestado** to borrow sthg; **~ desculpas** *ou* **perdão (por algo)** to apologize (for sthg). **-2.** [cobrar] to charge. **-3.** [necessitar] to call for. **-4.** [encomendar] to order. **-5.** [exigir, requerer] to demand. <> *vi* [fazer pedidos] to make demands; **~ por alguém** to pray for sb.
pedra ['pɛdra] *f* **-1.** [ger] stone. **-2.** [fragmento] pebble; **~ de gelo** ice cube; **~ preciosa** precious stone; **dormir como uma ~** to sleep like a log. **-3.** [de açúcar] sugar lump.
pedreira [pe'drejra] *f* stone quarry.
pedreiro [pe'drejru] *m* CONSTR mason.
pegada [pe'gada] *f* footprint.
pegado, da [pe'gadu, da] *adj* **-1.** [contíguo] next door. **-2.** [unido] close.
pegajoso, osa [pega'ʒozu, ɔza] *adj* sticky.
pegar [pe'ga(x)] <> *vt* **-1.** [ger] to pick up. **-2.** [surpreender] to catch. **-3.** [embarcar em] to catch. **-4.** [seguir por] to take. **-5.** [compreender] to take in. **-6.** [vivenciar] to experience. **-7.** [aceitar fazer] to take on. <> *vi* **-1.** [segurar] to catch; **~ em algo** to hold on to sthg. **-2.** [grudar]: **~ em algo** to stick to sthg. **-3.** [difundir-se - moda, mania] to catch on; [- doença] to be catching. **-4.** [fogo]: **a fogueira pega mais rápido com álcool** the fire lights quicker with alcohol; **ele pegou fogo na casa** he set fire to the house. **-5.** [planta] to take root. **-6.** RÁDIO & TV: **~ (bem/mal)** to have good/poor reception. **-7.** [motor] to start. **-8.** [iniciar]: **~ em algo** to start sthg. **-9.** [atitude]: **~ bem/mal** to go down well/badly; **não pega bem** it doesn't do. **-10.** [decidir-se]: **~ a fazer algo** to make up one's mind and do sthg.
◆ **pegar-se** *vp* [brigar]: **~-se (com)** to come to blows (with).
peido ['pejdu] *m mfam* fart.
peito ['pejtu] *m* **-1.** ANAT chest; **~ do pé** instep; **meter o ~** *fam* to put one's heart into it. **-2.** [de mulher, ave] breast; **dar o ~** to breastfeed. **-3.** *fig* [coragem] courage; **no ~ (e na raça)** fearlessly.
peitoril [pejto'riw] (*pl* **-is**) *m* windowsill.
peitudo, da [pej'tudu, da] *adj* **-1.** [de peito grande] big-chested. **-2.** [valente] plucky.
peixada [pej'ʃada] *f* fish stew.
peixaria [pejʃa'ria] *f* fishmonger.
peixe ['pejʃi] *m* ZOOL fish; **vender o seu ~** [tratar de seus interesses] to look out for one's own interests; [opinar] to have one's say.
◆ **Peixes** *m* [zodíaco] Pisces; *veja também* **Virgem**.
pejorativo, va [peʒora'tʃivu, va] *adj* pejorative.
pela ['pela] = **por + a**.
pelada [pe'lada] FUT *f* **-1.** [jogo informal] (friendly) match. **-2.** [jogo ruim] wasted game.
pelado, da [pe'ladu, da] *adj* **-1.** [nu] naked. **-2.** [sem pêlos] shorn.
pelar [pe'la(x)] <> *vt* **-1.** [animal] to skin. **-2.** [cabeça] to shave. <> *vi*: **estar pelando** [estar quentíssimo] to be scalding.
pelas ['pelaʃ] = **por + as**.
pele ['pɛli] *f* **-1.** [de pessoa] skin; **~ e osso** skin and bone; **cair na ~ de** *fig fam* to pester; **salvar a ~ de alguém** *fig fam* to save sb's skin; **sentir algo na ~** *fig* to experience sthg first hand. **-2.** [animal] hide; **de ~** hide. **-3.** [couro] leather; **de ~** leather. **-4.** [agasalho] fur. **-5.** [de fruta, legume] skin, peel.
pelerine [pele'rini] *f* cape.
pelica [pe'lika] *f* kid leather.
pelicano [peli'kãnu] *m* ZOOL pelican.
pelo ['pelu] = **por + o**.
pêlo ['pelu] *m* **-1.** [em pessoa] hair; **nu em ~** stark naked. **-2.** [de animal] fur.
pelos ['peluʃ] = **por + os**.
pelotão [pelo'tãw] (*pl* **-ões**) *m* platoon; **~ de fuzilamento** firing squad.
pelúcia [pe'lusja] *f* plush.
peludo, da [pe'ludu, da] *adj* hairy.
pena ['pena] *f* **-1.** [de ave] feather. **-2.** [pesar] sorrow; **que ~!** what a pity!; **ser uma ~** to be a pity; **valer a ~** *fig* [compensar] to be worthwhile; **a duras ~s** with great difficulty. **-3.** JUR punishment; **~ capital** *ou* **de morte** capital punishment *ou* death penalty; **cumprir ~** to serve a sentence; **sob ~ de** *fig* under penalty of. **-4.** [piedade] pity; **dar ~** to arouse pity; **ter ~ de** to be sorry for.
penal [pe'naw] (*pl* **-ais**) *adj* JUR penal.
penalidade [penali'dadʒi] *f* **-1.** JUR penalty. **-2.** [castigo] punishment. **-3.** FUT: **~ máxima** penalty (kick).
penalizar [penali'za(x)] *vt* **-1.** [dar pena a] to distress. **-2.** [castigar] to punish.

pênalti [pe'nawtʃi] *m FUT* penalty.
penar [pe'na(x)] <> *m* [sofrimento] suffering. <> *vt* [sofrer] to hurt, to distress. <> *vi* [sofrer] to suffer.
penca ['pẽnka] *f* bunch; **em ~** *fig* [quantidade] loads of.
pendência [pẽn'dẽnsja] *f* **-1.** [contenda] dispute. **-2.** [algo por decidir] pending matter.
pendente [pẽn'dẽntʃi] <> *adj* **-1.** [ger] hanging. **-2.** [por decidir] pending. <> *m* [de jóia] pendant.
pender [pẽn'de(x)] *vi* [estar pendurado] to hang.
pêndulo ['pẽndulu] *m* pendulum.
pendurado, da [pẽndu'radu, da] *adj* **-1.** [pendente]: **~ (em)** hanging (on). **-2.** *fig* [conta] on tick.
pendurar [pẽndu'ra(x)] *vt* **-1.** [colocar] to hang. **-2.** *fig* [conta] to pay on tick.
◆ **pendurar-se** *vp* [pessoa] to hang.
penduricalho [pẽnduri'kaʎu], **penduricalho** [pẽnduru'kaʎu] *m* trinket.
penedo [pe'nedu] *m* boulder.
peneira [pe'nejra] *f* [para peneirar] sieve.
peneirar [penej'ra(x)] <> *vt* [na peneira] to sieve. <> *vi fig* [chuviscar] to drizzle.
penetração [penetra'sãw] (*pl* **-ões**) *f* **-1.** [ger] penetration. **-2.** *fig* [difusão] circulation.
penetrante [pene'trãntʃi] *adj* penetrating.
penetrar [pene'tra(x)] <> *vt* to penetrate. <> *vi* **-1.** [entrar, infiltrar-se]: **~ em/por/entre** to penetrate. **-2.** *fam* [em festa] to gatecrash.
penhasco [pe'ɲaʃku] *m* cliff.
penhor [pe'ɲo(x)] *m* pawn; **fazer o ~ de algo** to pawn *ou* hock sthg, to leave sthg in pawn *ou* hock; **casa de ~ es** pawnshop.
penicilina [penisi'lina] *f* penicillin.
península [pe'nĩnsula] *f* peninsula.
pênis ['peniʃ] *m inv* penis.
penitência [peni'tẽnsja] *f RELIG* **-1.** [contrição] contrition. **-2.** [expiação] penance.
penitenciário, ria [penitẽn'sjarju, rja] <> *adj* penitentiary. <> *m, f* prisoner.
◆ **penitenciária** *f* penitentiary.
penoso, osa [pe'nozu, ɔza] *adj* **-1.** [assunto, trabalho] hard. **-2.** [tratamento, correção] harsh.
pensador, ra [pẽnsa'do(x), ra] *m, f* thinker.
pensamento [pẽnsa'mẽntu] *m* **-1.** [ger] thought; **fazer ~ positivo** to think positively. **-2.** [mente, opinião] mind. **-3.** [doutrina] thinking. **-4.** [idéia] idea.
pensão [pẽn'sãw] (*pl* **-ões**) *f* **-1.** [pequeno hotel] boarding house. **-2.** [renda] pension; **~ alimentícia** maintenance allowance. **-3.** [restaurante] boarding house. **-4.** [refeição]: **~ completa** full board.
pensar [pẽn'sa(x)] <> *vt* to think. <> *vi* **-1.** [ger] to think; **~ em/sobre algo** to think about sthg. **-2.** [tencionar] to intend.
pensativo, va [pẽnsa'tʃivu, va] *adj* thoughtful.
pensionato [pẽnsjo'natu] *m* hostel.
pensionista [pẽnsjo'niʃta] *mf* **-1.** [beneficiário] pensioner. **-2.** [morador] boarder.
pentacampeão [ˌpẽntakãn'pjãw] (*pl* **-ões**) *m* five-times champion.
pentágono [pẽn'tagunu] *m GEOM* pentagon.
pentatlo [pẽn'tatlu] *m* pentathlon.
pente ['pẽntʃi] *m* **-1.** [de cabelo] comb. **-2.** [de pistola] cartridge.
penteadeira [pẽntʃja'dejra] *f* dressing table.
penteado, da [pẽn'tʃjadu] *adj* well groomed.
◆ **penteado** *m* hairstyle.
pentear [pẽn'tʃja(x)] *vt* **-1.** [cabelo] to comb. **-2.** [fazer penteado] to style.
◆ **pentear-se** *vp* [pessoa] to do one's hair.
Pentecostes [pẽnte'kɔʃtiʃ] *m RELIG* Pentecost.
penugem [pe'nuʒẽ] (*pl* **-ns**) *f* down.
penúltimo, ma [pe'nuwtʃimu, ma] *adj* penultimate, last but one.
penumbra [pe'nũnbra] *f* **-1.** [meia-luz] half-light. **-2.** *fig* [obscuridade] obscurity.
penúria [pe'nurja] *f* penury.
peões ['pjõjʃ] *pl* ▷ **peão**.
pepino [pe'pinu] *m* **-1.** [fruto] cucumber. **-2.** *fig* [problema] bit of a problem.
pequeno, na [pe'kenu, na] <> *adj* **-1.** [tamanho] small. **-2.** [mesquinho] mean. <> *m, f* [criança] child.
◆ **pequena** *f* [namorada] girlfriend.
pequeno-burguês, pequeno-burguesa [peˌkenubux'geʃ, peˌkenabux'geza] (*pl* **pequenos-burgueses**) <> *adj* petit bourgeois. <> *m, f* petit bourgeois.
Pequim [pe'kĩ] *n* Beijing.
pêra ['pera] (*pl* **peras**) *f* pear.
perambular [perãnbu'la(x)] *vi*: **~ (por)** to wander (through).
perante [pe'rãntʃi] *prep* **-1.** [no espaço] before; **jurar ~ a Bíblia** to swear on the Bible. **-2.** [no sentido] faced with.
pé-rapado, da [ˌpɛxa'padu, da] (*mpl* **pés-rapados**, *fpl* **pés-rapadas**) *m, f* loser.
percalço [pex'kawsu] *m* pitfall.
per capita [pɛx'kapita] *loc adj* per capita.
perceber [pexse'be(x)] *vt* **-1.** [através dos sentidos] to perceive. **-2.** [compreender] to realize. **-3.** [notar] to notice.
percentagem [pexsẽn'taʒẽ] (*pl* **-ns**) *f* percentage.
percepção [pexsep'sãw] *f* [dos sentidos] perception.
perceptível [pexsep'tʃivew] (*pl* **-eis**) *adj* perceptible.
perceptivo, va [pexsep'tʃivu, va] *adj* perceptive.
percevejo [pexse'veʒu] *m* **-1.** *ZOOL* bedbug. **-2.** [prego] drawing pin.

percorrer [pexko'xe(x)] *vt* **-1.** [viajar] to travel through. **-2.** [passar por] to pass through. **-3.** [esquadrinhar] to search. **-4.** [consultar] to search through.

percurso [pex'kuxsu] *m* route.

percussão [pexku'sãw] (*pl* **-ões**) *f* percussion.

percussionista [pexkusjo'niʃta] *mf* drummer.

percutir [pexku'tʃi(x)] *vt* to hit.

perda ['pexda] *f* **-1.** [ger] loss. **-2.** [desperdício]: ~ **de tempo** waste of time. **-3.** [prejuízo] damage; ~**s e danos** damages.

perdão [pex'dãw] (*pl* **-dões**) *m* [escusa] pardon; **pedir ~ a alguém** to apologize to sb; **perdão!** sorry!

perdedor, ra [pexde'do(x), ra] ◇ *adj* losing. ◇ *m, f* [de competição] loser.

perder [pex'de(x)] ◇ *vt* **-1.** [ger] to lose. **-2.** [não chegar a tempo, não comparecer] to miss. **-3.** [desperdiçar] to waste; **pôr tudo a ~** to ruin everything. ◇ *vi* [ser vencido] to lose; ~ **de** *ou* **para alguém** to lose to *ou* against sb.
◆ **perder-se** *vp* **-1.** [extraviar-se] to get lost; ~**-se de alguém** to wander away from sb. **-2.** [arruinar-se] to waste one's life. **-3.** *ant* [mulher] to lose one's virginity. **-4.** [atrapalhar-se] to get bogged down. **-5.** [absorver-se] to lose o.s.

perdição [pexdʒi'sãw] *f* **-1.** [ruína] decay. **-2.** [mau caminho] evil. **-3.** [desonra] fall from grace.

perdido, da [pex'dʒidu, da] ◇ *adj* **-1.** [ger] lost. **-2.** [amorosamente]: ~ **(de amor) por alguém** desperately in love with sb. **-3.** [arruinado]: **nem tudo está ~** all is not lost; **meu pai descobriu que fui reprovado, estou ~!** my father's found out I've failed, I'm done for! ◇ *m, f* [pervertido] pervert.

perdigão [pexdʒi'gãw] (*pl* **-ões**) *m* [macho] male partridge.

perdiz [pex'dʒiʃ] (*pl* **-es**) *f* [fêmea] female partridge.

perdoar [pex'dwa(x)] ◇ *vt* **-1.** [desculpar] to forgive; ~ **algo (a alguém)** to forgive (sb for) sthg. **-2.** [eximir de] to pardon. **-3.** *fig* [desperdiçar]: **não ~** to make the most of. ◇ *vi* [desculpar] to forgive.

perdurar [pexdu'ra(x)] *vi* **-1.** [durar muito]: ~ **(por/através de)** to last (for/throughout). **-2.** [permanecer] to carry on.

perecer [pere'se(x)] *vi* **-1.** [extingüir-se] to perish. **-2.** [morrer] to die.

perecível [pere'sivɛw] (*pl* **-eis**) *adj* perishable.

peregrinação [peregrina'sãw] (*pl* **-ões**) *f* **-1.** [viagem] journey. **-2.** RELIG pilgrimage.

peregrino, na [pere'grinu, na] *m, f* **-1.** [viajante] traveller. **-2.** RELIG pilgrim.

peremptório, ria [perẽnp'tɔrju, rja] *adj* **-1.** [final] decisive. **-2.** [taxativo] peremptory.

perene [pe'reni] *adj* **-1.** [eterno] eternal. **-2.** [incessante] unceasing. **-3.** BOT perennial.

perfeccionista [pexfeksjo'niʃta] ◇ *adj* perfectionist. ◇ *mf* perfectionist.

perfeição [pexfej'sãw] *f* perfection; **ser uma ~** to be perfect.

perfeitamente [pex,fejta'mẽntʃi] ◇ *adv* perfectly. ◇ *interj* [de acordo] of course!

perfeito, ta [pex'fejtu, ta] *adj* **-1.** [ger] perfect. **-2.** *(antes de subst)* [completo] perfect.

pérfido, da ['pɛxfidu, da] *adj* treacherous.

perfil [pex'fiw] (*pl* **-is**) *m* **-1.** [ger] profile; **de ~** in profile. **-2.** *fig* [retrato] outline. **-3.** [caráter] personality.

performance [pex'fɔxmãnsi] *f* performance.

perfumado, da [pexfu'madu, da] *adj* perfumed.

perfumar [pexfu'ma(x)] *vt* to perfume.
◆ **perfumar-se** *vp* to put perfume on.

perfume [pex'fumi] *m* perfume.

perfurar [pexfu'ra(x)] *vt* to perforate.

pergaminho [pexga'miɲu] *m* [documento] parchment.

pérgula ['pɛxgula] *f* pergola.

pergunta [pex'gũnta] *f* question; **fazer uma ~ a alguém** to ask sb a question.

perguntar [pexgũn'ta(x)] ◇ *vt* **-1.** [indagar] to ask; ~ **algo a alguém** to ask sb sthg. **-2.** [interrogar] to question. ◇ *vi* [indagar] to ask questions; ~ **por alguém** to ask after sb.
◆ **perguntar-se** *vp* to wonder.

perícia [pe'risja] *f* **-1.** [ger] expertise. **-2.** [policial] investigation. **-3.** [examinadores] investigators.

periculosidade [perikulozi'dadʒi] *f* peril; **de alta ~** highly perilous.

periferia [perife'ria] *f* **-1.** [contorno] periphery. **-2.** GEOM circumference. **-3.** [subúrbio] outskirts *(pl)*.

periférico, ca [peri'fɛriku, ka] *adj* **-1.** [que contorna] peripheral. **-2.** *fig* [marginal] superficial.
◆ **periférico** *m* COMPUT peripheral.

perigoso, osa [peri'gozu, ɔza] *adj* dangerous.

perímetro [pe'rimetru] *m* perimeter; ~ **urbano** city limits *(pl)*.

periódico, ca [pe'rjɔdʒiku, ka] *adj* periodic.
◆ **periódico** *m* **-1.** [jornal] periodical (newspaper). **-2.** [revista] periodical (magazine).

período [pe'riwdu] *m* **-1.** [ger] period. **-2.** UNIV semester.

peripécia [peri'pɛsja] *f* **-1.** [aventura] adventure. **-2.** [incidente] incident.

periquito [peri'kitu] *m* budgerigar.

perito, ta [pe'ritu, ta] ◇ *adj* [experiente, especialista] expert. ◇ *m, f* **-1.** [especialista] expert. **-2.** [quem faz perícia] investigator.

perjúrio [pex'ʒurju] *m* perjury.

permanecer [pexmane'se(x)] *vi* to remain.

permanência [pexma'nẽnsja] *f* **-1.** [continuação, constância] endurance. **-2.** [estada] stay.

permanente [pexma'nẽntʃi] ◇ *adj* permanent. ◇ *m* [cartão] pass. ◇ *m* [penteado] perm; **fazer um ~** to have a perm.

permissão [pexmi'sãw] (*pl* **-ões**) *f* permission.

permissível [pexmi'sivew] (*pl* **-eis**) *adj* permissible.

permissivo, va [pexmi'sivu, va] *adj* permissive.

permitir [pexmi'tʃi(x)] *vt* **-1.** [admitir] to allow; **~ a alguém fazer algo** to allow sb to do sthg. **-2.** [conceder]: **~ algo a alguém** to grant sb sthg.

◆ **permitir-se** *vp* [tomar a liberdade de] to allow o.s.

perna ['pɛxna] *f* leg; **~ de pau** wooden leg; **passar a ~ em alguém** *fig* [enganar] to con sb; [trair] to cheat on sb.

pernicioso, osa [pexni'sjozu, ɔza] *adj* **-1.** [nocivo] destructive. **-2.** *MED* pernicious.

pernil [pex'niw] (*pl* **-is**) *m* *CULIN* hock.

pernilongo [pexni'lõŋgu] *m* stilt.

pernoitar [pexnoj'ta(x)] *vi* to spend the night.

pernóstico, ca [pex'nɔʃtʃiku, ka] ◇ *adj* pretentious. ◇ *mf* pretentious person.

pérola ['pɛrola] *f* **-1.** [de ostra] pearl. **-2.** *fig* [pessoa, peça rara] gem.

perpassar [pexpa'sa(x)] *vt* *fig* [atravessar] to imbue.

perpendicular [pexpẽndʒiku'la(x)] (*pl* **-es**) ◇ *adj* perpendicular. ◇ *f* perpendicular.

perpetrar [pexpe'tra(x)] *vt* to perpetrate.

perpetuar [pexpe'twa(x)] *vt* to prolong.

◆ **perpetuar-se** *vp* to survive.

perpétuo, tua [pex'pɛtwu, twa] *adj* **-1.** [eterno] eternal. **-2.** [vitalício] permanent. **-3.** *JUR*: **prisão perpétua** life imprisonment. **-4.** *(antes de subst)* [freqüente] on-going.

perplexidade [pexpleksi'dadʒi] *f* perplexity.

perplexo, xa [pex'plɛksu, sa] *adj* perplexed; **estar/ficar ~** to be perplexed.

perseguição [pexsegi'sãw] (*pl* **-ões**) *f* **-1.** [ger] persecution. **-2.** *fig* [de um objetivo] pursuit.

perseguir [pexse'gi(x)] *vt* **-1.** [ger] to pursue. **-2.** *POL* & *RELIG* to persecute.

perseverante [pexseve'rãntʃi] *adj* persevering.

perseverar [pexseve'ra(x)] *vi* **-1.** [persistir]: **~ (em)** to persevere (with). **-2.** [permanecer] to last.

persiana [pex'sjãna] *f* blind.

persistência [pexsiʃ'tẽnsja] *f* persistence.

persistente [pexsiʃ'tẽntʃi] *adj* persistent.

persistir [pexsiʃ'tʃi(x)] *vi* [insistir]: **~ (em algo)** to persist (in sthg).

personagem [pexso'naʒẽ] (*pl* **-ns**) *m, f* **-1.** *CINE*, *LITER* & *TEATRO* character. **-2.** [celebridade] celebrity.

personalidade [pexsonali'dadʒi] *f* personality; **dupla ~** split personality.

personalizado, da [pexsonali'zadu, da] *adj* personalized.

personificação [pexsonifika'sãw] (*pl* **-ões**) *f* personification.

perspectiva [pexʃpek'tʃiva] *f* **-1.** [ger] perspective. **-2.** [probabilidade] prospect; **em ~** [em vista] in prospect; [a distância] in perspective.

perspicácia [pexʃpi'kasja] *f* insight.

perspicaz [pexʃpi'kaʃ] (*pl* **-es**) *adj* insightful.

persuadir [pexswa'dʒi(x)] ◇ *vt* **-1.** [convencer]: **~ alguém (a fazer algo)** to persuade sb (to do sthg). **-2.** [induzir]: **~ alguém a fazer algo** to persuade sb to do sthg. ◇ *vi* [induzir] to persuade.

◆ **persuadir-se** *vp* [convencer-se]: **~-se (de algo)** to be persuaded (of sthg).

persuasão [pexswa'zãw] *f* persuasion.

persuasivo, va [pexswa'zivu, va] *adj* persuasive.

pertencente [pextẽn'sẽntʃi] *adj*: **~ a algo/alguém** belonging to sthg/sb.

pertencer [pextẽn'se(x)] *vi*: **~ a** [ger] to belong to; [concernir] to refer to.

pertences [pex'tẽnsiʃ] *mpl* [objetos pessoais] belongings.

pertinaz [pextʃi'najʒ] *adj* persistent.

pertinência [pextʃi'nẽnsja] *f* pertinence.

pertinente [pextʃi'nẽntʃi] *adj* **-1.** [ger] pertinent. **-2.** [importante] relevant.

perto ['pɛxtu] ◇ *adj* nearby. ◇ *adv* near; **de ~** [a pouca distância] closely; *fig* [intimamente] first-hand; **~ de** [ger] close to; [em comparação] next to.

perturbador, ra [pextuxba'do(x), ra] *adj* disturbing.

perturbar [pextux'ba(x)] ◇ *vt* **-1.** [ger] to perturb. **-2.** [atrapalhar] to disturb. **-3.** [envergonhar] to embarass. ◇ *vi* [atordoar] to pester.

peru, rua [pe'ru, rua] *m, f* [ave] turkey.

◆ **perua** *f* **-1.** [caminhonete] estate car *UK*, station wagon *US*. **-2.** *fam pej* [mulher] hussy.

Peru [pe'ru] *n*: **(o) ~** Peru.

peruano, na [pe'rwãnu, na] ◇ *adj* Peruvian. ◇ *m, f* Peruvian.

peruca [pe'ruka] *f* wig.

perversão [pexvex'sãw] (*pl* **-ões**) *f* **-1.** [depravação] perversion. **-2.** [alteração] alteration.

perverso, sa [pex'vɛxsu, sa] *adj* perverse.

perverter [pexvex'te(x)] *vt* **-1.** [corromper] to pervert. **-2.** [alterar] to alter. **-3.** [deturpar] to distort.

◆ **perverter-se** *vp* [corromper-se] to become depraved.

pervertido, da [pexvex'tʃidu, da] ◇ *adj* [corrompido] depraved. ◇ *m, f* pervert.

pesadelo [peza'delu] *m* nightmare.

pesado, da [pe'zadu, da] *adj* **-1.** [ger] heavy. **-2.** [tenso] tense. **-3.** [grosseiro] coarse.

pêsames ['pezamiʃ] *mpl* condolences.
pesar [pe'za(x)] <> *m* sadness; **apesar dos ~ es** in spite of everything. <> *vt* to weigh. <> *vi* -**1.** [ger] to weigh. -**2.** [recair]: **~ sobre alguém** to fall on sb. -**3.** [onerar] to be burdensome. -**4.** [influenciar]: **~ em algo** to influence sthg. -**5.** [causar tristeza]: **~ a alguém** to grieve sb. -**6.** [causar remorso] to weigh sb down.
◆ **pesar-se** *vp* [verificar o peso] to weigh o.s.
pesaroso, osa [peza'rozu, ɔza] *adj* -**1.** [triste] sorrowful. -**2.** [arrependido] sorry.
pesca ['pɛʃka] *f* -**1.** [ato] fishing; **ir à ~** to go fishing. -**2.** [o que se pescou] catch.
pescado [peʃ'kadu] *m* catch *(of fish)*.
pescador, ra [peʃka'do(x), ra] (*mpl* -**es**, *fpl* -**s**) *m, f* fisherman (*f* fisherwoman).
pescar [peʃ'ka(x)] *vt* -**1.** [apanhar] to fish. -**2.** *fig* [conseguir] to get. -**3.** *fig* [conquistar] to catch.
pescoço [peʃ'kosu] *m* neck; **até o ~** *fig* up to one's neck.
peso ['pezu] *m* -**1.** [ger] weight; **~ bruto/líquido** gross/net weight; **~ pesado** heavyweight; **ele é um intelectual de ~** he is a weighty intelectual. -**2.** [para papéis] paperweight. -**3.** [em atletismo] weights *(pl)*. -**4.** [moeda] peso. -**5.** *fig* [carga] burden.
◆ **em peso** *loc adj* en masse.
pesponto [peʃ'põntu] *m* backstitch.
pesqueiro, ra [peʃ'kejru, ra] *adj* fishing *(antes de subst)*.
pesquisa [peʃ'kiza] *f* -**1.** [investigação] search. -**2.**: **~ de mercado** market research; **~ de opinião** opinion poll. -**3.** [estudo] research; **~ e desenvolvimento** research and development.
pesquisador, ra [peʃkiza'do(x), ra] <> *adj* research *(antes de subst)*. <> *m, f* researcher.
pesquisar [peʃki'za(x)] <> *vt* -**1.** [investigar] to investigate. -**2.** [estudar] to research. <> *vi* [estudar] to do research.
pêssego ['pesegu] *m* peach.
pessimismo [pesi'miʒmu] *m* pessimism.
pessimista [pesi'miʃta] <> *adj* pessimistic. <> *mf* pessimist.
péssimo, ma ['pɛsimu, ma] *adj (superl de mau)* terrible; **ficou ~ com a notícia** the news made him feel terrible.
pessoa [pe'soa] *f* [ger] person; **em ~** personally; **~ física** *JUR* private individual; **~ jurídica** *JUR* legal entity.
pessoal [pe'swaw] (*pl* -**ais**) <> *adj* personal. <> *m* -**1.** [empregados] personnel *(pl)*, staff. -**2.** [grupo] people *(pl)*.
pessoalmente [peswaw'mẽntʃi] *adv* personally.
pestana [peʃ'tãna] *f* -**1.** [cílio] eyelash. -**2.** *COST* flap. -**3.** *MÚS* barré.
pestanejar [peʃtane'ʒa(x)] *vi* to blink; **sem ~** *fig* without batting an eyelid.
peste ['pɛʃtʃi] *f* -**1.** [ger] plague. -**2.** *fig* [pessoa] pest. -**3.** *fig* [coisa perniciosa] scourge.
pesticida [peʃtʃi'sida] *f* pesticide.
pestilento, ta [peʃtʃi'lẽntu, ta] *adj* -**1.** [fedorento] stinking. -**2.** [infectado] pestilent.
pétala ['pɛtala] *f* petal.
peteca [pe'tɛka] *f* [brinquedo] shuttlecock; **não deixar a ~ cair** *fam fig* to keep the ball rolling.
peteleco [pete'lɛku] *m* flick.
petição [petʃi'sãw] (*pl* -**ões**) *f* -**1.** [requerimento] petition. -**2.** [súplica] plea. -**3.** [estado]: **em ~ de miséria** in a pitiful state.
petiscar [petʃiʃ'ka(x)] *vi* to snack; **quem não arrisca não petisca** he who dares wins.
petisco [pe'tʃiʃku] *m* titbit *UK*, tidbit *US*.
petit-pois [petʃi'pwa] *m inv* pea.
petrificar [petrifi'ka(x)] *vt* -**1.** [tornar em pedra] to harden. -**2.** [insensibilizar] to numb. -**3.** [aterrorizar] to petrify.
Petrobras (*abrev de* **Petróleo Brasileiro S/A**) *f* *Brazilian state-owned petroleum company.*
petroleiro, ra [petro'lejru] <> *adj*: **navio-~** (oil) tanker. <> *m, f* [pessoa] oilman.
petróleo [pe'trɔlju] *m* petroleum, oil; **~ bruto** crude oil.
petrolífero, ra [petro'liferu, ra] *adj* oil.
petulância [petu'lãnsja] *f* petulance.
petulante [petu'lãntʃi] *adj* petulant.
PFL (*abrev de* **Partido da Frente Liberal**) *m* Party of the Liberal Front, *the largest, very right-wing party in Brazil.*
piada ['pjada] *f* joke.
pianista [pja'niʃta] *mf* pianist.
piano ['pjãnu] *m* piano.
pião ['pjãw] (*pl* -**ões**) *m* spinning top.
piar ['pja(x)] *vi* [ave - pinto] to cheep; [- passarinho] to chirp; [- coruja] to hoot.
PIB (*abrev de* **Produto Interno Bruto**) *m* GDP.
picada [pi'kada] *f* ▻ **picado**.
picadinho [pika'dʒiɲu] *m CULIN* -**1.** [de carne] minced meat. -**2.** [de legumes] vegetable stew.
picado, da [pi'kadu, da] *adj* -**1.** [ger] stung; **ser ~ por algo** to be bitten by sthg. -**2.** [em pedaços] chopped up. -**3.** [mar] choppy. -**4.** [vôo] nosediving.
◆ **picada** *f* -**1.** [espetada] prick. -**2.** [mordida] bite. -**3.** [caminho] trail.
picanha [pi'kãɲa] *f* [carne bovina] rump.
picante [pi'kãntʃi] *adj* spicy.
pica-pau [,pika'paw] (*pl* **pica-paus**) *m* woodpecker.
picar [pi'ka(x)] *vt* -**1.** [espetar] to prick. -**2.** [morder] to bite. -**3.** [cortar em pedaços] to chop. -**4.** [lascar] to splinter. -**5.** [bicar] to peck.
picareta [pika'reta] <> *f* [instrumento] pickaxe *UK*, pickax *US*. <> *mf* [mau-caráter] con artist.
pichação [piʃa'sãw] (*pl* -**ões**) *f* -**1.** [grafite]

graffiti. **-2.** *fam* [crítica] smear.
picles [ˈpikleʃ] *mpl* pickles.
pico [ˈpiku] *m* **-1.** [cume] summit. **-2.** [de faca etc.] point. **-3.** *fam* [de droga] shot.
picolé [pikoˈlɛ] *m* ice lolly.
picotar [pikoˈta(x)] *vt* to perforate.
picuinha [piˈkwiɲa] *f* [implicância] dispute; **estar de ~ com alguém** to be at odds with sb.
piedade [pjeˈdadʒi] *f* **-1.** [compaixão] pity; **ter ~ de alguém** to have pity on sb. **-2.** [religiosidade] piety.
piedoso, osa [pjeˈdozu, ɔza] *adj* pious.
piegas [ˈpjɛgaʃ] *adj inv* soppy.
píer [ˈpie(x)] *m* pier.
piercing [ˈpixsĩn] *m* body piercing.
pifão [piˈfãw] (*pl* **-ões**) *m fam* drunk; **tomar um ~** to have a skinful.
pifar [piˈfa(x)] *vi fam* **-1.** [enguiçar] to break down. **-2.** [gorar] to fall through.
pigméia [pigˈmɛja] *f* ⊳ **pigmeu.**
pigmento [pigˈmẽntu] *m* pigment.
pigmeu, méia [pigˈmew, mɛja] ◇ *adj* [pequeno] pygmy. ◇ *m, f* pygmy.
pijama [piˈʒãma] *m* pyjamas *(pl)* ***UK***, pajamas *(pl)* ***US***.
pilantra [piˈlãntra] *mf* rogue.
pilar [piˈla(x)] (*pl* **-es**) ◇ *m* [coluna] pillar. ◇ *vt* to grind.
pilha [ˈpiʎa] *f* **-1.** [monte] pile. **-2.** ELETR battery. **-3.** [pessoa]: **estar/ser uma ~ (de nervos)** to be a bundle of nerves. **-4.** COMPUT stack.
pilhar [piˈʎa(x)] *vt* **-1.** [saquear] to pillage. **-2.** [roubar] to rob.
pilhéria [piˈʎɛrja] *f* jest.
pilotar [piloˈta(x)] ◇ *vt* to steer. ◇ *vi* to steer.
piloto [piˈlotu] ◇ *adj* [modelo] pilot. ◇ *m* **-1.** [ger] pilot. **-2.** [de corrida] driver. **-3.** [bico de gás] pilot light.
pílula [ˈpilula] *f* pill; **~ anticoncepcional** contraceptive pill.
pimenta [piˈmẽnta] *f* **-1.** CULIN pepper. **-2.** *fig* [malícia] spite.
pimenta-do-reino [piˌmẽntaduˈxejnu] (*pl* **pimentas-do-reino**) *f* black pepper.
pimenta-malagueta [piˌmẽntamalaˈgeta] (*pl* **pimentas-malagueta**) *f* chilli pepper ***UK***, chili pepper ***US***.
pimentão [pimẽnˈtãw] (*pl* **-ões**) *m*: **~ verde/vermelho** green/red pepper.
pimenteira [pimẽnˈtejra] *f* **-1.** BOT pepper tree. **-2.** [recipiente] pepper pot.
pinacoteca [pinakoˈtɛka] *f* **-1.** [coleção] art collection. **-2.** [museu] art gallery.
pinça [ˈpĩnsa] *f* **-1.** MED forceps *(pl)*. **-2.** [de sobrancelha] tweezers *(pl)*.
píncaro [ˈpĩŋkaru] *m* **-1.** [cume] peak. **-2.** *fig* [apogeu] height.
pincel [pĩnˈsɛw] (*pl* **-éis**) *m* brush; **~ de barba** shaving brush.
pincelar [pĩnseˈla(x)] *vt* to paint.
pincenê [pĩnseˈne] *m* pince-nez.
pinga [ˈpĩŋga] *f fam* [cachaça] booze.
pingar [pĩŋˈga(x)] *vi* **-1.** [gotejar] to drip. **-2.** [chover] to spit. **-3.** [render] to trickle in.
pingente [pĩnˈʒẽntʃi] *m* [objeto] pendant.
pingo [ˈpĩngu] *m* **-1.** [gota] drop. **-2.** [sinal ortográfico] dot; **pôr os ~s nos is** *fig* to dot the i's and cross the t's.
pingue-pongue [ˌpĩŋgiˈpõŋgi] (*pl* **pingue-pongues**) *m* ping-pong, table tennis.
pingüim [pĩŋˈgwĩ] (*pl* **-ns**) *m* penguin.
pinheiro [piˈɲejru] *m* pine tree.
pinho [ˈpiɲu] *m* **-1.** BOT pine (tree). **-2.** [madeira] pine wood. **-3.** *fam* [violão] fiddle.
pino [ˈpinu] *m* **-1.** [peça] peg. **-2.** [AUTO - em motor] crankpin; [- tranca] lock; *fam fig* [estar mal] to fall apart. **-3.** [cume]: **a ~** at the zenith.
pinta [ˈpĩnta] *f* **-1.** [sinal] mole. **-2.** *fam* [aparência]: **o rapaz é boa ~** the boy is looking good; **essa comida está com boa ~** that food looks good; **ter ~ de algo** to look like sthg. **-3.** *fam* [indício]: **estar com ~ de (ser) difícil** to look (like being) difficult; **ela deu na ~ que ia nos assaltar** [demonstrar] she looked like she was going to attack us.
pintado, da [pĩnˈtadu, da] *adj* **-1.** [colorido - papel] coloured; [- parede, olhos, unhas] painted; [- face] painted, made-up; [- cabelo] dyed. **-2.** [sardento] freckled.
pintar [pĩnˈta(x)] ◇ *vt* **-1.** [ger] to paint. **-2.** [com tinta - ger] to paint; [- cabelo] to dye. **-3.** *fig* [conceber] to paint as. ◇ *vi* **-1.** ARTE to paint. **-2.** *fam* [aparecer] to turn up. **-3.** [exceder-se] to get overexcited; **~ e bordar** *fig* to have a great time.
◆ **pintar-se** *vp* [maquilar-se] to make o.s. up.
pinto, ta [ˈpĩntu, ta] *m, f* **-1.** ZOOL chick; **ficar (molhado) como um ~** to get soaked to the bone. **-2.** *mfam* [pênis] cock. **-3.** [coisa fácil]: **ser ~** to be a pushover.
pintor, ra [pĩnˈto(x), ra] (*mpl* **-es**, *fpl* **-s**) *m, f* painter.
pintura [pĩnˈtura] *f* **-1.** ARTE painting; **~ a óleo** oil painting. **-2.** [de casa etc.] paintwork. **-3.** [maquiagem] make-up.
pio, pia [ˈpiw, ˈpia] *adj* **-1.** [devota] pious. **-2.** [caridoso] charitable.
◆ **pio** *m* [de ave] peep; **não dê um ~, senão atiro** not a peep, or else I'll shoot.
piões [ˈpjõjʃ] *pl* ⊳ **pião.**
piolho [ˈpjoʎu] *m* louse.
pioneiro, ra [pjoˈnejru, ra] ◇ *adj* pioneering. ◇ *m, f* pioneer.
pior [ˈpjɔ(x)] (*pl* **-es**) ◇ *adj* **-1.** [comparativo]: **~ (do que)** worse (than). **-2.** [superlativo]: **o/a**

~ ... the worst ... <> *m*: **o ~ (de)** [inferior] the worst (of); **o ~ é que ...** the worst of it is that ... <> *f*: **o/a ~ (de)** the worst (of); **estar na ~** to be in a jam; **levar a ~** to lose. <> *adv* [comparativo]: **~ (do que)** worse (than); **ela está ~ de saúde** her health is worse.

piorar [pjo'ra(x)] *vi* to deteriorate.

pipa ['pipa] *f* **-1.** [vasilhame] barrel. **-2.** [de papel] kite.

pipi [pi'pi] *m fam* wee-wee ***UK***, pee-pee ***US***; **fazer ~** to wee ***UK***, to go pee-pee ***US***.

pipoca [pi'pɔka] *f* **-1.** [de milho] popcorn. **-2.** [em pele] blister.

pipocar [pipo'ka(x)] *vi* **-1.** [estourar] to burst out. **-2.** [espocar] to crackle. **-3.** [surgir] to sprout up.

pipoqueiro, ra [pipo'keiru, ra] *m, f* [vendedor] popcorn seller.

pique ['piki] *m* **-1.** [brincadeira] catch. **-2.** [disposição] enthusiasm; **perder o ~** to lose one's momentum. **-3.** [corte] notch. **-4.** *NÁUT*: **ir a ~** to sink.

piquenique [ˌpiki'niki] *m* picnic.

pirado, da [pi'radu, da] *adj* crazy.

pirâmide [pi'ramidʒi] *f* pyramid.

piranha [pi'rãɲa] *f* **-1.** [peixe] piranha. **-2.** ***mfam pej*** [mulher] hussy. **-3.** [prendedor de cabelo] hair clasp.

pirão [pi'rãw] (*pl* **-ões**) *m CULIN* cassava porridge.

pirar [pi'ra(x)] *vi* **-1.** [endoidar] to go insane. **-2.** [fugir] to scarper.

pirata [pi'rata] <> *adj* pirate. <> *mf* pirate.

pirataria [pirata'ria] *f* piracy.

Pireneus [pire'newʃ] *n*: **os ~** the Pyrenees.

pires ['piriʃ] *m inv* saucer.

pirraça [pi'xasa] *f*: **fazer algo por ~** to do sthg out of spite.

pirralho, lha [pi'xaʎu, ʎa] *m, f* child.

pirueta [pi'rweta] *f* pirouette.

pirulito [piru'litu] *m* **-1.** [bala] lollipop. **-2.** *fam* [pênis] willy.

pisada [pi'zada] *f* **-1.** [passo] footstep. **-2.** [pegada] footprint.

pisar [pi'za(x)] <> *vt* **-1.** to tread on. **-2.** [esmagar] to crush. **-3.** [percorrer] to set foot on. <> *vi* **-1.** [andar]: **~ (em)** to walk *OU* tread (on). **-2.**: **~ em** [tocar com os pés] to step on; [ir, vir] to set foot in; [humilhar] to crush; ▷ **bola**, **ovo**.

pisca-pisca [ˌpiʃka'piʃka] (*pl* **pisca-piscas**) *m AUTO* indicator.

piscar [piʃ'ka(x)] <> *vt* [olho] to blink. <> *vi* **-1.** [pessoa, olho] to wink. **-2.** [trocar sinais]: **~ para alguém** to wink at sb. **-3.** [tremeluzir] to twinkle. <> *m* twinkling; **num ~ de olhos** in a twinkling of an eye.

piscina [pi'sina] *f* swimming pool.

piso ['pizu] *m* **-1.** [ger] floor. **-2.** [revestimento] flooring. **-3.** [salário]: **~ (salarial)** minimum (professional) wage.

pisotear [pizo'tʃja(x)] *vt* **-1.** [pisar] to trample (on). **-2.** [humilhar] to trample over.

pista ['piʃta] *f* **-1.** [vestígio] trace. **-2.** [encalço]: **na ~ de** in pursuit of, on the trail of. **-3.** *fig* [informação] clue. **-4.** [de rua, estrada] track. **-5.** *AERON* runway. **-6.** [*ESP* - de automobilismo, atletismo] track; [- de esqui] piste; [- de equitação] ring; [- de tênis] court. **-7.** [de dança] floor.

pistola [piʃ'tɔla] *f* **-1.** [arma] pistol. **-2.** [para pintar] (spray) gun.

pistoleiro, ra [piʃto'lejru, ra] *m, f* [criminoso] gunman.

pistom [piʃ'tõ] (*pl* **-ns**) *m* **-1.** [instrumento] trumpet. **-2.** [de motor] piston.

pitada [pi'tada] *f* pinch.

pitanga [pi'tãŋga] *f* (red Brazil) cherry.

pitoresco, ca [pito'reʃku, ka] <> *adj* picturesque. <> *m* attraction.

pivete [pi'vɛtʃi] *m* child thief.

pivô [pi'vo] *m* **-1.** [de dente] pivot. **-2.** *fig* [suporte] pivot. **-3.** *fig* [agente principal] central figure. **-4.** [jogador] centre.

pixel ['piksew] *m COMPUT* pixel.

pixote [pi'ʃɔtʃi] *m* small child.

pizza ['pitsa] *f* pizza.

pizzaria [pitsa'ria] *f* pizzeria.

plá [pla] *m*: **ter** *OU* **bater um ~ com alguém** to have a chat with sb.

placa ['plaka] *f* **-1.** [ger] plaque. **-2.** [lâmina] sheet. **-3.** [aviso] sign; **~ de sinalização** road sign. **-4.** *AUTO* number plate ***UK***, license plate ***US***. **-5.** *COMPUT* & *ELECTRON* board; **~ de vídeo** video card. **-6.** [na pele] blotch.

placa-mãe ['plakamãj] (*pl* **placas-mãe** *OU* **placas-mães**) *f COMPUT* motherboard.

placar [pla'ka(x)] *m* **-1.** [escore] score. **-2.** [marcador] scoreboard.

plácido, da ['plasidu, da] *adj* **-1.** [pessoa, olhar, semblante] placid. **-2.** [lugar, dia, vida] quiet.

plagiador, ra [plaʒja'do(x), ra] *m, f* plagiarist.

plagiar [pla'ʒja(x)] *vt* to plagiarize.

plagiário, ria [pla'ʒjarju, rja] *m, f* plagiarist.

plágio ['plaʒju] *m* plagiarism.

planador [plana'do(x)] (*pl* **-es**) *m* glider.

planalto [pla'nawtu] *m* plateau.

◆ **Planalto** *m* [palácio presidencial] president's office.

planar [pla'na(x)] *vi* to glide.

planejamento [planeʒa'mẽntu] *m* planning; **~ familiar** family planning.

planejar [plane'ʒa(x)] *vt* **-1.** [ger] to plan. **-2.** *ARQUIT* to design.

planeta [pla'neta] *m* planet.

planetário, a [plane'tarju] *adj* planetary.

◆ **planetário** *m* planetarium.

planície [pla'nisji] *f* plain.
planilha [pla'niʎa] *f* **-1.** [formulário] table. **-2.** *COMPUT* spreadsheet.
plano, na ['plãnu, na] <> *adj* **-1.** [superfície] flat. **-2.** [liso] smooth. <> *m* **-1.** [ger] plan. **-2.** [superfície plana] level surface. **-3.** [posição]: **em primeiro/segundo ~** in the foregound/background; **para ela isso fica em segundo ~** *fig* for her this takes second place. **-4.** [nível] level. **-5.** [seguro]: **~ de saúde** health plan. **-6.** *GEOM* plane.
planta ['plãnta] *f* **-1.** *BIOL* plant. **-2.** *ANAT*: **~ do pé** sole of the foot. **-3.** *ARQUIT* plan.
plantação [plãnta'sãw] *m* **-1.** [ato] planting. **-2.** [terreno] plantation. **-3.** [produtos] crops *(pl)*.
plantão [plãn'tãw] *(pl* **-ões***)* *m* **-1.** [serviço - diurno] duty; [- noturno] night duty; **estar de ~** to be on duty. **-2.** [plantonista] person on duty.
plantar [plãn'ta(x)] *vt* **-1.** [planta, árvore] to plant. **-2.** [semear] to sow. **-3.** [fincar] to drive in. **-4.** *fig* [estabelecer] to establish. **-5.** [incutir] to inspire. **-6.** [pôr] to set up.
plantões [plãn'tõjʃ] *pl* ▷ **plantão**.
plantonista [plãnto'niʃta] *mf* person on duty.
plaqueta [pla'keta] *f* **-1.** [placa pequena] small plaque, plaquette. **-2.** *AUTO* licensing badge. **-3.** *COMPUT* chip.
plástico, ca ['plaʃtʃiku, ka] *adj* plastic.
◆ **plástico** *m* [matéria] plastic; **de ~** plastic.
◆ **plástica** *f* **-1.** [cirurgia] plastic surgery; **fazer plástica** to have plastic surgery. **-2.** [corpo] build.
plataforma [plata'fɔxma] *f* **-1.** [ger] platform; **~ de exploração de petróleo** oil rig; **~ de lançamento** launch pad. **-2.** *GEOGR* shelf.
platéia [pla'tɛja] *f* **-1.** [espaço] stalls *(pl) UK*, orchestra *US*. **-2.** [público] audience.
platina [pla'tʃina] *f* [metal] platinum.
platinado, da [platʃi'nadu, da] *adj* platinum blond *(antes de subst)*.
◆ **platinado** *m AUTO* contact point.
platônico, ca [pla'toniku, ka] *adj* platonic.
plausível [plaw'zivɛw] *(pl* **-eis***)* *adj* [aceitável] plausible.
playground [plej'grawndʒi] *m* playground.
plebeu, béia [ple'bew, bɛja] <> *adj* plebeian. <> *m, f* plebeian.
plebiscito [plebi'situ] *m* plebiscite.
pleitear [plej'tʃja(x)] *vt* **-1.** [diligenciar] to strive for. **-2.** *JUR* to contest. **-3.** [concorrer a] to compete for.
pleito ['plejtu] *m* **-1.** *JUR* legal dispute, lawsuit. **-2.** [eleição]: **~ (eleitoral)** election.
plenamente [,plena'mẽntʃi] *adv* fully.
plenário [ple'narju] *m* **-1.** [assembléia] plenary session. **-2.** [local] chamber.
plenitude [pleni'tudʒi] *f* fulfilment.
pleno, na ['plenu, na] *adj* **-1.** [cheio]: **~ de** full of. **-2.** [total] complete; **em plena luz do dia** in broad daylight; **em ~ verão** in high summer; **~s poderes** full powers.
pluma ['pluma] *f* **-1.** [de ave] feather. **-2.** [para escrever] quill. **-3.** [adorno] plume.
plural [plu'raw] *(pl* **-ais***)* <> *adj* plural. <> *m* plural.
pluralismo [plura'liʒmu] *m* **-1.** [diversidade] diversity. **-2.** *POL* pluralism.
Plutão [plu'tãw] *n* Pluto.
pluvial [plu'vjaw] *(pl* **-ais***)* *adj* pluvial, rain *(antes de subst)*.
PM *(abrev de* **Polícia Militar***)* *f* state police (force).
PMDB *(abrev de* **Partido do Movimento Democrático Brasileiro***)* *m* Brazilian Party for Democratic Movement, *the largest party of the centre*.
PNB *(abrev de* **Produto Nacional Bruto***)* *m* GNP.
pneu [pi'new] *m* **-1.** *AUTO* tyre *UK*, tire *US*. **-2.** *fam* [gordura] spare tyre *UK*, spare tire *US*.
pneumonia [pinewmu'nia] *f* pneumonia.
pó ['pɔ] *m* **-1.** [poeira] dust; **tirar o ~ de algo** to dust sthg. **-2.** [substância pulverizada] powder; **em ~** powdered. **-3.** [pó-de-arroz] face powder. **-4.** *fam* [cocaína] snow.
pobre ['pɔbri] <> *adj* **-1.** [ger] poor. **-2.** [escasso]: **~ de/em algo** lacking in sthg. **-3.** *(antes do subst)* [digno de pena] poor. <> *m* [pessoa] poor person; **os ~s** the poor.
pobreza [po'breza] *m* **-1.** [miséria] poverty. **-2.** [escassez]: **~ de** *OU* **em algo** lack of sthg.
poça ['posa] *f*: **~ (d'água)** puddle.
poção [po'sãw] *(pl* **-ões***)* *f* potion.
pocilga [po'siwga] *f* **-1.** [chiqueiro] pigsty. **-2.** *fig* [lugar imundo] hovel.
poço ['posu] *f* [cavidade] well; **~ de petróleo** oil well; **ir ao fundo do ~** *fig* to sink to the depths of despair.
podar [po'da(x)] *vt* to prune.
pó-de-arroz [,pɔdʒja'xoʃ] *(pl* **pós-de-arroz***)* *m* face powder.
poder [po'de(x)] <> *m* **-1.** [político, influência] power; **estar no ~** to be in power; **~ de compra** purchasing power; **não tenho ~ nenhum** I'm powerless. **-2.** [possessão] power; **estar em ~ de alguém** to be in sb's power; **ter em seu ~ algo** to have sthg within one's power. <> *v aux* **-1.** [ser capaz de]: **~ fazer algo** to be able to do sthg; **posso fazê-lo** I can do it; **posso ajudar?** can I help?, may I help?; **você podia tê-lo feito antes** you could have done it earlier; **não posso mais!** [em relação a cansaço] I've had enough!; [em relação a comida] I'm full! **-2.** [estar autorizado para]: **~ fazer algo** to be allowed to do sthg; **posso fumar?** may I smoke?; **você não pode estacionar aqui** you can't park here; **não pude sair ontem** I wasn't

allowed (to go) out yesterday. **-3.** [ser capaz moralmente] can; **não podemos magoar o gato** we can't hurt the cat. **-4.** [exprime possibilidade]: **você podia ter vindo de ônibus** you could have come by bus; **cuidado que você pode se machucar!** be careful, you might hurt yourself! **-5.** [exprime indignação, queixa]: **não pode ser!** this is outrageous!; **você podia ter nos avisado** you could have warned us!; **pudera!** I wish! ◇ *v impess* [ser possível]: **pode não ser verdade** it might not be true; **pode acontecer a qualquer um** it could happen to anybody; **pode ser que chova** it might rain.

◆ **poder com** *v + prep* **-1.** [suportar] to bear; **não posso com mentirosos** I cannot bear liars. **-2.** [rival, adversário] to bear. **-3.** [peso] to carry; **você não pode com tanto peso** you can't carry all that weight.

> *May I smoke in here?* e *Can I smoke in here?* significam o mesmo, porém *may* é mais formal.
>
> *Can* só é usado no presente. Os outros tempos são criados com a expressão *be able to* (*I can't do it now, but maybe I'll be able to on Sunday* não posso fazer isso agora, mas talvez possa no domingo).
>
> Entretanto, *could* é usado como passado de *can* quando significa 'era possível' ou 'havia' (*ten years ago you could buy a house for 60,000 dollars* há dez anos era possível comprar uma casa por 60.000 dólares; *I couldn't get any more tickets*, não pude conseguir mais ingressos).
>
> Ver também can no lado Inglês-Português do dicionário.

poderio [pode'riw] *m* power.

podre ['podri] ◇ *adj* **-1.** [ger] rotten. **-2.** *fig* [corrupto] corrupt. **-3.** *fig* [cheio]: **estou ~ (de cansaço)** I am dog-tired; **~ de gripe** full of flu; **~ de rico** filthy rich. ◇ *m* **-1.** [parte]: **o ~ da maçã** the bad part of the apple. **-2.** *fig* [defeito] dark secret.

podridão [podri'dãw] (*pl* **-ões**) *f* **-1.** [estado de podre] decay. **-2.** *fig* [corrupção] corruption.

poeira ['pwejra] *f* dust; **~ radioativa** fallout.

poeirento, ta [pwej'rẽntu, ta] *adj* dusty.

poema ['pwema] *m* poem.

poesia [pwi'zia] *f* **-1.** [arte] poetry. **-2.** [poema] poem. **-3.** [encanto] charm.

poeta, tisa ['pwɛta, tʃiza] *m, f* poet.

poético, ca ['pwɛtʃiku, ka] *adj* poetic.

pois ['pojʃ] *conj* **-1.** [portanto] therefore. **-2.** [mas] well. **-3.** [porque] as.

◆ **pois bem** *loc adv* well then.

◆ **pois é** *loc adv* indeed.

◆ **pois não** ◇ *loc adv* [em loja, restaurante]: **~ não?** can I help you? ◇ *interj* of course!

◆ **pois sim** *interj*: **~ sim!** certainly not!, yeah right!

polaco, ca [po'laku, ka] ◇ *adj* Polish. ◇ *m, f* Pole.

◆ **polaco** *m* [língua] Polish.

polar [po'la(x)] *adj* polar.

polegada [pole'gada] *f* inch.

polegar [pole'ga(x)] (*pl* **-es**) *m* thumb.

polêmico, ca [po'lemiku, ka] *adj* controversial.

◆ **polêmica** *f* controversy.

polemizar [polemi'za(x)] *vi*: **~ sobre algo** to debate on sthg.

pólen ['pɔlẽ] *m* pollen.

polenta [po'lẽnta] *f* polenta.

polia [po'lia] *f* pulley.

polícia [po'lisja] ◇ *f* [corporação] police, police force; **~ federal** federal police; **~ militar** state police (force). ◇ *mf* [policial] police officer.

> Não confundir *polícia (police)* com o inglês *policy* que em português significa *política*. (*Quando a polícia chegou, já era tarde demais.* When the *police* arrived, it was too late.)

policial [poli'sjaw] (*pl* **-ais**) ◇ *adj* police *(antes de subst)*. ◇ *mf* police officer.

policiar [poli'sja(x)] *vt* **-1.** [vigiar] to police. **-2.** [controlar] to control.

◆ **policiar-se** *vp* [controlar-se] to control o.s.

polidez [poli'deʒ] *f* [cortesia] politeness.

polido, da [po'lidu, da] *adj* **-1.** [cortês] polite. **-2.** [liso] polished. **-3.** [lustroso] shiny.

poliéster [po'ljɛʃte(x)] *m* polyester.

poliestireno [poljeʃtʃi'renu] *m* polystyrene.

polietileno [poljetʃi'lenu] *m* polythene.

polígamo, ma [po'ligamu, ma] *adj* polygamous.

poliglota [poli'glɔta] ◇ *adj* polyglot. ◇ *m* polyglot.

polígono [po'ligonu] *m* GEOM polygon.

polimento [poli'mẽntu] *m* **-1.** [lustração] polishing. **-2.** *fig* [finura] refinement.

polir [po'li(x)] *vt* **-1.** [ger] to polish. **-2.** *fig* [aprimorar - pessoa] to refine; [- linguagem] to polish up.

politécnica [pɔli'tɛknika] *f* polytechnic.

política [po'litʃika] *f* ▷ **político**.

politicagem [politʃi'kaʒẽ] *f* politicking.

político, ca [po'litʃiku, ka] *adj* **-1.** POL political. **-2.** *fig* [hábil] astute.

◆ **político** *m* politician.

◆ **política** *f* **-1.** [ciência] politics *(pl)*. **-2.** [programa] policy; **politica econômica** economic policy. **-3.** *fig* [habilidade] astuteness.

politizar [politʃi'za(x)] *vt* to politicize.

◆ **politizar-se** *vp* to become politically aware.

polivalente [poliva'lẽntʃi] *adj* **-1.** [versátil] versatile. **-2.** MED polyvalent.

pólo ['pɔlu] *m* **-1.** [ger] pole. **-2.** *fig* [extremo] side. **-3.** *ASTRON*: ~ **magnético** magnetic pole. **-4.** [concentração] hub; ~ **petroquímico** petrochemicals complex. **-5.** *ESP* polo; ~ **aquático** water polo.

Polônia [po'lonja] *n* Poland.

polpa ['powpa] *f* pulp.

poltrona [pow'trona] *f* armchair.

poluente [po'lwẽntʃi] <> *adj* pollutant. <> *m* pollutant.

poluição [poluj'sãw] *f* pollution.

poluir [po'lwi(x)] *vt* **-1.** [sujar] to pollute. **-2.** *fig* [corromper] to corrupt.

polvilho [pow'viʎu] *m* **-1.** [pó] powder. **-2.** [farinha] manioc flour.

polvo ['powvu] *m* octopus.

pólvora ['pɔwvora] *f* gunpowder; **descobrir a** ~ *fig irôn* to do sthg highly original.

polvorosa [powvo'rɔza] *f*: **em** ~ [agitado] in a flap; [desarrumado] in a mess.

pomada [po'mada] *f* ointment.

pomar [po'ma(x)] (*pl* **-es**) *m* orchard.

pombo, ba ['põnbu, ba] *m, f* dove, pigeon.

pompa ['põnpa] *f* splendour.

pomposo, osa [põn'pozu, ɔza] *adj* ostentatious.

ponche ['põnʃi] *m* punch.

poncho ['põnʃu] *m* poncho.

ponderado, da [põnde'radu, da] *adj* cautious.

ponderar [põnde'ra(x)] <> *vi* **-1.** [refletir] to reflect. **-2.** [argumentar] to hold forth. <> *vt* **-1.** [avaliar] to weigh up. **-2.** [considerar] to consider.

pônei ['ponej] *m* pony.

ponta ['põnta] *f* **-1.** [extremidade] end; **na** ~ **do pé** on tiptoe. **-2.** [bico] point. **-3.** [canto] corner. **-4.** [vértice] apex. **-5.** *fig* [quantidade]: **estou com uma** ~ **de fome** I'm a touch hungry. **-6.** [de cigarro] cigarette end. **-7.** *CINE* & *TEATRO*: **fazer uma** ~ to have a walk-on part. **-8.** *loc*: **saber na** ~ **da língua** to have on the tip of one's tongue.

pontada [põn'tada] *f* [dor] twinge.

pontão [põn'tãw] (*pl* **-ões**) *m* [plataforma] pontoon.

pontapé [põnta'pɛ] *m* **-1.** [chute] kick; **dar um** ~ **em alguém** to kick sb. **-2.** *fig* [rejeição]: **ele levou um** ~ **da namorada** his girlfriend kicked him out.

pontaria [põnta'ria] *f* aim.

ponte ['põntʃi] *f* **-1.** [ger] bridge. **-2.** *AERON*: ~ **aérea** air lift. **-3.** *MED*: ~ **de safena** (heart) bypass operation.

ponteiro [põn'tejru] *m* **-1.** [de velocímetro] pointer. **-2.** [de bússola] needle. **-3.** [de relógio] hand.

pontiagudo, da [põntʃja'gudu, da] *adj* pointed.

pontífice [põn'tʃifisi] *m* pope.

pontilhado, da [põntʃi'ʎadu, da] <> *adj* dotted. <> *m* [conjunto de pontos] dotted line.

ponto ['põntu] *m* **-1.** [ger] point; ~ **final** terminus; ~ **de ônibus** bus stop; ~ **de táxi** taxi rank. **-2.** [costura, operação] stitch; ~ **de meia** stocking stitch; ~ **de tricô** garter stitch. **-3.** [sinal] spot. **-4.** [pontuação]: ~ **(final)** full stop *UK*, period *US*; **dois** ~**s** colon; ~ **de interrogação/exclamação** question/exclamation mark. **-5.** [mancha] mark. **-6.** [de calda] consistency. **-7.** [matéria escolar] topic. **-8.** *MÚS* (religious) chant. **-9.** *GEOGR*: ~ **cardeal** cardinal point. **-10.** [espirit] spirit. **-11.** [traço]: ~ **fraco** weak point. **-12.** *loc*: **não dar** ~ **sem nó** to look after number one.

◆ **a ponto de** *loc adv* on the point of.

pontões [põn'tõjʃ] *pl* ▷ **pontão**.

ponto-e-vírgula [,pontwi'vixgula] (*pl* **ponto-e-vírgulas**) *m* semicolon.

pontuação [põntwa'sãw] (*pl* **-ões**) *f* punctuation.

pontual [põn'twaw] (*pl* **-ais**) *adj* punctual.

pontualidade [põntwali'dadʒi] *f* punctuality.

pontudo, da [põn'tudu, da] *adj* pointed.

poodle ['pudow] *m* poodle.

POP (*abrev de* **Post Office Protocol**) *m* POP.

popa ['popa] *f* stern.

população [popula'sãw] (*pl* **-ões**) *f* population; ~ **operária** working population; ~ **escolar** school population.

popular [popu'la(x)] (*pl* **-es**) <> *adj* popular. <> *m* [homem da rua] ordinary person.

popularidade [populari'dadʒi] *f* popularity.

popularizar [populari'za(x)] *vt* to popularize.

◆ **popularizar-se** *vp* to become popular.

populoso, osa [popu'lozu, ɔza] *adj* populous.

pôquer ['poke(x)] *m* poker.

por [po(x)] *prep* **-1.** [indica causa] because of, due to; **foi** ~ **sua causa** it was your fault; ~ **falta de fundos** due to lack of funds; ~ **hábito** through force of habit. **-2.** [indica objetivo] for; **lutar** ~ **algo** to fight for sthg. **-3.** [indica meio, modo, agente] by; **foi escrito pela Cristina** it was written by Cristina; ~ **correio/fax** by post/fax; ~ **escrito** in writing; ~ **avião** [carta] (by) air mail. **-4.** [relativo a tempo] for; **ele partiu** ~ **duas semanas** he went away for two weeks. **-5.** [relativo a lugar] through; **entramos no Brasil pelo Paraguai** we crossed into Brazil via Paraguay; **está** ~ **aí** it's around there somewhere; ~ **onde você vai?** which way are you going?; **vamos** ~ **aqui** we're going this way. **-6.** [relativo a troca, preço] for; **paguei apenas 20 reais** ~ **este casaco** I only paid 20 reals for this coat; **troquei o carro velho** ~ **um novo** I exchanged my old car for a new one. **-7.** [indica distribuição] per; **25** ~ **cento** 25 per cent; **são 100 reais** ~ **dia/mês** it's 100 reals per day/month. **-8.** [em locuções]: **~ que** why; **~ que (é que)...?** why (is it that) ...?; **~ mim tudo bem!** that's fine by me!

pôr ['po(x)] *vt* **-1.** [ger] to put; **~ a mesa** to set the table; **~ a roupa** to put on clothes; **~ defeito em tudo** to find fault with everything; **~ a culpa em alguém** to put the blame on sb. **-2.** [incutir]: **não lhe ponha medo!** don't frighten him! **-3.** [guardar] to keep. **-4.** [desovar] to lay.

◆ **pôr-se** *vp* **-1.** [colocar-se] to stand; **~-se de pé** to stand up. **-2.** [sol] to set. **-3.** [começar]: **~-se a fazer algo** to start doing sthg.

porão [po'rãw] (*pl* **-ões**) *f* **-1.** [de navio] hold. **-2.** [de casa] basement.

porca ['pɔxka] *f* **-1.** *ZOOL* sow. **-2.** [parafuso] nut.

porção [pox'sãw] (*pl* **-ões**) *f* [parte] portion; **uma ~ de** a portion of; [grande quantidade] a lot of.

porcaria [poxka'ria] ◇ *adj* [sem valor] rubbishy. ◇ *f* **-1.** [imundície] filth. **-2.** *fig* [coisa malfeita] piece of junk. **-3.** *fig* [coisa sem valor] rubbish.

porcelana [poxse'lãna] *f* porcelain.

porcentagem [poxsẽn'taʒẽ] (*pl* **-ns**) *f* percentage.

porco, ca ['poxku, ka] ◇ *adj* **-1.** [suja] dirty. **-2.** [grosseiro] coarse. **-3.** [malfeito] shoddy. ◇ *m, f* **-1.** *ZOOL* pig. **-2.** *CULIN* pork. **-3.** [pessoa] *fam* pig.

porções [pox'sõjʃ] *pl* ⊳ **porção**.

pôr-do-sol [,poxdu'sɔw] (*pl* **pores-do-sol**) *m* sunset.

porco-espinho [,poxkwiʃ'piɲu] (*pl* **porcos-espinhos**) *m* porcupine.

porém [po'rẽj] ◇ *conj* [contudo] but, however. ◇ *m* [obstáculo] snag.

pormenor [poxme'nɔ(x)] (*pl* **-es**) *m* detail.

pornô [pox'no] ◇ *adj inv fam* porn. ◇ *m CINE* porn film.

pornográfico, ca [poxno'grafiku, ka] *adj* pornographic.

poro ['pɔru] *m* pore.

porões [po'rõjʃ] *pl* ⊳ **porão**.

pororoca [poro'rɔka] *f* [onda] bore.

poroso, osa [po'rozu, ɔza] *adj* porous.

porquanto [pox'kwãntu] *conj* since.

porque [pux'ke] *conj* because; **ela trabalha ~ precisa** she works because she needs to; **~ sim** just because.

porquê [pux'ke] *m*: **o ~** the reason (for); **não entendo o ~ dessa atitude** I don't understand the reason for that attitude.

porquinho-da-índia [pox,kiɲuda'ĩndʒja] (*pl* **porquinhos-da-índia**) *m* guinea pig.

porra ['poxa] ◇ *f vulg* [esperma] spunk. ◇ *interj vulg* [exprime irritação] fucking hell!

porrada [po'xada] *mfam f* **-1.** [pancada]: **ele deu uma ~ com o carro no muro** he smashed the car into the wall; **o garçom levou uma ~ do bêbado** the waiter took one hell of a beating from the drunkard. **-2.** [quantidade]: **uma ~ de** loads of. **-3.** *fig* [revés] fuck-up.

porre ['pɔxi] *fam m* **-1.** [bebedeira] booze-up; **estar/ficar de ~** to be plastered; **tomar um ~** to get a skinful. **-2.**: **ser um ~** [pessoa, festa] to be a drag.

porrete [po'xetʃi] *m* club.

porta ['pɔxta] *m* **-1.** [peça] door. **-2.** *fig* [possibilidade, saída] opportunity. **-3.** *COMPUT*: **~ paralela** parallel port; **~ serial** serial port.

porta-aviões [,pɔxta'vjõjʃ] *m inv* aircraft carrier.

porta-bandeira [,pɔxtabãn'dejra] (*pl* **porta-bandeiras**) *mf* standard-bearer.

portador, ra [poxta'do(x), ra] (*mpl* **-es**, *fpl* **-s**) ◇ *adj* **-1.** [de vírus, doença] carrying. **-2.** [de notícias] bearing. ◇ *m, f* **-1.** [de bagagem, AIDS] carrier. **-2.** [de títulos, letras de câmbio, notícias] bearer; **ao ~** [cheque, ação] to the bearer.

portal [pox'taw] (*pl* **-ais**) *m* **-1.** [pórtico] doorway. **-2.** *COMPUT* portal.

porta-luvas [,pɔxta'luvaʃ] *m inv AUTO* glove compartment.

porta-malas [,pɔxta'malaʃ] *m inv AUTO* boot *UK*, trunk *US*.

portanto [pox'tãntu] *conj* therefore.

portão [pox'tãw] (*pl* **-ões**) *m* gate.

portar [pox'ta(x)] *vt* [carregar] to carry.

◆ **portar-se** *vp* [comportar-se] to behave.

porta-retratos [,pɔxtaxe'tratuʃ] *m (inv)* photo frame.

porta-revistas [,pɔxtaxe'viʃtaʃ] *m (inv)* magazine rack.

portaria [poxta'ria] *f* **-1.** [de edifício] entrance hall. **-2.** [documento oficial] order; **baixar uma ~** to issue a decree.

portátil [pox'tatʃiw] (*pl* **-eis**) *adj* portable.

porta-voz [,pɔxta'vɔjʃ] (*pl* **porta-vozes**) *mf* spokesperson.

porte ['pɔrtʃi] *m* **-1.** [transporte] carriage. **-2.** [preço] charge; **~ pago** post paid. **-3.** [postura] bearing. **-4.** [tamanho] scale; **de grande/médio/pequeno ~** large/medium/small-sized. **-5.** [importância] stature. **-6.** [licença]: **~ de arma** gun permit.

porteiro, ra [pox'tejru, ra] *m, f* [de edifício] caretaker *UK*, janitor *US*; **~ eletrônico** entryphone.

portentoso, osa [poxtẽn'tozu, ɔza] *adj* marvellous.

pórtico ['pɔxtʃiku] *m* portico.

porto ['poxtu] *m* port.

portões [pox'tõjʃ] *pl* ⊳ **portão**.

portuário, ria [pox'twarju, rja] ◇ *adj* port (*antes de subst*). ◇ *m, f* [funcionário] port official.

Portugal [poxtu'gaw] *n* Portugal.

português, esa [poxtu'geʃ, ezal (*mpl* **-eses**, *fpl* **-s**) <> *adj* Portuguese. <> *m, f* Portuguese person.

◆ **português** *m* [língua] Portuguese.

porventura [poxvẽn'tura] *adv* by chance; **se ~ você ...** if you happen to ...

posar [po'za(x)] *vi* **-1.** [fazer pose] to pose. **-2.** [bancar]: **~ de** to pose as.

pose ['pɔzi] *f* **-1.** [de modelo etc.] pose. **-2.** *pej* [afetação] affectedness; **ela está com muita ~ desde sua promoção** she's full of airs and graces since being promoted; **fazer ~ de** to pretend to be.

pós-escrito [,pɔjʃiʃ'kritu] (*pl* **pós-escritos**) *m* postscript, PS.

pós-graduação [,pɔjʃgradwa'sãw] (*pl* **pós-graduações**) *f qualifying for a degree as a postgraduate* **UK** *or graduate* **US** *student*.

pós-guerra [,pɔjʃ'gɛxa] (*pl* **pós-guerras**) *m* post-war.

posição [pozi'sãw] (*pl* **-ões**) *f* **-1.** [ger] position. **-2.** [arranjo] positioning.

posicionar [pozisjo'na(x)] *vt* **-1.** [ger] to position. **-2.** [funcionário] to place.

positivo, va [pozi'tʃivu, va] *adj* positive.

possante [po'sãntʃi] *adj* powerful.

posse ['pɔsi] *f* **-1.** [de bens] ownership; **pessoa de ~s** person of means. **-2.** [ocupação] possession; **tomar ~ de** to take possession of. **-3.** [investidura] swearing-in; **tomar ~** to take office.

◆ **posses** *fpl* [bens] possessions.

possessão [pose'sãw] (*pl* **-ões**) *f* possession.

possessivo, va [pose'sivu, va] *adj* possessive.

possibilidade [posibili'dadʒi] *f* **-1.** [gen] possibility. **-2.** [oportunidade] opportunity.

possibilitar [posibili'ta(x)] *vt* to make possible.

possível [po'sivɛw] (*pl* **-eis**) <> *adj* possible. <> *m*: **o ~** what is possible.

possuidor, ra [poswi'do(x), ra] *adj*: **ser ~ de** to be the owner of.

possuir [po'swi(x)] *vt* [ter] to have.

posta ['pɔʃta] *f* [pedaço] piece.

postal [poʃ'taw] (*pl* **-ais**) <> *adj* post, postage. <> *m* postcard.

poste ['pɔʃtʃi] *m* **-1.** [haste] post. **-2.** ELECTR: **~ de iluminação** lamp post.

pôster ['poʃte(x)] (*pl* **-es**) *m* poster.

posteridade [poʃteri'dadʒi] *f* posterity.

posterior [poʃte'rjo(x)] (*pl* **-es**) *adj* **-1.** [no tempo] later. **-2.** [traseiro] rear.

postiço, ça [poʃ'tʃisu, sa] *adj* false.

postigo [poʃ'tʃigu] *m* small door.

posto, ta ['poʃtu, 'pɔʃta] *pp* ▷ **pôr**.

◆ **posto** *m* **-1.** [ger] post; **~ de gasolina** petrol station **UK**, gas station **US**; **~ de saúde** health centre **UK**, health center **US**. **-2.** [de polícia] station. **-3.** [diplomático] posting.

◆ **a postos** *loc adv* at the ready.

◆ **posto que** *loc conj* since.

póstumo, ma ['pɔʃtumu, ma] *adj* posthumous.

postura [poʃ'tura] *m* **-1.** [ger] posture. **-2.** [municipal] position. **-3.** *fig* [atitude] point of view.

potássio [po'tasju] *m* potassium.

potável [po'tavɛw] (*pl* **-eis**) *adj*: **água ~** drinking water.

pote ['pɔtʃi] *m* pot, jar.

potência [po'tẽnsja] *m* **-1.** [ger] power. **-2.** [sexual] potency.

potencial [potẽn'sjaw] (*pl* **-ais**) <> *adj* potential. <> *m* potential; **o poder econômico em ~ do país é enorme** the country's potential economic power is great.

potentado [potẽn'tadu] *m* potentate.

potente [po'tẽntʃi] *adj* powerful.

pot-pourri [pupu'xi] *m* pot-pourri.

potro ['potru] *m* colt.

pouca-vergonha [,pokavex'goɲa] (*pl* **poucas-vergonhas**) *f* **-1.** [ato] disgrace. **-2.** [falta de vergonha] shamelessness.

pouco, ca ['poku, ka] <> *adj* little; **de pouca importância** of little importance; **faz ~ tempo, ~ tempo (atrás)** a short time ago; *(pl)* few; **poucas pessoas** few people. <> *pron* little; *(pl)* few; **muito ~s** very few; **~s** [pessoas] few.

◆ **pouco** *m*: **um ~** a little; **um ~ de** a little; **nem um ~ (de)** not at all; **aos ~s** gradually.

◆ **pouco** *adv* little; **dormi ~** I hardly slept; **isso é ~ comum** that's uncommon, that's rare; **há ~** a short time ago; **daqui a ~, dentro em ~** shortly; **por ~ o carro não me atropelou** the car nearly ran me over; **~ a ~** little by little; **fazer ~ de** [zombar] to make fun of; [menosprezar] to belittle.

poupador, ra [popa'do(x), ra] *adj* thrifty.

poupança [po'pãnsa] *f* **-1.** [economia] saving. **-2.** [fundo]: **(caderneta de) ~** savings account (book).

poupar [po'pa(x)] <> *vt* **-1.** [economizar] to save. **-2.** [resguardar]: **~ alguém (de algo)** to spare sb (from sthg). **-3.** [respeitar] to spare. <> *vi* [economizar] to save.

◆ **poupar-se** *vp* [eximir-se] to spare o.s.

pouquinho [po'kiɲu] *m*: **um ~ (de algo)** a little (sthg).

pouquíssimo, ma [po'kisimu, ma] *superl* ▷ **pouco**.

pousada [po'zada] *f* **-1.** [hospedaria] inn. **-2.** [hospedagem] lodging.

pousar [po'za(x)] <> *vi* **-1.** [aterrissar] to land. **-2.** [baixar] to settle. **-3.** [pernoitar] to spend the night. **-4.** [assentar] to rest. <> *vt* to put.

pouso ['pozu] *m* **-1.** [aterrissagem] landing; ~

de emergência emergency landing. **-2.** [lugar de descanso] bolt-hole.

povão [po'vãw] *m* hoi polloi *(pl).*

povo ['povu] *m* **-1.** [habitantes] people. **-2.** [multidão] crowd. **-3.** [família, amigos] family.

povoação [povwa'sãw] *(pl* **-ões***)* *f* **-1.** settlement. **-2.** [aldeia] village. **-3.** [habitantes] population.

povoado, da [po'vwadu, da] <> *adj* populated. <> *m* [aldeia] village.

povoar [po'vwa(x)] *vt* to populate.

poxa ['poʃa] *interj* gosh!

PPB (*abrev de* **Partido Progressista Brasileiro**) *m* Brazilian Progressive Party, *a right-wing party.*

PPS (*abrev de* **Partido Popular Socialista**) *m* Popular Socialist Party, *a centre-right party.*

PR (*abrev de* **Estado do Paraná**) *m State of Paraná.*

pra ['pra] *fam* = **para**, **para a**.

praça ['prasa] <> *f* **-1.** [largo] square. **-2.** [mercado financeiro] market. **-3.** *MIL*: ~ **de guerra** fortress. **-4.** [de touros] bull ring. <> *m MIL* [soldado] private (soldier).

prado ['pradu] *m* **-1.** [campo] meadow. **-2.** [hipódromo] racecourse.

pra-frente [,pra'frẽntʃi] *adj inv fam* trendy.

praga ['praga] *f* **-1.** [ger] curse; **rogar uma** ~ **a alguém** to curse sb. **-2.** [doença] scourge. **-3.** *ZOOL* plague. **-4.** [pessoa chata] pest.

Praga ['praga] *n* Prague.

pragmático, ca [prag'matʃiku, ka] *adj* pragmatic.

praguejar [prage'ʒa(x)] *vi*: ~ **(contra)** to curse (at).

praia ['praja] *f* beach.

prancha ['prãnʃa] *f* **-1.** [tábua] plank. **-2.** [de surfe] board. **-3.** *NÁUT* gangplank. **-4.** *FERRO* open wagon.

pranto ['prãntu] *m* weeping.

prata ['prata] *f* **-1.** [metal] silver; **de** ~ silver *(antes de subst)*; ~ **de lei** sterling silver. **-2.** *fam* [dinheiro] pennies *(pl).*

prataria [prata'ria] *f* **-1.** [objetos de prata] silverware. **-2.** [pratos] crockery.

prateado, da [pra'tʃjadu, da] <> *adj* **-1.** [cor] silver *(antes de subst).* **-2.** *fig* [brilhante] silvery. <> *m* silver.

prateleira [pratʃi'lejra] *f* shelf.

prática ['pratʃika] *f* ▷ **prático**.

praticante [pratʃi'kãntʃi] <> *adj* practising *UK*, practicing *US*. <> *mf* practitioner.

praticar [pratʃi'ka(x)] <> *vt* **-1.** [cometer] to commit. **-2.** [exercer] to practise *UK*, to practice *US*. <> *vi* [exercitar] to practise *US*, to practice *US*.

praticável [pratʃi'kavɛw] *(pl* **-eis***)* *adj* **-1.** [realizável] feasible. **-2.** [transitável] passable.

prático, ca ['pratʃiku, ka] <> *adj* practical. <> *m, f NÁUT* pilot.

◆ **prática** *f* practice; **na** ~ in practice; **pôr em** ~ to put into practice.

prato ['pratu] *m* **-1.** [louça] plate; ~ **fundo** soup plate; ~ **raso** dinner plate; ~ **de sobremesa** dessert plate. **-2.** [comida] dish; ~ **do dia** dish of the day; ~ **principal/segundo** ~ main/second course. **-3.** *MÚS* cymbal. **-4.** [de toca-disco] turntable. **-5.** [de balança] scale pan. **-6.** *loc*: **ser um** ~ **cheio** to be manna from heaven.

praxe ['praʃi] *f* habit; **ter como** ~ to be in the habit of; **ser de** ~ to be customary.

prazer [pra'ze(x)] *(pl* **-es***)* *m* **-1.** pleasure. **-2.** [em apresentação]: **muito** ~ **(em conhecê-lo)** delighted (to meet you).

prazeroso, sa [prazeẽrozu, ɔza] *adj* pleasant.

prazo ['prazu] *m* **-1.** [tempo] period; **tenho um** ~ **de trinta dias para pagá-lo** I have thirty days in which to pay him, I have to pay him within thirty days; **a** ~ on credit; **a curto/médio/longo** ~ in the short/medium/long term. **-2.** [vencimento] deadline; ~ **final** final deadline.

preamar [prea'ma(x)] *f* high tide.

preaquecer [prjake'se(x)] *vt* to preheat.

precário, ria [pre'karju, rja] *adj* **-1.** [ger] precarious. **-2.** [escasso] scarce.

precaução [prekaw'sãw] *(pl* **-ões***)* *f* caution.

precaver-se [preka'vexsi] *vp* [prevenir-se]: ~ **de** *OU* **contra algo** to be forearmed against sthg.

precavido, da [preka'vidu, da] *adj* cautious.

prece ['prɛsi] *f* **-1.** [oração] prayer. **-2.** [súplica] supplication.

precedência [presen'dẽsja] *f* precedence; **ter** ~ **sobre** to take precedence over.

precedente [prese'dẽntʃi] <> *adj* precedent. <> *m* precedent; **sem** ~**s** unprecedented.

preceder [prese'de(x)] *vt* to precede.

preceito [pre'sejtu] *m* precept.

preciosidade [presjozi'dadʒi] *f* gem.

precioso, osa [pre'sjozu, ɔza] *adj* **-1.** [ger] precious. **-2.** [importante] important. **-3.** [fino, rico] fine.

precipício [presi'pisju] *m* **-1.** [abismo] precipice. **-2.** *fig* [desgraça] hole.

precipitação [presipita'sãw] *(pl* **-ões***)* *f* **-1.** [ger] haste. **-2.** *METEOR* precipitation.

precipitado, da [presipi'tadu, da] *adj* hasty.

precipitar [presipi'ta(x)] <> *vt* [antecipar] to precipitate. <> *vi QUÍM* to precipitate.

◆ **precipitar-se** *vp* **-1.** [ger] to rush. **-2.** [apressar-se] to hurry. **-3.** [despenhar-se] to drop.

precisamente [pre,siza'mẽntʃi] *adv* precisely.

precisão [presi'zãw] *f* [exatidão] precision, accuracy.

precisar [presi'za(x)] ◇ *vt* **-1.** [ger] to need; ~ **fazer algo** to need to do sthg; **preciso que me ajudem** I need you to help me. **-2.** [indicar] to specify. ◇ *vi* **-1.** [necessitar] to be in need; ~ **de alguém/algo** to be in need of sb/sthg. **-2.** [ser necessário]: **não precisa** there is no need; **fiz isso sem precisar** I did this when there was no need; '**precisam-se vendedores**' 'salespersons required'; **você precisa da chave para abrir a porta** you need a key to open the door.

preciso, sa [pre'sizu, za] *adj* **-1.** [ger] precise. **-2.** [necessário] necessary.

preço ['presu] *m* **-1.** [ger] price; ~ **de custo** cost price; ~ **à vista** [no comércio] cash price; [na bolsa] spot price; **a ~ de banana** for peanuts. **-2.** [importância] value.

precoce [pre'kɔsi] *adj* **-1.** [pessoa] precocious. **-2.** [fruto] early. **-3.** [calvície] premature.

preconcebido, da [prɛkõnse'bidu, da] *adj* preconceived.

preconceito [prekõn'sejtu] *m* prejudice.

preconizar [prekoni'za(x)] *vt* **-1.** [anunciar] to proclaim. **-2.** [propagar] to spread. **-3.** [elogiar] to praise.

precursor, ra [prekux'so(x), ra] (*mpl* **-es**, *fpl* **-s**) *m, f* precursor.

predador, ra [preda'do(x), ra] (*mpl* **-es**, *fpl* **-s**) ◇ *adj* predatory. ◇ *m, f* predator.

pré-datado, da [,prɛda'tadu, da] (*pl* **-s**) *adj* predated.

predatório, ria [preda'tɔrju, rja] *adj* predatory.

predecessor, ra [predese'so(x), ra] (*mpl* **-es**, *fpl* **-s**) *m* predecessor.

predestinado, da [predeʃtʃi'nadu, da] *adj* predestined.

predeterminado, da [predetermi'nadu, da] *adj* predetermined.

predial [pre'dʒjaw] (*pl* **-ais**) *adj* ▷ **imposto**.

predição [predʒi'sãw] (*pl* **-ões**) *f* prediction.

predileção [predʒile'sãw] (*pl* **-ões**) *f*: ~ **(por)** predilection (for).

predileto, ta [predʒi'lɛtu, ta] ◇ *adj* favourite *UK*, favorite *US*. ◇ *m, f* favourite *UK*, favorite *US*.

prédio ['prɛdʒju] *m* building; ~ **de apartamentos** block of flats *UK*, apartment house *US*; ~ **comercial** commercial building.

predispor [predʒiʃ'po(x)] ◇ *vt* to predispose. ◇ *vi*: ~ **a** to predispose to.
◆ **predispor-se** *vp*: ~**-se a fazer algo** to be predisposed to do sthg.

predisposição [predʒiʃpozi'sãw] *f* predisposition.

predisposto, osta [predʒiʃ'poʃtu, ɔʃta] *adj* **-1.** [ger] predisposed. **-2.** [à doença] prone.

predizer [predʒi'ze(x)] ◇ *vt* to predict, to forecast. ◇ *vi* [profetizar] to make predictions.

predominante [predomi'nãntʃi] *adj* predominant.

predominar [predomi'na(x)] *vi* to predominate.

predomínio [predo'minju] *m* **-1.** [supremacia] supremacy. **-2.** [influência] predominance.

pré-eleitoral [,prɛelejto'raw] (*pl* **-ais**) *adj* pre-election *(antes de subst)*.

preeminente [preemi'nẽntʃi] *adj* pre-eminent.

preencher [preẽn'ʃe(x)] *vt* **-1.** [completar - formulário, lacunas] to fill in; [- buracos] to fill. **-2.** [ocupar - tempo, férias] to spend; [- cargo, vaga] to fill. **-3.** [satisfazer] to fulfil *UK*, to fulfill *US*.

preenchimento [preẽnʃi'mẽntu] *m* **-1.** [de formulário, espaço em branco] filling in. **-2.** [de cargo, vaga, buraco] filling. **-3.** [de requisitos] fulfilment.

preestabelecer [,preeʃtabele'se(x)] *vt* to pre-establish.

pré-estréia [,prɛiʃ'trɛja] (*pl* **-s**) *f* preview.

pré-fabricado, da [,prɛfabri'kadu, da] *adj* prefabricated.

prefácio [pre'fasju] *m* preface.

prefeito, ta [pre'fejtu, ta] *m, f* mayor.

prefeitura [prefej'tura] *f* town hall.

preferência [prefe'rẽnsja] *f* **-1.** [precedência] priority; **dar ~ a** to give preference to. **-2.** [predileção] preference; **de ~** preferably; **ter ~ por** to have a preference for.

preferencial [preferẽn'sjaw] (*pl* **-ais**) ◇ *adj* priority *(antes de subst)*. ◇ *f* main road.

preferido, da [prefe'ridu, da] *adj* favourite *UK*, favorite *US*.

preferir [prefe'ri(x)] *vt*: ~ **algo (a algo)** to prefer sthg (to sthg); **prefiro que você fique** I would prefer you to stay.

prefixo [pre'fiksu] *m* prefix.

prega ['prɛga] *f* **-1.** [dobra - em papel, pano] fold; [- na saia] pleat. **-2.** [ruga] wrinkle.

pregador [prega'do(x)] *m* **-1.** [orador] preacher. **-2.** [utensílio]: ~ **de roupa** clothes peg.

pregão [pre'gãw] (*pl* **-ões**) *m* **-1.** [proclamação] cry. **-2.** BOLSA trading. **-3.** [em leilão] bidding.

pregar [pre'ga(x)] ◇ *vt* **-1.** [ger] to fix; ~ **não preguei os olhos a noite toda** I didn't sleep a wink all night. **-2.** [com prego] to nail. **-3.** [infligir]: ~ **algo em alguém** to inflict sthg on sb; ~ **um susto em alguém** to give sb a fright; ~ **uma mentira em alguém** to tell sb a lie; ~ **uma peça em alguém** to play a trick on sb. **-4.** RELIG [louvar] to preach. ◇ *vi* **-1.** [pronunciar sermão] to preach. **-2.** [cansar-se] to collapse.

prego ['prɛgu] *m* **-1.** [peça] nail. **-2.** [casa de penhor] pawn shop; **pôr algo no ~** to pawn sthg. **-3.** [cansaço] exhaustion.

pregões [pre'gõjʃ] *pl* ▷ **pregão**.

pregresso, sa [pre'grɛsu, sa] *adj* earlier.

preguiça [pre'gisa] *f* **-1.** [indolência] laziness; **estar com ~ (de fazer algo)** to be too lazy (to do sthg). **-2.** [animal] sloth.

preguiçoso, osa [pregi'sozu, ɔza] ◇ *adj* lazy. ◇ *m, f* lazy person.

pré-história [ˌprɛiʃ'tɔrja] *f* prehistory.

pré-histórico, ca [prɛiʃ'tɔriku, ka] *adj* prehistoric.

prejudicar [preʒudʒi'ka(x)] *vt* **-1.** [afetar] to damage. **-2.** [transtornar] to disrupt. **-3.** [depreciar] to impair.

prejudicial [preʒudʒi'sjaw] (*pl* **-ais**) *adj* harmful.

prejuízo [pre'ʒwizu] *m* **-1.** [dano] damage. **-2.** [financeiro] loss.

preliminar [prelimi'na(x)] ◇ *adj* preliminary. ◇ *f* [partida] preliminary.

prelúdio [pre'ludʒju] *m* prelude.

prematuro, ra [prema'turu, ra] *adj* **-1.** [bebê] premature. **-2.** [colheita, fruta] early.

premeditado, da [premedʒi'tadu, da] *adj* premeditated.

premeditar [premedʒi'ta(x)] *vt* to premeditate.

premente [pre'mẽntʃi] *adj* urgent.

premiado, da [pre'mjadu, da] ◇ *adj* prizewinning. ◇ *m, f* prizewinner.

premiar [pre'mja(x)] *vt* **-1.** [dar prêmio] to award a prize to. **-2.** [recompensar] to reward.

premiê [pre'mje], **premier** [pre'mje] *m* premier.

prêmio ['premju] *m* **-1.** [em concurso, jogo] prize; **~ de consolação** consolation prize. **-2.** [recompensa] reward. **-3.** [seguro] premium. **-4.** ESP: **Grande Prêmio** [de turfe, automobilismo] Grand Prix.

premonição [premuni'sãw] (*pl* **-ões**) *f* premonition.

pré-natal [ˌprɛna'taw] (*pl* **pré-natais**) *adj* antenatal *UK*, prenatal *US*.

prenda ['prẽnda] *f* **-1.** [presente] present. **-2.** [em jogo] forfeit.

◆ **prendas** *fpl*: **~s domésticas** housework (*inv*).

prendado, da [prẽn'dadu, da] *adj* gifted.

prendedor [prẽnde'do(x)] *m* peg; **~ de papel** paper clip; **~ de cabelo** hairgrip; **~ de gravata** tie clip.

prender [prẽn'de(x)] *vt* **-1.** [pregar] to fasten. **-2.** [amarrar] to tie. **-3.** [reter] to keep. **-4.** [capturar] to arrest. **-5.** [atrair] to capture. **-6.** [afetivamente] to unite. **-7.** [impedir] to restrict.

◆ **prender-se** *vp* **-1.**: **~-se a alguém** [afeiçoar-se] to grow attached to sb; [em relacionamento] to tie o.s. down to sb. **-2.** [preocupar-se]: **~-se a algo** to get caught up in sthg.

prenome [pre'nɔmi] *m* forename.

prensar [prẽn'sa(x)] *vt* **-1.** [na prensa] to compress. **-2.** [fruta] to squeeze.

prenunciar [prenũn'sja(x)] *vt* to forewarn.

prenúncio [pre'nũnsjo] *m* harbinger; **essas nuvens são um ~ de chuva** clouds are a sign of rain.

preocupação [preokupa'sãw] (*pl* **-ões**) *f* concern.

preocupante [preoku'pãntʃi] *adj* worrying.

preocupar [preoku'pa(x)] *vt* [inquietar] to worry.

◆ **preocupar-se** *vp*: **~-se (com algo/alguém)** to worry (about sthg/sb).

preparação [prepara'sãw] (*pl* **-ões**) *f* [preparo] preparation.

preparar [prepa'ra(x)] *vt* to prepare.

◆ **preparar-se** *vp* **-1.** [aprontar-se] to get ready. **-2.** [instruir-se]: **~-se para algo** to train for sthg.

preparativos [prepara'tʃivuʃ] *mpl* preparations, arrangements.

preparo [pre'paru] *m* **-1.** [preparação] preparation. **-2.** [condição]: **~ físico** physical fitness.

preponderante [prepõnde'rãntʃi] *adj* preponderant, predominant.

preposição [prepozi'sãw] (*pl* **-ões**) *f* preposition.

prepotência [prepo'tẽnsja] *f* **-1.** [grande poder] forcefulness. **-2.** [despotismo] tyranny.

prepotente [prepo'tẽntʃi] *adj* **-1.** [poderoso] forceful. **-2.** [despótico] overbearing.

prerrogativa [prexoga'tʃiva] *f* prerogative.

presa ['preza] *f* **-1.** [na guerra] spoils (*pl*). **-2.** [preia] prey. **-3.** [dente] fang. **-4.** [garra] talon. **-5.** [vítima] slave. **-6.** [mulher encarcerada] (female) prisoner.

presbiteriano, na [preʒbite'rjãnu, na] ◇ *adj* Presbyterian. ◇ *m, f* Presbyterian.

prescindir [presĩn'dʒi(x)] *vi*: **~ de algo** [dispensar] to do without sthg; [abstrair] to disregard sthg.

prescrever [preʃkre've(x)] ◇ *vt* **-1.** [ger] to prescribe. **-2.** [determinar] to decide. ◇ *vi* **-1.** [cair em desuso] to fall into disuse. **-2.** JUR to lapse.

prescrição [preʃkri'sãw] (*pl* **-ões**) *f* **-1.** [ordem] order. **-2.** MED prescription. **-3.** JUR lapse.

presença [pre'zẽnsa] *f* **-1.** [ger] presence; **~ de espírito** presence of mind; **marcar ~** to be present; **ter boa ~** to be well turned out. **-2.** [em curso etc.] attendance.

presenciar [prezẽn'sja(x)] *vt* to witness.

presente [pre'zẽntʃi] ◇ *adj* **-1.** [ger] present. **-2.** [evidente] obvious. **-3.** [interessado] concerned. ◇ *m* **-1.** [ger] present. **-2.** [pessoa]: **(entre) os ~s** (among) those present. **-3.** [regalo] present, gift; **de ~** as a present; **~ de grego** *fig* unwelcome gift.

presentear [prezẽn'tʃja(x)] *vt*: **~ alguém (com algo)** to give sb (sthg as) a present.

presépio [pre'zɛpju] *m* crib, Nativity scene.

preservação [prezexva'sãw] (*pl* **-ões**) *f* preservation.

preservar [prezex'va(x)] *vt* to preserve.

◆ **preservar-se** *vp* to protect o.s.

preservativo [prezexva'tʃivu] *m* **-1.** [substância] preservative. **-2.** [camisinha] condom.

presidência [prezi'dẽnsja] *f* **-1.** [de país] presidency; **assumir a ~** to assume the presidency. **-2.** [de assembléia] chairmanship; **assumir a ~** to take the chair. **-3.** [tempo em excercício] time in office.

presidente, ta [prezi'dẽntʃi, ta] *m, f* **-1.** [de país] president. **-2.** [de assembléia, empresa] chairman.

◆ **Presidente da República** *m* President of the Republic.

presidiário, ria [prezi'dʒjarju, rja] ◇ *adj* prison *(antes de subst)*. ◇ *m, f* convict.

presídio [pre'zidʒju] *m* prison.

presidir [prezi'dʒi(x)] ◇ *vt* **-1.** [dirigir] to lead. **-2.** [reger] to rule. ◇ *vi*: **~ a algo** [dirigir] to preside over sthg; [reger] to rule sthg.

presilha [pre'ziʎa] *f* **-1.** [de suspensório, sapato] strap. **-2.** [de cabelo] hairslide.

preso, sa ['prezu, za] ◇ *adj* **-1.** [encarcerado] imprisoned. **-2.** [detido] detained, under arrest. **-3.** [atado] tied. **-4.** *fig* [em engarrafamento, casa] stuck. **-5.** *fig* [casado] spoken for. **-6.** *fig* [língua, voz] tongue-tied; **ele está com a voz presa** he has a catch in his voice. ◇ *m, f* [prisioneiro] prisoner.

pressa ['prɛsa] *f* **-1.** [velocidade] speed; **às ~s** quickly; **com ~** in a hurry; **vir sem ~** to take one's time. **-2.** [urgência] rush; **ter ~ de algo/de fazer algo** to be in a hurry for sthg/to do sthg. **-3.** [precipitação] hastiness.

presságio [pre'saʒju] *m* **-1.** [indício] sign. **-2.** [pressentimento] premonition.

pressão [pre'sãw] (*pl* **-ões**) *f* **-1.** [ger] pressure; **~ contra algo** pressure against sthg. **-2.** [colchete] press stud. **-3.** *MED*: **~ alta/baixa** high/low (blood) pressure.

pressentimento [presẽntʃi'mẽntu] *m* premonition.

pressentir [presẽn'tʃi(x)] *vt* **-1.** [pressagiar] to foresee. **-2.** [suspeitar] to suspect. **-3.** [perceber] to sense.

pressionar [presjo'na(x)] *vt* **-1.** [apertar] to press. **-2.** *fig* [coagir]: **~ alguém (a fazer algo)** to pressurize sb (into doing sthg).

pressões [pre'sõjʃ] *pl* ▷ **pressão**.

pressupor [presu'po(x)] *vt* to assume.

pressuposto, osta [presu'poʃtu, ɔʃta] *pp* ▷ **pressupor**.

◆ **pressuposto** *m*: **partir de um ~** to assume.

pressurizado, da [presuri'zadu, da] *adj* pressurized.

prestação [preʃta'sãw] (*pl* **-ões**) *f* **-1.** [ger] instalment *UK*, installment *US*; **ele só compra à ~** he only buys on hire purchase. **-2.** [acerto]: **~ de conta** accounts rendered. **-3.** [trabalho]: **~ de serviço** services rendered.

prestar [preʃ'ta(x)] ◇ *vt* **-1.** [conceder]: **~ algo (a alguém)** [favores] to grant sthg (to sb); [informações] to provide (sb with) sthg. **-2.** [apresentar]: **~ algo (a alguém)** to present sthg (to sb). **-3.** [fazer]: **~ algo (a alguém/algo)** to provide sthg (to sb/sthg); **~ atenção** to pay attention. **-4.** [dedicar]: **~ algo a alguém** to pay sthg to sb. ◇ *vi* **-1.** [ser útil]: **essa caneta não presta** this pen isn't any good. **-2.** [ter bom caráter]: **ele não presta!** he's no good!

◆ **prestar-se** *vp* [dispor-se]: **~-se a algo** to accept sthg.

prestativo, va [preʃta'tʃivu, va] *adj* obliging.

prestes ['prɛʃtʃiʃ] *adj inv*: **estar ~ a fazer algo** to be about to do sthg.

prestígio [preʃ'tʃiʒju] *m* prestige; **é um escritor de ~** he is an eminent writer.

prestigioso, osa [preʃtʃi'ʒjozu, ɔza] *adj* prestigious.

presumido, da [prezu'midu, da] *adj* [presunçoso] presumptuous.

presumir [prezu'mi(x)] *vt* [supor] to presume.

presunção [prezũn'sãw] (*pl* **-ões**) *f* presumption.

presunçoso, osa [prezũn'sozu, ɔza] *adj* presumptuous.

presunto [pre'zũntu] *m* **-1.** [de porco] ham. **-2.** *gír crime* [defunto] stiff.

prêt-à-porter [prɛtapox'te] *adj inv* ready-to-wear.

pretendente [pretẽn'dẽntʃi] ◇ *mf* [candidato]: **~ a algo** applicant for sthg. ◇ *m* [de uma mulher] suitor.

pretender [pretẽn'de(x)] *vt* **-1.** [desejar]: **~ fazer algo** to want to do sthg. **-2.** [ter a intenção de]: **~ fazer algo** to intend to do sthg.

> Não confundir *pretender (intend)* com o inglês *pretend* que em português significa *fingir*. (*Nós pretendemos viajar amanhã pela manhã.* We *intend* to travel tomorrow morning.)

pretensão [pretẽn'sãw] (*pl* **-ões**) *f* **-1.** [aspiração] pretension; **~ salarial** proposed salary. **-2.** [arrogância] pretentions *(pl)*. **-3.** [intenção] aim.

pretensioso, osa [pretẽn'sjozu, ɔza] *adj* pretentious.

pretérito, ta [pre'tɛritu] *adj* past.

◆ **pretérito** *m GRAM* preterite.

pretexto [pre'teʃtu] *m* [desculpa] pretext; **a ~ de** under the pretext of.

preto, ta ['pretu, ta] ◇ *adj* [cor] black. ◇ *m, f* [pessoa] black (person).

◆ **preto** *m* [cor] black.

preto-e-branco [ˌpretwi'brãŋku] *adj inv* black and white.

prevalecer [prevale'se(x)] *vi* **-1.** [predominar] to prevail. **-2.** [ter primazia]: **~ (a/sobre)** to prevail (over).

◆ **prevalecer-se** *vp*: **~-se de algo** [aproveitar-se] to avail o.s. of sthg.

prevenção [prevẽn'sãw] (*pl* **-ões**) *f* [precaução]: **~ (a/contra/de)** prevention (against/of).

prevenido, da [previ'nidu, da] *adj* **-1.** [precavido] precautious. **-2.** [com dinheiro]: **estar ~** to be in pocket.

prevenir [previ'ni(x)] *vt* **-1.** [avisar] to warn. **-2.** [evitar] to avoid. **-3.** [proibir] to prohibit.

◆ **prevenir-se** *vp* **-1.** [precaver-se]: **~-se contra alguém/algo** to protect o.s. against sb/sthg. **-2.** [equipar-se] **~-se de** to equip o.s. with.

preventivo, va [prevẽn'tʃivu, va] *adj* preventive.

◆ **preventivo** *m* [teste]: **(fazer um) ~** to have a check-up.

prever [pre've(x)] *vt* **-1.** [conjeturar] to foresee; **~ que** to foresee (that). **-2.** [profetizar] to predict.

pré-vestibular [ˌprɛveʃtʃibu'la(x)] (*pl* **pré-vestibulares**) ◇ *adj preparing for university entrance exam.* ◇ *m* [curso] *university entrance-exam preparatory course.*

prévia ['prɛvja] *f* ⊳ **prévio**.

previamente [ˌprɛvja'mẽntʃi] *adv* previously.

previdência [previ'dẽnsja] *f* precaution; **~ social** social security.

previdente [previ'dẽntʃi] *adj* **-1.** [que prevê] provident. **-2.** [cauteloso] cautious.

prévio, via ['prɛvju, vja] *adj* **-1.** [anterior] previous. **-2.** [preliminar] preliminary.

previsão [previ'zãw] (*pl* **-ões**) *f* prediction; **~ do tempo** weather forecast.

previsto, ta [pre'viʃtu, ta] *pp* ⊳ **prever**.

previsualização [previzwaliza'sãw] *f* COMPUT preview.

prezado, da [pre'zadu, da] *adj* **-1.** [estimado] prized. **-2.** [em carta]: **Prezado Senhor** Dear Sir.

prezar [pre'za(x)] *vt* **-1.** [gostar muito] to cherish. **-2.** [respeitar] to respect.

◆ **prezar-se** *vp* [respeitar-se] to have self-respect.

primário, ria [pri'marju, rja] *adj* **-1.** [ger] primary. **-2.** [primitivo] primitive.

◆ **primário** *m* [curso] primary education ***UK***, elementary education ***US***.

primata [pri'mata] *m* primate.

primavera [prima'vɛra] *f* **-1.** [estação] spring. **-2.** BOT primrose.

primeira [pri'mejra] *f* ⊳ **primeiro**.

primeira-dama [priˌmejra'dãma] (*pl* **primeiras-damas**) *f* first lady.

primeiro, ra [pri'mejru, ra] ◇ *num* first. ◇ *adj* [inicial] first; **~ grau** EDUC middle school; **~s socorros** first aid; **à primeira vista** at first sight. ◇ *m, f* **-1.** [em ordem]: **ele foi o ~ a chegar** he was the first to arrive. **-2.** [o melhor]: **é o ~ na turma** he is the top of the class.

◆ **primeiro** ◇ *adv* [em primeiro lugar] first. ◇ *m* [andar] first.

◆ **primeira** *f* AUTO first.

◆ **de primeira** *loc adj* **-1.** [hotel, restaurante] first-class. **-2.** [carne] prime.

primeiro-ministro, primeira-ministra [priˌmejrumi'niʃtru, priˌmejrami'niʃtra] (*mpl* **primeiros-ministros**, *fpl* **primeiras-ministras**) *m, f* prime minister.

primitivo, va [primi'tʃivu, va] *adj* primitive.

primo, ma ['primu, ma] ◇ *adj* [número] prime. ◇ *m, f* [parente] cousin; **~ em segundo grau** second cousin.

primogênito, ta [primo'ʒenitu, ta] ◇ *adj* firstborn. ◇ *m, f* firstborn.

primo-irmão, prima-irmã [ˌprimwix'mãw, ˌprimajx'mã] (*mpl* **primos-irmãos**, *fpl* **primas-irmãs**) *m, f* first cousin.

primor [pri'mo(x)] *m* **-1.** [excelência] excellence. **-2.** [beleza] beauty. **-3.** [esmero]: **com ~** thoroughly.

princesa [prĩn'seza] *f* princess.

principal [prĩnsi'paw] (*pl* **-ais**) ◇ *adj* **-1.** [mais importante - ator] principal; [- rua, praça, entrada] main. **-2.** [fundamental] main. ◇ *m* principal.

príncipe ['prĩnsipi] *m* prince.

principiante [prĩnsi'pjãntʃi] ◇ *adj* budding. ◇ *mf* beginner.

princípio [prĩn'sipju] *m* **-1.** [ger] beginning; **a ~** at first. **-2.** [lei, norma, elemento] principle. **-3.** [premissa]: **partir do ~** to assume.

◆ **princípios** *mpl* [morais] principles.

prioridade [prjori'dadʒi] *f* [primazia] priority.

prisão [prizãw] (*pl* **-ões**) *f* **-1.** [captura] arrest. **-2.** [encarceramento] imprisonment; **~ perpétua** life imprisonment. **-3.** [cadeia] prison. **-4.** *fig* [sufoco] (holy) deadlock. **-5.** MED: **~ de ventre** constipation.

prisioneiro, ra [prizjo'nejru, ra] *m, f* prisoner.

prisões [pri'zõjʃ] *pl* ⊳ **prisão**.

privação [priva'sãw] (*pl* **-ões**) *f* privation.

◆ **privações** *fpl* [penúria] hardship.

privacidade [privasi'dadʒi] *f* privacy.

privada [pri'vada] *f* toilet.

privado, da [pri'vadu, da] *adj* **-1.** [particular] private. **-2.** [desprovido] deprived.

privar [pri'va(x)] *vt*: **~ alguém de algo** to deprive sb of sthg.

privativo, va [priva'tʃivu, va] *adj* [exclusivo] private.

privilegiado, da [privile'ʒjadu, da] *adj* **-1.** [favorecido] privileged. **-2.** [excepcional] exceptional.

privilegiar [privile'ʒja(x)] *vt* to favour *UK*, to favor *US*.

privilégio [privi'lɛʒju] *m* privilege.

pro [pru] = **para + o**.

pró [prɔ] ◇ *prep* [a favor de] pro. ◇ *m* [vantagem] pro; **os ~s e os contras** the pros and cons.

pró- [prɔ] *prefixo* pro-.

proa ['proa] *f* bow.

probabilidade [probabili'dadʒi] *f* probability, likelihood.

problema [pro'blema] *m* problem.

problemático, ca [proble'matʃiku, ka] *adj* problematic.

◆ **problemática** *f* problematic.

procedência [prose'dẽnsja] *f* **-1.** [origem] origin. **-2.** [lugar de saída] point of departure. **-3.** [fundamento]: **não ter ~** to be unfounded.

procedente [prose'dẽntʃi] *adj* **-1.** [oriundo] originating. **-2.** [lógico] logical.

proceder [prose'de(x)] *vi* **-1.** [ger] to proceed. **-2.** [prosseguir] to continue. **-3.** [comportar-se] to behave; **~ mal/bem** to behave badly/well. **-4.** [ter fundamento] to have foundation.

procedimento [prosedʒi'mẽntu] *m* **-1.** [comportamento] behaviour *UK*, behavior *US*. **-2.** [método] method. **-3.** *JUR* proceedings *(pl)*.

processador [prosesa'do(x)] *(pl* **-es***)* *m COMPUT* processor; **~ de texto** word processor.

processar [prose'sa(x)] *vt* **-1.** *JUR* to sue, to prosecute. **-2.** *COMPUT* to process.

processo [pro'sɛsu] *m* **-1.** [*JUR* - ação] legal proceedings *(pl)*, lawsuit; **abrir** *OU* **mover um ~ contra** to instigate legal proceedings against, to file a lawsuit against; [- documentação] evidence. **-2.** [método] process. **-3.** [estágio] course.

procissão [prosi'sãw] *(pl* **-ões***)* *f* procession.

proclamar [prokla'ma(x)] *vt* to proclaim.

Procon *(abrev de* **Fundação de Proteção e Defesa do Consumidor***)* *m Brazilian organization for the protection of consumers' rights.*

procriar [pro'krja(x)] ◇ *vt* [gerar] to engender. ◇ *vi* [multiplicar] to procreate.

procura [pro'kura] *f* **-1.** [busca] search; **estar à ~ de** to be searching for. **-2.** *COM* demand.

procurar [proku'ra(x)] ◇ *vt* **-1.** [buscar - objeto, pessoa] to look for; [- verdade] to seek. **-2.** [requerer] to look for. **-3.** [esforçar-se por]: **~ fazer algo** to try to do sthg. **-4.** [contatar] to call on. ◇ *vi* [buscar]: **~ (por)** to search (for).

prodígio [pro'dʒiʒju] *m* **-1.** [pessoa] prodigy. **-2.** [maravilha] feat.

produção [produ'sãw] *(pl* **-ões***)* *f* **-1.** [ger] production. **-2.** [volume, obra] output; **~ em massa** *OU* **em série** mass production.

produtivo, va [produ'tʃivu, va] *adj* **-1.** [fértil] productive. **-2.** [rendoso] profitable.

produto [pro'dutu] *m* **-1.** [ger] product. **-2.** *AGR* produce. **-3.** *ECON*: **~ interno bruto** gross domestic product.

produtor, ra [produ'to(x), ra] *(mpl* **-es**, *fpl* **-s***)* ◇ *adj* producing. ◇ *m, f* producer.

◆ **produtora** *f* [empresa] production company.

produzido, da [produ'zidu, da] *adj* [esmerado] trendy.

proeminente [projmi'nẽntʃi] *adj* prominent.

proeza [pro'eza] *f* feat.

profanar [profa'na(x)] *vt* to desecrate.

profano, na [pro'fãnu, na] *adj* profane.

profecia [profe'sia] *f* prophecy.

proferir [profe'ri(x)] *vt* **-1.** [dizer] to utter. **-2.** [decretar] to pronounce.

professar [profe'sa(x)] ◇ *vt* **-1.** [exercer profissão] to practise *UK*, to practice *US*. **-2.** [propagar] to profess. ◇ *vi RELIG* to take holy orders.

professor, ra [profe'so(x), ra] *(mpl* **-es**, *fpl* **-s***)* *m, f* teacher.

profeta, tisa [pro'fɛta, 'tʃiza] *m, f* prophet.

profético, ca [pro'fɛtʃiku, ka] *adj* prophetic.

profetisa [profe'tʃiza] *f* ▷ **profeta**.

profetizar [profetʃi'za(x)] ◇ *vt* to prophesy. ◇ *vi* to predict the future.

proficiência [profi'sjẽnsja] *f* proficiency.

proficiente [profi'sjẽntʃi] *adj* [capaz] proficient.

profissão [profi'sãw] *(pl* **-ões***)* *f* **-1.** [ofício] profession. **-2.** [carreira] professional life. **-3.** [declaração] statement.

profissional [profisjo'naw] *(pl* **-ais***)* ◇ *adj* professional. ◇ *mf* professional; **~ liberal** *person in a liberal profession.*

profissionalizante [profisjonali'zãntʃi] *adj* [ensino] vocational.

profundidade [profũndʒi'dadʒi] *f* depth; **o mar aqui tem 20 metros de ~** here the sea is 20 metres deep.

profundo, da [pro'fũndu, da] *adj* **-1.** [ger] deep. **-2.** *fig* [intenso - sono, respeito, amor] deep; [- dor] intense; [- ódio] profound.

profusão [profu'zãw] *f* profusion.

progenitor, ra [proʒeni'to(x), ra] *m, f* progenitor.

◆ **progenitores** *mpl* parents.

prognosticar [prognoʃtʃi'ka(x)] ◇ *vt* [predizer] to forecast. ◇ *vi MED* to make a prognosis.

prognóstico [prog'nɔʃtʃiku] *m* **-1.** [predição] prediction. **-2.** *MED* prognosis.

programa [pro'grãma] *m* **-1.** [plano] programme *UK*, program *US*. **-2.** *COMPUT* program.

programação [programa'sãw] *(pl* **-ões***)* *f* **-1.** [ger] programming; **~ orientada a objetos** object-orientated programming; **~ visual**

graphic design. **-2.** [organização] planning.
programador, ra [programa'do(x), ra] *m, f* **-1.** [de rádio, empresa] programme planner. **-2.** *COMPUT* programmer; **~ visual** graphic designer.
programar [progra'ma(x)] *vt* **-1.** [planejar] to plan. **-2.** *COMPUT* to program.
progredir [progre'dʒi(x)] *vi* **-1.** [prosperar]: **~ (em algo)** to progress (in sthg). **-2.** [agravar-se] to progress.
progressista [progre'siʃta] <> *adj* progressive. <> *mf* progressive.
progressivo, va [progre'sivu, va] *adj* progressive.
progresso [pro'grɛsu] *m* progress; **fazer ~s em algo** to make progress in sthg.
proibição [projbi'sãw] (*pl* **-ões**) *f* prohibition.
proibir [proj'bi(x)] *vt* **-1.** [impedir]: **~ alguém (de fazer algo)** to prohibit sb (from doing sthg). **-2.** [interdizer] to ban. **-3.** [vedar] to prevent.
proibitivo, va [projbi'tʃivu, va] *adj* prohibitive.
projeção [proʒe'sãw] (*pl* **-ões**) *f* **-1.** [ger] projection. **-2.** *fig* [notoriedade] prominence.
projetar [proʒe'ta(x)] *vt* **-1.** [ger] to project. **-2.** [planejar] to plan. **-3.** *ARQUIT* to design.
projétil [pro'ʒɛtʃiw] (*pl* **-teis**) *m* projectile.
projeto [pro'ʒɛtu] *m* **-1.** [ger] plan. **-2.** [empreendimento] project. **-3.** [esboço de texto] draft; **~ de lei** bill.
projetor [proʒe'to(x)] (*pl* **-es**) *m* **-1.** [ger] projector. **-2.** [holofote] searchlight.
prol [prɔw] *m*: **em ~ de** in favour of.
prole ['prɔli] *f* [filhos] offspring.
proletariado [proleta'rjadu] *m* proletariat.
proletário, ria [prole'tarju, rja] <> *adj* proletarian. <> *m, f* proletarian.
proliferação [prolifera'sãw] (*pl* **-ões**) *f* proliferation.
proliferar [prolife'ra(x)] *vi* to proliferate.
prolífico, ca [pro'lifiku, ka] *adj* prolific.
prolixo, xa [pro'liksu, ksa] *adj* **-1.** [verboso] long-winded. **-2.** [muito longo] lengthy.
prólogo ['prɔlogu] *m* prologue.
prolongado, da [prolõŋgadu, da] *adj* prolonged.
prolongamento [prolõŋga'mẽntu] *m* extension.
prolongar [prolõŋ'ga(x)] *vt* **-1.** [duração] to prolong. **-2.** [extensão] to extend. **-3.** [adiar] to put off.
◆ **prolongar-se** *vp* **-1.** [estender-se] to stretch. **-2.** [durar] to last.
promessa [pro'mɛsa] *f* promise.
prometer [prome'te(x)] <> *vt* **-1.** [ger] to promise. **-2.** [comprometer-se]: **~ algo a alguém** to promise sb sthg; **~ fazer algo** to promise to do sthg. **-3.** [assegurar]: **~ algo a alguém** to promise sb sthg. <> *vi* **-1.** [fazer promessa] to promise. **-2.** [ter potencial] to be promising.
prometido, da [prome'tʃidu, da] *adj* promised.
◆ **prometido** *m*: **aqui está o ~** here's what was promised; **cumprir o ~** to keep one's promise.
promiscuidade [promiʃkwi'dadʒi] *f* promiscuity.
promíscuo, cua [pro'miʃkwu, kwa] *adj* **-1.** [sem ordem] disorderly. **-2.** [sexualmente] promiscuous.
promissor, ra [promi'so(x), ra] (*mpl* **-es**, *fpl* **-s**) *adj* promising.
promissória [promi'sɔrja] *f* [nota] promissory note.
promoção [promo'sãw] (*pl* **-ões**) *f* promotion; **em ~** on special offer.
promotor, ra [promo'to(x), ra] <> *adj* promoting. <> *m, f* promoter; **~ público** public prosecutor.
promover [promo've(x)] *vt* **-1.** [ger] to promote. **-2.** [funcionário]: **~ alguém (a)** to promote sb (to).
◆ **promover-se** *vp* [favorecer-se] to make o.s. look good.
promulgar [promuw'ga(x)] *vt* to promulgate.
pronome [pro'nɔmi] *m* pronoun.
prontidão [prõntʃi'dãw] *f* **-1.** [alerta] readiness; **estar de ~** to be on the alert. **-2.** [rapidez] promptness.
pronto, ta ['prõntu, ta] *adj* **-1.** [concluído, preparado] ready. **-2.** *(antes de subst)* [imediato] prompt. **-3.** [rápido] prompt. **-4.** [disposto]: **~ a fazer algo** ready to do sthg. **-5.** *fam* [sem recursos] broke.
◆ **pronto** *adv* promptly; **de ~** promptly.
pronto-socorro [ˌprõntuso'koxu] (*pl* **prontos-socorros**) *m* [hospital] casualty unit *UK*, emergency unit *US*.
prontuário [prõn'twarju] *m* **-1.** [ficha] file. **-2.** [manual] handbook.
pronúncia [pro'nũnsja] *f* **-1.** *LING* pronunciation. **-2.** *JUR* pronouncement.
pronunciamento [pronũnsja'mẽntu] *m* **-1.** [declaração] pronouncement. **-2.** *JUR* judgment.
pronunciar [pronũn'sja(x)] *vt* to pronounce.
◆ **pronunciar-se** *vp* [emitir juízo]: **~-se sobre/a favor de** to express an opinion about/in favour of.
propaganda [propa'gãnda] *f* **-1.** [*COM* - publicidade] advertising; [- anúncio] advert, advertisement; **fazer ~ de algo** to advertise sthg. **-2.** *POL* propaganda. **-3.** [divulgação] spreading.
propagar [propa'ga(x)] *vt* **-1.** [disseminar] to spread. **-2.** *BIOL* to propagate.
◆ **propagar-se** *vp* **-1.** [ger] to propagate. **-2.** [disseminar-se] to spread.

propensão [propẽn'sãw] (*pl* **-ões**) *f* inclination.

propenso, sa [pro'pẽnsu, sa] *adj*: **~ a algo/a fazer algo** inclined to sthg/doing sthg.

propiciar [propi'sja(x)] *vt* **-1.** [permitir, favorecer] to favour *UK*, to favor *US*. **-2.** [proporcionar]: **~ algo a alguém** to allow sb sthg.

propício, cia [pro'pisju, sja] *adj* **-1.** [favorável]: **~ a algo** propitious for sthg. **-2.** [oportuno] propitious.

propina [pro'pinaʃ] *f* **-1.** [gratificação] tip. **-2.** [ilegal] bribe.

propor [pro'po(x)] *vt* **-1.** [ger] to propose; **~ (a alguém) que** to propose (to sb) that. **-2.** *JUR* [ação] to move.

◆ **propor-se** *vp*: **~-se a fazer algo** [visar] to aim to do sthg; [dispor-se] to offer to do sthg.

proporção [propox'sãw] (*pl* **-ões**) *f* proportion.

proporcional [propoxsjo'naw] (*pl* **-ais**) *adj* proportional; **~ a algo** proportional to sthg.

proporcionar [propoxsjo'na(x)] *vt* [propiciar] to provide.

proporções [propox'sõjʃ] *pl* ▷ **proporção**.

proposital [propozi'taw] (*pl* **-ais**) *adj* intentional.

propósito [pro'pɔzitu] *m* intention; **de ~** on purpose.

◆ **a propósito** *loc adv* [aliás] by the way.

◆ **a propósito de** *loc prep* concerning.

proposto, osta [pro'poʃtu, ɔʃta] ◇ *pp* ▷ **propor**. ◇ *adj* proposed.

◆ **proposta** *f* **-1.** [proposição] proposition. **-2.** [oferta] proposal.

propriamente [prɔprja'mẽntʃi] *adv* [exatamente] exactly; **~ dito** per se; **o Estado ~ dito** the actual State.

propriedade [proprje'dadʒi] *f* **-1.** [ger] property; **~ privada** private property. **-2.** [direito de propriedade] ownership.

proprietário, ria [proprje'tarju, rja] *m, f* **-1.** [dono] owner. **-2.** [de imóvel de aluguel] landlord.

próprio, pria ['prɔprju, prja] *adj* **-1.** [ger] proper. **-2.** [particular] own; **meu ~ apartamento/carro** my own flat/car. **-3.** [apropriado]: **~ (para)** suitable (for). **-4.** [peculiar] characteristic. **-5.** [mesmo] -self; **o ~ cliente do banco** the customer of the bank himself; **falei com o ~ presidente** I spoke to the president himself; **eu ~** I myself; **é o ~** [ser ele mesmo] speaking.

propulsor, ra [propuw'so(x), ra] *adj* propelling.

◆ **propulsor** *m* propellor.

prorrogação [proxoga'sãw] (*pl* **-ões**) *f* **-1.** [prolongação] deferment. **-2.** *FUT* extra time.

prorrogar [proxo'ga(x)] *vt* to defer, to postpone.

prorrogável [proxo'gavew] (*pl* **-eis**) *adj* deferrable.

prosa ['prɔza] ◇ *adj* [cheio de si] puffed up. ◇ *f* **-1.** *LITER* prose. **-2.** [conversa] chat. **-3.** [conversa fiada] chit-chat.

proscrever [proʃkre've(x)] *vt* **-1.** [desterrar] to exile. **-2.** [expulsar] to ban. **-3.** [proibir] to prohibit. **-4.** [abolir] to do away with.

proscrito, ta [proʃ'kritu, ta] ◇ *pp* ▷ **proscrever**. ◇ *adj* **-1.** [desterrado] banished. **-2.** [expulso] outlawed. **-3.** [proibido] forbidden. ◇ *m, f* [exilado] exile.

prospecção [proʃpek'sãw] (*pl* **-ões**) *f* *GEOL* prospecting; **~ de petróleo** oil exploration.

prospector, ra [proʃpek'to(x), ra] *m, f* *GEOL* prospector.

prosperar [proʃpe'ra(x)] *vi* **-1.** [progredir]: **~ (em algo)** [melhorar] to prosper (in sthg); [ter sucesso] to thrive (in sthg). **-2.** [enriquecer] to prosper.

prosperidade [proʃperi'dadʒi] *f* **-1.** [progresso] prosperity. **-2.** [sucesso] success.

próspero, ra ['prɔʃperu, ra] *adj* **-1.** [que progride] thriving. **-2.** [bem-sucedido] prosperous.

prosseguir [prose'gi(x)] ◇ *vt* to continue. ◇ *vi*: **~ (em algo)** to continue (in sthg); **~ fazendo algo** to continue doing sthg.

prostíbulo [proʃ'tʃibulu] *m* brothel.

prostituição [proʃtʃitwi'sãw] *f* prostitution.

prostituta [prosʃtʃi'tuta] *f* prostitute.

prostrado, da [proʃ'tradu, da] *adj* prostrate.

protagonista [protago'niʃta] *mf* protagonist.

proteção [prote'sãw] (*pl* **-ões**) *f* **-1.** [resguardo] protection. **-2.** [favorecimento] favour *UK*, favor *US*. **-3.** [dispositivo] defence *UK*, defense *US*.

proteger [prote'ʒe(x)] *vt* to protect.

◆ **proteger-se** *vp* [resguardar-se] to protect o.s.

protegido, da [prote'ʒidu, da] ◇ *adj* [resguardado] protected. ◇ *m, f* [favorito] protégé (*f* protégée).

proteína [prote'ina] *f* protein.

prótese ['prɔtezi] *f* *MED* prosthesis.

protestante [proteʃ'tãntʃi] ◇ *adj* Protestant. ◇ *mf* Protestant.

protestar [proteʃ'ta(x)] ◇ *vt* **-1.** [título, promissória] to contest. **-2.** [declarar] to profess. ◇ *vi* [reclamar]: **~ (contra/em favor de algo)** to protest (against/in favour of sthg); **protesto!** *JUR* I protest!

protesto [pro'tɛʃtu] *m* [ger] protest.

protetor, ra [prote'to(x), ra] (*mpl* **-es**, *fpl* **-s**) ◇ *adj* protective. ◇ *m, f* protector.

protocolo [proto'kɔlu] *m* **-1.** [ger & *COMPUT*] protocol. **-2.** [registro] registration. **-3.** [recibo] record. **-4.** [setor] registry.

protótipo [pro'tɔtʃipu] *m* **-1.** [modelo] prototype. **-2.** *fig* [exemplo]: **ser o ~ de algo** to be the epitome of sthg.

protuberância [protube'rãnsja] *f* protuberance.

prova ['prɔva] *f* **-1.** [ger] proof. **-2.** *EDUC* exam. **-3.** [teste] test; **à ~ de água** waterproof; **à ~ de bala** bulletproof; **à ~ de fogo** fireproof; **pôr algo à ~** to put sthg to the test. **-4.** *ESP* event. **-5.** *COST* fitting. **-6.** [de comida, bebida] taster.

provador [prova'do(x)] *m* **-1.** [em loja] fitting room. **-2.** [de café, vinho] taster.

provar [pro'va(x)] ◇ *vt* **-1.** [demonstrar] to prove. **-2.** [testar] to test. **-3.** [roupa] to try on. **-4.** [comida, bebida] to taste. ◇ *vi*: **~ (de algo)** [comida, bebida] to have a taste (of sthg).

provável [pro'vavɛw] (*pl* **-eis**) *adj* [possível] probable; **é ~ que chova** it looks like rain; **é ~ que ela não chegue hoje** she's not likely to come today.

provedor, ra [prove'do(x), ra] *m,f* provider; **~ de acesso** *COMPUT* Internet access provider.

proveito [pro'vejtu] *m* advantage; **em ~ de** in favour of; **tirar ~ de algo** to benefit from sthg.

proveitoso, osa [provej'tozu, ɔza] *adj* **-1.** [vantajoso] advantageous. **-2.** [lucrativo] profitable. **-3.** [útil] useful.

proveniência [prove'njẽnsja] *f* origin.

proveniente [prove'njẽntʃi] *adj*: **~ de** [originário] originating from; [resultante] arising from; **esta uva é ~ da Itália** these grapes come from Italy.

prover [pro've(x)] *vt* **-1.** [ger]: **~ algo/alguém de algo** to provide sthg/sb with sthg. **-2.** [providenciar] to provide. **-3.** [vaga, cargo] to fill.

◆ **prover-se** *vp* [abastecer-se]: **~-se de algo** to provide o.s. with sthg.

provérbio [pro'vɛrbju] *m* proverb.

proveta [pro'veta] *f* test tube; **bebê de ~** test tube baby.

providência [provi'dẽnsja] *f* [medida] measure; **tomar ~s** to take measures.

providencial [providẽn'sjaw] (*pl* **-ais**) *adj* providential.

providenciar [providẽn'sja(x)] ◇ *vt* **-1.** [prover] to provide. **-2.** [tomar providências para] to set into motion. ◇ *vi* [cuidar]: **vamos ~ para que tudo dê certo** let's see to it that all works out.

provido, da [pro'vidu, da] *adj* [abastecido]: **~ de algo** supplied with sthg; **bem ~** well stocked; **uma conta bancária bem provida** a fat bank account.

província [pro'vĩnsja] *f* **-1.** [divisão administrativa] province. **-2.** [interior] provinces *(pl)*.

provinciano, na [provĩn'sjãnu, na] *adj pej* provincial.

provisão [provi'zãw] (*pl* **-ões**) *f* supply.

◆ **provisões** *fpl* supplies.

provisório, ria [provi'zɔrju, rja] *adj* provisional.

provocador, ra [provoka'do(x), ra] (*mpl* **-es**, *fpl* **-s**) ◇ *adj* provocative. ◇ *m, f* provoker.

provocante [provo'kãntʃi] *adj* [sensualmente] provocative.

provocar [provo'ka(x)] *vt* **-1.** [ger] to provoke. **-2.** [incitar]: **~ alguém (a fazer algo)** to provoke sb (into doing sthg). **-3.** [chamar a atenção, atrair sensualmente] to arouse. **-4.** [promover] to cause.

proximidade [prosimi'dadʒi] *f* **-1.** [ger] proximity. **-2.** [afinidade] closeness.

◆ **proximidades** *fpl* [arredores] proximity *(sg)*.

próximo, ma ['prɔsimu, ma] ◇ *adj* **-1.** [no espaço]: **~ (a** *OU* **de)** close (to). **-2.** [no tempo] recent. **-3.** *(antes de subst)* [seguinte] next. **-4.** [chegado] close. ◇ *m, f* [em fila] next (one).

◆ **próximo** ◇ *m*: **o ~** [o semelhante] neighbour *UK*, neighbor *US*. ◇ *adv* close.

◆ **próxima** *f* [a próxima vez]: **até a próxima!** [em despedida] see you soon!

proxy ['prɔʃi] (*pl* **proxies**) *m COMPUT* proxy.

prudência [pru'dẽnsja] *f* caution, prudence.

prudente [pru'dẽntʃi] *adj* **-1.** [comedido] prudent. **-2.** [cauteloso] cautious.

prurido [pru'ridu] *m* **-1.** [comichão] itch. **-2.** *fig* [desejo] urge.

PS *m* **-1.** (*abrev de* **Post Scriptum**) PS. **-2.** (*abrev de* **Pronto-Socorro**) first aid.

PSB (*abrev de* **Partido Socialista Brasileiro**) *m Brazilian socialist party.*

PSDB (*abrev de* **Partido da Social Democracia Brasileira**) *m Brazilian social democratic party, the second largest right-wing party in Brazil.*

pseudônimo [psew'donimu] *m* pseudonym.

psicanálise [psika'nalizi] *f* psychoanalysis.

psicanalítico, ca [psikana'litʃiku, ka] *adj* psychoanalitical.

psicodélico, ca [psiko'dɛliku, ka] *adj* psychedelic.

psicologia [psikolo'ʒia] *f* psychology.

psicológico, ca [psiko'lɔʒiku, ka] *adj* psychological.

psicólogo, ga [psi'kɔlogu, ga] *m, f* psychologist.

psicopata [psiko'pata] *mf* psychopath.

psicose [psi'kɔzi] *f MED* psychosis.

psicossomático, ca [psikoso'matʃiku, ka] *adj* psychosomatic.

psicótico, ca [psi'kɔtʃiku, ka] *adj* psychotic.

psiquiátrico, ca [psi'kjatriku, ka] *adj* psychiatric.

psíquico, ca ['psikiku, ka] *adj* psychic.

psiu [psiw] *interj* **-1.** [para chamar] hey! **-2.** [para calar] hush!

PT (*abrev de* **Partido dos Trabalhadores**) *m Brazilian workers' party, the largest left-wing party in Brazil.*

PTB (*abrev de* **Partido Trabalhista Brasileiro**) *m* Brazilian Workers' Party, *a large party of the centre.*
puberdade [puber'dadʒi] *f* puberty.
púbis ['pubiʃ] *m inv* pubis.
publicação [publika'sãw] (*pl* **-ões**) *f* publication.
publicar [publi'ka(x)] *vt* **-1.** [ger] to publish. **-2.** [divulgar] to broadcast.
publicidade [publisi'dadʒi] *f* **-1.** [divulgação] publicity. **-2.** COM advertising.
publicitário, ria [publisi'tarju, rja] ◇ *adj* advertising *(antes de subst).* ◇ *m, f* advertiser.
público, ca ['publiku, ka] *adj* public.
◆ **público** *m* **-1.** [o povo] public. **-2.** [platéia] audience; **em ~** in public.
PUC (*abrev de* **Pontifícia Universidade Católica**) *f Pontifical Catholic university.*
pudico, ca [pu'dʒiku, ka] *adj* **-1.** [recatado] bashful. **-2.** *pej* prudish.
pudim [pu'dʒĩ] (*pl* **-ns**) *m* pudding; **~ de leite** milk pudding.
pudor [pu'do(x)] *m* **-1.** [recato] modesty; **ter ~ de** [ter vergonha] to be ashamed of. **-2.** [decoro] decency.
pueril [pwe'riw] (*pl* **-is**) *adj* childish, puerile.
pugilista [puʒi'liʃta] *m* boxer.
puído, da ['pwidu, da] *adj* frayed.
puir [pwi(x)] *vt* to fray.
pujante [pu'ʒãntʃi] *adj* powerful.
pular [pu'la(x)] ◇ *vt* **-1.** [saltar] to jump (over); **~ corda** to skip. **-2.** [páginas, trechos] to skip. **-3.: ~ Carnaval** to celebrate carnival. ◇ *vi* **-1.** [saltar] to jump. **-2.** [palpitar] to skip a beat.
pulga ['puwga] *f* flea; **estar/ficar com a ~ atrás da orelha** to smell a rat.
pulha ['puʎa] *m* creep.
pulmão [puw'mãw] (*pl* **-ões**) *m* lung.
pulo ['pulu] *m* leap; **a um ~ de** *fig* [perto de] just a hop away from; **dar um ~ em** *fig* [ir] to stop off at.
pulôver [pu'love(x)] (*pl* **-es**) *m* pullover.
púlpito ['puwpitu] *m* pulpit.
pulsação [puwsa'sãw] (*pl* **-ões**) *f* **-1.** [batimento] pulsation. **-2.** MED [pulso] pulse.
pulsar [puw'sa(x)] *vi* [palpitar] to beat, to throb.
pulverizar [puwveri'za(x)] *vt* **-1.** [ger] to spray. **-2.** [reduzir a pó] [destruir] to pulverize.
pum [pũ] (*pl* **puns**) *m mfam* [peido] fart; **soltar um ~** to pass wind.
pungente [pũn'ʒẽntʃi] *adj* poignant.
punhado [pu'ɲadu] *m*: **um ~ de** a handful of.
punhal [pu'ɲaw] (*pl* **-ais**) *m* dagger.
punhalada [puɲa'lada] *f* stab.
punho ['puɲu] *m* **-1.** ANAT fist; **de próprio ~** in one's own handwriting. **-2.** [de manga] cuff. **-3.** [de espada, punhal] hilt.
punição [puni'sãw] (*pl* **-ões**) *f* punishment.
punir [pu'ni(x)] *vt* to punish.
punitivo, va [puni'tʃivu, va] *adj* punitive.
puns [pũnʃ] *mpl* ▷ **pum**.
pupila [pu'pila] *f* ANAT pupil.
pupilo, la [pu'pilu, la] *m, f* **-1.** [aluno] pupil. **-2.** [tutelado] ward.
purê [pu're] *m* purée, mash; **~ de batatas** mashed potato.
pureza [pu'reza] *f* purity.
purgante [pux'gãntʃi] *m* **-1.** [remédio] purgative. **-2.** *fam* [pessoa, trabalho] pain in the neck.
purgar [pux'ga(x)] *vt* [expiar] to purge.
purgatório [puxga'tɔrju] *m* RELIG purgatory.
purificar [purifi'ka(x)] *vt*: **~ algo (de algo)** [depurar] to cleanse sthg (of sthg).
◆ **purificar-se** *vp* to cleanse o.s.
puritano, na [puri'tãnu, na] ◇ *adj* puritanical. ◇ *m, f* puritan.
puro, ra ['puru, ra] *adj* **-1.** [ger] pure. **-2.** *(antes de subst)* [mero] pure. **-3.** *(antes de subst)* [absoluto] plain.
púrpura ['puxpura] *f* [cor] purple.
purpúreo, rea [pux'purju, rja] *adj* crimson.
purpurina [puxpu'rina] *f* purpurin.
pus ['puʃ] *m inv* pus.
pusilânime [puzi'lãnimi] *adj* pusillanimous.
puto, ta ['putu, ta] *vulg adj* **-1.** [devasso] rotten; **o ~ de ...** *fam* the bloody ... **-2.** [zangado] mad.
◆ **puta** *vulg f* [prostituta] whore; **puta que pariu!** fucking hell!
putrefato, ta [putre'fatu, ta] *adj* rotten.
putrefazer [putrefa'ze(x)] *vt* to putrefy.
◆ **putrefazer-se** *vp* to rot.
pútrido, da ['putridu, da] *adj* rotten.
puxa ['puʃa] *interj*: **~ (vida)!** goodness (me)!, gosh.
puxador [puʃa'do(x)] (*pl* **-es**) *mf* **-1.** [de samba] *the leading singer in an 'escola de samba', a group of musicians and samba dancers who perform in street parades during carnival celebrations in Brazil.* **-2.** [de fumo] (marijuana) smoker. **-3.** [ladrão] thief. ◇ *m* handle.
puxão [pu'ʃãw] (*pl* **-ões**) *m* tug; **dar um ~ em alguém** to pull s.b.
puxar [pu'ʃa(x)] ◇ *vt* **-1.** [ger] to pull. **-2.** [arrancar, sacar] to pull out. **-3.** [iniciar - conversa] to start (up); [- briga] to break into; [- samba] to start (up), to break into; **~ assunto** to bring up a subject. **-4.** [desencadear] to bring about. **-5.** [adular]: **~ o saco de alguém** *fam fig* to suck up to sb. **-6.** *gír droga* [fumo] to smoke. **-7.** *gír crime* [automóvel] to steal. ◇ *vi* **-1.** [impor esforço a]: **~ por** to strain. **-2.** [ser parecido com]:

~ **a alguém** to take after sb. **-3.** [mancar]: ~ **de uma perna** to limp.

Não confundir *puxar (pull)* com o inglês *push* que em português significa *empurrar*. (*Ele puxou minha camiseta para chamar a atenção.* He *pulled* on my t-shirt to call my attention.)

puxa-saco [ˌpuʃaˈsaku] (*pl* **puxa-sacos**) *fam* ◇ *adj* crawling. ◇ *mf* crawler.

puxões [puˈʃõjʃ] *pl* ▻ **puxão**.

PV (*abrev de* **Partido Verde**) *m Brazilian green party*.

PVC (*abrev de* **Polyvinyl Chloride**) *m* PVC.

Q

q, Q [ke] *m* [letra] q, Q.

QG (*abrev de* **Quartel-General**) *m* HQ.

QI (*abrev de* **Quociente de Inteligência**) *m* IQ.

QT (*abrev de* **Qualidade Total**) *f* TQM.

qua. (*abrev de* **quarta-feira**) *f* Wed.

quadra [ˈkwadra] *f* **-1.** [quarteirão] block. **-2.** [esportiva] court. **-3.** [em jogos] four. **-4.** [estrofe] quatrain.

quadragésimo, ma [kwadraˈʒɛzimu, ma] *num* fortieth; *veja também* **sexto**.

quadriculado, da [kwadrikuˈladu, da] *adj* **-1.** [camisa, padrão] checked. **-2.** [papel] squared.

quadril [kwaˈdriw] (*pl* **-is**) *m* hip.

quadrilha [kwaˈdriʎa] *f* **-1.** [de ladrões etc.] gang. **-2.** [dança] quadrille.

quadrimestral [kwadrimeʃˈtraw] (*pl* **-ais**) *adj* quarterly.

quadrinho [kwaˈdriɲu] *m* [das tiras] (cartoon) drawing.

◆ **quadrinhos** *mpl*: **(história em)** ~**s** cartoon strip.

quadro [ˈkwadru] *m* **-1.** [ger] frame. **-2.** [pintura] painting. **-3.** [quadro-negro] blackboard. **-4.** [mural] board. **-5.** [gráfico] chart. **-6.** *TEC* [painel] panel. **-7.** *TEATRO* & *TV* scene. **-8.** [situação] picture; ~ **clínico** clinical picture.

quadro-negro [ˌkwadruˈnegru] (*pl* **quadros-negros**) *m* blackboard.

quadrúpede [kwaˈdrupedʒi] ◇ *adj* [animal] quadrupedal, four-footed. ◇ *mf* [animal] quadruped.

quadruplicar [kwadrupliˈka(x)] ◇ *vt* to quadruple. ◇ *vi* to quadruple.

quádruplo, pla [ˈkwadruplu, pla] ◇ *adj* quadruple. ◇ *m, f* [quadrigêmeo] quad, quadruplet.

◆ **quádruplo** *m* quadruple.

quaisquer ▻ **qualquer**.

qual [kwaw] (*pl* **quais**) ◇ *adj* which; ~ **perfume você prefere?** which perfume do you prefer?; **não sei** ~ **caminho devo seguir** I don't know which road I should follow. ◇ *conj fml* [como] like; **(tal)** ~ exactly like. ◇ *interj* what!; ~**!** [exprimindo espanto] what!; [exprimindo negação] no; ~ **nada!**, ~ **o quê!** yeah right! ◇ *pron* **-1.** [em interrogativa] what; ~ **é o seu nome?** what's your name?; ~ **a cor dos seus cabelos?** what is the colour of your hair?; **quais são suas intenções?** what are your intentions? **-2.** [especificando] which (one); **perguntei** ~ **seria a melhor opção** I asked which (one) would be the better option; **o/a** ~ [suj: pessoa] who; [complemento: pessoa] whom; [suj, complemento: coisa] which; **ela teve três filhos, o mais velho dos quais tornou-se médico** she had three sons, the eldest of whom became a doctor; **este é o livro sobre o** ~ **lhe escrevi** this is the book (which/that) I wrote to you about; **cada** ~ each and every one; ~ **deles ...?** which one (of them) ...?

qualidade [kwaliˈdadʒi] *f* **-1.** [ger] quality; ~ **de vida** quality of life; **de** ~ good quality. **-2.** [tipo] grade. **-3.** *pej* [baixo nível] ilk. **-4.** [condição]: **na** ~ **de** in the capacity of.

qualificação [kwalifikaˈsãw] (*pl* **-ões**) *f* [avaliação] classification.

◆ **qualificações** *fpl* [formação, preparo] qualifications.

qualificado, da [kwalifiˈkadu, da] *adj* **-1.** [preparado] qualified. **-2.** *JUR* [caracterizado] aggravated.

qualificar [kwalifiˈka(x)] *vt* **-1.** [classificar] to qualify. **-2.** [avaliar] to describe.

◆ **qualificar-se** *vp* [classificar-se] to qualify.

qualquer [kwawˈkɛ(x)] (*pl* **quaisquer**) ◇ *adj* **-1.** [algum]: **traga uma bebida** ~ bring me any old drink; **comprei um jornal** ~ I bought any old newspaper; **havia** ~ **coisa de errado** there was something wrong; **num ponto** ~ **da Sibéria** somewhere or other in Siberia; ~ **dia venha me visitar** come and see me some day; **a** ~ **momento** any minute now; **um outro** ~ [coisa] any other one; [pessoa] some; **ser** ~ **coisa** [ser ótimo, extraordinário] to be something else. **-2.** *(antes de subst)* [todo] any; **ele enfrenta quaisquer perigos** he braves all dangers; ~ **pessoa sabe fazer arroz** anybody can cook rice; ~ **que seja** whatever; ~ **um** anybody; **todo e** ~ each and every; **de** ~ **maneira** *OU* **jeito** [seja como for] somehow or other; [a todo custo] come what may. **-3.** *pej* [ordinário, sem importância]: **ele se contenta com**

~ **coisa** he's happy with any old thing; **de ~ maneira** *ou* **jeito** [sem cuidado] any (old) how. <> *pron* **-1.** [algum]: ~ **(de)** any (of); **como não posso ter todas, terei de escolher** ~ as I can't have them all, I'll have to chose any one; **prove quaisquer destas balas** try any one of these sweets; **um** ~ *pej* [pessoa] a nobody. **-2.** [todo - coisa]: ~ **(de)** any (of); ~ **destas substâncias é perigosa** any of these substances is dangerous; [- pessoa] anyone; ~ **de nós faria o mesmo** anyone of us would do the same.

quando ['kwãndu] <> *adv* when. <> *conj* when; [ao passo que] while; **de** ~ **em** ~ from time to time; **de vez em** ~ from time to time; **desde** ~ how long; ~ **mais não seja** at least, if only; ~ **muito** at (the) most; ~ **quer que** whenever.

quanta ▻ **quanto**.

quantia [kwãn'tʃia] *f* sum.

quantidade [kwãntʃi'dadʒi] *f* **-1.** [medida] amount. **-2.** [número] number. **-3.** [abundância]: **uma** ~ **de** a number of; **em** ~ in large quantity.

quantitativo, va [kwãntʃita'tʃivu, va] *adj* quantitative.

quanto, ta ['kwãntu, ta] <> *adj* **-1.** *(interrogativo)* how; **quantas maçãs você quer?** how many apples do you want?; **há** ~ **tempo você está esperando?** how long have you been waiting? **-2.** *(exclamativo)* how; **quantos livros!** how many books!, so many books!; **quanta gente!** how many people!, so many people! <> *pron* **-1.** *(interrogativo)* how; **quantos fugiram?** how many got away? **-2.** *(exclamativo)* how; **quantos não morrem antes de chegar à idade adulta!** how many died before reaching adulthood! **-3.** *(relativo)*: **tantos ... quantos ...** as many ... as ...; **faça tantas alterações quantas forem necessárias** make as many changes as necessary; **gosto de tudo** ~ **é verdura** I like all green vegetables; **tudo** ~ **é tipo de penteado** all kinds of hairstyles.

◆ **quanto** <> *pron (interrogativo)* [quantia, preço] how; ~ **custa este casaco?** how much does this coat cost?; **a** ~ **está o dólar?** how much is the dollar?; [quantidade]: ~ **de maionese devo acrescentar?** how much mayonnaise should I add?; ~ **de combustível ainda temos?** how much fuel do we still have? <> *adv* [indicando intensidade, proporção] much; **esforcei-me o** ~ **pude** I tried as much/hard as I could; **sei o** ~ **você me ama** I know how much you love me; **um tanto** ~ [meio] somewhat; **tanto** ~ as much as; **tanto um quanto o outro são incompetentes** [ambos] both are equally incompetent; **tão ...** ~ **...** as ... as ...; ~ **mais tem, mais quer** the more he has, the more he wants; ~ **mais rápido, melhor** the faster, the better; ~ **mais** [especialmente] especially; [muito menos] especially not.

◆ **quanto a** *loc prep* [com relação] as for, as far as; ~ **a mim** as for me, as far as I'm concerned.

◆ **quanto antes** *loc adv*: **o** ~ **antes** as soon as possible.

◆ **quantos** *pron pl fam*: **um certo Carlos não sei dos quantos** a certain Carlos something or other.

◆ **quantas** *pron pl fam*: **a quantas** [em que situação] at what stage; **não sei a quantas anda esse processo** I don't know what stage the trial is at.

quão [kwãw] *adv* how.

quarenta [kwa'rẽnta] *num* forty; *veja também* **sessenta**.

quarentena [kwarẽn'tena] *f* quarantine.

quaresma [kwa'rɛʒma] *f* **-1.** *RELIG* Lent. **-2.** [flor] glory bush.

quarta ['kwaxta] *f* [quarta-feira] Wednesday; *veja também* **sábado**.

quarta-feira [ˌkwaxta'fejra] *(pl* **quartas-feiras***)* *f* Wednesday; ~ **de cinzas** Ash Wednesday; *veja também* **sábado**.

quarteirão [kwaxtej'rãw] *(pl* **-ões***)* *m* block.

quartel [kwax'tɛw] *(pl* **-éis***)* *m MIL* barracks *(pl)*.

quartel-general [kwaxˌtɛwʒene'raw] *(pl* **quartéis-generais***)* *m* general headquarters *(pl)*.

quarteto [kwax'tetu] *m MÚS* quartet; ~ **de cordas** string quartet.

quarto, ta ['kwaxtu, ta] *num* fourth; **a quarta parte** a quarter; *veja também* **sexto**.

◆ **quarto** *m* **-1.** [a quarta parte] quarter. **-2.** [aposento] bedroom; ~ **de casal** double room; ~ **de banho** bathroom. **-3.** *MIL* [plantão] watch. **-4.** [de boi] haunch. **-5.** *ASTRON* [da lua]: ~ **crescente/minguante** first/last quarter.

quarto-e-sala [ˌkwaxtwi'sala] *(pl* **quarto-e-salas***)* *m* studio apartment.

quartzo ['kwaxtsu] *m* quartz.

quase ['kwazi] *adv* **-1.** [ger] nearly; **tropecei e** ~ **caí** I tripped and almost fell. **-2.** [pouco mais, ou menos] almost, nearly; **ela tem** ~ **dez anos** she is almost *ou* nearly ten years old; ~ **não trabalhei hoje** I hardly worked today; ~ **nada/tudo** almost nothing/everything; ~ **nunca** almost never, hardly ever; ~ **sempre** nearly always.

quatro ['kwatru] *num* four; **de** ~ on all fours; **estar de** ~ **por alguém** [apaixonado] to be head over heels over sb; *veja também* **seis**.

quatrocentos, tas [ˌkwatru'sẽntuʃ, taʃ] *num* four hundred; *veja também* **seis**.

que [ki] <> *adj inv* **-1.** [em interrogativas] what, which; ~ **livros você quer?** which books do you want?; ~ **dia é hoje?** what day is it today?; ~ **horas são?** what time is it? **-2.** [em exclamações]: **mas ~ belo dia!** what a beautiful day!; ~ **fome!** I'm starving!; ~ **maravilha!** how wonderful! ◇ *pron* **-1.** [em interrogativas] what; ~ **é isso?** what's that?; **o ~ você quer?** what do you want?; **o ~ você vai comer?** what are you going to eat? **-2.** [uso relativo: sujeito-pessoa] who; **o homem ~ está correndo** the man who's running; [-coisa] which, that; **a guerra ~ começou em 1939** the war that started in 1939. **-3.** [uso relativo: complemento-pessoa] whom, that; **o homem ~ conheci** the man (whom) I met; [-coisa] which, that; **o bolo ~ comi era ótimo** the cake (that) I ate was great. ◇ *conj* **-1.** [com complemento direto] that; **ele disse-me ~ ia de férias** he told me (that) he was going on holiday. **-2.** [em comparações]: **(do) ~** than; **é mais caro (do) ~ o outro** it's more expensive than the other. **-3.** [exprime causa]: **leva o guarda-chuva ~ está chovendo** take an umbrella because it's raining; **vai depressa ~ você está atrasado** you'd better hurry because you're late. **-4.** [exprime conseqüência] that; **pediu-me tanto ~ acabei por lhe dar** he asked me for it so much that I ended up giving it to him. **-5.** [exprime tempo]: **há horas ~ estou à espera** I've been waiting for hours; **há muito ~ não vou lá** I haven't been there for ages. **-6.** [indica desejo] that; **espero ~ você se divirta** I hope (that) you have fun; **quero ~ você o faça** I want you to do it; ~ **você seja feliz!** may you be happy! **-7.** [em locuções]: ~ **nem** like; **ele chorou ~ nem um bebê** he cried like a baby; **ele é feio ~ nem o irmão** he's as ugly as his brother.

> Em exclamações referentes a um substantivo, acompanhado ou não de adjetivo, usa-se *what* (*what nice friends you've got!* que amigos simpáticos você tem!). Quando o substantivo for contável em inglês, no singular coloca-se ***a/an*** após ***what*** (***what a great dress!; what a hero!***). Se for incontável, não precisa de artigo (***what awful luck*** que falta de sorte).
>
> Por outro lado, se a ênfase é dada a um adjetivo ou a um advérbio, usa-se *how* (*how silly you can be sometimes; how suddenly it all happened!*).

quê ['ke] ◇ *m* [algo]: **um ~** something; **um ~ de** [toque] a touch of; [sabor] slightly; **um não sei ~** a je ne sais quoi; **sem ~ nem por ~** [sem motivo] without rhyme or reason. ◇ *interj* [exprimindo espanto] what! ◇ *pron* ▷ **que**.

quebra ['kɛbra] *f* **-1.** [ger] break. **-2.** [despedaçamento] breakage. **-3.** [falência] bankruptcy. **-4.** *COMPUT*: ~ **de página** page break.
◆ **de quebra** *loc adv* what's more.

quebra-cabeça [ˌkɛbraka'besa] (*pl* **quebra-cabeças**) *m* **-1.** [jogo] puzzle. **-2.** *fig* [problema] dilemma.

quebradiço, ça [kebra'dʒisu, sa] *adj* fragile.

quebrado, da [ke'bradu, da] *adj* **-1.** [vaso, vidro, braço] broken. **-2.** [enguiçado - carro, máquina] broken down; [- telefone] out of order. **-3.** [cansado] worn out. **-4.** [falido] bankrupt. **-5.** *fam* [sem dinheiro] broke.

quebra-galho [ˌkɛbra'gaʎu] (*pl* **quebra-galhos**) *m* **-1.** [pessoa] Mr Fixit. **-2.** [objeto] contrivance.

quebra-molas [ˌkɛbra'mɔlaʃ] *m inv* speed bump *ou* hump, sleeping policeman.

quebra-nozes [ˌkɛbra'nɔziʃ] *m inv* nutcracker.

quebranto [ke'brãntu] *m* **-1.** [mau- olhado] evil eye. **-2.** [abatimento] run-down state.

quebra-quebra [ˌkɛbra'kɛbra] (*pl* **quebra-quebras**) *m* riot.

quebrar [ke'bra(x)] ◇ *vt* **-1.** [ger] to break; ~ **algo ao meio** to split sthg in half. **-2.** [espancar] to beat up. **-3.** [enfraquecer] to weaken. **-4.** [interromper] to halt. **-5.** [desviar] to deflect. ◇ *vi* **-1.** [despedaçar-se] to break. **-2.** [enguiçar] to break down. **-3.** [falir] to go bankrupt. **-4.** *fam* [ficar sem dinheiro] to be broke.
◆ **quebrar-se** *vp* **-1.** [despedaçar-se] to break. **-2.** [desfazer-se] to be broken.

queda ['kɛda] *f* **-1.** [ger] fall; ~ **livre** free fall; ~ **de barreira** landslide; **em ~** falling. **-2.** [declínio] fall. **-3.** *fig* [inclinação]: **ter uma ~ para algo** to have a flair for sthg; **ter uma ~ por alguém** to have a soft spot for sb.

queda-d'água [ˌkɛda'dagwa] (*pl* **quedas-d'água**) *f* waterfall.

queijo ['kejʒu] *m* cheese; ~ **prato** (form of) processed cheese; ~ **ralado** grated cheese.

queima ['kejma] *f* **-1.** [queimada] burning fire; ~ **de fogos** fireworks display. **-2.** *COM* & *fig* [liquidação] clearance sale.

queimado, da [kej'madu, da] *adj* **-1.** [ger] burnt. **-2.** [de sol - bronzeado] tanned; [- ferido] sunburnt. **-3.** [plantas] scorched. **-4.** *fam fig* [malquisto] ruined.
◆ **queimada** *f* slash-and-burn.

queimadura [kejma'dura] *f* **-1.** [com fogo] burn. **-2.** [de sol] sunburn.

queimar [kej'ma(x)] ◇ *vt* **-1.** [ger] to burn. **-2.** [atear fogo a] to set on fire. **-3.** [abrasar, ferir - fogo, choque, sol] to burn; [- líquido] to scald. **-4.** [bronzear] to tan. **-5.** *COM* & *fig* [liquidar] to liquidate. **-6.** *fam fig* [tornar malquisto] to ruin. **-7.** *fig* [dinheiro] to blow. ◇ *vi* **-1.** [abrasar] to be burning hot. **-2.** [arder em febre] to burn (up). **-3.** [lâmpada, fusível] to blow. **-4.** *ESP* to hit the net. **-5.** [comida] to burn.
◆ **queimar-se** *vp* **-1.** [ferir-se - ger] to burn o.s.; [- com líquido fervente] to scald o.s. **-2.** [bronzear-se] to sunbathe. **-3.** *fam fig* [enfezar-se] to take offence. **-4.** *fam fig* [tornar-se malquisto] to blow it.

queima-roupa [ˌkejma'xopa] *f*: **à ~** [disparo] at point-blank range; *fig* [sem rodeios] point-blank.

queixa ['kejʃa] *f* **-1.** [reclamação] complaint. **-2.** [lamento] grievance.

queixar-se [kej'ʃaxsi] *vp* **-1.** [reclamar]: **~-se (de algo/alguém)** to complain (about sthg/sb). **-2.** [lamentar-se] to moan.

queixo ['kejʃu] *m* chin; **estava com tanto frio que chegava a bater o ~** [de frio] I was so cold my teeth started chattering; **ele ficou de ~ caído** [ficar admirado] his jaw dropped in amazement.

queixoso, osa [kej'ʃozu, ɔza] *adj* **-1.** [agravado] querulous. **-2.** [magoado] aggrieved.

quem ['kẽj] *pron* [interrogativo: sujeito] who; [interrogativo: complemento] who, whom; [indefinido] whoever; **~ diria!** who would have thought it!; **~ é?** [na porta] who's there?; **~ fala?** [no telefone] who's calling?, who's speaking?; **~ me dera ser rico!** if only I were rich!; **~ quer que** whoever; **seja ~ for** no matter who it is, whoever it is.

> Na linguagem formal, emprega-se *whom* no lugar de *who* quando este funcionar como objeto da oração (*whom did you see?* quem você viu?), mas nunca quando for sujeito (*who saw you?* quem o viu?).
>
> Ver também whom no lado Inglês-Português do dicionário.

quente ['kẽntʃi] <> *adj* **-1.** [ger] hot. **-2.** [roupa] warm. **-3.** [animado] vibrant. **-4.** *gír jornalismo* [notícia] reliable. <> *m* [moda]: **o ~ agora é usar cabelo comprido** the in thing now is to wear one's hair long.

quentinha [kẽn'tʃiɲa] *f* **-1.** [embalagem] *insulated carton for food*. **-2.** [refeição] snack.

quentura [kẽn'tura] *f* warmth.

quer [kɛ(x)] <> *conj*: **~ ..., ~ ...** whether ... or ...; **~ você queira, ~ não** whether you want to or not. <> *v* ⊳ **querer**.

◆ **onde quer que** *loc pron* wherever.

◆ **o que quer que** *loc pron* whatever.

◆ **quem quer que** *loc pron* whoever.

querela [ke'rɛla] *f* **-1.** [contenda] quarrel. **-2.** *JUR* charge.

querer [ke're(x)] <> *m* **-1.** [vontade] wanting. **-2.** [amor] love. <> *vt* **-1.** [ger] to want; **como queira/quiser** as you wish; **como quem não quer nada** casually; **não ~ nada com** to want nothing to do with; **~ dizer** to mean; **quer dizer** [em outras palavras] that is to say. **-2.** [cobrar]: **quero dois mil pelo carro** I want two thousand for the car. **-3.** [ter afeição por] to love. **-4.** [conseguir]: **não ~ fazer algo** not to want to do sthg. <> *vi* **-1.** [desejar, ter vontade]: **não vou porque não quero** I am not going because I don't want to; **por ~** on purpose; **sem ~** unintentionally. **-2.** [amar] to love; **~ bem a alguém** to care about sb; **~ mal a alguém** to wish sb ill.

◆ **querer-se** *vp* [amar-se] to love one another.

querido, da [ke'ridu, da] <> *adj* **-1.** [caro] dear; **ele é muito ~ na cidade** he is much liked in town. **-2.** [em carta]: **Querido ...** Dear ... <> *m, f* **-1.** [preferido] favourite *UK*, favorite *US*. **-2.** [como forma de tratamento] darling.

querosene [kero'zeni] *m* kerosene.

questão [keʃ'tãw] (*pl* **-ões**) *f* **-1.** [ger] question; **~ de honra** question of honour; **~ de tempo** question of time; **em ~** in question; **fazer ~ (de algo)** *fig* [insistir em] to insist (on sthg). **-2.** *JUR* case.

questionar [keʃtʃjo'na(x)] *vt* **-1.** [debater] to dispute. **-2.** [fazer perguntas] to question.

questionário [keʃtʃjo'narju] *m* questionnaire.

questionável [keʃtʃjo'navew] (*pl* **-eis**) *adj* questionable.

questões [keʃ'tõjʃ] *pl* ⊳ **questão**.

qui. (*abrev de* **quinta-feira**) *f* Thur.

quiabo ['kjabu] *m* okra.

quicar [ki'ka(x)] <> *vt* [bola] to bounce. <> *vi* [bola] to bounce.

quíchua ['kiʃwa] <> *adj* Quechuan. <> *m, f* Quechuan.

◆ **quíchua** *m* [língua] Quechuan.

quieto, ta ['kjɛtu, ta] *adj* **-1.** [em silêncio] quiet. **-2.** [tranqüilo] calm. **-3.** [imóvel] still.

quietude [kje'tudʒi] *f* tranquillity.

quilate [ki'latʃi] *m* **-1.** [de ouro] carat. **-2.** *fig* [excelência] calibre *UK*, caliber *US*.

quilha ['kiʎa] *f* keel.

quilo ['kilu] *m* kilo; **a ~** by the kilo.

quilobyte [kilo'bajtʃi] *m COMPUT* kilobyte.

quilometragem [kilome'traʒẽ] (*pl* **-ns**) *f* **-1.** [distância percorrida] distance in kilometres *UK* *OU* kilometers *US*, ≃ mileage. **-2.** [distância entre dois pontos] distance in kilometres *UK* *OU* kilometers *US*.

quilométrico, ca [kilo'mɛtriku, ka] *adj fig* [longo] mile *(antes de subst)*.

quilômetro [ki'lometru] *m* kilometre *UK*, kilometer *US*.

quimera [ki'mɛra] *f* [fantasia, ilusão] chimera.

químico, ca ['kimiku, ka] <> *adj* chemical. <> *m, f* [profissional] chemist.

◆ **química** *f* **-1.** [ger] chemistry. **-2.** [substância] chemical. **-3.** *fig* [segredo] secret.

quina ['kina] *f* **-1.** [canto] corner; **de ~** side on. **-2.** [de jogo] jackpot.

quindim [kĩn'dʒĩ] (*pl* **-ns**) *m* *sweet made of egg, sugar and coconut*.

quinhão [ki'ɲãw] (*pl* **-ões**) *m* share.

quinhentos, tas [ki'ɲẽntuʃ, taʃ] *num* five hundred; **ser outros ~** to be a different kettle of fish; *veja também* **seis**.

quinhões [ki'ɲõjʃ] *pl* ▷ **quinhão**.
quinina [ki'nina] *f* quinine.
qüinquagésimo, ma [kwiŋkwa'ʒɛzimu, ma] *num* fiftieth; *veja também* **sexto**.
quinquilharia [kĩŋkiʎa'ria] *f* **-1.** [bugiganga] junk. **-2.** [ninharia] trinket.
quinta ['kĩnta] *f* **-1.** [quinta-feira] Thursday. **-2.** [sítio] estate; *veja também* **sábado**.
quinta-feira [ˌkĩnta'fejra] (*pl* **quintas-feiras**) *f* Thursday; *veja também* **sábado**.
quintal [kĩn'taw] (*pl* **-ais**) *m* [de casa] backyard.
quinteto [kĩn'tetu] *m MÚS* quintet.
quinto, ta ['kĩntu, ta] *num* fifth; *veja também* **sexto**.
quíntuplo, pla ['kĩntuplu, pla] *adj* quintuple. ◆ **quíntuplo** *m* quintuple.
quinze ['kĩnzi] *num* fifteen; *veja também* **seis**.
quinzena [kĩn'zena] *f* **-1.** [tempo] fortnight. **-2.** [salário] fortnight's wages.
quinzenal [kĩnze'naw] (*pl* **-ais**) *adj* fortnightly.
quiosque ['kjɔʃki] *m* **-1.** [de jardim] gazebo. **-2.** [banca] kiosk.
qüiprocó [kwipro'kɔ] *m* [confusão] mix-up.
quiromante [kiro'mãntʃi] *mf* palm reader.
quisto ['kiʃtu] *m* cyst.
quitanda [ki'tãnda] *f* grocer's shop *UK*, grocery store *US*.
quitandeiro, ra [kitãn'dejru, ra] *m, f* greengrocer.
quitar [ki'ta(x)] *vt* **-1.** [pagar] to settle. **-2.** [perdoar] to cancel. **-3.** [devedor] to release.
quite ['kitʃi] *adj* **-1.** [com credor]: **estar/ficar ~ (com alguém)** to be quits (with sb). **-2.** [igualado] even.
Quito ['kitu] *n* Quito.
quitute [ki'tutʃi] *m* titbit *UK*, tidbit *US*.
quociente [kwo'sjẽntʃi] *m MAT* quotient; **~ de inteligência** intelligence quotient, IQ.

R

r, R ['ɛxi] *m* [letra] r, R.
rã ['xã] *f* frog.
rabada [xa'bada] *f CULIN* oxtail stew.
rabanada [xaba'nada] *f* **-1.** *CULIN* French toast. **-2.** [golpe com rabo] whack with the tail.
rabanete [xaba'netʃi] *m* radish.
rabecão [xabe'kãw] (*pl* **-ões**) *m* [carro fúnebre] hearse.
rabino, na [xa'binu, na] *m* rabbi.
rabiscar [xabiʃ'ka(x)] ◇ *vt* **-1.** [encher com rabiscos] to scribble over. **-2.** [riscos] to scribble. **-3.** [escrever às pressas] to scrawl. **-4.** [desenhar] to sketch. ◇ *vi* [fazer rabiscos] to doodle.
rabisco [xa'biʃku] *m* **-1.** [risco] scribble. **-2.** [esboço] sketch.
rabo ['xabu] *m* **-1.** [cauda] tail; **~ de foguete** *fig* can of worms; **com o ~ do olho** out of the corner of one's eye; **meter o ~ entre as pernas** *fig* to be left with one's tail between one's legs. **-2.** *vulg* [nádegas] bum.
rabo-de-cavalo [ˌxabudʒika'valu] (*pl* **rabos-de-cavalo**) *m* ponytail.
rabugento, ta [xabu'ʒẽntu, ta] *adj* grumpy.
raça ['xasa] *f* **-1.** [etnia] race. **-2.** [estirpe] lineage. **-3.** *pej* [laia] breed; **acabar com a ~ de alguém** [matar] to do away with sb. **-4.** *fig* [coragem, determinação] guts; **(no peito e) na ~** by sheer guts. **-5.** [de animal] breed; **cão/cavalo de ~** pedigree dog/thoroughbred horse.
racha ['xaʃa] *m* **-1.** *fam* [discórdia] split. **-2.** [em parede etc.] crack.
rachadura [xaʃa'dura] *f* crack.
rachar [xa'ʃa(x)] ◇ *vt* **-1.** [fender] to crack; **frio de ~** bitterly cold; **ou vai ou racha** do or die. **-2.** [dividir]: **~ algo (com alguém)** to split sthg (with sb). **-3.** *fig* [dividir] to split. **-4.** [cortar] to split. ◇ *vi* [fender-se] to crack.
racial [xa'sjaw] (*pl* **-ais**) *adj* racial.
raciocinar [xasjosi'na(x)] *vi* to reason.
raciocínio [xasjo'sinju] *m* reasoning.
racional [xasjo'naw] (*pl* **-ais**) *adj* rational.
racionalizar [xasjonali'za(x)] *vt* to rationalize.
racionamento [xasjona'mẽntu] *m* rationing.
racionar [xasjo'na(x)] *vt* to ration.
racismo [xa'siʒmu] *m* racism.
racista [xa'siʃta] ◇ *adj* racist. ◇ *mf* racist.
rack [xɛk] *m* rack.
radar [xa'da(x)] (*pl* **-es**) *m* radar.
radiação [xadʒja'sãw] (*pl* **-ões**) *f* radiation.
radiador [xadʒja'do(x)] (*pl* **-es**) *m AUTO* radiator.
radiante [xa'dʒjãntʃi] *adj* **-1.** [objeto] radiant. **-2.** [de alegria] ecstatic.
radical [xadʒi'kaw] (*pl* **-ais**) ◇ *adj* radical. ◇ *mf* **-1.** [ger] root. **-2.** *POL* & *QUÍM* radical; **~ livre** free radical.
radicalismo [xadʒika'liʒmu] *m* radicalism.
radicar-se [xadʒi'kaxsi] *vp* to settle.
rádio ['xadʒju] ◇ *m* **-1.** [aparelho] radio. **-2.** *QUÍM* radium. **-3.** *ANAT* [osso] radius. ◇ *f* [emissora] radio station.
radioamador, ra [xadʒjwama'do(x), da] *m, f* radio ham.
radioatividade [xadʒwatʃivi'dadʒi] *f* radioactivity.
radioativo, va [ˌxadʒwa'tʃivu, va] *adj* radioactive.
radiodifusão [xadʒodʒifu'zãw] *f* broadcasting.
radiografar [xadʒogra'fa(x)] ◇ *vt* **-1.** *MED* to

X-ray. **-2.** [notícia] to radio. <> *vi* [fazer contato] to radio.
radiografia [ˌxadʒjogra'fia] *f* **-1.** *MED* X-ray. **-2.** *fig* [análise] in-depth analysis.
radiograma [xadʒjo'grãma] *m* cablegram.
radiogravador [xadʒjugrava'do(x)] *m* radio-cassette player.
radiojornal [xadʒjuʒox'naw] (*pl* **-ais**) *m* radio news *(sg)*.
radiologia [xadʒjolo'ʒia] *f* radiology.
radionovela [xadʒjuno'vɛla] *f* radio soap.
radiopatrulha [xadʒjupa'truʎa] *f* **-1.** [serviço] radio patrol. **-2.** [viatura] patrol car.
radiotáxi [ˌxadʒjo'taksi] *m* radio cab.
radioterapia [xadʒjotera'pia] *f* radiotherapy.
raia ['xaja] *f* **-1.** [linha] line. **-2.** [limite] boundary; **às ~s de algo** to the limits of sthg. **-3.** [pista - de piscina] (lane) marker. **-4.** [peixe] ray. **-5.** *loc*: **fugir da ~** to cut and run.
raiado, da [xa'jadu, da] *adj* **-1.** [pista] marked. **-2.** [cano] rifled. **-3.** [piscina] divided into lanes. **-4.** [bandeira] striped.
raiar [xa'ja(x)] <> *vi* **-1.** [brilhar] to shine. **-2.** [despontar] to dawn. <> *vt* [com raias - pista] to mark; [- cano] to rifle; [- piscina] to lane off; [- pintar] to mark with stripes.
rainha [xa'iɲa] *f* queen.
raio ['xaju] *m* **-1.** [ger] ray; **~ laser** laser beam; **~ X** X-ray. **-2.** [de luz] beam. **-3.** *METEOR* bolt of lightening. **-4.** *fam* [como ênfase]: **perdi o ~ da carteira** I lost my blasted wallet. **-5.** *GEOM* radius. **-6.**: **~ de ação** [alcance] range; *fig* [área de atuação] range.
raiva ['xajva] *f* **-1.** [fúria] rage; **com ~ (de)** angry (at); **ter/tomar ~ de** to hate. **-2.** [doença] rabies *(sg)*.
raivoso, osa [xaj'vozu, ɔza] *adj* **-1.** [furioso] furious. **-2.** [doente] rabid.
raiz [xa'iʃ] (*pl* **raízes**) *f* **-1.** [ger] root; **cortar o mal pela ~** *fig* to root it out; **~ quadrada** square root. **-2.** [origem] roots *(pl)*.
rajada [xa'ʒada] *f* **-1.** [de vento] gust. **-2.** [de tiros] volley.
ralado, da [xa'ladu, da] *adj* **-1.** [moído] grated. **-2.** [esfolado] grazed.
ralador [xala'do(x)] (*pl* **-es**) *m* grater.
ralar [xa'la(x)] *vt* **-1.** [com ralador] to grate. **-2.** [esfolar] to graze.
ralé [xa'lɛ] *f* [escória] riff-raff.
ralhar [xa'ʎa(x)] *vi*: **~ (com alguém)** to tell (sb) off.
rali [xa'li] *m* rally.
ralo, la ['xalu, la] *adj* **-1.** [cabelo, café, sopa] thin. **-2.** [vegetação] sparse.
◆ **ralo** *m* drainpipe.
Ram. (*abrev de* **ramal**) *m* ext.
RAM (*abrev de* **Random Access Memory**) *f* RAM.
rama ['xãma] *f* foliage; **pela ~** *fig* [superficialmente] superficially.
ramagem [xa'maʒẽ] *f BOT* branches *(pl)*.
ramal [xa'maw] (*pl* **-ais**) *m* **-1.** [de telefone] extension. **-2.** *FERRO* branch line. **-3.** [rodoviário] branch road.
ramalhete [xama'ʎetʃi] *m* [buquê] bunch.
ramificação [xamifika'sãw] (*pl* **-ões**) *f* [subdivisão] branch.
ramificar-se [xamifi'kaxsi] *vp* **-1.** [subdividir-se] to be subdivided. **-2.** [espalhar-se] to branch out.
ramo ['xãmu] *m* **-1.** [ger] branch. **-2.** [de flores] bouquet. **-3.** [área] field.
rampa ['xãnpa] *f* ramp.
ranço ['xãnsu] *m* **-1.** [sabor] rancid taste. **-2.** [cheiro] rank smell. **-3.** *fig* [atraso] age-old habit.
rancor [xãŋ'ko(x)] *m* **-1.** [ressentimento] resentment. **-2.** [ódio] hatred.
rancoroso, osa [xãŋko'rozu, ɔza] *adj* resentful.
rançoso, osa [xãn'sozu, ɔza] *adj* rancid.
ranger [xãn'ʒe(x)] <> *m* [ruído - de porta] creaking; [- de dentes] grinding. <> *vt* [os dentes] to grind. <> *vi* to creak.
Rangun [xãŋ'gũ] *n* Rangoon.
ranhura [xã'ɲura] *f* **-1.** [entalhe] groove. **-2.** [canaleta] keyway. **-3.** [para moeda] slot.
ranzinza [xãn'zĩnza] *adj* bolshy.
rapadura [xapa'dura] *f* raw cane sugar.
rapar [xa'pa(x)] <> *vt* **-1.** [pelar] to shave. **-2.** *fam* [roubar] to nick. <> *vi fam* [ir embora] to scarper.
rapaz [xa'paʒ] (*pl* **-es**) *m* **-1.** [jovem] boy. **-2.** *fam* [cara] man.
rapé [xa'pɛ] *m* snuff.
rapidez [xapi'deʃ] *f* speed.
rápido, da ['xapidu, da] *adj* **-1.** [veloz] fast, quick. **-2.** [breve] brief.
◆ **rápido** *adv* [ligeiro] quickly.
rapina [xa'pina] *f* violent robbery.
raposa [xa'poza] *f* **-1.** *ZOOL* vixen (*f* vixen). **-2.** *fig* [pessoa astuta] sly old fox.
raptar [xap'ta(x)] *vt* to kidnap.
rapto ['xaptu] *m* kidnapping.
raptor, ra [xap'to(x), ra] *m, f* kidnapper.
raquete [xa'kɛtʃi] *f* **-1.** [de tênis, squash] racket. **-2.** [de pingue-pongue] bat.
raquítico, ca [xa'kitʃiku, ka] *adj* **-1.** *MED* rachitic. **-2.** [magro] scrawny. **-3.** [escasso] sparse.
raquitismo [xaki'tʃiʒmu] *m MED* rickets *(sg or pl)*.
raramente [ˌxara'mẽntʃi] *adv* rarely, seldom.
rarear [xa'rja(x)] *vi* **-1.** [tornar-se raro] to become scarce. **-2.** [cabelos] to thin. **-3.** [vegetação, população] to thin out.
rarefeito, ta [xare'fejtu, ta] *adj* **-1.** [pouco denso] rarefied. **-2.** [disperso] dispersed.

raro, ra ['xaru, ra] *adj* rare.
rasante [xa'zãntʃi] ◇ *adj* low-flying. ◇ *adv*: **o avião passou ~** the plane flew low.
rascunho [xaʃ'kuɲu] *m* draft.
rasgado, da [xaʒ'gadu, da] *adj* **-1.** [tecido, papel] torn. **-2.** *fig* [elogio, gesto] generous. **-3.** *fig* [ritmo, dança] flourishing.
rasgão [xaʒ'gãw] (*pl* **-ões**) *m* tear.
rasgar [xaʒ'ga(x)] ◇ *vt* **-1.** [romper] to tear. **-2.** *fig* [elogios] to heap. ◇ *vi* [romper-se] to tear.
◆ **rasgar-se** *vp* **-1.** [romper-se] to be torn. **-2.** [pessoa] to be consumed.
rasgo ['xaʒgu] *m* **-1.** [rasgão] tear. **-2.** [traço] line. **-3.** *fig* [ação, ímpeto] burst.
rasgões [xaʒ'gõjʃ] *pl* ▷ **rasgão.**
raso, sa ['xazu, za] *adj* **-1.** [pouco fundo] shallow. **-2.** [colher etc.] level. **-3.** [liso] even. **-4.** [rente] close-cropped. **-5.** [sapato] flat. **-6.** [soldado] private.
◆ **raso** *m* shallow end.
raspa ['xaʃpa] *f* **-1.** [lasca] shavings *(pl)*. **-2.** [de panela] scrapings *(pl)*.
raspão [xaʃ'pãw] (*pl* **-ões**) *m* scratch; **o tiro pegou de ~ no braço** the shot grazed his arm.
raspar [xaʃ'pa(x)] ◇ *vt* **-1.** [alisar] to smooth down. **-2.** [pêlos] to shave. **-3.** [limpar] to scrape. **-4.** [arranhar] to scratch. **-5.** [de raspão] to graze. ◇ *vi* [de raspão]: **~ em** to strike a glancing blow at.
raspões [xaʃ'põjʃ] *pl* ▷ **raspão.**
rasteiro, ra [xaʃ'tejru, ra] *adj* **-1.** [vegetação] low-lying. **-2.** [vôo] low. **-3.** [que se arrasta] crawling. **-4.** *fig* [superficial] superficial.
◆ **rasteira** *f* trip; **dar uma ~ em alguém** [com pernada] to trip sb up; *fig* [trair] to double-cross sb.
rastejante [xaʃte'ʒãntʃi] *adj* **-1.** [que se arrasta - animal] crawling; [- planta] creeping. **-2.** *fig* [submisso] crawling.
rastejar [xaʃte'ʒa(x)] ◇ *vi* **-1.** [arrastar-se - planta] to creep; [- animal] to crawl; [- cobra] to slide. **-2.** [andar de rastos] to crawl. **-3.** *fig* [rebaixar-se] to grovel. ◇ *vt* [rastrear] to track.
rasto ['xaʃtu] *m* **-1.** [pegada] track. **-2.** [de veículo] trail. **-3.** *fig* [vestígios] tracks *(pl)*.
rastrear [xaʃ'trja(x)] ◇ *vt* **-1.** [seguir o rasto de] to track. **-2.** [investigar] to search for. ◇ *vi* [seguir o rasto] to track.
rastro ['xaʃtru] *m* = **rasto.**
rasura [xa'zura] *f* crossing out.
ratazana [xata'zãna] *f* Norway rat.
ratear [xa'tʃja(x)] ◇ *vt* [dividir] to share out. ◇ *vi* [motor] to stall.
ratificar [xatʃifi'ka(x)] *vt* **-1.** [confirmar] to ratify. **-2.** [comprovar] to confirm.
rato, ta ['xatu, ta] *m, f* rat; **~ de praia** *fig* thief *(on the beach)*.
ratoeira [xa'twejra] *f* **-1.** [para ratos] mousetrap. **-2.** *fig* [armadilha] trap.
ravina [xa'vina] *f* ravine.
ravióli [xa'vjɔli] *m* ravioli.
razão [xa'zãw] (*pl* **-ões**) ◇ *f* **-1.** [faculdade] reason; **~ de ser** raison d'être; **de viver** reason for living; **em ~ de** on account of. **-2.** [bom senso] (common) sense. **-3.** [justiça]: **dar ~ a alguém** to side with sb; **estar coberto de ~** to be absolutely right; **ter/não ter ~ (de)** to be right/wrong (to); **com ~** with good reason; **sem ~** for no reason. **-4.** [*MAT* - proporção] ratio; [- quociente, fração] quotient; **à ~ de** at the rate of. **-5.** *FIN* account. ◇ *m COM* ledger.
razoável [xa'zwavew] (*pl* **-eis**) *adj* **-1.** [ger] reasonable. **-2.** [significativo] significant.
ré ['xɛ] *f AUTO* reverse; **dar uma ~, dar marcha à ~** to reverse, to back up; ▷ **réu.**
reabastecer [xejabaʃte'se(x)] *vt* **-1.** [tanque, carro, avião] to refuel. **-2.** [despensa, cozinha] to restock. **-3.** [energias] to rebuild.
◆ **reabastecer-se** *vp*: **~-se de algo** to replenish one's supply of sthg.
reabilitação [xeabilita'sãw] (*pl* **-ões**) *f* **-1.** [ger] rehabilitation. **-2.** [da forma física] recovery.
reação [xea'sãw] (*pl* **-ões**) *f* **-1.** [ger] reaction; **~ em cadeia** chain reaction. **-2.** [recuperação] recovery.
reacionário, ria [xeasjo'narju, rja] ◇ *adj* reactionary. ◇ *m, f* [pessoa] reactionary.
readaptação [xeadapta'sãw] (*pl* **-ões**) *f* readjustment.
reafirmar [xeafix'ma(x)] *vt* to reaffirm.
reagir [xea'ʒi(x)] *vi* **-1.** [responder]: **~ (a)** to react (to). **-2.** [protestar, resistir]: **~ (a** *OU* **contra)** to resist. **-3.** [recuperar-se] to rally.
reajuste [xea'ʒuʃtʃi] *m* adjustment.
real [xe'aw] (*pl* **-ais**) ◇ *adj* **-1.** [verdadeiro] true. **-2.** [régio] royal. ◇ *m* [realidade] reality.
realçar [xeaw'sa(x)] *vt* to highlight.
realce [xe'awsi] *m* **-1.** [destaque] emphasis; **dar ~ a** to emphasize. **-2.** [brilho] highlight.
realeza [xea'leza] *f* **-1.** [dignidade de rei] royalty. **-2.** [grandeza] *fig* grandeur.
realidade [xeali'dadʒi] *f* reality; **na ~** actually.
realista [xea'liʃta] ◇ *adj* realistic. ◇ *mf* **-1.** [pessoa] realist. **-2.** [adepto] royalist.
realização [xealiza'sãw] (*pl* **-ões**) *f* **-1.** [ger] realization. **-2.** [execução - de projeto, negócios] realization; [- de congresso, espetáculo] holding; [- de reforma] enactment. **-3.** [pessoal] fulfilment *UK*, fulfillment *US*.
realizado, da [xeali'zadu, da] *adj* **-1.** [pessoa] fulfilled. **-2.** [obra] carried out. **-3.** [sonho] realized.
realizador, ra [xealiza'do(x), ra] (*mpl* **-es**, *fpl* **-s**)

◇ *adj* enterprising. ◇ *m, f* [pessoa] producer.

realizar [xeali'za(x)] *vt* **-1.** [ger] to realize. **-2.** [executar] to carry out; **ser realizado** [conferência, festa] to take place.

◆ **realizar-se** *vp* **-1.** [concretizar-se] to be realized. **-2.** [ocorrer] to be carried out. **-3.** [alcançar seu ideal] to be fulfilled.

realmente [xeaw'mẽntʃi] ◇ *adv* **-1.** [de fato] in fact. **-2.** [muito] really. ◇ *interj* [expressando indignação] really!

reanimar [xeani'ma(x)] *vt* **-1.** [fisicamente] to revive. **-2.** [moralmente] to cheer up. **-3.** *MED* to resuscitate.

◆ **reanimar-se** *vp* **-1.** [fisicamente] to come to. **-2.** [moralmente] to rally.

reapresentar [xeaprezẽn'ta(x)] *vt* to represent.

◆ **reapresentar-se** *vp* to reappear.

reatar [xea'ta(x)] *vt* **-1.** [nó] to retie. **-2.** [amizade, conversa, negócios] to resume.

reator [xea'to(x)] *m* reactor; **~ nuclear** nuclear reactor.

reavaliação [xeavalja'sãw] *f* **-1.** [ger] re-evaluation. **-2.** [de jóia] revaluation.

reaver [xea've(x)] *vt* to recover.

rebaixar [xebaj'ʃa(x)] *vt* **-1.** [teto, terreno] to lower. **-2.** [preço] to cut. **-3.** [pessoa] to discredit. **-4.** *FUT* to relegate.

◆ **rebaixar-se** *vp* [pessoa] to lower o.s.

rebanho [xe'bãɲu] *m* **-1.** [de bois, cabras] herd. **-2.** [de ovelhas] flock. **-3.** *fig* [de fiéis] flock.

rebater [xeba'te(x)] ◇ *vt* **-1.** [bola] to kick back. **-2.** [golpe] to counter. **-3.** [argumentos, acusações] to rebut. **-4.** [à máquina] to retype. ◇ *vi* [chutar] to kick back.

rebelar-se [xebe'laxsi] *vp*: **~-se (contra)** to rebel (against).

rebelde [xe'bɛwdʒi] ◇ *adj* rebellious. ◇ *mf* rebel.

rebeldia [xebew'dʒia] *f* **-1.** [qualidade] rebelliousness. **-2.** *fig* [oposição] defiance. **-3.** *fig* [obstinação] stubbornness.

rebelião [xebe'ljãw] (*pl* **-ões**) *f* [sublevação] rebellion.

rebentar [xebẽn'ta(x)] ◇ *vi* **-1.** [ger] to break. **-2.** [não se conter]: **~ de** to burst with. **-3.** [guerra] to break out. ◇ *vt* **-1.** [romper] to tear. **-2.** [vidraça, louça] to smash.

rebobinar [xebobi'na(x)] *vt* [vídeo] to rewind.

rebocar [xebo'ka(x)] *vt* **-1.** [barco, carro] to tow. **-2.** [carro mal estacionado] to tow away. **-3.** *CONSTR* to plaster.

rebolado [xebo'ladu] *m* swing of the hips.

rebolar [xebo'la(x)] ◇ *vt* [corpo, quadris] to swing. ◇ *vi* **-1.** [pessoa, corpo] to sway. **-2.** *fam fig* [empenhar-se] to fight hard.

reboque [xe'bɔki] *m* **-1.** [ger] tow. **-2.** [carro-guincho] towtruck.

rebuliço [xebu'lisu] *m* commotion.

rebuscado, da [xebuʃ'kadu, da] *adj* affected.

recado [xe'kadu] *m* message; **dar conta do ~** *fig* to deliver the goods.

recaída [xeka'ida] *f* relapse.

recalcar [xekaw'ka(x)] *vt* **-1.** [comprimir] to tread upon. **-2.** [reprimir] to repress. **-3.** *PSIC* to inhibit.

recalque [xe'kawki] *m PSIC* inhibition.

recanto [xe'kãntu] *m* nook.

recapitular [xekapitu'la(x)] *vt* **-1.** [resumir] to recap. **-2.** [relembrar] to recall.

recatado, da [xeka'tadu, da] *adj* **-1.** [pudico] modest. **-2.** [prudente] restrained.

recauchutado, da [xekawʃu'tadu, da] *adj* [pneu] remoulded *UK*, remolded *US*.

recear [xe'sja(x)] *vt* **-1.** [temer] to fear; **~ fazer algo** to be afraid to do sthg. **-2.** [preocupar-se com]: **~ que** to be worried that.

receber [xese'be(x)] ◇ *vt* **-1.** [ger] to receive. **-2.** [recepcionar] to entertain. ◇ *vi* **-1.** [ser pago] to be paid; **a ~** owing. **-2.** [recepcionar] to entertain.

recebimento [xesebi'mẽntu] *m* receipt; **acusar o ~ de** to acknowledge receipt of.

receio [xe'seju] *m* **-1.** [medo] fear. **-2.** [apreensão] concern; **ter ~ (de) que** to be afraid that.

receita [xe'sejta] *f* **-1.** [renda - pessoal] income; [- do Estado] tax revenue. **-2.** *FIN* income. **-3.** *MED*: **~ (médica)** prescription. **-4.** *CULIN* recipe. **-5.** *fig* [fórmula] way.

◆ **Receita** *f*: **a Receita (federal)** *Brazilian tax office*, ≃ Inland Revenue *UK*, ≃ Internal Revenue Service *US*.

> Não confundir *receita (recipe)* com o inglês *receipt* que em português significa *recibo*. (*Você tem um livro de receitas?* Do you have a *recipe* book?)

receitar [xesej'ta(x)] ◇ *vt* to prescribe. ◇ *vi* to issue prescriptions.

recém- [xesẽn] *prefixo* newly.

recém-casado, da [xe,sẽnka'zadu, da] ◇ *adj* newly-wed. ◇ *m, f* newly-wed; **os ~s** the newly-weds.

recém-chegado, da [xe,sẽʃe'gadu, da] ◇ *adj* recently arrived. ◇ *m, f* newcomer.

recém-nascido, da [xe,sẽna'sidu, da] ◇ *adj* newborn. ◇ *m, f* newborn child.

recenseamento [xesẽnsja'mẽntu] *m* census.

recente [xe'sẽntʃi] ◇ *adj* **-1.** [tempo] recent. **-2.** [novo] new; **este é o meu mais ~ hobby** this is my latest hobby. ◇ *adv* recently.

receoso, osa [xe'sjozu, ɔza] *adj* **-1.** [medroso] afraid. **-2.** [apreensivo] apprehensive; **estar ~ de que** to be worried that.

recepção [xesep'sãw] (*pl* **-ões**) *f* reception.

recepcionista [xesepsjo'niʃta] *mf* receptionist.

receptivo, va [xesep'tʃivu, va] *adj* receptive.

receptor [xesep'to(x)] (*pl* **-res**) *m* [aparelho] receiver.
recessão [xese'sãw] (*pl* **-ões**) *f* recession.
recesso [xe'sɛsu] *m* **-1.** [férias] recess. **-2.** [recanto] nook.
rechaçar [xeʃa'sa(x)] *vt* **-1.** [opor-se a] to reject. **-2.** [repelir] to repel. **-3.** [negar] to decline.
recheado, da [xe'ʃjadu, da] *adj* **-1.** [comida]: **~ (com** *ou* **de)** filled (with). **-2.** [repleto]: **~ de algo** stuffed with sthg.
rechear [xe'ʃja(x)] *vt* [comida] to fill.
recheio [xe'ʃeju] *m* **-1.** [de comida - de carne] stuffing; [- de bolo, pastel] filling. **-2.** *fig* [num texto] padding.
rechonchudo, da [xeʃõn'ʃudu, da] *adj* chubby.
recibo [xe'sibu] *m* receipt.
reciclagem [xesi'klaʒẽ] *f* **-1.** [de material] recycling. **-2.** [de pessoa] retraining.
reciclar [xesi'kla(x)] *vt* **-1.** [material] to recycle. **-2.** [pessoa] to retrain.
recife [xe'sifi] *m* reef.
recinto [xe'sĩntu] *m* area.
recipiente [xesi'pjẽntʃi] *m* recipient.

Não se deve confundir 'recipiente' em português com *recipient* em inglês, cujo significado é 'destinatário'. Por exemplo: *the recipient of a letter* é a pessoa a quem uma carta é endereçada.

recíproca [xe'siproka] *f* ▷ **recíproco.**
recíproco, ca [xe'siproku, ka] *adj* reciprocal.
◆ **recíproca** *f*: **a recíproca** the reverse.
récita ['xɛsita] *f* performance.
recital [xesi'taw] (*pl* **-ais**) *m* recital.
reclamação [xeklama'sãw] (*pl* **-ões**) *f* **-1.** [queixa] complaint. **-2.** JUR [petição] claim.
reclamar [xekla'ma(x)] ◇ *vt* [exigir] to demand. ◇ *vi* [protestar]: **~ (de/contra)** to complain (about/against).
reclame [xeklãmi] *m* advertisement.
reclinar [xekli'na(x)] *vt* [inclinar]: **~ algo (em** *ou* **sobre)** to rest sthg (against *ou* on).
◆ **reclinar-se** *vp* [recostar-se] to lie back.
reclinável [xekli'navew] (*pl* **-eis**) *adj* reclining.
reclusão [xeklu'zãw] *f* **-1.** [isolamento] seclusion. **-2.** [em prisão] imprisonment. **-3.** [pena] solitary confinement.
recluso, sa [xe'kluzu, za] ◇ *adj* **-1.** [isolado] reclusive. **-2.** [preso] shut up. ◇ *m, f* **-1.** [pessoa que se isola] recluse. **-2.** [prisioneiro] prisoner.
recobrar [xeko'bra(x)] *vt* to recover.
◆ **recobrar-se** *vp*: **~-se de algo** to recover from sthg.
recolher [xeko'ʎe(x)] *vt* **-1.** [ger] to collect. **-2.** [do chão] to pick up. **-3.** [juntar] to gather (together). **-4.** [pôr ao abrigo] to bring in. **-5.** [levar] to gather. **-6.** [tirar de circulação] to withdraw. **-7.** [coligir] to gather. **-8.** [encolher] to pull back.
recolhido, da [xeko'ʎidu, da] *adj* **-1.** [lugar] secluded. **-2.** [absorvido] absorbed. **-3.** [dentro de casa] housebound.
recolhimento [xekoʎi'mẽntu] *m* **-1.** [ato de levar] reception. **-2.** [arrecadação] collection. **-3.** [de circulação] withdrawal. **-4.** [coleta] gathering. **-5.** [devido a doença] confinement. **-6.** [refúgio] refuge. **-7.** [retraimento] seclusion.
recomeçar [xekome'sa(x)] ◇ *vt* to restart. ◇ *vi* to start again.
recomeço [xeko'mesu] *m* restart.
recomendar [xekomẽn'da(x)] *vt* **-1.** [ger] to recommend; **recomenda-se o uso de produtos naturais** the use of natural products is recommended. **-2.** [pedir] to ask. **-3.** [enviar cumprimentos] to send one's regards.
recomendável [xekomẽn'davɛw] (*pl* **-eis**) *adj* advisable; **é ~ que ...** it's advisable that ...
recompensa [xekõn'pẽnsa] *f* reward.
recompensar [xekõnpẽn'sa(x)] *vt* [premiar] to reward.
recompor [xekõn'po(x)] *vt* **-1.** [restabelecer] to reorganise. **-2.** [reordenar] to rearrange.
recôncavo [xe'kõŋkavu] *m* wide bay.
reconciliação [xekõnsilja'sãw] (*pl* **-ões**) *f* reconciliation.
reconciliar [xekõnsi'lja(x)] *vt* to reconcile.
◆ **reconciliar-se** *vp*: **~-se com** [pessoa] to be reconciled with; [situação] to become reconciled to.
reconhecer [xekoɲe'se(x)] *vt* **-1.** [ger] to recognize. **-2.** [mostrar-se agradecido por] [admitir] to acknowledge. **-3.** [constatar] to accept. **-4.** [autenticar] to authenticate; **~ firma num documento** to authenticate officially the signature on a document. **-5.** [explorar] to reconnoitre *UK*, to reconnoiter *US*.
reconhecimento [xekoɲesi'mẽntu] *m* **-1.** [ger] recognition. **-2.** [admissão] acknowledgement. **-3.** [autenticação] authentication. **-4.** [gratidão] gratitude. **-5.** [exploração] reconnaissance.
reconquistar [xekõŋkiʃ'ta(x)] *vt* **-1.** [território] to reconquer. **-2.** [pessoa, confiança] to regain.
reconsiderar [xekõnside'ra(x)] *vt* to reconsider.
reconstruir [xekõnʃ'trwi(x)] *vt* to rebuild, to reconstruct.
recontar [xekõn'ta(x)] *vt* to recount.
recordação [xekoxda'sãw] (*pl* **-ões**) *f* **-1.** [ato, lembrança] memory. **-2.** [objeto] souvenir.
recordar [xekox'da(x)] *vt* **-1.** [lembrar] to remember. **-2.** [por semelhança]: **~ algo/alguém a alguém** to remind sb of sthg/sb. **-3.** [recapitular] to revise.
◆ **recordar-se** *vp* [lembrar]: **~-se de alguém/algo** to remember sb/sthg; **~-se (de) que** to remember that.

Não confundir *recordar (remember)* com o inglês *record* que em português significa *anotar*. (*Eu não me recordo do meu primeiro dia na escola.* I don't *remember* my first day at school.)

recorde [xe'kɔxdʒi] <> *adj inv* record *(antes de subst)*; **em tempo ~** in record time. <> *m* record; **bater/deter um ~** to break/hold a record.
recordista [xekox'dʒiʃta] <> *adj* record-breaking. <> *mf* **-1.** [quem detém um recorde] record-holder. **-2.** [quem bate um recorde] record-breaker.
recorrer [xeko'xe(x)] *vi* **-1.**: **~ a** to resort to. **-2.** *JUR* to appeal; **~ de algo** to appeal against sthg.
recortar [xekox'ta(x)] *vt* to cut out.
recorte [xe'kɔxtʃi] *m* [de jornal etc.] cutting.
recostar [xekoʃ'ta(x)] *vt* **-1.** [encostar] to rest. **-2.** [pôr meio deitado] to recline.
◆ **recostar-se** *vp* **-1.** [encostar-se] to lean against. **-2.** [pôr-se meio deitado] to lie back.
recreação [xekrja'sãw] *f* recreation.
recreativo, va [xekrja'tʃivu, va] *adj* recreational.
recreio [xe'kreju] *m* **-1.** [entretenimento] entertainment. **-2.** *EDUC* playtime *UK*, recess *US*.
recriminar [xekrimi'na(x)] *vt* to reproach.
recrudescer [xekrude'se(x)] *vi* to intensify.
recruta [xe'kruta] *mf* recruit.
recrutamento [xekruta'mẽntu] *m* recruitment.
recrutar [xekru'ta(x)] *vt* to recruit.
recuar [xe'kwa(x)] <> *vi* **-1.** [andar para trás] to step back. **-2.** [retirar-se] to retreat. **-3.** [voltar atrás - em intenção, decisão] to back out of; [- no tempo] to go back. **-4.** [canhão] to recoil. <> *vt* [mover para trás] to move back.
recuo [xe'kuw] *m* **-1.** [afastamento]: **com o ~, evitou ser atropelada** by stepping backwards, she avoided being run over; **o ~ do móvel, deu mais espaço na sala** moving this piece of furniture back has given the room more space. **-2.** [retirada] retreat. **-3.** [reconsideração - em intenção, decisão] reassessment; [- no tempo] going back. **-4.** [de canhão] recoil. **-5.** [em rua, terreno] setting back.
recuperação [xekupera'sãw] *f* **-1.** [reaquisição] recovery. **-2.** [restabelecimento] recuperation. **-3.** [reabilitação] rehabilitation. **-4.** [indenização] compensation.
recuperar [xekupe'ra(x)] *vt* **-1.** [readquirir] to recover. **-2.** [restabelecer] to regain. **-3.** [reabilitar] to rehabilitate.
◆ **recuperar-se** *vp* [restabelecer-se] to recuperate.
recurso [xe'kuxsu] *m* **-1.** [ato]: **o ~ a algo** resorting to sthg. **-2.** [meio] recourse; **como** *OU* **em último ~** as a last resort.
◆ **recursos** *mpl* [dinheiro] means.
recusa [xe'kuza] *f*: **~ (a/de algo)** refusal (to/of sthg); **~ a** *OU* **em fazer algo** refusal to do sthg.
recusar [xeku'za(x)] *vt* **-1.** [não aceitar] to refuse. **-2.** [não conceder]: **~ algo (a alguém)** to deny (sb) sthg.
◆ **recusar-se** *vp* [negar-se a]: **~-se (a fazer algo)** to refuse (to do sthg).
redação [xeda'sãw] (*pl* **-ões**) *f* **-1.** [ato] writing. **-2.** [modo de redigir] composition. **-3.** *EDUC* essay. **-4.** [redatores] editorial staff. **-5.** [seção] editorial office.
redator, ra [xeda'to(x), ra] (*mpl* **-es**, *fpl* **-s**) *m, f* **-1.** *JORN* writer. **-2.** [de obra de referência] editor, compiler.
redator-chefe, redatora-chefe [xedatoxʃɛfi, xedatoraʃɛfi] (*mpl* **redatores-chefes**, *fpl* **redatoras-chefes**) *m, f* editor in chief.
rede ['xedʒi] *f* **-1.** [ger] network. **-2.** [para pesca, caça & *ESP*] net. **-3.** [para cabelo] hairnet. **-4.** [leito] hammock.
rédea ['xɛdʒja] *f* [correia] rein.
redemoinho [xedʒi'mwiɲu] *m* **-1.** [de água] whirpool. **-2.** [de vento] whirlwind.
redenção [xedẽn'sãw] *f* redemption.
redentor, ra [xedẽn'to(x), ra] *m, f* [pessoa] redeemer.
redigir [xedʒi'ʒi(x)] <> *vt* to write. <> *vi* to write.
redobrar [xedo'bra(x)] <> *vt* **-1.** [dobrar de novo] to fold again. **-2.** [reduplicar, intensificar] to redouble. <> *vi* to intensify.
redondamente [xe,dõnda'mẽntʃi] *adv* [totalmente]: **me enganei ~** I was utterly wrong.
redondeza [xedõn'deza] *f* [qualidade] roundness.
◆ **redondezas** *fpl* [arredores] surroundings.
redondo, da [xe'dõndu, da] *adj* **-1.** [circular] round. **-2.** [rechonchudo] plump.
redor [xe'dɔ(x)] *m*: **ao ~ de** around.
redução [xedu'sãw] (*pl* **-ões**) *f* **-1.** [ger] reduction. **-2.** [conversão] conversion.
redundância [xedũn'dãnsja] *f* redundancy.
redundante [xedũn'dãntʃi] *adj* redundant.
reduto [xe'dutu] *m* **-1.** [fortificação] fort. **-2.** *fig* [abrigo] shelter. **-3.** *fig* [lugar de reunião] meeting place.
reduzido, da [xedu'zidu, da] *adj* **-1.** [diminuído] reduced. **-2.** [pequeno] limited.
reduzir [xedu'zi(x)] *vt* **-1.** [ger] to reduce. **-2.** [transformar]: **~ alguém/algo a algo** to reduce sb/sthg to sthg. **-3.** [levar]: **~ alguém a algo** to reduce sb to sthg.
◆ **reduzir-se** *vp*: **~-se a algo** [resumir-se] to be reduced to sthg.
reeditar [xeedʒi'ta(x)] *vt* to republish.
reeleição [xeelej'sãw] *f* re-election.
reembolsar [xeẽnbow'sa(x)] *vt* **-1.** [reaver] to

recover. **-2.** [restituir]: **~ alguém (de algo)** to refund sb (sthg). **-3.** [indenizar]: **~ algo a alguém**, **~ alguém de algo** to reimburse sthg to sb, to reimburse sb for sthg.

reembolso [xeẽnbowsu] *m* **-1.** [recuperação] recovery. **-2.** [restituição] refund. **-3.** [indenização] reimbursement.

reencarnação [xeẽnkaxna'sãw] *f* reincarnation.

reencontro [xeẽŋ'kõntru] *m* reunion.

reescrever [xeeʃkre've(x)] *vt* to rewrite.

reexaminar [xeezami'na(x)] *vt* to re-examine.

refazer [xefa'ze(x)] *vt* **-1.** [fazer de novo] to redo. **-2.** [reconstruir] to rebuild. **-3.** [recuperar] to recover.

◆ **refazer-se** *vp* **-1.** [recuperar-se]: **~-se (de algo)** to recover (from sthg). **-2.** [indenizar-se]: **~-se de algo** to be compensated for sthg.

refeição [xefej'sãw] (*pl* **-ões**) *f* meal; **fazer uma ~** to have a meal.

refeito, ta [xe'fejtu, ta] ◇ *pp* ▷ **refazer**. ◇ *adj* **-1.** [feito de novo] redone. **-2.** [reconstruído] rebuilt. **-3.** [recuperado] recovered.

refeitório [xefej'tɔrju] *m* dining hall.

refém [xe'fẽ] (*pl* **-ns**) *mf* hostage.

referência [xefe'rẽnsja] *f* reference; **fazer ~ a** to refer to.

◆ **referências** *fpl* [informação] references.

referendum [xefe'rẽndũ] *m POL* referendum.

referente [xefe'rẽntʃi] *adj*: **~ a** concerning.

referir [xefe'ri(x)] *vt* [narrar]: **~ algo a alguém** to tell sb sthg.

◆ **referir-se** *vp*: **~-se a** [aludir] to allude to; [dizer respeito] to refer to.

refestelar-se [xefeʃte'laxsi] *vp* [estender-se] to sprawl.

refil [xe'fiw] (*pl* **-is**) *m* refill.

refinado, da [xefi'nadu, da] *adj* refined.

refinamento [xefina'mẽntu] *m* **-1.** [ato] refining. **-2.** [requinte] refinement.

refinar [xefi'na(x)] *vt* to refine.

refinaria [xefina'ria] *f* refinery.

refletir [xefle'tʃi(x)] ◇ *vt* to reflect. ◇ *vi* **-1.** [luz]: **~ de** to reflect off. **-2.** [pensar]: **~ (em/sobre)** to reflect on/about. **-3.** [repercutir]: **~ em** to reflect on.

◆ **refletir-se** *vp* **-1.** [espelhar-se] to be reflected. **-2.** [repercutir] to reflect on.

refletor [xefle'to(x)] (*pl* **-es**) *m* reflector.

reflexão [xeflek'sãw] (*pl* **-ões**) *f* reflection.

reflexivo, va [xeflek'sivu, va] *adj* reflective.

reflexo, xa [xe'flɛksu, sa] *adj* **-1.** [luz] reflected. **-2.** [movimento] reflex.

◆ **reflexo** *m* **-1.** [ger] reflection. **-2.** *ANAT* reflex.

◆ **reflexos** *mpl* [no cabelo] highlights.

reflorestamento [xefloreʃta'mẽntu] *m* reforestation.

reflorestar [xefloreʃ'ta(x)] *vt* to reforest.

refluxo [xe'fluksu] *m* ebb.

refogado, da [xefo'gadu, da] *adj* sautéed.

◆ **refogado** *m* **-1.** [molho] gravy. **-2.** [prato] stew.

refogar [xefo'ga(x)] *vt* to sauté.

reforçado, da [xefox'sadu, da] *adj* **-1.** [ger] reinforced. **-2.** [refeição] hearty.

reforçar [xefox'sa(x)] *vt* **-1.** [ger] to reinforce. **-2.** [ânimo] to invigorate.

reforço [xe'foxsu] *m* **-1.** [ger] reinforcement. **-2.** [a tropa, equipe] reinforcements *(pl)*. **-3.** [de vacina] booster.

reforma [xe'fɔxma] *f* **-1.** [modificação] reform; **~ ministerial** ministerial reshuffle; **~ agrária** land reform. **-2.** *ARQUIT* renovation. **-3.** *MIL* regrouping.

◆ **Reforma** *f*: **a Reforma** *RELIG* the Reformation.

reformado, da [xefox'madu, da] *adj* **-1.** [modificado - ensino, instituição] reformed; [- leis] amended; [- sofá] repaired. **-2.** *ARQUIT* renovated. **-3.** *MIL* regrouped.

reformar [xefox'ma(x)] *vt* **-1.** [modificar - ensino, constituição] to reform; [- sofá] to repair; [- lei] to amend; [- empresa] to restructure. **-2.** *ARQUIT* to renovate. **-3.** *MIL* to regroup. **-4.** *JUR* to amend.

◆ **reformar-se** *vp MIL* to retire.

reformatar [xefoxma'ta(x)] *vt COMPUT* to reformat.

reformatório [xefoxma'tɔrju] *m* young offender institution ***UK***, reformatory ***US***.

refrão [xe'frãw] (*pl* **-ões**) *m* **-1.** [estribilho] chorus. **-2.** [provérbio] saying.

refratário, ria [xefra'tarju, rja] *adj* **-1.** [material] heat-resistant. **-2.** [rebelde]: **ser ~ a algo** to be impervious to sthg; [imune] to be immune to sthg.

refrear [xefri'a(x)] *vt* [reprimir] to suppress.

◆ **refrear-se** *vp* [conter-se] to contain o.s.

refrescante [xefreʃ'kãntʃi] *adj* refreshing.

refrescar [xefreʃ'ka(x)] ◇ *vt* **-1.** [tornar menos quente] to cool. **-2.** [avivar] to refresh. **-3.** [tranqüilizar] to refresh. ◇ *vi* [tempo] to cool down.

◆ **refrescar-se** *vp* [pessoa] to refresh o.s.

refresco [xe'freʃku] *m* fruit squash.

refrigeração [xefriʒera'sãw] *m* [de alimentos] refrigeration; [de ambiente] air conditioning.

refrigerador [xefriʒera'do(x)] *m* **-1.** [de alimentos] refrigerator. **-2.** [de máquina] cooler.

refrigerante [xefriʒe'rãntʃi] *m* soft drink.

refrigerar [xefriʒe'ra(x)] *vt* **-1.** [bebidas, alimentos] to chill. **-2.** [ambiente] to cool. **-3.** [máquina] to refrigerate.

refugiado, da [xefu'ʒjadu, da] ◇ *adj* refugee. ◇ *m, f* refugee.

refugiar-se [xefu'ʒjaxsi] *vp* [abrigar-se] to take refuge; ~ **em** [abrigar-se] to take cover in; [asilar-se] to take refuge in; *fig* [amparar-se] to seek solace in.
refúgio [xe'fuʒju] *m* **-1.** [local] hideaway. **-2.** *fig* [apoio] refuge.
refugo [xe'fugu] *m* **-1.** [resto] waste. **-2.** [mercadoria] rubbish *UK*, garbage *US*.
refutar [xefu'ta(x)] *vt* to refute.
regaço [xe'gasu] *m* [colo] lap.
regador [xega'do(x)] (*pl* **-es**) *m* watering can.
regalia [xega'lia] *f* privilege.
regalo [xe'galu] *m* [presente] gift.
regar [xe'ga(x)] *vt* **-1.** [aguar] to water. **-2.** [banhar] to wash. **-3.** [acompanhar] to wash down.
regatear [xega'tʃja(x)] <> *vt* to haggle over. <> *vi* to haggle.
regeneração [xeʒenera'sãw] *f* **-1.** [recomposição] regeneration. **-2.** [moral] reform.
regenerar [xeʒene'ra(x)] *vt* **-1.** [recompor] to regenerate. **-2.** [moralmente] to reform.
◆ **regenerar-se** *vp* **-1.** [recompor-se] to be regenerated. **-2.** [moralmente] to be reformed.
regente [xe'ʒẽntʃi] *m* **-1.** POL regent. **-2.** MÚS conductor. **-3.** UNIV vice chancellor *UK*, president *US*.
reger [xe'ʒe(x)] <> *vt* **-1.** [governar] to govern. **-2.** [regular] to rule. **-3.** MÚS to conduct. **-4.** UNIV to occupy. **-5.** GRAM to govern. <> *vi* **-1.** [governar] to rule. **-2.** MÚS to conduct.
região [xe'ʒjãw] (*pl* **-ões**) *f* **-1.** [território] region. **-2.** [de cidade, corpo] area.
regime [xe'ʒimi] *m* **-1.** [ger] system. **-2.** [dieta] diet; **estar de** ~ to be on a diet. **-3.** [regras] rules *(pl)*.
regimento [xeʒi'mẽntu] *m* **-1.** [ger] regiment. **-2.** [normas] rules *(pl)*.
regiões [xe'ʒjõjʃ] *mpl* ▷ **região**.
regional [xeʒjo'naw] (*pl* **-ais**) *adj* regional.
registradora [xeʒiʃtra'dora] *f* [caixa] cash register.
registrar [xeʒiʃ'tra(x)] *vt* **-1.** [ger] to register. **-2.** [anotar] to record. **-3.** [memorizar] to remember.
registro [xe'ʒiʃtru] *m* **-1.** [ger & LING] register. **-2.** [postal] registration. **-3.** [órgão]: ~ **civil** registry office. **-4.** [torneira] tap *UK*, faucet *US*. **-5.** [relógio] meter. **-6.** MÚS range.
regozijar-se [xegozi'ʒaxsi] *vp*: ~ **com algo/por fazer algo** to be delighted with sthg/to do sthg.
regra ['xɛgra] *f* **-1.** [norma] rule. **-2.** [rotina] routine.
regredir [xegre'dʒi(x)] *vi*: ~ **(a algo)** to regress (to sthg).
regressão [xegre'sãw] *f* **-1.** [retrocesso] regression. **-2.** PSIC relapse.
regressar [xegre'sa(x)] *vi*: ~ **(de/a)** to return from/to.
regressivo, va [xegre'sivu, va] *adj* regressive.
regresso [xe'grɛsu] *m* return.
régua ['xɛgwa] *f* ruler.
regulador, ra [xegula'do(x), ra] *adj* [força] regulating.
◆ **regulador** *m* [medicamento] regulator.
regulagem [xegu'laʒẽ] (*pl* **-ns**) *f* tuning.
regulamento [xegula'mẽntu] *m* rules *(pl)*.
regular [xegu'la(x)] (*pl* **-es**) <> *adj* **-1.** [ger] regular. **-2.** [legal] legal. **-3.** [tamanho] medium. **-4.** [razoável] reasonable. <> *vt* **-1.** [ger] to regulate. **-2.** [ajustar] to adjust. <> *vi* **-1.** [máquina]: ~ **bem/mal** to be well/badly adjusted. **-2.** [pessoa]: **não** ~ **(bem)** to not be quite right in the head.
regularidade [xegulari'dadʒi] *f* regularity.
regularizar [xegulari'za(x)] *vt* **-1.** [legalizar] to legalize. **-2.** [normalizar] to regularize.
◆ **regularizar-se** *vp* [normalizar-se] to return to normal.
rei ['xej] *m* **-1.** [ger] king. **-2.** *loc*: **ter o** ~ **na barriga** to be full of o.s.
Reikjavik [xejkʒa'viki] *n* Reykjavik.
reinado [xej'nadu] *m* reign.
reinar [xej'na(x)] *vi* **-1.** [governar] to reign. **-2.** *fig* [dominar] to dominate.
reincidir [xẽjnsi'dʒi(x)] *vi* to recur; ~ **em algo** to commit sthg again.
reino ['xejnu] *m* **-1.** [ger] kingdom. **-2.** *fig* [âmbito] realm.
reintegrar [xẽjnte'gra(x)] *vt* **-1.** [em cargo etc.] to reinstate. **-2.** [reconduzir] to readmit.
reiterar [xeite'ra(x)] *vt* to reiterate.
reitor, ra [xej'to(x), ra] *m, f* vice chancellor *UK*, president *US*.
reitoria [xejto'ria] *f* **-1.** [cargo] vice-chancellorship *UK*, presidency *US*. **-2.** [gabinete] vice chancellor's office *UK*, president's office *US*.
reivindicação [xejvĩndʒika'sãw] (*pl* **-ões**) *f* claim.
reivindicar [xejvĩndʒi'ka(x)] *vt* to claim.
rejeição [xeʒej'sãw] (*pl* **-ões**) *f* rejection.
rejeitar [xeʒej'ta(x)] *vt* **-1.** [recusar] to reject. **-2.** [vomitar] to vomit. **-3.** [desprezar] to ignore.
rejuvenescer [xeʒuvene'se(x)] <> *vt* to rejuvenate. <> *vi* to be rejuvenating.
rejuvenescimento [xeʒuvenesi'mẽntu] *m* rejuvenation.
relação [xela'sãw] (*pl* **-ões**) *f* **-1.** [ligação] relationship; **em** ~ **a** in relation to; ~ **entre/com** relationship between/with. **-2.** [listagem] list.
◆ **relações** *fpl* [relacionamento] relationship *(sg)*; **ele não é pessoa de minhas relações** he's not sb I have anything to do with; **cortar relações com alguém** to break off with sb; **ter re-**

lações com alguém [sexual] to sleep with sb; relações públicas public relations; relações sexuais sex, sexual intercourse.

relacionar [xelasjo'na(x)] *vt* **-1.** [listar] to list. **-2.** [pessoa] to bring into contact with.

◆ **relacionar-se** *vp* **-1.** [ligar-se] to be related. **-2.** [pessoa]: ~**-se com alguém** to mix with sb.

relações-públicas [xela,sõjʃ'publikaʃ] *mf inv* [pessoa] PR officer.

relâmpago [xe'lãnpagu] <> *m METEOR* flash of lightning. <> *adj* [rápido] lightning *(antes de subst)*.

relampejar [xelãnpe'ʒa(x)] *vi*: **relampejou esta noite** there was lightening last night.

relance [xe'lãnsi] *m*: **ver de** ~ to glance at.

relapso, sa [xe'lapsu, sa] <> *adj* negligent. <> *m, f* negligent person.

relatar [xela'ta(x)] *vt* to relate.

relativo, va [xela'tʃivu, va] *adj* relative; ~ **a algo** relative to sthg.

relato [xe'latu] *m* account.

relatório [xela'tɔrju] *m* report.

relaxado, da [xela'ʃadu, da] *adj* **-1.** [desleixado] careless. **-2.** [descansado] relaxed.

relaxante [xela'ʃãntʃi] *adj* relaxing.

relaxar [xela'ʃa(x)] <> *vt* to relax. <> *vi* **-1.** [desleixar-se]: ~ **em algo** to become careless with sthg. **-2.** [descansar] to relax.

relegar [xele'ga(x)] *vt* to relegate.

relembrar [xelẽn'bra(x)] *vt* to recall.

reles ['xɛliʃ] *adj inv* **-1.** [desprezível] despicable. **-2.** [mero] mere.

relevante [xele'vãntʃi] *adj* **-1.** [saliente] prominent. **-2.** [importante] important.

relevo [xe'levu] *m* **-1.** [em superfície] outstanding feature. **-2.** *ARTE* relief. **-3.** *fig* [destaque] importance.

religião [xeli'ʒjãw] *(pl* **-ões***)* *f* religion.

religioso, osa [xeli'ʒozu, ɔza] <> *adj* religious. <> *m, f* [padre, freira] monk *(f* nun).

relinchar [xelĩn'ʃa(x)] *vi* to neigh.

relíquia [xe'likja] *f* relic; ~ **de família** family heirloom.

relógio [xe'lɔʒju] *m* **-1.** [instrumento] clock; ~ **de ponto** time clock; ~ **de pulso** wrist watch; ~ **de sol** sundial. **-2.** [registro] meter.

relojoeiro, ra [xelo'ʒwejru, ra] *m, f* watchmaker.

relutante [xelu'tãntʃi] *adj* reluctant.

relutar [xelu'ta(x)] *vi*: ~ **(em fazer algo)** to be reluctant (to do sthg); ~ **(contra algo)** to be reluctant (to accept sthg).

reluzente [xelu'zẽntʃi] *adj* shining.

relva ['xɛwva] *f* grass.

remanescente [xemane'sẽntʃi] <> *adj* remaining; **isto é** ~ **de práticas antigas** this is what remains of ancient customs. <> *m* remainder.

remanso [xe'mãnsu] *m* backwater.

remar [xe'ma(x)] <> *vt* to row. <> *vi* to row; ~ **contra a maré** *fig* to swim against the tide.

remarcação [xemaxka'sãw] *(pl* **-ões***)* *f* adjustment.

rematar [xema'ta(x)] *vt* **-1.** [concluir] to conclude. **-2.** [fazer o acabamento] to finish.

remate [xe'matʃi] *m* **-1.** [conclusão] end. **-2.** [acabamento] finishing touch. **-3.** [de piada] punchline.

remediar [xeme'dʒja(x)] *vt* **-1.** [corrigir, solucionar] to put right. **-2.** [atenuar] to alleviate. **-3.** [evitar] to avoid.

remédio [xe'mɛdʒju] *m* **-1.** [medicamento] remedy. **-2.** [solução] solution.

rememorar [xememo'ra(x)] *vt* to remember.

remendar [xemẽn'da(x)] *vt* **-1.** [roupa] to mend. **-2.** [erros] to rectify.

remendo [xe'mẽndu] *m* **-1.** [de pano] patch. **-2.** [de metal, couro] repair. **-3.** [emenda] correction.

remessa [xe'mɛsa] *f* **-1.** [ato] dispatch. **-2.** [de dinheiro] remittance; [de mercadorias] shipment.

remetente [xeme'tẽntʃi] *mf* [de carta] sender.

remeter [xeme'te(x)] *vt* **-1.** [carta, encomenda] to send. **-2.** [dinheiro] to remit.

◆ **remeter-se** *vp* [referir-se] to refer to.

remexer [xeme'ʃe(x)] <> *vt* **-1.** [mexer] to move. **-2.** [misturar] to mix. **-3.** [sacudir - braços] to shake; [- papéis, folhas] to shuffle. **-4.** [revolver] to stir up. **-5.** *fam* [rebolar] to roll. <> *vi* [mexer]: ~ **em algo** to rummage through sthg.

◆ **remexer-se** *vp* **-1.** [mover-se] to stir. **-2.** [rebolar-se] to roll.

reminiscência [xemini'sẽnsja] *f* reminiscence.

remissão [xemi'sãw] *(pl* **-ões***)* *f* **-1.** [ger] remission. **-2.** [em texto] cross-reference.

remo ['xemu] *m* **-1.** [instrumento] oar. **-2.** [esporte] rowing.

remoção [xemo'sãw] *(pl* **-ões***)* *f* removal.

remoçar [xemo'sa(x)] <> *vt* to rejuvenate. <> *vi* to be rejuvenated.

remorso [xe'mɔxsu] *m* remorse.

remoto, ta [xe'mɔtu, ta] *adj* remote.

removedor [xemove'do(x)] *m* remover.

remover [xemo've(x)] *vt* **-1.** [ger] to remove. **-2.** [transferir] to transfer. **-3.** [superar] to overcome.

remuneração [xemunera'sãw] *(pl* **-ões***)* *f* remuneration.

remunerar [xemune'ra(x)] *vt* to remunerate.

rena ['xena] *f* reindeer.

renal [xe'naw] *(pl* **-ais***)* *adj* renal.

Renascença [xena'sẽnsa] *f*: **a** ~ the Renaissance.

renascer [xena'se(x)] *vi* **-1.** [nascer de novo] to

spring up again. **-2.** *fig* [recuperar-se, ressurgir] to be reborn.

renascimento [xenasi'mẽntu] *m* rebirth.

◆ **Renascimento** *m*: **o Renascimento** the Renaissance.

render [xẽn'de(x)] ◇ *vt* **-1.** [dominar] to overpower. **-2.** [substituir] to relieve. **-3.** [lucrar] to yield. **-4.** [causar] to bring about. **-5.** [prestar] to render. ◇ *vi* **-1.** [dar lucro] to be profitable. **-2.** [trabalho] to be productive. **-3.** [comida]: **a comida rendeu para toda a semana** there was enough food for the whole week; **vamos fazer sopa porque rende mais** let's make soup because it goes further. **-4.** [durar] to last.

◆ **render-se** *vp* [entregar-se]: **~-se (a algo/alguém)** to surrender (to sb/sthg).

rendição [xẽndʒi'sãw] *f* **-1.** [capitulação] surrender. **-2.** [substituição] changing.

rendimento [xẽndʒi'mẽntu] *m* **-1.** [renda] rental. **-2.** [lucro] profit. **-3.** [desempenho] performance. **-4.** [juro] interest.

renegado, da [xene'gadu, da] ◇ *adj* renegade. ◇ *m, f* renegade.

renegar [xene'ga(x)] *vt* **-1.** [ger] to renounce. **-2.** [negar] to deny. **-3.** [desprezar] to reject.

renitente [xeni'tẽntʃi] *adj* persistent.

renomado, da [xeno'madu, da] *adj* renowned.

renome [xe'nɔmi] *m*: **de ~** renowned.

renovação [xenova'sãw] (*pl* **-ões**) *f* **-1.** [ger] renewal. **-2.** [de ensino, empresa] revamping. **-3.** ARQUIT renovation.

renovar [xeno'va(x)] *vt* **-1.** [ger] to renew. **-2.** [ensino, empresa] to revamp. **-3.** ARQUIT to renovate.

rentabilidade [xẽntabili'dadʒi] *f* **-1.** [lucro] profitability. **-2.** [proveito] productiveness.

rentável [xẽn'tavɛw] (*pl* **-eis**) *adj* profitable.

rente ['xẽntʃi] ◇ *adj* **-1.** [muito curto] close-cropped. **-2.** [junto]: **~ a** right next to. ◇ *adv* **-1.** [muito curto] very short. **-2.** [junto]: **ele caiu ~ ao chão** he fell flat on the floor; **ele foi esmagado ~ ao muro** he was crushed right up against the wall.

renúncia [xe'nũnsja] *f* renouncement.

renunciar [xenũn'sja(x)] *vi*: **~ a algo** to renounce sthg.

reorganização [xeoxganiza'sãw] *f* reorganization.

reorganizar [xeoxgani'za(x)] *vt* to reorganize.

reparação [xepara'sãw] (*pl* **-ões**) *f* **-1.** [conserto] repair. **-2.** [indenização] compensation. **-3.** [retratação] reparation.

reparar [xepa'ra(x)] ◇ *vt* **-1.** [consertar] to repair. **-2.** [indenizar] to compensate. **-3.** [retratar-se de] to admit. **-4.** [notar] to notice. ◇ *vi* [notar]: **~ em algo/alguém** to notice sthg/sb; **não repare na bagunça** pay no attention to the mess.

reparo [xe'paru] *m* **-1.** [conserto] repair. **-2.** [crítica] criticism.

repartição [xepaxtʃi'sãw] (*pl* **-ões**) *f* **-1.** [partilha] distribution. **-2.** [órgão governamental] department.

repartir [xepax'tʃi(x)] *vt* **-1.** [dividir - em partes] to divide up; **~ o cabelo** to part one's hair; [- entre vários] to distribute. **-2.** [compartilhar] to share.

repassar [xepa'sa(x)] *vt* **-1.** [passar de novo] to cross again. **-2.** [revisar] to revise. **-3.** [verbas] to transfer.

repasse [xe'pasi] *m* [de verba] transfer.

repatriar [xepa'trja(x)] *vt* to repatriate.

◆ **repatriar-se** *vp* to return home.

repelente [xepe'lẽntʃi] ◇ *adj* [repugnante] repellent. ◇ *m* [inseticida] repellent.

repelir [xepe'li(x)] *vt* **-1.** [fazer regressar] to drive away. **-2.** [expulsar] to repel. **-3.** [rechaçar, impedir de entrar] to refuse admission to. **-4.** [recusar] to refuse. **-5.** [repudiar] to reject. **-6.** [desmentir] to refute.

repensar [xepẽn'sa(x)] *vt* to reconsider.

repente [xe'pẽntʃi] *m*: **num ~ tudo escureceu** all of a sudden everything went dark; **um ~ de carinho** a sudden show of affection.

◆ **de repente** *loc adv* **-1.** [repentinamente] suddenly. **-2.** *fam* [talvez] maybe.

repentinamente [xepẽntʃina'mẽntʃi] *adv* suddenly.

repentino, na [xepẽn'tʃinu, na] *adj* sudden.

repercussão [xepexku'sãw] (*pl* **-ões**) *f* **-1.** *fig* [de som] reverberation. **-2.** [efeito] repercussion; **o CD teve boa ~ no exterior** the CD was very successful abroad.

repercutir [xepexku'tʃi(x)] ◇ *vt* [som] to re-echo. ◇ *vi* **-1.** [som] to reverberate. **-2.** *fig* [afetar]: **~ em** to have repercussions on.

repertório [xepex'tɔrju] *m* **-1.** [conjunto] collection. **-2.** MÚS repertoire.

repetição [xepetʃi'sãw] (*pl* **-ões**) *f* repetition.

repetido, da [xepe'tʃidu, da] *adj* repeated; **repetidas vezes** repeatedly.

repetir [xepe'tʃi(x)] ◇ *vt* **-1.** [ger] to repeat. **-2.** [roupa] to wear again. **-3.** [refeição] to have a second helping of, to have seconds. **-4.** [tocar de novo]: **~ uma música** to play an encore. ◇ *vi* to repeat.

◆ **repetir-se** *vp* **-1.** [fenômeno] to be repeated. **-2.** [pessoa] to repeat o.s.

repetitivo, va [xepetʃi'tʃivu, va] *adj* repetitive.

repique [xe'piki] *m* [de sino] peal.

replay [xi'plej] *m* replay.

repleto, ta [xe'plɛtu, ta] *adj* [cheio]: **~ (de)** full (of).

réplica ['xɛplika] *f* **-1.** [cópia] replica. **-2.** [resposta] reply.

replicar [xepli'ka(x)] ◇ *vt* **-1.** [responder] to

reply. **-2.** [contestar] to answer. ◇ *vi* **-1.** [responder] to reply. **-2.** [contestar] to respond.

repolho [xe'poʎu] *m* cabbage.

repor [xe'po(x)] *vt* **-1.** [recolocar] to replace. **-2.** [devolver] to repay.

◆ **repor-se** *vp* to recover.

reportagem [xepox'taʒẽ] (*pl* **-ns**) *f* **-1.** [ato] report. **-2.** [matéria]: ~ **(sobre)** report (on). **-3.** [repórteres] reporters *(pl)*, the press.

repórter [xe'pɔxte(x)] (*pl* **-es**) *mf* reporter.

repórter-fotográfico, ca [xe'pɔxte(x)foto'grafiku, ka] (*pl* **-s**) *m* press photographer.

repousante [xepo'zãntʃi] *adj* restful.

repousar [xepo'za(x)] ◇ *vt* to rest. ◇ *vi* **-1.** [descansar] to rest. **-2.** [basear-se]: ~ **em/sobre algo** to be based on sthg. **-3.** [não produzir] to rest, to lie fallow.

repouso [xe'pozu] *m* [descanso] rest; **em** ~ at rest.

repreender [xeprjẽn'de(x)] *vt* to reprimand.

repreensão [xeprjẽn'sãw] (*pl* **-ões**) *f* reprimand.

repreensível [xeprjẽn'sivew] (*pl* **-eis**) *adj* reprehensible.

represa [xe'preza] *f* dam.

represália [xepre'zalja] *f* reprisal; **em** ~ in reprisal.

representação [xeprezẽnta'sãw] (*pl* **-ões**) *f* **-1.** [reprodução] representation. **-2.** [queixa]: ~ **contra algo/alguém** complaint against sthg/sb. **-3.** [delegação] representatives *(pl)*. **-4.** TEATRO performance. **-5.** COM: **ter a** ~ **de algo** to display sthg. **-6.** *fig* [fingimento] pretence *UK*, pretense *US*.

representante [xeprezẽn'tãntʃi] ◇ *adj* representative. ◇ *mf* representative.

representar [xeprezẽn'ta(x)] ◇ *vt* **-1.** [ger] to represent. **-2.** [TEATRO - encenar] to perform; [- interpretar] to play. ◇ *vi* TEATRO [interpretar] to perform.

representatividade [xeprezẽntatʃivi'dadʒi] *f* representation.

representativo, va [xeprezẽnta'tʃivu, va] *adj* representative; ~ **de algo** representative of sthg.

repressão [xepre'sãw] (*pl* **-ões**) *f* repression.

reprimido, da [xepri'midu, da] *adj* repressed.

reprimir [xepri'mi(x)] *vt* **-1.** [conter - paixão] to contain; [- pensamento] to suppress. **-2.** [dissimular] to suppress. **-3.** PSIC to repress. **-4.** [proibir] to prohibit.

◆ **reprimir-se** *vp* [conter-se] to control o.s.

reprise [xe'prizi] *f* repeat.

reprodução [xeprodu'sãw] (*pl* **-ões**) *f* reproduction.

reprodutor, ra [xeprodu'to(x), ra] *adj* reproductive.

◆ **reprodutor** *m* breeding animal.

reproduzir [xeprodu'zi(x)] *vt* **-1.** [copiar, repetir] to copy. **-2.** [procriar] to breed. **-3.** [reeditar] to republish.

◆ **reproduzir-se** *vp* **-1.** [procriar-se] to breed. **-2.** [repetir-se] to be repeated.

reprovado, da [xepro'vadu, da] ◇ *adj* failed. ◇ *m, f* failure.

reprovar [xepro'va(x)] ◇ *vt* **-1.** [censurar] to disapprove of. **-2.** [rejeitar] to reject. **-3.** [em exame, seleção] to fail. ◇ *vi* [em exame, seleção] to fail.

réptil ['xɛptʃiw] (*pl* **-eis**) *m* reptile.

república [xɛ'publika] *f* **-1.** POL republic. **-2.** EDUC students' residence.

República da África do Sul [xepublikada,afrikadu'suw] *n* Republic of South Africa.

República Dominicana [xe,publikadomini'kãna] *n* Dominican Republic.

republicano, na [xepubli'kãnu, na] ◇ *adj* republican. ◇ *m, f* republican.

República Tcheca [xe,publika'tʃɛka] *n* Czech Republic.

repudiar [xepu'dʒjar] *vt* to repudiate.

repúdio [xe'pudʒju] *m* repudiation.

repugnância [xepug'nãsja] *f* **-1.** [ger] repugnance. **-2.** [oposição] opposition.

repugnante [xepug'nãntʃi] *adj* repugnant.

repulsa [xe'puwsa] *f* **-1.** [ato] repulsion. **-2.** [sentimento] repugnance. **-3.** [oposição] rejection.

repulsivo, va [xepuw'sivu, va] *adj* repulsive.

reputação [xeputa'sãw] (*pl* **-ões**) *f* reputation.

repuxar [xepu'ʃa(x)] ◇ *vt* [esticar - roupa, pele] to stretch; [- cabelo] to pull back tight. ◇ *vi* [retesar] to tense.

requebrado [xeke'bradu] *m* swaying.

requeijão [xekej'ʒãw] (*pl* **-ões**) *m* soft cheese.

requentar [xekẽn'ta(x)] *vt* to reheat.

requerer [xeke're(x)] ◇ *vt* **-1.** [pedir] to request. **-2.** [exigir] to demand. **-3.** [merecer] to deserve. **-4.** JUR to petition for. ◇ *vi* JUR to make a petition.

requerimento [xekeri'mẽntu] *m* **-1.** [ato de requerer] application. **-2.** [petição] petition.

requintado, da [xekĩn'tadu, da] *adj* refined.

requinte [xe'kĩntʃi] *m* **-1.** [refinamento] refinement. **-2.** [excesso] excess.

requisito [xeki'zitu] *m* requirement.

resenha [xe'zaɲa] *f* **-1.** [de livro] review. **-2.** [relatório] report. **-3.** [resumo] summary.

reserva [xe'zɛxva] ◇ *f* **-1.** [ger] reserve; ~**s internacionais** foreign reserves; ~ **natural** nature reserve; ~ **de mercado** protected market. **-2.** [em hotel, avião *etc.*] reservation; **fazer** ~ **de algo** to reserve sthg. **-3.** [restrição]: **ter** ~ **a** OU **para com** to have reservations about. **-4.** [discrição] discretion. ◇ *mf* ESP reserve.

reservado, da [xezex'vadu, da] *adj* **-1.** [ger] reserved. **-2.** [íntimo] private.

◆ **reservado** *m* [privada] private room.

reservar [xezex'va(x)] *vt* **-1.** [fazer reserva] to reserve. **-2.** [poupar] to save. **-3.** [destinar] to allow; **a vida lhe reserva muitas alegrias** life has much joy in store for him.

◆ **reservar-se** *vp* [preservar-se] to save o.s.

reservatório [xezexva'tɔrju] *m* **-1.** [depósito] tank. **-2.** [de água] reservoir.

resfriado, da [xeʃfri'adu, da] *adj* **-1.** [pessoa] cold; **ficar ~** to catch cold. **-2.** [carne] chilled.

◆ **resfriado** *m* cold; **pegar um ~** to catch a cold.

resfriar [xeʃ'frja(x)] *vt* [esfriar] to cool.

resgatar [xeʒga'ta(x)] *vt* **-1.** [ger] to rescue. **-2.** [restituir] to recover. **-3.** [pagar] to pay off. **-4.** [recuperar] to recoup. **-5.** [expiar] to redeem.

resgate [xeʒ'gatʃi] *m* **-1.** [dinheiro] ransom. **-2.** [libertação] release. **-3.** [salvamento] rescue. **-4.** *FIN* [retirada] withdrawal. **-5.** *COM* redemption.

resguardar [xeʒgwax'da(x)] *vt* **-1.** [proteger]: **~ (de)** to protect (from). **-2.** [vigiar] to protect.

◆ **resguardar-se** *vp* [proteger-se]: **~-se de** to protect o.s. from.

resguardo [xeʒ'gwaxdu] *m* **-1.** [proteção] protection. **-2.** [cuidado] care. **-3.** [repouso] rest.

residência [xezi'dẽnsja] *f* residence.

residencial [xezidẽn'sjaw] (*pl* **-ais**) *adj* residential.

residente [xezi'dẽntʃi] ◇ *adj* resident. ◇ *mf* **-1.** [morador] resident. **-2.** [médico] senior registrar ***UK***, resident ***US***.

residir [xezi'dʒi(x)] *vi* to reside.

resíduo [xe'zidwu] *m* **-1.** [resto] residue. **-2.** [bancário] surplus.

resignação [xezigna'sãw] *f*: **~ (a/com)** resignation to.

resignar-se [xezig'naxsi] *vp* to resign o.s.; **~ com algo** to resign o.s. to sthg; **~ a fazer algo** to resign o.s. to doing sthg.

resina [xe'zina] *f* resin.

resistência [xeziʃ'tẽnsja] *f* **-1.** [ger] resistance; **o carro não teve ~ para subir a ladeira** the car did not have the power to go up the slope. **-2.** [moral] stamina. **-3.** *fig* [oposição]: **~ a** resistance to.

resistente [xeziʃ'tẽntʃi] *adj* **-1.** [forte] strong; **~ ao calor** heat-resistant. **-2.** [durável] durable. **-3.** [que se opõe a]: **~ a** resistant to.

resistir [xeziʃ'tʃi(x)] *vi*: **~ a algo** to resist sthg.

resmungar [xeʒmũŋ'ga(x)] *vt* & *vi* to grumble.

resolução [xezolu'sãw] (*pl* **-ões**) *f* **-1.** [decisão] decision. **-2.** [solução] solution. **-3.** [firmeza] resolve. **-4.** [de imagem] resolution; **de alta ~** high-resolution, hi-res.

resolver [xezow've(x)] ◇ *vt* **-1.** [solucionar] to solve. **-2.** [decidir]: **~ fazer algo** to decide to do sthg. ◇ *vi* **-1.** [adiantar]: **a violência não resolve** violence doesn't solve anything. **-2.** [decidir] to decide.

respaldar [xeʃpaw'da(x)] *vt* [apoiar] to back.

respectivo, va [xeʃpek'tʃivu, va] *adj* respective.

respeitador, ra [xeʃpejtado(x), ra] *adj* respectful.

respeitar [xeʃpej'ta(x)] *vt* to respect.

respeitável [xeʃpej'tavɛw] (*pl* **-eis**) *adj* **-1.** [digno de respeito] respectable. **-2.** [considerável] considerable.

respeito [xeʃ'pejtu] *m* **-1.** [deferência]: **~ a** *ou* **por** respect for; **faltar ao ~ com alguém** to be rude to sb. **-2.** [relação] respect; **dizer ~ a** to concern; **a ~ de** [sobre] about.

respeitoso, osa [xeʃpej'tozu, ɔza] *adj* respectful.

respingar [xeʃpĩŋ'ga(x)] *vi* to splash.

respingo [xeʃ'pĩŋgu] *m* splash.

respiração [xeʃpira'sãw] *f* breathing.

respirar [xeʃpi'ra(x)] ◇ *vt* [ar] to breathe. ◇ *vi* **-1.** [absorver o ar] to breathe. **-2.** *fig* [sentir alívio] to breathe freely again.

resplandecente [xeʃplãnde'sẽntʃi] *adj* **-1.** [jóia] resplendent. **-2.** [dia] splendid.

resplandecer [xeʃplãnde'se(x)] *vi* **-1.** [brilhar] to shine. **-2.** [sobressair] to outshine.

resplendor [xeʃplẽn'do(x)] *m* brilliance.

responder [xeʃpõn'de(x)] ◇ *vt* [dar resposta] to reply. ◇ *vi* **-1.** [dar resposta]: **~ (a algo/alguém)** to reply to sthg/sb. **-2.** [replicar] to answer. **-3.** [ser respondão] to answer back. **-4.** [reagir]: **~ a algo** to respond to sthg. **-5.** [responsabilizar-se]: **~ por algo/alguém** to answer for sthg/sb. **-6.** [submeter-se a]: **~ a algo** to undergo sthg.

responsabilidade [xeʃpõnsabili'dadʒi] *f* **-1.** [obrigação] responsibility. **-2.** *JUR* liability.

responsabilizar [xeʃpõnsabili'za(x)] *vt*: **~ algo/alguém (por algo)** to hold sthg/sb responsible for sthg.

◆ **responsabilizar-se** *vp*: **~-se (por algo/alguém)** to hold o.s. responsible (for sthg/sb).

responsável [xeʃpõn'savɛw] (*pl* **-eis**) ◇ *adj*: **~ (por)** responsible (for). ◇ *mf* **-1.** [encarregado] person in charge. **-2.** [culpado] person responsible.

resposta [xeʃ'pɔʃta] *f* **-1.** [de pergunta] answer. **-2.** *fig* [reação] response.

resquício [xeʃ'kisju] *m* **-1.** [vestígio] fragment. **-2.** [fragmento] fragment.

ressabiado, da [xesa'bjadu, da] *adj* **-1.** [desconfiado] suspicious. **-2.** [ressentido] resentful.

ressaca [xe'saka] *f* **-1.** [do mar] rough sea. **-2.** *fig* [de bebida] hangover.

ressaltar [xesaw'ta(x)] *vt* to emphasize.

ressalva [xe'sawva] *f* **-1.** [emenda] correction. **-2.** [restrição] proviso.

ressarcir [xesax'si(x)] *vt* [compensar]: ~ **algo (de)** to compensate for sthg (with); ~ **alguém (de)** to compensate sb (with).

ressecado, da [xese'kadu, da] *adj* dried up.

ressecar [xese'ka(x)] *vt* & *vi* to dry up.

ressentido, da [xesẽn'tʃidu, da] *adj* resentful.

ressentimento [xesẽntʃi'mẽntu] *m* resentment.

ressentir-se [xesẽn'tʃixsi] *vp* **-1.** [magoar-se]: ~ **(de algo)** to resent (sthg). **-2.** [sofrer consequência]: ~ **de algo** to feel the effects of sthg.

ressoar [xe'swa(x)] *vi* to resound.

ressurgir [xesux'ʒi(x)] *vi* **-1.** [reaparecer] to reappear. **-2.** [revitalizar-se] to revive. **-3.** [ressuscitar] to be resurrected.

ressurreição [xesuxej'sãw] (*pl* **-ões**) *f* resurrection.

ressuscitar [xesusi'ta(x)] ◇ *vt* **-1.** [pessoa, animal] to resuscitate. **-2.** [costume, moda] to revive. ◇ *vi* **-1.** [pessoa, animal] to be resuscitated. **-2.** [costume, moda] to be revived.

restabelecer [xeʃtabele'se(x)] *vt* to restore.

◆ **restabelecer-se** *vp* to recover.

restabelecimento [xeʃtabelesi'mẽntu] *m* **-1.** [de ordem, tradição] restoration. **-2.** [de doente] recovery.

restar [xeʃ'ta(x)] *vi* **-1.** [sobrar] to be left over. **-2.** [sobreviver] to survive. **-3.** [subsistir] to remain; **não me resta dúvida de que ...** I no longer have any doubt that ... **-4.** [faltar]: **faltam duas páginas para terminar** there are two pages left to finish.

restauração [xeʃtawra'sãw] (*pl* **-ões**) *f* restoration.

restaurante [xeʃtaw'rãntʃi] *m* restaurant.

restaurar [xeʃtaw'ra(x)] *vt* **-1.** [ger] to restore. **-2.** [recuperar] to recover.

restituição [xeʃtʃitwi'sãw] (*pl* **-ões**) *f* **-1.** [devolução] return. **-2.** [pagamento] repayment.

restituir [xeʃtʃi'twi(x)] *vt* **-1.** [devolver] to return. **-2.** [pagar] to repay. **-3.** [restabelecer] to restore.

resto ['xɛʃtu] *m* **-1.** [ger] remainder. **-2.** [restante] rest.

◆ **restos** *mpl* [de comida] leftovers.

restrição [xeʃtri'sãw] (*pl* **-ões**) *f* restriction.

restringir [xeʃtrĩn'ʒi(x)] *vt* to restrict.

restrito, ta [xeʃ'tritu, ta] *adj* restricted.

resultado [xezuw'tadu] *m* **-1.** [ger] result. **-2.** [proveito]: **dar** ~ to be effective; **o filme deu bom** ~ **publicitário** the film was good publicity.

resultante [xezuw'tãntʃi] ◇ *adj* resulting; ~ **de algo** resulting from sthg. ◇ *f* **-1.** [consequência] outcome. **-2.** FÍSICA result.

resumir [xezu'mi(x)] *vt* to summarize.

◆ **resumir-se** *vp*: ~**-se em** OU **a algo** to consist of sthg.

> Os verbos 'resumir' e *to resume*, embora semelhantes, têm significados bem diferentes nas duas línguas. Quando um professor pede ao aluno: resuma em algumas linhas o que você fez nas férias, o pedido seria traduzido para o inglês como *summarize what you did in your holidays*. Entretanto, quando se diz em inglês *she was ready to resume her duties* ela estava pronta para reassumir suas responsabilidades, pode-se notar a diferença de significado. Portanto, não se deve confundir o verbo português 'resumir' (*to summarize, to shorten*) com *to resume*, que significa 'recomeçar, retomar, reassumir'.

resumo [xe'zumu] *m* summary; **em** ~ in short.

reta ['xɛta] *f* ⊳ **reto**.

retaguarda [ˌxeta'gwaxda] *f* **-1.** [posição] rear. **-2.** MIL rearguard.

retalho [xe'taʎu] *m* remnant.

retaliação [xetalja'sãw] (*pl* **-ões**) *f* retaliation.

retaliar [xeta'lja(x)] ◇ *vt* to repay. ◇ *vi* to retaliate.

retângulo [xe'tãŋgulu] *m* rectangle.

retardar [xetax'da(x)] *vt* **-1.** [atrasar] to delay. **-2.** [adiar] to postpone.

retenção [xetẽn'sãw] *f* **-1.** [detenção] detention; **a** ~ **no trânsito é grande** there is a major traffic hold-up. **-2.** MED [de líquidos] retention.

reter [xe'te(x)] *vt* **-1.** [ger] to retain. **-2.** [segurar, prender - rédeas, corda] to hold; [- ladrão, suspeito] to detain. **-3.** [guardar] to keep. **-4.** [reprimir, deter] to hold back.

retesado, da [xete'zadu, da] *adj* taut.

retesar [xete'za(x)] *vt* to tense.

◆ **retesar-se** *vp* to tense.

retidão [xetʃi'dãw] *f* [lisura] rectitude.

retificar [xetʃifi'ka(x)] *vt* **-1.** [corrigir] to rectify. **-2.** [purificar] to purify. **-3.** AUTO to repair.

retina [xe'tʃina] *f* ANAT retina.

retirado, da [xetʃi'radu, da] *adj* [pessoa] retiring; [vida] retired; [lugar, casa] isolated.

◆ **retirada** *f* **-1.** [ger] withdrawal; **bater em retirada** [fugir] to beat a retreat. **-2.** [migração] migration.

retirar [xetʃi'ra(x)] *vt* **-1.** [ger] to remove. **-2.** [retratar-se de] to take back. **-3.** [ganhar] to make. **-4.** [livrar, salvar] to get out.

◆ **retirar-se** *vp* **-1.** [ger] to leave. **-2.** [refugiar-se] to withdraw.

> Não confundir *retirar (remove)* com o inglês *retire* que em português significa *aposentar*. (*Vou retirar os pratos da mesa.* I'll *remove* the dishes from the table.)

retiro [xe'tʃiru] *m* retreat.

reto, ta ['xɛtu, ta] *adj* **-1.** [ger] straight; **ângulo**

~ right angle. -2. *fig* [justo] straightforward. -3. *fig* [honesto] honest.

◆ **reto** *m* ANAT rectum.

◆ **reta** *f* -1. MAT straight line. -2. [de estrada, pista] straight; **ele bateu na reta contra um caminhão** he hit a lorry on the straight.

retocar [xeto'ka(x)] *vt* -1. [pintura] to touch up. -2. [texto] to tidy up.

retomar [xeto'ma(x)] *vt* -1. [continuar] to resume. -2. [reaver] to take back.

retoque [xe'tɔki] *m* finishing touch; **dar um ~** to add a finishing touch.

retorcer [xetox'se(x)] *vt* -1. [torcer de novo] to retwist. -2. [contorcer-se] to twist.

◆ **retorcer-se** *vp* [contorcer-se] to writhe.

retórico, ca [xe'tɔriku, ka] *adj* -1. [sem conteúdo] rhetorical. -2. *fig* [afetado] affected.

◆ **retórica** *f* -1. [discurso] rhetoric. -2. *pej* [afetação] affectation.

retornar [xetox'na(x)] *vi* [voltar] to return.

retorno [xe'toxnu] *m* -1. [ger] return. -2. [resposta] response; **dar um ~ (sobre algo)** to give one's response (to sthg). -3. [em estrada] turning place; **fazer o ~** to turn back.

retraído, da [xetra'idu, da] *adj fig* [reservado, tímido] reserved.

retraimento [xetraj'mẽntu] *m* [reserva, timidez] reserve.

retrair [xetra'i(x)] *vt* -1. [ger] to withdraw. -2. [tornar reservado] to make reserved.

◆ **retrair-se** *vp* -1. [afastar-se] to withdraw. -2. [tornar-se reservado] to become withdrawn.

retrasado, da [xetra'zadu, da] *adj* [ano, semana] before last.

retratar [xetra'ta(x)] *vt* -1. [fazer retrato] to depict. -2. [descrever] to portray. -3. [desdizer] to retract. -4. [expressar] to express.

◆ **retratar-se** *vp* -1. [representar-se] to portray o.s. -2. [desdizer-se]: **~-se de algo** to retract sthg. -3. [confessar erro] to admit one's mistake.

retrato [xe'tratu] *m* -1. [ger] portrait; **~ falado** Identikit® picture. -2. *fig* [exemplo] picture.

retribuir [xetri'bwi(x)] *vt* -1. [pagar] to pay. -2. [agradecer] to return. -3. [corresponder] to reciprocate.

retroceder [xetrose'de(x)] *vi* -1. [recuar] to step back. -2. [decair] to decline.

retrocesso [xetro'sɛsu] *m* -1. [retorno] return. -2. [declínio] step backwards. -3. [recaída] recurrence. -4. [tecla] backspace. -5. [na economia] slowdown.

retrógrado, da [xe'trɔgradu, da] *adj* -1. [idéia, movimento] retrograde, reactionary. -2. [pessoa] reactionary.

retrospectiva [xetroʃpek'tʃiva] *f* retrospective.

retrospecto [xetroʃ'pɛktu] *m* [retrospectiva] retrospect; **em ~** in retrospect.

retrovisor [xetrovi'zo(x)] (*pl* **-es**) ◇ *adj* rear-view. ◇ *m* rear-view mirror.

réu [xew], **ré** [xɛ] *m, f* accused.

reumatismo [xewma'tʃiʒmu] *m* rheumatism.

reunião [xew'njãw] (*pl* **-ões**) *f* -1. [encontro] meeting; **~ de cúpula** summit. -2. [festa] party. -3. [coletânea] collection.

reunir [xew'ni(x)] *vt* -1. [juntar] to gather. -2. [congregar] to join together. -3. [aliar] to combine. -4. [unir] to unite.

◆ **reunir-se** *vp* -1. [juntar-se] to gather. -2. [aliar-se] to be combined. -3. [realizar reunião] to meet. -4. [incorporar-se] to join together.

revanche [xe'vãnʃi] *f* -1. [desforra] revenge. -2. ESP return match.

reveillon [xeve'jõn] *m* New Year's Eve.

revelação [xevela'sãw] (*pl* **-ões**) *f* -1. [ger] revelation. -2. FOT developing.

revelar [xeve'la(x)] *vt* -1. [ger] to reveal. -2. [mostrar, demonstrar] to show. -3. FOT to develop.

◆ **revelar-se** *vp* [dar-se a conhecer] to turn out to be.

revelia [xeve'lia] *f* default.

◆ **à revelia** *loc adv* -1. JUR in absentia. -2. [despercebidamente] without anybody knowing.

◆ **à revelia de** *loc adv* without the knowledge/consent of.

revendedor, ra [xevẽnde'do(x), ra] (*mpl* **-es**, *fpl* **-s**) ◇ *adj* resale *(antes de subst)*. ◇ *m, f* [de automóveis] dealer.

rever [xe've(x)] *vt* -1. [tornar a ver] to see again. -2. [examinar] to check. -3. [revisar] to revise.

reverência [xeve'rẽnsja] *f* -1. [respeito] reverence. -2. [saudação]: **fazer uma ~** to bow.

reverenciar [xeverẽn'sja(x)] *vt* -1. [respeitar] to respect. -2. [saudar] to salute.

reverendo [xeve'rẽndu] *m* priest.

reverso, sa [xe'vɛxsu, sa] ◇ *adj* reverse. ◇ *m* [lado contrário] reverse.

reverter [xevex'te(x)] *vi* -1. [retroceder]: **~ a** to return to. -2. [redundar]: **~ em favor de alguém** to revert in s.o.'s favour; **~ em benefício de** to benefit.

revés [xe'vɛʃ] (*pl* **-eses**) *m* -1. [reverso] reverse; **ao ~** [às avessas] inside out. -2. *fig* [infortúnio] setback.

◆ **de revés** *loc adv* [olhar, sorrir] askance.

revestimento [xeveʃtʃi'mẽntu] *m* covering.

revestir [xeveʃ'tʃi(x)] *vt* -1. [ger] to cover. -2. [vestir] to don, to put on.

revezamento [xeveza'mẽntu] *m* -1. [ato]: **para cuidar do bebê, o casal fez um ~** the couple took it in turns to look after the baby. -2. ESP relay.

revezar [xeve'za(x)] ◇ *vt* to swap. ◇ *vi*: ~ **(com)** to take turns (with).
◆ **revezar-se** *vp* to alternate.
revidar [xevi'da(x)] ◇ *vt* **-1.** [responder] to return. **-2.** [contestar] to answer. ◇ *vi* [responder] to answer back.
revide [xe'vidʒi] *m* response.
revigorar [xevigo'ra(x)] *vt* to reinvigorate.
◆ **revigorar-se** *vp* to regain one's strength.
revirado, da [xevi'radu, da] *adj* **-1.** [casa] untidy. **-2.** [revolto] choppy.
revirar [xevi'ra(x)] *vt* **-1.** [tornar a virar] to turn over. **-2.** [mudar] to change. **-3.** [os olhos] to roll. **-4.** [remexer em] to turn out.
◆ **revirar-se** *vp* [virar-se] to toss and turn.
reviravolta [xe,vira'vɔwta] *f* **-1.** [mudança] turnabout. **-2.** [pirueta] pirouette.
revisão [xevi'zãw] (*pl* **-ões**) *f* **-1.** [de texto] revision. **-2.** [de máquina - ger] overhaul; [- carro, motor de carro] service. **-3.** [os revisores] review board. **-4.** JUR review.
revisar [xevi'za(x)] *vt* **-1.** [texto] to revise. **-2.** [máquina - ger] to overhaul; [- motor de carro] to service. **-3.** [recapitular] to review.
revista [xe'viʃta] *f* **-1.** [publicação] magazine; ~ **em quadrinhos** comic. **-2.** [acadêmica] journal. **-3.** MIL [inspeção] review. **-4.** [busca] search. **-5.** TEATRO revue.
revistar [xeviʃ'ta(x)] *vt* to search.
revisto, ta [xe'viʃtu, ta] *pp* ▻ **rever**.
revitalizar [xevitali'za(x)] *vt* to revitalize.
revogação [xevoga'sãw] (*pl* **-ões**) *f* repeal.
revogar [xevo'ga(x)] *vt* to repeal.
revolta [xe'vɔwta] *f* **-1.** [ger] revolt. **-2.** [rebeldia]: ~ **(contra)** rebellion (against). **-3.** [indignação]: ~ **(diante de** *OU* **com)** indignation (at).
revolto, ta [xe'vowtu, ta] *adj* **-1.** [revirado] rough. **-2.** [conturbado] troubled. **-3.** [desarrumado] untidy.
revoltoso, osa [xevow'tozu, ɔza] *adj* rebellious.
◆ **revoltoso** *m* rebel.
revolução [xevolu'sãw] (*pl* **-ões**) *f* revolution.
revolucionar [xevolusjo'na(x)] *vt* **-1.** [transformar] to revolutionize. **-2.** [sublevar] to stir up. **-3.** [agitar] to change completely.
revolucionário, ria [xevolusjo'narju, rja] ◇ *adj* revolutionary. ◇ *m, f* revolutionary.
revolver [xevow've(x)] *vt* **-1.** [remexer] to rummage through. **-2.** [examinar, investigar] to search. **-3.** [revirar - olhos] to roll; [- corpo, terra] to turn over. **-4.** [agitar] to blow about. **-5.** [relembrar] to recall.
◆ **revolver-se** *vp* **-1.** [mexer-se] to roll over. **-2.** [agitar-se] to blow about.
revólver [xe'vɔwve(x)] (*pl* **-es**) *m* revolver.
reza ['xɛza] *f* prayer.
rezar [xe'za(x)] ◇ *vt* **-1.** [orar] to pray. **-2.** [missa] to say mass. **-3.** [afirmar, preceituar] to state. ◇ *vi* [orar] to pray.
RG (*abrev de* **Registro Geral**) *m Brazilian identity card*, ≃ ID card.
RH (*abrev de* **Recursos Humanos**) *m* HR.
riacho ['xjaʃu] *m* stream.
ribeirão [xibej'rãw] (*pl* **-ões**) *m* stream.
ribeirinho, nha [xibej'riɲu, ɲa] ◇ *adj* riverside. ◇ *m, f* riverside dweller.
ricamente [xika'mẽntʃi] *adv* richly.
rícino ['xisinu] *m* castor-oil plant.
rico, ca ['xiku, ka] ◇ *adj* **-1.** [ger] rich. **-2.** [opulento] opulent. **-3.** [abundante]: ~ **em algo** rich in sthg. **-4.** [esplêndido] splendid. **-5.** [valiosa] precious. ◇ *m, f* [pessoa] rich person.
ricota [xi'kɔta] *f* ricotta.
ridicularizar [xidʒikulari'za(x)] *vt* to ridicule.
ridículo, la [xi'dʒikulu, la] *adj* ridiculous.
◆ **ridículo** *m* ridicule.
rifa ['xifa] *f* raffle.
rifle ['xifli] *m* rifle.
rigidez [xiʒi'deʒ] *f* **-1.** [dureza - de metais, parede] rigidity; [- de músculo, corpo] stiffness. **-2.** *fig* [severidade] harshness. **-3.** *fig* [inflexibilidade] strictness.
rígido, da ['xiʒidu, da] *adj* **-1.** [hirto] stiff. **-2.** [resistente] strong. **-3.** [severo - pessoa, rosto] severe; [- disciplina] strict.
rigor [xi'go(x)] (*pl* **-es**) *m* **-1.** [rigidez] rigour *UK*, rigor *US*. **-2.** [severidade] severity. **-3.** [exatidão] rigour *UK*, rigor *US*. **-4.** [meticulosidade] thoroughness; **com** ~ strictly. **-5.** [preceito] good manners *(pl)*. **-6.** [auge] harshness.
◆ **a rigor** *loc adv* strictly speaking.
rigoroso, osa [xigo'rozu, ɔza] *adj* **-1.** [ger] strict. **-2.** [castigo] severe. **-3.** [exato] precise. **-4.** [meticuloso] meticulous. **-5.** *fig* [penoso] severe.
rijo, ja ['xiʒu, ʒa] *adj* **-1.** [rígido] firm. **-2.** [severo] severe.
rim ['xĩ] (*pl* **-ns**) *m* ANAT kidney.
◆ **rins** *mpl fam* [região lombar] lower back *(sg)*.
rima ['xima] *f* rhyme.
rimar [xi'ma(x)] *vi* to rhyme.
rímel ['ximɛw] (*pl* **-eis**) *m* mascara.
ringue ['xĩŋgi] *m* ring.
rinoceronte [xinose'rõntʃi] *m* rhinoceros.
rins [xĩnʃ] *pl* ▻ **rim**.
rio ['xiw] *m* river; **gastar** ~**s de dinheiro** to spend lots of money.
riqueza [xi'keza] *f* **-1.** [ger] richness. **-2.** [fortuna, bens] wealth. **-3.** [beleza] beauty; **essa igreja é uma** ~**!** this church is beautiful!
rir ['xi(x)] *vi* to laugh; ~ **de algo/alguém** to laugh at sthg/sb; **morrer de** ~ **(de algo/alguém)** to laugh one's head off (at sthg/sb), to laugh oneself silly (at sthg/sb).

risada [xi'zada] *f* **-1.** [riso] laughter. **-2.** [gargalhada] guffaw.

risca ['xiʃka] *f* **-1.** [listra] stripe. **-2.** [no cabelo] parting. **-3.** [traço] line.

◆ **à risca** *loc adv* to the letter.

riscar [xiʃ'ka(x)] *vt* **-1.** [fazer riscas em - porta, parede] to scratch; [- papel] to draw lines on. **-2.** [esboçar] to sketch. **-3.** [marcar] to draw. **-4.** [apagar] to cross out. **-5.** [acender] to scratch. **-6.** [eliminar]: ~ **alguém/algo de algo** to eliminate sb/sthg from sthg. **-7.** [atritar] to scrape.

risco ['xiʃku] *m* **-1.** [traço] scratch. **-2.** [esboço] sketch. **-3.** [perigo] risk; **correr ~ de** to run the risk of; **pôr algo/alguém em ~** to put sthg/sb at risk.

risco-país [ˌxiʃkupa'jiʃ] *m* ECON country risk.

riso ['xizu] *m* laugh; ~ **amarelo** forced laugh.

risonho, nha [xi'zoɲu, ɲa] *adj* **-1.** [que sorri] smiling. **-2.** [alegre] cheerful.

risoto [xi'zotu] *m* risotto.

ríspido, da ['xiʃpidu, da] *adj* harsh.

rítmico, ca ['xitʃmiku, ka] *adj* rhythmic.

ritmo ['xitʃimu] *m* rhythm.

rito ['xitu] *m* rite.

ritual [xi'twaw] (*pl* **-ais** [xi'twajʃ]) ◇ *adj* ritual. ◇ *m* **-1.** [ger] ritual. **-2.** [livro] service book.

rival [xi'vaw] (*pl* **-ais**) ◇ *adj* rival. ◇ *mf* rival.

rivalidade [xivali'dadʒi] *f* rivalry.

rivalizar [xivali'za(x)] *vi*: ~ **com algo/alguém** to compete with sthg/sb.

rixa ['xiʃa] *f* quarrel.

RJ (*abrev de* **Estado do Rio de Janeiro**) *n State of Rio de Janeiro.*

RN (*abrev de* **Estado do Rio Grande do Norte**) *n State of Rio Grande do Norte.*

RO (*abrev de* **Estado de Rondônia**) *n State of Rondônia.*

robô [ro'bo] *m* robot.

robusto, ta [xo'buʃtu, ta] *adj* robust.

roça ['xɔsa] *f* **-1.** [plantação] plantation. **-2.** [campo] country. **-3.** [mato] clearing.

rocambole [xokãn'bɔli] *m* roll.

roçar [xo'sa(x)] ◇ *vt* **-1.** [cortar] to clear. **-2.** [tocar de leve] to brush. **-3.** [atritar] to scrape. ◇ *vi* [tocar de leve]: ~ **em** to brush against.

rocha ['xɔʃa] *f* **-1.** [pedra] rock. **-2.** [rochedo] crag.

rochedo [xo'ʃedu] *m* crag.

rock ['xɔki] *m* MÚS rock.

roda ['xɔda] *f* **-1.** [ger] wheel. **-2.** [círculo] circle; **alta ~** high society; ~ **de samba** *circle of samba dancers and musicians*; **brincar de ~** to play in a circle. **-3.** [de saia] hoop.

rodado, da [xo'dadu, da] *adj* **-1.** [que tem roda] full. **-2.** [percorrido] on the clock.

◆ **rodada** *f* **-1.** [giro] turn; **dar uma rodada** to turn round. **-2.** [de bebida] round. **-3.** ESP round.

roda-gigante [xɔdaʒi'gãntʃi] (*pl* **rodas-gigantes**) *f* big wheel, Ferris wheel.

rodamoinho [xɔda'mwiɲu] *m* **-1.** [de água] whirlpool. **-2.** [de cabelo] swirl.

rodapé [xɔda'pɛ] *m* **-1.** [de parede] skirting board. **-2.** [de página] foot; **nota de ~** footnote. **-3.** [artigo] article.

rodar [xo'da(x)] ◇ *vt* **-1.** [fazer girar] to turn. **-2.** [percorrer] to travel. **-3.** [imprimir] to print. **-4.** [filmar] to film. **-5.** AUTO to do. **-6.** COMPUT to run. ◇ *vi* **-1.** [girar] to turn. **-2.** [ser impresso] to be printed. **-3.** [decorrer] to move on.

rodear [xo'dʒja(x)] *vt* **-1.** [contornar] to go round. **-2.** [cercar] to surround.

◆ **rodear-se** *vp* [cercar-se] to surround o.s.

rodeio [xo'deju] *m* **-1.** [circunlóquio] circumlocution. **-2.** [evasiva] evasiveness; **fazer ~s** to beat about the bush; **sem ~s** bluntly. **-3.** [de gado] rodeo.

rodela [xo'dɛla] *f* [pedaço] slice.

rodízio [xo'dʒizju] *m* **-1.** [revezamento] turn; **fazer ~** to take turns. **-2.** [em restaurante] *type of service in a restaurant where you are served at your table as much meat or, sometimes, pizza as you can eat, and normally accompanied by a free buffet of salad, etc.*

rodo ['xodu] *m* **-1.** [para puxar água] brush. **-2.** [agrícola] rake.

◆ **a rodo** *loc adv* a lot.

rodopiar [xodo'pja(x)] *vi* to spin around.

rodopio [xodo'piw] *m* spin.

rodovia [xodo'via] *f* motorway *UK*, highway *US*.

rodoviário, ria [xodo'vjarju, rja] *adj* road.

◆ **rodoviária** *f* [estação de ônibus] bus station.

roedor, ra [xwe'do(x), ra] *adj* gnawing.

◆ **roedor** *m* rodent.

roer ['xwe(x)] *vt* **-1.** [com dentes] to gnaw; ~ **as unhas** to bite one's nails; **duro de ~** *fam fig* a hard nut to crack. **-2.** [destruir] to eat away. **-3.** [corroer] to erode. **-4.** *fig* [atormentar] to eat away at, to gnaw at.

◆ **roer-se** *vp fig* [atormentar-se]: **~-se de algo** to be eaten up with sthg.

rogado, da [xo'gadu, da] *adj*: **fazer-se de ~** to play hard to get.

rogar [xo'ga(x)] ◇ *vt* to ask; ~ **pragas (contra algo/alguém)** to curse (sthg/sb). ◇ *vi* to pray; ~ **a alguém que faça algo** to beg sb to do sthg.

rojão [xo'ʒãw] (*pl* **-ões**) *m* **-1.** [foguete] rocket. **-2.** *fig* [ritmo intenso] hectic pace; **aguentar o ~** *fig* [resistir] to stand the pace.

rol [xɔw] (*pl* **róis**) *m* list.

rolar [xo'la(x)] ◇ *vt* **-1.** [fazer girar] to roll. **-2.**

fig [dívida] to run up. <> *vi* -**1.** [cair, deslizar] to roll. -**2.** [na cama] to toss and turn. -**3.** *fam* [estender-se] to roll on. -**4.** *fam* [ser servido] to be served. -**5.** *fam* [acontecer] to go on.
roldana [xow'dãna] *f* pulley.
roleta [xo'leta] *f* -**1.** [jogo] roulette. -**2.** [borboleta] turnstile.
roleta-russa [xo,leta'xusa] (*pl* **roletas-russas**) *f* Russian roulette.
rolha ['xoʎa] *f* -**1.** [peça] cork. -**2.** *fam fig* [censura] gag.
roliço, ça [xo'lisu, sa] *adj* -**1.** [redondo] round. -**2.** [gordo] chubby.
rolo ['xolu] *m* -**1.** [ger] roller; ~ **de pastel** rolling pin; ~ **compressor** steam roller. -**2.** [cilindro] roll. -**3.** [almofada] bolster. -**4.** *fam* [bafafá, confusão] brawl; **dar** ~ to cause trouble.
ROM (*abrev de* **Read Only Memory**) *f* ROM.
romã [xo'mã] *f* pomegranate.
Roma ['xoma] *n* Rome.
romance [xo'mãnsi] *m* -**1.** *LITER* novel; ~ **policial** detective story. -**2.** *fig* [amoroso] romance. -**3.** *fig* [saga] saga.
romancista [xomãn'siʃta] *mf* novelist.
romano, na [xo'mãnu, na] <> *adj* Roman. <> *m, f* Roman.
romântico, ca [xo'mãntʃiku, ka] <> *adj* -**1.** *ARQUIT & LITER* Romantic. -**2.** [poético, sentimental] romantic. <> *m, f* -**1.** *ARQUIT & LITER* Romantic. -**2.** [pessoa] romantic.
romantismo [xomãn'tʃiʒmu] *m* -**1.** *ARQUIT & LITER* Romanticism. -**2.** [sentimentalismo] romance.
romaria [xoma'ria] *f* -**1.** [peregrinação] pilgrimage. -**2.** [festa] popular festival. -**3.** *fig* [muita gente] flock.
rombo ['xõnbu] *m* -**1.** [furo] hole. -**2.** *fig* [desfalque] embezzlement. -**3.** *fig* [prejuízo] deficit.
Romênia [xo'menja] *n* Rumania.
romeno, na [xo'menu, na] <> *adj* Rumanian. <> *m, f* Rumanian.
◆ **romeno** *m* [língua] Rumanian.
romeu-e-julieta [xo,mewiʒu'ljeta] *m CULIN guava preserve on cheese.*
rompimento [xõnpi'mẽntu] *m* -**1.** [de cano, barragem] bursting. -**2.** [de contrato, relações] breaking.
roncar [xõŋ'ka(x)] *vi* to snore.
ronco ['xõŋku] *m* -**1.** [no sono] snore. -**2.** *MED* rale. -**3.** [ruído] rumble. -**4.** [grunhido] grunt.
ronda ['xõnda] *f* beat; **fazer a** ~ to be on patrol.
rondar [xõn'da(x)] <> *vt* -**1.** [andar vigiando] to patrol. -**2.** [espreitar] to prowl about. -**3.** [andar à volta de] to go round. -**4.** [cifra] to reach. <> *vi*: ~ **(por)** [andar vigiando] to be on patrol (throughout); [espreitar] to prowl (about).
Rondônia [xõn'donja] *n* Rondonia.
ronronar [xõnxo'na(x)] *vi* to purr.
roqueiro, ra [xo'kejru, ra] *m, f* -**1.** [músico] rock musician. -**2.** [cantor] rock singer.
Roraima [xo'rajma] *n* Roraima.
rosa ['xɔza] <> *adj inv* [cor] pink. <> *f BOT* rose. <> *m* [cor] pink.
rosado, da [xo'zadu, da] *adj* pink.
rosário [xo'zarju] *m* -**1.** [colar] string of beads. -**2.** [orações] rosary.
rosbife [xoʒ'bifi] *m* roast beef.
rosca ['xoʃka] *f* -**1.** [de parafuso, porca] thread. -**2.** [pão] twist. -**3.** [biscoito] biscuit.
roseira [xo'zejra] *f* rose bush.
róseo, sea ['xɔzju, zja] *adj* rosy.
rosnar [xoʒ'na(x)] <> *vi* [cão] to growl. <> *m* [de cão] growl.
rosto ['xoʃtu] *m* face.
rota ['xɔta] *f* route.
ROTA (*abrev de* **Rondas Ostensivas Tobias de Aguiar**) *f shock police force of São Paulo.*
rotação [xota'sãw] (*pl* **-ões**) *f* rotation.
rotatividade [xotatʃivi'dadʒi] *f* -**1.** [movimento] turning. -**2.** [rodízio] rotation.
roteador, ra [rotea'do(x),ra] *m COMPUT* router.
roteiro [xo'tejru] *m* -**1.** [ger] script. -**2.** [de viagem] guide book. -**3.** [de trabalho] schedule.
rotina [xo'tʃina] *f* routine.
rotineiro, ra [xotʃi'nejru, ra] *adj* routine.
roto, ta ['xotu, ta] *adj* -**1.** [rasgado] torn. -**2.** [maltrapilho] ragged.
rótula ['xɔtula] *f ANAT* kneecap.
rotular [xotu'la(x)] <> *adj ANAT* patellar. <> *vt* -**1.** [etiquetar] to label. -**2.** *fig* [qualificar]: ~ **alguém/algo (de algo)** to label sb/sthg (as sthg).
rótulo ['xɔtulu] *m* label.
roubalheira [xoba'ʎejra] *f* (outright) robbery.
roubar [xo'ba(x)] <> *vt* -**1.** [ger] to steal. -**2.** [furtar] to rob. <> *vi* -**1.** [furtar] to steal. -**2.** [enganar] to cheat.
roubo ['xobu] *m* -**1.** [ato] theft. -**2.** [produto roubado] stolen goods *(pl)*. -**3.** *fig* [preço extorsivo]: **ser um** ~ to be exorbitant.
rouco, ca ['xoku, ka] *adj* hoarse.
round ['xawndʒi] *m ESP* round.
roupa ['xopa] *f* clothes *(pl)*; ~ **de baixo** underwear; ~ **de cama/mesa** bed/table linen.
roupão [xo'pãw] (*pl* **-ões**) *m* dressing gown.
rouxinol [xoʃi'nɔw] (*pl* **-óis**) *m* nightingale.
roxo, xa ['xoʃu, ʃa] *adj* -**1.** [cor] violet; ~ **de inveja** *fig* green with envy; **estar** ~ **de saudades** *fig* to have the blues. -**2.** *MED* purple.
◆ **roxo** *m* [cor] violet.
royalty ['xɔjawtʃi] (*pl* **royalties**) *m* royalty.
RP (*abrev de* **Relações Públicas**) *f* PR.
RPM (*abrev de* **Rotações por Minuto**) *f* RPM.
RR (*abrev de* **Estado de Roraima**) *n State of Roraima.*

RS (*abrev de* **Estado do Rio Grande do Sul**) *n State of Rio Grande do Sul.*

RSVP (*abrev de* **répondez s'il vous plaît**) RSVP.

rua ['xua] *f* [ger] street; ~ **sem saída** dead end.

rubéola [xu'bɛwla] *f* German measles, rubella.

rubi [xu'bi] *m* ruby.

rubor [xu'bo(x)] (*pl* **-es**) *m* **-1.** [na face] flush. **-2.** [vergonha] blush.

ruborizar [xubori'za(x)] *vt* [envergonhar] to embarrass.

◆ **ruborizar-se** *vp* to blush.

rubrica [xu'brika] *f* **-1.** [assinatura] initials *(pl)*. **-2.** [indicação de assunto *etc.*] rubric.

rubricar [xubri'ka(x)] *vt* to initial.

rubro, bra ['xubru, bra] *adj* **-1.** [ger] bright red. **-2.** [faces] ruddy.

ruço, ça ['xusu, sa] *adj* **-1.** [desbotado, surrado] faded. **-2.** *fam* [difícil] tricky.

rude ['xudʒi] *adj* **-1.** [descortês] rude. **-2.** [primitivo] crude.

rudimentar [xudʒimẽn'ta(x)] *adj* rudimentary.

rudimentos [xudʒi'mẽntuʃ] *mpl* rudiments.

ruela ['xwɛla] *f* alleyway.

ruga ['xuga] *f* **-1.** [na pele] wrinkle. **-2.** [na roupa] crease.

rúgbi ['xugbi] *m* rugby.

ruge ['xuʒi] *m* rouge.

rugido [xu'ʒidu] *m* roar.

rugir [xu'ʒi(x)] *vi* to roar.

ruído ['xwidu] *m* noise.

ruidoso, osa [xwi'dozu, ɔza] *adj* noisy.

ruim ['xuĩ] (*pl* **-ns**) *adj* **-1.** [nocivo] vile. **-2.** [malvado] wicked. **-3.** [imprestável, ineficiente] useless. **-4.** [podre] rotten. **-5.** [defeituoso] faulty. **-6.** [ordinário] poor. **-7.** [desagradável] bad; **achar ~** [zangar-se] to get upset.

ruína [,xwina] *f* **-1.** [ger] ruin; **estar em ~s** to be in ruins. **-2.** [causa de destruição, queda] ruination. **-3.** [decadência] downfall.

ruins [xu'ĩnʃ] *pl* ▷ **ruim.**

ruir ['xwi(x)] *vi* to collapse.

ruivo, va ['xuivu, va] ◇ *adj* **-1.** [pessoa] redheaded. **-2.** [cabelo, barba] red. ◇ *m, f* redhead.

rum ['xũ] *m* rum.

rumar [xu'ma(x)] ◇ *vt*: **~ algo para** to steer sthg towards. ◇ *vi*: **~ para** to head for.

ruminar [xumi'na(x)] ◇ *vt* to think over. ◇ *vi* to ruminate.

rumo ['xumu] *m* **-1.** [direção] course; **ir ~ a** to head for. **-2.** *fig* [destino] fate; **sem ~** *lit* adrift; *fig* aimless.

rumor [xu'mo(x)] (*pl* **-es**) *m* **-1.** [ruído] noise. **-2.** [boato] rumour.

ruptura [xup'tura] *f* **-1.** [ger] rupture. **-2.** [de fiação] break. **-3.** [de relações, negociações] break-up. **-4.** [de contrato] breach.

rural [xu'raw] (*pl* **-ais**) *adj* rural.

rush ['xãʃi] *m* heavy traffic; **a hora do ~** rush hour.

Rússia ['xusja] *n* Russia.

russo, sa ['xusu, sa] ◇ *adj* Russian. ◇ *m, f* Russian.

◆ **russo** *m* [língua] Russian.

rústico, ca ['xuʃtʃiku, ka] *adj* rustic.

S

s, S ['ɛsi] *m* [letra] s, S.

sã [sã] *f* ▷ **são.**

S.A. (*abrev de* **Sociedade Anônima**) *f incorporated company,* ≃ Inc.

Saara [sa'ara] *n*: **o (deserto do) ~** the Sahara (Desert).

sáb. (*abrev de* **sábado**) *m* Sat.

sábado ['sabadu] *m* Saturday; **aos ~s** on Saturdays; **cair num ~** to fall on a Saturday; **(no) ~** (on) Saturday; **(no) ~ que vem/no próximo ~** (on) the coming, next Saturday; **~ de manhã** Saturday morning; **~ à tarde/noite** Saturday afternoon/evening; **~ passado** *OU* **retrasado** last Saturday, Saturday just gone; **~ sim, ~ não** every other Saturday; **todos os ~s** every Saturday.

sabão [sa'bãw] (*pl* **-ões**) *m* [produto] soap; **~ em pó** soap powder.

sabedoria [sabedo'ria] *f* wisdom.

saber [sa'be(x)] ◇ *m* knowledge. ◇ *vi* to know. ◇ *vt* to know; **~ de cor** to know (off) by heart; **~ (como) fazer algo** to know how to do sthg; **sei lá!** *fam* who knows!; **você que sabe** *fam* it's up to you. ◇ *vi* **-1.** [ter erudição] to know. **-2.** [estar a par de]: **~ (de algo)** to know (sthg).

sabiá [sa'bja] *m* song thrush.

sabido, da [sa'bidu, da] *adj* **-1.** [astuto] wise. **-2.** [conhecedor] knowledgeable.

sábio, bia ['sabju, bja] ◇ *adj* wise. ◇ *m, f* wise person.

sabões [sa'bõjʃ] *pl* ▷ **sabão.**

sabonete [sabo'netʃi] *m* toilet soap.

sabor [sa'bo(x)] (*pl* **-es**) *m* taste; **ao ~ de** at the mercy of.

saborear [sabo'rja(x)] *vt* to savour.

saboroso, osa [sabo'rozu, ɔza] *adj* tasty.

sabotagem [sabo'taʒẽ] (*pl* **-ns**) *f* sabotage.

sabotar [sabo'ta(x)] *vt* to sabotage.

SAC (*abrev de* **Serviço de Atendimento ao Con-**

sumidor) *m Brazilian consumer telephone service.*

saca ['saka] *f* [saco largo] sack.

sacada [sa'kada] *f ARQUIT* balcony.

sacal [sa'kaw] (*pl* **-ais**) *adj* boring.

sacana [sa'kana] *adj mfam* **-1.** [sujo]: **ser ~** to be a bastard. **-2.** [esperto] sharp. **-3.** [libidinoso] randy. **-4.** [brincalhão] raffish.

sacanagem [saka'naʒẽ] (*pl* **-ns**) *f mfam* **-1.** [sujeira] dirty trick. **-2.** [libidinagem] screwing. **-3.** [brincadeira] joke.

sacar [sa'ka(x)] <> *vt* **-1.** [arma, carteira] to pull out. **-2.** [em banco] to draw. **-3.** *fam* [compreender] to twig. <> *vi* **-1.** [de arma]: **~ de algo** to whip out sthg. **-2.** [em banco]: **~ (contra/ sobre)** to draw (against/from). **-3.** *ESP* to serve. **-4.** *fam* [compreender] to twig. **-5.** *fam* [mentir] to fib. **-6.** *fam* [falar sem saber] to talk through one's hat.

saca-rolha [ˌsaka'xoʎa] (*pl* **saca-rolhas**) *m* corkscrew.

sacerdócio [sasex'dɔsju] *m* priesthood.

sacerdote, tisa [sasex'dɔtʃi, tʃiza] *m, f* [pagão] priest (*f* priestess).

saciar [sa'sja(x)] *vt* to satisfy.

saco ['saku] *m* **-1.** [recipiente] bag. **-2.** [utensílio]: **~ de dormir** sleeping bag. **-3.** [enseada] cove. **-4.** *vulg* [testículos] balls. **-5.** *fam* [amolação]: **encher o ~ (de alguém)** to get one's goat; **estar de ~ cheio (de alguém/algo)** to have a bellyful (of sb/sthg); **que ~!** what a bore! **-6.** *fam* [paciência]: **haja ~!** keep your knickers on!, don't get your knickers in a twist! **-7.** *fam* [disposição]: **estar com/sem ~ de fazer algo** to give/not to give a hoot about doing sthg.

sacola [sa'kɔla] *f* saddlebag.

sacolejar [sakole'ʒa(x)] *vt* **-1.** [sacudir] to shake. **-2.** [rebolar] to sway.

sacramento [sakra'mẽntu] *m RELIG* sacrament.

sacrificar [sakrifi'ka(x)] *vt* **-1.** [ger] to sacrifice. **-2.** [prejudicar] to damage. **-3.** [matar] to put down.

◆ **sacrificar-se** *vp* **-1.** [ger] to sacrifice o.s. **-2.** [sujeitar-se] to give in to.

sacrifício [sakri'fisju] *m* sacrifice.

sacrilégio [sakri'lɛʒju] *m* sacrilege.

sacro, cra ['sakru, kra] *adj* **-1.** [sagrado] sacred. **-2.** *ANAT* sacral.

sacudida [saku'dʒida] *f* shake.

sacudir [saku'dʒi(x)] *vt* to shake.

◆ **sacudir-se** *vp* **-1.** [tremer] to shake. **-2.** [saracotear] to waggle.

sádico, ca ['sadʒiku, ka] <> *adj* sadistic. <> *m, f* sadist.

sadio, dia [sa'dʒiu, dʒia] *adj* healthy.

sadismo [sa'dʒiʒmu] *m* sadism.

safadeza [safa'deza] *f* **-1.** [ger] mischief. **-2.** [devassidão] debauchery.

safado, da [sa'fadu, da] *adj* **-1.** [ger] mischievous. **-2.** [devasso] debauched.

safári [sa'fari] *m* safari.

safira [sa'fira] *f* sapphire.

safra ['safra] *f* **-1.** *AGR* harvest. **-2.** *fig* [de cantores *etc.*] crop.

saga ['saga] *f* saga.

sagaz [sa'gajʒ] *adj* shrewd.

sagitariano, na [saʒita'rjãnu, na] <> *adj* Sagittarian. <> *m, f* Sagittarian.

Sagitário [saʒi'tarju] <> *m* [zodíaco] Sagittarius. <> *mf* [pessoa] Sagittarian.

sagrado, da [sa'gradu, da] *adj* sacred.

saguão [sa'gwãw] (*pl* **-ões**) *m* **-1.** [entrada] lobby. **-2.** [pátio] courtyard.

saia ['saja] *f* **-1.** [roupa] skirt. **-2.** [de mesa] (floor-length) tablecloth. **-3.** *fam fig* [mulher] skirt; **~ justa** tight spot.

saída [sa'ida] *f* **-1.** [ger] way out; **~ de emergência** emergency exit. **-2.** [ato] leaving. **-3.** [*COMPUT* - de programa] exit; [- de dados] output.

saída-de-praia [saˌidadʒi'praja] (*pl* **saídas-de-praia**) *f* beach wrap.

saideira [saj'dejra] *f* one for the road.

sair [sa'i(x)] *vi* **-1.** [gen] to come out; **~ do armário** *fig* to come out *(as being homosexual)*. **-2.** [ir para fora - de ônibus, trem, avião] to get off; [- de carro] to get out of. **-3.** [ir para a rua] to go out. **-4.** [ir embora, deixar] to leave; **~ de fininho** to sneak off. **-5.** [fugir] to get out. **-6.** [escapar]: **~ de** to get out of. **-7.** [aparecer] to appear. **-8.** [desaparecer]: **~ de moda** to go out of fashion. **-9.** [parecer-se]: **~ a alguém** to take after sb. **-10.** [resultar] to turn out; **~ ganhando/perdendo** to end up winning/losing. **-11.** [custar]: **~ (a** *OU* **por)** to come to; **~ caro** to be expensive. **-12.** *COMPUT* to exit.

◆ **sair-se** *vp* [obter resultado]: **~-se bem/mal** to come out well/badly.

sal ['saw] (*pl* **sais**) *m* salt; **sem ~** [manteiga *etc.*] unsalted; [precisando de mais sal] bland; **~ grosso** rock salt.

sala ['sala] *f* **-1.** [aposento] room; **~ de espera** waiting room; **~ de estar** living room; **~ de operações** operating theatre; **~ de bate-papo** *COMPUT* chat room. **-2.** [de espetáculos] concert hall. **-3.** *EDUC*: **~ (de aula)** classroom; [alunos] class.

salada [sa'lada] *f* **-1.** *CULIN* salad; **~ de frutas** fruit salad. **-2.** *fig* [confusão]: **fazer uma ~ de algo** to make a muddle of sthg.

sala-e-quarto [ˌsalaj'kwaxtu] (*pl* **sala-e-quartos**) *m* studio (flat).

salame [sa'lãmi] *m* salami.

salaminho [salã'miɲu] *m* small salami.

salão [sa'lãw] (*pl* **-ões**) *m* **-1.** [aposento] lounge. **-2.** [estabelecimento]: **~ de beleza** beauty salon; ~ **de chá** tea room. **-3.** [exposição] exhibition hall.

salarial [sala'rjaw] (*pl* **-ais**) *adj* pay *(antes de subst)*.

salário [sa'larju] *m* wage; ~ **de fome** miserly wage; **décimo terceiro** ~ *Christmas bonus equal to one month's wages*; ~ **mínimo** minimum wage; ~ **líquido** net salary.

saldar [saw'da(x)] *vt* to settle.

saldo ['sawdu] *m* **-1.** [ger] balance; ~ **credor/devedor** credit/debit balance; ~ **negativo/positivo** debit/credit balance. **-2.** *fig* [resultado] outcome.

saleiro [sa'lejru] *m* **-1.** [recipiente] salt cellar. **-2.** [moedor] salt mill.

salgadinho [sawga'dʒiɲu] *m* canapé.

salgado, da [saw'gadu, da] *adj* **-1.** [comida - com sal] salted; [- com excesso de sal] salty. **-2.** [anedota] salty. **-3.** [preço] steep.

salgar [saw'ga(x)] *vt* to salt.

salgueiro [saw'gejru] *m* willow.

salientar [saljẽn'ta(x)] *vt* **-1.** [ressaltar] to highlight. **-2.** [enfatizar] to stress.

◆ **salientar-se** *vp* [distinguir-se] to distinguish o.s.

saliente [sa'ljẽntʃi] *adj* **-1.** [ressaltado] salient. **-2.** *fig* [espevitado] eager.

salino, na [sa'linu, na] *adj* saline.

◆ **salina** *f* **-1.** [terreno] salt bed. **-2.** [empresa] salt works.

saliva [sa'liva] *f* saliva.

salmão [saw'mãw] (*pl* **-ões**) ◇ *m* [peixe] salmon. ◇ *m inv* [cor] salmon. ◇ *adj inv* [cor] salmon-pink.

salmo ['sawmu] *m* psalm.

salmões [saw'mõjʃ] *pl* ▷ **salmão**.

salmoura [saw'mora] *f* brine.

salobro, bra [sa'lobru, bra] *adj* brackish.

salões [sa'lõjʃ] *pl* ▷ **salão**.

salpicão [sawpi'kãw] (*pl* **-ões**) *m* **-1.** [paio] smoked sausage. **-2.** [prato]: ~ **(de galinha)** *cold shredded chicken and vegetable dish*.

salpicar [sawpi'ka(x)] *vt* **-1.**: ~ **algo em algo**, ~ **algo de algo** [temperar] to season sthg with sthg; [sarapintar, sujar] to splash; ~ **alguém de algo** [sujar] to splash sb with sthg. **-2.** [entremear]: ~ **algo com** *ou* **de algo** to pepper sthg with sthg.

salsa ['sawsa] *f* **-1.** [erva] parsley. **-2.** *MÚS* salsa.

salsicha [saw'siʃa] *f* sausage.

salsichão [sawsi'ʃãw] (*pl* **-chões**) *m* large sausage.

saltar [saw'ta(x)] ◇ *vt* **-1.** [ger] to jump. **-2.** *fam* [fazer vir] to send for. ◇ *vi* **-1.** [pular]: ~ **(de/sobre)** to jump (from/on). **-2.** [de ônibus, trem, cavalo]: ~ **(de)** to jump (from). **-3.** [rolha] to pop.

salteador, ra [sawtʃja'do(x), ra] *m, f* mugger.

saltimbanco [sawtʃĩn'bãŋku] *m* travelling acrobat.

salto ['sawtu] *m* **-1.** [pulo] jump; **dar um** ~ to leap. **-2.** *ESP*: ~ **em altura** high jump; ~ **em distância** long jump; ~ **de vara** pole vault. **-3.** [de sapato] heel; ~ **alto/baixo** high/low heel.

salto-mortal [,sawtumox'taw] (*pl* **saltos-mortais**) *m* somersault.

salubre [sa'lubri] *adj* salubrious.

salutar [salu'ta(x)] (*pl* **-es**) *adj* **-1.** [saudável] healthy. **-2.** *fig* [moralizador] salutary.

salva ['sawva] *f* **-1.** *MIL*: ~ **(de tiros)** salvo (of gunshots). **-2.** *fig*: **uma** ~ **de palmas** a round of applause. **-3.** [bandeja] tray.

salvação [sawva'sãw] *f* salvation.

salvador, ra [sawva'do(x), ra] *m, f* [pessoa] saviour.

salvadorenho, nha [sawvado'reɲu, ɲa] ◇ *adj* Salvadorean. ◇ *m, f* Salvadorean.

salvaguardar [,sawvagwax'da(x)] *vt* to safeguard.

salvamento [sawva'mẽntu] *m* rescue.

salvar [saw'va(x)] *vt* to save.

◆ **salvar-se** *vp* [escapar] to escape.

salva-vidas [,salva'vidaʃ] ◇ *adj inv* lifeguard. ◇ *m* **-1.** *inv* [bóia] lifebelt. **-2.** [pessoa] lifeguard. **-3.** [jaqueta] life jacket.

salve ['sawvi] *interj* cheers!

salvo, va ['sawvu, va] ◇ *adj* safe; **estar a** ~ to be safe. ◇ *prep* except.

salvo-conduto [,sawvukõn'dutu] (*pl* **salvo-condutos, salvos-condutos**) *m* safe conduct.

samambaia [samãn'baja] *f* fern.

samba ['sãnba] *m* samba.

samba-canção [,sãnbakãn'sãw] (*pl* **sambas-canções**) *m MÚS type of samba*.

sambar [sãn'ba(x)] *vi* to samba.

sambista [sãn'biʃta] *mf* **-1.** [dançarino] samba dancer. **-2.** [compositor] composer of sambas.

sambódromo [sãn'bɔdromu] *m track along which samba schools parade*.

sanar [sa'na(x)] *vt* **-1.** [curar] to cure. **-2.** [remediar] to remedy.

sanatório [sana'tɔrju] *m* sanatorium.

sanção [sãn'sãw] (*pl* **-ões**) *f* **-1.** [ger] sanction. **-2.** [punição]: ~ **(contra)** sanction (against).

sancionar [sãnsjo'na(x)] *vt* [aprovar] to sanction.

sanções [sãn'sõjʃ] *pl* ▷ **sanção**.

sandália [sãn'dalja] *f* sandal.

sanduíche [sãn'dwiʃi] *m* sandwich.

saneamento [sanja'mẽntu] *m* **-1.** [limpeza] sanitization. **-2.** *fig* [correção] purge.

sanear [sa'nja(x)] *vt* **-1.** [tornar salubre] to sanitize. **-2.** *fig* [corrigir] to purge.

sanfona [sãn'fona] *f* **-1.** *MÚS* concertina. **-2.** [em suéter] ribbing.

sangrar [sãŋ'gra(x)] ◇ *vi* [verter sangue] to

bleed. <> *vt* **-1.** [ger] to bleed. **-2.** [açude, represa] to drain.
sangrento, ta [sãŋ'grẽntu, ta] *adj* **-1.** [ger] bloody. **-2.** CULIN [carne] rare.
sangria [sãŋ'gria] *f* **-1.** [bebida] sangria. **-2.** MED blood-letting. **-3.** *fig* [extorsão] extortion.
sangue ['sãŋgi] *m* **-1.** [ger] blood; **começou a sair muito ~ do corte** the cut started to bleed a lot. **-2.** *fig* [raça]: **puro ~** thoroughbred.
sangue-frio [ˌsãŋgi'friw] *m* sangfroid.
sanguessuga [ˌsãŋgi'suga] *f* leech.
sanguinário, ria [sãŋgi'narju, rja] *adj* bloodthirsty.
sanguíneo, nea [sãŋ'g(w)inju, nja] *adj* **-1.** [relativo ao sangue] blood *(antes de subst)*. **-2.** [pessoa] ruddy.
sanidade [sani'dadʒi] *f* [mental] sanity.
sanitário, ria [sani'tarju, rja] *adj* **-1.** [ger] sanitary. **-2.** [banheiro] bath *(antes de subst)*.
San José [ˌsãnxo'se] *n* San José.
San Salvador [ˌsãnsawva'do(x)] *n* San Salvador.
Santa Catarina [ˌsãntakata'rina] *n* Santa Catarina.
santidade [sãntʃi'dadʒi] *f* sanctity.
Santiago do Chile [sãnˌtʃagudu'ʃili] *n* Santiago de Chile.
santo, ta ['sãntu, ta] <> *adj* **-1.** [sagrado] holy; **todo o ~ dia** *fam fig* the whole blessed day long. **-2.** *(antes de subst)* [caridoso] kind. <> *m, f* [ger] saint.
Santo Domingo [ˌsãntudo'mĩŋgu] *n* Santo Domingo.
santuário [sãn'twarju] *m* sanctuary.
são, sã ['sãw, 'sã] *adj* **-1.** [ger] healthy. **-2.** PSIC sane. **-3.** [curado] well. **-4.** [ileso]: **~ e salvo** safe and sound. **-5.** [sensato] sensible.
São [sãw] *m* Saint.
São Luís [ˌsãwlu'iʒ] *n* São Luis.
São Paulo [ˌsãw'pawlu] *n* São Paulo.
sapataria [sapata'ria] *f* **-1.** [ofício] shoe trade. **-2.** [loja] shoe shop.
sapateado [sapa'tʃjadu] *m* tap dance.
sapateiro, ra [sapa'tejru, ra] *m, f* **-1.** [fabricante] shoemaker. **-2.** [quem conserta] cobbler.
◆ **sapateiro** *m* [loja] shoe shop.
sapatilha [sapa'tʃiʎa] *f* **-1.** [de balé] ballet shoe. **-2.** [sapato baixo] slipper.
sapato [sa'patu] *m* shoe.
sapiência [sa'pjẽnsja] *f* **-1.** [erudição] knowledge. **-2.** [bom julgamento] wisdom.
sapo ['sapu] *m* toad.
saque ['saki] *m* **-1.** FIN withdrawal. **-2.** ESP serve. **-3.** [de cidade, loja] ransacking. **-4.** *fam* [mentira] fib.
saquear [sa'kja(x)] *vt* to ransack.
saraivada [saraj'vada] *f* hail storm; **uma ~ de** *fig* a shower of.
sarampo [sa'rãnpu] *m* measles.
sarar [sa'ra(x)] <> *vt* [pessoa, doença, ferida] to heal. <> *vi* **-1.** [pessoa] to get better. **-2.** [ferida] to heal.
sarcasmo [sax'kaʒmu] *m* sarcasm.
sarcástico, ca [sax'kaʃtʃiku, ka] *adj* sarcastic.
sarda ['saxda] *f* freckle.
Sardenha [sax'deɲa] *n* Sardinia.
sardinha [sax'dʒiɲa] *f* sardine.
sardônico, ca [sax'doniku, ka] *adj* sardonic.
sargento [sax'ʒẽntu] *mf* sergeant.
sarjeta [sax'ʒeta] *f* gutter.
sarna ['saxna] *f* scabies; **procurar ~ para se coçar** to look for trouble.
Satã [sa'tã], **Satanás** [sata'naʃ] *m* Satan.
satélite [sa'tɛlitʃi] <> *m* satellite. <> *adj* [cidade, país] satellite *(antes de subst)*.
sátira ['satʃira] *f* satire.
satírico, ca [sa'tʃiriku, ka] *adj* satirical.
satirizar [satʃiri'za(x)] *vt* to satirize.
satisfação [satʃiʃfa'sãw] *(pl* **-ões***)* *f* **-1.** [alegria, prazer] pleasure. **-2.** [de desejos, necessidades] satisfaction. **-3.** [explicação] explanation; **dar uma ~ a alguém** to give sb an explanation; **tomar satisfações de alguém** to get an explanation from sb.
satisfatório, ria [satʃiʃfa'tɔrju, rja] *adj* satisfactory.
satisfazer [satʃiʃfa'ze(x)] <> *vt* to satisfy. <> *vi* **-1.** [ser satisfatório] to be satisfactory. **-2.** [contentar, convir]: **~ a** to satisfy.
◆ **satisfazer-se** *vp*: **~-se (com)** to be satisfied (with).
satisfeito, ta [satʃiʃ'fejtu, ta] <> *pp* ▷ **satisfazer**. <> *adj* **-1.** [ger] satisfied. **-2.** [alegre] pleased.
saturado, da [satu'radu, da] *adj* **-1.**: **~ de algo** saturated with sthg. **-2.** *fig* [enfastiado]: **~ (de algo/alguém)** fed up (with sthg/sb).
saturar [satu'ra(x)] *vt* **-1.**: **~ algo (de algo)** to saturate sthg (with sthg). **-2.** *fig* [enfastiar]: **~ alguém de algo** to wear sb out with sthg. **-3.** [saciar] to fill.
Saturno [sa'tuxnu] *m* Saturn.
saudação [sawda'sãw] *(pl* **-ões***)* *f* **-1.** [cumprimento] greeting. **-2.** [homenagem] homage.
saudade [saw'dadʒi] *f* **-1.** [de pessoa, país, família] pining. **-2.** [do passado, de época] nostalgia; **estar morrendo de ~ (s) de alguém** to be pining for sb; **matar as ~s de alguém** to catch up with sb; **estava louco de ~s da minha cama** I was dying to sleep in my own bed again; **sentir ~(s) de alguém/algo** to pine for sb/sthg.
saudar [saw'da(x)] *vt* to greet.
saudável [saw'davɛw] *(pl* **-eis***)* *adj* healthy.
saúde [sa'udʒi] <> *f* health; **estar bem/mal de ~** to be in good/bad health; **brindar à ~ de**

alguém to drink to sb's health; ~ **pública** public health; [órgão] health service. ◇ *interj* [para brindar] cheers!; [depois de um espirro] bless you!

saudosismo [sawdo'ziʒmu] *m* nostalgia.

saudoso, osa [saw'dozu, ɔza] *adj* **-1.** [que causa saudades] dearly missed. **-2.** [que sente saudades]: **estar ~ de alguém/algo** to miss sb/sthg. **-3.** [que denota saudades] grieving.

sauna ['sawna] *f* [ger] sauna.

saveiro [sa'vejru] *m* fishing boat.

saxofone [sakso'foni] *m* saxophone.

sazonal [sazo'naw] (*pl* **-ais**) *adj* seasonal.

SBT (*abrev de* **Sistema Brasileiro de Televisão**) *m the second most popular Brazilian television station.*

SC (*abrev de* **Estado de Santa Catarina**) *n State of Santa Catarina.*

se [si] ◇ *pron* **-1.** [reflexo: pessoa] himself (*f* herself); [você, vocês] yourself, yourselves *pl*; [impessoal] oneself; **lavar-~** to wash (oneself); **eles ~ perderam** they got lost; **vocês se perderam** you got lost. **-2.** [reflexo: coisa, animal] itself; **o vidro partiu-~** the glass broke. **-3.** [recíproco] each other; **escrevem-~ regularmente** they write to each other regularly. **-4.** [com sujeito indeterminado]: **'aluga-~ quarto'** 'room to let'; **'vende-~'** 'for sale'; **come-~ bem aqui** the food here is very good. ◇ *conj* **-1.** [indica condição] if; **~ tiver tempo, escrevo** I'll write if I have time; **~ fizer sol, iremos à praia** if it's sunny, we'll go to the beach. **-2.** [indica causa] if; **~ você está com fome, coma alguma coisa** if you're hungry, have something to eat; **~ ..., então ...** if ..., then ...; **~ diminui a oferta, então aumenta o preço** if demand diminishes, the cost goes up. **-3.** [indica comparação] if; **~ um é feio, o outro ainda é pior** if you think he's ugly, you should see the other one. **-4.** [em interrogativas]: **que tal ~ fôssemos ao cinema?** how about going to the movies?; **e ~ ela não vier?** and what if she doesn't come? **-5.** [exprime desejo] if; **~ pelo menos tivesse dinheiro!** if only I had the money! **-6.** [em interrogativa indireta] if, whether; **avisem-me ~ quiserem ir** let me know if you'd like to go; **perguntei-lhe ~ gostou** I asked him if he liked it. **-7.** [em locuções]: **~ bem que** even though, although.

> Vejamos as duas traduções possíveis da frase Sue e Ted se odeiam: *Sue and Ted hate themselves* (Sue odeia Sue e Ted odeia Ted, portanto, trata-se de um 'se' reflexivo); *Sue and Ted hate each other* (Sue odeia Ted e Ted odeia Sue, aqui temos um 'se' recíproco em inglês).

SE (*abrev de* **Estado de Sergipe**) *n State of Sergipe.*

sebo ['sebu] *m* **-1.** [substância] sebum. **-2.** [livraria] second-hand bookshop.

seboso, osa [se'bozu, ɔza] *adj* **-1.** [ger] greasy. **-2.** *fam fig* [pessoa] conceited.

SEBRAE (*abrev de* **Serviço de Apoio às Micro e Pequenas Empresas**) *m Brazilian support body for small and very small businesses.*

seca ['seka] *f* ▷ **seco.**

secador [seka'do(x)] (*pl* **-es**) *m* dryer; **~ (de cabelo)** hairdryer; **~ de roupa** [varal] clothes line.

secadora [seka'dora] *f* tumble-dryer.

seção [se'sãw] (*pl* **-ões**) *f* section.

secar [se'ka(x)] *vt & vi* to dry.

seccionar [seksjo'na(x)] *vt* **-1.** [cortar] to cut into sections. **-2.** [dividir] to divide.

seco, ca ['seku, ka] *adj* **-1.** [ger] dry. **-2.** [magro] thin.

◆ **seca** *f* drought.

seções [se'sõjʃ] *pl* ▷ **seção.**

secreção [sekre'sãw] (*pl* **-ões**) *f* secretion.

secretaria [sekreta'ria] *f* secretariat.

secretária [sekre'tarja] *f* ▷ **secretário.**

secretário, ria [sekre'tarju, rja] *m, f* [ger] secretary; **~ de Estado** Secretary of State.

◆ **secretária** *f* **-1.** [mesa] desk. **-2.** [aparelho]: **~ eletrônica** answering machine.

secreto, ta [se'krɛtu, ta] *adj* secret.

sectário, ria [sɛk'tarju, rja] ◇ *adj* sectarian. ◇ *m, f* [seguidor] sectarian.

secular [seku'la(x)] (*pl* **-es**) *adj* **-1.** [ger] secular. **-2.** [antigo] age-old.

século ['sɛkulu] *m* century.

◆ **séculos** *mpl fig* [longo tempo] ages; **há ~s** for ages.

secundário, ria [sekũn'darju, rja] *adj* secondary.

seda ['seda] *f* [material] silk; **~ crua/pura** raw/pure silk.

sedar [se'da(x)] *vt* to sedate.

sedativo, va [seda'tʃivu, va] *adj MED* sedative; *fig* [música, balanço, silêncio] soothing.

◆ **sedativo** *m MED* sedative.

sede¹ ['sedʒi] *f* **-1.** [secura] thirst; **estar com ~** to be thirsty; **matar a ~** to quench one's thirst. **-2.** *fig* [desejo]: **~ de algo** thirst for sthg.

sede² ['sɛdʒi] *f* **-1.** [estabelecimento] headquarters. **-2.** [de governo] seat. **-3.** [centro, local] venue.

sedentário, ria [sedẽn'tarju, rja] *adj* sedentary.

sedento, ta [se'dẽntu, ta] *adj* [de água] thirsty.

SEDEX (*abrev de* **Serviço de Encomenda Expressa**) *m Brazilian express mail delivery service.*

sediar [se'dʒja(x)] *vt* to base.

sedimento [sedʒi'mẽntu] *m* sediment.

sedoso, osa [se'dozu, ɔza] *adj* silky.

sedução [sedu'sãw] (*pl* **-ões**) *f* [ato] seduction.
sedutor, ra [sedu'to(x), ra] (*mpl* **-es**, *fpl* **-s**) ◇ *adj* seductive. ◇ *m, f* [sexualmente] seducer.
seduzir [sedu'zi(x)] *vt* **-1.** [ger] to seduce. **-2.** [induzir] to encourage.
seg. (*abrev de* **segunda-feira**) *f* Mon.
segmento [seg'mẽntu] *m* segment.
segredo [se'gredu] *m* **-1.** [ger] secret; **guardar ~** to keep secret. **-2.** [discrição] secrecy; **em ~** in secret. **-3.** [dispositivo] secret lock.
segregação [segrega'sãw] *f* segregation.
segregar [segre'ga(x)] *vt* **-1.** [ger] to segregate. **-2.** [expelir] to secrete.
seguidamente [se,gida'mẽntʃi] *adv* **-1.** [com freqüência] often. **-2.** [continuamente] continuously.
seguido, da [se'gidu, da] *adj* **-1.** [consecutivo] consecutive; **cinco dias ~s** five days running; **horas seguidas** hours on end. **-2.** [adotado] widely adopted. **-3.** [acompanhado]: **~ de/por** followed by.
◆ **em seguida** *loc adv* **-1.** [consecutivamente] shortly after. **-2.** [imediatamente] straight away, at once.
seguidor, ra [segi'do(x), ra] *m, f* follower.
seguimento [segi'mẽntu] *m* continuation; **dar ~ a algo** to continue with sthg.
seguinte [se'gĩntʃi] ◇ *adj* **-1.** [subseqüente] following, next. **-2.** *(antes de subst)* [citando, explicando] following. ◇ *mf*: **o/a ~** [numa fila, ordem] the next; [citando, explicando] as follows; **o negócio é o ~** *fam* the matter is as follows; **pelo ~** for the following reason.
seguir [se'gi(x)] ◇ *vt* **-1.** [ger] to follow. **-2.** [perseguir] to chase. **-3.** [continuar] to continue. ◇ *vi* **-1.** [ger] to follow. **-2.** [continuar] to carry on, to keep going. **-3.** [direção] to continue; **~ reto** to go straight ahead.
◆ **seguir-se** *vp* **-1.** [suceder]: **~-se (a algo)** to follow on (from sthg); **seguiram-se dias de euforia** there followed days of euphoria. **-2.** [em citações] to follow.
segunda [se'gũnda] *f* ▷ **segundo.**
segunda-feira [se,gũnda'fejra] (*pl* **segundas-feiras**) *f* Monday; *veja também* **sábado.**
segundo, da [se'gũndu, da] ◇ *num adj* second. ◇ *num m, f* second. ◇ *adj* [outro] second; **segundas intenções** ulterior motives; **de segunda mão** second-hand.
◆ **segundo** ◇ *m* [medida de tempo] second; **(só) um ~!** *fig* just a second!, (just) one second! ◇ *prep* according to. ◇ *conj* [conforme] according to.
◆ **segunda** *f* **-1.** AUTO second (gear). **-2.** [segunda-feira] Monday.
◆ **de segunda** *loc adj* second class.
segurador, ra [segura'do(x), ra] *m, f* [agente] insurance broker.
◆ **seguradora** *f* [companhia] insurance company.
segurança [segu'rãnsa] ◇ *f* **-1.** [proteção, estabilidade] security; **cinto de ~** safety belt. **-2.** [ausência de perigo] safety. **-3.** [certeza, confiança] assurance. ◇ *mf* [pessoa] security guard.
segurar [segu'ra(x)] ◇ *vt* **-1.** [pegar] to hold. **-2.** [firmar] to fix. **-3.** [sustentar] to hold up. **-4.** [pôr no seguro]: **~ algo/alguém (contra)** to insure sthg/sb (against). ◇ *vi* [apoiar-se]: **~ (em)** to hold on (to).
◆ **segurar-se** *vp* **-1.** [apoiar-se]: **~-se em** to hold on to. **-2.** [fazer seguro] to steady o.s. **-3.** [controlar-se] to control o.s.
seguro, ra [se'guru, ra] *adj* **-1.** [ger] safe. **-2.** [certo] sure; **estar ~ de algo** to be sure of sthg. **-3.** [confiante, firme] secure. **-4.** [infalível] foolproof.
◆ **seguro** ◇ *m* [contrato] insurance policy; **~ de automóvel** car insurance; **~ de viagem** travel insurance; **~ de vida** life insurance. ◇ *adv* steadily.
seguro-saúde [se,gurusa'udʒi] (*pl* **seguros-saúde**) *m* health insurance.
seio ['seju] *m* **-1.** ANAT breast. **-2.** *fig* [meio] heart.
seis ['sejʃ] *num* **-1.** [ger] six; **o (número) ~** the (number) six; **duzentos e ~** two hundred and six; **trinta e ~** thirty-six; **Rua das Acácias, (número) ~** number six, Rua das Acácias; **pacotes de ~** packets of six; **~ de cada vez** six at a time; **somos ~** we are six, there are six of us. **-2.** [hora]: **às ~ (horas)** at six o'clock; **são ~ horas** it is six o'clock; **são ~ e meia** it is half past six. **-3.** [data] sixth; **(no) dia ~ de janeiro** (on the) sixth of January. **-4.** [idade]: **ele tem ~ anos (de idade)** he is six years old. **-5.** ESP [resultado]: **empatar de ~ a ~** to draw six all; **~ a zero** six nil. **-6.** [em naipes]: **~ de espadas** six of spades.
seiscentos, tas [sejʃ'sẽntuʃ, taʃ] *num* six hundred; *veja também* **seis.**
seita ['sejta] *f* sect.
seixo ['sejʃu] *m* pebble.
seja ['seʒa] *conj* whether it be; **ou ~** that is.
sela ['sɛla] *f* saddle.
selar [se'la(x)] *vt* **-1.** [ger] to seal. **-2.** [cavalo] to saddle. **-3.** [carta] to stamp.
seleção [sele'sãw] (*pl* **-ões**) *f* **-1.** [escolha] selection. **-2.** [equipe] team.
selecionar [selesjo'na(x)] *vt* to select.
seletivo, va [sele'tʃivu, va] *adj* selective.
seleto, ta [se'lɛtu, ta] *adj* select.
selim [se'lĩ] (*pl* **-ns**) *m* saddle.
selo ['selu] *m* **-1.** [carimbo, sinete] seal. **-2.** [postal] stamp. **-3.** *fig* [cunho] seal of approval.
selva ['sɛwva] *f* jungle.
selvagem [sew'vaʒẽ] (*pl* **-ns**) *adj* **-1.** [ger] wild.

-2. [bárbaro] savage. -3. [ermo] desolate. -4. *fig* [grosseiro] rude.

sem [sẽ] *prep* without; ~ **algo/fazer algo** without sthg/doing sthg; ~ **dúvida** without doubt.

◆ **sem que** *loc conj* without.

semáforo [se'maforu] *m* -1. AUTO traffic lights *(pl)*. -2. FERRO signal.

semana [se'mãna] *f* week; **uma ~ atrás** a week ago; **a ~ passada** last week.

◆ **Semana Santa** *f* Holy Week.

semanal [sema'naw] *(pl* **-ais**) *adj* weekly.

semblante [sẽn'blãntʃi] *m* [rosto] countenance.

semeadura [semja'dura] *f* [semeação] sowing; **começaram a ~ do trigo** they began sowing the wheat.

semear [se'mja(x)] *vt* -1. [ger] to sow. -2. *fig* [espalhar] to spread.

semelhante [seme'ʎãntʃi] <> *adj* -1. [parecido]: ~ **(a)** similar (to). -2. [tal] such. <> *m (ger pl)* [próximo] fellow man.

sêmen ['semẽ] *m* semen.

semente [se'mẽntʃi] *f* seed.

semestral [semeʃ'traw] *(pl* **-ais**) *adj* half-yearly.

semestre [se'mɛʃtri] *m* semester; **todo o ~** the whole semester.

semi-analfabeto, ta [semjanawfa'bɛtu, ta] *(mpl* -s, *fpl* -s) *adj* semiliterate.

semicerrar [semi'sexa(x)] *vt* to half-close.

semicírculo [semi'sixkulu] *m* semicircle.

semifinal [semifi'naw] *(pl* **-ais**) *f* semifinal.

seminário [semi'narju] *m* -1. RELIG seminary. -2. EDUC seminar.

seminarista [semina'riʃta] *mf* seminarist.

seminu, nua [semi'nu, nua] *adj* half-naked.

semiprecioso, osa [semipre'sjozu, ɔza] *adj* semiprecious.

sem-número [sẽn'numeru] *m*: **um ~ de** a countless number of.

semolina [semo'lina] *f* semolina.

sem-par [sẽn'pa(x)] *adj inv* peerless.

sempre ['sẽnpri] *adv* always; **como ~** as always; **de ~** usual; **para ~** for ever.

◆ **sempre que** *loc conj* whenever.

sem-terra [sẽn'tɛxa] *mf inv* landless farm worker.

sem-teto [sẽn'tɛtu] *mf inv* homeless person.

sem-vergonha [sẽnvex'goɲa] <> *adj inv* shameless. <> *mf inv* shameless person.

SENAC (*abrev de* **Serviço Nacional de Aprendizagem Comercial**) *m Brazilian training body for people working in the general business sector.*

senado [se'nadu] *m* senate.

senador, ra [sena'do(x), ra] *m, f* senator.

SENAI (*abrev de* **Serviço Nacional de Aprendizagem Industrial**) *m Brazilian training body for people working in industry.*

senão [se'nãw] *(pl* **-ões**) <> *prep* [exceto] apart from. <> *conj* [caso contrário] or else. <> *m* hiccup.

Senegal [sene'gaw] *n*: **(o) ~** Senegal.

senha ['seɲa] *f* [palavra de acesso] password; [de caixa automático] PIN (number).

senhor, ra [se'ɲo(x), ɔra] *(mpl* **-es**, *fpl* **-s**) *adj* grand; **uma senhora indigestão** a bad case of indigestion.

◆ **senhor** *m* -1. [tratamento - antes de nome, cargo]: ~ **X** Mr X; [- você]: **o ~** you; [mais formal] sir; [- em cartas]: **Prezado Senhor** Dear Sir. -2. [homem] man. -3. [cavalheiro] gentleman. -4. [homem idoso]: ~ **(de idade)** elderly man. -5. [patrão] boss. -6. RELIG: **o Senhor** the Lord.

◆ **senhora** *f* -1. [tratamento - antes de nome, cargo]: **senhora X** Mrs X; [- você]: **a senhora** you; [mais formal] madam; **senhoras e ~es!** ladies and gentlemen!; [- em cartas]: **Prezada Senhora** Dear Madam. -2. [mulher] woman. -3. [dama] lady. -4. [mulher idosa]: **senhora (de idade)** elderly woman. -5. [esposa] wife. -6. RELIG: **Nossa Senhora** Our Lady; **(Minha) Nossa (Senhora)!** *fam* Heavens (above)!, (My/Dear) Lord!

senhoria [seɲo'ria] *f* ▷ **senhorio.**

senhorio, ria [seɲo'riu, ria] *m, f* [proprietário] landlord (*f* landlady).

◆ **Senhoria** *f* [em carta]: **Vossa Senhoria** Your Honour.

senhorita [seɲo'rita] *f* -1. [tratamento - antes de nome]: ~ **X** Miss X; [- você]: **a ~** you. -2. [moça] young lady.

senil [se'niw] *(pl* **-is**) *adj* senile.

senões [se'nõjʃ] *mpl* ▷ **senão.**

sensação [sẽnsa'sãw] *(pl* **-ões**) *f* [ger] feeling; **ter a ~ de que** to have the feeling that.

sensacional [sẽnsasjo'naw] *(pl* **-ais**) *adj* sensational.

sensacionalista [sẽnsasjona'liʃta] *adj* sensationalist.

sensato, ta [sẽn'satu, ta] *adj* sensible.

sensibilidade [sẽnsibili'dadʒi] *f* sensitivity.

sensível [sẽn'sivɛw] *(pl* **-eis**) *adj* -1. [ger] sensitive. -2. [evidente, considerável] marked.

> Não confundir *sensível (sensitive)* com o inglês *sensible* que em português significa *sensato*. (*Cuidado com os seus comentários porque ela é uma pessoa muito sensível.* Be careful with your comments because she is a very *sensitive* person.)

senso ['sẽnsu] *m* [juízo] sense; ~ **de humor** sense of humour; **bom ~** good sense; ~ **comum** common sense.

sensual [sẽn'swaw] *(pl* **-ais**) *adj* sensual.

sensualidade [sẽnswali'dadʒi] *f* sensuality.

sentado, da [sẽn'tadu, da] *adj* -1. [pessoa] sitting. -2. [jantar] sit-down.

sentar [sẽn'ta(x)] *vt & vi* to sit.

◆ **sentar-se** *vp* to sit down.

sentido, da [sẽn'tʃidu, da] *adj* **-1.** [ressentido] offended. **-2.** [triste] hurt. **-3.** [lamentoso] sorrowful.

◆ **sentido** *m* **-1.** [ger] sense; **sexto ~** sixth sense. **-2.** [significado] meaning; **~ figurado** figurative sense; **ter/não ter ~** to make/not make sense. **-3.** [direção] direction; **~ horário/anti-horário** clockwise/anticlockwise. **-4.** [aspecto] way. **-5.** [propósito] aim.

sentimental [sẽntʃimẽn'taw] (*pl* **-ais**) ◇ *adj* **-1.** [ger] sentimental. **-2.** [amoroso] love *(antes de subst)*. ◇ *mf* sentimental person.

sentimento [sẽntʃi'mẽntu] *m* **-1.** [ger] feeling. **-2.** [emoção]: **com ~** with feeling. **-3.** [senso] sense.

sentir [sẽn'tʃi(x)] ◇ *vt* **-1.** [ger] to feel. **-2.** [pelos sentidos] to sense. **-3.** [sofrer com] to be upset by. **-4.** [melindrar-se com] to resent. **-5.** [lamentar] to regret. ◇ *vi* **-1.** [sofrer] to suffer. **-2.** [lamentar] to regret; **sinto muito** I am very sorry.

◆ **sentir-se** *vp* to feel.

senzala [sẽn'zala] *f* slave quarters *(pl)*.

separação [separa'sãw] (*pl* **-ões**) *f* separation; **~ de bens** *(contract of) separation of property (prior to marriage)*.

separado, da [sepa'radu, da] *adj* **-1.** [apartado] separate. **-2.** [do cônjuge] separated.

separar [sepa'ra(x)] *vt* **-1.** [ger] to separate. **-2.** [isolar] to isolate. **-3.** [reservar] to set aside.

◆ **separar-se** *vp* **-1.** [ger] to separate. **-2.** [cônjuges]: **~-se (de alguém)** to separate (from s.o.).

septuagésimo, ma [septwa'ʒɛzimu, ma] *num* seventieth.

sepultamento [sepuwta'mẽntu] *m* burial.

sepultar [sepuw'ta(x)] *vt* to bury.

sepultura [sepuw'tura] *f* tomb, grave.

seqüela [se'kwɛla] *f* **-1.** [seqüência] sequel. **-2.** [conseqüência] consequence. **-3.** *MED* sequela.

seqüência [se'kwẽnsja] *f* sequence.

sequer [se'kɛ(x)] *adv* at least; **nem ~** not even; **não sabia ~ o nome de seus pais** he didn't even know his parents' name.

seqüestrador, ra [sekweʃtra'do(x), ra] (*mpl* **-res**, *fpl* **-s**) *m, f* **-1.** [de pessoa] kidnapper. **-2.** [de avião] hijacker.

seqüestrar [sekweʃ'tra(x)] *vt* **-1.** [pessoa] to kidnap. **-2.** [avião] to hijack. **-3.** *JUR* [bens] to sequestrate.

séquito ['sɛkitu] *m* retinue.

ser ['se(x)] (*pl* **-res**) ◇ *m* [criatura] being; **~ humano** human being. ◇ *vi* **-1.** [para descrever] to be; **é longo demais** it's too long; **são bonitos** they're pretty; **sou médico** I'm a doctor. **-2.** [para designar lugar, origem] to be; **ele é do Brasil** he's from Brazil; **é em São Paulo** it's in São Paulo; **sou brasileira** I'm Brazilian. **-3.** [custar] to be; **quanto é? - são 100 reais** how much is it? - (it's) 100 reals. **-4.** [com data, dia, hora] to be; **hoje é sexta** it's Friday today; **que horas são?** what time is it?; **são seis horas** it's six o'clock. **-5.** [exprime possessão] to be; **é do Ricardo** it's Ricardo's; **este carro é seu?** is this your car? **-6.** [em locuções]: **a não ~ que** unless; **que foi?** what's wrong?; **ou seja** in other words; **será que ele vem?** will he be coming? ◇ *v aux* [forma a voz passiva] to be; **ele foi visto na saída do cinema** he was seen on his way out of the cinema. ◇ *v impess* **-1.** [exprime tempo] to be; **é de dia/noite** it's day-time/night-time; **é tarde/cedo** it's late/early. **-2.** [com adjetivo] to be; **é difícil dizer** it's difficult to say; **é fácil de ver** it's easy to see; **eles são Fluminense** they're Fluminense fans.

◆ **ser de** *v + prep* [matéria] to be made of; [ser adepto de] to be a fan of.

◆ **ser para** *v + prep* to be for; **isto não é para comer** this isn't for eating.

sereia [se'reja] *f* mermaid.

serenar [sere'na(x)] ◇ *vt* **-1.** [acalmar] to calm down. **-2.** [suavizar] to relieve. ◇ *vi* [acalmar] to calm down.

serenata [sere'nata] *f* serenade.

sereno, na [se'renu, na] *adj* **-1.** [tranqüilo] serene. **-2.** [límpido] clear.

◆ **sereno** *m* night air.

seresta [se'rɛʃta] *f* serenade.

Sergipe [sex'ʒipi] *n* Sergipe.

seriado, da [se'rjadu, da] *adj* serialized.

◆ **seriado** *m TV* series.

serial [se'rjaw] (*pl* **-ais**) *adj COMPUT* serial.

série ['sɛrji] *f* **-1.** [ger] series; **uma ~ de** a series of; **número de ~** serial number. **-2.** *EDUC* year.

◆ **fora de série** *loc adj* [excepcional] exceptional.

seriedade [serje'dadʒi] *f* **-1.** [ger] seriousness. **-2.** [circunspecção] sobriety. **-3.** [honestidade] integrity.

seringa [se'rĩŋga] *f* syringe.

seringueiro, ra [serĩŋ'gejru, ra] *m, f* rubber tapper.

◆ **seringueira** *f* rubber tree.

sério, ria ['sɛrju, rja] ◇ *adj* **-1.** [ger] serious. **-2.** [sóbrio] sober. **-3.** [sem rir] straight-faced. ◇ *adv* really.

◆ **a sério** *loc adv* seriously; **levar a ~** [dedicar-se] to take seriously; [magoar-se com] to take seriously.

sermão [sex'mãw] (*pl* **-ões**) *m* sermon; **levar um ~ de alguém** to be given a sermon by sb.

serpente [sex'pẽntʃi] *f* **-1.** *ZOOL* serpent, snake. **-2.** *fig* [pessoa] snake (in the grass).

serpentina [serpẽn'tʃina] *f* **-1.** [de papel] streamer. **-2.** [conduto] coil.

SERPRO (*abrev de* **Serviço Federal de Processamento de Dados**) *m Brazilian federal data-processing agency.*

serra ['sɛxa] *f* **-1.** [ferramenta] saw. **-2.** [lâmina] serrated blade. **-3.** [montanhas] mountain range, sierra.

Serra Leoa [ˌsexale'oa] *n* Sierra Leone.

serralheiro, ra [sexa'ʎejru, ra] *m, f* blacksmith.

serralheria [sexaʎe'ria] *f* **-1.** [ofício] smithery. **-2.** [oficina] smithy.

serrano, na [se'xãnu, na] ◇ *adj* mountain *(antes de subst).* ◇ *m, f* mountain dweller.

serrar [se'xa(x)] *vt* to saw.

serrote [se'xɔtʃi] *m* saw.

sertanejo, ja [sextanejʒu, ʒa] ◇ *adj of the sertão.* ◇ *m, f person who lives in the sertão.*

sertão [sex'tãw] *m* **-1.** [o interior do país] bush. **-2.** [região agreste] wilderness.

servente [sex'vẽntʃi] *mf* **-1.** [faxineiro] caretaker *UK*, janitor *US*. **-2.** [operário] labourer.

Sérvia ['sɛxvja] *n* Serbia.

serviçal [sexvi'saw] (*pl* **-ais**) ◇ *adj* [prestativo] obliging. ◇ *mf* [criado] servant.

serviço [sex'visu] *m* **-1.** [ger] service; ~ **de bordo** ship's roster; ~ **de informações** information service. **-2.** [trabalho, local de trabalho] work; **prestar ~s** [trabalhar] to render services; [fazer favores] to help out; ~ **social** social services *(pl).* **-3.** [iguarias] catering. **-4.** *loc*: **não brincar em ~** [ser eficiente] to be a stickler; [não desperdiçar oportunidade] to not miss an opportunity.

◆ **de serviço** *loc adj* [entrada, elevador] tradesmen's *(antes de subst).*

servido, da [sex'vidu, da] *adj* **-1.** [que se serve] served. **-2.** [provido]: **bem ~ de** well-supplied with.

servil [sex'viw] (*pl* **-is**) *adj* [subserviente]: ~ **(a)** servile (to).

servir [sex'vi(x)] ◇ *vt* **-1.** [jantar, bebida] to serve; **pedi para o garçom nos ~ duas cervejas** I asked the waiter to bring us a couple of beers; ~ **algo a alguém**, ~ **alguém de algo** to serve sthg to sb, to serve sb with sthg. **-2.** [ajudar] to help. ◇ *vi* **-1.** [ger] to serve. **-2.** [prestar serviço]: ~ **a** to serve. **-3.** [prestar, ser útil] to be of use. **-4.** [ser adequado] to be good; **qualquer trem serve** any train will do; **não ~ para algo** to be no good for. **-5.** [caber] to fit. **-6.** [fazer as vezes de]: ~ **de algo** to act as. **-7.** [ser apto] to be fit.

◆ **servir-se** *vp* [de comida, bebida]: **~-se (de)** to help o.s. (to).

servo, va ['sɛxvu, va] *m, f* **-1.** [escravo] slave. **-2.** [criado] servant.

SESC (*abrev de* **Serviço Social do Comércio**) *m Brazilian body providing social, sport and cultural facilities to people working in the general business sector.*

sessão [se'sãw] (*pl* **-ões**) *f* **-1.** [ger] session. **-2.** CINE performance.

sessenta [se'sẽnta] *num* sixty; **os anos ~** the sixties; *veja também* **seis**.

sessões [se'sõjʃ] *pl* ▻ **sessão**.

sesta ['sɛʃta] *f* siesta, afternoon nap.

set. (*abrev de* **setembro**) Sept.

set ['sɛtʃi] *m* ESP set.

seta ['sɛta] *f* arrow.

sete ['sɛtʃi] *num* seven; **pintar o ~** *fig* to get up to mischief; *veja também* **seis**.

setecentos, tas [sɛtʃi'sẽntuʃ, taʃ] *num* seven hundred; *veja também* **seis**.

setembro [se'tẽnbru] *m* September; **em ~, no mês de ~** in September/in the month of September; **em ~ do ano que vem/do ano passado** in September next year/last year; **em meados de ~** in mid-September; **dia primeiro/dois/seis de ~** first/second/sixth of September; **no início/fim de ~** at the beginning/end of September.

setenta [se'tẽnta] *num* seventy; **os anos ~** the seventies; *veja também* **seis**.

sétimo, ma ['sɛtʃimu, ma] *num* seventh; **a sétima parte** the seventh part.

setor [se'to(x)] (*pl* **-es**) *m* **-1.** [ger] sector. **-2.** [de repartição, estabelecimento] section.

seu, sua ['sew, 'sua] ◇ *adj* **-1.** [dele] his; [dela] her; [de você, vocês] your; [deles, delas] their; **ela trouxe o ~ carro** she brought her car; **onde estacionou a sua moto?** where did you park your motorcycle? **-2.** [de coisa, animal: singular] its; **o cachorro foi para o seu canil** the dog went into its kennel **-3.** [de coisa, animal: plural] their. ◇ *pron*: **o ~ /a sua** [dele] his; [dela] hers; [deles, delas] theirs; [de coisa, animal: singular] its; [de coisa, animal: plural] theirs; **um amigo ~** a friend of his/hers; **os ~s** [a família de cada um] his/her etc. family. ◇ *m, f* **-1.** *pej*: **como vai, ~ Pedro?** how are you, mister Pedro?; **~ estúpido!** you fool!; **~s irresponsáveis!** you irresponsible lot! **-2.** [com malícia]: **~ malandro!** you cheeky one!, cheeky thing!; **sua danadinha!** you rotter!, rotten thing!

Seul [se'uw] *n* Seoul.

seus [sewʃ] ▻ **seu**.

severidade [severi'dadʒi] *f* **-1.** [ger] severity. **-2.** [com filho] strictness.

severo, ra [se'vɛru, ra] *adj* **-1.** [castigo] severe. **-2.** [pessoa] strict.

sex. (*abrev de* **sexta-feira**) *f* Fri.

sexagenário, ria [seksaʒe'narjo, rja] ◇ *adj*: **ser ~** to be a sexagenarian, to be in one's sixties. ◇ *m, f* sexagenarian.

sexagésimo, ma [seksa'ʒɛzimu, ma] *num* sixtieth.
sexo ['sɛksu] *m* sex.
sexta ['seʃta] *f* ▻ **sexto.**
sexta-feira [,seʃta'fejra] (*pl* **sextas-feiras**) *f* Friday; *veja também* **sábado.**
◆ **Sexta-Feira Santa** *f* Good Friday.
sexto, ta ['seʃtu, ta] *num* sixth; **a sexta parte** the sixth part.
◆ **sexta** *f* [sexta-feira] Friday.
sexual [sek'swaw] (*pl* **-ais**) *adj* **-1.** [ger] sexual. **-2.** [educação, vida] sex *(antes de subst).*
sexy ['sɛksi] *adj* sexy.
SFH (*abrev de* **Sistema Financeiro de Habitação**) *m Brazilian housing credit advisory service.*
shareware [ʃari'wari] (*pl* **-s**) *m* COMPUT shareware.
shopping ['ʃɔpĩŋ] *m* shopping centre *UK*, shopping mall *US*.
short ['ʃɔxtʃi] *m* shorts *(pl).*
show ['ʃow] *m* **-1.** [espetáculo] show; **ser/estar um ~** *fig* to be spectacular. **-2.** *fig* [atuação brilhante]: **dar um ~ (de algo)** to give a brilliant performance (of sthg).
Sibéria [si'bɛrja] *n*: **(a) ~** Siberia.
Sicília [si'silja] *n* Sicily.
siderúrgico, ca [side'ruxʒiku, ka] *adj* iron and steel *(antes de sust).*
◆ **siderúrgica** *f* [usina] steelworks *(sg).*
sidra ['sidra] *f* cider.
sifão [si'fãw] (*pl* **-ões**) *m* **-1.** [tubo] siphon. **-2.** [de aparelho sanitário] U-bend. **-3.** [garrafa] soda siphon.
sífilis ['sifiliʃ] *f inv* syphilis.
sifões [si'fõjʃ] *pl* ▻ **sifão.**
sigilo [si'ʒilu] *m* secrecy.
sigiloso, osa [siʒi'lozu, ɔza] *adj* secret.
sigla ['sigla] *f* **-1.** [abreviatura] acronym. **-2.** [sinal] initial.
significado [signifi'kadu, da] *m* [sentido] meaning.
significar [signifi'ka(x)] ◇ *vt* **-1.** [ger] to mean. **-2.** [indicar] to signify. ◇ *vi* [ter importância] to mean.
significativo, va [signifika'tʃivu, va] *adj* significant.
signo ['signu] *m* sign.
sílaba ['silaba] *f* syllable.
silenciar [silẽn'sja(x)] ◇ *vt* **-1.** [calar] to silence. **-2.** [omitir] to conceal. ◇ *vi* [calar-se] to be quiet.
silêncio [si'lẽnsju] *m* silence; **ficar em ~** to remain silent.
silencioso, osa [silẽn'sjozu, ɔza] *adj* silent.
silhueta [si'ʎweta] *f* **-1.** [ger] silhouette. **-2.** [corpo] outline.
silício [si'lisju] *m* silicon.
silicone [sili'koni] *m* silicone.
silo ['silu] *m* silo.
silvar [siw'va(x)] *vi* **-1.** [ger] to hiss. **-2.** [vento] to whistle.
silvestre [siw'vɛʃtri] *adj* wild.
sim ['sĩ] *adv* yes; **acho** OU **creio que ~** I think OU believe so; **dizer que ~** to say yes; **quero, ~** yes, I'd like to; **vou, ~** yes, I'm going.
simbólico, ca [sĩn'bɔliku, ka] *adj* symbolic.
simbolizar [sĩnboli'za(x)] *vt* to symbolize.
símbolo ['sĩnbolu] *m* **-1.** [ger] symbol. **-2.** [insígnia] emblem.
simetria [sime'tria] *f* symmetry.
simétrico, ca [si'mɛtriku, ka] *adj* symmetrical.
similar [simi'la(x)] (*pl* **-es**) *adj*: **~ (a)** similar (to).
similitude [simili'tudʒi] *f* similitude.
simpatia [sĩnpa'tʃia] *f* **-1.** [qualidade] warmth. **-2.** [atração - por outrem, lugar] liking; **sentir ~ por alguém** to like sb. **-3.** [pessoa]: **ser uma ~** to be friendly. **-4.** [solidariedade] sympathy. **-5.** [espirit] charm.
simpático, ca [sĩn'patʃiku, ka] *adj* **-1.** [pessoa - atraente] pleasant; [- amável] nice. **-2.** [agradável] pleasant. **-3.** [favorável]: **~ a algo/alguém** favourable towards sthg/sb. **-4.** ANAT sympathetic.

> Não confundir *simpático (nice)* com o inglês *sympathetic* que em português significa *solidário*. (*Ele é um rapaz muito simpático.* He is a very *nice* guy.)

simpatizante [sĩnpatʃi'zãntʃi] *adj*: **~ com** sympathetic towards.
simpatizar [sĩnpatʃi'za(x)] *vi*: **~ com alguém/algo** to like sb/sthg; **~ com uma causa** to sympathize with a cause.
simples ['sĩnpliʃ] ◇ *adj* **-1.** [ger] simple. **-2.** *(antes de subst)* [mero] mere; [único] single. ◇ *adv* simply.
simplesmente [sĩnpliʃ'mẽntʃi] *adv* simply.
simplicidade [sĩnplisi'dadʒi] *f* simplicity.
simplificar [sĩnplifi'ka(x)] *vt* to simplify.
simplório, ria [sĩn'plɔrju, rja] *adj* simple.
simular [simu'la(x)] *vt* **-1.** [combate, salvamento] to simulate. **-2.** [sentimento, desmaio] to feign. **-3.** [animal, vozes] to imitate.
simultâneo, nea [simuw'tãnju, nja] *adj*: **~ (a** OU **com)** simultaneous (with).
sina ['sina] *f* fate.
sinagoga [sina'gɔga] *f* synagogue.
sinal [si'naw] (*pl* **-ais**) *m* **-1.** [ger] sign; **fazer um ~ (para alguém)** to signal (to sb); **em ~ de** as a sign of. **-2.** [símbolo] signal; **~ de pontuação** punctuation mark; **~ de mais/menos** plus/minus sign. **-3.** TELEC tone; **~ de discar** dialling tone; **dar ~ (de discar)** to give the (dialling) tone. **-5.** AUTO: **~ (luminoso de tráfego)** traffic lights *(pl)*; **~ verde** green light; **avan-**

çar o ~ to jump the lights. **-6.** [pinta] mole; [de nascença] birthmark. **-7.** *COM* deposit.

◆ **por sinal** *loc adv* **-1.** [a propósito] by the way. **-2.** [aliás] besides.

sinalização [sinaliza'sãw] *f* **-1.** [sinais de tráfego - *AUTO*] traffic signs *(pl)*; [- *FERRO*] signals *(pl)*. **-2.** [indicação em estrada *etc.*] road sign.

sinalizar [sinali'za(x)] ◇ *vt* [avenida, estrada] to signpost. ◇ *vi* [pessoa] to signal.

sinceridade [sĩnseri'dadʒi] *f* sincerity.

sincero, ra [sĩn'sɛru, ra] *adj* sincere.

sincopado, da [sĩŋko'padu, da] *adj MÚS* syncopated.

sincronizar [sĩŋkroni'za(x)] *vt* **-1.** [combinar] to synchronize. **-2.** *CINE* to sync.

sindical [sĩndʒi'kaw] *(pl* **-ais***)* *adj* trade union *(antes de subst)*.

sindicalista [sĩndʒika'liʃta] ◇ *adj* trade union *(antes de subst)*. ◇ *mf* trade unionist.

sindicato [sĩndʒi'katu] *m* **-1.** [de profissionais] trade union. **-2.** [financeiro] syndicate.

síndico, ca ['sĩndʒiku, ka] *m,f* **-1.** [de prédio] residents' representative. **-2.** [de falência] receiver. **-3.** [de inquérito] leader.

síndrome ['sĩndromi] *f* syndrome; ~ **de abstinência** withdrawal symptoms *(pl)*.

sinfonia [sĩnfo'nia] *f* symphony.

sinfônico, ca [sĩn'foniku, ka] *adj* symphonic.

◆ **sinfônica** *f* [orquestra] symphonic orchestra.

singelo, la [sĩn'ʒɛlu, la] *adj* simple.

singular [sĩŋgu'la(x)] *(pl* **-es***)* ◇ *adj* **-1.** [ger] singular. **-2.** [peculiar] strange. ◇ *m GRAM* singular.

sinistro, tra [si'niʃtru, tra] *adj* sinister.

◆ **sinistro** *m* **-1.** [acidente] disaster. **-2.** [dano] damage.

sino ['sinu] *m* bell.

sinônimo, ma [si'nonimu, ma] *adj* synonymous.

◆ **sinônimo** *m* synonym.

sinopse [si'nɔpsi] *f* synopsis.

síntese ['sĩntezi] *f* **-1.** [ger] synthesis. **-2.** [resumo] summary; **em** ~ in short.

sintético, ca [sĩn'tɛtʃiku, ka] *adj* **-1.** [artificial] synthetic. **-2.** [conciso] concise.

sintetizador [sĩntetʃiza'do(x)] *m* synthesizer.

sintetizar [sĩntetʃi'za(x)] *vt* **-1.** [resumir] to summarize. **-2.** *QUÍM* to synthesize.

sintoma [sĩn'toma] *m* **-1.** *MED* symptom. **-2.** *fig* [indício] sign.

sintomático, ca [sĩnto'matʃiku, ka] *adj* symptomatic.

sinuca [si'nuka] *f ESP* snooker.

sinuoso, osa [si'nwozu, ɔza] *adj* **-1.** [linha] wavy. **-2.** [estrada, rio] meandering. **-3.** [recorte] wavy.

sionismo [sjo'niʒmu] *m* Zionism.

sirene [si'reni] *f* siren.

siri [si'ri] *m* crab; **casquinha de** ~ *CULIN stuffed crab shells*.

Síria ['sirja] *n* Syria.

sísmico, ca ['siʒmiku, ka] *adj* seismic.

siso ['sizu] *m* **-1.** [juízo] wisdom. **-2.** [dente]: **(dente de)** ~ wisdom tooth.

sistema [siʃ'tema] *m* **-1.** [ger] system; ~ **nervoso** nervous system; ~ **solar** solar system; ~ **operacional** *COMPUT* operating system. **-2.** [maneira] method.

sistemático, ca [siʃte'matʃiku, ka] *adj* systematic.

sistematizar [siʃtematʃi'za(x)] *vt* to systematize.

sisudo, da [si'zudu, da] *adj* wise.

site ['sajtʃi] *(pl* **-s***)* *m COMPUT* site.

sitiar [si'tʃja(x)] *vt* **-1.** [cercar] to besiege. **-2.** [assediar] to harrass.

sítio ['sitʃju] *m* **-1.** [propriedade] farm. **-2.** *MIL* siege; **em estado de** ~ under siege.

situação [sitwa'sãw] *(pl* **-ões***)* *f* **-1.** [ger] situation. **-2.** [localização] position.

situado, da [si'twadu, da] *adj* situated.

situar [si'twa(x)] *vt* to place.

◆ **situar-se** *vp* **-1.** [localizar-se - casa, filme] to be located; [- pessoa] to place o.s.; **tenho que me** ~ **para saber que rua seguir** I have to get my bearings in order to know which street to take. **-2.** [classificar-se] to be placed. **-3.** [em assunto, questão] to take a position.

skate [iʃ'kejtʃi] *m* **-1.** [esporte] skateboarding. **-2.** [prancha] skateboard.

slide [iʒ'lajdʒi] *m* slide, transparency.

slogan [iʒ'logãn] *m* slogan.

smoking [iʒ'mokĩŋ] *m* dinner jacket.

SNI *(abrev de* **Serviço Nacional de Informações***)* *m Brazilian information service concerned particularly with state security*, ≃ MI5 ***UK***, ≃ CIA ***US***.

só ['sɔ] ◇ *adj* **-1.** [sozinho] alone; **a** ~**s** alone. **-2.** [solitário] lonely. **-3.** [único] single. ◇ *adv* [somente] only.

SO *(abrev de* **Sudoeste***)* *m* SW.

soalho ['swaʎu] *m* = **assoalho**.

soar ['swa(x)] ◇ *vi* **-1.** [ger] to sound. **-2.** [ser pronunciado] to be voiced. **-3.** [hora] to strike. ◇ *vt* [suj: horas] to strike.

sob ['sobi] *prep* under; ~ **esse aspecto** from that perspective.

soberania [sobera'nia] *f* **-1.** [de nação] sovereignty. **-2.** *fig* [superioridade] supremacy.

soberano, na [sobe'rãnu, na] ◇ *adj* **-1.** [independente] sovereign. **-2.** [poderoso] powerful. **-3.** [supremo] supreme. **-4.** [altivo] haughty. ◇ *m, f* [monarca] sovereign.

soberbo, ba [so'bexbu, ba] *adj* **-1.** [arrogante] arrogant. **-2.** [magnífico] magnificent.

sobra [ˈsɔbra] *f* leftover; **ter algo de ~** to have sthg spare.
◆ **sobras** *fpl* leftovers.
sobrado [soˈbradu] *m* floor.
sobrancelha [sobrãnˈseʎa] *f* eyebrow.
sobrar [soˈbra(x)] *vi* **-1.** [ger]: **~** to be left over; **me sobra tempo para ir ao cinema** I have some free time to go to the cinema; **o médico examinou duas crianças, sobrou uma** the doctor examined two children, there was one still left; **isso dá e sobra** that is more than enough. **-2.** [ficar de fora] to be left out.
sobre [ˈsobri] *prep* **-1.** [ger] on. **-2.** [por cima de] over. **-3.** [a respeito de] about.
sobreaviso [sobrjaˈvizu] *m*: **estar/ficar de ~** to be on the alert.
sobrecarregar [sobrekaxeˈga(x)] *vt* **-1.** [com carga] to overload. **-2.** [pessoa] to overburden.
sobreloja [sobreˈlɔʒa] *f* mezzanine.
sobremesa [sobreˈmeza] *f* dessert; **de ~** for dessert.
sobrenatural [ˌsobrenatuˈraw] (*pl* **-ais**) *adj* supernatural.
sobrenome [ˌsobriˈnɔmi] *m* surname.
sobrepor [sobreˈpo(x)] *vt* **-1.** [pôr em cima]: **~ algo a algo** to put sthg on top of sthg. **-2.** *fig* [antepor]: **~ algo a algo** to put sthg before sthg.
◆ **sobrepor-se** *vp* **-1.** [pôr-se em cima] to be put on top. **-2.** *fig* [antepor-se] to come before. **-3.** *fig* [a críticas] to overcome.
sobreposto, ta [sobreˈpoʃtu, ta] ◇ *pp* ▷ **sobrepor.** ◇ *adj* [posto em cima]: **~ a** placed on top of.
sobrepujar [sobrepuˈʒa(x)] *vt* **-1.** [ger] to overcome. **-2.** [ser superior a]: **~ algo/alguém (em algo)** to outdo sthg/s.o. (in sthg).
sobressalente [sobresaˈlẽntʃi] ◇ *adj* spare. ◇ *m* spare.
sobressaltado, da [sobresawˈtadu, da] *adj* **-1.** [assustado] startled; **acordar ~** to wake up with a start. **-2.** [apreensivo] worried.
sobressaltar [sobresawˈta(x)] *vt* **-1.** [assustar] to startle. **-2.** [inquietar] to worry.
◆ **sobressaltar-se** *vp* **-1.** [assustar-se] to be startled. **-2.** [inquietar-se] to worry.
sobressalto [sobreˈsawtu] *m* **-1.** [ger] start. **-2.** [inquietação] concern.
sobretaxa [ˌsobreˈtaʃa] *f* surcharge.
sobretudo [sobreˈtudu] ◇ *m* overcoat. ◇ *adv* especially.
sobrevivência [sobreviˈvẽnsja] *f*: **~ (a)** survival (from).
sobrevivente [sobreviˈvẽntʃi] ◇ *adj* surviving. ◇ *mf* survivor.
sobreviver [sobreviˈve(x)] *vi*: **~ (a algo/alguém)** to survive (sthg/s.o.).
sobrevoar [sobreˈvwa(x)] *vt* to fly over.
sobriedade [sobrjeˈdadʒi] *f* **-1.** [moderação] moderation. **-2.** [ausência de embriaguez] sobriety.
sobrinho, nha [soˈbriɲu, ɲa] *m, f* nephew (*f* niece).

Em inglês, quando falar de sobrinhos e estiver referindo-se a ambos os sexos, você deve dizer ***nieces e nephews*** (*do you have any nieces and nephews?* você tem sobrinhos?, querendo dizer: você tem algum sobrinho ou sobrinha?).

sóbrio, bria [ˈsɔbrju, brja] *adj* **-1.** [ger] sober. **-2.** [moderado]: **~ (em)** moderate (in).
socar [soˈka(x)] *vt* **-1.** [dar socos em] to punch. **-2.** [esmagar] to crush. **-3.** [calcar] to grind. **-4.** [amassar] to knead. **-5.** [meter] to chuck.
social [soˈsjaw] (*pl* **-ais**) *adj* **-1.** [ger] social. **-2.** [relativo a sócios] members' *(antes de subst)*. **-3.** [via de acesso] front *(antes de subst)*. **-4.** [banheiro] guest *(antes de subst)*. **-5.** [camisa] dress.
socialdemocrata [soˌsjawdemoˈkrata] ◇ *adj* social democratic. ◇ *mf* social democrat.
socialismo [sosjaˈliʒmu] *m* socialism.
socialista [sosjaˈliʃta] ◇ *adj* socialist. ◇ *mf* socialist.
socializar [sosjaliˈza(x)] *vt* to socialize.
sociável [soˈsjavew] (*pl* **-eis**) *adj* sociable.
sociedade [sosjeˈdadʒi] *f* **-1.** [ger] society; **a alta ~** high society; **Sociedade Protetora dos Animais** *society for the protection of animals*, ≃ RSPCA *UK*. **-2.** [COM - empresa] company; [- entre sócios] partnership; **~ anônima** limited company. **-3.** [parceria] partnership.
sócio, cia [ˈsɔsju, sja] *m, f* **-1.** [ger] partner. **-2.** [membro] member.
sociologia [sosjoloˈʒia] *f* sociology.
sociólogo, ga [soˈsjɔlogu, ga] *m, f* sociologist.
sociopolítico, ca [sosjopoˈlitʃiku, ka] (*mpl* **-s**, *fpl* **-s**) *adj* socio-political.
soco [ˈsoku] *m* punch; **dar um ~ em algo/alguém** to punch sthg/sb.
socorrer [sokoˈxe(x)] *vt* to rescue.
socorro [soˈkoxu] *m* rescue; **equipe de ~** rescue team; **pedir ~** to ask for help; **socorro!** help!; **primeiros ~s** first aid *(sg)*.
soda [ˈsɔda] *f* **-1.** [bebida] soda. **-2.** [substância]: **~ cáustica** caustic soda.
sódio [ˈsɔdʒju] *m* sodium.
sofá [soˈfa] *m* sofa.
sofá-cama [soˌfaˈkãma] (*pl* **sofás-camas**) *m* sofa bed.
Sófia [ˈsɔfja] *n* Sofia.
sofisticado, da [sofiʃtʃiˈkadu, da] *adj* **-1.** [requintado] sophisticated. **-2.** [aprimorado] fancy. **-3.** [afetado] refined.
sofredor, ra [sofreˈdo(x), ra] ◇ *adj* suffering. ◇ *m, f* [pessoa] sufferer.
sôfrego, ga [ˈsofregu, ga] *adj* **-1.** [ávido] eager.

-2. [ao comer, beber] greedy. **-3.** [impaciente] impatient; **o pai aguardava ~ notícias sobre o filho** the father waited impatiently for news of his son.

sofrer [so'fre(x)] <> *vt* **-1.** [ger] to suffer. **-2.** [suportar] to bear. **-3.** [receber] to undergo. <> *vi* [padecer] to suffer; **~ de** *MED* to suffer from.

sofrido, da [so'fridu, da] *adj* long-suffering.

sofrimento [sofri'mẽntu] *m* suffering.

soft ['softʃi], **software** [sof'twe(x)] *m COMPUT* software.

sogro, gra [sogru, gra] *m, f* father-in-law (*f* mother-in-law).

sóis [sɔjʃ] *pl* ▷ **sol**.

soja ['sɔʒa] *f* soya.

sol ['sɔw] (*pl* **sóis**) *m* **-1.** [ger] sun; **fazer ~** to be sunny; **tomar (banho de) ~** to sunbathe; **ao ~** in the sun; **tapar o ~ com a peneira** to hide the truth. **-2.** *MÚS* [nota] soh, sol.

sola ['sɔla] *f* **-1.** [de sapato] sole. **-2.** *ANAT*: **~ do pé** sole of the foot.

solar [so'la(x)] (*pl* **-es**) <> *adj* solar. <> *m* [moradia] manor house. <> *vt* [sapato] to sole. <> *vi* **-1.** [bolo] to fail to rise. **-2.** *MÚS* to perform a solo.

solda ['sɔwda] *f* **-1.** [substância] solder. **-2.** [soldadura] weld.

soldado [sow'dadu] *mf* **-1.** *MIL* soldier. **-2.** [defensor] defender.

soldador, ra [sowda'do(x), ra] *m, f* welder.

soldar [sow'da(x)] *vt* to weld.

soldo ['sowdu] *m MIL* pay.

soleira [so'lejra] *f* **-1.** [de porta] threshold. **-2.** [de ponte] foundation.

solene [so'leni] *adj* solemn.

solenemente [soleni'mẽntʃi] *adv* solemnly.

solenidade [soleni'dadʒi] *f* **-1.** [qualidade] solemnity. **-2.** [cerimônia] ceremony.

soletrar [sole'tra(x)] *vt* **-1.** [letras] to spell. **-2.** [ler devagar] to read out slowly.

solicitação [solisita'sãw] (*pl* **-ões**) *f* [pedido] request.

◆ **solicitações** *fpl* [apelo] appeal *(sg)*.

solicitar [solisi'ta(x)] *vt* **-1.** [pedir] to request; **~ algo a alguém** to ask sb for sthg. **-2.** [requerer] to apply for. **-3.** [atenção, amizade] to seek.

solícito, ta [so'lisitu, ta] *adj* helpful.

solidão [soli'dãw] *f* **-1.** [isolamento] solitude. **-2.** [ermo] desolation. **-3.** [sentimento] loneliness.

solidariedade [solidarje'dadʒi] *f* solidarity.

solidário, ria [soli'darju, rja] *adj* **-1.** [na dor] united; **mostrar-se ~** to show one's solidarity; **ser ~ com** to stand by. **-2.** [simpático]: **ser ~ a** to be sympathetic to.

solidificar [solidʒifi'ka(x)] *vt* **-1.** [fisicamente] to solidify. **-2.** *fig* [laços, amizade] to strengthen.

◆ **solidificar-se** *vp* **-1.** [fisicamente] to set. **-2.** *fig* [laços, amizade] to become strong.

sólido, da ['sɔlidu, da] *adj* **-1.** [ger] solid. **-2.** [moralmente] strong. **-3.** *fig* [firme - ger] strong; [- conhecimento] firm; [- argumento] sound.

◆ **sólido** *m MAT* solid.

solista [so'liʃta] *m MÚS* soloist.

solitário, ria [soli'tarju, rja] <> *adj* solitary. <> *m, f* [eremita] solitary person.

◆ **solitário** *m* [diamante] solitaire.

◆ **solitária** *f* **-1.** [cela] solitary (confinement) cell. **-2.** [verme] tapeworm.

solo ['sɔlu] *m* **-1.** [chão] ground. **-2.** *MÚS* solo.

soltar [sow'ta(x)] *vt* **-1.** [libertar] to release; **~ os cachorros** *fig* to lash out. **-2.** [desatar] to untie. **-3.** [afrouxar] to loosen. **-4.** [largar] to let go. **-5.** [deixar cair (das mãos)] to drop. **-6.** [emitir] to let out. **-7.** [pronunciar] to utter. **-8.** [lançar] to let off.

◆ **soltar-se** *vp* [desprender-se]: **~-se (de algo)** to free o.s. (from sthg).

solteira [sow'tejra] *f* ▷ **solteiro**.

solteirão, rona [sowtej'rãw, rona] (*mpl* **-ões**, *fpl* **-s**) *m, f* bachelor (*f* spinster).

solteiro, ra [sow'tejru, ra] *adj* unmarried, single.

solteirona [sowtej'rona] *f* ▷ **solteirão**.

solto, ta ['sowtu, ta] <> *pp* ▷ **soltar**. <> *adj* [ger] loose.

◆ **à solta** *loc adv* on the loose.

solução [solu'sãw] (*pl* **-ões**) *f* solution; **~ de continuidade** interruption; **sem ~ de continuidade** without interruption; **~ de limpeza** [para lentes de contato] cleansing solution.

soluçar [solu'sa(x)] *vi* **-1.** [chorar] to sob. **-2.** *MED* to hiccup.

solucionar [solusjo'na(x)] *vt* to resolve.

soluço [su'lusu] *m* **-1.** [choro] sob; **aos ~s** sobbing. **-2.** *MED* hiccup.

solúvel [so'luvɛw] (*pl* **-eis**) *adj* soluble.

solvente [sow'vẽntʃi] <> *adj* **-1.** [substância] soluble. **-2.** *FIN* [devedor] solvent. <> *m* [substância] solvent.

som ['sõ] (*pl* **-ns**) *m* **-1.** [ger] sound; **fazer um ~** *fam* to make music; **ao ~ de** to the sound of. **-2.** [aparelho] hi-fi.

soma ['soma] *f* **-1.** [ger] sum. **-2.** *fig* [conjunto] combination.

Somália [so'malja] *n* Somalia.

somar [so'ma(x)] <> *vt* **-1.** [adicionar] to add; **~ algo a algo** to add sthg to sthg. **-2.** [totalizar] to add up to. <> *vi* to add (up).

◆ **somar-se** *vp* to gather together.

sombra ['sõnbra] *f* **-1.** [projeção] shadow; **fazer ~ a alguém** *fig* to put sb in the shade. **-2.** [área] shade; **à ~ de** in the shade of; *fig* [sob a proteção de] under the protection of. **-3.** *fig* [sinal] shadow; **sem ~ de dúvida** without a

shadow of a doubt. **-4.** ***fig*** [anonimato] in the shade.
sombrinha [sõn'briɲa] *f* umbrella.
sombrio, bria [sõn'briw, bria] *adj* **-1.** [escuro] dark. **-2.** [triste] gloomy. **-3.** [carrancudo] grim.
somente [sɔ'mẽntʃi] *adv* only.
sonambulismo [sonãnbu'liʒmu] *m* sleepwalking.
sonâmbulo, la [so'nãnbulu, la] ◇ *adj* sleepwalking. ◇ *m, f* sleepwalker.
sonda ['sõnda] *f* **-1.** *MED* probe. **-2.** *MED* [de alimentação] drip. **-3.** *NÁUT* depth finder. **-4.** *TEC* [para mineiração] bore. **-5.** *TEC* [petrolífera] drill. **-6.** *METEOR* weather balloon.
◆ **sonda espacial** *f* space probe.
sondagem [sõn'daʒẽ] (*pl* **-ns**) *f* **-1.** [com sonda - biliar] exploration; [- marítima, meteorológica] sounding; [- petrolífera] drilling. **-2.** [de opinião] survey.
sondar [sõn'da(x)] *vt* **-1.** [ger] to probe. **-2.** *NÁUT* to sound. **-3.** *TEC* [terreno] to bore. **-4.** *TEC* [petróleo] to drill. **-5.** *METEOR* [atmosfera] to take soundings of. **-6.** [opinião] to survey. **-7.** ***fig*** [investigar] to fathom.
soneca [so'nɛka] *f* nap; **tirar uma ~** to take a nap.
sonegação [sonega'sãw] *f* **-1.** [ocultação] withholding; **~ de impostos** *OU* **fiscal** tax evasion. **-2.** [roubo] theft.
sonegador, ra [sonega'do(x), ra] ◇ *adj* [de impostos] fraudulent. ◇ *m, f* [de impostos] tax dodger.
sonegar [sone'ga(x)] *vt* **-1.** [dinheiro, bens] to conceal. **-2.** [impostos] to dodge. **-3.** [roubar] to steal. **-4.** [informações] to withhold.
soneto [so'netu] *m* sonnet.
sonhador, ra [soɲa'do(x), ra] (*mpl* **-es**, *fpl* **-s**) ◇ *adj* dreaming. ◇ *m, f* dreamer.
sonhar [so'ɲa(x)] ◇ *vt* [ter sonho com] to dream. ◇ *vi* **-1.** [ter sonho] to dream; **~ com algo/alguém** to dream about sthg/sb. **-2.** [desejar]: **~ com algo** to dream of sthg; **~ em fazer algo** to dream of doing sthg.
sonho ['soɲu] *m* **-1.** [ger] dream. **-2.** *CULIN* doughnut.
sono ['sonu] *m* **-1.** [período] sleep. **-2.** [vontade de dormir]: **estar com** *OU* **sentir ~** to be *OU* feel sleepy; **estar sem ~** not to be sleepy.
sonolento, ta [sono'lẽntu, ta] *adj* sleepy.
sonorizar [sonori'za(x)] *vt* **-1.** [filme] to make the soundtrack for. **-2.** [sala] to set up the sound for.
sonoro, ra [so'nɔru, ra] *adj* **-1.** [de som] resonant. **-2.** *GRAM* voiced.
sons [sõʃ] *pl* ▷ **som**.
sonso, sa ['sõnsu, sa] *adj* sly.
sopa ['sopa] *f* **-1.** *CULIN* soup. **-2.** ***fam*** [facilidade] easy life; **ser ~** to be a piece of cake.
sopapo [so'papu] *m* slap.
sopé [so'pɛ] *m* foot.
sopeira [so'pejra] *f* (soup) tureen.
soporífero, ra [sopo'riferu, ra], *adj* **-1.** [que faz dormir] soporific. **-2.** ***fig*** [chato] boring.
◆ **soporífero** *m* [substância] soporific.
soporífico [sopo'rifiku] = **soporífero**
soprano [so'prãnu] ◇ *adj* soprano ***(antes de subst).*** ◇ *mf* soprano.
soprar [so'pra(x)] ◇ *vt* **-1.** [com sopro] to blow. **-2.** ***fig*** [segredar] to whisper. ◇ *vi* [vento] to blow.
sopro ['sopru] *m* **-1.** [ar] puff. **-2.** [som - de vento] sigh; [- de fole] puff; [- de saxofone] soft sound; **instrumento de ~** wind instrument. **-3.** [aragem] breeze. **-4.** ***fig*** [ânimo] breath.
soquete [so'kɛtʃi] *f* [meia] ankle sock.
sórdido, da ['sɔrdʒidu, da] *adj* **-1.** [imundo] squalid. **-2.** [torpe] sordid.
soro ['soru] *m* **-1.** *MED* serum. **-2.** [de leite] whey.
soropositivo, va [soropozi'tʃivu, va] ◇ *adj* seropositive. ◇ *m, f* seropositive person.
sorrateiro, ra [soxa'tejru, ra] *adj* stealthy.
sorridente [soxi'dẽntʃi] *adj* smiling.
sorrir [so'xi(x)] *vi* to smile; **~ (para)** to smile (at); [destino, fortuna *etc.*] to smile on.
sorriso [so'xizu] *m* smile; **dar um ~ (para alguém)** to smile (at sb).
sorte ['sɔxtʃi] *f* **-1.** [ventura] luck; **boa ~!** good luck!; **dar ~ (para alguém)** to bring (sb) luck; **estar com** *OU* **ter ~** to be lucky; **má ~** bad luck; **que ~!** what luck!; **de ~** [sortudo] lucky; **tirar a ~ grande** [na loteria] to hit the jackpot; [enriquecer] to become rich; [ser afortunado] to do the right thing. **-2.** [acaso] chance; **por ~** by chance. **-3.** [sina] fate. **-4.** [situação] lot. **-5.** [maneira]: **de ~ que** in such a way that. **-6.** [espécie] sort; **toda ~ de iguarias** all sorts of delicacies.
sortear [sox'tʃja(x)] *vt* **-1.** [pessoa, bilhete] to draw lots for. **-2.** [rifar] to raffle.
sorteio [sox'teju] *m* **-1.** [de pessoa, bilhete] draw. **-2.** [rifa] raffle.
sortido, da [sox'tʃidu, da] *adj* **-1.** [abastecido] stocked. **-2.** [variado] assorted.
sortimento [soxtʃi'mẽntu] *m* [provisão] stock.
sortudo, da [sox'tudu, da] ◇ *adj* lucky. ◇ *m, f* lucky person.
sorver [sox've(x)] *vt* **-1.** [ger] to inhale. **-2.** [beber] to sip. **-3.** [absorver] to absorb.
sorvete [sox'vetʃi] *m* **-1.** [com leite] ice cream. **-2.** [sem leite] sorbet.
sorveteiro, ra [soxve'tejru, ra] *m, f* ice-cream man.
sorveteria [soxvete'ria] *f* ice-cream parlour.
sósia ['sɔzja] *mf* double.

soslaio [soʒ'laju] ◆ **de soslaio** *loc adv* sideways.
sossegado, da [sose'gadu, da] *adj* quiet.
sossegar [sose'ga(x)] *vt & vi* to calm down.
sossego [so'segu] *m* peace (and quiet).
sótão ['sɔtãw] (*pl* **-ãos**) *m* attic.
sotaque [so'taki] *m* accent.
soterrar [sote'xa(x)] *vt* to bury.
soturno, na [so'tuxnu, na] *adj* **-1.** [triste] sad. **-2.** [amedrontador] frightening.
soutien [su'tʃjã] *m* = **sutiã**.
sova ['sɔva] *f* **-1.** [amassamento - uva, cacau] crushing; [- de massa] keading. **-2.** [surra] beating.
sovaco [so'vaku] *m* armpit.
sovina [so'vina] <> *adj* miserly. <> *mf* miser.
sovinice [sovi'nisi] *f* meanness; **ser pura ~** to be utterly mean.
sozinho, nha [sɔ'ziɲu, ɲa] *adj* **-1.** [desacompanhado] alone. **-2.** [solitário] all alone. **-3.** [único] by itself. **-4.** [por si só] by myself/yourself/himself etc.
SP (*abrev de* **Estado de São Paulo**) *n State of São Paulo.*
spam ['ijpãm] (*pl* **-s**) *m* COMPUT spam.
SPC (*abrev de* **Serviço de Proteção ao Crédito**) *m Brazilian service providing information on credit credit rating.*
spot [iʃ'pɔtʃi] *m* spotlight.
spray [iʃ'prej] *m* spray.
SQL (*abrev de* **Structured Query Language**) *f* SQL.
Sr. (*abrev de* **senhor**) *m* ≃ Mr.
Sra. (*abrev de* **senhora**) *f* ≃ Mrs.
SRF (*abrev de* **Secretaria da Receita Federal**) *f department of the Brazilian ministry of finance responsible for taxes and customs and excise.*
Srs. (*abrev de* **senhores**) *mpl* Messrs, Mr and Mrs.
srta. (*abrev de* **senhorita**) *f* ≃ Miss.
status [iʃ'tatus] *m* status.
STF (*abrev de* **Supremo Tribunal Federal**) *m Brazilian supreme federal tribunal responsible for the enforcement of the constitution and also heading the judiciary.*
STJ (*abrev de* **Superior Tribunal de Justiça**) *m* Brazilian higher court of justice.
strip-tease [iʃˌtripi'tʃizi] *m* striptease; **fazer um ~** to do a striptease.
sua ['sua] ▷ **seu**.
suado, da ['swadu, da] *adj* **-1.** [da suor] sweaty. **-2.** *fam fig* [difícil de obter] hard-earned.
suar ['swa(x)] <> *vt* **-1.** [transpirar] to sweat. **-2.** [roupa] to make sweaty. <> *vi* **-1.** [transpirar] to sweat; **~ frio** to come out in a cold sweat. **-2.** [verter umidade] to sweat. **-3.** *fam fig* [esforçar-se]: **~ por algo/para fazer algo** to sweat blood for sthg/to do sthg; **ela suou por esse emprego** she had to work hard for that job.
suas ['suaʃ] ▷ **seu**.
suástica ['swaʃtʃika] *f* swastika.
suave ['swavi] *adj* **-1.** [ger] mild. **-2.** [vinho, pele, cabelos] smooth. **-3.** [brisa, ritmo] gentle. **-4.** [cor] delicate. **-5.** [música, tecido] soft. **-6.** [terno - pessoa] charming; [- carícia] gentle; [- voz] soft. **-7.** [leve - trabalho] light; [- vida] easy.
suavidade [swavi'dadʒi] *f* **-1.** [ger] mildness. **-2.** [de pele, cabelos] smoothness. **-3.** [de brisa, música, ritmo] gentleness. **-4.** [de tecido, cor, brisa, música] softness. **-5.** [ternura] charm.
suavizar [swavi'za(x)] *vt* **-1.** [abrandar] to tone down. **-2.** [amenizar] to ease. **-3.** [amaciar - pele, cabelo] to smooth; [- tecido] to soften.
◆ **suavizar-se** *vp* [amenizar-se] to ease.
subalimentado, da [subalimẽn'tadu, da] *adj* undernourished.
subalterno, na [subaw'tɛxnu, na] <> *adj* subordinate. <> *m, f* subordinate.
subconsciente [subkõn'sjẽntʃi] <> *adj* subconscious. <> *m* subconscious.
subdesenvolvido, da [subdʒizĩnvow'vidu, da] <> *adj* **-1.** [não desenvolvido] underdeveloped. **-2.** *pej* [atrasado] moronic. <> *m, f pej* [pessoa] moron.
subdesenvolvimento [subdizĩnvowvi'mẽntu] *m* underdevelopment.
subemprego [subẽn'pregu] *m* **-1.** [trabalho] underpaid job. **-2.** [condição] underpaid work.
subentender [subẽntẽn'de(x)] *vt* to infer.
◆ **subentender-se** *vp* to be inferred; **subentende-se que ...** it can be inferred that ...
subentendido, da [subẽntẽn'dʒidu, da] *adj* inferred.
◆ **subentendido** *m* innuendo.
subestimar [subeʃtʃi'ma(x)] *vt* to underestimate.
subida [su'bida] *f* **-1.** [ato] climb. **-2.** [ladeira] slope. **-3.** [de preços] rise.
subir [su'bi(x)] <> *vt* **-1.** [galgar] to climb (up). **-2.** [ir para cima, percorrer] to go up. **-3.** [escalar] to climb, to scale. **-4.** [aumentar] to raise. **-5.** [ascender] to climb. **-6.** [voz] to raise. <> *vi* **-1.** [ger] to go up; **~ a** *ou* **até** to go up to; **~ em** [árvore] to climb (up); [telhado, cadeira] to climb onto; **~ por** to go up; **~ à cabeça** *fig* to go to one's head. **-2.** [ascender - balão, neblina, fumaça] to rise; [- elevador, teleférico] to go up; [- em ônibus] to get on. **-3.** [socialmente] to go up in the world; **~ a/de** to rise from; **~ na vida** to get on in life. **-4.** [aumentar] to rise. **-5.** *fam* [embriagar] to go to one's head.
súbito, ta ['subitu, ta] *adj* sudden.
◆ **súbito** *adv* suddenly; **de ~** suddenly.

subjetividade [subʒetʃivi'dadʒi] *f* subjectivity.
subjetivo, va [subʒɛ'tʃivu, va] *adj* subjective.
subjugar [subʒu'ga(x)] *vt* **-1.** [derrotar] to overpower. **-2.** [dominar] to dominate. **-3.** [impor-se a] to supplant. **-4.** [moralmente] to subdue.
subjuntivo [subʒũn'tʃivu] *m* subjunctive.
sublime [su'blimi] *adj* sublime.
sublinhar [subli'ɲa(x)] *vt* **-1.** [palavras] to underline. **-2.** [enfatizar] to emphasize.
sublocar [sublo'ka(x)] *vt* to sublet.
submarino, na [subma'rinu, na] *adj* underwater.
◆ **submarino** *m* submarine.
submergir [submex'ʒi(x)] *vt* & *vi* to submerge.
submeter [subme'te(x)] *vt* **-1.** [dominar] to subdue. **-2.** [para apreciação]: ~ **algo a** to submit sthg to. **-3.** [sujeitar]: ~ **alguém/algo a algo** to subject sb/sthg to sthg.
◆ **submeter-se** *vp* **-1.** [render-se] to surrender. **-2.** [sujeitar-se]: ~ **a algo** to undergo sthg; ~ **a alguém** to submit to sb.
submissão [submi'sãw] *f* **-1.** [sujeição, obediência] submission. **-2.** [apatia] lack of determination.
submisso, sa [sub'misu, sa] *adj* submissive.
submundo [sub'mũndu] *m* underworld.
subnutrição [subnutri'sãw] *f* malnutrition.
subnutrido, da [subnu'tridu, da] *adj* malnourished.
subordinado, da [suboxdʒi'nadu, da] <> *adj* subordinate. <> *m,f* [subalterno] subordinate.
subordinar [suboxdʒi'na(x)] *vt* **-1.** [ger] to subordinate. **-2.** [sujeitar] to subject.
◆ **subordinar-se** *vp* [sujeitar-se]: **~-se a algo/alguém** to subject o.s. to sthg/sb.
subornar [subox'na(x)] *vt* to bribe.
suborno [su'boxnu] *m* bribe.
subproduto [subpro'dutu] *m* by-product.
sub-reptício, cia [subxrep'tʃisju, sja] *adj* surreptitious.
subscrever [subʃkre've(x)] *vt* **-1.** [assinar] to sign. **-2.** [aprovar] to subscribe to. **-3.** [arrecadar] to collect. **-4.** [ações] to subscribe to.
subscrito, ta [subʃ'kritu, ta] <> *pp* ▷ subscrever. <> *adj* undersigned. <> *m, f* undersigned.
subseqüente [subse'kwẽntʃi] *adj* subsequent; ~ **(a)** subsequent (to).
subserviência [subsexvjẽnsja] *f* subservience.
subserviente [subsex'vjẽntʃi] *adj* subservient, servile; ~ **(a)** subservient (towards).
subsidiar [subzi'dʒja(x)] *vt* to subsidize.
subsidiário, ria [subzi'dʒjarju, rja] *adj* subsidiary.
◆ **subsidiária** *f* [empresa] subsidiary.
subsídio [sub'zidʒju] *m* **-1.** [contribuição] contribution. **-2.** [estatal] subsidy.
◆ **subsídios** *mpl* [dados, contribuições] information *(sg)*.
subsistência [subziʃ'tẽnsja] *f* [sustento, sobrevivência] subsistence.
subsistir [subziʃ'tʃi(x)] *vi* **-1.** [existir] to exist. **-2.** [persistir] to remain. **-3.** [sobreviver] to survive.
subsolo [sub'sɔlu] *m* **-1.** [da terra] subsoil. **-2.** [de prédio] basement.
substância [subʃ'tãnsja] *f* substance.
substancial [subʃtãn'sjaw] (*pl* **-ais**) <> *adj* substantial. <> *m* [essência] essence.
substantivo, va [subʃtãn'tʃivu, va] *adj* **-1.** [essencial] essential. **-2.** GRAM substantive.
◆ **substantivo** *m* GRAM noun.
substituição [subʃtʃitwi'sãw] (*pl* **-ões**) *f* substitution, replacement.
substituir [subʃtʃi'twi(x)] *vt* to substitute, to replace.
substituto, ta [subʃtʃi'tutu, ta] <> *adj* substitute *(antes de subst)*, replacement *(antes de subst)*. <> *m, f* substitute, replacement.
subterrâneo, nea [subte'xãnju, nja] *adj* underground.
subtrair [subtra'i(x)] <> *vt* **-1.** [furtar] to steal. **-2.** [deduzir] to deduct. **-3.** MAT to subtract. <> *vi* MAT to subtract.
subumano, na [subju'mãnu, na] *adj* subhuman.
suburbano, na [subux'bãnu, na] <> *adj* **-1.** [do subúrbio] suburban. **-2.** *pej* [atrasado] backward. <> *m, f* **-1.** [morador] suburbanite. **-2.** *pej* [atrasado] moron.
subúrbio [su'buxbju] *m* suburb.

> Em português, o substantivo 'subúrbio' refere-se a um bairro pobre na periferia de uma cidade. Por isso, devemos tomar cuidado quanto ao emprego de ***suburb*** ou ***suburbs***, pois embora também se encontrem na periferia das cidades, os suburbs são, ao contrário, áreas residenciais da classe média. Portanto, ***the New York suburbs*** não se refere às áreas pobres da cidade, e sim, às áreas nobres.

subvenção [subvẽn'sãw] (*pl* **-ões**) *f* subsidy.
subversivo, va [subvex'sivu, va] <> *adj* subversive. <> *m, f* [pessoa] subversive.
subverter [subvex'te(x)] *vt* **-1.** [desordenar] to subvert. **-2.** [agitar] to incite. **-3.** [arruinar] to upset.
sucção [suk'sãw] *f* suction.
suceder [suse'de(x)] *vi* **-1.** [acontecer] to happen. **-2.** [seguir-se a]: ~ **a algo/alguém** to follow (on from) sthg/sb.
◆ **suceder-se** *vp* **-1.** [seguir-se]: **sucedem-se os governantes, mas nada muda** rulers come and go but nothing changes. **-2.** [repetir-se]: **os dias se sucediam e ele não regressava** day followed day and still he didn't return.

sucedido, da [suse'dʒidu, da] *m*: **vou lhe contar o ~** I'll tell you what happened.
sucessão [suse'sãw] (*pl* **-ões**) *f* succession.
sucessivo, va [suse'sivu, va] *adj* successive; **crimes ~s** a succession of crimes.
sucesso [su'sɛsu] *m* **-1.** [êxito] success; **com/sem ~** successfully/unsuccessfully. **-2.** [música, filme] hit.
sucinto, ta [su'sĩntu, ta] *adj* succinct.
suco ['suku] *m* juice.
suculento, ta [suku'lẽntu, ta] *adj* succulent.
sucumbir [sukũn'bi(x)] *vi* **-1.** [vergar]: **~ a algo** to yield to sthg. **-2.** [morrer]: **~ (a algo)** to succumb (to sthg).
SUDAM (**Superintendência do Desenvolvimento da Amazônia**) *f body overseeing the use of resources for the development of the Amazon region.*
Sudão [su'dãw] *n* Sudan.
SUDENE (*abrev de* **Superintendência do Desenvolvimento do Nordeste**) *f body responsible for overseeing economic and financial incentives in northeastern Brazil.*
sudeste [su'dɛʃtʃi] <> *adj* south-east. <> *m* south-east.
súdito, ta ['sudʒitu, ta] *m, f* subject.
sudoeste [su'dwɛʃtʃi] <> *adj* south-west. <> *m* south-west.
Suécia ['swɛsja] *n* Sweden.
sueco, ca ['swɛku, ka] <> *adj* Swedish. <> *m, f* Swede.
◆ **sueco** *m* [língua] Swedish.
suéter ['swɛte(x)] (*pl* **-es**) *m ou f* sweater.
suficiente [sufi'sjẽntʃi] <> *adj* sufficient. <> *m*: **tenho o ~ até amanhã** I have enough until tomorrow.
suflê [su'fle] *m* soufflé.
sufocar [sufo'ka(x)] <> *vt* **-1.** [asfixiar] to suffocate. **-2.** *fig* [oprimir] to oppress. **-3.** *fig* [debelar] to crush. <> *vi* [asfixiar-se] to be stifled.
sufoco [su'foku] *m* **-1.** [aflição] dread; **que ~!** how dreadful! **-2.** [dificuldade] hassle; **deixar alguém no ~** to leave sb in the lurch.
sufrágio [su'fraʒju] *m* **-1.** [voto] vote. **-2.** [apoio] support.
sugar [su'ga(x)] *vt* **-1.** [por sucção] to suck. **-2.** *fig* [extorquir] to extort.
sugerir [suʒe'ri(x)] *vt* to suggest.
sugestão [suʒeʃ'tãw] (*pl* **-ões**) *f* **-1.** [ger] suggestion; **dar uma ~** to make a suggestion. **-2.** [evocação, insinuação] hint.
sugestionar [suʒeʃtʃjo'na(x)] *vt*: **~ algo a alguém** to inspire sb with sthg.
sugestivo, va [suʒeʃ'tʃivu, va] *adj* **-1.** [evocativo] evocative. **-2.** [insinuante] suggestive.
Suíça ['swisa] *n* Switzerland.
suíças ['swisaʃ] *fpl* sideburns.
suicida [swi'sida] <> *adj* suicidal. <> *mf* [pessoa] suicidal person.
suicidar-se [swisi'daxsi] *vp* to commit suicide.
suicídio [swi'sidʒju] *m* suicide.
suíço, ça ['swisu, sa] <> *adj* Swiss. <> *m, f* Swiss.
suingar [swĩŋ'ga(x)] *vi* to dance the swing.
suingue ['swĩŋgi] *m* swing.
suíno, na ['swinu, na] *adj* pig *(antes de subst).*
◆ **suíno** *m* [porco] pig.
suíte ['switʃi] *f* suite.
sujar [su'ʒa(x)] <> *vt* **-1.** [tornar sujo] to dirty. **-2.** *fig* [macular] to disgrace. <> *vi fam* [dar errado] to go wrong.
◆ **sujar-se** *vp* **-1.** [tornar-se sujo] to get dirty. **-2.** *fig* [macular-se] to disgrace o.s.
sujeira [su'ʒejra] *f* **-1.** [coisa suja] dirt. **-2.** [estado] dirtiness; **a sala estava uma ~ quando cheguei** the room was a dirty mess when I arrived. **-3.** *fam* [bandalheira] dirty trick.
sujeitar [suʒej'ta(x)] *vt* [submeter]: **~ algo/alguém a algo** to subject sthg/sb to sthg.
◆ **sujeitar-se** *vp* [submeter-se]: **~-se a algo** to subject o.s. to sthg.
sujeito, ta [su'ʒejtu, ta] <> *adj*: **~ a** subject to. <> *m, f* person.
◆ **sujeito** *m* GRAM subject.
sujo, ja ['suʒu, ʒa] <> *adj* **-1.** [imundo] dirty. **-2.** *fig* [mau-caráter] dishonest. <> *m, f fig* [pessoa] dishonest person.
sul ['suw] <> *adj* southern. <> *m* [região] south; **ao ~ de** to the south of.
sulco [suw'ku] *m* furrow.
sulista [su'liʃta] <> *adj* southern. <> *mf* southerner.
suma ['suma] ◆ **em suma** *loc adv* in short.
sumamente [suma'mẽntʃi] *adv* [extremamente] extremely.
sumário, ria [su'marju, rja] *adj* **-1.** [breve] brief. **-2.** [julgamento] summary. **-3.** [traje] skimpy.
◆ **sumário** *m* **-1.** [resumo] summary. **-2.** [no início de livro] table of contents. **-3.** JUR: **~ de culpa** indictment.
sumiço [su'misu] *m* disappearance; **dar (um) ~ em** to do away with.
sumido, da [su'midu, da] *adj* **-1.** [desaparecido] vanished; **andar ~** to have disappeared. **-2.** [voz] low. **-3.** [apagado] faint.
sumir [su'mi(x)] *vi* to disappear; **~ com algo** to disappear with sthg.
sumo, ma ['sumu, ma] *adj* extreme; **~ sacerdote** high priest.
◆ **sumo** *m* [suco] juice.
sundae ['sãndej] *m* sundae.
sunga ['sũŋga] *f* [de banho] (swimming) trunks.
suntuoso, osa [sũn'twozu, ɔza] *adj* sumptuous.
suor ['swɔ(x)] (*pl* **-es**) *m* **-1.** [transpiração] sweat. **-2.** *fig* [trabalho]: **fiz esta casa com o meu pró-**

prio ~ I built this house by the sweat of my brow.

super ['supe(x)] *fam* ◇ *adj* [ótimo] super. ◇ *interj* super!

superado, da [supe'radu, da] *adj* **-1.** [ultrapassado] outmoded, old-fashioned. **-2.** [resolvido] overcome.

superalimentar [superalimẽn'ta(x)] *vt* **-1.** [animais, pacientes] to overfeed. **-2.** [indústria, sistema] to supercharge.

superaquecimento [ˌsuperakesi'mẽntu] *m* overheating.

superar [supe'ra(x)] *vt* **-1.** [sobrepujar]: **~ alguém (em algo)** to outdo sb (in sthg); **~ o inimigo** to defeat an enemy; **superou a todos em velocidade** he surpassed everyone in terms of speed. **-2.** [recorde] to beat. **-3.** [expectativa, objetivos *etc.*] to exceed. **-4.** [ultrapassar] to surpass. **-5.** [resolver] to overcome.

◆ **superar-se** *vp* **-1.** [melhorar]: **~-se (em algo)** to excel o.s. (in sthg). **-2.** [exceder-se] to excel o.s.

superávit [supe'ravitʃi] *m* COM surplus.

supercílio [super'siljul *m* eyebrow.

superdotado, da [ˌsupexdo'tadu, da] ◇ *adj* **-1.** [em inteligência] (exceptionally) gifted. **-2.** *fam* [sexualmente] well endowed. ◇ *m, f* [em inteligência] (exceptionally) gifted person.

superestimar [ˌsupereʃtʃi'ma(x)] *vt* to overestimate.

superficial [supexfi'sjaw] (*pl* **-ais**) *adj* superficial.

superficialidade [supexfisjali'dadʒi] *f* superficiality.

superfície [supex'fisji] *f* **-1.** [parte externa] surface. **-2.** [extensão] area.

supérfluo, lua [su'pɛxflu, lua] *adj* superfluous.

◆ **supérfluo** *m* [gasto]: **vamos cortar o ~** we're going to cut out what is superfluous.

super-homem [ˌsuper'ɔmẽ] (*pl* **-ns**) *m* superman.

superintendência [ˌsuperĩntẽn'dẽnsja] *f* [órgão] management.

superintendente [ˌsuperĩntẽn'dẽntʃi] *mf* manager.

superior [supe'rjo(x)] (*pl* **-es**) ◇ *adj* RELIG superior. ◇ *m, f* [em hierarquia] superior.

◆ **superior** *adj* **-1.** [de cima] upper. **-2.** [mais alto] higher. **-3.** [maior] greater. **-4.** [melhor] better; **~ a** better than. **-5.** [excelente] first class. **-6.** EDUC higher; **escola ~** senior school; **curso ~** degree course.

superioridade [superjori'dadʒi] *f* superiority.

superlativo, va [supexla'tʃivu] *adj* superlative.

◆ **superlativo** *m* GRAM superlative.

superlotado, da [ˌsupexlo'tadu, da] *adj*: **~ (de)** overcrowded (with).

supermercado [ˌsupexmex'kadu] *m* supermarket.

superpotência [ˌsupexpo'tẽnsja] *f* superpower.

superpovoado, da [ˌsupexpo'vwadu, da] *adj* overpopulated.

superprodução [ˌsupexprodu'sãw] (*pl* **-ões**) *f* **-1.** ECON overproduction. **-2.** CINE megaproduction.

supersônico, ca [ˌsupex'soniku, ka] *adj* supersonic.

superstição [supexʃtʃi'sãw] (*pl* **-ões**) *f* superstition.

supersticioso, osa [superʃtʃi'sjozu, ɔza] ◇ *adj* superstitious. ◇ *m, f* superstitious person.

supervisão [ˌsupexvi'zãw] (*pl* **-ões**) *f* **-1.** [ato] supervision. **-2.** [instância] supervisory authority.

supervisionar [ˌsupexvizjo'na(x)] *vt* to supervise.

supervisor, ra [ˌsupexvi'zo(x), ra] *m, f* supervisor.

suplantar [suplãn'ta(x)] *vt* [sobrepujar]: **~ algo/alguém (em algo)** to supplant sthg/sb (in sthg).

suplementar [suplemẽn'ta(x)] ◇ *adj* extra. ◇ *vt* **-1.** [fornecer] to provide. **-2.** [servir de suplemento a] to supplement.

suplemento [suple'mẽntu] *m* **-1.** [suprimento] supply. **-2.** [complemento] supplement; **~ policial** police reinforcement. **-3.** JORN supplement.

súplica ['suplika] *f* plea.

suplicar [supli'ka(x)] ◇ *vt* to beg for. ◇ *vi* to plead.

suplício [su'plisju] *m* torture.

supor [su'po(x)] *vt* **-1.** [ger] to suppose. **-2.** [pressupor] to presuppose.

◆ **supor-se** *vp* to be assumed.

suportar [supox'ta(x)] *vt* **-1.** [sustentar] to support. **-2.** [resistir a] to withstand. **-3.** [tolerar] to bear.

suportável [supox'tavew] (*pl* **-eis**) *adj* bearable.

suporte [su'pɔxtʃi] *m* support.

suposição [supozi'sãw] (*pl* **-ões**) *f* [conjetura] assumption.

suposto, osta [su'poʃtu, ɔʃta] ◇ *pp* ▷ **supor.** ◇ *adj* supposed.

◆ **suposto** *m* [pressuposto] assumption.

supremo, ma [su'premu, ma] *adj* **-1.** [amor, perdão, tribunal] supreme. **-2.** [qualidade] superior.

◆ **Supremo** *m*: **o Supremo** the Supreme Court.

supressão [supre'sãw] (*pl* **-ões**) *f* **-1.** [corte] cutback. **-2.** [eliminação] deletion. **-3.** [abolição] abolition. **-4.** [omissão] suppression.

suprimento [supri'mẽntu] *m* supply.

suprimir [supri'mi(x)] *vt* **-1.** [cortar] to cut back. **-2.** [eliminar] to delete. **-3.** [abolir] to abolish. **-4.** [omitir] to suppress.

suprir [su'pri(x)] *vt* **-1.** [prover]: **~ alguém de** *OU* **com algo** to supply sb with sthg. **-2.** [substituir]: **~ algo por algo** to substitute sthg with sthg. **-3.** [fazer as vezes de] to replace. **-4.** [preencher] to meet; **~ a falta de algo** to make up for the lack of sthg. **-5.** [perfazer] to make up.

surdez [sux'deʒ] *f* deafness.

surdina [sux'dʒina] *f MÚS* mute.

◆ **em surdina** *loc adv* on the quiet.

surdo, da ['suxdu, da] ◇ *adj* **-1.** *MED* deaf. **-2.** [som] muffled. **-3.** [consoante] voiceless. ◇ *m, f* [pessoa] deaf person.

◆ **surdo** *m MÚS* [de bateria] *kind of drum*.

surdo-mudo, surda-muda ['suxdu'mudu, 'suxda'muda] (*mpl* **surdos-mudos**, *fpl* **surdas-mudas**) ◇ *adj* [pessoa] deaf and dumb. ◇ *m, f* [pessoa] deaf mute.

surfar [sux'fa(x)] *vi* to surf.

surfe ['suxfi] *m* surfing.

surfista [sux'fiʃta] *mf* surfer.

surgimento [suxʒi'mẽntu] *m* emergence.

surgir [sux'ʒi(x)] *vi* **-1.** [aparecer] to appear. **-2.** [sobrevir] to arise; **~ de** to come from.

surpreendente [surprjẽn'dẽntʃi] *adj* surprising.

surpreender [surprjẽn'de(x)] ◇ *vt* **-1.** [ger] to surprise. **-2.** [apanhar em flagrante]: **~ alguém (fazendo algo)** to catch sb (doing sthg). ◇ *vi* [causar espanto] to be surprising.

◆ **surpreender-se** *vp* [espantar-se]: **~-se de/com algo** to be amazed by/at sthg.

surpreso, sa [sux'prezu, za] ◇ *pp* ▷ **surpreender**. ◇ *adj* surprised.

◆ **surpresa** *f* **-1.** [espanto] amazement. **-2.** [imprevisto] surprise; **fazer uma surpresa para alguém** to give sb a surprise; **que surpresa!** [em encontro casual] what a surprise!; **ser uma surpresa** to be a surprise; **de surpresa** by surprise. **-3.** [presente] surprise.

surra ['suxa] *f* thrashing; **dar uma ~ em alguém** to give sb a thrashing; **levar uma ~ (de alguém)** to get a thrashing (from sb).

surrar [su'xa(x)] *vt* **-1.** [espancar] to beat up. **-2.** *ESP* to thrash. **-3.** [usar muito] to wear out.

surrealista [suxea'liʃta] ◇ *adj* **-1.** *ARTE* surrealist. **-2.** *fig* [fora do normal] surreal. ◇ *mf ARTE* surrealist.

surtar [sur'ta(x)] *vi fam* to go berserk.

surtir [sux'tʃi(x)] ◇ *vt* [produzir] to bring about; **~ efeito** to be effective. ◇ *vi* [funcionar] to work out.

surto ['suxtu] *m* **-1.** [irrupção] outburst. **-2.** [de doença] outbreak. **-3.** [de progresso, industrialização] surge.

suscetível [suse'tʃivɛw] (*pl* **-eis**) *adj* **-1.** [melindroso] sensitive. **-2.** [propenso]: **~ a** susceptible to.

suscitar [susi'ta(x)] *vt* **-1.** [provocar] to provoke. **-2.** [fazer surgir] to arouse. **-3.** [despertar] to awaken.

suspeita [suʃ'pejta] *f* ▷ **suspeito**.

suspeitar [suʃpej'ta(x)] ◇ *vt* [crer, supor]: **~ que** to suspect (that). ◇ *vi* [desconfiar]: **~ de alguém** to suspect sb.

suspeito, ta [suʃ'pejtu, ta] ◇ *adj* **-1.** [que desperta suspeita] suspicious. **-2.** [de ser tendencioso]: **sou ~ para falar, mas ...** I'm biased in saying this but ... ◇ *m, f* [pessoa]: **~ (de algo)** suspect (of sthg).

◆ **suspeita** *f* suspicion; **estar com suspeita de algo** to be suspected of having sthg.

suspender [suʃpẽn'de(x)] *vt* **-1.** [ger] to suspend. **-2.** [levantar] to lift up. **-3.** [adiar] to postpone. **-4.** [encomenda] to cancel.

suspensão [suʃpẽn'sãw] (*pl* **-ões**) *f* **-1.** [ger] suspension. **-2.** [adiamento] postponement. **-3.** [de encomenda] cancellation. **-4.** [de sanções] lifting.

suspense [suʃ'pẽnsi] *m* suspense; **estamos assistindo um (filme de) ~** we are watching a thriller; **fazer ~** to create suspense.

suspenso, sa [suʃ'pẽnsu, sa] ◇ *pp* ▷ **suspender**. ◇ *adj* **-1.** [ger] suspended. **-2.** [levantado] held up. **-3.** [adiado] postponed. **-4.** [encomenda] cancelled. **-5.** [sanções] lifted.

suspensórios [suʃpẽn'sɔrjuʃ] *mpl* braces *UK*, suspenders *US*.

suspirar [suʃpi'ra(x)] *vi* to sigh.

suspiro [suʃ'piru] *m* **-1.** [aspiração] sigh. **-2.** *CULIN* meringue.

sussurrar [susu'xa(x)] ◇ *vt* & *vi* to whisper.

sussurro [su'suxu] *m* whisper.

sustentar [suʃtẽn'ta(x)] *vt* **-1.** [ger] to support. **-2.** [afirmar]: **~ que** to maintain (that). **-3.** [defender] to uphold.

◆ **sustentar-se** *vp* **-1.** [ger] to support o.s.; **~-se no ar** to hover. **-2.** [alimentar-se] to sustain o.s.

sustento [suʃ'tẽntu] *m* **-1.** [alimento] sustenance. **-2.** [manutenção] support.

susto ['suʃtu] *m* fright; **levar** *OU* **tomar um ~** to get a fright.

sutiã [su'tʃjã] *m* bra.

sutil [su'tʃiw] (*pl* **-is**) *adj* subtle.

sutileza [sutʃi'leza] *f* subtlety.

sutilmente [sutʃiw'mẽntʃi] *adv* subtly.

suvenir [suve'ni(x)] *m* souvenir.

T

t, T *m* [letra] t, T.
tá ['ta] *fam* = **está**.
tabacaria [tabaka'ria] *f* tobacconist's.
tabaco [ta'baku] *m* tobacco.
tabefe [ta'bɛfi] *m fam* slap; **dar um ~ em alguém** to slap sb; **levar um ~ de alguém** to be slapped by sb.
tabela [ta'bɛla] *f* **-1.** [quadro] table. **-2.** [lista] list; **~ de preços** price list. **-3.: por ~** [indiretamente] indirectly. **-4.** *loc*: **estar caindo pelas ~s** [estar fatigado, adoentado] to feel out of sorts; [estar em más condições] to be in a bad way.
tabelado, da [tabe'ladu, da] *adj* **-1.** [produtos] price-controlled. **-2.** [preços] controlled. **-3.** [dados] listed.
tabelamento [tabela'mẽntu] *m* [controle de preços]: **~ de preços** price control.
tabelar [tabe'la(x)] *vt* **-1.** [fixar o preço de] to set the price of. **-2.** [dados] to list.
tabelião, liã [tabe'ljãw, ljã] (*mpl* **-ães**, *fpl* **-s**) *m, f* notary public.
taberna [ta'bɛxna] *f* public house *UK*, tavern *US*.
tablado [ta'bladu] *m* **-1.** [palco] stage. **-2.** [palanque] stand. **-3.** [estrado] dais.
tablete [ta'blɛtʃi] *m* **-1.** [de chocolate] bar. **-2.** [de manteiga] pat. **-3.** [medicamento] tablet.
tablóide [ta'blɔjdʒi] *m* tabloid.
tabu [ta'bu] ◇ *adj* taboo. ◇ *m* taboo.
tábua ['tabwa] *f* **-1.** [de madeira] board; **~ de passar roupa** ironing board. **-2.** [de mesa] leaf. **-3.** *MAT* table.
tabuleiro [tabu'lejru] *m* **-1.** [bandeja] tray. **-2.** *CULIN* baking tray. **-3.** [de jogo] board.
tabuleta [tabu'leta] *f* notice board.
taça ['tasa] *f* **-1.** [copo] glass. **-2.** [troféu] cup.
tacada [ta'kada] *f* **-1.** *ESP* strike. **-2.** *fig*: **de uma ~ só** [de uma só vez] in one go.
tacanho, nha [ta'kãɲu, ɲa] *adj* **-1.** [baixo] short. **-2.** [mesquinho] mean. **-3.** *fig* [sem visão] obtuse.
tacha ['taʃa] *f* **-1.** [prego] tack. **-2.** [em roupa, cadeira] stud.
tachar [ta'ʃa(x)] *vt*: **~ alguém/algo de algo** to brand sb/sth as sthg.
tachinha [ta'ʃiɲa] *f* drawing pin *UK*, thumbtack *US*.
tacho ['taʃu] *m* [recipiente] pan, dish.
tácito, ta ['tasitu, ta] *adj* [implícito] tacit.
taciturno, na [tasi'tuxnu, na] *adj* [introverso, sério] taciturn.
taco ['taku] *m* **-1.** [*ESP* - bilhar] cue; [- golfe] club; [- hóquei] stick; [- pólo] mallet. **-2.** [de assoalho] block.
tagarela [taga'rɛla] ◇ *adj* prattling, chattering. ◇ *mf* chatterbox.
Tailândia [taj'lãndʒja] *n* Thailand.
tailleur [taj'ɛ(x)] *m* (woman's) suit.
tainha [ta'iɲa] *f* mullet.
tais [tajʃ] *pl* ▷ **tal**.
Taiti [taj'tʃi] *n* Tahiti.
Taiwan [taj'wã] *n* Taiwan.
tal ['taw] (*pl* **tais**) ◇ *adj* **-1.** [ger] such; **eu nunca diria ~ coisa** I would never say such a thing; **não me misturo com tais pessoas** I don't mix with such people; **isso nunca teve ~ repercussão** this never had such an effect; **a dor foi ~, que desmaiei** the pain was such that I fainted. **-2.** [este, aquele]: **não existe ~ hotel** there is no such hotel; **a ~ respeito** on that subject; **o ~ vizinho** that neighbour. **-3.** [valor indeterminado]: **na avenida ~** in such and such street. **-4.** [introduz um exemplo ou uma enumeração]: **~ como** such as. **-5.** [introduz uma comparação]: **~ qual** just like; **~ pai, ~ filho** like father, like son. ◇ *pron indef* [isto, aquilo]: **por ~** for that reason. ◇ *mf*: **ele se acha o ~** he thinks he's it.
◆ **que tal** *loc* [pedindo opinião]: **que ~?** what do you think?; **que ~ (tomarmos) um drinque?** what about (us having) a drink?
◆ **e tal** *loc*: **ele é simpático e ~, mas ineficiente** he's nice and all that, but inefficient.
◆ **um tal de** *loc*: **um ~ de João** John what's-his-name.
◆ **a tal ponto que** *loc conj* such a point that.
◆ **de tal maneira que** *loc conj* in such a way that.
tala ['tala] *f MED* splint.
talão [ta'lãw] (*pl* **-ões**) *m* **-1.** [bloco] book; **~ de cheques** cheque book *UK*, check book *US*. **-2.** [canhoto] stub.
talco ['tawku] *m* **-1.** [material] talc. **-2.** [produto de higiene] talcum powder.
talento [ta'lẽntu] *m* **-1.** [aptidão] ability. **-2.** [pessoa talentosa] talented person.
talentoso, osa [talẽn'tozu, ɔza] *adj* talented.
talhar [ta'ʎa(x)] ◇ *vt* [madeira] to carve. ◇ *vi* [leite] to curdle.
talharim [taʎa'rĩ] (*pl* **-ns**) *m* tagliatelle.
talhe ['taʎi] *m* [de roupa] cut.
talher [ta'ʎɛ(x)] (*pl* **-es**) *m* place setting; **~es** cutlery *(sg)*.
talho ['taʎu] *m* [corte] cut.
talo ['talu] *m BOT* stalk, stem.

talvez [taw'veʒ] *adv* maybe, perhaps; ~ **ele esteja certo** maybe he is right.
tamanco [ta'mãŋku] *m* clog.
tamanduá [tamãn'dwa] *m* anteater.
tamanho, nha [ta'mãɲu, ɲa] *adj* **-1.** [tão grande]: **seu erro foi ~ que ele pediu desculpas** his mistake was so great he apologized. **-2.** [tão notável]: **ele é um ~ escritor** he is such a great author.
◆ **tamanho** *m* size; **em ~ natural** life-size, life-sized.
tamanho-família [ta,mãɲufa'milja] *adj inv* **-1.** [garrafa, caixa] family-size. **-2.** *fig* [casa, carro] family *(antes de subst)*.
tâmara ['tãmara] *f* date.
tamarindo [tama'rĩndu] *m* tamarind.
também [tãn'bẽ] <> *adv* **-1.** [igualmente] too; **ele ~ é inteligente** he's intelligent, too, he too is intelligent; **quero um café – eu ~** I want a coffee – so do I *ou* me too; **sou do Rio, e ele ~ é** I'm from Rio, and so is he; **ela não viajou, e eu ~ não** she didn't go, and neither did I; **ele não fala inglês, e eu ~ não** he doesn't speak English, and neither do I. **-2.** [além disso] too. <> *interj* [não é de surpreender] hardly surprising!
tambor [tãn'bo(x)] (*pl* **-es**) *m* drum.
tamborim [tãnbo'rĩ] (*pl* **-ns**) *m* tambourine.
Tâmisa ['tãmiza] *n*: **o (rio) ~** the (river) Thames.
tampa ['tãnpa] *f* **-1.** [de caixa, privada, panela] lid. **-2.** [de garrafa] cap.
tampado, da [tãn'padu, da] *adj*: **a panela está tampada** the saucepan is covered.
tampão [tãn'pãw] (*pl* **-ões**) *m* **-1.** [de pia, banheira] plug. **-2.** MED compress. **-3.** [vaginal] tampon. **-4.** [de poço, esgoto] bung.
tampar [tãn'pa(x)] *vt* **-1.** [com tampa - ger] to put a lid on; [- em garrafa] to put a top on. **-2.** [tapar] to cover.
tampinha [tãn'piɲa] *mf fam* [pessoa baixa] dumpy person.
tampo ['tãnpu] *m* **-1.** [de privada] seat, lid. **-2.** [de mesa] top.
tampouco [,tãn'poku] *adv*: **não foi à reunião e ~ justificou sua ausência** he didn't turn up at the meeting, nor did he justify his absence.
tanga ['tãŋga] *f* **-1.** [roupa indígena] loincloth. **-2.** [biquíni] G-string.
tanger [tãn'ʒe(x)] <> *vt* [instrumento] to play; [sinos] to ring. <> *vi* **-1.** [sinos] to ring. **-2.** [dizer respeito]: **no que tange a** with regard to, as regards.
tangerina [tãnʒe'rina] *f* tangerine.
tangível [tãn'ʒivew] (*pl* **-eis**) *adj fig* **-1.** [alcançável] attainable. **-2.** [real] tangible.
tanque ['tãŋki] *m* **-1.** MIL tank. **-2.** [de lavar roupa] washtub. **-3.** [reservatório] reservoir.
tanto, ta ['tãntu, ta] <> *adj* **-1.** [tão grande] so much; ~ **tempo** so much time. **-2.** [tão numeroso] so many; **ele tem trinta e ~s anos** he is thirty something; **tanta gente** so many people. <> *pron* so much; **pode ficar com o lápis, já tenho ~s** you can keep the pencil, I already have so many.
◆ **tanto** *adv* so much; **ela trabalha ~** she works so much; ~ **quanto** as much as; ~ **... como** both ... and; **se ~** if that.
◆ **tantas** *fpl*: **às tantas** the early hours of the morning.
◆ **e tanto** *loc adj*: **é um professor e ~** he's an amazing teacher.
◆ **tanto que** *loc conj* so much so that.
◆ **tanto faz** *loc adv* it's all the same.
tão [tãw] *adv* so; ~ **... quanto** as... as; ~ **logo** as soon as.
tão-só [tãw'sɔ] *adv* only.
tão-somente [tãosɔ'mẽntʃi] *adv* only.
tapa ['tapa] *m* [tabefe] slap; **no ~** by force.
tapar [ta'pa(x)] *vt* **-1.** [ger] to cover. **-2.** [garrafa] to put the lid back on.
tapear [ta'pja(x)] *vt* [enganar] to fool.
tapeçaria [tapesa'ria] *f* **-1.** [tapete - de chão] rug; [- de parede] tapestry, wall hanging. **-2.** [loja] carpet shop. **-3.** [arte - de chão] rug-making; [- de parede] tapestry.
tapeceiro, ra [tape'sejru, ra] *m, f* **-1.** [vendedor] *seller of carpets and soft furnishings*. **-2.** [fabricante] *manufacturer of carpets and soft furnishings*.
tapete [ta'petʃi] *m* **-1.** [solto] rug; ~ **de banheiro** bathmat. **-2.** [fixo] carpet.
tapioca [ta'pjɔka] *f* tapioca.
tapume [ta'pumi] *m* **-1.** [cerca de sebe] hedge. **-2.** [anteparo de madeira] fence. **-3.** [parede divisória] partition.
taquicardia [takikax'dʒia] *f* palpitations *(pl)*, tachycardia.
taquigrafia [takigra'fia] *f* shorthand *UK*, stenography *US*.
taquígrafo, fa [ta'kigrafu, fa] *m, f* shorthand typist *UK*, stenographer *US*.
tara ['tara] *f* PSIC mania.
tarado, da [ta'radu, da] <> *adj* **-1.** [desequilibrado] unbalanced. **-2.** [sexualmente] depraved. **-3.** *fam fig* [fascinado]: **ser ~ por** to be mad about. <> *m, f* [desequilibrado] maniac; ~ **(sexual)** (sexual) pervert.
tardar [tax'da(x)] <> *vt* [retardar] to put off. <> *vi* [demorar-se, vir tarde] to delay; ~ **a fazer algo** to take a long time to do sthg; **o mais ~** at the latest.
tarde ['taxdʒi] <> *f* afternoon; **às cinco da ~** at five in the afternoon; **boa ~!** good afternoon!; **de** *ou* **à ~** in the afternoon. <> *adv* late; ~ **demais** too late; **mais ~** later;

antes ~ **do que nunca** better late than never.
tardio, dia [tax'dʒiu, dʒia] *adj* late.
tarefa [ta'rɛfa] *f* **-1.** [trabalho em geral] task. **-2.** [empreitada] job.
tarifa [ta'rifa] *f* **-1.** [preço - de gás, água] tariff; ~ **alfandegária** customs duty; [- de transporte] fare. **-2.** [tabela de preços] price list.
tarifaço [tari'fasu] *m general price rise in publicly-owned utilities.*
tarimbado, da [tarĩn'badu, da] *adj*: ~ **(em)** highly-experienced (in).
tarô [ta'ro] *m* tarot.
tartaruga [taxta'ruga] *f* **-1.** [grande] turtle. **-2.** [pequena] tortoise; **pente de** ~ tortoiseshell comb.
tataravô, vó [tatara'vo, vɔ] *m, f* great-great grandfather (*f* grandmother).
tatear [ta'tʃja(x)] ◇ *vt* to feel. ◇ *vi* to feel one's way.
tático, ca ['tatʃiku, ka] *adj* tactical.
◆ **tática** *f* **-1.** *MIL* tactic. **-2.** [ciência] tactics *(sg)*.
-3. *fam* [plano de ação] strategy.
tato ['tatu] *m* **-1.** [ger] touch. **-2.** *fig* [cautela]: **ter** ~ to be tactful.
tatu [ta'tu] *m* armadillo.
tatuagem [ta'twaʒẽ] (*pl* **-ns**) *f* **-1.** [desenho] tattoo. **-2.** [técnica] tattooing.
tatuar [ta'twa(x)] *vt* to tattoo.
taxa ['taʃa] *f* **-1.** [ger] rate; ~ **de natalidade/crescimento** birth/growth rate; ~ **de câmbio** exchange rate; ~ **de juros** interest rate; ~ **de inscrição** registration fee. **-2.** [imposto] tax; ~ **de embarque** airport tax.
taxar [ta'ʃa(x)] *vt* **-1.** [onerar com imposto] to tax. **-2.** [fixar o preço de] to fix.
taxativo, va [taʃa'tʃivu, va] *adj* [categórico] categorical.
táxi ['taksi] *m* taxi *UK*, cab *US*.
taxiar [tak'sja(x)] *vi* to taxi.
taxímetro [tak'simetru] *m* taxi meter.
tchau ['tʃaw] *interj fam* bye, ciao.
tcheco, ca ['tʃɛku, ka] ◇ *adj* Czech. ◇ *m, f* Czech.
◆ **tcheco** *m* [língua] Czech.
tchecoslovaco, ca [tʃekoʒlo'vaku, ka] ◇ *adj* Czechoslovakian. ◇ *m, f* Czechoslovak.
Tchecoslováquia [tʃɛkoʒlo'vakja] *n* Czechoslovakia.
te ['tʃi] *pron pess* **-1.** [você] you. **-2.** [a, para, em você]: ~ **mandei duas cartas** I sent you two letters.
tear [te'a(x)] (*pl* **-es**) *m* loom.
teatral [tʃja'traw] (*pl* **-ais**) *adj* **-1.** [ger] theatre *(antes de subst) UK*, theater *(antes de subst) US*. **-2.** *fig* [pessoa, comportamento] theatrical.
teatro ['tʃjatru] *m* **-1.** [ger] theatre *UK*, theater *US*; ~ **de arena** theatre in the round; ~ **de marionetes** puppet theatre. **-2.** [*LITER* - gênero] playwriting; [- obras de um autor] plays *(pl)*. **-3.** [curso] drama. **-4.** *MIL*: ~ **de operações** theatre of war *UK*. **-5.** *fig* [palco] scene.
teatrólogo, ga [tʃja'trɔlogu, ga] *m, f* dramatist.
tecelão, lã [tese'lãw, lã] (*mpl* **-ões**, *fpl* **-s**) *m, f* weaver.
tecer [te'se(x)] *vt* [ger] to weave.
tecido [te'sidu] *m* **-1.** [têxtil] material. **-2.** *BIOL & ANAT* tissue.
tecla ['tɛkla] *f* **-1.** [ger] key; ~ **de função** function key. **-2.** [de máquina de calcular, de gravador] button.
tecladista [tekla'dʒiʃta] *mf MÚS* keyboard player.
teclado [te'kladu] *m* keyboard.
técnica ['tɛknika] *f* ▷ **técnico**.
técnico, ca ['tɛkniku, ka] ◇ *adj* technical. ◇ *m, f* **-1.** [profissional] technician. **-2.** [especialista] expert. **-3.** *ESP* coach.
◆ **técnica** *f* **-1.** [procedimentos, métodos] technique. **-2.** [conhecimento prático] skill.
tecnocrata [tekno'krata] *mf* technocrat.
tecnologia [tɛknolo'ʒia] *f* technology; ~ **da informação** information technology; ~ **de ponta** latest technology.
tecnológico, ca [tɛkno'lɔʒiku, ka] *adj* technological.
teco-teco [ˌtɛku'tɛku] (*pl* **teco-tecos**) *m* light aircraft.
tédio ['tɛdʒju] *m* tedium.
tedioso, osa [te'dʒjozu, ɔza] *adj* tedious.
Tegucigalpa [tegusi'kawpa] *n* Tegucigalpa.
teia ['teja] *f* [ger] web; ~ **de aranha** spider's web, cobweb.
teimar [tej'ma(x)] ◇ *vt*: ~ **que** to insist that. ◇ *vi* [insistir] to persist.
teimosia [tejmo'zia] *f* stubborness; ~ **em fazer algo** obstinacy in doing sthg.
teimoso, osa [tej'mozu, ɔza] *adj* **-1.** [adulto] obstinate. **-2.** [criança] stubborn.
Tejo ['tɛʒu] *n*: **o (rio)** ~ the (river) Tagus.
tel. [tel] (*abrev de* **telefone**) *m* tel.
tela ['tɛla] *f* **-1.** [ger] canvas. **-2.** [de arame] wire netting. **-3.** *CINE*, *COMPUT & TV* screen.
telão [te'lãw] (*pl* **-ões**) *m* big screen.
tele ['tɛle] *pref* tele.
telecomunicação [tɛlekomunika'saw] (*pl* **-ões**) *f* telecommunication.
◆ **telecomunicações** *fpl* telecommunications.
teleférico [tele'fɛriku] *m* **-1.** [de esqui] ski lift. **-2.** [bondinho] cable car.
telefonar [telefo'na(x)] *vi* to (tele)phone, to call; ~ **para alguém** to (tele)phone sb, to call sb.
telefone [tele'foni] *m* **-1.** [aparelho, linha] (tele)phone; **estar/falar ao** ~ to be on the phone;

~ **celular** mobile phone *UK*, cellphone *US*; ~ **sem fio** cordless phone; ~ **público** public (tele)phone. **-2.** [número] (tele)phone number.

telefonema [telefo'nema] *m* (tele)phone call; **dar um ~ para alguém/algum lugar** to make a call to sb/somewhere.

telefônico, ca [tele'foniku, ka] *adj* telephone *(antes de subst)*.

telefonista [telefo'niʃta] *mf* telephonist.

telégrafo [te'lɛgrafu] *m* **-1.** [aparelho] telegraph. **-2.** [local] telegraph office.

telegrama [tele'grãma] *m* telegram; **passar um ~** to send a telegram; **~ fonado** telemessage.

teleguiado, da [tɛle'gjadu, da] *adj* [guiado a distância] remote-controlled; **míssil ~** guided missile.

telejornal [ˌtɛleʒox'naw] *(pl* **-ais**) *m TV* television news *(sg)*.

telejornalismo [tɛleʒoxna'liʒmu] *m* television journalism.

telenovela [ˌtɛleno'vɛla] *f TV* soap opera.

teleobjetiva [ˌtɛljobʒɛ'tʃiva] *f* telephoto lens.

telepatia [telepa'tʃia] *f* telepathy.

telepático, ca [tele'patʃiku, ka] *adj* telepathic.

telescópico, ca [teleʃ'kɔpiku, ka] *adj* telescopic.

telescópio [teleʃ'kɔpju] *m* telescope.

telespectador, ra [tɛleʃpekta'do(x), ra] <> *adj* viewing. <> *m, f* viewer.

televisão [televi'zãw] *(pl* **-ões**) *f* **-1.** [ger] television; **~ a cabo** cable television. **-2.** [empresa] television company.

televisivo, va [televi'zivu, va] *adj* television *(antes de subst)*.

televisor [televi'zo(x)] *(pl* **-es**) *m* television.

telex [tɛ'lɛkiʃ] *(pl* **-es**) *m* telex; **passar um ~** to send a telex.

telha ['teʎa] *f* **-1.** [de casa *etc.*] tile. **-2.** *fam fig* [mente]: **dar na ~ de alguém fazer algo** to get it into sb's head to do sthg.

telhado [te'ʎadu] *m* roof.

telnet [tel'netji] *(pl* **-s**) *f COMPUT* telnet.

telões [tɛ'lõjʃ] *pl* = **telão**.

tema ['tema] *m* **-1.** [assunto - de redação, romance] theme; [- de palestra] subject. **-2.** *MÚS* theme. **-3.** [dever de casa] homework.

temático, ca [te'matʃiku, ka] *adj* thematic.

◆ **temática** *f* thematics *(sg)*.

temer [te'me(x)] <> *vt* to fear; **~ que** to fear that; **~ fazer algo** to be afraid to do sthg, to be afraid of doing sthg. <> *vi* to be afraid; **~ por alguém/algo** to fear for sb/sthg.

temerário, ria [teme'rarju, rja] *adj* **-1.** [audacioso, destemido] fearless. **-2.** [perigoso, arriscado] reckless.

temeridade [temeri'dadʒi] *f*: **ser uma ~** [ser arriscado, perigoso] to be a foolhardy act; [ser atemorizador] to be terrifying.

temeroso, osa [teme'rozu, ɔza] *adj* **-1.** [medroso, receoso] afraid. **-2.** [amedrontador] dreadful.

temido, da [te'midu, da] *adj* [assustador] frightening.

temível [te'mivɛw] *(pl* **-eis**) *adj* fearsome.

temor [te'mo(x)] *(pl* **-es**) *m* fear.

temperado, da [tẽnpe'radu, da] *adj* **-1.** [ferro, aço] hardened. **-2.** [clima] temperate. **-3.** [*CULIN* - condimentado] seasoned; [- marinado] marinated.

temperamental [tẽnperamẽn'taw] *(pl* **-ais**) <> *adj* temperamental. <> *mf* temperamental person.

temperamento [tẽnpera'mẽntu] *m* temperament.

temperar [tẽmpe'ra(x)] *vt* **-1.** [metal] to temper. **-2.** [*CULIN* - condimentar] to season; [- marinar] to marinate.

temperatura [tẽnpera'tura] *f* temperature.

tempero [tẽn'peru] *m* **-1.** [condimento] seasoning. **-2.** [vinha d'alho] marinade. **-3.** [sabor] flavour *UK*, flavor *US*.

tempestade [tẽnpeʃ'tadʒi] *f* storm; **fazer uma ~ em copo d'água** to make a mountain out of a molehill.

tempestuoso, osa [tẽnpeʃ'twozu, ɔza] *adj* [dia, tempo] stormy.

templo ['tẽnplu] *m* **-1.** [pagão] temple. **-2.** [cristão] church.

tempo ['tẽnpu] *m* **-1.** [ger] time; **quanto ~?** how long?; **há quanto ~ você mora aqui?** how long have you been living here?; **não a vejo há muito ~** it's a long time since I saw her; **não dá ~** there isn't (enough) time; **~ integral** full-time; **ganhar/perder ~** to gain/lose time; **em ~ hábil** in reasonable time; **a ~** on time; **nesse meio ~** in the meanwhile; **ao mesmo ~** at the same time; **de ~s em ~s** from time to time. **-2.** *METEOR* weather; **previsão do ~** weather forecast. **-3.** *GRAM* tense. **-4.** *ESP*: **primeiro/segundo ~** first/second half. **-5.** [*MÚS* - divisão de compasso] time; [- velocidade de execução] timing.

têmpora ['tẽnpora] *f ANAT* temple.

temporada [tẽnpo'rada] *f* **-1.** [ger] season; **baixa/alta ~** high/low season. **-2.** [espaço de tempo] time.

temporal [tẽnpo'raw] *(pl* **-ais**) *m* storm.

temporário, ria [tẽnpo'rarju, rja] *adj* temporary.

tenacidade [tenasi'dadʒi] *f* tenacity.

tenaz [te'najʒ] *adj* [pessoa] tenacious.

tencionar [tẽnsjo'na(x)] *vt*: **~ algo/fazer algo** to be planning sthg/to do sthg.

tenda ['tẽnda] *f* tent.

tendão [tẽn'dãw] (*pl* **-ões**) *m* tendon.
tendência [tẽn'dẽnsja] *f* **-1.** [propensão] tendency; ~ **a** *ou* **para algo** tendency to *ou* towards sthg; ~ **a fazer algo** tendency to do sthg. **-2.** [vocação] inclination. **-3.** [da moda, música] trend.
tendencioso, osa [tẽndẽn'sjozu, ɔza] *adj* tendentious.
tender [tẽn'de(x)] *vt* **-1.** [ter tendência]: ~ **a** *ou* **para algo** to be inclined to *ou* towards sthg; ~ **a fazer algo** to tend to do sthg. **-2.** [ter vocação]: ~ **a** *ou* **para algo** to be inclined towards sthg; ~ **a fazer algo** to intend to do sthg.
tenebroso, sa [tene'brozu, za] *adj* **-1.** [ger] dark. **-2.** *fig* [terrível, horrível] horrendous.
tenente [te'nẽntʃi] *mf* lieutenant.
tenho ['teɲu] ▻ **ter.**
tênis ['teniʃ] *m* **-1.** *inv* ESP tennis; ~ **de mesa** table tennis. **-2.** [calçado] trainer *UK*, sneaker *US*.
tenista [te'niʃta] *mf* tennis player.
tenor [te'no(x)] ◇ *m* tenor. ◇ *adj inv* [instrumento] tenor *(antes de subst)*.
tenro, ra ['tẽnxu, xa] *adj* **-1.** [ger] tender. **-2.** [recente, novo] new.
tensão [tẽn'sãw] (*pl* **-ões**) *f* **-1.** [ger] tension; ~ **pré-menstrual** pre-menstrual tension, PMT. **-2.** [pressão] pressure. **-3.** [voltagem] voltage.
tenso, sa ['tẽnsu, sa] *adj* **-1.** [ger] taut. **-2.** [pessoa, ambiente] tense.
tentação [tẽnta'sãw] (*pl* **-ões**) *f* temptation.
tentáculo [tẽn'takulu] *m* tentacle.
tentador, ra [tẽnta'do(x), ra] (*mpl* **-es,** *fpl* **-s**) *adj* tempting.
tentar [tẽn'ta(x)] *vt* **-1.** [experimentar] to try. **-2.** [usar de meios para] to attempt; ~ **fazer algo** to try to do sthg. **-3.** [atrair] to tempt.
tentativa [tẽnta'tʃiva] *f* attempt; ~ **de roubo** attempted robbery.
tênue ['tẽnwi] *adj* **-1.** [fraco - luz, voz, desejo] faint; [- sentimento] slight; [- argumento] tenuous. **-2.** [fino] flimsy. **-3.** [leve] slight.
teologia [tʃolo'ʒia] *f* theology.
teor ['tʃjo(x)] *m* **-1.** [conteúdo, significado] tenor. **-2.** [proporção de uma substância] content.
teorema [teo'rema] *m* theorem.
teoria [teo'ria] *f* theory.
teoricamente [ˌtjɔrika'mẽntʃi] *adv* theoretically.
teórico, ca [te'ɔriku, ka] ◇ *adj* theoretical. ◇ *m, f* theorist.
tépido, da ['tɛpidu, da] *adj* tepid, lukewarm.
ter ['te(x)] ◇ *vt* **-1.** [ger] to have; ~ **razão** to be right. **-2.** [obter]: ~ **sucesso em algo** to be successful in sthg. **-3.** [sentir] to be; ~ **fome/pressa/calor** to be hungry/hurried/hot; **o que é que você tem?** what's wrong with you? **-4.** [contar]: **'quantos anos você tem?'** - **'tenho 30 anos'** [idade] 'how old are you?' - 'I'm 30'; **ele tem 2 metros de altura** [medida] he is 2 metres tall. **-5.** [proceder com]: ~ **cuidado** to be careful; **tenha calma!** calm down! ◇ *v impess* [haver]: **tem algo/alguém** there is sthg/sb; **não tem problema** (it's) no problem; **não tem de quê** you're welcome. ◇ *v aux*: ~ **que** *ou* **de fazer algo** to have to do sthg; ~ **como fazer algo** to be able to do sthg; ~ **a ver com** to have sthg to do with; **não tenho nada a ver com isso** I have nothing to do with it; **não** ~ **onde cair morto** to have nowhere to turn.
ter. (*abrev de* **terça-feira**) *f* Tue.
terabyte [texa'baijtʃi] (*pl* **terabytes**) *m* terabyte.
terapeuta [tera'pewta] *mf* therapist.
terapêutico, ca [tera'pewtʃiku, ka] *adj* therapeutic.
◆ **terapêutica** *f* **-1.** [parte da medicina] therapeutics *(pl)*. **-2.** [tratamento] therapy.
terapia [tera'pia] *f* [ger] therapy.
terça ['texsa], **terça-feira** [texsa'fejra] (*pl* **terças-feiras** [texsaʃ'fejraʃ]) *f* Tuesday; ~ **gorda** Shrove Tuesday, Pancake Day; *veja também* **sexta-feira.**
terceiro, ra [tex'sejru, ra] ◇ *num* third; **o Terceiro Mundo** the Third World; *veja também* **sexto.** ◇ *m, f* **-1.** [ger] third party. **-2.** [aquele ou aquilo em terceiro lugar] third.
◆ **terceira** *f* AUTO third (gear).
◆ **terceiros** *mpl* [outras pessoas] others.
terço, ça ['texsu, sa] *num*: **a terça parte** the third part.
◆ **terço** *m* [rosário] rosary.
terçol [tex'sɔw] (*pl* **-óis**) *m* stye.
termas ['tɛxmaʃ] *fpl* spa *(sg)*.
térmico, ca [tɛx'miku, ka] *adj* thermal.
terminal [texmi'naw] (*pl* **-ais**) ◇ *adj* terminal; **em estado** ~ terminally ill. ◇ *m* **-1.** [ger] terminal. **-2.** [fim da linha] terminus.
terminar [texmi'na(x)] ◇ *vt* to finish. ◇ *aux*: ~ **de fazer algo** [finalmente] to finish doing sthg; [há pouco tempo] to have just done sthg. ◇ *vi* to finish; ~ **em algo** [em local, forma] to end in sthg.
término ['tɛxminu] *m* end.
terminologia [texminolo'ʒia] *f* terminology.
termo ['texmu] *m* **-1.** [ger] term. **-2.** [fim] end; **pôr** ~ **a algo** to put an end to sthg; **a longo** ~ in the long term; **meio** ~ compromise.
◆ **termos** *mpl* terms; **em** ~**s de** in terms of.
termômetro [ter'mɔmetru] *m* [instrumento] thermometer.
termostato [tɛxmoʃ'tatu] *m* thermostat.
terno, na ['tɛxnu, na] *adj* tender.
◆ **terno** *m* [traje] suit.
ternura [tex'nura] *f* tenderness.

terra [ˈtɛxa] *f* **-1.** [ger] earth; ~ **batida** earth floor. **-2.** [por oposição ao mar] [terreno] land. **-3.** [região, país]: **já me habituei a viver nesta** ~ I've got used to living in this area; ~ **de ninguém** no-man's-land. **-4.** [pátria] homeland; ~ **natal** birthplace.

terraço [teˈxasu] *m* **-1.** [varanda] terrace. **-2.** [cobertura plana de um edifício] roof terrace.

terracota [texaˈkɔta] *f* [argila] terracotta.

terraplenar [texapleˈna(x)] *vt* to level.

terreiro [teˈxejru] *m* **-1.** [espaço de terra] yard. **-2.** [espirit] *place where Afro-Brazilian rites are performed.*

terremoto [texeˈmɔtu] *m* earthquake.

terreno, na [teˈxenu, na] *adj* [material, mundano] material.

◆ **terreno** *m* **-1.** [extensão de terra] land. **-2.** [para construção, plantação] site; ~ **baldio** wasteland. **-3.** GEOL terrain.

térreo, ea [ˈtɛxju, ja] *adj* [andar, casa] ground level *(antes de subst).*

◆ **térreo** *m* [andar térreo] ground floor *UK*, first floor *US*.

terrestre [teˈxɛʃtri] *adj* **-1.** [relativo ou pertencente à Terra - globo, crosta] earth's, of the earth; [- seres, fenômenos] earthly. **-2.** [por oposição a aquático] land *(antes de subst).*

territorial [texitoˈrjaw] *adj* territorial.

território [texiˈtɔrju] *m* **-1.** [ger] territory. **-2.** [parte de uma federação] district.

terrível [teˈxivɛw] (*pl* **-eis**) *adj* **-1.** [ger] terrible. **-2.** [muito forte, enorme] dreadful.

terror [teˈxo(x)] (*pl* **-es**) *m* [medo] terror.

terrorista [texoˈriʃta] ◇ *adj* terrorist *(antes de subst).* ◇ *mf* [pessoa] terrorist.

tesão [teˈsãw] (*pl* **-ões**) *m mfam* [desejo sexual] hots *(pl)*; **sentir** ~ **por alguém** to have the hots for sb; **ser um** ~ [pessoa] to be sexy; [coisa] to be fantastic.

tese [ˈtɛzi] *f* thesis.

teso, sa [ˈtezu, za] *adj* **-1.** [esticado] taut. **-2.** [ereto] stiff.

tesões [teˈzõjʃ] *pl* ▷ **tesão.**

tesoura [teˈzora] *f* scissors *(pl).*

tesouraria [tezoraˈria] *f* **-1.** [departamento] finance department. **-2.** [cargo] finance director.

tesoureiro, ra [tezoˈrejru, ra] *m, f* **-1.** [de banco] treasurer. **-2.** [de empresa] financial director.

tesouro [teˈzoru] *m* **-1.** [ger] treasure. **-2.** [lugar onde são guardadas as riquezas] treasury.

◆ **Tesouro** *m*: **o Tesouro Nacional** the Treasury.

testa [ˈtɛʃta] *f* forehead.

testa-de-ferro [ˌtɛʃtadʒiˈfɛxu] (*pl* **testas-de-ferro**) *mf* figurehead.

testamento [teʃtaˈmẽntu] *m* will.

◆ **Novo Testamento** *m* New Testament.

◆ **Velho Testamento** *m* Old Testament.

testar [teʃˈta(x)] *vt* **-1.** [submeter a teste] to test. **-2.** [deixar em testamento] to bequeath.

teste [ˈtɛʃtʃi] *m* test.

testemunha [teʃteˈmuɲa] *f* witness; ~ **ocular** eye witness; ~ **de acusação** witness for the prosecution.

testemunhar [teʃteˈmuɲa(x)] ◇ *vt* **-1.** [ger] to witness. **-2.** JUR [depor sobre] to testify to. **-3.** [comprovar] to prove. **-4.** [manifestar] to display. ◇ *vi* JUR to testify.

testemunho [teʃteˈmuɲu] *m* testimony.

testículo [teʃˈtʃikulu] *m* testicle.

teta [ˈteta] *f* [ANAT - de mulher] breast; [- de animal] teat; [- de vaca] udder.

tétano [ˈtɛtanu] *m* tetanus.

teto [ˈtɛtu] *m* **-1.** [ger] ceiling. **-2.** [de peça da casa] roof; ~ **solar** AUTO sunroof. **-3.** [habitação]: **sem** ~ homeless person.

tetracampeão, peã [tetrakãnˈpjãw, pjã] *m, f* four times champion.

tetraplégico, ca [tetraˈplɛʒiku, ka] ◇ *adj* quadriplegic. ◇ *m, f* quadriplegic.

tétrico, ca [ˈtɛtriku, ka] *adj* **-1.** [medonho, horrível] grim. **-2.** [triste, fúnebre] gloomy.

teu, tua [ˈtew, ˈtua] ◇ *adj poss* your. ◇ *pron poss* yours.

tevê [teˈve] *f* = **televisão.**

têxtil [ˈteʃtʃiw] (*pl* **-teis**) *adj* textile.

texto [ˈteʃtu] *m* text.

textura [teʃˈtura] *f* texture.

texugo [teˈʃugu] *m* ZOOL badger.

tez [ˈteʃ] *f* [cútis] complexion.

ti [ˈtʃi] *pron pess* you; **trouxe este presente para** ~ I brought this present for you.

tia [ˈtʃia] *f* aunt.

tia-avó [ˌtʃiaˈvɔ] (*pl* **tias-avós**) *f* great-aunt.

tiara [ˈtʃjara] *f* tiara.

Tibete [tʃiˈbɛtʃi] *n* Tibet.

tíbia [ˈtʃibja] *f* ANAT tibia.

tíbio, bia [ˈtʃibju, bja] *adj* lukewarm.

tição [tʃiˈsãw] (*pl* **-ões**) *m* **-1.** [lenha] ember. **-2.** [negro] *fig & pej* nigger.

tico-tico [ˌtʃikuˈtʃiku] (*pl* **-s**) *m* ZOOL crown sparrow.

tido, da [ˈtʃidu, da] *adj* [considerado]: ~ **como** considered.

◆ **tido** *pp* ▷ **ter.**

tiete [ˈtʃjɛtʃi] *mf fam* fan.

tifo [ˈtʃifu] *m* typhus.

tigela [tʃiˈʒɛla] *f* [vasilha] bowl.

tigre [ˈtʃigri] *m* ZOOL tiger.

tijolo [tʃiˈʒolu] *m* brick.

til [ˈtʃiw] *m* tilde.

timão [tʃiˈmãw] (*pl* **-ões**) *m* NÁUT helm, tiller.

timbre [ˈtʃĩnbri] *m* **-1.** [em papel de correspondência] heading. **-2.** [de voz] tone. **-3.** MÚS [tom] timbre. **-4.** [de vogal] sound.

time [ˈtʃimi] *m* **-1.** [ger] team. **-2.** *fam loc*: **tirar o ~ de campo** to pull out.
timidez [tʃimiˈdeʃ] *f* timidity.
tímido, da [ˈtʃimidu, da] *adj* **-1.** [avanço, governo] timid. **-2.** [pessoa, temperamento] timid, shy.
timões [tʃiˈmõjʃ] *pl* ▷ **timão**.
timoneiro, ra [tʃimoˈnejru, ra] *m, f* NÁUT helmsman.
tímpano [ˈtʃĩnpanu] *m* **-1.** ANAT eardrum. **-2.** [em campainha] bell.
tina [ˈtʃina] *f* **-1.** [para lavar roupa] trough. **-2.** [para banho] bathtub. **-3.** [para uso industrial] vat.
tingido, da [tʃĩnˈʒidu, da] *adj* [tinto] dyed.
tingimento [tʃĩnʒiˈmẽntu] *m* dyeing.
tingir [tʃĩnˈʒi(x)] *vt* **-1.** [ger] to dye. **-2.** [parede, corpo] to paint.
tinha [ˈtʃiɲa] ▷ **ter**.
tinhoso, osa [tʃiˈɲozu, ɔza] *adj* **-1.** [teimoso] obstinate. **-2.** [persistente] stubborn.
tinir [tʃiˈni(x)] *vi* **-1.** [ger] to ring. **-2.** *loc*: **estar tinindo** [estar em ótimo estado de limpeza] to be sparkling; [estar bem preparado] to be well-primed; [estar em ótimas condições] to be in excellent order; **~ de fome/raiva** to be extremely hungry/furious.
tinjo [ˈtʃĩnʒu] *vb* ▷ **tingir**.
tino [ˈtʃinu] *m* **-1.** [juízo] common sense; **perder o ~** to lose one's common sense. **-2.** [prudência] care.
tinta [ˈtʃĩnta] *f* **-1.** [para imprimir, escrever] ink. **-2.** [para tingir] dye. **-3.** [para pintar] paint; **~ a óleo** oil paint.
tinteiro [tʃĩnˈtejru] *m* inkwell.
tinto [ˈtʃĩntu] *adj* **-1.** [cabelos] dyed. **-2.**: **vinho ~** red wine.
tintura [tʃĩnˈtura] *f* **-1.** [tinta] dye. **-2.** [ato] dyeing.
tinturaria [tʃĩnturaˈria] *f* **-1.** [ramo] dyeing. **-2.** [lavanderia] dry-cleaner's. **-3.** [onde se faz tingimento] dyer's.
tio [ˈtʃiw] *m* uncle; **os meus ~s** [casal] my aunt and uncle.
tio-avô [ˈtʃiwaˈvo] (*pl* **tios-avôs**) *m* great-uncle.
tipicamente [tʃipikaˈmẽntʃi] *adv* typically.
típico, ca [ˈtʃipiku, ka] *adj* typical.
tipo [ˈtʃipu] *m* **-1.** [espécie] type; **~ sangüíneo** blood group. **-2.** [pessoa] sort. **-3.** *fam* [sujeito] guy (*f* girl). **-4.** [TIP - peça] type; [- letra] font.
tipografia [tʃipograˈfia] *f* **-1.** [arte] typography. **-2.** [estabelecimento] printer's.
tipógrafo, fa [tʃiˈpɔgrafu, fa] *m, f* [profissional - que imprime] printer; [- que compõe] typesetter.
tipóia [tʃiˈpɔja] *f* [tira de pano] sling.
tique [ˈtʃiki] *m* tick; **~ nervoso** nervous tic.
tique-taque [ˌtʃikiˈtaki] (*pl* **tique-taques**) *m* tick-tock.
tíquete [tʃiˈketʃi] *m* ticket, voucher.
tíquete-restaurante [ˈtʃiketʃixeʃtawˈrãntʃi] (*pl* **tíquetes-restaurante**) *m* [vale-refeição] luncheon voucher.
tiquinho [tʃiˈkiɲu] *m*: **um ~ (de)** a shred (of).
tira [ˈtʃira] ◇ *f* [ger] strip. ◇ *m gír* [agente de polícia] cop.
tiracolo [tʃiraˈkɔlu] *m*: **a ~** across the shoulder; **com os filhos a ~** with the children in tow.
tiragem [tʃiˈraʒẽ] (*pl* **-ns**) *f* **-1.** [operação de imprimir] print run. **-2.** [número de exemplares] circulation.
tira-gosto [ˈtʃiraˈgoʃtu] (*pl* **tira-gostos**) *m* savoury *UK*, savory *US*.
Tirana [tʃiˈrãna] *n* Tirana.
tirânico, ca [tʃiˈrãniku, ka] *adj* tyrannical.
tirano, na [tʃiˈrãnu, na] ◇ *adj* [cruel, injusto] tyrannical. ◇ *m, f* tyrant.
tirar [tʃiˈra(x)] *vt* **-1.** [ger] to take. **-2.** [retirar] to take away. **-3.** [de cima] [despir, descalçar] to take off. **-4.** [de dentro] [sacar] to take out, to withdraw. **-5.** [trazer abaixo] to take down. **-6.** [extrair] to extract. **-7.** [eliminar] to remove. **-8.** [obter] to get; **~ proveito de** to make use of. **-9.** [mesa] to clear. **-10.** [para dançar] to ask. **-11.** MÚS to take down. **-12.** TIP [imprimir] to print. **-13.**: **~ algo/alguém de algo** [afastar, fazer sair] to take sthg/sb away from sthg; **-14.** [loc]: **sem ~ nem pôr** exactly like; **ele é o pai sem ~ nem pôr** he's the spitting image of his father.
tiritar [tʃiriˈta(x)] *vi* to shiver; **~ de frio** to shiver with cold.
tiro [ˈtʃiru] *m* **-1.** [ger] shot; **dar um ~ (em)** to fire a shot (at); **trocar ~s** to exchange fire; **~ ao alvo** target practice. **-2.** [loc]: **ser ~ e queda** to be sure-fire.
tiro-de-guerra [tʃirudʒiˈgɛxa] (*pl* **tiros-de-guerra**) *m army reserve training centre*.
tiroteio [tʃiroˈteju] *m* **-1.** [tiros amiudados] shooting. **-2.** [troca de tiros] shootout.
titia [tʃiˈtʃia] *f fam* aunty.
titio [tʃiˈtʃiw] *m fam* uncle.
titubear [tʃituˈbja(x)] *vi* **-1.** [hesitar] to hesitate. **-2.** [cambalear] to lurch.
titular [tʃituˈla(x)] ◇ *adj* [efetivo - juiz] incumbent; [- professor] tenured; [- oficial] official. ◇ *mf* **-1.** [ocupante efetivo de função ou cargo] incumbent. **-2.** POL [de ministério]: **o ~ do Ministério da Saúde** the Health Minister. **-3.** [possuidor] holder.
título [ˈtʃitulu] *m* **-1.** [ger] title. **-2.** [documento] (title) deed; **~ de propriedade** JUR title deed. **-3.** [motivo]: **a ~ de** by way of.
tive [ˈtʃivi] *v* ▷ **ter**.
TM (*abrev de* **Trademark**) *f* TM.
TO (*abrev de* **Estado de Tocantins**) *n State of Tocantins*.

toa ['toa] *f NÁUT* towline.

◆ **à toa** *loc adv* **-1.** [ger] for no reason. **-2.** [inutilmente] in vain. **-3.** [desocupado] at a loose end. **-4.** [sem rumo] aimlessly.

toalete [twa'lɛtʃi] ◇ *m* [banheiro] toilet. ◇ *f* **-1.** [ato]: **fazer a ~** to get washed and dressed. **-2.** [traje] outfit.

toalha ['twaʎa] *f* towel; **~ de mesa** tablecloth.

toca ['tɔka] *f* **-1.** [covil] den. **-2.** *fig* [refúgio] bolthole.

toca-discos [ˌtɔka'dʒiʃkuʃ] *m inv* record player.

toca-fitas [ˌtɔka'fitaʃ] *m inv* cassette player.

tocaia [to'kaja] *f* ambush.

tocante [to'kãntʃi] *adj inv* [comovente] touching.

◆ **no tocante a** *loc prep* when it comes to.

tocar [to'ka(x)] ◇ *vt* **-1.** [ger] to touch. **-2.** *MÚS* to play. **-3.** [campainha, sino] to ring. **-4.** [buzina] to hoot. **-5.** [conduzir] to drive. **-6.** [fazer progredir]: **~ algo (para frente)** to move (sthg) forward. ◇ *vi* **-1.** [ger] to ring. **-2.** [apalpar, encostar]: **~ (em) algo/alguém** to touch sthg/sb.

◆ **tocar em** *vi* **-1.** [referir-se a] to touch (up)on. **-2.** [fazer escala em] to stop off in. **-3.** [caber a]: **toca a você fazer isso** it's up to you to do it.

◆ **tocar-se** *vp* **-1.** [pôr-se em contato] to touch. **-2.** [perceber] to notice. **-3.** [ofender-se] to be provoked.

tocha ['tɔʃa] *f* [facho] torch.

toco ['toku] *m* **-1.** [de árvore] stump. **-2.** [de cigarro, charuto] butt(-end), stub.

todavia [toda'via] *conj* however.

todo, da ['todu, da] ◇ *adj indef* [inteiro] all; **a Europa toda** the whole of Europe; **a equipe toda** the entire team; **o dia ~**, **~ o dia** the whole day (long). ◇ *adv* [completamente] completely. ◇ *pron indef* [qualquer, cada] every; **~ dia**, **~s os dias** every day; **em** *OU* **por toda parte** everywhere; **~ mundo** everyone; **em ~ caso** in any case.

◆ **todo** *m* whole; **ao ~** in all.

◆ **todos** *pron pl* [todas as pessoas] everyone *(sg)*.

◆ **a toda (velocidade)** *loc adv* at top speed.

todo-poderoso, osa [ˌtodupode'rozu, ɔza] *adj* all-powerful.

toicinho [toj'siɲu] *m* = **toucinho**.

toldo ['towdu] *m* awning.

tolerância [tole'rãnsja] *f* tolerance.

tolerante [tole'rãntʃi] *adj* tolerant.

tolerar [tole'ra(x)] *vt* **-1.** [ger] to tolerate. **-2.** [suportar] to bear.

tolher [to'ʎe(x)] *vt* [dificultar] to impede.

tolice [to'lisi] *f* **-1.** [ato] stupid thing. **-2.** [qualidade] idiocy. **-3.** [dito] rubbish.

tolo, la ['tolu, la] ◇ *adj* **-1.** [ger] stupid. **-2.** [pessoa - idiota] idiotic; [- ingênuo] foolish. ◇ *m, f* [pessoa] idiot.

tom ['tõ] *(pl* **-ns)** *m* **-1.** [ger] tone. **-2.** [altura de um som] pitch; **~ agudo/grave** high/low pitch. **-3.** [matiz] shade. **-4.** [*MÚS* - intervalo entre duas notas] tone; [- escala] key; **~ maior/menor** major/minor key. **-5.** *loc*: **ser de bom ~** to be polite.

tomada [to'mada] *f* **-1.** [ato] taking; **~ de decisão** decision making; **~ de posto oficial** taking office. **-2.** [*ELETR* - plugue] plug; [- na parede] socket. **-3.** [ocupação] taking. **-4.** *CINE* take.

tomar [to'ma(x)] *vt* **-1.** [ger] to take; **~ alguém em/por algo** to take sb in/by sthg; **~ emprestado** to borrow; **toma!** there you are!; **~ um susto** to get a fright. **-2.** [ocupar] to take. **-3.** [beber] to have. **-4.** [ocupar aspecto] to take up. **-5.** [satisfação]: **~ satisfação de alguém** to get an explanation from sb. **-6.** [considerar]: **~ algo como algo** to take sthg as sthg; **~ alguém por algo** to take sb for sthg.

tomara [to'mara] *interj* let's hope so!; **~ que chova!** let's hope it rains!

tomate [to'matʃi] *m* tomato.

tombar [tõn'ba(x)] ◇ *vt* **-1.** [derrubar] to knock down. **-2.** [para preservar] to list *(for the preservation of buildings)*. ◇ *vi*: **~ (em/de/para)** [cair] to fall on/off/towards; [cair rolando] to tumble on/off/towards.

tombo ['tõnbu] *m* [queda] fall.

tomilho [to'miʎu] *m* thyme.

tona ['tona] *f*: **à ~** to the surface.

tonal [to'naw] *(pl* **-ais)** *adj MÚS* tonal.

tonalidade [tonali'dadʒi] *f* **-1.** [ger] shade. **-2.** [mus] tonality.

tonel [to'nɛw] *(pl* **-éis)** *m* [recipiente] cask.

tonelada [tone'lada] *f* **-1.** [medida] ton. **-2.** *fig* [grande quantidade de]: **uma ~ de** tons of.

tonelagem [tone'laʒẽ] *f* tonnage.

toner ['tone(x)] *m TEC* toner.

tônico, ca ['toniku, ka] *adj* tonic.

◆ **tônico** *m*: **~ para o cabelo** hair tonic.

◆ **tonica** *f* **-1.** [água tônica] tonic water. **-2.** *MÚS* tonic. **-3.** *fig* [idéia, assunto principal] keynote.

tonificar [tonifi'ka(x)] *vt* to tone.

tons [tõʃ] *pl* ▷ **tom**.

tontear [tõn'tʃja(x)] ◇ *vt* **-1.** [suj: bebida, perfume] to make giddy. **-2.** [suj: pessoa, notícia, revelação] to stun. **-3.** [suj: barulho, confusão] to drive mad. ◇ *vi* **-1.** [bebida, perfume] to be intoxicating. **-2.** [notícia, revelação] to be shocking. **-3.** [barulho, confusão] to be maddening. **-4.** [pessoa - ficar tonto] to become dizzy; [- perturbar-se] to be stunned; [- ficar atordoado] to be maddened.

tonteira [tõn'tejra] *f* [vertigem] giddiness, dizziness; **ter ~** to suffer a dizzy spell.

tonto, ta ['tõntu, ta] *adj* **-1.** [zonzo] dizzy. **-2.** [perturbado, atordoado] giddy. **-3.** [tolo] giddy.

tontura [tõn'tura] *f* = **tonteira**.

top ['tɔpi] *m* **-1.** [bustiê] bodice. **-2.** [o melhor]: **~ de linha** top-of-the-range.

topada [to'pada] *f* trip; **dar uma ~ em algo** to trip over sthg.

topar [to'pa(x)] ◇ *vt* [aceitar, concordar com]: **~ algo/fazer algo** to agree to sthg/to do sthg. ◇ *vi* [aceitar, concordar] to agree.

◆ **topar com** *vi* [encontrar] to come across.

◆ **topar em** *vi* [tropeçar em] to trip over.

◆ **topar-se** *vp* [deparar-se]: **~ com algo/alguém** to come across sthg/sb.

topázio [to'pazju] *m* topaz.

topete [to'pɛtʃi] *m* [cabelo levantado] quiff; **ter o ~ de fazer algo** to have the nerve to do sthg.

tópico, ca ['tɔpiku, ka] *adj* [questão, assunto] topical.

◆ **tópico** *m* [tema, assunto] topic.

topless [tɔpi'lɛʃ] ◇ *adj inv* topless. ◇ *m inv* topless bikini.

topo ['topu] *m* top.

topográfico, ca [topo'grafiku, ka] *adj* topographical.

toque ['tɔki] ◇ *v* ▷ **tocar**. ◇ *m* **-1.** [ger] touch. **-2.** [de campainha] ring. **-3.** [de corneta] blast. **-4.** *fam*: **dar um ~ em alguém** to have a word with sb. **-5.** *MIL*: **~ de recolher** curfew. **-6.** *loc*: **a ~ de caixa** hurriedly.

tora ['tɔra] *f* **-1.** [de madeira] log. **-2.** [pedaço] piece.

tórax ['tɔrakiʃ] *m inv* thorax.

torção [tox'sãw] *f* **-1.** [ato de torcer] twist(ing). **-2.** *MED* sprain.

torcedor, ra [toxse'do(x), ra] (*mpl* **-es**, *fpl* **-s**) *m, f ESP* supporter; **sou ~ do Flamengo** I am a Flamengo supporter.

torcer [tox'se(x)] ◇ *vt* **-1.** [ger] to twist. **-2.** [espremer] to wring. **-3.** *MED* to sprain. ◇ *vi* **-1.** [ger] to twist **-2.** [num jogo] to do one's bit as a supporter.

◆ **torcer para, torcer por** *vi* [desejar o êxito de] to back.

torcicolo [toxsi'kɔlu] *m MED* stiff neck, wryneck; **estar com ~** to have a stiff neck.

torcida [tox'sida] *f* [*ESP* - ato] support; [- torcedores] supporters *(pl)*.

tormenta [tox'mẽnta] *f* **-1.** *METEOR* storm. **-2.** *fig* [transtorno] upheaval.

tormento [tox'mẽntu] *m* torment.

tornado [tox'nadu] *m* tornado.

tornar [tox'na(x)] ◇ *vt* [fazer ser] to make. ◇ *vi*: **~ a fazer algo** to do sthg again; **ela tornou a insistir** she again insisted.

◆ **tornar-se** *vp* [vir a ser] to become.

torneado, da [tox'njadu, da] *adj* [arredondado] turned; **bem ~** *fig* [corpo, pernas] well-turned, shapely.

torneio [tox'neju] *m* [competição] tournament.

torneira [tox'nejra] *f* tap *UK*, faucet *US*.

torniquete [toxni'ketʃi] *m MED* tourniquet.

torno ['toxnu] *m TEC* lathe.

◆ **en torno de** *loc prep* around.

tornozelo [toxnu'zelu] *m* ankle.

toró [to'rɔ] *m METEOR* downpour; **caiu um ~** there was a heavy downpour.

torpe ['toxpi] *adj* **-1.** [vil] foul. **-2.** [desonesto] shameful. **-3.** [obsceno] disgraceful.

torpedo [tox'pedu] *m* torpedo.

torpor [tox'po(x)] *m* **-1.** [entorpecimento] torpor. **-2.** [indiferença] inertia. **-3.** *MED* unresponsiveness.

torrada [to'xada] *f* toast.

torradeira [toxa'dejra] *f* toaster.

torrão [to'xãw] (*pl* **-ões**) *m* **-1.** [de terra endurecida] clod. **-2.** [de açúcar] lump.

torrar [to'xa(x)] ◇ *vt* **-1.** [tostar] to toast. **-2.** [ressecar] to parch. **-3.** *fig* [mercadorias] to dump. **-4.** *fig* [dinheiro] to burn. ◇ *vi* to be irritating.

torre ['toxi] *f* **-1.** [construção] tower; **~ de controle** *AERON* control tower. **-2.** *ELETR* pylon. **-3.** *RÁDIO & TV* mast. **-4.** [xadrez] castle, rook.

torrencial [toxẽn'sjaw] *adj* torrential.

torrente [to'xẽntʃi] *f* torrent.

torresmo [to'xeʒmu] *m CULIN* crackling, pork scratchings *(pl)*.

tórrido, da ['tɔxidu, da] *adj* torrid.

torrone [to'xɔni] *m* nougat.

torso ['toxsu] *m* torso.

torta ['tɔxta] *f* [empadão, doce] pie.

torto, ta ['toxtu, ta] *adj* **-1.** [ger] crooked. **-2.** *loc*: **a ~ e a direito** left, right and centre; **cometer erros a ~ e a direito** to make mistakes left, right and centre.

tortuoso, osa [tox'twozu, ɔza] *adj* **-1.** [sinuoso] winding. **-2.** *(fig)* [que não segue uma linha reta] convoluted.

tortura [tox'tura] *f* [ger] torture; [lance difícil]: **ser uma ~** to be torture.

torturador, ra [toxtura'do(x), ra] *m, f* torturer.

torturar [toxtu'ra(x)] *vt* [ger] to torment; [incomodar fisicamente] to kill.

torvelinho [toxve'liɲu] *m* [confusão] turmoil.

tosa ['tɔza] *f* **-1.** [de pêlo] trimming. **-2.** [de lã] shearing.

tosar [to'za(x)] *vt* **-1.** [pêlo] to clip. **-2.** [cabelo] to crop.

tosco, ca ['toʃku, ka] *adj* crude.

tosquiar [toʃ'kja(x)] *vt* [ovelha] to shear.

tosse ['tɔsi] *f* cough; **~ de cachorro** *ou* **comprida** whooping cough.

tossir [to'si(x)] *vi* **-1.** [ger] to cough. **-2.** [expelir] to cough up.

tostado, da [toʃ'tadu, da] *adj* **-1.** [levemente queimado] browned. **-2.** [moreno] tanned.

tostão [toʃ'tãw] (*pl* **-ões**) *m* [dinheiro] cash; **estava sem um ~** I didn't have a penny; **fiquei sem um ~** I was left penniless.

tostar [toʃ'ta(x)] *vt* **-1.** [ger] to brown. **-2.** [pele] to tan.

total [to'taw] (*pl* **-ais**) <> *adj* total. <> *m* total.

totalitário, ria [totali'tarju, rja] *adj* totalitarian.

totalmente [totaw'mẽntʃi] *adv* entirely, totally.

touca ['toka] *f* [de lã, malha] bonnet; **~ de banho/natação** bathing/swimming cap.

toucinho [to'siɲu] *m* uncured bacon; **~ defumado** smoked bacon.

toupeira [to'pejra] *f* **-1.** ZOOL mole. **-2.** *fig* [ignorante] dimwit.

tourada [to'rada] *f* bullfight.

tourear [to'rja(x)] <> *vt* to fight *(bulls)*. <> *vi* to be a bullfighter.

toureiro, ra [to'rejru, ra] *m, f* bullfighter.

touro ['toru] *m* **-1.** ZOOL bull. **-2.** *fig*: **ser um ~** [ser robusto] to be strong as an ox.

◆ **Touro** *m* [zodíaco] Taurus; *veja também* **Virgem.**

tóxico, ca ['tɔksiku, ka] *adj* toxic.

◆ **tóxico** *m* **-1.** [veneno] poison. **-2.** [droga] drug.

toxicômano, na [toksi'komanu, na] *m, f* drug addict.

TPM (*abrev de* **Tensão Pré-Menstrual**) *f* PMT.

trabalhadeira [trabaʎa'dejra] *f* ▷ **trabalhador.**

trabalhador, ra [trabaʎa'do(x), ra] (*mpl* **-es**, *fpl* **-s**) <> *adj* [laborioso] hard-working. <> *m, f* worker; **(~) autônomo** freelance (worker).

trabalhão [traba'ʎãw] *m* = **trabalheira.**

trabalhar [traba'ʎa(x)] <> *vt* **-1.** [ger] to work. **-2.** [aprimorar] to work on. **-3.** [elaborar] to develop. <> *vi* to work; **~ em algo** [em projeto] to work at sthg; TEATRO to perform in sthg; **~ como algo** [exercer a profissão de] to work as sthg.

trabalheira [traba'ʎejra] *f* hard work.

trabalhista [traba'ʎiʃta] <> *adj* **-1.** [ger] labour *UK*, labor *US*. **-2.** [que é especialista em direito do trabalho] employment *(antes de subst)*. <> *mf* [POL - partidário] Labour Party supporter; [- membro] Labour Party member.

trabalho [tra'baʎu] *m* **-1.** [ger] work; **~ braçal** manual work; **~ doméstico** domestic work; **~ de parto** labour *UK*, labor *US*. **-2.** [tarefa] job. **-3.** ECON labour *UK*, labor *US*. **-4.** EDUC homework. **-5.** [espirit] spell; **fazer um ~** to cast a spell. **-6.**: **dar ~ (a alguém)** [exigir esforço] to be a lot of work (for sb); [causar transtorno] to be a bother (to sb).

trabalhoso, osa [traba'ʎozu, ɔza] *adj* arduous.

traça ['trasa] *f* **-1.** [de roupa] moth. **-2.** [de livro] bookworm.

traçado [tra'sadu] *m* **-1.** [conjunto de traços] sketch. **-2.** [planta] plan.

tração [tra'sãw] *f* traction; **~ nas quatro rodas** four-wheel drive.

traçar [tra'sa(x)] *vt* **-1.** [fazer com traços] to sketch. **-2.** [planejar] to draw up. **-3.** [demarcar] to mark out. **-4.** *fam* [devorar] to devour.

traço ['trasu] *m* **-1.** [linha] line. **-2.** [sinal de pontuação] (en) dash. **-3.** [modo de desenhar] style. **-4.** [característica] trait.

◆ **traços** *mpl* **-1.** [feições] features. **-2.** *fig* [vestígio] traces. **-3.** *fig* [laivos] traces. **-4.** [pequena quantidade de substância] traces.

tradição [tradʒi'sãw] (*pl* **-ões**) *f* tradition.

tradicional [tradʒisjo'naw] (*pl* **-ais**) *adj* traditional.

tradicionalmente [tradʒisjonaw'mẽntʃi] *adv* traditionally.

tradução [tradu'sãw] (*pl* **-ões**) *f* [ger] translation.

tradutor, ra [tradu'to(x), ra] (*mpl* **-es**, *fpl* **-s**) <> *adj* translating. <> *m, f* translator; **~ juramentado** accredited translator.

traduzir [tradu'zi(x)] <> *vt* **-1.** [texto, código] to translate. **-2.** [sentimento, pensamento] to express. <> *vi* **-1.** [saber traduzir] to translate. **-2.** [ser tradutor] to work as a translator.

trafegar [trafe'ga(x)] *vi* [transitar] to be driven.

tráfego ['trafegu] *m* traffic; **~ engarrafado** traffic jam; **~ aéreo** air traffic.

traficante [trafi'kãntʃi] *mf* trafficker; **~ de drogas** drug trafficker *ou* dealer.

traficar [trafi'ka(x)] <> *vt* to traffic in. <> *vi* to traffic; **~ com** to deal in.

tráfico ['trafiku] *m* traffic; **~ de drogas** drug trafficking.

tragar [tra'ga(x)] <> *vt* **-1.** [engolir] to swallow. **-2.** [inalar] to inhale. **-3.** *fam* [tolerar] to tolerate. <> *vi* [inalar] to inhale.

tragédia [tra'ʒɛdʒja] *f* tragedy.

trágico, ca ['traʒiku, ka] <> *adj* **-1.** [ger] tragic. **-2.** *fig* [dado a fazer drama] overdramatic. <> *m, f* [ator] tragic actor (*f* actress).

trago ['tragu] <> *v* ▷ **trazer.** <> *m* **-1.** [gole] mouthful. **-2.** [dose pequena] drop. **-3.** [em cigarro] puff.

traguei [tra'gej] *v* ▷ **tragar.**

traição [traj'sãw] (*pl* **-ões**) *f* **-1.** [deslealdade] disloyalty. **-2.** [infidelidade] infidelity. **-3.** POL treason.

traiçoeiro, ra [traj'swejru, ra] *adj* **-1.** [pessoa] disloyal. **-2.** [ação] treacherous. **-3.** [mar, passagem] treacherous.

traidor, ra [traj'do(x), ral (*mpl* **-es**, *fpl* **-s**) ◇ *adj* **-1.** [infiel] unfaithful. **-2.** [comprometedor] betraying. ◇ *m, f* [pessoa] traitor.

trailer ['trejle(x)] *m* **-1.** [ger] trailer. **-2.** [tipo casa] caravan ***UK***, trailer ***US***.

traineira [traj'nejra] *f* *NÁUT* trawler.

training ['trejnĩŋ] *m* tracksuit.

trair [tra'i(x)] *vt* **-1.** [atraiçoar] to betray. **-2.** [ser infiel a] to be unfaithful to. **-3.** [não cumprir - promessa] to break; [- dever] to fail in. **-4.** [revelar] to betray.

◆ **trair-se** *vp*: **~-se por algo/fazendo algo** [denunciar-se] to give o.s. away by sthg/doing sthg.

trajar [tra'ʒa(x)] *vt* to wear.

traje ['traʒi] *m* dress; **~ de banho** swimsuit; **~ de passeio** smart dress; **~ a rigor** evening dress.

trajeto [tra'ʒɛtu] *m* distance, journey.

trajetória [traʒe'tɔrja] *f* **-1.** [trajeto] path. **-2.** *fig* [caminho] course.

tralha ['traʎa] *f* [traste] junk.

trama ['trãma] *f* **-1.** [ger] plot. **-2.** [de tecido] weft.

tramar [tra'ma(x)] ◇ *vt* **-1.** [tecer] to weave. **-2.** [maquinar] to plot. ◇ *vi* [conspirar]: **~ contra** to plot against.

trambolhão [tranbo'ʎãw] (*pl* **-ões**) *m* tumble; **levar um ~** to be knocked down; **abrir caminho aos trambolhões** to push one's way through.

trambolho [tran'boʎu] *m* [objeto grande e incômodo] encumbrance.

trâmites ['trãmitʃiʃ] *mpl* *fig* [vias] procedures.

tramóia [tra'mɔja] *f* **-1.** [trama] scheme. **-2.** [trapaça] swindle.

trampolim [trãnpo'lĩ] (*pl* **-ns**) *m* **-1.** *ESP* diving board. **-2.** *fig* [meio] springboard.

tranca ['trãŋka] *f* **-1.** [de porta] bolt. **-2.** [de carro] lock; **passar a ~ em** to lock.

trança ['trãnsa] *f* **-1.** [ger] plaited bread. **-2.** [trançado] braid.

trançado, da [trãn'sadu, da] *adj* **-1.** [cabelo] plaited. **-2.** [cinto, galão, fita] braided. **-3.** [cesto] woven.

trancado, da [trãnka'du, da] *adj* [fechado] firmly shut.

trancafiar [trãŋka'fja(x)] *vt* to lock up.

trancar [trãŋ'ka(x)] *vt* **-1.** [chavear] to lock. **-2.** [prender] to lock up. **-3.** *EDUC & UNIV* [matrícula] to suspend. **-4.** *FUT* to shove (to one side).

◆ **trancar-se** *vp* [fechar-se] to shut o.s. away.

trançar [trãn'sa(x)] *vt* **-1.** [cabelo] to plait. **-2.** [palha, fita] to weave.

tranco ['trãŋku] *m* **-1.** [esbarrão] shove. **-2.** [solavanco] jolt.

◆ **aos trancos e barrancos** *loc adv* [com dificuldade] with great difficulty.

tranqüilamente [trãŋkwila'mẽntʃi] *adv* **-1.** [com calma] calmly. **-2.** [sossegadamente] peacefully. **-3.** [com facilidade, seguramente] easily.

tranqüilidade [trãŋkwili'dadʒi] *f* tranquillity; **preciso de ~ para fazer isso** I need peace and quiet to do this.

tranqüilizante [trãŋkwili'zãntʃi] ◇ *adj* soothing. ◇ *m* *MED* tranquillizer.

tranqüilizar [trãŋkwili'za(x)] *vt* **-1.** [acalmar] to calm (down). **-2.** [despreocupar] to reassure.

◆ **tranqüilizar-se** *vp* to calm down.

tranqüilo, la [trãŋ'kwilu, la] *adj* **-1.** [mulher, criança] calm. **-2.** [lugar, sono] peaceful. **-3.** [consciência] clear. **-4.** [sem dificuldades] easy. **-5.** [certo] certain.

transa ['trãnza] *f* *fam* **-1.** [combinação] arrangement. **-2.** [relação] relationship. **-3.** [relação sexual] sex. **-4.** [assunto] matter. **-5.** [negócios] business.

transação [trãnza'sãw] (*pl* **-ões**) *f* **-1.** [combinação, acordo] agreement. **-2.** [negociação] deal. **-3.** *COM* business.

transar [trãn'za(x)] ◇ *vt* **-1.** *fam* [combinar] to arrange. **-2.** [arranjar] to obtain. **-3.** [drogas - tomar] to take; [- negociar] to deal in. ◇ *vi* **-1.** [ter relação sexual] to have sex; **~ com** to have sex with. **-2.** [relacionar-se]: **~ com** to hang out with. **-3.** [negociar, trabalhar]: **~ com** to deal in.

transatlântico, ca [trãnza'tlãntʃiku, ka] *adj* transatlantic.

◆ **transatlântico** *m* liner.

transbordar [trãnʒbox'da(x)] *vi*: **~ (de)** to overflow (from); **~ de felicidade** to be overjoyed.

transcendental [trãnsẽndẽn'taw] (*pl* **-ais**) *adj* transcendental.

transcender [trãnsẽn'de(x)] *vt*: **~ (a) algo** to transcend sthg.

transcorrer [trãnʃko'xe(x)] *vi* **-1.** [decorrer] to go by. **-2.** [decorrer em certo estado ou condição] to pass off.

transcrito [trãnʃ'kritu] *m* transcript.

transe ['trãnzi] *m* **-1.** [espirit] anguish. **-2.** [situação difícil] ordeal. **-3.** [hipnótico] trance.

transeunte [trãn'zeũntʃi] *mf* passer-by.

transferência [trãnʃfe'rẽnsja] *f* **-1.** [ger] transfer. **-2.** *PSIC* transference. **-3.** [adiamento] postponement.

transferir [trãnʃfe'ri(x)] *vt* **-1.** [deslocar]: **~ algo/alguém para algum lugar** to transfer sthg/sb somewhere. **-2.** [transmitir]: **~ algo para alguém** to transfer sthg to sb; *PSIC* to transfer sthg onto sb. **-3.** [adiar] to postpone.

transformação [trãnʃfoxma'sãw] (*pl* **-ões**) *f* transformation.

transformador, ra [trãnʃfoxma'do(x), ra] (*mpl*

-es, *fpl* -s) *m* ELETR transformer.

transformar [trãnʃfox'ma(x)] *vt* **-1.** [dar nova forma, modificar] to transform. **-2.** [converter]: ~ **algo/alguém em** to turn sthg/sb into.

◆ **transformar-se** *vp* **-1.** [mudar, transfigurar-se] to be transformed. **-2.** [converter-se]: **~-se em** to turn into, to become.

transfusão [trãnʃfu'zãw] (*pl* **-ões**) *f* transfusion; ~ **de sangue** blood transfusion.

transgênico, ca [trãnʃ'zeniku, ka] *adj* transgenic.

transgredir [trãnʒgre'dʒi(x)] *vt* [infringir] to transgress.

transgressão [trãnʒgre'sãw] (*pl* **-ões**) *f* transgression.

transgressor, ra [trãʒgre'so(x), ra] <> *adj* offending. <> *m, f* offender; ~ **da lei** offender.

transição [trãnzi'sãw] (*pl* **-ões**) *f* [passagem de um estado a outro] transition.

transitar [trãnzi'ta(x)] *vi*: ~ **(por)** [pessoa, carro] to travel (through).

transitivo, va [trãnzi'tʃivu, va] *adj* GRAM transitive.

trânsito ['trãnzitu] *m* **-1.** [ger] passage. **-2.** [tráfego] traffic; ~ **impedido** no entry. **-3.** [boa aceitação] acceptance; **ter bom ~ em** to be well-accepted in.

transitório, ria [trãnzi'tɔrju, rja] *adj* transitory.

translúcido, da [trãnʒ'lusidu, da] *adj* **-1.** [que deixa passar a luz] translucent. **-2.** *fig* [claro] clear.

transmissão [trãnʒmi'sãw] (*pl* **-ões**) *f* **-1.** [ger] transmission. **-2.** [de ordem, notícia, recado] sending. **-3.** [de bens, cargo] transfer. **-4.** [RÁDIO & TV - programa] broadcast; [- ato de transmitir] broadcasting; ~ **ao vivo** live broadcast.

transmissível [trãnʒmi'sivew] (*pl* **-eis**) *adj* [doença] transmittable.

transmissor, ra [trãnʒmi'so(x), ra] *adj* transmitting.

◆ **transmissor** *m* **-1.** [ger] transmitter. **-2.** [de doença] carrier.

transmitir [trãnʒmi'tʃi(x)] *vt* **-1.** [ger] to transmit. **-2.** [comunicar] to send. **-3.** [transferir] to transfer. **-4.** RÁDIO & TV to broadcast.

transparência [trãnʃpa'rẽnsja] *f* **-1.** [ger] transparency. **-2.** [usada em projetor] slide.

transparente [trãnʃpa'rẽntʃi] *adj* **-1.** [ger] transparent. **-2.** [roupa] see-through. **-3.** *fig* [claro, evidente - sentimentos, intenções] clear; **o livro é de um moralismo ~** the book is clearly moralistic; [- pessoa] transparent.

transpassar [trãnʃpa'sa(x)] *vt* **-1.** [atravessar] to cross. **-2.** [penetrar, furar] to pierce. **-3.** [peça de vestuário] to overlap.

transpiração [trãnʃpira'sãw] *f* **-1.** [ato] perspiration. **-2.** [suor] perspiration.

transpirar [trãnʃpi'ra(x)] <> *vt* **-1.** [suar] to perspire. **-2.** [exprimir] to exude. <> *vi* **-1.** [suar] to perspire. **-2.** [revelar-se] to transpire. **-3.** [divulgar-se] to become known.

transplante [trãnʃ'plãntʃi] *m* transplant.

transportadora [trãnʃpoxta'dora] *f* haulage company.

transportar [trãnʃpox'ta(x)] *vt* [levar] to transport.

transporte [trãnʃ'pɔxtʃi] *m* **-1.** [ato] transport. **-2.** [condução] haulage; ~ **coletivo** public transport. **-3.** [soma] amount carried forward.

transtornar [trãnʃtox'na(x)] *vt* **-1.** [abalar] to upset. **-2.** [alterar] to disrupt.

◆ **transtornar-se** *vp* to get upset.

transtorno [trãnʃ'toxnu] *m* **-1.** [perturbação] confusion. **-2.** [desordem, alteração] disruption. **-3.** [contrariedade, contratempo] upset.

transversal [trãnʒvex'saw] (*pl* **-ais**) <> *adj* **-1.** [corte, linha] transverse. **-2.** [rua]: **esta rua é ~ à avenida principal** this street crosses the main avenue. <> *f* [rua transversal] cross street.

trapaça [tra'pasa] *f* cheating; **fazer ~s no jogo** to cheat during the game.

trapacear [trapa'sja(x)] *vt & vi* to cheat.

trapaceiro, ra [trapa'sejru, ra] <> *adj* cheating. <> *m, f* cheat.

trapalhão, ona [trapa'ʎãw, ʎona] (*mpl* **-ões**, *fpl* -s) *adj* clumsy.

trapézio [tra'pɛzju] *m* **-1.** [aparelho] trapeze. **-2.** GEOM trapezium. **-3.** [ANAT - no pescoço] trapezius; [- do carpo] trapezium.

trapezista [trape'ziʃta] *mf* trapeze artist.

trapezoidal [trapezoj'daw] (*pl* **-ais**) *adj* trapezoidal.

trapo ['trapu] *m* **-1.** [pedaço de pano] rag. **-2.** *fig*: **estar um ~** [estar mal física ou moralmente] to be down and out; [estar muito cansado] to be washed out.

traquéia [tra'kɛja] *f* trachea, windpipe.

traquejo [tra'keʒu] *m* experience.

trarei [tra'rej] *v* ⊳ **trazer**.

traria [tra'ria] *v* ⊳ **trazer**.

trás ['trajʃ] *adv & prep* behind; **de ~ para frente** back to front; **andar para ~** to walk backwards; **ficar para ~** to fall behind; **de ~** back; **por ~ de** behind.

traseira [tra'zejra] *f* **-1.** [parte posterior] rear. **-2.** *fam* [nádegas] bottom.

traseiro, ra [tra'zejru, ra] *adj* rear.

◆ **traseiro** *m fam* [nádegas] bottom.

traspassar [trazpa'sa(x)] *vt* = **transpassar**.

traste ['traʃtʃi] *m* **-1.** [objeto de pouco valor] bauble. **-2.** [pessoa - inútil] no-hoper; [- de mau caráter] rogue; **estar um ~** [estar mal fisicamente] to be a wreck.

tratado, da [tra'tadu, da] *m* **-1.** [acordo] treaty. **-2.** [obra] treatise.

tratamento [trata'mẽntu] *m* **-1.** [ger] treatment. **-2.** [de problema, tema] handling.

tratar [tra'ta(x)] *vt* **-1.** [ger] to treat. **-2.** [combinar] to deal with. **-3.** *MED*: **~ (de) alguém/algo** to treat sb/sthg. **-4.** [negociar] to organize. **-5.** [abordar] to deal with. **-6.** [forma de tratamento]: **~ alguém de** *ou* **por algo** to address sb as *ou* by sthg.

◆ **tratar de** *vi* **-1.** [cuidar de - pessoa, planta] to care for; [- caso, negócio] to look after. **-2.** [organizar] to organize. **-3.** [discorrer, versar sobre] to deal with. **-4.** [empenhar-se]: **~ de fazer algo** to try to do sthg.

◆ **tratar-se** *vp* **-1.** [cuidar-se] to look after o.s. **-2.** *MED*: **~-se com alguém** to be under sb's care. **-3.** *loc*: **trata-se de ...** it's a matter of ...; **trata-se de uma moça de origem muito humilde** she happens to be a girl from a very humble background; **de que se trata?** what's it about?

trato ['tratu] *m* **-1.** [tratamento] treatment. **-2.** [convivência, contato] dealings *(pl)*. **-3.** [acordo, combinação] agreement.

trator [tra'to(x)] (*pl* **-es**) *m* tractor.

trauma ['trawma] *m* **-1.** *MED* injury. **-2.** *PSIC* trauma.

traumatizante [trawmatʃi'zãntʃi] *adj* traumatizing.

traumatizar [trawmatʃi'za(x)] *vt* **-1.** *MED* to injure. **-2.** *PSIC* to traumatize. **-3.** *fig* [afetar] to affect.

trava ['trava] *f* [peça] stop.

travado, da [tra'vadu, da] *adj* **-1.** [preso] locked. **-2.** [freado] stopped.

travar [tra'va(x)] *vt* **-1.** [fazer parar] to stop. **-2.** [frear] to brake. **-3.** [iniciar, desencadear - conversa, amizade] to strike up; [- luta] to start. **-4.** [movimento] to hinder. **-5.** [segurar] to take hold of.

trave ['travi] *f* **-1.** *CONSTR* beam. **-2.** *ESP* crossbar.

travessa [tra'vɛsa] *f* **-1.** [rua] alleyway. **-2.** [prato] serving dish. **-3.** [prendedor de cabelo] slide.

travessão [trave'sãw] (*pl* **-ões**) *m* *GRAM* (em) dash.

travesseiro [trave'sejru] *m* pillow.

travessia [trave'sia] *f* **-1.** [ato] crossing. **-2.** [viagem] journey.

travesso, ssa [tra'vesu, sa] *adj* [criança] naughty.

travessura [trave'sura] *f* **-1.** [de criança] mischief; **fazer ~s** to get up to mischief. **-2.** [brincadeira] prank.

travesti [traveʃtʃi] *m* **-1.** [homossexual] transvestite. **-2.** [artista] drag artist.

trazer [tra'ze(x)] *vt* **-1.** [ger] to bring; **~ de volta** to bring back. **-2.** [ter] to have. **-3.** [usar, trajar] to wear.

TRE (*abrev de* **Tribunal Regional Eleitoral**) *m* *Regional Electoral Court*.

trecho ['treʃu] *m* **-1.** [parte do espaço de um lugar] stretch. **-2.** *LITER & MÚS* passage.

treco ['trɛku] *m* *fam* [coisa] thing; **ter um ~** [sentir-se mal] to have a nasty turn; [zangar-se] to have a fit.

trégua ['trɛgwa] *f* **-1.** *MIL* truce. **-2.** *fig* [descanso] rest.

treinado, da [trej'nadu, da] *adj* **-1.** [animal] trained. **-2.** [atleta] fit. **-3.** [acostumado] practised *UK*, practiced *US*.

treinador, ra [trejna'do(x), ra] (*mpl* **-es**, *fpl* **-s**) *m, f* trainer.

treinamento [trejna'mẽntu] *m* training.

treinar [trej'na(x)] <> *vt* **-1.** [ger] to train. **-2.** [praticar] to practise *UK*, to practice *US*. <> *vi* [praticar] to train.

treino ['trejnu] *m* **-1.** [ger] training. **-2.** [destreza] skill.

trejeito [tre'ʒejtu] *m* **-1.** [gesto] gesture. **-2.** [gesto cômico] funny face.

trela ['trɛla] *f*: **dar ~ a** *ou* **para alguém** [conversar com] to keep chatting to sb; [dar confiança a] to encourage sb.

treliça [tre'lisa] *f* [para porta, planta] trellis.

trem ['trẽj] (*pl* **-ns**) *m* **-1.** *FERRO* train; **ir de ~** to go by train; **pegar um ~** to take a train; **~ de carga** goods train. **-2.** *AERON*: **~ de aterrissagem** landing gear, undercarriage.

trema ['trema] *m* diaeresis *UK*, dieresis *US*.

trem-bala [ˌtrẽ'bala] (*pl* **trens-bala**) *m* high-speed train.

tremelique [treme'liki] *m* trembling.

tremendo, da [tre'mẽndu, da] *adj* **-1.** [imenso] enormous. **-2.** [terrível] terrible. **-3.** [fantástico] amazing.

tremer [tre'me(x)] *vi* to shake; **~ de frio/medo** to shake with cold/fear.

tremor [tre'mo(x)] (*pl* **-es**) *m* tremor; **~ de terra** earthquake.

tremular [tremu'la(x)] *vi* **-1.** [bandeira] to flutter. **-2.** [luz] to flicker.

trêmulo, la ['tremulu, la] *adj* **-1.** [pessoa, mão] trembling. **-2.** [passo, voz] faltering.

trena ['trena] *f* [fita métrica] tape measure.

trenó [tre'nɔ] *m* sledge *UK*, sled *US*.

trepada [tre'pada] *f* *mfam* leg-over; **dar uma ~** to get laid.

trepadeira [trepa'dejra] *f* creeper.

trepar [tre'pa(x)] *vi* **-1.** [subir]: **~ (em algo)** to climb (up sthg). **-2.** *mfam* [ter relações sexuais]: **~ (com alguém)** to get laid.

trepidação [trepida'sãw] *f* shaking.

trepidar [trepi'da(x)] *vi* to shake.

três ['trejʃ] ◇ *num* three. ◇ *m* three; *veja também* **seis**.

tresloucado, da [treʒlo'kadu, da] *adj* crazy.

Três-Marias [ˌtrejʃma'riaʃ] *fpl* **-1.** *ASTRON* Orion's Belt. **-2.** *BOT* bougainvillea.

trevas ['trɛvaʃ] *fpl* [escuridão] darkness *(sg).*

trevo ['trevu] *m* **-1.** *BOT* clover. **-2.** [de vias] intersection.

treze ['trezi] ◇ *num* thirteen. ◇ *m* [algarismo] thirteen; *veja também* **seis**.

trezentos, tas [tre'zẽntuʃ, taʃ] ◇ *num* three hundred. ◇ *m* [algarismo] three hundred; *veja também* **seis**.

triagem ['trjaʒẽ] *f* **-1.** [seleção] selection; **fazer uma ~** to make a selection. **-2.** [separação] sorting.

triângulo ['trjãŋgulu] *m* triangle.

triathlon ['trjatlu] *m* triathlon.

tribal [tri'baw] *adj* tribal.

tribo ['tribu] *m* tribe.

tribulação [tribula'sãw] (*pl* **-ões**) *f* tribulation.

tribuna [tri'buna] *f* **-1.** [de orador] rostrum. **-2.** [em espetáculos públicos] platform; **~ da imprensa** press gallery.

tribunal [tribu'naw] (*pl* **-ais**) *m* **-1.** [instituição] court; **Tribunal de Contas** Court of Accounts; **Tribunal de Justiça** Court of Justice. **-2.** [os magistrados] bench.

tributar [tribu'ta(x)] *vt* **-1.** [ger] to tax. **-2.** [pagar como tributo] to pay tax on. **-3.** *fig* [render, prestar] to pay.

tributário, ria [tribu'tarju, rja] *adj* **-1.** [relativo a tributo] tax *(antes de subst).* **-2.** [rio] tributary *(antes de subst).*

tributo [tri'butu] *m* **-1.** [imposto] tax. **-2.** *fig* [ônus] duty.

tricampeão, peã [trikãn'pjãw, pjã] *m, f* three-times champion.

triciclo [tri'siklu] *m* **-1.** [de criança] tricycle. **-2.** [usado para a entrega de mercadorias] (delivery) tricycle.

tricô [tri'ko] **-1.** *m* knitting; **de ~** knitted. **-2.** ▷ **ponto**.

tricolor [triko'lo(x)] *adj* **-1.** [desenho, bandeira] three-coloured *UK*, three-colored *US*. **-2.** *FUT* tricolour *UK*, tricolor *US*.

tricotar [triko'ta(x)] *vt* & *vi* to knit.

tridimensional [tridʒimẽnsjo'naw] (*pl* **-ais**) *adj* three-dimensional.

trigal [tri'gaw] *m* wheat field.

trigêmeo, mea [tri'ʒemju, mja] ◇ *adj* [criança] triplet *(antes de subst).* ◇ *m, f* triplet.

trigésimo, ma [tri'ʒɛzimu, ma] ◇ *num* thirtieth. ◇ *m* thirtieth; *veja também* **sexto**.

trigo ['trigu] *m* wheat.

trilha ['triʎa] *f* **-1.** [caminho] path. **-2.** [rasto] trail. **-3.** *fig* [exemplo]: **seguir a ~ de alguém** to follow in sb's footsteps. **-4.** *COMPUT* track. **-5.** *CINE*: **~ sonora** soundtrack.

trilhado, da [tri'ʎadu, da] *adj* [percorrido] well-trodden.

trilhão [tri'ʎãw] (*pl* **-ões**) *num* trillion.

trilho ['triʎu] *m* **-1.** *FERRO* rail. **-2.** [caminho] track.

trimestral [trimeʃ'traw] (*pl* **-ais**) *adj* quarterly.

trimestralidade [trimeʃtrawi'dadʒi] *f* quarterly payment.

trimestre [tri'mɛʃtri] *m* quarter.

trincar [trĩŋ'ka(x)] ◇ *vt* **-1.** [cortar com os dentes] to crunch. **-2.** [cerrar] to grit. **-3.** [rachar] to crack. ◇ *vi* [rachar] to crack.

trincheira [trĩn'ʃejra] *f MIL* trench.

trinco ['trĩŋku] *m* **-1.** [ferrolho] latch. **-2.** [lingüeta] catch.

Trinidad e Tobago [triniˌdadʒito'bagu] *n* Trinidad and Tobago.

trinta ['trĩnta] ◇ *num* thirty. ◇ *m* thirty; *veja também* **sessenta**.

trio ['triw] *m* trio; **~ elétrico** music float.

tripa [tri'pa] *f* **-1.** [intestino] intestine. **-2.** *CULIN* tripe *(inv).*

tripé [tri'pɛ] *m* [suporte] tripod.

triplicar [tripli'ka(x)] ◇ *vt* **-1.** *MAT* to treble. **-2.** [aumentar muito] to triple. ◇ *vi* **-1.** [tornar-se triplo] to treble. **-2.** [aumentar muito] to triple.

triplo, pla ['triplu, pla] *adj* triple.

◆ **triplo** *m*: **27 é o ~ de 9** 27 is three times 9; **este sofá é o ~ daquele** this sofa is three times the size of that one.

tripulação [tripula'sãw] (*pl* **-ões**) *f* crew.

tripulado, da [tripula'du, da] *adj* **-1.** [nave] manned. **-2.** [barco] crewed.

tripulante [tripu'lãntʃi] *mf* crew member.

tripular [tripu'la(x)] *vt* **-1.** [prover de tripulação] to man. **-2.** [governar] to crew.

triste ['triʃtʃi] *adj* **-1.** [ger] sad. **-2.** [entristecedor] depressing. **-3.** [sombrio, lúgubre] sombre. **-4.** *fam* [pessoa] sad.

tristeza [triʃ'teza] *f* **-1.** [de pessoa] sadness. **-2.** [de lugar] gloominess. **-3.: ser uma ~** [ser terrível] to be appalling.

triturar [tritu'ra(x)] *vt* **-1.** [reduzir a fragmentos] to grind. **-2.** *fig* [afligir] to crush.

triunfante [trjũn'fãntʃi] *adj* triumphant.

triunfar [trjũn'fa(x)] *vi* [vencer] to triumph.

triunfo ['trjũnfu] *m* triumph.

trivial [tri'vjaw] (*pl* **-ais**) ◇ *adj* **-1.** [comida] ordinary. **-2.** [assunto, preocupações] trivial. ◇ *m* [comida cotidiana] everyday food.

trivialidade [trivjali'dadʒi] *f* triviality.

triz ['triʃ] *m*: **por um ~** by a whisker.

troça ['trɔsa] *f* [zombaria] ridicule; **fazer ~ de alguém** to make fun of sb.

trocadilho [troka'dʒiʎu] *m* pun.

trocado, da [tro'kadu, da] *adj* **-1.** [errado] wrong. **-2.** [dinheiro] in coins.

◆ **trocado** *m* small change.
trocador, ra [troka'do(x), ra] *m, f* [em ônibus] conductor.
trocar [tro'ka(x)] ◇ *vt* **-1.** [ger] to change; ~ **alguém/algo de lugar** to change the place of sb/sthg; ~ **dinheiro** to change money. **-2.** [permutar] to swap. **-3.** [confundir] to mix up. **-4.** [cheque] to cash. **-5.** [reciprocar] to exchange. **-6.** [permutar]: ~ **algo/alguém por algo**, ~ **algo/alguém por alguém** to change sthg/sb for sthg, to change sthg/sb for sb. **-7.** [dar preferência]: ~ **algo por algo** to exchange sthg for sthg. **-8.** *loc*: ~ **as pernas** *fig* to trip over one's (own) feet. ◇ *vi*: ~ **de algo** to change sthg.
◆ **trocar-se** *vp* [mudar de roupa] to get changed.
troçar [tro'sa(x)] *vt* to ridicule.
troco ['troku] *m* **-1.** [dinheiro] change. **-2.** *fig* [revide] retort, rejoinder; **a ~ de que ela fez isso?** [por quê, para quê] what on earth did she do that for?
troço ['trɔsu] *m fam* [coisa] thing; **ter um ~** [sentir-se mal] to feel a pang; [ficar chocado, danado] to get a shock; **ser ~ em algum lugar/em algo** [ser influente] to have influence somewhere/in sthg; **ser um ~** [ser muito bonito, bom] to be amazing.
troféu [tro'fɛw] *m* trophy.
tromba ['trõnba] *f* **-1.** [de elefante] trunk. **-2.** *fam* [cara amarrada] long face.
trombada [trõn'bada] *f* crash; **dar uma ~** to crash.
tromba-d'água [,trõnba'dagwa] (*pl* **trombas-d'água**) *f* [chuva] downpour.
trombadinha [trõnba'dʒiɲa] *mf gír* [pivete] very young thief.
trombeta [trõn'beta] *f* MÚS [instrumento] trumpet.
trombone [trõn'boni] *m* MÚS trombone.
trombose [trõn'bɔzi] *f* thrombosis.
trombudo, da [trõn'budu, da] *adj fig* [emburrado] sulky.
trompa ['trõnpa] *f* **-1.** MÚS horn. **-2.** ANAT: ~ **de Falópio** Fallopian tube; **ligar as ~s** to have one's tubes tied, to undergo tubal ligation.
tronco ['trõŋku] *m* **-1.** [BOT - caule] trunk; [- ramo] branch. **-2.** ANAT trunk. **-3.** TELEC trunkline. **-4.** [de família, raça] lineage.
trono ['tronu] *m* **-1.** [cadeira] throne. **-2.** *fig* [poder] driving seat. **-3.** *fam* [latrina] throne.
tropa ['trɔpa] *f* **-1.** MIL army. **-2.** [conjunto de pessoas] troop. **-3.** [polícia]: ~ **de choque** riot squad.
tropeção [trope'sãw] (*pl* **-ões**) *m* trip.
tropeçar [trope'sa(x)] *vi* to trip; ~ **em algo** [dar topada em] to trip over sthg; *fig* [esbarrar em] to stumble on sthg.
tropeções [trope'sõjʃ] *pl* ▷ **tropeção**.
trôpego, ga ['tropegu, ga] *adj* unsteady.
tropical [tropi'kaw] (*pl* **-ais**) *adj* tropical.
tropicalismo [tropika'liʒmu] *m Brazilian musical movement*.
trópico ['trɔpiku] *m* tropic; **Trópico de Câncer/Capricórnio** Tropic of Cancer/Capricorn.
troquei [tro'kej] *v* ▷ **trocar**.
trotar [tro'ta(x)] *vi* to trot.
trote ['trɔtʃi] *m* **-1.** [de cavalo] trot. **-2.** [por telefone] hoax. **-3.** [em calouro] trick.
trouxa ['troʃa] ◇ *adj fam* [bobo] foolish. ◇ *mf fam* [bobo] fool. ◇ *f* bundle.
trouxe ['trosi] *v* ▷ **trazer**.
trova ['trɔva] *f* **-1.** [cantiga] folksong. **-2.** [poesia] ballad.
trovão [tro'vãw] (*pl* **-ões**) *m* thunder.
trovejar [trove'ʒa(x)] *vi* METEOR to thunder.
trovoada [tro'vwada] *f* thunderstorm.
trucidar [trusi'da(x)] *vt* to slaughter, to massacre.
truculência [truku'lẽnsja] *f* horror.
truculento, ta [truku'lẽntu, ta] *adj* gruesome.
trufa ['trufa] *f* truffle.
truncar [trũŋ'ka(x)] *vt* **-1.** [texto] to shorten. **-2.** [discurso] to cut off.
trunfo ['trũnfu] *m* trump card.
truque ['truki] *m* trick.
truste ['truʃtʃi] *m* **-1.** [organização financeira] trust. **-2.** [grupo de empresas] corporation.
truta ['truta] *f* trout.
TSE [te 'ɛsi ɛ] (*abrev de* **Tribunal Superior Eleitoral**) *m Brazilian higher electoral tribunal*.
TST [te 'ɛsi te] (*abrev de* **Tribunal Superior do Trabalho**) *m Brazilian higher employment tribunal*.
tu ['tu] *pron pess* you.
tua ['tua] *f* ▷ **teu**.
tuba ['tuba] *f* MÚS tuba.
tubarão [tuba'rãw] (*pl* **-ões**) *m* shark.
tuberculose [tubexku'lɔzi] *f* tuberculosis, TB.
tubo ['tubu] *m* **-1.** [ger] tube; ~ **de ensaio** test tube. **-2.** [canal] pipe.
tubulação [tubula'sãw] *f* **-1.** [conjunto de tubos] pipework. **-2.** [colocação de tubos] plumbing.
TUCA (*abrev de* **Teatro da Universidade Católica**) *m theatre of the Catholic university in São Paulo*.
tucano [tu'kãnu] *m* **-1.** ZOOL toucan. **-2.** POL *member of Brazilian Social Democratic Party*.
tudo ['tudu] *pron indef* **-1.** [todas as coisas, a totalidade] everything; ~ **quanto é tipo de gente** all kinds of people. **-2.** [a coisa fundamental]: **ser ~** to be everything.
◆ **acima de tudo** *loc adv* above all.
◆ **apesar de tudo** *loc prep* despite everything.

◆ **depois de tudo** *loc adv* after all.

tufão [tu'fãw] (*pl* **-ões**) *m* typhoon.

tulipa [tu'lipa] *f* **-1.** *BOT* tulip. **-2.** [chope servido em copo alto] *tall glass of draught beer*.

tumba ['tũnba] *f* [sepultura] tomb.

tumor [tu'mo(x)] (*pl* **-es**) *m* tumour *UK*, tumor *US*.

túmulo ['tumulu] *m* **-1.** [monumento] tomb. **-2.** [cova] grave.

tumulto [tu'muwtu] *m* **-1.** [grande movimento] commotion. **-2.** [confusão, balbúrdia] hubbub. **-3.** [motim] riot.

tumultuado, da [tumuw'twadu, da] *adj* **-1.** [vida] turbulent. **-2.** [rua] noisy.

tumultuar [tumuw'twa(x)] ◇ *vt* [desordenar, agitar] to disrupt. ◇ *vi* **-1.** [fazer barulho] to make a noise. **-2.** [amotinar-se] to rise up.

túnel ['tunɛw] (*pl* **-eis**) *m* tunnel.

túnica ['tunika] *f* [vestimenta] tunic.

Túnis ['tuniʃ] *n* Tunis.

Tunísia [tu'nizja] *f* Tunisia.

tupi [tu'pi] ◇ *adj* Tupi. ◇ *mf* Tupi Indian. ◇ *m* [língua] Tupi.

tupiniquim [tupini'kĩ] ◇ *adj* **-1.** [relativo aos tupiniquins] Brazilian Indian. **-2.** *pej* [brasileiro] Brazilian. ◇ *mf* Brazilian Indian.

turbante [tux'bãntʃi] *m* turban.

turbilhão [tuxbi'ʎãw] (*pl* **-ões**) *m* **-1.** [de água] whirlpool. **-2.** [de ar] whirlwind. **-3.** *fig* [agitação] whirl.

turbina [tux'bina] *f* turbine.

turbinado, da [tuxbina'du, da] *adj fam* [motor, processador] turbocharged.

turbulência [tuxbu'lẽnsia] *f* **-1.** *METEOR* turbulence. **-2.** [desordem, inquietação] unrest.

turbulento, ta [tuxbu'lẽntu, ta] *adj* **-1.** *METEOR* stormy. **-2.** [tumultuoso] turbulent. **-3.** [que cria desordem] disorderly.

turco, ca ['tuxku, ka] ◇ *adj* Turkish. ◇ *m, f* Turk.

◆ **turco** *m* [língua] Turkish.

turfe ['tuxfi] *m ESP* horse-racing.

turismo [tu'riʒmu] *m* tourism.

turista [tu'riʃta] *mf* [quem faz turismo] tourist.

turístico, ca [tu'riʃtʃiku, ka] *adj* tourist *(antes de subst)*.

turma ['tuxma] *f* **-1.** [grupo] group. **-2.** [grupo de trabalhadores] shift. **-3.** *EDUC* class. **-4.** *fam* [grupo de amigos] gang.

turnê [tux'ne] *f* tour.

turno ['tuxnu] *m* **-1.** [turma] group. **-2.** [horário - de trabalho] shift; [- de escola] class; ~ **da noite** night shift; ~ **da manhã** morning shift. **-3.** *ESP* round. **-4.** [de eleição] round. **-5.** [vez] turn.

turquesa [tux'keza] ◇ *adj inv* turquoise. ◇ *m* [cor] turquoise. ◇ *f* [pedra] turquoise.

Turquia [tux'kia] *n* Turkey.

turrão, ona [tu'xãw, ɔna] *adj fam* [teimoso, pertinaz] stubborn.

turvo, va ['tuxvu, va] *adj* cloudy.

tusso ['tusu] *v* ▷ **tossir**.

tutano [tu'tãnu] *m ANAT* marrow.

tutela [tu'tɛla] *f* **-1.** *JUR* guardianship. **-2.** [proteção] protection. **-3.** [supervisão] supervision.

tutor, ra [tu'to(x), ra] (*mpl* **-es**, *fpl* **-s**) *m, f* guardian.

tutu [tu'tu] *m* **-1.** *CULIN* *Brazilian dish consisting of beans, bacon and cassava flour*. **-2.** *fam* [dinheiro] cash.

TV [te' ve] (*abrev de* **televisão**) *f* TV.

u, U *m* [letra] u, U.

uai ['waj] *interj* **-1.** [espanto, surpresa, terror] oh! **-2.** [reforço, confirmação] yeah!

úbere ['uberi] ◇ *adj* [solo] fertile. ◇ *m* [mama] udder.

Ubes (*abrev de* **União Brasileira dos Estudantes Secundaristas**) *f Brazilian union of secondary students*.

ué ['wɛ] *interj* **-1.** [exprimindo surpresa] what? **-2.** [exprimindo ironia] hey!

UE (*abrev de* **União Européia**) *f* EU.

UEM (*abrev de* **União Econômica e Monetária**) *f* EMU.

UERJ (*abrev de* **Universidade Estadual do Rio de Janeiro**) *f state university of Rio de Janeiro*.

UF (*abrev de* **Unidade Federativa**) *f state*.

ufa ['ufa] *interj* phew!

ufanar-se [ufa'naxsi] *vp*: ~ **de** to take inordinate pride in.

ufanismo [ufa'niʒmu] *m* **-1.** [por feitos pessoais] vainglory. **-2.** [pela pátria] national pride.

UFBA (*abrev de* **Universidade Federal da Bahia**) *f federal university of Bahia*.

UFMG (*abrev de* **Universidade Federal de Minas Gerais**) *f federal university of Minas Gerais*.

UFRGS (*abrev de* **Universidade Federal do Rio Grande do Sul**) *f federal university of Rio Grande do Sul*.

UFRJ (*abrev de* **Universidade Federal do Rio de Janeiro**) *f federal university of Rio de Janeiro*.

Uganda [u'gãnda] *n* Uganda.

UHF (*abrev de* **Ultra High Frequency**) *f* UHF.

ui ['uj] *interj* **-1.** [exprimindo dor] ouch! **-2.** [exprimindo surpresa] hey!
uísque ['wiʃki] *m* whisky.
uivada [uj'vada] *f* howl.
uivante [uj'vãntʃi] *adj* howling.
uivar [uj'va(x)] *vi* [ger] to howl; **~ (de)** to howl (with).
uivo ['ujvu] *m* howl.
UK (*abrev de* **United Kingdom**) *m* UK.
úlcera ['uwsera] *f* ulcer.
ulterior [uwte'rjo(x)] *adj* [que ocorre depois] subsequent.
última ['uwtʃima] *f* ▷ **último.**
ultimamente [ˌuwtʃima'mẽntʃi] *adv* lately.
últimas ['uwtʃimaʃ] *fpl* ▷ **último**.
ultimato [uwtʃi'matu], **ultimátum** [uwtʃi'matũ] *m* ultimatum.
último, ma ['uwtʃimu, ma] ◇ *adj* **-1.** [ger] last; **por ~** [em último lugar] last; [finalmente] lastly. **-2.** [mais recente] latest. **-3.** [o pior] worst. **-4.** [gravíssimo] final. **-5.** [máximo] ultimate. ◇ *m, f* [em fila, competição] last.
◆ **última** *f* **-1.** [novidade] latest. **-2.** [asneira] latest blunder.
ultrajar [uwtra'ʒa(x)] *vt* to outrage.
ultraje [uw'traʒi] *m* outrage.
ultraleve [ˌuwtra'lɛvi] *m* microlight.
ultramar [ˌuwtra'ma(x)] *m* overseas.
ultramarino, na [ˌuwtrama'rinu, na] *adj* overseas *(antes de subst)*.
ultrapassado, da [ˌuwtrapa'sadu, da] *adj* out-of-date.
ultrapassagem [ˌuwtrapa'saʒẽ] (*pl* **-ns**) *f* overtaking *UK*, passing *US*.
ultrapassar [ˌuwtrapa'sa(x)] ◇ *vt* **-1.** [passar à frente de] to overtake *UK*, to pass *US*. **-2.** [transpor] to cross. **-3.** [em qualidade]: **~ alguém (em algo)** to surpass sb (in sthg). **-4.** [exceder] to exceed. ◇ *vi* [passar à frente] to overtake *UK*, to pass *US*.
ultra-som [ˌuwtra'sõ] (*pl* **-s**) *m* ultrasound.
ultravioleta [ˌuwtravjo'leta] *adj* ultraviolet.
um, uma [ũ, 'uma] (*mpl* **uns**, *fpl* **umas**) ◇ *artigo indefinido* a, an *(antes de vogal ou h mudo)*; **~ homem** a man; **uma casa** a house; **uma mulher** a woman; **uma hora** an hour; **uma maçã** an apple. ◇ *adj* **-1.** [exprime quantidade, data indefinida] one, some *pl*; **comprei uns livros** I bought some books; **~ dia voltarei** I'll be back one day; **estou saindo umas semanas de férias** I'm going on holidays for a few weeks. **-2.** [para indicar quantidades] one; **trinta e ~ dias** thirty-one days; **~ litro/metro/quilo** one litre/metre/kilo. **-3.** [aproximadamente] about, around; **esperei uns dez minutos** I waited for about ten minutes; **estavam lá umas cinqüenta pessoas** there were about fifty people there. **-4.** [para enfatizar]: **está ~ frio/calor** it's so cold/hot; **estou com uma sede** I'm so thirsty; **foi ~ daqueles dias!** it's been one of those days! ◇ *pron* [indefinido] one, some *pl*; **me dê ~** give me one; **pede mais uma** ask for another one; **~ deles** one of them; **~ a ~, ~ por ~** one by one; **uns e outros** some/other people. ◇ *num* one ▷ *veja também* **seis.**

> Enquanto em português geralmente omite-se o 'um/a' antes dos nome de profissões, em inglês emprega-se sempre o artigo indefinido - *a/an* (*he's an engineer* ele é engenheiro; *she's a lawyer* ela é advogada).

umbanda [ũn'bãnda] *f* [espirit] *Afro-Brazilian cult.*
umbigo [ũn'bigu] *m* navel.
umbilical [ũnbili'kaw] (*pl* **-ais**) *adj* ▷ **cordão.**
umbral [ũn'braw] (*pl* **-ais**) *m* **-1.** [de porta] doorway. **-2.** [limiar] threshold.
umedecer [umide'se(x)] *vt* to dampen.
◆ **umedecer-se** *vp* to mist over.
umedecido, da [umide'sidu, da] *adj* damp.
umidade [umi'dadʒi] *f* **-1.** [de clima, ar] humidity. **-2.** [de parede, terra] damp.
úmido, da ['umidu, da] *adj* damp.
UN (*abrev de* **United Nations**) *f* UN.
UnB (*abrev de* **Universidade de Brasília**) *f university of Brasilia.*
unânime [u'nãnimi] *adj* unanimous.
unanimidade [unãnimi'dadʒi] *f* unanimity.
UNE (*abrev de* **União Nacional dos Estudantes**) *f Brazilian national union of students,* ≃ NUS *UK*.
UNESCO (*abrev de* **United Nations Educational, Scientific and Cultural Organization**) *f* UNESCO.
ungir [ũn'ʒi(x)] *vt RELIG* to anoint.
ungüento [ũn'gwẽntu] *m* ointment.
unha ['uɲa] *f* nail; **fazer as ~s** [com manicure] to do one's nails; **~ encravada** ingrowing nail.
unhada [u'ɲada] *f* scratch.
unha-de-fome [ˌuɲadʒi'fɔmi] (*pl* **unhas-de-fome**) ◇ *adj* miserly. ◇ *mf* miser.
unhar [u'ɲa(x)] *vt* to scratch.
união [u'njãw] (*pl* **-ões**) *f* **-1.** [ger] union. **-2.** [junção] joining.
◆ **União** *f* **-1.** [o governo federal]: **a União** the Union. **-2.** [confederação]: **a União Européia** the European Union.
Unicamp (*abrev de* **Universidade Estadual de Campinas**) *f university of Campinas.*
UNICEF (*abrev de* **United Nations International Children's Emergency Fund**) *m* UNICEF.
único, ca ['uniku, ka] *adj* **-1.** [ger] unique. **-2.** [só] single; **ser filho ~** to be an only child.
unidade [uni'dadʒi] *f* **-1.** [ger] unit; **~ de CD-ROM** CD-ROM drive; **~ de disco** disc drive. **-2.** [uniformidade, união, coesão] unity.

unido, da [u'nidu, da] *adj* **-1.** [ligado] joined. **-2.** *fig* [pessoas] united.

UNIFESP (*abrev de* **Universidade Federal de São Paulo**) *f federal university of São Paulo.*

unificar [unifi'ka(x)] *vt* **-1.** [unir] to unite. **-2.** [uniformizar] to unify.

uniforme [uni'fɔxmi] ◇ *adj* **-1.** [que só tem uma forma, semelhante] uniform. **-2.** [que não varia] regular. ◇ *m* [roupa] uniform; **de ~** in uniform.

uniformizado, da [unifoxmi'zadu, da] *adj* **-1.** [de uniforme] uniformed. **-2.** [uniforme] uniform.

uniformizar [unifoxmi'za(x)] *vt* **-1.** [unificar] to standardize. **-2.** [pessoa] to put into uniform.
◆ **uniformizar-se** *vp* [vestir uniforme] to wear one's uniform.

unir [u'ni(x)] *vt* **-1.** [ger] to unite. **-2.** [juntar] [comunicar cidades] to join (together). **-3.** [combinar] to combine; **~ o útil ao agradável** to mix business with pleasure.
◆ **unir-se** *vp* **-1.** [juntar-se] to unite; **~-se a algo/alguém** to join sthg/sb. **-2.** [afetivamente] to be united. **-3.** [conciliar-se] to be reconciled.

uníssono, na [u'nisonu, na] *adj* unison; **em ~** in unison.

unitário, ria [uni'tarju, rja] *adj* **-1.** [preço] unit *(antes de subst)*. **-2.** POL unitary.

universal [univex'saw] (*pl* **-ais**) *adj* universal.

universidade [univexsi'dadʒi] *f* **-1.** [ger] university. **-2.** [pessoal] faculty.

universitário, ria [univexsi'tarju, rja] ◇ *adj* university *(antes de subst)*. ◇ *m, f* **-1.** [professor] faculty member, university lecturer. **-2.** [aluno] university student.

universo [uni'vɛxsu] *m* **-1.** ASTRON universe. **-2.** *fig* [mundo] world.

uno, una ['unu, 'una] *adj* single.

uns [ũnʃ] ▷ **um.**

untar [ũn'ta(x)] *vt*: **~ algo (com)** [forma] to grease sthg (with); [corpo] to oil sthg (with).

update ['apdejtji] *m* COMPUT update.

upgrade ['apgrejdji] *m* COMPUT: **fazer um ~** to upgrade.

upload ['aplodji] *m* COMPUT: **fazer um ~** to upload.

urânio [u'rãnju] *m* uranium.

Urano [u'rãnu] *n* Uranus.

urbanismo [uxba'niʒmu] *m* town planning.

urbanista [uxba'niʃta] *mf* town planner.

urbanização [uxbaniza'sãw] *f* urbanization.

urbanizar [uxbani'za(x)] *vt* **-1.** [área] to urbanize. **-2.** [pessoa] to refine.

urbano, na [ux'bãnu, na] *adj* **-1.** [da cidade] urban. **-2.** [pessoa - com hábitos citadinos] urban; [- cortês] urbane.

urdidura [uxdʒi'dura] *f* **-1.** [conjunto de fios] warp. **-2.** [enredo] plot.

urdu [ux'du] *m* [língua] Urdu.

urgência [ux'ʒẽnsja] *f* urgency; **com ~** urgently.

urgente [ux'ʒẽntʃi] *adj* urgent.

úrico, ca ['uriku, ka] *adj* [ácido] uric.

urina [u'rina] *f* urine.

urinar [uri'na(x)] ◇ *vt* **-1.** [sangue] to pass. **-2.** [cama] to wet. ◇ *vi* [expelir urina] to urinate.
◆ **urinar-se** *vp* [com urina] to wet o.s.

urinol [uri'nɔw] (*pl* **-óis**) *m* chamber pot.

URL (*abrev de* **Universal Resources Locator**) *f* URL.

urna ['uxna] *f* [caixa] urn; **~ eleitoral** ballot box; **~ eletrônica** computerized vote.

urrar [u'xa(x)] ◇ *vt* [gritar] to scream. ◇ *vi* **-1.** [animal] to roar. **-2.** [gritar]: **~ de dor** to scream with pain.

urro ['uxu] *m* **-1.** [de animal] roar. **-2.** [grito] scream.

urso, sa ['uxsu, sa] *m, f* bear.
◆ **Ursa** *f*: **Ursa Maior/Menor** Ursa Major/ Minor.

urso-branco [,uxsu'brãŋku] *m* polar bear.

urso-polar [,uxsu'pola(x)] (*pl* **ursos-polares**) *m* polar bear.

urtiga [ux'tʃiga] *f* nettle.

urubu [uru'bu] *m* black vulture.

urubuzar [urubu'za(x)] *vt* *fam* [com o olhar] to watch like a hawk.

Uruguai [uru'gwaj] *n*: **(o) ~** Uruguay.

uruguaio, ia [uru'gwaju, ja] ◇ *adj* Uruguayan. ◇ *m, f* Uruguayan.

usado, da [u'zadu, da] *adj* **-1.** [utilizado] used; **muito/pouco ~** much/little used. **-2.** [comum] usual. **-3.** [na moda] fashionable. **-4.** [gasto] worn out.

usar [u'za(x)] ◇ *vt* **-1.** [ger] to use. **-2.** [gastar] to wear out. **-3.** [vestir, ter] to wear. **-4.** [costumar]: **~ fazer algo** to be in the habit of doing sthg. ◇ *vi* [servir-se de]: **~ de algo** to use sthg.

username [uzex'nejmi] (*pl* **usernames**) *m* COMPUT username.

usina [u'zina] *f* **-1.** [industrial] factory; **~ de aço** steelworks *(pl)*. **-2.** [agrícola]: **~ de açúcar** sugar mill. **-3.** [de energia elétrica]: **~ hidrelétrica** hydroelectric power station; **~ termonuclear** nuclear power station.

uso ['uzu] *m* **-1.** [ger] use; **objetos de ~ pessoal** personal belongings; **fazer ~ de** to make use of; **para ~ externo/interno** FARM for external/ internal use. **-2.** [vestir] wearing. **-3.** [costume] common practice. **-4.** [desgaste] wear. **-5.** LING usage.

USP (*abrev de* **Universidade de São Paulo**) *f university of São Paulo.*

usual [u'zwaw] (*pl* **-ais**) *adj* usual.

usuário, ria [u'zwarju, rja] *m, f* user.

úteis [ˈutejʃ] *pl* ⊳ **útil**.
utensílio [utẽnˈsilju] *m* **-1.** [instrumento] tool. **-2.** [de cozinha, doméstico] utensil.
útero [ˈuteru] *m* uterus, womb.
UTI (*abrev de* **Unidade de Terapia Intensiva**) *f* ICU.
útil [ˈutʃiw] (*pl* **-eis**) *adj* **-1.** [ger] useful. **-2.** [reservado ao trabalho]: **dia ~** working day.
utilidade [utʃiliˈdadʒi] *f* **-1.** [ger] usefulness. **-2.** [utensílio]: **~s domésticas** domestic appliances.
utilitário, ria [utʃiliˈtarju, rja] *adj* **-1.** [objetivo, peça *etc.*] practical. **-2.** AUTO & COMPUT utility.
utilização [utʃilizaˈsãw] (*pl* **-ões**) *f* use.
utilizar [utʃiliˈza(x)] *vt* to use.
◆ **utilizar-se** *vp*: **~-se de** to make use of.
utopia [utoˈpia] *f* Utopia.
utópico, ca [uˈtɔpiku, ka] *adj* Utopian.
UV (*abrev de* **Ultravioleta**) *m* UV.
uva [ˈuva] *f* **-1.** [fruta] grape. **-2.** *fam* [pessoa, coisa]: **uma ~** a delight.

v, V *m* [letra] v, V.
vã [vã] *f* ⊳ **vão**.
vaca [ˈvaka] *f* **-1.** ZOOL cow; **carne de ~** beef; **~ leiteira** dairy cow; **a ~ foi para o brejo** it went out the window. **-2.** *fam pej* [pessoa] lump. **-3.** *loc*: **no tempo das ~s gordas** in times of plenty; **no tempo das ~s magras** during lean times.
vacante [vaˈkãntʃi] *adj* vacant.
vacilante [vasiˈlãntʃi] *adj* **-1.** [hesitante] hesitant. **-2.** [pouco firme] wobbly. **-3.** [luz] flickering.
vacilar [vasiˈla(x)] *vi* **-1.** [hesitar] to hesitate; **~ em algo/em fazer algo** to hesitate in sthg/in doing sthg. **-2.** [oscilar] to sway. **-3.** [cambalear] to totter. **-4.** [luz] to flicker.
vacilo [vaˈsilu] *m fam* **-1.** [hesitação] havering, shilly-shallying. **-2.** [erro, falha] howler, blunder.
vacina [vaˈsina] *f* vaccine.
vacinação [vasinaˈsãw] (*pl* **-ões**) *f* vaccination.
vacinar [vasiˈna(x)] *vt* MED: **~ alguém (contra)** to vaccinate sb (against).
◆ **vacinar-se** *vp* MED: **~-se (contra)** to be vaccinated (against).
vácuo [ˈvakwu] *m* **-1.** FÍSICA vacuum. **-2.** METEOR low. **-3.** [espaço] space. **-4.** *fig* [vazio] void.
vadiar [vaˈdʒja(x)] *vi* **-1.** [viver na ociosidade] to lounge about. **-2.** [suj: aluno, professional] to skive. **-3.** [perambular] to roam.
vadio, dia [vaˈdʒiu, ʒia] *adj* **-1.** [ocioso] idle. **-2.** [aluno, professional] skiving. **-3.** [vagabundo] vagrant.
vaga [ˈvaga] *f* ⊳ **vago**.
vagabundo, da [vagaˈbũndu, da] ◇ *adj* **-1.** [errante] vagabond. **-2.** [vadio] idle. **-3.** [safado] shameless. **-4.** [mulher] easy. **-5.** [produto] shoddy. ◇ *m, f* **-1.** [pessoa errante] tramp. **-2.** [vadio] idler. **-3.** [safado] rogue.
vaga-lume [ˌvagaˈlumi] (*pl* **vaga-lumes**) *m* **-1.** ZOOL glow-worm. **-2.** [cine] usher.
vagão [vaˈgãw] (*pl* **-ões**) *m* **-1.** [de passageiros] carriage. **-2.** [de carga] wagon.
vagão-leito [vaˌgãwˈlejtu] (*pl* **vagões-leito**) *m* sleeping car.
vagão-restaurante [vaˌgãwxeʃtawˈrãntʃi] (*pl* **vagões-restaurante**) *m* buffet car.
vagar [vaˈga(x)] ◇ *vi* **-1.** [ficar desocupado] to be vacant. **-2.** [vaguear] to drift. ◇ *m* [lentidão] slowness; **com mais ~** at greater leisure.
vagaroso, osa [vagaˈrozu, ɔza] *adj* slow.
vagem [ˈvaʒẽ] (*pl* **-ns**) *f* green bean.
vagina [vaˈʒina] *f* vagina.
vago, ga [ˈvagu, ga] *adj* **-1.** [impreciso] vague. **-2.** [desocupado] vacant. **-3.** [desabitado] empty.
◆ **vaga** *f* **-1.** [em hotel] vacancy. **-2.** [em empresa *etc.*] vacancy. **-3.** [para carro] space. **-4.** [onda] wave.
vagões [vaˈgõjʃ] *pl* ⊳ **vagão**.
vaguear [vaˈgja(x)] *vi* **-1.** [perambular] to drift. **-2.** [passear] to ramble.
vaia [ˈvaja] *f* boo.
vaiar [vaˈja(x)] *vt* & *vi* to boo.
vaidade [vajˈdadʒi] *f* **-1.** [orgulho] vanity. **-2.** [futilidade] futility.
vaidoso, osa [vajˈdozu, ɔza] *adj* vain; **ser ~ de alguém/algo** to be proud of sb/sthg.
vaivém [vajˈvẽj] (*pl* **-ns**) *m* **-1.** [de pessoas] to-and-fro. **-2.** [de pêndulo] swinging. **-3.** [de barco] rocking.
vala [ˈvala] *f* [escavação] ditch.
vale [ˈvali] *m* **-1.** GEOGR valley. **-2.** [documento] receipt. **-3.** [postal] **~ postal** postal order.
valente [vaˈlẽntʃi] *adj* brave.
valentia [valẽnˈtʃia] *f* **-1.** [coragem] courage. **-2.** [ação] feat.
valer [vaˈle(x)] ◇ *vt* **-1.** [ger] to be worth; **~ a pena** to be worthwhile. **-2.** [acarretar]: **~ algo a alguém** to bring sb sthg. ◇ *vi* **-1.** [ger] to be worth; **valeu!** *fam* cheers! **-2.** [equivaler]: **~ por** to be worth the same as; **ou coisa que o valha** or something similar. **-3.** [ser válido] to be valid; [em jogos] to be fair; **fazer ~ os direitos** to assert one's rights. **-4.** [vigorar] to be in force.

◆ **para valer** *loc adv* [muito]: **me diverti para ~** I had a really good time.

◆ **valer-se** *vp* [servir-se]: **~-se de** to make use of.

valete [vaˈlɛtʃi] *m* [carta] jack.

vale-transporte [ˌvalitrãnʃˈpɔxtʃi] (*pl* **vales-transporte**) *m* travel voucher.

valia [vaˈlia] *f* value.

validade [valiˈdadʒi] *f* validity; **prazo de ~** [em comida] expiry date.

validar [valiˈda(x)] *vt* to validate.

válido, da [ˈvalidu, da] *adj* valid.

valioso, osa [vaˈljozu, ɔza] *adj* valuable.

valise [vaˈlizi] *f* case.

valor [vaˈlo(x)] (*pl* **-es**) *m* value; **no ~ de** to the value of; **dar ~ a algo/alguém** to value sthg/sb.

◆ **valores** *mpl* **-1.** [princípios] values. **-2.** *BOLSA* securities.

valorizar [valoriˈza(x)] *vt* **-1.** [imóvel, moeda] to push up the value of. **-2.** [pessoa, trabalho] to appreciate.

◆ **valorizar-se** *vp* to appreciate.

valsa [ˈvawsa] *f* waltz.

válvula [ˈvawvula] *f* valve; **~ de escape** *fig* safety valve; **~ de segurança** safety valve.

vampiro [vãmˈpiru] *m* **-1.** [personagem] vampire. **-2.** *ZOOL* vampire bat.

vandalismo [vãndaˈliʒmu] *m* vandalism.

vândalo, la [ˈvãndalu, la] *m, f* vandal.

vangloriar-se [vãŋgloˈrjaxsi] *vp*: **~-se (de)** to boast (about).

vanguarda [vãŋˈgwaxda] *f* **-1.** *MIL* front line. **-2.** [cultural] avant-garde.

vantagem [vãnˈtaʒẽ] (*pl* **-ns**) *f* **-1.** [ger] advantage; **tirar ~ de** to take advantage from. **-2.** [superioridade]: **~ (sobre)** advantage (over); **levar ~ (sobre)** to have an advantage (over).

vantajoso, osa [vãntaˈʒozu, ɔza] *adj* **-1.** [benéfico] advantageous. **-2.** [lucrativo] profitable.

vão, vã [ˈvãw, ˈvã] *adj* **-1.** [frívolo] empty. **-2.** [inútil] vain; **em ~** in vain. **-3.** [irreal] futile.

◆ **vão** *m* **-1.** [espaço] space. **-2.** [de porta *etc.*] opening.

vapor [vaˈpo(x)] (*pl* **-es**) *m* **-1.** [de água] steam; **a ~** [máquina, ferro] steam (*antes de subst*). **-2.** *FÍSICA* vapour *UK*, vapor *US*.

vaporizador [vaporizaˈdo(x)] (*pl* **-es**) *m* **-1.** [de perfume *etc.*] spray. **-2.** *MED* vaporizer.

vaporoso, osa [vapoˈrozu, ɔza] *adj* **-1.** [tecido, cortina] see-through, diaphanous. **-2.** [com vapor] steamy.

vapt-vupt [ˌvaptʃiˈvuptʃi] ◇ *interj* zap! ◇ *m* [lençol] fitted sheet.

vaqueiro [vaˈkejru] *m* cowherd *UK*, cowboy *US*.

vaquinha [vaˈkiɲa] *f*: **fazer uma ~** to have a whip-round.

vara [ˈvara] *f* **-1.** [pau] stick. **-2.** [para salto] pole. **-3.** *TEC* rod. **-4.** [de trombone] slide. **-5.** *JUR* jurisdiction. **-6.** [de porcos] herd.

varal [vaˈraw] (*pl* **-ais**) *m* [de roupas] clothes line.

varanda [vaˈrãnda] *f* **-1.** [sacada] verandah. **-2.** [balcão] balcony.

varar [vaˈra(x)] ◇ *vt* **-1.** [furar] to pierce. **-2.** [passar por] to cross. ◇ *vi*: **~ por** [passar por] to pass through; [atravessar] to go through.

varejeira [vareˈʒejra] *f* [mosca] bluebottle.

varejista [vareˈʒiʃta] ◇ *adj* retail (*antes de subst*). ◇ *mf* [vendedor] retailer.

varejo [vaˈreʒu] *m COM* retail trade; **a loja vende a ~** the shop sells retail.

variação [varjaˈsãw] (*pl* **-ões**) *f* [alteração] change, variation; **~ cambial** *ECON* exchange rate fluctuation.

variado, da [vaˈrjadu, da] *adj* **-1.** [diverso] varied. **-2.** [sortido] assorted.

variar [vaˈrja(x)] ◇ *vt* [diversificar] to vary. ◇ *vi* **-1.** [ger] to vary. **-2.** [diversificar] to make changes; **para ~** [para diversificar] for a change; *irôn* and just for a change. **-3.** *fam* [delirar] to unhinge.

variável [vaˈrjavew] (*pl* **-eis**) ◇ *adj* changeable, variable. ◇ *f MAT* variable.

varicela [variˈsɛla] *f* chickenpox.

variedade [varjeˈdadʒi] *f* **-1.** [diversidade] variety. **-2.** [tipo] type.

◆ **variedades** *fpl* variety (*sg*); **espetáculo/teatro de ~s** variety show *OU* theatre *UK OU* theater *US*.

varinha [vaˈriɲa] *f* stick; **~ de condão** magic wand.

vário, ria [ˈvarju, rja] *adj* [variado] diverse.

◆ **vários** ◇ *adj pl* several. ◇ *pron pl* several.

varíola [vaˈriwla] *f* smallpox.

varizes [vaˈriziʃ] *fpl* varicose veins.

varredura [vaxeˈdura] *f* **-1.** [ato] sweep. **-2.** *COMPUT* scan.

varrer [vaˈxe(x)] *vt* **-1.** [com vassoura] to sweep. **-2.** [arrastar] to sweep away. **-3.** *fig* [devastar] to raze.

Varsóvia [vaxˈsɔvja] *n* Warsaw.

várzea [ˈvaxzja] *f* [vale] low, flat valley.

vasculhar [vaʃkuˈʎa(x)] *vt* **-1.** [pesquisar] to research. **-2.** [revirar] to rummage through.

vasectomia [vazektoˈmia] *f* vasectomy.

vaselina [vazeˈlina] *f* [substância] vaseline.

vasilha [vaˈziʎa] *f* vessel.

vaso [ˈvazu] *m* **-1.** [para plantas] pot. **-2.** [privada] toilet; **~ sanitário** toilet bowl.

vassalo, la [vaˈsalu, la] *m, f* vassal.

vassoura [vaˈsora] *f* broom.

vasto, ta [ˈvaʃtu, ta] *adj* **-1.** [extenso] vast. **-2.** *fig* [considerável] wide.

vatapá [vataˈpa] *m CULIN* *a very spicy Bahian dish made with fish, coconut milk, prawns,*

peanuts and cashew nuts, vatapá.
vaticano, na [vatʃi'kãnu, na] *adj* Vatican *(antes de subst)*.
vaticínio [vatʃi'sinju] *m* prophecy.
vau [vaw] *m* **-1.** [de rio] ford. **-2.** *NÁUT* beam.
vazamento [vaza'mẽntu] *m* leakage.
vazão [va'zaw] (*pl* **-ões**) *f* **-1.** [vazamento] leak. **-2.** [escoamento] flow. **-3.** *COM* [venda] sale. **-4.** *loc*: **dar ~ a** [liberar] to give vent to; [atender a] to deal with; [solucionar] to sort out; *COM* to clear.
vazar [va'za(x)] ◇ *vi* **-1.** [ger] to leak. **-2.** [maré] to go out. **-3.** *fig* [informação] to leak out. ◇ *vt* **-1.** [esvaziar] to empty. **-2.** [olhos] to gouge out. **-3.** *fig* [moldar] to model.
vazio, zia [va'ziu, zia] *adj* **-1.** [ger] empty. **-2.** [com pouca gente] deserted.
◆ **vazio** *m* **-1.** [vácuo] vacuum. **-2.** [lacuna] blank space. **-3.** *fig* [sentimento] void.
vazões [va'zõjʃ] *pl* ▷ **vazão.**
veado ['vjadu] *m* **-1.** [animal] deer; **carne de ~** venison. **-2.** *vulg pej* [homossexual] poof(ter) *UK*, fag(got) *US*.
vedado, da [ve'dadu, da] *adj* **-1.** [proibido, impedido] barred; **~ a** prohibited to. **-2.** [hermeticamente fechado] sealed.
vedar [ve'da(x)] *vt* **-1.** [proibir, impedir] to prohibit, to bar. **-2.** [sangue]: **vedou o sangramento com um lenço** he stopped the flow of blood with a handkerchief. **-3.** [hermeticamente] to seal.
vedete [ve'dɛtʃi] *f* **-1.** [de teatro] star. **-2.** *fam fig* [destaque] star.
veemente [veje'mẽntʃi] *adj* vehement.
vegetação [veʒeta'sãw] (*pl* **-ões**) *f* vegetation.
vegetal [veʒe'taw] (*pl* **-ais**) ◇ *adj* plant *(antes de subst)*. ◇ *m* plant.
vegetar [veʒe'ta(x)] *vi* **-1.** [planta] to grow. **-2.** *fig* [pessoa] to vegetate.
vegetariano, na [veʒeta'rjãnu, na] ◇ *adj* vegetarian. ◇ *m, f* vegetarian.
veia ['veja] *f* **-1.** [ger] vein. **-2.** *fig* [tendência] streak.
veiculação [vejkula'sãw] (*pl* **-ões**) *f* **-1.** [de mercadorias, visitantes] transport *UK*, transportation *US*. **-2.** [de doença] transmission. **-3.** [de idéias, mensagens, doutrinas] spreading.
veicular [vejku'la(x)] *vt* **-1.** [publicar, divulgar] to spread. **-2.** [anúncios] to distribute.
veículo [ve'ikulu] *m* **-1.** [de locomoção] vehicle. **-2.** [de informação] means *(sg)*.
veio ['veju] *m* **-1.** [de rocha] vein. **-2.** [de madeira] grain. **-3.** [em mina] seam.
vela ['vɛla] *f* **-1.** [de cera] candle. **-2.** *NÁUT* sail; **à ~** sailing; **fazer-se à** *OU* **de vela** to set sail. **-3.** [embarcação] yacht.
velame [velã'mi] *m NÁUT* sails *(pl)*.
velar [ve'la(x)] ◇ *adj LING* velar. ◇ *f LING* velar. ◇ *vt* **-1.** [cobrir]: **~ algo (com algo)** to cover sthg (with sthg). **-2.** [ocultar] to hide. **-3.** [dissimular] to disguise. **-4.** [doente, sono] to watch over. **-5.** [defunto] to keep vigil for, to hold a wake for. ◇ *vi* **-1.** [cuidar]: **~ por algo/alguém** to watch over sthg/sb. **-2.** *FOT* [filme] to be damaged by exposure to light.
veleiro [ve'lejru] *m NÁUT* sailing boat.
velejar [vele'ʒa(x)] *vi* to sail.
velhice [vɛ'ʎisi] *f* old age.
velho, lha ['vɛʎu, ʎa] ◇ *adj* old; **nos ~s tempos** in the old days. ◇ *m, f* **-1.** [pessoa] old person. **-2.** *fam* [pai] old man; **os ~s** [pai e mãe] one's folks. **-3.** *fam* [amigo]: **meu ~** old chap.
velocidade [velosi'dadʒi] *f* [ger] speed; **em alta ~** at high speed.
velocímetro [velo'simetru] *m* speedometer.
velocípede [velo'sipedʒi] *m* velocipede.
velocíssimo, ma [velɔ'sisimu, ma] *adj superl* ▷ **veloz.**
velódromo [ve'lɔdrumu] *m* cycle track.
velório [ve'lɔrju] *m* wake.
veloz [ve'lɔʃ] (*pl* **-es**) *adj* **-1.** [ger] fast. **-2.** [movimento] quick.
veludo [ve'ludu] *m* [tecido] velvet; **~ cotelê** corduroy.
vencedor, ra [vẽnse'do(x), ra] (*pl* **-es**, *fpl* **-s**) ◇ *adj* winning. ◇ *m, f* winner.
vencer [vẽ'se(x)] ◇ *vt* **-1.** [ger] to win. **-2.** [superar, dominar, resistir a] to overcome. **-3.** [derrotar] to defeat. **-4.** [conter] to contain. **-5.** [percorrer] to cross. ◇ *vi* **-1.** [ganhar] to win. **-2.** [expirar - prazo, garantia, contrato, validade] to expire; [- pagamento, conta, promissória] to become due.
vencido, da [vẽn'sidu, da] *adj* **-1.** [derrotado] beaten. **-2.** [expirado] expired.
vencimento [vẽnsi'mẽntu] *m* **-1.** [expiração] expiry. **-2.** [data] due date.
◆ **vencimentos** *mpl* [salário] earnings.
venda ['vẽnda] *f* **-1.** [vendagem] sale; **à ~** on *OU* for sale; **~ a crédito** credit sale; **~ a prazo** *OU* **prestação** sale in instalments. **-2.** [mercearia] general store. **-3.** [nos olhos] blindfold.
vendar [vẽn'da(x)] *vt*: **~ (os olhos de) alguém** to blindfold sb.
vendaval [vẽnda'vaw] (*pl* **-ais**) *m* **-1.** [ventania] gale. **-2.** *fig* [turbilhão] whirlwind.
vendedor, ra [vẽnde'do(x), ra] (*mpl* **-es**, *fpl* **-s**) *m, f* **-1.** [dono] seller. **-2.** [em loja] sales assistant; **~ ambulante** street vendor. **-3.** [de seguros] salesperson.
vender [vẽn'de(x)] ◇ *vt* **-1.** [pôr à venda] to sell; **~ no varejo** to sell retail; **~ no/por atacado** to sell wholesale. **-2.** [entregar em venda] to sell off; **~ algo a/para alguém (por)** to sell sb sthg (for); **~ algo a prazo** *OU* **prestação** to

sell sthg on credit/in instalments; ~ **fiado** to give credit. <> *vi* to sell.

◆ **vender-se** *vp* **-1.** [estar à venda]: **vendem-se picolés** ice lollies for sale. **-2.** [deixar-se subornar]: **ele se vendeu por 30 mil dólares** he accepted a bribe of 30 thousand dollars.

veneno [ve'nenu] *m* **-1.** [peçonha] poison; **o cigarro é um ~ para a saúde** smoking is a health hazard. **-2.** [de cobra, inseto] venom. **-3.** *fig* [malícia] venom.

venenoso, osa [vene'nozu, ɔza] *adj* **-1.** [ger] poisonous. **-2.** *fig* [malicioso] venomous.

veneração [venera'sãw] *f*: ~ **(por)** veneration (for).

venerar [vene'ra(x)] *vt* **-1.** [adorar] to revere. **-2.** RELIG to worship.

venéreo, rea [ve'nɛrju, rja] *adj* venereal.

veneziana [vene'zjana] *f* **-1.** [porta] louvred door *UK*, louvered door *US*. **-2.** [janela] louvred window *UK*, louvered window *US*.

Venezuela [vene'zwɛla] *n* Venezuela.

venezuelano, na [venezwɛ'lanu, na] <> *adj* Venezuelan. <> *m, f* Venezuelan.

ventania [vẽnta'nia] *f* gale.

ventar [vẽn'ta(x)] *vi*: **venta muito aqui** it is very windy here; **estar ventando** to be windy.

ventarola [vẽnta'rɔla] *f* fan.

ventilação [vẽntʃila'sãw] *f* **-1.** [de ambiente] ventilation. **-2.** AUTO [de motor] cooling.

ventilador [vẽntʃila'do(x)] (*pl* **-es**) *m* [elétrico] fan.

ventilar [vẽntʃi'la(x)] *vt* [arejar] to air.

vento ['vẽntu] *m* **-1.** [ar] air. **-2.** [brisa] wind. **-3.** *loc*: **ir de ~ em popa** to go very well.

ventoso, osa [vẽn'tozu, ɔza] *adj* windy.

◆ **ventosa** *f* **-1.** MED ventouse. **-2.** ZOOL sucker.

ventre ['vẽntri] *m* **-1.** ANAT belly. **-2.** *euf* [útero] womb.

ventríloquo, qua [vẽn'trilokwu, kwa] *m, f* ventriloquist.

ventura [vẽn'tura] *f* **-1.** [destino] fate; **por ~** by chance. **-2.** [sorte] good fortune.

venturoso, osa [vẽntu'rozu, ɔza] *adj* [feliz] happy.

Vênus ['venuʃ] *n* Venus.

ver ['ve(x)] <> *vt* **-1.** [ger] to see; **já volto, viu?** I'll be back soon, OK? **-2.** [assistir] to watch. **-3.** [resolver] to see to. **-4.** [tomar cuidado em] to watch. **-5.** [em remissiva]: **veja ...** look ... <> *vi* **-1.** [enxergar] to see; **ela é bonita que só vendo** you wouldn't believe how pretty she is; ~ **em** *fig* [em situação, pessoa] to see in. **-2.** [ger]: **ter a** OU **que ~ com** to have to do with; [ter envolvimento com] to be involved with; **são pessoas muito diferentes, não têm nada a ~ uma com a outra** they are two very different people, they are not at all alike; **este trabalho tem muito a ~ com você** that work is right up your street. <> *m*: **a meu ~** in my opinion.

◆ **ver-se** *vp* **-1.** [ger] to see o.s. **-2.** [avistar-se] to see one another. **-3.** [ter contato]: **há anos que não nos víamos** it's years since we saw each other, we hadn't seen each other for years. **-4.** [em dificuldade, lugar] to find o.s. **-5.** [entender-se]: **bem se vê que ...** it's obvious that ...

◆ **pelo visto** *loc adv* by the look of it.

◆ **vai ver que** *loc adv* [talvez] perhaps.

veracidade [verasi'dadʒi] *f* truthfulness.

veranear [vera'nja(x)] *vi* to spend the summer.

veraneio [vera'neju] *m* summer holidays *(pl) UK*, summer vacation *US*.

veranista [vera'niʃta] *mf* summer holidaymaker *UK*, summer vacationer *US*.

verão [ve'rãw] (*pl* **-ões**) *m* summer.

verba ['vɛxba] *f* funding.

verbal [vex'baw] (*pl* **-ais**) *adj* verbal.

verbete [vex'betʃi] *m* [em dicionário] entry.

verbo ['vɛxbu] *m* **-1.** GRAM verb; **soltar o ~** *fam* to shoot one's mouth off. **-2.** RELIG: **o Verbo** the Word.

verborrágico, ca [vexbo'xaʒiku, ka] *adj* verbose.

verdade [vex'dadʒi] *f* truth; **não é ~?** *fam* isn't that right?; **na ~** in fact; **para falar a ~** to tell the truth.

◆ **verdades** *fpl* home truths; **dizer umas ~s a alguém** *fam* to tell sb a few home truths.

◆ **de verdade** <> *loc adv* **-1.** [realmente]: **tudo o que relato aconteceu de ~** everything I'm describing really happened. **-2.** [a sério] seriously. <> *loc adj* [autêntico]: **é um vencedor de ~** he's a true winner.

verdadeiro, ra [vexda'dejru, ra] *adj* **-1.** [ger] true. **-2.** [autêntico] real.

verde ['vexdʒi] <> *adj* **-1.** [cor] green; ~ **de raiva** livid. **-2.** [fruta] unripe, green. <> *m* **-1.** [cor] green. **-2.** [natureza] country.

verde-abacate [ˌvexdʒjaba'katʃi] *adj (inv)* avocado-green.

verde-claro, ra ['vexdʒi'klaru, ra] (*pl* **-s**) <> *adj* light green. <> *m* light green.

verde-escuro, ra ['vexdʒiiʃ'kuru, ra] (*pl* **-s**) <> *adj* dark green. <> *m* dark green.

verdejante [vexde'ʒãntʃi] *adj* verdant.

verdejar [vexde'ʒa(x)] *vi* to become green.

verdor [vex'do(x)] *m* **-1.** [cor verde] greenness. **-2.** [as plantas verdes] greenery.

verdura [vex'dura] *f* [hortaliça] greens *(pl)*.

verdureiro, ra [vexdu'rejru, ra] *m, f* greengrocer.

vereador, ra [verja'do(x), ra] *m, f* councillor *UK*, councilor *US*.

vereda [ve'reda] *f* path.

veredicto [vere'dʒiktu] *m* verdict.
verga ['vexga] *f* **-1.** [vara] stick. **-2.** [metálica] rod.
vergar [vex'ga(x)] ◇ *vt* [dobrar] to bend. ◇ *vi* **-1.** [dobrar] to bend. **-2.** [com peso] to sag.
vergonha [vex'goɲa] *f* **-1.** [acanhamento] shyness; **que ~!** how embarrassing!; **ter ~ de fazer algo** to feel shy about doing sthg. **-2.** [brio, pudor] shame; **que falta de ~!** how disgraceful!; **ter ~ na cara** to be shameless. **-3.** [desonra] shame. **-4.** [vexame] outrage.
vergonhoso, osa [vexgo'ɲozu, ɔza] *adj* **-1.** [indigno] disgraceful. **-2.** [indecoroso] indecent. **-3.** [que dá vergonha] shameful.
verídico, ca [ve'ridʒiku, ka] *adj* true.
verificar [verifi'ka(x)] *vt* **-1.** [averiguar] to check. **-2.** [comprovar] to confirm.
◆ **verificar-se** *vp*: **verifica-se um aumento na inflação** an increase in inflation has been confirmed.
verme ['vɛxmi] *m* worm.
vermelho, lha [vex'meʎu, ʎa] *adj* [ger] red; **ficar ~ de raiva/vergonha** to flush with anger/ embarrassment.
◆ **vermelho** *m* **-1.** [cor] red. **-2.** [déficit]: **estar no ~** to be in the red.
vermute [vex'mutʃi] *m* vermouth.
vernáculo, la [vex'nakulu, la] *adj* vernacular.
◆ **vernáculo** *m* vernacular.
vernissage [vexni'saʒi] *f* opening.
verniz [vex'niʃ] (*pl* **-es**) *m* **-1.** [solução] varnish. **-2.** [couro] patent leather. **-3.** *fig* [polidez] veneer.
verões [ve'rõjʃ] *pl* ▷ **verão.**
verossímil [vero'simiw] (*pl* **-eis**) *adj* **-1.** [crível] credible. **-2.** [provável] likely.
verruga [ve'xuga] *f* wart.
versado, da [vex'sadu, da] *adj*: **~ em** versed in.
versão [vex'sãw] (*pl* **-ões**) *f* **-1.** [interpretação] version. **-2.** [tradução]: **~ (para)** translation (into).
versátil [vex'satʃiw] (*pl* **-eis**) *adj* versatile.
versículo [vex'sikulu] *m* **-1.** [de artigo] paragraph. **-2.** *RELIG* verse.
verso ['vɛxsu] *m* **-1.** [gênero] verse. **-2.** [linha de poema] line. **-3.** [poema] poem. **-4.** [de página] verso; **vide ~** see over(leaf).
versões [vex'sõjʃ] *pl* ▷ **versão.**
vértebra ['vɛxtebra] *f* vertebra.
vertebrado, da [vexte'bradu, da] *adj* vertebrate.
◆ **vertebrado** *m* vertebrate.
vertebral [vexte'braw] (*pl* **-ais**) *adj* vertebral.
vertente [vex'tẽntʃi] *f* **-1.** [declive] slope. **-2.** *fig* [aspecto] angle.
verter [vex'te(x)] ◇ *vt* **-1.** [despejar - líquido] to pour; [- recipiente] to tip. **-2.** [derramar] to spill. **-3.** [lágrimas, sangue] to shed. **-4.** [traduzir]: **~ (para)** to translate (into). ◇ *vi* [brotar]: **~ de** [água] to spring from; [rio] to rise from.
vertical [vextʃi'kaw] (*pl* **-ais**) ◇ *adj* vertical. ◇ *f* vertical.
vértice ['vɛxtʃisi] *m* **-1.** *GEOM* vertex. **-2.** [de montanha *etc.*] summit.
vertigem [vex'tʃiʒẽ] (*pl* **-ns**) *f* **-1.** *MED* vertigo. **-2.** [tonteira] giddiness, dizziness; **ter ~** to feel giddy, to feel dizzy.
vertiginoso, osa [vextʃiʒi'nozu, ɔza] *adj* vertiginous.
vesgo, ga ['veʒgu, ga] *adj* cross-eyed.
vesícula [ve'zikula] *f*: **~ (biliar)** gall bladder.
vespa ['veʃpa] *f* wasp.
véspera ['vɛʃpera] *f*: **na ~ de** the day before; **~ de Natal** Christmas Eve.
◆ **vésperas** *fpl* [um tempo antes]: **nas ~s de** on the eve of.
veste ['veʃtʃi] *f* **-1.** [vestido] dress. **-2.** [eclesiástica] vestment.
vestiário [veʃ'tʃjarju] *m* **-1.** [onde se troca roupa] changing room. **-2.** [onde se deixa casacos *etc.*] cloakroom.
vestibular [veʃtʃibu'la(x)] *m university entrance exam.*
vestíbulo [veʃ'tʃibulu] *m* **-1.** [de casa] hall. **-2.** [de teatro] foyer.
vestido, da [veʃ'tʃidu, da] *adj* **-1.** [com roupa]: **~ (com/de)** dressed in. **-2.** [fantasiado]: **~ de** dressed as.
◆ **vestido** *m* dress; **~ de noiva** wedding dress.
vestígio [veʃ'tʃiʒju] *m* **-1.** [pegada] trail. **-2.** *fig* [indício] trace.
vestimenta [veʃtʃi'mẽnta] *f* **-1.** [roupa] garment. **-2.** *RELIG* vestment.
vestir [veʃ'tʃi(x)] ◇ *vt* **-1.** [pôr sobre alguém] to put on. **-2.** [usar] to wear. **-3.** [costurar para] to make clothes for. **-4.** [dar vestuário para] to clothe. **-5.** [fronha] to cover. ◇ *vi* [ter caimento]: **~ bem/mal** to dress well/badly.
◆ **vestir-se** *vp* **-1.** [usar]: **ela só se veste de branco** she only wears white. **-2.** [aprontar-se] to get dressed. **-3.** [fantasiar-se]: **vestiu-se de pirata** he was dressed (up) as a pirate.
vestuário [veʃ'twarju] *m* **-1.** [roupas] clothing. **-2.** *TEATRO* costumes *(pl).*
vetar [ve'ta(x)] *vt* **-1.** [lei, proposta, candidato] to veto. **-2.** [acesso] to forbid.
veterano, na [vete'rãnu, na] ◇ *adj* veteran *(antes de subst).* ◇ *m, f* veteran.
veterinário, ria [veteri'narju, rja] ◇ *adj* veterinary. ◇ *m, f* vet, veterinary surgeon.
veto ['vɛtu] *m* veto.
véu ['vɛu] *m* [pano] veil.
vexame [ve'ʃãmi] *m* **-1.** [vergonha] shame. **-2.** [humilhação] humiliation. **-3.** [ultraje] outrage.

vez ['veʃ] (*pl* **-es**) *f* **-1.** [freqüência, quantidade] time; **uma ~** once; **duas ~ es** twice; **três ~ es** three times; **algumas ~ es** a few times; **às ~ es** sometimes; **cada ~ mais** more and more; **cada ~ mais alto** higher and higher; **de ~ em quando** from time to time; **mais uma ~**, **outra ~** (once) again; **uma ~ ou outra** once in a while; **várias ~ es** several times. **-2.** [ocasião] time; **você já sentiu isso alguma ~?** have you ever felt that?; **desta ~** this time; **de uma ~ só** once only; **de ~** once and for all; **era uma ~ ...** once upon a time ...; **na maioria das ~ es** on most occasions, most times. **-3.** [turno] turn. **-4.** [multiplicação] times; **2 ~ es 4** 2 times 4.

◆ **em vez de** *loc prep* instead of.

◆ **uma vez que** *loc conj* [já que] since.

VHF (*abrev de* **Very High Frequency**) *f* VHF.

VHS (*abrev de* **Video Home System**) *m* VHS.

via ['via] ◇ *f* **-1.** [caminho, estrada] road; **~ férrea** railway. **-2.** [transporte]: **por ~ aérea** by air; [postal] by airmail; **por ~ terrestre** by land, overland. **-3.** [meio] route; **por ~ oficial** through official means. **-4.** [processo]: **em ~ (s) de** on the way to. **-5.** [de documento] copy; **primeira/segunda ~** original/duplicate (copy). **-6.** [de drenagem *etc.*] channel. **-7.** *ANAT* tract; **por ~ oral** by mouth. ◇ *prep* via.

◆ **Via Láctea** *f* Milky Way.

◆ **por via das dúvidas** *loc adv* just in case.

viabilizar [vjabili'za(x)] *vt* to make possible.

viação [vja'sãw] (*pl* **-ões**) *f* **-1.** [conjunto de estradas] highways, roads *(pl)*. **-2.** [companhia] bus company.

viaduto [vja'dutu] *m* viaduct.

viagem ['vjaʒẽ] (*pl* **-ns**) *f* **-1.** [ger] journey; **boa ~!** have a good journey!; **~ de ida e volta** return trip; **~ de negócios** business trip. **-2.** *fig* [sob efeito de droga] trip.

◆ **viagens** *fpl* travels.

viajante [vja'ʒãntʃi] ◇ *adj* travelling *UK*, traveling *US*. ◇ *mf* traveller *UK*, traveler *US*.

viajar [vja'ʒa(x)] *vi*: **~ (por)** to travel (across/through).

viável ['vjavɛw] (*pl* **-eis**) *adj* viable, feasible.

víbora ['vibora] *f* **-1.** *ZOOL* viper. **-2.** *fig* [pessoa] snake in the grass.

vibração [vibra'sãw] (*pl* **-ões**) *f* **-1.** [tremor] vibration. **-2.** *fig* [entusiasmo] thrill.

vibrador, ra [vibra'do(x),ra] *adj* [vibratório] vibrating.

◆ **vibrador** *m* [estimulador] vibrator.

vibrante [vi'brãntʃi] *adj* *fig* [entusiasmado] vibrant.

vibrar [vi'bra(x)] ◇ *vt* **-1.** [fazer tremer] to shake. **-2.** [dedilhar] to vibrate. ◇ *vi* **-1.** [tremer] to shake. **-2.** *fig* [entusiasmar-se] to be thrilled.

vibrião [vi'brjãw] (*pl* **-ões**) *m* vibrio.

vice ['visi] *mf* deputy.

vice- [visi] *prefixo* vice-.

vice-presidente, ta [ˌvisiprezi'dẽntʃi, ta] (*mpl* **-s**, *fpl* **-s**) *m, f* **-1.** *POL* vice-president. **-2.** [de comitê, empresa] deputy chairman.

vice-versa [ˌvisi'vɛxsa] *adv* vice versa.

viciado, da [vi'sjadu, da] *adj* **-1.** [em droga *etc.*]: **~ (em)** addicted (to). **-2.** [adulterado] vitiated.

viciar [vi'sja(x)] ◇ *vt* **-1.** [dar vício a] to addict. **-2.** [adulterar] to vitiate. ◇ *vi* [criar vício] to be addictive.

◆ **viciar-se** *vp* [tornar-se viciado]: **~-se (em)** to become addicted (to).

vício ['visju] *m* **-1.** [devassidão] vice. **-2.** [em droga, bebida] addiction. **-3.** [mau hábito] bad habit.

vicioso, osa [vi'sjozu, ɔza] *adj* **-1.** [sistema, hábito] corrupt. **-2.** [círculo] vicious.

viço ['visu] *m* **-1.** [de planta] vigour *UK*, vigor *US*. **-2.** [de pele] freshness.

viçoso, osa [vi'sozu, ɔza] *adj* **-1.** [planta] luxuriant. **-2.** [pele] glowing.

vida ['vida] *f* **-1.** [ger] life; **dar a ~ por** *fig* to give anything for; **estar entre a ~ e a morte** to be at death's door; **feliz da ~** delighted; **~ conjugal** married life; **~ útil** [de máquina *etc.*] useful life. **-2.** [subsistência]: **estar bem de ~** to be well off; **ganhar a ~** to earn one's living; **meio de ~** means of living; **cheio de ~** full of life; **sem ~** lifeless. **-3.** [direção]: **seguir (reto) toda a ~** to continue straight on as far as you can go. **-4.** [prostituição]: **cair na ~** to go on the game.

vide ['vidʒi] *vt* see; **~ verso** see over(leaf).

videira [vi'dejra] *f* grapevine.

vidente [vi'dãntʃi] *mf* seer.

vídeo ['vidʒju] *m* **-1.** [ger] video. **-2.** [tela] screen.

videocassete [ˌvidʒjuka'sɛtʃi] *m* **-1.** [aparelho] video cassette recorder, VCR. **-2.** [fita] videotape.

videoclipe [ˌvidʒju'klipi] *m* music video.

videoclube [ˌvidʒju'klubi] *m* video club.

videoconferência ['vidʒjukõnʃe'rẽnsja] *f* *TELEC* video-conference.

videogame ['vidʒju'gejmi] *m* video game.

videolocadora [ˌvidʒjuloka'dora] *f* video rental.

videoteipe [ˌvidʒju'tejpi] *m* **-1.** [fita] videotape. **-2.** [processo] videotaping.

vidraça [vi'drasa] *f* window pane.

vidraçaria [vidrasa'ria] *f* **-1.** [loja] glazier's. **-2.** [fábrica] glass factory. **-3.** [vidraças] glazing.

vidrado, da [vi'dradu, da] *adj* **-1.** [ger] glazed. **-2.** *fam* [encantado]: **~ em** crazy about.

vidro ['vidru] *m* **-1.** [material] glass; **~ fumê** smoked glass. **-2.** [frasco] bottle.

Viena ['vjena] *n* Vienna.
viés [vjɛʃ] *m* COST bias.
◆ **de viés** *loc adv* sideways.
Vietnã [vjɛt'nã] *n*: **(o)** ~ Vietnam.
vietnamita [vjɛtna'mita] ◇ *adj* Vietnamese. ◇ *mf* Vietnamese.
◆ **vietnamita** *m* [língua] Vietnamese.
viga ['viga] *f* **-1.** [de madeira] beam. **-2.** [de concreto, ferro] girder.
vigamento [viga'mẽntu] *m* rafters *(pl)*.
vigário [vi'garju] *m* vicar.
vigarista [viga'riʃta] *mf* swindler.
vigência [vi'ʒẽnsja] *f* validity; **estar em** ~ to be in force.
vigente [vi'ʒẽntʃi] *adj* **-1.** [lei, contrato, norma] in force. **-2.** [situação política, costume] current.
vigésimo, ma [vi'ʒɛzimu, ma] *num* twentieth; *veja também* **sexto**.
vigia [vi'ʒia] ◇ *f* **-1.** [vigilância] surveillance. **-2.** NÁUT porthole. ◇ *mf* [pessoa] nightwatchman.
vigiar [vi'ʒja(x)] ◇ *vt* **-1.** [banco, presos] to guard. **-2.** [mala, criança] to keep an eye on. **-3.** [espreitar] to watch. ◇ *vi* to be on the lookout.
vigilância [viʒi'lãnsja] *f* surveillance.
vigília [vi'ʒilja] *f* **-1.** [privação de sono]: **fez-se uma ~ para evitar ataques** a watch was kept in order to avoid attack. **-2.** [prática religiosa] vigil.
vigor [vi'go(x)] *m* **-1.** [energia - de corpo, espírito] vigour; [- para o trabalho] energy. **-2.** [veemência] vigour. **-3.** [vigência]: **em** ~ in force.
vigorar [vigo'ra(x)] *vi* to be in force.
vigoroso, osa [vigo'rozu, ɔza] *adj* vigorous.
vil ['viw] (*pl* **vis**) *adj* vile.
vila ['vila] *f* **-1.** [povoação] town. **-2.** [conjunto residencial] residential block. **-3.** [casa] villa.
vilã [vi'lã] *f* ▷ **vilão**.
vilão, lã [vi'lãw, lã] (*mpl* **-ãos, -ães**, *fpl* **-s**) *m, f* villain.
vilarejo [vila'reʒu] *m* hamlet.
vime ['vimi] *m* osier, withy; **de** ~ wicker.
vinagre [vi'nagri] *m* vinegar.
vinagrete [vina'grɛtʃi] *m* vinaigrette.
vinco ['vĩŋku] *m* **-1.** [em roupa, papel] crease. **-2.** [no rosto] wrinkle. **-3.** [sulco] furrow.
vinculação [vĩŋkula'sãw] *f* link, linking; **ele não quer a ~ do seu nome aos escândalos** he doesn't want his name to be linked to the scandals.
vincular [vĩnku'la(x)] *vt* **-1.** [ligar] to tie. **-2.** [por obrigação] to bind.
vínculo ['viŋkulu] *m* **-1.** [pessoal, familiar] bond. **-2.** [profissional, entre países] tie; **~ empregatício** work contract.
vinda ['vĩnda] *f* ▷ **vindo**.
vindima [vĩn'dʒima] *f* grape harvest.
vindo, da ['vĩndu, da] ◇ *pp* ▷ **vir**. ◇ *adj*: **~ (de)** originating (in).
◆ **vinda** *f* **-1.** [ger] arrival (in). **-2.** [regresso] return.
vindouro, ra [vĩn'doru, ra] *adj* **-1.** [ano, década] coming. **-2.** [geração] future.
vingança [vĩŋ'gãnsa] *f* revenge.
vingar [vĩŋ'ga(x)] ◇ *vt* [tirar desforra de] to avenge. ◇ *vi* **-1.** [medrar] to thrive. **-2.** [dar certo] to be successful.
◆ **vingar-se** *vp* [tirar desforra]: **~-se (de)** to take revenge (on/for).
vingativo, va [vĩŋga'tʃivu, va] *adj* vindictive.
vinha ['viɲa] *f* **-1.** [vinhedo] vineyard. **-2.** [planta] vine.
vinhedo [vi'ɲedu] *m* vineyard.
vinho ['viɲu] ◇ *adj inv* [cor] burgundy. ◇ *m* **-1.** [cor] burgundy. **-2.** [bebida] wine; **~ branco** white wine; **~ do Porto** port; **~ rosado** rosé (wine); **~ tinto** red wine.
vinil [vi'niw] *m* vinyl.
vinte ['vĩntʃi] *num* twenty; *veja também* **seis**.
vintém [vĩn'tẽ] (*pl* **-ns**) *m* **-1.** [moeda antiga] *old Brazilian coin*. **-2.** [dinheiro]: **estar sem um ~** to be penniless.
vintena [vĩn'tena] *f*: **uma ~ de** a score of.
viola ['vjɔla] *f* viola.
violação [vjola'sãw] (*pl* **-ões**) *f* **-1.** [de lei, pacto, direitos] violation. **-2.** [invasão]: **~ de domicílio** housebreaking. **-3.** [de pessoa] violation, rape. **-4.** [de correspondência] interference. **-5.** [de local sagrado] violation, desecration.
violão [vjo'lãw] (*pl* **-ões**) *m* guitar.
violar [vjo'la(x)] *vt* **-1.** [lei, pacto, direitos] to violate. **-2.** [domicílio] to break in. **-3.** [pessoa] to violate, to rape. **-4.** [correspondência] to interfere with. **-5.** [local sagrado] to violate. **-6.** [segredo] to breach.
violeiro, ra [vjo'lejru, ra] *m, f* guitarist.
violência [vjo'lẽnsja] *f* **-1.** [ato] violence. **-2.** [agressividade] vehemence. **-3.** [força - de vendaval] force; [- de paixões] violence.
violentar [vjolẽn'ta(x)] *vt* **-1.** [mulher] to violate, to rape. **-2.** [deturpar] to distort.
violento, ta [vjo'lẽntu, ta] *adj* violent.
violeta [vjo'leta] ◇ *f* [flor] violet. ◇ *adj inv* [cor] violet.
violinista [vjoli'niʃta] *mf* violinist.
violino [vjo'linu] *m* violin.
violoncelista [vjolõnse'liʃta] *mf* cellist.
violoncelo [vjolõn'sɛlu] *m* cello.
violonista [vjolo'niʃta] *mf* guitarist.
VIP (*abrev de* **Very Important Person**) [vipi] ◇ *adj* [pessoa, local] VIP. ◇ *mf* VIP.
vir ['vi(x)] *vi* **-1.** [apresentar-se] to come; **veio me ver** he came to see me; **venho visitá-lo amanhã** I'll come and see you tomorrow. **-2.** [chegar] to arrive; **ele veio atrasado/adiantado**

he arrived late/early; **ela veio no ônibus das onze** she came on the eleven o'clock bus. **-3.** [a seguir no tempo] to come; **a semana/o ano que vem** next week/year, the coming week/year. **-4.** [estar] to be; **vem escrito em português** it's written in Portuguese; **vinha embalado** it came in a package. **-5.** [regressar] to come back; **eles vêm de férias amanhã** they're coming back from holidays tomorrow; **hoje, venho mais tarde** today, I'll be coming later than usual. **-6.** [surgir] to come; **o carro veio não sei de onde** the car came out of nowhere; **veio-me uma idéia** I've got an idea. **-7.** [provir]: **~ de** to come from; **venho agora mesmo de lá** I've just come from there. **-8.** [em locuções]: **~ a ser** to become; **que vem a ser isto?** what's the meaning of this?; **~ abaixo** [edifício, construção] to collapse; **~ ao mundo** [nascer] to come into the world, to be born; **~ a saber (de algo)** to find out (about sthg); **~ sobre** [arremeter contra] to lunge at; **~ a tempo de algo** to arrive in time for sthg; **~ a tempo de fazer algo** to arrive in time to do sthg.

virado, da [vi'radu, da] *adj* [voltado]: **~ para** facing.

◆ **virado** *m CULIN*: **~ de feijão** *sautéed beans with fried egg and sausage.*

◆ **virada** *f* **-1.** [viradela] turning. **-2.** [guinada] swerve. **-3.** *ESP* sudden turnaround.

vira-lata [,vira'lata] (*pl* **vira-latas**) *m* **-1.** [cachorro] mongrel. **-2.** [pessoa] down-and-out.

virar [vi'ra(x)] <> *vt* **-1.** [volver]: **~ algo (para)** to turn sthg (towards); **~ as costas** to turn one's back. **-2.** [mostrar pelo verso] to turn over. **-3.** [entornar] to tip. **-4.** [emborcar] to capsize. **-5.** [contornar] to turn. **-6.** [fazer mudar de opinião] to change. **-7.** [transformar-se] to turn into. <> *vi* **-1.** [volver] to turn; **~ para** to turn towards; **~ de bruços** to turn on to one's tummy; **~ de costas** to turn on to one's back; **~ do avesso** to turn inside out. **-2.** [emborcar] to capsize. **-3.** [contornar]: **~ (em)** to turn (into); **~ à direita/esquerda** to turn (to the) right/left. **-4.** [mudar] to change. **-5.** [mudar de direção] to change direction.

◆ **virar-se** *vp* **-1.** [volver-se] to turn around. **-2.** [rebelar-se] to rebel; **~-se contra** to turn against. **-3.** [defender-se] to stand up for o.s. **-4.** [empenhar-se] to struggle.

virgem ['vixʒẽ] (*pl* **-ns**) <> *adj* **-1.** [ger] virgin. **-2.** [fita, filme] blank. **-3.** [mel] pure. <> *f* [pessoa] virgin.

◆ **Virgem** *f* **-1.** *RELIG* Virgin. **-2.** *ARTE* madonna. **-3.** [zodíaco] Virgo; **ser Virgem** to be a Virgo.

virgindade [vixʒĩn'dadʒi] *f* virginity.

virginiano, na [vixʒi'njãnu, na] <> *adj* Virgo *(antes de subst)*. <> *m, f* Virgo.

vírgula ['vixgula] *f* **-1.** [entre palavras] comma. **-2.** [entre números] (decimal) point. **-3.** [mecha] curl. **-4.** [objetando-se]: **uma ~!** *fam* my foot!

viril [vi'riw] (*pl* **-is**) *adj* virile.

virilha [vi'riʎa] *f* groin.

virose [vi'rɔzi] *f* viral infection.

virtualmente [vixtwaw'mẽntʃi] *adv* virtually.

virtude [vix'tudʒi] *f* **-1.** [qualidade] virtue. **-2.** [capacidade] knack. **-3.** [razão]: **em ~ de** due to.

virtuoso, osa [vix'twozu, ɔza] <> *adj* [íntegro] virtuous. <> *m, f* [gênio] virtuoso.

vis [viʃ] *pl* ▷ **vil**.

visado, da [vi'zadu, da] *adj* **-1.** [cheque] valid. **-2.** [pessoa] watched.

visão [vi'zãw] (*pl* **-ões**) *f* **-1.** [sentido] vision, sight. **-2.** [o que se vê] sight. **-3.** [alucinação] vision. **-4.** [percepção, ponto de vista]: **~ (de/sobre)** view (on/about). **-5.** [revelação] vision.

visar [vi'za(x)] <> *vt* **-1.** [cheque, passaporte] to stamp. **-2.** [objetivar] to look for; **~ (a) fazer algo** to aim to do sthg. <> *vi* [objetivar]: **~ a algo/a fazer algo** to aim for sthg/to aim to do sthg.

víscera ['viscera] *f* viscus.

viscoso, osa [viʃ'kozu, ɔza] *adj* viscous.

viseira [vi'zejra] *f* visor.

visibilidade [vizibili'dadʒi] *f* visibility.

visita [vi'zita] *f* **-1.** [ato] visit; **fazer uma ~ a alguém** to pay sb a visit. **-2.** [visitante] visitor; **ter ~s** to have visitors. **-3.** [vistoria] inspection.

visitação [vizita'sãw] (*pl* **-ões**) *f* [visita] visit; **aberto à ~ pública** open to the public.

◆ **Visitação** *f RELIG* Visitation.

visitante [vizi'tãntʃi] *mf* visitor.

visitar [vizi'ta(x)] *vt* **-1.** [fazer visita a] to visit. **-2.** [vistoriar] to inspect.

visível [vi'zivɛw] (*pl* **-eis**) *adj* visible.

vislumbre [viʒ'lũnbri] *m* glimpse.

visões [vi'zõjʃ] *pl* ▷ **visão**.

visom [vi'zõ] (*pl* **-s**) *m* mink.

visor [vi'zo(x)] (*pl* **-es**) *m* viewfinder.

vista ['viʃta] *f* ▷ **visto**.

visto, ta ['viʃtu, ta] <> *pp* ▷ **ver**. <> *adj* **-1.** [olhado]: **~ (de)** seen (from). **-2.** [considerado] thought of. **-3.** [estudado] looked at.

◆ **visto** *m* **-1.** [em documento] stamp. **-2.** [em passaporte] visa.

◆ **vista** *f* **-1.** [ger] view. **-2.** [sentido] sight. **-3.** [olhos, olhar] eyesight; **à primeira vista** at first sight; **à vista** [visível] visible; [pagamento] in cash; **pôr à vista** to put on display; **até a vista!** see you later!; **conhecer de vista** to know by sight; **vista cansada** tired eyes. **-4.** *loc*: **saltar à vista** to be glaringly obvious, to stand out a mile.

◆ **em vista de** *loc prep* in view of.

◆ **pelo visto** *loc adv* by the look of it.

vistoria [viʃto'ria] *f* inspection.

vistoriar [viʃto'rja(x)] *vt* to inspect.

vistoso, osa [viʃ'tozu, ɔza] *adj* eye-catching.

visual [vi'zwaw] (*pl* **-ais**) <> *adj* visual. <> *m fam* **-1.** [aspecto] appearance, look. **-2.** [vista] view.

visualizar [vizwali'za(x)] *vt* to visualize.

visualmente [vizuaw'mẽntʃi] *adv* visually; ~ **incapacitado** visually impaired.

vital [vi'taw] (*pl* **-ais**) *adj* vital.

vitalício, cia [vita'lisju, sja] *adj* lifelong *(antes de subst)*.

vitalidade [vitali'dadʒi] *f* vitality.

vitamina [vita'mina] *f* vitamin.

vitela [vi'tɛla] *f* **-1.** ZOOL calf. **-2.** [carne] veal.

vítima ['vitʃima] *f* [pessoa] victim.

vitória [vi'tɔrja] *f* victory.

vitória-régia [vi,tɔrja'xɛʒja] (*pl* **vitórias-régias**) *f* giant water lily.

vitorioso, osa [vito'rjozu, ɔza] *adj* victorious.

vitral [vi'traw] (*pl* **-ais**) *m* stained-glass window.

vitrine [vi'trini], **vitrina** [vi'trina] *f* **-1.** [de loja] shop window. **-2.** [armário] display case.

viuvez [vju'veʒ] *f* widowhood.

viúvo, va ['vjuvu, va] <> *adj* widowed. <> *m, f* widower (*f* widow).

viva ['viva] <> *m* cheer. <> *interj* hooray!; ~ **a rainha!** long live the Queen!

viveiro [vi'vejru] *m* **-1.** [de plantas] nursery. **-2.** [de pássaros] aviary. **-3.** [de peixes] fish farm.

vivência [vi'vẽnsja] *f* **-1.** [existência] existence. **-2.** [experiência] experience; **ter** ~ **em algo** to have experience in sthg.

vivenda [vi'vẽnda] *f* (detached) house.

vivente [vi'vẽntʃi] <> *adj* living. <> *mf* living being.

viver [vi've(x)] <> *vt* **-1.** [vida] to live. **-2.** [fase, situação] to experience. <> *vi* **-1.** [ger] to live; ~ **bem** [economicamente] to live comfortably; [em harmonia] to live happily. **-2.** [estar vivo] to be alive. **-3.** [perdurar] to last. **-4.** [sustentar-se]: ~ **de** to live off; ~ **à custa de** to live off. **-5.** [conviver]: ~ **com** to mingle with; [maritalmente] to live with. **-6.** [dedicar-se completamente]: ~ **para** to live for. **-7.** [residir]: ~ **(em)** to live (in). **-8.** [freqüentar muito]: ~ **(em)** to live (in). **-9.** [estar sempre] to always be; ~ **doente/gripado** to always be ill/have a cold; ~ **trabalhando** to do nothing but work. <> *m* life.

víveres ['viveriʃ] *mpl* provisions.

vivido, da [vi'vidu, da] *adj* [pessoa] experienced.

vívido, da ['vividu, da] *adj* **-1.** [ger] vivid. **-2.** [expressivo] vivacious.

vivo, va ['vivu, va] *adj* **-1.** [ger] bright. **-2.** [existente] living; **estar** ~ to be alive. **-3.** [animado, buliçoso] lively. **-4.** [ardente] fervent.

◆ **ao vivo** *loc adv* live.

vizinhança [vizi'ɲãnsa] *f* neighbourhood *UK*, neighborhood *US*.

vizinho, nha [vi'ziɲu, ɲa] <> *adj* neighbouring *UK*, neighboring *US*. <> *m, f* neighbour *UK*, neighbor *US*.

voador, ra [vwa'do(x), ra] *adj* flying.

voar ['vwa(x)] *vi* **-1.** [ger] to fly; ~ **fazer algo voando** *fig* to do sthg quickly. **-2.** [explodir]: ~ **pelos ares** to explode. **-3.** *loc*: ~ **alto** *fig* to aim high; ~ **para cima de alguém** [assediar] to mob sb; [atacar] to fly at sb.

vocabulário [vokabu'larju] *m* vocabulary.

vocábulo [vo'kabulu] *m* word.

vocação [voka'sãw] (*pl* **-ões**) *f* vocation.

vocacional [vokasjo'naw] (*pl* **-ais**) *adj* vocational.

vocal [vo'kaw] (*pl* **-ais**) *adj* vocal.

vocálico, ca [vo'kaliku, ka] *adj* vocal.

vocalista [voka'liʃta] *mf* vocalist.

você [vɔ'se] (*pl* **vocês**) *pron pess* **-1.** [tratamento] you; ~ **é médico?** are you a doctor?; ~ **está muito elegante** you're looking very elegant; **vocês precisam estudar** you need to study; ~ **mesmo** OU **próprio** you yourself. **-2.** *(depois de prep)*: **isto pertence a** ~**?** is this yours?; **quero ir com vocês** I want to go with you; **penso muito em** ~ I think about you a lot; **esta carta é para** ~ this letter is for you. **-3.** [em anúncios]: **'o novo Fiat Regatta** ~ **vai adorar'** 'the new Fiat Regatta - you'll love it'; **'o melhor para** ~**'** 'the best thing for you'. **-4.** [alguém qualquer um] one; **na Universidade,** ~ **tem que estudar muito** at university, one has to study a lot.

vociferar [vosife'ra(x)] <> *vt* [bradar] to shout. <> *vi* [reclamar]: ~ **(contra)** to complain (about).

vodca ['vɔdʒka] *f* vodka.

voga ['vɔga] *f* **-1.** [ger] fashion. **-2.** NÁUT [cadência] rowing.

vogal [vo'gaw] (*pl* **-ais**) *f* LING vowel.

volante [vo'lãntʃi] *m* **-1.** AUTO steering wheel; **estar no** ~ to be at the wheel. **-2.** [motorista, piloto] driver. **-3.** [para apostas] betting slip. **-4.** [de máquina] flywheel.

volátil [vo'latʃiw] (*pl* **-eis**) *adj* volatile.

vôlei ['volej] *m* volleyball; ~ **de praia** beach volleyball.

voleibol [volei'bow] *m* = **vôlei**.

volt ['vɔwtʃi] *m* volt.

volta ['vɔwta] *f* **-1.** [giro] turn; **dar uma** ~ [sobre si mesmo] to turn round. **-2.** [retorno] return; **estar de** ~ to be back; **na** ~ [voltando] on the way back; [ao chegar] on arrival. **-3.** [passeio]: **dar uma** ~ [a pé] to go for a walk; [de carro] to go for a drive. **-4.** ESP lap. **-5.** MIL: **dar meia** ~

to about-turn *UK*, to about-face *US*. **-6.** *AUTO*: **fazer a ~** to make a U-turn, to turn back. **-7.** [de espiral] twist. **-9.** [contorno] edge. **-10.** [curva] curve. **-11.** *fig* [troco] comeback. **-12.** *loc*: **dar a ~ por cima** *fig* to get over (it).

◆ **às voltas com** *loc prep*: **estar/andar às ~s com** to be struggling with.

◆ **em volta de** *loc prep* around.

◆ **por volta de** *loc prep* around.

◆ **volta e meia** *loc adv* every now and again.

voltagem [vow'taʒẽ] *f* voltage.

voltar [vow'ta(x)] ◇ *vt* **-1.** [dirigir]: **~ algo para** to turn sthg towards. **-2.** [mudar a posição de] to turn. **-3.** [mostrar pelo verso] to turn over. ◇ *vi* **-1.** [ger] to return; **~ a si** to come to; **~ atrás** *fig* to back out. **-2.** [repetir-se] to come back. **-4.** [tratar novamente]: **~ a algo** to return to sthg. **-5.** [recomeçar]: **~ a fazer algo** to do sthg again.

◆ **voltar-se** *vp* **-1.** [virar-se] to turn round. **-2.** [recorrer]: **~-se para** to turn to. **-3.** [rebelar-se]: **~-se contra** to turn against.

volteio [vow'teju] *m* **-1.** [rodopio] spin. **-2.** [volta] bend. **-3.** [de equilibrista] movement.

volume [vo'lumi] *m* **-1.** [ger] volume; **aumentar/diminuir o ~** to turn the volume up/down. **-2.** [pacote] package.

volumoso, osa [volu'mozu, ɔza] *adj* bulky.

voluntário, ria [volũn'tarju, rja] ◇ *adj* voluntary. ◇ *m, f* volunteer.

voluntarioso, osa [volũnta'rjozu, ɔza] *adj* headstrong.

volúpia [vo'lupja] *f* **-1.** [sexual] pleasure. **-2.** [ambição] desire.

voluptuoso, osa [volup'twozu, ɔza] *adj* voluptuous.

volúvel [vo'luvew] (*pl* **-eis**) *adj* changeable.

volver [vow've(x)] ◇ *vt* to turn. ◇ *vi*: **~ a** to return to.

vomitar [vomi'ta(x)] ◇ *vt* **-1.** [expelir] to vomit, to throw up. **-2.** [sujar com vômito] to vomit on, to be sick on. **-3.** *fig* [proferir] to spew out. ◇ *vi* [expelir vômito] to vomit, to be sick.

vômito ['vomitu] *m* **-1.** [ato] vomiting, throwing up. **-2.** [substância] vomit, sick.

vontade [võn'tadʒi] *f* **-1.** [determinação] will. **-2.** [desejo] wish; **dar ~ a alguém de fazer algo** to make sb feel like doing sthg; **me deu vontade de sair** I felt like going out; **o filme me deu vontade de viajar** the film made me feel like travelling; **fazer a ~ de alguém** to do what sb wants; **ter ~ de fazer algo** to feel like doing sthg; **contra a ~** unwillingly. **-3.** [necessidade] need. **-4.** [empenho, interesse]: **boa/má ~** good/ill will.

◆ **vontades** *fpl* [caprichos]: **fazer todas as ~s de alguém** to pander to sb.

◆ **à vontade** *loc adv* **-1.** [sem cerimônia]: **ficar à ~** to feel at ease; **fique à ~** make yourself at home. **-2.** [em quantidade] loads. **-3.** [quanto se quiser] as much as one wants.

◆ **com vontade** *loc adv* [comer *etc.*] heartily.

vôo ['vow] *m* flight; **levantar ~** to take off; **~ livre** *ESP* hang-gliding.

voraz [vo'raʃ] (*pl* **-es**) *adj* **-1.** [pessoa, apetite] voracious. **-2.** *fig* [fogo *etc.*] devastating.

vos [vuʃ] *pron pl* [complemento direto] you; [complemento indireto] (to) you; *fml* [reflexo] yourselves; *fml* [recíproco] each other, one another.

vós ['vɔʃ] *pron pess* [sujeito, complemento direto] you; [complemento indireto] (to) you; **~ mesmos** *OU* **próprios** you, yourselves.

vosso, vossa ['vɔsu, 'vɔsa] ◇ *adj* your. ◇ *pron*: **o ~/a vossa** yours; **um amigo ~** a friend of yours; **os ~s** [a vossa família] your family.

votação [vota'sãw] (*pl* **-ões**) *f* [ato] voting; [voto] vote.

votar [vo'ta(x)] ◇ *vt* **-1.** [eleger] to vote. **-2.** [submeter a votação] to take a vote on. **-3.** [aprovar] to pass. ◇ *vi* **-1.** [dar voto] to vote; **~ em/contra/por** to vote on/against/for; **~ em branco** to abstain. **-2.** [ter direito a voto] to have a vote.

voto ['vɔtu] *m* **-1.** [votação] voting; **~ nulo/em branco** invalid/blank vote; **~ secreto** secret ballot. **-2.** [promessa] vow; **~ de castidade/pobreza** vow of chastity/poverty. **-3.** [desejo] wish; **fazer ~s que** to hope that.

vovó [vo'vɔ] *f* granny.

vovô [vo'vo] *m* grandpa.

voyeurismo [voje'riʒmu] *m* voyeurism.

voz ['vɔʃ] (*pl* **-es**) *f* **-1.** [ger] voice; **em ~ alta/baixa** in a loud/low voice. **-2.** [poder decisório, autoridade]: **ter ~ (ativa) em** to have a say in. **-3.** *fig* [conselho]: **a ~ da experiência** the voice of experience.

vozerio [voze'riw] *m* uproar.

vulcânico, ca [vuw'kãniku, ka] *adj* volcanic.

vulcão [vuw'kãw] (*pl* **-ões**) *m* volcano.

vulgar [vuw'ga(x)] (*pl* **-es**) *adj* **-1.** [comum] common. **-2.** [baixo, grosseiro] vulgar. **-3.** [medíocre] mediocre.

vulgaridade [vuwgari'dadʒi] *f* vulgarity.

vulgarizar [vuwgari'za(x)] *vt* [popularizar] to popularize.

◆ **vulgarizar-se** *vp* **-1.** [popularizar-se] to become commonplace. **-2.** [tornar-se reles] to coarsen.

vulgarmente [vuwgax'mẽntʃi] *adv* commonly.

vulgo ['vuwgu] ◇ *m* common people. ◇ *adv* otherwise known as.

vulnerabilidade [vuwnerabili'dadʒi] *f* vulnerability.

vulnerável [vuwne'ravɛw] (*pl* **-eis**) *adj* vulnerable.
vulto ['vuwtu] *m* **-1.** [figura, sombra] figure. **-2.** [semblante] face. **-3.** *fig* [importância] stature; **de ~** important. **-4.: tomar ~** [desenvolver-se] to take shape.
vultoso, osa [vuw'tozu, ɔza] *adj* **-1.** [volumoso] bulky. **-2.** [obra, negócio] weighty. **-3.** [quantia] considerable.
vulva ['vuwva] *f* vulva.

W

w, W *m* [letra] w, W.
walkie-talkie [ˌwɔki'tɔki] (*pl* **walkie-talkies**) *m* walkie-talkie.
walkman® ['wɔkmɪ] *m* Walkman.
WAN (*abrev de* **Wide Area Network**) *f* WAN.
Washington ['wɔʃintõ] *n* Washington.
watt ['wɔtʃi] *m* watt.
WC (*abrev de* **water closet**) *m* WC.
windsurfe [wĩndʒi'suxfi] *m* windsurfing.
workshop [woxki'ʃɔpi] *m* workshop.
WWW (*abrev de* **World Wide Web**) *f* WWW.

X

x, X *m* [letra] x, X.
xadrez [ʃa'dreʃ] ◇ *m* **-1.** [jogo] chess. **-2.** [desenho] check. **-3.** [tecido] checked cloth. **-4.** *fam* [prisão] clink. ◇ *adj inv* checked.
xale ['ʃali] *m* shawl.
xampu [ʃãn'pu] *m* shampoo.
xarope [ʃa'rɔpi] *m* syrup.
xaxim [ʃa'ʃĩ] *m* fibrous-stemmed plant.
xenofobia [ʃenofo'bia] *f* xenophobia.
xepa ['ʃepa] *f fam* [de feira] scraps *(pl)*.
xeque ['ʃɛki] *m* **-1.** [xadrez] check. **-2.** [xeique] sheikh. **-3.** *loc*: **pôr em ~** to threaten.
xeque-mate [ˌʃɛki'matʃi] (*pl* **xeque-mates**) *m* checkmate.
xereta [ʃe'reta] *adj fam* [bisbilhoteiro] busybody.
xerez [ʃe'reʃ] *m* sherry.
xerife [ʃe'rifi] *m* sheriff.
xerocar [ʃero'ka(x)], *vt* to photocopy.
xerocópia [ʃero'kɔpja] *f* photocopy.
xerocopiar [ʃeroko'pja(x)] *vt* = **xerocar.**
xérox® [ʃe'rɔks] *m* **-1.** [cópia] photocopy. **-2.** [máquina] photocopier.
xícara ['ʃikara] *f* cup; **~ de chá** cup of tea.
xiita [ʃi'ita] ◇ *adj* [muçulmano] Shiite. ◇ *mf* **-1.** [muçulmano] Shiite. **-2.** *fig* [radical] extremist.
xilofone [ʃilo'foni] *m* xylophone.
xilografia [ʃilogra'fia] *f* **-1.** [técnica] wood engraving. **-2.** [gravura] woodcut.
xingamento [ʃĩnga'mẽntu] *m* swearing.
xingar [ʃĩŋ'ga(x)] ◇ *vt* to swear at; **~ alguém de algo** to call sb sthg. ◇ *vi* to swear.
xinxim [ʃĩn'ʃĩ] (*pl* **-ns**) *m*: **~ de galinha** chicken casserole.
xixi [ʃi'ʃi] *m fam* pee; **fazer ~** to pee.
xodó [ʃo'dɔ] *m* [pessoa querida] sweetheart.
xoxota [ʃo'ʃɔta] *f vulg* [vulva] pussy.
xucro, cra ['ʃukru, kra] *adj* **-1.** [animal] untamed. **-2.** [grosseiro] coarse. **-3.** [ignorante] thick.

Z

z, Z *m* [letra] z, Z.
zaga ['zaga] *f* FUT fullback.
zagueiro [za'gejru] *m* FUT fullback.
Zaire ['zajri] *n* Zaire.
zanga ['zãŋga] *f* **-1.** [irritação] annoyance. **-2.** [briga] anger.
zangado, da [zãŋ'gadu, da] *adj* **-1.** [aborrecido] angry. **-2.** [irritado] annoyed. **-3.** [mal-humorado] cross.
zangão ['zãŋgãw] (*pl* **-ões**) *m* ZOOL drone.
zangar [zãŋ'ga(x)] ◇ *vt* [irritar] to annoy. ◇ *vi* **-1.** [irritar-se] to get angry. **-2.** [ralhar] to scold; **~ com alguém** to tell sb off.
◆ **zangar-se** *vp* **-1.** [aborrecer-se] to get angry. **-2.** [irritar-se] to get annoyed.
zangões [zãŋ'gõjʃ] *pl* ▷ **zangão.**
zanzar [zan'za(x)] *vi* to wander about.
zarpar [zax'pa(x)] *vi* **-1.** [embarcação] to weigh anchor. **-2.** [partir] to set off. **-3.** [fugir] to run away.
zebra ['zebra] *f* **-1.** ZOOL zebra. **-2.** [faixa para pedestres] zebra crossing. **-3.** *fam pej* [pessoa] dunce. **-4.** *loc*: **dar ~** to turn out badly.
zebu [ze'bu] *m* ZOOL zebu.
zelador, ra [zela'do(x), ra] (*pl* **-es**, *fpl* **-s**) *m, f* [de prédio] caretaker *UK*, janitor *US*.
zelar [ze'la(x)] *vi*: **~ por** to care for.

zelo ['zelu] *m* **-1.** [cuidado] care. **-2.** [empenho] zeal.

zeloso, osa [ze'lozu, za] *adj* [cuidadoso]: ~ **(de/por)** caring (for), careful (of).

zé-mané [ˌzɛma'nɛ] (*pl* **-s**) *m* ***fam*** [otário, bobalhão] idiot, airhead.

zen [zẽ] *adj inv* zen.

zen-budismo [zẽn bu'dʒiʒmu] *m* Zen Buddhism.

zé-ninguém [ˌzɛnĩŋ'gẽ] (*pl* **zés-ninguém**) *m*: **um** ~ a nobody.

zepelim [ze'pelĩ] (*pl* **-ns**) *m* [balão] zeppelin.

zerar [ze'ra(x)] *vt* **-1.** [reduzir a zero] to reduce to zero. **-2.** [liquidar] to wipe out.

zero ['zɛru] *num* **-1.** [ger] zero; ~ **erros** no mistakes; **abaixo/acima de** ~ below/above zero. **-2.** ESP nil; [em tênis] love. **-3.** *loc*: **ser um** ~ **à esquerda** to be a nothing.

◆ **a zero** *loc adv*: **ficar a** ~ to end up broke; *veja também* **seis**.

zero-quilômetro [ˌzɛruki'lɔmetru] <> *adj inv* brand new. <> *m inv* brand new car.

ziguezague [ˌzigi'zagi] *m* zigzag.

ziguezaguear [zigiza'gja(x)] *vi* to zigzag.

zinco ['zĩŋku] *m* zinc.

zipar [zi'pa(x)] *vt* COMPUT to zip.

zoada ['zwada] *f* = **zoeira**.

zoar ['zwa(x)] <> *vt* [caçoar] to make fun of. <> *vi* **-1.** [fazer grande ruído] to make a din. **-2.** [zumbir] to buzz. **-3.** [fazer troça] to make fun. **-4.** [promover confusão] to cause trouble.

zodiacal [zodʒja'kaw] *adj* of the zodiac *(depois de subst)*.

zodíaco [zo'dʒiaku] *m* zodiac.

zoeira ['zwejra] *f* din.

zombar [zõm'ba(x)] *vi* **-1.** [debochar]: ~ **de alguém/algo** to make fun of sb/sthg. **-2.** [desdenhar]: ~ **de algo** to sneer at sthg.

zombaria [zonba'ria] *f* [deboche] ridicule.

zombeteiro, ra [zõnbe'tejru, ra] <> *adj* [zombador] joking. <> *m,f* joker.

zona ['zona] *f* **-1.** [ger] zone; ~ **franca** free trade area. **-2.** ***fam*** [bagunça, confusão] mess.

zoneamento [zonja'mẽntu] *m* [divisão em zonas] zoning.

zonear [zo'nja(x)] <> *vt* **-1.** ***fam*** [bagunçar] to mess up. **-2.** [dividir em zonas] to zone. <> *vi* ***fam*** [bagunçar] to mess up.

zonzo, za ['zõnzu, za] *adj* **-1.** [tonto] dizzy. **-2.** [atordoado, confuso] giddy.

zôo ['zow] *m* zoo.

zoologia [zwolo'ʒia] *f* zoology.

zoológico, ca [zo'lɔʒiku, ka] *adj* zoological.

◆ **zoológico** *m* zoo.

zoom [zũ] *m* zoom.

zum [zũ] *m* zoom.

zumbido [zũn'bidu] *m* **-1.** [de inseto] buzz. **-2.** [de motor, vozes *etc.*] hum. **-3.** [no ouvido] ringing.

zumbir [zũm'bi(x)] *vi* **-1.** [inseto] to buzz. **-2.** [motor, vozes] to hum. **-3.** [bala, vento] to whistle. **-4.** [ouvido] to ring.

zunzum [zũn'zũ] (*pl* **-ns**) *m* **-1.** [ruído] humming. **-2.** [boato] rumour.

SUPLEMENTO

Artigos

Em inglês, o artigo pode ser definido ou indefinido.

Artigos indefinidos a/an

A	An
Vem antes de palavras iniciadas por consoantes: **a dog, a book**	Vem antes de palavras iniciadas por vogal: **an apple, an umbrella**
Vem antes de palavras iniciadas por vogal que tem som de consoante: **a uniform, a university**	Vem antes de palavras iniciadas por "h" com som de vogal: **an hour, an honour**

• Usos do artigo indefinido

Os artigos indefinidos são usados antes de substantivos singulares, quando não sabemos (ou não importa) a que elemento específico nos referimos.

I have just bought a CD.
[Não se trata de especificar que CD foi comprado.]

Artigos indefinidos são usados também quando se introduz um novo elemento no discurso, inesperado ou ainda não conhecido pelo interlocutor.

She is a doctor.

A/an também são usados em expressões de tempo ou quantidade, com o sentido de "a cada" ou "em cada".

I check my e-mails three times **a** day.
The beans cost thirty cents **a** kilo.

Não confundir o uso do artigo **a** com o uso do numeral **one**:

A car is no good. We need a van.
One car is no good. We need two or three.

Artigo definido the

O artigo definido é utilizado quando o interlocutor conhece (ou logo reconhecerá) o elemento mencionado, seja pelo contexto familiar ou por referência a elementos mencionados antes ou depois no discurso.

I enjoyed the film you talked about.
Last night I saw John and his mother. The boy looked very happy.
The books are only for the students who arrive early.
[Somente para aqueles alunos.]

• Emprega-se também o artigo definido nos seguintes casos:

Antes de nomes próprios de acidentes geográficos

rios: **the Mississippi**
mares e oceanos: **the Pacific**
cordilheiras: **the Rockies**
arquipélagos: **the Falklands**
desertos: **the Sahara**

Antes de nomes próprios de:

cinemas: **the Astor**
hotéis: **the Waldorf Astoria**
jornais: **the Guardian**
partidos políticos: **the Socialist party**

Antes de nomes de países:

que são escritos no plural: **the Philippines**
compostos por um elemento que os qualifica: **the Czech Republic**

• Quando os artigos definidos não são empregados

Antes de datas/horários quando expressos de maneira generalizada:

at ten o' clock | next Friday | last year | on Sunday

Depois de verbos de movimento (leave, go, get), quando antecedem as palavras **home, work, bed**

I'm going home.
The girl went to bed.
Hugh gets to work very early.

Em frases antes de palavras que expressam instituições, como **hospital, school, church, college, university,** quando há uma relação de dois sujeitos praticando ou sofrendo ações diferentes.

Did you hear about Paul's father? He had an accident and is in hospital. Lucy is going to the hospital later to see him. [O pai de Paul é paciente, Lucy é visita.]

Matthew is having a good time in college, but he hates it when his mother goes to the college to take him food. [Matthew é aluno, sua mãe apenas o visita.]

Adjetivos

Os adjetivos não variam em gênero e número em inglês.

She's **intelligent**, but her brother is also **intelligent**.

There are many **beautiful** houses on the street.

O particípio de vários verbos pode ser usado como adjetivo.

an **interesting** film   **frozen** food   two **delighted** girls

Os adjetivos podem ser compostos por **well** + particípio dos verbos.

well-dressed man   **well-kept** house

Muitos adjetivos permitem variações de grau.

a very **hot** day   an extremely **dirty** room

Alguns adjetivos que não permitem variações de grau podem ser enfatizados por intermédio dos advérbios **absolutely** e **really**.

absolutely **wonderful** (e não very **wonderful**)
really **enormous** (e não very **enormous**)

Quando mais de um adjetivo qualifica um mesmo substantivo, os adjetivos devem obedecer à seguinte ordem determinada:

Aparência   Tamanho   Idade   Forma   Cor   Origem   Material

A light [aparência], **square** [forma], **silk** [material] **tablecloth**.
An ugly [aparência], **old** [idade] **car**.
A small [tamanho], **red** [cor], **Italian** [origem] **car**.

Grau do adjetivo: o comparativo e o superlativo

	Comparativo	**Superlativo**
Adjetivos de uma sílaba	Para formar o comparativo, acrescenta-se o sufixo **er** long**er** (than), old**er** (than)	Para formar o superlativo, acrescenta-se o sufixo **est** long**est**, old**est**
	Normalmente, para se formar o comparativo, usa-se também **than**	Geralmente usa-se o **the** antes do adjetivo:
		Everest is **the highest** mountain in the world.

	Comparativo	Superlativo
Adjetivos de duas sílabas terminados em **y**	Para formar o comparativo, substitui-se o y pelo sufixo **ier** prett**ier** (than), bus**ier** (than)	Para formar o superlativo, substitui-se o y pelo sufixo **iest** prett**iest**, bus**iest**
Adjetivos com duas sílabas não terminados em **y** e adjetivos com três ou mais sílabas	Para formar o comparativo, acrescenta-se **more** antes do adjetivo **more** modern (than) **more** beautiful (than) **more** intelligent (than)	Para formar o superlativo, acrescenta-se **most** antes do adjetivo **the most** modern **the most** beautiful **the most** intelligent
Adjetivos com comparativos e superlativos irregulares	good = **better** (than) bad = **worse** (than) far = **further/farther** (than)	good = **the best** bad = **the worst** far = **the furthest/farthest**

Alguns adjetivos obedecem a regras especiais na formação do comparativo e do superlativo:

Nos adjetivos de uma sílaba terminados em consoante + vogal + consoante, dobra-se a consoante final para formar o comparativo e o superlativo.

The leopard is big but the lion is **bigger than** the leopard.
The Sahara is **the hottest** desert in world.

Nos adjetivos de uma sílaba terminados em **e**, adicionam-se **r** ou **st**.

She is **nicer than** her sister.
The Amazon jungle is **the largest** in the world.

- **Expressões comparativas**

Para expressar relação de igualdade entre duas coisas	Para expressar relação de desigualdade entre duas coisas	Para dar idéia de continuidade e intensificação
as + adjetivo + **as** Chemistry is as difficult as Physics.	**not so** + adjetivo + **as** **not as** + adjetivo + **as** Skating is not as hard as surfing.	Repete-se o adjetivo intercalando-se **and**. The weather is getting hotter and hotter.

Less and **least** podem ser usados como o contrário de **more** e **most**:

The book was **less** interesting **than** I thought.
He is **the least** attractive boy in his class.

Verbos

Há três tipos de verbos em inglês:

Verbos principais[1]	Verbos auxiliares[2]	Verbos modais[3]
	do, be, have	can, could, will, would, may, might, must, ought, need

1. Os verbos principais, quando combinados com verbos auxiliares, formam diferentes tempos e significados.
2. **Do, be** e **have** também podem ser verbos principais.
3. Os modais também são verbos auxiliares, mas possuem significados próprios, expressando noções de possibilidade, permissão, certeza, vontade etc.

Tempos verbais

• A maioria dos tempos verbais em inglês possui as formas:

Básica: infinitivo sem **to**
Contínua: infinitivo + **ing**
Perfect: infinitivo + **ed/ied** (verbos regulares)
Particípio passado: **ed/ied** (verbos regulares)

Para o emprego dos tempos verbais em inglês, há que se considerar duas questões básicas:

Tempo em que a ação se passa	Relação do falante com o tempo
Present simple	Present perfect
Present continuous	Present perfect continuous
Past simple	Past continuous
Future simple	Past perfect
	Future perfect

• Formação dos tempos verbais

Tempo do verbo	Como se constitui	Usos
Present simple	infinitivo sem **to** **We usually watch the news.** 3ª pessoa do singular **he**, **she**, **it**: infinitivo + **s**, **es**, **ies** **She takes the bus every day.**	• ações que acontecem repetidamente (hábitos) **I drink coffee every day.** • fatos que permanecem os mesmos por muito tempo (estados). **She lives in Australia.** • fatos ("verdades") sobre o mundo ou pessoas. **Ice melts in the sun.** • acontecimentos futuros dados como "certos" em um calendário ou tabela de horários. **The plane arrives in Paris at 7.30 the next day.**
Present continuous	**am/is/are** (presente do verbo **to be**) + **present participle** (**ing**) **I am calling Tom now.** **We are watching TV.** **She's listening to music.**	• atividades temporárias ou em processo. **She's drinking tea today. (Normally she drinks coffee.)** • atividades que acontecem no momento em que se fala. **Someone is playing music very loud! Listen to that noise!** • atividades que acontecem por um período limitado no presente, mas não necessariamente no momento. **I'm reading a book about butterflies.** • atividades futuras previamente planejadas. **Susan is seeing the dentist tomorrow at 9.00.**
Present perfect	**have/has** (presente do verbo *to have*) + **past participle** **I have written the book.** **We have lived here since 1998.** **He has made a mistake.**	• atividades passadas (cujo resultado é percebido no presente). **He's made many changes to the house. Look!** • atividades passadas que continuam no presente. **She's lived in this house for 10 years.** • atividades e experiências passadas sem data específica. **They've been to England many times./ Have you ever climbed a mountain?** • atividades e experiências passadas únicas e sem data específica. **I´ve broken my leg once.**

Tempo do verbo	Como se constitui	Usos
Present perfect continuous	**have/has + been** (particípio passado do verbo to be) **+ present participle (ing)** **I have been doing yoga for one year.** **They've been working hard.** **It has been raining a lot lately.**	• indica que uma atividade recente pode ainda estar ou não em processo. **What's that smell? Have you been cooking?** • indica a repetição de atividades passadas (cujo resultado é percebido no presente). **He's been working out at the gym.** • indica que uma atividade recente ainda continua no presente, de forma temporária. **She´s been working here for a few days.**
Past simple	• verbos regulares: infinitivo **+ ed** ou **ied** **They enjoyed the film last night.** **He studied English last year.** • verbos irregulares: cada verbo tem forma distinta. **We went to the cinema last night.** (verbo **to go**)	• atividades e experiências passadas com data específica. **She visited her aunt last Sunday.** • indica o término de atividades e experiências passadas (cujo resultado não tem relação com o presente). **He wrote 15 books before his death. (He's dead now.)** • hábitos passados **I took the bus everyday to go to school.** • narrar fatos e eventos em uma história. **"Once upon a time, a pretty girl lived alone in a castle."**
Past continuous	**past simple** do verbo to be **+ present participle (ing)** **We were having dinner when the show started.** **I was cleaning the kitchen when Tom called.**	• atividades passadas em processo. **She was cooking dinner when the kids got home.** • descrições de situações ou de diversas atividades passadas em processo. **It was raining and the cars were moving slowly when I looked out of the window.** • interrupção de atividades passadas em processo. **I was having a shower when the phone rang.** • atividades passadas incompletas. **I was writing an essay last night and I had an idea. (I still need to finish writing it.)** • atividades futuras ainda no passado. **Julia was excited. She was taking the plane to Disneyworld later that evening.**

Tempo do verbo	Como se constitui	Usos
Past perfect	**had** (**past simple** do verbo **to have**) + **past participle** **I had seen that man before.**	• atividades passadas que aconteceram antes de uma data passada específica. **I went to his house at 9 but he had already left.** • fatos e eventos anteriores àqueles narrados em uma história. **He opened the door and saw the room where his parents had slept.**
Past perfect continuous	**had + been + present participle (ing)** **I had been travelling for two months when I got to India.**	• atividades passadas em processo, anteriores a uma data passada específica. **In the evening, she looked tired: she'd been cleaning all the rooms in the house.** • atividades passadas repetidas, anteriores a uma data passada específica. **When her family took her to the hospital, they discovered she hadn´t been eating well for months.**
Future simple	**will** + infinitivo sem **to** **She will love this new shirt.**	• atividades e acontecimentos futuros, quando expressos de maneira genérica. **He will be champion before he is 25./I think it will be hot tomorrow.** • decisões não premeditadas, tomadas no momento da fala. **I'll have a hamburger, please.** • promessas e ameaças não premeditadas. **I'll pick you up tomorrow, then.** • ofertas de ajuda e intenções não premeditadas. **I'll do it tomorrow, don't worry.**
Future continuous	**will be + present participle (ing)** **They will be studying hard.**	• atividades que estarão em processo em determinado momento no futuro. **He will still be sleeping at 9. It's no use phoning him.** • eventos dados como certos em determinado momento no futuro. **She'll be staying with friends when she goes to Sydney.**
Future perfect	**will + have + past participle** **He will have finished it by 5.00.**	• atividades que estarão terminadas antes de determinado momento no futuro. **He will have painted the room by the time we get home.**

• Formas verbais

Present simple

Afirmativa ►	We usually watch the news.	He always washes his car.
Negativa ►	**do not** + infinitivo sem **to** 3ª pessoa do singular: **does not**	I do not (don´t) eat ice-cream. She does not dance very well.
Interrogativa ►	**Do** + pronome + infinitivo sem **to** 3ª pessoa do singular: **does**	Do they want a new car? Does she know the boy?

Present continuous

Afirmativa ►		She's listening to music.
Negativa ►	**to be + not + present participle (ing)**	I am not reading a book at the moment.
Interrogativa ►	**to be** + pronome + **present participle (ing)**	Are they giving the right answer?

Present perfect

Afirmativa ►		I have written the essay. She has done her home-work.
Negativa ►	**to have + not + past participle**	You have not (haven´t) given the answer. He has not (hasn´t) been to Europe yet.
Interrogativa ►	**to have** + pronome + **past participle**	Have you eaten the cake? Has the concert started?

Present perfect continuous

Afirmativa ►		They have been working hard. He has been studying a lot.
Negativa ►	**to have + not + been + present participle (ing)**	You have not been reading the paper. She hasn't been studying a lot lately.
Interrogativa ►	**to have** + pronome + **been** + **present participle (ing)**.	Have you been cooking? Has she been having problems?

Past simple

Afirmativa	►		I danced a lot at the party last night.
Negativa	►	**did not** + infinitivo sem **to**	You did not (didn´t) phone the doctor.
Interrogativa	►	**did** + pronome + infinitivo sem **to**	Did they bring any food? Did the students do their homework?

Past continuous

Afirmativa	►		We were having dinner when the show started.
Negativa	►	**was/were + not + present participle (ing)**	They were not (weren´t) dancing at the party when Tom left. She was not (wasn´t) sleeping when we arrived.
Interrogativa	►	**was/were** + pronome + **present participle (ing)**	Was he driving when the car hit the bus? Were they going out when you looked?

Past perfect

Afirmativa	►		She had eaten dinner there twice. They had never said those things.
Negativa	►	**had + not + past participle**	We had not (hadn´t) seen the woman arrive. It had not (hadn´t) rained the night before.
Interrogativa	►	**had** + pronome + **past participle**	Had you taken the keys that day? Had she brought a friend with her?

Past perfect continuous

Afirmativa	►		They had been travelling for two months when I got to India.
Negativa	►	**had + not + been + present participle (ing)**	He had not (hadn´t) been trying hard when he failed the exam.
Interrogativa	►	**had + pronome + been + present participle (ing)**	Had she been sleeping well before her exams?

Future simple

Afirmativa	►		She will love this new shirt.
Negativa	►	**will** + **not** + infinitivo sem **to**	He will not (won´t) travel to the USA anymore.
Interrogativa	►	**will** + pronome + infinitivo sem **to**	Will she marry him?

Future continuous

Afirmativa	►		She will be working hard.
Negativa	►	**will + not be + present participle (ing)**	You will not (won´t) be driving next week. They will not (won´t) be having dinner.
Interrogativa	►	**will** + pronome + **be + present participle (ing)**	Will I be getting help? Will he be taking the bus?

Future perfect

Afirmativa	►		Will you have eaten dinner before you leave?
Negativa	►	**will + not have + past participle**	We will not (won´t) have done everything if we leave now.
Interrogativa	►	**will** + pronome + **have** + **past participle**	Will she have brought the food before we arrive?

• Verbos modais

São os seguintes os verbos modais em inglês:

Presente	Passado
can/be able to	could
may	might
will	would
shall	should
must	
ought to	
need	

• Usos dos verbos modais

Os modais são usados para "emprestar" significado a outros verbos.

Os modais servem para indicar:

Habilidade ► She can sing very well.
They will be able to drive at the end of the course.

Possibilidade ► I can see you next week.
Richard could go by plane.
It may rain tomorrow.
The e-mail might arrive at any minute.

Dedução ► He must be rich. Look at his car!
That can't be Debbie: she's much younger!
Howard should understand this. He studied French.

Certeza ► Call Linda. She'll be at home now.

Conselho ► You should study much harder if you want to pass.
The doctor said my father should do some exercise.
You ought to be more careful.

Obrigação ► The students must do the test in pencil.
People mustn't smoke in this room.

Necessidade ► She need not come if she doesn't want to.

Oferta ► Would you like a drink?
Shall I open the door?
May I take your coat?

Permissão ► Can I make a phone call?
May I speak freely?

- **Formas dos verbos modais**

Afirmativa ► pronome + modal + infinitivo sem **to**
I can sing very well.

Negativa ► pronome + modal + **not** + infinitivo sem **to**
I will not go there.

Interrogativa ► modal + pronome + infinitivo sem **to**
Should she call you?

Os verbos irregulares em inglês

Infinitvo	Pretérito Simples	Particípio
arise	arose	arisen
awake	awoke	awoken
be	was/ were	been
bear	bore	born(e)
beat	beat	beaten
begin	began	begun
bend	bent	bent
bet	bet/betted	bet/betted
bid	bid	bid
bind	bound	bound
bite	bit	bitten
bleed	bled	bled
blow	blew	blown
break	broke	broken
breed	bred	bred
bring	brought	brought
build	built	built
burn	burnt/burned	burnt/burned
burst	burst	burst
buy	bought	bought
can	could	-
cast	cast	cast
catch	caught	caught
choose	chose	chosen
come	came	come
cost	cost	cost
creep	crept	crept
cut	cut	cut
deal	dealt	dealt
dig	dug	dug
do	did	done
draw	drew	drawn
dream	dreamed/dreamt	dreamed/dreamt
drink	drank	drunk
drive	drove	driven

Infinitvo	Pretérito Simples	Particípio
eat	ate	eaten
fall	fell	fallen
feed	fed	fed
feel	felt	felt
fight	fought	fought
find	found	found
fling	flung	flung
fly	flew	flown
forget	forgot	forgotten
freeze	froze	frozen
get	got	gotten (*Brit* got)
give	gave	given
go	went	gone
grind	ground	ground
grow	grew	grown
hang	hung/hanged	hung/hanged
have	had	had
hear	heard	heard
hide	hid	hidden
hit	hit	hit
hold	held	held
hurt	hurt	hurt
keep	kept	kept
kneel	knelt/kneeled	knelt/kneeled
know	knew	known
lay	laid	laid
lead	led	led
lean	leant/leaned	leant/leaned
leap	leapt/leaped	leapt/leaped
learn	learnt/learned	learnt/learned
leave	left	left
lend	lent	lent
let	let	let
lie	lay	lain
light	lit/lighted	lit/lighted

Infinitvo	Pretérito Simples	Particípio
lose	lost	lost
make	made	made
may	might	-
mean	meant	meant
meet	met	met
mow	mowed	mown/mowed
pay	paid	paid
put	put	put
quit	quit/quitted	quit/quitted
read	read	read
rid	rid	rid
ride	rode	ridden
ring	rang	rung
rise	rose	risen
run	ran	run
saw	sawed	sawn
say	said	said
see	saw	seen
seek	sought	sought
sell	sold	sold
send	sent	sent
set	set	set
shake	shook	shaken
shall	should	-
shed	shed	shed
shine	shone	shone
shoot	shot	shot
show	showed	shown
shrink	shrank	shrunk
shut	shut	shut
sing	sang	sung
sink	sank	sunk
sit	sat	sat
sleep	slept	slept
slide	slid	slid
sling	slung	slung
smell	smelt/smelled	smelt/smelled
sow	sowed	sown/sowed

Infinitvo	Pretérito Simples	Particípio
speak	spoke	spoken
speed	sped/speeded	sped/speeded
spell	spelt/spelled	spelt/spelled
spend	spent	spent
spill	spilt/spilled	spilt/ spilled
spin	spun	spun
spit	spat/spit (*Am*)	spat/spit (*Am*)
split	split	split
spoil	spoiled/spoilt	spoiled/spoilt
spread	spread	spread
spring	sprang	sprung
stand	stood	stood
steal	stole	stolen
stick	stuck	stuck
sting	stung	stung
stink	stank	stunk
strike	struck	struck/stricken
swear	swore	sworn
sweep	swept	swept
swell	swelled	swolled/swelled
swim	swam	swum
swing	swung	swung
take	took	taken
teach	taught	taught
tear	tore	torn
tell	told	told
think	thought	thought
throw	threw	thrown
tread	trod	trodden
wake	woke/waked	woken/waked
wear	wore	worn
weave	wove/weaved	woven/weaved
weep	wept	wept
win	won	won
wind	wound	wound
wring	wrung	wrung
write	wrote	written

Sentenças condicionais

Em inglês, há três formas de sentenças condicionais:

Sentenças condicionais	Como se formam
1ª Refere-se a uma situação futura. Usada quando o falante vê como prováveis tanto a condição como o resultado da ação.	If + present simple ► future simple (will). If it rains on Sunday, I will sleep late.
2ª Refere-se a uma situação presente. Usada quando o falante vê tanto a condição como o resultado da ação de maneira improvável, imaginária ou impossível.	If + past simple ► would If I had a lot of money, I would travel all over the world. If she liked the dress, she would buy it.
3ª Refere-se a uma situação passada. Usada quando, para o falante, tanto a condição como o resultado de uma ação passada não mais podem ser alterados no presente.	If + past perfect ► would + have + past participle If Liza had known the tests were so difficult, she would have studied harder.

• Outras formas de sentenças condicionais

O **zero conditional** expressa fatos que não sofrem variação entre condição e resultado. Seu uso é semelhante a **when**.

If he drinks a lot, he always gets a hangover.

Mixed conditionals são sentenças em que o falante vê a condição e o resultado da ação em tempos diferentes. A condição pode se referir ao passado, mas o resultado pode estar ligado ao presente.

If my mother had taught me how to cook, I would know what to do now.

Discurso direto e indireto

Discurso direto: forma exata como o falante disse alguma coisa.
Discurso indireto: forma como outra pessoa reproduziu as palavras do falante.

Para transformar uma forma em outra, muda-se o tempo verbal.

Quando o tempo verbal usado no discurso direto for:	No discurso indireto, vamos ter:
present simple I live in Rio.	**past simple** He said (that) he lived in Rio.
present continuous They are working in the kitchen.	**past continuous** We said (that) they were working in the kitchen.
present perfect simple She has never been to Rome.	**past perfect simple** I said she had never been to Rome.
present perfect continuous I have been practising piano a lot.	**past perfect continuous** He said he had been practising piano a lot.
past simple Linda went to the cinema.	**past perfect simple** I said Linda had gone to the cinema.
past continuous She was driving to the beach.	**past perfect continuous** He said she had been driving to the beach.
past perfect He had already done all the work.	**past perfect** She said he had already done all the work.
shall/will I will be late.	**would** She said (that) she would be late.
must They must study hard.	**had to** I said they had to study harder.
can Tom can paint very well.	**could** She said Tom could paint very well.

Em alguns casos, para passar do discurso direto ao indireto, é necessário também adaptar a frase original, no que se refere a local ou tempo:

Discurso direto	Discurso indireto
She is cooking **now**.	He said she was cooking **then**.
I'll go there **tonight**.	He said he would go there **that night**.
She'll do that **tomorrow**.	He said she would do that **the following day/ the day after**.
We are at home **this morning**.	They said they were at home **that morning**.
Tom saw the play **last Friday**.	She said Tom had seen the play **the previous Friday**.
The tests will start **next week**.	He said the tests would start **the following week**.
Carl took the papers **3 days ago**.	He said Carl had taken the papers **3 days before**.
The children want **this** game.	She said the children wanted **that** game.

Quando o discurso direto for uma pergunta, a passagem para o discurso indireto obedece às mesmas regras, atentando-se apenas para o fato de que não há inversão entre verbo auxiliar e sujeito:

Discurso direto	Discurso indireto
How old is she?	He asked how old she was.
Where do you live?	They asked where I lived.
Do they like apples?	He asked if/whether they liked apples.
Can she play the guitar?	They asked if/whether she could play the guitar.

Números

• Numerais cardinais

0 zero, nought *Brit.*
1 one
2 two
3 three
4 four
5 five
6 six
7 seven
8 eight
9 nine
10 ten
11 eleven
12 twelve
13 thirteen
14 fourteen
15 fifteen
16 sixteen
17 seventeen
18 eighteen
19 nineteen
20 twenty
21 twenty-one
22 twenty-two
23 twenty-three
24 twenty-four
25 twenty-five
26 twenty-six
27 twenty-seven
28 twenty-eight
29 twenty-nine
30 thirty
31 thirty-one
32 thirty-two
40 forty
50 fifty
60 sixty
70 seventy
80 eighty
90 ninety
100 one hundred
101 one hundred and one
102 one hundred and two
110 one hundred and ten
200 two hundred
201 two hundred and one
202 two hundred and two
300 three hundred
400 four hundred
500 five hundred

1,000 one thousand
1,001 one thousand and one
1,002 one thousand and two
1,100 one thousand one hundred
1,200 one thousand two hundred
2,000 two thousand
10,000 ten thousand
100,000 one hundred thousand
1,000,000 one million
2,000,000 two million
1,000,000,000 one billion/one thousand million *Brit*

• Usos dos numerais cardinais

Para indicar dúzia ou quantidades aproximadas, usa-se **dozen**.

Meia dúzia: half a dozen

Para indicar quantidades determinadas, acrescenta-se **s** depois de **hundred** ou **million**:

hundreds of books
millions of people

O decimal é indicado por ponto:

0.56 point fifty-six
3.9 three point nine

O milhar é indicado por vírgula:

345,000; three hundred and forty-five thousand

• Numerais ordinais

Para formar os ordinais, acrescenta-se o sufixo **th** ao cardinal, exceto nos ordinais 1º, 2º e 3º.

1st	first	**10th**	tenth	**72nd**	seventy-second
2nd	second	**11th**	eleventh	**83rd**	eighty-third
3rd	third	**12th**	twelfth	**94th**	ninety-fourth
4th	fourth	**13th**	thirteenth	**100th**	one hundredth
5th	fifth	**20th**	twentieth	**101st**	one hundred and first
6th	sixth	**30th**	thirtieth	**1,000th**	one thousandth
7th	seventh	**40th**	fortieth		
8th	eighth	**50th**	fiftieth		
9th	ninth	**61st**	sixty-first		

• Usos dos numerais ordinais

Os ordinais também são usados:

Para indicar frações:

1/4 = a quarter
2 3/5 = two and three-fifths

Para indicar os dias do mês:

May 4 = the fourth of May

Usos do zero

Para indicar o zero no número de telefone, usa-se **oh**

345-6079 = three-four-five, six-oh-seven-nine

Para indicar o zero em placar de jogo de futebol, usa-se **nil**

The score was three-nil (3 X 0)

Para indicar o zero em placar de jogo de tênis, usa-se **love**

The set was fifteen-love (15-0)

Como indicar datas

Nos EUA: 12/31/2005

December thirty-first

Na Grã-Bretanha: 31/12/2005

The thirty-first of December

Países e Regiões

país/região em português	**nome** em inglês	**capital** em inglês	**adjetivo** em inglês	**gentílico** em inglês
Afeganistão	Afghanistan	Kabul	Afghan	Afghan
África	Africa	–	African	African
África do Sul	South Africa	Pretoria	South African	South African
Albânia	Albania	Tirana	Albanian	Albanian
Alemanha	Germany	Berlin	German	German
América	America	–	American	American
América Central	Central America	–	Central American	Central American
América do Norte	North America	–	North American	North American
América do Sul	South America	–	South American	South American
Andorra	Andorra	Andorra la Vella	Andorran	Andorran
Angola	Angola	Luanda	Angolan	Angolan
Antigua e Barbuda	Antigua and Barbuda	St John's	from Antigua and Barbuda	person from Antigua and Barbuda
Arábia Saudita	Saudi Arabia	Riyadh	Saudi Arabian	Saudi Arabian
Argélia	Algeria	Algiers	Algerian	Algerian
Argentina	Argentina	Buenos Aires	Argentinian	Argentinian
Armênia	Armenia	Yerevan	Armenian	Armenian
Austrália	Australia	Canberra	Australian	Australian
Áustria	Austria	Vienna	Austrian	Austrian
Azerbaijão	Azerbaijan	Baku	Azerbaijani	Azerbaijani
Bahamas	The Bahamas	Nassau	Bahamian	Bahamian
Bahrein	Bahrain	Al-Manamah	Bahraini	Bahraini
Bangladesh	Bangladesh	Dacca	Bangladeshi	Bangladeshi
Barbados	Barbados	Bridgetown	Barbadian	Barbadian
Belarus	Belarus	Minsk	Belorussian, Byelorussian	Belorussian, Byelorussian
Bélgica	Belgium	Brussels	Belgian	Belgian
Belize	Belize	Belmopan	Belizean	Belizean
Benin	Benin	Porto-Novo	from Benin	person from Benin
Birmânia	Burma	Yangon	Birmanian	Birmanian
Bolívia	Bolivia	Sucre	Bolivian	Bolivian

país/região em português	**nome** em inglês	**capital** em inglês	**adjetivo** em inglês	**gentílico** em inglês
Bósnia-Herzegovina	Bosnia-Herzegovina	Sarajevo	from Bosnia-Herzegovina	person from Bosnia-Herzegovina
Botsuana	Botswana	Gaborone	Botswanan	Botswanan
Brasil	Brazil	Brasilia	Brazilian	Brazilian
Brunei	Brunei	Bandar Seri Begawan	from Brunei	person from Brunei
Bulgária	Bulgaria	Sofia	Bulgarian	Bulgarian
Burkina Faso	Burkina Faso	Ouagadougou	from Burkina Faso	person from Burkina Faso
Burundi	Burundi	Bujumbura	from Burundi	person from Burundi
Butão	Bhutan	Thimphu	Bhutanese	Bhutanese
Cabo Verde	Cape Verde	Praia	Cape Verdean	Cape Verdean
Camarões	Cameroon	Yaoundé	Cameroonian	Cameroonian
Camboja	Cambodia	Phnom Penh	Cambodian	Cambodian
Canadá	Canada	Ottawa	Canadian	Canadian
Catar	Qatar	Doha	Qatari	Qatari
Cazaquistão	Kazakhstan	Alma-Ata	from Kazakhstan	person from Kazakhstan
Chade	Chad	N'Djamena	Chadian	Chadian
Chile	Chile	Santiago	Chilean	Chilean
China	China	Beijing	Chinese	Chinese
Chipre	Cyprus	Nicosia	Cypriot	Cypriot
Cidade do Vaticano	Vatican City	–	from Vatican City	–
Cingapura	Singapore	Singapore	Singaporean	Singaporean
Colômbia	Colombia	Bogota	Colombian	Colombian
Comores	Comoros	Moroni	from Comoros	person from Comoros
Congo, República Democrática do	Congo, Democratic Republic of the	Brazzaville	Congolese	Congolese
Coréia do Norte	North Korea	Pyongyang	North Korean	North Korean
Coréia do Sul	South Korea	Seoul	South Korean	South Korean
Costa do Marfim	Côte d'Ivoire, Ivory Coast	Yamoussoukro	Ivorian	Ivorian
Costa Rica	Costa Rica	San Jose	Costa Rican	Costa Rican
Croácia	Croatia	Zagreb	Croatian	Croatian

país/região em português	**nome** em inglês	**capital** em inglês	**adjetivo** em inglês	**gentílico** em inglês
Cuba	Cuba	Havana	Cuban	Cuban
Dinamarca	Denmark	Copenhagen	Danish	Dane
Djibouti	Djibouti	Djibouti	Djiboutian	Djiboutian
Dominica	Dominica	Roseau	Dominican	Dominican
Egito	Egypt	Cairo	Egyptian	Egyptian
El Salvador	El Salvador	San Salvador	Salvadoran	Salvadoran
Emirados Árabes Unidos	United Arab Emirates	Abu Dhabi	from the United Arab Emirates	person from the United Arab Emirates
Equador	Equator	Quito	Ecuadorian	Ecuadorian
Eritréia	Eritrea	Asmara	Eritrean	Eritrean
Escócia	Scotland	Edinburgh	Scottish	Scot
Eslováquia	Slovakia	Bratislava	Slovakian	Slovakian
Eslovênia	Slovenia	Ljubljana	Slovenian	Slovenian
Espanha	Spain	Madrid	Spanish	Spaniard; os espanhóis the Spanish
Estados Unidos da América	United States of America	Washington	American	American
Estônia	Estonia	Tallinn	Estonian	Estonian
Etiópia	Ethiopia	Addis Ababa	Ethiopian	Ethiopian
Europa	Europe	–	European	European
Fiji	Fiji	Suva	Fijian	Fijian
Filipinas	The Philippines	Manila	Philippine	Philippine
Finlândia	Finland	Helsinki	Finnish	Finn
França	France	Paris	French	Frenchman, Frenchwoman; os franceses the French
Gabão	Gabon	Libreville	Gabonese	Gabonese
Gâmbia	Gambia	Banjul	Gambian	Gambian
Gana	Ghana	Accra	Ghanaian	Ghanaian
Geórgia	Georgia	Tbilisi	Georgian	Georgian
Grécia	Greece	Athens	Greek	Greek
Groenlândia	Greenland	Nuuk	Greenlandic	Greenlander
Guatemala	Guatemala	Guatemala City	Guatemalan	Guatemalan
Guiana	Guyana	Georgetown	Guyanese	Guyanese
Guiana Francesa	French Guiana	Cayenne	from French Guiana	person from French Guiana
Guiné	Guinea	Conakry	Guinean	Guinean

país/região em português	**nome** em inglês	**capital** em inglês	**adjetivo** em inglês	**gentílico** em inglês
Guiné Equatorial	Equatorial Guinea	Malabo	from Equatorial Guinea	person from Equatorial Guinea
Guiné-Bissau	Guinea-Bissau	Bissau	from Guinea-Bissau	person from Guinea-Bissau
Haiti	Haiti	Port-au-Prince	Haitian	Haitian
Holanda	Holland	Amsterdam	Dutch	Dutchman, Dutchwoman; os holandeses the Dutch
Honduras	Honduras	Tegucigalpa	Honduran	Honduran
Hungria	Hungary	Budapest	Hungarian	Hungarian
Iêmen	Yemen	Sanaa	Yemeni	Yemeni
Ilhas Feroé	Faroe Islands	Torshavn	Faroese	Faroese
Ilhas Marshall	Marshall Islands	Majuro	from Marshall Islands	person from Marshall Islands
Ilhas Salomão	Solomon Islands	Honiara	from Solomon Islands	person from Solomon Islands
Índia	India	New Delhi	Indian	Indian
Indonésia	Indonesia	Jakarta	Indonesian	Indonesian
Inglaterra	England	London	English	Englishman, English-woman; os ingleses the English
Irã	Iran	Teheran	Iranian	Iranian
Iraque	Iraq	Baghdad	Iraqi	Iraqi
Irlanda	Ireland	Dublin	Irish	Irishman, Irishwoman; os irlandeses the Irish
Irlanda do Norte	Northern Ireland	Belfast	Northern Irish	person from Northern Ireland
Islândia	Iceland	Reykjavik	Icelandic	Icelander
Israel	Israel	Jerusalem	Israeli	Israeli
Itália	Italy	Roma	Italian	Italian
Iugoslávia	Yugoslavia	Belgrade	Yugoslavian	Yugoslav
Jamaica	Jamaica	Kingston	Jamaican	Jamaican
Japão	Japan	Tokyo	Japanese	Japanese
Jordânia	Jordan	Amman	Jordanian	Jordanian
Kwait	Kuwait	Kuwait	Kuwaiti	Kuwaiti
Laos	Laos	Vientiane	Laotian	Laotian
Lesoto	Lesotho	Maseru	from Lesotho	person from Lesotho
Letônia	Latvia	Riga	Latvian	Latvian

país/região em português	**nome** em inglês	**capital** em inglês	**adjetivo** em inglês	**gentílico** em inglês
Líbano	Lebanon	Beirut	Lebanese	Lebanese
Libéria	Liberia	Monrovia	Liberian	Liberian
Líbia	Libya	Tripoli	Libyan	Libyan
Liechtenstein	Liechtenstein	Vaduz	from Liechtenstein	person from Liechtenstein
Lituânia	Lithuania	Vilnius	Lithuanian	Lithuanian
Luxemburgo	Luxembourg	Luxembourg City	from Luxembourg	person from Luxembourg
Macedônia	Macedonia	Skopje	Macedonian	Macedonian
Madagascar	Madagascar	Antananarivo	Madagascan	Madagascan
Malásia	Malaysia	Kuala Lumpur	Malaysian	Malaysian
Malawi	Malawi	Lilongwe	Malawian	Malawian
Maldivas	Maldives	Male	Maldivian	Maldivian
Mali	Mali	Bamako	Malian	Malian
Malta	Malta	Valletta	Maltese	Maltese
Marrocos	Morocco	Rabat	Moroccan	Moroccan
Martinica	Martinique	Fort-de-France	from Martinique	person from Martinique
Maurício	Mauritius	Port Louis	Mauritian	Mauritian
Mauritânia	Mauritania	Nouakchott	Mauritanian	Mauritanian
México	Mexico	Mexico City	Mexican	Mexican
Micronésia	Micronesia	Kolonia	Micronesian	Micronesian
Moçambique	Mozambique	Maputo	Mozambican	Mozambican
Moldova	Moldova or Moldavia	Kishinev	Moldavian	Moldavian
Mônaco	Monaco	Monaco-Ville	Monacan, Monegasque	Monacan, Monegasque
Mongólia	Mongolia	Ulan Bator	Mongolian	Mongolian
Myanmar	Myanmar	Yangon	from Myanmar	people from Myanmar
Namíbia	Namibia	Windhoek	Namibian	Namibian
Nauru	Nauru	Yaren	Nauruan	Nauruan
Nepal	Nepal	Katmandu	Nepalese	Nepalese
Nicarágua	Nicaragua	Managua	Nicaraguan	Nicaraguan
Níger	Niger	Niamey	from Niger	person from Niger
Nigéria	Nigeria	Abuja	Nigerian	Nigerian
Noruega	Norway	Oslo	Norwegian	Norwegian
Nova Zelândia	New Zealand	Wellington	from New Zealand	New Zealander

país/região em português	**nome** em inglês	**capital** em inglês	**adjetivo** em inglês	**gentílico** em inglês
Oceania	Oceania	–	Oceanian	Oceanian
Omã	Oman	Muscat	Omani	Omani
País de Gales	Wales	Cardiff	Welsh	Welshman, Welshwoman; os galeses the Welsh
Países Baixos	The Netherlands	Amsterdam	Dutch	Dutchman, Dutchwoman; os holandeses the Dutch
Panamá	Panama	Panama City	Panamanian	Panamanian
Papua Nova Guiné	Papua New Guinea	Port Moresby	from Papua New Guinea	person from Papua New Guinea
Paquistão	Pakistan	Islamabad	Pakistani	Pakistani
Paraguai	Paraguay	Asuncion	Paraguayan	Paraguayan
Peru	Peru	Lima	Peruvian	Peruvian
Polinésia Francesa	French Polynesia	Papeete	French-Polynesian	French-Polynesian
Polônia	Poland	Warsaw	Polish	Polish
Portugal	Portugal	Lisbon	Portuguese	Portuguese
Quênia	Kenya	Nairobi	Kenyan	Kenyan
Quirguistão	Kyrgyzstan	Bishkek	Kyrgyz	Kyrgyz
Reino Unido	United Kingdom	London	British	British man, British woman; os britânicos the British
República Centro-Africana	Central African Republic	Banghi	from Central African Republic	person from Central African Republic
República Dominicana	Dominican Republic	Santo Domingo	Dominican	Dominican
República Tcheca	Czech Republic	Prague	Czech	Czech
Romênia	Romania	Bucharest	Romanian	Romanian
Ruanda	Rwanda	Kigali	Rwandan	Rwandan
Rússia	Russia	Moscow	Russian	Russian
Saint Kitts e Nevis	Saint Kitts and Nevis	Basseterre	from Saint Kitts and Nevis	person from Saint Kitts and Nevis
Samoa Ocidental	Western Samoa	Apia	Samoan	Samoan
San Marino	San Marino	San Marino	from San Marino	person from San Marino
Santa Lúcia	Saint Lucia	Castries	from Saint Lucia	person from Saint Lucia
São Tomé e Princípe	Sao Tome and Principe	Sao Tome	from Sao Tome and Principe	person from Sao Tome and Principe
São Vicente e Granadinas	Saint Vincent and The Grenadines	Kingstown	from Saint Vincent and The Grenadines	person from Saint Vincent and The Grenadines
Seichelles	Seychelles	Victoria	from Seychelles	person from Seychelles

país/região em português	**nome** em inglês	**capital** em inglês	**adjetivo** em inglês	**gentílico** em inglês
Senegal	Senegal	Dakar	Senegalese	Senegalese
Serra Leoa	Sierra Leone	Freetown	Sierra Leonean	Sierra Leonean
Síria	Syria	Damascus	Syrian	Syrian
Somália	Somalia	Mogadishu	Somali	Somali
Sri Lanka	Sri Lanka	Colombo	Sri Lankan	Sri Lankan
Suazilândia	Swaziland	Mbabane	Swazi	Swazi
Sudão	Sudan	Khartoum	Sudanese	Sudanese
Suécia	Sweden	Stockholm	Swedish	Swede,
the Swedish	Swedish krona	–	–	–
Suíça	Switzerland	Bern	Swiss	Swiss
Suriname	Suriname	Paramaribo	Surinamese	Surinamese
Taiwan	Taiwan	Taipei	Taiwanese	Taiwanese
Tajiquistão	Tadzhikistan	Dushanbe	Tajik	Tajik
Tanzânia	Tanzania	Dar es Salaam	Tanzanian	Tanzanian
Togo	Togo	Lomé	from Togo	person from Togo
Tonga	Tonga	Nukualofa	Tongan	Tongan
Trinidad e Tobago	Trinidad and Tobago	Port of Spain	from Trinidad and Tobago	person from Trinidad and Tobago
Tunísia	Tunisia	Tunis	Tunisian	Tunisian
Turcomenistão	Turkmenistan	Ashkhabad	from Turkmenistan	person from Turkmenistan
Tuvalu	Tuvalu	Funafuti	from Tuvalu	person from Tuvalu
Ucrânia	Ukraine	Kiev	Ukrainian	Ukrainian
Uganda	Uganda	Kampala	Ugandan	Ugandan
Uruguai	Uruguay	Montevideo	Uruguayan	Uruguayan
Uzbequistão	Uzbekistan	Tashkent	Uzbek	Uzbek
Vanuatu	Vanuatu	Port Villa	Vanuatuan	Vanuatuan
Venezuela	Venezuela	Caracas	Venezuelan	Venezuelan
Vietnã	Vietnam	Hanoi	Vietnamese	Vietnamese
Zâmbia	Zambia	Lusaka	Zambian	Zambian
Zimbábue	Zimbabwe	Harare	Zimbabwean	Zimbabwean